코칭 형법 2
[형법각론]

장 진

새로움

제6판 머리말

「코칭 형법 2」 제5판에 보내주신 성원에 힘입어 2024년 대비 「코칭 형법 2」 제6판을 선보입니다.

이 책의 활용 방법에 대해서는 이전의 머리말을 참고하시기를 바라며, 이하에서는 「코칭 형법 2」 제6판의 특징과 학습 순서에 대해서 설명드리고자 합니다.

1. 이론의 정비와 도표를 통한 정리

「코칭 형법 2」 제6판에서는 조문 설명 부분과 이론 부분에 대해서 전반적인 개정 작업을 진행하였습니다. 아울러 본문의 주요한 부분에 대해서는 판례의 입장을 추가로 정리 및 수정하였고, 개념 설명이 필요한 부분에는 사례를 추가하여 이해를 한층 더 쉽게 하려고 노력하였습니다. 이와 함께 정리가 필요한 부분에서는 도표를 추가하여 정리에 도움이 되도록 하였습니다.

2. 2023년 2월 1일 판례공보까지 반영

「코칭 형법 2」 제6판에서는 위 전원합의체 판결을 비롯한 최신 중요 판례를 모두 반영하여 판례학습의 편의를 도모하였습니다. 이와 함께 중요한 판례 약 1,500여 개에 대해서는 간단한 해설을 작성하여 판례의 이해에 도움이 되도록 하였습니다. 2023년 2월 1일 판례공보 이후의 자료는 2023년 최신판례강의를 통해 추가로 자료를 제공해 드릴 예정입니다.

3. 이 책의 학습 순서

(1) 형법을 처음 접하시는 분이라면, 형법의 의의 정도만 확인하시고 범죄론을 먼저 학습하시는 것이 도움이 될 것입니다. 죄형법정주의나 형법이론(범죄이론, 형벌이론)이 난해한 관계로 범죄가 성립하기 위한 요건들(범죄론, 죄수론)과 범죄에 대한 처벌을 다루는 형벌론을 먼저 학습하신 후 죄형법정주의와 형법의 적용범위 등을 공부하시면 학습의 효율성을 제고할 수 있을 것입니다.

(2) 어느 정도 학습이 된 분이라면, 형법각론의 학습을 먼저 하시는 것도 도움이 될 것으로 보입니다. 형법각론의 각종 죄에 대한 개별적인 이해와 정리를 바탕으로 형법총론을 공부하시면 빠른 시간 내에 형법의 전체적인 구조와 개별 범죄와의 관련성에 대한 학습의 효율성이 높아지리라 생각합니다.

(3) 마지막으로 본서의 자매서인 「코칭형법 기출문제총정리」 제4판(근간)을 병행하시는 것도 효율적인 학습에 큰 도움이 될 것입니다. 형법 규정과 이론 그리고 판례가 실제로 어떻게 출제되는지를 확인하고 이를 문제에 적용하는 과정을 병행하게 되면 시험 대비에 완벽을 기할 수 있으리라 생각합니다.

이번 「코칭 형법 2」 제6판의 출간에 있어서도 고마운 분들이 많습니다. 강의를 진행함에 있어서 항상 응원해 주시고 도움을 주시는 에듀윌 본사 CM팀의 엄광섭 팀장님과 서준영 매니저님에게 감사의 말씀을 전합니다. 또한 항상 열심히 공부하고 있는 사랑하는 부평학원 제자들과 온라인 강의를 수강하는 제자들에게도 감사의 말씀을 전합니다.

마지막으로 이번 「코칭 형법 2」 제6판의 출간에 있어서도 한결같이 힘써주시는 이종은 부장님과 정대의 차장님을 비롯한 도서출판 새흐름 가족들에게도 다시 한번 고마움을 전합니다.

시험방식과 출제경향 등이 변경될지라도 꾸준히 그리고 성실하게 실력을 쌓아온 사람이 반드시 합격합니다. 모쪼록 본서가 여러분의 합격에 일조하기를 기원합니다.

2023년 5월 31일
상도동 서재에서
장 진

제5판 머리말

「코칭 형법 2」 제4판에 보내주신 성원에 힘입어 2023년 대비 「코칭 형법 2」 제5판을 선보입니다.

이 책의 활용 방법에 대해서는 이전의 머리말을 참고하시기를 바라며, 이하에서는 「코칭 형법 2」 제5판의 특징과 학습 순서에 대해서 설명드리고자 합니다.

1. 이론의 정비와 도표를 통한 정리

「코칭 형법 2」 제5판에서는 조문 설명 부분과 이론 부분에 대해서 전반적인 개정작업을 진행하였습니다. 아울러 본문의 주요한 부분에 대해서는 판례의 입장을 정리하여 삽입하였고, 개념 설명이 필요한 부분에는 사례를 추가하여 이해를 한층 더 쉽게 하려고 노력하였습니다. 이와 함께 정리가 필요한 부분에서는 도표를 추가하여 정리에 도움이 되도록 하였습니다.

2. 2022년 3월 말까지의 대법원 판례 반영 및 표준판례의 반영

2021년과 2022년에는 주거침입죄에 대한 중요한 대법원 전원합의체 판결이 있었습니다(대판 2021.9.9. 2020도12630 전원합의체, 대판 2022.3.24. 2017도18272 전원합의체). 또한 2021년에는 방조범에 대한 전원합의체 판결도 있었습니다(대판 2021.9.9. 2017도19025 전원합의체). 「코칭 형법 2」 제5판에서는 위 전원합의체 판결을 비롯한 최신 중요 판례를 모두 반영하여 판례학습의 편의를 도모하였습니다. 또한 법학전문대학원협의회에서 형법 교육에 있어서 기본이 되는 판례 543개를 〈표준판례〉로 선정하여 발표한 바 있으므로 이 〈표준판례〉를 「코칭 형법 2」 제5판에 모두 반영하였습니다. 이와 함께 중요한 판례 약 1,000여 개에 대해서는 간단한 해설을 작성하여 판례의 이해에 도움이 되고자 하였습니다.

3. 이 책의 학습 순서

(1) 형법을 처음 접하시는 분이라면, 형법의 의의 정도만 확인하시고 범죄론을 먼저 학습하시는 것이 도움이 될 것입니다. 죄형법정주의나 형법이론(범죄이론, 형벌이론)이 난해한 관계로 범죄가 성립하기 위한 요건들(범죄론, 죄수론)과 범죄에 대한 처벌을 다루는 형벌론을 먼저 학습하신 후 죄형법정주의와 형법의 적용범위 등을 공부하시면 학습의 효율성을 제고할 수 있을 것입니다.

(2) 어느 정도 학습이 된 분이라면, 형법각론의 학습을 먼저 하시는 것도 도움이 될 것으로 보입니다. 형법각론의 각종 죄에 대한 개별적인 이해와 정리를 바탕으로 형법총론을 공부하시면 빠른 시간 내에 형법의 전체적인 구조와 개별 범죄와의 관련성에 대한 학습의 효율성이 높아지리라 생각합니다.

(3) 마지막으로 본서의 자매서인 「코칭 형법 기출문제총정리」 제3판을 병행하시는 것도 효율적인 학습에 큰 도움이 될 것입니다. 형법 규정과 이론 그리고 판례가 실제로 어떻게 출제되는지를 확인하고 이를 문제에 적용하는 과정을 병행하게 되면 시험 대비에 완벽을 기할 수 있으리라 생각합니다.

이번 「코칭 형법 2」 제5판의 출간에 있어서도 고마운 분들이 많습니다. 강의를 진행함에 있어서 항상 응원해 주시고 도움을 주시는 에듀윌 본사 CM팀의 엄광섭 팀장님과 김영실 파트장님 그리고 박주원, 이지혜, 박성배 매니저님께는 특별한 감사를 전합니다. 아울러 경찰공무원 형법 강의를 즐겁고 행복하게 진행함과 동시에 수많은 합격생을 배출할 수 있도록 도움 주신 에듀윌 부평 경찰학원의 이형민 원장님과 박성재 파트장님 그리고 김보람, 강영삼, 송나영, 장혜정 매니저님에게 감사의 말씀을 전합니다.

또한 항상 열심히 공부하고 있는 사랑하는 부평학원 제자들과 온라인 강의를 수강하는 제자들에게도 감사의 말씀을 전합니다.

마지막으로 이번 「코칭 형법 2」 제5판의 출간에 있어서도 한결같이 힘써주시는 이종은 부장님을 비롯한 도서출판 새흐름 가족들에게도 다시 한번 고마움을 전합니다.

시험방식과 출제경향 등이 변경될지라도 꾸준히 그리고 성실하게 실력을 쌓아온 사람이 반드시 합격합니다. 모쪼록 본서가 여러분의 합격에 일조하기를 기원합니다.

2022년 4월 15일
상도동 서재에서
장 진

제4판 머리말

「코칭 형법 2」 제3판에 보내주신 성원에 힘입어 2022년 대비 「코칭 형법 2」 제4판을 선보입니다.

이 책의 활용 방법에 대해서는 이전의 머리말을 참고하시기를 바라며, 이하에서는 「코칭 형법 2」 제4판의 특징을 설명드리고자 합니다.

1. 2021년 12월 9일 시행 형법 전면 반영

「코칭 형법 2」 제4판에서는 2021년 12월 9일 시행 예정인 개정된 형법 조문을 전면 반영하였습니다. 기존의 조문을 모두 시행 예정인 조문으로 교체하였고, 조문에 대한 설명 부분에서도 모두 개정된 조문으로 변경하였습니다. 2022년 시험을 대비하시는 분들은 본 교재의 조문을 활용하시면 될 것입니다.

2. 이론의 대폭적인 정비

「코칭 형법 2」 제3판까지의 조문 설명 부분과 이론 부분에 대해서 전반적인 개정작업을 진행하였습니다. 개념의 설명이 필요한 부분에 대해서는 자세한 설명을 추가하였고, 어려운 부분에 대해서는 사례를 추가하면서 형법에 대한 이해를 한층 더 쉽게 할 수 있도록 하였습니다. 어느 직렬의 시험을 준비하시더라도 부족함이 없도록 목차와 내용을 정비하였습니다.

3. 2021년 2월 말까지의 대법원 판례 반영

2020년에는 각종 형태의 동산과 부동산 담보물권과 관련하여 배임죄가 성립할 수 없다는 대법원 전원합의체 판결이 다수 나왔고, 미성년자·심신미약자 위계 간음죄에서의 '위계'의 의미에 대한 전원합의체 판결도 있었습니다. 또한, 2021년 2월에는 2자 간 명의신탁의 경우 횡령죄의 성립을 부정한 대법원 전원합의체 판결이 있었습니다.

「코칭 형법 2」 제4판에서는 위 전원합의체 판결을 비롯한 최신의 판례를 모두 반영하여 판례학습의 편의를 도모하였습니다.

이번 「코칭 형법 2」 제4판의 출간에 있어서도 고마운 분들이 많습니다. 강의를 진행함에 있어서 항상 응원해 주시고 도움을 주시는 에듀윌 본사 CM팀의 엄광섭 팀장님과 박지연, 박주원 매니저님께는 특별한 감사를 전합니다. 아울러 경찰공무원 형법 강의를 즐겁고 행복하게 진행할 수 있도록 신경 써 주시는 에듀윌 부평 경찰학원의 이형민 원장님과 박성재, 이장미, 김보람, 강영삼, 김범권 매니저님 그리고 항상 열심히 공부하고 있는 사랑하는 부평학원 제자들에게도 감사의 말씀을 전합니다.

　마지막으로 이번 「코칭 형법 2」 제4판까지의 출간에 있어서도 한결같이 힘써주시는 이종은 부장님을 비롯한 도서출판 새흐름 가족들에게도 다시 한번 고마움을 전합니다.

　시험방식과 출제경향 등이 변경될지라도 꾸준히 그리고 성실하게 실력을 쌓아온 사람이 반드시 합격합니다. 모쪼록 본서가 여러분의 합격에 일조하기를 기원합니다.

2021년 4월 17일
상도동 서재에서
장 진

제3판 머리말

지난 2018년 11월 「코칭 형법 2」 초판을 출간한 이후 독자 여러분의 많은 성원에 힘입어 벌써 제3판을 출간하게 되었습니다. 특히 이번 제3판은 전면개정판이라고 할 수 있을 정도로 많은 변화를 꾀하였습니다. 자세한 내용에 대해서는 아래에서 말씀드리고자 합니다.

1. 독자와 함께 만들어 가는 「코칭 형법 2」

교재를 작업하면서 늘 안타깝게 생각하는 점은 쌍방향 소통의 문제였습니다. 저자의 집필 의도와 독자의 이해가 맞아들어가야 좋은 책이 된다는 것은 자명한 사실인데, 이 부분을 만족시키기 어렵다는 것이 늘 고민이었습니다. 다행히 에듀윌의 Q&A 게시판을 통해 많은 독자들과 수강생들이 질문을 던져 주셨고, 이에 대해 답변을 계속하면서 독자가 필요로 하는 부분에 대해서 많은 생각을 하게 되었습니다. 이에 1,300여 개에 이르는 질문을 모두 반영하여 교재의 해당 부분에 반영하였고, 이해를 돕기 위한 해설을 더하였습니다. 이러한 쌍방향 소통은 앞으로도 계속 진행할 것입니다.

2. 판례기본서로서의 「코칭 형법 2」

제3판의 개정과정에서 가장 중요하게 생각한 점은 본 교재가 "판례기본서"로서의 역할을 할 수 있게 하는 것이었습니다. 이에 수록한 판례 모두에 대해서 가감 작업을 진행하였고, 약 800여 개 이상의 주요 판례에 대해서는 간단한 해설과 평석을 달아 놓았습니다. 이를 통해 기본이론의 숙지 이후에는 판례 위주 학습을 수월하게 할 수 있도록 하였습니다. 한편, 판례는 2020년 3월까지의 것을 모두 반영하였습니다.

3. 최종정리서로서의 「코칭 형법 2」

목차의 세분화 작업을 통해 객관식과 주관식 시험을 모두 완벽하게 대비할 수 있게 하였습니다. 세부적인 내용의 경우에는 기존의 문단 내에서도 ㈎, ㈏, ㈐ 등의 목차 활용으로 체계적인 이해를 도모할 수 있도록 하였습니다. 객관식 시험 대비를 위해서는 판례박스의 제목과 밑줄 부분에 대한 숙지를 위주로, 주관식 시험 대비를 위해서는 이론 부분의 목차 정리와 대표적인 판례(특히 해설이 명기되어 있는 판례) 위주로 최종 정리를 해 나가시기를 권합니다.

4. 출간에 감사드리며

「코칭 형법 2」 제3판의 출간에는 늘 독자 여러분이 함께 계셨습니다. 독자들과 수강생들께 출간에 앞서 먼저 감사의 말씀을 올립니다. 아울러 에듀윌에서 3년째 강의를 진행하면서 한결같은 도움을 주시는 공무원 CM팀 엄광섭 팀장님과 박지연 매니저께는 특별한 감사를 전합니다. 또한 화면에 예쁘게 나오게 촬영에 임해주시는 본사 스튜디오의 많은 PD님께 고마움을 전합니다.

    그리고 판례의 배치 및 책의 방향성에 대해서 많은 도움을 주는 중앙대학교 법학전문대학원의 신재연 양에게는 언제나 고맙고 미안한 마음입니다. 법조인으로서의 신양의 앞날에 좋은 일만 가득하길 기원합니다.

    마지막으로, 본서의 출간을 위해 애써주신 이종은 부장님을 비롯한 도서출판 새흐름 가족들께 감사드리며, 항상 응원해 주는 가족에게도 감사의 말을 전합니다.

2020년 5월 15일
흑석동 서재에서
장 진

제2판 머리말

2018년 11월 첫 출간 이후 보여주신 많은 성원에 힘입어 초판이 예상보다 조기 품절되었습니다. 이에 5개월여 만에 「코칭 형법 2」 개정판을 출간하게 되었습니다. 뜨거운 성원에 감사드리며 아래에서는 개정판의 내용에 대해 말씀드리고자 합니다. 한편, 기본적인 책의 방향성에 대해서는 초판의 머리말을 참고하시면 되겠습니다.

1. 「코칭 형법 2」 제2판에서는 다음의 사항을 반영하였습니다.

⑴ 기본서 전체의 문장을 다시 다듬고 간결하게 정리하였습니다. 전반적으로 가독성을 높이기 위해 읽기 쉬운 표현으로 수정하였습니다.

⑵ 목차의 세분화 작업을 통해 객관식과 주관식 시험을 모두 완벽하게 대비할 수 있게 하였습니다. 기존의 문단 내에서도 ㈎, ㈏, ㈐ 등의 목차 활용으로 체계적인 이해를 도모할 수 있도록 하였습니다.

⑶ 2018년 12월까지의 형사판례를 반영하였습니다. 특히, 전원합의체 판결은 중요 부분에 대한 자세한 설명과 함께 모두 반영하였습니다. 아울러, 이미 출제된 판례에 대해서는 출제되었던 부분에 밑줄처리를 하였습니다.

⑷ 헌법재판소의 결정은 2019년 4월까지 반영하였습니다. 특히, 최근의 낙태죄 헌법불합치 결정(헌법재판소 2019.4.11. 2017헌바127 결정)은 해당 부분에 요약 정리하였습니다.

2. 구체적인 전원합의체 판례의 반영은 다음과 같습니다.

⑴ 법률의 시행령이 형사처벌에 관한 사항을 규정하면서 법률의 명시적인 위임 범위를 벗어나 처벌의 대상을 확장하는 것은 죄형법정주의의 원칙에도 어긋나는 것이므로, 그러한 시행령은 위임입법의 한계를 벗어난 것으로서 무효인지 여부(대판 2017.2.16. 2015도16014 전원합의체)

⑵ 항공보안법에 '항로'가 무엇인지에 관한 정의의 규정에 대한 논의(대판 2017.12.21. 2015도8335 전원합의체)

⑶ 피고인들이 갑 등과 공모하여, 해외 베팅사이트의 운영업체와 중계계약을 체결하여 중계사이트를 개설한 후 불특정 다수의 내국인들을 회원으로 모집하고 회원들로 하여금 중계사이트를 통해 해외 베팅사이트에서 제공하는 각종 스포츠 경기의 승부에 베팅을 하게 하여 베팅이 적중할 경우 미리 정해진 비율에 따라 환전을 해주고, 적중하지 못하면 베팅금을 자신들이 취득하는 방

법으로 중계사이트를 운영함으로써 국민체육진흥법을 위반하였다는 내용으로 기소된 사안(대판 2018.10.30. 2018도7172 전원합의체)

⑷ 국정농단 의혹사건 진상규명을 위한 국정조사 특별위원회(이하 '특별위원회'라 한다)에 증인으로 출석하여 국회에서의 증언·감정 등에 관한 법률(이하 '국회증언감정법'이라 한다)에 따라 선서한 후 허위의 진술을 하였다는 공소사실에 관하여, 특별위원회의 존속기간이 종료된 후에 재적위원 3분의 1 이상이 연서하여 피고인을 국회증언감정법 제14조 제1항 본문에서 정한 위증죄로 고발함에 따라 공소가 제기된 사안(대판 2018.5.17. 2017도14749 전원합의체)

⑸ 형사사건으로 외국 법원에 기소되었다가 무죄판결을 받은 사람은, 설령 그가 무죄판결을 받기까지 상당 기간 미결구금되었더라도 이를 유죄판결에 의하여 형이 실제로 집행된 것으로 볼 수는 없으므로, '외국에서 형의 전부 또는 일부가 집행된 사람'에 해당한다고 볼 수 없고, 그 미결구금 기간은 형법 제7조에 의한 산입의 대상인지 여부(대판 2017.8.24. 2017도5977 전원합의체)

⑹ 병역법 제88조 제1항은 국방의 의무를 실현하기 위하여 현역입영 또는 소집통지서를 받고도 정당한 사유 없이 이에 응하지 않은 사람을 처벌함으로써 입영기피를 억제하고 병력구성을 확보하기 위한 규정이다. 위 조항에 따르면 정당한 사유가 있는 경우에는 피고인을 벌할 수 없는데, 여기에서 정당한 사유는 구성요건해당성을 조각하는 사유인지 여부(대판 2018.11.1. 2016도10912 전원합의체)

⑺ 국가정보원의 원장 등이 심리전단 산하 사이버팀 직원들과 공모하여 인터넷 게시글과 댓글 작성, 찬반클릭, 트윗과 리트윗 행위 등의 사이버 활동을 함으로써 국가정보원 직원의 직위를 이용하여 정치활동에 관여함과 동시에 제18대 대통령선거와 관련하여 공무원의 지위를 이용한 선거운동인지 여부(대판 2018.4.19. 2017도14322 전원합의체)

⑻ 사형제도의 정당성 여부(대판 2016.2.19. 2015도12980 전원합의체)

⑼ 피기망자가 처분행위의 의미나 내용을 인식하지 못하였더라도, 피기망자의 작위 또는 부작위가 직접 재산상 손해를 초래하는 재산적 처분행위로 평가되고, 이러한 작위 또는 부작위를 피기망자가 인식하고 한 것이라면 처분행위에 상응하는 처분의사가 인정되는지 여부(대판 2017.2.16. 2016도13362 전원합의체)

⑽ 중간생략등기형 명의신탁에서 명의수탁자가 신탁받은 부동산을 임의로 처분한 경우 신탁자와의 관계에서 횡령죄가 성립하는지 여부(대판 2016.5.19. 2014도6992 전원합의체)

⑾ 계좌명의인이 그와 같이 송금·이체된 돈을 그대로 보관하지 않고 영득할 의사로 인출하면 횡령죄가 성립하는지 여부(대판 2018.7.19. 2017도17494 전원합의체)

⑿ 약속어음 발행이 무효일 뿐만 아니라 그 어음이 유통되지도 않았다면 회사는 어음발행의 상대방에게 어음채무를 부담하지 않기 때문에 특별한 사정이 없는 한 회사에 현실적으로 손해가 발

생하였다거나 실해 발생의 위험이 발생하였다고도 볼 수 없으므로, 이때에는 배임죄의 기수범이 아니라 배임미수죄로 처벌하여야 하는지 여부(대판 2017.7.20. 2014도1104 전원합의체).

⒀ 부동산 매매계약에서 중도금이 지급되는 등 계약이 본격적으로 이행되는 단계에 이른 때에는 계약이 취소되거나 해제되지 않는 한 매도인은 매수인에게 부동산의 소유권을 이전할 의무에서 벗어날 수 없다. 이러한 단계에 이른 때에 매도인은 매수인에게 매수인의 재산보전에 협력하여 재산적 이익을 보호·관리할 신임관계에 있게 되고, 그 때부터 배임죄에서 말하는 '타인의 사무를 처리하는 자'에 해당한다고 보아야 한다. 그러한 지위에 있는 매도인이 매수인에게 계약 내용에 따라 부동산의 소유권을 이전해 주기 전에 부동산을 제3자에게 처분하여 등기를 하는 행위는 매수인의 부동산 취득이나 보전에 지장을 초래하는 행위로서 배임죄가 성립하는지 여부(대판 2018.5.17. 2017도4027 전원합의체)

3. 개정판 출간에 감사드리며

이번 개정판에도 많은 분의 도움이 있었습니다. 초판부터 항상 도움을 주는 제주대학교 법학전문대학원의 신준연 군에게 감사드리며, 이번 개정판 작업에 있어서 판례의 배치와 가독성 및 책의 방향성에 대해서 많은 도움을 준 중앙대학교 법학전문대학원의 신재연 양에게는 특별한 감사를 전합니다. 두 예비 법조인의 앞날에 좋은 일만 가득하길 기원합니다.

「코칭 형법 2」가 독자 여러분의 합격에 힘이 되는 책이 될 수 있다면, 이보다 더 좋을 일은 없을 것이라고 생각합니다. 앞으로도 항상 여러분의 합격을 위해 최선을 다하는 책으로 만들어 가겠습니다. 마지막으로, 본서의 출간을 위해 애써주신 이종은 부장님을 비롯한 새흐름 가족들께 감사드리며, 항상 응원해 주는 가족에게도 감사의 말을 전합니다.

2019년 5월 18일
흑석동 서재에서
장 진

머리말

「코칭 형법」을 출간하면서

이 책은 형법 시험을 대비하기 위한 기본서이자 정리서입니다. 형법은 각종 국가고시(법원행시, 입법고시, 법원직, 검찰직, 경찰간부 및 채용 등) 및 자격시험(변호사시험)에서 큰 비중을 차지하고 있는 과목으로 이 과목에서의 고득점 여부가 합격을 좌우한다고 해도 과언이 아닐 것입니다.

이에 20여년 간의 법학 경력과 강의 경험을 담아 「코칭 형법 1(형법총론)」, 「코칭 형법 2(형법각론)」을 출간하게 되었습니다.

법학 그리고 형법의 공부방법론

형법은 처음 시작할 때는 참으로 재미있는 과목입니다. 범죄와 형벌에 대한 설명이 나오고, 늘 언론매체에서 접하는 사건들이 책 안에 펼쳐져 있기 때문입니다. 하지만, 피상적으로 형법을 공부하는 것은 수험에 있어서 큰 도움이 되지 않습니다. 형법 과목은 특히나 견해 대립이 심하고 학설에 따른 결론이 많이 달라지는 과목이므로 정확한 분석과 접근이 필요합니다.

형법학은 학문적으로 접근하면 다양한 생각을 하며 즐겁게 공부할 수 있습니다. 그렇지만 여러분이 공부하여야 하는 것은 이러한 학문적 재미에 바탕을 둔 '수험 형법'입니다. 결국, 이론적 배경과 쟁점을 '이해'하고, 이해한 것을 '정리'하며, 최종적으로 종합적인 '암기'를 해야 하는 것입니다. 「코칭 형법」은 수험 형법을 염두에 두고 이해와 정리 및 암기에 기반을 둔 책이라 할 것입니다.

이 책의 활용법

이미 시중에는 많은 형법 교과서들이 출간되어 있습니다. 형법을 자세하게 설명한 책도 있고, 판례가 많이 실려 있는 책도 있고, 이론적 설명이 많은 책도 있습니다. 이 책의 출간에 있어서 기존의 형법 교과서들이 많은 참고가 된 것은 당연한 사실입니다. 하지만 이 책의 목표는 확실합니다. 수험에 필요한 이론은 반드시 정리하고, 배경이 필요한 부분은 간략하게나마 설명하고, 시험에 다수 출제된 판례는 꼭 수록하는 것을 원칙으로 삼았습니다.

그리고 법 논리의 구조에 맞추어서 설명하는 것을 원칙으로 삼았습니다. 법규범의 기본구조인 '요건 - 효과'의 구조에 맞추어서 서술하여 어떠한 문제(객관식·주관식)가 출제되더라도 구조적으로 해결할 수 있게 최선을 다했습니다. 아울러 목차 부분도 이러한 논리적 사고를 유지하는데 도움이 되도록 구성하였습니다.

이 책의 출간에 감사드리며

세상에 책 한 권이 출간되기까지는 혼자서 할 수 있는 일은 없습니다. 저는 원고를 작성하는 사람에 불과하지만, 책이 예쁘게 세상에 나오게 하는 데는 이명재 사장님과 이종은 부장님이 함께 해 주셨고, 원고의 문장과 전체 체계를 송일근 주간님이 보아 주셨습니다.

그리고 원고 기획부터 최종 작업까지 제주대학교 법학전문대학원에 재학 중인 제자 신준연 군이 함께 해 주셨습니다. 예비 법조인으로서 신준연 군의 앞날에 늘 좋은 일만 있기를 기원합니다.

마지막으로 살인적인 일정에도 불구하고 묵묵히 지켜봐 주는 가족들에게 감사의 인사를 전합니다. 특히 아들에 대한 애정으로 늘 노심초사하시는 아버지께 글로나마 감사의 인사를 드립니다.

2018년 11월

장 진

Contents
차 례

PART 01 개인적 법익에 대한 죄

CHAPTER 01 생명과 신체에 대한 죄 ··· 2

제1절 살인의 죄 ··· 2
제2절 상해와 폭행의 죄 ·· 17
제3절 과실치사상의 죄 ··· 43
제4절 낙태의 죄 ·· 65
제5절 유기와 학대의 죄 ·· 72

CHAPTER 02 자유에 대한 죄 ··· 82

제1절 협박의 죄 ·· 82
제2절 체포와 감금의 죄 ·· 92
제3절 약취와 유인 및 인신매매의 죄 ··· 102
제4절 강요의 죄 ·· 115
제5절 강간과 추행의 죄 ·· 123

CHAPTER 03 명예와 신용에 대한 죄 ··· 174

제1절 명예에 관한 죄 ··· 174
제2절 신용・업무와 경매에 관한 죄 ·· 225

CHAPTER 04 사생활의 평온에 대한 죄 ··· 261

제1절 비밀침해의 죄 ·· 261
제2절 주거침입의 죄 ·· 268

CHAPTER 05 재산에 대한 죄 … 290

- 제1절 절도의 죄 · 291
- 제2절 강도의 죄 · 345
- 제3절 사기의 죄 · 379
- 제4절 공갈의 죄 · 461
- 제5절 횡령의 죄 · 474
- 제6절 배임의 죄 · 530
- 제7절 장물의 죄 · 592
- 제8절 손괴의 죄 · 606
- 제9절 권리행사를 방해하는 죄 · 619

PART 02 사회적 법익에 대한 죄

CHAPTER 01 공공의 안전과 평온에 대한 죄 … 638

- 제1절 공안을 해하는 죄 · 638
- 제2절 폭발물에 관한 죄 · 644
- 제3절 방화와 실화의 죄 · 647
- 제4절 일수와 수리에 관한 죄 · 659
- 제5절 교통방해의 죄 · 662

CHAPTER 02 공공의 신용에 대한 죄 … 673

- 제1절 통화에 관한 죄 · 673
- 제2절 유가증권·인지와 우표에 관한 죄 · 679
- 제3절 문서에 관한 죄 · 692
- 제4절 인장에 관한 죄 · 759

CHAPTER 03 공중의 건강에 대한 죄 ⋯ 765

제1절 먹는 물에 관한 죄 ········ 765
제2절 아편에 관한 죄 ········ 769

CHAPTER 04 사회의 도덕에 대한 죄 ⋯ 773

제1절 성풍속에 관한 죄 ········ 773
제2절 도박과 복표에 관한 죄 ········ 784
제3절 신앙에 관한 죄 ········ 792

PART 03 국가적 법익에 대한 죄

CHAPTER 01 국가의 존립과 권위에 대한 죄 ⋯ 800

제1절 내란의 죄 ········ 800
제2절 외환의 죄 ········ 807
제3절 국기에 관한 죄 ········ 814
제4절 국교에 관한 죄 ········ 815

CHAPTER 02 국가의 기능에 대한 죄 ⋯ 819

제1절 공무원의 직무에 관한 죄 ········ 819
제2절 공무방해에 관한 죄 ········ 878
제3절 도주와 범인은닉의 죄 ········ 916
제4절 위증과 증거인멸의 죄 ········ 926
제5절 무고의 죄 ········ 942

참고문헌

김성돈, 형법총론, 성균관대출판부, 2020
김성돈, 형법각론, 성균관대출판부, 2020
김성천·김형준, 형법총론, 소진, 2015
김성천·김형준, 형법각론, 소진, 2015
김일수·서보학, 새로쓴형법총론, 박영사, 2018
김일수·서보학, 새로쓴형법각론, 박영사, 2018
김태명, 판례형법총론, 피앤씨미디어, 2019
김태명, 판례형법각론, 피앤씨미디어, 2018
김혜정·박미숙·안경옥·원혜욱·이인영, 형법총론, 피앤씨미디어, 2020
김혜정·박미숙·안경옥·원혜욱·이인영, 형법각론, 피앤씨미디어, 2019
박상기, 형법총론, 박영사, 2011
박상기, 형법각론, 박영사, 2012
박상기·전지연, 형법학, 집현재, 2018
배종대, 형법총론, 홍문사, 2020
배종대, 형법각론, 홍문사, 2019
사법연수원, 검찰실무 1, 사법연수원, 2017
사법연수원, 검찰실무 2, 사법연수원, 2017
사법연수원, 형사실무강의 형사실체법, 사법연수원, 2015
사법연수원, 형사실무강의 형사절차법, 사법연수원, 2013
사법연수원, 형사판례요약집, 사법연수원, 2018
신동운, 판례분석 형법총론, 법문사, 2015
신동운, 판례분석 형법각론, 법문사, 2015
신동운, 형법총론, 법문사, 2019
신동운, 형법각론, 법문사, 2018
신호진, 형법요론, 문형사, 2020
오영근, 형법총론, 박영사, 2019
오영근, 형법각론, 박영사, 2019

이용식, 형법총론, 박영사, 2018

이용식, 형법각론, 박영사, 2019

이상돈, 형법강론, 박영사, 2020

이재상·강동범·정현미, 형법학, 신조사, 2013

이재상·장영민·강동범, 형법총론, 박영사, 2019

이재상·장영민·강동범, 형법각론, 박영사, 2019

임웅, 형법총론, 법문사, 2019

임웅, 형법각론, 법문사, 2019

정성근·박광민, 형법총론, 성균관대출판부, 2020

정성근·박광민, 형법각론, 성균관대출판부, 2019

정웅석·백승민, 형법강의, 대명, 2014

최병천, 판례중심 형법총론, 피앤씨미디어, 2017

최병천, 판례중심 형법각론, 피앤씨미디어, 2016

한국형사판례연구회, 형법판례 150선, 박영사, 2019

한국형사판례연구회, 형사판례연구 1권~25권, 박영사, 1993~2019

PART 01
개인적 법익에 대한 죄

CHAPTER 01 | 생명과 신체에 대한 죄

 | 살인의 죄

I. 서론

1. 범죄의 개념

살인의 죄는 사람을 살해함으로써 그 생명을 침해하는 것을 내용으로 하는 범죄(침해범)를 말하며(제250조), 보호법익은 사람의 생명이다.

2. 구성요건의 체계

살인의 죄의 기본적인 구성요건은 살인죄(제250조 제1항)이며, 가중적 구성요건으로는 존속살해죄(제250조 제2항)가, 감경적 구성요건으로는 영아살해죄(제251조), 촉탁·승낙에 의한 살인죄(제252조 제1항) 및 자살교사·방조죄(제252조 제2항)가 있다.

3. 살인죄의 체계

형법	기본적 구성요건	보통살인죄(제250조 제1항)
	가중적 구성요건	존속살해죄(제250조 제2항 ; 신분으로 인한 책임가중)
	감경적 구성요건	영아살해죄(제251조 ; 특수한 동기로 인한 책임감경), 촉탁·승낙 살인죄(제252조 제1항 ; 피해자의 의사에 의한 불법감경), 자살교사·방조죄(제252조 제2항 ; 피해자의 의사에 의한 불법감경)
	미수범 처벌	제250조 내지 제253조의 죄(제254조 ; 살인죄, 존속살해죄, 촉탁·승낙 살인죄, 자살교사·방조죄, 위계·위력에 의한 살인죄)
	예비·음모 처벌	제250조와 제253조의 죄(제255조 ; 살인죄, 존속살해죄, 위계·위력에 의한 살인죄)
특별형법	특정범죄가중처벌 등에관한법률	형사사건의 수사 또는 재판과 관련하여 보복 등의 목적으로 살인죄를 범한 자를 가중처벌(제5조의9)
	특정강력범죄의 처벌에관한특례법	제250조와 제253조의 죄를 특정강력범죄로 분류하여 특례를 규정(제2조 제1항 제1호). 위 범죄에 대해서는 단기의 가중(제3조), 집행유예의 제한(제5조), 집중심리(제10조), 신속한 판결선고(제13조) 등의 특례를 규정

II. 살인죄(보통살인죄)

> **제250조(살인, 존속살해)**
> ① 사람을 살해한 자는 사형, 무기 또는 5년 이상의 징역에 처한다.

1. 구성요건

(1) 객관적 구성요건

1) **행위의 객체** : 사람이다. 사람이란 살아 있는 자연인을 의미하며, 법인은 포함되지 않는다. 사람인 이상 생존능력의 유무는 묻지 않는다. 다만 ㉮ 본죄의 객체인 사람은 타인을 의미하므로 자기는 사람이라고 할 수 없다. 자살은 살인죄의 구성요건해당성이 없지만, 타인이 자살 도중에 있는 경우라도 이에 가공하여 살해의 목적을 달한 경우에는 살인죄가 성립한다(판례). 또한 ㉯ 생존가치 없는 생명은 없으므로 행위시에 생명이 있는 한 생존능력이나 생존가치를 불문하고 본죄의 객체가 된다.

㉮ **사람의 시기** : 사람은 출생한 때로부터 사람이 된다. 사람이 언제 출생하였다고 할 것인가에 대하여는 ㉮ 진통설(분만개시설), ㉯ 일부노출설(두부노출설), ㉰ 전부노출설, ㉱ 독립호흡설 등의 견해가 대립하고 있으나, 태아보호의 필요성과 영아살해죄와의 관계에 비추어 볼 때에 통설·판례인 진통설이 타당하다. 그러나 제왕절개수술에 의한 분만의 경우에는 의사의 수술시(자궁절개시)에 사람이 된다(통설).

㉯ **사람의 종기** : 사람의 종기는 사망이다. 사람의 사망시기에 관하여는 종래 호흡종지설과 맥박종지설(우리나라의 통설)이 대립되어 있었으나, 최근의 심장이식수술과 관련하여 뇌기능의 종국적인 훼멸, 즉 뇌사에 이른 때에 사람이 사망하였다고 보는 뇌사설이 유력하게 주장되고 있다.

> **참고** 장기 등 이식에 관한 법률
>
> **1. 해석의 문제**
> 동 법률에 의해 뇌사자의 장기이식은 허용되고 있는 바, 이것이 사람의 종기에 대해 뇌사설의 입장을 입법화한 근거법률이 되는지에 대하여 견해가 대립된다.
>
> **2. 구체적인 내용**
> ① 제4조 제5호에서 "살아 있는 사람이라 함은 사람 중에서 뇌사자를 제외한 자를 말하며,…"라고 규정함으로써 뇌사자를 사람으로 보면서도 살아 있는 사람에서 제외하고 있다. ② 제21조 제1항에서 "뇌사자가 이 법에 의한 장기 등의 적출로 사망한 때에는 뇌사의 원인이 된 질병 또는 행위로 인하여 사망한 것으로 본다"라고 한 것은, 뇌사자는 뇌사 자체로 사망한 것이 아니라 '장기적출행위'로 직접 사망하는 것으로 표현하고 있으며, ③ 사망한 자로부터 장기를 무단 적출한 때에는 5년 이하의 징역 또는 3천만 원 이하의 벌금(제48조 제3호)에 처하는 반면에, 뇌사자로부터 장기를 무단 적출한 때에는 무기징역 또는 2년 이상의 유기징역(제44조 제1항 제9호)에 처한다고 규정하여, 뇌사자로부터의 무단 장기적출을 사망한 자의 경우보다 더 무겁게 처벌함으로써, 법적 취급에 있어서 뇌사자와 사망한 자를 구별하고 있다.
>
> **3. 견해의 대립**
> ① 사람의 종기에 관하여 뇌사설의 입장을 채택한 것이라고 평가 내지 해석하는 견해도 있고, ② 맥박종지설을 고수하는 견해와 뇌사설을 주장하는 입장에서도 동 법률은 뇌사자의 장기이식

을 법적으로 허용하였을 뿐이고 뇌사를 사람의 종기(사망)로 단정한 것이라고 해석할 필연성은 없다고 하는 견해도 있다. 이 입장에서는 뇌사자의 장기적출행위가 살아 있는 인간에 대한 살해행위(제250조 살인죄 또는 제252조 제1항 동의살인죄의 구성요건해당성)에 해당하지만, 장기이식을 위한 뇌사자의 장기적출에 한하여 이 법률에 의하여 그 위법성이 조각(제20조 법령에 의한 정당행위)된다고 해석한다.

2) 행위 : 사람을 살해하는 것이다.

㉮ 살해 : 살해란 고의로 사람의 생명을 자연적인 사기(死期)에 앞서서 단절시키는 것을 말하며, 그 수단·방법에는 제한이 없다. 다만 미신적 방법에 의한 행위는 살인의 의사를 실현하기 위한 행위라고 평가할 수 없으므로 살해행위에 속하지 않는다고 할 것이다.

㉯ 착수시기 및 기수시기 : 행위자가 피해자를 살해할 고의로 생명을 위태롭게 하는 행위를 개시한 때에 실행의 착수가 인정된다. 또한, 본죄는 침해범이므로 살해행위에 의하여 사망이라는 결과가 발생함으로써 본죄는 기수가 된다. 살해행위와 사망 사이에 인과관계가 있어야 하며 그 결과는 행위에 객관적으로 귀속될 수 있는 것이어야 한다. 살해행위가 있었으나, 사망의 결과에 대하여 인과관계가 부정되면, 살인죄의 미수범(제254조)이 성립한다.

(2) 주관적 구성요건

본죄가 성립하기 위하여는 사람을 살해한다는 인식과 의사, 즉 고의가 있어야 한다. 그러나 본죄의 고의는 반드시 확정적 고의임을 요하지 않고 미필적 고의로도 족하다.

 **참고**　AIDS 감염행위에 있어서 살인의 고의 인정 여부

1. 문제의 소재

AIDS에 감염된 자가 상대방에게 자신의 감염사실을 알리지 않고 예방조치 없이 성교섭을 한 경우, 행위자에게 살인의 고의를 인정할 수 있느냐가 문제된다.

2. 견해의 대립

1) 긍정설 : 결과발생 여부는 행위자의 지배범위에 있으며, 행위자는 그 결과발생을 회피할 법적 의무(부작위의무)가 있으므로 결과발생의 희박한 가능성만을 인식했다고 하더라도 현실화될 위험행위를 회피하지 아니하고 작위로 나아가는 인용적 태도를 보인 이상, 살인의 고의를 긍정할 수 있다고 한다.

2) 부정설 : 살인의 고의를 인정하지 아니하고, 형법상 불치의 질병에 이르게 한 경우이므로 중상해의 고의를 인정함으로써 중상해죄(제258조) 또는 상해치사죄(제259조)의 범위에서 형사책임을 긍정하는 견해이다(다수설).

2. 위법성

(1) 일반적 위법성조각사유

본죄에 있어서도 정당방위 또는 정당행위에 의하여 위법성이 조각될 수 있다. 그러나 생명은 처분할 수 있는 법익이 아니며, 또한 생명은 다른 법익보다 우월하다는 점에서 피해자의 승낙과 긴급피난에 의하여는 위법성이 조각되지 않는다.

(2) 안락사와 존엄사

1) **안락사** : 안락사란 격렬한 고통에 허덕이는 불치 또는 난치의 환자에게 그 고통을 제거 또는 감경하기 위하여 그를 살해하는 것을 말한다. 생명을 단축시키지 않는 진정안락사의 경우는 본죄의 구성요건해당성이 없다고 할 것이나, 이로 인하여 생명을 단축시키는 안락사가 허용될 것이냐가 문제된다(부진정안락사). 종래의 통설은 ㉮ 환자가 불치의 질환으로 사기가 임박하였고, ㉯ 환자의 고통이 차마 볼 수 없을 정도로 극심하며, ㉰ 환자의 고통을 제거 또는 완화하기 위한 것이고, ㉱ 환자의 진지한 촉탁 또는 승낙이 있고, ㉲ 원칙적으로 의사에 의하여 시행되고 그 방법이 윤리적으로 정당하다고 인정되는 등의 조건이 충족되는 때에는 사회상규에 반하지 아니하는 정당행위로서 위법성이 조각된다고 한다. 그러나 고통 제거의 부수적 결과로서 생명단축이 발생한 간접적 안락사는 허용되지만, 고통을 제거하기 위하여 직접 사람을 살해하는 직접적 안락사는 허용될 수 없다고 해야 한다.

2) **존엄사** : 존엄사란 죽음에 직면한 환자가 품위 있는 죽음을 맞도록 하기 위하여 생명유지조치를 중지하는 것을 말한다. 소극적 안락사라고도 한다. 사람의 생명에 대한 권리는 사람의 자연적인 죽음과 인간다운 죽음에 대한 권리를 포함한다고 할 것이므로 존엄사도 위법성이 조각된다고 해야 한다.

3. 죄수

생명은 전속적 법익이므로 본죄의 죄수는 피해자의 수에 따라 결정되어야 한다. 따라서 ㉮ 한 개의 행위로 인하여 수인을 살해한 때에는 수개의 살인죄가 성립하여 상상적 경합의 관계에 있게 된다. 또한 ㉯ 동일인에 대한 살인예비·살인미수 및 살인기수와 동일인에 대한 상해와 살인은 하나의 살인(기수)죄만 성립하게 된다(법조경합 중 흡수관계). 한편, ㉰ 사람을 살해한 자가 그 사체를 다른 장소에 옮겨 유기한 때에는 살인죄와 시체유기죄의 실체적 경합범이 된다.

> **판례** 사람의 시기(진통설)

① 사람의 생명과 신체의 안전을 보호법익으로 하고 있는 형법상의 해석으로서는 사람의 시기는 규칙적인 진통을 동반하면서 태아가 태반으로부터 이탈하기 시작한 때 다시 말하여 <u>분만이 개시된 때(소위 진통설 또는 분만개시설)</u>라고 봄이 타당하며 이는 형법 제251조(영아살해)에서 분만 중의 태아도 살인죄의 객체가 된다고 규정하고 있는 점을 미루어 보아도 그 근거를 찾을 수 있는 바이니 조산원이 분만 중인 태아를 질식사에 이르게 한 경우에는 <u>업무상 과실치사죄가 성립</u>한다(대판 1982.10.12. 81도2621).

② [1] 사람의 생명과 신체의 안전을 보호법익으로 하고 있는 형법의 해석으로는 규칙적인 진통을 동반하면서 분만이 개시된 때(소위 진통설 또는 분만개시설)가 사람의 시기(始期)라고 봄이 타당하다. [2] 제왕절개수술의 경우 '의학적으로 제왕절개 수술이 가능하였고 규범적으로 수술이 필요하였던 시기(時期)'는 판단하는 사람 및 상황에 따라 다를 수 있어, 분만개시 시점 즉, 사람의 시기(始期)도 불명확하게 되므로 이 시점을 분만의 시기(始期)로 볼 수는 없다. [3] 현행 형법이 사람에 대한 상해 및 과실치사상의 죄에 관한 규정과는 별도로 태아를 독립된 행위객체로 하는 낙태죄, 부동의 낙태죄, 낙태치상 및 낙태치사의 죄 등에 관한 규정을 두어 포태한 부녀의 자기낙태행위 및 제3자의 부동의 낙태행위, 낙태로 인하여 위 부녀에게 상해 또는 사망에 이르게 한 행위 등에 대하여 처벌하도록 한 점, 과실낙태행위 및 낙태미수행위에 대하여 따로 처벌규정을 두지 아니한 점 등에 비추어 보면, 우리 형법은 태아를 임산부 신체의 일부로 보거나, 낙태행위가 임산부의 태아양육, 출산 기능의 침해라는 측면에서 <u>낙태죄와는 별개로 임산부에 대한 상해죄를 구성하는 것으로 보지는 않는다</u>고 해석된다. 따라서 <u>태아를 사망에 이르게 하는 행위가 임산부 신체의 일부를 훼손하는 것이라거나 태아의 사망으로 인하여 그 태아를 양육, 출산하는 임산부의 생리적 기능이 침해되어 임산부에 대한 상해가 된다고 볼 수는 없다</u>(대판 2007.6.29. 2005도3832). [해설] 사건 당시 임산부는 분만을 위한 규칙적인 진통이 없었고, 실제로 제왕절개수술이 행해진 것도 아니므로 그 태아는 형법상 사람이 아님. 결국, 그 태아는 사람이 아니므로 업무상과실치사죄가 성립되지 않고, 위 행위는 임산부에 대한 상해로도 평가받지 못하므로 상해죄도 성립하지 않음.

③ 현행 형법이 사람에 대한 상해 및 과실치사상의 죄에 관한 규정과는 별도로 태아를 독립된 행위객체로 하는 낙태죄, 부동의 낙태죄, 낙태치상 및 낙태치사의 죄 등에 관한 규정을 두어 포태한 부녀의 자기낙태행위 및 제3자의 부동의 낙태행위, 낙태로 인하여 위 부녀에게 상해 또는 사망에 이르게 한 행위 등에 대하여 처벌하도록 한 점, 과실낙태행위 및 낙태미수행위에 대하여 따로 처벌규정을 두지 아니한 점 등에 비추어보면, 우리 형법은 태아를 임산부 신체의 일부로 보거나, 낙태행위가 임산부의 태아양육, 출산 기능의 침해라는 측면에서 낙태죄와는 별개로 임산부에 대한 상해죄를 구성하는 것으로 보지는 않는다고 해석되고, 따라서 <u>태아를 사망에 이르게 하는 행위가 임산부 신체의 일부를 훼손하는 것이라거나 태아의 사망으로 인하여 그 태아를 양육, 출산하는 임산부의 생리적 기능이 침해되어 임산부에 대한 상해가 된다고 볼 수는 없다</u>(대판 2009.7.9. 2009도1025).

판례 살인의 실행의 착수 및 기수시기

① 피고인의 자상행위가 피해자를 사망하게 한 직접적 원인은 아니었다 하더라도 이로부터 발생된 다른 간접적 원인이 결합되어 사망의 결과를 발생하게 한 경우라도 그 행위와 사망 간에는 인과관계가 있다(대판 1982.12.28. 82도2525).

② 피고인이 격분하여 피해자를 살해할 것을 마음먹고 밖으로 나가 낫을 들고 피해자에게 다가서려고 하였으나 제3자 이를 제지하여 그 틈을 타서 피해자가 도망함으로써 살인의 목적을 이루지 못한 경우, <u>피고인이 낫을 들고 피해자에게 접근함으로써 살인의 실행행위에 착수하였다고 할 것이므로 이는 살인미수에 해당한다</u>(대판 1986.2.25. 85도2773).

 **판례** 살인의 고의

① 경찰관이 질주하는 화물자동차의 승강구에 뛰어올라 동 차에 적재되어 있는 임산물에 대한 부정성 여부를 조사하기 위하여 정차를 명함에 있어 화주가 이를 피하기 경찰관을 폭행하여 동 차로부터 추락시킨 결과 사망케 한 경우 위 사실만으로는 가해자가 피해자를 살해할 것을 결의하였다고 속단할 수는 없다(대판 1957.5.24. 4290형상56).

② 살해의 목적으로 동일인에게 일시 장소를 달리하고 수차에 걸쳐 단순한 예비행위를 하거나 또는 공격을 가하였으나 미수에 그치다가 드디어 그 목적을 달성한 경우에 그 예비행위 내지 공격행위가 동일한 의사발동에서 나왔고 그 사이에 범의의 갱신이 없는 한 각 행위가 같은 일시 장소에서 행하여졌거나 또는 다른 장소에서 행하여졌거나를 막론하고 또 그 방법이 동일하거나 여부를 가릴 것 없이 그 살해의 목적을 달성할 때까지의 행위는 모두 실행행위의 일부로서 이를 포괄적으로 보고 단순한 한 개의 살인기수죄로 처단할 것이지 살인예비 내지 미수죄와 동 기수죄의 경합죄로 처단할 수 없는 것이다(대판 1965.9.28. 65도695).

③ 피고인이 공소외인과 동인의 처를 살해할 의사로서 농약 1포를 숭늉그릇에 투입하여 공소외인가의 식당에 놓아둠으로써 그 정을 알지못한 공소외인의 장녀가 이를 마시게 되어 동인을 사망케 하였다면 피고인이 공소외인의 장녀를 살해할 의사는 없었다 하더라도 피고인은 사람을 살해할 의사로서 이와 같은 행위를 하였고 그 행위에 의하여 살해라는 결과가 발생한 이상 피고인의 행위와 살해하는 결과외의 사이에는 인과관계가 있다 할 것이므로 공소외인의 장녀에 대하여 살인죄가 성립한다(대판 1968.8.23. 68도884).

④ 기록을 검토하여 보아도 피고인의 소론 심신장애를 인정하지 아니한 원심의 판단에 위법사유 있다 할 수 없을 뿐만 아니라 범죄사실을 부인하므로써 원판결에 사실의 오인이 있다는 것과 원판결의 형의 양정이 과중하다는 주장은 군법회의법 제432조 소정 사유에 해당하지 아니하여 적법한 상고이유가 되지 못하므로 논지는 이유 없고 사람을 살해할 목적으로 총을 발사한 이상 그것이 목적하지 아니한 다른 사람에게 명중되어 사망의 결과가 발생하였다 하더라도 살의를 조각하지 않는 것이라 할 것이니 원심인정과 같이 피고인이 하사 주재훈을 살해할 목적으로 발사한 총탄이 이를 제지하려고 피고인 앞으로 뛰어들던 병장 강제갑에게 명중되어 동 강제갑이 사망한 본건의 경우에 있어서의 동 강제갑에 대한 살인죄가 성립한다 할 것이므로 동 강제갑에 대한 피고인의 살의를 부정하는 논지도 이유 없다(대판 1975.4.22. 75도727).

⑤ 정교관계를 가졌던 피해자로부터 금품요구와 협박을 받아 오다가 피해자를 타이르던 중 반항하는 피해자를 순간적으로 살해하기로 결의하고 양손으로 피해자의 목을 졸라 질식 사망케 하였다면 피고인에게 살인의 확정적 범의가 있었음이 분명하다(대판 1983.9.13. 83도1817).

⑥ 소위 타격의 착오가 있는 경우라 할지라도 행위자의 살인의 범의 성립에 방해가 되지 아니한다(대판 1984.1.24. 83도2813).

⑦ 피해자와 언쟁 직후 과도를 숨기고 범행현장에서 피해자를 기다리고 있다가 복부를 찔러 복대동맥좌창으로 인한 실혈로 사망케 하였다면 살의를 인정할 수 있다(대판 1986.5.27. 86도420).

⑧ 피고인이 소란을 피우는 피해자를 말리다가 피해자가 욕하는 데 격분하여 예리한 칼로 피해자

의 왼쪽 가슴부분에 길이 6cm, 깊이 17cm의 상처 등이 나도록 찔러 곧바로 좌측심낭까지 절단된 경우에 피고인에게 살인의 고의가 있었다고 본 사례(대판 1991.10.22. 91도2174).

⑨ <u>살인죄의 범의는 자기의 행위로 인하여 피해자가 사망할 수도 있다는 사실을 인식·예견하는 것으로 족하고 피해자의 사망을 희망하거나 목적으로 할 필요는 없고, 또 확정적인 고의가 아닌 미필적 고의로도 족한 것이다</u>(대판 1994.12.22. 94도2511).

⑩ 총알이 장전되어 있는 엽총의 방아쇠를 잡고 있다가 총알이 발사되어 피해자가 사망한 사안에서, 범행의 도구로 사용된 엽총은 통상 사냥하기 직전에 총알을 장전하는 것인데도 사냥과는 전혀 관계없는 범행 당시 이미 총알이 장전되어 있었고, 실탄의 장전 유무는 탄창에 나타나는 표시에 의해서 쉽게 확인될 수 있어 총기에 실탄이 장전된 것인지 몰랐다고 하기 어려울 뿐 아니라, 안전장치를 하지 않은 상태에서 방아쇠를 잡고 있었던 점 등과 관계 증거에 나타난 전후 사정에 비추어, 피해자를 겁주려고 협박하다가 피해자의 접촉행위로 생겨난 단순한 오발사고가 아니라 살인의 고의가 있는 범죄행위였다고 본 원심판결을 수긍한 사례이다(대판 1997.2.25. 96도3364).

⑪ <u>인체의 급소를 잘 알고 있는 무술교관 출신의 피고인이 무술의 방법으로 피해자의 울대(聲帶)를 가격하여 사망케 하였다면 살인의 범의가 인정된다</u>(대판 2000.8.18. 2000도2231).

⑫ 살인죄에 있어서의 범의는 반드시 살해의 목적이나 계획적인 살해의 의도가 있어야 인정되는 것은 아니고, 자기의 행위로 인하여 타인의 사망의 결과를 발생시킬 만한 가능 또는 위험이 있음을 인식하거나 예견하면 족한 것이고 그 인식이나 예견은 확정적인 것은 물론 불확정적인 것이라도 소위 미필적 고의로 인정되는 것인바, 피고인이 범행 당시 살인의 범의는 없었고 단지 상해 또는 폭행의 범의만 있었을 뿐이라고 다투는 경우에 피고인에게 범행 당시 살인의 범의가 있었는지 여부는 피고인이 범행에 이르게 된 경위, 범행의 동기, 준비된 흉기의 유무·종류·용법, 공격의 부위와 반복성, 사망의 결과발생가능성 정도 등 범행 전후의 객관적인 사정을 종합하여 판단할 수밖에 없다(대판 2001.3.9. 2000도5590).

⑬ <u>살인죄에서 살인의 범의는 반드시 살해의 목적이나 계획적인 살해의 의도가 있어야 인정되는 것은 아니고, 자기의 행위로 인하여 타인의 사망이라는 결과를 발생시킬 만한 가능성 또는 위험이 있음을 인식하거나 예견하면 족한 것이며 그 인식이나 예견은 확정적인 것은 물론 불확정적인 것이라도 이른바 미필적 고의로 인정되는 것인바, 피고인이 범행 당시 살인의 범의는 없었고 단지 상해 또는 폭행의 범의만 있었을 뿐이라고 다투는 경우에 피고인에게 범행 당시 살인의 범의가 있었는지 여부는 피고인이 범행에 이르게 된 경위, 범행의 동기, 준비된 흉기의 유무·종류·용법, 공격의 부위와 반복성, 사망의 결과 발생가능성 정도 등 범행 전후의 객관적인 사정을 종합하여 판단할 수밖에 없다</u>(대판 2006.4.14. 2006도734).

Ⅲ. 존속살해죄

제250조(살인, 존속살해)
② 자기 또는 배우자의 직계존속을 살해한 자는 사형, 무기 또는 7년 이상의 징역에 처한다.

1. 의의와 합헌성

(1) 의의

자기 또는 배우자의 직계존속을 살해함으로써 성립하는 범죄이다(제250조 제2항). 본죄는 신분관계로 인하여 형이 가중되는 부진정신분범이다.

(2) 합헌성 여부

본죄의 가중처벌이 헌법이 규정한 평등의 원칙(제11조 제1항)에 위반하는지 여부에 관하여는 합헌설과 위헌설이 대립하고 있으나, 헌법상의 평등은 합리적 근거에 의한 차별까지 금지하는 것은 아니며(상대적 평등), 패륜성에 의한 책임가중은 형을 가중하는 합리적 근거가 된다는 점에서 본죄를 위헌이라고 할 수는 없다.

2. 구성요건

본죄의 객체는 자기 또는 배우자의 직계존속이며, 행위는 살해하는 것이다.

(1) 자기 또는 배우자의 직계존속

1) **직계존속** : ㈎ 직계존속이란 법률상의 개념이며 사실상의 존속을 의미하는 것은 아니다. 그러나 여기서 법률상의 개념이란 민법상의 친자관계를 말하며 반드시 가족관계등록부의 기재가 그 기준이 되는 것은 아니다. 따라서 ㈏ 혼인 외 출생자가 그 생모를 살해한 때에는 본죄에 해당하지만, 그 생부를 살해한 때에는 본죄가 성립하지 않는다.

2) **배우자** : ㈎ 배우자도 법률상의 배우자를 의미하며, 사실혼관계에 있는 자는 포함되지 않는다. 또한 여기의 배우자는 살아 있는 배우자를 의미한다. 다만 ㈏ 배우자의 신분관계는 살해행위에 착수할 때에 존재하면 족하므로 동일한 기회에 배우자를 먼저 살해하고 계속하여 그의 직계존속을 살해한 때에도 본죄가 성립한다.

(2) 고의

본죄가 성립하기 위하여는 자기 또는 배우자의 직계존속을 살해한다는 고의가 있어야 한다. 따라서 자기 또는 배우자의 직계존속임을 인식하지 못한 때에는 본죄가 성립하지 않는다(형법 제15조 제1항 : 보통살인죄). 한편, 존속살해의 고의로 보통살인의 결과를 발생시킨 경우, 객체의 착오는 존속살해죄의 (불능)미수와 보통살인죄의 기수의 상상적 경합이 성립하고, 방법의 착오는 존속살해의 (장애)미수와 과실치사죄의 상상적 경합이 된다(구체적 부합설). 이에 대해 법정적 부합설은 존속살해의 미수와 보통살인죄의 기수를 인정하는 견해(구성요건부합설)와 두 구성요건 사이에 죄질의 동일성(살해)이 있으면 죄질이 부합하는 범위 내에서 보통살인죄의 기수가 성립한다는 견해(죄질부합설)로 나누어진다.

3. 공범

본죄는 살인죄에 대하여 신분관계로 인하여 형을 가중하는 경우이므로 신분관계 없는 자에 대하여는 형법 제33조 단서가 적용된다. 따라서 타인을 교사하여 자기의 아버지를 살해한 경우에 타인은 살인죄의 정범이지만 교사자는 존속살해죄의 교사범이 된다.

판례 | 존속살해죄의 합헌성

- [1] 조선시대 이래 현재에 이르기까지 존속살해죄에 대한 가중처벌은 계속되어 왔고, 그러한 입법의 배경에는 우리 사회의 효를 강조하는 유교적 관념 내지 전통사상이 자리 잡고 있는 점, 존속살해는 그 패륜성에 비추어 일반 살인죄에 비하여 고도의 사회적 비난을 받아야 할 이유가 충분한 점, 이 사건 법률조항의 법정형이 종래의 '사형 또는 무기징역'에서 '사형, 무기 또는 7년 이상의 징역'으로 개정되어 기존에 제기되었던 양형에 있어서의 구체적 불균형의 문제도 해소된 점을 고려할 때 이 사건 법률조항이 형벌체계상 균형을 잃은 자의적 입법으로서 평등원칙에 위반된다고 볼 수 없다. [2] [재판관 이진성, 재판관 서기석의 반대의견] 이 사건 법률조항은, 배우자나 직계비속을 살해하는 경우, 또는 법적인 신분관계는 없으나 가해자와 특별한 은인관계에 있는 사람을 살해하는 경우 등은 일반 살인죄로 처벌하고, 심지어 직계존속이 치욕 은폐 등의 동기로 영아를 살해하는 경우는 처벌을 감경하는 것과는 달리, 직계존속을 살해하는 경우 양육이나 보호 여부, 애착관계의 형성 등을 묻지 아니하고 그 형식적 신분관계만으로 가중 처벌하는 것이다. 이는 헌법이 보장하는 민주적인 가족관계와 조화된다고 보기 어렵고, 범행동기 등을 감안하지 않고 일률적으로 형의 하한을 높여 합리적인 양형을 어렵게 하며, 비교법적으로도 그 예를 찾기 어려운 것으로서 차별의 합리성을 인정할 수 없으므로 평등의 원칙에 위반된다(헌법재판소 2013.7.25. 2011헌바267 결정).

판례 존속살해죄의 직계존속관계

① 혼인 외의 출생자와 생모 간에는 생모의 인지나 출생신고를 기다리지 않고 자의 출생으로 당연히 법률상의 친족관계가 생기는 것이다(대판 1980.9.9. 80도1731).

② 피살자(여)가 그의 문전에 버려진 영아인 피고인을 주어다 기르고 그 부와의 친생자인 것처럼 출생신고를 하였으나 입양요건을 갖추지 아니하였다면 피고인과의 사이에 모자관계가 성립될 리 없으므로, 피고인이 동녀를 살해하였다고 하여도 존속살인죄로 처벌할 수 없다(대판 1981.10.13. 81도2466). [해설] 당사자 간에 양친자관계를 창설하려는 의사나 기타 입양의 성립요건이 구비되었는지 여부에 대하여 아무런 심리와 판단이 없이 직계존속임을 전제로 한 존속살인죄를 인정한 것은 심리에 위법이 있다는 판결.

③ 피고인이 입양의 의사로 친생자 출생신고를 하고 자신을 계속 양육하여 온 사람을 살해한 경우, 위 출생신고는 입양신고의 효력이 있으므로 존속살해죄가 성립한다(대판 2007.11.29. 2007도8333, 2007감도22). [해설] 친생자가 아닌 자를 친생자로 출생신고를 한 경우 당사자 간에 양친자관계를 창설하려는 명백한 의사가 있고 나아가 기타 입양의 성립요건이 모두 구비된 경우라면 입양신고 대신 친생자 출생신고를 하였더라도 입양으로서의 효력을 인정하는 것이 판례의 입장. 2007도8333 판결의 경우 이러한 입양의 의사가 인정되므로 친생자 출생신고를 하였더라도 입양신고로서의 효력은 인정되고 따라서 존속살해죄가 성립한다고 한 사례.

> **판례** 존속살해죄의 고의

• 제 분에 이기지 못하여 식도를 휘두르는 피고인을 말리거나 그 식도를 뺏으려고 한 그 밖의 피해자들을 닥치는 대로 찌르는 무차별 횡포를 부리던 중에 그의 부(父)까지 찌르게 된 결과를 빚은 경우 피고인이 칼에 찔려 쓰러진 부를 부축해 데리고 나가지 못하도록 한 일이 있다고 하여 그의 부를 살해할 의사로 식도로 찔러 살해하였다는 사실을 인정하기는 어렵다고 봄이 상당하다(대판 1977.1.11. 76도3871).

Ⅳ. 감경적 구성요건

1. 영아살해죄

> **제251조(영아살해)**
> 직계존속이 치욕을 은폐하기 위하거나 양육할 수 없음을 예상하거나 특히 참작할 만한 동기로 인하여 분만중 또는 분만직후의 영아를 살해한 때에는 10년 이하의 징역에 처한다.

(1) 의의

직계존속이 치욕을 은폐하기 위하거나 양육할 수 없음을 예상하거나 특히 참작할 만한 동기로 인하여 분만중 또는 분만직후의 영아를 살해함으로써 성립하는 범죄이다(제251조). 본죄를 가볍게 벌하는 이유는 출산으로 인하여 심신의 균형이 상실된 비정상적인 심신상태로 인하여 행위자의 책임이 경감된다는 데 있다.

(2) 구성요건

1) **주체** : ㉮ 직계존속이며, 사실상의 직계존속까지 포함한다. 그러나 ㉯ 판례는 법률상의 직계존속에 국한시키고 있다. 직계존속의 범위에 대해서는 본죄의 근본정신이 출산으로 인한 산모의 흥분상태 때문에 그 책임이 감경된다고 하는 데 있는 이상 본죄의 주체는 산모에 제한된다고 보는 견해도 있으나, 다수설은 모든 직계존속이 본죄의 주체가 된다고 해석하고 있다.

2) **객체** : 분만 중 또는 분만직후의 영아이다. 따라서 태아는 본죄의 객체가 되지 아니한다. 분만 중이란 분만이 개시된 때로부터 분만이 완료된 때(전부노출시)까지를 말하고, 분만직후란 분만으로 인한 흥분상태가 계속되는 동안을 의미한다.

3) **행위** : 본죄의 행위는 치욕을 은폐(강간으로 임신하여 출산하거나 처녀 또는 과부가 사생아를 출산하는 등 개인 혹은 가문의 명예를 지키기 위한 경우)하기 위하거나 양육할 수 없음을 예상(경제사정의 곤란으로 도저히 출산한 아이를 양육할 만한 경제적 능력이 없는 경우)하거나 특히 참작할 만한 동기(위의 동기 이외에 책임을 감경할 만한 사유가 있는 경우를 널리 포괄할 수 있는 '일반조항')로 영아를 살해하는 것이며, 살해의 의미는 살인죄와 같다.

4) **동기의 착오** : 행위자가 본죄 특유의 책임표지에 대하여 착오를 일으킨 경우에는 행위자의 주관적 표상에 따라 해결하면 된다. 따라서 ㉮ 책임을 감경할 만한 객관적 사유가 존재하지 않음에

도 불구하고 행위자가 그러한 사유가 존재하는 것으로 오신하여 제251조의 동기를 가지고 영아를 살해한 때에는 보통살인죄가 아니라 영아살해죄의 죄책을 진다. 이와는 반대로, ㈐ 반전된 착오를 일으켜 일정한 동기 없이 영아를 살해한 경우에는 보통살인죄의 죄책을 진다.

(3) 공범

본죄는 살인죄에 대하여 책임이 감경된 감경적 구성요건이므로 공범관계에 있어서는 제33조 단서가 적용된다. 따라서 甲남이 산모 乙을 교사·방조하거나 공동하여 본죄를 범한 때에는 乙은 본죄의 정범이 되지만 甲은 살인죄의 공범(공동정범)이 된다.

(4) 형법 제53조(정상참작감경)의 적용 여부

영아살해죄에 열거된 동기가 또다시 정상참작감경(제53조)의 사유로 참작될 수 있느냐에 관하여 동기가 복합적인 경우, 예컨대 사생아로 심한 기형아를 분만한 궁핍한 생모의 영아살해를 고려한다면 일정한 동기를 영아살해죄의 성립사유로 인정하는 외에 '또 다른 동기'는 정상참작감경(제53조)의 사유로 참작할 수 있다고 보아야 한다(다수설).

2. 촉탁·승낙에 의한 살인죄

> **제252조(촉탁, 승낙에 의한 살인 등)**
> ① 사람의 촉탁이나 승낙을 받아 그를 살해한 자는 1년 이상 10년 이하의 징역에 처한다.

(1) 의의

사람의 촉탁 또는 승낙을 받아 그를 살해함으로써 성립하는 범죄이다(제252조 제1항). 본죄는 피해자의 진지한 촉탁 또는 승낙이 있는 때에는 불법이 감경된다는 데에 근거를 둔 살인죄에 대한 감경적 구성요건이다.

(2) 구성요건

살인죄의 구성요건 이외에 본인의 촉탁 또는 승낙이 있을 것을 요한다.

1) 촉탁과 승낙

㈎ 촉탁·승낙의 의의 : 촉탁이란 이미 죽음을 결의한 피해자의 요구에 의하여 살해의 결의를 하는 것을 말하며, 승낙은 살해의 결의를 한 자가 피해자로부터 이에 대한 동의를 받는 것을 말한다. 승낙은 반드시 명시적으로 행하여질 것을 요하지 아니하나, 촉탁은 직접적·명시적으로 행하여져야 한다. 촉탁 또는 승낙은 살해행위 이전에 있을 것을 요하며, 이는 언제나 취소할 수 있다.

㈏ 촉탁·승낙의 요건 : 촉탁 또는 승낙은 생명의 가치와 반가치를 판단할 수 있는 의사결정능력 있는 자의 자유의사에 기한 하자 없는 진지한 것이어야 한다.

2) 착수시기 및 기수시기 : 행위자가 촉탁·승낙을 받고 살해행위를 개시했을 때 실행의 착수가 인정된다. 따라서 살해의 촉탁·승낙만으로는 불가벌적 예비에 불과하다. 또한 본죄의 기수시기는 촉탁·승낙에 의하여 피해자를 살해한 때이다.

3) 고의 : 본죄가 성립하기 위하여는 촉탁이나 승낙에 의하여 사람을 살해한다는 고의가 있어야 하며, 피해자의 진의에 의한 촉탁 또는 승낙이 있음을 인식하는 것도 고의의 내용이 된다.

(3) 착오

㈎ 촉탁·승낙이 없음에도 있는 것으로 오신한 경우에는 제15조 제1항이 적용되어 촉탁·승낙살인죄가 성립한다(통설). 이와 반대로, ㈏ 촉탁·승낙이 있음에도 없는 것으로 오신한 경우에는 보통살인죄에 대한 고의만 성립하므로 보통살인죄가 성립한다(다수설).

3. 자살교사·방조죄

> **제252조(촉탁, 승낙에 의한 살인 등)**
> ② 사람을 교사하거나 방조하여 자살하게 한 자도 제1항의 형에 처한다.

(1) 의의

사람을 교사하거나 방조하여 자살하게 함으로써 성립하는 범죄이다(제252조 제2항). 자살관여죄라고도 한다. 형법이 자살을 벌하지 아니한다고 하여 타인의 자살에 관여하는 행위까지 당연히 불가벌로 해야 하는 것은 아니다. 타인의 자살에 관여하는 행위는 타인의 생명을 침해하는 행위라고 볼 수 있으므로 자살과는 그 성질을 달리하기 때문이다. 타인의 자살을 교사·방조하는 행위를 처벌하는 형법규정은 총론상의 공범에 대한 규정의 특칙으로서 형법 제31조와 제32조가 적용될 여지가 없다(공범종속성설).

(2) 구성요건

본죄는 사람을 교사 또는 방조하여 자살하게 함으로써 성립한다.

1) **주체** : 제한이 없다.

2) **객체** : 사람이지만, 적어도 자살이 생명을 단절하는 것이라는 것을 이해하고 자유로이 의사결정을 할 능력이 있는 자에 한한다. 따라서 유아와 정신병자는 본죄의 객체가 될 수 없다. 자살의 의미를 이해할 수 있는 능력이 없는 자를 교사·방조하여 자살하게 한 경우에는 살인죄의 간접정범이 성립한다. 또한 자살의 의미를 이해할 수 있는 능력이 있는 자라도 위계·위력에 의해 자살하게 한 때에는 위계·위력에 의한 살인죄가 성립한다.

3) **행위**

㈎ **교사·방조** : 자살을 교사 또는 방조하는 것이다. 교사 또는 방조의 의미에 관하여는 이를 총론상의 교사 또는 방조를 의미하는 것이 아니라 널리 타인의 자살행위에 관여하는 일체의 행위를 포함한다는 견해도 있지만, 총론상의 그것과 구별해야 할 이유는 없다고 할 것이다. 그러나 위계나 위력에 의한 교사로써 자살을 결의하게 한 경우에는 제253조의 살인죄가 성립한다.

㈏ **자살** : 본죄는 교사 또는 방조에 의하여 피교사·방조자가 자살을 함으로써 기수가 된다. 교사 또는 방조와 자살 사이에는 인과관계가 있어야 한다.

㈐ **촉탁·승낙에 의한 살인과의 구별** : 본죄와 촉탁 또는 승낙에 의한 살인을 어떻게 구별할 것이냐가 문제되는바, 본죄는 어디까지나 타인의 범죄에 공범의 형식으로 가담하는 경우임에 반하여, 촉탁·승낙에 의한 살인죄는 살인죄의 정범에 해당한다고 할 것이므로 공범과 정범의 구별기준인 행위지배의 유무에 의하여 그것이 없는 때에만 본죄가 성립한다고 할 것이다.

4) **미수범** : 본죄는 미수범을 처벌하고 있다(제254조). 교사 또는 방조에 의한 자살에 실패하였거나 교사 또는 방조와 자살 사이에 인과관계가 없는 때에는 본죄의 미수에 해당한다는 데 대하여 이론이 없다. 또한 자살을 교사 또는 방조하였으나 피교사·방조자가 자살을 하지 않은 때에도 본죄의 미수에 해당한다. 본죄는 자살의 총칙상의 공범이 아니라 독립된 범죄로서 자살의 교사·방조 그 자체를 실행행위로 보아야 하므로 행위자가 자살을 교사·방조한 때에 실행의 착수가 인정되기 때문이다(통설).

> **제254조(미수범)**
> 전4조의 미수범은 처벌한다.

(3) 합의동사의 문제

합의에 의한 공동자살 내지 정사(情死)를 기도한 자 가운데 한 사람이 살아났을 경우에 생존자를 본죄에 의하여 처벌할 수 있느냐가 문제된다. 합의동사는 자살의 공동정범에 불과하므로 처벌할 수 없다는 견해도 있지만, 통설은 ㈎ 자기는 같이 죽을 의사 없이 동사한다고 상대방을 기망하여 자살하게 한 때에는 위계에 의한 살인죄(제253조)에 해당하며, ㈏ 진정으로 같이 죽을 의사로 죽을 약속을 하고 정사를 기도한 경우에는 타인의 자살을 방조한 사실이 인정되면 당연히 본죄가 성립한다고 한다.

 판례 영아살해죄의 직계존속

- [1] 피고인의 본건 살인, 사체유기의 범죄사실을 인정하기에 충분하고 원심의 증거취사선택에 채증법칙 위반이 있음을 찾아볼 수 없을 뿐 아니라 남녀가 사실상 동거한 관계가 있고 그 사이에 영아가 분만되었다 하여도 그 남자와 영아와의 사이에 법률상 직계존속, 비속의 관계가 있다 할 수 없음으로 원심이 본건을 보통살인죄로 처단하였음에 위법이 없다. [2] <u>남녀가 사실상 동거한 관계가 있고 그 사이에 영아가 분만되었다 하여도 그 남자와 영아와의 사이에 법률상 직계존비속의 관계가 있다 할 수 없으므로 그 남자가 영아를 살해한 경우에는 보통살인죄에 해당한다</u>(대판 1970.3.10. 69도2285). [해설] 법문상 '직계존속'은 법률상 직계존속만으로 이해되어야 하는지, 생부도 포함되는지와 관련하여 형법 해석론(목적론적 해석, 목적론적 축소해석, 문리적 해석 등)의 의미를 생각해볼 계기가 될 수 있는 판례. 대법원은 법률상의 직계존속에 국한시키고 있음.

 판례 자살교사·방조죄의 객체의 능력

- 피고인이 7세, 3세 남짓된 어린자식들에 대하여 함께 죽자고 권유하여 물속에 따라 들어오게 하여 결국 익사하게 하였다면 비록 피해자들을 물속에 직접 밀어서 빠프리지는 않았다고 하더라도 <u>자살의 의미를 이해할 능력이 없고 피고인의 말이라면 무엇이나 복종하는 어린 자식들을 권유하여 익사하게 한 이상 살인죄의 범의는 있었음이 분명하다</u>(대판 1987.1.20. 86도2395). [해설] 7세의 아이는 자살의 의미를 이해할 수 없고 자유로운 의사결정능력이 없으므로 이 경우 살인죄의 간접정범이 성립.

> **판례** 자살교사·방조죄의 행위

① 형법 제252조 제2항의 자살방조죄는 자살하려는 사람의 자살행위를 도와주어 용이하게 실행하도록 함으로써 성립되는 것으로서, 그 방법에는 자살도구인 총, 칼 등을 빌려주거나 독약을 만들어 주거나 조언 또는 격려를 한다거나 기타 적극적, 소극적, 물질적, 정신적 방법이 모두 포함된다 할 것이나, 이러한 자살방조죄가 성립하기 위해서는 그 방조 상대방의 구체적인 자살의 실행을 원조하여 이를 용이하게 하는 행위의 존재 및 그 점에 대한 행위자의 인식이 요구된다 (대판 2005.6.10. 2005도1373, 대판 1992.7.24. 92도1148).

② 자살방조죄는 자살하려는 사람의 자살행위를 도와주어 용이하게 실행하도록 함으로써 성립되는 것으로서, 그 방법에는 자살 도구인 총, 칼 등을 빌려주거나 독약을 만들어 주거나, 조언 또는 격려를 한다거나 기타 적극적, 소극적, 물질적, 정신적 방법이 모두 포함된다(대판 1992.7.24. 92도1148). 피고인이 甲 명의의 유서를 대필하여 주는 방법으로 甲의 자살을 방조하였다는 공소사실로 유죄판결을 받아 확정되었는데, 그 후 재심이 개시된 사안에서, 국립과학수사연구소 감정인 乙이 작성한 감정서 중 유서와 피고인의 필적이 동일하다는 부분은 그대로 믿기 어렵고, 나머지 증거만으로는 공소사실이 증명되었다고 볼 수 없다(대판 2015.5.14. 2014도2946). [해설] 재심으로 무죄판결 확정.

> **판례** 자살교사·방조죄의 고의

① 피고인이 인터넷 사이트 내 자살 관련 카페 게시판에 청산염 등 자살용 유독물의 판매광고를 한 행위가 단지 금원 편취 목적의 사기행각의 일환으로 이루어졌고, 변사자들이 다른 경로로 입수한 청산염을 이용하여 자살한 사정 등에 비추어, 피고인의 행위는 자살방조에 해당하지 않는다고 한 사례(대판 2005.6.10. 2005도1373). [해설] 고의 부정 사례.

② 원심판결 이유에 의하면 원심은, 적법하게 채택한 판시 증거에 의하여 피해자가 이 사건 당일 새벽에 피고인과 말다툼을 하다가 죽고 싶다 또는 같이 죽자고 하며 피고인에게 기름을 사오라는 말을 하였고, 이에 따라 피고인이 피해자에게 휘발유 1병을 사다주었는데 그 직후에 피해자가 몸에 휘발유를 뿌리고 불을 붙여 자살한 사실을 인정한 후 위와 같은 피해자의 자살경위에 피해자의 자녀문제와 고부갈등, 경제적 어려움 등으로 인한 피고인과 피해자 사이의 가정불화 등을 보태어 보면, 피고인이 이 사건 당시 피해자에게 휘발유를 사다주면 이를 이용하여 자살할 수도 있다는 것을 충분히 예상할 수 있었음에도 피해자에게 휘발유를 사다주어 피해자가 자살하도록 방조한 것이라고 판단하였는바, 원심이 판시한 제반 사정에 비추어 보면 원심판단은 위 법리에 따른 것으로서 정당하고, 거기에 자살방조죄의 범의에 관한 법리를 오해한 위법 등이 없다(대판 2010.4.29. 2010도2328). [해설] 고의 인정 사례.

V. 위계·위력에 의한 살인죄

> **제253조(위계 등에 의한 촉탁살인 등)**
> 전조의 경우에 위계 또는 위력으로써 촉탁 또는 승낙하게 하거나 자살을 결의하게 한 때에는 제250조의 예에 의한다.

1. 의의

위계 또는 위력으로써 사람의 촉탁 또는 승낙을 받아 그를 살해하거나, 자살을 결의하게 하여 자살케 함으로써 성립하는 범죄이다(제253조). 형법은 이를 살인죄의 예에 의하여 처벌하고 있다.

2. 구성요건

위계 또는 위력으로써 사람의 촉탁 또는 승낙을 받아 그를 살해하거나, 자살케 함으로써 성립한다. ㈎ 위계란 목적이나 수단을 상대방에게 알리지 아니하고 그의 부지나 착오를 이용하여 그 목적을 달성하는 것을 말하며, 기망뿐만 아니라 유혹도 포함된다. ㈏ 위력이란 사람의 의사를 제압할 수 있는 유형적·무형적인 힘을 말한다. 본죄에 있어서의 위계와 위력은 그 '정도'에 있어서 상대방의 의사결정의 자유를 억압할 만한 것이어야 한다. 이 정도에 못 미친다면 제252조의 죄(촉탁·승낙 살인죄, 자살교사죄)가 성립할 따름이다. 저항할 수 없는 위력(폭력, 협박)을 행사하여 자살하게 한 경우에는 살인죄의 간접정범이 아니라 본죄의 직접정범이 성립한다.

3. 처벌

본죄에 해당한 때에는 제250조의 예에 의한다. 제250조의 예에 의한다고 함은 살인죄나 존속살해죄와 같이 취급한다는 뜻이다. 따라서 본죄의 객체가 자기 또는 배우자의 직계존속인 때에는 존속살해죄의 형으로 처벌받게 된다.

VI. 살인예비·음모죄

> **제255조(예비, 음모)**
> 제250조와 제253조의 죄를 범할 목적으로 예비 또는 음모한 자는 10년 이하의 징역에 처한다.

살인죄, 존속살해죄(제250조) 및 위계·위력에 의한 살인죄(제253조)를 범할 목적으로 예비 또는 음모함으로써 성립한다(제255조).

1. 객관적 요건(예비·음모)

예비란 범죄실행을 위한 외부적 준비행위로서 실행에 착수하지 아니한 것을 말하며, 그것은 기본범죄의 실현에 객관적으로 적합한 행위일 것을 요한다. 음모란 2인 이상의 자 사이에 성립하는 범죄실행의 합의를 말한다.

2. 주관적 요건

본죄가 성립하기 위하여는 주관적 요건으로 예비·음모의 고의 이외에 살인죄, 존속살해죄 및 위계·위력에 의한 살인죄를 범할 목적이 있어야 한다.

> **판례** 살인예비죄의 인정 여부
>
> ① 남파된 간첩이 간첩활동을 저지할 자를 살해할 의사로 무기를 소지하고 있는 것만으로는 본죄가 성립하지 않는다(대판 1950.4.18. 4283형상10). [해설] 살인예비죄 부정 사례.
>
> ② 살해의 용도에 공하기 위하여 흉기를 준비하였다 하더라도 그 흉기로서 살해할 대상자가 확정되지 아니한 한 살인예비죄로 다스릴 수 없다. 따라서 간첩이 간첩활동을 저해하는 자를 살해할 의도로 권총을 휴대하고 남하했다고 하더라도 <u>살해 대상 인물이 특정되지 않은 이상 살인예비죄로 처벌할 수 없다</u>(대판 1959.9.1. 4292형상387, 대판 1959.7.11. 4292형상154). [해설] 살인예비죄 부정 사례.
>
> ③ [1] 형법 제255조, 제250조의 살인예비죄가 성립하기 위하여는 형법 제255조에서 명문으로 요구하는 살인죄를 범할 목적 외에도 살인의 준비에 관한 고의가 있어야 하며, 나아가 실행의 착수까지에는 이르지 아니하는 살인죄의 실현을 위한 준비행위가 있어야 한다. 여기서의 준비행위는 물적인 것에 한정되지 아니하며 특별한 정형이 있는 것도 아니지만, 단순히 범행의 의사 또는 계획만으로는 그것이 있다고 할 수 없고 <u>객관적으로 보아서 살인죄의 실현에 실질적으로 기여할 수 있는 외적 행위를 필요로 한다</u>. [2] <u>甲이 乙을 살해하기 위하여 丙, 丁 등을 고용하면서 그들에게 대가의 지급을 약속한 경우, 甲에게는 살인죄를 범할 목적 및 살인의 준비에 관한 고의뿐만 아니라 살인죄의 실현을 위한 준비행위를 하였음을 인정할 수 있다는 이유로 살인예비죄의 성립을 인정한</u> 사례(대판 2009.10.29. 2009도7150). [해설] 살인예비죄 인정 사례. 살인예비에 요구되는 주관적·객관적 요소와 실행의 착수와의 구별기준에 대해 설시한 판례.

제2절 | 상해와 폭행의 죄

I. 서론

1. 상해와 폭행의 죄의 의의

상해와 폭행의 죄는 사람의 신체에 대한 침해를 내용으로 하는 범죄이다. 신체의 불가침성 내지 신체의 완전성을 보호법익으로 한다.

2. 상해죄와 폭행죄의 관계

(1) 상해죄와 폭행죄의 관계

상해죄와 폭행죄는 모두 신체의 완전성을 보호법익으로 하는 범죄이지만 폭행죄가 형식적으로 사람에 대한 유형력을 행사하는 행위 그 자체를 범죄로 본 것임에 반하여 상해죄는 그 내용을 침해하는 것을 말한다는 견해도 있지만, 상해죄의 미수와 폭행치상죄를 벌함으로써 상해죄와 폭행죄를 엄격히 구별하고 있는 형법의 해석에 있어서는 상해죄는 생리적 기능을, 폭행죄는 신체의 완전성을 침해하는 죄라고 해석하는 것이 타당하다.

(2) 상해죄와 폭행죄의 연관

상해죄와 폭행죄가 구별된다고 할지라도 상해가 대부분 폭행에 의하여 이루어진다는 것을 부정할 수는 없다. 그러나 상해는 반드시 폭행에 의하여 유형적 방법으로만 일어나는 것이 아니라 협박 기타 무형적 방법으로도 생길 수 있다는 점에서 반드시 서로가 연관성을 가지는 것도 아니다.

<상해죄와 폭행죄의 관계>

	상해죄	폭행죄
보호법익	신체의 건강	신체의 건재
성질	침해범	형식범
수단	유형적+무형적	유형적
미수범	처벌	불가벌
소추조건	규정 X	반의사불벌죄

3. 구성요건의 체계

상해의 죄의 기본적 구성요건은 상해죄(제257조 제1항)이며, 이에 대한 가중적 구성요건으로는 존속상해죄(제257조 제2항), 중상해죄·존속중상해죄(제258조), 상해치사죄(제259조) 및 상습상해죄(제264조)가 있다. 폭행의 죄에 관한 기본적 구성요건은 폭행죄(제260조 제1항)이며, 가중적 구성요건으로는 존속폭행죄(제260조 제2항), 상습폭행죄(제264조), 특수폭행죄(제261조) 및 폭행치사상죄(제262조)가 있다.

형법	상해의 죄	기본적 구성요건	상해죄(제257조 제1항)
		가중적 구성요건	존속상해죄(제257조 제2항 ; 신분으로 인한 책임가중), 특수상해죄(제258조의2 ; 행위방법으로 인한 불법가중), 상습상해죄(제264조 ; 상습성으로 인한 책임가중)
		결과적 가중범	중상해죄·존속중상해죄(제258조), 특수중상해죄(제258조의2 제2항), 상해치사죄(제259조)
		미수범	제257조 제1항 및 제2항의 죄(제257조 제3항), 특수상해죄(제258조의2 제3항)
	폭행의 죄	기본적 구성요건	폭행죄(제260조 제1항)
		가중적 구성요건	존속폭행죄(제260조 제2항 ; 신분으로 인한 책임가중), 특수폭행죄(제261조 ; 행위방법으로 인한 불법가중), 상습폭행죄(제264조 ; 상습성으로 인한 책임가중)
		결과적 가중범	폭행치사상죄(제262조)
		미수범	없음

특별형법	폭력행위등처벌에관한법률	2인 이상의 공동상해·폭행(제2조 제2항)
	특정범죄가중처벌등에관한법률	형사사건의 수사·재판과 관련하여 보복 등의 목적으로 상해죄·폭행죄를 범한 자에 대한 가중처벌(제5조의9 제2항)
	가정폭력범죄의처벌에관한특례법	상해·폭행이 가정 구성원 사이에서 발생한 경우의 형사처벌 절차에 관한 특례 및 보호처분 등을 규정

Ⅱ. 상해의 죄

1. 상해죄

상해죄는 상해죄의 기본유형으로서 그 보호법익은 '신체의 건강 내지 생리적 기능'이며, 보호의 정도는 '침해범'이다. 상해죄는 '즉시범'이면서 '상태범'에 속한다.

> **제257조(상해, 존속상해)**
> ① 사람의 신체를 상해한 자는 7년 이하의 징역, 10년 이하의 자격정지 또는 1천만원 이하의 벌금에 처한다.
> ③ 전 2항의 미수범은 처벌한다.

(1) 객관적 구성요건

사람의 신체를 상해함으로써 성립한다.

1) **행위의 객체** : 사람의 신체이다. 여기서 사람이란 살아 있는 타인을 의미하므로 태아는 본죄의 객체가 될 수 없으며, 자상은 본죄의 구성요건에 해당하지 않는다. 그러나 저항할 수 없는 강요 또는 기망에 의한 경우 상해죄의 간접정범은 가능하다.

2) **행위** : 상해하는 것이다. 상해의 의의에 관하여는 ㈎ 이를 생리적 기능의 훼손이라는 견해와, ㈏ 신체의 완전성을 침해하는 것이라는 견해, ㈐ 생리적 기능의 훼손과 신체 외모에 대한 중대한 변화라고 하는 견해 등이 대립하고 있으나, 상해와 폭행을 엄격히 구별하고 있는 형법의 해석에 있어서 상해는 생리적 기능을 훼손하는 행위를 의미한다고 해석하는 견해가 타당하다. 여기서 생리적 기능의 훼손이란 일반적으로 건강침해, 즉 육체적·정신적인 병적 상태의 야기와 증가를 말한다고 할 수 있다. 상해의 수단·방법에는 제한이 없고, 작위뿐만 아니라 부작위로도 가능하다. 또한, 직접적 행위뿐만 아니라 간접적 행위(예컨대 피해자 스스로 부지나 착오를 이용하는 경우)로도 가능하다.

<상해의 개념 및 인정 여부-학설>

학설 \ 사안	생리적 기능의 훼손	신체외관의 중대한 변경	신체외관의 경미한 변경
신체의 완전성 침해설	○	○	○
절충설	○	○	폭행
생리적 기능 훼손설	○	폭행	폭행

(2) 주관적 구성요건

사람의 생리적 기능을 훼손한다는 인식과 의사, 즉 상해의 고의가 있어야 한다. 그것은 미필적 고의로도 족하다. 따라서 상해의 고의 없이 폭행의 의사로 상해의 결과를 발생한 때에는 폭행치상죄(제262조)가 성립한다. 그러나 판례는 폭행에 대한 인식이 있으면 충분하고 상해를 가할 의사의 존재까지는 필요하지 않다는 입장이다.

(3) 위법성

본죄의 위법성은 정당방위 등 위법성조각사유의 존재에 의하여 조각될 수 있음은 당연하지만, 특히 문제되는 것은 다음과 같은 것이 있다.

1) **피해자의 승낙** : 신체도 법익주체가 처분할 수 있는 법익이지만, 사람의 신체는 생명의 기초가 되는 중요한 법익임을 고려할 때 상해행위 그 자체가 사회상규에 위배되지 않는 한도에서 피해자의 승낙이 위법성을 조각할 수 있다(통설). 예를 들어, 장기제공자의 승낙에 의하여 장기적출하는 행위는 장기등이식에관한법률 제22조에 의하여 위법성이 조각된다. 병역기피를 위한 상해, 싸움에 의한 상해 등은 위법성이 조각되지 않는다.

2) **의사의 치료행위** : ㈎ 종래의 통설·판례에 의하면 의사의 치료행위는 그 성공 여부를 묻지 아니하고 상해죄의 구성요건에 해당하지만, 정당행위로서 위법성이 조각된다고 한다. 그러나 ㈏ 치료행위는 전반적·통일적으로 판단하여야 할 것이므로 성공한 치료행위는 본죄의 구성요건에 해당하지 아니하며, 실패한 치료행위라 할지라도 의술의 법칙에 따르는 이상 상해의 고의를 인정할 수 없으므로 치료행위는 본죄의 구성요건에 해당하지 않는다고 하는 것이 타당하다. 그러나 ㈐ 의사의 질병예방을 위한 조치나 진단을 위한 검사에 의하여 일어난 신체에 대한 상해와 같은 치료유사행위는 치료행위가 아니므로 피해자의 승낙에 의하여 위법성이 조각된다고 할 수 있다.

3) **징계행위** : 징계권행사의 범위는 교육목적을 달성하는 데 필요하고 적절한 정도에 그쳐야 할 것이므로 징계권의 행사로 사람의 신체를 상해하는 것은 원칙적으로 본죄의 위법성을 조각한다고 할 수 없다.

(4) 미수

상해의 고의로 폭력(유형력)을 행사하였으나 상해의 결과가 발생하지 않은 경우 상해미수죄가 성립하고, 폭행죄는 성립하지 않는다. 폭행의 고의로 폭력을 행사하여 상해의 결과가 발생하면 상해죄가 성립하는 것이 아니라 폭행치상죄가 성립한다. 상해죄와 폭행죄는 고의의 내용에 의하여 구별된다.

(5) 죄수

사람의 신체에 대한 범죄로서 일신전속적 법익에 대한 침해를 수반하므로 피해자의 수에 따라 죄수를 결정하게 된다.

판례 | 자상행위를 이용한 상해

① 피고인이 피해자를 협박하여 그로 하여금 자상케 한 경우에 피고인에게 상해의 결과에 대한 인식이 있고 또 그 협박의 정도가 피해자의 의사결정의 자유를 상실케 함에 족한 것인 이상 피고인에 대하여 상해죄를 구성한다(대판 1970.9.22. 70도1638). [해설] 상해죄 또는 살인죄에서 말하는 사람이란 자기 자신 이외의 타인을 의미하므로, 사람이 스스로 자신의 신체를 상해하거나 자살을 감행하다 미수에 그친 경우 그 사람을 상해죄 또는 살인미수죄로 처벌하는 것은 허용되지 않음. 그러나 타인에게 자살을 강요하여 그로 하여금 사망하게 한 경우에는 위계·위력에 의한 살인죄(형법 제253조)로 처벌되고, 타인에게 자상을 강요하여 그로 하여금 스스로 (중)상해를 입게 한 경우에는 (중)상해죄의 간접정범으로 처벌된다는 사례.

② 예외적으로 특별법(병역법 제86조·군형법 제41조 제1항 등)에 의한 처벌은 가능하다. 병역법 제86조는 "병역의무를 기피하거나 감면받을 목적으로 도망하거나 행방을 감춘 때 또는 신체손상이나 사위행위를 한 사람은 1년 이상 3년 이하의 징역에 처한다"라고 규정하므로, 그 구성요건은 행위자가 병역의무를 기피할 목적이나 그 의무를 감경 또는 면제받을 목적을 가지고 그 목적달성을 위하여 도망하거나 행방을 감추거나 신체손상을 하거나 사위행위를 한 경우에 충족되는 것으로서, 그 범죄의 실행행위에는 도망하거나 행방을 감추거나 신체손상을 하는 외에 병역의무의 기피 또는 감면의 목적을 가진 그 밖의 사위행위 전부가 포함되도록 규정되어 있음이 분명하고, 그 구성요건 중의 여러 행위유형들 중 도망하거나 행방을 감추거나 사위행위를 하는 경우 그 행위가 영속적인 경우이거나 일시적인 경우이거나 모두 포함되는 것이며 실제로 그 행위로써 병역의무의 기피 또는 감면의 결과가 발생하여야 하는 것도 아닌 즉성범이라 할 것이니, 그 행위유형 중의 하나인 '신체손상'의 개념은 신체의 완전성을 해하거나 생리적 기능에 장애를 초래하는 '상해'의 개념과 일치되어야 하는 것은 아니며 병역의무의 기피 또는 감면사유에 해당되도록 신체의 변화를 인위적으로 조작하는 행위까지를 포함하는 개념이다(대판 2004.3.25. 2003도8247). [해설] 형법상 상해죄의 개념과 병역법의 신체손상의 의미내용과 그 차이, 자살과 달리 자상과 자기 신체손상에 대한 현행법의 처벌규정의 특징 및 위임입법이 한계 등을 다루고 있는 판결.

판례 | 상해의 개념

① 상해죄의 성립에는 상해의 고의와 신체의 완전성을 해하는 행위 및 이로 인하여 발생하는 인과관계 있는 상해의 결과가 있어야 하므로 상해죄에 있어서는 신체의 완전성을 해하는 행위와 그로 인한 상해의 부위와 정도가 증거에 의하여 명백하게 확정되어야 하고, 상해부위의 판시 없는 상해죄의 인정은 위법하다(대판 1982.12.28. 82도2588). [해설] 신체의 완전성침해설.

② [1] 피고인과 그의 공범들이 피해자를 피고인 경영의 초밥집에 불러내어 22:00경부터 그 다음날 02:30경까지 사이에 회칼로 죽여버리겠다거나 소주병을 깨어 찌를 듯한 태도를 보이면서 계속하여 협박하다가 손바닥으로 피해자의 얼굴과 목덜미를 수 회 때리자, 피해자가 극도의 공포감을 이기지 못하고 기절하였다가 피고인 등이 불러온 119 구급차 안에서야 겨우 정신을 차리고 인근 병원에까지 이송된 사실이 명백히 인정되는바, 이와 같이 오랜 시간 동안의 협박과 폭행을 이기지 못하고 실신하여 범인들이 불러온 구급차 안에서야 정신을 차리게 되었다면, 외부적으로 어떤 상처가 발생하지 않았다고 하더라도 생리적 기능에 훼손을 입어 신체에 대한 상해가 있었다고 봄이 상당하므로,

원심판결에 논하는 바와 같은 채증법칙 위반이나 상해죄에 관한 법리오해의 위법이 있다고 할 수 없고, 또 위와 같은 상해사실이 피해자와 피고인의 공범들의 진술 및 소방서장의 구급활동사항 통보서의 기재에 의하여 충분히 인정되는 이상, 원심이 의사의 진단서에 의하지 아니하고 상해사실을 인정하였다거나 또는 범죄사실에 치료일수가 명시되지 않았다고 하여 위법이라고 할 수도 없다. [2] 오랜 시간 동안의 협박과 폭행을 이기지 못하고 실신하여 범인들이 불러온 구급차 안에서야 정신을 차리게 되었다면, <u>외부적으로 어떤 상처가 발생하지 않았다고 하더라도 생리적 기능에 훼손을 입어 신체에 대한 상해가 있었다</u>고 본 사례(대판 1996.12.10. 96도2529). [해설] 생리적 기능훼손설.

③ 성폭력범죄의처벌및피해자보호등에관한법률 제9조 제1항의 상해는 <u>피해자의 신체의 완전성을 훼손하거나 생리적 기능에 장애를 초래하는 것으로, 반드시 외부적인 상처가 있어야만 하는 것이 아니고, 여기서의 생리적 기능에는 육체적 기능뿐만 아니라 정신적 기능도 포함된다</u>(대판 1999.1.26. 98도3732). [해설] 신체의 완전성침해설 및 생리적 기능훼손설.

④ <u>강제추행치상죄에 있어서의 상해는 피해자의 신체의 건강상태가 불량하게 변경되고 생활기능에 장애가 초래되는 것을 말하는 것으로서, 신체의 외모에 변화가 생겼다고 하더라도 신체의 생리적 기능에 장애를 초래하지 아니하는 이상 상해에 해당한다고 할 수 없다.</u> 음모는 성적 성숙함을 나타내거나 치부를 가려주는 등의 시각적·감각적인 기능 이외에 특별한 생리적 기능이 없는 것이므로, 피해자의 음모의 모근(毛根) 부분을 남기고 모간(毛幹) 부분만을 일부 잘라냄으로써 음모의 전체적인 외관에 변형만이 생겼다면, 이로 인하여 피해자에게 수치심을 야기하기는 하겠지만, 병리적으로 보아 피해자의 신체의 건강상태가 불량하게 변경되거나 생활기능에 장애가 초래되었다고 할 수는 없을 것이므로, 그것이 폭행에 해당할 수 있음은 별론으로 하고 강제추행치상죄의 상해에 해당한다고 할 수는 없다(대판 2000.3.23. 99도3099). [해설] 생리적 기능훼손설.

판례 상해 해당 여부

① 타인의 신체에 폭행을 가하여 보행불능, 수면장애, 식욕감퇴 등 기능의 장해를 일으킨 때에는 형법상 상해를 입힌 경우에 해당한다(대판 1969.3.11. 69도161).

② 강간 도중 흥분하여 피해자의 왼쪽 어깨를 입으로 빨아서 생긴 동전크기 정도의 반상출혈상은 별다른 통증이나 자각증상도 없어 피해자는 그 상처를 알아차릴 수도 없었는데 의사가 진찰을 하던 과정에서 우연히 발견한 것이고 의학상 치료를 받지 아니하더라도 자연흡수되어 보통 1주 정도가 지나면 자연치유되는 것으로서 인체의 생활기능에 장애를 주고 건강상태를 불량하게 변경하는 것이 아니어서 강간치상죄의 상해에 해당한다 할 수 없다(대판 1986.7.8. 85도2042).

③ 난소의 제거로 이미 임신불능 상태에 있는 피해자의 자궁을 적출했다 하더라도 그 경우 자궁을 제거한 것이 신체의 완전성을 해한 것이 아니라거나 생활기능에 아무런 장애를 주는 것이 아니라거나 건강상태를 불량하게 변경한 것이 아니라고 할 수 없고 이는 업무상 과실치상죄에 있어서의 상해에 해당한다(대판 1993.7.27. 92도2345).

④ 피고인이 피해자와 연행문제로 시비하는 과정에서 치료도 필요 없는 가벼운 상처를 입었으나,

그 정도의 상처는 일상생활에서 얼마든지 생길 수 있는 극히 경미한 상처이므로 굳이 따로 치료할 필요도 없는 것이어서 그로 인하여 인체의 완전성을 해하거나 건강상태를 불량하게 변경하였다고 보기 어려우므로, 피해자가 약 1주 간의 치료를 요하는 좌측팔 부분의 동전크기의 멍이 든 것이 상해죄에서 말하는 상해에 해당되지 않는다고 본 원심의 판단을 수긍한 사례이다(대판 1996.12.23. 96도2673).

판례 상해죄의 고의

① <u>수인이 가벼운 상해 또는 폭행 등의 범의로 범행 중 1인의 소위로 살인의 결과를 발생케 한 경우, 그 나머지 자들은 상해 또는 폭행죄 등과 결과적 가중범의 관계에 있는 상해치사 또는 폭행치사 등의 죄책은 면할 수 없다</u>고 하더라도 위 살인 등 소위는 전연 예기치 못하였다 할 것이므로 그들에게 살인죄의 책임을 물을 수는 없다 할 것이다(대판 1984.10.5. 84도1544).

② [1] <u>상해죄는 결과범이므로 그 성립에는 상해의 원인인 폭행에 관한 인식이 있으면 충분하고 상해를 가할 의사의 존재는 필요하지 않으나, 폭행을 가한다는 인식이 없는 행위의 결과로 피해자가 상해를 입었던 경우에는 상해죄가 성립하지 아니한다.</u> [2] 이 사건에서 원심이 적법하게 확정한 바에 의하면 피고인은 피해자 백남식이 경영하는 포장마차 식당에서 공소외 김덕수와 술내기 팔씨름을 하여 피고인이 이겼는데도 위 김덕수가 다시 한번 하자고 덤벼들자 피고인은 식탁위에 있던 식칼을 집어들고 자신의 팔뚝을 1회 그어 자해하고, 이를 제지하려고 피해자가 양팔로 피고인을 뒤에서 붙잡자 그 제지를 벗어나려고 식칼을 잡은채 이를 뿌리친 잘못으로 이 사건 상해를 입혔다는 것으로서 <u>피고인에게는 폭행에 대한 인식마저 인정할 수 없다는 취지이므로 피고인이 폭행을 가한다는 인식없는 행위의 결과로 피해자가 상해를 입었다 하여도 상해죄를 구성하지 않는다는 취지의 원심판단은 정당하고</u>, 원심의 위 인정판단에 소론의 상해죄의 범의에 관한 법리오해의 위법이 있다고는 할 수 없다(대판 2000.7.4. 99도4341, 대판 1983.3.22. 83도231). [해설] 상해죄는 폭행죄와 구별되는 범죄로 이해되고 있으나 대법원은 최근까지 상해를 폭행죄의 결과적 가중범과 같이 이해하는 듯한 태도를 보여주는 판결. 대판 1984.10.5. 84도1544 판결에서는 상해와 폭행의 고의는 구별되는 입장에서 출발하고 있음을 보여주고 있어, 비교 검토가치가 있는 판결.

판례 운동경기 중의 상해

- [1] <u>골프와 같은 개인 운동경기에 참가하는 자는 자신의 행동으로 인해 다른 사람이 다칠 수도 있으므로, 경기 규칙을 준수하고 주위를 살펴 상해의 결과가 발생하는 것을 미연에 방지해야 할 주의의무가 있고, 이러한 주의의무는 경기보조원에 대하여도 마찬가지이다. 다만, 운동경기에 참가하는 자가 경기규칙을 준수하는 중에 또는 그 경기의 성격상 당연히 예상되는 정도의 경미한 규칙위반 속에 제3자에게 상해의 결과를 발생시킨 것으로서, 사회적 상당성의 범위를 벗어나지 아니하는 행위라면 과실치상죄가 성립하지 않는다. 그러나 골프경기를 하던 중 골프공을 쳐서 아무도 예상하지 못한 자신의 등 뒤편으로 보내어 등 뒤에 있던 경기보조원(캐디)에게 상해를 입힌 경우에는 주의의무를 현저히 위반하여 사회적 상당성의 범위를 벗어난 행위로서 과실치상죄가 성립한다.</u> [2] 같은 취지에서 원심이 채용

증거를 종합하여 피고인이 골프장에서 골프경기를 하던 중 피고인의 등 뒤 8m 정도 떨어져 있던 경기보조원을 골프공으로 맞혀 상해를 입힌 사실을 인정하여 과실치상죄를 인정하고, 피해자가 경기보조원으로서 통상 공이 날아가는 방향이 아닌 피고인 뒤쪽에서 경기를 보조하는 등 경기보조원으로서의 기본적인 주의의무를 마친 상태였고, 자신이 골프경기 도중 상해를 입으리라고 쉽게 예견하였을 것으로 보이지 않으므로, 피해자의 명시적 혹은 묵시적 승낙이 있었다고 보기 어렵다는 이유로 위법성이 조각된다는 피고인의 주장을 배척한 것은 사실심 법관의 합리적인 자유심증에 따른 것으로서 정당하고 거기에 상고이유로 주장하는 바와 같은 채증법칙 위반, 법리오해 등의 위법이 없다(대판 2008.10.23. 2008도6940). **[해설]** 운동경기 중에 발생하는 상해결과에 대한 책임의 판단기준으로 주의의무위반 및 사회적 상당성의 의미를 보여준 판례.

 판례 　상해죄의 죄수

- 상해를 입힌 행위가 동일한 일시, 장소에서 동일한 목적으로 저질러진 것이라 하더라도 피해자를 달리하고 있으면 피해자별로 각각 별개의 상해죄를 구성한다고 보아야 할 것이고 1개의 행위가 수개의 죄에 해당하는 경우라고 볼 수 없다(대판 1983.4.26. 83도524).

2. 존속상해죄

> **제257조(상해, 존속상해)**
> ② 자기 또는 배우자의 직계존속에 대하여 제1항의 죄를 범한 때에는 10년 이하의 징역 또는 1천500만원 이하의 벌금에 처한다.
> ③ 전 2항의 미수범은 처벌한다.

자기 또는 배우자의 직계존속의 신체를 상해함으로써 성립하는 범죄이다(제257조 제2항). 상해죄에 대하여 신분관계로 인하여 책임이 가중되는 가중적 구성요건이다(부진정신분범).

3. 중상해죄·존속중상해죄

> **제258조(중상해, 존속중상해)**
> ① 사람의 신체를 상해하여 생명에 대한 위험을 발생하게 한 자는 1년 이상 10년 이하의 징역에 처한다.
> ② 신체의 상해로 인하여 불구 또는 불치나 난치의 질병에 이르게 한 자도 전항의 형과 같다.
> ③ 자기 또는 배우자의 직계존속에 대하여 전2항의 죄를 범한 때에는 2년 이상 15년 이하의 징역에 처한다.

(1) 의의와 법적 성격

1) **의의** : 중상해죄는 사람의 신체를 상해하여 ㈎ 생명에 대한 위험을 발생하게 하거나, ㈏ 불구에 이르게 하거나, ㈐ 불치나 난치의 질병에 이르게 함으로써 성립하는 범죄이다(제258조 제1항·제2항). 존속중상해죄는 자기 또는 배우자의 직계존속에 대하여 위의 죄를 범함으로써 성립하는 범죄이다(제258조 제3항).

2) **법적 성격** : ㈎ 본죄를 결과적 가중범이 아니라고 해석하는 견해도 있지만, ㈏ 형법은 본죄의 미수범을 처벌하지 않을 뿐만 아니라 본죄가 단순히 상해의 고의만 있으면 성립한다고 해석하는 것

은 결과책임을 인정하는 것이 되므로, 본죄는 중한 결과를 과실로 발생하게 한 경우뿐만 아니라 중한 결과에 대하여 고의가 있는 경우에도 성립하는 부진정결과적 가중범이라고 해석하는 통설이 타당하다.

(2) 중한 결과

본죄가 성립하기 위하여는 생명에 대한 위험, 불구, 불치 또는 난치의 질병이라는 중한 결과가 발생하여야 한다. ㈎ 생명에 대한 위험을 발생하게 한다는 것은 생명에 대한 구체적인 위험을 의미하며, 보통 치명상을 가한 경우를 말한다. ㈏ 불구란 신체조직에 있어서 고유한 기능을 가지고 있는 중요부분의 상실을 말한다. ㈐ 불치 또는 난치의 질병이란 치료의 가능성이 없거나 희박한 질병을 말한다. 이러한 질병은 육체적 질병 이외에 정신적 질환을 포함하나, 인공적 장치에 의하여 대체될 수 있는 경우이거나 흉터가 없어지지 않는 경우 등은 불치 또는 난치의 질병이라 할 수 없다.

(3) 주관적 구성요건

상해에 대한 고의와 중한 결과로서 중상해에 대한 과실 또는 고의가 있어야 한다.

(4) 적용범위

본죄가 성립하려면 상해의 고의가 있어야 함은 당연하다. 폭행의 의사로 본죄의 결과를 낸 경우에도 본죄가 성립할 것인가에 관하여 견해의 대립이 있으나, 본죄의 성질과 제262조의 규정의 내용에 비추어 보면 폭행의 고의로 중상해의 결과를 발생케 한 때에는 폭행치상죄가 성립하고, 다만 본죄의 예에 의하여(본죄의 형으로) 처벌된다고 해야 할 것이다.

> **판례** 법률상의 직계존속
>
> - 친자관계라는 사실은 호적상의 기재 여하에 의하여 좌우되는 것은 아니며 호적상 친권자라고 등재되어 있다 하더라도 사실에 있어서 그렇지 않은 경우에는 법률상 친자관계가 생길 수 없다 할 것인바, <u>피고인은 호적부상 피해자와 모 사이에 태어난 친생자로 등재되어 있으나 피해자가 집을 떠난 사이 모가 타인과 정교관계를 맺어 피고인을 출산하였다면 피고인과 피해자 사이에는 친자관계가 없으므로 존속상해죄는 성립될 수 없다</u>(대판 1983.6.28. 83도996).

> **판례** 중상해
>
> - [1] 형법 제258조 제1항, 제2항에서 정하는 중상해는 사람의 신체를 상해하여 생명에 대한 위험을 발생하게 하거나, 신체의 상해로 인하여 불구 또는 불치나 난치의 질병에 이르게 한 경우에 성립한다. [2] <u>1~2개월 간 입원할 정도로 다리가 부러진 상해 또는 3주간의 치료를 요하는 우측흉부 자상이 중상해에 해당하지 않는다</u>고 한 사례(대판 2005.12.9. 2005도7527).

4. 특수상해죄

> **제258조의2(특수상해)**
> ① 단체 또는 다중의 위력을 보이거나 위험한 물건을 휴대하여 제257조제1항 또는 제2항의 죄를 범한 때에는 1년 이상 10년 이하의 징역에 처한다.
> ② 단체 또는 다중의 위력을 보이거나 위험한 물건을 휴대하여 제258조의 죄를 범한 때에는 2년 이상 20년 이하의 징역에 처한다.
> ③ 제1항의 미수범은 처벌한다.

특수상해죄는 단체 또는 다중의 위력을 보이거나 위험한 물건을 휴대하여 상해죄, 존속상해죄, 중상해죄를 범함으로써 성립하는 범죄이다. 행위방법의 위험성 때문에 상해죄, 존속상해죄, 중상해죄에 대해서 불법이 가중되는 구성요건이다.

5. 상해치사죄·존속상해치사죄

> **제259조(상해치사)**
> ① 사람의 신체를 상해하여 사망에 이르게 한 자는 3년 이상의 유기징역에 처한다.
> ② 자기 또는 배우자의 직계존속에 대하여 전항의 죄를 범한 때에는 무기 또는 5년 이상의 징역에 처한다.

(1) 구성요건

사람의 신체를 상해하여 사망에 이르게 함으로써 성립하는 상해죄에 대한 결과적 가중범이다(제259조). 따라서 본죄가 성립하기 위하여는 결과적 가중범의 일반원리에 따라 상해와 사망의 결과 사이에 인과관계가 있어야 하며, 사망의 결과에 대한 예견가능성, 즉 과실이 있을 것을 요한다.

1) **인과관계** : 상해와 결과 사이의 인과관계는 합법칙적 조건설에 따라 그 행위와 합법칙적으로 연관되어 결과가 실현된 경우에 인정된다. 다만 사망의 결과는 상해로 인하여 직접 실현될 것임을 요하므로 사망의 결과가 제3자의 행위에 의하여 실현되었거나 피해자가 스스로 야기한 때에는 행위자에게 귀속시킬 수 없게 된다.

2) **예견가능성** : 행위자는 사망의 결과를 예견할 수 있어야 한다. 통설은 결과에 대한 예견가능성을 과실과 같은 의미로 해석하고 있다.

(2) 공동정범

결과적 가중범인 본죄의 공동정범이 가능한가에 관하여 대법원은 상해치사죄의 공동정범은 죽일 의사 없이 폭행 기타 신체침해행위를 공동으로 할 의사가 있으면 성립되고 결과를 공동으로 할 의사는 필요 없다는 이유로 공동정범의 성립을 인정하고 있다.

(3) 존속상해치사죄

자기 또는 배우자의 직계존속의 신체를 상해하여 사망에 이르게 함으로써 성립한다. 상해치사죄에 대하여 신분관계로 책임이 가중되는 가중적 구성요건이다.

판례 | 상해치사죄의 인과관계

① 피해자가 충분한 치료를 받지 아니하여 사망한 경우에도 인과관계는 인정된다고 하여, 상해행위가 사망의 결과에 대한 유일한 원인이 될 것을 요하지 않는다고 한다(대판 1961.9.21. 4294형상447).

② 피고인의 강타로 인하여 임신 7개월의 피해자가 지상에 넘어져서 4일 후에 낙태하고 위 낙태로 유발된 심근경색증으로 죽음에 이르게 된 경우 피고인의 구타행위와 피해자의 사망 간에는 인과관계가 있다(대판 1972.3.28. 72도296).

③ [1] 피고인이 이 사건 범행일시경 계속 교제하기를 원하는 자신의 제의를 피해자가 거절한다는 이유로 얼굴을 주먹으로 수회 때리자 피해자는 이에 대항하여 피고인의 손가락을 깨물고 목을 할퀴게 되었고, 이에 격분한 피고인이 다시 피해자의 얼굴을 수회 때리고 발로 배를 수회 차는 등 폭행을 하므로 피해자는 이를 모면하기 위하여 도로 건너편의 추어탕 집으로 도망가 도움을 요청하였으나, 피고인은 이를 뒤따라 도로를 건너간 다음 피해자의 머리카락을 잡아 흔들고 얼굴 등을 주먹으로 때리는 등 폭행을 가하였고, 이에 견디지 못한 피해자가 다시 도로를 건너 도망하자 피고인은 계속하여 쫓아가 주먹으로 피해자의 얼굴 등을 구타하는 등 폭행을 가하여 전치 10일간의 흉부피하출혈상 등을 가하였고, 피해자가 위와 같이 계속되는 피고인의 폭행을 피하려고 다시 도로를 건너 도주하다가 차량에 치여 사망한 사실을 인정한 다음, 위와 같은 사정에 비추어 보면 피고인의 위 상해행위와 피해자의 사망 사이에 상당인과관계가 있다고 하여 피고인을 상해치사죄로 처단한 제1심의 판단을 유지하고 있는바, 기록에 의하여 살펴보면, 원심의 사실인정과 피고인의 위 상해행위와 피해자의 사망 사이에 상당인과관계가 있다고 본 원심의 판단은 모두 정당한 것으로 수긍이 되고, 거기에 소론과 같이 필요한 심리를 다하지 아니하여 사실을 오인한 위법이나 상해치사죄의 법리를 오해한 위법이 있다고 할 수 없다. [2] <u>상해행위를 피하려고 하다가 차량에 치어 사망한 경우 상해행위와 피해자의 사망 사이에 상당인과관계가 있다</u>(대판 1996.5.10. 96도529).

판례 | 상해치사죄의 예견가능성

① "안면·흉부 등 중요부위를 강타해 정신흥분과 혈압항진으로 사망한 경우"에도 이는 누구나 예견 가능하다고 보고 있다(대판 1981.3.10. 80도3321).

② 사람의 얼굴과 가슴에 대한 가격은 신체기능에 중대한 지장을 초래할 수 있고 더구나 두뇌 부위에 대하여 두개골 결손을 가져올 정도로 타격을 가할 경우에 치명적인 결과를 가져올 수 있다는 것은 누구나 예견할 수 있는 일이다(대판 1984.12.11. 84도2183).

③ 교사자가 피교사자에 대하여 상해 또는 중상해를 교사하였는데 피교사자가 이를 넘어 살인을 실행한 경우 일반적으로 교사자는 상해죄 또는 중상해죄의 교사범이 되지만 이 경우 <u>교사자에게 피해자의 사망이라는 결과에 대하여 과실 내지 예견가능성이 있는 때에는 상해치사죄의 교사범으로서의 죄책</u>을 지울 수 있다(대판 1993.10.8. 93도1873).

④ [1] 피고인이 1993. 10. 3. 01:50경 피해자와 함께 낙산비치호텔 325호실에 투숙한 다음 손으로 피해자의 뺨을 수회 때리고 머리를 벽쪽으로 밀어 붙이며 붙잡고 방바닥을 뒹구는 등 하다가

피해자의 어깨를 잡아 밀치고 손으로 우측 가슴부위를 수회 때리고 멱살을 잡아 피해자의 머리를 벽에 수회 부딪치게 하고 바닥에 넘어진 피해자의 우측 가슴부위를 수회 때리고 밟아서 피해자에게 우측 흉골골절 및 우측 제2, 3, 4, 5, 6번 늑골골절상과 이로 인한 우측심장벽좌상과 심낭내출혈 등의 상해를 가함으로써, 피해자가 바닥에 쓰러진 채 정신을 잃고 빈사상태에 빠지자, 피해자가 사망한 것으로 오인하고 피고인의 위와 같은 행위를 은폐하고 피해자가 자살한 것처럼 가장하기 위하여, 같은 날 03:10경 피해자를 베란다로 옮긴 후 베란다 밑 약 13미터 아래의 바닥으로 떨어뜨려 피해자로 하여금 현장에서 좌측 측두부 분쇄함몰골절에 의한 뇌손상 및 뇌출혈 등으로 사망에 이르게 하였다면, 피고인의 판시 소위는 포괄하여 단일의 상해치사죄에 해당한다고 할 것이다. [2] <u>상해로 피해자가 바닥에 쓰러진 채 정신을 잃고 빈사상태에 빠지자 피해자가 사망한 것으로 오인하고, 피해자가 자살한 것처럼 가장하기 위하여 베란다 밑으로 떨어뜨려 사망에 이르게 하였다면, 위 행위는 포괄하여 단일의 상해치사죄에 해당한다</u>(대판 1994.11.4. 94도2361). [해설] 단일의 상해치사죄가 성립한다는 판결.

6. 형법 제263조 상해죄의 동시범의 특례

> **제263조(동시범)**
> 독립행위가 경합하여 상해의 결과를 발생하게 한 경우에 있어서 원인된 행위가 판명되지 아니한 때에는 공동정범의 예에 의한다.

(1) 의의

형법 제263조는 상해죄에 관하여 동시범의 특례를 인정하여 '독립행위가 경합하여 상해의 결과를 발생하게 한 경우에 있어서 원인된 행위가 판명되지 아니한 때에는 공동정범의 예에 의한다'고 규정하여 형법 제19조의 예외를 인정하고 있다.

(2) 법적 성질

1) **견해의 대립** : 상해죄에 대한 동시범의 특례를 인정한 본조의 성질에 관하여는 ㈎ 피고인에게 자기의 행위로 인하여 상해의 결과가 발생하지 않았음을 증명할 거증책임을 지운 것이라는 거증책임전환설, ㈏ 입증의 곤란을 구제하기 위하여 공동정범에 관한 법률상의 책임의 추정을 규정한 것이라는 법률상추정설, ㈐ 소송법상으로는 거증책임의 전환으로서의 성질을 가지며 실체법상으로는 공동정범의 범위를 확장시키는 의제를 한 것이라는 이원설이 대립하고 있다.

2) **비판** : 법률상의 추정을 인정하는 것은 형사소송법의 기본원칙인 자유심증주의와 실체진실주의에 반하는 것이므로, 법률상추정설이나 이를 전제로 하는 이원설은 타당하다고 할 수 없다. 따라서 본조를 거증책임의 전환이라고 해석하는 다수설이 타당하다.

(3) 특례의 적용요건

1) **독립행위의 경합** : 독립행위가 경합한다 함은 두 개 이상의 행위가 서로 의사의 연락 없이 같은 객체에 대하여 행하여지는 것을 말한다. 독립행위는 적어도 동일한 시간 내지 근접한 시간에 걸쳐서 행하여질 것을 요한다는 견해도 있지만, 형법 제19조와 본조의 입법취지에 비추어 이시의 독립행위가 경합한 때에도 본조가 적용된다고 할 것이다. 대법원도 같은 취지로 판시하고 있다.

2) **상해의 결과** : 상해의 결과가 발생하여야 한다. 상해행위에 의한 것이건 폭행행위에 의한 것이건 묻지 않는다.

3) **원인의 불판명** : 원인된 행위가 판명된 때에는 각자가 자기의 행위로부터 발생한 결과에 대하여 책임을 지게 될 뿐이다.

(4) **효과**

공동정범의 예에 의하게 된다. 이는 상호 의사연락이 없는 경우에도 공동정범과 같이 취급하여 발생한 결과에 대하여 기수로 처벌한다는 의미이다. 즉, 상해의 동시범에 있어서는 서로 의사의 연락이 없고 원인된 행위가 판명되지 않더라도 각자가 상해의 결과에 대하여 상해죄 또는 폭행치상죄로서 책임을 지게 된다.

(5) **특례의 적용범위**

형법 제263조가 상해죄와 폭행치상죄에 대하여 적용된다는 점에는 이론이 없지만, 다음의 경우에 본조의 적용 여부가 문제된다.

1) **상해치사죄·폭행치사죄** : 동시범의 특례가 상해치사죄에 대하여도 적용되느냐에 관하여는 ㈎ 상해치사에 이른 때에도 적용된다는 견해와, ㈏ 상해치사죄에는 적용될 수 없다는 견해가 대립하고 있으며, ㈐ 대법원은 폭행치사 또는 상해치사의 경우에도 본조가 적용된다고 판시하고 있다. ㈑ 상해의 결과가 발생한 경우에 동시범의 특례가 인정되어 공동정범의 예에 의하는 이상 상해치사죄의 공동정범이 될 수 있느냐는 결과적 가중범의 공동정범의 문제가 된다. 따라서 사망의 결과에 대하여 인과관계가 있고 결과에 대한 예견가능성이 있는 때에만 상해치사죄의 공동정범이 된다고 할 것이고, 폭행치사죄의 경우에는 상해의 결과가 발생한 것이 아니므로 본조는 적용될 여지가 없다고 해야 한다(私見).

2) **강간치상죄·강도치상죄** : 본죄는 폭행과 상해의 죄에 관한 특례규정이므로 그 보호법익을 달리하는 강간치상죄나 강도치상죄에는 적용되지 않는다고 해야 한다. 이를 인정하면 유추해석을 인정하는 결과가 되기 때문이다. 대법원도 강간치상죄에는 동시범의 특례가 적용되지 않는다고 판시하고 있다.

3) **과실치사상죄** : 이 경우에도 형법 제263조가 적용될 것인가에 대해서 긍정설과 부정설 그리고 과실치상죄에 대해서는 형법 제263조를, 과실치사죄에 대해서는 형법 제19조를 적용하자는 이분설이 대립되어 있다. 형법 제263조의 적용범위를 제한해야 한다는 측면에서 부정설이 타당하다고 할 것이다.

 **판 례** 상해치사죄와 폭행치사죄의 동시범

① 수인이 각기 폭행을 가하여 평소 고혈압증세가 심한 피해자가 흥분되고 이에 따른 혈압상승으로 뇌출혈을 일으켜 사망케 했다면 수인의 각 폭행치사는 공동정범의 예에 따라 처벌된다(대판 1970.6.30. 70도991).

② 동시범의 특례를 규정한 형법 제263조는 상해치사죄에도 적용된다(대판 1985.5.14. 84도2118).

③ <u>시간적 차이가 있는 독립된 상해행위나 폭행행위가 경합하여 사망의 결과가 일어나고 그 사망의 원인된 행위가 판명되지 않은 경우에는 공동정범의 예에 의하여 처벌할 것이므로, 2시간 남짓한 시간적 간격을 두고 피고인이 두번째의 가해행위인 이 사건 범행을 한 후, 피해자가 사망하였고 그 사망의 원인을 알 수 없다고 보아 피고인을 폭행치사죄의 동시범으로 처벌한 원심판단은 옳고</u> 거기에 동시범의 법리나 상당인과관계에 관한 법리를 오해한 위법도 없다(대판 2000.7.28. 2000도2466, 대판 1985.5.14. 84도2118).

 판 례 강간치상죄의 동시범

• 형법 제263조의 동시범은 상해와 폭행죄에 관한 특별규정으로서 <u>동 규정은 그 보호법익을 달리하는 강간치상죄에는 적용할 수 없다</u>(대판 1984.4.24. 84도372).

Ⅲ. 폭행의 죄

1. 폭행죄

제260조(폭행, 존속폭행)
① 사람의 신체에 대하여 폭행을 가한 자는 2년 이하의 징역, 500만원 이하의 벌금, 구류 또는 과료에 처한다.
③ 제1항 및 제2항의 죄는 피해자의 명시한 의사에 반하여 공소를 제기할 수 없다.

(1) 객관적 구성요건

폭행죄는 사람의 신체에 대하여 폭행을 가함으로써 성립한다(제260조 제1항). 본죄의 보호법익은 '신체의 안전(건재)이며', 보호의 정도는 '추상적 위험범'으로서 '형식범'에 속한다. 상해죄는 신체의 건강을 훼손하는 죄라는 점에서 신체의 안전 자체를 형식적으로 보호하고자 하는 폭행죄와 구별되고, 협박죄가 의사의 건재에 대한 무형적인 공격이라면 본죄는 신체의 건재에 대한 유형적인 공격이란 점에서 구별된다.

1) **행위의 객체** : 사람의 신체이다. 사람이란 자연인인 타인을 의미한다.

2) **행위** : 폭행을 가하는 것이다. 형법상 폭행의 개념에는 다음의 네 종류가 있다. ㈎ 최광의의 폭행은 대상이 무엇인가를 묻지 아니하고 유형력을 행사하는 모든 경우를 포함한다. 소요죄(제115조)·다중불해산죄(제116조)의 폭행이 이에 해당한다. ㈏ 광의의 폭행은 사람에 대한 직접·간접의 유형력의 행사를 말한다. 공무집행방해죄(제136조)·특수도주죄(제146조) 또는 강요죄(제324조)의 폭

행이 여기에 속한다. ㈐ 협의의 폭행은 사람의 신체에 대한 유형력의 행사를 말한다. 본죄와 특수공무원폭행죄(제125조)의 폭행이 여기에 속한다. ㈑ 최협의의 폭행은 상대방의 반항을 불가능하게 하거나 현저히 곤란하게 할 정도의 가장 강력한 유형력의 행사를 말한다. 강간죄(제297조)와 강도죄(제333조)의 폭행이 여기에 해당한다. 본죄의 폭행은 협의의 폭행을 의미하므로 일반적으로 사람의 신체에 대하여 유형력을 행사하는 것이어야 한다. 여기서 유형력이란 사람의 오관에 직접·간접으로 작용하여 육체적·정신적으로 고통을 줄 수 있는 광의의 물리력을 말한다. 유형력을 행사하는 방법에는 제한이 없다. 유형력의 행사는 사람의 '신체'에 대하여 가하여짐으로써 족하고, 반드시 사람의 신체에 접촉함을 요하지 않는다. 부작위에 의한 폭행도 가능하다. 그러나 본죄의 폭행은 사람의 신체에 대한 것임을 요하므로 단순한 물건에 대한 유형력의 행사는 본죄의 폭행이라고 할 수 없다.

<형법상 폭행의 개념>

구분	개념	범죄
최광의	일체의 유형력 행사 - 대상 불문, 한 지방의 공공의 평온을 해할 정도	내란죄, 소요죄, 다중불해산죄
광의	사람에 대한 직접·간접의 유형력의 행사 - 물건에 대한 유형력 행사가 간접적으로 사람에게 작용하는 간접 폭행도 광의의 폭행에 해당	공무집행방해죄, 특수도주죄, 강요죄
협의	사람의 신체에 대한 유형력의 행사 - 사람의 신체에 대하여 직접적인 접촉 요건 ×, 직접폭행만을 의미	폭행죄
최협의	반항을 불가능하게 할 정도(강도) / 현저히 곤란하게 한 경우(강간)	강도죄, 강간죄, 준강도죄, 강제추행죄

(2) 주관적 구성요건

폭행의 고의가 있어야 한다. 따라서 상해의 고의로 폭행하여 폭행의 정도에 그친 경우에는 상해미수죄가 성립할 뿐 본죄가 성립하지 않는다.

(3) 위법성

본죄도 일반적 위법성조각사유에 의하여 그 위법성이 조각됨은 당연하다. 본죄의 위법성조각사유로서 특히 문제되는 것은 정당행위라고 할 수 있다. 교사의 체벌에 대해서 징계권의 행사로서 위법성이 조각된다고 보는 견해도 있으나, 인간의 존엄과 가치를 존중하는 헌법정신에 비추어 볼 때에 교사의 폭행은 징계권의 범위를 벗어난다고 할 것이다. 또한 본죄는 일정한 범위에서 사회상규에 반하지 않는 행위로서 위법성이 조각되는 경우가 있다(소극적인 방어행위나 싸움을 걸어오는 것을 막으려고 멱살을 잡는 행위 등).

(4) 반의사불벌죄

본죄는 피해자의 명시한 의사에 반하여 공소를 제기할 수 없다(제260조 제3항). 그러나 폭행이 '폭력행위등처벌에관한법률'에 해당할 경우에는 반의사불벌죄가 아니다(동법 제2조 제4항).

 **판례** 폭행의 개념(공무집행방해죄의 폭행)

① 경찰관이 공무를 집행하고 있는 파출소 사무실의 바닥에 인분이 들어있는 물통을 집어던지고 책상 위에 있던 재떨이에 인분을 퍼담아 사무실 바닥에 던지는 행위는 동 경찰관에 대한 폭행이다(대판 1981.3.24. 81도326). [해설] 간접폭행으로서 공무집행방해죄가 성립한 사례.

② 민주사회에서 공무원의 직무수행에 대한 시민들의 건전한 비판과 감시는 가능한 한 널리 허용되어야 한다는 점에서 볼 때, 공무원의 직무 수행에 대한 비판이나 시정 등을 요구하는 집회·시위 과정에서 일시적으로 상당한 소음이 발생하였다는 사정만으로는 이를 공무집행방해죄에서의 음향으로 인한 폭행이 있었다고 할 수는 없다. 그러나 의사전달수단으로서 합리적 범위를 넘어서 상대방에게 고통을 줄 의도로 음향을 이용하였다면 이를 폭행으로 인정할 수 있을 것인바, 구체적인 상황에서 공무집행방해죄에서의 음향으로 인한 폭행에 해당하는지 여부는 음량의 크기나 음의 높이, 음향의 지속시간, 종류, 음향발생행위자의 의도, 음향발생원과 직무를 집행 중인 공무원과의 거리, 음향발생 당시의 주변 상황을 종합적으로 고려하여 판단하여야 한다(대판 2009.10.29. 2007도3584).

 판례 폭행죄의 폭행

① 공소외인이 피고인을 만나주지 않는다는 이유로 시정된 탁구장문과 주방문을 부수고 주방으로 들어가 방문을 열어주지 않으면 모두 죽여버린다고 폭언하면서 시정된 방문을 수회 발로 찬 피고인의 행위는 재물손괴죄 또는 숙소 안의 자에게 해악을 고지하여 외포케 하는 단순 협박죄에 해당함은 별론으로 하고, 단순히 방문을 발로 몇 번 찼다고 하여 그것이 피해자들의 신체에 대한 유형력의 행사로는 볼 수 없어 폭행죄에 해당한다 할 수 없다(대판 1984.2.14. 83도3186).

② 피해자에게 근접하여 욕설을 하면서 때릴 듯이 손발이나 물건을 휘두르거나 던지는 행위는 직접 피해자의 신체에 접촉하지 않았다고 하여도 피해자에 대한 불법한 유형력의 행사로서 폭행에 해당하나, 공소사실 중에 때릴 듯이 위세 또는 위력을 보인 구체적인 행위내용이 적시되어 있지 않다면 결국 욕설을 함으로써 위세 또는 위력을 보였다는 취지로 해석할 수밖에 없고 이와 같이 욕설을 한 것 외에 별다른 행위를 한 적이 없다면 이는 유형력의 행사라고 보기 어려울 것이다(대판 1990.2.13. 89도1406).

③ 형법 제260조에서 말하는 폭행이란 사람의 신체에 대하여 유형력을 행사하는 것을 의미하는 것으로서 피고인이 피해자에게 욕설을 한 것만을 가지고 당연히 폭행을 한 것이라고 할 수는 없을 것이고, 피해자 집의 대문을 발로 찬 것이 막바로 또는 당연히 피해자의 신체에 대하여 유형력을 행사한 경우에 해당한다고 할 수도 없다(대판 1991.1.29. 90도2153).

④ 안수기도에 수반하는 신체적 행위가 가슴과 배를 반복해 누르거나 때려 그로 인해 사망에 이른 것과 같은 정도의 것이라면 이는 사람의 신체에 대한 유형력의 행사로서 폭행의 개념에 속하는 행위이다(대판 1994.8.23. 94도1484).

⑤ [1] 형법 제260조에 규정된 폭행죄는 사람의 신체에 대한 유형력의 행사를 가리키며, 그 유형력의 행사는 신체적 고통을 주는 물리력의 작용을 의미하므로 신체의 청각기관을 직접적으로 자극

하는 음향도 경우에 따라서는 유형력에 포함될 수 있다. [2] 피해자의 신체에 공간적으로 근접하여 고성으로 폭언이나 욕설을 하거나 동시에 손발이나 물건을 휘두르거나 던지는 행위는 직접 피해자의 신체에 접촉하지 아니하였다 하더라도 피해자에 대한 불법한 유형력의 행사로서 폭행에 해당될 수 있는 것이지만, 거리상 멀리 떨어져 있는 사람에게 전화기를 이용하여 전화하면서 고성을 내거나 그 전화 대화를 녹음 후 듣게 하는 경우에는 특수한 방법으로 수화자의 청각기관을 자극하여 그 수화자로 하여금 고통스럽게 느끼게 할 정도의 음향을 이용하였다는 등의 특별한 사정이 없는 한 신체에 대한 유형력의 행사를 한 것으로 보기 어렵다(대판 2003.1.10. 2000도5716). [해설] 음향을 이용하여 폭행죄를 범할 수 있는지, 원거리의 사람에게도 음향으로 폭행죄를 범할 수 있는지에 관한 대법원의 입장을 밝힌 대표적인 판결. 공무집행관련 음향을 통한 폭행죄 성립 여부에 관한 판결로는 대판 2009.10.29. 2007도3584 참조.

⑥ 형법 제136조에서 정한 <u>공무집행방해죄</u>는 직무를 집행하는 공무원에 대하여 폭행 또는 협박한 경우에 성립하는 범죄로서 여기서의 폭행은 <u>사람에 대한 유형력의 행사</u>로 족하고 반드시 그 신체에 대한 것임을 요하지 아니하며, 또한 <u>추상적 위험범으로서 구체적으로 직무집행의 방해라는 결과 발생을 요하지도 아니한다</u>(광의의 폭행: 대판 2018.3.29. 2017도21537). <u>폭행죄에서 말하는 폭행이란 사람의 신체에 대하여 육체적·정신적으로 고통을 주는 유형력을 행사함을 뜻하는 것으로서 반드시 피해자의 신체에 접촉함을 필요로 하는 것은 아니고, 그 불법성은 행위의 목적과 의도, 행위 당시의 정황, 행위의 태양과 종류, 피해자에게 주는 고통의 유무와 정도 등을 종합하여 판단하여야 한다. 따라서 자신의 차를 가로막는 피해자를 부딪친 것은 아니라고 하더라도, 피해자를 부딪칠 듯이 차를 조금씩 전진시키는 것을 반복하는 행위 역시 피해자에 대해 위법한 유형력을 행사한 것이라고 보아야 한다</u>(대판 2016.10.27. 2016도9302). [해설] 협의의 폭행.

판례 반의사불벌죄

① [1] [다수의견] 형사소송법상 소송능력이라 함은 소송당사자가 유효하게 소송행위를 할 수 있는 능력, 즉 피고인 또는 피의자가 자기의 소송상의 지위와 이해관계를 이해하고 이에 따라 방어행위를 할 수 있는 의사능력을 의미한다. 의사능력이 있으면 소송능력이 있다는 원칙은 피해자 등 제3자가 소송행위를 하는 경우에도 마찬가지라고 보아야 한다. 따라서 <u>반의사불벌죄에 있어서 피해자의 피고인 또는 피의자에 대한 처벌을 희망하지 않는다는 의사표시 또는 처벌을 희망하는 의사표시의 철회는, 위와 같은 형사소송절차에 있어서의 소송능력에 관한 일반원칙에 따라, 의사능력이 있는 피해자가 단독으로 이를 할 수 있고, 거기에 법정대리인의 동의가 있어야 한다거나 법정대리인에 의해 대리되어야만 한다고 볼 것은 아니다.</u> 나아가 청소년의 성보호에 관한 법률이 형사소송법과 다른 특별한 규정을 두고 있지 않는 한, 위와 같은 반의사불벌죄에 관한 해석론은 청소년의 성보호에 관한 법률의 경우에도 그대로 적용되어야 한다. 그러므로 <u>청소년의 성보호에 관한 법률 제16조에 규정된 반의사불벌죄라고 하더라도, 피해자인 청소년에게 의사능력이 있는 이상, 단독으로 피고인 또는 피의자의 처벌을 희망하지 않는다는 의사표시 또는 처벌희망 의사표시의 철회를 할 수 있고, 거기에 법정대리인의 동의가 있어야 하는 것으로 볼 것은 아니다.</u> [2] 피해자가 제1심 법정에서 피고인들에 대한 처벌희망 의사표시를 철회할 당시 비록 14세 10개월의 어린 나이였다고는 하나, 피해자의 의사표시가 당해 사건 범행의 의미, 본인이 피해를 당한 정황, 자신이 하는 처벌희망 의사표시 철회의 의미 및 효과 등을 충분히 이해하고 분별할 수 있는 등 의사능력이 있는 상태에서 행해졌다

면 법정대리인의 동의가 없었더라도 그 철회의 의사표시는 유효하다는 이유로, 피고인들에 대한 공소사실 중 청소년의 성보호에 관한 법률 위반의 점의 공소를 기각한 원심의 판단을 수긍한 사례(대판 2009.11.19. 2009도6058 전원합의체).

② <u>폭행죄는 피해자의 명시한 의사에 반하여 공소를 제기할 수 없는 반의사불벌죄로서</u> 처벌불원의 의사표시는 의사능력이 있는 피해자가 단독으로 할 수 있는 것이고, <u>피해자가 사망한 후 그 상속인이 피해자를 대신하여 처벌불원의 의사표시를 할 수는 없다</u>고 보아야 한다(대판 2010.5.27. 2010도2680).

2. 존속폭행죄

제260조(폭행, 존속폭행)
② 자기 또는 배우자의 직계존속에 대하여 제1항의 죄를 범한 때에는 5년 이하의 징역 또는 700만원 이하의 벌금에 처한다.
③ 제1항 및 제2항의 죄는 피해자의 명시한 의사에 반하여 공소를 제기할 수 없다.

자기 또는 배우자의 직계존속의 신체에 대하여 폭행함으로써 성립하는 범죄이다(제260조 제2항). 폭행죄에 대하여 신분관계로 인하여 책임이 가중되는 가중적 구성요건이다(부진정신분범).

3. 특수폭행죄

제261조(특수폭행)
단체 또는 다중의 위력을 보이거나 위험한 물건을 휴대하여 제260조제1항 또는 제2항의 죄를 범한 때에는 5년 이하의 징역 또는 1천만원 이하의 벌금에 처한다.

(1) 의의

단체 또는 다중의 위력을 보이거나 위험한 물건을 휴대하여 사람의 신체에 대하여 폭행을 가함으로써 성립하는 범죄이다(제261조). 본죄는 폭행죄에 대하여 행위방법의 위험성 때문에 불법이 가중되는 가중적 구성요건이다.

(2) 객관적 구성요건

1) 단체 또는 다중의 위력 : ㈎ '단체'라 함은 공동목적을 가진 다수인의 계속적·조직적인 결합체를 말한다. 공동목적은 반드시 불법할 것을 요하지 않는다. 단체의 구성원은 그 위력을 보일 정도로 다수일 것을 요하지만, 같은 곳에 집결되어 있을 필요는 없다. ㈏ '다중'이라 함은 단체를 이루지 못한 다수인의 집합을 말한다. 집합자 사이에 공동목적이 있거나, 계속적인 조직체로 구성되어 있음을 요하지 않는다. ㈐ '위력'이라 함은 사람의 의사를 제압함에 족한 세력을 말하며, 유형력이든 무형력이든 묻지 않는다. '위력을 보인다' 함은 사람의 의사를 제압할 세력을 상대방에게 인식시키는 것을 말한다. 위력을 인식시키는 방법에는 제한이 없으며, 위력을 보이기 위하여 단체 또는 다중이 현장에 있을 것을 요하지도 않는다.

2) 위험한 물건의 휴대 : ㈎ '위험한 물건'이란 그 물건의 객관적 성질과 사용방법에 따라서는 사람을 살상할 수 있는 물건을 말하며, 그 물건이 사람을 살상하기 위하여 제조된 것임을 요하지 않는다. 따라서 위험한 물건인가의 여부는 물건의 성질과 사용방법을 종합하여 구체적인 경우에 사회통

념에 따라 판단하여야 한다. 위험한 물건은 화학물질이나 동물도 포함되지만, 동산인 물체에 한한다.
(내) '휴대한다'는 것은 몸에 지니는 것을 의미하며, 반드시 범행 이전부터 몸에 지니고 있을 것을 요하지 않는다. 위험한 물건의 휴대를 상대방에게 인식케 함을 요한다는 견해도 있으나, 본죄는 휴대하고 폭행을 하면 족하므로 위험한 물건의 존재를 상대방에게 인식케 할 필요는 없다고 해야 한다.

3) **폭행** : 본죄의 행위는 사람의 신체에 대하여 폭행하는 것이다.

(3) 주관적 구성요건

행위자는 단체 또는 다중의 위력을 보이거나 위험한 물건을 휴대한다는 것과 사람을 폭행한다는 고의를 가져야 한다. 미필적 고의로도 족하다.

판례 다중의 개념

- 본조 소정의 "다중"이라 함은 단체를 이루지 못한 다수인의 중합을 지칭하는 것이므로 불과 3인의 경우에는 그것이 어떤 집단의 힘을 발판 또는 배경으로 한다는 것이 인정되지 않는 한 "다중의 위력"을 보인 것이라고는 할 수 없다(대판 1971.12.21. 71도1930).

판례 다중의 위력

- 폭력행위 등 처벌에 관한 법률 제3조 제1항 소정의 '다중'이라 함은 단체를 이루지 못한 다수인의 집합을 말하는 것으로, 이는 결국 집단적 위력을 보일 정도의 다수 혹은 그에 의해 압력을 느끼게 해 불안을 줄 정도의 다수를 의미한다 할 것이고, 다중의 '위력'이라 함은 다중의 형태로 집결한 다수 인원으로 사람의 의사를 제압하기에 족한 세력을 지칭하는 것으로서 그 인원수가 다수에 해당하는가는 행위 당시의 여러 사정을 참작하여 결정하여야 할 것이며, 이 경우 상대방의 의사가 현실적으로 제압될 것을 요하지는 않는다고 할 것이지만 상대방의 의사를 제압할 만한 세력을 인식시킬 정도는 되어야 한다(대판 2006.2.10. 2005도174).

판례 위험한 물건

① 피고인이 쪽가위로 피해자의 등을 2회 찔러 천공상을 입힌 행위에 대하여 폭행행위등처벌에 관한 법률 제3조 제2항, 제1항을 적용한 조치는 정당하며, 피고인이 사용한 쪽가위는 흉기라고 볼 수 없어 위험한 물건을 휴대한 범행에 해당하지 않는다는 상고논지는 이유 없다(대판 1984.1.17. 83도2900).

② 피고인이 옷소매 속에 숨겨 휴대하고 있었던 길이 30센티미터의 공구(드라이버)는 폭력행위등처벌에관한법률 제7조 소정의 위험한 물건에 해당한다(대판 1984.6.12. 83도3165).

③ 마요네즈병은 이로써 사람을 구타하거나 깨어진 부분으로 찌른다면 생명신체에 해를 끼칠 수 있어 사람을 해할 목적으로 이를 들고 대하면 그 상대방이나 일반 제3자가 위험성을 느낄 수 있음은 경험칙에 속한다 할 것이므로 마요네즈병을 들고 구타하는 행위는 폭력행위등처벌에관한법률 제3조 제1항 소정의 "위험한 물건"을 휴대한 경우에 해당한다 할 것이다(대판 1984.6.12. 84도647).

④ 피고인이 피해자를 땅바닥에 넘어 뜨리고 세멘벽돌을 집어들고 머리부분을 1회 때렸다면 위 **세멘벽돌**은 폭력행위등처벌에관한법률 제3조 제1항 소정의 흉기 기타 위험한 물건에 해당한다고 볼 것이다(대판 1990.1.25. 89도2273).

⑤ 폭력행위등처벌에관한법률 제3조 제1항에서 정한 '위험한 물건'의 위험성 여부는 구체적인 사안에서 사회통념에 비추어 그 물건을 사용하면 상대방이나 제3자가 곧 살상의 위험을 느낄 수 있는지 여부에 따라 판단하여야 한다(대판 1999.11.9. 99도4146).

⑥ <u>삽날 길이 21㎝ 가량의 야전삽</u>이 폭력행위등처벌에관한법률 제3조 제1항 소정의 '흉기 기타 위험한 물건'에 해당한다고 본 사례(대판 2001.11.30. 2001도5268).

⑦ 폭력행위등처벌에관한법률 제3조 제1항에 있어서 '위험한 물건'이라 함은 흉기는 아니라고 하더라도 널리 사람의 생명, 신체에 해를 가하는 데 사용할 수 있는 일체의 물건을 포함한다고 풀이할 것이므로, 본래 살상용·파괴용으로 만들어진 것뿐만 아니라 다른 목적으로 만들어진 칼·가위·유리병·각종공구·자동차 등은 물론 화학약품 또는 사주된 동물 등도 그것이 사람의 생명·신체에 해를 가하는 데 사용되었다면 본조의 '위험한 물건'이라 할 것이며, 한편 <u>이러한 물건을 '휴대하여'라는 말은 소지뿐만 아니라 널리 이용한다는 뜻도 포함</u>하고 있다(대판 2002.9.6. 2002도2812, 대판 1997.5.30. 97도597).

⑧ <u>어떤 물건이 폭력행위등처벌에관한법률 제3조 제1항의 '위험한 물건'에 해당하는지 여부는 구체적인 사안에서 사회통념에 비추어 그 물건을 사용하면 상대방이나 제3자가 생명 또는 신체에 위험을 느낄 수 있는지 여부에 따라 판단하여야 하고, 자동차는 원래 살상용이나 파괴용으로 만들어진 것이 아니지만 사람의 생명 또는 신체에 위해를 가하거나 다른 사람의 재물을 손괴하는 데 사용되었다면 폭력행위등처벌에관한법률 제3조 제1항의 '위험한 물건'에 해당한다</u>(대판 2003.1.24. 2002도5783).

⑨ 당구장에서 피해자가 시끄럽게 떠든다는 이유로, 주먹으로 피해자의 얼굴 부위를 1회 때리고 그곳 당구대 위에 놓여있던 당구공으로 피해자의 머리 부위를 수회 때려, 피해자에게 치료일수 불상의 입술 부위가 터지고 머리부위가 부어오르는 상해를 가하였다는 이 사건 공소사실에 대하여, 피고인이 피해자의 얼굴을 주먹으로 가격하여 생긴 상처가 주된 상처로 보이고, <u>당구공으로는 피해자의 머리를 톡톡 건드린 정도에 불과한 것으로 보이는</u> 사실을 인정한 다음, 위와 같은 사정 아래에서는 <u>피고인이 당구공으로 피해자의 머리를 때린 행위로 인하여 사회통념상 피해자나 제3자에게 생명 또는 신체에 위험을 느끼게 하였으리라고 보여지지 아니하므로 위 당구공은 폭력행위 등 처벌에 관한 법률 제3조 제1항의 '위험한 물건'에는 해당하지 아니한다</u>(대판 2008.1.17. 2007도9624).

⑩ 국회의원인 피고인이 한미 자유무역협정 비준동의안의 국회 본회의 심리를 막기 위하여 의장석 앞 발언대 뒤에서 CS최루분말 비산형 최루탄 1개를 터뜨리고 최루탄 몸체에 남아있는 최루분말을 국회부의장 甲에게 뿌려 甲과 국회의원 등을 폭행하였다는 내용으로 기소된 사안에서, 위 <u>최루탄과 최루분말</u>이 폭력행위 등 처벌에 관한 법률 제3조 제1항의 '위험한 물건'에 해당한다고 본 원심판단을 수긍한 사례(대판 2014.6.12. 2014도1894).

⑪ 피고인이 <u>길이 140cm, 지름 4cm인 대나무</u>를 휴대하여 피해자 갑, 을에게 상해를 입혔다는 내용으로 기소된 사안에서, 피고인이 위 대나무로 갑의 머리를 여러 차례 때려 대나무가 부러졌고, 갑은 두피에 표재성 손상을 입어 사건 당일 병원에서 봉합술을 받은 점 등에 비추어 피고인이

사용한 위 대나무가 '위험한 물건'에 해당한다고 본 원심판단이 정당하다고 한 사례(대판 2017.12.28. 2015도5854).

판례 | 휴대의 의미

① 폭력행위등처벌에관한법률 제3조 제1항에 있어서 '위험한 물건'이라 함은 흉기는 아니라고 하더라도 널리 사람의 생명, 신체에 해를 가하는 데 사용할 수 있는 일체의 물건을 포함한다고 풀이할 것이므로, 본래 살상용·파괴용으로 만들어진 것뿐만 아니라 다른 목적으로 만들어진 칼·가위·유리병·각종공구·자동차 등은 물론 화학약품 또는 사주된 동물 등도 그것이 사람의 생명·신체에 해를 가하는 데 사용되었다면 본조의 '위험한 물건'이라 할 것이며, 한편 이러한 물건을 '휴대하여'라는 말은 소지뿐만 아니라 널리 이용한다는 뜻도 포함하고 있다(대판 1997.5.30. 97도597).

② 폭력행위등처벌에관한법률 제3조 제1항에 있어서 '위험한 물건'이라 함은 흉기는 아니라고 하더라도 널리 사람의 생명, 신체에 해를 가하는 데 사용할 수 있는 일체의 물건을 포함한다고 풀이할 것이므로, 본래 살상용·파괴용으로 만들어진 것뿐만 아니라 다른 목적으로 만들어진 칼·가위·유리병·각종공구·자동차 등은 물론 화학약품 또는 사주된 동물 등도 그것이 사람의 생명·신체에 해를 가하는 데 사용되었다면 본조의 '위험한 물건'이라 할 것이며, 한편 이러한 물건을 '휴대하여'라는 말은 소지뿐만 아니라 널리 이용한다는 뜻도 포함하고 있다(대판 2002.9.6. 2002도2812).

③ [1] 어떤 물건이 폭력행위 등 처벌에 관한 법률 제3조 제1항에 정한 '위험한 물건'에 해당하는지 여부는 구체적인 사안에서 사회통념에 비추어 그 물건을 사용하면 상대방이나 제3자가 생명 또는 신체에 위험을 느낄 수 있는지 여부에 따라 판단하여야 한다. 이러한 판단 기준은 자동차를 사용하여 사람의 생명 또는 신체에 위해를 가하거나 다른 사람의 재물을 손괴한 경우에도 마찬가지로 적용된다. [2] 자동차를 이용하여 다른 자동차를 충격한 사안에서, 충격 당시 차량의 크기, 속도, 손괴 정도 등 제반 사정에 비추어 위 자동차가 폭력행위 등 처벌에 관한 법률 제3조 제1항에 정한 '위험한 물건'에 해당하지 않는다고 한 사례(대판 2009.3.26. 2007도3520). [해설] 피고인이 이혼 분쟁 과정에서 자신의 아들을 승낙 없이 자동차에 태우고 떠나려고 하는 피해자들 일행을 상대로 급하게 추격 또는 제지하는 과정에서 이 사건 자동차를 사용하게 된 점, 이 사건 범행은 소형승용차(라노스)로 중형승용차(쏘나타)를 충격한 것이고, 충격할 당시 두 차량 모두 정차하여 있다가 막 출발하는 상태로서 차량 속도가 빠르지 않았으며 상대방 차량의 손괴 정도가 그다지 심하지 아니한 점, 이 사건 자동차의 충격으로 피해자들이 입은 상해의 정도가 비교적 경미한 점 등의 여러 사정을 종합하여 본 사안의 자동차는 위험한 물건에 해당하지 않는다고 본 판례.

④ 피고인이 甲과 운전 중 발생한 시비로 한 차례 다툼이 벌어진 직후 甲이 계속하여 피고인이 운전하던 자동차를 뒤따라온다고 보고 순간적으로 화가 나 甲에게 겁을 주기 위하여 자동차를 정차한 후 4 내지 5m 후진하여 甲이 승차하고 있던 자동차와 충돌한 사안에서, 본래 자동차 자체는 살상용, 파괴용 물건이 아닌 점 등을 감안하더라도, 위 충돌 당시와 같은 상황하에서는 甲은 물론 제3자라도 피고인의 자동차와 충돌하면 생명 또는 신체에 살상의 위험을 느꼈을 것이므로, 피고인이

자동차를 이용하여 甲에게 상해를 가하고, 甲의 자동차를 손괴한 행위는 폭력행위 등 처벌에 관한 법률 제3조 제1항이 정한 '위험한 물건'을 휴대하여 이루어진 범죄라고 봄이 상당함에도, 이와 달리 판단한 원심판결에 법리오해의 위법이 있다고 한 사례(대판 2010.11.11. 2010도10256). [해설] 형법 제261조의 위험한 물건을 휴대한 폭행죄에서 위험한 물건이 무엇인지에 대한 대법원의 법리를 보여주는 판결로서 그 위험성의 판단주체와 기준이 무엇인지를 잘 보여주는 사례. 이 사건 자동차와 피해자 자동차의 충돌 당시와 같은 상황 하에서는 피해자는 물론 제3자라도 이 사건 자동차와 충돌하면 생명 또는 신체에 살상의 위험을 느꼈을 것이라고 본 판례.

판례 휴대의 범위

① 피고인이 이 사건 폭력행위 당시 판시 과도를 범행현장에서 호주머니 속에 지니고 있었던 이상 이는 <u>위험한 물건을 휴대한 경우로서 폭력행위등처벌에 관한 법률 제3조 제1항 소정의 죄에 해당한다</u>(대판 1984.4.10. 84도353).

② 폭력행위등처벌에 관한 법률 제3조 제1항 소정의 위험한 물건의 "휴대"라 함은 <u>범행현장에서 범행에 사용할 의도 아래 위험한 물건을 몸 또는 몸 가까이 소지하는 것을 말하므로 청산염 2그램 정도를 협박편지에 동봉 우송하여 피해자에게 도달케 하였다는 것만으로는 위 법조에서 말하는 위험한 물건의 휴대라고 할 수 없다</u>(대판 1985.10.8. 85도1851).

③ 폭력행위등 처벌에 관한 법률 제3조 제1항에서 말하는 위험한 물건의 휴대라 함은 반드시 몸에 지니고 다니는 것만을 뜻한다고는 할 수 없고 범행현장에서 범행에 사용할 의도 아래 이를 소지하거나 몸에 지니는 경우도 포함한다(대판 1982.2.23. 81도3074).

판례 폭행죄의 주관적 구성요건

① 폭력행위등처벌에관한법률의 목적과 그 제3조 제1항의 규정취지에 비추어 보면 같은 법 제3조 제1항 소정의 "흉기 기타 위험한 물건을 휴대하여 그 죄를 범한 자"란 <u>범행현장에서 그 범행에 사용하려는 의도 아래 흉기를 소지하거나 몸에 지니는 경우를 가리키는 것이지 그 범행과는 전혀 무관하게 우연히 이를 소지하게 된 경우까지를 포함하는 것은 아니다</u>(대판 1990.4.24. 90도401).

② 성폭력범죄의처벌및피해자보호등에관한법률의 목적과 같은 법 제6조의 규정 취지에 비추어 보면 같은 법 제6조 제1항 소정의 '흉기 기타 위험한 물건을 휴대하여 강간죄를 범한 자'란 범행현장에서 그 범행에 사용하려는 의도 아래 흉기를 소지하거나 몸에 지니는 경우를 가리키는 것이고, <u>그 범행과는 전혀 무관하게 우연히 이를 소지하게 된 경우까지를 포함하는 것은 아니라 할 것이나, 범행현장에서 범행에 사용하려는 의도 아래 흉기 등 위험한 물건을 소지하거나 몸에 지닌 이상 그 사실을 피해자가 인식하거나 실제로 범행에 사용하였을 것까지 요구되는 것은 아니다</u>(대판 2004.6.11. 2004도2018).

4. 폭행치사상죄

> **제262조(폭행치사상)**
> 제260조와 제261조의 죄를 지어 사람을 사망이나 상해에 이르게 한 경우에는 제257조부터 제259조까지의 예에 따른다.

폭행죄 또는 특수폭행죄를 범하여 사람을 사상에 이르게 함으로써 성립하는 결과적 가중범이다(제262조). 따라서 폭행의 고의 이외에 폭행과 사상의 결과 사이에는 인과관계가 있어야 하고, 사상의 결과는 예견할 수 있는 것이어야 한다.

Ⅳ. 상습상해(존속상해, 중상해, 존속중상해)·폭행(존속폭행, 특수폭행)죄

> **제264조(상습범)**
> 상습으로 제257조, 제258조, 제258조의2, 제260조 또는 제261조의 죄를 범한 때에는 그 죄에 정한 형의 2분의 1까지 가중한다.

(1) 의의

본죄는 상습으로 상해·존속상해·중상해·존속중상해·특수상해·특수중상해·폭행·존속폭행·특수폭행의 죄를 범함으로써 성립하는 범죄이다. 행위자의 상습성으로 인한 상해죄의 책임가중유형이다(부진정신분범).

(2) 상습성

상습성이란 일정한 행위를 반복하여 행하는 습벽을 의미하는 것으로서 이는 행위관련적 성질이 아니라 행위자관련적 성질이다. 따라서 상습성을 인정하기 위해서는 상해행위의 반복만으로는 부족하고 행위자의 습벽이 발현된 것으로 인정할 만한 것이어야 한다.

(3) 공범

본죄는 상습성으로 인하여 책임이 가중되는 부진정신분범이므로 상습자와 비상습자가 공범관계에 있는 때에는 제33조 단서가 적용된다.

(4) 죄수 및 처벌

상습으로 행해진 다수의 상해행위는 집합범으로서 상습상해의 '포괄일죄'가 된다. 본죄는 그 죄에 정한 형의 2분의 1까지 가중한다.

> **판례** 폭행치사상죄의 인과관계
>
> ① 폭행으로 인하여 피해자가 뒤로 전도되면서 머리를 부딪히게 되어 일어난 뇌일혈이 死因이라는 원심의 확정사실관계에서 그 폭행과 사망과의 사이에 인과관계가 인정된다(대판 1970.9.22. 70도1387).
> ② 피해자가 평소 병약한 상태에 있었고 피고인의 폭행으로 그가 사망함에 있어서 지병이 또한 사망

결과에 영향을 주었다고 하여 폭행과 사망 간에 인과관계가 없다고 할 수 없다(대판 1979.10.10. 79도2040).

③ 피고인이 1981. 4. 8. 피해자의 뺨을 2회 때리고 두손으로 어깨를 잡아 땅바닥에 넘어뜨리고 머리를 세멘트벽에 부딪치게 하여서, 피해자가 그 다음 날부터 머리에 통증이 있었고 같은 달 16. 의사 3인에게 차례로 진료를 받을 때에 혈압이 매우 높았고 몹시 머리가 아프다고 호소하였으며 그 후 병세가 계속 악화되어 결국 같은 해 4. 30. 뇌손상(뇌좌상)으로 사망하였다면, <u>피해자가 평소 고혈압과 선천성혈관기형인 좌측전고동맥류의 증세가 있었고 피고인의 폭행으로 피해자가 사망함에 있어 위와 같은 지병이 사망결과에 영향을 주었다고 해서 피고인의 폭행과 피해자의 사망 간에 상당인과관계가 없다고 할 수 없으며, 피고인이 피해자를 폭행할 당시에 이미 폭행과 그 결과에 대한 예견가능성이 있었다 할 것이고 그로 인하여 치사의 결과가 발생하였다면 이른바 결과적 가중범의 죄책을 면할 수 없다</u>(대판 1983.1.18. 82도697).

④ 피고인이 주먹으로 피해자의 복부를 1회 강타하여 장파열로 인한 복막염으로 사망케 하였다면, <u>비록 의사의 수술지연 등 과실이 피해자의 사망의 공동원인이 되었다 하더라도 피고인의 행위가 사망의 결과에 대한 유력한 원인이 된 이상 그 폭력행위와 치사의 결과 간에는 인과관계가 있다 할 것이어서 피고인은 피해자의 사망의 결과에 대해 폭행치사의 죄책을 면할 수 없다</u>(대판 1984.6.26. 84도831).

⑤ 피해자를 2회에 걸쳐 두 손으로 힘껏 밀어 땅바닥에 넘어뜨리는 폭행을 가함으로써 그 충격으로 인한 쇼크성 심장마비로 사망케 하였다면 비록 위 <u>피해자에게 그 당시 심관성동맥경화 및 심근섬유화 증세등의 심장질환의 지병이 있었고 음주로 만취된 상태였으며 그것이 피해자가 사망함에 있어 영향을 주었다고 해서 피고인의 폭행과 피해자의 사망 간에 상당인과 관계가 없다고 할 수 없다</u>(대판 1986.9.9. 85도2433).

⑥ 피고인이 피해자의 멱살을 잡아 흔들고 주먹으로 가슴과 얼굴을 1회씩 구타하고 멱살을 붙들고 넘어뜨리는 등 신체 여러 부위에 표피박탈, 피하출혈 등의 외상이 생길 정도로 심하게 폭행을 가함으로써 <u>평소에 오른쪽 관상동맥폐쇄 및 심실의 허혈성심근섬유화증세 등의 심장질환을 앓고 있던 피해자의 심장에 더욱 부담을 주어 나쁜 영향을 초래하도록 하였다면, 비록 피해자가 관상동맥부전과 허혈성심근경색 등으로 사망하였더라도, 피고인의 폭행의 방법, 부위나 정도 등에 비추어 피고인의 폭행과 피해자의 사망과 간에 상당인과관계가 있었다고 볼 수 있다</u>(대판 1989.10.13. 89도556).

⑦ 피고인들이 공동하여 피해자를 폭행하여 당구장 3층에 있는 화장실에 숨어 있던 피해자를 다시 폭행하려고 피고인 갑은 화장실을 지키고, 피고인 을은 당구치는 기구로 문을 내려쳐 부수자 위협을 느낀 피해자가 화장실 창문 밖으로 숨으려다가 실족하여 떨어짐으로써 사망한 경우에는 <u>피고인들의 위 폭행행위와 피해자의 사망 사이에는 인과관계가 있다고 할 것이므로 폭행치사죄의 공동정범이 성립된다</u>(대판 1990.10.16. 90도1786).

⑧ 운행 중인 자동차의 운전자를 폭행하거나 협박하여 운전자나 승객 또는 보행자 등을 상해나 사망에 이르게 하였다면 이로써 특정범죄가중법 제5조의10 제2항의 구성요건을 충족한다(대판 2015.3.26. 2014도13345).

판례 폭행치사상죄의 예견가능성

① 폭행으로 인하여 피해자가 뒤로 전도되면서 머리를 부딪히게 되어 일어난 뇌일혈이 死因이라는 원심의 확정사실관계에서 그 폭행과 사망과의 사이에 인과관계가 인정된다(대판 1970.9.22. 70도1387).

② 피고인의 폭행으로 고혈압환자인 피해자가 뇌실질내 혈종의 상해를 입을 것이라고 예견할 수 없었다(대판 1982.1.12. 81도1811).

③ <u>피고인의 폭행 정도가 서로 시비하다가 피해자를 떠밀어 땅에 엉덩방아를 찧고 주저앉게 한 정도에 지나지 않은 것이었고 또 피해자는 외관상 건강하여 전혀 병약한 흔적이 없는 자인데</u> 사실은 관상동맥경화 및 협착증세를 가진 <u>특수체질자이었기 때문에 위와 같은 정도의 폭행에 의한 충격에도 심장마비를 일으켜 사망하게 된 것이라면 피고인에게 사망의 결과에 대한 예견가능성이 있었다고 보기 어려워 결과적 가중범인 폭행치사죄로 의율할 수는 없다</u>(대판 1985.4.3. 85도303).

④ 폭행치사죄는 결과적 가중범으로서 폭행과 사망의 결과 사이에 인과관계가 있는 외에 사망의 결과에 대한 예견가능성 즉 과실이 있어야 하고 이러한 예견가능성의 유무는 폭행의 정도와 피해자의 대응상태 등 구체적 상황을 살펴서 엄격하게 가려야 하는 것인바, <u>피고인이 피해자에게 상당한 힘을 가하여 넘어뜨린 것이 아니라 단지 공장에서 동료 사이에 말다툼을 하던 중 피고인이 삿대질하는 것을 피하고자 피해자 자신이 두어걸음 뒷걸음치다가 회전 중이던 십자형 스빙기계 철받침대에 걸려 넘어진 정도라면, 당시 바닥에 위와 같은 장애물이 있어서 뒷걸음치면 장애물에 걸려 넘어질 수 있다는 것까지는 예견할 수 있었다고 하더라도 그 정도로 넘어지면서 머리를 바닥에 부딪쳐 두개골절로 사망한다는 것은 이례적인 일이어서 통상적으로 일반인이 예견하기 어려운 결과라고 하지 않을 수 없으므로 피고인에게 폭행치사죄의 책임을 물을 수 없다</u>(대판 1990.9.25. 90도1596).

⑤ [1] 폭행치사죄는 결과적 가중범으로서 폭행과 사망의 결과 사이에 인과관계가 있는 외에 사망의 결과에 대한 예견가능성 즉 과실이 있어야 하고, 이러한 예견가능성의 유무는 폭행의 정도와 피해자의 대응상태 등 구체적 상황을 살펴서 엄격하게 가려야 한다. [2] <u>비록 피고인의 폭행과 피해자의 사망 간에 인과관계는 인정되지만 판시와 같은 폭행의 부위와 정도, 피고인과 피해자의 관계, 피해자의 건강상태 등 제반 사정을 고려하여 볼 때 피고인이 폭행 당시 피해자가 사망할 것이라고 예견할 수 없었다</u>는 이유로 피고인에 대한 공소사실 중 폭행치사의 점은 범죄의 증명이 없는 경우로서 무죄라고 판단하였는바, 원심이 들고 있는 제반 사정을 위 법리에 비추어 보면 원심의 위와 같은 판단은 옳은 것으로서 수긍할 수 있고, 거기에 상고이유 주장과 같은 폭행치사죄의 성립 내지 예견가능성에 관한 법리를 오해한 위법 등이 없다. [3] 속칭 <u>'생일빵'을 한다는 명목 하에 피해자를 가격하여 사망에 이르게 한 사안에서, 폭행과 사망 간에 인과관계는 인정되지만 폭행 당시 피해자의 사망을 예견할 수 없었다는 이유로 폭행치사의 공소사실에 대하여 무죄를 선고한 원심판단을 수긍한 사례</u>(대판 2010.5.27. 2010도2680).

판례 상습상해죄 및 상습폭행죄

① [1] 형법 제264조, 제258조의2 제1항에 의하면 상습특수상해죄는 법정형의 단기가 1년 이상의 유기징역에 해당하는 범죄이고, 법원조직법 제32조 제1항 제3호 본문에 의하면 단기 1년 이상의 징역에 해당하는 사건에 대한 제1심 관할법원은 지방법원과 그 지원의 합의부이다. [2] 형법은 제264조에서 상습으로 제258조의2의 죄를 범한 때에는 그 죄에 정한 형의 2분의 1까지 가중한다고 규정하고, 제258조의2 제1항에서 위험한 물건을 휴대하여 상해죄를 범한 때에는 1년 이상 10년 이하의 징역에 처한다고 규정하고 있다. 위와 같은 <u>형법 각 규정의 문언, 형의 장기만을 가중하는 형법 규정에서 그 죄에 정한 형의 장기를 가중한다고 명시하고 있는 점</u>, 형법 제264조에서 상습범을 가중처벌하는 입법 취지 등을 종합하면, <u>형법 제264조는 상습특수상해죄를 범한 때에 형법 제258조의2 제1항에서 정한 법정형의 단기와 장기를 모두 가중하여 1년 6개월 이상 15년 이하의 징역에 처한다는 의미로 새겨야 한다</u>(대판 2017.6.29. 2016도18194). [해설] 형법상 상습도박죄(제246조 제2항)와 상습장물죄(제363조)를 제외하고는 일반적으로 상습범은 그 죄에 정한 형의 2분의 1을 가중하는데, 여기서 그 죄에 정한 형의 2분의 1까지 가중한다는 것은 그 죄에 정한 법정형의 단기와 장기를 모두 가중한다는 의미.

② [1] 폭행죄의 상습성은 폭행 범행을 반복하여 저지르는 습벽을 말하는 것으로서, 동종 전과의 유무와 그 사건 범행의 횟수, 기간, 동기 및 수단과 방법 등을 종합적으로 고려하여 상습성 유무를 결정하여야 하고, 단순폭행, 존속폭행의 범행이 동일한 폭행 습벽의 발현에 의한 것으로 인정되는 경우, 그중 법정형이 더 중한 상습존속폭행죄에 나머지 행위를 포괄하여 하나의 죄만이 성립한다고 봄이 타당하다. 그리고 상습존속폭행죄로 처벌되는 경우에는 형법 제260조 제3항이 적용되지 않으므로, 피해자의 명시한 의사에 반하여도 공소를 제기할 수 있다. [2] 피고인이 상습으로 갑을 폭행하고, 어머니 을을 존속폭행하였다는 내용으로 기소된 사안에서, 피고인에게 폭행 범행을 반복하여 저지르는 습벽이 있고 이러한 습벽에 의하여 단순폭행, 존속폭행 범행을 저지른 사실이 인정된다면 단순폭행, 존속폭행의 각 죄별로 상습성을 판단할 것이 아니라 포괄하여 그중 법정형이 가장 중한 상습존속폭행죄만 성립할 여지가 있는데도, 이와 달리 상습폭행과 존속폭행의 2개 행위로 파악하여, 피고인에게 단순폭행의 습벽이 인정된다는 이유로 상습폭행 부분을 유죄로 인정하면서도 존속폭행의 습벽까지는 인정할 증거가 없다는 이유에서 상습존속폭행은 성립할 수 없고 존속폭행만 성립할 수 있다고 전제한 다음, 을이 제1심판결 선고 전에 처벌을 원하지 않는다는 의사를 밝혔다는 이유로 존속폭행 부분에 대하여 주문에서 공소기각을 선고한 원심판결에 형법 제264조, 폭행죄의 상습성, 죄수 등에 관한 법리오해의 잘못이 있다고 한 사례(대판 2018.4.24. 2017도10956).

③ 상해죄 및 폭행죄의 상습범에 관한 형법 제264조는 "상습으로 제257조, 제258조, 제258조의2, 제260조 또는 제261조의 죄를 범한 때에는 그 죄에 정한 형의 2분의 1까지 가중한다."라고 규정하고 있다. <u>형법 제264조에서 말하는 '상습'이란 위 규정에 열거된 상해 내지 폭행행위의 습벽을 말하는 것이므로, 위 규정에 열거되지 아니한 다른 유형의 범죄까지 고려하여 상습성의 유무를 결정하여서는 아니 된다</u>(대판 2018.4.24. 2017도21663). [해설] 상습폭행죄의 상습성을 판단함에 있어 피고인의 재물손괴나 주거침입 전과까지 종합하여 판단하는 것은 위법하다고 본 사례.

 ## 제3절 | 과실치사상의 죄

Ⅰ. 서론

1. 과실치사상의 죄의 의의

과실치사상의 죄는 과실로 인하여 사람을 사망에 이르게 하거나 사람의 신체를 상해에 이르게 하는 것을 내용으로 하는 범죄이다. 본죄도 살인의 죄나 상해의 죄와 같이 사람의 생명 또는 신체를 보호법익으로 한다.

2. 과실범의 구조

과실치사상의 죄가 살인죄나 상해죄와 구별되는 것은 주관적 구성요건으로 고의가 없고 과실로 인하여 사상의 결과가 발생하였다는 점에 있다. 여기서 과실, 즉 주의의무위반은 과실범에 있어서 구성요건요소임과 동시에 책임요소가 되는 이중의 기능을 가지게 된다. 과실범의 구성요건요소가 되는 주의의무는 물론 예견가능성을 전제로 한다. 따라서 과실범의 구성요건에 해당하기 위하여는 ㈎ 주의의무위반, ㈏ 결과발생, ㈐ 인과관계, ㈑ 예견가능성이 인정되어야 한다.

3. 과실치사상죄의 체계

형법	기본적 구성요건	과실치상죄(제266조), 과실치사죄(제267조)
	가중적 구성요건	업무상 과실치사상죄(제268조), 중과실치사상죄(제268조)
특별형법	교통사고처리 특례법	차의 운전자가 교통사고로 인하여 형법 제268조의 죄를 범한 때에는 본법이 적용된다(제3조 제1항). 반의사불벌죄가 원칙(제3조 제2항). 사고차량이 종합보험이나 공제보험에 가입된 경우에는 피해자의 의사에 상관없이 공소를 제기할 수 없음(제4조 제1항)
	특정범죄가중처벌 등에 관한 법률	자동차 등의 교통으로 인하여 형법 제268조의 죄를 범한 차량의 운전자가 피해자를 구호하는 등 도로교통법 제50조 제1항의 규정에 의한 조치를 취하지 아니하고 도주한 때에는 가중처벌

 **판례** 교통사고 해당 여부

① 화물차를 주차하고 적재함에 적재된 토마토 상자를 운반하던 중 적재된 상자 일부가 떨어지면서 지나가던 피해자에게 상해를 입힌 경우, 교통사고처리 특례법에 정한 '교통사고'에 해당하지 않아 업무상 과실치상죄가 성립한다고 한 사례(대판 2009.7.9. 2009도2390).

② 특례법 제2조 제2호는 '교통사고'란 차의 교통으로 인하여 사람을 사상하거나 물건을 손괴하는 것을 말한다고 규정하고 있는데, 여기서 '차의 교통'은 차량을 운전하는 행위 및 그와 동일하게 평가할 수 있을 정도로 밀접하게 관련된 행위를 모두 포함한다(대판 2017.5.31. 2016도21034).

4. 과실치사상죄의 공통적 구성요건

(1) 구성요건적 결과발생과 인과관계

형법상 과실범은 결과범에 해당하므로 과실치사상죄에 있어서는 사망 또는 상해라는 구성요건적 결과가 발생하여야 하고 과실행위와 결과발생 사이에 인과관계가 있어야 한다.

(2) 과실행위의 존재

과실행위가 존재하여야 함은 본죄의 성립에 있어서 당연한 전제이다. 과실행위란 정상적으로 기울여야 할 주의(注意)를 게을리하여 죄의 성립요소인 사실을 인식하지 못한 행위를 의미한다(제14조).

II. 과실치상죄·과실치사죄

1. 과실치상죄

> **제266조(과실치상)**
> ① 과실로 인하여 사람의 신체를 상해에 이르게 한 자는 500만원 이하의 벌금, 구류 또는 과료에 처한다.
> ② 제1항의 죄는 피해자의 명시한 의사에 반하여 공소를 제기할 수 없다.

(1) 의의

과실로 인하여 사람의 신체를 상해에 이르게 함으로써 성립한다(제266조 제1항). 따라서 본죄가 성립하기 위하여는 사람의 신체를 상해하는 결과가 발생하여야 하고 나아가서 신체의 상해가 과실로 인한 것이어야 한다. 본죄는 반의사불벌죄이다(제266조 제2항).

(2) 과실의 내용

상해의 결과는 과실, 즉 주의의무위반으로 인한 것이어야 한다. 주의의무위반은 객관적으로 판단하여야 하며, 과실행위는 작위에 한하지 않고 부작위도 포함한다. 상해의 결과와 과실 사이에는 인과관계가 있어야 하고, 그 결과가 과실로 인한 것인 때에 객관적으로 귀속될 수 있다. 대법원은 과실이 결과발생의 직접원인이 된 때에만 인과관계를 인정하고 있다.

2. 과실치사죄

> **제267조(과실치사)**
> 과실로 인하여 사람을 사망에 이르게 한 자는 2년 이하의 금고 또는 700만원 이하의 벌금에 처한다.

(1) 의의

과실로 인하여 사람을 사망에 이르게 함으로써 성립하는 범죄이다(제267조). 본죄가 성립하기 위하여도 사망의 결과가 발생하였을 뿐만 아니라 그것이 과실로 인하여 발생하였을 것을 요하므로, 결과에 대한 인과관계와 예견가능성이 필요함은 물론이다. 본죄는 반의사불벌죄가 아니다.

(2) 과실범의 공범

과실범에 대한 교사범이나 종범이 성립할 수 없다는 점에는 이론이 없으며, 과실범의 공동정범의 성립을 부정하는 것이 통설의 입장이다. 그러나 공동의 행위에 의하여 공동의 주의의무를 위반한 때에는 본죄의 공동정범이 성립할 수 있다고 하는 것이 타당하다. 대법원은 행위공동설의 입장에서 과실범의 공동정범을 인정하고 있다.

(3) 죄수

한 개의 과실행위로 인하여 수인을 치사케 한 때에는 수개의 죄의 상상적 경합이 된다.

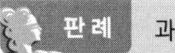 **판례** 과실행위

- 임대한 방실의 부엌으로 통하는 문과 벽 사이에 0.4센티미터 정도의 틈이 있다면 이는 문 전체를 다시 제작하여 붙이지 않더라도 다른 목재로 부착보수하는 정도로서 그 틈을 막을 수 있는 것이어서 그 하자가 방실을 사용할 수 없을 정도의 파손상태이거나 임대인에게 수선의무가 있는 대규모의 것이라고는 할 수 없고 임차인의 통상의 수선관리의무에 속한 것이라 못할 바 아니므로 위 문틈으로 스며든 연탄가스에 중독되는 사고가 발생했다 하더라도 위 사고는 임대인의 과실로 인한 것이라고 볼 수 없다(대판 1985.3.12. 84도2034).

판례 상해의 결과발생 및 인과관계

① 운전사가 발동을 끄고 시동열쇠를 꽂아 둔 채로 하차한 동안에 조수가 이를 운전하다가 사고를 낸 경우에 시동열쇠를 그대로 꽂아 둔 행위와 사고로 인한 상해의 결과 사이에는 특별한 사정이 없는 한 인과관계가 없다(대판 1971.9.28. 71도1082).

② 운전수가 불의의 발병으로 자동차를 운전할 수 없게 되자 동승한 운전경험이 있는 차주가 운전하다가 사고를 일으킨 경우에 차주의 운전상의 과실행위에 운전수와의 상호간의 의사연락이 있었다고 보거나 운전행위를 저지하지 않은 원인행위가 차주의 운전상의 부주의로 인한 결과발생에까지 미친다고 볼 수 없다(대판 1974.7.23. 74도778).

③ 싸이드 브레이크는 비상시에 사용하는 것이라 하더라도 원래 주차용으로서 차량 주행 중에는 이를 사용할 수 없을 뿐더러 더우기 경사진 곳에서 내려가는 경우에는 이를 사용하더라도 제동의 효과를 얻을 수 없으므로 차량운행 도중 버스의 브레이크 마스타 롯트핀이 빠져 페달브레이크 장치가 작동하지 아니하게 된 경우에 싸이드 브레이크를 조작하지 아니하였다 하여 운전수에게 과실이 있다 할 수 없다(대판 1977.3.8. 76도4174).

④ 피고인이 자기 차선을 따라 운행 중 반대방향에서 오던 차량이 좌회전 금지구역인데도 갑자기 피고인의 차량 앞을 가로질러 좌회전 진입함으로 인하여 사고가 발생한 경우에는 피고인이 제한속도를 약간 넘어서 운행하였다고 하여도, 위 사고의 책임을 물을 수 없다(대판 1980.2.12. 79도3004).

⑤ 회사대표자에게는 공장 전체의 안전관리책임자인 공장장이나 보일라실과 유류저장탱크의 운용과 보관보존에 대한 책임자인 보일라실 기관장을 임명 지휘감독함에 필요한 일반적 주의의무가 있을 뿐, 유류저장탱크의 불순물청소작업등 구체적인 작업방법 및 작업상 요구되는 안전대책을 강구할 구체적이고도 직접적인 주의의무는 없다(대판 1983.10.11. 83도2108).

⑥ 설치된 기계의 수리, 작업과정에 대한 공원의 훈련 및 감독, 신규 공원의 채용등 공장운영 전반에 대한 실무적인 감독자가 따로 있는 경우에는 공장을 임차경영하고 있다 하여 그에게 피해자인 공원에 대한 사전안전교육과 기계조작 및 작업방법 등에 관한 구체적이고 직접적인 감독책임이 있다고 할 수 없다(대판 1984.11.27. 84도2025).

⑦ 담임교사가 학교방침에 따라 학생들에게 교실청소를 시켜왔고 유리창을 청소할 때는 교실 안쪽에서 닦을 수 있는 유리창만을 닦도록 지시하였는데도 유독 피해자만이 수업시간이 끝나자마자 베란다로 넘어 갔다가 밑으로 떨어져 사망하였다면 담임교사에게 그 사고에 대한 어떤 형사상의 과실책임을 물을 수 없다(대판 1989.3.28. 89도108).

⑧ 피고인이 야간에 오토바이를 운전하다가 도로를 무단횡단하던 피해자를 충격하여 피해자로 하여금 위 도로상에 전도케 하고, 그로부터 약 40초 내지 60초 후에 다른 사람이 운전하던 타이탄트럭이 도로 위에 전도되어 있던 피해자를 역과하여 사망케 한 경우, 피고인이 전방좌우의 주시를 게을리한 과실로 피해자를 충격하였고 나아가 이 사건 사고지점 부근 도로의 상황에 비추어 야간에 피해자를 충격하여 위 도로에 넘어지게 한 후 40초 내지 60초 동안 그대로 있게 한다면 후속차량의 운전사들이 조금만 전방주시를 태만히 하여도 피해자를 역과할 수 있음이 당연히 예상되었던 경우라면 피고인의 과실행위는 피해자의 사망에 대한 직접적 원인을 이루는 것이어서 양자 간에는 상당인과관계가 있다(대판 1990.5.22. 90도580).

판례 사망의 결과발생 및 인과관계

① 부엌과 창고홀로 통하는 방문이 상단부의 문틈과 벽 사이에 약 1.2센티미터 내지 2센티미터나 벌어져 있고 그 문틈과 문 자체 사이도 두 군데나 0.5센티미터의 틈이 있는 정도의 하자는 임차목적물을 사용할 수 없을 정도의 것이거나 임대인에게 수선의무가 있는 대규모의 것이 아니고 임차인의 통상의 수선 및 관리의무의 범위에 속하는 것이어서 비록 임차인이 위 문틈으로 새어든 연탄가스에 중독되어 사망하였다 하더라도 임대인에게 그 책임을 물을 수 없다(대판 1986.7.8. 86도383).

② 바다에 면한 수직경사가 암반 위로 이끼가 많이 끼어 매우 미끄러운 곳에서 당시 폭풍주의보가 발효 중이어서 평소보다 높은 파도가 치고 있던 상황 하에 피해자와 같은 내무반원인 피고인 등 여러 사람이 곧 전역할 병사 갑을 손발을 붙잡아 헹가레를 쳐서 장난삼아 바다에 빠뜨리려고 하다가 그가 발버둥치자 동인의 발을 붙잡고 있던 피해자가 몸의 중심을 잃고 미끄러지면서 바다에 빠져 사망한 경우 갑을 헹가레쳐서 바다에 빠뜨리려고 한 행위와 피해자가 바다에 빠져 사망한 결과와의 사이에는 인과관계가 있다고 할 것이고, 또 위와 같은 경우 결과발생에 관한 예견가능성도 있다고 할 것이므로 갑을 붙들고 헹가레치려고 한 피고인들로서는 비록 피해자가 위와 같이 헹가레치려고 한 일행 중의 한 사람이었다고 하여도 동인의 사망에 대하여 과실책임을 면할 수 없다(대판 1990.11.13. 90도2106).

③ 함께 술을 마신 후 만취된 피해자를 촛불이 켜져 있는 방안에 혼자 눕혀 놓고 촛불을 끄지 않고 나오는 바람에 화재가 발생하여 피해자가 사망한 경우 과실치사책임을 인정한다(대판 1994.8.26. 94도1291).

④ 중앙선에 서서 도로횡단을 중단한 피해자의 팔을 갑자기 잡아끌고 피해자로 하여금 도로를 횡단하게 만든

피고인으로서는 위와 같이 무단횡단을 하는 도중에 지나가는 차량에 충격당하여 피해자가 사망하는 교통사고가 발생할 가능성이 있으므로, 이러한 경우에는 피고인이 피해자의 안전을 위하여 차량의 통행 여부 및 횡단 가능 여부를 확인하여야 할 주의의무가 있다 할 것이므로, 피고인으로서는 위와 같은 주의의무를 다하지 않은 이상 교통사고와 그로 인한 피해자의 사망에 대하여 과실책임을 면할 수 없다고 한 사례 (대판 2002.8.23. 2002도2800).

III. 업무상 과실·중과실치사상죄

제268조(업무상과실·중과실 치사상)
업무상과실 또는 중대한 과실로 사람을 사망이나 상해에 이르게 한 자는 5년 이하의 금고 또는 2천만원 이하의 벌금에 처한다.

1. 업무상 과실치사상죄

(1) 의의

업무상 과실로 사람을 사상에 이르게 함으로써 성립하는 범죄이다(제268조). 본죄는 과실치사상죄에 대하여 업무자라는 신분관계로 인하여 형이 가중되는 가중적 구성요건이다. 다만 그 가중의 근거에 관하여는 ㈎ 업무자에게는 특히 무거운 주의의무가 과하여지기 때문이라는 견해, ㈏ 업무자에게는 고도의 주의능력이 있으므로 위법성이 크기 때문이라는 견해 등이 있으나, ㈐ 주의의무는 업무자와 보통인 사이에 차이가 있을 수 없고, 위법성의 정도도 다를 수 없다는 점에 비추어 업무자에게는 일반적으로 결과에 대한 예견가능성이 크기 때문에 형을 가중한 것이라고 해석하는 것이 타당하다.

(2) 업무

1) **업무의 개념** : 본죄의 업무란 사람의 사회생활면에 있어서의 하나의 지위로서 계속적으로 종사하는 사무를 말하고 반복·계속의 의사 또는 사실이 있는 한 그 사무에 대한 각별한 경험이나 법규상의 면허를 필요로 하지 아니한다. 따라서 업무의 개념은 ㈎ 사회생활상의 지위(업무는 사회생활상의 지위에 따른 것, 즉 사람의 사회적 활동으로서 의미를 가진 것), ㈏ 계속성(업무는 객관적으로 상당 횟수 반복되어지거나 반복·계속할 의사로 행하여진 것), ㈐ 사무(업무는 사회생활상 계속성을 가진 사무 내지 일)라는 요소에 의하여 이루어진다. 다만 본죄의 업무는 성질상 생명·신체에 위해를 줄 수 있는 위험성 있는 것임을 요한다.

2) **총칙상의 업무** : 총칙상 정당행위(제20조)의 요건이 되는 업무는 범죄구성 요건의 한 요소로서의 업무가 아니라, 위법성이 조각되는 근거로서의 업무라는 점에서 각칙상의 업무와는 다르다. 형법 제20조의 업무는 법령상 인정되는 업무 이외에 업무내용이 사회상규에 위배되지 않음으로써 족하고, 반드시 업무 자체가 정당하거나 적법일 것을 요하지 않는다(예 : 운전면허 없이 운전을 하다가 사람을 사상케 한 경우). 따라서 무면허의사의 치료행위도 제20조의 업무행위로서 위법성이 조각된다(의료법 위반은 별론).

<업무상 과실치사상죄와 업무방해죄의 차이>

	업무상 과실치사상죄	업무방해죄
성격	책임가중요소	행위객체(또는 보호법익)
내용	생명·신체에 대한 위험을 수반·방지하는 업무	이러한 제한이 없다
오락목적의 업무	포함	불포함
보호의 가치	불필요	필요
공무의 포함 여부	포함	부정설이 다수설·판례

3) **각칙상의 업무** : 형법 각칙상의 구성요건에 사용되고 있는 업무의 개념은 각 구성요건에서의 기능에 따라 차이가 있다.

㈎ **과실범에 있어서의 업무** : 과실범에 있어서 업무자에게는 예견가능성이 크기 때문에 그 책임을 가중하는 경우이다. 본죄와 업무상 실화죄(제171조), 업무상 과실교통방해죄(제189조) 및 업무상 과실장물취득죄(제364조)에 있어서의 업무가 이에 속한다.

㈏ **진정신분범의 요소로서의 업무** : 업무자의 행위만이 구성요건에 해당하는 경우로서 여기의 업무는 정범요소가 된다. 업무상 비밀누설죄(제317조), 허위진단서작성죄(제233조)의 업무가 여기에 속한다.

㈐ **부진정신분범의 요소로서의 업무** : 일반인의 행위도 처벌되지만 업무자의 행위는 책임이 가중되기 때문에 무겁게 벌하는 경우이다. 업무상 횡령죄와 업무상 배임죄(제356조)의 업무가 여기에 해당한다.

㈑ **보호법익으로서의 업무** : 업무방해죄(제314조)에 있어서의 업무는 동죄의 보호법익이 된다. 동죄의 업무는 ㈎ 생명·신체에 위해를 가할 위험 있는 업무에 제한되지 아니하지만, ㈏ 업무에 수반하거나 일시 오락을 위한 행위에 대하여까지 확대될 수는 없고, ㈐ 형법에 의하여 보호할 가치 있는 업무에 제한되고, ㈑ 공무를 제외하고 사무(私務)에 제한된다는 점에서 본죄의 업무와 구별된다.

㈒ **행위의 태양으로서의 업무** : 업무가 행위의 태양 내지 그 요소를 이루는 경우이며, 아동혹사죄(제274조)에 있어서의 업무가 여기에 해당한다.

(3) 업무상 과실의 내용

업무상 요구되는 주의의무의 범위는 구체적 사정을 고려하여 업무의 종류와 성질에 따라 결정된다고 할 것이다. 본죄의 성립 여부가 문제되는 가장 대표적인 경우가 자동차운전의 경우이다. 즉 자동차운전자에게는 자동차의 운전으로 인한 사고를 방지할 주의의무가 있다. 다만 자동차운전자의 주의의무를 결정함에 있어서도 신뢰의 원칙이 적용되어야 함은 당연하다.

그러나 대법원은 현재 자동차와 자동차 또는 자동차와 자전거의 충돌사고에 대하여는 이 원칙을 엄격하게 적용하고 있으나, 보행자에 대한 사고에 있어서는 운전자의 과실을 인정하고 있다. 다만 고속도로 또는 자동차전용도로 및 육교 밑에서 보행자를 충격한 경우에는 운전자의 과실을 부정하고 있다(「코칭 형법 1」 과실범 부분 참조).

2. 중과실치사상죄

중대한 과실로 사람을 사상에 이르게 함으로써 성립하는 범죄이다(제268조). 중대한 과실이라 함은 주의의무위반의 정도가 현저한 경우, 즉 조금만 주의하였더라면 결과의 발생을 회피할 수 있었음에도 불구하고 이를 게을리한 경우를 말하며, 그 판단은 구체적인 상황에 따라 사회통념에 의하여야 한다.

Ⅳ. 죄수 및 타죄와의 관계

1. 죄수

1개의 업무상 과실·중과실로 2인 이상을 동시에 사상케 한 경우에는 수개의 업무상 과실·중과실치사상죄의 상상적 경합이 된다.

2. 업무상 과실치사상죄를 범한 후 도망간 경우

자동차운전자가 교통사고를 낸 후 피해자를 구호하지 않고 도주하거나 장소를 옮겨 유기하고 도주한 경우에는 '특정범죄가중처벌등에관한법률' 제5조의3에 의하여 가중처벌된다(도주운전죄 일죄 성립). 「도주운전죄」는 ㈎ (업무상)과실치사상행위 ㈏ 구호의무불이행행위(부작위) 또는 작위의 유기행위 ㈐ 도주행위라고 하는 세 가지 행위의 '결합범'으로 되어 있다. 따라서 교통사고 후 도주죄와 업무상 과실치사상죄는 법조경합 중 보충관계에 있다고 할 것이다. 그러나 자동차의 운전자가 업무상 과실로 동시에 수인을 사상케 하고 도주한 경우에는 특정범죄가중처벌등에관한법률위반(도주차량)죄는 피해자별로 수죄가 성립하고, 이 수죄는 상상적 경합관계에 있다.

한편, '교통사고처리특례법'은 자동차운전자의 업무상 과실치'상'죄의 경우에 일정한 사유를 제외하고는 '반의사불벌죄'로 하고 있으며, 동법 제4조 제1항에서는 종합보험가입시 공소를 제기할 수 없다고 규정하고 있다.

> **판 례** 업무상 과실치사상죄의 업무상 계속성
>
> ① 피고인은 차량의 운전업무에 종사하는 자가 아니므로 단 1회의 운전행위만을 대상으로 하여 업무상과실이 있다고 단정한 것은 본조 제2항의 업무상 과실에 관한 법리를 그릇한 위법이 있다(대판 1966.5.31. 66도536).
>
> ② [1] 업무상 과실치상죄에 있어서의 '업무'란 사람의 사회생활면에서 하나의 지위로서 계속적으로 종사하는 사무를 말하고, 여기에는 수행하는 직무 자체가 위험성을 갖기 때문에 안전배려를 의무의 내용으로 하는 경우는 물론 사람의 생명·신체의 위험을 방지하는 것을 의무내용으로 하는 업무도 포함되는데, <u>안전배려 내지 안전관리 사무에 계속적으로 종사하여 위와 같은 지위로서의 계속성을 가지지 아니한 채 단지 건물의 소유자로서 건물을 비정기적으로 수리하거나 건물의 일부분을 임대하였다는 사정만으로는 업무상 과실치상죄에 있어서의 '업무'로 보기 어렵다.</u> [2] 4층 건물의 2층 내부 벽면에 설치된 분전반을 통해 3층과 4층으로 가설된 전선이 합선으로 단락되어 화재가 나 상해가 발생한 사안에서, 4층 건물의 소유자로서 위 건물 2층을 임대하였다는 사정만으로 업무

상 과실치상죄에 있어서의 '업무'에 관한 증명이 있다고 본 원심판결을 심리미진 등을 이유로 파기한 사례. [3] 발화지점으로 지적된 분전반이 건물의 2층 내부 벽면에 매립·설치되어 있고, 건물 3층과 4층에 이르는 전선은 벽체 내부의 통로를 따라 분전반 후면을 거쳐 배선되어 있는 건물의 화재와 관련하여, 분전반이나 전선이 임차인의 지배관리영역에 속하는 것인지 여부, 임차인에게 위 분전반이나 그 내부 전선의 이상으로 인한 화재를 예방하여야 할 주의의무가 있다고 볼 특별한 사정이 있는지 여부, 나아가 그 주의의무가 '업무상'의 주의에 속하는지 여부 등을 심리하지 않은 채, 분전반이나 건물의 3층과 4층에 이르는 전선이 화재원인이고 10여년 간 건물 2층을 임차해 오면서 당해 건물의 안전에 이상이 있음을 알고 있었다는 이유만으로, 임차인에게 '업무상 주의의무' 위반이 있다고 본 원심판결을 심리미진 등을 이유로 파기한 사례(대판 2009.5.28. 2009도1040).

 판 례 사무

① 업무상 과실치사상죄에 있어서의 업무란 사람의 사회생활 면에 있어서의 하나의 지위로서 계속적으로 종사하는 사무를 말하고, 반복 계속의 의사 또는 사실이 있는 한 그 사무에 대한 각별한 경험이나 법규상의 면허를 필요로 하지 아니한다(대판 1961.3.22. 4294형상5).

② 피고인이 완구상 점원으로서 완구배달을 하기 위하여 자전거를 타고 소매상을 돌아다니는 일을 하고 있었다고 한다면 그 자전거를 운전하는 업무에 종사하고 있다고 보아야 한다(대판 1972.5.9. 72도701).

③ 골재채취허가 여부는 골재채취업무가 업무상 과실치사상죄에 있어서의 업무에 해당하는 사실에 아무런 소장이 없다(대판 1985.6.11. 84도2527).

 판 례 자동차 운전자의 업무상 주의의무

① 피고인이 근무하고 있던 영업소에서 차량의 정비만을 담당하는 책임자가 따로 있었다 할지라도 자동차운전자도 항상 자기가 운전하는 차량의 정비에 不備가 없는지 세심하게 살펴볼 책임이 있다(대판 1968.2.20. 68도16).

② 중앙선 표시가 있는 직선도로에 있어서 특별한 사정이 없는 한 그 대향차선상의 차량은 그 차선을 유지운행하고 도로 중앙선을 넘어 반대차선에 진입하지 않으리라고 믿는 것이 우리의 경험칙에 합당하다고 할 것이므로 대향차선상을 달려오는 차량을 발견하였다 하여 자기가 운전하는 차를 정지 또는 서행하거나 일일이 그 차량의 동태를 예의주시할 의무가 있다고 할 수 없다(대판 1984.2.14. 83도3086).

③ 피고인이 오토바이를 운전하고 자기차선을 진행하다가 근접한 거리에서 대향차선상에서 자전거를 타고 비탈길을 내려오는 피해자를 발견하였는데(피해자의 진행방향 앞에서 버스 1대가 먼저 통과한 때문에 근접한 거리에서 발견된 것임) 피해자가 방향조작을 잘못하여 피고인의 차선으로 침범하여 들어왔다면 그러한 상황 하에서는 피고인에게 자전거가 피고인의 운행차선 전방으로 진입해 들어올 것까지를 예견해서 감속하는 등 충돌을 방지할 주의의무를 위반하였다고 탓할 수 없다 할 것이다(대판 1984.4.24. 84도240).

④ 자동차를 운행하는 자는 매일 그 운행개시 전에 일상점검의 하나로 제동장치 중 제동파이프에 기름 누설이 없고 고정이 확실한 여부를 점검하여야 할 업무상 주의의무가 있다(대판 1985.12.24. 85도1755).

⑤ 횡단보도의 보행자 신호가 녹색신호에서 적색신호로 바뀌는 예비신호 점멸 중에도 그 횡단보도를 건너가는 보행자가 흔히 있고 또 횡단 도중에 녹색신호가 적색신호로 바뀐 경우에도 그 교통신호에 따라 정지함이 없이 나머지 횡단보도를 그대로 횡단하는 보행자도 있으므로 보행자 신호가 녹색신호에서 정지신호로 바뀔 무렵 전후에 횡단보도를 통과하는 자동차 운전자는 보행자가 교통신호를 철저히 준수할 것이라는 신뢰만으로 자동차를 운전할 것이 아니라 좌우에서 이미 횡단보도에 진입한 보행자가 있는지 여부를 살펴보고 또한 그의 동태를 두루 살피면서 서행하는 등 하여 그와 같은 상황에 있는 보행자의 안전을 위해 어느 때라도 정지할 수 있는 태세를 갖추고 자동차를 운전하여야 할 업무상의 주의의무가 있다(대판 1986.5.27. 86도549).

⑥ 운전자가 차를 세워 시동을 끄고 1단 기어가 들어가 있는 상태에서 시동열쇠를 끼워놓은 채 <u>11세 남짓한 어린이를 조수석에 남겨두고 차에서 내려온 동안 동인이 시동열쇠를 돌리며 악셀러레이터 페달을 밟아 차량이 진행하여 사고가 발생</u>한 경우, 비록 동인의 행위가 사고의 직접적인 원인이었다 할지라도 그 경우 운전자로서는 위 어린이를 먼저 하차시키든가 운전기기를 만지지 않도록 주의를 주거나 손브레이크를 채운 뒤 시동열쇠를 빼는 등 <u>사고를 미리 막을 수 있는 제반조치를 취할 업무상 주의의무가 있다 할 것이어서 이를 게을리한 과실은 사고결과와 법률상의 인과관계가 있다</u>고 봄이 상당하다(대판 1986.7.8. 86도1048).

⑦ 버스운전사에게 전날밤에 주차해둔 버스를 그 다음 날 아침에 출발하기에 앞서 차체 밑에 장애물이 있는지 여부를 확인하여야 할 주의의무가 있다(대판 1988.9.27. 88도833).

⑧ 피고인의 주의의무 태만으로 인하여 고속도로상에 정지 중인 차량을 추돌한 사고가 발생된 이상 피해차량 후방에 사고발생표지가 설치되어 있지 아니하였고 피해자들이 다른 승객들처럼 대피하지 않고 피해차량 뒤 고속도로 노면에 들어와 있었다 하더라도 피고인의 범행성립에는 영향이 없다(대판 1990.12.26. 89도2589).

⑨ 음주운전을 단속하는 경찰관이 약 10미터 전방에서 음주운전자가 운행하는 것으로 의심되는 차량이 동료 경찰관의 정지신호를 무시하고 계속 진행하여 오는 것을 보고 그 차량에 대하여 다시 정지신호를 하여도 이에 계속 불응하면서 도주하려 하는 경우 그 차량의 진로를 가로막고 서거나 차량의 차체 일부를 붙잡아 정차하도록 하거나 정차를 강력히 요구하는 표시로 차체를 두드려 주의를 환기시키거나 경각심을 일으키는 등 차량에 접근하는 행동을 하는 경우가 있을 수 있음은 충분히 예상할 수 있으므로, 정지신호를 보내오고 있는 경찰관을 발견한 운전자로서는 마땅히 차량을 정차시켜야 하고, 만일 계속 진행하더라도 속도를 줄이고 경찰관의 동태를 잘 살펴 안전하게 진행하여야 할 업무상 주의의무가 있다고 할 것인데, 그럼에도 불구하고 이에 위배하여 상당한 속도로 계속 진행함으로써 정차를 시키기 위하여 차체를 치는 경찰관으로 하여금 상해를 입게 한 운전자에게는 업무상 주의의무를 다하지 못한 과실이 있다(대판 1994.10.14. 94도2165).

⑩ 고속도로를 운행하는 자동차의 운전자로서는 일반적인 경우에 고속도로를 횡단하는 보행자가 있을 것까지 예견하여 보행자와의 충돌사고를 예방하기 위하여 급정차 등의 조치를 취할 수 있

도록 대비하면서 운전할 주의의무가 없고, 다만 고속도로를 무단횡단하는 보행자를 충격하여 사고를 발생시킨 경우라도 운전자가 상당한 거리에서 보행자의 무단횡단을 미리 예상할 수 있는 사정이 있었고, 그에 따라 즉시 감속하거나 급제동하는 등의 조치를 취하였다면 보행자와의 충돌을 피할 수 있었다는 등의 특별한 사정이 인정되는 경우에만 자동차 운전자의 과실이 인정될 수 있다(대판 2000.9.5. 2000도2671).

⑪ 선행차량에 이어 피고인 운전 차량이 피해자를 연속하여 역과하는 과정에서 피해자가 사망한 경우, 피고인의 업무상 과실을 인정한다(대판 2001.12.11. 2001도5005).

⑫ 골프 카트는 안전벨트나 골프 카트 좌우에 문 등이 없고 개방되어 있어 승객이 떨어져 사고를 당할 위험이 커, 골프 카트 운전업무에 종사하는 자로서는 골프 카트 출발 전에는 승객들에게 안전 손잡이를 잡도록 고지하고 승객이 안전 손잡이를 잡은 것을 확인하고 출발하여야 하고, 우회전이나 좌회전을 하는 경우에도 골프 카트의 좌우가 개방되어 있어 승객들이 떨어져서 다칠 우려가 있으므로 충분히 서행하면서 안전하게 좌회전이나 우회전을 하여야 할 업무상 주의의무가 있다(대판 2010.7.22. 2010도1911).

⑬ 택시 운전자인 피고인이 심야에 밀집된 주택 사이의 좁은 골목길이자 직각으로 구부러져 가파른 비탈길의 내리막에 누워 있던 피해자의 몸통 부위를 택시 바퀴로 역과하여 그 자리에서 사망에 이르게 하고 도주한 사안에서, 위 사고 당시 시각과 사고 당시 도로상황 등에 비추어 자동차 운전업무에 종사하는 피고인으로서는 평소보다 더욱 속도를 줄이고 전방 좌우를 면밀히 주시하여 안전하게 운전함으로써 사고를 미연에 방지할 주의의무가 있었는데도, 이를 게을리한 채 그다지 속도를 줄이지 아니한 상태로 만연히 진행하던 중 전방 도로에 누워 있던 피해자를 발견하지 못하여 위 사고를 일으켰으므로, 사고 당시 피고인에게는 이러한 업무상 주의의무를 위반한 잘못이 있었는데도, 이와 달리 판단하여 피고인에게 무죄를 선고한 원심판결에 업무상과실치사죄의 구성요건에 관한 법리오해의 위법이 있다고 한 사례(대판 2011.5.26. 2010도17506).

판례 의사·간호사의 업무상 주의의무

① 초일 페니시린반응 검사 후에 호스타마이신 40만 단위(페니실린 40만 단위, 스트렙트마이신 0.5그람으로 구성된 항생제)를 환자에게 시주하는 의사가 환자의 부(父)로부터 전날 페니실린주사를 맞고 가렵고 발진이 있어서 부작용을 일으킨 것 같다는 말을 들은 경우에는 전날 페니실린 시주 후의 환자의 증세가 어떠하였는가에 대하여 더 엄밀히 문진 기타 가능한 방법에 의하여 조사를 하고 전날 주사 후 있었다는 발진과 가려움증이 페니실린의 부작용이 아니였다는 확실한 진단이 있기 전에는 함부로 동 약재를 시주하는 행위는 이를 삼가하여야 하고 위 주사를 시주할 시에는 시주 후 부작용이 있을 것을 상정하고 사전조치를 준비함은 물론 시주한 후에는 의학적으로 기대되는 적절한 사후치료조치를 다할 주의의무가 있다고 할 것인데 단지 쇼크에 처치시설이 갖추어진 도립병원에서 초일 반응 검사 후에 항생제를 시주함에 있어서 다시 사전반응검사를 하여야 할 주의의무가 요구된다 할 수 없다는 이유만으로 곧 의사로서 요구되는 업무상 주의의무를 다하였다고 논단할 수 없다(대판 1976.12.28. 74도816).

② 내과전문의가 기관지폐렴환자로 진단한 환자에 대하여 그 요법으로 일반적으로 통용되고 있는 "엠피시린"주사액을 피부반응검사를 거쳐 음성인 경우에 한하여 그 주사액을 시주케 한 행위에는 내과전문의로서의 과실이 있다고 보기 어렵다(대판 1984.6.12. 82도3199).

③ 갑상선비대증이나 심장병환자에 대하여는 편도선 절제수술이 금기사항으로 되어 있으므로 의사로서는 환자를 진찰한 결과 환자의 갑성선과 심장이 보통사람의 그것에 비하여 많이 비대해져 있음을 발견하였으면 마땅히 정밀검사를 통하여 그 발병원인을 밝혀 보고 나아가 그 질환의 정도가 편도선 절제수술을 감내할 수 있는지의 여부를 확인한 연후에 편도선 절제수술을 시행하였어야 할 터임에도 사전에 이에 대한 정밀검사를 실시하지 아니한 과실로 환자가 갑상선수양암 및 관상동맥경화증 환자임을 알지 못한채 동인의 편도선절제수술을 감행함으로써 동인으로 하여금 수술을 마친 후 약 40분 후에 심장마비로 사망케 하였다면 업무상 과실치사의 책임이 있다(대판 1986.10.14. 85도1789).

④ 주사약인 에폰톨을 3, 4분 정도의 단시간형 마취에 흔히 이용되는 마취제로서 점액성이 강한 유액성분이어서 반드시 정맥에 주사하여야 하며, 정맥에 투여하다가 근육에 새면 유액성분으로 인하여 조직괴사, 일시적인 혈관수축 등의 부작용을 일으킬 수 있으므로 위와 같은 마취제를 정맥주사할 경우 의사로서는 스스로 주사를 놓든가 부득이 간호사나 간호조무사에게 주사케 하는 경우에도 주사할 위치와 방법 등에 관한 적절하고 상세한 지시를 함과 함께 스스로 그 장소에 입회하여 주사시행과정에서의 환자의 징후 등을 계속 주시하면서 주사가 잘못없이 끝나도록 조치하여야 할 주의의무가 있고, 또는 위와 같은 마취제의 정맥주사방법으로서는 수액세트에 주사침을 연결하여 정맥 내에 위치하게 하고 수액을 공급하면서 주사제를 기존의 수액세트를 통하여 주사하는 이른바 사이드 인젝션(Side Injection)방법이 직접 주사방법보다 안전하고 일반적인 것이라 할 것인 바, <u>산부인과 의사인 피고인이 피해자에 대한 임신중절수술을 시행하기 위하여 마취주사를 시주함에 있어 피고인이 직접 주사하지 아니하고, 만연히 간호조무사로 하여금 직접방법에 의하여 에폰톨 500밀리그램이 함유된 마취주사를 피해자의 우측 팔에 놓게 하여 피해자에게 상해를 입혔다면 이에는 의사로서의 주의의무를 다하지 아니한 과실이 있다고 할 것이다</u>(대판 1990.5.22. 90도579).

⑤ 마취환자의 마취회복업무를 담당한 의사로서는 마취환자가 수술 도중 특별한 이상이 있었는지를 확인하여 특별한 이상이 있었던 경우에는 보통 환자보다 더욱 감시를 철저히 하고, 또한 마취환자가 의식이 회복되기 전에는 호흡이 정지될 가능성이 적지 않으므로 피해자의 의식이 완전히 회복될 때까지 주위에서 관찰하거나 적어도 환자를 떠날 때는 피해자를 담당하는 간호사를 특정하여 그로 하여금 환자의 상태를 계속 주시하도록 하여 만일 이상이 발생한 경우에는 즉시 응급조치가 가능하도록 할 의무가 있다(대판 1994.4.26. 92도3283).

⑥ 일반외과 전문의인 피고인이 피해자의 후복막 전체에 형성된 혈종을 발견한 지 14일이 지나도록 전산화단층촬영 등 후복막 내의 장기 손상이나 농양 형성 여부를 확인하기에 적절한 진단방법을 시행하지 않은 채, 피해자가 보인 염증 증상의 원인을 단순히 장간막 봉합수술에 따른 후유증 정도로만 생각하고 필요한 적절한 진단 및 치료조치를 취하지 아니한 것은 진단 및 치료상의 주의의무를 다하지 아니한 것으로서 과실이 있다(대판 1996.9.24. 95도245).

⑦ <u>일반적으로 대학병원의 진료체계상 과장은 병원행정상의 직급으로서 다른 교수나 전문의가 진료하고 있는 환자의 진료까지 책임지는 것은 아니고, 소속 교수 등이 진료시간을 요일별 또는 오전, 오후 등 시간별로 구분하여 각자 외래 및 입원 환자를 관리하고 진료에 대한 책임을 맡게 된다. 그러한 사정을 감안하면, 피고인에게 피해자를 담당한 의사가 아니어서 그 치료에 관한 것이 아님에도 불구하고 구강악안면외과 과장이라는 이유만으로 외래담당의사 및 담당 수련의들의 처치와 치료결과를 주시하고 적절한 수술방법을</u>

지시하거나 담당의사 대신 직접 수술을 하고, 농배양을 지시·감독할 주의의무가 있다고 단정할 수 없다(대판 1996.11.8. 95도2710).

⑧ 산부인과 개업의들이 매 분만마다 수혈용 혈액을 준비한다 하더라도 이를 사용하지 아니한 경우(대부분의 분만에서 사용하지 아니한다)에는 혈액원에 반납할 수 없고, 산부인과 의원에서는 이를 보관하였다가 다른 산모에게 사용할 수도 없기 때문에 결국 사용하지 못한 혈액은 폐기하여야 하고, 헌혈 부족으로 충분한 혈액을 확보하지 못하고 있는 당시 우리나라의 실정상 만약 산부인과 개업의들이 매 분만마다 수혈용 혈액을 미리 준비하고, 이를 폐기한다면 혈액 부족이 심화될 우려가 있음을 알 수 있는바, 제왕절개분만을 함에 있어서 산모에게 수혈을 할 필요가 있을 것이라고 예상할 수 있었다는 사정이 보이지 않는 한, 산후과다출혈에 대비하여 제왕절개수술을 시행하기 전에 미리 혈액을 준비할 업무상 주의의무가 있다고 보기 어렵다(대판 1997.4.8. 96도3082).

⑨ 수혈은 종종 그 과정에서 부작용을 수반하는 의료행위이므로, 수혈을 담당하는 의사는 혈액형의 일치 여부는 물론 수혈의 완성 여부를 확인하고, 수혈 도중에도 세심하게 환자의 반응을 주시하여 부작용이 있을 경우 필요한 조치를 취할 준비를 갖추는 등의 주의의무가 있다. 그리고 의사는 전문적 지식과 기능을 가지고 환자의 전적인 신뢰 하에서 환자의 생명과 건강을 보호하는 것을 업으로 하는 자로서, 그 의료행위를 시술하는 기회에 환자에게 위해가 미치는 것을 방지하기 위하여 최선의 조치를 취할 의무를 지고 있고, 간호사로 하여금 의료행위에 관여하게 하는 경우에도 그 의료행위는 의사의 책임 하에 이루어지는 것이고 간호사는 그 보조자에 불과하므로, 의사는 당해 의료행위가 환자에게 위해가 미칠 위험이 있는 이상 간호사가 과오를 범하지 않도록 충분히 지도·감독을 하여 사고의 발생을 미연에 방지하여야 할 주의의무가 있고, 이를 소홀히 한 채 만연히 간호사를 신뢰하여 간호사에게 당해 의료행위를 일임함으로써 간호사의 과오로 환자에게 위해가 발생하였다면 의사는 그에 대한 과실책임을 면할 수 없다(대판 1998.2.27. 97도2812).

⑩ 요추 척추후궁절제 수술도중에 수술용 메스가 부러지자 담당의사가 부러진 메스조각(3×5㎜)을 찾아 제거하기 위한 최선의 노력을 다하였으나 찾지 못하여 부러진 메스조각을 그대로 둔 채 수술부위를 봉합한 경우, 같은 수술과정에서 메스 끝이 부러지는 일이 흔히 있고, 부러진 메스가 쉽게 발견되지 않을 경우 수술과정에서 무리하게 제거하려고 하면 부가적인 손상을 줄 우려가 있어 일단 봉합한 후에 재수술을 통하여 제거하거나 그대로 두는 경우가 있는 점에 비추어 담당의사의 과실을 인정할 수 없다고 한 사례(대판 1999.12.10. 99도3711).

⑪ 산부인과 의사가 산모의 태반조기박리에 대한 대응조치로서 응급 제왕절개수술을 시행하기로 결정하였다면 이러한 경우에는 적어도 제왕절개수술 시행 결정과 아울러 산모에게 수혈을 할 필요가 있을 것이라고 예상되는 특별한 사정이 있어 미리 혈액을 준비하여야 할 업무상 주의의무가 있다고 보아야 한다(대판 2000.1.14. 99도3621).

⑫ [1] 의료사고에 있어서 의사의 과실을 인정하기 위해서는 의사가 결과 발생을 예견할 수 있었음에도 불구하고 그 결과 발생을 예견하지 못하였고, 그 결과 발생을 회피할 수 있었음에도 불구하고 그 결과 발생을 회피하지 못한 과실이 검토되어야 하고, 그 과실의 유무를 판단함에는 같은 업무와 직무에 종사하는 일반적 보통인의 주의 정도를 표준으로 하여야 하며, 이에는 사고 당시의 일반적인 의학의 수준과 의료환경 및 조건, 의료행위의 특수성 등이 고려되어야 한다.
[2] 내과의사가 신경과 전문의에 대한 협의진료 결과 피해자의 증세와 관련하여 신경과 영역에서 이상이

없다는 회신을 받았고, 그 회신 전후의 진료 경과에 비추어 그 회신 내용에 의문을 품을 만한 사정이 있다고 보이지 않자 그 회신을 신뢰하여 뇌혈관계통 질환의 가능성을 염두에 두지 않고 내과 영역의 진료 행위를 계속하다가 피해자의 증세가 호전되기에 이르자 퇴원하도록 조치한 경우, 피해자의 지주막하출혈을 발견하지 못한 데 대하여 내과의사의 업무상과실을 부정한 사례(대판 2003.1.10. 2001도3292). [해설] 의사의 과실의 유무를 판단할 때, 다른 전문의와의 협의진료 결과를 신뢰한 때에는 과실을 인정할 수 없다는 판결.

⑬ 환자의 주치의 겸 정형외과 전공의가 같은 과 수련의의 처방에 대한 감독의무를 소홀히 한 나머지, 환자가 수련의의 잘못된 처방으로 인하여 상해를 입게 된 사안에서 전공의에 대한 업무상 과실치상죄를 인정한 사례(대판 2007.2.22. 2005도9229).

⑭ [1] 의료사고에 있어서 의료종사자의 과실을 인정하기 위해서는 의료종사자가 결과발생을 예견할 수 있었음에도 그 결과발생을 예견하지 못하였고 그 결과발생을 회피할 수 있었음에도 그 결과발생을 회피하지 못한 과실이 검토되어야 하고, 그 과실의 유무를 판단함에는 같은 업무와 직무에 종사하는 일반적 보통인의 주의 정도를 표준으로 하여야 하며, 이에는 사고 당시의 일반적인 의학의 수준과 의료환경 및 조건, 의료행위의 특수성 등이 고려되어야 한다. [2] 야간 당직간호사가 담당 환자의 심근경색 증상을 당직의사에게 제대로 보고하지 않음으로써 당직의사가 필요한 조치를 취하지 못한 채 환자가 사망한 경우, 병원의 야간당직 운영체계상 당직간호사에게 환자의 사망을 예견하거나 회피하지 못한 업무상 과실이 있고, 당직의사에게는 업무상 과실을 인정하기 어렵다고 한 사례(대판 2007.9.20. 2006도294, 대판 1996.11.8. 95도2710).

⑮ [1] 산후조리원의 주된 업무는 입소한 산모들에게 적절한 음식과 운동방법 등을 제공하여 몸을 회복할 수 있도록 하고, 산모가 대동한 신생아를 대신 관리하여 줌으로써 산모가 산후조리에 집중할 수 있도록 도와주는 것이고, 산모와 신생아의 집단관리는 산후조리서비스 제공에 필연적으로 부수되는 업무로서 그 자체가 치료행위는 아니다. 하지만, 면역력이 취약하여 다른 사람과 접촉이 바람직하지 아니한 신생아를 집단으로 수용하여 관리함으로써 질병의 감염으로 인한 생명·신체에 대한 위해가능성이 높아지는 특성상 보건분야 업무로서의 성격을 갖고 있으므로, 일반인에 의해 제공되는 산후조리 업무와는 달리 신생아의 집단관리 업무를 책임지는 사람으로서는 신생아의 건강관리나 이상증세에 관하여 일반인보다 높은 수준의 지식을 갖추어 신생아를 위생적으로 관리하고 건강상태를 면밀히 살펴 이상증세가 보이면 의사나 한의사 등 전문가에게 진료를 받도록 하는 등 적절한 조치를 취하여야 할 업무상 주의의무가 있다. [2] 산후조리원에 입소한 신생아가 출생 후 10일 이상이 경과하도록 계속하여 수유량 및 체중이 지나치게 감소하고 잦은 설사 등의 이상증세를 보임에도 불구하고, 산후조리원의 신생아 집단관리를 맡은 책임자가 의사나 한의사 등의 진찰을 받도록 하지 않아 신생아가 탈수 내지 괴사성 장염으로 사망한 사안에서, 위 집단관리 책임자가 산모에게 신생아의 이상증세를 즉시 알리고 적절한 조치를 구하여 산모의 지시를 따른 것만으로는 업무상 주의의무를 다하였다고 볼 수 없다며 신생아 사망에 대한 업무상 과실치사의 죄책을 인정한 사례(대판 2007.11.16. 2005도1796).

⑯ 피고인이 제왕절개수술을 시행 중 태반조기박리를 발견하고도 피해자의 출혈 여부 관찰을 간호사에게 지시하였다가 수술 후 약 45분이 지나 대량출혈을 확인하고 전원 조치하였으나 그 후 피해자가 사망한 사안에서, 피고인에게 대량출혈 증상을 조기에 발견하지 못하고, 전원을 지체하여 피해자로 하여금 신속한 수혈 등의 조치를 받지 못하게 한 과실이 있다고 한 사례(대판 2010.4.29. 2009도7070).

⑰ 담당 의사가 췌장 종양 제거수술 직후의 환자에 대하여 1시간 간격으로 4회 활력징후를 측정하라고 지시를 하였는데, 일반병실에 근무하는 간호사 甲이 중환자실이 아닌 일반병실에서는 그러할 필요가 없다고 생각하여 2회만 측정한 채 3회차 이후 활력징후를 측정하지 않았고, 甲과 근무교대한 간호사 乙 역시 자신의 근무시간 내 4회차 측정시각까지 활력징후를 측정하지 아니하였으며, 위 환자는 그 시각으로부터 약 10분 후 심폐정지상태에 빠졌다가 이후 약 3시간이 지나 과다출혈로 사망한 사안에서, <u>1시간 간격으로 활력징후를 측정하였더라면 출혈을 조기에 발견하여 수혈, 수술 등 치료를 받고 환자가 사망하지 않았을 가능성이 충분하다고 보일 뿐 아니라, 甲과 乙은 의사의 위 지시를 수행할 의무가 있음에도 3회차 측정시각 이후 4회차 측정시각까지 활력징후를 측정하지 아니한 업무상과실이 있다고 보아야 함에도</u>, 甲, 乙에게 업무상과실이 있거나 위 활력징후 측정 미이행 행위와 환자의 사망 사이에 인과관계가 있다고 단정하기 어렵다고 본 원심판단에 법리오해의 위법이 있다고 한 사례(대판 2010.10.28. 2008도8606).

⑱ 병원 인턴인 피고인이, 응급실로 이송되어 온 익수환자 甲을 담당의사 乙의 지시에 따라 구급차에 태워 다른 병원으로 이송하던 중 산소통의 산소잔량을 체크하지 않은 과실로 산소 공급이 중단된 결과 甲을 폐부종 등으로 사망에 이르게 하였다는 내용으로 기소된 사안에서, 乙에게서 이송 도중 甲에 대한 <u>앰부 배깅(ambu bagging)과 진정제 투여 업무만을 지시받은 피고인에게 일반적으로 구급차 탑승 전 또는 이송 도중 구급차에 비치되어 있는 산소통의 산소잔량을 확인할 주의의무가 있다고 보기는 어렵고, 다만 피고인이 甲에 대한 앰부 배깅 도중 산소 공급 이상을 발견하고도 구급차에 동승한 의료인에게 기대되는 적절한 조치를 취하지 아니하였다면 업무상 과실이 있다고 할 것이나, 피고인이 산소 부족 상태를 안 후 취한 조치에 어떠한 업무상 주의의무 위반이 있었다고 볼 수 없는데도</u>, 피고인에게 산소잔량을 확인할 주의의무가 있음을 전제로 업무상과실치사죄를 인정한 원심판단에 응급의료행위에서 인턴의 주의의무 범위에 관한 법리오해 또는 심리미진의 위법이 있다고 한 사례(대판 2011.9.8. 2009도13959).

⑲ <u>의료사고에서 의사에게 과실이 있다고 하기 위하여는 의사가 결과 발생을 예견할 수 있고 또 회피할 수 있었는데도 이를 예견하지 못하거나 회피하지 못하였음이 인정되어야 하며, 과실의 유무를 판단할 때에는 같은 업무와 직종에 종사하는 일반적 보통인의 주의정도를 표준으로 하고, 사고 당시의 일반적인 의학의 수준과 의료환경 및 조건, 의료행위의 특수성 등을 고려하여야 한다. 이러한 법리는 한의사의 경우에도 마찬가지라고 할 것이다</u>(대판 2014.7.24. 2013도16101).

⑳ [1] 의료사고에서 의사의 과실을 인정하기 위해서는 의사가 결과발생을 예견할 수 있었음에도 이를 예견하지 못하였고 결과발생을 회피할 수 있었음에도 이를 회피하지 못한 과실이 검토되어야 하고, 과실의 유무를 판단할 때에는 같은 업무와 직무에 종사하는 보통인의 주의정도를 표준으로 하여야 하며, 여기에는 사고 당시의 일반적인 의학의 수준과 의료환경 및 조건, 의료행위의 특수성 등이 고려되어야 하고, 이러한 법리는 한의사의 경우에도 마찬가지이다. [2] 한의사인 피고인이 피해자에게 문진하여 과거 봉침을 맞고도 별다른 이상반응이 없었다는 답변을 듣고 알레르기 반응검사(skin test)를 생략한 채 환부인 목 부위에 봉침시술을 하였는데, 피해자가 위 시술 직후 아나필락시 쇼크반응을 나타내는 등 상해를 입은 사안에서, 피고인에게 과거 알레르기 반응검사 및 약 12일 전 봉침시술에서도 이상반응이 없었던 피해자를 상대로 다시 알레르기 반응검사를 실시할 의무가 있다고 보기는 어렵고, 설령 그러한 의무가 있다고 하더라도 <u>제반 사정에 비추어</u>

알레르기 반응검사를 하지 않은 과실과 피해자의 상해 사이에 상당인과관계를 인정하기 어렵다는 이유로, 같은 취지의 원심판단을 수긍한 사례. [3] 의사가 설명의무를 위반한 채 의료행위를 하여 피해자에게 상해가 발생하였다고 하더라도, 업무상 과실로 인한 형사책임을 지기 위해서는 피해자의 상해와 의사의 설명의무 위반 내지 승낙취득 과정의 잘못 사이에 상당인과관계가 존재하여야 하고, 이는 한의사의 경우에도 마찬가지이다(대판 2015.6.24. 2014도11315, 대판 2011.4.14. 2010도10104).

㉑ [1] 의사가 진찰·치료 등의 의료행위를 함에 있어서는 사람의 생명·신체·건강을 관리하는 업무의 성질에 비추어 환자의 구체적인 증상이나 상황에 따라 위험을 방지하기 위하여 요구되는 최선의 조치를 취하여야 할 주의의무가 있는바, 의료사고가 발생한 경우에 의사의 과실을 인정하기 위해서는 의사가 결과 발생을 예견할 수 있었음에도 불구하고 그 결과 발생을 예견하지 못하였고, 그 결과 발생을 회피할 수 있었음에도 불구하고 그 결과 발생을 회피하지 못한 과실이 검토되어야 한다. 의사의 이와 같은 주의의무의 내용과 정도 및 과실의 유무는 의료행위를 할 당시 의료기관 등 임상의학 분야에서 실천되고 있는 의료행위의 수준을 기준으로 삼되 그 의료수준은 같은 업무와 직무에 종사하는 통상의 의사에게 의료행위 당시 일반적으로 알려져 있고 또 시인되고 있는 의학의 수준, 진료환경과 조건, 의료행위의 특수성 등을 고려하여 규범적인 수준으로 파악되어야 한다. [2] 어떠한 의료행위가 의사들 사이의 분업적인 진료행위를 통하여 이루어지는 경우에도 그 의료행위 관련 임상의학 분야의 현실과 수준을 포함하여 구체적인 진료환경 및 조건, 해당 의료행위의 특수성 등을 고려한 규범적인 기준에 따라 해당 의료행위에 필요한 주의의무의 준수 내지 위반이 있었는지 여부가 판단되어야 함은 마찬가지이다. 따라서 의사가 환자에 대하여 주된 의사의 지위에서 진료하는 경우라도, 자신은 환자의 수술이나 시술에 전념하고 마취과 의사로 하여금 마취와 환자 감시 등을 담당토록 하거나, 특정 의료영역에 관한 진료 도중 환자에게 나타난 문제점이 자신이 맡은 의료영역 내지 전공과목에 관한 것이 아니라 그에 선행하거나 병행하여 이루어진 다른 의사의 의료영역 내지 전공과목에 속하는 등의 사유로 다른 의사에게 그 관련된 협의진료를 의뢰한 경우처럼 서로 대등한 지위에서 각자의 의료영역을 나누어 환자 진료의 일부를 분담하였다면, 진료를 분담받은 다른 의사의 전적인 과실로 환자에게 발생한 결과에 대하여는 책임을 인정할 수 없다. [3] 수련병원의 전문의와 전공의 등의 관계처럼 의료기관 내의 직책상 주된 의사의 지위에서 지휘·감독 관계에 있는 다른 의사에게 특정 의료행위를 위임하는 수직적 분업의 경우에는, 그 다른 의사에게 전적으로 위임된 것이 아닌 이상 주된 의사는 자신이 주로 담당하는 환자에 대하여 다른 의사가 하는 의료행위의 내용이 적절한 것인지 여부를 확인하고 감독하여야 할 업무상 주의의무가 있고, 만약 의사가 이와 같은 업무상 주의의무를 소홀히 하여 환자에게 위해가 발생하였다면 주된 의사는 그에 대한 과실 책임을 면할 수 없다. 이 때 그 의료행위가 지휘·감독 관계에 있는 다른 의사에게 전적으로 위임된 것으로 볼 수 있는지 여부는 위임받은 의사의 자격 내지 자질과 평소 수행한 업무, 위임의 경위 및 당시 상황, 그 의료행위가 전문적인 의료영역 및 해당 의료기관의 의료 시스템 내에서 위임하에 이루어질 수 있는 성격의 것이고 실제로도 그와 같이 이루어져 왔는지 여부 등 여러 사정에 비추어 해당 의료행위가 위임을 통해 분담 가능한 내용의 것이고 실제로도 그에 관한 위임이 있었다면, 그 위임 당시 구체적인 상황하에서 위임의 합리성을 인정하기 어려운 사정이 존재하고 이를 인식하였거나 인식할 수 있었다고 볼 만한 다른 사정에 대한 증명이 없는 한, 위임한 의사는 위임받은 의사의 과실로 환자에게 발생한 결과에 대한 책임이 있다고 할 수 없다. 나아가, 의료행위에 앞서 환자에게 그로 인하여 발생할 수 있는 위험성 등을 구체적으로 설명하여야 하는 주체는 원칙적으로 주된 지위에서 진료하는 의사라 할 것이나 특별한 사정이

없는 한 다른 의사를 통한 설명으로도 충분하다. 따라서 이러한 경우 <u>다른 의사에게 의료행위와 함께 그로 인하여 발생할 수 있는 위험성에 대한 설명까지 위임한 주된 지위의 의사의 주의의무 위반에 따른 책임을 인정하려면, 그 위임사실에도 불구하고 위임하는 의사와 위임받는 의사의 관계 및 지위, 위임하는 의료행위의 성격과 그 당시의 환자 상태 및 그에 대한 각자의 인식 내용, 위임받은 의사가 그 의료행위 수행에 필요한 경험과 능력을 보유하였는지 여부 등에 비추어 위임의 합리성을 인정하기 어려운 경우에 해당하여야 한다</u>(대판 2022.12.1. 2022도1499). [해설] 장폐색이 있는 피해자의 치료를 담당하였던 대학병원 내과 교수의 대장내시경 준비지시를 받은 내과 전공의 2년차가 대장내시경을 위해 투여하는 장정결제를 감량하지 않고 일반적인 용법으로 투여하며 별도로 배변양상을 관찰할 것을 지시하지 않고 관련 설명을 제대로 하지 않은 업무상과실로 피해자의 장이 파열되고 결국 사망하였음. 전공의가 분담한 의료행위에 관하여 내과 교수에게도 주의의무 위반에 따른 책임을 인정하려면, 부분 장폐색 환자에 대한 장정결 시행의 빈도와 처방 내용의 의학적 난이도, 내과 2년차 전공의임에도 소화기내과 위장관 부분 업무를 담당한 경험이 미흡하였거나 기존 경력에 비추어 보아 적절한 업무수행을 기대하기 어렵다는 등의 특별한 사정이 있었는지 여부 등을 구체적으로 심리하여 전공의에게 장정결 처방 및 그에 관한 설명을 위임한 것이 합리적이지 않았다는 사실에 대한 증명이 있었는지를 판단하였어야 함. 대법원은 내과 교수가 전공의를 지휘·감독하는 지위에 있다는 사정만으로 직접 수행하지 않은 장정결제 처방과 장정결로 발생할 수 있는 위험성에 관한 설명에 대하여 책임이 있다고 단정한 원심에 의사의 의료행위 분담에 관한 법리를 오해하고 필요한 심리를 제대로 하지 아니함으로써 판결에 영향을 미친 잘못이 있다는 취지로 파기·환송하였음.

판례 공사감독자의 업무상 주의의무

① 자전거 전용통로에 도시가스배관, 철도횡단흉관 압입공사를 하기 위하여 너비 약 3미터, 깊이 약 1미터, 길이 약 5미터의 웅덩이를 파두어 야간에 그곳을 지나던 통행인이 위 웅덩이에 떨어져 상해를 입었다면 동 공사현장 감독에게는 공사현장의 보안관리를 소홀히 한 주의의무위반이 있다(대판 1986.8.19. 86도915).

② 피해자가 추락하여 상처를 입은 장소는 빌딩 내에 자동차승강기를 설치하는 공사를 하면서 깊이 5미터가량 파놓았던 곳으로서 그 설치장소로부터 노폭 5미터 가량의 뒷골목까지는 21.6미터 정도 떨어져 있고 그 도로와 승강기 설치장소 사이에 있는 공터에는 승강기 설치를 위한 건축자재와 쓰레기가 사람의 왕래를 못하게 할 정도로 쌓여 있었으며 승강기 설치장소의 입구 중앙의 상단에는 추락주의라는 표지판을 부착해 놓았을 뿐 아니라 사람의 출입을 막기 위하여 각목과 쇠파이프로 입구를 막아 놓았었기 때문에 그 위나 아래로 지나야만 승강기 설치장소에 들어갈 수 있다면 21.6미터나 떨어진 도로를 지나가던 술 취한 피해자가 쉬어 가기 위해 건물 내로 들어가려다 위 승강기 설치공사를 위해 파놓은 곳에 빠져 다친 결과는 공사 시공회사 직원의 주의의무 태만으로 인하여 발생한 것으로 볼 수 없다(대판 1986.12.9. 86도1933).

③ <u>시공회사의 상무이사인 현장소장이 현장에서의 공사감독을 전담하였고 사장은 그와 같은 감독을 하게 되어 있지 않았다면 사장으로서는</u> 그 공사의 진행에 관하여 직접적인 지휘·감독을 받지 않는 회사직원 혹은 고용한 노무자들이 공사시행상의 안전수칙을 위반하여 사고를 저지를지 모른다고 하여 이에 대비하여 각개의 개별작업에 대하여 일일이 세부적인 안전대책을 강구하여야 하는 <u>구체적이고 직접적인 주의의무가 있다고 하기 어렵다</u>(대판 1989.11.24. 89도1618).

④ 도로공사의 현장소장은 지반의 붕괴 등에 의하여 근로자에게 위험을 미칠 우려가 있는 때에는 그 위험을 방지하기 위하여 지반을 안전한 경사로 하고 낙하의 위험이 있는 토석을 제거하거나 옹벽 및 흙막이 지보공 등을 설치하여야 함에도, 이러한 위험방지조치를 취하지 아니함으로써 산업안전보건법 제23조 제3항의 규정에 위반하였다는 범죄사실과 위와 같은 위험을 방지하기 위하여 필요한 조치를 취하지 아니한 업무상 과실로 인하여 위 근로자를 사망에 이르게 하였다는 범죄사실에 있어서, 위의 산업안전보건법상의 위험방지조치의무와 업무상 주의의무가 일치하고 이는 1개의 행위가 2개의 업무상 과실치사죄와 산업안전보건법위반죄에 해당하는 경우이다(대판 1991.12.10. 91도2642).

⑤ 공사를 발주한 구청 소속의 현장감독 공무원인 피고인이 갑 회사가 전문 건설업 면허를 소지한 을 회사의 명의를 빌려 원수급인인 병 회사로부터 콘크리트 타설공사를 하도급받아 전문 건설업 면허나 건설기술 자격이 없는 개인인 정에게 재하도급주어 이 사건 공사를 시공하도록 한 사실을 알았거나 쉽게 알 수 있었음에도 불구하고 그 직무를 유기 또는 태만히 하여 정의 시공방법상의 오류와 그 밖의 안전상의 잘못으로 인하여 콘크리트 타설작업 중이던 건물이 붕괴되는 사고가 발생할 때까지도 이를 적발하지 아니하였거나 적발하지 못한 잘못이 있다면, 피고인의 위와 같은 직무상의 의무위반 행위는 이 사건 붕괴사고로 인한 치사상의 결과에 대하여 상당인과관계가 있다(대판 1995.9.15. 95도906).

⑥ 건설업자가 토공사 및 흙막이공사의 감리업무까지 수행하기로 약정하였음에도 이에 위반하여 실질적인 감리업무를 수행할 수 있는 사람을 감리자로 파견하지 않은 상태에서, 건설업법 제33조, 건설업법 시행령 제36조 제2항 제2호 소정의 건설기술자를 현장에 배치할 의무를 위반하여 건설기술자조차 현장에 배치하지 아니한 과실은 공사현장 인접 소방도로의 지반침하 방지를 위한 그라우팅공사 과정에서 발생한 가스폭발사고와 상당한 인과관계가 있다(대판 1997.1.24. 96도776).

⑦ 건설회사가 건설공사 중 타워크레인의 설치작업을 전문업자에게 도급주어 타워크레인 설치작업을 하던 중 발생한 사고에 대하여 건설회사의 현장대리인에게 업무상 과실치사상의 죄책을 물을 수 없다고 한 원심의 판단을 수긍한 사례(대판 2005.9.9. 2005도3108).

⑧ 원칙적으로 도급인에게는 수급인의 업무와 관련하여 사고방지에 필요한 안전조치를 취할 주의의무가 없으나, 법령에 의하여 도급인에게 수급인의 업무에 관하여 구체적인 관리·감독의무 등이 부여되어 있거나 도급인이 공사의 시공이나 개별 작업에 관하여 구체적으로 지시·감독하였다는 등의 특별한 사정이 있는 경우에는 도급인에게도 수급인의 업무와 관련하여 사고방지에 필요한 안전조치를 취할 주의의무가 있다(대판 2009.5.28. 2008도7030).

> **판례** 교사·보호자의 업무상 주의의무

① 피고인이 운전자의 부탁으로 차량의 조수석에 동승한 후, 운전자의 차량운전행위를 살펴보고 잘못된 점이 있으면 이를 지적하여 교정해 주려 했던 것에 그치고 전문적인 운전교습자가 피교습자에 대하여 차량운행에 관해 모든 지시를 하는 경우와 같이 주도적 지위에서 동 차량을 운행할 의도가 있었다거나 실제로 그같은 운행을 하였다고 보기 어렵다면 그 같은 운행 중에 야기된 사고에 대하여 과실범의 공동정범의 책임을 물을 수 없다(대판 1984.3.13. 82도3136).

② 교사가 징계의 목적으로 회초리로 학생들의 손바닥을 때리기 위해 회초리를 들어올리는 순간 이를 구경하기 위해 옆으로 고개를 돌려 일어나는 다른 학생의 눈을 찔러 그로 하여금 우안실명의 상해를 입게 한 경우, <u>직접 징계당하는 학생의 옆에 있는 다른 학생이 징계 당하는 것을 구경하기 위하여 고개를 돌려 뒤에서 다가 선다던가 옆자리에서 일어나는 것까지 예견할 수는 없다고 할 것이고 교사가 교육의 목적으로 학생을 징계하기 위하여 매질하는 경우에 반드시 한 사람씩 불러내어서 해야 할 주의의무가 있다고도 할 수 없어 위 교사의 행위를 업무상 과실치상죄에 문의할 수는 없다</u>(대판 1985.7.9. 84도822).

> **판례** 기타 업무상 주의의무

① 약사는 의약품을 판매하거나 조제함에 있어서 그 의약품이 그 표시 포장상에 있어서 약사법 소정의 검인 합격품이고 또한 부패 변질 변색되지 아니하고 유효기간이 경과되지 아니함을 확인하고 조제판매한 경우에는 특별한 사정이 없는 한 관능시험 및 기기시험까지 할 주의의무가 없으므로 그 약의 표시를 신뢰하고 이를 사용한 경우에는 과실이 없다고 볼 수 있다(대판 1976.2.10. 74도2046).

② 호텔을 경영하는 주식회사에 대표이사가 따로 있고 동 회사의 실질적인 책임자로서 업무전반을 총괄하는 전무 밑에 상무, 지배인, 관리부장, 영업부장 등을 따로 두어 각 소관업무를 분담처리 하도록 하는 한편, 소방법 소정의 방화관리자까지 선정, 당국에 신고하여 동인으로 하여금 소방훈련 및 화기사용 또는 취급에 관한 지도감독 등을 하도록 하고 있다면 위 회사의 업무에 전혀 관여하지 않고 있던 소위 회장에게는 위 회사의 직원들에 대한 일반적, 추상적 지휘감독의 책임은 있을지언정 <u>동 호텔 종업원의 부주의와 호텔구조상의 결함으로 발생, 확대된 화재에 대한 구체적이고도 직접적인 주의의무는 없다</u>고 할 수밖에 없다(대판 1986.7.22. 85도108).

③ 작업현장에 경고표시판 및 안전망의 설치 등 충돌사고에 대비한 안전조치가 취해져 있었을 뿐만 아니라 굴삭기에의 접근을 예방하기 위하여 굴삭기의 전후에 신호수까지 배치해 두었다면 후사경이 붙어 있지 아니한 굴삭기를 운전하여 작업에 열중하고 있는 운전자에게 굴삭기의 후면에서 접근해오는 사람이 있는지의 여부까지 스스로 확인해 가면서 작업에 임해야 할 주의의무가 있다고는 볼 수 없다(대판 1987.9.22. 87도1254).

④ 수영장의 경영자인 피고인이 수영장 내의 미끄럼틀에 안전요원을 배치하여 안전사고를 당하지 않도록 보살피도록 하였는데, 안전요원이 성인풀 쪽을 지키고 있는 사이에 피해자(9세)가 유아풀로 내려가는 미끄럼틀을 타고 내려가 끝부분에 다다랐을 때 다가오는 어린아이에게 부딪치지 않으려고 몸을 틀다가 미끄럼틀 손잡이에 입부분을 부딪쳐 상해를 입었다면, 안전요원이 사고방지조치의무를 제대로 이행하지 않을 것에 대비하여 피고인이 안전조치지시 외에 안전요원

의 지시에 따르지 아니하면 미끄럼틀을 이용할 수 없도록 쇠사슬을 설치하거나, 낙하지점 부근에 다른 사람들이 접근하여 오지 않도록 안전시설을 설치하고, 수영장 내에 안전요원을 충분히 배치하여 미끄럼틀 낙하지점에 다른 사람이 접근하지 못하게 하여 충돌을 방지하게 할 구체적이고 직접적인 업무상 주의의무가 있다고 할 수 없다(대판 1992.11.13. 92도610).

⑤ 광고업자가 건물옥상에 고정수소 2,850기압을 주입한 애드벌룬을 공중에 띄움에 있어서 당시 강풍이 불고 있었고 그곳 부근에 22,900볼트의 고압전선이 설치되어 있었다면 그 안전 여부를 확인하면서 주민들에게 위험을 알려주어 주의를 환기시키고 애드벌룬이 고압선에 감겼을 때에도 안전하게 이를 제거할 방법을 강구할 업무상 주의의무가 있다(대판 1992.12.10. 90도1987).

⑥ 선장이 강제도선구에서의 도선사의 조선지휘사항에 일일이 간섭할 수는 없다 하더라도, 도선사의 운항로선택 등 조선지휘상황이 통상의 예에서 벗어난 위험한 것임을 알았음에도 조기에 이를 시정토록 촉구하여 안전한 운항로선택 및 안전운항조치를 취하도록 적극적인 조치를 취하지 아니한 것은 잘못이다(대판 1995.4.11. 94도3302).

⑦ <u>건축자재인 철판 수백 장의 운반을 의뢰한 자가 절단면이 날카롭고 무거운 철판을 묶기에 매우 부적합한 폴리에스터 끈을 사용하여 철판 묶음 작업을 하는 등의 과실로 철판 쏠림 현상이 발생하였고, 이로 인하여 철판을 차에서 내리는 과정에서 철판이 쏟아져 내려 화물차 운전자가 사망한 사안에서, 운반 의뢰인에게 업무상 과실치사의 죄책을 인정한 사례</u>(대판 2009.7.23. 2009도3219).

⑧ [1] 술을 마시고 찜질방에 들어온 甲이 찜질방 직원 몰래 후문으로 나가 술을 더 마신 다음 후문으로 다시 들어와 발한실에서 잠을 자다가 사망한 사안에서, 甲이 처음 찜질방에 들어갈 당시 술에 만취하여 목욕장의 정상적 이용이 곤란한 상태였다고 단정하기 어렵고, <u>찜질방 직원 및 영업주에게 손님이 몰래 후문으로 나가 술을 더 마시고 들어올 경우까지 예상하여 직원을 추가로 배치하거나 후문으로 출입하는 모든 자를 통제·관리하여야 할 업무상 주의의무가 있다고 보기 어렵다</u>는 이유로, 위 찜질방 직원 및 영업주가 공중위생영업자로서의 업무상 주의의무를 위반하였다고 본 원심판단에 법리오해 및 심리미진의 위법이 있다고 한 사례. [2] <u>행정상의 단속을 주안으로 하는 법규라 하더라도 '명문규정이 있거나 해석상 과실범도 벌할 뜻이 명확한 경우'를 제외하고는 형법의 원칙에 따라 '고의'가 있어야 벌할 수 있다</u>(대판 2010.2.11. 2009도9807).

⑨ <u>지하철 공사구간 현장안전업무 담당자인 피고인이 공사현장에 인접한 기존의 횡단보도 표시선 안쪽으로 돌출된 강철빔 주위에 라바콘 3개를 설치하고 신호수 1명을 배치하였는데, 피해자가 위 횡단보도를 건너면서 강철빔에 부딪혀 상해를 입은 사안에서, 제반 사정에 비추어 피고인이 안전조치를 취하여야 할 업무상 주의의무를 위반하였다고 보기 어려운데도, 이와 달리 보아 업무상과실치상죄를 인정한 원심판결에 법리오해 등의 잘못이 있다고 한 사례</u>(대판 2014.4.10. 2012도11361).

⑩ [1] <u>업무상 과실치상죄의 '업무'란 사람의 사회생활면에서 하나의 지위로서 계속적으로 종사하는 사무를 말한다. 여기에는 수행하는 직무 자체가 위험성을 갖기 때문에 안전배려를 의무의 내용으로 하는 경우는 물론 사람의 생명·신체의 위험을 방지하는 것을 의무의 내용으로 하는 업무도 포함된다. 그러나 건물 소유자가 안전배려나 안전관리 사무에 계속적으로 종사하거나 그러한 계속적 사무를 담당하는 지위를 가지지 않은 채 단지 건물을 비정기적으로 수리하거나 건물의 일부분을 임대</u>

하였다는 사정만으로는 건물 소유자의 위와 같은 행위가 업무상과실치상죄의 '업무'에 해당한다고 보기 어렵다. [2] 3층 건물의 소유자로서 건물 각 층을 임대한 피고인이, 건물 2층으로 올라가는 계단참의 전면 벽이 아크릴 소재의 창문 형태로 되어 있고 별도의 고정장치가 없는데도 안전바를 설치하는 등 낙하사고 방지를 위한 관리의무를 소홀히 함으로써, 건물 2층에서 나오던 갑이 신발을 신으려고 아크릴 벽면에 기대는 과정에서 벽면이 떨어지고 개방된 결과 약 4m 아래 1층으로 추락하여 상해를 입었다고 하여 업무상과실치상으로 기소된 사안에서, 피고인이 건물에 대한 수선 등의 관리를 비정기적으로 하였으나 그 이상의 안전배려나 안전관리 사무에 계속적으로 종사하였다고 인정하기 어렵다고 보아 업무상과실치상의 공소사실을 이유에서 무죄로 판단하고 축소사실인 과실치상 부분을 유죄로 인정한 원심판결이 정당하다고 한 사례(대판 2017.12.5. 2016도16738). [해설] 업무상 과실치상죄에서의 업무의 의미와 그 특수한 경우로서 건물 소유자의 임대와 관련한 주의의무의 내용과 범위에 대한 판례.

⑪ [1] 포클레인 기사인 피고인이 포클레인을 이용해 토사를 덤프트럭에 적재하는 작업을 하면서 작업범위 밖으로 토사 등이 떨어지지 않도록 충분한 주의를 기울여야 할 업무상 주의의무가 있음에도 이를 게을리한 채 포클레인으로 퍼서 올린 토사가 부근의 자전거도로로 떨어지게 하여 자전거를 타고 그곳을 지나던 피해자들이 떨어진 돌에 부딪혀 넘어지게 하여 피해자들에게 각 상해를 입게 하였다고 기소된 사안. [2] 공사현장에서 포클레인을 이용해 땅을 파서 흙을 트럭에 싣는 작업을 하는 경우 적재물이 낙하하여 사람이 다치거나 주변 통행에 방해가 되는 등의 사고가 발생할 수 있으므로 포클레인 기사는 낙하사고를 방지하기 위하여 필요한 조치를 취하여야 한다고 판단한 후, <u>사람의 통행이 빈번한 산책로와 자전거도로 부근에서 적재 작업을 하는 피고인으로서는 작업 중 토사 등 적재물이 덤프트럭 적재함 밖으로 떨어지지 않도록 충분한 주의를 기울이거나 그것이 어려운 경우 작업의 중단 내지 안전펜스 설치나 신호수의 배치요구를 하는 등의 조치를 취하여야 할 업무상 주의의무가 있었다</u>는 이유로 <u>업무상 과실치상죄를 유죄로 인정한 원심을 수긍한 사례</u>(대판 2021.11.11. 2021도11547). [해설] 포클레인 기사가 토사 적재작업을 하면서 토사 등을 부근 자전거도로에 떨어지게 하여 자전거를 타던 피해자를 넘어지게 한 사안에서 업무상 과실이 인정된다고 본 사례.

⑫ [1] <u>업무상과실치상죄의 '업무'란 사람의 사회생활면에서 하나의 지위로서 계속적으로 종사하는 사무로, 수행하는 직무 자체가 위험성을 갖기 때문에 안전배려를 의무의 내용으로 하는 경우는 물론 사람의 생명·신체의 위험을 방지하는 것을 의무의 내용으로 하는 업무도 포함한다.</u> [2] 골프와 같은 개인 운동경기에서, <u>경기에 참가하는 자는 자신의 행동으로 인해 다른 사람이 다칠 수도 있으므로 경기규칙을 준수하고 주위를 살펴 상해의 결과가 발생하는 것을 미연에 방지해야 할 주의의무가 있고, 경기보조원은 그 업무의 내용상 기본적으로는 골프채의 운반·이동·취급 및 경기에 관한 조언 등으로 골프경기 참가자를 돕는 역할을 수행하면서 아울러 경기 진행 도중 위와 같이 경기 참가자의 행동으로 다른 사람에게 상해의 결과가 발생할 위험성을 고려해 예상할 수 있는 사고의 위험을 미연에 방지하기 위한 조치를 취함으로써 경기 참가자들의 안전을 배려하고 그 생명·신체의 위험을 방지할 업무상 주의의무를 부담한다</u>(대판 2022.12.1. 2022도11950). [해설] 위와 같은 법리에 따라, 경기보조원인 피고인이 전기자동차에 태운 피해자를 다음 샷이 예정된 경기자의 앞쪽에서 하차하도록 정차시켰을 뿐만 아니라, 피해자나 다른 경기자에게 예상할 수 있는 사고의 위험성에 관한 주의를 촉구하는 등 안전한 경기운영을 위한 아무런 조치도 취하지 않았다고 보아 경기보조원으로서의 주의의무를 다 하지 않은 업무상과실을 인정한 원심의 유죄판단을 수긍한 사례.

> **판례** 중과실

① 중과실은 행위자가 극히 근소한 주의를 함으로써 결과발생을 인식할 수 있음에도 불구하고 부주의로서 이를 인식하지 못한 경우를 말하는 것이고 경과실과의 구별은 구체적인 경우에 사회통념을 고려하여 결정될 문제인바 피고인이 사용한 양촉은 신품으로 약 3시간 지속할 수 있고 창고 내에는 상자 위에 녹여서 붙여 놓은 촛불 부근에 헌가마니 쓰레기 등이 있을 뿐 휘발유 등 인화물질은 없었으며 양곡이 입고되어 있었고 약 30분 후에는 고사를 끝내고 고사에 사용한 쌀가마니를 입고할 예정으로 촛불을 끄지 아니하고 그대로 세워 놓고 창고문을 닫고 나온 것이니 위 경우에 인정되는 피고인이 촛불을 들고 나오든가 소화하고 나오지 아니한 과실은 어디까지나 경과실에 불과하다 할 것이다(대판 1960.3.9. 4292형상761).

② 경찰관인 피고인들은 동료 경찰관인 갑 및 피해자 을과 함께 술을 많이 마셔 취하여 있던 중 갑자기 위 갑이 총을 꺼내 을과 같이 총을 번갈아 자기의 머리에 대고 쏘는 소위 "러시안 룰렛" 게임을 하다가 을이 자신이 쏜 총에 맞아 사망한 경우 <u>피고인들은 위 갑과 을이 "러시안 룰렛"게임을 함에 있어 갑과 어떠한 의사의 연락이 있었다거나 어떠한 원인행위를 공동으로 한 바가 없고, 다만 위 게임을 제지하지 못하였을 뿐인데 보통사람의 상식으로서는 함께 수차에 걸쳐서 흥겹게 술을 마시고 놀았던 일행이 갑자기 자살행위와 다름없는 위 게임을 하리라고는 쉽게 예상할 수 없는 것이고</u>(신뢰의 원칙), 게다가 이 사건 사고는 피고인들이 "장난치지 말라"며 말로 위 갑을 만류하던 중에 순간적에 일어난 사고여서 <u>음주만취하여 주의능력이 상당히 저하된 상태에 있던 피고인들로서는 미처 물리력으로 이를 제지할 여유도 없었던 것이므로,</u> 경찰관이라는 신분상의 조건을 고려하더라도 위와 같은 상황에서 피고인들이 이 사건 "러시안 룰렛"게임을 즉시 물리력으로 제지하지 못하였다 한들 그것만으로는 위 갑의 과실과 더불어 중과실치사죄의 형사상 책임을 지울 만한 위법한 주의의무위반이 있었다고 평가할 수 없다(대판 1992.3.10. 91도3172). **[해설]** 과실·중과실을 인정하기 위하여 필요한 주의의무위반의 존부 판단에 신뢰의 원칙을 언급하고 있는 판결. 과실(주의의무위반)판단에서 대법원의 예견가능성과 신뢰의 원칙에 대한 판단을 알 수 있는 판례.

③ 피고인이 84세 여자 노인과 11세의 여자 아이를 상대로 안수기도를 함에 있어서 그들을 바닥에 반드시 눕혀 놓고 기도를 한 후 "마귀야 물러가라", "왜 안 나가느냐" 등 큰 소리를 치면서 한 손 또는 두 손으로 그들의 배와 가슴 부분을 세게 때리고 누르는 등의 행위를 여자 노인에게는 약 20분간, 여자아이에게는 약 30분간 반복하여 그들을 사망케 한 사안에서, 고령의 여자 노인이나 나이 어린 연약한 여자아이들은 약간의 물리력을 가하더라도 골절이나 타박상을 당하기 쉽고, 더욱이 배나 가슴 등에 그와 같은 상처가 생기면 치명적 결과가 올 수 있다는 것은 <u>피고인 정도의 연령이나 경험 지식을 가진 사람으로서는 약간의 주의만 하더라도 쉽게 예견할 수 있음에도 그러한 결과에 대하여 주의를 다하지 않아 사람을 죽음으로까지 이르게 한 행위는 중대한 과실이라고 보아,</u> 피고인에 대하여 중과실치사죄로 처단한 원심판결을 수긍한 사례(대판 1997.4.22. 97도538).

 **판례** 특별법상의 과실 및 도주운전죄

① 신호대기를 위하여 정차하고 있다가 브레이크 페달에서 발이 떨어져 차가 서행하면서 앞차의 범퍼를 경미하게 충격하자 사고차량 운전자와 동승자가 피해자에게 사과를 한 후 피해자가 양해를 한 것으로 오인하고 현장을 떠났고, 피해자의 상해와 피해차량의 손괴가 외견상 쉽게 알 수 있는 것이 아닌 경우, 도로교통법 제50조 제1항 소정의 필요한 조치를 취하지 않고 도주한 것으로 볼 수 없다(대판 1999.11.12. 99도3140).

② 교통사고 야기자가 피해자를 병원에 데려다 준 다음 피해자나 병원 측에 아무런 인적사항을 알리지 않고 병원을 떠났다가 경찰이 피해자가 적어 놓은 차량번호를 조회하여 신원을 확인하고 연락을 취하자 2시간쯤 후에 파출소에 출석한 경우, 특정범죄가중처벌등에관한법률 제5조의3 제1항 소정의 '도주'에 해당한다(대판 1999.12.7. 99도2869).

③ 교통사고로 인하여 피해자가 입은 요추부 통증이 굳이 치료할 필요가 없이 자연적으로 치유될 수 있는 것으로서 '상해'에 해당한다고 볼 수 없다는 이유로 특정범죄가중처벌등에관한법률 제5조의3 제1항 소정의 도주운전죄가 성립하지 않는다(대판 2000.2.25. 99도3910).

④ 교통사고 야기자가 피해자를 병원에 후송하기는 하였으나 조사 경찰관에게 사고사실을 부인하고 자신을 목격자라고 하면서 참고인 조사를 받고 귀가한 경우, 특정범죄가중처벌등에관한법률 제5조의3 제1항 소정의 '도주'에 해당한다(대판 2003.3.25. 2002도5748).

⑤ 교회 주차장에서 사고차량 운전자가 사고차량의 운행 중 피해자에게 상해를 입히고도 구호조치 없이 도주한 행위에 대하여 특정범죄가중처벌등에관한법률 제5조의3 제1항을 적용한 조치는 정당하다(대판 2004.8.30. 2004도3600).

⑥ 교통사고처리 특례법(이하 '특례법'이라 한다) 제1조는 업무상 과실 또는 중대한 과실로 교통사고를 일으킨 운전자에 관한 형사처벌 등의 특례를 정함으로써 교통사고로 인한 피해의 신속한 회복을 촉진하고 국민생활의 편익을 증진함을 목적으로 한다고 규정하고 있고, 제4조 제1항 본문은 차의 교통으로 업무상 과실치상죄 등을 범하였을 때 교통사고를 일으킨 차가 특례법 제4조 제1항에서 정한 보험 또는 공제에 가입된 경우에는 그 차의 운전자에 대하여 공소를 제기할 수 없다고 규정하고 있다. 따라서 특례법 제4조 제1항 본문은 차의 운전자에 대한 공소제기의 조건을 정한 것이다. 그리고 <u>특례법 제2조 제2호는 '교통사고'란 차의 교통으로 인하여 사람을 사상하거나 물건을 손괴하는 것을 말한다고 규정하고 있는데, 여기서 '차의 교통'은 차량을 운전하는 행위 및 그와 동일하게 평가할 수 있을 정도로 밀접하게 관련된 행위를 모두 포함한다</u>(대판 2017.5.31. 2016도21034).

⑦ 피고인이 자동차운전면허를 받지 않고 아파트 단지 안에 있는 지하주차장 약 50m 구간에서 승용차를 운전하여 도로교통법 위반(무면허운전)으로 기소된 사안에서, <u>위 주차장이 아파트 주민이나 그와 관련된 용건이 있는 사람만 이용할 수 있고 경비원 등이 자체적으로 관리하는 곳이라면 도로에 해당하지 않을 수 있는데, 도로교통법 제2조 제1호에서 정한 도로에 해당하는지가 불분명하여 피고인의 자동차 운전행위가 도로교통법에서 금지하는 무면허운전에 해당하지 않는다</u>(대판 2017.12.28. 2017도17762).

 **제4절 | 낙태의 죄**

Ⅰ. 서론

1. 낙태죄의 의의 및 보호법익

(1) 낙태죄의 의의

낙태죄란 태아를 자연적인 분만기에 앞서서 인위적으로 모체 밖으로 배출하거나 태아를 모체 안에서 살해하는 것을 내용으로 하는 범죄라고 이해하는 것이 통설이다. 그러나 이에 의하면 인공출산도 낙태죄의 구성요건에 해당한다는 부당한 결과를 초래하게 되므로 태아를 모체 밖으로 배출하고 이로 인하여 태아가 사망하거나, 모체 내에서 태아를 살해한 후 배출한 경우에 한하여 낙태죄의 성립을 긍정하는 견해도 있다.

결론적으로 낙태죄란 개념은 반드시 태아의 사망을 내포하는 것은 아니라고 보고, 현행 형법이 낙태미수를 처벌하지 않는다는 점을 고려하여 태아의 생명을 보다 더 두텁게 보호하기 위해서는 태아의 생명을 침해하는 행위가 아니라 그 위태화를 초래하는 행위만으로도 낙태죄를 구성한다고 함(목적론적 해석)이 타당하며, 특히 부동의낙태죄(제270조 제2항)의 성립에 있어서 태아의 사망을 요하지 않는 것으로 해석해야 할 것이다.

(2) 낙태죄의 보호법익

본죄의 주된 보호법익은 태아의 생명이지만 임부도 부차적인 보호법익이 되며, 낙태란 태아를 자연적인 분만기에 앞서서 인위적으로 모체 밖으로 배출하거나 태아를 모체 내에서 살해하는 것이므로 본죄는 위험범이다(다수설 : 추상적 위험범).

2. 현행법상 낙태죄의 처벌

(1) 낙태죄의 구성요건체계

기본적 구성요건은 자기낙태죄(제269조 제1항)이며, 이에 대한 가중적 구성요건으로는 업무상 낙태죄(제270조 제1항), 부동의낙태죄(제270조 제2항) 및 낙태치사상죄(제269조 제3항, 제270조 제3항)가 있다.

(2) 모자보건법

모자보건법 제14조는 의학적·우생학적·윤리적 적응이 있는 경우에 의사는 본인과 배우자의 동의를 얻어 임신한 날로부터 24주 이내에 인공임신중절수술을 할 수 있도록 규정하고 있는 바(동법 시행령 제15조 제1항), 이는 낙태죄의 특수한 위법성조각사유를 규정한 것이라고 할 수 있다.

1) **의학적 적응** : 임신의 지속이 보건의학적 이유로 모체의 건강을 심각하게 해치고 있거나 해칠 우려가 있는 경우(동법 제14조 제1항 제5호)

2) **우생학적 적응** : 본인이나 배우자가 대통령령으로 정하는 우생학적(優生學的) 또는 유전학적 정신장애나 신체질환이 있는 경우(동법 제14조 제1항 제1호), 본인이나 배우자가 대통령령으로 정하

는 전염성 질환이 있는 경우(동법 제14조 제1항 제2호)

3) 윤리적 적응 : 강간 또는 준강간(準强姦)에 의하여 임신된 경우(동법 제14조 제1항 제3호), 법률상 혼인할 수 없는 혈족 또는 인척 간에 임신된 경우(동법 제14조 제1항 제4호)

4) 비판 : 모자보건법은 그 우생학적·윤리적 적응을 지나치게 좁게 규정하고 있을 뿐만 아니라 임신의 지속이 임부나 그 가족의 사회적·경제적 상태를 현저히 위태롭게 할 우려가 있는 때에 낙태를 허용하는 사회적 적응을 인정하지 않고, 허용되는 낙태에 대한 적응요건의 판단기준과 절차에 관한 규정이 없다는 점에서 현실문제의 해결에 불충분하다는 비판을 받고 있다.

3. 낙태죄에 대한 헌법불합치 결정

헌법재판소는 "형법(1995. 12. 29. 법률 제5057호로 개정된 것) 제269조 제1항, 제270조 제1항 중 '의사'에 관한 부분은 모두 헌법에 합치되지 아니한다. 위 조항들은 2020. 12. 31.을 시한으로 입법자가 개정할 때까지 계속 적용된다."고 하여 낙태죄에 대해서 헌법불합치 결정을 하였다. 즉, 법적 공백에 따른 혼란을 막기 위해 대체 입법 기한을 주고 한시적으로 낙태죄 효력을 유지한 것이다. 그러나 정부와 국회는 지난해 개정 시한 내 입법을 하지 못했고, 이에 따라 본 조항들은 대체 입법 없이 2021년 1월 1일부터 폐지되었다.

> **판례** 낙태죄에 대한 헌법불합치 결정
>
> 1. 형법 제269조 제1항 자기낙태죄 조항이 임신한 여성의 자기결정권을 침해하는지 여부(적극)
>
> 자기낙태죄 조항은 모자보건법이 정한 일정한 예외를 제외하고는 임신기간 전체를 통틀어 모든 낙태를 전면적·일률적으로 금지하고, 이를 위반할 경우 형벌을 부과하도록 정함으로써 임신한 여성에게 임신의 유지·출산을 강제하고 있으므로, 임신한 여성의 자기결정권을 제한하고 있다. 자기낙태죄 조항은 태아의 생명을 보호하기 위한 것으로서 그 입법목적이 정당하고, 낙태를 방지하기 위하여 임신한 여성의 낙태를 형사처벌하는 것은 이러한 입법목적을 달성하는 데 적합한 수단이다. 그러나 <u>태아가 모체를 떠난 상태에서 독자적으로 생존할 수 있는 시점인 임신 22주 내외에 도달하기 전이면서 동시에 임신 유지와 출산 여부에 관한 자기결정권을 행사하기에 충분한 시간이 보장되는 시기(이하 착상 시부터 이 시기까지를 '결정가능기간'이라 한다)까지의 낙태에 대해서는 국가가 생명보호의 수단 및 정도를 달리 정할 수 있다고 봄이 타당하다</u>. 임신한 여성의 안위는 태아의 안위와 깊은 관계가 있고, 태아의 생명 보호를 위해 임신한 여성의 협력이 필요하다는 점을 고려하면, 태아의 생명을 보호한다는 언명은 임신한 여성의 신체적·사회적 보호를 포함할 때 실질적인 의미를 가질 수 있다. 원치 않는 임신을 예방하고 낙태를 감소시킬 수 있는 사회적·제도적 여건을 마련하는 등 사전적·사후적 조치를 종합적으로 투입하는 것이 태아의 생명 보호를 위한 실효성 있는 수단이 될 수 있다. 낙태갈등 상황에서 형벌의 위하가 임신한 여성의 임신종결 여부 결정에 미치는 영향이 제한적이라는 사정과 실제로 형사처벌되는 사례도 매우 드물다는 현실에 비추어 보면, 자기낙태죄 조항이 낙태갈등 상황에서 태아의 생명 보호를 실효적으로 하지 못하고 있다고 볼 수 있다. <u>모자보건법이 정한 일정한 예외에 해당하지 않으면 모든 낙태가 전면적·일률적으로 범죄행위로 규율됨으로 인하여 낙태에 관한 상담이나 교육이 불가능하고, 낙태에 대한 정확한 정보가 충분히 제공될 수 없다. 낙태 수술과정에서 의료 사고나 후유증 등이 발생해도 법적 구제를 받기가 어려우며, 비싼</u>

수술비를 감당하여야 하므로 미성년자나 저소득층 여성들이 적절한 시기에 수술을 받기 쉽지 않다. 또한 자기낙태죄 조항은 헤어진 상대 남성의 복수나 괴롭힘의 수단, 가사·민사 분쟁의 압박수단 등으로 악용되기도 한다. 자기낙태죄 조항은 모자보건법에서 정한 사유에 해당하지 않는다면 결정가능기간 중에 다양하고 광범위한 사회적·경제적 사유를 이유로 낙태갈등 상황을 겪고 있는 경우까지도 예외 없이 전면적·일률적으로 임신의 유지 및 출산을 강제하고, 이를 위반한 경우 형사처벌하고 있다. 따라서, <u>자기낙태죄 조항은 입법목적을 달성하기 위하여 필요한 최소한의 정도를 넘어 임신한 여성의 자기결정권을 제한하고 있어 침해의 최소성을 갖추지 못하였고, 태아의 생명 보호라는 공익에 대하여만 일방적이고 절대적인 우위를 부여함으로써 법익균형성의 원칙도 위반하였다고 할 것이므로, 과잉금지원칙을 위반하여 임신한 여성의 자기결정권을 침해하는 위헌적인 규정이다.</u>

2. 형법 제270조 제1항 의사낙태죄 조항이 의사의 직업의 자유를 침해하는지 여부(적극)

자기낙태죄 조항은 모자보건법에서 정한 사유에 해당하지 않는다면, 결정가능기간 중에 다양하고 광범위한 사회적·경제적 사유로 인하여 낙태갈등 상황을 겪고 있는 경우까지도 예외 없이 임신한 여성에게 임신의 유지 및 출산을 강제하고, 이를 위반한 경우 형사처벌한다는 점에서 위헌이므로, <u>동일한 목표를 실현하기 위하여 임신한 여성의 촉탁 또는 승낙을 받아 낙태하게 한 의사를 처벌하는 의사낙태죄 조항도 같은 이유에서 위헌이라고 보아야 한다.</u>

3. 헌법불합치 결정

태아의 생명을 보호하기 위하여 낙태를 금지하고 형사처벌하는 것 자체가 모든 경우에 헌법에 위반된다고 볼 수는 없다. 그런데 자기낙태죄 조항과 의사낙태죄 조항에 대하여 각각 단순위헌 결정을 할 경우, 임신 기간 전체에 걸쳐 행해진 모든 낙태를 처벌할 수 없게 됨으로써 용인하기 어려운 법적 공백이 생기게 된다. <u>입법자는 위 조항들의 위헌적 상태를 제거하기 위해 낙태의 형사처벌에 대한 규율을 형성함에 있어서, 결정가능기간을 어떻게 정하고 결정가능기간의 종기를 언제까지로 할 것인지, 태아의 생명 보호와 임신한 여성의 자기결정권의 실현을 최적화할 수 있는 해법을 마련하기 위해 결정가능기간 중 일정한 시기까지는 사회적·경제적 사유에 대한 확인을 요구하지 않을 것인지 여부까지를 포함하여 결정가능기간과 사회적·경제적 사유를 구체적으로 어떻게 조합할 것인지, 상담요건이나 숙려기간 등과 같은 일정한 절차적 요건을 추가할 것인지 여부 등에 관하여 앞서 우리 재판소가 설시한 한계 내에서 입법재량을 가진다. 따라서 자기낙태죄 조항과 의사낙태죄 조항에 대하여 단순위헌 결정을 하는 대신 각각 헌법불합치 결정을 선고하되, 다만 입법자의 개선입법이 이루어질 때까지 계속적용을 명하는 것이 타당하다. 입법자는 늦어도 2020. 12. 31.까지는 개선입법을 이행하여야 하고, 그때까지 개선입법이 이루어지지 않으면 위 조항들은 2021. 1. 1.부터 효력을 상실한다</u>(헌법재판소 2019.4.11. 2017헌바127 전원재판부 결정).

4. 낙태죄의 체계

기본적 구성요건	자기낙태죄(제269조 제1항), 동의낙태죄(제269조 제2항)
가중적 구성요건	업무상 동의낙태죄(제270조 제1항), 부동의낙태죄(제270조 제2항)
결과적 가중범	낙태치사상죄(제269조 제3항, 제270조 제3항)

Ⅱ. 자기낙태죄·동의낙태죄

1. 자기낙태죄

> **제269조(낙태)**
> ① 부녀가 약물 기타 방법으로 낙태한 때에는 1년 이하의 징역 또는 200만원 이하의 벌금에 처한다.

(1) 객관적 구성요건

부녀가 약물 기타 방법으로 낙태함으로써 성립하는 범죄이다(제269조 제1항).

1) **주체** : 임신한 부녀, 즉 임부이다. 이러한 의미에서 본죄는 신분범이라고 할 수 있다. 임부 아닌 자는 본죄의 간접정범이 될 수 없으며, 부동의낙태죄의 직접정범으로 될 뿐이다.

2) **객체** : 살아 있는 태아이다. 통설은 태아란 모체 안에서 수태되면서부터 사람이 되기까지의 생명체를 말한다고 한다. 여기서 태아가 되는 시기는 수정된 때가 아니라 수정란이 자궁에 착상한 때로 보아야 한다. 착상한 태아인 이상 그 발육 정도는 묻지 않는다. 한편, 태아의 종기는 사람의 시기가 되므로 태아의 종기는 진통시가 된다(진통설).

3) **행위** : 낙태이다. 낙태란 자연분만기에 앞서 태아를 모체 외에 배출하거나 모체 내에서 태아를 살해하는 것을 말하며, 자연분만기에 앞서 태아를 모체 외에 배출한 이상 그 결과 태아가 사망하건 않건 본죄의 성립에 영향이 없다고 하는 것이 통설이다. 낙태의 수단·방법에는 제한이 없다. 유형적 방법(예 : 약물, 수술, 안마, 기구사용)·무형적 방법(예 : 화학작용, 정신적 충격)을 불문하고, 임부 스스로하건, 타인에게 의뢰하여 하건 불문한다. 타인에 의뢰하여 낙태한 경우 임부는 (업무상) 동의낙태죄의 공범이 아니라 자기낙태죄의 정범이 된다(예를 들어, 임부 甲이 乙에게 부탁하여 낙태시술을 받은 경우에 甲은 자기낙태죄, 乙은 동의낙태죄가 된다). 본죄는 자수범이 아니므로 타인과의 공동정범, 타인을 이용한 간접정범도 가능하고, 부녀가 자살을 기도하여 낙태한 때에도 본죄가 성립한다.

4) **기수시기 및 미수** : 협의의 낙태는 태아가 모체 밖으로 배출된 때에 기수가 된다. 태아의 생명·신체에 대한 구체적 위험발생은 요하지 않는다(추상적 위험범). 이 경우 배출된 생존태아를 다시 살해하면 낙태죄와 살인죄(영아살해죄)의 경합범이 된다. 낙태죄의 '기수시기'는 태아가 자연적 분만기 이전에 모체 밖으로 배출된 때 또는 모체 내에서 살해된 때이다(통설). 통설에 의하면 태아가 산 채로 배출된 경우에도 본죄의 기수로 처벌된다(추상적 위험범설). 한편, 낙태죄의 미수는 처벌하지 않는다.

(2) 주관적 구성요건

태아를 살해한다는 낙태의 고의가 있어야 한다. 따라서 과실로 인하여 낙태한 때에는 본죄가 성립하지 않는다. 다수설에 의하면 태아를 모체 밖으로 배출할 고의를 요한다.

2. 동의낙태죄

> **제269조(낙태)**
> ② 부녀의 촉탁 또는 승낙을 받아 낙태하게 한 자도 제1항의 형과 같다.

부녀의 촉탁 또는 승낙을 받아 낙태함으로써 성립한다(제269조 제2항).

(1) 주체

제270조 제1항에 규정된 자 이외의 자이다.

(2) 행위

부녀의 촉탁 또는 승낙을 받아 낙태하는 것이다. 부녀란 임부를 말하며, 촉탁과 승낙은 낙태의 의미를 이해할 수 있는 능력이 있는 자의 자유로운 의사에 의하여야 한다. 낙태하게 하는 것은 스스로 낙태행위를 하는 것을 말한다. 따라서 임부에게 낙태를 교사하거나 이를 방조하는 것은 제269조 제1항의 공범에 지나지 아니한다.

(3) 공범관계

1) 본죄는 임부의 촉탁·승낙을 받은 자가 스스로 낙태행위를 한 경우에 성립한다. 그러므로 임부로 하여금 낙태하도록 교사한 때에는 동의낙태죄가 아니라 자기낙태죄(제269조 제1항)의 교사범이 성립할 뿐이고 임부는 자기낙태죄가 된다.

2) 임부의 촉탁·승낙을 받아 낙태를 하다가 임부의 생명에 위험을 초래하게 되자 임부의 생명을 구하기 위하여 의사의 정당화적 긴급피난을 이용하여 낙태하게 한 경우에는 본죄의 간접정범으로 처벌된다.

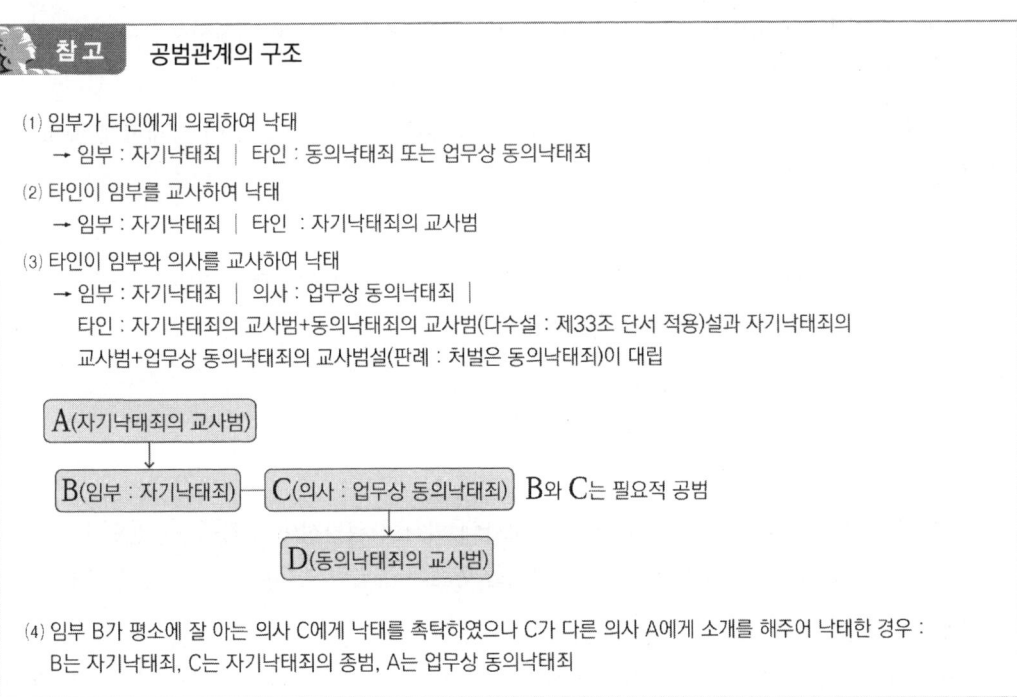

> **참고** 공범관계의 구조
>
> (1) 임부가 타인에게 의뢰하여 낙태
>   → 임부 : 자기낙태죄 | 타인 : 동의낙태죄 또는 업무상 동의낙태죄
> (2) 타인이 임부를 교사하여 낙태
>   → 임부 : 자기낙태죄 | 타인 : 자기낙태죄의 교사범
> (3) 타인이 임부와 의사를 교사하여 낙태
>   → 임부 : 자기낙태죄 | 의사 : 업무상 동의낙태죄 |
>   타인 : 자기낙태죄의 교사범+동의낙태죄의 교사범(다수설 : 제33조 단서 적용)설과 자기낙태죄의 교사범+업무상 동의낙태죄의 교사범설(판례 : 처벌은 동의낙태죄)이 대립
>
>   A(자기낙태죄의 교사범)
>   B(임부 : 자기낙태죄) C(의사 : 업무상 동의낙태죄) B와 C는 필요적 공범
>   D(동의낙태죄의 교사범)
>
> (4) 임부 B가 평소에 잘 아는 의사 C에게 낙태를 촉탁하였으나 C가 다른 의사 A에게 소개를 해주어 낙태한 경우 :
>   B는 자기낙태죄, C는 자기낙태죄의 종범, A는 업무상 동의낙태죄

<낙태죄의 정범 및 공범관계 정리>

사례	임부	타인
임부가 타인에게 낙태를 촉탁하거나 타인과 공동으로 낙태한 때	자기낙태죄의 직접정범	(업무상) 동의낙태죄의 직접정범
타인이 임부를 교사하여 낙태케 한 때	자기낙태죄	자기낙태죄의 교사범
타인이 임부를 교사하여 낙태의 승낙을 받아 낙태를 실행한 때	자기낙태죄	동의낙태죄
임부가 긴급피난을 이용하여 낙태한 때	자기낙태죄의 간접정범	불가벌(위법성조각)
타인이 임부에게 낙태를 강요한 때	불가벌(책임조각)	부동의낙태죄의 간접정범 및 강요죄

Ⅲ. 낙태죄의 가중적 구성요건

1. 업무상 동의낙태죄

> **제270조(의사 등의 낙태, 부동의낙태)**
> ① 의사, 한의사, 조산사, 약제사 또는 약종상이 부녀의 촉탁 또는 승낙을 받아 낙태하게 한 때에는 2년 이하의 징역에 처한다.

의사·한의사·조산사·약제사 또는 약종상이 부녀의 촉탁 또는 승낙을 받아 낙태하게 함으로써 성립하는 범죄이다(제270조 제1항).

(1) 주체

의사·한의사·조산사·약제사 또는 약종상에 제한되며, 모두 면허를 가진 자일 것을 요한다. 그러나 치과의사나 수의사는 여기에 포함되지 않는다.

(2) 행위

부녀의 촉탁 또는 승낙을 받아 낙태하는 것이다.

(3) 위법성

모자보건법 제14조에 해당하는 경우와 긴급피난에 의하여 위법성이 조각될 수 있으나, 정당방위에 의하여는 위법성이 조각될 여지가 없다. 임신을 현재의 불법한 침해라고 할 수 없기 때문이다.

(4) 공범관계

임부와 의사 아닌 타인이 함께 의사를 교사하여 낙태시술을 하도록 한 경우에 임부는 자기낙태죄(제269조 제1항)의 정범, 낙태시술을 한 의사는 업무상 동의낙태죄(제270조 제1항)의 정범, 의사를 교사한 타인은 제33조 단서의 적용을 받아 동의낙태죄(제269조 제2항)의 교사범의 죄책을 진다.

2. 부동의낙태죄

> **제270조(의사 등의 낙태, 부동의낙태)**
> ② 부녀의 촉탁 또는 승낙없이 낙태하게 한 자는 3년 이하의 징역에 처한다.

부녀의 촉탁 또는 승낙 없이 낙태하게 함으로써 성립하는 범죄이다(제270조 제2항).

(1) 주체

제한이 없다. 의사도 또한 본죄의 주체가 될 수 있다.

(2) 행위

부녀의 촉탁 또는 승낙 없이 낙태하게 하는 것이다. 촉탁 또는 승낙에 하자가 있는 경우에도 본죄에 해당한다. 부녀의 촉탁 또는 승낙이 없으면 족하며, 반드시 본인의 의사에 반할 것을 요건으로 하지 않으므로 부녀 모르게 낙태시킨 경우에도 본죄가 성립한다. 부녀를 살해하는 경우에도 본죄에 해당하게 된다.

(3) 주관적 구성요건

임부의 촉탁·승낙의 부존재에 대한 인식과 낙태의 의사가 있어야 한다. 따라서 촉탁·승낙이 있다고 오인하고 낙태한 경우 본죄의 고의는 조각된다고 할 수 있으므로 본죄 아닌 동의낙태죄가 성립한다 할 것이다.

(4) 죄수 및 타죄와의 관계

낙태와 필수적으로 결합된 임부의 신체상해는 낙태죄에 대한 불가벌적 수반행위이다. 그러나 당연히 수반되는 범위를 초과하는 상해일 경우에는 상해의 고의가 있으면 부동의낙태죄와 상해죄의 상상적 경합이 되고, 고의가 없으면 낙태치상죄가 된다. 낙태하기 위하여 임부를 살해한 때에는 본죄와 살인죄의 상상적 경합이 된다. 또한 임부에게 낙태를 강요한 때에는 부동의낙태죄와 강요죄의 상상적 경합이 된다.

3. 낙태치사상죄

> **제269조(낙태)**
> ③ 제2항의 죄를 범하여 부녀를 상해에 이르게 한 때에는 3년 이하의 징역에 처한다. 사망에 이르게 한 때에는 7년 이하의 징역에 처한다.
>
> **제270조(의사 등의 낙태, 부동의낙태)**
> ③ 제1항 또는 제2항의 죄를 범하여 부녀를 상해에 이르게 한 때에는 5년 이하의 징역에 처한다. 사망에 이르게 한 때에는 10년 이하의 징역에 처한다.
> ④ 전 3항의 경우에는 7년 이하의 자격정지를 병과한다.

동의낙태죄, 업무상 낙태죄 및 부동의낙태죄를 범하여 부녀를 치사상케 함으로써 성립하는 범죄이다(제269조 제3항, 제270조 제3항). 본죄는 동의낙태죄 등에 대한 결과적 가중범이다. 따라서 결과에 대한 인과관계와 예견가능성(과실)이 있어야 함은 당연하다. 그러나 본죄가 성립하기 위하여는 형법 문언 해석상 '죄를 범하여'는 기수에 이른 것을 의미한다고 할 것이고 또한 낙태미수는 처벌하지 않으므로 낙태는 기수에 이르러야 한다고 보아야 한다(다수설).

> **판례** 모자보건법상의 의학적 적응

- 인공임신중절수술이 허용되는 경우의 하나인 모자보건법 제14조 제1항 제5호 소정의 '임신의 지속이 보건의학적 이유로 모체의 건강을 심히 해하고 있거나 해할 우려가 있는 경우'라 함은 임신의 지속이 모체의 생명과 건강에 심각한 위험을 초래하게 되어 모체의 생명과 건강만이라도 구하기 위하여 인공임심중절수술이 부득이하다고 인정되는 경우를 말한다(대판 2005.4.15. 2003도2780).

> **판례** 배출된 태아를 살해한 경우

- 산부인과 의사인 피고인이 약물에 의한 유도분만의 방법으로 낙태시술을 하였으나 태아가 살아서 미숙아 상태로 출생하자 그 미숙아에게 염화칼륨을 주입하여 사망하게 한 사안에서, 염화칼륨 주입행위를 낙태를 완성하기 위한 행위에 불과한 것으로 볼 수 없고, 살아서 출생한 미숙아가 정상적으로 생존할 확률이 적다고 하더라도 그 상태에 대한 확인이나 최소한의 의료행위도 없이 적극적으로 염화칼륨을 주입하여 미숙아를 사망에 이르게 하였다면 피고인에게는 미숙아를 살해하려는 범의가 인정된다고 한 원심의 판단을 수긍한 사례(대판 2005.4.15. 2003도2780). [해설] 업무상 동의낙태죄와 살인죄의 실체적 경합.

> **판례** 위법성의 조각

- 임신의 지속이 모체의 건강을 해칠 우려가 현저할 뿐더러 기형아 내지 불구아를 출산할 가능성마저도 없지 않다는 판단 하에 부득이 취하게 된 산부인과 의사의 낙태 수술행위는 정당행위 내지 긴급피난에 해당되어 위법성이 없는 경우에 해당된다(대판 1976.7.13. 75도1205).

제5절 | 유기와 학대의 죄

I. 서론

1. 유기와 학대의 죄의 의의 및 보호법익

(1) 유기죄의 의의

유기죄란 나이가 많거나 어림, 질병 그 밖의 사정으로 도움이 필요한 사람을 보호할 의무 있는 자가 유기함으로써 성립하는 범죄이다(제271조). 또한 학대죄란 자기의 보호 또는 감독을 받는 사람을 학대함으로써 성립하는 범죄이다(제273조).

(2) 유기죄와 학대죄의 보호법익

유기죄가 피유기자의 생명·신체의 안전을 보호법익으로 하는 위험범이라고 하는 데 대하여는 이론이 없으나, 본죄가 추상적 위험범인가 또는 구체적 위험범인가에 대하여는 견해의 대립이 있다. 유기죄는 도움이 필요한 사람을 보호 없는 상태에 두어 생명·신체의 위험에 빠지게 하는 데 그 본질이 있고, 형법이 유기의 결과로 생명에 대한 구체적 위험을 발생케 한 경우에는 특히 그 형을 가중하고 있는 점에 비추어(제271조 제3항·제4항) 이를 추상적 위험범으로 해석하는 통설이 타당하다(단순유기죄(제271조 제1항)의 경우에는 '추상적 위험범'이고, 제271조 제3항과 제4항의 경우는 구체적 위험범). 따라서 고아원 문 앞에 영아를 버리고 간 때에도 본죄는 성립한다. 학대죄의 보호법익은 생명·신체의 안전 및 인격권이며(다수설), 보호의 정도는 '추상적 위험범'이다.

2. 구성요건의 체계

유기의 죄에 있어서 기본적 구성요건은 단순유기죄(제271조 제1항)이며, 이에 대한 가중적 구성요건으로는 존속유기죄(제271조 제2항)와 중유기죄(제271조 제3항·제4항)가, 감경적 구성요건으로는 영아유기죄(제272조)가 있다. 형법은 이외에도 학대죄(제273조 제1항)와 그 신분적 가중유형인 존속학대죄(제273조 제2항) 및 아동혹사죄(제274조)를 규정하고 있다.

형법	유기의 죄	기본적 구성요건	단순유기죄(제271조 제1항)
		가중적 구성요건	존속유기죄(제271조 제2항)
		감경적 구성요건	영아유기죄(제272조)
		결과적 가중범	중유기죄·존속중유기죄(제271조 제3항·제4항), 유기치사상죄(제275조)
	학대의 죄	기본적 구성요건	단순학대죄(제273조 제1항)
		가중적 구성요건	존속학대죄(제273조 제2항)
		결과적 가중범	학대치사상죄·존속학대치사상죄(제275조 제1항·제2항).
		독립적 구성요건	아동혹사죄(제274조)
특별형법	'가정폭력범죄의처벌에관한특례법'은 유기·학대가 가정 구성원 사이에서 발생한 경우에 적용된다(형사처벌절차에 관한 특례 및 보호처분 등을 규정).		

Ⅱ. 유기죄

1. 단순유기죄

> **제271조(유기, 존속유기)**
> ① 나이가 많거나 어림, 질병 그 밖의 사정으로 도움이 필요한 사람을 법률상 또는 계약상 보호할 의무가 있는 자가 유기한 경우에는 3년 이하의 징역 또는 500만원 이하의 벌금에 처한다.

단순유기죄는 "나이가 많거나 어림, 질병 그 밖의 사정으로 도움이 필요한 사람을 법률상 또는 계약상 보호할 의무가 있는 자가 유기함으로써 성립하는 범죄"이다. 본죄는 유기의 죄의 기본적 구성요건으로서 의무범적 진정신분범의 성격을 가지고 있다.

(1) 객관적 구성요건

1) **주체** : 도움이 필요한 사람을 보호할 법률상·계약상 의무 있는 자, 즉 보호의무자이다. ㈎ 법률

상의 보호의무는 그 의무의 근거가 법령에 규정되어 있는 경우를 말하며, 여기의 법령은 공법이든 사법이든 묻지 않는다. ㈏ 계약상의 보호의무자는 그 계약이 명시적이든 묵시적이든 묻지 않으며, 또한 그 계약이 유기자와 피유기자 사이에 체결된 것은 물론 유기자와 제3자 사이에 체결된 것이라도 좋다. ㈐ 법률 또는 계약뿐만 아니라 널리 사무관리·관습 또는 조리에 의하여도 보호의무가 발생한다는 견해도 있으나, 형법 제271조가 보호의무의 근거를 법률상·계약상의 의무에 제한하고 있음에도 불구하고 이를 사무관리 등에까지 확대하는 것은 죄형법정주의의 원칙상 허용될 수 없다. 따라서 보호의무의 근거는 법률 또는 계약에 제한된다고 해야 한다. 대법원도 같은 태도이다.

2) **행위의 객체** : '나이가 많거나 어림, 질병 그 밖의 사정으로 도움이 필요한 사람'이다. '도움이 필요한 사람'이란 다른 사람의 조력 없이 자기의 생명·신체에 대한 위험을 스스로는 극복할 수 없는 사람을 말하며, 경제적으로 도움이 필요한 사람은 여기에 해당하지 않는다. '나이가 많거나 어림'이란 연령에 의하여 획일적으로 결정되는 것이 아니라 구체적 사정에 따라 결정되며, 질병은 육체적·정신적 질환을 의미한다.

3) **행위** : 유기이다. 유기란 도움이 필요한 사람을 보호 없는 상태에 둠으로써 그 생명·신체에 위험을 초래하는 행위를 말하며, 도움이 필요한 사람을 장소적으로 이전할 것을 요하지 않는다. 유기의 개념은 ㈎ 협의의 유기는 도움이 필요한 사람을 장소적으로 옮기는 것을 말하고(적극적 유기), ㈏ 광의로는 장소적 이전을 수반하지 않더라도 행위자가 도움이 필요한 사람을 내버려두고 떠나는 것처럼 장소적 격리를 가져오는 경우까지는 포함한다. 또한 ㈐ 최광의로는 장소적 격리가 없더라도 생존에 필요한 보호의무를 다하지 아니하는 '부작위'의 형태를 포함하는 넓은 의미이다(통설, 판례).

유기의 방법에는 제한이 없으며, 단순히 도움이 필요한 사람이 위험에 빠지는 것을 버려두는 것으로 족하다. 따라서 유기는 작위뿐만 아니라 부작위에 의하여도 할 수 있다. 본죄는 추상적 위험범이므로 유기행위로 인하여 피유기자의 생명·신체에 대한 추상적 위험만 발생하면 기수에 이르고, 구체적 위험이 발생할 것을 요하는 것은 아니다.

(2) 주관적 구성요건

주관적 구성요건으로 고의, 즉 자기가 보호의무자이며 도움이 필요한 사람을 유기한다는 인식과 의사가 있어야 한다. 미필적 고의로도 족하다. 행위자에게 살인의 고의(미필적 고의)가 있는 때에는 살인죄가 성립할 뿐이며, 본죄는 살인죄에 대하여 보충관계에 있게 된다. 한편, 보호의무자라고 하는 신분은 구성요건요소이므로, 이에 대한 착오는 구성요건적 착오이다. 그러나 보호의무의 내용 범위에 관한 착오는 금지착오가 된다.

2. 존속유기죄

> **제271조(유기, 존속유기)**
> ② 자기 또는 배우자의 직계존속에 대하여 제1항의 죄를 지은 경우에는 10년 이하의 징역 또는 1천500만원 이하의 벌금에 처한다.

자기 또는 배우자의 직계존속을 유기함으로써 성립하는 범죄이다(제271조 제2항). 주체는 보호의무 있는 직계비속이며, 유기죄에 대하여 신분관계로 인하여 책임이 가중되는 가중적 구성요건이다(부진정신분범).

3. 중유기죄·중존속유기죄

> **제271조(유기, 존속유기)**
> ③ 제1항의 죄를 지어 사람의 생명에 위험을 발생하게 한 경우에는 7년 이하의 징역에 처한다.
> ④ 제2항의 죄를 지어 사람의 생명에 위험을 발생하게 한 경우에는 2년 이상의 유기징역에 처한다.

유기죄 또는 존속유기죄를 범하여 사람의 생명에 대한 위험을 발생케 함으로써 성립하는 결과적 가중범이다(제271조 제3항·제4항). 본죄는 단순유기죄와 존속유기죄의 '부진정결과적 가중범'에 해당한다. 따라서 생명의 위험발생에 대하여 '과실'이 있을 경우뿐만 아니라 '고의'가 있을 경우에도 본죄가 성립한다. 여기서 사람의 생명에 대한 위험은 구체적 위험을 의미하므로, 본죄는 구체적 위험범이다.

4. 영아유기죄

> **제272조(영아유기)**
> 직계존속이 치욕을 은폐하기 위하거나 양육할 수 없음을 예상하거나 특히 참작할 만한 동기로 인하여 영아를 유기한 때에는 2년 이하의 징역 또는 300만원 이하의 벌금에 처한다.

직계존속이 치욕을 은폐하기 위하거나 양육할 수 없음을 예상하거나 특히 참작할 만한 동기로 인하여 영아를 유기함으로써 성립하는 범죄이다(제272조). 영아살해죄(제251조)와 같은 정신에서 책임을 감경하는 것이다. 그러나 본죄의 직계존속은 산모에 한하지 않고 부를 포함(사실상의 직계존속도 포함)하며, 영아도 분만 중 또는 분만 직후의 영아에 제한되는 것이 아니라 일반적 개념에 따라 젖먹이 아이의 의미로 보아야 한다. 그러나 영아는 유아와 구별해야 한다. 유아는 본죄가 아니라 단순유기죄(제271조 제1항)의 객체가 된다. 직계존속의 영아유기라고 하더라도 참작할 만한 동기가 없이 유기한 경우에는 본죄가 아니라 단순유기죄가 성립한다.

5. 유기치사상죄·존속유기치사상죄

> **제275조(유기등 치사상)**
> ① 제271조 내지 제273조의 죄를 범하여 사람을 상해에 이르게 한 때에는 7년 이하의 징역에 처한다. 사망에 이르게 한 때에는 3년 이상의 유기징역에 처한다.
> ② 자기 또는 배우자의 직계존속에 대하여 제271조 또는 제273조의 죄를 범하여 상해에 이르게 한 때에는 3년 이상의 유기징역에 처한다. 사망에 이르게 한 때에는 무기 또는 5년이상의 징역에 처한다.

유기죄·존속유기죄·영아유기죄·학대죄·존속학대죄를 범하여 사람을 사상에 이르게 한 경우에 성립하는 진정결과적 가중범이다(제275조 제1항). 따라서 중한 결과에 대한 과실이 있어야 하므로 사상의 결과발생에 대하여 고의를 가지고 유기한 때에는 살인죄 또는 상해죄와 유기죄의 상상적 경합이 된다. 존속유기치사상죄는 유기치사상죄에 대하여 신분관계로 인하여 책임이 가중되는 가중적 구성요건이다(제275조 제2항).

Ⅲ. 학대죄와 아동혹사죄

1. 학대죄와 존속학대죄

> 제273조(학대, 존속학대)
> ① 자기의 보호 또는 감독을 받는 사람을 학대한 자는 2년 이하의 징역 또는 500만원 이하의 벌금에 처한다.
> ② 자기 또는 배우자의 직계존속에 대하여 전항의 죄를 범한 때에는 5년 이하의 징역 또는 700만원 이하의 벌금에 처한다.

(1) 의의

자기의 보호 또는 감독을 받는 자를 학대함으로써 성립하는 범죄이다(제273조 제1항). 사람의 생명·신체의 안전을 보호하는 범죄이며, 널리 인간의 인격권을 보호법익으로 한다.

(2) 구성요건

1) **주체** : 타인을 보호 또는 감독하는 자이다(진정신분범). 보호 또는 감독의 근거는 유기죄의 경우와는 달리 아무런 제한이 없으므로 널리 사무관리·조리 또는 관습에 의한 경우도 포함된다(통설).

2) **행위의 객체** : 보호 또는 감독을 받는 자이다. 다만 18세 미만의 아동에 대하여는 아동복지법의 적용이 있다(동법 제29조 참조).

3) **행위** : 학대이다. 학대의 개념에 관하여 학대는 유기의 일종이라고 볼 수 있을 정도에 이르러야 하므로, 그것은 생명·신체의 안전을 위태롭게 할 육체적 고통을 가하는 경우를 의미한다는 견해(협의설)도 있으나, 통설은 육체적으로 고통을 가하는 행위뿐만 아니라 정신적으로 고통을 가하는 행위도 포함된다고 한다(광의설). 학대개념의 '일상용어례'에 비추어 '정신적' 고통을 주는 행위도 포함시키는 것이 타당하다고 보며, 본죄의 보호법익을 생명·신체의 안전 및 인격권으로 보는 한 정신적 고통을 포함하여 이해함이 논리적이라고 본다. 대법원도 광의설의 입장이다.

따라서 육체적 고통을 가하는 유형적 학대 이외에 폭언(언어적 학대)·구박·어두운 곳에의 감금 등 무형적 학대도 학대죄를 구성한다. 유형적 학대에는 폭행·구타뿐만 아니라 부패하거나 불결한 음식을 제공하는 행위, 수면 등 적절한 휴식을 취하지 못하게 하는 행위, 혹독한 훈련을 가하는 행위 등이 포함된다. 다만 그 '정도'에 있어서 생명·신체의 안전을 위태롭게 할 만한 행위만이 학대의 개념에 해당한다고 본다('현저성의 원칙').

4) **가혹행위(형법 제277조 등)와의 구별** : 학대와 가혹행위는 모두 정신적·육체적 고통을 가하는 행위라는 관점에서는 동일하나, 현행법상 학대의 법정형은 가혹행위보다 낮기 때문에 학대는 가혹행위보다 낮은 개념으로 학대 속에는 폭행·협박·음란행위 등이 포함되지 않고 가혹행위 속에는 포함된다고 할 것이다(통설).

(3) 존속학대죄

자기 또는 배우자의 직계존속을 학대함으로써 성립하는 범죄이다(제273조 제2항). 학대죄에 대하여 신분으로 인하여 책임이 가중되는 가중적 구성요건이다(부진정신분범).

2. 아동혹사죄

> **제274조(아동혹사)**
> 자기의 보호 또는 감독을 받는 16세 미만의 자를 그 생명 또는 신체에 위험한 업무에 사용할 영업자 또는 그 종업자에게 인도한 자는 5년 이하의 징역에 처한다. 그 인도를 받은 자도 같다.

(1) 의의

자기의 보호 또는 감독을 받는 16세 미만의 자를 그 생명 또는 신체에 위험한 업무에 사용할 영업자 또는 그 종업자에게 인도하거나 인도받음으로써 성립하는 범죄이다(제274조).

(2) 객관적 구성요건

1) **행위의 주체와 객체** : 행위의 주체는 '16세 미만의 아동을 보호 또는 감독하는 자'이다(진정신분범). 본죄의 객체는 16세 미만의 자이면 족하고, 구체적인 발육상태는 묻지 않는다.

2) **행위** : ㈎ 본죄의 행위는 생명 또는 신체에 위험한 업무에 사용할 영업자 또는 그 종업자에게 인도하거나 이를 인수하는 것이다. 단순한 인도계약으로는 족하지 않고 현실적인 인도가 있을 것을 요한다. ㈏ 본죄에 있어서 위험한 업무의 범위에 관하여는 근로기준법과의 관계가 문제된다. 근로기준법 제65조 제1항에서는 임신 중이거나 산후 1년이 지나지 아니한 여성(이하 "임산부"라 한다)과 18세 미만자를 도덕상 또는 보건상 유해·위험한 사업(대통령령으로 정함)에 사용하지 못하도록 하고 있고, 동법 제109조 제1항에서는 이를 위반한 자는 3년 이하의 징역 또는 3천만원 이하의 벌금에 처한다고 규정하고 있다. 아동혹사죄에서의 업무는 생명·신체에 위험한 업무임에 비하여, 근로기준법의 금지직종은 도덕상 유해한 업무를 포함하고 있으므로 전자를 좁은 개념으로 제한적으로 해석해야 할 것이다(통설). 또한, 아동혹사죄의 법정형이 더 무겁다는 데에도 그 이유가 있다.

(3) 주관적 구성요건

자기의 보호·감독을 받는 16세 미만자라는 인식과 이러한 자를 생명·신체에 위험한 업무에 사용할 자에게 인도하거나, 인수한다는 것에 대한 인식과 의사를 내용으로 하는 고의가 있어야 한다. 또한 본죄는 경향범이므로 행위자에게 위험한 행위경향이 있어야 한다.

> **판례** 사회상규상의 보호의무
>
> ① 현행 형법은 유기죄에 있어서 구법과는 달리 보호법익의 범위를 넓힌 반면에 보호책임 없는 자의 유기죄는 없애고 법률상 또는 계약상의 의무 있는 자만을 유기죄의 주체로 규정하고 있어 명문상 사회상규상의 보호책임을 관념할 수 없다고 하겠으니 유기죄의 죄책을 인정하려면 보호책임이 있게 된 경위 사정관계 등을 설시하여 구성요건이 요구하는 법률상 또는 계약상보호의무를 밝혀야 하고 <u>설혹 동행자가 구조를 요하게 되었다 하여도 일정거리를 동행한 사실만으로서는 피고인에게 법률상 계약상의 보호의무가 있다고 할 수 없으니 유기죄의 주체가 될 수 없다</u>(대판 1977.1.11. 76도3419). **[해설]** 부정설의 입장을 보여준 판례.
>
> ② 강간치상의 범행을 저지른 자가 그 범행으로 인하여 실신형태에 있는 피해자를 구호하지 아니하고 방치하였다 하더라도 그 행위는 포괄적으로 단일의 강간치상죄만을 구성한다고 봄이 상당

하다 할 것인 바, 그렇다면 원심이 같은 취지 아래 피고인의 원심판시 강간미수행위로 인하여 동 판시 상해를 입고 의식불명이 된 피해자 공소외인을 그곳에 그대로 방치한 피고인의 소위에 대하여 강간치상죄만이 성립하고 별도로 유기죄는 성립하지 아니한다고 판단한 조치는 정당하다(대판 1980.6.24. 80도726). [해설] 선행범죄의 주체가 그 범죄의 피해자에게 발생한 생명·신체의 완전성에 대한 위험을 방지할 유기죄의 주체가 될 수 있는지에 대한 판례.

판례 법률상의 보호의무

① 국민의 생명과 신체의 안전을 보호하기 위한 응급의 조치를 강구하여야 할 직무를 가진 경찰관인 피고인으로서는 술에 만취된 피해자가 향토예비군 4명에게 떼메어 운반되어 지서 나무의자 위에 눕혀 놓았을 때 숨이 가쁘게 쿨쿨 내뿜고 자신의 수족과 의사도 자제할 수 없는 상태에 있음에도 불구하고 근 3시간 동안이나 아무런 구호조치를 취하지 아니한 것은 유기죄에 대한 범의를 인정할 수 있다(대판 1972.6.27. 72도863).

② 형법 제271조 제1항에서 말하는 법률상 보호의무 가운데는 민법 제826조 제1항에 근거한 부부 간의 부양의무도 포함되며, 나아가 법률상 부부는 아니지만 사실혼 관계에 있는 경우에도 위 민법 규정의 취지 및 유기죄의 보호법익에 비추어 위와 같은 법률상 보호의무의 존재를 긍정하여야 하지만, 사실혼에 해당하여 법률혼에 준하는 보호를 받기 위하여는 단순한 동거 또는 간헐적인 정교관계를 맺고 있다는 사정만으로는 부족하고, 그 당사자 사이에 주관적으로 혼인의 의사가 있고 객관적으로도 사회관념상 가족질서적인 면에서 부부공동생활을 인정할 만한 혼인생활의 실체가 존재하여야 한다(대판 2008.2.14. 2007도3952). [해설] 법률상·계약상 보호의무자의 범위와 관련하여 사실혼 관계의 경우에도 보호의무자가 되기 위해 어떠한 실질적 요건을 갖추어야 하는지를 제시하고 있는 판례.

③ 유기죄를 범하여 사람을 사망에 이르게 하는 유기치사죄가 성립하기 위해서는 먼저 유기죄가 성립하여야 하므로, 행위자가 유기죄에 관한 형법 제271조 제1항이 정하고 있는 것처럼 "노유, 질병 기타 사정으로 인하여 부조를 요하는 자를 보호할 법률상 또는 계약상 의무 있는 자"에 해당하여야 한다. 여기에서 말하는 법률상 보호의무에는 민법 제826조 제1항에 근거한 부부 간의 부양의무도 포함된다(대판 2018.5.11. 2018도4018).

판례 계약상의 보호의무

- [1] 유기죄에 관한 형법 제271조 제1항은 그 행위의 주체를 "노유, 질병 기타 사정으로 부조를 요하는 자를 보호할 법률상 또는 계약상 의무 있는 자"라고 정하고 있다. 여기서의 '계약상 의무'는 간호사나 보모와 같이 계약에 기한 주된 급부의무가 부조를 제공하는 것인 경우에 반드시 한정되지 아니하며, 계약의 해석상 계약관계의 목적이 달성될 수 있도록 상대방의 신체 또는 생명에 대하여 주의와 배려를 한다는 부수적 의무의 한 내용으로 상대방을 부조하여야 하는 경우를 배제하는 것은 아니라고 할 것이다. 그러나 그 의무 위반의 효과로서 주로 손해배상책임이 문제되는 민사영역에서와는 달리 유기죄의 경우에는 당사자의 인적 책임에 대한 형사적 제재가 문제된다는 점 등을 고려하여 보면, 단지 위와 같은 부수의무로서의 민사적 부조의무 또는 보호의무가 인정된다고 해서 형법 제271조

소정의 '계약상 의무'가 당연히 긍정된다고는 말할 수 없고, 당해 계약관계의 성질과 내용, 계약당사자 기타 관련자들 사이의 관계 및 그 전개양상,. 그들의 경제적·사회적 지위, 부조가 필요하기에 이른 전후의 경위, 필요로 하는 부조의 대체가능성을 포함하여 그 부조의 종류와 내용, 달리 부조를 제공할 사람 또는 설비가 있는지 여부 기타 제반 사정을 고려하여 위 '계약상의 부조의무'의 유무를 신중하게 판단하여야 한다. [2] 피고인이 자신이 운영하는 주점에 손님으로 와서 수일 동안 식사는 한 끼도 하지 않은 채 계속하여 술을 마시고 만취한 피해자를 주점 내에 그대로 방치하여 저체온증 등으로 사망에 이르게 하였다는 내용으로 예비적으로 기소된 사안에서, 피해자가 피고인의 지배 아래 있는 주점에서 3일 동안 과도하게 술을 마시고 추운 날씨에 난방이 제대로 되지 아니한 주점 내 소파에서 잠을 자면서 정신을 잃은 상태에 있었다면, 피고인은 주점의 운영자로서 피해자의 생명 또는 신체에 대한 위해가 발생하지 아니하도록 피해자를 주점 내실로 옮기거나 인근에 있는 여관에 데려다 주어 쉬게 하거나 피해자의 지인 또는 경찰에 연락하는 등 필요한 조치를 강구하여야 할 계약상의 부조의무를 부담한다고 판단하여 유기치사죄를 인정한 원심판결을 수긍한 사례(대판 2011.11.24. 2011도12302).

판례 유기의 개념

- 생모가 사망의 위험이 예견되는 그 딸에 대하여는 수혈이 최선의 치료방법이라는 의사의 권유를 자신의 종교적 신념이나 후유증 발생의 염려만을 이유로 완강하게 거부하고 방해하였다면 이는 결과적으로 요부조자를 위험한 장소에 두고 떠난 경우나 다름이 없다고 할 것이고 그때 사리를 변식할 지능이 없다고 보아야 마땅한 11세 남짓의 환자 본인 역시 수혈을 거부하였다고 하더라도 생모의 수혈거부 행위가 위법한 점에 영향을 미치는 것이 아니다(대판 1980.9.24. 79도1387).
[해설] 유기치사죄 성립.

판례 유기의 고의

- 유기죄에 있어서는 행위자가 요부조자에 대한 보호책임의 발행원인이 된 사실이 존재한다는 것을 인식하고 이에 기한 부조의무를 해태한다는 의식이 있음을 요한다(대판 1988.8.9. 86도225).

판례 유기치사상죄의 인과관계

- 원심은, 피고인의 원판시 유기행위와 피해자 공소외 1의 사망 사이에는 상당인과관계가 없다고 판단하는 이유로서, 증거에 의하여 청산가리의 치사량은 0.1 내지 0.3그램의 극소량으로서 이것을 음독했을 경우 미처 인체에 흡수되기 전에 지체없이 병원에서 위세척을 하는 등 응급치료를 받으면 혹 소생할 가능은 있을지 모르나, 이미 이것이 혈관에 흡수되어 피고인이 피해자를 변소에서 발견했을 때의 피해자의 증상처럼 환자의 안색이 변하고 의식을 잃었을 때는 우리의 의학기술과 의료시설로서는 그 치료가 불가능하여 결국 사망하게 되는 것이고 또 일반적으로 병원에서 음독환자에게 위세척 호흡촉진제 강심제주사 등으로 응급가료를 하나 이것이 청산가리 음독인 경우에는 아무런 도움도 되지 못

하는 것이므로 피고인의 유기행위와 피해자의 사망 간에는 상당인과 관계가 없다 할 것이다(대판 1967. 10.31. 67도1151). **[해설]** 유기치사죄를 인정하기 위해서는 보호자의 행위로 사망의 결과를 방지할 수 있는 가능성이 있어야 하고, 그러한 가능성이 존재하지 않는 경우에는 어떤 작위의무도 상당인과성도 인정할 수 없다는 취지의 판례. 대법원은 이 사례에서 피고인이 즉시 피해자를 병원에 데려가서 응급 치료를 받게 하였더라도 사망 결과를 막지 못할 것이라는 점에서 유기치사죄 성립을 부정함.

판례 학대의 개념

① 4세인 아들이 대소변을 가리지 못한다고 닭장에 가두고 전신을 구타한 것은 친권자의 징계권 행사에 해당한다고 볼 수 없으므로, 학대죄의 죄책을 부담한다(대판 1969.2.4. 68도1793). **[해설]** 학대죄 인정.

② 학대죄는 자기의 보호 또는 감독을 받는 사람에게 육체적으로 고통을 주거나 정신적으로 차별대우를 하는 행위가 있음과 동시에 범죄가 완성되는 상태범 또는 즉시범이라 할 것이고 비록 수십회에 걸쳐서 계속되는 일련의 폭행행위가 있었다 하더라도 그 중 친권자로서의 징계권의 범위에 속하여 위 위법성이 조각되는 부분이 있다면 그 부분을 따로 떼어 무죄의 판결을 할 수 있다(대판 1986.7.8. 84도2922). **[해설]** 학대죄는 즉시범(상태범)이며, 계속된 일련의 학대행위 중 일부에 대해 위법성조각을 인정할 경우 그 해당 행위만을 무죄선고할 수 있다는 판례.

③ 형법 제273조 제1항에서 말하는 '학대'라 함은 육체적으로 고통을 주거나 정신적으로 차별대우를 하는 행위를 가리키고, 이러한 학대행위는 형법의 규정체제상 학대와 유기의 죄가 같은 장에 위치하고 있는 점 등에 비추어 단순히 상대방의 인격에 대한 반인륜적 침해만으로는 부족하고 적어도 유기에 준할 정도에 이르러야 한다(대판 2000.4.25. 2000도223). **[해설]** 딸에게 포르노테이프를 보여주고 성관계를 가진 행위를 가리켜 학대행위에 해당한다고 보기는 어렵다고 본 판례.

판례 아동복지법상 정서적 학대의 의미 및 판단기준

- [1] 아동복지법은 제1조에서 "이 법은 아동이 건강하게 출생하여 행복하고 안전하게 자랄 수 있도록 아동의 복지를 보장하는 것을 목적으로 한다."라고 규정하여 입법목적을 밝히면서 제2조 제3항에서 "아동에 관한 모든 활동에 있어서 아동의 이익이 최우선적으로 고려되어야 한다."라고 규정하여 그 기본이념을 밝히고 있다. 한편 제3조 제7호에서는 "아동학대란 보호자를 포함한 성인이 아동의 건강 또는 복지를 해치거나 정상적 발달을 저해할 수 있는 신체적·정신적·성적 폭력이나 가혹행위를 하는 것과 아동의 보호자가 아동을 유기하거나 방임하는 것을 말한다."라고 규정하고, 제17조 제5호에서는 '누구든지 아동에게 아동의 정신건강 및 발달에 해를 끼치는 정서적 학대행위를 하여서는 아니 된다'고 규정하고 있다. 위와 같은 아동복지법의 입법목적, 기본이념 및 관련 조항들의 내용 등을 종합하면, 아동복지법상 금지되는 정서적 학대행위란, 정신적 폭력이나 가혹행위로서 아동의 정신건강 또는 복지를 해치거나 정신건강의 정상적 발달을 저해할 정도 혹은 그러한 결과를 초래할 위험을 발생시킬 정도에 이르는 것을 말하고, 어떠한 행위가 이에 해당하는지 여부는 행위자와 피해아동의 관계, 행위 당시 행위자가 피해아동에게 보인 태도, 피해아동의 연령, 성별, 성향,

정신적 발달상태 및 건강상태, 행위에 대한 피해아동의 반응 및 행위를 전후로 한 피해아동의 상태 변화, 행위가 발생한 장소와 시기, 행위의 정도와 태양, 행위에 이르게 된 경위, 행위의 반복성이나 기간, 행위가 피해아동 정신건강의 정상적 발달에 미치는 영향 등을 종합적으로 고려하여 판단하여야 한다. [2] 보육교사인 피고인이 강압적이고 부정적인 태도를 보이며 4세인 피해아동을 높이 78cm에 이르는 교구장 위에 약 40분 동안 앉혀놓는 행위를 한 것이 피해아동에 대한 정서적 학대에 해당한다고 본 사례(대판 2020.3.12. 2017도5769, 대판 2015.12.23. 2015도13488).

CHAPTER 02 | 자유에 대한 죄

 | 협박의 죄

I. 서론

1. 의의와 본질

사람을 협박함으로써 성립하는 범죄이다(제283조 제1항). 협박죄는 개인의 의사의 자유 내지 의사결정의 자유를 보호법익으로 하며, 보호의 정도에 대해서 통설은 침해범으로 보지만, 대법원은 위험범으로 보고 있다.

<협박죄와 강요죄>

협박죄	강요죄
개인의 의사의 자유 내지 의사결정의 자유를 보호법익으로 한다.	개인의 의사결정의 자유뿐만 아니라 그 활동의 자유를 법익으로 한다.

2. 구성요건의 체계

협박죄(제283조 제1항)를 기본적 구성요건으로 하며, 협박죄에 대한 가중적 구성요건으로는 존속협박죄(제283조 제2항), 특수협박죄(제284조) 및 상습협박죄(제285조)가 있다.

형법	기본적 구성요건	협박죄(제283조 제1항)
	가중적 구성요건	존속협박죄(제283조 제2항), 특수협박죄(제284조), 상습협박죄(제285조)
	미수범 처벌	제283조 내지 제285조의 죄(제286조)
특별형법	폭력행위등처벌에관한법률	2인 이상의 공동협박(제2조 제2항)
	특정범죄가중처벌등에관한법률	형사사건의 수사·재판과 관련하여 보복 등의 목적으로 협박죄를 범한자에 대한 가중처벌(제5조의9 제2항)

II. 협박죄

> **제283조(협박, 존속협박)**
> ① 사람을 협박한 자는 3년 이하의 징역, 500만원 이하의 벌금, 구류 또는 과료에 처한다.
>
> **제286조(미수범)**
> 전3조의 미수범은 처벌한다.

1. 객관적 구성요건

사람을 협박함으로써 성립한다.

(1) 행위의 객체

사람이다. 여기서 사람이란 자연인인 타인을 의미하지만, 본죄의 객체인 사람은 해악의 고지에 의하여 공포심을 가질 만한 정신적 능력이 있음을 요한다. 따라서 영아·명정자·수면자는 본죄의 객체가 되지 않는다(통설). 협박의 객체가 외국원수·외교사절인 경우 별죄가 성립한다(제107조 제1항, 제108조 제1항).

(2) 행위(협박)

1) **협박의 의의** : 협박이란 해악을 고지하여 상대방에게 공포심을 일으키는 것을 말한다. ㈎ 협박은 해악의 발생이 직접·간접으로 행위자에 의하여 좌우될 수 있는 것이어야 한다는 점에서 경고와 구별된다. 그러나 해악이 현실적으로 발생할 가능성이 있거나, 행위자가 이를 실현할 의사가 있을 것을 요하지 않는다. ㈏ 고지된 해악의 내용에는 아무런 제한이 없으며, 반드시 상대방 본인에 대한 해악일 것을 요하지 않고 본인과 밀접한 관계에 있는 제3자에 대한 해악이라도 좋다. 다만 본죄의 성질상 고지된 해악은 상대방에게 공포심을 줄 수 있는 정도의 해악일 것을 요한다. ㈐ 해악을 고지하는 방법에는 제한이 없다. 언어에 의하든 문서에 의하든, 직접적이든 간접적이든, 명시적이든 묵시적이든 이를 묻지 않는다.

2) **제3자(법인)에 대한 법익침해를 내용으로 하는 해악의 고지가 협박죄가 될 수 있는지 여부** : 판례는 협박죄의 보호법익, 형법규정상 체계, 협박의 행위 개념 등에 비추어 볼 때, 협박죄는 자연인만을 그 대상으로 예정하고 있을 뿐 법인은 협박죄의 객체가 될 수 없다고 보고 있다. 다만, 피해자 본인이나 그 친족뿐만 아니라 그 밖의 '제3자'에 대한 법익 침해를 내용으로 하는 해악을 고지하는 것이라고 하더라도 피해자 본인과 제3자가 밀접한 관계에 있어 그 해악의 내용이 피해자 본인에게 공포심을 일으킬 만한 정도의 것이라면 피해자 본인에 대한 협박죄가 성립할 수 있으며 '제3자'에는 자연인뿐만 아니라 법인도 포함된다고 한다.

3) **형법상의 협박 개념** : 형법상의 협박의 개념은 다음과 같이 세 가지 의미로 나누는 것이 일반적이다. ㈎ 광의의 협박은 사람에게 공포심을 일으킬 목적으로 해악을 고지하는 것을 말하며, 그로 인하여 상대방에게 공포심이 일어났는가는 문제삼지 않는다. 소요죄(제115조)·공무집행방해죄(제136조)·특수도주죄(제146조)·협박죄(제283조 : 판례)의 협박이 여기에 속한다. ㈏ 최협의의 협박은 상대방의 반항을 불가능하게 하거나, 현저히 곤란하게 할 정도의 해악을 고지하는 것이다. 강도죄(제333조)와 강간죄(제297조)의 협박이 여기에 해당한다. ㈐ 협의의 협박은 상대방의 반항을 불가능하게 하거나 곤란하게 할 정도는 아니더라도 상대방이 현실로 공포감을 느낄 수 있을 정도의 해악의 고지가 있을 것을 요한다. 협박죄(제283조 : 통설)와 공갈죄(제350조)의 협박이 여기에 속한다.

<형법상 협박의 개념>

광의의 협박 (위험범)	사람에게 공포심을 일으키게 할 만한 고지(현실로 상대방이 공포심을 일으켰는가는 불문)	소요죄, 다중불해산죄, 공무집행방해죄, 직무강요죄, 특수도주죄, 협박죄(판례)
협의의 협박 (침해범)	상대방이 현실로 공포감을 느낄 수 있는 정도의 해악의 고지	협박죄(통설), 강요죄, 공갈죄
최협의의 협박	① 반항을 현저히 곤란하게 할 정도, ② 반항을 불가능하게 할 정도	① 강간죄, ② 강도죄

4) 기수시기 : 본죄는 미수범을 처벌한다(제286조). 본죄는 의사의 자유를 침해하여야 완성되는 침해범이므로 해악의 고지로 상대방에게 공포심이 일어났을 때에 기수가 된다. 그러나 판례는 해악을 고지함으로써 상대방이 그 의미를 인식한 이상, 상대방이 현실적으로 공포심을 일으켰는지를 불문하고 협박죄는 기수가 된다고 한다.

2. 주관적 구성요건

본죄는 주관적 구성요건으로서 고의, 즉 상대방에게 해악을 고지하여 공포심을 일으킨다는 인식과 의사를 필요로 한다. 다만 실제로 해악을 실현할 의사를 요하는 것은 아니다.

3. 위법성

위법성조각사유가 있는 때에는 본죄가 성립하지 않음은 당연하다. 따라서 ㈎ 권리를 행사하기 위한 수단으로 협박을 한 경우에도 목적과 수단의 관계에 비추어 해악의 고지가 합법적인 권리의 행사로서 사회상규에 반하지 아니한 때에는 본죄가 성립하지 않는다. ㈏ 형사고소를 고지하여 협박하는 경우에 관하여 통설은 고소의 의사 여부를 기준으로 하여 본죄의 성립 여부를 판단하고 있으나, 고소권의 행사를 어떤 목적을 위하여 남용하였느냐에 따라서 판단하여야 한다. ㈐ 노동쟁의행위는 노동자의 정당한 권리행사라 할 것이므로 상대방으로 하여금 공포심을 일으킨다고 할 지라도 법령에 의한 정당행위로서 위법성이 조각된다 할 것이다.

4. 반의사불벌죄

제283조(협박, 존속협박)
③ 제1항 및 제2항의 죄는 피해자의 명시한 의사에 반하여 공소를 제기할 수 없다.

제286조(미수범)
전3조의 미수범은 처벌한다.

본죄는 피해자의 명시한 의사에 반하여 공소를 제기할 수 없다(제283조 제3항). 그러나 특정범죄가중처벌 등에 관한 법률상 형사사건의 수사·재판과 관련하여 보복 등의 목적으로 협박죄를 범한 경우(동법 제5조의9 제2항)에는 반의사불벌죄가 아니다(판례).

5. 죄수 및 타죄와의 관계

(1) 죄수

㈎ 동시에 수인에게 협박을 한 경우에는 협박죄의 상상적 경합이 되고 동일인에게 같은 기회에 수차의 협박을 한 경우 협박죄 1죄가 성립하게 된다. 한편, ㈏ 협박을 수단으로 하는 다른 범죄가 성립한 때에는 협박죄는 흡수된다. 예컨대 감금의 수단으로 사용된 협박은 감금죄에 흡수된다.

(2) 타죄와의 관계

㈎ 협박행위시에 상해를 가하거나, 상해 직후에 다시 별개의 해악을 고지한 경우에는 협박죄와 상해죄의 경합범이 된다. 그리고 ㈏ 폭행을 가한 후 다시 죽이겠다고 협박한 경우와 죽이겠다고 협박한 후 다시 폭행한 경우에는 폭행죄와 협박죄의 경합범이 성립한다. 또한, ㈐ 폭행을 가하겠다고 고지한 후 폭행한 경우에 폭행과 현실로 가한 폭행의 내용·일시·장소가 동일하면 협박은 폭행에 흡수되어 폭행죄만 성립하나, 다를 경우에는 협박죄와 폭행죄의 경합범이 된다.

Ⅲ. 가중적 구성요건

1. 존속협박죄

> **제283조(협박, 존속협박)**
> ② 자기 또는 배우자의 직계존속에 대하여 제1항의 죄를 범한 때에는 5년 이하의 징역 또는 700만원 이하의 벌금에 처한다.
>
> **제286조(미수범)**
> 전3조의 미수범은 처벌한다.

자기 또는 배우자의 직계존속을 협박함으로써 성립한다(제283조 제2항). 협박죄에 대하여 신분관계로 인하여 책임이 가중되는 구성요건이다(부진정신분범).

2. 특수협박죄

> **제284조(특수협박)**
> 단체 또는 다중의 위력을 보이거나 위험한 물건을 휴대하여 전조제1항, 제2항의 죄를 범한 때에는 7년 이하의 징역 또는 1천만원 이하의 벌금에 처한다.
>
> **제286조(미수범)**
> 전3조의 미수범은 처벌한다.

단체 또는 다중의 위력을 보이거나 위험한 물건을 휴대하여 협박죄 또는 존속협박죄를 범함으로써 성립하는 범죄이다(제284조). 본죄는 협박죄와 존속협박죄에 대하여 행위의 방법을 이유로 불법이 가중되는 가중적 구성요건이다. 본죄는 반의사불벌죄가 아니다(판례).

3. 상습협박죄

> **제285조(상습범)**
> 상습으로 제283조제1항, 제2항 또는 전조의 죄를 범한 때에는 그 죄에 정한 형의 2분의 1까지 가중한다.
>
> **제286조(미수범)**
> 전3조의 미수범은 처벌한다.

상습으로 협박죄, 존속협박죄 또는 특수협박죄를 범함으로써 성립한다(제285조). 협박죄, 존속협박죄 또는 특수협박죄에 대하여 상습성 때문에 책임이 가중되는 가중적 구성요건이다. 본죄는 반의사불벌죄가 아니다.

 **판례** 협박죄의 보호정도와 기수시기

- [다수의견] ㈎ 협박죄가 성립하려면 고지된 해악의 내용이 행위자와 상대방의 성향, 고지 당시의 주변 상황, 행위자와 상대방 사이의 친숙의 정도 및 지위 등의 상호관계, 제3자에 의한 해악을 고지한 경우에는 그에 포함되거나 암시된 제3자와 행위자 사이의 관계 등 행위 전후의 여러 사정을 종합하여 볼 때에 일반적으로 사람으로 하여금 공포심을 일으키게 하기에 충분한 것이어야 하지만, 상대방이 그에 의하여 현실적으로 공포심을 일으킬 것까지 요구하는 것은 아니며, 그와 같은 정도의 해악을 고지함으로써 상대방이 그 의미를 인식한 이상, 상대방이 현실적으로 공포심을 일으켰는지 여부와 관계없이 그로써 구성요건은 충족되어 협박죄의 기수에 이르는 것으로 해석하여야 한다. ㈏ 결국, 협박죄는 사람의 의사결정의 자유를 보호법익으로 하는 위험범이라 봄이 상당하고, 협박죄의 미수범 처벌조항은 해악의 고지가 현실적으로 상대방에게 도달하지 아니한 경우나, 도달은 하였으나 상대방이 이를 지각하지 못하였거나 고지된 해악의 의미를 인식하지 못한 경우 등에 적용될 뿐이다. [2] 정보보안과 소속 경찰관이 자신의 지위를 내세우면서 타인의 민사분쟁에 개입하여 빨리 채무를 변제하지 않으면 상부에 보고하여 문제를 삼겠다고 말한 사안에서, 상대방이 채무를 변제하고 피해 변상을 하는지 여부에 따라 직무집행 여부를 결정하겠다는 취지이더라도 정당한 직무집행이라거나 목적 달성을 위한 상당한 수단으로 인정할 수 없어 정당행위에 해당하지 않는다고 한 사례(대판 2007.9.28. 2007도606 전원합의체). **[해설]** 미수범 처벌 규정을 두고 있는 협박죄는 침해범이 아니라 위험범이며, 협박죄의 기수시기는 상대방의 현실적인 공포심의 발생이 아니라는 것을 적시한 전원합의체 판례.

 판례 협박의 개념 중 광의의 협박

- 구 공직선거및선거부정방지법(2004. 3. 12. 법률 제7189호로 개정되기 전의 것) 제244조에서 규정하고 있는 선거사무관리관계자에 대한 협박죄에 있어서의 협박이라 함은, 상대방에게 공포심을 일으킬 목적으로 해악을 고지하는 일체의 행위를 의미하는 것으로서, 고지하는 해악의 내용이 그 경위, 행위 당시의 주위 상황, 행위자의 성향, 행위자와 상대방과의 친숙의 정도, 지위 등의 상호관계 등 여러 사정을 종합하여 객관적으로 상대방으로 하여금 공포심을 느끼게 하기에 족하면 되고, 상대방이 현실로 공포심을 일으킬 것까지 요구되는 것은 아니며, 다만 고지하는 해악의 내용이 경미

하여 상대방이 전혀 개의치 않을 정도인 경우에는 협박에 해당하지 않는다(대판 2005.3.25. 2004도8984).

> **판 례** 협박죄의 협박

① 피고인이 이 사건 공소사실 기재와 같은 말을 한 것("두고 보자")은 단순한 폭언에 불과할 뿐 피해자에 대하여 협박죄가 성립할 수 있는 정도의 구체적인 해악을 고지한 것으로 보기 어렵다(대판 1974.10.8. 74도1892).

② 협박죄에 있어서의 해악을 가할 것을 고지하는 행위는 통상 언어에 의하는 것이나 경우에 따라서는 <u>한마디 말도 없이 거동에 의하여서도 고지할 수 있는 것</u>이다(대판 1975.10.7. 74도2727).

③ 피해자의 처와 통화하기 위하여 야간에 피해자의 집에 여러 차례 전화를 하여 피해자가 전화를 받으면 20분 내지 30분 동안 아무 말도 하지 않고 있다가 전화를 끊어 버리거나 어떤 때는 "한 번 만나자, 나한테 자신있나" 등의 말을 한 정도로는 피해자로 하여금 의구심을 가지게 하여 심적인 고통을 가하거나 분노를 일으키는 등 감정을 자극하는 폭언을 한 정도에 그칠 뿐 피해자의 생명이나 신체 등에 대하여 일정한 해악을 고지한 협박에 이른다고 볼 수 없다(부산지법 1985.7.5. 85노638).

④ 협박죄에 있어서의 협박이라 함은 사람으로 하여금 공포심을 일으킬 수 있을 정도의 해악을 고지하는 것을 의미하고, <u>협박죄가 성립하기 위하여는 적어도 발생 가능한 것으로 생각될 수 있는 정도의 구체적인 해악의 고지가 있어야 한다.</u> 또한 해악의 고지가 있다 하더라도 그것이 사회의 관습이나 윤리관념 등에 비추어 볼 때에 사회통념상 용인할 수 있을 정도의 것이라면 협박죄는 성립하지 아니한다(대판 1998.3.10. 98도70).

⑤ 조상천도제를 지내지 아니하면 좋지 않은 일이 생긴다는 취지의 해악의 고지는 <u>길흉화복이나 천재지변의 예고로서 행위자에 의하여 직접, 간접적으로 좌우될 수 없는 것이고 가해자가 현실적으로 특정되어 있지도 않으며 해악의 발생가능성이 합리적으로 예견될 수 있는 것이 아니므로 협박으로 평가될 수 없다</u>고 한 사례(대판 2002.2.8. 2000도3245).

⑥ 협박죄에 있어서의 협박이라 함은, 일반적으로 보아 사람으로 하여금 공포심을 일으킬 수 있는 정도의 해악을 고지하는 것을 의미하므로 그 주관적 구성요건으로서의 고의는 행위자가 그러한 정도의 해악을 고지한다는 것을 인식, 인용하는 것을 그 내용으로 하고 고지한 해악을 실제로 실현할 의도나 욕구는 필요로 하지 아니한다고 할 것이고, 다만 행위자의 언동이 단순한 감정적인 욕설 내지 일시적 분노의 표시에 불과하여 주위사정에 비추어 가해의 의사가 없음이 객관적으로 명백한 때에는 협박행위 내지 협박의 의사를 인정할 수 없다 할 것이나 위와 같은 의미의 협박행위 내지 협박의사가 있었는지의 여부는 행위의 외형뿐만 아니라 그러한 행위에 이르게 된 경위, 피해자와의 관계 등 주위상황을 종합적으로 고려하여 판단해야 할 것이다. 기록에 비추어 살펴보면, 원심이 판시와 같은 이유로 <u>피고인이 공소사실 기재 일시, 장소에서 자신의 동거남과 성관계를 가진 바 있던 피해자에게 "사람을 사서 쥐도 새도 모르게 파묻어버리겠다. 너까지 것 쉽게 죽일 수 있다."라고 한 말에 관하여 이는 언성을 높이면서 말다툼으로 흥분한 나머지 단순히 감정적인 욕설 내지 일시적 분노의 표시를 한 것에 불과하고 해악을 고지한다는 인식을 갖고 한 것이라고 보기 어렵</u>

다고 판단한 것은 수긍이 가고, 거기에 채증법칙을 위반하여 사실을 오인하거나 협박죄에 관한 법리를 오해하여 판결에 영향을 미친 위법이 있다고 할 수 없다(대판 2006.8.25. 2006도546).

⑦ 공군 중사가 상관인 피해자에게 그의 비위 등을 기록한 내용을 제시하면서 자신에게 폭언한 사실을 인정하지 않으면 그 내용을 상부기관에 제출하겠다는 취지로 말한 사안에서, 상관협박죄를 인정한 사례(대판 2008.12.11. 2008도8922).

⑧ [1] 협박죄에서 협박이란 일반적으로 보아 사람으로 하여금 공포심을 일으킬 정도의 해악을 고지하는 것을 의미하며, 그 고지되는 해악의 내용, 즉 침해하겠다는 법익의 종류나 법익의 향유 주체 등에는 아무런 제한이 없다. 따라서 피해자 본인이나 그 친족뿐만 아니라 그 밖의 '제3자'에 대한 법익 침해를 내용으로 하는 해악을 고지하는 것이라고 하더라도 피해자 본인과 제3자가 밀접한 관계에 있어 그 해악의 내용이 피해자 본인에게 공포심을 일으킬 만한 정도의 것이라면 협박죄가 성립할 수 있다. 이 때 '제3자'에는 자연인뿐만 아니라 법인도 포함된다 할 것인데, 피해자 본인에게 법인에 대한 법익을 침해하겠다는 내용의 해악을 고지한 것이 피해자 본인에 대하여 공포심을 일으킬 만한 정도가 되는지 여부는 고지된 해악의 구체적 내용 및 그 표현방법, 피해자와 법인의 관계, 법인 내에서의 피해자의 지위와 역할, 해악의 고지에 이르게 된 경위, 당시 법인의 활동 및 경제적 상황 등 여러 사정을 종합하여 판단하여야 한다. [2] 협박죄는 사람의 의사결정의 자유를 보호법익으로 하는 범죄로서 형법규정의 체계상 개인적 법익, 특히 사람의 자유에 대한 죄 중 하나로 구성되어 있는바, 위와 같은 협박죄의 보호법익, 형법규정상 체계, 협박의 행위 개념 등에 비추어 볼 때, 협박죄는 자연인만을 그 대상으로 예정하고 있을 뿐 법인은 협박죄의 객체가 될 수 없다. [3] 채권추심 회사의 지사장이 회사로부터 자신의 횡령행위에 대한 민·형사상 책임을 추궁당할 지경에 이르자 이를 모면하기 위하여 회사 본사에 '회사의 내부비리 등을 금융감독원 등 관계 기관에 고발하겠다'는 취지의 서면을 보내는 한편, 위 회사 경영지원본부장이자 상무이사에게 전화를 걸어 자신의 횡령행위를 문제삼지 말라고 요구하면서 위 서면의 내용과 같은 취지로 발언한 사안에서, 위 상무이사에 대한 협박죄를 인정한 원심의 판단을 수긍한 사례(대판 2010.7.15. 2010도1017). [해설] 협박죄는 자연인만을 그 대상으로 예정하고 있을 뿐 법인은 협박죄의 객체가 될 수 없다는 판례. 협박죄의 주체, 객체, 해악고지의 대상에 자연인이 아닌 법인이 포함될 수 있는가에 대한 해석론적 논쟁에 대한 대법원의 입장이 제시된 대표적인 판결.

⑨ [1] 형법 제283조에서 정하는 협박죄의 성립에 요구되는 '협박'이라고 함은 일반적으로 그 상대방이 된 사람으로 하여금 공포심을 일으키기에 충분한 정도의 해악을 고지하는 것으로서, 그러한 해악의 고지에 해당하는지 여부는 행위자와 상대방의 성향, 고지 당시의 주변 상황, 행위자와 상대방 사이의 관계·지위, 그 친숙의 정도 등 행위 전후의 여러 사정을 종합하여 판단되어야 한다. 한편 여기서의 '해악'이란 법익을 침해하는 것을 가리키는데, 그 해악이 반드시 피해자 본인이 아니라 그 친족 그 밖의 제3자의 법익을 침해하는 것을 내용으로 하더라도 피해자 본인과 제3자가 밀접한 관계에 있어서 그 해악의 내용이 피해자 본인에게 공포심을 일으킬 만한 것이라면 협박죄가 성립할 수 있다. [2] 피고인이 혼자 술을 마시던 중 甲 정당이 국회에서 예산안을 강행처리하였다는 것에 화가 나서 공중전화를 이용하여 경찰서에 여러 차례 전화를 걸어 전화를 받은 각 경찰관에게 경찰서 관할구역 내에 있는 甲 정당의 당사를 폭파하겠다는 말을 한 사안에서, 피고인은 甲 정당에 관한 해악을 고지한 것이므로 각 경찰관 개인에 관한 해악을 고지하였다고 할 수 없고, 다른 특별한 사정이 없는 한 일반적으로 甲 정당에 대한 해악의 고지가 각 경찰관 개인에게 공포심을 일으킬 만큼 서로 밀접한

관계에 있다고 보기 어려운데도, 이와 달리 피고인의 행위가 각 경찰관에 대한 협박죄를 구성한다고 본 원심판결에 협박죄에 관한 법리오해의 위법이 있다고 한 사례(대판 2012.8.17. 2011도10451).

⑩ 협박죄에서 '협박'은 일반적으로 보아 사람으로 하여금 공포심을 일으킬 수 있는 정도의 해악을 고지하는 것을 의미하고, 주관적 구성요건으로서의 고의는 행위자가 그러한 정도의 해악을 고지한다는 것을 인식·용인하는 것을 내용으로 하는바, 협박죄가 성립되려면 고지된 해악의 내용이 행위자와 상대방의 성향, 고지 당시의 주변 상황, 행위자와 상대방 사이의 친숙의 정도 및 지위 등의 상호관계 등 행위 전후의 여러 사정을 종합하여 볼 때에 일반적으로 사람으로 하여금 공포심을 일으키기에 충분한 것이어야 한다. 권리행사의 일환으로 상대방에게 일정한 해악을 고지한 경우에도, 그러한 해악의 고지가 사회의 관습이나 윤리관념 등에 비추어 사회통념상 용인할 수 있는 정도이거나 정당한 목적을 위한 상당한 수단에 해당하는 등 사회상규에 반하지 아니하는 때에는 협박죄가 성립하지 아니한다. 따라서 민사적 법률관계하에서 이해관계가 상충되는 당사자 사이에 권리의 실현·행사 과정에서 이루어진 상대방에 대한 불이익이나 해악의 고지가 일반적으로 보아 공포심을 일으킬 수 있는 정도로서 협박죄의 '협박'에 해당하는지 여부와 그것이 사회상규에 비추어 용인할 수 있는 정도를 넘어선 것인지 여부를 판단할 때에는, 행위자와 상대방의 관계 및 사회경제적 위상의 차이, 고지된 불이익이나 해악의 내용이 당시 상황에 비추어 이해관계가 대립되는 당사자의 권리 실현·행사의 내용으로 통상적으로 예견·수용할 수 있는 범위를 현저히 벗어난 정도에 이르렀는지, 해악의 고지 방법과 그로써 추구하는 목적 사이에 합리적 관련성이 존재하는지 등 여러 사정을 세심히 살펴보아야 한다(대판 2022.12.15. 2022도9187). [해설] 경영위기에 놓인 회사의 직원 중 일부가 동료 직원 및 주요 투자자와 협의를 거쳐 회사 갱생을 위한 자구책으로 마련한 '사임제안서'를 대표이사에게 전달한 행위는 '협박'으로 볼 수 없고, 이에 해당하더라도 사회통념상 용인할 수 있는 정도이거나 회사의 경영 정상화라는 정당한 목적을 위한 상당한 수단에 해당하여 사회상규에 반하지 아니한다고 보아, 유죄 판결을 한 원심을 협박죄의 성립에 관한 법리오해를 이유로 파기한 사례.

 **판례** 제3자에 의한 해악의 고지

① 협박의 경우 행위자가 직접 해악을 가하겠다고 고지하는 것은 물론, <u>제3자로 하여금 해악을 가하도록 하겠다는 방식으로도 해악의 고지는 얼마든지 가능</u>하지만, 이 경우 고지자가 제3자의 행위를 사실상 지배하거나 제3자에게 영향을 미칠 수 있는 지위에 있는 것으로 믿게 하는 명시적·묵시적 언동을 하였거나 제3자의 행위가 고지자의 의사에 의하여 좌우될 수 있는 것으로 상대방이 인식한 경우에 한하여 비로소 고지자가 직접 해악을 가하겠다고 고지한 것과 마찬가지의 행위로 평가할 수 있고, 만약 고지자가 위와 같은 명시적·묵시적 언동을 하거나 상대방이 위와 같이 인식을 한 적이 없다면 비록 상대방이 현실적으로 외포심을 느꼈다고 하더라도 이러한 고지자의 행위가 협박죄를 구성한다고 볼 수는 없다(대판 2006.12.8. 2006도6155).

② 피고인이 피해자의 장모가 있는 자리에서 서류를 보이면서 "피고인의 요구를 들어주지 않으면 서류를 세무서로 보내 세무조사를 받게 하여 피해자를 망하게 하겠다."라고 말하여 피해자의 장모로 하여금 피해자에게 위와 같은 사실을 전하게 하고, 그 다음날 피해자의 처에게 전화를 하여 "며칠 있으면 국세청에서 조사가 나올 것이니 그렇게 아시오"라고 말한 경우, <u>위 각 행위는 협박죄에 있어서 해악의 고지에 해당</u>한다고 한 사례(대판 2007.6.1. 2006도1125).

 **상대방의 인식 여부**

• 피고인이 피해자와 술을 마시던 중 화가 나 횟집 주방에 있던 회칼 2자루를 들고 나와 죽어버리겠다며 자해하려고 하였다는 내용으로 기소된 사안에서, 피고인의 행위가 '협박'에 해당한다고 볼 수 있는데도, 이에 대하여 무죄를 선고한 원심판결에 법리오해 또는 심리미진의 위법이 있다고 한 사례(대판 2011.1.27. 2010도14316).

 주관적 구성요건

① 지서에 연행된 피고인이 경찰관으로부터 반공법위반 혐의사실을 추궁당하고 뺨까지 얻어맞게 되자 술김에 흥분하여 항의조로 "내가 너희들의 목을 자른다. 내 동생을 시켜서라도 자른다"라고 말하였다 하여 당시 피고인에게 협박죄를 구성할 만한 해악을 고지할 의사가 있었다고 볼 수 없다(대판 1972.8.29. 72도1565).

② [1] 협박죄에 있어서의 협박이라 함은 일반적으로 보아 사람으로 하여금 공포심을 일으킬 수 있는 정도의 해악을 고지하는 것을 의미하므로 그 <u>주관적 구성요건으로서의 고의는 행위자가 그러한 정도의 해악을 고지한다는 것을 인식, 인용하는 것을 그 내용으로 하고 고지한 해악을 실제로 실현할 의도나 욕구는 필요로 하지 아니하고,</u> 다만 행위자의 언동이 단순한 감정적인 욕설 내지 일시적 분노의 표시에 불과하여 주위사정에 비추어 가해의 의사가 없음이 객관적으로 명백한 때에는 협박행위 내지 협박의 의사를 인정할 수 없으나 위와 같은 의미의 협박행위 내지 협박의사가 있었는지의 여부는 행위의 외형뿐만 아니라 그러한 행위에 이르게 된 경위, 피해자와의 관계 등 주위상황을 종합적으로 고려하여 판단해야 할 것이다. [2] 피고인이 피해자인 누나의 집에서 온 몸에 연소성이 높은 고무놀을 바르고 라이타 불을 켜는 동작을 하면서 이를 말리려는 피해자 등에게 가위, 송곳을 휘두르면서 "방에 불을 지르겠다", "가족 전부를 죽여버리겠다"고 소리치고 이를 약 1시간 가량 말리던 피해자가 끝내 무섭고 두려워 신고를 하였다면, 피고인의 행위는 피해자로 하여금 공포심을 일으킬 수 있는 정도의 해악의 고지가 되고, 피고인에게 협박의 고의가 있었다고 본 사례(대판 1991.5.10. 90도2102).

 협박죄의 위법성조각사유

① 피해자가 공소외 (갑)을 대리하여 동인 소유의 여관을 피고인에게 매도하고 피고인으로부터 계약금과 잔대금 일부를 수령하였는데 그 후 위 (갑)이 많은 부채로 도피해 버리고 동인의 채권자들이 채무변제를 요구하면서 위 여관을 점거하여 피고인에게 여관을 명도하기가 어렵게 되자 피고인은 피해자에게 여관을 명도해 주든가 명도소송비용을 내놓지 않으면 고소하여 구속시키겠다고 말한 경우 피고인이 매도인의 대리인인 위 피해자에게 위 여관의 명도 또는 명도소송비용을 요구한 것은 매수인으로서 정당한 권리행사라 할 것이며 위와 같이 다소 위협적인 말을 하였다고 하여도 이는 사회통념상 용인될 정도의 것으로서 협박으로 볼 수 없다(대판 1984.6.26. 84도648).

② "앞으로 수박이 없어지면 네 책임으로 한다."고 말하였다고 하더라도 그것만으로는 구체적으로 어떠한 법익에 어떠한 해악을 가하겠다는 것인지를 알 수 없어 이를 해악의 고지라고 보기 어렵고, 가사 위와 같이 말한 것이 다소간의 해악의 고지에 해당한다고 가정하더라도, 피고인이 전에도 여러 차례 수박을 절취당하여 그 범인을 붙잡기 위해 수박밭을 지키고 있던 중 마침 같은 마을에 거주하며 피고인과 먼 친척 간이기도 한 피해자가 피고인의 수박밭에 들어와 두리번거리는 것을 발견하자 피해자가 수박을 훔치려던 것으로 믿은 나머지 피해자를 훈계하려고 위와 같이 말하였으며 그 과정에서 폭행을 가하거나 달리 유형력을 행사한 바는 없었다면, 가사 피고인이 위와 같이 말한 것으로 인하여 피해자가 어떤 공포심을 느꼈다고 하더라도 피고인이 위와 같은 말을 하게 된 경위, 피고인과 피해자의 나이 및 신분관계 등에 비추어 볼 때 이는 정당한 훈계의 범위를 벗어나는 것이 아니어서 사회상규에 위배되지 아니하므로 위법성이 없다고 봄이 상당하고, 그 후 피해자가 스스로 음독 자살하기에 이르렀다 하더라도 이는 피해자가 자신의 결백을 밝히려는 데 그 동기가 있었던 것으로 보일 뿐 그것이 피고인의 협박으로 인한 결과라고 보기도 어려우므로 그와 같은 결과의 발생만을 들어 이를 달리 볼 것은 아니라고 한 사례(대판 1995.9.29. 94도2187).

③ 협박죄에 있어서의 협박이라 함은 사람으로 하여금 공포심을 일으킬 수 있을 정도의 해악을 고지하는 것을 의미하고, 협박죄가 성립하기 위하여는 적어도 발생 가능한 것으로 생각될 수 있는 정도의 구체적인 해악의 고지가 있어야 한다. 또한 해악의 고지가 있다 하더라도 그것이 사회의 관습이나 윤리관념 등에 비추어 볼 때에 사회통념상 용인할 수 있을 정도의 것이라면 협박죄는 성립하지 아니한다(대판 1998.3.10. 98도70).

④ 친권자는 자를 보호하고 교양할 권리의무가 있고(민법 제913조) 그 자를 보호 또는 교양하기 위하여 필요한 징계를 할 수 있기는 하지만(민법 제915조, 단 2021년 1월 26일에 삭제된 규정임) 인격의 건전한 육성을 위하여 필요한 범위 안에서 상당한 방법으로 행사되어야만 할 것인데, 스스로의 감정을 이기지 못하고 야구방망이로 때릴 듯이 피해자에게 "죽여 버린다"고 말하여 협박하는 것은 그 자체로 피해자의 인격 성장에 장해를 가져올 우려가 커서 이를 교양권의 행사라고 보기도 어렵다(대판 2002.2.8. 2001도6468).

⑤ 권리행사나 직무집행의 일환으로 상대방에게 일정한 해악을 고지한 경우, 그 해악의 고지가 정당한 권리행사나 직무집행으로서 사회상규에 반하지 아니하는 때에는 협박죄가 성립하지 아니하나, 외관상 권리행사나 직무집행으로 보이더라도 실질적으로 권리나 직무권한의 남용이 되어 사회상규에 반하는 때에는 협박죄가 성립한다고 보아야 할 것인바, 구체적으로는 그 해악의 고지가 정당한 목적을 위한 상당한 수단이라고 볼 수 있으면 위법성이 조각되지만, 위와 같은 관련성이 인정되지 아니하는 경우에는 그 위법성이 조각되지 아니한다(대판 2007.9.28. 2007도606 전원합의체).

판례 | 협박죄와 업무방해죄

- 피고인이 슈퍼마켓 사무실에서 식칼을 들고 피해자를 협박한 행위와 식칼을 들고 매장을 돌아다니며 손님을 내쫓아 그의 영업을 방해한 행위는 별개의 행위이다(대판 1991.1.29. 90도2445).

> **판례** 특수협박죄의 위험한 물건의 휴대
>
> - [1] 폭력행위등처벌에관한법률 제3조 제1항에서 말하는 '흉기 기타 위험한 물건'이라 함은 사람을 살상할 수 있는 특성을 갖춘 총이나 칼과 같은 것은 물론, 그 밖의 물건이라도 사회통념상 이를 이용하면 상대방이나 제3자가 살상의 위험을 느낄 수 있는 것을 포함한다. [2] 피고인이 공기총에 실탄을 장전하지 아니하였다고 하더라도 범행 현장에서 공기총과 함께 실탄을 소지하고 있었고 피고인으로서는 언제든지 실탄을 장전하여 발사할 수도 있으므로 공기총이 '위험한 물건'에 해당한다고 한 사례(대판 2002.11.26. 2002도4586).

제2절 체포와 감금의 죄

I. 서론

1. 체포·감금죄의 의의

불법하게 사람을 체포 또는 감금하여 사람의 신체적 활동의 자유를 침해하는 것을 내용으로 하는 범죄이다. 즉 사람의 신체적 활동의 자유 특히 장소선택의 자유를 보호법익으로 하는 범죄이며, 법익보호의 정도는 침해범이라 할 것이다. 체포·감금행위는 일정한 시간적 계속이 있어야 기수에 이르게 되므로 신체의 자유가 현실적으로 침해될 것을 전제로 한다(계속범).

2. 구성요건의 체계

기본적 구성요건은 체포·감금죄(제276조 제1항)이며, 가중적 구성요건으로는 존속체포·감금죄(제276조 제2항), 중체포·감금죄(제277조), 특수체포·감금죄(제278조), 상습체포·감금죄(제279조) 및 체포·감금치사상죄(제281조)가 있다.

형법	기본적 구성요건	체포·감금죄(제276조 제1항)
	가중적 구성요건	존속체포·감금죄(제276조 제2항), (존속)중체포·감금죄(제277조), 특수체포·감금죄(제278조), 상습체포·감금죄(제279조)
	결과적 가중범	체포·감금치사상죄(제281조)
	미수의 처벌	제276조 내지 제279조의 죄(제280조)
특별형법	폭력행위등처벌에관한법률	2인 이상의 공동체포·감금(제2조 제2항)
	특정범죄가중처벌등에관한법률	형사사건의 수사·재판과 관련하여 보복 등의 목적으로 체포·감금죄를 범한 자에 대한 가중처벌(제5조의9 제2항)

II. 체포·감금죄

> **제276조(체포, 감금, 존속체포, 존속감금)**
> ① 사람을 체포 또는 감금한 자는 5년 이하의 징역 또는 700만원 이하의 벌금에 처한다.
>
> **제280조(미수범)**
> 전4조의 미수범은 처벌한다.

1. 의의

사람을 체포 또는 감금함으로써 성립하는 범죄이다(제276조 제1항).

2. 구성요건

(1) 행위의 객체

사람이다. 여기서 사람은 자연인인 타인을 의미하며, 자연적·잠재적 의미에서의 행동의 자유를 가질 수 있는 자연인은 모두 본죄의 객체가 된다(광의설-통설). 따라서 정신병자·명정자·수면자·불구자는 본죄의 객체가 되지만 유아는 본죄의 객체가 되지 못한다.

(2) 행위

체포 또는 감금이다. 여기서 ㈎ 체포란 사람의 신체에 대하여 직접적·현실적인 구속을 가하여서 행동의 자유를 빼앗는 것(직접 구속)을 말하며, 그 수단이나 방법은 묻지 아니한다. 다만 협박을 수단으로 한 경우에 피해자의 저항을 배제할 정도인 강도의 협박을 사용한 경우에는 체포가 된다고 할 것이지만, 사람을 협박하여 어떤 장소에 출두시키는 것은 신체에 대한 현실적인 구속이 없으므로 강요죄에 해당한다고 보아야 한다. 여기서 자유를 빼앗는가의 여부는 전체적으로 판단하여야 한다. ㈏ 감금이란 사람을 일정한 장소 밖으로 나가지 못하게 하여 신체적 활동의 자유를 장소적으로 제한하는 것(간접 구속)을 말한다. 장소적 제한이 있는 점에서 체포와 구별된다. 감금의 수단 또는 방법을 묻지 않는다. 따라서 유형적 방법에 의하든 무형적 방법에 의하든, 작위에 의하든 부작위에 의하든, 자수에 의하든 간접정범에 의하든 묻지 않는다. ㈐ 본죄는 미수범을 처벌하고 있다. 다만 그 기수시기에 관해서는 피해자의 의식이 침해된 때에 비로소 기수가 된다는 견해도 있지만, 본죄의 보호법익인 이전의 자유는 잠재적 자유를 의미하므로 객관적으로 피해자의 잠재적인 행동의 자유를 침해한 사실이 있으면 기수가 된다고 보는 것이 타당하다(다수설). ㈑ 체포·감금은 그 성질상 어느 정도의 시간적 계속성을 요건으로 한다(계속범).

3. 위법성

검사 또는 사법경찰관의 영장에 의한 구속, 현행범인의 체포, 친권자의 징계행위, 경찰관의 주취자 보호조치 또는 치료를 위한 정신병자의 감금 등은 모두 정당행위로서 위법성이 조각되는 경우이다.

4. 죄수 및 타죄와의 관계

(1) 죄수

행위자가 동일인을 체포하고 감금한 경우에는 체포죄와 감금죄의 두 범죄가 성립하는 것이 아니라, 포괄적으로 제276조 제1항의 단순일죄가 성립한다(협의의 포괄일죄). 그러나 행위자가 1개의 행위로 수인을 감금한 경우에는 수개의 감금죄의 상상적 경합이 성립한다.

(2) 타죄와의 관계

1) **폭행죄·협박죄와의 관계** : 체포·감금의 수단으로 폭행 또는 협박한 때에는 본죄만 성립한다. 그러나 체포·감금 후에 폭행 또는 협박한 때에는 중체포·감금죄가 성립한다.

2) **강도죄·강간죄와의 관계** : 강도나 강간의 수단으로 감금한 경우에 감금행위와 강도·강간행위가 별개로 행해졌다면 강도죄와 강간죄와 감금죄의 실체적 경합범이 되고, 감금의 수단이 된 폭행·협박행위가 지속적으로 피해자의 공포심을 조성함으로써 동시에 강도나 강간의 수단도 되었다면 행위의 부분적 동일성에 의하여 강도죄·강간죄와 감금죄의 상상적 경합이 성립한다고 본다(다수설).

3) **살인·상해죄와의 관계** : 감금 중 살인·상해의 경우에 살인·상해는 감금과는 별개의 범의에 의한 것이므로 감금죄와 살인죄·상해죄의 경합범이 성립한다 할 것이다. 그러나 체포·감금이 살인·상해의 수단이 된 경우에는 체포·감금죄와 살인·상해죄의 경합범이 된다는 견해와 이 경우 살인·상해는 가혹행위의 전형이 되므로 중체포·감금죄와 살인·상해죄의 상상적 경합이 된다는 견해가 있다.

4) **약취·유인죄와의 관계** : 약취·유인에 있어서 체포·감금이 행하여진 경우 양자는 상상적 경합관계에 있게 되지만 사람을 약취·유인한 후 계속하여 감금한 때에는 별도로 감금죄가 성립하게 된다.

Ⅲ. 가중적 구성요건

1. 존속체포·감금죄

> **제276조(체포, 감금, 존속체포, 존속감금)**
> ② 자기 또는 배우자의 직계존속에 대하여 제1항의 죄를 범한 때에는 10년 이하의 징역 또는 1천500만원 이하의 벌금에 처한다.
>
> **제280조(미수범)**
> 전4조의 미수범은 처벌한다.

자기 또는 배우자의 직계존속을 체포·감금함으로써 성립하는 범죄이다(제276조 제2항). 신분관계로 책임이 가중되는 가중적 구성요건이다(부진정신분범).

2. 중체포·감금죄, 존속중체포·감금죄

> **제277조(중체포, 중감금, 존속중체포, 존속중감금)**
> ① 사람을 체포 또는 감금하여 가혹한 행위를 가한 자는 7년 이하의 징역에 처한다.
> ② 자기 또는 배우자의 직계존속에 대하여 전항의 죄를 범한 때에는 2년 이상의 유기징역에 처한다.
>
> **제280조(미수범)**
> 전4조의 미수범은 처벌한다.

(1) 의의

중체포·감금죄는 사람 또는 직계존속을 체포·감금하여 가혹한 행위를 하는 것을 내용으로 하는 범죄를 의미한다(제277조). 본죄는 체포·감금행위와 가혹행위가 결합된 결합범으로서 행위태양으로 인하여 불법이 가중된 구성요건이다.

(2) 객관적 구성요건

1) 주체·행위의 객체·실행행위 : 체포·감금죄 및 존속체포·감금죄와 동일하다.

2) 가혹한 행위 : 가혹한 행위란 사람에게 육체적·정신적 고통을 주는 유·무형의 모든 행위를 의미한다. 폭행·협박·음란행위 등이 포함한다는 점에서 학대죄의 학대보다 광의의 개념이라 할 것이다. 가혹행위의 수단·방법은 유형적·무형적 방법을 불문한다. 예컨대 체포·감금 후의 폭행뿐만 아니라 음식을 제공하지 않는다든가, 잠을 재우지 않는다든가, 기타 고문을 가하는 행위, 추행을 하는 행위 등이 가혹한 행위에 해당한다. 그러나 본죄의 가혹행위는 체포·감금을 전제로 하는 것이므로, 체포·감금의 수단으로서의 폭행·협박은 가혹행위의 범위에서 제외된다.

(3) 미수

본죄의 미수범은 처벌한다(제280조). 본죄의 미수범은, 체포·감금하여 가혹한 행위를 할 의사로 범행을 기도하였으나 체포·감금에 성공하지 못한 경우, 체포 또는 감금하여 가혹한 행위를 할 의사로 범행을 기도하여 체포·감금에는 성공하였으나 가혹한 행위를 하지 못한 경우, 가혹한 행위가 미수에 그친 경우에 성립한다.

3. 특수체포·감금죄

> 제278조(특수체포, 특수감금)
> 단체 또는 다중의 위력을 보이거나 위험한 물건을 휴대하여 전 2조의 죄를 범한 때에는 그 죄에 정한 형의 2분의 1까지 가중한다.
>
> 제280조(미수범)
> 전4조의 미수범은 처벌한다.

단체 또는 다중의 위력을 보이거나 위험한 물건을 휴대하여 체포·감금죄, 존속체포·감금죄, 중체포·감금죄, 존속중체포·감금죄를 범함으로써 성립하는 범죄이다(제278조).

4. 상습체포·감금죄

> 제279조(상습범)
> 상습으로 제276조 또는 제277조의 죄를 범한 때에는 전조의 예에 의한다.
>
> 제280조(미수범)
> 전4조의 미수범은 처벌한다.

상습으로 체포·감금죄, 존속체포·감금죄, 중체포·감금죄, 존속중체포·감금죄를 범함으로써 성립하는 범죄이다(제279조).

5. 체포·감금치사상죄, 존속체포·감금치사상죄

> **제281조(체포·감금등의 치사상)**
> ① 제276조 내지 제280조의 죄를 범하여 사람을 상해에 이르게 한 때에는 1년 이상의 유기징역에 처한다. 사망에 이르게 한 때에는 3년 이상의 유기징역에 처한다.
> ② 자기 또는 배우자의 직계존속에 대하여 제276조 내지 제280조의 죄를 범하여 상해에 이르게 한 때에는 2년 이상의 유기징역에 처한다. 사망에 이르게 한 때에는 무기 또는 5년이상의 징역에 처한다.

체포와 감금의 죄(체포·감금죄, 존속체포·감금죄, 중체포·감금죄, 존속중체포·감금죄, 특수체포·감금죄, 상습체포·감금죄)를 범하여 사람을 사상에 이르게 함으로써 성립하는 결과적 가중범이다(제281조). 따라서 사상의 결과는 체포와 감금에 의하여 발생하여야 할 것이지만, 반드시 체포·감금의 직접적 결과일 것을 요하는 것이 아니라 체포·감금시에 일어난 것이면 족하다. 중체포·감금죄, 존속중체포·감금죄의 경우에는 가혹행위에 의하여 사상의 결과가 발생한 경우 본죄가 성립한다(통설). 한편, 감금 중 피해자가 사망한 경우 행위자가 피해자를 포박 감금한 후 단지 그 상태를 유지하였을 뿐인데도 피감금자가 사망에 이르게 된 것이라면 감금치사죄가 성립하지만, 감금상태가 계속된 어느 시점에서 피해자에 대한 살해의 고의가 생겨 피감금자에 대한 위험발생을 방지함이 없이 포박감금상태에 있던 피감금자를 그대로 방치함으로써 사망케 하였다면 피고인의 부작위는 살인죄의 구성요건적 행위를 충족하는 것이라고 평가하기에 충분하므로 부작위에 의한 살인죄를 구성하게 되고 이는 감금죄와 실체적 경합이 성립한다(판례).

존속체포·감금치사상죄는 신분관계로 인하여 책임이 가중되는 가중적 구성요건이다.

판례 체포죄

- [1] 체포죄는 사람의 신체에 대하여 직접적이고 현실적인 구속을 가하여 신체활동의 자유를 박탈하는 죄로서, 그 실행의 착수 시기는 체포의 고의로 타인의 신체적 활동의 자유를 현실적으로 침해하는 행위를 개시한 때이다. [2] 체포죄는 계속범으로서 체포의 행위에 확실히 사람의 신체의 자유를 구속한다고 인정할 수 있을 정도의 시간적 계속이 있어야 기수에 이르고, 신체의 자유에 대한 구속이 그와 같은 정도에 이르지 못하고 일시적인 것으로 그친 경우에는 체포죄의 미수범이 성립할 뿐이다. [3] 체포치상죄의 상해는 피해자 신체의 건강상태가 불량하게 변경되고 생활기능에 장애가 초래되는 것을 말한다. 피해자가 입은 상처가 극히 경미하여 굳이 치료할 필요가 없고 치료를 받지 않더라도 일상생활을 하는 데 아무런 지장이 없으며 시일이 경과함에 따라 자연적으로 치유될 수 있는 정도라면, 그로 인하여 피해자의 신체의 건강상태가 불량하게 변경되었다거나 생활기능에 장애가 초래된 것으로 보기 어려워 체포치상죄의 상해에 해당한다고 할 수 없다(대판 2020.3.27. 2016도18713). [해설] 2013년 쌍용자동차 사태 해결을 촉구하는 집회에서 경찰 질서유지선의 위법성을 주장하며 경찰관을 현행범으로 체포하겠다면서 실랑이를 벌이다 다치게 한 혐의로 기소된 사건에서, 피고인들이 피해자를 현행범으로 체포할 만한 상황이 아닌데도 경찰관들의 현장 책임자인 피해자를 현행범으로 체포하려 한 것은 수단과 방법이 적절하지 못하다는 점에서 책임을 면하기 어렵다며, 당시 남대문서장이 설치한 질서유지선이 적법하지 않았고, 이런 위법한 질서유지선의 퇴거를 요구하는 과정에서 물리적 충돌이 일어난 점을 참작하더라도 목적을 실현하는 방식에서 불법까지 용인될 수는 없다고 본 사례. 다만, 체포행위가 약 1분 10초 정도에 불과하였으므로 체포미수죄만 성립(위법한 공무집행에 대항한 행위이므로 공무집행방해죄는 성립하지 않음).

판례 체포·감금죄의 객체

- 피고인이 피해자를 감금한 기간 등에 관한 원심의 판단에 일부 미흡한 점은 있으나, 피고인이 피해자를 감금하여 사망에 이르게 한 사실은 넉넉히 인정할 수 있고, 또 피고인의 감금의 고의 역시 충분히 인정될 뿐 아니라, 피고인의 위 행위를 정당행위나 긴급피난으로 볼 수도 없으며, 4일 가량 물조차 제대로 마시지 못하고 잠도 자지 아니하여 거의 탈진 상태에 이른 피해자의 손과 발을 17시간 이상 묶어 두고 좁은 차량 속에서 움직이지 못하게 감금한 행위와 묶인 부위의 혈액 순환에 장애가 발생하여 혈전이 형성되고 그 혈전이 폐동맥을 막아 사망에 이르게 된 결과 사이에는 상당인과관계가 있다 할 것이고, 그 경우 피고인에게 사망의 결과에 대한 예견가능성이 없었다고 할 수도 없을 것이며, <u>정신병자라고 해서 감금죄의 객체가 될 수 없다고 볼 수도 없다</u>(대판 2002.10.11. 2002도4315). [해설] 견해 대립이 있는 감금죄의 객체가 될 수 있는 자의 범위와 관련하여 그 논거가 무엇인지 밝히고 있지는 않지만, 정신병자가 감금죄의 대상이 될 수 있음을 밝히고 있는 판례. 한편 영아에 대해서는 신체활동의 자유 존재 불문하는 최광의설에 의하면 객체가 되고, 현실적으로 신체의 자유가 없을지라도 곧 활동이 기대되는 잠재적 자유를 가진 자이면 족하다는 견해인 광의설(다수설)에 의하면 객체가 될 수 없음.

판례 감금의 정도

① 감금죄는 사람의 행동의 자유를 그 보호법익으로 하여 사람이 특정한 구역에서 나가는 것을 불가능하게 하거나 또는 심히 곤란하게 하는 죄로서 이와 같이 사람이 특정한 구역에서 나가는 것을 불가능하게 하거나 심히 곤란하게 하는 그 장해는 물리적, 유형적 장해뿐만 아니라 심리적, 무형적 장해에 의하여서도 가능하고 또 감금의 본질은 사람의 행동의 자유를 구속하는 것으로 행동의 자유를 구속하는 그 수단과 방법에는 아무런 제한이 없으므로 그 수단과 방법에는 유형적인 것이거나 무형적인 것이거나를 가리지 아니하며 감금에 있어서의 사람의 행동의 자유의 박탈은 반드시 전면적이어야 할 필요가 없으므로 감금된 특정구역 내부에서 일정한 생활의 자유가 허용되어 있었다고 하더라도 감금죄의 성립에는 아무 소장이 없다(대판 1984.5.15. 84도655).

② 감금죄에 있어서의 감금행위는 사람으로 하여금 일정한 장소 밖으로 나가지 못하도록 하여 신체의 자유를 제한하는 행위를 가리키는 것이고, 그 방법은 반드시 물리적, 유형적 장애를 사용하는 경우뿐만 아니라 심리적, 무형적 장애에 의하는 경우도 포함되는 것인바, 설사 피해자가 경찰서 안에서 직장동료인 피의자들과 같이 식사도 하고 사무실 안팎을 내왕하였다 하여도 피해자를 경찰서 밖으로 나가지 못하도록 그 신체의 자유를 제한하는 유형, 무형의 억압이 있었다면 이는 감금행위에 해당한다(대결 1991.12.30. 91모5).

 **판례** 감금의 수단 및 방법

① 폭력행위등처벌에관한법률 제3조 제1항 소정의 감금죄는 단체나 다중의 위력으로 사람의 행동의 자유를 장소적으로 구속하는 경우를 처벌하는 규정임이 명백하므로 피고인들이 대한상이군경회원 80여명과 공동으로 호텔 출입문을 봉쇄하며 피해자들의 출입을 방해하였다면 위의 감금죄에 해당한다(대판 1983.9.13. 80도277).

② 피해자가 만약 도피하는 경우에는 생명 신체에 심한 해를 당할지도 모른다는 공포감에서 도피하기를 단념하고 있는 상태 하에서 그를 호텔로 데리고 가서 함께 유숙한 후 그와 함께 항공기로 국외에 나간 행위는 감금죄를 구성한다(대판 1991.8.27. 91도1604).

③ <u>감금죄는 사람의 행동의 자유를 그 보호법익으로 하여 사람이 특정한 구역에서 나가는 것을 불가능하게 하거나 또는 심히 곤란하게 하는 죄로서 이와 같이 사람이 특정한 구역에서 나가는 것을 불가능하게 하거나 심히 곤란하게 하는 그 장해는 물리적, 유형적 장해뿐만 아니라 심리적, 무형적 장해에 의하여서도 가능하고 또 감금의 본질은 사람의 행동의 자유를 구속하는 것</u>으로 행동의 자유를 구속하는 그 수단과 방법에는 아무런 제한이 없으므로 그 수단과 방법에는 유형적인 것이거나 무형적인 것이거나를 가리지 아니하며 <u>감금에 있어서의 사람의 행동의 자유의 박탈은 반드시 전면적이어야 할 필요가 없으므로 감금된 특정구역 내부에서 일정한 생활의 자유가 허용되어 있었다고 하더라도 감금죄의 성립에는 아무 소장이 없다</u>(대판 2000.3.24. 2000도102). [해설] 감금죄가 보호하는 사람의 행동의 자유, 특히 특정지역에서 나가는 것을 불가능하게 하거나 심히 곤란하게 하는 장애의 의미를 구체적으로 보여주는 판례.

④ 감금죄는 사람의 행동의 자유를 그 보호법익으로 하여 사람이 특정한 구역에서 나가는 것을 불가능하게 하거나 또는 심히 곤란하게 하는 죄로서, 이와 같이 사람이 특정한 구역에서 나가는 것을 불가능하게 하거나 심히 곤란하게 하는 그 장애는 물리적·유형적 장애뿐만 아니라 심리적·무형적 장애에 의하여서도 가능하다(대판 2011.9.29. 2010도5962).

⑤ [1] 정신보건법 제3조 제1호는 정신질환자를 정신병(기질적 정신병을 포함한다)·인격장애·알코올 및 약물중독 기타 비정신병적 정신장애를 가진 사람으로 정의하고 있으나, 정신질환자의 치료 및 보호라는 법의 목적에 비추어 볼 때 여기서 말하는 정신질환자에는 의학적으로 정신병 또는 정신장애의 진단을 받은 사람뿐만 아니라 그러한 정신장애의 의심이 있는 사람도 포함된다. [2] 정신건강의학과 전문의인 피고인 甲, 乙이 각각 피해자의 아들 피고인 丙 등과 공동하여 피해자를 응급이송차량에 강제로 태워 병원으로 데려가 입원시켰다고 하여 폭력행위 등 처벌에 관한 법률 위반(공동감금)으로 기소된 사안에서, 망상장애와 같은 정신질환의 경우 진단적 조사 또는 정확한 진단을 위해 지속적인 관찰이나 특수한 검사가 필요한 때에도 환자의 입원이 고려될 수 있고, 피고인 甲, 乙은 보호의무자인 피고인 丙의 진술뿐만 아니라 피해자를 직접 대면하여 진찰한 결과를 토대로 피해자에게 피해사고나 망상장애의 의심이 있다고 판단하여 입원이 필요하다는 진단을 한 것이므로, <u>진단 과정에 정신건강의학과 전문의로서 최선의 주의를 다하지 아니하거나 신중하지 못했던 점이 일부 있었더라도 피해자를 정확히 진단하여 치료할 의사로 입원시켰다고 볼 여지 또한 충분하여 피고인 甲, 乙에게 감금죄의 고의가 있었다거나 이들의 행위가 형법상 감금행위에 해당한다고 단정하기 어려움에도 피고인 甲, 乙이 피해자를 입원시킨 행위가 감금죄에 해당한다고 판단한 원심판결에 법리오해의 잘못이 있다</u>고 한 사례(대판 2017.4.28. 2013도13569, 대판 2015.10.29. 2015도8429).

⑥ [1] 구 의료법(2016. 12. 20. 법률 제14438호로 개정되기 전의 것) 제27조 제3항 본문은 '누구든지 국민건강보험법이나 의료급여법에 따른 본인부담금을 면제하거나 할인하는 행위, 금품 등을 제공하거나 불특정 다수인에게 교통편의를 제공하는 행위 등 영리를 목적으로 환자를 의료기관이나 의료인에게 소개·알선·유인하는 행위 및 이를 사주하는 행위를 하여서는 아니 된다'고 정하고 있다(현행법도 표현만 다를 뿐 동일하게 정하고 있다). 여기에서 '영리의 목적'은 널리 경제적인 이익을 취득할 목적을 말하는 것으로서 영리목적으로 환자를 유인하는 사람이 반드시 경제적인 이익의 귀속자나 경영의 주체와 일치하여야 할 필요는 없고, '불특정'은 행위 시에 상대방이 구체적으로 특정되어 있지 않다는 의미가 아니라 상대방이 특수한 관계로 한정된 범위에 속하는 사람이 아니라는 것을 의미한다. [2] 구 정신보건법(2015. 1. 28. 법률 제13110호로 개정되기 전의 것, 이하 같다) 제23조 제2항은 '정신의료기관의 장은 자의로 입원 등을 한 환자로부터 퇴원 신청이 있는 경우에는 지체 없이 퇴원을 시켜야 한다'고 정하고 있다(2016. 5. 29. 법률 제14224호로 전부 개정된 정신건강증진 및 정신질환자 복지서비스 지원에 관한 법률 제41조 제2항은 '정신의료기관 등의 장은 자의입원 등을 한 사람이 퇴원 등을 신청한 경우에는 지체 없이 퇴원 등을 시켜야 한다'고 정하고 있다). 환자로부터 퇴원 요구가 있는데도 구 정신보건법에 정해진 절차를 밟지 않은 채 방치한 경우에는 위법한 감금행위가 있다(대판 2017.8.18. 2017도7134).

판례 감금죄의 위법성조각사유

① 정신병자의 어머니의 의뢰 및 승낙 하에 그 감호를 위하여 그 보호실 문을 야간에 한해서 3일간 시정하여 출입을 못하게 한 감금행위는 그 병자의 신체의 안정과 보호를 위하여 사회통념상 부득이 한 조처로서 수긍될 수 있는 것이면, 위법성이 없다(대판 1980.2.12. 79도1349).
② 수용시설에 수용 중인 부랑인들의 야간도주를 방지하기 위하여 그 취침시간 중 출입문을 안에서 시정조치한 행위가 형법 제20조의 정당행위에 해당되어 위법성이 조각된다(대판 1988.11.8. 88도1580).

판례 감금죄와 협박죄

- 감금을 하기 위한 수단으로서 행사된 단순한 협박행위는 감금죄에 흡수되어 따로 협박죄를 구성하지 아니한다(대판 1982.6.22. 82도705).

판례 감금죄와 강간죄 및 강도죄

① 가. 강간죄의 성립에 언제나 직접적으로 또 필요한 수단으로서 감금행위를 수반하는 것은 아니므로 감금행위가 강간미수죄의 수단이 되었다 하여 감금행위는 강간미수죄에 흡수되어 범죄를 구성하지 않는다고 할 수는 없는 것이고, 그때에는 감금죄와 강간미수죄는 일개의 행위에 의하여 실현된 경우로서 형법 제40조의 상상적 경합관계에 있다. 나. 피고인이 피해자가 자동차에서 내릴 수 없는 상태에 있음을 이용하여 강간하려고 결의하고, 주행중인 자동차에서 탈출불가능하게 하여 외포케 하고 50킬로미터를 운행하여 여

관 앞까지 강제연행한 후 강간하려다 미수에 그친 경우 위 협박은 감금죄의 실행의 착수임과 동시에 강간미수죄의 실행의 착수라고 할 것이다. 다. 형법 제40조의 소위 상상적 경합은 1개의 행위가 수개의 죄에 해당하는 경우에는 과형상 1죄로서 처벌한다는 것이고, 또 가장 중한 죄에 정한 형으로 처벌한다는 것은 경한 죄는 중한 죄에 정한 형으로 처단된다는 것이지, 경한 죄는 그 처벌을 면한다는 것은 아니므로, 이 사건에서 중한 강간미수죄가 친고죄로서 고소가 취소되었다 하더라도 경한 감금죄(폭력행위등처벌에 관한 법률 위반)에 대하여는 아무런 영향을 미치지 않는다(대판 1983.4.26. 83도323).

② 감금행위가 강간죄나 강도죄의 수단이 된 경우에도 감금죄는 강간죄나 강도죄에 흡수되지 아니하고 별죄를 구성한다(대판 1997.1.21. 96도2715).

③ 감금행위가 단순히 강도상해 범행의 수단이 되는 데 그치지 아니하고 강도상해의 범행이 끝난 뒤에도 계속된 경우에는 1개의 행위가 감금죄와 강도상해죄에 해당하는 경우라고 볼 수 없고, 이 경우 감금죄와 강도상해죄는 형법 제37조의 경합범 관계에 있다고 보아야 한다. 이 사건에서 보면, 피고인은 공소외 1 등과 피해자로부터 돈을 빼앗자고 공모한 다음 그를 강제로 승용차에 태우고 가면서 공소사실과 같이 돈을 빼앗고 상해를 가한 뒤에도 계속하여 상당한 거리를 진행하여 가다가 교통사고를 일으켜 감금행위가 중단되었는데, 이와 같이 감금행위가 단순히 강도상해 범행의 수단이 되는 데 그치지 아니하고 그 범행이 끝난 뒤에도 계속되었으므로, 피고인이 저지른 감금죄와 강도상해죄는 형법 제37조의 경합범 관계에 있다고 보아야 하고, 따라서 위 감금의 범행에 관한 확정판결의 효력은 이 사건 강도상해의 공소사실에까지 미치지 아니한다(대판 2003.1.10. 2002도4380). [해설] 감금이 강도상해의 수단이 된 경우 감금죄와 강도상해간의 죄수 및 강도상해가 기수에 이른 후에도 강도상해의 피해자를 계속적으로 감금한 경우에 양죄 간의 죄수에 대한 판결로 강도에서의 폭행·협박과 감금과의 죄수 등 죄수판단에서 중요한 의미를 가진 판례.

판례 가혹한 행위

- 피고인이 아파트 안방에서 안방문에 못질을 하여 동거하던 피해자가 술집에 나갈 수 없게 감금하고, 피해자를 때리고 옷을 벗기는 등 가혹한 행위를 하여 피해자가 이를 피하기 위하여 창문을 통해 밖으로 뛰어내리려 하자 피고인이 이를 제지한 후, 피고인이 거실로 나오는 사이에 갑자기 안방 창문을 통하여 알몸으로 아파트 아래 잔디밭에 뛰어내리다가 다발성 실질장기파열상 등을 입고 사망한 경우, 피고인의 중감금행위와 피해자의 사망 사이에는 인과관계가 있어 피고인은 중감금치사죄의 죄책을 진다(대판 1991.10.25. 91도2085). [해설] 결과적 가중범으로서 감금치사죄의 성립요건 중, 주관적 요건으로 중한 결과에 대한 예견가능성으로서의 과실과 객관적 요건으로 (중)감금행위와 피해자의 사망 사이의 상당인과관계가 요구된다는 것을 보여준 판례.

판례 감금치사상죄

① [1] 피고인이 미성년자를 유인하여 포박 감금한 후 단지 그 상태를 유지하였을 뿐인데도 피감금자가 사망에 이르게 된 것이라면 피고인의 죄책은 감금치사죄에 해당한다 하겠으나, 나아가서 그 감금상태가 계속된 어느 시점에서 피고인에게 살해의 범의가 생겨 피감금자에 대한 위험발생을 방지함이 없이 포박 감금 상태에 있던 피감금자를 그대로 방치함으로써 사망케 하였다면 피고인의 부작위는 살인죄의 구성요건적

행위를 충족하는 것이라고 평가하기에 충분하므로 부작위에 의한 살인죄를 구성한다. [2] 피해자를 아파트에 유인하여 양 손목과 발목을 노끈으로 묶고 입에 반창고를 두 겹으로 붙인 다음 양 손목을 묶은 노끈은 창틀에 박힌 시멘트 못에, 양 발목을 묶은 노끈은 방문손잡이에 각각 잡아매고 얼굴에 모포를 씌워 감금한 후 수차 아파트를 출입하다가 마지막 들어갔을 때 피해자가 이미 탈진 상태에 이르러 박카스를 마시지 못하고 그냥 흘려버릴 정도였고 <u>피고인이 피해자의 얼굴에 모포를 덮어씌워 놓고 그냥 나오면서 피해자를 그대로 두면 죽을 것 같다는 생각이 들었다면, 피고인이 위와 같은 결과발생의 가능성을 인정하고 있으면서도 피해자를 병원에 옮기지 않고 사경에 이른 피해자를 그대로 방치한 소위는 피해자가 사망하는 결과에 이르더라도 용인할 수 밖에 없다는 내심의 의사 즉 살인의 미필적 고의가 있다고 할 것이다.</u> [3] 특정범죄가중처벌등에 관한 법률 제5조의2 제2항 제1호 소정의 죄는 형법 제287조의 미성년자 약취, 유인행위와 약취 또는 유인한 미성년자의 부모 기타 그 미성년자의 안전을 염려하는 자의 우려를 이용하여 재물이나 재산상의 이익을 취득하거나 이를 요구하는 행위가 결합된 단순일죄의 범죄라고 봄이 상당하므로 비록 <u>타인이 미성년자를 약취. 유인한 행위에는 가담한 바 없다 하더라도 사후에 그 사실을 알면서 약취.유인한 미성년자를 부모 기타 그 미성년자의 안전을 염려하는 자의 우려를 이용하여 재물이나 재산상의 이익을 취득하거나 요구하는 타인의 행위에 가담하여 이를 방조한 때에는 단순히 재물 등 요구행위의 종범이 되는데 그치는 것이 아니라 종합범인 위 특정범죄가중처벌 등에 관한 법률 제5조의2 제2항 제1호 위반죄의 종범에 해당한다</u>(대판 1982.11.23. 82도2024). [해설] 본 판례는 미성년자의 부모 기타 그 미성년자의 안전을 염려하는 자의 우려를 이용하여 재물이나 재산상의 이익을 취득할 목적으로 미성년자를 약취· 유인한 자와 공모하여 부모 기타 그 미성년자의 안전을 염려하는 자의 우려를 이용하여 재물이나 재산상의 이익을 취득한 자는 공갈죄의 공범이 아니라 특정범죄가중법 제5조의2 제2항 제1호 위반죄의 공범의 죄책을 진다는 사례.

② [1] 감금죄는 사람의 행동의 자유를 그 보호법익으로 하여 <u>사람이 특정한 구역에서 나가는 것을 불가능하게 하거나 또는 심히 곤란하게 하는 죄로서 이와 같이 사람이 특정한 구역에서 나가는 것을 불가능하게 하거나 심히 곤란하게 하는 그 장해는 물리적, 유형적 장해뿐만 아니라 심리적, 무형적 장해에 의하여서도 가능하고,</u> 또 감금의 본질은 사람의 행동의 자유를 구속하는 것으로 행동의 자유를 구속하는 그 수단과 방법에는 아무런 제한이 없어서 유형적인 것이거나 무형적인 것이거나를 가리지 아니하며, 감금에 있어서의 사람의 행동의 자유의 박탈은 반드시 전면적이어야 할 필요도 없다. [2] 승용차로 피해자를 가로막아 승차하게 한 후 피해자의 하차 요구를 무시한 채 당초 목적지가 아닌 다른 장소를 향하여 시속 약 60km 내지 70km의 속도로 진행하여 피해자를 차량에서 내리지 못하게 한 행위는 감금죄에 해당하고, 피해자가 그와 같은 감금상태를 벗어날 목적으로 차량을 빠져 나오려다가 길바닥에 떨어져 상해를 입고 그 결과 사망에 이르렀다면 감금행위와 피해자의 사망 사이에는 상당인과관계가 있다고 할 것이므로 감금치사죄에 해당한다(대판 2000.2.11. 99도5286).

③ 피해자를 강제로 승용차에 태운 뒤 운전하여 가자 겁에 질린 피해자가 차에서 뛰어 내리다가 상해를 입은 경우, 감금 및 감금치상죄를 인정한 사례(대판 2000.5.26. 2000도440).

제3절 | 약취와 유인 및 인신매매의 죄

Ⅰ. 서론

1. 약취·유인죄의 의의

사람을 약취 또는 유인 또는 매매하여 자기 또는 제3자의 사실적 지배하에 둠으로써 개인의 자유를 침해하는 것을 내용으로 하는 범죄이다. 약취와 유인의 죄의 보호법익이 개인의 자유라는 점에는 의문이 없다. 그러나 이 가운데 특히 미성년자에 대한 약취·유인죄의 보호법익이 무엇인가에 대하여 견해가 대립되고 있지만, 피인취자(미성년자)의 자유권이 주된 보호법익이지만 보호자의 감독권도 또한 부차적인 보호법익이 된다고 할 것이다(통설). 따라서 미성년자가 유인에 의하여 스스로 가출한 경우 미성년자의 동의가 있어도 보호감독자의 동의가 없는 때에는 본죄가 성립한다. 보호받는 정도는 침해범이다.

2. 세계주의의 명문화

> **제296조의2(세계주의)**
> 제287조부터 제292조까지 및 제294조는 대한민국 영역 밖에서 죄를 범한 외국인에게도 적용한다.

약취·유인 및 인신매매의 죄는 인류 일반의 보편타당한 인권을 유린하는 범죄라는 점에서 형법 제296조의2(세계주의)는 '제287조부터 제292조까지 및 제294조는 대한민국 영역 밖에서 죄를 범한 외국인에게도 적용한다.'고 규정하여 세계주의를 명문화하였다(예비, 음모는 제외).

3. 구성요건의 체계

형법	기본적 구성요건	미성년자 약취·유인죄(제287조), 인신매매죄(제289조 제1항)
	가중적 구성요건	추행·간음·결혼·영리목적 약취·유인죄(제288조 제1항), 노동력 착취·성매매와 성적 착취·장기적출목적 약취·유인죄(제288조 제2항), 국외이송목적 약취·유인 및 국외이송죄(제288조 제3항), 추행·간음·결혼·영리목적 인신매매죄(제289조 제2항), 노동력 착취·성매매와 성적 착취·장기적출 목적 인신매매죄(제289조 제3항), 국외 이송 목적 인신매매 및 국외이송죄(제289조 제4항), 피약취·유인·매매·이송자 상해죄(제290조 제1항), 피약취·유인·매매·이송자 살인죄(제291조 제1항)
	결과적 가중범	피약취·유인·매매·이송자 치상죄(제290조 제2항), 피약취·유인·매매·이송자 치사죄(제291조 제2항)
	독립적 구성요건	피약취·유인·매매·이송자 수수·은닉죄(제292조 제1항), 약취·유인·매매·이송목적 모집·운송·전달죄(제292조 제2항)
	미수범 처벌 (제294조)	미성년자 약취·유인죄(제287조), 추행·간음·결혼·영리목적 약취·유인죄(제288조 제1항), 노동력 착취·성매매와 성적 착취·장기적출목적 약취·유인죄(제288조 제2항), 국외이송목적 약취·유인 및 국외이송죄(제288조 제3항), 인신매매죄(제289조 제1항), 추행·간음·결혼·영리목적 인신매매죄(제289조 제2항), 노동력 착취·

		성매매와 성적 착취·장기적출 목적 인신매매죄(제289조 제3항), 국외 이송 목적 인신매매 및 국외이송죄(제289조 제4항), 피약취·유인·매매·이송자 상해죄(제290조 제1항), 피약취·유인·매매·이송자 살인죄(제291조 제1항)
	예비·음모 처벌	미수범 처벌범죄와 동일함(제296조)
	해방감경 규정	제287조부터 제290조까지, 제292조와 제294조의 죄를 범한 사람이 약취, 유인, 매매 또는 이송된 사람을 안전한 장소로 풀어준 때에는 그 형을 감경할 수 있다(제295조의2).
특별형법	특정범죄가중처벌등에관한법률	미성년자 약취·유인죄를 범한 자에게 재물 또는 재산상 이익을 취득할 목적이 있는 경우, 미성년자를 살해할 목적 등이 있는 경우 가중처벌
	특정강력범죄의 처벌에관한특례법	「형법」제2편 제31장 약취, 유인 및 인신매매의 죄 중 제287조 부터 제291조까지 및 제294조(제292조 제1항의 미수범은 제외한다)의 죄를 특정강력범죄로 분류하여 처벌상의 특례를 규정(제2조 제1항 제2호)

II. 미성년자 약취·유인죄

> **제287조(미성년자의 약취, 유인)**
> 미성년자를 약취 또는 유인한 사람은 10년 이하의 징역에 처한다.

1. 객관적 구성요건

미성년자를 약취 또는 유인함으로써 성립한다(제287조). 형법은 미성년자만을 약취·유인의 대상으로 하고 성년자에 대한 약취·유인은 일반적으로 처벌되지 아니하고, 약취·유인의 수단이 다른 범죄(폭행죄, 협박죄 등)를 구성하는 경우와 일정한 목적을 가지고 행해짐으로써 제288조, 제289조의 범죄를 구성하는 경우에 처벌된다. 이는 미성년자의 개인적인 능력과는 상관없이 일반적으로 미성년자가 성년자에 비하여 지려가 부족하다는 인식하에 미성년자를 일률적으로 보호하고자 하는 취지이다.

(1) 주체

자연인이면 족하고, 아무런 제한이 없다. 실부모도 입양시 미성년자인 자녀를 약취·유인할 수 있으므로, 본죄의 주체가 될 수 있다. 미성년자도 다른 미성년자를 약취·유인할 수 있으므로 본죄의 주체에 포함된다. 또한 보호감독자도 감호권의 본질에 반하여 타인의 인취행위에 동의하거나 가담하면 본죄의 주체가 될 수 있다.

(2) 행위의 객체

미성년자이다. 여기서 미성년자라 함은 민법상의 미성년자, 즉 19세 미만의 자를 말한다. 미성년자인 이상 성별이나 의사능력의 유무, 현실적으로 타인의 보호·감독을 받고 있는지 여부를 불문한다. 다만, 혼인한 미성년자도 본죄의 객체가 될 수 있는지 문제된다. 이에 대해서는 ㈎ 형법상 고유한 미성년자 개념이 없으므로 민법상 성년자를 미성년자로 보는 것은 죄형법정주의에 반하므로 본죄의 객체로 될 수 없다는 견해(부정설)도 있으나, ㈏ 민법상 성년의제는 혼인생활의 독립성의 요청에 따른 것에 불과하여 민법 이외의 법률에서는 적용의 여지가 적다고 할 것이므로 이 경우에도 본죄의 객체가 된다는 견해가 타당하다(긍정설).

(3) 행위

약취 또는 유인하는 것이다. 즉 인취를 의미한다.

1) **약취와 유인** : 약취와 유인이란 사람을 보호받는 상태 내지 자유로운 생활관계로부터 자기 또는 제3자의 실력적 지배하에 옮기는 것을 말한다. 약취는 반드시 반항을 억압할 정도임은 요하지 않고 미성년자를 실력적 지배하에 둘 수 있는 정도로 족하므로 수면제·마취제 등을 사용하거나 영·유아를 보호자 모르게 데려가는 것 등도 약취에 해당한다. 약취는 폭행·협박을 수단으로 하는 데 대하여, 유인이란 기망 또는 유혹을 수단으로 하는 점에 차이가 있을 뿐이다. 여기서의 기망이란 허위의 사실로써 상대방을 착오에 빠뜨리는 것을 의미하고 유혹이란 기망의 정도에는 이르지 않으나 감언이설로서 상대방을 현혹시켜 판단을 그르치게 하는 것으로서 유혹의 내용이 반드시 허위일 것을 요하는 것은 아니다.

2) **인취의 상대방** : 폭행·협박·기망·유혹은 피인취자인 미성년자에게 뿐만 아니라 보호자에게 행하여질 수도 있다.

3) **사실적 지배** : 약취와 유인이라고 하기 위하여는 단순히 폭행·협박·기망 또는 유혹을 한 것만으로 족하지 않고 피인취자를 자기 또는 제3자의 사실적 지배 하에 두지 않으면 안 된다. 그러나 피인취자에 대한 장소적 이전을 요하는 것은 아니다. 판례도 같은 입장이다.

4) **계속범** : 본죄가 완성되기 위하여는 미성년자를 사실적 지배 하에 두었을 뿐만 아니라 사실적 지배는 어느 정도의 시간적 계속을 필요로 한다고 해야 한다.

5) **착수시기와 기수시기** : 약취·유인의 수단인 폭행·협박·기망·유혹을 개시한 때에 실행의 착수가 인정되고, 피인취자가 자기 또는 제3자의 실력적 지배 하에 놓이게 됨으로써 자유가 침해되었을 때 기수가 된다.

2. 주관적 구성요건

본죄도 주관적 구성요건으로 고의를 필요로 한다. 본죄의 고의는 피인취자가 미성년자라는 인식과 폭행·협박·기망 또는 유혹에 의하여 이를 약취·유인한다는 인식과 의사를 내용으로 한다. 미성년자를 약취·유인하게 된 동기나 목적은 묻지 않는다.

3. 위법성

본죄도 정당방위·긴급피난 또는 정당행위에 의하여 위법성이 조각될 수 있다. 문제는 피해자의 승낙이 위법성을 조각할 수 있느냐에 있다. ㈎ 본죄는 미성년자의 자유권뿐만 아니라 보호자의 감독권도 보호법익으로 하므로 피인취자 본인의 승낙이나 보호자의 동의는 본죄의 위법성을 조각시키지 못한다. 또한 ㈏ 미성년자의 동의와 보호자의 동의가 있는 때에는 본죄의 위법성을 조각하는 것이 아니라 구성요건해당성을 조각한다고 할 것이다.

4. 죄수 및 타죄와의 관계

(1) 죄수

약취와 유인이 경합한 경우에는 전체적으로 본죄의 일죄가 성립하게 되고 본죄의 인취행위가 인질강요죄 또는 인질강도죄의 수단으로 행하여지면 인질강요죄 또는 인질강도죄만 성립하게 된다 (법조경합 중 흡수관계).

(2) 타죄와의 관계

㈎ 약취·유인한 자가 피인취자를 계속하여 감금한 경우에는 본죄와 감금죄의 경합범이 된다. ㈏ 약취·유인한 후에 미성년자를 유기한 경우에 유기죄가 성립할 것인가에 대해서는 본죄와 유기죄와의 경합범이 된다는 견해도 있으나, 인취행위로부터 법률상·계약상 보호의무는 발생하지 않으므로 유기죄는 인정되지 않고 선행행위로 인한 부작위의 폭행죄·상해죄·살인죄와 본죄의 경합범이 된다는 견해가 타당하다.

5. 형의 감경

> **제295조의2(형의 감경)**
> 제287조부터 제290조까지, 제292조와 제294조의 죄를 범한 사람이 약취, 유인, 매매 또는 이송된 사람을 안전한 장소로 풀어준 때에는 그 형을 감경할 수 있다.

본죄를 범한 자가 약취·유인·매매 또는 이송된 자를 안전한 장소로 풀어 준 때에는 그 형을 감경할 수 있다(제295조의2). 이미 기수에 달하여 돌이킬 수 없는 상황에 있는 행위자에 대하여 중지의 유혹을 줌으로써 피인취자를 보호하고자 하는 형사정책적 목적을 가진 규정이다.

Ⅲ. 추행·간음·결혼·영리목적 약취·유인죄

1. 추행·간음·결혼·영리목적 약취·유인죄

> **제288조(추행 등 목적 약취, 유인 등)**
> ① 추행, 간음, 결혼 또는 영리의 목적으로 사람을 약취 또는 유인한 사람은 1년 이상 10년 이하의 징역에 처한다.

추행·간음·결혼 또는 영리의 목적으로 사람을 약취 또는 유인함으로써 성립한다(제288조 제1항).

(1) 객관적 구성요건

1) 행위의 객체 : 사람이다. 따라서 남자이든 여자이든, 미성년자이든 성년이든 묻지 않는다.

2) 행위 : 본죄의 실행행위는 약취·유인이다. 본죄는 행위자가 이러한 목적으로 사람을 약취·유인하면 기수가 되고, 그 목적달성 여부는 불문한다. 실력적 지배에는 어느 정도 시간적 계속성이 인정되어야 한다.

(2) 주관적 구성요건

1) 고의 : 사람을 약취·유인한다는 사실에 대한 고의를 요한다.

2) 목적 : 본죄는 추행·간음·결혼 또는 영리의 목적이 있어야 하는 목적범이다. 따라서 본죄가 성립하기 위하여는 고의 이외에 이러한 목적이 있어야 한다.

⑦ **추행의 목적** : 자기 또는 제3자의 성적 욕구를 충족시키기 위해서 피인취자를 추행의 주체·객체로 삼으려는 목적을 말한다.

㈏ **간음의 목적** : 결혼이 아닌 성교의 목적을 의미한다. 인취자가 반드시 간음의 당사자가 될 필요는 없다.

㈐ **결혼할 목적** : 결혼의 목적은 진정한 혼인관계를 맺을 목적이어야 한다. 피인취자와 결혼할 목적 이외에 제3자와 결혼하게 할 목적이 있는 경우도 이에 해당한다. 다만, 인취자가 제3자와 결혼할 목적으로 피인취자를 인취한 경우는 이에 해당하지 않는다. 결혼의 의미에 대해서는 법률혼을 의미한다고 해석하는 견해도 있으나, 법률혼·사실혼을 불문하고 일남일녀의 애정생활을 기초로 한 결합관계라는 점에서 차이가 없으므로 본죄의 결혼은 법률혼과 사실혼 양자를 포함한다는 견해가 타당하다.

㈑ **영리의 목적** : 자기 또는 제3자의 재산상 이익을 취득할 목적을 의미한다. 이익은 반드시 계속적·반복적일 것을 요하는 것은 아니므로 1회의 이익을 취득하는 경우도 포함하고 적법·위법을 불문한다. 이러한 재산상의 이익은 반드시 피인취자의 손해로 인한 것일 필요는 없고 인취행위에 대한 보수로서 제3자로부터 재산상의 이익을 얻는 경우도 포함된다. 추가적인 논의로 석방의 대가로 재물 또는 재산상의 이익을 취득할 목적으로 인취한 경우에 인질강도죄에 해당하는지 여부의 문제가 있으나, 약취·유인만으로는 아직 인질강도죄의 실행에 착수하였다고 볼 수 없으므로 본죄만이 성립한다고 보는 것이 타당하다(다수설).

(3) 공범

본죄의 목적을 가진 자와 목적 없는 자가 미성년자를 약취·유인한 경우에 목적 있는 자에게는 본죄, 목적 없는 자에게는 미성년자 약취·유인죄가 성립한다.

2. 노동력 착취·성매매와 성적 착취·장기적출목적 약취·유인죄

> **제288조(추행 등 목적 약취, 유인 등)**
> ② 노동력 착취, 성매매와 성적 착취, 장기적출을 목적으로 사람을 약취 또는 유인한 사람은 2년 이상 15년 이하의 징역에 처한다.

본죄는 노동력 착취, 성매매와 성적 착취, 장기적출을 목적으로 사람을 약취 또는 유인함으로써 성립하는 범죄이다(제288조 제2항). 목적으로 인하여 불법이 가중되는 가중적 구성요건이다. 해방감경규정이 적용된다.

3. 국외이송목적 약취·유인죄

> **제288조(추행 등 목적 약취, 유인 등)**
> ③ 국외에 이송할 목적으로 사람을 약취 또는 유인하거나 약취 또는 유인된 사람을 국외에 이송한 사람도 제2항과 동일한 형으로 처벌한다.

국외에 이송할 목적으로 사람을 약취·유인함으로써 성립하는 범죄이다(제288조 제3항). 본죄의 객체는 사람이고, 행위는 약취·유인이다. 본죄는 또한 국외에 이송할 목적이 있어야 성립하는 목적범이다. 국외란 대한민국 영역 외를 의미하며, 국외이송의 목적만 있으면 되고 그 동기는 불문하므로 영리를 위하거나 또는 추업에 사용하기 위하였나를 묻지 않는다.

본죄는 미성년자 약취·유인죄와 추행·간음·결혼·영리목적 약취·유인죄에 대한 특별관계에 있다고 할 것이다. 따라서 국외이송목적으로 인취한 경우 그 객체가 미성년자이거나 영리의 목적이 있는 경우에도 본죄만이 성립하게 된다.

한편, 실제로 국외로 이송할 것을 요하지 않고 국외에 이송할 목적으로 약취·유인함으로써 본죄는 기수가 된다.

4. 피약취·유인자 국외이송죄

> **제288조(추행 등 목적 약취, 유인 등)**
> ③ 국외에 이송할 목적으로 사람을 약취 또는 유인하거나 약취 또는 유인된 사람을 국외에 이송한 사람도 제2항과 동일한 형으로 처벌한다.

약취·유인된 자를 국외로 이송함으로써 성립하는 범죄이다(제288조 제3항).

(1) 객체

약취·유인된 자이다. 본죄는 목적범이 아니기 때문에 약취·유인의 동기는 묻지 않으며, 약취·유인된 자인 이상 성년·미성년, 미혼·기혼, 남자·여자를 불문한다.

(2) 행위

국외에 이송하는 것이다. 따라서 대한민국 영역 외로 보내면 본죄의 기수가 성립하고 반드시 타국의 영토 내에 들어갈 것을 요하지 않는다.

(3) 타죄와의 관계

국외에 이송할 목적으로 약취·유인한 자가 그 피인취자를 국외로 이송한 경우에 어떤 범죄가 성립하는지가 문제된다. ㉮ 이에 대해서는 국외이송목적 약취·유인죄와 국외이송죄의 실체적 경합이 성립된다는 견해(다수설), ㉯ 국외이송목적 약취·유인죄와 국외이송죄의 상상적 경합이 된다는 견해, 양죄가 동시에 이루어진 경우에는 상상적 경합이 되지만, 별개의 고의에 의하여 독립된 행위로 행해진 경우에는 실체적 경합이 된다는 견해, ㉰ 뒤의 이송행위가 행위자의 인취행위시에 의도했던 범행계획에 상응하는 경우에는 법조경합 중 흡수관계가 되어 약취·유인죄만 성립하고 이송행위는 불가벌적 사후행위로 되지만 이송행위가 새로운 결단에 의하여 이루어졌다면 약취·유인죄와는 별개의 독립된 독립된 범죄로 되어 양자는 실체적 경합관계가 된다는 견해가 있다. 양죄는 별개의 범죄이므로 다수설의 견해가 타당하다.

Ⅳ. 인신매매죄

1. 인신매매죄

> **제289조(인신매매)**
> ① 사람을 매매한 사람은 7년 이하의 징역에 처한다.

본죄는 사람을 매매함으로써 성립하는 범죄이다.

(1) 객관적 구성요건

1) 주체 : 주체에는 제한이 없으므로 친권자나 배우자도 주체가 될 수 있다. 본죄는 필요적 공범에 해당하는 죄로서 매도인과 매수인이 모두 본죄에 의하여 처벌받는다.

2) 객체 : 사람이다. 사람인 이상 성년·미성년, 기혼·미혼을 불문한다.

3) 행위 : 매매이다. 여기서 매매란 사람의 신체를 유상으로 물건과 같이 상대방에게 교부하고 상대방은 이에 대하여 사실상의 지배를 취득하는 것을 말한다. 따라서 본죄는 사람의 신체에 대한 사실상의 지배의 이전이 있어야 기수로 되며, 계약은 체결하였으나 인도하지 않은 때에는 미수에 불과하다. 그러나 대금의 지급 여부는 묻지 않는다.

(2) 주관적 구성요건

인신매매죄는 고의범이므로 사람을 매매한다는 인식과 의사를 내용으로 하는 고의가 있어야 한다. 목적범은 아니므로 특별한 목적은 필요하지 않다.

2. 추행·간음·결혼·영리목적 인신매매죄

> **제289조(인신매매)**
> ② 추행, 간음, 결혼 또는 영리의 목적으로 사람을 매매한 사람은 1년 이상 10년 이하의 징역에 처한다.

추행·간음·결혼 또는 영리의 목적으로 사람을 매매함으로써 성립하는 범죄이다. 본죄는 목적범이므로 추행·간음·결혼 또는 영리의 목적이 있어야 한다. 사람을 이러한 목적으로 매매하면 기수가 되며, 목적 달성 유무는 불문한다.

3. 노동력 착취·성매매와 성적 착취·장기적출목적 인신매매죄

> **제289조(인신매매)**
> ③ 노동력 착취, 성매매와 성적 착취, 장기적출을 목적으로 사람을 매매한 사람은 2년 이상 15년 이하의 징역에 처한다.

본죄는 노동력 착취, 성매매와 성적 착취, 장기적출을 목적으로 사람을 매매함으로써 성립하는 범죄이다. 본죄는 목적범이므로 노동력 착취·성매매와 성적 착취·장기적출의 목적이 있어야 한다. 사람을 이러한 목적으로 매매하면 기수가 되며, 목적 달성 유무는 불문한다.

4. 국외이송목적 인신매매죄

> **제289조(인신매매)**
> ④ 국외에 이송할 목적으로 사람을 매매하거나 매매된 사람을 국외로 이송한 사람도 제3항과 동일한 형으로 처벌한다.

국외에 이송할 목적으로 사람을 매매함으로써 성립하는 범죄이다. 본죄는 또한 국외에 이송할 목적이 있어야 성립하는 목적범이다. 사람을 이러한 목적으로 매매하면 기수가 되며, 목적 달성 유무는 불문한다.

5. 피매매자 국외이송죄

매매된 자를 국외로 이송함으로써 성립하는 범죄이다(제289조 제4항).

V. 피약취·유인·매매·이송자 상해·치상죄

> **제290조(약취, 유인, 매매, 이송 등 상해·치상)**
> ① 제287조부터 제289조까지의 죄를 범하여 약취, 유인, 매매 또는 이송된 사람을 상해한 때에는 3년 이상 25년 이하의 징역에 처한다.
> ② 제287조부터 제289조까지의 죄를 범하여 약취, 유인, 매매 또는 이송된 사람을 상해에 이르게 한 때에는 2년 이상 20년 이하의 징역에 처한다.

본죄는 미성년자 약취·유인죄, 추행·간음·결혼·영리목적 약취·유인죄, 인신매매의 죄를 범하여 약취, 유인, 매매 또는 이송된 사람을 상해하거나 상해에 이르게 함으로써 성립하는 범죄이다. 피약취·유인·매매·이송자 상해죄(제290조 제1항)는 결합범이므로 상해에 대한 고의가 있어야 하며, 피약취·유인·매매·이송자 치상죄(제290조 제2항)는 결과적 가중범이므로 상해에 대해서는 예견가능성(과실)이 있어야 한다.

VI. 피약취·유인·매매·이송자 살인·치사죄

> **제291조(약취, 유인, 매매, 이송 등 살인·치사)**
> ① 제287조부터 제289조까지의 죄를 범하여 약취, 유인, 매매 또는 이송된 사람을 살해한 때에는 사형, 무기 또는 7년 이상의 징역에 처한다.
> ② 제287조부터 제289조까지의 죄를 범하여 약취, 유인, 매매 또는 이송된 사람을 사망에 이르게 한 때에는 무기 또는 5년 이상의 징역에 처한다.

본죄는 미성년자 약취·유인죄, 추행·간음·결혼·영리목적 약취·유인죄, 인신매매의 죄를 범하여 약취, 유인, 매매 또는 이송된 사람을 살인하거나 사망에 이르게 함으로써 성립하는 범죄이다. 피약취·유인·매매·이송자 살인죄(제291조 제1항)는 결합범이므로 살인에 대한 고의가 있어야 하며, 피약취·유인·매매·이송자 치사죄(제291조 제2항)는 결과적 가중범이므로 살인에 대해서는 예견가능성(과실)이 있어야 한다. 본죄는 해방감경규정이 적용되지 않는다.

Ⅶ. 피약취·유인·매매·이송자 수수·은닉죄

> **제292조(약취, 유인, 매매, 이송된 사람의 수수·은닉 등)**
> ① 제287조부터 제289조까지의 죄로 약취, 유인, 매매 또는 이송된 사람을 수수(授受) 또는 은닉한 사람은 7년 이하의 징역에 처한다.

본죄는 미성년자 약취·유인죄, 추행·간음·결혼·영리목적 약취·유인죄, 인신매매의 죄로 약취, 유인, 매매 또는 이송된 사람을 수수 또는 은닉함으로써 성립하는 범죄이다. 이는 본범의 실행행위가 완료된 후 도움을 주는 행위로서 실질적으로 방조행위에 해당한다고 할 수 있으나 실행행위 완료 후라는 점에서 총칙상의 방조행위를 특별히 독립범죄로 규정한 것이다. 따라서 형법 제32조는 적용되지 않는다. 해방감경규정은 적용된다.

본죄의 행위는 수수 또는 은닉이다. 여기서 수수란 피인취자를 자기의 실력적 지배 하에 두는 것을 말하며(단, 사람을 유상으로 수수하면 인신매매의 죄에 해당하므로 제외), 은닉이란 피인취자의 발견을 곤란하게 하는 일체의 행위를 말한다.

Ⅷ. 약취·유인·매매·이송목적 모집·운송·전달죄

> **제292조(약취, 유인, 매매, 이송된 사람의 수수·은닉 등)**
> ② 제287조부터 제289조까지의 죄를 범할 목적으로 사람을 모집, 운송, 전달한 사람도 제1항과 동일한 형으로 처벌한다.

본죄는 미성년자 약취·유인죄, 추행·간음·결혼·영리목적 약취·유인죄, 인신매매의 죄를 범할 목적으로 사람을 모집, 운송, 전달함으로서 성립하는 범죄이다. 본죄는 실질적으로 방조행위에 해당한다고 할 수 있으나 특별히 독립범죄로 규정한 것이다. 따라서 형법 제32조는 적용되지 않는다. 해방감경규정은 적용된다. 본죄는 제287조부터 제289조까지의 죄를 범할 목적이 있어야 하는 목적범이다.

> **판례** 미성년자약취·유인죄의 보호법익
>
> ① 피해자가 스스로 가출하였다고는 하나 그것이 피고인의 독자적인 교리설교에 의하여 하자 있는 의사로써 이루어진 것이고, 동 피해자를 보호감독자의 보호관계로부터 이탈시켜 피고인의 지배 하에 옮긴 이상 미성년자유인죄가 성립한다(대판 1982.4.7. 82도186).
> ② 형법 제287조에 규정된 미성년자약취죄의 입법 취지는 심신의 발육이 불충분하고 지려와 경험이 풍부하지 못한 미성년자를 특별히 보호하기 위하여 그를 약취하는 행위를 처벌하려는 데 그 입법의 취지가 있으며, <u>미성년자의 자유 외에 보호감독자의 감호권도 그 보호법익으로 하고 있다</u>는 점을 고려하면, <u>피고인과 공범들이 미성년자를 보호·감독하고 있던 그 아버지의 감호권을 침해하여 그녀를 자신들의 사실상 지배 하로 옮긴 이상 미성년자약취죄가 성립한다 할 것이고, 약취행위에 미성년자의 동의가 있었다 하더라도 본죄의 성립에는 변함이 없다</u>(대판 2003.2.11. 2002도7115). **[해설]** 미성년자의 약취·유인죄의 보호법익은 미성년자의 자유 외에 미성년자의 보호감독자의 감호권도 포함하며, 미성년자의 동의만으로 정당화될 수 없다는 취지의 판례.

 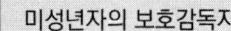 미성년자의 보호감독자

① [1] 미성년자를 보호감독하는 자 라 하더라도 다른 보호감독자의 감호권을 침해하거나 자신의 감호권을 남용하여 <u>미성년자 본인의 이익을 침해하는 경우에는 미성년자 약취·유인죄의 주체가 될 수 있다</u>. [2] 외조부가 맡아서 양육해 오던 미성년인 자(子)를 자의 의사에 반하여 사실상 자신의 지배하에 옮긴 친권자에 대하여 미성년자 약취·유인죄를 인정한 사례(대판 2008.1.31. 2007도8011).

② [1] 부모가 이혼하였거나 별거하는 상황에서 미성년의 자녀를 부모의 일방이 평온하게 보호·양육하고 있는데, 상대방 부모가 폭행, 협박 또는 불법적인 사실상의 힘을 행사하여 그 보호·양육 상태를 깨뜨리고 자녀를 탈취하여 자기 또는 제3자의 사실상 지배 하에 옮긴 경우, 그와 같은 행위는 특별한 사정이 없는 한 미성년자에 대한 약취죄를 구성한다고 볼 수 있다. 그러나 이와 달리 미성년의 자녀를 부모가 함께 동거하면서 보호·양육하여 오던 중 부모의 일방이 상대방 부모나 그 자녀에게 어떠한 폭행, 협박이나 불법적인 사실상의 힘을 행사함이 없이 그 자녀를 데리고 종전의 거소를 벗어나 다른 곳으로 옮겨 자녀에 대한 보호·양육을 계속하였다면, 그 행위가 보호·양육권의 남용에 해당한다는 등 특별한 사정이 없는 한 설령 이에 관하여 법원의 결정이나 상대방 부모의 동의를 얻지 아니하였다고 하더라도 그러한 행위에 대하여 곧바로 형법상 미성년자에 대한 약취죄의 성립을 인정할 수는 없다. [2] 베트남 국적 여성인 피고인이 남편 甲의 의사에 반하여 생후 약 13개월 된 아들 乙을 주거지에서 데리고 나와 약취하고 이어서 베트남에 함께 입국함으로써 乙을 국외에 이송하였다고 하여 국외이송약취 및 피약취자국외이송으로 기소된 사안에서, 제반 사정을 종합할 때 <u>피고인이 乙을 데리고 베트남으로 떠난 행위는 어떠한 실력을 행사하여 乙을 평온하던 종전의 보호·양육 상태로부터 이탈시킨 것이라기보다 친권자인 모(母)로서 출생 이후 줄곧 맡아왔던 乙에 대한 보호·양육을 계속 유지한 행위에 해당하여, 이를 폭행, 협박 또는 불법적인 사실상의 힘을 사용하여 乙을 자기 또는 제3자의 지배하에 옮긴 약취행위로 볼 수는 없다</u>는 이유로, 피고인에게 무죄를 인정한 원심판단을 정당하다고 한 사례(대판 2013.6.20. 2010도14328 전원합의체).

 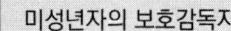 약취행위 및 유인행위

① <u>미성년자의 아버지의 부탁으로 그 아이들을 보호하고 있는 자는 위 아이를 인도하라는 어머니의 요구를 거부하였다 하여 미성년자약취죄의 죄책을 진다고 볼 수 없다</u>(대판 1974.5.28. 74도840). [해설] 부작위에 의한 미성년자약취를 부정한 사례.

② 형법 제288조에 규정된 약취행위는 피해자를 그 의사에 반하여 자유로운 생활관계 또는 보호관계로부터 범인이나 제3자의 사실상 지배 하에 옮기는 행위를 말하는 것으로서, 폭행 또는 협박을 수단으로 사용하는 경우에 그 폭행 또는 협박의 정도는 상대방을 실력적 지배 하에 둘 수 있을 정도이면 족하고 반드시 상대방의 반항을 억압할 정도의 것임을 요하지는 아니한다(대판 1991.8.13. 91도1184, 대판 1990.2.13. 89도2558).

③ 미성년자유인죄라 함은 기망 또는 유혹을 수단으로 하여 미성년자를 꾀어 현재의 보호상태로부터 이탈케 하여 자기 또는 제3자의 사실적 지배하로 옮기는 행위를 말하고, 여기서의 유혹이라 함

은 기망의 정도에는 이르지 아니하나 감언이설로써 상대방을 현혹시켜 판단의 적정을 그르치게 하는 것이므로 반드시 그 유혹의 내용이 허위일 것을 요하지는 않는다(대판 1996.2.27. 95도2980).

④ <u>형법 제288조에 규정된 약취행위는 피해자를 그 의사에 반하여 자유로운 생활관계 또는 보호관계로부터 범인이나 제3자의 사실상 지배하에 옮기는 행위를 말하는 것으로서, 폭행 또는 협박을 수단으로 사용하는 경우에 그 폭행 또는 협박의 정도는 상대방을 실력적 지배하에 둘 수 있을 정도이면 족하고 반드시 상대방의 반항을 억압할 정도의 것임을 요하지는 아니하고,</u> 뿐만 아니라 약취에는 폭행 또는 협박 이외의 사실상의 힘에 의한 경우도 포함되며, 어떤 행위가 위와 같은 약취행위에 해당하는지 여부는 행위의 목적과 의도, 행위 당시의 정황, 행위의 태양과 종류, 피해자의 의사 등을 종합하여 판단하여야 한다. (중략) <u>피고인이 위와 같이 위험에 대한 대처능력이 미약한 초등학교 5학년 여학생인 피해자의 소매를 잡아끌면서 '우리 집에 같이 자러가자'라고 한 행위는 그 행위의 목적과 의도, 행위 당시의 정황, 행위의 태양과 종류, 피해자의 의사 등을 종합하여 볼 때, 피고인이 피해자를 그 의사에 반하여 자유로운 생활관계 또는 보호관계로부터 피고인의 사실상 지배하에 옮기기 위한 약취행위의 수단으로서 폭행에 충분히 해당한다고 할 것이고,</u> 또한 약취의 의사도 인정된다고 할 것이므로, 피고인에게 약취행위에 해당하는 실행행위가 있다고 보아야 할 것이고, 당시 피고인이 술에 많이 취한 상태였다고 하더라도 버스에서 내려 집으로 가는 중이었다는 점 등의 사정에 비추어 심신상실의 상태에까지 이르렀다고는 보기 어려운 이상 이를 이유로 약취행위의 실행행위를 부정할 수는 없다(대판 2009.7.9. 2009도3816).

⑤ [1] <u>형법 제287조의 미성년자약취죄의 구성요건요소로서 약취란 폭행, 협박 또는 불법적인 사실상의 힘을 수단으로 사용하여 피해자를 그 의사에 반하여 자유로운 생활관계 또는 보호관계로부터 이탈시켜 자기 또는 제3자의 사실상 지배하에 옮기는 행위를 의미하고,</u> 구체적 사건에서 어떤 행위가 약취에 해당하는지 여부는 행위의 목적과 의도, 행위 당시의 정황, 행위의 태양과 종류, 수단과 방법, 피해자의 상태 등 관련 사정을 종합하여 판단하여야 한다(대법원 2009. 7. 9. 선고 2009도3816 판결 등 참조). [2] <u>미성년자를 보호·감독하는 사람이라고 하더라도 다른 보호감독자의 보호·양육권을 침해하거나 자신의 보호·양육권을 남용하여 미성년자 본인의 이익을 침해하는 때에는 미성년자에 대한 약취죄의 주체가 될 수 있으므로</u>(대법원 2008. 1. 31. 선고 2007도8011 판결 등 참조), <u>부모가 이혼하였거나 별거하는 상황에서 미성년의 자녀를 부모의 일방이 평온하게 보호·양육하고 있는데, 상대방 부모가 폭행, 협박 또는 불법적인 사실상의 힘을 행사하여 그 보호·양육 상태를 깨뜨리고 자녀를 자기 또는 제3자의 사실상 지배하에 옮긴 경우 그와 같은 행위는 특별한 사정이 없는 한 미성년자에 대한 약취죄를 구성한다</u>(대법원 2017. 12. 13. 선고 2015도10032 판결 참조)(대판 2021.9.9. 2019도16421). [해설] 이혼소송 중 비양육친인 피고인(남, 한국인)이 면접교섭권을 행사하기 위하여 프랑스에서 양육친(여, 프랑스인)과 함께 생활하던 피해아동(만 5세)을 대한민국으로 데려온 후 면접교섭 기간이 종료하였음에도 프랑스에 있는 양육친에게 데려다 주지 않고 양육친과 연락을 두절한 후 가정법원의 유아인도명령 등에도 불응한 사안에서, 피고인의 행위는 그 목적과 의도, 행위 당시의 정황과 피해자의 상태, 결과적으로 피해아동의 자유와 복리를 침해한 점, 법원의 확정된 심판 등의 실효성을 확보할 수 없도록 만든 점 등을 종합해 보면, 불법적인 사실상의 힘을 수단으로 피해아동을 그 의사와 복리에 반하여 자유로운 생활 및 보호관계로부터 이탈시켜 자기의 사실상 지배하에 옮긴 적극적 행위와 형법적으로 같은 정도의 행위로 평가할 수 있으므로, 형법 제287조 미성년자약취죄의 약취행위에 해당한다고 봄이 타당하다고 한 사례(부작위에 의한 미성년자약취를 인정한 사례).

> **판례** 미성년자의 장소적 이전 여부 - 부정

- [1] 형법 제287조에 규정된 약취행위는 폭행 또는 협박을 수단으로 하여 미성년자를 그 의사에 반하여 자유로운 생활관계 또는 보호관계로부터 이탈시켜 범인이나 제3자의 사실상 지배하에 옮기는 행위를 말하는 것이다. 물론, 여기에는 미성년자를 장소적으로 이전시키는 경우뿐만 아니라 장소적 이전 없이 기존의 자유로운 생활관계 또는 부모와의 보호관계로부터 이탈시켜 범인이나 제3자의 사실상 지배하에 두는 경우도 포함된다고 보아야 한다. 다만, 미성년자와 보호자의 일상생활의 장소적 중심인 주거에서 장소적 이전을 전제로 하지 아니한 채 폭행 또는 협박이 이루어진 경우에는, 그로 인하여 미성년자와 부모의 보호관계가 제한 혹은 박탈되는 모든 경우에 형법 제287조의 미성년자약취죄가 성립하는 것으로 볼 수는 없고, 무엇보다 미성년자를 기존의 생활관계 및 보호관계로부터 이탈시킬 의도가 없는 경우에는 실행의 착수조차 인정하기 어려우며, 범행의 목적과 수단, 시간적 간격 등을 고려할 때 사회통념상 실제로 기존의 생활관계 및 보호관계로부터 이탈시킨 것으로 인정되어야만 기수가 성립한다. [2] 미성년자가 혼자 머무는 주거에 침입하여 그를 감금한 뒤 폭행 또는 협박에 의하여 부모의 출입을 봉쇄하거나, 미성년자와 부모가 거주하는 주거에 침입하여 부모만을 강제로 퇴거시키고 독자적인 생활관계를 형성하기에 이르렀다면 비록 장소적 이전이 없었다 할지라도 형법 제287조의 미성년자약취죄에 해당함이 명백하지만, 강도 범행을 하는 과정에서 혼자 주거에 머무르고 있는 미성년자를 체포·감금하거나 혹은 미성년자와 그의 부모를 함께 체포·감금, 또는 폭행·협박을 가하는 경우, 나아가 주거지에 침입하여 미성년자의 신체에 위해를 가할 것처럼 협박하여 부모로부터 금품을 강취하는 경우와 같이, 일시적으로 부모와의 보호관계가 사실상 침해·배제되었다 할지라도, 그 의도가 미성년자를 기존의 생활관계 및 보호관계로부터 이탈시키는 데 있었던 것이 아니라 단지 금품 강취를 위하여 반항을 제압하는 데 있었다거나 금품 강취를 위하여 고지한 해악의 대상이 그곳에 거주하는 미성년자였던 것에 불과하다면, 특별한 사정이 없는 한 미성년자를 약취한다는 범의를 인정하기 곤란할 뿐 아니라, 보통의 경우 시간적 간격이 짧아 그 주거지를 중심으로 영위되었던 기존의 생활관계로부터 완전히 이탈되었다고 평가하기도 곤란하다. [3] 미성년자 혼자 머무는 주거에 침입하여 강도 범행을 하는 과정에서 미성년자와 그 부모에게 폭행·협박을 가하여 <u>일시적으로 부모와의 보호관계가 사실상 침해·배제되었더라도, 미성년자가 기존의 생활관계로부터 완전히 이탈되었다거나 새로운 생활관계가 형성되었다고 볼 수 없고 범인의 의도도 위와 같은 생활관계의 이탈이 아니라 단지 금품 강취를 위한 반항 억압에 있었으므로, 형법 제287조의 미성년자약취죄가 성립하지 않는다</u>고 한 사례(대판 2008.1.17. 2007도8485).

> **판례** 미성년자유인죄의 고의

- 미성년자유인죄라 함은 기망 유혹과 같은 달콤한 말을 수단으로 하여 미성년자를 꾀어 현재의 보호상태로부터 이탈케 하여 자기 또는 제3자의 사실적 지배 하에 옮기는 것으로서 사려 없고 나이 어린 피해자의 하자 있는 의사를 이용하는 데 있는 것이며 본죄의 범의는 피해자가 미성년자임을 알면서 유인행위에 대한 인식이 있으면 족하고 유인하는 행위가 피해자의 의사에 반하는 것까지 인식할 필요는 없으며 또 피해자가 하자 있는 의사로 자유롭게 승낙하였다 하더라도 본죄의 성립에 소장이 없다(대판 1976.9.14. 76도2072).

 **미성년자유인죄와 감금죄**

- [1] 감금죄는 사람의 행동의 자유를 그 보호법익으로 하여 사람이 특정한 구역에서 벗어나는 것을 불가능하게 하거나 또는 매우 곤란하게 하는 죄로서 그 본질은 사람의 행동의 자유를 구속하는 데에 있다. 이와 같이 행동의 자유를 구속하는 수단과 방법에는 아무런 제한이 없고, 사람이 특정한 구역에서 벗어나는 것을 불가능하게 하거나 매우 곤란하게 하는 장애는 물리적·유형적 장애뿐만 아니라 심리적·무형적 장애에 의하여서도 가능하므로 감금죄의 수단과 방법은 유형적인 것이거나 무형적인 것이거나를 가리지 아니한다. 또한 감금죄가 성립하기 위하여 반드시 사람의 행동의 자유를 전면적으로 박탈할 필요는 없고, 감금된 특정한 구역 범위 안에서 일정한 생활의 자유가 허용되어 있었다고 하더라도 유형적이거나 무형적인 수단과 방법에 의하여 사람이 특정한 구역에서 벗어나는 것을 불가능하게 하거나 매우 곤란하게 한 이상 감금죄의 성립에는 아무런 지장이 없다. [2] 미성년자를 유인한 자가 계속하여 미성년자를 불법하게 감금하였을 때에는 미성년자유인죄 이외에 감금죄가 별도로 성립한다(대판 1998.5.26. 98도1036).

 미성년자약취 후 강간목적 상해, 강간 및 살인미수를 범한 경우의 죄수

- 미성년자인 피해자를 약취한 후에 강간을 목적으로 피해자에게 가혹한 행위 및 상해를 가하고 나아가 그 피해자에 대한 강간 및 살인미수를 범하였다면, 이에 대하여는 약취한 미성년자에 대한 상해 등으로 인한 특정범죄 가중처벌 등에 관한 법률 위반죄 및 미성년자인 피해자에 대한 강간 및 살인미수행위로 인한 성폭력범죄의 처벌 등에 관한 특례법 위반죄가 각 성립하고, 설령 상해의 결과가 피해자에 대한 강간 및 살인미수행위 과정에서 발생한 것이라 하더라도 위 각 죄는 서로 형법 제37조 전단의 실체적 경합범 관계에 있다고 할 것이다(대판 2014.2.27. 2013도12301, 2013전도252, 2013치도2).

 간음목적유인죄의 기수시기

- [1] 형법 제288조에서 말하는 '유인'이란 기망 또는 유혹을 수단으로 사람을 꾀어 그 하자 있는 의사에 따라 그 사람을 자유로운 생활관계 또는 보호관계로부터 이탈하게 하여 자기 또는 제3자의 사실적 지배 아래로 옮기는 행위를 말하고, 여기서 사실적 지배라고 함은 미성년자에 대한 물리적·실력적인 지배관계를 의미한다고 할 것이다. [2] 피고인이 11세에 불과한 어린 나이의 피해자를 유혹하여 위 모텔 앞길에서부터 위 모텔 301호실까지 데리고 간 이상, 그로써 피고인은 피해자를 자유로운 생활관계로부터 이탈시켜 피고인의 사실적 지배 아래로 옮겼다고 할 것이고, 이로써 간음목적유인죄의 기수에 이른 것으로 보아야 할 것이다(대판 2007.5.11. 2007도2318).

 **성매매와 성적착취목적 인신매매죄의 객체(부녀)**

- 부녀매매죄는 부녀자의 신체의 자유를 그 일차적인 보호법익으로 하는 죄로서 그 행위의 객체는 부녀이고, 여자인 이상 그 나이나 성년, 미성년, 기혼 여부 등을 불문한다고 보아야 하고, 행위의 주체에는 제한이 없

으니 반드시 친권자 등의 보호자만이 본 죄의 주체가 될 수 있다는 것도 근거 없는 해석이라 할 것이며, 요컨대 본죄의 성립 여부는 그 주체 및 객체에 중점을 두고 볼 것이 아니라 매매의 일방이 어떤 경위로 취득한 부녀자에 대한 실력적 지배를 대가를 받고 그 상대방에게 넘긴다고 하는 행위에 중점을 두고 판단하여야 하므로 매도인이 매매 당시 부녀자를 실력으로 지배하고 있었는가 여부 즉 계속된 협박이나 명시적 혹은 묵시적인 폭행의 위협 등의 험악한 분위기로 인하여 보통의 부녀자라면 법질서에 보호를 호소하기를 단념할 정도의 상태에서 그 신체에 대한 인계인수가 이루어졌는가의 여부에 달려 있다고 하여야 할 것이다(대판 1992.1.21. 91도1402 전원합의체). **[해설]** 현행 형법에 의하면 성매매와 성적 착취목적 인신매매죄 성립. 개정전 부녀매매죄에 있어서 부녀의 의미에 대한 해석론이지만 현행 인신매매죄에 있어서도 사람의 한 유형인 부녀의 해석에도 여전히 실효성 있는 기준이 되는 판례.

 제4절 | 강요의 죄

I. 서론

1. 의의와 본질

(1) 강요죄의 의의

폭행 또는 협박으로 사람의 권리행사를 방해하거나 의무 없는 일을 행하게 함으로써 성립하는 범죄이다. 일반적인 정신적 의사의 자유를 보호한다는 점에서 협박죄와 성질을 같이하나, 의사결정의 자유뿐만 아니라 그 활동의 자유까지 보호한다는 점에 차이가 있다. 보호의 정도는 침해범이다.

(2) 구성요건의 체계

기본적 구성요건은 강요죄(제324조)이며, 가중적 구성요건에는 중강요죄(제326조), 인질강요죄(제324조의2), 인질상해·치상죄(제324조의3), 인질살해·치사죄(제324조의4)가 있다. 인질강요죄와 인질상해·치상죄, 인질살해·치사죄는 인질범죄에 대한 대책으로 신설된 규정이다.

형법	기본적 구성요건	단순강요죄(제324조 제1항)
	가중적 구성요건	특수강요죄(제324조 제2항), 인질강요죄(제324조의2), 인질상해죄(제324조의3 : 결합범), 인질살해죄(제324조의4 : 결합범)
	결과적 가중범	중강요죄(제326조), 인질치상죄(제324조의3), 인질치사죄(제324조의4)
	미수범	강요죄, 특수강요죄, 인질강요죄, 인질상해죄, 인질살해죄(제324조의5)
	해방감경규정	인질강요죄(제324조의2) 또는 인질상해·치상죄(제324조의3)의 죄를 범한 자 및 그 죄의 미수범이 인질을 안전한 장소로 풀어준 때에는 그 형을 감경할 수 있다(제324조의6)
특별형법	폭력행위 등 처벌에 관한 법률 제2조 제2항에서는 2인 이상의 공동강요를 가중처벌	

2. 입법론

종전 형법은 재산죄인 제37장의 권리행사방해죄 가운데 폭력에 의한 권리행사방해죄(제324조)를 규정하고 있었다. 그러나 강요죄는 의사결정과 의사활동의 자유를 보호법익으로 하므로 재산죄라고 할 수 없기 때문에 강요죄를 권리행사방해죄 가운데 함께 규정함은 적절치 못하다는 비판이 제기되었다. 1995년 형법개정에서 제324조의 표제를 '폭력에 의한 권리행사방해'에서 '강요'로 바꾸었고, 강요죄의 미수범 처벌규정(제324조의5)과 인질강요죄(제324조의2·3·4)를 신설하였다. 그러나 여전히 권리행사방해죄 가운데 두고 있는 것은 문제라 하겠다.

II. 강요죄

1. 단순강요죄

> **제324조(강요)**
> ① 폭행 또는 협박으로 사람의 권리행사를 방해하거나 의무없는 일을 하게 한 자는 5년 이하의 징역 또는 3천만원 이하의 벌금에 처한다.
> ② 단체 또는 다중의 위력을 보이거나 위험한 물건을 휴대하여 제1항의 죄를 범한 자는 10년 이하의 징역 또는 5천만원 이하의 벌금에 처한다.

(1) 의의

폭행 또는 협박으로 사람의 권리행사를 방해하거나 의무 없는 일을 행하게 함으로써 성립하는 범죄이다. 본죄는 강요의 죄의 기본적 구성요건으로서 가장 전형적인 자유침해의 성격을 가진다.

(2) 객관적 구성요건

1) **행위의 객체** : 본죄의 객체인 사람은 자연인인 타인을 의미하며, 의사의 자유를 가진 자에 제한된다. 본죄는 사람의 의사결정 자유를 침해하는 범죄이기 때문이다.

2) **행위** : 폭행 또는 협박으로 사람의 권리행사를 방해하거나 의무 없는 일을 행하게 하는 것이다.

㈎ **강요의 수단** : 폭행 또는 협박이다. ㉮ 폭행이란 타인의 의사나 행동에 대하여 현재의 해악을 가하여 강제효과를 발생케 하는 일체의 수단(광의의 폭행, 공갈죄의 폭행과 동일)을 의미하며, 본죄의 폭행에는 폭력에 의하여 상대방의 의사형성을 불가능하게 하는 절대적 폭력과 상대방의 의사에 심리적 영향을 미치는 강압적 폭력이 포함된다. ㉯ 협박이란 해악을 고지하여 상대방에게 공포심을 일으키는 것(협의의 협박)을 말한다. 협박이 있었으나 상대방이 현실로 공포심을 일으키지 아니하면 강요미수죄가 성립할 따름이다. 협박의 강도도 의사결정과 행동의 자유를 제한할 정도여야 하지만, 상대방의 반항을 곤란하게 할 정도일 필요는 없다. ㉰ 본죄에 있어서 폭행과 협박은 적어도 상대방에게 공포심을 주어 그 의사결정과 활동에 영향을 미칠 정도에 이를 것을 요하며, 또한 그 상대방이 반드시 피강요자와 일치할 것을 요하지 않는다(이른바 삼각강요). 이 경우 폭행·협박의 상대방에 대하여는 폭행·협박죄가, 피강요자에 대해서는 강요죄가 성립한다.

㈏ **권리행사방해** : ㉮ 권리행사를 방해한다고 함은 행사할 수 있는 권리를 행사하지 못하게 하거나 의무 없는 일을 행하게 하는 것을 포함한다. 그것이 법률행위이건 사실행위이건 묻지 않으나, 권

리를 행사한다고 볼 수 없는 자에 대한 폭행·협박은 본죄를 구성하지 않는다. ㈐ 본죄는 폭행 또는 협박에 의하여 권리행사를 방해한다는 결과가 발생하여야 기수가 되며, 폭행·협박과 권리행사방해 사이에는 인과관계가 있어야 한다. 본죄의 미수범은 처벌한다(제324조의5). 본죄의 미수에 해당하는 경우에는 폭행·협박을 하였으나 권리행사를 방해하지 못한 경우뿐만 아니라 강요의 수단인 폭행·협박 그 자체가 미수에 그친 경우를 포함한다.

(3) 주관적 구성요건

고의를 필요로 한다. 본죄의 고의는 폭행 또는 협박의 고의뿐만 아니라 강요, 즉 권리행사를 방해한다는 고의를 그 내용으로 하며, 미필적 고의로도 족하다.

(4) 위법성

개인의 의사와 그 행동의 자유를 침해하는 것을 내용으로 하는 강요행위의 위법성 판단에 있어서는 ㈎ 목적의 비난가능성, ㈏ 수단의 비난가능성, ㈐ 목적과 수단의 관계를 고려하여 신중히 판단하여야 할 것이다. 따라서 폭행이나 협박이 권리를 행사하는 외관을 보이는 경우라 할지라도 목적과 강제수단 사이에 내적 연관이 없을 때는 물론, 내적 연관이 인정되는 경우에도 수단이 그 목적을 달성하기 위한 상당한 것이라고 볼 수 없을 때에는 위법하다.

(5) 죄수 및 타죄와의 관계

1) **죄수** : ㈎ 타인에게 범죄를 강요하고 타인이 범죄를 실행한 경우에 강요의 수단인 폭행·협박이 의사의 자유를 단지 제한하는 정도이면 강요자는 피강요자가 실행한 범죄의 교사범과 강요죄의 상상적 경합으로서 처벌되고, ㈏ 폭행·협박이 강요자의 저항을 불가능하게 할 정도(제12조)이면 강요자는 피강요자가 실행한 범죄의 간접정범(또는 제34조 제2항의 특수간접정범)과 강요죄의 상상적 경합으로서 처벌된다.

2) **타죄와의 관계** : 본죄는 개인의 자유를 보호하는 범죄 가운데 일반적인 범죄라고 할 수 있다. 따라서 ㈎ 체포와 감금의 죄, 약취와 유인의 죄 또는 강간죄나 강제추행죄가 성립하는 때에는 법조경합의 관계에 의하여 본죄는 성립하지 않는다(특별관계). ㈏ 협박죄는 강요죄에 대해 보충관계에 있으므로 강요죄가 성립하는 때에는 협박죄는 별도로 성립하지 않는다. 또한 ㈐ 강요죄는 공갈죄·강도죄에 대해 보충관계에 있으므로 공갈죄·강도죄가 성립하는 경우에는 강요죄는 배제된다.

2. 특수강요죄

단체 또는 다중의 위력을 보이거나 위험한 물건을 휴대하여 강요죄를 범함으로써 성립하는 범죄이다(제324조 제2항). 강요죄에 대해서 행위방법의 위험성으로 불법이 가중되는 구성요건이다.

3. 중강요죄

> **제326조(중권리행사방해)**
> 제324조 또는 제325조의 죄를 범하여 사람의 생명에 대한 위험을 발생하게 한 자는 10년 이하의 징역에 처한다.

강요죄를 범하여 사람의 생명에 대한 위험을 발생하게 한 경우에 성립하는 결과적 가중범이다(강요죄의 부진정결과적 가중범). 여기서 사람의 생명에 대한 위험이란 생명에 대한 구체적 위험을 말한다.

III. 인질범죄

1. 인질강요죄

> **제324조의2(인질강요)**
> 사람을 체포·감금·약취 또는 유인하여 이를 인질로 삼아 제3자에 대하여 권리행사를 방해하거나 의무없는 일을 하게 한 자는 3년 이상의 유기징역에 처한다.
>
> **제324조의5(미수범)**
> 제324조 내지 제324조의4의 미수범은 처벌한다.
>
> **제324조의6(형의 감경)**
> 제324조의2 또는 제324조의3의 죄를 범한 자 및 그 죄의 미수범이 인질을 안전한 장소로 풀어준 때에는 그 형을 감경할 수 있다.

(1) 의의

사람을 체포·감금, 약취 또는 유인하여 이를 인질로 삼아 제3자에 대하여 권리행사를 방해하거나 의무 없는 일을 하게 함으로써 성립하는 범죄이다(제324조의2). 체포감금죄 또는 약취유인죄와 강요죄의 결합범이며, 인질의 자유, 특히 장소선택의 자유와 피강요자의 의사결정의 자유를 보호법익으로 한다. 인질강요죄는 인질강도죄와 함께 민생치안과 직결되는 국제적인 테러활동의 증가와 관련된 위험한 중범죄에 대처하기 위한 규정이며, 특히 인질강요죄는 외국에서 외교관 또는 공무원을 인질로 삼아 헌법기관이나 관료들에게 특정한 정치적 요구를 관철하거나 범죄인의 석방을 요구하는 테러활동에 대처하기 위한 규정이다.

(2) 구성요건

본죄가 성립하기 위하여는 체포·감금 또는 약취·유인과 강요라는 두 개의 행위가 있어야 한다. 따라서 체포·감금, 약취 또는 유인하지 않은 자가 강요한 때에는 강요죄가 성립할 뿐이며 본죄는 성립하지 않는다. 체포·감금, 약취 또는 유인의 개념은 체포·감금죄와 약취·유인죄의 그것과 같다. 반드시 강요의 목적으로 체포·감금, 약취 또는 유인하였을 것을 요하지 않는다. ㈎ 강요란 피체포·감금, 약취·유인자를 인질로 삼아 제3자에게 권리행사를 방해하거나 의무 없는 일을 하게 하는 것을 말한다. 강요의 상대방은 제3자이다. ㈏ 인질로 삼는다는 것은 체포·감금, 약취 또는 유인된 자의 생명·신체의 안전에 관한 제3자의 우려를 이용하여 석방이나 생명·신체에 대한 안전을 보장하는 대상으로 제3자를 강요하기 위하여 자유를 구속하는 것을 말한다. 본죄의 미수범은 처벌한다(제324조의5).

(3) 착수시기

본죄의 실행의 착수시기에 관하여는 ㈎ 강요의 의사를 가진 체포·감금·약취·유인행위를 개시한 때라는 견해(체포·감금·약취·유인시설), ㈏ 강요행위를 개시한 때라는 견해(강요시설), ㈐ 처음부터 강요의 목적이 있었던 경우에는 체포·감금·약취·유인시에 실행의 착수가 인정되지만, 체포·감금·약취·유인 후에 강요의 고의가 생긴 경우에는 강요시에 실행의 착수가 인정된다는 견해(이분설)가 대립되어 있다. 본죄의 신설취지의 고려와 체포 등의 행위 이후에 인질강요의 고의가 생긴 경우에도 본죄의 성립을 인정한다는 점을 고려할 때 행위의 중점을 강요행위로 보아 결합범의 일반원칙을 완화해석함이 필요하다. 따라서 강요시설이 타당하다. 본죄의 기수시기는 권리행사를 방해받았거나 의무 없는 일을 하였을 때이다(다수설).

(4) 죄수 및 타죄와의 관계

본죄의 죄수는 피강요자의 수를 기준으로 결정한다. 따라서 1개의 강요행위로 수인의 권리행사를 방해한 경우에는 수개의 인질강요죄의 상상적 경합이 된다. 또한 수인을 인질로 하여 1인에게 강요행위를 한 경우에는 인질강요죄 1죄가 된다. 한편 체포·감금·약취·유인의 죄는 본죄에 대해서 법조경합 중 보충관계에 있으므로 본죄가 성립하는 경우에는 다른 죄의 적용은 배제된다(통설).

(5) 형의 감경

본죄를 범한 자 및 그 죄의 미수범이 인질을 안전한 장소로 풀어 준 때에는 그 형을 감경할 수 있다(제324조의6). 인질을 안전한 장소로 풀어주면 족하며 자의성을 요하지 않고, 기수가 된 이후에 중지한 경우에도 적용되며 임의적 감경을 내용으로 한다는 점에서 중지미수와 구별된다. 인질의 탈출을 묵인하는 소극적 부작위에 의한 경우도 이에 해당된다. 인질범죄에 있어서의 석방감경규정은 인질강요죄(제324조의2)와 인질상해·치상죄(제324조의3)에는 적용되지만, 인질살해·치사죄(제324조의4)에는 적용되지 않는다.

2. 인질상해·치상죄

> **제324조의3(인질상해·치상)**
> 제324조의2의 죄를 범한 자가 인질을 상해하거나 상해에 이르게 한 때에는 무기 또는 5년 이상의 징역에 처한다.
>
> **제324조의5(미수범)**
> 제324조 내지 제324조의4의 미수범은 처벌한다.
>
> **제324조의6(형의 감경)**
> 제324조의2 또는 제324조의3의 죄를 범한 자 및 그 죄의 미수범이 인질을 안전한 장소로 풀어준 때에는 그 형을 감경할 수 있다.

인질강요죄를 범한 자가 인질을 상해하거나 상해에 이르게 함으로써 성립하는 범죄이다(제324조의3). 인질상해죄는 인질강요죄와 상해죄의 결합범이며, 인질치상죄는 인질강요죄에 대한 결과적 가중범이다. 강도상해·치상죄와 같이 무기 또는 5년 이상의 징역으로 처벌한다.

인질상해죄의 미수범은 처벌한다(제324조의5). 그러나 본조의 미수범 처벌규정은 인질상해죄에 대해서만 적용되고, 과실범의 미수는 인정되지 않으므로 결과적 가중범인 인질치상죄에는 적용되지 않는다(다수설). 한편, 인질을 안전한 장소로 풀어 준 때에는 형을 감경할 수 있다(제324조의6).

3. 인질살해·치사죄

> **제324조의4(인질살해·치사)**
> 제324조의2의 죄를 범한 자가 인질을 살해한 때에는 사형 또는 무기징역에 처한다. 사망에 이르게 한 때에는 무기 또는 10년 이상의 징역에 처한다.
>
> **제324조의5(미수범)**
> 제324조 내지 제324조의4의 미수범은 처벌한다.

인질강요죄를 범한 자가 인질을 살해하거나 사망에 이르게 한 때에 성립하는 범죄이며(제324조의4), 고의범인 인질살해죄의 미수는 강요행위의 미수·기수를 불문하고 살해행위가 미수에 그친 경우에 성립하고, 결과적 가중범인 인질치사죄의 미수는 인정할 수 없다(다수설). 인질살해죄는 사형 또는 무기징역, 인질치사죄는 무기 또는 10년 이상의 징역으로 처벌한다. 강도살인죄 및 강도치사죄의 경우와 법정형이 동일하다. 본죄에 대해서는 해방감경규정이 적용되지 않는다.

판례 강요죄의 폭행·협박

① 강요죄라 함은 폭행 또는 협박으로 사람의 권리행사를 방해하거나 의무 없는 일을 하게 하는 것을 말하고, 여기에서의 협박은 객관적으로 사람의 의사결정의 자유를 제한하거나 의사실행의 자유를 방해할 정도로 겁을 먹게 할 만한 해악을 고지하는 것을 말하는바, 직장에서 상사가 범죄행위를 저지른 부하직원에게 징계절차에 앞서 자진하여 사직할 것을 단순히 권유하였다고 하여 이를 강요죄에서의 협박에 해당한다고 볼 수는 없다. 원심은 그 판시와 같이 사실을 인정한 다음, 피고인 3이 공사와 관련하여 부정한 청탁과 함께 거액의 돈을 받은 부하직원인 공소외인에게 단순히 사직을 권유하였을 뿐 협박한 것으로는 보이지 않으므로 강요죄가 성립하지 않는다고 판단하였는바, 위 법리에 따라 살펴보면 원심의 판단은 수긍할 수 있고, 거기에 강요죄의 성립에 관한 법리오해의 위법이 없다(대판 2008.11.27. 2008도7018). [해설] 피고인의 행위가 폭행·협박으로 볼 수 없는 경우는 강요죄가 성립될 수 없다는 사례.

② [1] 강요죄의 수단인 협박은 일반적으로 사람으로 하여금 공포심을 일으키게 하는 정도의 해악을 고지하는 것으로 그 방법은 통상 언어에 의하는 것이나 경우에 따라서는 한마디 말도 없이 거동에 의하여서도 할 수 있는데, 그 행위가 있었는지는 행위의 외형뿐 아니라 그 행위에 이르게 된 경위, 피해자와의 관계 등 주위상황을 종합적으로 고려하여 판단해야 하는 것이며, 강요죄에서 협박당하는 사람으로 하여금 공포심을 일으키게 하는 정도의 해악의 고지인지는 그 행위 당사자 쌍방의 직무, 사회적 지위, 강요된 권리, 의무에 관련된 상호관계 등 관련 사정을 고려하여 판단되어야 할 것이다. [2] 환경단체 소속 회원들이 축산 농가들의 폐수 배출 단속활동을 벌이면서 폐수 배출현장을 사진촬영하거나 지적하는 한편 폐수 배출사실을 확인하는 내용의 사실확인서를 징구하는 과정에서 서명하지 아니할 경우 법에 저촉된다고 겁을 주는 등 행한 일련의 행위가 '협박'에 의한 강요행위에 해당한다고 한 사례(대판 2010.4.29. 2007도7064).

③ [1] 강요죄는 폭행 또는 협박으로 사람의 권리행사를 방해하거나 의무 없는 일을 하게 하는 범죄이다(형법 제324조). 강요죄의 수단으로서 협박은 사람의 의사결정의 자유를 제한하거나 의사실행의 자유를 방해할 정도로 겁을 먹게 할 만한 해악을 고지하는 것을 말하고, 해악의 고지는 반드시 명시적인 방

법이 아니더라도 말이나 행동을 통해서 상대방으로 하여금 어떠한 해악에 이르게 할 것이라는 인식을 갖게 하는 것이면 족하다. 이러한 해악의 고지가 비록 정당한 권리의 실현 수단으로 사용된 경우라고 하여도 권리실현의 수단 방법이 사회통념상 허용되는 정도나 범위를 넘는다면 강요죄가 성립하고, 여기서 어떠한 행위가 구체적으로 사회통념상 허용되는 정도나 범위를 넘는 것인지는 그 행위의 주관적인 측면과 객관적인 측면, 즉 추구된 목적과 선택된 수단을 전체적으로 종합하여 판단하여야 한다. [2] 민주노총 전국건설노조 건설기계지부 소속 노조원인 피고인들이, 현장소장인 피해자 갑이 노조원이 아닌 피해자 을의 건설장비를 투입하여 수해상습지 개선사업 공사를 진행하자 '민주노총이 어떤 곳인지 아느냐, 현장에서 장비를 빼라'는 취지로 말하거나 공사 발주처에 부실공사가 진행되고 있다는 취지의 진정을 제기하는 방법으로 공사현장에서 사용하던 장비를 철수하게 하고 '현장에서 사용하는 모든 건설장비는 노조와 합의하여 결정한다'는 협약서를 작성하게 함으로써 피해자들에게 의무 없는 일을 하게 하였다고 하여 폭력행위 등 처벌에 관한 법률 위반(공동강요)으로 기소된 사안에서, 피고인들은 공사현장에서 장비를 뺄 것을 요구하면서 그렇지 않을 경우 발주처에 민원을 넣어 공사를 못하게 하겠다고 말하고, 실제로 요구가 받아들여지지 않자 발주처에 부실시공 여부를 철저하게 조사하여 처벌하여 달라는 취지의 진정을 제기한 다음 이를 이용하여 피해자들로 하여금 장비를 철수하게 하고, 공사현장의 모든 건설장비를 피고인들 쪽에서 배차하는 장비만을 사용하도록 하는 취지의 협약서를 작성하도록 하였는데, 이와 같은 피고인들의 행위는 피해자들의 정당한 영업활동을 방해함으로써 피해자들로 하여금 장비를 철수시키고 자신들이 속한 노조 지회의 장비만을 사용하도록 하기 위하여 발주처에 대한 진정이라는 수단을 동원한 것으로 그 의도나 목적이 정당하다고 보기 어렵고, 나아가 피해자들의 정당한 영업활동의 자유를 침해하는 것이며, 피고인들이 피해자들에게 위와 같은 내용의 언사를 사용하고 부실공사가 아님에도 공사 발주처에 부실공사를 조사해 달라는 진정을 하였다면 이는 사회통념상 허용되는 정도나 범위를 넘는 것으로서 강요죄의 수단인 협박에 해당함에도, 이와 달리 보아 공소사실을 무죄로 판단한 원심판결에 심리미진 또는 강요죄의 수단인 협박에 관한 법리오해의 잘못이 있다고 한 사례(대판 2017.10.26. 2015도16696).

④ 강요죄는 폭행 또는 협박으로 사람의 권리행사를 방해하거나 의무 없는 일을 하게 하는 범죄이다(형법 제324조 제1항). 여기에서 폭행은 사람에 대한 직접적인 유형력의 행사뿐만 아니라 간접적인 유형력의 행사도 포함하며, 반드시 사람의 신체에 대한 것에 한정되지 않는다. 사람에 대한 간접적인 유형력의 행사를 강요죄의 폭행으로 평가하기 위해서는 피고인이 유형력을 행사한 의도와 방법, 피고인의 행위와 피해자의 근접성, 유형력이 행사된 객체와 피해자의 관계 등을 종합적으로 고려해야 한다(대판 2021.11.25. 2018도1346). [해설] 피고인은 이 사건 도로의 소유자인데, 피해자를 포함한 이 사건 도로 인접 주택 소유자들에게 도로 지분을 매입할 것을 요구하였음에도 피해자 등이 이를 거부하자, 피해자 주택 대문 바로 앞에 피고인의 차량을 주차하여 피해자가 자신의 차량을 주차장에 출입할 수 없도록 한 사안에서, 피고인이 피해자에 대하여 어떠한 유형력을 행사하였다고 보기 어려울 뿐만 아니라, 피해자는 주택 내부 주차장에 출입하지 못하는 불편을 겪는 외에 차량을 용법에 따라 정상적으로 사용할 수 있었다는 이유로, 강요죄의 성립을 인정한 원심을 파기한 사례.

판례 권리행사방해

① 전답의 점유를 침탈당한 자라도 이를 실력으로 회수할 수 없는 것이니 그 전답의 점유를 실력으로 회수하려는 자에게 폭행을 가하였다면 이는 단순폭행죄에 해당한다 할 것이고 권리행사를 방해하였다고는 논할 수 없다(대판 1961.11.9. 4294형상357).

② 형법 제324조 소정의 폭력에 의한 권리행사방해죄는 폭행 또는 협박에 의하여 권리행사가 현실적으로 방해되어야 할 것인바, 피해자의 해외도피를 방지하기 위하여 피해자를 협박하고 이에 피해자가 겁을 먹고 있는 상태를 이용하여 동인 소유의 여권을 교부하게 하여 피해자가 그의 여권을 강제 회수당하였다면 피해자가 해외여행을 할 권리는 사실상 침해되었다고 볼 것이므로 권리행사방해죄의 기수로 보아야 한다(대판 1993.7.27. 93도901).

 판례 의무 없는 일의 강요

① 피고인이 피해자를 협박하여 동인으로 하여금 법률상 의무 없는 진술서를 작성케 한 행위는 사람의 자유권행사를 방해한 것이므로 형법 제324조의 폭력에 의한 권리행사방해죄를 구성한다(대판 1974.5.14. 73도2578).

② [1] 강요죄라 함은 폭행 또는 협박으로 사람의 권리행사를 방해하거나 의무 없는 일을 하게 하는 것을 말하고, 여기에서의 협박은 객관적으로 사람의 의사결정의 자유를 제한하거나 의사실행의 자유를 방해할 정도로 겁을 먹게 할 만한 해악을 고지하는 것을 말한다. [2] 골프시설의 운영자가 골프회원에게 불리하게 변경된 내용의 회칙에 대하여 동의한다는 내용의 등록신청서를 제출하지 아니하면 회원으로 대우하지 아니하겠다고 통지한 것이 **강요죄에 해당한다**고 한 사례(대판 2003.9.26. 2003도763).

③ 상사 계급의 피고인이 그의 잦은 폭력으로 신체에 위해를 느끼고 겁을 먹은 상태에 있던 부대원들에게 청소 불량 등을 이유로 40분 내지 50분간 머리박아(속칭 '원산폭격')를 시키거나 양손을 깍지 낀 상태에서 약 2시간 동안 팔굽혀펴기를 50~60회 정도 하게 한 행위가 형법 제324조에서 정한 강요죄에 해당한다고 한 사례(대판 2006.4.27. 2003도4151).

④ 군인사법 제47조의2의 위임에 따른 군인복무규율 제7조 제1항, 제8조, 제22조 제1항, 제2항, 제23조 제1항의 내용 및 취지 등에 비추어 보면, 상관이 직무수행을 태만히 하거나 지시사항을 불이행하고 허위보고 등을 한 부하에게 근무태도를 교정하고 직무수행을 감독하기 위하여 직무수행의 내역을 일지 형식으로 기재하여 보고하도록 명령하는 행위는 직무권한 범위 내에서 내린 정당한 명령이므로 부하는 명령을 실행할 법률상 의무가 있고, **명령을 실행하지 아니하는 경우 군인사법 제57조 제2항에서 정한 징계처분이 내려진다거나 그에 갈음하여 얼차려의 제재가 부과된다고 하여 그와 같은 명령이 형법 제324조의 강요죄를 구성한다고 볼 수 없다**(대판 2012.11.29. 2010도1233).
[해설] 법률상 의무 있는 일을 하게 한 경우는 강요죄가 성립될 수 있는 경우가 아님을 확인하고 있는 판례.

> **판례** 강요죄의 고의

- [1] 강요죄는 폭행 또는 협박으로 사람의 권리행사를 방해하거나 의무 없는 일을 하게 하는 것을 말하고, 여기에서 '의무 없는 일'이란 법령, 계약 등에 기하여 발생하는 법률상 의무 없는 일을 말하므로, 폭행 또는 협박으로 법률상 의무 있는 일을 하게 한 경우에는 폭행 또는 협박죄만 성립할 뿐 강요죄는 성립하지 아니한다. [2] 폭력조직 전력이 있는 피고인이 특정 연예인에게 팬미팅 공연을 하도록 강요하면서 만날 것을 요구하고, 팬미팅 공연이 이행되지 않으면 안 좋은 일을 당할 것이라고 협박한 사안에서, 위 연예인에게 공연을 할 의무가 없다는 점에 대한 미필적 인식 즉, 강요죄의 고의가 피고인에게 있었다고 단정하기 어렵다고 판단한 원심을 수긍한 사례(대판 2008.5.15. 2008도1097).

> **판례** 강요죄와 공갈죄

- [1] 피고인이 투자금의 회수를 위해 피해자를 <u>강요하여</u> 물품대금을 횡령하였다는 자인서를 받아낸 뒤 이를 근거로 돈을 <u>갈취한 경우</u>, 피고인의 주된 범의가 피해자로부터 돈을 갈취하는 데에 있었던 것이라면 피고인은 단일한 공갈의 범의 하에 갈취의 방법으로 일단 자인서를 작성케 한 후 이를 근거로 계속하여 갈취행위를 한 것으로 보아야 할 것이므로 위 행위는 포함하여 공갈죄 일죄만을 구성한다고 보아야 한다. [2] 재물의 교부를 받거나 재산상 이익을 취득할 권리가 있는 자라고 할지라도 사회통념상 일반적으로 용인될 수 없는 정도의 폭행, 협박의 방법을 사용하여 재물의 교부를 받거나 재산상 이익을 취득한 때에는 이는 정당한 권리행사라고 볼 수 없으므로 공갈죄를 구성한다. [3] 형법 제276조 제1항에 규정된 감금죄에 있어서의 감금행위는 사람으로 하여금 일정한 장소 밖으로 나가지 못하도록 신체의 자유를 제한하는 행위를 가리키며 그 방법은 반드시 물리적인 장애를 사용하는 경우뿐만 아니라 무형적인 수단으로서 공포심에 의하여 나갈 수 없게 한 경우도 포함한다(대판 1985.6.25. 84도2083).

 제5절 │ 강간과 추행의 죄

Ⅰ. 서론

1. 의의

개인의 성적 자유 내지 애정의 자유를 침해하는 것을 내용으로 하는 범죄를 말한다. 강간과 추행의 죄의 보호법익은 개인의 성적 자기결정의 자유(성적 자기결정권)이다. 이 자유는 성행위에 대한 적극적 자유를 보호하는 것이 아니고, 원치 않는 성행위를 하지 않을 수 있는 소극적 자유를 보호하는 것이다. 보호의 정도는 침해범이다.

2. 구성요건의 체계

형법	기본적 구성요건	강간죄(제297조), 강제추행죄(제298조)
	독립적 구성요건 (독자적 변형구성요건)	유사강간죄(제297조의2), 준강간·준강제추행죄(제299조), 미성년자의제강간·의제강제추행죄(제305조), 미성년자간음죄(제302조), 피감호자간음죄(제303조 제1항), 피구금자간음죄(제303조 제2항)
	가중구성요건·결과적 가중범	강간 등 상해·치상죄(제301조), 강간 등 살인·치사죄(제301조의2)
	미수범 처벌	강간죄, 유사강간죄, 강제추행죄, 준강간죄, 준강제추행죄(제300조)
	예비·음모 처벌	강간죄, 유사강간죄, 준강간죄, 강간등 상해죄, 미성년자의제강간·의제강제추행죄(제305조의3)
	상습범 가중	상습범(제305조의2)
특별형법	성폭력범죄의 처벌 등에 관한 특례법	특수강도강간 등(제3조), 특수강간 등(제4조), 친족관계에 의한 강간 등(제5조), 장애인에 대한 강간·강제추행 등(제6조), 13세 미만의 미성년자에 대한 강간·강제추행 등(제7조), 강간 등 상해·치상(제8조), 강간 등 살인·치사(제9조) 가중처벌, 업무상 위력 등에 의한 추행(제10조), 공중 밀집 장소에서의 추행(제11조), 성적 목적을 위한 다중이용장소 침입행위(제12조), 통신매체를 이용한 음란행위(제13조), 카메라 등을 이용한 촬영(제14조), 허위영상물 등의 반포(제14조의2), 촬영물 등을 이용한 협박·강요(제14조의3) 등을 처벌
	아동·청소년의 성보호에 관한 법률	19세 미만의 청소년에 대한 강간·강제추행, 유사강간, 준강간·준강제추행, 위계·위력에 의한 간음·추행을 가중처벌(제7조), 아동·청소년의 성을 사는 행위를 한 자를 처벌(제13조), 장애인인 아동·청소년에 대한 간음·추행을 처벌(제8조), 신고의무자의 아동·청소년 대상 성범죄를 가중처벌(제18조)
	특정강력범죄의 처벌에 관한 특례법	특수강간죄와 강간치사상죄의 처벌에 관한 특례규정(제2조 제1항 제3호), 피의자의 신상정보공개(제8조의2)

판례 성폭력범죄의 처벌 등에 관한 특례법 관련 판례

<성폭력범죄의 처벌 등에 관한 특례법>

제6조(장애인에 대한 강간·강제추행 등)
① 신체적인 또는 정신적인 장애가 있는 사람에 대하여 「형법」 제297조(강간)의 죄를 범한 사람은 무기징역 또는 7년 이상의 징역에 처한다.
⑤ 위계(僞計) 또는 위력(威力)으로써 신체적인 또는 정신적인 장애가 있는 사람을 간음한 사람은 5년 이상의 유기징역에 처한다.
⑥ 위계 또는 위력으로써 신체적인 또는 정신적인 장애가 있는 사람을 추행한 사람은 1년 이상의 유기징역 또는 1천만원 이상 3천만원 이하의 벌금에 처한다.

제11조(공중 밀집 장소에서의 추행)

대중교통수단, 공연·집회 장소, 그 밖에 공중(公衆)이 밀집하는 장소에서 사람을 추행한 사람은 3년 이하의 징역 또는 3천만원 이하의 벌금에 처한다.

제13조(통신매체를 이용한 음란행위)
자기 또는 다른 사람의 성적 욕망을 유발하거나 만족시킬 목적으로 <u>전화, 우편, 컴퓨터, 그 밖의 통신매체를 통하여</u> 성적 수치심이나 혐오감을 일으키는 말, 음향, 글, 그림, 영상 또는 물건을 <u>상대방에게 도달하게</u> 한 사람은 2년 이하의 징역 또는 2천만원 이하의 벌금에 처한다.

제14조(카메라 등을 이용한 촬영)
① 카메라나 그 밖에 이와 유사한 기능을 갖춘 기계장치를 이용하여 성적 욕망 또는 수치심을 유발할 수 있는 <u>사람의 신체를</u> 촬영대상자의 의사에 반하여 촬영한 자는 7년 이하의 징역 또는 5천만원 이하의 벌금에 처한다.
② 제1항에 따른 촬영물 <u>또는 복제물(복제물의 복제물을 포함한다. 이하 이 조에서 같다)</u>을 반포·판매·임대·제공 또는 공공연하게 전시·상영(이하 "반포등"이라 한다)한 자 또는 제1항의 촬영이 촬영 당시에는 촬영대상자의 의사에 반하지 아니한 경우(<u>자신의 신체를 직접 촬영한 경우를 포함한다</u>)에도 사후에 그 촬영물 또는 복제물을 촬영대상자의 의사에 반하여 반포등을 한 자는 7년 이하의 징역 또는 5천만원 이하의 벌금에 처한다.

① 피고인이 피해자의 생모의 동의를 얻어 피해자를 입양할 의사로 데려왔으나 자신의 처의 동의 없이 피해자를 자신과 처 사이의 친생자로 출생신고를 한 경우, 피고인은 친생자출생신고 전에는 성폭력범죄의 처벌 및 피해자보호 등에 관한 법률 제7조 제5항의 '사실상의 관계에 의한 친족'에 해당하고, 친생자출생신고 후에는 같은 법 제7조 제1항의 '친족'에 해당한다고 한 사례(대판 2006.1.12. 2005도8427).

② 여기서 말하는 '<u>공중이 밀집하는 장소</u>'에는 현실적으로 사람들이 빽빽이 들어서 있어 서로 간의 신체적 접촉이 이루어지고 있는 곳만을 의미하는 것이 아니라 <u>이 사건 찜질방 등과 같이 공중의 이용에 상시적으로 제공·개방된 상태에 놓여 있는 곳 일반</u>을 의미한다. 또한, 위 공중밀집장소의 의미를 이와 같이 해석하는 한 그 장소의 성격과 이용현황, 피고인과 피해자 사이의 친분관계 등 구체적 사실관계에 비추어, 공중밀집장소의 일반적 특성을 이용한 추행행위라고 보기 어려운 특별한 사정이 있는 경우에 해당하지 않는 한, 그 행위 당시의 현실적인 밀집도 내지 혼잡도에 따라 그 규정의 적용 여부를 달리한다고 할 수는 없다(대판 2009.10.29. 2009도5704).

③ <u>피고인이 지하철 환승에스컬레이터 내에서 카메라폰으로 피해자의 치마 속 신체 부위를 동영상 촬영하였다</u>고 하여 구 성폭력범죄의 처벌 및 피해자보호 등에 관한 법률위반으로 기소된 사안에서, <u>동영상 촬영 중 저장버튼을 누르지 않고 촬영을 종료하였다</u>는 이유만으로 위 범행이 '기수'에 이르지 않았다고 단정한 원심판결에 법리오해로 인한 심리미진 등의 위법이 있다고 한 사례(대판 2011.6.9. 2010도10677).

④ 피고인이 피해자 갑(여, 14세)과 인터넷 화상채팅 등을 하면서 카메라 기능이 내재되어 있는 피고인의 휴대전화를 이용하여 갑의 유방, 음부 등 신체 부위를 갑의 의사에 반하여 촬영하였다고 하여 구 성폭력범죄의 처벌 등에 관한 특례법(2012. 12. 18. 법률 제11556호로 전부 개정되기 전의 것, 이하 '법'이라 한다) 위반(카메라등이용촬영)으로 기소된 사안에서, 갑은 스스로 자신의 신체

부위를 화상카메라에 비추었고 카메라 렌즈를 통과한 상의 정보가 디지털화되어 피고인의 컴퓨터에 전송되었으며, 피고인은 수신된 정보가 영상으로 변환된 것을 휴대전화 내장 카메라를 통해 동영상 파일로 저장하였으므로 피고인이 촬영한 대상은 갑의 신체 이미지가 담긴 영상일 뿐 갑의 신체 그 자체는 아니라고 할 것이어서 법 제13조 제1항(현행 제14조 제1항 : 저자 주)의 구성요건에 해당하지 않으며, 형벌법규의 목적론적 해석도 해당 법률문언의 통상적인 의미 내에서만 가능한 것으로, 다른 사람의 신체 이미지가 담긴 영상도 위 규정의 '다른 사람의 신체'에 포함된다고 해석하는 것은 법률문언의 통상적인 의미를 벗어나는 것이므로 죄형법정주의 원칙상 허용될 수 없다는 이유로 피고인에게 무죄를 인정한 원심판단을 정당하다고 한 사례(대판 2013.6.27. 2013도4279). [해설] 구 성폭력범죄의 처벌 등에 관한 특례법 관련 판례. 현행 제14조 제1항.

⑤ 피고인이 피해자의 의사에 반하여 피해자의 등 부위를 3회에 걸쳐 촬영한 사실을 인정하고 피고인이 촬영한 피해자의 등 부위는 구 성폭력처벌특례법 제13조 제1항에 규정된 '성적 욕망 또는 수치심을 유발할 수 있는 다른 사람의 신체'에 해당한다(대판 2014.2.27. 2013도8619).

⑥ 피고인이 화장실에서 재래식 변기를 이용하는 여성의 모습을 촬영하였던 점, 피해자들의 용변 보는 모습이 촬영되지는 않았으나, 용변을 보기 직전의 무릎 아래 맨 다리 부분과 용변을 본 직후의 무릎 아래 맨 다리 부분이 각 촬영된 점, 피해자들은 수사기관에서 피고인의 행동으로 상당한 성적 수치심을 느꼈다고 각 진술한 점, 그 밖에 이 사건 촬영 장소와 촬영 각도 및 촬영 거리, 촬영된 원판의 이미지 등을 종합적으로 고려하여, 피고인이 촬영한 피해자들의 다리 부분은 '수치심을 유발할 수 있는 다른 사람의 신체'에 해당한다고 봄이 타당하다(대판 2014.7.24. 2014도6309).

⑦ 성폭력범죄의 처벌 등에 관한 특례법 제4조 제3항, 제1항의 '2인 이상이 합동하여 형법 제299조의 죄를 범한 경우'에 해당하려면, 피고인들이 공모하여 실행행위를 분담하였음이 인정되어야 하는데, 범죄의 공동가공의사가 암묵리에 서로 상통하고 범의 내용에 대하여 포괄적 또는 개별적인 의사연락이나 인식이 있었다면 공모관계가 성립하고, 시간적으로나 장소적으로 협동관계에 있었다면 실행행위를 분담한 것으로 인정된다(대판 2016.6.9. 2016도4618). [해설] 2인 이상이 합동하여 형법 제299조(준강간)의 죄를 범한 경우에 해당.

⑧ 성폭력범죄의 처벌 등에 관한 특례법 제14조 제2항은 카메라나 그 밖에 이와 유사한 기능을 갖춘 기계장치를 이용하여 성적 욕망 또는 수치심을 유발할 수 있는 다른 사람의 신체를 촬영한 촬영물이 촬영 당시에는 촬영대상자의 의사에 반하지 아니하는 경우에도 사후에 의사에 반하여 촬영물을 반포·판매·임대·제공 또는 공공연하게 전시·상영한 사람을 처벌하도록 규정하고 있다. 여기에서 '반포'는 불특정 또는 다수인에게 무상으로 교부하는 것을 말하고, 계속적·반복적으로 전달하여 불특정 또는 다수인에게 반포하려는 의사를 가지고 있다면 특정한 1인 또는 소수의 사람에게 교부하는 것도 반포에 해당할 수 있다. 한편 '반포'와 별도로 열거된 '제공'은 '반포'에 이르지 아니하는 무상 교부 행위를 말하며, '반포'할 의사 없이 특정한 1인 또는 소수의 사람에게 무상으로 교부하는 것은 '제공'에 해당한다(대판 2016.12.27. 2016도16676).

⑨ [1] 성폭력범죄의 처벌 등에 관한 특례법(이하 '성폭력처벌법'이라 한다) 제13조는 "자기 또는 다른 사람의 성적 욕망을 유발하거나 만족시킬 목적으로 전화, 우편, 컴퓨터, 그 밖의 통신매체를 통하여 '성적 수치심이나 혐오감을 일으키는 말, 음향, 글, 그림, 영상 또는 물건'(이하 '성적 수치심을 일으키는 그림 등'이라 한다)을 상대방에게 도달하게 한 사람"을 처벌하고 있다. 성폭력처벌법

제13조에서 정한 '통신매체이용음란죄'는 '성적 자기결정권에 반하여 성적 수치심을 일으키는 그림 등을 개인의 의사에 반하여 접하지 않을 권리'를 보장하기 위한 것으로 성적 자기결정권과 일반적 인격권의 보호, 사회의 건전한 성풍속 확립을 보호법익으로 한다. [2] 성폭력범죄의 처벌 등에 관한 특례법 제13조에서 '성적 수치심이나 혐오감을 일으키는 말, 음향, 글, 그림, 영상 또는 물건(이하 '성적 수치심을 일으키는 그림 등'이라 한다)을 상대방에게 도달하게 한다'는 것은 '상대방이 성적 수치심을 일으키는 그림 등을 직접 접하는 경우뿐만 아니라 상대방이 실제로 이를 인식할 수 있는 상태에 두는 것'을 의미한다. 따라서 행위자의 의사와 그 내용, 웹페이지의 성격과 사용된 링크기술의 구체적인 방식 등 모든 사정을 종합하여 볼 때 상대방에게 성적 수치심을 일으키는 그림 등이 담겨 있는 웹페이지 등에 대한 인터넷 링크(internet link)를 보내는 행위를 통해 그와 같은 그림 등이 상대방에 의하여 인식될 수 있는 상태에 놓이고 실질에 있어서 이를 직접 전달하는 것과 다를 바 없다고 평가되고, 이에 따라 상대방이 이러한 링크를 이용하여 별다른 제한 없이 성적 수치심을 일으키는 그림 등에 바로 접할 수 있는 상태가 실제로 조성되었다면, 그러한 행위는 전체로 보아 성적 수치심을 일으키는 그림 등을 상대방에게 도달하게 한다는 구성요건을 충족한다(대판 2017.6.8. 2016도21389).

⑩ 성폭력범죄의 처벌 등에 관한 특례법(이하 '성폭력처벌법'이라고 한다) 제14조 제1항, 제2항, 제3항에 의하면, 성폭력처벌법 제14조 제1항의 촬영의 대상은 '성적 욕망 또는 수치심을 유발할 수 있는 다른 사람의 신체'라고 보아야 함이 문언상 명백하므로 위 규정의 처벌 대상은 '다른 사람의 신체 그 자체'를 카메라 등 기계장치를 이용해서 '직접' 촬영하는 경우에 한정된다고 보는 것이 타당하므로, 다른 사람의 신체 이미지가 담긴 영상도 위 조항의 '다른 사람의 신체'에 포함된다고 해석하는 것은 법률문언의 통상적인 의미를 벗어나는 것이어서 죄형법정주의 원칙상 허용될 수 없고, 성폭력처벌법 제14조 제2항 및 제3항의 촬영물은 '다른 사람'을 촬영대상자로 하여 그 신체를 촬영한 촬영물을 뜻하는 것임이 문언상 명백하므로, 자의에 의해 스스로 자신의 신체를 촬영한 촬영물까지 위 조항에서 정한 촬영물에 포함시키는 것은 문언의 통상적인 의미를 벗어난 해석이다(대판 2018.3.15. 2017도21656). [해설] 단, 개정된 성폭력범죄의 처벌 등에 관한 특례법에 의하면 배치되는 판례.

⑪ [1] 성폭력범죄의 처벌 등에 관한 특례법(이하 '성폭력처벌법'이라 한다) 제14조 제1항에서 촬영행위뿐만 아니라 촬영물을 반포·판매·임대·제공 또는 공공연하게 전시·상영하는 행위까지 처벌하는 것은, 성적 욕망 또는 수치심을 유발할 수 있는 타인의 신체를 촬영한 촬영물이 인터넷 등 정보통신망을 통하여 급속도로 광범위하게 유포됨으로써 피해자에게 엄청난 피해와 고통을 초래하는 사회적 문제를 감안하여, 죄책이나 비난가능성이 촬영행위 못지않게 크다고 할 수 있는 촬영물의 유포행위를 한 자를 촬영자와 동일하게 처벌하기 위해서이다. [2] 성폭력처벌법 제14조 제1항에서 '반포'와 별도로 열거된 '제공'은, '반포'에 이르지 아니하는 무상 교부행위로서 '반포'할 의사 없이 '특정한 1인 또는 소수의 사람'에게 무상으로 교부하는 것을 의미하는데, 성폭력처벌법 제14조 제1항에서 촬영행위뿐만 아니라 촬영물을 반포·판매·임대·제공 또는 공공연하게 전시·상영하는 행위까지 처벌하는 것이 촬영물의 유포행위를 방지함으로써 피해자를 보호하기 위한 것임에 비추어 볼 때, 촬영의 대상이 된 피해자 본인은 성폭력처벌법 제14조 제1항에서 말하는 '제공'의 상대방인 '특정한 1인 또는 소수의 사람'에 포함되지 않는다고 봄이 타당하다. [3] 따라서 피해자 본인에게 촬영물을 교부하는 행위는 다른 특별한 사정이 없는 한 성폭력처벌법 제14조 제1항(현행 제14조 제2항 : 저자 주)의 '제공'에 해당한다고 할 수 없다(대판 2018.8.1. 2018도1481). [해설] 구 성폭력범죄의 처벌 등에 관한 특례법 관련 판례. 현행 제14조 제2항.

⑫ [1] 성폭력범죄의 처벌 등에 관한 특례법 제14조 제1항은 "카메라나 그 밖에 이와 유사한 기능을 갖춘 기계장치를 이용하여 성적 욕망 또는 수치심을 유발할 수 있는 다른 사람의 신체를 그 의사에 반하여 촬영하거나 그 촬영물을 반포·판매·임대·제공 또는 공공연하게 전시·상영한 자는 5년 이하의 징역 또는 1천만원 이하의 벌금에 처한다."라고 규정하고 있다. 위 조항이 촬영의 대상을 '다른 사람의 신체'로 규정하고 있으므로, 다른 사람의 신체 그 자체를 직접 촬영하는 행위만이 위 조항에서 규정하고 있는 '다른 사람의 신체를 촬영하는 행위'에 해당하고, 다른 사람의 신체 이미지가 담긴 영상을 촬영하는 행위는 이에 해당하지 않는다. [2] 성폭력범죄의 처벌 등에 관한 특례법(이하 '성폭력처벌법'이라 한다) 제14조 제2항은 "제1항의 촬영이 촬영 당시에는 촬영대상자의 의사에 반하지 아니하는 경우에도 사후에 그 의사에 반하여 촬영물을 반포·판매·임대·제공 또는 공공연하게 전시·상영한 자는 3년 이하의 징역 또는 500만원 이하의 벌금에 처한다."라고 규정하고 있다. 위 제2항은 촬영대상자의 의사에 반하지 아니하여 촬영한 촬영물을 사후에 그 의사에 반하여 반포하는 행위 등을 규율 대상으로 하면서 그 촬영의 대상과 관련해서는 '제1항의 촬영'이라고 규정하고 있다. 성폭력처벌법 제14조 제1항이 촬영의 대상을 '다른 사람의 신체'로 규정하고 있으므로, 위 제2항의 촬영물 또한 '다른 사람의 신체'를 촬영한 촬영물을 의미한다고 해석하여야 하는데, '다른 사람의 신체에 대한 촬영'의 의미를 해석할 때 위 제1항과 제2항의 경우를 달리 볼 근거가 없다. 따라서 다른 사람의 신체 그 자체를 직접 촬영한 촬영물만이 위 제2항에서 규정하고 있는 촬영물에 해당하고, 다른 사람의 신체 이미지가 담긴 영상을 촬영한 촬영물은 이에 해당하지 아니한다. [3] 피고인이 갑과 성관계하면서 합의하에 촬영한 동영상 파일 중 피고인이 갑의 성기를 입으로 빨거나 손으로 잡고 있는 장면 등을 찍은 사진 3장을 지인 명의의 휴대전화 문자메시지 기능을 이용하여 갑의 처 을의 휴대전화로 발송함으로써, 촬영 당시 갑의 의사에 반하지 아니하였으나 사후에 그 의사에 반하여 '갑의 신체를 촬영한 촬영물'을 을에게 제공하였다고 하여 성폭력범죄의 처벌 등에 관한 특례법 위반(카메라등이용촬영)으로 기소된 사안에서, 피고인이 성관계 동영상 파일을 컴퓨터로 재생한 후 모니터에 나타난 영상을 휴대전화 카메라로 촬영하였더라도, 이는 갑의 신체 그 자체를 직접 촬영한 행위에 해당하지 아니하여, 그 촬영물은 같은 법 제14조 제2항에서 규정한 촬영물에 해당하지 아니한다는 이유로, 이와 달리 보아 피고인에게 유죄를 인정한 원심판단에 같은 법 제14조 제2항에 관한 법리를 오해한 잘못이 있다고 한 사례(대판 2018.8.30. 2017도3443). [해설] 단, 개정된 성폭력범죄의 처벌 등에 관한 특례법에 의하면 배치되는 판례.

⑬ [1] 성폭력범죄의 처벌 등에 관한 특례법 제13조는 "자기 또는 다른 사람의 성적 욕망을 유발하거나 만족시킬 목적으로 전화, 우편, 컴퓨터, 그 밖의 통신매체를 통하여 '성적 수치심이나 혐오감을 일으키는 말, 음향, 글, 그림, 영상 또는 물건'(이하 '성적 수치심을 일으키는 그림 등'이라 한다)을 상대방에게 도달하게 한 사람"을 처벌하고 있다. 성폭력범죄의 처벌 등에 관한 특례법 제13조에서 정한 '통신매체 이용 음란죄'는 '성적 자기결정권에 반하여 성적 수치심을 일으키는 그림 등을 개인의 의사에 반하여 접하지 않을 권리'를 보장하기 위한 것으로 성적 자기결정권과 일반적 인격권의 보호, 사회의 건전한 성풍속 확립을 보호법익으로 한다. [2] '자기 또는 다른 사람의 성적 욕망을 유발하거나 만족시킬 목적'이 있는지는 피고인과 피해자의 관계, 행위의 동기와 경위, 행위의 수단과 방법, 행위의 내용과 태양, 상대방의 성격과 범위 등 여러 사정을 종합하여 사회통념에 비추어 합리적으로 판단하여야 한다. [3] '성적 욕망'에는 성행위나 성관계를 직접적인 목적이나 전제로 하는 욕망뿐만 아니라, 상대방을 성적으로 비하하거나 조롱하는 등 상대방에게 성적 수치심을 줌으로써 자신의 심

리적 만족을 얻고자 하는 욕망도 포함된다. 또한 이러한 '성적 욕망'이 상대방에 대한 분노감과 결합되어 있더라도 달리 볼 것은 아니다(대판 2018.9.13. 2018도9775).

⑭ [1] 구 성폭력범죄의 처벌 등에 관한 특례법(2020. 5. 19. 법률 제17264호로 개정되기 전의 것, 이하 '성폭력처벌법'이라 한다) 제11조는 '대중교통수단, 공연·집회 장소, 그 밖에 공중이 밀집하는 장소에서 사람을 추행한 사람'을 1년 이하의 징역 또는 300만원 이하의 벌금에 처하도록 하고 있다. 입법 취지는 도시화된 현대사회에서 다중이 출입하는 공공연한 장소에서 추행 발생의 개연성과 함께 그에 대한 처벌의 필요성이 높아진 반면, 피해자와 접근이 용이하고 추행장소가 공개되어 있는 등의 사정으로 피해자의 명시적·적극적인 저항이나 회피가 어려운 상황을 이용하여 유형력을 행사하는 것 이외의 방법으로 이루어지는 추행행위로 말미암아 형법 등 다른 법률에 따른 처벌이 여의치 않은 상황에 대처하기 위한 것이다. 여기에서 **'추행'**이란 일반인을 기준으로 객관적으로 성적 수치심이나 혐오감을 일으키게 하고 선량한 성적 도덕관념에 반하는 행위로서 피해자의 성적 자기결정권을 침해하는 것을 말한다. 이에 해당하는지는 피해자의 성별, 연령, 행위자와 피해자의 관계, 그 행위에 이르게 된 경위, 구체적 행위 양태, 주위의 객관적 상황과 그 시대의 성적 도덕관념 등을 종합적으로 고려하여 신중히 결정해야 한다(대판 2012.2.23. 2011도17441 참조). [2] 성폭력처벌법 위반(공중밀집장소에서의추행)죄가 기수에 이르기 위해서는 객관적으로 일반인에게 성적 수치심이나 혐오감을 일으키게 할 만한 행위로서 선량한 성적 도덕관념에 반하는 행위를 행위자가 대상자를 상대로 실행하는 것으로 충분하고, 행위자의 행위로 말미암아 대상자가 성적 수치심이나 혐오감을 반드시 실제로 느껴야 하는 것은 아니다(대판 2020.6.25. 2015도7102). [해설] 피고인이 공중밀집장소인 지하철 전동차 안에서 피해자를 추행한 사건. 성폭력처벌법위반(공중밀집장소에서의추행)죄가 기수에 이르기 위해서는 객관적으로 일반인에게 성적 수치심이나 혐오감을 일으키게 할 만한 행위로서 선량한 성적 도덕관념에 반하는 행위를 행위자가 대상자를 상대로 실행하는 것으로 충분하고, 행위자의 행위로 인하여 대상자가 성적 수치심이나 혐오감을 반드시 실제로 느껴야 하는 것은 아니라며, 위 죄가 기수에 이르렀음을 긍정한 원심을 수긍한 사례.

⑮ 성폭력범죄의 처벌 등에 관한 특례법 제10조는 '업무상 위력 등에 의한 추행'에 관한 처벌 규정인데, 제1항에서 "업무, 고용이나 그 밖의 관계로 인하여 자기의 보호, 감독을 받는 사람에 대하여 위계 또는 위력으로 추행한 사람은 3년 이하의 징역 또는 1천500만원 이하의 벌금에 처한다."라고 정하고 있다. '**업무, 고용이나 그 밖의 관계로 인하여 자기의 보호, 감독을 받는 사람**'에는 직장 안에서 보호 또는 감독을 받거나 사실상 보호 또는 감독을 받는 상황에 있는 사람(형법 제303조의 '업무상 위력 등에 의한 간음'에 관한 대법원 1976.2.10. 선고 74도1519 판결, 대법원 2001.10.30. 선고 2001도4085 판결 참조)뿐만 아니라 채용 절차에서 영향력의 범위 안에 있는 사람도 포함된다(대판 2020.7.9. 2020도5646). [해설] 편의점 업주인 피고인이 아르바이트 구인 광고를 보고 연락한 피해자를 채용을 빌미로 주점으로 불러내 의사를 확인하는 등 면접을 하고, 이어서 피해자를 피고인의 집으로 유인하여 피해자의 성기를 만지고 피해자에게 피고인의 성기를 만지게 한 사안에서, 피고인이 채용 권한을 가지고 있는 지위를 이용하여 피해자의 자유의사를 제압하여 피해자를 추행하였다고 판단한 원심을 수긍한 사례.

⑯ 성폭력범죄의 처벌 등에 관한 특례법(이하 '성폭력처벌법'이라 한다) 제5조 제3항은 "친족관계인 사람이 사람에 대하여 형법 제299조(준강간, 준강제추행)의 죄를 범한 경우에는 제1항 또는 제2항의 예에 따라 처벌한다."라고 규정하고 있고, 같은 조 제1항은 "친족관계인 사람이 폭행 또는 협박으로 사람을 강간한 경우에는 7년 이상의 유기징역에 처한다."라고 규정하고 있으며,

같은 조 제4항은 "제1항부터 제3항까지의 친족의 범위는 4촌 이내의 혈족·인척과 동거하는 친족으로 한다."라고 규정하고 있다. 한편 민법 제767조는 "배우자, 혈족 및 인척을 친족으로 한다."라고 규정하고 있고, 같은 법 제769조는 "혈족의 배우자, 배우자의 혈족, 배우자의 혈족의 배우자를 인척으로 한다."라고 규정하고 있으며, 같은 법 제771조는 "인척은 배우자의 혈족에 대하여는 배우자의 그 혈족에 대한 촌수에 따르고, 혈족의 배우자에 대하여는 그 혈족에 대한 촌수에 따른다."라고 규정하고 있다. 따라서 의붓아버지와 의붓딸의 관계는 성폭력처벌법 제5조 제4항이 규정한 4촌 이내의 인척으로서 친족관계에 해당한다(대판 2020.11.5. 2020도10806). [해설] 의붓아버지와 의붓딸의 관계가 성폭력범죄의 처벌 등에 관한 특례법 제5조 제4항에서 규정한 '4촌 이내의 인척'으로서 친족관계에 해당한다고 본 판례.

⑰ [1] 구「성폭력범죄의 처벌 등에 관한 특례법」(2018. 10. 16. 법률 제15977호로 개정되기 전의 것, 이하 '구 성폭력처벌법'이라 한다) 제14조 제1항은 '카메라나 그 밖에 이와 유사한 기능을 갖춘 기계장치를 이용하여 성적 욕망 또는 수치심을 유발할 수 있는 다른 사람의 신체를 그 의사에 반하여 촬영'하는 행위를 처벌하도록 규정한다. 구 성폭력처벌법 제14조 제1항에서 정한 '카메라등이용촬영죄'는 이른바 '몰래카메라'의 폐해가 사회문제가 되면서 촬영대상자의 의사에 반하는 촬영 및 반포 등의 행위를 처벌하기 위하여 신설된 조항으로서, 피해자의 성적 자기결정권 및 일반적 인격권 보호, 사회의 건전한 성풍속 확립을 그 보호법익으로 하며(헌법재판소 2016.12.20. 선고 2016헌바153 결정 등 참조), 구체적으로 인격체인 피해자의 성적 자유와 함부로 촬영당하지 아니할 자유를 보호하기 위한 것이다(대판 2008.9.25. 2008도7007 참조). 여기에서 '성적 자유'는 소극적으로 자기 의사에 반하여 성적 대상화가 되지 않을 자유를 의미한다. [2] 피해자가 성적 자유를 침해당했을 때 느끼는 성적 수치심은 부끄럽고 창피한 감정으로만 나타나는 것이 아니라 분노·공포·무기력·모욕감 등 다양한 형태로 나타날 수 있다. 성적 수치심의 의미를 협소하게 이해하여 부끄럽고 창피한 감정이 표출된 경우만을 보호의 대상으로 한정하는 것은 성적 피해를 당한 피해자가 느끼는 다양한 피해 감정을 소외시키고 피해자로 하여금 부끄럽고 창피한 감정을 느낄 것을 강요하는 결과가 될 수 있으므로, 피해 감정의 다양한 층위와 구체적인 범행 상황에 놓인 피해자의 처지와 관점을 고려하여 성적 수치심이 유발되었는지 여부를 신중하게 판단해야 한다. [3] 촬영한 대상이 '성적 욕망 또는 수치심을 유발할 수 있는 다른 사람의 신체'에 해당하는지는 객관적으로 피해자와 같은 성별, 연령대의 일반적이고 평균적인 사람들의 관점에서 성적 욕망 또는 수치심을 유발할 수 있는 신체에 해당하는지를 고려함과 아울러, 피해자의 옷차림, 노출의 정도 등은 물론, 촬영자의 의도와 촬영에 이르게 된 경위, 촬영 장소와 촬영 각도 및 촬영 거리, 촬영된 원판의 이미지, 특정 신체 부위의 부각 여부 등을 종합적으로 고려하여 구체적·개별적·상대적으로 결정하여야 한다(대판 2008.9.25. 2008도7007 등 참조). [4] 한편, 이와 같이 '성적 욕망 또는 수치심을 유발할 수 있는 신체'란 특정한 신체의 부분으로 일률적으로 결정되는 것이 아니고 촬영의 맥락과 촬영의 결과물을 고려하여 그와 같이 촬영을 하거나 촬영을 당하였을 때 '성적 욕망 또는 수치심을 유발할 수 있는 경우'를 의미한다. 따라서 피해자가 공개된 장소에서 자신의 의사에 의하여 드러낸 신체 부분이라고 하더라도 이를 촬영하거나 촬영 당하였을 때에는 성적 욕망 또는 수치심이 유발될 수 있으므로 카메라등이용촬영죄의 대상이 되지 않는다고 섣불리 단정하여서는 아니 된다(대판 2020.12.24. 2019도16258). [해설] 피해자가 레깅스 바지를 입고 있었더라도 이 사건 동영상에 촬영된 피해자의 엉덩이 부위 등 하반신은 '성적 욕망 또는 수치심을 유발할 수 있는 타인의 신체'에 해당한다는 이유로 원심판결을 파기한 사례.

⑱ [1] 성폭력처벌법 제6조는 신체적인 장애가 있는 사람에 대하여 강간의 죄 또는 강제추행의 죄를 범하거나 위계 또는 위력으로써 그러한 사람을 간음한 사람을 처벌하고 있다. 2010. 4. 15. 제정된 당초의 성폭력처벌법 제6조는 '신체적인 장애 등으로 항거불능인 상태에 있는 여자 내지 사람'을 객체로 하는 간음, 추행만을 처벌하였으나, 2011. 11. 17.자 개정 이후 '신체적인 장애가 있는 여자 내지 사람'을 객체로 하는 강간, 강제추행 등도 처벌대상으로 삼고 있다. 이러한 개정 취지는 성폭력에 대한 인지능력, 항거능력, 대처능력 등이 비장애인보다 낮은 장애인을 보호하기 위하여 장애인에 대한 성폭력범죄를 가중처벌하는 데 있다. [2] 장애인복지법 제2조는 장애인을 '신체적·정신적 장애로 오랫동안 일상생활이나 사회생활에서 상당한 제약을 받는 자'라고 규정하고 있고 성폭력처벌법과 유사하게 장애인에 대한 성폭력범행의 특칙을 두고 있는 「아동·청소년의 성보호에 관한 법률」 제8조는 장애인복지법상 장애인 개념을 그대로 가져와 장애 아동·청소년의 의미를 밝히고 있다. 「장애인차별금지 및 권리구제 등에 관한 법률」 제2조는 장애를 '신체적·정신적 손상 또는 기능상실이 장기간에 걸쳐 개인의 일상 또는 사회생활에 상당한 제약을 초래하는 상태'라고 규정하면서, 그러한 장애가 있는 사람을 장애인이라고 규정하고 있다. 이와 같은 관련 규정의 내용을 종합하면 성폭력처벌법 제6조에서 규정하는 '신체적인 장애가 있는 사람'이란 '신체적 기능이나 구조 등의 문제로 일상생활이나 사회생활에서 상당한 제약을 받는 사람'을 의미한다고 해석할 수 있다. [3] 한편 <u>장애와 관련된 피해자의 상태는 개인별로 그 모습과 정도에 차이가 있는데 그러한 모습과 정도가 성폭력처벌법 제6조에서 정한 신체적인 장애를 판단하는 본질적인 요소가 되므로 신체적인 장애를 판단함에 있어서는 해당 피해자의 상태가 충분히 고려되어야 하고 비장애인의 시각과 기준에서 피해자의 상태를 판단하여 장애가 없다고 쉽게 단정해서는 안 된다.</u> [4] 아울러 <u>본 죄가 성립하려면 행위자도 범행 당시 피해자에게 이러한 신체적인 장애가 있음을 인식하여야 한다</u>(대판 2021.2.25. 2016도4404, 2016전도49(병합)). [해설] 장애인인 피해여성(다리를 절고 오른쪽 눈이 사실상 보이지 않으며 지체장애 3급으로 등록되어 있음)을 강간, 강제추행 등의 범행을 저지른 것으로 기소한 사안에서, 원심은 성폭력처벌법 제6조에서 규정하는 신체적 또는 정신적인 장애에 해당하려면 피해자의 성적 자기결정권 행사를 특별히 보호해야 할 필요가 있을 정도의 신체적 또는 정신적인 장애가 있어야 한다는 전제 하에 피해자에게 그러한 장애가 있다거나 피고인이 범행 당시 피해자가 그와 같은 장애상태에 있었음을 인식하였다고 보기 어렵다고 판단하여 이 부분에 대해 무죄를 선고하고, 일반 강간, 강제추행 등만 유죄로 판단함. 대법원은 성폭력처벌법 제6조의 '신체적 장애가 있는 사람'이란 '신체적 기능이나 구조 등의 문제로 일상생활이나 사회생활에서 상당한 제약을 받는 사람'을 의미하는 것으로 보아야 한다고 판단하면서 그러한 장애 여부를 판단함에 있어서는 해당 피해자의 상태가 충분히 고려되어야 하고 비장애인의 시각과 기준에서 피해자의 상태를 판단하여 장애가 없다고 쉽게 단정해서는 안 된다고 보아 원심을 파기하였음.

⑲ 「성폭력범죄의 처벌 등에 관한 특례법」(이하 '성폭력처벌법'이라고 한다) 위반(카메라등이용촬영) 죄는 카메라 등을 이용하여 성적 욕망 또는 수치심을 유발할 수 있는 타인의 신체를 그 의사에 반하여 촬영함으로써 성립하는 범죄이고, 여기서 '촬영'이란 카메라나 그 밖에 이와 유사한 기능을 갖춘 기계장치 속에 들어 있는 필름이나 저장장치에 피사체에 대한 영상정보를 입력하는 행위를 의미한다(대법원 2011. 6. 9. 선고 2010도10677 판결 참조). 따라서 <u>범인이 피해자를 촬영하기 위하여 육안 또는 캠코더의 줌 기능을 이용하여 피해자가 있는지 여부를 탐색하다가 피해자를 발견하지 못하고 촬영을 포기한 경우에는 촬영을 위한 준비행위에 불과하여 성폭력처벌법위반(카메라등이용촬영)죄의</u>

실행에 착수한 것으로 볼 수 없다(대법원 2011. 11. 10. 선고 2011도12415 판결 참조). 이에 반하여 범인이 카메라 기능이 설치된 휴대전화를 피해자의 치마 밑으로 들이밀거나, 피해자가 용변을 보고 있는 화장실 칸 밑 공간 사이로 집어넣는 등 카메라 등 이용 촬영 범행에 밀접한 행위를 개시한 경우에는 성폭력처벌법위반(카메라등이용촬영)죄의 실행에 착수하였다고 볼 수 있다(대법원 2012. 6. 14. 선고 2012도4449 판결, 대법원 2014. 11. 13. 선고 2014도8385 판결 등 참조)(대판 2021.3.25. 2021도749). [해설] 피고인이 성폭력처벌법위반(카메라등이용촬영)죄의 미수로 기소된 사안에서, 원심은 휴대전화를 든 피고인의 손이 피해자가 용변을 보고 있던 화장실 칸 너머로 넘어온 점, 카메라 기능이 켜진 위 휴대전화의 화면에 피해자의 모습이 보인 점 등에 비추어 그 실행의 착수가 인정된다고 보아 유죄로 판단하였고, 대법원은 원심의 판단을 수긍한 사례.

⑳ 가. 「성폭력범죄의 처벌 등에 관한 특례법」(이하 '성폭력처벌법'이라고 한다) 제6조에서 정한 '위력'이란 피해자의 성적 자유의사를 제압하기에 충분한 세력으로서 유형적이든 무형적이든 묻지 않으며, 폭행·협박 뿐 아니라 행위자의 사회적·경제적·정치적인 지위나 권세를 이용하는 것도 가능하다. 위력으로써 간음한 것인지 여부는 피해자에 대하여 이루어진 구체적인 행위의 경위 및 태양, 행사한 세력의 내용과 정도, 이용한 행위자의 지위나 권세의 종류, 피해자의 연령, 행위자와 피해자의 이전부터의 관계, 피해자에게 주는 위압감 및 성적 자유의사에 대한 침해의 정도, 범행 당시의 정황 등 여러 사정을 종합적으로 고려하여 판단하여야 한다(대법원 2014. 7. 24. 선고 2014도4969 판결, 대법원 2019. 6. 13. 선고 2019도3341 판결 등 참조). 나. 원심은 수사기관, 제1심 및 원심에서의 피해자의 진술 내용이 일관되고 구체적이어서 신빙성이 있음을 전제로, ① 피해자가 20세 무렵인 1995년경부터 남편과 동거를 시작하여 혼인기간 동안 남편으로부터 지속적으로 가정폭력을 당하였음에도 생계유지와 자녀양육 뿐만 아니라 일상생활 전반에서 남편에게 의지하는 정도가 커 피해자로서는 혼인관계를 유지하는 것이 매우 중요했을 것으로 보이는 점, ② 피고인은 피해자 남편의 친형인바, 1995년경 피해자의 남편이 술에 취해 잠든 틈에 피해자를 집 밖으로 불러내 인근 야산에서 피해자의 반항을 제압하고 간음하였고, 이후 피해자나 자녀들을 죽이겠다고 위협하면서 부정기적으로 피해자를 찾아와 원치 않은 성관계를 요구한 점, ③ 피해자는 앞서 본 신체적인 장애, 순종적이고 타인의 부당한 요구를 쉽게 거절하지 못하는 성향에 위 상황적 특성 등으로 피고인의 요구를 회피하기 어렵다고 생각하여 체념 상태에 있었던 것으로 보이는 점 등에 비추어 피고인이 이 사건 간음 당시 피해자에게 성폭력처벌법 제6조에서의 위력을 행사하였다고 판단하였다. 다. 앞서 본 법리에 원심이 든 위와 같은 사정들을 통해 알 수 있는 피고인과 피해자의 인적 관계, 가정폭력을 행사하는 남편, 피해자의 신체적인 장애와 경제적 형편, 양육할 자녀 등 복합적인 관계에 비추어 피해자로서는 지속적인 피고인의 범행으로 성적 자유의사를 제압당할 정도에까지 이르렀다고 봄이 상당한바, 피고인이 이 사건 간음 당시 피해자에게 성폭력처벌법 제6조에서의 위력을 행사하였음을 인정한 원심의 판단이 타당하고, 원심판단에 상고이유 주장과 같이 성폭력처벌법 제6조에서의 위력에 관한 법리를 오해한 잘못이 없다(대판 2021.4.29. 2021도2778). [해설] 신체장애인에 대한 간음 사건에서 성폭력처벌법 제6조 소정의 위력 행사를 인정한 사례.

㉑ 「성폭력범죄의 처벌 등에 관한 특례법」(이하 '성폭력처벌법'이라고 한다) 위반(카메라등이용촬영)죄는 카메라 등을 이용하여 성적 욕망 또는 수치심을 유발할 수 있는 타인의 신체를 그 의사에 반하여 촬영함으로써 성립하는 범죄이고, 여기서 '촬영'이란 카메라나 그 밖에 이와 유사한 기능을 갖춘 기계장치 속에 들어 있는 필름이나 저장장치에 피사체에 대한 영상정보를 입력하는 행위를 의미한

다. 따라서 범인이 피해자를 촬영하기 위하여 육안 또는 캠코더의 줌 기능을 이용하여 피해자가 있는지 여부를 탐색하다가 피해자를 발견하지 못하고 촬영을 포기한 경우에는 촬영을 위한 준비행위에 불과하여 성폭력처벌법위반(카메라등이용촬영)죄의 실행에 착수한 것으로 볼 수 없다. 이에 반하여 범인이 카메라 기능이 설치된 휴대전화를 피해자의 치마 밑으로 들이밀거나, 피해자가 용변을 보고 있는 화장실 칸 밑 공간 사이로 집어넣는 등 카메라 등 이용 촬영 범행에 밀접한 행위를 개시한 경우에는 성폭력처벌법위반(카메라등이용촬영)죄의 실행에 착수하였다고 볼 수 있다(대법원 2021. 3. 25. 선고 2021도749 판결 참조)(대판 2021.8.12. 2021도7035). [해설] 편의점에서 카메라 기능이 설치된 휴대전화를 손에 쥔 채 치마를 입은 피해자들을 향해 쪼그려 앉아 피해자의 치마 안쪽을 비추는 등 행위를 한 피고인에 대해 성폭력처벌법위반(카메라등이용촬영)죄의 실행의 착수를 인정한 사례.

㉒ 성폭력범죄의 처벌 등에 관한 특례법 제6조에서 정하는 '<u>정신적인 장애가 있는 사람</u>'이란 '<u>정신적인 기능이나 손상 등의 문제로 일상생활이나 사회생활에서 상당한 제약을 받는 사람</u>'을 가리킨다. <u>장애인복지법에 따른 장애인 등록을 하지 않았다거나 그 등록 기준을 충족하지 못하더라도 여기에 해당할 수 있다</u>(대판 2021.10.28. 2021도9051). [해설] 피해자가 장애인등록을 하지 않았더라도, 여러 사정을 종합할 때 정신적 기능 등의 문제로 일상생활이나 사회생활에서 상당한 제약을 받는 자에 해당하므로, 성폭력처벌법 제6조에서 규정한 '정신적인 장애가 있는 사람'에 해당한다고 한 원심판결에 법리오해의 잘못이 없다고 한 사례.

㉓ [1] 「성폭력범죄의 처벌 등에 관한 특례법」(이하 '성폭력처벌법'이라고 한다) 제14조 제1항은 '카메라나 그 밖에 이와 유사한 기능을 갖춘 기계장치를 이용하여 성적 욕망 또는 수치심을 유발할 수 있는 다른 사람의 신체를 그 의사에 반하여 촬영'하는 행위를 처벌하도록 규정한다. 성폭력처벌법 제14조 제1항에서 정한 '카메라등이용촬영죄'는 이른바 '몰래카메라'의 폐해가 사회문제가 되면서 촬영대상자의 의사에 반하는 촬영 및 반포 등의 행위를 처벌하기 위하여 신설된 조항으로서, 피해자의 성적 자기결정권 및 일반적 인격권 보호, 사회의 건전한 성풍속 확립을 그 보호법익으로 하며(헌법재판소 2016. 12. 20. 선고 2016헌바153 결정 등 참조), 구체적으로 인격체인 피해자의 성적 자유와 함부로 촬영당하지 아니할 자유를 보호하기 위한 것이다(대법원 2008. 9. 25. 선고 2008도7007 판결 참조). 여기에서 '성적 자유'는 소극적으로 자기 의사에 반하여 성적 대상화가 되지 않을 자유를 의미한다(대법원 2020. 12. 24. 선고 2019도16258 판결 참조). [2] <u>촬영한 대상이 '성적 욕망 또는 수치심을 유발할 수 있는 다른 사람의 신체'에 해당하는지는 객관적으로 피해자와 같은 성별, 연령대의 일반적이고 평균적인 사람들의 관점에서 성적 욕망 또는 수치심을 유발할 수 있는 신체에 해당하는지를 고려함과 아울러, 피해자의 옷차림, 노출의 정도 등은 물론, 촬영자의 의도와 촬영에 이르게 된 경위, 촬영 장소와 촬영 각도 및 촬영 거리, 촬영된 원판의 이미지, 특정 신체 부위의 부각 여부 등을 종합적으로 고려하여 구체적·개별적으로 결정하여야 한다</u>(대법원 2008. 9. 25. 선고 2008도7007 판결 등 참조)(대판 2022.3.17. 2021도13203). [해설] 피고인은 2019. 9. 5.부터 2021. 3. 19.까지 엉덩이 부분이 딱 맞는 청바지를 입은 여성의 뒷모습을 5,000장 이상 촬영하였는데, 피고인이 촬영한 사진 중에는, 청바지를 입은 여성을 따라다니면서 계단을 오르는 모습을 바로 뒤에서 엉덩이를 부각하여 촬영한 사진도 있지만, 특별히 엉덩이를 부각하지 않고 청바지를 입은 여성의 뒷모습 전신을 어느 정도 떨어진 거리에서 촬영한 사진도 있음. 검사는 사진 파일 전부와 이를 엑셀파일로 정리한 목록을 제출하였으나, 범죄일람표 기재만으로는 어떠한 사진 몇 장에 대하여 공소제기가 된 것인지가 불분명함. 원심은 공소사실 전부를 유죄로 인정하였음. 그러나 대법원은, 피고인이 같은 의도를 가지고 유사한 옷

차림을 한 여성에 대한 촬영을 오랜 기간 지속한 경우에도 피고인의 행위가 카메라등이용촬영죄에 해당하는지 여부는 개개의 촬영행위별로 구체적·개별적으로 결정되어야 하고, 이 사건 엑셀 파일 중 엉덩이를 부각하여 촬영한 경우는 성적 수치심을 유발할 수 있다고 볼 여지가 있으나 특별히 엉덩이를 부각하지 않고 일상복인 청바지를 입은 여성의 뒷모습 전신을 어느 정도 떨어진 거리에서 촬영하였을 뿐이라면 카메라등이용촬영죄 성립을 단정하기 어려우며, 따라서 원심으로서는 공소제기의 대상을 명확히 한 다음, 피고인의 그와 같은 촬영이 성적 욕망 또는 수치심을 유발할 수 있는 신체를 촬영한 경우에 해당하는지 여부를 구체적·개별적으로 심리·판단하였어야 했다는 이유로, 원심을 파기함.

㉔ 구 성폭력범죄의 처벌 등에 관한 특례법(2020. 5. 19. 법률 제17264호로 개정되기 전의 것, 이하 '구 성폭력처벌법'이라 한다)은 제14조 제1항에서 '카메라나 그 밖에 이와 유사한 기능을 갖춘 기계장치를 이용하여 성적 욕망 또는 수치심을 유발할 수 있는 사람의 신체를 촬영대상자의 의사에 반하여 촬영'하는 행위를 처벌하면서, 같은 조 제2항에서 '제1항에 따른 촬영물 또는 복제물을 반포·판매·임대·제공 또는 공공연하게 전시·상영한 자'뿐만 아니라 '제1항의 촬영이 촬영 당시에는 촬영대상자의 의사에 반하지 아니한 경우에도 사후에 그 촬영물 또는 복제물을 촬영대상자의 의사에 반하여 반포·판매·임대·제공 또는 공공연하게 전시·상영한 자'도 5년 이하의 징역 또는 3천만원 이하의 벌금에 처하도록 규정하고 있다. 이는 <u>성적 욕망 또는 수치심을 유발할 수 있는 타인의 신체를 촬영한 촬영물 또는 복제물(이하 '촬영물 등'이라 한다)</u>이 인터넷 등 정보통신망을 통하여 급속도로 광범위하게 유포됨으로써 피해자에게 엄청난 피해와 고통을 초래하는 사회적 문제를 감안하여, 죄책이나 비난 가능성이 촬영 행위 못지않게 크다고 할 수 있는 촬영물 등의 반포 등 유포 행위를 한 자에 대해서도 촬영자와 동일하게 처벌하기 위함이다. 이러한 법률 규정의 내용 및 입법 취지 등에 비추어 볼 때 구 성폭력처벌법 제14조 제2항에서 유포 행위의 한 유형으로 열거하고 있는 <u>'공공연한 전시'란 불특정 또는 다수인이 촬영물 등을 인식할 수 있는 상태에 두는 것을 의미하고, 촬영물 등의 '공공연한 전시'로 인한 범죄는 불특정 또는 다수인이 전시된 촬영물 등을 실제 인식하지 못했다고 하더라도 촬영물 등을 위와 같은 상태에 둠으로써 성립한다</u>(대판 2022.6.9. 2022도1683).

㉕ [1] 성적 자유를 침해당했을 때 느끼는 성적 수치심은 부끄럽고 창피한 감정만으로 나타나는 것이 아니라 다양한 형태로 나타날 수 있고, 혐오감 또한 추행 피해자가 느낄 수 있는 감정에 해당한다. [2] 성폭력범죄의 처벌 등에 관한 특례법 제13조는 "자기 또는 다른 사람의 성적 욕망을 유발하거나 만족시킬 목적으로 전화, 우편, 컴퓨터, 그 밖의 통신매체를 통하여 '성적 수치심이나 혐오감을 일으키는 말, 음향, 글, 그림, 영상 또는 물건'을 상대방에게 도달하게 한 사람"을 처벌한다. <u>'자기 또는 다른 사람의 성적 욕망을 유발하거나 만족시킬 목적'이 있는지 여부는 피고인과 피해자의 관계, 행위의 동기와 경위, 행위의 수단과 방법, 행위의 내용과 태양, 상대방의 성격과 범위 등 여러 사정을 종합하여 사회통념에 비추어 합리적으로 판단하여야 한다.</u> 또한 <u>'성적 수치심이나 혐오감을 일으키는 것'</u>은 피해자에게 단순한 부끄러움이나 불쾌감을 넘어 인격적 존재로서의 수치심이나 모욕감을 느끼게 하거나 싫어하고 미워하는 감정을 느끼게 하는 것으로서 사회 평균인의 성적 도의관념에 반하는 것을 의미한다. 이와 같은 <u>성적 수치심 또는 혐오감의 유발 여부는 일반적이고 평균적인 사람들을 기준으로 하여 판단함이 타당하고, 특히 성적 수치심의 경우 피해자와 같은 성별과 연령대의 일반적이고 평균적인 사람들을 기준으로 하여 그 유발 여부를 판단</u>하여야 한다(대판 2022.9.29. 2020도11185). [해설] 상사 계급의 군인인 피고인이 20세의 여성 하사인 피해자에게 일과 시간 이후 저녁에 1시간가량 전화를 하면서 '교제하는 이성과 성관계 경험이 있는지 여부와 성관계를 하지 않은 이유에 대한 질문, 성관계 자세를 포함한 자신의 성관계 경험과 당시 느꼈던 기분'을 이야기하였다는 이유로 성폭력처벌법 위반(통신매체이용음란)죄로 기소된 사안에서, 대

법원은 판시와 같은 사정을 들어 피고인의 발언이 '성적 수치심이나 혐오감을 일으키는 말'에 해당하고 피고인에게 '성적 욕망을 유발하거나 만족시킬 목적' 또한 있었다고 판단하여, 이와 달리 판단한 원심을 파기이송한 사례.

㉖ [1] 성폭력범죄의 처벌 등에 관한 특례법(이하 '성폭력처벌법'이라고 한다) 제6조 제4항은 "신체적인 또는 정신적인 장애로 항거불능 또는 항거곤란 상태에 있음을 이용하여 사람을 간음하거나 추행한 사람은 제1항부터 제3항까지의 예에 따라 처벌한다."라고 규정한다. 1994. 1. 5. 법률 제4702호로 제정된 성폭력범죄의 처벌 및 피해자보호 등에 관한 법률은 신체장애인에 대한 간음 및 추행을 처벌하고 이를 비친고죄로 규정하였고(제8조), 1997. 8. 22. 법률 제5343호로 개정된 법률에서 정신상의 장애로 항거불능인 상태에 있음을 이용한 간음 등도 처벌 대상이 되었다. 성폭력범죄의 처벌에 관한 사항을 따로 분리하기 위해 2010. 4. 15. 법률 제10258호로 제정된 성폭력처벌법은 이후 몇 차례 개정되면서 장애인에 대한 성폭력범죄를 유형화하고 처벌을 강화하였는데, 특히 2012. 12. 18. 법률 제11556호로 전부 개정되면서 <u>제6조 제4항의 장애인에 대한 준강간·준강제추행죄의 구성요건에 '항거불능' 이외에 '항거곤란'도 추가하여 구성요건을 완화하였다</u>. 위와 같은 개정의 경과와 그 취지 등을 종합하여 보면, 현행 성폭력처벌법 제6조 제4항에서의 <u>'신체적인 또는 정신적인 장애'란 같은 조 제1항, 제2항, 제3항, 제5항, 제6항의 '신체적인 또는 정신적인 장애'와 같은 의미로서 '신체적인 기능이나 구조 등 또는 정신적인 기능이나 손상 등의 문제로 일상생활이나 사회생활에서 상당한 제약을 받는 상태'</u>를 의미하고, <u>'신체적인 또는 정신적인 장애로 항거불능 또는 항거곤란 상태에 있음'이란 신체적인 또는 정신적인 장애 그 자체로 항거불능 또는 항거곤란의 상태에 있는 경우뿐 아니라 신체적인 또는 정신적인 장애가 주된 원인이 되어 심리적 또는 물리적으로 반항이 불가능하거나 곤란한 상태에 이른 경우를 포함하는 것으로 보아야 하며</u>, 이를 판단함에 있어서는 피해자의 신체적 또는 정신적 장애의 정도뿐 아니라 피해자와 가해자의 신분을 비롯한 관계, 주변의 상황 내지 환경, 가해자의 행위 내용과 방법, 피해자의 인식과 반응의 내용 등을 종합적으로 검토해야 한다. 특히 '정신적인 장애로 항거불능 또는 항거곤란 상태'에 있었는지 여부를 판단할 때에는 피해자가 정신적 장애인이라는 사정이 충분히 고려되어야 하므로, 외부적으로 드러나는 피해자의 지적 능력 이외에 정신적 장애로 인한 사회적 지능·성숙의 정도, 이로 인한 대인관계에서 특성이나 의사소통 능력 등을 전체적으로 살펴 피해자가 범행 당시에 성적 자기결정권을 실질적으로 표현·행사할 수 있었는지를 신중히 판단하여야 한다. 이와 같이 <u>피해자가 피고인을 상대로 성적 자기결정권을 행사할 수 없거나 행사하기 곤란한 항거불능 또는 항거곤란 상태에 있었는지 여부는 피해자의 장애 정도와 함께 다른 여러 사정들을 종합하여 범행 당시를 기준으로 판단해야 하는 것이고, 피해자의 장애가 성적 자기결정권을 행사하지 못할 정도인지 여부가 절대적인 기준이 되는 것은 아니다. 그리고 이를 판단함에 있어서는 장애와 관련된 피해자의 상태는 개인별로 그 모습과 정도에 차이가 있다는 점에 대한 이해를 바탕으로 해당 피해자의 상태를 충분히 고려하여야 하고 비장애인의 시각과 기준에서 피해자의 상태를 판단하여 '장애로 인한 항거불능 또는 항거곤란 상태'에 해당하지 않는다고 쉽게 단정해서는 안 된다.</u> [2] 성폭력범죄의 처벌 등에 관한 특례법 제6조 제4항의 죄는 피해자의 항거불능 또는 항거곤란 상태를 '이용하여' 간음한 경우를 처벌하고 있는데, 여기서 <u>'이용하여'는 피고인이 피해자의 항거불능 또는 항거곤란 상태를 인식하고 이에 편승하여 간음행위에 나아가는 것을 의미한다</u>(대판 2022.11.10. 2020도13672).

㉗ 카메라 기타 이와 유사한 기능을 갖춘 기계장치를 이용하여 성적 욕망 또는 수치심을 유발할 수 있는 타

인의 신체를 그 의사에 반하여 촬영하는 행위를 처벌하는 성폭력처벌법 제14조 제1항은 **인격체인 피해자의 성적 자유 및 함부로 촬영당하지 않을 자유를 보호하기 위한 것**이다(대판 2022.4.28. 2021도9041). [해설] 피고인이 연예기획사 매니저와 사진작가의 1인 2역을 하면서 청소년인 피해자에게 거짓말을 하여 피해자로 하여금 모델이 되기 위한 연기 연습 등의 일환으로 성관계를 한다는 착각에 빠지게 하여 위계로써 피해자를 간음하였다는 공소사실에 대하여, 원심은 피해자가 간음행위 자체에 대한 착오에 빠져 성관계를 하였다는 점의 증명이 부족하다고 보아 무죄로 판단하였음. 대법원은 피고인이 '간음행위에 이르게 된 동기' 내지 '간음행위와 결부된 비금전적 대가'에 관한 위계로 피해자를 간음한 것으로 볼 수 있는데, 이는 공소사실에 적시된 위계의 내용과 정확히 일치하지는 않으나, 공소사실의 동일성의 범위 내에 있고, 피고인의 방어권 행사에 실질적인 불이익을 초래할 염려도 없을뿐더러, 원심이 대법원 2020. 8. 27. 선고 2015도9436 전원합의체 판결의 결과를 장기간 기다려 왔고 위 2015도9436 판결의 법리에 따르면 피고인의 행위는 위계에 의한 간음죄를 구성하는 등 판시와 같은 사정을 들어 원심의 결론이 법원의 직권심판의무에 반한다고 판단하였음. 피고인이 위와 같이 위계로 피해자를 간음하는 과정에서 카메라로 피해자의 나체를 촬영하여 성폭력처벌법위반(카메라등이용촬영)죄로 기소된 부분에 관하여, 대법원은 판시와 같은 사정을 들어 피고인의 행위는 피해자의 의사에 반한다고 볼 여지가 충분하다고 보아, 이 부분 공소사실을 무죄로 판단한 원심을 파기환송함.

 **판례** 아동·청소년의 성보호에 관한 법률 관련 판례

<아동·청소년의 성보호에 관한 법률>

제11조(아동·청소년성착취물의 제작·배포 등)
① 아동·청소년성착취물을 제작·수입 또는 수출한 자는 무기징역 또는 5년 이상의 유기징역에 처한다.

제15조(알선영업행위 등)
① 다음 각 호의 어느 하나에 해당하는 자는 7년 이상의 유기징역에 처한다.
  1. 아동·청소년의 성을 사는 행위의 장소를 제공하는 행위를 업으로 하는 자
  2. 아동·청소년의 성을 사는 행위를 알선하거나 정보통신망(「정보통신망 이용촉진 및 정보보호 등에 관한 법률」 제2조제1항제1호의 정보통신망을 말한다. 이하 같다)에서 알선정보를 제공하는 행위를 업으로 하는 자
  3. 제1호 또는 제2호의 범죄에 사용되는 사실을 알면서 자금·토지 또는 건물을 제공한 자
  4. 영업으로 아동·청소년의 성을 사는 행위의 장소를 제공·알선하는 업소에 아동·청소년을 고용하도록 한 자

① 아동·청소년의 성을 사는 행위를 알선하는 행위를 업으로 하여 청소년성보호법 제15조 제1항 제2호의 위반죄가 성립하기 위해서는 **알선행위를 업으로 하는 사람이 아동·청소년을 알선의 대상으로 삼아 그 성을 사는 행위를 알선한다는 것을 인식하여야 하지만**, **이에 더하여 알선행위로 아동·청소년의 성을 사는 행위를 한 사람이 행위의 상대방이 아동·청소년임을 인식하여야 한다고 볼 수는 없다**(대판 2016.2.18. 2015도15664).

② [1] 아동·청소년의 성보호에 관한 법률(이하 '청소년성보호법'이라 한다)의 입법목적은 아동·청소년을 대상으로 성적 행위를 한 자를 엄중하게 처벌함으로써 성적 학대나 착취로부터 아동·청소년을 보호하고 아동·청소년이 책임 있고 건강한 사회구성원으로 성장할 수 있도록 하려는 데 있다. 아동·청소년이용음란물은 직접 피해자인 아동·청소년에게는 치유하기 어려운 정신적 상

처를 안겨줄 뿐만 아니라, 이를 시청하는 사람들에게까지 성에 대한 왜곡된 인식과 비정상적 가치관을 조장한다. 따라서 아동·청소년을 이용한 음란물 '제작'을 원천적으로 봉쇄하여 아동·청소년을 성적 대상으로 보는 데서 비롯되는 잠재적 성범죄로부터 아동·청소년을 보호할 필요가 있다. 특히 인터넷 등 정보통신매체의 발달로 음란물이 일단 제작되면 제작 후 제작자의 의도와 관계없이 언제라도 무분별하고 무차별적으로 유통에 제공될 가능성이 있다. 이러한 점에 아동·청소년을 이용한 음란물 제작을 처벌하는 이유가 있다. 그러므로 <u>아동·청소년의 동의가 있다거나 개인적인 소지·보관을 1차적 목적으로 제작하더라도 청소년성보호법 제11조 제1항의 '아동·청소년이용음란물의 제작'에 해당한다고 보아야 한다.</u> [2] <u>피고인이 직접 아동·청소년의 면전에서 촬영행위를 하지 않았더라도 아동·청소년이용음란물을 만드는 것을 기획하고 타인으로 하여금 촬영행위를 하게 하거나 만드는 과정에서 구체적인 지시를 하였다면, 특별한 사정이 없는 한 아동·청소년이용음란물 '제작'에 해당한다. 이러한 촬영을 마쳐 재생이 가능한 형태로 저장이 된 때에 제작은 기수에 이르고 반드시 피고인이 그와 같이 제작된 아동·청소년이용음란물을 재생하거나 피고인의 기기로 재생할 수 있는 상태에 이르러야만 하는 것은 아니다.</u> 이러한 법리는 피고인이 아동·청소년으로 하여금 스스로 자신을 대상으로 하는 음란물을 촬영하게 한 경우에도 마찬가지이다(대판 2018.9.13. 2018도9340).

③ <u>피고인이 아동·청소년으로 하여금 스스로 자신을 대상으로 하는 음란물을 촬영하게 한 경우</u> 피고인이 직접 촬영행위를 하지 않았더라도 <u>그 영상을 만드는 것을 기획하고 촬영행위를 하게 하거나 만드는 과정에서 구체적인 지시를 하였다면, 특별한 사정이 없는 한 아동·청소년이용음란물 '제작'에 해당하고, 이러한 촬영을 마쳐 재생이 가능한 형태로 저장이 된 때에 제작은 기수에 이른다</u>(대법원 2018. 1. 25. 선고 2017도18443 판결, 대법원 2018. 9. 13. 선고 2018도9340 판결 참조)(대판 2021.3.25. 2020도18285).
[해설] 피고인이 공범들과 공모하여 아동·청소년인 피해자들의 비공개 정보를 수집한 후 이를 빌미로 피해자들을 협박하여 피해자들로 하여금 스스로 자신을 대상으로 한 음란 사진 및 동영상을 촬영하게 한 사안에서 아동·청소년의성보호에관한법률위반(음란물제작·배포등)죄의 성립을 인정한 원심을 수긍한 사례.

④ [1] 원심은, '업무·고용이나 그 밖의 관계로 자신의 보호 또는 감독을 받는 사람'에는 사실상의 보호 또는 감독을 받는 상황에 있는 사람도 포함된다는 대법원 1976. 2. 10. 선고 74도1519 판결, 대법원 2007. 11. 29. 선고 2007도8135 판결의 법리를 원용한 다음, ① 당시 15세의 미성년자였던 피해자는 친인척과의 관계를 단절하고 가출을 한 상황에서 5세 연상인 피고인을 만났고, 피고인 외에는 경제적, 심리적으로 도움을 받을 사람이 없었던 점, ② 피해자는 피고인만을 믿고 의지하여 아무런 연고도 없는 서울로 가게 되었고, 성매매로 단속되어 조사받던 날에도 피고인의 상태를 물으면서 피고인에게 의존하는 모습을 보인 점, ③ 피고인은 피해자가 머물 수 있도록 모텔을 잡아 주고, 휴대전화 공기계를 구해 주거나 피해자를 병원에 데려다주고, 피해자가 받은 성매매 대금을 관리하는 등 피해자의 생활 전반에 관여하면서 사실상 보호자로서의 역할을 수행한 점, ④ 피해자는 성매매를 하거나 피고인과 있는 시간 외에는 주로 모텔에서 혼자 생활하였고, 피해자의 전반적인 생활은 피고인과 함께 형성되어 있었던 점, ⑤ 피고인은 성매매로 단속되어 피해자가 쉼터에 들어가자 보호자로서 피해자를 데려가기도 한 점 등 제반 사정을 종합하면, 비록 피고인과 피해자의 연령 차이가 5세에 불과하다고 하더라도 피해자는 피고인으로부터 사실상의 보호 또는 감독을 받는 상황에 있었다고 보아 「아동·청소년의 성보호에 관한 법률」위반(강요행위등) 공소사실을 유죄로 판단하였다. [2] 관련 법리와 적법하게 채택한 증거

에 비추어 살펴보면, 위와 같은 원심판단에 상고이유 주장과 같이 필요한 심리를 다하지 않은 채 논리와 경험의 법칙을 위반하여 자유심증주의의 한계를 벗어나거나 「아동·청소년의 성보호에 관한 법률」위반(강요행위등)죄에서의 '보호 또는 감독 관계' 등에 관한 법리를 오해한 잘못이 없다(대판 2021.6.10. 2021도4042). [해설] 20세인 피고인이 가출 청소년인 15세 피해자의 실질적 보호자 역할을 하면서 피해자로 하여금 성매매를 하게 하고 성매매 대가의 전부 또는 일부를 받은 사안에서, 비록 피고인과 피해자의 연령 차이가 5세에 불과하다고 하더라도 피해자는 피고인으로부터 사실상의 보호 또는 감독을 받는 상황에 있었다고 보아 「아동·청소년의 성보호에 관한 법률」위반(강요행위등) 공소사실을 유죄로 판단한 원심을 수긍한 사례.

⑤ 구 「아동·청소년의 성보호에 관한 법률」(2020. 6. 2. 법률 제17338호로 개정되기 전의 것, 이하 「아동·청소년의 성보호에 관한 법률」을 '청소년성보호법'이라고 한다) 제11조 제5항의 청소년성보호법 위반(음란물소지)죄는 아동·청소년이용음란물임을 알면서 이를 소지하는 행위를 처벌함으로써 아동·청소년이용음란물의 제작을 근원적으로 차단하기 위한 처벌규정이다. 그리고 구 청소년성보호법 제11조 제1항의 청소년성보호법 위반(음란물제작·배포등)죄의 법정형이 무기징역 또는 5년 이상의 유기징역인 반면, 청소년성보호법 위반(음란물소지)죄의 법정형이 1년 이하의 징역 또는 2천만원 이하의 벌금형이고, 아동·청소년이용음란물 제작행위에 아동·청소년이용음란물 소지행위가 수반되는 경우 아동·청소년이용음란물을 제작한 자에 대하여 자신이 제작한 아동·청소년이용음란물을 소지하는 행위를 별도로 처벌하지 않더라도 정의 관념에 현저히 반하거나 해당 규정의 기본취지에 반한다고 보기 어렵다. 따라서 아동·청소년이용음란물을 제작한 자가 그 음란물을 소지하게 되는 경우 청소년성보호법 위반(음란물소지)죄는 청소년성보호법 위반(음란물제작·배포등)죄에 흡수된다고 봄이 타당하다. 다만 아동·청소년이용음란물을 제작한 자가 제작에 수반된 소지행위를 벗어나 사회통념상 새로운 소지가 있었다고 평가할 수 있는 별도의 소지행위를 개시하였다면 이는 청소년성보호법 위반(음란물제작·배포등)죄와 별개의 청소년성보호법 위반(음란물소지)죄에 해당한다(대판 2021.7.8. 2021도2993). [해설] 피고인이 직접 피해자들에게 지시하여 제작함으로써 청소년성보호법 위반(음란물제작·배포등)죄로 처벌받는 사진 및 동영상 파일 162개에 대한 청소년성보호법 위반(음란물소지)죄 부분에 대하여 위와 같은 새로운 소지가 있었는지 살피지 아니한 채 청소년성보호법 위반(음란물소지)죄를 유죄로 인정하고 청소년성보호법 위반(음란물제작·배포등)죄와 실체적 경합범 관계에 있다고 본 제1심판결을 유지한 원심판결에는 죄수관계에 관한 법리를 오해하여 판결에 영향을 미친 잘못이 있다는 이유로 원심판결을 파기한 사례.

⑥ [1] 원심은, 아동복지법상 금지되는 '성적 학대행위'는 아동에게 성적 수치심을 주는 성희롱 등의 행위로서 아동의 건강·복지를 해치거나 정상적 발달을 저해할 수 있는 성적 폭력 또는 가혹행위를 의미한다는 법리(대법원 2017. 6. 15. 선고 2017도3448 판결 등 참조)를 원용한 다음, 제1심 법정에서 ① 피해아동 김○△이 "피고인이 박□○을 무대에 세워 놓고 '몸매도 얼굴도 참 예쁘다. 다리가 예쁘다.'고 말하고, 강당에서 '여자는 들어가야 할 데는 들어가고 나와야 할 데는 나와야 한다.'고 말하였는데, 그런 말을 들었을 때 기분이 나빴다."는 취지로 증언하였고, ② 피해아동 김△△이 "피고인이 '여자는 들어가야 할 데는 들어가고 나와야 할 데는 나와야 한다.'라는 말을 너무 반복적으로 자주 해서 그 의미가 체조를 똑바로 하면 자세가 바르게 된다는 것인지 여부를 구분할 수 없었는데, 체조와 무관하게 위와 같이 이야기한 적도 있는 것 같고, 수업시간이 끝나고 '저 선생님, 도가 지나치다, 느낌이 안 좋다.'라는 이야기를 많이 했으며, 여학생들 입

장에서는 자신들을 지칭하는 것으로 받아들여져 기분이 좋지 않았다."는 취지로 증언하였으며, ③ 피해아동 류○○이 "피고인으로부터 '내 세컨드잖아'라는 말을 들은 적이 있는데, 그 말을 듣고 당황스럽고 기분이 좋지 않았다."는 취지로 증언하였는바, 위 증언들의 신빙성이 인정되고, 피고인의 언행은 남·여학생들이 한 자리에 있는 수업시간에 일반적인 여성 또는 피해아동 박□○의 신체를 성적인 시각으로 대상화하여 평가하거나 피해아동 류○○을 내연녀를 일컫는 속된 표현으로 칭하는 것임이 객관적으로 명백하고, 피고인의 언행으로 인해 피해아동들이 실제 불쾌감과 수치심을 느낀 점 등에 비추어 보면, 피고인의 행위는 아동에게 성적 수치심을 주는 성희롱 등의 '성적 학대행위'에 해당된다는 이유로 이 부분 공소사실을 유죄로 판단한 제1심판결을 그대로 유지하였다. [2] 관련 법리와 적법하게 채택한 증거들을 비추어 보면, 원심이 든 위 사정들과 함께 피고인이 위와 같은 발언을 한 빈도수와 전체적인 맥락, 그로 인해 다수의 피해아동들이 불쾌감을 호소한 점 등을 더하여 보면, **피고인이 피해아동들에게 성적 수치심을 주는 성희롱 등의 성적 학대행위를 하였음을 인정한 원심의 판단이 타당**하고, 원심판단에 상고이유 주장과 같이 필요한 심리를 다하지 않은 채 논리와 경험의 법칙을 위반하여 자유심증주의의 한계를 벗어나거나 아동복지법상 금지되는 '성적 학대행위'에 관한 법리를 오해한 잘못이 없다(대판 2021.7.21. 2021도5328). [해설] 중학교 체육교사인 피고인이 학교 강당에서 체조 동작을 설명하면서 "여자는 들어갈 데는 들어가고 나와야 할 데는 나와야 한다."고 말하고, 특정 여학생을 강당 무대에 세워두고 "몸매도 예쁘고 얼굴도 참 예쁘다."고 말하고, 특정 여학생을 지칭하면서 "내 세컨드잖아."라고 말함으로써 성희롱 등의 성적 학대행위를 하였다고 기소된 사안에서 그 판시와 같은 사정을 종합하여 아동복지법위반죄를 인정한 원심을 수긍한 사례.

Ⅱ. 강간죄와 강제추행죄

1. 강간죄

> **제297조(강간)**
> 폭행 또는 협박으로 사람을 강간한 자는 3년 이상의 유기징역에 처한다.

(1) 의의

폭행 또는 협박으로 사람을 강간함으로써 성립하는 범죄이다(제297조).

(2) 객관적 구성요건

1) 주체 : 주체에 대하여 제한규정을 두고 있지 않으므로 본죄의 주체는 남자에 한하지 않고 여자도 강간죄의 주체가 될 수 있다. 여자도 단독정범이 될 수 있으며, 간접정범의 형태로도 본죄의 정범이 되거나 남자와 공동정범으로 본죄를 범할 수도 있다. 본죄는 신분범도 자수범도 아니기 때문이다.

2) 객체 : 사람이다. 따라서 여자 이외에 남자도 본죄의 객체가 될 수 있다. 기혼·미혼, 성년·미성년을 묻지 않으며, 13세 미만자도 포함한다. 또한, 음행의 상습이 있거나 매춘부이거나를 불문한다. 한편 법률상의 처가 본죄의 객체에 포함되는지 여부에 있어서 부부관계의 특수성과 본죄의 법정형을 고려할 때 처는 본죄의 객체가 될 수 없다는 부정설(다수설)이 있으나 혼인계약의 내용에 강

요된 동침까지 포함된다고 해석할 수는 없으므로 본죄의 객체가 된다고 할 것이다. 판례도 실질적인 부부관계의 존부를 불문하고 법률상의 처도 강간죄의 객체가 될 수 있다고 하여 긍정설의 입장을 취하고 있다.

3) **행위** : 폭행 또는 협박에 의하여 사람을 강간하는 것이다.

㈎ **폭행·협박** : 폭행이란 사람에 대한 유형력의 행사를 말하며, 협박이란 해악을 통고하는 것을 말한다. 여기서 폭행·협박은 반드시 상대방의 반항을 불가능하게 한 경우뿐만 아니라 그것을 현저하게 곤란하게 하는 것도 포함된다(통설, 판례). 폭행에는 마취제·수면제 등의 약물을 사용하거나 최면술을 거는 등 폭력을 포함한다(통설). 또한 폭행·협박은 행위자 스스로 가한 것이어야 하며, 제3자가 행한 폭행·협박을 이용하여 간음한 경우라면 준강간죄가 성립한다. 폭행·협박의 판단은 구체적 사정을 고려한 종합적 판단이다.

㈏ **강간** : 강간이란 폭행·협박에 의하여 상대방의 반항을 곤란하게 하고 간음하는 것을 말하며, 간음이란 결혼 아닌 성교행위로서 남자의 성기를 여자의 성기 속에 삽입케 하는 것을 뜻한다. 폭행·협박과 간음 사이에는 인과관계가 있어야 한다. 따라서 폭행·협박은 늦어도 간음의 착수시기까지는 행해져야 한다. 또한 행위자가 본죄의 실행에 착수하기 전에 여자가 동의한 경우에는 '강간'이라는 행위개념에 해당하지 않으므로, 강간죄에 있어서 피해자의 승낙은 구성요건해당성이 배제되는 '양해'로 취급된다. 다만 행위자가 실행에 착수한 이후에 여자가 간음에 동의한 때에는 폭행·협박과 간음 사이에 인과관계가 없으므로 강간미수죄가 성립한다.

㈐ **착수시기와 기수시기** : 본죄의 미수범은 처벌되는바(제300조), 본죄의 실행의 착수시기는 폭행·협박행위를 개시한 때이다. 강간죄의 기수시기는 남자 성기의 완전한 삽입이나 사정(사정설) 또는 간음으로 만족을 얻은 시점(만족설)이 아니라 성기를 삽입한 시점(삽입설)이 기수시기가 된다(통설).

> **제300조(미수범)**
> 제297조, 제297조의2, 제298조 및 제299조의 미수범은 처벌한다.

(3) 주관적 구성요건

폭행·협박에 의하여 사람을 강간한다는 고의가 있어야 한다. 간음이 피해자의 의사에 반한다는 인식도 고의의 내용이 된다. 따라서 간음에 여자의 동의가 없는데도 있은 것으로 오신하면, 구성요건적 착오로서 고의가 조각된다.

(4) 죄수 및 타죄와의 관계

㈎ 동일한 폭행·협박을 이용하여 수회 간음한 때에는 단순일죄가 성립할 뿐이며, 본죄와 폭행·협박죄는 법조경합의 관계에 있다. 또한, ㈏ 강간의 수단으로 폭행·협박한 경우에는 법조경합(흡수관계 중 불가벌적 수반행위)으로서 강간죄만 성립하며, 강간시 강제추행을 한 경우에 강제추행죄는 강간죄에 흡수되어 별죄를 구성하지 않는다.

㈐ 강간죄의 성립에는 언제나 필요한 수단으로 감금행위를 수반하는 것은 아니므로, 강간의 수단으로 감금한 경우에는 행위의 부분적 동일성에 의하여 강간죄와 감금죄의 상상적 경합이 성립한

다. 그러나 ㈐ 감금 도중에 강간의 고의가 생겨 강간한 경우에는 별죄를 구성하게 되어, 본죄와 감금죄의 경합범이 된다. 한편, ㈑ 강간 후 강도는 강간죄와 강도죄의 실체적 경합범이 되고, 강도 후 강간은 강도강간죄(제339조)가 된다.

성폭력범죄처벌특례법상 주거침입죄를 범한 자가 강간죄를 범한 때에는 특수강도강간 등의 일죄로 처벌된다(동법 제3조 제1항).

판례 강간죄의 객체

① [1] 강간죄의 객체는 부녀로서 여자를 가리키는 것이므로, 강간죄의 성립을 인정하기 위하여는 피해자를 법률상 여자로 인정할 수 있어야 한다. 종래에는 사람의 성을 성염색체와 이에 따른 생식기·성기 등 생물학적인 요소에 따라 결정하여 왔으나, 근래에 와서는 생물학적인 요소뿐 아니라 개인이 스스로 인식하는 남성 또는 여성으로의 귀속감 및 개인이 남성 또는 여성으로서 적합하다고 사회적으로 승인된 행동·태도·성격적 특징 등의 성역할을 수행하는 측면, 즉 정신적·사회적 요소들 역시 사람의 성을 결정하는 요소 중의 하나로 인정받게 되었으므로, <u>성의 결정에 있어 생물학적 요소와 정신적·사회적 요소를 종합적으로 고려하여야 한다.</u> [2] 성전환증을 가진 사람의 경우에도 남성 또는 여성 중 어느 한쪽의 성염색체를 보유하고 있고 그 염색체와 일치하는 생식기와 성기가 형성·발달되어 출생하지만, 출생 당시에는 아직 그 사람의 정신적·사회적인 의미에서의 성을 인지할 수 없<u>으므로, 사회통념상 그 출생 당시에는 생물학적인 신체적 성징에 따라 법률적인 성이 평가된다. 그러나 출생 후의 성장에 따라 일관되게 출생 당시의 생물학적인 성에 대한 불일치감 및 위화감·혐오감을 갖고 반대의 성에 귀속감을 느끼면서 반대의 성으로서의 역할을 수행하며 성기를 포함한 신체 외관 역시 반대의 성으로서 형성하기를 강력히 원하여, 정신과적으로 성전환증의 진단을 받고 상당기간 정신과적 치료나 호르몬치료 등을 실시하여도 여전히 위 증세가 치유되지 않고 반대의 성에 대한 정신적·사회적 적응이 이루어짐에 따라, 일반적인 의학적 기준에 의하여 성전환수술을 받고 반대 성으로서의 외부 성기를 비롯한 신체를 갖추고, 나아가 전환된 신체에 따른 성을 가진 사람으로서 만족감을 느끼며 공고한 성정체성의 인식 아래 그 성에 맞춘 의복, 두발 등의 외관을 하고 성관계 등 개인적인 영역 및 직업 등 사회적인 영역에서 모두 전환된 성으로서의 역할을 수행함으로써 주위 사람들로부터도 그 성으로서 인식되고 있으며, 전환된 성을 그 사람의 성이라고 보더라도 다른 사람들과의 신분관계에 중대한 변동을 초래하거나 사회에 부정적인 영향을 주지 아니하여 사회적으로 허용된다고 볼 수 있다면, 이러한 여러 사정을 종합적으로 고려하여 사람의 성에 대한 평가 기준에 비추어 사회통념상 신체적으로 전환된 성을 갖추고 있다고 인정될 수 있는 경우가 있다.</u> 이와 같은 성전환자는 출생시와는 달리 전환된 성이 법률적으로도 그 성전환자의 성이라고 평가받을 수 있다. [3] 성전환자를 여성으로 인식하여 강간한 사안에서, <u>피해자가 성장기부터 남성에 대한 불일치감과 여성으로의 성귀속감을 나타냈고, 성전환 수술로 인하여 여성으로서의 신체와 외관을 갖추었으며, 수술 이후 30여 년간 개인적·사회적으로 여성으로서의 생활을 영위해 가고 있는 점 등을 고려할 때, 사회통념상 여성으로 평가되는 성전환자로서 강간죄의 객체인 '부녀'에 해당한다고 한 사례</u>(대판 2009.9.10. 2009도3580). [해설] 강간죄의 객체가 부녀였던 구 형법에서의 해석론이지만 현행 법률 아래에서도 사람 중에 남성인지 아니면 여성인지에 따라서 성립되는 범죄가 다를 수 있다는 점에서 중요한 성의 판단기준을 제시하고 있는 판례.

② [다수의견] ㈎ 형법(2012. 12. 18. 법률 제11574호로 개정되기 전의 것, 이하 같다) 제297조는 부녀를 강간한 자를 처벌한다고 규정하고 있는데, 형법이 강간죄의 객체로 규정하고 있는 '부녀'란 성년이든 미성년이든, 기혼이든 미혼이든 불문하며 곧 여자를 가리킨다. 이와 같이 형법은 법률상 처를 강간죄의 객체에서 제외하는 명문의 규정을 두고 있지 않으므로, 문언 해석상으로도 법률상 처가 강간죄의 객체에 포함된다고 새기는 것에 아무런 제한이 없다. 한편 1953. 9. 18. 법률 제293호로 제정된 형법은 강간죄를 규정한 제297조를 담고 있는 제2편 제32장의 제목을 '정조에 관한 죄'라고 정하고 있었는데, 1995. 12. 29. 법률 제5057호로 형법이 개정되면서 그 제목이 '강간과 추행의 죄'로 바뀌게 되었다. 이러한 형법의 개정은 강간죄의 보호법익이 현재 또는 장래의 배우자인 남성을 전제로 한 관념으로 인식될 수 있는 '여성의 정조' 또는 '성적 순결'이 아니라, 자유롭고 독립된 개인으로서 여성이 가지는 성적 자기결정권이라는 사회 일반의 보편적 인식과 법감정을 반영한 것으로 볼 수 있다. <u>부부 사이에 민법상의 동거의무가 인정된다고 하더라도 거기에 폭행, 협박에 의하여 강요된 성관계를 감내할 의무가 내포되어 있다고 할 수 없다. 혼인이 개인의 성적 자기결정권에 대한 포기를 의미한다고 할 수 없고, 성적으로 억압된 삶을 인내하는 과정일 수도 없기 때문이다.</u> ㈏ 결론적으로 헌법이 보장하는 혼인과 가족생활의 내용, 가정에서의 성폭력에 대한 인식의 변화, 형법의 체계와 그 개정 경과, 강간죄의 보호법익과 부부의 동거의무의 내용 등에 비추어 보면, <u>형법 제297조가 정한 강간죄의 객체인 '부녀'에는 법률상 처가 포함되고, 혼인관계가 파탄된 경우뿐만 아니라 혼인관계가 실질적으로 유지되고 있는 경우에도 남편이 반항을 불가능하게 하거나 현저히 곤란하게 할 정도의 폭행이나 협박을 가하여 아내를 간음한 경우에는 강간죄가 성립한다고 보아야 한다.</u> 다만 남편의 아내에 대한 폭행 또는 협박이 피해자의 반항을 불가능하게 하거나 현저히 곤란하게 할 정도에 이른 것인지 여부는, 부부 사이의 성생활에 대한 국가의 개입은 가정의 유지라는 관점에서 최대한 자제하여야 한다는 전제에서, 그 폭행 또는 협박의 내용과 정도가 아내의 성적 자기결정권을 본질적으로 침해하는 정도에 이른 것인지 여부, 남편이 유형력을 행사하게 된 경위, 혼인생활의 형태와 부부의 평소 성행, 성교 당시와 그 후의 상황 등 모든 사정을 종합하여 신중하게 판단하여야 한다(대판 2013.5.16. 2012도14788 전원합의체). [해설] 사실혼관계, 법률혼관계, 혼인관계 파탄 여부와 상관없이 강간죄가 성립. 간음이란 결혼 아닌 성교행위로서 남자의 성기를 여자의 성기 속에 삽입케 하는 것을 의미하므로, 강간죄의 보호법익은 부녀의 정조가 아니라 성적 자기결정권으로 보아, 처도 남편과의 성관계 여부를 자유롭게 결정할 수 있다는 점에서 강간죄의 객체가 된다는 비판이 있음(간음 개념의 성립이 어려움).

 판례 강간죄의 폭행·협박

① 피고인과 피해자가 전화로 사귀어 오면서 음담패설을 주고 받을 정도까지 되었고 당초 간음을 시도한 방에서 피해자가 "여기는 죽은 시어머니를 위한 제청방이니 이런 곳에서 이런 짓을 하면 벌 받는다"고 말하여 안방으로 장소를 옮기게 된 사정 등으로 미루어 본다면 강간피고사건의 피해자에게 가한 폭행 또는 협박이 그 반항을 현저히 곤란하게 할 정도에까지 이른 것이라고 보기는 어렵다(대판 1991.5.28. 91도546).
② 피고인이 피해자를 원심 판시 여관방으로 유인한 다음 방문을 걸어 잠근 후 피해자에게 성교

할 것을 요구하였으나 피해자가 이를 거부하자 "옆방에 내 친구들이 많이 있다. 소리지르면 다 들을 것이다. 조용히 해라. 한 명하고 할 것이냐? 여러 명하고 할 것이냐?"라고 말하면서 성행위를 요구한 사실이 인정되는바, 이러한 사실과 피해자의 연령이 어린 점, 다른 사람의 출입이 곤란한 심야의 여관방에 피고인과 피해자 단둘이 있는 상황인 점 등 기록에 나타난 모든 사정을 종합하면 피고인이 피해자의 항거를 현저히 곤란하게 할 정도의 유형력을 행사한 사실은 충분히 인정된다(대판 2000.8.18. 2000도1914).

③ 피고인이 피해자 甲(女)을 비롯한 동호회 회원들과 연말 회식을 한 후 귀가하려는 甲에게 대리기사를 불러 데려다 주겠다면서 자신의 승용차 뒷좌석에 태운 다음 甲의 의사에 반하여 그를 강간하였다는 내용으로 기소된 사안에서, 제반 사정에 비추어 피고인은 甲의 반항을 억압하거나 현저히 곤란하게 할 정도의 유형력을 행사하여 강간하기에 이르렀다고 보기에 충분한데도, 이와 달리 보아 무죄를 선고한 원심판결에 심리미진 등 위법이 있다고 한 사례(대판 2012.7.12. 2012도4031).

④ 강간죄가 성립하려면 가해자의 폭행·협박은 피해자의 항거를 불가능하게 하거나 현저히 곤란하게 할 정도의 것이어야 한다. 폭행·협박이 피해자의 항거를 불가능하게 하거나 현저히 곤란하게 할 정도의 것이었는지 여부는 폭행·협박의 내용과 정도는 물론, 유형력을 행사하게 된 경위, 피해자와의 관계, 성교 당시와 그 후의 정황 등 모든 사정을 종합하여 판단하여야 한다. 또한 강간죄에서의 폭행·협박과 간음 사이에는 인과관계가 있어야 하나, 폭행·협박이 반드시 간음행위보다 선행되어야 하는 것은 아니다(대판 2017.10.12. 2016도16948, 2016전도156). [해설] 피고인의 행위는 비록 간음행위를 시작할 때 폭행 또는 협박이 없었다고 하더라도 간음행위와 거의 동시 또는 그 직후에 피해자를 폭행하여 간음한 것으로 볼 수 있고 이는 강간죄를 구성한다고 본 판례.

⑤ 강간죄가 성립하기 위한 가해자의 폭행·협박이 있었는지 여부는 그 폭행·협박의 내용과 정도는 물론 유형력을 행사하게 된 경위, 피해자와의 관계, 성교 당시와 그 후의 정황 등 모든 사정을 종합하여 피해자가 성교 당시 처하였던 구체적인 상황을 기준으로 판단하여야 하며, 사후적으로 보아 피해자가 성교 이전에 범행 현장을 벗어날 수 있었다거나 피해자가 사력을 다하여 반항하지 않았다는 사정만으로 가해자의 폭행·협박이 피해자의 항거를 현저히 곤란하게 할 정도에 이르지 않았다고 섣불리 단정하여서는 아니 된다(대판 2018.10.25. 2018도7709).

판례 | 강간죄의 착수시기

① 강간죄의 실행의 착수가 있었다고 하려면 강간의 수단으로서 폭행이나 협박을 한 사실이 있어야 할 터인데 피고인이 강간할 목적으로 피해자의 집에 침입하였다 하더라도 안방에 들어가 누워 자고 있는 피해자의 가슴과 엉덩이를 만지면서 간음을 기도하였다는 사실만으로는 강간의 수단으로 피해자에게 폭행이나 협박을 개시하였다고 하기는 어렵다(대판 1990.5.25. 90도607). [해설] 다만, 현행「형법」제305조의3에 따라 예비 또는 음모로 처벌이 가능함. 본조는 성범죄로 인한 피해 발생을 미연에 방지하여 국민의 성적 자기결정권 등 기본권을 보호하고 범죄로부터 안전한 사회를 조성하기 위하여 신설된 규정.

② 피고인이 간음할 목적으로 새벽 4시에 여자 혼자 있는 방문 앞에 가서 피해자가 방문을 열어 주지 않으면 부수고 들어갈 듯한 기세로 방문을 두드리고 피해자가 위험을 느끼고 창문에 걸터 앉아 가까이 오면 뛰어내리겠다고 하는데도 베란다를 통하여 창문으로 침입하려고 하였다면 강간의 수단으로서의 폭행에 착수하

였다고 할 수 있으므로 강간의 착수가 있었다고 할 것이다(대판 1991.4.9. 91도288). **[해설]** 강간죄의 구성요건 해당 행위인 폭행·협박 중 특히 피해자의 신체에 대한 직접적인 공격이 없음에도 폭행의 착수가 있었다고 할 수 있는 경우를 보여주는 사례.

③ 강간죄에 있어서 폭행 또는 협박은 피해자의 항거를 불능하게 하거나 현저히 곤란하게 할 정도의 것이어야 하고, 그 폭행 또는 협박이 피해자의 항거를 불능하게 하거나 현저히 곤란하게 할 정도의 것이었는지 여부는 유형력을 행사한 당해 폭행 및 협박의 내용과 정도는 물론이고 유형력을 행사하게 된 경위, 피해자와의 관계, 범행 당시의 정황 등 제반 사정을 종합하여 판단하여야 한다(대판 2000.6.9. 2000도1253).

④ [1] 강간죄가 성립하기 위한 가해자의 폭행·협박이 있었는지 여부는 폭행·협박의 내용과 정도는 물론 유형력을 행사하게 된 경위, 피해자와의 관계, 행위 당시와 그 후의 정황 등 모든 사정을 종합하여 피해자가 당시 처하였던 구체적인 상황을 기준으로 판단하여야 하며, <u>사후적으로 보아 피해자가 범행 현장을 벗어날 수 있었다거나 피해자가 사력을 다하여 반항하지 않았다는 사정만으로 가해자의 폭행·협박이 피해자의 항거를 현저히 곤란하게 할 정도에 이르지 않았다고 섣불리 단정하여서는 안 된다.</u> [2] 형법 제276조 제1항의 체포죄에서 말하는 '체포'는 사람의 신체에 대하여 직접적이고 현실적인 구속을 가하여 신체활동의 자유를 박탈하는 행위를 의미하는 것으로서 수단과 방법을 불문한다. <u>체포죄는 계속범으로서 체포의 행위에 확실히 사람의 신체의 자유를 구속한다고 인정할 수 있을 정도의 시간적 계속이 있어야 하나, 체포의 고의로써 타인의 신체적 활동의 자유를 현실적으로 침해하는 행위를 개시한 때 체포죄의 실행에 착수하였다고 볼 것이다</u>(대판 2018.2.28. 2017도21249).

판례 | 강간죄의 죄수 및 타죄와의 관계

① 피해자를 위협하여 항거 불능케 한 후 <u>1회 간음하고 2백 미터쯤 오다가 다시 1회 간음한 경우</u>에 있어 피고인의 의사 및 그 범행시각과 장소로 보아 두 번째의 간음행위는 처음 한 행위의 계속으로 볼 수 있어 이를 <u>단순일죄</u>로 처단한 것은 정당하다(대판 1970.9.29. 70도1516).

② 피해자를 1회 강간하여 상처를 입게 한 후 약 1시간 후에 <u>장소를 옮겨</u> 같은 피해자를 다시 1회 강간한 행위는 <u>그 범행시간과 장소를 달리하고 있을 뿐만 아니라 각 별개의 범의</u>에서 이루어진 행위로서 <u>형법 제37조 전단의 실체적 경합범</u>에 해당한다(대판 1987.5.12. 87도694).

③ 폭행 또는 협박으로 부녀를 강간한 경우에는 강간죄만 성립하고, 그것과 별도로 <u>강간의 수단으로 사용된 폭행·협박이 형법상의 폭행죄나 협박죄 또는 폭력행위등처벌에관한법률위반의 죄를 구성한다고는 볼 수 없으며, 강간죄와 이들 각 죄는 이른바 법조경합의 관계일 뿐이다</u>(대판 2002.5.16. 2002도51 전원합의체).

④ 성폭력범죄의처벌및피해자보호등에관한법률의 목적과 같은 법 제6조의 규정 취지에 비추어 보면 같은 법 제6조 제1항 소정의 '흉기 기타 위험한 물건을 휴대하여 강간죄를 범한 자'란 범행 현장에서 그 범행에 사용하려는 의도 아래 흉기를 소지하거나 몸에 지니는 경우를 가리키는 것이고, 그 범행과는 전혀 무관하게 우연히 이를 소지하게 된 경우까지를 포함하는 것은 아니라 할 것이나, 범행 현장에서 범행에 사용하려는 의도 아래 흉기 등 위험한 물건을 소지하거나 몸

에 지닌 이상 그 사실을 피해자가 인식하거나 실제로 범행에 사용하였을 것까지 요구되는 것은 아니다(대판 2004.6.11. 2004도2018).

⑤ 피고인 등이 비록 특정한 1명씩의 피해자만 강간하거나 강간하려고 하였다 하더라도, 사전의 모의에 따라 강간할 목적으로 심야에 인가에서 멀리 떨어져 있어 쉽게 도망할 수 없는 야산으로 피해자들을 유인한 다음 곧바로 암묵적인 합의에 따라 각자 마음에 드는 피해자들을 데리고 불과 100m 이내의 거리에 있는 곳으로 흩어져 동시 또는 순차적으로 피해자들을 각각 강간하였다면, 그 각 강간의 실행행위도 시간적으로나 장소적으로 협동관계에 있었다고 보아야 할 것이므로, 피해자 3명 모두에 대한 특수강간죄 등이 성립된다고 한 사례(대판 2004.8.20. 2004도2870).

⑥ 피고인이 강간할 목적으로 피해자를 따라 피해자가 거주하는 아파트 내부의 엘리베이터에 탄 다음 그 안에서 폭행을 가하여 반항을 억압한 후 계단으로 끌고 가 피해자를 강간하고 상해를 입힌 사안에서, <u>피고인이 성폭력범죄의 처벌 및 피해자보호 등에 관한 법률 제5조 제1항에 정한 주거침입범의 신분을 가지게 되었다</u>는 이유로, 주거침입을 인정하지 않고 강간상해죄만을 선고한 원심판결을 파기한 사례(대판 2009.9.10. 2009도4335). [해설] 성폭력범죄의 처벌 등에 관한 특례법 제8조 제1항의 '강간 등 상해죄' 일죄 성립.

⑦ 피고인이 피해자의 주거에 침입하여 강간하려다 미수에 그침과 동시에 자기의 형사사건의 수사 또는 재판과 관련하여 수사단서를 제공하고 진술한 것에 대한 보복 목적으로 그를 폭행하였다는 내용으로 기소된 사안에서, 특정범죄 가중처벌 등에 관한 법률 위반(보복범죄 등)죄 및 성폭력범죄의 처벌 등에 관한 특례법 위반(주거침입강간 등)죄가 각 성립하고 두 죄가 상상적 경합 관계에 있다고 본 원심판단을 수긍한 사례(대판 2012.3.15. 2012도544, 2012전도12).

2. 유사강간죄

제297조의2(유사강간)
폭행 또는 협박으로 사람에 대하여 구강, 항문 등 신체(성기는 제외한다)의 내부에 성기를 넣거나 성기, 항문에 손가락 등 신체(성기는 제외한다)의 일부 또는 도구를 넣는 행위를 한 사람은 2년 이상의 유기징역에 처한다.

(1) 의의

폭행 또는 협박으로 사람에 대하여 구강, 항문 등 신체(성기는 제외한다)의 내부에 성기를 넣거나 성기, 항문에 손가락 등 신체(성기는 제외한다)의 일부 또는 도구를 넣는 행위를 함으로써 성립하는 범죄이다(제297조의2).

(2) 객관적 구성요건

1) **주체와 객체** : 본죄의 주체에는 아무런 제한이 없으며, 본죄는 자수범도 신분범도 아니다. 따라서 여자도 본죄의 단독정범, 간접정범 또는 공동정범이 될 수 있다. 동성 간에도 성립할 수 있는 범죄이다. 객체는 사람이다. 남녀, 미혼·기혼, 또는 그 연령의 여하는 묻지 않는다. 다만 13세 미만자일 경우에는 성폭력범죄처벌특례법 제7조 제2항에 따라, 13세 이상 19세 미만의 아동·청소년의

경우에는 아동·청소년성보호법 제7조 제2항에 의하여 가중처벌된다.

2) **행위** : 폭행 또는 협박으로 유사강간 행위를 하는 것이다.

㈎ **구강, 항문 등 신체(성기는 제외한다)의 내부에 성기를 넣는 행위** : 성기를 피해자의 성기 이외의 신체의 내부에 삽입하는 행위를 말한다. 다만, 성기의 구조를 고려할 때 성기를 넣는 행위의 주체는 남자로 제한이 되므로, 여자는 본 행위의 경우에 있어서는 남자와의 공동정범이나 남자를 이용한 간접정범이 가능할 뿐이다.

㈏ **성기, 항문에 손가락 등 신체(성기는 제외한다)의 일부 또는 도구를 넣는 행위** : 신체의 일부나 도구를 넣는 행위의 대상은 성기와 항문으로 제한된다. 따라서, 손가락을 구강에 넣은 행위는 본 행위에 포함되지 않는다. 본 행위의 주체는 남녀를 불문한다.

(3) 주관적 구성요건

고의가 있어야 한다. 본죄의 고의는 폭행 또는 협박에 의하여 사람을 유사강간한다는 사실에 대한 인식과 의사를 내용으로 한다.

(4) 타죄와의 관계

유사강간죄는 강제추행죄에 대하여 법조경합 중 특별관계에 있다. 유사강간행위에서 더 나아가 강간행위까지 하게 되면 강간죄에 흡수되어 강간죄만 성립한다고 할 것이다.

 **판례** 준유사강간의 불능미수 성립 여부

- 원심판결 이유와 제1심과 원심이 적법하게 채택한 증거들에 의하면, 피해자는 피고인 및 피해자의 남자친구 등과 함께 술을 마시다가 만취하여 남자친구의 등에 업혀 피고인의 집에 가게 된 사실, 피해자는 남자친구와 피고인의 집 안방 침대에 같이 누워 있었는데, 피고인은 열려 있던 안방 문 앞에 계속 서 있다가 피해자에게 다가가서 피해자를 툭툭 쳐보고, 이불을 들추어 속옷이 들어난 피해자를 한참 쳐다보았으나 피해자가 아무런 반응을 하지 않았던 사실, 이에 <u>피고인은 이불을 덮은 후 이불 속으로 손을 넣어 피해자의 엉덩이와 다리를 만지고, 팬티 위로 음부를 만지다가 팬티 속으로 손을 넣어 음부에 손가락을 집어넣은 사실</u>, 피해자는 피고인이 안방 문 앞에 서 있을 때부터 음부에 손가락을 집어넣을 때까지 자지 않고 깨어 있었음에도 피해자가 G에 있는 미용실 중 한 곳에 미용사로 이직하는 것을 고려하고 있는 입장에서 피고인이 G에서 미용실을 운영하고 있을 뿐만 아니라, 남자친구가 피고인이 운영하는 미용실의 직원으로 근무하고 있는 점 때문에 어떻게 대처해야 할지 고민하다가 피고인의 위와 같은 행위에 대해 아무런 대응을 하지 않고 잠을 자는 척 하고 있었던 사실을 알 수 있다. 위와 같은 사실에 의하면, 피고인은 피해자가 심신상실의 상태에 있다고 인식한 채 이를 이용하여 피해자의 성기에 손가락을 넣겠다는 의사로 위와 같은 행위를 하여 <u>피고인은 준유사강간의 고의를 가지고 있었다고 할 것이고, 비록 피고인이 피해자의 의사에 반하여 피해자의 성기에 손가락을 넣었으나, 피해자가 실제로는 심신상실의 상태에 있지 않음으로써 대상의 착오로 인하여 유사강간 결과의 발생이 불가능하였으며, 피고인이 행위 당시에 인식한 사정을 놓고 객관적으로 일반인의 판단으로 보았을 때 유사강간의 결과가 발생할 위험성도 있다고 할 것이므로, 결국 피고인의 위와 같은 행위는 준유사강간죄의 불능미수에 해당할 여지가 많다</u>(대판 2015.8.13. 2015도7343).

 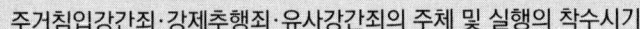 판례 주거침입강간죄·강제추행죄·유사강간죄의 주체 및 실행의 착수시기

- [1] 주거침입강제추행죄 및 주거침입강간죄 등은 사람의 주거 등을 침입한 자가 피해자를 간음, 강제추행 등 성폭력을 행사한 경우에 성립하는 것으로서, 주거침입죄를 범한 후에 사람을 강간하는 등의 행위를 하여야 하는 일종의 신분범이고, 선후가 바뀌어 강간죄 등을 범한 자가 그 피해자의 주거에 침입한 경우에는 이에 해당하지 않고 강간죄 등과 주거침입죄 등의 실체적 경합범이 된다. 그 실행의 착수시기는 주거침입행위 후 강간죄 등의 실행행위에 나아간 때이다. [2] 한편, 강간죄는 사람을 강간하기 위하여 피해자의 항거를 불능하게 하거나 현저히 곤란하게 할 정도의 폭행 또는 협박을 개시한 때에 그 실행의 착수가 있다고 보아야 할 것이지(대법원 2000. 6. 9. 선고 2000도1253 판결 등 참조), 실제 간음행위가 시작되어야만 그 실행의 착수가 있다고 볼 것은 아니다(대법원 2003. 4. 25. 선고 2003도949 판결, 대법원 2005. 5. 27. 선고 2004도7892 판결 등 참조). 유사강간죄의 경우도 이와 같다(대판 2021.8.12. 2020도17796). [해설] 피해자를 주점의 여자화장실로 끌고 가 여자화장실의 문을 잠근 후 강제로 입맞춤을 하고 유사강간하려고 하였으나 미수에 그친 사안에서 피고인은 여자화장실에 들어가기 전에 이미 유사강간죄의 실행행위에 착수하였으므로 구 「성폭력범죄의 처벌 등에 관한 특례법」위반(주거침입유사강간)죄를 범할 수 있는 지위, 즉 '주거침입죄를 범한 자'에 해당되지 아니한다는 이유로 이 부분을 유죄로 판단한 원심을 파기한 사례. 유사강간미수죄와 주거침입죄의 실체적 경합 성립.

3. 강제추행죄

제298조(강제추행)
폭행 또는 협박으로 사람에 대하여 추행을 한 자는 10년 이하의 징역 또는 1천500만원 이하의 벌금에 처한다.

(1) 의의

폭행 또는 협박으로 사람에 대하여 추행을 함으로써 성립하는 범죄이다(제298조). 본죄의 보호법익은 사람의 '성적 자기결정의 자유'이고, 보호의 정도는 '침해범'이다. 본죄의 미수범은 처벌한다(제300조).

(2) 객관적 구성요건

1) **주체와 객체** : 주체는 아무 제한이 없다. 따라서 여자도 본죄의 단독정범이 될 수 있으며, 본죄는 신분범도 자수범도 아니다. 객체는 사람이다. 자연인인 타인으로서 사람이면 족하고 남녀의 성별, 기혼 여부, 연령의 다소를 불문한다.

2) **행위** : 폭행 또는 협박으로 추행하는 것이다.

㈎ **폭행·협박** : 폭행 또는 협박 정도에 있어서 ㈎ 강간죄에 있어서의 폭행·협박과 동일하다고 보아 상대방의 반항을 불가능하게 하거나 현저히 곤란하게 할 정도에 이를 것을 요한다고 보는 견해(다수설)와 ㈏ 강제추행죄는 법정형으로 벌금형이 규정되어 있는 점에 비추어 강간죄의 폭행·협박죄의 그것의 중간 정도로서, 일반인으로 하여금 항거에 곤란을 느끼게 할 정도 또는 상대방의 의사에 반하는 폭행·협박이면 충분하다고 보는 견해의 대립이 있다. 후자의 견해에 의하면 강제추행의 범위가 지나치게 확대될 우려가 있으며, 강제추행과 단순추행의 한계가 모호해지므로 다수설이

타당하다. ㈃ 판례는 상대방의 의사에 반하는 유형력의 행사가 있는 이상 그 힘의 대소 강약을 불문하거나 폭행·협박은 피해자의 항거를 곤란하게 할 정도의 것이어야 한다고 한다. 즉, 강제추행죄는 상대방에 대하여 폭행 또는 협박을 가하여 항거를 곤란하게 한 뒤에 추행행위를 하는 경우뿐만 아니라 폭행행위 자체가 추행행위라고 인정되는 이른바 기습추행의 경우도 포함된다고 보며, 특히 기습추행의 경우 추행행위와 동시에 저질러지는 폭행행위는 반드시 상대방의 의사를 억압할 정도의 것임을 요하지 않고 상대방의 의사에 반하는 유형력의 행사가 있기만 하면 그 힘의 대소강약을 불문한다는 것이 일관된 판례의 입장이다.

㈄ **추행** : 추행은 규범적 구성요건으로서 가치개념이므로 그 개념의 해석에 있어서 견해가 대립되어 있다. 이러한 논의는 구체적으로 본죄가 경향범의 성격을 갖는 것으로 보게 되는지와 관련되며, 주관적 구성요건을 어떻게 구성할 것인가의 문제와도 관련된다.

㈎ "주관적으로는 성욕을 흥분 또는 자극케 하거나 성적 만족을 얻을 목적으로 행해지고, 객관적으로는 일반인의 정상적인 성적 수치심을 해하며, 선량한 성도덕관념에 반하는 행위"라고 하는 견해에 의하면 성욕을 자극 또는 흥분케 한다는 행위자의 '주관적 요소'를 추행개념의 내포로 보는 점에 특징이 있다. 이 입장에서는 강제추행죄를 '경향범'으로 이해할 바탕이 마련된다.

이에 비해 추행을 ㈏ "객관적으로 일반인의 성적 수치심이나 혐오감을 일으키게 하는 일체의 행위"라고 정의하는 입장(다수설)에서는 추행개념에서 주관적 요소를 제외하므로 경향범이란 개념을 무의미한 것으로 보게 된다. 결론적으로, 성욕의 흥분·자극이라는 주관적 요소를 추행의 개념요소로 할 때, 복수·호기심·혐오의 동기로 한 음란행위는 추행에 해당하지 않는다는 부당한 결과가 되고, 성적 자유의 보호를 주관적 요소로 좌우케 하는 것은 구성요건의 명확성을 해치게 되므로 다수설이 타당하다.

㈐ 판례도 "성추행이라 함은 객관적으로 일반인에게 성적 수치심이나 혐오감을 일으키게 하고 선량한 성적 도덕관념에 반하는 행위"라고 판시함으로써 다수설과 입장이 같다.

㈑ **추행의 정도** : 추행은 객관적으로 일반인의 성적 수치심이나 혐오감을 일으키게 하는 일체의 행위이므로 사람의 성적 자유라는 보호법익과 관련하여 어느 정도 중요성을 가지는 행위로 제한되어야 한다. 즉 성적 수치감 내지 성적 도덕감정을 현저히 침해하는 것이어야 한다. 따라서 통상의 작별 키스나 포옹, 여자의 손이나 무릎을 만지는 경우는 물론 옷 위로 엉덩이를 감싸거나 등을 쓰다듬는 행위는 추행에 해당한다고 할 수 없다. 공연성은 요건이 아니다.

(3) 주관적 구성요건

고의가 있어야 한다. 본죄의 고의는 폭행 또는 협박에 의하여 사람을 추행한다는 인식을 내용으로 한다. 본죄의 주관적 구성요건으로서 성욕을 자극·만족시키겠다는 주관적 경향 내지 의도가 있어야 하는가에 대해서 견해의 대립이 있으나, 본죄는 목적범이나 경향범은 아니며, 성적 추행의 행위경향은 본죄의 성립과 무관한 것으로 이를 요하지 아니한다고 보는 부정설(다수설)이 타당하다.

 **판례** 강제추행죄의 폭행·협박

① 피고인이 그 판시 일시에 피해자의 집 방안에서 갑자기 피해자의 상의를 걷어올려서 유방을 만지고, 하의를 끄집어 내리는 등의 행위를 한 경우, 강제추행죄에 있어서 폭행 또는 협박을 한다 함은 먼저 상대방에 대하여 폭행 또는 협박을 가하여 그 항거를 곤란하게 한 뒤에 추행행위를 하는 경우만을 말하는 것이 아니고 <u>폭행행위 자체가 추행행위라고 인정되는 경우도 포함되는 것</u>이라 할 것이고, 이 경우에 있어서의 폭행은 반드시 상대방의 의사를 억압할 정도의 것임을 요하지 않고 다만 <u>상대방의 의사에 반하는 유형력의 행사가 있는 이상 그 힘의 대소강약을 불문한다</u>(대판 1994.8.23. 94도630).

② [1] 상대방에 대하여 폭행 또는 협박을 가하여 그 항거를 곤란하게 한 뒤에 추행행위를 하는 경우만을 말하는 것이 아니고 <u>폭행행위 자체가 추행행위라고 인정되는 경우도 포함되는 것</u>이라 할 것이고, 이 경우에 있어서의 폭행은 반드시 상대방의 의사를 억압할 정도의 것임을 요하지 않고 다만 <u>상대방의 의사에 반하는 유형력의 행사가 있는 이상 그 힘의 대소강약을 불문한다.</u> [2] 피해자와 춤을 추면서 피해자의 유방을 만진 행위가 순간적인 행위에 불과하더라도 피해자의 의사에 반하여 행하여진 유형력의 행사에 해당하고 피해자의 성적 자유를 침해할 뿐만 아니라 일반인의 입장에서도 추행행위라고 평가될 수 있는 것으로서, 폭행행위 자체가 추행행위라고 인정되어 강제추행에 해당된다고 한 사례(대판 2002.4.26. 2001도2417).

③ 여성에 대한 추행에 있어 신체 부위에 따라 본질적인 차이가 있다고 볼 수는 없다 할 것인데, 위에서 본 사실관계에 의하면 <u>피고인의 어깨를 주무르는 것에 대하여 평소 수치스럽게 생각하여 오던 피해자에 대하여 그 의사에 명백히 반하여 그의 어깨를 주무르고 이로 인하여 피해자로 하여금 소름이 끼치도록 혐오감을 느끼게 하였고</u>, 이어 나중에는 피해자를 껴안기까지 한 일련의 행위에서 드러난 피고인의 추행 성행을 앞서 본 추행에 관한 법리에 비추어 볼 때 이는 <u>20대 초반의 미혼 여성인 피해자의 성적 자유를 침해할 뿐만 아니라 일반인의 입장에서도 도덕적 비난을 넘어 추행행위라고 평가할 만한 것</u>이라 할 것이고, 나아가 추행행위의 행태와 당시의 경위 등에 비추어 볼 때 피고인의 범의나 업무상 위력이 행사된 점 또한 넉넉히 인정할 수 있다(대판 2004.4.16. 2004도52).

④ [1] <u>강간죄가 성립하려면 가해자의 폭행·협박은 피해자의 항거를 불가능하게 하거나 현저히 곤란하게 할 정도의 것이어야 하고</u>, 그 폭행·협박이 피해자의 항거를 불가능하게 하거나 현저히 곤란하게 할 정도의 것이었는지 여부는 그 폭행·협박의 내용과 정도는 물론, 유형력을 행사하게 된 경위, 피해자와의 관계, 성교 당시와 그 후의 정황 등 모든 사정을 종합하여 판단하여야 한다. [2] 상대방에 대하여 폭행 또는 협박을 가하여 추행행위를 하는 경우에 강제추행죄가 성립하려면 그 폭행 또는 협박이 항거를 곤란하게 할 정도일 것을 요하고, 그 폭행·협박이 피해자의 항거를 곤란하게 할 정도의 것이었는지 여부 역시 그 폭행·협박의 내용과 정도는 물론, 유형력을 행사하게 된 경위, 피해자와의 관계, 추행 당시와 그 후의 정황 등 모든 사정을 종합하여 판단하여야 한다. [3] 가해자가 폭행을 수반함이 없이 오직 협박만을 수단으로 피해자를 간음 또는 추행한 경우에도 <u>그 협박의 정도가 피해자의 항거를 불가능하게 하거나 현저히 곤란하게 할 정도의 것(강간죄)이거나 또는 피해자의 항거를 곤란하게 할 정도의 것(강제추행죄)이면 강간죄 또는 강제추행죄가 성립하고, 협박과 간음 또는 추행 사이에 시간적 간격이 있더라도 협박에 의하여 간음 또는 추행이 이루어진 것으로 인정될 수 있다면 달리 볼 것은 아니다.</u> [4] 유부녀인 피해자에 대하여 혼인 외 성관계 사실을 폭로하겠다는 등의 내용으로 협박하여 피해자를 간음 또는 추행한 경우

에 있어서 그 협박이 강간죄와 강제추행죄에 해당하는 폭행의 정도의 것이었는지 여부에 관하여는, 일반적으로 혼인한 여성에 대하여 정조의 가치를 특히 중시하는 우리 사회의 현실이나 형법상 간통죄로 처벌하는 조항이 있는 사정 등을 감안할 때 혼인 외 성관계 사실의 폭로 자체가 여성의 명예손상, 가족관계의 파탄, 경제적 생활기반의 상실 등 생활상의 이익에 막대한 영향을 미칠 수 있고 경우에 따라서는 간통죄로 처벌받는 신체상의 불이익이 초래될 수도 있으며, 나아가 폭로의 상대방이나 범위 및 방법(예를 들면 인터넷 공개, 가족들에 대한 공개, 자녀들의 학교에 대한 공개 등)에 따라서는 그 심리적 압박의 정도가 심각할 수 있으므로, 단순히 협박의 내용만으로 그 정도를 단정할 수는 없고, 그 밖에도 협박의 경위, 가해자 및 피해자의 신분이나 사회적 지위, 피해자와의 관계, 간음 또는 추행 당시와 그 후의 정황, 그 협박이 피해자에게 미칠 수 있는 심리적 압박의 내용과 정도 등 모든 사정을 종합하여 신중하게 판단하여야 한다. [5] 유부녀인 피해자에 대하여 혼인 외 성관계 사실을 폭로하겠다는 등의 내용으로 협박하여 피해자를 간음 또는 추행한 사안에서 위와 같은 협박이 피해자를 단순히 외포시킨 정도를 넘어 적어도 피해자의 항거를 현저히 곤란하게 할 정도의 것이었다고 보기에 충분하다는 이유로, 강간죄 및 강제추행죄가 성립한다고 한 사례(대판 2007.1.25. 2006도5979).

⑤ 강제추행죄에 있어서 폭행 또는 협박을 한다 함은 먼저 강제추행죄는 상대방에 대하여 폭행 또는 협박을 가하여 항거를 곤란하게 한 뒤에 추행행위를 하는 경우뿐만 아니라 폭행행위 자체가 추행행위라고 인정되는 경우도 포함되는 것이며, 이 경우에 있어서의 폭행은 반드시 상대방의 의사를 억압할 정도의 것임을 요하지 않고 상대방의 의사에 반하는 유형력의 행사가 있는 이상 그 힘의 대소강약을 불문한다(대판 2012.6.14. 2012도3893, 대판 1994.8.23. 94도630).

⑥ [1] 강제추행죄는 상대방에 대하여 폭행 또는 협박을 가하여 항거를 곤란하게 한 뒤에 추행행위를 하는 경우뿐만 아니라 폭행행위 자체가 추행행위라고 인정되는 경우도 포함되며, 이 경우의 폭행은 반드시 상대방의 의사를 억압할 정도의 것일 필요는 없다. 추행은 객관적으로 일반인에게 성적 수치심이나 혐오감을 일으키게 하고 선량한 성적 도덕관념에 반하는 행위로서 피해자의 성적 자유를 침해하는 것을 말하며, 이에 해당하는지는 피해자의 의사, 성별, 연령, 행위자와 피해자의 이전부터의 관계, 행위에 이르게 된 경위, 구체적 행위태양, 주위의 객관적 상황과 그 시대의 성적 도덕관념 등을 종합적으로 고려하여 신중히 결정되어야 한다. 그리고 추행의 고의로 상대방의 의사에 반하는 유형력의 행사, 즉 폭행행위를 하여 실행행위에 착수하였으나 추행의 결과에 이르지 못한 때에는 강제추행미수죄가 성립하며, 이러한 법리는 폭행행위 자체가 추행행위라고 인정되는 이른바 '기습추행'의 경우에도 마찬가지로 적용된다. [2] 피고인의 팔이 甲의 몸에 닿지 않았더라도 양팔을 높이 들어 갑자기 뒤에서 껴안으려는 행위는 甲의 의사에 반하는 유형력의 행사로서 폭행행위에 해당하며, 그때 '기습추행'에 관한 실행의 착수가 있는데, 마침 甲이 뒤돌아보면서 소리치는 바람에 몸을 껴안는 추행의 결과에 이르지 못하고 미수에 그쳤으므로, 피고인의 행위는 아동·청소년에 대한 강제추행미수죄에 해당한다고 한 사례(대판 2015.9.10. 2015도6980).

⑦ 강간치상죄나 강제추행치상죄에 있어서의 상해는 피해자의 신체의 완전성을 훼손하거나 생리적 기능에 장애를 초래하는 것, 즉 피해자의 건강상태가 불량하게 변경되고 생활기능에 장애가 초래되는 것을 말하는 것으로, 여기서의 생리적 기능에는 육체적 기능뿐만 아니라 정신적 기능도 포함된다. 따라서 수면제와 같은 약물을 투약하여 피해자를 일시적으로 수면 또는 의식불명 상태에 이르게 한 경우에도 약물로 인하여 피해자의 건강상태가 불량하게 변경되고 생활기능에 장애가 초래되었다면 자연적으로 의식을 회복하거나 외부적으로 드러난 상처가 없더라도 이는 강간치상죄나 강제추행치상

죄에서 말하는 상해에 해당한다. 그리고 피해자에게 이러한 상해가 발생하였는지는 객관적, 일률적으로 판단할 것이 아니라 피해자의 연령, 성별, 체격 등 신체·정신상의 구체적인 상태, 약물의 종류와 용량, 투약방법, 음주 여부 등 약물의 작용에 미칠 수 있는 여러 요소를 기초로 하여 약물 투약으로 인하여 피해자에게 발생한 의식장애나 기억장애 등 신체, 정신상의 변화와 내용 및 정도를 종합적으로 고려하여 판단하여야 한다(대판 2017.6.29. 2017도3196). [해설] 피고인이 피해자 모르게 향정신성의약품인 '졸피뎀' 성분이 포함된 수면제를 성인 권장용량을 초과하여 커피에 타 마시게 한 후 정신을 잃자 간음하거나 추행한 사안에서, 피고인의 약물 투약으로 피해자의 생리적 기능에 일시적으로 장애가 발생하였고, 여기에 피해자의 신체·정신상의 구체적 상태, 사용된 수면제의 종류와 용량, 투약방법, 피해자에게 발생한 의식장애나 기억상실의 정도 등을 종합해 볼 때, 피해자는 약물 투약으로 항거가 불가능하거나 현저히 곤란해진 데에서 더 나아가 건강상태가 나쁘게 변경되고 생활기능에 장애가 초래되는 피해를 입었다고 할 것이므로, 이는 강간치상죄나 강제추행치상죄에서 말하는 상해에 해당한다고 보아, 피고인의 상고를 기각한 사안.

⑧ [1] 형사피고인은 유죄의 판결이 확정될 때까지는 무죄로 추정된다(헌법 제27조 제4항, 형사소송법 제275조의2). 무죄추정의 원칙은 수사를 하는 단계뿐만 아니라 판결이 확정될 때까지 형사절차와 형사재판 전반을 이끄는 대원칙으로서, '의심스러우면 피고인의 이익으로'라는 오래된 법언에 내포된 이러한 원칙은 우리 형사법의 기초를 이루고 있다. 형사소송법 제307조 제2항은 "범죄사실의 인정은 합리적인 의심이 없는 정도의 증명에 이르러야 한다."라고 정하고 있다. 따라서 형사재판에서 유죄의 인정은 법관으로 하여금 합리적인 의심을 할 여지가 없을 정도로 공소사실이 진실한 것이라는 확신을 가지게 하는 증명력을 가진 증거에 의하여야 한다. 검사가 제출한 증거만으로 이러한 확신을 가지게 하는 정도에 이르지 못한 경우에는 설령 유죄의 의심이 든다고 하더라도 피고인의 이익으로 판단하여야 한다. 낮 시간대 다수의 사람들이 통행하는 공개된 장소와 같이 통상적으로 어린 피해자에 대한 추행 행위가 이루어질 것으로 예상하기 곤란한 상황에서 강제 추행이 있었는지를 판단하는 데 피해자의 진술 또는 피해자와 밀접한 관계에 있는 자의 진술이 유일한 증거인 경우, 이를 근거로 피고인을 유죄로 판단하기 위해서는 진술 내용 자체의 합리성과 타당성뿐만 아니라 객관적인 정황과 경험칙에 비추어 피해자의 진술 또는 피해자와 밀접한 관계에 있는 자의 진술이 합리적인 의심을 할 여지가 없을 정도로 공소사실이 진실한 것이라는 확신을 가지게 하고, 피고인의 무죄 주장을 배척하기에 충분할 정도로 신빙성이 있어야 한다. [2] 추행이란 일반인에게 성적 수치심이나 혐오감을 일으키게 하고 선량한 성적 도덕관념에 반하는 행위로서 피해자의 성적 자유를 침해하는 행위를 말한다. 이에 해당하는지 여부는 피해자의 의사, 성별, 연령, 행위자와 피해자의 관계, 행위에 이르게 된 경위, 구체적 행위 태양, 주위의 객관적 상황과 그 시대의 성적 도덕관념 등을 종합적으로 고려하여 결정하여야 한다(대판 2017.10.31. 2016도21231).

⑨ [1] 강제추행죄는 상대방에 대하여 폭행 또는 협박을 가하여 항거를 곤란하게 한 뒤에 추행행위를 하는 경우뿐만 아니라 폭행행위 자체가 추행행위라고 인정되는 이른바 기습추행의 경우도 포함된다. 특히 기습추행의 경우 추행행위와 동시에 저질러지는 폭행행위는 반드시 상대방의 의사를 억압할 정도의 것임을 요하지 않고 상대방의 의사에 반하는 유형력의 행사가 있기만 하면 그 힘의 대소강약을 불문한다는 것이 일관된 판례의 입장이다. 이에 따라 대법원은, 피해자의 옷 위로 엉덩이나 가슴을 쓰다듬는 행위(대판 2002.8.23. 2002도2860), 피해자의 의사에 반하여 그 어깨를 주무르는 행위(대판 2004.4.16. 2004도52), 교사가 여중생의 얼굴에 자신의 얼굴을 들이밀면서 비비는 행위나 여중생의 귀를 쓸어 만지는 행위(대판 2015.11.12. 2012도8767) 등에 대하여 피해자의 의사에 반하는 유형력의 행

사가 이루어져 기습추행에 해당한다고 판단한 바 있다. [2] 원심은 무죄의 근거로서 피고인이 피해자의 허벅지를 쓰다듬던 당시 피해자가 즉시 피고인에게 항의하거나 반발하는 등의 거부의사를 밝히는 대신 그 자리에 가만히 있었다는 점을 중시하였던 것으로 보인다. 그러나 <u>성범죄 피해자의 대처 양상은 피해자의 성정이나 가해자와의 관계 및 구체적인 상황에 따라 다르게 나타날 수밖에 없다는 점</u>(대판 2018.10.25. 2018도7709, 대판 2019.7.11. 2018도2614 등 참조)에서 원심이 들고 있는 위 사정만으로는 강제추행죄의 성립이 부정된다고 보기 어렵다. 피해자가 피고인에게 즉시 거부의사를 밝히지 않았다고 하지만, 반대로 피해자가 피고인의 행위에 대하여 명시적으로 동의한 바도 없었음이 분명하고, 피고인의 신체접촉에 대해 피해자가 묵시적으로 동의하였다거나 그 의사에 반하지 않았다고 볼 만한 근거 역시 찾아볼 수 없기 때문이다. 나아가 이 사건 당시 피고인의 행위에 대하여 적극적으로 항의하지 아니한 이유에 관하여, 피해자는 경찰 조사시 '수치스러웠다. 이런 적이 한번도 없어서 어떻게 해야 할지 몰랐다'고, 검찰 조사시 '짜증이 나고 성적으로 수치심이 들었다. 피고인은 회사 대표이고 피해자는 그 밑에서 일하는 직원이라서 적극적으로 항의하지 못했다'고 각 진술하였다. 이처럼 <u>당시는 다른 직원들도 함께 회식을 하고나서 노래방에서 여흥을 즐기던 분위기였기에 피해자가 즉시 거부의사를 밝히지 않았다고 하여, 피고인의 행위에 동의하였다거나 피해자의 의사에 반하지 아니하였다고 쉽게 단정하여서는 아니 된다.</u> [3] 대법원은 이러한 법리를 토대로 직장회식 자리에서 이루어진 신체접촉을 강제추행이 아니라고 본 원심판결을 파기환송함으로써, 기습추행이 강제추행죄에 해당하기 위한 요건 및 강제추행이 되기 위해서는 피해자가 그 자리에서 즉각 거부의사를 밝혀져야 하는지 여부에 관한 종전의 법리를 재차 확인하고 이를 명확히 한 사례(대판 2020.3.26. 2019도15994).

⑩ '추행'이란 일반인을 기준으로 객관적으로 성적 수치심이나 혐오감을 일으키게 하고 선량한 성적 도덕관념에 반하는 행위로서 피해자의 성적 자기결정권을 침해하는 것을 말한다. 이에 해당하는지는 피해자의 성별, 연령, 행위자와 피해자의 관계, 그 행위에 이르게 된 경위, 구체적 행위 모습, 주위의 객관적 상황과 그 시대의 성적 도덕관념 등을 종합적으로 고려하여 신중히 결정해야 한다(대판 2019.6.13. 2019도3341, 대판 2020.6.25. 2015도7102 등 참조). <u>성적 자기결정 능력은 피해자의 나이, 성장과정, 환경 등 개인별로 차이가 있으므로 성적 자기결정권이 침해되었는지 여부를 판단함에 있어서도 구체적인 범행 상황에 놓인 피해자의 입장과 관점이 충분히 고려되어야 한다</u>(대판 2020.8.27. 2015도9436 전원합의체의 취지 참조). <u>여성에 대한 추행에 있어 신체 부분에 따라 본질적인 차이가 있다고 볼 수는 없다</u>(대판 2004.4.16. 2004도52 참조)(대판 2020.12.10. 2019도12282). [해설] 군인 등 강제추행의 점의 요지는, 피고인이 ○○중대 간부연구실에 있는 소파에서, 군인인 피해자를 강제추행하기로 마음먹고 다리로 피해자의 양 다리를 겹쳐서 잡고, 피해자의 손목을 잡아 피고인 쪽으로 끌어당기고, 오른팔로 피해자의 목과 어깨를 감싸 안아 피해자를 강제로 추행하였다는 것. 원심은, 피고인이 '피해자의 손목을 잡고 끌어당긴 행위', '피고인의 다리로 피해자의 다리에 접촉한 행위', '피고인의 팔로 피해자의 어깨에 접촉한 행위'를 한 사실을 인정하면서도 ① 피고인이 접촉한 신체 부분이 성적으로 민감한 부분이라고 보기 어렵다거나, ② 이 사건 이전에 피해자는 수차례 먼저 피고인의 손을 잡거나 팔짱을 끼는 등의 신체접촉을 자연스럽게 하였다거나, ③ 피해자는 피고인의 행위로 성적 수치심을 느꼈다고 진술하지만, 피해자가 느낀 감정이 불쾌함이나 불편함을 넘어 성적 수치심에까지 이르렀다고 보기 부족하다는 점을 근거로 무죄로 판단함. 대법원은 위와 같은 법리를 기초로 피고인의 행위는 피해자의 의사에 반하여 이루어진 것일 뿐만 아니라 피해자의 성적 자유를 침해하는 유형력의 행사에 해당하고, 일반인에게도 성적 수치심을 일으키게 할 수 있는 추행으로 볼 수 있다고 판단하면서, 피해자가 군대조직

에서 일하는 여군으로서 공개된 장소에서 상관과 동료들에게 활달하고 적극적인 모습을 보여주는 과정에서 피고인과 손을 잡는 등의 신체접촉을 하였다는 사정은 위와 같은 판단에 지장이 없다고 보아 원심을 파기함.

판례 추행에 해당하는 경우

① 피고인이 이 사건 당일 (상호 생략) 컨트리클럽 회장 공소외인 등과 골프를 친 후 위 컨트리클럽 내 식당에서 식사를 하면서 그곳에서 근무 중인 여종업원인 피해자들에게 함께 술을 마실 것을 요구하였다가 피해자들로부터 거절당하였음에도 불구하고, 위 컨트리클럽의 회장인 위 공소외인과의 친분관계를 내세워 피해자들에게 어떠한 신분상의 불이익을 가할 것처럼 협박하여 피해자들로 하여금 목 뒤로 팔을 감아 돌림으로써 얼굴이나 상체가 밀착되어 서로 포옹하는 것과 같은 신체접촉이 있게 되는 <u>이른바 러브샷의 방법으로 술을 마시게 한 사실을 인정한 다음, 피고인과 피해자들의 관계, 성별, 연령 및 위 러브샷에 이르게 된 경위나 그 과정에서 나타난 피해자들의 의사 등에 비추어 볼 때 강제추행죄의 구성요건인 '강제추행'에 해당하고, 이 때 피해자들의 유효한 승낙이 있었다고 볼 수 없다</u>(대판 2008.3.13. 2007도10050).

② <u>피고인이 엘리베이터 안에서 피해자를 칼로 위협하는 등의 방법으로 꼼짝하지 못하도록 하여 자신의 실력적인 지배하에 둔 다음 자위행위 모습을 보여준 행위가 강제추행죄의 추행에 해당한다</u>고 본 사례(대판 2010.2.25. 2009도13716).

③ 피고인은 공터에서 피해자들이 놀고 있는 것을 발견하고 다가가 피해자들을 끌어안고 손으로 피해자들의 음부 부위를 갑자기 1회 만졌다는 것이고, 이는 강제추행행위에 해당한다(대판 2012.6.14. 2012도3893, 2012감도14, 2012전도83).

④ 피고인이 아파트 엘리베이터 내에 13세 미만인 甲(여, 11세)과 단둘이 탄 다음 甲을 향하여 성기를 꺼내어 잡고 여러 방향으로 움직이다가 이를 보고 놀란 甲 쪽으로 가까이 다가감으로써 위력으로 甲을 추행하였다고 하여 성폭력범죄의 처벌 등에 관한 특례법 위반으로 기소된 사안에서, <u>피고인은 나이 어린 甲을 범행 대상으로 삼아, 의도적으로 협소하고 폐쇄적인 엘리베이터 내 공간을 이용하여 甲이 도움을 청할 수 없고 즉시 도피할 수도 없는 상황을 만들어 범행을 한 점</u> 등 제반 사정에 비추어 볼 때, 비록 <u>피고인이 甲의 신체에 직접적인 접촉을 하지 아니하였고 엘리베이터가 멈춘 후 甲이 위 상황에서 바로 벗어날 수 있었다고 하더라도, 피고인의 행위는 甲의 성적 자유의사를 제압하기에 충분한 세력에 의하여 추행행위에 나아간 것으로서 위력에 의한 추행에 해당한다</u>고 보아야 하는데도, 이와 달리 본 원심판결에 위력에 의한 추행에 관한 법리오해의 위법이 있다고 한 사례(대판 2013.1.16. 2011도7164).

⑤ 피고인이 알고 지내던 여성인 피해자 갑이 자신의 머리채를 잡아 폭행을 가하자 보복의 의미에서 갑의 입술, 귀, 유두, 가슴 등을 입으로 깨무는 등의 행위를 한 사안에서, <u>객관적으로 여성인 피해자의 입술, 귀, 유두, 가슴을 입으로 깨무는 행위는 일반적이고 평균적인 사람으로 하여금 성적 수치심이나 혐오감을 일으키게 하고 선량한 성적 도덕관념에 반하는 행위로서, 갑의 성적 자유를 침해하였다고 보는 것이 타당하다</u>는 이유로, 피고인의 행위가 강제추행죄의 '추행'에 해당한다고 한 사례(대판 2013.9.26. 2013도5856).

⑥ 강제추행죄는 사람의 성적 자유 내지 성적 자기결정의 자유를 보호하기 위한 죄로서 정범 자신이 직접 범죄를 실행하여야 성립하는 자수범이라고 볼 수 없으므로, 처벌되지 아니하는 타인을 도구로 삼아 피해자를 강제로 추행하는 간접정범의 형태로도 범할 수 있다. 여기서 강제추행에 관한 간접정범의 의사를 실현하는 도구로서의 타인에는 피해자도 포함될 수 있으므로, 피해자를 도구로 삼아 피해자의 신체를 이용하여 추행행위를 한 경우에도 강제추행죄의 간접정범에 해당할 수 있다(대판 2018.2.8. 2016도17733).

⑦ 추행이라 함은 객관적으로 일반인에게 성적 수치심이나 혐오감을 일으키게 하고 선량한 성적 도덕관념에 반하는 행위로서 피해자의 성적 자유를 침해하는 것이라고 할 것이고, 이에 해당하는지 여부는 피해자의 의사, 성별, 연령, 행위자와 피해자의 이전부터의 관계, 그 행위에 이르게 된 경위, 구체적 행위태양, 주위의 객관적 상황과 그 시대의 성적 도덕관념 등을 종합적으로 고려하여 신중히 결정되어야 한다. 그리고 강제추행죄의 성립에 필요한 주관적 구성요건요소는 고의만으로 충분하고, 그 외에 성욕을 자극·흥분·만족시키려는 주관적 동기나 목적까지 있어야 하는 것은 아니다 (대판 2015.7.23. 2014도17879 참조)(대판 2020.12.24. 2020도7981). [해설] 회사 대표인 피고인(남, 52세)이 직원인 피해자(여, 26세)를 포함하여 거래처 사람들과 함께 회식을 하던 중 피고인의 왼팔로 피해자의 머리를 감싸고 피고인의 가슴 쪽으로 끌어당기는 일명 '헤드락' 행위를 하고 손가락이 피해자의 두피에 닿도록 피해자의 머리카락을 잡고 흔드는 등 피해자를 강제로 추행하였다고 기소된 사안에서, ① 기습추행에서 공개된 장소라는 점이 추행 여부 판단의 중요한 고려요소가 될 수 없고, ② 그 접촉부위 및 방법에 비추어 객관적으로 일반인에게 성적 수치심을 일으키게 할 수 있는 행위이며, ③ 피고인의 행위 전후의 언동에 비추어 성적 의도를 가지고 한 행위로 보이고, ④ 피해자의 피해감정은 사회통념상 인정되는 성적 수치심에 해당하며, ⑤ 동석했던 사람이 피고인의 행위를 말린 것으로 보아 제3자에게도 선량한 성적 도덕관념에 반하는 행위로 인식되었다고 보이므로, 피고인의 행위는 강제추행죄의 추행에 해당하고, 추행의 고의도 인정된다고 하여 이와 달리 본 원심판결을 파기환송 한 사례.

⑧ [1] 원심은, 수사기관과 제1심 및 원심에서의 피해자의 진술 내용이 일관되고 구체적일 뿐만 아니라 모순점이 없는 등 그 신빙성이 있음을 전제로, ① 피고인은 한의원 업종에서 7년가량 근무한 경력이 있고 이 사건 한의원의 '실장' 직책에 있었으며 피해자보다 나이가 6살 더 많았는 바, 이 사건 한의원의 간호조무사인 피해자는 한의원 내 권력관계상 이 사건 범행에도 불구하고 불쾌감을 숨기고 피고인과 원만한 관계를 유지하기 위해 노력할 수밖에 없었을 것으로 보이는 점, ② 피해자는 피고인에게 보낸 문자메시지에서 피고인의 신체접촉에 대해 거부의사를 밝힌 바 있고, 이 사건 한의원의 총괄실장과 원장에게 피해사실을 호소하기도 한 점, ③ 이 사건 한의원에 설치된 CCTV 영상에 의하면, 피고인이 불필요하고 과도하게 피해자의 신체에 밀착하려는 행동을 하고 그 때마다 피해자가 반사적으로 얼굴을 돌리거나 몸을 뒤로 빼는 등 피고인의 신체접촉을 피하려는 태도를 보인 점 등에 비추어 보면, 비록 피고인과 피해자가 모두 여성으로서 동성인 점을 고려하더라도 피고인이 이 사건 한의원에서 피해자의 가슴을 움켜쥐거나 엉덩이를 만지고 피고인의 볼을 피해자의 볼에 가져다 대는 등의 행동을 한 것은 피해자로 하여금 성적 수치심을 느끼게 할 만한 행위라는 이유로, 강제추행으로 기소된 이 사건 공소사실을 유죄로 판단한 제1심판결을 그대로 유지하였다. [2] 관련 법리와 적법하게 채택한 증거에 비추어 살펴보면, 위와 같은 원심판단에 상고이유 주장과 같이 논리와 경험의 법칙을 위반하여 자유심증주의의 한계를 벗어나거나 강제추행죄의 성립에 관한 법리를 오해한 잘못이 없다(대판 2021.7.21. 2021도6112). [해설] 여성인 피고인이 직장에서 함께 근무하는 여성 피해자의 가슴을 움켜쥐거나 엉덩이를 만지는 등으로 강제추행죄로 기소된

사안에서 그 판시와 같은 사정을 들어 강제추행죄를 유죄로 인정한 원심을 수긍한 사례.

⑨ [1] 추행이라 함은 객관적으로 일반인에게 성적 수치심이나 혐오감을 일으키게 하고 선량한 성적 도덕관념에 반하는 행위로서 피해자의 성적 자유를 침해하는 것으로, 이에 해당하는지 여부는 피해자의 의사, 성별, 연령, 행위자와 피해자의 이전부터의 관계, 그 행위에 이르게 된 경위, 구체적 행위태양, 주위의 객관적 상황과 그 시대의 성적 도덕관념 등을 종합적으로 고려하여 신중히 결정되어야 한다(대법원 2013. 9. 26. 선고 2013도5856 판결 등 참조). 성적 자유를 침해당했을 때 느끼는 성적 수치심은 부끄럽고 창피한 감정만으로 나타나는 것이 아니라 다양한 형태로 나타날 수 있다(대법원 2020. 12. 24. 선고 2019도16258 판결 참조). [2] <u>추행 행위에 해당하기 위해서는 객관적으로 일반인에게 성적 수치심이나 혐오감을 일으키게 할 만한 행위로서 선량한 성적 도덕관념에 반하는 행위를 행위자가 대상자를 상대로 실행하는 것으로 충분하고, 그 행위로 말미암아 대상자가 성적 수치심이나 혐오감을 반드시 실제로 느껴야 하는 것은 아니다</u>(공중밀집장소추행죄에 관한 대법원 2020. 6. 25. 선고 2015도7102 판결 참조)(대판 2021.10.28. 2021도7538). [해설] 피고인은 처음 보는 여성인 피해자의 뒤로 몰래 접근하여 성기를 드러내고 피해자를 향한 자세에서 피해자의 등 쪽에 소변을 보았는바, 그 행위를 앞서 본 법리에 비추어 평가하면 객관적으로 일반인에게 성적 수치심이나 혐오감을 일으키게 하고 선량한 성적 도덕관념에 반하는 행위로서 피해자의 성적 자기결정권을 침해하는 추행행위에 해당한다고 볼 여지가 있고, 피고인의 행위가 객관적으로 추행행위에 해당한다면 그로써 행위의 대상이 된 피해자의 성적 자기결정권은 침해되었다고 보아야 하며, 행위 당시에 피해자가 이를 인식하지 못하였다고 하여 추행에 해당하지 않는다고 볼 것은 아니라는 이유로, 이와 달리 공소사실을 무죄로 판단한 원심판결에는 형법 제298조의 '추행'에 관한 법리를 오해한 나머지 필요한 심리를 다하지 않은 잘못이 있다고 하여 파기환송 한 사례.

 **판례** 추행에 해당하지 않는 경우

① <u>피고인이 피해자 甲(여, 48세)에게 욕설을 하면서 자신의 바지를 벗어 성기를 보여주는 방법으로 강제추행하였다는 내용으로 기소된 사안</u>에서, 甲의 성별·연령, 행위에 이르게 된 경위, 甲에 대하여 어떠한 신체 접촉도 없었던 점, 행위장소가 사람 및 차량의 왕래가 빈번한 도로로서 공중에게 공개된 곳인 점, 피고인이 한 욕설은 성적인 성질을 가지지 아니하는 것으로서 '추행'과 관련이 없는 점, 甲이 자신의 성적 결정의 자유를 침해당하였다고 볼 만한 사정이 없는 점 등 제반 사정을 고려할 때, <u>단순히 피고인이 바지를 벗어 자신의 성기를 보여준 것만으로는 폭행 또는 협박으로 '추행'을 하였다고 볼 수 없는데, 이와 달리 보아 유죄를 인정한 원심판결에 강제추행죄의 추행에 관한 법리오해의 위법이 있다고 한 사례</u>(대판 2012.7.26. 2011도8805). [해설] 강제추행죄의 성립요건으로 폭행과 협박, 추행의 의미와 정도에 대한 대법원의 입장을 보여주는 사례.

② [1] [다수의견] 군형법 제92조의6의 문언, 개정 연혁, 보호법익과 헌법 규정을 비롯한 전체 법질서의 변화를 종합적으로 고려하면, 위 규정은 <u>동성인 군인 사이의 항문성교나 그 밖에 이와 유사한 행위가 사적 공간에서 자발적 의사 합치에 따라 이루어지는 등 군이라는 공동사회의 건전한 생활과 군기를 직접적, 구체적으로 침해한 것으로 보기 어려운 경우에는 적용되지 않는다고 봄이 타당하다.</u> [2] 동성 군인 간 합의에 의한 성행위로서 그것이 군이라는 공동사회의 건전한 생활과 군기를 직접적, 구체적으로 침해하지 않는 경우에까지 형사처벌을 하는 것은 헌법을 비롯한 전체 법질서에 비추어 허용되지 않는다고

보아야 한다. 이를 처벌하는 것은 합리적인 이유 없이 군인이라는 이유만으로 성적 자기결정권을 과도하게 제한하는 것으로서 헌법상 보장된 평등권, 인간으로서의 존엄과 가치, 그리고 행복추구권을 침해할 우려가 있다. 특히 현행 규정은 장교나 부사관 등 직업군인에게도 적용되는데, 직업군인의 경우 장기간 동안 군형법의 적용을 받게 되므로 기본권 제한의 정도가 매우 크다. 그리고 <u>군인 간의 합의에 의한 항문성교 그 밖의 성행위가 사적 공간에서 은밀히 이루어진 경우 이를 처벌하기 위해서는 지극히 사생활 영역에 있는 행위에 대한 수사가 필수적인데, 이러한 수사는 군인의 사생활의 비밀과 자유를 과도하게 제한하는 것으로 허용되기 어렵다.</u> [3] 이와 달리 남성 군인 간 항문성교를 비롯한 성행위가 그 자체만으로 객관적으로 일반인에게 혐오감을 일으키게 하고 선량한 성적 도덕관념에 반하는 행위라는 이유로 사적 공간에서 합의하여 이루어진 성행위인지 여부 등을 따지지 않고 제정 군형법 제92조와 구 군형법 제92조의5 규정이 적용된다는 취지로 판단한 대법원 2008. 5. 29. 선고 2008도2222 판결, 대법원 2012. 6. 14. 선고 2012도3980 판결을 비롯하여 같은 취지의 대법원 판결들은 이 판결의 견해에 배치되는 범위 내에서 변경하기로 한다(대판 2022.4.21. 2019도3047 전원합의체). [해설] 피고인들은 직업군인으로 같은 부대 소속이 아니라 개인적으로 알게 된 사이였고, 영외의 독신자 숙소에서 휴일 또는 근무시간 이후에 자유로운 의사를 기초로 한 합의에 따라 항문성교 등 성행위를 하였으며, 그 과정에 강제력은 없었고, 의사에 반하는 행위인지 여부가 문제된 사정도 없었으며, 그 밖에 피고인들의 행위가 군이라는 공동체의 건전한 생활과 군기를 직접적, 구체적으로 침해한 경우에 해당한다는 다른 사정도 증명되지 않았으므로, 군형법 제92조의6 규정을 적용하여 처벌할 수 없다는 이유로, 원심판결 중 유죄 부분에 법리오해의 위법이 있다고 보아 파기환송한 사례. 이러한 다수의견에 대하여는, ① 군형법 제92조의6 규정은 적전, 전시 등 상황과 군사훈련이나 그 밖에 이에 준하는 상황에서만 적용된다고 봄이 타당하므로, 피고인들의 행위를 처벌할 수 없다는 다수의견의 결론에는 찬성하나, 상호 합의 여부를 현행 규정 적용의 소극적 요소 중 하나로 파악하는 것은 찬성하기 어렵다는 대법관 안철상, 대법관 이흥구의 별개의견, ② 군형법 제92조의6 규정은 상대방의 의사에 반하여 항문성교 그 밖의 성행위를 한 행위자만을 처벌하는 것으로 해석해야 하므로, 두 사람이 상호 합의하여 성행위를 한 경우에도 처벌할 수 있는 여지를 남겨두는 해석은 허용될 수 없다는 대법관 김선수의 별개의견, ③ 군형법 제92조의6 규정의 기존 해석은 타당하므로 그에 따라 공소사실을 유죄로 판단한 원심판결은 정당하여 피고인들의 상고를 기각해야 한다는 대법관 조재연, 대법관 이동원의 반대의견이 있고, 다수의견에 대한 대법관 김재형, 대법관 노정희, 대법관 천대엽, 대법관 오경미의 보충의견이 있음.

Ⅲ. 준강간죄와 준강제추행죄

1. 준강간죄·준강제추행죄

> **제299조(준강간, 준강제추행)**
> 사람의 심신상실 또는 항거불능의 상태를 이용하여 간음 또는 추행을 한 자는 제297조, 제297조의2 및 제298조의 예에 의한다.

(1) 의의와 성질

사람의 심신상실 또는 항거불능의 상태를 이용하여 간음 또는 추행함으로써 성립하는 범죄이다(제299조). 본죄는 성적 자유를 가지지 못한 사람을 성욕의 객체나 도구가 되는 것으로부터 보호하는 데 그 취지가 있다. 준강간죄·준강제추행죄가 '자수범'인가에 관하여는 본죄의 불법은 간음 또는 추행을 스스로 실행하는 데 있으므로 자수범이라고 해석하는 긍정설이 있으나, 본죄는 성적 거부의사를 제대로 표명할 수 없는 자의 성을 보호하는데 목적이 있으므로 반드시 자수범이라야 할 까닭이 없으며, 정신병자를 이용하여 간접정범의 형태로 준강간죄를 범할 수 있으므로, 본죄를 자수범이 아니라고 보는 부정설이 타당하다(다수설).

(2) 구성요건

1) **행위의 객체**: 심신상실 또는 항거불능의 상태에 있는 사람이다. 자연인인 타인으로서 사람이면 족하고 남녀의 성별, 기혼 여부, 연령의 다소를 불문한다.

본죄의 심신상실은 제10조의 심신상실과는 달리 심신장애라는 생물학적 기초에 제한되지 않으므로 형법 제10조보다 범위가 넓다(다수설, 판례). 형법은 심신미약자에 대한 간음·추행(제302조)을 별도로 규정하고 있으므로 본죄의 심신상실에는 심신미약을 포함하지 않는다(부정설, 다수설).

항거불능이란 심신상실 이외의 사유로 인하여 심리적 또는 육체적으로 반항이 불가능한 경우를 말한다. 심신상실 또는 항거불능의 상태에 이르게 된 원인은 묻지 않는다. 다만 행위자가 약물 등으로 이런 상태를 야기시켜 간음·추행한 경우는 본죄가 되는 것이 아니라 강간죄·강제추행죄가 성립한다.

2) **행위**: 심신상실 또는 항거불능의 상태를 이용하여 간음 또는 추행하는 것이다. 여기서 심신상실 또는 항거불능의 상태를 이용한다 함은 행위자가 이러한 상태를 인식하였을 뿐만 아니라, 그 상태 때문에 간음 또는 추행이 가능하거나 용이하게 되었음을 뜻한다.

2. 미성년자 의제강간·강제추행죄

> **제305조(미성년자에 대한 간음, 추행)**
> ① 13세 미만의 사람에 대하여 간음 또는 추행을 한 자는 제297조, 제297조의2, 제298조, 제301조 또는 제301조의2의 예에 의한다.
> ② 13세 이상 16세 미만의 사람에 대하여 간음 또는 추행을 한 19세 이상의 자는 제297조, 제297조의2, 제298조, 제301조 또는 제301조의2의 예에 의한다.

(1) 의의

13세 미만의 사람에 대해서 간음하거나 추행함으로써 성립하는 범죄이다(제305조 제1항). 보호법익은 13세 미만자의 '건전한 성적 발육'이다. 13세 미만자에게는 성적 동의능력(간음 또는 추행에 대한 동의능력)을 부정하고, 건전한 성적 발육을 할 수 있도록 법률이 후견적 지위에서 보호하고자 한다는 것을 규정한 것이다(법률후견주의). 또한, 사이버 성범죄로 인한 피해가 날로 증가하고 최근 텔레그램을 이용한 성착취 사건(텔레그램 n번방 사건)으로 인해 국민적 관심사가 매우 고조된 상황을 반영하여 미성년자 의제강간 연령기준을 13세에서 16세로 상향하였다. 다만, 피해 미성년자가 13세 이상 16세 미만인 경우 19세 이상의 자에 대해서만 처벌하도록 하였다(제305조 제2항). 성범죄로 인한 피해 발생을 미연에 방지하여 국민의 성적 자기결정권 등 기본권을 보호하고 범죄로부터 안전한 사회를 조성하기 위하여 신설된 규정이다.

(2) 구성요건

1) 제305조 제1항 : 본죄는 13세 미만의 사람이라는 정을 알고 간음·추행하면 성립하고, 폭행·협박을 수단으로 할 것을 요하지 아니한다. 피해자의 동의가 있는 때에도 본죄는 성립한다. 본죄가 성립하기 위한 주관적 구성요건으로 고의가 있어야 함은 당연하다. 따라서 행위자는 피해자가 13세 미만이라는 사실을 인식하여야 한다. 즉 ㉮ 13세 미만자인데 행위자는 13세 이상의 자로 오신하고 간음한 경우에는 구성요건적 착오로서 고의가 부정된다. ㉯ 이에 반하여 13세 이상의 자인데 행위자는 13세 미만자로 오신하고 간음한 경우에 대해서는 객체의 착오로 인한 불능미수(제27조)가 된다고 보는 견해가 있으나, 불가벌적 불능범이라고 보는 견해가 다수설이다.

2) 제305조 제2항 : 본죄는 13세 이상 16세 미만의 사람에 대하여 간음 또는 추행을 한 19세 이상의 자를 처벌하는 규정이다. 객체인 미성년자가 13세 이상에서 16세 미만인 경우에는 간음 또는 추행을 한 자가 19세 이상일 경우에만 처벌된다. 이외의 구성요건은 제305도 제1항의 경우와 같다.

(3) 미수범의 처벌

형법은 본죄의 미수범의 처벌에 관한 규정을 준용하고 있지 않으나, 제305조의 처벌은 강간죄 또는 강제추행죄의 예에 의하고 강간죄 또는 강제추행죄의 미수범이 처벌되므로 본죄의 미수범이 처벌된다는데 대하여는 견해가 일치하고 있다(통설, 판례).

> **판 례** 준강간죄·준강제추행죄
>
> ① 피고인이 잠을 자고 있는 피해자의 옷을 벗긴 후 자신의 바지를 내린 상태에서 피해자의 음부 등을 만지고 자신의 성기를 피해자의 음부에 삽입하려고 하였으나 피해자가 몸을 뒤척이고 비트는 등 잠에서 깨어 거부하는 듯한 기색을 보이자 더 이상 간음행위에 나아가는 것을 포기한 경우, 준강간죄의 실행에 착수하였다고 본 사례(대판 2000.1.14. 99도5187).
>
> ② 피해자는 안방에서 잠을 자고 있던 중 피고인이 안방에 들어오자 피고인을 자신의 애인으로 잘못 알고 불을 끄라고 말하였고, 피고인이 자신을 애무할 때 누구냐고 물었으며, 피고인이 여관으로 가자고 제의하자 그냥 빨리 하라고 말한 사실을 알 수 있으므로, 피고인의 이 사건 간음행위 당시 피해자가 심신상실상태에 있었다고 볼 수 없다(대판 2000.2.25. 98도4355).
>
> ③ [1] 교회 노회장이 교회 여신도들을 간음·추행한 사안에서, 교회 여신도들이 종교적 믿음에 대한 충격 등 정신적 혼란으로 인한 항거불능의 상태에 있었다고 보아 교회 노회장에게 준강간·강제추행죄 등을 인정한 사례. [2] 위 피해자가 피고인에 대하여 갖고 있던 믿음과 경외감, 추행 당시의 피고인 및 피해자의 행위 내용과 태도, 그 당시 피해자를 둘러싼 제반 환경과 피해자의 심리상태, 연령, 지적능력 등에 비추어 보면, 피고인에 대한 종교적 믿음이 무너지는 정신적 충격을 받으면서 피고인의 행위가 종교적으로 필요한 행위로서 이를 용인해야 하는지에 관해 판단과 결정을 하지 못한 채 곤혹과 당황, 경악 등 정신적 혼란을 겪어 피고인의 행위를 거부하지 못하는 한편, 피고인의 행위를 그대로 용인하는 다른 신도들이 주위에 있는 상태에서 위와 같은 정신적 혼란이 더욱 가중된 나머지, 피고인의 행위가 성적 행위임을 알면서도 이에 대한 반항이 현저하게 곤란한 상태에 있었다고 판단하고, 피고인의 위 피해자에 대한 이 사건 준강제추행의 공소사실에 대하여 무죄를 선고한 제1심 판결을 파기하고 유죄를 인정하였다. 앞서 본 법리와 기록에 비추어 살펴보면, 원심의 위와 같은 사실인정 및 판단은 사실심 법

관의 합리적인 자유심증에 따른 것으로 정당하다(대판 2009.4.23. 2009도2001). [해설] 준강간 및 준강제추행죄에서의 항거불능한 상태의 의미에 대한 개념 정의와 그 적용의 실례를 보여주는 사례.

④ 형법 제299조에서의 항거불능의 상태라 함은 같은 법 제297조, 제298조와의 균형상 <u>심신상실 이외의 원인 때문에 심리적 또는 물리적으로 반항이 절대적으로 불가능하거나 현저히 곤란한 경우를 의미한다</u>(대판 2012.6.28. 2012도2631, 대판 2000.5.26. 98도3257).

⑤ 가. 형법 제299조는 '사람의 심신상실 또는 항거불능의 상태를 이용하여 추행을 한 자'를 처벌하도록 규정한다. 이러한 준강제추행죄는 정신적·신체적 사정으로 인하여 성적인 자기방어를 할 수 없는 사람의 성적 자기결정권을 보호해 주는 것을 보호법익으로 하며, 그 성적 자기결정권은 원치 않는 성적 관계를 거부할 권리라는 소극적 측면을 말한다(대판 2020.8.27. 2015도9436 전원합의체 참조). 나. <u>준강간죄에서 '심신상실'이란 정신기능의 장애로 인하여 성적 행위에 대한 정상적인 판단능력이 없는 상태를 의미하고, '항거불능'의 상태라 함은 심신상실 이외의 원인으로 심리적 또는 물리적으로 반항이 절대적으로 불가능하거나 현저히 곤란한 경우를 의미한다</u>(대판 2006.2.23. 2005도9422, 대판 2012.6.28. 2012도2631 등 참조). 이는 준강제추행죄의 경우에도 마찬가지이다. <u>피해자가 깊은 잠에 빠져 있거나 술·약물 등에 의해 일시적으로 의식을 잃은 상태 또는 완전히 의식을 잃지는 않았더라도 그와 같은 사유로 정상적인 판단능력과 대응·조절능력을 행사할 수 없는 상태에 있었다면 준강간죄 또는 준강제추행죄에서의 심신상실 또는 항거불능 상태에 해당한다.</u> 다. 1) 의학적 개념으로서의 '알코올 블랙아웃(black out)'은 중증도 이상의 알코올 혈중농도, 특히 단기간 폭음으로 알코올 혈중농도가 급격히 올라간 경우 그 알코올 성분이 외부 자극에 대하여 기록하고 해석하는 인코딩 과정(기억형성에 관여하는 뇌의 특정 기능)에 영향을 미침으로써 행위자가 일정한 시점에 진행되었던 사실에 대한 기억을 상실하는 것을 말한다. 알코올 블랙아웃은 인코딩 손상의 정도에 따라 단편적인 블랙아웃과 전면적인 블랙아웃이 모두 포함한다. 그러나 알코올의 심각한 독성화와 전형적으로 결부된 형태로서의 의식상실의 상태, 즉 알코올의 최면진정작용으로 인하여 수면에 빠지는 의식상실(passing out)과 구별되는 개념이다. 2) 따라서 음주 후 준강간 또는 준강제추행을 당하였음을 호소한 피해자의 경우, 범행당시 알코올이 위의 기억형성의 실패만을 야기한 알코올 블랙아웃 상태였다면 피해자는 기억장애 외에 인지기능이나 의식 상태의 장애에 이르렀다고 인정하기 어렵지만, 이에 비하여 피해자가 술에 취해 수면상태에 빠지는 등 의식을 상실한 패싱아웃 상태였다면 심신상실의 상태에 있었음을 인정할 수 있다. 또한 앞서 본 <u>'준강간죄 또는 준강제추행죄에서의 심신상실·항거불능'의 개념에 비추어, 피해자가 의식상실 상태에 빠져 있지는 않지만 알코올의 영향으로 의사를 형성할 능력이나 성적 자기결정권 침해행위에 맞서려는 저항력이 현저하게 저하된 상태였다면 '항거불능'에 해당하여, 이러한 피해자에 대한 성적 행위 역시 준강간죄 또는 준강제추행죄를 구성할 수 있다.</u> 3) 그런데 법의학 분야에서는 알코올 블랙아웃이 '술을 마시는 동안에 일어난 중요한 사건에 대한 기억상실'로 정의되기도 하며, 일반인 입장에서는 '음주 후 발생한 광범위한 인지기능 장애 또는 의식상실'까지 통칭하기도 한다. 4) 따라서 음주로 심신상실 상태에 있는 피해자에 대하여 준강간 또는 준강제추행을 하였음을 이유로 기소된 피고인이 '피해자가 범행 당시 의식상실 상태가 아니었고 그 후 기억하지 못할 뿐이다.'라는 취지에서 알코올 블랙아웃을 주장하는 경우, <u>법원은 피해자의 범행 당시 음주량과 음주 속도, 경과한 시간, 피해자의 평소 주량, 피해자가 평소 음주 후 기억장애를 경험하였는지 여부 등 피해자의 신체 및 의식상태가 범행 당시 알코올 블랙아웃인지 아니면 패싱아웃 또는 행위통제능력이 현저히 저하된 상태였는지를 구분할 수 있는 사정들과 더불어 CCTV나 목격자를 통하여</u>

확인되는 당시 피해자의 상태, 언동, 피고인과의 평소 관계, 만나게 된 경위, 성적 접촉이 이루어진 장소와 방식, 그 계기와 정황, 피해자의 연령·경험 등 특성, 성에 대한 인식 정도, 심리적·정서적 상태, 피해자와 성적 관계를 맺게 된 경위에 대한 피고인의 진술 내용의 합리성, 사건 이후 피고인과 피해자의 반응을 비롯한 제반 사정을 면밀하게 살펴 범행 당시 피해자가 심신상실 또는 항거불능 상태에 있었는지 여부를 판단해야 한다. 또한 피해사실 전후의 객관적 정황상 피해자가 심신상실 등이 의심될 정도로 비정상적인 상태에 있었음이 밝혀진 경우 혹은 피해자와 피고인의 관계 등에 비추어 피해자가 정상적인 상태하에서라면 피고인과 성적 관계를 맺거나 이에 수동적으로나마 동의하리라고 도저히 기대하기 어려운 사정이 인정되는데도, 피해자의 단편적인 모습만으로 피해자가 단순히 '알코올 블랙아웃'에 해당하여 심신상실 상태에 있지 않았다고 단정하여서는 안 된다(대판 2021.2.4. 2018도9741). [해설] 피해자와 일면식 없던 28세의 피고인이 술에 취한 18세의 피해자를 모텔에 데리고 가 추행을 한 사안. 지인과 노래방에 갔던 피해자는 취기가 올라 화장실로 가 토한 이후 자신의 일행이나 소지품이 어디에 있는지 기억을 하지 못하여 노래방으로 돌아가지 못한 채로 건물 주변을 배회하던 중 피고인을 만났고, 알코올 블랙아웃 현상으로 인하여 화장실에 간 이후의 상황을 기억하지 못함. 피고인은 피해자가 '모텔에서 한숨 자고 싶다'고 말하는 것을 '원나잇'으로 이해하고 피해자와 함께 모텔에 갔고, 피해자가 모텔까지 스스로 걸어갔으며, 피해자가 키스를 하고 가슴을 만지는 것에 동의하였다는 취지로 주장하였음. 한편 피해자의 지인과 모친의 실종 신고를 받은 경찰이 피해자를 찾기 위해 모텔 방으로 갔을 때 피해자는 상의를 모두 벗고 하의는 치마만 입은 채로 누워있었음. 원심은 CCTV상 당시 피해자가 몸을 가누지 못할 정도로 비틀거리지는 않았고, 모텔 인터폰을 통해 자신의 이름을 또박또박 말하였으며, 피해자가 의식이 있는 상태에서 스스로 행동한 부분도 기억하지 못할 가능성이 있다는 등의 이유로 준강제추행죄를 유죄로 인정한 제1심을 파기하고 무죄를 선고하였음. 이에 대하여 대법원은 위와 같은 법리 및 ① 피해자가 '음주 후 필름이 끊겼다.'고 진술한 경우 음주량과 음주속도 등 앞서 본 사정들을 심리하지 않은 채 알코올 블랙아웃의 가능성을 섣불리 인정하여서는 안 되고, ② 알코올의 영향은 개인적 특성 및 상황에 따라 다르게 나타날 수 있으므로, 피해자가 어느 순간 몸을 가누지 못할 정도로 비틀거리지는 않고 스스로 걸을 수 있다거나, 자신의 이름을 대답하는 등의 행동이 가능하였다는 점만을 들어 범행 당시 심신상실 등 상태에 있지 않았다고 섣불리 단정할 것은 아니며, ③ 피해자와 피고인의 관계, 연령 차이, 피해자가 피고인을 만나기 전까지의 상황, 함께 모텔에 가게 된 경위 등 사정에 비추어 볼 때 피해자가 피고인과 성적 관계를 맺는 것에 동의하였다고 볼 정황을 확인할 수 없고, 이러한 제반 사정에 대한 고려 없이, 블랙아웃이 발생하여 피해자가 당시 상황을 기억하지 못한다는 이유만으로 바로 피해자가 동의를 하였을 가능성이 있다고 보아 이를 합리적 의심의 근거로 삼는 것은 타당하지 않다는 등의 이유를 들어 법리오해 및 심리미진 취지로 원심을 파기하였음.

⑥ [1] 교회를 설립하여 목사로 활동하면서 교세를 확장하고 이와 함께 여러 사업체를 운영한 피고인이 교인들로 하여금 피고인의 사업체에서 일하면서 단체생활을 하도록 하고 교인들에게 마치 자신이 선지자인 것처럼 성경을 왜곡하여 설교하고 자신을 신격화함으로써 교인들에 대한 절대적인 지위를 유지하면서 여성 신도인 피해자들이 피고인의 절대적인 권위에 복종하고 의심조차 할 수 없는 심리적 항거 불능 상태에 있음을 이용하여 2015. 12.경부터 2019. 12.경까지 상습으로 5명의 피해자들을 추행, 간음, 유사간음하거나 간음하려다 미수에 그친 사안. [2] ① 피해자들은 어린 나이부터 부모를 따라 피고인이 운영하는 교회에 다니다가 피고인의 설교에 따라 중·고등학교를 자퇴하고 10년 이상 피고인의 사업체에서 근로에 전념하는 등 단체생활을 하면서 성장한 점, ② 피해자들을 포함한 교인들은 공동체생활을 하면서 피고인의 사업체에서 저임금을 받으면서 일을 하고 기숙사에서 거주한 점, ③ 피해자들은 모두 친인척 관계에 있는 점 등을 더하여 보면, 이 사건 범

행 당시 피해자들이 항거불능 상태에 있었다는 원심의 판단이 타당하고, 원심판단에 상고이유 주장과 같이 논리와 경험의 법칙을 위반하여 자유심증주의의 한계를 벗어나거나 상습준강간죄에서의 항거불능 상태에 관한 법리를 오해한 잘못이 없다고 본 사례(대판 2021.8.26. 2021도7497).
[해설] 교회 목사인 피고인이 여성 교인들을 상대로 상습으로 간음, 추행행위 등을 하였다고 기소된 사안에서 원심은 피고인의 설교 내용, 피해자들의 성장 과정과 생활 형태 등 그 판시와 같은 사정을 종합하여 피해자들이 당시 심리적 항거불능 상태에 있었다고 판단하였고, 대법원은 원심의 판단을 수긍함.

판례 준강간의 불능미수

① 준강간죄의 고의의 내용 [해설] 형법 제297조는 "폭행 또는 협박으로 사람을 강간한 자는 3년 이상의 유기징역에 처한다."라고 규정하고, 제299조는 "사람의 심신상실 또는 항거불능의 상태를 이용하여 간음 또는 추행을 한 자는 제297조, 제297조의2 및 제298조의 예에 의한다."라고 규정하고 있다. 형법은 폭행 또는 협박의 방법이 아닌 심신상실 또는 항거불능의 상태를 이용하여 간음한 행위를 강간죄에 준하여 처벌하고 있으므로, 준강간의 고의는 피해자가 심신상실 또는 항거불능의 상태에 있다는 것과 그러한 상태를 이용하여 간음한다는 구성요건적 결과 발생의 가능성을 인식하고 그러한 위험을 용인하는 내심의 의사를 말한다.

② 다수의견 [1] 피고인이 피해자가 심신상실 또는 항거불능의 상태에 있다고 인식하고 그러한 상태를 이용하여 간음할 의사로 피해자를 간음하였으나 피해자가 실제로는 심신상실 또는 항거불능의 상태에 있지 않은 경우에는, 실행의 수단 또는 대상의 착오로 인하여 준강간죄에서 규정하고 있는 구성요건적 결과의 발생이 처음부터 불가능하였고 실제로 그러한 결과가 발생하였다고 할 수 없다. 피고인이 준강간의 실행에 착수하였으나 범죄가 기수에 이르지 못하였으므로 준강간죄의 미수범이 성립한다. 피고인이 행위 당시에 인식한 사정을 놓고 일반인이 객관적으로 판단하여 보았을 때 준강간의 결과가 발생할 위험성이 있었으므로 준강간죄의 불능미수가 성립한다. [2] 피해자가 실제로는 반항이 불가능할 정도로 술에 취하지 아니하여 항거불능 상태에 있는 피해자를 간음하였을 때 성립하는 준강간죄는 성립할 수 없음에도, 피고인이 피해자가 술에 만취한 나머지 항거불능 상태에 있다고 오인하여 준강간죄의 고의로 피해자를 간음한 사건에서, 준강간죄의 불능미수가 성립한다고 보아 같은 취지의 원심판결이 정당하다고 판단하여 피고인의 상고를 기각한 사례.

③ 3인의 반대의견 [1] 준강간죄의 행위객체는 사람이므로, 이 사건에서 애당초 구성요건실현의 대상이 될 수 없다는 의미에서의 대상의 착오는 존재하지 않는다. 나아가 피고인이 피해자를 간음의 대상으로 삼은 데에 객체의 동일성에 관한 착오도 없었다. 다수의견은 피고인에게 '실행의 수단의 착오'도 있었던 것처럼 설시하고 있으나, 이 사건에서 어떠한 점에서 실행의 수단의 착오가 있다는 것인지 설명이 없다. 다수의견에서 이 사건이 실행의 수단 또는 대상의 착오로 인하여 준강간의 결과 발생, 즉 간음으로 인한 피해자의 성적 자기결정권 침해가 불가능한 경우에 해당한다고 본 것은 잘못이다. [2] 다수의견은 준강간죄의 행위의 객체를 '심신상실 또는 항거불능의 상태에 있는 사람' 이라고 보고 있다. 그러나 형법 제299조는 "사람의 심신상실 또는 항거불능의 상태를 이용하여 간음 또는 추행을 한 자는 제297조, 제297조의2 및 제298조의 예에 의한다."라고 규정함으로써 '심신상실 또는 항거불능의 상태를 이용'하여 '사람'을 '간음 또는 추행'하는 것을 처벌하고 있다. 즉 심신상실 또는 항거불능의 상태를 이용하는 것은 범행 방법으로서 구성요건의 특별한 행위양태에 해당하고, 구성요건행위의 객체는 사람이다. 이러한 점은 "폭행 또는 협박으로 사람을 강간한 자는 3년 이상의 유

기징역에 처한다."라고 정한 형법 제297조의 규정과 비교하여 보면 보다 분명하게 드러난다. 형법 제297조의 '폭행 또는 협박으로'에 대응하는 부분이 형법 제299조의 '사람의 심신상실 또는 항거불능의 상태를 이용하여'라는 부분이다. 구성요건행위이자 구성요건결과인 간음이 피해자가 저항할 수 없는 상태에 놓였을 때 이루어진다는 점은 강간죄나 준강간죄 모두 마찬가지이다. 다만 강간죄의 경우에는 '폭행 또는 협박으로' 항거를 불가능하게 하는 데 반하여, 준강간죄의 경우에는 이미 존재하고 있는 '항거불능의 상태를 이용'한다는 점이 다를 뿐이다. 다수의견의 견해는 형벌조항의 문언의 범위를 벗어나는 해석이다. [3] <u>다수의견은 피고인이 범행을 시도할 당시 피해자가 심신상실 또는 항거불능의 상태가 아니었음이 사후적으로 판명된 이상 피고인으로서는 피해자의 심신상실 또는 항거 불능의 상태를 이용하는 것이 불가능하였던 것이고, 그리하여 준강간죄 결과의 발생은 처음부터 불가능하였던 것이라고 본다.</u> 그러나 과연 이 사건이 형법 제27조에서 규정하는 것처럼 '결과의 발생이 불가능'한 경우, 즉 범죄행위의 성질상 결과 발생 또는 법익침해의 가능성이 절대로 있을 수 없는 경우에 해당하는가? 다수의견의 고민과 법리 구성은 경청할 만한 것이지만 이에 대해서 선뜻 긍정의 답변을 할 수 없다. 앞에서 살펴본 것처럼, <u>형법 제27조에서 말하는 '결과 발생의 불가능'은 범죄기수의 불가능뿐만 아니라 범죄실현의 불가능을 포함하는 개념으로서 결과가 현실적으로 발생하지 않았다는 '결과불발생'의 개념과는 다르기 때문이다.</u> 이 사건에서 제1심은 준강간죄를 유죄로 인정하였다. 원심은 준강간죄를 유죄로 인정할 증거가 부족하다고 보았다. 군검사는 준강간죄가 무죄로 판단될 경우에 대비하여 적어도 준강간의 불능미수죄는 된다고 예비적으로 적용법조를 추가하였다. 형법 제27조의 입법취지가 이런 경우를 위한 것이 아님은 이미 살펴보았다. 이 사건은 군검사가 적용을 구하는 준강간죄의 구성요건요소에 해당하는 특별한 행위양태에 대한 증거가 충분한지 여부가 문제되는 사안일 따름이다. 결론적으로, <u>다수의견은 구성요건 해당성 또는 구성요건의 충족의 문제와 형법 제27조에서 말하는 결과 발생의 불가능의 의미를 혼동하고 있다. 만약 다수의견처럼 보게 되면, 피고인의 행위가 검사가 공소 제기한 범죄의 구성요건을 충족하지 못하면 그 결과의 발생이 불가능한 때에 해당한다는 것과 다름없고, 이 사건처럼 검사가 공소장에 기재한 적용법조에서 규정하고 있는 범죄의 구성요건요소가 되는 사실을 증명하지 못한 때에도 불능미수범으로 처벌할 수 있다는 결론에 이르게 된다. 이러한 해석론은 근대형법의 기본원칙인 죄형법정주의를 전면적으로 형해화하는 결과를 초래하는 것이어서 도저히 받아들일 수 없다</u>(대판 2019.3.28. 2018도16002 전원합의체). [해설] 본 판례는 불능미수의 본질, 성립요건 그리고 피해자가 심신상실 또는 항거불능의 상태에 있다고 인식하고 그러한 상태를 이용하여 간음할 의사로 피해자를 간음하였으나 피해자가 실제로는 심신상실 또는 항거불능의 상태에 있지 않은 경우를 불능미수로 볼 것인가 또는 장애미수로 볼 것인가에 대한 판단을 명시하였다는 점에 의의가 있음. 다수의견은 이 사건을 불능미수에 해당한다고 본 반면, 반대의견은 이 사건은 일정한 조건 하에서는 결과 발생의 개연성이 존재하지만 특별히 그 행위 당시의 사정으로 인해 결과 발생이 이루어지지 못한 경우로서 불능미수에 해당한다고 볼 수 없다고 함.

판례 | 미성년자의제강간죄·강제추행죄

① 형법 제305조 소정의 미성년자에 대한 강간죄는 <u>13세 미만의 부녀라는 사실을 알고 간음을 하면 성립되는 것이고 간음을 함에 있어서 피해자에게 폭행, 협박을 가하거나 피해자의 의사에 반하여야 하는 것은 아니다</u>(대판 1975.5.13. 75도855).

② 형법 제305조에 규정된 13세미만 부녀에 대한 의제강간, 추행죄는 그 성립에 있어 위계 또는 위력이나 폭행 또는 협박의 방법에 의함을 요하지 아니하며 피해자의 동의가 있었다고 하여도 성립하는 것이다(대판 1982.10.12. 82도2183).

③ [1] 형법 제305조의 미성년자의제강제추행죄는 '13세 미만의 아동이 외부로부터의 부적절한 성적 자극이나 물리력의 행사가 없는 상태에서 심리적 장애 없이 성적 정체성 및 가치관을 형성할 권익'을 보호법익으로 하는 것으로서, <u>그 성립에 필요한 주관적 구성요건요소는 고의만으로 충분하고, 그 외에 성욕을 자극·흥분·만족시키려는 주관적 동기나 목적까지 있어야 하는 것은 아니다.</u> [2] 초등학교 4학년 담임교사(남자)가 교실에서 자신이 담당하는 반의 남학생의 성기를 만진 행위가 미성년자의제강제추행죄에서 말하는 '추행'에 해당한다고 한 원심의 판단을 수긍한 사례(대판 2006.1.13. 2005도6791).

④ 미성년자의제강간·강제추행죄를 규정한 형법 제305조가 "13세 미만의 부녀를 간음하거나 13세 미만의 사람에게 추행을 한 자는 제297조, 제298조, 제301조 또는 제301조의2의 예에 의한다"로 되어 있어 강간죄와 강제추행죄의 미수범의 처벌에 관한 형법 제300조를 명시적으로 인용하고 있지 아니하나, 형법 제305조의 입법 취지는 성적으로 미성숙한 13세 미만의 미성년자를 특별히 보호하기 위한 것으로 보이는바 이러한 입법 취지에 비추어 보면 <u>동조에서 규정한 형법 제297조와 제298조의 '예에 의한다'는 의미는 미성년자의제강간·강제추행죄의 처벌에 있어 그 법정형뿐만 아니라 미수범에 관하여도 강간죄와 강제추행죄의 예에 따른다는 취지로 해석되고, 이러한 해석이 형벌법규의 명확성의 원칙에 반하는 것이거나 죄형법정주의에 의하여 금지되는 확장해석이나 유추해석에 해당하는 것으로 볼 수 없다</u>(대판 2007.3.15. 2006도9453).

Ⅳ. 강간등 상해·치상죄, 강간등 살인·치사죄

1. 강간등 상해·치상죄

> **제301조(강간 등상해·치상)**
> 제297조, 제297조의2 및 제298조부터 제300조까지의 죄를 범한 자가 사람을 상해하거나 상해에 이르게 한 때에는 무기 또는 5년 이상의 징역에 처한다.

(1) 의의

강간죄·유사강간죄·강제추행죄·준강간(강제추행)죄 및 미성년자의제강간(강제추행)죄를 범한 자가 사람을 상해하거나 상해에 이르게 함으로써 성립하는 범죄이다. 강간상해죄는 강간죄와 상해죄의 결합범이며, 강간치상죄는 강간죄에 대한 결과적 가중범이다(제301조).

(2) 구성요건

1) **주체** : 강간죄·유사강간죄·강제추행죄·준강간(강제추행)죄 및 미성년자의제강간(강제추행)의 죄를 범한 자이다. 강간 등의 죄는 기수에 이를 것을 요하지 아니하며, 미수범(제300조)도 포함한다.

2) **행위** : 사람을 상해하거나 상해에 이르게 하는 것이다. 상해란 상해에 대하여 고의가 있는 경우이며, 치상은 고의 없이 과실로 상해의 결과를 발생케 한 경우를 말한다.

상해하거나 상해의 결과가 발생하였다고 하기 위하여는 반드시 외관상의 상처가 있어야 하는 것은 아니며, 강간으로 인하여 성병의 감염, 처녀막의 파열, 보행불능·수면장애·식욕감퇴 등 기능의 장애를 일으키거나, 히스테리증을 야기한 경우도 여기에 해당한다. 그러나 ㉮ 본죄의 상해의 개념에 대해서 반드시 강간 등의 행위 자체에서 일어나거나 그 수단인 폭행에 의하여 발생한 것임을 요하는 것이 아니라 널리 강간의 기회에 이루어진 것이면 족하다는 견해(상대적 상해개념)도 있으나, ㉯ 자의적인 법해석의 위험성이 있으므로 상해개념을 통일적으로 해석해야 한다는 견지에서 본죄의 상해를 상해죄에 있어서의 상해와 동일한 정도로 해석하는 견해(일원적 상해개념)가 다수설이다. 다수설의 입장에서도 간음행위에 통상적으로 수반되는 경미한 부상을 본죄의 상해나 치상의 개념에서 제외된다고 본다.

<판례상의 강간상해>

인정한 경우	부정한 경우
1. 보행불능 / 수면장애 / 식욕감퇴 2. 히스테리 증상 3. 10일 간 가료를 요하는 0.1cm 정도의 회음부찰과상 4. 콧등을 붓게 한 경우 5. 처녀막 파열	1. 성행위시 빨아서 생긴 반상출혈 2. 3~4일 간 가료를 요하는 외음부출혈 3. 강간미수시 경부 및 전흉부 피하출혈과 통증으로 인한 약 7일 간의 가료를 요하는 경우 4. 강간미수시 손바닥에 2cm 정도의 상처

(3) 기수시기

강간·강제추행의 기수·미수를 불문하고 상해 결과가 발생하면 본죄는 기수가 된다. 강간 등 상해죄는 고의범이므로 미수가 가능하나 형법상 미수범 처벌규정이 없다. 따라서 강간범이 강간의 기회에 고의로 상해를 하려다가 미수에 그친 경우에는 강간죄와 상해미수죄의 실체적 또는 상상적 경합범이 성립한다.

(4) 공동정범

강간죄의 공동정범 가운데 1인의 행위에 의하여 상해의 결과가 발생한 때에는 다른 공범자도 본죄의 공동정범이 될 수 있다.

(5) 죄수 및 타죄와의 관계

㉮ 강간 이후에 비로소 상해의 고의가 생겨 피해자를 상해한 경우 강간죄와 상해죄의 경합범이 되며, ㉯ 강간치상 후에 범행의 발각이 두려워 피해자를 살해한 경우에는 강간치상죄와 살인죄의 경합범이 된다. 한편, ㉰ 강간치상죄를 범한 자가 실신한 피해자를 구호하지 않고 방치하였더라도 그 행위는 포괄적으로 단일의 강간치상죄만을 구성하며 유기죄는 성립하지 않는다(판례). ㉱ 강간치상 후 치사의 결과까지 발생한 경우에는 상해의 사실을 사망의 결과에 흡수되므로 강간치사죄만 성립한다.

2. 강간등 살인·치사죄

> **제301조의2(강간등 살인·치사)**
> 제297조, 제297조의2 및 제298조부터 제300조까지의 죄를 범한 자가 사람을 살해한 때에는 사형 또는 무기징역에 처한다. 사망에 이르게 한 때에는 무기 또는 10년 이상의 징역에 처한다.

강간죄·유사강간죄·강제추행죄·준강간(강제추행)죄 및 미성년자의제강간(강제추행)죄를 범한 자가 사람을 살해하거나 사망에 이르게 함으로써 성립하는 범죄이다(제301조의2). 강간살해죄는 강간죄와 살인죄의 결합범이며, 강간치사죄는 강간죄에 대한 결과적 가중범이다. 사망의 결과는 강간행위로 인한 것이어야 한다.

사망의 결과는 강간의 수단이 폭행·협박에 의하여 발생한 경우뿐만 아니라 강간행위에 수반되어 발생한 경우에도 인과관계가 인정되는 것은 강간치상죄의 경우와 같다. 따라서 피해자가 폭행·협박을 피하려다가 사망의 결과가 발생한 때에도 본죄가 성립한다.

판례 강간미수

- 강간미수의 경우에도 그 행위와 치상의 결과 간에 인과관계가 인정되면 강간치상죄가 성립한다고 할 것이므로, 설령 피고인의 생식기가 피해자의 성기에 합입되지 아니하였다 하여도 피해자를 협박하여 억지로 성교하려 하고 그로 인하여 피해자에게 요치 1주일 간의 좌둔부 찰과상을 입게 한 피고인의 행위는 강간치상죄에 해당한다(대판 1984.7.24. 84도1209).

판례 강간 등의 기회

- 강간이 미수에 그치거나 간음의 결과 사정을 하지 않은 경우라도 그로 인하여 피해자가 상해를 입었으면 강간치상죄가 성립하는 것이고, 강간치상죄에 있어 상해의 결과는 강간의 수단으로 사용한 폭행으로부터 발생한 경우뿐 아니라 간음행위 그 자체로부터 발생한 경우나 강간에 수반하는 행위에서 발생한 경우도 포함하는 것이다(대판 1999.4.9. 99도519, 대판 1988.11.8. 88도1628).

판례 강간상해에 해당하는 경우

① 타인의 신체에 폭행을 가하여 보행불능, 수면장애, 식욕감퇴 등 기능의 장해를 일으킨 때에는 형법상 상해를 입힌 경우에 해당한다(대판 1969.3.11. 69도161).

② 피고인들이 피해자를 강간하여 피해자에게 요치 10일의 회음부찰과상을 입혔다면 상해의 정도가 0.1cm 정도의 찰과상에 불과하더라도 이것도 형법상 상해의 개념에 해당하므로 강간치상죄의 성립에 영향이 없다(대판 1983.7.12. 83도1258).

③ 피고인이 강간하려고 피해자의 반항을 억압하는 과정에서 주먹으로 피해자의 얼굴과 머리를 몇 차례 때려 피해자가 코피를 흘리고(흘린 코피가 이불에 손바닥 만큼의 넓이로 묻었음) 콧등이 부었다면 비록 병원에서 치료를 받지 않더라도 일상생활에 지장이 없고 또 자연적으로 치료될 수

있는 것이라 하더라도 강간치상죄에 있어서의 상해에 해당한다(대판 1991.10.22. 91도1832).

④ 처녀막은 부녀자의 신체에 있어서 생리조직의 일부를 구성하는 것으로서, 그것이 파열되면 정도의 차이는 있어도 생활기능에 장애가 오는 것이라고 보아야 하고, 처녀막 파열이 그와 같은 성질의 것인 한 비록 피해자가 성경험을 가진 여자로서 특이체질로 인해 새로 형성된 처녀막이 파열되었다 하더라도 강간치상죄를 구성하는 상처에 해당된다(대판 1995.7.25. 94도1351).

⑤ [1] 강간행위에 수반하여 생긴 상해가 극히 경미한 것으로서 굳이 치료할 필요가 없어서 자연적으로 치유되며 일상생활을 하는 데 아무런 지장이 없는 경우에는 강간치상죄의 상해에 해당되지 아니한다고 할 수 있을 터이나, 그러한 논거는 피해자의 반항을 억압할 만한 폭행 또는 협박이 없어도 일상생활 중 발생할 수 있는 것이거나 합의에 따른 성교행위에서도 통상 발생할 수 있는 상해와 같은 정도임을 전제로 하는 것이므로 그러한 정도를 넘는 상해가 그 폭행 또는 협박에 의하여 생긴 경우라면 상해에 해당된다고 할 것이며, 피해자의 건강상태가 나쁘게 변경되고 생활기능에 장애가 초래된 것인지는 객관적, 일률적으로 판단될 것이 아니라 피해자의 연령, 성별, 체격 등 신체, 정신상의 구체적 상태를 기준으로 판단되어야 한다. [2] 피해자가 소형승용차 안에서 강간범행을 모면하려고 저항하는 과정에서 피고인과의 물리적 충돌로 인하여 입은 '우측 슬관절 부위 찰과상' 등이 강간치상죄의 상해에 해당하지 않는다고 본 원심판결을 파기한 사례(대판 2005.5.26. 2005도1039). [해설] 강간치상(상해)죄에서 상해 발생을 인정하기 위해서는 고려하여야 할 점을 보여주는 대표적인 사례.

⑥ 강간치상죄나 강제추행치상죄에 있어서의 상해는 피해자의 신체의 완전성을 훼손하거나 생리적 기능에 장애를 초래하는 것, 즉 피해자의 건강상태가 불량하게 변경되고 생활기능에 장애가 초래되는 것을 말하는 것으로, 여기서의 생리적 기능에는 육체적 기능뿐만 아니라 정신적 기능도 포함된다. 따라서 수면제와 같은 약물을 투약하여 피해자를 일시적으로 수면 또는 의식불명 상태에 이르게 한 경우에도 약물로 인하여 피해자의 건강상태가 불량하게 변경되고 생활기능에 장애가 초래되었다면 자연적으로 의식을 회복하거나 외부적으로 드러난 상처가 없더라도 이는 강간치상죄나 강제추행치상죄에서 말하는 상해에 해당한다(대판 2017.6.29. 2017도3196).

판례 강간상해에 해당하지 않는 경우

① 강간 도중 흥분하여 피해자의 왼쪽 어깨를 입으로 빨아서 생긴 동전크기 정도의 반상출혈상은 별다른 통증이나 자각증상도 없어 피해자는 그 상처를 알아차릴 수도 없었는데 의사가 진찰을 하던 과정에서 우연히 발견한 것이고 의학상 치료를 받지 아니하더라도 자연흡수되어 보통 1주 정도가 지나면 자연치유되는 것으로서 인체의 생활기능에 장해를 주고 건강상태를 불량하게 변경하는 것이 아니어서 강간치상죄의 상해에 해당한다 할 수 없다(대판 1986.7.8. 85도2042).

② 피고인이 피해자를 강간하려다가 미수에 그치고 그 과정에서 위 피해자의 왼쪽 손바닥에 약 2센티미터 정도의 긁힌 가벼운 상처가 발생한 경우라면 그 정도의 상처(소상)는 일상생활에서 얼마든지 생길 수 있는 극히 경미한 상처로서 굳이 치료할 필요도 없는 것이어서 그로 인하여 인체의 완전성을 해하거나 건강상태를 불량하게 변경하였다고 보기 어려우므로 피해자가 입은 위 소상을 가지고서 강간치상죄의 상해에 해당된다고는 할 수 없다(대판 1987.10.26. 87도1880).

③ 피해자가 이미 성행위의 경험이 있는 자로서 그가 입은 상처가 3, 4일 간의 가료를 요하는 외음부 출혈과 양 상박부 근육통으로서 위 피해자가 병원에 가서 치료를 받지 않더라도 일상생활을 하는데 아무런 지장이 없고 자연적으로 치유가 될 수 있는 정도이며 실제 아무런 치유를 받은 일이 없다면 이로 인하여 신체의 완전성이 손상되고 생활기능에 장애가 왔다거나 건강상태가 불량하게 변경되었다고 보기는 어려우므로 위 상처가 강간치상죄의 상해에 해당된다고는 할 수 없다(대판 1989.1.31. 88도831).

④ 강간 피해자가 입은 좌전경부흡입상은 인체의 생활기능에 장애를 주고 건강상태를 불량하게 변경하였다고도 보기 어려워 강간치상죄의 상해에 해당한다 할 수 없다(대판 1991.7.8. 91도2188).

⑤ 피해자를 강간하려다가 미수에 그치고 그 과정에서 피해자에게 경부 및 전흉부 피하출혈, 통증으로 약 7일 간의 가료를 요하는 상처가 발생하였으나 <u>그 상처가 굳이 치료를 받지 않더라도 일상생활을 하는 데 아무런 지장이 없고 시일이 경과함에 따라 자연적으로 치유될 수 있는 정도라면 그로 인하여 신체의 완전성이 손상되고 생활기능에 장애가 왔다거나 건강상태가 불량하게 변경되었다고 보기는 어려워 강간치상죄의 상해에 해당하지 않는다고 한 사례</u>(대판 1994.11.4. 94도1311).

⑥ 음모는 성적 성숙함을 나타내거나 치부를 가려주는 등의 시각적·감각적인 기능 이외에 특별한 생리적 기능이 없는 것이므로, 피해자의 음모의 모근(毛根) 부분을 남기고 모간(毛幹) 부분만을 일부 잘라냄으로써 음모의 전체적인 외관에 변형만이 생겼다면, 이로 인하여 피해자에게 수치심을 야기하기는 하겠지만, 병리적으로 보아 피해자의 신체의 건강상태가 불량하게 변경되거나 생활기능에 장애가 초래되었다고 할 수는 없을 것이므로, 그것이 폭행에 해당할 수 있음은 별론으로 하고 강제추행치상죄의 상해에 해당한다고 할 수는 없다(대판 2000.3.23. 99도3099).

⑦ [1] 강제추행치상죄에서 상해의 결과는 강제추행의 수단으로 사용한 폭행이나 추행행위 그 자체 또는 강제추행에 수반하는 행위로부터 발생한 것이어야 한다. 따라서 <u>상해를 가한 부분을 고의범인 상해죄로 처벌하면서 이를 다시 결과적 가중범인 강제추행치상죄의 상해로 인정하여 이중으로 처벌할 수는 없다.</u> [2] 피고인이 피해자를 폭행하여 비골 골절 등의 상해를 가한 다음 강제추행한 사안에서, 피고인의 위 폭행을 강제추행의 수단으로서의 폭행으로 볼 수 없어 위 상해와 강제추행 사이에 인과관계가 없다는 이유로, 폭력행위 등 처벌에 관한 법률 위반죄로 처벌한 상해를 다시 결과적 가중범인 강제추행치상죄의 상해로 인정한 원심판결을 파기한 사례(대판 2009.7.23. 2009도1934).

판례 강간치사상죄의 성립 여부

① 피고인과 피해자가 여관에 투숙하여 별다른 저항이나 마찰 없이 성행위를 한 후, 피고인이 잠시 방 밖으로 나간 사이에 피해자가 방문을 안에서 잠그고 구내전화를 통하여 여관종업원에게 구조요청까지 한 후라면, 일반경험칙상 이러한 상황 아래에서 <u>피해자가 피고인의 방문 흔드는 소리에 겁을 먹고 강간을 모면하기 위하여 3층에서 창문을 넘어 탈출하다가 상해를 입을 것이라고 예견할 수는 없다고 볼 것이므로 이를 강간치상죄로 처단할 수 없다</u>(대판 1985.10.8. 85도1537).

② [1] <u>강간을 모면하기 위하여 4층 여관방의 창문을 넘어 뛰어내리다가 상해를 입은 데 대하여 예견가능성이 없다는 이유로 강간치상죄로 처벌할 수 없다고 한 사례.</u> [2] 결과로 인하여 형이 중한 죄에 있어서

그 결과의 발생을 예견할 수 없었을 때에는 중한 죄로 벌할 수 없는 것인 바(형법 제15조 제2항), 이 사건에 있어서 원심이 판시한 바에 의하더라도, 피해자가 피고인과 만나 함께 놀다가 큰 저항 없이 여관방에 함께 들어갔으며, 피고인이 강간을 시도하면서 한 폭행 또는 협박의 정도가 강간의 수단으로는 비교적 경미하였고, 피해자가 여관방 창문을 통하여 아래로 뛰어내릴 당시에는 피고인이 소변을 보기 위하여 화장실에 가 있는 때이어서 피해자가 일단 급박한 위해상태에서 벗어나 있었을 뿐 아니라, 무엇보다도 4층에 위치한 위 방에서 밖으로 뛰어내리는 경우에는 크게 다치거나 심지어는 생명을 잃는 수도 있는 것인 점을 아울러 본다면, <u>이러한 상황 아래에서 피해자가 강간을 모면하기 위하여 4층에서 창문을 넘어 뛰어내리거나 또는 이로 인하여 상해를 입기까지 되리라고는 예견할 수 없다고 봄이 경험칙에 부합한다</u> 할 것인바, 원심이 판시 증거만에 의하여 피고인이 이 사건 당시 피해자의 상해를 예견할 수 있었다고 보아 강간치상죄로 처단한 것은 결과적 가중범에 있어서의 예견가능성에 관한 법리오해 또는 채증법칙위배의 위법의 소치라 할 것이고, 이 점을 지적하는 상고논지는 이유 있다(대판 1993.4.27. 92도3229). **[해설]** 결과적 가중범의 책임을 묻기 위해서는 인과성은 물론, 결과 발생에 대한 피고인의 예견가능성이 필요하고, 구체적인 사안에서 예견가능성의 판단 기준으로 경험칙의 의미를 강조하는 사례.

③ 피고인들이 의도적으로 피해자를 술에 취하도록 유도하고 수차례 강간한 후 의식불명 상태에 빠진 피해자를 비닐창고로 옮겨 놓아 피해자가 저체온증으로 사망한 사안에서, 위 피해자의 사망과 피고인들의 강간 및 그 수반행위와의 인과관계 그리고 피해자의 사망에 대한 피고인들의 예견가능성이 인정되므로, 위 비닐창고에서 피해자를 재차 강제추행, 강간하고 하의를 벗겨 놓은 채 귀가한 피고인이 있다 하더라도 피고인들은 피해자의 사망에 대한 책임을 면한다고 볼 수 없어 강간치사죄가 인정된다고 한 사례(대판 2008.2.29. 2007도10120).

판례 | 강간치상죄의 공동정범

- [1] <u>공동정범의 경우에 공모자 전원이 일정한 일시, 장소에 집합하여 모의하지 아니하고 공범자 중 수인을 통하여 범의의 연락이 있고 그 범의내용에 대하여 포괄적 또는 개별적인 의사연락이나 그 인식이 있었다면 그들 전원이 공모관계에 있다 할 것이고, 이와 같이 공모한 후 공범자 중의 1인이 설사 범죄실행에 직접 가담하지 아니하였다 하더라도 다른 공모자가 분담실행한 공모자가 실행한 행위에 대하여 공동정범의 책임이 있다 할 것이며, 공범자중 수인이 강간의 기회에 상해의 결과를 야기하였다면 다른 공범자가 그 결과의 인식이 없었더라도 강간치상죄의 책임이 없다고 할 수 없다.</u> [2] 원심이 피고인과 원심 및 제1심에서의 공동피고인이었던 다른 공범들이 피해자를 강간한 사실을 충분히 인정할 수 있다고 판시하고, 가사 피고인이 직접 위 피해자와 성행위를 한 바 없다고 하더라도 피고인이 위 공범들과 위 피해자를 강간할 것을 공모한 후 다른 공범자들이 위 피해자를 강간하였고 그 기회에 위 피해자에게 제1심 판시와 같은 상해를 입힌 사실이 충분히 인정되므로 피고인도 강간치상죄에 공동정범의 죄책을 면할 수 없다 하여 피고인을 강간치상죄의 공동정범으로 처단한 제1심판결을 유지하고 있다. 기록에 의하여 원심이 사실인정 증거를 검토하여 보아도 공소외 1, 2가 피해자들을 데려가 두 사람을 각 별로 강간하자는 제의를 하여 피고인이 피해자들을 범행장소로 유인하여 피해자 공소외 3을 강간하였고, 공범자들이 피해자 공소외 4를 판시와 같이 윤간한 사실을

인정하기에 넉넉하므로 설사 피고인이 공소외 4를 직접 강간하지 않았다 하더라도(피고인이 검찰에서의 진술에 의하면 공소외 3을 간음한 다음 공소외 4를 다시 간음하려고 눕혀놓고 입을 맞추자 술김에 구역질이 나서 중단하였다는 것이다) 강간치상의 결과에 대한 책임을 면할 수 없다(대판 1984.2.14. 83도3120). [해설] 강간죄가 자수범인지 여부와 강간행위에 나아가지 않은 (공모)공동정범의 공동범행에 대한 죄책에 대한 사례.

> **판례** 강간죄와 살인죄
>
> - 피해자를 2회 강간하여 2주 간 치료를 요하는 질입구파열창을 입힌 자가 피해자에게 용서를 구하였으나 피해자가 이에 불응하면서 위 강간사실을 부모에게 알리겠다고 하자 피해자를 살해하여 위 범행을 은폐시키기로 마음먹고 철사줄과 양손으로 피해자의 목을 졸라 질식 사망케 하였다면, 동인의 위와 같은 소위는 <u>강간치상죄와 살인죄의 경합범</u>이 된다(대판 1987.1.20. 86도2360).

V. 독립된 구성요건

1. 미성년자·심신미약자 간음·추행죄

> **제302조(미성년자 등에 대한 간음)**
> 미성년자 또는 심신미약자에 대하여 위계 또는 위력으로써 간음 또는 추행을 한 자는 5년 이하의 징역에 처한다.

(1) 의의

미성년자 또는 심신미약자에 대하여 위계 또는 위력으로 간음 또는 추행함으로써 성립하는 범죄이다(제302조).

(2) 구성요건

㈎ 본죄의 객체는 '미성년자 또는 심신미약자'로서 미성년자는 13세 이상 19세 미만의 자를 의미한다. 객체가 13세 미만인 경우에는 본죄가 아니라 제305조가 적용된다. 또한 혼인한 미성년자의 경우는 본죄의 미성년자에 포함된다(다수설). 심신미약자란 정신기능의 장애로 인하여 판단능력이 부족한 자를 말한다. ㈏ 본죄의 행위는 위계 또는 위력에 의하여 간음 또는 추행하는 것이다. 여기서 위계란 유혹·기망 등에 의하여 상대방을 착오에 빠지게 하는 것인데, 그 방법에는 제한이 없다. ㈐ 대법원은 최근의 전원합의체 판결을 통해 행위자가 간음의 목적으로 피해자에게 오인, 착각, 부지를 일으키고 피해자의 그러한 심적 상태를 이용하여 간음의 목적을 달성하였다면 위계와 간음행위 사이의 인과관계를 인정할 수 있고, 따라서 위계에 의한 간음죄가 성립한다고 판단하였다(대판 2020.8.27. 2015도9436 전원합의체). 이에 따라 위계에 의한 간음죄에서 행위자가 간음의 목적으로 상대방에게 일으킨 오인, 착각, 부지는 간음행위 자체에 대한 오인, 착각, 부지를 말하는 것이지 간음행위와 불가분적 관련성이 인정되지 않는 다른 조건에 관한 오인, 착각, 부지를 가리키는 것은 아니라는 취지의 종전 판례를 변경하였다. 위력이란 사람의 의사를 제압할 수 있는 힘을 말하며, 강간

죄·강제추행죄의 그것에 이르지 않을 정도의 폭행이나 협박 및 지위나 권세를 이용하여 상대방의 의사를 제압하는 일체의 행위가 포함된다.

2. 업무상 위력 등에 의한 간음죄

(1) 피감호자간음죄

> **제303조(업무상위력 등에 의한 간음)**
> ① 업무, 고용 기타 관계로 인하여 자기의 보호 또는 감독을 받는 사람에 대하여 위계 또는 위력으로써 간음한 자는 7년 이하의 징역 또는 3천만원 이하의 벌금에 처한다.

1) **의의** : 업무·고용 기타 관계로 인하여 자기의 보호 또는 감독을 받는 사람을 위계 또는 위력에 의하여 간음함으로써 성립하는 범죄이다(제303조 제1항).

2) **객체** : 업무·고용 기타 관계로 인하여 자기의 보호 또는 감독을 받는 사람이다. 사람의 범위에 대해서 제302조와 제305조는 본죄의 특별규정이고, 법정형이 본죄보다 중하므로 본죄의 객체는 심신미약자가 아닌 19세 이상의 사람에 한정된다는 것이 다수설이다. 사실상 자기의 보호·감독 하에 있으면 족하고, 그 원인은 묻지 않는다.

3) **행위** : 위계 또는 위력에 의하여 간음하는 것이다.

(2) 피구금자간음죄

> **제303조(업무상위력 등에 의한 간음)**
> ② 법률에 의하여 구금된 사람을 감호하는 자가 그 사람을 간음한 때에는 10년 이하의 징역에 처한다.

1) **의의** : 법률에 의하여 구금된 사람을 감호하는 자가 그 사람을 간음함으로써 성립하는 범죄이다(제303조 제2항). 본죄는 피구금자의 성적 자기결정의 자유를 보호법익으로 하지만, 피구금자에 대한 평등한 처우와 감호자의 청렴성에 대한 일반의 신뢰도 동시에 보호하는 것이 된다. 또한 본죄는 피구금자를 감호하는 자가 스스로 간음함으로써 성립할 수 있는 자수범이다. 따라서 본죄는 간접정범에 의하여 범하여질 수 없다.

2) **객체** : 법률에 의하여 구금된 사람이다. 확정판결에 의하여 형의 집행을 받고 있는 자, 노역장에 유치된 자, 구속된 형사피의자 및 피고인이 포함된다.

3) **주체** : 이러한 사람을 감호하는 자이다. 이러한 의미에서 본죄는 신분범이라고 할 수 있다. 본죄는 감호자가 피구금자를 간음함으로써 성립하며 특별한 수단을 요건으로 하지 않는다. 따라서 피해자의 승낙은 본죄의 성립에 영향을 미치지 않는다. 그러나 폭행·협박을 사용하여 강간한 때에는 강간죄가 성립한다. 미수범 처벌규정은 없다.

Ⅵ. 강간예비·음모죄

> **제305조의3 (예비, 음모)**
> 제297조, 제297조의2, 제299조(준강간죄에 한한다), 제301조(강간등 상해죄에 한한다) 및 제305조의 죄를 범할 목적으로 예비 또는 음모한 사람은 3년 이하의 징역에 처한다.

강간·유사강간·준강간·강간등 상해죄 및 미성년자의제강간·강제추행의 죄를 범할 목적으로 예비 또는 음모한 사람은 3년 이하의 징역에 처한다. 성범죄로 인한 피해 발생을 미연에 방지하여 국민의 성적 자기결정권 등 기본권을 보호하고 범죄로부터 안전한 사회를 조성하기 위하여 신설된 규정이다.

Ⅶ. 상습범

> **제305조의2 (상습범)**
> 상습으로 제297조, 제297조의2, 제298조부터 제300조까지, 제302조, 제303조 또는 제305조의 죄를 범한 자는 그 죄에 정한 형의 2분의 1까지 가중한다.

상습으로 강간·유사강간·강제추행·준강간·준강제추행·미수범, 미성년자 등에 대한 간음, 피보호자간음, 피구금자간음 또는 미성년자의제강간·강제추행의 죄를 범하는 경우에 그 죄에 정한 형의 2분의 1까지 가중한다.

판례 | 미성년자·심신미약자 간음·추행죄의 기준

- [1] 형법 제302조는 "미성년자 또는 심신미약자에 대하여 위계 또는 위력으로써 간음 또는 추행을 한 자는 5년 이하의 징역에 처한다."라고 규정하고 있다. 형법은 제2편 제32장에서 '강간과 추행의 죄'를 규정하고 있는데, 이 장에 규정된 죄는 모두 개인의 성적 자유 또는 성적 자기결정권을 침해하는 것을 내용으로 한다. 여기에서 '성적 자유'는 적극적으로 성행위를 할 수 있는 자유가 아니라 소극적으로 원치 않는 성행위를 하지 않을 자유를 말하고, '성적 자기결정권'은 성행위를 할 것인가 여부, 성행위를 할 때 상대방을 누구로 할 것인가 여부, 성행위의 방법 등을 스스로 결정할 수 있는 권리를 의미한다. 형법 제32장의 죄의 기본적 구성요건은 강간죄(제297조)나 강제추행죄(제298조)인데, 이 죄는 미성년자나 심신미약자와 같이 판단능력이나 대처능력이 일반인에 비하여 낮은 사람은 낮은 정도의 유·무형력의 행사에 의해서도 저항을 제대로 하지 못하고 피해를 입을 가능성이 있기 때문에 범죄의 성립요건을 보다 완화된 형태로 규정한 것이다. [2] 이 죄에서 '미성년자'는 형법 제305조 및 성폭력범죄의 처벌 등에 관한 특례법 제7조 제5항의 관계를 살펴볼 때 '13세 이상 19세 미만의 사람'을 가리키는 것으로 보아야 하고, '심신미약자'란 정신기능의 장애로 인하여 사물을 변별하거나 의사를 결정할 능력이 미약한 사람을 말한다. 그리고 '추행'이란 객관적으로 피해자와 같은 처지에 있는 일반적·평균적인 사람으로 하여금 성적 수치심이나 혐오감을 일으키게 하고 선량한 성적 도덕관념에 반하는 행위로서 구체적인 피해자를 대상으로 하여 피해자의 성적 자유를 침해하는 것을 의미하는데, 이에 해당하는지 여부는 피해자의 의사, 성별, 연령, 행위자와 피해자의 관계, 행위에 이르게 된 경위, 피해자에 대하여 이루어진 구체적 행위태양, 주위의 객관적 상황과 그 시대의 성적 도덕관념 등을 종합적으로

고려하여 판단하여야 한다. 다음으로 '**위력**'이란 피해자의 성적 자유의사를 제압하기에 충분한 세력으로서 **유형적이든 무형적이든 묻지 않으며, 폭행·협박뿐 아니라 행위자의 사회적·경제적·정치적인 지위나 권세를 이용하는 것도 가능**하다. 위력으로써 추행한 것인지 여부는 피해자에 대하여 이루어진 구체적인 행위의 경위 및 태양, 행사한 세력의 내용과 정도, 이용한 행위자의 지위나 권세의 종류, 피해자의 연령, 행위자와 피해자의 이전부터의 관계, 피해자에게 주는 위압감 및 성적 자유의사에 대한 침해의 정도, 범행 당시의 정황 등 여러 사정을 종합적으로 고려하여 판단하여야 한다(대판 2019.6.13. 2019도3341). [해설] 피해자가 필로폰 투약에 동의하였다 하여 이를 들어 피해자에게 어떠한 성적 행위를 하여도 좋다는 승인을 하였다고 볼 수 없다는 판례.

판례 미성년자·심신미약자 간음·추행죄의 위계

- [1] 행위자가 간음의 목적으로 피해자에게 오인, 착각, 부지를 일으키고 피해자의 그러한 심적 상태를 이용하여 간음의 목적을 달성하였다면 위계와 간음행위 사이의 인과관계를 인정할 수 있고, 따라서 위계에 의한 간음죄가 성립한다. [2] 위계에 의한 간음죄에서 '위계'란 행위자의 행위목적을 달성하기 위하여 피해자에게 오인, 착각, 부지를 일으키게 하여 이를 이용하는 것을 말한다. 이러한 위계의 개념 및 성폭력범행에 특히 취약한 사람을 보호하고 행위자를 강력하게 처벌하려는 입법 태도, 피해자의 인지적·심리적·관계적 특성으로 온전한 성적 자기결정권 행사를 기대하기 어려운 사정 등을 종합하면, **행위자가 간음의 목적으로 피해자에게 오인, 착각, 부지를 일으키고 피해자의 그러한 심적 상태를 이용하여 간음의 목적을 달성하였다면 위계와 간음행위 사이의 인과관계를 인정할 수 있고, 따라서 위계에 의한 간음죄가 성립한다.** 왜곡된 성적 결정에 기초하여 성행위를 하였다면 왜곡이 발생한 지점이 성행위 그 자체인지 성행위에 이르게 된 동기인지는 성적 자기결정권에 대한 침해가 발생한 것은 마찬가지라는 점에서 핵심적인 부분이라고 하기 어렵다. 피해자가 오인, 착각, 부지에 빠지게 되는 대상은 간음행위 자체일 수도 있고, 간음행위에 이르게 된 동기이거나 간음행위와 결부된 금전적·비금전적 대가와 같은 요소일 수도 있다. 다만 행위자의 위계적 언동이 존재하였다는 사정만으로 위계에 의한 간음죄가 성립하는 것은 아니므로 위계적 언동의 내용 중에 피해자가 성행위를 결심하게 된 중요한 동기를 이룰 만한 사정이 포함되어 있어 피해자의 자발적인 성적 자기결정권의 행사가 없었다고 평가할 수 있어야 한다. 이와 같은 인과관계를 판단함에 있어서는 피해자의 연령 및 행위자와의 관계, 범행에 이르게 된 경위, 범행 당시와 전후의 상황 등 여러 사정을 종합적으로 고려하여야 한다. [3] 한편 위계에 의한 간음죄가 보호대상으로 삼는 아동·청소년, 미성년자, 심신미약자, 피보호자·피감독자, 장애인 등의 성적 자기결정 능력은 그 나이, 성장과정, 환경, 지능 내지 정신기능 장애의 정도 등에 따라 개인별로 차이가 있으므로 간음행위와 인과관계가 있는 위계에 해당하는지 여부를 판단함에 있어서는 구체적인 범행 상황에 놓인 피해자의 입장과 관점이 충분히 고려되어야 하고, 일반적·평균적 판단능력을 갖춘 성인 또는 충분한 보호와 교육을 받은 또래의 시각에서 인과관계를 쉽사리 부정하여서는 안 된다. [4] 이와 달리 위계에 의한 간음죄에서 행위자가 간음의 목적으로 상대방에게 일으킨 오인, 착각, 부지는 간음행위 자체에 대한 오인, 착각, 부지를 말하는 것이지 간음행위와 불가분적 관련성이 인정되지 않는 다른 조건에 관한 오인, 착각, 부지를 가리키는 것은 아니라는 취지의 종전 판례인 대법원 2001.12.24. 선고 2001도5074 판결, 대법원 2002.7.12. 선고 2002도2029 판결, 대법원 2007.9.21. 선고 2007도6190 판결, 대법원 2012.9.27. 선고 2012도9119 판결, 대법원 2014.9.4. 선고 2014도8423, 2014전도151 판결 등은 이 판결과 배치되는 부분이 있으므로 그

범위에서 이를 변경하기로 한다(대판 2020.8.27. 2015도9436 전원합의체). **[해설]** 피고인(36세 남성)이 자신을 고등학교 2학년으로 가장하여 14세의 피해자와 온라인으로 교제하던 중, 교제를 지속하고 스토킹하는 여자를 떼어내려면 자신의 선배와 성관계하여야 한다는 취지로 피해자에게 거짓말을 하고, 이에 응한 피해자를 그 선배로 가장하여 간음한 사안. 원심은, 위계에 의한 간음죄에서 행위자가 간음의 목적으로 상대방에게 일으킨 오인, 착각, 부지는 간음행위 자체에 대한 오인, 착각, 부지를 말하는 것이지 간음행위와 불가분적 관련성이 인정되지 않는 다른 조건에 관한 오인, 착각, 부지를 가리키는 것은 아니라고 보아야 한다는 종전 판례에 따라 이 사건 공소사실을 무죄로 판단함. 대법원은 행위자가 간음의 목적으로 피해자에게 오인, 착각, 부지를 일으키고 피해자의 그러한 심적 상태를 이용하여 간음의 목적을 달성하였다면 위계와 간음행위 사이의 인과관계를 인정할 수 있다고 보아 이와 다른 취지의 종전 판례를 변경하고, 이 사건 공소사실을 무죄로 판단한 원심판결을 파기하였음.

판례 피감호자간음죄

① 비록 피고인이 직접 피해자 박○옥을 미장원의 종업원으로 고용한 것은 아니라 하더라도 자기의 처가 경영하는 미장원에 매일같이 출입하면서 미장원일을 돕고 있었다면 동 미장원 종업원인 박○옥은 피고인을 주인으로 대접하고 또 그렇게 대접하는 것이 우리의 일반사회실정이라 할 것이고 또한 피고인도 따라서 동 미장원 종업원인 피해자 박○옥에 대하여 남다른 정의로서 처우해 왔다고 보는 것이 또한 우리의 인지상정이라 할 수 있을 것이므로 이 사건에서 사정이 그와 같다면 <u>피고인은 박○옥에 대하여 사실상 자기의 보호 또는 감독을 받는 상황에 있는 부녀의 경우에 해당된다</u>고 못 볼 바 아니다(대판 1976.2.10. 74도1519).

② [1] <u>병원 응급실에서 당직 근무를 하던 의사</u>가 가벼운 교통사고로 인하여 비교적 경미한 상처를 입고 입원한 <u>여성 환자들의 바지와 속옷을 내리고 음부 윗부분을 진료행위를 가장하여 수회 누른 행위가 업무상 위력 등에 의한 추행에 해당한다</u>고 한 사례. [2] 원심이 피고인으로부터 추행을 당하였다는 피해자들의 진술을 신빙성이 있는 것으로 보아 피고인을 성폭력범죄의처벌및피해자보호등에관한법률(업무상위력등에의한추행)위반죄로 의율한 것은 옳고, 거기에 상고이유에서 주장하는 바와 같은 위법이 있다고 할 수 없다(대판 2005.7.14. 2003도7107).

| PART 01 개인적 법익에 대한 죄 | PART 02 | PART 03 |

CHAPTER 03 | 명예와 신용에 대한 죄

 제1절 | 명예에 관한 죄

Ⅰ. 서론

1. 명예에 관한 죄의 의의

공연히 사실을 적시하여 사람의 명예를 훼손하거나 사람을 모욕하는 것을 내용으로 하는 범죄이다. 사람의 명예를 보호하기 위한 범죄이다.

2. 보호법익

(1) 명예의 의의

1) **명예의 내용** : 통설은 명예의 내용을 ㉮ 사람이 가지고 있는 인격의 내부적 가치 그 자체를 의미하는 내적 명예와, ㉯ 사람의 인격적 가치와 그의 도덕적·사회적 행위에 대한 평가를 의미하는 외적 명예, ㉰ 자기의 인격적 가치에 대한 자기 자신의 주관적인 평가 내지 감정을 의미하는 명예감정의 세 가지로 나누어 검토하고 있다.

2) **명예에 관한 죄의 보호법익** : 명예훼손죄의 보호법익은 외적 명예이지만 모욕죄의 보호법익은 명예감정이라고 해석하는 견해도 있으나, ㉮ 형법이 모욕죄의 구성요건으로 공연성을 요구하고 있다는 점, ㉯ 명예감정을 가질 수 없는 정신병자·유아·법인 등에 대하여도 모욕죄가 성립한다는 점 등으로 보아 명예훼손죄뿐만 아니라 모욕죄의 보호법익도 외적 명예라고 이해하는 통설이 타당하며 판례도 같은 입장이다. 명예에 관한 죄의 보호법익이 보호받는 정도는 추상적 위험범으로서의 보호이다.

명예훼손죄	모욕죄
외적 명예 / 공연성 / 사실 또는 허위사실 적시	외적 명예 / 공연성 / 사실 등의 적시 X

(2) 명예의 주체

1) **자연인** : 모든 자연인은 명예의 주체가 될 수 있다. 살아 있는 자연인은 물론 사자(死者)도 명예의 주체가 된다. 다만 사자의 명예훼손죄는 역사적 가치로서의 사자의 인격적 가치를 보호하기 위한 것이다(통설).

2) **법인 기타의 단체** : 자연인뿐만 아니라 법인도 명예의 주체가 된다. 판례는 법인에 한하여 명예의 주체가 된다고 판시하고 있으나, 법인격 없는 단체도 법에 의하여 인정된 사회적 기능을 담당하고 있는 한, 그것이 공법상의 단체인가 사법상의 단체인가를 묻지 않고 명예의 주체가 된다고 할 것이다.

3) **집합명칭에 의한 명예훼손** : ㉮ 집합명칭에 의하여 집단의 모든 구성원의 명예가 침해되는 경

우와 ㈏ 집단 구성원의 1인 또는 수인을 지적하였지만 그것이 누구인가를 명백히 하지 아니하여 구성원 모두가 혐의를 받는 경우이다. ㈎의 경우 명예훼손이 가능하기 위하여는 집단의 구성원이 일반인과 명백히 구별될 수 있을 정도로 집단명칭이 특정되어야 하고 명예훼손의 내용은 집단의 모든 구성원을 지적하는 것이어야 하며, ㈏의 경우에는 그 구성원 전원에 대한 명예훼손죄가 성립할 수 있다.

3. 명예에 관한 죄의 체계

형법	기본적 구성요건	명예훼손죄(제307조 제1항)		반의사불벌죄
	가중적 구성요건	허위사실에 의한 불법가중	허위사실적시에 의한 명예훼손죄 (제307조 제2항)	
		목적과 수단에 의한 불법가중	출판물에 의한 명예훼손죄(제309조)	
	독립적 구성요건	사자명예훼손죄(제308조), 모욕죄(제311조)		친고죄
	위법조각적 구성요건	위법성조각사유(제310조)		

II. 명예훼손의 죄

1. 명예훼손죄

> **제307조(명예훼손)**
> ① 공연히 사실을 적시하여 사람의 명예를 훼손한 자는 2년 이하의 징역이나 금고 또는 500만원 이하의 벌금에 처한다.
> ② 공연히 허위의 사실을 적시하여 사람의 명예를 훼손한 자는 5년 이하의 징역, 10년 이하의 자격정지 또는 1천만원 이하의 벌금에 처한다.
>
> **제312조(고소와 피해자의 의사)**
> ② 제307조와 제309조의 죄는 피해자의 명시한 의사에 반하여 공소를 제기할 수 없다.

(1) 객관적 구성요건

공연히 사실 또는 허위의 사실을 적시하여 사람의 명예를 훼손함으로써 성립한다(제307조).

1) 공연성 : 명예훼손죄는 물론 모욕죄도 공연성을 요건으로 한다. 공연성이란 '불특정 또는 다수인이 인식할 수 있는 상태'를 의미한다. 여기서 불특정이란 상대방이 특수한 관계로 한정된 범위에 속하는 사람이 아니라는 것을 의미하며, 다수도 상당한 다수를 의미한다. 이러한 공연성을 어떻게 이해할 것인가에 관하여는 소위 '전파성이론'이 주장되고 있다. 즉 사실을 적시한 상대방이 특정한 한 사람인 경우라 하더라도 그 말을 들은 사람이 불특정 또는 다수인에게 그 말을 전파할 가능성이 있는 때에는 공연성을 인정하자는 이론이 그것이다. 그러나 ㈎ 전파성 이론은 표현의 자유를 지나치게 제한할 뿐만 아니라, 명예훼손죄의 보호법익의 보호정도와 그 행위의 태양을 혼동한 결과라고 하지 않을 수 없다. 따라서 공연성이란 '불특정 또는 다수인이 직접으로 인식할 수 있는 상태'를

의미한다고 해석하는 것이 타당하다(직접인식가능성설 : 다수설). 그러나 ㈏ 판례는 전파성이론을 취하고 있으며, 개별적으로 한 사람에 대해 사실을 적시하였다 하더라도 그로부터 불특정 또는 다수인에게 전파될 가능성이 있다면 공연성의 요건을 충족한다고 판시하고 있다. 다만, 행위자와 사실적시의 상대방이 특별한 관계에 있는 경우, 직무상의 관계로 인하여 비밀이 보장될 수 있는 경우에는 전파가능성이 부정된다.

2) 사실의 적시 : ㈎ 사실이란 현실적으로 발생하고 증명할 수 있는 과거와 현재의 상태를 말하며 장래의 사실도 현재나 과거사실에 대한 주장을 포함할 경우에는 사실에 포함된다. 그리고 외적 사실인가 내적 사실인가를 불문한다. 그러나 사실은 그 정당성이 주관적 확신에 의하여 좌우되는 가치판단과 구별되어야 한다. ㈏ 사실의 적시란 사람의 사회적 가치 내지 평가를 저하시키는 데 충분한 사실을 지적하는 것을 말하며 공지의 사실도 포함한다. 적시된 사실은 사람의 사회적 가치 평가를 저하시키는 데 적합한 것이어야 하고, 사실의 적시는 특정인의 가치가 침해될 수 있을 정도로 구체적일 것을 요한다. 또한 적시된 사실은 특정한 피해자에 대한 사항이어야 한다. ㈐ 사실을 적시한 방법에는 제한이 없으며, 적시된 사실이 사실인가 또는 허위의 사실인가에 따라 제1항 또는 제2항의 죄가 성립한다.

3) 기수시기 : 본죄는 추상적 위험범이다. 따라서 본죄는 명예, 즉 사람에 대한 사회적 평가가 현실적으로 침해되었을 것을 요하지 않고, 단순히 명예를 해할 우려 있는 행위가 있으면 기수에 이른다. 명예훼손죄의 미수범 처벌규정은 없다.

(2) **주관적 구성요건**

1) 고의 : 타인의 명예를 훼손하는 데 적합한 사실을 적시한다는 고의가 있어야 한다. 미필적 고의로도 족하다. 적시한 사실이 진실한 사실인가 또는 허위의 사실인가에 대한 인식도 고의의 내용이 된다. 명예를 훼손할 목적은 필요하지 않다.

2) 착오 : 단순명예훼손죄의 고의는 적시하는 사실이 '진실'이라는 것을 인식해야 하므로, 인식한 사실의 진실 여부에 관한 착오가 있는 경우, 즉 제307조 제1항과 제2항의 사실 사이에 착오가 있는 경우에 어떠한 죄책을 질 것인가가 문제된다.

㈎ 적시하는 사실이 진실인 줄 알고 명예훼손행위를 하였으나 그 사실이 허위인 경우에는 제15조 제1항이 직접 적용되어 제307조 제1항의 명예훼손죄가 성립하게 된다. ㈏ 적시하는 사실을 허위의 사실로 알고 명예훼손행위를 하였으나 그 사실이 진실인 경우에 구성요건적 착오에 관한 죄질부합설에 의하면 행위자는 제307조 제1항(단순명예훼손죄)의 고의·기수책임을 진다. 다만, 이 경우는 제15조 제1항의 반전된 형태로서 착오론의 일반이론에 따라 큰 고의는 작은 고의를 포함한다는 원칙에 의하여 해결된다고 본다. 따라서 이 경우 제307조 제1항이 적용되게 된다. 명예훼손죄에 있어서 미수범과 과실범의 처벌규정은 없다.

 **판 례** 공연성(전파가능성) 인정 판례

① 피고인이 공소외 甲의 집 앞에서 공소외 乙 및 피해자의 시어머니 丙이 있는 자리에서 피해자의 명예를 훼손하는 말을 한 사실이 인정된다면, 말의 전파가능성이 없어서 공연성이 결여되었다는 주장은 허용될 수 없다(대판 1983.10.11. 83도2222).

② 명예훼손죄의 구성요건인 공연성은 불특정 또는 다수인이 인식할 수 있는 상태를 의미하므로 비록 개별적으로 한 사람에 대하여 사실을 유포하였다 하더라도 그로부터 불특정 또는 다수인에게 전파될 가능성이 있다면 공연성의 요건을 충족한다 할 것인바(대판 1968.12.24. 68도1569, 대판 1981.10.27. 81도1023 참조), 원심이 유지한 제1심판결이 확정한 사실과 기록에 의하여 살펴보면 피고인이 사실을 적시한 장소가 유 정만이라는 행정서사의 사무실내이었기는 하나 그의 사무원인 윤국용과 동인의 처 오정숙이 함께 있는 자리였고, 그들은 모두 피해자와 같은 교회에 다니는 교인들일 뿐 피해자에 관한 소문을 비밀로 지켜줄 만한 특별한 신분관계는 없었던 사정을 규지할 수 있어 피고인이 그들에게 적시한 사실은 그들을 통하여 불특정 또는 다수인에게 전파될 가능성이 충분히 있었다고 보기에 넉넉하므로 원심판결에 공연성에 관한 법리오해가 있다는 논지도 받아들일 수 없다(대판 1985.4.23. 85도431).

③ 명예훼손죄의 요건인 공연성은 불특정 또는 다수인이 인식할 수 있는 상태를 말하는 것이므로, 진정서와 고소장을 특정 사람들에게 개별적으로 우송하여도 다수인(19명, 193명)에게 배포하였고, 또 그 내용이 다른 사람에게 전파될 가능성도 있어 공연성의 요건이 충족된다(대판 1991.6.25. 91도347).

④ 명예훼손의 발언(피해자들이 전과가 많다는 내용)을 들은 사람들이 피해자들과는 일면식이 없다거나 이미 피해자들의 전과사실을 알고 있었다고 하더라도 공연성 즉 발언이 전파될 가능성이 없다고 볼 수 없다(대판 1993.3.23. 92도455).

⑤ 피고인의 말을 들은 사람은 한 사람씩에 불과하였으나 그들은 피고인과 특별한 친분관계가 있는 자가 아니며, 그 범행의 내용도 지방의회 의원선거를 앞둔 시점에 현역 시의회 의원이면서 다시 그 후보자가 되고자 하는 자를 비방한 것이어서 피고인이 적시한 사실이 전파될 가능성이 많을 뿐만 아니라, 결과적으로 그 사실이 피해자에게 전파되어 피해자가 고소를 제기하기에 이른 사정 등을 참작하여 볼 때, 피고인의 판시 범행은 행위 당시에 이미 공연성을 갖추었다고 본 사례(대판 1996.7.12. 96도1007).

⑥ 직장의 전산망에 설치된 전자게시판에 타인의 명예를 훼손하는 내용의 글을 게시한 행위가 명예훼손죄를 구성한다고 한 사례(대판 2000.5.12. 99도5734).

⑦ [1] 명예훼손죄의 구성요건인 공연성은 불특정 또는 다수인이 인식할 수 있는 상태를 의미하므로, 비록 개별적으로 한 사람에 대하여 사실을 유포하였다 하더라도 그로부터 불특정 또는 다수인에게 전파될 가능성이 있다면 공연성의 요건을 충족한다. [2] 개인 블로그의 비공개 대화방에서 상대방으로부터 비밀을 지키겠다는 말을 듣고 일대일로 대화하였다고 하더라도, 그 사정만으로 대화 상대방이 대화내용을 불특정 또는 다수에게 전파할 가능성이 없다고 할 수 없으므로, 명예훼손죄의 요건인 공연성을 인정할 여지가 있다고 본 사례(대판 2008.2.14. 2007도8155). [해설] 전파가능성의 의미를 설명한 사례.

⑧ [1] 구 정보통신망 이용촉진 및 정보보호 등에 관한 법률(2007. 12. 21. 법률 제8778호로 개정되

기 전의 것, 이하 '구 법'이라고만 한다) 제61조 제2항에 규정된 정보통신망을 이용한 명예훼손죄에 있어서의 사실의 적시란 반드시 사실을 직접적으로 표현한 경우에 한정할 것은 아니고, 간접적이고 우회적인 표현에 의하더라도 그 표현의 전 취지에 비추어 그와 같은 사실의 존재를 암시하고, 또 이로써 특정인의 사회적 가치 내지 평가가 침해될 가능성이 있을 정도의 구체성이 있으면 족한 것인데, 원심판결 이유와 원심이 인용한 제1심판결의 채용 증거들에 의하면, 피고인은 인터넷 포탈사이트의 피해자에 대한 기사란에 그녀가 재벌과 사이에 아이를 낳거나 아이를 낳아준 대가로 수십억 원을 받은 사실이 없음에도 불구하고, 그러한 사실이 있는 것처럼 댓글이 붙어 있던 상황에서, 추가로 "지고지순이 뜻이 뭔지나 아니? 모 재벌님하고의 관계는 끝났나?"라는 내용의 댓글을 게시하였다는 것인바, <u>위와 같은 댓글이 이루어진 장소, 시기와 상황, 그 표현의 전 취지 등을 위 법리에 비추어 보면, 피고인의 위와 같은 행위는 간접적이고 우회적인 표현을 통하여 위와 같은 허위 사실의 존재를 구체적으로 암시하는 방법으로 사실을 적시한 경우에 해당한다고 하지 않을 수 없으므로</u>, 피고인의 위 주장은 받아들여질 수 없는 것이다. [2] 구 법 제61조 제2항 위반죄에 있어서 <u>공연성이란 불특정 또는 다수인이 인식할 수 있는 상태를 의미하는 것인바, 적시된 사실이 이미 사회의 일부에서 다루어진 소문이라고 하더라도 이를 적시하여 사람의 사회적 평가를 저하시킬 만한 행위를 한 때에는 명예훼손에 해당한다</u> 할 것이고, 원심판결 이유와 원심이 인용한 제1심판결의 채용 증거들에 의하면, <u>피고인이 게시한 댓글은 해당 인터넷 포탈사이트를 이용하는 불특정 다수의 이용자들이 쉽게 그 내용을 확인할 수 있는 것이었음을 알 수 있으므로, 피고인이 위와 같이 인터넷 포탈사이트의 기사란에 댓글을 게재한 행위는 당연히 공연성이 있는 것이라고 할 것이다</u>(대판 2008.7.10. 2008도2422). [해설] 사회의 일부에 이미 알려진 사실에 대해서도 명예훼손의 공연성이 인정될 수 있는지, 사실의 적시는 반드시 직접적인 사실 표현이어야 하는지 등에 대한 사례.

⑨ 이러한 사정과 피고인과 공소외 1, 또는 공소외 1과 피해자 사이의 관계 및 피고인이 팩스로 피해자의 전과사실을 전송할 당시 공소외 1에게 이를 전파하지 않도록 요청한 바는 없는 점 등을 고려할 때, 공소외 1이 피해자의 전과사실을 전파하지 아니하고 비밀로 지켜줄 사정이 인정되지 않으며, 오히려 피고인이 공소외 1에게 위 준비서면을 팩스로 전송한 이후에 스스로 피해자의 전과사실을 이 사건 상가의 상인들에게 알리는 행동을 하였던 점에 비추어 <u>비록 피고인이 공소외 1 한 사람에게만 피해자의 전과사실을 유포하였다고 하더라도 그로부터 불특정 또는 다수인에게 전파될 가능성에 대한 인식이 있었음은 물론이고 내심으로도 전파가능성을 용인하고 있었다고 봄이 상당하므로, 명예훼손죄의 구성요건인 '공연성'을 충족한다</u>고 할 것이다(대판 2008.10.23. 2008도6515).

⑩ [1] 대법원은 명예훼손죄의 공연성에 관하여 개별적으로 소수의 사람에게 사실을 적시하였더라도 그 상대방이 불특정 또는 다수인에게 적시된 사실을 전파할 가능성이 있는 때에는 공연성이 인정된다고 일관되게 판시하여, 이른바 전파가능성 이론은 공연성에 관한 확립된 법리로 정착되었다. <u>공연성에 관한 전파가능성 법리는 대법원이 오랜 시간에 걸쳐 발전시켜 온 것으로서 현재에도 여전히 법리적으로나 현실적인 측면에 비추어 타당하므로 유지되어야 한다</u>. [2] 대법원 판례와 재판 실무는 전파가능성 법리를 제한 없이 적용할 경우 공연성 요건이 무의미하게 되고 처벌이 확대되게 되어 표현의 자유가 위축될 우려가 있다는 점을 고려하여, 전파가능성의 구체적·객관적인 적용 기준을 세우고, 피고인의 범의를 엄격히 보거나 적시의 상대방과 피고인 또는 피해자의 관계에 따라 전파가능성을 부정하는 등 판단기준을 사례별로 유형화하면서 전파가능성에 대한 인

식이 필요함을 전제로 전파가능성 법리를 적용함으로써 공연성을 엄격하게 인정하여 왔다. [3] 공연성은 명예훼손죄의 구성요건으로서, 특정 소수에 대한 사실적시의 경우 공연성이 부정되는 유력한 사정이 될 수 있으므로, 전파될 가능성에 관하여는 검사의 엄격한 증명이 필요하다. 나아가 대법원은 '특정의 개인이나 소수인에게 개인적 또는 사적으로 정보를 전달하는 것과 같은 행위는 공연하다고 할 수 없고, 다만 특정의 개인 또는 소수인이라고 하더라도 불특정 또는 다수인에게 전파 또는 유포될 개연성이 있는 경우라면 공연하다고 할 수 있다'고 판시하여 전파될 가능성에 대한 증명의 정도로 단순히 '가능성'이 아닌 '개연성'을 요구하였다. [4] 공연성의 존부는 발언자와 상대방 또는 피해자 사이의 관계나 지위, 대화를 하게 된 경위와 상황, 사실적시의 내용, 적시의 방법과 장소 등 행위 당시의 객관적 제반 사정에 관하여 심리한 다음, 그로부터 상대방이 불특정 또는 다수인에게 전파할 가능성이 있는지 여부를 검토하여 종합적으로 판단하여야 한다. 발언 이후 실제 전파되었는지 여부는 전파가능성 유무를 판단하는 고려요소가 될 수 있으나, 발언 후 실제 전파 여부라는 우연한 사정은 공연성 인정 여부를 판단함에 있어 소극적 사정으로만 고려되어야 한다. 따라서 전파가능성 법리에 따르더라도 위와 같은 객관적 기준에 따라 전파가능성을 판단할 수 있고, 행위자도 발언 당시 공연성 여부를 충분히 예견할 수 있으며, 상대방의 전파의사만으로 전파가능성을 판단하거나 실제 전파되었다는 결과를 가지고 책임을 묻는 것이 아니다. [5] 추상적 위험범으로서 명예훼손죄는 개인의 명예에 대한 사회적 평가를 진위에 관계없이 보호함을 목적으로 하고, 적시된 사실이 특정인의 사회적 평가를 침해할 가능성이 있을 정도로 구체성을 띠어야 하나(대판 1994.10.25. 94도1770, 대판 2000.2.25. 98도2188 등 참조), 위와 같이 침해할 위험이 발생한 것으로 족하고 침해의 결과를 요구하지 않으므로, 다수의 사람에게 사실을 적시한 경우뿐만 아니라 소수의 사람에게 발언하였다고 하더라도 그로 인해 불특정 또는 다수인이 인식할 수 있는 상태를 초래한 경우에도 공연히 발언한 것으로 해석할 수 있다. [6] 전파가능성 법리는 정보통신망 등 다양한 유형의 명예훼손 처벌규정에서의 공연성 개념에 부합한다고 볼 수 있다. 인터넷, 스마트폰과 같은 모바일 기술 등의 발달과 보편화로 SNS, 이메일, 포털사이트 등 정보통신망을 통해 대부분의 의사표현이나 의사전달이 이루어지고 있고, 그에 따라 정보통신망을 이용한 명예훼손도 급격히 증가해 가고 있다. 이러한 정보통신망과 정보유통과정은 비대면성, 접근성, 익명성 및 연결성 등을 그 본질적 속성으로 하고 있어서, 정보의 무한 저장, 재생산 및 전달이 용이하여 정보통신망을 이용한 명예훼손은 '행위 상대방' 범위와 경계가 불분명해지고, 명예훼손 내용을 소수에게만 보냈음에도 행위 자체로 불특정 또는 다수인이 인식할 수 있는 상태를 형성하는 경우가 다수 발생하게 된다. 특히 정보통신망에 의한 명예훼손의 경우 행위자가 적시한 정보에 대한 통제가능성을 쉽게 상실하게 되고, 빠른 전파가능성으로 인하여 피해자의 명예훼손의 침해 정도와 범위가 광범위하게 되어 표현에 대한 반론과 토론을 통한 자정작용이 사실상 무의미한 경우도 적지 아니하다. 따라서 정보통신망을 이용한 명예훼손행위에 대하여, 상대방이 직접 인식하여야 한다거나, 특정된 소수의 상대방으로는 공연성을 충족하지 못한다는 법리를 내세운다면 해결기준으로 기능하기 어렵게 된다. 오히려 특정 소수에게 전달한 경우에도 그로부터 불특정 또는 다수인에 대한 전파가능성 여부를 가려 개인의 사회적 평가가 침해될 일반적 위험성이 발생하였는지를 검토하는 것이 실질적인 공연성 판단에 부합되고, 공연성의 범위를 제한하는 구체적인 기준이 될 수 있다. [7] 피고인이 갑의 집 뒷길에서 피고인의 남편 을 및 갑의 친척인 병이 듣는 가운데 갑에게 '저것이 징역 살다온 전과자다' 등으로 큰 소리로 말함으로써 공연히 사실을 적시하여 갑의 명예를 훼손하였다는 내용으로 기소된 사안에서, 병이 갑과 친척관계에 있다는 이유만으로 전파가능성이 부정된다고 볼 수 없고, 오히려 피고인은 갑과의 싸움 과정에서 단지 갑을 모욕 내지 비방하기 위하여 공개된 장소에서 큰 소리로 말하여 다른 마을 사람들이 들을 수 있을 정도였던 것으로 불특정 또는 다수인이 인식할 수 있는 상태였다고 봄이 타당하므로, 피고인의 위 발언은 공연성이 인정된다고 한 사례(대판 2020.11.19. 2020도5813 전원합의체). [해설] 피고인이 피해자 외 2명이 듣는 자리에서 피해자에게 공연히 사실을 적시하여 피해자의 명예를 훼손하였다는 공소사실에 대하여 원심은 전파가능성 법리를 인용하여 공연성을 긍정하였음. 이에 피고인은 공연성이 없다고 상고하였으나, 대법원은 전파가능성 법리에 관한 기존의 대법원 판례가 여전히 타당하고, 피고인의 발언 내용, 경위 및 장소와 피고인 또는 피해자와 상대방과의 관계 등을 고려할 때 피고인의 발언에 공연성이 인정되고 위와 같은 취지의 원심을 수긍하여 피고인의 상고를 기각함. 이러한 다수의견에 대하여, 전파가능성 법리는 명예훼손죄의 가벌성 범위를 지나치게 확대하여 죄형법정주의에서 금지하는 유추해석에 해당하고, 수범자의 예견가능성을 침해하여 행위자에 대한 결과책임을 묻게 된다는 등의 이유로 전파가능성 법리를 적용하여 공연성을 긍정해 온 기존의 대법원 판례 전부 폐기되어야 한다는 대법관 김재형, 대법관 안철상, 대법관 김선수의 반대의견과 다수의견에 대한 대법관 박상옥, 대법관 민유숙의 보충의견이 있음.

⑪ 명예훼손죄의 구성요건으로서 공연성은 '불특정 또는 다수인이 인식할 수 있는 상태'를 의미하고, 개별적으로 소수의 사람에게 사실을 적시하였더라도 그 상대방이 불특정 또는 다수인에게 적시된 사실을 전파할 가능성이 있는 때에도 공연성이 인정된다. 그리고 명예훼손죄는 추상적 위험범으로 불특정 또는 다수인이 적시된 사실을 실제 인식하지 못하였다고 하더라도 인식할 수 있는 상태에 놓인 것으로도 명예가 훼손된 것으로 보아야 한다(대판 2020.11.19. 2020도5813 전원합의체 참조)(대판 2020.12.10. 2019도12282). [해설] 군인 명예훼손의 점의 요지는, 피고인이 음식점에서 창밖으로 지나가는 피해자를 보며 A에게 "내가 새벽에 운동을 하고 나오면 헬스장 근처에 있는 모텔에서 피해자가 남자 친구와 나오는 것을 몇 번 봤다. 나를 봤는데 얼마나 창피했겠냐."라고 말하여 공연히 사실을 적시하여 피해자의 명예를 훼손하였다는 것. 원심은, A의 진술이 일관되기는 하나 그 진술만으로는 피고인이 이 사건 발언을 하였다고 인정하기 부족하고, 설령 피고인이 이 사건 같은 발언을 하였더라도 명예훼손적 표현이라고 인정하기 어렵다는 이유로 무죄로 판단함. 대법원은 원심에서 추가로 조사한 당시 음식점 안에 있었던 김정인의 증언을 고려하더라도 A 진술의 신빙성을 인정한 제1심의 판단을 그대로 유지하는 것이 현저히 부당하다고 인정되는 경우라고 보기 어렵고, 이 사건 발언이 피해자의 사회적 가치 내지 평가를 저하시킬 만한 것이라고 인정할 여지가 충분하며, 피고인이 발언한 장소가 공개된 식당으로 발언 당시 김정인을 비롯한 손님들이 있었던 사정에 더하여 피고인과 A의 관계까지 비추어 보더라도 공연성이 인정된다고 판단하여 원심을 파기함.

⑫ [1] 명예훼손죄의 구성요건으로서 공연성은 '불특정 또는 다수인이 인식할 수 있는 상태'를 의미하고, 개별적으로 소수의 사람에게 사실을 적시하였더라도 그 상대방이 불특정 또는 다수인에게 적시된 사실을 전파할 가능성이 있는 때에도 공연성이 인정된다. 개별적인 소수에 대한 발언을 불특정 또는 다수인에게 전파될 가능성을 이유로 공연성을 인정하기 위해서는 막연히 전파될 가능성이 있다는 것만으로 부족하고, 고도의 가능성 내지 개연성이 필요하며, 이에 대한 검사의 엄격한 증명을 요한다. 특히 발언 상대방이 직무상 비밀유지의무 또는 이를 처리해야 할 공무원이나 이와 유사한 지위에 있는 경우에는 그러한 관계나 신분으로 인하여 비밀의 보장이 상당히 높은 정도로 기대되는 경우로서 공연성이 부정되고, 공연성을 인정하기 위해서는 그러한 관계나 신분에도 불구하고 불특정 또는 다수인에게 전파될 수 있다고 볼 만한 특별한 사정이 존재하여야 한다(대판 2020.11.19. 2020도5813 전원합의체 참조). [2] 명예훼손죄는 추상적 위험범으로 불특정 또는 다수인이 적시된 사실을 실제 인식하지 못하였다고 하더라도 인식할

수 있는 상태에 놓인 것으로도 명예가 훼손된 것으로 보아야 한다(위 대법원 2020도5813 전원합의체 판결 참조). 발언 상대방이 이미 알고 있는 사실을 적시하였더라도 공연성 즉 전파될 가능성이 없다고 볼 수 없다(대판 1993.3.23. 92도455 등 참조)(대판 2020.12.30. 2015도15619). [해설] 징계 처리 요청서 부분 명예훼손의 점의 요지는 피고인들이 피해자가 자율규정을 위반하여 징계하였으니 골프장 출입을 금지시켜 달라는 내용의 요청서를 작성하여 골프장 운영 회사 담당자를 통하여 위 회사에 제출하였다는 것. 원심은, 피고인들과 피해자는 골프장의 경기도우미(캐디)인데 경기도우미들은 자율규정을 위반한 경기도우미에 대한 징계를 스스로 결정한 후 골프장 운영 회사의 접수 직원에게 전달하고, 위 회사 내부의 검토·보고를 거쳐 시행하는 점, 이 부분에서 문제된 요청서는 절차에 따라 접수 직원에게 전달되어 위 회사에 의해 피해자에 대한 출입금지조치가 있었던 점을 인정한 다음 피고인들이 피해자에 대한 출입금지처분을 요청하기 위하여 그 담당자에게 요청서를 제출한 것이어서 담당자를 통하여 불특정 또는 다수인에게 전파될 가능성이 있다고 보이지 않는다는 이유 등을 들어 공연성을 부정하고 무죄로 판단함. 대법원은 원심의 판단을 수긍함. 서명자료 부분 명예훼손의 점의 요지는 피고인들이 허위사실을 적시한 서명자료를 만들어 동료 여러 명에게 읽고 서명하게 하였다는 것. 원심은 피고인들의 행위는 불특정 또는 다수인이 인식할 수 있는 상태에 해당하고, 설령 그 내용이 동료들 사이에 만연한 소문이었다고 하더라도 공연성이 인정된다고 보아 유죄로 판단함. 대법원은 원심의 판단을 수긍함.

⑬ [1] 원심은 이 사건 공소사실의 사실관계를 인정한 다음 피고인에게 허위사실의 인식 내지 명예훼손의 범의, 전파가능성의 인식이 있었다고 단정하기 어려워 이 사건 공소사실에 대하여 범죄의 증명이 없다고 보아, 이를 유죄로 판단한 제1심판결을 파기하고 무죄를 선고하였다. [2] 명예훼손죄의 구성요건으로서 공연성은 '불특정 또는 다수인이 인식할 수 있는 상태'를 의미하고, 개별적으로 소수의 사람에게 사실을 적시하였더라도 그 상대방이 불특정 또는 다수인에게 적시된 사실을 전파할 가능성이 있는 때에도 공연성이 인정된다. 공연성의 존부는 발언자와 상대방 또는 피해자 사이의 관계나 지위, 대화를 하게 된 경위와 상황, 사실적시의 내용, 적시의 방법과 장소 등 행위 당시의 객관적 제반 사정에 관하여 심리한 다음, 그로부터 상대방이 불특정 또는 다수인에게 전파할 가능성이 있는지 여부를 검토하여 종합적으로 판단하여야 한다(대법원 2020. 11. 19. 선고 2020도5813 전원합의체 판결 참조). [3] 위와 같은 법리와 적법하게 채택한 증거에 비추어 살펴보면, 피고인은 공사 도급인이고 피해자는 수급인, 김○○는 피해자의 소개로 공사현장에서 일한 관계에 있는 점, 피고인은 피해자에게 공사대금 일부를 미지급하여 항의를 받았는데, 그러자 피고인은 김○○에게 '지급할 노임 중 1,900만원을 피해자가 수령한 후 이를 유용하였다'는 취지의 문자메시지를 보낸 점 등 이 사건에서 <u>피고인과 김○○ 및 피해자 사이의 관계, 피고인이 이 사건 문자메시지를 보내게 된 경위, 이 사건 문자메시지의 내용 등에 의할 때 전파가능성 및 그 인식을 섣불리 부정할 수 없다. 원심이 피고인에게 전파가능성의 인식이 없었다는 취지로 판단한 부분은 적절하지 않다.</u> [4] 그러나, <u>원심의 위 판단부분을 제외하더라도 검사가 제출한 증거들만으로는 피고인에게 허위성의 인식, 명예훼손의 고의가 있었다는 점이 합리적 의심의 여지가 없을 정도로 증명되었다고 보기 어려운 이 사건에서, 원심의 결론에 상고이유 주장과 같이 논리와 경험의 법칙을 위반하여 자유심증주의의 한계를 벗어나거나 명예훼손죄의 고의에 관한 법리를 오해하여 결론에 영향을 미친 잘못이 없다</u>(대판 2021.4.8. 2020도18437). [해설] 도급인인 피고인이 수급인인 피해자의 소개로 공사현장에서 일한 상대방에게 '지급할 노임 일부를 피해자가 수령한 후 유용하였다'는 문자메시지를 보내 명예훼손죄로 기소된 사안에서, 전파가능성 및 그에 대한 피고인의 인식을 섣불리 부정할 수 없다고 판단한 사례.

 **판례** 공연성(전파가능성) 부정 판례

① 명예훼손죄의 구성요건인 '공연성'은 불특정 또는 다수인이 인식할 수 있는 상태를 의미하므로, 비록 개별적으로 한 사람에 대하여 사실을 유포하였다고 하여도 이로부터 불특정 또는 다수인에게 전파될 가능성이 있다면 공연성의 요건을 충족하는 것이나, 이와 반대의 경우라면 특정한 한 사람에 대한 사실의 유포는 공연성을 결여한 것이다(대판 1981.10.27. 81도1023).

② 중학교 교사에 대해 "전과범으로서 교사직을 팔아가며 이웃을 해치고 고발을 일삼는 악덕 교사"라는 취지의 진정서를 그가 근무하는 학교법인 이사장 앞으로 제출한 행위 자체는 <u>위 진정서의 내용과 진정서의 수취인인 학교법인 이사장과 위 교사의 관계 등에 비추어 볼 때 위 이사장이 위 진정서 내용을 타에 전파할 가능성이 있다고 보기 어려우므로 명예훼손죄의 구성요건인 공연성이 있다고 보기 어렵다</u>(대판 1983.10.25. 83도2190).

③ 명예훼손죄에 있어서 공연성은 불특정 또는 다수인이 인식할 수 있는 상태를 의미하므로, 비록 개별적으로 한 사람에 대하여 사실을 유포하였다 하여도 이로부터 불특정 또는 다수인에게 전파될 가능성이 있다면 공연성의 요건을 충족하는 것이나, 이와 달리 비밀이 보장되거나 전파될 가능성이 없는 경우는 특정한 사람에 대한 사실의 유포는 공연성을 결여한 것이라고 아니할 수 없는바, <u>피고인이 다방에서 피해자와 동업관계로 친한 사이인 공소외인에 대하여 피해자의 험담을 한 경우에 있어서 다방내의 좌석이 다른 손님의 자리와 멀리 떨어져 있고 그 당시 공소외인은 피고인에게 왜 피해자에 관해서 그런 말을 하느냐고 힐책까지 한 사실이 있다면 전파될 가능성이 있다고 볼 수 없다</u>(대판 1984.2.28. 83도891).

④ 피고인이 집에서 피고인의 처로부터 전날 피고인이 외박한 사실에 대하여 추궁당하자 이를 모면하기 위하여 처에게 피해자와 여관방에서 동침한 사실이 있다고 말한 사실만으로써는 명예훼손죄의 구성요건인 공연성이 있다 할 수 없다(대판 1984.3.27. 84도86).

⑤ 명예훼손죄에 있어서의 공연성이라 함은 불특정 또는 다수인이 인식할 수 있는 상태를 가리키는 것인바, 피고인이 자기 집에서 피해자와 서로 다투다가 <u>피해자에게 한 욕설을 피고인의 남편외에 들은 사람이 없다고 한다면 그 욕설을 불특정 또는 다수인이 인식할 수 있는 상태였다고 할 수는 없으므로 공연성을 인정하기 어렵다</u>(대판 1985.11.26. 85도2037).

⑥ 명예훼손죄에 있어 "공연히"란 불특정 또는 다수인이 인식할 수 있는 상태를 말하는 것이고 특정 개인이나 소수인에게 개인적 또는 사적으로 정보를 전달하는 것과 같은 행위는 불특정 또는 다수인에게 전파 또는 유포될 개연성이 있는 경우 외에는 공연하다고 할 수 없다(대판 1989.7.11. 89도886).

⑦ 명예훼손죄에 있어서의 공연성은 불특정 또는 다수인이 인식할 수 있는 상태를 의미하므로 비록 개별적으로 한 사람에 대하여 사실을 유포하였더라도 이로부터 불특정 또는 다수인에게 전파될 가능성이 있다면 공연성의 요건을 충족한다고 할 것이나, 이와 달리 전파될 가능성이 없는 경우라면 특정한 한 사람에 대한 사실의 유포는 공연성을 결여한 것이라고 보아야 할 것인 바, 조합장으로 취임한 피고인이 조합의 원만한 운영을 위하여 피해자의 측근이며 피해자의 불신임을 적극 반대하였던 갑에게 조합운영에 대한 협조를 구하기 위하여 동인과 단둘이 있는 자리에서

이사회가 피해자를 불신임하게 된 사유를 설명하는 과정에서 피해자에 대한 여자관계의 소문이 돌고 있다는 취지의 말을 한 것이라면 그것은 전파될 가능성이 있다고 할 수 없다(대판 1990.4.27. 89도1467).

⑧ [1] 개인의 사적인 신상에 관한 사실이라고 하더라도 그가 관계하는 사회적 활동의 성질이나 이를 통하여 사회에 미치는 영향력의 정도 등의 여하에 따라서는 그 사회적 활동에 대한 비판 내지 평가의 한 자료가 될 수 있는 것이므로 개인의 사적인 신상에 관하여 적시된 사실도 그 적시의 주요한 동기가 공공의 이익을 위한 것이라면 위와 같은 의미에서 형법 제310조 소정의 공공의 이익에 관한 것으로 볼 수 있는 경우가 있다. [2] 피고인을 명예훼손죄로 고소할 수 있도록 그 증거자료를 미리 은밀하게 수집, 확보하기 위하여 피고인의 발언을 유도하였다고 의심되는 사람들에게 한 피해자의 여자 문제 등 사생활에 관한 피고인의 발언은 이들이 수사기관 이외의 다른 사람들에게 전파할 가능성이 있다고 단정하기는 어렵다고 보아 공연성에 대한 인식을 부정하였다(대판 1996.4.12. 94도3309).

⑨ <u>이혼소송 계속중인 처가 남편의 친구에게 서신을 보내면서 남편의 명예를 훼손하는 문구가 기재된 서신을 동봉한 경우, 공연성이 결여되었다고 본 사례</u>(대판 2000.2.11. 99도4579).

⑩ 통상 기자가 아닌 보통 사람에게 사실을 적시할 경우에는 그 자체로서 적시된 사실이 외부에 공표되는 것이므로 그 때부터 곧 전파가능성을 따져 공연성 여부를 판단하여야 할 것이지만, 그와는 달리 <u>기자를 통해 사실을 적시하는 경우에는 기사화되어 보도되어야만 적시된 사실이 외부에 공표된다고 보아야 할 것이므로 기자가 취재를 한 상태에서 아직 기사화하여 보도하지 아니한 경우에는 전파가능성이 없다고 할 것이어서 공연성이 없다고 봄이 상당하다</u>(대판 2000.5.16. 99도5622). [해설] 사실의 적시가 공연성이 있는가를 판단하는 기준으로 대법원의 전파가능성이 보통사람에게 사실을 적시한 경우와 기자에게 사실을 적시한 경우가 다르다고 판단하고 있음을 보여주는 사례.

⑪ 명예훼손죄의 구성요건인 공연성은 불특정 또는 다수인이 인식할 수 있는 상태를 말하는 것으로서, 비록 개별적으로 한 사람에 대하여 사실을 적시하더라도 그로부터 불특정 또는 다수인에게 전파될 가능성이 있다면 공연성의 요건을 충족하는 것이나, <u>어느 사람에게 귀엣말 등 그 사람만 들을 수 있는 방법으로 그 사람 본인의 사회적 가치 내지 평가를 떨어뜨릴 만한 사실을 이야기하였다면, 위와 같은 이야기가 불특정 또는 다수인에게 전파될 가능성이 있다고 볼 수 없어</u> 명예훼손의 구성요건인 공연성을 충족하지 못하는 것이며, 그 사람이 들은 말을 스스로 다른 사람들에게 전파하였더라도 위와 같은 결론에는 영향이 없다(대판 2005.12.9. 2004도2880).

⑫ 피고인이 평소 을이 자신의 일에 간섭하는 것에 기분이 나쁘다는 이유로 갑으로부터 취득한 을의 범죄경력기록을 같은 아파트에 거주하는 병에게 보여주면서 "전과자이고 나쁜 년"이라고 사실을 적시하여 을의 명예를 훼손하였다는 공소사실에 대하여, <u>위 유포 사실이 불특정 또는 다수인에게 전파될 가능성이 없다는 이유로 무죄를 선고한 원심판결을 수긍한 사례</u>(대판 2010.11.11. 2010도8265). [해설] 사안에서 평소 甲보다 乙과 더 가까운 관계에 있었던 丙이 (위 말을 듣고) "전과는 누구나 다 있는 것이다. 아무 것도 아닌데 왜 그러느냐. 찢어버리고 그냥 모른 척하고 넘어가라."라고 피고인을 나무랐다는 점을 고려하여 공연성을 부정한 판결.

⑬ [1] 명예훼손죄에서 '공연성'은 불특정 또는 다수인이 인식할 수 있는 상태를 의미하므로 비록 개별적으로 한 사람에 대하여 사실을 유포하더라도 이로부터 불특정 또는 다수인에게 전파될 가능성이 있다면 공연성의 요건을 충족하지만, 이와 달리 전파될 가능성이 없다면 특정한 한 사람에 대한 사실의 유포

는 공연성이 없다. [2] 피고인이 자신의 아들 등에게 폭행을 당하여 입원한 피해자의 병실로 찾아가 그의 모 갑과 대화하던 중 갑의 이웃 을 및 피고인의 일행 병 등이 있는 자리에서 "학교에 알아보니 피해자에게 원래 정신병이 있었다고 하더라."라고 허위사실을 말하여 피해자의 명예를 훼손하였다는 내용으로 기소된 사안에서, 피고인이 병과 함께 피해자의 병문안을 가서 피고인·갑·을·병 4명이 있는 자리에서 피해자에 대한 폭행사건에 관하여 대화를 나누던 중 위 발언을 한 것이라면 불특정 또는 다수인이 인식할 수 있는 상태라고 할 수 없고, 또 그 자리에 있던 사람들의 관계 등 여러 사정에 비추어 피고인의 발언이 불특정 또는 다수인에게 전파될 가능성이 있다고 보기도 어려워 공연성이 없다는 이유로, 이와 달리 보아 피고인에게 유죄를 인정한 원심판단에 법리오해 및 심리미진의 위법이 있다고 한 사례(대판 2011.9.8. 2010도7497).

⑭ [1] 공연성은 명예훼손죄의 구성요건으로서, 특정 소수에 대한 사실적시의 경우 공연성이 부정되는 유력한 사정이 있다고 볼 수 있으므로, 전파가능성에 관해서는 검사의 엄격한 증명이 필요하다. 발언 상대방이 발언자나 피해자의 배우자, 친척, 친구 등 사적으로 친밀한 관계에 있는 경우 또는 직무상 비밀유지의무 또는 이를 처리해야 할 공무원이나 이와 유사한 지위에 있는 경우에는 그러한 관계나 신분으로 비밀의 보장이 상당히 높은 정도로 기대되는 경우로서 공연성이 부정된다. 위와 같이 발언자와 상대방, 그리고 피해자와 상대방이 특수한 관계에 있는 경우 또는 상대방이 직무상 특수한 지위나 신분을 가지고 있는 경우에 공연성을 인정하려면 그러한 관계나 신분에도 불구하고 불특정 또는 다수인에게 전파될 수 있다고 볼 만한 특별한 사정이 존재하여야 한다(대판 2020.11.19. 2020도5813 전원합의체 참조). [2] 피고인이 사무실에서 이 사건 발언을 할 당시 갑만 있었는데, 이는 공연성이 부정될 유력한 사정이므로, 피고인의 발언이 전파될 가능성에 대해서는 검사의 엄격한 증명이 필요하다. 또한 피고인과 갑의 친밀 관계를 고려하면 비밀보장이 상당히 높은 정도로 기대되기 때문에 공연성을 인정하려면 그러한 관계에도 불구하고 불특정 또는 다수인에게 전파될 수 있다고 볼 만한 특별한 사정이 있어야 한다. 피고인이 갑 앞에서 한 발언 경위와 내용 등을 보면 위 발언이 불특정 또는 다수인에게 전파될 가능성이 있다고 보기 어렵거나 피고인에게 전파가능성에 대한 위험을 용인하는 내심의 의사가 있었다고 보기 어렵다. 따라서 이 사건 공소사실의 유·무죄를 판단하기 위해서는 피고인이 갑에게 발언을 한 경위와 내용, 발언의 방법과 장소 등 여러 사정을 심리하여 피고인의 발언이 특정 소수 앞에서 한 것인데도 불특정 또는 다수인에게 전파될 고도의 가능성이 있었는지 여부를 신중하게 가려야 한다(대판 2020.12.30. 2015도12933). [해설] 피고인이 자신의 사무실에서 친구 갑에게 피해자에 대한 허위사실을 적시하여 피해자의 명예를 훼손하였다는 공소사실에 대하여 원심은 위와 같은 피고인의 발언에 공연성이 인정된다는 이유로 유죄로 판단하였음. 반면 대법원은, 대법원 2020.11.19. 선고 2020도5813 전원합의체 판결의 전파가능성 제한 법리에 따라 위 발언의 상대방, 경위 등에 비추어 보면 피고인의 발언이 전파될 가능성이 있다고 보기 어렵거나 그에 관한 법리를 오해하여 심리를 다하지 아니한 잘못이 있다는 이유로 원심을 파기한 사안.

⑮ 공연성은 명예훼손죄의 구성요건으로서, 특정 소수에 대한 사실적시의 경우 공연성이 부정되는 유력한 사정이 될 수 있으므로, 전파될 가능성에 관해서는 검사의 엄격한 증명이 필요하다. 발언 상대방이 발언자나 피해자의 배우자, 친척, 친구 등 사적으로 친밀한 관계에 있는 경우 또는 직무상 비밀유지의무 또는 이를 처리해야 할 공무원이나 이와 유사한 지위에 있는 경우에는 그러한 관계나 신분으로 비밀의 보장이 상당히 높은 정도로 기대되는 경우로서 공연성이 부정된다. 위와 같이 발언자와 상대방 및 피해자와 상대방이 특수한 관계에 있는 경우 또는 상대방이 직무상 특수한 지위나 신분을 가지고 있는 경우

에 공연성을 인정하기 위해서는 그러한 관계나 신분에도 불구하고 불특정 또는 다수인에게 전파될 수 있다고 볼 만한 특별한 사정이 존재하여야 한다(대법원 2020. 11. 19. 선고 2020도5813 전원합의체 판결 참조)(대판 2021.4.29. 2021도1677). [해설] 피고인이 근무하는 교육청 소속 남녀장학사들인 피해자와 ○○○ 사이에 불미스러운 소문이 돈다는 사실을 자신은 물론 ○○○와도 친분이 있는 △△△에게 말하였는데, △△△이 다시 □□□에게 피고인으로부터 들은 소문의 내용을 전달한 사건에서, 피고인이 발언한 경위와 동기, 피고인 및 ○○○와 △△△의 관계와 교육청 내 지위 등을 고려할 때, 피고인의 사실적시에 공연성이 있었다고 인정하기 어려울 뿐만 아니라, 명예훼손의 고의, 전파가능성에 대한 인식과 그 위험을 용인하는 내심의 의사가 있었다고 보기 어렵다는 이유로 무죄로 판단한 원심을 수긍한 사례.

⑯ 공연성은 명예훼손죄의 구성요건으로서, 특정 소수에 대한 사실적시의 경우 공연성이 부정되는 유력한 사정이 될 수 있으므로, <u>전파될 가능성에 관하여는 검사의 엄격한 증명이 필요하다.</u> 전파가능성을 이유로 명예훼손죄의 공연성을 인정하는 경우에는 적어도 범죄구성요건의 주관적 요소로서 미필적 고의가 필요하므로 전파가능성에 대한 인식이 있음은 물론 나아가 그 위험을 용인하는 내심의 의사가 있어야 하고, <u>행위자가 전파가능성을 용인하고 있었는지 여부는 외부에 나타난 행위의 형태와 상황 등 구체적인 사정을 기초로 일반인이라면 그 전파가능성을 어떻게 평가할 것인가를 고려하면서 행위자의 입장에서 그 심리상태를 추인하여야 한다.</u> 친밀하고 사적인 관계뿐만 아니라 공적인 관계에 있어서도 조직 등의 업무와 관련하여 사실의 확인 또는 규명 과정에서 발언하게 된 것이거나, 상대방의 가해에 대하여 대응하는 과정에서 발언하게 된 경우 및 수사·소송 등 공적인 절차에서 그 당사자들 사이에 공방을 하던 중 발언하게 된 경우 등이라면 그 발언자의 전파가능성에 대한 인식과 위험을 용인하는 내심의 의사를 인정하는 것은 신중하여야 한다. <u>공연성의 존부는 발언자와 상대방 또는 피해자 사이의 관계나 지위, 대화를 하게 된 경위와 상황, 사실적시의 내용, 적시의 방법과 장소 등 행위 당시의 객관적 제반 사정에 관하여 심리한 다음, 그로부터 상대방이 불특정 또는 다수인에게 전파할 가능성이 있는지 여부를 검토하여 종합적으로 판단하여야 한다</u>(대법원 2020. 11. 19. 선고 2020도5813 전원합의체 판결 참조)(대판 2021.10.14. 2020도11004). [해설] 피고인이 관련 민사소송에서 피해자의 주장에 부합하는 확인서를 작성해 준 甲을 찾아가 방문 경위를 설명하고 甲으로부터 기존 확인서와 상반되는 취지의 사실확인서를 다시금 교부받는 과정에서 이 사건 발언을 하였고, 실제 이 사건 발언을 들은 상대방은 甲이 유일하며, 이 사건 발언이 달리 전파된 바 없는 사안에서, 공연성을 인정하여 명예훼손죄를 유죄로 인정한 원심을 파기환송한 사례.

판례　사실의 적시

① [1] 명예훼손죄에 있어서의 사실의 적시는 사실을 직접적으로 표현한 경우에 한정될 것은 아니고, 간접적이고 우회적인 표현에 의하더라도 그 표현의 전취지에 비추어 그와 같은 사실의 존재를 암시하고, 또 이로써 특정인의 사회적 가치 내지 평가가 침해될 가능성이 있을 정도의 구체성이 있으면 족한 것이다. [2] 교수가 학생들 앞에서 피해자의 이성관계를 암시하는 발언을 한 경우, 명예훼손죄가 성립한다(대판 1991.5.14. 91도420).

② [1] 공연히 사실을 적시하여 사람의 명예를 훼손하는 행위가 진실한 사실로서 오로지 공공의 이익에 관한 때에는 형법 제310조에 따라 처벌할 수 없는데, 여기에서 '<u>진실한 사실</u>'이란 그 내용 전체의 취지를 살펴볼 때 중요한 부분이 객관적 사실과 합치되는 사실이라는 의미로서 일부 자세한 부분이

진실과 약간 차이가 나거나 다소 과장된 표현이 있다고 하더라도 무방하고, '공공의 이익'이라 함은 널리 국가·사회 기타 일반 다수인의 이익에 관한 것뿐만 아니라 특정한 사회집단이나 그 구성원의 관심과 이익에 관한 것도 포함한다. [2] <u>전국교직원노동조합 소속 교사가 작성·배포한 보도자료의 일부에 사실과 다른 기재가 있으나 전체적으로 그 기재 내용이 진실하고 공공의 이익을 위한 것이라고 보아 명예훼손죄의 위법성이 조각된다</u>고 한 사례(대판 2001.10.9. 2001도3594).

③ [1] <u>명예훼손죄가 성립하기 위하여는 사실의 적시가 있어야 하는데, 여기에서 적시의 대상이 되는 사실이란 현실적으로 발생하고 증명할 수 있는 과거 또는 현재의 사실을 말하며, 장래의 일을 적시하더라도 그것이 과거 또는 현재의 사실을 기초로 하거나 이에 대한 주장을 포함하는 경우에는 명예훼손죄가 성립한다</u>고 할 것이고, 장래의 일을 적시하는 것이 과거 또는 현재의 사실을 기초로 하거나 이에 대한 주장을 포함하는지 여부는 그 적시된 표현 자체는 물론 전체적인 취지나 내용, 적시에 이르게 된 경위 및 전후 상황, 기타 제반 사정을 종합적으로 참작하여 판단하여야 한다. [2] <u>피고인이 경찰관을 상대로 진정한 사건이 혐의 인정되지 않아 내사종결 처리되었음에도 불구하고 공연히 "사건을 조사한 경찰관이 내일부로 검찰청에서 구속영장이 떨어진다."고 말한 것은 현재의 사실을 기초로 하거나 이에 대한 주장을 포함하여 장래의 일을 적시한 것으로 볼 수 있어 명예훼손죄에 있어서의 사실의 적시에 해당한다</u>고 한 사례(대판 2003.5.13. 2002도7420).

④ <u>피해자가 동성애자가 아님에도 불구하고 피고인은 인터넷사이트 싸이월드에 7회에 걸쳐 피해자가 동성애자라는 내용의 글을 게재한 사실을 인정한 다음, 현재 우리사회에서 자신이 스스로 동성애자라고 공개적으로 밝히는 경우 사회적으로 상당한 주목을 받는 점, 피고인이 피해자를 괴롭히기 위하여 이 사건 글을 게재한 점 등 그 판시의 사정에 비추어 볼 때, 피고인이 위와 같은 글을 게시한 행위는 피해자의 명예를 훼손한 행위에 해당한다</u>고 하여 피고인을 유죄로 인정한 제1심판결을 유지하였는바, 위의 법리 및 기록에 비추어 이러한 원심의 판단은 옳고, 거기에 상고이유의 주장과 같이 채증법칙 위배, 심리미진 또는 명예훼손죄에 관한 법리오해 등의 위법이 있다고 볼 수 없다(대판 2007.10.25. 2007도5077).

⑤ [1] 형법 제307조 제2항을 적용하기 위하여 적시된 사실이 허위의 사실인지 여부를 판단하는 경우, 적시된 사실의 내용 전체의 취지를 살펴볼 때 중요한 부분이 객관적 사실과 합치되면 세부에 있어서 진실과 약간 차이가 나거나 다소 과장된 표현이 있다 하더라도 이를 허위의 사실이라고 볼 수 없다. [2] <u>명예훼손죄에 있어서의 '사실의 적시'란 가치판단이나 평가를 내용으로 하는 의견표현에 대치되는 개념</u>으로서 시간과 공간적으로 구체적인 과거 또는 현재의 사실관계에 관한 보고 내지 진술을 의미하는 것이며, 그 표현내용이 증거에 의한 입증이 가능한 것을 말한다. 또한, 판단할 진술이 사실인가 또는 의견인가를 구별할 때는 언어의 통상적 의미와 용법, 입증가능성, 문제된 말이 사용된 문맥, 그 표현이 행하여진 사회적 상황 등 전체적 정황을 고려하여 판단하여야 한다. [3] <u>목사가 예배 중 특정인을 가리켜 "이단 중에 이단이다"라고 설교한 부분이 명예훼손죄에서 말하는 '사실의 적시'에 해당하지 않는다</u>고 한 사례(대판 2008.10.9. 2007도1220, 대판 2000.2.25. 99도4757).

⑥ <u>객관적으로 피해자의 사회적 평가를 저하시키는 사실에 관한 보도내용이 소문이나 제3자의 말, 보도를 인용하는 방법으로 단정적인 표현이 아닌 전문 또는 추측한 것을 기사화한 형태로 표현하였지만, 그 표현 전체의 취지로 보아 그 사실이 존재할 수 있다는 것을 암시하는 방식으로 이루어진 경우에는 사실을 적시한 것으로 보아야 한다</u>. 그리고 이러한 보도내용으로 인한 형법 제307조 제1항, 제2항과 구 정보통신

망 이용촉진 및 정보보호 등에 관한 법률(2007. 12. 21. 법률 제8778호로 개정되기 전의 것) 제61조 제1항, 제2항 등에 의한 명예훼손죄의 성립 여부나 형법 제310조의 위법성조각사유의 존부 등을 판단할 때, 객관적으로 피해자의 명예를 훼손하는 보도내용에 해당하는지, 그 내용이 진실한지, 거기에 피해자를 비방할 목적이 있는지, 보도내용이 공공의 이익에 관한 것인지 여부 등은 원칙적으로 그 보도내용의 주된 부분인 암시된 사실 자체를 기준으로 살펴보아야 한다. 그 보도내용에 인용된 소문 등의 내용이나 표현방식, 그 신빙성 등에 비추어 암시된 사실이 무엇이고, 그것이 진실인지 여부 등에 대해 구체적으로 심리·판단하지 아니한 채 그러한 소문, 제3자의 말 등의 존부에 대한 심리·판단만으로 바로 이를 판단해서는 안 된다(대판 2008.11.27. 2007도5312).

⑦ 명예훼손죄가 성립하기 위하여는 특정인의 사회적 가치 내지 평가가 침해될 가능성이 있는 구체적인 사실을 적시하여야 하는바, 어떤 표현이 명예훼손적인지 여부는 그 표현에 대한 사회통념에 따른 객관적 평가에 의하여 판단하여야 하고, 가치중립적인 표현을 사용하였다 하여도 사회통념상 그로 인하여 특정인의 사회적 평가가 저하되었다고 판단된다면 명예훼손죄가 성립할 수 있으나, 원심이 <u>피고인의 판시 발언 중 사실을 적시한 부분인 '(주)진로가 일본 아사히 맥주에 지분이 50% 넘어가 일본 기업이 됐다.'는 부분은 가치중립적인 표현으로서</u>, 우리나라와 일본의 특수한 역사적 배경과 소주라는 상품의 특수성 때문에 '참이슬' 소주를 생산하는 공소사실 기재 피해자 회사의 대주주 내지 지배주주가 일본 회사라고 적시하는 경우 일부 소비자들이 '참이슬' 소주의 구매에 소극적이 될 여지가 있다 하더라도 <u>이를 사회통념상 공소사실 기재 피해자 회사의 사회적 가치 내지 평가가 침해될 가능성이 있는 명예훼손적 표현이라고 볼 수 없을 뿐만 아니라</u>, 한편 판시 증거들만으로는 피고인의 판시 발언이 공연히 이루어졌다거나, 피고인이 판시 발언이 허위라고 인식하였다고 인정하기에 부족하고 달리 이를 인정할 증거가 없다는 등의 이유로, 이 부분 공소사실을 무죄로 인정한 제1심판결을 그대로 유지하였는바, 위 법리 및 기록에 의하여 살펴보면, 원심의 조치는 정당하고, 상고이유의 주장과 같이 채증법칙을 위반하거나, 명예훼손죄에 관한 법리를 오해한 위법 등이 없다(대판 2008.11.27. 2008도6728).

⑧ [1] <u>명예훼손죄가 성립하기 위해서는 사실의 적시가 있어야 하고, 적시된 사실은 이로써 특정인의 사회적 가치 내지 평가가 침해될 가능성이 있을 정도로 구체성을 띠어야 한다.</u> 비록 허위의 사실을 적시하였더라도 그 허위의 사실이 특정인의 사회적 가치 내지 평가를 침해할 수 있는 내용이 아니라면 형법 제307조 소정의 명예훼손죄는 성립하지 않는다. [2] 누구든지 범죄가 있다고 생각하는 때에는 고발할 수 있는 것이므로 어떤 사람이 범죄를 고발하였다는 사실이 주위에 알려졌다고 하여 그 고발사실 자체만으로 고발인의 사회적 가치나 평가가 침해될 가능성이 있다고 볼 수는 없다. <u>다만, 그 고발의 동기나 경위가 불순하다거나 온당하지 못하다는 등의 사정이 함께 알려진 경우에는 고발인의 명예가 침해될 가능성이 있다</u>(대판 2009.9.24. 2009도6687).

⑨ 명예훼손죄가 성립하기 위하여는 사실의 적시가 있어야 하고, 적시된 사실은 이로써 특정인의 사회적 가치 내지 평가가 침해될 가능성이 있을 정도로 <u>구체성을 띠어야 한다</u>. 그리고 특정인의 사회적 가치나 평가를 저하시키기에 충분한 구체적인 사실의 적시가 있다고 하기 위해서는, 반드시 그러한 구체적인 사실이 직접적으로 명시되어 있을 것을 요구하는 것은 아니지만, <u>적어도 적시된 내용 중의 특정 문구에 의하여 그러한 사실이 곧바로 유추될 수 있을 정도는 되어야 한다</u>(대판 2011.8.18. 2011도6904, 대판 2007.5.10. 2007도1307).

⑩ 형사재판에서 공소가 제기된 범죄의 구성요건을 이루는 사실은 그것이 주관적 요건이든 객관적 요건이든 입증책임이 검사에게 있으므로, 형법 제307조 제2항의 허위사실 적시에 의한 명예훼손 죄로 기소된 사건에서 사람의 사회적 평가를 떨어뜨리는 사실이 적시되었다는 점, 적시된 사실이 객관적으로 진실에 부합하지 아니하여 허위일 뿐만 아니라 적시된 사실이 허위라는 것을 피고인이 인식하고서 이를 적시하였다는 점은 모두 검사가 입증하여야 하고, 이 경우 <u>적시된 사실이 허위의 사실인지 여부를 판단할 때에는 적시된 사실의 내용 전체의 취지를 살펴보아야 하고, 중요한 부분이 객관적 사실과 합치되는 경우에는 세부에 있어서 진실과 약간 차이가 나거나 다소 과장된 표현이 있다고 하더라도 이를 허위의 사실이라고 볼 수 없다</u>(대판 2014.9.4. 2012도13718, 대판 2002.9.24. 2002도3570).

⑪ 명예훼손죄에서의 사실의 적시란 가치판단이나 평가를 내용으로 하는 의견표현에 대치되는 개념으로서 시간과 공간적으로 구체적인 과거 또는 현재의 사실관계에 관한 보고 내지 진술을 의미하며, 그 표현내용이 증거에 의한 입증이 가능한 것을 말하고, 판단할 진술이 사실인가 또는 의견인가를 구별할 때에는 언어의 통상적 의미와 용법, 입증가능성, 문제된 말이 사용된 문맥, 그 표현이 행하여진 사회적 상황 등 전체적 정황을 고려하여 판단하여야 한다. 다른 사람의 말이나 글을 비평하면서 사용한 표현이 겉으로 보기에 증거에 의해 입증 가능한 구체적인 사실관계를 서술하는 형태를 취하고 있더라도, 글의 집필의도, 논리적 흐름, 서술체계 및 전개방식, 해당 글과 비평의 대상이 된 말 또는 글의 전체적인 내용 등을 종합하여 볼 때, <u>평균적인 독자의 관점에서 문제 된 부분이 실제로는 비평자의 주관적 의견에 해당하고, 다만 비평자가 자신의 의견을 강조하기 위한 수단으로 그와 같은 표현을 사용한 것이라고 이해된다면 명예훼손죄에서 말하는 사실의 적시에 해당한다고 볼 수 없다</u>(대판 2017.5.11. 2016도19255).

⑫ 명예훼손죄가 성립하기 위해서는 사실의 적시가 있어야 하고, 적시된 사실은 이로써 특정인의 사회적 가치 내지 평가가 침해될 가능성이 있을 정도로 구체성을 띠어야 한다. 이때 <u>사실의 적시란 가치판단이나 평가를 내용으로 하는 의견표현에 대치되는 개념으로서 시간과 공간적으로 구체적인 과거 또는 현재의 사실관계에 관한 보고 내지 진술을 의미하며, 그 표현내용이 증거에 의한 입증이 가능한 것을 말하고, 판단할 진술이 사실인가 또는 의견인가를 구별할 때에는 언어의 통상적 의미와 용법, 입증가능성, 문제 된 말이 사용된 문맥, 그 표현이 행하여진 사회적 상황 등 전체적 정황을 고려하여 판단하여야 한다. 다른 사람의 말이나 글을 비평하면서 사용한 표현이 겉으로 보기에 증거에 의해 입증 가능한 구체적인 사실관계를 서술하는 형태를 취하고 있더라도, 글의 집필의도, 논리적 흐름, 서술체계 및 전개방식, 해당 글과 비평의 대상이 된 말 또는 글의 전체적인 내용 등을 종합하여 볼 때, 평균적인 독자의 관점에서 문제 된 부분이 실제로는 비평자의 주관적 의견에 해당하고, 다만 비평자가 자신의 의견을 강조하기 위한 수단으로 그와 같은 표현을 사용한 것이라고 이해된다면 명예훼손죄에서 말하는 사실의 적시에 해당한다고 볼 수 없다. 그리고 이러한 법리는 어떠한 의견을 주장하기 위해 다른 사람의 견해나 그 근거를 비판하면서 사용한 표현의 경우에도 다를 바 없다</u>(대판 2017.12.5. 2017도15628).

⑬ <u>피고인이 '야당 대통령후보였던 갑은 일명 부림사건의 변호인으로서 체제전복을 위한 활동을 한 국가보안법 위반 사범들을 변호하면서 그들과 동조하여 그들과 동일하게 체제전복과 헌법적 기본질서를 부정하는 활동인 공산주의 활동 내지 공산주의 운동을 해 왔다.'는 취지의 발언을 하여 허위사실 적시 명예훼손으로 기소된 사안</u>에서, 제반 사정을 종합할 때 피고인의 <u>위 '공산주의자 발언'은 자신의 경험을 통한 갑의

사상 또는 이념에 대한 피고인의 의견 내지 입장표명에 해당하여 이를 갑의 명예를 훼손할 만한 구체적인 사실의 적시라고 보기 어렵고, 나아가 표현의 자유의 한계를 일탈한 위법한 행위라고 볼 수 없다는 이유로, 이와 달리 보아 공소사실을 유죄로 인정한 원심판단에 법리오해의 잘못이 있다고 한 사례(대판 2021.9.16. 2020도12861).

⑭ 명예훼손죄가 성립하기 위해서는 피해자의 사회적 가치나 평가가 침해될 가능성이 있어야 하므로, 어떤 표현이 명예훼손적인지는 그 표현에 대한 사회통념에 따른 객관적 평가에 따라 판단하여야 하고, 명예훼손죄가 성립하기 위해서는 주관적 구성요소로서 타인의 명예를 훼손한다는 고의를 가지고 사람의 사회적 평가를 저하시키는 데 충분한 구체적 사실을 적시하는 행위를 할 것이 요구된다(대판 2022.4.28. 2021도1089). [해설] 아파트 관리소장인 피고인이 피해자가 개인적인 이익을 위해 아파트 관리업무에 관해 과다한 민원을 제기하여 아파트 관리업무를 방해한다고 생각하던 차에 피해자의 민원으로 과태료까지 부과 받게 되자, 피해자가 관리소장으로 근무하는 오피스텔의 입주자대표회의 회장에게 '피해자가 관리소장의 업무를 소홀히 한다'는 취지로 발언한 것과 관련, 대법원은 피고인과 피해자 및 상대방의 관계, 표현 정도와 방법, 발언에 이르게 된 경위, 발언의 의미와 전체적인 맥락, 발언 이후의 정황 등에 비추어, 피고인의 발언이 사회통념상 피해자의 명예를 훼손할 정도에 이르렀다고 보기 어렵고, 명예훼손의 고의도 인정되지 않는다는 이유로, 유죄로 판단한 원심을 파기환송하였음.

⑮ [1] 명예훼손죄가 성립하려면 사실의 적시가 있어야 하고 적시된 사실은 특정인의 사회적 가치나 평가가 침해될 가능성이 있을 정도로 구체성을 띠어야 한다(대법원 2000. 2. 25. 선고 98도2188 판결 등 참조). 사실의 적시란 가치판단이나 평가를 내용으로 하는 의견표현에 대치되는 개념으로서 시간과 공간적으로 구체적인 과거 또는 현재의 사실관계에 관한 보고나 진술을 뜻하며, 표현내용이 증거에 의한 증명이 가능한 것을 말한다. 판단할 진술이 사실인지 아니면 의견인지를 구별할 때에는 언어의 통상적 의미와 용법, 증명가능성, 문제 된 말이 사용된 문맥, 표현이 이루어진 사회적 상황 등 전체적 정황을 고려하여 판단해야 한다. [2] 동장인 피고인이 동 주민자치위원에게 전화를 걸어 '어제 열린 당산제(마을제사) 행사에 남편과 이혼한 甲도 참석을 하여, 이에 대해 행사에 참여한 사람들 사이에 안 좋게 평가하는 말이 많았다.'는 취지로 말하고, 동 주민들과 함께한 저녁식사 모임에서 '甲은 이혼했다는 사람이 왜 당산제에 왔는지 모르겠다.'는 취지로 말하여 甲의 명예를 훼손하였다는 내용으로 기소된 사안에서, 피고인이 위 발언을 통해 甲에 관하여 적시하고 있는 사실은 '甲이 이혼하였다.'는 사실과 '甲이 당산제에 참여하였다.'는 것으로, 이혼에 대한 부정적인 인식과 평가가 점차 사라지고 있음을 감안하면 피고인이 甲의 이혼 경위나 사유, 혼인관계 파탄의 책임 유무를 언급하지 않고 이혼 사실 자체만을 언급한 것은 甲의 사회적 가치나 평가를 떨어뜨린다고 볼 수 없고, 또한 '甲이 당산제에 참여하였다.'는 것도 그 자체로는 가치중립적인 사실로서 甲의 사회적 가치나 평가를 침해한다고 보기 어려운 점, 피고인은 주민 사이에 '이혼한 사람이 당산제에 참여하면 부정을 탄다.'는 인식이 있음을 전제로 하여 발언을 한 것으로서, 발언 배경과 내용 등에 비추어 이는 甲에 관한 과거의 구체적인 사실을 진술하기 위한 것이 아니라 당산제 참석과 관련하여 甲이 이혼한 사람이기 때문에 '부정적 영향'을 미칠 수 있음을 언급한 것으로서 甲의 당산제 참석에 대한 부정적인 가치판단이나 평가를 표현하고 있을 뿐이라고 보아야 하는 점을 종합하면, 피고인의 위 발언은 甲의 사회적 가치나 평가를 침해하는 구체적인 사실의 적시에 해당하지 않고 甲의 당산제 참여에 관한 의견표현에 지나지 않는다는 이유로, 이와 달리 보아 공소사실을 유죄로 인정한 원심판결에 명예훼손죄에서 사실의 적시와 의견표현의 구별에 관한 법리오해의 잘못이 있다고 한 사례(대판 2022.5.13. 2020도15642). [해설] 부산 00구 00동장인 피고인이 00구 주민자치위

원인 A에게 전화를 걸어 "어제 열린 00동 마을제사 행사에 남편과 이혼한 피해자도 참석을 하여, 이에 대해 행사에 참여한 사람들 사이에 안 좋게 평가하는 말이 많았다."고 말하고, 00동 주민들과 함께한 저녁식사 자리에서 "피해자는 이혼했다는 사람이 왜 마을제사에 왔는지 모르겠다."고 말하여 공연히 사실을 적시하여 피해자의 명예를 훼손하였다고 기소된 사안임. 대법원은 ① 피고인이 피해자의 이혼 경위나 사유, 혼인관계 파탄의 책임 유무를 언급하지 않고 이혼 사실 자체만을 언급한 것은 피해자의 사회적 가치나 평가를 떨어뜨린다고 볼 수 없고, ② 이 사건 발언 배경과 내용 등에 비추어 보면, 이 사건 발언은 피해자에 관한 과거의 구체적인 사실을 진술하기 위한 것이 아니라 피해자의 당산제 참석에 대한 부정적인 가치판단이나 평가를 표현하고 있을 뿐이므로, 이 사건 발언은 피해자의 사회적 가치나 평가를 침해하는 구체적인 사실의 적시에 해당하지 않고 피해자의 마을제사 참여에 관한 의견표현에 지나지 않아 명예훼손죄의 '사실의 적시'에 해당하지 않는다고 보아 유죄를 인정한 원심을 파기하였음.

 판 례 집합명칭에 의한 명예훼손

① [1] 명예훼손죄는 어떤 특정한 사람 또는 인격을 보유하는 단체에 대하여 그 명예를 훼손함으로써 성립하는 것이므로 그 피해자는 특정한 것임을 요하고, 다만 서울시민 또는 경기도민이라 함과 같은 막연한 표시에 의해서는 명예훼손죄를 구성하지 아니한다 할 것이지만, <u>집합적 명사를 쓴 경우에도 그것에 의하여 그 범위에 속하는 특정인을 가리키는 것이 명백하면, 이를 각자의 명예를 훼손하는 행위라고 볼 수 있다.</u> [2] 원심은 그 채용증거에 의하여, 피고인이 작성하여 배포한 보도자료에는 피해자의 이름을 직접적으로 적시하고 있지는 않으나, 3.19 동지회 소속 교사들이 학생들을 선동하여 무단하교를 하게 하였다고 적시하고 있는 사실, 이 사건 고등학교의 교사는 총 66명으로서 그 중 약 37명이 3.19 동지회 소속 교사들인 사실, 위 학교의 학생이나 학부모, 교육청 관계자들은 3.19 동지회 소속 교사들이 누구인지 알고 있는 사실을 인정한 다음, 그렇다면 <u>3.19 동지회는 그 집단의 규모가 비교적 작고 그 구성원이 특정되어 있으므로 피고인이 3.19 동지회 소속 교사들에 대한 허위의 사실을 적시함으로써 3.19 동지회 소속 교사들 모두에 대한 명예가 훼손되었다고 할 것이고, 따라서 3.19 동지회 소속 교사인 피해자의 명예 역시 훼손되었다고 보아야 할 것</u>이라고 판단하였는바, 이를 기록 및 앞서 본 법리에 비추어 살펴보면 수긍이 가고, 거기에 명예훼손죄에 있어서 피해자의 특정성에 관한 법리를 오해한 위법이 있다고 할 수 없다(대판 2000.10.10. 99도5407).
[해설] 집합명칭에 의한 명예훼손죄가 성립할 수 있는지, 성립하려면 어떤 요건이 충족되어야 하는지를 설시한 사례. 3.19 동지회 소속 모든 교사들에 대한 명예훼손죄 성립.

② 정보통신망 이용촉진 및 정보보호 등에 관한 법률(이하 '정보통신망법'이라 한다) 제70조 제2항이 정한 '허위사실 적시에 의한 명예훼손죄' 또는 형법 제309조 제2항, 제1항이 정한 '허위사실 적시 출판물에 의한 명예훼손죄'가 성립하려면 피고인이 적시하는 사실이 허위이고 그 사실이 허위임을 인식하여야 하며, 이러한 허위의 인식에 대한 증명책임은 검사에게 있다. 여기에서 사실의 적시는 가치판단이나 평가를 내용으로 하는 의견표현에 대치되는 개념으로서 시간적으로나 공간적으로 구체적인 과거 또는 현재의 사실관계에 관한 보고나 진술을 뜻한다. <u>적시된 사실의 중요한 부분이 객관적 사실과 합치되는 경우에는 세부적으로 진실과 약간 차이가 나거나 다소 과장된 표현이 있더라도 이를 거짓의 사실이라고 볼 수 없다. 거짓의 사실인지를 판단할 때에는 적시된 사실 내용 전체의 취지를 살펴 객관적 사실과 합치하지 않는 부분이 중요한 부분인지 여부를 결정하여야 한다</u>(대판

2011.6.10. 2011도1147 등 참조). 정보통신망법 제70조 제2항, 형법 제309조 제2항이 정한 '사람을 비방할 목적'이란 가해의 의사와 목적을 필요로 하는 것으로, 사람을 비방할 목적이 있는지는 적시한 사실의 내용과 성질, 사실의 공표가 이루어진 상대방의 범위, 표현의 방법 등 표현 자체에 관한 여러 사정을 감안함과 동시에 그 표현으로 훼손되거나 훼손될 수 있는 명예의 침해 정도 등을 비교·형량하여 판단하여야 한다. '비방할 목적'은 공공의 이익을 위한 것과는 행위자의 주관적 의도의 방향에서 상반되므로, 적시한 사실이 공공의 이익에 관한 것인 경우에는 특별한 사정이 없는 한 비방할 목적은 부정된다. 여기에서 '적시한 사실이 공공의 이익에 관한 경우'라 함은 적시한 사실이 객관적으로 볼 때 공공의 이익에 관한 것으로서 행위자도 주관적으로 공공의 이익을 위하여 그 사실을 적시한 것이어야 한다. 그 사실이 공공의 이익에 관한 것인지는 명예훼손의 피해자가 공무원 등 공인(公人)인지 아니면 사인(私人)에 불과한지, 그 표현이 객관적으로 국민이 알아야 할 공공성·사회성을 갖춘 공적 관심 사안에 관한 것으로 사회의 여론형성이나 공개토론에 기여하는 것인지 아니면 순수한 사적인 영역에 속하는 것인지, 피해자가 명예훼손적 표현의 위험을 자초한 것인지 여부, 그리고 표현으로 훼손되는 명예의 성격과 침해의 정도, 표현의 방법과 동기 등 여러 사정을 고려하여 판단하여야 한다. <u>행위자의 주요한 동기와 목적이 공공의 이익을 위한 것이라면 부수적으로 다른 사익적 목적이나 동기가 포함되어 있더라도 비방할 목적이 있다고 보기는 어렵다</u>(대판 2011.11.24. 2010도10864 등 참조). 명예훼손죄가 성립하기 위해서는 피해자의 사회적 가치나 평가가 침해될 가능성이 있어야 하므로, 어떤 표현이 명예훼손적인지는 그 표현에 대한 사회통념에 따른 객관적 평가에 따라 판단하여야 한다(대판 2008.11.27. 2008도6728 등 참조). 표현의 자유와 명예보호 사이의 한계를 정할 때 표현으로 명예가 훼손되는 피해자의 지위나 표현의 내용 등에 따라 심사기준에 차이를 두어야 하고, 공공적·사회적인 의미를 가진 사안에 관한 표현의 경우에는 표현의 자유를 가급적 넓게 보호하여야 한다. 특히 <u>정부 또는 국가기관의 업무수행과 관련된 사항은 항상 국민의 감시와 비판의 대상이 되어야 하는 것이고 정부 또는 국가기관은 형법상 명예훼손죄의 피해자가 될 수 없으므로(형법과 정보통신망법은 명예훼손죄의 피해자를 '사람'으로 명시하고 있다), 정부 또는 국가기관의 업무수행과 관련된 사항에 관한 표현으로 그 업무수행에 관여한 공직자에 대한 사회적 평가가 다소 저하될 수 있다고 하더라도, 그 내용이 공직자 개인에 대한 악의적이거나 심히 경솔한 공격으로서 현저히 상당성을 잃은 것으로 평가되지 않는 한, 그로 인하여 곧바로 공직자 개인에 대한 명예훼손이 된다고 할 수 없다</u>(대판 2003.7.22. 2002다62494, 대판 2011.9.2. 2010도17237 등 참조). 명예훼손죄는 어떤 특정한 사람 또는 인격을 보유하는 단체에 대하여 명예를 훼손함으로써 성립하는 것이므로 피해자가 특정되어야 한다. <u>집합적 명사를 쓴 경우에도 어떤 범위에 속하는 특정인을 가리키는 것이 명백하면, 이를 각자의 명예를 훼손하는 행위라고 볼 수 있다. 그러나 명예훼손의 내용이 집단에 속한 특정인에 대한 것이라고 해석되기 힘들고 집단표시에 의한 비난이 개별구성원에 이르러서는 비난의 정도가 희석되어 구성원 개개인의 사회적 평가에 영향을 미칠 정도에 이르지 않는 것으로 평가되는 경우에는 구성원 개개인에 대한 명예훼손이 성립하지 않는다</u>(대판 2018.11.29. 2016도14678).

 **판례** 명예의 주체

- 형법이 명예훼손죄 또는 모욕죄를 처벌함으로써 보호하고자 하는 사람의 가치에 대한 평가인 외부적 명예는 개인적 법익으로서, 국민의 기본권을 보호 내지 실현해야 할 책임과 의무를 지고 있는 공권력의 행사자인 국가나 지방자치단체는 기본권의 수범자일 뿐 기본권의 주체가 아니고, 정책결정이나 업무수행과 관련된 사항은 항상 국민의 광범위한 감시와 비판의 대상이 되어야 하며 이러한 감시와 비판은 그에 대한 표현의 자유가 충분히 보장될 때에 비로소 정상적으로 수행될 수 있으므로, 국가나 지방자치단체는 국민에 대한 관계에서 형벌의 수단을 통해 보호되는 외부적 명예의 주체가 될 수는 없고, 따라서 명예훼손죄나 모욕죄의 피해자가 될 수 없다(대판 2016.12.27. 2014도15290). [해설] 피고인이 고흥군청 인터넷 홈페이지에 고흥군을 비방할 목적으로 허위내용의 글을 게시하거나 고흥군에 대한 경멸적인 표현의 글을 게재하였고, 고흥군청 홈페이지에 게재한 글은 고흥군수인 공소외인 개인에 대한 경멸적인 의사를 표현한 것인 경우, 고흥군수에 대한 모욕죄만 성립한다고 본 사례.

 판례 공적 인물에 대한 명예훼손

- 공론의 장에 나선 전면적 공적 인물의 경우에는 비판과 의혹의 제기를 감수해야 하고 그러한 비판과 의혹에 대해서는 해명과 재반박을 통해서 이를 극복해야 하며 공적 관심사에 대한 표현의 자유는 중요한 헌법상 권리로서 최대한 보장되어야 한다(대법원 2014다61654 전원합의체 판결 참조). 따라서 공적 인물과 관련된 공적 관심사에 관하여 의혹을 제기하는 형태의 표현행위에 대해서는 일반인에 대한 경우와 달리 암시에 의한 사실의 적시로 평가하는 데 신중해야 한다. 기자회견 등 공개적인 발언으로 인한 명예훼손죄 성립 여부가 문제되는 경우 발언으로 인한 피해자가 공적 인물인지 사적 인물인지, 발언이 공적인 관심사안에 관한 것인지, 순수한 사적인 영역에 속하는 사안에 관한 것인지, 발언이 객관적으로 국민이 알아야 할 공공성이나 사회성을 갖춘 사안에 관한 것으로 여론형성이나 공개토론에 기여하는 것인지 아닌지 등을 따져보아 공적 인물에 대한 공적 관심사안과 사적인 영역에 속하는 사안 사이에 심사기준의 차이를 두어야 한다. 문제된 표현이 사적인 영역에 속하는 경우에는 표현의 자유보다 명예의 보호라는 인격권이 우선할 수 있으나, 공공적·사회적인 의미를 가진 경우에는 이와 달리 표현의 자유에 대한 제한이 완화되어야 한다. 특히 정부 또는 국가기관의 정책결정이나 업무수행과 관련된 사항은 항상 국민의 감시와 비판의 대상이 되어야 하고, 이러한 감시와 비판은 표현의 자유가 충분히 보장될 때 비로소 정상적으로 이루어질 수 있으며, 정부 또는 국가기관은 형법상 명예훼손죄의 피해자가 될 수 없다. 그러므로 정부 또는 국가기관의 정책결정 또는 업무수행과 관련된 사항을 주된 내용으로 하는 발언으로 정책결정이나 업무수행에 관여한 공직자에 대한 사회적 평가가 다소 저하될 수 있더라도, 발언 내용이 공직자 개인에 대한 악의적이거나 심히 경솔한 공격으로서 현저히 상당성을 잃은 것으로 평가되지 않는 한, 그 발언은 여전히 공공의 이익에 관한 것으로서 공직자 개인에 대한 명예훼손이 된다고 할 수 없다(대법원 2006. 10. 13. 선고 2005도3112 판결, 대법원 2011. 9. 2. 선고 2010도17237 판결 등 참조). 이때 그러한 표현이 국가기관에 대한 감시·비판을 벗어나 공직자 개인에 대한 악의적이거나 심히 경솔한 공격으로서 현저히 상당성을 잃은 것인지는 표현의 내용이나 방식, 의혹사항의 내용이나 공익성의 정도, 공직자의 사회적 평가를 저하하는 정도, 사실

확인을 위한 노력의 정도, 그 밖의 주위 여러 사정 등을 종합하여 판단해야 한다(대법원 2013. 6. 28. 선고 2011다40397 판결 등 참조)(대판 2021.3.25. 2016도14995). [해설] 피고인 박○○이 4·16연대 사무실에 대한 압수·수색 규탄 기자회견에서 '세월호 참사 7시간 동안 박근혜 대통령이 마약이나 보톡스를 했다는 의혹이 사실인지 청와대를 압수·수색해서 확인했으면 좋겠다.'는 취지로 한 발언에 대하여 허위사실 적시에 의한 명예훼손으로 기소된 사건에서, 위 발언은 피고인 박○○과 4·16 연대 사무실에 대한 압수수색의 부당성과 피해자의 행적을 밝힐 필요성에 관한 의견을 표명하는 과정에서 세간에 널리 퍼져 있는 의혹을 제시한 것으로 '피해자가 마약을 하거나 보톡스 주사를 맞고 있어 직무 수행을 하지 않았다.'는 구체적인 사실을 적시하였다고 단정하기 어렵고, 피고인 박○○이 공적 인물과 관련된 공적 관심사항에 대한 의혹을 제기하는 방식으로 표현행위를 한 것으로서 대통령인 피해자 개인에 대한 악의적이거나 심히 경솔한 공격으로서 현저히 상당성을 잃은 것으로 평가할 수 없으므로, 명예훼손죄로 처벌할 수 없다고 한 사례.

판례 명예훼손죄의 고의

① 명예훼손죄의 주관적 구성요건으로서의 범의는 행위자가 피해자의 명예가 훼손되는 결과를 발생케 하는 사실을 인식하므로 족하다 할 것이나 <u>새로 목사로서 부임한 피고인이 전임목사에 관한 교회내의 불미스러운 소문의 진위를 확인하기 위하여 이를 교회집사들에게 물어보았다면 이는 경험칙상 충분히 있을 수 있는 일로서 명예훼손의 고의없는 단순한 확인에 지나지 아니하여 사실의 적시라고 할 수 없다 할 것이므로 이 점에서 피고인에게 명예훼손의 고의 또는 미필적 고의가 있을 수 없다고 할 수밖에 없다</u>(대판 1985.5.28. 85도588).

② 형법 제307조 제2항의 명예훼손죄에 있어서의 범의는 그 구성요건사실 즉 적시한 사실이 허위인 점과 그 사실이 사람의 사회적 평가를 저하시킬 만한 것이라는 점을 인식하는 것을 말하고 특히 비방의 목적이 있음을 요하지 않는다(대판 1991.3.27. 91도156).

③ <u>전파가능성을 이유로 명예훼손죄의 공연성을 인정하는 경우에는 적어도 범죄구성요건의 주관적 요소로서 미필적 고의가 필요하므로 전파가능성에 대한 인식이 있음은 물론 나아가 그 위험을 용인하는 내심의 의사가 있어야 하고, 그 행위자가 전파가능성을 용인하고 있었는지의 여부는 외부에 나타난 행위의 형태와 행위의 상황 등 구체적인 사정을 기초로 하여 일반인이라면 그 전파가능성을 어떻게 평가할 것인가를 고려하면서 행위자의 입장에서 그 심리상태를 추인하여야 한다</u>(대판 2004.4.9. 2004도340).

④ ○○작가협회 회원이 <u>타인의 명의를 도용하여 협회 교육원장을 비방하는 내용의 호소문을 작성한 후 이를 협회 회원들에게 우편으로 송달한 경우, 사문서위조죄와 명예훼손죄가 각 성립하고, 이는 실체적 경합관계라고 한 사례</u>(대판 2009.4.23. 2008도8527).

⑤ [1] 구 정보통신망 이용촉진 및 정보보호 등에 관한 법률(2007. 12. 21. 법률 제8778호로 개정되기 전의 것) 제61조 제2항의 정보통신망을 통한 허위사실 적시에 의한 명예훼손죄, <u>형법 제307조 제2항의 허위사실 적시에 의한 명예훼손죄가 성립하려면 그 적시하는 사실이 허위이어야 할 뿐 아니라, 피고인이 그와 같은 사실을 적시할 때에 적시사실이 허위임을 인식하여야 하고, 이러한 허위의 점에 대한 인식 즉 범의에 대한 입증책임은 검사에게 있다.</u> 위와 같은 법리는 허위사실을 적시한 행위가 형법 제314조 제1항의 허위사실 유포 기타 위계에 의한 업무방해죄에 해당하는지 여부를

판단할 때에도 마찬가지이다. [2] 甲 회사와 乙의 공유인 특허발명이 그 진보성이 부정된다는 이유로 특허심판원의 무효심결이 내려진 후 확정되기 전에 甲 회사의 대표인 피고인이 '丙이 생산·판매한 제품은 위 특허권을 침해한 제품이다'라는 사실을 인터넷을 통하여 적시하고, 또한 丙의 거래처들에 같은 내용의 내용증명을 발송하였다는 내용으로 기소된 사안에서, 범행 당시 이미 위 특허발명에 대한 무효심결이 있었다는 사유만으로 위 심결이 확정되지도 않은 상태에서 그 무효사유가 있음을 알고 있었다고 단정하기는 어렵고, 더욱이 丙의 제품이 위 특허발명의 특징적 구성을 가지고 있어 특허권을 침해하는 것이라고 판단할 여지가 없지 않은 사정들에 비추어, 위 각 범행일시에 피고인에게 위와 같이 적시된 사실이 허위라는 인식이 있었다고 보기 어려운데도, 이와 달리 본 원심판단에 허위사실 적시 명예훼손죄와 허위사실 유포 기타 위계에 의한 업무방해죄의 '범의'에 관한 법리오해의 위법이 있다고 한 사례(대판 2010. 10.28. 2009도4949).

⑥ [1] 명예훼손죄의 구성요건인 공연성은 불특정 또는 다수인이 인식할 수 있는 상태를 말하고, 비록 개별적으로 한 사람에게 사실을 유포하였다고 하더라도 그로부터 불특정 또는 다수인에게 전파될 가능성이 있다면 공연성의 요건을 충족하지만, 반대로 전파될 가능성이 없다면 특정한 한 사람에 한 사실의 유포는 공연성이 없다고 할 것이다. [2] 한편 위와 같이 전파가능성을 이유로 명예훼손죄의 공연성을 인정하는 경우에는 범죄구성요건의 주관적 요소로서 적어도 <u>미필적 고의가 필요</u>하므로 전파가능성에 관한 인식이 있음은 물론 나아가 그 위험을 용인하는 내심의 의사가 있어야 하고, 그 행위자가 전파가능성을 용인하고 있었는지의 여부는 외부에 나타난 행위의 형태와 행위의 상황 등 구체적인 사정을 기초로 하여 일반인이라면 그 전파가능성을 어떻게 평가할 것인가를 고려하면서 행위자의 입장에서 그 심리상태를 추인하여야 한다. [3] 허위사실적시 명예훼손이든, 사실적시 명예훼손이든 명예훼손죄가 성립하기 위해서는 주관적 요소로서 타인의 명예를 훼손한다고 하는 고의를 가지고 사람의 사회적 평가를 저하시키는 데 충분한 구체적 사실을 적시하는 행위를 할 것이 요구되는바, 명예훼손 사실을 발설한 것이 정말이냐는 질문에 대답하는 과정에서 타인의 명예를 훼손하는 사실을 발설하게 된 것이라면, 그 발설내용과 동기에 비추어 명예훼손의 범의를 인정할 수 없다(대판 2010.10.28. 2010도2877).

⑦ <u>제307조 제1항의 명예훼손죄는 적시된 사실이 진실한 사실인 경우이든 허위의 사실인 경우이든 모두 성립될 수 있고, 특히 적시된 사실이 허위의 사실이라고 하더라도 행위자에게 허위성에 대한 인식이 없는 경우에는 제307조 제2항의 명예훼손죄가 아니라 제307조 제1항의 명예훼손죄가 성립될 수 있다.</u> 제307조 제1항의 법정형이 2년 이하의 징역 등으로 되어 있는 반면 제307조 제2항의 법정형은 5년 이하의 징역 등으로 되어 있는 것은 적시된 사실이 객관적으로 허위일 뿐 아니라 행위자가 그 사실의 허위성에 대한 주관적 인식을 하면서 명예훼손행위를 하였다는 점에서 가벌성이 높다고 본 것이다(대판 2017.4.26. 2016도18024).

⑧ [1] 명예훼손죄가 성립하기 위해서는 주관적 구성요소로서 타인의 명예를 훼손한다는 고의를 가지고 사람의 사회적 평가를 저하시키는 데 충분한 구체적 사실을 적시하는 행위를 할 것이 요구된다. 따라서 불미스러운 소문의 진위를 확인하고자 질문을 하는 과정에서 타인의 명예를 훼손하는 발언을 하였다면 이러한 경우에는 그 동기에 비추어 명예훼손의 고의를 인정하기 어렵다. [2] 명예훼손죄의 구성요건인 공연성은 불특정 또는 다수인이 인식할 수 있는 상태를 말한다. 비록 개별적으로 한 사람에 대하여 사실을 유포하였더라도 그로부터 불특정 또는 다수인에게 전파될 가능성이 있다면 공연성의 요건을

충족하지만 이와 달리 전파될 가능성이 없다면 특정한 한 사람에 대한 사실의 유포는 공연성이 없다고 할 것이다. 한편 위와 같이 <u>전파가능성을 이유로 명예훼손죄의 공연성을 인정하는 경우에는 적어도 범죄구성요건의 주관적 요소로서 미필적 고의가 필요하므로 전파가능성에 대한 인식이 있음은 물론 나아가 그 위험을 용인하는 내심의 의사가 있어야 한다. 행위자가 전파가능성을 용인하고 있었는지 여부는 외부에 나타난 행위의 형태와 상황 등 구체적인 사정을 기초로 일반인이라면 그 전파가능성을 어떻게 평가할 것인가를 고려하면서 행위자의 입장에서 그 심리상태를 추인하여야 한다.</u> [3] 마트의 운영자인 피고인이 마트에 아이스크림을 납품하는 업체 직원인 갑을 불러 '다른 업체에서는 마트에 입점하기 위하여 입점비를 준다고 하던데, 입점비를 얼마나 줬냐? 점장 을이 여러 군데 업체에서 입점비를 돈으로 받아 해먹었고, 지금 뒷조사 중이다.'라고 말하여 공연히 허위 사실을 적시하여 을의 명예를 훼손하였다는 내용으로 기소된 사안에서, 피고인은 마트 영업을 시작하면서 을을 점장으로 고용하여 관리를 맡겼는데, 재고조사 후 일부 품목과 금액의 손실이 발견되자 그때부터 을을 의심하여 마트 관계자들을 상대로 을의 비리 여부를 확인하고 다니던 중 을이 납품업자들로부터 현금으로 입점비를 받았다는 이야기를 듣고 갑을 불러 을에게 입점비를 얼마 주었느냐고 질문하였던 점 등 제반 사정을 종합하면, 피고인은 을이 납품업체들로부터 입점비를 받아 개인적으로 착복하였다는 소문을 듣고 갑을 불러 소문의 진위를 확인하면서 갑도 입점비를 을에게 주었는지 질문하는 과정에서 위와 같은 말을 한 것으로 보이므로, <u>을의 사회적 평가를 저하시킬 의도를 가지거나 그러한 결과가 발생할 것을 인식한 상태에서 위와 같은 말을 한 것이 아니어서 피고인에게 명예훼손의 고의를 인정하기 어렵고, 한편 피고인이 아무도 없는 사무실로 갑을 불러 단둘이 이야기를 하였고, 갑에게 그와 같은 사실을 을에게 말하지 말고 혼자만 알고 있으라고 당부하였으며, 갑이 그 후 을에게는 이야기하였으나 을 외의 다른 사람들에게 이야기한 정황은 없는 점 등을 고려하면 피고인에게 전파가능성에 대한 인식과 그 위험을 용인하는 내심의 의사가 있었다고 보기도 어려운데도,</u> 이와 달리 보아 유죄를 인정한 원심판단에 명예훼손죄에서의 고의와 공연성 또는 전파가능성에 관한 법리오해의 잘못이 있다고 한 사례(대판 2018.6.15. 2018도4200). **[해설]** 명예훼손죄의 고의를 인정하기 어려운 경우와 공연성의 의미에 대한 대법원의 입장을 정리한 사례.

⑨ [1] 공연히 사실을 적시하여 사람의 명예를 훼손하는 행위가 진실한 사실로서 오로지 공공의 이익에 관한 때에는 형법 제310조에 따라 처벌할 수 없다. 여기서 <u>'진실한 사실'이란 그 내용 전체의 취지를 살펴볼 때 중요한 부분이 객관적 사실과 합치되는 사실이라는 의미로서 세부에 있어 진실과 약간 차이가 나거나 다소 과장된 표현이 있더라도 무방하다.</u> '오로지 공공의 이익에 관한 때'라 함은 적시된 사실이 객관적으로 볼 때 공공의 이익에 관한 것으로서 행위자도 주관적으로 공공의 이익을 위하여 그 사실을 적시한 것이어야 한다. 여기의 공공의 이익에 관한 것에는 널리 국가·사회 기타 일반 다수인의 이익에 관한 것뿐만 아니라 특정한 사회집단이나 그 구성원 전체의 관심과 이익에 관한 것도 포함한다. 적시된 사실이 공공의 이익에 관한 것인지 여부는 당해 적시 사실의 내용과 성질, 당해 사실의 공표가 이루어진 상대방의 범위, 그 표현의 방법 등 그 표현 자체에 관한 제반 사정을 감안함과 동시에 그 표현에 의하여 훼손되거나 훼손될 수 있는 명예의 침해 정도 등을 비교·고려하여 결정하여야 하며, 행위자의 주요한 동기 내지 목적이 공공의 이익을 위한 것이라면 부수적으로 다른 사익적 목적이나 동기가 내포되어 있더라도 형법 제310조의 적용을 배제할 수 없다(대판 1997.4.11. 97도88, 대판 1998.10.9. 97도158, 대판 2001.10.9. 2001도3594 등 참조). 그리고 형법 제310조의 규정은 인격권으로서의 개인의 명예의 보호와 헌법 제21

조에 의한 정당한 표현의 자유의 보장이라는 상충되는 두 법익의 조화를 꾀한 것이므로, 두 법익간의 조화와 균형을 고려한다면 적시된 사실이 진실한 것이라는 증명이 없더라도 행위자가 진실한 것으로 믿었고 또 그렇게 믿을 만한 상당한 이유가 있는 경우에는 위법성이 없다고 보아야 한다(대판 2007.12.14. 2006도2074 등 참조). [2] 한편 **허위사실 적시에 의한 명예훼손죄가 성립하기 위하여는 피고인이 공연히 사실의 적시를 하여야 하고, 그 적시한 사실이 사람의 사회적 평가를 저하시키는 것으로서 허위이어야 하며, 피고인이 그와 같은 사실이 허위라고 인식하였어야 한다.** 적시된 사실이 허위의 사실인지 여부를 판단하는 과정에서 적시된 사실의 내용 전체의 취지를 살펴볼 때 중요한 부분이 객관적 사실과 합치되는 경우에는 세부적으로 진실과 약간 차이가 나거나 다소 과장된 표현이 있다 하더라도 이를 허위의 사실이라고 볼 수는 없다(대판 2000.2.25. 99도4757 등 참조). 나아가 **형사재판에서 공소가 제기된 범죄의 구성요건을 이루는 사실은 그것이 주관적 요건이든 객관적 요건이든 그 증명책임이 검사에게 있으므로, 허위사실 적시 명예훼손죄로 기소된 사건에서 사람의 사회적 평가를 떨어뜨리는 사실이 적시되었다는 점, 그 적시된 사실이 객관적으로 진실에 부합하지 아니하여 허위일 뿐만 아니라 그 적시된 사실이 허위라는 것을 피고인이 인식하고서 이를 적시하였다는 점은 모두 검사가 증명하여야 한다.** 그런데 위 증명책임을 다하였는지 여부를 결정할 때에는, **어느 사실이 적극적으로 존재한다는 것의 증명은 물론, 그 사실의 부존재의 증명이라도 특정 기간과 특정 장소에서의 특정행위의 부존재에 관한 것이라면 적극적 당사자인 검사가 이를 합리적 의심의 여지가 없이 증명하여야 한다**(대판 2010.11.25. 2009도12132 등 참조)(대판 2020.8.13. 2019도13404). [해설] 택시협동조합의 조합원인 피고인이 조합 임시총회에 참석하는 조합원들에게 "이거 보아라, 박●●이 임○○ 사장이랑 같이 회삿돈을 다 해먹었다."라고 말하면서 조합의 발기인 중 1인인 피해자 박●●이 '조합의 재산 11억 4,908만 원을 횡령하였다'는 범죄사실로 유죄판결을 받은 사건의 판결서 사본을 배포한 것이 피해자 박●●에 대한 사실 적시에 의한 명예훼손과 조합 이사장인 피해자 임○○에 대한 허위사실 적시에 의한 명예훼손으로 각각 기소된 사안에서, 기록에 나타난 사실 내지 사정을 위에서 본 법리에 비추어 살펴보면, 피고인의 피해자 박●●에 대한 사실 적시에 의한 명예훼손 행위는 진실한 사실로서 오로지 공공의 이익에 관한 때에 해당하므로, 형법 제310조에 따라 그 위법성이 조각되고, 피고인이 위 발언을 통해 피해자 임○○에게 대해 적시한 사실이 허위이고, 나아가 피고인이 그와 같은 사실이 허위임을 인식하였다는 점이 합리적 의심을 할 여지가 없을 정도로 증명되었다고 볼 수 없다는 이유로, 이와 달리 원심이 이 부분 공소사실을 유죄로 인정한 것에 형법 제310조에서 정한 위법성 조각사유에 관한 법리를 오해하고, 형법 제307조 제2항에서 정한 허위사실 적시에 의한 명예훼손죄의 증명책임 및 유죄의 인정에 필요한 증명의 정도 등에 관한 법리를 오해하여 필요한 심리를 다하지 아니함으로써 판결에 영향을 미친 잘못이 있다고 보아 원심판결을 파기한 사례.

⑩ 작업장의 책임자인 피고인이 甲으로부터 작업장에서 발생한 성추행 사건에 대해 보고받은 사실이 있음에도, 직원 5명이 있는 회의 자리에서 상급자로부터 경과보고를 요구받으면서 과태료 처분에 관한 책임을 추궁받자 이에 대답하는 과정에서 '甲은 성추행 사건에 대해 애초에 보고한 사실이 없다. 그런데도 이를 수사기관 등에 신고하지 않았다고 과태료 처분을 받는 것은 억울하다.'는 취지로 발언함으로써 허위사실을 적시하여 甲의 명예를 훼손하였다는 내용으로 기소된 사안에서, 위와 같이 **회의 자리에서 상급자로부터 책임을 추궁당하며 질문을 받게 되자 이에 대답하는 과정에서 타인의 명예를 훼손하는 듯한 사실을 발설하게 된 것이라면 그 발설 내용과 경위·동기 및 상황 등에 비추어 명예훼손의 고의를 인정하기 어렵고, 또한 질문에 대하여 단순한 확인 취지의 답변을 소극적으로 한 것에 불과하다면 이를 명예훼손에서 말하는 사실의 적시라고 단정할 수도 없다**는 이유로, 이와

달리 보아 피고인에게 유죄를 인정한 원심판결에 명예훼손죄의 고의와 사실의 적시에 관한 법리오해의 잘못이 있다고 한 사례(대판 2022.4.14. 2021도17744). [해설] 회의에서 상급자로부터 경과보고를 요구받으면서 과태료 처분에 관한 책임을 추궁 받게 되자, 이에 대답하면서 피해자와 관련한 명예훼손적 언급을 한 경우, 발설의 내용과 경위·동기 및 상황에 비추어 명예훼손의 고의를 가지고 발언을 하였다기보다는 자신의 책임에 대한 변명을 겸하여 단순한 확인 취지의 답변을 소극적으로 하는 과정에서 '과태료 부과처분을 받게 된 상황이 억울하다'는 취지의 주관적 심경이나 감정을 표출한 것이어서 명예훼손죄에서 말하는 사실의 적시라고 단정할 수 없다고 보아, 유죄를 인정한 원심을 파기환송한 사례.

⑪ [1] <u>공연성은 명예훼손죄와 모욕죄의 구성요건으로서, 명예훼손이나 모욕에 해당하는 표현을 특정 소수에게 한 경우 공연성이 부정되는 유력한 사정이 될 수 있으므로, 전파될 가능성에 관해서는 검사의 엄격한 증명이 필요</u>하다. 명예훼손죄와 모욕죄에서 전파가능성을 이유로 공연성을 인정하는 경우에는 적어도 범죄구성요건의 주관적 요소로서 미필적 고의가 필요하므로, 전파가능성에 대한 인식이 있음은 물론 나아가 위험을 용인하는 내심의 의사가 있어야 한다. 친밀하고 사적인 관계뿐만 아니라 공적인 관계에서도 조직 등의 업무와 관련하여 사실의 확인 또는 규명 과정에서 발언하게 된 것이거나, 상대방의 가해에 대하여 대응하는 과정에서 발언하게 된 경우와 수사·소송 등 공적인 절차에서 당사자 사이에 공방을 하던 중 발언하게 된 경우 등이라면 발언자의 전파가능성에 대한 인식과 위험을 용인하는 내심의 의사를 인정하는 것은 신중하여야 한다. 공연성의 존부는 발언자와 상대방 또는 피해자 사이의 관계나 지위, 대화를 하게 된 경위와 상황, 사실적시의 내용, 적시의 방법과 장소 등 행위 당시의 객관적 사정에 관하여 심리한 다음, 그로부터 상대방이 불특정인 또는 다수인에게 전파할 가능성이 있는지를 검토하여 종합적으로 판단해야 한다. [2] <u>빌라를 관리하고 있는 피고인들이 빌라 아랫집에 거주하는 甲으로부터 누수 문제로 공사 요청을 받게 되자, 甲과 전화통화를 하면서 빌라를 임차하여 거주하고 있는 피해자들에 대하여 누수 공사 협조의 대가로 과도하고 부당한 요구를 하거나 막말과 욕설을 하였다는 취지로 발언하고, '무식한 것들', '이중인격자' 등으로 말하여 명예훼손죄와 모욕죄로 기소된 사안</u>에서, 위 발언들은 신속한 누수 공사 진행을 요청하는 甲에게 임차인인 피해자들의 협조 문제로 공사가 지연되는 상황을 설명하는 과정에서 나온 것으로서, 이에 관한 피고인들의 진술내용을 종합해 보더라도 <u>피고인들이 전파가능성에 대한 인식과 위험을 용인하는 내심의 의사에 기하여 위 발언들을 하였다고 단정하기 어려운 점, 위 발언들이 불특정인 또는 다수인에게 전파되지 않은 것은 비록 위 발언들 이후의 사정이기는 하지만 공연성 여부를 판단할 때 소극적 사정으로 고려될 수 있는 점, 위 발언들이 피해자 본인에게 전달될 가능성이 높다거나 실제 전달되었다는 사정만으로는 불특정인 또는 다수인에게 전파될 가능성이 있었다고 볼 수 없는 점</u> 등을 종합하면, 피고인들이 甲에게 한 위 발언들이 불특정인 또는 다수인에게 전파될 가능성이 있었고 피고인들에게 이에 대한 인식과 위험을 용인하는 내심의 의사가 있었다고 본 원심판단에 법리오해의 잘못이 있다고 한 사례(대판 2022.7.28. 2020도8336).

(3) 위법성

1) **일반적 위법성조각사유** : 정당방위·긴급피난은 물론 피해자의 승낙 또는 형사재판에 있어서의 검사의 기소요지의 진술, 증인의 증언 및 피고인과 변호인의 방어권의 행사 등과 같은 정당행위에 의하여 위법성이 조각될 수 있다. 다만 정당행위라고 할지라도 권리의 남용으로 인정되는 때에는 위법성이 조각되지 않는다.

2) 형법 제310조에 의한 위법성조각사유

> **제310조(위법성의 조각)**
> 제307조 제1항의 행위가 진실한 사실로서 오로지 공공의 이익에 관한 때에는 처벌하지 아니한다.

㈎ **의의** : 형법은 개인의 명예를 보호하기 위하여 적시된 사실이 진실인가의 여부에 관계없이 명예훼손죄의 성립을 인정하면서도, 헌법이 보장하고 있는 언론의 자유를 실현하기 위해서 공공의 이익을 위하여 진실한 사실을 적시한 때에는 처벌하지 않도록 함으로써 양자를 조화시키고 있다. 즉 형법 제310조에서는 '제307조 제1항의 행위가 진실한 사실로서 오로지 공공의 이익에 관한 때에는 처벌하지 아니한다'고 규정하여 본죄의 특수한 위법성조각사유를 마련하고 있다.

㈏ **요건** : 형법 제310조가 적용되기 위하여는 다음의 두 가지 요건을 갖추어야 한다. ㉠ 적시된 사실이 진실한 사실이어야 한다. 여기서 진실한 사실이란 적시된 사실의 중요부분이 진실과 합치되는 사실을 말하며, 세부(細部)에 있어 진실과 약간 차이가 나거나 다소 과장된 표현이 있더라도 무방하다. ㉡ 사실의 적시가 오로지 공공의 이익에 관한 것이어야 한다. 여기서 공공의 이익이란 널리 국가·사회 기타 일반 다수인의 이익에 관한 것뿐만 아니라 특정한 사회집단이나 그 구성원의 관심과 이익에 관한 것도 포함한다. 공공의 이익에 관한 것이라고 하기 위하여는 객관적으로는 적시된 사실이 공공의 이익에 관한 것임을 요하고, 주관적으로는 사실적시가 공공의 이익을 위한 것이어야 한다. 공공의 이익은 개인의 명예이익보다 우월성이 인정되어야 한다. ㉢ 진실한 사실을 공익을 위하여 적시한다는 동기·목적이 있어야 한다. 행위자의 주요한 동기·목적이 공공의 이익을 위한 것이라면 부수적으로 다른 사익적 동기·목적이 내포되어 있더라도 제310조가 적용된다(주관적 정당화요소).

㈐ **효과**

① **실체법적 효과** : 위의 요건에 해당하는 행위는 벌하지 아니한다. 여기서 '벌하지 아니한다'의 의미는 위법성조각사유라고 이해하는 데 이론이 없다. 본조를 위법성조각사유로 해석할 때에는 사실의 진실성과 공익성을 인식하는 것은 주관적 정당화요소가 된다.

② **소송법적 효과** : 제310조의 적용요건, 즉 사실의 '진실성' 및 '공익성'에 관한 (실질적) 거증책임이 검사와 피고인 중 어느 측에 있는가 하는 문제에 관하여 ㉠ 거증책임이 피고인에게 전환된다는 견해(거증책임전환설 : 판례)와 ㉡ 형사소송법상의 일반원칙에 따라 검사에게 있다는 견해(다수설)가 대립한다. 형법 제310조는 위법성조각사유의 요건만을 규정하고 있을 뿐이고 그 증명에 관하여는 아무런 규정도 두고 있지 않으므로, 본조를 거증책임의 전환에 관한 규정이라고 볼 수는 없다.

㈑ **진실성에 대한 착오**

① **허위사실을 진실로 오인하여 공익을 위하여 적시한 경우** : 이에 대해서는 ㉠ 제310조에 규정된 진실성표지는 위법성조각의 요소이므로 허위사실을 진실로 오인하고 공익을 위하여 적시한 경우는 위법성조각사유의 전제사실에 대한 착오가 된다는 견해(위법성조각사유의 전제사실에 대한 착오설 : 다수설), ㉡ '성실한 검토의무'를 제310조의 적용에 필요한 특별한 주관적 정당화요소로 파악하여, 적시자가 검토의무를 충실히 이해하였다면 진실성에 대하여 착오를 일으켰을지라도 행위반가

치가 탈락하여 위법성이 조각되지만(허용된 위험), 성실한 검토의무를 다하지 못하고 사실의 진실성을 경신하였다면 행위반가치가 긍정되어 제307조 제1항의 명예훼손죄의 책임을 지게 된다는 견해(성실한 검토의무설) 그리고 ㈐ 제310조의 진실성 요건은 진실한 사실을 진실한 것으로 믿고 적시하는 행위만이 제310조에 의해서 예외적으로 정당화될 수 있음을 언명해주는 기능을 수행하는 것이므로, 행위자가 진실한 것으로 믿고 공익을 위해 사실을 적시하였으나 그 사실이 허위의 사실로 증명된 경우는 기본적 구성요건과 가중적 구성요건 사이의 착오로서 제15조 제1항이 적용되는 구성요건적 착오의 문제라는 견해(제15조 제1항의 착오설)가 있다. ㈐ 판례는 '행위자가 진실한 것으로 믿었고 또 그렇게 믿을 만한 상당한 이유가 있는 경우에는 위법성이 없다'라고 하여 성실한 검토의무설과 어느 정도 유사한 입장을 보인다.

② **진실한 사실을 허위로 오인하고 적시한 경우** : 제310조는 적용되지 않고 제307조 제1항의 명예훼손죄가 성립하게 된다.

(4) 반의사불벌죄

본죄는 피해자의 명시한 의사에 반하여 공소를 제기할 수 없다. 이는 진실한 사실을 적시한 경우와 허위사실을 적시한 경우에 모두 해당한다(형법 제312조).

(5) 죄수 및 타죄와의 관계

1) **죄수** : 본죄의 보호법익은 일신전속적 법익이므로 피해자의 수를 기준으로 죄수를 결정한다. 따라서 1개의 문서로써 2인 이상의 명예를 훼손한 경우에는 수개의 명예훼손죄의 상상적 경합이 된다. 수회 연속해서 동일인의 명예를 훼손한 경우에는 본죄의 포괄일죄가 된다.

2) **타죄와의 관계** : ㈎ 명예훼손행위 중 모욕적 언사를 사용한 경우에는 명예훼손죄만 성립한다(법조경합), ㈏ 공연히 허위사실을 적시하여 명예와 신용을 동시에 훼손한 경우에는 신용훼손죄가 성립하고(특별관계), ㈐ 공연히 진실한 사실을 적시하여 신용을 훼손한 경우에는 제307조 제1항의 명예훼손죄가 성립한다. ㈑ 명예훼손행위가 동시에 업무를 방해하는 때에는 명예훼손죄와 업무방해죄의 상상적 경합이 성립한다.

> **판례** 일반적 위법성조각사유
>
> • 과수원을 경영하는 피고인이 사과를 절취당한 피해자의 입장에서 앞으로 이와 같은 일이 재발되지 않도록 예방하기 위하여 과수원의 관리자와 같은 동네 새마을 지도자에게 각각 그들만이 있는 자리에서 개별적으로 피해자가 피고인 소유의 과수원에서 사과를 훔쳐간 사실을 말하였다 하더라도 통상적인 사회생활면으로 보나 사회통념상 위와 같은 피고인의 소위를 위법하다고는 말하기 어렵다(대판 1986.10.14. 86도1341).

| 판례 | 형법 제310조의 위법성조각사유의 성립요건 |

① 형법 제310조에 의하여 위법성이 조각되는 경우는 형법 제307조 제1항의 행위가 진실한 사실로서 오로지 공공의 이익에 관한 때에 한하며, 형법 제307조 제2항에 해당하는 행위에 대하여는 위법성조각에 관한 형법 제310조는 적용될 여지가 없다(대판 1993.4.13. 92도234).

② 개인의 사적인 신상에 관한 사실이라고 하더라도 그가 관계하는 사회적 활동의 성질이나 이를 통하여 사회에 미치는 영향력의 정도 등의 여하에 따라서는 그 사회적 활동에 대한 비판 내지 평가의 한 자료가 될 수 있는 것이므로 개인의 사적인 신상에 관하여 적시된 사실도 그 적시의 주요한 동기가 공공의 이익을 위한 것이라면 위와 같은 의미에서 형법 제310조 소정의 공공의 이익에 관한 것으로 볼 수 있는 경우가 있다(대판 1996.4.12. 94도3309).

③ 형법 제310조에서 '오로지 공공의 이익에 관한 때'라 함은 적시된 사실이 객관적으로 볼 때, 공공의 이익에 관한 것으로서 행위자도 주관적으로 공공의 이익을 위하여 그 사실을 적시한 것이어야 하는 것인데, 여기의 공공의 이익에 관한 것에는 널리 국가·사회 기타 일반 다수인의 이익에 관한 것뿐만 아니라 특정한 사회집단이나 그 구성원 전체의 관심과 이익에 관한 것도 포함하는 것이고, 적시된 사실이 공공의 이익에 관한 것인지 여부는 당해 적시사실의 내용과 성질, 당해 사실의 공표가 이루어진 상대방의 범위, 그 표현의 방법 등 그 표현 자체에 관한 제반 사정을 감안함과 동시에 그 표현에 의하여 훼손되거나 훼손될 수 있는 명예의 침해 정도 등을 비교·고려하여 결정하여야 한다(대판 2004.10.15. 2004도3912).

④ 방송 등 언론매체가 사실을 적시하여 타인의 명예를 훼손하는 행위를 한 경우 형법 제310조에 의하여 처벌되지 않기 위해서는 적시된 사실이 객관적으로 볼 때 공공의 이익에 관한 것으로서 행위자도 공공의 이익을 위하여 그 사실을 적시한 것이어야 될 뿐만 아니라, 그 적시된 사실이 진실한 것이거나 적어도 행위자가 그 사실을 진실한 것으로 믿었고, 또 그렇게 믿을 만한 상당한 이유가 있어야 할 것이며, 한편 그것이 진실한 사실로서 오로지 공공의 이익에 관한 때에 해당된다는 점은 행위자가 증명하여야 한다(대판 2007.5.10. 2006도8544). [해설] 제310조의 위법성조각사유에서 오로지 공공의 이익에 관한 것임을 증명해야 할 책임이 피고인에게 전환되었음을 명시하고 있는 판결.

⑤ 형법 제310조의 규정은 인격권으로서의 개인의 명예의 보호와 헌법 제21조에 의한 정당한 표현의 자유의 보장이라는 상충되는 두 법익의 조화를 꾀한 것이라고 보아야 할 것이므로, 두 법익간의 조화와 균형을 고려한다면 적시된 사실이 진실한 것이라는 증명이 없더라도 행위자가 진실한 것으로 믿었고 또 그렇게 믿을 만한 상당한 이유가 있는 경우에는 위법성이 없다고 보아야 할 것이다(대판 2007.12.14. 2006도2074).

⑥ 교장 갑이 여성기간제교사 을에게 차 접대 요구와 부당한 대우를 하였다는 인상을 주는 내용의 글을 게재한 교사 병의 명예훼손행위가 공공의 이익에 관한 것으로서 위법성이 조각된다고 한 사례(대판 2008.7.10. 2007도9885).

⑦ [1] 형법 제310조는 "제307조 제1항의 행위가 진실한 사실로서 오로지 공공의 이익에 관한 때에는 처벌하지 아니한다."고 규정하고 있으므로, 공연히 사실을 적시하여 사람의 명예를 훼손하였다고 하더라도, 그 사실이 공공의 이익에 관한 것으로서 공공의 이익을 위할 목적으로 그 사

실을 적시한 경우에는 그 사실이 진실한 것임이 증명되면 위법성이 조각되어 그 행위를 처벌하지 아니하는 것인바, 형법 제310조에서 '오로지 공공의 이익에 관한 때'라 함은 적시된 사실이 객관적으로 볼 때 공공의 이익에 관한 것으로서 행위자도 주관적으로 공공의 이익을 위하여 그 사실을 적시한 것이어야 하는 것인데, 여기의 공공의 이익에 관한 것에는 널리 국가·사회 기타 일반 다수인의 이익에 관한 것뿐만 아니라 특정한 사회집단이나 그 구성원 전체의 관심과 이익에 관한 것도 포함되고, 적시된 사실이 공공의 이익에 관한 것인지 여부는 당해 적시 사실의 내용과 성질, 당해 사실의 공표가 이루어진 상대방의 범위, 그 표현의 방법 등 그 표현 자체에 관한 제반 사정을 감안함과 동시에 그 표현에 의하여 훼손되거나 훼손될 수 있는 명예의 침해 정도 등을 비교·고려하여 결정하여야 하며, <u>행위자의 주요한 동기 내지 목적이 공공의 이익을 위한 것이라면 부수적으로 다른 사익적 목적이나 동기가 내포되어 있더라도 형법 제310조의 적용을 배제할 수 없다.</u> [2] 특정 상가건물관리회의 회장이 위 관리회의 결산보고를 하면서 전 관리회장이 체납관리비 등을 둘러싼 분쟁으로 자신을 폭행하여 유죄판결을 받은 사실을 알린 사안에서, 건물관리회원 전체의 관심과 이익에 관한 것으로서 형법 제310조에 의하여 위법성이 조각된다고 한 사례(대판 2008.11.13. 2008도6342, 대판 1999.6.8. 99도1543).

⑧ [1] <u>구 정보통신망 이용촉진 및 정보보호 등에 관한 법률(2007. 12. 21. 법률 제8778호로 개정되기 전의 것) 제61조 제1항에 정한 '사실의 적시'란 가치판단이나 평가를 내용으로 하는 의견표현에 대치되는 개념으로서 시간과 공간적으로 구체적인 과거 또는 현재의 사실관계에 관한 보고 내지 진술을 의미하는 것이며, 그 표현내용이 증거에 의한 입증이 가능한 것을 말하고, 판단할 진술이 사실인가 또는 의견인가를 구별하는 때에는 언어의 통상적 의미와 용법, 입증가능성, 문제된 말이 사용된 문맥, 그 표현이 행하여진 사회적 상황 등 전체적 정황을 고려하여 판단하여야 한다.</u> [2] 구 정보통신망 이용촉진 및 정보보호 등에 관한 법률(2007. 12. 21. 법률 제8778호로 개정되기 전의 것) 제61조 제1항에 정한 '<u>사람을 비방할 목적</u>'이란 가해의 의사 내지 목적을 요하는 것으로서, 사람을 비방할 목적이 있는지 여부는 당해 적시 사실의 내용과 성질, 당해 사실의 공표가 이루어진 상대방의 범위, 그 표현의 방법 등 그 표현 자체에 관한 제반 사정을 감안함과 동시에 그 표현에 의하여 훼손되거나 훼손될 수 있는 명예의 침해 정도 등을 비교, 고려하여 결정하여야 하는데, <u>공공의 이익을 위한 것과는 행위자의 주관적 의도의 방향에 있어 서로 상반되는 관계에 있으므로, 적시한 사실이 공공의 이익에 관한 것인 경우에는 특별한 사정이 없는 한 비방할 목적은 부인된다고 봄이 상당하고, 공공의 이익에 관한 것에는 널리 국가·사회 기타 일반 다수인의 이익에 관한 것뿐만 아니라 특정한 사회집단이나 그 구성원 전체의 관심과 이익에 관한 것도 포함하는 것이고, 행위자의 주요한 동기 내지 목적이 공공의 이익을 위한 것이라면 부수적으로 다른 사익적 목적이나 동기가 내포되어 있더라도 비방할 목적이 있다고 보기는 어렵다.</u> [3] 인터넷 포털사이트의 지식검색 질문·답변 게시판에 성형시술 결과가 만족스럽지 못하다는 주관적인 평가를 주된 내용으로 하는 한 줄의 댓글을 게시한 사안에서, <u>그 표현물은 전체적으로 보아 성형시술을 받을 것을 고려하고 있는 다수의 인터넷 사용자들의 의사결정에 도움이 되는 정보 및 의견의 제공이라는 공공의 이익에 관한 것이어서 비방할 목적이 있었다고 보기 어렵다고</u> 한 사례(대판 2009.5.28. 2008도8812).

⑨ [1] 형법 제310조에서 규정하고 있는 '오로지 공공의 이익에 관한 때'라고 함은, 적시된 사실이 객관적으로 볼 때 공공의 이익에 관한 것으로서 행위자도 주관적으로 공공의 이익을 위하여 그 사실을 적시한 것을 가리킨다. 공공의 이익에 관한 것에는 국가·사회 기타 일반 다수인의 이익

에 관한 것뿐만 아니라 특정한 사회집단이나 그 구성원 전체의 관심과 이익에 관한 것도 포함된다. 적시된 사실이 공공의 이익에 관한 것인지 여부는 당해 적시사실의 내용과 성질, 당해 사실의 공표가 이루어진 상대방의 범위, 표현의 방법 등 그 표현 자체에 관한 제반 사정을 감안함과 동시에 그 표현에 의하여 훼손되거나 훼손될 수 있는 명예의 침해 정도 등을 비교하여 판단해야 한다(대판 2004.10.15. 2004도3912 등 참조). [2] 피고인들이 피해자의 범행전력을 적시한 것에서 그치지 않고 피해자에 대하여 부정적인 평가를 드러내는 표현을 다소 사용하였다고 하더라도, 피고인들이 집회와 시위 과정에서 피해자가 이사장에서 퇴임하는 것이 적정하다는 자신들의 의견을 표명한 것으로 못 볼 바 아니다. 피고인들의 주장이 받아들여질 만한 것인지와 무관하게 표현 방법이 지나치게 악의적인 것이라는 등 언론의 자유, 집회와 시위의 자유에 내재된 한계를 넘어 상당성을 상실한 것이라고 볼 만한 사정이 없다면, 피고인들은 자신들의 기본권을 행사한 것으로 볼 수도 있다. [3] 앞서 본 법리와 위에서 인정한 제반 사정에 비추어 살펴보면, 피고인들이 피해자에 대하여 사실을 적시한 행위는 오로지 공공의 이익에 관한 것이어서 위법성이 조각된다고 볼 여지가 충분하다. 그런데도 ○○향교재단의 법적 성격 등에 관하여 나아가 살피지 아니한 채 그 판시와 같은 사정만을 들어 피고인들에 대한 이 사건 각 공소사실을 유죄로 판단한 원심판결에는 형법 제310조의 위법성조각사유에 대한 법리를 오해하여 필요한 심리를 다하지 아니함으로써 판결에 영향을 미친 잘못이 있다(대판 2017.6.15. 2016도8557).

⑩ 공연히 사실을 적시하여 사람의 명예를 훼손하는 행위가 진실한 사실로서 오로지 공공의 이익에 관한 때에는 형법 제310조에 따라 처벌할 수 없다. 여기서 <u>'오로지 공공의 이익에 관한 때'라 함은 적시된 사실이 객관적으로 볼 때 공공의 이익에 관한 것으로서 행위자도 주관적으로 공공의 이익을 위하여 그 사실을 적시한 것</u>이어야 한다. 여기의 공공의 이익에 관한 것에는 널리 국가·사회 기타 일반 다수인의 이익에 관한 것뿐만 아니라 특정한 사회집단이나 그 구성원 전체의 관심과 이익에 관한 것도 포함한다. 적시된 사실이 공공의 이익에 관한 것인지 여부는 당해 적시 사실의 내용과 성질, 당해 사실의 공표가 이루어진 상대방의 범위, 그 표현의 방법 등 그 표현 자체에 관한 제반 사정을 감안함과 동시에 그 표현에 의하여 훼손되거나 훼손될 수 있는 명예의 침해 정도 등을 비교·고려하여 결정하여야 하며, <u>행위자의 주요한 동기 내지 목적이 공공의 이익을 위한 것이라면 부수적으로 다른 사익적 목적이나 동기가 내포되어 있더라도 형법 제310조의 적용을 배제할 수 없다</u>(대법원 2007. 12. 14. 선고 2006도2074 판결 등 참조)(대판 2021.8.26. 2021도6416). [해설] 원심은, 징계회부를 한 후 곧바로 징계혐의사실과 징계회부사실을 회사 게시판에 게시한 피고인의 행위가 '회사 내부의 원활하고 능률적인 운영의 도모'라는 공공의 이익에 관한 것이라고 판단하여 피고인에게 무죄를 선고함. 대법원은, 회사 징계절차가 공적인 측면이 있다고 해도 징계절차에 회부된 단계부터 그 과정 전체가 낱낱이 공개되어야 하는 것은 아니고, 징계혐의 사실은 징계절차를 거친 다음 일응 확정되는 것이므로 징계절차에 회부되었을 뿐인 단계에서 그 사실을 공개함으로써 피해자의 명예를 훼손하는 경우, 이를 사회적으로 상당한 행위라고 보기는 어렵고, 그 단계에서의 공개로 원심이 밝힌 공익이 달성될 수 있을지도 의문이라는 이유 등으로 원심의 판단에 공공의 이익에 관한 법리오해가 있다고 보아 파기환송함.

⑪ 정보통신망법 제70조 제2항에서 규정한 '사람을 비방할 목적'은 가해의 의사나 목적을 의미하는데, '사람을 비방할 목적'이 있는지는 당해 적시 사실의 내용과 성질, 당해 사실의 공표가 이루어진 상대방의 범위, 그 표현의 방법 등 그 표현 자체에 관한 여러 사정을 감안함과 동시에 그 표현에 의하여 훼손되거나 훼손될 수 있는 명예의 침해 정도 등을 고려하여 결정하여야 한다.

그리고 '사람을 비방할 목적'은 공공의 이익을 위한 것과는 행위자의 주관적 의도의 방향이 서로 상반되므로, 적시한 사실이 공공의 이익에 관한 것인 경우에는 특별한 사정이 없는 한 비방할 목적이 있다고 볼 수 없다. 여기서 '적시한 사실이 공공의 이익에 관한 것'이란 적시한 사실이 객관적으로 볼 때 공공의 이익에 관한 것으로서 행위자도 주관적으로 공공의 이익을 위하여 그 사실을 적시한 것이어야 하고, '공공의 이익'에는 널리 국가·사회 기타 일반 다수인의 이익뿐만 아니라 특정한 사회집단이나 그 구성원 전체의 관심과 이익도 포함된다(대법원 2018. 10. 12. 선고 2018도10777 판결 등 참조)(대판 2021.12.30. 2021도9974). [해설] ① ○○신문사가 피해자 사단법인 ◇◇와 사이에 체결된 양해각서에 따라 피해자 법인의 소식을 홍보하고 피해자 법인은 위 신문사에 인쇄비 등 명목의 금원을 지급하였으며, 피고인은 그 사실을 알고 있었음에도 '피해자 법인이 위 신문사와 부정하게 공모하여 피해자 법인의 불법행위를 은폐하기 위해 위 신문사에 매월 돈을 지급했다'는 취지의 글을 인터넷 카페 게시판에 게시하고, ② 피해자 법인의 분사무소 두 곳은 피해자 법인의 전신인 사단법인 □□의 분사무소로 설치되었고 분사무소가 탈세 등 불법을 위해 만들어진 것으로 의심할 만한 객관적인 자료가 없음에도 피고인이 '위 사단법인의 분사무소가 피해자 법인의 분사무소로 위장되어 있고 피해자 법인이 분사무소를 이용해 탈세 등 자금을 은닉하고 있다'는 취지의 글을 위 게시판에 게시한 행위에 대하여, 피고인이 게시한 위 글의 내용은 허위사실에 해당하고 피해자 법인을 '비방할 목적'도 인정된다고 보아 위 게시글이 공공의 이익에 관한 것이라는 피고인의 주장을 배척하고 유죄로 판단한 원심을 수긍한 사례.

⑫ 형법 제310조에는 '형법 제307조 제1항의 행위가 진실한 사실로서 오로지 공공의 이익에 관한 때에는 처벌하지 않는다'고 규정하고 있는데, 여기서 '진실한 사실'이라 함은 그 내용 전체의 취지를 살펴볼 때 중요한 부분이 객관적 사실과 합치되는 사실이라는 의미로 세부에 있어 진실과 약간 차이가 나거나 다소 과장된 표현이 있더라도 무방하다. 또한 '오로지 공공의 이익에 관한 때'라 함은 적시된 사실이 객관적으로 볼 때 공공의 이익에 관한 것으로서 행위자도 주관적으로 공공의 이익을 위하여 그 사실을 적시한 것이어야 하는 것인데, 여기의 공공의 이익에 관한 것에는 널리 국가·사회 기타 일반 다수인의 이익에 관한 것뿐만 아니라 특정한 사회집단이나 그 구성원 전체의 관심과 이익에 관한 것도 포함하는 것이고, 적시된 사실이 공공의 이익에 관한 것인지 여부는 당해 적시 사실의 내용과 성질, 당해 사실의 공표가 이루어진 상대방의 범위, 그 표현의 방법 등 그 표현 자체에 관한 제반 사정을 감안함과 동시에 그 표현에 의하여 훼손되거나 훼손될 수 있는 명예의 침해 정도 등을 비교·고려하여 결정하여야 하며, 행위자의 주요한 동기 내지 목적이 공공의 이익을 위한 것이라면 부수적으로 다른 사익적 목적이나 동기가 내포되어 있더라도 형법 제310조의 적용을 배제할 수 없다(대법원 2000. 2. 11. 선고 99도3048 판결, 대법원 2002. 9. 24. 선고 2002도3570 판결 등 참조). 한편 사실적시의 내용이 사회 일반의 일부 이익에만 관련된 사항이라도 다른 일반인과의 공동생활에 관계된 사항이라면 공익성을 지닌다고 할 것이고, 이에 나아가 개인에 관한 사항이더라도 그것이 공공의 이익과 관련되어 있고 사회적인 관심을 획득한 경우라면 직접적으로 국가·사회 일반의 이익이나 특정한 사회집단에 관한 것이 아니라는 이유만으로 형법 제310조의 적용을 배제할 것은 아니다. 사인이라도 그가 관계하는 사회적 활동의 성질과 사회에 미칠 영향을 헤아려 공공의 이익에 관련되는지 판단하여야 한다(대법원 2020. 11. 19. 선고 2020도5813 전원합의체 판결 참조)(대판 2022.2.11. 2021도10827). [해설] 피고인들이 종중 회장 선출을 위한 종친회에서 피해자의 종친회 회장 출마에 반대하면서 "○○○은 남의 재산을 탈취한 사기꾼이다. 사기꾼은 내려오라."로 말한 사안에서, 피해자에게「특정경제범죄 가중처벌 등에 관한 법률」위반(횡령)죄의 전과가 있는 이상 위 발언이 주요부분에 있어 객관적 사실에 합치되는 것으로 볼 수 있고, 피해자의 종친회 회장으로서의 적격 여부는 종친회 구성원들 전체의 관심과 이익에 관한 사항으로서 공익성이 인정됨

에도, 형법 제310조의 위법성 조각사유에 관한 피고인들의 주장을 배척하고 유죄를 선고한 원심판단에 심리미진 등의 잘못이 있다고 보아 파기환송한 사례.

 판례 ː 형법 제310조의 위법성조각사유의 효과

① 교회담임목사를 출교처분한다는 취지의 교단산하 재판위원회의 판결문은 성질상 교회나 교단 소속 신자들 사이에서는 당연히 전파, 고지될 수 있는 것이므로 위 판결문을 복사하여 예배를 보러온 신도들에게 배포한 행위에 의하여 그 목사의 개인적인 명예가 훼손된다 하여도 그것은 진실한 사실로서 오로지 교단 또는 그 산하교회 소속신자들의 이익에 관한 때에 해당하거나 적어도 사회상규에 위배되지 아니하는 행위에 해당하여 위법성이 없다(대판 1989.2.14. 88도899).

② 노동조합 조합장이 전임 조합장의 업무처리 내용 중 근거자료가 불명확한 부분에 대하여 대자보를 작성 부착한 행위가 공공의 이익을 위한 것이고 적시된 내용을 진실이라고 믿고 그렇게 믿은 데에 상당한 이유가 있다 하여 위법성이 조각된다(대판 1993.6.22. 92도3160).

③ <u>공연히 사실을 적시하여 사람의 명예를 훼손한 행위가 형법 제310조의 규정에 따라서 위법성이 조각되어 처벌대상이 되지 않기 위하여는 그것이 진실한 사실로서 오로지 공공의 이익에 관한 때에 해당된다는 점을 행위자가 증명하여야 하는 것이나</u>, 그 증명은 유죄의 인정에 있어 요구되는 것과 같이 법관으로 하여금 의심할 여지가 없을 정도의 확신을 가지게 하는 증명력을 가진 엄격한 증거에 의하여야 하는 것은 아니므로, 이 때에는 전문증거에 대한 증거능력의 제한을 규정한 형사소송법 제310조의2는 적용될 여지가 없다(대판 1996.10.25. 95도1473).

판례 ː 진실성에 대한 착오

① 형법 제310조의 규정은 인격권으로서의 개인의 명예의 보호와 헌법 제21조에 의한 정당한 표현의 자유의 보장이라는 상충되는 두 법익의 조화를 꾀한 것이라고 보아야 할 것이므로, 두 법익 간의 조화와 균형을 고려한다면 <u>적시된 사실이 진실한 것이라는 증명이 없더라도 행위자가 진실한 것으로 믿었고 또 그렇게 믿을 만한 상당한 이유가 있는 경우에는 위법성이 없다</u>(대판 1993.6.22. 92도3160).

② 공연히 사실을 적시하여 사람의 명예를 훼손한 행위가 형법 제310조 규정에 따라서 위법성이 조각되어 처벌받지 않기 위하여는 적시된 사실이 객관적으로 볼 때 공공의 이익에 관한 것으로서 행위자도 공공의 이익을 위하여 그 사실을 적시한 것이어야 될 뿐만 아니라, 그 사실이 진실한 것이어야 되고, "공공의 이익에 관한 것"이라 함은 국가·사회 기타 일반 다수인의 이익에 관한 것뿐만 아니라 특정한 사회집단이나 그 구성원 전체의 이익에 관한 것도 포함된다고 할 것인 바, 공공의 이익에 관한 것인지 여 부는 적시된 사실 자체의 내용과 성질에 비추어 객관적으로 판단하여야 할 것이고, 사실을 적시한 행위자의 주요한 목적이 공공의 이익을 위한 것이라면 부수적으로 다른 목적이 있더라도 형법 제310조의 적용을 배제할 수 없다(대판 1993.6.22. 93도1035).

③ 제310조의 적용에 있어서 사실의 진실성에 관한 착오가 있을 때, 적시된 사실이 진실한 것이거나 적어도 행위자가 그 사실을 진실한 것으로 믿었고 또 그렇게 믿을 만한 상당한 이유가 있는 경우에 위법성이 조각된다(대판 1994.8.26. 94도237).

④ 내용 중에 일부 허위사실이 포함된 신문기사를 보도한 사안에서, <u>기사 작성의 목적이 공공의 이익에 관한 것이고 그 기사 내용을 작성자가 진실하다고 믿었으며 그와 같이 믿은 데에 객관적인 상당한 이유가 있다는 이유로 명예훼손의 위법성을 부인한 원심판결을 수긍한 사례</u>(대판 1996.8.23. 94도3191).

판례 (정보통신망을 이용한) 명예훼손죄의 종료시기

• [1] 원심판결 이유에 의하면 원심은, 정보통신망을 이용한 명예훼손의 경우에도 게재행위의 종료만으로 범죄행위가 종료하는 것이 아니고 원래 게시물이 삭제되어 정보의 송수신이 불가능해지는 시점을 범죄의 종료시기로 보아서 이 때부터 공소시효를 기산하여야 한다는 검사의 주장을 배척하고, 이 경우도 게재행위 즉시 범죄가 성립하고 종료한다고 판단하였다. [2] 살피건대, <u>서적·신문 등 기존의 매체에 명예훼손적 내용의 글을 게시하는 경우에 그 게시행위로써 명예훼손의 범행은 종료하는 것이며 그 서적이나 신문을 회수하지 않는 동안 범행이 계속된다고 보지는 않는다는 점을 고려해 보면, 정보통신망을 이용한 명예훼손의 경우에, 게시행위 후에도 독자의 접근가능성이 기존의 매체에 비하여 좀 더 높다고 볼 여지가 있다 하더라도 그러한 정도의 차이만으로 정보통신망을 이용한 명예훼손의 경우에 범죄의 종료시기가 달라진다고 볼 수는 없다.</u> 따라서 원심의 위와 같은 판단은 정당하고, 원심판결에 상고이유에서 주장하는 바와 같이 법리를 오해한 위법이 있다고 할 수 없다(대판 2007.10.25. 2006도346). [해설] 명예훼손죄의 종료시기, 특히 정보통신망 등 전파력이 강한 매체를 이용한 명예훼손죄의 경우에도 동일하게 사실의 게시, 게재행위로서 범행이 종료한다고 본 판례.

2. 사자(死者)의 명예훼손죄

제308조(사자의 명예훼손)
공연히 허위의 사실을 적시하여 사자의 명예를 훼손한 자는 2년 이하의 징역이나 금고 또는 500만원 이하의 벌금에 처한다.

제312조(고소와 피해자의 의사)
① 제308조와 제311조의 죄는 고소가 있어야 공소를 제기할 수 있다.

공연히 허위의 사실을 적시하여 사자의 명예를 훼손함으로써 성립하는 범죄로서(제308조), 역사적 존재로서의 사자의 인격적 가치를 보호법익으로 한다(다수설, 판례). 본죄가 성립하기 위하여는 사자의 명예를 훼손함에 적합한 허위의 사실을 적시한다는 고의가 있어야 하며, 이는 미필적 인식으로도 족하다(판례). 본죄는 친고죄이다(제312조 제1항). 고소권자가 누구인가에 관하여 형사소송법은 사자의 명예를 훼손한 범죄에 대하여는 그 친족 또는 자손은 고소할 수 있다(형소법 제227조)고 규정하고 있으며, 친고죄에 대하여 고소할 자가 없는 경우에 이해관계인의 신청이 있으면 검사는 10일 이내에 고소할 수 있는 자를 지정하여야 한다(형소법 제228조)고 규정하고 있다.

한편, ㈎ 사자로 오인하고 허위사실을 적시하였으나 생존자였던 경우 구성요건적 착오로서 제

15조 제1항에 의하여 본죄가 성립(진실한 사실을 적시하는 경우에는 과실의 문제가 되나 처벌규정이 없으므로 무죄)하며, ㈐ 생존자로 오인하고 허위사실을 적시하였으나 사자였던 경우에는 사자명예훼손죄가 성립한다(진실한 사실을 적시한 경우에는 제307조 제1항의 죄의 불능미수의 문제가 되나 미수범 처벌규정이 없으므로 무죄).

<사자(死者)의 명예훼손죄의 착오 문제>

사례	성격	결과
생존자를 사자(死者)로 오인하고 허위의 사실을 적시한 경우	제15조 제1항이 적용되는 구성요건적 착오	사자명예훼손죄 성립
생존자를 사자(死者)로 오인하고 진실한 사실을 적시한 경우	제307조 제1항의 구성요건적 착오	고의조각 과실성립 → 불가벌
사자(死者)를 생존자로 오인하고 허위의 사실을 적시한 경우	제307조 제2항의 고의로 사자명예훼손죄를 실현한 경우	죄질부합설 → 사자명예훼손죄
사자(死者)를 생존자로 오인하고 진실한 사실을 적시한 경우	제307조 제1항의 불능미수	미수범 처벌규정이 없으므로 불가벌
허위의 사실을 진실한 사실로 오인하고 사자명예훼손행위를 한 경우	사자명예훼손죄의 구성요건적 착오	고의조각 과실성립 → 불가벌
진실한 사실을 허위의 사실로 오인하고 사자명예훼손행위를 한 경우	사자명예훼손죄의 불능미수	미수범 처벌규정이 없으므로 불가벌

3. 출판물에 의한 명예훼손죄

> **제309조(출판물 등에 의한 명예훼손)**
> ① 사람을 비방할 목적으로 신문, 잡지 또는 라디오 기타 출판물에 의하여 제307조 제1항의 죄를 범한 자는 3년 이하의 징역이나 금고 또는 700만원 이하의 벌금에 처한다.
> ② 제1항의 방법으로 제307조 제2항의 죄를 범한 자는 7년 이하의 징역, 10년 이하의 자격정지 또는 1천 500만원 이하의 벌금에 처한다.
>
> **제312조(고소와 피해자의 의사)**
> ② 제307조와 제309조의 죄는 피해자의 명시한 의사에 반하여 공소를 제기할 수 없다.

사람을 비방할 목적으로 신문·잡지 또는 라디오 기타 출판물에 의하여 명예훼손죄를 범함으로써 성립하는 가중적 구성요건이다(제309조). 본죄가 성립하기 위하여는 ㈎ 주관적 구성요건으로는 고의 이외에 비방의 목적이 있어야 하고, ㈏ 신문·잡지·라디오 기타 출판물에 의하여 명예를 훼손하였을 것을 요한다. 그러나 출판물은 그 자체가 높은 전파의 가능성을 가지고 있으므로 본죄는 공연히 사실을 적시할 것을 요건으로 하지 않는다. 따라서 본죄는 출판물에 의하여 사실을 적시함으로써 불특정 또는 다수인이 인식할 수 있는 상태에 이르면 성립한다. ㈐ 출판물 등에 의한 명예훼손행위라고 하더라도 적시하는 사실이 진실하고 비방의 목적이 '없는' 경우에는 제309조 제1항이 아니라 제307조 제1항에 해당하는 명예훼손행위가 되므로, 만일 공공의 이익을 위하여 행해졌다면

제310조가 적용될 수 있다. 그러나 ㈐ 비방의 목적이 '있는' 출판물명예훼손행위에 대하여는 제310조가 적용되지 않는다. 본죄는 반의사불벌죄이다(제312조 제2항).

III. 모욕죄

1. 의의

> **제311조(모욕)**
> 공연히 사람을 모욕한 자는 1년 이하의 징역이나 금고 또는 200만원 이하의 벌금에 처한다.
>
> **제312조(고소와 피해자의 의사)**
> ① 제308조와 제311조의 죄는 고소가 있어야 공소를 제기할 수 있다.

공연히 사람을 모욕함으로써 성립하는 범죄로서(제311조), 외적 명예를 보호법익으로 한다. 따라서 본죄와 명예훼손죄는 사실의 적시 여부에 의하여 구별된다. 본죄도 친고죄이다.

2. 객관적 구성요건

공연히 사람을 모욕할 것을 요한다. ㈎ '공연히'란 불특정 또는 다수인이 인식할 수 있는 상태를 말하며, ㈏ 본죄의 객체인 사람도 자연인은 물론 법인, 법인격 없는 단체를 모두 포함한다. 그러나 사자는 여기의 사람에 포함되지 않는다. ㈐ 모욕이란 사실을 적시하지 아니하고 사람에 대하여 경멸의 의사를 표시하는 것을 말한다. 추상적 관념을 사용하여 사람의 인격을 경멸하는 가치판단을 표시하는 경우가 여기에 해당한다. 모욕의 수단·방법에는 제한이 없으나, 그것은 사람을 경멸하는 내용의 설명가치를 가져야 한다.

3. 주관적 구성요건

공연히 사람을 모욕한다는 인식, 즉 고의가 있어야 한다. 미필적 고의로도 족하다.

4. 위법성

> **제310조(위법성의 조각)**
> 제307조제1항의 행위가 진실한 사실로서 오로지 공공의 이익에 관한 때에는 처벌하지 아니한다.

본죄에 있어서도 일반적 위법성조각사유가 적용된다. 형법 제310조가 본죄에도 적용될 것인가에 관하여 제310조의 문리해석상 적용할 수 없다고 할 것이다(다수설, 판례).

5. 죄수 및 타죄와의 관계

명예훼손죄와 모욕죄의 관계는 모욕죄의 보호법익을 무엇으로 이해하느냐에 따라 결론을 달리한다. 모욕죄의 보호법익을 명예감정이라고 이해하는 견해는 양죄의 상상적 경합이 가능하지만, 양죄가 사실의 적시 여부에만 차이가 있다고 볼 때에는 양죄는 법조경합의 관계로서 명예훼손죄만 성립한다는 결론이 된다. 한편, 외국원수·외국사절을 모욕한 경우에는 외국원수·외국사절에 대한 모욕죄(제107조 제2항, 제108조 제2항)가 성립한다(법조경합 중 특별관계). 이 경우 공연성은 요건이 아니다. 사람에게 폭행을 가하여 경멸의 의사를 표시한 경우에는 폭행죄와 모욕죄의 상상적 경합이 된다.

<명예훼손죄와 모욕죄의 비교>

	명예훼손죄	모욕죄
사실의 적시	구체적 사실	추상적 가치판단
명예의 주체	사자(死者) 포함	사자(死者) 불포함
소추조건	반의사불벌죄	친고죄
제310조의 적용	제307조 제1항만 적용	적용 ×(多·判)
공연성	두 죄 모두 요구하고 있음	

<명예에 관한 죄 정리>

	적시사실	공연성	비방의 목적	제310조 적용	소추조건
명예훼손죄(제307조 제1항)	진실	필요	불요	○	반의사불벌죄
명예훼손죄(제307조 제2항)	허위	필요	불요	×	반의사불벌죄
사자명예훼손죄(제308조)	허위	필요	불요	×	친고죄
출판물에 의한 명예훼손죄 (제309조 제1항)	진실	불요	필요	×	반의사불벌죄
출판물에 의한 명예훼손죄 (제309조 제2항)	허위	불요	필요	×	반의사불벌죄
모욕죄(제311조)	추상적 사실	필요	불요	×	친고죄

판례 사자의 명예훼손죄

- 사자 명예훼손죄는 사자에 대한 사회적, 역사적 평가를 보호법익으로 하는 것이므로 그 구성요건으로서의 사실의 적시는 허위의 사실일 것을 요하는 바 피고인이 사망자의 사망사실을 알면서 위 망인은 사망한 것이 아니고 빚 때문에 도망다니며 죽은 척 하는 나쁜 놈이라고 함은 공연히 허위의 사실을 적시한 행위로서 사자의 명예를 훼손하였다고 볼 것이다(대판 1983.10.25. 83도1520).

판례 출판물에 의한 명예훼손죄의 출판물

① 가로 약 25센티미터, 세로 약 30센티미터 되는 모조지 위에 싸인펜으로 특정인의 인적 사항, 인상, 말씨 등을 기재하고 위 사람은 정신분열증 환자로서 무단가출하였으니 연락해 달라는 취지의 내용을 기재한 광고문은 형법 제309조에서 말하는 출판물에 해당한다고 보기 어렵다(대판 1986.3.25. 85도1143).

② 장수가 2장에 불과하며 제본방법도 조잡한 것으로 보이는 최고서 사본이 출판물이라고 할 수 있을 정도의 외관과 기능을 가진 인쇄물에 해당한다고 보기는 어렵다(대판 1997.8.26. 97도133).

③ [1] 형법은 명예에 관한 죄에 대하여 제307조 및 제309조에서 적시한 사실이 진실인지 허위인지에 따라 법정형을 달리 규정하고 제310조에서 진실한 사실로서 오로지 공공의 이익에 관한 때에는 처벌하지 아니하다고 규정하고 있는바, 여기서 '<u>진실한 사실</u>'이란 그 내용 전체의 취지를 살펴볼 때 <u>중요한 부분이 객관적 사실과 합치되는 사실이라는 의미로서 세부(細部)에 있어 진실과 약간 차이가 나거나 다소 과장된 표현이 있더라도 무방하다</u>. [2] 형법 제309조 제1항 소정의 '기타 출판물'에 해당한다고 하기 위하여는, 사실적시의 방법으로서 출판물 등을 이용하는 경우 그 성질상 다수인이 견문할 수 있는 높은 전파성과 신뢰성 및 장기간의 보존가능성 등 피해자에 대한 법익침해의 정도가 더욱 크다는 데 그 가중처벌의 이유가 있는 점에 비추어 보면, 그것이 <u>등록·출판된 제본 인쇄물이나 제작물은 아니라고 할지라도 적어도 그와 같은 정도의 효용과 기능을 가지고 사실상 출판물로 유통·통용될 수 있는 외관을 가진 인쇄물로 볼 수 있어야 한다</u>. [3] 형법 제309조 제1항 소정의 '<u>사람을 비방할 목적</u>'이란 가해의 의사 내지 목적을 요하는 것으로서 공공의 이익을 위한 것과는 행위자의 주관적 의도의 방향에 있어 서로 상반되는 관계에 있다고 할 것이므로, 형법 제310조의 공공의 이익에 관한 때에는 처벌하지 아니한다는 규정은 사람을 비방할 목적이 있어야 하는 형법 제309조 제1항 소정의 행위에 대하여는 적용되지 아니하고 그 목적을 필요로 하지 않는 형법 제307조 제1항의 행위에 한하여 적용되는 것이고, 반면에 <u>적시한 사실이 공공의 이익에 관한 것인 경우에는 특별한 사정이 없는 한 비방 목적은 부인된다고 봄이 상당하므로 이와 같은 경우에는 형법 제307조 제1항 소정의 명예훼손죄의 성립 여부가 문제될 수 있고 이에 대하여는 다시 형법 제310조에 의한 위법성 조각 여부가 문제로 될 수 있다</u>. [4] 형법 제310조에서 '오로지 공공의 이익에 관한 때'라 함은 적시된 사실이 객관적으로 볼 때 공공의 이익에 관한 것으로서 행위자도 주관적으로 공공의 이익을 위하여 그 사실을 적시한 것이어야 하는 것인데, 여기의 공공의 이익에 관한 것에는 널리 국가·사회 기타 일반 다수인의 이익에 관한 것뿐만 아니라 특정한 사회집단이나 그 구성원 전체의 관심과 이익에 관한 것도 포함하는 것이고, 적시된 사실이 공공의 이익에 관한 것인지 여부는 당해 적시 사실의 내용과 성질, 당해 사실의 공표가 이루어진 상대방의 범위, 그 표현의 방법 등 그 표현 자체에 관한 제반 사정을 감안함과 동시에 그 표현에 의하여 훼손되거나 훼손될 수 있는 명예의 침해 정도 등을 비교·고려하여 결정하여야 하며, <u>행위자의 주요한 동기 내지 목적이 공공의 이익을 위한 것이라면 부수적으로 다른 사익적 목적이나 동기가 내포되어 있더라도 형법 제310조의 적용을 배제할 수 없다</u>(대판 1998.10.9. 97도158). [해설] 명예훼손죄의 위법성조각사유인 형법 제310조의 적용대상이 무엇인지에 대한 대법원의 법리를 잘 보여주는 사례.

④ 형법이 출판물 등에 의한 명예훼손죄를 일반 명예훼손죄보다 중벌하는 이유는 사실적시의 방법으로서의 출판물 등의 이용이 그 성질상 다수인이 견문할 수 있는 높은 전파성과 신뢰성 및 장기간의 보존가능성 등 피해자에 대한 법익침해의 정도가 더욱 크다는 데 있는 점에 비추어 보면, 형법 제309조 제1항 소정의 '기타 출판물'에 해당한다고 하기 위하여는 그것이 등록·출판된 제본인쇄물이나 제작물은 아니라고 할지라도 적어도 그와 같은 정도의 효용과 기능을 가지고 사실상 출판물로 유통·통용될 수 있는 외관을 가진 인쇄물로 볼 수 있어야 한다. <u>컴퓨터 워드프로세서로 작성되어 프린트된 A4 용지 7쪽 분량의 인쇄물이 형법 제309조 제1항 소정의 '기타 출판물'에 해당하지 않는다</u>고 본 사례(대판 2000.2.11. 99도3048). [해설] 기타 출판물에 해당하는지 여부를 판단하기

위해서는 효용과 기능의 측면에서 사실상 출판물로 유통·통용될 수 있는 외관을 갖춘 경우여야 한다는 기준을 제시한 사례.

판례 출판물에 의한 명예훼손죄의 비방의 목적

① 대간첩조작전시의 기념촬영사진을 광주민주화운동 관련화보로 제공하여 월간잡지에 게재케 한 경우 비방의 목적이 있었다(대판 1989.11.14. 89도1744).

② 형법 제309조 소정의 '사람을 비방할 목적'이란 가해의 의사 내지 목적을 요하는 것으로서 공공의 이익을 위한 것과는 행위자의 주관적 의도의 방향에 있어 서로 상반되는 관계에 있다고 할 것이므로, 적시한 사실이 공공의 이익에 관한 것인 때에는 특별한 사정이 없는 한 비방의 목적은 부인된다(대판 2000.2.25. 98도2188).

③ 형법 제309조 제1항 소정의 '비방할 목적'이란 가해의 의사 내지 목적을 요하는 것으로서 공공의 이익을 위한 것과는 행위자의 주관적 의도의 방향에 있어 서로 상반되는 관계에 있다고 할 것이므로, <u>형법 제310조의 공공의 이익에 관한 때에는 처벌하지 아니한다는 규정은 비방할 목적이 있어야 하는 형법 제309조 제1항 소정의 행위에 대하여는 적용되지 아니하고, 그 목적을 필요로 하지 않는 형법 제307조 제1항의 행위에 한하여 적용되는 것이며, 반면에 적시한 사실이 공공의 이익에 관한 것인 경우에는 특별한 사정이 없는 한 비방 목적은 부인된다고 봄이 상당하므로 이와 같은 경우에는 형법 제307조 제1항 소정의 명예훼손죄의 성립 여부가 문제될 수 있고 이에 대하여는 다시 형법 제310조에 의한 위법성 조각 여부가 문제로 될 수 있다</u>(대판 2004.5.14. 2003도5370).

④ 국립대학교 교수가 자신의 연구실 내에서 제자인 여학생을 성추행하였다는 내용의 글을 지역 여성단체가 자신의 인터넷 홈페이지 또는 소식지에 게재한 사안에서, 국립대학교 교수인 피해자의 지위, 적시 사실의 내용 및 성격, 표현의 방법, 동기 및 경위 등 제반 사정을 종합하여 볼 때, 비록 성범죄에 관한 내용이어서 명예의 훼손정도가 심각하다는 점까지를 감안한다 할지라도 인터넷 홈페이지 또는 소식지에 위와 같은 내용을 게재한 행위는 학내 성폭력 사건의 철저한 진상조사와 처벌 그리고 학내 성폭력의 근절을 위한 대책마련을 촉구하기 위한 목적이다. 형법 제309조 제1항 소정의 '사람을 비방할 목적'이란 가해의 의사 내지 목적을 요하는 것으로서 공공의 이익을 위한 것과는 행위자의 주관적 의도의 방향에 있어 서로 상반되는 관계에 있다고 할 것이므로, 형법 제310조의 공공의 이익에 관한 때에는 처벌하지 아니한다는 규정은 사람을 비방할 목적이 있어야 하는 형법 제309조 제1항 소정의 행위에 대하여는 적용되지 아니하고 그 목적을 필요로 하지 않는 형법 제307조 제1항의 행위에 한하여 적용되는 것이고, 반면에 적시한 사실이 공공의 이익에 관한 것인 경우에는 특별한 사정이 없는 한 비방 목적은 부인된다고 봄이 상당하므로 이와 같은 경우에는 형법 제307조 제1항 소정의 명예훼손죄의 성립 여부가 문제될 수 있고 이에 대하여는 다시 형법 제310조에 의한 위법성 조각 여부가 문제로 될 수 있다. 형법 제309조 제1항 소정의 출판물에 의한 명예훼손죄는 타인을 비방할 목적으로 신문, 잡지 또는 라디오 기타 출판물에 의하여 사실을 적시하여 타인의 명예를 훼손할 경우에 성립되는 범죄로서, 여기서 <u>'비방할 목적'이란 가해의 의사 내지 목적을 요하는 것으로서 공공의 이익을 위한 것과는 행위자의 주관적 의도의 방향에 있어 서로 상반되는 관계에 있다고 할 것이므로, 적시한 사실이 공공의 이익에 관한 것인 경우에는 특별한 사정이 없는 한 비방할 목적은 부인된다고 봄이 상당하다</u>(대판 2005.4.29. 2003도2137, 대판 2003.12.26. 2003도6036).

> **판례** 비방의 목적

① 법 제70조 제1, 2항에서 정한 '사람을 비방할 목적'이란 가해의 의사 내지 목적을 요하는 것으로, 사람을 비방할 목적이 있는지 여부는 당해 적시 사실의 내용과 성질, 당해 사실의 공표가 이루어진 상대방의 범위, 그 표현의 방법 등 그 표현 자체에 관한 제반 사정을 감안함과 동시에 그 표현에 의하여 훼손되거나 훼손될 수 있는 명예의 침해 정도 등을 비교·형량하여 판단되어야 한다. 또한 <u>비방할 목적이란 공공의 이익을 위한 것과는 행위자의 주관적 의도의 방향에 있어 서로 상반되는 관계에 있으므로, 적시한 사실이 공공의 이익에 관한 것인 경우에는 특별한 사정이 없는 한 비방할 목적은 부인된다고 봄이 상당하고</u>, 여기에서 '적시한 사실이 공공의 이익에 관한 경우'라 함은 적시된 사실이 객관적으로 볼 때 공공의 이익에 관한 것으로서 행위자도 주관적으로 공공의 이익을 위하여 그 사실을 적시한 것이어야 하는데, 공공의 이익에 관한 것에는 널리 국가·사회 기타 일반 다수인의 이익에 관한 것뿐만 아니라 특정한 사회집단이나 그 구성원 전체의 관심과 이익에 관한 것도 포함하는 것이다. 나아가 그 적시된 사실이 이러한 공공의 이익에 관한 것인지 여부는 당해 명예훼손적 표현으로 인한 피해자가 공무원 내지 공적 인물과 같은 공인(公人)인지 아니면 사인(私人)에 불과한지 여부, 그 표현이 객관적으로 국민이 알아야 할 공공성·사회성을 갖춘 공적 관심 사안에 관한 것으로 사회의 여론형성 내지 공개토론에 기여하는 것인지 아니면 순수한 사적인 영역에 속하는 것인지 여부, 피해자가 그와 같은 명예훼손적 표현의 위험을 자초한 것인지 여부, 그리고 그 표현에 의하여 훼손되는 명예의 성격과 그 침해의 정도, 그 표현의 방법과 동기 등 제반 사정을 고려하여 판단하여야 하고, <u>행위자의 주요한 동기 내지 목적이 공공의 이익을 위한 것이라면 부수적으로 다른 사익적 목적이나 동기가 내포되어 있더라도 비방할 목적이 있다고 보기는 어렵다</u>(대판 2011.11.24. 2010도10864). **[해설]** 행위자의 주요한 동기 내지 목적이 공공의 이익을 위한 것이라면 부수적으로 다른 사익적 목적이나 동기가 내포되어 있더라도 비방할 목적이 있다고 보기는 어렵다는 사례.

② [1] 국가는 건전한 소비행위를 계도(啓導)하고 생산품의 품질향상을 촉구하기 위한 소비자보호운동을 법률이 정하는 바에 따라 보장하여야 하며(헌법 제124조), 소비자는 물품 또는 용역을 선택하는 데 필요한 지식 및 정보를 제공받을 권리와 사업자의 사업활동 등에 대하여 소비자의 의견을 반영시킬 권리가 있고(소비자기본법 제4조), 공급자 중심의 시장 환경이 소비자 중심으로 이전되면서 사업자와 소비자의 정보 격차를 줄이기 위해 인터넷을 통한 물품 또는 용역에 대한 정보 및 의견 제공과 교환의 필요성이 증대되므로, 실제로 물품을 사용하거나 용역을 이용한 소비자가 인터넷에 자신이 겪은 객관적 사실을 바탕으로 사업자에게 불리한 내용의 글을 게시하는 행위에 비방의 목적이 있는지는 해당 적시 사실의 내용과 성질, 해당 사실의 공표가 이루어진 상대방의 범위, 표현의 방법 등 표현 자체에 관한 제반 사정을 두루 심사하여 더욱 신중하게 판단하여야 한다. [2] 甲 운영의 산후조리원을 이용한 피고인이 9회에 걸쳐 임신, 육아 등과 관련한 유명 인터넷 카페나 자신의 블로그 등에 자신이 직접 겪은 불편사항 등을 후기 형태로 게시하여 甲의 명예를 훼손하였다는 내용으로 정보통신망 이용촉진 및 정보보호 등에 관한 법률 위반으로 기소된 사안에서, 피고인이 인터넷 카페 게시판 등에 올린 글은 자신이 산후조리원을 실제 이용하면서 겪은 일과 이에 대한 주관적 평가를 담은 이용 후기인 점, 위 글에 '甲의 막장 대응' 등과 같이 다소 과장된 표현이 사용되기도 하였으나, 인터넷 게시글에 적시된 주요 내용

은 객관적 사실에 부합하는 점, 피고인이 게시한 글의 공표 상대방은 인터넷 카페 회원이나 산후조리원 정보를 검색하는 인터넷 사용자들에 한정되고 그렇지 않은 인터넷 사용자들에게 무분별하게 노출되는 것이라고 보기 어려운 점 등의 제반 사정에 비추어 볼 때, 피고인이 적시한 사실은 산후조리원에 대한 정보를 구하고자 하는 임산부의 의사결정에 도움이 되는 정보 및 의견 제공이라는 공공의 이익에 관한 것이라고 봄이 타당하고, 이처럼 <u>피고인의 주요한 동기나 목적이 공공의 이익을 위한 것이라면 부수적으로 산후조리원 이용대금 환불과 같은 다른 사익적 목적이나 동기가 내포되어 있다는 사정만으로 피고인에게 甲을 비방할 목적이 있었다고 보기 어려운데도, 이와 달리 보아 유죄를 인정한 원심판결에 같은 법 제70조 제1항에서 정한 명예훼손죄 구성요건요소인 '사람을 비방할 목적'에 관한 법리오해의 위법이 있다</u>고 한 사례(대판 2012.11.29. 2012도10392).

③ [1] 정보통신망 이용촉진 및 정보보호 등에 관한 법률 제70조 제1항에서 정한 '사람을 비방할 목적'이란 가해의 의사나 목적을 필요로 하는 것으로서, 사람을 비방할 목적이 있는지는 적시된 사실의 내용과 성질, 사실의 공표가 이루어진 상대방의 범위, 표현의 방법 등 표현 자체에 관한 여러 사정을 감안함과 동시에 그 표현으로 훼손되거나 훼손될 수 있는 명예의 침해 정도 등을 비교·형량하여 판단하여야 한다. '비방할 목적'은 공공의 이익을 위한 것과는 행위자의 주관적 의도라는 방향에서 상반되므로, 적시한 사실이 공공의 이익에 관한 것인 경우에는 특별한 사정이 없는 한 비방할 목적은 부정된다. 여기에서 '적시한 사실이 공공의 이익에 관한 것인 경우'란 적시한 사실이 객관적으로 볼 때 공공의 이익에 관한 것으로서 행위자도 주관적으로 공공의 이익을 위하여 그 사실을 적시한 것이어야 한다. 공공의 이익에 관한 것에는 널리 국가·사회 그 밖에 일반 다수인의 이익에 관한 것뿐만 아니라 특정한 사회집단이나 그 구성원 전체의 관심과 이익에 관한 것도 포함한다. 그 사실이 공공의 이익에 관한 것인지는 명예훼손의 피해자가 공무원 등 공인인지 아니면 사인에 불과한지, 그 표현이 객관적으로 공공성·사회성을 갖춘 공적 관심 사안에 관한 것으로서 사회의 여론형성이나 공개토론에 기여하는 것인지 아니면 순수한 사적인 영역에 속하는 것인지, 피해자가 명예훼손적 표현의 위험을 자초한 것인지 여부, 그리고 표현으로 훼손되는 명예의 성격과 침해의 정도, 표현의 방법과 동기 등 여러 사정을 고려하여 판단하여야 한다. 행위자의 주요한 동기와 목적이 공공의 이익을 위한 것이라면 부수적으로 다른 사익적 목적이나 동기가 포함되어 있더라도 비방할 목적이 있다고 보기는 어렵다. [2] 사이버대학교 법학과 학생인 피고인이 법학과 학생들만 회원으로 가입한 네이버밴드에 총학생회장 출마자격에 관한 조언을 구하는 게시글에 대한 댓글로써 총학생회장 후보자가 지양해야 할 사항을 언급하면서 직전년도 총학생회장에 입후보하였다가 중도 사퇴한 특정인의 실명을 적시하여 구체적인 사례를 든 것이 정보통신망 이용촉진 및 정보보호 등에 관한 법률 위반(명예훼손)으로 기소된 사안에서, <u>이 사건 댓글 작성 경위 등 제반 사정을 위에서 본 법리에 비추어 살펴보면, 피고인이 이 사건 댓글을 작성한 주요한 목적과 동기는 공공의 이익을 위한 것으로서 피고인에게 비방할 목적이 있다고 보기는 어렵다</u>는 이유로, 이와 달리 원심이 이 사건 공소사실을 유죄로 인정한 것에 정보통신망 이용촉진 및 정보보호 등에 관한 법률 제70조 제1항에서 정한 '비방할 목적'에 관한 법리를 오해하여 판결에 영향을 미친 잘못이 있다고 보아 원심판결을 파기한 사례(대판 2020.3.2. 2018도15868).

④ [1] 정보통신망 이용촉진 및 정보보호 등에 관한 법률 제70조 제1항은 "사람을 비방할 목적으로 정보통신망을 통하여 공공연하게 사실을 드러내어 다른 사람의 명예를 훼손한 자는 3년 이하의 징역 또는 3천만원 이하의 벌금에 처한다."라고 정하고 있다. <u>이 규정에 따른 범죄가 성립하기
</u>

위해서는 피해자가 특정된 사실을 드러내어 명예를 훼손하여야 한다. 여기에서 사실을 드러낸다는 것은 이로써 특정인의 사회적 가치나 평가가 침해될 가능성이 있을 정도로 구체성을 띄는 사실을 드러낸다는 것을 뜻하는데, 그러한 요건이 충족되기 위해서 반드시 구체적인 사실이 직접적으로 명시되어 있어야 하는 것은 아니지만, 적어도 특정 표현에서 그러한 사실이 곧바로 유추될 수 있을 정도는 되어야 한다. 그리고 피해자가 특정되었다고 하기 위해서는 표현의 내용을 주위사정과 종합하여 볼 때, 그 표현이 누구를 지목하는가를 알아차릴 수 있을 정도가 되어야 한다(대판 1982.11.9. 82도1256, 대판 2011.8.18. 2011도6904, 대판 2014.3.27. 2011도11226 등 참조). 한편 특정 표현이 사실인지 아니면 의견인지를 구별할 때에는 언어의 통상적 의미와 용법, 증명가능성, 문제된 말이 사용된 문맥, 그 표현이 행해진 사회적 상황 등 전체적 정황을 고려하여 판단하여야 한다(대판 1998.3.24. 97도2956 등 참조). [2] 학교폭력 피해학생의 모(母)인 피고인이 자신의 카카오톡 계정 프로필 상태메시지에 '학교폭력범은 접촉금지!!!'라는 글과 주먹 모양의 그림말 세 개를 게시한 것이 학교폭력 가해학생인 피해자에 대한 정보통신망이용촉진및정보보호등에관한법률위반(명예훼손)으로 기소된 사안에서, 이 사건 상태메시지의 내용 등 제반 사정을 위에서 본 법리에 비추어 살펴보면, 피고인이 이 사건 상태메시지를 통해 피해자의 학교폭력 사건이나 그 사건으로 피해자가 받은 조치에 대해 기재함으로써 피해자의 사회적 가치나 평가를 저하시키기에 충분한 구체적인 사실을 드러냈다고 볼 수 없다는 이유로, 이와 달리 원심이 이 부분 공소사실을 유죄로 인정한 것에 정보통신망 이용촉진 및 정보보호 등에 관한 법률 제70조 제1항에서 정한 명예훼손에 관한 법리를 오해하여 판결에 영향을 미친 잘못이 있다고 보아 원심판결을 파기한 사례(대판 2020.5.28. 2019도12750). [해설] 카카오톡 계정 프로필 상태메시지 게시 명예훼손 사건. 정보통신망 이용촉진 및 정보보호 등에 관한 법률 제70조 제1항에서 정한 '사실을 드러내어 다른 사람의 명예를 훼손한 것'인지를 판단하는 기준을 설시한 판례.

⑤ [1] 정보통신망 이용촉진 및 정보보호 등에 관한 법률」(이하 '정보통신망법'이라 한다) 제70조 제2항은 "사람을 비방할 목적으로 정보통신망을 통하여 공공연하게 거짓의 사실을 드러내어 다른 사람의 명예를 훼손한 자는 7년 이하의 징역, 10년 이하의 자격정지 또는 5천만원 이하의 벌금에 처한다."라고 정하고 있다. 이 규정에 따른 범죄가 성립하려면 피고인이 공공연하게 드러낸 사실이 거짓이고 그 사실이 거짓임을 인식하여야 할 뿐만 아니라 사람을 비방할 목적이 있어야 한다. 비방할 목적이 있는지 여부는 피고인이 드러낸 사실이 거짓인지 여부와 별개의 구성요건으로서, 드러낸 사실이 거짓이라고 해서 비방할 목적이 당연히 인정되는 것은 아니다. 그리고 이 규정에서 정한 모든 구성요건에 대한 증명책임은 검사에게 있다. [2] '사람을 비방할 목적'이란 가해의 의사와 목적을 필요로 하는 것으로서, 사람을 비방할 목적이 있는지는 드러낸 사실의 내용과 성질, 사실의 공표가 이루어진 상대방의 범위, 표현의 방법 등 표현 자체에 관한 여러 사정을 감안함과 동시에 그 표현으로 훼손되는 명예의 침해 정도 등을 비교·형량하여 판단하여야 한다. '비방할 목적'은 공공의 이익을 위한 것과는 행위자의 주관적 의도라는 방향에서 상반되므로, 드러낸 사실이 공공의 이익에 관한 것인 경우에는 특별한 사정이 없는 한 비방할 목적은 부정된다. 여기에서 '드러낸 사실이 공공의 이익에 관한 것인 경우'란 드러낸 사실이 객관적으로 볼 때 공공의 이익에 관한 것으로서 행위자도 주관적으로 공공의 이익을 위하여 그 사실을 드러낸 것이어야 한다. 그 사실이 공공의 이익에 관한 것인지는 명예훼손의 피해자가 공무원 등 공인(公人)인지 아니면 사인(私人)에 불과한지, 그 표현이 객관적으로 공공성·사회성을 갖춘 공적 관심 사안에 관한 것으로 사회의 여론형성이나 공개토론에 기여하는 것인지 아니면 순수한 사적인 영역에 속하는 것인지, 피해자가 명예훼손적 표현의 위험을 자

초한 것인지 여부, 그리고 표현으로 훼손되는 명예의 성격과 침해의 정도, 표현의 방법과 동기 등 여러 사정을 고려하여 판단하여야 한다. 행위자의 주요한 동기와 목적이 공공의 이익을 위한 것이라면 부수적으로 다른 사익적 목적이나 동기가 포함되어 있더라도 비방할 목적이 있다고 보기는 어렵다(대판 2011.11.24. 2010도10864, 대판 2020.3.2. 2018도15868 참조)(대판 2020.12.10. 2020도11471). [해설] 피고인이 한국블록체인법학회 카카오톡 그룹채팅방에 '피해자가 로스차일드그룹의 CEO가 아님에도 이를 사칭하여 투자금을 편취하려 한다'는 내용의 문자를 보내, 피해자를 비방할 목적으로 정보통신망을 통하여 허위사실을 드러내어 피해자의 명예를 훼손했다는 범죄사실로 기소된 사안. 대법원은 '드러낸 사실이 거짓인 경우에는 비방의 목적이 추정되며 거짓임을 인식하지 못한 것에 대한 상당한 이유가 있어야 한다'는 취지의 검사 상고이유를 배척하고, 피고인이 드러낸 사실이 거짓인지 여부와 비방할 목적이 있는지 여부는 별개의 구성요건이며 이 규정에서 정한 모든 구성요건에 대한 증명책임은 검사에게 있다는 점을 명확히 하였고, 피고인이 드러낸 사실이 거짓임을 인식했거나 피해자를 비방할 목적이 있다는 점에 대해 범죄의 증명이 없다고 보아 제1심을 파기한 원심을 수긍하였음.

⑥ [1] 원심은, 피해자가 정신과를 다닌다는 내용의 이 사건 발언에 대하여는 극히 사적인 개인의 신상에 관한 것이고, 이 사건 발언을 통하여 학교 운영 정상화에 긍정적인 효과가 발생한다고 보기 어렵다는 이유 등을, 피해자가 학교 재산을 횡령하였다는 내용의 이 사건 글 게시에 대하여는 이 사건 글의 객관적인 의미와 이에 관한 실상의 불일치의 정도가 크고, 피고인이 학교 운영과 관련하여 피해자와 다툼을 벌이던 중 피해자에 대하여 한 공격이라는 이유 등을 각 들어 공공의 이익에 관한 것이거나 비방할 목적이 없었다는 피고인의 주장을 배척하고, 이 사건 각 공소사실을 유죄로 판단하였다. [2] 관련 법리와 적법하게 채택한 증거에 비추어 살펴보면, 대안학교의 영어 교과를 담당하던 피고인이 교장인 피해자를 속이고 자신이 별도로 운영하는 교육 콘텐츠 제공 등 업체가 사용권이 있는 영어 교육 프로그램을 도입하면서 청구할 필요 없는 이용료를 학생들로부터 지급받은 문제 등으로 피해자와 대립하면서 학교 운영의 정상화나 학생의 학습권 보장 등의 목적이 아니라 본인의 이익을 추구할 목적으로 피해자를 비난하는 내용의 공소사실 기재 발언 게시행위를 하였다고 보여지는 이 사건에서, 같은 취지의 원심판단에 상고이유 주장과 같이 형법 제310조가 정한 '공공의 이익', 「정보통신망 이용촉진 및 정보보호 등에 관한 법률」 제70조 제1항이 정한 '비방할 목적'에 관한 법리를 오해하거나 판단누락의 잘못 등이 없다(대판 2021.1.14. 2020도28780). [해설] 이 사건 공소사실은 대안학교 영어 교과를 담당하는 피고인이 교장인 피해자가 정신과를 다닌다는 내용의 발언을 하거나 피해자가 학교 재산을 횡령하였다는 내용의 글을 게시하여 명예를 훼손하였다는 것인데, 원심은 학교 운영의 정상화를 위한 것이어서 공공의 이익에 관한 것이거나 비방할 목적이 없다는 피고인의 주장을, 피고인이 학교 운영과 관련하여 피해자와 다툼을 벌이던 중 피해자에 대하여 한 공격이라는 이유 등을 들어 배척하였음. 대법원은 피고인의 행위가 영어 교육 프로그램 도입과 관련하여 피해자와 대립하면서 학교 운영의 정상화나 학생의 학습권 보장 등의 목적이 아니라 본인의 이익을 추구할 목적으로 피해자를 비난하는 내용의 공소사실 기재 행위를 하였다고 보아 공공의 이익 등이 인정될 수 없다고 판단하여 원심을 수긍함.

⑦ [1] 「정보통신망 이용촉진 및 정보보호 등에 관한 법률」(이하 '정보통신망법'이라고 한다) 제70조 제2항이 정한 '허위사실 적시에 의한 명예훼손죄'가 성립하려면 피고인이 적시하는 사실이 허위이고 그 사실이 허위임을 인식하여야 한다. 적시된 사실의 중요한 부분이 객관적 사실과 합치되는 경우에는 세부에 있어 진실과 약간 차이가 나거나 다소 과장된 표현이 있더라도 이를 거짓이라고 볼 수 없다. 거짓인지를 판단할 때에는 적시된 사실 내용 전체의 취지를 살펴 객관적 사실과 합치하지 않는 부분이 중요한 부분인지를 결정하여야 한다. [2] 같은 항에서 정한 '사람을 비방할 목적'은 공공의 이익을

위한 것과는 행위자의 주관적 의도라는 방향에서 상반되므로, 적시한 사실이 공공의 이익에 관한 것인 경우에는 특별한 사정이 없는 한 비방할 목적은 부정된다. [3] 공공의 이익에 관한 것에는 널리 국가·사회 그 밖에 일반 다수인의 이익에 관한 것뿐만 아니라 특정한 사회집단이나 그 구성원 전체의 관심과 이익에 관한 것도 포함되며, 나아가 공공의 이익관련성 개념이 시대에 따라 변화하고 공공의 관심사 역시 상황에 따라 쉴 새 없이 바뀌고 있다는 점을 고려하면, 공적인 인물, 제도 및 정책 등에 관한 것만을 공공의 이익관련성으로 한정할 것은 아니다. 따라서 사실적시의 내용이 사회 일반의 일부 이익에만 관련된 사항이라도 다른 일반인과의 공동생활에 관계된 사항이라면 공익성을 지닌다고 할 것이고, 개인에 관한 사항이더라도 그것이 공공의 이익과 관련되어 있고 사회적인 관심을 획득한 경우라면 직접적으로 국가사회 일반의 이익이나 특정한 사회 집단에 관한 것이 아니라는 이유만으로 공공의 이익관련성을 부정할 것은 아니다. 사인이라도 그가 관계하는 사회적 활동의 성질과 사회에 미칠 영향을 헤아려 공공의 이익에 관련되는지 판단하여야 한다(명예훼손죄에서의 '공공의 이익'에 관한 대법원 2020. 11. 19. 선고 2020도5813 전원합의체 판결 참조)(대판 2022.4.28. 2020도15738). [해설] 피고인이 페이스북에 과거 자신이 근무했던 소규모 스타트업 회사의 대표가 회식 자리에서 직원들에게 술을 강권하였다는 취지의 글을 게시하여 정보통신망법 제70조 제2항 위반죄로 기소된 사안에서, 대법원은 위 조항이 정한 '허위사실 적시에 의한 명예훼손죄'의 구성요건인 '비방할 목적'과 행위자의 주관적 의도에서 상반되는 공공의 이익관련성을 확장하는 취지의 설시를 한 후, 개인적 환경이나 근로 환경에 따라 회식 자리에서의 음주와 관련한 근로자 개인이 느끼는 압박감의 정도가 다를 수 있는 등 그 판시와 같은 사정을 들어 피고인이 게시한 글이 허위사실이 아니고, 비방할 목적도 인정되지 않는다고 보아 원심의 유죄 부분을 파기환송함.

⑧ [1] 정보통신망 이용촉진 및 정보보호 등에 관한 법률 제70조 제1항은 "사람을 비방할 목적으로 정보통신망을 통하여 공공연하게 사실을 드러내어 다른 사람의 명예를 훼손한 자는 3년 이하의 징역 또는 3천만원 이하의 벌금에 처한다."라고 정한다. 이 규정에 따른 범죄가 성립하려면 피고인이 공공연하게 드러낸 사실이 다른 사람의 사회적 평가를 떨어트릴 만한 것임을 인식해야 할 뿐만 아니라 사람을 비방할 목적이 있어야 한다. 비방할 목적이 있는지는 피고인이 드러낸 사실이 사회적 평가를 떨어트릴 만한 것인지와 별개의 구성요건으로서, 드러낸 사실이 사회적 평가를 떨어트리는 것이라고 해서 비방할 목적이 당연히 인정되는 것은 아니다. 그리고 이 규정에서 정한 모든 구성요건에 대한 증명책임은 검사에게 있다. '비방할 목적'은 드러낸 사실의 내용과 성질, 사실의 공표가 이루어진 상대방의 범위, 표현의 방법 등 표현 자체에 관한 여러 사정을 감안함과 동시에 그 표현으로 훼손되는 명예의 침해 정도 등을 비교·형량하여 판단해야 한다. 이것은 공공의 이익을 위한 것과는 행위자의 주관적 의도라는 방향에서 상반되므로, 드러낸 사실이 공공의 이익에 관한 것인 경우에는 특별한 사정이 없는 한 비방할 목적은 부정된다. 여기에서 '드러낸 사실이 공공의 이익에 관한 것인 경우'란 드러낸 사실이 객관적으로 볼 때 공공의 이익에 관한 것으로서 행위자도 주관적으로 공공의 이익을 위하여 그 사실을 드러낸 것이어야 한다. 공공의 이익에 관한 것에는 널리 국가·사회 그 밖에 일반 다수인의 이익에 관한 것뿐만 아니라 특정한 사회집단이나 그 구성원 전체의 관심과 이익에 관한 것도 포함한다. 그 사실이 공공의 이익에 관한 것인지는 명예훼손의 피해자가 공무원 등 공인(公人)인지 아니면 사인(私人)에 불과한지, 그 표현이 객관적으로 공공성·사회성을 갖춘 공적 관심 사안에 관한 것으로 사회의 여론형성이나 공개토론에 기여하는 것인지 아니면 순수한 사적인 영역에 속하는 것인지, 피해자가 명예훼손적 표현의 위험을 자초한 것인

지 여부, 그리고 표현으로 훼손되는 명예의 성격과 침해의 정도, 표현의 방법과 동기 등 여러 사정을 고려하여 판단해야 한다. 행위자의 주요한 동기와 목적이 공공의 이익을 위한 것이라면 부수적으로 다른 사익적 목적이나 동기가 포함되어 있더라도 비방할 목적이 있다고 보기는 어렵다. [2]피고인이 고등학교 동창인 甲으로부터 사기 범행을 당했던 사실과 관련하여 같은 학교 동창 10여 명이 참여하던 단체 채팅방에서 '甲이 내 돈을 갚지 못해 사기죄로 감방에서 몇 개월 살다가 나왔다. 집에서도 포기한 애다. 너희들도 조심해라.'라는 내용의 글을 게시함으로써 甲의 명예를 훼손하였다고 하여 정보통신망 이용촉진 및 정보보호 등에 관한 법률 위반(명예훼손)으로 기소된 사안에서, 피고인이 드러낸 사실의 내용, 게시 글의 작성 경위와 동기 등 제반 사정을 종합하면, 게시 글은 채팅방에 참여한 고등학교 동창들로 구성된 사회집단의 이익에 관한 사항으로 볼 수 있고, 피고인이 게시 글을 채팅방에 올린 동기나 목적에는 자신에게 재산적 피해를 입힌 甲을 비난하려는 목적도 포함되었다고 볼 수 있으나, 甲으로 인하여 동창 2명이 재산적 피해를 입은 사실에 기초하여 甲과 교류 중인 다른 동창생들에게 주의를 당부하려는 목적이 포함되어 있고, 실제로 게시 글의 말미에 그러한 목적을 표시하였으므로, 피고인의 주요한 동기와 목적은 공공의 이익을 위한 것으로 볼 여지가 있고 피고인에게 甲을 비방할 목적이 있다는 사실이 합리적 의심의 여지가 없을 정도로 증명되었다고 볼 수 없다는 이유로, 이와 달리 보아 공소사실을 유죄로 인정한 원심판결에 같은 법 제70조 제1항에서 정한 '비방할 목적'에 관한 법리오해의 잘못이 있다고 한 사례(대판 2022.7.28. 2022도4171).

판례 | 출판물에 의한 명예훼손죄의 간접정범

① [1] 타인을 비방할 목적으로 허위사실인 기사의 재료를 신문기자에게 제공한 경우에 기사를 신문지상에 게재하느냐의 여부는 신문 편집인의 권한에 속한다고 할 것이나 이를 편집인이 신문지상에 게재한 이상 기사의 게재는 기사재료를 제공한 자의 행위에 기인한 것이므로 기사재료의 제공행위는 형법 제309조 제2항 소정의 출판물에 의한 명예훼손죄의 죄책을 면할 수 없다. [2] 명예훼손죄가 성립하기 위하여는 반드시 숨겨진 사실을 적발하는 행위만에 한하지 아니하고 이미 사회의 일부에 잘 알려진 사실이라고 하더라도 이를 적시하여 사람의 사회적 평가를 저하시킬 만한 행위를 한 때에는 명예훼손죄를 구성한다(대판 1994.4.12. 93도3535).

② [1] 출판물에 의한 명예훼손죄는 간접정범에 의하여 범하여질 수도 있으므로 타인을 비방할 목적으로 허위의 기사 재료를 그 정을 모르는 기자에게 제공하여 신문 등에 보도되게 한 경우에도 성립할 수 있으나 제보자가 기사의 취재·작성과 직접적인 연관이 없는 자에게 허위의 사실을 알렸을 뿐인 경우에는, 제보자가 피제보자에게 그 알리는 사실이 기사화 되도록 특별히 부탁하였다거나 피제보자가 이를 기사화할 것이 고도로 예상되는 등의 특별한 사정이 없는 한, 피제보자가 언론에 공개하거나 기자들에게 취재됨으로써 그 사실이 신문에 게재되어 일반 공중에게 배포되더라도 제보자에게 출판·배포된 기사에 관하여 출판물에 의한 명예훼손죄의 책임을 물을 수는 없다. [2] 의사가 의료기기 회사와의 분쟁을 정치적으로 해결하기 위하여 국회의원에게 허위의 사실을 제보하였을 뿐인데, 위 국회의원의 발표로 그 사실이 일간신문에 게재된 경우 출판물에 의한 명예훼손이 성립하지 아니한다고 한 사례(대판 2002.6.28. 2000도3045). [해설] 본 사건은 대판 2004.4.9, 2004도340에서 위 사실관계에 대하여 "피고인(의사)으로서는 乙(국회의원)이 피고인으로부터 전해들은 허위 사실들을 야당 국회의원 등을 통하여 공론화함으로써 불특정 또는 다수인에게 전파될 가능성이 있었음을 인식하면서 이를 용인

하고 있었음이 인정된다."는 이유로 형법 제307조 제2항의 허위사실적시명예훼손죄가 인정되었음.

③ [1] 형법 제309조 제2항 소정의 '사람을 비방할 목적'이란 가해의 의사 내지 목적을 요하는 것으로, 사람을 비방할 목적이 있는지 여부는 당해 적시 사실의 내용과 성질, 당해 사실의 공표가 이루어진 상대방의 범위, 표현의 방법 등 그 표현 자체에 관한 제반 사정을 감안함과 동시에 그 표현에 의하여 훼손되거나 훼손될 수 있는 명예의 침해 정도 등을 비교, 고려하여 결정하여야 한다. 그리고 타인을 비방할 목적으로 허위사실인 기사의 재료를 신문기자에게 제공한 경우에 그 기사를 신문지상에 게재하느냐의 여부는 오로지 당해 신문의 편집인의 권한에 속한다고 할 것이나, 그 기사를 편집인이 신문지상에 게재한 이상 그 기사의 게재는 기사재료를 제공한 자의 행위에 기인한 것이므로, 그 기사재료를 제공한 자는 형법 제309조 제2항 소정의 출판물에 의한 명예훼손죄의 죄책을 면할 수 없는 것이다. [2] 원심은 그 채택증거들을 종합하여 판시와 같은 사실들을 인정한 다음, 피고인이 스포츠서울닷컴의 기자인 공소외인에게 연예인인 송일국의 실명을 거론하면서 송일국으로부터 폭행을 당하여 상해를 입었다는 취지의 허위사실을 적시함으로써 피해자를 비방할 목적으로 이 사건 기사의 자료를 제공하여 그 내용이 진실한 것으로 오신한 기자로 하여금 허위기사를 작성하게 하고 피고인의 용인 아래 그 기사가 공표된 이상 피고인이 출판물에 의한 명예훼손죄의 죄책을 면할 수 없다고 판단하였다. 위 법리와 기록에 비추어 검토하여 보면, 원심의 위와 같은 판단은 정당한 것으로 수긍이 간다. 거기에 상고이유에서 주장하는 바와 같은 출판물에 의한 명예훼손죄에 관한 법리오해, 채증법칙 위반으로 인한 사실오인 등의 위법이 없다(대판 2009.11.12. 2009도8949). [해설] 허위사실 적시 출판물 등에 의한 명예훼손죄를, 기자가 아닌 자가 정을 모르는 기자를 이용해서 범할 수 있는지에 대한 판례.

판례   출판물에 의한 명예훼손죄의 제310조 적용 여부

① 형법 제307조 제1항의 명예훼손행위가 진실한 사실로서 오로지 공공의 이익에 관한 때에는 위법성은 조각되나 형법 제309조 소정의 출판물 등에 의한 명예훼손행위는 그것이 오로지 공공의 이익을 위한 행위였더라도 위법성이 조각되지 않음은 형법 제310조의 규정에 비추어 명백하다(대판 1986.10.14. 86도1603).

② 형법 제307조 제1항의 명예훼손행위가 진실한 사실로서 오로지 공공의 이익에 관한 때에는 위법성이 조각되나 형법 제309조 제1항의 출판물 등에 의한 명예훼손행위는 그것이 오로지 공공의 이익을 위한 행위였다고 하더라도 위법성이 조각되지 않음은 형법 제310조의 규정에 비추어 명백하다(대판 1995.6.30. 95도1010). [해설] 형법 제310조는 형법 제307조 1항의 명예훼손에 해당함을 전제로 한다는 판결.

③ 형법 제310조에 의하여 위법성이 조각되는 경우는 형법 제307조 제1항의 행위가 진실한 사실로서 오로지 공공의 이익에 관한 때에 한하며, 사람을 비방할 목적으로 출판물에 의하여 허위의 사실을 적시하여 사람의 명예를 훼손한 형법 제309조 제2항 위반죄에는 위법성조각에 관한 형법 제310조는 적용될 여지가 없다(대판 1999.4.23. 99도636).

④ [1] 형법 제309조 제1항, 제2항 소정의 '사람을 비방할 목적'이란 가해의 의사 내지 목적을 요

하는 것으로서 사람을 비방할 목적이 있는지 여부는 당해 적시 사실의 내용과 성질, 당해 사실의 공표가 이루어진 상대방의 범위, 그 표현의 방법 등 그 표현 자체에 관한 제반 사정을 감안함과 동시에 그 표현에 의하여 훼손되거나 훼손될 수 있는 명예의 침해 정도 등을 비교, 고려하여 결정하여야 한다. [2] 형법 제309조 제1항 소정의 '사람을 비방할 목적'이란 가해의 의사 내지 목적을 요하는 것으로서 공공의 이익을 위한 것과는 행위자의 주관적 의도의 방향에 있어 서로 상반되는 관계에 있다고 할 것이므로, 형법 제310조의 공공의 이익에 관한 때에는 처벌하지 아니한다는 규정은 사람을 비방할 목적이 있어야 하는 형법 제309조 제1항 소정의 행위에 대하여는 적용되지 아니하고 그 목적을 필요로 하지 않는 형법 제307조 제1항의 행위에 한하여 적용되는 것이고, 반면에 적시한 사실이 공공의 이익에 관한 것인 경우에는 특별한 사정이 없는 한 비방 목적은 부인된다고 봄이 상당하므로 이와 같은 경우에는 형법 제307조 제1항 소정의 명예훼손죄의 성립 여부가 문제될 수 있고 이에 대하여는 다시 형법 제310조에 의한 위법성 조각 여부가 문제로 될 수 있다. [3] 출판물에 의한 명예훼손죄에 있어서 비방의 목적이 있다고 보기 어렵고, 나아가 형법 제307조 제1항의 명예훼손죄에 해당한다고 하더라도 형법 제310조에 의하여 위법성이 조각된다고 한 사례(대판 2003.12.26. 2003도6036). [해설] 형법 제309조 제1항의 출판물 등에 의한 명예훼손죄의 경우 원칙적으로 형법 제310조에 의한 위법성 조각의 대상에 해당하지 않음. 다만 예외적으로 진실성과 공익성 등의 요건이 인정될 때 제309조 제1항의 죄가 성립되지 않고(비방목적의 부인), 제307조 제1항에 해당하는 경우 제310조의 적용이 가능하게 됨.

판례 모욕죄

① 단순한 농담, 불친절 또는 무례만으로는 모욕이라고 할 수 없다(대판 1966.7.26. 66도469).

② 명예훼손죄에 있어서 '사실의 적시'라 함은 사람의 사회적 평가를 저하시키는데 충분한 구체적 사실을 적시하는 것을 말하므로, 이를 적시하지 아니하고 단지 모멸적인 언사를 사용하여 타인의 사회적 평가를 경멸하는, 자기의 추상적 판단을 표시하는 것("빨갱이 계집년", "만신(무당)", "첩년"이라고 말한 것)은 사람을 모욕한 경우에 해당하고, 명예훼손죄에는 해당하지 아니한다(대판 1981.11.24. 81도2280).

③ 명예훼손죄와 모욕죄의 보호법익은 다같이 사람의 가치에 대한 사회적 평가인 이른바 외부적 명예인 점에서는 차이가 없으나 다만 명예훼손은 사람의 사회적 평가를 저하시킬 만한 구체적 사실의 적시를 하여 명예를 침해함을 요하는 것으로서 구체적 사실이 아닌 단순한 추상적 판단이나 경멸적 감정의 표현으로서 사회적 평가를 저하시키는 모욕죄와 다르다(대판 1987.5.12. 87도739). [해설] 명예훼손죄와 모욕죄의 보호법익 및 양 죄의 차이점을 설시한 판례.

④ 동네사람 4명과 구청직원 2명 등이 있는 자리에서 피해자가 듣는 가운데 구청직원에게 피해자를 가리키면서 '저 망할 년 저기 오네'라고 피해자를 경멸하는 욕설 섞인 표현을 하였다면 피해자를 모욕하였다고 볼 수 있다(대판 1990.9.25. 90도873).

⑤ 피고인이 방송국 홈페이지의 시청자 의견란에 작성·게시한 글 중 일부의 표현은 이미 방송된 프로그램에 나타난 기본적인 사실을 전제로 한 뒤, 그 사실관계나 이를 둘러싼 문제에 관한 자신의 판단과 나아가 이러한 경우에 피해자가 취한 태도와 주장한 내용이 합당한가 하는 점에 대하여 자신의 의견을 개진하고, 피해자에게 자신의 의견에 대한 반박이나 반론을 구하면서, 자신

의 판단과 의견의 타당함을 강조하는 과정에서 부분적으로 <u>그와 같은 표현을 사용한 것으로서 사회상규에 위배되지 않는다고 봄이 상당</u>하다(대판 2003.11.28. 2003도3972). [해설] 모욕죄의 구성요건에 해당하지만 위법성이 조각된 사례.

⑥ 골프클럽 경기보조원들의 구직 편의를 위해 제작된 인터넷 사이트 내 회원 게시판에 특정 골프클럽의 운영상 불합리성을 비난하는 글을 게시하면서 <u>위 클럽담당자에 대하여 한심하고 불쌍한 인간이라는 등 경멸적 표현을 한 사안에서, 게시의 동기와 경위, 모욕적 표현의 정도와 비중 등에 비추어 사회상규에 위배되지 않는다고 보아 모욕죄의 성립을 부정</u>한 사례(대판 2008.7.10. 2008도1433). [해설] 모욕죄의 구성요건에 해당하지만 위법성이 조각된 사례.

⑦ 모욕죄에서 말하는 '모욕'이란 사실을 적시하지 아니하고 사람의 사회적 평가를 저하시킬 만한 추상적 판단이나 경멸적 감정을 표현하는 것이다. 그리고 어떤 글이 모욕적인 표현을 포함하는 판단 또는 의견의 표현을 담고 있을 경우에도 그 시대의 건전한 사회통념에 비추어 살펴보아 그 표현이 사회상규에 위배되지 않는 행위로 볼 수 있는 때에는 형법 제20조에 의하여 예외적으로 위법성이 조각되는 것으로 판단하여야 하는 경우가 있을 수 있다. 피고인이 2009. 1. 26. 진보신당 인터넷 게시판에 게시한 글과 2009. 6. 21. 자신의 인터넷 블로그에 게시한 글의 내용과 문맥, 그 표현의 통상적 의미와 용법 등에 비추어 보면, 피고인이 게시한 글들 중 '듣보잡', '함량미달', '함량이 모자라도 창피한 줄 모를 정도로 멍청하게 충성할 사람', '싼 맛에 갖다 쓰는 거죠', '비욘 드보르잡', '개집' 등이라고 한 부분은 <u>피해자를 비하하여 사회적 평가를 저하시킬 만한 추상적 판단이나 경멸적 감정을 표현한 것으로서 모욕적인 언사에 해당한다고 판단하고, 나아가 이는 피고인이 피해자의 구체적인 행태를 논리적·객관적인 근거를 들어 비판하는 것이 아니라 피고인이 주장하는 바와 관계가 없거나 굳이 기재할 필요가 없는 모멸적인 표현들을 계속하여 사용하면서 피해자에 대하여 인신공격을 가한 경우에 해당하여 피고인의 행위를 사회상규에 위배되지 아니하는 것으로 볼 수 없다</u>고 판단하였다(대판 2011.12.22. 2010도10130).

⑧ 모욕죄는 특정한 사람 또는 인격을 보유하는 단체에 대하여 사회적 평가를 저하시킬 만한 경멸적 감정을 표현함으로써 성립하므로 그 피해자는 특정되어야 한다. 그리고 이른바 집단표시에 의한 모욕은, 모욕의 내용이 집단에 속한 특정인에 대한 것이라고는 해석되기 힘들고, <u>집단표시에 의한 비난이 개별구성원에 이르러서는 비난의 정도가 희석되어 구성원 개개인의 사회적 평가에 영향을 미칠 정도에 이르지 아니한 경우에는 구성원 개개인에 대한 모욕이 성립되지 않는다고 봄이 원칙이고, 비난의 정도가 희석되지 않아 구성원 개개인의 사회적 평가를 저하시킬 만한 것으로 평가될 경우에는 예외적으로 구성원 개개인에 대한 모욕이 성립할 수 있다. 한편 구성원 개개인에 대한 것으로 여겨질 정도로 구성원 수가 적거나 당시의 주위 정황 등으로 보아 집단 내 개별구성원을 지칭하는 것으로 여겨질 수 있는 때에는 집단 내 개별구성원이 피해자로서 특정된다고 보아야 할 것</u>인데, 구체적인 기준으로는 집단의 크기, 집단의 성격과 집단 내에서의 피해자의 지위 등을 들 수 있다(대판 2014.3.27. 2011도15631, 대판 1959.12.23. 4291형상539). [해설] 집단명칭에 의한 모욕죄의 가능성을 다룬 사례.

⑨ [1] 형법 제311조의 모욕죄는 사람의 가치에 대한 사회적 평가를 의미하는 외부적 명예를 보호법익으로 하는 범죄로서, 모욕죄에서 말하는 모욕이란 사실을 적시하지 아니하고 사람의 사회적 평가를 저하시킬 만한 추상적 판단이나 경멸적 감정을 표현하는 것을 의미한다. 따라서 어떠한 표현이 상대방의 인격적 가치에 대한 사회적 평가를 저하시킬 만한 것이 아니라면 표현이

다소 무례한 방법으로 표시되었다 하더라도 모욕죄의 구성요건에 해당한다고 볼 수 없다. [2] 아파트 입주자대표회의 감사인 피고인이 관리소장 갑의 외부특별감사에 관한 업무처리에 항의하기 위해 관리소장실을 방문한 자리에서 갑과 언쟁을 하다가 "야, 이따위로 일할래.", "나이 처먹은 게 무슨 자랑이냐."라고 말한 사안에서, 피고인과 갑의 관계, 피고인이 발언을 하게 된 경위와 발언의 횟수, 발언의 의미와 전체적인 맥락, 발언을 한 장소와 발언 전후의 정황 등에 비추어 볼 때, 피고인의 발언은 상대방을 불쾌하게 할 수 있는 무례하고 저속한 표현이기는 하지만 객관적으로 갑의 인격적 가치에 대한 사회적 평가를 저하시킬 만한 모욕적 언사에 해당하지 않는다고 한 사례(대판 2015.9.10. 2015도2229). [해설] 모욕죄의 구성요건에 해당하지 않는 사례.

⑩ 이러한 사실관계와 함께 기록에 의하여 인정되는 피고인과 피해자의 관계, 피고인이 이러한 발언을 하게 된 경위와 발언의 횟수, 발언의 의미와 전체적인 맥락, 발언을 한 장소와 발언 전후의 정황 등을 앞서 본 법리에 따라 살펴보면, 피고인의 위 "아이 씨발!"이라는 발언은 구체적으로 상대방을 지칭하지 않은 채 단순히 발언자 자신의 불만이나 분노한 감정을 표출하기 위하여 흔히 쓰는 말로서 상대방을 불쾌하게 할 수 있는 무례하고 저속한 표현이기는 하지만 위와 같은 사정에 비추어 직접적으로 피해자를 특정하여 그의 인격적 가치에 대한 사회적 평가를 저하시킬 만한 경멸적 감정을 표현한 모욕적 언사에 해당한다고 단정하기는 어렵다(대판 2015.12.24. 2015도6622). [해설] 모욕죄의 구성요건에 해당하지 않는 사례.

⑪ 모욕죄는 공연히 사람을 모욕하는 경우에 성립하는 범죄로서(형법 제311조), 사람의 가치에 대한 사회적 평가를 의미하는 외부적 명예를 보호법익으로 하고, 여기에서 '모욕'이란 사실을 적시하지 아니하고 사람의 사회적 평가를 저하시킬 만한 추상적 판단이나 경멸적 감정을 표현하는 것을 의미한다. 그리고 모욕죄는 피해자의 외부적 명예를 저하시킬 만한 추상적 판단이나 경멸적 감정을 공연히 표시함으로써 성립하므로, 피해자의 외부적 명예가 현실적으로 침해되거나 구체적·현실적으로 침해될 위험이 발생하여야 하는 것도 아니다(대판 2016.10.13. 2016도9674).

⑫ [1] 이 사건 공소사실의 요지는, "피고인이 인터넷 포털 사이트 '○○'의 카페인 '△△△△추진운동본부'에 접속하여 '자칭 타칭 공소외인 하면 떠오르는 키워드!!!'라는 제목의 게시글에 '공황장애 ㅋ'라는 댓글을 게시하여 공연히 공소외인을 모욕하였다."라는 것이고, 원심은 그 판시와 같은 이유로 위 공소사실을 유죄로 인정하였다. [2] 기록에 의하면, 피고인이 공소외인이 인터넷 포털 사이트 '○○'의 다른 카페에서 다른 회원을 강제탈퇴시킨 후 보여준 태도에 대하여 불만을 가지고 댓글을 게시하게 된 사실, 피고인이 게시한 댓글 내용은 '선무당이 사람 잡는다, 자승자박, 아전인수, 사필귀정, 자업자득, 자중지란, 공황장애 ㅋ'라고 되어 있는 사실을 알 수 있다. 위 사실관계에 나타난 피고인의 댓글 게시 경위, 댓글의 전체 내용과 표현 방식, 공황장애의 의미(뚜렷한 근거나 이유 없이 갑자기 심한 불안과 공포를 느끼는 공황 발작이 되풀이해서 일어나는 병) 등을 종합하면, 피고인이 댓글로 게시한 '공황장애 ㅋ'라는 표현이 상대방을 불쾌하게 할 수 있는 무례한 표현이기는 하나, 상대방의 인격적 가치에 대한 사회적 평가를 저하시킬 만한 표현에 해당한다고 보기는 어렵다(대판 2018.5.30. 2016도20890). [해설] 모욕죄의 구성요건에 해당하지 않는 사례.

⑬ 甲 주식회사 해고자 신분으로 노동조합 사무장직을 맡아 노조활동을 하는 피고인이 노사 관계자 140여 명이 있는 가운데 큰 소리로 피고인보다 15세 연장자로서 甲 회사 부사장인 乙을 향해 "야 ○○아, ○○이 여기 있네, 니 이름이 ○○이잖아, ○○아 나오니까 좋지?" 등으로 여러 차례 乙의 이름을 불러 乙을 모욕

하였다는 내용으로 기소된 사안에서, 甲 회사는 노사분규로 노조와 사용자가 극심한 대립을 겪고 있고, 그러한 과정에서 사용자 측의 부당노동행위가 사실로 확인되는 등 노사간 갈등이 격화된 점, 乙은 사용자 측 교섭위원들과 노사교섭을 하였다가 노조 간부 丙이 乙에게 욕설을 하여 교섭이 결렬되었고, 그 후 노사 양측이 교섭을 이어나갔으나 피고인과 丙이 乙에게 다시 욕설을 하여 노사교섭이 파행된 점, 乙 등을 비롯한 관리자 40여 명이 시설관리권 행사 명목으로 노조가 설치한 미승인 게시물을 철거하기 위하여 모이자, 이를 제지하기 위해 노조 조합원 100여 명이 모여 서로 대치하였는데, 피고인은 사용자 측의 게시물 철거행위가 노조활동을 방해하고 노동운동에 대해 간섭하는 것으로 여겨 화가 나 위와 같이 말하였던 점 및 피고인과 乙의 관계, 피고인이 이러한 발언을 하게 된 경위, 발언의 의미와 전체적인 맥락, 발언을 한 장소와 발언 전후의 정황을 종합하면, 피고인의 위 발언은 상대방을 불쾌하게 할 수 있는 무례하고 예의에 벗어난 표현이기는 하지만 객관적으로 乙의 인격적 가치에 대한 사회적 평가를 저하시킬 만한 모욕적 언사에 해당한다고 보기 어렵다는 이유로, 이와 달리 본 원심판단에 형법상 모욕의 의미에 관한 법리를 오해한 잘못이 있다고 한 사례(대판 2018.11.29. 2017도2661). [해설] 모욕죄의 구성요건에 해당하지 않는 사례.

⑭ [1] 군형법 제64조 제1항은 "상관을 그 면전에서 모욕한 사람은 2년 이하의 징역이나 금고에 처한다."라고 규정하고, 제2조 제1호는 "'상관'이란 명령복종 관계에서 명령권을 가진 사람을 말한다. 명령복종 관계가 없는 경우의 상위 계급자와 상위 서열자는 상관에 준한다."라고 규정하고 있다. 군형법 제64조 제1항에서 규정한 상관모욕죄는 상관의 명예 등의 개인적 법익뿐만 아니라 군 조직의 위계질서 및 통수체계 유지도 보호법익으로 한다(대법원 2015. 9. 24. 선고 2015도11286 판결 참조). '명령복종 관계'는 구체적이고 현실적인 관계일 필요까지는 없으나 법령에 의거하여 설정된 상·하의 지휘계통 관계를 말한다. 한편 명령복종의 관계에 있는지를 따져 명령권을 가지면 상관이고 이러한 경우 계급이나 서열은 문제가 되지 아니한다. 군의 직무상 하급자가 명령권을 가질 수도 있기 때문이다(헌법재판소 2016. 2. 25. 선고 2013헌바111 결정 참조). [2] 국방부 훈령인 부대관리훈령은 "'명령'이란 상관이 직무상 발하는 지시를 말한다."(제2조 제5호), "'지휘·감독 책임자'란 부대지휘 및 업무감독과 관련하여 분대장급 이상의 지휘·감독자를 말한다."(제9조 제2항)라고 규정하고, 제17조는 병영생활 행동강령으로 "지휘자(병 분대장, 조장 등을 말한다) 이외의 병의 상호관계는 명령복종 관계가 아니다."(제1호), "병의 계급은 상호 서열관계를 나타내는 것이며 지휘자를 제외한 병 상호간에는 명령, 지시를 할 수 없다."(제2호)라고 규정하며, "지휘자를 제외한 병사 사이에서 명령, 지시를 한 경우나 이를 묵인한 자에 대하여는 엄중 문책한다."(제18조 제1항)라고 규정하고 있다. 그리고 위 훈령은 부대관리에 관하여 다른 훈령 및 군 규정에 우선하여 적용된다(제4조 참조). [3] 육군규정 120 병영생활규정은 "분대장을 제외한 병 상호간 관등성명 복창은 금지한다."(제20조 제2항), "분대장을 제외한 병 상호간에는 명령이나 지시, 간섭을 금지한다."(제43조 제1항)라고 규정하는 한편, "'병 상호간 관계'는 상대방의 인격을 존중하고 직무를 수행함에 있어서 협동적 동반관계에 있으며, 군인사법상으로는 계급 순위에 의한 상하 서열관계에 있으면서도 군형법 적용에 있어서는 대등한 관계에 있으나, 후임병사는 선임병사에게 경례, 호칭, 언행 등 규정과 교범에 명시된 군대예절을 지켜야 한다."(제43조의2)라고 규정하고 있다. [4] 이러한 군형법 등 제반 규정의 취지, 내용 등을 종합하면, 부대지휘 및 관리, 병영생활에 있어 분대장과 분대원은 명령복종 관계로서 분대장은 분대원에 대해 명령권을 가진 사람 즉 상관에 해당하고, 이는 분대장과 분대원이 모두 병(兵)이라 하더라도 달리 볼 수 없다(대판 2021.3.11. 2018도12270). [해설] 피

고인이 소속된 분대의 분대장이었으나 피고인과 같은 병(兵)이었던 피해자 상병의 면전에서 피해자를 모욕하였다는 이유로 상관모욕죄로 기소된 사안에서, 병사인 분대장은 상관모욕죄의 상관으로 볼 수 없다고 잘못 판단하고 그 전제 하에 공소사실 기재 행위가 상관모욕죄에서 말하는 모욕에 해당하는지에 관하여 심리·판단하지 아니한 채 무죄를 선고한 원심을 파기환송한 사례.

⑮ <u>피고인들이 소속 노동조합 위원장 갑을 '어용', '앞잡이' 등으로 지칭하여 표현한 현수막, 피켓 등을 장기간 반복하여 일반인의 왕래가 잦은 도로변 등에 게시한 사안에서, '어용'이란 자신의 이익을 위하여 권력자나 권력 기관에 영합하여 줏대 없이 행동하는 것을 낮잡아 이르는 말, '앞잡이'란 남의 사주를 받고 끄나풀 노릇을 하는 사람을 뜻하는 말로서 언제나 위 표현들이 지칭된 상대방에 대한 모욕에 해당한다거나 사회상규에 비추어 허용되지 않는 것은 아니지만</u>, 제반 사정에 비추어 피고인들의 위 행위는 갑에 대한 모욕적 표현으로서 사회상규에 위배되지 않는 행위로 보기 어렵다고 한 사례(대판 2021.9.9. 2016도88).

⑯ 공연성의 존부는 발언자와 상대방 또는 피해자 사이의 관계나 지위, 발언의 경위와 상황, 발언 내용, 상대방에게 발언을 전달한 방법과 장소 등 행위 당시의 객관적 제반 사정에 관하여 심리한 다음, <u>그로부터 발언을 들은 상대방이 불특정 또는 다수인에게 전파할 가능성이 있는지 여부를 검토하여 종합적으로 판단하여야 한다. 발언 상대방이 발언자나 피해자의 배우자, 친척, 친구 등 사적으로 친밀한 관계에 있어 그러한 관계로 인하여 비밀의 보장이 상당히 높은 정도로 기대되는 경우에는 공연성이 부정된다</u>(대판 2022.6.16. 2021도15122). [해설] 피고인들이 자신들의 주거지인 아파트에서 위층에 사는 피해자가 손님들을 데리고 와 시끄럽게 한다는 이유로 그 음향이 거실에 울려 퍼지는 인터폰으로 피해자에게 전화하여 손님과 그 자녀들이 듣고 있는 가운데 욕설을 하여 피해자를 모욕한 사안에서, 위와 같은 법리에 따라 전파가능성 이론에 따른 공연성 인정 여부 등을 판단해야 하는데, 원심이 위와 같은 법리에 따른 심리를 하지 않은 채 모욕죄의 공연성 및 미필적 고의가 없다는 이유로 무죄 판단을 한 것은 잘못이라고 보아 원심을 파기환송한 사례.

⑰ 피고인이 자신의 페이스북에 甲에 대한 비판적인 글을 게시하면서 "철면피, 파렴치, 양두구육, 극우부패세력"이라는 표현을 사용하여 甲을 모욕하였다는 내용으로 기소된 사안에서, <u>피고인이 사용한 위 표현이 모욕적 표현으로서 모욕죄의 구성요건에는 해당</u>하나, 피고인은 甲이 과거 공적 활동을 할 당시 관여했던 사안과 관련하여 사익을 추구했다는 이유로 고발을 당하였다는 기사가 보도되자 이를 공유하면서 위 표현이 포함된 글을 게시하였던 점, 표현 중 '파렴치', '철면피' 또는 '양두구육'은 상황에 따라 우리의 일상생활에서 '부끄러움을 모른다.', '지나치게 뻔뻔하다.' 또는 '겉 다르고 속 다른 이중성이 있다.'는 뜻으로, 특히 언론이나 정치 영역에서 상대방에 대한 비판적 입장을 표명할 때 흔히 비유적으로 사용되는 표현이고, '극우부패세력'은 '부패'라는 범죄행위를 연상케 하는 용어가 포함되어 있기는 하지만 이념적 지형이 다른 상대방을 비판할 때 비유적으로 사용되기도 하는 점 등 제반 사정을 종합할 때, <u>피고인이 甲의 공적 활동과 관련한 자신의 의견을 담은 게시글을 작성하면서 위 표현을 한 것은 사회상규에 위배되지 않는 행위로서 형법 제20조에 의하여 위법성이 조각된다고 볼 여지가 크다</u>는 이유로, 이와 달리 보아 공소사실을 유죄로 인정한 원심판단에 모욕죄의 위법성 판단에 관한 법리오해 및 심리미진의 잘못이 있다고 한 사례(대판 2022.8.25. 2020도16897).

⑱ 사업소 소장인 피고인이 직원들에게 甲이 관리하는 다른 사업소의 문제를 지적하는 내용의 카카오톡 문자메시지를 발송하면서 "甲은 정말 야비한 사람인 것 같습니다."라고 표현하여 甲을 모욕하였다는 내용으

로 기소된 사안에서, 피고인과 甲의 관계, 문자메시지의 전체적 맥락 안에서 위 표현의 의미와 정도, 표현이 이루어진 공간 및 전후의 정황, 甲의 인격권으로서의 명예와 피고인의 표현의 자유의 조화로운 보호 등 제반 사정에 비추어 볼 때, 위 표현은 피고인의 甲에 대한 부정적·비판적 의견이나 감정이 담긴 경미한 수준의 추상적 표현에 불과할 뿐 甲의 외부적 명예를 침해할 만한 표현이라고 단정하기 어렵다는 이유로, 이와 달리 보아 공소사실을 유죄로 인정한 원심판결에 형법상 모욕의 의미에 관한 법리오해의 잘못이 있다고 한 사례(대판 2022.8.31. 2019도7370).

⑲ [1] 어떤 글이 모욕적 표현을 담고 있는 경우에도 그 글이 객관적으로 타당성이 있는 사실을 전제로 하여 그 사실관계나 이를 둘러싼 문제에 관한 자신의 판단과 피해자의 태도 등이 합당한가에 대한 의견을 밝히고, 자신의 판단과 의견이 타당함을 강조하는 과정에서 부분적으로 다소 모욕적인 표현이 사용된 것에 불과하다면 사회상규에 위배되지 않는 행위로서 형법 제20조에 의하여 위법성이 조각될 수 있다. 그리고 인터넷 등 공간에서 작성된 단문의 글이라고 하더라도, 그 내용이 자신의 의견을 강조하거나 압축하여 표현한 것이라고 평가할 수 있고 표현도 지나치게 모욕적이거나 악의적이지 않다면 마찬가지로 위법성이 조각될 가능성이 크다. 이때 사회상규에 위배되는지 여부는 피고인과 피해자의 지위와 그 관계, 표현행위를 하게 된 동기, 경위나 배경, 표현의 전체적인 취지와 구체적인 표현방법, 모욕적인 표현의 맥락 그리고 전체적인 내용과의 연관성 등을 종합적으로 고려하여 판단해야 한다. [2] 지역버스노동조합 조합원인 피고인이 자신의 페이스북에 집회 일정을 알리면서 노동조합 집행부인 피해자 甲과 乙을 지칭하며 "버스노조 악의 축, 甲과 乙 구속수사하라!!"라는 표현을 적시하여 피해자들을 모욕하였다는 내용으로 기소된 사안에서, 위 표현이 피해자들의 사회적인 평가를 저해시킬 만한 경멸적인 표현에 해당하는 것으로 보이지만, 피고인 등은 노동조합의 운영에 문제를 제기하면서 노동조합 재산의 투명한 운영, 위원장 직선제 등을 요구하고 있었고, 피고인은 그 주장을 하기 위한 집회 참여를 독려하면서 위 표현을 사용한 것으로, 노동조합의 운영 등에 대한 비판적인 의견을 표현하는 과정에서 자신의 입장과 의견을 강조하기 위한 의도로 위 표현을 사용한 것으로 보이는 점, '악의 축'이라는 용어는 자신과 의견이 다른 상대방 측의 핵심 일원이라는 취지로 비유적으로도 사용되고 있어 피해자들의 의혹과 관련된 위 표현이 지나치게 모욕적이거나 악의적이라 보기 어려운 점 등 제반 사정을 종합할 때, 피고인이 노동조합 집행부의 공적 활동과 관련한 자신의 의견을 담은 게시글을 작성하면서 그러한 표현을 한 것은 사회상규에 위배되지 않는 정당행위로서 형법 제20조에 따라 위법성이 조각된다고 볼 여지가 크다는 이유로, 이와 달리 보아 공소사실을 유죄로 인정한 원심판단에 모욕죄의 위법성 판단에 관한 법리오해의 잘못이 있다고 한 사례(대판 2022.10.27. 2019도14421).

⑳ [1] 모욕죄는 공연히 사람을 모욕하는 경우에 성립하는 범죄로서(형법 제311조), 사람의 가치에 대한 사회적 평가를 의미하는 외부적 명예를 보호법익으로 하고, 여기에서 모욕이란 사실을 적시하지 아니하고 사람의 사회적 평가를 저하시킬 만한 추상적 판단이나 경멸적 감정을 표현하는 것을 의미한다. 표현의 자유와 명예보호 사이의 한계를 설정함에 있어서 그 표현으로 인한 피해자가 공적인 존재인지 사적인 존재인지, 그 표현이 공적인 관심 사안에 관한 것인지 순수한 사적인 영역에 속하는 사안에 관한 것인지, 그 표현이 객관적으로 국민이 알아야 할 공공성, 사회성을 갖춘 사안에 관한 것으로 여론형성이나 공개토론에 기여하는 것인지 아닌지 등을 가려서 심사기준에 차이를 두어야 한다. 명예훼손과 모욕적 표현은 구분해서 다루어야 하고, 공적

관심사에 대한 표현의 자유 보장과 개인의 사적 법익 및 인격권 보호라는 두 법익이 충돌하였을 때에는 구체적인 경우에 표현의 자유로 얻어지는 가치와 인격권의 보호에 의하여 달성되는 가치를 비교형량하여 그 규제의 폭과 방법을 정하여야 한다. 표현행위의 형식과 내용이 모욕적이고 경멸적인 인신공격에 해당하거나 타인의 신상에 관하여 인격권을 침해한 경우에는 의견 표명으로서의 한계를 벗어난 것으로서 허용되지 않는다. 표현이 다의적이거나 의미가 확정되지 않은 신조어인 경우 피고인이 그러한 표현을 한 경위 및 동기, 피고인의 의도, 표현의 구체적인 내용과 맥락 등을 고려하여, 그 용어의 의미를 확정한 후 모욕적 표현에 해당하는지를 판단해야 한다. 표현이 모욕죄의 구성요건에 해당하는 경우에도 사회상규에 위배되지 않는 때에는 형법 제20조의 정당행위가 성립한다. 이는 피고인과 피해자의 지위와 그 관계, 표현행위를 하게 된 동기, 경위나 배경, 표현의 전체적인 취지와 구체적인 표현방법, 모욕적인 표현의 맥락 그리고 전체적인 내용과의 연관성 등을 종합적으로 고려하여 판단해야 한다. 이를 종합하면, 연예인의 사생활에 대한 모욕적인 표현에 대하여 표현의 자유를 근거로 모욕죄의 구성요건에 해당하지 않거나 사회상규에 위배되지 않는다고 판단하는 데에는 신중할 필요가 있다. 특히 최근 사회적으로 인종, 성별, 출신 지역 등을 이유로 한 혐오 표현이 문제 되고 있으며, 혐오 표현 중에는 특정된 피해자에 대한 사회적 평가를 저하하여 모욕죄의 구성요건에도 해당하는 것이 적지 않은데, 그러한 범위 내에서는 모욕죄가 혐오 표현에 대한 제한 내지 규제로 기능하고 있는 측면을 고려하여야 한다. [2] 피고인이 인터넷 포털사이트 뉴스 댓글난에 연예인인 피해자를 '국민호텔녀'로 지칭하는 댓글을 게시하여 모욕죄로 기소된 사안에서, 피해자는 '국민첫사랑', '국민여동생' 등의 수식어로 불리며 대중적 인기를 받아 온 점, 이전에 피해자가 남성 연예인과 데이트를 했다는 취지의 보도가 되었고, 직후 피해자와 그 남성 연예인은 연인관계임을 인정한 바 있는 점, 피고인은 피해자가 출연한 영화 개봉 기사에 "... 그냥 국민호텔녀"라는 댓글을 달았고, 수사기관에서 이에 대하여 "피해자를 언론에서 '국민여동생'으로 띄우는데 그중 '국민'이라는 단어와 당시 해외에서 모 남성 연예인과 호텔을 갔다고 하는 스캔들이 있어서 '호텔'이라는 단어를 합성하여 만든 단어이다."라는 취지로 진술한 점을 종합하면, '국민호텔녀'라는 표현은 피해자의 사생활을 들추어 피해자가 종전에 대중에게 호소하던 청순한 이미지와 반대의 이미지를 암시하면서 피해자를 성적 대상화하는 방법으로 비하하는 것으로서 여성 연예인 피해자의 사회적 평가를 저하시킬 만한 모멸적인 표현으로 평가할 수 있고, 정당한 비판의 범위를 벗어난 것으로서 정당행위로 보기도 어려우므로, 이와 달리 본 원심판단에 법리오해의 위법이 있다고 한 사례(대판 2022.12.15. 2017도19229).

 **제2절** | 신용·업무와 경매에 관한 죄

Ⅰ. 서론

1. 신용·업무와 경매에 관한 죄의 의의

사람의 신용을 훼손하거나 업무를 방해하거나, 경매·입찰의 공정성을 침해하는 것을 내용으로 하는 범죄로서, 신용·업무 및 경매의 안전을 보호법익으로 한다.

2. 신용·업무와 경매에 관한 죄의 본질

신용·업무와 경매에 관한 죄의 본질에 관하여는 이를 ㈎ 재산죄라고 보는 견해와 ㈏ 인격적 법익, 즉 자유에 관한 죄라고 보는 견해, ㈐ 재산죄인 동시에 자유에 대한 죄의 성질을 가진 범죄라고 해석하는 견해 등이 대립하고 있으나, 본죄는 사람의 경제생활에 있어서의 자유라는 인격적 법익을 보호하기 위한 범죄이지만, 특히 업무방해죄와 경매·입찰방해죄에 있어서는 재산죄로서의 성질도 함께 지니는 범죄라고 보는 것이 타당하다.

3. 구성요건의 체계

형법	보호법익이 각각 다르므로 신용훼손죄(제313조), 업무방해죄(제314조 제1항), 경매·입찰방해죄(제315조)는 각각 독립된 범죄유형을 이루고 있다. 그 밖에 컴퓨터의 대량보급에 따라 컴퓨터에 대한 가해행위를 수단으로 한 업무방해죄(제314조 제2항)가 1995년 형법개정에서 신설되었다.
미수범	이들 범죄에 대한 미수범 처벌규정은 없다.

Ⅱ. 신용훼손죄

> **제313조(신용훼손)**
> 허위의 사실을 유포하거나 기타 위계로써 사람의 신용을 훼손한 자는 5년 이하의 징역 또는 1천500만원 이하의 벌금에 처한다.

1. 신용훼손죄의 의의

허위의 사실을 유포하거나 기타 위계로써 사람의 신용을 훼손함으로써 성립하는 범죄이다(제313조). 즉 경제적 측면에서 사람의 사회적 평가를 침해하는 것을 내용으로 하는 범죄이다. 본죄의 보호법익은 사람의 신용이다. 신용이란 사람의 지불능력이나 지불의사에 대한 사회적 평가를 말한다. 신용의 주체는 자연인·법인은 물론 법인격 없는 단체도 포함한다.

2. 행위

허위의 사실을 유포하거나 기타 위계로써 사람의 신용을 훼손하는 것이다.

(1) 신용훼손의 방법

㈎ '허위의 사실을 유포한다' 함은 객관적 진실에 맞지 않는 사실을 불특정 또는 다수인에게 전

파하는 것을 말한다. ㈑ 위계란 상대방의 부지나 착오를 이용하는 일체의 행위로서, 기망하는 경우뿐만 아니라 유혹하는 경우도 포함한다.

(2) 신용의 훼손

㈎ '신용을 훼손한다' 함은 사람의 지불능력 또는 지불의사에 대한 사회적 신뢰를 저하시킬 우려가 있는 상태를 발생케 하는 것을 말한다. ㈏ 본죄는 추상적 위험범이므로 사람의 신용을 훼손할 만한 허위사실의 유포 또는 기타 위계의 행사가 있으면 본죄는 기수로 된다.

3. 죄수

공연히 허위의 사실을 적시하여 명예와 신용을 훼손한 때에 본죄와 명예훼손죄와의 관계에 대하여 ㈎ 공연히 허위사실을 적시하여 명예와 신용을 훼손한 경우에는 신용훼손죄와 명예훼손죄의 상상적 경합이 된다는 견해와 ㈏ 법조경합 중 특별관계로서 신용훼손만 성립한다는 견해(다수설)가 대립되어 있다. 본죄는 사람의 사회적 가치 가운데 경제적 가치만을 특별히 보호하는 인격적 법익에 관한 죄이므로 본죄가 성립할 때에는 명예훼손죄는 성립하지 않는다고 해야 한다(특별관계).

한편, ㈐ 공연히 진실한 사실을 적시하여 명예와 신용을 훼손한 경우에는 신용훼손죄는 허위사실유포·위계를 수단으로 하므로 명예훼손죄만 성립한다. 다만, ㈑ 1개의 행위로 신용을 훼손하고 업무도 방해한 경우에 양죄는 독립된 범죄이므로 신용훼손죄와 업무방해죄의 상상적 경합이 된다.

> **판례** 신용의 의미
>
> ① 신용훼손죄는 허위의 사실을 유포하거나 기타 위계로써 사람의 지불능력 또는 지불의사에 대한 타인의 신뢰에 위해를 가하는 것을 말하는 것이므로, 어느 사람의 "점포의 물건 값이 유달리 비싸다"고 말했을 때 그 물건의 값은 그 사람의 지불의사에 대한 사회적 신뢰를 훼손하는 것이라고는 볼 수 없다(대판 1969.1.21. 68도1660).
>
> ② [1] 형법 제313조의 신용훼손죄에서 '신용'은 경제적 신용, 즉 사람의 지급능력 또는 지급의사에 대한 사회적 신뢰를 의미한다. [2] 퀵서비스 운영자인 피고인이 배달업무를 하면서, 손님의 불만이 예상되는 경우에는 평소 경쟁관계에 있는 피해자 운영의 퀵서비스 명의로 된 영수증을 작성·교부함으로써 손님들로 하여금 불친절하고 배달을 지연시킨 사업체가 피해자 운영의 퀵서비스인 것처럼 인식하게 한 사안에서, 퀵서비스의 주된 계약내용이 신속하고 친절한 배달이라 하더라도, 그와 같은 사정만으로 위 행위가 피해자의 경제적 신용, 즉 지급능력이나 지급의사에 대한 사회적 신뢰를 저해하는 행위에 해당한다고 보기는 어렵다는 이유로, 피고인에 대한 신용훼손의 주위적 공소사실을 무죄로 인정한 원심판단을 수긍한 사례(대판 2011.5.13. 2009도5549). [해설] 형법 제313조 신용훼손죄에서의 '신용'의 의미를 정의하고 있는 사례.

판례 | 허위사실의 유포

① 가. 형법상 신용훼손죄는 허위사실의 유포 기타 위계로써 사람의 신용을 훼손할 것을 요하고, 여기서 허위사실의 유포라 함은 객관적으로 진실과 부합하지 않는 과거 또는 현재의 사실을 유포하는 것으로서 (미래의 사실도 증거에 의한 입증이 가능할 때에는 여기의 사실에 포함된다고 할 것이다) <u>피고인의 단순한 의견이나 가치판단을 표시하는 것은 이에 해당하지 않는다고 할 것이므로</u>, 공소외 (갑)은 8년 전부터 남편 없이 3자녀를 데리고 생계를 꾸려왔을 뿐 아니라 피고인에 대한 다액의 채무를 담보하기 위해 동녀의 아파트와 가재도구까지를 피고인에게 제공한 사실이 인정되니 <u>위 공소외 (갑)이 집도 남편도 없는 과부라고 말한 것이 허위사실이 될 수 없고 또 공소외 (갑)이 계주로서 계불입금을 모아서 도망가더라도 책임지고 도와줄 사람이 없다는 취지</u>의 피고인의 말은 피고인의 위 공소외 (갑)에 대한 개인적 의견이나 평가를 진술한 것에 불과하여 허위사실의 유포라고 볼 수 없다. 나. 피고인이 계원들로 하여금 공소외 (갑) 대신 피고인을 계주로 믿게 하여 계금을 지급하고 불입금을 지급받아 위계를 사용하여 공소외 (갑)의 계운영업무를 방해하였다고 하여도 <u>피고인에 대하여 다액의 채무를 부담하고 있던 공소외 (갑)으로서는 채권확보를 위한 피고인의 요구를 거절할 수 없었기 때문에 피고인이 계주의 업무를 대행하는데 대하여 이를 승인 내지 묵인한 사실이 인정된다면 피고인의 소위는 이른바 위 공소외 (갑)의 승낙이 있었던 것으로서 위법성이 저각되어 업무방해죄가 성립되지 않는다.</u> 다. 채권자인 피고인이 그의 채권의 변제를 받기 위하여 채무자로부터 양도받은 채권액수와 그것이 실제 변제되었는가에 관하여 채권자와 채무자 사이에서 상호간 다툼이 있는 경우라면 <u>설사 피고인이 채권담보로 제공받은 아파트처분대금 중에서 채무자가 주장하는 채무액을 넘는 정산잔액을 반환하지 않았다 하더라도 이를 횡령하려는 범의가 있다고 단정할 수 없음이 일반인의 경험칙이라 할 것이다</u>(대판 1983.2.8. 82도2486). [해설] 허위사실이 아니라 단순한 의견표명이나 가치판단인 경우에는 신용훼손이 될 수 없고, 미래의 사실이라도 그것이 증명 가능하다면 신용훼손이 가능하다는 법리를 제시하고 있는 사례.

② [1] 형법 제313조에 정한 신용훼손죄에서의 '신용'은 경제적 신용, 즉 사람의 지불능력 또는 지불의사에 대한 사회적 신뢰를 말하는 것이다. 그리고 같은 조에 정한 <u>'허위의 사실을 유포한다'고 함은 실제의 객관적인 사실과 다른 사실을 불특정 또는 다수인에게 전파시키는 것을 말하는데, 이러한 경우 그 행위자에게 행위 당시 자신이 유포한 사실이 허위라는 점을 적극적으로 인식하였을 것을 요한다고 할 것이며, 이와 같이 전파가능성을 이유로 허위사실의 유포를 인정하는 경우에는 적어도 범죄구성요건의 주관적 요소로서 미필적 고의가 필요하므로 전파가능성에 대한 인식이 있음은 물론 나아가 그 위험을 용인하는 내심의 의사가 있어야 하고, 그 행위자가 전파가능성을 용인하고 있었는지의 여부는 외부에 나타난 행위의 형태와 행위의 상황 등 구체적인 사정을 기초로 하여 일반인이라면 그 전파가능성을 어떻게 평가할 것인가를 고려하면서 행위자의 입장에서 그 심리상태를 추인하여야 할 것이다.</u> 이는 같은 행위를 구성요건으로 하는 업무방해죄의 경우에도 마찬가지라고 할 것이다. [2] 건축공사의 시공사 대표이사가 비용을 줄이려는 시도에서 건축설계자에게 제품변경을 요청하는 문서를 송부한 사안에서, 위 문서의 내용은 위 제품을 판매하는 회사의 지불능력이나 지불의사에 대한 사회적 신뢰를 저해한 것이 아니라고 보아 신용훼손죄의 객체인 신용에 해당하지 않는다고 한 사례(대판 2006.5.25. 2004도1313). [해설] 형법 제313조의 '허위의 사실을 유포한다'는 법문의 의미를 정의하고 있는 사례.

판례 위계

- [1] 형법 제313조의 신용훼손죄는 허위의 사실을 유포하거나 기타 위계로써 사람의 신용을 저하시킬 염려가 있는 상태를 발생시키는 경우에 성립하는 것으로서, 여기서 '허위사실의 유포'라 함은 객관적으로 보아 진실과 부합하지 않는 과거 또는 현재의 사실을 불특정 또는 다수인에게 전파시키는 것을 말하고, '위계'라 함은 행위자의 행위목적을 달성하기 위하여 상대방에게 오인·착각 또는 부지를 일으키게 하여 이를 이용하는 것을 말한다. [2] 피고인은 조흥은행 본점 앞으로 '피해자 공소외 1이 대출금 이자를 연체하여 위 은행의 수락지점장인 공소외 2가 3,000만 원의 연체이자를 대납하였다'는 등의 내용을 기재한 편지를 보낸 사실, 그러나 실제로는 공소외 2가 위 연체이자를 대납한 적이 없는 사실을 인정할 수 있고, 피고인은 위 내용이 허위라는 점에 대하여 미필적으로나마 인식하고 있었던 것으로 보이는바, 위 인정 사실에 의하면 피고인이 위 편지를 조흥은행 본점에 송부한 행위가 그 내용을 불특정 또는 다수인에게 전파시킨 경우에 해당한다고 보기는 어려우나, 그로써 조흥은행의 오인 또는 착각 등을 일으켜 위계로써 피해자의 신용을 훼손한 경우에는 해당한다 할 것이다(대판 2006.12.7. 2006도3400).

Ⅲ. 업무방해죄

> **제314조(업무방해)**
> ① 제313조의 방법 또는 위력으로써 사람의 업무를 방해한 자는 5년 이하의 징역 또는 1천500만원 이하의 벌금에 처한다.

1. 업무방해죄의 의의

(1) 의의

허위의 사실을 유포하거나 기타 위계 또는 위력으로써 사람의 업무를 방해하거나 컴퓨터 등 정보처리장치 또는 전자기록 등 특수매체기록을 손괴하거나 정보처리장치에 허위의 정보 또는 부정한 명령을 입력하거나 기타 방법으로 정보처리에 장애를 발생하게 하여 사람의 업무를 방해한 때에 성립하는 범죄이다(제314조). 본죄는 재산죄가 아니라 재산죄로서의 성격도 가지고 있는 인격적 활동의 자유를 보호하는 범죄이다.

(2) 보호법익

보호법익은 사람의 업무이다.

1) **사람** : 사람이란 타인으로서, 자연인 이외의 법인·법인격 없는 단체도 포함한다.

2) **업무의 의의** : 업무란 사람이 그 사회적 지위에 있어서 계속적으로 종사하는 사무 또는 사업을 말한다. 따라서 업무라고 하기 위하여는 사회적 지위와 계속성이라는 두 가지 요소를 갖추어야 한다. 보수의 유무나 영리의 목적의 유무를 불문하며, 주된 업무뿐만 아니라 부수적 업무도 포함한다. 업무의 주체는 자연인에 한하지 않고 법인은 물론 법인격 없는 단체도 포함한다.

3) **보호법익으로서의 업무** : 본죄의 업무는 보호법익으로서의 업무인 점에서 과실범에 있어서

의 업무와 구별하여야 한다. 즉 본죄의 업무는 ㈎ 생명·신체에 위해를 가할 위험 있는 업무에 제한 되지 아니하지만, ㈏ 업무에 수반하거나 일시 오락을 위한 행위에 대하여까지 확대될 수는 없고, ㈐ 형법에 의하여 보호할 가치 있는 업무에 제한된다는 점에서 업무상 과실치사상죄(제268조)의 업무 와 구별된다.

<업무상 과실치사상죄의 업무와의 차이>

	업무상 과실치사상죄	업무방해죄
성격	책임가중적 구성요건요소	보호법익
내용	생명·신체에 대한 위험을 수반·방지하는 업무에 한함	제한이 없음
오락목적의 업무	포함	불포함
보호의 가치	불요	필요
공무의 포함 여부	포함	불포함(판례)

4) 공무 : 업무상 과실치사상죄(제268조)에 있어서의 업무는 사적 업무이건 공적 업무이건 묻지 아니함에 대하여, 본죄의 업무에 공무가 포함되느냐에 관하여는 ㈎ 적극설, ㈏ 소극설, ㈐ 비공무원 에 의한 공무수행이나 비권력적 공무수행 또는 위력에 의한 공무집행방해의 경우에는 공무도 포함 된다는 절충설 등의 견해의 대립이 있다. 그러나 형법은 본죄 이외에 공무집행방해죄를 별도로 규 정하고 있고(제136조, 제137조), 본죄는 개인의 경제활동의 자유를 보호하기 위한 범죄이므로 공무 는 본죄의 업무에서 제외된다고 해석하는 소극설이 타당하다. ㈑ 판례도 '공무원이 직무상 수행하 는 공무를 방해하는 행위에 대해서는 업무방해죄로 의율할 수는 없다'고 하여 소극설의 입장이다.

2. 행위

허위의 사실을 유포하거나 기타 위계 또는 위력으로써 사람의 업무를 방해하는 것이다.

(1) 업무방해의 방법

1) 허위사실의 유포와 위계 : 허위사실의 유포와 위계의 의미는 신용훼손죄의 그것과 같다. 허위 사실의 유포도 위계의 예시에 지나지 않는다.

2) 위력 : 위력이란 사람의 의사의 자유를 제압·혼란케 할 만한 일체의 세력을 말하며, 유형적이 든 무형적이든 묻지 않는다. 폭행·협박뿐만 아니라 사회적·경제적·정치적 지위나 세력을 이용하 는 것을 포함하며 상대방의 의사가 실제로 제압되었는가는 불문한다.

(2) 업무의 방해

업무를 방해한다 함은 업무의 집행 자체를 방해하는 경우뿐만 아니라, 업무의 경영을 저해하는 것도 포함한다. 본죄도 추상적 위험범이므로 업무를 방해할 우려 있는 상태가 발생하면 족하다.

3. 위법성

본죄의 법익은 처분할 수 있는 법익이므로 피해자의 승낙은 본죄의 위법성을 조각한다. 자구행위 또는 쟁의행위 등 정당행위도 그 요건을 충족하는 한 위법하다고 할 수 없다.

4. 죄수 및 타죄와의 관계

㈎ 허위사실을 수회 반복하여 수인에게 유포하거나 위계와 위력을 함께 사용한 경우에는 본죄의 단순일죄가 된다. ㈏ 1개의 행위로 신용을 훼손함과 동시에 업무도 방해한 경우에는 업무방해죄와 신용훼손죄의 상상적 경합이 된다. ㈐ 업무방해행위가 공갈의 수단으로 사용된 경우에는 업무방해죄와 공갈죄의 실체적 경합범이 된다. ㈑ 업무방해행위가 동시에 배임행위가 되는 경우에는 업무방해죄와 배임죄의 상상적 경합이 된다. ㈒ 위력에 의한 업무방해가 동시에 강요죄에 해당하는 경우에는 업무방해죄와 강요죄의 상상적 경합이 된다.

5. 컴퓨터 업무방해죄

> **제314조(업무방해)**
> ② 컴퓨터등 정보처리장치 또는 전자기록등 특수매체기록을 손괴하거나 정보처리장치에 허위의 정보 또는 부정한 명령을 입력하거나 기타 방법으로 정보처리에 장애를 발생하게 하여 사람의 업무를 방해한 자도 제1항의 형과 같다.

(1) 의의

컴퓨터 등 정보처리장치 또는 전자기록 등 특수매체기록을 손괴하거나 정보처리장치에 허위의 정보 또는 부정한 명령을 입력하거나 기타 방법으로 정보처리에 장애를 발생케 하여 사람의 업무를 방해함으로써 성립하는 범죄이다(제314조 제2항). 보호법익이 업무인 점은 업무방해죄와 같다.

(2) 구성요건

1) **행위의 객체** : 컴퓨터 등 정보처리장치와 전자기록 등 특수매체기록이다. 정보처리장치란 컴퓨터시스템을 의미하며, 특수매체기록에는 전자기록 이외에 전기적 기록이나 광기술을 이용한 기록을 포함한다. 사람의 업무에 사용되는 것이면 족하고 기업체나 관청의 업무에 사용되는 것임을 요하지 않는다. 정보처리장치와 특수매체기록의 소유권의 귀속은 불문한다. 다만 본죄의 객체인 컴퓨터는 자동적으로 정보처리를 행할 장치를 갖추고 어느 정도 독립성을 가지고 업무에 사용되고 있는 것에 한정된다. 따라서 다른 기기인 자동판매기 또는 자동개찰기의 부품이 되어 있는 마이크로프로세서는 물론, 전기타자기나 휴대용 계산기는 여기에 포함되지 않는다.

2) **행위** : 본조의 행위는 ㈎ 컴퓨터 등 정보처리장치나 전자기록 등 특수매체기록을 손괴하거나, ㈏ 정보처리장치에 허위의 정보 또는 부정한 명령을 입력하거나, ㈐ 기타의 방법으로 정보처리장치에 장애를 발생케 하는 것이다. 손괴는 정보처리장치나 특수매체기록에 대한 물리적인 파괴나 멸실뿐만 아니라 전자적 기록을 소거하는 것을 포함한다. 허위의 정보 또는 부정한 명령을 입력하는 것은 진실에 반하는 정보를 입력하거나 주어서는 안 되는 프로그램을 입력하는 것을 말한다. 기타의 방법은 컴퓨터에 대한 가해수단으로 컴퓨터의 작동에 직접 영향을 미치는 일체의 행위임을 요한다. 가해행위의 결과로 정보처리장치에 장애가 발생케 하여야 한다. 정보처리장치의 장애란 컴퓨터의 정상적인 기능을 저해하는 것을 말한다.

3) **업무방해** : 업무를 방해해야 한다. 그러나 방해의 결과가 현실적으로 발생하여야 하는 것이 아님은 업무방해죄의 경우와 같다(추상적 위험범).

4) **주관적 구성요건** : 본죄가 성립하기 위하여는 고의가 필요하며, 미필적 인식이 있으면 족하다.

(3) 타죄와의 관계

㈎ 본죄는 업무방해죄에 대한 특별유형이므로 본죄가 성립한 때에 업무방해죄는 성립할 여지가 없다. ㈏ 컴퓨터 또는 특수매체기록을 손괴하여 업무를 방해한 경우에는 손괴죄와의 상상적 경합이 성립한다는 견해가 있으나, 손괴는 본죄의 실행행위이므로 손괴는 본죄에 흡수되어(법조경합) 본죄만 성립한다는 견해가 타당하다. ㈐ 본죄의 행위가 동시에 공무원에 대한 폭행에 해당할 경우에는 본죄와 공무집행방해죄의 상상적 경합이 된다. ㈑ 본죄의 업무방해가 동시에 배임에 해당하는 때에는 본죄와 배임죄의 상상적 경합이 된다.

Ⅳ. 경매·입찰방해죄

> **제315조(경매, 입찰의 방해)**
> 위계 또는 위력 기타 방법으로 경매 또는 입찰의 공정을 해한 자는 2년 이하의 징역 또는 700만원 이하의 벌금에 처한다.

1. 경매·입찰방해의 의의

위계 또는 위력 기타 방법으로 경매 또는 입찰의 공정을 해함으로써 성립하는 범죄이다(제315조). 경매 또는 입찰의 공정을 보호법익으로 한다. '경매'란 매도인 측에서 다수인으로부터 구두로 청약을 받고 최고가격을 제시하는 청약자에게 승낙(경락)을 함으로써 성립하는 형식의 매매를 말하며, '입찰'이란 경쟁계약에 참가한 다수인으로 하여금 문서로 계약의 내용을 제시하게 하여 가장 유리한 청약을 한 자와 계약을 체결(낙찰)하는 형식의 매매를 말한다. 국가·공공단체가 행하는 경매·입찰뿐만 아니라 사인이 행하는 경매·입찰도 포함된다.

2. 행위

위계 또는 위력 기타 방법으로 경매 또는 입찰의 공정을 해하는 것이다. ㈎ 위계나 위력의 의미는 신용훼손죄와 업무방해죄에 있어서와 같다. ㈏ 경매 또는 입찰의 공정을 해한다는 것은 적정한 가격을 형성하는 공정한 자유경쟁이 방해될 우려 있는 상태를 발생시키는 것을 말하며, 공정을 해하는 행위에는 경매나 입찰가격을 결정하는 데 있어서뿐만 아니라 그 공정한 경쟁방법을 해하는 행위도 포함된다. 여기서 적정한 가격이란 객관적인 공정가격이 아니라 경매·입찰의 구체적 진행과정에서 얻어지는 가격을 의미한다(경쟁가격설 : 다수설, 판례). ㈐ 본죄도 추상적 위험범이므로 경매 또는 입찰의 공정을 해하는 행위가 있으면 기수가 된다.

3. 담합행위

㈎ 담합이란 경매·입찰의 참가자 상호간의 통모에 의하여 특정인을 경락자 또는 낙찰자로 하기 위하여 그 이외의 자는 일정한 가격 이상 또는 그 이하로 호가·입찰하지 않을 것을 협정하는 것을 말한다. 이 경우에는 담합이 이루어진 때 기수가 된다고 본다(다수설). 이 경우 경매신청·응찰·담합금의 수수 등은 요하지 않는다. ㈏ 담합행위가 공정한 가격을 해하거나 부정한 이익을 얻을 목적으

로 행하여진 이상 위계에 의한 경매방해죄가 성립한다고 해야 하지만, 담합의 목적이 주문자의 예정가격 내에서 적정한 가격을 유지하면서 무모한 출혈경쟁을 방지함에 있고 낙찰가격도 공정한 가격의 범위 내인 때에는 담합자 사이에 금품의 수수가 있었다 하더라도 경매나 입찰의 공정을 해하였다고 볼 수 없으므로 본죄는 성립하지 않는다고 해야 할 것이다. 판례도 무모한 경쟁을 방지할 목적으로 한 담합은 입찰의 공정을 해하는 행위가 아니라는 이유로 입찰방해죄의 성립을 부정한 바 있다.

 판례 대학교의 업무주체성

- [1] 업무방해죄에 있어서의 행위의 객체는 타인의 업무이고, 여기서 타인이라 함은 범인 이외의 자연인과 법인 및 법인격 없는 단체를 가리키므로, 법적 성질이 영조물에 불과한 대학교 자체는 업무방해죄에 있어서의 업무의 주체가 될 수 없다. [2] 이 사건 대학교의 편입학 업무는 그 총장에게 귀속된다고 할 것이다. 따라서 원심이 이 부분 범죄사실에서 피고인이 방해한 편입학 업무의 주체가 이 사건 대학교인 것으로 판시한 것은 적절치 아니한 것이라 할 것이나, 원심이 인정한 범죄사실 중 총장이 소정의 절차에 따라 사정대장에 날인하지 아니하였음에도 피고인 2등을 합격자로 발표함으로써 편입학업무를 방해한 것이라는 부분은 총장의 편입학업무를 방해한 것이라는 취지로 못 볼 바 아니므로, 이를 유죄로 본 원심의 조치에 업무방해에 관한 법리를 오해한 잘못이 없고, 공소장에 기재된 사실이 범죄가 될 만한 사실이 포함되지 아니하였다고 할 수 없다. 이 부분 상고이유도 받아들일 수 없다. [3] 피고인의 행위는 그 성격상 개별 과목에 대한 성적 평가 후에 이루어지는 성적의 취합과 통보 및 그에 관한 자료의 보전 등과 같은 피고인 자신의 성적의 관리업무와 관련된 행위일 뿐만 아니라, 이 사건 대학교의 학칙 제35조 내지 제44조의2, 학칙 시행규칙 제16조는 각 교과목의 성적은 담당교수가 학생의 정기시험 성적과 평소 학습태도, 과제 및 보고서, 각종 부정기시험으로 종합평가하도록 규정하고 있음을 알아 볼 수 있으므로(수사기록 214 - 215면, 238 - 239면), 이 사건 대학교에 있어 성적평가업무는 대학 자체가 아니라 담당교수의 업무에 속한다고 할 것이다. [4] 대학 편입학업무의 주체는 대학교가 아닌 총장이고, 성적평가업무의 주체는 대학교가 아닌 담당교수라고 본 사례(대판 1999.1.15. 98도663). [해설] 성적평가는 타인이 업무가 아니므로 이 부분에 대해서는 업무방해죄가 성립하지 않는다는 사례.

판례 업무의 계속성

① 업무방해죄에 있어서의 "업무"라 함은 사람이 그 사회생활상의 지위에 기하여 계속적으로 종사하는 사무나 사업을 의미하는 것으로서, 주된 업무뿐만 아니라 이와 밀접불가분한 관계에 있는 부수적인 업무도 포함되는 것이지만, 계속하여 행하는 사무가 아닌 공장의 이전과 같은 일회적인 사무는 업무방해죄의 객체가 되는 "업무"에 해당되지 않는다(대판 1989.9.12. 88도1752).
② 건물 임대인이 구청장의 조경공사 촉구지시에 따라 임대 건물 앞에서 1회적인 조경공사를 하는데 불과한 경우에는 위 "가"항의 "업무"에 해당되지 않는다(대판 1993.2.9. 92도2929).
③ 업무방해죄에 있어서의 업무란 직업 또는 사회생활상의 지위에 기하여 계속적으로 종사하는 사무나 사업의 일체를 의미하고, 그 업무가 주된 것이든 부수적인 것이든 가리지 아니하며, 일회적인 사무라 하더라도 그 자체가 어느 정도 계속하여 행해지는 것이거나 혹은 그것이 직업 또

는 사회생활상의 지위에서 계속적으로 행하여 온 본래의 업무수행과 밀접불가분의 관계에서 이루어진 경우에도 이에 해당한다 할 것이며, 한편 업무방해죄의 업무방해는 널리 그 경영을 저해하는 경우에도 성립하는데, 업무로서 행해져 온 회사의 경영행위에는 그 목적 사업의 직접적인 수행뿐만 아니라 그 확장, 축소, 전환, 폐지 등의 행위도 정당한 경영권 행사의 일환으로서 이에 포함된다. 따라서 회사가 사업장의 이전을 계획하고 그 이전을 전후하여 사업을 중단 없이 영위할 목적으로 이전에 따른 사업의 지속적인 수행방안, 새 사업장의 신축 및 가동개시와 구 사업장의 폐쇄 및 가동중단 등에 관한 일련의 경영상 계획의 일환으로서 시간적·절차적으로 일정기간의 소요가 예상되는 사업장 이전을 추진, 실시하는 행위는 그 자체로서 일정기간 계속성을 지닌 업무의 성격을 지니고 있을 뿐만 아니라 회사의 본래 업무인 목적 사업의 경영과 밀접불가분의 관계에서 그에 수반하여 이루어지는 것으로 볼 수 있으므로 이 점에서도 업무방해죄에 의한 보호의 대상이 되는 업무에 해당한다(대판 2005.4.15. 2004도8701).

판례 업무성 긍정 판례

① <u>경비원은 상사의 명령에 의하여 주로 경비업무등 노무를 제공하는 직분을 가지고 있는 것이므로 상사의 명에 의하여 그 직장의 업무를 수행한다면 설사 그 업무가 본조의 계속적인 직무권한에 속하지 아니한 일시적인 것이라 할지라도 본죄의 업무에 해당한다</u>(대판 1971.5.24. 71도399).

② 피고인들이 마이크를 빼앗으며 유림총회의 회의를 진행하지 못하게 하고 피해자를 비방하면서 걸려 있는 현수막을 제거하고 회의장에 들어가려는 대의원들을 회의에 참석하지 못하게 하였다면 <u>위력으로 피해자의 유림총회 개최업무를 방해한 것이라고 보아야 할 것이고</u>, 피해자가 유림대표 선출에 관한 규정에 위배하여 위 회의를 개최하였고, 결국 총회의 무기연기가 선언되었다고 하여도 업무방해죄의 성립에 영향이 없다(대판 1991.2.12. 90도2501).

③ <u>주간에 있어서의 공장 조업이 끝났다고 하더라도 공장을 가동하여 섬유제품을 생산, 가공, 판매하는 회사 본래의 주된 영업활동을 원활하게 수행하기 위하여 위 회사는 공장건물 및 기자재 관리나 당직근무자 등을 통한 공장출입자에 대한 통제를 야간에도 계속해야 함은 물론 전체 회사 직원들의 출퇴근이 제대로 이루어질 수 있도록 공장 정문의 정상적인 개폐 등에도 만전을 기하여야 하는 것이며, 이러한 업무는 위 회사의 주된 업무와 밀접불가분의 관계에 있으면서 계속적으로 수행되어지는 회사의 부수적 업무라 할 것이므로 이는 업무방해죄에서 보호의 대상으로 삼고 있는 업무에 해당된다</u>(대판 1992.2.11. 91도1834).

④ <u>종중 정기총회를 주재하는 종중 회장의 의사진행업무 자체는 1회성을 갖는 것이라고 하더라도 그것이 종중 회장으로서의 사회적인 지위에서 계속적으로 행하여 온 종중 업무수행의 일환으로 행하여진 것이라면, 그와 같은 의사진행업무도 형법 제314조 소정의 업무방해죄에 의하여 보호되는 업무에 해당되고, 또 종중 회장의 위와 같은 업무는 종중원들에 대한 관계에서는 타인의 업무라고 한 사례</u>(대판 1995.10.12. 95도1589).

⑤ <u>대학원 입학전형 업무를 방해함에 있어서 피고인들이 공모하여 방조한 이상 대학원 입학전형 업무가 업무방해죄의 객체인 '업무'에 해당된다</u>(대판 1995.12.5. 94도1520).

⑥ <u>형법상 업무방해죄의 보호대상이 되는 '업무'라 함은 직업 또는 계속적으로 종사하는 사무나 사업을 말하는 것으로서 타인의 위법한 행위에 의한 침해로부터 보호할 가치가 있는 것이면 되고, 그 업무의 기초가 된</u>

계약 또는 행정행위 등이 반드시 적법하여야 하는 것은 아니라고 할 것이다. 공유수면관리법 제4조에 의하면 공유수면을 점용하려는 자는 관리청으로부터 점용허가를 받도록 규정되어 있고, 이 사건에 있어서 위 회사는 관리청으로부터 위 선착장에 대한 공유수면점용허가를 받지 아니하기는 하였으나, 한편 위 법 제8조, 동 시행령 제5조에 의하면 위 점용허가를 받은 자는 관리청의 허가를 받아 허가받은 권리를 이전할 수 있도록 규정하고 있고, 기록에 의하면 위 회사는 관리청인 고흥군으로부터 따로 선착장에 대한 점용허가를 받음이 없이 고흥군의 지시에 따라 선착장점용허가권자인 마을주민 대표들과 임대차계약을 체결하고 위 선착장을 이용하여 왔던 사실을 알 수 있음에 비추어, 위 회사의 폐석운반 업무를 업무방해죄에 의하여 보호하여야 할 대상이 되지 못하는 업무라고 단정하기는 어렵다고 할 것이다(대판 1996.11.12. 96도2214).

판례 업무성 부정 판례

① 형법상 업무방해죄의 보호대상이 되는 '업무'라 함은 직업 기타 사회생활상의 지위에 기하여 계속적으로 종사하는 사무 또는 사업을 말하는 것인데, 주주로서 주주총회에서 의결권 등을 행사하는 것은 주식의 보유자로서 그 자격에서 권리를 행사하는 것에 불과할 뿐 그것이 '직업 기타 사회생활상의 지위에 기하여 계속적으로 종사하는 사무 또는 사업'에 해당한다고 할 수 없다(대판 2004.10.28. 2004도1256).

② 공무원으로부터 업무를 위탁받아 수행하는 사인의 업무집행을 방해하였다는 이유로 업무방해죄로 기소가 된 경우, 형법상 업무방해죄의 보호대상이 되는 '업무'라 함은 직업 또는 계속적으로 종사하는 사무나 사업을 말하는 것으로서 타인의 위법한 행위에 의한 침해로부터 보호할 가치가 있는 것이면 되고, 그 업무의 기초가 된 계약 또는 행정행위 등이 반드시 적법하여야 하는 것은 아니나, 정당한 업무집행이라고 할 수 없는 행위에 대하여는 이를 위력으로 배제하였다고 하더라도 업무방해죄가 성립되지 아니한다고 할 것이다(대판 1967.10.31. 67도1086, 대판 1970. 8.31. 70도1384, 대판 1980.9.9. 79도249 등 참조). 또한, 도로관리청 또는 그로부터 권한을 위임받아 과적차량 단속을 위한 적재량 측정의 업무를 수행하는 자라고 하더라도, 적재량 측정을 강제할 수 있는 법령상의 근거가 없는 한, 측정에 불응하는 자를 고발하는 것은 별론으로 하고, 측정을 강제하기 위한 조치를 취할 권한은 없으므로, 이를 위한 조치가 정당한 업무집행이라고 볼 수는 없다. 원심판결이 도로관리청으로부터 권한을 위임받아 고속도로에서의 과적단속 업무를 담당하는 피해자로부터 축조작을 의심받고 적재량 재측정을 요구받은 피고인이 이를 거부하고 고속도로를 빠져나가려 하자, 재측정을 시킬 목적으로 차량에 올라탄 피해자를 그대로 둔 채 차량을 진행한 행위에 대하여 업무방해의 결과가 발생할 위험이 없다고 판단한 조치는 위와 같은 법리에 따른 것으로 정당하고, 거기에 업무방해죄의 업무방해행위에 대한 법리를 오해한 위법이 없다(대판 2010.6.10. 2010도935).

③ 형법상 업무방해죄의 보호대상이 되는 '업무'라 함은 직업 기타 사회생활상의 지위에 기하여 계속적으로 종사하는 사무 또는 사업을 말하는 것인데, 초등학생들이 학교에 등교하여 교실에서 수업을 듣는 것은 헌법 제31조가 정하고 있는 무상으로 초등교육을 받을 권리 및 초·중등교육법 제12조, 제13조가 정하고 있는 국가의 의무교육 실시의무와 부모들의 취학의무 등에 기하여 학생들 본인의 권리를 행사하는 것이거나 국가 내지 부모들의 의무를 이행하는 것에 불과할 뿐 그것이 '직업 기타 사회생활상의 지위에 기하여 계속적으로 종사하는 사무 또는 사업'에 해당한다고 할 수 없다(대판 2013.6.14. 2013도3829).

판례 | 업무의 보호가치 인정 판례

① 건물의 전차인이 임대인의 승낙 없이 전차하였다고 하더라도 전차인이 불법침탈 등의 방법에 의하여 위 건물의 점유를 개시한 것이 아니고 그 동안 평온하게 음식점 등 영업을 하면서 점유를 계속하여 온 이상 위 전차인의 업무를 업무방해죄에 의하여 보호받지 못하는 권리라고 단정할 수 없다(대판 1986.12.23. 86도1372).

② 단체협약에 따른 공사 사장의 지시로 09:00 이전에 출근하여 업무준비를 한 후 09:00부터 근무를 하도록 되어 있음에도 피고인이 쟁의행위의 적법한 절차를 거치지도 아니한 채 조합원들로 하여금 집단으로 09:00 정각에 출근하도록 지시를 하여 이에 따라 수백, 수천 명의 조합원들이 집단적으로 09:00 정각에 출근함으로써 전화고장수리가 지연되는 등으로 위 공사의 업무수행에 지장을 초래하였다면 이는 실질적으로 피고인 등이 위 공사의 정상적인 업무수행을 저해함으로써 그들의 주장을 관철시키기 위하여 한 쟁의행위라 할 것이나 쟁의행위의 적법한 절차를 거치지 아니하였음은 물론 이로 인하여 공익에 커다란 영향을 미치는 위 공사의 정상적인 업무운영이 방해되었을 뿐만 아니라 전화고장수리 등을 받고자 하는 수요자들에게도 상당한 지장을 초래하게 된 점 등에 비추어 정당한 쟁의행위의 한계를 벗어난 것으로 업무방해죄를 구성하고, 피고인의 이와 같은 행위가 노동3권을 보장받고 있는 근로자의 당연한 권리행사로서 형법 제20조 소정의 정당행위에 해당한다고 볼 수 없다고 한 사례(대판 1996.5.10. 96도419).

③ 업무방해죄에 있어서 그 보호대상이 되는 '업무'라 함은 직업 또는 계속적으로 종사하는 사무나 사업을 말하는 것으로서 타인의 위법한 행위에 의한 침해로부터 보호할 가치가 있는 것이면 되고, 그 업무의 기초가 된 계약 또는 행정행위 등이 반드시 적법하여야 하는 것은 아니다(대판 1991.6.28. 91도944 등 참조). 기록에 의하면, 이 사건 주차장은 원래의 소유자이었던 공소외 1로부터 공소외 2, 3, 4에게로 순차 임대 또는 전대되어 공소외 4가 운영해 오고 있었던 것임을 알 수 있으므로, 설령 피고인이 정당한 소유자로부터 위 주차장을 새로 임대받았다고 하더라도, 피고인이 적법절차에 따라 권리를 확보하고 보호받는 것은 별론으로 하고, 피고인이 다른 특별한 사정 없이 공소외 4의 주차장 영업을 방해한 행위는 업무방해죄에 해당한다고 할 것이다(대판 2008.3.14. 2007도11181).

판례 | 업무의 보호가치 부정 판례

① 토지 점유자가 소유자 또는 관리인에 대하여 토지를 점유할 권원을 대항할 수 없다 할지라도 관리인의 합법적인 절차에 의하여 점유를 개시하지 아니하고 경작하는 농사를 정당한 업무수행이라 할 수 없으므로 관리인의 강제경작하려는 행위를 방해하였다 하여 업무방해죄가 성립되지 아니한다(대판 1975.12.23. 74도3255).

② ㈎ 백화점 입주상인들이 영업을 하지 않고 매장 내에서 점거 농성만을 하면서 매장 내의 기존의 전기시설에 임의로 전선을 연결하여 각종 전열기구를 사용함으로써 화재위험이 높아 백화점 경영 회사의 대표이사인 피고인이 부득이 단전조치를 취하였다면, 그 단전조치 당시 보호받을 업무가 존재하지 않았을 뿐만 아니라 화재예방 등 건물의 안전한 유지 관리를 위한 정당한 권한 행사의 범위 내의 행위에 해당하므로 피고인의 단전조치가 업무방해죄를 구성한다고 볼 수 없다고 한 원심판결을 수긍한 사

례. (나) 업무방해죄의 보호대상이 되는 업무는 직업 또는 계속적으로 종사하는 사무나 사업을 말하는 것으로서 타인의 위법한 행위에 의한 침해로부터 보호할 가치가 있는 것이면 되고, 그 업무의 기초가 된 계약 또는 행정행위 등이 반드시 적법하여야 하는 것은 아니다(대판 1995.6.30. 94도3136).

③ 형법상 업무방해죄의 보호대상이 되는 '업무'라고 함은 직업 또는 계속적으로 종사하는 사무나 사업으로서 타인의 위법한 침해로부터 형법상 보호할 가치가 있는 것이어야 하므로 어떤 사무나 활동 자체가 위법의 정도가 중하여 사회생활상 도저히 용인될 수 없는 정도로 반사회성을 띠는 경우에는 업무방해죄의 보호대상이 되는 '업무'에 해당한다고 볼 수 없다. <u>의료인이나 의료법인이 아닌 자가 의료기관을 개설하여 운영하는 행위는 그 위법의 정도가 중하여 사회생활상 도저히 용인될 수 없는 정도로 반사회성을 띠고 있으므로 업무방해죄의 보호대상이 되는 '업무'에 해당하지 않는다</u>(대판 2001.11.30. 2001도2015).

④ <u>법원의 직무집행정지 가처분결정에 의하여 그 직무집행이 정지된 자가 법원의 결정에 반하여 직무를 수행함으로써 업무를 계속 행하는 경우 그 업무는 국법질서와 재판의 존엄성을 무시하는 것으로서</u> 사실상 평온하게 이루어지는 사회적 활동의 기반이 되는 것이라 할 수 없고, 비록 그 업무가 반사회성을 띠는 경우라고까지는 할 수 없다고 하더라도 법적 보호라는 측면에서는 그와 동등한 평가를 받을 수밖에 없으므로, <u>그 업무 자체는 법의 보호를 받을 가치를 상실하였다고 하지 않을 수 없어 업무방해죄에서 말하는 업무에 해당하지 않는다고 한 사례</u>(대판 2002.8.23. 2001도5592).

⑤ 공인중개사인 피고인이 자신의 명의로 등록되어 있으나 실제로는 공인중개사가 아닌 피해자가 주도적으로 운영하는 형식으로 동업하여 중개사무소를 운영하다가 위 동업관계가 피해자의 귀책사유로 종료되고 피고인이 동업 관계의 종료로 부동산중개업을 그만두기로 한 경우, <u>피해자의 중개업은 법에 의하여 금지된 행위로서 형사처벌의 대상이 되는 범죄행위에 해당하는 것으로서 업무방해죄의 보호대상이 되는 업무라고 볼 수 없다고 한 사례</u>(대판 2007.1.12. 2006도6599. 공보불게재).

⑥ 구 성매매알선 등 행위의 처벌에 관한 법률(2010. 4. 15. 법률 제10261호로 개정되기 전의 것)은 제2조 제1항 제2호에서 성매매알선 등 행위에 해당하는 행위로 '성매매를 알선·권유·유인 또는 강요하는 행위', '성매매의 장소를 제공하는 행위' 등을 규정하고, 제4조 제2호 및 제4호에서 성매매알선행위와 성을 파는 행위를 하게 할 목적으로 타인을 고용·모집하는 행위를 금지하고, 이를 위반하여 성매매알선 등 행위를 한 자 및 미수범을 형사처벌하도록 규정하고 있으므로(같은 법 제19조 제1항 제1호, 제2항 제1호, 제23조 등 참조), <u>성매매알선 등 행위는 법에 의하여 원천적으로 금지된 행위로서 형사처벌의 대상이 되는 중대한 범죄행위일 뿐 아니라 정의관념상 용인될 수 없는 정도로 반사회성을 띠는 경우에 해당하므로, 업무방해죄의 보호대상이 되는 업무라고 볼 수 없다</u>(대판 2011.10.13. 2011도7081). [해설] 업무방해죄를 통해 보호하고자 하는 업무에 포함될 수 없는 경우를 제시하고 있는 사례.

판례 공무와 업무

① [다수의견] 형법상 업무방해죄의 보호법익은 업무를 통한 사람의 사회적·경제적 활동을 보호하려는 데 있으므로, 그 보호대상이 되는 '업무'란 직업 또는 계속적으로 종사하는 사무나 사업을 말하고, 여기서 '사무' 또는 '사업'은 단순히 경제적 활동만을 의미하는 것이 아니라 널리 사

람이 그 사회생활상의 지위에서 계속적으로 행하는 일체의 사회적 활동을 의미한다. 한편, 형법상 업무방해죄와 별도로 규정한 공무집행방해죄에서 '직무의 집행'이란 널리 공무원이 직무상 취급할 수 있는 사무를 행하는 것을 의미하는데, 이 죄의 보호법익이 공무원에 의하여 구체적으로 행하여지는 국가 또는 공공기관의 기능을 보호하고자 하는 데 있는 점을 감안할 때, 공무원의 직무집행이 적법한 경우에 한하여 공무집행방해죄가 성립하고, 여기에서 적법한 공무집행이란 그 행위가 공무원의 추상적 권한에 속할 뿐 아니라 구체적 직무집행에 관한 법률상 요건과 방식을 갖춘 경우를 가리키는 것으로 보아야 한다. 이와 같이 업무방해죄와 공무집행방해죄는 그 보호법익과 보호대상이 상이할 뿐만 아니라 업무방해죄의 행위유형에 비하여 공무집행방해죄의 행위유형은 보다 제한되어 있다. 즉 공무집행방해죄는 폭행, 협박에 이른 경우를 구성요건으로 삼고 있을 뿐 이에 이르지 아니하는 위력 등에 의한 경우는 그 구성요건의 대상으로 삼고 있지 않다. 또한, 형법은 공무집행방해죄 외에도 여러 가지 유형의 공무방해행위를 처벌하는 규정을 개별적·구체적으로 마련하여 두고 있으므로, 이러한 처벌조항 이외에 공무의 집행을 업무방해죄에 의하여 보호받도록 하여야 할 현실적 필요가 적다는 측면도 있다. 그러므로 <u>형법이 업무방해죄와는 별도로 공무집행방해죄를 규정하고 있는 것은 사적 업무와 공무를 구별하여 공무에 관해서는 공무원에 대한 폭행, 협박 또는 위계의 방법으로 그 집행을 방해하는 경우에 한하여 처벌하겠다는 취지라고 보아야 한다. 따라서 공무원이 직무상 수행하는 공무를 방해하는 행위에 대해서는 업무방해죄로 의율할 수는 없다고 해석함이 상당하다</u>(대판 2009.11.19. 2009도4166 전원합의체). [해설] 공무집행방해죄와 업무방해죄의 관계에 대하여 판단하고 있는 사례. 처벌 필요성을 근거로, 공공기관 민원실에서 민원인들이 위력에 해당하는 소란을 피운 행위에 대하여 공무집행방해죄로 처벌할 수 없으며, 업무방해죄로도 처벌할 수 없다는 판결.

② [1] 형법 제314조 제1항의 업무방해죄는 허위의 사실을 유포하거나 기타 위계 또는 위력으로써 사람의 업무를 방해한 때에 성립하는 범죄이고, 그 보호법익은 업무를 통한 사람의 사회적·경제적 활동을 보호하려는 데에 있다. 그런데 형법은 업무방해죄와는 별도로 '공무방해에 관한 죄'의 하나로서 폭행, 협박 또는 위계로써 공무원의 직무집행을 방해하는 행위를 공무집행방해죄로 규정하고 있고(제136조 제1항, 제137조), 그 보호법익은 공무원에 의하여 구체적으로 행하여지는 국가 또는 공공기관의 기능을 보호하려는 데에 있다. 이와 같이 업무방해죄와 공무집행방해죄는 그 보호법익과 보호대상이 상이할 뿐만 아니라 업무방해죄의 행위유형에 비하여 공무집행방해죄의 행위유형은 보다 제한되어 있는 점 등에 비추어 보면, <u>형법이 업무방해죄와는 별도로 공무집행방해죄를 규정하고 있는 것은 사적 업무와 공무를 구별하여 공무에 관해서는 공무원에 대한 폭행, 협박 또는 위계의 방법으로 그 집행을 방해하는 경우에 한하여 처벌하겠다는 취지라고 보아야 한다. 따라서 공무원이 직무상 수행하는 공무를 방해하는 행위에 대해서는 업무방해죄로 의율할 수는 없다고 해석함이 상당하다.</u> [2] 경찰청 민원실에서 말똥을 책상 및 민원실 바닥에 뿌리고 소리를 지르는 등 난동을 부린 행위가 '위력'으로 경찰관의 민원접수 업무를 방해한 것이라는 이유로 업무방해에 해당한다고 본 원심판결에 법리오해의 위법이 있다고 한 사례(대판 2010.2.25. 2008도9049).

③ [1] 형법이 업무방해죄와는 별도로 공무집행방해죄를 규정하고 있는 것은 사적 업무와 공무를 구별하여 <u>공무에 관해서는 공무원에 대한 폭행, 협박 또는 위계의 방법으로 그 집행을 방해하는 경우에 한하여 처벌하겠다는 취지라고 보아야 할 것이고, 따라서 공무원이 직무상 수행하는 공무를 방해하는 행위에 대해서는 업무방해죄로 의율할 수는 없다.</u> [2] 피고인이 甲 등과 공모하여 위력으로 시장(市長) 乙

및 丙 회사 관계자 등의 기자회견 업무를 방해하였다는 내용으로 기소된 사안에서, 공소사실 중 공무원 乙의 기자회견 업무에 대한 업무방해의 점을 유죄로 인정한 원심판결에 업무방해죄 성립범위에 관한 법리오해의 위법이 있다고 한 사례(대판 2011.7.28. 2009도11104. 공보불게재).

판례 │ 허위사실의 유포

① 피고인의 구속 형사사건의 변호인으로 선임된 변호사가 피고인에게 무죄판결을 받아주겠다고 약속한 일이 없고 피고인이 범죄사실을 자백하여 유죄의 선고를 받고 확정되었는데도, 피고인이 사람의 통행이 빈번한 변호사 사무실 앞에서 등에 붉은색 페인트로 "무죄라고 약속하고 이백만 원에 선임했다. 사건담당변호사"라는 등을 기재한 흰까운을 입고 주변을 배회하는 등 하였다면 이는 공연히 허위의 사실을 적시하여 유포함으로써 변호사로서의 업무의 경영을 저해하는 경우에 해당하므로 업무방해죄를 구성한다(대판 1991.8.27. 91도1344).

② [1] 업무방해죄의 성립에 있어서 업무방해의 결과가 실제로 발생함을 요하는 것은 아니고 업무방해의 결과를 초래할 위험이 발생하면 족하다고 할 것이며, 업무를 '방해한다' 함은 업무의 집행 자체를 방해하는 것은 물론이고 널리 업무의 경영을 저해하는 것도 포함한다. [2] 피해자가 대표이사인 회사의 소방사업부장이 소속 직원들에게 허위의 사실을 유포하는 등의 방법을 사용하여 직원들로부터 사표를 제출받은 경우, 직원들이 집단적으로 사표를 제출함으로써 일시적으로나마 소방사업부의 업무에서 이탈하거나 업무를 중단할 위험이 생겼고 그로 인하여 피해자의 소방사업부 업무의 경영을 저해할 위험성이 발생하였다고 볼 것이므로, 업무방해죄가 성립된다(대판 2002.3.29. 2000도3231).

③ 방송국 프로듀서 등 피고인들이 특정 프로그램 방송보도를 통하여 미국산 쇠고기는 광우병 위험성이 매우 높은 위험한 식품이고 우리나라 사람들이 유전적으로 광우병에 몹시 취약하다는 취지의 허위사실을 유포하여 미국산 쇠고기 수입·판매업자들의 업무를 방해하였다는 내용으로 기소된 사안에서, 방송보도의 전체적인 취지와 내용이 미국산 쇠고기의 식품 안전성 문제 및 쇠고기 수입 협상의 문제점을 지적하고 협상체결과 관련한 정부 태도를 비판한 것이라는 전제에서, 피고인들에게 업무방해의 고의가 있었다고 볼 수 없고 달리 이를 인정할 증거가 없다고 본 원심판단을 수긍한 사례(대판 2011.9.2. 2010도17237).

④ [1] 업무방해죄에서 '허위사실의 유포'라고 함은 객관적으로 진실과 부합하지 않는 사실을 유포하는 것으로서 단순한 의견이나 가치판단을 표시하는 것은 이에 해당하지 아니한다. 유포한 대상이 사실인지 또는 의견인지를 구별할 때는 언어의 통상적 의미와 용법, 증명가능성, 문제된 말이 사용된 문맥, 당시의 사회적 상황 등 전체적 정황을 고려하여 판단하여야 한다(대판 1998. 3.24. 97도2956, 대판 2011.9.2. 2010도17237 등 참조). 그리고 여기서 허위사실은 기본적 사실이 허위여야만 하는 것은 아니고, 기본적 사실은 허위가 아니라도 이에 허위사실을 상당 정도 부가시킴으로써 타인의 업무를 방해할 위험이 있는 경우도 포함된다. 그러나 그 내용의 전체 취지를 살펴볼 때 중요한 부분은 객관적 사실과 합치되는데 단지 세부적인 사실에 약간 차이가 있거나 다소 과장된 정도에 불과하여 타인의 업무를 방해할 위험이 없는 경우는 이에 해당하지 않는다. [2] 위와 같은 사실관계를 위 법리에 비추어 살펴보면, 이 사건 현수막에 지역주택조합 실패 시 개발 투자금 중 일부가 아니라 '전부'를 날릴 수 있다고 기재되어 있다고 하더라도, 이는 피고인들이 자신들

이 거주하는 지역에 지역주택조합이 설립되어 주택건설사업이 진행되는 것에 대한 반대의견을 표명하면서 지역주택조합에 투자하였다가 그 사업이 실패할 경우 투자금 손실을 입을 수 있다는 사실을 과장하여 표현한 것에 불과하므로, 이를 허위사실의 유포에 해당한다고 보기는 어렵다(대판 2017.4.13. 2016도19159).

⑤ 업무방해죄에서 '허위사실의 유포'란 객관적으로 진실과 부합하지 않는 사실을 유포하는 것으로서 단순한 의견이나 가치판단을 표시하는 것은 이에 해당하지 않는다. 유포한 대상이 사실과 의견 가운데 어느 것에 속하는지 판단할 때는 언어의 통상적 의미와 용법, 증명가능성, 문제 된 말이 사용된 문맥, 당시의 사회적 상황 등 전체적 정황을 고려해서 판단해야 한다. 의견표현과 사실 적시가 혼재되어 있는 경우에는 이를 전체적으로 보아 허위사실을 유포하여 업무를 방해한 것인지 등을 판단해야지, 의견표현과 사실 적시 부분을 분리하여 별개로 범죄의 성립 여부를 판단해서는 안 된다. 반드시 기본적 사실이 거짓이어야 하는 것은 아니고 비록 기본적 사실은 진실이더라도 이에 거짓이 덧붙여져 타인의 업무를 방해할 위험이 있는 경우도 업무방해에 해당한다. 그러나 그 내용 전체의 취지를 살펴볼 때 중요한 부분이 객관적 사실과 합치되고 단지 세부적으로 약간의 차이가 있거나 다소 과장된 표현이 있는 정도에 지나지 않아 타인의 업무를 방해할 위험이 없는 경우는 이에 해당하지 않는다(대판 2021.9.30. 2021도6634). [해설] 전국공무원노동조합 대구경북지역본부장인 피고인이, 전국공무원노동조합 부산지역본부 소속 성명불상자로부터 부산공무원노동조합이 상급단체로 전국공무원노동조합(전공노)과 대한민국공무원노동조합총연맹(공노총)을 선택하려고 하니 전공노를 홍보할 수 있는 글을 써달라는 부탁을 받고 "한번 상급 단체 결정을 하면 다시 바꾸기 어렵습니다."라는 제목으로 "대구시청에는 공노총과 전국공무원노동조합이 있습니다. 공노총 초대위원장이 대구시청 노동조합 ○○○ 위원장이었지만, 공노총 대구시청노동조합이 그 동안 보여준 모습에 많은 조합원들은 지금 분노와 실망을 느끼고 있습니다. 조합원을 위한 사회 변혁과 조합원의 지위 향상을 위해 투쟁해야 하는데, 권력에 아부하는 대구시청 노동조합의 모습이 부끄럽고 실망스러웠기 때문입니다. 그래서 대구시청노동조합 위원장 선거에서는 현 위원장이 출마해서 재선을 한 경우가 없습니다(쟁점 표현). 조합원을 위해 일하지 않는 공노총 소속 노동조합 지도부를 조합원들이 더 이상 지지하지 않기 때문입니다. 부산시청공무원 여러분. 한번 상급 단체 결정을 하게 되면 다시 바꾸기가 어렵습니다. 전국공무원노동조합 대구광역시지부는 부산시청 조합원 여러분을 기다리고 있겠습니다."라는 글을 작성하여 게시하게 한 사안에서, 쟁점 표현 부분은 사실에 관한 것이지만 위 글은 의견표현과 사실 적시가 혼재되어 있고 내용 전체의 취지에 비추어 공노총에 대한 비판적인 의견을 표현하는 과정에서 세부적으로 잘못된 사실이나 과장된 표현이 사용된 것이어서 허위사실을 유포하여 업무를 방해할 위험이 발생하였다고 보기 어렵다고 판단하여 원심판결을 파기환송한 사례.

판례 위계

① 전용실시권 없이 의장권만을 경락에 의하여 취득한 자가 전용실시권에 기하여 그 권리범위에 속하는 물품을 제조판매하는 거래에 관하여 자기에게만 실시권이 있는 양 주장하면서 물품의 제조판매의 중지와 불응시 제재하겠다는 통고문을 내용증명우편으로 발송하였다면 이는 업무방해죄의 구성요건을 충족할 수 있다(대판 1977.4.26. 76도2446).

② [1] 채무자는 채권자로부터 채권의 양도통지를 받지 않은 이상 채권금은 원래의 채권자에게 반환할 의무가 있는 것이므로, 채권양도 통지 전에는 그 채무자가 채권자에게 그 채무금을 반환하면 유효한 변제가 되

는 것이고 채권자에 대하여 위 채무금의 지급을 거부할 권리를 유보하고 양수인에게만 지급해야 할 특별한 사정이 없는 한 채무자로서는 양수인이 채무의 지급을 구한다 하더라도 이를 거부할 권리가 있으므로 채권자가 위 채권의 양도사실을 밝히지 아니하고 직접 위 외상대금을 수령하였다 하여 기망수단을 써서 채무자를 착오에 빠뜨려 그 대금을 편취한 것이라 할 수 없다. [2] 피고인이 그가 경영하던 공장을 공소외 (갑)에게 양도하면서 미수 외상대금 채권의 수금권을 포기하기로 약정하고도 이를 외상채무자들에게 고지하지 아니하고 외상대금을 수령하였다 하여 이로써 위계로 위 공소외인의 공장경영의무를 방해한 것이라 할 수 없다(대판 1984.5.9. 83도2270). [해설] 양도 통지 전일 때는 채무자로써는 양도 사실을 알 수 없으므로 채무금을 원래 채권자에게 반환하는 것이 맞음. 따라서, 채무자는 자기 채무를 유효하게 이행한 것이고 이로써 채무자의 채무는 소멸. 채무자에게는 어떠한 손해도 없었으므로 양도사실을 밝히지 않았다 하더라도 사기죄는 성립하지 않음. 사기죄가 문제가 된다면 채권자와 양수인 사이의 문제이지 채무자와 채권자 사이의 문제는 아닌 것으로 파악하여야 함. 한편, 위와 같은 행위로 인해 공장양수인의 공장경영의무 자체에 대한 방해도 인정되지 아니하므로, 위계에 의한 업무방해죄도 성립하지 않음.

③ 교수인 피고인 갑이 출제교수들로부터 대학원신입생전형시험문제를 제출받아 피고인 을, 병에게 그 시험문제를 알려주자 그들이 답안쪽지를 작성한 다음 이를 답안지에 그대로 베껴써서 그 정을 모르는 시험감독관에게 제출한 경우, 위계로써 입시감독업무를 방해한 것이므로 업무방해죄에 해당한다(대판 1991.11.12. 91도2211).

④ 회사가 공원모집을 함에 있어 학력, 경력을 기재한 이력서와 주민등록등본, 생활기록부 및 각서 등 서류를 교부받고, 응모자를 상대로 문제를 출제하여 시험을 보게 한 것은 단순히 응모자의 노동력을 평가하기 위한 것만이 아니라 노사 간의 신뢰 형성및기업질서 유지를 위한 응모자의 지능과 경험, 교육 정도, 정직성및직장에 대한 적응도 등을 감안하여 위 회사의 근로자로서 고용할 만한 적격자인지 여부를 결정하기 위한 자료를 얻기 위함인 것으로 인정되는데 피고인이 노동운동을 하기 위하여 노동현장에 취업하고자 하나, 자신이 대학교에 입학한 학력과 국가보안법위반죄의 처벌 전력 때문에 쉽사리 입사할 수 없음을 알고, 타인 명의로 허위의 학력과 경력을 기재한 이력서를 작성하고, 동인의 고등학교 생활기록부 등 서류를 작성 제출하여 시험에 합격하였다면, 피고인은 위계에 의하여 위 회사의 근로자로서의 적격자를 채용하는 업무를 방해하였다(대판 1992.6.9. 91도2221).

⑤ 대학교 총장이 신입생을 추가로 모집함에 있어 기부금을 낸 학부모나 교직원 자녀들의 성적 또는 지망학과를 고쳐 석차가 추가로 모집하는 인원의 범위 내에 들도록 사정부를 허위로 작성한 다음 그 정을 모르는 입학사정위원들에게 제출하여 허위로 작성된 사정부에 따라 입학사정을 하게 함으로써 위 자녀들을 합격자로 사정하게 하였다면 이는 위계로써 입학사정업무를 방해하였다고 할 것이다(대판 1993.5.11. 92도255).

⑥ 채점절차가 실질적으로 완료되어 채점위원이라고 하더라도 채점상의 착오를 바로잡기 위한 것이 아닌 한 더 이상 채점결과를 변경할 수 없는 단계에서 일부 응시생들을 합격시킬 목적만으로 채점결과를 변경한 행위는 채점행위의 범위를 벗어난 것으로 채점을 담당한 교수의 권한에 속하는 것이 아님이 분명하고, 따라서 위와 같은 행위는 결국 아무 권한도 없이 이미 확정된 채점결과를 임의로 변경하여 대학원위원회의 합격자사정업무를 위계로써 방해한 것에 해당한다(대판 1993.12.28. 93도2669).

⑦ 학부모들이 대학교 교무처장 등에게 자녀들의 부정입학을 청탁하면서 그 대가로 대학교 측에 기부금명목의 금품을 제공하고 이에 따라 교무처장 등이 그들의 실제 입학시험성적을 임의로 고쳐 그 석차가 모집정원의 범위 내에 들도록 사정부를 허위로 작성한 다음 이를 그정을 모르는 입학사정위원들에게 제출하여 그들로 하여금 그 사정부에 따라 입학사정을 하게 함으로써 자녀들을 합격자로 사정처리 하게 한 것은 위계로써 입학사정위원들의 사정업무를 방해한 것이다(대판 1994.3.11. 93도2305).

⑧ 한국도로공사가 공소외 금성산전주식회사의 고속도로 통행요금징수 기계화시스템의 성능에 대한 2차 현장평가를 하게 되었는데, 위 금성산전주식회사와는 반대의 이해관계를 가진 공소외 삼성전자주식회사의 직원들인 피고인들이 위 설비가 차량판별시 타이어의 접지면을 고려하고 있어 타이어의 접지면이 통상 예정했던 경우와 달라지면 그 차량판별에 오차가 발생하는 등의 문제점이 있음을 알아내어, 위 설비의 차량판별에 있어서의 문제점을 부각시키기 위하여, 한국도로공사에 알리지 아니한 채, 인위적으로 각종 소형화물차 16대의 타이어 공기압을 낮추어 접지면을 증가시킨 후 위 설비가 설치되어 있는 동서울톨게이트 하행선 우측 2번 라인을 통과하도록 하였다면, 이와 같은 <u>피고인들의 행위는 위계를 사용하여 한국도로공사의 현장시험업무에 지장을 줄 위험을 발생케 한 것으로서, 이에 의하여 실지로 업무방해의 결과가 발생하였는지 여부에 상관없이 업무방해죄를 구성함에 충분하므로</u>(대판 1992.11.10. 92도1315 참조), <u>피고인들의 행위가 업무방해죄에 해당한다고 본 원심판단은 정당</u>하다 할 것이다(대판 1994.6.14. 93도288).

⑨ 금융실명거래및비밀보장에관한긴급재정경제명령을 위반한 행위가 업무방해죄를 구성한다(대판 1995.11.14. 95도1729).

⑩ [1] 일반적으로 석사학위논문 정도의 학술적 저작물을 작성함에 있어서는 논문작성 과정에서 타인으로부터 외국서적의 번역이나 자료의 통계처리 등 단순하고 기술적인 조력을 받는 것은 허용된다고 보아야 할 것이나, 그 작성자로서는 학위논문의 작성을 통하여 논문의 체제나 분류방법 등 논문 작성방법을 배우고, 지도교수가 중점적으로 지도하여 정립한 논문의 틀에 따라 필요한 문헌이나 자료를 수집하여 분석, 정리한 다음 이를 논문의 내용으로 완성하는 것이 가장 중요한 일이라 할 것이므로, <u>비록 논문작성자가 지도교수의 지도에 따라 논문의 제목, 주제, 목차 등을 직접 작성하였다고 하더라도 자료를 분석, 정리하여 논문의 내용을 완성하는 일의 대부분을 타인에게 의존하였다면 그 논문은 논문작성자가 주체적으로 작성한 논문이 아니라 타인에 의하여 대작된 것이라고 보아야 한다.</u> [2] 단순히 통계처리와 분석, 또는 외국자료의 번역과 타자만을 타인에게 의뢰한 것이 아니라 <u>전체 논문의 초안작성을 의뢰하고, 그에 따라 작성된 논문의 내용에 약간의 수정만을 가하여 제출하였음이 인정된다는 이유로 업무방해죄</u>에 대하여 무죄를 선고한 원심판결을 파기한 사례(대판 1996.7.30. 94도2708).

⑪ 시험의 출제위원이 문제를 선정하여 시험실시자에게 제출하기 전에 이를 유출하였다고 하더라도 이러한 행위 자체는 위계를 사용하여 시험실시자의 업무를 방해하는 행위가 아니라 그 준비단계에 불과한 것이고, 그 후 그와 같이 유출된 문제가 시험실시자에게 제출되지도 아니하였다면 그러한 문제유출로 인하여 시험실시 업무가 방해될 추상적인 위험조차도 있다고 할 수 없으므로 업무방해죄가 성립한다고 할 수 없다(대판 1999.12.10. 99도3487).

⑫ 형법 제314조 제1항 소정의 위계에 의한 업무방해죄에 있어서의 '위계'라 함은 행위자의 행위

목적을 달성하기 위하여 상대방에게 오인·착각 또는 부지를 일으키게 하여 이를 이용하는 것을 말하므로, 인터넷 자유게시판 등에 실제의 객관적인 사실을 게시하는 행위는, 설령 그로 인하여 피해자의 업무가 방해된다고 하더라도, 위 법조항 소정의 '위계'에 해당하지 않는다(대판 2007.6.29. 2006도3839).

⑬ [1] 업무방해죄에 있어서 행위의 객체는 타인의 업무이고, 여기서 타인이라 함은 법인 이외의 자연인과 법인 및 법인격 없는 단체를 가리킨다. [2] 지방공사 사장이 신규직원 채용권한을 행사하는 것은 공사의 기관으로서 공사의 업무를 집행하는 것이므로, 위 권한의 귀속주체인 사장 본인에 대한 관계에서도 업무방해죄의 객체인 타인의 업무에 해당한다고 한 사례. [3] 신규직원 채용권한을 가지고 있는 지방공사 사장이 시험업무 담당자들에게 지시하여 상호 공모 내지 양해하에 시험성적 조작 등의 부정한 행위를 한 경우, 법인인 공사에게 신규직원 채용업무와 관련하여 오인·착각 또는 부지를 일으키게 한 것이 아니므로, '위계'에 의한 업무방해죄에 해당하지 않는다고 한 사례(대판 2007.12.27. 2005도6404).

⑭ 다른 사람이 작성한 논문을 피고인 단독 혹은 공동으로 작성한 논문인 것처럼 학술지에 제출하여 발표한 논문연구실적을 부교수 승진심사 서류에 포함하여 제출한 사안에서, 당해 논문을 제외한 다른 논문만으로도 부교수 승진 요건을 월등히 충족하고 있었다는 등의 사정만으로는 승진심사 업무의 적정성이나 공정성을 해할 위험성이 없었다고 단정할 수 없으므로, 위계에 의한 업무방해죄를 구성한다고 한 사례(대판 2009.9.10. 2009도4772).

⑮ 특정 회사가 제공하는 게임사이트에서 정상적인 포커게임을 하고 있는 것처럼 가장하면서 통상적인 업무처리 과정에서 적발해 내기 어려운 사설 프로그램('한도우미 프로그램')을 이용하여 약관상 양도가 금지되는 포커머니를 약속된 상대방에게 이전해 준 사안에서, 이는 구 정보통신망 이용촉진 및 정보보호 등에 관한 법률(2008. 6. 13. 법률 제9119호로 개정되기 전의 것) 제48조 제2항에서 정한 '악성프로그램'이나 형법 제314조 제2항에 정한 '부정한 명령의 입력'에 해당하지는 않지만, 회사의 정상적인 게임사이트 운영 업무를 방해한 것이므로 위계에 의한 업무방해죄를 구성한다(대판 2009.10.15. 2007도9334).

⑯ 위계에 의한 업무방해죄에서 '위계'란 행위자가 행위목적을 달성하기 위하여 상대방에게 오인·착각 또는 부지를 일으키게 하여 이를 이용하는 것을 말하고, 업무방해죄의 성립에는 업무방해의 결과가 실제로 발생함을 요하지 않고 업무방해의 결과를 초래할 위험이 발생하면 족하며, 업무수행 자체가 아니라 업무의 적정성 내지 공정성이 방해된 경우에도 업무방해죄가 성립한다(대판 2010.3.25. 2009도8506).

⑰ [1] 위계에 의한 업무방해죄에서 '위계'란 행위자가 행위목적을 달성하기 위하여 상대방에게 오인, 착각 또는 부지를 일으키게 하여 이를 이용하는 것을 말하고, 업무방해죄의 성립에는 업무방해의 결과가 실제로 발생함을 요하지 않고 업무방해의 결과를 초래할 위험이 발생하면 족하며, 업무수행 자체가 아니라 업무의 적정성 내지 공정성이 방해된 경우에도 업무방해죄가 성립한다. 나아가 컴퓨터 등 정보처리장치에 정보를 입력하는 등의 행위가 그 입력된 정보 등을 바탕으로 업무를 담당하는 사람의 오인, 착각 또는 부지를 일으킬 목적으로 행해진 경우에는 그 행위가 업무를 담당하는 사람을 직접적인 대상으로 이루어진 것이 아니라고 하여 위계가 아니라고 할 수는 없다. [2] 갑 정당의 제19대 국회의원 비례대표 후보자 추천을 위한 당내 경선과정에서 피고인들이 선거권자들로부터 인증번호만을 전달받은 뒤 그들 명의로 특정 후보자에게 전자투표를 함으로써 위계로써 갑 정당의 경선관리 업무를 방해하였다는 내용으로 기소된 사안에서, 국회의원 비례대표 후보자 명단을 확정하기 위한 당내 경선은 정당의 대표자나 대의원을 선

출하는 절차와 달리 국회의원 당선으로 연결될 수 있는 중요한 절차로서 직접투표의 원칙이 그러한 경선절차의 민주성을 확보하기 위한 최소한의 기준이 된다고 할 수 있는 점 등 제반 사정을 종합할 때, <u>당내 경선에도 직접·평등·비밀투표 등 일반적인 선거원칙이 그대로 적용되고 대리투표는 허용되지 않는다는 이유로 피고인들에게 유죄를 인정한 사례</u>(대판 2013.11.28. 2013도5117).

⑱ [1] 이 사건 공소사실 중 업무방해의 점의 요지는, "피고인이 피해자 게임회사들이 제작한 모바일게임의 이용자들의 게임머니나 능력치를 높게 할 수 있는 변조된 게임프로그램을 불상의 해외 인터넷 사이트에서 다운로드받은 다음, 모바일 어플리케이션 수정 프로그램을 이용하여 피고인이 위와 같은 게임프로그램을 제공한다는 것을 나타내는 문구가 게임프로그램 실행 시 화면에 나올 수 있도록 게임프로그램을 변조한 후, 피고인이 직접 개설한 모바일 어플리케이션 공유사이트 게시판에 접속한 사람들로 하여금 이를 공유할 수 있도록 위와 같이 변조한 게임프로그램들을 게시·유포하여 위계로써 피해자 게임회사들의 정상적인 영업업무를 방해하였다." 라는 것이다. [2] (1) 형법 제314조 제1항에서 정하는 위계에 의한 업무방해죄에서 '위계'란 행위자가 행위의 목적을 달성하기 위하여 상대방에게 오인·착각 또는 부지를 일으키게 하여 이를 이용하는 것을 말한다(대판 2014.12.24. 2013도8734 참조). (2) 게임이용자가 이 사건 공소사실과 같이 변조된 게임프로그램을 자신의 모바일 기기에 설치하고 이를 실행하여 게임서버에 접속하는 경우, 게임회사로서는 위와 같이 변조된 게임프로그램을 설치·실행하여 서버에 접속한 게임이용자와 정상적인 게임프로그램을 설치·실행하여 서버에 접속한 게임이용자를 구별할 수 없게 되므로, 게임이용자가 변조된 게임프로그램을 설치·실행하여 게임서버에 접속하여야 비로소 게임회사에 대한 위계에 의한 업무방해죄가 성립한다고 할 것이다. 그런데 <u>이 사건 공소사실에 업무방해행위로서 기재된 피고인의 행위는 피고인이 위와 같이 변조된 게임프로그램을 자신이 개설한 모바일 어플리케이션 공유사이트 게시판에 게시하여, 그 게시판에 접속한 사람들이 이를 다운로드받아 이용할 수 있도록 하였다는 것일 뿐, 피고인이 변조된 게임프로그램을 실행하여 그 게임서버에 직접 접속하였다거나, 위 공유사이트 게시판에서 위와 같이 변조된 게임프로그램을 다운로드받은 게임이용자와 공모하여 그 게임이용자가 변조된 게임프로그램을 실행하여 그 게임서버에 직접 접속하였다는 것이 아니다. 따라서 피고인이 어떠한 방법으로 변조된 게임프로그램을 실행하여 그 게임서버에 접속하였는지에 관하여는 전혀 특정하지 아니한 채, 피고인이 변조된 게임프로그램을 이 사건 공소사실과 같은 방법으로 게시·유포하였다는 위 공소사실 기재 행위만으로는 그 게임프로그램을 제작한 게임회사들에 대하여 오인, 착각, 부지를 일으켜 업무를 방해하였다고 보기 어렵다</u>(대판 2017.2.21. 2016도15144).

⑲ [1] 형법 제314조 제1항에 규정된 업무방해죄에서 행위의 객체는 타인의 업무이고, 여기서 말하는 타인은 범인 이외의 자연인·법인 또는 법인격 없는 단체를 가리킨다. 또한, 위계에 의한 업무방해죄에서 '위계'란 행위자가 행위의 목적을 달성하기 위하여 상대방에게 오인·착각 또는 부지를 일으키게 하여 이를 이용하는 것을 말한다(대판 2007.12.27. 2005도6404 등 참조). [2] 공소외 1 회사의 직원 채용 업무는 그 대표이사인 원심공동피고인 1에게 귀속되고 원심이 이 사건 업무방해죄의 피해자로 특정한 공소외 2는 공소외 1 회사의 직원 채용에 면접위원으로 참가하였을 뿐이므로, 공소외 2의 업무는 원심이 판시한 '공정하고 객관적인 직원 채용에 관한 업무'가 아니라 공소외 1 회사의 직원 채용을 위한 '면접업무'에 불과하다. 공소외 2는 응시자들에 대한 면접을 마치고 공소외 5에게 채점표를 작성하여 제출한 뒤 면접장소를 이탈함으로써 공소외 2의 면접업무는 종료되었다. 그 후 피고인은 영어로 면접한 응시생 중에서 영어 구사능력이 우수하다고 판단한 사람을 합격시키면

좋겠다는 취지로 남아 있던 다른 면접위원들을 설득한 것으로 보이고 남은 면접위원들이 피고인의 제안을 수용하여 최종합격자를 결정하였다. 이처럼 피고인이 최종합격자를 선정하는 데 영향력을 행사하였더라도 그러한 행위가 면접업무를 이미 마친 공소외 2에게 오인·착각 또는 부지를 일으켰다고 할 수 없다. [3] 한편 직원 채용권한을 갖고 있는 공소외 1 회사의 대표이사 원심공동피고인 1은 이 사건 채용계획에 정해진 최종합격자 결정 방법과는 다르게 피고인이 적합하다고 판단한 응시자를 최종합격자로 채용하는 것을 양해하였던 것으로 보이므로, 피고인이 최종합격자를 선정하는 과정에서 원심공동피고인 1을 오인 또는 착각에 빠트렸다거나 원심공동피고인 1의 부지를 이용하였다고 보기 어렵다(대판 2017.5.30. 2016도18858).

⑳ [1] <u>업무방해죄의 성립에 있어서는 업무방해의 결과가 실제로 발생함을 요하지 않고 업무방해의 결과를 초래할 위험이 발생하면 족하다</u>(대판 2002.3.29. 2000도3231 등 참조). [2] 한편 상대방으로부터 신청을 받아 상대방이 일정한 자격요건 등을 갖춘 경우에 한하여 그에 대한 수용 여부를 결정하는 업무에 있어서는 신청서에 기재된 사유가 사실과 부합하지 않을 수 있음을 전제로 자격요건 등을 심사·판단하는 것이므로, 업무담당자가 사실을 충분히 확인하지 않은 채 신청인이 제출한 허위의 신청사유나 허위의 소명자료를 가볍게 믿고 이를 수용하였다면 이는 업무담당자의 불충분한 심사에 기인한 것으로서 신청인의 위계가 업무방해의 위험성을 발생시켰다고 할 수 없어 위계에 의한 업무방해죄를 구성하지 않는다. 그러나 <u>신청인이 업무담당자에게 허위의 주장을 하면서 이에 부합하는 허위의 소명자료를 첨부하여 제출한 경우 그 수리 여부를 결정하는 업무담당자가 관계 규정이 정한 바에 따라 그 요건의 존부에 관하여 나름대로 충분히 심사를 하였으나 신청사유 및 소명자료가 허위임을 발견하지 못하여 신청을 수리하게 될 정도에 이르렀다면 이는 업무담당자의 불충분한 심사가 아니라 신청인의 위계행위에 의하여 업무방해의 위험성이 발생된 것이어서 이에 대하여 위계에 의한 업무방해죄가 성립된다</u>(대판 2007.12.27. 2007도5030 등 참조)(대판 2020.9.24. 2017도19283). [해설] 사립고등학교 학생이 실제로 봉사활동을 한 사실이 없음에도 부모가 (다른 학교 교사인 상피고인과 공모하여) 외부기관으로부터 허위의 봉사활동내용이 기재된 확인서를 발급받은 후 이를 학교에 제출하여 학생으로 하여금 봉사상을 받도록 한 사안. 원심은 "학생이 봉사상 수상자로 선정된 것은 학교장 또는 위 학교의 공적심사위원회가 봉사활동시간의 적정 여부에 관한 사실을 충분히 확인하지 않은 채 피고인이 제출한 허위의 봉사활동확인서를 가볍게 믿고 이를 수용한 결과"라면서 "이는 업무담당자의 불충분한 심사에 기인한 것으로서 위 피고인들의 위계가 업무방해의 위험성을 발생시켰다고 할 수 없다"고 판단하며 이 부분 유죄를 선고했던 1심을 파기하였음. 이에 대법원은 "업무방해죄의 성립에 있어서는 업무방해의 결과가 실제로 발생함을 요하지 않고 업무방해의 결과를 초래할 위험이 발생하면 족하다"면서 "업무담당자가 관계 규정이 정한 바에 따라 그 요건의 존부에 관하여 나름대로 충분히 심사를 하였으나 신청사유 및 소명자료가 허위임을 발견하지 못하여 신청을 수리하게 될 정도에 이르렀으므로, 신청인의 위계행위에 의하여 업무방해의 위험성이 발생했다"고 판단함.

㉑ 구 상표법(2016. 2. 29. 법률 제14033호로 개정되기 전의 것, 이하 같다)상 <u>상표권은 설정등록에 의하여 발생하고(제41조 제1항) 국내에서 상표를 사용하는 자 또는 사용하려는 자는 자기의 상표를 등록받을 수 있으므로(제3조 본문), 실제로 상표를 사용한 사실이 있거나 처음으로 사용하였는지 여부는 상표권 발생의 요건으로 볼 수 없다.</u> 나아가 상표를 사용하려는 의사의 유무는 출원인의 주관적, 내면적인 의사를 중심으로 하되, 출원인의 경력, 지정상품의 특성, 출원인이 다수의 상표를 출원·등록한 경우에는 그 지정상품과의 관계 등과 같이 외형적으로 드러나는 사정까지 종합적으로 고려하여

판단하여야 한다. 이러한 법리는 서비스표에 관하여도 마찬가지로 적용된다(대판 2020.11.12. 2017도7236). [해설] 타인이 사용하기로 한 서비스표를 먼저 출원하여 서비스표로 등록한 행위가 업무방해죄를 구성하는지 여부가 문제된 사안. 피해 회사가 사용하기로 한 이 사건 서비스표를 피고인이 먼저 출원하여 특허청에 등록함으로써 위계로 피해 회사의 업무를 방해하였다는 공소사실에 대해, 피고인이 피해 회사가 사용 중인 서비스표를 피해 회사보다 시간적으로 먼저 등록출원을 하였다거나 피해 회사가 사용 중인 서비스표의 제작에 실제로는 관여하지 않았으면서도 서비스표 등록출원을 하였다는 등의 사정만으로는 피해 회사에 대한 위계에 해당한다고 단정하기 어렵고, 피고인이 국내에서 사용하려는 의사 없이 이 사건 서비스표를 출원하였다고 단정하기 어려우며, 피고인이 특허청 심사관의 거절이유통지나 제3자의 이의신청에 대한 답변을 하는 과정에서 허위의 서류를 제출하는 등 적극적인 기망행위를 하였다는 등의 사정이 인정되지 않는 한 특허청 심사관에게 오인·착각 또는 부지를 일으킨 뒤 이를 이용하였다고 볼 수도 없다고 보아, 유죄로 판단한 원심을 파기한 사례.

㉒ 위계에 의한 업무방해죄에서 '위계'란 행위자가 행위 목적을 달성하기 위하여 상대방에게 오인, 착각 또는 부지를 일으키게 하여 이를 이용하는 것을 말한다. 컴퓨터 등 정보처리장치에 정보를 입력하는 등의 행위도 그 입력된 정보 등을 바탕으로 업무를 담당하는 사람의 오인, 착각 또는 부지를 일으킬 목적으로 행해진 경우에는 여기서 말하는 위계에 해당할 수 있으나(대법원 2013. 11. 28. 선고 2013도5117 판결 참조), 위와 같은 행위로 말미암아 업무과 관련하여 오인, 착각 또는 부지를 일으킨 상대방이 없었던 경우에는 위계가 있었다고 볼 수 없다(대법원 2007. 12. 27. 선고 2005도6404 판결 참조)(대판 2022.2.11. 2021도12394). [해설] 전화금융사기 조직의 현금 수거책인 피고인이 무매체 입금거래의 '1인 1일 100만원' 한도 제한을 회피하기 위하여 은행 자동화기기에 제3자의 주민등록번호를 입력하는 방법으로 이른바 '쪼개기 송금'을 한 것이 은행에 대한 업무방해죄로 기소된 사안에서, 대법원은 피고인의 행위가 업무방해죄에서 말하는 위계에 해당하지 않는다는 전제에서 위계에 의한 업무방해죄가 성립하지 않는다고 본 원심판단을 수긍한 사례.

㉓ 위계에 의한 업무방해죄에서 '위계'란 행위자가 행위 목적을 달성하기 위하여 상대방에게 오인, 착각 또는 부지를 일으키게 하여 이를 이용하는 것을 말한다. 컴퓨터 등 정보처리장치에 정보를 입력하는 등의 행위도 그 입력된 정보 등을 바탕으로 업무를 담당하는 사람의 오인, 착각 또는 부지를 일으킬 목적으로 행해진 경우에는 여기서 말하는 위계에 해당할 수 있으나, **위와 같은 행위로 말미암아 업무과 관련하여 오인, 착각 또는 부지를 일으킨 상대방이 없었던 경우에는 위계가 있었다고 볼 수 없다**(대판 2022.2.11. 2021도12394). [해설] 전화금융사기 조직의 현금 수거책인 피고인이 무매체 입금거래의 '1인 1일 100만원' 한도 제한을 회피하기 위하여 은행 자동화기기에 제3자의 주민등록번호를 입력하는 방법으로 이른바 '쪼개기 송금'을 한 것이 은행에 대한 업무방해죄로 기소된 사안에서, 대법원은 피고인의 행위가 업무방해죄에서 말하는 위계에 해당하지 않는다는 전제에서 위계에 의한 업무방해죄가 성립하지 않는다고 본 원심판단을 수긍한 사례.

㉔ 지방공기업 사장인 피고인이 내부 인사규정 변경을 위한 적법한 절차를 거치지 않은 채 채용공고상 자격요건을 무단으로 변경하여 공동피고인을 2급 경력직의 사업처장으로 채용한 행위에 대하여 위계 또는 위력에 의한 업무방해죄로 기소된 사안에서, 채용공고가 인사규정에 부합하는지 여부는 서류심사위원과 면접위원의 업무와 무관하고, 피고인들이 서류심사위원과 면접위원에게 오인, 착각 또는 부지를 일으키게 하여 이를 이용하였다고 볼 수 없으며, 공기업 대표이사인 피고인은 직원 채용 여부에 관한 결정에 있어 인사담당자의 의사결정에 관여할 수 있는 권한을 갖고 있어 관련 업무지시를 위력 행사로 볼 수 없고, 피고인들이 서류심사위원과 면접위원, 인사담당자의 업무의 공정성, 적정성을 해하였거나, 이를 해한다는 인식이

있었다고 단정하기 어렵다고 보아 주위적 및 제1, 2 예비적 공소사실을 전부 무죄로 판단한 원심을 수긍한 사례(대판 2022.6.9. 2020도16182).

 **판례** 위력

① 다방 내에 불의의 침입을 하여 상당시간 고성으로 악담을 반복하고 혹은 격외의 기물을 반입하는 등 행위는 업무방해죄가 성립한다(대판 1961.2.24. 4293형상864).

② 동대문종합시장주식회사 측의 임차보증금과 임료의 일방적 인상과 증평수문제 등 불합리한 문제에 대하여 피해상인들이 이에 대항키 위해 자발적으로 결성한 단체인 동대문종합상가상인협의회의 임원들이 가입상인들로부터 임관리비 상당액을 징수하여 은행에 예치한 것이 위 상인협의회구성원들의 총의에 따른 사무를 집행한 것에 불과한 이상, 피고인들의 의도는 계약조건의 절충에 있다고 보여지고 이로써 위 회사의 임관리비를 징수할 업무를 방해할 범의가 있었다거나 업무를 방해할 만한 위력을 행사한 것으로 보기 어렵다(대판 1983.10.11. 82도2584).

③ 피해자가 시장번영회를 상대로 잦은 진정을 하고 협조를 하지 않는다는 이유로 시장번영회 총회결의에 의하여 피해자 소유점포에 대하여 정당한 권한 없이 단전조치를 한 것이라면 이 경우에는 그 결의에 참가한 회원의 위력에 의한 업무방해 행위가 성립하고 피해자에게 사전통고를 한 여부나 피고인이 회장의 자격으로 단전조치를 한 여부는 위 죄의 성립에 영향이 없다(대판 1983.11.8. 83도1798).

④ 선박건조자재운반용으로 도크에 고정되어 82m 높이에 설치되어 있으며 약 10평 정도되는 방실 등이 있고 평소 그 운전을 위해 1, 2명의 직원이 근무하며 인가자 이외의 출입이 금지되는 "골리앗크레인"에 출입통제를 위해 출입문이 잠긴 채 간수인이 없었다 하여도 피고인 등 70명 정도의 근로자가 함께 위 "골리앗크레인"에 들어가서 농성을 하였다면, 피고인 등이 다중의 위력을 보여 간수하는 건조물에 침입한 것이라고 본 사례(대판 1991.6.11. 91도753).

⑤ 형법 제314조 소정의 업무방해죄에서 말하는 위력이란 폭행이나 협박은 물론 사람의 의사의 자유를 제압, 혼란케 할 세력을 가리키는 것으로서, 노동쟁의행위는 근로자들이 단결하여 사용자에게 압박을 가하는 것이므로 본질적으로 위력에 의한 업무방해의 요소를 포함하고 있는 것이고, 따라서 근로자들이 근무시간에 집단적으로 근무에 임하지 아니한 것은 다른 위법의 요소가 없는 한 근로제공의무의 불이행에 지나지 않는다고 할 것이지만, 단순한 노무제공의 거부라고 하더라도 그것이 정당한 쟁의행위가 아니면서 위력으로 업무의 정상적인 운영을 방해할 정도에 이르면 형법상 업무방해죄가 성립될 수 있다(대판 2003.12.26. 2001도1863).

⑥ 강제집행은 국가가 독점하고 있는 사법권의 한 작용을 이루고 채권자는 국가에 대하여 강제집행권의 발동을 신청할 수 있는 지위에 있을 뿐이므로, 법률이 정한 집행기관에 강제집행을 신청하지 않고 채권자가 임의로 강제집행을 하기로 하는 계약은 사회질서에 반하는 것으로 민법 제103조에 의하여 무효라고 할 것이다. 따라서 '본 임대차계약의 종료일 또는 계약해지통보 1주일 이내에도 임차인이 임차인의 소유물 및 재산을 반출하지 않은 경우에는 임대인은 임차인의 물건을 임대인 임의대로 철거 폐기처분 할 수 있으며, 임차인은 개인적으로나 법적으로나 하등의 이의를 제기하지 않는다.'는 임대차계약 조항은 무효라고 할 것이다(피고인이 간판업자를 동원하여 피해자가 영업 중인 식당 점포의

간판을 철거한 등의 행위는 위력을 사용하여 피해자의 업무를 방해한 행위에 해당한다)(대판 2005.3.10. 2004도341).

⑦ <u>피고인이 자신의 명의로 등록되어 있는 피해자 운영의 학원에 대하여 피해자의 승낙을 받지 아니하고 폐원신고를 하였다고 하더라도 피해자에게 사전에 통고를 한 뒤 폐원신고를 하였다면 피해자에게 오인·착각 또는 부지를 일으켜 이를 이용하여 피해자의 업무를 방해한 것으로 보기는 어렵고, 오히려 피해자가 운영하고 있는 학원이 자신의 명의로 등록되어 있는 지위를 이용하여 임의로 폐원신고를 함으로써 피해자의 업무를 위력으로써 방해한 것</u>이다(대판 2005.3.25. 2003도5004).

⑧ 업무방해죄에 있어서의 '위력'이란 사람의 자유의사를 제압·혼란케 할 만한 일체의 세력을 말하고, 유형적이든 무형적이든 묻지 아니하며, 폭행·협박은 물론 사회적, 경제적, 정치적 지위와 권세에 의한 압박 등을 포함한다고 할 것이고, 위력에 의해 현실적으로 피해자의 자유의사가 제압되는 것을 요하는 것은 아니다. 대부업체 직원이 대출금을 회수하기 위하여 소액의 지연이자를 문제삼아 법적 조치를 거론하면서 <u>소규모 간판업자인 채무자의 휴대전화로 수백 회에 이르는 전화공세를 한 것이 사회통념상 허용한도를 벗어난 채권추심행위로서 채무자의 간판업 업무가 방해되는 결과를 초래할 위험이 있었다고 보아 업무방해죄</u>를 구성한다고 한 사례(대판 2005.5.27. 2004도8447).

⑨ 업무방해죄의 '위력'이란 사람의 자유의사를 제압·혼란케 할 만한 일체의 세력으로, 유형적이든 무형적이든 묻지 아니하므로, 폭력·협박은 물론 <u>사회적·경제적·정치적 지위와 권세에 의한 압박 등도 이에 포함</u>되고, 현실적으로 피해자의 자유의사가 제압될 것을 요하는 것은 아니지만, 범인의 위세, 사람 수, 주위의 상황 등에 비추어 피해자의 자유의사를 제압하기 족한 세력을 의미하는 것으로서, 위력에 해당하는지는 범행의 일시·장소, 범행의 동기, 목적, 인원수, 세력의 태양, 업무의 종류, 피해자의 지위 등 제반 사정을 고려하여 객관적으로 판단하여야 한다. 또한, 업무방해죄의 위력은 반드시 업무에 종사 중인 사람에게 직접 가해지는 세력만을 의미하는 것은 아니고, 사람의 자유의사를 제압하기에 족한 일정한 물적 상태를 만들어 사람으로 하여금 자유로운 행동을 불가능하게 하거나 현저히 곤란하게 하는 행위도 이에 포함될 수 있다(대판 2009.9.10. 2009도5732).

⑩ 임대인 갑으로부터 건물을 임차하여 학원을 운영하던 피고인이 건물을 인도한 이후에도 자신 명의로 된 학원설립등록을 말소하지 않고 휴원신고를 연장함으로써 새로운 임차인 을이 그 건물에서 학원설립등록을 하지 못하도록 하여 위력에 의한 업무방해로 기소된 사안에서, <u>피고인의 휴원연장신고와 을이 학원설립등록을 하지 못한 점 사이에 인과관계가 있다고 단정하기 어렵고, 피고인의 행위가 을의 자유의사를 제압·혼란케 할 정도의 위력에 해당한다고 보기 어렵다는 이유로, 피고인의 행위가 위력에 의한 업무방해죄를 구성한다고 본 원심판결에 법리를 오해한 위법이 있다</u>고 한 사례(대판 2010.11.25. 2010도9186).

⑪ [다수의견] [1] 업무방해죄는 위계 또는 위력으로써 사람의 업무를 방해한 경우에 성립하며(형법 제314조 제1항), '위력'이란 사람의 자유의사를 제압·혼란케 할 만한 일체의 세력을 말한다. 쟁의행위로서 파업(노동조합 및 노동관계조정법 제2조 제6호)도, 단순히 근로계약에 따른 노무의 제공을 거부하는 부작위에 그치지 아니하고 이를 넘어서 사용자에게 압력을 가하여 근로자의 주장을 관철하고자 집단적으로 노무제공을 중단하는 실력행사이므로, 업무방해죄에서 말하는 위력에 해당하는 요소를 포함하고 있다. [2] 근로자는 원칙적으로 헌법상 보장된 기본권으로서

근로조건 향상을 위한 자주적인 단결권·단체교섭권 및 단체행동권을 가지므로(헌법 제33조 제1항), 쟁의행위로서 파업이 언제나 업무방해죄에 해당하는 것으로 볼 것은 아니고, 전후 사정과 경위 등에 비추어 사용자가 예측할 수 없는 시기에 전격적으로 이루어져 사용자의 사업운영에 심대한 혼란 내지 막대한 손해를 초래하는 등으로 사용자의 사업계속에 관한 자유의사가 제압·혼란될 수 있다고 평가할 수 있는 경우에 비로소 집단적 노무제공의 거부가 위력에 해당하여 업무방해죄가 성립한다고 보는 것이 타당하다. [3] 이와 달리, 근로자들이 집단적으로 근로의 제공을 거부하여 사용자의 정상적인 업무운영을 저해하고 손해를 발생하게 한 행위가 당연히 위력에 해당함을 전제로 하여 노동관계 법령에 따른 정당한 쟁의행위로서 위법성이 조각되는 경우가 아닌 한 업무방해죄를 구성한다는 취지로 판시한 대법원 1991.4.23. 선고 90도2771 판결, 대법원 1991.11.8. 선고 91도326 판결, 대법원 2004.5.27. 선고 2004도689 판결, 대법원 2006.5.12. 선고 2002도3450 판결, 대법원 2006.5.25. 선고 2002도5577 판결 등은 이 판결의 견해에 배치되는 범위 내에서 이를 변경한다(대판 2011.3.17. 2007도482 전원합의체). [해설] 쟁의행위로서의 파업이 업무방해죄에 해당할 수 있는 조건에 대해 대법원의 입장을 밝힌 전원합의체 판결.

⑫ [1] 업무방해죄는 위계 또는 위력으로써 사람의 업무를 방해한 경우에 성립하고(형법 제314조 제1항), 여기에서 '위력'이란 사람의 자유의사를 제압·혼란케 할 만한 일체의 세력을 말한다. 쟁의행위로서 파업도, 단순히 근로계약에 따른 노무 제공을 거부하는 부작위에 그치지 아니하고 이를 넘어서 사용자에게 압력을 가하여 근로자의 주장을 관철하고자 집단적으로 노무제공을 중단하는 실력행사이므로, 업무방해죄의 '위력'에 해당하는 요소를 포함하고 있다. 그런데 근로자는 원칙적으로 헌법상 보장된 기본권으로서 근로조건 향상을 위한 자주적인 단결권·단체교섭권 및 단체행동권을 가지므로(헌법 제33조 제1항), 쟁의행위로서 파업이 언제나 업무방해죄에 해당하는 것은 아니고, 전후 사정과 경위 등에 비추어 사용자가 예측할 수 없는 시기에 전격적으로 이루어져 사용자의 사업운영에 심대한 혼란 내지 막대한 손해를 초래하는 등으로 사용자의 사업계속에 관한 자유의사가 제압·혼란될 수 있다고 평가할 수 있는 경우에 비로소 집단적 노무제공의 거부가 위력에 해당하여 업무방해죄가 성립한다고 보는 것이 타당하다. [2] 전국금속노동조합 부위원장인 피고인이, 조합 핵심간부 및 조합원들 등과 공모하여 '미국산 쇠고기 수입 반대 내지 재협상 요구' 등을 주된 목적으로 조합 산하 전국 사업장에서 총파업을 실시하여 위력으로 사용자의 업무를 방해하였다는 내용으로 기소된 사안에서, 공소사실에 근로자 182명 중 9명만이 부분파업에 참여하는 등 파업 규모로 보아 사용자의 사업운영에 심대한 혼란이나 막대한 손해가 초래되었다고 볼 수 없는 사업장까지 피해 사업장으로 적시되어 있는 점에 비추어, 사업장들 가운데 일부는 사용자의 사업계속에 관한 자유의사가 제압·혼란될 수 있는 경우로 평가할 수 없는 여지가 있는데도 공소사실 전부를 유죄로 인정한 원심판결에 업무방해죄에 관한 법리오해의 위법이 있다고 한 사례(대판 2011.10.27. 2010도7733).

⑬ 전국철도노동조합이 파업을 예고한 상황에서 파업 예정일 하루 전에 사용자인 한국철도공사 측 교섭위원 갑이 산하 차량정비단 직원들을 상대로 설명회 등 특별교육을 실시하려고 하자, 노동조합 간부인 피고인들 등이 직원들의 교육장 진입을 막는 등 위력으로 갑의 업무를 방해하였다는 내용으로 기소된 사안에서, 위 특별교육이 노동조합 운영에 대한 지배·개입의 부당노동행위로서 '업무'에 해당하지 않는다는 등의 이유로 피고인들에게 무죄를 선고한 원심판결에 법리오해 등 위법이 있다고 한 사례 … (중략) 거주자나 관리자와의 관계 등으로 평소 그 건조물에 출입이 허용된 사람이라 하더라도 관리자의 명시적 또는 추정적 의사에 반하여 그곳에 들어간

것이라면 건조물침입죄가 성립한다(대판 1995.9.15. 94도3336, 대판 1997.3.28. 95도2674, 대판 2007.3.15. 2006도7079, 대판 2007.8.23. 2007도2595, 대판 2010.5.13. 2009도5686 등 참조). 원심판결 이유 및 제1심이 적법하게 채택한 증거 등에 의하면, 당시 한국철도공사 측은 공소외 1이 실시하려는 교육에 방해가 되지 않도록 출입문에 잠금장치를 하고 정문을 통한 출입을 통제한 사실, 피고인 5, 피고인 6, 피고인 7, 피고인 8, 피고인 9는 그 진입을 막는 경비원 2명을 제압한 후 시정되어 있는 정문 출입문의 잠금장치를 해제하고 정문을 통과하여 이 사건 특별교육이 열릴 예정인 대강당 부근까지 차량을 진입시킨 사실 등을 알 수 있고, 위 피고인들이 대강당 부근에서 차량에 설치되어 있던 확성기로 투쟁가를 크게 틀어 놓는 등 실제로 업무방해 행위를 하였는지 여부와 상관없이, 그와 같은 목적으로 출입이 통제된 수도권철도차량정비단에 진입한 것으로 보이며, 위 피고인들이 단순히 이 사건 노동조합이나 그 지부 사무실을 방문하거나, 부당노동행위의 증거 수집을 위하여 수도권철도차량정비단에 진입한 것으로 볼 수는 없다. 또한 앞서 살펴본 바와 같이 이 사건 특별교육이 부당노동행위에 해당하여 업무방해죄의 보호대상이 되는 업무로 볼 수 없다는 원심의 판단은 잘못이므로, 위 피고인들의 출입을 통제한 한국철도공사 측의 행위에 관한 원심의 평가 또한 그대로 유지될 수 없다. 따라서 위 피고인들이 평소 수도권철도차량정비단에 출입이 허용된 사람이라 하더라도, 관리자인 한국철도공사 측의 명시적 또는 추정적 의사에 반하여 그곳에 들어간 것으로 보아야 하므로, 앞서 본 법리에 따라 건조물침입죄가 성립한다고 보아야 한다(대판 2013.1.31. 2012도3475).

⑭ 인터넷카페의 운영진인 피고인들이 카페 회원들과 공모하여, 특정 신문들에 광고를 게재하는 광고주들에게 불매운동의 일환으로 지속적·집단적으로 항의전화를 하거나 광고주들의 홈페이지에 항의글을 게시하는 등의 방법으로 광고중단을 압박함으로써 위력으로 광고주들 및 신문사들의 업무를 방해하였다는 내용으로 기소된 사안에서, 원심이 피고인들이 벌인 불매운동의 목적, 그 조직과정, 대상 기업의 선정경위, 불매운동의 규모 및 영향력, 불매운동의 실행 형태, 불매운동의 기간, 대상 기업인 광고주들이 입은 불이익이나 피해의 정도 등에 비추어 피고인들의 위 행위가 광고주들의 자유의사를 제압할 만한 세력으로서 위력에 해당한다고 본 것은 정당하나, 나아가 피고인들의 행위로 신문사들이 실제 입은 불이익이나 피해의 정도, 그로 인하여 신문사들의 영업활동이나 보도에 관한 자유의사가 제압될 만한 상황에 이르렀는지 등을 구체적으로 심리하여 살펴보지 아니한 채, 신문사들에 대한 직접적인 위력의 행사가 있었다고 보아 유죄를 인정한 원심판결에 업무방해죄의 구성요건인 위력의 대상 등에 관한 법리를 오해하여 심리를 다하지 아니한 잘못이 있다고 한 사례(대판 2013.3.14. 2010도410).

⑮ 업무방해죄의 '위력'이란 사람의 자유의사를 제압·혼란하게 할 만한 일체의 세력으로, 유형적이든 무형적이든 묻지 아니하고, 현실적으로 피해자의 자유의사가 제압되어야만 하는 것도 아니지만, 범인의 위세, 사람 수, 주위의 상황 등에 비추어 피해자의 자유의사를 제압하기 족한 정도가 되어야 하는 것으로서, 그러한 위력에 해당하는지는 범행의 일시·장소, 범행의 동기, 목적, 인원수, 세력의 태양, 업무의 종류, 피해자의 지위 등 제반 사정을 고려하여 객관적으로 판단하여야 한다(대판 2016.10.27. 2016도10956).

⑯ 업무방해죄의 수단인 위력은 사람의 자유의사를 제압·혼란하게 할 만한 일체의 억압적 방법을 말하고 이는 제3자를 통하여 간접적으로 행사하는 것도 포함될 수 있다. 그러나 어떤 행위의 결과 상대방의 업무에 지장이 초래되었다 하더라도 행위자가 가지는 정당한 권한을 행사한 것으로 볼 수 있는 경우에는, 그 행위의 내용이나 수단 등이 사회통념상 허용될 수 없는 등 특별한 사정이 없는 한 업무

방해죄를 구성하는 위력을 행사한 것이라고 할 수 없다. 따라서 제3자로 하여금 상대방에게 어떤 조치를 취하게 하는 등으로 상대방의 업무에 곤란을 야기하거나 그러한 위험이 초래되게 하였더라도, **행위자가 그 제3자의 의사결정에 관여할 수 있는 권한을 가지고 있거나 그에 대하여 업무상의 지시를 할 수 있는 지위에 있는 경우에는 특별한 사정이 없는 한 업무방해죄를 구성하지 아니한다**(대법원 2013.2.28. 선고 2011도16718 판결, 대법원 2009.10.15. 선고 2009도5623 판결 등 참조)(대판 2021.7.8. 2021도3805). [해설] 장애인복지협회의 지부장으로서 협회에 대한 회계자료열람권을 가진 피고인이 협회 사무실에서 회계서류 등의 열람을 요구하는 과정에서 협회 직원들을 불러 모아 상당한 시간 동안 이야기를 하거나 피고인의 요구를 거부하는 직원에게 다소 언성을 높여 책임을 지게 될 수 있다고 이야기한 사정 등만으로는 피고인의 행위가 업무방해 행위에 해당하지 않는다고 본 원심을 수긍한 사례.

⑰ 정치적인 의사표현을 위한 집회나 행위가 헌법 제21조에 따라 보장되는 정치적 표현의 자유나 헌법 제10조에 내재된 일반적 행동의 자유의 관점 등에서 보호받을 가능성이 있더라도 <u>전체 법질서상 용인될 수 없을 정도로 사회적 상당성을 갖추지 못한 때에는 그 행위 자체가 위법한 세력의 행사로서 형법 제314조 제1항의 업무방해죄에서 말하는 위력의 개념에 포섭될 수 있다</u>(대판 2022.6.16. 2021도16591). [해설] 정당의 전당대회가 개최되는 전시회장 앞 광장에서 피고인들이 50명의 집회참가자들과 공모하여 정당 규탄 기자회견을 추진하면서 행한 정치적 의사표현의 집단적인 행위들에 대하여 업무방해죄로 기소된 사안에서, 피고인들의 행위가 사람의 자유의사를 제압·혼란케 할 만한 '위력'에 해당하고 업무방해의 고의도 인정되며, 피고인들의 과격한 행위로 물리적 충돌이 발생하고 전당대회 개최가 지연되는 등 전당대회 진행, 당대표·최고위원 선출 등 정당의 업무가 방해되는 결과가 발생하였다는 이유로 위력에 의한 업무방해죄가 성립한다고 본 원심을 수긍한 사안.

판례 업무방해

① 업무방해죄의 성립에는 업무방해의 결과가 발생함을 요하지 않고 그 결과발생의 염려가 있으면 족하다(대판 1960.8.3. 4293형상397).

② [1] <u>업무방해죄의 성립에 있어서 업무방해의 결과가 실제로 발생함을 요하는 것은 아니고 업무방해의 결과를 초래할 위험이 발생하면 족하다.</u> [2] 주한외국영사관의 비자발급업무와 같이 상대방으로부터 신청을 받아 일정한 자격요건 등을 갖춘 경우에 한하여 그에 대한 수용 여부를 결정하는 업무에 있어서는 신청서에 기재된 사유가 사실과 부합하지 않을 수 있음을 전제로 하여 그 자격요건 등을 심사·판단하는 것이므로, 그 업무담당자가 사실을 충분히 확인하지 아니한 채 신청인이 제출한 허위의 신청사유나 허위의 소명자료를 가볍게 믿고 이를 수용하였다면 이는 업무담당자의 불충분한 심사에 기인한 것으로서 신청인의 위계가 업무방해의 위험성을 발생시켰다고 할 수 없어 위계에 의한 업무방해죄를 구성하지 않는다고 할 것이지만, 신청인이 업무담당자에게 허위의 주장을 하면서 이에 부합하는 허위의 소명자료를 첨부하여 제출한 경우 그 수리 여부를 결정하는 업무담당자가 관계 규정이 정한 바에 따라 그 요건의 존부에 관하여 나름대로 충분히 심사를 하였으나 신청사유 및 소명자료가 허위임을 발견하지 못하여 그 신청을 수리하게 될 정도에 이르렀다면 이는 업무담당자의 불충분한 심사가 아니라 신청인의 위계행위에 의하여 업무방해의 위험성이 발생된 것이어서 이에 대하여 위계에 의한 업무방해죄가 성립된다(대판 2004.3.26. 2003도7927).

판례 업무방해 인정 여부

① 업무방해죄의 성립에 있어서는 업무방해의 결과가 실제로 발생함을 요하는 것은 아니고 업무방해의 결과를 초래할 위험이 발생하면 충분하다(대판 1997.3.11. 96도2801).

② 금융실명거래및비밀보장에관한긴급재정경제명령의 목적과 관계 규정의 취지를 종합하여 보면, 기존 비실명자산의 거래자가 위 긴급명령의 시행에 따라 이를 실명전환하는 경우 금융기관으로서는 실명전환사무를 처리함에 있어서 거래통장과 거래인감 등을 소지하여 거래자라고 자칭하는 자의 명의가 실명인지 여부를 확인하여야 하고 또 그것으로써 금융기관으로서의 할 일을 다하는 것이라 할 것이고, 그가 과연 금융자산의 실질적인 권리자인지 여부를 조사·확인할 것까지는 없다고 할 것이므로, <u>실명전환사무를 처리하는 금융기관의 업무는 실명전환을 청구하는 자가 권리자의 외관을 가지고 있는지 여부를 확인하고 그의 명의가 위 긴급명령에서 정하고 있는 주민등록표상의 명의 등 실명인지 여부를 확인하는 것일 뿐이지, 나아가 그가 과연 금융자산의 실질적인 권리자인지 여부를 조사·확인하는 것까지 그 업무라고 할 수는 없다.</u> 따라서 <u>기존의 비실명예금을 합의차명에 의하여 명의대여자의 실명으로 전환한 행위는 위 긴급명령에 따른 금융기관의 실명전환에 관한 업무를 방해한 것이라 할 수 없다</u>(대판 1997.4.17. 96도3377 전원합의체).

③ 도급인의 공사계약 해제가 적법하고 수급인이 스스로 공사를 중단한 상태에서 도급인이 공사현장에 남아 있는 수급인 소유의 공사자재 등을 다른 곳에 옮겨 놓았다고 하여 도급인이 수급인의 공사업무를 방해한 것으로 볼 수는 없다(대판 1999.1.29. 98도3240).

④ 피고인이 서류배달업 회사가 고객으로부터 배달을 의뢰받은 서류의 포장 안에 특정종교를 비방하는 내용의 전단을 집어넣어 함께 배달되게 한 경우, 위 회사의 서류배달업무를 방해한 것으로 업무방해죄가 성립한다(대판 1999.5.14. 98도3767).

⑤ [1] <u>업무방해죄와 같이 작위를 내용으로 하는 범죄를 부작위에 의하여 범하는 부진정 부작위범이 성립하기 위해서는 부작위를 실행행위로서의 작위와 동일시할 수 있어야 한다.</u> [2] 피고인이 갑과 토지 지상에 창고를 신축하는 데 필요한 형틀공사 계약을 체결한 후 그 공사를 완료하였는데, 갑이 공사대금을 주지 않는다는 이유로 위 토지에 쌓아 둔 건축자재를 치우지 않고 공사현장을 막는 방법으로 위력으로써 갑의 창고 신축 공사 업무를 방해하였다는 내용으로 기소된 사안에서, 피고인이 일부러 건축자재를 갑의 토지 위에 쌓아 두어 공사현장을 막은 것이 아니라 당초 자신의 공사를 위해 쌓아 두었던 건축자재를 공사 완료 후 치우지 않은 것에 불과하므로, 비록 공사대금을 받을 목적으로 건축자재를 치우지 않았더라도, <u>피고인이 자신의 공사를 위하여 쌓아 두었던 건축자재를 공사 완료 후에 단순히 치우지 않은 행위가 위력으로써 갑의 추가 공사 업무를 방해하는 업무방해죄의 실행행위로서 갑의 업무에 대하여 하는 적극적인 방해행위와 동등한 형법적 가치를 가진다고 볼 수 없는데도</u>, 이와 달리 보아 공소사실을 유죄로 인정한 원심판결에 부작위에 의한 업무방해죄의 성립에 관한 법리오해의 잘못이 있다고 한 사례(대판 2017.12.22. 2017도13211).

판례 업무방해죄의 위법성조각 여부

① 피고인이 점유 경작하고 있는 논에 공소외인이 그 논의 소유권을 취득하였다는 이유로 적법한 절차에 의한 인도를 받지 아니한 채 묘판을 설치하려고 하자 피고인이 그 묘판을 허물어뜨린 행위는 피고인의 점유에 대한 부당한 침탈 또는 방해행위의 배제를 위한 행위이므로 이를 업무방해라고 할 수 없다(대판 1980.9.9. 79도249).

② 피고인이 계원들로 하여금 공소외 (갑) 대신 피고인을 계주로 믿게 하여 계금을 지급하고 불입금을 지급받아 위계를 사용하여 공소외 (갑)의 계운영업무를 방해하였다고 하여도 피고인에 대하여 다액의 채무를 부담하고 있던 공소외 (갑)으로서는 채권확보를 위한 피고인의 요구를 거절할 수 없었기 때문에 피고인이 계주의 업무를 대행하는데 대하여 이를 승인 내지 묵인한 사실이 인정된다면 피고인의 소위는 이른바 위 공소외 (갑)의 승낙이 있었던 것으로서 위법성이 조각되어 업무방해죄가 성립되지 않는다(대판 1983.2.8. 82도2486).

③ 자기소유의 토지에다 타인이 가옥을 신축하려고 기초를 판 것을 메워버린 행위는 자기소유, 점유에 대한 부당한 침탈 또는 방해행위를 배제하기 위한 것이고 이를 타인의 업무를 방해한 것이라고 보기는 어렵다(대판 1985.10.22. 85도1597).

④ 쟁의행위는 근로자가 소극적으로 노무제공을 거부하거나 정지하는 행위만이 아니라 적극적으로 그 주장을 관철하기 위하여 업무의 정상적인 운영을 저해하는 행위까지 포함하는 것이므로, 쟁의행위의 본질상 사용자의 정상업무가 저해되는 경우가 있음은 부득이한 것으로서 사용자는 이를 수인할 의무가 있으나, 이러한 근로자의 쟁의행위가 정당성의 한계를 벗어날 때에는 근로자는 업무방해죄 등 형사상 책임을 면할 수 없는바, 형사상 책임이 면제되는 정당성의 요건은 쟁의행위가 단체교섭과 관련하여 근로조건의 유지, 개선 등을 목적으로 하는 것이어서 그 목적이 정당하여야 하고, 쟁의행위의 시기와 절차가 법령의 규정에 따른 것으로서 정당하여야 하며, 또 쟁의행위의 방법과 태양이 폭력 또는 파괴행위를 수반하거나 기타 고도의 반사회성을 띤 행위가 아닌 정당한 범위 내의 것이어야 한다(대판 1996.2.27. 95도2970).

⑤ [1] 형법 제20조에 정하여진 '사회상규에 위배되지 아니하는 행위'라 함은, 법질서 전체의 정신이나 그 배후에 놓여 있는 사회윤리 내지 사회통념에 비추어 용인될 수 있는 행위를 말하므로, 어떤 행위가 그 행위의 동기나 목적의 정당성, 행위의 수단이나 방법의 상당성, 보호법익과 침해법익과의 법익균형성, 긴급성, 그 행위 외에 다른 수단이나 방법이 없다는 보충성 등의 요건을 갖춘 경우에는 정당행위에 해당한다. [2] <u>시장번영회 회장이 이사회의 결의와 시장번영회의 관리규정에 따라서 관리비 체납자의 점포에 대하여 실시한 단전조치는 정당행위</u>로서 업무방해죄를 구성하지 아니한다고 한 사례(대판 2004.8.20. 2003도4732).

⑥ 집회나 시위는 다수인이 공동목적으로 회합하고 공공장소를 행진하거나 위력 또는 기세를 보여 불특정 다수인의 의견에 영향을 주거나 제압을 가하는 행위로서 그 회합에 참가한 다수인이나 참가하지 아니한 불특정 다수인에게 의견을 전달하기 위하여 어느 정도의 소음이 발생할 수밖에 없는 것은 부득이한 것이므로 집회나 시위에 참가하지 아니한 일반국민도 이를 수인할 의무가 있다고 할 수 있으며, 합리적인 범위에서는 확성기 등 소리를 증폭하는 장치를 사용할 수 있고 확성기 등을 사용한 행위 자체를 위법하다고 할 수는 없으나, 그 집회나 시위의 장소, 태양,

내용과 소음 발생의 수단, 방법 및 그 결과 등에 비추어, 집회나 시위의 목적 달성의 범위를 넘어 사회통념상 용인될 수 없는 정도로 타인에게 심각한 피해를 주는 소음을 발생시킨 경우에는 위법한 위력의 행사로서 정당행위라고는 할 수 없다(대판 2004.10.15. 2004도4467).

판례 업무방해죄와 명예훼손죄

- 한국소비자보호원을 비방할 목적으로 18회에 걸쳐서 출판물에 의하여 공연히 허위의 사실을 적시·유포함으로써 한국소비자보호원의 명예를 훼손하고 업무를 방해하였다는 각 죄는 1개의 행위가 2개의 죄에 해당하는 형법 제40조 소정의 상상적 경합의 관계에 있다(대판 1993.4.13. 92도3035).

판례 업무방해죄와 폭행죄

- [1] 상상적 경합은 1개의 행위가 실질적으로 수개의 구성요건을 충족하는 경우를 말하고, 법조경합은 1개의 행위가 외관상 수개의 죄의 구성요건에 해당하는 것처럼 보이나 실질적으로 1죄만을 구성하는 경우를 말하며, 실질적으로 1죄인가 또는 수죄인가는 구성요건적 평가와 보호법익의 측면에서 고찰하여 판단하여야 한다. 그리고 이른바 '불가벌적 수반행위'란 법조경합의 한 형태인 흡수관계에 속하는 것으로서, 행위자가 특정한 죄를 범하면 비록 논리 필연적인 것은 아니지만 일반적·전형적으로 다른 구성요건을 충족하고 이때 그 구성요건의 불법이나 책임 내용이 주된 범죄에 비하여 경미하기 때문에 처벌이 별도로 고려되지 않는 경우를 말한다. [2] 업무방해죄와 폭행죄는 구성요건과 보호법익을 달리하고 있고, 업무방해죄의 성립에 일반적·전형적으로 사람에 대한 폭행행위를 수반하는 것은 아니며, 폭행행위가 업무방해죄에 비하여 별도로 고려되지 않을 만큼 경미한 것이라고 할 수도 없으므로, 설령 피해자에 대한 폭행행위가 동일한 피해자에 대한 업무방해죄의 수단이 되었다고 하더라도 그러한 폭행행위가 이른바 '불가벌적 수반행위'에 해당하여 업무방해죄에 대하여 흡수관계에 있다고 볼 수는 없다(대판 2012.10.11. 2012도1895). [해설] 폭행이 업무방해의 수단이 되거나 감금이 강간의 수단이 된 경우 각각 폭행죄와 감금죄가 별도로 성립하는데 반하여(대판 1984.8.21. 84도1550). 협박을 수단으로 하여 감금을 하거나 공갈을 한 때에는 감금죄나 공갈죄와는 별도로 협박죄가 성립하지 않음(대판 1996.9.24. 96도2151, 대판 1982.6.22. 82도705).

판례 컴퓨터 업무방해죄

① 대학의 컴퓨터시스템 서버를 관리하던 피고인이 전보발령을 받아 더 이상 웹서버를 관리 운영할 권한이 없는 상태에서, 웹서버에 접속하여 홈페이지 관리자의 아이디와 비밀번호를 무단으로 변경한 행위는, 피고인이 웹서버를 관리 운영할 정당한 권한이 있는 동안 입력하여 두었던 홈페이지 관리자의 아이디와 비밀번호를 단지 후임자 등에게 알려 주지 아니한 행위와는 달리, 정보처리장치에 부정한 명령을 입력하여 정보처리에 현실적 장애를 발생시킴으로써 피해 대학에 업무방해의 위험을 초래하는 행위에 해당하여 컴퓨터 등 장애 업무방해죄를 구성한다고 한 사례(대판 2006.3.10. 2005도382).

② 형법 제314조 제2항의 '컴퓨터 등 장애 업무방해죄'가 성립하기 위해서는 가해행위 결과 정보처리장치가 그 사용목적에 부합하는 기능을 하지 못하거나 사용목적과 다른 기능을 하는 등 정보처리에 장애가 현실적으로 발생하였을 것을 요하나, 정보처리에 장애를 발생하게 하여 업무방해의 결과를 초래할 위험이 발생한 이상, 나아가 업무방해의 결과가 실제로 발생하지 않더라도 위 죄가 성립한다. 따라서 <u>포털사이트 운영회사의 통계집계시스템 서버에 허위의 클릭정보를 전송하여 검색순위 결정 과정에서 위와 같이 전송된 허위의 클릭정보가 실제로 통계에 반영됨으로써 정보처리에 장애가 현실적으로 발생하였다면, 그로 인하여 실제로 검색순위의 변동을 초래하지는 않았다 하더라도 '컴퓨터 등 장애 업무방해죄'가 성립한다</u>(대판 2009.4.9. 2008도11978). **[해설]** 컴퓨터 등 정보처리장치 등에 대한 업무방해죄가 성립하려면 우선 정보처리에 장애를 발생하게 할 것이 필요하지만, 업무방해의 결과가 초래될 필요는 없으며, 단지 결과 발생을 초래할 위험이 발생하면 된다는 사례.

③ 형법 제314조 제2항은 '컴퓨터 등 정보처리장치 또는 전자기록 등 특수매체기록을 손괴하거나 정보처리장치에 허위의 정보 또는 부정한 명령을 입력하거나 기타 방법으로 정보처리에 장애를 발생하게 하여 사람의 업무를 방해한 자'를 처벌하도록 규정하고 있는바, 여기에서 '컴퓨터 등 정보처리장치'란 자동적으로 계산이나 데이터처리를 할 수 있는 전자장치로서 하드웨어와 소프트웨어를 모두 포함하고, '기타 방법'이란 컴퓨터의 정보처리에 장애를 초래하는 가해수단으로서 컴퓨터의 작동에 직접·간접으로 영향을 미치는 일체의 행위를 말하며, <u>위 죄가 성립하기 위해서는 위와 같은 가해행위의 결과 정보처리장치가 그 사용목적에 부합하는 기능을 하지 못하거나 사용목적과 다른 기능을 하는 등 정보처리의 장애가 현실적으로 발생하였을 것을 요한다고 할 것이다</u>(대판 2010.9.30. 2009도12238, 대판 2004.7.9. 2002도631). **[해설]** 메인 컴퓨터의 비밀번호는 시스템관리자가 시스템에 접근하기 위하여 사용하는 보안 수단에 불과하므로, 단순히 메인 컴퓨터의 비밀번호를 알려주지 아니한 것만으로는 정보처리장치의 작동에 직접 영향을 주어 그 사용목적에 부합하는 기능을 하지 못하게 하거나 사용목적과 다른 기능을 하게 하였다고 볼 수 없어 형법 제314조 제2항에 의한 컴퓨터등장애업무방해죄로 의율할 수 없다고 본 사례.

④ [1] 형법 제314조 제2항의 컴퓨터 등 장애에 의한 업무방해죄는, 컴퓨터 등 정보처리장치 또는 전자기록 등 특수매체기록을 손괴하거나 정보처리장치에 허위의 정보 또는 부정한 명령을 입력하거나 기타 방법으로 정보처리장치에 장애를 발생하게 하여 사람의 업무를 방해한 경우에 성립하는데, 여기에서 '컴퓨터 등 정보처리장치'란 자동적으로 계산이나 데이터처리를 할 수 있는 전자장치로서 하드웨어와 소프트웨어를 모두 포함하고, <u>'손괴'란 유형력을 행사하여 물리적으로 파괴·멸실시키는 것뿐 아니라 전자기록의 소거나 자력에 의한 교란도 포함하며</u>, '허위의 정보 또는 부정한 명령의 입력'이란 객관적으로 진실에 반하는 내용의 정보를 입력하거나 정보처리장치를 운영하는 본래의 목적과 상이한 명령을 입력하는 것이고, '기타 방법'이란 컴퓨터의 정보처리에 장애를 초래하는 가해수단으로서 컴퓨터의 작동에 직접·간접으로 영향을 미치는 일체의 행위를 말한다. [2] <u>업무방해죄의 성립에 있어서 업무방해의 결과가 실제로 발생하여만 하는 것은 아니고 업무방해의 결과를 초래할 위험이 있으면 충분하므로, 고의 또한 반드시 업무방해의 목적이나 계획적인 업무방해의 의도가 있어야만 하는 것은 아니고 자기의 행위로 인하여 타인의 업무가 방해될 가능성 또는 위험에 대한 인식이나 예견으로 충분하며, 그 인식이나 예견은 확정적인 것은 물론 불확정적인 것이라도 이른바 미필적 고의로 인정된다.</u> [3] 원심이 인정한 사실을 앞서 본 법리에 비추어 보면, 이 사건 컴퓨터와 하드디스크는 형법 제314조 제2항에 규정된 '컴퓨터 등 정보처리장치'에 해당하고, 업무수행을 위

해서가 아니라 담당직원의 정상적인 업무수행을 방해할 의도에서 그 담당 직원의 의사와는 상관없이 함부로 컴퓨터에 비밀번호를 설정한 행위는 같은 항의 '허위의 정보 또는 부정한 명령의 입력'에 해당하며 컴퓨터의 하드디스크를 분리·보관한 행위는 같은 항의 '손괴'에 해당하므로, 피고인이 컴퓨터에 비밀번호를 설정하고 하드디스크를 분리·보관함으로써 조합의 정보처리에 관한 업무를 방해한 행위는 형법 제314조 제2항의 컴퓨터 등 장애 업무방해죄에 해당한다고 할 것이다. 그렇다면 원심이 이를 형법 제314조 제1항의 업무방해행위로 본 것은 잘못이라고 하겠으나, 형법 제314조 제1항의 죄와 제2항의 죄는 그 법정형에 차이가 없어 이러한 법령적용의 잘못은 판결 결과에 영향을 미쳤다고 할 수 없으므로, 피고인이 컴퓨터에 비밀번호를 설정하고 하드디스크를 분리·보관하여 조합의 업무를 방해하였다고 본 원심의 판단은 결론에 있어 결국 정당하다. 이 부분 상고이유의 주장은 이유 없다(대판 2012.5.24. 2011도7943). [해설] 컴퓨터 등 장애 업무방해죄의 구성요건에 대한 해석론을 종합적으로 다룬 사례. 이와 함께 업무방해죄의 성립에 있어서 업무방해의 결과의 의미와 고의의 정도에 대한 대법원의 입장을 보여준 사례.

⑤ 1. 컴퓨터등장애업무방해죄에 대하여 : 가. 형법 제314조 제2항은 '컴퓨터 등 정보처리장치 또는 전자기록 등 특수매체기록을 손괴하거나 정보처리장치에 허위의 정보 또는 부정한 명령을 입력하거나 기타 방법으로 정보처리에 장애를 발생하게 하여 사람의 업무를 방해한 자'를 처벌하도록 규정하고 있는바, 위 죄가 성립하기 위해서는 위와 같은 가해행위 결과 정보처리장치가 그 사용목적에 부합하는 기능을 하지 못하거나 사용목적과 다른 기능을 하는 등 정보처리에 장애가 현실적으로 발생하였을 것을 요한다고 할 것이나(대법원 2004. 7. 9. 선고 2002도631 판결 참조), 정보처리에 장애를 발생하게 하여 업무방해의 결과를 초래할 위험이 발생한 이상, 나아가 업무방해의 결과가 실제로 발생하지 않더라도 위 죄가 성립한다. 따라서 포털사이트 운영회사의 통계집계시스템 서버에 허위의 클릭정보를 전송하여 검색순위 결정 과정에서 위와 같이 전송된 허위의 클릭정보가 실제로 통계에 반영됨으로써 정보처리에 장애가 현실적으로 발생하였다면, 그로 인하여 실제로 검색순위의 변동을 초래하지는 않았다 하더라도 컴퓨터등장애업무방해죄가 성립한다(대법원 2009. 4. 9. 선고 2008도11978 판결 참조). 나. 1) 원심은, 피고인 1 등이 공모하여, 시청자들이 ○○○○TV의 특정 방송 사이트에 접속하여 시청한 적이 없음에도 시청자수를 조작할 수 있는 프로그램을 통해 허위의 클릭정보 등을 보내어 주식회사 ○○○○TV의 업무를 방해하였다는 공소사실을 유죄로 판단한 제1심판결을 그대로 유지하였다. 2) 한편 원심은, 피고인들이 공모하여 네이버에 특정 게시물이 우선적으로 노출될 수 있도록 조작하는 프로그램(이하 '이 사건 상위노출 프로그램'이라고 한다)의 이용권을 판매하고 구매자로 하여금 위 프로그램을 실행하게 하여 특정 게시글이 검색순위 상위에 노출될 수 있도록 조작하였다는 공소사실에 대하여 다음과 같은 이유로 무죄로 판단한 제1심판결을 그대로 유지하였다. 즉, 원심은 이 사건 상위노출 프로그램의 구매자들이 위 프로그램을 실행하여 피해회사의 서버에 허위의 정보를 전송하는 등 정보처리에 장애를 발생하게 하는 행위를 하여야 컴퓨터등장애업무방해죄의 실행의 착수에 이르는데, ① 위 프로그램의 구매자들이 언제, 어디에서 위 프로그램 작업을 실행하였는지, 구매자들이 어떠한 내용의 허위정보를 얼마나 전송하였는지에 관하여는 조사되지 않은 점, ② 이 사건 상위노출 프로그램의 작업시작 여부는 결국 구매자의 의사에 달려 있는데, 구매자들이 최초 사용권한을 부여받은 뒤에는 피고인들이 관리하는 서버와 별도 연결 없이도 자신들의 PC 또는 모바일에서 허위정보 전송작업을 수행할 수 있는 점, ③ 구매자들이 실제 프로그램을 실행하였는지에 관한 기록은 피고인들의 데이터베이스 서버에 남지 않아 이를 확인할 수 없는 것으로 보이는 점 등에 비추어 보

면, 이 부분 공소사실의 입증이 부족하다고 보았다. 다. 앞서 본 법리와 기록에 비추어 살펴보면, 위와 같은 원심의 무죄 판단에 상고이유 주장과 같이 논리와 경험의 법칙을 위반하여 자유심증주의의 한계를 벗어나거나 컴퓨터등장애업무방해죄의 성립에 관한 법리를 오해한 잘못이 없다(대판 2021.4.29. 2020도15674). [해설] 상위노출 프로그램, 시청자 수 조작 프로그램을 판매한 행위가 컴퓨터등장애업무방해죄, 정보통신망법위반죄에 해당하지 않는다고 판단한 원심을 수긍한 사례.

⑥ 형법 제314조 제2항은 '컴퓨터 등 정보처리장치 또는 전자기록 등 특수매체기록을 손괴하거나 정보처리장치에 허위의 정보 또는 부정한 명령을 입력하거나 기타 방법으로 정보처리에 장애를 발생하게 하여 사람의 업무를 방해한 자'를 처벌하도록 정하고 있다. 여기에서 '허위의 정보 또는 부정한 명령의 입력'이란 객관적으로 진실에 반하는 내용의 정보를 입력하거나 정보처리장치를 운영하는 본래의 목적과 상이한 명령을 입력하는 것이고, '기타 방법'이란 컴퓨터의 정보처리에 장애를 초래하는 가해수단으로 컴퓨터의 작동에 직접·간접으로 영향을 미치는 일체의 행위를 말한다. 한편 위 죄가 성립하기 위해서는 위와 같은 가해행위 결과 정보처리장치가 그 사용목적에 부합하는 기능을 하지 못하거나 사용목적과 다른 기능을 하는 등 정보처리에 장애가 현실적으로 발생하여야 한다(대판 2022.5.12. 2021도1533). [해설] 피고인들이 이 사건 크롤링 프로그램을 사용하여 경쟁회사의 모바일 어플리케이션용 API 서버에 접근하여 정보를 수집하여 구 정보통신망이용촉진및정보보호등에관한법률위반(정보통신망침해등)죄, 저작권법위반죄, 컴퓨터등장애업무방해죄로 기소된 사안임. 대법원은 특히 정보통신망 침해와 관련하여 서비스제공자의 접근권한 제한 여부, 데이터베이스 제작자의 권리 침해 여부 판단 기준을 위와 같이 제시하고, 공소사실을 모두 무죄로 판단한 원심을 수긍함.

판례 경매·입찰방해죄

① 이 죄는 위태범으로서 결과의 불공정이 현실적으로 나타나는 것을 요하는 것이 아니며 그 행위에는 가격을 결정하는데 있어서 뿐 아니라 적법하고 공정한 경쟁방법을 해하는 행위도 포함되므로 그 행위가 설사 유찰방지를 위한 수단에 불과하여 입찰가격에 있어서 국가의 이익을 해하거나 입찰자에게 부당한 이익을 얻게 하는 것이 아니었고 그 낙찰가격도 사정가격보다 높은 것이었다 하여도 실질적으로는 단독입찰을 경쟁입찰인 것 같이 가장하여 그 입찰가격으로서 낙찰되게 한 점에서 경쟁입찰의 방법을 해한 것이어서 입찰의 공정을 해하였다 할 것이다(대판 1971.4.30. 71도519).

② 피고인들이 한국전기공사협회 부산지부 소속 일부 회원으로 구성된 협력회의 회장과 총무로서 공모하여, 위 지부회원들만이 수주할 수 있는 한국전력공사에서 발주하는 일정 공사금액 이하의 부산시내 전기공사를 자유경쟁에 기하여 입찰할 경우 예정가에 훨씬 못미치는 가격으로 수주를 하게 되는 결과를 방지하고 이를 개개 회사의 이익으로 돌리고자, 각 회원사들의 동의를 얻어 회원사들이 추첨에 기하여 순번제로 단독응찰하고 나머지 일부 회원사는 이에 들러리를 서는 방식으로 사실상 단독으로 입찰하는 한편 낙찰한 회사는 도급액의 10%를 협력회기금으로 납부하여 연말에 분배하는 방법으로 떡값을 주어 각 회원사들이 순번에 기하여 사실상 단독낙찰하게 하였다면, 피고인들의 행위는 위계로써 입찰의 공정을 해한 경우에 해당한다(대판 1991.10.22. 91도1961).

③ 입찰방해죄는 위계 또는 위력 기타의 방법으로 입찰의 공정을 해하는 경우에 성립하는 것으로서, 입찰의 공정을 해할 행위를 하면 족하고 현실적으로 입찰의 공정을 해한 결과가 발생할 필

요가 없으며, 위력의 사용은 폭행·협박의 정도에 이르러야만 되는 것도 아니다(대판 1993.2.23. 92도3395).

④ 입찰방해죄는 위계 또는 위력 기타의 방법으로 입찰의 공정을 해하는 경우에 성립하는 위태범으로서, 입찰의 공정을 해할 행위를 하면 그것으로 족한 것이지 현실적으로 입찰의 공정을 해한 결과가 발생할 필요는 없다(대판 1994.5.24. 94도600).

⑤ 범죄행위가 법원경매업무를 담당하는 집행관의 구체적인 직무집행을 저지하거나 현실적으로 곤란하게 하는 데까지는 이르지 않고 입찰의 공정을 해하는 정도의 행위라면 형법 제315조의 경매·입찰방해죄에만 해당될 뿐, 형법 제137조의 위계에 의한 공무집행방해죄에는 해당되지 않는다(대판 2000.3.24. 2000도102).

⑥ [1] 형법 제315조의 입찰방해죄는 위계 또는 위력 기타의 방법으로 입찰의 공정을 해하는 경우에 성립하는 위태범으로서, 여기서 '입찰의 공정을 해하는 행위'란 공정한 자유경쟁을 통한 적정한 가격형성에 부당한 영향을 주는 상태를 발생시키는 것으로, 그 행위에는 가격결정뿐 아니라 적법하고 공정한 경쟁방법을 해하는 행위도 포함되지만, <u>이러한 입찰방해 행위가 있다고 하기 위해서는 그 방해의 대상이 되는 입찰절차가 존재하여야 하므로</u>, 위와 같이 공정한 자유경쟁을 통한 적정한 가격형성을 목적으로 하는 입찰절차가 아니라 공적·사적 경제주체의 임의의 선택에 따른 계약체결의 과정에 공정한 경쟁을 해하는 행위가 개재되었다 하여 입찰방해죄로 처벌할 수는 없다. [2] 위 법리와 기록에 비추어 보면, 한국토지공사 전북지역본부에서 이 사건 중고자동차매매단지를 조성·분양함에 있어서 사전에 그 분양가격을 9,020,256,000원으로 확정 공고한 다음, 그 수분양 자격요건인 지역 내 중고자동차매매업 면허 소지자로서 분양신청금 4억 5천만 원을 예치한 신청자들을 대상으로 무작위 공개추첨의 방식으로 1인의 당첨자를 선정하는 것에 불과한 이 사건 분양절차는, <u>앞서 본 공정한 자유경쟁을 통한 적정한 가격형성을 목적으로 하는 입찰절차에 해당한다고 볼 수 없다 할 것이다. [3] 원심이 비록 그 이유의 설시에 있어 다소 적절하지 아니한 부분은 있으나 이 사건 분양절차가 형법 제315조 입찰방해죄의 '입찰'에 해당하지 아니하여 그 구성요건해당성이 없다는 이유로 형사소송법 제325조 전단에 의하여 이 부분 공소사실에 대해 무죄를 선고한 결론은 정당하다 할 것</u>이다(대판 2008.5.29. 2007도5037). [해설] 입찰방해죄가 성립하기 위해서는 방해의 대상인 입찰이 존재하여야 하므로, 입찰절차로 볼 수 없는 경우에는 입찰방해죄의 성립이 불가능하다는 사례.

판례 입찰방해 부정 판례

① [1] <u>주문자의 예정가격내에서 무모한 경쟁을 방지하고자 담합한 경우에는 담합자끼리 금품의 수수가 있었다 하더라도 입찰자체의 공정을 해하였다고는 볼 수 없다.</u> [2] 원심이 인정한 사실 자체로 보아 피고인 2의 응찰행위는 본인의 의사이고 가장 경쟁자를 꾸미며, 그 입찰에 소요되는 서류를 허위로 작성한 것이라고 보여지지 아니하므로 이 사건 입찰이 주문자가 미리 예정가격을 내정하여 그 예정가격내에서 최저가격으로 입찰한 자를 낙찰자로 하는 것임이 기록에 의하여 분명한 이상, <u>피고인 1, 2, 3의 담합의 목적이 세탁물 단가 가격을 올려 주문자의 이익을 해하려는 것이 아니고, 주문자의 예정가격 내에서 무모한 경쟁을 방지하려고 함에 있다고 보아야 할 것이고, 이러한 경우에 담합자끼리</u>

금품의 수수가 있었다고 하더라도 입찰자체의 공정을 해하였다고는 볼 수 없다고 할 것이니, 원심은 필경 인정사실에 대하여 법률적 평가를 잘못한 것이 아니면, 입찰방해에 관한 법리를 오해하여 판결에 영향을 미친 위법이 있다고 할 것이고 논지는 이유 있다(대판 1970.4.21. 70도2241). [해설] (구)건설업법 제59조 제1호에서는 입찰행위를 방해한 자를 처벌하지만, 입찰의 공정을 해할 것을 구성요건요소로 하고 있지 않음. 그러나 형법의 입찰방해죄는 입찰의 공정을 해할 것을 요하므로 주문자의 예정가격 내에서 무모한 경쟁을 방지하고자 담합한 경우는 입찰방해죄로 볼 수 없음을 보여주는 판례.

② 담합이 있고 그에 따른 담합금이 수수되었다 하더라도 입찰시행자의 이익을 해함이 없이 자유로운 경쟁을 한 것과 동일한 결과로 되는 경우에는 입찰의 공정을 해할 위험성이 없다고 할 것인바, 이 사건 입찰에 참가한 (갑), (을), (병), (정), (무)의 5개 회사 중에서 (갑)회사의 전무인 피고인이 담합한 것은 (을)회사가 들러리로 세운 (병)회사 뿐이며 (을), (무)회사와는 담합이 이루어지지 아니하여 그들의 투찰가격은 모두 입찰예정가격을 넘고 있으며, 피고인 역시 (을)회사 등으로부터 확답을 못얻어 불안한 나머지 당초 예정한 것보다 훨씬 높은 가격으로 응찰하였고, (병)회사 등이 (을)회사의 들러리로 입찰에 참가하게 된 사정을 몰랐다면 비록 피고인이 담합을 제의하였으나 실질적인 입찰참가자인 (을), (무)회사 등이 이를 받아들이지 않은 이상 그들을 형식적으로 입찰에 참가하게 하여 피고인의 실질적인 단독입찰을 경쟁입찰로 가장한 것이라고 볼 수 없고 결국은 자유경쟁을 한 것과 동일한 결과로 되어 위 (병)회사가 부정한 이익을 받았다 하더라도 그것만으로는 입찰방해죄가 성립한다고 볼 수 없다(대판 1983.1.18. 81도824).

③ 입찰방해죄는 위태범으로서 결과의 불공정이 현실적으로 나타나는 것을 요하는 것이 아니며, 그 행위에는 가격을 결정하는 데 있어서 뿐 아니라 적법하고 공정한 경쟁방법을 해하는 행위도 포함되므로, 그 행위가 설사 동업자 사이의 무모한 출혈경쟁을 방지하기 위한 수단에 불과하여 입찰가격에 있어 입찰실시자의 이익을 해하거나 입찰자에게 부당한 이익을 얻게 하는 것이 아니었다 하더라도 실질적으로는 단독입찰을 하면서 경쟁입찰인 것 같이 가장하였다면 그 입찰가격으로서 낙찰하게 한 점에서 경쟁입찰의 방법을 해한 것이 되어 입찰의 공정을 해한 것으로 되었다 할 것이다(대판 1994.11.8. 94도2142).

④ 건설업법 제59조 제1호에 의하면 "건설업자로서 경쟁입찰에 있어서 입찰자 간에 공모하여 미리 조작한 가격으로 입찰한 자"를 처벌하도록 규정하고 있는바, 이는 공정한 자유경쟁을 통하여 건설공사의 적정시공과 건설업의 건전한 발전을 도모하기 위하여 건설공사 수주를 둘러싸고 일어나는 이른바 담합행위를 근절하고자 하는 데에 그 입법 취지가 있으므로, 일부 입찰자가 단순히 정보를 교환하여 응찰가격을 조정하는 행위는 건설업법 제59조 제1호에서 규정하고 있는 담합행위에 포함되지 않는다(대판 1997.3.28. 95도1199).

판례 입찰방해 긍정 판례

① 입찰방해죄는 위태범으로서 결과의 불공정이 현실적으로 나타나는 것을 요하는 것이 아니며 그 행위에는 가격을 결정하는 데 있어서 뿐 아니라 적법하게 공정한 경쟁방법을 해하는 행위도 포함되므로 그 행위가 설사 유찰방지를 위한 수단에 불과하여 입찰가격에 있어 입찰실시자의 이익을 해하거나 입찰자에게 부당한 이익을 얻게 하는 것이 아니었다 하더라도 실질적으로 단

독입찰하면서 경쟁입찰인 것 같이 가장하였다면 그 입찰가격으로서 낙찰하게 한 점에서 경쟁입찰의 방법을 해한 것이 되어 입찰의 공정을 해한 것이 된다(대판 1988.3.8. 87도2646).

② 입찰방해죄는 위태범으로서 결과의 불공정이 현실적으로 나타나는 것을 요하는 것이 아니고, 그 행위에는 가격을 결정하는 데 있어서 뿐 아니라, 적법하고 공정한 경쟁방법을 해하는 행위도 포함되므로, <u>그 행위가 설사 동종(同種)업자 사이의 무모한 출혈경쟁을 방지하기 위한 수단에 불과하여 입찰가격에 있어 입찰실시자의 이익을 해하거나 입찰자에게 부당한 이익을 얻게 하는 것이 아니었다 하더라도 실질적으로는 단독입찰을 하면서 경쟁입찰인 것같이 가장하였다면 그 입찰가격으로써 낙찰하게 한 점에서 경쟁입찰의 방법을 해한 것이 되어 입찰의 공정을 해한 것으로 되었다</u> 할 것이다(대판 2003.9.26. 2002도3924). [해설] 대판 1967.12.29. 67도1195, 대판 1971.4.30. 71도519 판결 등 대법원이 일관되게 입찰방해죄의 성립을 인정하고 있는 단독입찰가장행위에 대한 사례.

③ [1] 입찰방해죄는 위계 또는 위력 기타의 방법으로 입찰의 공정을 해하는 경우에 성립하는 위태범으로서 결과의 불공정이 현실적으로 나타나는 것을 필요로 하지 않고, 여기서 '<u>입찰의 공정을 해하는 행위</u>'란 공정한 자유경쟁을 방해할 염려가 있는 상태를 발생시키는 것, 즉 공정한 자유경쟁을 통한 적정한 가격형성에 부당한 영향을 주는 상태를 발생시키는 것으로, 그 행위에는 가격결정뿐 아니라 '<u>적법하고 공정한 경쟁방법</u>'을 해하는 행위도 포함된다. 그리고 <u>입찰참가자들 사이의 담합행위가 입찰방해죄로 되기 위하여는 반드시 입찰참가자 전원 사이에 담합이 이루어져야 하는 것은 아니고, 입찰참가자들 중 일부 사이에만 담합이 이루어진 경우라고 하더라도 그것이 입찰의 공정을 해하는 것으로 평가되는 이상 입찰방해죄는 성립한다.</u> [2] 일부 입찰참가자들이 가격을 합의하고, 낙찰이 되면 특정 업체가 모든 공사를 하기로 합의하는 등 담합하여 투찰행위를 한 사안에서, 이는 '적법하고 공정한 경쟁방법'을 해하는 행위로서 입찰의 공정을 해하는 경우에 해당하며, 결과적으로 위 투찰에 참여한 업체의 수가 많아서 실제로 가격형성에 부당한 영향을 주지 않았다고 하더라도 <u>입찰방해죄가 성립</u>한다고 한 사례(대판 2009.5.14. 2008도11361).

④ [1] <u>입찰방해죄는 위태범으로서 결과의 불공정이 현실적으로 나타나는 것을 요하는 것이 아니고, 그 행위에는 가격을 결정하는 데 있어서 뿐 아니라, 적법하고 공정한 경쟁방법을 해하는 행위도 포함</u>된다. [2] 입찰자들 상호간에 특정업체가 낙찰받기로 하는 담합이 이루어진 상태에서 그 특정업체를 포함한 다른 입찰자들은 당초의 합의에 따라 입찰에 참가하였으나 일부 입찰자는 자신이 낙찰받기 위하여 당초의 합의에 따르지 아니한 채 오히려 낙찰받기로 한 특정업체보다 저가로 입찰하였다면, 이러한 일부 입찰자의 행위는 <u>위와 같은 담합을 이용하여 낙찰을 받은 것이라는 점에서 적법하고 공정한 경쟁방법을 해한 것이 되고, 따라서 이러한 일부 입찰자의 행위 역시 입찰방해죄에 해당한다.</u> [3] 피고인이 서울특별시도시철도공사가 발주한 시각장애인용 음성유도기 제작설치 입찰에 관한 담합에 가담하기로 하였다가 자신이 낙찰받기 위하여 당초의 합의에 따르지 아니한 채 원래 낙찰받기로 한 특정업체보다 저가로 입찰한 사안에서, 이러한 피고인의 행위는 입찰방해죄에 해당하므로, 같은 취지에서 위계로써 입찰의 공정을 해하였다는 공소사실을 유죄로 인정한 원심판단을 수긍한 사례(대판 2010.10.14. 2010도4940). [해설] 입찰방해죄의 법적 성격 및 입찰담합에 가담하기로 하였다가 당초 합의에서 이탈한 자에게도 입찰방해죄가 성립한다는 사례.

|  판 례 | 입찰방해죄의 기수시기 |

① 입찰방해죄는 위계 또는 위력 기타의 방법으로 입찰의 공정을 해하는 경우에 성립하는 위태범으로서, 입찰의 공정을 해할 행위를 하면 그것으로 족한 것이지 현실적으로 입찰의 공정을 해한 결과가 발생할 필요는 없다(대판 1994.5.24. 94도600).

② 입찰자들의 전부 또는 일부 사이에서 담합을 시도하는 행위가 있었을 뿐 <u>실제로 담합이 이루어지지 못하였고</u>, 또 위계 또는 위력 기타의 방법으로 담합이 이루어진 것과 같은 결과를 얻어내거나 다른 입찰자들의 응찰 내지 투찰행위를 저지하려는 시도가 있었지만 역시 그 위계 또는 위력 등의 정도가 담합이 이루어진 것과 같은 결과를 얻어내거나 그들의 응찰 내지 투찰행위를 저지할 정도에 이르지 못하였고 <u>또 실제로 방해된 바도 없다면</u>, 이로써 공정한 자유경쟁을 방해할 염려가 있는 상태 즉, 공정한 자유경쟁을 통한 적정한 가격형성에 부당한 영향을 주는 상태를 발생시켜 그 입찰의 공정을 해하였다고 볼 수 없어, <u>이는 입찰방해미수행위에 불과하고 입찰방해죄의 기수에 이르렀다고 할 수는 없다</u>(대판 2003.9.26. 2002도3924).

| PART 01 개인적 법익에 대한 죄 | PART 02 | PART 03

CHAPTER 04 | 사생활의 평온에 대한 죄

 제1절 | 비밀침해의 죄

I. 서론

1. 비밀침해의 죄의 의의

개인의 사생활에 있어서의 비밀, 즉 privacy를 침해하는 것을 내용으로 하는 범죄를 말한다. 즉 형법 제35장의 비밀침해의 죄는 우리 헌법이 보장하고 있는 사생활의 자유(제17조)와 통신의 비밀(제18조)을 형법에 의하여 실현하게 하는 범죄이다. 본죄는 개인의 사생활에 있어서의 비밀을 보호법익으로 한다. 제35장의 비밀침해의 죄는 비밀침해죄(제316조)와 업무상 비밀누설죄(제317조)로 구성되어 있다.

2. 입법론

비밀침해의 죄에 관한 형법의 규정은 사적 대화의 비밀보호에 대비할 수 없음은 물론 변호사 아닌 변호인·소송대리인·counsellor·세무사 및 흥신소에 종사하는 자 등을 업무상 비밀누설죄의 주체에서 제외하고 있어 사생활의 비밀에 대한 침해로부터 개인의 자유를 보호하는 데 충분하지 못하다는 비판을 받고 있다.

3. 구성요건의 체계

형법	비밀침해죄(제316조)와 업무상 비밀누설죄(제317조)가 각각 독립적 구성요건으로 규정되어 있다(① 양 죄는 친고죄이고, ② 미수범 처벌규정이 없다).	
특별형법	우편법	우편관서의 취급 중에 있는 우편물을 객체로 할 경우에는 제316조 제1항에 대한 특별법으로서 우편법이 적용된다.
	정보통신망이용촉진및 정보보호등에관한법률	제316조 제2항에 대한 특별법이다.
	통신비밀보호법	도청·녹음과 같은 기계적 수단에 의해서 사적인 대화의 비밀을 침해하는 행위를 처벌하고 있다(제3조, 제16조).

II. 비밀침해죄

> **제316조(비밀침해)**
> ① 봉함 기타 비밀장치한 사람의 편지, 문서 또는 도화를 개봉한 자는 3년 이하의 징역이나 금고 또는 500만원 이하의 벌금에 처한다.
> ② 봉함 기타 비밀장치한 사람의 편지, 문서, 도화 또는 전자기록등 특수매체기록을 기술적 수단을 이용하여 그 내용을 알아낸 자도 제1항의 형과 같다.

1. 의의와 보호법익

봉함 기타 비밀장치한 사람의 편지·문서 또는 도화를 개봉하거나, 봉함 기타 비밀장치한 사람의 편지·문서·도화 또는 전자기록 등 특수매체기록을 기술적 수단을 이용하여 그 내용을 알아냄으로써 성립하는 범죄이다(제316조). 본죄의 보호법익은 개인의 비밀이다. 비밀의 주체는 자연인이든 법인이든 법인격 없는 단체이든 불문하며, 비밀은 개인의 비밀뿐만 아니라 국가 또는 공공단체의 비밀도 여기에 포함된다.

법익보호의 정도는 제1항의 경우에는 '추상적 위험범'이다. 제2항의 경우에는 침해범설(다수설)과 추상적 위험범설이 대립한다. 제2항의 구성요건은 "그 내용을 알아'낸' 자"로 되어 있으므로, 문언해석상 '침해범'으로 파악함이 타당하다고 본다. 본죄의 미수범 처벌규정은 없다.

2. 객관적 구성요건

(1) 행위의 객체

봉함 기타 비밀장치한 사람의 편지·문서·도화 또는 전자기록 등 특수매체기록이다.

1) **편지·문서·도화 또는 전자기록 등 특수매체기록** : ㈎ '편지'란 특정인으로부터 다른 특정인에게 의사를 전달하는 문서를 말하며, 반드시 우편물이어야 하는 것은 아니다. ㈏ '문서'는 편지가 아닌 것으로서 문자 기타의 발음부호에 의하여 특정인의 의사를 표시한 것으로서, 공문서이든 사문서이든 묻지 않는다. 따라서 현금을 넣어 봉한 봉투와 같이 의사표시를 내용으로 하지 않는 것은 본죄의 객체가 아니다. ㈐ '도화'란 그림에 의하여 의사가 표시된 것을 말하며, 사진 또는 도표가 여기에 해당한다. 사진·도표라도 기념사진과 같이 사람의 의사가 표시된 것이 아니면 본죄의 객체가 아니다(다수설). ㈑ '전자기록 등 특수매체기록'이란 전자적 기록 이외에 전기적 기록이나 광기술을 이용하여 저장되어 있어 직접 지각할 수 없는 기록을 말한다.

2) **봉함 기타 비밀장치** : 편지·문서·도화 또는 전자기록 등 특수매체기록은 봉함 또는 비밀장치한 것에 한하여 본죄의 객체가 된다. ㈎ '봉함'이란 봉투를 풀로 붙인 것과 같이 그 외포를 파손하지 않고는 내용을 알 수 없거나 곤란하게 하는 것을 말하며, ㈏ '비밀장치'는 봉함 이외의 방법으로 외포를 만들어 그 내용을 알 수 없게 하는 일체의 장치를 말한다. 다만, 우편엽서와 같은 봉함·비밀장치하지 않은 편지 등은 본죄의 객체가 아니다. ㈐ 비밀장치한 특수매체기록이란 권한 없는 사람의 기록에 대한 접근을 방지하거나 곤란하게 하기 위한 장치가 취해져 있는 기록을 말한다. 컴퓨터나 기록 자체가 시정되어 있는 경우는 물론, 정보의 호출을 위하여 예컨대 password, 전자카드, 지문감식 또는 음성감식체제와 같은 특수한 작동체계를 마련한 경우를 포함한다.

(2) 행위

개봉하거나 기술적 수단을 이용하여 그 내용을 알아내는 것이다.

㈎ 개봉이란 봉함 기타 비밀장치를 파훼하여 편지·문서 또는 도화의 내용을 알 수 있는 상태에 두는 것을 말하며, 그 방법을 묻지 않는다. 반드시 그 내용을 인식하였을 것도 요하지 않는바, 편지 등을 개봉한 이상 그 내용을 읽지 못하였다 하여도 본죄의 기수가 된다. 이러한 의미에서 본죄는 추상적 위험범이다.

(나) 개봉하지 않고 기술적 수단을 이용하여 그 내용을 알아내는 경우에도 본죄가 성립한다(제316조 제2항). 내용을 알아내는 것은 기술적인 수단을 이용한 것이어야 하므로 단순히 불빛에 투시하여 내용을 읽어보는 것만으로는 족하지 않다. 투시기를 사용하거나 종이를 약물에 적셔서 내용을 알아내는 경우가 여기에 해당한다. 그리고 제2항의 범죄는 내용을 알아낼 것까지를 필요로 하는 '침해범'으로 규정되어 있다. 즉 제2항의 범죄는 기술적 수단을 써서 그 내용을 알아낸 때 기수가 된다. 내용을 인식하지 못한 경우에는 제2항의 범죄의 미수에 불과한데, 본죄의 미수범은 처벌하지 않으므로 결국 불가벌이 된다.

3. 주관적 구성요건

주관적 구성요건으로 봉함 기타 비밀장치한 타인의 편지·문서·도화 또는 전자기록 등 특수매체기록을 개봉한다는 고의가 있어야 한다. 미필적 고의로도 족하다.

타인에게 온 편지를 자기에게 온 것으로 오신하고 개봉한 경우에는 구성요건적 착오로서 고의가 조각된다. 그러나 타인에게 온 편지를 자기가 읽어 볼 권한이 있다고 오신하고 개봉한 경우에는 법률의 착오로서 제16조에 의하여 해결한다.

4. 위법성

본죄가 성립하기 위하여는 편지 등의 개봉이 위법하여야 한다. 그러나 본죄의 위법성도 위법성조각사유의 존재에 의하여 조각된다. 피해자의 승낙도 본죄의 위법성을 조각한다고 하는 견해도 있으나, 구성요건해당성을 조각한다고 봄이 타당하다. 형사소송법(제107조, 제120조) 및 우편법(제28조 제2항, 제35조)에 의한 정당행위와 추정적 승낙에 의하여도 위법성은 조각된다.

5. 고소권자

본죄는 친고죄이다. 그러나 누가 고소권자인가에 대하여는 견해가 대립하고 있다. 편지 등의 비밀은 발송인과 수신인에게 공통되는 것이므로 발송인뿐만 아니라 수신인도 언제나 고소권자가 된다고 해석하는 다수설이 타당하다.

6. 타죄와의 관계

(가) 편지봉투를 찢어서 읽어보고 제자리에 둔 경우에는 손괴죄와는 법조경합 중 흡수관계이므로 비밀침해죄만이 성립한다. 그러나 (나) 편지봉투를 찢은 후 편지를 꺼내 읽어보고 난 후에 편지 자체를 찢어버리거나 은닉한 경우에는 비밀침해죄와 손괴죄의 실체적 경합범이 된다. (다) 편지 등을 절취·횡령하여 개봉한 경우에는 비밀침해죄와 절도죄·횡령죄의 실체적 경합범이 된다.

Ⅲ. 업무상 비밀누설죄

> **제317조(업무상비밀누설)**
> ① 의사, 한의사, 치과의사, 약제사, 약종상, 조산사, 변호사, 변리사, 공인회계사, 공증인, 대서업자나 그 직무상 보조자 또는 차등의 직에 있던 자가 그 직무처리중 지득한 타인의 비밀을 누설한 때에는 3년 이하의 징역이나 금고, 10년 이하의 자격정지 또는 700만원 이하의 벌금에 처한다.

> ② 종교의 직에 있는 자 또는 있던 자가 그 직무상 지득한 사람의 비밀을 누설한 때에도 전항의 형과 같다.
>
> **제318조(고소)**
> 본장의 죄는 고소가 있어야 공소를 제기할 수 있다.

1. 의의와 보호법익

의사·약제사·변호사·공증인 등 법문에 열거된 자가 그 업무처리 중 지득한 타인의 비밀을 누설함으로써 성립하는 범죄이다(제317조). 보호법익은 개인의 비밀이다. 보호정도에 대해서는 추상적 위험범설과 구체적 위험범설이 대립되고 있으나, 본죄는 상대방이 비밀을 현실적으로 인식할 것을 요하지 않으므로 추상적 위험범설이 타당하다(다수설). 본죄는 친고죄이다(제318조).

2. 객관적 구성요건

(1) 주체

의사·한의사·치과의사·약제사·약종상·조산사·변호사·변리사·공인회계사·공증인·법무사나 그 직무상 보조자와 종교의 직에 있는 자 또는 있었던 자에 제한된다. 이러한 의미에서 본죄는 진정신분범이다. 따라서 여기에 열거되지 않은 자, 예컨대 법무사, 변호사 아닌 변호인, 수의사 등은 본죄의 직접정범은 물론 간접정범도 될 수 없다. 한편, 공무원 또는 공무원이었던 자가 법령에 의한 직무상 비밀을 누설한 때에는 공무상 비밀누설죄(제127조)가 성립하고, 외교상의 비밀을 누설한 때에는 외교상 기밀누설죄(제113조)가 성립한다.

(2) 행위의 객체

'업무처리 중 또는 직무상 지득한 타인의 비밀'이다.

1) 비밀 : '비밀'이란 특정인 또는 일정한 범위의 사람에게만 알려져 있는 사실로서 타인에게 알려지지 아니하는 데 본인에게 이익이 있는 사실을 말하며, 비밀의 주체는 자연인이든 법인이든 법인격 없는 단체이든 불문한다. 사자(死者)가 본죄의 비밀의 주체인가에 대해서 자연인은 생존자여야 함을 이유로 부정하는 부정설이 있으나, 비밀유지에 대한 일반인의 신뢰도 본죄의 부차적인 보호법익이며 비밀주체가 사망하더라도 비밀유지의무는 지속된다고 보아야 하므로 긍정설이 타당하다. 그러나 비밀은 개인의 비밀에 제한되며, 국가 또는 공공단체의 비밀은 여기에 포함되지 않는다. 본죄는 개인의 비밀을 보호하기 위한 것이기 때문이다. 또한 비밀이라고 하기 위하여는 본인이 비밀로 할 것을 원할 뿐만 아니라 객관적으로도 비밀로 할 이익이 있어야 한다(절충설).

2) 업무처리 중 또는 직무상 지득한 비밀 : 비밀은 '그 직무처리 중 또는 직무상 지득한 것'임을 요한다. 따라서 업무처리와 관계없이 알게 된 사실은 그것이 비밀에 속한다 하여도 본죄의 비밀에는 해당하지 않는다.

(3) 행위

비밀을 '누설'하는 것이다. '누설'이란 비밀에 속하는 사실을 이를 모르는 사람에게 알게 하는 것을 말한다. 그 방법에는 제한이 없으며, 공연히 비밀을 누설할 것을 요하지 않으므로 한 사람에게 알려도 된다. 누설행위로 상대방이 비밀을 인식하였음을 요하지 아니한다. 또한 비밀누설행위시에 기수가 된다고 할 것이다(추상적 위험범설). 누설의 방법은 구두, 서면, 거동, 부작위(비밀을 기재한 서류를 방치하여 다른 사람에게 읽게 하는 경우)로도 가능하다. 다만 공연히 비밀을 누설하여 사람의 명예를 훼손한 때에는 본죄와 명예훼손죄의 상상적 경합이 된다.

3. 주관적 구성요건

주관적 구성요건으로 고의를 요한다. 여기의 고의의 내용에는 신분에 대한 인식과 자기가 지득한 비밀을 누설한다는 인식이 포함된다. 비밀의 인식에 대한 착오는 구성요건적 착오가 되어, 본죄의 고의가 부정된다. 비밀준수의무에 대한 착오는 위법성의 착오(제16조)가 된다.

4. 위법성

본죄도 일반적 위법성조각사유에 의하여 위법성이 조각된다. 따라서 ㉮ 생명·신체 또는 자유에 대한 위난을 피하기 위하여 비밀을 누설한 때에는 긴급피난에 의하여, ㉯ 법령에 의하여 비밀의 고지가 의무로 되어 있는 때에는 정당행위에 의하여 위법성이 조각된다. 또한 ㉰ 증언거부권을 가진 자가 이를 행사하지 아니하고 증언하면서 타인의 비밀을 누설한 경우에도 위법성이 조각된다(통설).

> **판례** 비밀침해죄
>
> ① 피고인이 대체집행사건의 채무자의 승계인 (갑) 앞으로 우송된 결정정본을 평소 동명으로 호명되고 있는 자기의 장남 앞으로 온 신서인 줄 알고서 개피하였다고 주장하나, 피고인이 당초 건물철거 등의 대체집행신청을 하면서 채무자의 승계인 (갑)의 주소로 표기한 장소에서는 피고인의 장남이 이미 10여년 전에 살다가 타처로 이주하여 버렸고, 위 봉함우편물이 바로 피고인신청의 대체집행사건을 처리한 법원의 소송서류였다는 점, 그 수신인 또한 피고인이 대체집행신청을 한 사건의 상대방 주소와 성명으로 표시되어 발송된 문서라는 점을 고려해 볼 때 피고인은 위 서류가 바로 대체집행사건의 채무자의 승계인 (갑)에게 송달되는 소송서류라는 사실을 능히 알고 있었다고 봄이 경험칙에 합치된다고 할 것이니 피고인에게 신서개피의 고의가 있었음을 부정할 수 없다(대판 1984.6.12. 84도620).
>
> ② 원심판결 이유에 의하면, 원심은 형법 제316조 제1항의 비밀침해죄는 봉함 기타 비밀장치한 사람의 편지, 문서 또는 도화를 개봉하는 행위를 처벌하는 죄이고, 이때 '<u>봉함 기타 비밀장치가 되어 있는 문서</u>'란 '기타 비밀장치'라는 일반 조항을 사용하여 널리 비밀을 보호하고자 하는 위 규정의 취지에 비추어 볼 때, <u>반드시 문서 자체에 비밀장치가 되어 있는 것만을 의미하는 것은 아니고, 봉함 이외의 방법으로 외부 포장을 만들어서 그 안의 내용을 알 수 없게 만드는 일체의 장치를 가리키는 것으로, 잠금장치 있는 용기나 서랍 등도 포함한다고 할 것인바</u>, 이 사건과 같이 <u>서랍이 2단으로 되어 있어 그 중 아랫칸의 윗부분이 막혀 있지 않아 윗칸을 밖으로 빼내면 아랫칸의 내용물을 쉽게 볼 수 있는 구조로 되어 있는 서랍이라고 하더라도, 피해자가 아랫칸에 잠금장치를 하였고 통상적으로 서랍의 윗칸을 빼어 잠금장치 된 아랫칸 내용물을 볼 수 있는 구조라거나 그와 같은 방법으로 볼 수 있다는 것을 예상할 수 없어 객관적으로 그 내용물을 쉽게 볼 수 없도록 외부에 의사를 표시하였다면, 형법 제316조 제1항의 규정 취지에 비추어 아랫칸은 윗칸에 잠금장치가 되어 있는지 여부에 관계없이 그 자체로서 형법 제316조 제1항에 규정하고 있는 비밀장치에 해당한다고 할 것이고</u>, 이 사건 기록에 나타난 증거들에 의하면, 봉함 기타 비밀장치의 효과를 제거하여 아랫칸 내용물들을 개봉한다는 피고인의 인식을 충분히 인정할 수 있

다는 이유로 이 사건 공소사실을 유죄로 인정한 제1심의 결론을 유지하였는바, 기록에 비추어 보면 원심의 위와 같은 사실인정과 판단은 정당한 것으로 수긍이 가고, 거기에 주장과 같은 채증법칙위반이나 비밀침해죄에 관한 법리오해의 위법이 있다고 할 수 없다(대판 2008.11.27. 2008도9071). **[해설]** 문서 자체를 봉함하는 경우 외에도 타인이 객관적으로 쉽게 볼 수 없도록 피해자가 외부에 의사를 표현한 경우라면, 피해자가 예상하지 못한 방법으로 쉽게 문서에 접근할 수 있다고 하더라도 비밀장치한 문서로 본 사례.

③ '회사의 직원이 회사의 이익을 빼돌린다'는 소문을 확인할 목적으로, 비밀번호를 설정함으로써 비밀장치를 한 전자기록인 피해자가 사용하던 '개인용 컴퓨터의 하드디스크'를 떼어내어 다른 컴퓨터에 연결한 다음 의심이 드는 단어로 파일을 검색하여 메신저 대화 내용, 이메일 등을 출력한 사안에서, <u>피해자의 범죄 혐의를 구체적이고 합리적으로 의심할 수 있는 상황에서 피고인이 긴급히 확인하고 대처할 필요가 있었고, 그 열람의 범위를 범죄 혐의와 관련된 범위로 제한하였으며, 피해자가 입사시 회사 소유의 컴퓨터를 무단 사용하지 않고 업무 관련 결과물을 모두 회사에 귀속시키겠다고 약정하였고, 검색 결과 범죄행위를 확인할 수 있는 여러 자료가 발견된 사정 등에 비추어, 피고인의 그러한 행위는 사회통념상 허용될 수 있는 상당성이 있는 행위로서 형법 제20조의 '정당행위'</u>라고 본 원심의 판단을 수긍한 사례(대판 2009.12.24. 2007도6243).

④ [1] 1995. 12. 29. 법률 제5057호로 개정된 형법은 산업화·정보화의 추세에 따른 컴퓨터범죄 등 신종범죄에 효율적으로 대처하기 위해 제316조 제2항을 신설하여 '봉함 기타 비밀장치한 사람의 편지, 문서, 도화 또는 전자기록 등 특수매체기록을 기술적 수단을 이용하여 그 내용을 알아낸 자'를 처벌하는 규정을 두었고, 그 외 전자기록 등 특수매체기록을 행위의 객체로 하는 업무방해(제314조 제2항), 공·사(公·私)전자기록의 위작·변작(제227조의2, 제232조의2) 및 동 행사(제229조, 제234조) 등 컴퓨터관련범죄를 신설하고, 재물손괴죄 등(제366조)에 전자기록 등 특수매체기록을 행위의 객체로 추가하였다. 여기서 <u>전자기록 등 특수매체기록이란 일정한 저장매체에 전자방식이나 자기방식 또는 광기술 등 이에 준하는 방식에 의하여 저장된 기록을 의미한다. 특히 전자기록</u>은, 그 자체로는 물적 실체를 가진 것이 아니어서 별도의 표시·출력장치를 통하지 아니하고는 보거나 읽을 수 없고, 그 생성 과정에 여러 사람의 의사나 행위가 개재됨은 물론 추가 입력한 정보가 프로그램에 의하여 자동으로 기존의 정보와 결합하여 새로운 전자기록을 작출하는 경우도 적지 않으며, 그 이용 과정을 보아도 그 자체로서 객관적·고정적 의미를 가지면서 독립적으로 쓰이는 것이 아니라 개인 또는 법인이 전자적 방식에 의한 정보의 생성·처리·저장·출력을 목적으로 구축하여 설치·운영하는 시스템에서 쓰임으로써 예정된 증명적 기능을 수행한다(형법 제227조의2에 규정된 공전자기록등위작죄에 관한 대법원 2005. 6. 9. 선고 2004도6132 판결, 형법 제232조의2에 규정된 사전자기록등위작죄에 관한 대법원 2020. 8. 27. 선고 2019도11294 전원합의체 판결 등 참조). 따라서 <u>그 자체로서 객관적·고정적 의미를 가지면서 독립적으로 쓰이는 것이 아니라 개인 또는 법인이 전자적 방식에 의한 정보의 생성·처리·저장·출력을 목적으로 구축하여 설치·운영하는 시스템에서 쓰임으로써 예정된 증명적 기능을 수행하는 것은 전자기록에 포함된다</u>(형법 제232조의2에 규정된 사전자기록등위작죄에서의 전자기록에 관한 대법원 2008. 6. 12. 선고 2008도938 판결 참조). 개정 형법이 전자기록 등 특수매체기록을 위 각 범죄의 행위 객체로 신설·추가한 입법취지, 전자기록등내용탐지죄의 보호법익과 그 침해행위의 태양 및 가벌성 등에 비추어 볼 때, <u>피해자의 아이디, 비밀번호(이하 '이 사건 아이디 등'이라 한다)는 전자방식에 의하여 피해자의 노트북 컴퓨터에 저장된 기록으로서 형법 제316

조 제2항의 '전자기록 등 특수매체기록'에 해당한다. [2] 한편, 형법 제316조 제2항 소정의 전자기록등내용탐지죄는 봉함 기타 비밀장치한 전자기록 등 특수매체기록을 기술적 수단을 이용하여 그 내용을 알아낸 자를 처벌하는 규정인바, 전자기록 등 특수매체기록에 해당하더라도 봉함 기타 비밀장치가 되어 있지 아니한 것은 이를 기술적 수단을 동원해서 알아냈더라도 전자기록등내용탐지죄가 성립하지 않는다(대판 2022.3.31. 2021도8900). [해설] 피고인이 피해자의 컴퓨터에 해킹프로그램을 몰래 설치해 피해자의 ○○○○, □□□□, ●● 계정의 각 아이디 및 비밀번호(이 사건 아이디 등)를 알아내었다는 이유로 형법 제316조 제2항 소정의 전자기록등내용탐지죄로 기소된 사안에서, 원심은 위 죄의 객체인 '전자기록 등 특수매체기록'이 되기 위해서는 특정인의 의사가 표시되어야 한다고 전제한 후 이 사건 아이디 등 자체는 특정인의 의사를 표시한 것으로 보기 어렵다는 이유로 무죄로 판단하였음. 대법원은 이 사건 아이디 등이 전자기록 등 특수매체기록에는 해당한다고 보면서도, 이에 대하여 별도의 비밀장치가 된 것으로 볼 수 없는 이상, 이 사건 아이디 등을 위 프로그램을 이용하여 알아냈더라도 전자기록등내용탐지죄가 성립하지 않는다고 보아 결과적으로 검사의 상고를 기각함. 참고로 피고인이 이 사건 아이디 등을 이용해 피해자의 ○○○○ 계정 등에 접속한 행위 및 이를 통해 피해자와 다른 사람들 사이의 대화내용 등을 다운로드 받은 행위에 대해서는 원심에서 「정보통신망 이용촉진 및 정보보호 등에 관한 법률」 위반(정보통신망침해등)죄, 전자기록등내용탐지죄가 인정되었고 이 부분에 대해서는 피고인과 검사 모두 상고하지 아니하였음.

⑤ [1] 1995. 12. 29. 법률 제5057호로 개정된 형법은 산업화·정보화의 추세에 따른 컴퓨터범죄 등 신종범죄에 효율적으로 대처하기 위해 제316조 제2항을 신설하여 '봉함 기타 비밀장치한 사람의 편지, 문서, 도화 또는 전자기록 등 특수매체기록을 기술적 수단을 이용하여 그 내용을 알아낸 자'를 처벌하는 규정을 두었고, 그 외 전자기록 등 특수매체기록을 행위의 객체로 하는 업무방해(제314조 제2항), 공·사(公·私)전자기록의 위작·변작(제227조의2, 제232조의2) 및 동 행사(제229조, 제234조) 등 컴퓨터관련범죄를 신설하고, 재물손괴죄 등(제366조)에 전자기록 등 특수매체기록을 행위의 객체로 추가하였다. 여기서 <u>전자기록 등 특수매체기록이란 일정한 저장매체에 전자방식이나 자기방식 또는 광기술 등 이에 준하는 방식에 의하여 저장된 기록을 의미한다</u>. 특히 <u>전자기록은</u>, 그 자체로는 물적 실체를 가진 것이 아니어서 별도의 표시·출력장치를 통하지 아니하고는 보거나 읽을 수 없고, 그 생성 과정에 여러 사람의 의사나 행위가 개재됨은 물론 추가 입력한 정보가 프로그램에 의하여 자동으로 기존의 정보와 결합하여 새로운 전자기록을 작출하는 경우도 적지 않으며, 그 이용 과정을 보아도 그 자체로서 객관적·고정적 의미를 가지면서 독립적으로 쓰이는 것이 아니라 <u>개인 또는 법인이 전자적 방식에 의한 정보의 생성·처리·저장·출력을 목적으로 구축하여 설치·운영하는 시스템에서 쓰임으로써 예정된 증명적 기능을 수행한다</u>(형법 제227조의2에 규정된 공전자기록등위작죄에 관한 대법원 2005. 6. 9. 선고 2004도6132 판결, 형법 제232조의2에 규정된 사전자기록등위작죄에 관한 대법원 2020. 8. 27. 선고 2019도11294 전원합의체 판결 등 참조). 따라서 <u>그 자체로서 객관적·고정적 의미를 가지면서 독립적으로 쓰이는 것이 아니라 개인 또는 법인이 전자적 방식에 의한 정보의 생성·처리·저장·출력을 목적으로 구축하여 설치·운영하는 시스템에서 쓰임으로써 예정된 증명적 기능을 수행하는 것은 전자기록에 포함된다</u>(형법 제232조의2에 규정된 사전자기록등위작죄에서의 전자기록에 관한 대법원 2008. 6. 12. 선고 2008도938 판결 참조). 개정 형법이 전자기록 등 특수매체기록을 위 각 범죄의 행위 객체로 신설·추가한 입법취지, 전자기록등내용탐지죄의 보호법익과 그 침해행위의 태양 및 가벌성 등에 비추어 볼 때, <u>피해자의 아이디, 비밀번호</u>(이하 '이 사건 아이디 등'이라 한다)<u>는 전자방식에 의하여 피해자의 노트북 컴퓨터에 저장된 기록으로서 형법 제316</u>

조 제2항의 '전자기록 등 특수매체기록'에 해당한다. [2] 한편, 형법 제316조 제2항 소정의 전자기록등내용탐지죄는 봉함 기타 비밀장치한 전자기록 등 특수매체기록을 기술적 수단을 이용하여 그 내용을 알아낸 자를 처벌하는 규정인바, 전자기록 등 특수매체기록에 해당하더라도 봉함 기타 비밀장치가 되어 있지 아니한 것은 이를 기술적 수단을 동원해서 알아냈더라도 전자기록등내용탐지죄가 성립하지 않는다(대판 2022.3.31. 2021도8900). [해설] 피고인이 피해자의 컴퓨터에 해킹프로그램을 몰래 설치해 피해자의 ○○○○, □□□□, ●● 계정의 각 아이디 및 비밀번호(이 사건 아이디 등)를 알아내었다는 이유로 형법 제316조 제2항 소정의 전자기록등내용탐지죄로 기소된 사안에서, 원심은 위 죄의 객체인 '전자기록 등 특수매체기록'이 되기 위해서는 특정인의 의사가 표시되어야 한다고 전제한 후 이 사건 아이디 등 자체는 특정인의 의사를 표시한 것으로 보기 어렵다는 이유로 무죄로 판단하였음. 대법원은 이 사건 아이디 등이 전자기록 등 특수매체기록에는 해당한다고 보면서도, 이에 대하여 별도의 비밀장치가 된 것으로 볼 수 없는 이상, 이 사건 아이디 등을 위 프로그램을 이용하여 알아냈더라도 전자기록등내용탐지죄가 성립하지 않는다고 보아 결과적으로 검사의 상고를 기각함. 참고로 피고인이 이 사건 아이디 등을 이용해 피해자의 ○○○○ 계정 등에 접속한 행위 및 이를 통해 피해자와 다른 사람들 사이의 대화내용 등을 다운로드 받은 행위에 대해서는 원심에서 「정보통신망 이용촉진 및 정보보호 등에 관한 법률」 위반(정보통신망침해등)죄, 전자기록등내용탐지죄가 인정되었고 이 부분에 대해서는 피고인과 검사 모두 상고하지 아니하였음.

제2절 | 주거침입의 죄

I. 서론

1. 주거침입죄의 의의

사람의 주거, 관리하는 장소의 평온과 안전을 침해하는 것을 내용으로 하는 범죄이다. 본죄는 헌법이 보장하고 있는 주거의 자유를 침해함으로써 성립하는 범죄이다. 우리 형법은 주거침입의 죄로 주거침입죄와 퇴거불응죄(제319조)를 두고 이에 대한 가중적 구성요건으로 특수주거침입(퇴거불응)죄(제320조)를 규정한 외에 주거·신체수색죄(제321조)와 미수범 처벌규정(제322조)을 두고 있다.

2. 보호법익

주거침입죄의 보호법익이 자유권적 성질을 가진 인격적 법익이라는 데는 의문이 없으나, 그 구체적인 내용이 무엇이냐에 관하여는 ㈎ 주거권설과, ㈏ 사실상 평온설(통설, 판례)이 대립하고 있으나, 본죄가 주거를 보호하는 것은 그 안에 사는 사람들의 평온한 삶을 보호하는데 그 목적이 있는 것이므로 사실상 평온설이 타당하다. '주거의 사실상 평온'과 '업무상의 평온과 비밀'이라는 법익의 보호의 정도는 '침해범'이다. 그러나 보호법익을 주거권으로 파악하는 입장에서는 보호의 정도를 위험범으로 이해한다. 본장의 죄의 미수범은 처벌한다(제322조).

3. 구성요건의 체계

형법	기본적 구성요건	주거침입죄(제319조 제1항), 퇴거불응죄(제319조 제2항)	미수범 처벌 (제322조)
	가중적 구성요건 (방법에 의한 불법가중)	특수주거침입죄 (제320조)	
	독립적 구성요건	주거·신체수색죄(제321조)	
특별형법	폭력행위 등 처벌에 관한 법률	2인 이상의 공동주거침입·퇴거불응 가중처벌(제2조 제2항)	미수범 처벌
	성폭력범죄의 처벌 등에 관한 특례법	자기의 성적 욕망을 만족시킬 목적으로 화장실, 목욕장·목욕실 또는 발한실(發汗室), 모유수유시설, 탈의실 등 불특정 다수가 이용하는 다중이용장소에 침입하거나 같은 장소에서 퇴거의 요구를 받고 응하지 아니하는 사람은 1년 이하의 징역 또는 300만 원 이하의 벌금에 처한다(제12조).	미수범 처벌 X

II. 주거침입죄

1. 주거침입죄

제319조(주거침입, 퇴거불응)
① 사람의 주거, 관리하는 건조물, 선박이나 항공기 또는 점유하는 방실에 침입한 자는 3년 이하의 징역 또는 500만원 이하의 벌금에 처한다.

제322조(미수범)
본장의 미수범은 처벌한다.

사람의 주거, 관리하는 건조물, 선박이나 항공기 또는 점유하는 방실에 침입함으로써 성립하는 범죄이다(제319조 제1항).

(1) 객관적 구성요건

1) **행위의 객체** : 사람의 주거, 관리하는 건조물, 선박이나 항공기 또는 점유하는 방실이다.

㈎ **사람의 주거** : '주거'라 함은 사람이 일상생활을 영위하기 위하여 점거하는 장소이며, 사람의 기와침식에 사용되는 장소를 의미한다(다수설). 주거의 설비 또는 그 구조의 여하는 묻지 않으며, 부동산은 물론 동산도 주거가 될 수 있다. 주거는 일시적이어도 되며, 침입 당시에 주거자가 현존할 필요는 없다. 따라서 주인이 출타 중인 주거에 침입해도 본죄가 성립한다. 텐트나 천막 등도 주거로 사용되고 있으면 본 객체에 포함된다(확장해석). 주거용 차량처럼 이동하는 물건도 본죄의 객체가 될 수 있다. 주거는 주거용 건조물 이외에 부속된 건조물(예 : 가정용 창고)과 '부속토지'(예 : 정원)도 포함된다. 예컨대 담을 넘어 정원에 들어간 것만으로도 주거침입이 된다. 또한, 보호법익을 주거의 사실상의 평온으로 본다면 주거의 장소는 적법하게 점유되어 있을 필요는 없다(예 : 임대차 계약 해제 후 임차인의 퇴거를 요구하기 위하여 임의로 침입한 임대인에게 주거침입죄 성립). 여러 사람이 함께 거주하면서 공동생활을 하고 있는 경우에 그 중 1인이 공동생활을 이탈한 이후에는 주거침입죄를 범할

수 있다(예 : 가족일지라도 공동생활에서 이탈한 후에 옛 주거에 침입하면 주거침입죄 성립).

㈏ **관리하는 건조물·선박·항공기** : '관리'란 타인이 침해하는 것을 방지하는 데 족한 인적·물적 설비를 갖추어 사실상 사람이 관리·지배하고 있는 것을 말하며, 반드시 출입이 불가능 또는 곤란하게 할 정도의 시설일 필요는 없으나 단순한 출입금지의 표지만으로는 관리라고 할 수 없다. '건조물'이란 주거를 제외한 일체의 건물(부동산)을 말하며, '선박'은 크기를 묻지 않지만 적어도 주거에 사용할 수 있을 정도임을 요한다.

㈐ **점유하는 방실** : '점유하는 방실'은 건물 내에서 사실상 지배·관리하는 구획을 말하며, 사무실·연구실은 물론 호텔 또는 여관에 투숙 중인 방이 여기에 속한다. 다만, 노래방·비디오방 등의 구획된 공간은 일시적 휴식 또는 오락에 제공되는 장소로서 일정한 주거의 이익이 없다고 할 것이므로 점유하는 방실로 볼 수 없다 할 것이다.

2) **행위** : 침입하는 것이다.

㈎ **침입** : '침입'이란 주거권자의 의사에 반하여 들어가는 것을 말한다. 침입은 '신체적' 침입행위여야 한다. 따라서 건물 밖에서 건물 안을 들여다보는 행위, 건물 안으로 돌을 던지는 행위, 전화를 걸어 주거의 평온을 깨뜨리는 행위 등은 침입이 아니라고 할 것이다. 침입의 방법은 묻지 않는다. 따라서 주거에 대한 보증인이 제3자의 침입을 방지하지 아니한 경우처럼 부작위에 의한 침입도 가능하다.

㈏ **주거권자의 의사** : 주거권자의 의사에 반하여 들어가는 것이 침입이므로 주거권자의 하자 없는 의사에 따라 들어간 때에는 침입이라고 할 수 없다. 즉 주거권자의 동의는 본죄의 구성요건해당성을 조각한다. 이 경우 주거자의 의사와 관련된 몇가지 문제가 있다.

① **기망수단에 의하여 주거자의 착오에 기한 허락을 받고 들어간 경우** : 이 경우에 주거침입죄의 성립을 긍정하는 견해와 부정하는 견해가 있으나, 주거자의 동의는 자유로운 의사로서 진지하게 이루어져야 하므로 양해로서의 효력은 없다고 할 것이다(긍정설 : 다수설).

② **범죄목적으로 타인의 주거에 들어간 경우** : 공중에 개방되어 있는 백화점·관공서의 청사·역·은행·식당 등에 범죄의 목적으로 들어간 경우에 본죄의 성립을 인정할 것인가가 문제된다. 그러나 일반적인 허가가 있는 한, 목적이 불법하다는 이유만으로 주거침입이 된다고 할 수는 없을 것이다. 따라서 절도의 목적으로 백화점에 들어가는 것은 본죄를 구성하지 않는다고 해야 한다. 판례도 최근의 전원합의체 판결(대판 2022.3.24. 2017도18272 전원합의체)에서 침입행위에 해당하는지 여부는 거주자의 의사에 반하는지가 아니라 사실상의 평온상태를 해치는 행위인지에 따라 판단된다고 하였다. 따라서, 일반인의 출입이 허용된 음식점에 영업주의 승낙을 받아 통상적인 출입방법으로 들어갔다면 특별한 사정이 없는 한 주거침입죄에서 규정하는 침입행위에 해당하지 않으므로 설령 행위자가 범죄 등을 목적으로 음식점에 출입하였거나 영업주가 행위자의 실제 출입 목적을 알았더라면 출입을 승낙하지 않았을 것이라는 사정이 인정되더라도 그러한 사정만으로는 출입 당시 객관적·외형적으로 드러난 행위 태양에 비추어 사실상의 평온상태를 해치는 방법으로 음식점에 들어갔다고 평가할 수 없으므로 침입행위에 해당하지 않는다고 하여 주거침입죄를 인정한 종전의 판례를 변경하였다(부정설).

③ **복수의 주거자 중 1인의 허락을 받은 경우** : 여기서 주거권자란 주거에 거주함으로써 그 장소에 대하여 privacy의 이익을 가진 사람을 의미하며, 주거에 수인이 같이 거주하는 때에는 각자가 모두 주거권을 가진다. 기존의 판례는 남편의 부재 중에 처와 간통하기 위하여 처의 동의를 얻어 들어간 경우에도 본죄는 성립한다고 보았다(대판 1984.6.26. 83도685. 다만, 다음의 전원합의체 판례로 폐기됨). 그러나 대법원은 최근의 전원합의체 판결을 통해 외부인이 공동거주자 중 주거 내에 현재하는 거주자로부터 현실적인 승낙을 받아 통상적인 출입방법에 따라 주거에 들어간 경우라면, 특별한 사정이 없는 한 사실상의 평온상태를 해치는 행위태양으로 주거에 들어간 것이라고 볼 수 없으므로 주거침입죄에서 규정하고 있는 침입행위에 해당하지 않는다고 판시하여 주거침입죄의 성립을 부정하였다(대판 2021.9.9. 2020도12630 전원합의체).

㈏ **부작위에 의한 침입** : 침입은 부작위에 의해서도 가능하다(부진정부작위범. 예를 들어 A가 B의 집에 놀러 갔는데 A가 피곤하다며 잠시 쉬고 가겠다고 하여 B는 외출하면서 A에게 1시간만 쉬고 나가라고 하였는데 나가지 않은 경우, A는 B의 동의를 얻고 들어갔지만 1시간의 휴식 후에 나가야 할 작위의무가 있고 이를 부작위 한 경우이므로 부작위에 의한 주거침입죄가 성립 가능). 또한, 주거에 대한 보증인이 제3자의 침입을 방치한 경우에는 주거침입죄의 종범이 성립할 수 있다. 이 경우 부작위에 의한 침입은 주거자의 퇴거요구를 받을 것을 요하지 않는다는 점에서 퇴거불응죄와 구별된다.

㈐ **착수시기와 기수시기** : 본죄의 실행의 착수시기는 침입을 위한 구체적 행위를 개시한 때, 즉 문의 시정장치를 부수거나 문을 여는 등의 행위를 개시한 때이다. ㉮ 기수시기에 대해서는 신체의 전부가 주거에 들어간 때 주거침입죄의 기수가 된다고 보는 견해(전부침입설)와 ㉯ 주거침입죄의 보호법익을 고려하여 신체의 일부만이 주거에 들어갔다 하더라고 주거의 사실상 평온을 해할 정도에 이르렀다면 주거침입의 기수를 인정하는 견해(일부침입설 : 이는 구성요건의 실현단계가 아닌 보호법익을 기준으로 판단하는 견해)의 대립이 있다. ㉰ 신체의 일부만 들어가도 사실상의 평온을 해칠 정도에 이르렀다면 기수가 된다고 할 것이므로 일부침입설이 타당하다. 판례도 같은 입장이다.

(2) 주관적 구성요건

본죄는 고의범이다. 따라서 행위자는 주거권자의 의사에 반하여 들어간다는 고의가 있어야 한다. 미필적 고의로도 족하다. 한편, 거주자의 의사에 반함을 인식하지 못한 경우는 구성요건적 착오의 문제이고, 거주자의 의사에 반한다고 오인한 경우는 불능범·불능미수의 문제로 되며, 주거에 들어갈 정당한 권리가 있다고 오인한 경우는 금지착오가 된다.

(3) 위법성

주거침입죄도 위법성조각사유가 있으면 적법하게 되어 범죄가 성립하지 않는다. 그 대표적인 경우가 법령에 근거를 가진 정당행위이다. 형사소송법에 의한 강제처분이나 민사집행법에 의한 강제집행으로서 타인의 주거에 침입한 행위는 법령에 의한 행위(제20조)로서 위법성이 조각된다.

(4) 죄수 및 타죄와의 관계

단시간 내에 동일부지 내의 근접한 수개의 건조물에 침입하거나 같은 건물 안의 수개의 점포에 침입한 경우에는 건조물 및 방실의 수에 따라 수개의 주거침입죄가 성립한다.

㈐ 주거침입의 수단으로 폭행·손괴한 경우에는 주거침입죄와 폭행죄·손괴죄의 상상적 경합이 된다(다수설). 한편, ㈑ 주거침입시에 살인·절도·강도를 한 경우에는 주거침입죄와 살인죄·절도죄·강도죄의 실체적 경합이 된다. ㈒ 야간에 건조물의 일부를 손괴하고 주거에 침입한 후 절취를 한 경우에는 특수절도죄(제331조 제1항)가 성립한다. ㈓ 야간주거침입절도죄(제330조)·특수절도죄(제331조)의 경우에는 주거침입이 구성요건요소로 되어 있으므로 별도로 주거침입을 논할 필요가 없다.

2. 퇴거불응죄

> **제319조(주거침입, 퇴거불응)**
> ② 전항의 장소에서 퇴거요구를 받고 응하지 아니한 자도 전항의 형과 같다.
>
> **제322조(미수범)**
> 본장의 미수범은 처벌한다.

(1) 의의

사람의 주거, 관리하는 건조물, 선박이나 항공기 또는 점유하는 방실에서 퇴거요구를 받고 응하지 않음으로써 성립하는 범죄이다. 타인의 주거에 들어갈 때에는 상대방의 동의를 받는 등 적법하였으나 타인의 주거에 머무는 동안 퇴거요구를 받고 응하지 않는 경우에 성립한다. 따라서 처음에 타인의 의사에 반하는 주거침입이 있었으면, 그 후 퇴거요구에 불응하더라도 주거침입죄만이 성립할 뿐이다(제319조 제1항과 제2항은 법조경합 중 보충관계에 있는 것으로 이해해야 한다). 본죄는 진정부작위범이다(제319조 제2항).

(2) 구성요건

㈎ 본죄가 성립하기 위하여는 퇴거요구를 받고도 이에 응하지 아니하여야 한다. 퇴거요구는 1회로도 족하고, 반드시 명시적으로 행하여져야 하는 것은 아니다. 다만 퇴거요구는 원칙적으로 주거권자에 의하여 행하여져야 한다. ㈏ 여기서 '퇴거요구를 받고 응하지 아니한다'고 함은 일단 적법하게 주거에 들어간 자가 퇴거요구를 받고도 나가지 않는 것을 말한다. ㈐ 본죄는 퇴거요구를 받고 즉시 응하지 않음으로써 기수가 된다.

(3) 미수범

형법은 본죄의 미수범을 벌하고 있다(제322조). 이에 대하여 본죄는 진정부작위범·거동범이므로 퇴거요구에 응하지 않으면 즉시 기수가 되기 때문에 미수범은 성립할 여지가 없다는 견해(다수설)와 본죄는 순수한 거동범이 아니라 부진정거동범이므로 구성요건적 결과발생이 가능하며 따라서 미수의 성립이 가능하다는 견해가 있다. 본죄의 보호법익을 주거의 사실상의 평온으로 보고 보호의 정도를 침해범이라고 한다면, 퇴거불응이 주거의 '사실상의 평온'을 '침해'했다고 할 만한 단계에 이르기 '전에' 주거 밖으로 축출당한 경우에는 본죄의 미수범이 성립한다고 보는 견해가 타당하다.

III. 특수주거침입죄

> **제320조(특수주거침입)**
> 단체 또는 다중의 위력을 보이거나 위험한 물건을 휴대하여 전조의 죄를 범한 때에는 5년 이하의 징역에 처한다.
>
> **제322조(미수범)**
> 본장의 미수범은 처벌한다.

단체 또는 다중의 위력을 보이거나 위험한 물건을 휴대하여 주거침입죄 또는 퇴거불응죄를 범함으로써 성립하는 범죄이다(제320조). 주거침입죄와 퇴거불응죄는 계속범이므로 범죄가 계속되는 동안 위험한 물건을 가지고 있으면 족하고, 그것을 외부에 꺼내어 보이거나 피해자가 이를 인식할 것을 요하지 않는다.

IV. 주거·신체수색죄

> **제321조(주거·신체 수색)**
> 사람의 신체, 주거, 관리하는 건조물, 자동차, 선박이나 항공기 또는 점유하는 방실을 수색한 자는 3년 이하의 징역에 처한다.
>
> **제322조(미수범)**
> 본장의 미수범은 처벌한다.

사람의 신체, 주거, 관리하는 건조물, 자동차, 선박이나 항공기 또는 점유하는 방실을 수색함으로써 성립하는 범죄이다(제321조). 수색이란 사람 또는 물건을 발견하기 위하여 사람의 신체 또는 일정한 장소를 조사하는 것을 말하며, 본죄의 수색은 위법할 것을 요한다. 따라서 형사소송법에 의한 수색은 위법성을 조각하며, 피해자의 동의가 있는 때에는 구성요건해당성이 조각된다. 주거에 침입하여 수색한 때에는 본죄와 주거침입죄의 경합범이 된다. 강도가 강취할 금품을 찾기 위하여 피해자의 신체를 강제로 수색하였다면, 신체수색죄는 강도죄에 흡수된다(법조경합 중 흡수관계).

판례   주거의 범위

① [1] 주거침입죄는 사실상의 주거의 평온을 보호법익으로 하는 것이므로 그 거주자 또는 간수자가 건조물 등에 거주 또는 간수할 법률상 권한을 가지고 있는 여부는 범죄의 성립을 좌우하는 것이 아니며 일단 적법하게 거주 또는 간수를 개시한 후에 그 권한을 상실하여 사법상 불법점유가 되더라도 권리자가 이를 배제하기 위하여 정당한 절차에 의하지 아니하고 그 주거 또는 건조물을 침입한 경우에는 주거침입죄가 성립한다. [2] 주거침입죄에 있어서 주거 또는 건조물이라 함은 단순히 가옥만을 말하는 것이 아니고 그 위요지를 포함한다 할 것이고, 침입이라 함은 거주자 또는 간수자의 의사에 반하여 들어가면 족한 것이고 어떤 저항을 받는 것을 요하지 않으며, 일반적으로 개방되어 있는 장소라도 필요한 때는 관리자가 그 출입을 금지 내지 제한할 수 있는 것이므로 그 출입금지 내지 제한하는 의사에 반하여 무리하게 주거 또는 건조물 구내에 들어간다면 주거침입죄를 구성한다. [3] 약 270명의 승려 및 신도들이 피고

인의 주지취임을 반대하면서 사찰경내를 굳게 지키고 있는 상황을 알면서, 피고인이 약 37명 가량의 일반승려들을 규합하여 이들과 함께 날이 채 새기도 전에 잠겨진 뒷문을 넘어 들어가거나 정문에 설치된 철조망을 걷어 내고 정문을 통과하는 방법으로 사찰 경내로 난입했다면, 그러한 피고인 등의 행위는 종법에 따른 검수절차를 통한 주지직 취임의 한계를 일탈한 것이고, 전임 주지측의 사찰경내에 대한 사실상 점유의 평온을 침해한 것으로 주거침입죄가 성립한다(대판 1983.3.8. 82도1363).

② <u>이미 수일 전에 2차례에 걸쳐 피해자를 강간하였던 피고인이 대문을 몰래 열고 들어와 담장과 피해자가 거주하던 방 사이의 좁은 통로에서 창문을 통하여 방안을 엿본 경우, 주거침입죄에 해당한다</u>고 본 사례(대판 2001.4.24. 2001도1092). **[해설]** 주거침입죄에 있어서 주거라 함은 단순히 가옥 자체만을 말하는 것이 아니라 그 위요지를 포함한다고 본 사례.

③ [1] 주거침입죄에서 주거란 단순히 가옥 자체만을 말하는 것이 아니라 그 정원 등 위요지를 포함한다. 따라서 <u>다가구용 단독주택이나 다세대주택·연립주택·아파트 등 공동주택 안에서 공용으로 사용하는 계단과 복도는, 주거로 사용하는 각 가구 또는 세대의 전용 부분에 필수적으로 부속하는 부분으로서 그 거주자들에 의하여 일상생활에서 감시·관리가 예정되어 있고 사실상의 주거의 평온을 보호할 필요성이 있는 부분이므로, 특별한 사정이 없는 한 주거침입죄의 객체인 '사람의 주거'에 해당</u>한다. [2] 다가구용 단독주택인 빌라의 잠기지 않은 대문을 열고 들어가 공용 계단으로 빌라 3층까지 올라갔다가 1층으로 내려온 사안에서, <u>주거인 공용 계단에 들어간 행위가 거주자의 의사에 반한 것이라면 주거에 침입한 것이라고 보아야 한다는 이유로, 주거침입죄를 구성하지 않는다고 본 원심판결을 파기</u>한 사례(대판 2009.8.20. 2009도3452).

④ [1] 공동거주자 각자는 특별한 사정이 없는 한 공동주거관계의 취지 및 특성에 맞추어 공동주거 중 공동생활의 장소로 설정한 부분에 출입하여 공동의 공간을 이용할 수 있는 것과 같은 이유로, 다른 공동거주자가 이에 출입하여 이용하는 것을 용인할 수인의무도 있다. 이처럼 공동거주자 각자가 공동생활의 장소에서 누리는 사실상 주거의 평온이라는 법익은 공동거주자 상호간의 관계로 인하여 일정 부분 제약될 수밖에 없고, 공동거주자는 이러한 사정에 대한 상호 용인 하에 공동주거관계를 형성하기로 하였다고 보아야 한다. 따라서 <u>공동거주자 상호간에는 특별한 사정이 없는 한 다른 공동거주자가 공동생활의 장소에 자유로이 출입하고 이를 이용하는 것을 금지할 수 없다.</u> [2] <u>공동거주자 중 한 사람이 법률적인 근거 기타 정당한 이유 없이 다른 공동거주자가 공동생활의 장소에 출입하는 것을 금지한 경우, 다른 공동거주자가 이에 대항하여 공동생활의 장소에 들어갔더라도 이는 사전 양해된 공동주거의 취지 및 특성에 맞추어 공동생활의 장소를 이용하기 위한 방편에 불과할 뿐, 그의 출입을 금지한 공동거주자의 사실상 주거의 평온이라는 법익을 침해하는 행위라고는 볼 수 없으므로 주거침입죄는 성립하지 않는다.</u> 설령 <u>그 공동거주자가 공동생활의 장소에 출입하기 위하여 다소간의 물리력을 행사하여 그 출입을 금지한 공동거주자의 사실상 평온상태를 해쳤더라도 주거침입죄는 성립하지 않는다.</u> [3] 외부인이 공동거주자 중 한 사람의 승낙에 따라서 공동생활의 장소에 함께 출입한 것이 다른 공동거주자의 주거의 평온을 침해하는 행위가 된다고 볼 수 있는지 여부도 이러한 측면에서 살펴볼 필요가 있다. 공동거주자 중 한 사람의 승낙에 따른 외부인의 공동생활 장소의 출입 및 이용행위가 외부인의 출입을 승낙한 공동거주자의 통상적인 공동생활 장소의 출입 및 이용행위의 일환이자 이에 수반되는 행위로 평가할 수 있는 경우에는 이러한 외부인의 행위는 전체적으로 그 공동거주자의 행위와 동일하게 평가할 수 있다. [4] <u>공동거주자 중 한 사람이 법률적인 근거</u>

기타 정당한 이유 없이 다른 공동거주자가 공동생활의 장소에 출입하는 것을 금지하고, 이에 대항하여 다른 공동거주자가 공동생활의 장소에 들어가는 과정에서 그의 출입을 금지한 공동거주자의 사실상 평온상태를 해쳤더라도, 그 공동거주자의 승낙을 받아 공동생활의 장소에 함께 들어간 외부인의 출입 및 이용행위가 전체적으로 그의 출입을 승낙한 공동거주자의 통상적인 공동생활 장소의 출입 및 이용행위의 일환이자 이에 수반되는 행위로 평가할 수 있는 경우에는 그 외부인에 대하여도 역시 주거침입죄가 성립하지 않는다(대판 2021.9.9. 2020도6085 전원합의체). [해설] 공동거주자 중 한 사람이 법률적인 근거 기타 정당한 이유 없이 다른 공동거주자가 공동생활의 장소에 출입하는 것을 금지한 경우, 다른 공동거주자가 이에 대항하여 공동생활의 장소에 들어갔더라도 주거침입죄가 성립하지 않고, 그 과정에서 출입을 위한 방편으로 다소간의 물리력을 행사하였더라도 주거침입죄가 성립하지 않는다고 본 최초의 판단. 위와 같은 상황에서 공동거주자의 승낙을 받아 공동생활의 장소에 함께 들어간 외부인의 출입 및 이용행위가 전체적으로 그의 출입을 승낙한 공동거주자의 통상적인 공동생활 장소의 출입 및 이용행위의 일환이자 이에 수반되는 행위로 평가할 수 있는 경우에는 그 외부인에 대하여도 역시 주거침입죄가 성립하지 않는다고 본 최초의 판단. 대법원의 다수의견은 피고인들에 대하여 모두 폭력행위 등 처벌에 관한 법률위반(공동주거침입)죄가 성립하지 않는다고 판단하였음. 여러 사람이 함께 거주하는 공동주거관계의 취지와 특성, 이에 따르는 거주자 개개인이 누리는 주거의 평온이라는 법익의 제약과 이에 대한 상호 용인 의사 등을 제반 사정을 고려하여 공동거주자 내부관계에서 나아가 공동거주자로부터 승낙을 받은 외부인에 대한 관계에서 주거침입죄가 성립하는지 여부에 관하여 최초로 판단기준을 제시하였다는 점에서 의의가 있음. 이러한 다수의견에 대하여 대법관 이기택의 별개의견, 대법관 조재연, 대법관 민유숙, 대법관 이동원의 반대의견이 있고, 다수의견에 대한 대법관 김선수, 대법관 천대엽의 보충의견, 반대의견에 대한 대법관 민유숙의 보충의견이 있음.

⑤ 원심판결 이유와 적법하게 채택한 증거에 의하여 알 수 있는 바와 같이, ① 피고인은 2020. 11. 초순 피해자를 알게 되어 교제하기 시작하였고 같은 달 중순부터 2020. 12. 31.까지 1개월 조금 넘는 기간 동안 피해자의 집에서 함께 생활한 점, ② 피고인은 수사기관부터 원심 법정에 이르기까지 주거지를 자신이 일하는 사무실 방 또는 주민등록지(피해자의 집과 무관한 장소) 중 한 곳으로만 진술하였던 점, ③ 피고인은 피해자가 집을 비운 틈을 이용해 아파트 1층 베란다를 타고 올라가 2층에 있는 피해자의 집 거실 베란다 문을 열고 피해자의 집 안으로 들어간 점 등에 비추어 보면, 주거침입죄의 성립을 인정한 원심의 판단이 타당하다(공동거주자 중 한 사람이 공동생활의 장소에 들어간 경우 주거침입죄의 성립을 부정한 대법원 2021. 9. 9. 선고 2020도6085 전원합의체 판결은 이 사건과는 사안을 달리한다). 원심판단에 상고이유 주장과 같이 논리와 경험의 법칙을 위반하여 자유심증주의의 한계를 벗어나거나 주거침입죄의 성립에 관한 법리를 오해한 잘못이 없다(대판 2021.12.30. 2021도13639).

⑥ [1] 성폭력범죄의 처벌 등에 관한 특례법 위반(주거침입강제추행)죄는 형법 제319조 제1항의 주거침입죄 내지 건조물침입죄와 형법 제298조의 강제추행죄의 결합범이므로, 위 죄가 성립하려면 형법 제319조가 정한 주거침입죄 내지 건조물침입죄에 해당하여야 한다. 주거침입죄는 사실상 주거의 평온을 보호법익으로 한다. 주거침입죄의 구성요건적 행위인 침입은 주거침입죄의 보호법익과의 관계에서 해석하여야 하므로, 침입이란 주거의 사실상 평온상태를 해치는 행위태양으로 주거에 들어가는 것을 의미하고, 침입에 해당하는지는 출입 당시 객관적·외형적으로 드러난 행위태양을 기준으로 판단함이 원칙이다. 사실상의 평온상태를 해치는 행위태양으로 주거에 들어가는 것이라면 대체로 거주자의 의사에 반하겠지만, 단순히 주거에 들어가는 행위 자체가 거주자의 의사에 반한다는 주관적 사정만으로는 바로 침입에 해당한다고 볼 수 없다. 거주자의 의사에 반하는지는 사실상의

평온상태를 해치는 행위태양인지를 평가할 때 고려할 요소 중 하나이지만 주된 평가 요소가 될 수는 없다. 따라서 침입행위에 해당하는지는 거주자의 의사에 반하는지가 아니라 사실상의 평온상태를 해치는 행위태양인지에 따라 판단하여야 한다. [2] 다가구용 단독주택이나 다세대주택 · 연립주택 · 아파트와 같은 공동주택 내부의 엘리베이터, 공용 계단, 복도 등 공용 부분도 그 거주자들의 사실상 주거의 평온을 보호할 필요성이 있으므로 주거침입죄의 객체인 '사람의 주거'에 해당한다. 아파트 등 공동주택의 공동현관에 출입하는 경우에도, 그것이 주거로 사용하는 각 세대의 전용 부분에 필수적으로 부속하는 부분으로 거주자와 관리자에게만 부여된 비밀번호를 출입문에 입력하여야만 출입할 수 있거나, 외부인의 출입을 통제·관리하기 위한 취지의 표시나 경비원이 존재하는 등 외형적으로 외부인의 무단출입을 통제·관리하고 있는 사정이 존재하고, 외부인이 이를 인식하고서도 그 출입에 관한 거주자나 관리자의 승낙이 없음은 물론, 거주자와의 관계 기타 출입의 필요 등에 비추어 보더라도 정당한 이유 없이 비밀번호를 임의로 입력하거나 조작하는 등의 방법으로 거주자나 관리자 모르게 공동현관에 출입한 경우와 같이, 출입 목적 및 경위, 출입의 태양과 출입한 시간 등을 종합적으로 고려할 때 공동주택 거주자의 사실상 주거의 평온상태를 해치는 행위태양으로 볼 수 있는 경우라면 공동주택 거주자들에 대한 주거침입에 해당할 것이다. [3] 일반인의 출입이 허용된 상가 등 영업장소에 영업주의 승낙을 받아 통상적인 출입방법으로 들어갔다면 특별한 사정이 없는 한 건조물침입죄에서 규정하는 침입행위에 해당하지 않는다. 설령 행위자가 범죄 등을 목적으로 영업장소에 출입하였거나 영업주가 행위자의 실제 출입 목적을 알았더라면 출입을 승낙하지 않았을 것이라는 사정이 인정되더라도 그러한 사정만으로는 출입 당시 객관적·외형적으로 드러난 행위태양에 비추어 사실상의 평온상태를 해치는 방법으로 영업장소에 들어갔다고 평가할 수 없으므로 침입행위에 해당하지 않는다(대판 2022.8.25. 2022도3801). [해설] 피고인이 피해자들을 강제추행할 목적으로 야간에 피해자들을 뒤따라 아파트의 공동 현관 내 계단과 엘리베이터 앞까지, 그리고 일반인의 출입이 허용되는 상가 1층의 공용 부분 내 엘리베이터 앞까지 들어가 피해자들을 강제추행하여 성폭력처벌법위반(주거침입강제추행)죄로 기소된 사안.

 크레인

① 선박건조자재운반용으로 도크에 고정되어 82m 높이에 설치되어 있으며 약 10평 정도되는 방실 등이 있고 평소 그 운전을 위해 1, 2명의 직원이 근무하며 인가자 이외의 출입이 금지되는 "골리앗크레인"에 출입통제를 위해 출입문이 잠긴 채 간수인이 없었다 하여도 피고인 등 70명 정도의 근로자가 함께 위 "골리앗크레인"에 들어가서 농성을 하였다면, 피고인 등이 다중의 위력을 보여 간수하는 건조물에 침입한 것이라고 본 사례(대판 1991.6.11. 91도753).

② 피고인들이 건물신축 공사현장에 무단으로 들어간 뒤 타워크레인에 올라가 이를 점거한 사안에서, 타워크레인은 건설기계의 일종으로서 작업을 위하여 토지에 고정되었을 뿐이고 운전실은 기계를 운전하기 위한 작업공간 그 자체이지 건조물침입죄의 객체인 건조물에 해당하지 아니하고, 피고인들이 위 공사현장에 컨테이너 박스 등으로 가설된 현장사무실 또는 경비실 자체에 들어가지 아니하였다면, 피고인들이 위 공사현장의 구내에 들어간 행위를 위 공사현장 구내에 있는 건조물인 위 각 현장사무실 또는 경비실에 침입한 행위로 보거나, 위 공사현장 구내에 있는 건축 중인 건물에 침입한 행위로 볼 수 없다고 한 원심의 판단을 수긍한 사례(대판 2005.10.7. 2005도5351).

| 판례 | 위요지 |

① 주거침입죄에 있어서 주거란 단순히 가옥 자체만을 말하는 것이 아니라 그 정원 등 위요지를 포함한다. 따라서 다가구용 단독주택이나 다세대주택·연립주택·아파트 등 공동주택 안에서 공용으로 사용하는 엘리베이터, 계단과 복도는 주거로 사용하는 각 가구 또는 세대의 전용 부분에 필수적으로 부속하는 부분으로서 그 거주자들에 의하여 일상생활에서 감시·관리가 예정되어 있고 사실상의 주거의 평온을 보호할 필요성이 있는 부분이므로, <u>다가구용 단독주택이나 다세대주택·연립주택·아파트 등 공동주택의 내부에 있는 엘리베이터, 공용 계단과 복도는 특별한 사정이 없는 한 주거침입죄의 객체인 '사람의 주거'에 해당하고, 위 장소에 거주자의 명시적, 묵시적 의사에 반하여 침입하는 행위는 주거침입죄를 구성한다</u>(대판 2009.9.10. 2009도4335). [해설] 다양한 주거의 형태와 관련하여 주거침입의 대상, 주거침입의 시점 등을 판단할 수 있는 기준을 제시한 사례.

② 퇴거불응죄에 있어서 '건조물'이라 함은 단순히 건조물 그 자체만을 말하는 것이 아니고 위요지를 포함하고, '위요지'가 되기 위하여는 건조물에 인접한 그 주변 토지로서 관리자가 외부와의 경계에 문과 담 등을 설치하여 그 토지가 건조물의 이용을 위하여 제공되었다는 것이 명확히 드러나야 할 것인데, 화단의 설치, 수목의 식재 등으로 담장의 설치를 대체하는 경우에도 건조물에 인접한 그 주변 토지가 건물, 화단, 수목 등으로 둘러싸여 건조물의 이용에 제공되었다는 것이 명확히 드러난다면 위요지가 될 수 있다(대판 2010.3.11. 2009도12609).

③ <u>차량 통행이 빈번한 도로에 바로 접하여 있고, 도로에서 주거용 건물, 축사 4동 및 비닐하우스 2동으로 이루어진 시설로 들어가는 입구 등에 그 출입을 통제하는 문이나 담 기타 인적·물적 설비가 전혀 없고 노폭 5m 정도의 통로를 통하여 누구나 축사 앞 공터에 이르기까지 자유롭게 드나들 수 있는 사실</u> 등을 이유로, 차를 몰고 위 통로로 진입하여 축사 앞 공터까지 들어간 행위가 <u>주거침입에 해당한다고 본 원심 판단에 법리오해 등의 위법이 있다고 한 사례</u>(대판 2010.4.29. 2009도14643).

④ [1] 건조물침입죄에서 건조물이라 함은 단순히 건조물 그 자체만을 말하는 것이 아니고 <u>위요지를 포함하는 개념이다. 위요지란 건조물에 직접 부속한 토지로서 그 경계가 장벽 등에 의하여 물리적으로 명확하게 구획되어 있는 장소를 말한다.</u> [2] 구 롯데성주골프장 부지에 설치된 <u>사드(THAAD: 고고도 미사일 방어 체계)</u>기지는 더 이상 골프장으로 사용되고 있지 않을 뿐만 아니라 이미 사드발사대 2대가 반입되어 이를 운용하기 위한 병력이 골프장으로 이용될 당시의 클럽하우스, 골프텔 등의 건축물에 주둔하고 있었고, 군 당국은 외부인 출입을 엄격히 금지하기 위하여 사드기지의 경계에 외곽 철조망과 내곽 철조망을 2중으로 설치하여 외부인의 접근을 철저하게 통제하고 있었으므로, 사드기지의 부지는 기지 내 건물의 위요지에 해당한다고 보아야 한다. [3] 구 롯데성주골프장 부지에 설치된 사드기지가 2중 철조망에 의하여 외부인의 출입이 통제되고 있었고, 기지 내 건물(골프장으로 이용될 당시의 클럽하우스, 골프텔 등의 건축물)에 기지 운용을 위한 병력이 주둔하고 있었다면, 사드기지의 부지는 기지 내 건물의 위요지에 해당한다고 보아, 이와 달리 판단한 원심을 파기한 사례(대판 2020.3.12. 2019도16484, 대판 2004.6.10. 2003도6133).

 **판례** 침입

① 피고인이 인근 동리에 사는 고모의 아들인 피해자의 집에 잠시 들어가 있는 동안에 동 피해자에게 돈을 갚기 위하여 찾아온 동 피해자의 이질의 돈을 절취하였다면 피고인이 당초부터 불법목적을 가지고 위 피해자의 집에 들어갔거나 그의 의사에 반하여 그의 집에 들어간 것이 아니어서 주거침입죄 부분의 공소사실은 범죄의 증명이 없는 때에 해당한다(대판 1984.2.14. 83도2897).

② [1] 주거침입죄는 사실상의 주거의 평온을 보호법익으로 하는 것이므로 그 거주자 또는 간수자가 건조물 등에 주거 또는 간수할 권리를 가지고 있는 여부는 범죄의 성립을 좌우하는 것이 아니며 점유할 권리없는 자의 점유라 하더라도 그 주거의 평온은 보호되어야 할 것이므로 권리자가 그 권리를 실현함에 있어 법에 정하여진 절차에 의하지 아니하고 그 주거 또는 건조물에 침입하는 경우에는 주거침입죄가 성립한다. [2] 근저당권설정등기가 되어 있지 아니한 별개 독립의 이 사건 건물이 근저당권의 목적으로 된 대지 및 건물과 일괄하여 경매된 경우 이 사건 건물에 대한 경락허가결정이 당연무효라고 하더라도 이에 기한 인도명령에 의한 집행으로서 일단 이 사건 건물의 점유가 경락인에게 이전된 이상 이 사건 건물의 소유자인 피고인이 위 무효인 인도집행에 반하여 위 건물에 들어간 경우에도 주거침입죄는 성립한다(대판 1984.4.14. 83도1429).

③ 폭력행위등처벌에관한법률 제3조 제1항, 제2조 제1항, 형법 제319조 제1항 소정의 특수주거침입죄는 흉기 기타 위험한 물건을 휴대하여 타인의 주거나 건조물 등에 침입함으로써 성립하는 범죄이므로, 수인이 흉기를 휴대하여 타인의 건조물에 침입하기로 공모한 후 그 중 일부는 밖에서 망을 보고 나머지 일부만이 건조물 안으로 들어갔을 경우에 있어서 특수주거침입죄의 구성요건이 충족되었다고 볼 수 있는지의 여부는 직접 건조물에 들어간 범인을 기준으로 하여 그 범인이 흉기를 휴대하였다고 볼 수 있느냐의 여부에 따라 결정되어야 한다(대판 1994.10.11. 94도1991).

④ 건조물침입죄는 사실상의 주거의 평온을 그 보호법익으로 하는 것이므로 건조물 관리자의 의사에 반하여 건조물에 침입함으로써 성립하는 것이고, 일반적으로 개방되어 있는 장소라 하더라도 관리자가 필요에 따라 그 출입을 제한할 수 있는 것이므로 관리자의 출입제지에도 불구하고 다중이 고함이나 소란을 피우면서 건조물에 출입하는 것은 사실상의 주거의 평온을 해하는 것으로서 건조물침입죄를 구성한다(대판 1996.5.10. 96도419).

⑤ 일반인의 출입이 허용된 음식점이라 하더라도, 영업주의 명시적 또는 추정적 의사에 반하여 들어간 것이라면 주거침입죄가 성립되는바, 기관장들의 조찬모임에서의 대화내용을 도청하기 위한 도청장치를 설치할 목적으로 손님을 가장하여 그 조찬모임 장소인 음식점에 들어간 경우에는 영업주가 그 출입을 허용하지 않았을 것으로 보는 것이 경험칙에 부합하므로, 그와 같은 행위는 주거침입죄가 성립한다(대판 1997.3.28. 95도2674). [해설] 최근의 전원합의체 판결(대판 2022.3.24. 2017도18272 전원합의체)에서 일반인의 출입이 허용된 장소에 범죄 목적으로 들어간 경우, 사실상의 평온상태를 해치는 방법으로 음식점에 들어갔다고 평가할 수 없으므로 침입행위에 해당하지 않는다고 하여 주거침입죄를 인정한 종래의 입장을 변경하였음. 따라서 본 사안은 주거침입죄에 해당하지 않음.

⑥ [1] 타인의 주거에 거주자의 의사에 반하여 들어가는 경우는 주거침입죄가 성립하며 이 때 거주자의 의사라 함은 명시적인 경우뿐만 아니라 묵시적인 경우도 포함되고 주변사정에 따라서는 거주자의 반대의사가 추정될 수도 있다. [2] 피고인이 피해자가 사용중인 공중화장실의 용변칸에 노크

하여 남편으로 오인한 피해자가 용변칸 문을 열자 강간할 의도로 용변칸에 들어간 것이라면 피해자가 명시적 또는 묵시적으로 이를 승낙하였다고 볼 수 없어 주거침입죄에 해당한다고 한 사례(대판 2003.5.30. 2003도1256).

⑦ [1] 주거침입죄는 사실상의 주거의 평온을 보호법익으로 하는 것이므로 그 거주자 또는 관리자가 건조물 등에 거주 또는 관리할 권한을 가지고 있는가 여부는 범죄의 성립을 좌우하는 것이 아니고, 그 거주자나 관리자와의 관계 등으로 평소 그 건조물에 출입이 허용된 사람이라 하더라도 주거에 들어간 행위가 거주자나 관리자의 명시적 또는 추정적 의사에 반함에도 불구하고 감행된 것이라면 주거침입죄는 성립하며, 출입문을 통한 정상적인 출입이 아닌 경우 특별한 사정이 없는 한 그 침입 방법 자체에 의하여 위와 같은 의사에 반하는 것으로 보아야 한다. [2] 원심은, 피고인은 회장으로서 피해 회사의 업무처리를 위해 이 사건 사무실을 사용하였던 것이고, 피해 회사와는 무관하게 개인적인 용도에 사용한 것은 아니므로, 피고인이 공소외 2와 결별하고 사실상 피해 회사를 퇴사한 이상 피고인은 더 이상 피해 회사의 승낙 없이는 위 사무실을 출입할 수 없게 되었다고 봄이 상당하고, 이후 위 사무실에 나타나지 않다가 약 20일이 지나서 피해 회사의 명시적인 의사에 반하여 비정상적인 방법으로 위 사무실에 들어간 행위는 방실침입죄에 해당한다고 판단하였는바, 위의 법리와 기록에 의하여 살펴보면, 이러한 원심의 사실인정과 판단은 옳은 것으로 수긍이 가고, 거기에 채증법칙 위배나 방실침입죄에 관한 법리오해 등의 위법이 있다고 할 수 없다(대판 2007.8.23. 2007도2595). [해설] 주거침입죄의 보호법익, 주거자 또는 관리자의 의사와 주거침입죄의 성립 여부에 관한 해석을 보여주는 사례.

⑧ [1] 일반인의 출입이 허용된 건조물이라고 하더라도 관리자의 명시적 또는 추정적 의사에 반하여 그 곳에 들어간 것이라면 건조물침입죄가 성립하는 것이므로(대법원 1997. 3. 28. 선고 95도2674 판결 참조), 일반인의 출입이 허용된 건조물에 그 시설을 손괴하는 등 범죄의 목적으로 들어간 경우에는 건조물침입죄가 성립된다. [2] 피고인들이 촉석루 내 의기사에 보관 중이던 공용물건인 논개영정을 적법한 권한 없이 강제로 철거할 목적으로 위 의기사에 들어간 사실을 건조물침입죄로 인정한 것은 정당하다(대판 2007.3.15. 2006도7079). [해설] 최근의 전원합의체 판결(대판 2022.3.24. 2017도18272 전원합의체)에서 일반인의 출입이 허용된 장소에 범죄 목적으로 들어간 경우, 사실상의 평온상태를 해치는 방법으로 음식점에 들어갔다고 평가할 수 없으므로 침입행위에 해당하지 않는다고 하여 주거침입죄를 인정한 종래의 입장을 변경하였음. 따라서 본 사안은 건조물침입죄에 해당하지 않는 것으로 보는 것이 타당할 것으로 보임.

⑨ [1] 건조물침입죄는 건조물의 사실상 평온을 보호법익으로 하고 있으므로 건조물 관리자의 의사에 반하여 건조물에 침입함으로써 성립한다. 건조물의 거주자나 관리자와의 관계 등으로 평소 그 건조물에 출입이 허용된 사람이라 하더라도 건조물에 들어간 행위가 거주자나 관리자의 명시적 또는 추정적 의사에 반함에도 불구하고 감행된 것이라면 건조물침입죄가 성립한다(대판 2012.4.12. 2012도976 등 참조). [2] 입주자대표회의는 구 주택법 또는 공동주택관리법에 따라 구성되는 공동주택의 자치의결기구로서 공동주택의 입주자등을 대표하여 공동주택의 관리에 관한 주요사항을 결정할 수 있고, 개별 입주자등은 원활한 공동생활을 유지하기 위하여 공동주택에서의 본질적인 권리가 침해되지 않는 한 입주자대표회의가 결정한 공동주택의 관리에 관한 사항을 따를 의무가 있다. 공동주택의 관리에 관한 사항에는 '단지 안의 주차장 유지 및 운영에 관한 사항'도 포함된다. 따라서 입주자대표회의가 입주자등이 아닌 자(이하 '외부인'이라 한다)의 단지 안 주차장에 대한 출입을 금지하는 결정을 하고 그 사실을 외부인에게 통보하였음에도 외부인이 입주자대표회의의 결정에 반하여 그 주차장에 들어갔다면, 출입 당시 관리자

로부터 구체적인 제지를 받지 않았다고 하더라도 그 주차장의 관리권자인 입주자대표회의의 의사에 반하여 들어간 것이므로 건조물침입죄가 성립한다. 설령 외부인이 일부 입주자등의 승낙을 받고 단지 안의 주차장에 들어갔다고 하더라도 개별 입주자등은 그 주차장에 대한 본질적인 권리가 침해되지 않는 한 입주자대표회의 단지 안의 주차장 관리에 관한 결정에 따를 의무가 있으므로 건조물침입죄의 성립에 영향이 없다. 외부인의 단지 안의 주차장 출입을 금지하는 입주자대표회의의 결정이 개별 입주자등의 본질적인 권리를 침해하는지 여부는 주차장의 유지 및 운영에 관한 관계규정의 내용, 주차장의 본래 사용용도와 목적, 입주자등 사이의 관계, 입주자등과 외부인 사이의 관계, 외부인의 출입 목적과 출입 방법 등을 종합적으로 고려하여 판단하여야 한다(대판 2021.1.14. 2017도21323 전원합의체). [해설] 세차업자인 피고인이 '피고인의 이 사건 아파트 지하주차장 출입을 금지'하는 입주자대표회의의 결정과 법원의 출입금지가처분 결정에 반하여 일부 입주자등과 체결한 세차용역계약의 이행을 위하여 이 사건 아파트 지하주차장에 들어가 건조물침입죄로 기소된 사건에서, 이 사건 아파트 입주자대표회의가 입주자등이 아닌 피고인의 아파트 지하주차장에 대한 출입을 금지하는 결정을 하고, 법원으로부터 출입금지가처분 결정을 받아 그 사실이 피고인에게 통지되었음에도 피고인이 입주자대표회의의 결정에 반하여 그 주차장에 들어갔다면, 출입 당시 관리자로부터 구체적인 제지를 받지 않았더라도 그 주차장의 관리관자인 입주자대표회의의 의사에 반하여 들어간 것이므로 건조물침입죄가 성립하고, 설령 피고인이 일부 입주자등의 승낙을 받고 이 사건 아파트의 지하주차장에 들어갔더라도 개별 입주자등이 그 주차장에 대하여 가지는 본질적인 권리가 침해되었다고 볼 수 없으므로 건조물침입죄의 성립에 영향이 없다고 판단하여 상고기각한 사안.

⑩ 피고인이 자신의 장인인 피해자가 거주하는 처갓집에 들어간 사안에서, ① 피고인은 자신과 다툰 후 집을 나간 처를 만나기 위해 피해자가 거주하는 처갓집(이하 '이 사건 집'이라고 한다)을 방문하여 그 안으로 들어간 것으로서, 피고인은 이 사건 집의 공동거주자가 아닌 점, ② 피고인은 이 사건 범행 전 피해자 측에게 '처가 지금 오지 않으면 이 사건 집에 가서 휘발유를 뿌리겠다'는 취지의 문자메시지를 보냈고, 이에 피해자와 가족들이 피고인을 피해 이 사건 집을 비웠음에도 피고인은 휘발유로 추정되는 물질을 소지한 채 이 사건 집을 방문하였고, 피해자 측에게 '이 사건 집을 부수고 불을 지르겠다'는 취지의 문자메시지 등을 보냈을 뿐더러 이 사건 집에 들어가는 과정에서 창문을 깨뜨리기도 하였는바, 피고인은 피해자가 이 사건 집에서 누리는 사실상의 평온상태를 해치는 행위태양으로 이 사건 집에 들어간 점 등에 비추어, 주거침입죄를 유죄로 인정한 사례(대판 2021.10.28. 2021도9242). [해설] 공동거주자가 아닌 피고인이 사실상의 평온상태를 해치는 행위태양으로 자신의 장인이 거주하는 처갓집에 들어간 사안에서, 주거침입죄를 인정한 원심의 판단이 타당하다고 본 판례.

⑪ [1] 주거침입죄는 사실상 주거의 평온을 보호법익으로 한다. 주거침입죄의 구성요건적 행위인 침입은 주거침입죄의 보호법익과의 관계에서 해석하여야 하므로, 침입이란 주거의 사실상 평온상태를 해치는 행위 태양으로 주거에 들어가는 것을 의미하고, 침입에 해당하는지는 출입 당시 객관적·외형적으로 드러난 행위 태양을 기준으로 판단함이 원칙이다. 사실상의 평온상태를 해치는 행위태양으로 주거에 들어가는 것이라면 대체로 거주자의 의사에 반하겠지만, 단순히 주거에 들어가는 행위 자체가 거주자의 의사에 반한다는 주관적 사정만으로는 바로 침입에 해당한다고 볼 수 없다(대법원 2021. 9. 9. 선고 2020도12630 전원합의체 판결 참조). 거주자의 의사에 반하는지는 사실상의 평온상태를 해치는 행위 태양인지를 평가할 때 고려할 요소 중 하나이지만 주된 평가 요소가 될 수는 없다. 따라서 침입행위에 해당하는지는 거주자의 의사에 반하는지가 아니라 사실상의 평온상태를 해치는 행위태양인지에 따라 판단

되어야 한다. [2] 행위자가 거주자의 승낙을 받아 주거에 들어갔으나 범죄 등을 목적으로 한 출입이거나 거주자가 행위자의 실제 출입 목적을 알았더라면 출입을 승낙하지 않았을 것이라는 사정이 인정되는 경우 행위자의 출입행위가 주거침입죄에서 규정하는 침입행위에 해당하려면, 출입하려는 주거 등의 형태와 용도·성질, 외부인에 대한 출입의 통제·관리 방식과 상태, 행위자의 출입 경위와 방법 등을 종합적으로 고려하여 <u>행위자의 출입 당시 객관적·외형적으로 드러난 행위태양에 비추어 주거의 사실상 평온상태가 침해되었다고 평가되어야 한다.</u> 이때 거주자의 의사도 고려되지만 주거 등의 형태와 용도·성질, 외부인에 대한 출입의 통제·관리 방식과 상태 등 출입 당시 상황에 따라 그 정도는 달리 평가될 수 있다. <u>일반인의 출입이 허용된 음식점에 영업주의 승낙을 받아 통상적인 출입방법으로 들어갔다면 특별한 사정이 없는 한 주거침입죄에서 규정하는 침입행위에 해당하지 않는다. 설령 행위자가 범죄 등을 목적으로 음식점에 출입하였거나 영업주가 행위자의 실제 출입 목적을 알았더라면 출입을 승낙하지 않았을 것이라는 사정이 인정되더라도 그러한 사정만으로는 출입 당시 객관적·외형적으로 드러난 행위태양에 비추어 사실상의 평온상태를 해치는 방법으로 음식점에 들어갔다고 평가할 수 없으므로 침입행위에 해당하지 않는다.</u> [3] 이와 달리 일반인의 출입이 허용된 음식점이더라도 음식점의 방실에 도청용 송신기를 설치할 목적으로 들어간 것은 영업주의 명시적 또는 추정적 의사에 반한다고 보아 주거침입죄가 성립한다고 인정한 <u>대법원 1997. 3. 28. 선고 95도2674 판결을 비롯하여 같은 취지의 대법원 판결들은 이 판결의 견해에 배치되는 범위 안에서 이를 변경하기로 한다</u>(대판 2022.3.24. 2017도18272 전원합의체). **[해설]** 피고인들이 피고인들과 기자가 대화하는 장면을 기자와 음식점 영업주 몰래 촬영하기 위해 카메라를 설치하려고 음식점에 들어갔다는 이유로 주거침입죄로 기소된 사안. 대법원은 대법원 2021. 9. 9. 선고 2020도12630 전원합의체 판결이 선고한 법리에 따라 주거침입죄에서 침입에 해당하는지는 출입 당시 객관적·외형적으로 드러난 행위 태양에 비추어 볼 때 사실상의 평온상태가 침해되었는지에 따라 판단하여야 하고, 이에 해당하는지는 출입하려는 주거 등의 형태와 용도·성질, 외부인에 대한 출입의 통제·관리 방식과 상태, 출입 경위와 방법 등을 종합적으로 고려하여야 한다면서, 일반인의 출입이 허용된 음식점에 영업주의 승낙을 받아 통상적인 출입방법으로 들어갔다면 특별한 사정이 없는 한 침입행위에 해당하지 않고, 설령 행위자가 범죄 등을 목적으로 음식점에 들어갔거나 실제 출입 목적을 알았더라면 출입을 승낙하지 않았을 것이라는 사정이 인정되더라도 그러한 사정만으로는 사실상의 평온상태가 침해되었다고 볼 수 없으므로 주거침입죄가 성립하지 않는다는 판단하고, 이와 다른 취지의 종래 판례(대법원 95도2674 판결)를 변경하면서 주거침입죄를 무죄로 판단한 원심판결을 유지하고 검사의 상고를 기각하였음. 이러한 다수의견에 대하여 사실상의 평온상태가 침해되었는지에 따라 침입 여부를 판단하더라도 거주자의 의사에 반하는지를 가장 기본적이고 중요한 요소로 삼아 주거침입죄의 성립 여부를 판단하여야 하고, 이 사건에서 영업주의 현실적인 승낙이 있었으므로 기본적으로 영업주의 의사에 반하지 않고 사실상의 평온상태가 침해되었다고 볼 수 없어 주거침입죄가 성립하지 않기 때문에 상고를 기각하여야 한다는 대법관 김재형, 대법관 안철상의 별개의견이 있고, 다수의견에 대한 대법관 노태악, 대법관 천대엽의 보충의견이 있음.

⑫ [1] 주거침입죄는 사실상 주거의 평온을 보호법익으로 한다. 주거침입죄의 구성요건적 행위인 침입은 주거침입죄의 보호법익과의 관계에서 해석하여야 하므로, <u>침입이란 주거의 사실상 평온상태를 해치는 행위 태양으로 주거에 들어가는 것을 의미하고, 침입에 해당하는지는 출입 당시 객관적·외형적으로 드러난 행위 태양을 기준으로 판단함이 원칙이다. 사실상의 평온상태를 해치는 행위 태양으로 주거에 들어가는 것이라면 대체로 거주자의 의사에 반하겠지만, 단순히 주거에 들어가는 행위 자체가 거주자의 의사에 반한다는 주관적 사정만으로는 바로 침입에 해당한다고 볼 수 없다.</u> 따라서 <u>침입행위에 해당하</u>

는지는 거주자의 의사에 반하는지가 아니라 사실상의 평온상태를 해치는 행위 태양인지에 따라 판단되어야 한다. [2] 행위자가 거주자의 승낙을 받아 주거에 들어갔으나 범죄 등을 목적으로 한 출입이거나 거주자가 행위자의 실제 출입 목적을 알았더라면 출입을 승낙하지 않았을 것이라는 사정이 인정되는 경우 행위자의 출입행위가 주거침입죄에서 규정하는 침입행위에 해당하려면, 출입하려는 주거 등의 형태와 용도·성질, 외부인에 대한 출입의 통제·관리 방식과 상태, 행위자의 출입 경위와 방법 등을 종합적으로 고려하여 행위자의 출입 당시 객관적·외형적으로 드러난 행위 태양에 비추어 주거의 사실상 평온상태가 침해되었다고 평가되어야 한다. [3] 일반적으로 출입이 허용되어 개방된 시청사 로비에 관리자의 출입 제한이나 제지가 없는 상태에서 통상적인 방법으로 들어간 이상 사실상의 평온상태를 해치는 행위 태양으로 시청 1층 로비에 들어갔다고 볼 수 없으므로 건조물침입죄에서 규정하는 침입행위에 해당하지 않는다(대판 2022.6.16. 2021도7087). [해설] 피고인들이 공동하여 ○○시청에 이르러 150여 명의 조합원들과 함께 시청 1층 로비로 들어가 바닥에 앉아 구호를 외치며 소란을 피움으로써 시청 건물 관리자의 의사에 반하여 건조물에 침입하였다고 기소된 사안에서, 당시 피고인들 등 조합원들은 시청 1층 중앙현관을 통해 1층 로비에 들어가면서 공무원 등으로부터 아무런 제지를 받지 않았고, 다수의 힘 또는 위세를 이용하여 들어간 정황이 없었다는 이유 등을 들어, 관리자의 의사를 주된 근거로 유죄를 인정한 원심판결을 파기환송한 사례.

⑬ [1] 일반적으로 출입이 허용되어 개방된 건조물에 관리자의 출입 제한이나 제지가 없는 상태에서 통상적인 방법으로 들어갔다면, 사실상의 평온상태를 해치는 행위 태양으로 그 건조물에 들어갔다고 볼 수 없으므로 건조물침입죄에서 규정하는 침입행위에 해당하지 않는다. [2] **마트산업노동조합 간부와 조합원인 피고인들이 공동하여, 대형마트 지점에 방문한 대표이사 등에게 해고와 전보 인사발령에 항의하기 위하여 지점장 甲의 의사에 반하여 정문을 통해 지점 2층 매장으로 들어감으로써 건조물에 침입하였다고 하여 폭력행위 등 처벌에 관한 법률 위반(공동주거침입)으로 기소된 사안에서**, 피고인들이 들어간 지점 2층 매장은 영업시간 중에는 출입자격 등의 제한 없이 일반적으로 개방되어 있는 장소인 점, 피고인들은 영업시간에 손님들이 이용하는 정문과 매장 입구를 차례로 통과하여 2층 매장에 들어가면서 보안요원 등에게 제지를 받거나 보안요원이 자리를 비운 때를 노려 몰래 들어가는 등 특별한 조치를 취하지도 아니한 점에 비추어 보면, **일반적으로 출입이 허용되어 개방된 지점 매장에 관리자의 출입 제한이나 제지가 없는 상태에서 통상적인 방법으로 들어간 이상 사실상의 평온상태를 해치는 행위 태양으로 들어갔다고 볼 수 없어 건조물침입죄에서 규정하는 침입행위에 해당하지 않으며**, 지점 관리자의 명시적 출입 금지 의사는 확인되지 않고, 설령 피고인들이 지점 매장에 들어간 행위가 그 관리자의 추정적 의사에 반하였더라도, 그러한 사정만으로는 사실상의 평온상태를 해치는 행위 태양으로 출입하였다고 평가할 수 없으므로 피고인들에 대하여 **건조물침입죄가 성립하지 않는다**는 이유로, 이와 달리 관리자의 추정적 의사를 주된 근거로 건조물침입죄의 성립을 인정한 원심판단에 법리오해의 잘못이 있다고 한 사례. [3] 업무방해죄의 '위력'이란 사람의 자유의사를 제압·혼란하게 할 만한 일체의 세력으로, 유형적이든 무형적이든 묻지 아니하고, 현실적으로 피해자의 자유의사가 제압되어야만 하는 것도 아니지만, 범인의 위세, 사람 수, 주위의 상황 등에 비추어 피해자의 자유의사를 제압하기 족한 정도가 되어야 하는 것으로서, 그러한 위력에 해당하는지는 범행의 일시·장소, 범행의 동기, 목적, 인원수, 세력의 태양, 업무의 종류, 피해자의 지위 등 제반 사정을 고려하여 객관적으로 판단하여야 하고, 피해자 등의 의사에 의해 결정되는 것은 아니다. [4] 마트산업노동조합 간부와 조합원인 피고인들이 공모하여, 대형마트 지점 2층 매장 안에서 '부당해고'라고 쓰인 피켓을 들고 지점장 甲과 대표이사 등 임직원들을 따라다니며 "강제전배 멈추어라, 통합운영 하지마라, 직원들이 아파

한다, 부당해고 그만하라."라고 고성을 지르는 방법으로 약 30분간 甲의 현장점검 업무를 방해하였다는 내용으로 기소된 사안에서, 피고인들의 행위는 평일 오전 11시경 대형마트 매장에서 대표이사 등 임직원들이 지점 현장점검을 위해 온다는 소식을 듣고 피고인들(일부는 전보 인사명령에 따르지 않다가 몇 달 전 해고된 상태였다)이 해고와 전보 인사명령 등과 관련하여 대표이사에게 직접 복직과 전보 인사명령의 철회 등을 요청하려 한 것인 점, 피고인들의 행위로 甲의 자유의사가 제압당하기 충분하였는지는 甲의 의사나 진술에만 의존할 것이 아니라 피고인들의 행위 태양, 피고인들 인원, 성별과 나이 그리고 甲 측 인원과 지위 등까지 고려해서 객관적으로 판단해야 하는데, 피고인들 7명 중 4명은 여성이고 3명의 남성 중 1명은 50대인 반면 매장 현장점검에 참여한 인원은 甲 등 약 20명 이상으로 대표이사를 비롯하여 대부분 간부급 경영진인 점, 피고인들이 매장에서 점검업무를 하던 甲 등을 뒤따라 다니며 약 1~2m 이상의 거리를 둔 채 그 주변에서 피켓을 들고 서 있거나 "강제전배 멈추세요.", "일하고 싶습니다." 등을 외쳤으나 甲 등에게 그 이상 가까이 다가가거나 甲 등의 진행이나 업무를 물리적인 방법으로 막지 않았고, 甲 등에게 욕설, 협박을 하지 않았으며, 甲 등은 약 30분간 현장점검 업무를 계속한 점 등 제반 사정을 종합하면, 피고인들이 甲 등의 자유의사를 제압하기에 족한 위력을 행사하였다고 단정하기 어렵다는 이유로, 이와 달리 보아 업무방해죄의 성립을 인정한 원심판단에 업무방해죄의 '위력'에 관한 법리오해의 잘못이 있다고 한 사례(대판 2022.9.7. 2021도9055).

판례 | 동의권자

① 동거자 중의 1인이 부재중인 경우라도 주거의 지배관리관계가 외관상 존재하는 상태로 인정되는 한 위 법리에는 영향이 없다고 볼 것이니 남편이 일시 부재중 간통의 목적하에 그 처의 승낙을 얻어 주거에 들어간 경우라도 남편의 주거에 대한 지배관리관계는 여전히 존속한다고 봄이 옳고 사회통념상 간통의 목적으로 주거에 들어오는 것은 남편의 의사에 반한다고 보여지므로 처의 승낙이 있었다 하더라도 남편의 주거의 사실상의 평온은 깨어졌다 할 것이므로 이러한 경우에는 주거침입죄가 성립한다고 할 것이다(대판 1984.6.26. 83도685). [해설] 공동주거자(관리자)의 일방의 의사에 반하는 주거의 출입 허가는 상대방에 대한 주거침입죄가 될 수 있다는 법리를 제시한 판례(단, 간통죄 폐지 이전의 사례). 대판 2021.9.9. 2020도12630 전원합의체 판결로 인해 폐기된 판례.

② [1] 주거침입죄의 보호법익은 사적 생활관계에 있어서 사실상 누리고 있는 주거의 평온, 즉 '사실상 주거의 평온'으로서, 주거를 점유할 법적 권한이 없더라도 사실상의 권한이 있는 거주자가 주거에서 누리는 사실적 지배·관리관계가 평온하게 유지되는 상태를 말한다. 외부인이 무단으로 주거에 출입하게 되면 이러한 사실상 주거의 평온이 깨어지는 것이다. 이러한 보호법익은 주거를 점유하는 사실상태를 바탕으로 발생하는 것으로서 사실적 성질을 가진다. 한편 공동주거의 경우에는 여러 사람이 하나의 생활공간에서 거주하는 성질에 비추어 공동거주자 각자는 다른 거주자와의 관계로 인하여 주거에서 누리는 사실상 주거의 평온이라는 법익이 일정 부분 제약될 수밖에 없고, 공동거주자는 공동주거관계를 형성하면서 이러한 사정을 서로 용인하였다고 보아야 한다. 부재중인 일부 공동거주자에 대하여 주거침입죄가 성립하는지를 판단할 때에도 이러한 주거침입죄의 보호법익의 내용과 성질, 공동주거관계의 특성을 고려하여야 한다. 공동거주자 개개인은 각자 사실상 주거의 평온을 누릴 수 있으므로 어느 거주자가 부재중이라고 하더라도 사실상의 평온상태를 해치는 행위태양으로 들어가

거나 그 거주자가 독자적으로 사용하는 공간에 들어간 경우에는 그 거주자의 사실상 주거의 평온을 침해하는 결과를 가져올 수 있다. 그러나 공동거주자 중 주거 내에 현재하는 거주자의 현실적인 승낙을 받아 통상적인 출입방법에 따라 들어갔다면, 설령 그것이 부재중인 다른 거주자의 의사에 반하는 것으로 추정된다고 하더라도 주거침입죄의 보호법익인 사실상 주거의 평온을 깨뜨렸다고 볼 수는 없다. 만일 외부인의 출입에 대하여 공동거주자 중 주거 내에 현재하는 거주자의 승낙을 받아 통상적인 출입방법에 따라 들어갔음에도 불구하고 그것이 부재중인 다른 거주자의 의사에 반하는 것으로 추정된다는 사정만으로 주거침입죄의 성립을 인정하게 되면, 주거침입죄를 의사의 자유를 침해하는 범죄의 일종으로 보는 것이 되어 주거침입죄가 보호하고자 하는 법익의 범위를 넘어서게 되고, '평온의 침해' 내용이 주관화·관념화되며, 출입 당시 현실적으로 존재하지 않는, 부재중인 거주자의 추정적 의사에 따라 주거침입죄의 성립 여부가 좌우되어 범죄 성립 여부가 명확하지 않고 가벌성의 범위가 지나치게 넓어지게 되어 부당한 결과를 가져오게 된다. [2] 주거침입죄의 구성요건적 행위인 침입은 주거침입죄의 보호법익과의 관계에서 해석하여야 한다. 따라서 <u>침입이란 '거주자가 주거에서 누리는 사실상의 평온상태를 해치는 행위태양으로 주거에 들어가는 것'을 의미하고, 침입에 해당하는지 여부는 출입 당시 객관적·외형적으로 드러난 행위태양을 기준으로 판단함이 원칙</u>이다. 사실상의 평온상태를 해치는 행위태양으로 주거에 들어가는 것이라면 대체로 거주자의 의사에 반하는 것이겠지만, 단순히 주거에 들어가는 행위 자체가 거주자의 의사에 반한다는 거주자의 주관적 사정만으로 바로 침입에 해당한다고 볼 수는 없다. 앞서 보호법익에서 살펴본 바와 같이 <u>외부인이 공동거주자 중 주거 내에 현재하는 거주자로부터 현실적인 승낙을 받아 통상적인 출입방법에 따라 주거에 들어간 경우라면, 특별한 사정이 없는 한 사실상의 평온상태를 해치는 행위태양으로 주거에 들어간 것이라고 볼 수 없으므로 주거침입죄에서 규정하고 있는 침입행위에 해당하지 않는다</u>(대판 2021.9.9. 2020도12630 전원합의체). [해설] 다수의견은 위 판시 요지와 같이 판단하면서, 이와 달리 공동거주자 중 한 사람의 승낙에 따라 주거에 출입한 것이 다른 거주자의 의사에 반한다는 사정만으로 다른 거주자의 사실상 주거의 평온을 해치는 결과가 된다는 전제에서, 공동거주자 중 주거 내에 현재하는 거주자의 현실적인 승낙을 받아 통상적인 출입방법에 따라 주거에 출입하였는데도 부재중인 다른 거주자의 추정적 의사에 반한다는 사정만으로 주거침입죄가 성립한다는 취지로 판단한 대법원 1984.6.26. 83도685 판결을 이 판결의 견해에 배치되는 범위 내에서 모두 변경함. 이 사건의 경우 피고인이 피해자의 부재중에 피해자의 처로부터 현실적인 승낙을 받아 통상적인 출입방법에 따라 주거에 들어갔으므로 주거의 사실상 평온상태를 해치는 행위태양으로 주거에 들어간 것이 아니어서 주거에 침입한 것으로 볼 수 없고, 설령 피고인의 출입이 부재중인 피해자의 추정적 의사에 반하더라도 주거침입죄의 성립에 영향을 미치지 않는다고 보아 피고인에 대한 주거침입죄의 성립을 부정한 원심판결이 정당하다고 판단하여 상고를 기각하였음. 이러한 다수의견에 대하여 대법관 김재형, 대법관 안철상의 각 별개의견, 대법관 이기택, 대법관 이동원의 반대의견이 있고, 다수의견에 대한 대법관 박정화, 대법관 노태악의 보충의견, 반대의견에 대한 대법관 이기택의 보충의견이 있음.

③ [1] 주거침입죄는 사실상 주거의 평온을 보호법익으로 한다. 주거침입죄의 구성요건적 행위인 침입은 주거침입죄의 보호법익과의 관계에서 해석하여야 하므로, 침입이란 거주자가 주거에서 누리는 사실상의 평온상태를 해치는 행위태양으로 주거에 들어가는 것을 의미하고, 침입에 해당하는지 여부는 출입 당시 객관적·외형적으로 드러난 행위태양을 기준으로 판단함이 원칙이다. 사실상의 평온을 해치는 행위태양으로 주거에 들어가는 것이라면 특별한 사정이 없는 한 거주자의 의사에 반하는 것이겠지만, 단순히 주거에 들어가는 행위 자체가 거주자의 의사에 반한

다는 거주자의 주관적 사정만으로 바로 침입에 해당한다고 볼 수 없다(대법원 2021. 9. 9. 선고 2020도12630 전원합의체 판결 등 참조). 따라서 침입에 해당한다고 인정하기 위해서는 거주자의 의사에 반한다는 사정만으로는 부족하고, 주거의 형태와 용도·성질, 외부인의 출입에 대한 통제·관리 상태, 출입의 경위와 태양 등을 종합적으로 고려하여 객관적·외형적으로 판단할 때 주거의 사실상의 평온상태를 해치는 경우에 이르러야 한다. [2] 다가구용 단독주택이나 다세대주택·연립주택·아파트와 같은 공동주택 내부의 엘리베이터, 공용 계단, 복도 등 공용 부분도 그 거주자들의 사실상 주거의 평온을 보호할 필요성이 있어 주거침입죄의 객체인 '사람의 주거'에 해당한다(대법원 2009. 9. 10. 선고 2009도4335 판결 등 참조). 거주자가 아닌 외부인이 공동주택의 공용 부분에 출입한 것이 공동주택 거주자들에 대한 주거침입에 해당하는지 여부를 판단함에 있어서도 그 공용 부분이 일반 공중에 출입이 허용된 공간이 아니고 주거로 사용되는 각 가구 또는 세대의 전용 부분에 필수적으로 부속하는 부분으로서 거주자들 또는 관리자에 의하여 외부인의 출입에 대한 통제·관리가 예정되어 있어 거주자들의 사실상 주거의 평온을 보호할 필요성이 있는 부분인지, 공동주택의 거주자들이나 관리자가 평소 외부인이 그곳에 출입하는 것을 통제·관리하였는지 등의 사정과 외부인의 출입 목적 및 경위, 출입의 태양과 출입한 시간 등을 종합적으로 고려하여 '주거의 사실상의 평온상태를 침해하였는지'의 관점에서 객관적·외형적으로 판단하여야 한다. [3] 따라서 <U>아파트 등 공동주택의 공동현관에 출입하는 경우에도, 그것이 주거로 사용하는 각 세대의 전용 부분에 필수적으로 부속하는 부분으로 거주자와 관리자에게만 부여된 비밀번호를 출입문에 입력하여야만 출입할 수 있거나, 외부인의 출입을 통제·관리하기 위한 취지의 표시나 경비원이 존재하는 등 외형적으로 외부인의 무단출입을 통제·관리하고 있는 사정이 존재하고, 외부인이 이를 인식하고서도 그 출입에 관한 거주자나 관리자의 승낙이 없음은 물론, 거주자와의 관계 기타 출입의 필요 등에 비추어 보더라도 정당한 이유 없이 비밀번호를 임의로 입력하거나 조작하는 등의 방법으로 거주자나 관리자 모르게 공동현관에 출입한 경우와 같이, 그 출입 목적 및 경위, 출입의 태양과 출입한 시간 등을 종합적으로 고려할 때 공동주택 거주자의 주거의 사실상의 평온상태를 해치는 행위태양으로 볼 수 있는 경우라면 공동주택 거주자들에 대한 주거침입에 해당할 것이다</U>(대판 2022.1.27. 2021도15507). **[해설]** 피고인이 교제하다 헤어진 피해자의 주거가 속해 있는 아파트 동의 출입구에 설치된 공동출입문에 피해자나 다른 입주자의 승낙 없이 비밀번호를 입력하는 방법으로 아파트의 공용 부분에 출입한 사안에서, 피고인이 출입구에 출입할 당시 객관적·외형적으로 드러난 행위태양에 비추어 피해자 또는 다른 입주자들에 대한 침입행위에 해당한다고 보아 이 사건 공소사실을 유죄로 인정한 원심을 수긍함. 주거침입에 해당하는지 여부는 출입 당시 객관적·외형적으로 드러난 행위태양을 기준으로 판단하여야 한다는 대법원 2020. 9. 9. 선고 2020도12630 전원합의체 판결의 취지에 따라 아파트와 같은 공동주택의 공동현관에 출입한 것이 주거침입에 해당하는지 여부에 대한 판단 기준을 구체적으로 판시한 사례.

판례 | 착수시기 및 기수시기

① 주거침입죄는 사실상의 주거의 평온을 보호법익으로 하는 것이므로, 반드시 행위자의 신체의 전부가 범행의 목적인 타인의 주거 안으로 들어가야만 성립하는 것이 아니라 <U>신체의 일부만 타인의 주거 안으로 들어갔다고 하더라도 거주자가 누리는 사실상의 주거의 평온을 해할 수 있는 정도에 이르렀다면 범죄구성요건을 충족하는 것이라고 보아야 할 것이고</U>, 따라서 <U>주거침입죄의 범의는 반드시 신체</U>

의 전부가 타인의 주거 안으로 들어간다는 인식이 있어야만 하는 것이 아니라 신체의 일부라도 타인의 주거 안으로 들어간다는 인식이 있으면 족하다고 할 것이고, 이러한 범의로써 예컨대 주거로 들어가는 문의 시정장치를 부수거나 문을 여는 등 침입을 위한 구체적 행위를 시작하였다면 주거침입죄의 실행의 착수는 있었다고 보아야 하고, 신체의 극히 일부분이 주거 안으로 들어갔지만 사실상 주거의 평온을 해하는 정도에 이르지 아니하였다면 주거침입죄의 미수에 그친다고 할 것이다. 그러므로 공소사실 기재와 같이 야간에 타인의 집의 창문을 열고 집 안으로 얼굴을 들이미는 등의 행위를 하였다면 피고인이 자신의 신체의 일부가 집 안으로 들어간다는 인식 하에 하였더라도 주거침입죄의 범의는 인정되고, 또한 비록 신체의 일부만이 집 안으로 들어갔다고 하더라도 사실상 주거의 평온을 해하였다면 주거침입죄는 기수에 이르렀다고 할 것이다(대판 1995.9.15. 94도2561). [해설] 주거침입죄의 기수시기, 즉 실행의 종료시기에 관한 대표적인 판례로서, 신체의 극히 일부분이 주거 안으로 들어갔다고 하더라도 사실상 주거의 평온을 해하였다면 주거침입죄는 기수에 이르렀다고 본 사례.

② [1] 야간에 타인의 재물을 절취할 목적으로 사람의 주거에 침입한 경우에는 주거에 침입한 단계에서 이미 형법 제330조에서 규정한 야간주거침입절도죄라는 범죄행위의 실행에 착수한 것이라고 보아야 한다. [2] 주거침입죄의 실행의 착수는 주거자, 관리자, 점유자 등의 의사에 반하여 주거나 관리하는 건조물 등에 들어가는 행위, 즉 구성요건의 일부를 실현하는 행위까지 요구하는 것은 아니고 범죄구성요건의 실현에 이르는 현실적 위험성을 포함하는 행위를 개시하는 것으로 족하므로, 출입문이 열려 있으면 안으로 들어가겠다는 의사 아래 출입문을 당겨보는 행위는 바로 주거의 사실상의 평온을 침해할 객관적인 위험성을 포함하는 행위를 한 것으로 볼 수 있어 그것으로 주거침입의 실행에 착수한 것으로 보아야 한다(대판 2006.9.14. 2006도2824).

③ [1] 준강도의 주체는 절도 즉 절도범인으로, 절도의 실행에 착수한 이상 미수이거나 기수이거나 불문하고, 야간에 타인의 재물을 절취할 목적으로 사람의 주거에 침입한 경우에는 주거에 침입한 단계에서 이미 형법 제330조에서 규정한 야간주거침입절도죄라는 범죄행위의 실행에 착수한 것이라고 보아야 하며, 주거침입죄의 경우 주거침입의 범의로써 예컨대, 주거로 들어가는 문의 시정장치를 부수거나 문을 여는 등 침입을 위한 구체적 행위를 시작하였다면 주거침입죄의 실행의 착수는 있었다고 보아야 한다. [2] 주거침입죄의 실행의 착수는 주거자, 관리자, 점유자 등의 의사에 반하여 주거나 관리하는 건조물 등에 들어가는 행위 즉, 구성요건의 일부를 실현하는 행위까지 요구하는 것은 아니고, 범죄구성요건의 실현에 이르는 현실적 위험성을 포함하는 행위를 개시하는 것으로 족하다. [3] 야간에 아파트에 침입하여 물건을 훔칠 의도 하에 아파트의 베란다 철제난간까지 올라가 유리창문을 열려고 시도하였다면 야간주거침입절도죄의 실행에 착수한 것으로 보아야 한다고 한 사례(대판 2003.10.24. 2003도4417). [해설] 피고인이 202호 아파트에 침입하여 물건을 훔칠 의도로 202호 아파트의 베란다 철제난간까지 올라가 유리창문을 열려고 시도하였다면 주거의 사실상의 평온을 침해할 객관적 위험성을 포함하는 구체적인 행위를 한 것으로 볼 수 있다고 판단한 사례.

④ 침입 대상인 아파트에 사람이 있는지를 확인하기 위해 그 집의 <u>초인종을 누른 행위만으로는</u> 침입의 현실적 위험성을 포함하는 행위를 시작하였다거나, 주거의 사실상의 평온을 침해할 <u>객관적인 위험성을 포함하는 행위를 한 것으로 볼 수 없다</u> 할 것이다(대판 2008.4.10. 2008도1464). [해설] 집의 초인종을 누른 행위는 주거의 사실상 평온을 침해할 객관적인 위험성이 없다고 본 사례.

⑤ [1] 주거침입죄는 사실상의 주거의 평온을 보호법익으로 하는 것이므로, 그 주거자 또는 간수자가 건조물 등에 거주 또는 간수할 권리를 가지고 있는가의 여부는 범죄의 성립을 좌우하는 것

이 아니며, 점유할 권리 없는 자의 점유라 하더라도 그 주거의 평온은 보호되어야 할 것이므로, 권리자가 그 권리를 실행함에 있어 법에 정하여진 절차에 의하지 아니하고 그 건조물 등에 침입한 경우에는 주거침입죄가 성립한다. [2] 다른 사람의 주택에 무단 침입한 범죄사실로 이미 유죄판결을 받은 사람이 그 판결이 확정된 후에도 퇴거하지 않은 채 계속하여 당해 주택에 거주한 사안에서, 위 판결 확정 이후의 행위는 별도의 주거침입죄를 구성한다고 한 사례(대판 2008.5.8. 2007도11322).

판례 위법성

① 사인이 현행범을 체포하기 위해서 범인 또는 범인의 아버지의 주거에 들어간 경우에는 위법성이 조각되지 않는다(대판 1965.12.21. 65도899).

② 피고인이 피해자와 이웃 사이어서 평소 그 주거에 무상출입하던 관계에 있었다 하더라도 범죄의 목적으로 피해자의 승낙 없이 그 주거에 들어간 경우에는 주거침입죄가 성립된다(대판 1983.7.12. 83도1394).

③ 건물의 소유자라고 주장하는 피고인과 그것을 점유관리하고 있는 피해자 사이에 건물의 소유권에 대한 분쟁이 계속되고 있는 상황이라면 피고인이 그 건물에 침입하는 것에 대한 피해자의 추정적 승낙이 있었다거나 피고인의 이 사건 범행이 사회상규에 위배되지 않는다고 볼 수 없다고 한 원심의 조치는 수긍이 간다(대판 1989.9.12. 89도889).

④ 직장 또는 사업장시설의 점거는 적극적인 쟁의행위의 한 형태로서 그 점거의 범위가 직장 또는 사업장시설의 일부분이고 사용자측의 출입이나 관리지배를 배제하지 않는 병존적인 점거에 지나지 않을 때에는 정당한 쟁의행위로 볼 수 있으나, 이와 달리 직장 또는 사업장시설을 전면적, 배타적으로 점거하여 조합원 이외의 자의 출입을 저지하거나 사용자측의 관리지배를 배제하여 업무의 중단 또는 혼란을 야기케 하는 것과 같은 행위는 이미 정당성의 한계를 벗어난 것이라고 볼 수밖에 없다(대판 1991.6.11. 91도383).

⑤ 사용자의 직장폐쇄는 사용자와 근로자의 교섭태도와 교섭과정, 근로자의 쟁의행위의 목적과 방법 및 그로 인하여 사용자가 받는 타격의 정도 등 구체적인 사정에 비추어 근로자의 쟁의행위에 대한 방어수단으로서 상당성이 있어야만 사용자의 정당한 쟁의행위로 인정될 수 있고(대판 2000.5.26. 98다34331 참조), 사용자의 직장폐쇄가 정당한 쟁의행위로 인정되지 아니하는 때에는 다른 특별한 사정이 없는 한 근로자가 평소 출입이 허용되는 사업장 안에 들어가는 행위가 주거침입죄를 구성하지 아니한다(대판 2002.9.24. 2002도2243).

⑥ [1] 형법 제20조 소정의 '사회상규에 위배되지 아니하는 행위'라 함은 법질서 전체의 정신이나 그 배후에 놓여 있는 사회윤리 내지 사회통념에 비추어 용인될 수 있는 행위를 말하고, 어떠한 행위가 사회상규에 위배되지 아니하는 정당한 행위로서 위법성이 조각되는 것인지는 구체적인 사정 아래서 합목적적, 합리적으로 고찰하여 개별적으로 판단되어야 하므로, 이와 같은 정당행위를 인정하려면 첫째 그 행위의 동기나 목적의 정당성, 둘째 행위의 수단이나 방법의 상당성, 셋째 보호이익과 침해이익과의 법익균형성, 넷째 긴급성, 다섯째 그 행위 외에 다른 수단이나 방법이 없다는 보충성 등의 요건을 갖추어야 한다. [2] 간통 현장을 직접 목격하고 그 사진을 촬영하기 위하여 상간자의 주거에 침입한 행위가 정당행위에 해당하지 않는다고 한 사례(대판 2003.9.26. 2003도3000).

⑦ 연립주택 위층에 있는 집으로 통하는 상수도관 밸브가 아래층 집에 설치되어 있는 경우 그 상수도관 밸브의 이상 유무의 확인이나 고장의 수리를 위한 위층 거주자의 아래층 집 출입은 그로 인하여 주거의 평온을 심하게 침해하는 것이 아닌 경우에는 특별한 사정이 없는 한 허용되어야 한다고 봄이 상당하다고 할 것인바, <u>아래층에 사는 피해자가 위층 피고인의 집으로 통하는 상수도관의 밸브를 임의로 잠근 후 이를 피고인에게 알리지 않아 하루 동안 수돗물이 나오지 않은 고통을 겪었던 피고인이 상수도관의 밸브를 확인하고 이를 열기 위하여 부득이 피해자의 집에 들어간 것이므로 이는 피해자의 주거생활의 평온이 다소 침해되는 것을 정당화할 만한 이유가 될 수 있다</u>고 보여지고, 오전 9시경 피해자의 집을 방문하여 문은 열어 주었으나 출입을 거부하는 피해자를 밀치는 것 외에 다른 행동을 하지 않았고 이로 인하여 피해자에게 별다른 피해가 발생하지 않은 점, 피해자 역시 피고인이 자신의 집에 들어오는 것을 적극적으로 제지하지 않았고 당일 출동한 경찰관들에게 피고인을 처벌해 달라는 요청을 하지 않은 점 등 여러 사정에 비추어 보면, <u>피고인의 위와 같은 행위가 그 수단과 방법에 있어서 상당성이 인정된다고 보여질 뿐만 아니라 긴급하고 불가피한 수단이었다고 할 것이므로, 피고인이 피해자의 주거에 침입한 행위는 형법 제20조의 '사회상규에 위배되지 않는 행위'에 해당한다</u>고 할 것이다(대판 2004.2.13. 2003도7393).

⑧ 주거침입죄는 사실상의 주거의 평온을 보호법익으로 하는 것이므로 그 거주자 또는 간호자가 건조물등에 거주 또는 간수할 권리를 가지고 있는가의 여부는 범죄의 성립을 좌우하는 것이 아니며, <u>점유할 권리없는 자의 점유라고 하더라도 그 주거의 평온은 보호되어야 할 것이므로, 권리자가 그 권리실행으로서 자력구제의 수단으로 건조물에 침입한 경우에도 주거침입죄가 성립한다</u>(대판 2007.7.27. 2006도3137, 대판 2007.3.15. 2006도7044, 대판 1985.3.26. 85도122).

⑨ 2인 이상이 하나의 공간에서 공동생활을 하고 있는 경우에는 각자 주거의 평온을 누릴 권리가 있으므로, 사용자가 제3자와 공동으로 관리·사용하는 공간을 사용자에 대한 쟁의행위를 이유로 관리자의 의사에 반하여 침입·점거한 경우, 비록 그 공간의 점거가 사용자에 대한 관계에서 정당한 쟁의행위로 평가될 여지가 있다 하여도 이를 공동으로 관리·사용하는 제3자의 명시적 또는 추정적인 승낙이 없는 이상 위 제3자에 대하여서까지 이를 정당행위라고 하여 주거침입의 위법성이 조각된다고 볼 수는 없다(대판 2010.3.11. 2009도5008).

⑩ 회사 측이 행정관청에 직장폐쇄를 신고하고 위 공장을 점거 중인 위 노동조합원들에게 퇴거를 요구하는 등으로 회사 측 관리자 외의 출입을 금지하는 의사를 표시하였으며, 피고인들은 그와 같은 사정을 알고 있었음에도 불구하고 회사 측의 의사에 반하여 평택공장에 들어간 이상 이러한 행위는 건조물침입죄에 해당하고, 피고인들이 위 노동조합원들의 승낙을 얻어 전국공무원노동조합 교육활동의 일환으로 평화적인 방법에 의해 위 공장에 들어갔다는 사정만으로는 정당한 행위에 해당한다고 볼 수 없다(대판 2012.5.24. 2010도9963).

| 판례 | 퇴거불응죄 |

① [1] 피고인이 예배의 목적이 아니라 교회의 예배를 방해하여 교회의 평온을 해할 목적으로 교회에 출입하는 것이 판명되어 위 교회 건물의 관리주체라고 할 수 있는 교회당회에서 피고인에 대한 교회출입금지의결을 하고, 이에 따라 위 교회의 관리인이 피고인에게 퇴거를 요구한 경우 피고인의 교회출입을 막으려는 위 교회의 의사는 명백히 나타난 것이기 때문에 이에 기하여 퇴거요구를 한 것은 정당하고 이에 불응하여 퇴거를 하지 아니한 행위는 퇴거불응죄에 해당한다. [2] 사회통념상 현관도 건물의 일부임이 분명한 것이므로 피고인이 교회 건물의 현관에 들어간 이상 그 곳에서 교회 관리인의 퇴거요구를 받고 이에 응하지 않았다면 퇴거불응죄가 성립한다. [3] 교회는 교인들의 총유에 속하는 것으로서 교인들 모두가 사용수익권을 갖고 있고, 출입이 묵시적으로 승낙되어 있는 장소인바, 이같이 일반적으로 개방되어 있는 장소라도 필요한 때는 관리자가 그 출입을 금지 내지 제한할 수 있다(대판 1992.4.28. 91도2309).

② 사용자의 직장폐쇄는 노사 간의 교섭태도, 경과, 근로자 측 쟁의행위의 태양, 그로 인하여 사용자 측이 받는 타격의 정도 등에 관한 구체적 사정에 비추어 형평의 견지에서 근로자 측의 쟁의행위에 대한 대항·방위 수단으로서 상당성이 인정되는 경우에 한하여 정당한 쟁의행위로 평가받을 수 있는 것이고, 사용자의 직장폐쇄가 정당한 쟁의행위로 인정되지 아니하는 때에는 적법한 쟁의행위로서 사업장을 점거 중인 근로자들이 직장폐쇄를 단행한 사용자로부터 퇴거 요구를 받고 이에 불응한 채 직장점거를 계속하더라도 퇴거불응죄가 성립하지 아니한다(대판 2007.3.29. 2006도9307).

③ [1] 주거침입죄와 퇴거불응죄는 모두 사실상의 주거의 평온을 그 보호법익으로 하고, 주거침입죄에서의 침입이 신체적 침해로서 행위자의 신체가 주거에 들어가야 함을 의미하는 것과 마찬가지로 퇴거불응죄의 퇴거 역시 행위자의 신체가 주거에서 나감을 의미하므로, 피고인이 이 사건 건물에 가재도구 등을 남겨두었다는 사정은 퇴거불응죄의 성부에 영향이 없다. [2] 정당한 퇴거요구를 받고 건물에서 나가면서 가재도구 등을 남겨둔 경우 퇴거불응죄를 구성하지 않는다고 한 사례(대판 2007.11.15. 2007도6990). [해설] 주거침입이나 퇴거불응은 행위자의 신체를 기준으로 판단하는 것임을 보여준 사례.

④ 사용자의 직장폐쇄는 노사 간의 교섭태도, 경과, 근로자 측 쟁의행위의 태양, 그로 인하여 사용자 측이 받는 타격의 정도 등에 관한 구체적 사정에 비추어 형평상 근로자 측의 쟁의행위에 대한 대항·방위 수단으로서 상당성이 인정되는 경우에 한하여 정당한 쟁의행위로 평가받을 수 있는 것이고, 사용자의 직장폐쇄가 정당한 쟁의행위로 인정되지 아니하는 때에는 적법한 쟁의행위로서 사업장을 점거 중인 근로자들이 직장폐쇄를 단행한 사용자로부터 퇴거 요구를 받고 이에 불응한 채 직장점거를 계속하더라도 퇴거불응죄가 성립하지 아니한다(대판 2007.12.28. 2007도5204).

CHAPTER 05 재산에 대한 죄

재산에 대한 죄를 보호법익에 따라 나눌 때에는 소유권을 보호법익으로 하는 죄(절도죄, 횡령죄, 손괴죄, 장물죄)와 전체로서의 재산권을 보호법익으로 하는 죄(강도죄, 사기죄, 공갈죄, 배임죄) 및 소유권 이외의 물권과 채권을 보호법익으로 하는 죄(권리행사방해죄)로 나눌 수 있다. 다만 형법은 재산죄를 침해방법에 따라 나누는 태도를 취하고 있다. 재산죄는 그 객체·영득의사 또는 침해방법에 따라 다음과 같이 분류될 수 있다.

1. 재물죄와 이득죄(객체에 따른 분류)
재산죄의 객체를 기준으로 한 구별로서 절도죄·횡령죄·장물죄·손괴죄는 재물죄이고 배임죄가 이득죄이다. 강도죄와 사기죄 및 공갈죄는 재물죄인 동시에 이득죄이다.

2. 영득죄와 손괴죄(영득의사의 유무에 따른 분류)
영득의 의사에 따른 구분으로서 절도죄·강도죄·사기죄·공갈죄 및 횡령죄가 전자에 속하고, 손괴죄는 영득의 의사를 요하지 않는 후자에 속한다.

3. 탈취죄와 편취죄(침해방법에 의한 분류)
영득죄를 침해방법에 따라 구별한 것으로서 절도죄·강도죄·장물죄 및 횡령죄가 전자에 속하고, 사기죄와 공갈죄가 후자에 속한다.

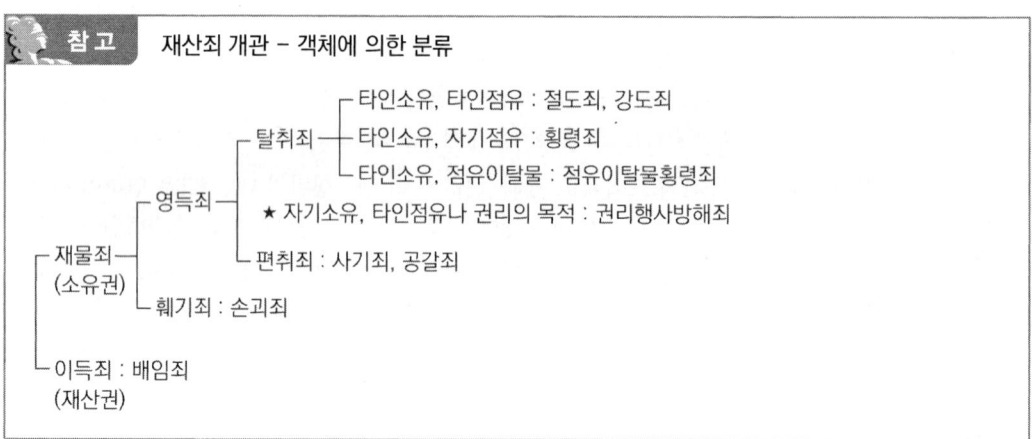

<재산죄의 분류>

보호법익	소유권의 침해	절도죄, 강도죄, 횡령죄, 손괴죄
	소유권 이외의 특별한 재산적 가치에 대한 범죄	자동차불법사용죄, 권리행사방해죄, 점유강취죄, 강제집행면탈죄
	전체로서의 재산에 관한 죄	사기죄, 공갈죄, 배임죄, 장물죄
객체	재물죄	절도죄, 손괴죄, 횡령죄, 장물죄
	이득죄	배임죄
	양자의 결합	강도죄, 사기죄, 공갈죄
영득의사의 유무	영득죄	절도죄, 강도죄, 사기죄, 공갈죄, 횡령죄
	비영득죄(훼기죄)	손괴죄(불법영득의사 不要)
침해방법	편취죄	사기죄, 공갈죄
	탈취죄	절도죄, 횡령죄, 강도죄, 장물죄

 제1절 | 절도의 죄

I. 서론

1. 의의와 보호법익

(1) 절도죄의 의의

타인의 재물을 절취하는 것을 내용으로 하는 범죄이다(제329조). 재산죄 중에서 재물만을 객체로 하는 순수한 재물죄이다. 절도죄는 행위의 객체가 재물에 국한되는 '재물죄'라는 점에서 이득죄와 구별된다. 또 점유자의 의사에 반하여 재물을 취득하는 '탈취죄'라는 점에서 사기·공갈과 같은 편취죄와 구별된다. 그리고 불법영득의 의사를 필요로 하는 '영득죄'라는 점에서 손괴죄와 구별된다.

(2) 보호법익

소유권이다. 그러나 절도죄의 보호법익을 점유라고 하거나 또는 소유권과 함께 점유도 그 보호법익이 된다고 하는 견해도 있다. 절도죄에 있어서의 점유는 절도죄의 객체가 될 수 있어도 그 보호법익이 될 수는 없다 할 것이므로 절도죄의 보호법익은 소유권이라고 하는 것이 타당하다. ㈎ 판례는 "절도죄는 재물의 점유를 침탈하므로 인하여 성립하는 범죄이므로 재물의 점유자가 절도죄의 피해자가 되는 것이나 절도죄는 점유자의 점유를 침탈하므로 인하여 그 재물의 소유자를 해하게 되는 것이므로 재물의 소유자도 절도죄의 피해자로 보아야 할 것이다"라고 판시하여 절도죄의 보호법익을 소유권 및 점유로 파악하고 있다고 볼 수 있다. ㈏ 보호받는 정도에 대해서는 소유권의 침해란 반드시 소유권의 상실만을 의미하는 것은 아니므로 침해범설(다수설)이 타당하다고 할 수 있다.

 **판례** 절도죄의 보호법익과 피해자

> • 절도죄는 재물의 점유를 침탈하므로 인하여 성립하는 범죄이므로 재물의 점유자가 절도죄의 피해자가 되는 것이나 절도죄는 점유자의 점유를 침탈하므로 인하여 그 재물의 소유자를 해하게 되는 것이므로 재물의 소유자도 절도죄의 피해자로 보아야 할 것이다(대판 1980.11.11. 80도131). [해설] 절도죄의 객체인 재물의 소유자와 점유자가 동일인이 아닌 경우 친족상도례의 적용을 위해서는 범인이 양자 모두에 대해 친족관계가 있어야 한다는 사례. 같은 취지의 판결로 대판 2014.9.25. 2014도8984 참조.

2. 구성요건의 체계

기본적 구성요건은 단순절도죄(제329조)이며, 이에 대한 가중적 구성요건으로는 야간주거침입절도죄(제330조), 특수절도죄(제331조) 및 상습절도죄(제332조)가 있다.

	기본적 구성요건	절도죄(제329조)		미수범 처벌 (제342조)	동력규정 (제346조)
형법	가중적 구성요건	방법에 의한 불법 가중요건	야간주거침입절도죄 (제330조) 특수절도죄(제331조)		
		상습성에 의한 책임가중	상습절도죄(제332조)		
	감경적 구성요건	자동차등 불법사용죄(제331조의2)			
특정범죄 가중처벌 등에 관한 법률	5인 이상이 공동하여 절도한 경우 가중처벌(동법 제5조의4)				

II. 절도죄

> **제329조(절도)**
> 타인의 재물을 절취한 자는 6년 이하의 징역 또는 1천만원 이하의 벌금에 처한다.

1. 객관적 구성요건

타인이 점유하는 타인의 재물을 절취함으로써 성립한다.

(1) 행위의 객체

타인이 점유하는 타인의 재물이다.

1) **재물**: 재물의 개념내용도 모든 재산죄에서 같은 의미를 가지는 것은 아니다. ㈎ 사기죄·공갈죄 및 횡령죄에 있어서는 동산뿐만 아니라 부동산도 재물이 되지만, ㈏ 절도죄와 강도죄에 있어서

는 부동산이 재물로 되는가가 문제된다. 형법은 제346조에서 '본장의 죄에 있어서 관리할 수 있는 동력은 재물로 간주한다'고 규정하고 이를 다른 재산죄에 준용하고 있다.

> **제346조(동력)**
> 본장의 죄에 있어서 관리할 수 있는 동력은 재물로 간주한다.

㈎ **유체성설과 관리가능성설** : 재물의 개념에 대하여는 종래 재물이란 유체물에 한한다고 보는 유체성설과 관리할 수 있으면 유체물뿐만 아니라 무체물도 재물이 된다고 하는 관리가능성설이 대립하고 있었다. 그러나 재물의 개념은 형법상의 재산범죄 특히 소유권범죄의 의의와 목적에 따라 결정되어야 할 것이므로 관리가능성설이 타당하다. 따라서 재물이란 유체물 및 관리할 수 있는 동력을 의미한다.

㈏ **재물의 개념**

① **유체물 및 관리할 수 있는 동력** : ㈎ 유체물이란 일정한 공간을 차지하고 있는 물체를 말한다. 현금도 이에 해당하지만, 채권 기타의 권리는 유체물이 아니다. 그러나 이러한 권리가 화체되어 있는 문서, 예컨대 어음·수표(유가증권) 또는 예금통장은 유체물이다. ㈏ 관리할 수 있는 동력은 무체물이지만 재물이 된다. 여기서 관리할 수 있다는 의미는 물리적 관리를 의미한다(통설). 그러므로 권리는 절도죄의 객체가 될 수 없다. 전파는 물론 전화통화도 재물이 아니다.

② **재물과 경제적 가치** : 절도죄의 보호법익은 넓게는 재산권이므로 행위의 객체인 재물은 경제적 가치, 즉 금전적 교환가치라는 의미에서의 재산적 가치를 지니고 있어야 하는가가 문제된다. 통설·판례는 경제적 의미의 재산적 가치를 가질 것을 요하지 않는다고 하며, 소유자 및 점유자에게 '주관적 가치' 또는 '소극적 가치'만을 가지고 있어도 재물이 된다고 한다. 한편, 주관적 가치가 없는 물건의 재물성에 대해서는 처음부터 재물성 자체가 부인되어 구성요건에 해당성이 조각된다는 견해(다수설)가 타당하다.

③ **재물과 부동산** : 재물은 동산에 한하는가 또는 부동산도 포함하는가가 문제된다. 그러나 이 문제는 부동산도 재물인가라는 개념상의 문제가 아니라, 절도죄·강도죄·사기죄·공갈죄 또는 횡령죄의 각 구성요건이 정하고 있는 객체에 부동산이 포함될 수 있느냐라는 문제이다. 사기죄·공갈죄 및 횡령죄에 있어서는 부동산도 재물에 해당한다는 데에는 이론이 없다. 문제는 부동산이 절도죄(또는 강도죄)의 객체가 될 수 있는가에 있다. 부동산도 절도죄의 객체에 포함된다는 견해도 있으나, 사실상 부동산에 대한 절도로는 그 권리를 절취하거나 경계를 침범하거나 부동산에 침입하여 점거하는 경우를 생각할 수 있는데, 권리는 재물이 될 수 없을 뿐만 아니라 우리 형법은 별도로 경계침범죄(제370조)와 주거침입죄(제319조 제1항)를 마련하고 있으므로 부동산은 절도죄의 객체가 될 수 없다고 보는 것이 타당하다.

④ **사람의 신체** : 재물은 재산권의 객체가 될 수 있는 것이어야 하므로, 권리의 주체이지 객체가 될 수 없는 살아 있는 사람의 신체는 형법상 재물이 아니다. 따라서 ㈎ 살아 있는 사람의 장기를 그 의사에 반하여 적출해 간 행위는 상해죄 또는 중상해죄를 구성하는 것이고, 절도죄나 강도죄가 성립하지는 않는다. 다만 ㈏ 헌혈한 혈액과 같이 분리된 신체의 일부분 또는 이미 적출되어 있는 장기

는 재물이 될 수 있다. ㈑ 사체의 경우에는 인격자의 유해로서 장례와 제례의 대상이 되는 한, 재산권의 객체가 될 수는 없고, 따라서 재물로 취급할 수 없다(통설). 형법도 사체의 영득은 신앙에 관한 죄에 장에서 별도의 사체영득죄(제161조)로 처벌하고 있다. 다만 사체도 해부용으로 제공되는 등 유해로서의 성격을 상실하는 경우에는 재물이 될 수 있다.

⑤ **금제품** : 금제품이 '절도죄의 객체'가 될 수 있느냐라는 점에서 문제가 제기되고 있다. 금제품에는 위조통화·마약과 같이 소유 및 점유가 금지된 물건과 불법소지의 무기와 같이 점유(소지)만이 금지된 물건이 있다. 금제품도 재물이라는 점에 대해서는 별다른 이론이 없다. 그러나 ㈎ 형법이 소지를 법익으로 보호하는 것을 재물의 경제적 이용가능성을 보호하기 위한 것으로 금제품에 대해서는 절도죄가 성립할 수 없다고 하는 소극설과 ㈏ 소유가 금지된 금제품이라고 하더라도 사인에 대한 관계에서 소유가 금지되어 있을 뿐이고, 국가가 소유권을 가지고 있으므로 절도죄의 객체가 될 수 있다는 적극설, 소유가 금지된 금제품은 절도죄의 객체가 될 수 없으나, 점유만이 금지된 금제품은 절도죄의 객체가 될 수 있다는 절충설이 대립되고 있다. ㈐ 판례는 '유가증권도 그것이 정상적으로 발행된 것은 물론 비록 작성권한 없는 자에 의하여 위조된 것이라고 하더라도 절차에 따라 몰수되기까지는 그 소지자의 점유를 보호하여야 한다는 점에서 형법상 재물로서 절도죄의 객체가 된다.'고 판시하여 적극설의 입장이다.

⑥ **불법원인급여물** : 불법원인급여물도 그 소유와 점유가 금지되어 있지 아니하므로 재산죄의 성립 여부와는 별개로 재물성 그 자체는 인정된다(통설).

㈐ **타인소유의 재물** : 절도죄의 객체는 타인의 재물이다. 타인의 재물이란 타인의 단독소유 또는 공동소유에 속하는 재물을 말한다. 재물의 타인성이 인정되지 않는 경우로는 민법상의 물권법 이론에 의한 행위자의 단독 소유물과 무주물이 있으며, 무주물에는 소유권의 객체가 될 수 없는 재물이나 원래 소유자가 없는 물건 또는 소유자가 유효하게 소유권을 포기한 재물 등이 있다.

판례 재물 및 소유의 타인성

① 재산죄의 객체인 재물은 받드시 객관적인 금전적 교환 가치를 가질 필요는 없고 소유자 점유자가 주관적인 가치를 가지고 있음으로서 족하고 주관적 경제적 가치 유무의 판별은 그것이 타인에 의하여 이용되지 않는다고 하는 소극적 관계에 있어서 그 가치가 성립하는 경우가 있을 수 있는 것이니 발행자가 회수하여 세조각으로 찢어버림으로서 폐지로 되어 쓸모없는 것처럼 보이는 약속어음의 소지를 침해하여 가져갔다면 <u>절도죄가 성립</u>한다(대판 1976.1.27. 74도3442). **[해설]** 절도죄의 객체인 재물은 금전적 가치가 있는 경우로 제한되는 것이 아니라, 이른바 주관적 가치, 경제적 가치, 소극적 관계에서의 가치가 있는 경우까지 포함된다고 하는 대법원의 일관된 견해를 보여주는 판결.

② 타인의 토지상에 권원 없이 식재한 수목의 소유권은 토지소유자에게 귀속하고 권원에 의하여 식재한 경우에는 그 소유권이 식재한 자에게 있으므로, 권원 없이 식재한 감나무에서 감을 수확한 것은 <u>절도죄에 해당</u>한다(대판 1998.4.24. 97도3425).

③ 피고인이 피고인과 피해자의 동업자금으로 구입하여 피해자가 관리하고 있던 다이야포크레인 1대를 그의 허락 없이 공소외인으로 하여금 운전하여 가도록 한 행위는 <u>절도죄</u>를 구성한다(대판 1990.9.11. 90도1021).

④ 타인과 공동소유관계에 있는 물건도 절도죄의 객체가 되는 타인의 재물에 속한다(대판 1994.11.25. 94도2432).

⑤ 타인의 전화기를 무단으로 사용하여 전화통화를 하는 행위는 전기통신사업자가 그가 갖추고 있는 통신선로, 전화교환기 등 전기통신설비를 이용하고 전기의 성질을 과학적으로 응용한 기술을 사용하여 전화가입자에게 음향의 송수신이 가능하도록 하여 줌으로써 상대방과의 통신을 매개하여 주는 역무, 즉 <u>전기통신사업자에 의하여 가능하게 된 전화기의 음향송수신기능을 부당하게 이용하는 것으로, 이러한 내용의 역무는 무형적인 이익에 불과하고 물리적 관리의 대상이 될 수 없어 재물이 아니라고 할 것이므로 절도죄의 객체가 되지 아니한다</u>(대판 1998.6.23. 98도700).

⑥ 하나의 교회가 두 개 이상으로 분열된 경우 그 재산의 처분에 관하여 교회 장정 등에 규정이 없는 한 분열 당시 교인들의 총의에 따라 그 귀속을 정하여야 하고 그와 같은 절차 없이 위 재산에 대하여 다른 교파의 점유를 배제하고 자기 교파만의 지배에 옮긴다는 인식 아래 이를 가지고 갔다면 절도죄를 구성한다(대판 1998.7.10. 98도126).

⑦ [1] 절도죄의 객체는 관리가능한 동력을 포함한 '재물'에 한한다 할 것이고, 또 절도죄가 성립하기 위해서는 그 재물의 소유자 기타 점유자의 점유 내지 이용가능성을 배제하고 이를 자신의 점유하에 배타적으로 이전하는 행위가 있어야만 할 것인바, <u>컴퓨터에 저장되어 있는 '정보' 그 자체는 유체물이라고 볼 수도 없고, 물질성을 가진 동력도 아니므로 재물이 될 수 없다</u> 할 것이며, 또 <u>이를 복사하거나 출력하였다 할지라도 그 정보 자체가 감소하거나 피해자의 점유 및 이용가능성을 감소시키는 것이 아니므로 그 복사나 출력 행위를 가지고 절도죄를 구성한다고 볼 수도 없다.</u> [2] 피고인이 컴퓨터에 저장된 정보를 출력하여 생성한 문서는 피해 회사의 업무를 위하여 생성되어 피해 회사에 의하여 보관되고 있던 문서가 아니라, 피고인이 가지고 갈 목적으로 피해 회사의 업무와 관계없이 새로이 생성시킨 문서라 할 것이므로, 이는 <u>피해 회사 소유의 문서라고 볼 수는 없다 할 것이어서, 이를 가지고 간 행위를 들어 피해 회사 소유의 문서를 절취한 것으로 볼 수는 없다</u>(대판 2002.7.12. 2002도745). [해설] 동력이 아닌 정보 자체는 절도죄의 객체가 될 수 없음을 명확히 한 판결.

⑧ 명의대여 약정에 따른 신청에 의하여 발급된 영업허가증과 사업자등록증은 <u>피해자가 인도받음으로써 피해자의 소유가 되었다고 할 것이므로, 이를 명의대여자가 가지고 간 행위가 절도죄에 해당한다고 한 사례</u>(대판 2004.3.12. 2002도5090).

⑨ [1] <u>절도죄의 객체인 재물은 반드시 객관적인 금전적 교환가치를 가질 필요는 없고 소유자, 점유자가 주관적인 가치를 가지고 있음으로써 족하다</u>고 할 것이고, 이 경우 주관적, 경제적 가치의 유무를 판별함에 있어서는 그것이 타인에 의하여 이용되지 않는다고 하는 소극적 관계에 있어서 그 가치가 성립하더라도 관계없다. [2] 원심판결 이유에 의하면, 원심은 그 채택 증거를 종합하여, 피고인이 절취한 주주명부가 기재된 용지 70장은 피해자 회사에 비치되어 있던 그 소유의 복사용지를 이용하여 전산출력된 사실, 설령 피고인이 가지고 나왔다는 위 서류들이 비록 원주주명부를 복사하여 놓은 복사본이었다 하더라도, 위 서류들은 피해자 회사의 주주명단을 기재하여 놓은 문서들로서 주주명단을 정리할 당시 위 서류들에 기재된 인적사항 등이 외부에 유출되는 것을 방지하기 위하여 피해자 회사에서는 회의실 밖에 위치해 있던 분쇄기를 이용하여 명단을 폐기해 온 사실을 인정할 수 있는바, 그렇다면 <u>위 서류들은 피해자 회사에 있어서는 소유권의 대상으로 할 수</u>

있는 주관적 가치뿐만 아니라 그 경제적 가치도 있다 할 것이어서, 절도죄의 객체가 되는 재물에 해당한다고 판단하였다(대판 2004.10.28. 2004도5183). [해설] 복사문서가 절도죄의 객체인 재물에 해당하는 것은 금전적 교환가치는 없더라도 주관적, 경제적 가치가 인정되기 때문이라는 판결.

⑩ 교인들은 교회 재산을 총유의 형태로 소유하면서 사용·수익할 것인데, 일부 교인들이 교회를 탈퇴하여 그 교회 교인으로서의 지위를 상실하게 되면 탈퇴가 개별적인 것이든 집단적인 것이든 이와 더불어 종전 교회의 총유 재산의 관리처분에 관한 의결에 참가할 수 있는 지위나 그 재산에 대한 사용·수익권을 상실하고, 종전 교회는 잔존 교인들을 구성원으로 하여 실체의 동일성을 유지하면서 존속하며 종전 교회의 재산은 그 교회에 소속된 잔존 교인들의 총유로 귀속됨이 원칙이다(대판 2006.4.20. 2004다37775).

⑪ [1] 자동차나 중기(또는 건설기계)의 소유권의 득실변경은 등록을 함으로써 그 효력이 생기고 그와 같은 등록이 없는 한 대외적 관계에서는 물론 당사자의 대내적 관계에 있어서도 그 소유권을 취득할 수 없는 것이 원칙이지만, 당사자 사이에 그 소유권을 그 등록 명의자 아닌 자가 보유하기로 약정하였다는 등의 특별한 사정이 있는 경우에는 그 내부관계에 있어서는 그 등록 명의자 아닌 자가 소유권을 보유하게 된다. [2] 자동차 명의신탁관계에서 제3자가 명의수탁자로부터 승용차를 가져가 매도할 것을 허락받고 인감증명 등을 교부받아 위 승용차를 명의신탁자 몰래 가져간 경우, 위 제3자와 명의수탁자의 공모·가공에 의한 절도죄의 공모공동정범이 성립한다고 한 사례(대판 2007.1.11. 2006도4498). [해설] 甲은 제3자 丙이 장애인에 대한 면세혜택을 적용받기 위해서 승용차를 甲 자신의 母인 乙의 명의로 등록한 것을 알고, 乙과 공모하여 그 승용차를 몰래 가져다가 자동차매매상가에 가서 자신이 처분할 권한이 있는 것처럼 행세하여 처분하고 매매대금을 교부받은 사안. 승용차의 내부적 소유자는 丙이고, 외부적 소유자는 등록명의자인 乙이므로 甲과 乙은 丙의 소유와 점유를 침해한 절도죄의 공모공동정범이 성립함.

⑫ 사원이 회사를 퇴사하면서 원료의 배합비율, 제조공정, 시제품의 품질 확인이나 제조기술 향상을 위한 각종 실험결과 등을 기재한 자료를 가져간 경우 이는 절도에 해당하고, 위 자료는 구 부정경쟁방지 및 영업비밀보호에 관한 법률에 정한 영업비밀에 해당한다고 한 사례(대판 2008.2.15. 2005도6223).

⑬ [1] 금전채무를 담보하기 위하여 채무자가 그 소유의 동산을 채권자에게 양도하되 점유개정에 의하여 채무자가 이를 계속 점유하기로 한 경우, 특별한 사정이 없는 한 동산의 소유권은 신탁적으로 이전되고, 채권자와 채무자 사이의 대내적 관계에서 채무자는 의연히 소유권을 보유하나 대외적인 관계에 있어서 채무자는 동산의 소유권을 이미 채권자에게 양도한 무권리자가 된다. 따라서 동산에 관하여 양도담보계약이 이루어지고 채권자가 점유개정의 방법으로 인도를 받았다면, 그 정산절차를 마치기 전이라도 양도담보권자인 채권자는 제3자에 대한 관계에 있어서는 담보목적물의 소유자로서 그 권리를 행사할 수 있다. [2] 양도담보권자인 채권자가 제3자에게 담보목적물인 동산을 매각한 경우, 제3자는 채권자와 채무자 사이의 정산절차 종결 여부와 관계없이 양도담보 목적물을 인도받음으로써 소유권을 취득하게 되고, 양도담보의 설정자가 담보목적물을 점유하고 있는 경우에는 그 목적물의 인도는 채권자로부터 목적물반환청구권을 양도받는 방법으로도 가능하다. 채권자가 양도담보 목적물을 위와 같은 방법으로 제3자에게 처분하여 그 목적물의 소유권을 취득하게 한 다음 그 제3자로 하여금 그 목적물을 취거하게 한 경우, 제3자로서는 자기의 소유물을 취거한 것에 불과하므로, 채권자의 이 같은 행위는 절도죄를 구성하지 않는다(대판 2008.11.27. 2006도4263).

⑭ 수산업법에 의한 양식어업권은 행정관청의 면허를 받아 해상의 일정구역 내에서 패류·해조류 또는 정착성 수산동물을 포획·채취할 수 있는 권리를 가리키는 것으로서 이는 그 지역에서 천연으로 생육하는 수산동식물을 어업면허를 받은 종류에 한하여 배타적·선점적으로 채취할 수 있는 권리에 불과하고 그 지역 내의 수산동식물의 소유권을 취득하는 권리는 아니므로 어업권의 취득만으로 당연히 그 지역 내에서 자연 번식하는 수산동식물의 소유권이나 점유권까지 취득한다고는 볼 수 없다. 따라서 어업권자와 어업권행사계약을 체결하고 어업권을 행사하는 피해자의 양식장에서 모시조개를 채취한 경우 절도죄가 성립하기 위해서는 그 채취한 모시조개가 자연 번식하는 것이 아니라 그 피해자가 양식하는 것으로서 피해자의 소유임이 인정되어야 한다(대판 2010.4.8. 2009도11827).

⑮ [1] 당사자 사이에 자동차의 소유권을 등록명의자 아닌 자가 보유하기로 약정한 경우, 약정 당사자 사이의 내부관계에서는 등록명의자 아닌 자가 소유권을 보유하게 된다고 하더라도 제3자에 대한 관계에서는 어디까지나 등록명의자가 자동차의 소유자라고 할 것이다. [2] 피고인이 자신의 모 갑 명의로 구입·등록하여 갑에게 명의신탁한 자동차를 을에게 담보로 제공한 후 을 몰래 가져가 절취하였다는 내용으로 기소된 사안에서, 을에 대한 관계에서 자동차의 소유자는 갑이고 피고인은 소유자가 아니므로 을이 점유하고 있는 자동차를 임의로 가져간 이상 절도죄가 성립한다고 본 원심판단을 정당하다고 한 사례(대판 2012.4.26. 2010도11771). [해설] 아들이 어머니 명의로 자동차를 구입하여 등록한 후 제3자에게 담보로 제공하였는데 제3자가 점유한 자동차를 임의로 가져온 경우 절도죄가 성립한다고 본 사례.

⑯ [1] 자동차에 대한 소유권의 득실변경은 등록을 함으로써 그 효력이 생기고 등록이 없는 한 대외적 관계에서는 물론 당사자의 대내적 관계에서도 소유권을 취득할 수 없는 것이 원칙이지만, 당사자 사이에 소유권을 등록명의자 아닌 자가 보유하기로 약정하였다는 등의 특별한 사정이 있는 경우에는 그 내부관계에 있어서는 등록명의자 아닌 자가 소유권을 보유하게 된다고 할 것이다. [2] 피고인 명의로 등록되어 있지만 피해자가 점유·관리하여 온 이 사건 승용차를 피고인이 임의로 운전해 감으로써 이를 절취하였다는 내용의 이 사건 공소사실에 대하여, 그 판시 증거들에 의하여 피고인이 사실혼 관계에 있던 피해자에게 이 사건 승용차를 선물하여 증여한 이래 피해자만이 이 사건 승용차를 운행하며 관리하여 온 사실, 피고인과 피해자가 별거하면서 재산분할 내지 위자료 명목으로 피해자가 이 사건 승용차를 소유하기로 한 사실 등을 인정한 다음, 이 사건 승용차는 그 등록명의와 관계없이 피고인과 피해자 사이에서는 피해자를 소유자로 보아야 한다는 이유로 피고인의 행위가 절도행위에 해당한다고 판단하였다. 앞서 본 법리와 기록에 비추어 살펴보면, 원심의 위와 같은 사실인정과 판단은 모두 정당한 것으로 수긍이 되고, 거기에 상고이유로 주장하는 바와 같이 논리와 경험칙을 위반하여 자유심증주의의 한계를 벗어나거나 자동차 소유관계에 관한 법리를 오해하는 등으로 판결에 영향을 미친 위법이 있다 할 수 없다(대판 2013.2.28. 2012도15303).

⑰ [1] 절취란 타인이 점유하고 있는 재물을 점유자의 의사에 반하여 그 점유를 배제하고 자기 또는 제3자의 점유로 옮기는 것을 말하고, 어떤 물건이 타인의 점유하에 있다고 할 것인지의 여부는, 객관적인 요소로서의 관리범위 내지 사실적 관리가능성 외에 주관적 요소로서의 지배의사를 참작하여 결정하되 궁극적으로는 당해 물건의 형상과 그 밖의 구체적인 사정에 따라 사회통념에 비추어 규범적 관점에서 판단하여야 한다(대판 1999.11.12. 99도3801, 대판 2008.7.10. 2008도3252 등 참조). [2] 피해자는 강제경매 절차에서 피고인 소유이던 이 사건 토지 및 건물을 매수하고 나서 법원으로부터 피고인을 피신청인으로 한 인도명령을 받은 후 2014. 12. 16. 집행관에

게 위임하여 이 사건 토지 및 건물에 관한 인도집행을 한 사실, 피고인은 이 사건 건물 외벽에 설치된 전기코드에 선을 연결하여 이 사건 컨테이너로 전기를 공급받아 사용한 사실, 이 사건 건물에 부착된 계량기의 검침결과 2014. 11. 19.부터 2014. 12. 19.까지의 전기사용량은 24kw인 사실을 알 수 있다. 위 사실관계를 앞서 본 법리에 비추어 보면, 피고인은 인도명령의 집행이 이루어지기 전까지는 이 사건 건물을 점유하면서, 이 사건 건물에 들어오는 전기를 점유·관리하였다고 봄이 상당하고, 피고인이 이 사건 건물에 설치된 전기코드에 선을 연결하여 이 사건 컨테이너로 전기를 공급받아 사용하였다고 하더라도 이는 당초부터 피고인이 점유·관리하던 전기를 사용한 것에 불과할 뿐, 이를 타인이 점유·관리하던 전기를 사용한 것이라고 할 수 없으며, 피고인에게 절도의 범의가 있었다고도 할 수 없다. 또한 이 사건 건물에 부착된 계량기의 검침결과는 1달 동안의 전기사용량을 나타내는 것에 불과할 뿐 피고인이 인도명령 집행 이후에도 전기를 사용하였다는 증거가 되기에 부족하고, 달리 이를 인정할 증거는 찾을 수 없다. [3] 그러므로 원심판결 중 전기 절도 부분은 파기되어야 할 것인데, 원심은 이 부분 공소사실과 나머지 범죄사실을 형법 제37조 전단의 경합범 관계로 보아 하나의 형을 선고하였으므로 나머지 상고이유에 관한 판단을 생략한 채 원심판결 전부를 파기하고, 사건을 다시 심리·판단하도록 원심법원에 환송하기로 하여, 관여 대법관의 일치된 의견으로 주문과 같이 판결한다(대판 2016.12.15. 2016도15492).

 판례 등록을 요하는 자동차 등의 소유권 귀속과 절도죄 및 권리행사방해죄의 구분

① [1] 형법 제323조의 권리행사방해죄는 타인의 점유 또는 권리의 목적이 된 자기의 물건을 취거, 은닉 또는 손괴하여 타인의 권리행사를 방해함으로써 성립하는 것이므로 그 취거, 은닉 또는 손괴한 물건이 자기의 물건이 아니라면 권리행사방해죄가 성립할 여지가 없다. [2] 피고인이 택시를 회사에 지입하여 운행하였다고 하더라도, 피고인이 회사와 사이에 위 택시의 소유권을 피고인이 보유하기로 약정하였다는 등의 특별한 사정이 없는 한, 위 택시는 그 등록명의자인 회사의 소유이고 피고인의 소유는 아니라고 할 것이므로 회사의 요구로 위 택시를 회사 차고지에 입고하였다가 회사의 승낙을 받지 않고 이를 가져간 피고인의 행위는 권리행사방해죄에 해당하지 않는다고 한 사례(대판 2003.5.30. 2000도5767).

② 자동차나 중기(또는 건설기계)의 소유권의 득실변경은 등록을 함으로써 그 효력이 생기고 그와 같은 등록이 없는 한 대외적 관계에서는 물론 당사자의 대내적 관계에 있어서도 그 소유권을 취득할 수 없는 것이 원칙이지만, 당사자 사이에 그 소유권을 그 등록 명의자 아닌 자가 보유하기로 약정하였다는 등의 특별한 사정이 있는 경우에는 그 내부관계에 있어서는 그 등록 명의자 아닌 자가 소유권을 보유하게 된다(대판 2007.1.11. 2006도4498). [해설] 운수회사에 지입된 자동차라도 자동차등록원부에 그 회사의 소유로 등록되어 있는 이상 그 회사의 소유이고, 지입차주가 그 지입된 자동차를 취거한 경우에는 절도죄가 성립한다고 본 사례.

③ 소유권유보부매매는 동산을 매매함에 있어 매매목적물을 인도하면서 대금완납시까지 소유권을 매도인에게 유보하기로 특약한 것을 말하며, 이러한 내용의 계약은 동산의 매도인이 매매대금을 다 수령할 때까지 그 대금채권에 대한 담보의 효과를 취득·유지하려는 의도에서 비롯된 것이다. 따라서 부동산과 같이 등기에 의하여 소유권이 이전되는 경우에는 등기를 대금완납시까지 미룸으로써 담보의 기능을 할 수 있기 때문에 굳이 위와 같은 소유권유보부매매의 개념을 원용할 필요성이 없으며, 일단 매도인이 매수인에게 소유권이전등기를 경료하여 준 이상은 특

별한 사정이 없는 한 매수인에게 소유권이 귀속되는 것이다. 한편 <u>자동차, 중기, 건설기계 등은 비록 동산이기는 하나 부동산과 마찬가지로 등록에 의하여 소유권이 이전되고, 등록이 부동산 등기와 마찬가지로 소유권이전의 요건이므로, 역시 소유권유보부매매의 개념을 원용할 필요성이 없는 것이다</u>(대판 2010.2.25. 2009도5064). **[해설]** 덤프트럭의 등록명의자인 A회사가 덤프트럭의 소유자이고 B할부금융회사의 직원에 불과한 뛰에게 소유권이 있는 것은 아니므로, 설사 그 할부매매 덤프트럭의 소유권이 B할부금융회사에 유보되어 있다고 하더라도, 절도죄의 피해자는 소유자 뿐만 아니라 점유자도 포함하는 것이므로 B할부금융회사 직원 뛰이 점유자인 피해자 A회사의 승낙 없이 할부매매 덤프트럭을 가져간 이상 절도죄가 성립한다고 본 사례.

2) **점유** : 형법에 있어서의 점유는 재물에 대한 물리적·현실적 작용에 의하여 인정되는 순수한 사실상의 지배관계를 의미한다. 따라서 형법상의 점유에 있어서는 간접점유나 상속에 의한 점유의 이전은 인정되지 아니하고, 법인은 점유의 주체가 될 수 없다.

<형법과 민법상 점유의 구체적 차이점>

	민법상의 점유	형법상의 점유
간접점유	긍정	부정
점유개정		
법인의 점유		
점유의 상속		
점유보조자의 점유	부정	긍정

(가) **점유의 기능**

① **보호의 객체로서의 점유** : 권리행사방해죄(제323조)에 있어서의 점유는 행위의 객체에 그치는 것이 아니라 동죄의 보호법익이 된다. 점유가 보호법익이 되기 때문에 그것은 적법한 권원에 의한 것임을 요한다.

② **행위(침해)의 주체로서의 점유** : 횡령죄에 있어서의 보관(점유)은 행위의 주체 내지 신분요소인 기능을 가진다. 따라서 횡령죄의 점유는 위탁관계에 기한 것이어야 하며, 재물에 대한 사실상의 지배에 엄격히 제한되지 아니하고 법률상의 지배까지 포함한다.

③ **행위(침해)의 대상으로서의 점유** : 탈취죄의 점유는 행위의 대상 내지 객체가 된다. 그 대표적인 예가 절도죄(강도죄, 사기죄, 공갈죄)의 점유이다. 절도죄의 행위의 객체는 타인이 점유하는 타인의 재물이다. 절도죄를 중심으로 하여 점유의 의의와 그 주체를 살펴보면 다음과 같다.

(나) **점유의 의의** : 점유란 '점유의사에 의하여 지배되고 그 범위와 한계가 경험칙에 따라 결정되는 재물에 대한 사람의 지배관계'를 말한다. 따라서 형법상의 점유는 다음의 세 가지 요소로 이루어진다.

① **객관적·물리적 요소(점유사실)** : 점유는 사실상의 재물지배를 의미한다. 이를 점유의 객관적·물리적 요소라고 한다. 이러한 사실상의 재물지배는 재물과 사람 사이의 밀접한 장소적 연관 또는 재물에 대한 장소적·시간적 작용가능성을 필요로 하며, 또한 그것은 사실적 처분가능성을 의미하며 법적 당위를 뜻하는 것은 아니다.

② **주관적·정신적 요소(점유의사)** : 형법상의 점유는 지배의사를 전제로 한다. 여기서 지배의사란 재물을 자기의 의사에 따라 처리하는 것을 말하며 소유의 의사나 영득의 의사를 요하는 것은 아니다. 점유의 주관적·정신적 요소인 재물지배의 의사는 ㈎ 순수한 사실상의 처분의사 내지 지배의사를 말한다. 그러므로 어린 아이나 정신병자의 경우도 지배의사를 인정할 수 있다. 그러나 법인의 점유의사는 인정되지 아니한다. 따라서 법인의 점유는 부정된다. ㈏ 특정한 재물에 대한 구체적 지배의사가 아니라 일반적 지배의사를 뜻한다. ㈐ 현실적 의사임을 요하지 않으며 잠재적 지배의사로 족하다. 따라서 수면에 빠져 있는 사람이나 의식을 잃은 사람도 점유의사를 가질 수 있다.

③ **사회적·규범적 요소** : 점유의 객관적 요소인 사실상의 재물지배와 주관적 요소인 재물지배의사의 내용은 다시 사회적·규범적 요소에 의하여 결정된다. 즉 점유의 사회적·규범적 요소에 의하여 점유의 개념은 확대될 수도 있고, 제한되는 경우도 있다. ㈎ 점유의 개념이 확대되는 경우는 예를 들어 휴가 떠난 빈집 속의 물건, 밭에 두고 온 농기구, 길가에 세워둔 자동차, 복귀습성이 있는 가축 등이 이에 해당된다. 또한, 점유자가 그 소재를 알고 다시 찾아 올 수 있는 경우에는 여전히 주인에게 점유가 인정되므로 점유이탈물이 아니며, 점유자가 그 소재를 모르는 경우에는 원칙적으로 점유이탈물이 되지만, 타인의 배타적 지배범위 내에 두고 온 물건은 그 장소의 관리자의 점유에 속한다. ㈏ 점유의 개념이 제한되는 경우는 식당에서 손님이 사용하고 있는 식기 등과 같은 경우에는 손님의 점유가 부정되고 주인의 점유가 인정된다.

④ **사자(死者)의 점유** : 이에 대해서는 사자점유부정설과 사자점유긍정설 그리고 피해자의 생전점유를 인정하는 견해가 대립되고 있다. 사자는 점유의사를 가질 수 없다는 점에서 사자의 점유를 인정하는 견해는 부당하고 결론적으로 사자의 점유는 부정된다 하겠다. 판례는 '피해자가 생전에 가진 점유는 사망 후에도 여전히 계속되는 것으로 보아 이를 보호함이 법의 목적에 맞는 것이라고 할 것'이라고 하여 실질적으로 긍정설의 입장이다.

㈐ **타인의 점유** : 절도죄의 객체는 타인이 점유하는 재물이다. 여기서 타인의 점유란 그 재물이 행위자의 단독소유에 속하지 않는 경우를 말한다. 점유의 타인성과 관련하여 공동점유와 봉함된 포장물의 점유가 문제된다.

① **공동점유** : 배분관계에 의한 공동점유에 있어서는 공동점유자 상호간에 점유의 타인성이 인정되지만, 상하관계에 의한 공동점유에 있어서는 하위점유자의 점유는 상위점유자에 대한 관계에서 원칙적으로 보호받지 못한다. 그러나 은행, 역 또는 백화점의 금전출납원은 그 돈에 대한 단독점유를 가진다 할 것이고, 재물의 운반을 위탁한 경우에는 운반자에 대한 위탁자의 현실적인 감독과 통제가 가능한가에 따라 결정하여야 한다.

<상하관계에 의한 공동점유의 경우에 하위점유자의 단독점유 인정 여부>

하위자가 기계적으로 재물을 지배할 뿐일 때	상하 간에 고도의 신뢰관계가 있을 때
① 상위자의 단독점유만 성립하고 하위자의 점유는 인정되지 않는다(다수설). ② 하위자가 물건을 영득하면 절도죄가 성립한다.	① 하위자의 단독점유가 인정된다. ② 하위자가 물건을 영득하면 횡령죄가 성립한다.
판례상 하위자의 점유 부정(절도)	판례상 하위자의 점유 인정(횡령)
철도공무원이 운반 중인 화물을 처분한 경우	① 우편집배원의 소포영득 ② 지게꾼이 그 물건을 영득(82도2394) ③ 화물자동차 운전자의 수탁화물 영득

② **봉함 또는 시정된 포장물의 점유** : 봉함된 포장물을 위탁받은 경우 또는 시정된 용기의 경우에 그 내용물이 누구의 점유에 속하는가에 대하여는 견해가 대립하고 있다. 위탁자의 점유를 인정하는 견해와 수탁자의 점유를 인정하는 견해가 대립되나, 순형식적 위탁관계(단순히 형식적으로만 맡겨두는 경우)의 경우면 내용물의 점유는 위탁자에게 있으며 실질적 위탁관계(물건을 실제로 맡기는 경우)의 경우에는 수탁자에게 점유를 인정하는 견해가 타당하다고 본다.

판례 형법상의 점유

① 민법상 점유보조자(점원)라고 할지라도 그 물건에 대하여 사실상 지배력을 행사하는 경우에는 형법상 보관의 주체로 볼 수 있으므로 이를 영득한 경우에는 절도죄가 아니라 횡령죄에 해당한다(대판 1982.3.9. 81도3396).

② 임차인이 임대계약 종료 후 식당건물에서 퇴거하면서 종전부터 사용하던 냉장고의 전원을 켜둔 채 그대로 두었다가 약 1개월 후 철거해 가는 바람에 그 기간 동안 전기가 소비된 사안에서, **임차인이 퇴거 후에도 냉장고에 관한 점유·관리를 그대로 보유하고 있었다고 보아야 하므로, 냉장고를 통하여 전기를 계속 사용하였다고 하더라도 이는 당초부터 자기의 점유·관리 하에 있던 전기를 사용한 것일 뿐 타인의 점유·관리 하에 있던 전기가 아니어서 절도죄가 성립하지 않는다**고 한 사례(대판 2008.7.10. 2008도3252).

③ [1] 절도죄란 재물에 대한 타인의 점유를 침해함으로써 성립하는 것이다. 여기서의 '점유'라고 함은 현실적으로 어떠한 재물을 지배하는 순수한 사실상의 관계를 말하는 것으로서, 민법상의 점유와 반드시 일치하는 것이 아니다. 물론 이러한 현실적 지배라고 하여도 점유자가 반드시 직접 소지하거나 항상 감수(監守)하여야 하는 것은 아니고, 재물을 위와 같은 의미에서 사실상으로 지배하는지 여부는 재물의 크기·형상, 그 개성의 유무, 점유자와 재물과의 시간적·장소적 관계 등을 종합하여 사회통념에 비추어 결정되어야 한다. 그렇게 보면 **종전 점유자의 점유가 그의 사망으로 인한 상속에 의하여 당연히 그 상속인에게 이전된다는 민법 제193조는 절도죄의 요건으로서의 '타인의 점유'와 관련하여서는 적용의 여지가 없고, 재물을 점유하는 소유자로부터 이를 상속받아 그 소유권을 취득하였다고 하더라도 상속인이 그 재물에 관하여 위에서 본 의미에서의 사실상의 지배를 가지게 되어야만 이를 점유하는 것으로서 그때부터 비로소 상속인에 대한 절도죄가 성립할 수 있다.** [2] 피고인이 내연관계에 있는 甲과 아파트에서 동거하다가, 甲의 사망으로 甲의 상속인인 乙 및 丙 소유에 속

하게 된 부동산 등기권리증 등 서류들이 들어 있는 가방을 위 아파트에서 가지고 가 절취하였다는 내용으로 기소된 사안에서, 피고인이 甲의 사망 전부터 아파트에서 甲과 함께 거주하였고, 甲의 자식인 乙 및 丙은 위 아파트에서 전혀 거주한 일이 없이 다른 곳에서 거주·생활하다가 甲의 사망으로 아파트 등의 소유권을 상속하였으나, 乙 및 丙이 甲 사망 후 피고인이 가방을 가지고 가기까지 그들의 소유권 등에 기하여 아파트 또는 그곳에 있던 가방의 인도 등을 요구한 일이 전혀 없는 사정 등에 비추어, 피고인이 가방을 들고 나온 시점에 을 및 병이 아파트에 있던 가방을 사실상 지배하여 점유하고 있었다고 볼 수 없어 피고인의 행위가 을 등의 가방에 대한 점유를 침해하여 절도죄를 구성한다고 할 수 없는데도, 이와 달리 보아 절도죄를 인정한 원심판결에 절도죄의 점유에 관한 법리오해 등의 위법이 있다고 한 사례(대판 2012.4.26. 2010도6334). [해설] 민사상의 상속과 형법상의 사실상의 점유취득이라는 차이점이 절도죄의 성부에 미치는 영향을 잘 보여주는 사례.

판례 점유의 요건

① 자기 논에 물을 품어 넣기 위하여 토지개량조합의 배수로에 토지개량조합규칙에 위배되는 행위로서 특수한 공작물을 설치하여 자기 논에 물을 저수하였다 하여도 그 물이 물을 막은 사람의 사실상이나 법률상 지배하는 것이 되지 못한다고 인정되므로 그 물은 절도죄의 객체가 되지 못한다(대판 1964.6.23. 64도209).

② [1] 어떤 물건이 타인의 점유하에 있다고 할 것인지의 여부는, 객관적인 요소로서의 관리범위 내지 사실적 관리가능성 외에 주관적 요소로서의 지배의사를 참작하여 결정하되 궁극적으로는 당해 물건의 형상과 그 밖의 구체적인 사정에 따라 사회통념에 비추어 규범적 관점에서 판단할 수밖에 없다. [2] 원심은, 피고인 1이 1998. 8. 5. 15:00경 소속 대대 위병소 앞 탄약고 출입문 서북방 20m 떨어진 언덕 위 소로에서 더덕을 찾기 위하여 나무막대로 땅을 파다가 땅속 20㎝ 깊이에서 탄통 8개를 발견하고 뚜껑을 열어 그 안에 군용물인 탄약이 들어 있음을 확인하고도 이를 지휘관에게 보고하는 등의 절차를 거치지 아니하고 전역일에 이를 가지고 나갈 목적으로 그 자리에 다시 파묻어 은닉함으로써 이를 절취하였다는 공소사실에 대하여 소속 중대 및 대대가 보유중인 탄약의 재고에 아무런 이상이 없다는 탄약 조사결과 등에 비추어 보면 위와 같은 행위만으로 피고인 1가 종전의 점유자의 의사를 배제하고 새로운 점유를 취득하였다고 보기에 부족하고, 달리 이에 대한 증거가 없다는 이유로 무죄를 선고하였다(대판 1999.11.12. 99도3801).

판례 점유의사를 포기한 경우

• 망부석이 묘의 장구로서 묘주의 소유에 속하였는데 묘는 이장하고 망부석만이 30여년 간 방치된 상태에 있어 외형상 그 소유자가 방기한 것으로 되어 그 물건은 산주의 추상적, 포괄적 소지에 속하게 되었어도 그 산주가 망부석을 사실상 지배할 의사가 없음을 표시한 경우에는 그의 소지하에 있다고 볼 수 없고, 이는 임야의 관리인으로서 사실상 점유하여 온 자의 소지하에 있다고 볼 것이므로 동 관리인이나 그와 함께 위 망부석을 처분한 자를 절도죄로 의율할 수 없다(대판 1981.8.25. 80도509).

판례 ▎ 잠재적 지배의사

- [1] 설사 피해자가 졸도하여 의식을 상실한 경우에도 현장에 일실된 피해자의 물건은 자연히 그 지배하에 있는 것으로 보아야 할 것이다. [2] 타인에게 상해를 가하여 혼미상태에 빠지게 한 경우에 우발적으로 그의 재물을 도취하는 소위는 폭행을 도취의 수단으로 사용한 것이 아니므로 강도죄가 성립하지 아니한다(대판 1956.8.17. 4289형상170).

판례 ▎ 점유의 개념 확대

- 강간을 당한 피해자가 도피하면서 현장에 놓아두고 간 손가방은 점유이탈물이 아니라 사회통념상 피해자의 지배 하에 있는 물건이라고 보아야 할 것이므로 피고인이 그 손가방 안에 들어 있는 피해자 소유의 돈을 꺼낸 소위는 절도죄에 해당한다(대판 1984.2.28. 84도38).

판례 ▎ 타인이 관리하는 장소에 유류한 경우

① 어떤 물건을 잃어버린 장소가 <u>당구장과 같이 타인의 관리 아래 있을 때에는 그 물건은 일응 그 관리자의 점유에 속한다 할 것이고, 이를 그 관리자 아닌 제3자가 취거하는 것은 유실물횡령이 아니라 절도죄에 해당한다</u>(대판 1988.4.25. 88도409).

② <u>피해자가 피씨방에 두고 간 핸드폰은 피씨방 관리자의 점유하에 있어서 제3자가 이를 취한 행위는 절도죄를 구성한다</u>고 할 것이므로, 이 점에 관한 원심의 판단은 정당하고, 거기에 절도죄에 관한 법령적용의 착오가 있다고도 할 수 없다(대판 2007.3.15. 2006도9338). [해설] 당구장, 피씨방에 흘린 피해자의 물건에 대한 점유와 고속버스, 지하철 등에 놓고 간 피해자의 물건에 대한 점유를 다르게 판단하는 대법원의 판결.

판례 ▎ 대중교통수단 내에 유류한 경우

① 고속버스 운전사는 고속버스의 관수자로서 차 내에 있는 승객의 물건을 점유하는 것이 아니고 승객이 잊고 내린 유실물을 교부받을 권능을 가질 뿐이므로 유실물을 현실적으로 발견하지 않는 한 이에 대한 점유를 개시하였다고 할 수 없고, 그 사이에 <u>다른 승객이 유실물을 발견하고 이를 가져 갔다면 절도에 해당하지 아니하고 점유이탈물횡령에 해당한다</u>(대판 1993.3.16. 92도3170).

② 승객이 놓고 내린 지하철의 전동차 바닥이나 선반 위에 있던 물건을 가지고 간 경우, <u>지하철의 승무원은 유실물법상 전동차의 관수자로서 승객이 잊고 내린 유실물을 교부받을 권능을 가질 뿐 전동차 안에 있는 승객의 물건을 점유한다고 할 수 없고</u>, 그 유실물을 현실적으로 발견하지 않는 한 이에 대한 점유를 개시하였다고 할 수도 없으므로, 그 사이에 <u>위와 같은 유실물을 발견하고 가져간 행위는 점유이탈물횡령죄에 해당함은 별론으로 하고 절도죄에 해당하지는 않는다</u>(대판 1999.11.26. 99도3963).

판례 | 구입 전의 상품에 대한 점유

- 피고인이 피해자 경영의 금방에서 마치 귀금속을 구입할 것처럼 가장하여 피해자로부터 순금목걸이 등을 건네받은 다음 화장실에 갔다 오겠다는 핑계를 대고 도주한 것이라면 위 순금목걸이 등은 도주하기 전까지는 아직 피해자의 점유 하에 있었다고 할 것이므로 이를 절도죄로 의율 처단한 것은 정당하다(대판 1994.8.12. 94도1487). [해설] 책략절도의 사례로서, 피해자의 재물교부가 없었다는 이유로 사기죄가 아닌 절도죄의 성립을 인정한 판례.

판례 | 공동점유

① 조합원의 1인이 조합원의 공동점유에 속하는 합유의 물건을 다른 조합원의 승낙 없이 조합원의 점유를 배제하고 단독으로 자신의 지배 하에 옮긴다는 인식이 있었다면 절도죄에 있어서의 불법영득의 의사가 있었다고 볼 것이다(대판 1982.12.28. 82도2058).

② 공동보관자 중의 1인인 처가 다른 보관자인 남편의 동의 없이 불법영득의 의사로 위 인장을 취거한 이상 절도죄를 구성한다고 보아야 할 것이다(대판 1984.1.31. 83도3027).

③ 하나의 교회가 두 개 이상으로 분열된 경우 그 재산의 처분에 관하여 교회 장정 등에 규정이 없는 한 분열 당시 교인들의 총의에 따라 그 귀속을 정하여야 하고 그와 같은 절차 없이 위 재산에 대하여 다른 교파의 점유를 배제하고 자기 교파만의 지배에 옮긴다는 인식 아래 이를 가지고 갔다면 절도죄를 구성한다(대판 1998.7.10. 98도126).

판례 | 비독립적 점유

- 산지기로서 종중 소유의 분묘를 간수하고 있는 자는 그 분묘에 설치된 석등이나 문관석 등을 점유하고 있다고는 할 수 없으므로 이러한 물건 등을 반출하여 가는 행위는 횡령죄가 아니고 절도죄를 구성한다(대판 1985.3.26. 84도3024, 84감도474).

판례 | 독립적 점유

① 민법상 점유보조자(점원)라고 할지라도 그 물건에 대하여 사실상 지배력을 행사하는 경우에는 형법상 보관의 주체로 볼 수 있으므로 이를 영득한 경우에는 절도죄가 아니라 횡령죄에 해당한다(대판 1982.3.9. 81도3396).

② 피해자가 그 소유의 오토바이를 타고 심부름을 다녀오라고 하여서 그 오토바이를 타고 가다가 마음이 변하여 이를 반환하지 아니한 채 그대로 타고 가버렸다면 횡령죄를 구성함은 별론으로 하고 적어도 절도죄를 구성하지는 아니한다(대판 1986.8.19. 86도1093).

판례 | 운반자의 단독점유 인정 - 횡령죄

① 동회의 사환이 동직원으로부터 시청금고에 입금하도록 교부받은 현금과 예금에서 찾은 돈을 사생활비에 소비한 경우에는 절도죄가 아니라 횡령죄가 성립된다(대판 1968.10.29. 68도1222).

② 피해자가 시장 점포에서 물건을 매수하여 묶어서 그곳에 맡겨 놓은 후 그곳에서 약 50미터 떨어져 동 점포를 살펴볼 수 없는 딴 가게로 가서 지게 짐꾼인 피고인을 불러 피고인 단독으로 위 점포에 가서 맡긴 물건을 운반해 줄 것을 의뢰하였더니 피고인이 동 점포에 가서 맡긴 물건을 찾아 피해자에게 운반해 주지 않고 용달차에 싣고 가서 처분한 것이라면 피고인의 위 운반을 위한 소지 관계는 피해자의 위탁에 의한 보관관계에 있다고 할 것이므로 이를 영득한 행위는 절도죄가 아니라 횡령죄를 구성한다(대판 1982.11.23. 82도2394).

판례 | 운반자의 단독점유를 인정하지 않은 경우 - 절도죄

- [1] 은행에서 찾은 현금을 운반하기 위하여 소지하게 된 자가 그 금원 중 일부금을 꺼내어 이를 영득한 경우에는 피고인의 운반을 위한 소지는 피고인의 독립적인 점유에 속하는 것이 아니고 <u>피해자의 점유에 종속하는 점유의 기관으로서 소지함에 지나지 않으므로 이를 영득한 행위는 피해자의 점유를 침탈함에 돌아가기 때문에 절도죄가 성립한다고 해석함이 정당하다.</u> [2] 피고인은 전주연초제조창 기사보로서 작업과 예비계 차석으로 근무하던 중 동 예비계 경리담당직원 공소외인의 요청으로 공소외인과 동행하여 한국은행 전주지점에 가서 공소외인이 찾은 현금 200여만원 중 50만원을 <u>그의 부탁으로 피고인이 소지하고</u> 피해자와 동행하여 위 피해자와 피고인이 근무하는 전주연초제조창 사무실에 당도하여 <u>위 50만원을 피해자에게 교부할 때 그중 10만원을 현금처럼 가장한 돈뭉치와 바꿔치기 하여서 이를 절취하였다</u>는데 있는바 위와 같은 경우에 <u>피고인이 돈 50만원을 피해자를 위하여 운반하기 위하여 소지하였다 하더라도 피해자의 점유가 상실된 것이라고 볼 수 없을 뿐더러</u> 피고인의 운반을 위한 소지는 피고인의 독립적인 점유에 속하는 것이 아니고 <u>피해자공소외인의 점유에 종속하는 점유의 기관으로서 소지함에 지나지 않으므로</u> 그 소지중에 있는 돈 10만원을 꺼내어 이를 영득한 행위는 피해자의 점유를 침탈함에 돌아가기 때문에 절도죄가 성립한다고 한 사례(대판 1966.1.31. 65도1178).

판례 | 사자의 점유

- 가. 피고인이 피해자를 살해한 방에서 사망한 피해자 곁에 4시간 30분쯤 있다가 그 곳 피해자의 자취방 벽에 걸려있던 피해자가 소지하는 원심판시 물건들을 영득의 의사로 가지고 나온 사실이 인정되는바, 이와 같은 경우에 <u>피해자가 생전에 가진 점유는 사망 후에도 여전히 계속되는 것으로 보아 이를 보호함이 법의 목적에 맞는 것이라고 할 것이고, 따라서 피고인의 위 행위는 피해자의 점유를 침탈한 것으로서 절도죄에 해당한다.</u> 나. 사망자 명의로 된 문서라고 할지라도 그 문서의 작성일자가 명의자의 생존중의 날짜로 된 경우 일반인으로 하여금 사망자가 생존중에 작성한 것으로 오신케 할 우려가 있으므로, 비록 <u>시간적으로 피해자의 사망 이후에 피해자 명의의 문서를 위조하고 이를 행</u>

> 사한 것이라 하더라도 사문서위조죄와 동행사죄가 성립한다(대판 1993.9.28. 93도2143). **[해설]** 죽은 자의 점유는 불가능하므로 죽은 자가 살아 있을 때 가진 점유가 일정 시간 지속된다는 대법원의 대표적인 판결.

(2) 행위

본죄의 행위는 절취이다. 절취는 타인의 점유의 배제와 새로운 점유의 취득을 그 내용으로 한다. 따라서, 새로운 점유를 취득하지 않고 단순히 타인의 점유를 배제하는 것만으로는 절취라고 할 수 없다. 절취의 개념요소는 ㈎ 점유자의 의사에 반할 것(탈취의사), ㈏ 점유자의 점유를 배제할 것(점유배제), ㈐ 자기 또는 제3자의 점유 하에 두는 것(점유취득)이라는 세 가지이다.

1) **탈취의사** : 탈취의사는 점유자 몰래 행해질 것으로 요하지 않는다. 따라서 피해자가 모르게 절취하는 소매치기뿐만 아니라 피해자가 보고 있는 중에 날쌔게 채어 가는 날치기도 절취행위가 된다. 여기서 책략절도의 문제가 있다. 책략절도란 "피해자를 기망하여 재물을 교부받았으나 그 교부행위가 피해자의 종국적인 점유이전의사가 아니고 잠정적인 의사에 기한 것이기 때문에, 행위자의 점유취득이 피해자의 의사에 반하는 것으로 평가되어 절도죄가 성립하는 경우"를 말한다. 책략절도에서는 피해자가 재물을 교부하는 외관을 갖고 있지만, 점유를 넘긴다는 '종국적인' 의사가 없으므로 피해자의 의사에 '반하는' 교부로 보아야 한다. 예를 들어 책을 빌려 본다고 하여 속여서 가져간 경우가 이에 해당된다.

2) **점유의 배제** : 지금까지의 점유자의 재물에 대한 사실상의 지배를 제거하는 것을 말한다. 점유배제의 수단이나 방법은 묻지 아니한다. 점유의 배제는 점유자 또는 처분권자의 의사에 반할 것을 요한다. 이 점에서 상대방의 하자 있는 의사에 의한 사기 또는 공갈과 구별된다.

3) **점유의 취득** : 행위자가 재물에 대하여 방해받지 않는 사실상의 지배를 갖는 것을 말한다. 행위자 또는 제3자가 종국적이고 확실한 점유를 가질 것을 요하는 것은 아니지만, 피해자의 점유의 배제로 행위자 측에 새로운 점유가 취득되어야 한다.

4) **절도죄의 착수시기와 기수시기** : 절도죄의 착수시기는 타인의 점유를 배제하는 행위를 개시하거나 목적물을 물색한 때이다(통설·판례). 기수시기에 관하여는 접촉설, 은닉설, 이전설 등이 대립하고 있으나 재물을 취득한 때에 기수가 된다는 취득설이 통설이며, 또한 타당하다. 이에 대하여 구체적으로 살펴보면 다음과 같다. ㈎ 쉽게 운반할 수 있는 재물은 손에 잡거나 호주머니 또는 가방에 넣었을 때 기수가 된다. 그러나 ㈏ 쉽게 운반할 수 없는 재물은 피해자의 지배범위를 벗어났을 때 기수가 된다. 예를 들어 양곡가마니를 운반하기 위하여 자동차에 적재한 경우가 이에 속한다.

판례 카드에 의한 현금인출행위

1) 절도죄가 성립하는 경우

- 피고인이 타인의 명의를 모용하여 신용카드를 발급받은 경우, 비록 카드회사가 피고인으로부터 기망을 당한 나머지 피고인에게 피모용자 명의로 발급된 신용카드를 교부하고, 사실상 피고인

이 지정한 비밀번호를 입력하여 현금자동지급기에 의한 현금대출(현금서비스)을 받을 수 있도록 하였다 할지라도, 카드회사의 내심의 의사는 물론 표시된 의사도 어디까지나 카드명의인인 피모용자에게 이를 허용하는 데 있을 뿐 피고인에게 이를 허용한 것은 아니라는 점에서, 피고인이 타인의 명의를 모용하여 발급받은 신용카드를 사용하여 현금자동지급기에서 현금대출을 받는 행위는 카드회사에 의하여 미리 포괄적으로 허용된 행위가 아니라, 현금자동지급기의 관리자의 의사에 반하여 그의 지배를 배제한 채 그 현금을 자기의 지배하에 옮겨 놓는 행위로서 절도죄에 해당한다. 타인의 명의를 모용하여 발급받은 신용카드의 번호와 그 비밀번호를 이용하여 ARS 전화서비스나 인터넷 등을 통하여 신용대출을 받는 방법으로 재산상 이익을 취득하는 행위 역시 미리 포괄적으로 허용된 행위가 아닌 이상, 컴퓨터 등 정보처리장치에 권한 없이 정보를 입력하여 정보처리를 하게 함으로써 재산상 이익을 취득하는 행위로서 컴퓨터 등 사용사기죄에 해당한다. 따라서 타인의 명의를 모용하여 발급받은 신용카드를 이용하여 현금자동지급기에서 현금을 인출하거나 ARS 전화서비스나 인터넷 등으로 신용대출을 받는 행위를 기망당한 카드회사가 카드사용을 포괄적으로 허용한 것에 기초한 것으로 파악하여 포괄적으로 카드회사에 대한 사기죄가 된다고 볼 수는 없다. 그렇다면 이 사건에서 피고인이 공소외인의 명의를 모용하여 신용카드를 발급받았다고 하더라도 카드회사가 피고인에게 공소외인 명의의 신용카드를 사용할 권한을 주었다고 볼 수 없는 이상, 피고인이 각 신용카드를 사용하여 현금자동지급기에서 현금을 인출한 행위는 현금자동지급기의 관리자에 대한 절도죄가, ARS 전화서비스 등을 이용하여 신용대출을 받은 행위에 관하여는 대출금융기관에 대한 컴퓨터등사용사기죄가 각 성립할 뿐이며, 이를 카드회사에 대한 사기죄가 된다고 볼 수는 없다(대판 2006.7.27. 2006도3126, 대판 2002.7.12. 2002도2134).

2) 절도죄가 성립하지 않는 경우

• 절취한 타인의 신용카드를 이용하여 현금지급기에서 계좌이체를 한 행위는 컴퓨터등사용사기죄에서 컴퓨터 등 정보처리장치에 권한 없이 정보를 입력하여 정보처리를 하게 한 행위에 해당함은 별론으로 하고 이를 절취행위라고 볼 수는 없고, 한편 위 계좌이체 후 현금지급기에서 현금을 인출한 행위는 자신의 신용카드나 현금카드를 이용한 것이어서 이러한 현금인출이 현금지급기 관리자의 의사에 반한다고 볼 수 없어 절취행위에 해당하지 않으므로 절도죄를 구성하지 않는다(대판 2008.6.12. 2008도2440). [해설] 절취한 타인의 신용카드를 사용하여 CD기에서 현금을 인출한 행위와 계좌이체한 행위의 죄책에 대한 대법원의 해석론을 보여주는 대표적인 사례.

 **판례** 양해

1) 양해가 있는 경우

① 군 농업협동조합에서 비료구입권 용지를 비치하고 필요한 조합원으로 하여금 임의로 사용하도록 사전 묵시의 승인을 한 경우에는 설혹 부정사용의 목적으로 그 용지 5매를 가져갔다 하더라도 절도죄가 성립한다 할 수 없다(대판 1964.11.17. 64도515).

② 피고인이 동거 중인 피해자의 지갑에서 현금을 꺼내가는 것을 피해자가 현장에서 목격하고도 만류하지 아니하였다면 피해자가 이를 허용하는 묵시적 의사가 있었다고 봄이 상당하여 이는 절도죄를 구성하지 않는다(대판 1985.11.26. 85도1487).

2) 양해가 없는 경우

- 피해자가 경영하는 주점의 잠겨 있는 샷타문을 열고 그곳 주방 안에 있던 맥주 등을 꺼내어 마셨다면 타인의 재물에 대한 불법영득의 의사가 있었다고 할 것이고 주점까지 가게 된 동기가 주점점원의 초청에 의한 것이었다 하더라도 피해자의 승낙 없이 재물을 지거하는 행위는 절도죄를 구성한다(대판 1986.9.9. 86도1439).

판례 절취와 사취의 구별

① 피해자가 가지고 있는 책을 잠깐 보겠다고 하며 동인이 있는 자리에서 보는 척 하다가 가져갔다면 위 책은 아직 피해자의 점유 하에 있었다고 할 것이므로 절도죄가 성립한다(대판 1983.2.22. 82도3115).

② 피고인이 피해자 경영의 금방에서 마치 귀금속을 구입할 것처럼 가장하여 피해자로부터 순금목걸이 등을 건네받은 다음 화장실에 갔다 오겠다는 핑계를 대고 도주한 것이라면 위 순금목걸이 등은 도주하기 전까지는 아직 피해자의 점유 하에 있었다고 할 것이므로 이를 절도죄로 의율 처단한 것은 정당하다(대판 1994.8.12. 94도1487).

③ 피해자가 결혼예식장에서 신부 측 축의금 접수인인 것처럼 행세하는 피고인에게 축의금을 내어 놓자 이를 교부받아 가로챈 사안에서, 피해자의 교부행위의 취지는 신부측에 전달하는 것일 뿐 피고인에게 그 처분권을 주는 것이 아니므로, 이를 피고인에게 교부한 것이라고 볼 수 없고 단지 신부측 접수대에 교부하는 취지에 불과하므로 피고인이 그 돈을 가져간 것은 신부측 접수처의 점유를 침탈하여 범한 절취행위라고 보는 것이 정당하다(대판 1996.10.15. 96도2227, 96감도94). [해설] 전달해달라는 취지의 축의금 제시는 처분권을 주는 교부행위가 아니라는 사례.

판례 실행의 착수시기

1) 실행의 착수가 인정되는 경우

① 피해자 소외 인가에 침입하여, 동가 응접실 책상 위에 놓여 있던 라디오 1대를, 훔치려고 동 라디오 선을 거드려다 피해자에게 발견되어, 절취의 목적을 달치 못하였다는 것이므로, 위와 같은 라디오선을 거드려고 하는 행위는 본건 라디오에 대한 사실상의 지배를 침해하는데, 밀접한 행위라 할 수 있으므로, 원심이 본건을 절도 미수죄로 처단하였음은 정당하다(대판 1966.5.3. 66도383).

② 금품을 절취하기 위하여 고속버스 선반 위에 놓여진 손가방의 한쪽 걸쇠만 열었다 하여도 절도범행의 실행에 착수하였다 할 것이다(대판 1983.10.25. 83도2432, 83감도420).

③ 소매치기의 경우 피해자의 양복 상의 주머니로부터 금품을 절취하려고 그 호주머니에 손을 뻗쳐 그 겉을 더듬은 때에는 절도의 범행은 예비단계를 지나 실행에 착수하였다고 봄이 상당하다(대판 1984.12.11. 84도2524).

④ 절도죄의 실행의 착수시기는 재물에 대한 타인의 사실상의 지배를 침해하는데 밀접한 행위가

개시된 때라 할 것인바 피해자 소유 자동차 안에 들어 있는 밍크코트를 발견하고 이를 절취할 생각으로 공범이 위 차 옆에서 망을 보는 사이 위 차 오른쪽 앞문을 열려고 <u>앞문손잡이를 잡아당기다가 피해자에게 발각되었다면 절도의 실행에 착수하였다</u>고 봄이 상당하다(대판 1986.12.23. 86도2256).

⑤ <u>금품을 훔칠 목적으로 피해자의 집에 담을 넘어 침입하여 그 집 부엌에서 금품을 물색하던 중에 발각되어 도주한 것이라면 이는 절취행위에 착수한 것이라고 보아야 한다</u>(대판 1987.1.20. 86도2199, 86감도245).

⑥ 범인들이 함께 담을 넘어 마당에 들어가 그 중 1명이 그곳에 있는 구리를 찾기 위하여 담에 붙어 걸어가다가 잡혔다면 절취대상품에 대한 물색행위가 없었다고 할 수 없다(대판 1989.9.12. 89도1153).

⑦ [1] <u>야간이 아닌 주간에 절도의 목적으로 다른 사람의 주거에 침입하여 절취할 재물의 물색행위를 시작하는 등 그에 대한 사실상의 지배를 침해하는 데에 밀접한 행위를 개시하면 절도죄의 실행에 착수한 것으로 보아야 한다.</u> [2] <u>주간에 절도의 목적으로 방 안까지 들어갔다가 절취할 재물을 찾지 못하여 거실로 돌아나온 경우, 절도죄의 실행 착수가 인정된다고 한 사례</u>(대판 2003.6.24. 2003도1985, 2003감도26). [해설] 야간주거침입절도죄와 주거침입죄와 절도죄의 경합범에서 실행의 착수시기(물색행위시설)의 차이점을 비교할 수 있는 판례.

⑧ 야간에 손전등과 박스 포장용 노끈을 이용하여 도로에 주차된 차량의 문을 열고 현금 등을 훔치기로 마음먹고, <u>차량의 문이 잠겨 있는지 확인하기 위해 양손으로 운전석 문의 손잡이를 잡고 열려고 하던 중 경찰관에게 발각된</u> 사안에서, <u>절도죄의 실행에 착수한 것으로 보아야 한다고 한 사례</u>(대판 2009.9.24. 2009도5595).

2) 실행의 착수가 인정되지 않는 경우

① 평소 잘 아는 피해자에게 전화채권을 사주겠다고 하면서 골목길로 유인하여 돈을 절취하려고 기회를 엿본 행위만으로는 절도의 예비행위는 될지언정 행위의 방법, 태양 및 주변상황 등에 비추어 볼 때 타인의 재물에 대한 사실상 지배를 침해하는데 밀접한 행위가 개시되었다고 단정할 수 없다(대판 1983.3.8. 82도2944).

② <u>노상에 세워 놓은 자동차 안에 있는 물건을 훔칠 생각으로 자동차의 유리창을 통하여 그 내부를 손전등으로 비추어 본 것에 불과하다면</u> 비록 유리창을 따기 위해 면장갑을 끼고 있었고 칼을 소지하고 있었다 하더라도 <u>절도의 예비행위</u>로 볼 수는 있겠으나 타인의 재물에 대한 지배를 침해하는데 밀접한 행위를 한 것이라고는 볼 수 없어 <u>절취행위의 착수에 이른 것이었다고 볼 수 없다</u>(대판 1985.4.23. 85도464).

③ 절도의 목적으로 피해자의 집 현관을 통하여 그 집 마루 위에 올라서서 창고문 쪽으로 향하다가 피해자에게 발각, 체포되었다면 아직 절도행위의 실행에 착수하였다고 볼 수 없다(대판 1986.10.28. 86도1753).

④ 소를 흥정하고 있는 피해자의 뒤에 접근하여 그가 들고 있던 가방으로 돈이 들어 있는 <u>피해자의 하의 왼쪽 주머니를 스치면서 지나간 행위</u>는 단지 피해자의 주의력을 흐트려 주머니 속에 들은 금원을 <u>절취하기 위한 예비단계의 행위에 불과한 것이고 이로써 실행의 착수에 이른 것이라고는 볼 수</u>

없다(대판 1986.11.11. 86도1109, 86감도143).

⑤ 피해자의 집 부엌문에 시정된 열쇠고리의 장식을 뜯는 행위만으로는 절도죄의 실행행위에 착수한 것이라고 볼 수 없다(대판 1989.2.28. 88도1165).

⑥ 절도죄의 실행의 착수시기는 재물에 대한 타인의 사실상의 지배를 침해하는 데에 밀접한 행위를 개시한 때라고 보아야 하므로, 야간이 아닌 주간에 절도의 목적으로 타인의 주거에 침입하였다고 하여도 아직 절취할 물건의 물색행위를 시작하기 전이라면 주거침입죄만 성립할 뿐 절도죄의 실행에 착수한 것으로 볼 수 없는 것이어서 절도미수죄는 성립하지 않는다(대판 1992.9.8. 92도1650).

판례 기수시기

1) 절도기수가 되는 경우

① 창고에서 물건을 밖으로 들고 나와 운반해 가다가 방범대원들에게 발각되어 체포되었다면 절도의 기수에 해당한다(대판 1984.2.14. 83도3242, 83감도546).

② 피고인이 길가에 시동을 걸어놓은 채 세워둔 모르는 사람의 자동차를 함부로 운전하고 약 200미터 가량 갔다면 불법영득의 의사가 있었다 할 것이다(대판 1992.9.22. 92도1949).

2) 절도미수가 되는 경우

- 자동차를 절취할 생각으로 자동차의 조수석 문을 열고 들어가 시동을 걸려고 시도하는 등 차 안의 기기를 이것저것 만지다가 핸드브레이크를 풀게 되었는데 그 장소가 내리막길인 관계로 시동이 걸리지 않은 상태에서 약 10미터 전진하다가 가로수를 들이받는 바람에 멈추게 되었다면 절도의 기수에 해당한다고 볼 수 없을 뿐 아니라 도로교통법 제2조 제19호 소정의 자동차의 운전에 해당하지 아니한다(대판 1994.9.9. 94도1522).

2. 주관적 구성요건

(1) 고의

절도죄가 성립하기 위한 주관적 구성요건인 고의는 타인이 점유하는 타인의 재물을 절취한다는 데 대한 인식과 의사이다. 이는 미필적 고의로도 족하다.

(2) 불법영득의 의사

1) 영득의사의 요부 : 절도죄의 주관적 구성요건으로 고의 이외에 불법영득의 의사가 있어야 하는가에 대하여 견해가 대립되고 있다. 불요설은 ㈎ 절도죄의 보호법익은 점유에 있으며, ㈏ 독일 형법과 같이 이를 요한다는 명문의 규정이 없고, ㈐ 사용절도도 재물의 사용으로 피해자에게 중대한 가치의 감소를 초래한 경우에는 절도죄의 성립을 인정해야 하며, ㈑ 손괴의 의사로 타인의 점유를 침해한 때에도 절도죄의 성립을 인정할 필요가 있다는 것을 이유로 하고 있다.

이에 대하여 필요설은 절도죄의 성립에 불법영득의 의사가 필요하다는 입장을 취하고 있다. ㈎ 절도죄에 있어서의 점유는 행위의 객체로서의 기능을 가지는 데 불과하고 절도죄의 보호법익은 어디까지나 소유권이며, ㉯ 따라서 절도죄의 성립에 소유권을 침해한다는 의사로서 불법영득의 의사가 있어야 하고 소유권을 침해하지 않는 사용절도는 원칙적으로 절도죄에 해당하지 않는다고 할 것이다. ㉰ 형법이 절도죄를 손괴죄보다 무겁게 벌하고 있는 점에 비추어 볼 때에 통설이 타당하다. ㉱ 대법원도 일관하여 절도죄가 성립하기 위하여는 불법영득의 의사가 있어야 한다고 판시하고 있다. 다만 불법영득의 의사는 고의 이외의 초과주관적 구성요건요소이므로 목적범에 있어서의 목적과 같이 확정적일 것을 요한다.

2) **영득의사의 내용** : 대법원에 의하면 불법영득의 의사는 ㉮ 권리자를 배제한다는 소극적 요소, 즉 제거와 ㉯ 소유자로서 이를 이용한다는 적극적 요소, 즉 취득 ㉰ 경제적 용도에 따라 이용하려는 의사를 그 내용으로 한다. 그러나 영득의 의사는 외관상의 소유자지위를 얻고자 하는 의사를 말하며, 소유권범죄에 있어서 재물이 경제적 가치를 가질 것을 요하지 않는 것처럼 영득의 의사도 경제적 용도에 따라 이용할 의사임을 요하지 않는다. 따라서 영득의 의사의 내용으로는 적극적 요소와 소극적 요소만으로 족하다 할 것이다(다수설).

㉮ **적극적 요소(이용의사)** : 영득의 의사는 타인의 재물에 대하여 소유권자와 유사한 지위를 취득할 의사가 있음을 요한다. 따라서 재물을 절취하여도 소유권자로서 지배할 의사가 없으면 절도죄가 성립하지 않는다(손괴죄 성립 가능). 다만 이러한 의사는 일시적인 것으로 족하며, 영득의 동기도 문제되지 않는다.

㉯ **소극적 요소(배제의사)** : 영득의 의사는 소유자를 종래의 지위에서 제거한다는 소극적인 요소가 있어야 한다. 소극적 요소는 영구적일 것을 요한다. 영득의 의사가 영구적 제거 요소를 필요로 함에 의하여 절도죄는 일시적으로 타인의 재물을 이용하는 사용절도와 구별된다.

3) **영득의사의 객체(대상)**

㉮ **학설의 검토**

① **물체설** : 물체설은 영득의사의 객체는 물체 그 자체라고 한다. 그러나 이에 의하면 물건 자체는 소유자에게 두고 그 가치만을 취거하거나, 일시 사용한 후에 물건을 반환한 때에는 영득의 의사를 인정할 수 없게 된다는 비판을 면할 수 없다.

② **가치설** : 가치설은 영득의사의 객체는 물체 그 자체가 아니고 물체 속에 화체되어 있는 경제적 가치라고 한다. 그러나 가치설을 일관할 때에는 경제적 가치가 없는 재물을 절취한 때에는 영득의 의사를 인정할 수 없게 되어 절도죄의 객체인 재물이 경제적 가치를 가질 것을 요하지 않는 것과 모순된다.

③ **절충설(종합설)** : 절충설은 영득의사의 객체를 물체 또는 그 물체가 가지고 있는 가치에 있다고 해석한다. 통설과 판례의 입장으로 타당한 견해이다.

㉯ **가치의 범위** : 영득의사의 객체를 물체 또는 그 가치라고 할 때에도 가치의 범위를 제한하지 않으면 영득의 의사와 이득의 의사를 구별할 수 없을 뿐만 아니라, 사용절도도 모두 절도라고 하는 결과를 초래하게 된다. 따라서 여기의 가치는 재물의 종류와 기능에 따라 개념적으로 결합되어 있는 재물의 특수한 기능가치만을 의미한다고 해야 한다.

4) **절도와 사용절도의 한계** : 절도죄의 성립에는 불법영득의 의사가 필요하므로 타인의 재물을 일시적으로 사용한 후에 소유자에게 반환하는 사용절도는 원칙적으로 처벌되지 않는다. 그러나 양자의 한계가 반드시 명백한 것은 아니다. ㈎ 재물의 사용으로 인하여 그 재물의 가치가 소멸되었거나 현저히 감소된 때에는 사용절도의 범위를 벗어나 절도가 된다. ㈏ 사용절도는 반환의사를 본질로 한다. 따라서 재물을 일시적으로 사용한 후에 방치한 것만으로는 사용절도가 될 수 없다. 재물을 소유자의 지배범위에 돌려 놓아서 권리자가 이를 확실하게 취득할 수 있도록 한 때에만 반환의사가 인정되어 사용절도가 될 수 있다.

5) **영득의 불법** : 절도죄의 주관적 구성요건으로 요구되는 것은 불법영득의 의사이다. 즉 영득은 객관적으로 불법하여야 한다. 절도죄의 보호법익이 소유권인 이상 영득의 불법은 실질적으로 소유권에 일치하는 상태를 야기했느냐에 따라 결정하여야 할 것이다. 따라서 재물에 대한 물권적 청구권 또는 특정물채권에 의한 청구권이 있는 때에는 그 영득은 실질적 소유권질서와 일치하기 때문에 불법하다고 할 수 없다(영득의 불법설 : 통설). 다만 대법원은 불법이란 영득의 불법을 의미하는 것이 아니라 절취의 불법을 의미하므로 절취가 적법하지 않으면 불법영득의 의사를 인정해야 한다는 입장을 취하고 있다(절취의 불법설).

<불법영득의사>

불법영득 의사의 요부	필요설 (통설, 판례)	절도죄가 소유권을 보호법익으로 하는 이상 절도죄의 성립에 소유권을 침해한다는 불법영득의사가 필요, 절도가 손괴보다 중하게 벌하는 이유는 행위자의 불법영득의사 때문, 절도와 사용절도의 구별 기준
	불요설	절도죄의 보호법익은 점유이므로 점유침해의사로 충분
영득의사의 내용	소유자 의사설 (다수설)	권리자를 계속적·지속적으로 배제한다는 소극적 요소와 타인의 재물에 대하여 소유권자와 유사한 지배를 행사하는 적극적 요소를 내용
	경제적 용법설 (판례)	소극적·적극적 요소 외에 그 재물의 경제적 용법에 따라 이용·처분하는 경제적 요소를 내용(95도3057, 2000도3655)
영득행위의 요소	소극적 영득요소	배제의사 : 소유권자를 계속적·지속적으로 배제하려는 의사(미필적 의사로 충분, 사용절도와의 구별 및 횡령과 절도의 구별 기준)
	적극적 영득요소	이용의사 : 재물에 대하여 소유권자처럼 이용·처분하려는 의사 (잠정적·일시적이라도 무방, 다만 확정적 의사일 것)
영득행위의 대상	물체설	재물의 물체 그 자체를 대상 → 물건 자체는 소유자에게 두고 그 가치만 취거하거나, 일시 사용 후 물건을 반환한 경우는 영득의사 부정
	가치설	재물의 경제적 가치를 대상 → 경제적 가치가 없는 재물을 절취한 경우에 영득의사 인정 곤란, 절도죄를 이득죄로 변질
	절충설	물건 그 자체뿐만 아니라 물건의 가치도 영득행위의 대상(통설·판례)

불법의 의미	절취의 불법설 (판례)	행위자에게 영득한 물건에 대한 반환청구권이 있는 경우에도 절취행위 자체가 불법하면 불법영득이 된다(72도2538).
	영득의 불법설 (통설)	불법이란 영득행위가 소유권질서와 모순·충돌하는 상태를 의미한다는 견해로 행위자에게 반환청구권이 있는 경우에는 절도죄의 성립을 부정

<불법영득의사 판례 정리>

인정판례	부정판례
① 피해자의 지갑을 가져갈 당시 피해자의 승낙을 받지 않았지만 후에 변제할 의사가 있었던 경우(99도519) ② 총무과장이 회사의 대금채권을 확보할 목적으로 무단으로 채무자의 자동차를 운전하여 회사로 옮겨 놓은 경우(90도537) ③ 해변에 매어 놓은 배를 소유자의 승낙 없이 사용한 후 다른 장소에 방치한 경우 ④ 타인의 오토바이를 2시간 정도 탄 후에 본래 있던 곳으로부터 7-8미터 떨어진 장소에 방치한 경우(81도2394) ⑤ 길가에 세워둔 시동이 걸린 타인의 자동차를 운전하여 200미터 정도 간 경우 ⑥ 주점 점원의 초청을 받고 잠겨 있는 셔터문을 열고 들어가 그곳 주방에 있던 맥주 등을 꺼내어 마신 경우(86도1439) ⑦ 장교가 위병소 사병을 총기로 협박하여 그가 소지하던 소총을 교부받아 실탄을 장전한 후 소속 부대 하급자에게 건네주어 그로 하여금 소속 부대원들이 내무반에서 나오는지 여부를 감시하도록 지시한 경우(95도910)	① 타인의 재물을 점유자의 승낙 없이 무단 사용하는 경우, 그 사용으로 인한 가치의 소모가 무시할 수 있을 정도로 경미하고 또한 곧바로 반환한 경우(99도857) ② 상사와의 의견 충돌 끝에 항의의 표시로 사표를 제출하고 자신이 보관하던 비자금 관계서류 등을 가지고 나온 경우(94도3033) ③ 타인의 전화번호를 알아두기 위하여 타인이 떨어뜨린 전화요금영수증을 습득한 후 돌려주지 않은 경우(89도1679) ④ 타인의 도장과 인감을 그의 책상 서랍에서 몰래 꺼내어 이를 차용금 증서의 연대보증인란에 찍고 난 후 곧 제자리에 돌려놓은 경우(87도1959) ⑤ 동네 선배로부터 차량을 빌렸다가 반환하지 아니한 보조열쇠를 이용하여 3차례에 걸쳐 2-3시간 운행 후 원래 주차된 곳에 돌려놓은 경우(92도118) ⑥ 소속중대 M16소총이 부족하자 그 보충을 위해 다른 부대의 차량 운전석에 있던 소총 1정을 절취한 경우(77도1069) ⑦ 피해자의 승낙 없이 혼인신고서를 작성하기 위하여 피해자의 도장을 피해자의 집 안방 화장대 서랍에서 몰래 꺼내어 사용 후 곧바로 돌려놓은 경우(2000도493) ⑧ 강간하는 과정에서 피해자들이 도망가지 못하게 하기 위해 손가방을 빼앗은 경우(85도1170) ⑨ 강간피해자에게 돈을 내 놓으라고 하여 피해자가 서랍 안에서 꺼내 주는 돈을 받는 즉시 팁이라고 하면서 피해자의 브래지어 속으로 돈을 집어넣어 준 경우(86도776 강도죄 부정) ⑩ 피고인이 살해된 피해자의 주머니에서 꺼낸 지갑을 살해도구로 이용한 골프채와 옷 등 다른 증거품들과 함께 자신의 차량에 싣고 가다가 쓰레기 소각장에서 태워버린 경우(2000도3655)

판례 불법영득의사

- 절도죄의 성립에 있어서 영구적으로 그 물건의 경제적 이익을 보지할 의사가 필요치는 아니하여도 단순한 점유의 침해만으로서는 절도죄가 구성될 수 없고 <u>소유권 또는 이에 준하는 본권을 침해하는 의사 즉 목적물의 물질을 영득할 의사나 또 물질의 가치만을 영득할 의사이든 적어도 그 재물에 대한 영득의 의사가 있어야 할 것</u>인바, 피고인은 자신이 잃어버린 총을 보충하기 위하여 같은 소속대 3회기중대 공소외 갑 소지 군용 칼빙소총 1정을 무단히 가지고 나온데 불과하고 영득의 의사가 없었다는 것이며 이는 피고인의 소위가 자기의 물건과 동양으로 그 경제적 용법에 따라 이를 이용 또는 처분하여 권리자(국가)를 배제할 의사를 가지고 한 것이 아니므로 피고인에게 영득의 의사가 있었다고 볼 수 없다(대판 1965.2.24. 64도795). **[해설]** 형법에서 명문으로 불법영득의사(이득의사)를 요구하지 않은 관계로 재산범죄에서 영득(이득)의사가 필요한지에 대한 논의가 있으나, 명시적으로 이러한 의사가 필요하다는 판례.

판례 불법영득의사의 소극적 요소

1) 불법영득의사가 부정되는 경우

① 부정행위를 한 타인을 꾸짖어 줄 목적으로 그 타인의 소유물권을 가져와 보관하고 있으면 그가 이를 찾으러 올 것이고 그때에 그 물권을 반환하면서 그를 꾸짖어 줄 생각으로 그 물권을 가져온 것이라면 절도죄가 성립되지 아니한다(대판 1973.2.28. 72도2812).

② 군인이 총기를 분실하고 그를 보충하기 위하여 총기를 취거한 경우에는 불법영득의 의사가 있다고 할 수 없다(대판 1977.6.7. 77도1069).

③ 타인의 물건을 점유자의 승낙 없이 무단 사용하는 경우에 있어서 그 사용으로 물건자체가 가지는 경제적 가치가 상당한 정도로 소모되거나 또는 사용 후 본래의 장소가 아닌 다른 곳에 버리거나 곧 반환하지 아니하고 장시간 점유하고 있는 것과 같은 때에는 그 소유권 또는 본권을 침해할 의사가 있다고 보아 불법영득의 의사를 인정할 수 있을 것이나 그렇지 아니하고 그 사용으로 인한 가치의 소모가 무시할 수 있을 정도로 경미하고 또 사용 후 곧 반환한 것과 같은 때에는 그 소유권 또는 본권을 침해할 의사가 있다고 할 수 없어 불법영득의 의사를 인정할 수 없다고 봄이 상당하다 할 것이다. 따라서 원심이, 피고인이 이 상범의 <u>도장과 인감도장을 그의 책상서랍에서 몰래 꺼내어 가서 그것을 차용금증서의 연대보증인 란에 찍고 난 후 곧 제자리에 넣어둔 사실을 확정하고 이와 같은 사실만으로는 위 도장에 대한 불법영득의 의사가 있었다고 인정할 수 없다</u>고 판단한 것은 정당하고 거기에 주장하는 바와 같은 이른바 사용절도에 있어서의 불법영득의 의사에 관한 법리를 오해하였거나 채증법칙을 위배하고 심리를 다하지 아니한 위법이 없다(대판 1987.12.8. 87도1959).

④ 피고인이 타인 소유의 버스요금함 서랍 견본 1개를 그에 대한 최초 고안자로서의 권리를 확보하겠다는 생각으로 가지고 나가 변리사에게 의장출원을 의뢰하고 그 도면을 작성한 뒤 당일 이를 원래 있던 곳에 가져다 두었다면 불법영득의사를 인정할 수 없다고 한 사례(대판 1991.6.11. 91도878).

⑤ 내연관계에 있던 여자가 계속 회피하며 만나 주지 않자 내연관계를 회복시켜 볼 목적으로 그녀의 물건을 가져 와 보관한 후 이를 찾으러 오면 그 때 그 물건을 반환하면서 타일러 다시 <u>내연관계를 지속시킬 생각으로 물건을 가져 왔고 그녀의 가족에게 그 사실을 그녀에게 연락하라고 말하였으며 그 후 이를 보관하고 있으면서 이용 내지 소비하지 아니한 경우 불법영득의 의사가 있다고 할 수 없다</u> 한 사례(대판 1992.5.12. 92도280).

⑥ <u>피해자의 승낙 없이 혼인신고서를 작성하기 위하여 피해자의 도장을 몰래 꺼내어 사용한 후 곧바로 제자리에 갖다 놓은 경우, 도장에 대한 불법영득의 의사가 있었다고 볼 수 없다</u>(대판 2000.3.28. 2000도493).

2) 불법영득의사가 인정되는 경우

- 형법상 절취란 타인이 점유하고 있는 자기 이외의 자의 소유물을 점유자의 의사에 반하여 점유를 배제하고 자기 또는 제3자의 점유로 옮기는 것을 말한다. 그리고 <u>절도죄의 성립에 필요한 불법영득의 의사란 타인의 물건을 그 권리자를 배제하고 자기의 소유물과 같이 그 경제적 용법에 따라 이용·처분하고자 하는 의사</u>를 말하는 것으로서, 단순히 타인의 점유만을 침해하였다고 하여 그로써 곧 절도죄가 성립하는 것은 아니나, 재물의 소유권 또는 이에 준하는 본권을 침해하는 의사가 있으면 되고 반드시 영구적으로 보유할 의사가 필요한 것은 아니며, 그것이 물건 자체를 영득할 의사인지 물건의 가치만을 영득할 의사인지를 불문한다. 따라서 <u>어떠한 물건을 점유자의 의사에 반하여 취거하는 행위가 결과적으로 소유자의 이익으로 된다는 사정 또는 소유자의 추정적 승낙이 있다고 볼 만한 사정이 있다고 하더라도, 다른 특별한 사정이 없는 한 그러한 사유만으로 불법영득의 의사가 없다고 할 수는 없다</u>(대판 2014.2.21. 2013도14139). [해설] 甲이 점유자와 소유자가 다른 승용차를 점유자의 의사에 반하여 자신의 점유로 옮긴 경우, 이러한 甲의 행위가 결과적으로 소유자의 이익으로 된다는 사정 또는 소유자의 추정적 승낙이 있다고 볼 만한 사정이 있다고 하더라도, 다른 특별한 사정이 없는 한 그러한 사유만으로 불법영득의 의사가 없다고 할 수는 없다고 본 사례(점유자 이익의 침해).

3) 불법영득의사가 부정되는 기타 판례

① 피고인이 피해자 등과 말다툼을 하면서 시비하는 중에 그들 중 일행이 피고인을 식칼로 찔러 죽이겠다고 위협을 하여 주위를 살펴보니 식칼이 있어 이를 갖고 파출소에 가져가 협박의 증거물로 제시하였다면, 가사 피고인의 위 협박의 신고내용이 허위라고 하더라도 불법영득의 의사가 있었다고 할 수는 없다(대판 1986.7.8. 86도354).

② 절도죄의 성립에 필요한 불법영득의 의사라 함은 권리자를 배제하고 타인의 물건을 자기의 소유물과 같이 이용, 처분할 의사를 의미한다 할 것인 바, 피고인이 피해자의 전화번호를 알아두기 위하여 피해자가 떨어뜨린 전화요금영수증을 습득한 후 돌려주지 않은 경우에 그에게 불법영득의 의사가 있다고 인정하기 어렵다(대판 1989.11.28. 89도1679).

③ 사촌형제인 피해자와의 분규로 재단법인 이사장직을 사임한 뒤 피해자의 집무실에 찾아가 잘못을 나무라는 과정에서 화가 나서 피해자를 혼내주려고 피해자의 가방을 들고 나온 경우 불법영득의 의사가 있다고 할 수 없다 한 사례(대판 1993.4.13. 93도328).

④ [1] <u>절도죄의 성립에 필요한 불법영득의 의사라 함은 권리자를 배제하고 타인의 물건을 자기의 소유물과 같이 그 경제적 용법에 따라 이용, 처분하려는 의사</u>를 말한다. [2] 피고인이 살해된 피해자의 주머니에서 꺼낸 지갑을 살해도구로 이용한 골프채와 옷 등 다른 증거품들과 함께 자신의 차량에 싣고

가다가 쓰레기 소각장에서 태워버린 경우, <u>살인 범행의 증거를 인멸하기 위한 행위로서 불법영득의 의사가 있었다고 보기 어렵다</u>고 한 사례(대판 2000.10.13. 2000도3655).

 **판례** 불법영득의사의 대상

- [1] 절도죄의 성립에 필요한 불법영득의 의사라 함은 권리자를 배제하고 타인의 물건을 자기의 소유물과 같이 그 경제적 용법에 따라 이용·처분할 의사를 말하는 것으로 영구적으로 그 물건의 경제적 이익을 보유할 의사가 필요한 것은 아니지만 단순한 점유의 침해만으로서는 절도죄를 구성할 수 없고 소유권 또는 이에 준하는 본권을 침해하는 의사 즉 목적물의 물질을 영득할 의사이거나 또는 그 물질의 가치만을 영득할 의사이든 적어도 그 재물에 대한영득의 의사가 있어야 한다. [2] 타인의 의사에 반하여 그 소유 물건의 점유를 침탈한 사람이 그 목적물을 영구적으로 자기 소유로 할 의사가 아니고 그 소유자에 대한 채권담보의 의사만을 가지고 있었다 하더라도 타인의 소유자로서의 점유를 배제하고 그 소유권의 지니고 있는 담보가치를 취득하기 위하여 그 물건의 점유를 침해한 이상 절도죄의 불법영득의 의사가 있다 할 것이다(대판 1992.9.8. 91도3149, 대판 1973.2.26. 73도51).

 **판례** 타인의 예금통장을 무단사용한 후 즉시 반환한 경우

- **예금통장**은 예금채권을 표창하는 유가증권이 아니고 그 자체에 예금액 상당의 경제적 가치가 화체되어 있는 것도 아니지만, <u>이를 소지함으로써 예금채권의 행사자격을 증명할 수 있는 자격증권으로서 예금계약사실뿐 아니라 예금액에 대한 증명기능이 있고 이러한 증명기능은 예금통장 자체가 가지는 경제적 가치라고 보아야 하므로, 예금통장을 사용하여 예금을 인출하게 되면 그 인출된 예금액에 대하여는 예금통장 자체의 예금액 증명기능이 상실되고 이에 따라 그 상실된 기능에 상응한 경제적 가치도 소모된다. 그렇다면 예금통장 자체가 가지는 예금액 증명기능의 경제적 가치에 대한 불법영득의 의사를 인정할 수 있으므로 절도죄가 성립한다</u>(대판 2010.5.27. 2009도9008). [해설] 신용카드와 달리 예금통장의 경우에는 사용하고 이를 제자리에 반환하더라도 절도죄가 성립된다고 본 사례. 예금액에 대한 증명기능은 경제적 가치를 의미함.

 **판례** 타인의 신용카드 등을 무단사용한 후 즉시 반환한 경우

① [1] 타인의 재물을 점유자의 승낙 없이 무단사용하는 경우에 있어서 그 사용으로 인하여 물건 자체가 가지는 경제적 가치가 상당한 정도로 소모되거나 또는 사용 후 그 재물을 본래 있었던 장소가 아닌 다른 곳에 버리거나 곧 반환하지 아니하고 장시간 점유하고 있는 것과 같은 때에는 그 소유권 또는 본권을 침해할 의사가 있다고 보아 불법영득의 의사를 인정할 수 있을 것이나 그렇지 아니하고 그 사용으로 인한 가치의 소모가 무시할 수 있을 정도로 경미하고 또한 사용 후 곧 반환한 것과 같은 때에는 그 소유권 또는 본권을 침해할 의사가 있다고 할 수 없어 불법영득의 의사를 인정할 수 없다. [2] <u>피해자로부터 지갑을 잠시 건네받아 임의로 지갑에서 현금카드를 꺼</u>

내어 현금자동인출기에서 현금을 인출하고 곧바로 피해자에게 현금카드를 반환한 경우, 현금카드에 대한 <u>불법영득의사가 없다고 본 사례</u>(대판 1998.11.10. 98도2642).

② [1] 타인의 재물을 점유자의 승낙 없이 무단사용하는 경우에 있어서 그 사용으로 인하여 물건 자체가 가지는 경제적 가치가 상당한 정도로 소모되거나 또는 사용 후 그 재물을 본래 있었던 장소가 아닌 다른 장소에 버리거나 곧 반환하지 아니하고 장시간 점유하고 있는 것과 같은 때에는 그 소유권 또는 본권을 침해할 의사가 있다고 보아 불법영득의 의사를 인정할 수 있을 것이나, 그렇지 않고 그 사용으로 인한 가치의 소모가 무시할 수 있을 정도로 경미하고, 또한 <u>사용 후 곧 반환한 것과 같은 때에는 그 소유권 또는 본권을 침해할 의사가 있다고 할 수 없어 불법영득의 의사가 있다고 인정할 수 없다.</u> [2] 신용카드업자가 발행한 <u>신용카드는</u> 이를 소지함으로써 신용구매가 가능하고 금융의 편의를 받을 수 있다는 점에서 경제적 가치가 있다 하더라도, 그 자체에 경제적 가치가 화체되어 있거나 특정의 재산권을 표창하는 유가증권이라고 볼 수 없고, 단지 신용카드회원이 그 제시를 통하여 신용카드회원이라는 사실을 증명하거나 현금자동지급기 등에 주입하는 등의 방법으로 신용카드업자로부터 서비스를 받을 수 있는 증표로서의 가치를 갖는 것이어서, 이를 사용하여 <u>현금자동지급기에서 현금을 인출하였다 하더라도 신용카드 자체가 가지는 경제적 가치가 인출된 예금액만큼 소모되었다고 할 수 없으므로, 이를 일시 사용하고 곧 반환한 경우에는 불법영득의 의사가 없다.</u> [3] 여신전문금융업법 제70조 제1항 제3호는 분실 또는 도난된 신용카드를 사용한 자를 처벌하도록 규정하고 있는데, 여기서 <u>분실 또는 도난된 신용카드라 함은 소유자 또는 점유자의 의사에 기하지 않고 그의 점유를 이탈하거나 그의 의사에 반하여 점유가 배제된 신용카드를 가리키는 것으로서, 소유자 또는 점유자의 점유를 이탈한 신용카드를 취득하거나 그 점유를 배제하는 행위를 한 자가 반드시 유죄의 처벌을 받을 것을 요하지 아니한다</u>(대판 1999.7.9. 99도857). **[해설]** 신용카드 자체에 대한 절도죄 불성립. 여신전문금융업법 제70조 제1항 제3호 위반죄 성립.

③ [1] 타인의 재물을 점유자의 승낙 없이 무단 사용하는 경우에 있어서 그 사용으로 인하여 물건 자체가 가지는 경제적 가치가 상당한 정도로 소모되거나 또는 사용 후 그 재물을 본래 있었던 장소가 아닌 다른 장소에 버리거나 곧 반환하지 아니하고 장시간 점유하고 있는 것과 같은 때에는 그 소유권 또는 본권을 침해할 의사가 있다고 보아 불법영득의 의사를 인정할 수 있을 것이나, 그렇지 않고 그 사용으로 인한 가치의 소모가 무시할 수 있을 정도로 경미하고, 또한 사용 후 곧 반환한 것과 같은 때에는 그 소유권 또는 본권을 침해할 의사가 있다고 할 수 없어 불법영득의 의사가 있다고 인정할 수 없다. [2] <u>은행이 발급한 직불카드를 사용하여 타인의 예금계좌에서 자기의 예금계좌로 돈을 이체시켰다 하더라도 직불카드 자체가 가지는 경제적 가치가 계좌이체된 금액만큼 소모되었다고 할 수는 없으므로, 이를 일시 사용하고 곧 반환한 경우에는 그 직불카드에 대한 불법영득의 의사는 없다고 보아야 한다</u>(대판 2006.3.9. 2005도7819).

 **판례** 권리자가 절취한 경우

① 외상 매매계약의 해제가 있고 동 외상 매매물품의 반환 청구권이 피고인에게 있다고 하여도 절도라 함은 타인이 점유하는 재물을 도취하는 행위 즉 점유자의 의사에 의하지 아니하고 그 점유를 취득하는 행위로서 절도행위의 객체는 점유라 할 것이므로 <u>피고인이 위 정○운의 승낙을 받지 않고 위 물품들을 가져 갔다면 그 물품에 대한 반환 청구권이 피고인에게 있었다 하여도 피고인의 그 행위는 절도행위에 해당되는 법리</u>라 할 것이다(대판 1973.2.28. 72도2538).

② 채무자의 책상서랍을 승낙 없이 뜯어 돈을 꺼내 자기의 채권의 변제에 충당한 것은 자기채권의 추심을 위하여 채무자의 점유 하에 있는 채무자 소유의 금원을 불법하게 탈취한 것으로 불법영득의 의사가 있다고 볼 것이다(대판 1983.4.12. 83도297).

③ 굴삭기 매수인이 약정된 기일에 대금채무를 이행하지 아니하면 굴삭기를 회수하여 가도 좋다는 약정을 하고 각서와 매매계약서 및 양도증명서 등을 작성하여 판매회사 담당자에게 교부한 후 그 채무를 불이행하자 그 담당자가 굴삭기를 취거하여 매도한 경우, <u>굴삭기에 대한 소유권 등록 없이 매수인의 위와 같은 약정 및 각서 등의 작성, 교부만으로 굴삭기에 대한 소유권이 판매회사로 이전될 수는 없으므로 굴삭기 취거 당시 그 소유권은 여전히 매수인에게 남아 있고, 매수인의 의사표시 중에 자신의 동의나 승낙 없이 현실적으로 자신의 점유를 배제하고 굴삭기를 가져가도 좋다는 의사까지 포함되어 있었던 것으로 보기는 어렵다</u>는 이유로, 그 굴삭기 취거행위는 절도죄에 해당하고 불법영득의 의사도 인정된다고 한 사례(대판 2001.10.26. 2001도4546).

④ [1] 형법상 절취란 타인이 점유하고 있는 자기 이외의 자의 소유물을 점유자의 의사에 반하여 그 점유를 배제하고 자기 또는 제3자의 점유로 옮기는 것을 말하고, <u>절도죄의 성립에 필요한 불법영득의 의사라 함은 권리자를 배제하고 타인의 물건을 자기의 소유물과 같이 그 경제적 용법에 따라 이용·처분할 의사를 말하는 것으로, 단순한 점유의 침해만으로는 절도죄를 구성할 수 없으나 영구적으로 그 물건의 경제적 이익을 보유할 의사가 필요한 것은 아니고, 소유권 또는 이에 준하는 본권을 침해하는 의사 즉 목적물의 물질을 영득할 의사이든 그 물질의 가치만을 영득할 의사이든을 불문하고 그 재물에 대한 영득의 의사가 있으면 족하다.</u> [2] 비록 채권을 확보할 목적이라고 할지라도 취거 당시에 점유 이전에 관한 점유자의 명시적·묵시적인 동의가 있었던 것으로 인정되지 않는 한 점유자의 의사에 반하여 점유를 배제하는 행위를 함으로써 절도죄는 성립하는 것이고, 그러한 경우에 특별한 사정이 없는 한 불법영득의 의사가 없었다고 할 수는 없다(대판 2006.3.24. 2005도8081).

판례 권리가 있다고 착오한 경우

• 구입대금은 조합의 채무에 속하고 그 물건은 조합원의 합유에 속하여 이를 동업자 <u>3인이 공동점유하고 있다고 볼 것이므로 피고인이 다른 동업자의 점유를 배제하고 공동점유하는 판시 물건들을 판시와 같이 자신을 위한 의사로 자신의 지배 하에 옮긴다는 인식이 있었다면 절도죄에 있어서의 불법영득의 의사는 있었다고 볼 것이고, 피고인이 동업관계가 해소되었다고 잘못 알고 판시와 같은 동기에서 취거한 것이라 하더라도 이는 법률의 착오 또는 위법성인식의 착오의 문제이지 불법영득의 의사와는 별개의 문제</u>라 할 것이며 기록에 의하여도 위와 같은 착오에 정당한 이유가 있다고 인정할 자료도 없으니

위와 같이 판단한 원심판결은 필경 동업계약해지에 관한 법리를 오해하여 절도죄에 있어서의 불법영득의 의사를 잘못 판단하여 판결에 영향을 미쳤다 할 것이므로 논지 이유 있다(대판 1982.4.27. 81도2956).

판례 | 4개월 후 반환한 경우

- [1] 甲 주식회사 감사인 피고인이 회사 경영진과의 불화로 한 달 가까이 결근하다가 자신의 출입카드가 정지되어 있는데도 이른 아침에 경비원에게서 출입증을 받아 컴퓨터 하드디스크를 절취하기 위해 회사 감사실에 들어간 사안에서, 위 방실침입 행위가 정당행위에 해당하지 않는다고 본 원심판단을 수긍한 사례. [2] 甲 주식회사 감사인 피고인이 회사 경영진과의 불화로 한 달 가까이 결근하다가 회사 감사실에 침입하여 자신이 사용하던 컴퓨터에서 하드디스크를 떼어간 후 <u>4개월 가까이 지난 시점에 반환한 사안에서, 피고인이 하드디스크를 일시 보관 후 반환하였다고 평가하기 어려워 불법영득의사를 인정할 수 있다고 본</u> 원심판단을 수긍한 사례(대판 2011.8.18. 2010도9570).

판례 | 사용절도

1) 사용절도에 해당하는 경우

- 타인의 재물을 점유자의 승낙 없이 무단사용하는 경우에 있어서 그 사용으로 물건 자체가 가지는 경제적 가치가 상당한 정도로 소모되거나 또는 사용 후 본래의 장소가 아닌 다른 곳에 버리거나 곧 반환하지 아니하고 장시간 점유하고 있는 것과 같은 때에는 그 소유권 또는 본권을 침해할 의사가 있다고 보아 불법영득의 의사를 인정할 수 있을 것이나 그렇지 아니하고 그 사용으로 인한 가치의 소모가 무시할 정도로 경미하고 또 사용 후 곧 반환한 것과 같은 때에는 그 소유권 또는 본권을 침해할 의사가 있다고 할 수 없어 불법영득의 의사를 인정할 수 없다고 봄이 상당하다 할 것이다. 기록을 살펴본바, 원심이 피고인들은 자동차 소유자인 박용은과 같은 동네에 거주하는 선·후배 관계로 평소 잘 알고 지내는 사이였고, 1990. 12.경에는 피고인 1이 공소외 윤자호로부터 위 차량을 빌려 잠시 운행한 일이 있었는데 그때 반환하지 아니한 보조열쇠를 이용하여 판시와 같이 <u>3차례에 걸쳐 위 차량을 2~3시간 정도 운행한 후 원래 주차된 곳에 갖다 놓아 반환하였다는 사실을 확정하고, 피고인들과 피해자간의 친분관계, 차량의 운행경위, 운행시간, 운행 후의 정황 등에 비추어 피고인들에게 불법영득의 의사가 있었다고 볼 수 없다고 판단한 것은 정당하고</u>, 거기에 이른바 사용절도에 있어서의 불법영득의 의사에 관한 법리오해의 위법이 있다고 할 수 없다(대판 1992.4.24. 92도118).

2) 사용절도에 해당하지 않는 경우

① <u>피고인이 길가에 세워져 있는 오토바이를 소유자의 승낙 없이 타고가서 용무를 마친 약 1시간 30분 후 본래 있던 곳에서 약 7, 8미터 되는 장소에 방치하였다면 불법영득의 의사가 있었다고 할 것이다</u>(대판 1981.10.13. 81도2394).

② [1] 형법 제331조의2에서 규정하고 있는 자동차등불법사용죄는 타인의 자동차 등의 교통수단을 불법영득의 의사 없이 일시 사용하는 경우에 적용되는 것으로서 불법영득의사가 인정되는 경우에는 절도죄로 처벌할 수 있을 뿐 본죄로 처벌할 수 없다 할 것이며, [2] 소유자의 승낙 없이 오토바이를 타고 가서 다른 장소에 버린 경우, <u>자동차등불법사용죄가 아닌 절도죄가 성립</u>한다고 한 사례(대판 2002.9.6. 2002도3465).

③ [1] 절도죄의 성립에 필요한 불법영득의 의사란 권리자를 배제하고 타인의 물건을 자기의 소유물과 같이 이용·처분할 의사를 말하고, 영구적으로 물건의 경제적 이익을 보유할 의사임은 요하지 않으며, <u>일시 사용의 목적으로 타인의 점유를 침탈한 경우에도 사용으로 인하여 물건 자체가 가지는 경제적 가치가 상당한 정도로 소모되거나 또는 상당한 장시간 점유하고 있거나 본래의 장소와 다른 곳에 유기하는 경우에는 이를 일시 사용하는 경우라고는 볼 수 없으므로 영득의 의사가 없다고 할 수 없다.</u> [2] 피고인이 甲의 영업점 내에 있는 甲 소유의 휴대전화를 허락 없이 가지고 나와 이를 이용하여 통화를 하고 문자메시지를 주고받은 다음 약 1~2시간 후 甲에게 아무런 말을 하지 않고 위 영업점 정문 옆 화분에 놓아두고 감으로써 이를 절취하였다는 내용으로 기소된 사안에서, <u>피고인이 甲의 휴대전화를 자신의 소유물과 같이 경제적 용법에 따라 이용하다가 본래의 장소와 다른 곳에 유기한 것이므로 피고인에게 불법영득의사가 있었다고 할 것인데도, 이와 달리 보아 무죄를 선고한 원심판결에 절도죄의 불법영득의사에 관한 법리오해의 위법이 있다</u>(대판 2012.7.12. 2012도1132, 대판 2002.9.6. 2002도3465). **[해설]** 절도죄에서 '불법영득의사'의 의미 및 일시 사용의 목적으로 타인의 점유를 침탈한 경우에도 불법영득의사가 인정되는 경우를 설시한 판례.

판례 │ 기타 불법영득의사에 관한 판례

1) 불법영득의사를 인정한 경우

① 회사의 총무과장이 회사의 물품대금채권을 확보할 목적으로 채무자의 승낙을 받지 아니한 채 그의 의사에 반하여 부산에 있는 그의 점포 앞에 세워놓은 그의 소유인 자동차를 운전하여 광주에 있는 위 회사로 옮겨놓은 다음, 광주지방법원의 가압류결정과 감수보존명령에 따라 집달관이 보존하게 될 때까지 위 회사의 지배 하에 두었다면, 위 자동차의 권리자를 배제하고 타인의 물건을 자기의 소유인 것과 마찬가지로 그 경제적 용법에 따라 이용하거나 처분할 의사로 자동차를 광주로 운전하여 간 것으로 보지 않을 수 없으므로 불법영득의 의사가 있었다고 볼 수밖에 없다(대판 1990.5.25. 90도573).

② 피고인이 소총 소지자를 총기로 협박하여 그 소총을 교부받아 실탄을 장전한 후 소속 부대 하급자에게 건네주어 그로 하여금 소속 부대원들이 내무반에서 나오는지 여부를 감시하도록 지시한 경우, 피고인은 그 소총을 소지자로부터 자기의 지배하에 이전하여 그 소유자가 아니라면 할 수 없는 사용처분행위를 하였다고 할 것이므로, 비록 피고인의 지시에 따라 그 소총을 소지하고 있던 하급자가 나중에 피고인이 위병소를 빠져나갈 때 뒤따라 나가면서 그 소총에서 탄창을 제거한 후 그 소총을 원래의 소지자에게 던져 준 사실이 있다고 하더라도, 그러한 사정만으로는 피고인에게 그 소총에 대한 군용물특수강도죄의 불법영득의사가 없었다고 할 수 없다고 한 사례(대판 1995.7.11. 95도910).

③ 절도죄에 있어 영득의 의사라 함은 권리자를 배제하고 타인의 물건을 자기 소유물과 같이 그 경제적 용법에 따라 이용·처분할 의사를 말하는 것이므로, 피고인이 현금 등이 들어 있는 피해자의 지갑을 가져갈 당시에 피해자의 승낙을 받지 않았다면 가사 피고인이 후일 변제할 의사가 있었다고 하더라도 불법영득의사가 있었다고 할 것이다(대판 1999.4.9. 99도519).

2) 불법영득의사를 부정한 경우

① 가구회사의 디자이너인 피고인이 자신이 제작한 가구 디자인 도면을 가지고 나온 경우 평소 위 회사에서 채택한 도면은 그 유출과 반출을 엄격히 통제하고 있으나 채택하지 아니 한 도면들은 대부분 작성한 디자이너에게 반환하여 각자가 자기의 서랍 또는 집에 보관하거나 폐기하는 등 디자이너 개인에게 임의처분이 허용되어 왔고, 피고인은 회사로부터 부당하게 징계를 받았다고 생각하고 노동위원회에 구제신청을 하면서 자신이 그 동안 회사업무에 충실하였다는 사실을 입증하기 위한 자료로 삼기 위하여 이를 가지고 나온 것이라면 피고인에게 위 도면들에 대한 불법영득의 의사가 있었다고 볼 수 없다고 한 사례(대판 1992.3.27. 91도2831).

② 상사와의 의견 충돌 끝에 항의의 표시로 사표를 제출한 다음 평소 피고인이 전적으로 보관, 관리해 오던 이른바 비자금 관계 서류 및 금품이 든 가방을 들고 나온 경우, 불법영득의 의사가 있다고 할 수 없을 뿐만 아니라, 그 서류 및 금품이 타인의 점유 하에 있던 물건이라고도 볼 수 없다고 한 사례(대판 1995.9.5. 94도3033).

3. 죄수 및 타죄와의 관계

(1) 죄수판단의 기준

본죄의 죄수는 구성요건적 행위인 절취의 수(점유침해의 수)에 따라 결정되어야 한다. 따라서 ㉮ 1개의 행위로 1인이 점유하는 수인 소유의 수개의 재물을 절취한 경우에는 1개의 절도죄가 성립한다. 또한, ㉯ 수개의 행위로 수개의 재물을 절취한 경우에는 수개의 절도죄의 경합범이 되나, ㉰ 접속범·연속범의 경우에는 포괄일죄가 된다. 한편 절도죄는 절도죄를 포함하고 있는 결합범 또는 결과적 가중범과 특별관계가 된다. 절도죄와 그 가중적 구성요건도 마찬가지다.

(2) 불가벌적 사후행위

절도죄는 상태범이므로 절도가 기수로 된 후에 장물을 손괴하거나 처분하는 행위는 불가벌적 사후행위로서 흡수관계에 해당한다. 그러나 ㉮ 사후행위가 다른 사람의 법익이나 다른 법익을 침해한 때, 또는 그 침해한 법익의 범위를 초과한 때에는 불가벌적 사후행위가 되지 않는다. 따라서 ㉯ 절취한 예금통장을 이용하여 예금을 인출하거나, 문서를 절취하여 피해자의 재물을 편취한 때에는 별죄를 구성하게 된다.

<절도와 관련한 불가벌적 사후행위>

절취한 재물(장물)을 손괴, 처분	불가벌적 사후행위(손괴죄, 사기죄는 ×)
절취한 열차승차권으로 역직원으로부터 환불받은 경우	
절취한 자기앞수표를 현금으로 환금 받은 경우	
절취한 전당표를 이용하여 전당물을 편취	편취행위는 → 사기죄 ○
절취한 예금통장과 인장을 이용하여 예금 인출	사기죄 ○
절취한 장물을 담보로 금원을 차용	사기죄 ○
절취한 타인의 카드로 현금자동지급기에서 현금을 인출한 경우	별도의 절도죄
절취한 물건에 새로운 상표 붙여 재산상 이익 취득	사기죄 ○

(3) 타죄와의 관계

㈎ 주간에 주거에 침입하여 절도한 경우에는 주거침입죄와 절도죄의 실체적 경합이 된다. 수사기관에 압수된 증거물을 절취한 경우에는 절도죄와 증거인멸죄의 상상적 경합이 된다. ㈏ 압류된 물건의 봉인을 뜯고 물건을 절취한 경우에는 공무상 비밀표시무효죄와 절도죄의 실체적 경합이 되나, 봉인을 뜯지 않고 압류물 전체를 절취한 경우에는 상상적 경합이 된다. ㈐ 절도범인이 장물을 운반·보관한 경우에는 절도죄만 성립하나, 절도교사범이 장물을 운반·보관한 경우에는 절도교사죄와 장물죄의 실체적 경합이 된다. ㈑ 살인에 사용할 목적으로 흉기를 절취한 경우에는 절도죄와 살인예비죄의 상상적 경합이 되고, 그 후 살인에 성공하면 절도죄와 살인죄의 실체적 경합이 된다.

> **판례** 절도죄의 죄수판단

1) 일죄가 되는 경우
- 단일범의로서 절취한 시간과 장소가 접착되어 있고 같은 관리인의 관리하에 있는 방 안에서 소유자를 달리하는 두 사람의 물건을 절취한 경우에는 1개의 절도죄가 성립한다(대판 1970.7.21. 70도1133).

2) 수죄가 되는 경우
- 절도범이 갑의 집에 침입하여 그 집의 방안에서 그 소유의 재물을 절취하고 그 무렵 그 집에 세들어 사는 을의 방에 침입하여 재물을 절취하려다 미수에 그쳤다면 위 두 범죄는 그 범행장소와 물품의 관리자를 달리하고 있어서 별개의 범죄를 구성한다(대판 1989.8.8. 89도664).

> **판례** 불가벌적 사후행위

1) 불가벌적 사후행위인 경우
① 열차승차권은 그 자체에 권리가 화체되어 있는 무기명증권이므로 이를 곧 사용하여 승차하거나 권면가액으로 양도할 수 있고 매입금액의 환불을 받을 수 있는 것으로서 열차승차권을 절취

한 자가 환불을 받음에 있어 비록 기망행위가 수반한다 하더라도 절도죄 외에 따로이 사기죄가 성립하지 아니한다(대판 1975.8.29. 75도1996).

② 금융기관 발행의 자기앞수표는 즉시 지급받을 수 있어 현금에 대신하는 기능을 하고 있는 점에서 현금적인 성격이 강하므로 절취한 자기앞수표의 환금행위는 절취행위에 대한 수반한 당연의 경과라 하여 절도행위에 대한 가벌적 평가에 당연히 포함된다 봄이 상당하므로 사기죄가 성립하지 아니한다(대판 1982.7.27. 82도822).

③ 금융기관 발행의 자기앞수표는 그 액면금을 즉시 지급받을 수 있어 현금에 대신하는 기능을 하고 있으므로 절취한 자기앞수표를 현금 대신으로 교부한 행위는 절도행위에 대한 가벌적 평가에 당연히 포함되는 것으로 봄이 상당하다 할 것이므로 절취한 자기앞수표를 음식대금으로 교부하고 거스름돈을 환불받은 행위는 절도의 불가벌적 사후처분행위로서 사기죄가 되지 아니한다(대판 1987.1.20. 86도1728).

2) 불가벌적 사후행위가 아닌 경우

① 절취한 은행예금통장을 이용하여 은행원을 기망해서 진실한 명의인이 예금을 찾는 것으로 오신시켜 예금을 편취한 것이라면 새로운 법익의 침해로 절도죄 외에 따로 사기죄가 성립한다(대판 1974.11.26. 74도2817).

② 절취한 전당표를 제3자에게 교부하면서 자기 누님의 것이니 찾아 달라고 거짓말을 하여 이를 믿은 제3자가 전당포에 이르러 그 종업원에게 전당표를 제시하여 기망케 하고 전당물을 교부받게 하여 편취하였다면 이는 사기죄를 구성하는 것이다(대판 1980.10.14. 80도2155).

③ 절도범인이 절취한 장물을 자기 것인양 제3자에게 담보로 제공하고 금원을 편취한 경우에는 별도의 사기죄가 성립된다(대판 1980.11.25. 80도2310).

④ [1] 신용카드를 절취한 후 이를 사용한 경우 신용카드의 부정사용행위는 새로운 법익의 침해로 보아야 하고 그 법익침해가 절도범행보다 큰 것이 대부분이므로 위와 같은 부정사용행위가 절도범행의 불가벌적 사후행위가 되는 것은 아니다. [2] 단일하고 계속된 범의하에 동종의 범행을 동일하거나 유사한 방법으로 일정 기간 반복하여 행하고 그 피해법익도 동일한 경우에는 각 범행을 통틀어 포괄일죄로 볼 것이다. [3] 피고인은 절취한 카드로 가맹점들로부터 물품을 구입하겠다는 단일한 범의를 가지고 그 범의가 계속된 가운데 동종의 범행인 신용카드 부정사용행위를 동일한 방법으로 반복하여 행하였고, 또 위 신용카드의 각 부정사용의 피해법익도 모두 위 신용카드를 사용한 거래의 안전 및 이에 대한 공중의 신뢰인 것으로 동일하므로, 피고인이 동일한 신용카드를 위와 같이 부정사용한 행위는 포괄하여 일죄에 해당하고, 신용카드를 부정사용한 결과가 사기죄의 구성요건에 해당하고 그 각 사기죄가 실체적 경합관계에 해당한다고 하여도 신용카드부정사용죄와 사기죄는 그 보호법익이나 행위의 태양이 전혀 달라 실체적 경합관계에 있으므로 신용카드 부정사용행위를 포괄일죄로 취급하는데 아무런 지장이 없다고 한 사례(대판 1996.7.12. 96도1181).

⑤ 대마취급자가 아닌 자가 절취한 대마를 흡입할 목적으로 소지하는 행위는 절도죄의 보호법익과는 다른 새로운 법익을 침해하는 행위이므로 절도죄의 불가벌적 사후행위로서 절도죄에 포괄흡수된다고 할 수 없고 절도죄 외에 별개의 죄를 구성한다고 할 것이며, 절도죄와 무허가대마소지죄는 경합범의 관계에 있다(대판 1999.4.13. 98도3619).

⑥ 자동차를 절취한 후 자동차등록번호판을 떼어내는 행위는 새로운 법익의 침해로 보아야 하므로 위와 같은 번호판을 떼어내는 행위가 절도범행의 불가벌적 사후행위가 되는 것은 아니어서, 이 점에 관한 상고이유의 주장 역시 받아들일 수 없다(대판 2007.9.6. 2007도4739).

Ⅲ. 절도죄의 가중적 구성요건

1. 야간주거침입절도죄

> **제330조(야간주거침입절도)**
> 야간에 사람의 주거, 관리하는 건조물, 선박, 항공기 또는 점유하는 방실(房室)에 침입하여 타인의 재물을 절취(竊取)한 자는 10년 이하의 징역에 처한다.

(1) 의의

야간에 주거 등에 침입하여 타인의 재물을 절취함으로써 성립하는 범죄이다(제330조). 본죄의 본질은 야간이라는 시간적 제약을 받는 주거침입죄와 절도죄의 결합범이다(다수설). 따라서 주거침입이 야간에 이루어진 경우에는 주간에 절취한 때에도 본죄가 성립한다. 본죄의 보호법익은 재산과 야간에서의 주거의 평온이다.

(2) 구성요건

1) 야간의 의미 : 야간의 의미에 관하여는 일반인이 심리적으로 야간이라고 볼 수 있는 상태를 야간이라고 해야 한다는 견해(심리학적 해석)도 있지만, 통설과 판례는 이를 일몰 후 일출 전까지를 의미한다고 해석하고 있다(천문학적 해석). 야간의 적용범위에 대해서는 ㉮ 본죄는 야간에 이루어지는 절취행위의 위험성을 고려한 가중적 구성요건이므로 절취행위만 야간에 이루어지면 된다는 절취행위시설, ㉯ 본죄는 결합범이므로 주거침입과 절취 양자 모두 또는 어느 한쪽만 야간에 이루어지면 된다는 주거침입 또는 절취행위시설, ㉰ 주거침입 및 절취행위시설 그리고 ㉱ 주거침입시에 야간이라는 행위상황을 요한다는 주거침입시설 등이 있다. 본죄의 불법가중의 근거가 주거침입과 절도의 결합에 의한 상승효과에 있으므로 주거침입 또는 절취행위시설이 타당하다고 할 수 있다(다수설). ㉲ 대법원은 주거침입시설과 주거침입 및 절취시설 중 어느 입장인지는 분명하지 않다.

2) 본죄의 착수와 기수시기 : ㉮ 본죄의 착수시기는 절도의 의사로 사람의 주거 등에 침입한 때이다. 피해자가 주거에 현존함을 요하지 않고, 주거침입이 기수인가 미수인가를 묻지 않는다. ㉯ 본죄는 재물의 절취에 의하여 기수가 된다. 이 경우에 절취행위가 기수에 이르면 주거침입의 미수·기수를 불문하고 본죄의 기수가 된다.

2. 특수절도죄

> **제331조(특수절도)**
> ① 야간에 문이나 담 그 밖의 건조물의 일부를 손괴하고 제330조의 장소에 침입하여 타인의 재물을 절취한 자는 1년 이상 10년 이하의 징역에 처한다.
> ② 흉기를 휴대하거나 2명 이상이 합동하여 타인의 재물을 절취한 자도 제1항의 형에 처한다.

(1) 의의

야간주거침입절도죄와 절도죄에 대한 가중적 구성요건이다. 형법 제331조는 제1항에서 야간주거침입절도가 침입의 방법으로 문이나 담 등을 손괴한 경우에 그 형을 가중(손괴죄, 주거침입죄, 절도죄의 결합범)하고 있으며, 제2항에서는 절도가 흉기를 휴대하거나 2인 이상이 합동하여 죄를 범한 경우(절도죄의 불법가중유형)를 규정하고 있다.

(2) 형법 제331조 제1항의 특수절도죄(야간손괴후주거침입절도죄)

문이나 담 그 밖의 건조물의 일부를 손괴하고 야간주거침입절도죄를 범한 경우이다. 여기서 문이나 담 그 밖의 건조물의 일부란 권한 없는 사람의 침입을 방지하기 위한 인공적 시설물을 의미한다. ㈎ 본죄의 착수시기는 건조물의 일부를 손괴하기 시작한 때이다. 본죄는 야간이라는 시간적 제약을 받는 손괴죄와 주거침입죄 및 절도죄의 결합범이기 때문이다. 본죄와 손괴죄는 법조경합의 관계이므로 본죄에 해당하는 때에는 손괴죄는 성립하지 않는다. ㈏ 본죄의 기수시기도 절취가 완성된 때이다.

(3) 형법 제331조 제2항의 특수절도죄

1) **흉기휴대절도** : 흉기를 휴대하고 타인의 재물을 절취함으로써 성립하는 범죄이다.

㈎ **흉기의 의의** : 흉기란 '원래 사람의 살상이나 재물의 손괴를 목적으로 제작되고 또 그 목적을 달성하는 데 적합한 물건'을 말한다. 흉기와 위험한 물건과의 관계에 대해서는 같은 뜻으로 이해하는 견해도 있으나 위험성이 있더라도 사회통념상 일반인이 흉기 정도의 위험을 느낄 정도가 아닌 물건은 흉기에 포함되지 않는다. 판례도 흉기와 위험한 물건을 구별한다. 흉기인지의 여부의 판단은 기구의 객관적 성질에 따라 결정된다. 따라서 객관적으로 살상의 위험성이 없는 물건은 흉기가 아니다. 또한 위험성이 있더라도 사회통념상 일반인이 흉기 정도의 위험을 느낄 정도가 아닌 물건은 흉기에 포함되지 않는다. 한편 독극물 등의 액체·기체가 흉기에 포함되는지 여부에 대해서는 부정설이 있으나, 사람의 생명·신체를 해할 위험이 있으므로 긍정설이 타당하다.

㈏ **휴대하여** : 휴대란 몸 가까이에 소지하는 것을 의미한다. 장소적으로 그 옆에서 쉽게 잡을 수 있는 상태에 있으면 족하고, 시간적으로는 행위시에 흉기를 휴대하여야 한다. 처음부터 소지하지 않고 범죄현장에서 집어든 경우도 휴대에 해당한다.

㈐ **주관적 구성요건** : 행위자에게 흉기를 사용할 의사까지 요하는 것은 아니지만, 행위자는 흉기를 휴대한다는 것을 인식해야 한다. 다른 정범 또는 공범이 흉기를 휴대하였음을 인식한 때에도 본죄가 성립한다.

2) **합동범** : 합동범이란 2명 이상이 합동하여 범하는 죄를 말하는바, 형법은 2명 이상이 합동하여 타인의 재물을 절취한 자도 특수절도죄로 가중하여 벌하고 있다.

㈎ **2명 이상의 합동의 의의** : 2명 이상 합동하여 범죄를 실현한 경우에 형벌을 가중하는 「합동범」은 형법각칙상 특수절도죄 이외에 특수강도죄(제334조 제2항), 특수도주죄(제146조) 등 세 가지 범죄에서 규정되어 있다. 합동범은 공동정범(제30조)의 형태로 범한 경우보다 형벌이 가중되므로 공동정범과 어떠한 관계에 있는가가 문제된다. 즉, 2명 이상이 "합동하여" 죄를 범하는 합동범을 2

인 이상이 "공동하여" 죄를 범하는 공동정범과 비교하여, 그 '본질'을 밝힐 필요가 있다.

① **공모공동정범설** : 공동의사주체설을 공동정범에는 인정할 수 없지만 합동범에는 적용될 수 있다고 하여, 공모공동정범을 합동범의 경우에 한하여 인정해야 한다는 견해로서, 합동범에는 공동정범과 공모공동정범이 포함된다고 해석한다. 그러나 이 견해는 합동범의 범위를 지나치게 확대하여 합동범에 관하여는 총칙상의 교사범이나 종범에 대한 규정까지 무의미하게 한다는 비판을 면할 수 없다.

② **가중적 공동정범설** : 합동범은 집단범죄에 대한 대책상 특별히 형을 가중한 가중적 공동정범에 불과하다는 견해로서, 합동범은 폭력행위등 처벌에 관한 법률 제2조 제2항의 '2인 이상이 공동하여'라는 규정과 같은 의미로 해석한다. 그러나 이 견해도 '2명 이상이 합동하여'를 형법 제30조의 '2인 이상이 공동하여'와 같은 의미로 해석할 근거가 없으며, 가중적 공동정범에 관한 규정인 폭력행위등 처벌에 관한 법률 제2조 제2항이 '2인 이상이 공동하여'라고 규정하고 있는 점에 비추어 볼 때 '2명 이상이 합동하여'는 단순히 가중적 공동정범을 규정한 것이 아니라고 해야 한다는 비판을 받고 있다.

③ **현장설** : 합동이란 시간적·장소적 협동을 의미한다고 해석하는 견해이다. 이에 의하면 합동범은 모두 때와 장소를 같이하여 상호 협력할 것을 요건으로 하므로, 공모공동정범은 물론 현장에서 공동하지 아니한 공동정범도 합동범이 될 수 없다. 우리나라의 통설로서 타당한 견해이다. 판례도 '합동절도가 성립하려면 주관적 요건으로서 공모 외에 실행행위의 분담이 있어야 하고, 그 실행행위에 있어서는 시간적으로나 장소적으로 합동관계가 있다고 볼 수 있어야 한다'고 판시하여 현장설의 태도를 취하고 있다.

④ **현장적 공동정범설** : 합동범은 현장에 의하여 제한된 공동정범이라는 의미에서 현장적 공동정범이라는 견해로서 합동범은 현장적 공동정범이지만, 이 합동범에 기능적 행위지배를 하는 배후거물이나 범죄집단의 수괴는 기능적 행위지배의 기준에 따라 합동범의 공동정범이 될 수 있다고 한다.

<합동범의 본질>

공모공동정범설	합동은 공동보다 넓은 개념으로 집단범죄의 수괴나 배후인물을 처벌하기 위하여 합동범의 규정을 둔 것이며, 합동범에는 공동정범과 공모공동정범이 포함된다는 견해
가중적 공동정범설	합동과 공동은 동일한 개념으로서, 합동범은 그 본질에 있어서는 공동정범이지만 집단범죄에 대한 대책상 형을 가중한 것이라고 해석하는 견해
현장설(통설, 판례의 원칙적 견해)	합동이란 공동보다 좁은 개념으로서, 현장성 즉 다수인의 시간적·장소적 협동을 의미한다는 견해
현장적 공동정범설	원칙적으로 현장설을 따르면서, 다만 현장에서 기능적 역할분담을 한 사람만 합동범으로 취급함으로써 합동범의 성립을 보다 제한하는 견해

합동과 공동과의 관계	합동범의 성립요건		
	공동실행의사	공동의 실행행위	현장성
공모공동정범설	합동 > 공동	○	△	X
가중적 공동정범설	합동 = 공동	○	○	X
현장설(多·判)	합동 < 공동	○	○	○
현장적 공동정범설	합동 < 공동	○	○	△

(내) **합동범과 공범** : 합동해서 범죄를 실행하기로 공모하였지만 현장에는 가지 않은 자에게 합동범의 공동정범의 성립을 인정할 수 있는가가 문제된다.

① **부정설** : 합동범의 본질을 현장설로 이해한다면, 합동범에 대하여는 제30조의 공동정범규정이 적용되지 않는 것으로 보아야 하며, 현장 '이외의' 장소에서 가공한 공동정범은 합동범의 공동정범이 되는 것이 아니라 '기본범죄(예를 들어 제329조상의 단순절도죄)'에 대한 공동정범으로 처벌된다고 봄이 타당하다는 견해이다. 합동범은 공동정범에 대한 특별규정이므로 시간적·장소적으로 협동한 자만이 합동범의 정범이 될 수 있고 합동범에 대하여는 공동정범의 규정이 적용될 수 없다고 보아야 할 것이다(부정설 : 다수설).

② **긍정설** : 합동범은 본질상 공동정범의 일종이므로 공동정범의 일반이론이 적용되어 현장에서 가담하지 않은 자도 기능적 행위지배가 인정되면 합동범의 공동정범이 될 수 있다는 견해이다.

③ **판례** : 3인 이상의 범인이 합동절도의 범행을 공모한 후 적어도 2인 이상의 범인이 범행현장에서 시간적·장소적으로 협동관계를 이루어 절도의 실행행위를 분담하여 절도범행을 한 경우에는, 그 공모에는 참여하였으나 현장에서 절도의 실행행위를 직접 분담하지 아니한 다른 범인에 대하여도 위 2인 이상의 범인의 행위를 자기 의사의 수단으로 하여 합동절도의 범행을 하였다고 평가할 수 있는 정범성의 표지를 갖추고 있다고 보여지는 한 그 다른 범인에 대하여 합동절도의 공동정범의 성립을 부정할 이유가 없다(대판 1998.5.21. 98도321 전원합의체)고 하여 긍정설의 입장이다.

(다) **합동범의 교사범과 방조범** : 공동정범과는 달리 합동범에 대한 교사범이나 방조범은 당연히 성립할 수 있다(통설).

(4) 죄수 및 타죄와의 관계

(가) 제1항과 제2항의 방법을 같이 사용한 경우에는 특수절도의 포괄일죄가 된다. (나) 야간에 문호 등을 손괴하고 주거에 침입하여 제1항의 죄를 범한 경우에 손괴죄와 주거침입죄는 특수절도죄(제1항)에 흡수되며, 주간에 문호 등을 손괴하고 주거에 침입하여 제2항의 죄를 범한 경우에 주거침입과 손괴는 제2항의 죄의 요소가 아니므로 주거침입죄·손괴죄와 특수절도죄(제2항)의 실체적 경합이 된다. (다) 야간에 공무소의 건조물을 파괴하고 침입하여 절도를 한 경우에는 행위태양과 법익에 비추어 공용물파괴죄와 특수절도죄의 실체적 경합이 된다.

3. 상습절도죄

> **제332조(상습범)**
> 상습으로 제329조 내지 제331조의2의 죄를 범한 자는 그 죄에 정한 형의 2분의 1까지 가중한다.

상습으로 절도죄·야간주거침입절도죄·특수절도죄 및 자동차등 불법사용죄를 범한 경우에 성립하는 범죄이다(제332조). 상습이란 반복된 행위로 인하여 얻어진 행위자의 습성 내지 경향 때문에 죄를 범하는 것을 말한다. 상습으로 범한 수개의 절도는 포괄일죄가 된다는 것이 통설·판례의 태도이며, 절도·야간주거침입절도 및 특수절도사실을 상습에 의하여 반복한 경우에는 가장 중한 상습특수절도죄의 포괄일죄만 성립한다.

IV. 자동차등 불법사용죄

> **제331조의2(자동차등 불법사용)**
> 권리자의 동의없이 타인의 자동차, 선박, 항공기 또는 원동기장치자전거를 일시 사용한 자는 3년 이하의 징역, 500만원 이하의 벌금, 구류 또는 과료에 처한다.

1. 의의

권리자의 동의 없이 타인의 자동차·선박·항공기 또는 원동기장치자전거를 일시 사용하였을 때에 성립하는 범죄이다(제331조의2). 1995년의 형법개정에 의하여 신설된 규정이며, 자동차와 자가운전자의 증가에 따라 자동차의 불법사용이 증가할 것으로 예상되고 이로 인한 실해(實害)와 피해자의 감정을 고려하여 자동차의 사용절도를 처벌하는 규정을 둔 것이다. 보호법익은 소유권이며 소유권자와 사용권자가 다른 경우 소유권자는 본죄의 주체가 될 수 없고, 권리행사방해죄의 성립이 가능하다. 본죄는 불법영득의 의사 없이 소유권을 침해할 때에 성립하는 범죄이다.

2. 구성요건

권리자의 동의 없이 자동차·선박·항공기 또는 원동기장치자전거를 일시 사용함으로써 성립한다.

(1) 행위의 객체

자동차·선박·항공기 또는 원동기장치자전거이다. 자동차란 원동기가 장치되어 동력에 의하여 움직이는 차를 말한다. 기관의 종류는 묻지 않으므로 내연기관뿐만 아니라 가스터빈이나 전동기에 의하여 움직이는 것도 포함한다. 원동기장치자전거도 반드시 2륜자전거에 제한되지 아니한다.

(2) 행위

권리자의 동의 없이 일시 사용하는 것이다. 사용이란 자동차 등을 통행수단으로 이용하는 것을 말한다. 반드시 기관의 동력에 의하여 통행하였을 것을 요하는 것은 아니나, 기관의 시동을 걸었다는 것만으로는 족하지 않다. 통행수단으로 이용하였을 것을 요하므로 자동차 등에 들어가서 잠자거나, 장물을 자동차 안에 은닉하거나, 자동차의 라디오를 들었다는 것만으로는 사용이라고 할 수 없다. 본죄는 계속범이다. 따라서 자동차 등을 사용함으로써 본죄는 기수에 이르나 사용이 끝날 때까지 계속된다. 본죄의 사용이란 불법하게 사용을 개시한 경우만을 의미하며, 따라서 택시기사가 택시를 사용(私用)으로 사용하거나 자동차를 빌린 사람이 권한 없이 처로 하여금 운전하게 한 경우에는 본죄의 사용에 해당하지 않는다. 사용은 권리자의 동의가 없어야 한다. 권리자란 자동차 등의 소유자를 말한다. 권리자의 동의가 있는 때에는 본죄의 구성요건해당성이 인정되지 않는다. 동의는 반드시 명시적으로 할 것을 요하는 것이 아니며 객관적 사정을 종합하여 추정할 수도 있다.

(3) 착수시기 및 기수시기

본죄의 실행의 착수시기는 일시 사용의 의사로 자동차의 시동을 건 때이고, 기수시기는 출발 후 사회통념상 상당한 거리를 주행함으로써 자동차의 사용권이 침해된 때이다. 본죄의 미수범은 처벌한다(제342조).

(4) 주관적 구성요건

고의를 필요로 한다. 미필적 고의로 족한 것은 물론이다. 권리자의 동의가 없다는 점에 대한 인식도 고의의 내용이 된다. 따라서 권리자의 동의가 있다고 오인한 때에는 구성요건적 사실의 착오로서 고의를 조각한다. 이에 반하여 동의가 있음에도 불구하고 없다고 오인한 때에는 불능범이 된다고 해야 한다. 사용절도이므로 불법영득의사가 없어야 한다.

3. 절도죄와의 관계

본죄는 절도죄에 대하여 보충관계에 있다. 따라서 본죄는 절도죄에 해당하지 않는 경우에만 인정되며, 절도죄에 해당하는 때에는 본죄는 적용될 여지가 없다.

판례 야간주거침입절도죄

1) 야간의 적용범위
- 형법은 제329조에서 절도죄를 규정하고 곧바로 제330조에서 야간주거침입절도죄를 규정하고 있을 뿐, 야간절도죄에 관하여는 처벌규정을 별도로 두고 있지 아니하다. 이러한 형법 제330조의 규정형식과 그 구성요건의 문언에 비추어 보면, 형법은 야간에 이루어지는 주거침입행위의 위험성에 주목하여 그러한 행위를 수반한 절도를 야간주거침입절도죄로 중하게 처벌하고 있는 것으로 보아야 하고, 따라서 주거침입이 주간에 이루어진 경우에는 야간주거침입절도죄가 성립하지 않는다고 해석하는 것이 타당하다(대판 2011.4.14. 2011도300, 2011감도5). [해설] '주간에' 사람의 주거 등에 침입하여 '야간에' 타인의 재물을 절취한 행위를 형법 제330조의 야간주거침입절도죄로 처벌할 수 있는지에 대해서 이를 부정한 사례. 주거침입죄와 절도죄가 성립함.

2) 건조물의 의미
- 야간주거침입절도죄에 있어서 침입행위의 객체인 건조물은 주위벽 또는 기둥과 지붕 또는 천정으로 구성된 구조물로서 사람이 기거하거나 출입할 수 있는 장소를 말하며 반드시 영구적인 구조물일 것을 요하지 않는다. 위 점포는 주거침입의 객체가 될 수 있는 건조물에 해당한다고 할 것이다(대판 1989.2.28. 88도2430, 88감도194).

3) 실행의 착수시기 - 실행의 착수가 인정되는 경우
① 야간에 아파트에 침입하여 물건을 훔칠 의도 하에 아파트의 베란다 철제난간까지 올라가 유리창문을 열려

고 시도하였다면 야간주거침입절도죄의 실행에 착수한 것으로 보아야 한다고 한 사례(대판 2003.10.24. 2003도4417). [해설] 피고인이 202호 아파트에 침입하여 물건을 훔칠 의도로 202호 아파트의 베란다 철제난간까지 올라가 유리창문을 열려고 시도하였다면 주거의 사실상의 평온을 침해할 객관적 위험성을 포함하는 구체적인 행위를 한 것으로 볼 수 있다고 판단한 사례.

② [1] 야간에 타인의 재물을 절취할 목적으로 사람의 주거에 침입한 경우에는 주거에 침입한 단계에서 이미 형법 제330조에서 규정한 야간주거침입절도죄라는 범죄행위의 실행에 착수한 것이라고 보아야 한다. [2] 주거침입죄의 실행의 착수는 주거자, 관리자, 점유자 등의 의사에 반하여 주거나 관리하는 건조물 등에 들어가는 행위, 즉 구성요건의 일부를 실현하는 행위까지 요구하는 것은 아니고 범죄구성요건의 실현에 이르는 현실적 위험성을 포함하는 행위를 개시하는 것으로 족하므로, 출입문이 열려 있으면 안으로 들어가겠다는 의사 아래 출입문을 당겨보는 행위는 바로 주거의 사실상의 평온을 침해할 객관적인 위험성을 포함하는 행위를 한 것으로 볼 수 있어 그것으로 주거침입의 실행에 착수한 것으로 보아야 한다(대판 2006.9.14. 2006도2824).

③ 형법 제330조의 야간주거침입절도죄 및 제331조 제1항의 손괴특수절도죄를 제외하고 일반적으로 주거침입은 절도죄의 구성요건이 아니므로, 절도범인이 그 범행수단으로 주거침입을 한 경우에 그 주거침입행위는 절도죄에 흡수되지 아니하고 별개로 주거침입죄를 구성하여 절도죄와는 실체적 경합의 관계에 서는 것이 원칙이다. 따라서 주간에 주거에 침입하여 절도함으로써 특정범죄가중처벌 등에 관한 법률 제5조의4 제5항 위반죄가 성립하는 경우, 별도로 형법 제319조의 주거침입죄를 구성한다(대판 2008.11.27. 2008도7820).

4) 실행의 착수시기 – 실행의 착수가 인정되지 않는 경우

• 피고인이 이 사건 다세대주택 2층의 불이 꺼져 있는 것을 보고 물건을 절취하기 위하여 가스배관을 타고 올라가다가, 발은 1층 방범창을 딛고 두 손은 1층과 2층 사이에 있는 가스배관을 잡고 있던 상태에서 순찰 중이던 경찰관에게 발각되자 그대로 뛰어내린 사실을 인정한 후, 이러한 피고인의 행위만으로는 주거의 사실상의 평온을 침해할 현실적 위험성이 있는 행위를 개시한 때에 해당한다고 보기 어렵다는 이유로 이 부분 공소사실을 무죄로 판단하였다(대판 2008.3.27. 2008도917).

5) 기수시기

• [1] 피고인이 피해자 경영의 카페에서 야간에 아무도 없는 그 곳 내실에 침입하여 장식장 안에 들어 있던 정기적금통장 등을 꺼내 들고 카페로 나오던 중 발각되어 돌려 준 경우 피고인은 피해자의 재물에 대한 소지(점유)를 침해하고, 일단 피고인 자신의 지배 내에 옮겼다고 볼 수 있으니 절도의 미수에 그친 것이 아니라 야간주거침입절도의 기수라고 할 것이다. [2] 피고인의 제1심법정에서의 진술이나 원심증인 나광원의 증언에 의하면 피고인은 피해자 나광원 경영의 "새로나" 까페에서, 야간에 아무도 없는 그 곳 내실에 침입하여 장식장 안에 들어 있던 정기적금통장, 도장, 현금 20,000원을 꺼내서 들고 까페로 나오던 중 발각되어 돌려 주었다는 것이므로, 이에 따르면 피고인은 피해자 나광원의 재물에 대한 소지(점유)를 침해하고, 일단 피고인 자신의 지배 내에 옮겼다고 볼 수 있으니 절도의 미수에 그친 것이라고 할 수 없다(대판 1991.4.23. 91도476). [해설] 피해자의 주거를 벗어나지 않은 상태에서도 절도죄의 기수가 가능한 경우를 보여준 판례.

 **판례** 특수절도죄

1) 손괴에 해당하지 않는 경우
- [1] 형법 제331조 제1항에 정한 '손괴'는 물리적으로 문호 또는 장벽 기타 건조물의 일부를 훼손하여 그 효용을 상실시키는 것을 말한다. [2] 피고인이 창문과 방충망을 창틀에서 분리한 사실만을 인정할 수 있을 뿐 달리 창문과 방충망을 물리적으로 훼손하여 그 효용을 상실하게 하였음을 인정할 만한 증거가 없다는 이유로, 이 부분 공소사실을 유죄로 판단한 제1심 판결을 파기하고 무죄를 선고하였다(대판 2015.10.29. 2015도7559).

2) 손괴에 해당하는 경우

① 야간에 연탄집게와 식도로서 방문고리를 파괴하고 방에 침입하여 재물을 절취하면 이는 문호의 손괴에 해당되어 특수절도죄가 성립한다(대판 1979.9.11. 79도1736).

② 야간에 불이 꺼져 있는 상점의 출입문을 손으로 열어보려고 하였으나 출입문의 하단에 부착되어 있던 잠금 고리가 잠겨져 있어 열리지 않았는데, 출입문을 발로 걷어차자 잠금 고리의 아래쪽 부착 부분이 출입문에서 떨어져 출입문과의 사이가 뜨게 되면서 출입문이 열려 상점 안으로 침입하여 재물을 절취하였다면, 이는 물리적으로 위장시설을 훼손하여 그 효용을 상실시키는 행위에 해당한다고 한 사례(대판 2004.10.15. 2004도4505).

3) 실행의 착수시기

① 현실적으로 절취목적물에 접근하지 못하였다 하더라도 야간에 타인의 주거에 침입하여 건조물의 일부인 방문고리를 손괴하였다면 형법 제331조의 특수절도죄의 실행에 착수한 것이다(대판 1977.7.26. 77도1802).

② 야간에 절도의 목적으로 출입문에 장치된 자물통 고리를 절단하고 출입문을 손괴한 뒤 집안으로 침입하려다가 발각된 것이라면 이는 특수절도죄의 실행에 착수한 것이다(대판 1986.9.9. 86도1273).

③ [1] 피고인이 甲과 합동하여 야간에 절취 목적으로 공사 현장 컨테이너 박스 출입문 시정장치를 부수다가 체포되어 미수에 그쳤다는 내용으로 기소된 사안에서, 위 공소사실에는 형법 제342조, 제331조 제2항의 특수절도미수죄 외에 야간주거침입손괴에 의한 형법 제342조, 제331조 제1항의 특수절도미수죄도 포함되어 있는데 원심이 이에 관하여 아무런 판단을 하지 아니한 것은 위법하다고 한 사례. [2] 원심판결 중 특수절도미수죄 부분은 위법하여 파기되어야 하고, 원심에서 유죄로 인정한 절도미수죄도 그와 일죄의 관계에 있으므로 파기되어야 하며, 그 파기되는 부분은 피고인에 대한 원심판결의 나머지 유죄 부분과 형법 제37조 전단의 경합범 관계에 있으므로, 결국 원심판결은 전부가 파기되어야 한다(대판 2011.9.29. 2011도8015).

판례 흉기와 위험한 물건의 관계

- 형법은 흉기와 위험한 물건을 분명하게 구분하여 규정하고 있는바, 형벌법규는 문언에 따라 엄격하게 해석·적용하여야 하고 피고인에게 불리한 방향으로 지나치게 확장해석하거나 유추해석해서는 아니 된다. 그리고 형법 제331조 제2항에서 '흉기를 휴대하여 타인의 재물을 절취한' 행위를 특수절도죄로 가중하여 처벌하는 것은 흉기의 휴대로 인하여 피해자 등에 대한 위해의 위험이 커진다는 점 등을 고려한 것으로 볼 수 있다. 이에 비추어 <u>위 형법 조항에서 규정한 흉기는 본래 살상용·파괴용으로 만들어진 것이거나 이에 준할 정도의 위험성을 가진 것으로 봄이 상당하고</u>, 그러한 위험성을 가진 물건에 해당하는지 여부는 그 물건의 본래의 용도, 크기와 모양, 개조 여부, 구체적 범행 과정에서 그 물건을 사용한 방법 등 제반 사정에 비추어 사회통념에 따라 객관적으로 판단할 것이다. 피고인이 사용한 <u>이 사건 드라이버는 일반적인 드라이버와 동일한 것으로 특별히 개조된 바는 없는 것으로 보이고</u>, 그 크기와 모양 등 제반 사정에 비추어 보더라도 <u>피고인의 이 사건 범행이 흉기를 휴대하여 타인의 재물을 절취한 경우에 해당한다고 보기는 어렵다고 보인다</u>(대판 2012.6.14. 2012도4175).

판례 합동절도

1) 합동절도의 성립요건

① [1] <u>형법 제331조 제2항 후단의 2인 이상이 합동하여 타인의 재물을 절취한 경우의 이른바 합동범으로서의 특수절도가 성립되기 위하여서는 주관적 요건으로서의 공모와 객관적 요건으로서의 실행행위의 분담이 있어야 하고 그 실행행위에 있어서는 시간적으로나 장소적으로 협동관계가 있음을 요한다.</u> [2] 원심이 유지한 제1심판결의 확정사실 관계를 보면, 피고인은 원심공동피고인 1, 2와 함께 서울 동작구 상도동 616 소재 나윤찬 경영의 명진상사 창고에 몰래 들어가 피혁을 훔치기로 약속하였으나 <u>피고인은 절취할 마음이 내키지 아니하고 처벌이 두려워 만나기로 한 시간에 약속장소로 가지 아니하고 성남시 중동 소재 포장마차에서 술을 마신후 인근 여관에서 잠을 잤으며</u> 원심공동피고인 1 등은 약속장소에서 피고인을 기다리다가 그들끼리 모의된 범행을 결행하기로 하여 원심공동피고인 1은 그 창고 앞에서 망을 보고 원심공동피고인 2는 창고에 침입하여 가죽 약 1만평을 절취한 것이라는 바 그렇다면 <u>피고인은 특수절도의 공동정범이 성립될 수 없음은 물론 다른 공모자들이 실행행위에 이르기 이전에 그 공모관계로부터 이탈한 것이 분명하므로 그 이후의 다른 공모자의 절도행위에 관하여도 공동정범으로서 책임을 지지 아니한다</u>고 할 것이다(대판 1989.3.14. 88도837).

② [1] 형법 제331조 제2항 후단의 2인 이상이 <u>합동하여 타인의 재물을 절취한 경우의 특수절도죄가 성립하기 위하여는 주관적 요건으로서의 공모와 객관적 요건으로서의 실행행위의 분담</u>이 있어야 하고 <u>그 실행행위에 있어서는 시간적으로나 장소적으로 협동관계에 있음을 요한다.</u> [2] 피고인이 피해자의 형과 범행을 모의하고 피해자의 형이 피해자의 집에서 절취행위를 하는 동안 피고인은 그 집 안의 가까운 곳에 대기하고 있다가 절취품을 가지고 같이 나온 경우 시간적, 장소적으로 협동관계가 있었다고 보아 실행행위의 분담이 없었다고 판단한 원심판결을 파기한 사례(대판 1996.3.22. 96도313).

2) 현장성이 인정되는 경우

① 형법 제331조 제2항 후단의 "2인 이상이 합동하여"라 함은 주관적 요건으로서의 공모와 객관

적 요건으로서의 실행행위의 분담이 있어야 하고 그 실행행위에 있어서는 시간적으로나 장소적으로 협동관계가 있음을 요한다. 피고인은 공소외 1, 2와 실행행위의 분담을 공모하고 위 공소외인들의 절취행위 장소부근에서 피고인이 운전하는 차량내에 대기하여 실행행위를 분담한 사실이 인정되고 다만 위 공소외인들이 범행대상을 물색하는 과정에서 절취행위 장소가 피고인이 대기 중인 차량으로부터 다소 떨어지게 된 때가 있었으나 그렇다고 하여 시간적, 장소적 협동관계에서 일탈하였다고는 보여지지 아니하므로 피고인에 대하여 합동절도의 상습성을 인정하고 특정범죄가중처벌등에관한법률 제5조의4 제1항, 형법 제331조를 적용하여 유죄로 인정한 원심판결은 정당하고 거기에 채증법칙위반이나 합동범에 관한 법리오해의 위법이 있다고 할 수 없다(대판 1988.9.13. 88도1197).

② 피고인이 피해자의 형과 범행을 모의하고 피해자의 형이 피해자의 집에서 절취행위를 하는 동안 피고인은 그 집 안의 가까운 곳에 대기하고 있다가 절취품을 가지고 같이 나온 경우 시간적, 장소적으로 협동관계가 있었다고 보아 실행행위의 분담이 없었다고 판단한 원심판결을 파기한 사례(대판 1996.3.22. 96도313).

3) 합동의 시간적 한계

- [1] 입목을 절취하기 위하여 캐낸 때에 소유자의 입목에 대한 점유가 침해되어 범인의 사실적 지배하에 놓이게 되므로 범인이 그 점유를 취득하고 절도죄는 기수에 이른다. 이를 운반하거나 반출하는 등의 행위는 필요하지 않다. [2] 원심이 확정한 사실관계에 의하더라도, 피고인 2는 피고인 1이 영산홍을 땅에서 완전히 캐낸 이후에 비로소 범행장소로 와서 피고인 1과 함께 위 영산홍을 승용차까지 운반하였다는 것인바, 앞서 본 법리에 비추어 보면, 피고인 1이 영산홍을 땅에서 캐낸 그 시점에서 이미 피해자의 영산홍에 대한 점유가 침해되어 그 사실적 지배가 피고인 1에게 이동되었다고 봄이 상당하므로, 그때 피고인 1의 영산홍 절취행위는 기수에 이르렀다고 할 것이고, 이와 같이 보는 이상 그 이후에 피고인 2가 영산홍을 피고인 1과 함께 승용차까지 운반하였다고 하더라도 그러한 행위가 다른 죄에 해당하는지의 여부는 별론으로 하고, 피고인 2가 피고인 1과 합동하여 영산홍 절취행위를 하였다고 볼 수는 없다고 할 것이다. [3] 절도범인이 혼자 입목을 땅에서 완전히 캐낸 후에 비로소 제3자가 가담하여 함께 입목을 운반한 사안에서, 특수절도죄의 성립을 부정한 사례(대판 2008.10.23. 2008도6080). [해설] 피고인 1이 영산홍을 땅에서 완전히 캐낸 이후에 비로소 피고인 2가 범행장소로 와서 피고인 1과 함께 위 영산홍을 승용차까지 운반한 경우 피고인 1과 피고인 2는 특수절도죄가 아니라, 피고인 1은 절도죄 그리고 피고인 2는 장물운반죄 성립.

4) 합동절도의 실행의 착수시기 - 주간인 경우(물색행위시)

- 형법 제331조 제2항의 특수절도에 있어서 주거침입은 그 구성요건이 아니므로, 절도범인이 그 범행수단으로 주거침입을 한 경우에 그 주거침입행위는 절도죄에 흡수되지 아니하고 별개로 주거침입죄를 구성하여 절도죄와는 실체적 경합의 관계에 있게 되고, 2인 이상이 합동하여 야간이 아닌 주간에 절도의 목적으로 타인의 주거에 침입하였다 하여도 아직 절취할 물건의 물색행위를 시작하기 전이라면 특수절도죄의 실행에는 착수한 것으로 볼 수 없는 것이어서 그 미수죄가 성립하지 않는다(대판 2009.12.24. 2009도9667). [해설] 형법 제331조 제2항의 특수절도에서 절도범인이 그 범행수단으로 주거에 침입한 경우, 특수절도죄와 주거침입죄와의 죄수관계(=실체적 경합) 및 특수절도죄의 실행의 착수 시기(=물색행위시)를 설시한 판례.

5) 합동절도의 실행의 착수시기 - 야간인 경우(주거침입시 또는 손괴시)

① 두 사람이 공모 합동하여 타인의 재물을 절취하려고 한 사람은 망을 보고 또 한 사람은 기구를 가지고 출입문의 자물쇠를 떼어내거나 출입문의 환기창문을 열었다면 특수절도죄의 실행에 착수한 것이다(대판 1986.7.8. 86도843).

② [1] 위 지하실에까지 침입하였다거나 훔칠 물건을 물색하던 중 동파이프를 발견하고 그에 접근하였다는 등의 사실을 인정할 만한 증거가 없는 이상 비록 피고인이 창문으로 살펴보고 있었던 지하실에 실제로 값비싼 동파이프가 보관되어 있었다고 하더라도 피고인의 위 행위를 위 지하실에 놓여있던 동파이프에 대한 피해자의 사실상의 지배를 침해하는 밀접한 행위라고 볼 수 없다. [2] 피고인이 아파트 신축공사 현장 안에 있는 건축자재 등을 훔칠 생각으로 공범과 함께 위 공사현장 안으로 들어간 후 창문을 통하여 신축 중인 아파트의 지하실 안쪽을 살핀 행위가 특수절도죄의 실행의 착수에 해당하지 않는다고 한 사례(대판 2010.4.29. 2009도14554).

6) 기수시기

- 절도죄는 타인의 소지를 침해하여 재물이 자기의 소지로 이동할 때 즉 자기의 사실적 지배 밑에 둔 때에 기수가 된다고 할 것인바 피고인이 공동피고인과 함께 피해자 집에 침입하여 그 집 광에서 공동피고인이 자루에 담아 내주는 백미를 받아 그 집을 나오려 하다가 피해자에게 발각된 경우에는 특수절도죄의 기수가 된다 할 것이고 미수에 해당한다고 할 수 없다(대판 1964.12.8. 64도577).

7) 합동범의 공동정범

① 3인 이상의 범인이 합동절도의 범행을 공모한 후 적어도 2인 이상의 범인이 범행 현장에서 시간적, 장소적으로 협동관계를 이루어 절도의 실행행위를 분담하여 절도 범행을 한 경우에는 공동정범의 일반 이론에 비추어 그 공모에는 참여하였으나 현장에서 절도의 실행행위를 직접 분담하지 아니한 다른 범인에 대하여도 그가 현장에서 절도 범행을 실행한 위 2인 이상의 범인의 행위를 자기 의사의 수단으로 하여 합동절도의 범행을 하였다고 평가할 수 있는 정범성의 표지를 갖추고 있다고 보여지는 한 그 다른 범인에 대하여 합동절도의 공동정범의 성립을 부정할 이유가 없다고 할 것이다. 형법 제331조 제2항 후단의 규정이 위와 같이 3인 이상이 공모하고 적어도 2인 이상이 합동절도의 범행을 실행한 경우에 대하여 공동정범의 성립을 부정하는 취지라고 해석할 이유가 없을 뿐만 아니라, 만일 공동정범의 성립가능성을 제한한다면 직접 실행행위에 참여하지 아니하면서 배후에서 합동절도의 범행을 조종하는 수괴는 그 행위의 기여도가 강력함에도 불구하고 공동정범으로 처벌받지 아니하는 불합리한 현상이 나타날 수 있다. 그러므로 합동절도에서도 공동정범과 교사범·종범의 구별기준은 일반원칙에 따라야 하고, 그 결과 범행현장에 존재하지 아니한 범인도 공동정범이 될 수 있으며, 반대로 상황에 따라서는 장소적으로 협동한 범인도 방조만 한 경우에는 종범으로 처벌될 수도 있다(대판 1998.5.21. 98도321 전원합의체).

② [1] 3인 이상의 범인이 합동절도의 범행을 공모한 후 적어도 2인 이상의 범인이 범행 현장에서 시간적, 장소적으로 협동관계를 이루어 절도의 실행행위를 분담하여 절도 범행을 한 경우에, 그 공모에는 참여하였으나 현장에서 절도의 실행행위를 직접 분담하지 아니한 다른 범인에 대하여도 그가 현장에서 절도 범행을 실행한 위 2인 이상의 범인의 행위를 자기 의사의 수단으로 하여 합동절도의 범행을 하였다고 평가할 수

<u>있는 정범성의 표지를 갖추고 있는 한 공동정범의 일반 이론에 비추어 그 다른 범인에 대하여 합동절도의 공동정범</u>으로 인정할 수 있다. 한편, 형법 제30조의 공동정범은 공동가공의 의사와 그 공동의사에 기한 기능적 행위지배를 통한 범죄 실행이라는 주관적·객관적 요건을 충족함으로써 성립하는바, 공모자 중 일부가 구성요건 행위 중 일부를 직접 분담하여 실행하지 않은 경우라 할지라도 전체 범죄에서 그가 차지하는 지위, 역할이나 범죄 경과에 대한 지배 내지 장악력 등을 종합해 볼 때, 단순한 공모자에 그치는 것이 아니라 범죄에 대한 본질적 기여를 통한 기능적 행위지배가 존재하는 것으로 인정된다면, 이른바 공모공동정범으로서의 죄책을 면할 수 없다. [2] 피고인이 비록 망을 본 일이 없다고 하더라도, 피고인이 합동절도의 범행을 현장에서 실행한 원심 공동피고인 1 및 2와 공모하였고, 이 사건 범행을 직접 실행할 원심 공동피고인 2를 원심 공동피고인 1에게 소개하여 주었으며, 원심 공동피고인 2에게 이 사건 범행 도구인 면장갑과 쇼핑백을 구입하여 건네 주었고, 원심 공동피고인 1과 2가 이 사건 범행을 종료할 때까지 기다려 그들과 함께 절취한 현금을 운반한 후 그 중 일부를 분배받은 것만으로도 단순한 공모자에 그치는 것이 아니라 이 사건 범행에 대한 본질적 기여를 통한 기능적 행위지배를 하였다고 할 것이고, 따라서 피고인이 원심 공동피고인 1과 2의 행위를 자기 의사의 수단으로 하여 합동절도의 범행을 하였다고 평가될 수 있는 정범성의 표지를 갖추었다고 할 것이므로, 원심 공동피고인 1과 2의 위 합동절도의 범행에 대하여 공동정범으로서의 죄책을 면할 수 없다(대판 2011.5.13. 2011도2021).

③ <u>합동범이 성립하기 위하여는 주관적 요건으로서의 공모와 객관적 요건으로서의 실행행위의 분담</u>이 있어야 하나, 그 공모는 법률상 어떠한 정형을 요구하는 것이 아니어서 공범자 상호간에 직접 또는 간접으로 범죄의 공동가공의사가 암묵리에 서로 상통하면 되고, 사전에 반드시 어떠한 모의과정이 있어야 하는 것도 아니어서 범의 내용에 대하여 포괄적 또는 개별적인 의사연락이나 인식이 있었다면 공모관계가 성립하며, <u>그 실행행위는 시간적으로나 장소적으로 협동관계에 있다고 볼 수 있는 사정이 있으면 되는 것</u>이다(대판 2012.6.28. 2012도2631, 대판 1996.3.22. 96도313).

판례 자동차 등 불법사용죄

1) 자동차에 대한 사용절도

① 피고인들이 친구의 근무처인 세차장에 들렀다가 이 사건 승용차를 발견하고는 습득한 승용차 열쇠로 문을 열고 시동을 걸고서 아는 여자를 만나러 가기 위해 위 차를 운행하여 갔다가 위 세차장으로 되돌아 오던 중 위 승용차가 운행정지처분을 당하여 앞 번호판이 없었던 관계로 때마침 순찰중이던 방범대원에게 검문을 당하여 입건되었고 피고인들이 검거장소까지 운행한 거리가 약 2킬로미터 정도로서 그에 소요된 시간이 약 10분 정도라면 피고인들은 위 승용차를 불법영득하려 한 것이 아니고 잠깐 동안 사용할 의사로 위와 같이 무단운행한 것이라 인정되므로 피고인들에게 불법영득의 의사가 있다고 보기 어렵다(대판 1984.4.24. 84도311).

② 삼촌인 공소외인이 경영하는 카센터 종업원으로 근무하고 있었고 피고인과는 동네 친구 사이인데 범행 당일 만나서 밤 늦도록 함께 놀다가 카센터에 가보니 삼촌은 보이지 않고 삼촌의 친구

인 유중호가 그의 소유인 경기2토3399호 액센트승용차를 밖에 세워 놓고 카센터 안에 있는 방에서 잠을 자고 있어 피고인에게 삼촌친구가 잠을 자고 있는데 삼촌친구 차를 몰래 타 보자고 하자 피고인이 좋다고 하여 피해자 잠바 주머니에서 열쇠를 가지고 나와 피고인으로 하여금 위 차량을 운전하게 하여 차량을 가지고 간 것으로(사법경찰관 작성의 피의자신문조서, 수사기록 22정) 승용차를 운전하고 싶어 하루만 운전하고 돌아다니다가 돌려주려고 한 것이며 돈이 필요하여 승용차를 훔친 것은 아니며(검사 작성의 피의자신문조서, 수사기록 59정) 몰래 타고 다니는 동안 삼촌과 한 번 통화하였는데 삼촌이 차를 갖고 돌아오라고 하였는데 빨리 돌아가지 아니하였다고 진술하고(1심 공판기록 33정, 35정) 있고, 피고인도 수사기관에서 조사를 받을 때 원심 공동피고인이 삼촌친구의 차량을 타고 다니자고 말하여 좋다고 찬성을 하여 제가 운전을 할 줄 안다며 운전을 하겠다고 하였으며, 처음에는 몰래 잠깐 타고 제자리에 갔다 놓으려고 훔치게 되었는데 마음이 변하여 계속 타고 다닌 것이고, 돈이 필요하거나 다른 범죄에 사용하려고 자동차를 훔치게 된 것이 아니고 운전하고 싶은 충동에서 훔치게 된 것이라고 진술하고(사법경찰관 작성의 피의자신문조서, 수사기록 33정, 34정, 검사 작성의 피의자신문조서 수사기록 66정) 있고, 피고인은 항소 및 상고이유서에서 위 원심 공동피고인이 차를 빌린 것이라고 하여 차량을 운전하였던 것이라고 주장하고 있는바, 위와 같은 자료에 나타난 피고인, 원심 공동피고인 등과 차량 소유자인 피해자 등과의 관계 내지 이 사건 경위와 피고인 등이 이 사건 차량을 운전하고 며칠간 그들이 거주하는 부천 인근만을 돌아다니다가 불심 검문에 붙들려 차가 피해자에게 가환부된점 등 기록에 나타난 여러 사정에 비추어 본다면 피고인 등은 위 차량을 반환할 의사를 가지고 피해자의 동의 없이 일시 사용한 것이라고 볼 여지가 충분히 있고, 만일 사실이 그러하다면 <u>피고인 등의 위와 같은 행위에 대하여 형법 제331조의2에서 규정하고 있는 자동차등불법사용죄의 죄책을 물을 수 있음</u>은 별론으로 하고, 특수절도죄로 의율, 처벌할 수는 없다(대판 1998.9.4. 98도2181).

2) 불법영득의사

- [1] <u>형법 제331조의2에서 규정하고 있는 자동차등불법사용죄는 타인의 자동차 등의 교통수단을 불법영득의 의사 없이 일시 사용하는 경우에 적용되는 것으로서 불법영득의사가 인정되는 경우에는 절도죄로 처벌할 수 있을 뿐 본죄로 처벌할 수 없다.</u> [2] 절도죄의 성립에 필요한 불법영득의 의사라 함은 권리자를 배제하고 타인의 물건을 자기의 소유물과 같이 이용, 처분할 의사를 말하고 영구적으로 그 물건의 경제적 이익을 보유할 의사임은 요치 않으며 <u>일시사용의 목적으로 타인의 점유를 침탈한 경우에도 이를 반환할 의사 없이 상당한 장시간 점유하고 있거나 본래의 장소와 다른 곳에 유기하는 경우에는 이를 일시 사용하는 경우라고는 볼 수 없으므로 영득의 의사가 없다고 할 수 없다</u>(대판 2002.9.6. 2002도3465). [해설] 자동차등불법사용죄의 법적 성질을 결정하는 중요 개념에 대한 사례.

판례 상습절도죄

① 1974. 9. 5. 03:00부터 1974. 9. 26. 22:00까지 행한 3번의 특수절도사실, 2번의 특수절도미수사실, 1번의 야간주거침입절도사실, 1번의 절도사실들이 상습적으로 반복된 것으로 볼수 있다면 이러한 경우에는 그 중 <u>법정형이 가장 중한 상습특수절도의 죄에 나머지의 행위를 포괄시켜 하나의 죄만이 성립된다고 보는 것이 상당하다</u>(대판 1975.5.27. 75도1184).

② 절도죄에 있어서 상습성의 인정은 절도행위를 여러 번 하였다는 것만으로 반드시 인정된다고는 볼 수 없고 그 범행이 절도습성의 발현한 것으로 인정되는 경우에만 상습성의 인정이 가능한 것이고 수회의 범행이 우발적 동기나 급박한 경제적 사정에서 생한 것으로써 범인이 평소에 가지고 있던 절도습성의 발현이라고 볼 수 없는 경우에는 이를 상습절도로 인정할 수 없다(대판 1976.4.13. 76도259).

③ <u>상습절도 등의 범행을 한 자가 추가로 자동차등불법사용의 범행을 한 경우에 그것이 절도 습벽의 발현이라고 보이는 이상 자동차등불법사용의 범행은 상습절도 등의 죄에 흡수되어 1죄만이 성립하고 이와 별개로 자동차등불법사용죄는 성립하지 않는다</u>고 보아야 하고, 검사가 상습절도 등의 범행을 형법 제332조 대신에 특가법 제5조의4 제1항으로 의율하여 기소하였다 하더라도 그 공소제기의 효력은 동일한 습벽의 발현에 의한 자동차등불법사용의 범행에 대하여도 미친다고 보아야 한다(대판 2002.4.26. 2002도429).

④ 구 특정범죄 가중처벌 등에 관한 법률(2010. 3. 31. 법률 제10210호로 개정되기 전의 것) 제5조의4 제1항은 '상습적으로 형법 제329조부터 제331조까지의 죄 또는 그 미수죄를 범한 사람은 무기 또는 3년 이상의 징역에 처한다.'고 규정하고 있다. 이와 같이 위 규정에 의한 상습절도죄는 상습절도미수 행위 자체를 범죄의 구성요건으로 정하고 그에 관하여 무기 또는 3년 이상의 징역형을 법정하고 있는 점, 약취·유인죄의 가중처벌에 관한 위 법 제5조의2 제6항에서는 일부 기수행위에 대한 미수범의 처벌규정을 별도로 두고 있는 반면 <u>상습절도죄 등의 가중처벌에 관한 같은 법 제5조의4에서는 그와 같은 형식의 미수범 처벌규정이 아닌 위와 같은 내용의 처벌규정을 두고 있는 점을 비롯한 위 규정에 의한 상습절도죄의 입법 취지 등을 종합하면, 위 법 제5조의4 제1항이 적용되는 상습절도죄의 경우에는 형법 제25조 제2항에 의한 형의 미수감경이 허용되지 아니한다</u>(대판 2010.11.25. 2010도11620).

판례 상습절도와 주간 주거침입의 죄수관계

① 특정범죄가중처벌등에관한법률 제5조의4 제1항에 규정된 상습절도등 죄를 범한 범인이 그 범행의 수단으로 주거침입을 한 경우에 주거침입행위는 상습절도등 죄에 흡수되어 위 법조에 규정된 상습절도등죄의 1죄만이 성립하고 별개로 주거침입죄를 구성하지 않으며, 또 위 <u>상습절도 등 죄를 범한 범인이 그 범행 외에 상습적인 절도의 목적으로 주거침입을 하였다가 절도에 이르지 아니하고 주거침입에 그친 경우에도 그것이 절도상습성의 발현이라고 보여지는 이상 주거침입행위는 다른 상습절도등 죄에 흡수되어 위 법조에 규정된 상습절도의 1죄만을 구성하고 이 상습절도등 죄와 별개로 주거침입죄를 구성하지 않는다.</u> 만일 위와 같이 보지 아니하고 특가법 제5조의4 제1항에 규정된 상습절도등 죄 외에 별개로 <u>주거침입죄가 성립한다고 본다면, 상습으로 야간에 주거침입을 하여 절도를 한 상습야간주거침입절도의 경우에는 위 법조 소정의 1죄로서 그 법정형기내에서 처단하게 되는 반면 상습으로 주간에 주거침입을 하여 절도를 한 경우에는 위 법조 소정의 죄와 주거침입죄의 경합범이 되어 경합가중을 한 형기범위내에서 처단하게 되므로, 야간주거침입절도보다 죄질이 더 무겁다고 볼 수 없는 주간 주거침입절도에 대한 처단형이 오히려 야간주거침입절도의 경우보다 더 무겁게 되는 불합리한 결과가 된다</u>(대판 1984.12.26. 84도1573 전원합의체). [해설] 구 특가법 제5조의4 제1항 관련 판례(처단형의 불균형 문제 발생). ① 야간에 주거침입절도를 한 경우에는 구 특가법 제5조의4 제1항(무기 또는 3년 이상의 징역)만 적용, ② 주간에 주거침입과 절도를 한 경우에는 구 특가법 제5조의4 제1항과 형법상 주거침입죄

가 경합범 가중처리되어 죄질이 더 무거운 ① 의 처단형이 더 가볍게 됨(징역 3년 이상 < 징역 3년 이상 +징역 3년 이하 또는 벌금 500만원 이하).

② 특정범죄가중처벌 등에 관한 법률 제5조의4 제5항은 범죄경력과 누범가중에 해당함을 요건으로 하는 반면, 같은 조 제1항은 상습성을 요건으로 하고 있어 그 요건이 서로 다르다. 또한, 형법 제330조의 야간주거침입절도죄 및 제331조 제1항의 손괴특수절도죄를 제외하고 일반적으로 주거침입은 절도죄의 구성요건이 아니므로, 절도범인이 그 범행수단으로 주거침입을 한 경우에 그 주거침입행위는 절도죄에 흡수되지 아니하고 별개로 주거침입죄를 구성하여 절도죄와는 실체적 경합의 관계에 서는 것이 원칙이다. 따라서 주간에 주거에 침입하여 절도함으로써 특정범죄가중처벌 등에 관한 법률 제5조의4 제5항 위반죄가 성립하는 경우, 별도로 형법 제319조의 주거침입죄를 구성한다(대판 2008.11.27. 2008도7820).
[해설] 구 특가법 제5조의4 제5항 관련 판례. 주간의 주거침입죄와 특가법 제5조의4 제5항의 절도죄는 실체적 경합범 관계.

③ 형법 제330조에 규정된 야간주거침입절도죄 및 형법 제331조 제1항에 규정된 특수절도(야간손괴침입절도)죄를 제외하고 일반적으로 주거침입은 절도죄의 구성요건이 아니므로 절도범인이 범행수단으로 주거침입을 한 경우에 주거침입행위는 절도죄에 흡수되지 아니하고 별개로 주거침입죄를 구성하여 절도죄와는 실체적 경합의 관계에 서는 것이 원칙이다. 또 형법 제332조는 상습으로 단순절도(형법 제329조), 야간주거침입절도(형법 제330조)와 특수절도(형법 제331조) 및 자동차 등 불법사용(형법 제331조의2)의 죄를 범한 자는 그 죄에 정한 각 형의 2분의 1을 가중하여 처벌하도록 규정하고 있으므로, 위 규정은 주거침입을 구성요건으로 하지 않는 상습단순절도와 주거침입을 구성요건으로 하고 있는 상습야간주거침입절도 또는 상습특수절도(야간손괴침입절도)에 대한 취급을 달리하여, 주거침입을 구성요건으로 하고 있는 상습야간주거침입절도 또는 상습특수절도(야간손괴침입절도)를 더 무거운 법정형을 기준으로 가중처벌하고 있다. 따라서 상습으로 단순절도를 범한 범인이 상습적인 절도범행의 수단으로 주간(낮)에 주거침입을 한 경우에 주간 주거침입행위의 위법성에 대한 평가가 형법 제332조, 제329조의 구성요건적 평가에 포함되어 있다고 볼 수 없다. 그러므로 형법 제332조에 규정된 상습절도죄를 범한 범인이 범행의 수단으로 주간에 주거침입을 한 경우 주간 주거침입행위는 상습절도죄와 별개로 주거침입죄를 구성한다. 또 형법 제332조에 규정된 상습절도죄를 범한 범인이 그 범행 외에 상습적인 절도의 목적으로 주간에 주거침입을 하였다가 절도에 이르지 아니하고 주거침입에 그친 경우에도 주간 주거침입행위는 상습절도죄와 별개로 주거침입죄를 구성한다(대판 2015.10.15. 2015도8169). [해설] 형법상 상습절도 관련 판례. 주간의 주거침입죄와 상습절도죄는 실체적 경합범 관계(형의 불균형의 문제가 발생하지 않음). ① 야간에 주거침입절도를 한 경우는 상습야간주거침입절도(형법 제332조, 15년 이하의 징역), ② 주간에 주거침입과 절도를 한 경우에는 상습(단순)절도(9년 이하의 징역 또는 1,500만원 이하의 벌금)+주간 주거침입(3년 이하의 징역 또는 500만원 이하의 벌금). 형법 제332조(상습절도)가 개별 절도범죄구성요건(단순절도, 야간주거침입절도, 특수절도, 자동차등 불법사용)마다 상습범으로 처벌하고 있으므로 주거침입 여부도 개별적으로 검토해야 한다는 취지의 판결.

④ 특정범죄 가중처벌 등에 관한 법률 제5조의4 제6항에 규정된 상습절도 등 죄를 범한 범인이 그 범행의 수단으로 주거침입을 한 경우에 주거침입행위는 상습절도 등 죄에 흡수되어 위 조문에 규정된 상습절도 등 죄의 1죄만이 성립하고 별개로 주거침입죄를 구성하지 않으며, 또 위 상습절도 등 죄를 범한 범인이 그 범행 외에 상습적인 절도의 목적으로 주거침입을 하였다가 절도에 이르지 아니하고 주거침입에 그친 경우에도 그것이 절도상습성의 발현이라고 보이는 이상 주거침입행위는 다른 상습절도 등 죄에 흡수되어 위 조문

에 규정된 상습절도 등 죄의 1죄만을 구성하고 상습절도 등 죄와 별개로 주거침입죄를 구성하지 않는다(대판 2017.7.11. 2017도4044). **[해설]** 특가법 제5조의 4 제6항 관련 판례(처단형의 불균형 문제 발생). 주간의 주거침입은 흡수됨. 특가법 제5조의4 제6항 상습절도와 주간 주거침입의 죄수관계에 대해서 참조판례로 84도1573을 제시함. 특가법 제5조의 4 제6항의 법정형이 3년 이상 25년 이하이므로 구 특가법 제5조의 4 제1항과 동일하게 처단형의 불균형의 문제가 발생. 특가법 제5조의4 제6항은 구특가법 제5조의4 제1항과 같이 모든 절도유형(형법 제329조부터 제331조까지)을 한꺼번에 포괄하고 있으므로 구특가법 당시의 판례에 따라 주거침입죄는 상습절도에 흡수된다는 취지의 판결.

V. 친족상도례

> **제344조(친족간의 범행)**
> 제328조의 규정은 제329조 내지 제332조의 죄 또는 미수범에 준용한다.
>
> **제328조(친족간의 범행과 고소)**
> ① 직계혈족, 배우자, 동거친족, 동거가족 또는 그 배우자간의 제323조의 죄는 그 형을 면제한다.
> ② 제1항이외의 친족간에 제323조의 죄를 범한 때에는 고소가 있어야 공소를 제기할 수 있다.
> ③ 전 2항의 신분관계가 없는 공범에 대하여는 전 2항을 적용하지 아니한다.

1. 의의와 법적 성질

(1) 의의

강도죄와 손괴죄 그리고 강제집행면탈죄를 제외한 재산죄에 대하여 친족 간의 범죄는 형을 면제하거나 고소가 있어야 공소를 제기할 수 있는 특례가 인정되고 있는바, 이를 친족상도례라고 한다(제344조). 이는 친족 간의 정서를 고려하여 가정 내의 사건에 대해서는 법이 되도록 개입하지 않는 것이 좋다는 법정책적 고려에 기초하고 있다(법정책설 : 통설).

(2) 법적 성질

친족상도례에 의하여 형을 면제하는 경우에 그 법적 성질은 인적 처벌조각사유이다(통설). 따라서 친족상도례는 범죄는 성립하지만 형벌권이 발생하지 않는 경우에 해당한다.

2. 친족의 범위

(1) 친족관계의 존재범위

친족상도례가 적용되기 위하여는 친족관계가 행위자와 재물의 소유자뿐만 아니라 점유자 사이에도 있어야 한다고 해석하는 것이 통설·판례이다(소유자·점유자관계설).

(2) 친족의 범위

친족 또는 가족의 범위는 민법에 따라 정하여진다. ㈎ 동거친족이란 같은 주거에서 일상생활을 공동으로 하는 친족을 말하며, 일시적으로 숙박하고 있는 친족은 여기에 해당하지 않는다. ㈏ 배우자는 법률상의 배우자를 의미하며, 사실상의 배우자는 포함되지 않는다(부정설 : 다수설). ㈐ 친족관계는 행위시에 존재하여야 하며 행위 후에 소멸되더라도 상관없다(통설). ㈑ 인지하기 전의 혼인 외의 출생자에게는 친족상도례가 적용되지 않지만, 인지의 효력은 민법 제860조에 의하여 출생시에 소급하므로 혼인 외의 출생자의 절도범행 '후'에 인지가 행해진 경우에 친족상도례가 적용된다.

3. 친족관계의 착오

친족상도례가 적용되기 위하여는 친족관계가 객관적으로 존재하면 족하고 행위자가 이를 인식할 것을 요하지 않는다(예 : 아버지의 방에서 다른 사람의 물건으로 알고 절취를 한 경우, 이 물건이 아버지의 것이었다면 친족상도례 적용). 따라서 친족관계에 대한 착오는 고의에 영향을 미치지 않으며, 범죄의 성립에 지장을 주지 않는다(예 : 타인의 재물을 자신의 아버지의 재물로 오인하고 절취한 경우, 절도의 고의가 인정되고 친족상도례는 적용되지 않음). 판례도 "피고인이 근 본가의 소유물로 오신하여 이를 절취하였다 할지라도 그 오신은 형의 면제사유에 관한 것으로서 이에 범죄의 구성요건 사실에 관한 본조(현행 형법 제15조) 제1항은 적용되지 않는 것이므로 그 오신은 본건 범죄의 성립이나 처벌에 아무런 영향도 미치지 아니한다(대판 1966.6.28. 66도104)"고 한다.

4. 친족상도례의 적용범위

(1) 친족상도례의 적용범위

친족상도례는 정범은 물론 공범에게도 적용된다. 그러나 ㈎ 정범과 공범은 물론 수인의 공범에 대하여도 친족상도례는 친족관계가 있는 자에게만 적용된다(제328조 제3항, 제365조 제2항 단서). 예를 들어 갑과 을이 갑의 부(父)의 물건을 공동으로 절취한 경우에 갑에게는 절도죄가 성립하나 친족상도례가 적용되어 형이 면제되고, 을은 절도죄로 처벌한다. ㈏ 형법은 친족상도례를 권리행사방해죄에서 규정하고, 이를 절도의 죄 이외에 사기와 공갈의 죄(제354조), 횡령과 배임의 죄(제361조) 및 장물의 죄(제365조)에 준용하고 있다. 그러나 강도죄와 손괴죄 및 강제집행면탈죄에 대해서는 적용되지 않는다. 특별형법상의 재산죄의 경우에도 제328조의 적용을 배제한다는 명시적 규정이 없는 한 적용된다.

(2) 친족상도례가 인정되는 인적 범위

㈎ 절도죄에서는 재물소유자와 점유자가 다른 경우 소유자와 점유자 모두가 행위자와 친족관계이어야 한다. ㈏ 횡령죄에서 재물소유자와 위탁자가 다른 경우 소유자와 위탁자 모두가 행위자와 친족관계이어야 한다. ㈐ 사기죄에서 피해자와 피기망자가 다른 경우 피해자(소유자)만 행위자와 친족관계가 있어도 충분하다. ㈑ 공갈죄에서 피해자와 피공갈자가 다른 경우 피공갈자와 교부자(피해자) 모두가 행위자와 친족관계이어야 한다.

> **제354조(친족간의 범행, 동력)**
> 제328조와 제346조의 규정은 본장의 죄에 준용한다.
>
> **제361조(친족간의 범행, 동력)**
> 제328조와 제346조의 규정은 본장의 죄에 준용한다.
>
> **제365조(친족간의 범행)**
> ① 전3조의 죄를 범한 자와 피해자간에 제328조제1항, 제2항의 신분관계가 있는 때에는 동조의 규정을 준용한다.

② 전3조의 죄를 범한 자와 본범간에 제328조제1항의 신분관계가 있는 때에는 그 형을 감경 또는 면제한다. 단, 신분관계가 없는 공범에 대하여는 예외로 한다.

5. 친족상도례의 적용효과

직계혈족, 배우자, 동거친족, 동거가족 또는 그 배우자 간의 제323조의 죄는 형을 면제한다(제328조 제1항 : 형면제판결). 제1항 이외의 친족 간에 제323조의 죄를 범한 때에는 고소가 있어야 공소를 제기할 수 있다(제328조 제2항 : 상대적 친고죄).

판례 특별법상의 재산죄와 친족상도례

① 형법 제354조, 제328조의 규정을 종합하면, 직계혈족, 배우자, 동거친족, 호주, 가족 또는 그 배우자 간의 사기 및 사기미수의 각 죄는 그 형을 면제하여야 하고, 그 외의 친족 간에는 고소가 있어야 공소를 제기할 수 있으며, 또한 형법상 사기죄의 성질은 특정경제범죄가중처벌등에관한법률 제3조 제1항에 의해 가중처벌되는 경우에도 그대로 유지되고, 특별법인 특정경제범죄가중처벌등에관한법률에 친족상도례에 관한 형법 제354조, 제328조의 적용을 배제한다는 명시적인 규정이 없으므로, <u>형법 제354조는 특정경제범죄가중처벌등에관한법률 제3조 제1항 위반죄에도 그대로 적용된다</u>(대판 2000.10.13. 99오1).

② [1] 형법 제354조, 제328조의 규정에 의하면, 직계혈족, 배우자, 동거친족, 동거가족 또는 그 배우자 간의 공갈죄는 그 형을 면제하여야 하고 그 외의 친족 간에는 고소가 있어야 공소를 제기할 수 있는바, 흉기 기타 위험한 물건을 휴대하고 공갈죄를 범하여 '폭력행위 등 처벌에 관한 법률' 제3조 제1항, 제2조 제1항 제3호에 의하여 가중처벌되는 경우에도 형법상 공갈죄의 성질은 그대로 유지되는 것이고, 특별법인 위 법률에 친족상도례에 관한 형법 제354조, 제328조의 적용을 배제한다는 명시적인 규정이 없으므로, 형법 제354조는 '폭력행위 등 처벌에 관한 법률 제3조 제1항 위반죄'에도 그대로 적용된다. [2] <u>피고인과 친족관계에 있는 피해자에 대한 '흉기휴대 공갈'의 '폭력행위 등 처벌에 관한 법률 위반죄'를 형법 제354조, 제328조에 의하여 피해자의 고소가 있어야 논할 수 있는 친고죄로 보고</u>, 제1심판결 선고 전에 피고인의 처벌을 바라지 아니하는 의사가 표시된 합의서가 제출되었다는 이유로, 형사소송법 제327조 제5호에 의하여 공소를 기각한 원심판결을 수긍한 사례(대판 2010.7.29. 2010도5795).

③ 형법상 횡령죄의 성질은 '특정경제범죄 가중처벌 등에 관한 법률'(이하 '특경법'이라고 한다) 제3조 제1항에 의해 가중 처벌되는 경우에도 그대로 유지되고, 특경법에 친족상도례에 관한 형법 제361조, 제328조의 적용을 배제한다는 명시적인 규정이 없으므로, 형법 제361조는 특경법 제3조 제1항 위반죄에도 그대로 적용된다(대판 2013.9.13. 2013도7754).

판례 혼인이 무효인 경우

• 민법 제815조 제1호는 당사자 사이에 혼인의 합의가 없는 때에는 그 혼인을 무효로 한다고 규정하고 있고, 이 혼인무효 사유는 당사자 사이에 사회관념상 부부라고 인정되는 정신적·육체적 결합을 할 의사를 가지고 있지 않은 경우를 가리킨다. 그러므로 비록 <u>당사자 사이에 혼인의 신고가 있</u>

었더라도, 그것이 단지 다른 목적을 달성하기 위한 방편에 불과한 것으로서 그들 사이에 참다운 부부관계의 설정을 바라는 효과의사가 없을 때에는 그 혼인은 무효라고 할 것이다. 그리고 형법 제354조, 제328조 제1항에 의하면 배우자 사이의 사기죄는 이른바 친족상도례에 의하여 형을 면제하도록 되어 있으나, 사기죄를 범하는 자가 금원을 편취하기 위한 수단으로 피해자와 혼인신고를 한 것이어서 그 혼인이 무효인 경우라면, 그러한 피해자에 대한 사기죄에서는 친족상도례를 적용할 수 없다고 할 것이다(대판 2015.12.10. 2014도11533).

판례　사돈지간

- [1] 친족상도례가 적용되는 친족의 범위는 민법의 규정에 의하여야 하는데, 민법 제767조는 배우자, 혈족 및 인척을 친족으로 한다고 규정하고 있고, 민법 제769조는 혈족의 배우자, 배우자의 혈족, 배우자의 혈족의 배우자만을 인척으로 규정하고 있을 뿐, 구 민법(1990. 1. 13. 법률 제4199호로 개정되기 전의 것) 제769조에서 인척으로 규정하였던 '혈족의 배우자의 혈족'을 인척에 포함시키지 않고 있다. 따라서 사기죄의 피고인과 피해자가 사돈지간이라고 하더라도 이를 민법상 친족으로 볼 수 없다. [2] 피고인이 백화점 내 점포에 입점시켜 주겠다고 속여 피해자로부터 입점비 명목으로 돈을 편취하였다며 사기로 기소된 사안에서, 피고인의 딸과 피해자의 아들이 혼인하여 피고인과 피해자가 사돈지간이라고 하더라도 민법상 친족으로 볼 수 없는데도, 2촌의 인척인 친족이라는 이유로 위 범죄를 친족상도례가 적용되는 친고죄라고 판단한 후 피해자의 고소가 고소기간을 경과하여 부적법하다고 보아 공소를 기각한 원심판결 및 제1심 판결에 친족의 범위에 관한 법리오해의 위법이 있다고 하여 모두 파기한 사례(대판 2011.4.28. 2011도2170).

판례　'그 배우자'의 의미

- 형법 제354조에 의하여 준용되는 제328조 제1항에서 "직계혈족, 배우자, 동거친족, 동거가족 또는 그 배우자 간의 제323조의 죄는 그 형을 면제한다."고 규정하고 있는바, 여기서 '그 배우자'는 동거가족의 배우자만을 의미하는 것이 아니라, 직계혈족, 동거친족, 동거가족 모두의 배우자를 의미하는 것으로 볼 것이다. 기록에 의하면, 피고인이 피해자 조성만의 직계혈족의 배우자임을 이유로 형법 제354조, 제328조 제1항에 따라 피해자 조성만에 대한 상습사기의 점에 관한 공소사실에 대하여 형을 면제한 것은 정당하고 거기에 상고이유의 주장과 같이 친족상도례에 관한 법리를 오해한 위법이 없다(대판 2011.5.13. 2011도1765).

판례　인적 범위

1) 소유자와 점유자

① 친족상도례에 관한 규정은 범인과 피해물건의 소유자 및 점유자 모두 사이에 친족관계가 있는 경우에만 적용되는 것이고 절도범인이 피해물건의 소유자나 점유자의 어느 일방과 사이에서만 친족관계가 있는 경우에는 그 적용이 없다(대판 1980.11.11. 80도131).

② 당사자 사이에 자동차의 소유권을 그 등록명의자 아닌 자가 보유하기로 약정한 경우, 그 약정 당사자 사이의 내부관계에서는 등록명의자 아닌 자가 소유권을 보유하게 된다고 하더라도 제3자에 대한 관계에서는 어디까지나 그 등록명의자가 자동차의 소유자라고 할 것이다. 한편 형법상 절취란 타인이 점유하고 있는 자기 이외의 자의 소유물을 점유자의 의사에 반하여 그 점유를 배제하고 자기 또는 제3자의 점유로 옮기는 것을 말하고, 형법 제344조에 의하여 준용되는 <u>형법 제328조 제1항에 정한 친족 간의 범행에 관한 규정은 범인과 피해물건의 소유자 및 점유자 쌍방 간에 같은 규정에 정한 친족관계가 있는 경우에만 적용되는 것이며, 단지 절도범인과 피해물건의 소유자 간에만 친족관계가 있거나 절도범인과 피해물건의 점유자간에만 친족관계가 있는 경우에는 그 적용이 없다고 보아야 한다</u>(대판 2014.9.25. 2014도8984).

2) 친족상도례가 적용되는 경우

- 이건 피해품인 민화가 피고인의 오빠가 매수한 것이라면 이는 동인의 특유재산으로서 이에 대한 점유·관리권은 동인에게 있다 할 것이고 범행 당시 비록 동인이 집에 없었다 하더라도 그것이 동인소유의 집 벽에 걸려 있었던 이상 동인의 지배력이 미치는 범위 안에 있는 것이라 할 것이므로 동인의 소지에 속하고 그 부부의 공동점유 하에 있다고 볼 수는 없어 이를 절취한 행위에 대하여는 친족상도례가 적용된다(대판 1985.3.26. 84도365).

3) 친족상도례가 적용되지 않는 경우

① 피고인은 공소외인으로부터 정기예금의 이자를 찾아달라는 부탁을 받고 그로부터 100만원짜리 정기예금증서 1장과 그 인감도장을 교부받자 그 예금을 편취할 목적으로 담당은행 직원에게 예금주를 가장하고 그 정기예금을 해약하겠으니 예금한 돈을 달라고 거짓말을 하여 그로 하여금 그와 같이 오신케 한 후 그로부터 이자를 공제한 나머지 금 90만원을 공소외인 명의로 인출 교부받아 피해자 공소외인 소유의 돈을 편취한 것이라고 설시하고 있다. 만일 위 설시와 같이 그 정기예금의 피해자가 은행이 아니고 공소외인이라고 한다면 공소외인은 피고인의 숙부로서 위와 같이 이미 그 고소를 취소한 이상 원심은 의당 형법 제354조, 제328조 제2항 형사소송법 제327조 제5호에 따라 그 부분에 대해서는 공소기각 판결을 하여야 할 것인데 이를 간과한 위법이 있다고 하지 않을 수 없을 것이나 원심판시와 같이 피고인이 예금주를 가장하고 예금해약을 빙자하여 그 예금을 편취하였다면 그 예금의 소유권은 소비기탁으로 은행에 귀속되었다 할것이므로 은행에서 피고인에게 내준 돈이 공소외인 소유의 돈이라고 볼 수 없을 것이며, 은행은 피고인이 위 정기예금증서와 그 인감도장을 소지하고 있었기 때문에 혹 채권의 준점유자에 대한 변제로서 민사상 보호를 받고 그 예금주로부터의 책임추궁을 면하는 경우가 있다손 치더라도 그 때문에 형사상 그 사기피해자가 은행이 아니고 공소외인이라고 단정할 수는 없을 것이다(대판 1972.11.14. 72도1946).

② [1] 컴퓨터 등 정보처리장치를 통하여 이루어지는 금융기관 사이의 전자식 자금이체거래는 금융기관 사이의 환거래관계를 매개로 하여 금융기관 사이나 금융기관을 이용하는 고객 사이에서 현실적인 자금의 수수 없이 지급·수령을 실현하는 거래방식인바, <u>권한 없이 컴퓨터 등 정보처리장치를 이용하여 예금계좌 명의인이 거래하는 금융기관의 계좌 예금 잔고 중 일부를 자신이 거래하는 다른 금융기관에 개설된 그 명의 계좌로 이체한 경우, 예금계좌 명의인의 거래 금융기관에 대한 예금반환채권은 이러한 행위로 인하여 영향을 받을 이유가 없는 것이므로, 거래 금융기관으로서는 예금계좌 명의인에 대한 예금반환 채무를 여전히 부담하면서도 환거래관계상 다른 금융기관에 대하여 자금이체로</u>

인한 이체자금 상당액 결제채무를 추가 부담하게 됨으로써 이체된 예금 상당액의 채무를 이중으로 지급해야 할 위험에 처하게 된다. 따라서 친척 소유 예금통장을 절취한 자가 그 친척 거래 금융기관에 설치된 현금자동지급기에 예금통장을 넣고 조작하는 방법으로 친척 명의 계좌의 예금 잔고를 자신이 거래하는 다른 금융기관에 개설된 자기 계좌로 이체한 경우, 그 범행으로 인한 피해자는 이체된 예금 상당액의 채무를 이중으로 지급해야 할 위험에 처하게 되는 그 친척 거래 금융기관이라 할 것이고, 거래 약관의 면책 조항이나 채권의 준점유자에 대한 법리 적용 등에 의하여 위와 같은 범행으로 인한 피해가 최종적으로는 예금 명의인인 친척에게 전가될 수 있다고 하여, 자금이체 거래의 직접적인 당사자이자 이중지급 위험의 원칙적인 부담자인 거래 금융기관을 위와 같은 컴퓨터 등 사용사기 범행의 피해자에 해당하지 않는다고 볼 수는 없으므로, 위와 같은 경우에는 친족 사이의 범행을 전제로 하는 친족상도례를 적용할 수 없다. [2] 손자가 할아버지 소유 농업협동조합 예금통장을 절취하여 이를 현금자동지급기에 넣고 조작하는 방법으로 예금 잔고를 자신의 거래 은행계좌로 이체한 사안에서, 위 농업협동조합이 컴퓨터 등 사용사기 범행 부분의 피해자라는 이유로 친족상도례를 적용할 수 없다고 한 사례(대판 2007.3.15. 2006도2704). [해설] 절취한 친족 소유의 예금통장을 현금자동지급기에 넣고 조작하여 예금 잔고를 다른 금융기관의 자기 계좌로 이체하는 방법으로 저지른 컴퓨터등사용사기죄에 있어서의 피해자와 친족상도례의 적용대상을 설시한 판례.

③ 피고인 등이 공모하여, 피해자 甲, 乙 등을 기망하여 甲, 乙 및 丙과 부동산 매매계약을 체결하고 소유권을 이전받은 다음 잔금을 지급하지 않아 같은 금액 상당의 재산상 이익을 편취하였다는 내용으로 기소된 사안에서, 甲은 피고인의 8촌 혈족, 丙은 피고인의 부친이나, 위 부동산이 甲, 乙, 丙의 합유로 등기되어 있어 피고인에게 형법상 친족상도례 규정이 적용되지 않는다고 본 원심판단을 수긍한 사례(대판 2015.6.11. 2015도3160).

판례 인지의 소급효와 친족상도례

- 형법 제344조, 제328조 제1항 소정의 친족 간의 범행에 관한 규정이 적용되기 위한 친족관계는 원칙적으로 범행 당시에 존재하여야 하는 것이지만, 부가 혼인 외의 출생자를 인지하는 경우에 있어서는 민법 제860조에 의하여 그 자의 출생 시에 소급하여 인지의 효력이 생기는 것이며, 이와 같은 인지의 소급효는 친족상도례에 관한 규정의 적용에도 미친다고 보아야 할 것이므로, 인지가 범행 후에 이루어진 경우라고 하더라도 그 소급효에 따라 형성되는 친족관계를 기초로 하여 친족상도례의 규정이 적용된다(대판 1997.1.24. 96도1731).

판례 제328조 제2항의 친족관계

① 절도피해자가 범인의 고모 아들의 부인 즉 고종사촌 형수인 경우에는 범인과 피해자 사이에는 형법 제328조 제2항 소정의 친족관계가 있다(대판 1980.3.25. 79도2874).

② 절도죄의 피고인이 피해자의 외사촌 동생이라면 형법 제344조, 제328조 제2항에 의하여 피해자의 고소가 있어야 처벌할 수 있다(대판 1991.7.12. 91도1077).

 **판 례** 소송사기와 친족상도례

① 법원을 기망하여 제3자로부터 재물을 편취한 경우에 피기망자인 법원은 피해자가 될 수 없고 재물을 편취당한 제3자가 피해자라고 할 것이므로 피해자인 제3자와 사기죄를 범한 자가 직계혈족의 관계에 있을 때에는 그 범인에 대하여 형법 328조 제1항을 준용하여 형을 면제하여야 한다(대판 1976.4.13. 75도781).

② 사기죄의 보호법익은 재산권이라고 할 것이므로 사기죄에 있어서는 재산상의 권리를 가지는 자가 아니면 피해자가 될 수 없는 것이다. 그러므로 법원을 기망하여 제3자로부터 재물을 편취한 경우에 <u>피기망자인 법원은 피해자가 될 수 없고 재물을 편취당한 제3자가 피해자라고 할 것이므로 피해자인 제3자와 사기죄를 범한 자가 직계혈족의 관계에 있을 때에는 그 범인에 대하여 형법 328조 제1항을 준용하여 형을 면제하여야 한다</u>(대판 2014.9.26. 2014도8076).

판 례 횡령죄와 친족관계의 존재범위

- 횡령범인이 위탁자가 소유자를 위해 보관하고 있는 물건을 위탁자로부터 보관받아 이를 횡령한 경우에 형법 제361조에 의하여 준용되는 제328조 제2항의 친족 간의 범행에 관한 조문은 <u>범인과 피해물건의 소유자 및 위탁자 쌍방 사이에 같은 조문에 정한 친족관계가 있는 경우에만 적용되고, 단지 횡령범인과 피해물건의 소유자 간에만 친족관계가 있거나 횡령범인과 피해물건의 위탁자 간에만 친족관계가 있는 경우에는 적용되지 않는다</u>(대판 2008.7.24. 2008도3438).

 **제2절 | 강도의 죄**

Ⅰ. 서론

1. 강도죄의 의의 및 보호법익

폭행 또는 협박으로 타인의 재물을 강취하거나 기타 재산상의 이익을 취득하거나 제3자로 하여금 이를 취득케 함으로써 성립하는 범죄이다(제333조). ㈎ 강도죄는 폭행 또는 협박을 수단으로 재산권을 침해하는 범죄이므로 그 주된 보호법익은 소유권 또는 재산권이지만 자유권, 즉 의사결정과 의사활동의 자유도 부차적인 보호법익이 되며, 보호받는 정도는 침해범이다. 따라서 ㈏ 재물을 취득하기는 하였으나 그 수단인 협박이 상대방의 의사의 자유를 침해할 정도에 이르지 못하였다든가, 협박으로 상대방의 의사의 자유를 침해하였으나 재물강취에는 실패한 경우 모두 강도죄의 '미수범'이 성립한다.

2. 구별개념

(1) 절도죄와의 구별

강도죄는 타인의 재물을 그 의사에 반하여 탈취한다는 점에서 절도죄와 동일하다. 그러나 ㈎ 객체에 있어 절도죄는 재물이나 강도죄는 재물 및 재산상의 이익도 포함되며, ㈏ 폭행·협박이 수단인지 여부에 대해서는 강도죄의 경우 수단이 되며, ㈐ 보호법익에 있어서 절도죄는 소유권이 그 보호법익이나 강도죄의 경우에는 재산권 및 자유권도 그 보호법익으로 하는 점이다. 그리고 ㈑ 친족상도례의 적용 여부에 대해서 강도죄는 적용되지 아니한다는 점을 그 차이점으로 들고 있다.

<강도죄와 절도죄의 비교>

	강도죄	절도죄
보호법익	재산권·신체의 자유	소유권
객체	재물 및 재산상의 이익	재물
폭행·협박	○	×
친족상도례의 적용	적용 ×	적용 ○

(2) 공갈죄와의 구별

강도죄는 재물 및 재산상의 이익을 객체로 하고, 폭행·협박을 수단으로 한다는 점에서 공갈죄와 동일하다. 그러나 ㈎ 공갈죄의 경우 단지 공포심을 생기게 할 정도의 폭행·협박의 정도를 요하지만, 강도죄의 경우에는 반항을 억압할 수 있을 정도를 요한다. ㈏ 처분행위의 필요성에 대해서는 공갈죄의 경우 요한다고 하나, 강도죄의 경우에는 불요하다는 입장이다. ㈐ 친족상도례의 적용여부에 있어서 강도죄는 적용되지 아니한다는 차이점 등이 있다.

<강도죄와 공갈죄의 비교>

	강도죄	공갈죄
폭행·협박의 정도	반항을 억압할 정도	공포심의 유발 정도
처분행위	불요(탈취죄)	필요(편취죄)
친족상도례의 적용	적용 ×	적용 ○

3. 구성요건의 체계

기본적 구성요건은 단순강도죄(제333조)이며, 이에 대한 가중적 구성요건으로는 특수강도죄(제334조), 강도상해·치상죄(제337조), 강도살인·치사죄(제338조), 강도강간죄(제339조), 해상강도죄(제340조) 및 상습강도죄(제341조)가 있다. 또한, 강도죄는 미수범(제342조)과 예비·음모(제343조)를 벌하며, 자격정지를 병과할 수 있도록 하고 있다(제345조).

	기본적 구성요건		강도죄(제333조)
형법상	가중적 구성요건	행위방법으로 인한 불법가중유형	특수강도죄(제334조), 해상강도죄(제340조 제1항)
		상습성으로 인한 책임가중유형	상습강도죄(제341조)

	결합범으로서 가중유형	강도상해죄(제337조), 강도살인죄(제338조), 강도강간죄(제339조), 해상강도상해·살인·강간죄(제340조 제2항)
	결과적 가중범	강도치상죄(제337조), 강도치사죄(제338조), 해상강도치상·치사죄(제340조 제2항·제3항)
	특수유형	준강도죄(제335조)
	독립적 구성요건	인질강도죄(제336조)
	미수범 및 예비·음모 처벌	제333조 내지 제341조의 죄(제342조 및 제343조)
특별 형법상	특정범죄가중처벌등에관한법률	강도의 상습범(제5조의4), 미성년자의 약취·유인범이 인질강도죄를 범한 경우 가중처벌(제5조의2 제2항 제1호)
	특정강력범죄의처벌에관한특례법	강도죄 등의 처벌에 관한 특례규정(제2조 제1항 제4호)

II. 강도죄

> **제333조(강도)**
> 폭행 또는 협박으로 타인의 재물을 강취하거나 기타 재산상의 이익을 취득하거나 제삼자로 하여금 이를 취득하게 한 자는 3년 이상의 유기징역에 처한다.

1. 객관적 구성요건

(1) 행위의 객체

타인의 재물 또는 재산상의 이익이다. 재물은 절도죄에 있어서와 같이 타인의 점유에 속하는 타인 소유의 재물이어야 하며, 재산상의 이익이란 재물 이외의 일체의 재산적 가치 있는 이익을 말한다.

재산상의 이익을 형법상 어떻게 파악할 것인가에 관하여는 (가) 재산을 재산상의 권리와 의무의 총체로 파악하는 법률적 재산설과, (나) 재산을 경제적 이익의 총체로 파악하는 경제적 재산설, (다) 법률적·경제적 재산설(다수설) 등이 있으나, 형법상의 재산개념으로서는 경제적 재산설에 따라서 파악하는 것이 타당하다. (라) 판례도 '형법 제333조 후단의 강도죄(이른바 강제이득죄)의 요건이 되는 재산상의 이익이란 재물 이외의 재산상의 이익을 말하는 것으로서, 그 재산상의 이익은 반드시 사법상 유효한 재산상의 이득만을 의미하는 것이 아니고 외견상 재산상의 이득을 얻을 것이라고 인정할 수 있는 사실관계만 있으면 여기에 해당된다 할 것이다'고 하여 경제적 재산설의 입장이다.

재산상의 이익에는 적극적 이익과 소극적 이익이 포함되며, 영구적 이익이든 일시적 이익이든 불문한다.

> **판례** 경제적 재산설

① [1] 형법 제333조 후단의 강도죄(이른바 강제이득죄)의 요건이 되는 재산상의 이익이란 재물 이외의 재산상의 이익을 말하는 것으로서, 그 재산상의 이익은 반드시 사법상 유효한 재산상의 이득만을 의미하는 것이 아니고 외견상 재산상의 이득을 얻을 것이라고 인정할 수 있는 사실관계만 있으면 여기에 해당된다. [2] 피고인들이 폭행·협박으로 피해자로 하여금 매출전표에 서명을 하게 한 다음 이를 교부받아 소지함으로써 이미 외관상 각 매출전표를 제출하여 신용카드회사들로부터 그 금액을 지급받을 수 있는 상태가 되었는바, 피해자가 각 매출전표에 허위 서명한 탓으로 피고인들이 신용카드회사들에게 각 매출전표를 제출하여도 신용카드회사들이 신용카드 가맹점 규약 또는 약관의 규정을 들어 그 금액의 지급을 거절할 가능성이 있다 하더라도, 그로 인하여 피고인들이 각 매출전표 상의 금액을 지급받을 가능성이 완전히 없어져 버린 것이 아니고 외견상 여전히 그 금액을 지급받을 가능성이 있는 상태이므로, 결국 피고인들이 '재산상 이익'을 취득하였다고 볼 수 있다(대판 1997.2.25. 96도3411).

② 일반적으로 부녀와의 성행위 자체는 경제적으로 평가할 수 없고, <u>부녀가 상대방으로부터 금품이나 재산상 이익을 받을 것을 약속하고 성행위를 하는 약속 자체는 선량한 풍속 기타 사회질서에 위반한 사항을 내용으로 하는 법률행위로서 무효</u>이나, 사기죄의 객체가 되는 재산상의 이익이 반드시 사법상 보호되는 경제적 이익만을 의미하지 아니하고, <u>부녀가 금품 등을 받을 것을 전제로 성행위를 하는 경우 그 행위의 대가는 사기죄의 객체인 경제적 이익에 해당하므로, 부녀를 기망하여 성행위 대가의 지급을 면하는 경우 사기죄가 성립</u>한다(대판 2001.10.23. 2001도2991).

(2) 행위

폭행·협박으로 타인의 재물을 강취하거나 기타 재산상의 이익을 취득하거나 제3자로 하여금 이를 취득하게 하는 것이다.

1) **폭행·협박** : 폭행이란 사람에 대한 직접 또는 간접적인 유형력의 행사를 말하며, 협박이란 해악을 고지하여 상대방에게 외포심을 일으키는 것을 말한다. 폭행과 협박은 상대방의 의사를 억압하여 반항을 불가능하게 할 정도에 이를 것을 요한다(최협의의 폭행·협박 : 통설, 판례).

그러나 폭행·협박은 일반적·객관적으로 상대방의 반항을 억압하는 수단으로 가능하다고 인정되면 족하다. 여기서 상대방의 반항을 불가능하게 한다 함은 폭행·협박에 의하여 피해자가 정신적 또는 신체적 자유를 상실할 정도에 이른 것을 말한다. 상대방의 반항을 불가능하게 할 폭행·협박인가는 객관적 표준에 의하여 판단하여야 한다.

2) **재물의 강취** : 강취란 폭행·협박에 의하여 피해자의 의사에 반하여 타인의 재물을 자기 또는 제3자의 점유로 옮기는 것을 말한다. 강도죄가 성립하기 위하여는 폭행·협박이 재물강취의 수단이 되어야 하며, 또한 그 사이에는 인과관계가 있어야 한다. 따라서 강도의 고의로 객관적으로는 상대방의 반항을 억압할 정도의 폭행·협박을 하였으나 상대방이 그 의사에 억압당하지는 않고 단순히 공포심 때문에 재물을 교부한 때에는 강도죄의 미수가 된다(다수설).

3) **재산상의 이익의 취득** : 폭행·협박과 재산상의 이익의 취득도 목적과 수단의 관계에 있어야

하고, 인과관계가 필요하다. 재산상의 이익을 취득하는 것으로는 ㈎ 피해자에게 일정한 처분을 시켜 이익을 취득하는 경우(채무면제·채무이행연기의 승낙), ㈏ 정당한 대가를 지급하지 않고 피해자가 노무를 제공하는 경우(택시기사를 폭행·협박하여 운행하게 한 경우), ㈐ 피해자에게 일정한 의사표시를 하게 하여 이익을 취득하는 경우(소유권이전등기 또는 저당권설정등기말소의 의사표시를 하게 하는 것)가 있다. 한편, 재산상의 이익을 취득함에 있어서는 피해자의 의사표시나 처분행위를 요하지 않는다는 것이 통설이다.

   4) 착수와 기수시기 : 기수시기는 재물 또는 재산상의 이익을 취득한 때이고, 착수시기는 폭행·협박을 개시한 때이다. 다만 폭행·협박이 재물의 취득과 직접 연결되어야 실행의 착수가 인정된다. 따라서 강취와 시간적 연관이 없는 폭행·협박만으로는 본죄의 착수가 있다고 할 수 없다.

2. 주관적 구성요건

행위자에게는 폭행 또는 협박으로 타인의 재물을 강취하거나 재산상의 이익을 취득한다는 인식이 있어야 한다. 미필적 고의로도 족하다. 고의 이외에 재물을 강취한 때에는 불법영득의 의사가, 재산상의 이득을 취득하는 때에는 불법이득의 의사가 있어야 한다.

3. 위법성

(1) 권리행사와 강취

재물을 인도받을 수 있는 권리자가 폭행·협박으로 강취한 경우에 강도죄가 성립하는지가 문제된다. 이에 대해 ㈎ 권리의 실행을 위한 것이라도 자구행위·정당방위 등 위법성조각사유에 해당하지 않는 한 강도죄가 성립한다는 긍정설과 ㈏ 정당한 권리행사의 경우에는 불법영득·이득의 의사가 없으므로 강도죄는 성립하지 않고 폭행죄·협박죄가 성립한다는 부정설이 대립되고 있다. ㈐ 판례는 "채권자로부터 채무자에 대한 외상물품 대금채권의 회수를 의뢰받았다 하더라도, 채무자의 반항을 억압할 정도의 폭행과 협박을 가하여 재물 및 재산상 이득을 취득한 이상 이는 정당한 권리행사라고 볼 수 없음이 명백하여 강도상해죄가 성립함에는 아무런 지장이 없다."(대판 1995.12.12. 95도2385)라고 판시하여 긍정설의 입장을 취하고 있다.

(2) 불법한 재물의 강취

재물의 소지가 위법하다고 해서 강취행위의 위법성이 조각되는 것은 아니다. 따라서 도박의 패자가 도전(賭錢)을 강취한 경우에는 강도죄가 성립된다.

4. 공범과 죄수 및 타죄와의 관계

(1) 공범

본죄의 공동정범은 스스로 폭행·협박과 재물의 강취를 모두 행할 것을 요하는 것은 아니다. 공동의 의사에 의하여 실행행위를 분담하면 족하다. 다만 공동정범이 되기 위하여는 모두 주관적 구성요건요소를 갖추어야 하며, 따라서 불법영득의 의사 또는 불법이득의 의사도 필요로 한다. 절도를 결의하고 있는 자에게 강도를 교사한 경우에는 본죄의 교사범이 될 수 있다.

(2) 죄수

강도죄는 절도죄와 법조경합의 관계에 있다. 즉, 1개의 행위가 강도죄에 해당하면 절도죄의 성립은 배제된다. 강도죄의 보호법익 중 재산은 '비전속적 법익'이고 의사의 자유 또는 신체의 안전은 '전속적 법익'이므로, 죄수의 결정에 있어서 두 측면을 모두 고려해야 한다. 따라서 ㉮ 1인을 상대로 폭행·협박하여 상대방이 점유하고 있는 다수인 소유의 재물을 강취했다면, 1개의 강도죄가 성립하고(단순일죄), ㉯ 다수인을 상대로 각각 폭행·협박하여 다수인의 재물을 강취했다면, 수개의 강도죄가 성립하며(실체적 경합), ㉰ 1개의 행위로 한꺼번에 다수인을 협박하여 다수인의 재물을 강취했다면, 동종류의 상상적 경합관계가 발생한다.

(3) 타죄와의 관계

㉮ 법조경합 중 특별관계에 있으므로 강도죄가 성립하는 경우에는 별도로 폭행죄·협박죄·절도죄는 성립하지 않는다. 예를 들어 재물을 절취한 후 동일한 기회에 다른 물건을 강취한 경우에는 강도죄만 성립하게 된다. ㉯ 타인의 주거에 침입하여 강도한 경우에는 특수강도죄(제334조 제1항)의 경우를 제외하고는 주거침입죄와 강도죄의 경합범이 된다. ㉰ 감금 중에 새로운 범의로 강도를 한 경우에는 감금죄와 강도죄의 실체적 경합이 된다. 그러나 처음부터 강도를 목적으로 감금한 경우에는 강도죄와 감금죄의 상상적 경합이 성립된다. ㉱ 강도범인이 체포를 면탈할 목적으로 경찰관에게 폭행을 가한 때에는 강도죄와 공무집행방해죄의 실체적 경합이 된다. ㉲ 강도죄가 성립하며 손괴행위는 불가벌적 사후행위가 된다.

판례 이익이 사법상 무효인 경우

- 형법 제333조 후단의 강도죄, 이른바 강제이득죄의 요건인 재산상의 이익이란 재물 이외의 재산상의 이익을 말하는 것으로서 적극적 이익(적극적인 재산의 증가)이든 소극적 이익(소극적인 부채의 감소)이든 상관없는 것이고, 강제이득죄는 권리의무관계가 외형상으로라도 불법적으로 변동되는 것을 막고자 함에 있는 것으로서 항거불능이나 반항을 억압할 정도의 폭행 협박을 그 요건으로 하는 강도죄의 성질상 그 권리의무관계의 외형상 변동의 사법상 효력의 유무는 그 범죄의 성립에 영향이 없고, 법률상 정당하게 그 이행을 청구할 수 있는 것이 아니라도 강도죄에 있어서의 재산상의 이익에 해당하는 것이며, 따라서 이와 같은 <u>재산상의 이익은 반드시 사법상 유효한 재산상의 이득만을 의미하는 것이 아니고 외견상 재산상의 이득을 얻을 것이라고 인정할 수 있는 사실관계만 있으면 된다</u>(대판 1994.2.22. 93도428). [해설] 재산상의 이익은 반드시 사법상 유효한 재산상의 이득만을 의미하는 것이 아니고 외견상 재산상의 이득을 얻을 것이라고 인정할 수 있는 사실관계만 있으면 인정된다고 본 사례.

판례 날치기

1) 강도죄가 성립하는 경우
- [1] 소위 '날치기'와 같이 강제력을 사용하여 재물을 절취하는 행위가 때로는 피해자를 넘어뜨리거나 상해를 입게 하는 경우가 있고, 그러한 결과가 <u>피해자의 반항 억압을 목적으로 함이 없이 점</u>

유탈취의 과정에서 우연히 가해진 경우라면 이는 강도가 아니라 절도에 불과하지만, 그 강제력의 행사가 사회통념상 객관적으로 상대방의 반항을 억압하거나 항거 불능케 할 정도의 것이라면 이는 강도죄의 폭행에 해당한다. 그러므로 날치기 수법의 점유탈취 과정에서 이를 알아채고 재물을 뺏기지 않으려는 상대방의 반항에 부딪혔음에도 계속하여 피해자를 끌고 가면서 억지로 재물을 빼앗은 행위는 피해자의 반항을 억압한 후 재물을 강취한 것으로서 강도에 해당한다. [2] 날치기 수법으로 피해자가 들고 있던 가방을 탈취하면서 가방을 놓지 않고 버티는 피해자를 5m 가량 끌고 감으로써 피해자의 무릎 등에 상해를 입힌 경우, 반항을 억압하기 위한 목적으로 가해진 강제력으로서 그 반항을 억압할 정도에 해당한다고 보아 강도치상죄의 성립을 인정한 사례(대판 2007.12.13. 2007도7601).

2) 절도죄가 성립하는 경우

- 피해자의 상해가 차량을 이용한 날치기 수법의 절도시 점유탈취의 과정에서 우연히 가해진 것에 불과하고, 그에 수반된 강제력 행사도 피해자의 반항을 억압하기 위한 목적 또는 정도의 것은 아니었던 것으로 보아 강도치상죄로 의율한 원심판결을 파기한 사례(대판 2003.7.25. 2003도2316).

판례 혼취강도

① "아리반"(신경안정제) 4알을 탄 우유나 사와가 들어 있는 갑을 휴대하고 다니다가 사람에게 마시게 하여 졸음에 빠지게 하고 그 틈에 그 사람의 돈이나 물건을 빼앗은 경우에 그 수단은 강도죄에서 요구하는 남의 항거를 억압할 정도의 폭행에 해당된다(대판 1979.9.25. 79도1735).

② 부산발 서울행 제42우등열차 호수미상 객실에서 피해자(여 44세)와 동석하게 됨을 기화로 그녀의 재물을 강취할 것을 마음먹고 미리 소지한 중독성이 있는 약품명 미상의 약을 오렌지쥬스에 혼입한 뒤 그녀에게 마시도록 권유하여 그녀가 이를 받아 마시고 깊은 잠에 빠져 항거불능상태에 이르자 그곳 선반 위에 놓아 둔 그녀 소유의 가방속에서 현금 500,000원을 꺼내어 이를 강취하고 약물을 탄 오렌지를 먹자마자 정신이 혼미해지고 그 후 기억을 잃었다는 것은 강도죄에 있어서 항거불능 상태를 말하는 것은 될지언정 이것만으로는 약물중독 상해를 인정할 자료가 되지 못한다(대판 1984.12.11. 84도2324). [해설] 강도죄만 성립한다는 사례.

판례 폭행·협박의 정도

1) 강도죄와 공갈죄의 구별기준

- 타인에 대하여 폭행 또는 협박을 가하여 재물을 탈취한 경우에 그것이 강도죄가 되느냐 공갈죄가 되느냐는 그 폭행 또는 협박이 사회통념상 일반적으로 피해자의 반항을 억압할 수 있는 척도의 것인가 아닌가를 기준으로 하여 정한다(대판 1956.5.8. 4289형상50).

2) 강도죄의 폭행·협박에 해당하는 경우

① 피해자가 맞은 편에서 걸어오고 있는 것을 발견하고 접근하여 미리 준비한 돌멩이로 안면을 1회 강타하여 전치 3주 간의 안면부좌상 및 피하출혈상 등을 입히고 가방을 빼앗은 것이라면 피해자의 반항을 억압할 수 있을 정도의 폭행행위에 해당한다(대판 1986.12.23. 86도2203).

② 강도죄에 있어서 폭행과 협박의 정도는 사회통념상 객관적으로 상대방의 반항을 억압하거나 항거불능케 할 정도의 것이라야 한다(대판 2001.3.23. 2001도359).

3) 강도죄의 폭행·협박에 해당하지 않는 경우

① 피고인이 이건 두 번의 범행시 비록 칼을 내보이기는 하였으나 범행시간과 장소 및 불과 일이백원 정도의 잔돈만을 소지하고 있는 15, 6세 정도의 소년만을 대상자로 선정 범행한 점, 피해자가 피고인에게 "내돈을 돌려 주어"라고 요구했고 피고인이 피해자에게 시계를 벗어 달라고 했으나 시계는 안주었다는 취지의 진술이 있는 점등의 사정으로 보아 그의 협박의 정도가 피해자등의 반항을 억압함에 족한 협박이라고 볼 수 없는 경우에는 피고인을 강도죄로 처단할 수 없다(대판 1976.8.24. 76도1932).

② 공갈죄에 있어서의 폭행과 협박에 해당함은 별론으로 하더라도 사회통념상 객관적으로 상대방의 반항을 억압하거나 항거불능케 할 정도에 이르렀다고 볼 수 없다고 하여 강도죄의 성립을 인정한 원심판결을 파기한 사례(대판 2001.3.23. 2001도359).

 **판 례** 폭행·협박 후에 영득의사가 생긴 경우

1) 강도죄를 인정한 경우

① [1] 강간범이 강간행위 후에 강도의 범의를 일으켜 그 부녀의 재물을 강취하는 경우에는 강도강간죄가 아니라 강간죄와 강도죄의 경합범이 성립될 수 있을 뿐이지만, <u>강간행위의 종료 전 즉 그 실행행위의 계속 중에 강도의 행위를 할 경우에는 이때에 바로 강도의 신분을 취득하는 것이므로 이후에 그 자리에서 강간행위를 계속하는 때에는 강도가 부녀를 강간한 때에 해당하여 형법 제339조에 정한 강도강간죄를 구성</u>하고, 구 성폭력범죄의 처벌 및 피해자보호 등에 관한 법률(2010. 4. 15. 법률 제10258호 성폭력범죄의 피해자보호 등에 관한 법률로 개정되기 전의 것) 제5조 제2항은 형법 제334조(특수강도) 등의 죄를 범한 자가 형법 제297조(강간) 등의 죄를 범한 경우에 이를 <u>특수강도강간 등의 죄로 가중하여 처벌</u>하는 것이므로, <u>다른 특별한 사정이 없는 한 특수강간범이 강간행위 종료 전에 특수강도의 행위를 한 이후에 그 자리에서 강간행위를 계속하는 때에도 특수강도가 부녀를 강간한 때에 해당하여 구 성폭력범죄의 처벌 및 피해자보호 등에 관한 법률 제5조 제2항에 정한 특수강도강간죄로 의율할 수 있다.</u> [2] 강도죄는 재물탈취의 방법으로 폭행, 협박을 사용하는 행위를 처벌하는 것이므로 폭행, 협박으로 타인의 재물을 탈취한 이상 피해자가 우연히 재물탈취 사실을 알지 못하였다고 하더라도 강도죄는 성립하고, 폭행, 협박당한 자가 탈취당한 재물의 소유자 또는 점유자일 것을 요하지도 아니하며, <u>강간범인이 부녀를 강간할 목적으로 폭행, 협박에 의하여 반항을 억압한 후 반항억압 상태가 계속 중임을 이용하여 재물을 탈취하는 경우에는 재물탈취를 위한 새로운 폭행, 협박이 없더라도 강도죄가 성립한다.</u> [3] <u>야간에 갑의 주거에 침입하여 드라이버를 들이대며 협박하여 갑의 반항을 억압한 상태에서 강간행위의 실행 도중 범행현장에 있던 을 소유의 핸드백을 가져간 피고인의 행위를 포괄하여 구 성폭력범죄의 처벌 및 피해자보호 등에 관한 법률(2010. 4. 15. 법률 제10258호 성폭력범죄의 피해자보호 등에 관한 법률로 개정되기 전의 것) 위반(<u>특수강도강간등</u>)죄에 해당한다고 판단한 원심의 조치를 수긍한 사례(대판 2010.12.9. 2010도9630). **[해설]** 강간의 실행행위 계속 중에 강도행위를 한 경우

'강도강간죄'를 구성하는지 여부, 강도죄에서 '폭행, 협박'과 '재물의 탈취'와의 관계, 강도피해자가 재물 탈환의 사실을 인식해야하는지 및 강간범인이 폭행·협박에 의한 반항억압 상태가 계속 중임을 이용하여 재물을 탈취하는 경우 새로운 폭행·협박을 요하는지 여부에 대한 중요 사례.

② 피고인이 강도의 범의 없이 공범들과 함께 피해자의 반항을 억압함에 충분한 정도로 피해자를 폭행하던 중 공범들이 피해자를 계속하여 폭행하는 사이에 피해자의 재물을 취거한 경우에는 피고인 및 공범들의 위 폭행에 의한 반항억압의 상태와 재물의 탈취가 시간적으로 극히 밀접하여 전체적·실질적으로 재물 탈취의 범의를 실현한 행위로 평가할 수 있으므로 강도죄의 성립을 인정할 수 있고, 그 과정에서 피해자가 상해를 입었다면 강도상해죄가 성립한다고 보아야 한다(대판 2013.12.12. 2013도11899).

2) 절도죄를 인정한 경우

• <u>강간을 당한 피해자가 도피하면서 현장에 놓아두고 간 손가방은 점유이탈물이 아니라 사회통념상 피해자의 지배 하에 있는 물건</u>이라고 보아야 할 것이므로 <u>피고인이 그 손가방 안에 들어 있는 피해자 소유의 돈을 꺼낸 소위는 절도죄</u>에 해당한다(대판 1984.2.28. 84도38).

3) 인과관계

① [1] <u>반항 불가능한 정도에 이른 폭행, 협박이 있은 후 그로부터 상당한 시간이 경과한 후 폭행, 협박이 있은 곳과는 다른 장소에서 금원을 교부받은 범죄사실을 특수강도죄의 기수로 처벌한 원심판결을 심리미진·법리오해의 위법을 이유로 파기한 사례.</u> [2] 폭행, 협박으로 인하여 위 피해자의 의사가 억압하여 반항이 불가능한 정도에 이르렀다고 하더라도 <u>그 후 피고인의 폭행, 협박으로부터 벗어난 이후에는 그러한 의사억압상태가 계속된다고 보기는 어렵다</u> 할 것이고, 기록을 살펴보아도 위 금원 교부 당시에 다시 피해자의 의사를 억압하여 반항을 불가능하게 할 정도의 폭행, 협박이 있었다거나, 이전의 폭행, 협박으로 인한 의사억압 상태가 위 금원교부시까지 계속되었다고 볼 특별한 사정이 있었다고 볼 증거는 없고, 오히려 기록상 위 피해자가 피고인과 헤어진 후 피고인으로부터 다시 돈을 요구하는 무선호출연락을 받고 피고인이 다시 행패를 부릴 것이 두려워 은행에서 예금을 인출하여 피고인에게 지급하였다는 사정이 엿보이므로(수사기록 87면), <u>위 금원 교부는 위 피해자의 의사에 반하여 반항이 불가능한 상태에서 강취된 것이라기보다는 피해자의 하자 있는 의사에 의하여 교부된 즉 갈취당한 것</u>으로 보인다. 따라서 <u>위와 같은 사실관계라면 특수강도죄의 미수로 처벌할 수는 있을지언정</u> 이를 특수강도죄의 기수로 처벌한 원심판결에는 위 재물의 교부가 피해자의 의사에 의한 것인지 아니면 피해자의 의사와 무관하게 강취당한 것인지에 관하여 심리를 제대로 하지 아니한 채 사실을 오인하였거나 특수강도죄 소정의 강취의 점에 관하여 법리를 오해한 위법이 있다 할 것이다(대판 1995.3.28. 95도91).

② [1] 피고인이 타인에 대하여 반항을 억압함에 충분한 정도의 폭행 또는 협박을 가한 사실이 있다 해도 그 타인이 재물 취거의 사실을 알지 못하는 사이에 그 틈을 이용하여 피고인이 우발적으로 타인의 재물을 취거한 경우에는 위 폭행이나 협박이 재물 탈취의 방법으로 사용된 것이 아님은 물론, 그 폭행 또는 협박으로 조성된 피해자의 반항억압의 상태를 이용하여 재물을 취득하는 경우에도 해당하지 아니하여 양자 사이에 인과관계가 존재하지 아니한다 할 것이므로, 위 폭행 또는 협박에 의한 반항억압의 상태가 처음부터 재물 탈취의 계획하에 이루어졌다거나 양자가 시간적으로 극히 밀접되어 있는 등 전체적·실질적으로 단일한 재물 탈취의 범의의 실현행위

로 평가할 수 있는 경우에 해당하지 아니하는 한 강도죄의 성립을 인정하여서는 안 될 것이다.
[2] 피해자와 성관계를 하던 중에 피해자가 피고인의 성교행위가 너무 과격하다는 이유로 항의를 하면서 성교를 중단하는 바람에 말다툼이 벌어져 이에 화가 난 피고인이 피해자에 대한 폭행을 시작하면서 피해자가 이불을 뒤집어쓴 후에도 계속해서 주먹과 발로 피해자를 구타한 후 이불 속에 들어 있는 피해자를 두고 옷을 입고 방을 나가다가 탁자 위의 피해자 손가방 안에서 현금 20만 원 등이 든 피해자의 키홀더를 우발적으로 가져갔다는 것이고, 한편 피해자의 경찰, 검찰 및 제1심에서의 각 진술에 의하더라도 자신이 이불을 덮어쓴 상태에서 피고인으로부터 폭행을 당한 후 나중에 주위가 조용해져 이불에서 나와 구조를 요청하면서 보니 현금 등이 없어진 사실을 비로소 발견하게 되었다는 것으로 위 재물의 피해 경위에 관한 한 피고인의 진술과 일치함을 알 수 있는바, 그와 같이 피고인의 이 사건 재물 취거행위가 피해자가 이불 속에 들어가 있어 이를 전혀 인식하지 못한 가운데 이루어진데다가 그 원인이 되었던 피고인의 피해자에 대한 폭행행위도 그와는 전혀 무관한 윤락행위 도중의 시비끝에 발생하게 된 것이 사실이라면, 비록 위 재물의 취득이 피해자에 대한 폭행 직후에 이루어지긴 했지만 위 폭행이 피해자의 재물 탈취를 위한 피해자의 반항억압의 수단으로 이루어졌다고 단정할 수 없어 양자 사이에 인과관계가 존재한다고 보기 어렵다 할 것이고, 달리 위 폭행이 처음부터 재물 탈취의 범의하에 이루어졌다거나 피고인의 위 폭행 및 재물 취거의 각 행위를 전체적으로 종합하여 단일한 재물 강취의 범행으로 인정할 만한 증거가 존재하지 아니하는 이상, 위 인정 사실만으로는 폭행에 의한 강도죄의 성립을 인정하기에 부족하다고 하지 아니할 수 없다. 그럼에도 원심이 피고인에 대하여 이 사건 강도죄의 성립을 인정한 것은 강도죄의 성립에 관한 법리를 오해하여 판결 결과에 영향을 미친 명백한 위법이 있다 할 것이다. 이 점을 지적하는 취지의 피고인의 상고이유의 주장은 이유 있다(대판 2009.1.30. 2008도10308).

 **판 례** 재산상 이익의 의미

- 피고인이 1992. 4. 25. 17:30경 당시 피고인이 입원해 있던 안동의료원 311호실에서 자신과 룸싸롱을 동업한 적이 있는 피해자 를 전화로 불러 오게 한 다음 가슴에 품고 있던 식칼을 피해자의 목에 들이대고 "위 룸싸롱을 경영하면서 손해를 보았으니 피고인의 채권자인 공소외 엄동수에게 금 20,000,000원을 지급한다는 내용의 지불각서를 쓰라"는 취지로 협박하다가 피해자가 망설인다는 이유로 위 칼로 피해자의 오른쪽 어깨를 1회 찔러 항거를 불능케하고 그로 하여금 위와 같은 취지의 지불각서 1매를 쓰게 한 다음 이를 강취하고, 그로 인해 피해자에게 약 2주간의 치료를 요하는 우측견갑부열상을 입힌 것이라는 강도상해의 점에 대하여, 재산상의 이익에 해당하는 것이며, 따라서 이와 같은 재산상의 이익은 반드시 사법상 유효한 재산상의 이득만을 의미하는 것이 아니고 외견상 재산상의 이득을 얻을 것이라고 인정할 수 있는 사실관계만 있으면 된다(대판 1994.2.22. 93도428).

 **판 례** 불법영득의사 · 불법이득의사

① 불법영득의 의사라 함은 권리자를 배제하여 타인의 물건을 자기의 물건과 같이 그 경제적 용법에 따라 이용처분하는 의사를 말하는 것이므로 강간하는 과정에서 피해자들이 도망가지 못하게 하기 위해 손가방을 빼앗은 것에 불과하다면 이에 불법영득의 의사가 있었다고 할 수 없다(대판 1985.8.13. 85도1170).

② 강도살인죄가 성립하려면 먼저 강도죄의 성립이 인정되어야 하고 강도죄가 성립하려면 불법영득의 의사가 있어야 하는 것인 바, <u>피해자를 강간한 후 항거불능 상태에 있는 피해자에게 돈을 내놓으라고 하여 피해자가 서랍 안에서 꺼내주는 돈을 받는 즉시 팁이라고 하면서 피해자의 브라쟈속으로 그 돈을 집어 넣어 준 것</u>이라면 이는 불법영득을 하려 한 것이 아니라 피해자를 희롱하기 위하여 돈을 뺏은 다음 그대로 돌려주려고 한 의도였다고 할 것이므로 <u>불법영득의 의사가 있었다고 보기 어렵다</u>(대판 1986.6.24. 86도776).

③ <u>강도상해죄가 성립하려면 먼저 강도죄의 성립이 인정되어야 하고, 강도죄가 성립하려면 불법영득 또는 불법이득의 의사가 있어야 한다</u>(대법원 2004. 5. 14. 선고 2004도1370 판결 등 참조). 채권자를 폭행·협박하여 채무를 면탈함으로써 성립하는 강도죄에서 불법이득 의사는 단순 폭력범죄와 구별되는 중요한 구성요건 표지이다. 폭행·협박 당시 피고인에게 채무를 면탈하려는 불법이득 의사가 있었는지는 신중하고 면밀하게 심리·판단되어야 한다. <u>불법이득 의사는 마음속에 있는 의사이므로, 피고인과 피해자의 관계, 채무의 종류와 액수, 폭행에 이르게 된 경위, 폭행의 정도와 방법, 폭행 이후의 정황 등 범행 전후의 객관적인 사정을 종합하여 불법이득 의사가 있었는지를 판단할 수밖에 없다</u>(대판 2021.6.30. 2020도4539). [해설] 피고인이 술을 마신 후 술값 지급과 관련한 시비 중 술집 주인과 종업원을 폭행하여 상해를 가한 사안에서, 폭행에 이르게 된 경위, 폭행 이후의 정황, 채무의 종류와 액수 등 제반사정에 비추어 피고인이 피해자들을 폭행할 당시 술값 채무를 면탈하려는 불법이득의 의사를 인정하기 어렵다고 보아, 유죄로 인정한 원심을 파기환송한 사례. 대법원은 피고인이 주점에서 지급하지 않은 술값이 큰 금액은 아니고, 피고인은 공사현장의 일용직 근로자로 일하고 있어 소득이 있었고, 이 사건 당일 이 사건 주점에 오기 전 다른 노래방이나 주점 등에서 수회에 걸쳐 별다른 문제 없이 술값 등을 결제한 점을 이유로 들었음.

판례 | 권리행사의 수단으로 강취한 경우

- 채권자로부터 채무자에 대한 외상물품 대금채권의 회수를 의뢰받았다 하더라도, 채무자의 반항을 억압할 정도의 폭행과 협박을 가하여 재물 및 재산상 이득을 취득한 이상 이는 정당한 권리행사라고 볼 수 없음이 명백하여 강도상해죄가 성립함에는 아무런 지장이 없다(대판 1995.12.12. 95도2385).

판례 | 강도죄의 죄수

1) 일죄를 인정한 경우

- 강도가 시간적으로 접착된 상황에서 가족을 이루는 수인에게 폭행·협박을 가하여 집안에 있는 재물을 탈취한 경우 그 재물은 가족의 공동점유 아래 있는 것으로서, 이를 탈취하는 행위는 그 소유자가 누구인지에 불구하고 단일한 강도죄의 죄책을 진다(대판 1996.7.30. 96도1285).

2) 상상적 경합을 인정한 경우

- 피고인이 여관에서 종업원을 칼로 찔러 상해를 가하고 객실로 끌고 들어가는 등 폭행·협박을

하고 있던 중, 마침 다른 방에서 나오던 여관의 주인도 같은 방에 밀어 넣은 후, 주인으로부터 금품을 강취하고, 1층 안내실에서 종업원 소유의 현금을 꺼내 갔다면, 여관 종업원과 주인에 대한 각 강도행위가 각별로 강도죄를 구성하되 피고인이 피해자인 종업원과 주인을 폭행·협박한 행위는 법률상 1개의 행위로 평가되는 것이 상당하므로 위 2죄는 상상적 경합범관계에 있다고 할 것이다(대판 1991.6.25. 91도643).

3) 실체적 경합을 인정한 경우

- 강도가 한 개의 강도범행을 하는 기회에 수명의 피해자에게 각 폭행을 가하여 각 상해를 입힌 경우에는 각 피해자별로 수개의 강도상해죄가 성립하며 이들은 실체적 경합범의 관계에 있다(대판 1987.5.26. 87도527).

판례 강도죄와 감금죄의 관계

- 감금행위가 강간죄나 강도죄의 수단이 된 경우에도 감금죄는 강간죄나 강도죄에 흡수되지 아니하고 별죄를 구성한다(대판 1997.1.21. 96도2715).

판례 강도죄·준강도죄와 공무집행방해죄의 관계

- [1] 절도범인이 체포를 면탈할 목적으로 경찰관에게 폭행 협박을 가한 때에는 준강도죄와 공무집행방해죄를 구성하고 양죄는 상상적 경합관계에 있으나, 강도범인이 체포를 면탈할 목적으로 경찰관에게 폭행을 가한 때에는 강도죄와 공무집행방해죄는 실체적 경합관계에 있고 상상적 경합관계에 있는 것이 아니다. [2] 형법 제334조 제1항 소정의 야간주거침입강도죄는 주거침입과 강도의 결합범으로서 시간적으로 주거침입행위가 선행되는 것이므로 주거침입을 한 때에 본죄의 실행에 착수한 것으로 볼 것인바, 같은 조 제2항 소정의 흉기휴대 합동강도죄에 있어서도 그 강도행위가 야간에 주거에 침입하여 이루어지는 경우에는 주거침입을 한 때에 실행에 착수한 것으로 보는 것이 타당하다. 원심판시 1의 가 [3] 사실에 의하면 피고인들이 야간에 피해자 G의 집에 이르러 재물을 강취할 의도로 피고인 C가 출입문 옆 창살을 통하여침입하고 피고인 F는 부엌방충망을 뜯고 들어 가다가 피해자 시아버지의 헛기침에 발각된 것으로 알고 도주함으로써 뜻을 이루지 못했다는 것이고, 원심판시 1의 나 (1)사실은 피고인들이 야간에 피해자 H의 집에 이르러 피고인 C가 담을 넘어 들어가 대문을 열고 나머지 피고인들이 집에 들어가 피고인 F가 부엌에서 식칼을 들고 방안에 들어가는 순간 비상벨이 울려 도주함으로써 뜻을 이루지 못했다는 것이므로, 피고인들이 위와 같이 야간에주거에 침입한 이상 특수강도죄의 실행에 착수한 것으로서 그 미수범으로서 처단되어야 할 것이고 현장에서 함께 행동한 피고인으로서도 같은 죄책을 져야 함은 더 말할 나위도 없다. 같은 취지의 원심판단은 정당하고 소론과 같은 이유불비 내지 특수강도죄의 미수에 관한 법리오해의 위법이 없으므로 이 점 논지도 이유 없다(대판 1992.7.28. 92도917). [해설] 공무집행방해의 수단인 폭행·협박이 준강도의 수단인지, 강도의 수단인지에 따라 공무집행방해죄와의 죄수 판단이 달라지는 점을 보여준 판례.

> **판례** 강도 후에 새로운 법익침해

- 피고인이 예금통장을 강취하고 예금자 명의의 예금청구서를 위조한 다음 이를 은행원에게 제출 행사하여 예금인출금 명목의 금원을 교부받았다면 강도, 사문서위조, 동행사, 사기의 각 범죄가 성립하고 이들은 실체적 경합관계에 있다 할 것이다(대판 1991.9.10. 91도1722).

> **판례** 예금통장 강취와 예금 환급행위 간의 죄수

- 영득죄에 의하여 취득한 장물을 처분하는 것은 재산죄에 수반하는 불가벌적 사후행위에 불과하므로 다른 죄를 구성하지 않는다 하겠으나 <u>강취한 은행예금통장을 이용하여 은행직원을 기망하여 진실한 명의인이 예금의 환급을 청구하는 것으로 오신케 함으로써 예금의 환급 명목으로 금원을 편취하는 것은 다시 새로운 법익을 침해하는 행위이므로 여기에 또 다시 범죄의 성립을 인정해야 하고 이것으로써 장물의 단순한 사후처분과 같게 볼 수는 없는 것이다</u>(대판 1990.7.10. 90도1176). [해설] 예금통장 강취 후 은행직원을 기망하여 예금 환급청구를 하는 경우 후행 행위에는 별도의 사기죄가 성립되며, 장물처분과 같은 사후행위가 아니라는 사례.

Ⅲ. 준강도의 죄

1. 준강도죄

> **제335조(준강도)**
> 절도가 재물의 탈환에 항거하거나 체포를 면탈하거나 범죄의 흔적을 인멸할 목적으로 폭행 또는 협박한 때에는 제333조 및 제334조의 예에 따른다.

(1) 의의

절도가 재물의 탈환을 항거하거나 체포를 면탈하거나 범죄의 흔적을 인멸할 목적으로 폭행 또는 협박할 때에 성립하는 범죄이다(제335조). 준강도죄는 절도죄나 강도죄의 가중적 구성요건이 아니라, 그 위험성 때문에 강도죄와 같이 처벌하는 독립된 범죄이다. 준강도를 강도와 같이 처벌하는 이유는 폭행·협박과 재물의 절취가 결합되어 그 불법내용을 강도죄와 같이 평가할 수 있다는 데 있다. 따라서 본죄에 있어서도 폭행·협박이 절도의 기회에 행하여져야 할 뿐만 아니라, 그 정도도 강도죄의 경우와 같아야 한다.

(2) 객관적 구성요건

절도가 폭행 또는 협박을 함으로써 성립한다.

1) 행위의 주체 : 절도이다. 절도에는 단순절도뿐만 아니라 야간주거침입절도와 특수절도는 물론 절도죄의 구성요건을 충족하는 재물에 대한 강도도 포함되며, 절도의 기수뿐만 아니라 미수범도 포함된다. 절도죄의 정범(공동정범)은 여기의 절도에 해당하지만, 절도죄의 교사범과 종범은 포함되지 않는다. 공범에게는 절도죄의 구성요건요소가 모두 구비되어 있지 않기 때문이다. 한편, 실행의

착수 이후의 절도만이 본죄의 주체가 된다. 절도의 기수·미수는 불문한다(다수설, 판례).

따라서 절도의 예비단계에서 폭행·협박을 한 경우에는 본죄가 성립하지 않고, 절도의사로 타인의 주거에 침입하였다가 발각되어 폭행을 가한 경우, 야간인 때에는 본죄가 성립하지만, 주간인 때에는 주거침입죄와 폭행죄의 경합범이 된다.

한편, 강도가 준강도의 주체가 될 수 있는지에 대해서 ㈎ 강도미수가 처음에는 흉기를 휴대하지 않았으나 체포면탈 목적으로 폭행을 할 때에 흉기를 휴대하면 특수강도의 준강도가 된다는 긍정설과 ㈏ 강도미수가 처음부터 흉기를 휴대하지 않았으나 체포면탈 목적으로 폭행을 할 때에 흉기를 휴대하면 강도미수와 특수협박(폭처법)의 실체적 경합이 성립한다는 부정설의 대립이 있다.

2) **행위** : 폭행 또는 협박하는 것이다.

㈎ **폭행·협박의 정도** : 폭행·협박은 상대방의 반항을 억압할 정도에 이르러야 한다. 그러나 폭행·협박은 상대방의 반항을 현실적으로 억압하였을 것을 요하지 않으며, 또한 재물의 소유자 또는 점유자는 물론 제3자에게 가하여질 수도 있다.

㈏ **절도의 기회** : 폭행 또는 협박은 절도의 기회에 행하여져야 한다. 즉 폭행·협박과 절취는 강도죄와 같이 평가될 수 있을 정도로 시간적·장소적 접근성이 인정되어야 한다. ㈎ 이러한 시간적 접근성은 폭행이나 협박이 적어도 절도의 실행에 착수한 이후부터 절도의 종료 직후까지 사이에 행하여질 때에 인정되고, 절도행위가 종료한 '후'에도 준강도죄가 성립할 수 있다. ㈏ 장소적 접근성은 폭행·협박이 절도현장 또는 직접 그 부근에서 행하여질 때에 인정된다. 절도범인이 피해자의 추적으로부터 이탈한 후 폭행한 경우에는 준강도죄가 아니라 절도죄와 폭행죄의 실체적 경합범이 성립한다. ㈐ 대법원도 "준강도는 절도범인이 절도의 기회에 재물탈환·항거 등의 목적으로 폭행 또는 협박을 가함으로써 성립되는 것이므로 그 폭행 또는 협박은 절도의 실행에 착수하여 그 실행중이거나 그 실행 직후 또는 실행의 범의를 포기한 직후로서 사회통념상 범죄행위가 완료되지 아니하였다고 인정될 만한 단계에서 행하여짐을 요한다"고 한다(대판 1984.9.11. 84도1398).

㈐ **미수범** : 본죄의 미수와 기수를 어떤 기준에 의하여 판단할 것인가에 관하여는 ㈎ 폭행 또는 협박의 기수·미수에 따라 결정해야 한다는 견해(폭행·협박행위기준설), ㈏ 절도의 기수·미수에 따라 결정해야 한다는 견해(절취행위기준설) 그리고 ㈐ 준강도죄에 있어서도 절취행위와 폭행·협박행위가 결합되어 있으므로, 준강도죄의 미수·기수는 '절취행위와 폭행·협박행위의 양자를 기준'으로 하여 어느 일방이라도 미수에 그치면 준강도의 미수가 된다는 견해(종합설)가 대립하고 있다. 강도죄의 본질은 재산죄이고, 폭행·협박을 기준으로 하여 기수와 미수를 결정할 때에는 강도의 미수가 준강도의 기수로 처벌받는다는 불균형이 초래되므로 ㈏설이 타당하다. 대법원도 ㈏설을 취하고 있다.

(3) 주관적 구성요건

준강도죄는 고의 이외에 일정한 목적, 즉 재물의 탈환의 항거, 체포의 면탈, 범죄의 흔적을 인멸할 목적이 있어야 성립하는 목적범이다. 재물의 탈환에 항거할 목적으로 폭행·협박한다는 것은 절도가 이미 기수에 달한 것을 전제로 하고 있다. 그러나 체포면탈이나 범죄의 흔적을 인멸할 목적으로 행해지는 폭행·협박은 절도의 미수범도 가능하다. 목적의 달성여부는 준강도죄의 기수·미수의 성립과 무관하다.

(4) 공범과 처벌

1) **공범** : 절도의 공범(공동정범) 가운데 1인이 본죄를 범한 경우에 그 부분은 단독정범이 될 뿐이고 다른 공범자에게 본죄의 성립을 인정할 수는 없다. 공동정범은 공동의사의 범위 안에서만 성립하기 때문이다. 그러나 대법원은 한때 폭행·협박에 대하여 공동의사가 없는 공동정범에게는 본죄의 성립을 인정할 수 없다는 태도를 취하였으나, 그 후에 태도를 변경하여 다른 공범자도 이를 예상할 수 없었다고 할 수 없다는 이유로 본죄의 성립을 인정하고 있다.

2) **처벌** : 본죄에 해당하는 때에는 제333조 및 제334조의 예에 의한다. 즉 강도죄(제333조) 또는 특수강도죄(제334조)와 같이 취급한다. 특수강도에 해당하느냐는 절도에 관하여 가중사유가 있느냐에 따라 결정되는 것이 아니라, 폭행·협박의 태양에 따라서 판단해야 한다. 따라서 절도범인이 처음에는 흉기를 휴대하지 않았으나 체포를 면탈할 목적으로 폭행·협박을 가할 때에 비로소 흉기를 휴대하여 사용한 때에는 특수강도의 준강도가 된다. 제333조 및 제334조의 예에 의한다 함은 처벌에 있어서 강도죄와 같을 뿐만 아니라, 강도상해·치상죄(제337조), 강도살인·치사죄(제338조) 및 강도강간죄(제339조)의 규정도 적용된다는 의미이다. 따라서, 단순강도 또는 특수강도가 상해 또는 치상의 결과를 야기한 경우에는 강도상해죄나 강도치상죄가 성립한다.

3) **죄수** : 절도가 체포면탈의 목적으로 추적하여 온 수인에게 동일기회에 폭행·협박을 가한 경우에는 준강도죄의 포괄일죄가 된다. 단순강도가 체포를 면탈할 목적으로 흉기를 휴대하고 폭행·협박한 경우에는 특수강도의 준강도가 된다(강도죄와 특수폭행·협박죄와의 실체적 경합을 인정하자는 견해도 있음). 또한, 절도범인이 처음에는 흉기를 휴대하지 아니하였으나, 체포를 면탈할 목적으로 폭행 또는 협박을 가할 때에 비로소 흉기를 휴대 사용하게 된 경우에는 형법 제334조의 예에 의한 준강도(특수강도의 준강도)가 된다(판례).

4) **타죄와의 관계** : ㉮ 본죄와 절도죄는 법조경합의 관계에 있으므로 본죄가 성립하는 경우에 절도죄는 본죄에 흡수된다. 한편, ㉯ 강도·특수강도가 체포면탈의 목적으로 폭행·협박한 경우에는 이미 강도죄가 성립한 자에게 다시 준강도죄를 인정하여 가중처벌하는 것은 과잉처벌이므로 강도죄·특수강도죄만 성립한다는 견해가 타당하다. 또한 ㉰ 1개의 폭행으로 한 사람의 재물을 강취하고 다른 사람에 대하여 준강도를 범한 때에는 강도죄와 준강도죄의 상상적 경합이 된다.

2. 인질강도죄

> **제336조(인질강도)**
> 사람을 체포·감금·약취 또는 유인하여 이를 인질로 삼아 재물 또는 재산상의 이익을 취득하거나 제3자로 하여금 이를 취득하게 한 자는 3년 이상의 유기징역에 처한다.

사람을 체포·감금·약취 또는 유인하여 이를 인질로 삼아 재물 또는 재산상의 이익을 취득하거나 제3자로 하여금 취득하게 함으로써 성립하는 범죄이다(제336조). 체포·감금·약취·유인죄와 공갈죄의 결합범이다. 본죄의 객체는 미성년자에 한하지 않으며, 인질과 재산상의 피해자가 동일인일 필요는 없다. 석방이나 안정보장의 대가로 재물 또는 재산상의 이익을 요구한 때 착수가 인정되며(다수설), 석방의 대상으로 재물을 취득함으로써 본죄는 기수가 된다. 그 대가가 재물 또는 재산상의 이익이 아닐 경우에는 인질강요죄(제324조의2)가 성립한다. 한편, 본죄의 범인이 인질을 상해 또는 살해한 경우에는 강도상해죄 또는 강도살인죄가 성립한다.

 판례 준강도의 주체

- [1] 형법 제335조는 '절도'가 재물의 탈환을 항거하거나 체포를 면탈하거나 죄적을 인멸한 목적으로 폭행 또는 협박을 가한 때에 준강도가 성립한다고 규정하고 있으므로, <u>준강도죄의 주체는 절도범인이고, 절도죄의 객체는 재물</u>이다. [2] 피고인이 술집 운영자 甲으로부터 술값의 지급을 요구받자 甲을 유인·폭행하고 도주함으로써 술값의 지급을 면하여 재산상 이익을 취득하고 상해를 가하였다고 하여 강도상해로 기소되었는데, 원심이 위 공소사실을 '피고인이 甲에게 지급해야 할 술값의 지급을 면하여 재산상 이익을 취득하고 甲을 폭행하였다'는 범죄사실로 인정하여 준강도죄를 적용한 사안에서, <u>원심이 인정한 범죄사실에는 그 자체로 절도의 실행에 착수하였다는 내용이 포함되어 있지 않음에도 준강도죄를 적용하여 유죄로 인정한 원심판결에 준강도죄의 주체에 관한 법리오해의 잘못이 있다고 한 사례</u>(대판 2014.5.16. 2014도2521).

 판례 폭행·협박의 정도 및 해당 여부

1) 폭행·협박의 정도
- 준강도죄에 있어서의 폭행이나 협박은 상대방의 반항을 억압하는 수단으로서 일반적 객관적으로 가능하다고 인정하는 정도의 것이면 되고 반드시 현실적으로 반항을 억압하였음을 필요로 하는 것은 아니다(대판 1981.3.24. 81도409).

2) 준강도에 해당하는 경우

① 오토바이를 끌고 가다가 추격하여 온 피해자에게 멱살을 잡히게 되자 체포를 면탈할 목적으로 피해자의 얼굴을 주먹으로 때리고, 놓아주지 아니하면 죽여버리겠다고 협박한 경우에는 그 같은 폭행, 협박은 피해자의 반항을 억압하기 위한 수단으로써 일반적, 객관적으로 가능하다고 인정되는 정도의 폭행, 협박에 해당한다고 볼 수 있으므로 준강도죄를 구성한다(대판 1983.3.8. 82도2838).

② 체포를 면탈할 목적으로 자기의 멱살을 잡은 피해자의 얼굴을 주먹으로 때리고 뒤로 밀어 넘어뜨려 10일 간의 치료를 요하는 구강내 열창상을 입게 한 제1심 판시와 같은 폭행은 피해자의 반항을 억압하기 위한 수단으로써 일반적, 객관적으로 가능하다고 인정되는 정도라고 볼 수 있으므로 강도죄에서 말하는 폭행에 해당한다 할 것이고 위와 같은 공범자의 폭행치상행위는 절도 범행을 공모한 피고인 1도 충분히 예견할 수 있었던 행위 및 결과였다 할 것이므로 피고인 1의 공범자인 피고인 2와 절도 범행을 공모함에 있어 폭행행위를 할 것까지 공모한 바가 없고, 또 피고인 1이 공범자의 폭행행위에 직접 가담한바 없다 하더라도 피고인 1 역시 준강도치상죄의 죄책을 면할 수 없다 할 것이다(대판 1985.11.12. 85도2115, 85감도301).

3) 준강도에 해당하지 않는 경우

① 형법 제335조의 준강도죄의 구성요건인 폭행은 같은 법 제333조의 폭행의 정도와의 균형상 상대방의 반항(항쟁)을 억압할 정도 즉 반항을 억압하는 수단으로서 일반적, 객관적으로 가능하

다고 인정하는 정도면 족하다 할 것이고 이는 체포되려는 구체적 상황에 비추어 체포의 공격력을 억압함에 족한 정도의 것인 여부에 따라 결정되어야 할 것이므로 <u>피고인이 옷을 잡히자 체포를 면하려고 충동적으로 저항을 시도하여 잡은 손을 뿌리친 정도의 폭행을 준강도죄로 의율할 수는 없다</u>(대판 1985.5.14. 85도619).

② 준강도죄의 구성요건인 폭행, 협박은 일반강도죄와의 균형상 사람의 반항을 억압할 정도의 것임을 요하므로, 일반적, 객관적으로 체포 또는 재물탈환을 하려는 자의 체포의사나 탈환의사를 제압할 정도라고 인정될 만한 폭행, 협박이 있어야만 준강도죄가 성립한다고 할 것인 바, 피고인을 체포하려는 피해자가 체포에 필요한 정도를 넘어서 발로 차며 늑골 9, 10번 골절상, 좌폐기흉증, 좌흉막출혈 등 전치 3개월을 요하는 중상을 입힐 정도로 심한 <u>폭력을 가해오자 피고인이 이를 피하기 위하여 엉겁결에 솥뚜껑을 들어 위 폭력을 막아 내려다가 그 솥뚜껑에 스치어 피해자가 상처를 입게 되었다면 피고인의 위 행위는 일반적, 객관적으로 피해자의 체포의사를 제압할 정도의 폭행에 해당하지 않는다고 할 것이므로 준강도상해죄는 성립되지 않는다</u>(대판 1990.4.24. 90도193).

 판례 절도의 기회

1) 인정되는 경우

① 피고인의 폭행사실은 피고인의 절도행위 직후 동 범행장소로부터 야경원에 의하여 피고인이 경찰관 파출소로 연행하는 도중에 있었다. 사후강도가 인정된다(대판 1967.1.31. 66도1501).

② 절도범행의 종료 후 얼마되지 아니한 단계이고 안전지대에로 이탈하지 못하고 피해자 측에 의하여 체포될 가능성이 남아있는 단계에서 추적당하여 체포되려 하자 구타한 경우에는 절도행위와 그 체포를 면탈하기 위한 구타행위와의 사이에 시간상 및 거리상 극히 근접한 관계에 있다 할 것이므로, 준강도죄가 성립한다(대판 1982.7.13. 82도1352).

③ 피고인이 점유자 또는 소유자의 승낙 없이 물건을 갖고 나오다 경비원에게 발각되어 동인이 절도범인 체포사실을 파출소에 신고전화하려는데 피고인이 잘해 보자며 대들면서 폭행을 가한 경우에는, 설사 그 같은 행위가 피고인이 사장도 잘 안다하며 전화확인을 하자는 제의를 경비원이 거부하면서 내일이나 모래 와서 확인한 후에 가져가라 하자 피고인이 자기의 것이니 무조건 달라고 시비한 끝에 저질러진 것이라 하여도, 그곳이 체포현장이었고 주위 사람에게 도주를 방지케 부탁한 상태 아래 일어난 것이라면 준강도 행위에 해당한다(대판 1984.7.24. 84도1167, 84감도171).

④ [1] 준강도는 절도범인이 절도의 기회에 재물탈환의 항거 등의 목적으로 폭행 또는 협박을 가함으로써 성립되는 것으로서, 여기서 절도의 기회라고 함은 절도범인과 피해자 측이 절도의 현장에 있는 경우와 절도에 잇달아 또는 절도의 시간·장소에 접착하여 피해자 측이 범인을 체포할 수 있는 상황, 범인이 죄적인멸에 나올 가능성이 높은 상황에 있는 경우를 말하고, 그러한 의미에서 <u>피해자 측이 추적태세에 있는 경우나 범인이 일단 체포되어 아직 신병확보가 확실하다고 할 수 없는 경우에는 절도의 기회에 해당한다.</u> [2] <u>절도범인이 일단 체포되었으나 아직 신병확보가 확실하지 않은 단계에서 체포 상태를 면하기 위해 폭행하여 상해를 가한 경우, 그 행위는 절도의 기회에 체포를 면탈할 목적으로 폭행하여 상해를 가한 것으로서 강도상해죄에 해당한다</u>고 한 사례(대판 2001.10.23. 2001도

4142, 2001감도100). [해설] 형법 제337조 강도상해죄의 강도는 단순강도 이외에 특수강도·준강도·인질강도도 포함하고 있으므로 따라서 단순강도가 상해를 가한 경우나 준강도가 상해를 가한 경우 모두 인정된 죄명은 제337조의 강도상해죄에 해당함.

⑤ [1] 준강도는 절도범인이 절도의 기회에 재물탈환의 항거 등의 목적으로 폭행 또는 협박을 가함으로써 성립되는 것으로서, 여기서 절도의 기회라고 함은 절도범인과 피해자 측이 절도의 현장에 있는 경우와 절도에 잇달아 또는 절도의 시간·장소에 접착하여 피해자 측이 범인을 체포할 수 있는 상황, 범인이 죄적인멸에 나올 가능성이 높은 상황에 있는 경우를 말하고, 그러한 의미에서 피해자 측이 추적태세에 있는 경우나 범인이 일단 체포되어 아직 신병확보가 확실하다고 할 수 없는 경우에는 절도의 기회에 해당한다. 한편, 강도상해죄에 있어서의 상해는 피해자의 신체의 건강상태가 불량하게 변경되고 생활기능에 장애가 초래되는 것을 말한다(대판 2009.7.23. 2009도5022). [해설] 준강도의 시간적·장소적 접착성의 의미를 설명한 판례.

2) 인정되지 않는 경우

- 피해자의 집에서 절도범행을 마친지 10분 가량 지나 피해자의 집에서 200m 가량 떨어진 버스 정류장이 있는 곳에서 피고인을 절도범인이라고 의심하고 뒤쫓아 온 피해자에게 붙잡혀 피해자의 집으로 돌아왔을 때 비로소 피해자를 폭행한 경우, 그 폭행은 사회통념상 절도범행이 이미 완료된 이후에 행하여졌다는 이유로 준강도죄가 성립하지 않는다고 한 사례(대판 1999.2.26. 98도3321).

판례 | 경찰관에게 폭행·협박한 경우

- 절도범인이 체포를 면탈할 목적으로 경찰관에게 폭행·협박을 가한 때에는 준강도죄와 공무집행방해죄를 구성하고 양죄는 상상적 경합관계에 있으나, 강도범인이 체포를 면탈할 목적으로 경찰관에게 폭행을 가한 때에는 강도죄와 공무집행방해죄는 실체적 경합관계에 있고 상상적 경합관계에 있는 것이아니다(대판 1992.7.28. 92도917).

판례 | 절취행위기준설

- [1] 형법 제335조에서 절도가 재물의 탈환을 항거하거나 체포를 면탈하거나 죄적을 인멸할 목적으로 폭행 또는 협박을 가한 때에 준강도로서 강도죄의 예에 따라 처벌하는 취지는, 강도죄와 준강도죄의 구성요건인 재물탈취와 폭행·협박 사이에 시간적 순서상 전후의 차이가 있을 뿐 실질적으로 위법성이 같다고 보기 때문인바, 이와 같은 준강도죄의 입법 취지, 강도죄와의 균형 등을 종합적으로 고려해 보면, 준강도죄의 기수 여부는 절도행위의 기수 여부를 기준으로 하여 판단하여야 한다. [2] 원심판결 이유에 의하면, 원심은 그 채택 증거를 종합하여, 피고인이 공소외인과 합동하여 양주를 절취할 목적으로 장소를 물색하던 중, 2003. 12. 9. 06:30경 부산 부산진구 부전2동 522-24 소재 5층 건물 중 2층 피해자 1이 운영하는 주점에 이르러, 공소외인은 1층과 2층 계단 사이에서 피고인과 무전기로 연락을 취하면서 망을 보고, 피고인은 위 주점의 잠금장치를 뜯고 침입하여 위 주

점 내 진열장에 있던 양주 45병 시가 1,622,000원 상당을 미리 준비한 바구니 3개에 담고 있던 중, 계단에서 서성거리고 있던 공소외인을 수상히 여기고 위 주점 종업원 피해자 2, 이윤룡이 주점으로 돌아오려는 소리를 듣고서 양주를 그대로 둔 채 출입문을 열고 나오다가 피해자 2 등이 피고인을 붙잡자, 체포를 면탈할 목적으로 피고인의 목을 잡고 있던 피해자의 오른손을 깨무는 등 폭행한 사실을 인정한 다음, 피고인을 준강도미수죄로 의율·처단하였다. 위에서 본 법리에 비추어 보면 원심의 위와 같은 판단은 정당하고, 거기에 상고이유의 주장과 같은 법리오해의 위법이 없다(대판 2004.11.18. 2004도5074 전원합의체). [해설] 준강도의 기수와 미수의 구별기준을 절도의 기수와 미수 시기로 변경한 전원합의체 판결.

판례 절도의 기수·미수 여부

- 준강도죄에 있어서의 '재물의 탈환을 항거할 목적'이라 함은 일단 절도가 재물을 자기의 배타적 지배 하에 옮긴 뒤 탈취한 재물을 피해자 측으로부터 탈환당하지 않기 위하여 대항하는 것을 말한다(대판 2003.7.25. 2003도2316).

판례 포괄일죄

- 절도범이 체포를 면탈할 목적으로 체포하려는 여러 명의 피해자에게 같은 기회에 폭행을 가하여 그 중 1인에게만 상해를 가하였다면 이러한 행위는 포괄하여 하나의 강도상해죄만 성립한다(대판 2001.8.21. 2001도3447).

판례 폭행·협박에 대한 예기

1) 폭행·협박을 예기하지 못한 경우

① 피해자는 피고인 및 분리확정된 제1심 공동피고인이 자기 집에서 물건을 훔쳐 나왔다는 연락을 받고 도주로를 따라 추격하자 범인들이 이를 보고 도주하므로 1킬로미터 가량 추격하여 피고인을 체포하여 같이 추격하여 온 동리 사람들에게 인계하고 1킬로미터를 더 추격하여 제1심 공동피고인을 체포하여 가지고 간 나무몽둥이로 동인을 1회 구타하자 동인이 위 몽둥이를 빼앗아 피해자를 구타 상해를 가하고 도주한 사실을 인정할 수 있다. 사실관계가 위와 같다면 피고인 및 위 신몽수는 절도범행의 종료 후 얼마되지 아니한 단계로서 안전지대에로 이탈하지 못하고 피해자 측에 의하여 체포될 가능성이 남아 있는 단계에서 추적당하여 체포되었다고 할 것이므로 위 절취행위와 그 체포를 면하기 위한 위 신몽수의 구타행위와의 사이에 시간상 및 거리상으로 극히 근접한 관계에 있다고 할 것이니 위 신몽수의 소위는 준강도상해죄에 해당된다고 할 것이나 피고인으로서는 사전에 제1심 공동 피고인과의 사이에 상의한 바 없었음은 물론 체포 현장에 있어서도 피고인과의 사이에 전혀 의사연락 없이 제1심 공동 피고인이 피해자로부터 그가 가지고 간 몽둥이로 구타당하자 돌연 이를 빼앗아 피해자를 구타하여 상해를 가한 것으로서 피고인이 이를 예기하지 못하였다고 할 것이므로 동 구타상해행위를 공모 또는 예기하지 못한 피고인에게까지 준강도 상해의 죄책을 문의할

수 없다고 해석함이 타당하다고 할 것이다(대판 1982.7.13. 82도1352).

② [1] 공모합동하여 절도를 한 경우 범인 중의 하나가 체포를 면탈할 목적으로 폭행을 하여 상해를 가한 때에는 나머지 범인도 이를 예기하지 못한 것으로 볼 수 없다면 강도상해죄의 죄책을 면할 수 없다. [2] 절도를 공모한 피고인이 다른 공모자 (갑)의 폭행행위에 대하여 사전양해나 의사의 연락이 전혀 없었고, 범행장소가 빈 가게로 알고 있었고, 위 (갑)이 담배창구를 통하여 가게에 들어가 물건을 절취하고 피고인은 밖에서 망을 보던 중 예기치 않았던 인기척 소리가 나므로 도주해버린 이후에 위 (갑)이 창구에 몸이 걸려 빠져 나오지 못하게 되어 피해자에게 붙들리자 체포를 면탈할 목적으로 피해자에게 폭행을 가하여 상해를 입힌 것이고, 피고인은 그 동안 상당한 거리를 도주하였을 것으로 추정되는 상황 하에서는 피고인이 위 (갑)의 폭행행위를 전연 예기할 수 없었다고 보여지므로 피고인에게 준강도상해죄의 공동책임을 지울 수 없다(대판 1984.2.28. 83도3321).

2) 폭행·협박을 예기한 경우

① [1] 특수절도의 범인들이 범행이 발각되어 <u>각기 다른 길로 도주하다가</u> 그 중 1인이 체포를 면탈할 목적으로 폭행하여 상해를 가한 때에는, 나머지 범인도 위 공범이 추격하는 피해자에게 체포되지 아니하려고 위와 같이 <u>폭행할 것을 전연 예기하지 못한 것으로는 볼 수 없다</u> 할 것이므로 그 폭행의 결과로 발생한 상해에 관하여 형법 제337조, 제335조의 강도상해죄의 책임을 면할 수 없다. [2] 피고인들과 공소외 1이 소매치기할 것을 공모하고 만일을 대비하여 각 식칼 1자루씩을 나누어 가진 후 합동하여 피해자 이영희의 손지갑을 절취하였으나 그 범행이 발각되자 두 갈래로 나누어 도주 중 <u>원심 공동피고인은 피해자 송남종과 김종호의, 피고인과 공소외 1은 피해자 김종용과 김연수의 각 추격</u>을 받게되자 체포를 면탈할 목적으로 각 소지중인 식칼을 위 추격자들을 향하여 휘두리고(특수강도의 준강도→특수강도죄 성립) 원심공동피고인은 길에 있던 벽돌을 위 송남종에게 던져서 상해를 가하였다(특수강도의 준강도→특수강도죄→강도상해죄)는 점을 수긍할 수 있으니 이 사건의 경우에 있어서는 피고인 이 위와 같이 공범자인 원심공동피고인, 공소외 1과 공모 합동하여 소매치기를 하고 발각되어 도망할 때에 <u>원심공동피고인이 그를 추격하는 피해자 송남종에게 체포되지 아니하려고 위와 같이 폭행할 것을 전연 예기하지 못한 것으로는 볼 수 없다</u> 할 것이므로 <u>그 폭행의 결과로 발생한 상해에 관하여 원심이 피고인에 대하여도 형법 제337조, 제335조의 강도상해죄가 성립한다고 판단한 조치는 정당하다</u>(대판 1984.10.10. 84도1887, 84감도296).

② 피고인과 원심피고인들이 타인의 재물을 절취하기로 공모한 다음 피고인은 망을 보고 원심피고인들이 재물을 절취한 다음 달아나려다가 피해자에게 발각되자 체포를 면탈할 목적으로 피해자를 때려 상해를 입혔다면 피고인도 이를 전연 예견하지 못했다고 볼 수 없어 <u>(준)강도상해죄의 죄책을 면할 수 없다</u>(대판 1989.12.12. 89도1991).

> **판례** 특수강도의 준강도

- 강도죄에 있어서의 재물탈취의 수단인 폭행 또는 협박의 유형을 <u>흉기를 휴대하고 하는 경우와 그렇지 않은 경우로 나누어 흉기를 휴대하고 하는 경우를 특수강도로 하고, 그렇지 않은 경우를 단순강도로 하여</u> 처벌을 달리하고 있음에 비추어 보면 <u>절도범인이 처음에는 흉기를 휴대하지 아니하였으나, 체포를 면탈</u>

할 목적으로 폭행 또는 협박을 가할 때에 비로소 흉기를 휴대 사용하게 된 경우에는 형법 제334조의 예에 의한 준강도(특수강도의 준강도)가 된다(대판 1974.11.13. 73도1553 전원합의체). [해설] 이에 대해 준강도죄를 규정한 형법 제335조에는 범죄의 주체는 절도범인이요, 목적이 있어야 하며 행위는 폭행, 협박으로만 되어 있지 행위의 정도, 방법 따위에 대하여는 언급이 없으므로 목적이나 행위로서는 단순강도의 준강도냐 또는 특수강도이냐를 구별 지을 근거가 없으므로 행위의 주체인 절도의 태양에 따라 구별지어야 한다는 소수의견 있음.

판례 인질강도죄

- 피고인 1 및 조선족 중국인 공소외인, 성명불상 조선족 사람들이 공모·합동하여, 피고인 1은 피해자 1, 2를 중국으로 유인한 후 자신도 위 조선족들에게 납치·감금당한 것처럼 위장하고 공소외인과 위 조선족 사람들은 위 피해자들의 반항을 억압하여 위 피해자들로부터 돈을 강취하였으며, 위 피해자를 인질로 삼아 피해자 3으로부터 돈을 취득하였고, 피해자 4로부터는 돈을 취득하려고 하였으나 피해자 4가 이를 거절하여 미수에 그친 사실을 인정할 수 있다고 판단하여, 피고인 1에 대한 인질강도·인질강도미수·특수강도의 각 공소사실을 유죄로 인정하였다(대판 2009.10.29. 2009도7150).

Ⅳ. 가중적 구성요건

1. 특수강도죄

> **제334조(특수강도)**
> ① 야간에 사람의 주거, 관리하는 건조물, 선박이나 항공기 또는 점유하는 방실에 침입하여 제333조의 죄를 범한 자는 무기 또는 5년 이상의 징역에 처한다.
> ② 흉기를 휴대하거나 2인 이상이 합동하여 전조의 죄를 범한 자도 전항의 형과 같다.

본죄는 ㈎ 야간에 사람의 주거, 관리하는 건조물, 선박이나 항공기 또는 점유하는 방실에 침입하여 강도죄를 범하거나(제334조 제1항), ㈏ 흉기를 휴대하거나 2인 이상이 합동하여 강도죄를 범함으로써 성립하는 범죄이다(제334조 제2항). 제1항은 야간주거침입절도죄, 제2항은 제331조 제2항의 특수절도죄와 행위상황이 같다. 다만, 제334조 제1항의 야간주거침입강도죄의 착수시기에 있어서 판례는 주거침입시설을 취한 것도 있고, 폭행·협박시설을 취한 경우도 있다.

2. 강도상해·치상죄

> **제337조(강도상해, 치상)**
> 강도가 사람을 상해하거나 상해에 이르게 한때에는 무기 또는 7년 이상의 징역에 처한다.
>
> **제342조(미수범)**
> 제329조 내지 제341조의 미수범은 처벌한다.

(1) 의의

강도가 사람을 상해하거나 상해에 이르게 함으로써 성립하는 범죄이다(제337조). 강도상해죄는 강도죄와 상해죄의 결합범, 강도치상죄는 강도죄의 결과적 가중범으로 되어 있다. 본죄의 주된 보호법익은 신체의 건강이고, 부차적인 보호법익은 재산이다.

(2) 구성요건

1) 주체 : 강도이다. 여기의 강도에는 단순강도뿐만 아니라, 특수강도·준강도 및 인질강도를 포함한다. 그 기수·미수도 불문한다.

2) 행위 : 사람을 상해하거나 상해에 이르게 하는 것이다. 상해란 상해에 대하여 고의가 있는 경우이다. 이에 반하여 강도치상죄는 결과적 가중범이다. 상해 또는 치상의 결과는 반드시 강도의 수단인 폭행으로 인한 것임을 요하지 않으며, 그 원인이 강도의 기회에 이루어진 것이면 족하다(강도기회설 : 통설, 판례).

(3) 공범과 미수

1) 공범 : 강도의 공범(공동정범) 중 1인이 강도의 기회에 상해 또는 치상의 결과를 발생케 한 경우에 공동정범은 공동의사의 범위 내에서만 성립하므로 상해에 대하여 공동의사가 없는 공범자에게는 강도상해죄는 성립하지 아니하고, 그 결과를 예상할 수 있었던 경우에 한하여 강도치상죄가 성립한다(다수설). 그러나 대법원은 강도의 공동정범은 다른 공범자가 강도의 기회에 한 상해행위에 대한 책임을 면할 수 없고, 준강도의 공동정범은 이를 예견한 경우에 강도상해죄가 성립한다고 한다.

2) 미수범 : 강도상해죄의 미수범은 처벌한다(제342조). 강도상해죄는 강도죄와 상해죄의 결합범이지만 '주된' 보호법익이 신체의 건강이므로, 강도상해죄의 기수·미수에 따라 결정되고, 강도의 기수·미수와는 무관하다고 함이 타당하다(통설, 판례).

3. 강도살인·치사죄

> **제338조(강도살인·치사)**
> 강도가 사람을 살해한 때에는 사형 또는 무기징역에 처한다. 사망에 이르게 한 때에는 무기 또는 10년 이상의 징역에 처한다.
>
> **제342조(미수범)**
> 제329조 내지 제341조의 미수범은 처벌한다.

(1) 의의

강도가 사람을 살해하거나 사망에 이르게 함으로써 성립하는 범죄이다(제338조). 강도살인죄는 강도죄와 살인죄의 결합범이며, 강도치사죄는 결과적 가중범이다. 본죄의 주된 보호법익은 사람의 생명이고, 부차적인 보호법익은 재산이다.

(2) 구성요건

1) 주체 : 강도이다. 그 범위는 강도상해·치상죄의 경우와 같다.

2) **행위** : 사람을 살해하거나 사망에 이르게 하는 것이다. 살해는 살인의 고의가 있는 경우이며, 사망에 이르게 하는 것은 고의 없이 사망의 결과가 발생한 경우이다. 살해 또는 사망에 이르게 하는 것은 반드시 강도의 수단인 폭행으로 인한 것임을 요하지 않고, 그 기회에 일어난 것으로 족하다.

3) **미수** : 강도살인죄의 미수범은 처벌되며(제342조), 이는 살인의 기수·미수에 따라 결정된다.

(3) 사자의 점유

강도의 고의 없이 사람을 살해하고 그의 재물을 영득한 때에는 살인죄와 점유이탈물횡령죄의 경합범이 된다. 이에 반하여 강도의 고의로 사람을 살해한 뒤에 재물을 탈취한 때에는 강도살인죄가 성립한다. 다만 이 경우에는 사자의 점유를 인정할 수 없으므로 피해자가 생전에 가지고 있던 점유를 침해한 것이다(다수설).

(4) 공범과 미수

1) **공범** : 강도의 공범(공동정범) 중 1인이 강도의 기회에 살인 또는 치사의 결과를 발생케 한 경우에 공동정범은 공동의사의 범위 내에서만 성립하므로 상해에 대하여 공동의사가 없는 공범자에게는 강도살인죄는 성립하지 아니하고, 그 결과를 예상할 수 있었던 경우에 한하여 강도치사죄가 성립한다(다수설). 그러나 대법원은 살인에 대해서 고의의 공동이 없으면 강도치사죄가 성립하지만, 사망결과를 예견하지 못한 것으로 볼 수 없는 경우에는 강도살인죄가 성립한다고 한다.

2) **미수범** : 강도살인죄의 미수범은 처벌한다(제342조). 강도살인죄의 기수와 미수는 살인의 기수·미수에 따라 결정된다. 따라서 살해행위가 미수에 그친 이상 강도의 기수·미수를 불문하고 강도살인미수죄가 성립한다.

4. 강도강간죄

> **제339조(강도강간)**
> 강도가 사람을 강간한 때에는 무기 또는 10년 이상의 징역에 처한다.
>
> **제342조(미수범)**
> 제329조 내지 제341조의 미수범은 처벌한다.

(1) 의의

강도가 사람을 강간함으로써 성립하는 범죄이다(제339조).

(2) 구성요건

강도가 사람을 강간할 것을 요한다.

1) **주체** : 강도이며, 강도의 기수·미수를 묻지 않는다. 본죄는 강도가 강간할 때에 성립하는 것이므로 강간범이 강도를 한 때에는 본조가 성립하지 않고 강간죄와 강도죄의 실체적 경합범이 될 뿐이다.

2) **행위** : 사람을 강간하는 것이다. 강간은 강도의 기회에 행하여짐을 요하며 그것으로 족하다. 강취의 전후를 묻지 않는다.

(3) 미수

본죄의 미수범은 처벌한다(제342조). 여기서 미수란 강간의 미수를 말한다.

(4) 죄수

㉮ 강도강간범이 사람을 살해·상해한 경우에는 강도강간죄와 강도살인·상해죄의 상상적 경합이 된다는 것이 판례이다. ㉯ 강도강간범이 사람을 치사·치상케 한 경우에 판례는 강도강간죄와 강도치사상죄의 상상적 경합이 된다고 한다.

5. 해상강도죄, 해상강도상해·치상·살인·치사·강간죄

> **제340조(해상강도)**
> ① 다중의 위력으로 해상에서 선박을 강취하거나 선박내에 침입하여 타인의 재물을 강취한 자는 무기 또는 7년 이상의 징역에 처한다.
> ② 제1항의 죄를 범한 자가 사람을 상해하거나 상해에 이르게 한때에는 무기 또는 10년 이상의 징역에 처한다.
> ③ 제1항의 죄를 범한 자가 사람을 살해 또는 사망에 이르게 하거나 강간한 때에는 사형 또는 무기징역에 처한다.

(1) 해상강도죄

다중의 위력으로 해상에서 선박을 강취하거나 선박 내에 침입하여 타인의 재물을 강취함으로써 성립하는 범죄이다(제340조 제1항). 본죄의 객체는 해상의 선박 또는 그 선박 내에 있는 재물이다. 해상이란 영해와 공해를 포함한다. 그러나 본죄의 취지에 비추어 볼 때 그것은 적어도 지상의 구상권이 미치지 않는 바다 위임을 요하며, 하천·호소·항만은 제외해야 한다. 선박도 그 대소와 종류를 불문하나, 성질상 해상을 항해할 수 있을 정도의 것임을 요한다. 행위는 다중의 위력으로 강취하는 것이다. 다수이란 다수인의 집단을 말하며, 인원수에는 제한이 없다. 다만 사람에게 집단적 위력을 보일 수 있는 정도임을 요한다. 위력이란 사람의 의사를 제압할 수 있는 세력을 말한다. 유형적이건 무형적이건 불문한다.

(2) 해상강도상해·치상죄

해상강도가 사람을 상해하거나 상해에 이르게 함으로써 성립하는 범죄이다(제340조 제2항). 주체는 해상강도이며, 그 기수·미수를 불문한다. 상해 또는 상해에 이르게 하는 것은 강도의 기회에 행해져야 한다. 해상강도상해죄의 미수범은 처벌한다.

(3) 해상강도살인·치사·강간죄

해상강도가 사람을 살해 또는 사망에 이르게 하거나 사람을 강간함으로써 성립하는 범죄이다(제340조 제3항). 해상강도살인죄 및 강간죄는 미수범을 처벌한다. 여기의 미수란 살인 또는 강간의 미수를 말한다.

6. 상습강도죄

> **제341조(상습범)**
> 상습으로 제333조, 제334조, 제336조 또는 전조제1항의 죄를 범한 자는 무기 또는 10년 이상의 징역에 처한다.

상습으로 강도죄·특수강도죄·인질강도죄 또는 해상강도죄를 범함으로써 성립하는 범죄이다(제341조). 행위자의 상습성으로 인하여 책임이 가중되는 범죄유형이다.

V. 강도예비·음모죄

> **제343조(예비, 음모)**
> 강도할 목적으로 예비 또는 음모한 자는 7년 이하의 징역에 처한다.

본죄는 "강도할 목적으로 예비·음모하였으나 강도의 실행에 착수하지 않은 경우에 성립하는 범죄"이다(제343조). 강도예비·음모죄는 '목적범'이다. 형법은 강도죄의 죄질이 무겁다고 보아 예비·음모단계의 준비행위를 처벌하고 있다. 강도목적의 예비·음모는 어디까지나 외부적 표현이 있어야 한다. 강도의 목적으로 타인의 주거에 침입하는 것도 강도예비죄에 해당하므로, 이 경우에는 강도예비죄와 주거침입죄의 상상적 경합이 성립한다.

 **판례** 야간주거침입강도죄의 실행의 착수시기

1) 주거침입시에 실행의 착수를 인정한 경우
- [1] <u>형법 제334조 제1항 소정의 야간주거침입강도죄는 주거침입과 강도의 결합범으로서 시간적으로 주거침입행위가 선행되므로 주거침입을 한 때에 본죄의 실행에 착수한 것으로 볼 것인바, 같은 조 제2항 소정의 흉기휴대 합동강도죄에 있어서도 그 강도행위가 야간에 주거에 침입하여 이루어지는 경우에는 주거침입을 한 때에 실행에 착수한 것으로 보는 것이 타당하다.</u> [2] 피고인들이 야간에 피해자 이영란의 집에 이르러 재물을 강취할 의도로 피고인 강기복이 출입문 옆 창살을 통하여 침입하고 피고인 배산환은 부엌 방충망을 뜯고 들어가다가 <u>피해자 시아버지의 헛기침에 발각된 것으로 알고 도주함으로써 뜻을 이루지 못했다</u>는 것이고, 피고인들이 야간에 피해자 김순섭의 집에 이르러 피고인 강기복이 담을 넘어 들어가 대문을 열고 나머지 피고인들이 집에 들어가 피고인 배산환이 부엌에서 식칼을 들고 방안에 들어가는 순간 비상벨이 울려 도주함으로써 뜻을 이루지 못했다는 것이므로, <u>피고인들이 위와 같이 야간에 주거에 침입한 이상 특수강도의 실행에 착수한 것으로서 그 미수범으로서 처단되어야 할 것</u>이고 현장에서 함께 행동한 피고인으로서도 같은 죄책을 져야함은 더 말할 나위도 없다(대판 1992.7.28. 92도917). [해설] 야간주거침입강도죄는 주거침입과 강도의 결합범으로서 시간적으로 주거침입행위가 선행되는 것이므로 주거침입을 한 때에 본죄의 실행에 착수한 것으로 본다고 한 사례.

2) 폭행·협박시에 실행의 착수를 인정한 경우
- [1] 특수강도의 실행의 착수는 강도의 실행행위 즉 사람의 반항을 억압할 수 있는 정도의 폭행

또는 협박에 나아갈 때에 있다 할 것이다. [2] 강도의 범의로 야간에 칼을 휴대한 채 타인의 주거에 침입하여 집안의 동정을 살피다가 피해자를 발견하고 갑자기 욕정을 일으켜 칼로 협박하여 강간한 경우, 야간에 흉기를 휴대한 채 타인의 주거에 침입하여 집안의 동정을 살피는 것만으로는 특수강도의 실행에 착수한 것이라고 할 수 없으므로 위의 특수강도에 착수하기도 전에 저질러진 위와 같은 강간행위가 구 특정범죄가중처벌등에관한법률 제5조의6 제1항 소정의 특수강도강간죄에 해당한다고 할 수 없다(대판 1991. 11.22. 91도2296). [해설] 특수강도의 착수가 인정되지 아니하므로(강도의 실행에 필요한 폭행이나 협박이 없으므로) 특수강도강간죄가 성립하지 않는다는 판례.

판례 야간주거침입강도죄와 주거침입죄의 관계

- 형법 제334조 제1항 특수강도죄는 '주거침입'이라는 요건을 포함하고 있으므로 **형법 제334조 제1항 특수강도죄가 성립할 경우 '주거침입죄'는 별도로 처벌할 수 없고, 형법 제334조 제1항 특수강도에 의한 강도상해가 성립할 경우에도 별도로 '주거침입죄'를 처벌할 수 없다**고 보아야 할 것이다(대판 2012.12.27. 2012도12777).

판례 강도상해·치상죄

1) 준강도

- 절도가 절도행위의 기회계속 중이라고 볼 수 있는 그 실행 중 또는 실행 직후에 체포를 면탈할 목적으로 폭행을 가한 때에는 준강도죄가 성립되고 이로써 상해를 입혔을 때는 강도상해죄가 성립된다(대판 1987.10.26. 87도1662).

2) 상해의 정도

- <u>강도상해죄에 있어서의 상해는 피해자의 신체의 건강상태가 불량하게 변경되고 생활기능에 장애가 초래되는 것을 말하는 것</u>으로서, 피해자가 입은 상처가 극히 경미하여 굳이 치료할 필요가 없고 치료를 받지 않더라도 일상생활을 하는 데 아무런 지장이 없으며 시일이 경과함에 따라 자연적으로 치유될 수 있는 정도라면, 그로 인하여 피해자의 신체의 건강상태가 불량하게 변경되었다거나 생활기능에 장애가 초래된 것으로 보기 어려워 강도상해죄에 있어서의 상해에 해당한다고 할 수 없다(대판 2003.7.11. 2003도2313).

3) 강도의 기회

① 강도가 재물강취의 수단으로서 한 폭행에 의하여 상해를 입힌 경우가 아니라도 강도의 기회에 상해를 입힌 것이라면 강도상해죄가 성립한다 할 것인바, 강취현장에서 피고인의 발을 붙잡고 늘어지는 피해자를 30미터쯤 끌고가서 폭행함으로써 상해한 피고인의 소위는 강도상해죄에 해당한다 할 것이다(대판 1984.6.26. 84도970).

② 강도치상죄에 있어서의 상해는 강도의 기회에 범인의 행위로 인하여 발생한 것이면 족한 것이므로, 피고인이 택시를 타고 가다가 요금지급을 면할 목적으로 소지한 과도로 운전수를 협박하자 이에 놀란 운전수가 택시를 급우회전하면서 그 충격으로 피고인이 겨누고 있던 과도에 어깨부분이 찔려 상처를 입

었다면, 피고인의 위 행위를 강도치상죄에 의율함은 정당하다(대판 1985.1.15. 84도2397).

③ 피고인이 피해자로부터 재물을 강취하고 피해자가 운전하는 자동차에 함께 타고 도주하다가 단속 경찰관이 뒤따라오자 피해자를 칼로 찔러 상해를 가하였다면 강도상해죄를 구성한다 할 것이고 강취와 상해 사이에 1시간 20분이라는 시간적 간격이 있었다는 것만으로는 그 범죄의 성립에 영향이 없다(대판 1992.1.21. 91도2727).

④ 강도범인이 강도를 하는 기회에 범행의 현 장에서 사람을 상해한 이상, 재물강취의 수단인 폭행으로 인하여 상해의 결과가 발생한 것이 아니고, 재물의 탈환을 항거하거나 체포를 면탈하거나 죄적을 인멸할 목적으로 폭행을 가한 것이 아니라고 하더라도 강도상해죄가 성립한다(대판 1992.4.14. 92도408).

⑤ 형법 제337조의 강도상해죄는 강도범인이 강도의 기회에 상해행위를 함으로써 성립하므로 강도범행의 실행 중이거나 실행 직후 또는 실행의 범의를 포기한 직후로서 사회통념상 범죄행위가 완료되지 아니하였다고 볼 수 있는 단계에서 상해가 행하여짐을 요건으로 한다. 그러나 <u>반드시 강도범행의 수단으로 한 폭행에 의하여 상해를 입힐 것을 요하는 것은 아니고 상해행위가 강도가 기수에 이르기 전에 행하여져야만 하는 것은 아니므로, 강도범행 이후에도 피해자를 계속 끌고 다니거나 차량에 태우고 함께 이동하는 등으로 강도범행으로 인한 피해자의 심리적 저항불능 상태가 해소되지 않은 상태에서 강도범인의 상해행위가 있었다면 강취행위와 상해행위 사이에 다소의 시간적·공간적 간격이 있었다는 것만으로는 강도상해죄의 성립에 영향이 없다</u>(대판 2014.9.26. 2014도9567).

판례 인과관계의 객관적 귀속

① 강도상해죄는 강도가 사람을 상해한 경우에 성립하는 것이므로 도주하는 강도를 체포하기 위해 위에서 덮쳐 오른손으로 목을 잡고, 왼손으로 앞부분을 잡는 순간 강도가 들고 있던 벽돌에 끼어 있는 철사에 찔려 부상을 입었다거나 또는 도망하려는 공범을 뒤에서 양팔로 목을 감싸잡고 내려오다 같이 넘어져 부상을 입은 경우라면 위 부상들은 피해자들의 적극적인 체포행위 과정에서 스스로의 행위의 결과로 입은 상처이어서 위 상해의 결과에 대하여 강도상해죄로 의율할 수 없다(대판 1985.7.9. 85도1109).

② 폭행 또는 협박으로 타인의 재물을 강취하려는 행위와 이에 극도의 흥분을 느끼고 공포심에 사로잡혀 이를 피하려다 상해에 이르게 된 사실과는 상당인과관계가 있다 할 것이고 이 경우 강취 행위자가 상해의 결과의 발생을 예견할 수 있었다면 이를 강도치상죄로 다스릴 수 있다(대판 1996.7.12. 96도1142).

판례 강도상해죄의 기수시기

① <u>절도범이 체포를 면탈할 목적</u>으로 폭행을 가하여 피해자에게 <u>상해의 결과를 발생케 한 경우에는 비록 재물의 절취는 미수에 그쳤다 할지라도 본조의 기수범으로 보아야 한다</u>(대판 1971.1.26. 70도2518).

② 피고인이 <u>절취품을 물색중</u> 피해자가 잠에서 깨어나 "도둑이야"라고 고함치자 <u>체포를 면탈할 목적</u>

으로 그녀에게 이불을 덮어 씌우고 입과 목을 졸라 <u>상해</u>를 입혔다면 절도의 목적달성 여부에 관계없이 강도상해죄가 성립한다(대판 1985.5.28. 85도682). **[해설]** 제337조의 강도상해죄의 주체는 강도이며 이 경우 강도는 단순강도 이외에 특수강도, 준강도, 인질강도 등이 포함되므로 단순강도가 상해를 가한 경우나 준강도가 상해를 가한 경우 모두 인정된 죄명은 제337조의 강도상해죄에 해. 다만 그 주체가 준강도인 경우 준강도상해라고 표현하는 것은 판결요지에서 보다 그 주체가 단순강도가 아닌 준강도였음을 구체적으로 설명을 해 주고 있는 것으로 해석할 수 있음.

판례 공동정범

1) 강도상해죄와 공동정범

① <u>행위자 상호간에 범죄의 실행을 공모하였다면 다른 공모자가 이미 실행에 착수한 이후에는 그 공모관계에서 이탈하였다고 하더라도 공동정범의 책임을 면할 수 없는 것이므로 피고인 등이 금품을 강취할 것을 공모하고 피고인은 집 밖에서 망을 보기로 하였으나, 다른 공모자들이 피해자의 집에 침입한 후 담배를 사기 위해서 망을 보지 않았다고 하더라도, 피고인은 판시 강도상해죄의 공동정범의 죄책을 면할 수가 없다</u>(대판 1984.1.31. 83도2941).

② 수인이 합동하여 강도를 한 경우에 그 범인 가운데 일부가 그 기회에 피해자에게 상해를 가했을 때에는 나머지 범인도 이를 예기하지 못한 것으로 볼 수 없는 경우에는 강도상해의 죄책을 면할 수 없다(대판 1990.2.13. 89도2426).

③ 강도의 공범자 중의 한 사람이 강도의 기회에 피해자에게 폭행을 가하여 상해를 입힌 경우 다른 공범자도 재물강취의 수단으로 폭행을 가할 것이라는 점에 관하여 상호의사의 연락이 있었던 것이므로 구체적으로 상해에 관하여는 공모하지 않았다 하더라도 폭행으로 생긴 결과에 대한 공범으로서 강도상해 및 강도치상의 책임을 진다(대판 1990.12.26. 90도2362).

④ 강도합동범 중 1인이 피고인과 공모한 대로 과도를 들고 강도를 하기 위하여 피해자의 거소를 들어가 피해자를 향하여 칼을 휘두른 이상 이미 강도의 실행행위에 착수한 것임이 명백하고, 그가 피해자들을 과도로 찔러 상해를 가하였다면 대문 밖에서 망을 본 공범인 피고인이 구체적으로 상해를 가할 것까지 공모하지 않았다 하더라도 피고인은 상해의 결과에 대하여도 공범으로서의 책임을 면할 수 없다(대판 1998.4.14. 98도356).

2) 준강도상해죄의 공동정범

① 피고인은 제1심 공동피고인 1, 2 및 공소외인과 합동하여 박종석이 경영하는 대성서점에 이르러 제1심 공동피고인 1과 2는 망을 보고 피고인과 공소외인은 미리 준비한 절단기로 서점 샷타문 자물쇠를 절단하고 서점내에 들어가 현금 등을 절취한 후 주민의 신고를 받고 경찰관이 위 절취현장에 출동하자 피고인과 공소외인이 약 50미터 가량 도주하다가 공소외인은 우연히 그 곳을 지나다가 뒤쫓아온 피해자에게 체포를 면탈할 목적으로 소지하고 있던 제도용 면도칼로 그의 얼굴을 1회 그어 그에게 약 2주 간의 치료를 요하는 안면부열상 및 우측 귀바퀴 다발성열상을 입힌 사실이 인정되는 바 2인 이상이 합동하여 절도를 한 경우 범인 중의 1인이 체포를 면탈할 목적으로 폭행을 하여 상해를 가한 때에는 나머지 범인도 이를 예기하지 못한 것으로 볼

수 없으면 강도상해죄의 죄책을 면할 수 없다(대판 1988.2.9. 87도2460).

② 갑이 을과 공모하여 타인의 재물을 절취하려다 미수에 그친 이상 을이 체포를 면탈하려고 경찰관에게 상해를 가할 때 갑이 비록 거기에는 가담하지 아니하였다고 하더라도 을의 행위를 예견하지 못한 것으로 볼 수 없는 한 준강도상해의 죄책을 면할 수 없다(대판 1989.3.28. 88도2291).

③ 피고인과 원심공동피고인 1, 2, 3 등은 봉고승합차량을 타고 다니면서 행인의 재물을 탈취할 것을 공모하고 합동하여 원심판시 범행일시 및 장소에서 그 곳을 지나가는 피해자 유금순을 범행대상으로 지목하고 위 차량을 세운 후 원심 공동피고인 1, 2는 위 차량안에서 대기하거나 위 차량 주위에서 망을 보고 피고인과 원심 공동피고인 3은 위 차량에서 내려 위 피해자에게 다가가서 원심 공동피고인 3이 위 피해자가 들고 있던 가방을 나꿔채고 피고인은 위 피해자를 힘껏 떠밀어 콘크리트바닥에 넘어져 상처를 입게 함으로써 추적을 할 수 없게 한 사실 이 인정되는바, <u>피고인들 사이에 사전에 피해자를 밀어 넘어뜨려서 반항을 억압하기로 하는 구체적인 의사연락이 없었다고 하여도 합동하여 절도범행을 하는 도중에 피고인이 체포를 면탈할 목적으로 위 피해자에게 폭행을 가하여 상처를 입혔고 그 폭행의 정도가 피해자의 추적을 억압할 정도의 것이었던 이상 피고인들은 강도상해의 죄책을 면할 수 없는 것이다</u>(대판 1991.11.26. 91도2267). [해설] 절도의 공범 중 1인의 준강도 행위와 그로 인한 피해자의 상해결과의 야기가 예기치 못한 것으로 볼 수 없으면 나머지 일방도 강도치사·상해죄의 죄책을 져야 한다고 본 사례.

 강도살인·치사죄

1) 준강도

- 강도살인죄(형법 제338조)의 주체인 강도는 준강도죄(형법 제335조)의 강도범인을 포함한다고 할 것이므로 절도가 체포를 면탈할 목적으로 사람을 살해한 때에는 강도살인죄가 성립한다(대판 1987.9.22. 87도1592).

2) 강도의 기회 - 강도의 기회에 해당하는 경우

- [1] 강도살인이라 함은 강도범인이 강도의 기회에 살인행위를 함으로써 성립하는 것이므로, 강도범행의 실행 중이거나 그 실행 직후 또는 실행의 범의를 포기한 직후로서 사회통념상 범죄행위가 완료되지 아니하였다고 볼 수 있는 단계에서 살인이 행하여짐을 요건으로 한다. [2] 강도범행 직후 신고를 받고 출동한 경찰관이 위 범행 현장으로부터 약 150m 지점에서, 화물차를 타고 도주하는 피고인을 발견하고 순찰차로 추적하여 격투 끝에 피고인을 붙잡았으나, 피고인이 너무 힘이 세고 반항이 심하여 수갑도 채우지 못한 채 피고인을 순찰차에 억지로 밀어 넣고서 파출소로 연행하고자 하였는데, 그 순간 피고인이 체포를 면하기 위하여 소지하고 있던 과도로써 옆에 앉아 있던 경찰관을 찔러 사망케 하였다면 <u>피고인의 위 살인행위는 강도행위와 시간상 및 거리상 극히 근접하여 사회통념상 범죄행위가 완료되지 아니한 상태에서 이루어진 것이라고 보여지므로(위 살인행위 당시에 피고인이 체포되어 신체가 완전히 구속된 상태이었다고 볼 수 없다), 원심이 피고인을 강도살인죄로 적용하여 처벌한 것은 옳다고 한 사례</u>(대판 1996.7.12. 96도1108).

3) 강도의 기회 - 강도의 기회가 아닌 경우

- 피고인이 피해자 소유의 돈과 신용카드에 대하여 불법영득의 의사를 갖게 된 것이 살해 후 상당

한 시간이 지난 후로서 살인의 범죄행위가 이미 완료된 후의 일이라면, 살해 후 상당한 시간이 지난 후에 별도의 범의에 터잡아 이루어진 재물 취거행위를 그보다 앞선 살인행위와 합쳐서 강도살인죄로 처단할 수 없다고 한 사례(대판 2004.6.24. 2004도1098).

4) 강도살인죄의 기수·미수

① 재물강취의 목적과 수단으로 사람을 살해한 이상 그 살해행위가 강취행위의 전후를 불문하고 또 강취행위의 기수이거나 미수임을 구별하지 않고 강도살인죄가 성립한다(대판 1957.10.11. 4290형상313).

② 채무를 면탈할 목적으로 살해행위에 착수하였다가 미수에 그친 경우에는 강도살인미수죄가 성립된다(대판 1964.9.8. 64도310).

③ 피고인 갑, 을이 공모하여 채무를 면탈할 의사로 채권자 병을 살해한 사안에서, 갑의 병에 대한 채무의 존재가 명백할 뿐만 아니라 병의 상속인이 존재하고 그 상속인에게 채권의 존재를 확인할 방법이 확보되어 있으므로 일시적으로 채권자 측의 추급을 면한 것에 불과하고 재산상 이익의 지배가 채권자 측으로부터 甲 앞으로 이전되었다고 볼 수 없다는 이유로, 위 강도살인의 공소사실을 무죄로 인정한 원심판단을 수긍한 사례(대판 2010.9.30. 2010도7405).

5) 강도살인죄의 고의

- 강도가 베개로 피해자의 머리부분을 약 3분 간 누르던 중 피해자가 저항을 멈추고 사지가 늘어졌음에도 계속하여 누른 행위에 살해의 고의가 있었다고 한 원심의 판단을 수긍한 사례(대판 2002.2.8. 2001도6425).

 판 례   채무면탈 목적의 살인

1) 강도살인죄가 성립하는 경우

① 피고인은 피해자의 택시를 무임승차하고 택시요금을 요구하는 피해자의 추급을 벗어나고자 동인을 살해한 직후 피해자의 주머니에서 택시 열쇠와 돈 8,000원을 꺼내어 피해자의 택시를 운전하고 현장을 벗어난 사실이 인정되는 바, 위와 같은 사실관계에 비추어 보면 피고인은 채무면탈의 목적으로 피해자를 살해하고 피해자의 반항능력이 완전히 상실된 것을 이용하여 즉석에서 피해자가 소지하였던 재물까지 탈취한 것이므로, 살인행위와 재물탈취행위는 서로 밀접하게 관련되어 있어 살인행위를 이용한 재물탈취행위라고 볼 것이니 피고인을 강도살인죄로 의율한 원심조치는 정당하다(대판 1985.10.22. 85도1527).

② 피고인이 피해자를 살해할 당시 그 소주방 안에는 피고인과 피해자 두 사람밖에 없었음을 알 수 있는바, 그와 같은 경우 피고인이 피해자를 살해하면 피해자는 피고인에 대하여 술값 채권을 행사할 수 없게 되고, 피해자 이외의 사람들에게는 피해자가 피고인에 대하여 술값 채권을 가지고 있음이 알려져 있지 아니한 탓으로 피해자의 상속인이 있다 하더라도 피고인에 대하여 그 채권을 행사할 가능성은 없다 하겠다. 그러므로 위와 같은 상황에서 피고인이 채무를 면탈할 목적으로 피해자를 살해한 것은 재산상의 이익을 취득할 목적으로 피해자를 살해한 것이라 할 수 있고, 또한 피고인이 피해자를 살해한 행위와 즉석에서 피해자가 소지하였던 현금을 탈취한 행위는 서로 밀접하게 관련되

어 있기 때문에 살인행위를 이용하여 재물을 탈취한 행위라고 볼 수 있으니 원심이 피고인의 위와 같은 일련의 행위에 대하여 강도살인죄의 성립을 인정한 조치는 정당하다(대판 1999.3.9. 99도242).

2) 강도살인죄가 성립하지 않는 경우

- [1] 강도살인죄가 성립하려면 먼저 강도죄의 성립이 인정되어야 하고, 강도죄가 성립하려면 불법영득(또는 불법이득)의 의사가 있어야 하며, 형법 제333조 후단 소정의 이른바 강제이득죄의 성립요건인 '재산상 이익의 취득'을 인정하기 위하여는 재산상 이익이 사실상 피해자에 대하여 불이익하게 범인 또는 제3자 앞으로 이전되었다고 볼 만한 상태가 이루어져야 하는데, 채무의 존재가 명백할 뿐만 아니라 채권자의 상속인이 존재하고 그 상속인에게 채권의 존재를 확인할 방법이 확보되어 있는 경우에는 비록 그 채무를 면탈할 의사로 채권자를 살해하더라도 일시적으로 채권자측의 추급을 면한 것에 불과하여 재산상 이익의 지배가 채권자측으로부터 범인 앞으로 이전되었다고 보기는 어려우므로, 이러한 경우에는 강도살인죄가 성립할 수 없다. [2] 강도살인죄는 강도범인이 강도의 기회에 살인행위를 함으로써 성립하는 것이므로, 강도범행의 실행 중이거나 그 실행 직후 또는 실행의 범의를 포기한 직후로서 사회통념상 범죄행위가 완료되지 아니하였다고 볼 수 있는 단계에서 살인이 행하여짐을 요건으로 한다. [3] 피고인이 피해자 소유의 돈과 신용카드에 대하여 불법영득의 의사를 갖게 된 것이 살해 후 상당한 시간이 지난 후로서 살인의 범죄행위가 이미 완료된 후의 일이라면, 살해 후 상당한 시간이 지난 후에 별도의 범의에 터잡아 이루어진 재물 취거행위를 그보다 앞선 살인행위와 합쳐서 강도살인죄로 처단할 수 없다고 한 사례(대판 2004.6.24. 2004도1098). [해설] 채무면탈 목적의 강도살인죄의 미수와 기수의 구별기준, 피해자의 사망 후 생전 점유가 미치는 시기, 고의 등 다양한 쟁점을 설시한 판례.

 **판례** 보험금 편취 목적으로 피보험자를 살해한 경우

- 피고인이 교통사고를 가장하여 피해자들을 살해하고 보험금을 수령하여 자신의 경제적 곤란을 해결하고 신변을 정리하는 한편, 그 범행을 은폐할 목적으로 피해자들을 승용차에 태운 후에 고의로 승용차를 저수지에 추락시켜 피해자들을 사망하게 한 것으로서 살인의 범의가 인정된다고 한 사례(대판 2001.11.27. 2001도4392). [해설] 피해자들을 사망하게 한 이후 보험회사에 보험금을 청구하였으나 보험금을 지급받지 못한 경우, 피해자들에 대한 살인죄(기수)와 보험사기죄의 미수가 되고, 이들 죄는 경합범의 관계에 있다고 본 사례.

판례 강도살인·치사의 판단기준

1) 강도살인·치사의 판단기준

- 수인이 합동하여 강도를 한 경우 그 중 1인이 사람을 살해하는 행위를 하였다면 그 범인은 강도살인죄의 기수 또는 미수의 죄책을 지는 것이고 다른 공범자도 살해행위에 관한 고의의 공동이 있었으면 그 또한 강도살인죄의 기수 또는 미수의 죄책을 지는 것이 당연하다 하겠으나, 고의의 공동이 없었으면 피해자가 사망한 경우에는 강도치사의, 강도살인이 미수에 그치고 피해자가 상해만 입은 경우에는 강도상해 또는 치상의, 피해자가 아무런 상해를 입지 아니한 경우에는 강도의 죄책만 진다고 보아야 할 것이다(대판 1991.11.12. 91도2156).

2) 강도치사죄를 인정한 경우

- 피고인들이 <u>등산용 칼을 이용하여 노상강도를 하기로 공모한 사건</u>에서 범행 당시 차 안에서 망을 보고 있던 피고인 갑이나 등산용 칼을 휴대하고 있던 피고인 을과 함께 차에서 내려 피해자로부터 금품을 강취하려 했던 피고인 병으로서는 그때 우연히 현장을 목격하게 된 다른 피해자를 피고인 을이 소지 중인 등산용 칼로 살해하여 강도살인행위에 이를 것을 전혀 예상하지 못하였다고 할 수 없으므로 <u>피고인들 모두는 강도치사죄</u>로 의율처단함이 옳다(대판 1990.11.27. 90도2262).

3) 강도살인죄를 인정한 경우

- 수인이 합동하여 강도를 한 경우 1인이 강취하는 과정에서 간수자를 강타, 사망케 한 때에는 나머지 범인도 이를 예기하지 못한 것으로 볼 수 없는 경우에는 강도살인죄의 죄책을 면할 수 없다 할 것인바, 피고인들이 사전에 금품강취범행을 모의하고 전원이 범행현장에 임하여 각자 범죄의 실행을 분담하였으며 그 과정에 피고인(갑)을 제외한 나머지 3명이 모두 과도 또는 쇠파이프 등을 휴대하였고 쇠파이프를 휴대한 피고인(을)이 위 피해자를 감시하였던 상황에 비추어 피고인(을)이 피해자를 강타, 살해하리라는 점에 관하여 나머지 피고인들도 예기할 수 없었다고는 보여지지 아니하므로 피고인들을 모두 강도살인죄의 정범으로 처단함은 정당하다(대판 1984.2.28. 83도3162).

판례   강도강간죄

1) 강도강간죄가 성립하지 않는 경우

- 강간범이 강간행위 후에 강도의 범의를 일으켜 그 부녀의 재물을 강취하는 경우에는 형법상 강도강간죄가 아니라 강간죄와 강도죄의 경합범이 성립될 수 있을 뿐인바, 성폭력범죄의처벌및피해자보호등에관한법률 제5조 제2항은 형법 제334조(특수강도) 등의 죄를 범한 자가 형법 제297조(강간) 등의 죄를 범한 경우에 이를 특수강도강간 등의 죄로 가중하여 처벌하고 있으므로, 다른 특별한 사정이 없는 한 강간범이 강간의 범행 후에 특수강도의 범의를 일으켜 그 부녀의 재물을 강취한 경우에는 이를 성폭력범죄의처벌및피해자보호등에관한법률 제5조 제2항 소정의 특수강도강간죄로 의율할 수 없다(대판 2002.2.8. 2001도6425).

2) 강도강간죄가 성립하는 경우

① 강도강간죄는 강도라는 신분을 가진 범인이 강간죄를 범하였을 때 성립하는 범죄이고 따라서 <u>강간범이 강간행위 후에 강도의 범의를 일으켜 그 부녀의 재물을 강취하는 경우에는 강도강간죄가 아니라 강도죄와 강간죄의 경합범이 성립될 수 있을 뿐이나, 강간범이 강간행위 종료전 즉 그 실행행위의 계속중에 강도의 행위를 할 경우에는 이때에 바로 강도의 신분을 취득하는 것이므로 이후에 그 자리에서 강간행위를 계속하는 때에는 강도가 부녀를 강간한 때에 해당하여 형법 제339조 소정의 강도강간죄를 구성한다</u>(대판 1988.9.9. 88도1240).

② [1] 강도강간죄는 강도라는 신분을 가진 범인이 강간죄를 범하였을 때 성립하는 범죄이므로, <u>강간범이 강간행위 후에 강도의 범의를 일으켜 그 부녀의 재물을 강취하는 경우에는 강도강간죄가 아니라 강도죄와 강간죄의 경합범</u>이 성립될 수 있을 뿐이나, <u>강간범이 강간행위 종료 전, 즉 그 실행행위의 계

속 중에 강도의 행위를 할 경우에는 이때에 바로 강도의 신분을 취득하는 것이므로 이후에 그 자리에서 강간행위를 계속하는 때에는 강도가 부녀를 강간한 때에 해당하여 「형법」 제339조 소정의 강도강간죄를 구성한다 할 것이고(대판 1988.9.9. 88도1240 판결 참조), 구 「성폭력범죄의 처벌 및 피해자보호 등에 관한 법률」 제5조 제2항은 「형법」 제334조(특수강도) 등의 죄를 범한 자가 「형법」 제297조(강간) 등의 죄를 범한 경우에 이를 특수강도강간 등의 죄로 가중하여 처벌하는 것이므로, **다른 특별한 사정이 없는 한 특수강간범이 강간행위 종료 전에 특수강도의 행위를 한 이후에 그 자리에서 강간행위를 계속하는 때에도 특수강도가 부녀를 강간한 때에 해당하여 구 「성폭력범죄의 처벌 및 피해자보호 등에 관한 법률」 제5조 제2항에 정한 특수강도강간죄로 의율할 수 있다**(대판 2010.7.15. 2010도3594 판결 참조). [2] 강간범인이 부녀를 강간할 목적으로 폭행, 협박에 의하여 반항을 억압한 후 반항억압 상태가 계속 중임을 이용하여 재물을 탈취하는 경우에는 재물탈취를 위한 새로운 폭행, 협박이 없더라도 강도죄가 성립한다. [3] 야간에 甲의 주거에 침입하여 드라이버를 들이대며 협박하여 甲의 반항을 억압한 상태에서 강간행위의 실행 도중 범행현장에 있던 乙 소유의 핸드백을 가져간 피고인의 행위를 포괄하여 구 성폭력범죄의 처벌 및 피해자보호 등에 관한 법률(2010. 4. 15. 법률 제10258호 성폭력범죄의 피해자보호 등에 관한 법률로 개정되기 전의 것) 위반(특수강도강간등)죄에 해당한다고 판단한 원심의 조치를 수긍한 사례(대판 2010.12.9. 2010도9630).

3) 강도미수범이 강간한 경우

- 형법 제339조의 강도강간죄는 강도범인이 강도의 기회에 강간행위를 한 경우에 성립되는 것으로서 강도가 실행에 착수하였으나 아직 강도행위를 완료하기 전에 강간을 한 경우도 이에 포함된다(대판 1984.10.10. 84도1880).

4) 강도와 강간의 상대방이 다른 경우

- 피고인이 강도하기로 모의를 한 후 피해자 갑남으로부터 금품을 빼았고 이어서 피해자 을녀를 강간하였다면 강도강간죄를 구성한다고 한 사례(대판 1991.11.12. 91도2241).

5) 강도상해범이 강간한 경우

- 강도가 피해자에게 상해를 입혔으나 재물의 강취에는 이르지 못하고 그 자리에서 항거불능 상태에 빠진 피해자를 간음한 경우에는 강도상해죄와 강도강간죄만 성립하고, 그 실행행위의 일부인 강도미수 행위는 위 각 죄에 흡수되어 별개의 범죄를 구성하지 않는다(대판 2010.4.29. 2010도1099).

판례 강도미수·강간미수·치상

- 강도가 재물강취의 뜻을 재물의 부재로 이루지 못한 채 미수에 그쳤으나 그 자리에서 항거불능의 상태에 빠진 피해자를 간음할 것을 결의하고 실행에 착수했으나 역시 미수에 그쳤더라도 반항을 억압하기 위한 폭행으로 피해자에게 상해를 입힌 경우에는 강도강간미수죄와 강도치상죄가 성립되고 이는 1개의 행위가 2개의 죄명에 해당되어 상상적 경합관계가 성립된다(대판 1988.6.28. 88도820).

판례 | 해상강도의 죄 – 해상강도살인죄 등

① [1] 선장을 비롯한 일부 선원들을 살해하는 등의 방법으로 선박의 지배권을 장악하여 목적지까지 항해한 후 선박을 매도하거나 침몰시키려고 한 경우에 선박에 대한 불법영득의 의사가 있다고 보아 해상강도살인죄로 인정한 사례(페스카마 15호 선상 살인사건). [2] 사람을 살해한 자가 그 사체를 다른 장소로 옮겨 유기하였을 때에는 별도로 사체유기죄가 성립하고, 이와 같은 사체유기를 불가벌적 사후행위로 볼 수는 없다(대판 1997.7.25. 97도1142).

② 소말리아 해적인 피고인들 등이 공모하여 아라비아해 인근 공해상에서 대한민국 해운회사가 운항 중인 선박 '삼호주얼리호'를 납치하여 대한민국 국민인 선원 등에게 해상강도 등 범행을 저질렀다는 내용으로 국내법원에 기소된 사안에서, 피고인 甲이 선장 乙을 살해할 의도로 乙에게 총격을 가하여 미수에 그친 사실을 충분히 인정할 수 있다고 본 다음, 이 사건 해적들의 공모내용은 선박 납치, 소말리아로의 운항 강제, 석방대가 요구 등 본래 목적의 달성에 차질이 생기는 상황이 발생한 때에는 인질 등을 살상하여서라도 본래 목적을 달성하려는 것에 있을 뿐, 본래 목적 달성이 무산되고 자신들의 생존 여부도 장담할 수 없는 상황에서 보복하기 위하여 그 원인을 제공한 이를 살해하는 것까지 공모한 것으로는 볼 수 없고, 당시 피고인 甲을 제외한 나머지 해적들은 두목의 지시에 따라 무기를 조타실 밖으로 버리고 조타실 내에서 몸을 숙여 총알을 피하거나 선실로 내려가 피신함으로써 저항을 포기하였고, 이로써 해적행위에 관한 공모관계는 실질적으로 종료하였으므로, 그 이후 자신의 생존을 위하여 피신하여 있던 나머지 피고인들로서는 피고인 甲이 乙에게 총격을 가하여 살해하려고 할 것이라는 점까지 예상할 수는 없었다고 본 원심판단을 수긍한 사례(대판 2011.12.22. 2011도12927).

판례 | 상습강도죄와 강도상해죄 등의 관계

- 형법은 제341조에서 강도, 특수강도, 약취강도, 해상강도의 각죄에 관해서는 상습범가중규정을 두고 있으나, 강도상해, 강도살인, 강도강간 등의 각 죄에 관해서는 상습범가중규정을 두고 있지 않으므로 강도상해죄가 상습강도죄의 확정판결 전에 범한 것이라 하더라도 상습강도죄와 강도상해(강도살인, 강도강간)죄는 포괄적 일죄의 관계에 있기 보다는 실체적 경합관계에 있다고 해석함이 마땅하다 할 것이므로 특수강도의 상습범에 대한 가중죄인 특정범죄가중처벌등에 관한 법률 위반죄의 기판력은 강도상해죄에 미치지 않는다(대판 1982.10.12. 82도1764).

판례 | 강도예비·음모죄

1) 강도예비·음모죄가 성립하는 경우
- 강도에 공할 흉기를 휴대하고 통행인의 출현을 대기하는 행위는 강도예비에 해당한다(대판 1948.8.17. 4281형상80).

2) 강도예비·음모죄가 성립하지 않는 경우
① 피고인 1과 피고인 3이 수회에 걸쳐 '총을 훔쳐 전역 후 은행이나 현금수송차량을 털어 한탕

하자'는 말을 나눈 정도만으로는 강도음모를 인정하기에 부족하다고 판단한 것은 정당하다(대판 1999.11.12. 99도3801).

② 특정범죄가중처벌등에관한법률 제5조의4 제3항에 규정된 상습강도죄를 범한 범인이 그 범행 외에 상습적인 강도의 목적으로 강도예비를 하였다가 강도에 이르지 아니하고 <u>강도예비에 그친 경우에도 그것이 강도상습성의 발현이라고 보여지는 경우에는 강도예비행위는 상습강도죄에 흡수되어 위 법조에 규정된 상습강도죄의 1죄만을 구성하고 이 상습강도죄와 별개로 강도예비죄를 구성하지 아니한다</u>(대판 2003.3.28. 2003도665).

③ 준강도죄에 관한 형법 제335조는 "절도가 재물의 탈환을 항거하거나 체포를 면탈하거나 죄적을 인멸할 목적으로 폭행 또는 협박을 가한 때에는 전2조의 예에 의한다."라고 규정하고 있을 뿐 준강도를 항상 강도와 같이 취급할 것을 명시하고 있는 것은 아니고, 절도범이 준강도를 할 목적을 가진다고 하더라도 이는 절도범으로서는 결코 원하지 않는 극단적인 상황인 절도 범행의 발각을 전제로 한 것이라는 점에서 본질적으로 극히 예외적이고 제한적이라는 한계를 가질 수밖에 없으며, 형법은 흉기를 휴대한 절도를 특수절도라는 가중적 구성요건(형법 제331조 제2항)으로 처벌하면서도 그 예비행위에 대한 처벌조항은 마련하지 않고 있는데, 만약 <u>준강도를 할 목적을 가진 경우까지 강도예비로 처벌할 수 있다고 본다면 흉기를 휴대한 특수절도를 준비하는 행위는 거의 모두가 강도예비로 처벌받을 수밖에 없게 되어 형법이 흉기를 휴대한 특수절도의 예비행위에 대한 처벌조항을 두지 않은 것과 배치되는 결과를 초래하게 된다는 점 및 정당한 이유 없이 흉기 기타 위험한 물건을 휴대하는 행위 자체를 처벌하는 조항을 폭력행위 등 처벌에 관한 법률 제7조에 따로 마련하고 있다는 점 등을 고려하면, 강도예비·음모죄가 성립하기 위해서는 예비·음모 행위자에게 미필적으로라도 '강도'를 할 목적이 있음이 인정되어야 하고 그에 이르지 않고 단순히 '준강도'할 목적이 있음에 그치는 경우에는 강도예비·음모죄로 처벌할 수 없다고 봄이 상당하다</u>(대판 2006.9.14. 2004도6432). [해설] 형법 제343조의 강도할 목적의 예비·음모죄에 준강도의 목적도 포함시키면 강도죄의 중한 형을 규정한 입법의 취지에 위반한다는 점에서 동 조항은 애당초 강도를 목적한 경우에만 제한적으로 적용하여야 한다는 판결.

 제3절 | 사기의 죄

Ⅰ. 서론

1. 사기죄의 의의

사람을 기망하여 재물을 편취하거나 재산상의 불법한 이익을 취득하거나 타인으로 하여금 이를 얻게 함으로써 성립하는 범죄를 말한다. 재물뿐만 아니라 재산상의 이익도 객체로 하는 점에서 재물죄인 동시에 이득죄이다.

2. 사기죄의 본질

(1) 보호법익

사기죄의 보호법익이 재산권, 즉 전체로서의 재산이라는 데 대하여는 이론이 없으나, 재산권 이외에 거래의 진실성 또는 신의성실도 본죄의 보호법익이 된다는 견해도 있다. 그러나 사기죄의 본질이 재산죄이고, 거래의 진실성은 사기죄에 있어서 재산침해의 태양에 불과하다 할 것이므로 사기죄의 보호법익은 재산권뿐이라고 해야 한다. 한편, 보호의 정도는 침해범으로서의 보호이다(통설).

(2) 재산상의 손해

㈎ 사기죄의 성립을 위하여 피해자에게 재산상의 손해가 발생할 것을 요하는가에 관하여는 견해의 대립이 있으나, 사기죄는 재산권을 보호법익으로 하는 재산죄라는 점에 비추어 볼 때에 이를 긍정하는 것이 타당하다(필요설 : 다수설). 따라서 정당한 대가를 지급하고 재물 또는 재산상의 이익을 취득한 때에는 본죄가 성립하지 않는다. 그러나 ㈏ 대법원은 일관하여 사기죄가 성립하는 데에는 현실적인 재산상의 손해 또는 손해의 발생을 요하지 않는다고 판시하고 있다(불요설).

3. 구성요건의 체계

기본적 구성요건은 사기죄(제337조)이며, 이에 대한 수정적 구성요건으로는 컴퓨터 등 사용사기죄(제347조의2), 준사기죄(제348조), 편의시설부정이용죄(제348조의2) 및 부당이득죄(제349조)가 있고, 가중적 구성요건으로 상습사기죄(제351조)가 있다.

형법	기본적 구성요건	사기죄(제347조)
	가중적 구성요건(상습성으로 인한 책임가중)	상습사기죄(제351조)
	독립적 구성요건(수정유형)	컴퓨터 등 사용사기죄(제347조의2), 준사기죄(제348조), 편의시설부정이용죄(제348조의2), 부당이득죄(제349조)
	미수범 처벌	제347조 내지 제348조의2의 죄(제352조)
	친족상도례	제354조
특별형법	특정경제범죄가중처벌등에관한법률	사기죄, 컴퓨터 등 사용사기죄로 인한 이득액이 5억 원 이상인 때에는 가중처벌(제3조 제1항)

Ⅱ. 사기죄

> **제347조(사기)**
> ① 사람을 기망하여 재물의 교부를 받거나 재산상의 이익을 취득한 자는 10년 이하의 징역 또는 2천만원 이하의 벌금에 처한다.
> ② 전항의 방법으로 제삼자로 하여금 재물의 교부를 받게 하거나 재산상의 이익을 취득하게 한 때에도 전항의 형과 같다.

1. 객관적 구성요건

객관적 구성요건으로는 ㈎ 기망행위가 있고, ㈏ 재물의 교부 또는 재산상의 이익의 취득이 있을 것은 물론 ㈐ 피기망자의 착오와 ㈑ 처분행위가 있어야 하며 ㈒ 재산상의 손해가 발생하였을 것을 요한다.

(1) 행위의 객체

타인이 점유하는 타인의 재물 또는 재산상의 이익이다. 재물의 개념은 절도죄에서 검토한 바와 같다. 다만 본죄의 재물에는 동산뿐만 아니라 부동산도 포함된다는 데 이론이 없다. 재산상의 이익은 적극적 이익이건 소극적 이익이건 불문하며, 영속적 이익인가 일시적 이익인가도 묻지 않는다. 또한 이익의 취득이 반드시 유효할 것도 요하지 않는다. 그러나 이익의 대상은 어디까지나 재산권이어야 하며, 구체적 이익일 것을 요한다.

(2) 행위

기망행위이다. 그런데 행위자의 기망행위는 피기망자에게 착오를 일으킬 것을 요한다.

1) 기망행위 : 기망이란 널리 거래관계에서 지켜야 할 신의칙에 반하는 행위로서 사람으로 하여금 착오를 일으키게 하는 것을 말한다.

㉮ 기망행위의 대상 : 기망행위의 대상은 사실뿐만 아니라 가치판단에 대하여도 기망이 가능하다는 것이 통설이다. 그러나 가치판단은 개인적·주관적으로 해석될 수 있는 것이므로 순수한 가치판단 내지 의견의 진술은 제외하여야 할 것이다(소극설 : 다수설). 그러나 가치판단이 사실의 중요부분을 내포할 경우에는 기망행위가 될 수 있다.

㉯ 기망행위의 수단 : 기망행위의 수단·방법에는 제한이 없다. 따라서 명시적이든 묵시적이든, 작위이든 부작위이든 묻지 아니한다. 묵시적 기망행위의 대표적인 사례로 ㉮ 무전취식·무전숙박의 문제, ㉯ 처분권 없는 자의 재물처분 그리고 ㉰ 절취한 예금통장에 의한 예금인출이 있다.

㉮의 경우 처음부터 지불의사·지불능력 없이 취식·숙박한 경우에 주문·행위는 지불의사와 능력이 있음을 묵시적으로 설명하는 것이므로 사기죄가 성립한다. 한편 취식·숙박 후 지불능력이 없음을 알고 도주한 경우에 단순히 몰래 도주한 경우에는 기망행위와 처분행위가 없으므로 이익절도로서 불가벌이나, 위계를 사용하여 도주한 경우에는 기망행위가 존재하므로 상대방의 처분행위가 있으면 사기죄가 성립한다. ㉯의 경우에는 자신이 소유자이며 처분권한이 있음을 묵시적으로 표현한 것이므로 묵시적 기망행위에 해당한다. 마지막으로 ㉰의 경우에는 예금청구행위는 자신이 정당한 권리자임을 표현하는 묵시적 기망행위이므로 사기죄가 성립한다.

한편, 부작위에 의한 기망은 상대방이 이미 착오에 빠져 있는 상태를 이용하고자 진실한 사실을 고지하지 않는 경우에 성립할 수 있다. '부작위'에 의한 기망행위는 '법률상의 고지의무'가 전제되는데, 그 고지의무는 민법 제2조 제1항의 '신의성실의 원칙'에서 발생하는 경우가 많고, 기본적으로는 부진정부작위범에 있어서 작위의무의 발생근거와 동일하다(상대방의 착오-보증인지위-고지의무-동가치 평가). 구체적인 사례로 잔전사기(거스름돈 사기)의 문제가 논의되는데, ㉮ 과다한 거스름돈을 수령한 행위 또는 착오에 의해 지급되는 보상금을 수령한 행위에 대하여는 과다한 거스름돈을 교부하는 '현장에서' 그 착오를 알고도 그대로 수령한 때에는 수령자에게 법률상의 고지의무가 있다고 보아 부작위에 의한 사기죄가 성립하고, ㉯ 교부 및 수령 '후에' 그 착오를 알게 되었다면, 고지의무는 있으나 교부행위가 이미 행해졌으므로, 고지의무 불이행이라는 부작위는 편취의 수단으로서의 의미가 없고, 따라서 부당한 수령액을 그대로 보유하는 행위는 점유이탈물횡령죄에 해당한다고 본다. 판례는 착오로 초과지급된 매매잔대금을 매도인이 수령시에 알고도 받은 경우에는 사기죄가 성립한다고 한다.

㈐ **기망행위의 정도** : 기망행위는 단순히 사람을 착오에 빠뜨리는 것으로는 족하지 않고, 적어도 거래관계에 있어서 신의칙에 반하는 정도에 이를 것을 요한다. 따라서 비록 상대방을 착오에 빠뜨렸다고 할지라도 그것으로 인하여 거래의 목적을 달성하기에 지장이 없을 때에는 기망행위가 있었다고 보기 어렵다. 예컨대 이중매매 내지 이중저당의 경우에 제2매수인 또는 제2저당권자가 소유권 또는 저당권을 유효하게 취득할 수 있는 한, 사기죄가 성립하지 않는다. 특히, 기망의 정도는 상품의 '과대광고·허위광고'에서 많이 문제된다. 광고에서는 다소의 과장이 수반될 수 있는데, 어느 정도의 과대광고가 허용될 것인가 하는 점은 일반 상거래상의 신의칙과 관행에 따라 해결함이 타당하다. 상거래상의 신의칙과 관행에 반하지 않는 정도의 과대광고·허위광고는 형법상의 기망행위에 해당하지 않는다고 보아야 한다.

2) **피기망자의 착오** : 사기죄는 기망행위로 상대방을 착오에 빠지게 함으로써 성립한다. 착오의 대상에 관하여 통설은 착오가 반드시 법률행위의 내용의 중요부분에 대한 것임을 요하지 않고 동기의 착오로도 족하며, 사실에 대한 것이든 가치판단에 대한 것이든 묻지 않는다고 한다. 기망과 상대방의 착오 사이에는 인과관계가 있어야 하나, 피기망자는 반드시 피해자와 일치할 것을 요하지 않는다.

 **판례** 　사기죄의 기망행위

1) 기망에 의한 조세포탈행위

① [1] 기망행위에 의하여 국가적 또는 공공적 법익을 침해한 경우라도 그와 동시에 형법상 사기죄의 보호법익인 재산권을 침해하는 것과 동일하게 평가할 수 있는 때에는 당해 행정법규에서 사기죄의 특별관계에 해당하는 처벌규정을 별도로 두고 있지 않는 한 사기죄가 성립할 수 있다. 그런데 기망행위에 의하여 조세를 포탈하거나 조세의 환급·공제를 받은 경우에는 조세범처벌법 제9조에서 이러한 행위를 처벌하는 규정을 별도로 두고 있을 뿐만 아니라, 조세를 강제적으로 징수하는 국가 또는 지방자치단체의 직접적인 권력작용을 사기죄의 보호법익인 재산권과 동일하게 평가할 수 없는 것이므로 조세범처벌법 위반죄가 성립함은 별론으로 하고, 형법상 사기죄는 성립하지 않는다. [2] 주유소 운영자가 농·어민 등에게 조세특례제한법에 정한 면세유를 공급한 것처럼 위조한 면세유류공급확인서로 정유회사를 기망하여 면세유를 공급받음으로써 면세유와 정상유의 가격 차이 상당의 이득을 취득한 사안에서, 정유회사에 대하여 사기죄를 구성하는 것은 별론으로 하고, 국가 또는 지방자치단체를 기망하여 국세 및 지방세의 환급세액 상당을 편취한 것으로 볼 수 없다고 한 사례(대판 2008.11.27. 2008도7203). [해설] 국가적 법익이므로 사기죄 불성립, 정유회사에 대한 사기죄 성립 가능.

② [1] 기망행위에 의하여 국가적 또는 공공적 법익을 침해하는 경우라도 그와 동시에 형법상 사기죄의 보호법익인 재산권을 침해하는 것과 동일하게 평가할 수 있는 때에는 행정법규에서 사기죄의 특별관계에 해당하는 처벌 규정을 별도로 두고 있지 않는 한 사기죄가 성립할 수 있다. 그런데 중앙행정기관의 장, 지방자치단체의 장 등 법률에 따라 금전적 부담의 부과권한을 부여받은 자(이하 '부과권자'라 한다)가 재화 또는 용역의 제공과 관계없이 특정 공익사업과 관련하여 권력작용으로 부담금을 부과하는 것은 일반 국민의 재산권을 제한하는 침해행정에 속한다. 이러한 침해행정 영역에서 일반

국민이 담당 공무원을 기망하여 권력작용에 의한 재산권 제한을 면하는 경우에는 부과권자의 직접적인 권력작용을 사기죄의 보호법익인 재산권과 동일하게 평가할 수 없는 것이므로, 행정법규에서 그러한 행위에 대한 처벌규정을 두어 처벌함은 별론으로 하고, 사기죄는 성립할 수 없다. [2] 피고인이 담당 공무원을 기망하여 납부의무가 있는 농지보전부담금을 면제받아 재산상 이익을 취득한 경우 사기죄가 성립하지 않는다고 본 제1심판결을 수긍한 사례(대판 2019.12.24. 2019도2003).

2) 특경법상 이득액 계산

① 공동으로 사기죄를 범한 경우에 공범자는 자기가 받은 이득액뿐만 아니라 다른 공범자가 받은 이득액에 대하여도 그 죄책을 면할 수 없는 것이므로, 특정경제범죄가중처벌등에관한법률 제3조 제1항의 적용 여부를 가리는 이득액을 정함에 있어서는 그 범행의 모든 공범자가 받은 이득액을 합한 금액을 기준으로 하여야 한다(대판 1991.10.8. 91도1911).

② 특정경제범죄 가중처벌 등에 관한 법률 제3조에서 말하는 이득액은 단순일죄의 이득액이나 혹은 포괄일죄가 성립하는 경우의 이득액의 합산액을 의미하는 것이고, 경합범으로 처벌될 수죄의 각 이득액을 합한 금액을 의미하는 것은 아니다(대판 2015.4.23. 2014도16980).

판례 재물

1) 재물에 해당하는 경우

① 약속어음공정증서에 증서를 무효로 하는 사유가 존재한다고 하더라도 그 증서 자체에 이를 무효로 하는 사유의 기재가 없고 외형상 권리의무를 증명함에 족한 체제를 구비하고 있는 한 그 증서는 형법상의 재물로서 사기죄의 객체가 됨에 아무런 지장이 없다(대판 1995.12.22. 94도3013).

② 피고인이 피해자에게서 매수한 재개발아파트 수분양권을 이미 매도하였는데도 마치 자신이 피해자의 입주권을 정당하게 보유하고 있는 것처럼 피해자의 딸과 사위에게 거짓말하여 피해자 명의의 인감증명서 3장을 교부받은 사안에서, 위 인감증명서는 피해자측이 발급받아 소지하게 된 피해자 명의의 것으로서 재물성이 인정된다 할 것인데, 피고인이 피해자측을 기망하여 이를 교부받은 이상 재물에 대한 편취행위가 성립한다고 보아야 하고, 피고인은 피해자의 재개발아파트 수분양권을 이중으로 매도할 목적으로 그에 중요한 의미를 가지는 피해자 명의의 인감증명서를 기망에 의하여 취득하였다는 것이므로 위 인감증명서에 대한 편취의 고의도 인정하기에 충분하므로, 위와 같은 피고인의 행위에 대하여는 재물의 편취에 의한 사기죄가 성립한다고 할 것인데, 이와 달리 보아 무죄를 선고한 원심판결에는 사기죄의 객체가 되는 재물에 관한 법리오해의 위법이 있다고 한 사례(대판 2011.11.10. 2011도9919).

2) 재물에 해당하지 않는 경우

- 보험가입사실증명원은 교통사고를 일으킨 차가 교통사고처리특례법 제4조에서 정한 취지의 보험에 가입하였음을 보험회사가 증명하는 내용의 문서일 뿐이고 거기에 재물이나 재산상의 이익의 처분에 관한 사항을 포함하고 있는 것은 아니므로, 이러한 문서의 불법취득에 의해 침해된 또는 침해될 우려가 있는 법익은 보험가입사실증명원인 서면 그 자체가 아니고 그 문서가 교통사고처리특례

법 제4조에 정한 보험에 가입한 사실의 진위에 관한 내용이라고 할 것이고, 따라서 이러한 증명에 의하여 사기죄에서 말하는 재물이나 재산상의 이익이 침해된 것으로 볼 것은 아니어서 보험가입사실증명원은 사기죄의 객체가 되지 아니한다(대판 1997.3.28. 96도2625).

판례 | 재산상 이익

1) 재산상 이익에 해당하는 경우

① 공소외 (갑)이 피고인의 허언에 기망되어 연대채무를 부담하였기 때문에 피고인이 의도한 대로 금 2,000,000원을 차용할 수 있었다는 재산상 불법의 이익을 취득한 것이 되므로 공소외 (갑)을 피기망자 및 피해자로 하는 사기죄가 성립한다(대판 1982.10.26. 82도2217).

② 채무이행을 연기받는 것도 사기죄에 있어서 재산상의 이익이 되므로 채무자가 채권자에 대하여 소정기일까지 지급할 의사나 능력이 없음에도 종전 채무의 변제기를 늦출 목적에서 어음을 발행, 교부한 경우에는 사기죄가 성립한다(대판 2007.3.30. 2005도5972).

③ 타인에 대하여 근저당권설정의무를 부담하는 자가 제3자에게 근저당권을 설정하여 주는 배임행위로 인하여 취득하는 재산상 이익 내지 그 타인의 손해는 그 타인에게 설정하여 주기로 한 근저당권의 담보가치 중 제3자와의 거래에 대한 담보로 이용함으로써 상실된 담보가치 상당으로서, 이를 산정하는 때에 제3자에 대한 근저당권 설정 이후에도 당해 부동산의 담보가치가 남아 있는 경우에는 그 부분을 재산상 이익 내지 손해에 포함시킬 수 없다(대판 2009.9.24. 2008도9213). [해설] 대판 2020.6.18. 2019도14340 전원합의체 판결(부동산의 이중저당은 배임죄에 해당하지 않는다는 판례)로 해석상 폐기된 판례.

④ 피고인이 자신이 개발한 주식운용프로그램을 이용하면 상당한 수익을 낼 수 있고 만일 손해가 발생하더라도 원금과 은행 정기예금 이자 상당의 반환은 보장하겠다는 취지로 피해자 甲을 기망하여 甲의 자금이 예치된 甲 명의 주식계좌에 대한 사용권한을 부여받아 재산상 이익을 취득하였다는 내용으로 기소된 사안에서, 주식운용에 따른 수익금이 발생할 경우 피고인이 그 중 1/2에 해당하는 돈을 매달 지급받기로 약정한 점 등 제반 사정을 종합하면, 피고인은 장래의 수익 발생을 조건으로 한 수익분배청구권을 취득하였을 뿐 아니라 그러한 경제적 이익을 기대할 수 있는 자금운용의 권한과 지위를 획득하였고, 이는 주식거래의 특성 등에 비추어 충분히 경제적 가치가 있다고 평가할 수 있으므로 甲을 기망하여 그러한 권한과 지위를 획득한 것 자체를 사기죄의 객체인 재산상 이익을 취득한 것으로 볼 수 있다는 이유로, 피고인에게 사기죄를 인정한 원심판단의 결론을 정당하다고 한 사례(대판 2012.9.27. 2011도282). [해설] 현실의 이익이 아니라, 경제적 이익을 기대할 수 있는 권한과 지위의 취득도 사기죄의 객체인 재산상 이익으로 파악하는 근거를 제시하고 있는 사례.

⑤ 비트코인은 경제적인 가치를 디지털로 표상하여 전자적으로 이전, 저장과 거래가 가능하도록 한 가상자산의 일종으로 사기죄의 객체인 재산상 이익에 해당한다(대판 2021.11.11. 2021도9855).

2) 재산상 이익에 해당하지 않는 경우

① 법원을 기망하여 부재자의 재산관리인으로 선임된 것만으로 어떤 재산권이나 재산상의 이익을 얻은 것이라고 볼 수 없으므로 그 행위를 사기죄에 해당한다고 볼 수 없다(대판 1973.9.25. 73도1080).

② <u>위조된 약속어음을 진정한 약속어음인 것처럼 속여 기왕의 물품대금채무의 변제를 위하여 채권자에게 교부하였다고 하여도 어음이 결제되지 않는 한 물품대금채무가 소멸되지 아니하므로 사기죄는 성립되지 않는다</u>(대판 1983.4.12. 82도2938). [해설] 변제를 위한 어음수수의 경우에는 물품대금채무가 소멸하지 않고 어음채권과 병존하므로 사기죄가 성립하지 않음.

③ 사기죄는 사람을 기망하여 자기 또는 제3자로 하여금 재물 또는 재산상의 이익을 얻거나 얻게 하는 경우에 성립하는 것인 바, <u>자기의 채권자에 대한 채무이행으로 채권을 양도하였다 하더라도 위 채권이 존재하지 않는다면 이를 양도하였다 하여 권리이전의 효력을 발생할 수 없는 것이고 따라서 채권자에 대한 기존의 채무도 소멸하는 것이 아니므로 채무면탈의 효과도 발생할 수 없어 위 채권의 양도로써 재산상의 이득을 취하였다고는 볼 수 없으므로 사기죄는 성립하지 않는다</u>(대판 1985.3.12. 85도74).

판례 기망행위

1) 기망행위에 해당하는 경우

① 오로지 어업피해보상금을 수령할 목적으로 어업면허를 취득한 후 실제로 아무런 양식어업행위를 하지 않았으면서도 양식어업행위를 한 것처럼 관계 서류를 꾸며 놓고 어업피해조사를 나온 연구원에게 연평균어획량을 허위로 대답하여 어업피해보상기관으로부터 어업피해보상금을 수령한 경우 사기죄가 성립한다고 한 사례(대판 2004.6.11. 2004도1553).

② 피고인이 접속 후 매 30초당 정보이용료 1,000원이 부가되는 060 회선을 임차하여 휴대폰 사용자들인 피해자들에게 음악편지도착 등의 문자메세지를 무작위로 보내어 마치 아는 사람으로부터 음악 및 음성메세지가 도착한 것으로 오인하게 하여 통화버튼을 눌러 접속하게 한 후 정보이용료가 부과되게 한 행위는 사기죄의 구성요건에 해당한다(대판 2004.10.15. 2004도4705).

③ 편취한 약속어음을 그와 같은 사실을 모르는 제3자에게 편취사실을 숨기고 할인받는 행위는 당초의 어음 편취와는 별개의 새로운 법익을 침해하는 행위로서 기망행위와 할인금의 교부행위 사이에 상당인과관계가 있어 새로운 사기죄를 구성한다 할 것이다(대판 2005.9.30. 2005도5236).

④ [1] <u>피고인 3, 5가 (병원명 생략) 내과에서 실질적으로 통원치료를 받았을 뿐임에도 피고인 1이 원무과 직원으로 하여금 입원치료를 받은 것처럼 허위사실을 기재한 요양급여비용 청구서를 작성하게 한 후 이를 국민건강보험공단에 발송하여 입원치료에 대한 요양급여비용을 지급받은 이상 사기죄가 성립</u>한다고 봄이 상당하다. [2] <u>의사인 피고인이 입원치료를 받을 필요가 없는 환자들이 보험금 수령을 위하여 입원치료를 받으려고 하는 사실을 알면서도 입원을 허가하여 형식상으로 입원치료를 받도록 한 후 입원확인서를 발급하여 준 사안에서, 사기방조죄가 성립</u>한다고 한 원심의 판단을 수긍한 사례(대판 2006.1.12. 2004도6557).

⑤ 변제의 의사나 능력이 없음에도 이를 숨긴 채 피해자에게 금원 대여를 요청하여 이에 속은 피해자로부터 동인의 배서가 된 약속어음을 교부받아 이를 금융기관에서 할인한 후 그 할인금을 사용하였다면, 그 후 위 약속어음이 지급기일에 지급거절되고 피고인이 금융기관에 대하여 그 상환채무를 지게 되었다고 하더라도 피해자에 대한 사기죄가 성립한다고 할 것이다(대판 2007.4.12. 2007도1033).

⑥ 주식회사가 위 법률의 회계처리기준이 개정되었으나 그 부칙 조항에 따라 아직 개정 전 회계 처리기준이 적용되어야 하는 회계연도 재무제표를 작성함에 있어 개정 전 회계처리기준에 의할 경우 당기 순손실이 나타나는 것을 숨기기 위하여 아직 적용시기가 도래하지 않은 개정 회계처리기준을 미리 적용하는 방법으로 당기 순이익이 발생한 것으로 처리된 재무제표를 작성하면서도, 이를 분명하게 주석 처리하는 등의 방법으로 명시하지 아니하고, 이와 같이 편법을 사용하여 작성된 재무제표를 금융기관에 제출하게 되면 금융기관으로서는 원래 해당 회계연도에 적용되는 개정 전 회계처리기준에 의하여 위 재무제표가 작성되었고 그 결과 당기 순이익이 발생한 것으로 잘못 인식할 수 있는바, 이는 해당 회계연도의 회사 재무상황에 대하여 금융기관의 착오를 일으키는 것이어서 기망행위에 해당한다(대판 2007.6.1. 2006도1813).

⑦ 차용금 사기죄로 기소된 피고인이 파산신청을 하여 면책허가결정이 확정된 사안에서, 피고인이 파산신청 2년 전부터 불과 40여 일 전까지 여러 사람들로부터 돈을 빌려서 채무변제와 생활비 등으로 사용한 것은 사기죄를 구성한다고 한 사례(대판 2007.11.29. 2007도8549).

⑧ 의사인 피고인이 전화를 이용하여 진찰(이하 '전화 진찰'이라고 한다)한 것임에도 내원 진찰인 것처럼 가장하여 국민건강보험관리공단에 요양급여비용을 청구함으로써 진찰료 등을 편취하였다는 내용으로 기소된 사안에서, 당시에 시행되던 구 '국민건강보험 요양급여의 기준에 관한 규칙'(2010. 3. 19. 보건복지부령 제1호로 개정되기 전의 것)에 기한 보건복지부장관의 고시는 내원을 전제로 한 진찰만을 요양급여의 대상으로 정하고 있고 전화 진찰이나 이에 기한 약제 등의 지급은 요양급여의 대상으로 정하고 있지 아니하므로, 전화 진찰이 구 의료법(2009. 1. 30. 법률 제9386호로 개정되기 전의 것) 제17조 제1항에서 정한 '직접 진찰'에 해당한다고 하더라도 그러한 사정만으로 요양급여의 대상이 된다고 할 수 없는 이상, <u>전화 진찰을 요양급여대상으로 되어 있던 내원 진찰인 것으로 하여 요양급여비용을 청구한 것은 기망행위로서 사기죄를 구성하고, 피고인의 불법 이득의 의사 또한 인정된다</u>는 이유로, 피고인에게 유죄를 인정한 원심판단이 정당하다고 한 사례 (대판 2013.4.26. 2011도10797).

⑨ 투자금의 편취에 의한 사기죄의 성립 여부에 있어 투자약정 당시 투자받은 사람이 투자자로부터 투자금을 지급받아 투자자에게 설명한 투자사업에 사용하더라도 일정 기간 내에 원금을 반환할 의사나 능력이 없음에도 마치 일정 기간 내에 투자자에게 원금을 반환할 것처럼 거짓말을 한 경우에는 투자를 받는 사람과 투자자의 관계, 거래의 상황, 투자자의 경험, 지식, 성격, 직업 등 행위 당시의 구체적인 사정에 비추어 투자자가 원금반환 약정을 전적으로 믿고 투자를 한 경우라면 사기죄의 요건으로서 기망행위에 해당할 수 있고, 이때 투자금 약정 당시를 기준으로 피해자로부터 투자금을 편취할 고의가 있었는지 여부를 판단하여야 할 것이다(대판 2013.9.26. 2013도3631).

⑩ 국민건강보험법 제42조 제1항 제1호는 요양급여를 실시할 수 있는 요양기관 중 하나인 의료기관을 '의료법에 따라 개설된 의료기관'으로 한정하고 있다. 따라서 의료법 제33조 제2항을 위반하여 적법하게 개설되지 아니한 의료기관에서 환자를 진료하는 등의 요양급여를 실시하였다면 해당 의료기관은 국민건강보험법상 요양급여비용을 청구할 수 있는 요양기관에 해당되지 아니하므로 요양급여비용을 적법하게 지급받을 자격이 없다. 따라서 <u>비의료인이 개설한 의료기관이 마치 의료법에 의하여 적법하게 개설된 요양기관인 것처럼 국민건강보험공단에 요양급여비용의 지급을 청구</u>

하는 것은 국민건강보험공단으로 하여금 요양급여비용 지급에 관한 의사결정에 착오를 일으키게 하는 것으로서 사기죄의 기망행위에 해당하고, 이러한 기망행위에 의하여 국민건강보험공단에서 요양급여비용을 지급받을 경우에는 사기죄가 성립한다. 이 경우 의료기관의 개설인인 비의료인이 개설 명의를 빌려준 의료인으로 하여금 환자들에게 요양급여를 제공하게 하였다 하여도 마찬가지이다(대판 2015.7.9. 2014도11843).

⑪ 보험계약자가 보험계약 체결 시 보험금액이 목적물의 가액을 현저하게 초과하는 초과보험 상태를 의도적으로 유발한 후 보험사고가 발생하자 초과보험 사실을 알지 못하는 보험자에게 목적물의 가액을 묵비한 채 보험금을 청구하여 보험금을 교부받은 경우, 보험자가 보험금액이 목적물의 가액을 현저하게 초과한다는 것을 알았더라면 같은 조건으로 보험계약을 체결하지 않았을 뿐만 아니라 협정보험가액에 따른 보험금을 그대로 지급하지 아니하였을 관계가 인정된다면, 보험계약자가 초과보험 사실을 알지 못하는 보험자에게 목적물의 가액을 묵비한 채 보험금을 청구한 행위는 사기죄의 실행행위로서의 기망행위에 해당한다(대판 2015.7.23. 2015도6905).

⑫ 사기죄의 구성요건인 편취의 범의는 피고인이 자백하지 아니하는 이상 범행 전후의 피고인의 재력, 환경, 범행의 내용, 기망 대상 행위의 이행가능성 및 이행과정 등과 같은 객관적인 사정 등을 종합하여 판단할 수밖에 없다. 그리고 피고인이 피해자에게 불행을 고지하거나 길흉화복에 관한 어떠한 결과를 약속하고 기도비 등의 명목으로 대가를 교부받은 경우에 전통적인 관습 또는 종교행위로서 허용될 수 있는 한계를 벗어났다면 사기죄에 해당한다(대판 2017.11.9. 2016도12460).

⑬ [1] 헌법은 국민의 보건에 관한 국가적 보호의무를 선언하고 있고(제36조 제3항), 국민건강보험은 이를 실현하기 위해 피보험자인 국민이 납부하는 기여금 형태의 보험료와 국고부담을 재원으로 하여 국민 보건에 관하여 발생하는 사회적 위험을 보험의 방식으로 대처하는 일종의 사회보험이다. 이를 위해 국민건강보험법은, 공법인인 국민건강보험공단을 단일의 보험자로 설립하고(제13조), 의료법에 따라 개설된 의료기관만을 요양기관으로 건강보험제도 내에 편입시킨 다음 이들로 하여금 국민건강보험공단을 대신하여 요양급여를 실시하게 하고(제42조), 요양급여 실시에 따른 비용 중 공단부담금에 해당하는 부분에 대해서는 요양기관이 직접 국민건강보험공단을 상대로 '요양급여비용'을 청구하도록 규정하고 있다(제44조 제1항, 제47조 제1항). 따라서 의료법 제33조 제2항을 위반하여 적법하게 개설되지 아니한 의료기관에서 환자를 진료하는 등의 요양급여를 실시하였다면 해당 의료기관은 국민건강보험법상 요양급여비용을 청구할 수 있는 요양기관에 해당되지 아니하므로 요양급여비용을 적법하게 지급받을 자격이 없다고 보아야 한다. 결국 의료인의 자격이 없는 일반인(비의료인)이 개설한 의료기관이 마치 의료법에 의하여 적법하게 개설된 요양기관인 것처럼 국민건강보험공단에 요양급여비용의 지급을 청구하는 것은 국민건강보험공단으로 하여금 요양급여비용 지급에 관한 의사결정에 착오를 일으키게 하는 것이 되어 사기죄의 기망행위에 해당하고, 이러한 기망행위에 의하여 국민건강보험공단으로부터 요양급여비용을 지급받을 경우에는 사기죄가 성립한다. [2] 자동차보험계약의 보험자는 피보험자가 자동차를 소유, 사용 또는 관리하는 동안에 발생한 사고(이하 '교통사고'라 한다)로 인하여 생긴 손해를 보상할 책임이 있다(상법 제726조의2). 한편 자동차손해배상 보장법은 교통사고 환자 등 피해자(이하 '피해자'라고만 한다)를 보호하는 것을 주된 목적으로 하면서(제1조), 이를 위해 자동차보험의 피보험자 등에게 교통사고에 따른 손해배상책임이 발생하였을 때 피해자로 하여금 보험회사 등에 대해 상법 제724조 제2항에 따라 보험금 등을 자

기에게 직접 지급해 줄 것을 청구할 수 있도록 하고(제10조 제1항 전단), 그 중 자동차보험진료수가에 해당하는 금액은 피해자의 선택에 따라 진료한 의료기관에 직접 지급하여 줄 것을 청구할 수 있도록 규정하고 있다(같은 항 후단). 한편 의료기관의 보험회사 등에 대한 자동차보험진료수가의 청구는 피해자를 보호할 목적으로 피해자가 보험회사 등에 대해 갖는 직접청구권에 근거하여 그 인정 범위 내에서 법률상 특별히 인정되는 것이고, 의료기관에 대해 그 청구액 상당이 지급되지 않더라도 실제 교통사고로 인한 손해가 발생하여 그에 따른 진료가 이루어진 이상 피해자에게라도 반드시 지급되어야 할 성질의 것이다. 위와 같은 피해자가 보험회사 등에게 갖는 직접청구권과 의료기관의 자동차보험진료수가 청구의 인정 근거, 범위 및 성격에다가 자동차손해배상 보장법의 입법 목적 등을 종합적으로 고려하면, 설령 개설자격이 없는 비의료인이 의료법 제33조 제2항을 위반하여 개설한 의료기관이라고 하더라도, 면허를 갖춘 의료인을 통해 피해자에 대한 진료가 이루어지고 보험회사 등에 자동차손해배상 보장법에 따라 자동차보험진료수가를 청구한 것이라면 보험회사 등으로서는 특별한 사정이 없는 한 그 지급을 거부할 수 없다고 보아야 한다. 따라서 <u>피해자를 진료한 의료기관이 위 의료법 규정에 위반되어 개설된 것이라는 사정은 피해자나 해당 의료기관에 대한 보험회사 등의 자동차보험진료수가 지급의무에 영향을 미칠 수 있는 사유가 아니어서, 해당 의료기관이 보험회사 등에 이를 고지하지 아니한 채 그 지급을 청구하였다고 하여 사기죄에서 말하는 기망이 있다고 볼 수는 없다.</u> [3] 상법 제737조, 제739조의2, 제739조의3의 규정과 실손의료보험이 보험회사가 피보험자의 질병 또는 상해로 인한 의료비 상당의 손해를 보상하는 것을 내용으로 한다는 점을 종합해 보면, 실손의료보험에는 상법상 상해보험에 관한 규정이 준용되고, 그 경우 인보험인 상해보험에서와 마찬가지로 실손의료보험에서도 보험사고가 발생하면 보험수익자만이 보험회사에 대해 실손의료비 청구권을 행사할 수 있다고 보아야 한다. 반면 피보험자를 진료한 의료기관으로서는 피보험자나 보험수익자로부터 그에 따른 진료비를 지급받을 수 있고, 경우에 따라 보험수익자의 청구에 응하여 진료사실증명 등을 발급해 줌으로써 단순히 그 보험금 청구 절차를 도울 수 있을 뿐이다. 따라서 <u>특별한 사정이 없는 한 피보험자를 진료한 의료기관이 의료법 제33조 제2항에 위반되어 개설된 것이라는 사정은 해당 피보험자에 대한 보험회사의 실손의료비 지급의무에 영향을 미칠 수 있는 사유가 아니라고 보아야 하고, 설령 해당 의료기관이 보험회사 등에 이를 고지하지 아니한 채 보험수익자에게 진료사실증명 등을 발급해 주었다 하더라도, 그러한 사실만으로는 사기죄에서 말하는 기망이 있다고 볼 수는 없다</u>(대판 2018.4.10. 2017도17699).

2) 기망행위에 해당하지 않는 경우

① 사기죄가 성립하기 위하여는 기망행위와 이에 기한 피해자의 처분행위가 있어야 할 것인바, <u>타인의 일반전화를 무단으로 이용하여 전화통화를 하는 행위는 전기통신사업자인 한국전기통신공사가 일반전화 가입자인 타인에게 통신을 매개하여 주는 역무를 부당하게 이용하는 것에 불과하여 한국전기통신공사에 대한 기망행위에 해당한다고 볼 수 없을 뿐만 아니라, 이에 따라 제공되는 역무도 일반전화 가입자와 한국전기통신공사 사이에 체결된 서비스이용계약에 따라 제공되는 것으로서 한국전기통신공사가 착오에 빠져 처분행위를 한 것이라고 볼 수 없으므로, 결국 위와 같은 행위는 형법 제347조의 사기죄를 구성하지 아니한다</u> 할 것이고, 이는 형법이 제348조의2를 신설하여 부정한 방법으로 대가를 지급하지 아니하고 공중전화를 이용하여 재산상 이익을 취득한 자를 처벌하는 규정을 별도로 둔 취지에 비추어 보아도 분명하다(대판 1999.6.25. 98도3891). [해설] 사기죄의 처분행위성, 재물성 등의 요건이 결여되어 사기죄가 성립될 수 없다고 본 사례.

② 공사대금채권과 대여금채권을 합산하여 임대차보증금반환채권으로 전환하기로 합의하여 임대차계약을 체결하고, 실제로 임차인이 임대차목적물에 거주하면서 주민등록전입신고를 하고 확정일자를 받은 경우, 임차인이 이에 기하여 경매법원으로부터 배당을 받은 행위를 사기죄로 의율할 수 없다고 한 사례(대판 2004.7.22. 2003도6412).

③ 피고인들이 매수인들에게 토지의 매수를 권유하면서 언급한 내용이 객관적 사실에 부합하거나 비록 확정된 것은 아닐지라도 <u>연구용역 보고서와 신문스크랩 등에 기초한 것으로서 사기죄에 있어서 기망행위에 해당한다고 보기는 어렵다</u>고 한 사례(대판 2007.1.25. 2004도45).

④ <u>피고인 등이 피해자 갑 등에게 자동차를 매도하겠다고 거짓말하고 자동차를 양도하면서 매매대금을 편취한 다음, 자동차에 미리 부착해 놓은 지피에스(GPS)로 위치를 추적하여 자동차를 절취하였다고 하여 사기 및 특수절도로 기소된 사안</u>에서, 피고인이 갑 등에게 자동차를 인도하고 소유권이전등록에 필요한 일체의 서류를 교부함으로써 갑 등이 언제든지 자동차의 소유권이전등록을 마칠 수 있게 된 이상, <u>피고인이 자동차를 양도한 후 다시 절취할 의사를 가지고 있었더라도 자동차의 소유권을 이전하여 줄 의사가 없었다고 볼 수 없고, 피고인이 자동차를 매도할 당시 곧바로 다시 절취할 의사를 가지고 있으면서도 이를 숨긴 것을 기망이라고 할 수 없어, 결국 피고인이 자동차를 매도할 당시 기망행위가 없었으므로, 피고인에게 사기죄를 인정한 원심판결에 법리오해의 잘못이 있다</u>고 한 사례(대판 2016.3.24. 2015도17452).

⑤ [1] 비록 의료법 제4조 제2항은 '의사, 치과의사, 한의사 또는 조산사'(이하 '의료인'이라 한다)가 다른 의료인의 명의로 의료기관을 개설하거나 운영하는 행위를 제한하고 있으나, <u>이를 위반하여 개설·운영되는 의료기관도 의료기관 개설이 허용되는 의료인에 의하여 개설되었다는 점에서 제4조 제2항이 준수된 경우와 본질적 차이가 있다고 볼 수 없다. 또한 의료인이 다른 의료인의 명의로 의료기관을 개설·운영하면서 실시한 요양급여도 국민건강보험법에서 정한 요양급여의 기준에 부합하지 않는 등의 다른 사정이 없는 한 정상적인 의료기관이 실시한 요양급여와 본질적인 차이가 있다고 단정하기 어렵다.</u> 의료법이 의료인의 자격이 없는 일반인이 제33조 제2항을 위반하여 의료기관을 개설한 경우와 달리, 제4조 제2항을 위반하여 의료기관을 개설·운영하는 의료인에게 고용되어 의료행위를 한 자에 대하여 별도의 처벌규정을 두지 아니한 것도 이를 고려한 것으로 보인다. [2] 따라서 <u>의료인으로서 자격과 면허를 보유한 사람이 의료법에 따라 의료기관을 개설하여 건강보험의 가입자 또는 피부양자에게 국민건강보험법에서 정한 요양급여를 실시하고 국민건강보험공단으로부터 요양급여비용을 지급받았다면, 설령 그 의료기관이 다른 의료인의 명의로 개설·운영되어 의료법 제4조 제2항을 위반하였더라도 그 자체만으로는 국민건강보험법상 요양급여비용을 청구할 수 있는 요양기관에서 제외되지 아니하므로, 달리 요양급여비용을 적법하게 지급받을 수 있는 자격 내지 요건이 흠결되지 않는 한 국민건강보험공단을 피해자로 하는 사기죄를 구성한다고 할 수 없다.</u> [3] 치과의사면허를 가진 피고인 2, 3이 치과의사면허를 가진 피고인 1로부터 명의를 빌려 각기 의료기관을 개설, 운영한 후 국민건강보험공단에 요양급여비용을 청구한 사안에서 피고인들의 사기죄의 성립을 부정한 사례(대판 2019.5.30. 2019도1839).

⑥ 구「시설물의 안전관리에 관한 특별법」(2017. 1. 17. 법률 제14545호「시설물의 안전 및 유지관리에 관한 특별법」으로 전부개정되기 전의 것, 이하 '구 시설물안전법'이라 한다)상 <u>하도급 제한 규정은 시설물의 안전점검과 적정한 유지관리를 통하여 재해와 재난을 예방하고 시설물의 효용을 증진시킨다는 국가적 또는 공공적 법익을 보호하기 위한 것이므로, 이를 위반한 경우 구 시설물안전법에 따른 제재</u>

를 받는 것은 별론으로 하고 곧바로 사기죄의 보호법익인 재산권을 침해하였다고 단정할 수 없다. 사기죄가 성립된다고 하려면 이러한 사정에 더하여 이 사건 각 안전진단 용역계약의 내용과 체결 경위, 계약의 이행과정이나 결과 등까지 종합하여 살펴볼 때 과연 피고인들이 안전진단 용역을 완성할 의사와 능력이 없음에도 불구하고 용역을 완성할 것처럼 거짓말을 하여 용역대금을 편취하려 하였는지 여부를 기준으로 판단하여야 한다(대판 2021.10.14. 2016도16343). [해설] 검사가 제출한 증거만으로는 이 사건 각 안전진단 용역계약에 있어서 구 시설물안전법상 하도급 제한 규정을 준수할 의무가 이 사건 수급업체의 계약상 의무로 약정되었는지 분명하지 않고, 설령 위 하도급 제한 규정 준수의무가 계약상 의무로 일부 포함되었다고 하더라도 기본적으로 '일의 완성'을 목적으로 하는 도급계약인 안전진단 용역계약에 있어서 다른 특별한 약정이나 사정이 없는 한 그 의무가 용역의 완성과는 별도로 반드시 이행되지 아니하면 계약의 목적을 달성할 수 없다거나 용역대금의 지급과 상호 대가적 관계에 있는 중요하고 본질적인 의무라고 단정하기는 어려우며, 나아가 이 사건 수급업체는 안전진단 용역 수행에 실질적으로 관여하여 이 사건 각 안전진단 용역계약에서 정한 과업을 모두 완성하였고, 발주처의 검수 및 한국시설안전공단의 심사 결과 안전진단 용역 결과가 적정하다는 평가를 받았으므로, 하도급이 이루어졌다는 사정만으로는 피고인들에게 이 사건 각 안전진단 용역을 완성할 의사나 능력이 없었다고 단정하기 어렵다는 이유로, 용역대금 편취로 인한 특정경제범죄가중처벌등에관한법률위반(사기) 및 사기 부분 등을 유죄로 인정한 원심판결을 파기한 사례.

판례 부작위에 의한 사기죄

1) 고지의무가 인정되는 경우(사기죄 성립)

① 매매에 있어서 매수인이 알았다면 매수하지 아니할 것이 거래의 경험칙상 명백한 사실에 대하여는 매도인은 신의성실의 원칙에 따라 이를 상대방에게 고지할 법률상 의무가 있다고 보아야 할 것이므로 제3자가 매도인을 상대로 대지 및 지상건물에 대한 명도소송을 제기하여 계속 중이고 점유이전금지가처분까지 되어 있는 사실을 매수인이 알았다면 거래의 경험칙상 위 대지를 매수하지 아니하였을 것이 분명하므로 신의성실의 원칙에 따라 매도인은 위와 같은 소송관계를 매수인에게 고지할 법률상 의무가 있다(대판 1985.3.26. 84도301).

② 부동산매매에 있어서 매매목적물에 관하여 소유권귀속에 관한 분쟁이 있어 재심소송이 계속중에 있다면 이러한 사정들은 특별한 사정이 없는 한 매수인으로서는 매매계약의 체결 여부를 결정짓는 매우 중요한 요소이므로 매도인은 거래의 신의성실의 원칙상 매수인에게 고지할 의무가 있다 할 것이고 매도인 이 매수인에게 소송계속사실을 숨기고 매도하여 대금을 교부받았다면 이는 사기죄를 구성한다(대판 1986.9.9. 86도956).

③ 토지에 대하여 도시계획이 입안되어 있어 장차 협의매수되거나 수용될 것이라는 사정을 매수인에게 고지하지 아니한 행위가 부작위에 의한 사기죄를 구성한다고 본 사례(대판 1993.7.13. 93도14).

④ 비록 토지의 소유자로 등기되어 있다고 하더라도 자신이 진정한 소유자가 아닌 사실을 알게 된 이상, 당해 토지의 수용보상금을 수령함에 있어서 당해 토지를 수용한 기업자나 공탁공무원에게 그러한 사실을 고지하여야 할 의무가 있다고 보아야 할 것이고, 이러한 사실을 고지하지 아니한 채 수용보상금으로 공탁된 공탁금의 출급을 신청하여 이를 수령한 이상 기망행위가 없다고 할 수 없다(대판

1994.10.14. 94도1911).

⑤ 물품의 국내 독점판매계약을 체결함에 있어서 고지의무 위반이 있다는 이유로 사기죄를 인정한 원심판결을 수긍한 사례(대판 1996.7.30. 96도1081).

⑥ [1] 부작위에 의한 기망은 법률상 고지의무 있는 자가 일정한 사실에 관하여 상대방이 착오에 빠져 있음을 알면서도 이를 고지하지 아니함을 말하는 것으로서, 일반거래의 경험칙상 상대방이 그 사실을 알았더라면 당해 법률행위를 하지 않았을 것이 명백한 경우에는 신의칙에 비추어 그 사실을 고지할 법률상 의무가 인정되는 것이다. [2] <u>임대인이 임대차계약을 체결하면서 임차인에게 임대목적물이 경매진행 중인 사실을 알리지 아니한 경우, 임차인이 등기부를 확인 또는 열람하는 것이 가능하더라도 사기죄가 성립한다고 본 사례</u>(대판 1998.12.8. 98도3263).

⑦ <u>수표나 어음이 지급기일에 결제되지 않으리라는 점을 예견하였거나 지급기일에 지급될 수 있다는 확신이 없으면서도 그러한 내용을 수취인에게 고지하지 아니하고 이를 속여서 할인을 받으면 사기죄가 성립한다</u>(대판 1998.12.9. 98도3282).

⑧ <u>특정 시술을 받으면 아들을 낳을 수 있을 것이라는 착오에 빠져있는 피해자들에게 그 시술의 효과와 원리에 관하여 사실대로 고지하지 아니한 채 아들을 낳을 수 있는 시술인 것처럼 가장하여 일련의 시술과 처방을 행한 의사에 대하여 사기죄의 성립을 인정한 사례</u>(대판 2000.1.28. 99도2884).

⑨ [1] <u>사채업자가 대출희망자로부터 대출을 의뢰받은 다음 대출희망자가 자동차의 실제 구입자가 아니어서 자동차할부금융의 대상이 되지 아니함에도 그가 실제로 자동차를 할부로 구입하는 것처럼 그 명의의 대출신청서 등 관련 서류를 작성한 후 이를 할부금융회사에 제출하여 자동차할부금융으로 대출금을 받은 경우, 할부금융회사로서는 사채업자가 할부금융의 방법으로 대출의뢰인들 명의로 자동차를 구입하여 보유할 의사 없이 단지 자동차할부금융대출의 형식을 빌려 자금을 융통하려는 의도로 할부금융대출을 신청하였다는 사정을 알았더라면 할부금융대출을 실시하지 않았을 것이므로, 사채업자로서는 신의성실의 원칙상 사전에 할부금융회사에게 자동차를 구입하여 보유할 의사 없이 자동차할부금융대출의 방법으로 자금을 융통하려는 사정을 고지할 의무가 있다 할 것이고, 그럼에도 불구하고 이를 고지하지 아니한 채 대출의뢰인들 명의로 자동차할부금융을 신청하여 그 대출금을 지급하도록 한 행위는 고지할 사실을 묵비함으로써 거래상대방인 할부금융회사를 기망한 것이 되어 사기죄를 구성한다고 한 사례</u>. [2] 사기죄는 타인을 기망하여 그로 인한 하자 있는 의사에 기하여 재물의 교부를 받거나 재산상의 이득을 취득함으로써 성립되는 범죄로서 그 본질은 기망행위에 의한 재산이나 재산상 이익의 취득에 있는 것이고 <u>상대방에게 현실적으로 재산상 손해가 발생함을 요건으로 하지 아니한다</u>(대판 2004.4.9. 2003도7828). [해설] 묵비를 통한 기망의 의미를 설시하고, 사기죄에서 재물이나 재산상 이익 취득 외에 피해자에 대한 현실적 손해 발생이 필요 없다고 본 사례.

⑩ [1] <u>대출자금으로 빌딩을 경락받았으나 분양이 저조하여 자금조달에 실패한 피고인들이 수분양자들과 사이에 대출금으로 충당되는 중도금을 제외한 계약금과 잔금의 지급을 유예하고 1년의 위탁기간 후 재매입하기로 하는 등의 비정상적인 이면약정을 체결하고 점포를 분양하였음에도, 금융기관에 대해서는 그러한 이면약정의 내용을 감춘 채 분양 중도금의 집단적 대출을 교섭하여 중도금 대출 명목으로 금원을 지급받은 사안에서, 대출 금융기관에 대하여 비정상적인 이면약정의 내용을 알릴 신의칙상 의무가 있다고 보아 이를 알리지 않은 것은 사기죄의 요건으로서의 부작위에 의한 기망에 해당</u>

한다고 한 사례. [2] 사기죄에 있어서 동일한 피해자에 대하여 수회에 걸쳐 기망행위를 하여 금원을 편취한 경우, 그 범의가 단일하고 범행 방법이 동일하다면 사기죄의 포괄일죄만이 성립한다(대판 2006.2.23. 2005도8645).

⑪ 주식매도인이 주식매수인에게 주식거래의 목적물이 증자 전의 주식이 아니라 증자 후의 주식이라는 점을 제대로 알리지 않은 것이 사기죄의 기망행위에 해당한다고 본 사례(대판 2006.10.27. 2004도6503).

⑫ 주식회사 대표이사인 피고인이 피해자와 전기공사업 양도계약을 체결함에 있어, 전기공사공제조합 대출금액을 축소하여 고지하고 대출금 연체 사실 및 공제조합 출자증권에 대한 가압류 사실을 숨기고 고지하지 않은 채 기망하여 이에 속은 피해자로부터 계약금을 송금받아 편취하였다는 공소사실에 대하여, 피고인에게 무죄를 선고한 원심판결을 파기한 사례(대판 2010.2.25. 2009도1950).

⑬ 부작위에 의한 기망은 보험계약자가 보험자와 보험계약을 체결하면서 상법상 고지의무를 위반한 경우에도 인정될 수 있다. 다만 보험계약자가 보험자와 보험계약을 체결하더라도 우연한 사고가 발생하여야만 보험금이 지급되는 것이므로, 고지의무 위반은 보험사고가 이미 발생하였음에도 이를 묵비한 채 보험계약을 체결하거나 보험사고 발생의 개연성이 농후함을 인식하면서도 보험계약을 체결하는 경우 또는 보험사고를 임의로 조작하려는 의도를 가지고 보험계약을 체결하는 경우와 같이 '보험사고의 우연성'이라는 보험의 본질을 해할 정도에 이르러야 비로소 보험금 편취를 위한 고의의 기망행위에 해당한다. 특히 상해·질병보험계약을 체결하는 보험계약자가 보험사고 발생의 개연성이 농후함을 인식하였는지는 보험계약 체결 전 기왕에 입은 상해의 부위 및 정도, 기존 질병의 종류와 증상 및 정도, 상해나 질병으로 치료받은 전력 및 시기와 횟수, 보험계약 체결 후 보험사고 발생 시까지의 기간과 더불어 이미 가입되어 있는 보험의 유무 및 종류와 내역, 보험계약 체결의 동기 내지 경과 등을 두루 살펴 판단하여야 한다(대판 2017.4.26. 2017도1405).

⑭ [1] 사기죄의 요건으로서의 기망은 널리 재산상의 거래관계에서 서로 지켜야 할 신의와 성실의 의무를 저버리는 적극적 또는 소극적 행위를 말하는 것으로서, 상대방을 착오에 빠지게 하여 행위자가 희망하는 재산적 처분행위를 하도록 하기 위한 판단의 기초 사실에 관한 것이어야 하고(대법원 2007. 10. 25. 선고 2005도1991 판결 등 참조), 그 중 소극적 행위로서의 부작위에 의한 기망은 일반거래의 경험칙상 상대방이 그 사실을 알았더라면 당해 법률행위를 하지 아니하였을 것이 명백한 경우에는 신의칙에 비추어 그 사실을 고지할 법률상 의무가 인정된다고 할 것이다(대법원 2006. 2. 23. 선고 2005도8645 판결 등 참조). 나아가 사기죄는 보호법익인 재산권이 침해되었을 때 성립하는 범죄이므로, 사기죄의 기망행위라고 하려면 불법영득의 의사 내지 편취의 범의를 가지고 상대방을 기망한 것이어야 한다(대법원 2019. 12. 27. 선고 2015도10570 판결 등 참조). [2] 이러한 법리는 국가연구개발사업 등에 있어 연구책임자가 산학협력단으로부터 학생연구비의 사용 용도와 귀속 여부를 기망하여 편취하는 경우에도 마찬가지로 적용된다. 즉, 연구책임자가 처음부터 소속 학생연구원들에 대한 개별 지급의사 없이 공동관리계좌를 관리하면서 사실상 그 처분권을 가질 의도 하에 이를 숨기고 산학협력단에 연구비를 신청하여 이를 지급받았다면 이는 산학협력단에 대한 관계에 있어 기망에 의한 편취행위에 해당한다. 다만 연구책임자가 원래 용도에 부합하게 학생연구원들의 사실상 처분권 귀속 하에 학생연구원들의 공동비용 충당 등을 위하여 학생연구원들의 자발적인 의사에 근거하여 공동관리계좌를 조성하고 실제로 그와 같이 운용한 경우라면, 비록 공동관리계좌의 조성 및 운영이 관련 법령이나 규정 등에 위반되더라도 그러한 사정만으로 불법영득의사가 추단되어 사기죄가 성

립한다고 단정할 수 없다. 이 경우 <u>사기죄 성립 여부는 공동관리계좌 개설의 경위, 실질적 관리 및 처분권의 귀속, 연구비가 온전히 법률상 귀속자인 학생연구원들의 공동비용을 위하여 사용되었는지 여부 등을 종합적으로 고려하여 판단하여야 한다</u>(대판 2021.9.9. 2021도8468). [해설] 의과대학 교수로서 연구책임자인 대학교수가 대학교 산학협력단 등으로부터 지급받은 학생연구비 중 일부를 실질적으로 자신이 관리하는 공동관리계좌에 귀속시킨 후 개인적인 용도 등으로 사용한 경우 산학협력단에 대한 관계에서 부작위에 의한 기망행위 및 불법영득의사가 모두 인정되어 사기죄가 성립된다고 본 원심판결을 수긍한 사례.

2) 고지의무가 부정되는 경우(사기죄 불성립)

① 부동산을 매매함에 있어 근저당권설정등기된 사실을 고지하지 아니하였다 하더라도 상대방을 기망키 위하여 적극적으로 동 사실을 은폐한 것이 아니고 매수인이 등기사실을 알았다면 위 매매계약을 체결하지 아니하였으리라는 사정이 없으면 동 불고지는 기망행위가 되지 아니한다(대판 1972.3.28. 72도255).

② 부작위에 의한 사기에 있어서 고지의무는 일반거래의 경험칙상 상대방이 그 사실을 알았더라면 당해 법률행위를 하지 않았을 것이 명백한 경우에 신의칙에 비추어 인정되는 것이므로, <u>아파트 전매인이 전매시 아파트 분양회사의 대표이사가 그 분양업무와 관련된 형사사건으로 유죄판결을 받은 바 있다고 하여도, 그 범죄내용이 전매인의 위 아파트 소유권취득에 영향을 미치는 사법상 효력에 관계있는 것이 아니라면, 전매당시 위와 같은 유죄판결에 관한 사실을 전매인이 알았더라도 일반거래의 경험칙상 위 아파트를 매수하지 않았을 것이라고 인정하기 어려우므로 전매인은 위와 같은 사실을 전매인에게 고지할 의무가 없다</u>(대판 1983.9.13. 83도823).

③ 채무자는 채권자로부터 채권의 양도통지를 받지 않은 이상 채무금은 원래의 채권자에게 반환할 의무가 있는 것이므로, 채권양도 통지 전에는 그 채무자가 채권자에게 그 채무금을 반환하면 유효한 변제가 되는 것이고 채권자에 대하여 위 채무금의 지급을 거부할 권리를 유보하고 양수인에게만 지급해야 할 특별한 사정이 없는 한 <u>채무자로서는 양수인이 채무의 지급을 구한다 하더라도 이를 거부할 권리가 있으므로 채권자가 위 채권의 양도사실을 밝히지 아니하고 직접 위 외상대금을 수령하였다 하여 기망수단을 써서 채무자를 착오에 빠뜨려 그 대금을 편취한 것이라 할 수 없다</u>(대판 1984.5.9. 83도2270).

④ 임대차계약을 체결하고 보증금을 교부받을 시 그 부동산에 관하여 저당권이 설정되어 있다는 사실을 고지하지 않았다 하더라도 <u>임대인이 계약 당시 그 부동산이 경매되리라는 사정을 알지 못하였다면 불법영득의 의사로서 임차인을 기망하여 보증금을 편취하였다고 보기 어렵다</u>(대판 1985.9.10. 85도1306).

⑤ 아파트를 신축하여 분양하고자 하는 피고인이 그 아파트신축자금 등으로 차용한 금원 등을 변제하지 못하여 채권자들의 요구에 따라 위 아파트가 아직 완공되지 아니한 상태에서 그 채권담보의 뜻으로 위 차용금 등을 아파트분양대금으로 대체하여 분양한 후 각 수분양자 명의로 소유권이전등기를 마쳐주기 전에 이를 다시 제3자에게 위와 같은 분양사실을 고지하지 아니한 채 임대차계약(전세계약)을 체결한 경우에 있어 피고인이 위 임대차계약상의 의무를 이행하여 그 임차인으로 하여금 각 해당아파트를 실제로 입주사용케 하였다면 현행민법이 물권변동에 관하여 형식주의를 취하고 있는 이상 각 수분양자에게 소유권이전등기를 하기 이전에는 피고인이 그 부동산을 원시취득한 법률상 소유자로서 이를 처분할 수 있을 뿐만 아니라 위 분양에 따른

소유권이전등기가 경료되기 이전에는 피담보채무를 변제하여 소유권이전등기의무를 면할 수
도 있으니 피고인이 위 임대차계약을 체결할 때에 위 분양사실을 각 임차인에게 고지하지 아니
하였다는 사실만으로는 동인들을 기망한 것이라고 볼 수 없다(대판 1987.12.8. 87도1839).

⑥ [1] 부동산을 매매함에 있어서 매도인이 매수인에게 매매와 관련된 구체적 사정을 고지하지
아니함으로써, 매수인이 매매목적물에 대한 권리를 확보하지 못할 위험이 생길 수 있음을 알면
서도, 매수인에게 그와 같은 사정을 고지하지 아니한 채 매매계약을 체결하고 매매대금을 교부
받는 한편, 매수인은 그와 같은 사정을 고지받았더라면 매매계약을 체결하지 아니하거나 매매
대금을 지급하지 아니하였을 것임이 경험칙상 명백한 경우에는, 신의성실의 원칙상 매도인에게
그와 같은 사정에 관한 고지의무가 있다고 할 것이므로, 매도인이 매수인에게 그와 같은 사정을
고지하지 아니함은 사기죄의 구성요건인 기망에 해당한다. [2] 부동산의 이중매매에 있어서 매도인
이 제1의 매매계약을 일방적으로 해제할 수 없는 처지에 있었다는 사정만으로는, 바로 제2의 매매계약의
효력이나 그 매매계약에 따르는 채무이행, 또는 제2의 매수인의 매매목적물에 대한 권리의 실현에 장애가
된다고도 볼 수 없는 것이므로 매도인이 제2의 매수인에게 그와 같은 사정을 고지하지 아니하였다고 하여
제2의 매수인을 기망한 것이라고 할 수 없다(대판 1991.12.24. 91도2698).

⑦ 중고 자동차 매매에 있어서 매도인의 할부금융회사 또는 보증보험에 대한 할부금 채무가 매수인에게 당연
히 승계되는 것이 아니라는 이유로 그 할부금 채무의 존재를 매수인에게 고지하지 아니한 것이 부작위에
의한 기망에 해당하지 아니한다고 본 원심판결을 수긍한 사례(대판 1998.4.14. 98도231).

⑧ 토지의 공유자 겸 명의수탁자인 피고인이 나머지 공유자들로부터 그들 소유 지분에 관하여 매
도가격 및 처분기한을 특정하여 처분권한을 위임받고 그 처분에 따른 양도소득세 등 일체의 경
비를 피고인이 부담하기로 약정한 경우, 피고인이 위 매도위임가격보다 훨씬 고가로 매도하였다
하더라도 그와 같은 사실을 위임인에게 고지할 법률상 의무가 없다고 본 사례(대판 1999.5.25. 98
도2792).

⑨ 계좌이체 또는 현금으로 계좌송금(이하 '계좌이체 등'이라고 한다)이 되었지만 예금원장에 입금
의 기록이 된 때에 예금이 된다고 예금거래기본약관에 정하여져 있을 뿐이고, 수취인과 은행 사
이의 예금계약의 성립 여부를 송금의뢰인과 수취인 사이에 계좌이체 등의 원인인 법률관계가
존재하는지 여부에 의하여 좌우되도록 별도로 약정하였다는 등의 특별한 사정이 없다면, 송금
의뢰인과 수취인 사이에 계좌이체 등의 원인인 법률관계가 존재하는지 여부에 관계없이 수취인
과 은행 사이에는 계좌이체금액 상당의 예금계약이 성립하고, 수취인은 은행에 대하여 위 금액
상당의 예금채권을 취득한다. 그리고 위와 같이 송금의뢰인과 수취인 사이에 계좌이체 등의 원
인이 되는 법률관계가 존재하지 않음에도 불구하고, 계좌이체에 의하여 수취인이 계좌이체금액
상당의 예금채권을 취득한 경우에, 송금의뢰인은 수취인에 대하여 위 금액 상당의 부당이득반
환청구권을 가지게 되지만, 은행은 이익을 얻은 것이 없으므로 은행에 대하여는 부당이득반환
청구권을 가지지 않는다. 그렇다면 위와 같이 송금의뢰인이 수취인의 예금계좌에 계좌이체 등을 한
이후, 수취인이 은행에 대하여 예금반환을 청구함에 따라 은행이 수취인에게 그 예금을 지급하는 행위는
계좌이체금액 상당의 예금계약의 성립 및 그 예금채권 취득에 따른 것으로서 은행이 착오에 빠져 처분행위
를 한 것이라고 볼 수 없으므로, 결국 이러한 행위는 은행을 피해자로 한 형법 제347조의 사기죄에 해당하
지 않는다고 봄이 상당하다(대판 2010.5.27. 2010도3498). [해설] 본 판례는 예금주인 피고인이 제3자

에게 편취당한 송금의뢰인으로부터 자신의 은행계좌에 계좌송금된 돈을 출금한 경우 은행을 피해자로 한 사기죄가 성립하지 않음을 명시한 사례. 또한, 통장을 재발급받는 방법으로 위 금전의 인출한 경우 은행에 대해 절도죄가 성립하지 않고(대판 2009.12.10. 2009도8776), 사기죄의 피해자에 대해서 횡령죄도 성립하지 않음(대판 2017.5.31. 2017도3045). 결국 은행에 대한 관계에서 별도의 사기죄나 절도죄가 성립하지 않고 사기죄의 피해자에 대한 관계에서 횡령죄가 성립하지 않는 것은 이미 성립한 사기범행의 실행행위에 지나지 아니하여 새로운 법익을 침해한다고 보기도 어렵기 때문인데, 불가불적 사후행위의 법리가 적용된 사례라고 할 수 있음.

⑩ 피해자로서는 장지지구 33평형 아파트 입주권을 2억 9,500만원에 매입하면 시세차익을 볼 수 있다고 판단하여 공소외 1의 입주권이나 공소외 2의 입주권 가격에 대하여 아무런 문의도 하지 않고 이 사건 매매계약을 체결한 이상, 피고인이 공소외 1의 입주권 대신 공소외 2의 입주권으로 변경하여 매매하면서 공소외 2의 장지지구 33평형 아파트 입주권을 2억 5,000만원에 확보하여 이를 피해자에게 전매한다는 사실을 고지하지 않았다고 하여 피고인이 피해자를 기망하여 피해자로부터 지급받은 입주권 매매대금인 2억 9,500만원과의 차액 4,500만원을 편취한 것으로 보기 어렵다(대판 2011.1.27. 2010도5124).

⑪ [1] 어떤 법률행위를 하려는 사람이 그 법률행위에 따른 상대방의 법률상 지위에 아무런 영향도 미칠 수 없는 사유까지 상대방에게 고지할 의무가 있다고 볼 수는 없다. [2] 피고인이 공소외 1에게 이 사건 오피스텔 중 17세대를 대물변제조로 이전해 주고 공소외 1의 동의 없이 이를 신탁할 수 없다는 취지의 약정을 체결하였다는 사정만으로는 이 사건 신탁계약의 효력과 그 신탁계약에 따르는 채무의 이행에 장애를 가져오거나 수탁자와 우선수익자의 권리실현에 장애가 된다고 볼 수 없고, 따라서 피고인이 피해자에게 이 사건 신탁금지약정을 체결한 사실을 고지하지 아니하였다고 하여 피해자를 기망한 것이라고 평가할 수는 없을 것이다(대판 2012.4.13. 2011도2989).

⑪ 피고인이 손님들로부터 '이렇게 값이 싼데 영광굴비가 맞느냐'는 질문을 받는 경우 중국산 부세를 전남 영광군(주소 생략)에서 가공한 것이라고 대답하였다는 피고인의 진술을 더하여 보면, 손님들이 메뉴판에 기재된 국내산이라는 원산지 표시에 속아 이 사건 식당을 이용하였다고 보기는 어렵다. 그럼에도 불구하고 원심은 피고인의 기망행위와 손님들의 처분행위 사이에 인과관계가 있음을 전제로 이 사건 공소사실 중 사기 부분을 유죄로 인정한 제1심판결을 그대로 유지하고 말았다. 이러한 원심의 판단에는 사기죄의 인과관계에 관한 법리를 오해하여 판결에 영향을 미친 잘못이 있다. 이를 지적하는 취지의 상고이유 주장은 정당하다. 그러므로 원심판결 중 피고인에 대한 사기 부분은 파기되어야 할 것인데, 위 부분은 원심판결 중 피고인에 대한 농수산물의원산지표시에관한법률위반 부분과 형법 제37조 전단의 경합범관계에 있다는 이유로 하나의 형이 선고되었으므로 원심판결 중 피고인에 대한 부분을 전부 파기하고, 사건을 다시 심리·판단하게 하기 위하여 원심법원에 환송하기로 하여, 관여 대법관의 일치된 의견으로 주문과 같이 판결한다(대판 2017.6.8. 2015도12932).

 **판례** 잔금을 더 받은 경우

- 사기죄의 요건으로서의 기망은 널리 재산상의 거래관계에 있어 서로 지켜야 할 신의와 성실의 의무를 저버리는 모든 적극적 또는 소극적 행위를 말하는 것이고, 그 중 소극적 행위로서의 부작위에 의한 기망은 법률상 고지의무 있는 자가 일정한 사실에 관하여 상대방이 착오에 빠져 있음을 알면서도 그 사실을 고지하지 아니함을 말하는 것으로서, 일반거래의 경험칙상 상대방이 그 사실을 알았더라면 당해 법률행위를 하지 않았을 것이 명백한 경우에는 신의칙에 비추어 그 사실을 고지할 법률상 의무가 인정된다 할 것인바, 매수인이 매도인에게 매매잔금을 지급함에 있어 착오에 빠져 지급해야 할 금액을 초과하는 돈을 교부하는 경우, 매도인이 사실대로 고지하였다면 매수인이 그와 같이 초과하여 교부하지 아니하였을 것임은 경험칙상 명백하므로, 매도인이 매매잔금을 교부받기 전 또는 교부받던 중에 그 사실을 알게 되었을 경우에는 특별한 사정이 없는 한 매도인으로서는 매수인에게 사실대로 고지하여 매수인의 그 착오를 제거하여야 할 신의칙상 의무를 지므로 그 의무를 이행하지 아니하고 매수인이 건네주는 돈을 그대로 수령한 경우에는 사기죄에 해당될 것이지만, 그 사실을 미리 알지 못하고 매매잔금을 건네주고 받는 행위를 끝마친 후에야 비로소 알게 되었을 경우에는 주고 받는 행위는 이미 종료되어 버린 후이므로 매수인의 착오 상태를 제거하기 위하여 그 사실을 고지하여야 할 법률상 의무의 불이행은 더 이상 그 초과된 금액 편취의 수단으로서의 의미는 없으므로, 교부하는 돈을 그대로 받은 그 행위는 점유이탈물횡령죄가 될 수 있음은 별론으로 하고 사기죄를 구성할 수는 없다(대판 2004.5.27. 2003도4531).

 판례 거래목적의 달성에 지장이 없는 경우

① 이중매매에 있어서 후매수인에게 소유권이전등기까지 마친 경우에 동인에게는 아무런 손해가 없으므로 매도인이 동인에게 이중매매사실을 고지하지 아니하였다 하여도 사기죄를 구성하지 않는다(대판 1971.12.21. 71도1480).

② 피고인 단독명의로 소유권이전등기가 되어 있는 부동산 중 1/2지분은 타인으로부터 명의신탁 받은 것임에도 불구하고 피고인이 그의 승낙 없이 위 부동산 전부를 피해자에게 매도하여 그 소유권이전등기를 마쳐준 경우 매수인은 유효하게 위 부동산의 소유권을 취득하므로 매수인인 피해자에 대하여 사기죄를 구성하지 않는다(대판 1990.11.13. 90도1961).

③ 부동산의 명의수탁자가 부동산을 제3자에게 매도하고 매매를 원인으로 한 소유권이전등기까지 마쳐 준 경우, 명의신탁의 법리상 대외적으로 수탁자에게 그 부동산의 처분권한이 있는 것임이 분명하고, 제3자로서도 자기 명의의 소유권이전등기가 마쳐진 이상 무슨 실질적인 재산상의 손해가 있을 리 없으므로 그 명의신탁 사실과 관련하여 신의칙상 고지의무가 있다거나 기망행위가 있었다고 볼 수도 없어서 그 제3자에 대한 사기죄가 성립될 여지가 없고, 나아가 그 처분 시 매도인(명의수탁자)의 소유라는 말을 하였다고 하더라도 역시 사기죄가 성립하지 않으며, 이는 자동차의 명의수탁자가 처분한 경우에도 마찬가지이다(대판 2007.1.11. 2006도4498).

 **판례** 과장광고와 기망행위

1) 과장광고가 기망행위인가의 판단기준

- 식육식당을 경영하는 자가 음식점에서 한우만을 취급한다는 취지의 상호를 사용하면서 광고선전판, 식단표 등에도 한우만을 사용한다고 기재한 경우, '한우만을 판매한다'는 취지의 광고가 <u>식육점 부분에만 한정하는 것이 아니라 음식점에서 조리·판매하는 쇠고기에 대한 광고로서 음식점에서 쇠고기를 먹는 사람들로 하여금 그 곳에서는 한우만을 판매하는 것으로 오인시키기에 충분하므로, 이러한 광고는 진실규명이 가능한 구체적인 사실인 쇠갈비의 품질과 원산지에 관하여 기망이 이루어진 경우로서 그 사술의 정도가 사회적으로 용인될 수 있는 상술의 정도를 넘는 것이고, 따라서 피고인의 기망행위 및 편취의 범의를 인정하기에 넉넉하다고 본 사례</u>(대판 1997.9.9. 97도1561).

2) 기망행위에 해당하는 경우

① 현대산업화 사회에 있어 소비자가 갖는 상품의 품질, 가격에 대한 정보는 대부분 생산자 및 유통업자의 광고에 의존할 수밖에 없고 백화점과 같은 대형유통업체에 대한 소비자들의 신뢰(정당한 품질, 정당한 가격)는 백화점 스스로의 대대적인 광고에 의하여 창출된 것으로서 이에 대한 소비자들의 신뢰와 기대는 보호되어야 한다고 할 것인바, <u>종전에 출하한 일이 없던 신상품에 대하여 첫 출하시부터 종전가격 및 할인가격을 비교표시하여 막바로 세일에 들어가는 이른바 변칙세일은 진실규명이 가능한 구체적 사실인 가격조건에 관하여 기망이 이루어진 경우로서 그 사술의 정도가 사회적으로 용인될 수 있는 상술의 정도를 넘은 것이어서 사기죄의 기망행위를 구성한다</u>(대판 1992.9.14. 91도2994).

② <u>이 사건 백화점의 식품매장에서 당일 판매되지 못하고 남은 생식품들에 대하여 그 다음 날 아침 포장지를 교체하면서 가공일자가 재포장일자로 기재된 바코드라벨을 부착하여 재판매하는 행위 내지 판매기법은</u> 이와 같은 소비자들의 신뢰를 배신하고 동인들의 생식품 구매 동기에 있어서 중요한 요소인 가공일자에 관한 착오를 이용하여 재고상품을 종전 가격에 판매하고자 하는 것으로서 그 사술의 정도가 사회적으로 용인될 수 있는 상술의 정도를 넘은 기망행위라고 할 것이고, 또한 기록에 의하면 피고인은 이 사건 백화점의 식품부 차장으로서 식품부 전체의 판매 및 상품관리를 하고 있는 자로서 식품부 직원들의 이 사건 재포장 작업을 관리 또는 감독하여 왔고, 피고인 스스로도 검찰에서 소비자가 신선한 상품으로 생각을 하고 구매를 하도록 하기 위하여 가공일자를 당일로 표시한다고 진술하고 있는 등 위와 같은 <u>기망행위를 충분히 인식하고 있었던 사실이 인정되는 점에 비추어 보면 피고인에게 사기의 범의가 있다고 봄이 상당하고, 소론이 내세우는 사정만으로 이를 부인할 수는 없다</u> 할 것이다(대판 1995.7.28. 95도1157).

③ 통신판매에 있어 소비자가 갖는 상품의 품질, 가격에 대한 정보는 전적으로 유통업자의 광고에 의존할 수밖에 없고, TV홈쇼핑업체에 대한 소비자들의 신뢰는 TV라는 영상매체를 이용한 스스로의 강도 높은 광고에 의하여 창출된 것인 만큼 이에 대한 소비자들의 신뢰와 기대는 특별히 보호되어야 할 것인바, <u>농업협동조합의 조합원이나 검품위원이 아닌 자가 TV홈쇼핑업체에 납품한 삼이 제3자가 산삼의 종자인지 여부가 불분명한 삼의 종자를 뿌려 이식하면서 인공적으로 재배한 삼이라는 사실을 알면서도 광고방송에 출연하여 위 삼이 위 조합의 조합원들이 자연산삼의 종자를 심산유곡에 심고 자연방임 상태에서 성장시킨 산양산삼이며 자신이 조합의 검품위원으로서 위 삼 중 우수한 것만을 선정하여 감정인의 감정을 받은 것처럼 허위 내용의 광고를 한 것은 진실규명이 가능하고 구매의 결정에</u>

있어 가장 중요한 요소로서 구체적 사실인 판매물품의 품질에 관하여 기망한 것으로서 그 사술의 정도가 사회적으로 용인될 수 있는 상술의 정도를 넘은 것이어서 <u>사기죄의 기망행위</u>를 구성한다고 한 사례(대판 2002.2.5. 2001도5789).

④ <u>오리, 하명, 누에, 동충하초, 녹용 등 여러 가지 재료를 혼합하여 제조·가공한 '녹동달오리골드'라는 제품이 당뇨병, 관절염, 신경통 등의 성인병 치료에 특별한 효능이 있는 좋은 약이라는 허위의 강의식 선전·광고행위를 하여 이에 속은 노인들로 하여금 위 제품을 고가에 구입하도록 한 것은 그 사술의 정도가 사회적으로 용인될 수 있는 상술의 정도를 넘은 것이어서 사기죄의 기망행위를 구성한다고 한 사례</u>(대판 2004.1.15. 2001도1429).

⑤ 신생 수입브랜드의 시계를 마치 오랜 전통을 지닌 브랜드의 제품인 것처럼 허위광고 함으로써 그 품질과 명성을 오인한 구매자들에게 고가로 판매한 행위가 사기죄의 '기망행위'에 해당한다고 한 사례(대판 2008.7.10. 2008도1664).

⑥ 부동산 관련 업체가 지방자치단체의 특정 용역보고서만을 근거로 확정되지도 않은 개발계획이 마치 확정된 것처럼 허위 또는 과장된 정보를 제공하여 매수인들과 토지매매계약을 체결한 사안에서, 사기죄가 성립한다고 한 사례(대판 2008.10.23. 2008도6549).

3) 기망행위에 해당하지 않는 경우

① 아파트를 분양함에 있어 아파트 평형의 수치를 다소 과장하여 광고를 한 사실은 인정되나 분양가 결정방법, 분양계약 체결의 경위 및 최종대금의 절충과정 등 제반 사정에 비추어 볼 때 위 광고는 그 거래당사자 사이에서 매매대금을 산정하기 위한 기준이 되었다고 할 수 없고, 단지 분양대상 아파트를 특정하고 나아가 위 아파트의 분양이 쉽게 이루어지도록 하려는 의도에서 한 것에 지나지 않는다고 하여 위 과대광고가 기망행위에 해당하지 않는다고 본 사례(대판 1991.6.11. 91도788).

② 인터넷 사이트의 초기화면에 성인 동영상물에 대한 광고용 선전문구 및 영상을 게재하고 이를 통해 접속한 사람들을 유료회원으로 가입시킨 사안에서, 위 광고내용이 구 정보통신망 이용촉진 및 정보보호 등에 관한 법률상 음란표현물에 해당하지 않고, 또한 실제 제공하는 영상물과 광고내용에 다소 차이가 있더라도 사기의 기망행위에 해당하지 않는다고 본 사례(대판 2008.6.12. 2008도76).

판례 피기망자

① 사기죄가 성립되려면 피기망자가 착오에 빠져 어떤 재산상의 처분행위를 하도록 유발하여 재산적 이득을 얻을 것을 요하고 <u>피기망자와 재산상의 피해자가 같은 사람이 아닌 경우에는 피기망자가 피해자를 위하여 그 재산을 처분할 수 있는 권능이나 지위에 있어야 하며 기망, 착오, 처분, 이득 사이에 인과관계가 있어야 한다</u>(대판 1989.7.11. 89도346).

② 사기죄의 피해자는 이 사건 신용카드업자인 삼성카드 주식회사라고 할 것인데, 법인도 사기죄의 피해자가 될 수 있음은 당연하고 다만, 이 경우 현실적인 피기망자와 처분행위자는 사기 범행의 성질상 자연인이어야 하는 것이나, 그 자연인은 법인의 임원 또는 직원으로서 당해 업무를

담당한 자 또는 그 업무에 관여한 다수의 자로 파악할 수 있으면 족하고 반드시 그 자연인의 이름 등이 특정되어야 하는 것은 아니다(대판 2006.3.24. 2006도282).

③ 피고인이, 휴대전화 문자메시지를 발송하더라도 이용대금을 납부할 의사와 능력이 없는데도, 단독으로 또는 공범들과 함께 이용대금 미납 등의 사유로 사용이 정지되거나 유심칩(USIM Chip) 분실로 사용할 수 없게 된 휴대전화를 구입한 후 이른바 '대포폰'으로 유통시켜 사용하도록 하거나 유심칩 읽기를 통하여 해당 휴대전화의 문자발송제한(1일 500개)을 해제하고 광고성 문자를 대량 발송하는 방법으로 이동통신회사들로부터 이용대금 상당의 재산상 이득을 취득하였다는 내용으로 기소된 사안에서, <u>피고인이 이동통신 판매대리점의 컴퓨터를 이용하여 이동통신회사들의 전산망에 접속한 다음 전산상으로 사용정지된 휴대전화를 사용할 수 있도록 하거나 유심칩 읽기를 통해 문자메시지 발송한도를 해제한 것은 전산상 자동으로 처리된 것일 뿐 사기죄 구성요건인 '사람을 기망하여 재산상 이득을 취득한 경우'에 해당한다고 볼 수 없는데도</u>, 이와 달리 보아 피고인에게 사기죄를 인정한 원심판단에 법리오해의 위법이 있다고 한 사례(대판 2011.7.28. 2011도5299).

④ 사기죄는 타인을 기망하여 착오에 빠뜨리고 그로 인하여 피기망자(기망행위의 상대방)가 처분행위를 하도록 유발하여 재물 또는 재산상의 이익을 얻음으로써 성립하는 범죄이다. 따라서 사기죄가 성립하려면 행위자의 기망행위, 피기망자의 착오와 그에 따른 처분행위, 그리고 행위자 등의 재물이나 재산상 이익의 취득이 있고, 그 사이에 순차적인 인과관계가 존재하여야 한다. 그리고 사기죄의 피해자가 법인이나 단체인 경우에 기망행위로 인한 착오, 인과관계 등이 있었는지는 법인이나 단체의 대표 등 최종 의사결정권자 또는 내부적인 권한 위임 등에 따라 실질적으로 법인의 의사를 결정하고 처분을 할 권한을 가지고 있는 사람을 기준으로 판단하여야 한다. 따라서 <u>피해자 법인이나 단체의 대표자 또는 실질적으로 의사결정을 하는 최종결재권자 등이 기망행위자와 동일인이거나 기망행위자와 공모하는 등 기망행위임을 알고 있었던 경우에는 기망행위로 인한 착오가 있다고 볼 수 없고, 재물 교부 등의 처분행위가 있었더라도 기망행위와 인과관계가 있다고 보기 어렵다. 이러한 경우에는 사안에 따라 업무상횡령죄 또는 업무상배임죄 등이 성립하는 것은 별론으로 하고 사기죄가 성립한다고 볼 수 없다. 반면에 피해자 법인이나 단체의 업무를 처리하는 실무자인 일반 직원이나 구성원 등이 기망행위임을 알고 있었더라도, 피해자 법인이나 단체의 대표자 또는 실질적으로 의사결정을 하는 최종결재권자 등이 기망행위임을 알지 못한 채 착오에 빠져 처분행위에 이른 경우라면, 피해자 법인에 대한 사기죄의 성립에 영향이 없다</u>(대판 2017.9.26. 2017도8449, 대판 2017.8.29. 2016도18986). [해설] 법인이 피해자인 사기죄에서도 인간의 판단, 의사결정이 필요한 경우에는 실질적으로 법인의 의사를 결정할 처분권한을 가진 자를 기준으로 사기죄의 성립여부를 판단해야 한다는 사례.

판례 | 피기망자에게 처분권한이 없는 경우

① [1] 타인 명의의 등기서류를 위조하여 등기공무원에게 제출함으로써 피고인 명의로 소유권이전등기를 마쳤다고 하여도 피해자의 처분행위가 없을 뿐 아니라 <u>등기공무원에게는 위 부동산의 처분권한이 있다고 볼 수 없어 사기죄가 성립하지 않는다.</u> [2] 위조사문서행사죄와 이로 인한 사기죄와는 상상적 경합관계에 있다고 볼 수 없다(대판 1982.2.9. 81도944, 대판 1981.7.28. 81도529). [해설] 위조사문서행사죄와 이로 인한 사기죄는 실체적 경합관계에 해당함.

② 피고인이 피해자 공소외인 명의의 양도증서 등 명의변경 서류를 위조하여 일본국 특허청 공무원에게 제출함으로써 피고인 명의로 이 사건 특허의 출원자 명의를 변경하였다고 하더라도 위 피해자의 이 사건 특허를 받을 수 있는 권리에 관한 처분행위가 있었다고 할 수 없을 뿐만 아니라 일본국 특허청 공무원에게 이 사건 특허를 받을 수 있는 권리의 처분권한이 있다고도 볼 수 없으므로, 이 부분 공소사실은 사기죄를 구성한다고 보기 어렵다(대판 2007.11.16. 2007도3475).

(3) 처분행위

사기죄는 피기망자의 의사에 따른 처분행위에 의하여 재물을 교부하거나 재산상의 이익을 취득하게 하는 점에서 절도죄나 강도죄와 구별된다. 교부행위 또는 처분행위란 직접 재산상의 손해를 초래하는 작위 또는 부작위를 말한다. 사기죄의 기술되지 않은 구성요건요소이다. 이러한 교부행위·처분행위에 의해서 착오와 재산취득 사이의 구체적 인과관계를 확정할 수 있고, 상대방의 처분행위 없이 범인 자신의 행위에 의하여 재물이 이전되는 절도죄와 구별할 수 있다.

1) **처분행위의 의의** : 처분행위란 직접 재산상의 손해를 초래하는 행위·수인 또는 부작위를 말하며, 순수한 사실상의 의미로 이해해야 한다. 따라서 그것은 법률행위이든 사실행위이든 묻지 아니하며, 법률행위의 경우에는 그것이 유효이건 무효이건 또는 취소할 수 있는 것이건 불문한다. 처분행위로 인하여 직접 재산상의 손해가 발생하여야 하며, 처분행위는 자유의사로 이루어져야 한다. 또한 처분행위자에게 행위능력이나 처분의사가 있을 것을 요하는지에 대해 판례는 처분의사가 있을 것을 요한다고 한다(필요설). 사기죄는 피기망자의 하자 있는 의사에 의한 처분행위를 요건으로 하는 범죄이고, 주관적 의사가 없는 행위는 행위라고 할 수 없으며, 사기죄와 절도죄 및 문서위조죄의 간접정범과의 구별을 위해서도 필요설이 타당하다.

2) **처분행위자** : 처분행위자는 피기망자와 일치하여야 한다. 그러나 처분행위자가 재산상의 피해자와 일치할 것을 요하는 것은 아니다. 처분행위자와 피해자가 일치하지 않는 경우 처분행위자는 사실상 타인(피해자)의 재물을 처분할 수 있는 지위에 있으면 족하다(지위설 : 다수설).

> **참고** 소송사기의 문제
>
> 1. 의의
>
> 소송사기란 법원(여기서의 법원은 타인의 재물을 처분할 수 있는 지위와 권한을 가지고 있음)에 허위사실을 주장하거나 허위증거를 제출하여 유리한 판결을 받고 이에 의하여 강제집행을 하여 재산을 취득하는 경우로서, 삼각사기의 대표적인 경우이다. 소송사기를 처벌하는 것은 민사재판의 위축을 가져올 수 있으므로 그 적용은 엄격함을 요한다.
>
> 2. 소송사기의 요건
>
> (1) 객관적 구성요건
>
> 소송사기에 있어서 사기죄가 성립하려면, 피기망자인 법원의 판결이 피해자의 처분행위에 갈음하는 내용과 효력이 있는 것이어야 한다(판결의 처분행위성). 또한 소송사기의 주체는 원고뿐만

아니라 피고도 가능하며, 허위의 증거를 조작한다는 등의 적극적 사술을 사용하여야 한다.

(2) **주관적 구성요건**

소송사기에 대하여는 허위의 주장과 증명으로 법원을 기망하여 자신에게 유리한 재판을 받고 상대방으로부터 재물·재산상 이익을 취득한다는 사실에 대한 인식과 의사를 요한다.

(3) **착수시기 및 기수시기**

원고의 경우 소송사기의 실행의 착수시기는 법원에 소장(訴狀)을 제출한 때이고 피고의 경우에는 허위로 증거를 제출하거나 그에 따른 주장을 담은 답변서나 준비서면을 제출한 때이다. 기수시기는 승소판결이 확정된 때이며, 소유권이전등기를 경료한 때가 아니다.

(4) **죄수 및 타죄와의 관계**

법원을 기망하여 유리한 판결을 받은 후에 상대방으로부터 재물을 편취한 경우에는 사기죄의 포괄일죄가 된다. 소송사기로 인한 확정판결에 의하여 소유권이전등기를 경료한 경우에는 사기죄와 공정증서원본부실기재죄의 실체적 경합이 된다.

3) **처분행위와 착오 및 손해** : 기망행위와 착오 사이에 있어서와 같이 피기망자의 착오와 처분행위 사이에도 인과관계가 있어야 한다. 또한 처분행위로 인하여 직접 재산상의 손해가 발생하여야 한다. 이를 처분효과의 직접성이라고 한다. 따라서 처분행위가 직접 재물의 교부를 결과한 때에는 사기가 됨에 반하여, 행위자가 별도의 행위에 의하여 재물을 취거한 때에는 절도가 된다.

 **판 례** 재물의 처분행위

1) 처분권이 없는 경우

① 절도범인이 절취한 장물을 자기 것인 양 제3자에게 담보로 제공하고 금원을 편취한 경우에는 별도의 사기죄가 성립된다(대판 1980.11.25. 80도2310). [해설] 제3자가 선의인 경우에는 민법 제249조에 따라 동산의 선의취득이 가능하지만, 민법 제250조의 도품·유실물의 특칙에 따라 원래의 소유자로부터 반환청구권을 행사당하므로 절도죄 이외에 사기죄도 성립한다고 본 사례.

② 채권의 담보로 가옥소유권이 채권자에게 이전등기되었음에도 피고인이 이런 사실을 숨긴 채 채무자와 공모하여 동 가옥이 채무자의 소유인 양 타인에게 임대하고 그 임대보증금등 명목으로 금원을 수령한 소위는 사기죄를 구성한다(대판 1984.1.31. 83도1501).

2) 처분권이 있는 경우

• 전대금지 등의 특약이 없는 경우 임차인인 피고인이 그 사용부분 중 일부를 공소외(갑)에게 전대한 것은 그 권리범위 내에 속하여 공소외(갑)에 대한 사기죄가 성립되지 아니한다(대판 1982.12.14. 82도2465).

3) 절취한 예금통장으로 예금을 인출한 경우

• 절취한 은행예금통장을 이용하여 은행원을 기망해서 진실한 명의인이 예금을 찾는 것으로 오신시켜 예금을 편취한 것이라면 새로운 법익의 침해로 절도죄 외에 따로 사기죄가 성립한다(대판 1974.11.26.

74도2817).

4) 용도사기

① 피고인은 부산 동래구 연산동 소재 개발제한구역(그린벨트) 내의 토지에 대한 개발제한구역 지정을 해제하여 줄 의사와 능력이 없음에도 불구하고 건설부 고위 공직자에게 청탁하여 제3자 소유의 위 토지에 대한 개발제한구역 지정을 해제하고자 하는데 접대 비용이 필요하다고 하면서, 피해자에게 "만약 금 20,000,000원을 빌려주면 이를 접대 비용으로 사용하여 2개월 내에 위 토지에 대한 개발제한구역 지정을 해제받고 토지소유자로부터 상당한 금액의 커미션을 받아 그 중 일부를 위 차용금과 함께 돌려주겠다"고 거짓말하여, 피해자로부터 금 20,000,000원을 차용한 다음, 이를 자신의 부족한 생활비로 소비함으로써 위 금 20,000,000원을 편취하였다. 사기죄의 실행행위로서의 기망은 반드시 법률행위의 중요 부분에 관한 허위표시임을 요하지 아니하고 상대방을 착오에 빠지게 하여 행위자가 희망하는 재산적 처분행위를 하도록 하기 위한 판단의 기초가 되는 사실에 관한 것이면 족한 것이므로, <u>용도를 속이고 돈을 빌린 경우에 있어서 만일 진정한 용도를 고지하였더라면 상대방이 돈을 빌려 주지 않았을 것이라는 관계에 있는 때에는 사기죄의 실행행위인 기망은 있는 것으로 보아야</u> 한다(대판 1996.2.27. 95도2828).

② 명의상의 학원 원장에 불과한 자가 외환위기 후 신규창업 자금을 지원하기 위한 생계형 창업 특별보증제도의 목적 및 대출금의 용도에 반하여 창업자금 대출금 중 일부를 개인적인 용도로 사용할 생각이었음에도 불구하고 이를 속이고 위 대출금을 위 학원 운전자금 용도로 사용하겠다면서 보증을 신청한 행위가 사기죄의 기망행위에 해당한다고 한 사례(대판 2003.12.12. 2003도4450).

③ 피고인이 전업농 육성 정책자금인 농지구입자금을 융자받아 농지 구입과 관련 없는 다른 채무의 변제에 사용할 생각이면서도 농지 매매대금에 충당할 것처럼 농지구입자금의 융자신청서류인 매매계약서의 내용을 허위로 작성하는 등 하여 농지구입자금을 융자받은 것이 사기죄에 해당한다고 본 사례(대판 2005.5.26. 2002도5566).

④ 사기죄의 구성요건인 편취의 범의는 피고인이 자백하지 않는 이상 범행 전후의 피고인의 재력, 환경, 범행의 내용, 거래의 이행과정 등과 같은 객관적인 사정 등을 종합하여 판단할 수밖에 없는 것이고, <u>타인으로부터 금전을 차용함에 있어서 그 차용한 금전의 용도나 변제할 자금의 마련방법에 관하여 사실대로 고지하였더라면 상대방이 응하지 않았을 경우에 그 용도나 변제자금의 마련방법에 관하여 진실에 반하는 사실을 고지하여 금전을 교부받은 경우에는 사기죄가 성립하고, 이 경우 차용금채무에 대한 담보를 제공하였다는 사정만으로는 결론을 달리 할 것은 아니다</u>(대판 2005.9.15. 2003도5382).

5) 인과관계

① 전매사실을 숨기고 지주명의로 위장하여 대지에 관한 매매계약을 체결하였으나 그 이행에 아무런 영향이 없었다 하여 사기죄의 성립을 부정한 사례(대판 1985.5.14. 84도2751).

② [1] 사기죄는 타인을 기망하여 착오에 빠뜨리고 처분행위를 유발하여 재물을 교부받거나 재산상 이익을 얻음으로써 성립하는 것으로서, <u>기망, 착오, 재산적 처분행위 사이에 인과관계가 있어야 하고</u>, 한편 어떠한 행위가 타인을 착오에 빠지게 한 기망행위에 해당하는지 및 그러한 기망행위와 재산적 처분행위 사이에 인과관계가 있는지는 거래의 상황, 상대방의 지식, 성격, 경험, 직업 등

행위 당시의 구체적 사정을 고려하여 일반적·객관적으로 판단하여야 한다. [2] 사기죄가 성립하기 위해서는 기망행위와 상대방의 착오 및 재물의 교부 또는 재산상의 이익의 공여와의 사이에 순차적인 인과관계가 있어야 하지만, 착오에 빠진 원인 중에 피기망자 측에 과실이 있는 경우에도 사기죄가 성립한다(대판 2011.10.13. 2011도8829, 대판 2009.6.23. 2008도1697).

③ [1] 사기죄는 타인을 기망하여 착오에 빠뜨리고 처분행위를 유발하여 재물을 교부받거나 재산상 이익을 얻음으로써 성립하는 것으로, 기망행위와 상대방의 착오 및 재물의 교부 또는 재산상 이익의 공여 사이에 순차적인 인과관계가 있어야 한다. [2] 이 사건 공소사실 중 위 각 편취 부분에 관하여 피고인들이 기망하였다는 내용은, 피고인들이 부동산을 담보로 대출받더라도 그 대출금을 변제할 의사나 능력이 없었고 각 담보 부동산에 관하여 마친 근저당권설정등기를 임의로 말소하여 사기대출에 이용할 생각임에도 이를 숨겼으며 피고인 3의 직업에 관하여 거짓말을 하였다는 것이다. 피고인들이 실제로 그와 같은 동기에서 대출을 받았고 그 대출금을 변제할 의사나 능력이 없었다면, 피해은행이 그러한 사실을 알고도 대출을 실행하지는 않았을 것이라고 보는 것이 경험칙에 부합하므로, 피고인들의 행위와 피해은행의 재산적 처분행위 사이에는 인과관계가 있다고 볼 것이다(대판 2017.12.5. 2017도14423).

판례 처분행위

1) 처분행위가 있는 경우

① 사기죄는 타인을 기망하여 착오에 빠뜨리게 하고 그 처분행위를 유발하여 재물이나 재산상의 이득을 얻음으로써 성립하는 것이므로 여기에 처분행위라고 하는 것은 재산적 처분행위를 의미하는 것이라고 할 것인바, 배당이의 소송의 제1심에서 패소판결을 받고 항소한 자가 그 항소를 취하하면 그 즉시 제1심 판결이 확정되고 상대방이 배당금을 수령할 수 있는 이익을 얻게 되는 것이므로 위 항소를 취하하는 것 역시 사기죄에서 말하는 재산적 처분행위에 해당한다(대판 2002.11.22. 2000도4419).

② 부동산가압류결정을 받아 부동산에 관한 가압류집행까지 마친 자가 그 가압류를 해제하면 소유자는 가압류의 부담이 없는 부동산을 소유하는 이익을 얻게 되므로, 가압류를 해제하는 것 역시 사기죄에서 말하는 재산적 처분행위에 해당하고, 그 이후 가압류의 피보전채권이 존재하지 않는 것으로 밝혀졌다고 하더라도 가압류의 해제로 인한 재산상의 이익이 없었다고 할 수 없다(대판 2007.9.20. 2007도5507).

③ 부동산 위에 소유권이전청구권 보전의 가등기를 마친 자가 그 가등기를 말소하면 부동산 소유자는 가등기의 부담이 없는 부동산을 소유하게 되는 이익을 얻게 되는 것이므로, 가등기를 말소하는 것 역시 사기죄에서 말하는 재산적 처분행위에 해당하고, 설령 그 후 위 가등기에 의하여 보전하고자 하였던 소유권이전청구권이 존재하지 않아 위 가등기가 무효임이 밝혀졌다고 하더라도 가등기의 말소로 인한 재산상의 이익이 없었던 것으로 볼 수 없다(대판 2008.1.24. 2007도9417).

2) 처분행위가 없는 경우

① 치료비채무의 이행을 모면하기 위하여 피고인이 거짓말을 하고 입원환자(처)와 함께 병원을 빠져 나와 도주하였다 하여도 그것만으로서는 피고인이 위 치료비의 지급채무를 면탈받은 것은 아니라 할 것이므로 사기죄가 될 수 없다(대판 1970.9.22. 70도1615).

② 토지의 일부만을 매수한 자가 그 부분만을 분할 이전하겠다고 거짓말하여 소유자로부터 인장을 교부받아 토지 전부에 관하여 소유권이전등기를 필한 경우에는 매수하지 아니한 부분에 관한 등기에 대하여는 위 소유자의 처분 행위가 없었을 뿐만 아니라 등기 공무원에게는 그 처분권한이 있다고 볼 수 없어 사기죄가 성립하지 않는다(대판 1982.3.9. 81도1732).

③ [1] 채무자가 채권자에게 동산을 양도담보로 제공하고 점유개정의 방법으로 점유하고 있는 경우에는 그 동산의 소유권은 여전히 채무자에게 유보되어 있는 것이어서 채무자는 자기의 물건을 보관하고 있는 셈이 되므로, 양도담보의 목적물을 제3자에게 처분하거나 담보로 제공하였다 하더라도 횡령죄를 구성하지 아니한다. [2] 차용금채무에 갈음한 양도담보 및 대물변제계약을 체결하였지만 계약을 전후하여 채무의 일부를 변제충당한 사안에서, 기존의 채무를 확정적으로 면제 내지 소멸시키는 처분행위가 존재하지 않는다는 이유로 채무면제를 목적으로 하는 사기죄의 성립을 부정한 사례(대판 2009.2.12. 2008도10971). [해설] 점유개정이란 목적물을 양도한 후에도 양도인이 그 목적물을 계속해서 직접 점유를 하고, 양수인은 간접점유를 취득하는 일. 2008도10971 사안의 경우는 양도담보권자에게 담보권의 상실이나 담보가치의 감소 등 손해가 발생할 수가 없으므로 배임죄도 성립하지 않음. 즉 이미 양도담보로 제공된 동산에 관하여 공장근저당권이 설정된다고 하더라도 공장저당법에 의한 저당권의 효력이 미칠 수는 없으므로, 채무자의 행위는 법적으로 의미가 없으며 결국 양도담보권자에게 손해가 발생할 수 없어 배임죄가 성립하지 않음.

④ 피고인이 甲에게 사업자등록 명의를 빌려주면 세금이나 채무는 모두 자신이 변제하겠다고 속여 그로부터 명의를 대여받아 호텔을 운영하면서 甲으로 하여금 호텔에 관한 각종 세금 및 채무 등을 부담하게 함으로써 재산상 이익을 편취하였다는 내용으로 기소된 사안에서, 甲이 명의를 대여하였다는 것만으로 피고인이 위와 같은 채무를 면하는 재산상 이익을 취득하는 甲의 재산적 처분행위가 있었다고 보기 어렵다는 이유로, 이와 달리 보아 사기죄를 인정한 원심판결에 법리오해의 위법이 있다고 한 사례(대판 2012.6.28. 2012도4773).

3) 부작위에 의한 처분행위

① 출판사 경영자가 출고현황표를 조작하는 방법으로 실제출판부수를 속여 작가에게 인세의 일부만을 지급한 사안에서, 작가가 나머지 인세에 대한 청구권의 존재 자체를 알지 못하는 착오에 빠져 이를 행사하지 아니한 것이 사기죄에 있어 부작위에 의한 처분행위에 해당한다고 본 사례(대판 2007.7.12. 2005도9221).

② 피고인이 점포에 대한 권리금을 지급한 것처럼 허위의 사용내역서를 작성·교부하여 동업자들을 기망하고 출자금 지급을 면제받으려 하였으나 미수에 그친 사안에서, 동업자들이 피고인에 대한 출자의무를 명시적으로 면제하지 않았더라도, 착오에 빠져 이를 면제해 주는 결과에 이를 수 있어, 이는 부작위에 의한 처분행위에 해당한다고 한 사례(대판 2009.3.26. 2008도6641).

4) 처분효과의 직접성

• 사기죄는 타인을 기망하여 착오에 빠뜨리고 그로 인한 처분행위로 재물의 교부를 받거나 재산상의 이익을 취득한 때에 성립하는 것이므로, 피고인이 피해자에게 부동산매도용인감증명 및 등기의무자본인확인서면의 진실한 용도를 속이고 그 서류들을 교부받아 피고인 등 명의로 위 부동산에 관한 소유권이전등기를 경료하였다 하여도 피해자의 위 부동산에 관한 처분행위가 있었다고 할 수 없을 것이고 따라서 사기죄를 구성하지 않는다(대판 2001.7.13. 2001도1289). [해설] 사기죄가 성립하기 위해서

는 피고인의 기망행위가 있고 이에 따라 착오에 빠진 피해자가 그로 인한 처분행위로 재물을 교부하여야 하는데 위 사안에서는 피해자가 비록 관련 서류들을 교부했다 하더라도 부동산 소유권이전등기에 필요한 서류라고 생각하지 않고 교부한 것에 불과하여 결국 자신의 부동산에 관한 처분행위를 한 것이 아니기 때문에, 결국 사기죄의 구성요건이 충족되지 않으므로 사기죄가 성립하지 않음.

5) 처분의사의 내용

① 피고인이 피해자에게 교부한 보관증이 도합 10가마의 백미 보관증이라고 한다면 피고인이 이를 100가마의 보관증이라고 거짓말을 하였고 한문판독능력이 없는 피해자가 이를 그대로 믿고 교부받았다고 하여 이것만 가지도 나머지 90가마의 채무가 소멸할 리 없고 이것만 가지고 피고인이 위 채무를 면탈하였다고 할 수 없어 이로 인하여 재산상의 이익을 취득하였다고 할수 없을 것이며 피해자가 나머지 백미의 채무를 면제하였다거나 이로 인하여 피고인의 나머지 채무가 소멸하거나, 피해자가 나머지 채권의 권리행사를 할수 없는 등의 사정이 인정되지 아니하는 한 적어도 이익사기죄에 해당한다고 할 수 없다(대판 1990.12.26. 90도2073).

② [1] [다수의견] 사기죄의 본질과 구조, 처분행위와 그 의사적 요소로서 처분의사의 기능과 역할, 기망행위와 착오의 의미 등에 비추어 보면, 비록 피기망자가 처분행위의 의미나 내용을 인식하지 못하였더라도, 피기망자의 작위 또는 부작위가 직접 재산상 손해를 초래하는 재산적 처분행위로 평가되고, 이러한 작위 또는 부작위를 피기망자가 인식하고 한 것이라면 처분행위에 상응하는 처분의사는 인정된다. <u>처분의사는 착오에 빠진 피기망자가 어떤 행위를 한다는 인식이 있으면 충분하고, 그 행위가 가져오는 결과에 대한 인식까지 필요하다고 볼 것은 아니다.</u> 사기죄의 성립요소로서 기망행위는 널리 거래관계에서 지켜야 할 신의칙에 반하는 행위로서 사람으로 하여금 착오를 일으키게 하는 것을 말하고, 착오는 사실과 일치하지 않는 인식을 의미하는 것으로, 사실에 관한 것이든, 법률관계에 관한 것이든, 법률효과에 관한 것이든 상관없다. 또한 사실과 일치하지 않는 하자 있는 피기망자의 인식은 처분행위의 동기, 의도, 목적에 관한 것이든, 처분행위 자체에 관한 것이든 제한이 없다. 따라서 <u>피기망자가 기망당한 결과 자신의 작위 또는 부작위가 갖는 의미를 제대로 인식하지 못하여 그러한 행위가 초래하는 결과를 인식하지 못하였더라도 그와 같은 착오상태에서 재산상 손해를 초래하는 행위를 하기에 이르렀다면 피기망자의 처분행위와 그에 상응하는 처분의사가 있다고 보아야 한다.</u> [2] [다수의견] 피기망자가 행위자의 기망행위로 인하여 착오에 빠진 결과 내심의 의사와 다른 효과를 발생시키는 내용의 처분문서에 서명 또는 날인함으로써 처분문서의 내용에 따른 재산상 손해가 초래되었다면 그와 같은 처분문서에 서명 또는 날인을 한 피기망자의 행위는 사기죄에서 말하는 처분행위에 해당한다. 아울러 <u>비록 피기망자가 처분결과, 즉 문서의 구체적 내용과 법적 효과를 미처 인식하지 못하였더라도, 어떤 문서에 스스로 서명 또는 날인함으로써 처분문서에 서명 또는 날인하는 행위에 관한 인식이 있었던 이상 피기망자의 처분의사 역시 인정된다.</u> [3] 피고인 등이 토지의 소유자이자 매도인인 피해자 갑 등에게 토지거래허가 등에 필요한 서류라고 속여 근저당권설정계약서 등에 서명·날인하게 하고 인감증명서를 교부받은 다음, 이를 이용하여 갑 등의 소유 토지에 피고인을 채무자로 한 근저당권을 을 등에게 설정하여 주고 돈을 차용하는 방법으로 재산상 이익을 취득하였다고 하여 특정경제범죄 가중처벌 등에 관한 법률 위반(사기) 및 사기로 기소된 사안에서, 갑 등은 피고인 등의 기망행위로 착오에 빠진 결과 토지거래허가 등에 필요한 서류로 잘못 알고 처분문서인 근저당권설정계약서 등에 서명 또는 날인함으로써 재산상 손해를 초래하는 행위를 하였으므로 갑 등의 행위는 사기죄에서 말하는 처분행위에 해당하고, <u>甲 등이 비록 자신들이 서명 또는 날인하는 문서의 정확한 내용과 문서의 작성행</u>

위가 어떤 결과를 초래하는지를 미처 인식하지 못하였더라도 토지거래허가 등에 관한 서류로 알고 그와 다른 근저당권설정계약에 관한 내용이 기재되어 있는 문서에 스스로 서명 또는 날인함으로써 그 문서에 서명 또는 날인하는 행위에 관한 인식이 있었던 이상 처분의사도 인정됨에도, 갑 등에게 그 소유 토지들에 근저당권 등을 설정하여 줄 의사가 없었다는 이유만으로 갑 등의 처분행위가 없다고 보아 공소사실을 무죄로 판단한 원심판결에 사기죄의 처분행위에 관한 법리오해의 잘못이 있다고 한 사례(대판 2017.2.16. 2016도13362 전원합의체). **[해설]** 문서내용을 진실한 것으로 오신시켜 그 내용을 알고 작성하게 하여 이를 취득한 경우에는 사기죄 성립. 이에 비해 명의인에게 문서내용을 오신시켜 그 내용을 모르고 작성하게 한 경우에는 위조죄 성립(대판 2000.6.13. 2000도778, 대판 1992.3.31. 91도2815 등 참조). 강학상 서명사취사건이라 함.

③ 형법상 절취란 타인이 점유하고 있는 자기 이외의 자의 소유물을 점유자의 의사에 반하여 점유를 배제하고 자기 또는 제3자의 점유로 옮기는 것을 말한다. 이에 반해 기망의 방법으로 타인으로 하여금 처분행위를 하도록 하여 재물 또는 재산상 이익을 취득한 경우에는 절도죄가 아니라 사기죄가 성립한다. 사기죄에서 처분행위는 행위자의 기망행위에 의한 피기망자의 착오와 행위자 등의 재물 또는 재산상 이익의 취득이라는 최종적 결과를 중간에서 매개·연결하는 한편, 착오에 빠진 피해자의 행위를 이용하여 재산을 취득하는 것을 본질적 특성으로 하는 사기죄와 피해자의 행위에 의하지 아니하고 행위자가 탈취의 방법으로 재물을 취득하는 절도죄를 구분하는 역할을 한다. 처분행위가 갖는 이러한 역할과 기능을 고려하면 피기망자의 의사에 기초한 어떤 행위를 통해 행위자 등이 재물 또는 재산상의 이익을 취득하였다고 평가할 수 있는 경우라면, 사기죄에서 말하는 처분행위가 인정된다. 한편 사기죄가 성립되려면 피기망자가 착오에 빠져 어떠한 재산상의 처분행위를 하도록 유발하여 재산적 이득을 얻을 것을 요하고, 피기망자와 재산상의 피해자가 같은 사람이 아닌 경우에는 피기망자가 피해자를 위하여 그 재산을 처분할 수 있는 권능을 갖거나 그 지위에 있어야 한다(대판 2022.12.29. 2022도12494). **[해설]** 매장 주인이 매장에 유실된 손님(피해자)의 반지갑을 습득한 후 또 다른 손님인 피고인에게 "이 지갑이 선생님 지갑이 맞느냐?"라고 묻자, 피고인은 "내 것이 맞다"라고 대답한 후 이를 교부받아 가져갔음. 검사는 이러한 피고인의 행위를 주위적으로 절도로, 예비적으로 사기로 기소하였음. 대법원은, 매장 주인이 반지갑을 습득하여 이를 피해자를 위해 처분할 수 있는 권능 내지 지위를 취득하였고, 이러한 권능 내지 지위에 기초하여 반지갑의 소유자라고 주장하는 피고인에게 반지갑을 교부한 것은 사기죄에서의 처분행위에 해당한다고 판단하였음. 이에 따라, 주위적 공소사실인 절도 부분을 이유에서 무죄로 판단하면서 예비적 공소사실인 사기 부분을 유죄로 인정한 원심판결을 수긍하였음.

판례 | 지위설과 권한설

1) 지위설을 취한 경우

- 사기죄가 성립되려면 피기망자가 착오에 빠져 어떠한 재산상의 처분행위를 하도록 유발하여 재산적 이득을 얻을 것을 요하고, 피기망자와 재산상의 피해자가 같은 사람이 아닌 경우에는 피기망자가 피해자를 위하여 그 재산을 처분할 수 있는 권능을 갖거나 그 지위에 있어야 하지만, 여기에서 피해자를 위하여 재산을 처분할 수 있는 권능이나 지위라 함은 반드시 사법상의 위임이나 대리권의 범위와 일치하여야 하는 것은 아니고 피해자의 의사에 기하여 재산을 처분할 수 있는 서류 등이 교부된 경우에는 피기망자의 처분행위가 설사 피해자의 진정한 의도와 어긋나는 경우라고 할지라도 위와 같은 권능을 갖거나 그 지위에 있는 것으로 보아야 한다(대판 1994.10.11. 94도1575).

2) 권한설을 취한 경우

- [1] 용도를 속여 국민주택 건설자금을 대출받음에 있어, 기금 대출사무를 위탁받은 은행의 일선 담당 직원이 대출금이 지정된 용도에 사용되지 않을 것이라는 점을 알고 있었다 하더라도, 대출신청액이 일정한 금액을 초과하는 경우에는 은행장이 대출 승인 여부를 결정할 권한이 있으므로, 은행장을 피기망자라고 보아 사기죄의 성립을 인정한 사례. [2] 국민주택건설자금을 융자받고자 하는 민간사업자가 처음부터 사실은 국민주택건설자금으로 사용할 의사가 없으면서도 국민주택건설자금으로 사용할 것처럼 용도를 속여 국민주택건설자금을 대출받은 경우에는 대출받은 자금 중 일부를 나중에 국민주택건설자금으로 사용하였다 하더라도 대출금 전액에 대하여 사기죄가 성립한다(대판 2002.7.26. 2002도2620).

판례 소송사기의 주체

- 적극적 소송당사자인 원고뿐만 아니라 방어적인 위치에 있는 피고라 하더라도 허위내용의 서류를 작성하여 이를 증거로 제출하거나 위증을 시키는 등의 적극적인 방법으로 법원을 기망하여 착오에 빠지게 한 결과 승소확정판결을 받음으로써 자기의 재산상의 의무이행을 면하게 된 경우에는 그 재산가액 상당에 대하여 사기죄가 성립한다(대판 2004.3.12. 2003도333).

판례 지급명령 신청과 소송사기

1) 사기죄가 성립되는 경우

- 지급명령을 송달받은 채무자가 2주일 이내에 이의신청을 하지 않는 경우에는 구 민사소송법(2002. 1. 26. 법률 제6626호로 전문 개정되기 전의 것) 제445조에 따라 지급명령은 확정되고, 이와 같이 확정된 지급명령에 대해서는 항고를 제기하는 등 동일한 절차 내에서는 불복절차가 따로 없어서 이를 취소하기 위해서는 재심의 소를 제기하거나 위 법 제505조에 따라 청구이의의 소로써 강제집행의 불허를 소구할 길이 열려 있을 뿐인데, 이는 피해자가 별도의 소로써 피해구제를 받을 수 있는 것에 불과하므로 허위의 내용으로 신청한 지급명령이 그대로 확정된 경우에는 소송사기의 방법으로 승소 판결을 받아 확정된 경우와 마찬가지로 사기죄는 이미 기수에 이르렀다고 볼 것이다(대판 2004.6.24. 2002도4151).

2) 사기죄가 성립하지 않는 경우

- 기한 미도래의 채권을 소송에 의하여 청구함에 있어서 기한의 이익이 상실되었다는 허위의 증거를 조작하는 등의 적극적인 사술을 사용하지 아니한 채 단지 즉시 지급을 구하는 취지의 지급명령신청은 법원을 기망하여 부당한 이득을 편취하려는 기망행위에 해당하지 아니한다(대판 1982.7.27. 82도1160).

판례 | 소송사기의 간접정범

- [1] 자기에게 유리한 판결을 얻기 위하여 소송상의 주장이 사실과 다름이 객관적으로 명백하거나 증거가 조작되어 있다는 정을 인식하지 못하는 제3자를 이용하여 그로 하여금 소송의 당사자가 되게 하고 법원을 기망하여 소송 상대방의 재물 또는 재산상 이익을 취득하려 하였다면 간접정범의 형태에 의한 소송사기죄가 성립하게 된다. [2] 甲이 乙 명의 차용증을 가지고 있기는 하나 그 채권의 존재에 관하여 乙과 다툼이 있는 상황에서 당초에 없던 월 2푼의 약정이자에 관한 내용 등을 부가한 乙 명의 차용증을 새로 위조하여, 이를 바탕으로 자신의 처에 대한 채권자인 丙에게 차용원금 및 위조된 차용증에 기한 약정이자 2,500만원을 양도하고, 이러한 사정을 모르는 丙으로 하여금 乙을 상대로 양수금 청구소송을 제기하도록 한 사안에서, 적어도 위 약정이자 2,500만원 중 법정지연손해금 상당의 돈을 제외한 나머지 돈에 관한 甲의 행위는 丙을 도구로 이용한 간접정범 형태의 소송사기죄를 구성한다고 한 사례(대판 2007.9.6. 2006도3591).

판례 | 소송사기와 기망행위

1) 기망행위에 해당하는 경우

① 소유권이전등기말소청구사건에 대한 재심의 소가 계속 중 재심원고를 승소시키기 위하여 재심피고명의로 허위의 내용을 기재한 준비서면과 자술서를 작성하여 법원에 제출한 행위는 허위의 증거를 조작하고 적극적으로 사술을 사용하여 법원을 기망하는 행위로서 소송사기의 실행의 착수에 해당한다(대판 1988.9.20. 87도964).

② [1] 소송사기는 법원을 기망하여 제3자의 재물을 편취할 것을 기도하는 것을 내용으로 하는 것으로서, 사기죄로 인정하기 위하여는 제소 당시 그 주장과 같은 권리가 존재하지 않는다는 것만으로는 부족하고, 그 주장의 권리가 존재하지 않는 사실을 잘 알고 있으면서도 허위의 주장과 입증으로 법원을 기망한다는 인식을 요한다. 그러나 허위의 내용으로 소송을 제기하여 법원을 기망한다는 고의가 있는 경우에 법원을 기망하는 것은 반드시 허위의 증거를 이용하지 않더라도 당사자의 주장이 법원을 기망하기에 충분한 것이라면 기망수단이 된다. [2] 甲 주식회사와 乙 주식회사 사이에 작성된 물품공급계약서는 피고인 등이 乙 회사가 발행한 어음을 할인하는 과정에서 허위로 작성한 것이고, 실제로 甲 회사가 乙 회사에 물품을 공급한 사실이 없는데도, 甲 회사 경영자인 피고인이 물품공급계약에 따른 공급을 완료하였음을 전제로 乙 회사를 상대로 물품대금 청구소송을 제기하면서 증거자료로 위 물품공급계약서를 제출하였다가 그 후 소송을 취하한 사안에서, 피고인의 행위가 사기미수죄에 해당한다고 본 원심판단을 수긍한 사례(대판 2011.9.8. 2011도7262).

2) 기망행위에 해당하지 않는 경우

① 당사자주의 소송구조 하에서는 자기에게 유리한 주장이나 증거는 각자가 자신의 책임 하에 변론에 현출하여야 하는 것이고, 비록 자기가 상대방에게 유리한 증거를 가지고 있다거나 상대방에게 유리한 사실을 알고 있다고 하더라도 상대방을 위하여 이를 현출하여야 할 의무가 있다고 보기는 어려울 것이므로 상대방에게 유리한 증거를 제출하지 않거나 상대방에게 유리한 사실을 진술하지 않는 행위만으로는 소송사기에 있어 기망이 된다고 할 수 없다(대판 2002.6.28. 2001도1610).

② 소송사기가 성립하기 위하여는 제소 당시에 그 주장과 같은 채권이 존재하지 아니하다는 것만으로는 부족하고 그 <u>주장의 채권이 존재하지 아니한 사실을 잘 알고 있으면서도 허위의 주장과 입증으로써 법원을 기망한다는 인식을 하고 있어야만 하고, 단순히 사실을 잘못 인식하거나 법률적인 평가를 그르침으로 인하여 존재하지 않는 채권을 존재한다고 믿고 제소하는 행위는 사기죄를 구성하지 않는다</u>(대판 2003.5.16. 2003도373).

③ <u>소송사기에서 말하는 증거의 조작이란 처분문서 등을 거짓으로 만들어내거나 증인의 허위 증언을 유도하는 등으로 객관적·제3자적 증거를 조작하는 행위를 말하는 것</u>이므로, 피고인이 소송 제기에 앞서 그 명의로 피해자에 대한 일방적인 권리주장을 기재한 통고서 등을 작성하여 내용증명우편으로 발송한 다음, 이를 법원에 증거로 제출하였다 하더라도, 증거를 조작하였다고 볼 수는 없다(대판 2004.3.25. 2003도7700).

④ [1] 소송사기는 법원을 기망하여 자기에게 유리한 판결을 얻음으로써 상대방의 재물 또는 재산상 이익을 취득하는 것을 내용으로 하는 범죄로서, 이를 처벌하는 것은 필연적으로 누구든지 자기에게 유리한 주장을 하고 소송을 통하여 권리구제를 받을 수 있다는 민사재판제도의 위축을 가져올 수밖에 없으므로, <u>피고인이 그 범행을 인정한 경우 외에는 그 소송상의 주장이 사실과 다름이 객관적으로 명백하거나 피고인이 그 소송상의 주장이 명백히 허위인 것을 인식하였거나 증거를 조작하려고 한 흔적이 있는 등의 경우 외에는 이를 쉽사리 유죄로 인정하여서는 안 된다. 그리고 소송사기가 성립하기 위하여는 제소 당시에 그 주장과 같은 채권이 존재하지 아니한다는 것만으로는 부족하고 그 주장의 채권이 존재하지 아니하는 사실을 잘 알면서도 허위의 주장과 증명으로써 법원을 기망한다는 인식을 하고 있어야만 하고, 단순히 사실을 잘못 인식하였다거나 법률적 평가를 잘못하여 존재하지 않는 권리를 존재한다고 믿고 제소한 행위는 사기죄를 구성하지 않는다.</u> [2] 갑 주식회사 대표이사인 피고인이, 2011. 11.경 갑 회사에 입사하였다가 2016. 3. 11. 퇴직한 근로자 을을 상대로 2011. 12.부터 2015. 4.까지 포괄일급에 포함하여 이미 지급한 퇴직적립금에 대하여 부당이득반환청구 소송을 제기하면서 2015. 5. 1.자 근로계약서의 일급란 기재 금액을 변조하여 증거자료로 제출한 사안에서, 갑 회사는 을에게 포괄일급에 일급의 8.3%에 해당하는 퇴직적립금을 포함하여 임금을 지급하였는데, 을의 퇴사 후 위와 같이 을에게 지급된 퇴직적립금이 퇴직금 지급으로서의 효력이 없다는 자문을 받고 별도로 퇴직금 전액을 지급하였으므로 피고인이 부당이득반환의 소를 제기한 것은 정당한 권리행사의 일환이라는 등의 이유로, 이와 달리 보아 피고인에게 사기미수죄를 인정한 원심판결에 소송사기의 법리를 오해한 잘못이 있다고 한 사례(대판 2018.12.28. 2018도13305).

⑤ [1] <u>소송사기는 법원을 기망하여 자기에게 유리한 판결을 얻음으로써 상대방의 재물 또는 재산상 이익을 취득하는 것을 내용으로 하는 범죄</u>로서, 이를 처벌하는 것은 필연적으로 누구든지 자기에게 유리한 주장을 하고 소송을 통하여 권리구제를 받을 수 있다는 민사재판제도의 위축을 가져올 수밖에 없으므로, <u>피고인이 범행을 인정한 경우 외에는 소송상의 주장이 사실과 다름이 객관적으로 명백하거나 피고인이 소송상의 주장이 명백히 허위인 것을 인식하였거나 증거를 조작하려고 한 흔적이 있는 등의 경우 외에는 이를 쉽사리 유죄로 인정하여서는 안 된다. 그리고 <u>소송사기가 성립하기 위하여는 주장하는 채권이 존재하지 않는다는 것만으로는 부족하고 그 주장의 채권이 존재하지 않는 사실을 잘 알면서도 허위의 주장과 증명으로써 법원을 기망한다는 인식을 하고 있어야만 하고, 단순히 사실을 잘못 인식하였다거나 법률적 평가를 잘못하여 존재하지 않는 권리를 존재한다고 믿는 등의 행위로는 사기죄를 구성하지 않는다.</u>

[2] 甲은 乙에 대한 손해배상채권에 기하여 피고인을 상대로 '피고인이 乙로부터 부동산을 매수한 것은 사해행위에 해당한다.'는 이유로 사해행위취소소송을 제기하여 제1심에서 승소판결을 받고, 피고인은 이에 대해 추완항소를 제기하였는데, 피고인은 선행 사해행위취소소송을 제기한 채권자 丙과의 사이에 성립한 조정 결과에 따른 가액배상금의 변제를 완료하였으므로 이를 사해행위 대상 부동산의 담보가치에서 공제하여야 한다고 주장하며 해당 금융거래내역을 증거로 제출하였으나, 사실은 미리 丙으로부터 송금받은 금원을 거의 그대로 재송금한 거래내역에 불과하여 실제 채무변제가 완료되지는 않았고, 피고인의 항소는 기각된 사안에서, 제반 사정을 종합하면 피고인이 丙과 조정조서상의 가액배상금이 지급된 것으로 하고 위 금원의 별개 채무를 이행하기로 새로운 약정을 한 것이라거나 또는 선행 사해행위취소소송 당사자였던 丙의 채권액이 사해행위 대상 부동산의 담보가치에서 제외되어야 한다는 판단으로 위 가액배상의 변제를 주장하고 해당 금융거래내역을 제출한 것이라고 볼 여지가 크고, 이러한 주장이 법원에서 받아들여지지 않았더라도 그것이 객관적으로 허위임이 명백하다거나 피고인이 허위의 주장과 증명으로써 법원을 기망한다는 인식을 하고 있었다고 단정하기 어렵다는 이유로, 이와 달리 피고인이 허위 주장 및 증거 제출의 고의로 사기죄의 실행에 착수하였다고 보아 사기미수죄를 인정한 원심판단에 소송사기에 관한 법리오해의 잘못이 있다고 한 사례(대판 2022.5.26. 2022도1227).

판례 공모자에 대한 소송

1) 사기죄가 성립하지 않는 경우

① 소송사기에 있어서 피기망자인 법원의 재판은 피해자의 처분행위에 갈음하는 내용과 효력이 있는 것이어야 하므로, 피고인들이 타인과 공모하여 그 공모자를 상대로 제소한 경우나 피고인들이 법원을 기망하여 얻으려고 한 판결의 내용이 소송 상대방의 의사에 부합하는 것일 때에는, 착오에 의한 재물의 교부행위가 있다고 할 수 없어 소송사기죄가 성립되지 아니한다(대판 1996.8.23. 96도1265).

② [1] 소송사기에 있어 피기망자인 법원의 재판은 피해자의 처분행위에 갈음하는 내용과 효력이 있는 것이어야 하므로, 피고인이 타인과 공모하여 그 공모자를 상대로 제소하여 의제자백의 판결을 받아 이에 기하여 부동산의 소유권이전등기를 하였다고 하더라도 이는 소송 상대방의 의사에 부합하는 것으로서 착오에 의한 재산적 처분행위가 있다고 할 수 없어 동인으로부터 부동산을 편취한 것이라고 볼 수 없고, 또 그 부동산의 진정한 소유자가 따로 있다고 하더라도 피고인이 의제자백판결에 기하여 그 진정한 소유자로부터 소유권을 이전받은 것이 아니므로 그 소유자로부터 부동산을 편취한 것이라고 볼 여지도 없다.
[2] 담보권자가 변제기 경과 후에 담보권을 실행하기 위하여 담보목적물을 처분하는 행위는 담보계약에 따라 담보권자에게 주어진 권능이어서 자기의 사무처리에 속하는 것이지 타인인 채무자의 사무처리에 속하는 것이라고 할 수 없으므로, 담보권자가 담보권을 실행하기 위하여 담보목적물을 처분함에 있어 시가에 따른 적절한 처분을 하여야 할 의무는 담보계약상의 민사채무일 뿐 그와 같은 형법상의 의무가 있는 것은 아니므로 그에 위반한 경우 배임죄가 성립된다고 할 수 없다(대판 1997.12.23. 97도2430, 대판 1983.10.25. 83도1566).

③ 자기의 비용과 노력으로 건물을 신축하여 그 소유권을 원시취득한 미등기건물의 소유자가 있고 그에 대한 채권담보 등을 위하여 건축허가명의만을 가진 자가 따로 있는 상황에서, 건축허가명의자에 대한 채권자가 위 명의자와 공모하여 명의자를 상대로 위 건물에 관한 강제경매를 신청하여 법원

의 경매개시결정이 내려지고, 그에 따라 위 명의자 앞으로 촉탁에 의한 소유권보존등기가 되고 나아가 그 경매절차에서 건물이 매각되었다고 하더라도, 위와 같은 경매신청행위 등이 진정한 소유자에 대한 관계에서 사기죄가 된다고 볼 수는 없다. 왜냐하면 위 경매절차에서 한 법원의 재판이나 법원의 촉탁에 의한 소유권보존등기의 효력은 그 재판의 당사자도 아닌 위 진정한 소유자에게는 미치지 아니하는 것이어서, 피기망자인 법원의 재판이 피해자의 처분행위에 갈음하는 내용과 효력이 있는 것이라고 보기는 어렵기 때문이다(대판 2013.11.28. 2013도459).

2) 사기죄가 성립하는 경우

- 원고인 피고인과 피고 갑이 공모하여 민사소송에서 법원에 대하여 위조된 문서를 증거로 제출하면서 피고인이 동일한 전 소송에서 모두 패소확정된 사실을 감춘 가운데, 피고인은 다른 피고들에게 피고인이 승소하더라도 피고 갑에 대하여서만 권리행사를 하고 다른 피고들에게는 집행을 하지 아니하겠다는 등으로 이들을 회유하여 이들의 적극적인 방어행위를 방해하고, 피고 갑은 원고인 피고인의 주장 사실을 단순히 부인하였을 뿐 동일한 전소에서의 피고인의 패소판결내용을 구체적으로 알고 있으면서도 이를 적극적으로 주장 입증하지 아니하는 등 불성실하게 소송을 진행하여 이러한 사정 등을 모르는 법원을 기망하였다면 소송사기가 된다(대판 1991.8.27. 91도1524). [해설] 당사자가 공모하였다 하더라도 그 판결의 효력이 소송 당사자가 아닌 제3자에게 미치는 경우에는 소송사기가 된다는 판결. 유사한 예로 경매절차에서 채무자와 공모하여 허위의 임차권을 만들어서, 배당절차에서 임대차보증금 상당액을 배당받음으로 인하여 다른 배당채권자를 해하는 경우를 들 수 있음.

 **판례** 사자·허무인·무권한자에 대한 소송

① 소송사기에 있어서 피기망자인 법원의 재판은 피해자의 처분행위에 갈음하는 내용과 효력이 있는 것이어야 하고 그렇지 않은 경우에는 착오에 의한 재물의 교부행위가 있다고 할 수 없을 것인바, 피고인이 타인소유의 부동산에 관하여 아무런 권한이 없는 사람을 상대로 소유권확인등의 청구소송을 제기함으로써 법원을 기망하여 승소판결을 받고 그 확정판결을 이용하여 동 부동산에 대한 소유권보존등기를 경료했다 하여도, 위 판결의 효력은 소송당사자들 사이에만 미치고 제3자인 부동산소유자에게는 미치지 아니하여 위 판결로 인하여 위 부동산에 대한 제3자의 소유권이 피고인에게 이전되는 것도 아니므로 사기죄를 구성한다고 볼 수 없다(대판 1985.10.8. 84도2642).

② 소송사기에 있어서 피기망자인 법원의 재판은 피해자의 처분행위에 갈음하는 내용과 효력이 있는 것이어야 하는바, 실재하고 있지 아니한 자에 대하여 판결이 선고되더라도 그 판결은 피해자의 처분행위에 갈음하는 내용과 효력을 인정할 수 없고, 따라서 착오에 의한 재물의 교부행위를 상정할 수 없는 것이므로 사기죄의 성립을 시인할 수 없다(대판 1992.12.11. 92도743).

③ 피고인의 제소가 사망한 자를 상대로 한 것이라면 그 판결은 그 내용에 따른 효력이 생기지 아니하여 상속인에게 그 효력이 미치지 아니하므로, 사기죄를 구성할 수 없다(대판 1997.7.8. 97도632). 소송사기에 있어서 피기망자인 법원의 재판은 피해자의 처분행위에 갈음하는 내용과 효력이 있는 것이어야 하고, 그렇지 아니하는 경우에는 착오에 의한 재물의 교부행위가 있다고 할 수 없어서 사기죄는 성립되지 아니한다고 할 것이므로, 피고인의 제소가 사망한 자를 상대로 한 것이라면 이와 같은 사망한 자에 대한 판결은 그 내용에 따른 효력이 생기지 아니하여 상속인에게 그 효력이 미치지 아니하고 따라서

사기죄를 구성한다고 할 수 없다(대판 2002.1.11. 2000도1881, 대판 1997.7.8. 97도632). **[해설]** 사자를 상대로 한 소송사기를 불능범으로 보는 대법원의 견해를 보여주는 판결.

판례 | 소송사기의 고의

1) 소송사기의 고의의 내용

- 소송사기는 법원을 기망하여 자기에게 유리한 판결을 얻음으로써 상대방의 재물 또는 재산상 이익을 취득하는 것을 내용으로 하는 범죄로서, 원고측에 의한 소송사기가 성립하기 위하여는 제소 당시에 그 주장과 같은 채권이 존재하지 아니하다는 것만으로는 부족하고 그 주장의 채권이 존재하지 아니한 사실을 잘 알고 있으면서도 허위의 주장과 입증으로써 법원을 기망한다는 인식을 하고 있어야만 하는 것이고, 이와 마찬가지로, 피고측에 의한 소송사기가 성립하기 위하여는 원고 주장과 같은 채무가 존재한다는 것만으로는 부족하고 그 주장의 채무가 존재한다는 사실을 잘 알고 있으면서도 허위의 주장과 입증으로써 법원을 기망한다는 인식을 하고 있어야만 한다(대판 2004.3.12. 2003도333).

2) 고의가 부정되는 경우

① 법원을 기망하여 승소판결을 받아 패소한 상대방으로부터 재물의 교부를 받거나 재산상 이익을 취득하는 이른바 소송사기가 사기죄를 구성하려면, 제소 당시 주장한 권리가 존재하지 않는다는 것만으로는 부족하고, 그와 같은 권리가 존재하지 않는다는 사실을 알고 있으면서도 허위 주장을 하여 법원을 기망한다는 사실을 인식하여야만 된다 할 것이므로, 단순히 사실을 잘못 인식하거나 법률적인 평가를 잘못하여 존재하지도 않는 권리를 존재한다고 믿고 제소한 경우에는 사기죄가 성립되지 않는다(대판 1993.9.28. 93도1941).

② 채권자의 가압류의 피보전채권액에 터잡아 배당표가 작성되어 가압류채권자에 대한 배당액이 공탁된 다음 위 가압류의 본안소송 확정판결에서 채권자에게 인용된 금액 중 일부가 변제되어 위 잔존채권액이 가압류의 피보전채권액보다 작아졌다고 하더라도 원리금 산정 및 일부 변제에 따른 충당과정이 간단치 아니하여 잔존채권액을 쉽게 확정할 수 없는 등 그 배당금이 위 잔존채권액을 초과하는 것이 명백하지 아니한 이상 위 확정판결에서 인용된 금액 전부가 잔존하는 것처럼 위 확정판결정본을 그대로 집행법원에 제출하여 실제 배당받아야 할 금액을 초과한 금액을 수령하였다고 하더라도 채권자에게 사기의 고의를 인정할 수는 없다(대판 2002.6.28. 2001도1610).

판례 | 소송사기의 실행의 착수시기

1) 실행의 착수가 인정되는 경우

① 적극적 소송당사자인 원고뿐만 아니라 방어적인 위치에 있는 피고라 하더라도 허위내용의 서류를 작성하여 이를 증거로 제출하거나 위증을 시키는 등의 적극적인 방법으로 법원을 기망하여 착오에 빠지게 한 결과 승소확정판결을 받음으로써 자기의 재산상의 의무이행을 면하게 된 경우

에는 그 재산가액 상당에 대하여 사기죄가 성립한다고 할 것이고, 그와 같은 경우에는 <u>적극적인 방법으로 법원을 기망할 의사를 가지고 허위내용의 서류를 증거로 제출하거나 그에 따른 주장을 담은 답변서나 준비서면을 제출한 경우에 사기죄의 실행의 착수가 있다고 볼 것이다</u>(대판 1998.2.27. 97도2786).

② 이른바 소송사기는 법원을 기망하여 자기에게 유리한 재판을 얻고 이에 기하여 상대방으로부터 재물의 교부를 받거나 재산상 이익을 취득하는 것을 말하는 것인바, <u>부동산등기부상 소유자로 등기된 적이 있는 자가 자기 이후에 소유권이전등기를 경료한 등기명의인들을 상대로 허위의 사실을 주장하면서 그들 명의의 소유권이전등기의 말소를 구하는 소송을 제기한 경우 그 소송에서 승소한다면 등기명의인들의 등기가 말소됨으로써 그 소송을 제기한 자의 등기명의가 회복되는 것이므로 이는 법원을 기망하여 재물이나 재산상 이익을 편취한 것이라고 할 것이고 따라서 등기명의인들 전부 또는 일부를 상대로 하는 그와 같은 말소등기청구 소송의 제기는 사기의 실행에 착수한 것이라고 보아야 한다</u>(대판 2003.7.22. 2003도1951).

③ <u>피고인이 특정 권원에 기하여 민사소송을 진행하던 중 법원에 조작된 증거를 제출하면서 종전에 주장하던 특정 권원과 별개의 허위의 권원을 추가로 주장하는 경우에 그 당시로서는 종전의 특정권원의 인정 여부가 확정되지 아니하였고, 만약 종전의 특정 권원이 배척될 때에는 조작된 증거에 의하여 법원을 기망하여 추가된 허위의 권원을 인정받아 승소판결을 받을 가능성이 있으므로, 가사 나중에 법원이 종전의 특정 권원을 인정하여 피고인에게 승소판결을 선고하였다고 하더라도, 피고인의 이러한 행위는 특별한 사정이 없는 한 소송사기의 실행의 착수에 해당된다</u>(대판 2004.6.25. 2003도7124).

④ 피고인이 피해자와 사이에 온천의 시공에 필요한 비용을 포함한 일체의 비용을 자신이 부담하기로 약정하였음에도 피해자를 상대로 공사대금청구의 소를 제기하면서 시공 외의 비용은 모두 피해자가 부담한다는 내용으로 변조한 인증합의서를 소장에 첨부하여 제출한 경우, 소송사기의 실행에 착수하였다고 한 사례(대판 2005.3.24. 2003도2144).

⑤ <u>소송사기는 법원을 기망하여 자기에게 유리한 판결을 얻고 이에 터잡아 상대방으로부터 재물의 교부를 받거나 재산상 이익을 취득하는 것을 말하는 것으로서 소송에서 주장하는 권리가 존재하지 않는 사실을 알고 있으면서도 법원을 기망한다는 인식을 가지고 소를 제기하면 이로써 실행의 착수가 있고 소장의 유효한 송달을 요하지 아니한다고 할 것인바</u>, 이러한 법리는 <u>제소자가 상대방의 주소를 허위로 기재함으로써 그 허위주소로 소송서류가 송달되어 그로 인하여 상대방 아닌 다른 사람이 그 서류를 받아 소송이 진행된 경우에도 마찬가지로 적용된다</u>(대판 2006.11.10. 2006도5811).

⑥ [1] 형법 제347조에서 말하는 재산상 이익 취득은 그 재산상의 이익을 법률상 유효하게 취득함을 필요로 하지 아니하고 그 이익 취득이 법률상 무효라 하여도 외형상 취득한 것이면 족한 것이다. [2] 상가건물 임대차보호법 제6조에 의한 임차권등기명령이 임대인에게 고지되어 효력이 발생하면 법원사무관 등은 지체 없이 촉탁서에 재판서 등본을 첨부하여 등기관에게 임차권등기의 기입을 촉탁하도록 되어 있고(임차권등기명령 절차에 관한 규칙 제5조), 상가건물 임대차보호법 제6조 제5항에 의하면, 위와 같이 임차권등기명령의 집행에 의한 임차권등기가 경료되면 임차인은 제3조 제1항의 규정에 의한 대항력 및 제5조 제2항의 규정에 의한 우선변제권을 취득하고, 임차권등기 이후에는 제3조 제1항의 대항요건을 상실하더라도 이미 취득한 대항력 또는 우선변제권을 상실하지 아니하는 효력이 있으므로, <u>그 임차권등기의 기초가 되는 임대차계약이 무효라 하더라도, 장차 피신청인의 이의신청 또는 취소신청에 의한 법원의 재판을 거쳐 그 임차권등기</u>

가 말소될 때까지는 신청인은 외형상으로 우선변제권 있는 임차인으로서 부동산 담보권에 유사한 권리를 취득하게 된다 할 것이니, 이러한 이익은 재산적 가치가 있는 구체적 이익으로서 사기죄의 객체인 재산상 이익에 해당한다고 봄이 상당하다. [3] 법원의 임차권등기명령은 피신청인의 재산상의 지위 또는 상태에 영향을 미칠 수 있는 행위로서 피신청인의 처분행위에 갈음하는 내용과 효력이 있다고 보아야 하고, 따라서 이러한 법원의 임차권등기명령을 이용한 소송사기의 경우 피해자인 피신청인이 직접 처분행위를 하였는지 여부는 사기죄의 성부에 아무런 영향을 주지 못한다. [4] 진정한 임차권자가 아니면서 허위의 임대차계약서를 법원에 제출하여 임차권등기명령을 신청하면 그로써 소송사기의 실행행위에 착수한 것으로 보아야 하고, 나아가 그 임차보증금 반환채권에 관하여 현실적으로 청구의 의사표시를 하여야만 사기죄의 실행의 착수가 있다고 볼 것은 아니다(대판 2012.5.24. 2010도12732).

⑦ 유치권에 의한 경매를 신청한 유치권자는 일반채권자와 마찬가지로 피담보채권액에 기초하여 배당을 받게 되는 결과 피담보채권인 공사대금 채권을 실제와 달리 허위로 크게 부풀려 유치권에 의한 경매를 신청할 경우 정당한 채권액에 의하여 경매를 신청한 경우보다 더 많은 배당금을 받을 수도 있으므로, 이는 법원을 기망하여 배당이라는 법원의 처분행위에 의하여 재산상 이익을 취득하려는 행위로서, 불능범에 해당한다고 볼 수 없고, 소송사기죄의 실행의 착수에 해당한다(대판 2012.11.15. 2012도9603).

⑧ 강제집행절차를 통한 소송사기는 집행절차의 개시신청을 한 때 또는 진행 중인 집행절차에 배당신청을 한 때에 실행에 착수하였다고 볼 것이다. 민사집행법 제244조에서 규정하는 부동산에 관한 권리이전청구권에 대한 강제집행은 그 자체를 처분하여 대금으로 채권에 만족을 기하는 것이 아니고, 부동산에 관한 권리이전청구권을 압류하여 청구권의 내용을 실현시키고 부동산을 채무자의 책임재산으로 귀속시킨 다음 다시 부동산에 대한 경매를 실시하여 매각대금으로 채권에 만족을 기하는 것이다. 이러한 경우 소유권이전등기청구권에 대한 압류는 당해 부동산에 대한 경매의 실시를 위한 사전 단계로서의 의미를 가지나, 전체로서의 강제집행절차를 위한 일련의 시작행위라고 할 수 있으므로, 허위 채권에 기한 공정증서를 집행권원으로 하여 채무자의 소유권이전등기청구권에 대하여 압류신청을 한 시점에 소송사기의 실행에 착수하였다고 볼 것이다(대판 2015.2.12. 2014도10086).

2) 실행의 착수가 인정되지 않는 경우

① 가압류는 강제집행의 보전방법에 불과하고 그 기초가 되는 허위의 채권에 의하여 실제로 청구의 의사표시를 한 것이라고 할 수 없으므로 소의 제기 없이 가압류신청을 한 것만으로는 사기죄의 실행에 착수한 것이라고 할 수 없다(대판 1988.9.13. 88도55, 대판 1982.10.26. 82도1529).

② 피고인이 갑이 부동산을 매수한 일이 없음에도 매수한 것처럼 허위의 사실을 주장하여 위 부동산에 대한 소유권이전등기를 거친 사람을 상대로 그 이전등기의 원인무효를 내세워 그 이전등기의 말소를 구하는 소송을 갑 명의로 제기하고 그 소송의 결과 원고로 된 갑이 승소한다고 가정하더라도 그 피고의 등기가 말소될 뿐이고 이것만으로 피고인이 위 부동산에 관한 어떠한 권리를 취득하거나 의무를 면하는 것은 아니므로 법원을 기망하여 재물이나 재산상 이익을 편취한 것이라고 보기 어렵고, 따라서 위 소제기 행위를 가리켜 사기의 실행에 착수한 것이라고 할 수 없다(대판 2009.4.9. 2009도128, 대판 1981.12.8. 81도1451 참조). [해설] 위 1) 실행의 착수가 인정되는 경우 ② 판례(대판 2003.7.22. 2003도1951)와 비교 : 본 판례는 소유권 이전등기 관련 판례. 이전등기의 경우에는 자신이 등기된 적이 있으면 사기가 가능하나 그렇지 않은 경우에는 사기가 성립하기 어렵다고 보아야 함.

③ 피고인들이 허위로 유치권을 신고한 사실을 기초로 하고, 법원을 피기망자 겸 처분행위자로 구

성하여 소송사기 미수죄로 기소된 이 사건 공소사실에 대하여, 유치권자가 경매절차에서 유치권을 신고하는 경우 법원은 이를 매각물건명세서에 기재하고 그 내용을 매각기일공고에 적시하나, 이는 경매목적물에 대하여 유치권 신고가 있음을 입찰예정자들에게 고지하는 것에 불과할 뿐 처분행위로 볼 수는 없고, 또한 유치권자는 권리신고 후 이해관계인으로서 경매절차에서 이의신청권 등 몇 가지 권리를 얻게 되지만 이는 법률의 규정에 따른 것으로서 재물 또는 재산상 이득을 취득하는 것으로 볼 수도 없다는 점을 근거로 들어, <u>허위 공사대금채권을 근거로 유치권 신고를 하였더라도 이를 소송사기 실행의 착수가 있다고 볼 수는 없다</u>(대판 2009.9.24. 2009도5900).

④ [1] 소송사기는 법원을 기망하여 자기에게 유리한 판결을 얻음으로써 상대방의 재물 또는 재산상 이익을 취득하는 것을 내용으로 하는 범죄로서, 소송사기가 성립하기 위하여는 제소 당시에 그 주장과 같은 채권이 존재하지 아니한다는 것만으로는 부족하고, <u>그 주장의 채권이 존재하지 아니하는 사실을 잘 알면서도 허위의 주장과 입증으로써 법원을 기망한다는 인식을 하고 있어야만 한다.</u> 한편, 채권에 대한 압류 및 전부(추심)명령을 신청한 경우, 집행력 있는 정본의 존부, 집행개시의 요건 구비 여부 등은 법원의 심사 대상이지만 피압류채권의 존부는 그 심사 대상이 아니므로, <u>피압류채권이 존재하지 않는다는 사실을 알면서도 채권의 압류 및 전부(추심)명령을 신청하여 그 명령을 받더라도 그것만으로는 법원을 기망하였다고 볼 수 없고, 피해자를 상대로 전부(추심)금 소송을 제기하지 아니한 이상 아직은 소송사기의 실행에 착수한 것이라고 볼 수 없다.</u> [2] 피고인(甲회사 운영자)이 '甲회사의 乙에 대한 채권'이 존재하지 않는다는 사실을 알면서 그 사실을 모르는 丙(甲회사에 대한 채권자)에게 '甲회사의 乙에 대한 채권'의 압류 및 전부(추심)명령을 신청하게 하여 그 명령을 받게 한 사안에서, 丙이 甲회사에 대하여 진정한 채권을 가지고 있는 이상, 위와 같은 사정만으로는 법원을 기망하였다고 볼 수 없고, 丙이 乙을 상대로 전부(추심)금 소송을 제기하지 않은 이상 소송사기의 실행에 착수하였다고 볼 수도 없다고 한 사례(대판 2009.12.10. 2009도9982). **[해설]** 채무자인 피고인이 피압류채권이 존재하지 않는다는 사실을 알면서도 그와 같은 사정을 모르는 채권자들로 하여금 피해자를 제3채무자로 한 채권의 압류 및 전부(추심)명령을 신청하게 하여 압류 및 전부(추심)명령을 받게 한 사안.

판례 소송사기의 불능범

① 임대인과 임대차계약을 체결한 임차인이 임차건물에 거주하기는 하였으나 그의 처만이 전입신고를 마친 후에 경매절차에서 배당을 받기 위하여 임대차계약서상의 임차인 명의를 처로 변경하여 경매법원에 배당요구를 한 경우, 실제의 임차인이 전세계약서상의 임차인 명의를 처의 명의로 변경하지 아니하였다 하더라도 <u>소액임대차보증금에 대한 우선변제권 행사로서 배당금을 수령할 권리가 있다</u> 할 것이어서, 경매법원이 실제의 임차인을 처로 오인하여 배당결정을 하였더라도 이로써 재물의 편취라는 결과의 발생은 불가능하다 할 것이고, 이러한 <u>임차인의 행위를 객관적으로 결과발생의 가능성이 있는 행위라고 볼 수도 없으므로 형사소송법 제325조에 의하여 무죄를 선고하여야 한다</u>(대판 2002.2.8. 2001도6669).

② [1] 불능범의 판단 기준으로서 위험성 판단은 피고인이 행위 당시에 인식한 사정을 놓고 이것이 객관적으로 일반인의 판단으로 보아 결과 발생의 가능성이 있느냐를 따져야 한다. [2] <u>소송비용을 편취할 의사로 소송비용의 지급을 구하는 손해배상청구의 소를 제기한 경우, 사기죄의 불능범에 해당</u>

한다고 한 사례(대판 2005.12.8. 2005도8105). **[해설]** 민사소송법상 소송비용의 청구는 소송비용액 확정절차에 의하도록 규정하고 있으므로, 위 절차에 의하지 아니하고 손해배상금 청구의 소 등으로 소송비용의 지급을 구하는 것은 소의 이익이 없는 부적법한 소로서 허용될 수 없음. 따라서 소송비용을 편취할 의사로 소송비용의 지급을 구하는 손해배상청구의 소를 제기하였다고 하더라도 이는 객관적으로 소송비용의 청구방법에 관한 법률적 지식을 가진 일반인의 판단으로 보아 결과 발생의 가능성이 없어 위험성이 인정되지 않음.

판례 소송사기의 기수가 되는 경우

① 소송사기의 경우 그 기수시기는 소송의 판결이 확정된 때이다. 법원을 기망하여 승소판결을 받고 그 확정판결에 의하여 소유권이전등기를 경료한 경우에는 사기죄와 별도로 공정증서원본불실기재죄가 성립하고 양죄는 실체적 경합범 관계에 있다(대판 1983.4.26. 83도188).

② 소송사기의 경우에는 당해 소송의 판결이 확정된 때에 범행이 기수에 이르는 것이므로, 신축중인 다세대주택 4동의 건축주 명의변경을 목적으로 하는 사기소송을 제기하여 4동 전부에 대하여 승소판결을 선고받아 그 판결이 확정된 이상 승소판결을 받은 후 3동에 관하여만 건축주 명의변경이 이루어졌다 하더라도 4동 전부에 대하여 건축허가에 따른 재산상 이익을 취득한 사기죄의 기수에 이른 것으로 보아야 한다(대판 1997.7.11. 95도1874).

③ 피고인 또는 그와 공모한 자가 자신이 토지의 소유자라고 허위의 주장을 하면서 소유권보존등기 명의자를 상대로 보존등기의 말소를 구하는 소송을 제기한 경우 그 소송에서 위 토지가 피고인 또는 그와 공모한 자의 소유임을 인정하여 보존등기 말소를 명하는 내용의 승소확정판결을 받는다면, 이에 터 잡아 언제든지 단독으로 상대방의 소유권보존등기를 말소시킨 후 위 판결을 부동산등기법 제130조 제2호 소정의 소유권을 증명하는 판결로 하여 자기 앞으로의 소유권보존등기를 신청하여 그 등기를 마칠 수 있게 되므로, 이는 법원을 기망하여 유리한 판결을 얻음으로써 '대상 토지의 소유권에 대한 방해를 제거하고 그 소유명의를 얻을 수 있는 지위'라는 재산상 이익을 취득한 것이고, 그 경우 기수시기는 위 판결이 확정된 때이다(대판 2006.4.7. 2005도9858 전원합의체). **[해설]** 소유권보전등기 관련 판례. 보전등기의 경우에는 사기가 성립하고 확정판결로 기수.

④ 주권을 교부한 자가 이를 분실하였다고 허위로 공시최고신청을 하여 제권판결을 선고받아 확정되었다면, 그 제권판결의 적극적 효력에 의해 그 자는 그 주권을 소지하지 않고도 주권을 소지한 자로서의 권리를 행사할 수 있는 지위를 취득하였다고 할 것이므로, 이로써 사기죄에 있어서의 재산상 이익을 취득한 것으로 보기에 충분하고, 이는 제권판결이 그 신청인에게 주권상의 권리를 행사할 수 있는 형식적 자격을 인정하는 데 그치며 그를 실질적 권리자로 확정하는 것이 아니라고 하여 달리 볼 것은 아니다(대판 2007.5.31. 2006도8488).

⑤ 甲이 일제시대 사정(查定)받은 토지에 대하여 소유자 미복구를 원인으로 국가 명의의 소유권보존등기가 되어 있는 상태에서, 피고인이 제1심 공동피고인과 공모하여 乙이 사정명의인 甲의 소유권을 대습상속한 것처럼 상속인의 사망 시기 등을 조작한 다음 乙을 원고로 하여 국가를 상대로 소유권보존등기 말소등기 청구소송을 제기하여 이를 일부 인용하는 취지의 화해권고결정이 확정된 사안에서, 위 부동산에 대하여 민법 제1053조 이하의 절차에 따른 국가귀속 절차가 이

루어지거나 국가가 소유권을 가지게 된 다른 특별한 사정이 있지 않는 한 당연히 국가 소유가 되는 것은 아니라고 할 것이나, 이미 국가 명의로 소유권보존등기가 되어 있는 상태에서 소유권 보존등기의 말소 청구를 하고 청구의 일부인용 판결에 준하는 화해권고결정이 확정된 이상, 청구인용 부분에 대하여는 법원을 기망하여 유리한 결정을 받음으로써 '대상 토지의 소유명의를 얻을 수 있는 지위'라는 재산상 이익을 취득하였다고 할 것이고, 이는 사기죄의 대상인 재산상 이익의 편취에 해당한다는 이유로, 위 청구인용 부분에 대하여 사기죄, 그리고 화해권고결정에 의하여 등기말소청구를 포기한 부분에 대하여 사기미수죄를 각 인정한 원심판단을 수긍한 사례 (대판 2011.12.13. 2011도8873).

판례 소송사기의 종료시기

- 공소시효는 범죄행위가 종료한 때로부터 진행하는 것으로서, 법원을 기망하여 유리한 판결을 얻어내고 이에 터잡아 상대방으로부터 재물이나 재산상 이익을 취득하려고 소송을 제기하였다가 <u>법원으로부터 패소의 종국판결을 선고받고 그 판결이 확정되는 등 법원으로부터 유리한 판결을 받지 못하고 소송이 종료됨으로써 미수에 그친 경우에</u>, 그러한 소송사기미수죄에 있어서 <u>범죄행위의 종료시기는 위와 같이 소송이 종료된 때라고 할 것이다</u>(대판 2000.2.11. 99도4459).

판례 기타 소송사기에 대한 판례

1) 사기죄가 성립하는 경우

① 민사판결의 주문에 표시된 채권을 변제받거나 상계하여 그 채권이 소멸되었음에도 불구하고, 판결정본을 소지하고 있음을 기화로 이를 근거로 하여 강제집행을 하였다면 사기죄를 구성한다 (대판 1992.12.22. 92도2218, 대판 1988.4.12. 87도2394).

② 약속어음의 발행인이 그 어음을 타인이 교부받아 소지하고 있는 사실을 알면서도 허위의 분실사유를 들어 공시최고신청을 하고 이에 따라 법원으로부터 제권판결을 받았다면, 발행인이 어음소지인에 대하여 처음부터 그 어음상 채무를 부담하지 않았다는 등의 특별한 사정이 없는 한 원인관계상의 채무가 존속하고 있더라도 사위의 방법으로 얻어낸 제권판결로 그 어음채무를 면하게 된 데 대하여 사기죄가 성립한다(대판 1995.9.15. 94도3213).

③ 채무자가 강제집행을 승낙한 취지의 기재가 있는 약속어음 공정증서에 있어서 그 약속어음의 원인관계가 소멸하였음에도 불구하고, 약속어음 공정증서 정본을 소지하고 있음을 기화로 이를 근거로 하여 강제집행을 하였다면 사기죄를 구성한다(대판 1999.12.10. 99도2213).

2) 사기죄가 성립하지 않는 경우

① [1] <u>재판상 화해는 그것으로 인하여 새로운 법률관계가 창설되는 것</u>이므로 화해의 내용이 실제 법률관계와 일치하지 않는다고 하여 사기죄가 성립할 여지는 없다. [2] 민사조정에 대하여 소송사기로 기소된 사안에서, 피고인이 이 사건 소송에 관하여 허위사실을 주장하면서 위조된 서류를 증거로 제출하는 등 소송사기의 실행에 착수한 것으로 보여지기는 하나, <u>이 사건 소송에 관하여 당사</u>

자간 합의가 이루어져 이 사건 소송은 결국 민사조정법 소정의 조정이 성립되어 종결되었고, 이 사건 소송에 관하여 법원이 피고인등에게 기망당하여 조정에 갈음하는 결정을 하였던 것이 아님이 명백한바, 위 조정의 내용이 실제의 법률관계의 내용과 상이하다 하더라도 소송사기미수죄로 의율함은 별론으로 하더라도 '특별한 사정이 없는 한' 소송사기기수죄로 처벌할 수는 없다고 한 사례(대판 1968.2.27. 67도1579).

② 이른바 소송사기에 있어서 피기망자인 법원의 재판은 피해자의 처분행위에 갈음하는 내용과 같은 효력이 있는 것이라야 하고 그렇지 아니하는 경우에는 착오에 의한 재물의 교부행위가 있다고 할 수 없어서 사기죄는 성립하지 아니한다고 할 것인바, 피고인이 국가등의 소유인 토지들이 미등기임을 기화로 갑과 공모하여 을을 그 소유자로 내세운 다음 갑이 을을 상대로 위 토지들에 대하여 매매를 원인으로 한 소유권이전등기절차이행의 소를 제기하여 소송진행중 쌍방의 소송대리인등에게 화해하도록 하여 재판부로 하여금 을이 대금수령과 상환으로 갑에게 위 토지들에 대한 소유권이전등기절차를 이행한다는 취지의 화해조서를 작성하게 한 경우, 이와 같은 소송상 화해의 효력은 소송당사자들 사이에만 미치고 제3자인 토지소유자에게는 미치지 아니하며 그 화해조서에 기하여 위 토지들에 대한 제3자의 소유권이 갑에게 이전되는 것도 아니므로 피고인의 위와 같은 행위가 사기죄를 구성한다고 할 수 없다(대판 1987.8.18. 87도1153).

③ 甲 주식회사의 실질적 경영자인 피고인이, 전(前) 대표이사 乙이 지방자치단체에 기부금을 납부하기로 약정하고 골프장사업을 승인받으면서 그 이행을 위해 약속어음을 발행·교부한 사실을 잘 알고 있음에도, 위 어음을 분실하였다는 허위 사유를 들어 법원을 기망하고 제권판결을 선고받음으로써 어음금 상당의 재산상 이익을 편취하였다는 공소사실에 대하여, 위 기부금 증여계약은 지방자치단체장의 공무수행과 결부된 금전적 대가로서 그 조건이나 동기가 사회질서에 반하여 무효이므로 지방자치단체로서는 위 어음금의 지급을 청구할 수 없음에도, 위 증여가 유효하다고 판단하여 피고인을 유죄로 인정한 원심판결에 민법 제103조에 관한 법리오해 또는 증여의 효력에 관한 심리미진의 위법이 있다고 한 사례(대판 2010.1.28. 2007도9331).

④ 甲이 금융기관에 피고인 명의로 예금을 하면서 자신만이 이를 인출할 수 있게 해달라고 요청하여 금융기관 직원이 예금관련 전산시스템에 '甲이 예금, 인출 예정'이라고 입력하였고 피고인도 이의를 제기하지 않았는데, 그 후 피고인이 금융기관을 상대로 예금 지급을 구하는 소를 제기하였다가 금융기관의 변제공탁으로 패소한 사안에서, 제반 사정에 비추어 금융기관과 갑 사이에 실명확인 절차를 거쳐 서면으로 이루어진 피고인 명의의 예금계약을 부정하여 예금명의자인 피고인의 예금반환청구권을 배제하고, 갑에게 이를 귀속시키겠다는 명확한 의사의 합치가 있었다고 인정할 수 없어 예금주는 여전히 피고인이라는 이유로, 이와 달리 예금주가 갑이라는 전제하에 피고인에게 사기미수죄를 인정한 원심판단에 예금계약의 당사자 확정 방법에 관한 법리오해의 위법이 있다고 한 사례(대판 2011.5.13. 2009도5386).

3) 인과관계

① 법인이 임대주택용지 분양신청을 함에 있어서 분양신청자 중의 추첨대상자에 들기 위하여 법인의 대표이사 개인의 허위 건축실적증명을 첨부한 경우 기망행위와 처분행위 사이의 인과관계가 없어 사기죄를 구성하지 않는다고 한 사례(대판 1994.5.24. 93도1839).

② 갑 주식회사의 실질적 운영자이자 을 주식회사의 대표이사인 피고인 병 및 피고인 정 등이 공모하여, 갑 회사가 시행하고 을 회사가 시공하는 아파트 중 임대아파트 부분의 신축과 관련하여 국민주택기금의 기금

> 수탁자인 무 은행에 국민주택기금을 재원으로 한 임대주택건설자금 대출을 신청하면서 아파트 부지의 매매가격을 부풀린 매매계약서 등을 제출하는 방법으로 무 은행을 기망하여 국민주택기금 대출금을 편취하였다는 내용으로 기소된 사안에서, 무 은행은 '호당 대출금액'과 임대아파트 세대수를 기준 삼아 전체 대출금액을 정하였고, '호당 대출금액'은 '호당 주택가격', 즉 '호당 부지가격'과 '호당 건물가격'을 기초로 산정되는데, '호당 건물가격'은 무 은행이 정한 표준건축비 단가를 적용하여 산정되므로 아파트 부지의 가치와는 무관하고 허위 매매계약서 등에 의하여 영향을 받을 수 있는 부분은 '호당 부지가격'뿐이며, '호당 부지가격'은 무 은행이 정한 '사정가격'에 의하여 정해지는데, 무 은행은 별도의 감정평가법인이 정한 감정평가액을 기초로 '사정가격'을 결정하였고, 감정평가액이 피고인들의 행위로 부당하게 높게 산정되었다는 점에 대한 증명이 부족하여 무 은행이 담보가치 평가를 그르쳐 적정 담보가치를 반영하지 못한 '사정가격'을 결정하였다고 단정하기 어려우므로, <u>피고인들이 아파트 부지의 매매가격을 부풀린 매매계약서 등을 제출한 행위와 무 은행의 대출 사이에 인과관계가 존재한다고 보기 어렵다</u>고 한 사례(대판 2016.7.14. 2015도20233).

(4) 재산상의 손해

1) **손해발생의 요부** : 사기죄의 성립에 손해가 발생하여야 하는가에 대해서는 견해의 대립이 있다. ㈎ 사기죄는 재산범죄이므로 재산상의 손해가 발생할 것을 필요로 한다는 견해(필요설 : 다수설), ㈏ 우리 형법은 사기죄의 구성요건으로 재산상의 손해발생을 명시하고 있지 않으므로 재산'취득'에 중점을 두는 규정형식이라고 보고, 굳이 재산'손해'에 중점을 두는 독일 형법식의 해석을 할 당위성은 없으므로, 사기죄의 성립에 재산상의 손해발생이 필요하지 않다는 견해(불요설) 그리고 ㈐ 사기죄를 재물사기죄와 이득사기죄로 이분하여, 전자의 경우에는 재산상의 손해가 발생할 필요가 없으나, 후자의 경우에는 필요하다는 견해(이분설)가 있다. ㈑ 판례는 불요설의 입장이다.

2) **손해판단의 기준** : 재산상의 손해란 재산가치의 감소를 의미하며, 이는 전체계산의 원칙에 따라 결정된다. 또한 재산상의 손해는 현실적으로 발생하여 계산상으로 증명할 수 있는 재산감소에 제한되지 않고, 재산가치에 대한 구체적 위험, 즉 재산의 위험만으로도 손해가 발생했다고 할 수 있다. 재산상의 손해가 있는가는 객관적·개별적 방법에 의하여 평가되어야 한다.

(5) 재산상 이익의 취득

피기망자의 처분행위로 인하여 자기 또는 제3자가 재산상 이익을 취득하여야 한다. 일반적으로 재산상 이익의 취득은 피해자의 재산상 손해발생으로 충족된다. 여기에는 적극적 이익(예 : 노무제공, 담보제공)·소극적 이익(예 : 채무면제, 채무변제의 유예), 일시적 이익·영속적 이익을 불문한다. 이익의 취득이 사법상 유효할 것도 요하지 않는다. 외관상 재산적 이익을 취득했다고 볼 수 있는 사실관계만 있으면 충분하다. 기망에 의할지라도 재산상 이익을 취득한 것이 아니면 사기죄는 성립하지 않는다. 또한 재산상 이익은 구체적 이익일 것을 요한다.

판례 손해가 없어도 사기죄가 성립하는 경우

① 피고인들은 자신들이 경영하던 공소외 1 주식회사의 사업을 확장하고 계열사를 인수하는 과정에서 자금이 필요하게 되자 미국에 있는 거래처와 동일한 물건을 반복적으로 수출입하는 형식을 취함으로써 수출금융을 얻기로 공모한 후, 실제로는 수출을 장려하기 위한 무역금융의 대상이 되는 진정한 수출이 없음에도 불구하고 그러한 수출이 30일 내지 90일의 외상기간을 갖는 D/A거래(인수도조건 화환거래)의 방식으로 이루어지는 것처럼 꾸민 가공의 무역관계 서류를 그 정을 모르는 신아원을 통하여 피해자 은행들에 제출함으로써 피해자 은행들은 시중 대출금리보다 훨씬 저렴한 금리로 수출환어음을 매입한 후 그 대금을 신아원을 통하여 위 피고인들에게 지급하게 된 사실을 인정할 수 있는바, 이러한 사실관계에 의하면, 위 피고인들은 그 정을 모르는 신아원을 통하여 피해자 은행들을 기망하고, 또한 피해자 은행들은 신아원으로부터 교부받은 수출관계 서류들을 보고 이에 속은 나머지 진정한 수출이 이루어진 것으로 판단하여 이를 매입한 후 저리의 수출금융을 제공하게 되었던 것이므로, 비록 피해자 은행들이 수출입대행업체인 신아원과의 약정에 의하여 위와 같이 편취당한 금원을 변상받을 수 있게 되어 있다고 하더라도 기망행위가 없었더라면 지출하지 않았을 금원을 기망당하여 지출한 이상 그 금원의 지출 자체가 재산상 손해가 되는 것이어서, 피해자 은행들은 위 피고인들의 기망행위로 인한 사기의 피해자가 아니라고 할 수 없다(대판 1999.7.9. 99도1040).

② 사기죄는 상대방을 기망하여 하자 있는 상대방의 의사에 의하여 재물을 교부받음으로써 성립하는 것이므로 분식회계에 의한 재무제표 등으로 금융기관을 기망하여 대출을 받았다면 사기죄는 성립하고, 변제의사와 변제능력의 유무 그리고 충분한 담보가 제공되었다거나 피해자의 전체 재산상에 손해가 없고, 사후에 대출금이 상환되었다고 하더라도 사기죄의 성립에는 영향이 없다(대판 2005.4.29. 2002도7262).

③ 사기죄는 기망되어 착오에 빠진 피기망자의 재산상 처분행위에 의하여 범인이 재물이나 재산상 이득을 취득하는 경우에 성립되는 것으로서, 그 이득의 취득으로써 상대방의 재산이 침해되는 것이므로 <u>상대방에게 현실적으로 재산상의 손해가 발생하지 않았다고 하더라도 사기죄의 성립에 영향이 없는 것이고</u>, 한편 채무이행을 연기받는 것도 사기죄에 있어서 재산상의 이익이 되므로, 채무자가 채권자에 대하여 소정기일까지 지급할 의사와 능력이 없음에도 종전 채무의 변제기를 늦출 목적에서 어음을 발행 교부한 경우에는 <u>사기죄가 성립한다</u>(대판 2005.9.15. 2005도5215).

④ <u>주유소 운영자가 농민들에게 면세유를 공급한 것처럼 부당하게 발급받은 면세유류공급확인서로 석유정제업자를 기망하여 부가가치세 등에 상당한 석유류를 취득한 사안에서, 석유정제업자에게 현실적인 재산상 손해가 없더라도 사기죄가 성립한다고 한 사례</u>(대판 2009.1.15. 2006도6687).

판례 재산상 이익을 취득한 경우

① 신용보증기금에 따른 신용보증을 받고자 하는 자가 사실은 주택사업자로부터 주택을 분양받은 사실이 없으면서도 분양받은 사실이 있는 것처럼 위 기금의 관리기관을 속여 신용보증서를 발급받은 경우에는, 그 당시 신용보증서를 담보로 하여 대출받은 자금을 상환할 의사와 능력이

있었는지, 그리고 기금 관리기관의 직원이 대출금이 지정된 용도에 사용되지 않을 것이라는 점을 알고 있었는지 여부를 불문하고 사기죄가 성립하는 것이다(대판 2005.11.10. 2005도6026). 신용보증액 상당의 재산상 이익을 취득하였다(판결이유 중).

② 아파트 소유권이전등기청구권을 가압류당한 아파트 수분양권자가 위 청구권을 행사하거나 아파트를 매도할 수 없게 되자 가압류채권자에게 가압류를 해제하여 주면 아파트 매도대금으로 채무를 변제하겠다고 거짓말하여 이에 속은 채권자로부터 가압류해제신청서를 받아 가압류를 해제한 후 아파트를 매도하였으면서도 위 채무를 변제하지 아니한 사안에서, 위 수분양권자로서는 가압류가 해제됨으로써 아파트 매도가 용이해져 매도대금을 수령할 수 있게 된 이익이 있으므로 가압류청구금액 상당의 재산상의 이익을 취득한 사기죄가 성립한다고 한 사례(대판 2007.7.26. 2007도3160).

③ 사기죄에서 '재산상의 이익'이란 채권을 취득하거나 담보를 제공받는 등의 적극적 이익뿐만 아니라 채무를 면제받는 등의 소극적 이익까지 포함하며, 채무자의 기망행위로 인하여 채권자가 채무를 확정적으로 소멸 내지 면제시키는 특약 등 처분행위를 한 경우에는 채무의 면제라고 하는 재산상 이익에 관한 사기죄가 성립하고, 후에 재산적 처분행위가 사기를 이유로 민법에 따라 취소될 수 있다고 하여 달리 볼 것은 아니다(대판 2012.4.13. 2012도1101).

④ 甲 주식회사의 실질적 운영자인 피고인 등이 공모하여, 회사에 대한 고의 부도 준비 사실 등을 숨긴 채 甲 회사 명의로 대한주택보증 주식회사(이하 '대한주택보증'이라고 한다)와 임대보증금 보증약정을 체결하여 재산상 이익을 취득하였다고 하여 구 특정경제범죄 가중처벌 등에 관한 법률(2012. 2. 10. 법률 제11304호로 개정되기 전의 것) 위반(사기)으로 기소된 사안에서, <u>대한주택보증의 임대보증금 보증서 발급이 피고인 등의 기망행위에 의하여 이루어졌다면 그로써 사기죄는 성립하고, 피고인 등이 취득한 재산상 이익은 대한주택보증이 보증한 임대보증금 상당액</u>이며, 임대주택법에 따라 민간건설 공공임대주택 임대사업자의 임대보증금 보증 가입이 강제된다 하여 달리 볼 것이 아닌데도, 이와 달리 보아 사기죄가 성립하지 않는다고 한 원심판결에 사기죄의 기수 시기와 재산상 이익액의 산정에 관한 법리오해의 위법이 있다고 한 사례(대판 2013.11.28. 2011도7229).

판례 편취액의 계산방법

① 재물을 편취한 후 현실적인 자금의 수수 없이 형식적으로 기왕에 편취한 금원을 새로이 장부상으로만 재투자하는 것으로 처리한 경우에는 그 재투자금액은 이를 편취액의 합산에서 제외하여야 할 것이나, 그렇지 아니하고 <u>재물을 편취한 후 예금계좌 등으로 그 일부를 수당 등의 명목으로 입금해 주어 피해자가 이를 현실적으로 수령한 다음, 일정기간 후 이를 가지고 다시 물품을 구매하는 형식으로 재투자하였다면, 이는 새로운 법익의 침해가 발생한 경우라고 할 것이어서 그 재구매 금액은 편취액에서 제외할 성질의 것이 아니라고 할 것이고</u>, 한편, 재물편취를 내용으로 하는 사기죄에 있어서는 기망으로 인한 재물교부가 있으면 그 자체로써 피해자의 재산침해가 되어 이로써 곧 사기죄가 성립하는 것이고, 상당한 대가가 지급되었다거나 피해자의 전체 재산상에 손해가 없다 하여도 사기죄의 성립에는 그 영향이 없으므로 <u>사기죄에 있어서 그 대가가 일부 지급된 경우에도 그 편취액은 피해자로부터 교부된 재물의 가치로부터 그 대가를 공제한 차액이 아니라 교부받은 재물 전부라 할 것이다</u>(대판 2005.10.28.

2005도5774, 대판 2000.7.7. 2000도1899).

② 사람을 기망하여 부동산의 소유권을 이전받거나 제3자로 하여금 이전받게 함으로써 이를 편취한 경우에 특정경제범죄 가중처벌 등에 관한 법률 제3조의 적용을 전제로 하여 그 부동산의 가액을 산정함에 있어서는, 그 부동산에 아무런 부담이 없는 때에는 그 부동산의 시가 상당액이 곧 그 가액이라고 볼 것이지만, 그 부동산에 근저당권설정등기가 경료되어 있거나 압류 또는 가압류 등이 이루어져 있는 때에는 특별한 사정이 없는 한 아무런 부담이 없는 상태에서의 그 부동산의 시가 상당액에서 근저당권의 채권최고액 범위 내에서의 피담보채권액, 압류에 걸린 집행채권액, 가압류에 걸린 청구금액 범위 내에서의 피보전채권액 등을 뺀 실제의 교환가치를 그 부동산의 가액으로 보아야 한다(대판 2007.4.19. 2005도7288 전원합의체).

③ 어음·수표의 할인에 의한 사기죄에서 피고인이 피해자로부터 수령한 현금액이 피고인이 피해자에게 교부한 어음 등의 액면금보다 적을 경우, 피고인이 취득한 재산상의 이익액은, 당사자가 선이자와 비용을 공제한 현금액만을 실제로 수수하면서도 선이자와 비용을 합한 금액을 대여원금으로 하기로 하고 대여이율을 정하는 등의 소비대차특약을 한 경우 등의 특별한 사정이 없는 한, 위 어음 등의 액면금이 아니라 피고인이 수령한 현금액이다(대판 2009.7.23. 2009도2384).

④ 제3자로부터 금원을 융자받거나 물품을 외상으로 공급받을 목적으로 타인을 기망하여 그 타인 소유의 부동산에 제3자 앞으로 근저당권을 설정하게 한 자는 그로 인하여 그 타인 소유의 부동산을 자신의 제3자와의 거래에 대한 담보로 이용할 수 있는 재산상 이익을 취득하였다고 할 것인데, 다만 그 구체적 이득액을 범죄구성요건요소로 특별히 규정한 「특정경제범죄 가중처벌 등에 관한 법률」 제3조를 적용함에 있어서는 그 가액(이득액)은 원칙적으로 그 부동산의 시가 범위 내의 채권최고액 상당이라 할 것이다(대판 2010.12.9. 2010도12928).

⑤ 자금중개업자인 피고인이 대출의뢰인 甲에게서 일정 금액을 대출해 달라는 부탁을 받았음에도 위임받은 범위를 초과한 금액의 대출의뢰를 받은 것처럼 사채업자 乙을 속여 돈을 대출받아 편취하였다고 하여 구 특정경제범죄 가중처벌 등에 관한 법률 위반(사기)으로 기소된 사안에서, 피고인이 乙로부터 교부받은 돈 전부를 편취액으로 인정한 원심판단을 정당하다고 한 사례(대판 2012.4.13. 2012도216).

⑥ 3자로부터 금원을 융자받거나 물품을 외상으로 공급받을 목적으로 타인을 기망하여 그 타인 소유의 부동산에 제3자 앞으로 근저당권을 설정케 한 자가 그로 인하여 취득하는 재산상 이익은 그 타인 소유의 부동산을 자신의 제3자와의 거래에 대한 담보로 이용할 수 있는 이익이고(대판 1984.4.10. 84도119, 대판 1996.3.22. 96도384 등 참조), 그 가액(이득액)은 원칙적으로 그 부동산의 시가 범위 내의 채권 최고액 상당이다(대판 2015.4.23. 2014도16980, 대판 2000.4.25. 2000도137).

⑦ [1] 금원 편취를 내용으로 하는 사기죄에서는 기망으로 인한 금원 교부가 있으면 그 자체로써 피해자의 재산침해가 되어 바로 사기죄가 성립하고, 상당한 대가가 지급되었다거나 피해자의 전체 재산상에 손해가 없다 하여도 사기죄의 성립에는 영향이 없다. 그러므로 사기죄에서 그 대가가 일부 지급되거나 담보가 제공된 경우에도 편취액은 피해자로부터 교부된 금원으로부터 그 대가 또는 담보 상당액을 공제한 차액이 아니라 교부받은 금원 전부라고 보아야 한다. [2] 기업의 재무제표 및 이에 대한 외부감사인의 회계감사 결과를 기재한 감사보고서는 대상 기업의 정확한 재무상태를 드러내는 가장 객관적인 자료로서 증권거래소 등을 통하여 일반에 공시되고, 기업의 신용도와 상환능

력 등의 기초자료로서 기업이 발행하는 회사채 및 기업어음의 신용등급평가와 금융기관의 여신 제공 여부의 결정에 중요한 판단근거가 된다. 그 결과 해당 기업의 재무제표의 중요한 사항에 관하여 회계처리기준에 위반되는 분식이 있음을 알면서도, 대규모의 여신을 제공하는 것과 같은 사례는 이례적이라고 하지 않을 수 없고, 당기순이익이 흑자인지 적자인지와 같은 사정은 해당 기업체의 신용도를 판단할 때에 보통 중요한 사항의 하나에 해당한다. 나아가 금융기관의 통상적인 여신처리기준에 의하면, 적자상태인 당해 기업에 대한 여신이 가능했을 수도 있다고 하더라도, 이로 인하여 획일적으로 부실 재무제표 제출로 인한 기망행위와 여신 결정 사이의 인과관계가 단절된다고 볼 수는 없고, 기업이 적자상태를 숨기기 위하여 흑자 상황인 것처럼 작성한 재무제표를 제출하였다는 사실이 발각될 경우 초래될 수 있는 신뢰성 평가에 미치는 부정적인 영향까지 적절하게 고려·평가하여 인과관계 단절 여부를 살펴보아야 한다. [3] 자본시장과 금융투자업에 관한 법률 제178조 제1항 제1호는 금융투자상품의 매매, 그 밖의 거래와 관련하여 '부정한 수단, 계획 또는 기교를 사용하는 행위'를 금지하고 있는데, 여기서 '부정한 수단, 계획 또는 기교'란 사회통념상 부정하다고 인정되는 일체의 수단, 계획 또는 기교를 말한다. [4] <u>자본시장과 금융투자업에 관한 법률 제443조 제1항 단서 및 제2항에서 규정하고 있는 '위반행위로 얻은 이익'이란 거기에 함께 규정되어 있는 '손실액'에 반대되는 개념으로서, 원칙적으로 당해 위반행위로 인하여 행위자가 얻은 이윤, 즉 그 거래로 인한 총수입에서 그 거래를 위한 총비용을 공제한 차액을 말한다</u>(대판 2017.12.22. 2017도12649). [해설] [1] 금원 편취를 내용으로 하는 사기죄에서 대가가 일부 지급되거나 담보가 제공된 경우의 편취액(=교부받은 금원 전부), [4] 자본시장과 금융투자업에 관한 법률 제443조 제1항 단서 및 제2항에서 정한 '위반행위로 얻은 이익'의 의미 및 이익의 산정 방법.

⑧ 담보로 제공할 목적물의 가액을 허위로 부풀려 금융기관으로부터 대출을 받은 경우 그 대출이 기망행위에 의하여 이루어진 이상 그로써 사기죄는 성립하고, 이 경우 사기죄의 이득액에서 담보물의 실제 가액을 전제로 한 대출가능금액을 공제하여야 하는 것은 아니다(대판 2019.4.3. 2018도19772).

판례 편취금원을 재투자 받은 경우

1) 편취액에 포함되는 경우

- 피고인이 원금 및 수익금을 제대로 지불하여 줄 의사나 능력 없이 피해자들로부터 투자금을 교부받아 이를 편취하였다면 그 투자금을 교부받을 때마다 각별로 사기죄가 성립하는 것이므로, <u>교부받은 투자금을 피해자들에게 반환하였다가 다시 그 돈을 재투자받는 방식으로 계속적으로 투자금을 수수하였다면 그 각 편취범행으로 교부받은 투자금의 합계액이 특정경제범죄 가중처벌 등에 관한 법률 제3조 제1항 소정의 이득액이 되는 것이지, 반환한 원금 및 수익금을 공제하여 이득액을 산정해야 하는 것은 아니다</u>(대판 2006.5.26. 2006도1614).

2) 편취액에 포함되지 않는 경우

- [1] <u>재물편취를 내용으로 하는 사기죄</u>에서는 기망으로 인한 재물교부가 있으면 그 자체로써 피해자의 재산침해가 되어 이로써 곧 사기죄가 성립하는 것이고, 상당한 대가가 지급되었다거나 피해자의 전체 재산상에 손해가 없다 하여도 사기죄의 성립에는 그 영향이 없으므로 <u>사기죄에 있어서 그 대가가 일부 지급된 경우에도 그 편취액은 피해자로부터 교부된 재물의 가치로부터 그 대가를 공제</u>

한 차액이 아니라 교부받은 재물 전부이다. [2] 한편, 재물을 편취한 후 현실적인 자금의 수수 없이 형식적으로 기왕에 편취한 금원을 새로이 장부상으로만 재투자하는 것으로 처리한 경우에는 그 재투자금액은 이를 편취액의 합산에서 제외하여야 하는 것임은 상고이유의 주장과 같다 할 것이나, 기록에 의하면 이 부분 공소사실의 편취액에는 피해자들이 피고인 3 주식회사로부터 <u>현금으로 지급받지 않은 채 전자지갑(e-wallet)의 데이터 형식으로만 지급받은 것처럼 처리된 수당액을 이용하여 물품을 재구매한 부분은 포함되어 있지 않음을 알 수 있으므로, 결국 전자지갑의 수당액을 이용한 재구매 부분이 편취액에서 제외되어야 한다는 상고이유의 주장도 받아들일 수 없다</u>(대판 2007.1.25. 2006도7470, 대판 2000.11.10. 2000도3483). [해설] 재물편취를 내용으로 하는 사기죄에서 그 대가가 일부 지급된 경우의 편취액(=교부받은 재물 전부)과 재물을 편취한 후 현실적인 자금의 수수 없이 형식적으로 기왕에 편취한 금원을 새로이 장부상으로만 재투자하는 것으로 처리한 경우, 재투자금액이 편취액에 포함되는지 여부를 판단한 사례.

2. 주관적 구성요건

주관적 구성요건으로 고의를 필요로 한다. 따라서 행위자는 기망행위, 피기망자의 착오와 처분행위, 손해의 발생과 그 사이의 인과관계를 인식하여야 한다. 또한 사기죄는 전체로서의 재산을 보호법익으로 하는 재산죄이므로 고의 이외에 자기 또는 제3자에게 불법한 재산상의 이익을 취득하게 하는 것을 내용으로 하는 불법이득의 의사 또는 불법영득의 의사가 있음을 요한다.

 **판례** 사기죄의 고의

1) 사기죄의 고의가 인정되는 경우

① 쇼핑몰 상가 분양사업을 계획하면서 사채와 분양대금만으로 사업부지 매입 및 공사대금을 충당할 수 있다는 막연한 구상 외에 체계적인 사업계획 없이 무리하게 쇼핑몰 상가 분양을 강행한 경우 편취의 범의를 인정할 수 있다고 한 원심의 판단을 수긍한 사례(대판 2005.4.29. 2005도741).

② 농어촌구조개선 특별회계기금을 재원으로 하여 임업후계자육성을 위해 이루어지는 정책자금 대출로서 그 대출의 조건 및 용도가 임야매수자금으로 한정되어 있는 정책자금을 대출받음에 있어 임야매수자금을 실제보다 부풀린 허위의 계약서를 제출함으로써 대출취급기관을 기망하였다면, 피고인에게 대출받은 자금을 상환할 의사와 능력이 있었는지 여부를 불문하고 편취의 고의가 인정된다(대판 2007.4.27. 2006도7634).

③ 물품거래관계에 있어서 편취에 의한 사기죄의 성립 여부는 거래 당시를 기준으로 피고인에게 납품대금을 변제할 의사나 능력이 없음에도 피해자에게 납품대금을 변제할 것처럼 거짓말을 하여 피해자로부터 물품 등을 편취할 고의가 있었는지 여부에 의하여 판단하여야 하며, 어음할인의 방법으로 금원을 교부받은 경우에는 어음이 지급기일에 결제되지 않으리라는 점을 예견하였거나 지급기일에 지급될 수 있다는 확신이 없으면서도 그러한 내용을 수취인에게 고지하지 아니하고 이를 속여서 할인을 받았다면 사기죄가 성립한다(대판 2008.2.28. 2007도10416).

④ 의료기관이, 보험회사가 진료수가를 삭감할 것을 미리 예상하고, 허위로 과다하게 진료수가를

청구하여 보험회사로부터 실제 발생하지 않은 진료비를 지급받았다면, 허위·과다청구 부분에 대한 편취의사 및 불법영득의사가 인정된다고 한 사례(대판 2008.2.29. 2006도5945).

⑤ 보험계약자가 상법상 고지의무를 위반하여 보험자와 생명보험계약을 체결한다고 하더라도 그 보험금은 보험계약의 체결만으로 지급되는 것이 아니라 우연한 사고가 발생하여야만 지급되는 것이므로, 상법상 고지의무를 위반하여 보험계약을 체결하였다는 사정만으로 보험계약자에게 미필적으로나마 보험금 편취를 위한 고의의 기망행위가 있었다고 단정하여서는 아니 되고, 더 나아가 보험사고가 이미 발생하였음에도 이를 묵비한 채 보험계약을 체결하거나 보험사고 발생의 개연성이 농후함을 인식하면서도 보험계약을 체결하는 경우 또는 보험사고를 임의로 조작하려는 의도를 갖고 보험계약을 체결하는 경우와 같이 그 행위가 '보험사고의 우연성'과 같은 보험의 본질을 해할 정도에 이르러야 비로소 보험금 편취를 위한 고의의 기망행위를 인정할 수 있다고 할 것이다(대판 2012.11.15. 2010도6910).

⑥ [1] 보험계약자가 고지의무를 위반하여 보험회사와 보험계약을 체결한다 하더라도 그 보험금은 보험계약의 체결만으로 지급되는 것이 아니라 보험계약에서 정한 우연한 사고가 발생하여야만 지급되는 것이다. 상법상 고지의무를 위반하여 보험계약을 체결하였다는 사정만으로 보험계약자에게 미필적으로나마 보험금 편취를 위한 고의의 기망행위가 있었다고 단정하여서는 아니 되고, 더 나아가 <u>보험사고가 이미 발생하였음에도 이를 묵비한 채 보험계약을 체결하거나 보험사고 발생의 개연성이 농후함을 인식하면서도 보험계약을 체결하는 경우 또는 보험사고를 임의로 조작하려는 의도를 갖고 보험계약을 체결하는 경우와 같이 그 행위가 '보험사고의 우연성'과 같은 보험의 본질을 해할 정도에 이르러야 비로소 보험금 편취를 위한 고의의 기망행위를 인정할 수 있다. 피고인이 위와 같은 고의의 기망행위로 보험계약을 체결하고 위 보험사고가 발생하였다는 이유로 보험회사에 보험금을 청구하여 보험금을 지급받았을 때 사기죄는 기수</u>에 이른다. [2] 피고인이, 갑에게 이미 당뇨병과 고혈압이 발병한 상태임을 숨기고 을 생명보험 주식회사와 피고인을 보험계약자로, 갑을 피보험자로 하는 2건의 보험계약을 체결한 다음, 고지의무 위반을 이유로 을 회사로부터 일방적 해약이나 보험금 지급 거절을 당할 수 없는 이른바 면책기간 2년을 도과한 이후 갑의 보험사고 발생 이유로 을 회사에 보험금을 청구하여 당뇨병과 고혈압 치료비 등의 명목으로 14회에 걸쳐 보험금을 수령하여 편취하였다는 내용으로 기소된 사안에서, <u>피고인의 보험계약 체결행위와 보험금 청구행위는 을 회사를 착오에 빠뜨려 처분행위를 하게 만드는 일련의 기망행위에 해당하고 을 회사가 그에 따라 보험금을 지급하였을 때 사기죄는 기수</u>에 이르며, 그 전에 을 회사의 해지권 또는 취소권이 소멸되었더라도 마찬가지라는 이유로, 이와 달리 보험계약이 체결되고 최초 보험료가 납입된 때 또는 을 회사가 보험계약을 더 이상 해지할 수 없게 되었을 때 또는 고지의무 위반 사실을 알고 보험금을 지급하거나 지급된 보험금을 회수하지 않았을 때 사기죄가 기수에 이른다는 전제 아래 공소사실 전부에 대하여 공소시효가 완성되었다고 보아 면소를 선고한 원심판결에 보험금 편취를 목적으로 하는 사기죄의 기수시기에 관한 법리를 오해한 위법이 있다고 한 사례(대판 2019.4.3. 2014도2754). [해설] 보험사기에서의 기망의 시기와 기수시기에 대한 대법원의 법리를 보여주는 판결.

2) 사기죄의 고의가 부정되는 경우

① 부도 이후 물품을 계속 공급하여 주면 영업을 재개하여 부도 당시의 기발생 물품대금채무를 줄여가겠다고 약속하여 피해자들이 계속하여 물품을 공급하였고, 그 후 다시 거래가 중단되었

으나 중단 당시의 잔존 물품대금액이 부도 당시의 기발생 물품대금액보다 줄어든 경우, 위 부도 이후에 공급받은 물품에 대하여는 피고인에게 기망의 의사나 불법영득의 의사가 있었다고 보기 어렵다고 한 사례(대판 2002.9.24. 2002도3488).

② 거래물품의 편취에 의한 사기죄의 성립 여부는 거래 당시를 기준으로 피고인에게 납품대금을 변제할 의사나 능력이 없음에도 피해자에게 납품대금을 변제할 것처럼 거짓말을 하여 피해자로부터 물품을 편취할 고의가 있었는지의 여부에 의하여 판단하여야 하므로 납품 후 경제사정 등의 변화로 납품대금을 일시 변제할 수 없게 되었다고 하여 사기죄에 해당한다고 볼 수 없다(대판 2003.1.24. 2002도5265).

③ 사기죄가 성립하는지는 행위 당시를 기준으로 판단하여야 하므로, <u>소비대차 거래에서 차주가 돈을 빌릴 당시에는 변제할 의사와 능력을 가지고 있었다면 비록 그 후에 변제하지 않고 있더라도 이는 민사상 채무불이행에 불과하며 형사상 사기죄가 성립하지는 아니한다.</u> 따라서 소비대차 거래에서, 대주와 차주 사이의 친척·친지와 같은 인적 관계 및 계속적인 거래 관계 등에 의하여 대주가 차주의 신용 상태를 인식하고 있어 장래의 변제 지체 또는 변제불능에 대한 위험을 예상하고 있었거나 충분히 예상할 수 있는 경우에는, 차주가 차용 당시 구체적인 변제의사, 변제능력, 차용 조건 등과 관련하여 소비대차 여부를 결정지을 수 있는 중요한 사항에 관하여 허위 사실을 말하였다는 등의 다른 사정이 없다면, <u>차주가 그 후 제대로 변제하지 못하였다는 사실만을 가지고 변제능력에 관하여 대주를 기망하였다거나 차주에게 편취의 범의가 있었다고 단정할 수 없다</u>(대판 2016.4.28. 2012도14516, 대판 2008.9.25. 2008도5618). [해설] 행위와 고의의 동시존재원칙에 따를 때 사기의 범의는 행위 당시의 변제능력과 의사를 기준으로 판단할 수밖에 없으나, 내심의 의사는 직접증명이 불가능하기 때문에 외부사실에 의한 추단으로 증명할 수밖에 없음을 보여주는 판결.

④ 사업의 수행과정에서 이루어진 거래에 있어서 그 채무불이행이 예측된 결과라고 하여 그 기업경영자에 대한 사기죄의 성부가 문제된 경우, 그 거래시점에서 그 사업체가 경영부진 상태에 있었기 때문에 사정에 따라 파산에 이를 수 있다고 예견할 수 있었다는 것만으로 사기죄의 고의가 있다고 단정하는 것은 발생한 결과에 따라 범죄의 성부를 결정하는 것과 마찬가지이다. 따라서 <u>설사 기업경영자가 파산에 의한 채무불이행의 가능성을 인식할 수 있었다고 하더라도 그러한 사태를 피할 수 있는 가능성이 있다고 믿었고, 계약이행을 위해 노력할 의사가 있었을 때에는 사기죄의 고의가 있었다고 단정하여서는 안 된다</u>(대판 2017.1.25. 2016도18432, 대판 2016.6.9. 2015도18555, 대판 2001.3.27. 2001도202).

⑤ [1] 사기죄는 타인을 기망하여 착오에 빠뜨리고 그 처분행위를 유발하여 재물을 교부받거나 재산상 이익을 얻음으로써 성립하는 범죄로서 그 본질은 기망행위에 의한 재물이나 재산상 이익의 취득에 있다. 그리고 사기죄는 보호법익인 재산권이 침해되었을 때 성립하는 범죄이므로, 사기죄의 기망행위라고 하려면 불법영득의 의사 내지 편취의 범의를 가지고 상대방을 기망한 것이어야 한다. 사기죄의 주관적 구성요건인 불법영득의 의사 내지 편취의 범의는 피고인이 자백하지 않는 이상 범행 전후 피고인의 재력, 환경, 범행의 내용, 거래의 이행과정 등과 같은 객관적인 사정 등을 종합하여 판단할 수밖에 없다. 특히 <u>공사도급계약에서 편취에 의한 사기죄의 성립 여부는 계약 당시를 기준으로 피고인에게 공사를 완성할 의사나 능력이 없음에도 피해자에게 공사를 완성할 것처럼 거짓말을 하여 피해자로부터 공사대금 등을 편취할 고의가 있었는지 여부에 의하여 판단하여야 한</u>

다. 이때 법원으로서는 공사도급계약의 내용, 그 체결 경위 및 계약의 이행과정이나 그 결과 등을 종합하여 판단하여야 한다. [2] 한편 사기죄의 보호법익은 재산권이므로, 기망행위에 의하여 국가적 또는 공공적 법익이 침해되었다는 사정만으로 사기죄가 성립한다고 할 수 없다. 따라서 공사도급계약 당시 관련 영업 또는 업무를 규제하는 행정법규나 입찰 참가자격, 계약절차 등에 관한 규정을 위반한 사정이 있더라도 그러한 사정만으로 공사도급계약을 체결한 행위가 기망행위에 해당한다고 단정해서는 안 되고, 그 위반으로 말미암아 계약 내용대로 이행되더라도 공사의 완성이 불가능하였다고 평가할 수 있을 만큼 그 위법이 공사의 내용에 본질적인 것인지 여부를 심리·판단하여야 한다. [3] "A회사는 문화재수리기술자·문화재수리기능자의 자격증을 대여받아 종합문화재수리업 등록을 한 회사로 실질적으로 문화재수리업자로서의 자격을 갖추고 있지 않았다. 또한 A회사가 낙찰받은 문화재수리공사는 OOO이 전적으로 시행할 예정이었으므로 A회사는 문화재수리공사를 직접 수행할 의사나 능력이 없었다. 그럼에도 A회사의 대표이사인 피고인은 마치 A회사가 문화재수리기술자 4명 등을 상시 보유하고 있는 종합문화재수리업자이고, 위 공사를 직접 시행할 것처럼 발주처 직원에게 '문화재기술자보유현황' 등을 제출하는 방법으로 기망하여 64회에 걸쳐 문화재수리계약을 체결하였다. 이로써 피고인은 OOO 등과 공모하여 발주처로부터 공사대금을 지급받아 이를 편취하였다."는 사실로 특정경제범죄가중처벌등에관한법률위반(사기), 사기로 기소된 사안에서, 원심은 모두 유죄로 판단하였으나, 문화재수리기술자 등의 자격증을 대여받아 사용한 행위, OOO에게 A회사가 도급받은 문화재수리공사를 시행하게 한 행위 등이 각기 문화재수리 등에 관한 법률 위반죄에 해당할 수 있으나, 이들 죄와는 별도로 사기죄가 성립되었다고 하려면 공사도급계약을 이행할 의사와 능력이 없음에도 불구하고 공사도급을 가장하여 공사대금을 편취하려 하였는지 여부를 기준으로 판단하여야 한다는 이유로 원심을 파기한 사례(대판 2020.2.6. 2015도9130, 대판 2019.12.27. 2015도10570).

 **판 례** 사기죄의 불법영득의사

1) 불법영득의사가 인정되는경우

① [1] 범인이 기망행위에 의해 스스로 재물을 취득하지 않고 제3자로 하여금 재물의 교부를 받게 한 경우에 사기죄가 성립하려면, 그 제3자가 범인과 사이에 정을 모르는 도구 또는 범인의 이익을 위해 행동하는 대리인의 관계에 있거나, 그렇지 않다면 적어도 불법영득의사와의 관련상 범인에게 그 제3자로 하여금 재물을 취득하게 할 의사가 있어야 한다. 위와 같은 의사는 반드시 적극적 의욕이나 확정적 인식이어야 하는 것은 아니고 미필적 인식이 있으면 충분하며, 그 의사가 있는지 여부는 범인과 그 제3자 및 피해자 사이의 관계, 기망행위 혹은 편취행위의 동기, 경위와 수단·방법, 그 행위의 내용과 태양 및 당시의 거래관행 등 여러 사정을 종합하여 사회통념에 비추어 합리적으로 판단하여야 한다. 한편, 재물편취를 내용으로 하는 사기죄에 있어서는 기망으로 인한 재물교부가 있으면 그 자체로써 피해자의 재산침해가 되어 곧 사기죄는 성립하는 것이고, 그로 인한 이익이 결과적으로 누구에게 귀속하는지는 사기죄의 성부에 아무런 영향이 없다. [2] 甲이 乙에게 이중매도한 택지분양권을 순차 매수한 丙·丁에게 이중매도 사실을 숨긴 채 자신의 명의로 형식적인 매매계약서를 작성해 준 사안에서, 甲이 직접 매매대금을 수령하지 않았더라도 丙·丁에 대한 사기죄가 성립한다고 판단한 사례(대판 2009.1.30. 2008도9985).

② 범인이 기망행위에 의해 스스로 재물을 취득하지 않고 제3자로 하여금 재물의 교부를 받게 한 경우에 사기죄가 성립하려면, 그 제3자가 범인과 사이에 정을 모르는 도구 또는 범인의 이익을 위해 행동하는 대리인의 관계에 있거나, 그렇지 않다면 적어도 불법영득의사와의 관련상 범인에게 그 제3자로 하여금 재물을 취득하게 할 의사가 있어야 한다(대판 2012.5.24. 2011도15639, 대판 2009.1.30. 2008도9985 등 참조).
[해설] 제3자에게 재물 또는 재산상 이익을 취득하게 하는 제3자 취득사기의 경우 피고인과 제3자 사이에는 어떤 관계가 필요한 것인지를 설시한 판례.

2) 불법영득의사가 인정되지 않는 경우

① 피고인이 진실한 용도를 속이고 피해자로부터 그 인감도장을 교부받아 이 사건 부동산에 관한 소유권이전등기절차에 필요한 관계서류를 작성하여 그 명의로 소유권이전등기를 마쳤다 하여도 피해자의 처분행위가 있었다고 할 수 없고 또 인감도장이라는 재물을 영득할 의사가 없었던 것이라면 피고인에 대한 이번 사기 공소사실에 관하여 무죄를 선고한 것은 옳고 사기죄의 법리를 오해한 위법이 없다(대판 1990.2.27. 89도335).

② 피고인 등이 허위의 주장을 하여 소유권보존등기말소청구 소송 등을 제기한 것은 그로 인하여 경매절차가 진행 중인 부동산에 예고등기가 경료되도록 함으로써 경매가격 하락 등을 의도한 것으로 보일 뿐이고, 위 말소청구소송을 통하여 승소판결을 받아 재산상의 이익을 취하려고 한 것으로 보기 어렵다. 피고인 등이 위와 같이 말소청구소송 등을 제기하고 법원의 촉탁으로 예고등기가 경료된 이후에는 대부분 그 소를 취하하거나 변론기일에 출석하지 아니하여 소취하 간주되는 등으로 소송이 종결된 것도 그러한 의도가 없음을 뒷받침한다. 따라서 피고인에게는 허위 주장에 기한 소송을 통하여 승소판결을 받아 재물 또는 재산상의 이익을 취득하려는 고의 내지 불법영득의 의사가 있었다고 볼 수 없다(대판 2009.4.9. 2009도128).

3. 관련문제

(1) 실행의 착수와 기수시기

1) 착수시기 : 본죄의 실행의 착수는 기망행위를 개시한 때이다. 다만, 보험사기는 경우를 나누어서 보험금 편취의 경우는 보험금 청구시, 보험계약 기망의 경우에는 청약서 작성시에 실행의 착수가 인정된다.

2) 기수시기 : 본죄의 기수시기는 재산상의 손해가 발생한 때 또는 손해발생의 구체적 위험이 있는 때에 인정된다. 손해발생은 처분행위로 인하여 재물에 대한 점유 또는 재산상 이익이 행위자 또는 제3자에게 현실적으로 이전된 때 인정된다. 구체적으로 볼 때, 동산사기의 경우에는 재물의 인도·교부시에 기수가 되고, 부동산사기의 경우에는 점유이전시 또는 소유권이전등기 경료시에 기수가 된다. 보험사기의 경우에는 고지의무를 위반하고 보험계약을 체결한 경우에는 보험증권을 교부받은 때에 기수가 되고, 보험계약 후 보험금 편취를 위하여 방화·살인을 한 경우에는 보험금 수령시에 기수가 된다. 그리고 소송사기의 경우에는 승소판결의 확정시에 기수가 된다(판례).

(2) 불법원인급여와 사기죄

사람을 기망하여 반환청구권이 없는 불법한 급여를 하게 하는 경우에 사기죄의 성립을 인정할 것인가에 관하여는 ㈎ 민법상 피해자에게는 반환청구권이 없으므로 본죄가 성립되지 않는다는 부정설과 ㈏ 민법상의 반환청구권이 본죄의 요건이 될 수 없고, 기망행위에 의하여 피해자에게 재산상의 손해를 입힌 것은 부정할 수 없으므로 본죄가 성립한다는 긍정설이 대립하고 있다. 사람을 기망하여 피해자에게 재산상의 손해를 입힌 것이 명백하고, 사기죄의 성립은 형법 독자의 입장에서 판단해야 할 것이므로 사기죄의 성립을 인정하는 통설인 긍정설이 타당하다. 판례도 같은 입장이다.

(3) 정조의 대가와 사기죄

이 경우에는 자연채무와 동일한 성질의 채권·채무관계가 형성되므로 사기죄가 성립한다는 긍정설(판례)과 정조는 재산권이 될 수 없고, 매음계약은 공서양속에 반하여 무효이므로 사기죄가 성립하지 않는다는 부정설(다수설)이 대립되어 있다. 경제적 재산개념에 입각할 때 긍정설이 타당하다.

(4) 친족상도례

사기죄에 대하여도 친족상도례가 적용된다(제354조). 본죄에 친족상도례가 적용되기 위하여는 행위자와 피해자 사이에 친족관계가 존재하여야 한다(다수설). 판례는 특정경제범죄 가중처벌 등에 관한 법률에 친족상도례가 적용되는지에 대해서 "형법 제354조, 제328조의 규정에 의하면, 직계혈족, 배우자, 동거친족, 동거가족 또는 그 배우자 간의 사기죄는 그 형을 면제하여야 하고 그 외의 친족 간에는 고소가 있어야 공소를 제기할 수 있는바, 형법상 사기죄의 성질은 특정경제범죄 가중처벌 등에 관한 법률 제3조 제1항에 의해 가중처벌되는 경우에도 그대로 유지되고 같은 법률에 친족상도례의 적용을 배제한다는 명시적인 규정이 없으므로, 형법 제354조는 같은 법률 제3조 제1항 위반죄에도 그대로 적용된다(대판 2010.2.11. 2009도12627)"고 한다.

> **제354조(친족간의 범행, 동력)**
> 제328조와 제346조의 규정은 본장의 죄에 준용한다.

 실행의 착수

1) 실행의 착수가 인정되는 경우

- 특정 질병을 앓고 있는 사람이 보험회사가 정한 약관에 그 질병에 대한 고지의무를 규정하고 있음을 알면서도 이를 고지하지 아니한 채 그 사실을 모르는 보험회사와 그 질병을 담보하는 보험계약을 체결한 다음 바로 그 질병의 발병을 사유로 하여 보험금을 청구하였다면 특별한 사정이 없는 한 사기죄에 있어서의 기망행위 내지 편취의 범의를 인정할 수 있다(대판 2007.4.12. 2007도967).

2) 실행의 착수가 인정되지 않는 경우

① 태풍 피해복구보조금 지원절차가 행정당국에 의한 실사를 거쳐 피해자로 확인된 경우에 한하여 보조금 지원신청을 할 수 있도록 되어 있는 경우, 피해신고는 국가가 보조금의 지원 여부 및 정도를 결정함에 있어 그 직권조사를 개시하기 위한 참고자료에 불과하다는 이유로 허위의 피해신고만으로는 위 보조금 편취범행의 실행에 착수한 것이라고 볼 수 없다(대판 1999.3.12. 98도3443).

② 장애인단체의 지회장이 지방자치단체로부터 보조금을 더 많이 지원받기 위하여 허위의 보조

금 정산보고서를 제출한 경우, 보조금 정산보고서는 보조금의 지원 여부 및 금액을 결정하기 위한 참고자료에 불과하고 직접적인 서류라고 할 수 없다는 이유로 보조금 편취범행(기망)의 실행에 착수한 것으로 보기 어렵다고 한 사례(대판 2003.6.13. 2003도1279).

③ 타인의 사망을 보험사고로 하는 생명보험계약을 체결함에 있어 제3자가 피보험자인 것처럼 가장하여 체결하는 등으로 그 유효요건이 갖추어지지 못한 경우에도, 보험계약 체결 당시에 이미 보험사고가 발생하였음에도 이를 숨겼다거나 보험사고의 구체적 발생가능성을 예견할 만한 사정을 인식하고 있었던 경우 또는 고의로 보험사고를 일으키려는 의도를 가지고 보험계약을 체결한 경우와 같이 보험사고의 우연성과 같은 보험의 본질을 해칠 정도라고 볼 수 있는 특별한 사정이 없는 한, 그와 같이 <u>하자 있는 보험계약을 체결한 행위만으로는 미필적으로라도 보험금을 편취하려는 의사에 의한 기망행위의 실행에 착수한 것으로 볼 것은 아니다.</u> 그러므로 그와 같이 기망행위의 실행의 착수로 인정할 수 없는 경우에 피보험자 본인임을 가장하는 등으로 보험계약을 체결한 행위는 단지 장차의 <u>보험금 편취를 위한 예비행위에 지나지 않는다</u>(대판 2013.11.14. 2013도7494).

판례 사기죄의 기수가 되는 경우

① [1] 사기죄에 있어서 '재물의 교부'란 범인의 기망에 따라 피해자가 착오로 재물에 대한 사실상의 지배를 범인에게 이전하는 것을 의미하는데, 재물의 교부가 있었다고 하기 위하여 반드시 재물의 현실의 인도가 필요한 것은 아니고 <u>재물이 범인의 사실상의 지배 아래에 들어가 그의 자유로운 처분이 가능한 상태에 놓인 경우에도 재물의 교부가 있었다고 보아야 한다.</u> [2] 피고인의 주문에 따라 제작된 도자기 중 실제로 배달된 것뿐만 아니라 피고인이 지정하는 장소로의 배달을 위하여 피해자가 보관 중인 도자기도 피고인에게 모두 교부되었다고 판단하여 사기죄의 기수를 인정한 원심을 수긍한 사례(대판 2003.5.16. 2001도1825).

② 타인의 명의를 빌려 예금계좌를 개설한 후, 통장과 도장은 명의인에게 보관시키고 자신은 위 계좌의 현금인출카드를 소지한 채, 명의인을 기망하여 위 예금계좌로 돈을 송금하게 한 경우, 자신은 통장의 현금인출카드를 소지하고 있으면서 언제든지 카드를 이용하여 차명계좌 통장으로부터 금원을 인출할 수 있었고, 명의인을 기망하여 위 통장으로 돈을 송금받은 이상, 이로써 <u>송금받은 돈을 자신의 지배하에 두게 되어 편취행위는 기수에 이르렀다고 할 것이고, 이후 편취금을 인출하지 않고 있던 중 명의인이 이를 인출하여 갔다 하더라도 이는 범죄성립 후의 사정일 뿐 사기죄의 성립에 영향이 없다</u>(대판 2003.7.25. 2003도2252).

판례 불법원인급여와 사기죄

① 피고인이 위 금원 중 금 1천만 원만 변호사 선임비로 쓰고 나머지는 자신의 사업자금으로 사용하였다면 특단의 사정이 보이지 아니하는 이 사건에 있어서 피고인은 피해자의 이러한 상태를 이용하여 소송비용 등을 빌미로 자신의 사업자금에 사용하기 위하여 피해자로부터 위 금원을 차용한 것으로 보여지는 바 용도를 속이고 돈을 빌린 행위가 사기죄에 해당하지 아니한다고 무죄를 선고한 원심판결을 채증법칙 위배나 사기죄에 있어서 기망에 관한 법리를 오해한 위법이

있다는 이유로 파기한 사례(대판 1995.9.15. 95도707).

② <u>민법 제746조의 불법원인급여에 해당하여 급여자가 수익자에 대한 반환청구권을 행사할 수 없다고 하더라도, 수익자가 기망을 통하여 급여자로 하여금 불법원인급여에 해당하는 재물을 제공하도록 하였다면 사기죄가 성립</u>한다고 할 것인바, 피고인이 피해자 공소외인으로부터 도박자금으로 사용하기 위하여 금원을 차용하였더라도 사기죄의 성립에는 영향이 없다고 한 원심의 판단은 옳은 것으로 수긍이 가고, 거기에 불법원인급여와 사기죄의 성립에 관한 법리오해의 위법이 있다고 할 수 없다(대판 2006.11.23. 2006도6795).

판례 | 기망에 의한 매음료 면탈

- 일반적으로 부녀와의 성행위 자체는 경제적으로 평가할 수 없고, 부녀가 상대방으로부터 금품이나 재산상 이익을 받을 것을 약속하고 성행위를 하는 약속 자체는 선량한 풍속 기타 사회질서에 위반한 사항을 내용으로 하는 법률행위로서 무효이나, <u>사기죄의 객체가 되는 재산상의 이익이 반드시 사법(私法)상 보호되는 경제적 이익만을 의미하지 아니하고, 부녀가 금품 등을 받을 것을 전제로 성행위를 하는 경우 그 행위의 대가는 사기죄의 객체인 경제적 이익에 해당하므로, 부녀를 기망하여 성행위 대가의 지급을 면하는 경우 사기죄가 성립</u>한다(대판 2001.10.23. 2001도2991). [해설] 금품 등을 받을 것을 전제로 성행위를 하는 부녀를 기망하여 성행위 대가의 지급을 면하는 경우 사기죄의 성립을 인정한 판례.

판례 | 사고 피해자의 보험금 사기

1) 사기죄가 성립하는 경우

① 산업재해보상 보험급여를 지급받을 수 있는 지위에 있었다고 하더라도 특정 일자에 업무상 재해를 입은 사실이 전혀 없음에도 불구하고, 허위 내용의 목격자진술서를 첨부하는 등의 부정한 방법으로 요양신청을 하여 산업재해보상 보험급여를 지급받았다면, 피고인의 이러한 행위는 특별한 사정이 없는 한 그 자체로 이미 사회통념상 권리행사의 수단으로 용인할 수 없는 정도라고 한 사례(대판 2003.6.13. 2002도6410).

② 피고인이 보험금을 편취할 의사로 고의적으로 사고를 유발한 경우 보험금에 관한 사기죄가 성립하고, 나아가 설령 <u>피고인이 보험사고에 해당할 수 있는 사고로 인하여 경미한 상해를 입었다고 하더라도 이를 기화로 보험금을 편취할 의사로 그 상해를 과장하여 병원에 장기간 입원하고 이를 이유로 실제 피해에 비하여 과다한 보험금을 지급받는 경우에는 그 보험금 전체에 대해 사기죄가 성립</u>한다고 할 것이다(대판 2007.5.11. 2007도2134).

③ [1] 기망행위를 수단으로 한 권리행사의 경우 그 권리행사에 속하는 행위와 그 수단에 속하는 기망행위를 전체적으로 관찰하여 그와 같은 기망행위가 사회통념상 권리행사의 수단으로서 용인할 수 없는 정도라면 그 권리행사에 속하는 행위는 사기죄를 구성하는데, <u>보험금을 지급받을 수 있는 사유가 있다 하더라도 이를 기화로 실제 지급받을 수 있는 보험금보다 다액의 보험금을 편취할 의사로 장기간의 입원 등을 통하여 과다한 보험금을 지급받는 경우에는 지급받은 보험금 전체에 대하여 사기죄가 성립</u>한다. [2] 환자들의 건강상태에 맞게 적정한 진료행위를 하지 않은 채 입원의 필요성이 적은 환자들에게까지 입원

을 권유하고 퇴원을 만류하는 등으로 장기간의 입원을 유도하여 국민건강보험공단에 과다한 요양급여비를 청구한 행위는 사회통념상 권리행사의 수단으로 용인할 수 없는 것이어서, 비록 그 중 일부 기간에 대하여 실제 입원치료가 필요하였다고 하더라도 그 부분을 포함한 당해 입원기간의 요양급여비 전체에 대하여 사기죄가 성립한다고 한 사례(대판 2009.5.28. 2008도4665).

④ 피고인이 보험금을 편취할 의사로 허위로 보험사고를 신고하거나 고의로 보험사고를 유발한 경우 보험금에 관한 사기죄가 성립하고, 나아가 설령 피고인이 보험사고에 해당할 수 있는 사고로 경미한 상해를 입었다고 하더라도 이를 기화로 보험금을 편취할 의사로 상해를 과장하여 병원에 장기간 입원하고 이를 이유로 실제 피해에 비하여 과다한 보험금을 지급받는 경우에는 보험금 전체에 대해 사기죄가 성립한다(대판 2011.2.24. 2010도17512, 대판 2005.9.9. 2005도3518).

⑤ 피고인들이 보험금을 지급받을 수 있는 질환을 어느 정도 가지고 있음을 기화로 여러 병원에서 장기간에 걸쳐 과다하게 통원치료를 받은 후 실제 지급받을 수 있는 보험금보다 많은 보험금을 청구하는 방법으로 보험회사를 기망하여 전체 통원치료 횟수에 대한 보험금 전액을 수령함으로써 이를 편취한 사례(대판 2021.8.12. 2020도13704). [해설] 장기간 과다하게 통원치료를 받은 후 실제 지급받을 수 있는 보험금보다 많은 보험금을 청구한 경우에 통원치료의 경우에도 수령한 보험금 전액에 대한 편취를 인정한 사례. 보험금을 지급받을 수 있는 사유가 있더라도 이를 기화로 실제 지급받을 수 있는 보험금보다 다액의 보험금을 편취할 의사로 장기간의 입원 등을 통해 과다한 보험금을 지급받는 경우 지급받은 보험금 전체에 대하여 사기죄가 성립한다는 법리(대판 2007.5.11. 2007도2134, 대판 2009.5.28. 2008도4665)를 원용함.

2) 사기죄가 성립하지 않는 경우

- 타인의 폭행으로 상해를 입고 병원에서 치료를 받으면서, 상해를 입은 경위에 관하여 거짓말을 하여 국민건강보험공단으로부터 보험급여 처리를 받아 사기죄로 기소된 사안에서, 위 상해는 '전적으로 또는 주로 피고인의 범죄행위에 기인하여 입은 상해'라고 할 수 없다고 보아 위 공소사실을 무죄로 판단한 원심을 수긍한 사례(대판 2010.6.10. 2010도1777). [해설] '갑'과 '을'이 싸움을 하다 '갑'이 전치 8주 상해를 입었고, '갑'은 병원치료를 받으며 타인에 의한 상해 치료는 건강보험의 대상이 아님을 알게 되자, 병원을 옮기고 "산에서 내려오다 넘어진 것이다"라고 거짓을 말하고 치료비 260,000원을 받아낸 사안에서, 보험공단이 '갑'을 사기죄로 고소하였는데 대법원은 원심이 선고한 무죄를 확정한 사례. 국민건강보험법 제48조 제1항 제1호는 '고의 또는 중대한 과실로 인한 범죄행위에 기인하거나 고의로 사고를 발생시킨 때' 보험급여를 지급하지 아니한다고 규정하고 있는데 보험공단은 이 규정을 넓게 해석하여, 범죄행위에 해당하면 획일적으로 보험급여를 배제하여 왔음. 본 판례는 위 제48조 제1항 제1호의 '고의 또는 중대한 과실로 인한 범죄행위에 기인한 경우는 고의 또는 중대한 과실로 인한 자기의 범죄행위에 전적으로 기인해 보험사고가 발생했거나 고의 또는 중대한 과실로 인한 자신의 범죄행위가 주된 원인이 되어 보험사고가 발생한 경우'를 말한다고 판시하고, 피고인('갑')이 타인의 폭행으로 입은 상해가 전적으로 또는 주로 피고인의 범죄행위에 기인해 입은 상해라 할 수 없다고 보아 무죄가 타당하다고 판단함.

(5) 죄수 및 타죄와의 관계

1) 죄수 : ㈎ 1개의 기망행위로 1인으로부터 수회 재물을 편취하거나 재물과 재산상 이익을 취득한 경우에는 사기죄의 포괄일죄가 된다. ㈏ 수개의 기망행위로 1인으로부터 재물을 편취한 경우에

는 범의가 단일하고 범행방법이 동일하다면 사기죄의 포괄일죄가 되나, 다를 경우에는 실체적 경합이 된다. 이에 비해, ㈐ 1개의 기망행위로 수인을 기망하여 재물을 편취한 경우에는 수개의 점유를 침해한 것이므로 수개의 사기죄의 상상적 경합이 된다. ㈑ 수인에 대하여 수개의 기망행위를 하여 각각 재물을 편취한 경우에는 범의가 단일하고 범행방법이 동일하다고 하더라도 수개의 사기죄의 실체적 경합이 된다.

   2) **수뢰죄·위조통화행사죄와의 관계** : 공무원이 직무에 관하여 타인을 기망하여 재물을 교부받은 때에는 본죄와 수뢰죄의 상상적 경합이 되며, 위조통화를 행사하여 타인의 재물을 편취한 때에 두 범죄는 행위의 부분적 동일성이 있는 상상적 경합관계에 있다고 함이 타당하나, 판례는 위조통화행사죄와 본죄의 경합범이 된다고 한다.

   3) **횡령죄 및 배임죄와의 관계** : 자기가 점유하는 타인의 재물을 영득한 때에는 횡령죄만 성립한다(판례). 타인의 사무를 처리하는 자가 본인을 기망하여 재산상의 이익을 취득한 경우에는 사기죄와 배임죄의 상상적 경합이 성립한다(판례).

   4) **도박죄와의 관계** : 사기도박에 있어서는 우연성이 없기 때문에 도박죄는 성립하지 아니하고 사기죄를 구성할 뿐이다.

> **판 례** 피해자가 1인인 경우의 죄수

1) 죄수 판단기준

- 단일한 범의의 발동에 의하여 상대방을 기망하고 그 결과 착오에 빠져 있는 동일인으로부터 일정 기간 동안 동일한 방법에 의하여 금원을 편취한 경우에는 이를 포괄적으로 관찰하여 일죄로 처단하는 것이 가능할 것이나, 범의의 단일성과 계속성이 인정되지 아니하거나 범행방법이 동일하지 않은 경우에는 각 범행은 실체적 경합범에 해당한다(대판 2004.6.25. 2004도1751).

2) 포괄일죄가 되는 경우

① 피고인이 취직교제비 명목으로 금원을 편취함에 있어 동일 피해자로부터 재물을 여러 차례에 걸쳐 수수함으로써 그 행위가 여러 개로 보이더라도 그것이 단일하고 계속되는 범의에 의하여 이루어진 것이고 동일한 법익을 침해한 때에는 사기죄의 포괄일죄로 보는 것이 상당하다(대판 1988.9.6. 87도1166).

② 피해자를 기망하여 1994. 2. 25.경부터 같은 해 11.경까지 휴대폰 할부대금 및 사용료 금 226만원을 피해자의 통장에서 지급되도록 하여 합계 금 2,392,000원 상당을 편취한 경우와 같이 여러 차례에 걸쳐 금원을 교부받거나 재산상 이익을 취득한 행위는 포괄하여 1개의 사기죄를 구성하고 그 죄는 마지막으로 재산상 이익을 취득한 1994. 11.경에 완성되는 것이어서 1994. 3. 3.자로 확정된 판결에 대하여 그 후의 범행임이 분명하므로 원심이 이를 확정판결 전의 범행으로 보아 처단한 점에는 경합범의 법리를 오해한 위법이 있다는 이유로 원심판결을 파기한 사례 (대판 1996.1.26. 95도2437).

③ 피고인이 수개의 선거비용 항목을 허위기재한 하나의 선거비용 보전청구서를 제출하여 대한민국으로부터

선거비용을 과다 보전받아 이를 편취하였다면 <u>이는 일죄로 평가</u>되어야 하고, 각 선거비용 항목에 따라 별개의 사기죄가 성립하는 것은 아니다(대판 2017.5.30. 2016도21713).

3) 실체적 경합이 되는 경우

① 일반적으로 물품거래 관계에 있어서 물품대금을 변제할 의사나 능력이 없음에도 피해자를 기망하여 물품을 공급받는 경우 피해자의 착오에 의한 재산적 처분행위는 물품의 교부로서 이로써 재물에 대한 사기죄가 성립하고, 그 이후에 물품대금채무를 변제하지 아니한 것은 채무불이행에 불과하여 별도로 재산상 이익을 편취한 것이라고는 볼 수 없으며, 다만 또 다른 기망행위에 의하여 그 채무변제의 유예를 받거나 채무를 면제받은 경우 등 피해자의 별개의 처분행위가 있는 경우에 한하여 재산상 이익 편취에 의한 사기죄가 성립할 수 있을 것이다(대판 2005.11.24. 2005도7481).

② 사기죄에서 피해자에게 그 대가가 지급된 경우, 피해자를 기망하여 그가 보유하고 있는 그 대가를 다시 편취하거나 피해자로부터 그 대가를 위탁받아 보관 중 횡령하였다면, 이는 <u>새로운 법익의 침해가 발생한 경우이므로, 기존에 성립한 사기죄와는 별도의 새로운 사기죄나 횡령죄가 성립한다</u>(대판 2009.10.29. 2009도7052).

 **판 례** 피해자가 수인인 경우의 죄수

1) 실체적 경합이 되는 경우

① [1] <u>다수의 계(契)를 조직하여 수인의 계원들을 개별적으로 기망하여 계불입금을 편취한 사안</u>에서, 각 피해자별로 독립하여 사기죄가 성립하고 그 사기죄 상호간은 실체적 경합범 관계에 있다고 한 원심판단을 수긍한 사례. [2] 계(契) 운영을 통한 甲의 사기범행을 미필적으로나마 인식 또는 예견하면서도 그 범행의 실행행위를 직·간접적으로 도와 용이하게 한 乙의 행위가 사기방조죄에 해당한다고 한 원심판단을 수긍한 사례(대판 2010.4.29. 2010도2810).

② 다수의 피해자에 대하여 각별로 기망행위를 하여 각각 재산상 이익을 편취한 경우에는 범의가 단일하고 범행방법이 동일하더라도 각 피해자의 피해법익은 독립한 것이므로 이를 포괄일죄로 파악할 수 없고 피해자별로 독립한 사기죄가 성립된다(대판 2015.4.23. 2014도16980).

2) 상상적 경합이 되는 경우

① 단일하고 계속된 범의 아래 같은 장소에서 반복하여 여러 사람으로부터 계불입금을 편취한 소위는 피해자별로 포괄하여 1개의 사기죄가 성립하고 이들 포괄일죄 상호간은 상상적 경합관계에 있다고 볼 것이므로 그 중 일부 피해자들로부터 계불입금을 편취하였다는 공소사실에 대하여 확정판결이 있었다면 나머지 피해자들에 대한 이 사건 공소사실에 대하여도 위 판결의 기판력이 미치게 된다고 할 것이다(대판 1990.1.25. 89도252).

② <u>1개의 기망행위에 의하여 다수의 피해자로부터 각각 재산상 이익을 편취한 경우에는 피해자별로 수개의 사기죄가 성립하고, 그 사이에는 상상적 경합의 관계에 있는 것으로 보아야 한다</u>(대판 2015.4.23. 2014도16980, 대판 2011.1.13. 2010도9330).

3) 포괄일죄가 되는 경우

- 피해자들이 하나의 동업체를 구성하는 등으로 피해 법익이 동일하다고 볼 수 있는 사정이 있는 경우에는 피해자가 복수이더라도 이들에 대한 사기죄를 포괄하여 일죄로 볼 수도 있을 것이다(대판 2015.4.23. 2014도16980).

판례 사기죄와 수뢰죄의 관계

- 피고인 2에 대하여 인정한 사실은 피고인 2는 소속대 병기과 전임하사직에 있는 자인데 1976. 1월경 동 중대 인사계인 상사 공소외 4로부터 부족된 총기문제 해결방법을 모색해 달라는 취지의 부탁을 받았으나 이를 거절하고 있던 중 위 총기부족은 행정착오로서 그 총기는 같은 1중대에 있다는 것을 알고 있음에도 불구하고 그 총기가 분실된 것으로만 알고 있는 피고인 정창길이가 분실된 총기 문제를 해결해주면 돈을 얼마든지 주겠다고 제의하자 위 행정착오인 사실을 감추고 막연히 다른 곳에서 같은 총기 1정을 구입 보충해서 해결해 줄 것 같은 태도를 취하여 동인으로 하여금 그 취지를 오신케 하여서 2차례에 걸쳐 돈 6만원을 교부받아 편취하였다는 것이고 위 인정은 원심판결에서 인용한 증거관계에 비추어 능히 시인될 수 있으며 동 사실에 의하면 피고인 2는 공소외 4의 착오상태를 위법하게 이용하고 거짓태도를 취하여서 돈을 교부받은 것이니 그에 대하여 형법 제347조 제1항, 제30조를 적용처단한 원심의 의율은 정당하고 원래 1개의 행위가 뇌물죄와 사기죄의 각 구성요건에 해당될 수 있는 바이므로 이런 경우에는 형법 제40조에 의하여 상상적 경합으로 처단하여야 할 것(대판 1977.6.7. 77도1069). [해설] 공무원이 직무에 관하여 타인을 기망하여 재물을 편취하는 경우 공무원에게는 수뢰죄와 사기죄의 상상적 경합이 성립한다고 본 사례. 직무관련성이 없으면 공무원에게 사기죄만 성립함.

판례 사기죄와 횡령죄의 관계

1) 횡령죄만 성립하는 경우

- 임야를 공소외 공영섭에게 대금 600,000원에 매도하였음에도 불구하고 위 함봉옥에게 돈 300,000원에 처분하였다고 거짓말을 하여 동인을 기망하고 이를 믿은 동인에게 돈 300,000원만을 교부하고 나머지 돈 300,000원을 교부하지 아니하여 동액 상당의 재산상 이득을 취하였다"는 점에 대하여 판단하기를 무릇 사기죄는 타인이 점유하는 재물을 교부받음으로써 이를 편취하거나 또는 타인으로부터 재산상 이득을 취득할 경우에 성립하는 것이고 자기가 점유하는 타인의 재물을 영득할 경우에는 비록 이를 영득함에 있어 기망행위가 있었다고 하여도 단순히 횡령죄만이 구성될 뿐 사기죄는 구성되지 아니한다고 할 것이라고 설시하였다(대판 1980.12.9. 80도1177).

2) 사기죄만 성립하는 경우

① 피고인이 당초부터 피해자를 기망하여 약속어음을 교부받은 경우에는 그 교부받은 즉시 사기죄가 성립하고 그 후 이를 피해자에 대한 피고인의 채권의 변제에 충당하였다 하더라도 불가벌적 사후행위가 됨에 그칠 뿐, 별도로 횡령죄를 구성하지 않는다(대판 1983.4.26. 82도3079).

② 갑 종친회 회장인 피고인이 위조한 종친회 규약 등을 공탁관에게 제출하는 방법으로 갑 종친회를 피공탁자로 하여 공탁된 수용보상금을 출급받아 편취하고, 이를 종친회를 위하여 업무상 보관하던 중 반환을 거부하여 횡령하였다는 내용으로 기소된 사안에서, 피고인이 공탁관을 기망하여 공탁금을 출급받음으로써 갑 종친회를 피해자로 한 사기죄가 성립하고, 그 후 갑 종친회에 대하여 공탁금 반환을 거부한 행위는 새로운 법익의 침해를 수반하지 않는 불가벌적 사후행위에 해당할 뿐 별도의 횡령죄가 성립하지 않는다고 한 사례(대판 2015.9.10. 2015도8592).

③ [1] 간접정범을 통한 범행에서 피이용자는 간접정범의 의사를 실현하는 수단으로서의 지위를 가질 뿐이므로, 피해자에 대한 사기범행을 실현하는 수단으로서 타인을 기망하여 그를 피해자로부터 편취한 재물이나 재산상 이익을 전달하는 도구로서만 이용한 경우에는 편취의 대상인 재물 또는 재산상 이익에 관하여 피해자에 대한 사기죄가 성립할 뿐 도구로 이용된 타인에 대한 사기죄가 별도로 성립한다고 할 수 없다.
[2] 전기통신금융사기(이른바 보이스피싱 범죄)의 범인이 피해자를 기망하여 피해자의 자금을 사기이용계좌로 송금·이체받으면 사기죄는 기수에 이르고, 범인이 피해자의 자금을 점유하고 있다고 하여 피해자와의 어떠한 위탁관계나 신임관계가 존재한다고 볼 수 없을 뿐만 아니라, 그 후 범인이 사기이용계좌에서 현금을 인출하였더라도 이는 이미 성립한 사기범행이 예정하고 있던 행위에 지나지 아니하여 새로운 법익을 침해한다고 보기도 어려우므로, 위와 같은 인출행위는 사기의 피해자에 대하여 별도의 횡령죄를 구성하지 아니한다. 이러한 법리는 사기범행에 이용되리라는 사정을 알고서 자신 명의 계좌의 접근매체를 양도함으로써 사기범행을 방조한 종범이 사기이용계좌로 송금된 피해자의 자금을 임의로 인출한 경우에도 마찬가지로 적용된다(대판 2017.5.31. 2017도3894). [해설] 계좌명의인이 보이스피싱 범죄에 애초부터 공범으로 가담함으로써 사기방조범이 된 경우 자신이 그 범행의 결과물인 피해금을 보관하게 된 것을 두고 피해자와의 사이에 위탁관계가 인정될 수 없으므로 횡령죄가 성립하지 아니한다고 본 사례.

3) 사기죄와 횡령죄가 성립하는 경우

① 위탁자로부터 당좌수표 할인을 의뢰받은 피고인이 제3자를 기망하여 당좌수표를 할인받은 다음 그 할인금을 임의소비한 경우, 제3자에 대한 사기죄와 별도로 위탁자에 대한 횡령죄가 성립한다고 본 사례(대판 1998.4.10. 97도3057).

② 대표이사가 회사의 상가분양 사업을 수행하면서 수분양자들을 기망하여 편취한 분양대금은 회사의 소유로 귀속되는 것이므로, 대표이사가 그 분양대금을 횡령하는 것은 사기 범행이 침해한 것과는 다른 법익을 침해하는 것이어서 회사를 피해자로 하는 별도의 횡령죄가 성립된다(대판 2005.4.29. 2005도741).

③ 주식회사의 대표이사가 타인을 기망하여 회사가 발행하는 신주를 인수하게 한 다음 그로부터 납입받은 신주인수대금을 보관하던 중 횡령한 행위는 사기죄와는 전혀 다른 새로운 보호법익을 침해하는 행위로서 별죄를 구성한다(대판 2006.10.27. 2004도6503).

판례 | 사기죄와 배임죄의 관계

① [1] 상상적 경합은 1개의 행위가 실질적으로 수개의 구성요건을 충족하는 경우를 말하고 법조경합은 1개의 행위가 외관상 수개의 죄의 구성요건에 해당하는 것처럼 보이나 실질적으로 1죄만을 구성하는 경우를

말하며, 실질적으로 1죄인가 또는 수죄인가는 구성요건적 평가와 보호법익의 측면에서 고찰하여 판단하여야 한다. [2] 업무상배임행위에 사기행위가 수반된 때의 죄수 관계에 관하여 보면, 사기죄는 사람을 기망하여 재물의 교부를 받거나 재산상의 이익을 취득하는 것을 구성요건으로 하는 범죄로서 임무위배를 그 구성요소로 하지 아니하고 사기죄의 관념에 임무위배 행위가 당연히 포함된다고 할 수도 없으며, 업무상배임죄는 업무상 타인의 사무를 처리하는 자가 그 업무상의 임무에 위배하는 행위로써 재산상의 이익을 취득하거나 제3자로 하여금 이를 취득하게 하여 본인에게 손해를 가하는 것을 구성요건으로 하는 범죄로서 기망적 요소를 구성요건의 일부로 하는 것이 아니어서 <u>양 죄는 그 구성요건을 달리하는 별개의 범죄이고 형법상으로도 각각 별개의 장에 규정되어 있어, 1개의 행위에 관하여 사기죄와 업무상배임죄의 각 구성요건이 모두 구비된 때에는 양 죄를 법조경합 관계로 볼 것이 아니라 상상적 경합관계로 봄이 상당하다 할 것이고, 나아가 업무상배임죄가 아닌 단순배임죄라고 하여 양 죄의 관계를 달리 보아야 할 이유도 없다</u>(대판 2002.7.18. 2002도669 전원합의체). [해설] 본 판례는 1개의 행위에 관하여 사기죄와 업무상배임죄의 각 구성요건이 모두 구비된 때에는 양 죄를 법조경합 관계로 볼 것이 아니라 상상적 경합관계로 본 사례. 다만 사기죄와 배임죄가 상상적 경합에 있다는 것은 본인에 대한 관계에서 적용되는 법리이고, 타인의 사무를 처리하는 자가 제3자를 기망하여 재물 또는 재산상 이익을 취득하고 그로 인하여 본인에게 재산상 손해를 가한 때에는 배임죄와 사기죄가 모두 성립하고 이들 죄는 상상적 경합이 아니라 실체적 경합의 관계에 있음(대판 2010.11.11. 2010도10690).

② [1] <u>본인에 대한 배임행위가 본인 이외의 제3자에 대한 사기죄를 구성한다 하더라도 그로 인하여 본인에게 손해가 생긴 때에는 사기죄와 함께 배임죄가 성립하고 두 죄는 실체적 경합관계에 있다.</u> [2] 피고인이 이 사건 각 건물에 관하여 전세임대차계약을 체결할 권한이 없음에도 임차인들을 속이고 전세임대차계약을 체결하여 그 임차인들로부터 전세보증금 명목으로 돈을 교부받은 행위는 건물주가 민사적으로 임차인들에게 전세보증금반환채무를 부담하는지 여부와 관계없이 사기죄에 해당하고, 이 사건 각 건물에 관하여 전세임대차계약이 아닌 월세임대차계약을 체결하여야 할 업무상 임무를 위반하여 전세임대차계약을 체결하여 그 건물주인 피해자로 하여금 전세보증금반환채무를 부담하게 한 행위는 위 사기죄와 별도로 업무상배임죄에 해당한다. 그리고 나아가 <u>위 각 죄는 서로 구성요건 및 그 행위의 태양과 보호법익을 달리하고 있어 상상적 경합범의 관계가 아니라 실체적 경합범의 관계에 있다고 할 것이다</u>(대판 2010.11.11. 2010도10690).

③ [1] 이 사건 공소사실 중 원심 판시 ○○아파트와 관련된 부분은, ① 피고인은 위 아파트에 관한 소유권이전청구권가등기를 말소해 주면 금리가 낮은 곳으로 대출은행을 변경한 다음 곧바로 다시 가등기를 설정해 주겠다고 공소외 1을 기망하여 공소외 1로 하여금 가등기를 말소하게 하여 그에 상당한 재산상 이익을 편취하고, ② 위와 같이 대출은행을 변경한 후 소유권이전청구권가등기 절차를 이행해 줄 임무에 위배하여, 2009. 11. 2.자, 2010. 7. 5.자, 2011. 7. 26.자, 2011. 7. 28.자로 위 아파트에 관하여 제3자 명의로 각 근저당권 및 전세권설정등기를 마침으로써 각 채권최고액 및 전세금 상당의 재산상 이익을 취득하고 공소외 1에게 같은 금액 상당의 재산상 손해를 가하였다는 것이다. 이에 대하여 원심은 위 ①의 사기죄는 유죄로 인정하고, ②의 각 배임죄의 공소사실에 대하여는, 피고인이 약속대로 가등기를 회복해주지 않고 제3자에게 근저당권설정등기 등을 마쳐준 행위는 처음부터 가등기를 말소시켜 이익을 취하려는 사기범행에 당연히 예정된 결과에 불과하여 그 사기범행의 실행행위에 포함된 것일 뿐이므로 사기죄와 비양립

적 관계에 있는 각 배임죄는 성립하지 않는다는 등 그 판시와 같은 이유를 들어, 별도의 배임죄를 유죄로 인정한 제1심판결을 파기하고 그 부분은 무죄라고 판단하였다. 또한 이 사건 공소사실 중 원심 판시 임야에 관한 부분은, ③ 피고인은 보존산지로 지정되어 있어 전원주택 등을 신축할 수 없는 임야에 전원주택을 지을 수 있도록 진입로 등 제반 시설을 설치해 주겠다고 공소외 2 등 11명을 기망하여 임야 11필지에 관한 매매계약을 체결하고 위 11명으로부터 계약금 및 중도금을 교부받아 편취하고, ④ 위 각 매매계약에 기하여 위와 같은 소유권이전등기절차를 이행할 임무에 위배하여, 위 각 임야에 관하여 제3자 명의 근저당권설정등기를 마쳐줌으로써 각 채권최고액 상당의 재산상 이익을 취득하고 위 11명에게 같은 금액 상당의 재산상 손해를 가하였다는 것이다. 원심은 위 ③의 사기죄는 유죄로 인정하고, ④의 각 배임죄의 공소사실에 대하여는, 피고인은 위 11명에게 임야에 관하여 소유권이전등기절차를 이행할 의사가 없었고 이후 제3자들에게 근저당권설정등기를 마쳐준 행위는 기망을 통하여 매매계약을 체결하여 계약금과 중도금을 편취한 사기범행에 포함된 것일 뿐이라는 등 그 판시와 같은 이유를 들어, 별도의 배임죄를 유죄로 인정한 제1심판결을 파기하고 그 부분은 무죄라고 판단하였다. [2] 앞에서 본 법리와 기록에 비추어 살펴보면, <u>위 ①의 사기죄와 ②의 배임죄, 위 ③의 사기죄와 ④의 배임죄는 각각 일방이 범죄로 성립하는 때에는 타방은 범죄로 성립할 수 없고, 일방이 무죄로 되는 경우에만 타방이 범죄로 성립할 수 있는 비양립적인 관계에 있다. 그러므로 ①, ③의 사기죄를 유죄로 인정할 수 있는 이상 ②, ④가 별도의 배임죄로 성립할 수 없다고 본 원심의 판단은 정당하고, 거기에 상고이유 주장과 같이 사기죄 및 배임죄의 구성요건 해석에 관한 법리를 오해한 잘못이 없다.</u> [3] 아파트 소유권자인 피고인이 가등기권리자 甲에게 아파트에 관한 소유권이전청구권가등기를 말소해 주면 대출은행을 변경한 후 곧바로 다시 가등기를 설정해 주겠다고 속여 가등기를 말소하게 하여 재산상 이익을 편취하고, 가등기를 회복해 줄 임무에 위배하여 아파트에 제3자 명의로 근저당권 및 전세권설정등기를 마침으로써 甲에게 손해를 가하였다고 하여 사기 및 배임으로 기소된 사안에서, <u>사기죄를 인정하는 이상 비양립적 관계에 있는 배임죄는 별도로 성립하지 않는다고 본 원심판단이 정당하다</u>고 한 사례(대판 2017.2.15. 2016도15226).

Ⅲ. 수정적 구성요건

1. 컴퓨터 등 사용사기죄

> **제347조의2(컴퓨터등 사용사기)**
> 컴퓨터등 정보처리장치에 허위의 정보 또는 부정한 명령을 입력하거나 권한 없이 정보를 입력·변경하여 정보처리를 하게 함으로써 재산상의 이익을 취득하거나 제3자로 하여금 취득하게 한 자는 10년 이하의 징역 또는 2천만원 이하의 벌금에 처한다.

(1) 의의

컴퓨터 등 정보처리장치에 허위의 정보 또는 부정한 명령을 입력하거나 권한 없이 정보를 입력·변경하여 정보처리를 하게 함으로써 재산상의 이익을 취득하거나 제3자로 하여금 취득하게 함으로써 성립하는 범죄이며(제347조의2), 이익사기죄의 특별유형이다. 컴퓨터 등 정보처리장치의 발달에 따라서 컴퓨터 등 정보처리장치에 의하여 자동적으로 처리되는 거래형태가 증가하고 있고, 이러한 거래형태를 악용하여 불법한 이익을 취득하는 행위가 사기죄 또는 절도죄로 처벌될 수 없는 처벌의 결함을 보완하기 위하여 신설한 규정이다. 사기죄에 대해서 보충관계에 있다. 보호법익은 재산상의 이익, 즉 재산권이다. 따라서 컴퓨터를 사용함으로써 얻게 되는 경제상의 일반적 이익은 반사적 효과에 불과하다.

(2) 구성요건

1) **주체** : 제한이 없다. 프로그래머나 오퍼레이터 등의 사람일 필요는 없다. 기업내부인인가 아닌가도 불문한다. 본죄의 주체가 직접 정보를 입력해야 하는 것도 아니다.

2) **객체** : 행위의 객체는 '재산상의 이익'이다. 단순사기죄가 재산상의 이익 이외에 타인의 재물도 객체로 하는 것과는 달리 본죄는 순전히 '이득죄'로 규정되어 있다. 재물의 경우 재산상 이익에 대하여 특별관계에 있기 때문에 재물을 취득한 경우에는 당연히 재산상 이익도 취득한 것이므로 재물도 본죄의 객체에 포함된다는 적극설과 본죄의 구성요건이 재산상 이익으로만 규정되어 있으므로 재물은 본죄의 객체가 아니라는 소극설이 대립한다. 판례는 소극설의 입장이다. 이 견해에 의할 경우 재물을 객체로 하면 절도죄가 성립한다.

3) **행위** : 컴퓨터 등 정보처리장치에 허위의 정보 또는 부정한 명령을 입력하거나 권한 없이 정보를 입력·변경하여 정보처리를 하게 하는 것이다. 정보처리장치란 자동적으로 계산 또는 정보처리를 행하는 전자장치를 말한다.

⑴ **컴퓨터 등 정보처리장치** : '컴퓨터 등 정보처리장치'란 자동적으로 계산이나 데이터의 처리를 할 수 있는 전자장치로서, 사무처리에 사용하는 정보처리장치를 말한다. 입법취지에 비추어 재산의 득실·변경에 관한 전자기록 등을 사용하여 정보를 처리하는 장치에 국한된다. 범용컴퓨터를 비롯하여 오피스컴퓨터·퍼스널컴퓨터·제어용컴퓨터·마이크로컴퓨터 등이 이에 속한다. 은행의 현금자동인출기, 현금자동입출금기도 여기에 포함된다.

⑵ **허위의 정보 또는 부정한 명령의 입력** : 정보처리의 수단은 허위의 정보 또는 부정한 명령을 입력하는 것이다. '허위의 정보를 입력한다'고 함은 내용이 진실에 반하는 정보를 입력하는 것을 말한다. 입금되지 않았음에도 불구하고 은행컴퓨터에 허위의 입금데이터를 입력하여 예금화일의 예금잔고를 증액시키는 것이 여기에 해당한다. '부정한 명령을 입력한다'는 것은 당해 시스템에 있어서 사무처리의 목적에 비추어 줄 수 없는 명령을 하는 것을 말한다. 프로그램을 조작하여 예금을 인출해도 잔고가 감소되지 않게 하는 경우가 여기에 해당한다.

⑶ **권한 없는 정보의 입력·변경** : 정보의 무권한사용을 의미한다. 타인의 신용카드나 현금카드를 이용하여 현금자동지급기에서 현금을 인출하는 경우가 여기에 해당한다(예금주인 현금카드 소유자로부터 일정한 금액의 현금을 인출해 오라는 부탁을 받으면서 이와 함께 현금카드를 건네받은 것을 기화로 그 위임을 받은 금액을 초과하여 현금을 인출하는 방법. 대판 2006.3.24. 2005도3516). 다만 본죄가 사기죄의 수정적 구성요건인 점에 비추어 단순한 계약위반 또는 배임유사의 상황에서 정보를 사용하는 것은 제외된다고 해석해야 한다.

⑷ **정보처리** : 허위의 정보 또는 부정한 명령을 입력하여 컴퓨터 등 정보처리장치로 하여금 정보처리를 하게 해야 한다. '정보처리를 하게 한다'고 함은 허위의 정보 또는 부정한 명령의 입력이 정

보처리과정에 영향을 미친다는 것을 의미한다. 이는 단순사기죄에서 피기망자의 재산처분행위와 유사한 성격을 지닌다.

4) **이익의 취득** : 정보처리를 하게 함으로써 재산상의 이익을 취득하거나 제3자에게 취득하게 하여야 한다. 재산상의 이익을 취득한다고 함은 재물 이외의 재산상의 이익을 불법한 방법으로 얻는 것을 말한다. 본죄는 컴퓨터 등 정보처리장치에 허위의 정보 또는 부정한 명령을 입력할 때에 실행의 착수가 있고, 컴퓨터 등 정보처리장치에 허위정보 또는 부정명령을 입력하거나 권한 없이 정보를 입력·변경하여 정보처리를 하게 함으로써 피해자에게 재산상의 손해가 발생한 때 기수가 된다(침해범).

(3) 죄수 및 다른 범죄와의 관계

여러 번에 걸쳐 컴퓨터 등 정보처리장치에 허위의 정보를 입력하여 재산상의 이익을 취득한 때에는 포괄적 일죄가 된다. 본죄는 사기죄에 대하여 보충관계에 있으므로 이득사기죄가 성립하는 경우에는 본죄는 성립할 여지가 없다. 본죄의 수단인 행위가 전자기록위작·변작죄(제227조의2, 제232조의2) 또는 동 행사죄(제229조, 제234조)에 해당할 때에는 본죄와 상상적 경합이 된다. 한편 본죄의 행위에 의하여 은행원장파일의 예금잔고기록을 부정하게 증액시켜 허위의 예금채권을 취득한 후 그 예금을 인출하여 현금을 취득한 때에는 현금을 취득한 행위는 불가벌적 사후행위가 된다.

2. 준사기죄

> **제348조(준사기)**
> ① 미성년자의 사리분별력 부족 또는 사람의 심신장애를 이용하여 재물을 교부받거나 재산상 이익을 취득한 자는 10년 이하의 징역 또는 2천만원 이하의 벌금에 처한다.
> ② 제1항의 방법으로 제3자로 하여금 재물을 교부받게 하거나 재산상 이익을 취득하게 한 경우에도 제1항의 형에 처한다.

(1) 의의

미성년자의 사리분별력 부족 또는 사람의 심신장애를 이용하여 재물을 교부받거나 재산상의 이익을 취득하거나 또는 타인으로 하여금 이를 얻게 함으로써 성립하는 범죄를 말한다(제348조). 본죄는 사기죄의 가중적 구성요건이 아니라 사기죄와는 다른 독립된 구성요건이다. 보호법익은 재산이고, 보호의 정도는 침해범이다(다수설). 준사기죄도 피해자에게 재산상의 손해가 발생한 때 기수가 된다. 본죄는 사기죄와 법조경합 중 보충관계에 있는 범죄이다. 따라서 사리분별력이 부족한 미성년자 또는 심신장애자에 대하여 적극적으로 기망수단을 쓴 때에는 본죄가 아니라 사기죄가 성립한다.

(2) 구성요건

미성년자의 사리분별력 부족 또는 사람의 심신장애상태를 이용하여 재물을 교부받거나 재산상의 이익을 취득할 것을 요한다. 미성년자란 민법상의 미성년자(19세 미만자)를 말한다. 또한, 사리분별력 부족이란 독립하여 사리를 판단할 수 없는 정도, 즉 기망수단에 의하지 않아도 처분행위를 할 상태에 있는 것을 말한다. 심신장애란 재산상의 거래능력에 관한 정신기능의 장애를 말한다.

3. 편의시설부정이용죄

> **제348조의2(편의시설부정이용)**
> 부정한 방법으로 대가를 지급하지 아니하고 자동판매기, 공중전화 기타 유료자동설비를 이용하여 재물 또는 재산상의 이익을 취득한 자는 3년 이하의 징역, 500만원 이하의 벌금, 구류 또는 과료에 처한다.

(1) 의의

부정한 방법으로 대가를 지급하지 아니하고 자동판매기, 공중전화 기타 유료자동설비를 이용하여 재물 기타 재산상의 이익을 취득함으로써 성립하는 범죄이다(제348조의2). 자동판매기, 공중전화 기타 유료자동설비기술의 발달에 따라 사람이 없어도 부정을 행하지 않는다는 사회적 신뢰를 유지하여 자동설비의 사회적 기능을 보호하기 위하여 마련한 규정이다. 공중전화의 경우와 같이 자동설비에 의하여 편익 또는 재산상의 이익을 취득하는 경우에는 절도죄나 사기죄가 성립하지 아니하는 처벌의 흠결을 보충하는 보충적 구성요건(Auffangtatbestand)임에 반하여, 자동판매기를 이용하여 재물을 취득하는 경우에는 대부분 사안이 경미하기 때문에 통상의 절도죄의 형에 의하여 처벌하는 것이 부적절하다는 이유로 본죄에 의하여 처벌하게 하였다. 즉 본죄는 일면에 있어서 사기죄의 처벌범위를 확대하면서, 한편으로는 절도죄의 적용범위를 제한하는 기능을 가지고 있다. 보호법익은 재산권이다.

(2) 구성요건

부정한 방법으로 대가를 지급하지 아니하고 자동판매기, 공중전화 기타 유료자동설비를 이용하여 재물 또는 재산상의 이익을 취득함으로써 성립한다.

1) **행위의 객체** : 부정이용의 객체는 자동판매기, 공중전화 기타 유료자동설비이다. 유료자동설비(Automat)란 대가를 지불하는 경우에 기계 또는 전자장치가 작동을 개시하여 일정한 물건 또는 편익을 제공하는 일체의 기계를 말한다. 자동판매기 또는 공중전화는 그 예시에 지나지 않는다. 공중전화, 텔레비전시청기, 뮤직박스, 자동저울 또는 자동놀이기구와 같은 편익제공 자동설비뿐만 아니라, 물건, 승차권, 담배 또는 음료수를 판매하는 자동판매기도 여기에 포함된다. 연극, 오페라 또는 영화관람과 같은 모임이나 목욕탕, 도서관 또는 박물관 등의 시설에 출입하거나 공중교통기관을 부정하게 이용하는 경우에도 그것이 무인화·자동화된 때에는 본죄에 해당할 수 있다고 해야 한다. 자동설비는 대가를 받을 때에 작동되는 것임을 전제로 한다. 따라서 자동설비라 할지라도 타인의 재산권을 침해할 수 없는 경우, 예컨대 무료의 모임에 출입자를 제한하기 위한 자동설비를 부정이용한 때에는 본죄에 해당하지 않는다.

2) **행위** : 자동설비를 이용하여 재물 또는 재산상의 이익을 취득하는 것이다. 즉 자동설비의 메커니즘을 비정상적으로 조종함으로써 재물 또는 재산상의 이익을 얻었을 것을 요한다. 자동설비의 작용을 필요로 하므로 자동판매기가 이미 고장이 나서 동전을 넣지 않아도 물건이 나오는 경우에 이를 가져가거나, 자동판매기를 손괴하고 그 안에 있는 물품을 가져가는 경우에는 본죄에 해당하지 않는다.

3) **착수시기 및 기수시기** : 실행의 착수시기는 유료자동설비에 대하여 부정이용행위를 개시한 때이다. 기수시기는 부정이용행위로 인하여 재물 또는 재산상의 이익을 취득한 때(피해자 측에서는

재산상 손해가 발생한 때)이다. 부정이용행위와 피해자의 재산상의 손해 사이에는 인과관계가 있어야 한다. 본죄의 미수범은 처벌한다(제352조).

4) **주관적 구성요건** : 주관적 구성요건으로는 고의를 필요로 하며, 미필적 고의로 족하다. 대가를 지급하지 않는다는 것도 고의의 내용이 된다. 따라서 대가를 지급하지 않아도 된다고 오인한 때에는 구성요건적 사실의 착오가 된다.

4. 부당이득죄

> **제349조(부당이득)**
> ① 사람의 곤궁하고 절박한 상태를 이용하여 현저하게 부당한 이익을 취득한 자는 3년 이하의 징역 또는 1천만원 이하의 벌금에 처한다.
> ② 제1항의 방법으로 제3자로 하여금 부당한 이익을 취득하게 한 경우에도 제1항의 형에 처한다.

(1) 의의

사람의 곤궁하고 절박한 상태를 이용하여 현저하게 부당한 이익을 취득하거나 제3자로 하여금 이를 취득하게 함으로써 성립하는 범죄이다(제349조). 본죄의 보호법익은 전체로서의 재산이며, 보호법익이 보호받는 정도는 침해범이다. 형법이 부당이득을 취득함을 요하고 있고 사기죄와의 균형상 침해범으로 보는 것이 타당하다고 본다. 따라서 현저히 부당한 이익의 취득이 있음으로써 본죄가 성립(기수)한다. 본죄의 미수는 처벌하지 않는다.

(2) 구성요건

타인의 곤궁하고 절박한 상태 상태를 이용하여 현저하게 부당한 이익을 취득하여야 한다. ㈎ 곤궁하고 절박한 상태라 함은 반드시 경제적 곤궁상태에 한하지 아니하며, 생명이나 명예에 대한 정신적·육체적 곤궁상태도 포함한다. ㈏ 현저하게 부당한 이익이라 함은 급부와 이익 사이에 상당성이 현저히 결여된 경우를 말한다. 부당한 이익이 있느냐는 행위시를 기준으로 구체적 사정에 따라 객관적으로 판단해야 하며, 부당한 이익을 가져온 법률행위의 유효·무효도 묻지 않는다. 또한 ㈐ 행위자가 이익을 취득하기 위하여 상대방의 궁박한 상태를 이용하였을 것을 요한다. ㈑ 주관적 구성요건으로서 고의, 즉 상대방이 궁박한 상태에 있다는 것과 현저하게 부당한 이익을 취득한다는 인식이 있을 것을 요한다.

Ⅳ. 상습사기죄

> **제351조(상습범)**
> 상습으로 제347조 내지 전조의 죄를 범한 자는 그 죄에 정한 형의 2분의 1까지 가중한다.

상습으로 사기죄, 컴퓨터등사용사기죄, 준사기죄, 편의시설부정이용죄, 부당이득죄를 범함으로써 성립하는 범죄이다(제351조). 행위자의 상습성으로 인한 책임가중유형이다.

 **판례** 현금자동지급기에서 타인의 카드로 현금을 인출한 경우

1) 컴퓨터등사용사기죄가 성립하지 않는 경우

① 형법 제347조의2에서 규정하는 컴퓨터등사용사기죄의 객체는 재물이 아닌 재산상의 이익에 한정되어 있으므로, 타인의 명의를 모용하여 발급받은 신용카드로 현금자동지급기에서 현금을 인출하는 행위를 이 법조항을 적용하여 처벌할 수는 없다(대판 2002.7.12. 2002도2134).

② 우리 형법은 재산범죄의 객체가 재물인지 재산상의 이익인지에 따라 이를 재물죄와 이득죄로 명시하여 규정하고 있는데, 형법 제347조가 일반 사기죄를 재물죄 겸 이득죄로 규정한 것과 달리 형법 제347조의2는 컴퓨터등사용사기죄의 객체를 재물이 아닌 재산상의 이익으로만 한정하여 규정하고 있으므로, 절취한 타인의 신용카드로 현금자동지급기에서 현금을 인출하는 행위가 재물에 관한 범죄임이 분명한 이상 이를 위 컴퓨터등사용사기죄로 처벌할 수는 없다고 할 것이고, 입법자의 의도가 이와 달리 이를 위 죄로 처벌하고자 하는 데 있었다거나 유사한 사례와 비교하여 처벌상의 불균형이 발생할 우려가 있다는 이유만으로 그와 달리 볼 수는 없다(대판 2003.5.13. 2003도1178). [해설] 절취한 신용카드를 권한 없이 사용하여 현금을 인출한 행위에서 '인출된 현금'에 한정하여 죄책을 물었으므로 '절도죄' 성립.

2) 컴퓨터등사용사기죄가 성립하는 경우

• 예금주인 현금카드 소유자로부터 일정한 금액의 현금을 인출해 오라는 부탁을 받으면서 이와 함께 현금카드를 건네받은 것을 기화로 그 위임을 받은 금액을 초과하여 현금을 인출하는 방법으로 그 차액 상당을 위법하게 이득할 의사로 현금자동지급기에 그 초과된 금액이 인출되도록 입력하여 그 초과된 금액의 현금을 인출한 경우에는 그 인출된 현금에 대한 점유를 취득함으로써 이 때에 그 인출한 현금 총액 중 인출을 위임받은 금액을 넘는 부분의 비율에 상당하는 재산상 이익을 취득한 것으로 볼 수 있으므로 이러한 행위는 그 차액 상당액에 관하여 형법 제347조의2(컴퓨터등사용사기)에 규정된 '컴퓨터 등 정보처리장치에 권한 없이 정보를 입력하여 정보처리를 하게 함으로써 재산상의 이익을 취득'하는 행위로서 컴퓨터 등 사용사기죄에 해당된다(대판 2006.3.24. 2005도3516). [해설] PC방에서 일하던 A씨는 2003년 2월 오전 10시 쯤 게임을 하러 온 손님 B씨로부터 2만 원을 인출해오라는 부탁과 함께 그의 현금카드를 건네받음. 그런데 카드를 들고 현금인출기로 간 A씨는 마음이 바뀌어 2만원이 아닌 5만원을 입력해 인출한 뒤 그 중 2만원만을 B씨에게 건넸던 사안. 검찰은 A씨를 '절도죄'로 기소했었고, 검사의 기소 내용에 따라 유·무죄를 판단하게 되는 법원은 A씨에 대해 무죄를 선고. 그런데 현금카드를 절취한 때와 같이 현금카드 자체를 사용할 권한이 없는 경우와 달리 A씨는 예금명의인인 B씨로부터 그 현금카드를 사용할 권한을 일단 부여받았고, 그 기회에 부탁 받은 위임 범위(2만원)를 벗어나 추가로 금원(3만원)을 인출한 경우이므로 현금자동지급기 관리자는 예금명의 B씨의 통장에서 인출자 A씨에게 적법하게 현금을 지급할 수밖에 없게 되므로 현금자동지급기 관리자에게 B씨와 그로부터 현금 인출을 위임받은 A씨 사이의 내부적인 위임관계까지 관해 그 위임받은 범위를 초과하는 금액에 대해서는 그 인출행위를 승낙하지 않겠다는 의사까지 있다고 보기는 어렵다는 판례. 그렇다면 A씨의 현금인출 행위가 현금자동지급기 관리자의 의사에 반해 그가 점유하고 있는 현금을 절취했다고는 볼 수 없어 절도죄는 아니라는 의미로 해석해야 함.

 **판례** 컴퓨터등사용사기

1) 사용료를 지급한 경우

- 타인의 인적 사항을 도용하여 타인 명의로 발급받은 신용카드의 번호와 그 비밀번호를 인터넷사이트에 입력함으로써 재산상 이익을 취득한 행위가 구 형법 제347조의2 소정의 컴퓨터등사용사기죄에 해당하지 않는다고 무죄를 선고한 원심판결을 파기한 사례(대판 2003.1.10. 2002도2363).

2) 부정한 명령의 입력

- [1] 형법 제347조의2는 컴퓨터 등 정보처리장치에 허위의 정보 또는 부정한 명령을 입력하거나 권한 없이 정보를 입력·변경하여 정보처리를 하게 함으로써 재산상의 이익을 취득하거나 제3자로 하여금 취득하게 하는 행위를 처벌하고 있다. 여기서 '부정한 명령의 입력'은 당해 사무처리시스템에 예정되어 있는 사무처리의 목적에 비추어 지시해서는 안 될 명령을 입력하는 것을 의미한다. 따라서 설령 '허위의 정보'를 입력한 경우가 아니라고 하더라도, 당해 사무처리시스템의 프로그램을 구성하는 개개의 명령을 부정하게 변개·삭제하는 행위는 물론 프로그램 자체에서 발생하는 오류를 적극적으로 이용하여 그 사무처리의 목적에 비추어 정당하지 아니한 사무처리를 하게 하는 행위도 특별한 사정이 없는 한 위 '부정한 명령의 입력'에 해당한다고 보아야 한다. [2] 피고인이 甲 주식회사에서 운영하는 전자복권구매시스템에서 은행환불명령을 입력하여 가상계좌 잔액이 1,000원 이하로 되었을 때 복권 구매명령을 입력하면 가상계좌로 복권 구매요청금과 동일한 액수의 가상현금이 입금되는 프로그램 오류를 이용하여 잔액을 1,000원 이하로 만들고 다시 복권 구매명령을 입력하는 행위를 반복함으로써 피고인의 가상계좌로 구매요청금 상당의 금액이 입금되게 한 사안에서, 피고인의 행위는 형법 제347조의2에서 정한 '허위의 정보 입력'에 해당하지는 않더라도, 프로그램 자체에서 발생하는 오류를 적극적으로 이용하여 사무처리의 목적에 비추어 정당하지 아니한 사무처리를 하게 한 행위로서 '부정한 명령의 입력'에 해당한다고 한 사례(대판 2013.11.14. 2011도4440).

3) 권한 없이 정보를 입력한 경우

① [1] 형법 제41장의 장물에 관한 죄에 있어서의 '장물'이라 함은 재산범죄로 인하여 취득한 물건 그 자체를 말하므로, 재산범죄를 저지른 이후에 별도의 재산범죄의 구성요건에 해당하는 사후행위가 있었다면 비록 그 행위가 불가벌적 사후행위로서 처벌의 대상이 되지 않는다 할지라도 그 사후행위로 인하여 취득한 물건은 재산범죄로 인하여 취득한 물건으로서 장물이 될 수 있다. [2] 컴퓨터등사용사기죄의 범행으로 예금채권을 취득한 다음 자기의 현금카드를 사용하여 현금자동지급기에서 현금을 인출한 경우, 현금카드 사용권한 있는 자의 정당한 사용에 의한 것으로서 현금자동지급기 관리자의 의사에 반하거나 기망행위 및 그에 따른 처분행위도 없었으므로, 별도로 절도죄나 사기죄의 구성요건에 해당하지 않는다 할 것이고, 그 결과 그 인출된 현금은 재산범죄에 의하여 취득한 재물이 아니므로 장물이 될 수 없다고 한 사례. [3] 장물인 현금 또는 수표를 금융기관에 예금의 형태로 보관하였다가 이를 반환받기 위하여 동일한 액수의 현금 또는 수표를 인출한 경우에 예금계약의 성질상 그 인출된 현금 또는 수표는 당초의 현금 또는 수표와 물리적인 동일성은 상실되었지만 액수에 의하여 표시되는 금전적 가치에는 아무런 변동이 없으므로, 장물로서의 성질은 그대로 유지된다. [4] 甲이 권한 없이 인터넷뱅킹으로 타인의 예금계좌에서 자신의 예금계좌로 돈을 이체한 후 그 중 일부를 인출하여 그 정을 아는 乙에게 교부한 경우, 甲이 컴퓨터등사용사기죄에 의하여 취득한 예금채권은 재물이 아니라 재산상 이익이므로, 그가 자신의 예금계좌에서 돈을 인출하였더라도 장물을 금융기관에 예치하였다가 인출한 것으로 볼 수 없다는 이유로 乙의 장물취득죄의 성립

을 부정한 사례(대판 2004.4.16. 2004도353). [해설] A가 권한 없이 주식회사 B의 아이디와 패스워드를 입력하여 인터넷뱅킹에 접속한 다음 위 B회사의 예금계좌로부터 자신의 예금계좌로 예금을 이체하는 내용의 정보를 입력하여 자신의 예금액을 증액시킨 경우에는 컴퓨터사용사기죄가 성립. 컴퓨터등사용사기죄의 객체는 재산상 이익으로 한정되고, 자기의 현금카드를 가지고 자기의 계좌에서 현금을 인출한 것이므로 이에 대해서는 재산범죄가 따로 성립하지 않음(절도죄나 사기죄의 구성요건해당성이 없음). 결국 장물취득죄는 성립할 수 없음.

② 형법 제347조의2는 정보처리장치에 허위의 정보 또는 부정한 명령을 입력하거나 권한 없이 정보를 입력·변경하여 정보처리를 하게 함으로써 재산상의 이익을 취득하거나 제3자로 하여금 취득하게 한 자는 이를 처벌하도록 규정하고 있는바, 금융기관 직원이 범죄의 목적으로 전산단말기를 이용하여 다른 공범들이 지정한 특정계좌에 무자원 송금의 방식으로 거액을 입금한 것은 형법 제347조의2에서 정하는 컴퓨터 등 사용사기죄에서의 '권한 없이 정보를 입력하여 정보처리를 하게 한 경우'에 해당한다고 할 것이고, 이는 그 직원이 평상시 금융기관의 여·수신업무를 처리할 권한이 있었다고 하여도 마찬가지이다(대판 2006.1.26. 2005도8507).

③ 타인의 명의를 모용하여 발급받은 신용카드의 번호와 그 비밀번호를 이용하여 ARS 전화서비스나 인터넷 등을 통하여 신용대출을 받는 방법으로 재산상 이익을 취득하는 행위 역시 미리 포괄적으로 허용된 행위가 아닌 이상, 컴퓨터 등 정보처리장치에 권한 없이 정보를 입력하여 정보처리를 하게 함으로써 재산상 이익을 취득하는 행위로서 컴퓨터 등 사용사기죄에 해당한다(대판 2006.7.27. 2006도3126).

④ 신용카드가맹점의 점주인 피고인이 동남아 외국인들이 가져온 신용카드가 위조카드로서 본인에 의하여 정당하게 사용되지 아니하고 있음을 알고 있었음에도 불구하고 아무런 조치도 취하지 아니한 채 그대로 카드 단말기에 당해 신용카드를 결제하여 승인을 요청한 것은 형법 347조의2가 규정하는 「정보처리장치에 권한 없이 정보를 입력」한 행위에 해당되어 피고인에 대하여 컴퓨터등사용사기죄의 정범의 죄책을 부담한다고 판단한 것은 정당하고, 거기에 상고이유로 주장하는 바와 같은 컴퓨터등사용사기죄의 성립 또는 공동정범에 관한 법리오해 등의 위법이 없다(대판 2007.8.23. 2007도2070).

4) 정보처리의 의미

- [1] 형법 제347조의2는 컴퓨터 등 정보처리장치에 허위의 정보 또는 부정한 명령을 입력하거나 권한 없이 정보를 입력·변경하여 정보처리를 하게 함으로써 재산상의 이익을 취득하거나 제3자로 하여금 취득하게 하는 행위를 처벌하고 있다. 이는 재산변동에 관한 사무가 사람의 개입 없이 컴퓨터 등에 의하여 기계적·자동적으로 처리되는 경우가 증가함에 따라 이를 악용하여 불법적인 이익을 취하는 행위도 증가하였으나 이들 새로운 유형의 행위는 사람에 대한 기망행위나 상대방의 처분행위 등을 수반하지 않아 기존 사기죄로는 처벌할 수 없다는 점 등을 고려하여 신설한 규정이다. 여기서 '정보처리'는 사기죄에서 피해자의 처분행위에 상응하므로 입력된 허위의 정보 등에 의하여 계산이나 데이터의 처리가 이루어짐으로써 직접적으로 재산처분의 결과를 초래하여야 하고, 행위자나 제3자의 '재산상 이익 취득'은 사람의 처분행위가 개재됨이 없이 컴퓨터 등에 의한 정보처리 과정에서 이루어져야 한다. [2] 시설공사 발주처인 지방자치단체 등의 재무관 컴퓨터에는 암호화되기 직전 15개의 예비가격과 그 추첨번호를 해킹하여 볼 수 있는 악성프로그램을, 입찰자의 컴퓨터에는 입찰금액을 입력하면서 선택하는 2개의 예비가격 추첨번호가 미리 지정된 추첨번호 4개 중에서 선택되어 조달청 서버로 전송되도록 하는 악성프로그램을 각각 설치하여 낙찰하한

가를 미리 알아낸 다음 특정 건설사에 낙찰이 가능한 입찰금액을 알려주어 그 건설사가 낙찰 받게 함으로써 낙찰금액 상당의 재산상 이익을 취득하게 하거나 미수에 그쳤다는 위 피고인들에 대한 컴퓨터등사용사기 또는 그 미수의 공소사실(무죄로 판단한 부분 제외)에 대하여 '정보처리'는 사기죄에서 피해자의 처분행위에 상응하므로 입력된 허위의 정보 등에 의하여 계산이나 데이터의 처리가 이루어짐으로써 직접적으로 재산처분의 결과를 초래하여야 하고, 행위자나 제3자의 '재산상 이익 취득'은 사람의 처분행위가 개재됨이 없이 컴퓨터 등에 의한 정보처리 과정에서 이루어져야 한다(대판 2014.3.13. 2013도16099). [해설] 기계와 인간의 차이로 인해 도입된 컴퓨터등사용사기죄도 사기죄에서 파생된 구성요건으로 피해자의 처분행위와 같은 컴퓨터의 처분행위가 있어야 한다는 취지의 판결.

5) 기수시기

- 금융기관 직원이 전산단말기를 이용하여 다른 공범들이 지정한 특정계좌에 돈이 입금된 것처럼 허위의 정보를 입력하는 방법으로 위 계좌로 입금되도록 한 경우, <u>이러한 입금절차를 완료함으로써 장차 그 계좌에서 이를 인출하여 갈 수 있는 재산상 이익을 취득하였으므로 형법 제347조의2에서 정하는 컴퓨터 등 사용사기죄는 기수</u>에 이르렀고, 그 후 그러한 입금이 취소되어 현실적으로 인출되지 못하였다고 하더라도 이미 성립한 컴퓨터 등 사용사기죄에 어떤 영향이 있다고 할 수는 없다(대판 2006.9.14. 2006도4127).

6) 컴퓨터등사용사기죄를 범한 후의 현금인출

① 컴퓨터등사용사기죄의 범행으로 예금채권을 취득한 다음 자기의 현금카드를 사용하여 현금자동지급기에서 현금을 인출할 경우, 현금카드 사용권한 있는 자의 정당한 사용에 의한 것으로서 현금자동지급기 관리자의 의사에 반하거나 기망행위 및 그에 따른 처분행위도 없었으므로, 별도로 절도죄나 사기죄의 구성요건에 해당하지 않는다 할 것이고, 그 결과 그 인출된 현금은 재산범죄에 의하여 취득한 재물이 아니므로 장물이 될 수 없다고 한 사례(대판 2004.4.16. 2004도3503).

② <u>절취한 타인의 신용카드를 이용하여 현금지급기에서 계좌이체를 한 행위는 컴퓨터등사용사기죄에서 컴퓨터 등 정보처리장치에 권한 없이 정보를 입력하여 정보처리를 하게 한 행위에 해당함은 별론으로 하고 이를 절취행위라고 볼 수는 없고, 한편 위 계좌이체 후 현금지급기에서 현금을 인출한 행위는 자신의 신용카드나 현금카드를 이용한 것이어서 이러한 현금인출이 현금지급기 관리자의 의사에 반한다고 볼 수 없어 절취행위에 해당하지 않으므로 절도죄를 구성하지 않는다</u>(대판 2008.6.12. 2008도2440). [해설] 절취한 타인의 신용카드를 사용하여 CD기에서 현금을 인출한 행위와 계좌이체한 행위의 죄책에 대한 대법원의 해석론을 보여주는 대표적인 사례. 컴퓨터등사용사기죄 도입 이후에도, 타인의 신용카드를 이용한 현금인출은 ATM기 관리자의 의사에 반한 절도, 계좌이체는 예금청구권의 증감이라는 재산상 이익을 취득하는 범죄라는 대법원의 입장을 보여주는 판결.

판례 편의시설부정이용죄

1) 후불식 전화카드의 부정이용

① 형법 제348조의2에서 규정하는 편의시설부정이용의 죄는 부정한 방법으로 대가를 지급하지 아니하고 자동판매기, 공중전화 기타 유료자동설비를 이용하여 재물 또는 재산상의 이익을 취

득하는 행위를 범죄구성요건으로 하고 있는데, 타인의 전화카드(한국통신의 후불식 통신카드)를 절취하여 전화통화에 이용한 경우에는 통신카드서비스 이용계약을 한 피해자가 그 통신요금을 납부할 책임을 부담하게 되므로, 이러한 경우에는 피고인이 '대가를 지급하지 아니하고' 공중전화를 이용한 경우에 해당한다고 볼 수 없어 편의시설부정이용의 죄를 구성하지 않는다(대판 2001.9.25. 2001도3625). [해설] 타인의 전화카드(한국통신의 후불식 통신카드)를 절취하여 전화통화에 이용한 행위가 형법 제348조의2 소정의 편의시설부정이용의 죄에 해당하는지 여부에 대한 판결.

② 사용자에 관한 각종 정보가 전자기록되어 있는 자기띠가 카드번호와 카드발행자 등이 문자로 인쇄된 플라스틱 카드에 부착되어 있는 전화카드의 경우 그 자기띠 부분은 카드의 나머지 부분과 불가분적으로 결합되어 전체가 하나의 문서를 구성하므로, 전화카드를 공중전화기에 넣어 사용하는 경우 비록 전화기가 전화카드로부터 판독할 수 있는 부분은 자기띠 부분에 수록된 전자기록에 한정된다고 할지라도, 전화카드 전체가 하나의 문서로서 사용된 것으로 보아야 하고 그 자기띠 부분만 사용된 것으로 볼 수는 없으므로 절취한 전화카드를 공중전화기에 넣어 사용한 것은 권리의무에 관한 타인의 사문서를 부정행사한 경우에 해당한다(대판 2002.6.25. 2002도461).

2) 폐공중전화카드의 자기기록 조작

- 폐공중전화카드의 자기기록 부분에 전자정보를 기록하여 사용가능한 공중전화카드를 만든 행위를 유가증권위조죄로 의율한 원심판결을 수긍한 사례(대판 1998.2.27. 97도2483).

판례 부당이득죄

1) 궁박한 상태를 부정한 경우

- 피고인이 피해자인 재건축조합에게 토지를 시세보다 비싼 가격으로 매도하였더라도 그 매매대금이 현저하게 부당하다고 단정할 수 없거나, 위 조합이 재건축사업을 추진함에 있어서 위 토지가 반드시 필요한 것은 아니었고, 이를 매입하지 아니하고도 재건축을 추진할 대안이 있었음에도 재건축조합의 이익에 가장 부합한다는 판단 하에 피고인을 설득하여 위 토지를 매입하게 된 사정 등에 비추어 재건축조합의 궁박상태를 인정하기에는 부족하다는 이유로 피고인에 대하여 무죄를 선고한 원심판결을 수긍한 사례(대판 2005.4.15. 2004도1246).

2) 궁박상태를 인정한 경우

- 토지매수인인 건설회사가 아파트 건설사업의 순조로운 진행과 막대한 은행융자금 이자의 부담을 피하기 위해 토지소유권을 시급히 확보해야 하는 처지여서 목적 토지에 관하여 명의자인 문중원들과 문중 사이의 소유권 분쟁에 관한 민사소송의 종료시까지 기다릴 여유가 없는 사정을 이용하여, 문중 대표자이자 목적 토지의 공유지분권자인 사람이 자기 지분에 대해 문중 명의 매매계약과 따로 별도의 매매계약을 체결하고 나머지 지분권자들의 3배 이상의 매매대금을 수령한 것은 건설회사의 궁박을 이용하여 현저하게 부당한 이득을 취한 것으로서 부당이득죄가 성립한다고 본 사례(대판 2007.12.28. 2007도6441).

3) 현저하게 부당한 이익의 판단방법

- 형법상 부당이득죄에서 궁박이라 함은 '급박한 곤궁'을 의미하고, '현저하게 부당한 이익의 취득'이라 함은 단순히 시가와 이익과의 배율로만 판단해서는 안 되고 구체적·개별적 사안에 있어서 일반인의 사회통념에 따라 결정하여야 한다(대판 2009.1.15. 2008도8577).

판례 | 소위 알박기와 부당이득죄

1) 부당이득죄 성립 여부 판단기준

- 개발사업 등이 추진되는 사업부지 중 일부의 매매와 관련된 이른바 '알박기' 사건에서 부당이득죄의 성립 여부가 문제되는 경우, 그 범죄의 성립을 인정하기 위해서는 피고인이 피해자의 개발사업 등이 추진되는 상황을 미리 알고 그 사업부지 내의 부동산을 매수한 경우이거나 피해자에게 협조할 듯한 태도를 보여 사업을 추진하도록 한 후에 협조를 거부하는 경우 등과 같이, 피해자가 궁박한 상태에 빠지게 된 데에 피고인이 적극적으로 원인을 제공하였거나 상당한 책임을 부담하는 정도에 이르러야 한다. 이러한 정도에 이르지 않은 상태에서 단지 개발사업 등이 추진되기 오래 전부터 사업부지 내의 부동산을 소유하여 온 피고인이 이를 매도하라는 피해자의 제안을 거부하다가 수용하는 과정에서 큰 이득을 취하였다는 사정만으로 함부로 부당이득죄의 성립을 인정해서는 안 된다(대판 2009.1.15. 2008도8577).

2) 부당이득죄가 성립하는 경우

- 甲건설회사의 공동주택신축사업 계획을 미리 알고 있던 乙이 사업부지 내의 토지소유자 丙을 회유하여 甲과 맺은 토지매매 약정을 깨고 자신에게 이를 매도 및 이전등기하게 한 다음 이를 甲에게 재매도하면서 2배 이상의 매매대금과 양도소득세를 부담시킨 사안에서, 위 토지가 전체 사업부지 내에서 갖는 중요성, 乙의 자력, 甲의 사업진행정도 등을 고려할 때 부당이득죄가 성립한다고 한 사례(대판 2008.5.29. 2008도2612).

3) 부당이득죄가 성립하지 않는 경우

① 아파트 신축사업이 추진되기 수년 전 사업부지 중 일부 토지를 취득하여 거주 또는 영업장소로 사용하던 피고인이 이를 사업자에게 매도하면서 시가 상승 등을 이유로 대금의 증액을 요구하여 종전보다 1.5 내지 3배 가량 높은 대금을 받은 사안에서, 부당이득죄의 성립을 부정한 사례(대판 2009.1.15. 2008도1246).

② 아파트 건축사업이 추진되기 수년 전부터 사업부지 내 일부 부동산을 소유하여 온 피고인이 사업자의 매도 제안을 거부하다가 인근 토지 시가의 40배가 넘는 대금을 받고 매도한 사안에서, 부당이득죄의 성립을 부정한 사례(대판 2009.1.15. 2008도8577).

③ [1] 형법상 부당이득죄에 있어서 궁박이라 함은 '급박한 곤궁'을 의미하고, '현저하게 부당한 이익의 취득'이라 함은 단순히 시가와 이익과의 배율로만 판단할 것이 아니라 구체적·개별적 사안에 있어서 일반인의 사회통념에 따라 결정하여야 하는 것으로서, 피해자가 궁박한 상태에 있었는지 여부 및 급부와 반대급부 사이에 현저히 부당한 불균형이 존재하는지 여부는 거래당사자의 신분과 상호 간의

관계, 피해자가 처한 상황의 절박성의 정도, 계약의 체결을 둘러싼 협상과정 및 거래를 통한 피해자의 이익, 피해자가 그 거래를 통해 추구하고자 한 목적을 달성하기 위한 다른 적절한 대안의 존재 여부, 피고인에게 피해자와 거래하여야 할 신의칙상 의무가 있는지 여부 등 여러 상황을 종합하여 구체적으로 판단하되, 특히 우리 헌법이 규정하고 있는 자유시장경제질서와 여기에서 파생되는 사적 계약자유의 원칙을 고려하여 그 범죄의 성립을 인정함에 있어서는 신중을 요한다. [2] 한편, 개발사업 등이 추진되는 사업부지 중 일부의 매매와 관련된 이른바 '알박기' 사건에서 부당이득죄의 성립 여부가 문제되는 경우에도 위와 같은 여러 상황을 종합하여 구체적으로 판단하되, 그 범죄의 성립을 인정하기 위하여는 피고인이 피해자의 개발사업 등이 추진되는 상황을 미리 알고 그 사업부지 내의 부동산을 매수한 경우이거나 피해자에게 협조할 듯한 태도를 취하여 사업을 추진하도록 한 후에 협조를 거부하는 경우 등과 같이 피해자가 궁박한 상태에 빠지게 된 데에 피고인이 적극적으로 원인을 제공하였거나 상당한 책임을 부담하는 정도에 이르러야 한다. [3] 피고인이 주상복합건물 신축사업 부지 중 일부 부동산을 매수하였다가, 위 사업의 시행사에 주변 부지의 평당 매매가보다 약 2.4배 이상 비싼 금액에 다시 매도한 사안에서, 부당이득죄의 성립을 부정한 원심판단을 수긍한 사례(대판 2010.5.27. 2010도778). [해설] '알박기'가 부당이득죄가 되는 경우와 그렇지 않은 경우를 구별하여 설명하고 있는 판결.

> **판례** 상습사기죄 – 상습성의 판단방법

- 상습사기에 있어서의 상습성은 반복하여 사기행위를 하는 습벽으로서 행위자의 속성을 말하고, 이러한 습벽의 유무를 판단함에 있어서는 사기의 전과가 중요한 판단자료가 되나 사기의 전과가 없다고 하더라도 범행의 횟수, 수단과 방법, 동기 등 제반 사정을 참작하여 사기의 습벽이 인정되는 경우에는 상습성을 인정하여야 하는 것이며, 특히 처음부터 장기간에 걸쳐 불특정 다수로부터 회원가입비 명목의 금원을 편취할 목적으로 상당한 자금을 투자하여 성인사이트를 개설하고 직원까지 고용하여 사기행위를 영업으로 한 경우에는 그 행위의 반복성이 영업이라는 면에서 행위 그 자체의 속성에서 나아가 행위자의 속성으로서 상습성을 내포하는 성질을 갖게 되고, 또한 이미 투자한 자금에 얽매여 그러한 사기행위를 쉽게 그만둘 수 없다는 자본적 또는 경제활동상의 의존도도 습벽의 내용이 될 수 있으므로 상습성을 인정할 수 있다(대판 2006.9.8. 2006도2860).

V. 신용카드 관련범죄

1. 서설

(1) 신용카드의 의의와 기능

'신용카드'라 함은 "이를 제시함으로써 반복하여 신용카드가맹점에서 물품의 구입 또는 용역의 제공을 받거나 결제할 수 있는 증표로서 신용카드업자가 발행한 것"을 말한다(여신전문금융업법 제2조 제3호). 신용카드는 물품구입일 또는 용역제공일로부터 대금결제일까지 카드소지인의 대금지급을 늦추어 주고 또 현금서비스도 제공되는 점에서 '신용기능'을 주요기능으로 한다. 신용카드에는 은행신용카드와 같이 신용카드회원(카드명의인), 신용카드가맹점, 신용카드회사라고 하는 3당사자

관계로 이루어지는 것이 있고, 백화점신용카드와 같이 신용카드회원과 신용카드발행회사의 2당사자관계로 이루어지는 것도 있다.

(2) 구별개념

1) **현금카드** : 예금구좌와 예금잔고를 갖고 있는 예금주가 현금자동인출기에서 현금을 인출하는 수단으로서의 기능(현금인출기능)만을 가지고 있는 카드이며, 신용기능은 부여되지 않는다.

2) **직불카드** : 직불카드회원과 신용카드가맹점 간에 전자 또는 자기적 방법에 의하여 금융거래계좌에 이체하는 등의 방법으로 물품 또는 용역의 제공과 그 대가의 지급을 동시에 이행할 수 있도록 신용카드업자가 발행한 증표를 말한다(여신전문금융업법 제2조 제6호). 신용카드에 준하는 법적 규제를 받는다.

3) **선불카드** : 신용카드업자에게 일정금액을 미리 지불하고 일정한 금액이 기록된(전자 또는 자기적 방법에 의한 기록에 한한다) 카드를 발급받아 소지자의 제시에 따라 지급한 금액의 범위 내에서 물품이나 용역을 제공받을 수 있는 카드이다(동법 제2조 제8호). 버스카드·공중전화카드·지하철승차권·고속도로통행카드 등이 여기에 해당한다.

(3) 신용카드의 법적 성질

1) **재물로서의 성질** : 신용카드 자체는 현금을 대신하는 역할을 하는 것으로서 그 성격·기능에 비추어 보아 재산적 가치를 지닌 형법상 재물로 인정된다. 판례도 신용카드에 대한 절도죄를 인정함으로써 재물성을 인정하고 있다.

2) **문서로서의 성질** : 신용카드는 그 회원의 자격에 대한 사항을 기재함으로써 신용카드회사 작성명의의 사실증명에 관한 사문서로서 문서성이 인정된다.

3) **유가증권성** : ㈎ 신용카드의 유가증권성을 인정하는 견해와 ㈏ 유가증권은 재산권이 증권에 화체되고 재산권의 행사에 증권의 점유를 필요로 한다는 두 요소를 갖추어야 하는데 신용카드는 그 제시를 통하여 신용카드회원이라는 사실을 증명하거나 현금자동인출기에 주입하는 등의 방법으로 신용카드업자로부터 현금서비스를 받을 수 있는 증표로서의 가치를 지님에 불과하고 재산권이 화체되어 있다고 볼 수는 없으므로 유가증권이 아니라는 견해가 대립한다. 판례도 신용카드는 그 자체에 경제적 가치가 화체되어 있거나 특정의 재산권을 표창하는 유가증권이라고 볼 수 없다는 입장이다.

(4) 신용카드 범죄의 유형

신용카드 범죄는 신용카드 자체에 대한 범죄와 신용카드를 부정사용하는 범죄로 나눌 수 있다. ㈎ 신용카드 자체에 대한 범죄로는 신용카드에 대한 재산범죄, 신용카드를 부정발급받는 행위 및 신용카드의 위조·변조행위를 들 수 있으며, ㈏ 신용카드를 부정사용하는 범죄는 타인명의 신용카드의 부정사용과 자기명의 신용카드의 부정사용으로 나뉘어, 각각 신용카드로 물품을 구입하는 경우와 현금서비스를 받는 경우가 문제된다.

2. 신용카드 자체에 대한 범죄

(1) 신용카드에 대한 재산범죄

신용카드가 소극적 재산가치 또는 주관적 재산가치를 갖는 점에서 형법상 재산범죄에 의하여 보호해야 할 재물이므로 신용카드 자체에 대한 절취, 강취, 사기, 습득, 공갈, 횡령 등의 행위는 절도죄, 강도죄, 사기죄, 점유이탈물횡령죄, 공갈죄, 횡령죄 등의 재산범죄를 구성한다.

(2) 신용카드에 대한 사용절도의 성부

타인의 신용카드를 사용하여 물품을 구입하거나 현금서비스를 받은 후 신용카드는 반환할 의사로 신용카드를 절취한 경우에는 불법영득의 의사를 인정할 수 없고 사후의 사용행위가 신용카드 자체의 기능 가치를 침해한 것은 아니고 카드의 사용가치를 침해했을 뿐이므로 신용카드를 사용한 죄책 이외에 신용카드에 대한 절도죄는 성립하지 않는다고 보아야 한다.

(3) 신용카드의 부정발급

1) 자기명의의 신용카드를 부정발급 받는 경우

㉮ 사기죄의 성부 : 카드대금을 지급할 의사와 능력이 없으면서 자기명의로 신용카드를 발급받는 경우에 사기죄가 성립하는가에 관하여는 학설이 대립한다. ㉠ 부정설은 신용카드 자체는 가치라고 할 수 없을 정도로 경미하고, 카드회사가 신청자의 대금결제능력이나 의사와 관계 없이 카드를 남발하는 상황에서 기망행위를 인정할 수 없다고 한다. ㉡ 긍정설 중에서도 카드를 발급받음으로써 앞으로 신용카드를 이용할 재산상의 위험이 발생하였다는 이유로 사기죄가 성립한다고 해석하는 견해와 신용카드의 재물성을 인정하는 이상 신용카드 자체에 대한 사기죄의 성립을 인정하는 견해가 있다. ㉢ 판례는 카드회사를 기망하여 신용카드를 발급받은 이후의 물품구입 및 현금인출행위를 사기죄의 포괄일죄로 보고 있다.

㉯ 실행의 착수·기수시기 : 사기죄의 성립을 인정하는 견해에 의하면 카드발급을 신청할 때 실행의 착수가 인정되며 발급받은 카드를 사용한 때 기수가 된다고 본다.

2) 타인명의의 신용카드를 부정발급 받는 경우 : 행사할 목적으로 타인명의를 사칭하거나 타인명의의 카드를 신청할 자격이 있는 것으로 모용하여 타인명의의 카드발급신청서를 작성·교부하는 것은 사문서위조 및 행사죄에 해당하고, 그 밖에 사기죄도 성립할 수 있다. 판례도 별개의 범죄를 인정하는 개별적 고찰설의 입장이다. 위조사문서행사죄와 사기죄는 상상적 경합 관계에 있다(다수설. 이에 비해 판례는 위조사문서행사죄와 이로 인한 사기죄는 실체적 경합 관계로 보고 있음. 대판 1981.7.28. 81도529).

(4) 신용카드의 위조·변조죄

신용카드의 위조·변조한 경우에, 신용카드 자체는 유가증권이라 할 수 없으므로 유가증권 위조·변조죄는 성립하지 않는다. 이 경우 두 범죄를 특별관계로 보아 여신전문금융업법 위반죄만 성립한다.

3. 타인명의 신용카드의 부정사용

(1) 물품구입행위

1) **사기죄의 성립 여부** : 행위자는 가맹점에 대하여 자신의 카드인 것처럼 속이고 물품을 구입한 것이므로 묵시적 기망행위를 하였고, 가맹점의 점원은 착오로 인하여 물품을 교부하였으며, 이로 인하여 재산상의 손해가 발생하였으므로 사기죄가 성립한다. 다만, 피해자가 누구인가에 관하여는 견해가 대립한다. ㈎ 물품 또는 용역의 제공 자체를 손해로 보고 가맹점이 피해자라는 견해, ㈏ 물품 또는 용역의 대금을 결제하는 것은 카드회사이므로 카드회사가 피해자라는 견해(이때 피기망자와 피해자가 다른 이른바 '삼각사기'에 해당한다고 한다), ㈐ 가맹점에 귀책사유가 있어서 카드회사로부터 카드대금을 받지 못하는 경우에는 가맹점이 피해자이고, 가맹점에 귀책사유가 없어서 카드회사가 카드대금을 보전해야 하는 경우에는 카드회사가 피해자라는 견해(구분설)가 대립한다. 한편, 실행의 착수시기는 타인명의의 카드를 가맹점에 제시한 때이고, 기수시기는 매출전표에 서명·교부하여 가맹점으로부터 물품을 인수한 때이다.

2) **신용카드부정사용죄의 성립 여부** : 여신전문금융업법 제70조 제1항은 분실 또는 도난된 신용카드를 판매하거나 사용한 자의 범죄를 규정하고 있다(제1항 제3호). 동조에서 말하는 분실 또는 도난된 신용카드란 소유자 또는 점유자의 신용카드를 의미한다. 따라서 절취 또는 강취한 신용카드로 물품을 구입하는 행위가 신용카드부정사용죄에 해당하게 된다. 횡령하거나 편취 또는 갈취당한 신용카드도 신용카드부정사용죄의 객체가 된다(제1항 제4호). 따라서 타인의 카드로 물품을 구입하는 행위는 동법상 부정사용죄에 해당한다.

3) **신용카드부정사용죄와 타죄와의 관계** : 신용카드를 수회 부정사용한 경우, 신용카드부정사용죄는 신용카드에 의한 거래의 안전 및 이에 대한 공중의 신뢰라는 사회적 법익을 보호하기 위한 범죄이므로 범의의 단일성이 인정되면 포괄일죄가 된다. 이 경우 카드상의 타인명의인으로 가장하여 카드를 사용하는 기망행위는 동시에 신용카드부정사용행위에 해당하므로, 사기죄와 신용카드부정사용죄 사이에는 행위의 부분적 동일성이 있는 상상적 경합이 성립한다. 그러나 판례는 신용카드부정사용죄와 사기죄는 그 보호법익이나 행위의 태양이 전혀 달라 실체적 경합관계에 있다고 한다.

(2) 현금자동지급기에서 현금서비스(현금대출)를 받은 행위

타인명의의 신용카드로 현금자동지급기에서 현금서비스를 받은 행위가 어떤 범죄를 구성할 것인가에 관하여는 사기죄, 편의시설부정이용죄, 절도죄 및 컴퓨터사용사기죄와 신용카드부정사용죄의 성립 여부가 문제된다.

1) **사기죄의 성립 여부** : 타인명의의 카드를 부정사용하여 현금자동인출기에서 현금서비스를 받은 행위는 사기죄에 해당하지 않는다고 함이 타당하다. 왜냐하면 사람에 대한 기망행위가 없고, 기계에 대한 기망행위는 인정되지 않기 때문이다.

2) **편의시설부정이용죄의 성립 여부** : 편의시설부정이용죄는 부정한 방법으로 대가를 지급하지 아니하고 자동판매기·공중전화기 기타 유료의 자동설비를 이용하여 재물 또는 재산상의 이익을 취득하였을 때 성립한다. 유료자동설비란 대가를 지불하는 경우에 기계 또는 전자장치가 작동하여 일

정한 물건 또는 편익을 제공하는 기계를 말한다. 그러나 현금자동지급기는 신용카드와 비밀번호만으로 현금서비스를 제공하는 기계이지 대가를 지급할 것을 요건으로 작동하는 기계가 아니다. 따라서 편의시설부정이용죄도 성립하지 않는다.

3) 절도죄의 성립 여부 : 현금자동지급기를 설치한 은행의 의사는 비밀번호를 알아낸 카드 절취자에게 현금을 지급하겠다는 것이 아니라 정당한 권리자에게 지급하겠다는 것으로 보아야 하며, 비밀번호를 요구하는 것도 정당한 권리자인가를 확인하기 위한 것이므로 이 경우에도 절도죄가 성립한다. 판례는 신용카드를 부정사용하여 현금서비스를 받고 그 현금을 취득한 행위는 현금자동지급기의 관리자의 의사에 반해 그의 지배를 배제하고 그 현금을 자기의 지배 하에 옮겨 놓은 것이므로 절도죄를 구성한다고 하여 절도죄의 성립을 인정하고 있다.

4) 컴퓨터등사용사기죄의 성립 여부 : 우리 형법은 재산범죄의 객체가 재물인지 재산상의 이익인지에 따라 이를 재물죄와 이득죄로 명시하여 규정하고 있는데, 형법 제347조가 일반 사기죄를 재물죄 겸 이득죄로 규정한 것과 달리 형법 제347조의2는 컴퓨터등사용사기죄의 객체를 재물이 아닌 재산상의 이익으로만 한정하여 규정하고 있으므로, 절취한 타인의 신용카드로 현금자동지급기에서 현금서비스를 받은 행위가 재물에 관한 범죄임이 분명한 이상 이를 위 컴퓨터등사용사기죄로 처벌할 수는 없다(판례).

5) 신용카드부정사용죄의 성립 여부 : 분실·도난된 타인명의의 카드를 사용하여 현금자동인출기에서 현금서비스를 받은 경우에는 여신전문금융업법상의 신용카드부정사용죄가 성립한다(통설, 판례). 또한, 판례는 피해자 명의의 신용카드를 부정사용하여 현금자동인출기에서 현금을 인출하고 그 현금을 취득까지 한 행위는 신용카드업법 제25조 제1항의 부정사용죄에 해당할 뿐 아니라 그 현금을 취득함으로써 현금자동인출기 관리자의 의사에 반하여 그의 지배를 배제하고 그 현금을 자기의 지배하에 옮겨 놓는 것이 되므로 별도로 절도죄를 구성하고, 위 양 죄의 관계는 그 보호법익이나 행위태양이 전혀 달라 실체적 경합관계에 있다고 본다.

(3) 현금자동지급기에서 예금을 인출한 행위

타인의 신용카드에 의한 예금 인출은 카드회원의 예금으로부터 인출한다는 점만 다를 뿐 현금서비스와 유사하다. 따라서 절도죄가 성립한다고 본다. 또한, 절취한 직불카드를 온라인 현금자동지급기에 넣고 비밀번호 등을 입력하여 피해자의 예금을 인출한 행위는 여신전문금융업법 제70조 제1항 소정의 부정사용의 개념에 포함될 수 없다(판례).

(4) 카드가맹점이 타인명의의 카드로 매출전표를 허위로 작성하는 행위

허위의 매출전표를 제출함으로써 카드회사를 기망하여 대금을 청구하는 행위는 사기죄에 해당한다. 그리고 비록 거래 사실과 매출금액이 정확하더라도 '다른' 신용카드가맹점의 명의로 매출전표를 작성하여 매출채권을 행사하는 경우에는 여신전문금융업법에 의하여 처벌된다(동법 제70조 제2항 제3호).

4. 자기명의 신용카드의 부정사용

(1) 물품구매행위의 사기죄 성립 여부

신용거래의 본질에 비추어 신용카드가맹점은 신용카드회원이 물품대금을 지급할 것이라고 믿고 있었다고 할 것이므로 신용카드 명의인이 카드대금을 지급할 의사와 능력이 없는 것이 명백한 경우에는 물품대금을 변제할 자력이 없게 된 상황에서 신용카드를 이용하여 물품을 구입한 자는 처벌해야 할 필요성을 부정할 수 없으므로 사기죄가 성립한다. 판례는 카드사용으로 인한 카드회사의 손해는 그것이 자동지급기에 의한 인출행위이든 가맹점을 통한 물품구입행위이든 불문하고 모두가 피해자인 카드회사의 기망당한 의사표시에 따른 카드발급에 터잡아 이루어지는 사기의 포괄일죄로 보고 있다.

(2) 타죄와의 관계

1) **물품구입행위와 현금인출행위** : 판례는 모두가 피해자인 카드회사의 기망당한 의사표시에 따른 카드발급에 터잡아 이루어지는 행위로서 사기의 포괄일죄로 본다.

2) **신용카드부정사용죄** : 지불의사와 지불능력 없이 '자기'명의의 신용카드로 현금을 인출하는 행위는 여신전문금융업법 제70조의 신용카드부정사용죄에 해당하지 않는다.

<판례에 따른 신용카드범죄 정리>

	카드불법영득	예금인출	현금서비스	물품구입
타인명의	절도죄 등(영득죄)	절도죄		사기죄
	신용카드부정사용죄 ×		신용카드부정사용죄 ○(포괄일죄)	
자기명의		범죄 성립 ×	사기죄의 포괄일죄	
	신용카드부정사용죄 ×			

 판 례 　신용카드 관련범죄

1) 개별적 고찰설

- 피고인이 타인의 명의를 모용하여 신용카드를 발급받은 경우, 비록 카드회사가 피고인으로부터 기망을 당한 나머지 피고인에게 피모용자 명의로 발급된 신용카드를 교부하고, 사실상 피고인이 지정한 비밀번호를 입력하여 현금자동지급기에 의한 현금대출(현금서비스)을 받을 수 있도록 하였다 할지라도, 카드회사의 내심의 의사는 물론 표시된 의사도 어디까지나 카드명의인인 피모용자에게 이를 허용하는 데 있을 뿐, 피고인에게 이를 허용한 것은 아니라는 점에서 <u>피고인이 타인의 명의를 모용하여 발급받은 신용카드를 사용하여 현금자동지급기에서 현금대출을 받는 행위는 카드회사에 의하여 미리 포괄적으로 허용된 행위가 아니라, 현금자동지급기의 관리자의 의사에 반하여 그의 지배를 배제한 채 그 현금을 자기의 지배하에 옮겨 놓는 행위로서 절도죄에 해당한다</u>고 봄이 상당하다(대판 2002.7.12. 2002도2134).

2) 위조·변조의 객체

- 여신전문금융업법 제70조 제1항 제1호에서 그 위조행위를 처벌하고 있는 '신용카드 등'은 신용카드업자가 발행한 신용카드·직불카드 또는 선불카드만을 의미할 뿐, 회원권카드나 현금카드 등은 신용카드 기능을 겸하고 있다는 등의 특별한 사정이 없는 한 이에 해당할 여지가 없는 것이다(대판 2010.6.10. 2010도3409).

판례 ‖ 자기명의 신용카드의 부정사용

1) 부정발급 후의 부정사용

- <u>신용카드의 거래는 신용카드회사로부터 카드를 발급받은 사람이 위 카드를 사용하여 카드가맹점으로부터 물품을 구입하면 그 카드를 소지하여 사용하는 사람이 카드회사로부터 카드를 발급받은 정당한 소지인인 한 카드회사가 그 대금을 가맹점에 결제하고, 카드회사는 카드사용자에 대하여 물품구입대금을 대출해 준 금전채권을 가지는 것이고, 또 카드사용자가 현금자동지급기를 통해서 현금서비스를 받아 가면 현금대출관계가 성립되게 되는 것인바</u>, 이와 같은 카드사용으로 인한 카드회사의 금전채권을 발생케 하는 카드사용 행위는 카드회사로부터 일정한 한도 내에서 신용공여가 이루어지고, 그 신용공여의 범위 내에서는 정당한 소지인에 의한 카드사용에 의한 금전대출이 카드 발급시에 미리 포괄적으로 허용되어 있는 것인바, 현금자동지급기를 통한 현금대출도 결국 카드회사로부터 그 지급이 미리 허용된 것이고, 단순히 그 지급방법만이 사람이 아닌 기계에 의해서 이루어지는 것에 불과하다. 그렇다면 <u>피고인이 카드사용으로 인한 대금결제의 의사와 능력이 없으면서도 있는 것 같이 가장하여 카드회사를 기망하고, 카드회사는 이에 착오를 일으켜 일정 한도 내에서 카드사용을 허용해 줌으로써 피고인은 기망당한 카드회사의 신용공여라는 하자 있는 의사표시에 편승하여 자동지급기를 통한 현금대출도 받고, 가맹점을 통한 물품구입대금 대출도 받아 카드발급회사로 하여금 같은 액수 상당의 피해를 입게 함으로써, 카드사용으로 인한 일련의 편취행위가 포괄적으로 이루어지는 것이다.</u> 따라서 <u>카드사용으로 인한 카드회사의 손해는 그것이 자동지급기에 의한 인출행위이든 가맹점을 통한 물품구입행위이든 불문하고 모두가 피해자인 카드회사의 기망당한 의사표시에 따른 카드발급에 터잡아 이루어지는 사기의 포괄일죄</u>이다(대판 1996.4.9. 95도2466).

2) 정상발급 후의 부정사용

- 신용카드의 거래는 신용카드업자로부터 카드를 발급받은 사람(카드회원)이 신용카드를 사용하여 가맹점으로부터 물품을 구입하면 신용카드업자는 그 카드를 소지하여 사용한 사람이 신용카드업자로부터 신용카드를 발급받은 정당한 카드회원인 한 그 물품구입대금을 가맹점에 결제하는 한편, 카드회원에 대하여 물품구입대금을 대출해 준 금전채권을 가지는 것이고, 또 카드회원이 현금자동지급기를 통해서 현금서비스를 받아 가면 현금대출관계가 성립되어 신용카드업자는 카드회원에게 대출금채권을 가지는 것이므로, 궁극적으로는 카드회원이 신용카드업자에게 신용카드 거래에서 발생한 대출금채무를 변제할 의무를 부담하게 되고, 그렇다면 이와 같이 신용카드 사용으로 인한 신용카드업자의 금전채권을 발생케 하는 행위는 카드회원이 신용카드업자에 대하여 대금을 성실히 변제할 것을 전제로 하는 것이므로, <u>카드회원이 일시적인 자금궁색 등의 이유로 그 채무를 일시적으로 이행하지 못하게 되는 상황이 아니라 이미 과다한 부채의 누적 등으로 신용카</u>

드 사용으로 인한 대출금채무를 변제할 의사나 능력이 없는 상황에 처하였음에도 불구하고 신용카드를 사용하였다면 사기죄에 있어서 기망행위 내지 편취의 범의를 인정할 수 있다고 한 사례(대판 2006.3.24. 2006도282, 대판 2005.8.19. 2004도6859).

 **판 례** 　사기죄와 신용카드부정사용죄의 관계

- [1] 신용카드를 절취한 후 이를 사용한 경우 신용카드의 부정사용행위는 새로운 법익의 침해로 보아야 하고 그 법익침해가 절도범행보다 큰 것이 대부분이므로 위와 같은 부정사용행위가 절도범행의 불가벌적 사후행위가 되는 것은 아니다. [2] 단일하고 계속된 범의하에 동종의 범행을 동일하거나 유사한 방법으로 일정 기간 반복하여 행하고 그 피해법익도 동일한 경우에는 각 범행을 통틀어 포괄일죄로 볼 것이다. [3] 피고인은 절취한 카드로 가맹점들로부터 물품을 구입하겠다는 단일한 범의를 가지고 그 범의가 계속된 가운데 동종의 범행인 신용카드 부정사용행위를 동일한 방법으로 반복하여 행하였고, 또 위 신용카드의 각 부정사용의 피해법익도 모두 위 신용카드를 사용한 거래의 안전 및 이에 대한 공중의 신뢰인 것으로 동일하므로, 피고인이 동일한 신용카드를 위와 같이 부정사용한 행위는 포괄하여 일죄에 해당하고, 신용카드를 부정사용한 결과가 사기죄의 구성요건에 해당하고 그 각 사기죄가 실체적 경합관계에 해당한다고 하여도 신용카드부정사용죄와 사기죄는 그 보호법익이나 행위의 태양이 전혀 달라 실체적 경합관계에 있으므로 신용카드 부정사용행위를 포괄일죄로 취급하는데 아무런 지장이 없다고 한 사례(대판 1996.7.12. 96도1181).

 **판 례** 　신용카드부정사용죄와 사문서위조죄의 관계

- 신용카드업법 제25조 제1항은 신용카드를 위조·변조하거나 도난·분실 또는 위조·변조된 신용카드를 사용한 자는 7년 이하의 징역 또는 5천만원 이하의 벌금에 처한다고 규정하고 있는바, 위 부정사용죄의 구성요건적 행위인 신용카드의 사용이라 함은 신용카드의 소지인이 신용카드의 본래 용도인 대금결제를 위하여 가맹점에 신용카드를 제시하고 매출표에 서명하여 이를 교부하는 일련의 행위를 가리키고 단순히 신용카드를 제시하는 행위만을 가리키는 것은 아니라고 할 것이므로, 위 매출표의 서명 및 교부가 별도로 사문서위조 및 동행사의 죄의 구성요건을 충족한다고 하여도 이 사문서위조 및 동행사의 죄는 위 신용카드부정사용죄에 흡수되어 신용카드부정사용죄의 1죄만이 성립하고 별도로 사문서위조 및 동행사의 죄는 성립하지 않는다(대판 1992.6.9. 92도77).

 **판 례** 　현금대출을 받은 경우

- 피고인이 타인의 명의를 모용하여 신용카드를 발급받은 경우, 비록 카드회사가 피고인으로부터 기망을 당한 나머지 피고인에게 피모용자 명의로 발급된 신용카드를 교부하고, 사실상 피고인이 지정한 비밀번호를 입력하여 현금자동지급기에 의한 현금대출(현금서비스)을 받을 수 있도록 하였다 할지라도, 카드회사의 내심의 의사는 물론 표시된 의사도 어디까지나 카드명의인인 피모용자에게 이를 허용하는 데 있을 뿐, 피고인에게 이를 허용한 것은 아니라는 점에서 피고인

이 타인의 명의를 모용하여 발급받은 신용카드를 사용하여 현금자동지급기에서 현금대출을 받는 행위는 카드회사에 의하여 미리 포괄적으로 허용된 행위가 아니라, 현금자동지급기의 관리자의 의사에 반하여 그의 지배를 배제한 채 그 현금을 자기의 지배 하에 옮겨 놓는 행위로서 절도죄에 해당한다고 봄이 상당하다(대판 2002.7.12. 2002도2134).

판례 신용카드부정사용죄와 절도죄의 관계

- [1] 신용카드회원이 대금결제를 위하여 가맹점에 신용카드를 제시하고 매출표에 서명하는 일련의 행위뿐 아니라 신용카드를 현금인출기에 주입하고 비밀번호를 조작하여 현금서비스를 제공받는 일련의 행위도 신용카드의 본래 용도에 따라 사용하는 것으로 보아야 한다. [2] 신용카드업법 제25조 제1항 소정의 부정사용이라 함은 도난·분실 또는 위조·변조된 신용카드를 진정한 카드로서 신용카드의 본래의 용법에 따라 사용하는 경우를 말하는 것이므로, 절취한 신용카드를 현금인출기에 주입하고 비밀번호를 조작하여 현금서비스를 제공받으려는 일련의 행위는 그 부정사용의 개념에 포함된다. [3] 피해자 명의의 신용카드를 부정사용하여 현금자동인출기에서 현금을 인출하고 그 현금을 취득까지 한 행위는 신용카드업법 제25조 제1항의 부정사용죄에 해당할 뿐 아니라 그 현금을 취득함으로써 현금자동인출기 관리자의 의사에 반하여 그의 지배를 배제하고 그 현금을 자기의 지배하에 옮겨 놓는 것이 되므로 별도로 절도죄를 구성하고, 위 양 죄의 관계는 그 보호법익이나 행위태양이 전혀 달라 실체적 경합관계에 있는 것으로 보아야 한다(대판 1995.7.28. 95도997). [해설] 여신전문금융업법위반죄(신용카드부정사용죄)와 절도죄가 성립한다.

판례 타인의 현금카드로 예금을 인출한 경우

1) 강취한 현금카드로 예금을 인출한 경우- 절도죄 성립

① [1] 범인이 피해자로부터 직불카드 등을 강취한 경우에는, 이를 갈취 또는 편취한 경우와는 달리, 피해자가 그 직불카드 등의 사용권한을 범인에게 부여하였다고 할 수 없고, 따라서 그와 같이 강취한 직불카드를 사용하여 현금자동인출기에서 현금을 인출하여 가진 경우에는 그 현금자동인출기 관리자의 의사에 반하여 그의 지배를 배제하고 그 현금을 자기의 지배하에 옮겨 놓는 것이 되므로 절도죄가 별도로 성립한다고 할 것이다. [2] 그럼에도 불구하고 원심은, 피고인이 피해자로부터 직불카드를 강취한 이 사건에서, 피해자가 그 직불카드의 사용권한을 피고인에게 부여한 것으로 보아 그 직불카드를 사용하여 현금자동인출기에서 현금을 인출한 행위는 그 직불카드 등을 강취한 행위와 포괄하여 하나의 강도죄가 성립할 뿐 따로 절도죄가 성립하는 것은 아니라고 판단하고 말았으니, 원심판결에는 직불카드를 강취한 후 이를 사용하여 현금을 인출한 경우에 있어서의 강도죄와 절도죄의 관계에 관한 법리를 오해하여 판결에 영향을 미친 위법이 있다고 할 것이다(대판 2007.4.13. 2007도1377). [해설] 갈취·사취와 강취는 피해자의 교부행위가 있었는지 여부에서 차이가 있기 때문에 선·후의 행위 간의 죄수판단이 달라진다고 본 사례.

② [1] 예금주인 현금카드 소유자를 협박하여 그 카드를 갈취한 다음 피해자의 승낙에 의하여 현금카드를 사

용할 권한을 부여받아 이를 이용하여 현금자동지급기에서 현금을 인출한 행위는 모두 피해자의 예금을 갈취하고자 하는 피고인의 단일하고 계속된 범의 아래에서 이루어진 일련의 행위로서 포괄하여 하나의 공갈죄를 구성하므로, 현금자동지급기에서 피해자의 예금을 인출한 행위를 현금카드 갈취행위와 분리하여 따로 절도죄로 처단할 수는 없다. 왜냐하면 위 예금 인출 행위는 하자 있는 의사표시이기는 하지만 피해자의 승낙에 기한 것이고, 피해자가 그 승낙의 의사표시를 취소하기까지는 현금카드를 적법, 유효하게 사용할 수 있으므로, 은행으로서도 피해자의 지급정지 신청이 없는 한 그의 의사에 따라 그의 계산으로 적법하게 예금을 지급할 수밖에 없기 때문이다. [2] 강도죄는 공갈죄와는 달리 피해자의 반항을 억압할 정도로 강력한 정도의 폭행·협박을 수단으로 재물을 탈취하여야 성립하므로, 피해자로부터 현금카드를 강취하였다고 인정되는 경우에는 피해자로부터 현금카드의 사용에 관한 승낙의 의사표시가 있었다고 볼 여지가 없다. 따라서 강취한 현금카드를 사용하여 현금자동지급기에서 예금을 인출한 행위는 피해자의 승낙에 기한 것이라고 할 수 없으므로, 현금자동지급기 관리자의 의사에 반하여 그의 지배를 배제하고 그 현금을 자기의 지배하에 옮겨 놓는 것이 되어서 강도죄와는 별도로 절도죄를 구성한다(대판 2007.5.10. 2007도1375). [해설] 본 사안의 예금 인출 행위는 하자 있는 의사표시이기는 하지만 피해자의 승낙에 기한 것이고, 피해자가 그 승낙의 의사표시를 취소하기까지는 현금카드를 적법, 유효하게 사용할 수 있으므로, 은행으로서도 피해자의 지급정지 신청이 없는 한 그의 의사에 따라 그의 계산으로 적법하게 예금을 지급할 수밖에 없기 때문에 공갈죄가 성립한다고 본 사례.

2) 편취·갈취한 현금카드로 예금을 인출한 경우 - 절도죄 불성립

① 예금주인 현금카드 소유자로부터 그 카드를 편취하여, 비록 하자 있는 의사표시이기는 하지만 현금카드 소유자의 승낙에 의하여 사용권한을 부여받은 이상, 그 소유자가 승낙의 의사표시를 취소하기까지는 현금카드를 적법, 유효하게 사용할 수 있으며, 은행 등 금융기관은 현금카드 소유자의 지급정지 신청이 없는 한 카드 소유자의 의사에 따라 그의 계산으로 적법하게 예금을 지급할 수밖에 없는 것이므로, 피고인이 현금카드의 소유자로부터 현금카드를 사용한 예금인출의 승낙을 받고 현금카드를 교부받은 행위와 이를 사용하여 현금자동지급기에서 예금을 여러 번 인출한 행위들은 모두 현금카드 소유자의 예금을 편취하고자 하는 피고인의 단일하고 계속된 범의 아래에서 이루어진 일련의 행위로서 포괄하여 하나의 사기죄를 구성한다고 볼 것이지, 현금자동지급기에서 카드 소유자의 예금을 인출, 취득한 행위를 현금자동지급기 관리자의 의사에 반하여 그가 점유하고 있는 현금을 절취한 것이라 하여 이를 현금카드 편취행위와 분리하여 따로 절도죄로 처단할 수는 없다(대판 2005.9.30. 2005도5869).

② 예금주인 현금카드 소유자를 협박하여 그 카드를 갈취하였고, 하자 있는 의사표시이기는 하지만 피해자의 승낙에 의하여 현금카드를 사용할 권한을 부여받아 이를 이용하여 현금을 인출한 이상, 피해자가 그 승낙의 의사표시를 취소하기까지는 현금카드를 적법, 유효하게 사용할 수 있고, 은행의 경우에도 피해자의 지급정지 신청이 없는 한 피해자의 의사에 따라 그의 계산으로 적법하게 예금을 지급할 수밖에 없는 것이므로, 피고인이 피해자로부터 현금카드를 사용한 예금인출의 승낙을 받고 현금카드를 교부받은 행위와 이를 사용하여 현금자동지급기에서 예금을 여러 번 인출한 행위들은 모두 피해자의 예금을 갈취하고자 하는 피고인의 단일하고 계속된 범의 아래에서 이루어진 일련의 행위로서 포괄하여 하나의 공갈죄를 구성한다고 볼 것이지, 현금지급기에서 피해자의 예금을 취득한 행위를

현금지급기 관리자의 의사에 반하여 그가 점유하고 있는 현금을 절취한 것이라 하여 이를 <u>현금카드 갈취행위와 분리하여 따로 절도죄로 처단할 수는 없다</u>(대판 2007.5.10. 2007도1375, 대판 1996.9.20. 95도1728).

판례 부정사용의 의미

① 여신전문금융업법 제70조 제1항 소정의 부정사용이라 함은 위조·변조 또는 도난·분실된 신용카드나 직불카드를 진정한 카드로서 신용카드나 직불카드의 본래의 용법에 따라 사용하는 경우를 말하는 것이므로, <u>절취한 직불카드를 온라인 현금자동지급기에 넣고 비밀번호 등을 입력하여 피해자의 예금을 인출한 행위는 여신전문금융업법 제70조 제1항 소정의 부정사용의 개념에 포함될 수 없다</u>(대판 2003.11.14. 2003도3977). [해설] 여신전문금융업법위반죄(신용카드부정사용죄)는 성립하지 않고, 절도죄만 성립함.

② 가. <u>법률을 해석할 때 입법 취지와 목적, 제·개정 연혁, 법질서 전체와의 조화, 다른 법령과의 관계 등을 고려하는 체계적·논리적 해석 방법을 사용할 수 있으나, 문언 자체가 비교적 명확한 개념으로 구성되어 있다면 원칙적으로 이러한 해석 방법은 활용할 필요가 없거나 제한되어야 한다.</u> 여신전문금융업법 제70조 제1항 제4호에서는 '강취·횡령하거나, 사람을 기망하거나 공갈하여 취득한 신용카드나 직불카드를 판매하거나 사용한 자'를 처벌하도록 규정하고 있는데, 여기에서 '<u>사용</u>'은 강취·횡령, 기망 또는 공갈로 취득한 신용카드나 직불카드를 진정한 카드로서 본래의 용법에 따라 사용하는 경우를 말한다. 그리고 '기망하거나 공갈하여 취득한 신용카드나 직불카드'는 문언상 '기망이나 공갈을 수단으로 하여 다른 사람으로부터 취득한 신용카드나 직불카드'라는 의미이므로, '<u>신용카드나 직불카드의 소유자 또는 점유자를 기망하거나 공갈하여 그들의 자유로운 의사에 의하지 않고 점유가 배제되어 그들로부터 사실상 처분권을 취득한 신용카드나 직불카드</u>'라고 해석되어야 한다. 나. 원심판결 이유와 적법하게 채택된 증거에 의하면, 피고인은 교도소에 수용 중인 피해자를 기망하여 2019. 2. 22. 이 사건 신용카드를 교부받은 뒤, 2019. 2. 26.부터 같은 해 3. 25.까지 약 1개월 간 총 23회에 걸쳐 피고인의 의사에 따라 이 사건 신용카드를 사용하였으므로, <u>피해자는 피고인으로부터 기망당함으로써 피해자의 자유로운 의사에 의하지 않고 이 사건 신용카드에 대한 점유를 상실하였고, 피고인은 이 사건 신용카드에 대한 사실상 처분권을 취득하였다고 보아야 한다.</u> 따라서 <u>이 사건 신용카드는 피고인이 이 사건 신용카드의 소유자인 피해자를 기망하여 취득한 신용카드에 해당하고, 이를 사용한 피고인의 행위는 기망하여 취득한 신용카드 사용으로 인한 여신전문금융업법 위반죄에 해당한다.</u> 다. 그런데도 원심은 피해자가 피고인에게 이 사건 신용카드 사용권한을 주었다는 이유로 이 부분 공소사실을 무죄로 판단하였다. 이러한 원심판결에는 여신전문금융업법 제70조 제1항 제4호에서 정한 '기망하여 취득한 신용카드'의 해석 등에 관한 법리를 오해하여 판결에 영향을 미친 잘못이 있다. 이를 지적하는 상고이유 주장은 이유 있다(대판 2022.12.16. 2022도10629).

> **판례** 허위매출에 의한 대금 수령

① 신용카드회사가 가맹점의 용역의 제공을 가장한 허위 내용의 매출전표에 의한 대금청구에 대하여는 이를 거절할 수 있는 등 매출전표가 허위임을 알았더라면 가맹점주에게 그 대금의 지급을 하지 아니하였을 관계가 인정된다면, 가맹점주가 용역의 제공을 가장한 허위의 매출전표임을 고지하지 아니한 채 신용카드회사에게 제출하여 대금을 청구한 행위는 사기죄의 실행행위로서의 기망행위에 해당하고, 가맹점주에게 이러한 기망행위에 대한 범의가 있었다면, 비록 당시 그에게 신용카드 이용대금을 변제할 의사와 능력이 있었다고 하더라도 사기죄의 범의가 있었음을 인정할 수 있다(대판 1999.2.12. 98도3549).

② 기업구매전용카드를 사용한 거래에서 판매기업(가맹점)이 카드회사로부터 금원을 교부받을 당시 구매기업(회원)이 카드회사에 전송한 납품내역이 허위로 작성된 것임을 고지하지 아니한 채 대금을 청구하였고, 카드회사가 전송받은 납품내역에 기재된 것과 같은 판매기업의 용역제공이 실제로 있는 것으로 오신하여 그 대금 상당의 금원을 교부한 경우, 카드회사가 판매기업의 용역제공을 가장한 허위 내용의 납품내역에 의한 대금청구에 대하여는 이를 거절할 수 있는 등 납품내역이 허위임을 알았더라면 판매기업에 그 대금의 지급을 하지 아니하였을 관계가 인정된다면, 판매기업이 용역제공을 가장한 허위의 납품내역임을 고지하지 아니한 채 카드회사에 대금을 청구한 행위는 사기죄의 실행행위로서의 기망행위에 해당하고, 판매기업에 이러한 기망행위에 관한 범의가 있었다면, 비록 당시 그 운영자에게 카드 이용대금을 변제할 의사와 능력이 있었다고 하더라도 사기죄의 범의가 있었음이 인정되어 사기죄가 성립한다(대판 2013.7.26. 2012도4438).

> **판례** 신용카드를 이용한 자금융통행위

① 여신전문금융업법 제70조 제2항 제3호는 '물품의 판매 또는 용역의 제공을 가장하거나 실제 매출금액을 초과하여 신용카드 매출전표를 작성하고 자금을 융통하여 준 자'를 처벌하도록 규정하고 있는바, 그 구성요건 및 보호법익에 비추어 볼 때 위 규정 위반의 죄는 신용카드를 이용한 자금융통행위 1회마다 하나의 죄가 성립한다고 할 것이고, 일정기간 다수인을 상대로 동종의 자금융통행위를 계속하였다고 하더라도 그 범의가 단일하다고 할 수 없으므로 이를 포괄하여 하나의 죄가 성립한다고 할 수 없다(대판 2001.6.12. 2000도3559).

② 피고인이 '기업구매전용카드'를 이용하여 물품의 판매 또는 용역의 제공을 가장하여 거래하는 방법으로 자금을 융통하여 줌으로써 구 여신전문금융업법을 위반하였다는 내용으로 기소된 사안에서, 기업구매전용카드는 구 여신전문금융업 법 제2조 제3호에서 규정한 '신용카드'처럼 실물 형태의 '증표'가 발행되는 것이 아니라 단지 구매기업이 이용할 수 있는 카드번호만이 부여될 뿐이며, 거래방법도 구매기업이 판매기업에 기업구매전용카드를 '제시'할 것이 요구되지 않고, 구매기업이 카드회사에 인터넷 등을 통하여 구매 사실을 통보하면 카드회사가 판매기업에 물품대금을 지급하여 결제가 이루어지게 하는 온라인거래 수단을 지칭하는 데 지나지 않는 점, 구매기업은 카드 회사와 가맹점가입계약을 체결한 모든 판매기업과 거래를 할 수 있는 것은 아니고 구매기업이 지정한 특정한 판매기업과 사이에 서만 기업구매전용카드를 이용한 거래를 할 수 있을 뿐

이므로, 판매기업을 일반 신용카드거래의 가맹점과 동일하게 보기 어려운 점 등을 종합할 때, <u>기업구매전용카드에 의한 거래는 구 여신 전문금융업법 제70조 제2항 제2호에서 정한 '신용카드에 의한 거래'에 해당하지 않는다는 이유로, 기업구매전용카드가 '신용카드'에 해당하지 않는다고 보아 무죄를 인정한 원심판단의 결론을 정당</u>하다고 한 사례(대판 2013.7.25. 2011도14687).

③ 여신전문금융업법 제70조 제2항 제2호 (가)목에서는 신용카드를 이용한 변칙대출을 제재하고 소비자금융의 증가에 따른 신용거래질서의 확립을 도모하기 위하여 물품의 판매 또는 용역의 제공 등을 가장하거나 실제 매출금액을 넘겨 신용카드로 거래하거나 이를 대행하게 하는 행위를 통하여 자금을 융통하여 주는 행위를 처벌하는 규정을 마련하고 있고, 이와 같은 신용카드 이용 자금융통행위에 있어서 '신용카드'라 함은 같은 법 제2조 제3호에서 규정한 신용카드의 정의에 따를 때, 이를 제시함으로써 반복하여 신용카드가맹점에서 결제(단, 금전채무의 상환, 금융상품의 대가, 사행성 게임물 혹은 사행행위의 대가 등은 결제 대상에서 제외된다)할 수 있는 증표로서 신용카드업자(외국에서 신용카드업에 상당하는 영업을 영위하는 자를 포함한다)가 발행한 것을 말한다고 할 것이므로, 이때 신용카드는 신용카드업자가 진정하게 발행한 신용카드만을 의미하며, 신용카드업자가 발행하지 아니한 위조·변조된 신용카드의 사용에 의한 가장거래에 따라 이루어진 자금융통행위는 이에 해당한다고 볼 수 없다(대판 2015.6.11. 2014도14550).

 제4절 | 공갈의 죄

I. 서론

1. 공갈죄의 의의

사람을 공갈하여 재물을 교부받거나 재산상의 불법한 이익을 취득하거나 또는 타인으로 하여금 이를 얻게 함으로써 성립하는 범죄를 말한다(제350조). 공갈죄는 상대방의 하자 있는 의사에 의한 처분행위에 의하여 재물 또는 재산상의 이익을 취득하는 점에서 사기죄와 본질을 같이하나, 그 수단에 있어서 차이가 있다. 또한, 공갈죄의 폭행·협박은 상대방의 의사 결정의 자유를 제한할 정도로 족하다는 점에서 강도죄의 폭행·협박과 차이가 난다.

<공갈죄와 사기죄의 비교>

	공갈죄	사기죄
행위수단	폭행·협박	기망행위
보호법익	자유권 및 재산권	재산권
피해자	피공갈자 및 소유자	소유자
처분행위	요함	요함
친족상도례	적용	적용

2. 보호법익

공갈죄는 재산권을 주된 보호법익으로 하지만, 공갈을 수단으로 하여 사람의 의사결정과 행동의 자유를 침해하는 것을 내용으로 하는 죄이므로 자유권도 2차적인 보호법익이 된다. 보호법익이 보호받는 정도는 침해범이다.

3. 공갈죄의 체계

형법	기본적 구성요건	공갈죄(제350조)
	가중적 구성요건	특수공갈죄(제350조의2 : 행위방법으로 인한 불법가중), 상습공갈죄(제351조 : 상습성으로 인한 책임가중)
	미수범 처벌	제350조와 제350조의2, 제351조의 죄(제352조)
특별형법	폭력행위등처벌에관한법률	2인 이상의 공동공갈(제2조 제2항)을 가중처벌
	특정경제범죄가중처벌등에관한법률	공갈죄로 인한 이득액의 5억 원 이상인 경우를 가중처벌(제3조)

Ⅱ. 공갈죄

> **제350조(공갈)**
> ① 사람을 공갈하여 재물의 교부를 받거나 재산상의 이익을 취득한 자는 10년 이하의 징역 또는 2천만원 이하의 벌금에 처한다.
> ② 전항의 방법으로 제삼자로 하여금 재물의 교부를 받게 하거나 재산상의 이익을 취득하게 한 때에도 전항의 형과 같다.
>
> **제352조(미수범)**
> 제347조 내지 제348조의2, 제350조, 제350조의2와 제351조의 미수범은 처벌한다.

1. 객관적 구성요건

공갈죄는 ㈎ 사람을 공갈하여, ㈏ 타인이 점유하는 재물 또는 재산상의 이익을 취득함은 물론, 이 외에 ㈐ 피공갈자의 처분행위와 ㈑ 피해자의 재산상의 손해가 있을 것을 요함은 사기죄에 있어서와 같다.

(1) 행위의 객체

타인이 점유하는 재물 또는 재산상의 이익으로서, 이는 사기죄에 있어서와 같다.

(2) 행위

공갈이다. 공갈이란 재물을 교부받거나 재산상의 이익을 취득하기 위하여 폭행 또는 협박으로 외포심을 일으키게 하는 것을 말한다. 폭행 또는 협박은 사람의 의사 내지 자유를 제한하는 정도로 족하고, 반드시 상대방의 반항을 억압할 정도에 이를 것을 요하지 않는다. 피공갈자는 반드시 재산상의 피해자와 일치할 것을 요하지 않는다.

1) **폭행** : 폭행이란 사람에 대한 직접·간접의 유형력의 행사(광의의 폭행)를 말하며, 본죄의 폭행은 강압적 폭력에 한하며 절대적 폭력은 포함되지 않는다.

2) **협박** : 협박이란 해악을 고지하여 상대방에게 외포심을 일으키는 것을 말한다(협의의 협박). 통고하는 해악의 내용에는 제한이 없으며, 그 자체가 위법할 것을 요하는 것도 아니다. 또한 해악의 내용이 반드시 실현가능할 것을 요하지 않으며, 행위자에게 해악을 실현할 의사가 있어야 하는 것도 아니다. 해악을 통고하는 방법에도 제한이 없다. 명시적이건 묵시적이건 불문한다.

(3) 처분행위

공갈죄가 성립하기 위하여도 피공갈자의 재물을 교부하거나 재산상의 이익을 공여하는 처분행위가 있어야 한다. 처분행위는 반드시 작위에 한하지 아니하고 부작위 또는 묵인으로도 족하다. 따라서 외포심을 일으켜 상대방이 묵인하고 있는 동안에 공갈자가 재물을 직접 탈취한 때에도 공갈죄가 성립한다(통설, 판례). 처분행위와 공갈 사이에는 인과관계가 있어야 하며, 피공갈자와 피해자는 반드시 일치할 것을 요하지 않으나(삼각공갈) 피공갈자와 처분행위자는 동일인이어야 한다. 피공갈자와 재산상의 피해자가 일치하지 않는 경우에 피공갈자는 피해자의 재산을 '사실상 처분할 수 있는 지위'에 있어야 한다.

(4) 재물 또는 재산상 이익의 취득

피공갈자의 교부·처분행위로 인하여 공갈자 또는 제3자가 재물을 취득하거나 재산상의 이익을 취득하여야 한다. 재물과 재산상의 이득은 사기죄와 같은 의미이다. 따라서 공갈죄의 실행의 착수시기는 공갈의 의사로 폭행·협박을 개시한 때이며, 기수시기는 피해자에게 손해가 발생한 때(침해범)이다. 만일 가해진 협박이 사회일반인의 입장에서는 공포심을 일으킬 정도이지만, 피해자가 매우 담대한 사람이라서 공포심을 갖지 않았다면 공갈미수가 된다. 반대로 가해진 협박이 사회일반인의 입장에서 전혀 공포심을 일으킬 정도가 아님에도 불구하고, 피해자가 매우 겁이 많은 사람이라서 공포심을 일으켰다면 공갈죄는 물론이고 협박죄조차 성립하지 않는다고 보아야 한다. 또 협박이 아니고 상대방을 곤혹스럽게 하거나 불안·초조하게 하는 정도의 행위를 한 경우에는 공갈죄가 성립하지 않는다.

2. 주관적 구성요건

주관적 구성요건으로는 고의와 함께 불법영득 또는 이득의사가 있어야 한다. 따라서 재산상의 이득을 취득할 정당한 권리가 있는 때에는 불법한 이득이라고 할 수 없으므로 본죄가 성립하지 않는다. 권리행사와 공갈죄에 관하여 대법원은 '정당한 권리를 가졌다 하더라도 그 권리실행의 수단·방법이 사회통념상 허용되는 범위를 넘는 때에는 공갈죄의 성립을 방해하지 않는다'고 판시하고 있다. 그러나 공갈죄의 불법이득의 의사에 있어서 불법이란 이득의 불법을 의미하므로 정당한 권리가 있을 때에는 공갈수단에 의하는 경우에도 본죄는 성립하지 않고 폭행죄 또는 협박죄만 성립할 따름이다(다수설).

3. 위법성

대법원은 공갈의 수단에 의하더라도 그 방법이 사회통념상 인용된 범위를 일탈하지 아니한 때에는 본죄는 성립하지 않는다고 한다. 즉 공갈행위가 정당행위로서 위법성이 조각될 것인가를 판단함에 있어서는 그 수단이 경제적 이익을 얻기 위하여 사회생활상 일반적으로 허용되는 수단이었는가라는 목적과 수단의 관계를 고려해야 한다.

4. 관련문제

(1) 죄수

㉮ 한 개의 공갈행위로 같은 피해자로부터 수회에 걸쳐 재물의 교부를 받거나 재물을 교부받고 재산상의 이익을 취득한 때에는 포괄일죄가 된다. 그러나 ㉯ 동일인에 대하여 수개의 공갈행위를 한 경우에는 수개의 공갈죄의 실체적 경합이 된다. 한편, ㉰ 한 개의 공갈행위로 수인을 외포시켜 각자로부터 재물의 교부를 받은 때에는 상상적 경합이 된다. 공갈죄도 상태범이므로 갈취한 재물의 처분행위는 새로운 법익을 침해하지 않는 한 불가벌적 사후행위가 된다.

(2) 다른 범죄와의 관계

1) **사기죄와의 관계** : 기망과 공갈의 두 가지 수단을 병용하여 재물 등을 교부받은 때에는 기망과 공갈의 어느 요소가 피해자의 의사형성에 영향을 미쳤는가에 따라 결론을 달리한다. 그러나 우열을 가릴 수 없을 정도로 동질적으로 작용한 경우에는 사기죄와 공갈죄의 상상적 경합이 된다.

2) **수뢰죄와의 관계** : 공무원이 직무집행의 의사로 당해 직무와 관련하여 타인을 폭행 또는 협박하여 재물의 교부를 받은 때에는 수뢰죄와 공갈죄의 상상적 경합이 되지만, 직무집행의 의사 없이 직무집행을 빙자하여 재물을 교부받은 경우에는 공갈죄만 성립한다(다수설, 판례).

3) **소요죄·체포감금죄 및 장물죄와의 관계** : 재물 또는 재산상의 이익을 얻기 위하여 다중이 집합하여 폭행·협박한 때에는 본죄와 소요죄의 상상적 경합이 되며, 사람을 체포·감금하여 재물을 갈취한 때에는 경합범이 되나, 체포·감금이 갈취의 수단이 된 경우에는 상상적 경합이 된다. 그리고 장물을 갈취한 때에는 공갈죄만 성립한다.

(3) 친족상도례와 동력

> **제354조(친족간의 범행, 동력)**
> 제328조와 제346조의 규정은 본장의 죄에 준용한다.

본죄에는 제328조(친족 간의 범행과 고소)와 제346조(동력)가 준용된다(제354조). 피공갈자와 재산상의 피해자가 일치하지 않는 경우에는 쌍방에 대해서 친족관계가 있어야 친족상도례가 적용된다.

Ⅲ. 특수공갈죄

> **제350조의2 (특수공갈)**
> 단체 또는 다중의 위력을 보이거나 위험한 물건을 휴대하여 제350조의 죄를 범한 자는 1년 이상 15년 이하의 징역에 처한다.
>
> **제352조(미수범)**
> 제347조 내지 제348조의2, 제350조, 제350조의2와 제351조의 미수범은 처벌한다.

특수공갈죄는 단체 또는 다중의 위력을 보이거나 위험한 물건을 휴대하여 공갈죄를 범함으로써 성립한다. 공갈죄에 대해서 행위방법의 위험성으로 인하여 불법이 가중되는 범죄이다.

IV. 상습공갈죄

> **제351조(상습범)**
> 상습으로 제347조 내지 전조의 죄를 범한 자는 그 죄에 정한 형의 2분의 1까지 가중한다.
>
> **제352조(미수범)**
> 제347조 내지 제348조의2, 제350조, 제350조의2와 제351조의 미수범은 처벌한다.

상습으로 공갈죄 또는 특수공갈죄를 범하는 것이다(제351조). 행위자의 상습성으로 인한 책임가중유형이다.

판례 공갈죄의 객체 및 착수·기수시기

① 공갈죄는 재산범으로서 그 객체인 재산상 이익은 경제적 이익이 있는 것을 말하는 것인바, 일반적으로 부녀와의 정부 그 자체는 이를 경제적으로 평가할 수 없는 것이므로 부녀를 공갈하여 정교를 맺었다고 하여도 특단의 사정이 없는 한 이로써 재산상 이익을 갈취한 것이라고 볼 수는 없는 것이며, 부녀가 주점접대부라 할지라도 피고인과 매음을 전제로 정교를 맺은 것이 아닌 이상 피고인이 매음대가의 지급을 면하였다고 볼 여지가 없으니 공갈죄가 성립하지 아니한다(대판 1983.2.8. 82도2714).

② 피해자들을 공갈하여 피해자들로 하여금 지정한 예금구좌에 돈을 입금케한 이상, 위 돈은 범인이 자유로이 처분할 수 있는 상태에 놓인 것으로서 공갈죄는 이미 기수에 이르렀다 할 것이다(대판 1985.9.24. 85도1687).

③ 부동산에 대한 공갈죄는 그 부동산에 관하여 소유권이전등기를 경료받거나 또는 인도를 받은 때에 기수로 되는 것이고, 소유권이전등기에 필요한 서류를 교부 받은 때에 기수로 되어 그 범행이 완료되는 것은 아니다(대판 1992.9.14. 92도1506).

④ [1] 공갈죄의 대상이 되는 재물은 타인의 재물을 의미하므로, 사람을 공갈하여 자기의 재물을 교부받는 경우에는 공갈죄가 성립하지 아니한다. 그리고 타인의 재물인지는 민법, 상법, 기타의 실체법에 의하여 결정되는데, 금전을 도난당한 경우 절도범이 절취한 금전만 소지하고 있는 때 등과 같이 구체적으로 절취된 금전을 특정할 수 있어 객관적으로 다른 금전 등과 구분됨이 명백한 예외적인 경우에는 절도 피해자에 대한 관계에서 그 금전이 절도범인 타인의 재물이라고 할 수 없다. [2] 甲이 乙의 돈을 절취한 다음 다른 금전과 섞거나 교환하지 않고 쇼핑백 등에 넣어 자신의 집에 숨겨두었는데, 피고인이 乙의 지시로 폭력조직원 丙과 함께 甲에게 겁을 주어 쇼핑백 등에 들어 있던 절취된 돈을 교부받아 갈취하였다고 하여 폭력행위 등 처벌에 관한 법률 위반(공동공갈)으로 기소된 사안에서, 피고인 등이 甲에게서 되찾은 돈은 절취 대상인 당해 금전이라고 구체적으로 특정할 수 있어 객관적으로 甲의 다른 재산과 구분됨이 명백하므로 이를 타인인 甲의 재물이라고 볼 수 없고, 따라서 비록 피고인 등이 甲을 공갈하여 돈을 교부받았더라도 타인의 재물을 갈취한 행위로서 공갈죄가 성립된다고 볼 수 없는데도, 이와 달리 보아 유죄를 인정한 원심판결에 공갈죄의 대상인 타인의 재물 등에 관한 법리오해의 위

법이 있다고 한 사례(대판 2012.8.30. 2012도6157).

⑤ [1] 강요죄나 공갈죄의 수단인 협박은 사람의 의사결정의 자유를 제한하거나 의사실행의 자유를 방해할 정도로 겁을 먹게 할 만한 해악을 고지하는 것을 말하는데, 해악의 고지는 반드시 명시적인 방법이 아니더라도 말이나 행동을 통해서 상대방으로 하여금 어떠한 해악에 이르게 할 것이라는 인식을 갖게 하는 것이면 족하고, 피공갈자 이외의 제3자를 통해서 간접적으로 할 수도 있으며, 행위자가 그의 직업, 지위 등에 기하여 불법한 위세를 이용하여 재물의 교부나 재산상 이익을 요구하고 상대방으로 하여금 그 요구에 응하지 않을 때에는 부당한 불이익을 당할 위험이 있다는 위구심을 일으키게 하는 경우에도 해악의 고지가 된다. [2] 소비자가 구매력을 무기로 상품이나 용역에 대한 자신들의 선호를 시장에 실질적으로 반영하기 위한 집단적 시도인 소비자불매운동은 본래 '공정한 가격으로 양질의 상품 또는 용역을 적절한 유통구조를 통해 적절한 시기에 안전하게 구입하거나 사용할 소비자의 제반 권익을 증진할 목적'에서 행해지는 소비자보호운동의 일환으로서 헌법 제124조를 통하여 제도로서 보장되나, 그와는 다른 측면에서 일반 시민들이 특정한 사회, 경제적 또는 정치적 대의나 가치를 주장·옹호하거나 이를 진작시키기 위한 수단으로 소비자불매운동을 선택하는 경우도 있을 수 있고, 이러한 소비자불매운동 역시 반드시 헌법 제124조는 아니더라도 헌법 제21조에 따라 보장되는 정치적 표현의 자유나 헌법 제10조에 내재된 일반적 행동의 자유의 관점 등에서 보호받을 가능성이 있으므로, 단순히 소비자불매운동이 헌법 제124조에 따라 보장되는 소비자보호운동의 요건을 갖추지 못하였다는 이유만으로 이에 대하여 아무런 헌법적 보호도 주어지지 아니한다고 단정하여서는 아니 된다. 다만 대상 기업에 특정한 요구를 하면서 이에 응하지 않을 경우 불매운동의 실행 등 대상 기업에 불이익이 되는 조치를 취하겠다고 고지하거나 공표하는 것과 같이 소비자불매운동의 일환으로 이루어지는 것으로 볼 수 있는 표현이나 행동이 정치적 표현의 자유나 일반적 행동의 자유 등의 관점에서도 전체 법질서상 용인될 수 없을 정도로 사회적 상당성을 갖추지 못한 때에는 그 행위 자체가 강요죄나 공갈죄에서 말하는 협박의 개념에 포섭될 수 있으므로, 소비자불매운동 과정에서 이루어진 어떠한 행위가 강요죄나 공갈죄의 수단인 협박에 해당하는지 여부는 해당 소비자불매운동의 목적, 불매운동에 이르게 된 경위, 대상 기업의 선정이유 및 불매운동의 목적과의 연관성, 대상 기업의 사회·경제적 지위와 거기에 비교되는 불매운동의 규모 및 영향력, 대상 기업에 고지한 요구사항과 불이익 조치의 구체적 내용, 그 불이익 조치의 심각성과 실현가능성, 고지나 공표 등의 구체적인 행위 태양, 그에 대한 상대방 내지 대상 기업의 반응이나 태도 등 제반 사정을 종합적·실질적으로 고려하여 판단하여야 한다. [3] 피고인이, 甲 주식회사가 특정 신문들에 광고를 편중했다는 이유로 기자회견을 열어 甲 회사에 대하여 불매운동을 하겠다고 하면서 특정 신문들에 대한 광고를 중단할 것과 다른 신문들에 대해서도 특정 신문들과 동등하게 광고를 집행할 것을 요구하고 甲 회사 인터넷 홈페이지에 '甲 회사는 앞으로 특정 언론사에 편중하지 않고 동등한 광고 집행을 하겠다'는 내용의 팝업창을 띄우게 한 사안에서, 불매운동의 목적, 그 조직과정 및 규모, 대상 기업으로 甲 회사 하나만을 선정한 경위, 기자회견을 통해 공표한 불매운동의 방법 및 대상 제품, 甲 회사 직원에게 고지한 요구사항의 구체적인 내용, 위 공표나 고지행위 당시의 상황, 그에 대한 甲 회사 경영진의 반응, 위 요구사항에 응하지 않을 경우 甲 회사에 예상되는 피해의 심각성 등 제반 사정을 고려할 때, 피고인의 행위는 甲 회사의 의사결정권자로 하여금 그 요구를 수용하지 아니할 경우 불매운동이 지속되어 영업에 타격을 입게 될 것이라는 겁을 먹게 하여 의사결정 및 의사실행의 자유를 침해한 것으로 강요죄나 공갈죄의 수단으로서의 협박에 해당한다고 본 원심판단을 수긍한 사례. [4] 공갈죄는 다른 사

람을 공갈하여 그로 인한 하자 있는 의사에 기하여 자기 또는 제3자에게 재물을 교부하게 하거나 재산상 이익을 취득하게 함으로써 성립되는 범죄로서, 공갈의 상대방이 재산상의 피해자와 같아야 할 필요는 없고, 피공갈자의 하자 있는 의사에 기하여 이루어지는 재물의 교부 자체가 공갈죄에서의 재산상 손해에 해당하므로, <u>반드시 피해자의 전체 재산의 감소가 요구되는 것도 아니다</u>(대판 2013.4.11. 2010도13774). [해설] 소비자의 정당한 권리행사와 공갈(강요)을 구분하는 기준은 무엇인지에 대해 구체적인 사안을 배경으로 그 판단기준을 제시하고 있는 판결.

판례 공갈죄의 협박

① 가출자의 가족에 대하여 가출자의 소재를 알려주는 조건으로 보험가입을 요구한 피고인의 소위는 가출자를 찾으려고 하는 그 가족들의 안타까운 심정을 이용하여 보험가입을 권유 내지 요구하는 언동으로 도의상 비난할 수 있을지언정 <u>그로 인하여 가족들에 새로운 외포심을 일으키게 되거나 외포심이 더하여 진다고는 볼 수 없으므로 이를 공갈죄에 있어서의 협박이라고 단정할 수 없다</u>(대판 1976.4.27. 75도2818).

② 공갈죄의 수단으로서의 협박은 사람의 의사결정의 자유를 제한하거나 의사실행의 자유를 방해할 정도로 겁을 먹게 할 만한 해악을 고지하는 것을 말하고, 여기에서 고지된 해악의 실현은 반드시 그 자체가 위법한 것임을 요하지 않으며, 해악의 고지가 권리실현의 수단으로 사용된 경우라고 하여도 그것이 권리행사를 빙자하여 협박을 수단으로 상대방을 겁을 먹게 하였고 그 권리 실행의 수단 방법이 사회통념상 허용되는 정도나 범위를 넘는다면 공갈죄가 성립한다(대판 1991.11.26. 91도2344).

③ 공갈죄의 수단으로서의 협박은 사람의 의사결정의 자유를 제한하거나 의사실행의 자유를 방해할 정도로 겁을 먹게 할 만한 해악을 고지하는 것을 말하고, 해악의 고지가 권리실현의 수단으로 사용된 경우라도 그것이 권리행사를 빙자하여 협박을 수단으로 상대방을 겁을 먹게 하였고, 그 권리실행의 수단 방법이 사회통념상 허용되는 정도나 범위를 넘는다면 공갈죄의 실행에 착수한 것으로 보아야 한다(대판 1993.9.14. 93도915).

④ 공갈죄의 수단으로서 협박은 사람의 의사결정의 자유를 제한하거나 의사실행의 자유를 방해할 정도로 겁을 먹게 할 만한 해악을 고지하는 것을 말하고, 해악의 고지는 반드시 명시의 방법에 의할 것을 요하지 않고 언어나 거동에 의하여 상대방으로 하여금 어떠한 해악에 이르게 할 것이라는 인식을 갖게 한 것이면 족한 것이며, 이러한 <u>해악의 고지가 비록 정당한 권리의 실현 수단으로 사용된 경우라고 하여도 그 권리실현의 수단방법이 사회통념상 허용되는 정도나 범위를 넘는 것인 이상 공갈죄의 실행에 착수한 것으로 보아야 하고, 여기서 어떠한 행위가 구체적으로 사회통념상 허용되는 정도나 범위를 넘는 것이냐의 여부는 그 행위의 주관적인 측면과 객관적인 측면, 즉 추구된 목적과 선택된 수단을 전체적으로 종합하여 판단</u>하여야 한다(대판 1995.3.10. 94도2422).

⑤ 공갈죄의 수단으로써의 협박은 객관적으로 사람의 의사결정의 자유를 제한하거나 의사실행의 자유를 방해할 정도로 겁을 먹게 할 만한 해악을 고지하는 것을 말하고, 그 해악에는 인위적인 것뿐만 아니라 천재지변 또는 신력이나 길흉화복에 관한 것도 포함될 수 있으나, 다만 천재지변

또는 신력이나 길흉화복을 해악으로 고지하는 경우에는 상대방으로 하여금 행위자 자신이 그 천재지변 또는 신력이나 길흉화복을 사실상 지배하거나 그에 영향을 미칠 수 있는 것으로 믿게 하는 명시적 또는 묵시적 행위가 있어야 공갈죄가 성립한다(대판 2002.2.8. 2000도3245).

⑥ [1] 공갈죄의 수단으로서 협박은 사람의 의사결정의 자유를 제한하거나 의사실행의 자유를 방해할 정도로 겁을 먹게 할 만한 해악을 고지하는 것을 말하고, 해악의 고지는 반드시 명시의 방법에 의할 것을 요하지 아니하며 언어나 거동 등에 의하여 상대방으로 하여금 어떠한 해악을 입을 수 있을 것이라는 인식을 갖게 하는 것이면 족하고, 또한 직접적이 아니더라도 피공갈자 이외의 제3자를 통해서 간접적으로 할 수도 있으며, <u>행위자가 그의 직업, 지위, 불량한 성행, 경력 등에 기하여 불법한 위세를 이용하여 재물의 교부나 재산상 이익을 요구하고 상대방으로 하여금 그 요구에 응하지 아니할 때에는 부당한 불이익을 초래할 위험이 있을 수 있다는 위구심을 야기하게 하는 경우에도 해악의 고지</u>가 된다. [2] 피해자들이 제작·투자한 영화의 소재로 삼은 폭력조직의 두목 또는 조직원이 피해자들에게 그 영화의 감독을 통해 조직폭력배의 불량한 성행, 경력 등을 이용하여 재물의 교부를 요구하고 피해자들로 하여금 그 요구에 응하지 아니할 때에는 부당한 불이익을 초래할 위험이 있을 수 있다는 위구심을 야기하게 하였고, 피해자들도 돈을 요구하는 상대방이 자신들이 영화의 소재로 삼았던 폭력조직의 두목 또는 조직원이므로 이에 응하지 않을 경우 자신들이 받을 불이익을 두려워하거나 또는 곤경에 빠진 위 영화감독을 위해서라도 돈을 지급하지 않을 수 없다고 판단하여 마지못해 돈을 준 경우, 공갈죄의 성립을 긍정한 사례(대판 2005.7.15. 2004도1565).

⑦ [1] 공갈죄의 수단인 협박은 사람의 의사결정의 자유를 제한하거나 의사실행의 자유를 방해할 정도로 겁을 먹게 할 만한 해악을 고지하는 것을 말한다. 고지하는 내용이 위법하지 않은 것인 때에도 해악이 될 수 있고, 해악의 고지는 반드시 명시의 방법에 의할 필요는 없으며 언어나 거동에 의하여 상대방으로 하여금 어떠한 해악에 이르게 할 것이라는 인식을 가지게 하는 것이면 된다. 또한 <u>이러한 해악의 고지가 비록 정당한 권리의 실현 수단으로 사용된 경우라 하여도 그 권리실현의 수단·방법이 사회통념상 허용되는 정도나 범위를 넘는다면 공갈죄의 실행에 착수한 것으로 보아야 한다</u>. 여기서 어떠한 행위가 구체적으로 사회통념상 허용되는 정도나 범위를 넘는지는 그 행위의 주관적인 측면과 객관적인 측면, 즉 추구한 목적과 선택한 수단을 전체적으로 종합하여 판단한다. [2] 피고인이 피해자 회사들과 체결한 하도급 계약서에 따르면 쌍방이 계약 이행이 곤란하다고 인정하는 경우 하도급 계약을 해제·해지할 수 있지만, 위와 같은 사유 없이 부득이한 사유로 거래를 정지하고자 할 때에는 상대방에게 부당한 피해가 없도록 상당 기간의 거래 정지 유예기간을 두어 이를 미리 상대방에게 통보하도록 정하고 있다. [3] <u>피고인은 피해자 회사들에 6~8일 간의 유예기간을 두고 돈을 요구하면서 그때까지 돈이 지급되지 않으면 자동차 부품 생산라인을 중단하여 자동차 부품 공급 중단으로 큰 손실을 입게 만들겠다는 태도를 보였다. 이러한 언행은 피해자 회사들의 자유로운 의사결정을 제한하거나 의사실행의 자유를 방해할 정도에 이르는 해악의 고지에 해당한다.</u> [4] <u>피고인은 이와 같은 해악의 고지로 두려움을 느낀 피해자 공소외 1 주식회사로부터 손실비용 등 명목으로 합계 110억원을 받고, 피해자 공소외 2 주식회사로부터 4,299,986,069원을 받아 이를 갈취</u>하였다. [5] 피고인 운영 회사는 계속적인 재정 악화 등으로 회사 운영에 어려움을 겪었고 그로 인해 피해자 회사들이 피고인으로부터 금형 이관 절차를 검토하는 등으로 피고인 운영 회사가 절박한 상황에 있었다. 그러나 <u>피고인이 합법적인 방법으로 피해자 회사들과 갈등을 해결하려고 시도하지 않고 곧바</u>

로 생산라인을 중단하겠다고 협박한 것은 피고인의 법익을 보호하기 위한 유일한 수단이라거나 적합한 수단이었다고 볼 수 없으므로 위법성이 조각되지 않는다(대판 2019.2.14. 2018도19493). **[해설]** 강도보다는 약하지만 피해자의 의사결정의 자유를 제한하거나 방해할 정도의 해악 고지를 통한 재물 또는 재산상 이익을 갈취하는 공갈죄의 수단과 위법성 조각의 일반적 요건들을 설명하고 있는 판결. 협박이 정당한 권리의 실현 수단으로 사용된 경우, 공갈죄의 실행에 착수한 것인지 판단하는 기준을 제시한 사례.

판례 해악의 내용

① 정당한 권리를 가진 자라도 권리행사를 빙자하여 상대방을 협박 외포심을 야기케 하여 재물의 교부를 받으면 공갈죄가 성립된다(대판 1961.9.21. 4294형상385).

② 피고인과 고소인의 연령이 각 16세, 32세인 점 및 한 집에 여러 사람이 취침한다는 점으로 미루어 피고인이 고소인을 강간한 것이 아니라 피해자의 유혹으로 간통관계를 갖게 되었다 하더라도, 이를 미끼로 협박하여 금원을 교부받은 이상 피고인의 위 소위는 공갈죄를 구성한다(대판 1984.5.9. 84도573).

③ 처분권주의, 변론주의의 원리를 채택하고 있는 민사소송에 있어 부당한 제소나 그 소송의 유지가 있다 하더라도 상대방은 이에 응소하여 방어권을 충분히 행사할 수 있는 것이고 소의 취하는 상대방이 이를 강제할 수 없는 것이므로, <u>토지매도인이 그 매매대금을 지급받기 위하여 매수인을 상대로 하여 당해토지에 관한 소유권이전등기말소청구소송을 제기하고 위 대금을 변제받지 못하면 위 소송을 취하하지 아니하고 예고등기도 말소하지 않겠다는 취지를 알렸다고 하여 이를 지목하여 공갈행위라고 단정할 수는 없다</u>(대판 1989.2.28. 87도690).

④ <u>피고인이 피해자에 대하여 채권이 있다고 하더라도 그 권리행사를 빙자하여 사회통념상 용인되기 어려운 정도를 넘는 협박을 수단으로 상대방을 외포케 하여 재물의 교부 또는 재산상의 이익을 받았다면 공갈죄가 되는 것이다</u>(대판 2000.2.25. 99도4305).

⑤ 공갈죄의 수단으로서 협박은 사람의 의사결정의 자유를 제한하거나 의사실행의 자유를 방해할 정도로 겁을 먹게 할 만한 해악을 고지하는 것을 말하고, 해악의 고지는 반드시 명시의 방법에 의할 것을 요하지 아니하며 언어나 거동에 의하여 상대방으로 하여금 어떠한 해악에 이르게 할 것이라는 인식을 갖게 하는 것이면 족한 것이고, 또한 직접적이 아니더라도 피공갈자 이외의 제3자를 통해서 간접적으로 할 수도 있으며, 행위자가 그의 직업, 지위에 기하여 불법한 위세를 이용하여 재물의 교부를 요구하고 상대방으로 하여금 그 요구에 응하지 아니한 때에는 부당한 불이익을 초래할 위험이 있다는 위구심을 야기하게 하는 경우에도 해악의 고지가 된다(대판 2002.12.10. 2001도7095).

 **판 례** 해악 통고의 방법

① 피고인이 환지계장의 신분으로서 피해자 "갑"이 도급받은 공사를 지휘·감독하는 직책을 가지고 있었고 "갑"은 피고인의 지휘·감독 여하에 따라 공사에 대하여 견제 또는 방해를 받을 수 있는 위치에 있었다면 현 실정으로 보아 피고인이 "갑"에게 금 300,000원의 차용을 요구할 수 있는 정도의 우정관계가 있었다는 등의 특별한 사정이 없는 한 피고인이 "갑"에게 금 300,000원을 요구하여 "갑"이 위 금액을 교부한 것은 피고인이 비록 차용이라는 용어를 썼어도 실은 묵시적으로 공갈을 하여 위 금액을 갈취한 것이라고 봄이 타당하다(대판 1974.4.30. 73도2518).

② 방송기자인 피고인이 피해자에게 피해자 경영의 건설회사가 건축한 아파트의 진입도로미비 등 공사하자에 관하여 방송으로 계속 보도할 것 같은 태도를 보임으로써 피해자가 위 방송으로 말미암아 그의 아파트 건축사업이 큰 타격을 받고 자신이 경영하는 회사의 신용에 커다란 손실을 입게될 것을 우려하여 <u>방송을 하지 말아 달라는 취지로 돈 2,000,000원을 피고인에게 교부한 경우 공갈죄의 구성요건이 충족되고 또 인과관계도 인정</u>된다고 할 것이다(대판 1991.5.28. 91도80).

③ [1] 신문의 부실공사 관련 기사에 대한 해당 건설업체의 반박광고가 있었음에도 재차 부실공사 관련 기사가 나가는 등 그 신문사 기자들과 그 건설업체 대표이사의 감정이 악화되어 있는 상태에서, 그 신문사 사주 및 광고국장이 보도자제를 요청하는 그 건설업체 대표이사에게 자사 신문에 사과광고를 싣지 않으면 그 건설업체의 신용을 해치는 기사가 계속 게재될 것 같다는 기자들의 분위기를 전달하는 방식으로 사과광고를 게재토록 하면서 과다한 광고료를 받은 행위가 공갈죄의 구성요건에 해당한다. [2] 2인 이상이 공모하여 범죄에 공동 가공하는 공범관계에 있어서 공모는 법률상 어떤 정형을 요구하는 것이 아니고 공범자 상호간에 직접 또는 간접으로 범죄의 공동실행에 관한 암묵적인 의사연락이 있으면 족한 것으로 비록 전체의 모의과정이 없었다고 하더라도 수인 사이에 의사의 결합이 있으면 공동정범이 성립되는 것이므로, <u>공범자가 공갈행위의 실행에 착수한 후 그 범행을 인식하면서 그와 공동의 범의를 가지고 그 후의 공갈행위를 계속하여 재물의 교부나 재산상 이익의 취득에 이른 때에는 공갈죄의 공동정범이 성립</u>한다(대판 1997.2.14. 96도1959).

④ <u>공갈죄의 수단으로서 협박은 사람의 의사결정의 자유를 제한하거나 의사실행의 자유를 방해할 정도로 겁을 먹게 할 만한 해악을 고지하는 것</u>을 말하고, 해악의 고지는 반드시 명시의 방법에 의할 것을 요하지 아니하며 언어나 거동에 의하여 상대방으로 하여금 어떠한 해악에 이르게 할 것이라는 인식을 갖게 하는 것이면 족한 것이고, 또한 <u>직접적이 아니더라도 피공갈자 이외의 제3자를 통해서 간접적으로 할 수도 있으며</u>, 행위자가 그의 직업, 지위 등에 기하여 불법한 위세를 이용하여 재물의 교부나 재산상 이익을 요구하고 상대방으로 하여금 그 요구에 응하지 아니한 때에는 부당한 불이익을 초래할 위험이 있다는 위구심을 야기하게 하는 경우에도 해악의 고지가 된다(대판 2003.5.13. 2003도709).

판 례 폭행·협박의 정도

① 가출자의 가족에 대하여 가출자의 소재를 알려주는 조건으로 보험가입을 요구한 피고인의 소위는 가출자를 찾으려고 하는 그 가족들의 안타까운 심정을 이용하여 보험가입을 권유 내지 요

구하는 언동으로 도의상 비난할 수 있을지언정 그로 인하여 가족들에 새로운 외포심을 일으키게 되거나 외포심이 더하여진다고는 볼 수 없으므로 이를 공갈죄에 있어서의 협박이라고 단정할 수 없다(대판 1976.4.27. 75도2818).

② 피고인과 고소인의 연령이 각 16세, 32세인 점 및 한 집에 여러 사람이 취침한다는 점으로 미루어 피고인이 고소인을 강간한 것이 아니라 피해자의 유혹으로 간통관계를 갖게 되었다 하더라도, 이를 미끼로 협박하여 금원을 교부받은 이상 피고인의 위 소위는 공갈죄를 구성한다(대판 1984.5.9. 84도573).

③ 종업원이 주인을 협박하여 그 업소에 취직을 하여 그 주인으로부터 월급 상당액을 교부받은 경우 그 종업원이 주인에게 종업원으로서 상당한 근로를 제공한 바가 없다면 이는 갈취행위로 보아야 한다(대판 1991.10.11. 91도1755).

④ 피해자의 정신병원에서의 퇴원 요구를 거절해 온 피해자의 배우자가 피해자에 대하여 재산이전 요구를 한 경우, 그 배우자가 재산이전 요구에 응하지 않으면 퇴원시켜 주지 않겠다고 말한 바 없더라도 이는 암묵적 의사표시로서 공갈죄의 수단인 해악의 고지에 해당하고 이러한 해악의 고지가 권리의 실현수단으로 사용되었더라도 그 수단방법이 사회통념상 허용되는 정도나 범위를 넘는 것으로서 공갈죄를 구성한다(대판 2001.2.23. 2000도4415).

⑤ 조상천도제를 지내지 아니하면 좋지 않은 일이 생긴다는 취지의 해악의 고지는 길흉화복이나 천재지변의 예고로서 행위자에 의하여 직접, 간접적으로 좌우될 수 없는 것이고 가해자가 현실적으로 특정되어 있지도 않으며 해악의 발생가능성이 합리적으로 예견될 수 있는 것이 아니므로 협박으로 평가될 수 없다(대판 2002.2.8. 2000도3245).

⑥ 폭력배와 잘 알고 있다는 지위를 이용하여 불법한 위세를 보임으로써 해악의 고지를 하였다(대판 2003.5.13. 2003도709).

판례 | 처분행위의 직접성

- [1] 재산상 이익의 취득으로 인한 공갈죄가 성립하려면 폭행 또는 협박과 같은 공갈행위로 인하여 피공갈자가 재산상 이익을 공여하는 처분행위가 있어야 한다. 물론 그러한 처분행위는 반드시 작위에 한하지 아니하고 부작위로도 족하여서, 피공갈자가 외포심을 일으켜 묵인하고 있는 동안에 공갈자가 직접 재산상의 이익을 탈취한 경우에도 공갈죄가 성립할 수 있다. 그러나 폭행의 상대방이 위와 같은 의미에서의 처분행위를 한 바 없고, 단지 행위자가 법적으로 의무 있는 재산상 이익의 공여를 면하기 위하여 상대방을 폭행하고 현장에서 도주함으로써 상대방이 행위자로부터 원래라면 얻을 수 있었던 재산상 이익의 실현에 장애가 발생한 것에 불과하다면, 그 행위자에게 공갈죄의 죄책을 물을 수 없다. [2] 피고인이 피해자가 운전하는 택시를 타고 간 후 최초의 장소에 이르러 택시요금의 지급을 면할 목적으로 다른 장소에 가자고 하였다면서 택시에서 내린 다음 택시요금 지급을 요구하는 피해자를 때리고 달아나자, 피해자가 피고인이 말한 다른 장소까지 쫓아가 기다리다 그곳에서 피고인을 발견하고 택시요금 지급을 요구하였는데 피고인이 다시 피해자의 얼굴 등을 주먹으로 때리고 달아난 사안에서, 피해자가 피고인에게 계속해서 택시요금의 지급을 요구하였으나 피고인이 이를 면하고자

피해자를 폭행하고 달아났을 뿐, 피해자가 폭행을 당하여 외포심을 일으켜 수동적·소극적으로라도 피고인이 택시요금 지급을 면하는 것을 용인하여 이익을 공여하는 처분행위를 하였다고 할 수 없는데도, 이와 달리 보아 공갈죄를 인정한 원심판결에 법리오해 등 위법이 있다고 한 사례(대판 2012.1.27. 2011도16044). [해설] 피공갈자가 재산상 이익을 공여하는 처분행위는 부작위로도 가능한 것인지에 대한 판결. 본 사안의 경우에는 폭행죄만 성립.

판례 처분행위자

- [1] 공갈죄에 있어서 공갈의 상대방은 재산상의 피해자와 동일함을 요하지는 아니하나, 공갈의 목적이 된 재물 기타 재산상의 이익을 처분할 수 있는 사실상 또는 법률상의 권한을 갖거나 그러한 지위에 있음을 요한다. [2] 주점의 종업원에게 신체에 위해를 가할 듯한 태도를 보여 이에 겁을 먹은 위 종업원으로부터 주류를 제공받은 경우에 있어 위 종업원은 주류에 대한 사실상의 처분권자이므로 공갈죄의 피해자에 해당된다고 보아 공갈죄가 성립한다고 한 원심의 판단을 수긍한 사례(대판 2005.9.29. 2005도4738). [해설] 피공갈자와 피해자는 동일인이 아니더라도 처분행위자는 피공갈자와 동일인이어야 한다는 삼각공갈의 요건을 제시하고 있는 판결.

판례 권리행사와 공갈죄

① 피해자가 공소외 (갑)을 대리하여 동인 소유의 여관을 피고인에게 매도하고 피고인으로부터 계약금과 잔대금 일부를 수령하였는데 그 후 위 (갑)이 많은 부채로 도피해 버리고 동인의 채권자들이 채무변제를 요구하면서 위 여관을 점거하여 피고인에게 여관을 명도하기가 어렵게 되자 피고인은 피해자에게 여관을 명도해 주든가 명도소송비용을 내놓지 않으면 고소하여 구속시키겠다고 말한 경우 피고인이 매도인의 대리인인 위 피해자에게 위 여관의 명도 또는 명도소송비용을 요구한 것은 매수인으로서 정당한 권리행사라 할 것이며 위와 같이 다소 위협적인 말을 하였다고 하여도 이는 사회통념상 용인될 정도의 것으로서 협박으로 볼 수 없다(대판 1984.6.26. 84도648).

② 피고인이 교통사고로 2주일 간의 치료를 요하는 상해를 당하여 그로 인한 손해배상청구권이 있음을 기화로 사고차량의 운전사가 바뀐 것을 알고서 그 운전사의 사용자에게 과다한 금원을 요구하면서 이에 응하지 않으면 수사기관에 신고할듯한 태도를 보여 이에 겁을 먹은 동인으로부터 금 3,500,000원을 교부받은 것이라면 이는 손해배상을 받기 위한 수단으로서 사회통념상 허용되는 범위를 넘어서 그 권리행사를 빙자하여 상대방을 외포하게 함으로써 재물을 교부받은 경우에 해당하므로 공갈죄가 성립한다고 할 것이다(대판 1990.3.27. 89도2036).

③ 피해자의 기망에 의하여 부동산을 비싸게 매수한 피고인이라도 그 계약을 취소함이 없이 등기를 피고인 앞으로 둔 채 피해자의 전매차익을 받아낼 셈으로 피해자를 협박하여 재산상의 이득을 얻거나 돈을 받았다면 이는 정당한 권리행사의 범위를 넘은 것으로서 사회통념상 용인될 수 없으므로 공갈죄를 구성한다(대판 1991.9.24. 91도1824).

④ 정당한 권리가 있다 하더라도 그 권리행사에 빙자하여 사회통념상 허용되는 범위를 넘어 협박

을 수단으로 상대방을 외포시켜 재물의 교부 또는 재산상의 이익을 받는 경우와 같이 그 행위가 정당한 권리행사라고 인정되지 아니하는 경우에는 공갈죄가 성립된다고 할 것인바, 공사 수급인의 공사부실로 하자가 발생되어 도급인측에서 하자보수시까지 기성고 잔액의 지급을 거절하자 수급인이 일방적으로 공사를 중단하여 수급인에게 자신이 임의로 결가계산한 기성고 잔액 등 금 199,000,000원의 지급청구권이 있다고 볼 수 없을 뿐만 아니라, 비록 그렇지 않다 하더라도 수급인이 권리행사에 빙자하여 도급인측에 대하여 비리를 관계기관에 고발하겠다는 내용의 협박 내지 사무실의 장시간 무단점거 및 직원들에 대한 폭행 등의 위법수단을 써서 기성고 공사대금 명목으로 금 80,000,000원을 교부받은 소위는 사회통념상 허용되는 범위를 넘는 것으로서 이는 공갈죄에 해당한다(대판 1991.12.13. 91도2127).

⑤ 공갈죄의 수단으로서의 협박은 사람의 의사결정의 자유를 제한하거나 의사실행의 자유를 방해할 정도로 겁을 먹게 할 만한 해악을 고지하는 것을 말하고, 해악의 고지가 권리실현의 수단으로 사용된 경우라도 그것이 권리행사를 빙자하여 협박을 수단으로 상대방을 겁을 먹게 하였고, 그 권리실행의 수단 방법이 사회통념상 허용되는 정도나 범위를 넘는다면 공갈죄의 실행에 착수한 것으로 보아야 한다(대판 1993.9.14. 93도915).

⑥ 국가안전기획부 직원이 아들 담임선생의 부탁을 받고 그 담임선생의 채무자에게 채무변제를 독촉하는 과정에서 다소 위협적인 말을 하였다 하더라도 사회통념상 허용되는 범위를 넘어선 것이라고 할 수 없어 공갈죄가 성립되지 아니한다(대판 1993.12.24. 93도2339).

⑦ <u>정당한 권리가 있다 하더라도 그 권리행사를 빙자하여 사회통념상 용인되기 어려운 정도를 넘는 협박을 수단으로 상대방을 외포케 하여 재물의 교부 또는 재산상의 이익을 받으려 하였다면 공갈죄가 성립한다</u>(대판 1996.3.22. 95도2801).

판례 죄수 및 타죄와의 관계

① 예금통장과 인장을 갈취한 후 예금 인출에 관한 사문서를 위조한 후 이를 행사하여 예금을 인출한 행위는 공갈죄 외에 별도로 사문서위조, 동 행사 및 사기죄가 성립한다(대판 1979.10.30. 79도489).

② 공무원이 직무집행의 의사 없이 또는 직무처리와 대가적 관계없이 타인을 공갈하여 재물을 교부하게 한 경우에는 공갈죄만이 성립하고, 이러한 경우 <u>재물의 교부자가 공무원의 해악의 고지로 인하여 외포의 결과 금품을 제공한 것이라면 그는 공갈죄의 피해자가 될 것이고 뇌물공여죄는 성립될 수 없다고 하여야 할 것이다</u>(대판 1994.12.22. 94도2528).

③ <u>예금주인 현금카드 소유자를 협박하여 그 카드를 갈취하였고, 하자 있는 의사표시이기는 하지만 피해자의 승낙에 의하여 현금카드를 사용할 권한을 부여받아 이를 이용하여 현금을 인출한 이상, 피해자가 그 승낙의 의사표시를 취소하기까지는 현금카드를 적법, 유효하게 사용할 수 있고, 은행의 경우에도 피해자의 지급정지 신청이 없는 한 피해자의 의사에 따라 그의 계산으로 적법하게 예금을 지급할 수밖에 없는 것이므로, 피고인이 피해자로부터 현금카드를 사용한 예금인출의 승낙을 받고 현금카드를 교부받은 행위와 이를 사용하여 현금자동지급기에서 예금을 여러 번 인출한 행위들은 모두 피해자의</u>

예금을 갈취하고자 하는 피고인의 단일하고 계속된 범의 아래에서 이루어진 일련의 행위로서 포괄하여 하나의 공갈죄를 구성한다고 볼 것이지, 현금지급기에서 피해자의 예금을 취득한 행위를 현금지급기 관리자의 의사에 반하여 그가 점유하고 있는 현금을 절취한 것이라 하여 이를 현금카드 갈취행위와 분리하여 따로 절도죄로 처단할 수는 없다(대판 1996.9.20. 95도1728).

④ 피고인이 피해자의 목을 붙잡아 뒤로 밀어 넘어뜨리고 입술을 때려 치아진탕상 등의 상해를 가하고, 피해자로부터 금품을 갈취한 경우, **공갈죄와 별도로 상해죄가 성립**하고, 이들 죄는 **상상적 경합 관계**에 있다고 할 것이다(대판 2008.1.24. 2007도9580). **[해설]** 이 사건 상해행위는 공갈행위의 수단으로 행하여졌음을 알 수 있으므로 이 사건 상해죄와 공갈죄는 상상적 경합 관계에 있다 할 것이고, 상상적 경합 관계에 있는 상해죄와 공갈죄에 대하여 원심과 같이 실체적 경합범으로 죄수평가를 한 경우 그 처단형의 범위에 차이가 생기게 됨이 분명하므로, 위와 같은 죄수에 관한 법리오해는 판결에 영향을 미쳤다고 본 판례.

제5절 | 횡령의 죄

I. 서론

1. 횡령죄의 의의와 본질

(1) 횡령죄의 의의

타인의 재물을 보관하는 자가 그 재물을 횡령하거나 반환을 거부하는 것을 내용으로 하는 범죄이다(제355조 제1항). 횡령죄의 보호법익은 소유권이고, 보호받는 정도는 위태범이다(판례). 횡령죄는 타인에 대한 신임관계를 배반한다는 점에서 배임죄와 같은 성질을 가진다. 다만 횡령죄의 객체가 재물임에 반하여 배임죄의 객체는 재산상의 이익이라는 점에서 차이가 있을 뿐이다. 이러한 의미에서 횡령죄와 배임죄는 특별법과 일반법의 관계에 있다고 할 수 있다.

<횡령죄와 배임죄의 비교>

횡령죄	배임죄
1. 타인의 재물을 보관하는 자	1. 타인의 사무를 처리하는 자
2. 특별법	2. 일반법
3. 재물죄	3. 순수한 이득죄
4. 월권행위설 / 영득행위설	4. 배신설 / 권한남용설 / 사무관리설

(2) 횡령죄의 본질

횡령행위의 본질에 관하여는 월권행위설과 영득행위설이 대립하고 있으나, 횡령죄의 보호법익이 소유권인 이상 이를 침해하는 의사로써 불법영득의 의사가 있어야 함은 당연하다 할 것이므로 통설인 영득행위설이 타당하다. 이에 의하면 횡령죄의 성립에 불법영득의사를 요하므로 일시적 무단사용, 손괴·은닉목적으로 처분한 경우에는 횡령죄가 성립하지 않는다. 대법원도 일관하여 불법영득의 의사가 없는 때에는 횡령죄의 성립을 부정하고 있다.

<횡령죄의 본질>

월권행위설	영득행위설(多·判)
위탁물에 대한 권한을 초월하는 부분 → 신임관계를 깨뜨리는데 본질 (불법영득의사 불요 / 일시무단사용, 손괴·은닉 목적 ○)	위탁물을 불법하게 영득하는데 본질 (불법영득의사 요 / 일시무단사용, 손괴·은닉 목적 ×)

2. 구성요건의 체계

기본적 구성요건은 단순횡령죄(제355조 제1항)이며, 업무상 횡령죄(제356조)는 이에 대한 가중적 구성요건이다. 그러나 점유이탈물횡령죄(제360조)는 신임관계의 침해를 내용으로 하지 않는 점에서 횡령죄와는 그 성질을 달리하는 별개의 범죄이다(다수설).

형법	기본적 구성요건	횡령죄(제355조 제1항)
	가중적 구성요건	업무상 횡령죄(제356조; 신분으로 인한 불법·책임가중)
	독립적 구성요건	점유이탈물횡령죄(제360조)
	미수범 처벌	제355조 제1항과 제356조의 죄(제359조)
	친족상도례·동력 규정	제361조 준용
특별형법	특정경제처벌가중처벌등에관한법률	횡령죄로 인한 취득가액이 5억 원 이상인 때에는 가중처벌(제3조)

II. 횡령죄

> **제355조(횡령, 배임)**
> ① 타인의 재물을 보관하는 자가 그 재물을 횡령하거나 그 반환을 거부한 때에는 5년 이하의 징역 또는 1천500만원 이하의 벌금에 처한다.

1. 객관적 구성요건

횡령죄는 타인의 재물을 보관하는 자가 그 재물을 횡령하거나 그 반환을 거부함으로써 성립하는 범죄로서, 횡령의 죄의 기본적 구성요건이며 진정신분범·의무범·상태범이다.

(1) 행위의 주체

위탁관계에 의하여 타인의 재물을 보관하는 자이다. 보관이라 함은 점유 또는 소지와 같은 의미로, 그것은 사실상의 재물지배를 뜻한다. 그러나 횡령죄에 있어서의 보관은 신분요소로서 기능하므로, 사실상의 재물지배 뿐만 아니라 법률상의 지배도 포함되는 한편, 그것이 위탁관계에 의한 점유에 제한된다.

1) **보관** : 횡령죄에 있어서의 보관은 위탁자에 대한 관계에서 신임관계의 기초로서의 의미를 가진다. 여기서 횡령죄의 점유는 사실상의 지배 이외에 법률상의 지배까지 포함하는 개념이 된다. 법

률상의 지배가 횡령죄의 보관에 해당하는 경우로는 다음의 세 가지 경우가 있다. 즉 ㈎ 부동산을 사실상 지배하고 있는 자는 등기명의의 여하를 불문하고 그 부동산의 보관자가 되며, 부동산에 대하여 사실상의 지배가 없는 경우에도 등기명의를 가지고 있는 때에는 여기의 보관자에 해당한다. 한편, 등기서류의 보관자는 그 부동산을 법률상·사실상 보관하고 있다고 할 수 없으므로 배임죄의 주체가 될 뿐이다. 임차인은 사실상 관리할 뿐이고 법률상 유효한 처분권한이 없으므로 횡령죄의 주체가 될 수 없고, 처분한 경우에는 사기죄가 성립한다. ㈏ 유가증권을 소지한 경우나 타인의 돈을 위탁받아 은행에 예금한 경우에도 임치물 또는 돈에 대한 법률상의 지배가 인정된다(통설, 판례). ㈐ 부동산의 점유에 있어서 그 부동산을 용이하게 처분할 수 있는 지위에 있는 자는 등기명의인이 아니라도 보관자로 될 수 있다. 예컨대 미성년자의 법정대리인이나 후견인은 그 법률상의 권한에 의하여 미성년자 소유의 부동산을 점유하게 된다.

2) 위탁관계에 의한 보관

㈎ **위탁관계** : 횡령죄의 본질은 신임관계에 위배하여 타인의 재물을 영득한다는 배신성에 있는 바, 점유는 위탁관계에 의한 것임을 요한다. 이러한 의미에서 횡령죄의 주체는 위탁관계에 의하여 타인의 재물을 점유하는 신분자라고 할 수 있다. 위탁관계는 계약이나 법률의 규정에 의하여 발생하는 것이 보통이나, 이에 제한되지 않고 널리 거래의 신의성실에 비추어 재물의 보관에 대한 신임관계가 발생한 것으로 족하다.

㈏ **불법원인급여와 횡령죄** : 위탁관계가 불법하여 위탁자가 보관자에 대하여 반환청구를 할 수 없는 경우, 예컨대 뇌물로 공여할 재산을 위탁하였는데 보관자가 이를 영득한 때에 횡령죄가 성립하는가에 대하여는 견해가 대립하고 있다.

① **소극설** : ㈎ 불법원인급여의 경우에 위탁자는 그 반환청구권을 상실하기 때문에 수탁자는 이를 자유롭게 처분할 수 있는 것이 되어 횡령죄가 성립할 여지가 없고, ㈏ 민법상 반환의무가 없는 자에게 형법이 제재를 가하여 그 반환을 강제하는 것은 법질서 전체의 통일을 깨뜨리는 결과가 될 뿐만 아니라, ㈐ 불법원인급여의 경우에 수탁자에게 소유권이 귀속되므로 타인의 재물이라고 할 수 없다는 것을 근거로 횡령죄의 성립을 부정한다. 판례도 소극설의 입장이다.

② **적극설** : ㈎ 범죄의 성립 여부는 형법의 독자적인 목적에 비추어 판단해야 하고, ㈏ 민법상 불법원인급여가 보호받지 못한다고 하여 위탁자가 소유권을 상실하는 것이 아니므로 점유자에 대하여는 여전히 타인의 재물이 되며, ㈐ 이 경우에도 신임관계를 인정할 수 있다는 점을 근거로 하여 횡령죄의 성립을 긍정한다.

③ **절충설** : 소유권이전의사가 있는 불법원인급여의 경우에는 횡령죄가 성립하지 않지만, 소유권이전의사가 없는 불법원인급여의 경우에는 횡령죄가 성립한다는 견해와 불법원인급여의 경우에는 재물의 타인성이 결여되어 횡령죄가 성립하지 않지만, 불법원인위탁의 경우에는 법익평온상태의 교란 정도의 행위반가치와 결과반가치가 인정되므로 횡령죄의 불능미수가 성립한다는 견해가 있다.

④ **비판** : 생각건대 횡령죄가 성립하기 위하여는 재물이 타인의 소유에 속할 것을 요한다. 그러나 불법원인급여의 경우에 위탁물의 소유권은 상대방에게 귀속된다. 따라서 이 경우에 타인의 재물임을 전제로 하는 횡령죄는 성립할 여지가 없다고 할 것이므로 소극설이 타당하다. 판례는 원칙적

으로 소극설의 입장이지만, 예외적으로 수익자의 불법성이 급여자의 불법성보다 현저히 큰 경우에는 적극설의 입장이다.

> **판례** 횡령죄의 본질(영득행위설)
>
> - 횡령죄는 타인의 재물을 보관하는 자가 그 재물을 횡령하는 경우에 성립하는 범죄이고, 횡령죄의 구성요건으로서의 횡령행위란 불법영득의사를 실현하는 일체의 행위를 말하는 것으로서 불법영득의사가 외부에 인식될 수 있는 객관적 행위가 있을 때 횡령죄가 성립한다(대판 2004.12.9. 2004도5904).

> **판례** 보관
>
> ① 피해자가 그 소유의 오토바이를 타고 심부름을 다녀오라고 하여서 그 오토바이를 타고 가다가 마음이 변하여 이를 반환하지 아니한 채 그대로 타고 가버렸다면 횡령죄를 구성함은 별론으로 하고 적어도 절도죄를 구성하지는 아니한다(대판 1986.8.19. 86도1093). [해설] 사실상의 점유가 누구에게 있는가를 판단하는 기준을 제시한 사례.
>
> ② 발행인으로부터 일정한 금액의 범위 내에서 액면을 보충·할인하여 달라는 의뢰를 받고 액면 백지인 약속어음을 교부받아 보관중이던 자가 발행인과의 합의에 의하여 정해진 보충권의 한도를 넘어 보충을 한 경우에는 발행인의 서명날인 있는 기존의 약속어음 용지를 이용하여 새로운 별개의 약속어음을 발행한 것에 해당하여 이러한 보충권의 남용행위로 인하여 생겨난 새로운 약속어음에 대하여는 발행인과의 관계에서 보관자의 지위에 있다 할 수 없으므로, 설사 그 약속어음을 자신의 채무변제조로 제3자에게 교부하여 임의로 사용하였다고 하더라도, 발행인으로 하여금 제3자에 대하여 어음상의 채무를 부담하는 손해를 입게 한 데에 대한 배임죄가 성립될 수 있음은 별론으로 하고, 보관자의 지위에 있음을 전제로 횡령죄가 성립될 수는 없다(대판 1995.1.20. 94도2760).
>
> ③ 부동산에 관한 횡령죄에 있어서 타인의 재물을 보관하는 자의 지위는 동산의 경우와는 달리 부동산에 대한 점유의 여부가 아니라 부동산을 제3자에게 유효하게 처분할 수 있는 권능의 유무에 따라 결정하여야 하므로, 부동산을 공동으로 상속한 자들 중 1인이 부동산을 혼자 점유하던 중 다른 공동상속인의 상속지분을 임의로 처분하여도 그에게는 그 처분권능이 없어 횡령죄가 성립하지 아니한다(대판 2000.4.11. 2000도565).
>
> ④ [1] 횡령죄에 있어서 보관이라 함은 재물이 사실상 지배하에 있는 경우뿐만 아니라 법률상의 지배·처분이 가능한 상태를 모두 가리키는 것으로 타인의 금전을 위탁받아 보관하는 자는 보관방법으로 이를 은행 등의 금융기관에 예치한 경우에도 보관자의 지위를 갖는 것이다. [2] 타인의 금전을 위탁받아 보관하는 자가 보관방법으로 금융기관에 자신의 명의로 예치한 경우, 금융실명거래및비밀보장에관한긴급재정경제명령이 시행된 이후 금융기관으로서는 특별한 사정이 없는 한 실명확인을 한 예금명의자만을 예금주로 인정할 수밖에 없으므로 수탁자 명의의 예금에 입금된 금전은 수탁자만이 법률상 지배·처분할 수 있을 뿐이고 위탁자로서는 위 예금의 예금주가 자신이라고 주장할 수는 없으나, 그렇다고 하여 보관을 위탁받은 위 금전이 수탁자 소유로 된다거나 위탁자가 위 금전의 반환을 구할 수 없는 것은 아니므로 수탁자가 이를 함부로 인출하여 소비하거나 또는 위탁자로부터 반환요구를 받았음에도 이를 영득할 의

사로 반환을 거부하는 경우에는 횡령죄가 성립한다(대판 2000.8.18. 2000도1856).

⑤ [1] 부동산에 관한 횡령죄에 있어서 타인의 재물을 보관하는 자의 지위는 동산의 경우와는 달리 부동산에 대한 점유의 여부가 아니라 부동산을 제3자에게 유효하게 처분할 수 있는 권능의 유무에 따라 결정하여야 하므로, <u>부동산의 공유자 중 1인이 다른 공유자의 지분을 임의로 처분하거나 임대하여도 그에게는 그 처분권능이 없어 횡령죄가 성립하지 아니한다.</u> [2] 구분소유자 전원의 공유에 속하는 공용부분인 지하주차장 일부를 그 중 1인이 독점 임대하고 수령한 임차료를 임의로 소비한 경우 횡령죄가 성립하지 아니한다고 한 사례(대판 2004.5.27. 2003도6988).

⑥ [1] 횡령죄에서 재물의 보관이라 함은 재물에 대한 사실상 또는 법률상 지배력이 있는 상태를 의미하며, 그 보관은 소유자 등과의 위탁관계에 기인하여 이루어져야 하는 것이지만, 그 위탁관계는 사실상의 관계이면 족하고 위탁자에게 유효한 처분을 할 권한이 있는지 또는 수탁자가 법률상 그 재물을 수탁할 권리가 있는지 여부를 불문하는 것이고, 한편 부동산에 관한 횡령죄에 있어서 타인의 재물을 보관하는 자의 지위는 동산의 경우와는 달리 부동산에 대한 점유의 여부가 아니라 법률상 부동산을 제3자에게 처분할 수 있는 지위에 있는지 여부를 기준으로 판단하여야 한다. [2] 피고인이 종중의 회장으로부터 담보 대출을 받아달라는 부탁과 함께 종중 소유의 임야를 이전받은 다음 임야를 담보로 금원을 대출받아 임의로 사용하고 자신의 개인적인 대출금 채무를 담보하기 위하여 임야에 근저당권을 설정하였다면 <u>비록 피고인이 임야를 이전받는 과정에서 적법한 종중총회의 결의가 없었다고 하더라도 피고인은 임야나 위 대출금에 관하여 사실상 종중의 위탁에 따라 이를 보관하는 지위에 있다고 보아야 할 것이어서 피고인의 위 행위가 종중에 대한 관계에서 횡령죄를 구성한다</u>고 한 사례(대판 2005.6.24. 2005도2413).

⑦ 부동산 매수인이 매매대금의 완납 전에 그 매매목적물을 담보로 하여 금전을 차용함에 있어 매도인의 승낙을 받는 한편 매도인과 사이에 그 차용금액의 일부는 매도인에게 매매대금으로 우선 교부하여 주기로 약정한 다음 금전을 차용하여 이를 전부 임의로 소비한 경우에 매도인과 매수인 사이의 위의 약정은 매매잔대금의 지급방법의 하나를 정한 것에 불과한 것이므로, 이로써 매수인이 대금완납 시까지 매도인을 위하여 위 매매목적물을 관리하거나 담보 제공하여 차용한 금전을 보관하여야 하는 지위에 있다고 볼 수 없고, 매수인이 차용금액의 일부를 매도인에게 지급하지 아니하였다고 하더라도 이는 단순한 민사상의 채무불이행에 지나지 아니할 뿐 횡령죄는 성립하지 아니한다(대판 2005.9.29. 2005도4809).

⑧ 횡령죄는 타인의 재물을 보관하는 자가 그 재물을 횡령하는 것을 처벌하는 범죄이므로, 횡령죄가 성립되기 위해서는 횡령의 대상이 된 재물이 타인의 소유일 것을 요하는 것인바, <u>금전의 수수를 수반하는 사무처리를 위임받은 자가 그 행위에 기하여 위임자를 위하여 제3자로부터 수령한 금전은 목적이나 용도를 한정하여 위탁된 금전과 마찬가지로 달리 특별한 사정이 없는 한 그 수령과 동시에 위임자의 소유에 속하고, 위임을 받은 자는 이를 위임자를 위하여 보관하는 관계에 있다고 보아야 한다</u>(대판 2005.11.10. 2005도3627).

⑨ 횡령죄의 주체는 타인의 재물을 보관하는 자이어야 하고, 여기서 보관은 위탁관계에 의하여 재물을 점유하는 것을 의미하므로, 횡령죄가 성립하기 위하여는 그 재물의 보관자와 재물의 소유자(또는 그 밖의 본권자) 사이에 법률상 또는 사실상의 위탁신임관계가 존재하여야 하고, 나아가 부동산의 경우 보관자의 지위는 점유를 기준으로 할 것이 아니라 <u>그 부동산을 제3자에게 유효하게</u>

처분할 수 있는 권능의 유무를 기준으로 결정하여야 하므로, 원인무효인 소유권이전등기의 명의자는 횡령죄의 주체인 타인의 재물을 보관하는 자에 해당한다고 할 수 없다(대판 2010.6.24. 2009도9242).

⑩ 피고인이 甲 주식회사의 경영권을 인수한 후 甲 회사 소유의 예금을 인출하여 피고인의 甲 회사 인수를 위한 대출금 변제에 사용하는 방법으로 횡령하였다는 내용으로 기소된 사안에서, 피고인이, 위 예금이 인출되기 직전에 있었던 주주총회에서 피고인 측 이사 3명이 선출됨으로써 甲 회사의 실질적 운영자의 지위를 취득하였던 점 등에 비추어 위 예금을 보관하는 자의 지위에 있었다(대판 2011.3.24. 2010도17396).

⑪ 타인의 금전을 위탁받아 보관하는 자가 보관방법으로 금융기관에 자신의 명의로 예치한 후 이를 함부로 인출하여 소비하거나 위탁자에게서 반환요구를 받았음에도 영득의 의사로 반환을 거부하는 경우, 횡령죄가 성립한다(대판 2015.2.12. 2014도11244).

⑫ 횡령죄는 타인의 재물을 보관하는 사람이 재물을 횡령하거나 반환을 거부한 때에 성립한다(형법 제355조 제1항). 횡령죄에서 재물의 보관은 재물에 대한 사실상 또는 법률상 지배력이 있는 상태를 의미하며, 횡령행위는 불법영득의사를 실현하는 일체의 행위를 말한다. 따라서 <u>소유권의 취득에 등록이 필요한 타인 소유의 차량을 인도받아 보관하고 있는 사람이 이를 사실상 처분하면 횡령죄가 성립</u>하며, <u>보관 위임자나 보관자가 차량의 등록명의자일 필요는 없다</u>. 그리고 이와 같은 법리는 지입회사에 소유권이 있는 차량에 대하여 지입회사에서 운행관리권을 위임받은 지입차주가 지입회사의 승낙 없이 보관 중인 차량을 사실상 처분하거나 지입차주에게서 차량 보관을 위임받은 사람이 지입차주의 승낙 없이 보관 중인 차량을 사실상 처분한 경우에도 마찬가지로 적용된다(대판 2015.6.25. 2015도1944 전원합의체). [해설] 일반 동산과 달리 등록이 필요한 차량의 경우 등록명의자가 보관자라고 본 기존의 대법원 입장을 변경한 전원합의체 판결.

⑬ [1] 횡령죄는 타인의 재물에 대한 재산범죄로서 재물의 소유권 등 본권을 보호법익으로 하는 범죄이다. 따라서 횡령죄의 객체가 타인의 재물에 속하는 이상 구체적으로 누구의 소유인지는 횡령죄의 성립 여부에 영향이 없다. <u>주식회사는 주주와 독립된 별개의 권리주체로서 그 이해가 반드시 일치하는 것은 아니므로, 주주나 대표이사 또는 그에 준하여 회사 자금의 보관이나 운용에 관한 사실상의 사무를 처리하는 자가 회사 소유의 재산을 사적인 용도로 함부로 처분하였다면 횡령죄가 성립한다.</u> [2] <u>법인격 부인 또는 남용 법리는 회사가 법인격을 남용했다고 볼 수 있는 예외적인 경우에 회사에 법인격이 있더라도 이를 무시하고 그 뒤에 있는 배후자에게 책임을 추궁하는 것이다. 피고인들이 피해 회사의 자회사 계좌를 이용하여 피해 회사의 납품대금을 횡령한 이 사건에서 법인격 부인 여부에 따라 횡령죄의 성립이 좌우되는 것도 아니다.</u> [3] 피고인들이 공모하여 피해 회사가 납품하는 물품을 마치 피해 회사의 자회사가 납품하는 것처럼 서류를 꾸며 피해 회사가 지급받아야 할 납품대금을 자회사 명의의 계좌로 지급받아 급여 등의 명목으로 임의 사용하여 업무상 횡령하였다는 공소사실로 기소된 사안에서, <u>횡령죄의 객체가 타인의 재물에 속하는 이상 구체적으로 누구의 소유인지는 횡령죄의 성립 여부에 영향이 없고, 법인격의 부인 여부에 따라 횡령죄의 성립 여부가 좌우되는 것도 아니라고 판단하여 상고기각한 사례</u>(대판 2019.12.24. 2019도9773).

판례 | 원인무효의 등기명의인

① [1] 횡령죄가 성립하기 위하여서는 우선 타인의 재물을 보관하는 자의 지위에 있어야 하고 부동산에 대한 보관자의 지위는 동산의 경우에 있어서와는 달리 그 부동산에 대한 점유를 기준으로 할 것이 아니라 그 부동산을 제3자에게 유효하게 처분할 수 있는 권능의 유무를 기준으로 하여 결정할 것이므로 타인소유의 토지에 관하여 그 소유권이전등기를 경료받음이 없이 그 경작관리권만을 위임받아 이를 점유해 온 자는 그 토지 자체에 대한 보관자의 지위에 있다고는 할 수 없고 그 후 동인이 허위의 보증서와 확인서를 발급받아 부동산소유권이전등기등에 관한 특별조치법에 의한 소유권이전등기를 임의로 경료하였다 하더라도 그와 같은 원인무효의 등기에 의하여 그 토지에 대한 처분권능이 새로이 발생하는 것이 아니므로 마찬가지라 할 것이다. [2] 타인소유의 토지에 대한 보관자의 지위에 있지 아니한 자가 그 앞으로 원인무효의 소유권이전등기가 경료되어 있음을 이용하여 그 토지가 농지개량사업에 의하여 수로로 편입되게 됨으로써 토지소유자에게 지급될 보상금을 수령하였다 하더라도 그 보상금에 대한 점유의 취득은 농지개량사업시행자에 대한 기망행위로 인한 것으로 보아야 할 뿐 진정한 토지소유자의 위임에 기한 것이라고는 할 수 없으므로 그 보상금에 대하여 어떠한 보관관계가 성립한다고 볼 여지가 없다(대판 1987.2.10. 86도1607). [해설] 등기명의인은 원칙적으로 부동산의 보관자가 될 수 있지만, 등기가 부동산실명법에 위반되거나 기타의 이유로 원인무효인 경우에는 보관자가 될 수 없다고 본 사례.

② 횡령죄가 성립하기 위해서는 우선 타인의 재물을 보관하는 자의 지위에 있어야 하고, 부동산에 대한 보관자의 지위는 부동산에 대한 점유가 아니라 부동산을 제3자에게 유효하게 처분할 수 있는 권능의 유무를 기준으로 결정해야 한다. 타인 소유의 토지에 관하여 허위의 보증서와 확인서를 발급받아 「부동산소유권이전등기 등에 관한 특별조치법」에 따른 소유권이전등기를 임의로 마친 사람은 그와 같은 원인무효 등기에 따라 토지에 대한 처분권능이 새로이 발생하는 것이 아니므로 토지에 대한 보관자의 지위에 있다고 할 수 없다. 타인 소유의 토지에 대한 보관자의 지위에 있지 않은 사람이 그 앞으로 원인무효의 소유권이전등기가 되어 있음을 이용하여 토지소유자에게 지급될 보상금을 수령하였더라도 보상금에 대한 점유 취득은 진정한 토지소유자의 위임에 따른 것이 아니므로 보상금에 대하여 어떠한 보관관계가 성립하지 않는다(대법원 1987. 2. 10. 선고 86도1607 판결 등 참조)(대판 2021.6.30. 2018도18010). [해설] 이 사건 토지들에 대한 각 소유권이전등기는 허위 보증서나 확인서에 의해 마쳐진 것으로서 원인무효의 등기에 해당하고 이에 기초한 피고인 명의의 각 소유권이전등기 역시 원인무효의 등기에 해당하므로, 피고인은 이 사건 토지들을 유효하게 처분할 수 있는 권능이 없어 피해자들을 위해 토지들을 보관하는 자에 해당한다고 볼 수 없고 이 사건 토지들에 관한 수용보상금에 대하여도 보관자의 지위를 인정할 수 없다는 이유로, 횡령죄 성립을 긍정한 원심을 파기환송한 사례.

판례 | 위탁관계

① "갑"회사가 공사를 중단한 후 "병"회사가 공사현장을 인수하고 "갑"회사가 공사를 위하여 설치해 두었던 형틀을 잔여공사을 위하여 사용한 것이라면 "갑"회사로부터 위탁받은 여부에 불응하고 위 형틀을 보관하고 있었다고 볼 것이다(대판 1969.12.9. 69도1923).

② 처음부터 국제전화 이용자들로 부터 전화요금수령을 가장하여 금원을 편취할 의도 아래 일부

이용자들로 하여금 전화요금을 납부치 않도록 조치하고 여기에서 발생하는 전체총액상의 부족액은 타가입자들의 실통화료에 가산하여 전체총액에는 과부족이 없는 것처럼 조정한 다음 위 누락된 수용자들에게는 마치 사무착오 고지서가 발부되지 않은 채 가장하여 누락된 통화요금을 자기에게 교부하면 동인들의 전화요금납부 의무를 면하는 것처럼 기망 그들을 오신케 하여 누락된 통화요금상당의 금원을 교부받았다면 이는 사기죄를 구성한다고 봄이 상당하다(대판 1971.5.24. 71도694).

③ 명의신탁된 종중소유 임야에 관하여 횡령죄가 성립하려면 우선 피고인 또는 그 공모자와 위탁관계에 있는 타인인 종중이 실재하여야 하고, 그 종중과의 사이에 위탁신임 관계가 있어야 할 것이므로 임야의 소유권자가 어느 문중인지 불명확하고 위탁신임 관계도 확정할 수 없다면 횡령죄는 성립하지 아니한다(대판 1983.4.12. 83도195).

④ 피고인이 공소외 (갑), (을)과 공모하여 당국으로부터 개간허가를 받아 개간한 국유지를 국가와 매매계약마저도 체결하지 아니한 상태에서 위 양인의 의사에 반하여 제3자들에게 매도하였더라도 위 개간지가 피고인과 위 양인의 공유라고 할 수 없을 뿐만 아니라 피고인이 위 양 인으로부터 관리 또는 처분의 위임을 받았다고도 볼 수 없으므로 피고인의 소위는 횡령죄에 해당하지 않는다(대판 1983.6.28. 80도1372).

⑤ 형법 제355조 제1항의 횡령죄는 불법영득의 의사 없이 목적물의 점유를 시작한 경우라야 하고 타인을 공갈하여 재물을 교부케 한 경우에는 공갈죄를 구성하는 외에 그것을 소비하고 타에 처분하였다 하더라도 횡령죄를 구성하지는 않는다(대판 1986.2.11. 85도2513).

⑥ <u>횡령죄에 있어서의 재물의 보관이라 함은 재물에 대한 사실상 또는 법률상 지배력이 있는 상태를 의미하</u>므로 그 보관이 위탁관계에 기인하여야 할 것임은 물론이나 그것이 반드시 사용대차, 임대차, 위임 등의 계약에 의하여 설정되는 것임을 요하지 아니하고 <u>사무관리, 관습, 조리, 신의칙에 의해서도 성립</u>된다(대판 1987.10.13. 87도1778).

⑦ 횡령죄는 위탁이라는 신임관계에 반하여 타인의 재물을 보관하는 자가 이를 횡령하거나 또는 반환을 거부함으로써 성립하는 것이므로 피고인이 임야를 횡령하였다고 인정하려면 피고인과의 위탁관계가 있는 종중이 실재하여야 하고, 그 종중과의 사이에 위탁이라는 신임관계가 있어야 한다(대판 1994.9.23. 93도919).

⑧ 횡령죄는 위탁이라는 신임관계에 반하여 타인의 재물을 보관하는 자가 이를 횡령하거나 또는 반환을 거부함으로써 성립하는 것이므로, 부동산의 등기명의자인 피고인이 그 중 일부 지분을 횡령하였다고 하려면 우선 그 피해자가 그 부동산 지분의 실제 소유권자로서 피고인에게 그 지분을 명의신탁함으로써 피고인과의 사이에 위탁이라는 신임관계가 있어야 할 것이다(대판 1994.11.25. 93도2404).

⑨ <u>어떤 예금계좌에 돈이 착오로 잘못 송금되어 입금된 경우에는 그 예금주와 송금인 사이에 신의칙상 보관관계가 성립한다고 할 것이므로, 피고인이 송금 절차의 착오로 인하여 피고인 명의의 은행 계좌에 입금된 돈을 임의로 인출하여 소비한 행위는 횡령죄에 해당하고, 이는 송금인과 피고인 사이에 별다른 거래관계가 없다고 하더라도 마찬가지</u>이다(대판 2010.12.9. 2010도891). [해설] 거래관계가 전혀 없었던 자(단체)로부터 착오송금된 금원을 인출하여 사용한 경우, 무죄설, 점유이탈물횡령죄설 등이 있으나 횡령죄를 인정

하는 것이 타당하다는 판결.

⑩ 형법 제355조 제1항이 정한 횡령죄에서 보관이란 위탁관계에 따라 재물을 점유하는 것을 뜻하므로, 횡령죄가 성립하려면 재물의 보관자와 재물의 소유자(또는 그 밖의 본권자) 사이에 위탁관계가 존재해야 한다. 이러한 <u>위탁관계는 사용대차·임대차·위임 등의 계약뿐만 아니라 사무관리·관습·조리·신의칙 등에 의해서도 성립될 수 있으나, 횡령죄의 본질이 신임관계에 기초하여 위탁된 타인의 물건을 위법하게 영득하는 데 있음에 비추어 볼 때 위탁관계는 횡령죄로 보호할 만한 가치 있는 신임에 의한 것으로 한정함이 타당</u>하다. 위탁관계가 있는지는 재물의 보관자와 소유자 사이의 관계, 재물을 보관하게 된 경위 등에 비추어 볼 때 보관자에게 재물의 보관 상태를 그대로 유지해야 할 의무를 부과하여 그 보관 상태를 형사법적으로 보호할 필요가 있는지 등을 고려하여 규범적으로 판단해야 한다. <u>재물의 위탁행위가 범죄의 실행행위나 준비행위 등과 같이 범죄 실현의 수단으로서 이루어진 경우 그 행위 자체가 처벌 대상인지와 상관없이 그러한 행위를 통해 형성된 위탁관계는 횡령죄로 보호할 만한 가치 있는 신임에 의한 것이 아니라고 봄이 타당</u>하다(대판 2022.6.30. 2017도21286). **[해설]** 피고인이 의료기관을 개설할 자격이 없는 자(이하 '무자격자')들끼리 노인요양병원을 설립·운영하기로 한 약정에 따라 교부받은 투자금을 임의로 처분하여 횡령죄로 기소된 사안에서, 대법원은 피고인이 보관하던 투자금은 의료법 제87조, 제33조 제2항에 따라 처벌되는 무자격자의 의료기관 개설·운영이라는 범죄의 실현을 위해 교부되었으므로, 해당 금원에 관하여 피고인과 피해자 사이에 횡령죄로 보호할 만한 신임에 의한 위탁관계는 인정되지 않는다고 보아, 이와 달리 피고인에게 타인의 재물을 보관하는 자의 지위가 인정됨을 전제로 일부 공소사실을 유죄로 판단한 원심판결을 파기하였음.

 **판 례** 위탁관계의 발생원인

① 임차인이 이사하면서 그가 소유하거나 타인으로부터 위탁받아 보관 중이던 물건들을 임대인의 방해로 옮기지 못하고 그 임차공장 내에 그대로 두었다면 <u>임대인은 사무관리 또는 조리상 당연히 임차인을 위하여 위 물건들을 보관하는 지위에 있다 할 것이므로 임대인이 그 후 이를 임의로 매각하거나 반환을 거부하였다면 횡령죄를 구성한다</u>(대판 1985.4.9. 84도300).

② <u>횡령죄에 있어서 타인을 위하여 재물을 보관하게 된 원인은 반드시 소유자의 위탁행위에 기인한 것임을 필요로 하지 않는다</u>(대판 1985.9.10. 84도2644).

③ 부동산의 소유명의 및 관리를 위탁받은 자가 자기명의로의 소유권이전등기를 생략한 채 그 자에게 소유권이전등기를 하여 주고 사망하였다면 비록 자가 그러한 사정을 알고 있었다고 하더라도 그로써 곧 그 자가 위탁자에 대한 관계에 있어 등기명의 및 관리의 수탁자로서의 지위를 취득하거나 승계하게 된다고는 할 수 없어 위탁자에게 그 부동산의 반환을 거부한다 하더라도 횡령죄를 구성하지는 않는다(대판 1987.2.10. 86도2349).

④ 횡령죄에 있어 부동산에 대한 보관자의 지위는 그 부동산에 대한 점유를 기준으로 할 것이 아니라 그 부동산을 유효하게 처분할 수 있는 권능이 있는지의 여부를 기준으로 하여 결정하여야 할 것이고, 위 임야의 사정명의자로서 명의수탁자인 조부가 사망함에 따라 그의 자인 부가, 또 위 부가 사망함에 따라 피고인이 각 그 상속인이 됨으로써 피고인은 위 임야의 수탁관리자로서의 지위를 포괄승계한 것이어서, 피고인은 위 임야를 유효하게 처분할 수 있는 보관자로서의 지

위를 취득하였다고 할 것이다(대판 1996.1.23. 95도784).

⑤ 채무자가 채무총액에 관한 지불각서를 써 줄 것으로 믿고, 채권자가 채무자에게 그 액면금 등을 확인할 수 있도록 가계수표들을 교부하였다면, 채권자와 채무자 사이에는 만약 합의가 결렬되어 채무자가 채권자에게 지불각서를 써 주지 아니하는 경우에는 곧바로 그 가계수표들을 채권자에게 반환하기로 하는, 횡령죄에 있어서 조리에 의한 위탁관계가 발생하였다(대판 1996.5.14. 96도410).

⑥ 부동산에 관한 횡령죄에 있어서 타인의 재물을 보관하는 자의 지위는 동산의 경우와는 달리 부동산에 대한 점유의 여부가 아니라 부동산을 제3자에게 유효하게 처분할 수 있는 권능의 유무에 따라 결정하여야 하므로, <u>부동산의 공유자 중 1인이 다른 공유자의 지분을 임의로 처분하거나 임대하여도 그에게는 그 처분권능이 없어 횡령죄가 성립하지 아니한다</u>(대판 2004.5.27. 2003도6988).

 판례 불법원인급여와 횡령죄

① 민법 제746조에 불법의 원인으로 인하여 재산을 급여하거나 노무를 제공한 때에는 그 이익의 반환을 청구하지 못한다고 규정한 뜻은 급여를 한 사람은 그 원인행위가 법률상 무효임을 내세워 상대방에게 부당이득반환청구를 할 수 없고, 또 급여한 물건의 소유권이 자기에게 있다고 하여 소유권에 기한 반환청구도 할 수 없어서 결국 급여한 물건의 소유권은 급여를 받은 상대방에게 귀속되는 것이므로, <u>甲이 乙로부터 제3자에 대한 뇌물공여 또는 배임증재의 목적으로 전달하여 달라고 교부받은 금전은 불법원인급여물에 해당하여 그 소유권은 甲에게 귀속되는 것으로서 甲이 위 금전을 제3자에게 전달하지 않고 임의로 소비하였다고 하더라도 횡령죄가 성립하지 않는다</u>(대판 1999.6.11. 99도275, 대판 1988.9.20. 86도628).

② 포주가 윤락녀와 사이에 윤락녀가 받은 화대를 포주가 보관하였다가 절반씩 분배하기로 약정하고도 보관 중인 화대를 임의로 소비한 경우, 포주와 윤락녀의 사회적 지위, 약정에 이르게 된 경위와 약정의 구체적 내용, 급여의 성격 등을 종합해 볼 때 <u>포주의 불법성이 윤락녀의 불법성보다 현저히 크므로 화대의 소유권이 여전히 윤락녀에게 속한다는 이유로 횡령죄를 구성한다고 본 사례</u>(대판 1999.9.17. 98도2036).

③ [1] 범죄수익은닉의 규제 및 처벌 등에 관한 법률(이하 '범죄수익은닉규제법'이라 한다)은 형법 등을 보충하여 중대범죄를 억제하기 위한 형사법 질서의 중요한 일부를 이루고 있다. 이 법에 따라 직접 처벌되는 행위를 내용으로 하는 계약은 그 자체로 반사회성이 현저하여 민법 제746조에서 말하는 불법의 원인에 해당하는 것으로 볼 수 있다. 그러나 <u>자금의 조성과정에 반사회적 요소가 있더라도 그 자금을 위탁하거나 보관시키는 등의 행위가 범죄수익은닉규제법을 위반하지 않고 그 내용, 성격, 목적이나 연유 등에 비추어 선량한 풍속 그 밖의 사회질서에 반한다고 보기 어려운 경우라면 불법원인이 있다고 볼 수 없다.</u> [2] 피고인이 갑과, 갑이 해외투자처인 을 회사에 투자하고자 하는 자들로부터 사기 및 유사수신행위의 규제에 관한 법률 위반 범행으로 모집한 투자금을 피고인에게 송금하면 피고인이 이를 갑이 지정하는 외국환거래 회사를 통하여 을 회사에 전달하고, 변호사로서 그 전달과정에 부수되는 자문업무를 수행하는 것을 내용으로 하는 '에스크로(Escrow)

및 자문 계약'을 체결한 후 계약에 따라 갑으로부터 50억원을 송금받아 보관하던 중 20억여원을 임의로 소비하여 횡령하였다고 하여 특정경제범죄 가중처벌 등에 관한 법률 위반으로 기소된 사안에서, 갑이 피고인에게 투자금을 교부한 원인이 된 위 계약이 범죄수익은닉의 규제 및 처벌 등에 관한 법률(이하 '범죄수익은닉규제법'이라 한다) 위반을 내용으로 한다고 보기 어렵고, 계약 당시 피고인이 투자금이 범죄수익금이라는 사실이나 불법적인 해외 송금 사실을 알았거나 이를 알면서도 협조하기로 하였다고 보기 어려우며, 피고인은 범죄수익은닉규제법 위반, 갑의 사기와 유사수신행위의 규제에 관한 법률 위반 범행에 대한 방조, 외환거래법 위반 등의 혐의로 기소되지도 않았다는 이유로, 갑의 피고인에 대한 투자금의 교부가 불법원인급여에 해당하지 않는다고 보아 공소사실을 유죄로 인정한 원심판단이 정당하다고 한 사례(대판 2017.10.31. 2017도11931).

(2) 행위의 객체

자기가 점유하는 '타인소유의 재물'이다.

1) 재물 : 객체는 재물에 한한다. 따라서 재산상의 이익은 본죄의 객체가 될 수 없다. 다만 본죄의 재물은 동산에 한하지 아니하고 부동산도 포함한다.

2) 타인의 재물 : 재물은 타인의 재물이어야 한다. 타인의 재물이란 재물의 소유권이 타인에게 속하는 경우를 말하며, 행위자와 타인의 공동소유에 속하는 재물도 타인의 재물이다. 여기서 타인의 재물인가 또는 자기의 재물인가는 민법의 물권법 이론에 의하여 결정해야 한다. 따라서 이중매매의 경우에 배임죄가 성립할 수는 있어도 횡령죄를 구성할 여지는 없다.

3) 부동산의 양도담보와 매도담보

㈎ 부동산의 양도담보와 매도담보의 개념 : 부동산의 양도담보란 채권담보목적으로 채무자가 자기 부동산을 채권자에게 담보로 제공하는 형태를 지칭하며, 부동산의 양도담보에는 ㉮ 자금을 융통하려는 채무자 또는 매도담보권설정자가 부동산을 채권자인 매도담보권자에게 매매의 형식으로 팔고 대금을 받고 이 경우 당해 부동산은 채권자 앞으로 등기된 후 일정한 기한 내에 그것을 되 살 수 있는 특약 즉, 환매특약을 하는 방법인 매도담보와 ㉯ 채무자와 채권자가 소비대차계약을 하고 채무자가 소비대차에서 생긴 채무의 담보로서 부동산의 소유권을 채권자에게 이전하는 담보방법인 협의의 양도담보가 있다. ㉰ 매도담보나 협의의 양도담보나 모두 가등기담보법의 적용을 받는다. 가등기담보법 제4조 제2항에 따르면, 채권자는 담보목적부동산에 대해서 이미 소유권이전등기를 마친 경우에는 청산기간이 지난 후 청산금을 채무자 등에게 지급한 때에 담보목적부동산의 소유권을 취득한다고 규정하고 있다. 따라서 양도담보권자가 청산기간이 지나기 전에 담보부동산을 처분하면 횡령죄가 성립하는 것으로 볼 여지가 있다. 그러나 양도담보권자는 자신의 이익을 위해 담보부동산에 대해 자신의 명의로 소유권이전등기를 하여 두는 것이지 채무자의 재물을 보관하는 것은 아니므로 담보부동산을 처분한 경우에는 배임죄가 성립할 수 있다. 이에 대한 자세한 내용은 아래 판례의 내용을 정리할 필요가 있다.

㈏ 소유권의 귀속 : 담보물의 소유권이 누구에게 있는가에 대하여 ㉮ 양도담보의 경우에는 채무자에게 있으나 매도담보의 경우에는 채권자에게 이전된다는 견해와 ㉯ 양도담보·매도담보를 불문

하고 가등기담보법상의 청산기간 경과 후 청산금을 채무자에게 지급하는 때 비로소 채권자에게 소유권이 이전되므로(동법 제4조 제2항) 그 이전에는 채무자에게 소유권이 있고, 채권자는 매도담보권이라는 일종의 담보물권을 취득할 뿐이라는 견해(담보물권설 : 다수설)가 대립되어 있다. 가등기담보법을 고려하는 담보물권설이 타당하다.

㈐ **채무자가 담보물을 처분한 경우** : 채무자가 청산금을 지급받기 전에 처분한 경우에는 타인의 재물을 처분한 것이 아니므로 횡령죄는 성립할 수 없고, 다만 담보물의 보관의무를 위반하였으므로 배임죄가 성립한다. 그러나 담보설정시 담보권자 명의로 이전등기가 경료되기 때문에 실제로 채무자가 처분할 수 있는 경우는 거의 없을 것이다. 판례도 최근의 전원합의체 판결을 통해 배임죄의 성립을 부정하였다(대판 2020.6.18. 2019도14340 전원합의체 판결).

㈑ **채권자가 담보물을 처분한 경우** : ㈎ 채권자가 변제기 이전에 처분한 경우에는 채무자 소유의 부동산을 불법영득한 것이므로 횡령죄가 성립한다(다수설). 그러나 판례는 배임죄의 성립을 인정하고 있다. ㈏ 채권자가 변제기 이후에 청산목적으로 담보물을 처분하는 것은 불법영득의사가 없으므로 횡령죄·배임죄를 구성하지 않는다. 한편 변제기 이후일지라도 청산금을 지급하지 않으면 청산금에 대하여 횡령죄가 성립한다(다수설). 그러나 판례는 변제기 이후일 경우에는 담보권의 실행과 정산의무는 자신의 사무이므로 배임죄가 성립하지 않는다는 입장이다. 그리고 ㈐ 채권자가 담보목적물을 부당하게 염가로 처분하여 청산금이 없게 된 경우에는 배임죄가 성립한다. 그러나 판례는 이 경우에도 배임죄가 성립하지 않는다는 입장이다.

4) 동산의 양도담보와 매도담보

㈎ **가등기담보법 유추적용 부정설** : ㈎ 양도담보의 경우에 채권자는 단지 양도담보물권을 취득하는 데 지나지 않으므로 채무자가 소유자이다. 따라서 채무자가 처분한 경우에는 보관의무를 위배하여 채권자의 담보권을 침해한 것이므로 배임죄가 성립한다. 그러나 판례는 최근 전원합의체 판결을 통해서 양도담보설정계약에 따라 채무자가 부담하는 의무는 담보목적의 달성, 즉 채무불이행 시 담보권 실행을 통한 채권의 실현을 위한 것이므로 당사자 관계의 전형적·본질적 내용은 여전히 금전채권의 실현 내지 피담보채무의 변제에 있다고 보아, 채무자가 위와 같은 급부의무를 이행하는 것은 채무자 자신의 사무에 해당하므로 배임죄가 성립하지 않는다고 보았다(대판 2020.2.20. 2019도9756 전원합의체 다수의견). ㈏ 이에 비해 채권자가 처분한 경우에는 횡령죄가 성립한다. ㈐ 매도담보의 경우에는 채권자에게 소유권이 이전된다. 따라서 채무자가 처분한 경우에는 횡령죄가 성립한다. 그러나 채권자가 처분한 경우에는 변제기 이전일 경우에 한하여 환매권의 침해로서 배임죄가 성립한다. 변제기 이후에 처분한 경우에는 무죄이다.

㈏ **가등기담보법 유추적용 긍정설** : 양도담보·매도담보를 불문하고 채무자가 소유자이며, 채권자는 담보권만을 취득한다. 담보물을 처분한 경우의 법적 효과는 부동산과 동일하다. 따라서 채무자가 처분한 경우에는 배임죄가 성립하지만, 채권자가 처분한 경우에는 횡령죄가 성립한다.

> **참고** 부동산의 양도담보와 매도담보 정리

예를 들어 A가 B로부터 1억원을 빌리고 자기의 집에 대해서 양도담보나 매도담보를 설정한 경우에 A는 채무자이자 담보권설정자가 되고, B는 채권자이자 담보권자가 된다. 이 때 어느 사람이 집을 처분하느냐에 따라서 죄명이 달라진다.

우리 판례는 양도담보와 매도담보에 따라서 소유권의 귀속을 달리보지만, 우리 다수설은 가등기담보법(1983년부터 시행)을 유추적용하여 소유권귀속 여부를 결정하고 있다.

1. 판례의 입장(가등기담보법 유추적용 부정설)

판례는 원칙적으로 양도담보의 경우에는 채무자가 소유자라고 하며, 매도담보의 경우에는 채권자가 소유자라고 한다.

		양도담보	매도담보
채무자가 처분		〈부동산〉 배임죄 불성립 〈동산〉 배임죄 불성립	횡령죄
채권자가 처분	변제기 이전	〈부동산〉 배임죄 〈동산〉 횡령죄	배임죄
	변제기 이후	죄가 되지 않는다.	죄가 되지 않는다.

2. 가등기담보법 유추적용 긍정설(다수설)

가등기담보법을 유추적용하게 되면 양도담보나 매도담보 모두 소유권은 채무자에게 있고, 채권자는 일종의 담보물권만을 취득하는 것으로 이해하게 된다.

		양도담보	매도담보
채무자가 처분		배임죄	
채권자가 처분	변제기 이전	횡령죄	
	변제기 이후	청산금(청산절차를 거친 후에 남은 돈)에 대한 횡령죄 → 남의 돈을 돌려주지 않았으므로	

    5) **할부판매** : 대금 완납시까지는 소유권이 매도인에게 유보되어 있으므로 매수인이 대금 완납 전에 이를 처분하면 횡령죄가 성립한다.

    6) **위탁매매** : 위탁물의 소유권은 위탁자에게 있고, 그 판매대금도 수령과 동시에 위탁자에게 귀속하므로 위탁매매인이 이를 임의로 소비하면 횡령죄가 성립한다(판례).

    7) **대체물** : 금전 기타 대체물이 특정물로서 위탁된 때에는 타인의 재물을 위탁받은 경우에 해당하지만, 소비임치의 경우에는 금전 등의 소유권이 수치인에게 이전되므로 수치인이 이를 영득하였다고 하여 본죄가 성립하지는 않는다. 문제는 일정한 용도나 목적을 정하여 위탁한 금전을 수탁자가 임의로 사용한 때에 이를 타인의 재물을 횡령한 것이라고 볼 수 있는가에 있다. 대법원은 이러

한 경우에 일관하여 횡령죄의 성립을 인정하고 있다. 그러나 금전 기타의 대체물은 특정물로서 위탁된 경우 이외에는 그것이 가지는 고도의 유통성과 대체성 때문에 점유의 이전과 함께 소유권도 이전된다고 해야 한다. 따라서 이에 대하여 배임죄가 성립할 수는 있어도 횡령죄가 될 수는 없다고 할 것이다.

8) 위탁받은 부동산의 처분과 횡령죄

㉮ **명의신탁의 개념 및 부동산 실권리자명의 등기에 관한 법률** : 명의신탁이란 명의신탁자와 명의수탁자 사이에 대내적으로는 명의신탁자가 부동산물권을 보유하거나 보유하기로 하면서, 대외적으로는 명의수탁자가 자신의 이름으로 등기하고 권리자로서의 외관을 가지게 되는 것을 의미한다. 부동산 실권리자명의 등기에 관한 법률 제4조에 따르면 명의신탁약정 및 명의신탁약정에 따른 등기로 이루어진 부동산에 관한 물권변동은 무효로 하며 다만, 부동산에 관한 물권을 취득하기 위한 계약에서 명의수탁자가 어느 한쪽 당사자가 되고 상대방 당사자는 명의신탁약정이 있다는 사실을 알지 못한 경우에는 유효로 하고 있다.

㉯ **2자 간 명의신탁** : 부동산실명법에 위반하여 명의신탁자가 그 소유인 부동산의 등기명의를 명의수탁자에게 이전하는 이른바 양자 간 명의신탁(신탁자가 수탁자와 명의신탁약정을 한 후 신탁자 명의로 되어 있던 소유명의를 신탁자에게 이전하는 경우, 신탁자가 수탁자 명의로 되어 있던 부동산을 매수하면서 명의신탁약정을 하여 소유명의를 수탁자에게 그대로 놓아두는 경우)의 경우, 계약인 명의신탁약정과 그에 부수한 위임약정, 명의신탁약정을 전제로 한 명의신탁 부동산 및 그 처분대금 반환약정은 모두 무효이다. 나아가 명의신탁자와 명의수탁자 사이에 무효인 명의신탁약정 등에 기초하여 존재한다고 주장될 수 있는 사실상의 위탁관계라는 것은 부동산실명법에 반하여 범죄를 구성하는 불법적인 관계에 지나지 아니할 뿐 이를 형법상 보호할 만한 가치 있는 신임에 의한 것이라고 할 수 없으므로 명의수탁자가 신탁부동산을 임의로 처분하여도 횡령죄가 성립하지 않는다(판례도 대판 2021.2.18. 2016도18761 전원합의체 판결로 기존의 횡령죄가 성립한다는 대법원 판례를 무죄로 변경함).

㉰ **3자 간 명의신탁** : 신탁자와 수탁자가 명의신탁약정을 맺고 신탁자가 매매계약의 당사자가 되어 매도인과 매매계약을 체결하고 등기는 매도인으로부터 수탁자에게 이전하는 형식(중간생략등기형 명의신탁)이다. 명의신탁약정 및 소유권이전등기는 무효이나 매도인과 매수인 사이의 매매계약은 유효하다. 명의수탁자가 신탁부동산을 처분하는 경우 종래의 판례는 신탁자에 대한 횡령죄설(신탁자는 수탁자 명의의 등기말소를 구하고 동시에 매도인을 상대로 매매계약에 기한 소유권이전등기청구를 함으로써 그 부동산을 반환받을 수 있으므로 신탁자에 대한 횡령죄 성립)의 입장이었으나, 최근 전원합의체 판결을 통해 횡령죄가 성립하지 않는 것으로 변경하였다.

㉱ **계약명의신탁** : 신탁자와 수탁자가 부동산의 매수위임과 함께 명의신탁약정을 맺고 수탁자가 매매계약의 당사자가 되어 매도인과 매매계약을 체결한 후 수탁자 앞으로 이전등기하는 형식의 명의신탁을 말하는 것으로 명의신탁약정은 무효이나 소유권이전등기는 매도인이 명의신탁사실을 모르는 경우에는 유효, 아는 경우에는 무효가 된다(부동산 실권리자 명의등기에 관한 법률 제4조 제2항 단서 참조). ㉮ 매도인이 명의신탁사실을 모르는 경우(선의), 소유권이전등기는 유효하므로 소유권은 수탁자에게 귀속하므로 횡령죄는 성립할 수 없고 사실상의 신임임관계는 존재하므로 배임죄가 성

립한다는 견해가 있으나, 배임죄가 성립한다는 견해에 의할 경우 부동산실명법상 인정되지 않는 명의신탁약정을 사실상 인정하는 결과가 되므로 횡령죄는 물론 배임죄도 성립하지 않는다고 할 것이다(판례). (나) 매도인이 명의신탁사실을 알고 있는 경우(악의)에는 수탁자는 신탁자의 사무를 처리하는 자로서 사실상의 신임관계를 위배하였으므로 배임죄가 성립한다고 보는 것이 타당하다. 그러나 판례는 횡령죄는 물론 배임죄도 성립하지 않는다고 한다.

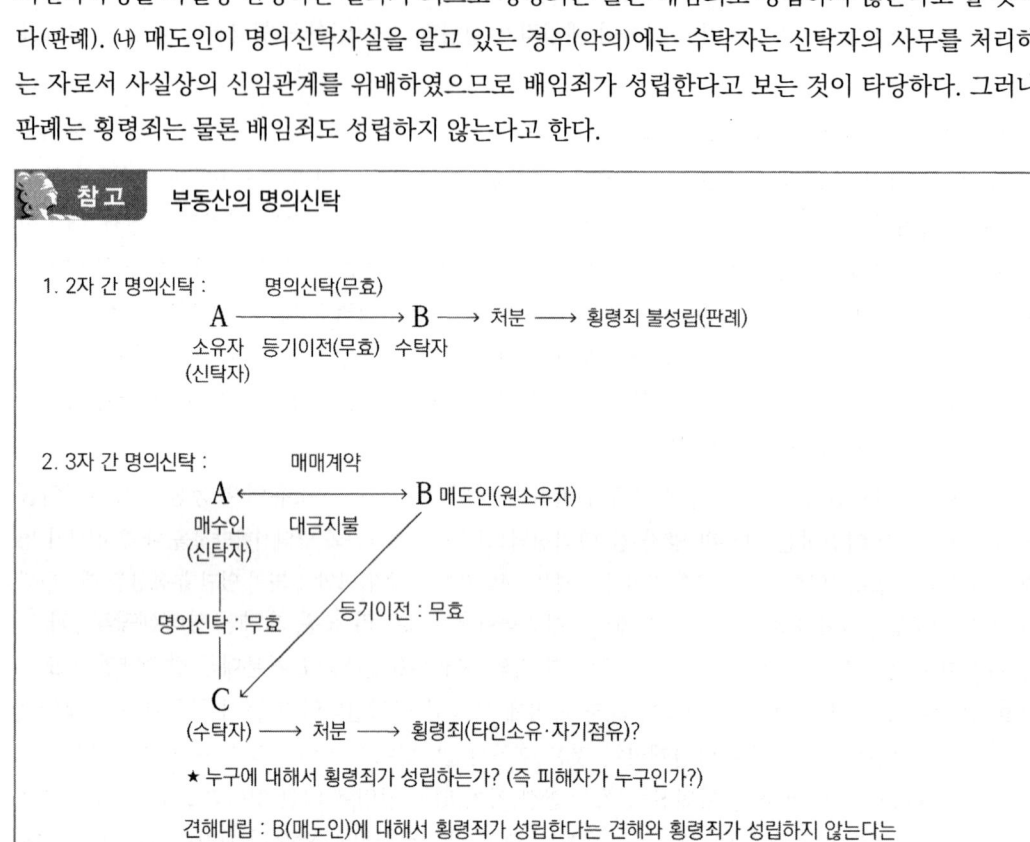

참고 부동산의 명의신탁

1. 2자 간 명의신탁:
   A → B → 처분 → 횡령죄 불성립(판례)
   소유자 등기이전(무효) 수탁자
   (신탁자) 명의신탁(무효)

2. 3자 간 명의신탁:
   A ↔ B 매도인(원소유자)
   매수인 매매계약
   (신탁자) 대금지불
   명의신탁: 무효 등기이전: 무효
   C
   (수탁자) → 처분 → 횡령죄(타인소유·자기점유)?
   ★ 누구에 대해서 횡령죄가 성립하는가? (즉 피해자가 누구인가?)
   견해대립: B(매도인)에 대해서 횡령죄가 성립한다는 견해와 횡령죄가 성립하지 않는다는 견해(판례)의 대립

3. 계약명의신탁:
   A   B 매도인(원소유자)
   신탁자
   매수 위임
   명의신탁: 무효 매매계약, 등기이전?
   C
   (수탁자, 매수인)
   → 처분한 경우
   ① 명의신탁은 무효
   ② 등기이전: (가) B가 선의인 경우 등기이전은 유효
      → 배임죄가 된다는 견해와 무죄가 된다는 견해의 대립 (판례는 무죄설의 입장)
      (나) B가 악의인 경우 등기이전은 무효
      → B에 대한 횡령죄가 된다는 견해와 A에 대한 배임죄가 된다는 견해의 대립
      → 판례는 횡령죄는 물론 배임죄도 성립하지 않는다는 견해

 **판례** 타인의 재물

① 익명조합원이 영업을 위하여 출자한 금전 기타의 재산은 상대방인 영업자의 재산으로 되는 것이므로 영업자가 그 영업의 이익금을 함부로 자기용도에 소비하였다 하여도 횡령죄가 되지 아니한다(대판 1971.12.28. 71도2032).

② 2인으로 구성된 조합에서 조합원 중의 한 사람이 조합에서 탈퇴하는 경우에는 조합관계는 종료되고 조합재산은 남은 조합원의 단독소유가 되는 것이고 탈퇴하는 조합원이 조합관계의 종료에 따른 남은 조합원과의 계산을 위하여 조합재산을 가져갈 권리는 없는 것이므로 조합재산인 젖소를 단독으로 처분하기 위하여 끌고 간 소위는 횡령죄의 구성요건을 충족한다(대판 1975.5.27. 75도1014).

③ 동업관계가 존속하는 이상 동업관계로 생긴 물건은 동업자의 합유에 속한다고 할 것이므로 동업체를 공동운영하던 중 동업자의 합유에 속하는 물건을 동업자 1인이 단독으로 처분한 행위는 횡령죄에 해당한다(대판 1982.12.28. 81도3140).

④ 공유물의 매각대금도 정산하기까지는 각 공유자의 공유에 귀속한다고 할 것이므로 공유자 1인이 그 매각대금을 멋대로 소비하였다면 횡령죄가 성립된다 할 것이므로 같은 취지에서 피고인을 유죄로 단정한 원심의 조치는 정당하고, 반대의 견해에서 원심을 탓하는 논지는 어느 것이나 이유 없다(대판 1983.8.23. 80도1161).

⑤ 해지권 유보의 특약에 따라 투자원리금을 변제공탁 함으로써 동업계약에 대한 해지권을 행사하기 전에 동업자금을 개인채무의 변제에 충당하였다면 위 특약의 존재는 횡령죄의 성립에 아무런 영향이 없다(대판 1984.1.24. 83도940).

⑥ 주식회사의 주식이 사실상 1인주주에 귀속하는 1인회사에 있어서도 회사와 주주는 분명히 별개의 인격이어서 1인회사의 재산이 곧바로 그 1인 주주의 소유라고 볼 수 없으므로 사실상 1인주주라고 하더라도 회사의 금원을 임의로 처벌한 소위는 횡령죄를 구성한다(대판 1989.5.23. 89도570).

⑦ 동업체에 속하는 재산을 다른 동업자들의 동의 없이 임의로 처분하거나 반출하는 행위는 이를 다른 동업자들에게 통지를 하였다 하더라도 횡령죄를 구성한다(대판 1993.2.23. 92도387).

⑧ [1] 형법 제355조 제1항 소정의 횡령죄의 객체는 자기가 보관하는 "타인의 재물"이므로 재물이 아닌 재산상의 이익은 횡령죄의 객체가 될 수 없다. 횡령죄에 있어서의 재물은 동산, 부동산의 유체물에 한정되지 아니하고 관리할 수 있는 동력도 재물로 간주되지만(형법 제361조, 제346조), 여기에서 말하는 관리란 물리적 또는 물질적 관리를 가리킨다고 볼 것이고, 재물과 재산상이익을 구별하고 횡령과 배임을 별개의 죄로 규정한 현행 형법의 규정에 비추어 볼때 사무적으로 관리가 가능한 채권이나 그 밖의 권리 등은 재물에 포함된다고 해석할 수 없다. [2] 광업법 제5조 제1항의 규정에 의하면, 같은법에서 광업권이라 함은 등록을 한 일정한 토지의 구역(광구)에서 등록을 한 광물과 이와 동일 광상 중에 부존하는 다른 광물을 채굴 및 취득하는 권리라고 정의하고 있는 바, 따라서 광업권은 재물인 광물을 취득할 수 있는 권리에 불과하지 재물 그 자체는 아니므로 횡령죄의 객체가 된다고 할 수 없을 것이고, 광업법 제12조가 광업권을 물권으로 하고 광업법에서 따로 정한 경우를 제외하고는 부동산에 관한 민법 기타 법령의 규정을 준용하도록 규정하고 있다 하여 광업권이 부동

산과 마찬가지로 횡령죄의 객체가 된다고 할 수는 없을 것이다(대판 1994.3.8. 93도2272).

⑨ 일단 불법영득의 의사로써 업무상 보관 중인 타인의 금전을 횡령하여 범죄가 성립한 이상 횡령의 범행을 한 자가 물건의 소유자에 대하여 별도의 금전채권을 가지고 있음을 주장하고 이를 자동채권으로 하여 그 대등액에서 횡령액에 관하여 상계의 의사표시를 한다고 하더라도 이미 성립한 업무상 횡령죄에 무슨 영향이 있는 것은 아니다(대판 1995.3.4. 95도59).

⑩ 피고인이 본사와 맺은 가맹점계약은 독립된 상인 간에 일방이 타방의 상호, 상표 등의 영업표지를 이용하고 그 영업에 관하여 일정한 통제를 받으며 이에 대한 대가를 타방에 지급하기로 하는 특수한 계약 형태인 이른바 '프랜차이즈 계약'으로서 그 기본적인 성격은 각각 독립된 상인으로서의 본사 및 가맹점주 간의 계약기간 동안의 계속적인 물품공급계약이고, 본사의 경우 실제로는 가맹점의 영업활동에 관여함이 없이 경영기술지도, 상품대여의 대가로 결과적으로 매출액의 일정 비율을 보장받는 것에 지나지 아니하여 본사와 가맹점이 독립하여 공동경영하고, 그 사이에서 손익분배가 공동으로 이루어진다고 할 수 없으므로 이러한 <u>가맹점 계약을 동업계약 관계로는 볼 수 없고, 따라서 가맹점주인 피고인이 판매하여 보관 중인 물품판매 대금은 피고인의 소유라 할 것이어서 피고인이 이를 임의 소비한 행위는 프랜차이즈 계약상의 채무불이행에 지나지 아니하므로, 결국 횡령죄는 성립하지 아니한다</u>고 판단한 원심판결을 수긍한 사례(대판 1998.4.14. 98도292).

⑪ 주식회사의 주식이 사실상 1인의 주주에 귀속하는 1인회사의 경우에도 회사와 주주는 별개의 인격체로서 1인회사의 재산이 곧바로 그 1인 주주의 소유라고 볼 수 없으므로, 그 회사 소유의 금원을 업무상 보관 중 임의로 소비하면 횡령죄를 구성하는 것이다(대판 1999.7.9. 99도1040).

⑫ <u>채권자가 그 채권의 지급을 담보하기 위하여 채무자로부터 수표를 발행·교부받아 이를 소지한 경우</u>에는, 단순히 보관의 위탁관계에 따라 수표를 소지하고 있는 경우와는 달리 <u>그 수표상의 권리가 채권자에게 유효하게 귀속</u>되고, 채권자와 채무자 사이의 수표 반환에 관한 약정은 원인관계상의 인적 항변사유에 불과하므로, <u>채권자는 횡령죄의 주체인 타인의 재물을 보관하는 자의 지위에 있다고 볼 수 없다</u>(대판 2000.2.11. 99도4979). [해설] 채권담보를 위하여 수표를 발행·교부받은 후 채권자가 이를 처분한 경우 무죄가 된다고 본 사례.

⑬ 부동산 입찰절차에서 수인이 대금을 분담하되 그 중 1인 명의로 낙찰받기로 약정하여 그에 따라 낙찰이 이루어진 경우, <u>그 입찰절차에서 낙찰인의 지위에 서게 되는 사람은 어디까지나 그 명의인이므로 입찰목적부동산의 소유권은 경락대금을 실질적으로 부담한 자가 누구인가와 상관없이 그 명의인이 취득한다 할 것이므로 그 부동산은 횡령죄의 객체인 타인의 재물이라고 볼 수 없어 명의인이 이를 임의로 처분하더라도 횡령죄를 구성하지 않는다</u>(대판 2000.9.8. 2000도258).

⑭ 피고인이 2천원을 내어 피해자를 통하여 구입한 복권 4장을 피고인과 피해자를 포함한 4명이 한 장씩 나누어 그 당첨 여부를 확인하는 결과 피해자 등 2명이 긁어 확인한 복권 2장이 1천원씩에 당첨되자 이를 다시 복권 4장으로 교환하여 같은 4명이 각자 한 장씩 골라잡아 그 당첨 여부를 확인한 결과 피해자 등 2명이 긁어 확인한 복권 2장이 2천만원씩에 당첨되었으나 당첨금을 수령한 피고인이 피해자에게 그 당첨금의 반환을 거부한 경우, 피고인과 피해자를 포함한 4명 사이에는 어느 누구의 복권이 당첨되더라도 당첨금을 공평하게 나누거나 공동으로 사용하기로 하는 묵시적인 합의가 있었다고 보아야 하므로 그 당첨금 전액은 같은 4명의 공유라고 봄이 상당하여 피고인으로서는 피해자의 당첨금 반환요구에 따라 그의 몫을 반환할 의무가 있고 피

고인이 이를 거부하고 있는 이상 불법영득의사가 있다는 이유로 횡령죄가 성립될 수 있다(대판 2000.11.10. 2000도4335).

⑮ 상법상 주식은 자본구성의 단위 또는 주주의 지위(주주권)를 의미하고, 주주권을 표창하는 유가증권인 주권)과는 구분이 되는바, <u>주권은 유가증권으로서 재물에 해당되므로 횡령죄의 객체가 될 수 있으나, 자본의 구성단위 또는 주주권을 의미하는 주식은 재물이 아니므로 횡령죄의 객체가 될 수 없다</u>(대판 2005.2.18. 2002도2822).

⑯ [1] <u>횡령죄의 객체인 타인의 재물이라 함은 부동산, 동산은 물론 유가증권 등을 포함하는 개념인바, 증권예탁결제원에 예탁되어 계좌간 대체 기재의 방식에 의하여 양도되는 주권은 유가증권으로서 재물에 해당되므로 횡령죄의 객체가 될 수 있다.</u> [2] 피고인이 피해자들로부터 계좌간 대체 기재의 방식으로 양수받은 <u>예탁주식은 유체물인 유가증권으로서 횡령죄의 객체가 될 수 있고</u>, 만약 피고인이 예탁주식의 반환을 거부하는 행위가 횡령행위와 같다고 볼 수 있을 정도에 이르렀거나 그 반환거부에 정당한 사유가 있었던 것이 아니라면, 피고인의 반환거부행위는 횡령죄를 구성한다고 할 것이다(대판 2007.10.11. 2007도6406). [해설] 상법상 주식은 자본구성의 단위 또는 주주의 지위(주주권)를 의미하며 주주권을 표창하는 유가증권인 주권과는 구별. 그러나 현실적으로 증권거래는 위탁매매가 이루어지는 것이 대부분이며 유가증권인 주권자체가 거래에 등장하는 경우는 거의 없으므로 주식을 매각한다거나 주식에 대한 반환요구를 거절한다는 것에는 주권에 대한 부분까지도 포괄하는 의미로 사용되는 경우가 많음. 즉 이처럼 주식이 주권을 포함하는 의미로 사용되는 경우에는 주식에 대한 반환거부는 횡령죄 성립이 가능.

⑰ <u>타인으로부터 용도가 엄격히 제한된 자금을 위탁받아 집행하면서 그 제한된 용도 이외의 목적으로 자금을 사용하는 것</u>은 그 사용이 개인적인 목적에서 비롯된 경우는 물론, 결과적으로 자금을 위탁한 본인을 위하는 면이 있더라도 그 사용행위 자체로서 불법영득의 의사를 실현한 것이 되어 횡령죄가 성립하는바, 교비회계에 속하는 수입은 위와 같이 다른 회계에 전출하거나 대여할 수 없는 등 그 용도가 엄격히 제한되어 있으므로, <u>사립학교의 교비회계에 속하는 수입을 적법한 교비회계의 세출에 포함되는 용도, 즉 당해 학교의 교육에 직접 필요한 용도가 아닌 다른 용도에 사용하였다면 그 사용행위 자체로서 불법영득의사를 실현하는 것이 되어 그로 인한 죄책을 면할 수 없다</u>(대판 2008.5.29. 2006도3742).

⑱ [1] <u>조합 또는 내적 조합과 달리 익명조합의 경우에는 익명조합원이 영업을 위하여 출자한 금전 기타의 재산은 상대편인 영업자의 재산이 되므로 영업자는 타인의 재물을 보관하는 자의 지위에 있지 않고, 따라서 영업자가 영업이익금 등을 임의로 소비하였더라도 횡령죄가 성립할 수는 없다.</u> [2] 피고인이 갑과 특정 토지를 매수하여 전매한 후 전매이익금을 정산하기로 약정한 다음 갑이 조달한 돈 등을 합하여 토지를 매수하고 소유권이전등기는 피고인 등의 명의로 마쳐 두었는데, 위 토지를 제3자에게 임의로 매도한 후 갑에게 전매이익금 반환을 거부함으로써 이를 횡령하였다는 내용으로 기소된 사안에서, 갑이 토지의 매수 및 전매를 피고인에게 전적으로 일임하고 그 과정에 전혀 관여하지 아니한 사정 등에 비추어, 비록 갑이 토지의 전매차익을 얻을 목적으로 일정 금원을 출자하였더라도 이후 업무감시권 등에 근거하여 업무집행에 관여한 적이 전혀 없을 뿐만 아니라 피고인이 아무런 제한 없이 재산을 처분할 수 있었음이 분명하므로 <u>피고인과 갑의 약정은 조합 또는 내적 조합에 해당하는 것이 아니라 '익명조합과 유사한 무명계약'에 해당한다고 보아야 한다</u>는 이유로, 피고인이 타인의 재물을 보관하는 자의 지위에 있지 않다고 보아 횡령죄 성립을 부정한 사례(대판 2011.11.24. 2010도5014).

⑲ [1] 피고인이 갑 사립학교 경영자 을과 공모하여 학생이나 학부모가 납부한 수업료 기타 납부금을 교비회계 아닌 다른 회계에 임의로 사용하였다고 하여 구 특정경제범죄 가중처벌 등에 관한 법률(2012. 2. 10. 법률 제11304호로 개정되기 전의 것) 위반(횡령)으로 기소된 사안에서, <u>갑 학교는 사인인 을 등이 설립하여 운영하는 학교로서 수업료 등으로 조성된 교비는 특별한 사정이 없는 한 갑 학교의 설치·경영자인 을 등의 소유에 속하므로, 피고인이 을과 공모하여 이를 임의로 사용하였더라도 사립학교법 위반죄가 성립하는 것 외에 따로 횡령죄가 성립하지 않는다고 본 원심판단을 수긍한 사례.</u> [2] 사립학교법 제29조 제2항의 위임에 의하여 교비회계의 세출에 관한 사항을 정하고 있는 사립학교법 시행령 제13조 제2항은 교비회계의 세출을 그 각 호에서 정한 경비로 한다고 하면서, 학교운영에 필요한 인건비 및 물건비(제1호), 학교교육에 직접 필요한 시설·설비를 위한 경비(제2호), 기타 학교교육에 직접 필요한 경비(제5호) 등을 들고 있으므로, 교비회계에 속하는 수입에 의한 지출이 허용되는 교비회계의 세출에 해당하는지 여부는 지출과 관련된 제반 사정을 종합적으로 살펴볼 때 당해 학교의 교육에 직접 필요한 것인지에 따라 판단하여야 한다. 한편 <u>타인으로부터 용도가 엄격히 제한된 자금을 위탁받아 집행하면서 제한된 용도 이외의 목적으로 자금을 사용하는 것은 그 사용이 개인적인 목적에서 비롯된 경우는 물론 결과적으로 자금을 위탁한 본인을 위하는 면이 있더라도 사용행위 자체로서 불법영득의 의사를 실현한 것이 되어 횡령죄가 성립하므로, 결국 사립학교의 교비회계에 속하는 수입을 적법한 교비회계의 세출에 포함되는 용도, 즉 당해 학교의 교육에 직접 필요한 용도가 아닌 다른 용도에 사용하였다면 사용행위 자체로서 불법영득의사를 실현하는 것이 되어 그로 인한 죄책을 면할 수 없다.</u> [3] 학교법인 이사장인 피고인이 산하 대학의 건물 중 일부를 정관 기타 규정상 근거 없이 주거용으로 사용하다가 거실 확장 공사 및 인테리어 공사를 한 후 그 공사대금을 대학 교비회계에 속하는 수입으로 지급하게 하여 업무상횡령으로 기소된 사안에서, <u>위 비용 지출은 학교의 교육에 직접 필요한 용도가 아닌 다른 용도에 교비회계자금을 사용한 것이어서 사립학교법상 허용되는 교비회계의 세출에 포함되지 않는다고 보아 유죄를 인정한 원심판단을 수긍한 사례</u>(대판 2012.5.10. 2011도12408). [해설] 대전 소재의 '갑' 사립초등학교 경영자인 '을'은 학생이나 학부모가 납부한 수업료 기타 납부금을 교비회계에 사용하지 아니하고, '을'이 거주할 목적으로 학교의 교사들에 대한 관사용으로 사용하기 위하여 소유하고 있던 주택에 대하여 새로이 리모델링을 하면서 공사비로 금 4억원을 사적으로 유용한 사건. 교비의 용도외 사용에 대한 횡령죄 성립과 관련하여서는, 횡령죄는 타인의 재물을 보관하는 자가 그 재물을 횡령하거나 반환을 거부함으로써 성립하는 죄이므로, 그 목적물은 타인의 재물이어야 함. 그러나 '갑' 사립학교는 사인인 '을'이 운영하는 학교로서 수업료 등으로 조성된 교비는 특별한 사정이 없는 한 '갑' 학교의 경영자인 '을'의 소유에 속하므로, '을'이 교비를 임의로 사용하였더라도 사립학교법 위반죄가 성립하는 것 외에 따로 횡령죄가 성립하지 않는다는 사례.

⑳ [1] <u>위탁매매에 있어서 위탁품의 소유권은 위임자에게 있고 그 판매대금은 이를 수령함과 동시에 위탁자에게 귀속한다 할 것이므로, 특별한 사정이 없는 한 위탁매매인이 위탁품이나 그 판매대금을 임의로 사용·소비한 때에는 횡령죄가 성립한다고 할 것이다.</u> [2] 금은방을 운영하는 피고인이, 갑이 맡긴 금을 시세에 따라 사고파는 방법으로 운용하여 매달 일정한 이익금을 지급하는 한편 갑의 요청이 있으면 언제든지 보관 중인 금과 현금을 반환하기로 갑과 약정하였는데, 그 후 경제사정이 악화되자 이를 자신의 개인채무 변제 등에 사용한 사안에서, <u>갑이 매매를 위탁하거나 피고인이 그 결과로 취득한 금이나 현금은 모두 갑의 소유라는 이유로 횡령죄를 인정한 사례</u>(대판 2013.3.28. 2012도16191). [해설] 위탁받은 금전, 위탁물의 판매대금으로 수령한 금원, 금전수수를 수반한 사무처리를 위임

받은 자가 수령한 금전 등을 임의소비한 자에 대한 횡령죄 성립을 인정하는 판결.

㉑ 초·중등교육법, 그 시행령 및 학교발전기금의 조성·운용 및 회계에 관한 규칙 등 관련 법령이 학교발전기금의 조성에 관한 그 주체·목적·절차·방법 등은 물론이고 학교발전기금의 운용·사용·회계관리 등에 관하여도 엄격히 규정하고 있고, 이와 같은 관련 법령의 입법취지가 '열악한 교육재정여건을 감안하여 학교운영위원회를 통한 기금의 조성을 허용하는 대신에 기금의 조성 및 사용에 투명성을 기하고 찬조금 등 금품모금과 관련한 잡음을 없애기 위한 것'에 있는 점 등에 비추어 볼 때, <u>초·중등교육법에 정한 학교발전기금으로 기부한 금원의 경우, 그 기부의 경위와 목적, 상황, 액수 등 그 실질에 비추어 위와 같이 법령상 엄격히 제한된 용도 외에 학교운영에 필요한 특정한 공익적 용도로 수수한 것으로 볼 수 있는 예외적 경우가 아닌 한, 학교운영위원회에 귀속되어 법령에서 정한 사용목적으로만 사용되어야 할 것이므로, 그 정해진 용도 외의 사용행위는 원칙적으로 횡령죄를 구성한다</u>고 보아야 할 것이다(대판 2014.3.13. 2012도6336).

㉒ 운송회사와 소속 근로자 사이에 근로자가 운송회사로부터 일정액의 급여를 받으면서 당일 운송수입금을 전부 운송회사에 납입하되, 운송회사는 근로자가 납입한 운송수입금을 월 단위로 정산하여 그 운송수입금이 월간 운송수입금 기준액인 사납금을 초과하는 경우에는 그 초과금액에 대하여 운송회사와 근로자에게 일정 비율로 배분하여 정산하고, 사납금에 미달되는 경우에는 그 부족금액에 대하여 근로자의 급여에서 공제하여 정산하기로 하는 약정이 체결되었다면, <u>근로자가 사납금 초과 수입금을 개인 자신에게 직접 귀속시키는 경우와는 달리, 근로자가 애초 거둔 운송수입금 전액은 운송회사의 관리와 지배 아래 있다고 봄이 상당하므로 근로자가 운송수입금을 임의로 소비하였다면 횡령죄를 구성한다. 이는 근로자가 운송회사에 대하여 사납금을 초과하는 운송수입금의 일부를 배분받을 권리를 가지고 있다고 하더라도 다른 특별한 사정이 없는 한 다를 바 없다고 할 것이다</u>(대판 2014.4.30. 2013도8799).

판례 소유권의 귀속

① 통상 위탁판매의 경우에 위탁판매인이 위탁물을 매매하고 수령한 금원은 위탁자의 소유에 속하여 위탁판매인이 함부로 이를 소비하거나 인도를 거부하는 때에는 횡령죄가 성립한다고 할 것이나, 위탁판매인과 위탁자 간에 판매대금에서 각종 비용이나 수수료 등을 공제한 이익을 분배하기로 하는 등 그 <u>대금처분에 관하여 특별한 약정이 있는 경우에는 이에 관한 정산관계가 밝혀지지 않는 한 위탁물을 판매하여 이를 소비하거나 인도를 거부 하였다 하여 곧바로 횡령죄가 성립한다고는 할 수 없다</u>(대판 1990.3.27. 89도813).

② 피고인이 2천원을 내어 피해자를 통하여 구입한 복권 4장을 피고인과 피해자를 포함한 4명이 한 장씩 나누어 그 당첨 여부를 확인하는 결과 피해자 등 2명이 긁어 확인한 복권 2장이 1천원씩에 당첨되자 이를 다시 복권 4장으로 교환하여 같은 4명이 각자 한 장씩 골라잡아 그 당첨 여부를 확인한 결과 피해자 등 2명이 긁어 확인한 복권 2장이 2천만원씩에 당첨되었으나 당첨금을 수령한 피고인이 피해자에게 그 당첨금의 반환을 거부한 경우, 피고인과 피해자를 포함한 4명 사이에는 어느 누구의 복권이 당첨되더라도 당첨금을 공평하게 나누거나 공동으로 사용하기로 하는 묵시적인 합의가 있었다고 보아야 하므로 그 당첨금 전액은 같은 4명의 공유라고 봄이

상당하여 피고인으로서는 피해자의 당첨금 반환요구에 따라 그 몫을 반환할 의무가 있고 피고인이 이를 거부하고 있는 이상 불법영득의사가 있다는 이유로 횡령죄가 성립될 수 있다(대판 2000.11.10. 2000도4335).

③ [1] 민법 제746조가 불법의 원인으로 인하여 재산을 급여한 때에는 그 이익의 반환을 청구하지 못한다고 규정한 뜻은, 그러한 급여를 한 사람은 그 원인행위가 법률상 무효임을 내세워 상대방에게 부당이득반환청구를 할 수 없음은 물론 급여한 물건의 소유권이 자기에게 있다고 하여 소유권에 기한 반환청구도 할 수 없다는 데 있으므로, 결국 그 물건의 소유권은 급여를 받은 상대방에게 귀속된다. 한편 민법 제746조에서 말하는 '불법'이 있다고 하려면, 급여의 원인된 행위가 내용이나 성격 또는 목적이나 연유 등으로 볼 때 선량한 풍속 기타 사회질서에 위반될 뿐만 아니라 반사회성·반윤리성·반도덕성이 현저하거나, 급여가 강행법규를 위반하여 이루어졌지만 이를 반환하게 하는 것이 오히려 규범 목적에 부합하지 아니하는 경우 등에 해당하여야 한다. [2] 피고인이, 갑 등이 금융다단계 사기 범행을 통하여 취득한 범죄수익 등인 무기명 양도성예금증서 7장을 을로부터 건네받아 현금으로 교환한 후 임의로 소비하였다고 하여 특정경제범죄 가중처벌 등에 관한 법률 위반(횡령)으로 기소된 사안에서, 피고인이 을로부터 범죄수익 등의 은닉을 위해 교부받은 무기명 양도성예금증서는 불법의 원인으로 급여한 물건에 해당하여 소유권이 피고인에게 귀속되므로, 피고인이 무기명 양도성예금증서를 교환한 현금을 임의로 소비하였더라도 횡령죄가 성립하지 않는다고 본 원심판단이 정당하다고 한 사례. [3] 구 범죄수익은닉의 규제 및 처벌 등에 관한 법률(2010. 3. 31. 법률 제10201호로 개정되기 전의 것) 제3조 또는 제4조의 범죄행위에 관계된 범죄수익 등이나 위 조항의 범죄행위에 의하여 생긴 재산 또는 그 범죄행위의 보수로 얻은 재산은 같은 법 제8조 제1항 제3호, 제4호 및 제10조 제1항에 따라 각 추징의 대상이 된다. 그러나 위와 같은 재산이 같은 법 제8조 제3항에서 정한 범죄피해재산인 경우에는 같은 법 제10조 제2항에 따라 그 가액을 추징할 수 없다(대판 2017.10.26. 2017도9254, 대판 2017.4.26. 2016도18035).

판례 | 부동산과 동산의 양도담보와 매도담보

1) 채무자가 양도담보 목적물을 처분한 경우(부동산) - 배임죄 불성립

① 배임죄에 있어서 손해란 현실적인 손해가 발생한 경우뿐만 아니라 재산상의 위험이 발생된 경우도 포함되므로, 자신의 채권자와 부동산양도담보설정계약을 체결한 피고인이 그 소유권이전등기 경료 전에 임의로 기존의 근저당권자인 제3자에게 지상권설정등기를 경료하여 준 경우, 그 지상권 설정이 새로운 채무부담행위에 기한 것이 아니라 기존의 저당권자가 가지는 채권을 저당권과 함께 담보하는 의미밖에 없다고 하더라도 이로써 양도담보권자의 채권에 대한 담보능력 감소의 위험이 발생한 이상 배임죄를 구성한다(대판 1997.6.24. 96도1218). [해설] 종래에는 배임죄의 성립을 인정하였으나 대판 2020.6.18. 2019도14340 전원합의체 판결에 의하면 배임죄가 성립하지 않음.

② [1] 채무자가 금전채무를 담보하기 위한 저당권설정계약에 따라 채권자에게 그 소유의 부동산에 관하여 저당권을 설정할 의무를 부담하게 되었다고 하더라도, 이를 들어 채무자가 통상의 계약에서 이루어지는 이익대립관계를 넘어서 채권자와의 신임관계에 기초하여 채권자의 사무를

맡아 처리하는 것으로 볼 수 없다. [2] 채무자가 저당권설정계약에 따라 채권자에 대하여 부담하는 저당권을 설정할 의무는 계약에 따라 부담하게 된 채무자 자신의 의무이다. 채무자가 위와 같은 의무를 이행하는 것은 채무자 자신의 사무에 해당할 뿐이므로, 채무자를 채권자에 대한 관계에서 '타인의 사무를 처리하는 자'라고 할 수 없다. 따라서 채무자가 제3자에게 먼저 담보물에 관한 저당권을 설정하거나 담보물을 양도하는 등으로 담보가치를 감소 또는 상실시켜 채권자의 채권실현에 위험을 초래하더라도 배임죄가 성립한다고 할 수 없다. [3] 위와 같은 법리는, 채무자가 금전채무에 대한 담보로 부동산에 관하여 양도담보설정계약을 체결하고 이에 따라 채권자에게 소유권이전등기를 해 줄 의무가 있음에도 제3자에게 그 부동산을 처분한 경우에도 적용된다(대판 2020.6.18. 2019도14340 전원합의체). [해설] 채무자가 양도담보물을 처분한 경우 배임죄의 성립을 부정한 판례.

2) 채권자가 담보목적물을 변제기 이전에 처분한 경우(부동산) - 배임죄 성립

- [1] <u>채권의 담보를 목적으로 부동산의 소유권이전등기를 마친 채권자는 채무자가 변제일까지 그 채무를 변제하면 채무자에게 그 소유명의를 환원하여 주기 위하여 그 소유권이전등기를 이행할 의무가 있으므로, 그 변제기일 이전에 그 임무에 위배하여 제3자에게 근저당권을 경료하여 주었다면 변제기일까지 채무자의 채무변제가 없었다고 하더라도 배임죄는 성립되고</u>, 그와 같은 법리는 채무자에게 환매권을 주는 형식을 취하였다고 하여 다를 바가 없다. [2] 이 사건 공소사실의 요지는 <u>피고인들은 피해자에게 합계 금 10억 원을 대여하여 주고 그 양도담보의 방법으로 이 사건 부동산에 대한 각 1/2지분에 관하여 자신들의 명의로 소유권이전등기를 마쳤는바</u>, 1987. 8. 19.경 피해자의 위 금 10억원의 채무의 변제기를 1992. 7. 20.로 5년 간 연장하여 주되 그 변제기까지 금 16억원에 피해자가 환매할 수 있도록 하는 내용으로 피해자와 제소전화해를 하고, 다시 1992. 10. 21.경 위 금 16억원의 채무의 변제기를 1993. 4. 20.로 6개월 간 재연장하되 그 변제기 전에는 22억원에 피해자가 환매할 수 있도록 하는 내용으로 피해자와 합의하였으므로, <u>피고인들로서는 피해자가 위 각 환매기간 내에 환매권을 행사할 때 피해자 앞으로 이 사건 부동산에 대한 소유권이전등기를 이행할 의무가 있으므로 위 각 환매기간 내에는 임의로 이 사건 부동산을 타인에게 처분하거나 담보로 제공하여서는 아니 됨에도 불구하고, 그 임무에 위배하여 타인에게 근저당권을 설정, 금원을 차용하기로 상호 공모하여</u>, ① 1991. 10. 31.경 부산지방법원 동래등기소에서 이 사건 부동산에 대하여 채권 최고액 1억 8천만원으로 공소외 주식회사 동광상호신용금고 앞으로 근저당권설정등기를 마쳐주고 금 1억2천만원을 차용함으로써 동액 상당의 재산상의 이익을 취득하고, 이로 인하여 피해자에게 동액 상당의 재산상의 손해를 가하고, ② 1992. 11. 11.경 같은 등기소에서 이 사건 부동산에 대하여 채권최고액 2억5천만원으로 공소외 김준택 앞으로 근저당권설정등기를 마쳐주고, 금 1억5천만원을 차용함으로써 동액 상당의 재산상의 이익을 취득하고, 이로 인하여 피해자에게 동액 상당의 재산상의 손해를 가한 것이라고 함에 있다. [3] 당사자들 사이에 정산절차가 이루어져 소유권이 채권자에게 확정적으로 귀속되었고 채무자는 채권자의 은혜적인 조처에 의하여 환매권만을 가지게 된 것으로 보아 채권자가 제3자에게 근저당권설정등기를 하여 준 행위에 대하여 무죄를 선고한 원심판결을 채증법칙 위배, 법리오해 등을 이유로 파기한 사례(대판 1995.5.12. 95도283). [해설] 이론적으로 보면(다수설의 입장에 의하면) 변제기 도과전에 등기명의인인 채권자가 목적부동산을 임의로 처분하면 대내적인 관계에서 채무자의 소유인 부동산을 불법영득한 것으로서 횡령죄가 성립. 하지만 이러한 경우에도 판례는 배임죄가 성립한다는 견해를 취하고 있음. 즉, 양도담보계약에 따른 절차에 의해 채권자(돈 빌려준 사람)는 담보물 설정을 위해 부동산에 대한 "소유권이전등기"를 하게 되는데, 그게 완전한 소유권

이전이 아니라고 보고, 단지 담보물권만 취득한 것으로 보는 것. 따라서, 양도담보계약시 소유권이전등기를 경료받긴 하였지만 채무자가 변제기일 전에 모두 변제를 하게 되면 다시 그 담보물을 채무자에게 넘겨줘야 하는 의무가 있고, 이것을 타인의 사무로 보아 변제기일 이전에 채권자가 부동산을 처분하게 되면 배임죄가 성립하게 된다고 보는 사례.

3) 채권자가 담보목적물을 변제기 이후에 처분한 경우(부동산) - 횡령죄·배임죄 불성립

- 부동산을 대물변제하면서 환매할 수 있도록 약정하였다고 하여도 환매기일이 도과된 후에 채권자가 동 부동산에 관하여 제3자 앞으로 그 저당권설정등기를 한 것은 배임행위가 될 수 없다(대판 1983.2.22. 82도2945).

4) 변제기 후 청산금의 부지급 및 부당한 염가처분(부동산) - 배임죄 불성립

- 양도담보가 처분정산형의 경우이건 귀속정산형의 경우이건 간에 담보권자가 변제기 경과 후에 담보권을 실행하여 그 환가대금 또는 평가액을 채권원리금과 담보권 실행비용 등의 변제에 충당하고 환가대금 또는 평가액의 나머지가 있어 이를 담보제공자에게 반환할 의무는 <u>담보계약에 따라 부담하는 자신의 정산의무이므로 그 의무를 이행하는 사무는 곧 자기의 사무처리에 속하는 것이라 할 것이고 이를 부동산매매에 있어서의 매도인의 등기의무와 같이 타인인 채무자의 사무처리에 속하는 것이라고 볼 수는 없어 그 정산의무를 이행하지 아니한 소위는 배임죄를 구성하지 않는다</u>(대판 1985.11.26. 85도1493 전원합의체).

5) 채무자가 양도담보 목적물인 동산을 처분한 경우(동산) - 배임죄 불성립

① <u>피고인이 그 소유의 이 사건 에어콘 등을 피해자에게 양도담보로 제공하고 점유개정의 방법으로 점유하고 있다가 다시 이를 제3자에게 양도담보로 제공하고 역시 점유개정의 방법으로 점유를 계속한 경우 뒤의 양도담보권자인 제3자는 처음의 담보권자인 피해자에 대하여 배타적으로 자기의 담보권을 주장할 수 없으므로 위와 같이 이중으로 양도담보제공이 된 것만으로는 처음의 양도담보권자에게 담보권의 상실이나 담보가치의 감소 등 손해가 발생한 것으로 볼 수 없으니 배임죄를 구성하지 않는다</u>(대판 1990.2.13. 89도1931).

② 금전채무를 담보하기 위하여 채무자가 그 소유의 동산을 채권자에게 양도하되 점유개정에 의하여 채무자가 이를 계속 점유하기로 한 경우 특별한 사정이 없는 한 동산의 소유권은 신탁적으로 이전됨에 불과하여 채권자와 채무자 사이의 대내적 관계에서 채무자는 의연히 소유권을 보유하나 <u>대외적인 관계에 있어서 채무자는 동산의 소유권을 이미 채권자에게 양도한 무권리자가 되는 것이어서 다시 다른 채권자와 사이에 양도담보 설정계약을 체결하고 점유개정의 방법으로 인도를 하더라도 선의취득이 인정되지 않는 한 나중에 설정계약을 체결한 채권자는 양도담보권을 취득할 수 없는데, 현실의 인도가 아닌 점유개정으로는 선의취득이 인정되지 아니하므로, 결국 뒤의 채권자는 양도담보권을 취득할 수 없고, 따라서 이와 같이 채무자가 그 소유의 동산에 대하여 점유개정의 방식으로 채권자들에게 이중의 양도담보 설정계약을 체결한 후 양도담보 설정자가 목적물을 임의로 제3자에게 처분하였다면 양도담보권자라 할 수 없는 뒤의 채권자에 대한 관계에서는, 설정자인 채무자가 타인의 사무를 처리하는 자에 해당한다고 할 수 없어 배임죄가 성립하지 않는다</u>(대판 2004.6.25. 2004도1751). [해설] 점유개정의 방식으로 이중의 양도담보 설정계약을 체결한 후 양도담보 설정자가 목적물인 동산을 임의로 처분한 경우, 2차로 설정계약을 체결한 채권자에 대한 관계에서 배임죄가 성립하지 않는다는 판결로, 채무자가 이중 양도담보 설정 후 매각한 사례.

③ 채무자가 동산을 채권자에게 양도담보로 제공하고 점유개정의 방법으로 점유하고 있다가 다시 이를 제3자에게 양도담보로 제공하고 역시 점유개정의 방법으로 점유를 계속한 경우, 뒤의 양도담보권자인 제3자는 처음의 담보권자인 채권자에 대하여 배타적으로 자기의 담보권을 주장할 수 없으므로 이중으로 양도담보제공이 된 것만으로는 처음의 양도담보권자에게 담보권의 상실이나 담보가치의 감소 등 손해가 발생한 것으로 볼 수 없어 배임죄가 성립되지 않는다(대판 2007.2.22. 2006도6686).

④ [1] 채무자가 채권자에게 동산을 양도담보로 제공하고 점유개정의 방법으로 점유하고 있는 경우에는 그 동산의 소유권은 여전히 채무자에게 유보되어 있는 것이어서 채무자는 자기의 물건을 보관하고 있는 셈이 되므로, 양도담보의 목적물을 제3자에게 처분하거나 담보로 제공하였다 하더라도 횡령죄를 구성하지 아니한다. [2] 차용금채무에 갈음한 양도담보 및 대물변제계약을 체결하였지만 계약을 전후하여 채무의 일부를 변제충당한 사안에서, 기존의 채무를 확정적으로 면제 내지 소멸시키는 처분행위가 존재하지 않는다는 이유로 채무면제를 목적으로 하는 사기죄의 성립을 부정한 사례(대판 2009.2.12. 2008도10971). [해설] 점유개정이란 목적물을 양도한 후에도 양도인이 그 목적물을 계속해서 직접 점유를 하고, 양수인은 간접점유를 취득하는 일. 2008도10971 사안의 경우는 양도담보권자에게 담보권의 상실이나 담보가치의 감소 등 손해가 발생할 수가 없으므로 배임죄가 성립하지 않음. 즉 이미 양도담보로 제공된 동산에 관하여 공장근저당권이 설정된다고 하더라도 공장저당법에 의한 저당권의 효력이 미칠 수는 없으므로, 채무자의 행위는 법적으로 의미가 없으면 결국 양도담보권자에게 손해가 발생할 수 없어 배임죄가 성립하지 않음.

⑤ [1] 배임죄는 '타인의 사무를 처리하는 자'라는 신분을 요하는 진정신분범이다. 따라서 배임죄의 성립을 인정하기 위해서는 피고인의 행위가 타인의 신뢰를 위반한 것인지, 그로 인한 피해가 어느 정도인지를 따지기에 앞서 당사자 관계의 본질을 살펴 그가 '타인의 사무를 처리하는 자'에 해당하는지를 판단하여야 한다. 채무자가 계약을 위반하여 그 의무를 이행하지 않는 등 채권자의 기대나 신뢰를 저버리는 행위를 하고, 그로 인한 채권자의 재산상 피해가 적지 않아 비난가능성이 높다거나, 채권자의 재산권 보호를 위하여 처벌의 필요성이 크다는 이유만으로 배임죄의 죄책을 묻는 것은 죄형법정주의 원칙에 반한다. [2] 금전채권채무 관계에서 채권자가 채무자의 급부이행에 대한 신뢰를 바탕으로 금전을 대여하고 채무자의 성실한 급부이행에 의해 채권의 만족이라는 이익을 얻게 된다 하더라도, 채권자가 채무자에 대한 신임을 기초로 그의 재산을 보호 또는 관리하는 임무를 부여하였다고 할 수 없고, 금전채무의 이행은 어디까지나 채무자가 자신의 급부의무의 이행으로서 행하는 것이므로 이를 두고 채권자의 사무를 맡아 처리하는 것으로 볼 수 없다. 따라서 채무자를 채권자에 대한 관계에서 '타인의 사무를 처리하는 자'에 해당한다고 할 수 없다. 채무자가 금전채무를 담보하기 위하여 그 소유의 동산을 채권자에게 양도하기로 약정하거나 양도담보로 제공한 경우에도 마찬가지이다. [3] 채무자가 양도담보설정계약에 따라 부담하는 의무, 즉 동산을 담보로 제공할 의무, 담보물의 담보가치를 유지·보전하거나 담보물을 손상, 감소 또는 멸실시키지 않을 소극적 의무, 담보권 실행 시 채권자나 그가 지정하는 자에게 담보물을 현실로 인도할 의무와 같이 채권자의 담보권 실행에 협조할 의무 등은 모두 양도담보설정계약에 따라 부담하게 된 채무자 자신의 급부의무이다. 또한 양도담보설정계약은 피담보채권의 발생을 위한 계약에 종된 계약으로, 피담보채무가 소멸하면 양도담보설정계약상의 권리의무도 소멸하게 된다. 양도담보설정계약에 따라 채무자가 부담하는 의무는 담보목적의 달성, 즉 채무불이행 시 담보권 실행을 통한 채권의 실현을 위한 것이므로 담보설정계약의 체결이나 담보권 설정 전후를 불문하고 당사자 관계의 전형적·본질적 내용은 여전히 금전채권의 실현 내지 피담보채무의 변제에 있다. 따라서 채무자가 위와 같은 급부의

무를 이행하는 것은 채무자 자신의 사무에 해당할 뿐이고, 채무자가 통상의 계약에서의 이익대립관계를 넘어서 채권자와의 신임관계에 기초하여 채권자의 사무를 맡아 처리한다고 볼 수 없으므로 채무자를 채권자에 대한 관계에서 '타인의 사무를 처리하는 자'라고 할 수 없다(대판 2020.2.20. 2019도9756 전원합의체). [해설] 채무담보를 위해 동산이나 주식을 채권자에게 양도하기로 약정하거나 양도담보로 제공한 채무자는 채권자의 양도담보자의 사무를 처리하는 자에 해당하고, 그 채무자의 담보목적물의 처분행위는 배임죄가 성립된다고 본 대법원의 기존 판결을 변경한 전원합의체 판결. 이에 대해, 동산 양도담보를 신탁적 양도로 보는 이상, 그 기능이나 경제적 목적이 채권담보이고, 그에 따라 채권자가 채권담보의 목적 범위에서만 소유권을 행사할 채권적 의무를 부담하더라도, 담보목적물의 소유권은 당사자 사이에 소유권을 양도한다는 합의와 점유개정에 의한 인도에 따라 완전히 채권자에게 이전하므로 점유개정에 따라 양도담보 목적물을 직접 점유하는 채무자는 '타인의 재물을 보관하는 자'에 해당하고, 그가 채권자의 허락 없이 제3자에게 담보목적물을 양도하는 등 처분한 경우에는 횡령죄가 성립한다고 보아야 한다는 소수견해 있음.

⑥ 채무자가 금전채무를 담보하기 위하여 그 소유의 동산을 채권자에게 동산·채권 등의 담보에 관한 법률에 따른 동산담보로 제공함으로써 채권자인 동산담보권자에 대하여 담보물의 담보가치를 유지·보전할 의무 또는 담보물을 타에 처분하거나 멸실, 훼손하는 등으로 담보권 실행에 지장을 초래하는 행위를 하지 않을 의무를 부담하게 되었더라도, 이를 들어 채무자가 통상의 계약에서의 이익대립관계를 넘어서 채권자와의 신임관계에 기초하여 채권자의 사무를 맡아 처리하는 것으로 볼 수 없다. 따라서 이러한 경우 채무자를 배임죄의 주체인 '타인의 사무를 처리하는 자'에 해당한다고 할 수 없고, 그가 담보물을 제3자에게 처분하는 등으로 담보가치를 감소 또는 상실시켜 채권자의 담보권 실행이나 이를 통한 채권실현에 위험을 초래하더라도 배임죄가 성립하지 아니한다(대판 2020.8.27. 2019도14770 전원합의체). [해설] 이 사건 회사의 대표이사인 피고인은 피해자에게 금전채무에 대한 담보로 이 사건 회사 소유의 기계에 대하여 동산·채권 등의 담보에 관한 법률에 의한 동산담보권을 설정했음에도 제3자에게 위 기계를 매도하였음. 원심은 피고인의 피해자에 대한 담보물 보관의무가 타인의 사무에 해당함을 전제로 배임의 점에 대하여 유죄로 판단하였음. 반면 대법원은 위와 같은 의무는 동산담보설정계약에 따른 피고인의 사무일 뿐 타인의 사무라고 볼 수 없다는 이유로 원심을 파기한 사안.

⑦ 배임죄는 타인의 사무를 처리하는 자가 임무에 위배하는 행위로써 재산상의 이익을 취득하거나 제3자로 하여금 이를 취득하게 하여 사무의 주체인 타인에게 손해를 가할 때 성립하는 것이므로 범죄의 주체는 타인의 사무를 처리하는 지위에 있어야 한다. 여기에서 '타인의 사무를 처리하는 자'라고 하려면, 타인의 재산관리에 관한 사무의 전부 또는 일부를 타인을 위하여 대행하는 경우와 같이 당사자 관계의 전형적·본질적 내용이 통상의 계약에서 이익대립관계를 넘어서 그들 사이의 신임관계에 기초하여 타인의 재산을 보호 또는 관리하는 것이어야 한다. 이익대립관계에 있는 통상의 계약관계에서 채무자의 성실한 급부이행에 의해 상대방이 계약상 권리의 만족 내지 채권의 실현이라는 이익을 얻게 되는 관계라거나, 계약의 이행과정에서 상대방을 보호하거나 배려할 부수적인 의무가 있다는 것만으로는 채무자를 타인의 사무를 처리하는 자라고 할 수 없고, 위임 등과 같이 계약의 전형적·본질적인 급부의 내용이 상대방의 재산상 사무를 일정한 권한을 가지고 맡아 처리하는 경우여야 한다. 금전채권채무 관계에서 채권자가 채무자의 급부이행에 대한 신뢰를 바탕으로 금전을 대여하고 채무자의 성실한 급부이행에 의해 채권의 만족이라는 이익을 얻게 된다 하더라도, 채권자가 채무자에 대한 신임을 기초로 그의 재산을 보호 또는 관리하는 임무를 부여하였다고 할 수 없고, 금전채무의 이행은 어디까지나 채무자가 자신의 급부의무를 다하기 위해 하는 것이므로 이를 두고 채권자의 사무를 맡아 처리하는 것으로 볼 수 없다. 따라서 채무자를 채권자에 대한 관계에서 '타인의 사무를 처리하는 자'에 해당한다고

할 수 없다. 채무자가 금전채무를 담보하기 위하여 자신 소유의 동산을 채권자에게 양도하기로 약정하거나 양도담보로 제공한 경우에도 마찬가지이다. <u>채무자가 양도담보설정계약에 따라 부담하는 의무</u>, 즉 동산을 담보로 제공할 의무, 담보물의 담보가치를 유지·보전하거나 담보물을 손상, 감소 또는 멸실시키지 않을 소극적 의무, 담보권 실행 시 채권자나 그가 지정하는 자에게 담보물을 현실로 인도할 의무와 같이 채권자의 담보권 실행에 협조할 의무 등은 모두 <u>양도담보설정계약에 따라 부담하게 된 채무자 자신의 급부의무</u>이다. 또한 양도담보설정계약은 피담보채권의 발생을 위한 계약에 종된 계약으로, 피담보채무가 소멸하면 양도담보설정계약상의 권리의무도 소멸하게 된다. 양도담보설정계약에 따라 채무자가 부담하는 의무는 담보목적의 달성, 즉 채무불이행 시 담보권 실행을 통한 채권의 실현을 위한 것이므로 담보설정계약의 체결이나 담보권설정 전후를 불문하고 당사자 관계의 전형적·본질적 내용은 여전히 금전채권의 실현 내지 피담보채무를 변제하는 것이다. 따라서 <u>채무자가 위와 같은 급부의무를 이행하는 것은 채무자 자신의 사무에 해당할 뿐이고, 채무자가 통상의 계약에서 이익대립관계를 넘어서 채권자와 신임관계에 기초하여 채권자의 사무를 맡아 처리한다고 볼 수 없으므로 채무자를 채권자에 대한 관계에서 '타인의 사무를 처리하는 자'라고 할 수 없다.</u> 위와 같은 법리는, <u>권리이전에 등기·등록을 요하는 동산에 관한 양도담보설정계약에도 마찬가지로 적용</u>된다. 따라서 <u>자동차 등에 관하여 양도담보설정계약을 체결한 채무자는 채권자에 대하여 그의 사무를 처리하는 지위에 있지 아니하므로, 채무자가 채권자에게 양도담보설정계약에 따른 의무를 다하지 아니하고 이를 타에 처분하였다고 하더라도 배임죄가 성립하지 아니한다</u>(대판 2022.12.22. 2020도8682 전원합의체). [해설] 피고인이 피해자 회사에게 이 사건 자동차를 양도담보로 제공하기로 약정하여 이에 관하여 등록명의를 이전해 주어야 할 의무를 부담함에도 제3자에게 임의로 매도한 행위에 대하여 배임죄로 기소된 사안임. 대법원은 대법관 전원일치 의견으로 위와 같은 법리를 판시하고 종래 판례를 변경하여, 등기·등록을 요하는 동산에 관한 양도담보설정자에게는 배임죄의 구성요건으로서 타인의 사무를 처리하는 자의 지위가 인정되지 않아 배임죄가 성립하지 않는다고 판단하고, 이와 달리 종래 판례(대법원 89도350 판결 등)에 따라 배임죄의 성립을 인정한 원심의 판단에 배임죄에서 타인의 사무를 처리하는 자 등에 관한 법리를 오해하여 판결에 영향을 미친 잘못이 있다고 보아 원심판결을 파기·환송하였음.

6) 채권자가 양도담보 목적물인 동산을 처분한 경우(동산) - 횡령죄 성립

① 채무자가 채무이행의 담보를 위하여 동산에 관한 양도담보계약을 체결하고 점유개정의 방법으로 여전히 그 동산을 점유하는 경우 그 계약이 채무의 담보를 위하여 양도의 형식을 취하였을 뿐이고 실질은 채무의 담보와 담보권실행의 청산절차를 주된 내용으로 하는 것이라면 별단의 사정이 없는 한 그 동산의 소유권은 여전히 채무자에게 남아 있고, 채권자는 단지 양도담보물권을 취득하는 데 지나지 않으므로 <u>그 동산을 다른 사유에 의하여 보관하게 된 채권자는 타인 소유의 물건을 보관하는 자로서 횡령죄의 주체가 될 수 있다</u>(대판 1989.4.11. 88도906). [해설] 채무자와 채권자가 합의 하에 다른 채권자들의 압류를 피하기 위하여 채무자가 점유하던 물건을 채권자 집에 보관해 두었다가 아무런 의논 없이 채권자가 그 물건을 타인에게 처분한 경우의 사례.

② <u>금전을 대여하면서 채무자로부터 그 담보로 동산을 교부받은 담보권자는 그 담보권의 범위 내에서 담보권을 행사할 수 있을 것인데, 담보권자가 담보목적물을 보관하고 있음을 기화로 실제의 피담보채권 이외에 자신의 제3자에 대한 기존의 채권까지 변제받을 의도로, 채무자인 담보제공자와의 소비대차 및 담보설정관계를 부정하고 그 담보목적물이 자신과 제3자 사이의 소비대차 및 담보설정</u>

계약에 따라 제공된 것으로서 실제의 피담보채권 외에 제3자에 대한 기존의 채권까지도 피담보채권에 포함되는 것이라고 주장하면서 그것까지 포함하여 변제가 이루어지지 아니할 경우 반환하지 않을 것임을 표명하다가 타인에게 담보목적물을 매각하거나 담보로 제공하여 피담보채무 이외의 채권까지도 변제충당한 경우에는 정당한 담보권의 행사라고 볼 수 없고, 위탁의 취지에 반하여 자기 또는 제3자의 이익을 위하여 권한 없이 그 재물을 자기의 소유인 것 같이 처분하는 것으로서 불법영득의 의사가 인정된다(대판 2007.6.14. 2005도7880).

7) 채무자가 매도담보 목적물을 처분한 경우(동산) - 횡령죄 성립

- 타인에게 매도담보로 제공한 동산을 그대로 계속하여 점유하고 있는 경우에 그 동산을 임의로 처분하였다면 횡령죄가 되는 것이고 권리행사방해죄는 성립되지 않는 것이다(대판 1962.2.8. 4294형상470).

8) 채권자가 가등기담보 목적물을 처분한 경우 - 배임죄 성립

- 담보목적으로 피고인 명의로 가등기가 경료된 피해자 소유의 부동산에 대하여 피해자의 아들로부터 채무가 변제 공탁된 사실을 통고받고서도 피고인 앞으로 본등기를 경료함과 동시에 제3자 앞으로 가등기를 경료하여 준 경우에는 배임죄가 성립된다(대판 1990.8.10. 90도414).

 **판 례** 용도나 목적이 지정된 불특정물의 경우

① 가. 동업체에 제공된 물품은 동업관계가 청산되지 않는 한 동업자들의 공동점유에 속하므로, 그 물품이 원래 피고인의 소유라거나 피고인이 다른 곳에서 빌려서 제공하였다는 사유만으로는 절도죄의 객체가 됨에 지장이 없다. 나. 목적, 용도를 정하여 위탁한 금전은 정해진 목적, 용도에 사용할 때까지는 이에 대한 소유권이 위탁자에게 유보되어 있는 것으로서, 특히 그 금전의 특정성이 요구되지 않는 경우 수탁자가 위탁의 취지에 반하지 않고 필요한 시기에 다른 금전으로 대체시킬 수 있는 상태에 있는 한 이를 일시 사용하더라도 횡령죄를 구성한다고 할 수 없고, 수탁자가 그 위탁의 취지에 반하여 다른 용도에 소비할 때 비로소 횡령죄를 구성한다(대판 1995.10.12. 94도2076).

② [1] 횡령죄에 있어서의 불법영득의 의사라 함은 자기 또는 제3자의 이익을 꾀할 목적으로 보관하고 있는 타인의 재물을 자기의 소유인 것과 같이 사실상 또는 법률상 처분하는 의사를 의미하는 것으로, 타인으로부터 용도가 엄격히 제한된 자금을 위탁받아 집행하면서 그 제한된 용도 이외의 목적으로 자금을 사용하는 것은, 그 사용이 개인적인 목적에서 비롯된 경우는 물론 결과적으로 자금을 위탁한 본인을 위하는 면이 있더라도, 그 사용행위 자체로서 불법영득의 의사를 실현한 것이 되어 횡령죄가 성립한다. [2] 주상복합상가의 매수인들로부터 우수상인유치비 명목으로 금원을 납부받아 보관하던 중 그 용도와 무관하게 일반경비로 사용한 경우 횡령죄를 구성한다고 한 사례(대판 2002.8.23. 2002도366).

③ 타인으로부터 용도가 엄격히 제한된 자금을 위탁받아 보관하는 자가 그 자금을 제한된 용도 이외의 목적으로 사용하는 것은 횡령죄가 되는 것이고, 이와 같이 용도나 목적이 특정되어 보관된 금전은 그 보관 도중에 특정의 용도나 목적이 소멸되었다고 하더라도 위탁자가 이를 반환받거나 그 임의소비를 승낙하기까지는 횡령죄의 적용에 있어서는 여전히 위탁자의 소유물이라고 할 것이다(대판 2002.11.22. 2002도4291).

④ 금전의 수수를 수반하는 사무처리를 위임받은 자가 그 행위에 기하여 위임자를 위하여 제3자로부터 수령한 금전은, 목적이나 용도를 한정하여 위탁된 금전과 마찬가지로, 달리 특별한 사정이 없는 한 그 수령과 동시에 위임자의 소유에 속하고, 위임을 받은 자는 이를 위임자를 위하여 보관하는 관계에 있다고 보아야 한다(대판 2003.9.26. 2003도3394).

⑤ 골프회원권 매매중개업체를 운영하는 자가 매수의뢰와 함께 입금받아 보관하던 금원을 일시적으로 다른 회원권의 매입대금 등으로 임의로 소비한 사안에서, 위 매입대금은 그 목적과 용도를 정하여 위탁된 금전으로서 골프회원권 매입시까지 그 소유권이 위탁자에게 유보되어 있으나, <u>다른 회사자금과 함께 보관된 이상 그 특정성을 인정하기 어렵고, 피고인의 불법영득의사를 추단할 수 없으므로 횡령죄를 구성하지 아니한다</u>고 한 사례(대판 2008.3.14. 2007도7568).

판례 채권양도의 경우

- [1] 채권양도인이 채무자에게 채권양도 통지를 하는 등으로 채권양도의 대항요건을 갖추어 주지 않은 채 채무자로부터 채권을 추심하여 금전을 수령한 경우, 특별한 사정이 없는 한 금전의 소유권은 채권양수인이 아니라 채권양도인에게 귀속하고 채권양도인이 채권양수인을 위하여 양도 채권의 보전에 관한 사무를 처리하는 신임관계가 존재한다고 볼 수 없다. 따라서 채권양도인이 위와 같이 양도한 채권을 추심하여 수령한 금전에 관하여 채권양수인을 위해 보관하는 자의 지위에 있다고 볼 수 없으므로, 채권양도인이 위 금전을 임의로 처분하더라도 횡령죄는 성립하지 않는다. [2] 건물의 임차인인 피고인이 임대인 甲에 대한 임대차보증금반환채권을 乙에게 양도하였는데도 甲에게 채권양도 통지를 하지 않고 甲으로부터 남아 있던 임대차보증금을 반환받아 보관하던 중 개인적인 용도로 사용하여 이를 횡령하였다는 내용으로 기소된 사안에서, 임대차보증금으로 받은 금전의 소유권은 피고인에게 귀속하고, 피고인이 乙을 위한 보관자 지위가 인정될 수 있는 신임관계에 있다고 볼 수 없어 횡령죄가 성립하지 않는다는 이유로, 이와 달리 보아 공소사실을 유죄로 인정한 원심판결에 채권양도에서 횡령죄의 성립 등에 관한 법리오해의 잘못이 있다고 한 사례(대판 2022.6.23. 2017도3829 전원합의체). [해설] 대법원은 전원합의체 판결을 통하여, 채권양도계약이 이루어진 후 채권양도인이 채권양도의 대항요건을 갖추어 주기 전에 채무자로부터 채권을 추심하여 금전을 수령한 경우, 그 금전은 채권양도인과 채권양수인 사이에서 채권양수인의 소유에 속하고 채권양도인은 채권양수인을 위하여 이를 보관하는 자의 지위에 있다고 보아 횡령죄의 성립을 인정해 오던 대법원 1999. 4. 15. 선고 97도666 전원합의체 판결 등 종전 판례를 변경하여, 위와 같은 경우 채권양도인과 채권양수인 사이에 채권양도인이 추심한 금전은 채권양도인의 소유에 속하고, 채권양도인에게 그 금전에 관한 보관자의 지위도 인정할 수 없다고 판시하였음. 피고인이 피해자와 이 사건 임대차보증금반환채권에 관한 채권양도계약을 체결하고 임대인에게 채권양도 통지를 하기 전에 임대인으로부터 채권을 추심하여 남아 있던 임대차보증금을 수령하고 이를 임의로 사용한 사안에서, 대법원은 위와 같은 법리에 따라 횡령죄의 구성요건으로서 재물의 타인성과 보관자 지위가 인정되지 않아 횡령죄가 성립하지 않는다고 판단하고, 이와 달리 횡령죄의 성립을 인정한 원심판단에 채권양도에서 횡령죄의 성립 등에 관한 법리를 오해하여 판결에 영향을 미친 잘못이 있다고 보아 원심을 파기·환송하였음. 이러한 다수의견에 대하여 ① 대법관 조재연, 대법관 민유숙, 대법관 이동원, 대법관 노태악의 반대의견, ② 대법관 김선수의 별개의견이 있음. ① 반대의견의 요지는 다음과 같음. 채권양도인이 채권양도 통지를 하기 전에 채권을 추심하여 금전을 수령한 경우에도 원칙적으로 그 금전은 채권양수인을 위하여 수령한 것으

로서 채권양수인의 소유에 속한다고 보아야 함. 채권양도인은 실질적으로 채권양수인의 재산 보호 내지 관리를 대행하는 지위에 있으므로, 채권양도인이 채무자로부터 채권을 추심하여 수령한 금전에 관하여 채권양수인을 위하여 보관하는 지위에 있다고 볼 수 있음. 종전 판례를 변경할 경우 횡령죄에 관한 선례들과 비교하여 형사처벌의 공백과 불균형이 발생함. 종전 판례가 타당하므로 이를 그대로 유지하여 피고인에게 횡령죄의 성립을 인정할 수 있음. ② 별개의견의 요지는 다음과 같음. 종전 판례는 여전히 타당하므로 유지되어야 하나, 채권양도인이 채권양수인으로부터 채권양도의 원인이 된 계약에 따른 채권양도의 대가를 확정적으로 지급받지 못한 경우와 같이, 채권양도의 대항요건을 충족시켜 완전한 권리를 이전할 의무를 이행하지 않은 것에 정당한 항변사유가 인정되는 경우에는 종전 판례가 적용되지 않으므로 횡령죄가 성립하지 않음. 이 사건의 구체적 사실관계에 의하면 형사법적으로 정당한 항변사유가 인정될 여지가 충분하여 종전 판례가 적용되지 않는 사안이므로, 피고인에게 횡령죄가 성립하지 않음.

판례 채권양도담보의 경우

① [1] 채무자가 기존 금전채무를 담보하기 위하여 다른 금전채권을 채권자에게 양도하는 경우, 채무자가 채권자에 대하여 부담하는 '담보 목적 채권의 담보가치를 유지·보전할 의무'는 채권양도담보계약에 따라 부담하게 된 채무의 한 내용에 불과하다. 또한 통상의 채권양도계약은 그 자체가 채권자지위의 이전을 내용으로 하는 주된 계약이고, 그 당사자 사이의 본질적 관계는 양수인이 채권자지위를 온전히 확보하여 채무자로부터 유효하게 채권의 변제를 받는 것이다. 그런데 채권양도담보계약은 피담보채권의 발생을 위한 계약(예컨대 금전소비대차계약 등)의 종된 계약으로, 채권양도담보계약에 따라 채무자가 부담하는 위와 같은 의무는 담보목적을 달성하기 위한 것에 불과하고, 그 당사자 사이의 본질적이고 주된 관계는 피담보채권의 실현이다. 이처럼 채권양도담보계약의 목적이나 본질적 내용을 통상의 채권양도계약과 같이 볼 수는 없다. [2] 따라서 채무자가 채권양도담보계약에 따라 담보 목적 채권의 담보가치를 유지·보전할 의무는 계약에 따른 자신의 채무에 불과하고, 채권자와 채무자 사이에 채무자가 채권자를 위하여 담보가치의 유지·보전사무를 처리함으로써 채무자의 사무처리를 통해 채권자가 담보 목적을 달성한다는 신임관계가 존재한다고 볼 수 없다. 그러므로 채무자가 제3채무자에게 채권양도 통지를 하지 않은 채 자신이 사용할 의도로 제3채무자로부터 변제를 받아 변제금을 수령한 경우, 이는 단순한 민사상 채무불이행에 해당할 뿐, 채무자가 채권자와의 위탁신임관계에 의하여 채무자를 위해 위 변제금을 보관하는 지위에 있다고 볼 수 없고, 채무자가 이를 임의로 소비하더라도 횡령죄는 성립하지 않는다(대판 2021.2.25. 2020도12927). [해설] 피고인이 피해자에 대한 금전채무를 담보하기 위하여 자신이 운영하는 회사의 제3자에 대한 금전채권을 양도하였으나, 채권양도통지를 하지 않은 채 제3자로부터 양도채권 중 일부를 변제받아 임의로 사용하였다고 하여 특정경제범죄가중처벌등에관한법률위반(횡령)으로 기소된 사안. 대법원은 채무자가 제3채무자에게 채권양도 통지를 하지 않은 채 자신이 사용할 의도로 제3채무자로부터 변제를 받아 변제금을 수령한 경우, 이는 단순한 민사상 채무불이행에 해당할 뿐, 채무자가 채권자와의 위탁신임관계에 의하여 채무자를 위해 위 변제금을 보관하는 지위에 있다고 볼 수 없고, 채무자가 이를 임의로 소비하더라도 횡령죄는 성립하지 않는다고 판단하여 상고기각한 사안.

② [1] 금전채권채무 관계에서 채권자가 채무자의 급부이행에 대한 신뢰를 바탕으로 금전을 대여하고 채무자의 성실한 급부이행에 의해 채권의 만족이라는 이익을 얻게 된다 하더라도, 채권자가 채무자에 대한 신임을 기초로 그의 재산을 보호 또는 관리하는 임무를 부여하였다고 할 수

없고, 금전채무의 이행은 어디까지나 채무자가 자신의 급부의무의 이행으로서 행하는 것이므로 이를 두고 채권자의 사무를 맡아 처리하는 것으로 볼 수 없다. 따라서 <u>금전채권채무의 경우 채무자는 채권자에 대한 관계에서 '타인의 사무를 처리하는 자'에 해당한다고 할 수 없다</u>(대법원 2011. 4. 28. 선고 2011도3247 판결 등 참조). [2] <u>채무자가 기존 금전채무를 담보하기 위하여 다른 금전채권을 채권자에게 양도하는 경우에도 마찬가지이다.</u> 채권양도담보계약에 따라 채무자가 부담하는 '담보 목적 채권의 담보가치를 유지·보전할 의무' 등은 담보목적을 달성하기 위한 것에 불과하며, 채권양도담보계약의 체결에도 불구하고 당사자 관계의 전형적·본질적 내용은 여전히 피담보채권인 금전채권의 실현에 있다(대법원 2020. 2. 20. 선고 2019도9756 전원합의체 판결 등 참조). [3] 따라서 <u>채무자가 채권양도담보계약에 따라 부담하는 '담보 목적 채권의 담보가치를 유지·보전할 의무'를 이행하는 것은 채무자 자신의 사무에 해당할 뿐이고, 채무자가 통상의 계약에서의 이익대립관계를 넘어서 채권자와의 신임관계에 기초하여 채권자의 사무를 맡아 처리한다고 볼 수 없으므로, 이 경우 채무자는 채권자에 대한 관계에서 '타인의 사무를 처리하는 자'에 해당한다고 할 수 없다</u>(대판 2021.7.15. 2015도5184). [해설] 피고인이 피해자로부터 금전을 차용하면서 피고인이 국민건강보험공단에 대하여 가지는 요양급여채권을 피해자에게 포괄근담보로 제공하는 채권양도담보계약을 체결하였음에도, 피해자에게 채권양도담보에 관한 대항요건을 갖추어 주기 전에 담보 목적 채권을 타에 이중으로 양도하고 제3채무자에게 그 채권양도통지를 한 사안에서, 피고인의 담보가치 유지·보전에 관한 사무가 채권양도담보계약에 따른 채무의 한 내용임을 넘어 피해자의 담보 목적 달성을 위한 신임관계에 기초한 타인의 사무에 해당한다고 볼 수 없다는 이유로, 배임죄를 유죄로 인정한 원심을 파기하였음.

③ [1] 배임죄는 타인의 사무를 처리하는 자가 그 임무에 위배하는 행위로써 재산상의 이익을 취득하거나 제3자로 하여금 이를 취득하게 하여 사무의 주체인 타인에게 손해를 가할 때 성립하는 것이므로 그 범죄의 주체는 타인의 사무를 처리하는 지위에 있어야 한다. [2] 여기에서 '타인의 사무를 처리하는 자'라고 하려면, 타인의 재산관리에 관한 사무의 전부 또는 일부를 타인을 위하여 대행하는 경우와 같이 당사자 관계의 전형적·본질적 내용이 통상의 계약에서의 이익대립관계를 넘어서 그들 사이의 신임관계에 기초하여 타인의 재산을 보호 또는 관리하는 데에 있어야 한다. 이익대립관계에 있는 통상의 계약관계에서 채무자의 성실한 급부이행에 의해 상대방이 계약상 권리의 만족 내지 채권의 실현이라는 이익을 얻게 되는 관계에 있다거나, 계약을 이행함에 있어 상대방을 보호하거나 배려할 부수적인 의무가 있다는 것만으로는 채무자를 타인의 사무를 처리하는 자라고 할 수 없고, 위임 등과 같이 계약의 전형적·본질적인 급부의 내용이 상대방의 재산상 사무를 일정한 권한을 가지고 맡아 처리하는 경우에 해당하여야 한다(대법원 2020. 2. 20. 선고 2019도9756 전원합의체 판결, 대법원 2020. 6. 18. 선고 2019도14340 전원합의체 판결, 대법원 2020. 8. 27. 선고 2019도14770 전원합의체 판결 등 참조). [3] 금전채권채무 관계에서 채권자가 채무자의 급부이행에 대한 신뢰를 바탕으로 금전을 대여하고 채무자의 성실한 급부이행에 의해 채권의 만족이라는 이익을 얻게 된다 하더라도, 채권자가 채무자에 대한 신임을 기초로 그의 재산을 보호 또는 관리하는 임무를 부여하였다고 할 수 없고, <u>금전채무의 이행은 어디까지나 채무자가 자신의 급부의무의 이행으로서 행하는 것이므로 이를 두고 채권자의 사무를 맡아 처리하는 것으로 볼 수 없다. 따라서 금전채권채무의 경우 채무자는 채권자에 대한 관계에서 '타인의 사무를 처리하는 자'에 해당한다고 할 수 없다</u>(대법원 2011. 4. 28. 선고 2011도3247 판결 등 참조). [4] 채무자가 기존 금전채무를 담보하기 위하여 다른 금전채권을 채권자에게 양도하는 경우에도 마찬가지이다. 채

권양도담보계약에 따라 채무자가 부담하는 '담보 목적 채권의 담보가치를 유지·보전할 의무' 등은 담보목적을 달성하기 위한 것에 불과하며, 채권양도담보계약의 체결에도 불구하고 당사자 관계의 전형적·본질적 내용은 여전히 피담보채권인 금전채권의 실현에 있다(대법원 2020. 2. 20. 선고 2019도9756 전원합의체 판결 등 참조). [5] 따라서 <u>채무자가 채권양도담보계약에 따라 부담하는 '담보 목적 채권의 담보가치를 유지·보전할 의무'를 이행하는 것은 채무자 자신의 사무에 해당할 뿐이</u>고, 채무자가 통상의 계약에서의 이익대립관계를 넘어서 채권자와의 신임관계에 기초하여 채권자의 사무를 맡아 처리한다고 볼 수 없으므로, 이 경우 채무자는 채권자에 대한 관계에서 '타인의 사무를 처리하는 자'에 해당한다고 할 수 없다(대판 2021.7.15. 2020도3514). **[해설]** 피고인이 피해자에게 금전을 차용하면서 그 담보 목적으로 전세보증금반환채권을 양도해 주기로 하는 채권양도담보계약을 체결하였음에도, 채권양도통지를 하기 전에 제3자에게 전세권근저당권을 설정하여 주어 피해자에게 채권양도액 상당의 재산상 이익을 취득하고 같은 금액 상당의 손해를 가하였다고 배임죄로 기소되었고, 원심은 위 공소사실에 대하여 유죄로 판단함. 그러나 대법원은 피고인의 담보가치 유지·보전에 관한 사무가 채권양도담보계약에 따른 채무의 한 내용임을 넘어 피해자의 담보 목적 달성을 위한 신임관계에 기초한 타인의 사무에 해당한다고 볼 수 없고, 이에 피고인이 피해자에게 전세보증금반환채권의 양도담보에 관한 대항요건을 갖추어 주기 전에 제3자에게 전세권근저당권을 설정하여 주었다 하더라도, 피고인이 피해자와의 신임관계에 의하여 '타인의 사무를 처리하는 자'의 지위에 있다고 볼 수 없어 배임죄는 성립하지 않는다고 판단하여, 원심을 파기환송한 사례.

판례 | 2자 간 명의신탁에서 수탁자가 처분한 경우

① 구분소유적 공유관계에서 각 공유자 상호 간에는 각자의 특정 구분부분을 자유롭게 처분함에 서로 동의하고 있다고 볼 수 있으므로, 공유자 각자는 자신의 특정 구분부분을 단독으로 처분하고 이에 해당하는 <u>공유지분등기를 자유로이 이전할 수 있는데, 이는 공유지분등기가 내부적으로 공유자 각자의 특정 구분부분을 표상하기</u> 때문이다. 그러나 <u>구분소유하고 있는 특정 구분부분별로 독립한 필지로 분할되는 경우</u>에는 특별한 사정이 없는 한 각자의 특정 구분부분에 해당하는 필지가 아닌 나머지 각 필지에 전사된 공유자 명의의 공유지분등기는 더 이상 당해 공유자의 특정 구분부분에 해당하는 필지를 표상하는 등기라고 볼 수 없고, 각 공유자 상호 간에 상호명의신탁관계만이 존속하므로, <u>각 공유자는 나머지 각 필지 위에 전사된 자신 명의의 공유지분에 관하여 다른 공유자에 대한 관계에서 그 공유지분을 보관하는 자의 지위에 있다</u>(대판 2014.12.24. 2011도11084). **[해설]** 부동산 실권리자명의 등기에 관한 법률 제2조 제1호 나목에서는 '부동산의 위치와 면적을 특정하여 2인 이상이 구분소유하기로 하는 약정을 하고 그 구분소유자의 공유로 등기하는 경우'에는 본법이 적용되는 명의신탁약정에서 제외하고 있음. 따라서 이 경우의 명의신탁약정은 유효하므로 그 지분에 근저당권을 설정하는 행위는 횡령죄를 구성함.

② [1] 형법 제355조 제1항이 정한 횡령죄에서 보관이란 위탁관계에 의하여 재물을 점유하는 것을 뜻하므로 횡령죄가 성립하기 위하여는 재물의 보관자와 재물의 소유자(또는 기타의 본권자) 사이에 법률상 또는 사실상의 위탁관계가 존재하여야 한다. 이러한 <u>위탁관계는 사용대차·임대차·위임 등의 계약에 의하여서뿐만 아니라 사무관리·관습·조리·신의칙 등에 의해서도 성립될 수 있으나</u>, 횡령죄의 본질이 신임관계에 기초하여 위탁된 타인의 물건을 위법하게 영득하는 데 있음에 비추어 볼 때 위탁관계는 횡령죄로 보호할만한 가치 있는 신임에 의한 것으로 한정함이 타당하다. 위탁관계가 있는지 여부는

재물의 보관자와 소유자 사이의 관계, 재물을 보관하게 된 경위 등에 비추어 볼 때 보관자에게 재물의 보관 상태를 그대로 유지하여야 할 의무를 부과하여 그 보관 상태를 형사법적으로 보호할 필요가 있는지 등을 고려하여 규범적으로 판단하여야 한다. [2] 부동산 실권리자명의 등기에 관한 법률(이하 '부동산실명법'이라 한다)은 부동산에 관한 소유권과 그 밖의 물권을 실체적 권리관계와 일치하도록 실권리자 명의로 등기하게 함으로써 부동산등기제도를 악용한 투기·탈세·탈법행위 등 반사회적 행위를 방지하고 부동산 거래의 정상화와 부동산 가격의 안정을 도모하여 국민경제의 건전한 발전에 이바지함을 목적으로 하고 있다(제1조). 부동산실명법에 의하면, 누구든지 부동산에 관한 물권을 명의신탁약정에 따라 명의수탁자의 명의로 등기하여서는 아니 되고(제3조 제1항), 명의신탁약정과 그에 따른 등기로 이루어진 부동산에 관한 물권변동은 무효가 되며(제4조 제1항, 제2항 본문), 명의신탁약정에 따른 명의수탁자 명의 등기를 금지하도록 규정한 부동산실명법 제3조 제1항을 위반한 경우 명의신탁자와 명의수탁자 쌍방은 형사처벌된다(제7조). 이러한 부동산실명법의 명의신탁관계에 대한 규율 내용 및 태도 등에 비추어 보면, 부동산실명법을 위반하여 명의신탁자가 그 소유인 부동산의 등기명의를 명의수탁자에게 이전하는 이른바 양자간 명의신탁의 경우, 계약인 명의신탁약정과 그에 부수한 위임약정, 명의신탁약정을 전제로 한 명의신탁 부동산 및 그 처분대금 반환약정은 모두 무효이다. 나아가 명의신탁자와 명의수탁자 사이에 무효인 명의신탁약정 등에 기초하여 존재한다고 주장될 수 있는 사실상의 위탁관계라는 것은 부동산실명법에 반하여 범죄를 구성하는 불법적인 관계에 지나지 아니할 뿐 이를 형법상 보호할 만한 가치 있는 신임에 의한 것이라고 할 수 없다. 명의수탁자가 명의신탁자에 대하여 소유권이전등기말소의무를 부담하게 되나, 위 소유권이전등기는 처음부터 원인무효여서 명의수탁자는 명의신탁자가 소유권에 기한 방해배제청구로 말소를 구하는 것에 대하여 상대방으로서 응할 처지에 있음에 불과하다. 명의수탁자가 제3자와 한 처분행위가 부동산실명법 제4조 제3항에 따라 유효하게 될 가능성이 있다고 하더라도 이는 거래 상대방인 제3자를 보호하기 위하여 명의신탁약정의 무효에 대한 예외를 설정한 취지일 뿐 명의신탁자와 명의수탁자 사이에 위 처분행위를 유효하게 만드는 어떠한 위탁관계가 존재함을 전제한 것이라고는 볼 수 없다. 따라서 말소등기의무의 존재나 명의수탁자에 의한 유효한 처분가능성을 들어 명의수탁자가 명의신탁자에 대한 관계에서 '타인의 재물을 보관하는 자'의 지위에 있다고 볼 수도 없다. 그러므로 부동산실명법을 위반한 양자간 명의신탁의 경우 명의수탁자가 신탁받은 부동산을 임의로 처분하여도 명의신탁자에 대한 관계에서 횡령죄가 성립하지 아니한다. 이러한 법리는 부동산 명의신탁이 부동산실명법 시행 전에 이루어졌고 같은 법이 정한 유예기간 이내에 실명등기를 하지 아니함으로써 그 명의신탁약정 및 이에 따라 행하여진 등기에 의한 물권변동이 무효로 된 후에 처분행위가 이루어진 경우에도 마찬가지로 적용된다. [3] 이와 달리 부동산실명법에 위반한 양자간 명의신탁을 한 경우, 명의수탁자가 명의신탁자에 대한 관계에서 '타인의 재물을 보관하는 자'의 지위에 있다고 보아 명의수탁자가 그 명의로 신탁된 부동산을 임의로 처분하면 명의신탁자에 대한 횡령죄가 성립한다고 판시한 대법원 1999.10.12. 선고 99도3170 판결, 대법원 2000.2.22. 선고 99도5227 판결, 대법원 2000.4.25. 선고 99도1906 판결, 대법원 2003.12.26. 선고 2003도4893 판결, 대법원 2009.8.20. 선고 2008도12009 판결, 대법원 2009.11.26. 선고 2009도5547 판결, 대법원 2011.1.27. 선고 2010도12944 판결 등은 이 판결에 배치되는 범위에서 이를 변경하기로 한다(대판 2021.2.18. 2016도18761 전원합의체). [해설] 명의수탁자인 피고인이 명의신탁자인 피해자 소유의 신탁부동산을 임의로 처분하였다는 이유로 횡령죄로 기소된 사안. 대법원은 부동산실명법에 위반한 이른바 양자간 명의신탁의 경우에도, 중간생략등기형 명의신탁에 관한 대법원 2016.5.19. 선고 2014도6992 전원합의체 판결의 법리가 마찬가지로 적용되어, 명의신탁자와 명의수탁자 사이에 무효인 명의신탁약정 등에 기초하여 존재한다고 주장될 수 있는 사실상의 위탁관계를 형법상 보호할 만한 가치 있는 신임에 의한 것이라고 할 수 없으므로 명의수탁자가 신탁부동산을 임의로 처분하여도 횡령죄가 성립하지 않는다는 이유로, 이와 다른 취지의 종래 대법원 판례를 변경(전원일치 의견)하고, 횡령죄를 무죄로 판단한 원심판결에 횡령죄의 타인의 재물을 보관하는 자에 관한 법리를 오해한 위법이 없다며 상고를 기각한 사례.

판례 3자 간 명의신탁(중간생략등기형 명의신탁)에서 수탁자가 처분한 경우

- 형법 제355조 제1항이 정한 횡령죄의 주체는 타인의 재물을 보관하는 자라야 하고, 타인의 재물인지 아닌지는 민법, 상법, 기타의 실체법에 따라 결정하여야 한다. 횡령죄에서 보관이란 위탁관계에 의하여 재물을 점유하는 것을 뜻하므로 횡령죄가 성립하기 위하여는 재물의 보관자와 재물의 소유자(또는 기타의 본권자) 사이에 법률상 또는 사실상의 위탁신임관계가 존재하여야 한다. 이러한 위탁신임관계는 사용대차·임대차·위임 등의 계약에 의하여서뿐만 아니라 사무관리·관습·조리·신의칙 등에 의해서도 성립될 수 있으나, 횡령죄의 본질이 신임관계에 기초하여 위탁된 타인의 물건을 위법하게 영득하는 데 있음에 비추어 볼 때 위탁신임관계는 횡령죄로 보호할 만한 가치 있는 신임에 의한 것으로 한정함이 타당하다.

그런데 부동산을 매수한 명의신탁자가 자신의 명의로 소유권이전등기를 하지 아니하고 명의수탁자와 맺은 명의신탁약정에 따라 매도인에게서 바로 명의수탁자에게 중간생략의 소유권이전등기를 마친 경우, 부동산 실권리자명의 등기에 관한 법률(이하 '부동산실명법'이라 한다) 제4조 제2항 본문에 의하여 명의수탁자 명의의 소유권이전등기는 무효이고, 신탁부동산의 소유권은 매도인이 그대로 보유하게 된다. 따라서 명의신탁자로서는 매도인에 대한 소유권이전등기청구권을 가질 뿐 신탁부동산의 소유권을 가지지 아니하고, 명의수탁자 역시 명의신탁자에 대하여 직접 신탁부동산의 소유권을 이전할 의무를 부담하지는 아니하므로, 신탁부동산의 소유자도 아닌 명의신탁자에 대한 관계에서 명의수탁자가 횡령죄에서 말하는 '타인의 재물을 보관하는 자'의 지위에 있다고 볼 수는 없다. 명의신탁자가 매매계약의 당사자로서 매도인을 대위하여 신탁부동산을 이전받아 취득할 수 있는 권리 기타 법적 가능성을 가지고 있기는 하지만, 명의신탁자가 이러한 권리 등을 보유하였음을 이유로 명의신탁자를 사실상 또는 실질적 소유권자로 보아 민사상 소유권이론과 달리 횡령죄가 보호하는 신탁부동산의 소유자라고 평가할 수는 없다. 명의수탁자에 대한 관계에서 명의신탁자를 사실상 또는 실질적 소유권자라고 형법적으로 평가하는 것은 부동산실명법이 명의신탁약정을 무효로 하고 있음에도 불구하고 무효인 명의신탁약정에 따른 소유권의 상대적 귀속을 인정하는 것과 다름이 없어서 부동산실명법의 규정과 취지에 명백히 반하여 허용될 수 없다.

그리고 부동산에 관한 소유권과 그 밖의 물권을 실체적 권리관계와 일치하도록 실권리자 명의로 등기하게 함으로써 부동산등기제도를 악용한 투기·탈세·탈법행위 등 반사회적 행위를 방지하고 부동산 거래의 정상화와 부동산 가격의 안정을 도모하여 국민경제의 건전한 발전에 이바지함을 목적으로 하고 있는 부동산실명법의 입법 취지와 아울러, 명의신탁약정에 따른 명의수탁자 명의의 등기를 금지하고 이를 위반한 명의신탁자와 명의수탁자 쌍방을 형사처벌까지 하고 있는 부동산실명법의 명의신탁관계에 대한 규율 내용 및 태도 등에 비추어 볼 때, 명의신탁자와 명의수탁자 사이에 위탁신임관계를 근거 지우는 계약인 명의신탁약정 또는 이에 부수한 위임약정이 무효임에도 불구하고 횡령죄 성립을 위한 사무관리·관습·조리·신의칙에 기초한 위탁신임관계가 있다고 할 수는 없다. 또한 명의신탁자와 명의수탁자 사이에 존재한다고 주장될 수 있는 사실상의 위탁관계라는 것도 부동산실명법에 반하여 범죄를 구성하는 불법적인 관계에 지나지 아니할 뿐 이를 형법상 보호할 만한 가치 있는 신임에 의한 것이라고 할 수 없다.

그러므로 명의신탁자가 매수한 부동산에 관하여 부동산실명법을 위반하여 명의수탁자와 맺은 명의신탁약정에 따라 매도인에게서 바로 명의수탁자 명의로 소유권이전등기를 마친 이른바 중간생략등기형 명의신탁을 한 경우, 명의신탁자는 신탁부동산의 소유권을 가지지 아니하고, 명의신탁자와 명의수탁자 사이에 위탁신임관계를 인정할 수도 없다. 따라서 명의수탁자가 명의신탁자의 재물을 보관하는 자라고 할 수 없으므로, 명의수탁자가 신탁받은 부동산을 임의로 처분하여도 명의신탁자에 대한 관계에서 횡령죄가 성립하지 아니한다(대판 2016.5.19. 2014도6992 전원합의체). [해설] 부동산실권리자명의등기에 관한 법률의 형사처벌규정과 해석의 조화를 확보하고자 하는 등의 목적으로, 중간생략형명의신탁에서 대상 재물의 임의처분 등의 수탁자를 횡령죄로 처벌하던 기존의 입장을 변경하여 형사법적 규제의 대상이 아니라고 한 전원합의체 판결.

 **판례** 계약명의신탁에서 매도인이 선의인 경우 수탁자의 죄책

① [1] 신탁자와 수탁자가 명의신탁약정을 맺고, 그에 따라 수탁자가 당사자가 되어 명의신탁약정이 있다는 사실을 알지 못하는 소유자와 사이에서 부동산에 관한 매매계약을 체결한 계약명의신탁에 있어서 수탁자는 신탁자에 대한 관계에서도 신탁 부동산의 소유권을 완전히 취득하고 단지 신탁자에 대하여 명의신탁약정의 무효로 인한 부당이득반환의무만을 부담할 뿐인바, 그와 같은 부당이득반환의무는 명의신탁약정의 무효로 인하여 수탁자가 신탁자에 대하여 부담하는 통상의 채무에 불과할 뿐 아니라, 신탁자와 수탁자 간의 명의신탁약정이 무효인 이상, 특별한 사정이 없는 한 신탁자와 수탁자 간에 명의신탁약정과 함께 이루어진 부동산 매입의 위임 약정 역시 무효라고 볼 것이어서 수탁자를 신탁자와의 신임관계에 기하여 신탁자를 위하여 신탁 부동산을 관리하면서 신탁자의 허락 없이는 이를 처분하여서는 아니되는 의무를 부담하는 등으로 신탁자의 재산을 보전·관리하는 지위에 있는 자에 해당한다고 볼 수 없어 수탁자는 타인의 사무를 처리하는 자의 지위에 있지 아니하다 할 것이고, 이러한 계약명의신탁의 법리는 부동산실권리자명의등기에관한법률 제4조 제1항에 따라 무효인 명의신탁약정에 대하여 신탁자가 그 소유권이전등기의 경료 이전에 해지의 의사를 표시한 경우에도 마찬가지로 적용되는 것으로 보아야 할 것이다. [2] 수탁자가 계약명의신탁의 약정에 따라 취득한 부동산에 대하여 신탁자의 반환요구를 거절하고 수탁자 명의로 그 소유권이전등기를 경료하였다 하여 업무상 배임죄가 성립하지 아니한다고 한 사례(대판 2004.4.27. 2003도6994).

② 횡령죄는 타인의 재물을 보관하는 자가 그 재물을 횡령하는 경우에 성립하는 범죄인바, 부동산 실권리자명의 등기에 관한 법률 제2조 제1호 및 제4조의 규정에 의하면, 신탁자와 수탁자가 명의신탁 약정을 맺고, 이에 따라 수탁자가 당사자가 되어 명의신탁 약정이 있다는 사실을 알지 못하는 소유자와 사이에서 부동산에 관한 매매계약을 체결한 후 그 매매계약에 기하여 당해 부동산의 소유권이전등기를 수탁자 이름으로 경료한 경우에는, 그 소유권이전등기에 의한 당해 부동

산에 관한 물권변동은 유효하고, 한편 신탁자와 수탁자 사이의 명의신탁 약정은 무효이므로, 결국 수탁자는 전 소유자인 매도인뿐만 아니라 신탁자에 대한 관계에서도 유효하게 당해 부동산의 소유권을 취득한 것으로 보아야 할 것이고, 따라서 그 수탁자는 타인의 재물을 보관하는 자라고 볼 수 없다(대판 2010.11.11. 2008도7451, 대판 2009.9.10. 2009도4501, 대판 2000.3.24. 98도4347).

> **판례** 계약명의신탁에서 매도인이 악의인 경우 수탁자의 죄책

① 명의신탁자와 명의수탁자가 이른바 계약명의신탁 약정을 맺고 명의수탁자가 당사자가 되어 명의신탁 약정이 있다는 사실을 알고 있는 소유자와 부동산에 관한 매매계약을 체결한 후 매매계약에 따라 부동산의 소유권이전등기를 명의수탁자 명의로 마친 경우에는 부동산 실권리자명의 등기에 관한 법률(이하 '부동산실명법'이라 한다) 제4조 제2항 본문에 의하여 수탁자 명의의 소유권이전등기는 무효이고 부동산의 소유권은 매도인이 그대로 보유하게 되므로, 명의수탁자는 부동산 취득을 위한 계약의 당사자도 아닌 명의신탁자에 대한 관계에서 횡령죄에서 '타인의 재물을 보관하는 자'의 지위에 있다고 볼 수 없고, 또한 명의수탁자가 명의신탁자에 대하여 매매대금 등을 부당이득으로 반환할 의무를 부담한다고 하더라도 이를 두고 배임죄에서 '타인의 사무를 처리하는 자'의 지위에 있다고 보기도 어렵다. 한편 위 경우 명의수탁자는 매도인에 대하여 소유권이전등기말소의무를 부담하게 되나, 위 소유권이전등기는 처음부터 원인무효여서 명의수탁자는 매도인이 소유권에 기한 방해배제청구로 말소를 구하는 것에 대하여 상대방으로서 응할 처지에 있음에 불과하고, 그가 제3자와 한 처분행위가 부동산실명법 제4조 제3항에 따라 유효하게 될 가능성이 있다고 하더라도 이는 거래 상대방인 제3자를 보호하기 위하여 명의신탁 약정의 무효에 대한 예외를 설정한 취지일 뿐 매도인과 명의수탁자 사이에 위 처분행위를 유효하게 만드는 어떠한 신임관계가 존재함을 전제한 것이라고는 볼 수 없으므로, 말소등기의무의 존재나 명의수탁자에 의한 유효한 처분가능성을 들어 명의수탁자가 매도인에 대한 관계에서 횡령죄에서 '타인의 재물을 보관하는 자' 또는 배임죄에서 '타인의 사무를 처리하는 자'의 지위에 있다고 볼 수도 없다. 한편 위 경우 명의수탁자는 매도인에 대하여 소유권이전등기말소의무를 부담하게 되나, 위 소유권이전등기는 처음부터 원인무효여서 명의수탁자는 매도인이 소유권에 기한 방해배제청구로 말소를 구하는 것에 대하여 상대방으로서 응할 처지에 있음에 불과하고, 그가 제3자와 한 처분행위가 부동산실명법 제4조 제3항에 따라 유효하게 될 가능성이 있다고 하더라도 이는 거래 상대방인 제3자를 보호하기 위하여 명의신탁 약정의 무효에 대한 예외를 설정한 취지일 뿐 매도인과 명의수탁자 사이에 위 처분행위를 유효하게 만드는 어떠한 신임관계가 존재함을 전제한 것이라고는 볼 수 없으므로, 말소등기의무의 존재나 명의수탁자에 의한 유효한 처분가능성을 들어 명의수탁자가 매도인에 대한 관계에서 횡령죄에서 '타인의 재물을 보관하는 자' 또는 배임죄에서 '타인의 사무를 처리하는 자'의 지위에 있다고 볼 수도 없다(대판 2012.12.13. 2010도10515, 대판 2012.11.29. 2011도7361). [해설] 판례는 계약명의신탁에 있어서 매도인의 선의·악의를 불문하고 수탁받은 부동산을 임의처분한 수탁자에게 횡령죄 내지 배임죄를 부정하고 있음.

② [1] 명의신탁자와 명의수탁자가 이른바 계약명의신탁약정을 맺고, 이에 따라 명의수탁자가 이러한 사실을 알지 못하는 소유자와 부동산 매매계약을 체결한 후 명의수탁자 명의로 소유권이전등기를 한 경우, 명의수탁자는 명의신탁자에 대한 관계에서도 유효하게 소유권을 취득하므로 타인의 재물을 보관하는 자라고

볼 수 없다. 이러한 경우 소유자가 계약명의신탁약정이 있음을 알고 있었다면 명의수탁자 명의의 소유권이전등기는 무효이고, 부동산의 소유권은 매도인이 그대로 보유하고 있으므로, 명의수탁자는 부동산 취득을 위한 계약의 당사자도 아닌 명의신탁자의 재물을 보관하는 자의 지위에 있다고 볼 수 없다. 또한, 명의신탁자와 명의수탁자가 이른바 중간생략등기형 명의신탁약정을 맺고 소유자와 매매계약을 체결한 경우에도, 명의신탁자는 신탁부동산의 소유권을 가지지 아니하고, 명의신탁자와 명의수탁자 사이에 위탁신임관계를 인정할 수 없으므로, 명의수탁자는 매도인에 대하여 소유권이전등기청구권을 가질 뿐인 명의신탁자의 재물을 보관하는 자라고 할 수 없다(대판 2016.8.24. 2014도6740).

(3) 행위

본죄의 실행행위는 횡령하거나 반환을 거부하는 것이다.

1) **횡령행위의 의의와 태양** : 횡령행위란 횡령을 하거나 반환을 거부하는 것으로 불법영득의 의사를 표현하는 행위를 말한다. 즉 객관적으로 판단하여 영득의 의사가 표현되었다고 볼 수 있는 행위가 횡령행위이며, 단순한 내적 의사만으로는 족하지 않다. 이러한 횡령행위는 사실행위이건 법률행위이건 묻지 않으며, 또한 법률행위가 유효인가 무효인가 또는 취소할 수 있는 것인가를 불문한다. 다만 대법원은 처분행위가 당연무효인 때에는 본죄를 구성하지 않는다고 판시하고 있다. 부작위에 의한 횡령도 가능하며, 반환거부도 횡령행위에 해당한다.

2) **횡령죄의 미수** : 형법은 횡령죄의 미수범을 처벌하는 규정(제359조)을 두고 있다. ㈎ 횡령죄의 기수시기에 대해서는 처분행위로 인하여 불법영득의사가 객관적으로 인식될 수 있도록 외부에 표현되었을 때 기수가 된다는 표현설(횡령죄가 위험범이라는 입장 : 다수설)과 처분행위로 인하여 불법영득의사가 실현되었을 때 기수가 된다는 실현설(횡령죄가 침해범이라는 입장)이 대립되어 있다. 표현설에 의하면 횡령죄의 미수는 실제상 인정하기 어려우나, 실현설에 의하면 불법영득의사가 실현되지 못한 경우에는 당연히 횡령죄는 미수가 된다. ㈏ 판례는 주로 표현설의 입장이지만, 처분행위로 인하여 불법영득의사가 실현되었을 때 기수가 된다는 실현설의 입장에서 미수를 인정한 경우도 있다.

> **제359조(미수범)**
> 제355조 내지 제357조의 미수범은 처벌한다.

판례 횡령행위

- [1] 횡령죄는 타인의 재물을 보관하는 자가 재물을 횡령하는 경우에 성립하는 범죄로서, 일단 횡령한 이후 재물을 처분하는 것은 불가벌적 사후행위에 해당하여 처벌할 수 없다. [2] 부동산의 보관은 원칙으로 등기부상의 소유명의인에 대하여 인정되지만 등기부상의 명의인이 아니라도 소유자의 위임에 의거해서 실제로 타인의 부동산을 관리, 지배하면 부동산의 보관자라 할 수 있고, 미등기건물에 대하여는 위탁관계에 의하여 현실로 부동산을 관리, 지배하는 자가 보관자라고 할 수 있다. [3] 횡령죄의 구성요건으로서의 횡령행위란 불법영득의사를 실현하는 일체의 행위를 말하고, 횡령죄에 있어

서의 행위자는 이미 타인의 재물을 점유하고 있으므로 점유를 자기를 위한 점유로 변개하는 의사를 일으키면 곧 영득의 의사가 있었다고 할 수 있지만, 단순한 내심의 의사만으로는 횡령행위가 있었다고 할 수 없고 영득의 의사가 외부에 인식될 수 있는 객관적 행위가 있을 때 횡령죄가 성립한다. [4] 미등기건물의 관리를 위임받아 보관하고 있는 자가 임의로 건물에 대하여 자신의 명의로 보존등기를 하거나 동시에 근저당권설정등기를 마치는 것은 객관적으로 불법영득의 의사를 외부에 발현시키는 행위로서 횡령죄에 해당하고, 피해자의 승낙 없이 건물을 자신의 명의로 보존등기를 한 때 이미 횡령죄는 완성되었다 할 것이므로, 횡령행위의 완성 후 근저당권설정등기를 한 행위는 피해자에 대한 새로운 법익의 침해를 수반하지 않는 불가벌적 사후행위로서 별도의 횡령죄를 구성하지 않는다(대판 1993.3.9. 92도2999). [해설] 대판 2013.2.21. 2010도10500 전원합의체에 의해서 명시적으로 폐기된 판결이 아니므로 유효성에 대해서 논란의 여지가 있는 판례.

판례 | 횡령행위의 태양(모습)

① 피고인 등 8명이 공동으로 관리하는 타인의 금원을 피고인이 마음대로 제3자에게 사채로서 대여한 경우는 횡령죄가 성립된다(대판 1980.5.27. 80도132).

② 법원의 입찰사건에 관한 제반 업무를 주된 업무로 하는 공무원이 자신이 맡고 있는 입찰사건의 입찰보증금이 계속적으로 횡령되고 있는 사실을 알았다면, 담당 공무원으로서는 이를 제지하고 즉시 상관에게 보고하는 등의 방법으로 그러한 사무원의 횡령행위를 방지해야 할 법적인 작위의무를 지는 것이 당연하고, 비록 그의 묵인 행위가 배당불능이라는 최악의 사태를 막기 위한 동기에서 비롯된 것이라고 하더라도 자신의 작위의무를 이행함으로써 결과 발생을 쉽게 방지할 수 있는 공무원이 그 사무원의 새로운 횡령범행을 방조 용인한 것을 작위에 의한 법익 침해와 동등한 형법적 가치가 있는 것이 아니라고 볼 수는 없다는 이유로, 그 담당 공무원을 업무상횡령의 종범으로 처벌한 사례(대판 1996.9.6. 95도2551).

③ 횡령행위의 한 태양으로서의 은닉이란, 타인의 재물의 보관자가 위탁의 본지에 반해 그 재물을 발견하기 곤란한 상태에 두는 것을 말하는 것인바, 피고인이 조성한 비자금이 회사의 장부상 일반자금 속에 은닉되어 있었다 하더라도 이는 당해 비자금의 소유자인 회사 이외의 제3자가 이를 발견하기 곤란하게 하기 위한 장부상의 분식(粉飾)에 불과하여 그것만으로 피고인의 불법영득의 의사를 인정할 수는 없다(대판 1999.9.17. 99도2889).

④ 동업자 사이에 손익분배의 정산이 되지 아니하였다면 동업자의 한 사람이 임의로 동업자들의 합유에 속하는 동업재산을 처분할 권한이 없는 것이므로, 동업자의 한 사람이 동업재산을 보관 중 임의로 횡령하였다면 지분비율에 관계없이 임의로 횡령한 금액 전부에 대하여 횡령죄의 죄책을 부담한다(대판 2000.11.10. 2000도3013).

⑤ 횡령죄는 다른 사람의 재물에 관한 소유권 등 본권을 그 보호법익으로 하고 본권이 침해될 위험성이 있으면 그 침해의 결과가 발생되지 아니하더라도 성립하는 이른바 위태범이므로, 다른 사람의 재물을 보관하는 사람이 그 사람의 동의 없이 함부로 이를 담보로 제공하는 행위는 불법영득의 의사를 표현하는 횡령행위로서 사법상 그 담보제공행위가 무효이거나 그 재물에 대한 소유권이 침해되는 결과가 발생하는지 여부에 관계없이 횡령죄를 구성한다(대판 2002.11.13. 2002도2219).

⑥ 피고인들이 보험을 유치하면서 보험회사로부터 지급받은 시책비 중 일부를 개인적인 용도로 사용한 행위가 횡령죄를 구성하지 않는다고 본 원심의 판단을 수긍한 사례(대판 2006.3.9. 2003도6733).

⑦ [1] 횡령죄의 주체는 타인의 재물을 보관하는 자이어야 하고, 여기서 보관이라 함은 위탁관계에 의하여 재물을 점유하는 것을 의미하므로, 결국 횡령죄가 성립하기 위하여는 그 재물의 보관자가 재물의 소유자(또는 기타의 본권자)와 사이에 법률상 또는 사실상의 위탁신임관계가 존재하여야 하고, 또한 부동산의 경우 보관자의 지위는 점유를 기준으로 할 것이 아니라 그 부동산을 제3자에게 유효하게 처분할 수 있는 권능의 유무를 기준으로 결정하여야 하므로, 원인무효인 소유권이전등기의 명의자는 횡령죄의 주체인 타인의 재물을 보관하는 자에 해당한다고 할 수 없다. [2] 임야의 진정한 소유자와는 전혀 무관하게 신탁자로부터 임야 지분을 명의신탁받아 지분이전등기를 경료한 수탁자가 신탁받은 지분을 임의로 처분한 사안에서, 소유자와 수탁자 사이에 위 임야 지분에 관한 법률상 또는 사실상의 위탁신임관계가 성립하였다고 할 수 없고, 또한 어차피 원인무효인 소유권이전등기의 명의자에 불과하여 위 임야 지분을 제3자에게 유효하게 처분할 수 있는 권능을 갖지 아니한 수탁자로서는 위 임야 지분을 보관하는 자의 지위에 있다고도 할 수 없으므로, 그 처분행위가 신탁자에 대해서나 또는 소유자에 대하여 위 임야 지분을 횡령한 것으로 된다고 할 수 없다고 한 사례(대판 2007.5.31. 2007도1082). [해설] 원인무효인 소유권이전등기의 명의자가 횡령죄의 주체에 해당하는지 여부에 대한 판례.

⑧ 법인의 이사를 상대로 한 이사직무집행정지 가처분이 결정된 경우, 당해 법인의 업무를 수행하는 이사의 직무집행이 정지당함으로써 사실상 법인의 업무수행에 지장을 받게 될 것은 명백하므로, 법인으로서는 그 이사 자격의 부존재가 객관적으로 명백하여 항쟁의 여지가 없는 경우가 아닌 한, 위 가처분에 대항하여 항쟁할 필요가 있다. 이와 같이 필요한 한도 내에서 법인의 대표자가 법인 경비에서 당해 가처분 사건의 피신청인인 이사에게 그 사건에 관한 소송비용을 지급하였다면, 이는 법인의 업무수행을 위하여 필요한 비용을 지급한 것에 해당하고, 법인의 경비를 횡령한 것이라고 볼 수는 없다(대판 2009.3.12. 2008도10826, 대판 2003.5.30. 2003도1174).

⑨ 감정평가법인 지사에서 근무하는 감정평가사들이 접대비 명목 등으로 임의로 나누어 사용할 목적으로 감정평가법인을 위하여 보관 중이던 돈의 일부를 비자금으로 조성한 사안에서, 피고인들이 위 지사를 독립채산제로 운영하기로 했다고 하더라도 그것은 지사가 처리한 감정평가업무로 인한 경제적 이익의 분배에 관하여 그와 같이 약정을 한 것에 불과한 것이므로 피고인들이 사용한 지사의 자금이 법률상으로는 위 법인의 자금이 아니라고 할 수는 없고, 당초의 비자금 조성 목적 등에 비추어 비자금 조성 당시 피고인들의 불법영득의사가 객관적으로 표시되었다고 할 것인 점 등에 비추어, 위 비자금 조성행위가 업무상 횡령죄에 해당한다고 한 원심판단을 수긍한 사례(대판 2010.5.13. 2009도1373).

⑩ 회사의 대표이사가 회사를 위한 지출 이외의 용도로 거액의 회사 자금을 가지급금 등의 명목으로 인출, 사용하면서 이자나 변제기의 약정이 없음은 물론 이사회 결의 등 적법한 절차도 거치지 아니하는 것은 통상 용인될 수 있는 범위를 벗어나 대표이사의 지위를 이용하여 회사 자금을 사적인 용도로 임의로 대여, 처분하는 것과 다름없어 횡령죄를 구성한다(대판 2014.12.24. 2014도11263).

⑪ 주식회사의 주주나 대표이사 또는 그에 준하여 회사 자금의 보관이나 운용에 관한 사실상의 사무를 처리하는 자가 자기 또는 제3자의 이익을 꾀할 목적으로 회사 자금을 사적인 용도로 임의 처분하였다면 횡령죄가 성립한다(대판 2022.4.28. 2022도1271). [해설] A 주식회사의 자금 관리를 사실상 담당하던 피고인이 대

표이사의 결재나 승인 등 적법한 내부절차를 거치지 않은 채 공범의 지시에 따라 공범이 사실상 지배하는 다른 회사의 법인계좌로 A 주식회사의 자금을 송금하고 지인들의 자금 대여 요청에 응하여 A 주식회사의 자금을 임의로 처분한 행위가 「특정경제범죄 가중처벌 등에 관한 법률」 위반(횡령)죄를 구성한다고 보아(횡령액 50억원 이상), 이를 유죄로 판단한 원심판결을 수긍한 사안임(이와 함께, 원심이 무단으로 출금·이체된 회사 자금이 반환된 것처럼 허위의 회계처리를 함으로써 횡령 범행을 은폐하기 위한 목적으로 계좌에 입금 내역을 남긴 후 다시 곧바로 이체한 행위에 대하여는 별개의 횡령행위를 구성한다고 보기 어렵다는 이유로 무죄로 판단한 것 역시 수긍하였음).

판례 | 반환거부

① 피고인이 극장 내에 비치된 일체의 비품 및 극장 운영권을, 공연장(극장) 허가명의자로서 위 극장을 직접 운영하고 있던 공소외 (갑)으로부터 매수하고 이를 인도받아 그 소유권을 선의취득하였다고 인정된다면, 피고인이 극장비품인 이 사건 동산에 대한 당초 소유자의 반환요구를 거절하였다고 하여 횡령죄를 구성할 수는 없다(대판 1983.12.13. 83도2642).

② <u>임차인이 이사하면서 그가 소유하거나 타인으로부터 위탁받아 보관 중이던 물건들을 임대인의 방해로 옮기지 못하고 그 임차공장 내에 그대로 두었다면 임대인은 사무관리 또는 조리상 당연히 임차인을 위하여 위 물건들을 보관하는 지위에 있다 할 것이므로 임대인이 그 후 이를 임의로 매각하거나 반환을 거부하였다면 횡령죄를 구성한다</u>(대판 1985.4.9. 84도300).

③ 식료품제조공장을 피고인과 동업으로 경영하던 공소외 갑이 피고인으로부터 그 처분권한을 위임받아 그 업체를 피해자에게 매도하여 그 대금을 전액 수령하고도 피고인에게 당초의 결산합의에 따른 정산금을 지급하여 주지 아니하고, 피해자도 피고인으로부터 동업자 전원이 동석한 가운데 잔대금을 지급하여 달라는 요구를 받고도 이를 무시한 채 갑에게 임의로 잔대금을 직접 지급하여 주어, 피고인이 동업관계의 청산에 따른 자신의 몫을 정산받을 때까지 그 시설을 유치하고자 이의 반환을 거부하였다면 피고인에게 불법영득의 의사가 있었던 것이라 할 수 없으므로 피고인의 반환거부행위는 횡령죄를 구성한다고 할 수 없다(대판 1990.3.13. 89도1952).

④ 형법 제355조 제1항에서 정하는 '반환의 거부'라고 함은 보관물에 대하여 소유자의 권리를 배제하는 의사표시를 하는 행위를 뜻하므로, 타인의 재물을 보관하는 자가 단순히 반환을 거부한 사실만으로는 횡령죄를 구성하는 것은 아니며, 반환거부의 이유 및 주관적인 의사 등을 종합하여 반환거부행위가 횡령행위와 같다고 볼 수 있을 정도이어야만 횡령죄가 성립한다(대판 1992.11.2. 92도2079).

⑤ 형법 제355조 제1항에서 정하는 "반환의 거부"라고 함은 보관물에 대하여 소유자의 권리를 배제하는 의사표시를 하는 행위를 뜻하므로, 타인의 재물을 보관하는 자가 단순히 반환을 거부한 사실만으로 횡령죄를 구성하는 것은 아니며 반환거부의 이유 및 주관적인 의사 등을 종합하여 반환거부행위가 횡령행위와 같다고 볼 수 있을 정도이어야만 횡령죄가 성립한다(대판 1993.6.8. 93도874).

⑥ 피고인이 금전의 수수를 수반하는 부동산의 매도에 관한 사무의 위탁의 취지에 반하여 부동산

> 의 매매계약금으로 수령한 돈을 자신의 피해자에 대한 채권의 변제에 충당한다는 명목으로 그 반환을 거부하면서 자기의 소유인 것 같이 이를 처분하였다면 피고인이 위 매매계약금의 반환을 거부한 데에는 정당한 사유가 있다고 할 수 없어 불법영득의 의사가 인정된다(대판 2004.3.12. 2004도134).

2. 주관적 구성요건

고의 이외에 주관적 구성요건으로 불법영득의 의사가 있어야 한다. 횡령죄에 있어서 불법영득의 의사는 자기 또는 제3자의 이익을 위하여 타인의 재물을 보관하는 자가 위탁의 취지에 반하여 그 재물을 자기의 소유인 것같이 처분하는 의사를 말한다. 주식회사의 1인주주가 회사의 재산을 임의로 처분한 경우에도 불법영득의 의사를 인정할 수 있다.

3. 공범

횡령죄는 위탁관계에 의하여 타인의 재물을 점유하는 자만이 정범이 될 수 있는 진정신분범이다. 따라서 신분 없는 자는 본죄의 단독정범이 될 수 없고, 공동정범·교사범 또는 종범이 될 뿐이다(제33조 본문). 타인의 재물을 보관하는 자가 업무상 보관자와 공범관계에 있을 때에는 형법 제33조 단서가 적용된다. 따라서 업무상 보관자라는 신분 없는 자는 본죄의 공동정범·교사범 또는 종범이 되고, 업무상 보관자는 업무상 횡령죄에 의하여 처벌받는다. 본죄의 신분은 구성적 신분이지만 업무상 보관자의 신분은 가감적 신분이기 때문이다. 비보관자가 업무상 보관자와 공범관계에 있을 때에도 같다.

4. 죄수 및 다른 범죄와의 관계

(1) 죄수

위탁관계의 수를 기준으로 판단해야 한다. 따라서 한 개의 행위로 수인으로부터 위탁받은 재물을 횡령한 때에는 수죄로서 상상적 경합이 되지만, 1인으로부터 위탁받은 수인 소유인 재물을 횡령하여도 일죄가 된다. 횡령죄도 상태범이므로 횡령물을 처분하는 행위는 새로운 법익을 침해하지 않는 한 불가벌적 사후행위가 된다.

(2) 다른 범죄와의 관계

1) **사기죄와의 관계** : 사기죄는 타인이 점유하는 재물만을 객체로 하는바, 자기가 점유하는 재물에 대하여 기망행위를 하여 이를 영득한 때에는 횡령죄만 성립한다. 그러나 자기가 보관하는 타인 소유의 재물을 자기소유의 재물이라고 기망하여 제3자에게 매도한 경우에는 횡령죄와 사기죄의 상상적 경합이 성립한다.

2) **장물죄와의 관계** : ㈎ 장물의 보관을 위탁받은 자가 이를 영득한 때에는 장물보관죄만 성립하고 그 후의 횡령행위는 불가벌적 사후행위가 된다(판례). ㈏ 횡령죄에 의하여 영득한 장물을 취득한 자는 횡령죄의 공범이 된다. 횡령에 의한 재물의 영득과 그 재물의 취득이 시간적으로 중복하는 때에는 장물죄가 성립할 수 없기 때문이다.

5. 친족상도례·동력규정

본죄에는 제328조(친족 간의 범행과 고소)와 제346조(동력)가 준용된다(제361조). 횡령죄는 보관의 기초가 된 위탁관계 내지 신임관계에 대한 위배를 본질로 하므로 위탁자도 피해자로 보아야 할 것이고, 따라서 재물의 소유자와 위탁자 쌍방에 대하여 친족관계가 있어야 친족상도례가 적용된다.

> **판 례** 　불법영득의사
>
> ① 수사단장이 수사비에 사용할 돈을 수사비명목으로 헌병차감의 퇴역을 기념하는 골프경비로 또는 범죄수사단 소속 부하 장교의 송별금조로 지출한 것이 수사활동비 자체로 지출된 것은 아니라 하여도 특별한 사정이 없는 한 수사단장이 수사정보비로 지출한다는 주관적 판단이 객관적으로 보아 심히 부당한 것이 아니라고 사회통념상 인정될 수 있다면 이를 가리키어 곧 수사단장 개인이 소비 횡령한 것이라고 단정할 수 없다(대판 1973.12.26. 73도2524).
>
> ② 업무상 횡령죄에 있어서의 불법영득의 의사라 함은 자기 또는 제3자의 이익을 도모할 목적으로 그 임무에 위배하여 타인의 재물을 사실상 또는 법률상 처분하는 의사를 뜻하는 것이므로 창고업자가 보관 중인 피해자소유의 시멘트를 그 보관위탁자인 피해자명의의 출급의뢰서 소지자에게 출고할 수 있을 뿐 이를 일반수요자들에게 직접판매할 권한이 없음에도 위 시멘트를 수요자에게 직접 판매하였다면 비록 그 대금으로 위 피해자 회사의 대리점에서 그 판매가격보다 저렴한 가격으로 출고의뢰서를 구입하여 마치 출고의뢰서에 의하여 정당하게 출고된 것처럼 장부를 정리해 두었다 하더라도 불법영득의 의사가 있다고 할 것이다(대판 1986.10.14. 85도2698).
>
> ③ 공공단체의 예산을 집행할 직책에 있는 자가 자신의 이익을 위한 것이 아니고 행정상 필요한 경비의 부족을 메우기 위하여 여유 있는 다른 항목의 예산을 유용한 경우 그 예산의 항목유용 자체가 위법한 목적을 가지고 있거나, 용도가 엄격하게 제한되어 있는 경우에는 그 지출이 아무리 본인인 공공단체 등을 위한 지출이더라도 불법영득의 의사를 부정할 수 없으나, 그것이 본래 책정되거나 영달되어 있어야 할 필요경비이기 때문에 일정한 절차를 거치면 그 지출이 허용될 수 있었던 경우에는 그 간격을 메우기 위하여 유용하였더라도 행정책임을 지는 것은 별론으로 하고 바로 불법영득의 의사가 있었다고 단정할 수는 없다(대판 1989.10.10. 87도1901).
>
> ④ 조합 등의 단체에 있어서 그 자금의 용도가 엄격하게 제한되어 있는 경우에는 그 용도 외의 사용은 그것이 조합을 위한 것이라고 하더라도 그 사용행위 자체로서 불법영득의 의사를 실현한 것이 되어 불법영득의 의사를 부정할 수 없다(대판 1992.10.27. 92도1915).
>
> ⑤ <u>양식어업면허권자가 그 어업면허권을 양도한 후 아직도 어업면허권이 자기앞으로 되어 있음을 틈타서 어업권손실보상금을 수령하여 일부는 자기 이름으로 예금하고 일부는 생활비 등에 소비하였다면 이는 횡령죄를 구성한다</u>(대판 1993.8.24. 93도1578).
>
> ⑥ 가. 업무상 횡령죄에 있어서의 불법영득의 의사라 함은 자기 또는 제3자의 이익을 꾀할 목적으로 <u>업무상의 임무에 위배하여 보관하는 타인의 재물을 자기의 소유인 것과 같이 사실상 또는 법률상 처분하는 의사</u>를 의미한다. 나. 은행의 업무추진비는 예산관리규정상 대외활동관련경비, 자료수집 및 각종 접대비, 기타 잡사업비를 위한 항목으로 책정된 것으로서, 그중 접대비는 "법인이 업무와 관련하여 거래처 또는 업무와 관련 있는 자 등에게 접대, 교제, 사례 기타 명목 여하에 불구하고 이와 유

사한 행위에 의하여 지출하는 접대비 등"을 의미하므로, <u>동화은행의 주주 대부분이 이북5도의 도민회·군민회 등의 단체 또는 개인이라 하여 이북5도의 전·현직 도지사 등에게 판공비 등을 지급한다거나 은행의 임원 또는 간부 직원에게 명절무렵의 수고비 명목의 돈을 지급하는 것은 업무추진비의 본래 용도와는 관계없이 개인적인 목적으로 지출한 것이라는 전제 아래 은행장이 업무추진비에서 위와 같은 판공비, 수고비 등을 지출한 것은 업무상횡령죄에 해당한다</u>고 본 원심판결을 수긍한 사례(대판 1994.9.9. 94도619).

⑦ 업무상 횡령죄에 있어서의 불법영득의 의사라 함은 자기 또는 제3자의 이익을 꾀할 목적으로 업무상의 임무에 위배하여 보관하는 타인의 재물을 자기의 소유인 것 같이 사실상 또는 법률상 처분하는 의사를 말하는 것이므로, 예산을 집행할 직책에 있는 자가 자신의 이익을 위한 것이 아니고 경비 부족을 메우기 위하여 예산을 유용한 경우, 그 예산의 항목유용 자체가 위법한 목적을 가지고 있다거나 예산의 용도가 엄격하게 제한되어 있는 경우는 별론으로 하고 그것이 본래 책정되거나 영달되어 있어야 할 필요경비이기 때문에 일정한 절차를 거치면 그 지출이 허용될 수 있었던 때에는 그 간격을 메우기 위한 유용이 있었다는 것만으로 바로 그 유용자에게 불법영득의 의사가 있었다고 단정할 수는 없다(대판 1995.2.10. 94도2911).

⑧ 회사의 경영자가 자금을 지출함에 있어 그 자금의 용도가 엄격히 제한되어 있는 경우 그 용도 외의 사용은 그것이 회사를 위한 것이라도 그 사용행위 자체로서 불법영득의 의사를 실현한 것이라 할 것이다(대판 1997.4.22. 96도8).

⑨ <u>환전하여 달라는 부탁과 함께 교부받은 돈을 그 목적과 용도에 사용하지 않고 마음대로 피고인의 위탁자에 대한 채권에 상계충당함은, 상계정산하기로 하였다는 특별한 약정이 없는 한, 당초 위탁한 취지에 반하는 것으로서 횡령죄를 구성한다</u>고 볼 것이고 위탁자에 대한 채권의 존재는 횡령죄의 성립에 영향을 미치는 것이 아니며, 또한 상계할 수 있는 반대채권이 있어 그에 상계충당하였다는 것만으로는 용도 내지 목적을 특정하여 위탁한 돈의 반환을 거절할 정당한 사유가 되지 못한다(대판 1997.9.26. 97도1520).

⑩ 횡령행위의 한 태양으로서의 은닉이란, 타인의 재물의 보관자가 위탁의 본지에 반해 그 재물을 발견하기 곤란한 상태에 두는 것을 말하는 것인바, 피고인이 조성한 비자금이 회사의 장부상 일반자금 속에 은닉되어 있었다 하더라도 이는 당해 비자금의 소유자인 회사 이외의 제3자가 이를 발견하기 곤란하게 하기 위한 장부상의 분식(粉飾)에 불과하여 그것만으로 피고인의 불법영득의 의사를 인정할 수는 없다(대판 1999.9.17. 99도2889).

⑪ 학교법인의 이사장이었던 자가 이사장으로 근무할 당시 학교법인이 부담하는 부외부채를 자신의 자금으로 변제한 후 그 자금회수를 위하여 자신이 보관하던 학교법인 소유의 양도성 예금증서를 어음할인에 대한 담보로 제공한 경우, 그 부외부채가 학교법인이 승인한 채무가 아니고 그 변제도 학교법인의 의사에 반하여 임의로 한 것이라는 이유로 불법영득의 의사를 인정한다(대판 2000.2.8. 99도3982).

⑫ <u>업무상 횡령죄에 있어서 불법영득의 의사라 함은 자기 또는 제3자의 이익을 꾀할 목적으로 업무상의 임무에 위배하여 보관하는 타인의 재물을 자기의 소유인 것과 같이 사실상 또는 법률상 처분하는 의사를 의미하는 것으로</u>, 타인으로부터 용도가 엄격히 제한된 자금을 위탁받아 집행하면서 그 제한된 용도 이외의 목적으로 자금을 사용하는 것은 그 사용이 개인적인 목적에서 비롯된 경우는 물론 결과

적으로 자금을 위탁한 본인을 위하는 면이 있더라도 그 사용행위 자체로서 불법영득의 의사를 실현한 것이 되어 횡령죄가 성립한다(대판 2000.3.14. 99도4923, 대판 1999.7.9. 98도4088).

⑬ 횡령죄에 있어 불법영득의사를 실현하는 행위로서의 횡령행위가 있다는 점은 검사가 입증하여야 하는 것으로서 그 입증은 법관으로 하여금 합리적인 의심을 할 여지가 없을 정도의 확신을 생기게 하는 증명력을 가진 엄격한 증거에 의하여야 하고, 이와 같은 증거가 없다면 설령 피고인에게 유죄의 의심이 간다 하더라도 피고인의 이익으로 판단할 수밖에 없다고 할 것이나, 피고인이 자신이 위탁받아 보관 중이던 돈이 모두 없어졌는데도 그 행방이나 사용처를 설명하지 못하거나 또는 피고인이 주장하는 사용처에 사용된 자금이 다른 자금으로 충당된 것으로 드러나는 등 피고인이 주장하는 사용처에 사용되었다는 점을 인정할 수 있는 자료가 부족하고 오히려 개인적인 용도에 사용하였다는 점에 대한 신빙성 있는 자료가 많은 경우에는 일응 피고인이 위 돈을 불법영득의 의사로서 횡령한 것으로 추단할 수 있다(대판 2000.9.4. 2000도637).

⑭ [1] 예산을 집행할 직책에 있는 자가 자기 자신의 이익을 위한 것이 아니고 경비부족을 메우기 위하여 예산을 전용한 경우라면, 그 예산의 항목유용 자체가 위법한 목적을 가지고 있다거나 예산의 용도가 엄격하게 제한되어 있는 경우는 별론으로 하고 그것이 본래 책정되거나 영달되어 있어야 할 필요경비이기 때문에 일정한 절차를 거치면 그 지출이 허용될 수 있었던 때에는 그 간격을 메우기 위한 유용이 있었다는 것만으로 바로 그 유용자에게 불법영득의 의사가 있었다고 단정할 수는 없다. [2] 법인의 대표자가 법인의 예비비를 전용하여 기관운영판공비, 회의비 등으로 사용한 경우 이사회에서 사전에 예비비의 전용결의가 이루어지지 아니하였다는 사정만으로 불법영득의 의사를 단정할 수 없다(대판 2002.2.5. 2001도5439).

⑮ [1] 업무상 횡령죄에 있어서의 불법영득의 의사라 함은 자기 또는 제3자의 이익을 꾀할 목적으로 업무상의 임무에 위배하여 보관하고 있는 타인의 재물을 자기의 소유인 것과 같이 사실상 또는 법률상 처분하는 의사를 의미하는 것으로, <u>타인으로부터 용도가 엄격히 제한된 자금을 위탁받아 집행하면서 그 제한된 용도 이외의 목적으로 자금을 사용하는 것은, 그 사용이 개인적인 목적에서 비롯된 경우는 물론 결과적으로 자금을 위탁한 본인을 위하는 면이 있더라도, 그 사용행위 자체로서 불법영득의 의사를 실현한 것이 되어 횡령죄가 성립한다.</u> [2] <u>사립학교법 제29조 및 같은법시행령에 의해 학교법인의 회계는 학교회계, 법인회계로 구분되고, 학교회계 중 특히 교비회계에 속하는 수입은 다른 회계에 전출하거나 대여할 수 없는 등 용도가 엄격히 제한됨에도 불구하고, 갑 학교의 교비회계자금을 같은 학교법인에 속하는 을 학교의 교비회계에 사용한 경우, 횡령죄 소정의 불법영득의사가 있다고 인정한 사례</u>(대판 2002.5.10. 2001도1779).

⑯ 회사에 대하여 개인적인 채권을 가지고 있는 대표이사가 회사를 위하여 보관하고 있는 회사 소유의 금전으로 자신의 채권 변제에 충당하는 행위는 회사와 이사의 이해가 충돌하는 자기거래행위에 해당하지 않는 것이므로, 대표이사가 이사회의 승인 등의 절차 없이 그와 같이 자신의 회사에 대한 채권을 변제하였더라도, 이는 <u>대표이사의 권한 내에서 한 회사 채무의 이행행위로서 유효하고, 따라서 불법영득의 의사가 인정되지 아니하여 횡령죄의 죄책을 물을 수 없다</u>(대판 2002.7.26. 2001도5459).

⑰ 횡령죄에 있어서의 불법영득의 의사라 함은 자기 또는 제3자의 이익을 꾀할 목적으로 보관하고 있는 타인의 재물을 자기의 소유인 것과 같이 사실상 또는 법률상 처분하는 의사를 의미하는 것으로, 타인으로부터 용도가 엄격히 제한된 자금을 위탁받아 집행하면서 그 제한된 용도 이외

의 목적으로 자금을 사용하는 것은, 그 사용이 개인적인 목적에서 비롯된 경우는 물론 결과적으로 자금을 위탁한 본인을 위하는 면이 있더라도, 그 사용행위 자체로서 불법영득의 의사를 실현한 것이 되어 횡령죄가 성립한다(대판 2002.8.23. 2002도366).

⑱ 예산을 집행할 직책에 있는 자가 자기 자신의 이익을 위한 것이 아니고 경비부족을 메우기 위하여 예산을 전용한 경우라면, 그 예산의 항목유용 자체가 위법한 목적이 있다거나 예산의 용도가 엄격하게 제한되어 있는 경우는 별론으로 하고 그것이 본래 책정되거나 영달되어 있어야 할 필요경비이기 때문에 일정한 절차를 거치면 그 지출이 허용될 수 있었던 때에는 그 간격을 메우기 위한 유용이 있었다는 것만으로 바로 그 유용자에게 불법영득의 의사가 있었다고 단정할 수는 없다(대판 2002.11.26. 2002도5130).

⑲ [다수의견] 상법 제628조 제1항 소정의 납입가장죄는 회사의 자본충실을 기하려는 법의 취지를 유린하는 행위를 단속하려는 데 그 목적이 있는 것이므로, 당초부터 진실한 주금납입으로 회사의 자금을 확보할 의사 없이 형식상 또는 일시적으로 주금을 납입하고 이 돈을 은행에 예치하여 납입의 외형을 갖추고 주금납입증명서를 교부받아 설립등기나 증자등기의 절차를 마친 다음 바로 그 납입한 돈을 인출한 경우에는, 이를 회사를 위하여 사용하였다는 특별한 사정이 없는 한 실질적으로 회사의 자본이 늘어난 것이 아니어서 납입가장죄 및 공정증서원본부실기재죄와 부실기재공정증서원본행사죄가 성립하고, 다만 납입한 돈을 곧바로 인출하였다고 하더라도 그 인출한 돈을 회사를 위하여 사용한 것이라면 자본충실을 해친다고 할 수 없으므로 주금납입의 의사 없이 납입한 것으로 볼 수는 없고, 한편 주식회사의 설립업무 또는 증자업무를 담당한 자와 주식인수인이 사전 공모하여 주금납입취급은행 이외의 제3자로부터 납입금에 해당하는 금액을 차입하여 주금을 납입하고 납입취급은행으로부터 납입금보관증명서를 교부받아 회사의 설립등기절차 또는 증자등기절차를 마친 직후 이를 인출하여 위 차용금채무의 변제에 사용하는 경우, <u>위와 같은 행위는 실질적으로 회사의 자본을 증가시키는 것이 아니고 등기를 위하여 납입을 가장하는 편법에 불과하여 주금의 납입 및 인출의 전과정에서 회사의 자본금에는 실제 아무런 변동이 없다고 보아야 할 것이므로, 그들에게 회사의 돈을 임의로 유용한다는 불법영득의 의사가 있다고 보기 어렵다 할 것이고, 이러한 관점에서 상법상 납입가장죄의 성립을 인정하는 이상 회사 자본이 실질적으로 증가됨을 전제로 한 업무상 횡령죄가 성립한다고 할 수는 없다</u>(대판 2004.6.17. 2003도7645 전원합의체).

⑳ [1] 업무상 횡령죄에 있어서의 불법영득의 의사라 함은 자기 또는 제3자의 이익을 꾀할 목적으로 업무상의 임무에 위배하여 보관하고 있는 타인의 재물을 자기의 소유인 것과 같이 사실상 또는 법률상 처분하는 의사를 의미하는 것으로, 예산을 집행할 직책에 있는 자가 자기 자신의 이익을 위한 것이 아니고 경비부족을 메우기 위하여 예산을 전용한 경우, <u>그것이 본래 책정되거나 영달되어 있어야 할 필요경비이기 때문에 일정한 절차를 거치면 그 지출이 허용될 수 있었던 때에는 그 간격을 메우기 위한 유용이 있었다는 것만으로 바로 그 유용자에게 불법영득의 의사가 있었다고 단정할 수는 없는 것이지만, 그 예산의 항목유용 자체가 위법한 목적을 가지고 있다거나 예산의 용도가 엄격하게 제한되어 있는 경우에는 불법영득의 의사가 인정된다.</u> [2] 사립학교의 경우, 사립학교법 제29조 및 같은법시행령에 의해 학교법인의 회계가 학교회계와 법인회계로 구분되고 학교회계 중 특히, 교비회계에 속하는 수입은 다른 회계에 전출하거나 대여할 수 없는 등 <u>용도가 엄격히 제한되어 있기 때문에 교비회계자금을 다른 용도에 사용하였다면 그 자체로서 횡령죄가 성립</u>한다(대판 2004.12.24. 2003도4570).

㉑ 회사의 대표이사가 보관 중인 회사 재산을 처분하여 그 대금을 정치자금으로 기부한 경우 그것이 회사의 이익을 도모할 목적으로 합리적인 범위 내에서 이루어졌다면 그 이사에게 횡령죄에 있어서 요구되는 불법영득의 의사가 있다고 할 수 없을 것이나, 그것이 회사의 이익을 도모할 목적보다는 후보자 개인의 이익을 도모할 목적이나 기타 다른 목적으로 행하여졌다면 그 이사는 회사에 대하여 횡령죄의 죄책을 면하지 못한다(대판 2005.5.26. 2003도5519).

㉒ <u>주식회사는 주주와 독립된 별개의 권리주체로서 그 이해가 반드시 일치하는 것은 아니므로, 회사 소유 재산을 주주나 대표이사가 제3자의 자금 조달을 위하여 담보로 제공하는 등 사적인 용도로 임의 처분하였다면 그 처분에 관하여 주주총회나 이사회의 결의가 있었는지 여부와는 관계없이 횡령죄의 죄책을 면할 수는 없는 것이고</u>, 횡령죄에 있어서 불법영득의 의사라 함은 자기 또는 제3자의 이익을 꾀할 목적으로 업무상의 임무에 위배하여 보관하는 타인의 재물을 자기의 소유인 경우와 같은 처분을 하는 의사를 말하고 <u>사후에 이를 반환하거나 변상, 보전하는 의사가 있다 하더라도 불법영득의 의사를 인정함에 지장이 없다</u>(대판 2005.8.9. 2005도3045).

㉓ <u>사립학교에 있어서 학교교육에 직접 필요한 시설, 설비를 위한 경비 등과 같이 원래 교비회계에 속하는 자금으로 지출할 수 있는 항목에 관한 차입금을 상환하기 위하여 교비회계 자금을 지출한 경우, 이러한 차입금 상환행위에 관하여 교비회계 자금을 임의로 횡령하고자 하는 불법영득의 의사가 있다고 보기는 어렵고</u>, 만일 그 행위자가 이러한 차입을 하거나 지출을 하는 과정에서 사립학교법의 관련 규정을 제대로 준수하지 아니하였다면 이에 대하여 사립학교법에 따른 형사적 제재 등이 부과될 수 있을 뿐이다(대판 2006.4.28. 2005도4085).

㉔ 업무상 횡령죄에 있어서 불법영득의 의사라 함은 자기 또는 제3자의 이익을 꾀할 목적으로 업무상의 임무에 위배하여 보관하는 타인의 재물을 자기의 소유인 경우와 같은 처분을 하는 의사를 말하고, <u>주식회사의 대표이사가 회사의 금원을 인출하여 사용하였는데 그 사용처에 관한 증빙자료를 제시하지 못하고 있고 그 인출사유와 금원의 사용처에 관하여 납득할 만한 합리적인 설명을 하지 못하고 있다면, 이러한 금원은 그가 불법영득의 의사로 회사의 금원을 인출하여 개인적 용도로 사용한 것으로 추단할 수 있다</u>(대판 2008.3.27. 2007도9250).

㉕ [1] 법인이나 단체에서 임직원에게 업무를 수행하는 데에 드는 비용 명목으로 정관 기타의 규정에 의해 지급되는 이른바 판공비 또는 업무추진비가 직무수행에 드는 경비를 보전해 주는 실비변상적 급여의 성질을 가지고 있고, 정관이나 그 지급기준 등에서 업무와 관련하여 지출하도록 포괄적으로 정하고 있을 뿐 그 용도나 목적에 구체적인 제한을 두고 있지 않을 뿐만 아니라, 이를 사용한 후에도 그 지출에 관한 영수증 등 증빙자료를 요구하고 있지 않은 경우에는, 임직원에게 그 사용처나 규모, 업무와 관련된 것인지 여부 등에 대한 판단이 맡겨져 있고, 그러한 판단은 우선적으로 존중되어야 한다. 따라서 <u>임직원이 판공비 등을 불법영득의 의사로 횡령한 것으로 인정하려면 판공비 등이 업무와 관련없이 개인적인 이익을 위하여 지출되었다거나 또는 업무와 관련되더라도 합리적인 범위를 넘어 지나치게 과다하게 지출되었다는 점이 증명되어야 할 것이고, 단지 판공비 등을 사용한 임직원이 그 행방이나 사용처를 제대로 설명하지 못하거나 사후적으로 그 사용에 관한 증빙자료를 제출하지 못하고 있다고 하여 함부로 불법영득의 의사로 이를 횡령하였다고 추단하여서는 아니 된다.</u>
[2] 버스운송사업조합의 이사장이 현금으로 지급된 판공비 또는 조합활동비의 구체적인 사용처를 설명하지 못한다거나 사후적으로 그 증빙자료를 제출하지 못하고 있다는 이유로 불법영득

의 의사를 추단하고, 위 조합의 일부 자금이 그 용도와 목적에 맞게 지출되었다는 합리적인 가능성을 배제할 수 없음에도 이를 횡령하였다고 인정한 원심판결에 법리오해의 위법이 있다고 한 사례(대판 2010.6.24. 2007도5899).

㉖ '장흥군 사회단체보조금 지원에 관한 조례' 등의 규정에 비추어 <u>위 조례상의 보조금은 그 용도가 엄격히 제한된 자금</u>으로 보아야 하고, 위와 같은 보조금을 집행할 직책에 있는 자가 자기 자신의 이익을 위한 것이 아니고 <u>경비부족을 메우기 위하여 보조금을 전용하였더라도, 업무상 횡령죄의 '불법영득의사'를 부인할 수 없다</u>(대판 2010.9.30. 2010도987).

㉗ 마을 이장인 피고인이 경로당 화장실 개·보수 공사를 위하여 업무상 보관 중이던 공사비를 그 용도 외에 다른 용도로 사용한 이상 횡령죄는 성립하고, 피고인이 과거 마을을 위하여 개인 돈을 지출하였다고 하여 이에 충당할 수는 없다고 한 원심판단을 수긍한 사례(대판 2010.9.30. 2010도7012).

㉘ [1] 업무상 횡령죄가 성립하기 위하여는 자기 또는 제3자의 이익을 꾀할 목적으로 업무상 임무에 위배하여 자신이 보관하는 타인의 재물을 자기의 소유인 것 같이 사실상 또는 법률상 처분하는 의사를 의미하는 불법영득의 의사가 있어야 한다. <u>법인의 운영자 또는 관리자가 법인의 자금을 이용하여 비자금을 조성하였다고 하더라도 그것이 당해 비자금의 소유자인 법인 이외의 제3자가 이를 발견하기 곤란하게 하기 위한 장부상의 분식에 불과하거나 법인의 운영에 필요한 자금을 조달하는 수단으로 인정되는 경우에는 불법영득의 의사를 인정하기 어렵다.</u> 다만 법인의 운영자 또는 관리자가 법인을 위한 목적이 아니라 법인과는 아무런 관련이 없거나 개인적인 용도로 착복할 목적으로 법인의 자금을 빼내어 별도로 비자금을 조성하였다면 그 조성행위 자체로써 불법영득의 의사가 실현된 것으로 볼 수 있을 것인바, 이때 그 행위자에게 법인의 자금을 빼내어 착복할 목적이 있었는지 여부는 그 법인의 성격과 비자금의 조성 동기, 방법, 규모, 기간, 비자금의 보관방법 및 실제 사용용도 등 제반 사정을 종합적으로 고려하여 판단하여야 한다. [2] 새마을금고의 임원인 피고인 등이 위 금고의 직원들로 하여금 고객들이 맡긴 정기예탁금을 정상거래시스템이 아닌 부외거래시스템에 입금하게 하는 행위가, 위 부외거래시스템의 도입 경위 및 운용 실태, 부외거래자금의 흐름이나 사용처 등의 여러 사정을 종합할 때 <u>회계처리상 부외거래시스템의 계좌 혹은 통합전산망의 차명계좌에 예금액을 기재하는 행위에 불과하고 그 자체로 위 금고의 공식적인 자금에서 벗어난 별도의 비자금을 조성하는 행위로 볼 수는 없다는 이유로, 위 업무상 횡령의 공소사실에 대하여 무죄를 선고한 원심판단을 수긍한 사례</u>(대판 2010.12.9. 2010도11015).

㉙ 회사가 기업활동을 하면서 형사상의 범죄를 수단으로 하여서는 안 되므로 뇌물공여를 금지하는 법률 규정은 회사가 기업활동을 할 때 준수하여야 하고, 따라서 <u>회사의 이사 등이 업무상의 임무에 위배하여 보관 중인 회사의 자금으로 뇌물을 공여하였다면 이는 오로지 회사의 이익을 도모할 목적이라기보다는 뇌물공여 상대방의 이익을 도모할 목적이나 기타 다른 목적으로 행하여진 것이라고 보아야 하므로, 그 이사 등은 회사에 대하여 업무상 횡령죄의 죄책을 면하지 못한다. 그리고 특별한 사정이 없는 한 이러한 법리는 회사의 이사 등이 회사의 자금으로 부정한 청탁을 하고 배임증재를 한 경우에도 마찬가지로 적용</u>된다(대판 2013.4.25. 2011도9238). [해설] 업무상 횡령죄 이외에 뇌물공여죄도 성립함.

㉚ <u>타인으로부터 용도가 엄격히 제한된 자금을 위탁받아 집행하면서 그 제한된 용도 이외의 목적으로 자금</u>

을 사용하는 것은 그 사용이 개인적인 목적에서 비롯된 경우는 물론 결과적으로 자금을 위탁한 본인을 위하는 면이 있더라도 그 사용행위 자체로서 불법영득의 의사를 실현한 것이 되어 횡령죄가 성립하는바, 사립학교법 제29조 및 같은 법 시행령에 의해 학교법인의 회계는 학교회계와 법인회계로 구분되고 학교회계 중 특히 교비회계에 속하는 수입은 다른 회계에 전출하거나 대여할 수 없는 등 용도가 엄격히 제한되어 있으므로 교비회계자금을 다른 용도에 사용하였다면 그 자체로서 횡령죄가 성립하고, 이는 사립학교법상 교비회계에 속하는 금원을 같은 학교법인에 속하는 다른 학교의 교비회계에 사용한 경우에도 마찬가지이다(대판 2014.8.28. 2014도6286).

㉛ 횡령죄에서 불법영득의사는 타인의 재물을 보관하는 자가 자기 또는 제3자의 이익을 꾀할 목적으로 위탁의 취지에 반하여 타인의 재물을 자기의 소유인 것처럼 권한 없이 스스로 처분하는 의사를 의미한다. 따라서 보관자가 자기 또는 제3자의 이익을 위하여 소유자의 이익에 반하여 재물을 처분한 경우에는 재물에 대한 불법영득의사를 인정할 수 있으나, 그와 달리 소유자의 이익을 위하여 재물을 처분한 경우에는 특별한 사정이 없는 한 그 재물에 대하여는 불법영득의사를 인정할 수 없다(대판 2016.8.30. 2013도658).

㉜ 법인이나 단체에서 임직원에게 업무를 수행하는 데에 드는 비용 명목으로 정관 기타의 규정에 의해 지급되는 이른바 판공비 또는 업무추진비가 직무수행에 드는 경비를 보전해 주는 실비변상적 급여의 성질을 가지고 있고, 정관이나 그 지급기준 등에서 업무와 관련하여 지출하도록 포괄적으로 정하고 있을 뿐 그 용도나 목적에 구체적인 제한을 두고 있지 않을 뿐만 아니라, 이를 사용한 후에도 그 지출에 관한 영수증 등 증빙자료를 요구하고 있지 않은 경우에는, 임직원에게 그 사용처나 규모, 업무와 관련된 것인지 여부 등에 대한 판단이 맡겨져 있고, 그러한 판단은 우선적으로 존중되어야 한다. 따라서 임직원이 판공비 등을 불법영득의 의사로 횡령한 것으로 인정하려면 판공비 등이 업무와 관련 없이 개인적인 이익을 위하여 지출되었다거나 업무와 관련되더라도 합리적인 범위를 넘어 과다하게 지출되었다는 점이 증명되어야 할 것이고, 단지 판공비 등을 사용한 임직원이 그 행방이나 사용처를 제대로 설명하지 못하거나 사후적으로 그 사용에 관한 증빙자료를 제출하지 못하고 있다고 하여 함부로 불법영득의 의사로 이를 횡령하였다고 추단하여서는 아니 된다(대판 2016.1.14. 2014도3112).

㉝ 갑 아파트의 입주자대표회의 회장인 피고인이, 일반 관리비와 별도로 입주자대표회의 명의 계좌에 적립·관리되는 특별수선충당금을 아파트 구조진단 견적비 및 시공사인 을 주식회사에 대한 손해배상청구소송의 변호사 선임료로 사용함으로써 아파트 관리규약에 의하여 정하여진 용도 외에 사용하였다고 하여 업무상횡령으로 기소된 사안에서, 특별수선충당금은 갑 아파트의 주요시설 교체 및 보수를 위하여 별도로 적립한 자금으로 원칙적으로 그 범위 내에서 사용하도록 용도가 제한된 자금이나, 당시에는 특별수선충당금의 용도 외 사용이 관리규약에 의해서만 제한되고 있었던 점, 피고인이 구분소유자들 또는 입주민들로부터 포괄적인 동의를 얻어 특별수선충당금을 위탁의 취지에 부합하는 용도에 사용한 것으로 볼 여지가 있는 점 등 제반 사정을 종합하면, 피고인이 특별수선충당금을 위와 같이 지출한 것이 위탁의 취지에 반하여 자기 또는 제3자의 이익을 위하여 자기의 소유인 것처럼 처분하였다고 단정하기 어려우므로, 피고인의 불법영득의사를 인정한 원심판결에 업무상 횡령죄의 불법영득의사에 관한 법리오해의 잘못이 있다고 한 사례(대판 2017.2.15. 2013도14777). [해설] 횡령죄에서 불법영득의 의사는 타인의 재물을 보관하는 자가 위탁의 취지에 반하여 자기 또는 제3자의 이익을 위하여 권한 없이 재물을 자기의 소유인 것처럼 사실상 또는 법률상 처분하는 의사를 의미하므로, 보관자가 자기 또는 제3자의 이익을 위한 것이 아니라

소유자의 이익을 위하여 이를 처분한 경우에는 특별한 사정이 없는 한 불법영득의 의사를 인정할 수 없다고 본 사례.

㉞ [1] 법인의 운영자나 관리자가 회계로부터 분리시켜 별도로 관리하는 '비자금'이 법인을 위한 목적이 아니라 <u>법인의 자금을 빼내어 착복할 목적으로 조성한 것임이 명백히 밝혀진 경우, 조성행위 자체로써 불법영득의사가 실현된 것</u>으로 볼 수 있다. 따라서, 비자금 조성행위 자체로써 횡령죄가 성립한다. [2] 하지만 이와 달리 <u>피고인들이 불법영득의사의 존재를 인정하기 어려운 사유를 들어 비자금의 행방이나 사용처에 대한 설명을 하고 이에 부합하는 자료도 제시한 경우에는 피고인들이 보관·관리하고 있던 비자금을 일단 다른 용도로 소비한 다음 그만한 돈을 별도로 입금 또는 반환한 것이라는 등의 사정이 인정되지 않는 한, 함부로 그 비자금을 불법영득의사로 인출·사용함으로써 횡령하였다고 단정할 것은 아니다.</u> 그러므로 피고인들이 회사의 비자금을 보관·관리하고 있다가 사용한 사실은 인정하면서도 회사를 위하여 인출·사용하였다고 주장하는 경우에 불법영득의사를 인정할 수 있는지 여부는, 비자금의 조성 동기, 방법, 규모, 기간, 보관 및 관리방식 등에 비추어 비자금이 조성된 후에도 법인이 보유하는 자금의 성격이 유지되었는지 여부, 그 비자금의 사용이 사회통념이나 거래관념상 회사의 운영 및 경영상의 필요에 따른 것으로 회사가 비용부담을 하는 것이 상당하다고 볼 수 있는 용도에 지출되었는지 여부, 비자금 사용의 구체적인 시기, 대상, 범위, 금액 등이 상당한 정도의 객관성과 합리성이 있는 기준에 의하여 정해졌는지 여부를 비롯하여 비자금을 사용한 시기, 경위, 결과 등을 종합적으로 고려하여 그 비자금 사용의 주된 목적이 개인적인 용도를 위한 것이라고 볼 수 있는지에 따라 신중하게 판단하여야 한다(대판 2017.5.30. 2016도9027, 대판 2006.6.27. 2005도2626). [해설] 비자금의 보관 자체가 이미 횡령으로 평가되는 경우, 비자금의 사용에서 불법영득의사를 인정할 수 있는 경우와 그렇지 않은 경우 등을 설시한 판례.

㉟ [1] 형법 제355조 제1항이 정한 횡령죄의 주체는 타인의 재물을 보관하는 자라야 하고, 여기에서 보관이란 위탁관계에 의하여 재물을 점유하는 것을 뜻하므로 횡령죄가 성립하기 위하여는 재물의 보관자와 재물의 소유자(또는 기타의 본권자) 사이에 위탁관계가 있어야 한다. 이러한 위탁관계는 사실상의 관계에 있으면 충분하고 피고인이 반드시 민사상 계약의 당사자일 필요는 없다. 위탁관계는 사용대차·임대차·위임·임치 등의 계약에 의하여 발생하는 것이 보통이지만 이에 한하지 않고 사무관리와 같은 법률의 규정, 관습이나 조리 또는 신의성실의 원칙에 의해서도 발생할 수 있다. 그러나 횡령죄의 본질이 위탁받은 타인의 재물을 불법으로 영득하는 데 있음에 비추어 볼 때 그 위탁관계는 횡령죄로 보호할 만한 가치가 있는 것으로 한정된다. <u>위탁관계가 있는지 여부는 재물의 보관자와 소유자 사이의 관계, 재물을 보관하게 된 경위 등에 비추어 볼 때 보관자에게 재물의 보관 상태를 그대로 유지하여야 할 의무를 부과하여 그 보관 상태를 형사법적으로 보호할 필요가 있는지 등을 고려하여 규범적으로 판단하여야 한다.</u> [2] [다수의견] 송금의뢰인이 다른 사람의 예금계좌에 자금을 송금·이체한 경우 특별한 사정이 없는 한 송금의뢰인과 계좌명의인 사이에 그 원인이 되는 법률관계가 존재하는지 여부에 관계없이 계좌명의인(수취인)과 수취은행 사이에는 그 자금에 대하여 예금계약이 성립하고, 계좌명의인은 수취은행에 대하여 그 금액 상당의 예금채권을 취득한다. 이때 송금의뢰인과 계좌명의인 사이에 송금·이체의 원인이 된 법률관계가 존재하지 않음에도 송금·이체에 의하여 계좌명의인이 그 금액 상당의 예금채권을 취득한 경우 계좌명의인은 송금의뢰인에게 그 금액 상당의 돈을 반환하여야 한다. 이와 같이 <u>계좌명의인이 송금·이체의 원인이 되는 법률관계가 존재하지 않음에도 계좌이체에 의하여 취득한 예금채권 상당의 돈은</u>

송금의뢰인에게 반환하여야 할 성격의 것이므로, 계좌명의인은 그와 같이 송금·이체된 돈에 대하여 송금의뢰인을 위하여 보관하는 지위에 있다고 보아야 한다. 따라서 계좌명의인이 그와 같이 송금·이체된 돈을 그대로 보관하지 않고 영득할 의사로 인출하면 횡령죄가 성립한다. 이러한 법리는 계좌명의인이 개설한 예금계좌가 전기통신금융사기 범행에 이용되어 그 계좌에 피해자가 사기피해금을 송금·이체한 경우에도 마찬가지로 적용된다. 계좌명의인은 피해자와 사이에 아무런 법률관계 없이 송금·이체된 사기피해금 상당의 돈을 피해자에게 반환하여야 하므로, 피해자를 위하여 사기피해금을 보관하는 지위에 있다고 보아야 하고, 만약 계좌명의인이 그 돈을 영득할 의사로 인출하면 피해자에 대한 횡령죄가 성립한다. 이때 계좌명의인이 사기의 공범이라면 자신이 가담한 범행의 결과 피해금을 보관하게 된 것일 뿐이어서 피해자와 사이에 위탁관계가 없고, 그가 송금·이체된 돈을 인출하더라도 이는 자신이 저지른 사기범행의 실행행위에 지나지 아니하여 새로운 법익을 침해한다고 볼 수 없으므로 사기죄 외에 별도로 횡령죄를 구성하지 않는다. 한편 계좌명의인의 인출행위는 전기통신금융사기의 범인에 대한 관계에서는 횡령죄가 되지 않는다. ① 계좌명의인이 전기통신금융사기의 범인에게 예금계좌에 연결된 접근매체를 양도하였다 하더라도 은행에 대하여 여전히 예금계약의 당사자로서 예금반환청구권을 가지는 이상 그 계좌에 송금·이체된 돈이 그 접근매체를 교부받은 사람에게 귀속되었다고 볼 수는 없다. 접근매체를 교부받은 사람은 계좌명의인의 예금반환청구권을 자신이 사실상 행사할 수 있게 된 것일 뿐 예금 자체를 취득한 것이 아니다. 판례는 전기통신금융사기 범행으로 피해자의 돈이 사기이용계좌로 송금·이체되었다면 이로써 편취행위는 기수에 이른다고 보고 있는데, 이는 사기범이 접근매체를 이용하여 그 돈을 인출할 수 있는 상태에 이르렀다는 의미일 뿐 사기범이 그 돈을 취득하였다는 것은 아니다. ② 또한 계좌명의인과 전기통신금융사기의 범인 사이의 관계는 횡령죄로 보호할 만한 가치가 있는 위탁관계가 아니다. 사기범이 제3자 명의 사기이용계좌로 돈을 송금·이체하게 하는 행위는 그 자체로 범죄행위에 해당한다. 그리고 사기범이 그 계좌를 이용하는 것도 전기통신금융사기 범행의 실행행위에 해당하므로 계좌명의인과 사기범 사이의 관계를 횡령죄로 보호하는 것은 그 범행으로 송금·이체된 돈을 사기범에게 귀속시키는 결과가 되어 옳지 않다. [3] 피고인 갑, 을이 공모하여, 피고인 갑 명의로 개설된 예금계좌의 접근매체를 보이스피싱 조직원 병에게 양도함으로써 병의 정에 대한 전기통신금융사기 범행을 방조하고, 사기피해자 정이 병에게 속아 위 계좌로 송금한 사기피해금 중 일부를 별도의 접근매체를 이용하여 임의로 인출함으로써 주위적으로는 병의 재물을, 예비적으로는 정의 재물을 횡령하였다는 내용으로 기소되었는데, 원심이 피고인들에 대한 사기방조 및 횡령의 공소사실을 모두 무죄로 판단한 사안에서, 피고인들에게 사기방조죄가 성립하지 않는 이상 사기피해금 중 일부를 임의로 인출한 행위는 사기피해자 정에 대한 횡령죄가 성립한다는 이유로, 원심이 공소사실 중 횡령의 점에 관하여 병을 피해자로 삼은 주위적 공소사실을 무죄로 판단한 것은 정당하나, 이와 달리 정을 피해자로 삼은 예비적 공소사실도 무죄로 판단한 데에는 횡령죄에서의 위탁관계 등에 관한 법리를 오해한 위법이 있다고 한 사례(대판 2018.7.19. 2017도17494 전원합의체). [해설] 송금의뢰인이 다른 사람의 예금계좌에 자금을 송금·이체하여 송금의뢰인과 계좌명의인 사이에 송금·이체의 원인이 된 법률관계가 존재하지 않음에도 송금·이체에 의하여 계좌명의인이 그 금액 상당의 예금채권을 취득한 경우, 계좌명의인이 그와 같이 송금·이체된 돈을 그대로 보관하지 않고 영득할 의사로 인출하면 횡령죄가 성립하는지 여부(적극). 계좌명의인이 개설한 예금계좌가 전기통신금융사기 범행에 이용되어 그 계좌에 피해자가 사기피해금을 송금·이체한 경우, 계좌명의인이 그 돈을 영득할 의사로 인출하면 피해자에 대한 횡령죄가 성립하는지 여부(한정 적극)

및 이때 계좌명의인의 인출행위가 전기통신금융사기의 범인에 대한 관계에서도 횡령죄가 되는지 여부(소극).

 **판례** 기수와 미수

① 횡령죄의 구성요건으로서의 횡령행위란 불법영득의사를 실현하는 일체의 행위를 말하고, 횡령죄에 있어서의 행위자는 이미 타인의 재물을 점유하고 있으므로 점유를 자기를 위한 점유로 변개하는 의사를 일으키면 곧 영득의 의사가 있었다고 할 수 있지만, 단순한 내심의 의사만으로는 횡령행위가 있었다고 할 수 없고 영득의 의사가 외부에 인식될 수 있는 객관적 행위가 있을 때 횡령죄가 성립한다(대판 1993.3.9. 92도2999). [해설] 표현설.

② 업무상 횡령죄가 성립하기 위하여는 자기 또는 제3자의 이익을 꾀할 목적으로 업무상 임무에 위배하여 자신이 보관하는 타인의 재물을 자기의 소유인 것 같이 사실상 또는 법률상 처분하는 의사를 의미하는 불법영득의 의사가 있어야 한다. 법인의 운영자 또는 관리자가 법인의 자금을 이용하여 비자금을 조성하였다고 하더라도 그것이 당해 비자금의 소유자인 법인 이외의 제3자가 이를 발견하기 곤란하게 하기 위한 장부상의 분식에 불과하거나 법인의 운영에 필요한 자금을 조달하는 수단으로 인정되는 경우에는 불법영득의 의사를 인정하기 어렵다. 다만 법인의 운영자 또는 관리자가 법인을 위한 목적이 아니라 법인과는 아무런 관련이 없거나 개인적인 용도로 착복할 목적으로 법인의 자금을 빼내어 별도로 비자금을 조성하였다면 그 조성행위 자체로써 불법영득의 의사가 실현된 것으로 볼 수 있을 것인바, 이때 그 행위자에게 법인의 자금을 빼내어 착복할 목적이 있었는지 여부는 그 법인의 성격과 비자금의 조성 동기, 방법, 규모, 기간, 비자금의 보관방법 및 실제 사용용도 등 제반 사정을 종합적으로 고려하여 판단하여야 한다(대판 2015.2.26. 2014도15182, 대판 2009.2.12. 2006도6994). [해설] 실현설.

 판례 위탁관계가 수개인 경우

• 여러 개의 위탁관계에 의하여 보관하던 여러 개의 재물을 1개의 행위에 의하여 횡령한 경우, 횡령죄의 죄수 관계(=상상적 경합범)(대판 2013.10.31. 2013도10020).

판례 불가벌적 사후행위

① 명의수탁자가 신탁 받은 부동산의 일부에 대한 토지수용보상금 중 일부를 소비하고, 이어 수용되지 않은 나머지 부동산 전체에 대한 반환을 거부한 경우, 부동산의 일부에 관하여 수령한 수용보상금 중 일부를 소비하였다고 하여 객관적으로 부동산 전체에 대한 불법영득의 의사를 외부에 발현시키는 행위가 있었다고 볼 수는 없으므로, 그 금원 횡령죄가 성립된 이후에 수용되지 않은 나머지 부동산 전체에 대한 반환을 거부한 것은 새로운 법익의 침해가 있는 것으로서 별개의 횡령죄가 성립하는 것이지 불가벌적 사후행위라 할 수 없다고 한 사례(대판 2001.11.27. 2000도3463). [해설] 본 판례의 명의신탁은 '중간생략등기형 명의신탁'이었는데, 중간생략등기형 명의신탁에서 수탁자가 목적물을 처분한 경우에는 신탁자에 대해서 횡령죄가 성립하지 않는다고 하여 종래의 입장을 변경하면서 대판 2001.11.27. 2000도

3463은 폐기하였음(대판 2016.5.19. 2014도6992 전원합의체). 결국 변경된 전원합의체 판결에 의하면 이 사건의 경우에도 횡령죄가 성립하지 않는다고 보는 것이 타당함.

② [1] [다수의견] ㈎ <u>횡령죄는 다른 사람의 재물에 관한 소유권 등 본권을 보호법익으로 하고 법익침해의 위험이 있으면 침해의 결과가 발생되지 아니하더라도 성립하는 위험범</u>이다. 그리고 일단 특정한 처분행위(이를 '선행 처분행위'라 한다)로 인하여 법익침해의 위험이 발생함으로써 횡령죄가 기수에 이른 후 종국적인 법익침해의 결과가 발생하기 전에 새로운 처분행위(이를 '후행 처분행위'라 한다)가 이루어졌을 때, <u>후행 처분행위가 선행 처분행위에 의하여 발생한 위험을 현실적인 법익침해로 완성하는 수단에 불과하거나 그 과정에서 당연히 예상될 수 있는 것으로서 새로운 위험을 추가하는 것이 아니라면 후행 처분행위에 의해 발생한 위험은 선행 처분행위에 의하여 이미 성립된 횡령죄에 의해 평가된 위험에 포함되는 것이므로 후행 처분행위는 이른바 불가벌적 사후행위에 해당한다. 그러나 후행 처분행위가 이를 넘어서서, 선행 처분행위로 예상할 수 없는 새로운 위험을 추가함으로써 법익침해에 대한 위험을 증가시키거나 선행 처분행위와는 무관한 방법으로 법익침해의 결과를 발생시키는 경우라면, 이는 선행 처분행위에 의하여 이미 성립된 횡령죄에 의해 평가된 위험의 범위를 벗어나는 것이므로 특별한 사정이 없는 한 별도로 횡령죄를 구성한다고 보아야 한다.</u> ㈏ 따라서 <u>타인의 부동산을 보관 중인 자가 불법영득의 사를 가지고 그 부동산에 근저당권설정등기를 경료함으로써 일단 횡령행위가 기수에 이르렀다 하더라도 그 후 같은 부동산에 별개의 근저당권을 설정하여 새로운 법익침해의 위험을 추가함으로써 법익침해의 위험을 증가시키거나 해당 부동산을 매각함으로써 기존의 근저당권과 관계없이 법익침해의 결과를 발생시켰다면, 이는 당초의 근저당권 실행을 위한 임의경매에 의한 매각 등 그 근저당권으로 인해 당연히 예상될 수 있는 범위를 넘어 새로운 법익침해의 위험을 추가시키거나 법익침해의 결과를 발생시킨 것이므로 특별한 사정이 없는 한 불가벌적 사후행위로 볼 수 없고, 별도로 횡령죄를 구성한다.</u> [2] 피해자 甲 종중으로부터 종중 소유의 토지를 명의신탁받아 보관 중이던 피고인 乙이 자신의 개인 채무 변제에 사용할 돈을 차용하기 위해 위 토지에 <u>근저당권</u>을 설정하였는데, 그 후 피고인 乙, 丙이 공모하여 위 토지를 丁에게 <u>매도</u>한 사안에서, 피고인들이 토지를 매도한 행위는 선행 근저당권설정행위 이후에 이루어진 것이어서 불가벌적 사후행위에 해당한다는 취지의 피고인들 주장을 배척하고 위 토지 매도행위가 별도의 횡령죄를 구성한다고 본 원심판단을 정당하다고 한 사례(대판 2013.2.21. 2010도10500 전원합의체). [해설] 본 판례는 불가벌적 사후행위의 법리를 제시하고, 이 법리를 타인의 부동산을 보관 중인 자가 그 부동산에 근저당권설정등기를 마침으로써 횡령행위가 기수에 이른 후 같은 부동산에 별개의 근저당권을 설정하거나 해당 부동산을 매각한 경우에 적용하여 그에 대한 판단을 보여준 사례. 동일한 보관물에 대한 이중의 처분행위에 의하여 이미 성립된 횡령죄에 의해 평가된 위험의 범위를 벗어나는 위험이 발생한 것으로 평가된다면 특별한 사정이 없는 한 별도로 횡령죄를 구성한다고 하여 기존의 견해를 변경한 전원합의체 판결.

판례 타죄와의 관계

① 절도범인으로부터 장물보관의뢰를 받은 자가 그 정을 알면서 이를 인도받아 보관하고 있다가 임의처분하였다 하여도 장물보관죄가 성립되는 때에는 이미 그 소유자의 소유물추구권을 침해하였으므로 그 후의 횡령행위는 불가벌적 사후행위에 불과하여 별도로 횡령죄가 성립하지 않는다(대판 1976.11.23. 76도3067).

② 자기가 점유하는 타인의 재물을 횡령하기 위하여 기망수단을 쓴 경우에는 피기망자에 의한 재산처분행위가 없으므로 일반적으로 횡령죄만 성립되고 사기죄는 성립되지 아니한다(대판 1980.12.9. 80도1177).

③ 절도 범인으로부터 장물보관 의뢰를 받은 자가 그 정을 알면서 이를 인도받아 보관하고 있다가 임의 처분하였다 하여도 장물보관죄가 성립하는 때에는 이미 그 소유자의 소유물 추구권을 침해하였으므로 그 후의 횡령행위는 불가벌적 사후행위에 불과하여 별도로 횡령죄가 성립하지 않는다(대판 2004.4.9. 2003도8219).

④ [1] <u>외형상으로는 공소사실의 기초가 되는 피고인의 일련의 행위가 여러 개의 범죄에 해당되는 것 같지만 그 일련의 행위가 합쳐져서 하나의 사회적 사실관계를 구성하는 경우에 그에 대한 법률적 평가는 하나밖에 성립되지 않는 관계, 즉 일방의 범죄가 성립되는 때에는 타방의 범죄는 성립할 수 없고, 일방의 범죄가 무죄로 될 경우에만 타방의 범죄가 성립할 수 있는 비양립적인 관계가 있을 수 있다.</u> [2] 피고인이 피해자 뛰에게서 돈을 빌리면서 담보 명목으로 乙에 대한 채권을 양도하였는데도 乙에게 채권양도 통지를 하기 전에 이를 추심하여 임의로 소비한 사안에서, <u>차용금 편취의 점과 담보로 양도한 채권을 추심하여 임의 소비한 횡령의 점은 양도된 채권의 가치, 채권양도에 관한 피고인의 진정성 등의 사정에 따라 비양립적인 관계라 할 것이어서, 이러한 사정을 심리하여 피고인의 위 일련의 행위가 그 중 어느 죄에 해당하는지를 가렸어야 할 것인데도,</u> 사기죄 및 횡령죄를 모두 인정한 원심판단에 법리오해 및 심리미진의 위법이 있다고 한 사례(대판 2011.5.13. 2011도1442). [해설] 대판 2022.6.23. 2017도3829 전원합의체 판결(채권양도인이 위와 같이 양도한 채권을 추심하여 수령한 금전에 관하여 채권양수인을 위해 보관하는 자의 지위에 있다고 볼 수 없으므로, 채권양도인이 위 금전을 임의로 처분하더라도 횡령죄는 성립하지 않음)의 취지에 비추어 보면, 본 판례의 횡령 부분은 성립하지 않게 되므로 사기죄의 성립만 가능함.

⑤ 피고인이 피해자 갑으로부터 명의신탁을 받아 보관 중인 토지 9필지와 건물 1채에 갑의 승낙 없이 임의로 채권최고액 266,000,000원의 근저당권을 설정하였는데, 당시 위 각 부동산 중 토지 7필지의 시가는 합계 724,379,000원, 나머지 2필지와 건물 1채의 시가는 미상인 반면 위 각 부동산에는 그 이전에 채권최고액 434,000,000원의 근저당권설정등기가 마쳐져 있고, 이에 대하여 갑은 220,000,000원의 피담보채무를 부담하고 있는 사안에서, 피고인이 근저당권설정등기를 마치는 방법으로 <u>위 각 부동산을 횡령하여 취득한 구체적인 이득액은 위 각 부동산의 시가 상당액에서 위 범행 전에 설정된 피담보채무액을 공제한 잔액이 아니라 위 각 부동산을 담보로 제공한 피담보채무액 내지 그 채권최고액이라고 보아야 하고,</u> 이 경우 피고인의 이득액은 5억 원 미만이므로 구 특정경제범죄 가중처벌 등에 관한 법률(2012. 2. 10. 법률 제11304호로 개정되기 전의 것, 이하 '특경가법'이라 한다) 제3조 제1항을 적용할 수 없는데도, 이와 달리 특경가법 위반(횡령)죄를 인정한 원심판결에 법리오해의 잘못이 있다고 한 사례(대판 2013.5.9. 2013도2857). [해설] 「부동산 실권리자 명의등기에 관한 법률」("부동산실명법")에 위반되는 2자 간 명의신탁관계에서 수탁자가 목적물을 임의로 처분한 경우에는 명의신탁과 이전등기가 무효이므로 수탁자는 '타인의 재물을 보관하는 자'에 해당되지 않는다는 대판 2021.2.18. 2016도18761 전원합의체 판결에 따르면 피고인에게 횡령죄가 성립하지 않음. 따라서 위 판례에서의 이득액 계산방법은 명의신탁과 이전등기가 유효하여 횡령죄가 성립되는 경우를 가정하고 보아야 함.

⑥ 전기통신금융사기(이른바 보이스피싱 범죄)의 범인이 피해자를 기망하여 피해자의 돈을 사기이

용계좌로 송금·이체받았다면 이로써 편취행위는 기수에 이른다. 따라서 범인이 피해자의 돈을 보유하게 되었더라도 이로 인하여 피해자와 사이에 어떠한 위탁 또는 신임관계가 존재한다고 할 수 없는 이상 피해자의 돈을 보관하는 지위에 있다고 볼 수 없으며, 나아가 그 후에 범인이 사기이용계좌에서 현금을 인출하였더라도 이는 이미 성립한 사기범행의 실행행위에 지나지 아니하여 새로운 법익을 침해한다고 보기도 어려우므로, 위와 같은 인출행위는 사기의 피해자에 대하여 따로 횡령죄를 구성하지 아니한다. 그리고 이러한 법리는 사기범행에 이용되리라는 사정을 알고서도 자신 명의 계좌의 접근매체를 양도함으로써 사기범행을 방조한 종범이 사기이용계좌로 송금된 피해자의 돈을 임의로 인출한 경우에도 마찬가지로 적용된다(대판 2017.5.31. 2017도3045). [해설] 계좌명의인이 보이스피싱 범죄에 애초부터 공범으로 가담함으로써 사기방조범이 된 경우 자신이 그 범행의 결과물인 피해금을 보관하게 된 것을 두고 피해자와의 사이에 위탁관계가 인정될 수 없으므로 횡령죄가 성립하지 아니한다고 본 사례.

III. 업무상 횡령죄

제356조(업무상의 횡령과 배임)
업무상의 임무에 위배하여 제355조의 죄를 범한 자는 10년 이하의 징역 또는 3천만원 이하의 벌금에 처한다.

1. 의의

업무상 임무에 위배하여 자기가 보관하는 타인의 재물을 횡령하는 것을 내용으로 하는 범죄이다(제356조). 횡령죄에 대하여 업무자라는 신분관계로 인하여 형이 가중되는 가중적 구성요건이다. 본죄의 주체는 보관자라고 하는 신분 이외에 업무자라고 하는 이중의 신분을 갖추어야 한다. 전자의 신분은 범죄구성적 신분(진정신분범에서의 신분)이고, 후자의 신분은 형벌가중적 신분(부진정신분범에서의 신분)이다. 따라서 신분 없는 사람이 업무상 보관자와 공동하거나 이에 가담하여 본죄를 범한 때에는 업무자는 본죄에 의하여 처벌받지만, 비업무자는 형법 제33조 본문에 의하여 횡령죄의 공동정범이나 공범이 될 뿐이고 본죄의 공범이 될 수는 없다.

2. 구성요건

업무상 임무에 위배하여 타인의 재물을 횡령하는 것이다.

(1) 업무

본죄의 업무가 계속성과 사회생활상의 지위를 요소로 한다는 점에서 형법 제268조의 업무와 그 내용을 같이한다. 다만 생명·신체에 위험을 가져올 사무에 제한되지 않고, 오히려 위탁관계에 의하여 타인의 재물을 보관·점유하는 것을 내용으로 하는 사무를 의미한다는 점에서 차이가 있다. 본죄의 업무는 법령이나 계약에 근거가 있는 경우뿐만 아니라 관례에 따르거나 사실상의 것도 포함되며, 자기를 위한 사무이건 타인을 위한 사무이건, 주된 업무이든 부수적 업무이든 불문한다. 그러나 점유는 업무와 관련되어 있을 것을 요한다.

(2) 횡령

본죄는 업무상 보관자라는 신분을 요하는 이외에 횡령죄의 구성요건을 충족해야 한다. 회사 또는 단체가 소유하는 금전을 그 조직 내부의 사무분담에 따라 관리·보전하는 자가 그 금전을 유용한 때에도 본죄가 성립한다(판례). 금전이 대체물이라 할지라도 회사 또는 단체의 소유에 속할 때에는 타인의 재물이기 때문이다.

IV. 점유이탈물횡령죄

> **제360조(점유이탈물횡령)**
> ① 유실물, 표류물 또는 타인의 점유를 이탈한 재물을 횡령한 자는 1년 이하의 징역이나 300만원 이하의 벌금 또는 과료에 처한다.
> ② 매장물을 횡령한 자도 전항의 형과 같다.

1. 의의

유실물·표류물·매장물 기타 타인의 점유를 이탈한 재물을 횡령함으로써 성립하는 범죄이다(제360조 제1항·제2항). 본죄는 위탁관계에 의하여 타인의 재물을 보관할 것을 요하지 않는다는 점에서 횡령죄나 업무상 횡령죄와는 그 성질을 달리하는 범죄이다.

2. 구성요건

(1) 행위의 객체

타인의 점유를 이탈한 재물, 즉 점유이탈물이다. 점유이탈물이란 점유자의 의사에 의하지 않고 그 점유를 떠난 물건을 말하며, 유실물이란 잃어버린 물건 또는 분실물을 말한다. 착오로 점유한 물건, 타인이 놓고 간 물건, 일실한 가축을 준유실물이라고 한다(유실물법 제12조). 표류물이란 점유를 이탈하여 바다·하천에 떠서 흐르고 있는 물건을 말하며, 포장물이란 토지·해저 또는 건조물 등에 포장된 물건으로서 점유이탈물에 준하는 것을 말한다. 어느 누구의 점유에도 속하지 않는 재물뿐만 아니라 점유자의 착오에 의하여 우연히 행위자의 점유에 들어온 재물도 또한 점유이탈물이다. 그러나 아직 타인의 점유를 벗어났다고 볼 수 없는 재물과 무주물은 점유이탈물이 아니다. 따라서 폭행 또는 강간의 현장에 떨어져 있는 피해자의 물건은 점유이탈물이 아니다.

(2) 행위

횡령이다. 본죄의 성립에도 불법영득의 의사가 있어야 하며, 불법영득의 의사를 외부적으로 표현하는 행위에 의하여 완성된다. 본죄도 상태범이므로 습득한 자기앞수표를 현금과 교환하여도 불가벌적 사후행위로서 별죄를 구성하지 않는다. 본죄의 미수는 처벌하지 않는다.

> **판례** 업무상 횡령죄
>
> ① 형법 제356조 소정의 "업무"는 직업 혹은 직무라는 말과 같아 법령, 계약에 의한 것뿐만 아니라, 관례를 쫓거나 사실상이거나를 묻지 않고 같은 행위를 반복할 지위에 따른 사무를 가리킨다. 피고인이 등기부상으로 공소외 회사의 대표이사를 사임한 후에도 계속하여 사실상 대표이사 업무를 행하여 왔고 회사원들도 피고인을 대표이사의 일을 하는 사람으로 상대해 왔다면 피고인은

위 회사 소유 금전을 보관할 업무상의 지위에 있었다고 할 것이다(대판 1982.1.12. 80도1970).

② 병원에서 의약품 선정·구매 업무를 담당하는 약국장이 병원을 대신하여 제약회사로부터 의약품 제공의 대가로 기부금 명목의 돈을 받아 보관중 임의소비한 사안에서, 위 돈은 <u>병원이 약국장에게 불법원인급여를 한 것에 해당하지 않아</u> 여전히 반환청구권을 가지므로, 업무상 횡령죄가 성립한다고 본 사례(대판 2008.10.9. 2007도2511).

③ <u>[1] 업무상 횡령죄에서 '업무'는 법령, 계약에 의한 것뿐만 아니라 관례를 좇거나 사실상의 것이거나를 묻지 않고 같은 행위를 반복할 지위에 따른 사무를 가리키며, 횡령죄에서 재물 보관에 관한 위탁관계는 사실상의 관계에 있으면 충분하다.</u> [2] 학교법인 이사장인 피고인이, 학교법인이 설치·운영하는 대학의 교비회계자금 및 대학 산학협력단 자금을 횡령하였다는 내용으로 기소된 사안에서, 피고인이 대학과 산학협력단 운영에 직·간접적으로 영향력을 행사하였고, 대학 교비나 산학협력단 자금에 관하여 입출금을 지시하기도 하였던 점 등을 종합할 때 자금에 관하여 사실상 보관자의 지위에 있었다고 본 원심판단을 수긍한 사례(대판 2011.10.13. 2009도13751).

④ 주식회사의 설립업무 또는 증자업무를 담당한 사람과 주식인수인이 사전 공모하여 주금납입 취급은행 이외의 제3자로부터 납입금에 해당하는 금액을 차입하여 주금을 납입하고 납입취급은행으로부터 납입금보관증명서를 교부받아 회사의 설립등기절차 또는 증자등기절차를 마친 직후 이를 인출하여 위 차용금채무의 변제에 사용하는 경우, 위와 같은 행위는 실질적으로 회사의 자본을 증가시키는 것이 아니고 등기를 위하여 납입을 가장하는 편법에 불과하여 <u>주금의 납입 및 인출의 전 과정에서 회사의 자본금에는 실제 아무런 변동이 없다고 보아야 할 것이므로 그들에게 회사의 돈을 임의로 유용한다는 불법영득의 의사가 있다고 보기 어렵다 할 것이고, 따라서 회사 자본이 실질적으로 증가함을 전제로 한 업무상 횡령죄가 성립한다고 할 수 없다</u>(대판 2013.4.11. 2012도15585). [해설] 주식회사의 설립업무 또는 증자업무를 담당한 자와 주식인수인이 사전 공모하여 제3자로부터 차용한 돈으로 주금을 납입하고 설립등기 또는 증자등기 후 바로 인출하여 차용금 변제에 사용하는 경우, 업무상 횡령죄가 성립하는지 여부에 대해 부정한 사례.

⑤ <u>회사 운영자나 대표 등이 그 내부 절차를 거쳐 고문 등을 위촉하고 급여를 지급한 행위가 업무상 횡령으로 인정되기 위해서는 그와 같이 고문 등을 위촉할 필요성이나 정당성이 명백히 결여되거나 그 지급되는 급여가 합리적인 수준을 현저히 벗어나는 경우이어야 한다.</u> 그리고 그에 해당하는지를 판단하기 위해서는 고문 등으로 위촉된 자의 업무수행능력뿐만 아니라, 고문 등의 위촉 경위와 동기, 고문 등으로 위촉된 자와 회사의 관계, 그가 회사 발전에 기여한 내용 및 정도, 고문 등으로 위촉되어 담당하기로 한 업무의 내용 및 중요성, 회사 규모와 당시의 경제적 상황, 고문 등의 위촉으로 인하여 회사가 얻을 것으로 예상되는 유·무형의 이익, 관련 업계의 관행 등을 종합적으로 고려하여 판단하여야 한다(대판 2013.6.27. 2012도4848). [해설] 고문위촉과 급여지급에 있어서 횡령죄의 성립 여부를 판단하기 위해서는 고문으로 위촉된 자의 능력을 비롯한 다양한 요소들을 고려하여 종합적으로 그 적정성을 판단하여야만 한다는 판결.

⑥ 업무상 횡령죄에 있어서 불법영득의 의사라 함은 자기 또는 제3자의 이익을 꾀할 목적으로 업무상의 임무에 위배하여 보관하는 타인의 재물을 자기의 소유인 경우와 같이 처분하는 의사를 말하고 <u>사후에 이를 반환하거나 변상·보전하려는 의사가 있다 하더라도 불법영득의 의사를 인정함에 지장이 없다</u>(대판 2014.2.27. 2013도12155).

판례 점유이탈물

① <u>강간을 당한 피해자가 도피하면서 현장에 놓아두고 간 손가방</u>은 점유이탈물이 아니라 <u>사회통념상 피해자의 지배 하에 있는 물건</u>이라고 보아야 할 것이므로 <u>피고인이 그 손가방 안에 들어 있는 피해자 소유의 돈을 꺼낸 소위는 절도죄</u>에 해당한다(대판 1984.2.28. 84도38).

② <u>어떤 물건을 잃어버린 장소가 농구장과 같이 타인의 관리 아래 있을 때에는 그 물건은 일응 그 관리자의 점유에 속한다</u> 할 것이고, 이를 그 관리자 아닌 제3자가 취거하는 것은 과실물횡령이 아니라 절도죄에 해당한다(대판 1988.4.25. 88도409).

③ <u>고속버스 운전사</u>는 고속버스의 관수자로서 차내에 있는 승객의 물건을 점유하는 것이 아니고 승객이 잊고 내린 유실물을 교부받을 권능을 가질 뿐이므로 <u>유실물을 현실적으로 발견하지 않는 한 이에 대한 점유를 개시하였다고 할 수 없고, 그 사이에 다른 승객이 유실물을 발견하고 이를 가져 갔다면 절도에 해당하지 아니하고 점유이탈물횡령에 해당</u>한다(대판 1993.3.16. 92도3170).

④ 승객이 놓고 내린 지하철의 전동차 바닥이나 선반 위에 있던 물건을 가지고 간 경우, <u>지하철의 승무원</u>은 유실물법상 전동차의 관수자로서 승객이 잊고 내린 유실물을 교부받을 권능을 가질 뿐 전동차 안에 있는 승객의 물건을 점유한다고 할 수 없고, 그 <u>유실물을 현실적으로 발견하지 않는 한 이에 대한 점유를 개시하였다고 할 수도 없으므로</u>, 그 사이에 위와 같은 유실물을 발견하고 가져간 행위는 <u>점유이탈물횡령죄에 해당함은 별론으로 하고 절도죄에 해당하지는 않는다</u>(대판 1999.11.26. 99도3963).

 판례 점유이탈물횡령죄의 고의

- 다른 사람의 유실물인 줄 알면서 당국에 신고하거나 피해자의 숙소에 운반하지 아니하고 자기 친구 집에 운반한 사실만으로서는 점유이탈물횡령의 범의를 인정하기 어렵다(대판 1969.8.19. 69도1078).

 **제6절 | 배임의 죄**

Ⅰ. 서론

1. 배임죄의 의의

타인의 사무를 처리하는 자가 그 임무에 위배하는 행위로 재산상의 이익을 취득하거나 제3자로 하여금 이를 취득케 하여 본인에게 손해를 가하는 것을 내용으로 하는 범죄이다(제355조 제2항). 배임죄의 보호법익은 재산권이며, 보호법익이 보호받는 정도는 침해범이다. 그러나 판례는 위험범으로 보고 있다.

2. 배임죄의 본질

배임죄의 본질을 어떻게 이해할 것인가에 관하여는 ㈎ 배임죄의 본질이 법적 대리권의 남용에 있다고 하는 권한남용설과, ㈏ 배임죄의 본질을 신의성실의 의무에 대한 위배 내지 신임관계의 침해에 있다고 하는 배신설이 대립하고 있다. 배임죄는 바로 신임관계에서 발생한 타인의 재산상의 이익을 보호할 의무를 침해하는 것을 말하는 것이므로 통설·판례인 후설이 타당하다. 따라서 횡령죄와 배임죄는 신임관계를 침해한다는 배신성에서 그 본질을 같이하며, 다만 행위의 객체를 달리할 뿐이다. 즉 횡령죄는 타인의 재물을 객체로 함에 대하여, 배임죄는 재산상의 이익을 객체로 한다.

3. 배임죄의 체계

형법	기본적 구성요건	배임죄(제355조 제2항)
	가중적 구성요건(신분으로 인한 책임가중)	업무상 배임죄(제356조)
	독립적 구성요건(독자적 범죄)	배임수재죄(제357조 제1항), 배임증재죄(제357조 제2항)
	미수범 처벌	제355조 제2항, 제356조, 제357조의 죄(제359조)
	친족상도례·동력규정	제361조
특별 형법	특정경제범죄가중처벌등에관한법률	배임죄로 인한 취득가액이 5억원 이상인 경우와(제3조), 금융기관의 임·직원의 배임수증죄에 대한 가중처벌
	상법	발기인·이사 기타 회사 임원 등의 특별배임죄(제622조), 사채권자집회의 대표자 등의 특별배임죄(제623조).

Ⅱ. 배임죄

> **제355조(횡령, 배임)**
> ② 타인의 사무를 처리하는 자가 그 임무에 위배하는 행위로써 재산상의 이익을 취득하거나 제삼자로 하여금 이를 취득하게 하여 본인에게 손해를 가한 때에도 전항의 형과 같다.

> **제359조(미수범)**
> 제355조 내지 제357조의 미수범은 처벌한다.

1. 객관적 구성요건

객관적 구성요건으로 '타인의 사무를 처리하는 자가 배임행위를 하여 재산상의 이익을 취득하고 본인에게 손해를 가할 것'을 요한다.

(1) 행위의 주체

주체는 '타인의 사무를 처리하는 자'이다. 이러한 의미에서 본죄는 진정신분범이다. 타인의 사무를 처리하는 자란 타인과의 대내관계에서 신의성실의 원칙에 비추어 그 사무를 처리할 신임관계가 존재하는 자를 말한다. 그러나 이와 같이 배신설에 입각하여 타인의 사무를 처리하는 자의 범위를 정하는 경우에는 그 범위가 지나치게 확대되므로 이를 엄격히 해석할 필요가 있다.

1) **사무처리의 근거** : 법령·계약 또는 법률행위에 제한되지 않고, 사회윤리적 신임관계 또는 순수한 사실상의 신임관계가 인정되는 경우도 포함된다. 사무처리의 근거가 된 법률행위가 명백한 법적 금지를 이유로 무효인 경우에는 처음부터 신임관계를 인정할 수 없으나, 그 외의 이유로 무효인 때에는 사실상의 신임관계가 인정될 수 있다.

2) **사무처리의 내용** : 사적 사무뿐만 아니라 공적 사무도 포함된다는 점에는 의문이 없으나, 그것이 반드시 재산상의 사무임을 요하는가에 대하여는 ㈎ 재산상의 사무임을 요하지 않는다는 견해와 ㈏ 반드시 재산상의 사무임을 요하지 않지만 적어도 그것이 재산적인 이해관계를 가지는 사무임을 요한다는 견해가 있으나, ㈐ 본죄의 사무는 재산상의 사무에 국한한다고 보는 것이 타당하다. 배임죄는 횡령죄와 그 본질을 같이하는 재산죄일 뿐만 아니라 이를 재산상의 사무에 제한함으로써 배임죄의 부당한 확대적용을 막을 수 있기 때문이다. 판례도 같은 입장이다.

3) **타인의 사무처리** : 배임죄의 주체는 타인의 사무를 처리하는 자이다. 따라서 자기의 사무를 처리하는 자는 배임죄의 주체가 될 수 없다. 타인의 사무라고 하기 위하여는 본인의 재산보호가 신임관계의 전형적·본질적 내용이 되는 주된 의무가 아니면 안 되며, 단순히 부수적 의무가 되는 것으로는 족하지 않다. 또한 타인의 재산을 보호할 사무임과 동시에 자기의 사무로서의 성질을 가지고 있는 때에도 타인을 위한 사무가 본질적 내용을 이룰 때에는 타인의 사무를 처리하는 자에 해당한다.

4) **사무처리의 독립성** : 배신설에 의한 배임죄의 구성요건의 무한한 확대를 방지하기 위하여는 사무처리자에게 일정한 범위에서 판단의 자유 내지 활동의 자유와 독립성과 책임이 있을 것을 요한다. 따라서 단순히 본인의 지시에 따라 기계적 사무에 종사하는 자는 여기에 해당하지 않는다.

(2) 행위

'배임행위로써 재산상의 이익을 취득하여 본인에게 손해를 가하는 것'이다.

1) **배임행위** : 배임행위란 타인의 사무를 처리하는 자로서 임무에 위배하는 행위를 말한다. 그것이 권한의 남용이건 법률상의 의무위반이건 묻지 아니하며, 법률행위뿐만 아니라 사실행위도 포함

한다. 작위뿐만 아니라 부작위에 의한 배임행위도 가능하다. 그러나 사무처리에 대하여 본인의 동의가 있는 때에는 배임행위라고 할 수 없다. 여기서 문제되는 것이 이른바 '모험거래'의 문제이다. 모험거래란 주식투기·외환투기와 같이 사무처리가 본인의 이익이 될지 손해가 될지 매우 불투명한 투기적 성질의 거래를 말한다. 모험거래의 임무위배 여부는 거래의 범위·형태·방법을 정한 내부관계 및 거래의 관행에 비추어 판단해야 한다. 한편, 모험거래뿐만 아니라 사무처리 일반에 대하여 피해자인 본인의 승낙이 있는 경우에는 처음부터 배임행위에 해당하지 않는다고 보아야 한다(구성요건해당성의 배제). 다만 그 승낙이 사후에 있어서는 안 된다.

2) 재산상의 손해와 이익의 취득

㈎ 재산상의 손해 : 배임죄는 배임행위로 인하여 본인에게 재산상의 손해가 발생하여야 성립한다. 재산상의 손해라 함은 본인의 전체 재산가치의 감소, 즉 총체적으로 본인의 재산상태에 손실을 가하는 경우를 말한다. 적극적 손해이건 소극적 손해이건 묻지 않으며, 현실적 손해가 발생하는 경우뿐만 아니라 재산상의 위험이 발생한 경우도 포함한다.

㈏ 이익의 취득 : 배임죄는 본인에게 재산상의 손해를 가하면 바로 성립하는 것이 아니라, 배임행위로 인하여 재산상의 이익을 취득할 것을 요건으로 한다. 따라서 본인에게 손해를 가하였다고 할지라도 이익을 취득한 사실이 없으면 본죄는 성립하지 않는다.

3) 착수 및 기수시기 : 착수시기는 배임의 고의를 가지고 임무에 위배되는 행위를 개시한 때이고, 기수시기는 배임행위의 결과로서 재산상 손해가 발생한 때이다.

2. 주관적 구성요건

배임죄는 고의범이므로 객관적 구성요건에 대한 고의가 있음을 요한다. 따라서 행위자는 타인의 사무를 처리하는 자로서 임무에 위배하는 행위를 하여 자기 또는 제3자가 재산상의 이익을 취득하고, 본인에게 손해를 가한다는 인식과 의사가 있어야 한다. 또한 배임죄의 주관적 구성요건으로는 고의 이외에 불법이득의 의사가 있을 것을 요한다(통설, 판례). 그러나 본인에게 손해를 가할 목적이 있을 것을 요하지 않는다.

3. 공범관계

배임죄의 실행으로 인하여 이익을 얻게 되는 수익자 또는 그와 밀접한 관련이 있는 제3자는 배임행위를 교사하거나 그 배임죄의 전 과정에 관여하는 등으로 배임행위에 적극 가담한 경우에 한하여 배임죄의 공동정범이나 교사범이 성립할 수 있다.

4. 다른 범죄와의 관계

(1) 횡령죄와의 관계

횡령죄와 배임죄는 신임관계를 위배한다는 점에서 그 본질을 같이하며, 다만 그 객체의 성질에 따라 양자가 구별될 수 있을 뿐이라고 해야 한다. 즉 횡령죄는 재물죄이고 배임죄는 이득죄이다. 따라서 횡령죄는 배임죄에 대하여 특별관계에 있게 되어, 1개의 행위가 동시에 횡령죄와 배임죄의 구성요건에 해당하는 경우에 횡령죄가 성립하면 배임죄는 별도로 성립하지 않는다.

(2) 사기죄와의 관계

타인의 사무를 처리하는 자가 그 임무에 위배하여 본인을 기망함으로써 본인에게 손해를 가한 경우에는 양죄의 상상적 경합에 해당한다.

(3) 장물죄와의 관계

배임죄에 의하여 영득한 것은 재산상의 이익이며, 재물은 배임행위에 제공된 물건에 지나지 아니하므로 이를 취득하여도 장물죄가 성립할 여지는 없다. 즉, 배임행위에 제공된 물건을 그 정을 알면서 취득한 경우 배임죄로 영득한 재물이 아니므로 장물취득죄가 성립하지 않는다.

> **판례** 배임죄의 본질
>
> - 배임죄의 주체로서 '타인의 사무를 처리하는 자'란 타인과의 대내관계에서 신의성실의 원칙에 비추어 <u>그 사무를 처리할 신임관계가 존재한다고 인정되는 자</u>를 의미하고, 반드시 제3자에 대한 대외관계에서 그 사무에 관한 대리권이 존재할 것을 요하지 않으며, 나아가 <u>업무상 배임죄에서 업무의 근거는 법령, 계약, 관습의 어느 것에 의하건 묻지 않고, 사실상의 것도 포함한다</u>(대판 2002.6.14. 2001도3534, 대판 2000.3.14. 99도457).

> **판례** 횡령과 배임의 구별
>
> ① <u>타인을 위하여 금전 등을 보관·관리하는 자가 개인적 용도로 사용할 자금을 마련하기 위하여, 적정한 금액보다 과다하게 부풀린 금액으로 공사계약을 체결하기로 공사업자 등과 사전에 약정하고 그에 따라 과다 지급된 공사대금 중의 일부를 공사업자로부터 되돌려 받는 행위는 그 타인에 대한 관계에서 과다하게 부풀려 지급된 공사대금 상당액의 횡령</u>이 된다(대판 2015.12.10. 2013도13444, 대판 2010.5.27. 2010도3399). **[해설]** 처음부터 정상적인 금액을 빙자하여 돈을 빼돌린 경우 횡령죄에 해당함.
>
> ② 업무상 배임죄는 위태범으로서 그 성립을 위하여 현실로 본인에게 재산상 손해가 발생할 것까지 요하는 것은 아니므로, 피고인 1이 이 사건 아파트 주민들을 위하여 적정한 가격으로 하자보수공사 도급계약을 체결할 임무가 있는 원심 공동피고인과 공모하여 <u>이 사건 대표회의로 하여금 부당하게 높은 가격으로 공사도급계약을 체결하여 공사대금채무를 부담하게 하였다면 그로써 곧바로 업무상 배임죄가 성립하고</u>, 그 이후에 이 사건 대표회의가 현실로 공사대금채무를 이행하였는지 여부는 업무상 배임죄의 성립과는 관계가 없다 할 것이고, 그 경우 <u>배임액은 피고인 1와 원심 공동피고인이 공모하여 이 사건 대표회의로 하여금 체결하도록 한 이 사건 도급계약의 도급금액 전액에서 정당한 도급금액을 공제한 금액으로 보아야 할 것이다</u>(대판 1999.4.27. 99도883). **[해설]** 계약이 이미 체결되었음에도 본인에게 손해를 끼치는 행위를 한 경우 배임죄에 해당함.

> **판례** 사무처리의 근거
>
> ① 내연의 처와의 불륜관계를 지속하는 대가로서 부동산에 관한 소유권이전등기를 경료해 주기로 약정한 경우, <u>위 부동산 증여계약은 선량한 풍속과 사회질서에 반하는 것으로 무효</u>이어서 위 증여로 인한 소유권이전등기의무가 인정되지 아니하는 이상 동인이 <u>타인의 사무를 처리하는 자에 해당한</u>

다고 볼 수 없어 비록 위 등기의무를 이행하지 않는다 하더라도 배임죄를 구성하지 않는다(대판 1986.9.9. 86도1382).

② 국토이용관리법 제21조의2에 의하여 지정된 토지의 거래계약 허가구역 안에 있는 토지의 매매에 관하여 같은 법 제21조의3 제1항에 의한 토지거래허가를 받은 바 없으므로, 그 매매계약은 채권적 효력도 없는 것이어서 매도인에게 매수인에 대한 소유권이전등기에 협력할 의무가 생겼다고 볼 수 없으므로 매도인을 배임죄의 주체인 <u>타인의 사무를 처리하는 자</u>에 해당한다고 할 수 없고, 허가 구역 안에 있는 토지의 거래당사자 사이에 그 허가를 받도록 서로 협력할 의무가 있다고 하더라도 이는 아직 타인의 사무로 볼 수는 없다(대판 1996.8.23. 96도1514).

판례 | 사무처리의 내용

① 업무상 배임죄에 있어서 타인의 사무를 처리하는 자란 고유의 권한으로서 그 처리를 하는 자에 한하지 않고 그 자의 보조기관으로서 직접 또는 간접으로 그 처리에 관한 사무를 담당하는 자도 포함하는바, 피고인이 전신전화국 관리과장으로서 서무, 징수사무와 경리 및 공사관계지출사무를 주관 처리하는 자인데 예산회계법상 재무관 및 세입징수관인 국장과 공모하여 각 그 업무상의 임무에 위배한 행위(피고인 및 국장에 의한 허위내용의 재입찰공고서의 순차결재 및 국장에 의한 입찰계약 체결)를 하였다면 업무상 배임죄가 성립한다(대판 1982.7.27. 81도203).

② 업무상 배임죄에 있어서 타인의 사무를 처리하는 자란 고유의 권한으로서 그 처리를 하는 자에 한하지 않고 그 자의 <u>보조기관으로서 직접 또는 간접으로 그 처리에 관한 사무를 담당하는 자도 포함</u>한다(대판 1999.7.23. 99도1911).

③ 대학교 총장으로 대학교 업무 전반을 총괄함과 동시에 학교법인의 이사로서 학교법인 이사회에 상당한 영향력을 행사하고 있는 자가 학교법인의 이사로서 이사회에 참석하여 명예총장에 추대하는 결의에 찬성하고, 이사회의 결의에 따라 대학교의 총장으로서 대학교의 교비로써 명예총장의 활동비 및 전용 운전사의 급여를 지급한 경우, 업무상 배임죄의 주체가 될 수 있다(대판 2003.1.10. 2002도758).

판례 | 타인의 사무

① <u>배임죄에 있어서 타인의 사무</u>라 함은 신임관계에 기초를 둔 타인의 재산의 보호 내지 관리의무가 있을 것을 그 본질적 내용으로 하는 것으로 타인의 재산관리에 관한 사무를 대행하는 경우, 예컨대 위임, 고용 등의 계약상 타인의 재산의 관리 보전의 임무를 부담하는데 본인을 위하여 일정한 권한을 행사하는 경우, 등기협력의무와 같이 매매, 담보권설정등 <u>자기의 거래를 완성하기 위한 자기의 사무인 동시에 상대방의 재산보전에 협력할 의무가 있는 경우</u> 따위를 말한다고 할 것이지 본건과 같이 <u>공소외인의 대지매도대금수령의 확보책으로 피고인들 소유의 본건 건물의 처분은 공소외인의 사전 승낙 아래 하겠다는 특약상의 의무는 단순한 채무에 불과하고 공소외인의 재산관리 내지 보전의 사무라고 할 수 없다</u>고 할 것이다(대판 1983.2.8. 81도3137).

② 점포임차권양도계약을 체결한 후 계약금과 중도금까지 지급받았다 하더라도 잔금을 수령함과 동시에 양

수인에게 점포를 명도하여 줄 양도인의 의무는 위 양도계약에 따르는 민사상의 채무에 지나지 아니하여 이를 타인의 사무로 볼 수 없으므로 비록 양도인이 위 임차권을 2중으로 양도하였다 하더라도 배임죄를 구성하지 않는다(대판 1986.9.23. 86도811). [해설] 점포임차권 이중양도의 배임죄 성립 여부에 대해서 이를 부정한 사례.

③ 배임죄에 있어서 타인의 사무를 처리하는 자라 함은 양자 간의 신임관계에 기초를 둔 타인의 재산보호 내지 관리의무가 있음을 그 본질적 내용으로 하는 것이므로, 배임죄의 성립에 있어 행위자가 대외관계에서 타인의 재산을 처분할 적법한 대리권이 있음을 요하지 아니한다(대판 1999.9.17. 97도3219).

④ 미성년자와 친생자관계가 없으나 호적상 친모로 등재되어 있는 자가 미성년자의 상속재산 처분에 관여한 경우, 배임죄에 있어서 타인의 사무를 처리하는 자의 지위에 있다고 한 사례(대판 2002.6.14. 2001도3534).

⑤ 배임수재죄의 주체로서 타인의 사무를 처리하는 자라 함은 타인과의 대내관계에 있어서 신의성실의 원칙에 비추어 그 사무를 처리할 신임관계가 존재한다고 인정되는 자를 의미하고, 반드시 제3자에 대한 대외관계에서 그 사무에 관한 권한이 존재할 것을 요하지 않으며, 또 그 사무가 포괄적 위탁사무일 것을 요하는 것도 아니고, 사무처리의 근거, 즉 신임관계의 발생근거는 법령의 규정, 법률행위, 관습 또는 사무관리에 의하여도 발생할 수 있다(대판 2003.2.26. 2002도6834).

⑥ 일정한 신임관계의 고의적 외면에 대한 형사적 징벌을 핵심으로 하는 배임의 관점에서 보면, 부동산매매에서 매수인이 대금을 지급하는 것에 대하여 매도인이 계약상 권리의 만족이라는 이익이 있다고 하여도 대금의 지급은 어디까지나 매수인의 법적 의무로서 행하여지는 것이고, 그 사무의 처리에 관하여 통상의 계약에서의 이익대립관계를 넘는 신임관계가 당사자 사이에 발생한다고 할 수 없다. 따라서 그 대금의 지급은 당사자 사이의 신임관계에 기하여 매수인에게 위탁된 매도인의 사무가 아니라 애초부터 매수인 자신의 사무라고 할 것이다. 또한 매도인이 대금을 모두 지급받지 못한 상태에서 매수인 앞으로 목적물에 관한 소유권이전등기를 경료하였다면, 이는 법이 동시이행의 항변권 등으로 마련한 대금 수령의 보장을 매도인이 자신의 의사에 기하여 포기한 것으로서, 다른 특별한 사정이 없는 한 대금을 받지 못하는 위험을 스스로 인수한 것으로 평가된다. 그리고 그와 같이 미리 부동산을 이전받은 매수인 이 이를 담보로 제공하여 매매대금 지급을 위한 자금을 마련하고 이를 매도인에게 제공함으로써 잔금을 지급하기로 당사자 사이에 약정하였다고 하더라도, 이는 기본적으로 매수인이 매매대금의 재원을 마련하는 방편에 관한 것이고, 그 성실한 이행에 의하여 매도인이 대금을 모두 받게 되는 이익을 얻는다는 것만으로 매수인이 신임관계에 기하여 매도인의 사무를 처리하는 것이 된다고 할 수 없다(대판 2011.4.28. 2011도3247).

⑦ 대학병원 의사인 피고인이, 의약품인 조영제나 의료재료를 지속적으로 납품할 수 있도록 해달라는 부정한 청탁 또는 의약품 등을 사용해 준 대가로 제약회사 등으로부터 명절 선물이나 골프접대 등 향응을 제공 받았다고 하여 배임수재의 공소사실로 기소된 사안에서, 피고인이 실질적으로 조영제 등의 계속사용 여부를 결정할 권한이 있었고, 단순히 1회에 그치지 않고 여러 차례에 걸쳐 선물과 향응을 제공받았으며, 제약회사 등은 피고인과 유대강화를 통해 지속적으로 조영제 등을 납품하기 위하여 이를 제공한 점 등의 사정을 종합할 때, 피고인은 '타인의 사무를 처리하는 자'에 해당하고, 피고인이 받은 선물, 골프접대비, 회식비 등은 부 정한 청탁의 대가로서 단순한 사교적 의례 범위에 해당하지 않는다는 이유로, 피고인에게 유죄를 인정한 원심 판단을 수긍한 사례(대판

2011.8.18. 2010도10290).

⑧ 형법 제357조 제1항의 배임수재죄는 타인의 사무를 처리하는 자가 임무에 관하여 부정한 청탁을 받고 재물 또는 재산상 이익을 취득함으로써 성립하는데, 배임수재죄 주체로서 '타인의 사무를 처리하는 자'란 타인과 대내관계에서 신의성실의 원칙에 비추어 사무를 처리할 신임관계가 존재한다고 인정되는 자를 의미하고, 반드시 제3자에 대한 대외관계에서 사무에 관한 권한이 존재할 것을 요하지 않으며, 또 사무가 포괄적 위탁사무일 것을 요하는 것도 아니고, 사무처리의 근거, 즉 신임관계의 발생근거는 법령의 규정, 법률행위, 관습 또는 사무관리에 의하여도 발생할 수 있다(대판 2011.8.25. 2009도5618).

⑨ [다수의견] ㈎ 채무자가 채권자에 대하여 소비대차 등으로 인한 채무를 부담하고 이를 담보하기 위하여 장래에 부동산의 소유권을 이전하기로 하는 내용의 대물변제예약에서, 약정의 내용에 좇은 이행을 하여야 할 채무는 특별한 사정이 없는 한 '자기의 사무'에 해당하는 것이 원칙이다. ㈏ 채무자가 대물변제예약에 따라 부동산에 관한 소유권을 이전해 줄 의무는 예약 당시에 확정적으로 발생하는 것이 아니라 채무자가 차용금을 제때에 반환하지 못하여 채권자가 예약완결권을 행사한 후에야 비로소 문제가 되고, 채무자는 예약완결권 행사 이후라도 얼마든지 금전채무를 변제하여 당해 부동산에 관한 소유권이전등기절차를 이행할 의무를 소멸시키고 의무에서 벗어날 수 있다. 한편 채권자는 당해 부동산을 특정물 자체보다는 담보물로서 가치를 평가하고 이로써 기존의 금전채권을 변제받는 데 주된 관심이 있으므로, 채무자의 채무불이행으로 인하여 대물변제예약에 따른 소유권등기를 이전받는 것이 불가능하게 되는 상황이 초래되어도 채권자는 채무자로부터 금전적 손해배상을 받음으로써 대물변제예약을 통해 달성하고자 한 목적을 사실상 이룰 수 있다. 이러한 점에서 대물변제예약의 궁극적 목적은 차용금반환채무의 이행 확보에 있고, 채무자가 대물변제예약에 따라 부동산에 관한 소유권이전등기절차를 이행할 의무는 궁극적 목적을 달성하기 위해 채무자에게 요구되는 부수적 내용이어서 이를 가지고 배임죄에서 말하는 신임관계에 기초하여 채권자의 재산을 보호 또는 관리하여야 하는 '타인의 사무'에 해당한다고 볼 수는 없다. ㈐ 그러므로 채권 담보를 위한 대물변제예약 사안에서 채무자가 대물로 변제하기로 한 부동산을 제3자에게 처분하였다고 하더라도 형법상 배임죄가 성립하는 것은 아니다(대판 2014.8.21. 2014도3363 전원합의체). [해설] 채무자가 대물변제예약에 따라 부동산에 관한 소유권이전등기절차를 이행할 의무는 배임죄에서 말하는 신임관계에 기초하여 채권자의 재산을 보호 또는 관리하여야 하는 '타인의 사무'에 해당한다고 볼 수 없어, 배임죄가 성립할 수 없다고 기존의 견해를 변경한 전원합의체 판결.

⑩ 업무상 배임죄의 주체는 타인의 사무를 처리하는 지위에 있어야 한다. 따라서 회사직원이 재직 중에 영업비밀 또는 영업상 주요한 자산을 경쟁업체에 유출하거나 스스로의 이익을 위하여 이용할 목적으로 무단으로 반출하였다면 타인의 사무를 처리하는 자로서 업무상의 임무에 위배하여 유출 또는 반출한 것이어서 유출 또는 반출 시에 업무상 배임죄의 기수가 된다. 또한 회사직원이 영업비밀 등을 적법하게 반출하여 반출행위가 업무상 배임죄에 해당하지 않는 경우라도, 퇴사 시에 영업비밀 등을 회사에 반환하거나 폐기할 의무가 있음에도 경쟁업체에 유출하거나 스스로의 이익을 위하여 이용할 목적으로 이를 반환하거나 폐기하지 아니하였다면, 이러한 행위 역시 퇴사 시에 업무상 배임죄의 기수가 된다. 그러나 회사직원이 퇴사한 후에는 특별한 사정이 없는 한 퇴사한 회사직원은 더 이상 업무상 배임죄에서 타인의 사무를 처리하는 자의 지위에 있다고 볼 수 없고, 위와 같이 반환하거나 폐기하지 아니한 영업비밀 등을 경쟁업체에 유출하거나 스스로의 이익을 위하여 이용하더라도 이는 이미 성립한 업무상 배임행위의 실행행위에 지나

지 아니하므로, 그 유출 내지 이용행위가 부정경쟁방지 및 영업비밀보호에 관한 법률 위반(영업비밀누설 등)죄에 해당하는지는 별론으로 하더라도, 따로 업무상 배임죄를 구성할 여지는 없다. 그리고 위와 같이 퇴사한 회사직원에 대하여 타인의 사무를 처리하는 자의 지위를 인정할 수 없는 이상 제3자가 위와 같은 유출 내지 이용행위에 공모·가담하였더라도 타인의 사무를 처리하는 자의 지위에 있다는 등의 사정이 없는 한 업무상 배임죄의 공범 역시 성립할 수 없다(대판 2017.6.29. 2017도3808).

⑪ [1] 이른바 보통예금은 은행 등 법률이 정하는 금융기관을 수치인으로 하는 금전의 소비임치계약으로서, 그 예금계좌에 입금된 금전의 소유권은 금융기관에 이전되고, 예금주는 그 예금계좌를 통한 예금반환채권을 취득하는 것이므로, 금융기관의 임직원은 예금주로부터 예금계좌를 통한 적법한 예금반환 청구가 있으면 이에 응할 의무가 있을 뿐 예금주와의 사이에서 그의 재산관리에 관한 사무를 처리하는 자의 지위에 있다고 할 수 없다. [2] 그뿐 아니라, 공소외 은행 직원인 피고인이 피해자들 명의 예금계좌에 입금된 대출금을 권한 없이 인출한 이상 피해자들의 예금채권은 소멸하지 않고 그대로 존속하며 피해자들은 여전히 공소외 은행에 대하여 그 반환을 구할 수 있으므로 피고인의 대출금 인출로 인하여 피해자들에게 재산상의 손해가 발생하였다고 할 수도 없다. [3] 임의로 예금주의 예금계좌에서 5,000만원을 인출한 금융기관의 임직원에게 업무상 배임죄가 성립하지 않는다고 한 사례(대판 2017. 8.24. 2017도7489, 대판 2008.4.24. 2008도1408). [해설] 은행직원이 고객의 예금을 관리하는 것은 은행의 소유인 금원에 대한 은행의 업무에 관한 것으로 예금주인 고객의 사무를 처리하는 것이 아님을 명확히 한 판결.

⑫ [1] 부동산 매매계약에서 중도금이 지급되는 등 계약이 본격적으로 이행되는 단계에 이른 때에는 계약이 취소되거나 해제되지 않는 한 매도인은 매수인에게 부동산의 소유권을 이전할 의무에서 벗어날 수 없다. 이러한 단계에 이른 때에 매도인은 매수인에게 매수인의 재산보전에 협력하여 재산적 이익을 보호·관리할 신임관계에 있게 되고, 그 때부터 배임죄에서 말하는 '타인의 사무를 처리하는 자'에 해당한다고 보아야 한다. 그러한 지위에 있는 매도인이 매수인에게 계약 내용에 따라 부동산의 소유권을 이전해 주기 전에 부동산을 제3자에게 처분하여 등기를 하는 행위는 매수인의 부동산 취득이나 보전에 지장을 초래하는 행위로서 배임죄가 성립한다. 이러한 법리는 서면에 의한 부동산 증여계약에도 마찬가지로 적용된다. 서면으로 부동산 증여의 의사를 표시한 증여자는 계약이 취소되거나 해제되지 않는 한 수증자에게 목적부동산의 소유권을 이전할 의무에서 벗어날 수 없다. 그러한 증여자는 '타인의 사무를 처리하는 자'에 해당하고, 그가 수증자에게 증여계약에 따라 부동산의 소유권을 이전하지 않고 부동산을 제3자에게 처분하여 등기를 하는 행위는 수증자와의 신임관계를 저버리는 행위로서 배임죄가 성립한다. [2] 피고인이 甲과의 증여계약에 따라 목장용지 중 1/2 지분을 甲에게 증여하고 증여의 의사를 서면으로 표시하였는데 그 후 농업협동조합에서 4,000만원을 대출받으면서 목장용지에 농업협동조합 앞으로 채권최고액 5,200만원의 근저당권설정등기를 마침으로써 피담보채무액 중 1/2 지분에 해당하는 2,000만원의 재산상 이익을 취득하고, 甲에게 같은 금액의 재산상 손해를 입혔다고 하여 배임으로 기소된 사안에서, 피고인이 서면으로 증여의 의사를 표시하였는지에 관하여 심리하지 아니한 채, 서면으로 증여의 의사를 표시한 증여자의 소유권이전등기의무는 증여자 자기의 사무일 뿐이라는 전제에서 공소사실을 무죄로 판단한 원심판결에 배임죄에서 '타인의 사무를 처리하는 자' 등에 관한 법리를 오해하고 필요한 심리를 다하지 않은 잘못이 있다고 한 사례(대판 2018.12.13. 2016도19308).

⑬ [1] 배임죄는 '타인의 사무를 처리하는 자'라는 신분을 요하는 진정신분범이다. 따라서 배임죄의 성립을 인정하기 위해서는 피고인의 행위가 타인의 신뢰를 위반한 것인지, 그로 인한 피해가 어느 정도

인지를 따지기에 앞서 당사자 관계의 본질을 살펴 그가 '타인의 사무를 처리하는 자'에 해당하는지를 판단하여야 한다. 채무자가 계약을 위반하여 그 의무를 이행하지 않는 등 채권자의 기대나 신뢰를 저버리는 행위를 하고, 그로 인한 채권자의 재산상 피해가 적지 않아 비난가능성이 높다거나, 채권자의 재산권 보호를 위하여 처벌의 필요성이 크다는 이유만으로 배임죄의 죄책을 묻는 것은 죄형법정주의 원칙에 반한다. [2] 금전채권채무 관계에서 채권자가 채무자의 급부이행에 대한 신뢰를 바탕으로 금전을 대여하고 채무자의 성실한 급부이행에 의해 채권의 만족이라는 이익을 얻게 된다 하더라도, 채권자가 채무자에 대한 신임을 기초로 그의 재산을 보호 또는 관리하는 임무를 부여하였다고 할 수 없고, 금전채무의 이행은 어디까지나 채무자가 자신의 급부의무의 이행으로서 행하는 것이므로 이를 두고 채권자의 사무를 맡아 처리하는 것으로 볼 수 없다. 따라서 채무자를 채권자에 대한 관계에서 '타인의 사무를 처리하는 자'에 해당한다고 할 수 없다. 채무자가 금전채무를 담보하기 위하여 그 소유의 동산을 채권자에게 양도하기로 약정하거나 양도담보로 제공한 경우에도 마찬가지이다. [3] 채무자가 양도담보설정계약에 따라 부담하는 의무, 즉 동산을 담보로 제공할 의무, 담보물의 담보가치를 유지·보전하거나 담보물을 손상, 감소 또는 멸실시키지 않을 소극적 의무, 담보권 실행 시 채권자나 그가 지정하는 자에게 담보물을 현실로 인도할 의무와 같이 채권자의 담보권 실행에 협조할 의무 등은 모두 양도담보설정계약에 따라 부담하게 된 채무자 자신의 급부의무이다. 또한 양도담보설정계약은 피담보채권의 발생을 위한 계약에 종된 계약으로, 피담보채무가 소멸하면 양도담보설정계약상의 권리의무도 소멸하게 된다. 양도담보설정계약에 따라 채무자가 부담하는 의무는 담보목적의 달성, 즉 채무불이행 시 담보권 실행을 통한 채권의 실현을 위한 것이므로 담보설정계약의 체결이나 담보권 설정 전후를 불문하고 당사자 관계의 전형적·본질적 내용은 여전히 금전채권의 실현 내지 피담보채무의 변제에 있다. 따라서 채무자가 위와 같은 급부의무를 이행하는 것은 채무자 자신의 사무에 해당할 뿐이고, 채무자가 통상의 계약에서의 이익대립관계를 넘어서 채권자와의 신임관계에 기초하여 채권자의 사무를 맡아 처리한다고 볼 수 없으므로 채무자를 채권자에 대한 관계에서 '타인의 사무를 처리하는 자'라고 할 수 없다(대판 2020.2.20. 2019도9756 전원합의체). [해설] 채무담보를 위해 동산이나 주식을 채권자에게 양도하기로 약정하거나 양도담보로 제공한 채무자는 채권자의 양도담보권자의 사무를 처리하는 자에 해당하고, 그 채무자의 담보목적물의 처분행위는 배임죄가 성립된다고 본 대법원의 기존 판결을 변경한 전원합의체 판결. 이에 대해, 동산 양도담보를 신탁적 양도로 보는 이상, 그 기능이나 경제적 목적이 채권담보이고, 그에 따라 채권자가 채권담보의 목적 범위에서만 소유권을 행사할 채권적 의무를 부담하더라도, 담보목적물의 소유권은 당사자 사이에 소유권을 양도한다는 합의와 점유개정에 의한 인도에 따라 완전히 채권자에게 이전하므로 점유개정에 따라 양도담보 목적물을 직접 점유하는 채무자는 '타인의 재물을 보관하는 자'에 해당하고, 그가 채권자의 허락 없이 제3자에게 담보목적물을 양도하는 등 처분한 경우에는 횡령죄가 성립한다고 보아야 한다는 소수견해 있음.

⑭ [1] 배임죄는 타인의 사무를 처리하는 자가 그 임무에 위배하는 행위로써 재산상의 이익을 취득하거나 제3자로 하여금 이를 취득하게 하여 사무의 주체인 타인에게 손해를 가할 때 성립하므로 범죄의 주체는 타인의 사무를 처리하는 지위에 있어야 한다. 여기에서 '타인의 사무를 처리하는 자'라고 하려면, 타인의 재산관리에 관한 사무의 전부 또는 일부를 타인을 위하여 대행하는 경우와 같이 당사자 관계의 전형적·본질적 내용이 통상의 계약에서의 이익대립관계를 넘어서 그들 사이의 신임관계에 기초하여 타인의 재산을 보호 또는 관리하는 데에 있어야 한다. 이익대립관계에 있는 통상의 계약관계에서 채무자의 성실한 급부이행에 의해 상대방이 계약상 권리의 만족 내지 채권의 실현이라는 이익을 얻게 되는 관계에 있다거나, 계약을 이행함에 있어 상대방을 보호하거

나 배려할 부수적인 의무가 있다는 것만으로는 채무자를 타인의 사무를 처리하는 자라고 할 수 없다. [2] 피고인이 甲 새마을금고로부터 특정 토지 위에 건물을 신축하는 데 필요한 공사자금 10억원을 대출받으면서 이를 담보하기 위하여 乙 신탁회사를 수탁자, 甲 금고를 우선수익자, 피고인을 위탁자 겸 수익자로 한 담보신탁계약 및 자금관리대리사무계약을 체결하였고 계약 내용에 따라 건물이 준공된 후 乙 회사에 신탁등기를 이행하여 甲 금고의 우선수익권을 보장할 임무가 있음에도 이에 위배하여 丙 앞으로 건물의 소유권보존등기를 마쳐줌으로써 甲 금고에 재산상 손해를 가하였다고 하여 특정경제범죄 가중처벌 등에 관한 법률 위반(배임)으로 기소된 사안에서, 피고인이 乙 회사, 甲 금고와 체결한 담보신탁계약의 신탁 대상 부동산은 토지이고, 건물에 대해서는 위 계약에 따라 신탁등기가 이루어지는 것이 아니라 향후 건물이 준공되어 소유권보존등기까지 마친 후 乙 회사를 수탁자로, 甲 금고를 우선수익자로 한 담보신탁계약 등을 체결하고 그에 따른 등기절차 등을 이행하기로 약정한 것에 불과한 점, 건물에 관하여 추가 담보신탁하기로 약정한 것은 甲 금고가 피고인에 대한 대출금 채권의 변제를 확보하기 위함이고, 甲 금고의 주된 관심은 건물에 대한 신탁등기 이행 여부가 아닌, 대출금 채권의 회수에 있다고 봄이 타당한 점, 피고인은 甲 금고와의 관계에서 향후 건물이 준공되면 乙 회사와 건물에 대한 담보신탁계약, 자금관리대리사무계약 등을 체결하고, 그에 따라 신탁등기절차를 이행하여 甲 금고에 우선수익권을 보장할 민사상 의무를 부담함에 불과하고, '甲 금고의 우선수익권'은 계약당사자인 피고인, 甲 금고, 乙 회사 등이 약정한 바에 따라 각자의 의무를 성실히 이행하면 그 결과로서 보장될 뿐인 점을 종합하면, 결국 피고인이 통상의 계약에서의 이익대립관계를 넘어서 甲 금고와의 신임관계에 기초하여 甲 금고의 우선수익권을 보호 또는 관리하는 등 그의 사무를 처리하는 자의 지위에 있다고 보기 어려우므로 배임죄에서의 '타인의 사무를 처리하는 자'에 해당하지 않는다는 이유로, 이와 달리 보아 피고인에게 유죄를 인정한 원심판결에 배임죄에서 '타인의 사무를 처리하는 자'의 의미에 관한 법리를 오해한 잘못이 있다고 한 사례(대판 2020.4.29. 2014도9907).

⑮ [1] 주권발행 전 주식의 양도는 양도인과 양수인의 의사표시만으로 그 효력이 발생한다. 그 주식양수인은 특별한 사정이 없는 한 양도인의 협력을 받을 필요 없이 단독으로 자신이 주식을 양수한 사실을 증명함으로써 회사에 대하여 그 명의개서를 청구할 수 있다(대판 2019.4.25. 2017다21176 등 참조). 따라서 양도인이 양수인으로 하여금 회사 이외의 제3자에게 대항할 수 있도록 확정일자 있는 증서에 의한 양도통지 또는 승낙을 갖추어 주어야 할 채무를 부담한다 하더라도 이는 자기의 사무라고 보아야 하고, 이를 양수인과의 신임관계에 기초하여 양수인의 사무를 맡아 처리하는 것으로 볼 수 없다. 그러므로 주권발행 전 주식에 대한 양도계약에서의 양도인은 양수인에 대하여 그의 사무를 처리하는 지위에 있지 아니하여, 양도인이 위와 같은 제3자에 대한 대항요건을 갖추어 주지 아니하고 이를 타에 처분하였다 하더라도 형법상 배임죄가 성립하는 것은 아니다. [2] 피고인은 피해자에게 주권발행 전 주식을 양도한 후 확정일자 있는 증서에 의한 통지 또는 승낙을 갖추어 주어야 할 의무를 이행하지 아니한 채 제3자에게 위 주식을 양도하였음. 원심은 위와 같은 의무가 타인의 사무에 해당함을 전제로 배임의 점에 대하여 유죄로 판단하였음. 반면 대법원은 확정일자 있는 증서에 의한 통지 또는 승낙을 갖추어 주어야 할 의무가 민사상 피고인의 채무일 뿐 타인의 사무라고 볼 수 없다는 이유로 원심을 파기한 사례임(대판 2020.6.4. 2015도6057). [해설] 주권발행 전 주식의 이중양도 사건. 주권발행 전 주식을 이중으로 양도한 경우 양도인에게 배임죄가 성립하지 않는다고 본 판례.

⑯ [1] 금전채권채무 관계에서 채권자가 채무자의 급부이행에 대한 신뢰를 바탕으로 금전을 대여하고 채무자의 성실한 급부이행에 의해 채권의 만족이라는 이익을 얻게 된다 하더라도, 채권자

가 채무자에 대한 신임을 기초로 그의 재산을 보호 또는 관리하는 임무를 부여하였다고 할 수 없고, 금전채무의 이행은 어디까지나 채무자가 자신의 급부의무의 이행으로서 행하는 것이므로 이를 두고 채권자의 사무를 맡아 처리하는 것으로 볼 수 없다. 따라서 채무자를 채권자에 대한 관계에서 '타인의 사무를 처리하는 자'에 해당한다고 할 수 없다. [2] 채무자가 금전채무를 담보하기 위하여 「자동차 등 특정동산 저당법」등에 따라 그 소유의 동산에 관하여 채권자에게 저당권을 설정해 주기로 약정하거나 저당권을 설정한 경우에도 마찬가지이다. 채무자가 저당권설정계약에 따라 부담하는 의무, 즉 동산을 담보로 제공할 의무, 담보물의 담보가치를 유지·보전하거나 담보물을 손상, 감소 또는 멸실시키지 않을 소극적 의무, 담보권 실행 시 채권자나 그가 지정하는 자에게 담보물을 현실로 인도할 의무와 같이 채권자의 담보권 실행에 협조할 의무 등은 모두 저당권설정계약에 따라 부담하게 된 채무자 자신의 급부의무이다. 또한 저당권설정계약은 피담보채권의 발생을 위한 계약에 종된 계약으로, 피담보채무가 소멸하면 저당권설정계약상의 권리의무도 소멸하게 된다. 저당권설정계약에 따라 채무자가 부담하는 의무는 담보목적의 달성, 즉 채무불이행 시 담보권 실행을 통한 채권의 실현을 위한 것이므로 저당권설정계약의 체결이나 저당권 설정 전후를 불문하고 당사자 관계의 전형적·본질적 내용은 여전히 금전채권의 실현 내지 피담보채무의 변제에 있다(대판 2020.8.27. 2019도14770 전원합의체 등 참조). [3] 따라서 채무자가 위와 같은 급부의무를 이행하는 것은 채무자 자신의 사무에 해당할 뿐이고, 채무자가 통상의 계약에서의 이익대립관계를 넘어서 채권자와의 신임관계에 기초하여 채권자의 사무를 맡아 처리한다고 볼 수 없으므로 채무자를 채권자에 대한 관계에서 배임죄의 주체인 '타인의 사무를 처리하는 자'에 해당한다고 할 수 없다. 그러므로 채무자가 담보물을 제3자에게 처분하는 등으로 담보가치를 감소 또는 상실시켜 채권자의 담보권 실행이나 이를 통한 채권실현에 위험을 초래하더라도 배임죄가 성립하지 아니한다. 위와 같은 법리는, 금전채무를 담보하기 위하여 「공장 및 광업재단 저당법」에 따라 저당권이 설정된 동산을 채무자가 제3자에게 임의로 처분한 사안에도 마찬가지로 적용된다. [4] 매매와 같이 당사자 일방이 재산권을 상대방에게 이전할 것을 약정하고 상대방이 그 대금을 지급할 것을 약정함으로써 그 효력이 생기는 계약의 경우(민법 제563조), 쌍방이 그 계약의 내용에 좇은 이행을 하여야 할 채무는 특별한 사정이 없는 한 '자기의 사무'에 해당하는 것이 원칙이다. 동산 매매계약에서의 매도인은 매수인에 대하여 그의 사무를 처리하는 지위에 있지 아니하므로, 매도인이 목적물을 타에 처분하였다 하더라도 형법상 배임죄가 성립하지 아니한다(대판 2011.1.20. 2008도10479 전원합의체 등 참조). [5] 위와 같은 법리는 권리이전에 등기·등록을 요하는 동산에 대한 매매계약에서도 동일하게 적용되므로, 자동차 등의 매도인은 매수인에 대하여 그의 사무를 처리하는 지위에 있지 아니하여, 매도인이 매수인에게 소유권이전등록을 하지 아니하고 타에 처분하였다고 하더라도 마찬가지로 배임죄가 성립하지 아니한다(대판 2020.10.22. 2020도6258 전원합의체). [해설] 대출 담보를 위해 자동차에 저당권을 설정한 채무자가 제3자에게 그 차를 처분했더라도 배임죄로 처벌할 수 없다는 대법원 전원합의체 판결. 피고인은 피해자 메리츠캐피탈 주식회사에게 저당권을 설정해 준 버스를 임의처분하였고, 피해자 이○○에게 버스를 매도하기로 하여 중도금까지 지급받았음에도 버스에 공동근저당권을 설정하였음. 원심은 피고인이 피해자들에 대한 타인의 사무처리자임을 전제로 각 배임의 점에 대하여 유죄로 판단하였음. 반면 대법원은 위와 같은 의무는 저당권설정계약 또는 매매계약에 따른 피고인의 사무일 뿐 타인의 사무라고 볼 수 없다는 이유로 원심을 파기한 사안.

⑰ [1] 배임죄는 타인의 사무를 처리하는 자가 그 임무에 위배하는 행위로써 재산상의 이익을 취득하거나 제3자로 하여금 이를 취득하게 하여 사무의 주체인 타인에게 손해를 가할 때 성립하는 것이므로 그 범죄의 주체는 타인의 사무를 처리하는 지위에 있어야 한다. 여기에서 '타인의 사

무를 처리하는 자'라고 하려면, 타인의 재산관리에 관한 사무의 전부 또는 일부를 타인을 위하여 대행하는 경우와 같이 당사자 관계의 전형적·본질적 내용이 통상의 계약에서의 이익대립관계를 넘어서 그들 사이의 신임관계에 기초하여 타인의 재산을 보호 또는 관리하는 데에 있어야 한다. 이익대립관계에 있는 통상의 계약관계에서 채무자의 성실한 급부이행에 의해 상대방이 계약상 권리의 만족 내지 채권의 실현이라는 이익을 얻게 되는 관계에 있다거나, 계약을 이행함에 있어 상대방을 보호하거나 배려할 부수적인 의무가 있다는 것만으로는 채무자를 타인의 사무를 처리하는 자라고 할 수 없고, 위임 등과 같이 계약의 전형적·본질적인 급부의 내용이 상대방의 재산상 사무를 일정한 권한을 가지고 맡아 처리하는 경우에 해당하여야 한다(대법원 2020. 2. 20. 선고 2019도9756 전원합의체 판결, 대법원 2020. 8. 27. 선고 2019도14770 전원합의체 판결 등 참조). [2] 이른바 지입제는 자동차운송사업면허 등을 가진 운송사업자와 실질적으로 자동차를 소유하고 있는 차주간의 계약으로 외부적으로는 자동차를 운송사업자 명의로 등록하여 운송사업자에게 귀속시키고 내부적으로는 각 차주들이 독립된 관리 및 계산으로 영업을 하며 운송사업자에 대하여는 지입료를 지불하는 운송사업형태를 말한다(대법원 2003. 9. 2. 선고 2003도3073 판결, 대법원 2009. 9. 24. 선고 2009도5302 판결 등 참조). 따라서 지입차주가 자신이 실질적으로 소유하거나 처분권한을 가지는 자동차에 관하여 지입회사와 지입계약을 체결함으로써 지입회사에게 그 자동차의 소유권등록 명의를 신탁하고 운송사업용 자동차로서 등록 및 그 유지 관련 사무의 대행을 위임한 경우에는, 특별한 사정이 없는 한 지입회사 측이 지입차주의 실질적 재산인 지입차량에 관한 재산상 사무를 일정한 권한을 가지고 맡아 처리하는 것으로서 당사자 관계의 전형적·본질적 내용이 통상의 계약에서의 이익대립관계를 넘어서 그들 사이의 신임관계에 기초하여 타인의 재산을 보호 또는 관리하는 데에 있으므로, 지입회사 운영자는 지입차주와의 관계에서 '타인의 사무를 처리하는 자'의 지위에 있다(대판 2021.6.24. 2018도14365). [해설] 피해자들이 각자 매수대금을 전액 부담하여 이 사건 각 버스를 매수한 후 피고인과 사이에 이 사건 각 버스를 피고인이 운영하는 운송회사로 지입하고 피고인에게 지입료를 지급하기로 구두 약정한 사안에서, 피해자들과 피고인 사이에 지입계약서가 작성되지 않았다고 하더라도 피해자들은 자신들이 실질적으로 소유한 이 사건 각 버스에 관하여 피고인의 지입회사에 소유권등록 명의를 신탁하고 운송사업용 자동차로서 등록 및 그 유지 관련 사무의 대행을 위임하는 내용의 지입계약을 체결하였다고 충분히 인정된다고 보아, 지입회사 운영자인 피고인은 지입차주인 피해자들과의 관계에서 '타인의 사무를 처리하는 자'의 지위에 있으므로, 피고인이 피해자들의 동의 없이 이 사건 각 버스에 관하여 임의로 이 사건 각 저당권을 설정함으로써 피해자들에게 재산상 손해를 가한 것은 배임죄를 구성한다는 이유로 원심을 파기환송하였음.

⑱ 이른바 지입제는 자동차운송사업면허 등을 가진 운송사업자와 실질적으로 자동차를 소유하고 있는 차주 간의 계약으로 외부적으로는 자동차를 운송사업자 명의로 등록하여 운송사업자에게 귀속시키고 내부적으로는 각 차주들이 독립된 관리 및 계산으로 영업을 하며 운송사업자에 대하여는 지입료를 지불하는 운송사업형태를 말한다(대법원 2003. 9. 2. 선고 2003도3073 판결, 대법원 2009. 9. 24. 선고 2009도5302 판결 등 참조). 따라서 지입차주가 자신이 실질적으로 소유하거나 처분권한을 가지는 자동차에 관하여 지입회사와 지입계약을 체결함으로써 지입회사에 자동차의 소유권등록 명의를 신탁하고 운송사업용 자동차로서 등록 및 그 유지 관련 사무의 대행을 위임한 경우에는, 특별한 사정이 없는 한 지입회사 측이 지입차주의 실질적 재산인 지입차량에 관한 재산상 사무를 일정한 권한을 가지고 맡아 처리하는 것으로서 당사자 관계의 전형적·본질적 내용이 그들 사이의 신임관계에 기초하여 타인의 재산을 보호 또는 관리하는 데에 있으므로, 지입회사 운영자는 지입차주와의 관계에서 '타인의 사무를 처리하는 자'의 지위에 있다(대판 2021.6.30. 2015도19696). [해설] 피해자가 피고인 측으로부터 이

사건 화물차를 매수하는 내용의 매매계약과 피해자가 매수한 이 사건 화물차를 피고인 측 지입회사로 지입하는 내용의 지입계약이 결합된 약정이 체결된 사안에서, 피해자가 이 사건 화물차의 매수대금을 모두 지급하고 피고인이 제공한 지입회사 명의로 신규 등록까지 이루어진 이상 피해자는 자신이 실질적으로 소유하거나 처분권한을 가진 이 사건 화물차에 관하여 피고인 측에게 소유권등록 명의를 신탁하고 운송사업용 자동차로서 등록 및 그 유지 관련 사무의 대행을 위임하였다고 인정할 수 있다고 보아, 지입회사 운영자인 피고인은 지입차주인 피해자와의 관계에서 '타인의 사무를 처리하는 자'의 지위에 있으므로, 피고인이 피해자의 승낙 없이 이 사건 화물차에 관하여 임의로 이 사건 저당권을 설정해 줌으로써 피해자에게 재산상 손해를 가한 것은 배임죄를 구성한다는 이유로, 유죄로 인정한 원심의 결론은 정당하여 상고기각한 사례.

⑲ [1] <u>매매와 같이 당사자 일방이 재산권을 상대방에게 이전할 것을 약정하고 상대방이 그 대금을 지급할 것을 약정함으로써 그 효력이 생기는 계약의 경우(민법 제563조), 쌍방이 그 계약의 내용에 좇은 이행을 하여야 할 채무는 특별한 사정이 없는 한 '자기의 사무'에 해당하는 것이 원칙이다.</u> [2] 또한 <u>수분양권 매매계약의 매도인으로서는 원칙적으로 수분양자 명의변경에 관한 분양자 측의 동의 내지 승낙을 얻어 수분양자 명의변경절차를 이행하면 계약상 의무를 다한 것이 되고, 그 수분양권에 근거하여 목적물에 관한 소유권을 취득한 다음 매수인 앞으로 소유권이전등기를 마쳐 줄 의무까지는 없다</u>(대법원 2006. 11. 23. 선고 2006다44401 판결 등 참조). 다만 수분양권 매도인이 스스로 수분양권을 행사하고 목적물의 소유권을 취득하여 매수인에게 목적물에 관한 소유권이전등기절차를 이행할 의무까지 인정되는 경우가 있으나(위 대법원 2006다44401 판결 등 참조), 이는 수분양자 명의변경절차가 이행되지 못한 채 매도인 명의로 수분양권이 행사되어 수분양권은 소멸하고 목적물만 남게 될 경우 수분양권 매매계약의 목적을 달성하기 위하여 인정되는 의무이므로, 이와 같은 사정만으로 수분양권 매매계약에 따른 당사자 관계의 전형적·본질적 내용이 신임관계에 기초하여 매수인의 재산을 보호 또는 관리하는 것으로 변경된다고 보기는 어렵다. [3] 이러한 수분양권 매매계약의 내용과 그 이행의 정도, 그에 따른 계약의 구속력의 정도, 거래의 관행, 신임관계의 유형과 내용, 신뢰위반의 정도 등을 종합적으로 고려해 보면, 수분양권 매매계약에 따른 당사자 관계의 전형적·본질적 내용이 통상의 계약에서의 이익대립관계를 넘어서 그들 사이의 신임관계에 기초하여 타인의 재산을 보호 또는 관리하는 데에 있다고 할 수 없다. [4] 따라서 <u>특별한 사정이 없는 한 수분양권 매도인이 수분양권 매매계약에 따라 매수인에게 수분양권을 이전할 의무는 자신의 사무에 해당할 뿐이므로, 매수인에 대한 관계에서 '타인의 사무를 처리하는 자'라고 할 수 없다. 그러므로 수분양권 매도인이 위와 같은 의무를 이행하지 아니하고 수분양권 또는 이에 근거하여 향후 소유권을 취득하게 될 목적물을 미리 제3자에게 처분하였다고 하더라도 형법상 배임죄가 성립하는 것은 아니다</u>(대판 2021.7.8. 2014도12104). [해설] 피고인들이 대리인을 통해 피해자에게 아파트 수분양권을 매도하는 계약을 체결하였음에도 농협으로부터 대출을 받으면서 위 수분양권에 근거하여 취득하게 될 아파트를 담보로 제공하는 후취담보약정을 체결한 행위가 배임미수죄로 기소된 사안에서, 수분양권 매매계약에 따라 피해자에게 수분양권을 이전해 주어야 할 의무는 민사상 자신의 채무이고 이를 타인의 사무라고 할 수 없으므로, 피고인들이 '타인의 사무를 처리하는 자'의 지위에 있다고 볼 수 없다고 보아, 유죄로 판단한 원심을 파기함.

⑳ [1] <u>가상자산 권리자의 착오나 가상자산 운영 시스템의 오류 등으로 법률상 원인관계 없이 다른 사람의 가상자산 전자지갑에 가상자산이 이체된 경우, 가상자산을 이체 받은 자는 가상자산의 권리자 등에 대한 부당이득반환의무를 부담하게 될 수 있다.</u> 그러나 이는 당사자 사이의 민사상 채무에 지나지 않고 이러한

사정만으로 가상자산을 이체 받은 사람이 신임관계에 기초하여 가상자산을 보존하거나 관리하는 지위에 있다고 볼 수 없다. 또한 피고인과 피해자 사이에는 아무런 계약관계가 없고 피고인은 어떠한 경위로 이 사건 비트코인을 이체 받은 것인지 불분명하여 부당이득반환청구를 할 수 있는 주체가 피해자인지 아니면 거래소인지 명확하지 않다. 설령 피고인이 피해자에게 직접 부당이득반환의무를 부담한다고 하더라도 곧바로 가상자산을 이체 받은 사람을 피해자에 대한 관계에서 **배임죄의 주체인 '타인의 사무를 처리하는 자'에 해당한다고 단정할 수는 없다.** [2] 대법원은 타인의 사무를 처리하는 자라고 하려면, 타인의 재산관리에 관한 사무의 전부 또는 일부를 타인을 위하여 대행하는 경우와 같이 당사자 관계의 전형적·본질적 내용이 통상의 계약에서의 이익대립관계를 넘어서 그들 사이의 신임관계에 기초하여 타인의 재산을 보호하거나 관리하는 데에 있어야 한다고 함으로써(대법원 2020. 2. 20. 선고 2019도9756 전원합의체 판결 등 참조), 배임죄의 성립 범위를 제한하고 있다. 이 사건과 같이 **가상자산을 이체 받은 경우에는 피해자와 피고인 사이에 신임관계를 인정하기가 쉽지 않다.** [3] **가상자산은 국가에 의해 통제받지 않고 블록체인 등 암호화된 분산원장에 의하여 부여된 경제적인 가치가 디지털로 표상된 정보로서 재산상 이익에 해당한다**(대법원 2021. 11. 11. 선고 2021도9855 판결 참조). 가상자산은 보관되었던 전자지갑의 주소만을 확인할 수 있을 뿐 그 주소를 사용하는 사람의 인적사항을 알 수 없고, 거래 내역이 분산 기록되어 있어 다른 계좌로 보낼 때 당사자 이외의 다른 사람이 참여해야 하는 등 일반적인 자산과는 구별되는 특징이 있다. 이와 같은 **가상자산에 대해서는 현재까지 관련 법률에 따라 법정화폐에 준하는 규제가 이루어지지 않는 등 법정화폐와 동일하게 취급되고 있지 않고 그 거래에 위험이 수반되므로, 형법을 적용하면서 법정화폐와 동일하게 보호해야 하는 것은 아니다.** [4] **원인불명으로 재산상 이익인 가상자산을 이체 받은 자가 가상자산을 사용·처분한 경우 이를 형사처벌하는 명문의 규정이 없는 현재의 상황에서 착오송금 시 횡령죄 성립을 긍정한 판례**(대법원 2010. 12. 9. 선고 2010도891 판결 등 참조)**를 유추하여 신의칙을 근거로 피고인을 배임죄로 처벌하는 것은 죄형법정주의에 반한다.** 이 사건 비트코인이 법률상 원인관계 없이 피해자로부터 피고인 명의의 전자지갑으로 이체되었더라도 피고인이 신임관계에 기초하여 피해자의 사무를 맡아 처리하는 것으로 볼 수 없는 이상, 피고인을 피해자에 대한 관계에서 '타인의 사무를 처리하는 자'에 해당한다고 할 수 없다(대판 2021.12.16. 2020도9789). [해설] 피고인은 알 수 없는 경위로 피해자의 이 사건 비트코인을 자신의 계정으로 이체 받은 후 자신의 다른 계정으로 이체하였다는 이유로, 주위적으로 특정경제범죄가중처벌등에관한법률위반(횡령)으로, 예비적으로 특정경제범죄가중처벌등에관한법률위반(배임)으로 기소되었고, 1심과 원심은 특정경제범죄가중처벌등에관한법률위반(횡령)을 무죄로, 특정경제범죄가중처벌등에관한법률위반(배임)을 유죄로 판단하였음. 이 사건 비트코인이 법률상 원인관계 없이 피해자로부터 피고인 명의의 전자지갑으로 이체되었더라도 피고인이 신임관계에 기초하여 피해자의 사무를 맡아 처리하는 것으로 볼 수 없는 이상, 피고인을 피해자에 대한 관계에서 '타인의 사무를 처리하는 자'에 해당한다고 할 수 없다는 이유로, 특정경제범죄가중처벌등에관한법률위반(배임)죄의 성립을 긍정한 원심을 파기환송한 사례. 원심판결 중 예비적 공소사실 부분은 파기사유가 있어 그대로 유지될 수 없고, 그 부분과 동일체의 관계에 있는 주위적 공소사실인 특정경제범죄법위반(횡령) 부분도 파기를 면할 수 없으므로, 원심판결 전부가 파기되어야 한다고 본 사례.

판례 │ 계주의 계금지급의무

- 계주가 계원들로부터 계불입금을 징수하게 되면 그 계불입금은 실질적으로 낙찰계원에 대한 계금지급을 위하여 계주에게 위탁된 금원의 성격을 지니고 따라서 계주는 이를 낙찰·지급받을 계원과의 사이에서 단순한 채권관계를 넘어 신의칙상 그 계금지급을 위하여 위 계불입금을 보호 내지 관리하여야 하는 신임관계에 들어서게 되므로, <u>이에 기초한 계주의 계금지급의무는 배임죄에서 말하는 타인의 사무에 해당한다</u>. 그러나 계주가 계원들로부터 계불입금을 징수하지 아니하였다면 그러한 상태에서 부담하는 계금지급의무는 <u>위와 같은 신임관계에 이르지 아니한 단순한 채권관계상의 의무에 불과하여 타인의 사무에 속하지 아니하고, 이는 계주가 계원들과의 약정을 위반하여 계불입금을 징수하지 아니한 경우라 하여 달리 볼 수 없다</u>(대판 2009.8.20. 2009도3143).

판례 │ 배임행위

① 부동산을 경락한 피고인이 그 경락허가결정이 확정된 뒤에 그 경매부동산의 소유자들에게 대하여 그 경락을 포기하겠노라고 약속하여 놓고 그 경매법원에서 경락대금지급명령이 전달되자 위의 약속을 어기고 그 경락대금을 완납함으로써 그 경락부동산에 대한 소유권을 취득한 경우에 피고인은 본조 제2항에서 말하는 타인의 사무를 처리하는 자에 해당하지 아니한다(대판 1969.2.25. 69도46).

② 채권자가 변제기 경과 후 담보권을 실행하는 방법으로 양도담보 목적물을 환가처분하거나 평가처분하는 대신에 다시 제3자 앞으로 가등기를 경료하거나 근저당권을 설정하고 금원을 차용하여 이로써 양도담보채권의 변제에 충당하고 그 잔액을 채무자에게 정산한다 하여도, 채무자로서는 가등기 또는 근저당권등기의 부담은 붙을지언정 담보 목적물의 환수권을 상실하지 아니하여 위의 환가처분이나 평가처분보다 불이익하다고 볼 수 없으므로 당사자의 의사에 반한다고 볼 특별한 사정이 없는 한 위와 같은 채권추심을 위한 양도 담보권자의 담보설정행위를 위법한 담보물의 처분행위로서 채무자에 대한 배임행위가 된다고 단정할 수 없다(대판 1982.9.29. 82도1621).

③ 부동산을 대물변제하면서 환매할 수 있도록 약정하였다고 하여도 환매기일이 도과된 후에 채권자가 동 부동산에 관하여 제3자 앞으로 그 저당권설정등기를 한 것은 배임행위가 될 수 없다(대판 1983.2.22. 82도2945).

④ 배임죄에 있어서 범죄의 주체는 타인의 사무를 처리하는 신분이 있어야 하고, 여기에서 "타인의 사무를 처리하는 자"라 함은 양자 간의 신임관계에 기초를 둔 타인의 재산의 보호 내지 관리의무가 있음을 그 본질적 내용으로 하는 경우를 말하는 바, 피고인 갑으로부터 사위인 피고인 을을 소개받은 피해자가 을과 사이에 피해자소유 토지에 대한 매매계약을 체결하고 등기이전용 인감증명도 직접 발급받아 피고인들과 함께 사법서사 사무실에 가서 이전등기신청을 위임하였으며, 등기관서에 위 매매가 상위없다고 직접 신고하였다면, 비록 피고인들(피고인 갑은 피해자와 3촌지간임)이, 피해자가 음주의 습벽이 있어 낭비가 심하므로 그 매매대금을 직접 피해자에게 교부하지 아니하고 이를 보관하면서 피해자의 채권자에 대한 채무의 원리금도 변제하고, 피해자가

매수한 아파트의 매매잔금도 지급하는 등 일부 관리한 바 있더라도 피고인 갑이 신임관계에 기초하여 위 토지에 대한 매매를 위임받아 관리하였다고는 볼 수 없다(대판 1990.5.8. 89도1524).

⑤ 배임죄 구성에 있어서 임무에 위배하는 행위라 함은 처리하는 사무의 내용, 성질 등에 비추어 법령의 규정, 계약의 내용 또는 신의칙상 당연히 하여야 할 것으로 기대되는 행위를 하지 않거나 당연히 하지 않아야 할 것으로 기대되는 행위를 함으로써 본인과의 신임관계를 저버리는 일체의 행위를 포함한다고 할 것인바, <u>학교법인의 이사장이 학교법인 소유의 토지를 매도함에 있어서 그 매수인이 그 매매목적물인 부동산을 매수 즉시 그 매매가격보다 월등하게 높은 가격으로 전매할 것임을 알면서도 이를 확실하게 예측되는 전매가격보다 현저한 저가로 매도하였다면,</u> 이는 그 임무에 위배되는 배임행위로서 본인인 학교법인에게 손해를 가하였다고 보지 아니할 수 없고 위의 <u>저가매도에 관하여 재산처분에 관한 결정권을 가진 학교법인의 이사회의 결의가 있었다거나 그것이 감독청의 허가조건에 위배되지 아니한다는 사유만으로는 그 배임행위를 정당화할 수 없다</u>(대판 1990.6.8. 89도1417).

⑥ 배임죄는 타인의 사무를 처리하는 자가 그 임무에 위배하는 행위에 의하여 재산상의 이익을 취득하거나 제3자로 하여금 이를 취득하게 하여 본인에게 손해를 가함으로써 성립하는 것으로, 여기에서 그 주체인 "타인의 사무를 처리하는 자"란 양자 간의 신임관계에 기초를 두고 타인의 재산관리에 관한 사무를 대행하거나 타인 재산의 보전행위에 협력하는 자의 경우 등을 가리키며, 또 "임무에 위배하는 행위"라 함은 당해 사무의 내용·성질 등 구체적 상황에 비추어 법률의 규정, 계약의 내용 또는 신의성실의 원칙상 당연히 할 것으로 기대되는 행위를 하지 않거나 당연히 하지 않아야 할 것으로 기대되는 행위를 함으로써 본인에 대한 신임관계를 저버리는 일체의 행위를 포함한다(대판 1994.9.9. 94도902).

⑦ 배임죄에 있어서 '임무에 위배하는 행위'라 함은 처리하는 사무의 내용, 성질 등에 비추어 법령의 규정, 계약의 내용 또는 신의칙상 당연히 하여야 할 것으로 기대되는 행위를 하지 않거나 당연히 하지 않아야 할 것으로 기대되는 행위를 함으로써 본인과의 신임관계를 저버리는 일체의 행위를 포함하며, 이에 해당하는 한 재산처분에 관한 결정권을 가진 학교법인의 이사회의 결의가 있었다거나 감독청의 허가를 받아서 한 것이라고 하여 정당화할 수 없다(대판 2000.3.14. 99도457).

⑧ 업무상 배임죄는 타인의 사무를 처리하는 자가 그 임무에 위배하는 행위로서 재산상의 이익을 취득하거나 제3자로 하여금 이를 취득하게 하여 본인에게 손해를 가함으로써 성립하는바, 이 경우 그 임무에 위배하는 행위라 함은 처리하는 사무의 내용, 성질 등 구체적 상황에 비추어 법률의 규정, 계약의 내용 혹은 신의칙상 당연히 할 것으로 기대되는 행위를 하지 않거나 당연히 하지 않아야 할 것으로 기대하는 행위를 함으로써 본인과 사이의 신임관계를 저버리는 일체의 행위를 포함하는 것으로 <u>그러한 행위가 법률상 유효한가 여부는 따져볼 필요가 없고, 행위자가 가사 본인을 위한다는 의사를 가지고 행위를 하였다고 하더라도 그 목적과 취지가 법령이나 사회상규에 위반된 위법한 행위로서 용인할 수 없는 경우에는 그 행위의 결과가 일부 본인을 위하는 측면이 있다고 하더라도 이는 본인과의 신임관계를 저버리는 행위로서 배임죄의 성립을 인정함에 영향이 없다</u>(대판 2002.7.22. 2002도1696).

⑨ <u>상호지급보증 관계에 있는 회사 간에 보증회사가 채무변제능력이 없는 피보증회사에 대하여 합리적인 채권회수책 없이 새로 금원을 대여하거나 예금담보를 제공하였다면 업무상 배임죄를 구성한다고 한 사례.</u> (중략) 이미 타인의 채무에 대하여 보증을 하였는데, 피보증인이 변제자력이 없어 결국 보증인이 그 보증채무를 이행하게 될 우려가 있다고 하더라도 보증인이 피보증인에게 신규로 자금을

제공하거나 피보증인이 신규로 자금을 차용하는 데 담보를 제공하면서 그 신규자금이 이미 보증을 한 채무의 변제에 사용되도록 한 경우가 아니라면, <u>보증인으로서는 결국 기보증채무와 별도로 새로 손해를 발생시킬 위험을 초래한 것이라고 볼 수 밖에 없다</u>(대판 1997.2.14. 96도2904 참조). 원심은, F와 E그룹 계열사들이 상호 상당한 채무액에 대해 지급보증을 한 관계에 있었다고 하더라도, F 자체의 채무구조가 악화되고 자금조달이 어렵게 되었으며 금융비용이 막대하게 늘어났음에도, 부실화가 상당히 진행되어 채무변제능력을 거의 상실한 주식회사 E 등 E그룹 계열사들에게 사용처에 대한 통제나 합리적인 채권회수의 대책 없이 금원을 대여하거나 그 대출금 채무에 F의 예금을 담보로 제공한 것은 F에 대하여는 재산상 손해를 가하는 행위라 할 것이므로, 위 상호지급보증 사실만을 들어 피고인 B가 원심 판시와 같은 범죄 행위를 회피하는 것을 기대할 수 없었다고 할 수도 없다고 판단하였는바, 원심의 증거취사와 사실인정 및 판단은 정당하고 거기에 채증법칙 위반이나 특정경제범죄가중처벌등에관한법률위반(배임)죄에 관한 법리오해 등의 위법이 있다고 볼 수 없다(대판 2004.7.9. 2004도810).

⑩ [1] 비상장주식을 거래한 경우 그 시가는 객관적 교환가치가 적정하게 반영된 정상적인 거래의 실례가 있는 경우에는 그 거래가격을 시가로 보아 주식의 가액을 평가하여야 하나, 그러한 거래사례가 없는 경우에는 보편적으로 인정되는 여러 가지 평가 방법들을 고려하되 거래 당시 당해 비상장법인 및 거래당사자의 상황, 당해 업종의 특성 등을 종합적으로 고려하여 합리적으로 판단하여야 한다. [2] 재벌그룹 소속 갑회사가 골프장 건설 사업을 진행 중인 비상장회사 을의 주식 전부를 보유하고 을회사를 위하여 수백억 원의 채무보증을 한 상태에서 갑회사의 대표이사와 이사들이 을회사의 주식 전부를 주당 1원으로 계산하여 그룹 회장인 위 대표이사와 그룹 계열사에 매도한 사안에서, 당시 을회사의 채무 상태는 부채가 자산을 근소하게 초과하고 있었다 하더라도 회원권이 분양되기 전에는 수입을 기대할 수 없는 골프장 사업의 특성상 이는 당연한 것이고 향후 골프장 사업계획을 실행하여 수익을 내고 기업의 가치도 상승할 가능성이 충분하므로, 위 <u>주식 매도행위는 갑회사에 주식의 내재된 가치를 포기하면서 신용위험만을 부담시키는 것으로서 갑회사에 주식의 적정한 거래가격과 매도가격의 차액 상당에 해당하는 손해를 가한 배임행위에 해당한다</u>고 한 사례(대판 2008.5.15. 2005도7911).

⑪ 자동차에 대하여 저당권이 설정되는 경우 자동차의 교환 가치는 그 저당권에 포섭되고, 저당권설정자가 자동차를 매도하여 <u>그 소유자가 달라지더라도 저당권에는 영향이 없으므로, 특별한 사정이 없는 한 저당권설정자가 단순히 그 저당권의 목적인 자동차를 다른 사람에게 매도한 것만으로는 배임죄가 성립하지 아니한다</u>(대판 2008.8.21. 2008도3651).

⑫ 배임죄에 있어서 '임무에 위배하는 행위'라 함은 처리하는 사무의 내용, 성질 등에 비추어 법령의 규정, 계약의 내용 또는 신의칙상 당연히 하여야 할 것으로 기대되는 행위를 하지 않거나 당연히 하지 않아야 할 것으로 기대되는 행위를 함으로써 본인과의 신임관계를 저버리는 일체의 행위를 포함한다. 또한, 이른바 경영상의 판단과 관련하여 기업의 경영자에게 배임의 고의가 있었는지 여부를 판단함에 있어서도 일반적인 업무상 배임죄에 있어서 고의의 입증방법과 마찬가지의 법리가 적용되어야 함은 물론이지만, 기업 경영에 내재된 속성을 고려하여, <u>문제된 경영상의 판단에 이르게 된 경위와 동기, 판단대상인 사업의 내용, 기업이 처한 경제적 상황, 손실발생의 개연성과 이익획득의 개연성 등 제반 사정에 비추어 자기 또는 제3자가 재산상 이익을 취득한다는 인식과 본인에게</u>

손해를 가한다는 인식하의 의도적 행위임이 인정되는 경우에 한하여 배임죄의 고의를 인정하는 엄격한 해석기준은 유지되어야 하고, 그러한 인식이 없는데 단순히 본인에게 손해가 발생하였다는 결과만으로 책임을 묻거나 주의의무를 소홀히 한 과실이 있다는 이유로 책임을 물을 수는 없다(대판 2013.12.26. 2013도7360, 대판 2004.7.22. 2002도4229).

⑬ 배임죄는 타인의 사무를 처리하는 자가 그 임무에 위배하는 행위로써 재산상 이익을 취득하거나 제3자로 하여금 이를 취득하게 하여 본인에게 손해를 가함으로써 성립한다. 여기서 그 '임무에 위배하는 행위'는 사무의 내용, 성질 등 구체적 상황에 비추어 법률의 규정, 계약의 내용 혹은 신의칙상 당연히 할 것으로 기대되는 행위를 하지 않거나 당연히 하지 않아야 할 것으로 기대되는 행위를 함으로써 본인과 사이의 신임관계를 저버리는 일체의 행위를 포함한다. 회사의 이사 등이 타인에게 회사자금을 대여함에 있어 타인이 이미 채무변제능력을 상실하여 그에게 자금을 대여할 경우 회사에 손해가 발생하리라는 정을 충분히 알면서 이에 나아갔거나, 충분한 담보를 제공받는 등 상당하고도 합리적인 채권회수조치를 취하지 아니한 채 만연히 대여해 주었다면, 그와 같은 자금대여는 타인에게 이익을 얻게 하고 회사에 손해를 가하는 행위로서 회사에 대하여 배임행위가 되고, 회사의 이사는 단순히 그것이 경영상의 판단이라는 이유만으로 배임죄의 죄책을 면할 수 없으며, 이러한 이치는 타인이 자금지원 회사의 계열회사라 하여 달라지지 않는다. 다만 기업의 경영에는 원천적으로 위험이 내재하여 있어서 경영자가 개인적인 이익을 취할 의도 없이 가능한 범위 내에서 수집된 정보를 바탕으로 기업의 이익을 위한다는 생각으로 신중하게 결정을 내렸더라도 예측이 빗나가 기업에 손해가 발생하는 경우가 있으므로, 이러한 경우에까지 고의에 관한 해석기준을 완화하여 업무상 배임죄의 형사책임을 물을 수 없다. 여기서 경영상의 판단을 이유로 배임죄의 고의를 인정할 수 있는지는 문제 된 경영상의 판단에 이르게 된 경위와 동기, 판단대상인 사업의 내용, 기업이 처한 경제적 상황, 손실발생의 개연성과 이익획득의 개연성 등 제반 사정에 비추어 자기 또는 제3자가 재산상 이익을 취득한다는 인식과 본인에게 손해를 가한다는 인식하의 의도적 행위임이 인정되는 경우인지에 따라 개별적으로 판단하여야 한다. 한편 기업집단의 공동목표에 따른 공동이익의 추구가 사실적, 경제적으로 중요한 의미를 갖는 경우라도 기업집단을 구성하는 개별 계열회사는 별도의 독립된 법인격을 가지고 있는 주체로서 각자의 채권자나 주주 등 다수의 이해관계인이 관여되어 있고, 사안에 따라서는 기업집단의 공동이익과 상반되는 계열회사의 고유이익이 있을 수 있다. 이와 같이 동일한 기업집단에 속한 계열회사 사이의 지원행위가 기업집단의 차원에서 계열회사들의 공동이익을 위한 것이라 하더라도 지원 계열회사의 재산상 손해의 위험을 수반하는 경우가 있으므로, 기업집단 내 계열회사 사이의 지원행위가 합리적인 경영판단의 재량 범위 내에서 행하여졌는지는 신중하게 판단하여야 한다. 따라서 동일한 기업집단에 속한 계열회사 사이의 지원행위가 합리적인 경영판단의 재량 범위 내에서 행하여진 것인지를 판단하기 위해서는 앞서 본 여러 사정들과 아울러, 지원을 주고받는 계열회사들이 자본과 영업 등 실체적인 측면에서 결합되어 공동이익과 시너지 효과를 추구하는 관계에 있는지, 이러한 계열회사들 사이의 지원행위가 지원하는 계열회사를 포함하여 기업집단에 속한 계열회사들의 공동이익을 도모하기 위한 것으로서 특정인 또는 특정회사만의 이익을 위한 것은 아닌지, 지원 계열회사의 선정 및 지원 규모 등이 당해 계열회사의 의사나 지원 능력 등을 충분히 고려하여 객관적이고 합리적으로 결정된 것인지, 구체적인 지원행위가 정상적이고 합법적인 방법으로 시행된 것인지, 지원을 하는 계열회사에 지원행위로 인한 부담이나 위험에 상응하는 적절한 보상을 객관적으로 기대할 수 있는

상황이었는지 등까지 충분히 고려하여야 한다. 위와 같은 사정들을 종합하여 볼 때 문제 된 계열회사 사이의 지원행위가 합리적인 경영판단의 재량 범위 내에서 행하여진 것이라고 인정된다면 이러한 행위는 본인에게 손해를 가한다는 인식하의 의도적 행위라고 인정하기 어렵다(대판 2017.11.9. 2015도12633).

판례 | 배임행위의 태양(모습)

① 회사와 공소외 (갑) 간의 임대차관계 분쟁해결에 있어 회사가 지급할 금액을 보증금 및 손해금을 합하여 금 1,700만원으로 상호 인정하고, 일단 합의가 이루어졌는데도, 회사대표인 피고인이 위 공소외인으로부터 고소당한 형사사건으로 처벌받게 됨을 두려워하여 별도로 회사가 지급할 의무 없는 금원을 권리금명목으로 지급하였다면 이는 상법 제622조의 특별배임죄에 해당한다(대판 1984.2.28. 83도2928).

② 중소기업진흥기금은 중소기업 진흥이라는 특정한 목적을 위하여 조성되어 중소기업 합리화사업의 실천계획의 승인을 받은 적격 중소기업 등에게 저리로 대출하도록 그 용도가 법정되어 있는 자금이므로, 그 자금을 합리화사업 부적격 업체를 위하여 부당하게 지출되도록 한 것이라면, 진흥공단이 대리대출의 방식을 취하여 대출취급은행에 대출함으로써 은행으로부터의 대출금의 회수가 사실상 보장된다고 하더라도, 이는 결국 특정 목적을 위하여 조성된 기금의 감소를 초래함으로써 기금이 그 목적을 위하여 사용됨을 저해하는 것이라 할 것이므로, 진흥공단은 위와 같은 기금의 대출로 인하여 재산상의 손해를 입었다고 보아야 한다(대판 1997.10.24. 97도2042).

③ 배임죄는 타인의 사무를 처리하는 자가 그 임무에 위배하는 행위로써 재산상 이익을 취득하거나 제3자로 하여금 이를 취득하게 하여 본인에게 손해를 가함으로써 성립하는바, 이 경우 그 임무에 위배하는 행위라 함은 사무의 내용, 성질 등 구체적 상황에 비추어 법률의 규정, 계약의 내용 혹은 신의칙상 당연히 할 것으로 기대되는 행위를 하지 않거나 당연히 하지 않아야 할 것으로 기대되는 행위를 함으로써 본인과 사이의 신임관계를 저버리는 일체의 행위를 포함하는 것이므로, 기업의 영업비밀을 사외로 유출하지 않을 것을 서약한 회사의 직원이 경제적인 대가를 얻기 위하여 경쟁업체에 영업비밀을 유출하는 행위는 피해자와의 신임관계를 저버리는 행위로서 업무상 배임죄를 구성한다(대판 1999.3.12. 98도4704).

④ 종업원지주제도는 회사의 종업원에 대한 편의제공을 당연한 전제로 하여 성립하는 것인 만큼, 종업원지주제도 하에서 회사의 경영자가 종업원의 자사주 매입을 돕기 위하여 회사자금을 지원하는 것 자체를 들어 회사에 대한 임무위배행위라고 할 수는 없을 것이나, 경영자의 자금지원의 주된 목적이 종업원의 재산형성을 통한 복리증진보다는 안정주주를 확보함으로써 경영자의 회사에 대한 경영권을 계속 유지하고자 하는 데 있다면, 그 자금지원은 경영자의 이익을 위하여 회사재산을 사용하는 것이 되어 회사의 이익에 반하므로 회사에 대한 관계에서 임무위배행위가 된다(대판 1999.6.25. 99도1141).

⑤ 배임죄는 타인의 사무를 처리하는 자가 그 임무에 위배하는 행위로써 재산상 이익을 취득하거나 제3자로 하여금 이를 취득하게 하여 본인에게 손해를 가함으로써 성립하는바, 이 경우 그 '임

무에 위배하는 행위'라 함은 사무의 내용, 성질 등 구체적 상황에 비추어 법률의 규정, 계약의 내용 혹은 신의칙상 당연히 할 것으로 기대되는 행위를 하지 않거나 당연히 하지 않아야 할 것으로 기대되는 행위를 함으로써 본인과 사이의 신임관계를 저버리는 일체의 행위를 포함하고, '재산상의 손해를 가한 때'라 함은 현실적인 손해를 가한 경우뿐만 아니라 재산상 실해 발생의 위험을 초래한 경우도 포함되므로, 회사의 이사 등이 타인에게 회사자금을 대여함에 있어 그 타인이 이미 채무변제능력을 상실하여 그에게 자금을 대여할 경우 회사에 손해가 발생하리라는 정을 충분히 알면서 이에 나아갔거나, 충분한 담보를 제공받는 등 상당하고도 합리적인 채권회수조치를 취하지 아니한 채 만연히 대여해 주었다면, 그와 같은 자금대여는 타인에게 이익을 얻게 하고 회사에 손해를 가하는 행위로서 회사에 대하여 배임행위가 되고, 회사의 이사는 단순히 그것이 경영상의 판단이라는 이유만으로 배임죄의 죄책을 면할 수는 없으며, 이러한 이치는 그 타인이 자금지원 회사의 계열회사라 하여 달라지지 않는다(대판 2000.3.14. 99도4923).

⑥ [1] 주식회사의 이사가 타인 발행의 약속어음에 회사 명의로 배서할 경우 그 타인이 어음금의 지급능력이 없어 그 배서로 인하여 회사에 손해가 발생하리라는 점을 알면서 이에 나아갔다면, 이러한 약속어음의 배서행위는 타인에게 이익을 얻게 하고 회사에 손해를 가하는 행위로서 회사에 대하여 배임행위가 되고, 그것이 경영상의 판단이라는 이유만으로 배임죄의 죄책을 면할 수는 없다. [2] 주식회사와 주주는 별개의 인격으로서 동일인이라고 볼 수 없으므로, 회사의 임원이 그 임무에 위배되는 행위로 재산상 이익을 취득하거나 제3자로 하여금 이를 취득하게 하여 회사에 손해를 가한 때에는 이로써 배임죄가 성립하고, 그 임무위배행위에 대하여 사실상 대주주의 양해를 얻었다고 하여 본인인 회사에 손해가 없다거나 또는 배임의 범의가 없다고도 볼 수 없다. [3] 주식회사의 경영을 책임지는 이사는 이사회의 결의가 있더라도 그 결의 내용이 주주 또는 회사 채권자를 해하는 불법한 목적이 있는 경우에는 이에 맹종할 것이 아니라 회사를 위하여 성실한 직무수행을 할 의무가 있으므로, 이사가 임무에 위배하여 주주 또는 회사 채권자에게 손해가 될 행위를 하였다면, 회사 이사회의 결의가 있었다고 하여 그 배임행위가 정당화될 수 없다(대판 2000.5.26. 99도2781).

⑦ 금융기관인 회사가 대출을 함에 있어 대출을 받는 자가 이미 채무변제능력을 상실하여 그에게 자금을 대여할 경우 회사에 손해가 발생하리라는 정을 충분히 알면서 이에 나아갔거나, 충분한 담보를 제공받는 등 상당하고도 합리적인 채권회수조치를 취하지 아니한 채 만연히 대여해 주었다면, 그와 같은 자금대여는 타인에게 이익을 얻게 하고 회사에 손해를 가하는 행위로서 회사에 대하여 배임행위가 된다(대판 2002.7.22. 2002도1696).

⑧ 배임죄에 있어서 '임무에 위배하는 행위'라 함은 처리하는 사무의 내용, 성질 등에 비추어 법령의 규정, 계약의 내용 또는 신의칙상 당연히 하여야 할 것으로 기대되는 행위를 하지 않거나 당연히 하지 않아야 할 것으로 기대되는 행위를 함으로써 본인과의 신임관계를 저버리는 일체의 행위를 포함한다(대판 2003.1.10. 2002도758).

⑨ 회사직원이 영업비밀을 경쟁업체에 유출하거나 스스로의 이익을 위하여 이용할 목적으로 무단으로 반출한 때 업무상 배임죄의 기수에 이르렀다고 할 것이고, 그 이후에 위 직원과 접촉하여 영업비밀을 취득하려고 한 자는 업무상 배임죄의 공동정범이 될 수 없다(대판 2003.10.30. 2003도4382).

⑩ 금융기관의 임직원들이 대출을 함에 있어 대출채권의 회수를 확실하게 하기 위하여 충분한 담

보를 제공받는 등 상당하고도 합리적인 조치를 강구하지 아니한 채 만연히 대출을 해 주었다면 업무위배행위로 제3자로 하여금 재산상 이득을 취득하게 하고 금융기관에 손해를 가한다는 인식이 없었다고 볼 수 없다(대판 2004.3.26. 2003도7878).

⑪ 회사의 대표이사가 사료첨가제 납품업체와 가격협상을 함에 있어 유리한 위치에 있었음에도 사료첨가제 납품으로 발생하는 이익금을 자신 등이 얻기 위한 의도에서, 납품업자에게 가공의 납품업체를 만들어 사료첨가제를 납품하라고 지시하고 이를 납품받음으로써 **통상적인 납품가격과 가격협상을 통하여 더 낮은 수준에서 납품받을 수 있었던 납품가격의 차액 상당의 재산상 이익을 취득한 경우, 업무상배임죄가 성립하고, 이로 인하여 회사에는 '가액을 산정할 수 없는 손해'가 발생하였다고** 판단한 사례(대판 2009.10.15. 2009도5655).

판례 모험거래

① 계주인 피고인이 계원에게 100만원의 곗돈을 부족되게 지급한 것이 사실이라 하더라도 그 당시 피고인이 100만원을 다음 달에 주겠다고 말하고 계원인 고소인이 처음에는 안 된다고 하다가 나중에는 다음 달에 달라고 승낙하였다면 피고인의 위 소위를 가리켜 임무에 위배한 행위라고 할 수 없다(대판 1983.11.8. 83도2309).

② 동업자금으로 구입한 부동산을 매도한 대금을 피고인이 임의소비하여 동업자가 이를 추궁하며 반환을 요구하자 피고인이 그 금원에 상당한 현금보관증을 작성하여 동업자에게 교부하려 하면서 그 대신 위 매도대금은 피고인이 임의로 소비하여도 좋다는 각서를 요구하여 동업자가 위 현금보관증을 받을 의도 아래 그와 같은 각서를 작성해 준 것이라면 이로써 사전사후에 위 잔대금의 사용소비를 승낙한 것이라고 볼 수는 없다(대판 1985.9.24. 85도1444).

판례 대표권 남용행위

• 주식회사의 대표이사가 대표권을 남용하는 등 그 임무에 위배하여 약속어음 발행을 한 행위가 배임죄에 해당하는지도 원칙적으로 위에서 살펴본 의무부담행위와 마찬가지로 보아야 한다. 다만 약속어음 발행의 경우 어음법상 발행인은 종전의 소지인에 대한 인적 관계로 인한 항변으로써 소지인에게 대항하지 못하므로(어음법 제17조, 제77조), <u>어음발행이 무효라 하더라도 그 어음이 실제로 제3자에게 유통되었다면 회사로서는 어음채무를 부담할 위험이 구체적·현실적으로 발생하였다고 보아야 하고, 따라서 그 어음채무가 실제로 이행되기 전이라도 배임죄의 기수범이 된다. 그러나 약속어음 발행이 무효일 뿐만 아니라 그 어음이 유통되지도 않았다면 회사는 어음발행의 상대방에게 어음채무를 부담하지 않기 때문에 특별한 사정이 없는 한 회사에 현실적으로 손해가 발생하였다거나 실해 발생의 위험이 발생하였다고도 볼 수 없으므로, 이때에는 배임죄의 기수범이 아니라 배임미수죄로 처벌하여야 한다</u>(대판 2017.7.20. 2014도1104 전원합의체). [해설] 주식회사의 대표이사가 대표권을 남용하는 등 그 임무에 위배하여 회사 명의로 의무를 부담하는 행위를 한 경우 상대방이 대표이사의 진의를 알았거나 알 수 있었을 때에는 회사에 대하여 무효가 되므로, 그 의무부담행위로 인하여 실제로 채무의 이행이 이루어졌다거나 회사가 민법상 불법행위책임을 부담하게 되었다는 등의 사정이 없는 이상 배임죄의 기수에 이른 것은 아니라는 판례. 이러한 법리에 따라 주식회사의 대표이사가 대표권을 남용하는 등 그 임무에 위배하

여 약속어음 발행하였더라도 약속어음 발행이 무효일 뿐만 아니라 그 어음이 유통되지도 않았다면 배임죄의 기수가 아니라 미수범으로 처벌되어야 한다고 판시함.

판례 재산상의 이익의 취득

① 계주가 임무에 위배하는 행위로서 계원에게 소정의 계곡을 지급치 않아 동인에게 재산상의 손해를 가하였다 하더라도 이로 인하여 계주 자신 또는 제3자에게 어떠한 재산상의 이익을 취득하였는가의 사실 확정에 따라 배임죄의 성부가 결정된다(대판 1977.4.12. 76도952).

② 피고인이 피해자와 공동구입한 택시를 법정폐차 시한 전에 임의로 폐차케 한 경우 특단의 사정이 없는 한 그 폐차조치만으로써는 피해자에게 장차 얻을 수 있었을 수익금상실의 손해는 발생하였을지언정 피고인이 피해자 몫에 해당하는 이익을 취득하였다고 볼 수는 없으므로 배임죄가 성립하지 않는다(대판 1982.2.23. 81도2601).

③ 업무상 배임죄는 본인에게 재산상의 손해를 가하는 외에 배임행위로 인하여 **행위자 스스로 재산상의 이익을 취득하거나 제3자로 하여금 재산상의 이익을 취득하게 할 것을 요건**으로 하므로, 본인에게 손해를 가하였다고 할지라도 행위자 또는 제3자가 재산상 이익을 취득한 사실이 없다면 배임죄가 성립할 수 없다(대판 2007.7.2. 2005도6439).

④ 업무상 배임죄는 타인의 사무를 처리하는 자가 그 업무상의 임무에 위배하는 행위로써 재산상의 이익을 취득하거나 제3자로 하여금 이를 취득하게 하여 본인에게 손해를 가한 때에 성립하는데, 여기서 '본인에게 재산상의 손해를 가한다.' 함은 총체적으로 보아 본인의 재산상태에 손해를 가하는 경우, 즉 본인의 전체적 재산가치의 감소를 가져오는 것을 말하는 것이고, 이와 같은 법리는 타인의 사무를 처리하는 자 내지 제3자가 취득하는 재산상의 이익에 대하여도 동일하게 적용되는 것으로 보아야 한다. 또한, **업무상 배임죄는 본인에게 재산상의 손해를 가하는 외에 배임행위로 인하여 행위자 스스로 재산상의 이익을 취득하거나 제3자로 하여금 재산상의 이익을 취득하게 할 것을 요건으로 하므로, 본인에게 손해를 가하였다고 하더라도 행위자 또는 제3자가 재산상 이익을 취득한 사실이 없다면 배임죄가 성립할 수 없다**(대판 2009.6.25. 2008도3792).

⑤ **부동산에 처분금지가처분결정을 받아 가처분집행까지 마친 경우**, 피보전채권의 실제 존재 여부를 불문하고 가처분이 되어 있는 부동산은 매매나 담보제공 등에 있어 그렇지 않은 부동산보다 불리할 수밖에 없는 점, 가처분집행이 되어 있는 부동산의 가처분집행이 해제되면 가처분 부담이 없는 부동산을 소유하게 되는 이익을 얻게 되는 점 등을 고려하면 **가처분권리자로서는 가처분 유지로 인한 재산상 이익이 인정되고, 그 후 가처분의 피보전채권이 존재하지 않는 것으로 밝혀졌더라도 가처분의 유지로 인한 재산상 이익이 있었던 것으로 보아야 한다**(대판 2011.10.27. 2010도7624).

⑥ [1] 회사직원이 영업비밀을 경쟁업체에 유출하거나 스스로의 이익을 위하여 이용할 목적으로 무단으로 반출하였다면 그 반출 시에 업무상 배임죄의 기수가 되고, 영업비밀이 아니더라도 그 자료가 불특정 다수의 사람에게 공개되지 않았고 사용자가 상당한 시간, 노력 및 비용을 들여 제작한 영업상 주요한 자산인 경우에도, 그 자료의 반출행위는 업무상 배임죄를 구성한다(대법원 2008. 4. 24. 선고 2006도9089 판결 등 참조). 영업비밀의 취득은 문서, 도면, 사진, 녹음테이프, 필름, 전산정보처리조직에 의하여 처리할 수 있는 형태로 작성된 파일 등 유체물의 점유를 취득하는 형태로 이루어질 수도 있다(대법원 2008. 12. 24. 선고

2008도7799 판결 등 참조). 한편, 공소사실의 취지가 명료하면 법원이 이에 대하여 석명권을 행사할 필요가 없으나, 공소사실의 기재가 오해를 불러일으키거나 명료하지 못한 경우에는 형사소송규칙 제141조에 의하여 검사에 대하여 석명권을 행사하여 그 취지를 명확하게 하여야 할 것이다(대법원 2015. 12. 23. 선고 2014도2727 판결 등 참조). [2] <u>비록「산업기술의 유출방지 및 보호에 관한 법률」(이하 '산업기술보호법'이라고 한다)에서 정한 산업기술에 해당되지 않는다고 하더라도 업무상배임죄의 객체인 영업비밀 내지 영업상 주요한 자산에는 해당될 수 있는바, 원심은 기재 파일이 피해회사의 영업비밀 내지 영업상 주요한 자산에 해당하는지 여부에 관하여 아무런 심리도 하지 아니한 채 위 파일들이 피해회사의 산업기술이 아니라는 이유만으로 피고인에 대한 이 부분 업무상배임의 공소사실을 이유에서 무죄로 판단하였다. 원심판결에는 업무상배임죄의 성립에 관한 법리를 오해하고 필요한 심리를 다하지 아니하여 판결에 영향을 미친 잘못이 있다</u>(대판 2021.5.7. 2020도17853). [해설] 디스플레이용 OLED 재료를 개발, 생산하는 피해회사의 연구원으로 근무하는 피고인이 OLED 제작이나 관련 실험에 필요한 재료를 경쟁업체에 송부하여 업무상배임죄로 기소된 사안에서, 원심은 경쟁업체에 재료를 넘긴 행위는 재산상 이익이 아닌, 재물(재료) 자체를 대상으로 하는 것이어서 업무상배임죄의 객체가 아니라는 이유로 업무상배임죄를 무죄로 판단함. 이에 대해 대법원은, 피해회사와 경쟁업체의 사업 분야 및 관계, 피고인이 송부한 재료의 성격, 공소사실의 내용 및 검사가 항소이유서에서 주장한 내용 등에 비추어 보면, 공소사실의 취지가 피고인이 재료를 송부함으로써 그 재료에 포함된 영업비밀 내지 영업상 주요한 자산을 유출한 것이라는 주장으로도 이해될 여지가 있는바, 검사에 대하여 석명권을 행사하여 그 취지를 분명히 한 다음 그에 관하여 심리·판단했어야 함에도, 그러한 조치 없이 그 판시와 같은 이유를 들어 무죄로 판단한 원심판결에 필요한 석명권 행사나 심리를 다하지 않은 위법이 있다고 보아 파기환송한 사례. 피고인이 피해회사가 보유한 산업기술에 해당하는 파일을 유출하여 산업기술보호법위반죄 및 업무상배임죄로 기소된 사안에서, 원심은 위 파일이 피해회사의 영업비밀 내지 영업상 주요한 자산에 해당하는지 여부에 관하여는 아무런 심리도 하지 아니한 채 산업기술이 아니라는 이유만으로 산업기술보호법위반죄는 물론 업무상배임죄까지 무죄로 판단하였는바, 업무상배임죄의 성립에 관한 법리오해, 심리미진을 이유로 원심판결을 파기환송한 사례.

⑦ [1] 업무상배임죄는 업무상 타인의 사무를 처리하는 자가 임무에 위배하는 행위를 하고 그러한 임무위배행위로 인하여 재산상의 이익을 취득하거나 제3자로 하여금 이를 취득하게 하여 본인에게 재산상의 손해를 가한 때 성립한다. 여기서 <u>'재산상 이익 취득'과 '재산상 손해 발생'은 대등한 범죄성립요건이고, 이는 서로 대응하여 병렬적으로 규정</u>되어 있다(형법 제356조, 제355조 제2항). 따라서 <u>임무위배행위로 인하여 여러 재산상 이익과 손해가 발생하더라도 재산상 이익과 손해 사이에 서로 대응하는 관계에 있는 등 일정한 관련성이 인정되어야 업무상배임죄가 성립</u>한다. [2] 업무상배임죄에서 본인에게 재산상 손해를 가한다 함은 총체적으로 보아 본인의 재산상태에 손해를 가하는 경우, 즉 본인의 전체적 재산가치의 감소를 가져오는 것을 말하고, 이와 같은 법리는 타인의 사무를 처리하는 자 내지 제3자가 취득하는 재산상 이익에 대하여도 동일하게 적용되는 것으로 보아야 한다(대법원 2007. 7. 26. 선고 2005도6439 판결, 대법원 2009. 6. 25. 선고 2008도3792 판결 등 참조). 또한 <u>업무상배임죄는 본인에게 재산상 손해를 가하는 외에 임무위배행위로 인하여 행위자 스스로 재산상 이익을 취득하거나 제3자로 하여금 재산상 이익을 취득하게 할 것을 요건으로 하므로, 본인에게 손해를 가하였다고 할지라도 행위자 또는 제3자가 재산상 이익을 취득한 사실이 없다면 배임죄가 성립할 수 없다</u>(위 대법원 2005도6439 판결, 대법원 2008도3792 판결 등 참조)(대판 2021.11.25. 2016도3452). [해설] 새마을금고 임직원인 피고인이 새마을금고의 여유자금 운영에 관한 규정을 위반하여 금융기관으

로부터 금융상품을 매입함으로써 새마을금고에 액수 불상의 손해를 가하고, 금융기관에 수수료 상당의 이익을 취득하게 하였다고 하여 업무상배임 등으로 기소된 사안. 제1심과 원심은 금융상품 매입에 대한 대가로 금융기관에 지급된 수수료는 피고인의 임무위배행위로 인하여 제3자가 취득한 재산상 이익에 해당한다고 보아 업무상배임을 유죄로 인정함. 대법원은 피고인의 임무위배행위로 새마을금고에 액수 불상의 재산상 손해가 발생하였다고 하더라도 금융기관이 취득한 수수료 상당의 이익을 그와 관련성 있는 재산상 이익이라고 인정할 수 없고, 공소사실에 재산상 이익으로 기재된 수수료 상당의 이익은 배임죄에서의 재산상 이익에 해당한다고 볼 수 없다고 보아 파기환송함.

판례 부작위에 의한 배임죄의 실행의 착수시기

- [1] 업무상배임죄는 타인의 사무를 처리하는 자가 업무상의 임무에 위배되는 행위로써 재산상의 이익을 취득하거나 제3자로 하여금 이를 취득하게 하여 그 타인에게 손해를 가한 때에 성립한다(형법 제356조, 제355조 제2항). 형법 제18조는 부작위범의 성립 요건에 관하여 "위험의 발생을 방지할 의무가 있거나 자기의 행위로 인하여 위험발생의 원인을 야기한 자가 그 위험발생을 방지하지 아니한 때에는 그 발생된 결과에 의하여 처벌한다."라고 정하고 있다. [2] <u>업무상배임죄는 타인과의 신뢰관계에서 일정한 임무에 따라 사무를 처리할 법적 의무가 있는 자가 그 상황에서 당연히 할 것이 법적으로 요구되는 행위를 하지 않는 부작위에 의해서도 성립할 수 있다</u>(대법원 2012. 11. 29. 선고 2012도10139 판결 등 참조). 그러한 <u>부작위를 실행의 착수로 볼 수 있기 위해서는 작위의무가 이행되지 않으면 사무처리의 임무를 부여한 사람이 재산권을 행사할 수 없으리라고 객관적으로 예견되는 등으로 구성요건적 결과 발생의 위험이 구체화한 상황에서 부작위가 이루어져야 한다. 그리고 행위자는 부작위 당시 자신에게 주어진 임무를 위반한다는 점과 그 부작위로 인해 손해가 발생할 위험이 있다는 점을 인식하여야 한다</u>(대판 2021.5.27. 2020도15529). [해설] 환지 방식에 의한 도시개발사업의 시행자인 피해자 조합을 위해 환지계획수립 등의 업무를 수행하던 피고인이 사업 실시계획의 변경에 따른 일부 환지예정지의 가치상승을 청산절차에 반영하려는 조치를 취하지 않은 채 대행회사 대표이사직을 사임하였다는 이유로 업무상배임미수로 기소된 사안. 대법원은 위 도시개발사업의 진행 경과 등 제반 사정을 위에서 본 법리에 비추어 살펴보면, 피해자 조합이 환지예정지의 가치상승을 청산절차에 반영하지 못할 위험이 구체화한 상황에서 피고인이 자신에게 부여된 작위의무를 위반하였다고 인정하기 어려워 피고인이 부작위로써 업무상배임죄의 실행에 착수하였다고 볼 수 없다는 이유로, 이와 달리 원심이 이 사건 공소사실을 유죄로 판단한 것에 부작위에 의한 업무상배임죄에서 실행의 착수 인정 요건에 관한 법리를 오해하여 판결에 영향을 미친 잘못이 있다고 보아 원심판결을 파기하였음.

판례 재산상 손해

① 갑회사의 무역관계업무를 담당하는 부장 및 과장들인 피고인들로서는 을회사를 위하여 수입고철대금의 지급보증을 하는 이른바 D.A수입대행계약을 체결함에 있어 <u>이사회의 결의와 상공부장관의 승인도 얻지 아니하고 위 지급보증으로 인하여 입을 손해를 방지하기 위한 을회사로부터의 담보도 받지 않았다면 이는 업무상 임무위반행위에 해당하고 이로 인한 손해가 생겼다면 업무상 배임죄의 범의가 있었다고 볼 것이다</u>(대판 1969.7.22. 69도694).
② 부동산 매매에 있어서 등기의무자인 매도인의 임무는 일면에 있어 자기의 재산처분 행위를 완

성케 하는 것은 자기의 사무임과 동시에 타면에 있어 등기의무자인 매도인의 협력 없이는 매수인 명의로의 소유권이전등기는 완성되는 것이 아니므로 등기권리자인 매수인의 소유권취득을 위한 사무의 일부를 이루는 것이고 매도인의 등기협력의무는 주로 타인인 매수인을 위하여 부담하고 있는 것임에 비추어 부동산매도인은 형법상의 타인의 사무를 처리하는 입장에 있는 것이므로 그 임무에 위배하여 매도한 부동산에 대하여 제3자에게 근저당권설정등기를 하게 한 경우에는 배임죄가 성립한다(대판 1975.12.23. 74도2215).

③ 배임죄에서 있어서 손해를 가한 때라 함은 현실적으로 실해를 가한 경우뿐만 아니라 실해발생의 위험을 초래케 한 경우도 포함하는 것이고 손해액이 구체적으로 확정되지 않았다고 하더라도 배임죄의 성립에는 영향이 없다(대판 1980.9.9. 79도2637).

④ <u>부동산 매도인이 매수인의 의사에 반하여 차용금 담보조로 제3자에게 가등기를 경료하였으면 매수인에 대한 관계에 있어서 배임죄가 성립</u>한다(대판 1982.2.23. 81도3146).

⑤ 업무상 배임죄에 있어서 본인에게 손해를 가한 때라 함은 재산적 가치의 감소를 뜻하는 것으로 이는 재산적인 실해를 가한 경우뿐만 아니라 실해발생의 위험성을 초래케 한 경우도 포함되며 손해액이 구체적으로 명백하게 확정되지 아니하더라도 무방하다 할 것이며, 저당권 내지 근저당권의 순위는 저당물건의 가액으로부터 어느 저당권이 우선하여 변제를 받을 수 있는가 하는 재산상의 이해에 관하여 우열을 정하는 것이므로 본건에서 피해자는 제1순위의 근저당권이 설정될 것으로 알고 금원을 대여하고 그런 내용의 근저당권설정에 관한 문서작성을 위촉하였는데도 불구하고 피고인이 후순위인 제2 내지 제3번의 근저당권설정에 관한 문서를 작성하여 그에 따른 신청으로 등기가 경료되었다면 <u>이는 의뢰자인 본인에게 손해를 가하였다고 볼 것</u>이다(대판 1982.11.9. 81도2501). [해설] 대판 2020.6.18. 2019도14340 전원합의체 판결(부동산의 이중저당은 배임죄에 해당하지 않는다는 판례)로 해석상 폐기된 판례.

⑥ 배임죄에 있어서 손해를 가한 때라 함은 재산적 가치의 감소를 뜻하고 그것이 현실적 실해를 가한 경우뿐만 아니라 실해발생의 위험을 초래한 경우도 포함하는 것이므로 중도금까지 수령한 토지매도인이 타인에 대한 채무담보로 그 토지에 관하여 가등기를 경료하여 준 것은 그뒤 가등기권리자가 본등기를 경료한 경우에는 동 토지에 대한 이전등기청구권이 이행불능이 될 위험이 있다 할 것이고 또 그 등기청구권을 확보하기 위하여는 가등기담보로 차용한 조건에 따른 금원을 변제하여야 할 것이므로 이 점에 있어서 본인에게 손해를 가한 때에 해당한다(대판 1982.11.23. 82도2215).

⑦ 배임죄에 있어서 손해를 가한 때라 함은 현실적인 손해를 가한 경우뿐만 아니라 실해발생의 위험을 초래할 경우도 포함되는 것이므로, 위조된 문서를 근거로 대출해 준 행위는 업무상 배임죄에 해당한다(대판 1983.2.8. 81도3190).

⑧ 배임죄의 공소사실 중에 피해자의 재산상 손해가 추상적으로 적시되어 있을 뿐이므로 공소기각되어야 한다는 주장은 받아들여질 수 없다(대판 1983.12.27. 83도2602).

⑨ 타인의 사무를 처리하는 자가 업무상 임무에 위배하는 행위로서 재산상의 이익을 취득하고 본인에게 손해를 가한 이상 후일 본인에게 손해금을 변상했다 할지라도 업무상 배임죄의 성립에는 소장이 없다(대판 1986.8.19. 86도584).

⑩ 매도인이 8분의 1 지분의 상속인이라 하더라도 토지 전부의 매도인으로서 매수인에게 토지 전부에 관하여 소유권이전등기를 경료하여 줄 의무가 있다 할 것이므로 매도인의 배임행위로 인한 매수인의 손해는 매도인의 상속지분에 한정되지 아니한다(대판 1993.5.27. 93도169).

⑪ 피고인이 자신이 대표이사로 있는 신용금고에 양도인 명의의 예금이 실제로 입금되지 아니하였음에도, 그 예금이 이미 입금된 듯이 입금전표와 거래원장을 작성하고 전산입력까지 마친 다음 예금통장을 명의자들에게 교부한 것이라면, 설사 신용금고와 위 명의자들 간에 민사상의 예금계약이 적법하게 체결된 것이 아니어서 신용금고에게 예금반환채무가 발생한 것은 아니라고 하더라도, 그 허위의 예금은 신용금고로부터 언제든지 인출될 수 있는 상태에 있게 됨으로써 이미 신용금고에게 재산상 실해 발생의 위험을 초래하였다(대판 1996.9.6. 96도1606).

⑫ 배임죄에 있어서 손해란 현실적인 손해가 발생한 경우뿐만 아니라 재산상의 위험이 발생된 경우도 포함되므로, 자신의 채권자와 부동산양도담보설정계약을 체결한 피고인이 그 소유권이전등기 경료 전에 임의로 기존의 근저당권자인 제3자에게 지상권설정등기를 경료하여 준 경우, 그 지상권 설정이 새로운 채무부담행위에 기한 것이 아니라 기존의 저당권자가 가지는 채권을 저당권과 함께 담보하는 의미밖에 없다고 하더라도 이로써 양도담보권자의 채권에 대한 담보능력 감소의 위험이 발생한 이상 배임죄를 구성한다(대판 1997.6.24. 96도1218). **[해설]** 대판 2020.6.18. 2019도14340 전원합의체 판결(부동산의 이중저당은 배임죄에 해당하지 않는다는 판례)로 해석상 폐기된 판례.

⑬ 배임죄에서 손해를 가한 때라 함은 현실적으로 실해를 가한 경우뿐만 아니라 실해 발생의 위험을 초래하게 할 경우도 포함하는 것이고, 부동산의 매도인이 매수인 앞으로 소유권이전등기 등을 경료하기 이전에 제3자로부터 금원을 차용하고 그 담보로 근저당권설정등기를 해준 경우에는 특별한 사정이 없는 한 매도인은 매수인에게 그 근저당권에 의하여 담보되는 피담보채무 상당액의 손해를 가한 것이라고 할 것이다(대판 1998.2.10. 97도2919).

⑭ 부실대출에 의한 업무상 배임죄가 성립하는 경우에는 담보물의 가치를 초과하여 대출한 금액이나 실제로 회수가 불가능하게 된 금액만을 손해액으로 볼 것은 아니고, 재산상 권리의 실행이 불가능하게 될 염려가 있거나 손해발생의 위험이 있는 대출금 전액을 손해액으로 보아야 하며, 그것을 제3자가 취득한 경우에는 그 전액을 특정경제범죄가중처벌등에관한법률 제3조에서 규정한 제3자로 하여금 취득하게 한 재산상의 가액에 해당하는 것으로 보아야 한다(대판 2000.3.24. 2000도28).

⑮ 배임죄는 현실적인 재산상 손해액이 확정될 필요까지는 없고 단지 재산상 권리의 실행을 불가능하게 할 염려 있는 상태 또는 손해 발생의 위험이 있는 경우에 바로 성립되는 위태범이므로 피고인이 그 업무상 임무에 위배하여 부당한 외상 거래행위를 함으로써 업무상 배임죄가 성립하는 경우, 담보물의 가치를 초과하여 외상 거래한 금액이나 실제로 회수가 불가능하게 된 외상 거래 금액만이 아니라 재산상 권리의 실행이 불가능하게 될 염려가 있거나 손해 발생의 위험이 있는 외상 거래대금 전액을 그 손해액으로 보아야 하고, 그것을 제3자가 취득한 경우에는 그 전액을 특정경제범죄가중처벌등에관한법률 제3조에 규정된 제3자로 하여금 취득하게 한 재산상 이익의 가액에 해당하는 것으로 보아야 할 것이다(대판 2000.4.11. 99도334).

⑯ 배임죄에서 '재산상의 손해를 가한 때'라 함은 현실적인 손해를 가한 경우뿐만 아니라 재산상 실해 발생의 위험을 초래한 경우도 포함되고 일단 손해의 위험성을 발생시킨 이상 사후에 피해가 회복되었다 하여도 배임죄의 성립에 영향을 주는 것은 아니라 할 것이고, 일정 수의 보증인을 요구하는 은행의 대출규정은 그 정도의 보증인이 되어야 채권 회수에 문제가 없으리라는 판단에 근거한 것이므로, 그 중 1인이 흠결되거나, 자격이 미달되는 보증인을 세우고 대출을 하는 경우에는 비록 다른 보증인에 의하여 채권회수가 모두 이루어진다 하더라도, 은행의 입장에서는 그 대출 당시에 채권 회수가 곤란해질 위험에 처하게 된 것이라고 하지 아니할 수 없을 것이며, 융통어음의 할인을 금지하는 것도 진성어음의 경우와 달리 융통어음의 경우에는 어음금이 지급되지 아니할 위험성이 높아서 담보의 일종으로 취득한 어음이 전혀 가치가 없어질 가능성이 크다는 점에 기인한다 할 것이므로, 은행 규정에 위배하여 융통어음을 할인하여 준 경우에는 은행의 입장에서는 그 대출 당시에 채권 회수가 곤란해질 위험에 처하게 된 것이라고 하지 아니할 수 없다(대판 2002.6.28. 2000도3716).

⑰ 피해자 회사의 사업부 영업팀장인 피고인이 체인점들에 대한 전매입고 금액을 삭제하여 전산상 회사의 체인점들에 대한 외상대금채권이 줄어든 것으로 처리하는 전산조작행위를 한 사안에서, <u>전산상 외상대금채권이 자동 차감된다는 사정만으로 회사의 외상매출금채권이 감소할 우려가 생겼다고 판단하여 업무상 배임의 공소사실을 유죄로 인정한 원심판결을 파기</u>한 사례(대판 2006.7.27. 2006도3145).

⑱ [다수의견] 새마을금고의 동일인 대출한도 제한규정은 새마을금고 자체의 적정한 운영을 위하여 마련된 것이지 대출채무자의 신용도를 평가해서 대출채권의 회수가능성을 직접적으로 고려하여 만들어진 것은 아니므로 동일인 대출한도를 초과하였다는 사실만으로 곧바로 대출채권을 회수하지 못하게 될 위험이 생겼다고 볼 수 없고, 구 새마을금고법(2007. 5. 25. 법률 제8485호로 개정되기 전의 것) 제26조의2, 제27조에 비추어 보면 동일인 대출한도를 초과하였다는 사정만으로는 다른 회원들에 대한 대출을 곤란하게 하여 새마을금고의 적정한 자산운용에 장애를 초래한다는 등 어떠한 위험이 발생하였다고 단정할 수도 없다. 따라서 <u>동일인 대출한도를 초과하여 대출함으로써 구 새마을금고법을 위반하였다고 하더라도, 대출한도 제한규정 위반으로 처벌함은 별론으로 하고, 그 사실만으로 특별한 사정이 없는 한 업무상 배임죄가 성립한다고 할 수 없고,</u> 일반적으로 이러한 동일인 대출한도 초과대출이라는 임무위배의 점에 더하여 대출 당시의 대출채무자의 재무상태, 다른 금융기관으로부터의 차입금, 기타 채무를 포함한 전반적인 금융거래상황, 사업현황 및 전망과 대출금의 용도, 소요기간 등에 비추어 볼 때 <u>채무상환능력이 부족하거나 제공된 담보의 경제적 가치가 부실해서 대출채권의 회수에 문제가 있는 것으로 판단되는 경우에 재산상 손해가 발생하였다고 보아 업무상 배임죄가 성립한다고 해야 한다</u>(대판 2008.6.19. 2006도4876 전원합의체).

⑲ <u>대표이사가 회사가 속한 재벌그룹의 전회장이 부담하여야 할 원천징수소득세 납부를 위하여 다른 회사에 회사자금을 대여한 사안에서, 특정경제범죄 가중처벌 등에 관한 법률 위반(배임)의 공소사실을 무죄로 판단한 원심판결에 법리오해의 위법이 있다고 한</u> 사례(대판 2010.10.28. 2009도1149).

⑳ <u>대표이사가 개인의 차용금 채무에 관하여 개인 명의로 작성하여 교부한 차용증에 추가로 회사의 법인 인감을 날인하였다고 하더라도 대표이사로서 행한 적법한 대표행위라고 할 수 없으므로 회사가 위 차용증에 기한 차용금 채무를 부담하게 되는 것이 아님은 물론이고, 나아가 금원의 대여자는 위와 같은 행</u>

위가 적법한 대표행위가 아님을 알았거나 알 수 있었다 할 것이어서 회사가 대여자에 대하여 사용자책임이나 법인의 불법행위 등에 따른 손해배상의무도 부담할 여지가 없으므로, 결국 회사에 재산상 손해가 발생하였다거나 재산상 실해 발생의 위험이 초래되었다고 볼 수 없다는 이유로 대표이사의 업무상 배임 부분에 대하여 무죄를 선고한 원심판결을 수긍한 사례(대판 2011.7.14. 2011도3180, 대판 2010.5.27. 2010도1490, 대판 2004.4.9. 2004도771).

㉑ 갑 주식회사 대표이사인 피고인이 주주총회 의사록을 허위로 작성하고 이를 근거로 피고인을 비롯한 임직원들과 주식매수선택권부여계약을 체결함으로써 갑 회사에 재산상 손해를 가하였다고 하며 특정경제범죄 가중처벌 등에 관한 법률 위반(배임)으로 기소된 사안에서, 상법과 정관에 위배되어 <u>법률상 무효인 계약을 체결한 것만으로는 업무상 배임죄 구성요건이 완성되거나 범행이 종료되었다고 볼 수 없고</u>, 임직원들이 이후 계약에 기초하여 갑 회사에 주식매수선택권을 행사하고, 피고인이 이에 호응하여 주식의 실질가치에 미달하는 금액만을 받고 신주를 발행해 줌으로써 비로소 갑 회사에 현실적 손해가 발생하거나 그러한 실해 발생의 위험이 초래되었다고 볼 수 있으므로, 피고인에 대한 업무상 배임죄는 피고인이 의도한 배임행위가 모두 실행된 때로서 최종적으로 주식매수선택권이 행사되고 그에 따라 신주가 발행된 시점에 종료되었다고 보아야 하는데도, 이와 달리 계약을 체결한 시점에 범행이 종료되었음을 전제로 공소시효가 완성되었다고 보아 면소를 선고한 원심판결에는 법리오해의 위법이 있다고 한 사례(대판 2011.11.24. 2010도11394).

㉒ [1] 배임죄는 타인의 사무를 처리하는 자가 그 임무에 위배하는 행위로써 재산상 이익을 취득하거나 제3자로 하여금 이를 취득하게 하여 본인에게 손해를 가함으로써 성립하는 범죄로서, 여기에서 '재산상의 손해를 가한 때'에는 현실적인 손해를 가한 경우뿐만 아니라 재산상 실해 발생의 위험을 초래한 경우도 포함된다. 재산상 손해의 유무에 대한 판단은 본인의 전 재산 상태와의 관계에서 <u>법률적 판단에 의하지 아니하고 경제적 관점에서 파악하여야 하므로, 법률적 판단에 의하여 당해 배임행위가 무효라 하더라도 경제적 관점에서 파악하여 배임행위로 인하여 본인에게 현실적인 손해를 가하였거나 재산상 실해 발생의 위험을 초래한 경우에는 재산상의 손해를 가한 때에 해당되어 배임죄를 구성한다.</u> 이러한 법리는 <u>최초 배임행위가 법률적 관점에서 무효라고 하더라도 그 후 타인의 사무를 처리하는 자가 계속적으로 배임행위에 관여하여 본인에게 현실적인 손해를 가한 경우에도 마찬가지이다.</u>
[2] 피고인 甲이 피고인 乙의 자금 지원 등을 통해 丙 주식회사를 인수한 다음 피고인 乙의 적극적인 요구에 따라 丙 회사로 하여금 별다른 반대급부도 받지 않고 丁 주식회사의 피고인 乙에 대한 금전채무와 그 담보 목적으로 丁 회사가 발행한 약속어음채무를 연대보증하도록 하였는데, 피고인 甲은 그 후 피고인 乙이 위 연대보증에 기초하여 강제집행을 할 때 丙 회사가 아무런 이의를 제기하지 않기로 하는 약정(이하 '이의부제기약정'이라 한다)을 피고인 乙과 체결하여 피고인 乙이 丙 회사로부터 약속어음금을 추심하도록 함으로써 丙 회사에 손해를 입게 한 사안에서, 피고인 甲이 丙 회사의 대표이사로서 회사 재산을 성실히 관리하고 보전해야 할 업무상 임무가 있는데도 채권자인 피고인 乙의 요구를 거절하지 못하고 별다른 반대급부도 받지 않은 채 연대보증 및 이의부제기약정 등을 함으로써 피고인 乙에게 약속어음금 상당의 재산상 이익을 취득하게 하고 丙 회사에 손해를 입게 한 것은 배임행위에 해당하고, 피고인 乙도 피고인 甲의 배임행위 전 과정에 적극적으로 가담한 이상 배임죄의 공동정범에 해당하며, 위 배임행위는 대표권남용에 의한 연대보증의 채무부담행위뿐만 아니라 나아가 강제집행 과정에서 이의부제기약정의 체결을 통하여 피고인 乙이 약속어음금을 추심하도록 함으로써 직접적으로 丙 회사가

추심금 상당의 현실적인 손해를 입게 된 일련의 행위를 모두 포함하는 것으로서, 피고인들의 위와 같은 배임행위가 직접적인 원인이 되어 丙 회사가 현실적인 손해를 입은 이상 배임행위의 무효 여부와는 관계없이 배임죄의 죄책을 진다고 본 원심판단을 수긍한 사례(대판 2013.4.11. 2012도15890).

㉓ 업무상 배임죄에서 재산상 손해의 유무에 관한 판단은 법률적 판단에 의하지 아니하고 경제적 관점에서 실질적으로 판단하여야 하는데, 여기에는 재산의 처분 등 직접적인 재산의 감소, 보증이나 담보제공 등 채무 부담으로 인한 재산의 감소와 같은 적극적 손해를 야기한 경우는 물론, 객관적으로 보아 취득할 것이 충분히 기대되는데도 임무위배행위로 말미암아 이익을 얻지 못한 경우, 즉 소극적 손해를 야기한 경우도 포함된다. 이러한 <u>소극적 손해는 재산증가를 객관적·개연적으로 기대할 수 있음에도 임무위배행위로 이러한 재산증가가 이루어지지 않은 경우를 의미하므로 임무위배행위가 없었다면 실현되었을 재산 상태와 임무위배행위로 말미암아 현실적으로 실현된 재산 상태를 비교하여 그 유무 및 범위를 산정하여야 한다</u>(대판 2013.4.26. 2011도6798). **[해설]** 재산상 손해에는 객관적으로 보아 취득할 것이 충분히 기대되는데도 임무위배행위로 말미암아 이익을 얻지 못한 경우, 즉 소극적 손해를 야기하는 경우도 포함된다는 판결.

㉔ [1] 업무상 배임죄는 업무상 타인의 사무를 처리하는 자가 임무에 위배하는 행위를 하고 그러한 임무위배행위로 인하여 재산상의 이익을 취득하거나 제3자로 하여금 이를 취득하게 하여 본인에게 재산상의 손해를 가한 때 성립하는데, 여기서 <u>재산상의 손해에는 현실적인 손해가 발생한 경우뿐만 아니라 재산상 실해 발생의 위험을 초래한 경우도 포함되고, 재산상 손해의 유무에 대한 판단은 법률적 판단에 의하지 않고 경제적 관점에서 파악하여야 한다. 그런데 재산상 손해가 발생하였다고 평가될 수 있는 재산상 실해 발생의 위험이란 본인에게 손해가 발생할 막연한 위험이 있는 것만으로는 부족하고 경제적인 관점에서 보아 본인에게 손해가 발생한 것과 같은 정도로 구체적인 위험이 있는 경우를 의미한다. 따라서 재산상 실해 발생의 위험은 구체적·현실적인 위험이 야기된 정도에 이르러야 하고 단지 막연한 가능성이 있다는 정도로는 부족하다.</u> [2] 갑 은행 지점장인 피고인이 업무상 임무에 위배하여 물품대금지급보증서를 발급한 후 을 주식회사의 거래처인 병 주식회사에 건네줌으로써 갑 은행에 손해를 가하였다고 하여 특정경제범죄 가중처벌 등에 관한 법률 위반(배임)으로 기소된 사안에서, 병 회사는 지급보증서가 정상적으로 발급된 것이 아님을 확인하고 을 회사를 통하여 물품을 주문하였던 사람들에게 물품을 공급하지 않음으로써 을 회사가 병 회사에 대하여 아무런 물품대금 채무를 부담하지 않게 된 사정 등에 비추어, 피고인이 갑 은행을 대리하여 을 회사가 병 회사에 대해 장래 부담하게 될 물품대금 채무에 대하여 지급보증을 하였더라도, 병 회사가 을 회사와 거래를 개시하지 않아 지급보증 대상인 물품대금 지급채무 자체가 현실적으로 발생하지 않은 이상, 보증인인 갑 은행에 경제적인 관점에서 손해가 발생한 것과 같은 정도로 구체적인 위험이 발생하였다고 평가할 수 없는데도, 이와 달리 갑 은행에 구체적인 실해 발생의 위험이 초래되었음을 전제로 피고인에게 유죄를 인정한 원심판결에 법리를 오해한 잘못이 있다고 한 사례(대판 2015.9.10. 2015도6745).

㉕ 타인에 대한 채무의 담보로 제3채무자에 대한 채권에 대하여 권리질권을 설정한 경우 질권설정자는 질권자의 동의 없이 질권의 목적된 권리를 소멸하게 하거나 질권자의 이익을 해하는 변경을 할 수 없다(민법 제352조). 또한 질권설정자가 제3채무자에게 질권설정의 사실을 통지하거

나 제3채무자가 이를 승낙한 때에는 제3채무자가 질권자의 동의 없이 질권의 목적인 채무를 변제하더라도 이로써 질권자에게 대항할 수 없고, 질권자는 여전히 제3채무자에 대하여 직접 채무의 변제를 청구하거나 변제할 금액의 공탁을 청구할 수 있다(민법 제353조 제2항, 제3항). 그러므로 이러한 경우 <u>질권설정자가 질권의 목적인 채권의 변제를 받았다고 하여 질권자에 대한 관계에서 타인의 사무를 처리하는 자로서 임무에 위배하는 행위를 하여 질권자에게 손해를 가하거나 손해 발생의 위험을 초래하였다고 할 수 없고, 배임죄가 성립하지도 않는다</u>(대판 2016.4.29. 2015도5665). [해설] 질권설정자가 피해자(질권자)의 동의 없이 채무자로부터 변제를 받았다고 하더라도 질권자는 여전히 권리를 행사할 수 있으므로, 질권설정자가 타인의 사무를 처리하는 자로서 그 임무에 위배하는 행위를 하여 피해자에게 어떤 손해를 가하거나 손해 발생의 위험을 초래하였다고 할 수 없으므로 배임죄는 성립하지 않는다고 본 판결.

㉖ 배임죄에서 재산상의 손해에는 현실적인 손해가 발생한 경우뿐만 아니라 재산상 실해 발생의 위험을 초래한 경우도 포함되고, 재산상 손해의 유무에 대한 판단은 법률적 판단에 의하지 않고 경제적 관점에서 파악하여야 한다. 그런데 재산상 손해가 발생하였다고 평가될 수 있는 재산상 실해 발생의 위험이란 본인에게 손해가 발생할 막연한 위험이 있는 것만으로는 부족하고 경제적인 관점에서 보아 본인에게 손해가 발생한 것과 같은 정도로 구체적인 위험이 있는 경우를 의미한다. 따라서 재산상 실해 발생의 위험은 구체적·현실적인 위험이 야기된 정도에 이르러야 하고 단지 막연한 가능성이 있다는 정도로는 부족하다. 따라서 <u>유치권자로부터 점유를 위탁받아 부동산을 점유하는 자가 부동산의 소유자로부터 인도소송을 당하여 재판상 자백을 한 경우, 그러한 재판상 자백이 손해 발생의 구체적·현실적인 위험을 초래하기에 이르렀는지를 판단할 때에는 재판상 자백이 인도소송 및 유치권의 존속·성립에 어떠한 영향을 미치는지, 소유자가 재판상 자백에 의한 판결에 기초하여 유치권자 등을 상대로 인도집행을 할 수 있는지, 유치권자가 그 집행을 배제할 방법이 있는지 등 여러 사정을 종합하여 신중하게 판단하여야 한다</u>(대판 2017.2.3. 2016도3674).

㉗ 원심은 판시와 같은 이유로 <u>피고인 1, 2가 한 채권 파킹 거래는 임무위배행위에 해당하고 그 임무위배행위를 통해 투자자에게는 금액을 특정할 수 없는 재산상 손해가 발생하였으며 증권사는 금액을 특정할 수 없는 재산상 이익을 취득하였다고 보아, 피고인 1, 2의 각 업무상배임 부분을 유죄로 인정하였다</u>. 원심판결 이유를 관련 법리와 적법하게 채택된 증거에 비추어 살펴보면, 원심의 판단에 논리와 경험의 법칙을 위반하여 자유심증주의의 한계를 벗어나거나 배임죄에 있어 임무위배행위, 경영판단의 원칙과 배임의 고의, 불법이득의사, 재산상 손해의 발생, 재산상 이익의 취득, 인과관계, 공동정범에 관한 법리를 오해하는 등의 잘못이 없다(대판 2021.11.25. 2017도11612). [해설] 펀드매니저인 피고인 1, 2가 피해자들과의 투자일임계약에서 정한 운용한도를 초과하고자 증권사 브로커인 나머지 피고인들(피고인 3 내지 8)과 '채권 파킹 거래'를 하였고, 그로 인한 증권사 손실을 보전하기 위하여 추가로 피해자들의 투자일임재산으로 채권 파킹, 파킹 해소, 손실 이전 거래 등을 하였다는 공소사실이 업무상 배임죄에 해당하는지 여부가 문제된 사안('채권 파킹 거래'란 펀드매니저의 지시에 따라 증권사 브로커가 증권사의 계산으로 채권을 매수하여 증권사의 계정에 보관(parking)한 후, 손익 정산을 전제로 펀드매니저가 다시 그 채권을 매수하거나 이를 다른 곳에 매도하도록 증권사 브로커에게 지시함으로써 그 보관을 해소하는 일련의 거래를 포괄하는 채권 거래 방식임). 대법원은 피고인 1, 2와 나머지 피고인들과의 사이의 일련의 채권 파킹 거래(그 과정에서 수반된 손익 이전 거래를 포함)는 투자자에 대한 임무위배행위에 해당하고, 위 임무위배행위를 통하여 증권사의 손실을 피해자들의 투자일임재산에 이전시킴으로써 피해자들에게 손해를 가하고 증권사들에게 재산상 이익을 취득하게 하였다고 보아, 공소사

실 중 업무상 배임의 점을 유죄로 인정한 원심판결을 수긍하고, 피고인 1, 2의 상고를 기각하였음. 나아가 원심이 증권사가 취득한 구체적 이득액을 산정할 수 없고 나머지 피고인들이 피고인 1, 2와 공모하여 업무상 배임행위를 하였다고 볼 수 없다고 한 부분 및 피고인들에 대한 자본시장법 위반의 점을 무죄로 판단한 부분을 수긍하고, 검사의 상고를 기각하였음.

㉘ [1] 배임죄는 타인의 사무를 처리하는 자가 임무에 위배하는 행위를 하고 그러한 임무위배행위로 인하여 재산상의 이익을 취득하거나 제3자로 하여금 이를 취득하게 하여 본인에게 재산상의 손해를 가한 때 성립하는데, 여기서 재산상의 손해에는 현실적인 손해가 발생한 경우뿐만 아니라 재산상 실해 발생의 위험을 초래한 경우도 포함되고, 재산상 손해의 유무에 대한 판단은 법률적 판단에 의하지 않고 경제적 관점에서 파악하여야 한다. 그런데 재산상 손해가 발생하였다고 평가될 수 있는 재산상 실해 발생의 위험이란 본인에게 손해가 발생할 막연한 위험이 있는 것만으로는 부족하고 경제적인 관점에서 보아 본인에게 손해가 발생한 것과 같은 정도로 구체적인 위험이 있는 경우를 의미한다. 따라서 재산상 실해 발생의 위험은 구체적·현실적인 위험이 야기된 정도에 이르러야 하고 단지 막연한 가능성이 있다는 정도로는 부족하다. [2] 도시개발법에 따라 이루어진 도시개발사업의 시행자는 체비지로 지정된 토지에 관하여 환지처분공고 다음 날에 소유권을 원시적으로 취득하게 되나, 당해 체비지를 매수한 자는 토지를 점유하거나 체비지대장에 등재되었다고 하더라도 소유권이전등기를 마친 때에 비로소 소유권을 취득하게 된다. 따라서 환지처분 전 시행자로부터 체비지를 매수한 자 또는 그 전매수인이 자신의 매도인에 대하여 가지는 체비지에 관한 소유권이전등기청구권 등의 권리는 모두 매매계약에 기한 채권적 청구권으로서, 이를 행사하기 위하여 체비지대장에의 등재와 같은 공시방법이 별도로 요구되는 것이 아니다. [3] 甲 주식회사는 도시개발사업의 시행자인 乙 조합으로부터 기성금 명목으로 체비지를 지급받은 다음 이를 다시 丙에게 매도하였는데, 乙 조합의 조합장인 피고인이 환지처분 전 체비지대장에 소유권 취득자로 등재된 甲 회사와 丙의 명의를 임의로 말소함으로써 재산상 이익을 취득하고 丙에게 손해를 가하였다는 배임의 공소사실로 기소된 사안에서, 乙 조합이 시행한 도시개발사업은 도시개발법에 따라 이루어진 것이므로 체비지대장에의 등재가 환지처분 전 체비지 양수인이 취득하는 채권적 청구권의 공시방법이라고 볼 수 없고, 도시개발법에 따라 이루어진 도시개발사업에서 체비지 전매수인인 丙은 자신에게 체비지를 매도한 甲 회사에 대하여 매매계약에 따른 소유권이전등기청구권 등 채권적 청구권을 가질 뿐 乙 조합과 사이에서 직접적인 권리를 가지는 것은 아니어서, 丙이 매매계약에 따라 취득한 권리를 행사하는 것은 체비지대장의 기재 여부와는 무관하므로 체비지대장상 취득자 란의 丙 명의가 말소되었더라도 丙의 甲 회사에 대한 권리가 침해되거나 재산상 실해 발생의 위험이 있다고 볼 수 없으며, 또한 甲 회사가 乙 조합에 대하여 체비지 양도계약에 따른 소유권이전등기청구권 등 채권적 청구권을 행사하는 것 역시 체비지대장의 기재 여부와 무관하다는 점에서 그 명의의 말소 사실이 법률상 특별한 의미나 효과를 가진다고 보기도 어렵다는 이유로, 이와 달리 체비지대장에의 등재는 환지처분 전 체비지 양수인이 취득하는 물권 유사 권리의 공시방법에 해당한다는 전제에서 피고인의 행위가 배임죄를 구성한다고 본 원심판결에 배임죄에서의 타인의 사무를 처리하는 자, 재산상 손해의 발생 등에 관한 법리오해의 잘못이 있다고 한 사례(대판 2022.10.14. 2018도13604).

 **판례** 재산상 손해의 판단기준

① 배임죄에 있어서 본인에게 손해를 가한다 함은 총체적으로 보아 본인의 재산상태에 손해를 가하는 경우를 말하는 바 일반경쟁입찰에 의하여 매각할 은닉신고된 국유부동산을 수의계약으로 매각하였다고 하여 바로 국가가 그 부동산 자체를 상실하는 손해를 입었다고 볼 수는 없고, <u>수의계약에 의한 매각대금이 정당한 객관적 시가가 못되고, 일반경쟁입찰의 방식으로 매각할 경우의 예상대금보다 저렴한 금액인 경우에만 국가에 손해가 발생한 것이다</u>(대판 1981.6.23. 80도2934). **[해설]** 전체계산원칙.

② 배임죄에 있어서 손해란 현실적인 손해가 발생한 경우뿐만 아니라 재산상의 위험이 발생된 경우도 포함되므로 피해자와 주택에 대한 전세권설정계약을 맺고 전세금의 중도금까지 지급받고도 임의로 타에 근저당권설정등기를 경료해 줌으로써 <u>전세금반환채무에 대한 담보능력 상실의 위험이 발생되었다고 보여진다면 위 등기 경료행위는 배임죄를 구성한다</u>(대판 1993.9.28. 93도2206).

③ [1] 배임죄에서 '임무에 위배하는 행위'라 함은 처리하는 사무의 내용, 성질 등 구체적 상황에 비추어 법률의 규정, 계약의 내용 혹은 신의칙상 당연히 할 것으로 기대되는 행위를 하지 않거나 당연히 하지 않아야 할 것으로 기대하는 행위를 함으로써 본인과 사이의 신임관계를 저버리는 일체의 행위를 포함하며, '<u>재산상의 손해를 가한 때</u>'라 함은 현실적인 손해를 가한 경우뿐만 아니라 재산상 실해 발생의 위험을 초래한 경우도 포함되고 일단 손해의 위험성을 발생시킨 이상 사후에 피해가 회복되었다 하여도 배임죄의 성립에 영향을 주는 것은 아니다. [2] 재단법인의 이사장 직무대리인이 후원회 기부금을 정상 회계처리하지 않고 자신과 친분관계에 있는 신도에게 확실한 담보도 제공받지 아니한 채 대여한 경우, 그 신도가 이자금을 제때에 불입하고 나중에 원금을 변제하였다 하더라도 배임죄가 성립한다고 본 사례. [3] <u>업무상 배임죄가 성립하려면 주관적 요건으로서 임무위배의 인식과 그로 인하여 자기 또는 제3자가 이익을 취득하고 본인에게 손해를 가한다는 인식, 즉 배임의 고의가 있어야 하는데 이러한 인식은 미필적 인식으로도 족한 바</u>, 피고인이 본인의 이익을 위하여 문제가 된 행위를 하였다고 주장하면서 배임죄의 범의를 부인하는 경우에는 사물의 성질상 배임죄의 주관적 요소로 되는 사실은 고의와 상당한 관련성이 있는 간접사실을 증명하는 방법에 의하여 입증할 수밖에 없고, <u>피고인이 본인의 이익을 위한다는 의사도 가지고 있었다 하더라도 위와 같은 간접사실에 의하여 본인의 이익을 위한다는 의사는 부수적일 뿐이고 이득 또는 가해의 의사가 주된 것임이 판명되면 배임죄의 고의가 있었다고 할 것이다.</u> [4] 재단법인의 이사장 직무대리인이 후원회 기부금을 정상 회계처리하지 않고 자신과 친분관계에 있는 신도에게 확실한 담보도 제공받지 아니한 채 대여한 경우, 피고인이 그 재단법인의 이익을 위한다는 의사가 있었다 하더라도 그 의사는 부수적일 뿐이고 가해의 의사가 주된 것이라는 이유로 배임의 고의를 인정한 사례(대판 2000.2.8. 99도3338). **[해설]** 배임죄의 성격상 임무위배행위가 있어도 오랜 시간이 경과된 후에야 실제로 손해가 발생하는 점을 고려하여 배임죄를 위험범으로 이해하고, 손해발생의 위험만으로 배임죄가 성립한다고 본 사례.

④ 업무상 배임죄가 성립하려면 주관적 요건으로서 임무 위배의 인식과 자기 또는 제3자의 이익을 위하여 본인에게 재산상의 손해를 가한다는 인식, 즉 배임의 범의가 있어야 하는바, 이와 같은 고의는 피고인이 이를 부인하는 경우 사물의 성질상 고의와 상당한 관련성이 있는 간접사실을 증명하는 방법에 의하여 입증할 수밖에 없는 것이나, 이 때 무엇이 상당한 관련성이 있는 간접사실에 해당할 것인가는 정상적인 경험칙에 바탕을 두고 치밀한 관찰력이나 분석력에 의하여 사실

의 연결상태를 합리적으로 판단하는 것 외에 다른 방법이 없는 것이다(대판 2000.4.11. 99도334).

⑤ 업무상 배임죄는 타인의 사무를 처리하는 자가 그 임무에 위배하는 행위로서 재산상의 이익을 취득하거나 제3자로 하여금 이를 취득하게 하여 본인에게 손해를 가함으로써 성립하는바, 이 경우 그 임무에 위배하는 행위라 함은 처리하는 사무의 내용, 성질 등 구체적 상황에 비추어 법률의 규정, 계약의 내용 혹은 신의칙상 당연히 할 것으로 기대되는 행위를 하지 않거나 당연히 하지 않아야 할 것으로 기대하는 행위를 함으로써 본인과 사이의 신임관계를 저버리는 일체의 행위를 포함하는 것으로 그러한 행위가 법률상 유효한가 여부는 따져볼 필요가 없고, 행위자가 가사 본인을 위한다는 의사를 가지고 행위를 하였다고 하더라도 그 목적과 취지가 법령이나 사회상규에 위반된 위법한 행위로서 용인할 수 없는 경우에는 그 행위의 결과가 일부 본인을 위하는 측면이 있다고 하더라도 이는 본인과의 신임관계를 저버리는 행위로서 배임죄의 성립을 인정함에 영향이 없다(대판 2002.7.22. 2002도1696).

⑥ <u>배임죄에 있어서 '재산상의 손해를 가한 때'라 함은, 재산상의 현실적인 손해를 발생하게 한 경우뿐만 아니라 현실적인 손해발생의 위험을 생기게 한 경우도 포함</u>하지만, 이는 경제적인 관점에서 본인의 재산 상태를 평가하여 피고인의 행위에 의하여 본인의 재산가치가 감소하거나 증가하여야 할 가치가 증가하지 아니한 때를 말하므로, <u>일반경쟁입찰에 의하여 체결하여야 할 공사도급계약을 수의계약에 의하여 체결하였다 하더라도 수의계약에 의한 공사대금이 적정한 공사대금의 수준을 벗어나 부당하게 과대하여 일반경쟁입찰에 의하여 공사도급계약을 체결할 경우 예상되는 공사대금의 범위를 벗어난 것이 아니라면 재산상의 손해를 가한 때에 해당한다고 할 수 없다</u>(대판 2005.3.25. 2004도5731).

⑦ [1] 업무상 배임죄에 있어 본인에게 재산상의 손해를 가한다 함은 총체적으로 보아 본인의 재산상태에 손해를 가하는 경우, 즉 본인의 전체적 재산가치의 감소를 가져오는 것을 말하는 것으로, 현실적인 손해를 가한 경우뿐만 아니라 재산상 실해 발생의 위험을 초래한 경우도 포함되며, 재산상 손해의 유무에 대한 판단은 법률적 판단에 의하지 아니하고 경제적 관점에서 파악하여야 한다. [2] 기업의 경영에는 원천적으로 위험이 내재하여 있어서 경영자가 아무런 개인적인 이익을 취할 의도 없이 선의에 기하여 가능한 범위 내에서 수집된 정보를 바탕으로 기업의 이익에 합치된다는 믿음을 가지고 신중하게 결정을 내렸다 하더라도 그 예측이 빗나가 기업에 손해가 발생하는 경우가 있을 수 있는바, 이러한 경우에까지 고의에 관한 해석기준을 완화하여 업무상 배임죄의 형사책임을 물을 수는 없으나, <u>기업의 경영자가 문제된 행위를 함에 있어 합리적으로 가능한 범위 내에서 수집한 정보를 근거로 하여 당해 기업이 처한 경제적 상황이나 그 행위로 인한 손실발생과 이익획득의 개연성 등의 제반 사정을 신중하게 검토하지 아니한 채, 당해 기업이나 경영자 개인이 정치적인 이유 등으로 곤란함을 겪고 있는 상황에서 벗어나기 위해서는 비록 경제적인 관점에서 기업에 재산상 손해를 가하는 결과가 초래되더라도 이를 용인할 수밖에 없다는 인식하에 의도적으로 그와 같은 행위를 하였다면 업무상 배임죄의 고의는 있었다고 봄이 상당하다. [3] 대기업 또는 대기업의 회장 등 개인이 정치적으로 난처한 상황에서 벗어나기 위하여 자회사 및 협력회사 등으로 하여금 특정 회사의 주식을 매입수량, 가격 및 매입시기를 미리 정하여 매입하게 한 행위가 업무상 배임행위에 해당하고 그에 대한 고의도 있었다고 본 사례</u>(대판 2007.3.15. 2004도5742).

⑧ [1] 배임죄의 '재산상 손해를 가한 때'에 관한 판단에서, <u>기왕에 한 담보제공행위로 인하여 이미 재산상의 손해발생 위험이 발생하였다면 그 후에 그 담보물을 다른 담보물로 교체한다 하여도 새로 제공하는

담보물의 가치가 기존 담보물의 가치보다 더 작거나 동일하다면 회사에 새로운 손해발생의 위험이 발생하였다고 볼 수 없으며, 이러한 법리는 제공된 전후의 담보방법이 다소 다른 경우에도 같다. 따라서 동일 채무를 위해 기존의 담보방법을 새로운 담보방법으로 교체하는 행위를 배임죄로 처단하려면 새로운 담보물의 가치가 기존의 담보물에 비해 더 크다거나 선행 담보제공에 의해 발생한 기존의 손해발생의 위험이 어떤 사유로 소멸하고 그 담보교체로 인해 기존의 손해발생의 위험과는 다른 새로운 손해발생의 위험이 발생하였다고 평가할 수 있는 사정이 있어야 한다. [2] 회사의 대표이사가 제3자의 채무를 담보하기 위하여 회사 명의의 백지약속어음을 제공하는 배임행위를 한 후 법적 효력이 더 확실한 채무보증을 위해 이를 회수하고 대신 다른 회사가 발행한 새로운 약속어음을 배서·교부한 사안에서, 선행 담보제공행위로 백지약속어음을 제공할 때 이미 회사에 그 피담보채무액 상당의 손해발생 위험이 발생하였고, 경제적인 관점에서 볼 때 전후의 담보제공에 의해 발생하는 손해발생의 위험성은 결국 동일하므로, 위 담보교체행위로 선행 담보제공으로 인한 기존의 위험과는 별개로 회사에 새로운 손해발생의 위험을 초래하였다고 보기 어렵다고 한 사례(대판 2008.5.8. 2008도484).

⑨ 배임죄에서 재산상의 손해를 가한 때라 함은 현실적인 손해를 가한 경우뿐만 아니라 재산상 실해 발생의 위험을 초래한 경우도 포함되고, 재산상 손해의 유무에 대한 판단은 본인의 모든 재산상태와의 관계에서 법률적 판단에 의하지 아니하고 경제적 관점에서 파악하여야 한다(대판 2006.6.2. 2004도7112). 배임죄는 타인의 사무를 처리하는 자가 그 임무에 위배하는 행위로써 재산상 이익을 취득하거나 제3자로 하여금 이를 취득하게 하여 본인에게 손해를 가함으로써 성립하는 범죄로, 여기에서 '재산상의 손해를 가한 때'라 함은 현실적인 손해를 가한 경우뿐만 아니라 재산상 실해 발생의 위험을 초래한 경우도 포함되고, 재산상 손해의 유무에 대한 판단은 본인의 전 재산 상태와의 관계에서 법률적 판단에 의하지 아니하고 경제적 관점에서 파악하여야 하므로, 법률적 판단에 의하여 당해 배임행위가 무효라 하더라도 경제적 관점에서 파악하여 배임행위로 인하여 본인에게 현실적인 손해를 가하였거나 재산상 실해 발생의 위험을 초래한 경우에는 재산상의 손해를 가한 때에 해당되어 배임죄를 구성한다(대판 2012.12.27. 2012도10822, 대판 2010.8.26. 2010도4613, 대판 2003.2.11. 2002도5679, 대판 1999.6.22. 99도1095).

⑩ 공무원이 그 임무에 위배되는 행위로써 제3자로 하여금 재산상의 이익을 취득하게 하여 국가에 손해를 가한 경우에 업무상 배임죄가 성립한다. 그리고 업무상 배임죄에서 '임무에 위배되는 행위'는 당해 사무의 내용·성질 등 구체적 상황에 비추어 법률의 규정, 계약의 내용 또는 신의성실의 원칙상 당연히 할 것으로 기대되는 행위를 하지 않거나 당연히 하지 말아야 할 것으로 기대되는 행위를 함으로써 본인에 대한 신임관계를 저버리는 일체의 행위를 말하고, 그럼으로써 재산상 이익을 취득하거나 제3자로 하여금 이를 취득하게 하고 본인에게 손해를 가한 이상 그에 관한 고의 내지 불법이득의사가 인정된다고 할 것이다(대판 2013.9.27. 2013도6835). [해설] 공무원의 국가에 대한 업무상 배임죄를 인정한 대법원 판결.

⑪ 회사 임직원이 영업비밀을 경쟁업체에 유출하거나 스스로의 이익을 위하여 이용할 목적으로 무단으로 반출하였다면 그 반출 시에 업무상 배임죄의 기수가 되고, 영업비밀이 아니더라도 그 자료가 불특정 다수의 사람에게 공개되지 아니하였고 사용자가 상당한 시간, 노력 및 비용을 들여 제작한 영업상 주요한 자산인 경우에도 그 자료의 반출행위는 업무상 배임죄를 구성한다. 한편 회사 임직원이 영업비밀이나 영업상 주요한 자산인 자료를 적법하게 반출하여 그 반출행위가 업무상 배임죄에 해당하지 않는 경우

에도 퇴사 시에 그 영업비밀 등을 회사에 반환하거나 폐기할 의무가 있음에도 경쟁업체에 유출하거나 스스로의 이익을 위하여 이용할 목적으로 이를 반환하거나 폐기하지 아니하였다면, 이러한 행위는 업무상 배임죄에 해당한다. 그리고 업무상 배임죄가 성립하려면 주관적 요건으로서 임무 위배의 인식과 그로 인하여 자기 또는 제3자가 이익을 취득하고 본인에게 손해를 가한다는 인식, 즉 배임의 고의가 있어야 하는데, 이러한 인식은 미필적 인식으로도 충분하다. 피고인이 배임의 범의를 부인하는 경우에 배임의 주관적 요소로 되는 사실은 사물의 성질상 범의와 상당한 관련성이 있는 간접사실을 증명하는 방법에 의하여 입증할 수밖에 없고, 이때 무엇이 상당한 관련성이 있는 간접사실에 해당할 것인지는 정상적인 경험칙에 바탕을 두고 치밀한 관찰력이나 분석력에 의하여 사실의 연결상태를 합리적으로 판단하여야 한다(대판 2016.7.7. 2015도17628, 대판 2016.6.23. 2014도11876).

⑫ 타인의 사무를 처리하는 자가 배임의 범의로, 즉 임무에 위배하는 행위를 한다는 점과 이로 인하여 자기 또는 제3자가 이익을 취득하여 본인에게 손해를 가한다는 점에 대한 인식이나 의사를 가지고 임무에 위배한 행위를 개시한 때 배임죄의 실행에 착수한 것이고, 이러한 행위로 인하여 자기 또는 제3자가 이익을 취득하여 본인에게 손해를 가한 때 배임죄는 기수가 된다(형법 제355조 제2항). 그런데 타인의 사무를 처리하는 자의 임무위배행위는 민사재판에서 법질서에 위배되는 법률행위로서 무효로 판단될 가능성이 적지 않고, 그 결과 본인에게도 아무런 손해가 발생하지 않는 경우가 많다. 이러한 때에는 배임죄의 기수를 인정할 수 없다. 그러나 의무부담행위로 인하여 실제로 채무의 이행이 이루어지거나 본인이 민법상 불법행위책임을 부담하게 되는 등 본인에게 현실적인 손해가 발생하거나 실해 발생의 위험이 생겼다고 볼 수 있는 사정이 있는 때에는 배임죄의 기수를 인정하여야 한다. 다시 말하면, 형사재판에서 배임죄의 객관적 구성요건요소인 손해 발생 또는 배임죄의 보호법익인 피해자의 재산상 이익의 침해 여부는 구체적 사안별로 타인의 사무의 내용과 성질, 임무위배의 중대성 및 본인의 재산 상태에 미치는 영향 등을 종합하여 신중하게 판단하여야 한다(대판 2017.9.21. 2014도9960).

⑬ 재산상 손해가 발생하였다고 평가될 수 있는 재산상 실해 발생의 위험이란 본인에게 손해가 발생할 막연한 위험이 있는 것만으로는 부족하고 경제적인 관점에서 보아 본인에게 손해가 발생한 것과 같은 정도로 구체적인 위험이 있는 경우를 의미한다. 따라서 재산상 실해 발생의 위험은 구체적·현실적인 위험이 야기된 정도에 이르러야 하고 단지 막연한 가능성이 있다는 정도로는 부족하다(대판 2017.10.12. 2017도6151).

⑭ 배임죄의 성립을 인정하려면 재산상 손해의 발생이 합리적인 의심이 없는 정도의 증명에 이르러야 하므로, 배임행위로 인한 재산상 손해의 발생 여부가 충분히 증명되지 않았음에도 가볍게 액수 미상의 손해가 발생하였다고 인정함으로써 배임죄의 성립을 인정하는 것은 허용될 수 없다. 회사의 대표이사 등이 임무에 위배하여 회사로 하여금 다른 사업자와 용역계약을 체결하게 하면서 적정한 용역비의 수준을 벗어나 부당하게 과다한 용역비를 정하여 지급하게 하였다면 다른 특별한 사정이 없는 한 통상 그와 같이 지급한 용역비와 적정한 수준의 용역비 사이의 차액 상당의 손해를 회사에 가하였다고 볼 수 있다. 이 경우 배임죄가 성립하기 위해서는 해당 용역비가 적정한 수준에 비하여 과다하다고 볼 수 있는지가 객관적이고 합리적인 평가 방법이나 기준을 통하여 충분히 증명되어야 하고, 손해의 발생이 그와 같이 증명된 이상 손해액이 구체적으로 명백하게 산정되지 아니하였더라도 배임죄의 성립에는 영향이 없다. 그러나 적정한 수준에 비하여 과다한지 여부를 판단할 객관적이고 합리적인 평가 방법이나 기준 없이 단지 임무위배행위가 없었다면 더 낮은 수준의 용역비로 정할 수도 있었다는 가능성만을 가지고 재산상 손해 발생이 있었다고 쉽사리 단정하여서는 안 된다(대판 2018.2.13. 2017도17627).

 **판례** 배임죄의 고의

① [1] 배임죄의 주체는 타인을 위하여 사무를 처리하는 자이며, 그의 임무위반 행위로써 그 타인인 본인에게 재산상의 손해를 발생케 하였을 때 이 죄가 성립되는 것인 즉, <u>소위 1인회사에 있어서도 행위의 주체와 그 본인은 분명히 별개의 인격이며, 그 본인 주식회사에 재산상 손해가 발생하였을 때 배임죄는 기수가 되는 것이므로 궁극적으로 그 손해가 주주의 손해가 된다 하더라도(또 주식회사의 손해가 항시 주주의 손해와 일치한다고 할 수도 없다) 이미 성립한 죄에는 아무 소장이 없다.</u> [2] 우리 형법은 배임죄에 있어 자기 또는 제3자의 이익을 도모하고 또 본인에게 손해를 가하려는 목적을 그 구성요건으로 규정하고 있지 않으므로 <u>배임죄의 범의는 자기의 행위가 그 임무에 위배한다는 인식으로 족하고, 본인에게 손해를 가하려는 의사는 이를 필요로 하지 않는다</u>(대판 1983.12.13. 83도2330 전원합의체).

② 업무상 배임죄가 성립되려면 주관적 요건으로서 임무위배의 인식과 자기 또는 제3자의 이익을 위하여 본인에게 재산상의 손해를 가한다는 인식 즉 배임죄의 범의가 있어야 할 것인바, 부정한 사례금의 수수나 정실관계 등이 개재되지 않았고 또 기업의 도산을 막고 정상적인 영업활동을 지원해 주려는 것 외에 별다른 범죄의 동기가 없었다면 자본구조가 취약하고 상환자원이 부족하며 기업경영이 위기에 처해 있었던 기업에 대하여 신규여신을 하였다는 점만으로는 은행장에게 업무상 배임죄의 범의가 있었다고 단정할 수 없다(대판 1987.3.10. 81도2026).

③ 부동산 매도인인 피고인이 당초계약의 내용에 없는 새로운 요구조건을 내세우는 매수인에게 계약을 이행할 의사가 없는 것으로 판단한 것이 무리가 아니라고 보이므로 계약이 적법히 해제되었는지 여부에 관계없이 매매목적부동산에 관하여 제3자 앞으로 가등기를 경료한 피고인에게 배임의 범의가 없다(대판 1992.10.13. 92도1046).

④ [1] <u>업무상 배임죄가 성립하기 위해서는 타인의 사무를 처리하는 자가 그 임무에 위배하는 행위로써 재산상 이익을 취득하거나 제3자로 하여금 이를 취득하게 하여 본인에게 손해를 가함으로써 성립</u>하고, 이 경우 그 '임무에 위배하는 행위'라 함은 사무의 내용, 성질 등 구체적 상황에 비추어 법률의 규정, 계약의 내용 혹은 신의칙상 당연히 할 것으로 기대되는 행위를 하지 않거나 당연히 하지 않아야 할 것으로 기대되는 행위를 함으로써 본인과 사이의 신임관계를 저버리는 일체의 행위를 포함한다. [2] <u>대기업의 회장 등이 경영상의 판단이라는 이유로 갑 계열회사의 자금으로 재무구조가 상당히 불량한 상태에 있는 을 계열회사가 발행하는 신주를 액면가격으로 인수한 것이 그 자체로 업무상배임 행위임이 분명하고 배임에 대한 고의도 충분히 인정된다고 한 사례</u> … (중략) 피고인 1은 공소외 2 주식회사의 대표이사 회장이자 공소외 2 주식회사 및 공소외 3 주식회사, 공소외 1 주식회사 등이 속해 있는 (상호생략)그룹의 회장이고, 피고인 3은 공소외 2 주식회사의 이사 겸 부회장으로 (상호생략)그룹의 기획조정실장이며, 피고인 2는 공소외 2 주식회사의 대표이사 사장인바, 피고인들이 이미 자본금 300억 원이 모두 잠식됨으로써 그 발행주식의 실질가치가 영 원으로 평가되고 있고 보험금 지급여력이 없는 등 그 재무구조가 상당히 불량한 상태에 있는 회사인 공소외 1 주식회사의 재정상태를 잘 알고 있으면서도 공소외 1 주식회사에 대한 재정경제원 장관의 자본금 증액명령을 이행하여야 한다는 점을 구실로 삼아 공소외 1 주식회사의 신주를 인수할 의무가 있지도 않은 공소외 2 주식회사의 자금으로 공소외 1 주식회사가 발행하는 신주를 액면가격으로 인수한 것은 그 자체로 공소외 1 주식회사에게 이익을 얻게 하고 공소외 2 주식회사에게 손해를 가하는 배임행위임이 분명하고, 비록 공소외 1 주식회사가 재정경제원 장관의 증자명령을

이행하지 아니한다면 공소외 1 주식회사가 속해 있는 (상호생략)그룹 전체의 명예가 손상되어 그 결과 (상호생략)그룹의 계열사인 공소외 2 주식회사의 영업에도 지장이 있게 될 가능성이 있으므로 공소외 2 주식회사도 위한다는 의사가 일부 있었다 할지라도 이는 부수적인 의사에 불과할 뿐이고, 오히려 피고인들은 공소외 2 주식회사의 자금으로 공소외 1 주식회사의 증자를 위하여 주주에게 배정된 주식 또는 실권된 주식을 액면가격으로 인수하는 경우 그 피해는 결국 공소외 2 주식회사에 돌아갈 것임을 잘 알고 있었으므로 배임에 대한 고의도 충분히 인정되며, 피고인들로서는 단순히 그것이 경영상의 판단이라는 이유를 내세워 그에 대한 죄책을 면할 수 없다고 할 것이다. 따라서 원심이 같은 취지에서 피고인들에 대한 이 사건 업무상배임 범죄사실을 유죄로 인정한 것은 정당하고, 거기에 채증법칙 위배로 인한 사실오인, 배임죄에 있어서의 업무위배행위와 고의에 관한 법리오해 등의 위법이 있다고 할 수 없다. [3] 업무상 배임죄에 있어서 '타인의 사무를 처리하는 자'란 고유의 권한으로서 그 처리를 하는 자에 한하지 않고 그 자의 보조기관으로서 직접 또는 간접으로 그 처리에 관한 사무를 담당하는 자도 포함한다(대판 2004. 6.24. 2004도520).

⑤ 피고인이 갑 주식회사에서 재직 중 취득한 갑 회사의 영업비밀에 해당하는 파일들을 갑 회사와 경쟁업체인 을 주식회사로 이직하면서 유출하였다고 하여 업무상 배임죄로 기소된 사안에서, 제반 사정을 종합할 때 <u>피고인이 파일들을 갑 회사의 외부로 반출할 당시 적어도 미필적으로나마 배임의 고의가 있었다</u>고 본 원심판단을 수긍한 사례(대판 2011.7.28. 2010도9652).

⑥ 경영상 판단과 관련하여 경영자에게 배임의 고의와 불법이득의 의사가 있었는지를 판단할 때에도, 문제된 경영상의 판단에 이르게 된 경위와 동기, 판단 대상인 사업의 내용, 기업이 처한 경제적 상황, 손실 발생과 이익 획득의 개연성 등의 여러 사정을 고려할 때 자기 또는 제3자가 재산상 이익을 취득한다는 인식과 본인에게 손해를 가한다는 인식하의 의도적 행위임이 인정되는 경우에 한하여 배임죄의 고의를 인정하여야 하고, 그러한 인식이 없는데도 본인에게 손해가 발생하였다는 결과만으로 책임을 묻거나 단순히 주의의무를 소홀히 한 과실이 있다는 이유로 책임을 물어서는 안 된다. 그러나 한편 <u>경영자의 경영상 판단에 관한 위와 같은 사정을 모두 고려하더라도 법령의 규정, 계약 내용 또는 신의성실의 원칙상 구체적 상황과 자신의 역할·지위에서 당연히 하여야 할 것으로 기대되는 행위를 하지 않거나 하지 않아야 할 것으로 기대되는 행위를 함으로써 재산상 이익을 취득하거나 제3자로 하여금 이를 취득하게 하고 본인에게 손해를 가하였다면 그에 관한 고의 내지 불법이득의 의사는 인정된다</u>(대판 2011.10.27. 2009도14464).

⑦ <u>피고인이 자신의 모 명의를 빌려 자동차를 매수하면서 피해자 갑 주식회사에서 필요한 자금을 대출받고 자동차에 저당권을 설정하였는데, 저당권자인 갑 회사의 동의 없이 이를 성명불상의 제3자에게 양도담보로 제공하였다고 하여 배임으로 기소된 사안</u>에서, 피고인은 신원을 정확히 알 수 없는 제3자에게서 돈을 차용하고 담보로 자동차를 인도하면서 차량포기각서까지 작성해 주었고, 이후 차용금을 변제하지 아니하였을 뿐만 아니라 갑 회사에 대한 대출금 변제도 중단하였던 점, 갑 회사가 자동차에 대한 저당권을 실행하기 위하여 자동차 인도명령을 받았으나 소재파악이 되지 않아 집행불능에 이르렀던 점, 정상적인 거래관계였다면 마땅히 수반되어야 할 양도인의 인감증명서 교부 등 자동차관리법 기타 관계 법령에 따른 이전등록에 필요한 조치도 전혀 이루어지지 않았던 사정 등을 종합할 때, 피고인의 행위는 적어도 미필적으로나마 갑 회사의 자동차에 대한 추

급권 행사가 불가능하게 될 수 있음을 알면서도 그 담보가치를 실질적으로 상실시키는 것으로서 배임죄가 성립되는 특별한 사정이 있는 경우에 해당한다고 볼 여지가 있는데도, 이와 달리 보아 무죄를 인정한 원심판결에 법리오해 등 위법이 있다고 한 사례(대판 2012.9.13. 2010도11665). [해설] 본 판례는 배임죄를 인정하였으나, 대판 2020.10.22. 2020도6258 전원합의체 판결로 인해 배임죄가 성립하지 않는 것으로 변경되었음.

⑧ 주식회사의 임원이 공적 업무수행을 위하여서만 사용이 가능한 법인카드를 개인 용도로 계속적, 반복적으로 사용한 경우 특별한 사정이 없는 한 임원에게는 임무 위배의 인식과 그로 인하여 자신이 이익을 취득하고 주식회사에 손해를 가한다는 인식이 있었다고 볼 수 있으므로, 이러한 행위는 업무상 배임죄를 구성한다. 위와 같은 법인카드 사용에 대하여 실질적 1인 주주의 양해를 얻었다거나 실질적 1인 주주가 향후 그 법인카드 대금을 변상, 보전해 줄 것이라고 일방적으로 기대하였다는 사정만으로는 업무상 배임의 고의나 불법이득의 의사가 부정된다고 볼 수 없다(대판 2014.2.21. 2011도8870).

⑨ [1] 경영상의 판단과 관련하여 기업의 경영자에게 배임의 고의가 있었는지 여부를 판단함에 있어서도 일반적인 업무상 배임죄에 있어서 고의의 입증방법과 마찬가지의 법리가 적용되어야 함은 물론이지만, 기업의 경영에는 원천적으로 위험이 내재하여 있어서 경영자가 아무런 개인적인 이익을 취할 의도 없이 선의에 기하여 가능한 범위 내에서 수집된 정보를 바탕으로 기업의 이익에 합치된다는 믿음을 가지고 신중하게 결정을 내렸다 하더라도 그 예측이 빗나가 기업에 손해가 발생하는 경우가 있을 수 있다. 이러한 경우에까지 고의에 관한 해석기준을 완화하여 업무상 배임죄의 형사책임을 묻고자 한다면 이는 죄형법정주의의 원칙에 위배되는 것임은 물론이고 정책적인 차원에서 볼 때에도 영업이익의 원천인 기업가 정신을 위축시키는 결과를 낳게 되어 당해 기업뿐만 아니라 사회적으로도 큰 손실이 될 것이므로, 현행 형법상의 배임죄가 위태범이라는 법리를 부인할 수 없다 할지라도, 문제된 경영상의 판단에 이르게 된 경위와 동기, 판단대상인 사업의 내용, 기업이 처한 경제적 상황, 손실발생의 개연성과 이익획득의 개연성 등 제반 사정에 비추어 자기 또는 제3자가 재산상 이익을 취득한다는 인식과 본인에게 손해를 가한다는 인식(미필적 인식을 포함)하의 의도적 행위임이 인정되는 경우에 한하여 배임죄의 고의를 인정하는 엄격한 해석기준은 유지되어야 할 것이고, 그러한 인식이 없는데 단순히 본인에게 손해가 발생하였다는 결과만으로 책임을 묻거나 주의의무를 소홀히 한 과실이 있다는 이유로 책임을 물을 수는 없다. [2] 한편 비상장주식을 거래한 경우에 있어서 그 시가는 그에 관한 객관적 교환가치가 적정하게 반영된 정상적인 거래의 실례가 있는 경우에는 그 거래가격을 시가로 보아 주식의 가액을 평가하여야 할 것이나, 만약 그러한 거래사례가 없는 경우에는 거래 당시 당해 비상장법인 및 거래당사자의 상황, 당해 업종의 특성 등을 종합적으로 고려하여 합리적으로 판단하여 적절한 평가방법을 선택하여야 할 것이다(대판 2019.6.13. 2018도20655). [해설] 경영판단과 관련한 (업무상) 배임죄의 성립을 가능한 제한하기 위해서 엄격한 고의해석의 원칙을 활용해야 한다는 판결.

> **판례** 불법이득의사

① 매매예약으로 인한 소유권이전등기청구권 보전을 위한 가등기권자는 채무의 변제기까지는 가등기 상태를 유지할 것이요 그 변제기한이 지나도록 채무이행이 없을 경우에 비로소 본등기를 경료할 임무가 있고 그 범위 안에서는 타인의 사무를 처리하는 자라 할 것이므로 가등기권자가 위의 임무에 위배하여 변제기한 전에 채무자의 승낙 없이 이 사건 부동산을 그의처 앞으로 소유권이전등기를 경료한 경우에는 배임죄가 성립한다(대판 1976.9.14. 76도2069).

② 업무상 배임죄가 성립하려면 주관적 요건으로서 업무위배의 인식과 자기 또는 제3자의 이익을 위하여 본인에게 재산상의 손해를 가한다는 인식이 있어야 한다(대판 1992.1.17. 91도1675).

> **판례** 배임죄의 공범

① 업무상 배임죄의 실행으로 인하여 이익을 얻게 되는 수익자 또는 그와 밀접한 관련이 있는 제3자를 배임의 실행행위자와 공동정범으로 인정하기 위하여는 실행행위자의 행위가 피해자 본인에 대한 배임행위에 해당한다는 것을 알면서도 소극적으로 그 배임행위에 편승하여 이익을 취득한 것만으로는 부족하고, 실행행위자의 배임행위를 교사하거나 또는 배임행위의 전(全) 과정에 관여하는 등으로 배임행위에 적극 가담할 것을 필요로 한다(대판 2012.6.28. 2012도3643).

② [1] 거래상대방의 대향적 행위의 존재를 필요로 하는 유형의 배임죄에서 거래상대방은 기본적으로 배임행위의 실행행위자와 별개의 이해관계를 가지고 반대편에서 독자적으로 거래에 임한다는 점을 고려하면, 업무상 배임죄의 실행으로 이익을 얻게 되는 수익자는 배임죄의 공범이라고 볼 수 없는 것이 원칙이고, 실행행위자의 행위가 피해자 본인에 대한 배임행위에 해당한다는 점을 인식한 상태에서 배임의 의도가 전혀 없었던 실행행위자에게 배임행위를 교사하거나 또는 배임행위의 전 과정에 관여하는 등으로 배임행위에 적극 가담한 경우에 한하여 배임의 실행행위자에 대한 공동정범으로 인정할 수 있다. [2] 배임수재죄 및 배임증재죄에서 공여 또는 취득하는 재물 또는 재산상 이익은 부정한 청탁에 대한 대가 또는 사례여야 한다. 따라서 거래상대방의 대향적 행위의 존재를 필요로 하는 유형의 배임죄에서 거래상대방이 양수대금 등 거래에 따른 계약상 의무를 이행하고 배임행위의 실행행위자가 이를 이행받은 것을 두고 부정한 청탁에 대한 대가로 수수하였다고 쉽게 단정하여서는 아니 된다(대판 2016.10.13. 2014도17211).

> **판례** 불가벌적 사후행위

① [1] 회사의 대표이사는 이사회 또는 주주총회의 결의가 있더라도 그 결의내용이 회사 채권자를 해하는 불법한 목적이 있는 경우에는 이에 맹종할 것이 아니라 회사를 위하여 성실한 직무수행을 할 의무가 있으므로 대표이사가 임무에 배임하는 행위를 함으로써 주주 또는 회사 채권자에게 손해가 될 행위를 하였다면 그 회사의 이사회 또는 주주총회의 결의가 있었다고 하여 그 배임행위가 정당화될 수는 없다. [2] 배임죄는 재산상 이익을 객체로 하는 범죄이므로, 1인회사의 주주가 자신의 개인채무를 담보하기 위하여 회사 소유의 부동산에 대하여 근저당권설정등기를 마쳐 주어 배임죄가 성립한 이후에 그 부동산에 대하여 새로운 담보권을 설정해 주는 행위는 선순위 근저당권의 담보가

치를 공제한 나머지 담보가치 상당의 재산상 이익을 침해하는 행위로서 별도의 배임죄가 성립한다(대판 2005.10.28. 2005도4915).

② 배임죄와 횡령죄의 구성요건적 차이에 비추어 보면, 회사에 대한 관계에서 타인의 사무를 처리하는 자가 임무에 위배하여 회사로 하여금 자신의 채무에 관하여 <u>연대보증채무를 부담하게 한 다음</u>, 회사의 금전을 보관하는 자의 지위에서 회사의 이익이 아닌 자신의 채무를 변제하려는 의사로 <u>회사의 자금을 자기의 소유인 경우와 같이 임의로 인출한 후 개인채무의 변제에 사용한 행위는, 연대보증채무 부담으로 인한 배임죄와 다른 새로운 보호법익을 침해하는 것으로서 배임 범행의 불가벌적 사후행위가 되는 것이 아니라 별죄인 횡령죄를 구성한다</u>고 보아야 하며, 횡령행위로 인출한 자금이 선행 임무위배행위로 인하여 회사가 부담하게 된 연대보증채무의 변제에 사용되었다 하더라도 달리 볼 것은 아니다(대판 2011.4.14. 2011도277). **[해설]** 연대보증(배임) 이후 임의소비(횡령)의 경우로서 새로운 법익의 침해가 존재함.

③ 갑 주식회사 대표이사인 피고인이 자신의 채권자 을에게 차용금에 대한 담보로 갑 회사 명의 정기예금에 질권을 설정하여 주었는데, <u>그 후 을이 차용금과 정기예금의 변제기가 모두 도래한 이후 피고인의 동의 하에 정기예금 계좌에 입금되어 있던 갑 회사 자금을 전액 인출하였다</u>고 하여 구 특정경제범죄 가중처벌 등에 관한 법률(2012. 2. 10. 법률 제11304호로 개정되기 전의 것) 위반으로 기소된 사안에서, 민법 제353조에 의하면 질권자는 질권의 목적이 된 채권을 직접 청구할 수 있으므로, <u>피고인의 예금인출 동의행위는 이미 배임행위로써 이루어진 질권설정행위의 사후조처에 불과하여 새로운 법익의 침해를 수반하지 않는 이른바 불가벌적 사후행위에 해당하고, 별도의 횡령죄를 구성하지 않는데도</u>, 이와 달리 피고인에 대하여 질권설정으로 인한 배임죄와 별도로 예금인출로 인한 횡령죄까지 성립한다고 본 원심판결에 불가벌적 사후행위에 관한 법리오해의 위법이 있다고 한 사례(대판 2012.11.29. 2012도10980). **[해설]** 질권설정(배임) 이후 인출(횡령)에 그친 경우로서 새로운 법익의 침해가 존재하지 않는다고 본 사례.

④ 배임죄는 타인의 사무를 처리하는 자가 임무에 위배하는 행위로써 재산상의 이익을 취득하거나 제3자로 하여금 이를 취득하게 하여 본인에게 재산상 손해를 가한 때에 성립한다. 그리고 횡령죄는 타인의 재물을 보관하는 자가 불법영득의 의사로 그 재물을 횡령하는 경우에 성립하는 범죄로서, 횡령죄에서 '불법영득의 의사'는 자기 또는 제3자의 이익을 꾀할 목적으로 임무에 위배하여 자신이 보관하는 타인의 재물을 자기의 소유인 것과 같이 사실상 또는 법률상 처분을 하는 의사를 말한다. 이러한 배임죄와 횡령죄의 구성요건에서의 차이에 비추어 보면, <u>회사에 대한 관계에서 타인의 사무를 처리하는 자가 임무에 위배하는 행위로써 회사로 하여금 회사가 펀드 운영사에 지급하여야 할 펀드출자금을 정해진 시점보다 선지급하도록 하여 배임죄를 범한 다음, 그와 같이 선지급된 펀드출자금을 보관하는 자와 공모하여 펀드출자금을 임의로 인출한 후 자신의 투자금으로 사용하기 위하여 임의로 송금하도록 한 행위는 펀드출자금 선지급으로 인한 배임죄와는 다른 새로운 보호법익을 침해하는 행위로서</u> 배임 범행의 불가벌적 사후행위가 되는 것이 아니라 <u>별죄로서 횡령죄를 구성한다</u>고 보아야 한다(대판 2014.12.11. 2014도10036).

 **판례** 배임죄와 사기죄

① [1] 상상적 경합은 1개의 행위가 실질적으로 수개의 구성요건을 충족하는 경우를 말하고 법조경합은 1개의 행위가 외관상 수개의 죄의 구성요건에 해당하는 것처럼 보이나 실질적으로 1죄만을 구성하는 경우를 말하며, 실질적으로 1죄인가 또는 수죄인가는 구성요건적 평가와 보호법익의 측면에서 고찰하여 판단하여야 한다. [2] 업무상 배임행위에 사기행위가 수반된 때의 죄수 관계에 관하여 보면, 사기죄는 사람을 기망하여 재물의 교부를 받거나 재산상의 이익을 취득하는 것을 구성요건으로 하는 범죄로서 임무위배를 그 구성요소로 하지 아니하고 사기죄의 관념에 임무위배 행위가 당연히 포함된다고 할 수도 없으며, 업무상 배임죄는 업무상 타인의 사무를 처리하는 자가 그 업무상의 임무에 위배하는 행위로써 재산상의 이익을 취득하거나 제3자로 하여금 이를 취득하게 하여 본인에게 손해를 가하는 것을 구성요건으로 하는 범죄로서 기망적 요소를 구성요건의 일부로 하는 것이 아니어서 <u>양 죄는 그 구성요건을 달리하는 별개의 범죄이고 형법상으로도 각각 별개의 장에 규정되어 있어, 1개의 행위에 관하여 사기죄와 업무상 배임죄의 각 구성요건이 모두 구비된 때에는 양 죄를 법조경합 관계로 볼 것이 아니라 상상적 경합관계로 봄이 상당하다 할 것이고, 나아가 업무상 배임죄가 아닌 단순배임죄라고 하여 양 죄의 관계를 달리 보아야 할 이유도 없다</u>(대판 2002.7.18. 2002도669 전원합의체). [해설] 본 판례는 1개의 행위에 관하여 사기죄와 업무상 배임죄의 각 구성요건이 모두 구비된 때에는 양 죄를 법조경합 관계로 볼 것이 아니라 상상적 경합관계로 본 사례. 다만 사기죄와 배임죄가 상상적 경합에 있다는 것은 본인에 대한 관계에서 적용되는 법리이고, 타인의 사무를 처리하는 자가 제3자를 기망하여 재물 또는 재산상 이익을 취득하고 그로 인하여 본인에게 재산상 손해를 가한 때에는 배임죄와 사기죄가 모두 성립하고 이들 죄는 상상적 경합이 아니라 실체적 경합의 관계에 있음(대판 2010.11.11. 2010도10690).

② [1] 본인에 대한 배임행위가 본인 이외의 제3자에 대한 사기죄를 구성한다 하더라도 그로 인하여 본인에게 손해가 생긴 때에는 사기죄와 함께 배임죄가 성립하고 두 죄는 실체적 경합관계에 있다. [2] 피고인이 이 사건 각 건물에 관하여 전세임대차계약을 체결할 권한이 없음에도 임차인들을 속이고 전세임대차계약을 체결하여 그 임차인들로부터 전세보증금 명목으로 돈을 교부받은 행위는 건물주가 민사적으로 임차인들에게 전세보증금반환채무를 부담하는지 여부와 관계없이 사기죄에 해당하고, 이 사건 각 건물에 관하여 전세임대차계약이 아닌 월세임대차계약을 체결하여야 할 업무상 임무를 위반하여 전세임대차계약을 체결하여 그 건물주인 피해자로 하여금 전세보증금반환채무를 부담하게 한 행위는 위 사기죄와 별도로 업무상배임죄에 해당한다. 그리고 나아가 <u>위 각 죄는 서로 구성요건 및 그 행위의 태양과 보호법익을 달리하고 있어 상상적 경합범의 관계가 아니라 실체적 경합범의 관계에 있다고 할 것이다</u>(대판 2010.11.11. 2010도10690).

 **판례** 배임죄와 장물죄

- 양도담보로 제공한 물건을 다시 타에 양도한 행위는 배임죄에 해당되지만, 양도담보로 제공한 후 다시 타에 양도한 물건은 배임행위에 제공한 물건이지 배임행위로 인하여 영득한 물건 자체는 아니므로 장물이라고 볼 수 없다(대판 1983.11.8. 82도2119).

5. 이중저당과 이중매매의 형사책임

(1) 의의

소위 이중저당과 이중매매의 경우에 배임죄가 성립할 수 있는가의 문제는 이 경우에 저당권설정자 또는 매도인이 배임죄에 있어서의 '타인의 사무를 처리하는 자'에 해당하는가의 문제로 귀착된다(예 : 갑이 을로부터 금전을 차용하고 1번 저당권의 설정을 하였으나 아직 등기가 경료되지 않았으므로 이를 이용하여 다시 병으로부터 금전을 차용하고 병에게 1번 저당권을 경료한 경우).

(2) 이중저당의 죄책

이중저당의 경우에 저당권설정자의 형사책임에 관하여는 사기죄가 성립한다는 견해와 배임죄가 성립한다는 견해가 대립하고 있으나, 제2저당권자가 유효하게 저당권을 취득하는 이상 저당권설정자에게 사기죄의 구성요건인 기망행위가 있다고 할 수 없으므로 사기죄의 성립은 부정해야 할 것이며, 배임죄의 성립을 인정하지 않을 수 없다(통설). 그러나 판례는 채무자가 금전채무를 담보하기 위한 저당권설정계약에 따라 채권자에게 그 소유의 부동산에 관하여 저당권을 설정할 의무를 부담하게 되었다고 하더라도, 이를 들어 채무자가 통상의 계약에서 이루어지는 이익대립관계를 넘어서 채권자와의 신임관계에 기초하여 채권자의 사무를 맡아 처리하는 것으로 볼 수 없다고 하여 배임죄의 성립을 부정하고 있다.

(3) 부동산 이중매매의 죄책

이중매매 특히 부동산의 이중매매에 있어서 매도인의 형사책임에 관하여 횡령죄와 사기죄가 성립할 여지는 없으므로 배임죄의 성립 여부가 문제될 뿐이다. 여기서 매도인이 언제 타인의 사무를 처리하는 자가 되는가에 대하여는 이론상 다툼이 있다(예 : 갑이 을에게 자기의 부동산을 매도하였으나 아직 이전등기를 해주지 않은 상태에서 이를 다시 병에게 매도하고 병에게 소유권이전등기를 경료해 준 경우).

1) 계약금만 수령한 경우 : 매도인 갑이 선매수인 을과 부동산 매매계약을 체결하고 을로부터 계약금을 수령한 단계에서는 갑은 언제든지 계약금의 배액을 해약금으로 지급하고 계약을 해제할 수 있다(민법 제565조). 이 단계에서 갑은 을에 대하여 '자기의' 사무를 처리하는 자에 불과하므로 아직 배임죄의 주체가 될 수 없으므로 배임죄가 성립하지 않는다(통설, 판례).

2) 중도금 또는 잔금을 수령한 경우 : 매도인이 중도금을 수령하고도 이중으로 매도한 때에는 배임죄가 성립한다고 해야 한다. 중도금을 지급하면 계약의 이행에 착수한 것이 되어 매도인은 계약을 일방적으로 해제할 수 없는 효과가 발생하므로(민법 제565조 제1항) 매수인의 소유권 취득에 협력해야 할 신의칙에 의한 신임관계가 발생했다고 보아야 하기 때문이다. 대법원도 중도금을 수령한 매도인이 이중으로 매매한 때에는 배임죄가 성립한다고 판시하고 있다. 또한 중도금을 수령한 매도인이 이중으로 매매한 경우뿐만 아니라 그 부동산에 대하여 가등기를 설정하거나, 전세등기를 경료한 경우에도 배임죄가 성립한다.

3) 악의의 후매수인의 죄책 : 이 경우 후매수인이 매도인의 이중매매사실을 알고 매수하였다는 것, 즉 후매수인의 단순한 '악의'만으로는 배임죄의 '공범'으로서의 죄책을 묻기에 부족하며, 선매수인을 해할 목적으로 매도인의 이중매매를 교사하는 등 '적극적으로 가담'한 경우에 한하여 공범의

성립을 인정할 수 있다고 본다. 한편, 장물취득죄는 성립하지 않는다. 장물이란 재산범죄에 의하여 영득한 재물을 의미하며, 재산범죄에 제공된 재물은 여기에 해당하지 않기 때문이다.

4) 착수시기 및 기수시기 : 매도인이 후매수인과 매매계약을 체결하고 계약금과 중도금을 수령한 때라고 하는 견해와 후매수인을 위한 등기이전에 착수한 때라고 하는 견해가 대립한다. 판례는 후매수인에게 계약금과 중도금을 수령한 때에 배임죄의 실행의 착수를 인정하고 있다. 기수시기는 후매수인에게 소유권이전등기를 완료한 때이다.

5) 선의의 후매수인에 대한 죄책 : 매도인이 선매수인에게 이전등기를 경료한 경우에는 자신의 의무를 이행한 것에 지나지 않으므로 후매수인에 대해서 배임죄는 성립하지 않는다(판례). 그러나 후매수인에 대해서 금전편취의 목적이 있는 경우에는 사기죄가 성립한다.

(4) 동산 이중매매의 죄책

1) 현실인도 또는 간이인도 : 갑이 을에게 중도금·잔금 수령 후 현실인도 또는 간이인도 하기 전에 병에게 이중으로 매각하고 물건을 인도한 경우 을에 대한 배임죄가 성립한다. 그러나 판례는 동산의 이중매매에 있어서 매도인의 동산인도채무는 자기의 사무에 불과하므로 배임죄가 성립하지 않는다고 한다.

2) 점유개정의 경우 : 매도인 갑이 동산을 선매수인 을에게 매도하고 점유개정(민법 제189조)에 의하여 계속 목적물을 점유하면서 또다시 후매수인 병에게 매도하여 현실의 인도를 해 주었다면, 갑은 이미 을의 소유가 된 목적물을 '보관하는 자'의 지위에 서서 타인의 물건을 매도한 것이므로 횡령죄를 구성한다.

3) 반환청구권의 양도에 의한 이중매매 : 매도인 갑이 선매수인 을에게 동산에 대한 반환청구권의 양도에 의한 인도(민법 제190조)를 한 후 점유매개자 A에게 양도통지를 하기 전에 또다시 후매수인 병에게 그 목적물에 대한 반환청구권을 양도한 경우에, 반환청구권의 양도만으로 소유권은 완전히 이전되고 점유매개자에 대한 통지는 양도의 대항요건에 불과하므로, 선매수인 을이 소유자가 된다. 따라서 A에게 양도통지를 하기 전의 갑은 을 소유의 동산을 법률상 지배하는 보관자의 지위에 서게 되고, 그 목적물을 갑이 또다시 병에게 매도한다면 '횡령죄'를 구성할 수 있다.

> **판례** 부동산의 이중저당과 배임죄

- [1] 채무자가 금전채무를 담보하기 위한 저당권설정계약에 따라 채권자에게 그 소유의 부동산에 관하여 저당권을 설정할 의무를 부담하게 되었다고 하더라도, 이를 들어 채무자가 통상의 계약에서 이루어지는 이익대립관계를 넘어서 채권자와의 신임관계에 기초하여 채권자의 사무를 맡아 처리하는 것으로 볼 수 없다. [2] <u>채무자가 저당권설정계약에 따라 채권자에 대하여 부담하는 저당권을 설정할 의무는 계약에 따라 부담하게 된 채무자 자신의 의무이다.</u> 채무자가 위와 같은 의무를 이행하는 것은 채무자 자신의 사무에 해당할 뿐이므로, 채무자를 채권자에 대한 관계에서 '타인의 사무를 처리하는 자'라고 할 수 없다. 따라서 <u>채무자가 제3자에게 먼저 담보물에 관한 저당권을 설정하거나 담보물을 양도하는 등으로 담보가치를 감소 또는 상실시켜 채권자의 채권실현에 위험을 초래하더라도 배임죄가 성립한다고 할 수 없다.</u> [3] 위와 같은 법리는, <u>채무자가 금전채무에 대한 담보로 부동</u>

산에 관하여 양도담보설정계약을 체결하고 이에 따라 채권자에게 소유권이전등기를 해 줄 의무가 있음에도 제3자에게 그 부동산을 처분한 경우에도 적용된다(대판 2020.6.18. 2019도14340 전원합의체). [해설] 원심은, 피고인이 피해자로부터 18억원을 차용하면서 이 사건 아파트에 4순위 근저당권을 설정해 주기로 약정하였음에도 제3자에게 채권최고액을 12억원으로 하는 4순위 근저당권을 설정하여 주어 12억원 상당의 재산상 이익을 취득하고 피해자에게 같은 금액 상당의 손해를 가하였다는 이 사건 공소사실에 대하여, 유죄로 판단하였음. 대법원은 위와 같은 근저당권설정의무는 근저당권설정계약에 따른 피고인의 사무일 뿐 타인의 사무라고 볼 수 없다는 이유로 원심을 파기하였음. 이러한 다수의견에 대하여는 배임죄의 성립 여부에서 부동산 이중매매와 이중저당을 같이 취급하여 부동산 이중저당의 경우에도 배임죄가 인정되어야 한다는 취지의 대법관 김재형, 대법관 민유숙, 대법관 김선수, 대법관 이동원의 반대의견이 있고, 다수의견에 대한 대법관 권순일, 대법관 안철상, 대법관 노태악의 보충의견, 반대의견에 대한 대법관 김재형, 대법관 민유숙의 각 보충의견이 있음.

<위 전원합의체 판례로 폐기된 판결> 부동산에 피해자 명의의 근저당권을 설정하여 줄 의사가 없음에도 피해자를 속이고 근저당권설정을 약정하여 금원을 편취한 경우라 할지라도, 이러한 약정은 사기 등을 이유로 취소되지 않는 한 여전히 유효하여 피해자 명의의 근저당권설정등기를 하여 줄 임무가 발생하는 것이고, 그럼에도 불구하고 임무에 위배하여 그 부동산에 관하여 제3자 명의로 근저당권설정등기를 마친 경우, 이러한 배임행위는 금원을 편취한 사기죄와는 전혀 다른 새로운 보호법익을 침해하는 행위로서 사기 범행의 불가벌적 사후행위가 되는 것이 아니라 별죄를 구성한다(대판 2008.3.27. 2007도9328). [해설] 대판 2020.6.18. 2019도14340 전원합의체 판결(부동산의 이중저당은 배임죄에 해당하지 않는다는 판례)로 인해 폐기된 판례. 지금은 사기죄만 성립.

 **판례** 계약금 수령 후의 이중매매

① 피고인이 공소외인으로부터 매매계약금만을 수령하였다면 피고인은 아직 그 소유권이전등기 절차를 이행할 의무가 있다고 할 수 없으므로 이 사건 임야를 다시 다른 곳에 처분한 행위를 배임죄로 다스릴 수 없다(대판 1980.5.27. 80도290).

② 매도인이 매수인에게 부동산을 매도하고 계약금만을 수수한 상태에서 매수인이 잔대금의 지급을 거절한 이상 매도인으로서는 이행을 최고할 필요 없이 매매계약을 해제할 수 있는 지위에 있었으므로 위 매도인을 타인의 사무를 처리하는 자라고 볼 수 없다(대판 1984.5.15. 84도315).

  판례 중도금 또는 잔금의 수령 후 이중매매

① 이른바 2중매매에 있어서 매도인이 매수인의 사무를 처리하는 자로서 배임죄의 주체가 되기 위하여는 매도인이 계약금을 받은 것만으로는 부족하고 적어도 중도금을 받는 등 매도인이 더 이상 임의로 계약을 해제할 수 없는 상태에 이르렀다 할 것이다(대판 1986.7.8. 85도1873).

② [1] [다수의견] 부동산 매매계약에서 계약금만 지급된 단계에서는 어느 당사자나 계약금을 포기하거나 그 배액을 상환함으로써 자유롭게 계약의 구속력에서 벗어날 수 있다. 그러나 중도금이 지급되는 등 계약이 본격적으로 이행되는 단계에 이른 때에는 계약이 취소되거나 해제되지 않는 한 매

도인은 매수인에게 부동산의 소유권을 이전해 줄 의무에서 벗어날 수 없다. 따라서 이러한 단계에 이른 때에 매도인은 매수인에 대하여 매수인의 재산보전에 협력하여 재산적 이익을 보호·관리할 신임관계에 있게 된다. 그때부터 매도인은 배임죄에서 말하는 '타인의 사무를 처리하는 자'에 해당한다고 보아야 한다. 그러한 지위에 있는 매도인이 매수인에게 계약 내용에 따라 부동산의 소유권을 이전해 주기 전에 그 부동산을 제3자에게 처분하고 제3자 앞으로 그 처분에 따른 등기를 마쳐 준 행위는 매수인의 부동산 취득 또는 보전에 지장을 초래하는 행위이다. 이는 매수인과의 신임관계를 저버리는 행위로서 배임죄가 성립한다. [2] 부동산 매도인인 피고인이 매수인 갑 등과 매매계약을 체결하고 갑 등으로부터 계약금과 중도금을 지급받은 후 매매목적물인 부동산을 제3자 을 등에게 이중으로 매도하고 소유권이전등기를 마쳐 주어 구 특정경제범죄 가중처벌 등에 관한 법률 위반(배임)으로 기소된 사안에서, 제반 사정을 종합하면 피고인의 행위는 갑 등과의 신임관계를 저버리는 임무위배행위로서 배임죄가 성립하고, 피고인에게 배임의 범의와 불법이득의사가 인정됨에도, 이와 달리 보아 공소사실을 무죄로 판단한 원심판결에 배임죄에서 '타인의 사무를 처리하는 자', 범의 등에 관한 법리오해의 위법이 있다고 한 사례(대판 2018.5.17. 2017도4027 전원합의체). [해설] 다수의견은 동산 이중매매와 부동산 대물변제예약 사안에서 매도인 또는 채무자에 대하여 배임죄의 성립을 부정하는 대법원판례의 흐름과도 맞지 않는 것이어서 찬성하기 어렵다는 반대의견 있음.

③ 부동산 매매계약에서 계약금만 지급된 단계에서는 어느 당사자나 계약금을 포기하거나 그 배액을 상환함으로써 자유롭게 계약의 구속력에서 벗어날 수 있다. 그러나 중도금이 지급되는 등 계약이 본격적으로 이행되는 단계에 이른 때에는 계약이 취소되거나 해제되지 않는 한 매도인은 매수인에게 부동산의 소유권을 이전해 줄 의무에서 벗어날 수 없다. 따라서 이러한 단계에 이른 때에 매도인은 매수인에 대하여 매수인의 재산보전에 협력하여 재산적 이익을 보호·관리할 신임관계에 있게 된다. 그때부터 매도인은 배임죄에서 말하는 '타인의 사무를 처리하는 자'에 해당한다고 보아야 한다. 그러한 지위에 있는 매도인이 매수인에게 계약 내용에 따라 부동산의 소유권을 이전해 주기 전에 그 부동산을 제3자에게 처분하고 제3자 앞으로 그 처분에 따른 등기를 마쳐 준 행위는 매수인의 부동산 취득 또는 보전에 지장을 초래하는 행위이다. 이는 매수인과의 신임관계를 저버리는 행위로서 배임죄가 성립한다. 그리고 매도인이 매수인에게 순위보전의 효력이 있는 가등기를 마쳐 주었더라도 이는 향후 매수인에게 손해를 회복할 수 있는 방안을 마련하여 준 것일 뿐 그 자체로 물권변동의 효력이 있는 것은 아니어서 매도인으로서는 소유권을 이전하여 줄 의무에서 벗어날 수 없으므로, 그와 같은 가등기로 인하여 매수인의 재산보전에 협력하여 재산적 이익을 보호·관리할 신임관계의 전형적·본질적 내용이 변경된다고 할 수 없다(대판 2020.5.14. 2019도16228).

판례 등기협력의무의 발생시기

① 부동산 매도인이 매수인의 의사에 반하여 차용금 담보조로 제3자에게 가등기를 경료하였으면 매수인에 대한 관계에 있어서 배임죄가 성립한다(대판 1982.2.23. 81도3146).

② 동백나무는 입목에관한법률의 적용을 받을 수 있는 수목의 집단에 속하지 아니하고, 이를 토지와 독립하여 거래하는 경우 명인방법에 의한 거래가 인정되고 있어 매도인은 매수인 명의로의 명인방법의 실시에 협력할 임무가 있는 것인데, 매도인이 위와 같은 명인방법도 실시하지 아니한 채 이미 매도한 입목(동백나무)을 포함한 임야를 이중으로 타에 매도하고 소유권이전등기를 경료해 주었다

면, 입목매수인과의 관계에 있어서는 배임죄의 죄책을 면할 수 없다(대판 1993.9.28. 93도2069).

③ 무허가건물대장은 무허가건물의 정비에 관한 행정상의 사무처리의 편의를 위하여 작성 비치되는 것으로써 그 대장에의 기재에 의하여 무허가건물에 관한 권리의 변동이 초래되거나 공시되는 효과가 생기는 것이 아니므로 <u>무허가건물대장에 소유자로 등재되었다는 사정만으로는 그 무허가건물에 대한 소유권 기타의 권리를 취득하거나 권리자로 추정되는 효력은 없다</u> 할 것이나, 무허가건물의 <u>양도인은 특별한 사정이 없는 한 대금수령과 동시에 양수인에게 그 건물을 인도할 의무가 있다</u> 할 것이고, <u>무허가건물의 양수인은 양도인으로부터 무허가건물을 인도받아 점유함으로써 소유권에 준하는 사용·수익·처분의 포괄적인 권능을 가지게 되므로</u>, 이와 같이 <u>양수인에게 무허가건물을 인도할 의무를 부담하는 양도인이 중도금 또는 잔금까지 수령한 상태에서 양수인의 의사에 반하여 제3자에게 그 무허가건물을 이중으로 양도하고 중도금까지 수령하였다면 이는 양수인에 대한 관계에서 임무위배행위로서 배임죄의 실행의 착수가 있었다고 할 것이고</u>, 더 나아가 <u>제3자로부터 잔금을 수령하고 무허가건물을 인도하였다면 이는 배임죄의 기수에 해당한다</u>(대판 2005.10.28. 2005도5713).

④ <u>위임받은 타인의 사무가 부동산소유권이전등기의무인 경우에 매도인의 임무위배행위로 인하여 매도인의 소유권이전등기의무가 이행불능되거나 이행불능에 빠질 위험성이 있으면 배임죄가 성립하고, 매도인과 매수인 사이에 소유권이전등기절차를 이행하기로 하는 재판상 화해가 성립한 경우에도 마찬가지이다</u>(대판 2007.7.26. 2007도3882).

⑤ [1] <u>부동산을 이중으로 매도한 경우에 매도인이 선매수인에게 소유권이전의무를 이행하였다고 하여 후매수인에 대한 관계에서 그가 임무를 위법하게 위배한 것이라고 할 수 없다.</u> [2] 아파트 건축분양회사가 수분양자들에게 소유권이전등기절차를 이행하지 않은 채 분양 전 금융기관과 체결한 근저당권설정계약에 따라 근저당권설정등기를 경료해 준 사안에서, <u>수분양자들에 대한 배임죄의 성립을 부정한 사례.</u> [3] 배임죄는 타인의 사무를 처리하는 자가 위법한 임무위배행위로 재산상 이득을 취득하여 사무의 주체인 타인에게 손해를 가함으로써 성립하는 것이므로, 그 범죄의 주체는 타인의 사무를 처리하는 신분이 있어야 한다. 여기에서 '타인의 사무를 처리하는 자'라고 하려면 두 당사자의 관계의 본질적 내용이 단순한 채권관계상의 의무를 넘어서 그들 간의 신임관계에 기초하여 타인의 재산을 보호 내지 관리하는 데 있어야 한다. 만약, 그 사무가 타인의 사무가 아니고 자기의 사무라면, 그 사무의 처리가 타인에게 이익이 되어 타인에 대하여 이를 처리할 의무를 부담하는 경우라도, 그는 타인의 사무를 처리하는 자에 해당하지 않는다. [4] 신탁회사와 신축아파트에 대한 부동산관리처분 신탁계약을 체결하고 소유권이전등기까지 경료해 준 아파트 건축분양회사가 임의로 신탁목적물인 아파트를 제3자에게 매도하여 제3자로 하여금 아파트를 임대하고 보증금을 받게 한 사안에서, 신탁계약의 목적은 소유권이전등기의 경료로써 이미 달성되었고 신탁목적물에 대한 보존·관리 및 비용부담 등의 사무는 위탁자인 건축분양회사 자신의 사무에 해당하므로, 위탁자의 위 처분행위는 배임죄를 구성하지 <u>않는다고 한 사례</u>(대판 2009.2.26. 2008도11722).

 **매도인의 담보설정행위**

- 배임죄에서 손해를 가한 때라 함은 현실적으로 실해를 가한 경우뿐만 아니라 실해 발생의 위험을 초래하게 할 경우도 포함하는 것이고, 부동산의 매도인이 매수인 앞으로 소유권이전등기 등을 경료하기 이전에 제3자로부터 금원을 차용하고 그 담보로 근저당권설정등기를 해준 경우에는 특별한 사정이 없는 한 매도인은 매수인에게 그 근저당권에 의하여 담보되는 피담보채무 상당액의 손해를 가한 것이라고 할 것이다(대판 1998.2.10. 97도2919).

 매매계약이 무효인 경우의 이중매매

- 농가가 아니고 농지를 자경하거나 자영할 의사도 없어 농지개혁법상 농지를 취득할 수 없는 자에 대하여 농지를 매도한 계약은 무효이어서 매도인은 소유권이전등기절차를 이행할 임무가 없으므로 매도인이 그 농지를 제3자에게 이중으로 양도하였다 하더라도 배임죄가 성립되지 아니한다(대판 1979.3.27. 79도141).

 실행의 착수시기

- 매도인이 부동산을 제1차 매수인에게 매도하고 계약금과 중도금까지 수령한 이상 특단의 약정이 없는 한 잔금수령과 동시에 매수인 명의로의 소유권이전등기에 협력할 임무가 있고 이 임무는 주로 위 매수인을 위하여 부담하는 임무라 할 것이므로, 위 매매계약이 적법하게 해제되지 않은 이상 매도인이 다시 제3자와 사이에 매매계약을 체결하고 계약금과 중도금까지 수령한 것은 제1차 매수인에 대한 소유권이전등기 협력임무의 위배와 밀접한 행위로서 배임죄의 실행착수라고 보아야 할 것이다(대판 1983.10.11. 83도2057).

 기수시기

① 부동산의 매도인이 매수인 앞으로의 소유권이전등기에 협력할 의무가 있음에도 불구하고 같은 부동산을 위 매수인 이외의 자에게 이중으로 매도하여 그 소유권이전등기를 마친 경우에는 1차 매수인에 대한 소유권이전등기의무는 이행불능이 되고 이로써 1차 매수인에게 그 부동산의 소유권을 취득할 수 없는 손해가 발생하는 것이므로 부동산의 이중매매에 있어서 배임죄의 기수시기는 2차 매수인 앞으로 소유권이전등기를 마친 때라고 할 것이다(대판 1984.11.27. 83도1946).

② 부동산의 매도인으로서 매수인에 대하여 그 명의의 소유권이전등기절차에 협력할 의무있는 자가 그 임무에 위배하여 다시 차용금의 담보로 제공하여 제3자명의의 가등기를 경료해 준 경우 그 가등기절차를 마침으로서 배임행위는 기수가 되었다고 볼 것이며 그것이 후에 말소되었다 하더라도 이미 성립한 배임죄에 아무런 영향이 없다(대판 1985.10.8. 83도1375).

판례 　잔금까지 수령한 경우

① 대지 및 건물의 매도인이 잔대금을 수령한 후 6개월 내에 지상건물을 철거하여 멸실등기를 하여 주기로 약정하였음에도 잔대금 수령 후에 그 지상건물에 대하여 제3자 앞으로 가등기를 마쳐주었다면, 매도인의 이러한 소위는 지상건물철거 및 멸실등기이행임무에 위반됨은 물론 대지에 대한 매수인 앞으로의 소유권이전등기임무에도 위반되는 행위라 할 것이고, 이러한 소위가 건물을 철거하기로 약정한 기한 이전의 행위였다 하더라도 매수인에게 손해발생의 위험을 초래케 한 경우에 해당하므로 배임죄가 성립한다(대판 1983.6.14. 81도2278).

② 배임죄에 있어서 '재산상 손해를 가한 때'라 함은 현실적으로 손해를 가한 경우뿐만 아니라 <u>손해발생의 위험을 초래한 경우도 포함</u>되는 것이므로 염전의 2분지 1 지분을 매도하고 계약금과 중도금을 받은 자가 잔금과 상환으로 이전등기절차를 하여줄 임무에 위배하여 제3자 앞으로 근저당권설정등기를 하였다면 비록 피해자가 위 근저당권설정등기를 하기 전에 처분금지가처분을 해 두었다 하더라도 배임죄의 성립에 아무런 영향을 미칠 수 없다(대판 1990.10.16. 90도1702).

판례 　악의의 후매수인의 형사책임

① 부동산을 타인이 매수한 사실을 알면서 그 매수인을 배제하고 이를 취득할 목적으로 그 매도인과 공모하여 이중으로 매수하여 그 소유권이전등기를 경료하였다면 피고인은 매도인의 배임범죄행위에 가공하였다 할 것이므로 본법 제33조와 제30조에 의하여 배임죄의 공모관계가 성립된다(대판 1966.1.31. 65도1095).

② 형법상 장물죄의 객체인 장물이라 함은 재산권상의 침해를 가져 올 위법행위로 인하여 영득한 물건으로서 피해자가 반환청구권을 가지는 것을 말하고 본건 대지에 관하여 매수인 "甲"에게 소유권이전등기를 하여 줄 임무가 있는 소유자가 그 임무에 위반하여 이를 "을"에게 매도하고 소유권이전등기를 경유하여 준 경우에는 <u>위 부동산소유자가 배임행위로 인하여 영득한 것은 재산상의 이익이고 위 배임범죄에 제공된 대지는 범죄로 인하여 영득한 것 자체는 아니므로 그 취득자 또는 전득자에게 대하여 배임죄의 가공여부를 논함은 별문제로 하고 장물취득죄로 처단할 수 없다</u>(대판 1975.12.9. 74도2804).

③ 점포의 임차인이 임대인이 그 점포를 타에 매도한 사실을 알고 있으면서 점포의 임대차 계약 당시 "타인에게 점포를 매도할 경우 우선적으로 임차인에게 매도한다"는 특약을 구실로 임차인이 매매대금을 일방적으로 결정하여 공탁하고 임대인과 공모하여 임차인 명의로 소유권이전등기를 경료하였다면 임대인의 배임행위에 적극가담한 것으로서 배임죄의 공동정범에 해당한다(대판 1983.7.12. 82도180).

④ [1] 업무상 배임죄의 실행으로 인하여 이익을 얻게 되는 수익자 또는 그와 밀접한 관련이 있는 제3자를 배임의 실행행위자에 대한 공동정범으로 인정하기 위하여는, 우선 실행행위자의 행위가 피해자 본인에 대한 배임행위에 해당한다는 점을 인식하였어야 한다. 나아가 <u>실행행위자의 배임행위를 교사하거나 또는 배임행위의 전 과정에 관여하는 등으로 배임행위에 적극 가담할 것을 필요로 한다.</u> [2] 수분양권 매매계약과 관련하여 제2 매수인이 매수 당시에는 이중매매 사실을 몰랐으

나 나중에 그 사실을 알고 매도인을 상대로 소송을 제기하던 중 오히려 매도인과 약정을 맺고 그의 도움으로 승소판결을 받고 분양권에 대한 소유권이전등기까지 마친 사안에서, <u>제2매수인의 민사상 권리 행사가 매도인의 배임행위를 교사하거나 전 과정에 관여하는 등 배임행위에 적극 가담한 경우에 해당한다고 볼 수 없다는</u> 이유로, <u>배임죄의 공동정범의 성립을 부정한 사례</u>(대판 2009.9.10. 2009도5630). [해설] 제2매수인이 단순히 이중매매라는 사실을 알고 있는 것만으로는 배임죄가 성립하지 않지만, 제1매수인을 해할 목적으로 매도인을 교사하거나 매도인과 적극 공모하여 이중매수한 경우에는 배임죄의 교사범이나 공동정범이 성립한다고 본 사례.

⑤ 거래상대방의 대향적 행위의 존재를 필요로 하는 유형의 배임죄에 있어서 거래상대방으로서는 기본적으로 배임행위의 실행행위자와는 별개의 이해관계를 가지고 반대편에서 독자적으로 거래에 임한다는 점을 감안할 때, <u>거래상대방이 배임행위를 교사하거나 그 배임행위의 전 과정에 관여하는 등으로 배임행위에 적극 가담함으로써 그 실행행위자와의 계약이 반사회적 법률행위에 해당하여 무효로 되는 경우 배임죄의 교사범 또는 공동정범이 될 수 있음은 별론</u>으로 하고, 관여의 정도가 거기에까지 이르지 아니하여 법질서 전체적인 관점에서 살펴볼 때 사회적 상당성을 갖춘 경우에 있어서는 비록 정범의 행위가 배임행위에 해당한다는 점을 알고 거래에 임하였다는 사정이 있어 외견상 방조행위로 평가될 수 있는 행위가 있었다 할지라도 범죄를 구성할 정도의 위법성은 없다고 봄이 상당하다(대판 2012.11.15. 2012도9417, 대판 2005.10.28. 2005도4915).

> **판례** 동산의 이중매매
>
> - [1] [다수의견] ㈎ 매매와 같이 당사자 일방이 재산권을 상대방에게 이전할 것을 약정하고 상대방이 그 대금을 지급할 것을 약정함으로써 그 효력이 생기는 계약의 경우(민법 제563조), 쌍방이 그 계약의 내용에 좇은 이행을 하여야 할 채무는 특별한 사정이 없는 한 '자기의 사무'에 해당하는 것이 원칙이다. ㈏ 매매의 목적물이 동산일 경우, 매도인은 매수인에게 계약에 정한 바에 따라 그 목적물인 동산을 인도함으로써 계약의 이행을 완료하게 되고 그때 매수인은 매매목적물에 대한 권리를 취득하게 되는 것이므로, 매도인에게 자기의 사무인 동산인도채무 외에 별도로 매수인의 재산의 보호 내지 관리 행위에 협력할 의무가 있다고 할 수 없다. 동산매매계약에서의 매도인은 매수인에 대하여 그의 사무를 처리하는 지위에 있지 아니하므로, 매도인이 목적물을 매수인에게 인도하지 아니하고 이를 타에 처분하였다 하더라도 형법상 배임죄가 성립하는 것은 아니다. [2] 피고인이 '인쇄기'를 갑에게 양도하기로 하고 계약금 및 중도금을 수령하였음에도 이를 자신의 채권자 을에게 기존 채무 변제에 갈음하여 양도함으로써 재산상 이익을 취득하고 갑에게 동액 상당의 손해를 입혔다는 배임의 공소사실에 대하여, 피고인은 갑에 대하여 그의 사무를 처리하는 지위에 있지 않다는 이유로 무죄를 선고한 원심판단을 수긍한 사례(대판 2011.1.20. 2008도10479 전원합의체).

Ⅲ. 업무상 배임죄

> **제356조(업무상의 횡령과 배임)**
> 업무상의 임무에 위배하여 제355조의 죄를 범한 자는 10년 이하의 징역 또는 3천만원 이하의 벌금에 처한다.

> **제359조(미수범)**
> 제355조 내지 제357조의 미수범은 처벌한다.

업무상 배임죄는 업무상 임무에 위배하여 재산상의 이익을 취득하거나 또는 제3자로 하여금 이익을 취득하게 하고 이로 인하여 본인에게 손해를 가함으로써 성립하는 범죄이다(제356조). 본죄는 타인의 사무처리가 업무로 되어 있으므로 배임죄에 대하여 책임이 가중되는 가중적 구성요건이다. 타인의 사무를 처리하는 자라는 구성적 신분과 업무자라는 가감적 신분, 즉 이중의 신분을 요하는 신분범이다.

 **업무상 배임죄**

① [1] 법인의 대표자 또는 피용자가 그 법인 명의로 한 채무부담행위가 관련 법령에 위배되어 법률상 효력이 없는 경우에는 그로 인하여 법인에게 어떠한 손해가 발생한다고 할 수 없으므로, 그 행위로 인하여 법인이 민법상 사용자책임 또는 법인의 불법행위책임을 부담하는 등의 특별한 사정이 없는 한 그 대표자 또는 피용자의 행위는 배임죄를 구성하지 아니한다. [2] 상호저축은행이 채무를 보증하거나 담보를 제공하는 행위를 금지하는 구 상호저축은행법(2010. 3. 22. 법률 제10175호로 개정되기 전의 것) 제18조의2 제4호는 효력규정으로서 이에 위배하는 상호저축은행 대표이사 등의 행위는 무효이므로, 그로 인하여 상호저축은행이 민법상 사용자책임 또는 법인의 불법행위책임을 부담하는 등의 특별한 사정이 없는 한 배임죄는 성립하지 아니한다(대판 2010.9.30. 2010도6490). [해설] 같은 취지의 판결로, 대판 1987.11.10. 87도993(새마을금고의 이사장이 이사회의 의결 없이 개인으로부터 자금을 차입하거나 채무를 부담하는 행위를 당연무효로 판단한 사안), 대판 2013.3.28. 2010도7439(주식회사의 주주총회결의에서 자신이 대표이사로 선임된 것으로 주주총회 의사록 등을 위조한 자가 회사를 대표하여 대물변제 등의 행위를 한 것을 무효로 판단한 사안) 등이 있음.

② [1] 업무상 배임죄에서 재산상의 손해를 가한 때란 총체적으로 보아 본인의 재산 상태에 손해를 가하는 경우를 말하고, 현실적인 손해를 가한 경우뿐만 아니라 재산상 손해발생의 위험을 초래한 경우도 포함된다. 그리고 재산상 손해의 유무에 관한 판단은 법률적 판단에 의하지 아니하고 경제적 관점에서 실질적으로 판단되어야 하고, 일단 손해의 위험을 발생시킨 이상 나중에 피해가 회복되었다고 하여도 배임죄의 성립에 영향을 주는 것은 아니다. [2] 甲 주식회사 대표이사인 피고인이 자신과 딸이 발행주식 전부를 소유하고 있는 乙 주식회사 및 丙 주식회사를 운영하면서, 甲 회사로 하여금 乙 회사가 건물 신축 과정에서 丁 은행에서 받은 대출금 등 채무를 연대보증하게 하고 신축될 건물을 미리 임차하여 임대차보증금을 선지급하도록 하거나, 丙 회사의 丁 은행에 대한 대출금채무를 연대보증하게 함으로써 甲 회사에 재산상 손해를 가하였다고 하여 특정경제범죄 가중처벌 등에 관한 법률 위반(배임)으로 기소된 사안에서, 피고인이 甲 회사로 하여금 乙 회사 및 丙 회사를 위하여 수차례에 걸쳐 대출금 등 채무를 연대보증하게 하면서도 어떠한 대가나 이익을 제공받지 아니하였고, 甲 회사가 연대보증채무를 이행할 경우 구상금채권의 확보방안도 마련하지 아니한 점, 피고인이 甲 회사의 이사회 승인을 받거나 다른 주주들의 동의를 받지 아니한 점 등을 종합하면, 피고인의 행위는 甲 회사에 대한 임무위배행위로서 甲 회사에 재산상 손해발생의 위험을 초래하였고, 피고인에게 배임의 고의도 인정된다고 한 사례(대판 2015.11.26. 2014도17180). [해설] 업무상 배임죄에서 '재산상의 손해를 가한 때'의 의미 및 재산상 손해의 유무는 경제적 관점에서 실질적

으로 판단하여야 하는지 여부, 그리고 피해가 회복되었다는 사정이 배임죄 성립에 영향을 주는지 여부에 대한 판결.

③ **전환사채는 발행 당시에는 사채의 성질을 갖는 것으로서 사채권자가 전환권을 행사한 때에 비로소 주식으로 전환된다.** 전환사채의 발행업무를 담당하는 사람과 전환사채 인수인이 사전 공모하여 제3자에게서 전환사채 인수대금에 해당하는 금액을 차용하여 전환사채 인수대금을 납입하고 전환사채 발행절차를 마친 직후 인출하여 차용금채무의 변제에 사용하는 등 실질적으로 전환사채 인수대금이 납입되지 않았음에도 전환사채를 발행한 경우에, 전환사채의 발행이 주식 발행의 목적을 달성하기 위한 수단으로 이루어졌고 실제로 목적대로 곧 전환권이 행사되어 주식이 발행됨에 따라 실질적으로 신주인수대금의 납입을 가장하는 편법에 불과하다고 평가될 수 있는 등의 특별한 사정이 없는 한, **전환사채의 발행업무를 담당하는 사람은 회사에 대하여 전환사채 인수대금이 모두 납입되어 실질적으로 회사에 귀속되도록 조치할 업무상의 임무를 위반하여,** 전환사채 인수인이 인수대금을 납입하지 않고서도 전환사채를 취득하게 하여 인수대금 상당의 이득을 얻게 하고, 회사가 사채상환의무를 부담하면서도 그에 상응하여 취득하여야 할 인수대금 상당의 금전을 취득하지 못하게 하여 같은 금액 상당의 손해를 입게 하였으므로, **업무상 배임죄의 죄책**을 진다. 그리고 그 후 **전환사채의 인수인이 전환사채를 처분하여 대금 중 일부를 회사에 입금하였거나 또는 사채로 보유하는 이익과 주식으로 전환할 경우의 이익을 비교하여 전환권을 행사함으로써 전환사채를 주식으로 전환하였더라도, 이러한 사후적인 사정은 이미 성립된 업무상 배임죄에 영향을 주지 못한다**(대판 2015.12.10. 2012도235).

④ [1] 이른바 **차입매수 또는 LBO(Leveraged Buy-Out의 약어이다)란 일의적인 법적 개념이 아니라 일반적으로 기업인수를 위한 자금의 상당 부분에 관하여 피인수회사의 자산을 담보로 제공하거나 그 상당 부분을 피인수회사의 자산으로 변제하기로 하여 차입한 자금으로 충당하는 방식의 기업인수 기법을 일괄하여 부르는 용어로,** 거래현실에서 그 구체적인 태양은 매우 다양하다. 이러한 차입매수에 관하여는 이를 따로 규율하는 법률이 없는 이상 일률적으로 차입매수방식에 의한 기업인수를 주도한 관련자들에게 배임죄가 성립한다거나 성립하지 아니한다고 단정할 수 없고, 배임죄의 성립 여부는 차입매수가 이루어지는 과정에서의 행위가 배임죄의 구성요건에 해당하는지 여부에 따라 **개별적으로 판단되어야 한다**(대판 2010.4.15. 2009도6634 등 참조). [2] 기업인수에 필요한 자금을 마련하기 위하여 그 인수자가 금융기관으로부터 대출을 받고 나중에 피인수회사의 자산을 담보로 제공하는 방식을 사용하는 경우, 피인수회사로서는 주채무가 변제되지 아니할 경우에는 담보로 제공되는 자산을 잃게 되는 위험을 부담한다. 그러므로 위와 같이 인수자만을 위한 담보제공이 무제한 허용된다고 볼 수는 없고, 인수자가 피인수회사의 담보제공으로 인한 위험 부담에 상응하는 대가를 지급하는 등의 반대급부를 제공하는 경우에 한하여 허용될 수 있다. 만일 **인수자가 피인수회사에 아무런 반대급부를 제공하지 않고 피인수회사의 대표이사가 임의로 피인수회사의 재산을 담보로 제공하게 하였다면, 인수자 또는 제3자에게 담보 가치에 상응한 재산상 이익을 취득하게 하고 피인수회사에 그 재산상 손해를 가하였다고 봄이 상당하다**(대판 2008.2.28. 2007도5987 등 참조)(대판 2020.10.16. 2016도10634). [해설] 합병이 결합된 이른바 차입매수(LBO) 방식의 기업인수 과정에서, 피인수회사 소유의 부동산에 관하여 설정된 근저당권의 피담보채무에 피인수회사의 대출금 채무뿐만 아니라 인수자가 설립한 특수목적법인(SPC)의 대출금 채무도 포함되어 담보로 제공된 피인수회사의 재산은 장차 대출금 채무를 변제하지 못할 경우 환가처분 될 수 있는 위험이 발생한 반면, 인수자가 설립한 주식회사는 특수목적법인에 불과하여 피인수회사가 특수목적법인과의 합병에도 불구하고 실질적 가치 있는 재

산을 얻은 것으로 볼 수 없으므로, 피인수회사의 대표이사가 임무를 위배하여 인수자에게 재산상 이익을 취득하게 하고 피인수회사에게 재산상 손해를 가하였다는 이유로 1차 인수합병(M&A)에 관하여 업무상배임죄가 성립한다고 한 사례. ㈜하이마트의 대표이사였던 피고인이 합병이 결합된 이른바 차입매수(LBO) 방식의 기업인수 과정에서 피인수회사인 ㈜하이마트에게 재산상 손해를 가하였다는 이유로 업무상배임죄의 성부가 문제된 사건.

Ⅳ. 배임수증재죄

제357조(배임수증재)
① 타인의 사무를 처리하는 자가 그 임무에 관하여 부정한 청탁을 받고 재물 또는 재산상의 이익을 취득하거나 제3자로 하여금 이를 취득하게 한 때에는 5년 이하의 징역 또는 1천만원 이하의 벌금에 처한다.
② 제1항의 재물 또는 재산상 이익을 공여한 자는 2년 이하의 징역 또는 500만원 이하의 벌금에 처한다.
③ 범인 또는 그 사정을 아는 제3자가 취득한 제1항의 재물은 몰수한다. 그 재물을 몰수하기 불가능하거나 재산상의 이익을 취득한 때에는 그 가액을 추징한다.

제359조(미수범)
제355조 내지 제357조의 미수범은 처벌한다.

1. 서론

본죄는 타인의 사무처리에 있어서의 공정과 성실의무를 지키고자 하는 데 그 근본취지가 있다. 보호법익은 거래의 청렴성이다. 배임수증죄는 배임수재죄(제357조 제1항)와 배임증재죄(제357조 제2항)로 구별된다.

2. 배임수재죄

타인의 사무를 처리하는 자가 그 임무에 관하여 부정한 청탁을 받고 재물 또는 재산상의 이익을 취득함으로써 성립하는 범죄이다.

(1) 주체

타인의 사무를 처리하는 자이다. 따라서 본죄도 진정신분범이다.

(2) 부정한 청탁

본죄는 임무에 관하여 부정한 청탁을 받을 것을 요건으로 한다. '임무에 관하여'라고 함은 타인의 사무를 처리하는 자가 위탁받은 본래의 사무뿐만 아니라 그와 밀접한 관계가 있는 범위의 사무를 포함한다. 부정한 청탁이란 배임이 되는 내용의 부정한 청탁을 말하는 것이 아니라, 사회상규 또는 신의성실의 원칙에 반하는 것을 내용으로 하는 청탁이면 족하다.

(3) 행위

1) 재물 또는 재산상의 이익의 취득 : 행위는 재물 또는 재산상의 이익을 취득하는 것이다. 재물 또는 재산상의 이익의 취득은 부정한 청탁과 관련된 것이어야 하며, 현실적인 취득이 있을 것을 요한다. 따라서 단순한 요구 또는 약속으로는 족하지 않다. 그러나 재물 또는 재산상의 이익의 취득이

있으면 본죄는 기수에 이르며, 반드시 배임행위에 나갈 것은 요하지 않는다. 배임행위까지 한 때에는 본죄와 배임죄의 경합범이 된다. 본인에게 손해가 발생하였는가의 여부도 본죄의 성립에 영향이 없다.

2) 미수범의 처벌 : 미수범은 처벌한다. 언제 본죄의 미수가 되는가에 관하여는 견해의 대립이 있으나, 형법 제129조에 있어서의 요구 또는 약속이 바로 본죄의 미수에 해당한다고 할 것이다.

(4) 몰수·추징

범인이 취득한 재물은 몰수하며, 그 재물을 몰수할 수 없거나 재산상의 이익을 취득한 때에는 그 가액을 추징한다. 몰수 또는 추징은 필요적이다. 배임수재자가 받은 재물을 증재자에게 반환했더라도 그 가액을 추징한다.

3. 배임증재죄

타인의 사무를 처리하는 자에게 그 임무에 관하여 부정한 청탁을 하고 재물 또는 재산상의 이익을 공여함으로써 성립하는 범죄이다. 본죄는 배임수재죄와 필요적 공범의 관계에 있다. 그러나 그것은 증재자와 수재자가 같이 처벌받아야 한다는 것을 의미하지는 않고, 중재자에게는 정당한 업무에 속하는 청탁이라도 수재자에게는 부정한 청탁이 될 수 있다(판례). 본죄도 재물 등을 현실적으로 공여하여야 기수가 되며, 공여의 의사표시 또는 약속만으로는 미수에 불과하다.

> **판례** 타인의 사무를 처리하는 자
>
> ① 교육법 제111조의2, 동 시행령 제69조에 의하면 대학에의 편입학에 관한 사무는 특별한 사정이 없는 한 대학의 총장이나 학장의 임무에 속하고 학교법인의 상무이사가 처리할 임무가 아니므로 가사 피고인이 편입학에 대한 사례로 학교법인의 상무이사에게 재물을 공여한 것으로 인정되더라도 배임증재에는 해당하지 아니한다(대판 1982.4.13. 81도2646).
>
> ② 임대차계약을 체결함에 있어 임차인을 선정하거나 임대보증금 및 차임을 결정하는 권한이 없고 다만 상사에게 임차인을 추천할 수 있는 권한밖에 없다 하더라도 업무과장으로서 점포 등의 임대 및 관리를 담당하고 있는 이상 타인의 사무를 처리하는 자에 해당한다 할 것이며 그러한 자가 다른 사람이 점포를 임차하려는 상태에서 사례비를 줄 터이니 자기에게 임대하여 달라는 부탁을 받고 금원을 교부받은 소위는 형법 제357조의 구성요건에 해당한다(대판 1984.8.21. 83도2447).
>
> ③ 지역별 수산업협동조합의 총대는 조합의 의결기관인 총회의 구성원일 뿐 임원이나 기타 업무집행기관이 아니며 선출지역 조합원의 지시나 간섭을 받지 않고 스스로의 권한으로 총회에서 임원선거에 참여하고 의결권을 행사하는 등 자주적으로 업무를 수행하는 것이므로 총회에서의 의결권 또는 선거권의 행사는 자기의 사무이고 이를 선거구역 조합원이나 조합의 사무라고 할 수 없는 것이고, 따라서 총대가 조합장선거에 출마한 후보자들로부터 자신을 지지하여 달라는 부탁과 함께 금원을 교부받았더라도 배임수재죄로 처벌할 수 없다(대판 1990.2.27. 89도970).
>
> ④ 방송국에 소속되어 가요 프로그램의 제작연출 등의 사무를 처리하는 가요담당 프로듀서는, 방송법이 규정하고 있는 방송의 공적 책임수행과 그 내용의 공정성 및 공공성의 요청에 따라 방송국의 내규가 정하는 제한 범위 내에서, 방송될 가요를 선곡하는 임무를 방송국으로부터 부여받은 자로

서 "타인의 사무를 처리하는 자"이므로 배임수재죄의 주체가 될 수 있다(대판 1991.6.11. 91도688).

⑤ 대학교의 의과대학부속병원 부대시설의 임차운영자를 선정할 권한을 가진 총장 겸 부속병원장의 직무를 보좌 또는 대행하거나 임차인을 추천할 권한 등이 있는 부총장이 위 부속병원의 부대시설 운영권을 인수하는 데 우선적으로 추천해 달라는 청탁을 받고 그 사례비 명목으로 금 3,000만원을 받았다면, 이는 타인의 사무를 처리하는 자가 그 임무에 관해 사회상규 또는 신의성실의 원칙에 반하는 부정한 청탁을 받고 사례비 명목으로 금원을 받은 것이 되어 배임수재죄를 구성한다(대판 1991.12.10. 91도2543).

판례 부정한 청탁

① 신문사의 지국장이 취재기사를 본사에 송고하지 말아 달아는 청탁을 받고 그 묵인사례조로 금품을 교부받은 행위는 배임수재죄가 된다(대판 1970.9.17. 70도1355).

② 한국산업은행에는 인사규정상 과장이나 대리는 있으나 과장대리급이라는 직위는 없고 다만 부점조직에 따라 편의상 과장대리, 지점장대리라고 호칭하는 경우가 있을 뿐이므로 동 은행대리는 특정범죄가중처벌등에관한법률 제4조 제1항, 동법 시행령 제3조 제1호 소정의 공무원으로 간주되는 정부관리 기업체의 간부직원에 속하지 아니한다(대판 1980.4.8. 79도3108).

③ 배임수재죄에 있어서의 "부정한 청탁"이라 함은 사회상규 또는 신의성실의 원칙에 반하는 청탁을 말하는 것이다(대판 1980.10.14. 79도190).

④ 배임수재죄에 있어서 "부정한 청탁"이라 함은 사회상규 또는 신의성실의 원칙에 반하는 것을 내용으로 하는 청탁을 가리킨다. 따라서 섭외 및 예금 담당의 은행지점 차장이 지점장으로부터 중소기업시설자금 대출대상자를 물색하라는 지시를 받고 그 대출적격이 없는 자의 위장대출을 묵인 선처하여 달라는 청탁을 받아 대부 담당대리로 하여금 그 대출절차를 밟도록 하여주고 그 청탁이 대가로 금원을 교부받았다면 배임수재죄가 성립한다(대판 1982.2.9. 80도2130).

⑤ 형법 제357조 제1항 소정의 배임수증재죄는 재물 또는 이익을 공여하는 사람과 취득하는 사람 사이에 부정한 청탁이 개재되지 않는 한 성립하지 않는다고 할 것인데, 여기서 부정한 청탁이라 함은 사회상규 또는 신의성실의 원칙에 반하는 것을 내용으로 하는 청탁을 의미하므로 청탁한 내용이 단순히 규정이 허용하는 범위 내에서 <u>최대한의 선처를 바란다는 내용에 불과하다면 사회상규에 어긋난 부정한 청탁이라고 볼 수 없고 따라서 이러한 청탁의 사례로 금품을 수수한 것은 배임증재 또는 배임수재에 해당하지 않는다</u>(대판 1982.9.28. 82도1656). [해설] 선처를 부탁하는 것은 부정한 청탁에 해당하지 않는다고 본 사례.

⑥ <u>대출금의 회수불능이 예상되는 회사들 앞으로 거액의 대출을 원활하게 하여 달라고 은행장에게 청탁하고 거액의 돈을 공여한 것은 불량대출까지도 그 청탁의 내용으로 한 것이었다 할 것이므로 이는 은행장으로서의 임무에 관한 부정한 청탁</u>에 해당한다(대판 1983.3.8. 82도2873). [해설] 불량대출을 부탁하는 것은 부정한 청탁에 해당한다고 본 사례.

⑦ [1] 배임수재죄는 타인의 사무를 처리하는 자의 청렴성을 그 보호법익으로 하는 형사범으로서 그 임무에 관하여 부정한 청탁을 받고 재물 등을 수수함으로써 성립되고 반드시 수재 당시에도

수재와 관련된 임무를 현실적으로 담당하고 있음을 그 요건으로 하는 것은 아니라고 풀이되므로 타인의 사무를 처리하는 자가 그 임무에 관하여 <u>부정한 청탁을 받은 이상 그 후 사무분담의 변경으로 동 직무를 담당하지 아니하게 된 상태에서 재물 등을 수수하게 되었다 하더라도 여전히 같은 타인의 사무를 처리하는 지위에 있고 그 재물 등의 수수가 그 부정한 청탁과 관련하여 이루어진 것이라면 배임수재죄는 성립</u>한다고 보아야 할 것이다. [2] 형법 제357조 제1항의 배임수재죄는 타인의 사무를 처리하는 자가 그 임무에 관하여 부정한 청탁을 받고 재물 등을 취득함으로써 성립하는 것이고 어떠한 임무 위배행위나 본인에게 손해를 가한 것을 요건으로 하는 것이 아닌데 대하여 동법 제256조, 제355조 제2항의 배임죄는 타인의 사무를 처리하는 자가 그 임무에 위배하는 행위가 있어야 하고 그 행위로서 본인에게 손해를 가함으로써 성립하는 것이나 부정한 청탁을 받거나 금품을 수수한 것을 그 요건으로 하지 않고 있으므로 이들 양 죄는 행위의 태양을 전연 달리하고 있어 일반법과 특별법관계가 아닌 별개의 독립된 범죄라고 보아야 하고 또 업무상 배임죄의 법정형은 10년 이하의 징역(단순배임죄의 법정형도 5년 이하의 징역)인데 비하여 배임수재죄의 그것은 업무상 배임죄의 법정형 보다 경한 5년 이하의 징역이므로 <u>업무상 배임죄가 배임수재죄에 흡수되는 관계에 있다거나 결과적 가중범의 관계에 있다고는 할 수 없으므로 위 양죄를 형법 제37조 전단의 경합범으로 의율처단하였음은 정당</u>하다(대판 1984.11.27. 84도1906).

⑧ 형법상 배임수재죄는 재물 또는 이익을 공여하는 사람과 취득하는 사람 사이에 부정한 청탁이 개재되지 않는 한 성립되지 아니하며, 여기에 부정한 청탁이라 함은 사회상규 또는 신의·성실의 원칙에 반하는 것을 내용으로 하는 청탁을 말하므로, <u>계약관계를 유지시켜 기존권리를 확보하기 위한 부탁행위는 부정한 청탁이라 할 수 없으므로</u>, 계약관계를 유지시켜 달라는 부탁을 받고 사례금명목으로 금원을 교부받은 행위는 배임수재죄에 해당하지 아니한다(대판 1985.10.22. 85도465). [해설] 기존 계약관계 유지의 부탁은 부정한 청탁에 해당하지 않는다고 본 사례.

⑨ 배임수재죄에 있어 부정한 청탁은 업무상 배임에 이르는 정도가 아니고 사회상규 또는 신의성실의 원칙에 반하는 것을 내용으로 하는 청탁이면 족하다(대판 1987.4.28. 87도414).

⑩ 배임수재죄는 타인의 사무를 처리하는 자의 청렴성을 보호법익으로 하는 것으로서 동죄의 구성요건인 부정한 청탁이라 함은 업무상 배임에 이르는 정도는 아니나, 이 사건에 있어서와 같이 <u>특정인을 어떤 직위에 우선적으로 추천해 달라는 것과 같이 사회상규 또는 신의성실의 원칙에 반하는 것을 내용으로 하는 청탁</u>을 의미한다(대판 1989.12.12. 89도495). [해설] 경쟁을 거쳐야 하는 지위의 부탁이므로 부정한 청탁에 해당.

⑪ 배임수증죄에 있어서의 부정한 청탁이라 함은 청탁이 사회상규와 신의성실의 원칙에 반하는 것을 말하고 이를 판단함에 있어서는 청탁의 내용과 이에 관련되어 교부받거나 공여한 재물의 액수, 형식, 이 죄의 보호법익인 거래의 청렴성 등을 종합적으로 고찰하여야 할 것인바, 종합병원 또는 대학병원 소속 의사들이 자신들이 처방하는 약을 환자들이 예외 없이 구입 복용하는 것을 기화로, 의약품수입업자로부터 병당 5만원 내지 7만원씩의 사례비를 줄터이니 수입하여 시중 약국에는 보급하지 않고 직접 전화주문만 받아 독점판매하고 있는 메가비트 500이라는 약을 본래의 적응증인 순환기질환뿐 아니라 내분비 등 거의 모든 병에 잘 듣는 약이니 <u>그러한 환자에게 원외처방하여 그들로 하여금 위 약을 많이 사먹도록 해달라는 부탁을 받고 금원을 교부받은 경우, 위 의사들은 그 임무에 관하여 부정한 청탁을 받고 금품을 수수하였다고 할 것이므로 위와 같은 행위는 배임수재죄를 구성</u>한다(대판 1991.6.11. 91도413). [해설] 배임수재죄에서 사무는 배임죄의 경우와 달리 재산

상 사무에 국한되지 않는다는 취지의 판례.

⑫ 아파트 건축회사 협상대표(갑)가 각 세대당 금 2백만원의 보상금지급요구 문제 등에 관한 협상권한을 위임받은 아파트입주자 대표들(을)에게 보상금을 전체 금 2천만원으로 대폭 감액하여 조속히 합의하여 달라고 부탁한 것이 배임수재죄에 있어서의 부정한 청탁에 해당한다(대판 1993.3.26. 92도2033). **[해설]** 특정한 부탁을 받고 문제점을 해결해 주거나 묵인하는 행위는 부정한 청탁에 해당한다고 본 사례.

⑬ 배임수증죄에 있어서의 부정한 청탁이라 함은 청탁이 사회상규와 신의성실의 원칙에 반하는 것을 말하고 이를 판단함에 있어서는 청탁의 내용과 이에 관련되어 교부받거나 공여한 재물의 액수, 형식, 보호법익인 사무처리자의 청렴성 등을 종합적으로 고찰해야 하며, 그 청탁이 반드시 명시적임을 요하는 것은 아니다(대판 1996.10.11. 95도2090).

⑭ 형법 제357조 제1항의 배임수재죄는 타인의 사무를 처리하는 자의 청렴성을 보호법익으로 하는 것으로, 그 임무에 관하여 부정한 청탁을 받고 재물을 수수함으로써 성립하고 반드시 수재 당시에도 그와 관련된 임무를 현실적으로 담당하고 있음을 그 요건으로 하는 것은 아니므로, 타인의 사무를 처리하는 자가 그 임무에 관하여 부정한 청탁을 받은 이상 그 후 사직으로 인하여 그 직무를 담당하지 아니하게 된 상태에서 재물을 수수하게 되었다 하더라도, 그 재물 등의 수수가 부정한 청탁과 관련하여 이루어진 것이라면 배임수재죄가 성립한다(대판 1997.10.24. 97도2042).

⑮ [1] 회원제 골프장의 예약업무 담당자가 부킹대행업자의 청탁에 따라 회원에게 제공해야 하는 주말부킹권을 부킹대행업자에게 판매하고 그 대금 명목의 금품을 받은 것이 배임수재죄에 해당한다고 한 사례. [2] 타인의 사무를 처리하는 자가 동일인으로부터 그 직무에 관하여 부정한 청탁을 받고 여러 차례에 걸쳐 금품을 수수한 경우, 그것이 단일하고도 계속된 범의 아래 일정기간 반복하여 이루어진 것이고 그 피해법익도 동일한 때에는 이를 포괄일죄로 보아야 한다. 다만, 여러 사람으로부터 각각 부정한 청탁을 받고 그들로부터 각각 금품을 수수한 경우에는 비록 그 청탁이 동종의 것이라고 하더라도 단일하고 계속된 범의 아래 이루어진 범행으로 보기 어려워 그 전체를 포괄일죄로 볼 수 없다(대판 2008.12.11. 2008도6987).

⑯ [1] 형법 제357조 제1항에서 정한 배임수재죄의 '부정한 청탁'이란 반드시 업무상배임의 정도에 이를 것을 요하지 않으며, 사회상규 또는 신의성실의 원칙에 반하는 것이면 족하고, 이를 판단할 때에는 청탁의 내용 및 이에 관련한 대가의 액수, 형식, 보호법익인 거래의 청렴성 등을 종합적으로 고찰하여야 하며, 청탁이 반드시 명시적일 것을 요하지 않는다. [2] 주택조합아파트 시공회사 직원인 피고인들이 조합장으로부터 조합의 이중분양에 관한 민원을 회사에 보고하지 않고 묵인하거나 이중분양에 대한 조치를 강구할 때 조합의 입장을 배려하여 달라는 청탁을 받고 위 아파트 분양권을 취득한 사안에서, 피고인들에게 배임수재죄를 인정한 원심판단을 수긍한 사례(대판 2011.2.24. 2010도11784).

⑰ 형법 제357조 제1항의 배임수재죄와 같은 조 제2항의 배임증재죄는 통상 필요적 공범의 관계에 있기는 하나, 이것은 반드시 수재자와 증재자가 같이 처벌받아야 하는 것을 의미하는 것은 아니고, 증재자에게는 정당한 업무에 속하는 청탁이라도 수재자에게는 부정한 청탁이 될 수도 있다(대판 2011.10.27. 2010도7624, 대판 1991.1.15. 90도2257). **[해설]** 배임수증재죄가 필요적 공범인 것과 수재자와 증재자가 필수적으로 함께 처벌받아야 하는 것은 아니라는 일관된 판례.

⑱ 형법 제357조 제1항이 규정하는 배임수재죄는 타인의 사무를 처리하는 자가 그 임무에 관하여 부정한 청탁을 받고 재물 또는 재산상 이익을 취득하는 경우에 성립하는 범죄로서, 재물 또는 이익을 공여하는 사람과 취득하는 사람 사이에 부정한 청탁이 개재되지 않는 한 성립하지 않는다. 여기서 '**부정한 청탁**'이라 함은 반드시 업무상 배임의 내용이 되는 정도에 이를 것을 요하지 않고, 사회상규 또는 신의성실의 원칙에 반하는 것을 내용으로 하는 것이면 족하다. 이를 판단함에 있어서는 청탁의 내용 및 이에 관련한 대가의 액수, 형식, 보호법익인 거래의 청렴성 등을 종합적으로 고찰하여야 하며, 그 청탁이 반드시 명시적임을 요하지 않는다(대판 2013.12.26. 2010도16681).

⑲ 사립학교법 제20조 제1항, 제2항, 제20조의2, 제20조의3, 제28조 제1항, 제47조, 제73조 제2호의 내용과 취지 등을 종합적으로 고려하여 보면, 학교법인 운영권의 유상 양도를 금지·처벌하는 입법자의 명시적 결단이 없는 이상 학교법인 운영권의 양도 및 그 양도대금의 수수 등으로 인하여 향후 학교법인의 기본재산에 악영향을 미칠 수 있다거나 학교법인의 건전한 운영에 지장을 초래할 수 있다는 추상적 위험성만으로 운영권 양도계약에 따른 양도대금 수수행위를 형사처벌하는 것은 죄형법정주의나 형벌법규 명확성의 원칙에 반하는 것으로서 허용될 수 없다. 따라서 <u>학교법인의 이사장 또는 사립학교경영자가 학교법인 운영권을 양도하고 양수인으로부터 양수인측을 학교법인의 임원으로 선임해 주는 대가로 양도대금을 받기로 하는 내용의 '청탁'을 받았다</u> 하더라도, 그 청탁의 내용이 당해 학교법인의 설립 목적과 다른 목적으로 기본재산을 매수하여 사용하려는 것으로서 학교법인의 존립에 중대한 위협을 초래할 것임이 명백하다는 등의 <u>특별한 사정이 없는 한, 그 청탁이 사회상규 또는 신의성실의 원칙에 반하는 것을 내용으로 하는 것이라고 할 수 없으므로 이를 배임수재죄의 구성요건인 '부정한 청탁'에 해당한다고 할 수 없고</u>, 나아가 학교법인의 이사장 또는 사립학교경영자가 자신들이 출연한 재산을 회수하기 위하여 양도대금을 받았다거나 당해 학교법인이 국가 또는 지방자치단체로부터 일정한 보조금을 지원받아 왔다는 등의 사정은 위와 같은 결론에 영향을 미칠 수 없다(대판 2014.1.23. 2013도11735).

⑳ [1] <u>공동의 사기 범행으로 인하여 얻은 돈을 공범자끼리 수수한 행위가 공동정범들 사이의 범행에 의하여 취득한 돈이나 재산상 이익의 내부적인 분배행위에 지나지 않는다면 돈의 수수행위가 따로 배임수증재죄를 구성한다고 볼 수는 없다.</u> [2] 공사 발주처의 입찰 업무를 처리하는 자가 공사업자와 공모하여 부정한 방법으로 낙찰하한가를 알아낸 다음 공사업자에게 알려주어 발주처가 공사업자를 낙찰자로 선정하도록 하여 공사계약의 체결에 이르게 하고 공사업자에게서 돈을 수수한 경우에, 돈의 성격을 타인의 업무에 관한 부정한 청탁의 대가로 볼 것인지, 아니면 공동의 사기 범행에 따라 편취한 것으로 볼 것인지는 돈을 공여하고 수수한 당사자들의 의사, 공사계약 자체의 내용 및 성격, 계약금액과 수수된 금액 사이의 비율, 수수된 돈 자체의 액수, 계약이행을 통해 공사업자가 취득할 수 있는 적정한 이익, 공사업자가 발주처에서 공사대금 등을 지급받은 시기와 공범인 입찰 업무를 처리하는 자에게 돈을 교부한 시간적 간격, 공사업자가 공범에게 교부한 돈이 발주처에서 지급받은 바로 그 돈인지 여부, 수수한 장소 및 방법 등을 종합적으로 고려하여 객관적으로 평가하여 판단해야 한다(대판 2016.5.24. 2015도18795).

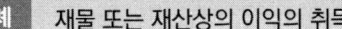 **판례** 재물 또는 재산상의 이익의 취득

① 배임수재죄는 타인의 사무를 처리하는 자가 그 임무에 관하여 부정한 청탁을 받고 이에 응하여 재물을 취득함으로써 성립하는 것이고 재물을 공여하는 자가 부정한 청탁을 하였다 하더라도 그 청탁을 받아들임이 없이 그 청탁과는 관계없이 금품을 받은 경우에는 배임수재죄는 성립하지 아니한다(대판 1982.7.13. 82도874).

② 형법 제357조 제1항의 배임수재죄는 타인의 사무를 처리하는 자의 청렴성을 보호법익으로 하는 것으로, 그 임무에 관하여 부정한 청탁을 받고 재물을 수수함으로써 성립하고 반드시 수재 당시에도 그와 관련된 임무를 현실적으로 담당하고 있음을 그 요건으로 하는 것은 아니므로, 타인의 사무를 처리하는 자가 그 임무에 관하여 부정한 청탁을 받은 이상 그 후 사직으로 인하여 그 직무를 담당하지 아니하게 된 상태에서 재물을 수수하게 되었다 하더라도, 그 재물 등의 수수가 부정한 청탁과 관련하여 이루어진 것이라면 배임수재죄가 성립한다(대판 1997.10.24. 97도2042).

③ 형법 제357조 제1항에서 규정한 <u>배임수재죄는 타인의 사무를 처리하는 자가 그 임무에 관하여 부정한 청탁을 받고 재물 또는 재산상의 이익을 취득한 경우에 성립하고, 재물 또는 이익의 취득만으로 바로 기수에 이르며, 그 청탁에 상응하는 부정행위 내지 배임행위에 나아갈 것이 요구되지 아니한다.</u> 여기에서 '임무에 관하여'라 함은 타인의 사무를 처리하는 자가 위탁받은 사무를 말하는 것이나, 이는 그 위탁관계로 인한 본래의 사무뿐만 아니라 그와 밀접한 관계가 있는 범위 내의 사무도 포함되는 것이며, '부정한 청탁'이라 함은 청탁이 사회상규와 신의성실의 원칙에 반하는 것을 말하고, 이를 판단함에 있어서는 청탁의 내용 및 이와 관련되어 교부받거나 공여한 재물의 액수·형식, 보호법익인 사무처리자의 청렴성 등을 종합적으로 고찰하여야 하며, 그 청탁이 반드시 명시적으로 이루어져야 하는 것은 아니고, 묵시적으로 이루어지더라도 무방하다(대판 2010.9.9. 2009도10681).

④ <u>타인의 사무를 처리하는 자가 그 임무에 관하여 부정한 청탁을 받고 재물 또는 재산상의 이익을 취득하거나 제3자로 하여금 이를 취득하게 하면 배임수재죄가 성립한다(형법 제357조 제1항). 타인의 사무를 처리하는 자가 증재자로부터 돈이 입금된 계좌의 예금통장이나 이를 인출할 수 있는 현금카드나 신용카드를 교부받아 이를 소지하면서 언제든지 위 예금통장 등을 이용하여 예금된 돈을 인출할 수 있어 예금통장의 돈을 자신이 지배하고 입금된 돈에 대한 실질적인 사용권한과 처분권한을 가지고 있는 것으로 평가될 수 있다면, 예금된 돈을 취득한 것으로 보아야 한다</u>(대판 2017.12.5. 2017도11564). **[해설]** 배임수증재로 입금된 돈을 인출 할 수 있는 상태가 되면 그 돈에 대한 실질적인 사용·처분권한이 인정되고 따라서 예금된 돈을 취득한 것으로 볼 수 있다는 판례.

판례 취득의 주체

① 구 병역법(2004. 3. 11. 법률 제7186호로 개정되기 전의 것)상 지정업체의 대표이사인 피고인이 병역의무자를 형식적으로 당해 지정업체 소속 병역특례 산업기능요원으로 편입시킨 뒤 다른 회사에서 근무하도록 해 달라는 부정한 청탁을 받고 그 대가로 위 지정업체 명의의 계좌로 금원을 송금받은 사안에서, <u>피고인이 당해 지정업체의 대표이사이자 주요 주주이므로 위 지정업체가 재물 또는 재산상 이익을 받는 것은 피고인이 받는 것과 사실상 동일하게 평가할 수 있어 배임수재죄가 성립한다고</u>

한 사례(대판 2009.3.12. 2008도1321).

② [1] 구 형법(2016. 5. 29. 법률 제14178호로 개정되기 전의 것) 제357조 제1항의 배임수재죄는 타인의 사무를 처리하는 자가 그 임무에 관하여 부정한 청탁을 받고 재물 또는 재산상 이익을 취득한 때에 성립한다. 배임수재죄의 행위주체가 재물 또는 재산상 이익을 취득하였는지는 증거에 의하여 인정된 사실에 대한 규범적 평가의 문제이다. 타인의 사무를 처리하는 자가 그 임무에 관하여 부정한 청탁을 받고 자신이 아니라 다른 사람으로 하여금 재물 또는 재산상 이익을 취득하게 한 경우에 특별한 사정이 있으면 사회통념상 자신이 받은 것과 같이 평가할 수 있다. 또한 다른 사람이 재물 또는 재산상 이익을 취득한 때에도 그 다른 사람이 부정한 청탁을 받은 자의 사자 또는 대리인으로서 재물 또는 재산상 이익을 취득한 경우나 그 밖에 평소 부정한 청탁을 받은 자가 그 다른 사람의 생활비 등을 부담하고 있었다거나 혹은 그 다른 사람에 대하여 채무를 부담하고 있었다는 등의 사정이 있어 그 다른 사람이 재물 또는 재산상 이익을 받음으로써 부정한 청탁을 받은 자가 그만큼 지출을 면하게 되는 경우 등 사회통념상 그 다른 사람이 재물 또는 재산상 이익을 받은 것을 부정한 청탁을 받은 자가 직접 받은 것과 같이 평가할 수 있는 관계가 있다면 위 죄가 성립할 수 있다. [2] 백화점 및 면세점의 입점업체 선정 업무를 총괄하는 피고인이 입점업체들로부터 추가 입점이나 매장 이동 등 입점 관련 편의를 제공해 달라는 청탁을 받고 그 대가로 매장 수익금 등을 지급받는 방법으로 돈을 수수하였다고 하여 구 형법(2016. 5. 29. 법률 제14178호로 개정되기 전의 것)상 배임수재로 기소된 사안에서, 피고인이 입점업체 대표 갑으로부터 부정한 청탁을 받고 그 대가로 자신이 받아온 수익금을 딸에게 주도록 갑에게 지시하였다면 이는 피고인 자신이 수익금을 취득한 것과 같다고 평가하여야 하고, 피고인이 입점업체인 을 주식회사 대표이사 병으로부터 부정한 청탁을 받고 그 대가를 피고인이 아들 명의로 설립하여 자신이 지배하는 정 주식회사 계좌로 돈을 입금하도록 한 이상 사회통념상 피고인이 직접 받은 것과 동일하게 보아야 하는데도, 이와 달리 보아 이 부분 공소사실을 무죄로 판단한 원심판결에 배임수재죄에서 '재물 또는 재산상 이익을 취득한 자'의 의미에 관한 법리오해의 잘못이 있다고 한 사례(대판 2017.12.7. 2017도12129).

③ [1] 배임수재죄에서 '부정한 청탁'은 반드시 업무상 배임의 내용이 되는 정도에 이를 필요는 없고, 사회상규 또는 신의성실의 원칙에 반하는 것을 내용으로 하면 충분하다. '부정한 청탁'에 해당하는지를 판단할 때에는 청탁의 내용 및 이에 관련한 대가의 액수, 형식, 보호법익인 거래의 청렴성 등을 종합적으로 고찰하여야 하고, 그 청탁이 반드시 명시적으로 이루어져야 하는 것은 아니며 묵시적으로 이루어지더라도 무방하다. 그리고 타인의 업무를 처리하는 사람에게 공여한 금품에 부정한 청탁의 대가로서의 성질과 그 외의 행위에 대한 사례로서의 성질이 불가분적으로 결합되어 있는 경우에는 그 전부가 불가분적으로 부정한 청탁의 대가로서의 성질을 갖는 것으로 보아야 한다. 그러므로 보도의 대상이 되는 자가 언론사 소속 기자에게 소위 '유료 기사' 게재를 청탁하는 행위는 사실상 '광고'를 '언론 보도'인 것처럼 가장하여 달라는 것으로서 언론 보도의 공정성 및 객관성에 대한 공공의 신뢰를 저버리는 것이므로, 배임수재죄의 부정한 청탁에 해당한다. 설령 '유료 기사'의 내용이 객관적 사실과 부합하더라도, 언론 보도를 금전적 거래의 대상으로 삼은 이상 그 자체로 부정한 청탁에 해당한다. [2] 구 형법(2016. 5. 29. 법률 제14178호로 개정되기 전의 것) 제357조 제1항은 "타인의 사무를 처리하는 자가 그 임무에 관하여 부정한 청탁을 받고 재물 또는 재산상의 이익을 취득한 자는 5년 이하의 징역 또는 1천만 원 이하의 벌금에 처한다."라고 규정하여, 문언상 부정한 청탁을 받은 사무처리자 본인이 재물 또는 재산상의 이익을 취득한 경우에만 처벌할 수 있었

다. 따라서 제3자에게 재물이나 재산상 이익을 취득하게 한 경우에는 부정한 청탁을 받은 사무처리자가 직접 받은 것과 동일하게 평가할 수 있는 관계가 있는 경우가 아닌 한 배임수재죄의 성립은 부정되었다. 개정 형법(2016. 5. 29. 법률 제14178호로 개정된 것) 제357조 제1항은 구법과 달리 배임수재죄의 구성요건을 '타인의 사무를 처리하는 자가 그 임무에 관하여 부정한 청탁을 받고 재물 또는 재산상의 이익을 취득하거나 제3자로 하여금 이를 취득하게 한 때'라고 규정함으로써 제3자로 하여금 재물이나 재산상 이익을 취득하게 하는 행위를 구성요건에 추가하였다. 그 입법 취지는 부패행위를 방지하고 'UN 부패방지협약' 등 국제적 기준에 부합하도록 하려는 것이다. 개정 형법 제357조의 보호법익 및 체계적 위치, 개정 경위, 법문의 문언 등을 종합하여 볼 때, 개정 형법이 적용되는 경우에도 '제3자'에는 다른 특별한 사정이 없는 한 사무처리를 위임한 타인은 포함되지 않는다고 봄이 타당하다. 그러나 배임수재죄의 행위주체가 재물 또는 재산상 이익을 취득하였는지는 증거에 의하여 인정된 사실에 대한 규범적 평가의 문제이다. <u>부정한 청탁에 따른 재물이나 재산상 이익이 외형상 사무처리를 위임한 타인에게 지급된 것으로 보이더라도 사회통념상 그 타인이 재물 또는 재산상 이익을 받은 것을 부정한 청탁을 받은 사람이 직접 받은 것과 동일하게 평가할 수 있는 경우에는 배임수재죄가 성립될 수 있다</u>(대판 2021.9.30. 2019도17102). [해설] 신문사 기자들이 홍보성 기사를 작성해달라는 청탁을 받고 소속 신문사 계좌로 금원을 입금받은 행위에 대해 배임수재죄로 기소되었고, 원심은 배임수재죄에서의 '부정한 청탁'의 요건에는 해당하나, '제3자'의 요건에 해당하지 않는다는 이유로 무죄를 선고함. 대법원은 홍보성 기사 청탁이 배임수재죄에서의 '부정한 청탁'에 해당하는지 여부에 대해 구체적으로 판단한 후, 개정된 배임수재죄의 구성요건에서 '제3자'의 범위에 대해 밝히면서 원심의 판단을 수긍하여 상고기각하였음.

④ 형법 제357조 제1항은 "타인의 사무를 처리하는 자가 그 임무에 관하여 부정한 청탁을 받고 재물 또는 재산상의 이익을 취득하거나 제3자로 하여금 이를 취득하게 한 때에는 5년 이하의 징역 또는 1천만 원 이하의 벌금에 처한다."라고 정하고, 제357조 제2항은 "제1항의 재물 또는 이익을 공여한 자는 2년 이하의 징역 또는 500만 원 이하의 벌금에 처한다."라고 정하고 있다. 2016. 5. 29. 법률 제14178호로 개정되기 전의 형법 제357조 제1항은 타인의 사무를 처리하는 자(이하 '사무처리자'라 한다)가 그 임무에 관하여 부정한 청탁을 받고 재물 또는 재산상 이익(이하 '재물 등'이라 한다)을 취득한 때에 성립한다고 정하고 있었으나, 형법 개정으로 위와 같이 개정되었다. 이는 사무처리자 본인이 직접 재물 등을 취득하는 행위뿐만 아니라 제3자로 하여금 재물 등을 취득하게 하는 행위도 처벌할 수 있도록 하기 위한 것이다. 위와 같은 <u>형법 제357조의 문언, 개정 경위와 이유, 체계적 위치와 보호법익 등을 종합하면, 특별한 사정이 없는 한 형법 제357조 제1항의 '제3자'에는 사무처리를 위임한 '타인'이 포함되지 않는다</u>(대판 2021.9.30. 2020도2641). [해설] 신문사 기자들이 홍보성 기사를 게재하는 대가로 기자들이 소속된 신문사들이 피고인으로부터 돈을 교부받은 행위는 형법 제357조 제1항의 사무처리자 또는 제3자가 돈을 교부받은 경우가 아니므로, 신문사들의 배임수재죄가 성립하지 않고 이를 전제로 하는 피고인의 배임증재죄 역시 성립하지 않는다는 이유로 무죄를 선고한 원심판결을 수긍한 사례.

 **판 례** 기수시기

① 배임수재죄에 있어서 본인에게 손해의 발생여부는 동 죄의 성립에 아무런 영향이 없다(대판 1980.10.14. 79도190).

② 피고인이 그가 대표이사로 있는 회사가 발주하는 공사에 관하여 입찰경쟁업체로 지명함에 있어서 부적당하다는 정을 알면서도 부정한 청탁을 받고 소외 건설업체를 지명하고 그 사례조로 금원을 수수하여 배임수재죄가 성립하였다면 그 후 위 건설업체가 동 공사를 아무런 하자없이 시공하여 준공검사를 마침으로써 <u>그 회사에 아무런 손해가 발생하지 아니하였더라도 아무런 영향이 없다</u>(대판 1983.12.13. 82도735).

③ 형법 제357조 제1항의 배임수재죄는 타인의 사무를 처리하는 자의 청렴성을 보호하려는 것으로서 타인의 사무를 처리하는 자가 그 임무에 관하여 부정한 청탁을 받고 재물 또는 재산상의 이익을 취득함으로써 성립되고 청탁에 따른 일정한 행위가 현실적으로 행하여질 것을 요하지 않는다(대판 1987.11.24. 87도1560).

④ 형법 제357조 제1항의 배임수재죄는 타인의 사무를 처리하는 자의 청렴성을 보호법익으로 하는 것으로, 그 임무에 관하여 부정한 청탁을 받고 재물을 수수함으로써 성립하고 반드시 수재 당시에도 그와 관련된 임무를 현실적으로 담당하고 있음을 그 요건으로 하는 것은 아니므로, 타인의 사무를 처리하는 자가 그 임무에 관하여 부정한 청탁을 받은 이상 그 후 사직으로 인하여 그 직무를 담당하지 아니하게 된 상태에서 재물을 수수하게 되었다 하더라도, 그 재물 등의 수수가 부정한 청탁과 관련하여 이루어진 것이라면 배임수재죄가 성립한다(대판 1997.10.24. 97도2042).

⑤ 형법 제357조 제1항의 배임수재죄로 처벌하기 위하여는 타인의 사무를 처리하는 자가 부정한 청탁을 받아들이고 이에 대한 대가로서 재물 또는 재산상의 이익을 받은 데에 대한 범의가 있어야 할 것이고, 또 <u>배임수재죄에서 말하는 '재산상의 이익의 취득'이라 함은 현실적인 취득만을 의미하므로 단순한 요구 또는 약속만을 한 경우에는 이에 포함되지 아니한다</u>(대판 1999.1.29. 98도4182).

⑥ [1] <u>타인의 사무를 처리하는 자가 그 신임관계에 기한 사무의 범위에 속한 것으로서 장래에 담당할 것이 합리적으로 기대되는 임무에 관하여 부정한 청탁을 받고 재물 또는 재산상 이익을 취득한 후 그 청탁에 관한 임무를 현실적으로 담당하게 되었다면 이로써 타인의 사무를 처리하는 자의 청렴성은 훼손되는 것이어서 배임수재죄의 성립을 인정할 수 있다.</u> [2] 방송국 예능담당 프로듀서인 피고인이 연예기획사 운영자로부터 상당한 시세차익이 예상되는 주식의 매수기회를 제공받음으로써 피고인이 제작하는 예능프로그램 등에 그 소속 연예인을 출연시키거나 뮤직비디오를 방영해 달라는 청탁을 받고, 이 주식을 매수함으로써 재산상 이익을 취득한 사안에서, <u>배임수재죄의 성립</u>을 인정한 사례(대판 2010.4.15. 2009도4791).

⑦ [1] <u>타인의 사무를 처리하는 자가 그 신임관계에 기한 사무의 범위에 속한 것으로서 장래에 담당할 것이 합리적으로 기대되는 임무에 관하여 부정한 청탁을 받고 재물 또는 재산상 이익을 취득한 후 그 청탁에 관한 임무를 현실적으로 담당하게 되었다면 이로써 타인의 사무를 처리하는 자의 청렴성은 훼손되는 것이어서 배임수재죄의 성립을 인정할 수 있다.</u> [2] 형법 제357조 제1항이 규정하는 배임수재죄는 타인의 사무를 처리하는 자가 그 임무에 관하여 부정한 청탁을 받고 재물 또는 재산상 이익을 취득하는 경우에 성립하는 범죄로서 재물 또는 이익을 공여하는 사람과 취득하는 사람 사이에 부정한 청탁이 개재되지 않는 한 성립하지 않는다고 할 것이다. 여기서 '부정한 청탁'이라 함은 반드시 업

무상 배임의 내용이 되는 정도에 이를 것을 요하지 않으며, 사회상규 또는 신의성실의 원칙에 반하는 것을 내용으로 하는 것이면 족하고, 이를 판단함에 있어서는 청탁의 내용 및 이와 관련된 대가의 액수, 형식, 보호법익인 거래의 청렴성 등을 종합적으로 고찰하여야 한다(대판 2013.10.11. 2012도13719). **[해설]** 청탁 당시는 아직 타인사무의 처리자가 아니라고 하더라도 사실상 확정된 상태였다는 특수한 사정이 인정되는 경우라면, 그 후 실제로 임무를 담당하게 된 시점에서 배임수재죄가 성립한다는 사례.

판례 | 필요적 몰수 및 추징

① 배임수재자가 해당 금액을 제공자에게 반환하였다 하더라도 이를 추징할 수 없는 것은 아니다(대판 1983.8.23. 83도406).

② 형법(2016. 5. 29. 법률 제14178호로 개정되기 전의 것)은 제357조 제1항에서 배임수재죄를, 제2항에서 배임증재죄를 규정하고, 이어 제3항에서 "범인이 취득한 제1항의 재물은 몰수한다. 그 재물을 몰수하기 불능하거나 재산상의 이익을 취득한 때에는 그 가액을 추징한다."라고 규정하고 있다. 배임수재죄와 배임증재죄는 이른바 대향범으로서 위 제3항에서 필요적 몰수 또는 추징을 규정한 것은 범행에 제공된 재물과 재산상 이익을 박탈하여 부정한 이익을 보유하지 못하게 하기 위한 것이므로, 제3항에서 몰수의 대상으로 규정한 '범인이 취득한 제1항의 재물'은 배임수재죄의 범인이 취득한 목적물이자 배임증재죄의 범인이 공여한 목적물을 가리키는 것이지 배임수재죄의 목적물만을 한정하여 가리키는 것이 아니다. 그러므로 수재자가 증재자로부터 받은 재물을 그대로 가지고 있다가 증재자에게 반환하였다면 증재자로부터 이를 몰수하거나 그 가액을 추징하여야 한다(대판 2017.4.7. 2016도18104).

판례 | 배임증재죄의 부정한 청탁

① [1] 농업협동조합 단위조합장이던 피고인이 조합을 위하여 예금유치를 한다는 것은 정당한 업무에 속하고 그를 위하여 청탁을 하는 것도 특단의 사정이 없는 한 부정한 것이라 할 수 없고 또 이 사건의 경우 이를 위하여 원심이 취사한 증거가 채증법칙에 위배한 것임을 인정할 자료는 기록상 보이지 않으므로 이 점에 관한 논지는 이유 없다. [2] 형법 제357조 제2항에 규정한 재물 또는 이익의 공여자에게 부정한 것이 없는 한 배임증재죄는 성립되지 아니하며, 이는 그것을 받은 사람으로 보아 부정한 것인 여부에 구애되지 않는다(대판 1979.6.12. 79도708). **[해설]** 수재자는 처벌되지만, 증재자는 배임증재죄로 처벌되지 않는다고 본 사례.

② 피고인이 자기소유로 믿고 있는 부동산을 제3자에게 처분하기 위하여 매매계약을 하였는데 피고인이 종중에서 그 부동산에 대한 권리를 주장하면서 처분금지가처분결정까지 받아 이를 집행하자 피고인이 계약위반으로 인한 손해배상문제를 염려하여 종중의 대표자에게 가처분의 부당성을 지적하면서 가처분 비용을 지급하고 그 신청을 취하하도록 하였다면 이는 피고인이 자기의 권리를 확보하기 위한 행위로서 사회상규나 신의성실의 원칙상 부정한 청탁을 한것이 아니므로 가사 종중대표자에게 부정한 점이 있다고 하더라도 피고인을 배임증여죄로 처벌할 수 없다(대판 1980.8.26. 80도19). **[해설]** 증재자를 배임증재죄로 처벌할 수 없다고 본 사례.

③ 형법 제357조 제2항의 배임증재죄는 재물 또는 재산상의 이익을 공여하는 사람과 이를 취득하는 사람 사이에 부정한 청탁이 개재되어야 하고 여기서의 부정한 청탁이란 사회상규 또는 신의성실의 원칙에 반하는 것을 내용으로 하는 청탁을 일컫는 것인 바, 하도급받은 자가 감독할 지위에 있는 자에게 공사감독을 까다롭게 하지 말고 잘 보아 달라는 취지로 직접 또는 온라인으로 수차례에 걸쳐 금원을 교부한 경우라면 공사감독을 까다롭게 하지 말아 달라는 취지의 위 청탁은 그것이 묵시적이라 하더라도 사회상규 또는 신의성실의 원칙에 반하는 부정한 청탁에 해당한다(대판 1988.3.8. 87도1445).

④ 가. 형법 제357조 제1항의 배임수재죄와 같은 조 제2항의 배임증재죄는 통상 필요적 공범의 관계에 있기는 하나 이것은 반드시 수재자와 증재자가 같이 처벌받아야 하는 것을 의미하는 것은 아니고 증재자에게는 정당한 업무에 속하는 청탁이라도 수재자에게는 부정한 청탁이 될 수도 있는 것이다. 나. 배임수재죄의 수재자에 대한 부정한 청탁이라 함은 업무상 배임에 이르는 정도는 아니나 사회상규 또는 신의성실의 원칙에 반하는 것을 내용으로 하는 청탁을 의미하므로 방송국에서 프로그램의 제작연출 등의 사무를 처리하는 프로듀서가 특정 가수의 노래만을 편파적으로 선곡하여 계속 방송하여서는 아니 되고 청취자들의 인기도, 호응도 등을 고려하여 여러 가수들의 노래를 공정성실하게 방송하여야 할 임무가 있음에도 담당 방송프로그램에 특정 가수의 노래만을 자주 방송하여 달라는 청탁은 사회상규나 신의성실의 원칙에 반하는 부정한 청탁이라 할 것이다(대판 1991.1.15. 90도2257). [해설] 수재자는 처벌되지만, 증재자는 배임증재죄로 처벌되지 않는다고 본 사례.

⑤ 배임수증죄에 있어서 부정한 청탁이라 함은 청탁이 사회상규와 신의성실의 원칙에 반하는 것을 말하고, 이를 판단함에 있어서는 청탁의 내용과 이와 관련되어 교부받거나 공여한 재물의 액수, 형식, 보호법익인 사무처리자의 청렴성 등을 종합적으로 고찰하여야 하며 그 청탁이 반드시 명시적임을 요하는 것은 아니다 (대판 1998.6.9. 96도837).

⑥ 재건축조합의 조합장과 시공회사의 대표이사 사이에 부정한 청탁이 명시적으로 있었음을 인정할 명백한 증거는 없으나, 재건축공사의 진행 및 정산 등에 있어서 시공회사에게 유리한 쪽으로 편의를 보아 달라는 취지의 묵시적인 청탁은 있었다고 추인함이 상당하고, 이는 사회상규 및 신의성실의 원칙에 반하는 부정한 청탁에 해당하므로 위 대표이사가 위 조합장에게 무상으로 재건축공사장의 식당을 운영하도록 한 것이 배임증재죄에 해당한다고 한 사례(대판 2005.6.9. 2005도1732). [해설] 특정한 부탁을 받고 문제점을 해결해 주거나 묵인하는 행위는 부정한 청탁에 해당한다고 본 사례.

제7절 | 장물의 죄

I. 서론

1. 장물죄의 의의

장물을 취득·양도·운반·보관하거나 또는 이를 알선함을 내용으로 하는 범죄이다. 여기서 장물이란 재산범죄(영득죄)에 의하여 불법하게 영득한 재물을 말하며, 영득죄 자체 또는 그 범인을 본범이라고 한다. 보호법익은 재산권이며, 보호 정도는 위험범이다.

2. 장물죄의 본질

장물죄의 본질에 관하여는 ㈎ 본범의 피해자가 점유를 상실한 재물에 대하여 추구·회복을 곤란하게 하는 데에 장물죄의 본질이 있다는 추구권설(통설, 판례)과 ㈏ 장물죄의 본질이 본범에 의하여 이루어진 위법한 재산상태를 본범 또는 그 점유자와의 합의 아래 유지·존속하는 데 있다고 하는 유지설, ㈐ 장물죄는 본범에 의한 범죄적 이익에 관여하는 간접영득죄라고 하는 공범설이 대립하고 있으나, 위법한 재산상태를 유지하는 것과 사법상의 추구권의 행사를 곤란하게 하는 것은 표리관계에 있다고 할 수 있을 뿐만 아니라, 형법이 장물죄의 본범을 재산범죄에 제한하고 장물양도죄를 신설한 점에 비추어 볼 때 장물죄의 본질은 유지설과 추구권설의 조화에 의하여 해석하여야 할 것이다(결합설 : 다수설). 판례는 추구권설을 취하는 경우도 있고, 결합설을 취하는 경우도 있다.

3. 구성요건의 체계

기본적 구성요건	장물취득·양도·운반·보관·알선죄(제362조)
가중적 구성요건	상습장물죄(제363조 : 상습성으로 인한 책임가중 유형)
과실범	업무상 과실·중과실 장물죄(제364조) : 보통의 과실장물죄는 처벌규정이 없다.
미수범	처벌하지 않는다.
친족상도례 적용(제365조)	

II. 장물죄(장물취득·양도·운반·보관·알선죄)

> **제362조(장물의 취득, 알선 등)**
> ① 장물을 취득, 양도, 운반 또는 보관한 자는 7년 이하의 징역 또는 1천500만원 이하의 벌금에 처한다.
> ② 전항의 행위를 알선한 자도 전항의 형과 같다.

본죄는 "장물을 취득·양도·운반·보관하거나 이를 알선함으로써 성립하는 범죄"로서, 장물죄의 기본유형이다.

1. 객관적 구성요건

(1) 행위의 주체

장물죄의 주체는 본범(합동범을 포함한다) 및 그 공동정범과 간접정범이 '아닌' 자임을 요한다. 즉 재물에 장물성을 부여하는 '본범(재산범)의 정범'은 장물죄의 주체가 될 수 없다(판례). 이에 반하여 본범에 대한 협의의 공범(교사범, 방조범)은 장물죄의 주체가 될 수 있다. 예컨대 절도를 교사하고 절도의 정범(피교사범)이 절취한 재물을 절도범으로부터 사들이면, 절도죄의 교사범과 장물취득죄의 실체적 경합범이 성립한다.

(2) 행위의 객체

장물, 즉 재산죄에 의하여 영득한 재물이다. 장물이라 함은 "재산범죄에 의하여 불법하게 영득된 재물"을 말한다(다수설). 판례는 종래 추구권설의 입장에서 장물을 재산범죄에 의하여 영득한 재물로서 피해자가 법률상 그 반환을 청구할 수 있는 물건이라고 한 적이 있으나, 그 후 장물이라 함은 재산범죄인 범죄행위에 의하여 영득된 물건을 말하는 것으로서 절도, 강도, 사기, 공갈, 횡령 등 영득죄에 의하여 취득된 물건이어야 한다고 판시하였다.

1) **재물성** : 장물은 재물일 것을 요한다. 따라서 재산상의 이익이나 권리는 장물이 될 수 없다. 재물인 이상 동산인가 부동산인가는 묻지 않으며, 반드시 경제적 가치를 가질 것도 요하지 않는다. 장물죄에는 제346조를 준용한다는 규정은 없으나 재물개념에 관한 '관리가능성설'의 입장에서는 '관리할 수 있는 동력'도 당연히 장물이 될 수 있다(다수설, 판례).

2) **본범의 성질** : 장물은 재산범죄에 의하여 영득한 재물을 의미한다.

㈎ **재산범죄** : 본범은 재산범죄임을 요한다. 장물죄의 본범이 될 수 있는 형법상의 재산범죄는 절도·강도·사기·공갈·횡령죄 및 장물죄가 있다. 특별법상의 재산범죄(예 : 산림법 위반으로 절취한 임산물)도 포함한다. 영득행위가 없는 손괴죄와 재산상의 이익만을 객체로 하는 배임죄는 장물죄의 본범이 될 수 없다.

㈏ **재산범죄에 의하여 영득한 재물** : 장물은 재산범죄에 의하여 영득한 재물일 것을 요한다. 따라서 범죄에 의하여 작성한 물건은 물론, 재산범죄의 수단으로 사용된 재물도 장물이 될 수 없다. 따라서 이중매매된 부동산이나 양도담보로 제공된 부동산은 장물이 될 수 없다. 그리고 컴퓨터등사용사기죄의 범행으로 예금채권을 취득한 다음 자기의 현금카드를 사용하여 현금자동지급기에서 현금을 인출한 경우 그 인출된 현금은 재산범죄에 의하여 취득한 재물이 아니므로 장물이 될 수 없다. 또한, 비재산범죄로 인하여 취득한 재물(예 : 수뢰죄에 의하여 수수한 재물, 도박죄에 의하여 취득한 도박자금, 통화위조죄에 의하여 만들어낸 위조통화)도 장물이 아니다.

㈐ **장물성의 상실** : 재산범죄에 의하여 영득한 재물이라고 하여도 본범에 의하여 형성된 위법한 재산상태가 없어진 때에는 더 이상 장물이 될 수 없다. 따라서 본범 또는 제3자가 그 장물에 대하여 소유권을 취득한 때, 본범이 대외관계에서 소유자로서 처분할 권한을 가지고 처분한 재물, 제3자가 선의취득한 재물 등은 장물이라고 할 수 없다. 그러나 불법한 원인에 의하여 급여된 재물은 장물성이 인정된다(유지설).

3) **본범의 실현 정도** : 장물은 본범의 구성요건에 해당하고 위법한 행위에 의하여 영득한 것임을 요한다. 그러나 본범의 행위가 유책할 것은 요하지 않는다(따라서, 형사미성년자가 절취한 재물도 장물이 된다). 여기서 본범이 종결되었는가를 판단함에 있어서 본범이 기수에 이를 것을 요한다고 보아야 할 것이다(다수설, 판례).

여기서 본범이 횡령죄인 경우에 그 횡령물을 취득한 상대방의 죄책에 관하여 논의가 있다. 즉 갑이 보관하던 타인의 재물을 을에게 불법하게 매도한 경우에 이 사정을 알고 취득한 을의 죄책이 문제된다. 이 때 갑의 횡령행위와 을의 재물취득행위는 시간적으로 동시에 행해진다. 을의 죄책에 관한 학설로는 ㈎ 횡령죄는 매도행위가 있으면 매수의 의사표시를 기다리지 않고 기수가 되므로 장물취득죄가 성립한다는 견해(장물취득죄설)와 ㈏ 갑의 매도신청은 아직 횡령의 기수가 아니라고 보아 갑의 매도신청에 대한 을의 매수의 의사표시는 횡령의 방조가 되고 또 갑의 현실의 매도로서 횡령은 기수가 되므로 결국 을에게는 횡령죄의 방조범과 장물취득죄(의 상상적 경합)가 종료하지 않은 이상 장물죄는 성립할 수 없고 을은 횡령죄의 방조범이 된다고 하는 견해(경합범설)가 있으나, ㈐ 횡령죄는 영득의사가 객관적으로 표시된 때 기수가 되므로 장물취득죄설이 타당하다고 할 것이다. 판례도 같은 입장이다.

4) **재물의 동일성** : 장물은 재산범죄에 의하여 영득한 재물 그 자체임을 요한다. 즉 대체장물은 장물이 아니다. 따라서 장물을 매각한 대금으로 받은 돈이나, 장물과 교환한 재물은 물론, 장물을 전당 잡힌 전당표도 장물이 되지 않는다. 그러나 장물인 금전을 다른 돈으로 환전한 경우는 장물성이 인정된다(통설). 또한 대체장물이 다른 재산범죄에 의하여 취득한 것이라고 인정될 때에는 장물이 될 수 있다.

㈎ **대체장물의 장물성** : 장물의 매각대금이나 장물인 금전으로 구입한 물건 등은 재산범죄에 의해 취득된 재물 그 자체가 아니므로 장물이 아니다. 다만 대체장물이라 하더라도 별개의 재산범죄로 취득한 것인 경우에는 장물이 될 수 있다. 예컨대 절취한 재물을 처분한 대가로 받은 돈은 절도죄에 의하여 영득한 재물은 아니지만 처분행위가 사기죄를 구성하는 때에는 사기죄로 인해 취득한 재물로서 장물이 된다.

㈏ **환전통화의 장물성** : ㈎ 장물인 통화를 다른 통화로 환전하거나(절취한 달러를 원화로 바꾼다거나, 1만원권을 천원권으로 바꾸는 경우). 수중의 금전과 혼합한 경우에 대하여 가치의 동일성을 물건의 동일성으로 취급하는 것은 유추해석금지의 원칙에 반하므로 장물성을 인정할 수 없다는 견해(부정설)와 ㈏ 통화는 그 액면금액에 중요성이 있을 뿐만 아니라 널리 대체성이 인정된다는 이유로 장물성을 인정하는 견해(긍정설)가 대립되어 있다. ㈐ 판례는 장물인 현금을 금융기관에 예금의 형태로 보관하였다가 동일한 액수의 현금으로 인출할 경우에 예금계약의 성질상 인출된 현금은 당초의 현금과 물리적인 동일성은 상실되었지만 액수에 의하여 표시되는 금전적 가치에는 아무런 변동이 없으므로 장물성이 상실되지 않는다고 보고 있다(긍정설).

㈐ **수표와 교환된 현금의 장물성** : 현금을 편취할 목적으로 (자기앞)수표를 편취한 자가 이를 은행에 제시하여 현금지급을 받은 경우에 대하여 거래상 수표는 현금과 동일하고 환전통화처럼 고도의 대체성이 있으므로 그 현금도 장물이 된다는 견해(긍정설), 수표와 교환된 현금 간에는 동일성이 없고 권리자의 추구권도 미치지 않으므로 그 현금은 장물이 아니라는 견해(부정설), 수표와 교환된 현금 간에는 동일성이 없지만 새로운 사기행위로 인하여 영득한 재물로서 장물이 된다는 견해(절충설)가 있다. 판례는 자기앞수표는 거래상 현금과 동일하게 취급되고 있으므로 금전의 경우와 동일하게 보아야 한다는 긍정설의 입장이다.

(3) 행위

장물을 '취득·양도·운반·보관 또는 알선하는 것'이다.

1) **취득** : 점유를 이전함으로써 재물에 대한 사실상의 처분권을 획득하는 것을 말한다. 따라서 취득이라고 하기 위하여는 재물에 대한 점유의 이전과 사실상의 처분권의 획득이라는 두 가지 요소가 있어야 한다. 취득은 유상이든 무상이든, 자기를 위한 취득이건 제3자를 위한 취득이건 불문한다. 장물취득죄는 즉시범이다. 따라서 행위자는 장물을 취득할 때에 장물에 대한 고의가 있어야 한다.

2) **양도** : 양도란 장물을 제3자에게 넘기는 것이다. 이는 장물인 정을 알지 못하고 취득한 후에 그 정을 알면서 제3자에게 수여하는 것을 말한다(통설). 또한 처음부터 장물임을 알고 취득한 후 양도한 경우에는 양도를 장물취득죄의 불가벌적 사후행위로 평가한다. 양도죄의 성립에 있어서도 점유의 이전이 있어야 하나, 장물임을 알고 취득하여 이를 다른 사람에게 양도한 경우에는 장물취득죄만 성립하고, 양도행위는 불가벌적 사후행위에 지나지 않는다. 양도는 유상·무상을 불문한다. 양도자가 장물을 취득하게 된 경위, 양수인이 장물인 정을 알고 있었는가는 불문한다.

3) **운반** : 운반이란 '장물을 장소적으로 이동하는 것'이다. 유상·무상을 불문한다. 운반도 단순한 계약만으로는 부족하고 사실상 장소적 이동이 있어야 한다(기수시기). 장물임을 모르는 제3자를 이용하여 운반하는 때에는 본죄의 간접정범이 성립한다. 본범의 '피해자'의 위탁을 받거나 본범의 피해자에게 반환하기 위하여 장물을 운반하는 경우에는 위법한 재산상태를 유지하는 것이 아니므로 당연히 장물운반죄는 성립하지 않는다. 절취한 차량임을 알고서도 본범의 부탁을 받아 이를 운전해 준 행위는 장물운반죄를 구성한다.

4) **보관** : 위탁을 받아 장물을 자기의 점유 하에 두는 것을 말한다. 유상·무상을 묻지 아니하며, 보관의 방법도 불문한다. 장물에 대한 사실상의 처분권이 없는 점에서 취득과 구별되지만, 현실적인 점유의 이전이 있어야 하는 것은 취득의 경우와 같다. 보관을 개시할 때에 장물인 정을 알아야 함은 물론이다. 장물을 취득한 자가 이를 보관하는 때에는 장물취득죄만 성립하나, 장물임을 모르고 취득한 자가 그 정을 알면서 보관한 때에는 장물보관죄가 성립한다. 장물을 보관하던 자가 횡령한 때에는 장물죄만 성립한다는 것이 통설·판례의 입장이다.

5) **알선** : 장물의 취득·양도·운반 또는 보관을 매개하거나 주선하는 것을 말한다. 자기 이름으로 하거나, 본범의 이름으로 하거나, 대리인의 이름으로 하거나를 묻지 않는다. 이를 통하여 이익을 얻을 것도 요하지 않는다. 알선죄의 성립시기에 관하여는 ㉮ 사실상 알선행위만 있으면 본죄는 기수가 된다는 견해와 ㉯ 적어도 계약의 성립이 필요하다는 견해가 있으나, ㉰ 알선과 취득 등의 경우에 균형을 유지하기 위하여는 알선에 있어서도 제3자에게 점유를 이전하여야 본죄가 성립한다고 보는 것이 타당하다고 할 것이다(다수설). 그러나 판례는 사실상 알선행위만 있으면 본죄는 기수가 된다는 견해이다.

2. 주관적 구성요건

장물죄도 고의범이다. 따라서 주관적 구성요건으로 모든 객관적 구성요건요소에 대한 고의가 있어야 하며, 특히 장물인 정에 대한 인식이 있어야 한다. 다만 장물에 대한 인식은 그 재물이 재산범죄에 의하여 영득된 것이라는 인식으로 족하다. 그러나 고의 이외에 이득의 의사가 있음은 요하지 않는다.

3. 죄수 및 타죄와의 관계

(1) 죄수

1) **불가벌적 사전행위** : 장물을 보관하다가 취득한 경우에 보관은 취득에 대해서 보충관계에 있으므로 장물취득죄만 성립한다. 장물알선을 위해 운반·보관한 후 알선한 경우에 운반·보관은 알선

의 목적달성을 위한 불가벌적 사전행위이므로 장물알선죄만 성립한다.

　　2) 불가벌적 사후행위 : 장물을 운반한 후 보관한 경우에 보관은 불가벌적 사후행위이므로 장물운반죄만 성립한다. 장물을 취득한 후 양도·운반·보관한 경우에 양도·운반·보관은 불가벌적 사후행위이므로 장물취득죄만 성립한다.

(2) 본범과 장물죄와의 관계

　　장물죄는 타인이 불법하게 영득한 재물에 대하여만 성립한다. 따라서 본범의 정범 또는 공동정범에 대하여는 본범 이외에 별도로 장물죄가 성립하지 않는다. 그러나 교사범과 종범은 스스로 본범을 실행한 자가 아니라 타인의 범죄에 가공한 것에 불과하므로 장물죄를 범할 수 있다. 예컨대 절도를 교사한 자가 장물을 취득한 때에는 절도죄의 교사범과 장물취득죄의 경합범이 된다.

(3) 장물에 대한 재산범죄와 장물죄와의 관계

　　장물을 횡령한 때에는 장물죄만 성립하고 횡령죄가 문제되지 않는다는 것이 통설·판례이다. 그러나 장물을 절취·강취·편취 또는 갈취한 때에는 절도죄·강도죄·사기죄 또는 공갈죄만 성립한다. 다만 추구권설에 의하면 이론상으로 소유자가 추구권을 가지는 이상 이 경우에도 장물죄가 성립한다는 결과가 된다.

4. 친족 간의 범행

> **제328조(친족간의 범행과 고소)**
> ① 직계혈족, 배우자, 동거친족, 동거가족 또는 그 배우자간의 제323조의 죄는 그 형을 면제한다.
> ② 제1항이외의 친족간에 제323조의 죄를 범한 때에는 고소가 있어야 공소를 제기할 수 있다.
> ③ 전 2항의 신분관계가 없는 공범에 대하여는 전 2항을 적용하지 아니한다.
>
> **제365조(친족간의 범행)**
> ① 전3조의 죄를 범한 자와 피해자간에 제328조제1항, 제2항의 신분관계가 있는 때에는 동조의 규정을 준용한다.
> ② 전3조의 죄를 범한 자와 본범간에 제328조제1항의 신분관계가 있는 때에는 그 형을 감경 또는 면제한다. 단, 신분관계가 없는 공범에 대하여는 예외로 한다.

　　친족상도례에 관한 형법 제328조는 장물범과 피해자 사이에 친족관계가 있을 때에 적용되고(제365조 제1항), 장물범과 본범 사이에 제328조 제1항의 신분관계가 있을 때에는 그 형을 감경 또는 면제한다(제365조 제2항).

III. 상습장물죄

> **제363조(상습범)**
> ① 상습으로 전조의 죄를 범한 자는 1년 이상 10년 이하의 징역에 처한다.
> ② 제1항의 경우에는 10년 이하의 자격정지 또는 1천500만원 이하의 벌금을 병과할 수 있다.

　　상습으로 장물을 취득·양도·운반·보관 또는 알선함으로써 성립하는 범죄이다(제363조).

Ⅳ. 업무상 과실·중과실에 의한 장물죄

> **제364조(업무상과실, 중과실)**
> 업무상과실 또는 중대한 과실로 인하여 제362조의 죄를 범한 자는 1년 이하의 금고 또는 500만원 이하의 벌금에 처한다.

업무상 과실 또는 중과실에 의하여 장물을 취득·운반·보관 또는 알선함으로써 성립하는 범죄이다(제364조).

 판 례 장물죄의 주체

- 장물죄는 타인(본범)이 불법하게 영득한 재물의 처분에 관여하는 범죄이므로 자기의 범죄에 의하여 영득한 물건에 대하여는 성립하지 아니하고 이는 불가벌적 사후행위에 해당하나 여기에서 자기의 범죄라 함은 정범자(공동정범과 합동범을 포함한다)에 한정되는 것이므로 평소 본범과 공동하여 수차 상습으로 절도등 범행을 자행함으로써 실질적인 범죄집단을 이루고 있었다 하더라도, <u>당해 범죄행위의 정범자(공동정범이나 합동범)로 되지 아니한 이상 이를 자기의 범죄라고 할 수 없고 따라서 그 장물의 취득을 불가벌적 사후행위라고 할 수 없다</u>(대판 1986.9.9. 86도1273).

 **판 례** 장물의 개념

① 형법상 장물죄의 객체인 장물이라 함은 재산권상의 침해를 가져올 위법행위로 인하여 영득한 물건으로서 피해자가 반환청구권을 가지는 것을 말하고 본건 대지에 관하여 매수인 "갑"에게 소유권이전등기를 하여 줄 임무가 있는 소유자가 그 임무에 위반하여 이를 "을"에게 매도하고 소유권이전등기를 경유하여 준 경우에는 위 부동산소유자가 배임행위로 인하여 영득한 것은 재산상의 이익이고 위 배임범죄에 제공된 대지는 범죄로 인하여 영득한 것 자체는 아니므로 그 취득자 또는 전득자에게 대하여 배임죄의 가공 여부를 논함은 별문제로 하고 장물취득죄로 처단할 수 없다(대판 1975.12.9. 74도2804).

② [1] '장물'이라 함은 재산죄인 범죄행위에 의하여 영득된 물건을 말하는 것으로서 절도·강도·사기·공갈·횡령 등 영득죄에 의하여 <u>취득된 물건</u>이어야 한다. 여기에서의 범죄행위는 절도죄 등 본범의 구성요건에 해당하는 위법한 행위일 것을 요한다. 그리고 <u>본범의 행위에 관한 법적 평가는 그 행위에 대하여 우리 형법이 적용되지 아니하는 경우에도 우리 형법을 기준으로 하여야 하고 또한 이로써 충분하므로</u>, 본범의 행위가 우리 형법에 비추어 절도죄 등의 구성요건에 해당하는 위법한 행위라고 인정되는 이상 이에 의하여 영득된 재물은 장물에 해당한다. [2] 횡령죄가 성립하기 위하여는 그 주체가 '타인의 재물을 보관하는 자'이어야 하고, 타인의 재물인가 또는 그 재물을 보관하는가의 여부는 민법·상법 기타의 민사실체법에 의하여 결정되어야 한다. 따라서 <u>타인의 재물인가 등과 관련된 법률관계에 당사자의 국적·주소, 물건 소재지, 행위지 등이 외국과 밀접하게 관련되어 있어서 국제사법 제1조 소정의 외국적 요소가 있는 경우에는 다른 특별한 사정이 없는 한 국제사법의 규정에 좇아 정하여지는 준거법을 1차적인 기준으로 하여 당해 재물의 소유권의 귀속관계 등을 결정하여야 한다.</u> [3] 대한민국 국민 또는 외국인이 미국 캘리포니아주에서 미국 리스회사와 미국 캘리포니아주의 법에 따라 차량이

용에 관한 리스계약을 체결하면서 준거법에 관하여는 별도로 약정하지 아니하였는데, 이후 자동차수입업자인 피고인이 리스기간 중 위 리스이용자들이 임의로 처분한 리스계약의 목적물인 차량들을 수입한 사안에서, 국제사법에 따라 위 리스계약에 적용될 준거법인 미국 캘리포니아주의 법에 의하면, <u>위 차량들의 소유권은 리스회사에 속하고, 리스이용자는 일정 기간 차량의 점유·사용의 권한을 이전받을 뿐이어서</u>(미국 캘리포니아주 상법 제10103조 제a항 제10호도 참조), <u>리스이용자들은 리스회사에 대한 관계에서 위 차량들에 관한 보관자로서의 지위에 있으므로, 위 차량들을 임의로 처분한 행위는 형법상 횡령죄의 구성요건에 해당하는 위법한 행위로 평가되고 이에 의하여 영득된 위 차량들은 장물에 해당한다는 이유로, 피고인에게 장물취득죄를 인정한 원심판단의 결론은 정당하다고 한 사례</u>(대판 2011.4.28. 2010도15350, 대판 2004.12.9. 2004도5904, 대판 1995.1.20. 94도1968, 대판 1975.9.23. 74도1804). [해설] 장물범의 본범의 행위에 대한 평가는 본범의 행위지가 외국인 경우에도 우리 형법을 기준으로 판단해야 한다는 취지의 판례. 형법의 적용범위와 관련한 판례로 볼 수 있음.

판례 재물성

① 형법 제41장의 장물에 관한 죄에 있어서의 "장물"은 이른바 "재물"을 말하는 것이고 그 "재물"은 원심이 판시한 바와 같이 물리적 관리 가능성이 있는 물건을 말하는 것이고, 설령 재산죄에 의하여 취득된 것이라 하더라도 재산상의 이익은 장물죄의 객체가 될 수 없다고 보아야 할 것이다. 원심이 같은 견해로서 <u>전화가입권의 실체는 가입권자가 전화관서로 부터 전화역무를 제공받을 하나의 채권적 권리이며, 이는 하나의 재산상의 이익은 될지언정 위에 말한 "장물"의 범주에 속하지 아니한다</u>고 단정하여 피고인의 전화가입권매수행위를 업무상 과실 장물 취득죄로 처단할 수 없다고 판단하였음은 정당하며 반대의 견해로 원심의 법률 판단을 비난하는 상고논지는 이유 없다(대판 1971.2.23. 70도2589).

② 본건 대지에 관하여 매수인 '갑'에게 소유권이전등기를 하여 줄 임무가 있는 소유자가 그 임무에 위반하여 이를 '을'에게 매도하고 소유권이전등기를 경유하여 준 경우에는 위 부동산소유자가 배임행위로 인하여 영득한 것은 재산상의 이익이고, 위 배임범죄에 제공된 대지는 범죄로 인하여 영득한 것 자체는 아니므로, 그 취득자 또는 전득자에게 대하여 배임죄의 가공 여부를 논함은 별문제로 하고 장물취득죄로 처단할 수 없다(대판 1975.12.9. 74도2804).

③ <u>양도담보로 제공한 물건을 다시 타에 양도한 행위는 배임죄에 해당되지만, 양도담보로 제공한 후 다시 타에 양도한 물건은 배임행위에 제공된 물건이지 배임행위로 인하여 영득한 물건 자체는 아니므로 장물이라고 볼 수 없다</u>(대판 1983.11.8. 82도2119). [해설] 대판 2020.2.20. 2019도9756 전원합의체 판결에 따라 동산이나 주식을 양도담보로 제공한 채무자는 타인의 사무처리자가 아니므로(배임죄가 성립하지 않음) 이 물건은 당연히 장물이 아님.

④ <u>형법상 유가증권이라 함은 증권상에 표시된 재산상의 권리의 행사와 처분에 그 증권의 점유를 필요로 하는 것을 총칭하는 것이므로, 이 사건 회원용 리프트탑승권은 그와 같은 의미에서 유가증권의 일종이고,</u> 제1심 공동피고인이 위와 같이 발매할 권한 없이 발매기를 임의 조작함으로써 리프트탑승권을 부정 발급한 행위가 유가증권인 리프트탑승권을 위조하는 행위에 해당함은 원심이 인정한 바와 같다. 그러나 유가증권도 그것이 정상적으로 발행된 것은 물론 비록 작성권한 없는 자에 의하여 위

조된 것이라고 하더라도 절차에 따라 몰수되기까지는 그 소지자의 점유를 보호하여야 한다는 점에서 형법상 재물로서 절도죄의 객체가 된다. 이 사건에서 제1심 공동피고인이 위 위조된 리프트탑승권을 위와 같은 방법으로 취득하였다는 정을 피고인이 알면서 이를 제1심 공동피고인으로부터 매수하였다면 그러한 피고인의 행위는 위조된 유가증권인 리프트탑승권에 대한 장물취득죄를 구성한다고 할 것이므로, 이와 다른 견해에서 피고인에 대한 이 사건 장물취득 공소사실을 죄가 되지 아니한다는 이유로 무죄를 선고한 원심판결은 절도죄에 있어서의 절취행위나 재물의 개념에 관한 법리를 오해한 위법을 저지른 것임이 분명하고, 이를 지적하는 검사의 상고논지는 이유가 있다(대판 1998.11.24. 98도2967).

⑤ [1] 형법 제41장의 장물에 관한 죄에 있어서의 '장물'이라 함은 재산범죄로 인하여 취득한 물건 그 자체를 말하므로, 재산범죄를 저지른 이후에 별도의 재산범죄의 구성요건에 해당하는 사후행위가 있었다면 비록 그 행위가 불가벌적 사후행위로서 처벌의 대상이 되지 않는다 할지라도 그 사후행위로 인하여 취득한 물건은 재산범죄로 인하여 취득한 물건으로서 장물이 될 수 있다. [2] 컴퓨터등사용사기죄의 범행으로 예금채권을 취득한 다음 자기의 현금카드를 사용하여 현금자동지급기에서 현금을 인출한 경우, 현금카드 사용권한 있는 자의 정당한 사용에 의한 것으로서 현금자동지급기 관리자의 의사에 반하거나 기망행위 및 그에 따른 처분행위도 없었으므로, 별도로 절도죄나 사기죄의 구성요건에 해당하지 않는다 할 것이고, 그 결과 그 인출된 현금은 재산범죄에 의하여 취득한 재물이 아니므로 장물이 될 수 없다고 한 사례. [3] 장물인 현금 또는 수표를 금융기관에 예금의 형태로 보관하였다가 이를 반환받기 위하여 동일한 액수의 현금 또는 수표를 인출한 경우에 예금계약의 성질상 그 인출된 현금 또는 수표는 당초의 현금 또는 수표와 물리적인 동일성은 상실되었지만 액수에 의하여 표시되는 금전적 가치에는 아무런 변동이 없으므로, 장물로서의 성질은 그대로 유지된다. [4] 甲이 권한 없이 인터넷뱅킹으로 타인의 예금계좌에서 자신의 예금계좌로 돈을 이체한 후 그 중 일부를 인출하여 그 정을 아는 乙에게 교부한 경우, 甲이 컴퓨터등사용사기죄에 의하여 취득한 예금채권은 재물이 아니라 재산상 이익이므로, 그가 자신의 예금계좌에서 돈을 인출하였더라도 장물을 금융기관에 예치하였다가 인출한 것으로 볼 수 없다는 이유로 乙의 장물취득죄의 성립을 부정한 사례(대판 2004.4.16. 2004도353). [해설] A가 권한 없이 주식회사 B의 아이디와 패스워드를 입력하여 인터넷뱅킹에 접속한 다음 위 B회사의 예금계좌로부터 자신의 예금계좌로 예금을 이체하는 내용의 정보를 입력하여 자신의 예금액을 증액시킨 경우에는 컴퓨터사용사기죄가 성립. 컴퓨터등사용사기죄의 객체는 재산상 이익으로 한정되고, 자기의 현금카드를 가지고 자기의 계좌에서 현금을 인출한 것이므로 이에 대해서는 재산범죄가 따로 성립하지 않음(절도죄나 사기죄의 구성요건 해당성이 없음). 결국 장물취득죄는 성립할 수 없음.

⑥ [1] 사기죄의 객체는 타인이 점유하는 '타인의' 재물 또는 재산상의 이익이므로, 피해자와의 관계에서 살펴보아 그것이 피해자 소유의 재물인지 아니면 피해자가 보유하는 재산상의 이익인지에 따라 '재물'이 객체인지 아니면 '재산상의 이익'이 객체인지 구별하여야 하는 것으로서, 이 사건과 같이 피해자가 본범의 기망행위에 속아 현금을 피고인 명의의 은행 예금계좌로 송금하였다면, 이는 재물에 해당하는 현금을 교부하는 방법이 예금계좌로 송금하는 형식으로 이루어진 것에 불과하여, 피해자의 은행에 대한 예금채권은 당초 발생하지 않는다. [2] 장물취득죄에서 '취득'이라 함은 장물의 점유를 이전받음으로써 그 장물에 대하여 사실상 처분권을 획득하는 것을 의미하는데, 이 사건의 경우 본범의 사기행위는 피고인이 예금계좌를 개설하여 본범에게 양도한 방조행위가 가공되어 본범에게 편취금이 귀속되는 과정 없이 피고인이 피해자로부터 피고인의 예금계좌로 돈을 송금받아 취득함으로써 종료되는 것이고, 그 후 피고인이 자신의 예금계좌에서 위 돈을 인출하였다 하더라도 이는 예금명의자로서

은행에 예금반환을 청구한 결과일 뿐 본범으로부터 위 돈에 대한 점유를 이전받아 사실상 처분권을 획득한 것은 아니므로, 피고인의 위와 같은 인출행위를 장물취득죄로 벌할 수는 없다. [3] 사기 범행에 이용되리라는 사정을 알고서도 자신의 명의로 새마을금고 예금계좌를 개설하여 甲에게 이를 양도함으로써 甲이 乙을 속여 乙로 하여금 1,000만 원을 위 계좌로 송금하게 한 사기 범행을 방조한 피고인이 위 계좌로 송금된 돈 중 140만 원을 인출하여 甲이 편취한 장물을 취득하였다는 공소사실에 대하여, 甲이 사기 범행으로 취득한 것은 재산상 이익이어서 장물에 해당하지 않는다는 원심판단은 적절하지 아니하지만, 피고인의 위와 같은 인출행위를 장물취득죄로 벌할 수는 없으므로, 위 '장물취득' 부분을 무죄로 선고한 원심의 결론을 정당하다고 한 사례(대판 2010.12.9. 2010도6256). [해설] 사기 범행의 피해자로부터 현금을 예금계좌로 송금받은 경우, 그 사기죄의 객체가 '재물'인지 또는 '재산상 이익'인지 여부에 대하여 그 객체가 '재물'이라는 판례. 피해자로부터 계좌이체를 받은 경우 이득사기죄가 되고 이로부터 인출한 현금은 장물이 아니지만, 현금으로 송금받은 후 인출한 현금은 장물이 될 수 있다는 것. 결국 계좌에서 계좌 이체는 재산상 이익, 현금 송금은 재물로 볼 수 있음.

판례 본범의 실현정도

- [1] '장물'이라 함은 재산죄인 범죄행위에 의하여 영득된 물건을 말하는 것으로서 절도·강도·사기·공갈·횡령 등 영득죄에 의하여 취득된 물건이어야 한다. 여기에서의 범죄행위는 절도죄 등 본범의 구성요건에 해당하는 위법한 행위일 것을 요한다. 그리고 본범의 행위에 관한 법적 평가는 그 행위에 대하여 우리 형법이 적용되지 아니하는 경우에도 우리 형법을 기준으로 하여야 하고 또한 이로써 충분하므로, 본범의 행위가 우리 형법에 비추어 절도죄 등의 구성요건에 해당하는 위법한 행위라고 인정되는 이상 이에 의하여 영득된 재물은 장물에 해당한다. [2] 대한민국 국민 또는 외국인이 미국 캘리포니아주에서 미국 리스회사와 미국 캘리포니아주의 법에 따라 차량 이용에 관한 리스계약을 체결하면서 준거법에 관하여는 별도로 약정하지 아니하였는데, 이후 자동차수입업자인 피고인이 리스기간 중 위 리스이용자들이 임의로 처분한 리스계약의 목적물인 차량들을 수입한 사안에서, 국제사법에 따라 위 리스계약에 적용될 준거법인 미국 캘리포니아주의 법에 의하면, 위 차량들의 소유권은 리스회사에 속하고, 리스이용자는 일정 기간 차량의 점유·사용의 권한을 이전받을 뿐이어서(미국 캘리포니아주 상법 제10103조 제a항 제10호도 참조), 리스이용자들은 리스회사에 대한 관계에서 위 차량들에 관한 보관자로서의 지위에 있으므로, 위 차량들을 임의로 처분한 행위는 형법상 횡령죄의 구성요건에 해당하는 위법한 행위로 평가되고 이에 의하여 영득된 위 차량들은 장물에 해당한다는 이유로, 피고인에게 장물취득죄가 성립한다(대판 2011.4.28. 2010도15350).

판례 본범의 횡령행위

- 갑이 회사 자금으로 을에게 주식매각 대금조로 금원을 지급한 경우, 그 금원은 단순히 횡령행위에 제공된 물건이 아니라 횡령행위에 의하여 영득된 장물에 해당한다고 할 것이고, 나아가 설령 갑이 을에게 금원을 교부한 행위 자체가 횡령행위라고 하더라도 이러한 경우 갑의 업무상 횡령죄가 기수에 달하는 것과 동시에 그 금원은 장물이 된다(대판 2004.12.9. 2004도5904).

판례 | 장물의 인정 여부

① 장물을 팔아서 얻은 돈은 장물이 아니다(대판 1972.6.13. 72도971).

② 장물이라 함은 재산범죄로 인하여 취득한 물건 그 자체를 말하고, 그 장물의 처분대가는 장물성을 상실하는 것이지만, 금전은 고도의 대체성을 가지고 있어 다른 종류의 통화와 쉽게 교환할 수 있고, 그 금전 자체는 별다른 의미가 없고 금액에 의하여 표시되는 금전적 가치가 거래상 의미를 가지고 유통되고 있는 점에 비추어 볼 때, 장물인 현금을 금융기관에 예금의 형태로 보관하였다가 이를 반환받기 위하여 동일한 액수의 현금을 인출한 경우에 예금계약의 성질상 인출된 현금은 당초의 현금과 물리적인 동일성은 상실되었지만 액수에 의하여 표시되는 금전적 가치에는 아무런 변동이 없으므로 장물로서의 성질은 그대로 유지된다고 봄이 상당하고, 자기앞수표도 그 액면금을 즉시 지급받을 수 있는 등 현금에 대신하는 기능을 가지고 거래상 현금과 동일하게 취급되고 있는 점에서 금전의 경우와 동일하게 보아야 한다(대판 2004.3.12. 2004도134, 대판 2000.3.10. 98도2579). [해설] 장물인 현금과 자기앞수표를 금융기관에 예치하였다가 현금으로 인출한 경우, 인출한 현금의 장물성 상실 여부에 대해 부정한 사례.

판례 | 장물죄의 실행행위

1) 장물취득

① 장물인 정을 모르고 매매계약을 체결하였다가 그 후 매매목적물을 인도받을 때에 장물인 정을 알게 되었다고 하여도 장물취득죄는 성립한다(대판 1960.2.17. 4292형상496). 계약시에는 장물이라는 것을 몰랐을지라도 인도시에 알았다면 장물취득죄가 성립한다.

② 원심이 유지한 제1심 판결적시의 증거를 기록에 의하여 검토하면 원심이 본건 범죄 사실을 인정한 제1심 판결에 위법이 없다는 취지로 판단하였음에 잘못이 있다 할 수 없고, 위의 증거를 기록에 의하여 검토하면, 피고인이 제1심에서의 공동 피고인 즉, 본건 목적물을 횡령하였다는 죄명으로 기소되었던 제1심 공동피고인 1, 2와의 관계에 있어서 피고인이 위의 횡령죄의 공동정범에 해당된다고 할 수 없음은 명백하고 공소장 기재내용으로서 소론과 같이 피고인이 위의 공동 피고인들에게 대하여 그 보관중인 본건 물건을 횡령하도록 교사를 하였다는 사실을 엿볼 수 있다고 하더라도 피고인이 위의 공동 피고인들에게 횡령할 것을 교사하고 그 횡령한 물건을 취득한 것이라면 위와 같은 피고인의 소위는 횡령교사죄와 장물취득죄가 경합범으로서 성립된다할 것인 바, 본건 공소장에 의하면, 검사는 위의 범죄사실 중 장물취득죄만을(그 위에 명령위반죄에 대하여도 공소를 하였다) 기소하였음이 명백한 즉 원심이 위와 같은 공소사실에 의하여 장물취득죄만을 인정하였다하여 위법이라 할 수 없으므로 위와 반대된 견해로서 원판결을 공격하는 논지는 이유 없다(대판 1969.6.24. 69도692). [해설] 본범의 횡령을 교사한 후 그 횡령한 재물을 취득한 때에는 횡령교사죄와 장물취득죄가 성립한다고 본 판례.

③ 신탁행위에 있어서는 수탁자가 외부관계에 대하여 소유자로 간주되므로 이를 취득한 제3자는 수탁자가 신탁자의 승낙 없이 매각하는 정을 알고 있는 여부에 불구하고 장물취득죄가 성립하지 아니한다(대판 1979.11.27. 79도2410). [해설] 정당하게 수탁자(외부관계의 소유자)로부터 매각하는 것이므로 선의, 악의를 불문하고 장물죄가 성립하지 않음.

④ 장물취득죄에서 '취득'이라고 함은 점유를 이전받음으로써 그 장물에 대하여 사실상의 처분권을 획득하는 것을 의미하는 것이므로, 단순히 보수를 받고 본범을 위하여 장물을 일시 사용하거나 그와 같이 사용할 목적으로 장물을 건네받은 것만으로는 장물을 취득한 것으로 볼 수 없다(대판 2003.5.13. 2003도1366).

⑤ [1] 장물죄에 있어서 장물의 인식은 확정적 인식임을 요하지 않으며 장물일지도 모른다는 의심을 가지는 정도의 미필적 인식으로서도 충분하고, 장물인 정을 알고 있었느냐의 여부는 장물 소지자의 신분, 재물의 성질, 거래의 대가 기타 상황을 참작하여 이를 인정할 수밖에 없다 할 것인바, 위와 같은 법리와 기록에 비추어 살펴보면, 원심이 그 판시와 같은 이유로 피고인이 제1심 판시 범죄일람표 (4) 기재와 같이 공소외인으로부터 보석들을 전당잡을 당시 그 보석들이 피해자들로부터 편취한 장물이라는 정을 알았다고 보기는 어렵고, 다만 피고인이 피해자들로부터 피고인의 전당포에 자신들의 보석이 없느냐는 문의를 받은 시점부터는 위 보석들이 장물일지도 모른다는 사실을 인식하고 있었다고 본 것은 정당한 것으로 수긍이 가고, 거기에 상고이유로 주장하는 바와 같은 채증법칙 위배로 인한 사실오인의 위법이 없다. [2] 장물취득죄는 취득 당시 장물인 정을 알면서 재물을 취득하여야 성립하는 것이므로 피고인이 재물을 인도받은 후에 비로소 장물이 아닌가 하는 의구심을 가졌다고 하여 그 재물수수행위가 장물취득죄를 구성한다고 할 수 없고, 장물인 정을 모르고 장물을 보관하였다가 그 후에 장물인 정을 알게 된 경우 그 정을 알고서도 이를 계속하여 보관하는 행위는 장물죄를 구성하는 것이나 이 경우에도 점유할 권한이 있는 때에는 이를 계속하여 보관하더라도 장물보관죄가 성립한다고 할 수 없다(대판 2006.10.13. 2004도6084). [해설] 고의와 행위의 동시존재원칙, 장물보관죄에서 점유할 권 있는 자의 행위는 장물죄가 될 수 없다는 장물범 해석의 기본원칙을 보여주는 판례.

2) 장물양도

- 피고인이 도난차량인 미등록 수입자동차를 취득하여 신규등록을 마친 후 위 자동차가 장물일지도 모른다고 생각하면서 이를 양도한 사안에서, 피고인의 선의취득 주장을 배척하고 장물양도죄를 인정한 원심의 조치를 수긍한 사례(대판 2011.5.13. 2009도3552).

3) 장물운반

① 타인이 절취, 운전하는 승용차의 뒷자석에 편승한 것을 가리켜 장물운반행위의 실행을 분담하였다고는 할 수 없다(대판 1983.9.13. 83도1146).

② 본범자와 공동하여 장물을 운반한 경우에 본범자는 장물죄에 해당하지 않으나 그 외의 자의 행위는 장물운반죄를 구성하므로, 피고인이 본범이 절취한 차량이라는 정을 알면서도 본범 등으로부터 그들이 위 차량을 이용하여 강도를 하려 함에 있어 차량을 운전해 달라는 부탁을 받고 위 차량을 운전해 준 경우, 피고인은 강도예비와 아울러 장물운반의 고의를 가지고 위와 같은 행위를 하였다고 봄이 상당하다(대판 1999.3.26. 98도3030).

4) 장물보관

① 장물인 정을 모르고 장물을 보관하였다가 그 후에 장물인 정을 알게 된 경우 그 정을 알고서도 이를 계속하여 보관하는 행위는 장물죄를 구성하는 것이나 이 경우에도 점유할 권한이 있는 때에는 이를 계속하여 보관하더라도 장물보관죄가 성립하지 않는다. 원심이 같은 취지에서 피고인이 채권의 담보로서 이 사건 수표들을 교부받았다가 장물인 정을 알게 되었음에도 이를 보관한 행위는 장물보관죄에

해당하지 아니한다고 하여 무죄를 선고한 조처는 정당하고, 거기에 소론과 같은 법리오해의 위법이 있다고 할 수 없다(대판 1986.1. 24. 85도2472).

② <u>장물인 정을 모르고 보관하던 중 장물인 정을 알게 되었고, 위 장물을 반환하는 것이 불가능하지 않음에도 불구하고 계속 보관함으로써 피해자의 정당한 반환청구권 행사를 어렵게 하여 위법한 재산상태를 유지시킨 경우에는 장물보관죄에 해당한다</u>(대판 1987.10.13. 87도1633).

5) 장물알선

- <u>장물인 귀금속의 매도를 부탁받은 피고인이 그 귀금속이 장물임을 알면서도 매매를 중개하고 매수인에게 이를 전달하려다가 매수인을 만나기도 전에 체포되었다 하더라도, 위 귀금속의 매매를 중개함으로써 장물 알선죄가 성립한다고 한 사례</u>(대판 2009.4.23. 2009도1203). [해설] 형법 제362조 제2항의 장물알선죄에서 '알선'의 의미 및 그 성립요건에 대해 설시한 판례.

판례　장물죄의 고의

- 장물취득죄에 있어서 장물의 인식은 확정적 인식임을 요하지 않으며 장물일지도 모른다는 의심을 가지는 정도의 미필적 인식으로서도 충분하고, 또한 장물인 정을 알고 있었느냐의 여부는 장물 소지자의 신분, 재물의 성질, 거래의 대가 기타 상황을 참작하여 이를 인정할 수밖에 없다(대판 2004.12.9. 2004도5904, 대판 1995.1.20. 94도1968).

판례　타죄와의 관계

① <u>금융기관 발행의 자기앞수표는 그 액면금을 즉시 지급받을 수 있는 점에서 현금에 대신하는 기능을 가지고 있어서 장물인 자기앞수표를 취득한 후 이를 현금 대신 교부한 행위는 장물취득에 대한 가벌적 평가에 당연히 포함되는 불가벌적 사후행위로서 별도의 범죄를 구성하지 아니한다</u>(대판 1993.11.23. 93도213). [해설] 절도범인으로부터 그 정을 알면서 자기앞수표를 교부받아 이를 음식대금으로 지급하고 거스름돈을 환불받은 행위는 사기죄가 성립하지 않는다고 본 판례.

② 절도 범인으로부터 장물보관 의뢰를 받은 자가 그 정을 알면서 이를 인도받아 보관하고 있다가 임의처분하였다 하여도 장물보관죄가 성립하는 때에는 이미 그 소유자의 소유물 추구권을 침해하였으므로 그 후의 횡령행위는 불가벌적 사후행위에 불과하여 별도로 횡령죄가 성립하지 않는다. 피고인이 업무상 과실로 장물을 보관하고 있다가 처분한 행위는 업무상 과실장물보관죄의 가벌적 평가에 포함되고 별도로 횡령죄를 구성하지 않는다(대판 2004.4.9. 2003도8219).

판례　업무상 과실·중과실 장물죄

① 영업용 택시운전사에게 승객의 소지품의 내용 및 내력 등에 관하여 이를 물어보고 조사할 권한이나 의무가 없으므로 택시운전사가 승객의 물건의 출처와 장물 여부를 따지고 신분에 적합한 소지인인가를 알아보는 등의 주의를 하지 않고 승객의 물건을 운반하였다 하여도 업무상 과

실장물운반죄가 성립하지 않는다(대판 1983.6.28. 83도1144).

② 시계점을 경영하면서 중고시계의 매매도 하고 있는 피고인이 장물로 판정된 시계를 매입함에 있어 매도인에게 그 시계의 구입장소, 구입시기, 구입가격, 매각이유 등을 묻고 비치된 장부에 매입가격 및 주민등록증에 의해 확인된 위 매도인의 인적 사항 일체를 사실대로 기재하였다면, 그 이상 위 매도인의 신분이나 시계출처 및 소지 경위에 대한 위 매도인의 설명의 진부에 대하여서까지 확인하여야 할 주의의무가 있다고는 보기 어렵다(대판 1984.2.14. 83도2982, 대판 1970.8.31. 70도1489).

③ <u>전당포 경영자가 전당물을 입질받음에 있어 소유관계를 묻고 주민등록증을 제시받아 전당물대장에 주소, 성명, 직업, 주민등록번호, 연령등을 기재하였다면 특별한 사정이 없는 한 전당포 경영자로서의 주의의무를 다한 것이고 더 나아가 입질물품이 실제로 상대방의 소유인지의 여부 또는 전당물의 출처, 전당잡히려는 동기 등을 확인하여야 할 주의의무까지는 없다</u>(대판 1987.2.24. 86도2077, 대판 1984.11.27. 84도1413, 대판 1984.9.25. 84도1488, 대판 1978.9.26. 78도1902).

④ 금은방을 운영하는 자가 귀금속류를 매수함에 있어 매도자의 신원확인절차를 거쳤다고 하여도 장물인지의 여부를 의심할 만한 특별한 사정이 있거나, 매수물품의 성질과 종류 및 매도자의 신원 등에 좀 더 세심한 주의를 기울였다면 그 물건이 장물임을 알 수 있었음에도 불구하고 이를 게을리하여 장물인 정을 모르고 매수하여 취득한 경우에는 업무상 과실장물취득죄가 성립한다고 할 것이고, 물건이 장물인지의 여부를 의심할 만한 특별한 사정이 있는지 여부나 그 물건이 장물임을 알 수 있었는지 여부는 매도자의 인적 사항과 신분, 물건의 성질과 종류 및 가격, 매도자와 그 물건의 객관적 관련성, 매도자의 언동 등 일체의 사정을 참작하여 판단하여야 한다. 따라서 금은방 운영자가 반지를 매수함에 있어 장물인 정을 알 수 있었거나 장물인지의 여부를 의심할 만한 특별한 사정이 있었다면 매도인의 신원확인 외에 반지의 출처 및 소지경위 등에 대하여도 확인할 업무상 주의의무가 있다(대판 2003.4.25. 2003도348).

⑤ [1] 원심은 피고인이 휴대전화 개통 여부를 확인할 수 있는 권한이나 방법은 없더라도 가개통 휴대전화 매입을 요청한 A가 휴대전화 판매점 점장으로 근무하고 있어 그에게 휴대전화의 개통 여부 및 개통명의자, 정상적인 해지 여부 등을 쉽게 확인할 수 있었는데도 이를 하지 않았다고 보아 유죄로 판단하였다. 다음과 같은 사정들에 비추어 보면, <u>원심은 피고인과 같은 중고 휴대전화 매입 업무 종사자가 위 이동통신사가 보유하는 정보를 확인할 방법이 있는지, 이동통신사로부터 조회 권한을 부여받은 휴대전화 판매점 직원을 통해 정보를 확인하는 경우 개인정보 보호법, 정보통신망 이용촉진 및 정보보호 등에 관한 법률에 위반될 여지는 없는지 심리했어야 할 것이다. 그럼에도 원심은 그 판시와 같은 이유만으로 업무상 주의의무를 게을리하였다고 판단하였으니, 이러한 원심판결에는 업무상 과실장물취득죄에 있어서의 업무상 주의의무에 관한 심리미진, 법리오해로 판결에 영향을 미친 잘못이 있다. ① 피고인은 중고 휴대전화 매입 업무에 종사하면서 A는 물론 A가 근무하는 휴대전화 판매점 직원들로부터 고객이 교체한 중고 휴대전화를 매입하는 거래를 하여왔다. 그러던 중 A가 피고인에게 고객이 판매를 위탁한 가개통 휴대전화라면서 이 사건 휴대전화 매입을 요청하였고, 피고인은 당일 시세를 정하여 놓은 매입단가표의 가격으로 휴대전화를 매입하였다. ② 피고인은 이 사건 휴대전화의 고유 식별번호로 인터넷 사이트(이동전화 단말기 자급제)에서 도난 또는 분실 등록된 휴대전화가 아님을 확인하였고, A로부터 인적 사항, 휴대전화 기종, 매입가, 판매 가능한 정상적인 휴대전화라는 취지 등이 기재된 매매계약서를 작성 받았다.</u>

③ 휴대전화의 개통 여부, 등록상 명의자, 정상적 해지 여부 등은 이동통신사가 보유하는 정보이다. [2] 중고 휴대전화 매입 업무에 종사하는 피고인이 평소 거래하던 휴대전화 판매점 직원으로부터 고객이 판매를 의뢰한 가개통 휴대전화라는 말을 듣고 휴대전화를 매수하면서 가개통 휴대전화의 등록상 명의자가 누구인지, 만일 판매자가 등록상 명의자가 아니라면 가개통 휴대전화를 판매할 정당한 권한이 있는지, 가개통 휴대전화가 정상적으로 해지되어 문제없이 유통 가능한 것인지 여부 등을 확인할 업무상 주의의무를 게을리하여 장물인 휴대전화를 취득하였음을 이유로 업무상 과실장물취득으로 기소된 사안에서, 피고인이 휴대전화 개통 여부를 확인할 수 있는 권한이나 방법은 없더라도 가개통 휴대전화 매입을 요청한 A가 휴대전화 판매점 점장으로 근무하고 있어 그에게 휴대전화의 개통 여부 및 개통명의자, 정상적인 해지 여부 등을 쉽게 확인할 수 있었는데도 이를 하지 않았음을 이유로 <u>유죄로 판단한 원심을 파기한 사례</u>(대판 2019.6.13. 2016도21178).

제8절 | 손괴의 죄

I. 서론

1. 손괴죄의 의의

타인의 재물, 문서 또는 전자기록 등 특수매체기록을 손괴 또는 은닉 기타의 방법으로 그 효용을 해하는 것을 내용으로 하는 범죄를 말한다(제366조). 재물(문서)손괴죄(제366조)와 공익건조물파괴죄(제367조)가 기본적 구성요건이며, 양 죄의 가중적 구성요건으로는 중손괴죄(제368조)와 특수손괴죄(제369조)가 있다. 특별구성요건으로서 경계침범죄(제370조)를 규정하고 있다.

2. 보호법익

손괴죄는 재물손괴죄와 공익건조물파괴죄 및 경계침범죄의 세 가지 독립된 구성요건으로 되어 있는바, 그 보호법익도 달리한다. 즉 재물손괴죄의 보호법익은 소유권의 이용가치 또는 기능으로서의 소유권이고, 공익건조물파괴죄의 보호법익은 공익에 공하는 건조물의 유지에 대한 일반의 이익이며, 경계침범죄의 보호법익은 토지에 대한 권리와 중요한 관계를 가진 토지경계의 명확성이다(통설). 보호의 정도는 모두 '침해범'이다.

3. 구성요건의 체계

형법	기본적 구성요건	재물손괴죄(제366조), 공익건조물파괴죄(제367조)
	가중적 구성요건	특수손괴죄·특수공익건조물파괴죄(제369조)
	결과적 가중범	중손괴죄(제368조 제1항), 손괴치사상죄(제368조 제2항)
	독립적 구성요건	경계침범죄(제370조)
	미수범 처벌	중손괴죄나 손괴치사상죄를 제외한 손괴의 죄는 미수범은 처벌한다(제371조).
	친족상도례	친족상도례의 준용은 명시되어 있지 않다.

특별형법	폭력행위등 처벌에 관한 법률	2인 이상의 공동손괴(제2조 제2항) 가중처벌
	도로교통법	차의 운전자의 업무상 과실 또는 중과실로 인한 손괴를 처벌하는 규정 존재

II. 재물(문서)손괴죄

> **제366조(재물손괴등)**
> 타인의 재물, 문서 또는 전자기록등 특수매체기록을 손괴 또는 은닉 기타 방법으로 기 효용을 해한 자는 3년 이하의 징역 또는 700만원 이하의 벌금에 처한다.
>
> **제371조(미수범)**
> 제366조, 제367조와 제369조의 미수범은 처벌한다.
>
> **제372조(동력)**
> 본장의 죄에는 제346조를 준용한다.

1. 의의

타인의 재물, 문서 또는 전자기록 등 특수매체기록을 손괴 또는 은닉 기타의 방법으로 그 효용을 해함으로써 성립하는 범죄이다(제366조). 보호법익은 재물, 문서 또는 특수매체기록의 '효용'이고, 보호의 정도는 '침해범'이다. 본죄의 미수범은 처벌한다(제371조). 본죄의 성격은 재물만을 객체로 하는 점에서 재물죄에 속하고, 불법영득의 의사가 필요하지 않다는 점에서 영득죄와 다르다. 본죄에는 친족상도례가 준용되지 않는다.

2. 객관적 구성요건

(1) 행위의 객체

타인의 재물, 문서 또는 전자기록 등 특수매체기록이다.

1) 재물 : 재물은 동산·부동산을 불문하며, 경제적 가치 내지 교환가치를 가질 것을 요하지 않는다.

2) 문서 : 문서란 형법 제141조 제1항의 서류(공용서류)에 해당하지 않는 모든 서류를 말한다. 사문서이든 공문서이든 불문한다. 작성명의인이 누구인가도 관계없다. 따라서 자기명의의 문서라도 타인의 소유이면 본죄의 객체가 된다. 편지, 도화, 유가증권 등이 문서에 해당한다.

3) 전자기록 등 특수매체기록 : 전자기록 등 특수매체기록은 사람의 지각에 의하여 인식될 수 없는 방식에 의하여 작성되어 컴퓨터 등 정보처리장치에 의한 정보처리를 위하여 제공된 기록을 말한다. 컴퓨터 자체 또는 기록을 담고 있는 매체물(디스켓 등)에 대한 손괴행위는 재물손괴죄가 성립하며 특수매체기록손괴죄가 아니다.

4) 타인성 : 재물, 문서 또는 전자기록 등 특수매체기록은 타인의 소유에 속하여야 한다. 여기서 타인이란 개인뿐만 아니라 국가·법인·법인격 없는 단체를 포함하며, 타인의 소유란 타인의 단독소유 또는 공동소유에 속하는 것을 말한다. 재물, 문서 또는 전자기록 등 특수매체기록은 타인의 소유

에 속하면 족하므로 그것을 누가 점유하고 있는가는 문제되지 않으며, 문서의 작성명의인이 누구인가도 문제되지 않는다. 따라서 타인에게 교부한 자기명의 영수증 또는 약속어음을 찢어버리는 경우에는 본죄가 성립한다. 문서의 내용의 진위도 본죄의 성립에 영향이 없다.

(2) 행위

손괴 또는 은닉 기타의 방법으로 그 효용을 해하는 것이다.

1) **손괴**: 손괴란 재물 또는 문서 자체에 직접 유형력을 행사하여 그 이용가능성을 침해하는 것을 말한다. 물체나 기록의 물리적, 화학적 상태변화를 초래하는 것을 의미한다. 손괴는 영구적이 아니라 일시적인 것이어도 관계없다. 손괴의 '정도'는 물체 자체의 멸실이나 중요부분의 훼손이 없더라도 재물 본래의 용도에 사용할 수 없게 하는 것이면 충분하다. 그 예로 음식물에의 오물투입, 타이어의 바람을 빼는 것, 벽에 광고를 부착하는 것, 그림에 낙서를 하는 것 등이 있다.

2) **은닉**: 은닉이란 재물 또는 문서의 소재를 불분명하게 하여 그 발견을 곤란 또는 불가능하게 함으로써 그 재물 또는 문서가 가진 효용을 해하는 것을 말한다. 물체나 기록의 상태변화를 초래하는 것이 아닌 점에서 손괴와 구별된다. 비록 행위자가 재물을 점유하고 있다는 사실을 피해자가 알고 있더라도 피해자가 이를 발견할 수 없으면 은닉에 해당한다.

3) **기타의 방법**: 기타의 방법은 손괴 또는 은닉 이외의 방법으로 재물, 문서 또는 전자기록 등 특수매체기록의 효용을 해하는 일체의 행위를 말하며, 여기에는 물질적 훼손뿐만 아니라 사실상 또는 감정상 그 물건을 본래의 용도에 사용할 수 없게 하는 일체의 행위를 포함한다.

4) **문서위조와 문서손괴**: 문서위조는 문서의 효용과 그 내용을 부분적으로 변경하는 것임에 대하여, 문서의 손괴는 그 효용의 전부 또는 일부를 없애는 것이다.

(3) 착수시기와 기수시기

본죄의 실행의 착수시기는 효용을 해하는 행위를 개시한 때이고, 기수시기는 효용이 훼손되었을 때이다(침해범). 본죄의 미수범은 처벌한다(제371조).

3. 주관적 구성요건

주관적 구성요건으로 고의를 요한다. 본죄의 고의는 타인의 재물 또는 문서의 이용가치의 전부 또는 일부를 침해한다는 인식을 내용으로 한다. 그러나 영득의 의사나 이득의 의사는 요하지 않는다.

4. 죄수 및 타죄와의 관계

(1) 죄수

하나의 고의로 동일한 피해자의 수개의 재물을 손괴한 경우와 하나의 고의로 같은 장소에서 수인의 재물을 손괴한 경우에는 단순일죄가 된다. 일시나 장소를 달리하는 경우에는 실체적 경합이 된다.

(2) 타죄와의 관계

㈎ 타인명의의 문서의 내용을 변경한 경우 자기소유인 경우에는 문서변조죄가 되며, 타인소유인 경우에도 문서변조는 문서손괴에 대하여 법조경합 중 특별관계에 있으므로 문서변조죄가 성립한다. ㈏ 자기명의 문서의 내용을 변경한 경우 타인소유인 경우에 한하여 문서훼손죄가 된다. 예를

들어 채무자가 자신이 작성하여 채권자에게 준 차용증서의 내용을 변경한 경우에 문서손괴죄가 성립된다. ㈑ 연명문서의 명의자 중 1인의 서명을 말소하면 문서손괴죄에 해당한다.

<문서변조죄와 문서손괴죄의 관계>

	자기명의/작성권한 有	타인명의/작성권한 無
자기소유	무죄	문서변조죄
타인소유	문서손괴죄	문서변조죄

Ⅲ. 공익건조물파괴죄

> **제367조(공익건조물파괴)**
> 공익에 공하는 건조물을 파괴한 자는 10년 이하의 징역 또는 2천만원 이하의 벌금에 처한다.
>
> **제371조(미수범)**
> 제366조, 제367조와 제369조의 미수범은 처벌한다.

공익에 공하는 건조물을 파괴함으로써 성립하는 범죄이다(제367조).

(1) 행위의 객체

공익에 공하는 건조물이다. 공익건조물이라고 하기 위하여는 그 건조물이 공공의 이익에 관한 것이라는 사용목적과 함께 일반인이 쉽게 접근할 수 있는 것이 아니면 안 된다. 건조물이 국가 또는 공공단체의 소유일 것을 요하지 않으며 사인의 소유라도 좋다. 타인의 소유일 것도 요하지 않는다. 다만 공무소에서 사용되는 건조물은 형법 제141조의 적용을 받으므로 여기서 제외된다.

(2) 행위

파괴하는 것이다. 파괴란 건조물의 중요부분을 손괴하는 것, 즉 건조물의 전부 또는 일부를 용도에 따라 사용할 수 없게 하는 것을 말한다. 파괴의 방법은 묻지 않는다.

Ⅳ. 가중적 구성요건

1. 중손괴죄

> **제368조(중손괴)**
> ① 전2조의 죄를 범하여 사람의 생명 또는 신체에 대하여 위험을 발생하게 한 때에는 1년 이상 10년 이하의 징역에 처한다.
> ② 제366조 또는 제367조의 죄를 범하여 사람을 상해에 이르게 한 때에는 1년 이상의 유기징역에 처한다. 사망에 이르게 한 때에는 3년 이상의 유기징역에 처한다.

재물손괴죄와 공익건조물파괴죄의 결과적 가중범이다. 제368조 제1항은 생명·신체에 대한 위험이 발생한 경우(부진정결과적 가중범)이고, 제368조 제2항은 사상이라는 결과가 발생한 경우(진정 결과적 가중범)이다. 결과적 가중범의 일반원리에 따라 손괴행위와 발생한 결과 사이에 인과관계가 있어야 하고, 그 결과는 예견할 수 있는 것이어야 한다.

2. 특수손괴죄

> **제369조(특수손괴)**
> ① 단체 또는 다중의 위력을 보이거나 위험한 물건을 휴대하여 제366조의 죄를 범한 때에는 5년 이하의 징역 또는 1천만원 이하의 벌금에 처한다.
> ② 제1항의 방법으로 제367조의 죄를 범한 때에는 1년 이상의 유기징역 또는 2천만원 이하의 벌금에 처한다.
>
> **제371조(미수범)**
> 제366조, 제367조와 제369조의 미수범은 처벌한다.

단체 또는 다중의 위력을 보이거나 위험한 물건을 휴대하여 재물손괴죄 또는 공익건조물파괴죄를 범함으로써 성립하는 범죄이다(제369조).

V. 경계침범죄

> **제370조(경계침범)**
> 경계표를 손괴, 이동 또는 제거하거나 기타 방법으로 토지의 경계를 인식 불능하게 한 자는 3년 이하의 징역 또는 500만원 이하의 벌금에 처한다.

1. 의의

경계표를 손괴·이동 또는 제거하거나 기타의 방법으로 토지의 경계를 인식불능케 함으로써 성립하는 범죄이다(제370조).

2. 객관적 구성요건

(1) 행위의 객체

토지의 경계이다. 토지의 경계란 소유권 등의 권리의 장소적 한계를 나타내는 지표를 말하며, 사법적 권리의 범위를 표시하건 공법적 권리의 범위를 표시하는 것이건 묻지 아니한다. 자연적 경계이건 인위적 경계이건 불문한다. 또한, 그 경계가 실체법상의 권리와 일치할 것도 요하지 않는다. 따라서 현존하는 경계를 손괴하고 정당하다고 생각하는 경계를 만드는 것도 본죄를 구성한다.

(2) 행위

경계표를 손괴·이동 또는 제거하거나 기타의 방법으로 경계를 인식불능케 하는 것이다.

1) **경계표** : 경계표란 토지의 경계를 확정하기 위하여 그 토지에 만들어진 표지·공작물·입목 기타의 물건을 말한다. 그것이 타인의 소유이든 자기의 소유이든 무주물이든, 인위적인 것이든 자연적인 것이든, 영구적인 것이든 일시적인 것이든 불문한다.

2) **손괴** : 손괴란 경계표를 물질적으로 훼손하는 것을 말한다.

3) **이동** : 이동이란 경계표를 원래의 장소에서 다른 곳으로 옮기는 것이다.

4) **제거** : 경계표를 원래 설치된 장소에서 취거하는 것을 말한다.

5) **기타 방법** : 기타 방법으로 경계를 인식불능하게 한다는 것은 자기의 토지에 인접한 타인의 토지를 침범하여 건물을 건축한다거나, 경계를 흐르는 개천의 물줄기를 바꾸어 놓거나, 경계로 되어 있는 하수구를 매립한다거나, 이제까지 없던 경계표를 새로 만들어 자기에게 유리한 지점에 설치함으로써 토지의 경계를 인식불능하게 함을 의미한다. 다만 손괴·이동·제거에 준하는 방법임을 요한다.

6) **경계의 인식 불능** : 본죄는 이와 같은 행위로 인하여 토지의 경계가 인식불능케 되었을 때에 성립한다. 본죄의 미수는 처벌하지 않는다. 따라서 경계표를 손괴하는 행위가 있더라도 토지경계가 인식불능케 될 정도에 이르지 않으면 본죄는 성립하지 않는다. 토지경계의 인식불능은 지적도의 열람이나 측량 등의 방법으로 정확한 경계가 인식가능하다고 하더라도, '사실상' 토지경계의 인식이 곤란하게 됨으로써 충분하다.

3. 주관적 구성요건

경계표를 손괴·이동·제거하거나 기타의 방법으로 경계를 인식불능케 한다는 인식을 요하며 또 그것으로 족하다. 그러나 본죄의 성립에는 타인에게 손괴를 가할 의사 또는 영득의사를 요하지 않는다.

4. 죄수 및 타죄와의 관계

본죄는 경계의 수를 기준으로 죄수를 결정한다. 이에 따르면 ㈎ 1개의 경계표를 이동시켜 수 개의 경계를 인식불능하게 하였다면 수죄의 상상적 경합이 된다. ㈏ 손괴의 방법으로 경계를 인식불능케 한 경우에는 법조경합관계로서 경계침범죄만 성립한다는 견해와 양죄의 상상적 경합이 된다는 견해가 대립되어 있으나, 재물손괴죄의 법정형이 경계침범죄보다 중하므로 상상적 경합으로 보는 것이 타당하다. ㈐ 타인의 토지를 영득할 의사로 경계를 침범한 경우에 부동산에 대한 절도죄는 인정할 수 없으므로 경계침범죄만 성립한다(다수설).

> **판례** 문서
>
> - 손괴죄의 객체인 문서란 거기에 표시된 내용이 적어도 법률상 또는 사회생활상 중요한 사항에 관한 것이어야 하는 바, 이미 작성되어 있던 장부의 기재를 새로운 장부로 이기하는 과정에서 누계 등을 잘못 기재하다가 그 부분을 찢어버리고 계속하여 종전장부의 기재내용을 모두 이기하였다면 그 당시 <u>새로운 경리장부는 아직 작성 중에 있어서 손괴죄의 객체가 되는 문서로서의 경리장부가 아니라 할 것이고</u>, 또 그 찢어버린 부분이 진실된 증빙내용을 기재한 것이었다는 등의 특별한 사정이 없는 한 그 이기과정에서 <u>잘못 기재되어 찢어버린 부분 그 자체가 손괴죄의 객체가 되는 재산적 이용가치 내지 효용이 있는 재물이라고도 볼 수 없다</u>(대판 1989.10.24. 88도1296).

판례 재물 및 타인성

① 피고인이 매수한 토지에 타인이 권한 없이 농작물을 경작한 경우라 하더라도 그 농작물의 소유권은 경작자에게 귀속되므로 경작한 콩을 뽑아버린 행위에 대하여 재물손괴의 죄책을 면할 수 없다(대판 1970.3.10. 70도82).

② 피고인이 甲에게 채무 없이 단순히 잠시 빌려준 피고인 발행 약속어음을 甲이 乙에게 배서양도하여 乙이 소지 중 피고인이 이를 찢어버린 것은 문서손괴죄에 해당하고 이를 자구행위 또는 긴급피난이라고 볼 수 없다(대판 1975.5.27. 74도3559).

③ 포도주 원액이 부패하여 포도주 원료로서의 효용가치는 상실되었으나, 그 산도가 18도 내지 62도에 이르고 있어 식초의 제조 등 다른 용도에 사용할 수 있는 경우에는 재물손괴죄의 객체가 될 수 있다(대판 1979.7.24. 78도2138). [해설] 본래의 효용가치는 상실되었어도 다른 용도에 사용할 수 있는 경우에는 이용가치가 있으므로 재물손괴죄의 객체가 된다고 본 판례.

④ 구 도시재개발법(2002. 12. 30. 법률 제6852호로 폐지)에 의한 재개발구역 안의 무허가 건물에 대한 사실상 소유권은 관리처분계획의 인가·고시에 의하여 이에 해당하는 아파트 등을 분양받을 조합원의 지위로 잠정적으로 바뀌고, 분양처분의 고시가 있는 경우에는 같은 법 제39조 제1항 전문의 규정에 의하여 그에 대한 사실상 소유권이 소멸하고 분양받은 아파트에 대한 소유권만이 남게 되는 것이므로, 관리처분계획의 인가·고시 이후 분양처분의 고시 이전에 재개발구역 안의 무허가 건물을 제3자가 임의로 손괴한 경우 특별한 사정이 없는 한 재물손괴죄가 성립한다(대판 2004.5.28. 2004도434).

⑤ 재건축사업으로 철거예정이고 그 입주자들이 모두 이사하여 아무도 거주하지 않은 채 비어 있는 아파트라 하더라도, 그 객관적 성상이 본래 사용목적인 주거용으로 쓰일 수 없는 상태라거나 재물로서의 이용가치나 효용이 없는 물건이라고도 할 수 없어 재물손괴죄의 객체가 된다고 한 사례(대판 2007.9.20. 2007도5207).

⑥ 재건축사업으로 철거가 예정되어 있었고 그 입주자들이 모두 이사하여 아무도 거주하지 않은 채 비어 있는 아파트라 하더라도, 그 아파트 자체의 객관적 성상이 본래 사용목적인 주거용으로 사용될 수 없는 상태가 아니었고, 더욱이 그 소유자들이 재건축조합으로의 신탁등기 및 인도를 거부하는 방법으로 계속 그 소유권을 행사하고 있는 상황이었다면 위와 같은 사정만으로는 위 아파트가 재물로서의 이용가치나 효용이 없는 물건으로 되었다고 할 수 없으므로, 위 아파트는 재물손괴죄의 객체가 된다고 할 것이다(대판 2010.2.25. 2009도8473). [해설] 재물손괴죄의 객체가 되기 위한 요건으로 재물로서의 이용가치나 효용이 있는지의 여부를 판단하는 기준을 제시하는 판례.

판례 손괴

① 재물손괴죄에서의 효용을 해하는 행위에는 일시 물건의 구체적 역할을 할 수 없는 상태로 만드는 경우도 해당하므로 판결에 의하여 명도받은 토지의 경계에 설치해 놓은 철조망과 경고판을 치워 버림으로써 울타리로서의 역할을 해한 때에는 재물손괴죄가 성립한다(대판 1982.7.13. 82도1057).

② 타인 소유의 광고용 간판을 백색페인트로 도색하여 광고문안을 지워버린 행위는 재물손괴죄를 구성한다(대판 1991.10.22. 91도2090).

③ [1] 형법 제366조 소정의 재물손괴죄는 타인의 재물을 손괴 또는 은닉하거나 기타의 방법으로 그 효용을 해하는 경우에 성립하는바, 여기에서 재물의 효용을 해한다고 함은 사실상으로나 감정상으로 그 재물을 본래의 사용목적에 제공할 수 없게 하는 상태로 만드는 것을 말하며, 일시적으로 그 재물을 이용할 수 없는 상태로 만드는 것도 여기에 포함된다. 특히, 건조물의 벽면에 낙서를 하거나 게시물을 부착하는 행위 또는 오물을 투척하는 행위 등이 그 건조물의 효용을 해하는 것에 해당하는지 여부는, 당해 건조물의 용도와 기능, 그 행위가 건조물의 채광·통풍·조망 등에 미치는 영향과 건조물의 미관을 해치는 정도, 건조물 이용자들이 느끼는 불쾌감이나 저항감, 원상회복의 난이도와 거기에 드는 비용, 그 행위의 목적과 시간적 계속성, 행위 당시의 상황 등 제반 사정을 종합하여 사회통념에 따라 판단하여야 한다. [2] 해고노동자 등이 복직을 요구하는 집회를 개최하던 중 래커 스프레이를 이용하여 회사 건물 외벽과 1층 벽면 등에 낙서한 행위는 건물의 효용을 해한 것으로 볼 수 있으나, 이와 별도로 계란 30여 개를 건물에 투척한 행위는 건물의 효용을 해하는 정도의 것에 해당하지 않는다고 본 사례(대판 2007.6.28. 2007도2590). [해설] 건조물의 벽면에 낙서를 하거나 게시물을 부착 또는 오물을 투척하는 행위가 재물손괴죄에 해당하는지 여부의 판단 기준을 제시한 판례.

④ 문서손괴죄는 타인 소유의 문서를 손괴 또는 은닉 기타 방법으로 효용을 해함으로써 성립하고, 문서의 효용을 해한다는 것은 문서를 본래의 사용목적에 제공할 수 없게 하는 상태로 만드는 것은 물론 일시적으로 그것을 이용할 수 없는 상태로 만드는 것도 포함한다. 따라서 소유자의 의사에 따라 어느 장소에 게시 중인 문서를 소유자의 의사에 반하여 떼내는 것과 같이 소유자의 의사에 따라 형성된 종래의 이용상태를 변경시켜 종래의 상태에 따른 이용을 일시적으로 불가능하게 하는 경우에도 문서손괴죄가 성립할 수 있다. 그러나 문서손괴죄는 문서의 소유자가 문서를 소유하면서 사용하는 것을 보호하려는 것이므로, 어느 문서에 대한 종래의 사용상태가 문서 소유자의 의사에 반하여 또는 문서 소유자의 의사와 무관하게 이루어진 경우에 단순히 종래의 사용상태를 제거하거나 변경시키는 것에 불과하고 손괴, 은닉하는 등으로 새로이 문서 소유자의 문서 사용에 지장을 초래하지 않는 경우에는 문서의 효용, 즉 문서 소유자의 문서에 대한 사용가치를 일시적으로도 해하였다고 할 수 없어서 문서손괴죄가 성립하지 아니한다(대판 2015.11.27. 2014도13083).

⑤ 재물손괴죄는 타인의 재물, 문서 또는 전자기록 등 특수매체기록을 손괴 또는 은닉 기타 방법으로 그 효용을 해한 경우에 성립한다(형법 제366조). 여기에서 손괴 또는 은닉 기타 방법으로 그 효용을 해하는 경우에는 물질적인 파괴행위로 물건 등을 본래의 목적에 사용할 수 없는 상태로 만드는 경우뿐만 아니라 일시적으로 물건 등의 구체적 역할을 할 수 없는 상태로 만들어 효용을 떨어뜨리는 경우도 포함된다. 따라서 자동문을 자동으로 작동하지 않고 수동으로만 개폐가 가능하게 하여 자동잠금장치로서 역할을 할 수 없도록 한 경우에도 재물손괴죄가 성립한다(대판 2016.11.25. 2016도9219).

⑥ 갑이 홍보를 위해 광고판(홍보용 배너와 거치대)을 1층 로비에 설치해 두었는데, 피고인이 을에게 지시하여 을이 위 광고판을 그 장소에서 제거하여 컨테이너로 된 창고로 옮겨 놓아 갑이 사용할 수 없도록 한 사안에서, 비록 물질적인 형태의 변경이나 멸실, 감손을 초래하지 않은 채 그대로 옮겼더라도 위 광고판은 본래적 역할을 할 수 없는 상태로 되었으므로 피고인의 행위는 재물손괴죄에서의 재물의 효용을 해하는 행위에 해당한다는 이유로, 이와 달리 본 원심판단에 재물손괴죄의 법리를 오해한 위법이 있

다고 한 사례(대판 2018.7.24. 2017도18807).

⑦ [1] 형법 제366조의 재물손괴죄는 타인의 재물을 손괴 또는 은닉하거나 기타의 방법으로 그 효용을 해하는 경우에 성립한다. 여기에서 **재물의 효용을 해한다고 함은 사실상으로나 감정상으로 재물을 본래의 사용 목적에 제공할 수 없는 상태로 만드는 것을 말하고, 일시적으로 재물을 이용할 수 없는 상태로 만드는 것도 포함한다.** 특히 도로 바닥에 낙서를 하는 행위 등이 도로의 효용을 해하는 것에 해당하는지 여부는, 당해 도로의 용도와 기능, 그 행위가 도로의 안전표지인 노면표시 기능 및 이용자들의 통행과 안전에 미치는 영향, 그 행위가 도로의 미관을 해치는 정도, 도로의 이용자들이 느끼는 불쾌감이나 저항감, 원상회복의 난이도와 거기에 드는 비용, 그 행위의 목적과 시간적 계속성, 행위 당시의 상황 등 제반 사정을 종합하여 사회통념에 따라 판단하여야 한다. [2] 갑 주식회사의 직원인 피고인들이 **유색 페인트와 래커 스프레이를 이용하여** 갑 회사 소유의 도로 바닥에 직접 문구를 기재하거나 도로 위에 놓인 현수막 천에 문구를 기재하여 페인트가 바닥으로 배어 나와 도로에 배게 하는 **방법으로 다중의 위력으로써 도로의 효용을 해하였다고** 하여 **특수재물손괴로 기소된** 사안에서, 위 도로는 갑 회사의 임원과 근로자들 및 거래처 관계자들이 이용하는 도로로 산업 현장에 위치한 위 도로의 주된 용도와 기능은 사람과 자동차 등이 통행하는 데 있고, 미관은 그다지 중요한 작용을 하지 않는 곳으로 보이는 점, 피고인들이 도로 바닥에 기재한 여러 문구들 때문에 도로를 이용하는 사람들과 자동차 등이 통행하는 것 자체가 물리적으로 불가능하게 되지는 않은 점, 갑 회사의 정문 입구에 있는 과속방지턱 등을 포함하여 도로 위에 상당한 크기로 기재된 위 문구의 글자들이 차량운전자 등의 통행과 안전에 실질적인 지장을 초래하였다고 보기 어려운 점, 도로 바닥에 기재된 문구에 갑 회사 임원들의 실명과 그에 대한 모욕적인 내용 등이 여럿 포함되어 있지만, 도로의 이용자들이 이 부분 도로를 통행할 때 그 문구로 인하여 불쾌감, 저항감을 느껴 이를 본래의 사용 목적대로 사용할 수 없을 정도에 이르렀다고 보기 부족한 점, 도로 바닥에 페인트와 래커 스프레이로 쓰여 있는 여러 문구는 아스팔트 접착용 도료로 덧칠하는 등의 방법으로 원상회복되었는데, 그다지 많은 시간과 큰 비용이 들었다고 보이지 않는 점 등을 종합하면, **피고인들이 위와 같은 방법으로 도로 바닥에 여러 문구를 써놓은 행위가 위 도로의 효용을 해하는 정도에 이른 것이라고 보기 어렵다**는 이유로, 이와 달리 보아 공소사실을 유죄로 판단한 원심판결에 재물손괴죄에 관한 법리를 오해하는 등의 잘못이 있다고 한 사례(대판 2020.3.27. 2017도20455).

⑧ 피고인이 평소 자신이 굴삭기를 주차하던 장소에 갑의 차량이 주차되어 있는 것을 발견하고 갑의 차량 앞에 철근콘크리트 구조물을, 뒤에 굴삭기 크러셔를 바짝 붙여 놓아 갑이 17~18시간 동안 차량을 운행할 수 없게 된 사안에서, 차량 앞뒤에 쉽게 제거하기 어려운 구조물 등을 붙여 놓은 행위는 차량에 대한 유형력 행사로 보기에 충분하고, 차량 자체에 물리적 훼손이나 기능적 효용의 멸실 내지 감소가 발생하지 않았더라도 갑이 위 구조물로 인해 차량을 운행할 수 없게 됨으로써 일시적으로 본래의 사용목적에 이용할 수 없게 된 이상 차량 본래의 효용을 해한 경우라고 한 사례 (대판 2021.5.7. 2019도13764).

⑨ 형법 제366조의 재물손괴죄는 타인의 재물을 손괴 또는 은닉하거나 기타의 방법으로 효용을 해하는 경우에 성립한다. 여기에서 재물의 효용을 해한다고 함은 사실상으로나 감정상으로 재물을 본래의 사용 목적에 제공할 수 없는 상태로 만드는 것을 말하고, 일시적으로 이용할 수 없는 상태로 만드는 것도 포함한다. 건조물의 벽면이나 구조물 등(이하 '구조물 등'이라 한다)에 낙서를 하는 행위가 구조물 등의 효용을 해하는 것인지는, 해당 구조물 등의 용도와 기능, 낙서 행위가 구조물 등

의 본래 사용 목적이나 기능에 미치는 영향, 구조물 등의 미관을 해치는 정도, 구조물 등의 이용자들이 느끼는 불쾌감과 저항감, 원상회복의 난이도와 거기에 드는 비용, 낙서 행위의 목적과 시간적 계속성, 행위 당시의 상황 등 제반 사정을 종합하여 사회통념에 따라 판단하여야 한다(대판 2022.10.27. 2022도8024). [해설] 경계의 표시를 위하여 타인 소유의 석축 중 돌 3개에 빨간색 락카를 사용해 화살표 모양을 표시한 행위에 대하여 재물손괴죄로 기소된 사안에서, 원심은 피고인이 빨간색 락카를 사용해 피해자 소유의 석축 중 돌 3개에 화살표 모양을 표시한 행위가 석축의 미관을 훼손하여 효용을 해하였다고 보아 재물손괴죄의 성립을 인정한 제1심판결을 그대로 유지하였음. 대법원은 위 법리에 따라 이 사건 석축의 용도와 기능, 낙서 행위가 석축의 본래 사용 목적이나 기능에 미치는 영향, 석축의 미관을 해치는 정도, 석축 소유자가 느끼는 불쾌감과 저항감, 원상회복의 난이도와 거기에 드는 비용, 낙서 행위의 목적과 시간적 계속성, 행위 당시의 상황 등 제반 사정을 종합적으로 고려하여 피고인의 낙서 행위가 석축의 효용을 해하는 정도에 이르렀다고 단정하기 어렵다고 보아 원심판결을 파기·환송하였음.

 판례 은닉

- 사회의 경일사무처리상 필요불가결한 매출계산서, 매출명세서 등의 반환을 거부함으로써 그 문서들을 일시적으로 그와 같은 용도에 사용할 수 없게 하는 것도 그 문서의 효용을 해한 경우에 해당한다(대판 1971.11.23. 71도1576).

판례 착수시기 및 기수시기

① 우물에 연결하고 땅속에 묻어서 수도관인 역할을 하고 있는 고무호오스 중 약 1.5미터를 발굴하여 우물가에 제쳐 놓음으로써 물이 통하지 못하게 한 행위는 호스 자체를 물직적으로 손괴한 것은 아니라 할지라도 그 구체적인 역할을 하고 있는 고무호오스 효용을 해한 것이라고 볼 수 있다(대판 1971.1.26. 70도2378).

② 피고인이 자기가 속하고 있는 종중 소유라고 믿고 있는 임야에 대한 소외인 명의의 등기권리증을 그 소지인이 제시하자 이를 가지고 가서 위 종중이 원고가 되어 그 말소등기를 구하는 민사사건에 증거로 제출한 소위는 문서은닉죄에 해당되지 아니한다(대판 1979.8.28. 79도1266).

③ 재물손괴죄에서의 효용을 해하는 행위에는 일시 물건의 구체적 역할을 할 수 없는 상태로 만드는 경우도 해당하므로 판결에 의하여 명도받은 토지의 경계에 설치해 놓은 철조망과 경고판을 치워 버림으로써 울타리로서의 역할을 해한 때에는 재물손괴죄가 성립한다(대판 1982.7.13. 82도1057).

④ 형법 제366조 소정의 재물손괴죄는 타인의 재물을 손괴, 은닉, 기타의 방법으로 그 효용을 해하는 경우에 성립하는 것으로서, 여기에서 말하는 효용을 해한다고 함은 그 물건의 본래의 사용 목적에 공할 수 없게 하는 상태로 만드는 것은 물론 일시 그것을 이용할 수 없는 상태로 만드는 것도 역시 효용을 해하는 것에 해당한다(대판 1992.7.28. 92도1345).

판례 | 손괴의 고의

① 공중전화가 이미 고장이었던 것이 사실이고 피고인도 위 전화기가 고장난 것으로 생각하고, 파출소에 신고하기 위하여 전화선 코드를 빼고 이를 떼어낸 것이라면, 피고인에게 위 전화기를 물질적으로 파괴하거나 또는 위 전화기를 떼어낸 위 전화기의 구체적 역할인 통화를 할 수 없게 함으로써 그 효용을 해하려는 손괴의 범의가 있었다고 보기 어려울 것이다(대판 1986.9.23. 86도941).

② 피고인이 경락받은 농수산물 저온저장 공장건물 중 공냉식 저온창고를 수냉식으로 개조함에 있어 그 공장에 시설된 피해자 소유의 자재에 관하여 피해자에게 철거를 최고하는 등 적법한 조치를 취함이 없이 이를 일방적으로 철거하게 하여 손괴하였다면 이는 재물손괴의 범의가 없었다고 할 수 없고 이것이 사회상규상 당연히 허용되는 것이라고 할 수도 없다(대판 1990.5.22. 90도700).

③ 甲의 소유였다가 약정에 따라 乙의 명의에 이전되었으나 권리관계에 다툼이 생긴 토지상에서 甲이 버스공용터미널을 운영하고 있는데, 乙이 甲의 영업을 방해하기 위하여 철조망을 설치하려 하자, 甲이 위 철조만을 가까운 곳에 마땅한 장소가 없어 터미널로부터 약 200 내지 300미터 가량 떨어진 甲소유의 다른 토지 위에 옮겨 놓았다면, 甲의 행위에는 재물의 소재를 불명하게 함으로써 그 발견을 곤란 또는 불가능하게 하여 그 효용을 해하게 하는 재물은닉의 범의가 있다고 할 수 없다(대판 1990.9.25. 90도1591).

판례 | 손괴죄와 불법영득의사

• <u>재물손괴죄(형법 제366조)는</u> 다른 사람의 재물을 손괴 또는 은닉하거나 그 밖의 방법으로 그 효용을 해한 경우에 성립하는 범죄로, <u>행위자에게 다른 사람의 재물을 자기 소유물처럼 그 경제적 용법에 따라 이용·처분할 의사(불법영득의사)가 없다는 점에서 절도, 강도, 사기, 공갈, 횡령 등 영득죄와 구별된다. 다른 사람의 소유물을 본래의 용법에 따라 무단으로 사용·수익하는 행위는 소유자를 배제한 채 물건의 이용가치를 영득하는 것이고, 그 때문에 소유자가 물건의 효용을 누리지 못하게 되었더라도 효용 자체가 침해된 것이 아니므로 재물손괴죄에 해당하지 않는다</u>(대판 2022.11.30. 2022도1410). [해설] 부지의 점유권원 없는 건물 소유자였던 피고인은, 토지 소유자와의 철거 등 청구소송에서 패소하고 강제집행을 당했는데도 무단으로 새 건물을 지음. 검사는 피고인이 토지의 효용을 해하였다고 하여 재물손괴죄로 기소했으나, 피고인의 행위는 토지를 본래의 용법에 따라 사용·수익함으로써 그 소유자로 하여금 효용을 누리지 못하게 한 것일 뿐 효용을 침해한 것이 아니라고 보아, 원심의 무죄판결에 대한 검사의 상고를 기각한 사안임.

판례 | 위법성

① <u>봉밭을 유린하는 소의 고삐가 나무에 얽혀 풀 수 없는 상황 하에서 고삐를 낫으로 끊고 소를 밭에서 끌어냄은 사회상규상 용인되어 특단의 사정이 없는 한 처벌할 수 없다</u>(대판 1976.12.28. 76도2359).

② [1] 물권변동에 있어서 형식주의를 채택하고 있는 현행 민법하에서는 소유권을 이전한다는 의

사 외에 부동산에 있어서는 등기를, 동산에 있어서는 인도를 필요로 함과 마찬가지로 이 사건 쪽파와 같은 수확되지 아니한 농작물에 있어서는 명인방법을 실시함으로써 그 소유권을 취득한다. [2] 쪽파의 매수인이 명인방법을 갖추지 않은 경우, 쪽파에 대한 소유권을 취득하였다고 볼 수 없어 그 소유권은 여전히 매도인에게 있고 매도인과 제3자 사이에 일정 기간 후 임의처분의 약정이 있었다면 그 기간 후에 제3자가 쪽파를 손괴하였더라도 재물손괴죄가 성립하지 않는다(대판 1996.2.23. 95도2754).
[해설] 손괴에 대한 피해자의 동의를 인정한 경우의 사례.

판례 문서손괴죄가 성립하는 경우

① 약속어음의 수취인이 차용금의 지급담보를 위하여 은행에 보관시킨 약속어음을 은행지점장이 발행인의 부탁을 받고 그 지급기일란의 일자를 지움으로써 그 효용을 해한 경우에는 문서손괴죄가 성립한다(대판 1982.7.27. 82도223).

② 확인서가 소유자의 의사에 반하여 손괴된 것이라면 그 확인서가 피고인 명의로 작성된 것이고 또 그것이 진실에 반하는 허위내용을 기재한 것이라 하더라도 피고인은 문서손괴의 죄책을 면할 수 없다(대판 1982.12.28. 82도1807).

③ 문서손괴죄의 객체는 타인소유의 문서이며 피고인 자신의 점유하에 있는 문서라 할지라도 타인소유인 이상 이를 손괴하는 행위는 문서손괴죄에 해당한다(대판 1984.12.26. 84도2290).

④ 약속어음의 발행인이 소지인에게 어음의 액면과 지급기일을 개서하여 주겠다고 하여 위 어음을 교부받은 후 위 어음의 수취인란에 타인의 이름을 추가로 기입하여 위 어음배서의 연속성을 상실하게 함으로써 그 효용을 해한 경우에는 문서손괴죄에 해당한다(대판 1985.2.26. 84도2802).

⑤ 비록 자기명의의 문서라 할지라도 이미 타인(타기관)에 접수되어 있는 문서에 대하여 함부로 이를 무효화시켜 그 용도에 사용하지 못하게 하였다면 일응 형법상의 문서손괴죄를 구성한다 할 것이므로 그러한 내용의 범죄될 사실을 허위로 기재하여 수사기관에 고소한 이상 무고죄의 죄책을 면할 수 없다(대판 1987.4.14. 87도177). [해설] 합법적 절차에 의해 타인(타기관)에게 제출된 문서를 임의로 무효화시킨 경우는 비록 자신 명의의 문서라도 문서손괴죄가 성립된다는 취지의 판결로 재물(문서)손괴죄에 있어서 문서의 '타인성'의 판단기준을 제시하고 있는 사례.

판례 경계침범죄의 토지의 경계

① 형법 제370조의 경계침범죄는 토지의 경계에 관한 권리관계의 안정을 확보하여 사권을 보호하고 사회질서를 유지하려는데 그 규정목적이 있으므로 비록 실체상의 경계선에 부합되지 않는 경계표라 할지라도 그것이 종전부터 일반적으로 승인되어 왔다거나 이해관계인들의 명시적 또는 묵시적 합의에 의하여 정하여진 것이라면 그와 같은 경계표는 위 법조 소정의 계표에 해당된다 할 것이고 반대로 기존경계가 진실한 권리상태와 맞지 않는다는 이유로 당사자의 어느 한쪽이 기존경계를 무시하고 일방적으로 경계측량을 하여 이를 실체권리관계에 맞는 경계라고 주장하면서 그 위에 계표를 설치하더라도 이와 같은 경계표는 위 법조에서 말하는 계표에 해당되지 않는다(대판 1986.12.9. 86도1492).

② 형법 제370조의 경계침범죄는 토지의 경계에 관한 권리관계의 안정을 확보하여 사권을 보호하고 사회질서를 유지하려는 데 그 목적이 있는바, 여기에서 말하는 경계는 반드시 법률상의 정당한 경계를 가리키는 것은 아니고, <u>비록 법률상의 정당한 경계에 부합되지 않는 경계라 하더라도 종래부터 일반적으로 승인되어 왔거나 이해관계인들의 명시적 또는 묵시적 합의에 의하여 정해진 것으로서 객관적으로 경계로 통용되어 왔다면 이는 본조에서 말하는 경계라 할 것이고</u>, 그와 같이 종래 통용되어 오던 사실상의 경계가 법률상의 정당한 경계인지 여부에 대하여 다툼이 있다고 하더라도 사실상의 경계가 법률상 정당한 경계가 아니라는 점이 이미 판결로 확정되었다는 등 경계로서의 객관성을 상실하는 것으로 볼 만한 특단의 사정이 없는 한, 여전히 본조에서 말하는 경계에 해당되는 것이다(대판 1992.12.8. 92도1682).

③ <u>형법 제370조에서 말하는 경계는 반드시 법률상의 정당한 경계를 말하는 것이 아니고 비록 법률상의 정당한 경계에 부합되지 아니하는 경계라고 하더라도 이해관계인들의 명시적 또는 묵시적 합의에 의하여 정하여진 것이면 이는 이 법조에서 말하는 경계라고 할 것이다</u>(대판 1999.4.9. 99도480).

④ 「형법」 제370조의 경계침범죄는 토지의 경계에 관한 권리관계의 안정을 확보하여 사권을 보호하고 사회질서를 유지하려는 데 그 목적이 있는 것으로서, 단순히 경계표를 손괴, 이동 또는 제거하는 것만으로는 부족하고 위와 같은 행위나 기타 방법으로 토지의 경계를 인식불능하게 함으로써 비로소 성립된다 할 것인데, <u>여기에서 말하는 경계는 법률상의 정당한 경계인지 여부와는 상관없이 종래부터 경계로서 일반적으로 승인되어 왔거나 이해관계인들의 명시적 또는 묵시적 합의가 존재하는 등 어느 정도 객관적으로 통용되어 오던 사실상의 경계를 의미한다 할 것이므로, 설령 법률상의 정당한 경계를 침범하는 행위가 있었다 하더라도 그로 말미암아 위와 같은 토지의 사실상의 경계에 대한 인식불능의 결과가 발생하지 않는 한 경계침범죄가 성립하지 아니한다</u> 할 것이다(대판 2010.9.9. 2008도8973). [해설] 경계침범죄에서 '경계'의 의미를 설시하고, 법률상의 정당한 경계를 침범하는 행위가 있더라도 토지의 사실상의 경계에 대한 인식불능의 결과가 발생하지 않는 한 경계침범죄가 성립하지 아니한다는 판례.

판례 경계침범죄의 기수시기

① <u>경계침범죄는 계표를 손괴·이동 또는 제거하거나 기타 방법으로 토지의 경계를 인식불능하게 함으로써 성립하는 것이므로, 계표의 손괴 등의 행위가 있다 하더라도 토지경계의 인식불능의 결과가 발생하지 않는 한 경계침범죄가 성립하지 아니한다</u>(대판 1972.2.29. 71도2293).

② <u>피고인이 건물을 신축하면서 그 건물의 1층과 2층 사이에 있는 처마를 피해자 소유의 가옥 지붕 위로 나오게 한 사실만으로는 양 토지의 경계가 인식불능되었다고 볼 수 없으므로, 경계침범죄의 구성요건에 해당하지 아니한다</u>(대판 1991.9.10. 91도856, 대판 1984.2.28. 83도1533).

 **제9절 | 권리행사를 방해하는 죄**

Ⅰ. 서론

1. 권리행사방해죄의 의의

타인의 점유 또는 권리의 목적이 된 자기의 물건에 대한 타인의 권리행사를 방해하거나, 강제집행을 면할 목적으로 채권자를 해하는 것을 내용으로 하는 범죄이다. 형법 제37장의 권리행사를 방해하는 죄에는 권리행사방해죄(제323조), 점유강취죄·준점유강취죄(제325조) 및 강제집행면탈죄(제327조)의 세 가지 기본적 구성요건이 포함되어 있다. 점유강취죄에 대하여는 결과적 가중범에 의한 가중적 구성요건으로 중권리행사방해죄(제326조)가 있다.

2. 보호법익

보호법익은 소유권이 아닌 제한물권 또는 채권이다. 즉 권리행사방해죄의 보호법익은 용익권·담보권 혹은 채권(보호정도는 추상적 위험범)이고, 점유강취죄의 보호법익은 자유권과 제한물권(보호정도는 침해범)이며, 강제집행면탈죄의 보호법익은 채권자의 채권(보호정도는 추상적 위험범)이다.

3. 구성요건의 체계

형법	기본 구성요건	권리행사방해죄(제323조)
	가중 구성요건	점유강취죄·준점유강취죄(제325조)
	결과적 가중범	중권리행사방해죄(제326조 : 점유강취죄·준점유강취죄의 결과적 가중범)
	독자적 구성요건	강제집행면탈죄(제327조)
	미수범 처벌	점유강취죄·준점유강취죄(제325조 제3항)
	친족 간 특례	권리행사방해죄에 한하여 적용(제328조)

Ⅱ. 권리행사방해죄

> **제323조(권리행사방해)**
> 타인의 점유 또는 권리의 목적이 된 자기의 물건 또는 전자기록등 특수매체기록을 취거, 은닉 또는 손괴하여 타인의 권리행사를 방해한 자는 5년 이하의 징역 또는 700만원 이하의 벌금에 처한다.

1. 객관적 구성요건

본죄는 "타인의 점유 또는 권리의 목적이 된 자기의 물건 또는 전자기록 등 특수매체기록을 취거, 은닉 또는 손괴하여 타인의 권리행사를 방해함으로써 성립하는 범죄"이다. 본죄의 보호법익은 '소유권 이외의 제한물권 또는 채권'이다. 보호의 정도는 '위험범'이다. 즉 타인의 권리행사가 방해될 추상적 위험이 있음으로써 기수가 된다. 본죄의 미수범 처벌규정은 없다.

(1) 행위의 주체

권리행사방해죄의 주체는 자기의 물건을 타인의 점유 또는 권리의 목적으로 제공한 소유자이다(진정신분범).

(2) 행위의 객체

타인의 점유 또는 권리의 목적이 된 자기의 물건 또는 전자기록 등 특수매체기록이다.

1) **자기의 물건** : 자기의 물건이란 '자기소유'의 물건을 말한다. 자기와 타인의 공유물은 타인의 물건으로 취급하므로, 본죄의 객체가 되지 않는다. 자기소유의 물건이라도 '공무소로부터 보관명령을 받거나 공무소의 명령으로 타인이 관리하는' 물건인 경우에는 공무상 보관물무효죄(제142조)의 객체가 된다. 물건은 '재물'을 의미하며, 동산 이외에 부동산 및 관리할 수 있는 동력을 포함한다. 관리할 수 있는 동력의 준용규정이 없으나 해석상 당연히 포함된다고 보아야 한다(통설).

2) **타인의 점유의 목적** : 타인이란 자기 이외의 자를 말하며, 자연인은 물론 법인이나 법인격 없는 단체를 포함한다. ㉮ 타인의 점유의 목적이 된 물건이면 족하므로 자기와 타인이 공동점유하는 물건도 여기에 해당한다. ㉯ 본죄의 점유는 보호법익으로서의 기능을 가지고 있기 때문에 적법한 권원에 의한 점유에 제한된다. 그러나 점유는 법적 근거를 가질 것을 요하지 않고, 계약상의 근거 또는 유언의 효과에 의하여 점유가 개시된 경우도 포함한다. 이에 대해 ㉰ 판례는 권리행사방해죄에서의 보호대상인 타인의 점유는 반드시 점유할 권원에 기한 점유만을 의미하는 것은 아니고, 일단 적법한 권원에 기하여 점유를 개시하였으나 사후에 점유 권원을 상실한 경우의 점유, 점유 권원의 존부가 외관상 명백하지 아니하여 법정절차를 통하여 권원의 존부가 밝혀질 때까지의 점유, 권원에 기하여 점유를 개시한 것은 아니나 동시이행항변권 등으로 대항할 수 있는 점유 등과 같이 법정절차를 통한 분쟁 해결시까지 잠정적으로 보호할 가치 있는 점유는 모두 포함된다고 보고 있다.

3) **타인의 권리의 목적** : 타인의 제한물권 또는 채권의 목적이 된 물건을 말한다. 채권의 목적이 된 물건에 있어서는 그것이 반드시 점유를 수반하는 것임을 요하지 않는다(예 : 정지조건부 대물변제의 예약권이 있는 물건, 특정물인 원목에 대한 인도청구). 그러나 단순한 채권채무관계는 여기의 권리에 포함되지 않는다.

(3) 행위

취거·은닉 또는 손괴하여 타인의 권리행사를 방해하는 것이다.

1) **취거·은닉·손괴** : 취거란 점유자의 의사에 반하여 그 점유물에 대한 점유자의 사실상의 지배를 제거하고 자기 또는 제3자의 사실상의 지배에 옮기는 것을 말하고, 은닉이란 물건의 소재의 발견을 불가능하게 하거나 또는 현저히 곤란한 상태에 두는 것을 말하며, 손괴는 물건의 전부 또는 일부에 대하여 그 용익적 또는 가치적 효용을 해하는 것을 말한다. 본죄의 행위는 취거·은닉 또는 손괴에 제한된다.

2) **권리행사방해** : 타인의 권리행사를 방해한다 함은 타인의 권리행사가 방해될 우려 있는 상태에 이른 것을 말하며, 현실로 권리행사가 방해되었을 것을 요하는 것은 아니다.

2. 주관적 구성요건

본죄는 영득죄가 아니다. 따라서 본죄의 성립에는 주관적 구성요건으로서 고의 이외에 불법영득의 의사를 요하지 않는다.

3. 친족 간의 범죄의 특칙

> **제323조(권리행사방해)**
> 타인의 점유 또는 권리의 목적이 된 자기의 물건 또는 전자기록등 특수매체기록을 취거, 은닉 또는 손괴하여 타인의 권리행사를 방해한 자는 5년 이하의 징역 또는 700만원 이하의 벌금에 처한다.
>
> **제328조(친족간의 범행과 고소)**
> ① 직계혈족, 배우자, 동거친족, 동거가족 또는 그 배우자간의 제323조의 죄는 그 형을 면제한다.
> ② 제1항이외의 친족간에 제323조의 죄를 범한 때에는 고소가 있어야 공소를 제기할 수 있다.
> ③ 전 2항의 신분관계가 없는 공범에 대하여는 전 이항을 적용하지 아니한다.

본죄에는 친족상도례가 적용된다.

판례 | 권리행사방해죄의 객체 및 주체

① 형법 제323조의 권리행사방해죄는 타인의 점유 또는 권리의 목적이 된 자기의 물건을 취거, 은닉 또는 손괴하여 타인의 권리행사를 방해함으로써 성립하므로 그 취거, 은닉 또는 손괴한 물건이 자기의 물건이 아니라면 권리행사방해죄가 성립할 수 없다. 물건의 소유자가 아닌 사람은 형법 제33조 본문에 따라 소유자의 권리행사방해 범행에 가담한 경우에 한하여 그의 공범이 될 수 있을 뿐이다. 그러나 권리행사방해죄의 공범으로 기소된 물건의 소유자에게 고의가 없는 등으로 범죄가 성립하지 않는다면 공동정범이 성립할 여지가 없다(대판 2017.5.30. 2017도4578). [해설] 물건의 소유자의 권리행사방해 범행에 가담한 자의 경우, 형법 제33조 본문의 적용으로 정범이 되려면 소유자에게 권리행사방해죄가 성립해야 한다는 취지의 판결로서 공범론에서 의미가 있는 사례.

② [1] 형법 제323조의 권리행사방해죄는 타인의 점유 또는 권리의 목적이 된 자기의 물건을 취거, 은닉 또는 손괴하여 타인의 권리행사를 방해함으로써 성립하므로 그 취거, 은닉 또는 손괴한 물건이 자기의 물건이 아니라면 권리행사방해죄가 성립할 수 없다. 부동산경매절차에서 부동산을 매수하려는 사람이 다른 사람과의 명의신탁약정 아래 그 사람의 명의로 매각허가결정을 받아 자신의 부담으로 매수대금을 완납한 때에는 경매목적 부동산의 소유권은 매수대금의 부담 여부와는 관계없이 그 명의인이 취득하게 되는 것이므로, 타인의 명의로 강제경매를 통해 부동산을 매수한 피고인이 당해 부동산에 대한 피해자(유치권자)의 점유를 침탈하였다고 하더라도 피고인의 물건에 대한 타인의 권리행사를 방해한 것으로 볼 수는 없다. [2] 이 사건 부동산에 대해 피해자가 유치권을 행사하고 있던 중 피고인이 강제경매 절차에서 자신의 아들 명의로 이 사건 부동산을 매수한 후 임의로 이 사건 부동산에 들어가고 잠금장치를 변경함에 따라 건조물침입 및 권리행사방해의 단독정범의 경합범으로 기소된 사건에서, 이 사건 부동산의 소유자는 강제경매에서 매각허가결정을 받은 명의인인 피고인의 아들이므로 공소사실 기재 자체만으로도 '자기의 물건에 대한 타인의 권리행사를 방해한 것'으로 볼 수 없다는 이유로, 공소사실 전체를 유죄로 판단한 원심판결을 직권으로 파기한 사례(대판 2019.12.27. 2019도14623).

③ 교사범이 성립하려면 교사자의 교사행위와 정범의 실행행위가 있어야 하므로, **정범의 성립은 교사범 구성요건의 일부이고 교사범이 성립하려면 정범의 범죄행위가 인정되어야 한다.** 형법 제323조의 권리행사방해죄는 타인의 점유 또는 권리의 목적이 된 자기의 물건을 취거, 은닉 또는 손괴하여 타인의 권리행사를 방해함으로써 성립하므로 취거, 은닉 또는 손괴한 물건이 자기의 물건이 아니라면 권리행사방해죄가 성립할 수 없다. 물건의 소유자가 아닌 사람은 형법 제33조 본문에 따라 소유자의 권리행사방해 범행에 가담한 경우에 한하여 그의 공범이 될 수 있을 뿐이다(대판 2022.9.15. 2022도5827). [해설] 피고인이, 자신이 관리하는 건물 5층에 거주하는 피해자를 내쫓을 목적으로 자신의 아들인 甲을 교사하여 그곳 현관문에 설치된 피고인 소유 디지털 도어락의 비밀번호를 변경하게 하였다는 권리행사방해교사의 공소사실로 기소된 사안임. 대법원은, 甲이 자기의 물건이 아닌 위 도어락의 비밀번호를 변경하였다고 하더라도 권리행사방해죄가 성립할 수 없고, 정범인 甲의 권리행사방해죄가 인정되지 않는 이상 교사자인 피고인에 대하여 권리행사방해교사죄도 성립할 수 없다고 판단하여, 이와 달리 공소사실을 유죄로 인정한 원심판결을 파기·환송하였음.

판례 | 자기 소유

① 이 사건 선박이 공소외 회사명의로 소유권등기가 경료된 것이라면 위 선박은 피고인의 소유라 할 수 없고 피고인이 위 회사의 과점주주라거나 부사장이라 하여도 피고인의 소유라 할 수 없는 것이므로, 피고인이 타인이 점유 중인 위 선박을 취거하였다 하여도 이는 권리행사방해죄를 구성하지 아니한다(대판 1984.6.26. 83도2413).

② 권리행사방해죄는 타인의 점유 또는 권리의 목적이 된 자기의 물건을 취거, 은닉 또는 손괴하여 타인의 권리행사를 방해함으로써 성립하는 것이므로 <u>그 취거, 은닉 또는 손괴한 물건이 자기의 물건이 아니라면 권리행사방해죄가 성립할 여지가 없다</u>(대판 1985.5.28. 85도494).

③ 피고인이 이건 굴삭기를 취거할 당시 그 굴삭기를 공소외 회사에 지입하여 그 회사명의로 중기등록원부에 소유권등록이 되어 있었다면 위 굴삭기는 위 회사의 소유이고 피고인의 소유가 아니라 할 것이므로 이를 취거한 행위는 권리행사방해죄를 구성하지 않는다(대판 1985.9.10. 85도899).

④ <u>차량대여회사가 대여차량을 실력으로 회수한 행위가 정당행위에 해당되지 않고 권리행사방해죄에 해당한다</u>(대판 1989.7.25. 88도410).

⑤ 주식회사의 대표이사가 대표이사의 지위에 기하여 그 직무집행행위로서 타인이 점유하는 위 회사의 물건을 취거한 경우에는, 위 행위는 <u>위 회사의 대표기관으로서의 행위라고 평가되므로, 위 회사의 물건도 권리행사방해죄에 있어서의 "자기의 물건"이라고 보아야 할 것이다</u>(대판 1992.1.21. 91도1170).

⑥ [1] 형법 제323조의 권리행사방해죄는 타인의 점유 또는 권리의 목적이 된 자기의 물건을 취거, 은닉 또는 손괴하여 타인의 권리행사를 방해함으로써 성립하는 것이므로 그 취거, 은닉 또는 손괴한 물건이 자기의 물건이 아니라면 권리행사방해죄가 성립할 여지가 없다. [2] 피고인이 택시를 회사에 지입하여 운행하였다고 하더라도, 피고인이 회사와 사이에 위 택시의 소유권을 피고인이 보유하기로 약정하였다는 등의 특별한 사정이 없는 한, 위 택시는 그 등록명의자인 회사의 소유이고 피고인의 소유는 아니라고 할 것이므로 회사의 요구로 위 택시를 회사 차고지에 입고하였다가 회사의 승낙을 받지 않고 이를 가져간 피고인

의 행위는 권리행사방해죄에 해당하지 않는다고 한 사례(대판 2003.5.30. 2000도5767). [해설] 신탁자와 수탁자 사이에서는 대내적으로 신탁자가 소유권을 보유하기로 하는 약정(명의신탁관계)이 인정된다면, 신탁자의 소유이므로 신탁자는 수탁자에 대한 관계에서 권리행사방해죄의 주체가 되지만, 수탁자는 신탁자에 대한 관계에서는 권리행사방해죄의 주체가 될 수 없음. 만일 명의신탁관계가 없다면 수탁자의 소유이므로 신탁자는 수탁자에 대한 관계에서 권리행사방해죄의 주체가 될 수 없고, 수탁자는 신탁자에 대해서 권리행사방해죄의 주체가 될 수 있음. 따라서 피고인이 택시를 회사에 지입(지입회사가 소유자)하여 운행하다가 회사의 요구로 위 택시를 회사 차고지에 입고하였다가 회사의 승낙을 받지 아니하고 이를 가져간 경우(취거) 피고인에게 권리행사방해죄가 성립하지 않고 절도죄가 성립한다고 본 사례.

⑦ [1] 부동산 실권리자명의 등기에 관한 법률 제8조는 배우자 명의로 부동산에 관한 물권을 등기한 경우에 조세포탈, 강제집행의 면탈 또는 법령상 제한의 회피를 목적으로 하지 아니한 때에는 제4조 내지 제7조 및 제12조 제1항, 제2항의 규정을 적용하지 아니한다고 규정하고 있는바, 만일 명의신탁자가 그러한 목적으로 명의신탁을 함으로써 명의신탁이 무효로 되는 경우에는 말할 것도 없고, 그러한 목적이 없어서 유효한 명의신탁이 되는 경우에도 제3자인 부동산의 임차인에 대한 관계에서는 명의신탁자는 소유자가 될 수 없으므로, 어느 모로 보나 신탁한 부동산이 권리행사방해죄에서 말하는 '자기의 물건'이라 할 수 없다. [2] 피고인이 이른바 중간생략등기형 명의신탁 또는 계약명의신탁의 방식으로 자신의 처에게 등기명의를 신탁하여 놓은 점포에 자물쇠를 채워 점포의 임차인을 출입하지 못하게 한 경우, 그 점포가 권리행사방해죄의 객체인 자기의 물건에 해당하지 않는다고 한 사례(대판 2005.9.9. 2005도626). [해설] 본 사건 빌딩은 타인소유물이므로 자기소유물을 객체로 하는 권리행사방해죄는 성립할 수 없음. 그러나 대법원은 업무방해죄의 성립은 인정하였음.

⑧ [1] 형법 제323조의 권리행사방해죄는 타인의 점유 또는 권리의 목적이 된 자기의 물건을 취거, 은닉 또는 손괴하여 타인의 권리행사를 방해함으로써 성립하는 것이므로, 그 취거, 은닉 또는 손괴한 물건이 자기의 물건이 아니라면 권리행사방해죄가 성립할 여지가 없다. [2] 피고인이 피해자에게 담보로 제공한 차량이 그 자동차등록원부에 타인 명의로 등록되어 있는 이상 그 차량은 피고인의 소유는 아니라는 이유로, 피고인이 피해자의 승낙 없이 미리 소지하고 있던 위 차량의 보조키를 이용하여 이를 운전하여 간 행위가 권리행사방해죄를 구성하지 않는다고 한 사례(대판 2005.11.10. 2005도6604).

⑨ 형법 제323조의 권리행사방해죄에서 말하는 '자기의 물건'이라 함은 범인이 소유하는 물건을 의미하고, 여기서 소유권의 귀속은 민법 기타 법령에 의하여 정하여진다 할 것인바, 부동산실권리자 명의등기에 관한 법률 제4조 제1항, 제2항 및 제8조에 의하면 종중 및 배우자에 대한 특례가 인정되는 경우나 부동산에 관한 물권을 취득하기 위한 계약에서 명의수탁자가 그 일방당사자가 되고 그 타방 당사자가 명의신탁약정이 있다는 사실을 알지 못하는 경우 이외에는 명의수탁자는 명의신탁 받은 부동산의 소유자가 될 수 없고, 이는 제3자에 대한 관계에 있어서도 마찬가지이므로, 명의수탁자로서는 명의신탁 받은 부동산이 '자기의 물건'이라고 할 수 없다(대판 2007.1.11. 2006도4215). [해설] 위 판례는 '무효'인 명의신탁으로 이 경우는 대내외적으로, 즉 신탁자에 대해서는 물론 제3자에 대해서도 수탁자는 소유자가 아니므로 수탁자는 권리행사방해죄의 주체가 될 수 없음.

 **판례** 타인의 점유

① 일단 적법한 원유에 기하여 물건을 점유한 이상 그 후에 그 점유물을 소유자에게 명도하여야 할 사정이 발생하였다 할지라도 점유자가 임의로 명도를 하지 아니하고 계속 점유하고 있다면 그 점유자는 권리행사방해죄에 있어서의 타인의 물건을 점유하고 있는 자이다(대판 1977.9.13. 77도1672).

② 권리행사방해죄에 있어서의 타인의 점유라 함은 권원으로 인한 점유 즉 정당한 원인에 기하여 그 물건을 점유하는 권리 있는 자의 점유를 의미하는 것으로서 본권을 갖지 아니하는 절도범인의 점유는 여기에 해당하지 않는다(대판 1994.11.11. 94도343).

③ 형법 제323조의 권리행사방해죄에 있어서의 타인의 점유라 함은 권원으로 인한 점유 즉 정당한 원인에 기하여 그 물건을 점유하는 권리있는 점유를 의미하는 것으로서 본권을 갖지 아니한 절도범인의 점유는 여기에 해당하지 아니하나, 반드시 본권에 의한 점유만에 한하지 아니하고 동시이행항변권 등에 기한 점유와 같은 적법한 점유도 여기에 해당한다고 할 것이고, 한편, 쌍무계약이 무효로 되어 각 당사자가 서로 취득한 것을 반환하여야 할 경우, 어느 일방의 당사자에게만 먼저 그 반환의무의 이행이 강제된다면 공평과 신의칙에 위배되는 결과가 되므로 각 당사자의 반환의무는 동시이행 관계에 있다고 보아 민법 제536조를 준용함이 옳다고 해석되고, 이러한 법리는 경매절차가 무효로 된 경우에도 마찬가지라고 할 것이므로, 무효인 경매절차에서 경매목적물을 경락받아 이를 점유하고 있는 낙찰자의 점유는 적법한 점유로서 그 점유자는 권리행사방해죄에 있어서의 타인의 물건을 점유하고 있는 자라고 할 것이다(대판 2003.11.28. 2003도4257).

④ [1] 권리행사방해죄에서의 보호대상인 타인의 점유는 반드시 점유할 권원에 기한 점유만을 의미하는 것은 아니고, 일단 적법한 권원에 기하여 점유를 개시하였으나 사후에 점유 권원을 상실한 경우의 점유, 점유 권원의 존부가 외관상 명백하지 아니하여 법정절차를 통하여 권원의 존부가 밝혀질 때까지의 점유, 권원에 기하여 점유를 개시한 것은 아니나 동시이행항변권 등으로 대항할 수 있는 점유 등과 같이 법정절차를 통한 분쟁 해결시까지 잠정적으로 보호할 가치 있는 점유는 모두 포함된다고 볼 것이고, 다만 절도범인의 점유와 같이 점유할 권리 없는 자의 점유임이 외관상 명백한 경우는 포함되지 아니한다. [2] 렌트카회사의 공동대표이사 중 1인이 회사 보유 차량을 자신의 개인적인 채무담보 명목으로 피해자에게 넘겨 주었는데 다른 공동대표이사인 피고인이 위 차량을 몰래 회수하도록 한 경우, 위 피해자의 점유는 권리행사방해죄의 보호대상인 점유에 해당한다고 한 사례(대판 2006.3.23. 2005도4455).

⑤ [1] 권리행사방해죄에서의 보호대상인 '타인의 점유'는 반드시 점유할 권원에 기한 점유만을 의미하는 것은 아니고, 일단 적법한 권원에 기하여 점유를 개시하였으나 사후에 점유권원을 상실한 경우의 점유, 점유 권원의 존부가 외관상 명백하지 아니하여 법정절차를 통하여 권원의 존부가 밝혀질 때까지의 점유, 권원에 기하여 점유를 개시한 것은 아니나 동시이행항변권 등으로 대항할 수 있는 점유 등과 같이 법정절차를 통한 분쟁해결시까지 잠정적으로 보호할 가치있는 점유는 모두 포함된다고 볼 것이며, 다만 절도범인의 점유와 같이 점유할 권리 없는 자의 점유임이 외관상 명백한 경우는 포함되지 아니한다. [2] 원심은, 그 채택 증거들에 의하여 피고인이 원심 공동피고인 1 등과 공모하여 지입차주인 피해자들이 점유하는 각 차량 또는 번호판을 피해자들의 의사에 반하여 무단으로 취거함으로써 피해자들의 차량 운행에 관한 권리행사를 방해한 사실을 인정하면서, 이러한 행위가 지입료 등이 연체된 경우 계

약의 일방해지 및 차량의 회수처분이 가능하도록 하고 있는 위수탁계약에 따른 것으로서 위법성이 없다는 취지의 피고인의 주장을 배척하였는바, 위 법리와 기록에 비추어 검토하여 보면 원심의 사실인정과 판단은 정당하여 수긍이 가고, 거기에 채증법칙을 위반하여 사실을 오인하였거나 권리행사방해죄의 법리를 오해한 위법 등이 있다고 할 수 없다. [3] 또한, 피고인 등이 법적 절차에 의하지 아니하고 일방적으로 지입차량 등을 회수하지 않으면 안 될 급박한 필요성이 있다고 볼 만한 자료를 기록상 찾아볼 수 없고, 그 밖에 기록에 나타난 그 경위, 수단, 방법 등에 비추어 보아도 피고인의 이 사건 무단 취거 행위는 형법에 정한 정당행위에 해당한다고 할 수 없으므로, 이와 관련한 상고이유의 주장은 모두 받아들일 수 없다. 상고이유에서 들고 있는 대법원판결은 사안이 달라 이 사건에 원용하기에 적절하지 않다(대판 2010.10.14. 2008도6578). [해설] 권리행사방해죄의 보호대상인 타인의 점유가 반드시 점유할 권원에 기한 점유만을 의미하지 않는다고 본 사례.

판례 타인의 권리 목적

① 가압류된 건물의 소유자가 채권자의 승낙 없이 그 건물을 파괴·철거한 소위는 권리행사방해죄를 구성한다(대판 1960.9.14. 4292형상537).

② <u>변소사용권은 점유권이라기보다 채권적인 사용관계라고 보아지는 만큼</u>, 피고인의 위 사용자들에게 그 변소의 사용중지를 통고한 후, <u>위 변소를 손괴하였다고 하더라도 권리행사방해죄가 성립될 수 없다</u>(대판 1971.6.29. 71도926).

③ <u>권리행사방해죄의 구성요건 중 타인의 '권리'란 반드시 제한물권만을 의미하는 것이 아니라 물건에 대하여 점유를 수반하지 아니하는 채권도 이에 포함</u>된다(대판 1991.4.26. 90도1958).

판례 취거·은닉·손괴

① 차량대여회사가 대여차량을 실력으로 회수한 행위가 정당행위에 해당되지 않고 권리행사방해죄에 해당한다(대판 1989.7.25. 88도410).

② 공장근저당권이 설정된 선반기계 등을 이중담보로 제공하기 위하여 이를 다른 장소로 옮긴 경우, 이는 <u>공장저당권의 행사가 방해될 우려가 있는 행위로서 권리행사방해죄</u>에 해당한다(대판 1994.9.27. 94도1439).

③ [1] 형법 제323조의 권리행사방해죄는 타인의 점유 또는 권리의 목적이 된 자기의 물건 또는 전자기록 등 특수매체기록을 취거, 은닉 또는 손괴하여 타인의 권리행사를 방해함으로써 성립한다. 여기서 '<u>은닉</u>'이란 타인의 점유 또는 권리의 목적이 된 자기 물건 등의 소재를 발견하기 불가능하게 <u>하거나 또는 현저히 곤란한 상태에 두는 것을 말하고, 그로 인하여 권리행사가 방해될 우려가 있는 상태에 이르면 권리행사방해죄가 성립하고 현실로 권리행사가 방해되었을 것까지 필요로 하는 것은 아니다</u>(대판 2016.11.10. 2016도13734 등 참조). [2] 검사는 2018. 12. 21. 피고인들이 이 사건 건물과 기계·기구에 근저당권을 설정하고도 담보유지의무를 위반하여, 이 사건 건물을 철거 및 멸실등기 하고,

이 사건 기계·기구를 양도한 행위를 <u>배임의 점으로 공소 제기하였다가 2019. 9. 25. 권리행사방해의 점으로 공소장변경을 신청하여 허가되었다.</u> [3] 원심은 위 권리행사방해의 점에 대하여, 피고인들의 가족관계와 주식회사 A에서의 지위 및 역할, A 부지의 소유관계, A가 수산업협동조합 서울영등포지점으로부터 대출을 받고 근저당권설정계약을 체결하는 과정에서 피고인들이 관여한 행위, A 소유로써 근저당권이 설정된 이 사건 건물과 기계·기구의 철거 및 양도 경위, 이 사건 건물 철거 후 신축된 예식장 건물의 소유관계 등을 인정한 다음 피고인들이 근저당권이 설정된 이 사건 건물을 철거한 뒤 멸실등기를 마치고, 이 사건 기계·기구를 양도함으로써 <u>피해자의 권리의 목적이 된 피고인들의 물건을 손괴 또는 은닉하여 피해자의 권리행사를 방해하였다고 보아 유죄로 판단</u>하였다. 앞서 본 법리와 적법하게 채택한 증거에 비추어 살펴보면, 위와 같은 원심판단에 논리와 경험의 법칙을 위반하여 자유심증주의의 한계를 벗어나거나 권리행사방해죄의 성립 및 공모공동정범에 관한 법리를 오해한 잘못 등이 없다(대판 2021.1.14. 2020도14735). **[해설]** 이 사건 공소사실은 피고인들이 자동차정비업을 운영하는 건물과 기계·기구에 근저당권을 설정하고도 담보유지의무를 위반하여, 이 사건 건물을 철거 및 멸실등기 하고, 이 사건 기계·기구를 양도한 행위를 하였다는 것인데, 검사는 배임의 점으로 공소제기 하였다가 권리행사방해의 점으로 공소장변경을 신청하여 허가되었음. 원심은 피고인들의 행위가 피해자의 권리의 목적이 된 피고인들의 물건을 손괴 또는 은닉하여 피해자의 권리행사를 방해하였다고 보아 유죄로 판단하였고, 대법원은 원심의 판단을 수긍함.

④ [1] <u>여러 사람의 권리의 목적이 된 자기의 물건을 취거, 은닉 또는 손괴함으로써 그 여러 사람의 권리행사를 방해하였다면 권리자별로 각각 권리행사방해죄가 성립하고 각 죄는 서로 상상적 경합범의 관계에 있다. 여러 명의 유류분권리자가 각자의 유류분반환청구권을 보전하기 위하여 부동산에 대한 가압류결정을 받아 가압류등기가 마쳐진 경우, 위 부동산은 유류분권리자들 각자의 유류분반환청구권 집행을 보전하기 위한 가압류의 목적이 되고 이는 유류분권리자들이 가압류를 개별적으로 신청하였는지 공동으로 신청하였는지에 따라 다르지 않다.</u> [2] 한편 형법 제328조 제1항은 "직계혈족, 배우자, 동거친족, 동거가족 또는 그 배우자간의 제323조의 죄는 그 형을 면제한다."라고 정하고 있는데, <u>위 조항에 따른 형면제 요건에 해당하는지는 각 죄마다 살펴보아야 한다</u>(대판 2022.5.12. 2021도16876). **[해설]** 부부인 피고인들이 공모하여 피고인들 공유의 건물을 철거함으로써 피고인들에 대한 각자의 유류분반환청구권을 보전하기 위하여 위 건물을 공동으로 가압류한 피해자 갑, 을의 권리행사를 방해한 사건에서, 권리자별로 피해자 갑에 대한 권리행사방해죄와 피해자 을에 대한 권리행사방해죄가 각각 성립하는 것을 전제로 하여 피해자 갑과 피고인들이 형법 제328조 제1항의 친족관계인 이상 피고인들에 대한 공소사실 중 피해자 갑에 대한 권리행사방해 부분에 관하여는 위 조항을 적용해서 형을 면제하여야 한다고 판단하여 검사의 상고를 기각한 사안임.

III. 점유강취죄

1. 점유강취죄·준점유강취죄

> **제325조(점유강취, 준점유강취)**
> ① 폭행 또는 협박으로 타인의 점유에 속하는 자기의 물건을 강취(强取)한 자는 7년 이하의 징역 또는 10년 이하의 자격정지에 처한다.
> ② 타인의 점유에 속하는 자기의 물건을 취거(取去)하는 과정에서 그 물건의 탈환에 항거하거나 체포를 면탈하거나 범죄의 흔적을 인멸할 목적으로 폭행 또는 협박한 때에도 제1항의 형에 처한다.
> ③ 제1항과 제2항의 미수범은 처벌한다.

(1) 점유강취죄

폭행 또는 협박으로 타인의 점유에 속하는 자기의 물건을 강취함으로써 성립한다(제325조 제1항). 강도죄에 대응하는 범죄로서 폭행·협박은 강도죄에 있어서와 같이 상대방의 의사를 억압할 정도에 이를 것을 요한다.

(2) 준점유강취죄

준강도죄에 대응하는 범죄로서 타인의 점유에 속하는 자기의 물건을 취거(取去)하는 과정에서 그 물건의 탈환에 항거하거나 체포를 면탈하거나 범죄의 흔적을 인멸할 목적으로 폭행 또는 협박함으로써 성립하는 범죄이다(제325조 제2항). 본죄의 기수·미수를 정하는 기준에 대하여는 준강도죄의 경우와 같이 취거의 기수·미수에 따라 결정된다는 것이 타당하다.

2. 중권리행사방해죄

> **제326조(중권리행사방해)**
> 제324조 또는 제325조의 죄를 범하여 사람의 생명에 대한 위험을 발생하게 한 자는 10년 이하의 징역에 처한다.

점유강취죄·준점유강취죄를 범하여 사람의 생명에 대한 위험이 발생하면 그 형을 가중하는 부진정결과적 가중범이다(제326조).

Ⅳ. 강제집행면탈죄

> **제327조(강제집행면탈)**
> 강제집행을 면할 목적으로 재산을 은닉, 손괴, 허위양도 또는 허위의 채무를 부담하여 채권자를 해한 자는 3년 이하의 징역 또는 1천만원 이하의 벌금에 처한다.

1. 의의

강제집행을 면할 목적으로 재산을 은닉·손괴·허위양도 또는 허위의 채무를 부담하여 채권자를 해함으로써 성립하는 범죄이다(제327조). 권리행사방해죄와는 성격이 다른 '독자적 범죄'이지만, 소유권 이외에 '채권자의 채권'을 보호하고자 한다는 점에서 제37장(권리행사를 방해하는 죄)에 규정한 것으로 해석한다. 부차적인 보호법익은 '강제집행의 기능'이다. 본죄에는 친족상도례가 적용되지 않는다.

2. 객관적 구성요건

(1) 강제집행을 받을 위험 있는 객관적 상태

강제집행을 받을 위험 있는 객관적 상태라 함은 민사소송에 의한 강제집행 또는 가압류·가처분 등의 행동을 당할 구체적 염려가 있는 상태를 말한다. ㈎ 강제집행을 받을 구체적 염려가 있는 상태로 인정되는 시기는 채권자가 가압류·가처분을 신청하거나 민사소송을 제기하고 있어야 하는 것은 아니고, 채권자가 채권확보를 위하여 그 보전신청 등을 제기하거나 제기할 태세를 보이면 족하다고 하는 것이 판례의 입장이다. ㈏ 민사소송법에 의한 강제집행인 이상 금전채권의 강제집행뿐만 아니라 소유권이전등기의 강제집행도 여기에 포함된다. 그러나 ㈐ 본죄는 채권자의 채권을 보호하는 데 그 근본취지가 있는 것이므로 기본이 되는 채권의 존재를 전제로 한다.

(2) 행위의 주체

행위의 주체는 채무자에 국한되지 않고, 제3자도 주체가 될 수 있다는 것이 다수설이다. 이에 반해서 강제집행을 면할 목적으로 행해질 것을 필요로 하고, 행위태양을 허위'양도'와 허위의 '채무부담'이라고 규정하여 이에 대응하는 행위태양인 양수와 채권취득을 제외하고 있는 점을 보면, 강제집행의 위기에 처한 '채무자'만이 행위의 주체가 될 것을 전제로 한 규정이라고 해석함이 타당하고 제3자는 공범의 형태로만 처벌된다고 보는 견해가 타당하다(불문의 진정신분범).

(3) 행위의 객체

재산이다. 여기서 재산이란 재물뿐만 아니라 권리도 포함되며, 재물은 동산·부동산을 불문한다. 다만 그것이 강제집행의 대상이 될 수 있는 것이어야 함은 당연하다.

(4) 행위

재산을 은닉·손괴·허위양도 또는 허위의 채무를 부담하여 채권자를 해하는 것이다.

1) **은닉·손괴·허위양도 또는 허위의 채무부담** : 은닉이란 강제집행을 실시하려는 자에 대하여 재산의 발견을 불가능하게 하거나 곤란하게 만드는 것을 말하고, 손괴란 재물의 물질적 훼손뿐만 아니라 그 가치를 감소케 하는 일체의 행위를 의미하며, 허위양도란 실제로 재산의 양도가 없음에도 불구하고 양도한 것으로 가장하여 재산의 명의를 변경하는 것을 말한다. 허위의 채무를 부담한다 함은 채무가 없음에도 불구하고 채무를 부담한 것처럼 가장하는 것을 말한다.

2) **채권자를 해할 것** : 본죄는 위험범이므로 채권자가 현실적으로 해를 입을 것을 요하는 것이 아니라 채권자를 해할 위험성이 있으면 족하다. 채권자를 해하였는가는 행위시를 기준으로 하여 구체적으로 판단해야 한다.

3. 주관적 구성요건

주관적 구성요건으로는 행위자에게 강제집행을 받을 우려 있는 객관적 상태에서 재산을 은닉·손괴·허위양도 또는 허위의 채무를 부담하여 채권자를 해한다는 고의가 있어야 한다. 또한 본죄는 고의 이외에 강제집행을 면할 목적이 있어야 성립하는 목적범이다. 목적범의 일반원리에 따라 목적의 달성 여부는 본죄의 성립에 영향을 미치지 않는다.

> **판례** 재산의 범위
>
> ① [1] 형법 제327조의 강제집행면탈죄는 채무자가 현실적으로 민사소송법에 의한 강제집행 또는 가압류, 가처분의 집행을 받을 우려가 있는 객관적인 상태 즉 적어도 채권자가 민사소송을 제기하거나 가압류, 가처분의 신청을 할 기세를 보이고 있는 상태에서, 채무자가 강제집행을 면탈할 목적으로, 재산을 은닉, 손괴, 허위양도하거나 허위의 채무를 부담하여 채권자를 해할 위험이 있는 경우에 성립한다. [2] <u>강제집행면탈죄에 있어서 허위양도라 함은 실제로 양도의 진의가 없음에도 불구하고 표면상 양도의 형식을 취하여 재산의 소유명의를 변경시키는 것이고, 은닉이라 함은 강제집</u>

행을 실시하는 자가 채무자의 재산을 발견하는 것을 불능 또는 곤란하게 만드는 것을 말하는바, 진의에 의하여 재산을 양도하였다면 설령 그것이 강제집행을 면탈할 목적으로 이루어진 것으로서 채권자의 불이익을 초래하는 결과가 되었다고 하더라도 강제집행면탈죄의 허위양도 또는 은닉에는 해당하지 아니한다고 보아야 할 것이며, 한편 그와 같은 행위로 인하여 채권자를 해할 위험이 있으면 강제집행면탈죄가 성립하고 반드시 현실적으로 채권자를 해하는 결과가 야기되어야만 강제집행면탈죄가 성립하는 것은 아니다(대판 1998.9.8. 98도1949).

② [1] 강제집행면탈죄에 있어서 허위양도라 함은 실제로 양도의 진의가 없음에도 불구하고 표면상 양도의 형식을 취하여 재산의 소유명의를 변경시키는 것이고, 은닉이라 함은 강제집행을 실시하는 자로 하여금 채무자의 재산을 발견하는 것을 불능 또는 곤란하게 만드는 것을 말하는바, 그와 같은 행위로 인하여 <u>채권자를 해할 위험이 있으면 강제집행면탈죄가 성립하고 반드시 현실적으로 채권자를 해하는</u> 결과가 야기되어야만 강제집행면탈죄가 성립하는 것은 아니다. [2] 강제집행면탈죄에 있어서 재산에는 동산·부동산뿐만 아니라 재산적 가치가 있어 민사소송법에 의한 강제집행 또는 보전처분이 가능한 <u>특허 내지 실용신안 등을 받을 수 있는 권리도 포함</u>된다(대판 2001.11.27. 2001도4759).

 판례 | 강제집행을 받을 위험 있는 객관적 상태

① 여기서 강제집행면탈죄는 민사소송법에 의한 강제집행 또는 이를 준용하는 가압류, 가처분 등의 집행을 당할 구체적인 염려가 있는 상태하에서 그 집행을 면탈한 것을 말하는 것이므로 불하받은 부동산상의 권리를 타에 매도한 다음 다시 다른 사람에게 명의신탁등기를 한 것은 강제집행면탈죄로는 되지 않는다(대판 1971.3.9. 69도2345).

② 형법 제327조에 규정된 강제집행면탈죄는 행위자에 있어 주관적으로 강제집행면탈의 의도가 있어야 할 뿐 아니라 객관적으로 강제집행을 면탈할 상태라야 한다(대판 1974.10.8. 74도1798).

③ 강제집행면탈죄에 있어서 강제집행을 면탈할 객관적 상태라 함은 민사소송법에 의한 강제집행 또는 이를 준용하는 가압류, 가처분 등의 집행을 당할 구체적인 염려가 있는 상태를 말한다(대판 1981.6.23. 81도588).

④ 집행할 채권이 조건부 채권이라 하여도 그 채권자는 이를 피보전권리로 하여 보전처분을 함에는 법률상 아무런 장해도 없다 할 것이니 이와 같은 보전처분을 면할 목적으로 형법 제327조 소정의 행위를 한 이상 강제집행면탈죄는 성립되며 그 후 그 조건의 불성취로 채권이 소멸되었다 하여도 일단 성립한 범죄에는 영향을 미칠 수 없다고 해석함이 상당하다. <u>채권자가 채무자에 대한 채무명의에 기하여 제3채무자에 대한 매매잔대금채권에 관하여 압류 및 전부명령을 받고 그 명령이 제3채무자에게 송달되자 피고인이 채무자와 공모하여 위 잔대금이 전부명령 송달 전에 전액 지급된 양 허위영수증을 발행한 경우</u> 피고인이 채무자로부터 허위영수증을 수취한 것이 제3채무자에 대한 <u>전부명령의 송달로 위 잔대금채권에 대한 집행이 완료된 후라면</u> 이로써는 동채권에 대한 채권자의 강제집행을 방해하였다고는 볼 수 없고 또 위 영수증의 발행 및 그 수취행위는 제3채무자의 재산에 대한 형법 제327조 소정의 어느 행위에도 해당되지 않는다 할 것이므로 강제집행면탈죄는 성립되지 아니한다(대판 1984.6.12. 82도1544).

⑤ 형법 제327조의 강제집행면탈죄는 위태범으로서 현실적으로 민사소송법에 의한 강제집행 또는 가압류, 가처분의 집행을 받을 우려가 있는 객관적인 상태 아래 즉 채권자가 본안 또는 보전소송을 제기하거나 제기할 태세를 보이고 있는 상태에서 주관적으로 강제집행을 면탈하려는 목적으로 재산을 은닉, 손괴, 허위양도하거나 허위의 채무를 부담하여 채권자를 해할 위험이 있으면 성립하는 것이고, 반드시 채권자를 해하는 결과가 야기되거나 행위자가 어떤 이득을 취하여야 범죄가 성립하는 것은 아니며, 현실적으로 강제집행을 받을 우려가 있는 상태에서 강제집행을 면탈할 목적으로 허위의 채무를 부담하는 등의 행위를 하는 경우에는 달리 특별한 사정이 없는 한 채권자를 해할 위험이 있다고 보아야 한다(대판 1999.2.9. 96도3141, 대판 1996.1.26. 95도2526, 대판 1986.10.28. 86도1553, 대판 1984.3.13. 84도18).

판례 | 민사집행법상 강제집행의 대상

① 형법 제327조의 강제집행면탈죄는 채권자의 정당한 권리행사 보호 외에 강제집행의 기능보호도 그 법익으로 하는 것이나, 현행 형법상 강제집행면탈죄가 개인적 법익에 관한 재산범의 일종으로 규정되어 있는 점과 채권자를 해하는 것을 그 구성요건으로 규정하고 있는 점 등에 비추어 보면 그 주된 법익은 채권자의 권리보호에 있다고 해석함이 상당하므로, 강제집행의 기본이 되는 채권자의 권리 즉 채권의 존재는 강제집행면탈죄의 성립요건이며 그 채권의 존재가 인정되지 않을 때에는 강제집행면탈죄는 성립하지 않는다(대판 1982.10.26. 82도2157).

② [1] 강제집행면탈죄의 객체는 채무자의 재산 중에서 채권자가 민사집행법상 강제집행 또는 보전처분의 대상으로 삼을 수 있는 것만을 의미하므로, '보전처분 단계에서의 가압류채권자의 지위' 자체는 원칙적으로 민사집행법상 강제집행 또는 보전처분의 대상이 될 수 없어 강제집행면탈죄의 객체에 해당한다고 볼 수 없고, 이는 가압류채무자가 가압류해방금을 공탁한 경우에도 마찬가지이다. [2] 채무자가 가압류채권자의 지위에 있으면서 가압류집행해제를 신청함으로써 그 지위를 상실하는 행위는 형법 제327조에서 정한 '은닉, 손괴, 허위양도 또는 허위채무부담' 등 강제집행면탈행위의 어느 유형에도 포함되지 않는 것이므로, 이러한 행위를 처벌대상으로 삼을 수 없다(대판 2008.9.11. 2006도8721).

③ [1] 형법 제327조는 "강제집행을 면할 목적으로 재산을 은닉, 손괴, 허위양도 또는 허위의 채무를 부담하여 채권자를 해한 자"를 처벌함으로써 강제집행이 임박한 채권자의 권리를 보호하기 위한 것이므로, 강제집행면탈죄의 객체는 채무자의 재산 중에서 채권자가 민사집행법상 강제집행 또는 보전처분의 대상으로 삼을 수 있는 것이어야 한다. [2] 명의신탁자와 명의수탁자가 이른바 계약명의신탁 약정을 맺고 명의수탁자가 당사자가 되어 명의신탁 약정이 있다는 사실을 알지 못하는 소유자와 부동산에 관한 매매계약을 체결한 후 그 매매계약에 따라 당해 부동산의 소유권이전등기를 명의수탁자 명의로 마친 경우에는, 명의신탁자와 명의수탁자 사이의 명의신탁 약정의 무효에도 불구하고 부동산 실권리자명의 등기에 관한 법률 제4조 제2항 단서에 의하여 그 명의수탁자는 당해 부동산의 완전한 소유권을 취득한다. 이와 달리 소유자가 계약명의신탁 약정이 있다는 사실을 안 경우에는 수탁자 명의의 소유권이전등기는 무효이고 당해 부동산의 소유권은 매도인이 그대로 보유하게 된다. 어느 경우든지 명의신탁자는 그 매매계약에 의해서는 당해 부동산의 소유권을 취득하지 못하게 되어, 결국 그 부동산은 명의신탁자에 대한 강제집행이나 보전처분의 대상이 될

수 없다(대판 2009.5.14. 2007도2168).

④ 형법 제327조의 강제집행면탈죄가 적용되는 강제집행은 민사집행법의 적용대상인 강제집행 또는 가압류·가처분 등의 집행을 가리키는 것이므로, 국세징수법에 의한 체납처분을 면탈할 목적으로 재산을 은닉하는 등의 행위는 위 죄의 규율대상에 포함되지 않는다(대판 2012.4.26. 2010도5693).

⑤ 형법 제327조의 강제집행면탈죄는 채권자의 권리보호를 주된 보호법익으로 하므로 강제집행의 기본이 되는 채권자의 권리, 즉 채권의 존재는 강제집행면탈죄의 성립요건이다. 따라서 **채권의 존재가 인정되지 않을 때에는 강제집행면탈죄는 성립하지 않는다**. 그러므로 강제집행면탈죄를 유죄로 인정하기 위해서는 먼저 채권이 존재하는지에 관하여 심리·판단하여야 하고, 민사절차에서 이미 채권이 존재하지 않는 것으로 판명된 경우에는 다른 특별한 사정이 없는 한 이와 모순·저촉되는 판단을 할 수가 없다고 보아야 한다. 한편 상계의 의사표시가 있는 경우에는 각 채무는 상계할 수 있는 때에 소급하여 대등액에 관하여 소멸한 것으로 보게 된다. 따라서 상계로 인하여 소멸한 것으로 보게 되는 채권에 관하여는 상계의 효력이 발생하는 시점 이후에는 채권의 존재가 인정되지 않으므로 강제집행면탈죄가 성립하지 않는다(대판 2012.8.30. 2011도2252, 대판 2011.9.8. 2011도5165).

⑥ 형법 제327조의 강제집행면탈죄가 적용되는 강제집행은 민사집행법 제2편의 적용 대상인 '강제집행' 또는 가압류·가처분 등의 집행을 가리키는 것이고, 민사집행법 제3편의 적용 대상인 '담보권 실행 등을 위한 경매'를 면탈할 목적으로 재산을 은닉하는 등의 행위는 위 죄의 규율 대상에 포함되지 않는다(대판 2015.3.26. 2014도14909). [해설] 결국, 근저당권의 실행으로서 임의경매의 대상이 된 기계에 대해서 경매개시결정이 내려진 후 이를 면탈할 목적으로 재산을 은닉한 행위는 강제집행면탈죄가 성립하지 않음.

⑦ 의료법 제33조 제2항, 제87조 제1항 제2호는 의료기관 개설자의 자격을 의사 등으로 한정한 다음 의료기관의 개설자격이 없는 자가 의료기관을 개설하는 것을 엄격히 금지하고 있고, 이를 위반한 경우 형사처벌하도록 정함으로써 의료의 적정을 기하여 국민의 건강을 보호·증진하는 데 기여하도록 하고 있다. 또한 국민건강보험법 제42조 제1항은 요양급여는 '의료법에 따라 개설된 의료기관'에서 행하도록 정하고 있다. 따라서 의료법에 의하여 적법하게 개설되지 아니한 의료기관에서 요양급여가 행하여졌다면 해당 의료기관은 국민건강보험법상 요양급여비용을 청구할 수 있는 요양기관에 해당되지 아니하여 해당 요양급여비용 전부를 청구할 수 없고, 해당 의료기관의 채권자로서도 위 요양급여비용 채권을 대상으로 하여 강제집행 또는 보전처분의 방법으로 채권의 만족을 얻을 수 없는 것이므로, 결국 위와 같은 채권은 강제집행면탈죄의 객체가 되지 아니한다(대판 2017.4.26. 2016도19982).

⑧ 압류금지채권의 목적물이 채무자의 예금계좌에 입금된 경우에는 그 예금채권에 대하여 더 이상 압류금지의 효력이 미치지 아니하므로 그 예금은 압류금지채권에 해당하지 않지만, 압류금지채권의 목적물이 채무자의 예금계좌에 입금되기 전까지는 여전히 강제집행 또는 보전처분의 대상이 될 수 없으므로, 압류금지채권의 목적물을 수령하는 데 사용하던 기존 예금계좌가 채권자에 의해 압류된 채무자가 압류되지 않은 다른 예금계좌를 통하여 그 목적물을 수령하더라도 강제집행이 임박한 채권자의 권리를 침해할 위험이 있는 행위라고 볼 수 없어 강제집행면탈죄가 성립하지 않는다(대판 2017.8.18. 2017도6229). [해설] 휴업급여를 통장으로 받아 예금채권이 된 경우에는 압류가 가능하지만, 휴업급여를 받을 채권 자체는 압류대상이 되지 않기 때문에 채무자가 휴업급여 통장을 압류당하자 채권자 몰래 다른 은행 계좌를 개설해 휴업급여를 수령했더라도 강제집행면탈죄에 해당하지 않는다고 본 사례.

 **판례** 재산의 은닉

① 강제집행면탈죄에 있어서 재산의 은닉이라 함은 재산의 소유관계를 불명케 하는 행위도 포함하는 것이므로, 채권자에 의하여 압류된 채무자 소유의 유체동산을 채무자의 모 소유인 것으로 사칭하면서 모의 명의로 제3자이의의 소를 제기하고, 집행정지결정을 받아 그 집행을 저지하였다면 이는 재산을 은닉한 경우에 해당한다(대판 1992.12.8. 92도1653).

② 형법 제327조에 규정된 강제집행면탈죄에 있어서의 재산의 '은닉'이라 함은 강제집행을 실시하는 자에 대하여 재산의 발견을 불능 또는 곤란케 하는 것을 말하는 것으로서, 재산의 소재를 불명케 하는 경우는 물론 그 소유관계를 불명하게 하는 경우도 포함하나, 재산의 소유관계를 불명하게 하는 데 반드시 공부상의 소유자 명의를 변경하거나 폐업 신고 후 다른 사람 명의로 새로 사업자 등록을 할 것까지 요하는 것은 아니고, 강제집행면탈죄의 성립에 있어서는 채권자가 현실적으로 실제로 손해를 입을 것을 요하는 것이 아니라 채권자가 손해를 입을 위험성만 있으면 족하다(대판 1983.5.10. 82도1887).

③ 강제집행면탈의 한 행위유형인 '재산의 은닉'이라 함은 재산의 소유관계를 불명하게 하는 행위를 포함하는 것으로서, 피고인이 자신의 채권담보의 목적으로 채무자 소유의 선박들에 관하여 가등기를 경료하여 두었다가 채무자와 공모하여 위 선박들을 가압류한 다른 채권자들의 강제집행을 불가능하게 할 목적으로 정확한 청산절차도 거치지 않은 채 의제자백판결을 통하여 선순위 가등기권자인 피고인 앞으로 본등기를 경료함과 동시에 가등기 이후에 경료된 가압류등기 등을 모두 직권말소하게 하였음은 소유관계를 불명하게 하는 방법에 의한 '재산의 은닉'에 해당한다(대판 2000.7.28. 98도4558).

④ 사업장의 유체동산에 대한 강제집행을 면탈할 목적으로 사업자 등록의 사업자 명의를 변경함이 없이 사업장에서 사용하는 금전등록기의 사업자 이름만을 변경한 경우, 강제집행면탈죄에 있어서 재산의 '은닉'에 해당한다(대판 2003.10.9. 2003도3387).

⑤ 피고인이 회사의 어음 채권자들의 가압류 등을 피하기 위하여 회사의 예금계좌에 입금된 회사자금을 인출하여 제3자 명의의 다른 계좌로 송금하였다면 강제집행면탈죄를 구성하는 것이고, 이른바 어음 되막기 용도의 자금 조성을 위하여 위와 같은 행위를 하였다는 사정만으로는 피고인의 강제집행면탈 행위가 정당행위에 해당한다고 볼 수 없다(대판 2005.10.13. 2005도4522).

⑥ 형법 제327조에 규정된 강제집행면탈죄에서 재산의 '은닉'이란 강제집행을 실시하는 자에 대하여 재산의 발견을 불능 또는 곤란케 하는 것을 말하는 것으로서, 재산의 소재를 불명케 하는 경우는 물론 그 소유관계를 불명하게 하는 경우도 포함하나, 채무자가 제3자 명의로 되어 있던 사업자등록을 또 다른 제3자 명의로 변경하였다는 사정만으로는 그 변경이 채권자의 입장에서 볼 때 사업장 내 유체동산에 관한 소유관계를 종전보다 더 불명하게 하여 채권자에게 손해를 입게 할 위험성을 야기한다고 단정할 수 없다(대판 2014.6.12. 2012도2732).

⑦ 형법 제323조의 권리행사방해죄는 타인의 점유 또는 권리의 목적이 된 자기의 물건 또는 전자기록 등 특수매체기록을 취거, 은닉 또는 손괴하여 타인의 권리행사를 방해함으로써 성립한다. 여기서 '은닉'이란 타인의 점유 또는 권리의 목적이 된 자기 물건 등의 소재를 발견하기 불가능하게 하거나 또는 현저히 곤란한 상태에 두는 것을 말하고, 그로 인하여 권리행사가 방해될 우려가 있는 상태에 이르면 권리행사방해죄가 성립하고 현실로 권리행사가 방해되었을 것까지 필요로 하는 것은

아니다. 원심은 그 채택 증거에 의하여, 피고인이 2011. 5. 9.경 체어맨 승용차 1대를 구입하면서 피해자로부터 차량 매수대금 2,000만원을 차용하고 그 담보로 위 차량에 피해자 명의의 저당권을 설정해 주었음에도, 2011. 12.경 대부업자로부터 400만원을 차용하면서 위 차량을 대부업자에게 담보로 제공하여 이른바 '대포차'로 유통되게 한 사실을 인정하고, 피고인이 피해자의 권리의 목적이 된 피고인의 물건을 은닉하여 권리행사를 방해하였다고 판단하였다. 앞서 본 법리에 따라 기록을 살펴보면, 원심의 판단은 정당하다. 거기에 권리행사방해죄에 관한 법리를 오해한 잘못이 없다. 그러므로 상고를 기각하기로 하여, 관여 대법관의 일치된 의견으로 주문과 같이 판결한다(대판 2016.11.10. 2016도13734).
[해설] 권리행사방해죄의 행위 태양 중 은닉의 의미와 은닉으로 인한 권리행사방해죄의 기수(성립)시점을 밝힌 판례.

⑧ [1] 형법 제323조의 권리행사방해죄는 타인의 점유 또는 권리의 목적이 된 자기의 물건 또는 전자기록 등 특수매체기록을 취거, 은닉 또는 손괴하여 타인의 권리행사를 방해함으로써 성립한다. 여기서 '은닉'이란 타인의 점유 또는 권리의 목적이 된 자기 물건 등의 소재를 발견하기 불가능하게 하거나 또는 현저히 곤란한 상태에 두는 것을 말하고, 그로 인하여 권리행사가 방해될 우려가 있는 상태에 이르면 권리행사방해죄가 성립하고 현실로 권리행사가 방해되었을 것까지 필요로 하는 것은 아니다. [2] 피고인들이 공모하여 렌트카 회사인 갑 주식회사를 설립한 다음 을 주식회사 등의 명의로 저당권등록이 되어 있는 다수의 차량들을 사들여 갑 회사 소유의 영업용 차량으로 등록한 후 자동차대여사업자등록 취소처분을 받아 차량등록을 직권말소시켜 저당권 등이 소멸되게 함으로써 을 회사 등의 저당권의 목적인 차량들을 은닉하는 방법으로 권리행사를 방해하였다는 내용으로 기소된 사안에서, 피고인들은 처음부터 자동차대여사업자에 대한 등록취소 및 자동차등록 직권말소절차의 허점을 이용하여 권리행사를 방해할 목적으로 범행을 모의한 다음 렌트카 사업자등록만 하였을 뿐 실제로는 영업을 하지 아니함에도 차량 구입자들 또는 지입차주들로 하여금 차량을 관리·처분하도록 함으로써 차량들의 소재를 파악할 수 없게 하였고, 나아가 자동차대여사업자등록이 취소되어 차량들에 대한 저당권등록마저 직권말소되도록 하였으므로, 이러한 행위는 그 자체로 저당권자인 을 회사 등으로 하여금 자동차등록원부에 기초하여 저당권의 목적이 된 자동차의 소재를 파악하는 것을 현저하게 곤란하게 하거나 불가능하게 하는 행위에 해당함에도, 이와 달리 피고인들이 차량들을 은닉하였다고 단정할 수 없다는 이유로 무죄로 판단한 원심판결에 권리행사방해죄에 관한 법리오해의 잘못이 있다고 한 사례(대판 2017.5.17. 2017도2230).

판례 진실한 양도

- 진의에 의하여 재산을 양도하였다면 설령 그것이 강제집행을 면탈할 목적으로 이루어진 것으로서 채권자의 불이익을 초래하는 결과가 되었다고 하더라도 강제집행면탈죄의 허위양도 또는 은닉에는 해당하지 아니하는 것인바, 기록에 비추어 살펴보면, 피고인이 주식회사 우성여객(이하 '우성여객'이라 한다)의 재산 일체를 같은 소재지에서 피고인이 새로이 설립한 주식회사 성은고속(이하 '성은고속'이라 한다)에 양도한 사실은 인정되나 나아가 위 양도가 허위라고 볼 사정은 보이지 아니하므로, 원심이 위 재산 양도만으로는 피고인이 우성여객 재산의 소재를 불명하게 하거나 그 소유관계를 불명하게 하여 은닉하였다고 볼 수 없다고 본 조치는 정당하고, 한편 성은고속의 채권자가 성은고속의 시외버스 터미널에 대한 매표대금 채권을 압류·추심한 후에 피고인이 시외버스 터미널에 매표를 제시하지 아니함으로써 사실

상 성은고속의 시외버스 터미널에 대한 매표대금 채권액이 특정되지 않고 있다고 하더라도 그 사정만으로 채권자의 추심권 행사가 불가능해지거나 그 채권이 은닉되었다고 볼 수는 없으므로, 같은 취지의 원심의 판단은 정당하고, 거기에 상고이유에서 주장하는 바와 같은 채증법칙 위반으로 인한 사실오인 등의 위법이 있다고 할 수 없다(대판 2007.11.30. 2006도7329).

> **판례** 허위의 채무부담

① 강제집행면탈죄는 위태범으로서 강제집행을 당할 구체적인 위험이 있는 상태에서 재산을 은닉, 손괴, 허위양도 또는 허위의 채무를 부담하면 바로 성립하는 것이고 반드시 채권자를 해하는 결과가 야기되거나 이로 인하여 행위자가 어떤 이득을 취하여야 범죄가 성립하는 것은 아니다(대판 1994.10.14. 94도2056).

② 피고인이 장래에 발생할 특정의 조건부채권을 담보하기 위한 방편으로 부동산에 대하여 근저당권을 설정한 것이라면, 특별한 사정이 없는 한 이는 장래 발생할 진실한 채무를 담보하기 위한 것으로서, 피고인의 위 행위를 가리켜 강제집행면탈죄 소정의 '허위의 채무를 부담'하는 경우에 해당한다고 할 수 없다(대판 1996.10.25. 96도1531).

③ 채권자의 채권이 금전채권이 아니라 토지 소유자로서 그 지상 건물의 소유자에 대하여 가지는 건물철거 및 토지인도청구권인 경우라면, 채무자인 건물 소유자가 제3자에게 허위의 금전채무를 부담하면서 이를 피담보채무로 하여 건물에 관하여 근저당권설정등기를 경료하였다는 것만으로는 직접적으로 토지 소유자의 건물철거 및 토지인도청구권에 기한 강제집행을 불능케 하는 사유에 해당한다고 할 수 없으므로 건물 소유자에게 강제집행면탈죄가 성립한다고 할 수 없고, 이는 건물 소유자가 토지 임차인으로서 임대인인 토지 소유자에 대하여 민법 제643조의 건물매수청구권을 행사함으로써 건물 소유자와 토지 소유자 사이에 건물에 관한 매매관계가 성립하여 토지 소유자가 건물 소유자에 대하여 건물에 관한 소유권이전등기 및 명도청구권을 가지게 된 후에 건물 소유자가 제3자에게 허위의 금전채무를 부담하면서 이를 피담보채무로 하여 건물에 관하여 근저당권설정등기를 경료한 경우에도 마찬가지이다(대판 2008.6.12. 2008도2279).

④ 이혼을 요구하는 처로부터 재산분할청구권에 근거한 가압류 등 강제집행을 받을 우려가 있는 상태에서 남편이 이를 면탈할 목적으로 허위의 채무를 부담하고 소유권이전청구권보전가등기를 경료한 경우, 강제집행면탈죄가 성립한다고 한 사례(대판 2008.6.26. 2008도3184).

⑤ 강제집행면탈죄의 객체는 채무자의 재산 중에서 채권자가 민사집행법상 강제집행 또는 보전처분의 대상으로 삼을 수 있는 것만을 의미하므로, '보전처분 단계에서의 가압류채권자의 지위' 자체는 원칙적으로 민사집행법상 강제집행 또는 보전처분의 대상이 될 수 없어 강제집행면탈죄의 객체에 해당한다고 볼 수 없고, 이는 가압류채무자가 가압류해방금을 공탁한 경우에도 마찬가지이다(대판 2008.9.11. 2006도8721).

 **판례** 채권자를 해할 위험성

① 채권자가 채무자에 대한 채무명의에 기하여 제3채무자에 대한 매매잔대금채권에 관하여 압류 및 전부명령을 받고 그 명령이 제3채무자에게 송달되자 피고인이 채무자와 공모하여 위 잔대금이 전부명령 송달전에 전액 지급된 양 허위영수증을 발행한 경우 피고인이 채무자로부터 허위영수증을 수취한 것이 제3채무자에 대한 전부명령의 송달로 위 잔대금채권에 대한 집행이 완료된 후라면 이로써는 동채권에 대한 채권자의 강제집행을 방해하였다고는 볼 수 없고 또 위 영수증의 발행 및 그 수취행위는 제3채무자의 재산에 대한 형법 제327조 소정의 어느 행위에도 해당되지 않는다 할 것이므로 강제집행면탈죄는 성립되지 아니한다(대판 1984.6.12. 82도1544).

② 피고인이 강제집행을 면할 목적으로 허위채무를 부담하고 근저당권설정등기를 경료하여 줌으로써 채권자를 해하였다고 인정된다면 설혹 피고인이 그 근저당권이 설정된 부동산 외에 약간의 다른 재산이 있더라도 강제집행면탈죄가 성립된다(대판 1990.3.23. 89도2506).

③ <u>강제집행면탈죄는 이른바 위태범으로서 강제집행을 당할 구체적인 위험이 있는 상태에서 재산을 은닉, 손괴, 허위양도 또는 허위의 채무를 부담하면 바로 성립하는 것이고, 반드시 채권자를 해하는 결과가 야기되거나 이로 인하여 행위자가 어떤 이득을 취하여야 범죄가 성립하는 것은 아니며, 허위양도한 부동산의 시가액보다 그 부동산에 의하여 담보된 채무액이 더 많다고 하여 그 허위양도로 인하여 채권자를 해할 위험이 없다고 할 수 없다</u>(대판 1999.2.12. 98도2474).

④ 가압류에는 처분금지적 효력이 있으므로 가압류 후에 목적물의 소유권을 취득한 제3취득자 또는 그 제3취득자에 대한 채권자는 그 소유권 또는 채권으로써 가압류권자에게 대항할 수 없다. 따라서 <u>가압류 후에 목적물의 소유권을 취득한 제3취득자가 다른 사람에 대한 허위의 채무에 기하여 근저당권설정등기 등을 경료하더라도 이로써 가압류채권자의 법률상 지위에 어떤 영향을 미치지 않으므로, 강제집행면탈죄에 해당하지 아니한다</u>(대판 2008.5.29. 2008도2476).

⑤ 형법 제327조의 강제집행면탈죄는 위태범으로서, <u>현실적으로 민사소송법에 의한 강제집행 또는 가압류·가처분의 집행을 받을 우려가 있는 객관적인 상태에서, 즉 채권자가 본안 또는 보전소송을 제기하거나 제기할 태세를 보이고 있는 상태에서 주관적으로 강제집행을 면탈하려는 목적으로 재산을 은닉, 손괴, 허위양도하거나 허위의 채무를 부담하여 채권자를 해할 위험이 있으면 성립하는 것이고, 반드시 채권자를 해하는 결과가 야기되거나 행위자가 어떤 이득을 취하여야 범죄가 성립하는 것은 아니다</u>(대판 2012.6.28. 2012도3999, 대판 2009.5.28. 2009도875).

판례 죄수

- 채권자들에 의한 복수의 강제집행이 예상되는 경우 재산을 은닉 또는 허위양도함으로써 채권자들을 해하였다면 **채권자별로 각각 강제집행면탈죄가 성립**하고, 상호 **상상적 경합범의 관계**에 있다(대판 2011.12.8. 2010도4129, 대판 2002.10.25. 2002도4123).

 **판 례** 강제집행면탈죄와 횡령죄

- 횡령죄의 구성요건으로서의 횡령행위란 불법영득의 의사, 즉 타인의 재물을 보관하는 자가 자기 또는 제3자의 이익을 꾀할 목적으로 위탁의 취지에 반하여 권한 없이 그 재물을 자기의 소유인 것처럼 사실상 또는 법률상 처분하려는 의사를 실현하는 행위를 말하고, 강제집행면탈죄에 있어서 은닉이라 함은 강제집행을 면탈할 목적으로 강제집행을 실시하는 자로 하여금 채무자의 재산을 발견하는 것을 불능 또는 곤란하게 만드는 것을 말하는 것으로서 진의에 의하여 재산을 양도하였다면 설령 그것이 강제집행을 면탈할 목적으로 이루어진 것으로서 채권자의 불이익을 초래하는 결과가 되었다고 하더라도 강제집행면탈죄의 허위양도 또는 은닉에는 해당하지 아니한다 할 것이며, 이와 같은 양죄의 구성요건 및 강제집행면탈죄에 있어 은닉의 개념에 비추어 보면 타인의 재물을 보관하는 자가 보관하고 있는 재물을 영득할 의사로 은닉하였다면 이는 횡령죄를 구성하는 것이고 채권자들의 강제집행을 면탈하는 결과를 가져온다 하여 이와 별도로 강제집행면탈죄를 구성하는 것은 아니다(대판 2000.9.8. 2000도1447).

PART 02
사회적 법익에 대한 죄

CHAPTER 01 | 공공의 안전과 평온에 대한 죄

 | 공안을 해하는 죄

Ⅰ. 서론

1. 의의 및 보호법익

공안을 해하는 죄란 공공의 법질서 또는 공공의 안전과 평온을 해하는 것을 내용으로 하는 범죄를 말하며, 형법상의 범죄단체조직죄, 소요죄, 다중불해산죄, 전시공수계약불이행죄 및 공무원자격사칭죄가 이에 해당한다. 공안을 해하는 죄의 본질에 관하여 다수설은 공공의 안전 또는 공공의 평온을 보호하기 위한 사회적 법익에 대한 범죄라고 해석하고 있으나, 전시공수계약불이행죄와 공무원자격사칭죄는 국가의 기능을 보호하기 위한 국가적 법익에 대한 죄라고 해야 한다. 이들 범죄는 공공의 법질서와 안전 또는 평온과는 아무런 관련이 없는 범죄이기 때문이다.

2. 구성요건의 체계

형법	기본적 구성요건	범죄단체 등 조직죄(제114조), 소요죄(제115조)
	독립적 구성요건	다중불해산죄(소요죄의 예비단계의 범죄(제116조))
	국가적 법익죄	전시공수계약불이행죄(제117조), 공무원자격사칭죄(제118조)
특별 형법	폭력행위 등 처벌에 관한 법률	상해죄, 폭행죄, 체포·감금죄, 협박죄, 주거침입·퇴거불응죄, 강요죄, 공갈죄, 손괴죄를 목적으로 한 단체·집단을 구성·가입하거나 그 구성원으로 활동한 자를 처벌하고 있다(제4조).
	국가보안법	반국가단체를 구성·가입하거나 타인에게 반국가단체에 가입할 것을 권유할 경우에는 이 법에 의하여 처벌된다(동법 제3조).

Ⅱ. 범죄단체 등 조직죄

> **제114조(범죄단체 등의 조직)**
> 사형, 무기 또는 장기 4년 이상의 징역에 해당하는 범죄를 목적으로 하는 단체 또는 집단을 조직하거나 이에 가입 또는 그 구성원으로 활동한 사람은 그 목적한 죄에 정한 형으로 처벌한다. 다만, 형을 감경할 수 있다.

1. 의의

사형, 무기 또는 장기 4년 이상의 징역에 해당하는 범죄를 목적으로 하는 단체 또는 집단을 조직하거나 이에 가입 또는 그 구성원으로 활동함으로써 성립하는 범죄이다(제114조).

2. 객관적 구성요건

본죄의 행위는 사형, 무기 또는 장기 4년 이상의 징역에 해당하는 범죄를 목적으로 단체 또는 집단을 조직 또는 이에 가입하는 것이다. ㈎ 본죄의 단체라고 하기 위하여는 단체를 주도하는 최소한도의 통솔체제를 갖추고 있을 것을 요하지만, 단체를 조직하거나 가입하는 방법에는 제한이 없다. 또한 목적한 범죄를 실행하였는가는 본죄의 성립에 영향이 없다. ㈏ 본죄의 집단이란 범죄단체에는 이르지 못한 다수인의 결합체를 말한다. 다만, 집단은 다수인에 대한 조직적인 통솔체계를 갖추지는 못한 경우라는 점에서 단체와 구별된다.

3. 주관적 구성요건

주관적 구성요건으로는 고의 이외에 사형, 무기 또는 장기 4년 이상의 징역에 해당하는 범죄를 범할 목적이 있어야 한다.

Ⅲ. 소요죄·다중불해산죄

1. 소요죄

> **제115조(소요)**
> 다중이 집합하여 폭행, 협박 또는 손괴의 행위를 한 자는 1년 이상 10년 이하의 징역이나 금고 또는 1천 500만원 이하의 벌금에 처한다.

(1) 의의와 본질

다중이 집합하여 폭행·협박 또는 손괴행위를 함으로써 성립하는 범죄이다(제115조). 본죄는 다중의 집합을 요건으로 하는 필요적 공범이며, 공공의 안전을 보호법익으로 하는 추상적 위험범이다(통설). 따라서 한 지방의 평온을 해할 정도의 폭행·협박·손괴가 있으면 본죄가 성립한다.

(2) 객관적 구성요건

다중이 집합하여 폭행·협박 또는 손괴의 행위를 함으로써 성립한다.

1) **주체** : 본죄의 주체를 집합한 다중이라고 해석하는 견해도 있으나, 다중의 집합은 본죄의 행위의 태양에 불과하고 집합한 다중이 본죄의 주체가 될 수는 없다고 할 것이므로 본죄의 주체는 다중을 구성한 개인이라고 해야 한다.

2) **행위** : 다중이 집합하여 폭행·협박 또는 손괴하는 것이다.

㈎ **다중의 집합** : ㈀ 다중이란 규범적 기준에 의하여 한 지방의 안전을 해할 수 있는 정도의 폭행·협박 또는 손괴를 할 수 있을 정도의 다수인임을 요하며(통설), ㈁ 집합이란 다수인이 일정한 장소에 모여 집단을 이루는 것을 말한다. 그러나 그 집단이 조직적일 것을 요하지 않으며 반드시 주모자가 있어야 하는 것도 아니다.

㈏ **폭행·협박·손괴** : ㈀ 폭행(최광의)·협박(광의)이 필요하다. 즉 폭행이란 사람 또는 물건에 대한 일체의 유형력을 의미하며, 협박이란 일반적으로 공포심을 일으키기 위하여 해악을 고지하는 일체의 행위를 말한다. ㈁ 손괴도 재물의 효용가치를 해하는 일체의 행위를 의미한다. 다만 여기의 폭행·협박·손괴는 사람 또는 물건에 대한 공격적이고 적극적인 행위일 것을 요할 뿐만 아니라 그 성질상 공공의 안전을 위험하게 할 수 있을 정도에 이르러야 하며, 또한 집합된 다중의 합동력에 의한

것이어야 한다.

(3) 주관적 구성요건

본죄의 고의로는 소요에 대한 인식이 있어야 한다. 소요의 인식이란 다중의 합동력으로 폭행·협박 또는 손괴한다는 의사, 즉 공동의사를 의미한다. 따라서 공동의 의사 없이 다중이 집합한 때에 폭행·협박하는 것은 다수인의 행위라 할지라도 본죄가 성립하지 않고 특수폭행죄 또는 특수협박죄가 성립할 뿐이다.

(4) 관련문제

1) **공범규정의 적용** : 본죄는 필요적 공범에 해당하는 집합범이므로 다중의 구성원으로서 소요행위를 한 자에 대하여는 공범규정이 적용될 여지는 없으나, 집단 외에서 가담한 자에 대하여는 교사·방조가 가능하다고 본다.

2) **다른 범죄와의 관계** : 폭행죄·협박죄 및 손괴죄가 소요죄에 흡수된다는 점에는 이론이 없다. 이 이외에 소요죄보다 법정형이 중한 살인죄·방화죄는 본죄와 상상적 경합의 관계에 있지만 형이 경한 공무집행방해죄나 주거침입죄는 모두 소요죄에 흡수된다는 것이 다수설이다.

2. 다중불해산죄

> **제116조(다중불해산)**
> 폭행, 협박 또는 손괴의 행위를 할 목적으로 다중이 집합하여 그를 단속할 권한이 있는 공무원으로부터 3회 이상의 해산명령을 받고 해산하지 아니한 자는 2년 이하의 징역이나 금고 또는 300만원 이하의 벌금에 처한다.

(1) 의의

폭행·협박 또는 손괴의 행위를 할 목적으로 다중이 집합하여 그를 단속할 권한 있는 공무원으로부터 3회 이상의 해산명령을 받고 해산하지 아니함으로써 성립하는 진정부작위범이다(제116조). 이는 소요죄의 예비단계의 행위를 독립된 구성요건으로 규정한 것이다.

(2) 객관적 구성요건

1) **주체** : 폭행·협박 또는 손괴행위를 할 목적으로 집합한 다중을 구성한 자이다.

2) **행위** : 단속할 권한 있는 공무원으로부터 3회 이상의 해산명령을 받고 해산하지 아니하는 것이다. ㈎ 단속할 권한 있는 공무원이란 법령에 근거한 해산명령권을 가진 공무원을 말한다. ㈏ 3회 이상이란 적어도 3회라는 의미이며, 각 회마다 해산에 필요한 시간적 간격이 있어야 한다. ㈐ 해산이란 다중의 분산을 의미하며, 본죄의 완성은 최종의 해산명령시를 기준으로 판단해야 하며, 따라서 그 후의 명령에 따라 해산한 때에도 본죄는 성립하지 않는다(다수설).

(3) 주관적 구성요건

본죄는 목적범이다. 따라서 본죄가 성립하기 위하여는 고의 이외에 폭행·협박 또는 손괴의 행위를 할 목적이 있어야 한다.

Ⅳ. 전시공수계약불이행죄

제117조(전시공수계약불이행)
① 전쟁, 천재 기타 사변에 있어서 국가 또는 공공단체와 체결한 식량 기타 생활필수품의 공급계약을 정당한 이유없이 이행하지 아니한 자는 3년 이하의 징역 또는 500만원 이하의 벌금에 처한다.
② 전항의 계약이행을 방해한 자도 전항의 형과 같다.
③ 전 2항의 경우에는 그 소정의 벌금을 병과할 수 있다.

전시·천재 기타 사변에 있어서 국가 또는 공공단체와 체결한 식량 기타 생활필수품의 공급계약을 정당한 이유 없이 이행하지 않거나 계약이행을 방해함으로써 성립하는 범죄이다(제117조).

Ⅴ. 공무원자격사칭죄

제118조(공무원자격의 사칭)
공무원의 자격을 사칭하여 그 직권을 행사한 자는 3년 이하의 징역 또는 700만원 이하의 벌금에 처한다.

공무원의 자격을 사칭하여 그 직권을 행사함으로써 성립하는 범죄이다(제118조). 따라서 본죄가 성립하기 위하여는 고의 이외에 공무원의 자격을 사칭하고 직권을 행사한다는 두 가지 요건이 구비되어야 한다. 여기서 '공무원의 자격을 사칭'한다는 것은 자격 없는 자가 공무원의 자격을 가진 것처럼 오신케 하는 일체의 행위를 말하며, 비공무원이 공무원이라고 사칭하는 경우는 물론 공무원이 다른 공무원의 자격을 사칭하는 경우도 포함한다. 또한, 사칭한 공무원의 직무에 관한 권한을 행사해야 한다. 따라서 직권행사가 사칭한 그 공무원의 직권에 속하지 않을 경우에는 공무원자격사칭죄가 성립하지 않는다.

> **판례** 범죄단체 등 조직죄
>
> ① 형법 제114조 소정 범죄단체조직죄는 범죄를 목적으로 하는 단체를 조직함으로써 성립하는 것이고 그 후 목적한 범죄의 실행행위를 하였는가 여부는 위 죄의 성립에 영향이 없다(대판 1975.9.23. 75도2321). [해설] 범죄단체조직죄의 성립에는 그 범죄단체가 목적한 범죄를 이후에 수행할 필요가 없다는 판례.
>
> ② 형법 제114조 제1항 소정의 '범죄를 목적으로 하는 단체'라 함은 특정다수인이 일정한 범죄를 수행한다는 공동목적 아래 이루어진 계속적인 결합체로서 단순한 다중의 집합과는 달라 단체를 주도하는 최소한의 통솔체제를 갖추고 있어야 함을 요하는바, 피고인들이 각기 소매치기의 범죄를 목적으로 그 실행행위를 분담하기로 약정하였으나 위에서 본 계속적이고 통솔체제를 갖춘 단체를 조직하였거나 그와 같은 단체에 가입하였다고 볼 증거가 없다는 이유로 무죄를 선고한 조치는 정당하다(대판 1981.11.24. 81도2608). [해설] 범죄단체조직죄는 범죄를 목적으로 하는 다수인의 계속적이고 통솔체제를 갖춘 단체를 조직하였거나 그런 단체에 가입해야 성립한다는 판례.
>
> ③ 형법 제114조 제1항 소정의 범죄를 목적으로 하는 단체라 함은 특정다수인이 일정한 범죄를 수행한다는 공동목적 아래 이루어진 계속적인 결합체로서 그 단체를 주도하는 최소한의 통솔체제를 갖추고 있음을 요

한다(대판 1985.10.8. 85도1515).

④ [1] 폭력행위등처벌에관한법률 제4조 소정의 범죄단체는 같은 법 소정의 범죄를 한다는 공동목적하에 특정 다수인에 의하여 이루어진 계속적이고도 최소한의 통솔체제를 갖춘 조직화된 결합체를 의미한다 할 것이므로, 특정 다수인에 의하여 이루어진 계속적이고 통솔체제를 갖춘 조직화된 결합체라 하더라도 그 구성원이 같은 법 소정의 범죄에 대한 공동목적을 갖고 있지 아니하는 한 그 단체를 같은 법 소정의 범죄단체로 볼 수는 없다. [2] 사북 지역 출신의 청년들에 의하여 자생적으로 조직된 사북청년회라는 단체의 일부 회원들이 사북 지역에 내국인 카지노가 들어서면서 폭력 범행을 저지르거나 관여하게 되었다고 하여 사북청년회 자체가 폭력행위등처벌에관한법률상의 폭력 범행을 목적으로 조직화되었고 사북청년회 자체에서 그러한 폭력 범행을 지시하였거나 의도하였다고 보기 어려워 사북청년회가 폭력행위등처벌에관한법률에서 정한 범죄단체에 해당하지 아니한다고 한 사례(대판 2004.7.8. 2004도2009). [해설] 범죄단체조직의 성립요소인 기본개념에 대한 판례로서 범죄를 목적으로 하는 다수인의 계속적이고 통솔체제를 갖춘 단체를 조직하였거나 그런 단체에 가입해야 범죄단체조직죄가 성립한다고 본 사례.

⑤ 폭력행위집단은 합법적인 단체와는 달라 범죄단체의 특성상 단체로서의 계속적인 결집성이 다소 불안정하고 그 통솔체제가 대내외적으로 반드시 명확하지 않은 것처럼 보이더라도 구성원들 간의 관계가 선·후배 혹은 형, 아우로 뭉쳐져 그들 특유의 규율에 따른 통솔이 이루어져 단체나 집단으로서의 위력을 발휘하는 경우가 많은 점에 비추어 볼 때, 폭력행위 등 처벌에 관한 법률 제4조에서 규정하는 '범죄를 목적으로 한 단체'는 위 법률에서 규정한 범죄를 한다는 공동의 목적 아래 특정 다수인에 의하여 이루어진 계속적인 결합체로서 그 단체를 주도하거나 내부의 질서를 유지하는 최소한의 통솔체계를 갖추면 되는 것이고, 그 범죄단체는 다양한 형태로 성립·존속할 수 있는 것으로서 정형을 요하는 것이 아닌 이상, 그 구성 또는 가입에 관하여 반드시 단체의 명칭이나 강령이 명확하게 존재하고 단체 결성식이나 가입식과 같은 특별한 절차가 있어야만 하는 것은 아니다(대판 2014.2.13. 2013도12804, 대판 2013.10.17. 2013도6401).

⑥ 폭력행위 등 처벌에 관한 법률 제4조 제1항은 그 법에 규정된 범죄행위를 목적으로 하는 단체를 구성하거나 이에 가입하는 행위 또는 구성원으로 활동하는 행위를 처벌하도록 정하고 있는데, 이는 구체적인 범죄행위의 실행 여부를 불문하고 범죄행위에 대한 예비·음모의 성격이 있는 범죄단체의 생성 및 존속 자체를 막으려는 데 입법 취지가 있다. 또한 위 조항에서 말하는 범죄단체 구성원으로서의 활동이란 범죄단체의 내부 규율 및 통솔 체계에 따른 조직적·집단적 의사 결정에 기초하여 행하는 범죄단체의 존속·유지를 지향하는 적극적인 행위를 일컫는다. 그런데 범죄단체의 구성이나 가입은 범죄행위의 실행 여부와 관계없이 범죄단체 구성원으로서의 활동을 예정하는 것이고, 범죄단체 구성원으로서의 활동은 범죄단체의 구성이나 가입을 당연히 전제로 하는 것이므로, 양자는 모두 범죄단체의 생성 및 존속·유지를 도모하는, 범죄행위에 대한 일련의 예비·음모 과정에 해당한다는 점에서 범의의 단일성과 계속성을 인정할 수 있을 뿐만 아니라 피해법익도 다르지 않다. 따라서 범죄단체를 구성하거나 이에 가입한 자가 더 나아가 구성원으로 활동하는 경우, 이는 포괄일죄의 관계에 있다(대판 2015.9.10. 2015도7081). [해설] 범죄단체의 구성 및 가입한 행위와 더 나아가 그 구성원으로 활동한 행위는 포괄일죄의 관계에 있다는 판례.

⑦ [1] 피고인들이 불특정 다수의 피해자들에게 전화하여 금융기관 등을 사칭하면서 신용등급을 올려 낮은

이자로 대출을 해주겠다고 속여 신용관리비용 명목의 돈을 송금받아 편취할 목적으로 보이스피싱 사기 조직을 구성하고 이에 가담하여 조직원으로 활동함으로써 범죄단체를 조직하거나 이에 가입·활동하였다는 내용으로 기소된 사안에서, 위 보이스피싱 조직은 보이스피싱이라는 사기범죄를 목적으로 구성된 다수인의 계속적인 결합체로서 총책을 중심으로 간부급 조직원들과 상담원들, 현금인출책 등으로 구성되어 내부의 위계질서가 유지되고 조직원의 역할 분담이 이루어지는 최소한의 통솔체계를 갖춘 형법상의 범죄단체에 해당하고, 보이스피싱 조직의 업무를 수행한 피고인들에게 범죄단체 가입 및 활동에 대한 고의가 인정되며, 피고인들의 보이스피싱 조직에 의한 사기범죄 행위가 범죄단체 활동에 해당한다고 본 원심판단을 수긍한 사례. [2] 피고인들이 보이스피싱 사기 범죄단체의 구성원으로 활동하면서 사기범죄의 피해자들로부터 제3자 명의의 계좌로 돈을 송금받는 방법으로 범죄수익 등의 취득에 관한 사실을 가장하였다고 하여 범죄수익 은닉의 규제 및 처벌 등에 관한 법률 위반으로 기소된 사안에서, 피고인들이 피해자들로부터 자신 또는 공범들의 계좌와 전혀 무관한 제3자 명의의 계좌로 송금받는 행위는 범죄수익 취득을 가장하는 행위에 해당하고, 이와 같은 범죄수익 은닉행위에 대한 고의도 있다고 본 원심판단을 수긍한 사례. [3] 피고인들이 보이스피싱 사기 범죄단체의 구성원으로 활동하면서 사기범죄의 피해자들로부터 취득한 범죄수익에 대하여 범죄수익은닉의 규제 및 처벌 등에 관한 법률(이하 '범죄수익은닉규제법'이라 한다)에 따라 추징이 선고된 사안에서, 범죄수익은닉규제법 제8조 제3항, 제10조 제2항이 범죄수익 등의 재산이 범죄피해재산인 경우 이를 몰수 또는 추징할 수 없다고 규정하고 있으나 이는 재산에 관한 죄 외에 독자적 법익을 함께 침해한 경우까지 적용되는 것은 아니라고 보아, 위 범죄단체활동죄에 의한 범죄수익은 범죄수익은닉규제법 제2조 제1호, [별표] 제1의 (가)목, 제2호 (가)목, 제8조 제1항, 제10조 제1항에 의하여 각 추징의 대상이 되고, 그 범죄수익이 사기죄의 피해자로부터 취득한 재산에 해당하여도 마찬가지라고 본 원심판단을 수긍한 사례. [4] <u>피고인이 보이스피싱 사기 범죄단체에 가입한 후 사기범죄의 피해자들로부터 돈을 편취하는 등 그 구성원으로서 활동하였다는 내용의 공소사실이 유죄로 인정된 사안에서, 범죄단체 가입행위 또는 범죄단체 구성원으로서 활동하는 행위와 사기행위는 각각 별개의 범죄구성요건을 충족하는 독립된 행위이고 서로 보호법익도 달라 법조경합 관계로 목적된 범죄인 사기죄만 성립하는 것은 아니라고 본 원심판단을 수긍한 사례</u>(대판 2017.10.26. 2017도8600). [**해설**] 범죄단체의 구성 및 가입한 행위와 더 나아가 그 구성원으로 활동한 사기행위는 각각 별개의 범죄구성요건을 충족하는 독립된 행위이고 보호법익도 달라 법조경합 관계에 있지 않다는 판례.

⑧ 형법 제114조에서 정한 '<u>범죄를 목적으로 하는 집단</u>'이란 특정 다수인이 사형, 무기 또는 장기 4년 이상의 범죄를 수행한다는 공동목적 아래 구성원들이 정해진 역할분담에 따라 행동함으로써 범죄를 반복적으로 실행할 수 있는 조직체계를 갖춘 계속적인 결합체를 의미한다. '범죄단체'에서 <u>요구되는 '최소한의 통솔체계'를 갖출 필요는 없지만, 범죄의 계획과 실행을 용이하게 할 정도의 조직적 구조를 갖추어야 한다</u>(대판 2020.8.20. 2019도16263). [**해설**] 소위 '뜯플', '쌩플'의 수법으로 중고차량을 시세보다 비싸게 판매해 금원을 편취할 목적으로 조직된 이 사건 외부사무실이 형법 제114조의 '범죄집단'에 해당한다고 보아, 이를 무죄로 판단한 원심판결을 파기한 사례.

⑨ [1] 폭력행위 등 처벌에 관한 법률 제4조 제1항은 그 법에 규정된 범죄를 목적으로 하는 단체 등을 구성하거나 이에 가입하는 행위 또는 구성원으로 활동하는 행위를 처벌하도록 정하고 있고, 여기서 말하는 <u>범죄단체 구성원으로서의 '활동'</u>이란 범죄단체의 내부 규율 및 통솔 체계에 따른 조직적·집단적 의사 결정에 기초하여 행하는 범죄단체의 존속·유지를 지향하는 적극적인 행위를 의미한다. [2] <u>범죄단체 등에 소속된 조직원이 저지른 폭력행위 등 처벌에 관한 법률</u>(이하 '폭력행위처벌법'이라 한

다) 위반(단체 등의 공동강요)죄 등의 개별적 범행과 폭력행위처벌법 위반(단체 등의 활동)죄는 범행의 목적이나 행위 등 측면에서 일부 중첩되는 부분이 있더라도, <u>일반적으로 구성요건을 달리하는 별개의 범죄</u>로서 범행의 상대방, 범행 수단 내지 방법, 결과 등이 다를 뿐만 아니라 그 보호법익이 일치한다고 볼 수 없다. 또한 <u>폭력행위처벌법 위반(단체 등의 구성·활동)죄와 위 개별적 범행은 특별한 사정이 없는 한 법률상 1개의 행위로 평가되는 경우로 보기 어려워 상상적 경합이 아닌 실체적 경합관계에 있다</u>고 보아야 한다(대판 2022.9.7. 2022도6993).

 **판례** 공무원자격사칭죄

- 공무원자격사칭죄가 성립하려면 어떤 직권을 행사할 수 있는 권한을 가진 공무원임을 사칭하고 그 직권을 행사한 사실이 있어야 하는바, 피고인들 이 그들이 위임받은 채권을 용이하게 추심하는 방편으로 합동수사반원임을 사칭하고 협박한 사실이 있다고 하여도 위 <u>채권의 추심행위는 개인적인 업무이지 합동수사반의 수사업무의 범위에는 속하지 아니하므로 이를 공무원자격사칭죄로 처벌할 수 없다</u>(대판 1981.9.8. 81도1955). **[해설]** 공무원자격사칭죄가 성립하려면 특정 권한을 지닌 공무원임을 사칭하고 그 공무원의 직권을 행사한 사실이 있어야 한다는 판결. 본 사안에서는 협박죄만 성립함.

제2절 | 폭발물에 관한 죄

I. 서론

1. 의의

폭발물을 사용하여 공중의 생명·신체 또는 재산을 해하거나 기타 공안을 문란케 함으로써 성립하는 범죄이다.

2. 보호법익

폭발물에 관한 죄의 보호법익에 대하여는 이를 국가적 법익에 대한 죄라고 해석하는 견해도 있지만, 본죄는 폭발물의 사용으로 인하여 사회공동질서가 침해된다는 사회적 위험성을 고려한 사회적 법익에 대한 죄라고 보는 것이 타당하다(통설). 보호법익이 보호받는 정도는 구체적 위험범이다.

3. 구성요건의 체계

형법	기본적 구성요건	폭발물사용죄(제119조 제1항)
	가중적 구성요건	전시폭발물사용죄(제119조 제2항)
	독립적 구성요건	전시폭발물제조·수입·수출·수수·소지죄(제121조)
	미수범 처벌	폭발물사용죄, 전시폭발물사용죄(제119조 제3항)
	예비 등 처벌	폭발물사용 예비·음모·선동죄(제120조)

Ⅱ. 폭발물사용죄

> **제119조(폭발물사용)**
> ① 폭발물을 사용하여 사람의 생명, 신체 또는 재산을 해하거나 그 밖에 공공의 안전을 문란하게 한 자는 사형, 무기 또는 7년 이상의 징역에 처한다.
> ② 전쟁, 천재지변 그 밖의 사변에 있어서 제1항의 죄를 지은 자는 사형이나 무기징역에 처한다.
> ③ 제1항과 제2항의 미수범은 처벌한다.

1. 폭발물사용죄

(1) 의의

폭발물을 사용하여 사람의 생명·신체 또는 재산을 해하거나 그 밖에 공공의 안전을 문란하게 함으로써 성립하는 공공위험범죄이다(제119조 제1항).

(2) 행위의 태양

폭발물을 사용하여 생명·신체 또는 재산을 해하거나 그 밖에 공공의 안전을 문란하게 하는 것이다. ㈎ 폭발물의 사용이란 폭발가능성 있는 물건을 그 용법에 따라 폭발시키는 것을 말한다. 폭발물이란 점화나 일정한 자극을 가하면 급격한 팽창에 의하여 폭발작용을 하는 물체를 말한다. 여기서 폭발물은 이화학적 개념이 아니라 법률적 개념 또는 규범적 개념이므로 폭발의 파괴력이 사람의 생명·신체 또는 재산을 해하거나 공안을 문란케 할 정도에 이르러야 한다. ㈏ 공공의 안전의 문란이란 폭발물을 사용하여 한 지방의 법질서를 교란할 정도에 이르는 것을 말한다. 생명·신체·재산을 해하는 것은 그 예시에 지나지 않는다. ㈐ 본죄는 폭발물을 폭발하여 공공의 안전을 문란하게 하였을 때에 기수가 된다.

(3) 주관적 구성요건

폭발물을 사용한다는 점에 대한 고의뿐만 아니라, 생명·신체 또는 재산을 해하고 공공의 안전을 문란하게 한다는 점에 대한 고의도 필요하다(통설, 판례).

(4) 위법성

공장 또는 연구소에서 안전수칙을 준수한 폭발물의 사용은 위법성을 조각한다. 그러나 피해자의 동의는 본죄의 성립에 영향을 미치지 않는다.

2. 전시폭발물사용죄

전시·천재 기타 사변에 있어서 폭발물사용죄의 형이 가중되는 경우이다(제119조 제2항).

Ⅲ. 폭발물사용 예비·음모등죄

1. 폭발물사용 예비·음모·선동죄

> **제120조(예비, 음모, 선동)**
> ① 전조제1항, 제2항의 죄를 범할 목적으로 예비 또는 음모한 자는 2년 이상의 유기징역에 처한다. 단, 그 목적한 죄의 실행에 이르기 전에 자수한 때에는 그 형을 감경 또는 면제한다.

② 전조제1항, 제2항의 죄를 범할 것을 선동한 자도 전항의 형과 같다.

폭발물사용죄를 범할 목적으로 예비·음모 또는 선동함으로써 성립하는 범죄이다(제120조). 예비란 폭발물을 사용하기 위한 준비행위를 말하고, 음모는 위 죄를 실행하기 위한 2인 이상의 모의를 말하며, 선동이란 타인에 대하여 정당한 판단을 잃게 하여 범죄실행의 결의를 하게 하거나 이미 되어 있는 결의를 조장하도록 자극을 주는 것을 말한다.

2. 전시폭발물 제조·수입·수출·수수·소지죄

> **제121조(전시폭발물제조 등)**
> 전쟁 또는 사변에 있어서 정당한 이유없이 폭발물을 제조, 수입, 수출, 수수 또는 소지한 자는 10년 이하의 징역에 처한다.

전시 또는 사변에 있어서 정당한 이유 없이 폭발물을 제조·수입·수출·수수 또는 소지함으로써 성립하는 범죄이다(제121조). 여기서 '정당한 이유 없이'란 법률의 규정에 의하지 아니하거나 국가기관의 허가가 없음을 뜻한다.

 판례 폭발물사용죄의 고의

- 형법 제119조(폭발물 사용)의 죄가 성립하기 위하여서는 폭파시 신체를 해한다는 등의 고의가 있어야 한다(대판 1969.7.8. 69도832).

 판례 폭발물의 개념

- 피고인이 자신이 제작한 폭발물을 배낭에 담아 고속버스터미널 등의 물품보관함 안에 넣어 두고 폭발하게 함으로써 공안을 문란하게 하였다고 하여 폭발물사용으로 기소된 사안에서, 피고인이 제작한 물건의 구조, 그것이 설치된 장소 및 폭발 당시의 상황 등에 비추어, 위 물건은 폭발작용 자체에 의하여 공공의 안전을 문란하게 하거나 사람의 생명, 신체 또는 재산을 해할 정도의 성능이 없거나, 사람의 신체 또는 재산을 경미하게 손상시킬 수 있는 정도에 그쳐 사회의 안전과 평온에 직접적이고 구체적인 위험을 초래하여 공공의 안전을 문란하게 하기에는 현저히 부족한 정도의 파괴력과 위험성만을 가진 물건이므로 형법 제172조 제1항에 규정된 '폭발성 있는 물건'에는 해당될 여지가 있으나 이를 형법 제119조 제1항에 규정된 '폭발물'에 해당한다고 볼 수는 없는데도, 위 제작물이 폭발물에 해당한다고 보아 폭발물사용죄가 성립한다고 한 원심판결에 법리오해의 위법이 있다고 한 사례(대판 2012.4.26. 2011도17254). [해설] 폭발물의 의미 및 어떠한 물건이 폭발물에 해당하는지 판단기준을 제시한 판례.

 **제3절 | 방화와 실화의 죄**

Ⅰ. 서론

1. 의의와 본질

(1) 방화죄와 실화죄의 의의

방화죄와 실화죄는 고의 또는 과실로 불을 놓아 현주건조물·공용건조물·일반건조물 또는 일반물건을 소훼하는 것을 내용으로 하는 공공위험죄를 말한다.

(2) 보호법익

1) **견해의 대립** : 방화죄의 본질, 즉 그 보호법익이 무엇인가에 대하여는 ㈎ 방화죄의 보호법익은 공공의 안전과 평온이라는 사회적 법익이며 재산죄와는 관계가 없다는 공공위험죄설과 ㈏ 방화죄는 공공의 안전이라는 사회적 이익을 보호하기 위한 범죄이지만 부차적으로는 개인의 재산, 즉 소유권도 보호법익으로 한다는 이중성격설(통설, 판례), ㈐ 방화죄는 공공의 안전을 보호법익으로 하는 공공위험죄이지만 타인소유의 건조물 또는 물건에 대한 방화죄는 손괴죄에 대한 가중적 구성요건이라는 이원설이 대립하고 있다.

2) **보호의 정도** : 위험범은 보호의 정도에 따라 추상적 위험범과 구체적 위험범으로 구별되는바, 형법 제164조(현주건조물방화죄), 제165조(공용건조물방화죄) 및 제166조 제1항(타인소유일반건조물방화죄)의 범죄가 추상적 위험범에 속하고, 제166조 제2항(자기소유일반건조물방화죄)과 제167조(일반물건방화죄)의 범죄가 구체적 위험범에 해당한다.

2. 방화죄와 공공위험죄의 본질

(1) 공공위험죄의 본질

1) **공공의 위험의 의의와 기준** : 공공의 위험이란 불특정 또는 다수인의 생명·신체·재산에 대한 위험을 의미하며, 이를 판단함에 있어서는 구체적 사정을 고려하여 경험칙상 결과가 발생할 가능성이 있는가를 객관적으로 판단하여야 한다.

2) **방화죄와 피해자의 승낙** : 통설은 방화죄가 공공위험죄인 동시에 재산죄의 성격을 가진다는 이유로 현주건조물방화의 경우에도 거주자의 동의가 있으면 일반건조물방화죄(제166조)가 되고, 타인의 물건에 대한 방화는 자기물건방화죄(제167조 제2항)로 처벌받는다고 해석하고 있다.

3) **방화죄와 위험의 고의** : 방화죄에 있어서 공공의 위험에 대한 고의가 있을 것을 요하는가에 대하여는 보호법익에 대한 보호의 정도에 따라 다르다. 즉 구체적 위험범에 있어서 위험은 구성요건요소이므로 행위자는 공공의 위험에 대한 인식이 있을 것을 요함에 반하여, 추상적 위험범에 있어서는 공공의 위험이 고의의 내용에 포함되지 않는다.

4) **방화죄의 죄수** : 한 개의 방화행위로 수개의 건조물을 소훼한 때에도 한 개의 방화죄가 성립할 따름이다. 건조물이 수인의 소유에 속한 때에도 같다.

(2) 구성요건의 체계

형법의 방화와 실화의 죄는 방화죄와 준방화죄 및 실화죄로 나눌 수 있다. 방화죄의 기본적 구성요건은 일반물건방화죄(제167조)이며, 현주건조물등 방화죄(제164조), 공용건조물등 방화죄(제165조) 및 일반건조물등 방화죄(제166조)는 이에 대한 가중적 구성요건이다. 준방화죄에는 진화방해죄(제169조), 폭발성물건파열죄(제172조), 가스·전기등 방류죄(제172조의2) 및 가스·전기등 공급방해죄(제173조)가 있다.

3. 방화죄의 기수시기

(1) 견해의 대립

방화죄의 기수시기에 대하여는 ㈎ 불이 매개물을 떠나 목적물에 독립하여 연소할 수 있는 상태에 이르렀을 때에 방화죄는 기수가 된다는 독립연소설(판례), ㈏ 화력에 의하여 목적물의 중요부분이 소실되어 그 효용이 상실된 때에 기수가 된다는 효용상실설(다수설), ㈐ 목적물의 중요부분에 연소가 개시되었을 때에 방화죄는 기수가 된다는 중요부분연소개시설, ㈑ 목적물의 일부분의 손괴가 있을 때에 기수가 된다는 일부손괴설 등이 대립하고 있다.

(2) 비판

방화죄의 기수시기는 공공위험죄라는 방화죄의 본질과 관련하여 공공의 위험이 발생하였는가라는 점을 기준으로 해야 하며, 소훼의 개념을 지나치게 강조하는 것은 타당하다고 할 수 없다. 이러한 의미에서 방화죄의 기수시기는 독립연소설에 의하여 파악하는 것이 타당하다. 다만 독립연소설도 목적물 그 자체, 또는 그 중요부분에 연소가 개시된 때에 기수가 된다.

4. 구성요건의 체계

방화죄	기본적 구성요건	타인소유일반물건방화죄(제167조 제1항)
	가중적 구성요건	현주건조물방화죄(불법가중(제164조 제1항)), 공용건조물방화죄(불법가중(제165조)), 타인소유일반건조물방화죄(불법가중(제166조 제1항))
	감경적 구성요건	자기소유일반물건방화죄(불법감경(제167조 제2항), 자기소유일반건조물방화죄(불법감경(제166조 제2항))
	결과적 가중범	현주건조물방화치사상죄(제164조 제2항), 연소죄(제168조)
	미수범 처벌	현주건조물방화죄, 공용건조물방화죄, 타인소유일반건조물방화죄(제174조)
	예비죄 처벌	현주건조물방화죄, 공용건조물방화죄, 타인소유일반건조물방화죄(제175조)
준방화죄	기본적 구성요건	진화방해죄(제169조), 폭발성물건파열죄(제172조 제1항), 가스·전기 등 방류죄(제172조의2 제1항), 가스·전기 등 공급방해죄(제173조 제1항·제2항)
	결과적 가중범	폭발성물건파열치사상죄(제172조 제2항), 가스·전기 등 방류치사상죄(제172조의2 제2항), 가스·전기 등 공급방해치사상죄(제173조 제3항)
	미수범 처벌	폭발성물건파열죄, 가스·전기 등 방류죄, 가스·전기 등 공급방해죄(제174조)
	예비죄 처벌	폭발성물건파열죄, 가스·전기 등 방류죄, 가스·전기 등 공급방해죄(제175조)

과실범	기본적 구성요건	실화죄(제170조), 과실폭발성물건파열, 가스·전기 등 방류, 가스·전기 등 공급방해죄(제173조의2 제1항)
	가중적 구성요건	업무상 실화·중실화죄(제171조), 업무상 과실·중과실폭발성물건파열, 가스·전기 등 방류, 가스·전기 등 공급방해죄(제173조의2 제2항)

Ⅱ. 방화죄

1. 현주건조물 등 방화죄

> **제164조(현주건조물 등 방화)**
> ① 불을 놓아 사람이 주거로 사용하거나 사람이 현존하는 건조물, 기차, 전차, 자동차, 선박, 항공기 또는 지하채굴시설을 불태운 자는 무기 또는 3년 이상의 징역에 처한다.

(1) 의의

불을 놓아 사람이 주거로 사용하거나 사람이 현존하는 건조물 등을 불태움으로써 성립하는 추상적 위험범이다(제164조 제1항).

(2) 객관적 구성요건

1) **행위의 객체** : 사람이 주거로 사용하거나 사람이 현존하는 건조물·기차·전차·자동차·선박·항공기 또는 지하채굴시설이다.

(가) **사람이 주거로 사용하거나 현존하는** : ㉠ 여기서 '사람'이란 범인 이외의 사람을 말한다. ㉡ '사람이 주거로 사용한다'는 것은 행위자 이외의 사람이 일상생활의 장소로 사용한다는 것을 의미하며, 사실상 주거로 사용하고 있을 것을 요하고 또한 이로써 족하다. 따라서 사실상 주거에 사용되는 주택인 한 행위시에 주거자가 없는 경우에도 본죄가 성립한다. ㉢ '사람이 현존하는'이란 건조물 등의 내부에 범인 이외의 사람이 존재하는 것을 말하며, 사람이 현존하는 때에는 주거에 사용될 것을 요하지 않는다.

(나) **건조물·기차·전차·자동차·선박·항공기·지하채굴시설** : 건조물이란 가옥 기타 이에 준하는 공작물로서 토지에 정착하여 내부에 사람이 출입할 수 있는 것을 말한다. 토막굴이나 방갈로·천막 등도 여기에 해당할 수 있으나, 가옥과 접속되지 않은 축사나 천막은 건조물이 아니다.

2) **행위** : 불을 놓아 목적물을 불태우는 것이다. 방화의 방법에는 제한이 없다. 직접 목적물에 방화하건 매개물을 이용하여 방화하건 불문한다. 또한 부작위에 의한 방화도 가능하다.

(3) 주관적 구성요건

불을 놓아 사람이 주거에 사용하거나 사람이 현존하는 건조물 등을 불태운다는 점에 대한 고의가 필요하다. 그러나 본죄는 추상적 위험범이므로 행위자에게 위험의 고의가 있을 필요는 없다.

(4) 현주건조물 등 방화치사상죄

현주건조물 등 방화죄를 범하여 사람을 사상에 이르게 하였을 때에 성립하는 결과적 가중범이다(제164조 제2항). 따라서 사상의 결과에 대하여 인과관계가 있고, 결과를 예견할 수 있었을 것요한다. ㉮ 본죄는 중한 결과에 대하여 과실이 있는 경우뿐만 아니라 고의가 있는 때에도 성립하는 부진정결과적 가중범이다. 따라서 고의 있는 경우에는 본죄와 살인죄 또는 상해죄의 상상적 경합이 된다. ㉯ 판례도 본죄를 부진정결과적 가중범이라고 판단하면서 살인죄 또는 상해죄는 본죄에 흡수된다고 해석한다. 한편, 현주건조물방화치사상죄는 미수범 처벌규정이 없으므로 살인의 고의로 사람이 현존하는 건물에 불을 놓아 천정까지 불이 붙었으나 피해자가 살아서 나온 경우, 현주건조물방화죄의 기수범과 살인미수죄의 상상적 경합이 성립한다.

> **제164조(현주건조물 등 방화)**
> ② 제1항의 죄를 지어 사람을 상해에 이르게 한 경우에는 무기 또는 5년 이상의 징역에 처한다. 사망에 이르게 한 경우에는 사형, 무기 또는 7년 이상의 징역에 처한다.

2. 공용건조물 등 방화죄

> **제165조(공용건조물 등 방화)**
> 불을 놓아 공용(公用)으로 사용하거나 공익을 위해 사용하는 건조물, 기차, 전차, 자동차, 선박, 항공기 또는 지하채굴시설을 불태운 자는 무기 또는 3년 이상의 징역에 처한다.

불을 놓아 공용(公用)으로 사용하거나 공익을 위해 사용하는 건조물 등을 불태움으로써 성립하는 추상적 위험범이다(제165조). 공용(公用)으로 사용한다는 것은 국가 또는 공공단체의 이익을 위하여 사용된다는 것을 의미하고, 공익을 위해 사용한다는 것은 공중의 이익을 위하여 사용된다는 의미이다.

3. 일반건조물 등 방화죄

> **제166조(일반건조물 등 방화)**
> ① 불을 놓아 제164조와 제165조에 기재한 외의 건조물, 기차, 전차, 자동차, 선박, 항공기 또는 지하채굴시설을 불태운 자는 2년 이상의 유기징역에 처한다.
> ② 자기 소유인 제1항의 물건을 불태워 공공의 위험을 발생하게 한 자는 7년 이하의 징역 또는 1천만원 이하의 벌금에 처한다.
>
> **제176조(타인의 권리대상이 된 자기의 물건)**
> 자기의 소유에 속하는 물건이라도 압류 기타 강제처분을 받거나 타인의 권리 또는 보험의 목적물이 된 때에는 본장의 규정의 적용에 있어서 타인의 물건으로 간주한다.

불을 놓아 사람의 주거에 사용되거나 사람이 현존하지 않고 공용 또는 공익에 공하지 않는 일반건조물을 불태운 때에 성립하는 범죄이다(제166조). ㉮ 건조물 등의 소유권이 타인에게 속한 때에는 추상적 위험범임에 반하여(제166조 1항), 자기 소유인 때에는 구체적 위험범이므로 공공의 위험이 발생할 경우에 한하여 본죄가 성립한다(제166조 2항). ㉯ '자기 소유에 속하는'이란 건조물 등이 행위자 또는 공범자의 소유에 속하는 것을 말한다. 타인의 소유에 속한 때에 소유권자의 동의가 있는 경우는 물론, 무주물인 때에도 자기 소유인 경우에 준한다. 그러나 ㉰ 자기의 소유에 속하는 건조물 등이라도 압류 기타 강제처분을 받거나 타인의 권리 또는 보험의 목적이 된 때에는 타인의 물건으로 간주한다(제176조).

4. 일반물건방화죄

> **제167조(일반물건 방화)**
> ① 불을 놓아 제164조부터 제166조까지에 기재한 외의 물건을 불태워 공공의 위험을 발생하게 한 자는 1년 이상 10년 이하의 징역에 처한다.
> ② 제1항의 물건이 자기 소유인 경우에는 3년 이하의 징역 또는 700만원 이하의 벌금에 처한다.

불을 놓아 제164조 내지 제166조에 기재된 이외의 물건을 불태워 공공의 위험을 발생케 함으로써 성립하는 구체적 위험범이다(제167조). 따라서 불을 놓아 본죄의 객체인 물건을 불태운 때에도 공공의 위험이 발생하지 않은 때에는 본죄가 성립하지 않는다.

5. 연소죄

> **제168조(연소)**
> ① 제166조제2항 또는 전조 제2항의 죄를 범하여 제164조, 제165조 또는 제166조제1항에 기재한 물건에 연소한 때에는 1년 이상 10년 이하의 징역에 처한다.
> ② 전조 제2항의 죄를 범하여 전조제1항에 기재한 물건에 연소한 때에는 5년 이하의 징역에 처한다.

본죄는 자기 소유 건조물 또는 물건에 대한 방화가 확대되어 타인 소유물에 연소한 경우를 처벌하기 위한 자기 소유물에 대한 방화죄의 결과적 가중범이다(제168조). 진정결과적 가중범이므로 중한 결과에 과실이 있는 경우에만 성립한다. 따라서, 현주건조물방화의 고의로 자기 소유 일반건조물에 불을 질러 현주건조물을 소훼시킨 경우에는 연소죄는 성립하지 않고 현주건조물방화죄만 성립하게 된다. 여기서 연소란 행위자가 예견할 수 없었던 물체에 불이 이전되어 소훼하게 하는 것을 말한다.

6. 방화예비·음모죄

> **제174조(미수범)**
> 제164조 제1항, 제165조, 제166조 제1항, 제172조 제1항, 제172조의2 제1항, 제173조 제1항과 제2항의 미수범은 처벌한다.
>
> **제175조(예비, 음모)**
> 제164조 제1항, 제165조, 제166조 제1항, 제172조 제1항, 제172조의2 제1항, 제173조 제1항과 제2항의 죄를 범할 목적으로 예비 또는 음모한 자는 5년 이하의 징역에 처한다. 단 그 목적한 죄의 실행에 이르기 전에 자수한 때에는 형을 감경 또는 면제한다.

현주건조물 등 방화죄, 공익건조물 등 방화죄, 타인소유의 일반건조물 등 방화죄와 폭발성물건파열죄, 가스·전기등 방류죄 또는 가스·전기 등 공급방해죄를 범할 목적으로 예비·음모함으로써 성립한다(제175조).

III. 준방화죄

1. 진화방해죄

> **제169조(진화방해)**
> 화재에 있어서 진화용의 시설 또는 물건을 은닉 또는 손괴하거나 기타 방법으로 진화를 방해한 자는 10년 이하의 징역에 처한다.

(1) 의의

화재가 일어난 경우에 진화용의 시설 또는 물건을 은닉 또는 손괴하거나 기타의 방법으로 진화를 방해함으로써 성립하는 범죄이다(제169조). '화재에 있어서'에는 이미 화재가 발생한 경우뿐만 아니라 화재가 발생하고 있는 경우를 포함하며, 화재의 원인도 불문한다.

(2) 구성요건

1) **행위의 객체** : 진화용의 시설 또는 물건이다. 시설 또는 물건이 타인의 소유이건 자기의 소유이건 불문한다.

2) **행위** : 은닉 또는 손괴하거나 기타의 방법으로 진화를 방해하는 것이다. 은닉이란 시설이나 물건의 발견을 불가능 또는 곤란하게 하는 행위를 말하며, 손괴는 물질적 훼손에 의하여 효용을 해하는 일체의 행위이다. 기타의 방법에 의하여 진화를 방해하는 것에는 소방차를 못 가게 하거나 소방관을 폭행·협박하는 경우가 포함된다. 진화방해는 부작위에 의하여도 행할 수 있다(소화활동을 해야 할 의무 있는 자가 소화활동을 하지 않은 경우).

(3) 주관적 구성요건

행위자는 화재시라는 행위상황을 인식하고 진화를 방해한다는 사실에 대한 고의가 있어야 한다.

2. 폭발성물건파열죄

> **제172조(폭발성물건파열)**
> ① 보일러, 고압가스 기타 폭발성있는 물건을 파열시켜 사람의 생명, 신체 또는 재산에 대하여 위험을 발생시킨 자는 1년 이상의 유기징역에 처한다.
> ② 제1항의 죄를 범하여 사람을 상해에 이르게 한 때에는 무기 또는 3년 이상의 징역에 처한다. 사망에 이르게 한 때에는 무기 또는 5년 이상의 징역에 처한다.

보일러, 고압가스 기타 폭발성 있는 물건을 파열시켜 사람의 생명·신체 또는 재산에 대하여 위험을 발생케 함으로써 성립하는 구체적 위험범이다(제172조 제1항). 폭발성 있는 물건이란 급격하게 파열하여 물건을 파괴하는 성질을 가진 물질을 말하며, 보일러, 고압가스는 그 예시에 불과하다. 그러나 총포는 여기의 폭발성물건이라고 할 수 없다. 파열시킨다는 것은 물질의 급격한 팽창력을 생기게 하는 일체의 행위를 포함한다. 본죄가 성립하기 위하여는 폭발성물건의 파열로 사람의 생명·신체 또는 재산에 대한 구체적 위험이 발생해야 한다.

폭발성물건파열치사상죄는 보일러, 고압가스 기타 폭발성물건을 파열하게 하여 사람을 사상에 이르게 함으로써 성립하는 범죄이다(제172조 제2항). 폭발성물건파열죄의 결과적 가중범이다.

3. 가스·전기 등 방류죄·방류치사상죄

> **제172조의2(가스·전기등 방류)**
> ① 가스, 전기, 증기 또는 방사선이나 방사성 물질을 방출, 유출 또는 살포시켜 사람의 생명, 신체 또는 재산에 대하여 위험을 발생시킨 자는 1년 이상 10년 이하의 징역에 처한다.
> ② 제1항의 죄를 범하여 사람을 상해에 이르게 한 때에는 무기 또는 3년 이상의 징역에 처한다. 사망에 이르게 한 때에는 무기 또는 5년 이상의 징역에 처한다.

가스·전기·증기 또는 방사선이나 방사성물질을 방출, 유출 또는 살포시켜 사람의 생명·신체 또는 재산에 대하여 위험을 발생케 함으로써 성립하는 구체적 위험범이다(제172조의2 제1항). 방사선이란 전자파 또는 입자선 중 직접 또는 간접으로 공기를 전이하는 능력을 가진 것을 말하며(원자력법 제2조 제7호), 방사성물질이란 핵연료물질, 사용후핵연료, 방사성동위원소 및 원자핵분열생성물을 말한다(동조 제5호).

가스·전기 등 방류치사상죄는 가스·전기·증기 또는 방사선이나 방사성물질을 유출, 방출 또는 살포시켜 사람을 사상에 이르게 함으로써 성립하는 결과적 가중범이다(제172조의2 제2항). 치상죄는 상해의 결과에 대하여 과실이 있는 경우뿐만 아니라 고의 있는 때에도 성립하는 부진정결과적 가중범이지만, 치사죄는 과실 있는 때에만 성립하는 진정결과적 가중범이다.

4. 가스·전기 등 공급방해죄·공급방해치사상죄

> **제173조(가스·전기등 공급방해)**
> ① 가스, 전기 또는 증기의 공작물을 손괴 또는 제거하거나 기타 방법으로 가스, 전기 또는 증기의 공급이나 사용을 방해하여 공공의 위험을 발생하게 한 자는 1년 이상 10년 이하의 징역에 처한다.
> ② 공공용의 가스, 전기 또는 증기의 공작물을 손괴 또는 제거하거나 기타 방법으로 가스, 전기 또는 증기의 공급이나 사용을 방해한 자도 전항의 형과 같다.
> ③ 제1항 또는 제2항의 죄를 범하여 사람을 상해에 이르게 한 때에는 2년 이상의 유기징역에 처한다. 사망에 이르게 한 때에는 무기 또는 3년이상의 징역에 처한다.

가스·전기 또는 증기의 공작물을 손괴·제거하거나 기타 방법으로 그 공급이나 사용을 방해함으로써 성립하는 범죄이다(제173조).

Ⅳ. 실화죄

1. 단순실화죄

> **제170조(실화)**
> ① 과실로 제164조 또는 제165조에 기재한 물건 또는 타인 소유인 제166조에 기재한 물건을 불태운 자는 1천500만원 이하의 벌금에 처한다.
> ② 과실로 자기 소유인 제166조의 물건 또는 제167조에 기재한 물건을 불태워 공공의 위험을 발생하게 한 자도 제1항의 형에 처한다.

과실로 제164조, 제165조 또는 타인의 소유에 속한 제166조의 물건을 불태우거나, 자기의 소유에 속하는 제166조 또는 제167조에 기재한 물건을 불태운 때에 성립하는 범죄이다(제170조).

2. 업무상 실화·중실화죄

> **제171조(업무상실화, 중실화)**
> 업무상과실 또는 중대한 과실로 인하여 제170조의 죄를 범한 자는 3년 이하의 금고 또는 2천만원 이하의 벌금에 처한다.

업무상 과실 또는 중과실로 인하여 실화죄를 범한 경우에 형을 가중하는 것이다(제171조). 업무상 실화는 업무자의 예견의무로 인하여 책임이 가중되는 경우임에 반하여, 중실화는 과실이라는 불법이 가중되는 경우이다.

3. 과실폭발성물건파열죄, 업무상 과실·중과실폭발성물건파열죄

> **제173조의2(과실폭발성물건파열등)**
> ① 과실로 제172조 제1항, 제172조의2 제1항, 제173조 제1항과 제2항의 죄를 범한 자는 5년 이하의 금고 또는 1천500만원 이하의 벌금에 처한다.
> ② 업무상과실 또는 중대한 과실로 제1항의 죄를 범한 자는 7년 이하의 금고 또는 2천만원 이하의 벌금에 처한다.

과실폭발성물건파열죄는 과실로 보일러, 고압가스 기타 폭발성물건을 파열시키거나, 가스·전기·증기 또는 방사선이나 방사성물질을 방출, 유출 또는 살포시켜 사람의 생명·신체 또는 재산의 위험을 발생케 하거나, 가스·전기 등 공급을 방해하여 공공의 위험을 발생케 하거나 공공용의 가스·전기 등의 공급이나 사용을 방해함으로써 성립하는 범죄이다. 업무상 과실·중과실폭발성물건파열죄는 업무상 과실·중과실로 인한 가중적 구성요건이다(제173조의2).

> **판례** 실행의 착수시기
>
> ① 피고인이 동거하던 공소외인과 가정불화가 악화되어 헤어지기로 작정하고 홧김에 죽은 동생의 유품으로 보관하던 서적 등을 뒷마당에 내어 놓고 불태워 버리려 했던 점이 인정될 뿐 피고인이 <u>위 공소외인 소유의 가옥을 불태워 버리겠다고 결의하여 불을 놓았다고 볼 수 없다면 피고인의 위 소위를 가리켜 방화의 범의가 있었다고 할 수 없다</u>(대판 1984.7.24. 84도1245).
>
> ② [1] 매개물을 통한 점화에 의하여 건조물을 소훼함을 내용으로 하는 형태의 방화죄의 경우에, 범인이 그 매개물에 불을 켜서 붙였거나 또는 범인의 행위로 인하여 매개물에 불이 붙게 됨으로써 연소작용이 계속될 수 있는 상태에 이르렀다면, 그것이 곧바로 진화되는 등의 사정으로 인하여 목적물인 건조물 자체에는 불이 옮겨 붙지 못하였다고 하더라도, <u>방화죄의 실행의 착수가 있었다고 보아야 할 것이고</u>, 구체적인 사건에 있어서 이러한 실행의 착수가 있었는지 여부는 범행 당시 피고인의 의사 내지 인식, 범행의 방법과 태양, 범행 현장 및 주변의 상황, 매개물의 종류와 성질 등의 제반 사정을 종합적으로 고려하여 판단하여야 한다. [2] <u>피고인이 방화의 의사로 뿌린 휘발유가 인화성이 강한 상태로 주택주변과 피해자의 몸에 적지 않게 살포되어 있는 사정을 알면서도 라이터를 켜 불꽃을 일으킴으로써 피해자의 몸에 불이 붙은 경우, 비록 외부적 사정에 의하여 불이 방화 목적물인 주택 자체에 옮겨 붙지는 아니하였다 하더라도 현존건조물방화죄의 실행의 착수가 있었다고 봄이 상당하다</u>고 한 사례(대판 2002.3.26. 2001도6641). [해설] 매개물을 통한 현존건조물방화죄의 실행의 착수시기에 대한 판례.

 **판례** 기수시기

① 방화죄는 화력이 매개물을 떠나 스스로 연소할 수 있는 상태에 이르렀을 때에 기수가 되고 반드시 목적물의 중요부분이 소실하여 그 본래의 효용을 상실한 때라야만 기수가 되는 것이 아니라고 할 것이다(대판 1970.3.24. 70도330). [해설] 방화죄의 기수시기에 대한 독립연소설의 입장을 취하고 있는 판결.

② 현주건조물방화죄는 화력이 매개물을 떠나 목적물인 건조물 스스로 연소할 수 있는 상태에 이름으로써 기수가 된다. 원심이 적법하게 채택한 증거들을 종합하여 판시한 바와 같이, 피고인이 판시 제2의 범행에 있어 피해자의 사체 위에 옷가지 등을 올려놓고 불을 붙인 천조각을 던져 그 불길이 방안을 태우면서 천정에까지 옮겨 붙었다면, 설령 그 불이 완전연소에 이르지 못하고 도중에 진화되었다고 하더라도, 일단 천정에 옮겨 붙은 이상 그 때에 이미 현주건조물방화죄는 기수에 이르렀다고 할 것이므로 같은 취지의 원심판결은 옳고, 거기에 상고이유의 주장과 같은 채증법칙 위반으로 인한 사실오인이나 법리오해 등의 위법이 없다(대판 2007.3.16. 2006도9164).

판례 현주건조물 등 방화치사상죄

① [1] 형법 제164조 후단이 규정하는 현주건조물 방화치사상죄는 그 전단에 규정하는 죄에 대한 일종의 가중처벌규정으로서 불을 놓아 사람의 주거에 사용하거나 사람이 현존하는 건조물을 소훼함으로 인하여 사람을 사상에 이르게 한 때에 성립되며 동 조항이 사형, 무기 또는 7년 이상의 징역의 무거운 법정형을 정하고 있는 취의에 비추어 보면 과실이 있는 경우 뿐만 아니라 고의가 있는 경우도 포함된다고 볼 것이므로, 현주건조물 내에 있는 사람을 강타하여 실신케 한 후 동건조물에 방화하여 소사케 한 피고인을 현주건조물에의 방화죄와 살인죄의 상상적 경합으로 의율할 것은 아니다. [2] 형법 제164조 전단의 현주건조물에의 방화죄는 공중의 생명, 신체, 재산 등에 대한 위험을 예방하기 위하여 공공의 안전을 그 제1차적인 보호법익으로 하고 제2차적으로는 개인의 재산권을 보호하는 것이라고 할 것이나, 여기서 공공에 대한 위험은 구체적으로 그 결과가 발생됨을 요하지 아니하는 것이고 이미 현주건조물에의 점화가 독립연소의 정도에 이르면 동 죄는 기수에 이르러 완료되는 것인 한편, 살인죄는 일신전속적인 개인적 법익을 보호하는 범죄이므로, 이 사건에서와 같이 불을 놓은 집에서 빠져 나오려는 피해자들을 막아 소사케 한 행위는 1개의 행위가 수개의 죄명에 해당하는 경우라고 볼 수 없고, 위 방화행위와 살인행위는 법률상 별개의 범의에 의하여 별개의 법익을 해하는 별개의 행위라고 할 것이니, 현주건조물방화죄와 살인죄는 실체적 경합관계에 있다(대판 1983.1.18. 82도2341). [해설] 살인을 위하여 방화하는 경우 현주건조물방화죄의 살인죄의 상상적 경합이 성립하지 않고, 현주건조물방화치사죄의 일죄만 성립한다고 본 사례.

② 피고인을 비롯한 30여 명의 공범들이 화염병 등 소지 공격조와 쇠파이프 소지 방어조로 나누어 이 사건 건물을 집단방화하기로 공모하고 이에 따라 공격조가 위 건물로 침입하여 화염병 수십 개를 1층 민원실 내부로 던져 불을 붙여 위 건물 내부를 소훼케 하는 도중에 공격조의 일인이 위 건조물 내의 피해자를 향하여 불이 붙은 화염병을 던진 사실을 알 수 있는바, 이와 같이 공격조 일인이 방화대상 건물 내에 있는 피해자를 향하여 불붙은 화염병을 던진 행위는, 비록 그것

이 피해자의 진화행위를 저지하기 위한 것이었다고 하더라도, 공격조에게 부여된 임무 수행을 위하여 이루어진 일련의 방화행위 중의 일부라고 보아야 할 것이고, 따라서 피해자의 화상은 이 사건 방화행위로 인하여 입은 것이라 할 것이므로 피고인을 비롯하여 당초 공모에 참여한 집단원 모두는 위 상해 결과에 대하여 현존건조물방화치상의 죄책을 면할 수 없다. 가사 피해자의 상해가 이 사건 방화 및 건물소훼로 인하여 입은 것이라고 보기 어렵다고 하더라도 형법(1995. 12. 29. 법률 제5057호로 개정되기 전의 것) 제164조 후단이 규정하는 현존건조물방화치상죄와 같은 이른바 부진정결과적 가중범은 예견가능한 결과를 예견하지 못한 경우뿐만 아니라 그 결과를 예견하거나 고의가 있는 경우까지도 포함하는 것이므로 이 사건에서와 같이 사람이 현존하는 건조물을 방화하는 집단행위의 과정에서 일부 집단원이 고의행위로 살상을 가한 경우에도 다른 집단원에게 그 사상의 결과가 예견 가능한 것이었다면 다른 집단원도 그 결과에 대하여 현존건조물방화치상의 책임을 면할 수 없는 것인바, **피고인을 비롯한 집단원들이 당초 공모시 쇠파이프를 소지한 방어조를 운용하기로 한 점에 비추어 보면 피고인으로서는 이 사건 건물을 방화하는 집단행위의 과정에서 상해의 결과가 발생하는 것도 예견할 수 있었다고 보이므로, 이 점에서도 피고인을 현존건조물방화치상죄로 의율할 수 있다고 본 사례**(대판 1996.4.12. 96도215).

③ 형법 제164조 후단이 규정하는 현주건조물방화치사상죄는 그 전단이 규정하는 죄에 대한 일종의 가중처벌 규정으로서 과실이 있는 경우뿐만 아니라, 고의가 있는 경우에도 포함된다고 볼 것이므로 <u>사람을 살해할 목적으로 현주건조물에 방화하여 사망에 이르게 한 경우에는 현주건조물방화치사죄</u>로 의율하여야 하고 이와 더불어 살인죄와의 상상적 경합범으로 의율할 것은 아니며, 다만 <u>존속살인죄와 현주건조물방화치사죄는 상상적 경합범 관계에 있으므로, 법정형이 중한 존속살인죄로 의율</u>함이 타당하다(대판 1996.4.26. 96도485).

④ <u>피고인들이 피해자들의 재물을 강취한 후 그들을 살해할 목적으로 현주건조물에 방화하여 사망에 이르게 한 경우, 피고인들의 행위는 강도살인죄와 현주건조물방화치사죄에 모두 해당하고 그 두 죄는 상상적 경합범관계에 있다</u>(대판 1998.12.8. 98도3416). [해설] 현주건조물방화치사죄가 부진정결과적 가중범이며, 이 죄와 강도살인죄는 상상적 경합관계에 있다고 본 판례.

⑤ [1] 부작위에 의한 현주건조물방화치사 및 현주건조물방화치상죄가 성립하기 위하여는, <u>피고인에게 법률상의 소화의무가 인정되는 외에 소화의 가능성 및 용이성이 있었음에도 피고인이 그 소화의무에 위배하여 이미 발생한 화력을 방치함으로써 소훼의 결과를 발생시켜야 하는 것</u>인데, 이 사건 화재가 피고인의 중대한 과실 있는 선행행위로 발생한 이상 피고인에게 이 사건 화재를 소화할 법률상 의무는 있다 할 것이나, 피고인이 이 사건 화재 발생 사실을 안 상태에서 모텔을 빠져나오면서도 모텔 주인이나 다른 투숙객들에게 이를 알리지 아니하였다는 사정만으로는 피고인이 이 사건 화재를 용이하게 소화할 수 있었다고 보기 어렵고, 달리 이를 인정할 만한 증거가 없다는 이유로, 이 부분 공소사실에 대하여 무죄로 판단하였다. 앞서 본 법리에 비추어 기록을 살펴보면, 이러한 원심의 사실인정과 판단은 정당한 것으로 수긍이 되고, 거기에 상고이유의 주장과 같은 채증법칙 위배나 부작위범에 관한 법리오해 등의 위법이 있다고 할 수 없다. [2] 모텔 방에 투숙하여 담배를 피운 후 재떨이에 담배를 끄게 되었으나 담뱃불이 완전히 꺼졌는지 여부를 확인하지 않은 채 불이 붙기 쉬운 휴지를 재떨이에 버리고 잠을 잔 과실로 담뱃불이 휴지와 침대시트

에 옮겨 붙게 함으로써 화재가 발생한 사안에서, 위 화재가 중대한 과실 있는 선행행위로 발생한 이상 화재를 소화할 법률상 의무는 있다 할 것이나, 화재 발생 사실을 안 상태에서 모텔을 빠져나오면서도 모텔 주인이나 다른 투숙객들에게 이를 알리지 아니하였다는 사정만으로는 화재를 용이하게 소화할 수 있었다고 보기 어렵다는 이유로, 부작위에 의한 현주건조물방화치사상죄의 공소사실에 대해 무죄를 선고한 원심의 판단을 수긍한 사례(대판 2010.1.14. 2009도12109, 2009감도38). [해설] 담뱃불이 완전히 꺼졌는지 여부를 확인하지 아니하여 화재가 발생하고 투숙객들이 사망하거나 상해를 입은 행위는 중실화죄와 중과실치사상죄가 성립한다고 판시. 한편, 중과실의 선행행위에 의해서 이를 소화할 법률상 의무가 발생하였으나, 화재를 용이하게 소화할 수 있는 가능성이 없다고 보아서 부작위범에 의한 현주건조물방화치사상죄가 성립하지 않는다고 한 판례.

판례 | 일반건조물방화죄

- 형법상 방화죄의 객체인 건조물은 토지에 정착되고 벽 또는 기둥과 지붕 또는 천장으로 구성되어 사람이 내부에 기거하거나 출입할 수 있는 공작물을 말하고, 반드시 사람의 주거용이어야 하는 것은 아니라도 사람이 사실상 기거·취침에 사용할 수 있는 정도는 되어야 한다. 원심은, 이 사건 폐가는 지붕과 문짝, 창문이 없고 담장과 일부 벽체가 붕괴된 철거 대상 건물로서 사실상 기거·취침에 사용할 수 없는 상태의 것이므로 형법 제166조의 건조물이 아닌 형법 제167조의 물건에 해당하고, 피고인이 이 사건 폐가의 내부와 외부에 쓰레기를 모아놓고 태워 그 불길이 이 사건 폐가 주변 수목 4~5그루를 태우고 폐가의 벽을 일부 그을리게 하는 정도만으로는 방화죄의 기수에 이르렀다고 보기 어려우며, 일반물건방화죄에 관하여는 미수범의 처벌 규정이 없다는 이유로 제1심의 유죄판결을 파기하고 피고인에게 무죄를 선고하였다. 위 법리에 비추어 기록을 살펴보면, 원심의 위와 같은 사실인정과 판단은 정당하고, 거기에 방화죄에 있어 건조물에 관한 개념을 오해하거나 논리와 경험의 법칙에 반하여 자유심증주의의 한계를 벗어난 잘못이 없다(대판 2013.12.12. 2013도3950). [해설] 방화죄의 대상인 건조물의 의미에 대한 판단기준을 설시하고, 이 사건 폐가는 일반물건에 해당하며 일반물건방화죄에는 미수범의 처벌규정이 없어 무죄라는 취지의 판결.

판례 | 일반물건방화죄

- 노상에서 전봇대 주변에 놓인 재활용품과 쓰레기 등에 불을 놓아 소훼한 사안에서, 그 재활용품과 쓰레기 등은 '무주물'로서 형법 제167조 제2항에 정한 '자기 소유의 물건'에 준하는 것으로 보아야 하므로, 여기에 불을 붙인 후 불상의 가연물을 집어넣어 그 화염을 키움으로써 전선을 비롯한 주변의 가연물에 손상을 입히거나 바람에 의하여 다른 곳으로 불이 옮아붙을 수 있는 공공의 위험을 발생하게 하였다면, 일반물건방화죄가 성립한다고 한 사례(대판 2009.10.15. 2009도7421). [해설] 무주물이더라도 이를 자기의 범행에 사용하면 무주물선점의 소유권 법리에 따라 자기소유 일반물건방화죄에 해당한다고 본 사례.

판례 | 실화죄

① 성냥불이 꺼진 것을 확인하지 아니한 채 플라스틱 휴지통에 던진 것이 중대한 과실에 해당한다고 본 사례(대판 1993.7.27. 93도135).

② 형법 제170조 제2항에서 말하는 '자기의 소유에 속하는 제166조 또는 제167조에 기재한 물건'이라 함은 '자기의 소유에 속하는 제166조에 기재한 물건 또는 자기의 소유에 속하든, 타인의 소유에 속하든 불문하고 제167조에 기재한 물건'을 의미하는 것이라고 해석하여야 하며, 제170조 제1항과 제2항의 관계로 보아서도 제166조에 기재한 물건(일반건조물 등) 중 타인의 소유에 속하는 것에 관하여는 제1항에서 규정하고 있기 때문에 제2항에서는 그 중 자기의 소유에 속하는 것에 관하여 규정하고, 제167조에 기재한 물건에 관하여는 소유의 귀속을 불문하고 그 대상으로 삼아 규정하고 있는 것이라고 봄이 관련조문을 전체적, 종합적으로 해석하는 방법일 것이고, 이렇게 해석한다고 하더라도 그것이 법규정의 가능한 의미를 벗어나 법형성이나 법창조행위에 이른 것이라고는 할 수 없어 죄형법정주의의 원칙상 금지되는 유추해석이나 확장해석에 해당한다고 볼 수는 없을 것이다(대결 1994.12.20. 94모32 전원합의체). [해설] 형법 제170조 제2항 소정의 '자기의 소유에 속하는 제166조 또는 제167조에 기재한 물건'의 해석과 죄형법정주의 원칙을 설시한 판결. 갑이 을 소유의 사과나무 밭에서 마른 풀을 모아 놓고 성냥불을 마른 풀에 붙여 담뱃불을 붙인 뒤 자리를 떠났으나 남아있던 불씨가 잔디에 옮겨 붙어 결국 을 소유의 사과나무 217주 등 시가 671만원 상당을 소훼한 사안에서, 갑은 형법 제170조 제2항의 실화죄의 책임을 진다고 본 판례.

판례 | 중실화죄에서 중과실의 판단

• 연탄아궁이로부터 80센티미터 떨어진 곳에 쌓아둔 스폰지요, 솜 등이 연탄아궁이 쪽으로 넘어지면서 화재현장에 의한 화재가 발생한 경우라고 하더라도 그 스폰지요, 솜 등을 쌓아두는 방법이나 상태 등에 관하여 아주 작은 주의만 기울였더라면 스폰지요나 솜 등이 넘어지고 또 그로 인하여 화재가 발생할 것을 예견하여 회피할 수 있었음에도 불구하고 부주의로 이를 예견하지 못하고 스폰지와 솜 등을 쉽게 넘어질 수 있는 상태로 쌓아둔 채 방치하였기 때문에 화재가 발생한 것으로 판단되어야만, "중대한 과실"로 인하여 화재가 발생한 것으로 볼 수 있다(대판 1989.1.17. 88도643). [해설] 중실화죄에 있어서의 "중대한 과실"의 판단기준을 제시하고 있는 판결. 본 사례에서는 중실화죄가 성립하지 않은 것으로 보았음.

판례 | 과실폭발성물건파열 등 죄

• 임차인이 자신의 비용으로 설치·사용하던 가스설비의 휴즈콕크를 아무런 조치 없이 제거하고 이사를 간 후 가스공급을 개별적으로 차단할 수 있는 주밸브가 열려져 가스가 유입되어 폭발사고가 발생한 경우, 구 액화석유가스의안전및사업관리법상의 관련 규정 취지와 그 주밸브가 누군가에 의하여 개폐될 가능성을 배제할 수 없다는 점 등에 비추어 그 휴즈콕크를 제거하면서 그 제거부분에 아무런 조치를 하지 않고 방치하면 주밸브가 열리는 경우 유입되는 가스를 막을 아무런 안전장치가 없어 가스 유출로 인한 대형사고의 가능성이 있다는 것은 평균인의 관점에서 객관적으로 볼 때 충분히 예견할 수 있다는 이유로 임차인의 과실과 가스폭발사고 사이의 상당인과관계를 인

> 정한 사례(대판 2001.6.1. 99도5086). [해설] 과실폭발성물건파열에서 과실 판단은 평균인의 관점에서 객관적으로 판단하고 그 과실과 가스폭발사고 사이에는 상당인과관계를 인정한 판결.

 제4절 | 일수와 수리에 관한 죄

I. 서론

1. 의의 및 보호법익

일수죄는 수해를 일으켜 공공의 안전을 해하는 것을 내용으로 하는 범죄이다. 공공의 평온을 보호법익으로 하는 공공위험죄라는 점에서 방화죄와 본질을 같이하나, 본죄는 수력에 의한 파괴력을 이용한다는 점에 특색이 있다. 보호법익이 보호받는 정도는 추상적 위험범이다. 다만 자기물건 일수죄는 구체적 위험범에 해당한다. 이에 반하여 수리방해죄(제184조)는 수리권을 보호법익으로 하는 범죄이며 공공위험죄가 아니다. 일수와 수리에 관한 죄의 기본적 구성요건은 일반건조물 등 일수죄(제179조)와 수리방해죄(제184조)이다. 일수죄에 대한 가중적 구성요건으로는 현주건조물 등 일수죄(제177조)와 공용건조물 등 일수죄(제178조)가 있는 이외에, 방수방해죄(제180조)와 과실일수죄(제181조)를 처벌한다. 일수죄에 관하여도 미수범(제182조)과 예비·음모(제183조)를 처벌하고 있다.

2. 구성요건의 체계

일수죄	기본적 구성요건	타인소유일반건조물일수죄(제179조 제1항)
	가중적 구성요건	현주건조물일수죄(불법가중(제177조 제1항)), 공용건조물일수죄(불법가중(제178조))
	감경적 구성요건	자기소유일반건조물일수죄(불법감경(제179조 제2항))
	결과적 가중범	현주건조물일수치사상죄(제177조 제2항)
	미수범 처벌	현주건조물일수죄, 공용건조물일수죄, 타인소유일반건조물일수죄(제182조)
	예비죄 처벌	현주건조물일수죄, 공용건조물일수죄, 타인소유일반건조물일수죄(제183조)
	준일수죄	방수방해죄(제180조)
	과실범	과실일수죄(제181조)
수리죄	독립적 구성요건	수리방해죄(제184조)

II. 일수죄

1. 현주건조물 등 일수죄·현주건조물일수치사상죄

> **제177조(현주건조물등에의 일수)**
> ① 물을 넘겨 사람이 주거에 사용하거나 사람이 현존하는 건조물, 기차, 전차, 자동차, 선박, 항공기 또는 광갱을 침해한 자는 무기 또는 3년 이상의 징역에 처한다.
> ② 제1항의 죄를 범하여 사람을 상해에 이르게 한 때에는 무기 또는 5년 이상의 징역에 처한다. 사망에 이르게 한 때에는 무기 또는 7년 이상의 징역에 처한다.

물을 넘겨 사람의 주거에 사용하거나 사람이 현존하는 건조물 등을 침해함으로써 성립하는 추상적 위험범이다(제177조). 현주건조물 등 방화죄에 대응하는 범죄이다. '물을 넘겨'란 제한되어 있는 물의 자연력을 해방시켜 계역 밖으로 범람하게 하는 것을 말하며, 그 수단과 방법에는 제한이 없다. 이로 인하여 사람을 사상케 한 때에는 결과적 가중범이 성립한다. 다만 이는 사상의 결과에 대하여 고의가 있는 때에도 성립하는 부진정결과적 가중범이다.

2. 공용건조물 등 일수죄

> **제178조(공용건조물 등에의 일수)**
> 물을 넘겨 공용 또는 공익에 공하는 건조물, 기차, 전차, 자동차, 선박, 항공기 또는 광갱을 침해한 자는 무기 또는 2년 이상의 징역에 처한다.

물을 넘겨 공용 또는 공익에 공하는 건조물 등을 침해함으로써 성립하는 범죄이다(제178조).

3. 일반건조물 등 일수죄

> **제179조(일반건조물 등에의 일수)**
> ① 물을 넘겨 전2조에 기재한 이외의 건조물, 기차, 전차, 자동차, 선박, 항공기 또는 광갱 기타 타인의 재산을 침해한 자는 1년 이상 10년 이하의 징역에 처한다.
> ② 자기의 소유에 속하는 전항의 물건을 침해하여 공공의 위험을 발생하게 한 때에는 3년 이하의 징역 또는 700만원 이하의 벌금에 처한다.
> ③ 제176조의 규정은 본조의 경우에 준용한다.

물을 넘겨 현주건조물 또는 공용건조물 이외의 건조물 기타 물건을 침해함으로써 성립하는 범죄이다(제179조). 타인 소유의 물건인 때에는 추상적 위험범임에 반하여(제179조 제1항), 자기 소유의 물건인 때에는 구체적 위험범이다(제179조 제2항). 다만 자기의 소유에 속하는 건조물 등이라도 압류 기타 강제처분을 받거나 타인의 권리 또는 보험의 목적이 된 때에는 타인의 물건으로 간주한다(제179조 제3항, 제176조).

4. 방수방해죄

> **제180조(방수방해)**
> 수재에 있어서 방수용의 시설 또는 물건을 손괴 또는 은닉하거나 기타 방법으로 방수를 방해한 자는 10년 이하의 징역에 처한다.

수재에 있어서 방수용의 시설 또는 물건을 손괴 또는 은닉하거나 기타의 방법으로 방수를 방해함으로써 성립하는 범죄이다(제180조). 방화죄에 있어서의 진화방해죄와 그 본질을 같이한다.

5. 과실일수죄

> **제181조(과실일수)**
> 과실로 인하여 제177조 또는 제178조에 기재한 물건을 침해한 자 또는 제179조에 기재한 물건을 침해하여 공공의 위험을 발생하게 한 자는 1천만원 이하의 벌금에 처한다.

과실로 인하여 현주건조물 등 일수죄 또는 공용건조물 등 일수죄에 기재된 물건을 침해하거나, 일반건조물 등 일수죄에 기재한 물건을 침해하여 공공의 위험을 발생케 한 경우에 성립하는 범죄이다(제181조).

6. 일수예비·음모죄

> **제182조(미수범)**
> 제177조 내지 제179조제1항의 미수범은 처벌한다.
>
> **제183조(예비, 음모)**
> 제177조 내지 제179조제1항의 죄를 범할 목적으로 예비 또는 음모한 자는 3년 이하의 징역에 처한다.

현주건조물 등 일수죄, 공용건조물 등 일수죄 및 타인 소유의 일반건조물 등 일수죄를 범할 목적으로 예비·음모함으로써 성립하는 범죄이다(제183조).

Ⅲ. 수리방해죄

> **제184조(수리방해)**
> 둑을 무너뜨리거나 수문을 파괴하거나 그 밖의 방법으로 수리(水利)를 방해한 자는 5년 이하의 징역 또는 700만원 이하의 벌금에 처한다.

둑을 무너뜨리거나 수문을 파괴하거나 그 밖의 방법으로 수리(水利)를 방해함으로써 성립하는 범죄이다(제184조). 본죄의 보호법익은 수리권이다. 따라서 본죄가 성립하기 위하여는 현존하는 수리의 이익이 있어야 한다. 여기서 수리란 관개·목축·수차발전 등 일체의 물의 이용을 의미한다. 물이 자연수인가 인공수인가도 불문한다. 수리권의 근거는 법령·계약뿐만 아니라 관습에 의한 경우도 포함한다.

판례 수리방해죄

- [1] 형법 제184조는 '제방을 결궤(決潰, 무너뜨림)하거나 수문을 파괴하거나 기타 방법으로 수리를 방해'하는 것을 구성요건으로 하여 수리방해죄를 규정하고 있는바 여기서 <u>수리(水利)라 함은,</u> 관개용·목축용·발전이나 수차 등의 동력용·상수도의 원천용 등 널리 물이라는 천연자원을 사람의 생활에 <u>유익하게 사용하는 것</u>을 가리키고(다만, 형법 제185조의 교통방해죄 또는 형법 제195조의 <u>수도불통죄</u>

의 경우 등 다른 규정에 의하여 보호되는 형태의 물의 이용은 제외될 것이다), 수리를 방해한다 함은 제방을 무너뜨리거나 수문을 파괴하는 등 위 조문에 예시된 것을 포함하여 저수시설, 유수로(流水路)나 송·인수시설 또는 이들에 부설된 여러 수리용 장치를 손괴·변경하거나 효용을 해침으로써 수리에 지장을 일으키는 행위를 가리키며, 나아가 수리방해죄는 타인의 수리권을 보호법익으로 하므로 수리방해죄가 성립하기 위하여는 법령, 계약 또는 관습 등에 의하여 타인의 권리에 속한다고 인정될 수 있는 물의 이용을 방해하는 것이어야 한다. [2] 원천 내지 자원으로서의 물의 이용이 아니라, 하수나 폐수 등 이용이 끝난 물을 배수로를 통하여 내려보내는 것은 형법 제184조 소정의 수리에 해당한다고 할 수 없고, 그러한 배수 또는 하수처리를 방해하는 행위는, 특히 그 배수가 수리용의 인수(引水)와 밀접하게 연결되어 있어서 그 배수의 방해가 직접 인수에까지 지장을 초래한다는 등의 특수한 경우가 아닌 한, 수리방해죄의 대상이 될 수 없다. [3] 농촌주택에서 배출되는 생활하수의 배수관(소형 PVC관)을 토사로 막아 하수가 내려가지 못하게 한 경우, 수리방해죄에 해당하지 아니한다고 본 사례(대판 2001.6.26. 2001도404).

 판례 수리권의 근거

- 몽리민들이 계속하여 20년 이상 평온 공연하게 본건 유지의 물을 사용하여 소유농지를 경작하여 왔다면 그 유지의 물을 사용할 권리가 있다고 할 것이므로 그 권리를 침해하는 행위는 수리방해죄를 구성한다 할 것이다(대판 1968.2.20. 67도1677). [해설] 관습형법은 원칙적으로 금지되지만, 성문형법의 해석에 관습의 사용은 허용된다는 취지의 판결.

 제5절 | 교통방해의 죄

I. 서론

1. 의의와 본질

교통로 또는 교통기관 등 교통설비를 손괴 또는 불통하게 하여 교통을 방해하는 것을 내용으로 하는 범죄이다. 본죄의 보호법익에는 교통안전뿐만 아니라 생명·신체 또는 재산의 위험도 포함되며, 보호법익이 보호받는 정도는 추상적 위험범이다. 여기서 교통방해죄도 공공위험죄로서의 성격을 가지게 된다.

2. 구성요건의 체계

기본적 구성요건은 일반교통방해죄(제185조)이며, 기차·선박 등 교통방해죄(제186조), 기차 등 전복죄(제187조)와 교통방해치사상죄(제188조)는 이에 대한 가중적 구성요건이다. 형법은 이 외에도 교통방해죄의 미수(제190조)과 과실범(제189조)을 처벌하고, 가중교통방해죄에 대하여는 예비·음모(제191조)를 처벌하고 있다.

형법	기본적 구성요건	일반교통방해죄(제185조)
	가중적 구성요건	기차·선박 등 교통방해죄(객체의 특수성으로 인한 불법 가중(제186조)), 기차 등 전복죄(행위태양의 위험성으로 인한 불법가중(제187조))
	결과적 가중범	교통방해치사상죄(제188조)
	미수범 처벌	일반교통방해죄, 기차·선박 등 교통방해죄, 기차 등 전복죄(제190조)
	예비 등 처벌	기차·선박 등 교통방해죄, 기차 등 전복죄(제191조)
	과실범	과실교통방해죄(제189조 제1항), 업무상 과실·중과실교통방해죄(제189조 제2항)

II. 교통방해죄

1. 일반교통방해죄

> **제185조(일반교통방해)**
> 육로, 수로 또는 교량을 손괴 또는 불통하게 하거나 기타 방법으로 교통을 방해한 자는 10년 이하의 징역 또는 1천500만원 이하의 벌금에 처한다.
>
> **제190조(미수범)**
> 제185조 내지 제187조의 미수범은 처벌한다.

(1) 의의

육로·수로 또는 교량을 손괴 또는 불통하게 하거나 기타 방법으로 교통을 방해함으로써 성립하는 범죄이다(제185조).

(2) 객관적 구성요건

1) **행위의 객체** : 육로·수로 또는 교량이다. ㈎ 육로란 공중의 왕래에 사용되는 육상의 도로를 말하며, 관리자나 소유자가 누구인가는 불문한다. ㈏ 수로란 선박의 항해에 제공되어 있는 하천·운하·해협·호소 등을 말한다. ㈐ 교량이란 일반의 교통에 제공된 다리를 말하며, 그 형태와 대소 또는 재질과 소유권의 여하는 묻지 않는다.

2) **행위의 태양** : 손괴 또는 불통하게 하거나 기타의 방법으로 교통을 방해하는 것이다. ㈎ 손괴란 교통을 방해할 수 있을 정도의 물질적 훼손을 의미하며, 불통하게 하는 것은 장애물을 사용하여 왕래를 방해하는 일체의 행위를 말한다. 손괴와 불통은 교통방해의 예시이므로 기타의 방법에 의하여도 교통을 방해할 수 있다. ㈏ 교통의 방해란 교통을 불가능하게 하는 경우뿐만 아니라 교통을 현저히 곤란하게 하는 경우를 포함한다. 그러나 이러한 상태가 발생하면 본죄는 기수가 되며, 교통방해의 결과가 현실적으로 발생하여야 하는 것은 아니다.

(3) 주관적 구성요건

행위자에게 교통을 방해한다는 고의가 있어야 한다. 그러나 본죄는 추상적 위험범이므로 공공의 위험에 대한 인식은 고의의 내용이 되지 않는다.

2. 기차·선박 등 교통방해죄

> **제186조(기차, 선박 등의 교통방해)**
> 궤도, 등대 또는 표지를 손괴하거나 기타 방법으로 기차, 전차, 자동차, 선박 또는 항공기의 교통을 방해한 자는 1년 이상의 유기징역에 처한다.
>
> **제190조(미수범)**
> 제185조 내지 제187조의 미수범은 처벌한다.
>
> **제191조(예비, 음모)**
> 제186조 또는 제187조의 죄를 범할 목적으로 예비 또는 음모한 자는 3년 이하의 징역에 처한다.

궤도·등대 또는 표지를 손괴하거나 기타 방법으로 기차·전차·자동차·선박 또는 항공기의 교통을 방해함으로써 성립하는 범죄이다(제186조). 교통을 방해하는 행위를 하면 족하며 교통방해의 실해가 발생하였거나 공공의 위험이 발생하였을 것을 요건으로 하지 않는다.

3. 기차 등 전복죄

> **제187조(기차 등의 전복 등)**
> 사람의 현존하는 기차, 전차, 자동차, 선박 또는 항공기를 전복, 매몰, 추락 또는 파괴한 자는 무기 또는 3년 이상의 징역에 처한다.
>
> **제190조(미수범)**
> 제185조 내지 제187조의 미수범은 처벌한다.
>
> **제191조(예비, 음모)**
> 제186조 또는 제187조의 죄를 범할 목적으로 예비 또는 음모한 자는 3년 이하의 징역에 처한다.

(1) 의의

사람이 현존하는 기차·전차·자동차·선박 또는 항공기를 전복·매몰·추락 또는 파괴함으로써 성립하는 범죄이다(제187조).

(2) 객관적 구성요건

1) **행위의 객체** : 사람이 현존하는 기차·전차·자동차·선박 또는 항공기이다. '사람이 현존한다' 함은 당해 행위자 이외의 사람이 실행행위를 개시할 때에 현존함을 의미한다. 기차 등이 반드시 현재 진행 중일 것을 요하지 않는다.

2) **행위의 태양** : 전복·매몰·추락 또는 파괴하는 것이다. 전복이란 교통기관을 탈선시켜 넘어가게 하는 것이다. 매몰은 선박을 침몰시키는 것이다. 추락이란 자동차와 항공기가 높은 곳에서 아래로 떨어지는 것을 말한다. 파괴는 교통기관으로서의 기능의 전부 또는 일부를 불가능하게 할 정도의 손괴임을 요한다(통설, 판례).

(3) 주관적 구성요건

사람이 현존하는 기차·전차·자동차·선박 또는 항공기를 전복·매몰·추락 또는 파괴한다는 인식, 즉 고의가 있어야 한다.

4. 교통방해치사상죄

> **제188조(교통방해치사상)**
> 제185조 내지 제187조의 죄를 범하여 사람을 상해에 이르게 한 때에는 무기 또는 3년 이상의 징역에 처한다. 사망에 이르게 한 때에는 무기 또는 5년 이상의 징역에 처한다.

일반교통방해죄, 기차·선박 등 교통방해죄, 기차 등 전복죄를 범하여 사람을 사상에 이르게 한 결과가 발생하였을 때에 성립하는 결과적 가중범이다(제188조). 여기서 사람이란 교통기관 안에 현존하는 사람뿐만 아니라 보행자 또는 부근에 있던 다른 사람들을 포함한다. 본죄를 모두 부진정결과적 가중범이라고 해석하는 견해도 있으나, 교통방해치사죄는 진정결과적 가중범이고, 치상죄는 부진정결과적 가중범이라고 해석해야 한다.

Ⅲ. 과실에 의한 교통방해죄

1. 과실교통방해죄

> **제189조(과실, 업무상과실, 중과실)**
> ① 과실로 인하여 제185조 내지 제187조의 죄를 범한 자는 1천만원 이하의 벌금에 처한다.

과실로 일반교통방해죄, 기차·선박 등 교통방해죄 및 기차 등 전복죄를 범한 경우에 성립한다(제189조 제1항).

2. 업무상 과실·중과실교통방해죄

> **제189조(과실, 업무상과실, 중과실)**
> ② 업무상과실 또는 중대한 과실로 인하여 제185조 내지 제187조의 죄를 범한 자는 3년 이하의 금고 또는 2천만원 이하의 벌금에 처한다.

업무상 과실 또는 중과실로 인하여 교통을 방해한 때에 성립하는 범죄이다(제189조 제2항).

 **판례** 육로

① 토지의 소유자가 자신의 토지의 한쪽 부분을 일시 공터로 두었을 때 인근주민들이 위 토지의 동서쪽에 있는 도로에 이르는 지름길로 일시 이용한 적이 있다 하여도 이를 일반공중의 내왕에 공용되는 도로라고 할 수 없으므로 형법 제185조 소정의 육로로 볼 수 없다(대판 1984.11.13. 84도2192).

② 주민들에 의하여 공로로 통하는 유일한 통행로로 오랫동안 이용되어 온 폭 2m의 골목길을 자신의 소유라는 이유로 폭 50 내지 75cm 가량만 남겨두고 담장을 설치하여 주민들의 통행을 현저히 곤란하게 하였다면 일반교통방해죄를 구성한다고 한 사례(대판 1994.11.4. 94도2112).

③ [1] 형법 제185조의 일반교통방해죄는 일반공중의 교통의 안전을 보호법익으로 하는 범죄로서 여기서의 '육로'라 함은 사실상 일반공중의 왕래에 공용되는 육상의 통로를 널리 일컫는 것으로서 그 부지의 소유관계나 통행권리관계 또는 통행인의 많고 적음 등을 가리지 않는다. [2] 신도로와는 높이가 달라 종전에 이 사건 토지 부분을 통행하던 차량들은 여전히 이 사건 토지를 거쳐서

신도로와 구도로의 높이가 동일한 곳에 설치된 신도로와 구도로의 연결 부분을 통하여 신도로로 진입할 수 있도록 되어 있으므로 이 사건 토지는 여전히 사실상 도로로서의 필요성이 있으며 신도로에 의하여 대체될 수 없는 상태로 되어 있어 여전히 일반인 및 차량이 통행하고 있는 사실을 알 수 있다. 따라서 <u>이 사건 토지 부분은 위 신도로가 생긴 후에도 사실상 일반공중의 왕래에 공용되는 육상의 통로에 해당한다고 보아야 할 것이고, 같은 취지에서 피고인의 담장설치행위가 일반교통방해죄에 해당한다고 본 원심의 인정과 판단은 정당하고,</u> 거기에 형법 제185조의 '육로'에 관한 법리오해 또는 채증법칙 위배에 의한 사실오인의 위법이 없다. 논지는 이유 없다(대판 1999.7.27. 99도1651).

④ <u>목장 소유자가 목장운영을 위해 목장용지 내에 임도를 개설하고 차량 출입을 통제하면서 인근 주민들의 일부 통행을 부수적으로 묵인한 경우, 위 임도는 공공성을 지닌 장소가 아니어서 일반교통방해죄의 '육로'에 해당하지 않는다고 한 사례</u>(대판 2007.10.11. 2005도7573).

⑤ 형법 제185조의 일반교통방해죄는 일반 공중의 교통안전을 보호하는 범죄로서 육로 등을 손괴하거나 장애물로 막는 등의 방법으로 교통을 방해하여 통행을 불가능하게 하거나 현저하게 곤란하게 하는 일체의 행위를 처벌하는 것을 목적으로 한다. <u>여기에서 '육로'란 일반 공중의 왕래에 제공된 장소, 즉 특정인에 한하지 않고 불특정 다수인 또는 차마가 자유롭게 통행할 수 있는 공공성을 지닌 장소를 말한다. 통행로를 이용하는 사람이 적은 경우에도 위 규정에서 말하는 육로에 해당할 수 있으나, 공로에 출입할 수 있는 다른 도로가 있는 상태에서 토지 소유자로부터 일시적인 사용승낙을 받아 통행하거나 토지 소유자가 개인적으로 사용하면서 부수적으로 타인의 통행을 묵인한 장소에 불과한 도로는 위 규정에서 말하는 육로에 해당하지 않는다</u>(대판 2017.4.7. 2016도12563).

 **판례 불통**

- 일반교통방해죄는 일반 공중의 교통의 안전을 그 보호법익으로 하는 범죄로서 육로 등을 손괴 또는 불통케 하거나 기타의 방법으로 교통을 방해하여 통행을 불가능하게 하거나 현저히 곤란하게 하는 일체의 행위를 처벌하는 것을 그 목적으로 하고 있으며, 여기서 '육로'라 함은 사실상 일반공중의 왕래에 공용되는 육상의 통로를 널리 일컫는 것으로서 그 부지의 소유관계나 통행권리관계 또는 통행인의 많고 적음 등을 가리지 않는다. 또한, 일반교통방해죄는 이른바 추상적 위험범으로서 교통이 불가능하거나 또는 현저히 곤란한 상태가 발생하면 바로 기수가 되고 교통방해의 결과가 현실적으로 발생하여야 하는 것은 아니다. 원심이, 그 설시의 증거를 종합하여 피고인이 쇠파이프구조물을 설치하거나 화물차로 도로를 가로막는 방법으로 교통을 방해한 사실을 인정하여 피고인을 일반교통방해죄로 처단한 것은 기록과 앞서 본 법리에 비추어 정당한 것으로 수긍되고, 거기에 상고이유의 주장과 같은 일반교통방해죄에 관한 법리오해, 채증법칙 위배나 사실오인 등의 위법이 없다(대판 2005.10.28. 2004도7545).

판례 교통방해

① 피고인들이 한 통근버스 운행방해, 탈의실 농성점거, 농성행위 등의 행위가 적법한 절차를 거치지 않고 이루어진 것이어서 업무방해죄, 일반교통방해죄의 구성요건에 해당하는 것이라면 정당한 노동조합 활동이라고 볼 수 없어 법령에 의한 행위 또는 업무로 인한 행위라고 할 수 없고, 설사 피고인들이 노동조건의

개선이나 임금인상 등의 목적을 관철하기 위하여 그와 같은 행위를 하였다고 하여도 <u>이와 같이 그 절차가 위법이고, 또 그 방법이 위와 같은 것이어서 사회상규상 허용될 수 없는 것인 이상은 마찬가지이므로 위법성이 조각되지 아니한다</u>(대판 1990.7.10. 90도755).

② [1] 일반교통방해의 각 점에 대하여 형법 제185조의 일반교통방해죄는 일반공중의 교통의 안전을 보호법익으로 하는 범죄로서 여기에서 '육로'라 함은 일반공중의 왕래에 공용된 장소, 즉 특정인에 한하지 않고 불특정 다수인 또는 차마가 자유롭게 통행할 수 있는 공공성을 지닌 장소를 말하고, <u>육로로 인정되는 이상 그 부지의 소유관계나 통행권리관계 또는 통행인의 많고 적음 등을 가리지 않는 것이다</u>. [2] 불특정 다수인의 통행로로 이용되어 오던 도로의 토지 일부의 소유자라 하더라도 그 도로의 중간에 바위를 놓아두거나 이를 파헤침으로써 차량의 통행을 못하게 한 행위는 일반교통방해죄 및 업무방해죄에 해당한다고 한 사례(대판 2005.8.19. 2005도1697, 대판 2002.4.26. 2001도6903).

③ 서울 중구 소공동의 <u>왕복 4차로의 도로 중 편도 3개 차로 쪽에 차량 2, 3대와 간이테이블 수십개를 이용하여 길가쪽 2개 차로를 차지하는 포장마차를 설치하고 영업행위를 한 것은, 비록 행위가 교통량이 상대적으로 적은 야간에 이루어졌다 하더라도 형법 제185조의 일반교통방해죄를 구성한다고 한 사례</u>(대판 2007.12.14. 2006도4662).

④ 인근 상가의 통행로로 이용되고 있는 토지의 사실상 지배권자가 위 토지에 철주와 철망을 설치하고 포장된 아스팔트를 걷어냄으로써 통행로로 이용하지 못하게 한 경우, 이는 <u>일반교통방해죄를 구성하고 자구행위에 해당하지 않는다고 한 사례</u>(대판 2007.12.28. 2007도7717).

⑤ 피고인의 가옥 앞 도로가 폐기물 운반 차량의 통행로로 이용되어 가옥 일부에 균열 등이 발생하자 <u>피고인이 위 도로에 트랙터를 세워두거나 철책 펜스를 설치함으로써 위 차량의 통행을 불가능하게 하거나 위 차량들의 앞을 가로막고 앉아서 통행을 일시적으로 방해한 경우, 전자의 경우에만 일반교통방해죄를 구성한다고 한 사례</u>(대판 2009.1.30. 2008도10560).

⑥ 공항 여객터미널 버스정류장 앞 도로 중 공항리무진 버스 외의 다른 차의 주차가 금지된 구역에서 밴 차량을 40분간 불법주차하고 호객행위를 한 것이, <u>다른 차량들의 통행을 불가능하거나 현저히 곤란하게 한 것으로 볼 수 없어 형법 제185조의 일반교통방해죄를 구성하지 않는다고 한 사례</u>(대판 2009.7.9. 2009도4266).

⑦ [1] 집회 및 시위에 관한 법률(이하 '집시법'이라 한다)에 따라 적법한 신고를 마친 집회 또는 시위라고 하더라도 당초에 신고한 범위를 현저히 벗어나거나 집시법 제12조에 따른 조건을 중대하게 위반하여 도로 교통을 방해함으로써 통행을 불가능하게 하거나 현저하게 곤란하게 하는 경우에는 형법 제185조의 일반교통방해죄가 성립한다. 그러나 이때에도 <u>참가자 모두에게 당연히 일반교통방해죄가 성립하는 것은 아니고, 실제로 참가자가 위와 같이 신고 범위를 현저하게 벗어나거나 조건을 중대하게 위반하는 데 가담하여 교통방해를 유발하는 직접적인 행위를 하였거나, 참가자의 참가 경위나 관여 정도 등에 비추어 그 참가자에게 공모공동정범의 죄책을 물을 수 있는 경우라야 일반교통방해죄가 성립한다</u>. [2] 일반교통방해죄는 이른바 추상적 위험범으로서 교통이 불가능하거나 또는 현저히 곤란한 상태가 발생하면 바로 기수가 되고 교통방해의 결과가 현실적으로 발생하여야 하는 것은 아니다. 또한 <u>일반교통방해죄에서 교통방해 행위는 계속범의 성질을 가지는 것이어서 교통방해의 상태가 계속되는 한 가벌적인 위법상태는 계속 존재한다</u>. 따라서 <u>신고 범위를 현저히 벗어나거나 집회 및 시위에 관한 법률 제12조에 따른 조건을 중대하게 위반함으로써 교통방해를 유발한 집회에 참가한 경우,</u>

참가 당시 이미 다른 참가자들에 의해 교통의 흐름이 차단된 상태였더라도 교통방해를 유발한 다른 참가자들과 암묵적·순차적으로 공모하여 교통방해의 위법상태를 지속시켰다고 평가할 수 있다면 일반교통방해죄가 성립한다(대판 2018.1.24. 2017도11408).

> **판례** 집회 및 시위와 일반교통방해죄의 성립 여부

① 피고인 등 약 600명의 노동조합원들이 차도만 설치되어 있을 뿐 보도는 따로 마련되어 있지 아니한 도로 우측의 편도 2차선의 대부분을 차지하면서 대오를 이루어 행진하는 방법으로 시위를 하고 이로 인하여 나머지 편도 2차선으로 상, 하행차량이 통행하느라 차량의 소통이 방해되었다 하더라도 피고인 등의 시위행위에 대하여 일반교통방해죄를 적용할 수 없다고 한 사례(대판 1992.8.18. 91도2771).

② [1] 구 집회 및 시위에 관한 법률(2007. 5. 11. 법률 제8424호로 전문 개정되기 전의 것) 제6조 제1항 및 입법 취지에 비추어, 적법한 신고를 마치고 도로에서 집회나 시위를 하는 경우 도로의 교통이 어느 정도 제한될 수밖에 없으므로, 그 집회 또는 시위가 신고된 범위 내에서 행해졌거나 신고된 내용과 다소 다르게 행해졌어도 신고된 범위를 현저히 일탈하지 않는 경우에는, 그로 인하여 도로의 교통이 방해를 받았다고 하더라도 특별한 사정이 없는 한 형법 제185조의 일반교통방해죄가 성립한다고 볼 수 없다. 그러나 그 집회 또는 시위가 당초 신고된 범위를 현저히 일탈하거나 구 집회 및 시위에 관한 법률(2007. 5. 11. 법률 제8424호로 전문 개정되기 전의 것) 제12조에 의한 조건을 중대하게 위반하여 도로교통을 방해함으로써 통행을 불가능하게 하거나 현저하게 곤란하게 하는 경우에는 일반교통방해죄가 성립한다. [2] 전국민주노동조합총연맹 준비위원회가 주관한 도로행진시위가 사전에 구 집회 및 시위에 관한 법률(2007. 5. 11. 법률 제8424호로 전문 개정되기 전의 것)에 따라 옥외집회신고를 마쳤어도, 신고의 범위와 위 법률 제12조에 따른 제한을 현저히 일탈하여 주요도로 전차선을 점거하여 행진 등을 함으로써 <u>교통소통에 현저한 장해를 일으켰다면, 일반교통방해죄를 구성한다</u>고 한 사례(대판 2008.11.13. 2006도755).

③ [1] 집회 및 시위에 관한 법률에 따른 신고 없이 이루어진 집회에 참석한 참가자들이 차로 위를 행진하는 등으로 도로 교통을 방해함으로써 통행을 불가능하게 하거나 현저하게 곤란하게 하는 경우에 일반교통방해죄가 성립한다. 그러나 이 경우에도 참가자 모두에게 당연히 일반교통방해죄가 성립하는 것은 아니고, <u>실제로 참가자가 집회·시위에 가담하여 교통방해를 유발하는 직접적인 행위를 하였거나, 참가자의 참가 경위나 관여 정도 등에 비추어 참가자에게 공모공동정범의 죄책을 물을 수 있는 경우라야 일반교통방해죄가 성립한다.</u> [2] 일반교통방해죄는 이른바 추상적 위험범으로서 교통이 불가능하거나 또는 현저히 곤란한 상태가 발생하면 바로 기수가 되고 교통방해의 결과가 현실적으로 발생하여야 하는 것은 아니다. 또한 일반교통방해죄에서 교통방해 행위는 계속범의 성질을 가지는 것이어서 교통방해의 상태가 계속되는 한 위법상태는 계속 존재한다. 따라서 교통방해를 유발한 집회에 참가한 경우 참가 당시 이미 다른 참가자들에 의해 교통의 흐름이 차단된 상태였더라도 교통방해를 유발한 다른 참가자들과 암묵적·순차적으로 공모하여 교통방해의 위법상태를 지속시켰다고 평가할 수 있다면 일반교통방해죄가 성립한다. [3] 피고인이 집회 및 시위에 관한 법률에 따른 신고 없이 서울광장에서 개최된 '세월호 1주기 범국민행동' 추모제(이하 '갑 집회'라 한다)에 참석한 뒤 다른 집회 참가자들과 함께 질서유지선을 넘어 방

송차량을 따라 도로 전 차로를 점거하면서 행진하고, 행진을 제지하는 경찰과 대치하면서 도로에서 머물다가 귀가한 사안에서, <u>피고인은 다른 집회 참가자들과 함께 경찰이 공공질서 유지 등을 위하여 설정한 질서유지선을 넘어 도로 전 차로를 점거한 채 행진하였으므로 집회 참가자들 사이에 서로의 행위를 인식하며 암묵적·순차적으로 의사의 결합이 이루어졌다고 볼 수 있어, 피고인은 갑 집회의 위법성을 인식한 상태에서 이를 수용하여 도로 점거 등 교통을 방해하는 직접적 행위를 하였다고 보이는 점, 갑 집회 참가자들이 도로를 점거함으로써 차량의 통행이 전면적으로 제한되는 상태가 계속되었으므로 도로 점거행위는 직접적인 교통방해 행위에 해당하거나 교통방해의 위법상태를 지속시켰다고 평가할 수 있는 점, 갑 집회·시위의 내용과 진행 상황, 집회 참가자들이 질서유지선을 넘어 도로를 점거한 채 행진하는 등 구체적인 행위 모습, 도로 점거의 지속시간, 피고인이 다른 집회 참가자들과 함께 도로 점거를 계속한 점 등에 비추어 위 범행에 대한 본질적 기여를 통한 기능적 행위지배가 있다고 볼 수 있는 점을 종합하면, 피고인은 일반교통방해죄의 공모공동정범으로서 책임이 있다</u>는 이유로, 이와 달리 보아 공소사실을 무죄로 판단한 원심판결에 일반교통방해죄의 공모공동정범에 관한 법리오해 등의 잘못이 있다고 한 사례(대판 2018.5.11. 2017도9146). [해설] 집회 및 시위에 관한 법률에 따른 신고 없이 이루어진 집회에 참석한 참가자들이 차로 위를 행진하는 등으로 도로 교통을 방해함으로써 통행을 불가능하게 하거나 현저하게 곤란하게 하는 경우, 일반교통방해죄가 성립한다고 본 판례.

④ <u>일반교통방해죄는 이른바 추상적 위험범으로서 교통이 불가능하거나 또는 현저히 곤란한 상태가 발생하면 바로 기수가 되고 교통방해의 결과가 현실적으로 발생하여야 하는 것은 아니다. 또한 일반교통방해죄에서 교통방해행위는 계속범의 성질을 가지는 것이어서 교통방해의 상태가 계속되는 한 위법상태는 계속 존재한다.</u> 따라서 교통방해를 유발한 집회에 참가한 경우 참가 당시 이미 다른 참가자들에 의해 교통의 흐름이 차단된 상태였다고 하더라도 교통방해를 유발한 다른 참가자들과 암묵적·순차적으로 공모하여 교통방해의 위법상태를 지속시켰다고 평가할 수 있다면 일반교통방해죄가 성립한다(대판 2019.4.23. 2017도1056). [해설] 일반교통방해죄의 성격이 추상적 위험범이고 계속범이라고 본 판례.

⑤ [1]「집회 및 시위에 관한 법률」(이하 '집시법'이라고 한다) 제6조 제1항 및 그 입법 취지에 비추어 보면, 집시법에 의하여 적법한 신고를 마치고 도로에서 집회나 시위를 하는 경우 도로의 교통이 어느 정도 제한될 수밖에 없다. 그러므로 <u>그 집회 또는 시위가 신고된 범위 내에서 행해졌거나 신고된 내용과 다소 다르게 행해졌어도 신고된 범위를 현저히 일탈하지 않는 경우에는, 그로 인하여 도로의 교통이 방해를 받았다고 하더라도 특별한 사정이 없는 한 형법 제185조의 일반교통방해죄가 성립하지 않는다.</u> 그러나 그 집회 또는 시위가 당초 신고된 범위를 현저히 일탈하거나 집시법 제12조에 의한 조건을 중대하게 위반하여 도로 교통을 방해함으로써 통행을 불가능하게 하거나 현저하게 곤란하게 하는 경우에는 일반교통방해죄가 성립한다(대법원 2008. 11. 13. 선고 2006도755 판결 등 참조). [2] 그런데 당초 신고된 범위를 현저히 일탈하거나 집시법 제12조에 의한 조건을 중대하게 위반하여 도로 교통을 방해함으로써 통행을 불가능하게 하거나 현저하게 곤란하게 하는 집회 및 시위에 <u>참가하였다고 하여, 그러한 참가자 모두에게 당연히 일반교통방해죄가 성립하는 것은 아니다. 실제로 그 참가자가 위와 같이 신고된 범위의 현저한 일탈 또는 조건의 중대한 위반에 가담하여 교통방해를 유발하는 직접적인 행위를 하였거나, 그렇지 아니할 경우에는 그 참가자의 참가 경위나 관여 정도 등에 비추어 그 참가자에게 공모공동정범으로서의 죄책을 물을 수 있는 경우라야 일반교통방해죄가 성립한다</u>(대법원 2016. 11. 10. 선고 2016도4921 판결 등 참조)(대판 2021.7.15. 2018도11349). [해설] 2015. 3. 28.자 공무원연금 개악

저지투쟁 시위에 참석한 피고인(전국공무원노조 조합원)이 참가자들과 공동하여 사전 신고된 경로를 이탈한 채 약 30여 분 가량 여의대로 전차로를 행진하고 연좌하는 등의 방법으로 육로의 교통을 방해하였다는 이유로 일반교통방해죄 등으로 기소됨. 원심은 집회에 참여한 피고인의 채증사진과 시위 대열의 선두 쪽에 있었다는 피고인의 진술만으로 피고인이 집회의 다른 참가자들과 암묵적·순차적으로 공모하여 신고된 범위의 현저한 일탈 또는 조건의 중대한 위반에 가담하여 도로 교통을 방해하였다고 보아 일반교통방해죄를 유죄로 인정하였으나, 대법원은 집회가 경찰과의 물리적 충돌이 없는 상태에서 비교적 평화롭게 진행되었고, 여의대로는 왕복 10차로의 넓은 도로이며, 당시 5,000여 명의 집회 참가자들이 외치는 구호나 집회 주최 측의 방송 등으로 인하여 현장이 매우 소란스러웠을 것으로 보이므로 당시 피고인이 교통방해 상황이나 경찰 측의 경고방송의 내용을 정확히 파악하여 사전신고내용에 배치되는 행진을 하고 있다는 사정을 인식하였을 것이라는 점이 합리적 의심 없이 증명되었다고 보기도 어렵다는 등의 이유로 피고인이 집회에 단순 참가한 것으로 보일 뿐, 집회의 신고 범위를 현저히 일탈하거나 조건을 중대하게 위반하는 데에 가담하여 교통방해를 유발하는 직접적인 행위를 하였다거나 일반교통방해죄의 공모공동정범으로서의 죄책을 물을 수 있는 경우에 해당한다고 보기 어렵다고 보아, 원심을 파기환송(일부 - 일반교통방해 부분)한 사례.

판례 기차 등 전복죄(선박파괴죄)

- [1] 형법이 제187조를 교통방해의 죄 중 하나로서 그 법정형을 높게 정하는 한편 미수, 예비·음모까지도 처벌 대상으로 삼고 있는 사정에 덧붙여 '파괴' 외에 다른 구성요건 행위인 전복, 매몰, 추락 행위가 일반적으로 상당한 정도의 손괴를 수반할 것이 당연히 예상되는 사정 등을 고려해 볼 때, <u>형법 제187조에서 정한 '파괴'란 다른 구성요건 행위인 전복, 매몰, 추락 등과 같은 수준으로 인정할 수 있을 만큼 교통기관으로서의 기능·용법의 전부나 일부를 불가능하게 할 정도의 파손을 의미하고, 그 정도에 이르지 아니하는 단순한 손괴는 포함되지 않는다.</u> [2] 총 길이 338m, 갑판 높이 28.9m, 총 톤수 146,848톤, 유류탱크 13개, 평형수탱크 4개인 대형 유조선의 유류탱크 일부에 구멍이 생기고 선수마스트, 위성통신 안테나, 항해등 등이 파손된 정도에 불과한 것은 형법 제187조에 정한 선박의 '파괴'에 해당하지 않는다고 한 사례(대판 2009.4.23. 2008도11921). [해설] 선박파괴죄에서 말하는 '파괴'의 의미와 그 정도를 설시하고 단순손괴는 이에 포함되지 않는다는 판결.

판례 교통방해치사상죄

- [1] 형법 제188조에 규정된 교통방해에 의한 치사상죄는 결과적 가중범이므로, 위 죄가 성립하려면 교통방해 행위와 사상(死傷)의 결과 사이에 상당인과관계가 있어야 하고 행위 시에 결과의 발생을 예견할 수 있어야 한다. 그리고 교통방해 행위가 피해자의 사상이라는 결과를 발생하게 한 유일하거나 직접적인 원인이 된 경우만이 아니라, 그 행위와 결과 사이에 피해자나 제3자의 과실 등 다른 사실이 개재된 때에도 그와 같은 사실이 통상 예견될 수 있는 것이라면 상당인과관계를 인정할 수 있다. [2] 피고인이 고속도로 2차로를 따라 자동차를 운전하다가 1차로를 진행하던 甲의 차량 앞에 급하게 끼어든 후 곧바로 정차하여, 甲의 차량 및 이를 뒤따르던 차량 두 대는 연이어 급제동하여 정차하였으나, 그 뒤를 따라오던 乙의 차량이 앞의 차량들을 연쇄적으로 추돌케 하여 乙을 사망에 이르게 하고 나머지 차량 운전자 등 피해자들에게 상해를 입힌 사안에서, <u>편도 2차로의 고속도로 1차로 한가운데에 정차한 피</u>

고인은 현장의 교통상황이나 일반인의 운전 습관·행태 등에 비추어 고속도로를 주행하는 다른 차량 운전자들이 제한속도 준수나 안전거리 확보 등의 주의의무를 완전하게 다하지 않을 수도 있다는 점을 알았거나 충분히 알 수 있었으므로, 피고인의 정차 행위와 사상의 결과 발생 사이에 상당인과관계가 있고, 사상의 결과 발생에 대한 예견가능성도 인정된다는 이유로, 피고인에게 일반교통방해치사상죄를 인정한 원심판단이 정당하다고 한 사례(대판 2014.7.24. 2014도6206). [해설] 교통방해치사상죄의 성립요건 및 교통방해 행위와 사상의 결과 사이에 상당인과관계를 인정할 수 있는 경우를 보여준 판결.

판례 과실교통방해죄

- [1] 성수대교 붕괴사고에서 교량 건설회사의 트러스 제작 책임자, 교량공사 현장감독, 발주 관청의 공사감독 공무원 등에게 업무상 과실치사상, 업무상 과실일반교통방해, 업무상 과실자동차추락죄 등의 유죄를 인정한 사례. [2] 구 형법(1995. 12. 29. 법률 제5057호로 개정되기 전의 것) 제189조 제2항, 제185조에서 업무상 과실일반교통방해의 한 행위태양으로 규정한 '손괴'라고 함은 물리적으로 파괴하여 그 효용을 상실하게 하는 것을 말하므로, 이 사건 성수대교의 건설 당시의 부실제작 및 부실시공행위 등에 의하여 트러스가 붕괴되는 것도 위 '손괴'의 개념에 포함된다. [3] 구 형법(1995. 12. 29. 법률 제5057호로 개정되기 전의 것) 제189조 제2항에서 말하는 '업무상과실'의 주체는 기차, 전차, 자동차, 선박, 항공기나 기타 일반의 '교통왕래에 관여하는 사무'에 직접·간접으로 종사하는 자이어야 할 것인바, 성수대교는 차량 등의 통행을 주된 목적으로 하여 건설된 교량이므로, 그 건설 당시 제작, 시공을 담당한 자도 '교통왕래에 관여하는 사무'에 간접적으로 관련이 있는 자에 해당한다고 본 사례. [4] 업무상 과실로 인하여 교량을 손괴하여 자동차의 교통을 방해하고 그 결과 자동차를 추락시킨 경우에는 구 형법(1995. 12. 29. 법률 제5057호로 개정되기 전의 것) 제189조 제2항, 제185조 소정의 업무상 과실일반교통방해죄와 같은 법 제189조 제2항, 제187조 소정의 업무상 과실자동차추락죄가 성립하고, 위 각 죄는 형법 제40조 소정의 상상적 경합관계에 있다. [5] 성수대교와 같은 교량이 그 수명을 유지하기 위하여는 건설업자의 완벽한 시공, 감독공무원들의 철저한 제작시공상의 감독 및 유지·관리를 담당하고 있는 공무원들의 철저한 유지·관리라는 조건이 합치되어야 하는 것이므로, 위 각 단계에서의 과실 그것만으로 붕괴원인이 되지 못한다고 하더라도, 그것이 합쳐지면 교량이 붕괴될 수 있다는 점은 쉽게 예상할 수 있고, 따라서 위 각 단계에 관여한 자는 전혀 과실이 없다거나 과실이 있다고 하여도 교량붕괴의 원인이 되지 않았다는 등의 특별한 사정이 있는 경우를 제외하고는 붕괴에 대한 공동책임을 면할 수 없다(대판 1997.11.28. 97도1740). [해설] 이른바 '성수대교 붕괴사건'에 대한 판결.

 **판 례** 업무상 과실교통방해죄

① 열차 기관사는 운전개시 전 차장으로부터 차장실의 공기압력계 점검결과 등을 무전으로 수신하는 등으로 열차의 제동장치 이상 유무를 확인하여야 할 업무상 주의의무가 있음에도 불구하고 이를 게을리 하였다 하여 업무상 과실을 인정한 사례(대판 1991.11.12. 91도1278).

② 예인선 정기용선자의 현장소장 甲은 사고의 위험성이 높은 시점에 출항을 강행할 것을 지시하였고, 예인선 선장 乙은 甲의 지시에 따라 사고의 위험성이 높은 시점에 출항하는 등 무리하게 예인선을 운항한 결과 예인되던 선박에 적재된 물건이 해상에 추락하여 선박교통을 방해한 사안에서, 甲과 乙을 업무상 과실일반교통방해죄의 공동정범으로 처벌한 사례(대판 2009.6.11. 2008도11784).

CHAPTER 02 | 공공의 신용에 대한 죄

 | 통화에 관한 죄

I. 서론

1. 통화에 관한 죄의 의의

행사할 목적으로 통화를 위조·변조하거나, 위조·변조한 통화를 행사·수입·수출 또는 취득하거나, 통화유사물을 제조함으로써 성립하는 범죄를 말한다. 형법은 통화의 위조와 변조 및 행사죄(제207조)를 기본적 구성요건으로 하고 있으며, 위조통화취득죄(제208조), 위조통화 취득 후 지정행사죄(제210조), 통화유사물제조등죄(제211조)를 규정하고 있다.

2. 보호법익

본죄의 보호법익은 통화에 대한 거래상의 안전과 신용이라 함이 다수설의 입장이다. 보호의 정도는 추상적 위험범으로서의 보호이다. 통화에 관한 죄는 외국인의 국외범도 처벌하고, 세계주의를 채택하고 있다.

3. 구성요건의 체계

형법	기본적 구성요건	내국통화위조·변조죄(제207조 제1항), 내국유통외국통화위조·변조죄(제207조 제2항), 외국통용외국통화위조·변조죄(제207조 제3항)
	독립적 구성요건	외국통화행사죄(제207조 제4항), 위조통화취득죄(제208조), 위조통화 취득 후 지정행사죄(제210조), 통화유사물제조죄(제211조)
	미수범 처벌	통화위조·변조죄(제207조 제1항·제2항·제3항), 위조통화행사죄, 위조통화취득죄, 통화유사물제조죄(제212조)
	예비죄 처벌	통화위조·변조죄(제207조 제1항·제2항·제3항, 제213조)
특별형법	특정범죄 가중처벌 등에 관한 법률	형법 제207조에 규정된 죄를 범한 경우 가중처벌된다. 그러나 내국통화위조·변조·행사 가중처벌 부분은 위헌결정을 받았다(헌재결 2014헌바224).

II. 통화위조죄와 위조통화행사죄

1. 내국통화위조·변조죄

> **제207조(통화의 위조 등)**
> ① 행사할 목적으로 통용하는 대한민국의 화폐, 지폐 또는 은행권을 위조 또는 변조한 자는 무기 또는 2년 이상의 징역에 처한다.

> 제212조(미수범)
> 제207조, 제208조와 전조의 미수범은 처벌한다.

(1) 객관적 구성요건

통용하는 대한민국의 통화를 위조 또는 변조함으로써 성립하는 범죄이다(제207조 제1항).

1) **행위의 객체** : 통용하는 대한민국의 통화이다. ㈎ '통화'란 국가 또는 국가에 의하여 발행권한이 부여된 기관에 의하여 금액이 표시된 지불수단으로서 강제통용력이 인정된 것을 말하며, 형법은 통화를 화폐·지폐·은행권으로 구별하고 있다. ㈏ '통용하는'이란 법률에 의하여 강제통용력이 인정되는 것을 말한다.

2) **행위** : 위조 또는 변조하는 것이다. ㈎ 위조란 통화의 발행권자 아닌 자가 통화의 외관을 가지는 물건을 작성하는 것을 말하며, 위조의 방법에는 제한이 없다. 위조의 정도는 일반인이 진화라고 오인할 우려가 있는 외관을 갖추면 족하다. ㈏ 변조란 진정한 통화에 가공하여 그 가치를 변경하는 것을 말한다. 변조는 진정한 통화를 전제로 하므로 가공으로 인하여 진화의 외관 내지 진화의 동일성이 상실되지 않을 것을 요한다는 점에서 위조와 구별된다. 변조의 정도도 일반인이 진정한 통화로 오인할 수 있을 것임을 요한다.

(2) 주관적 구성요건

고의 이외에 행사의 목적이 있어야 한다. 여기의 행사의 목적에는 자기가 행사하는 경우뿐만 아니라 타인으로 하여금 진정한 통화로 유통하게 할 목적인 경우도 포함한다.

(3) 죄수

통화를 위조하고 위조통화를 행사한 때에는 본죄와 위조통화행사죄의 경합범이 된다고 해석하는 것이 다수설이다.

2. 내국유통 외국통화 위조·변조죄

> 제207조(통화의 위조 등)
> ② 행사할 목적으로 내국에서 유통하는 외국의 화폐, 지폐 또는 은행권을 위조 또는 변조한 자는 1년 이상의 유기징역에 처한다.
>
> 제212조(미수범)
> 제207조, 제208조와 전조의 미수범은 처벌한다.

행사할 목적으로 내국에서 유통하는 외국의 통화를 위조 또는 변조함으로써 성립하는 범죄이다(제207조 제2항). 본죄의 객체는 내국에서 유통하는 외국의 통화이다. 내국이란 대한민국 영역 내를 의미하며, 유통이란 사실상 사용되고 있는 것을 말한다. 국내에서 그 사용이 금지되어 있는지도 불문한다. 또한, 외국통화가 본국에서 강제통용력을 가질 것을 요하지 않는다.

3. 외국통용 외국통화 위조·변조죄

> **제207조(통화의 위조 등)**
> ③ 행사할 목적으로 외국에서 통용하는 외국의 화폐, 지폐 또는 은행권을 위조 또는 변조한 자는 10년 이하의 징역에 처한다.
>
> **제212조(미수범)**
> 제207조, 제208조와 전조의 미수범은 처벌한다.

행사할 목적으로 외국에서 통용하는 외국의 통화를 위조 또는 변조함으로써 성립하는 범죄이다(제207조 제3항).

4. 위조·변조통화 행사 등 죄

> **제207조(통화의 위조 등)**
> ④ 위조 또는 변조한 전3항 기재의 통화를 행사하거나 행사할 목적으로 수입 또는 수출한 자는 그 위조 또는 변조의 각 죄에 정한 형에 처한다.
>
> **제212조(미수범)**
> 제207조, 제208조와 전조의 미수범은 처벌한다.

(1) 구성요건

위조 또는 변조한 통화를 행사하거나 행사할 목적으로 수입 또는 수출함으로써 성립한다(제207조 제4항).

1) 행위의 객체 : 위조 또는 변조한 통화이다.

2) 행위 : 행사·수입 또는 수출하는 것이다. 행사란 위조 또는 변조된 통화의 점유 또는 처분권을 타인에게 이전하여 통화로서 유통될 수 있게 하는 것을 말한다. 통화를 유통시킬 것을 요하므로 단순히 자기의 신용력을 보이기 위하여 위조통화를 제시한 것만으로는 행사에 해당하지 않는다. 또한 통화로 유통시킬 것을 요하므로 위조화폐를 명가(名價) 이하의 상품으로 매매하는 것도 행사라고 할 수 없다.

3) 주관적 구성요건 : 행사에 있어서는 고의만으로 족하나, 수입과 수출에 있어서는 고의 이외에 행사의 목적이 있어야 한다.

(2) 사기죄와의 관계

위조 또는 변조통화를 행사하여 재물을 취득한 때에는 본죄 이외에 사기죄의 구성요건이 충족되는 것이 일반적이다. 이 경우에 판례는 본죄와 사기죄가 경합범의 관계에 있다고 판시하고 있으며, 다수설에 의하면 양죄는 보호법익을 달리할 뿐만 아니라, 위조통화의 행사와 기망행위는 한 개의 행위로 인한 것이므로 양죄의 상상적 경합이 된다고 해석하는 것이 타당하다.

III. 통화위조죄의 수정적 구성요건

1. 위조·변조통화 취득죄

> **제208조(위조통화의 취득)**
> 행사할 목적으로 위조 또는 변조한 제207조 기재의 통화를 취득한 자는 5년 이하의 징역 또는 1천500만원 이하의 벌금에 처한다.
>
> **제212조(미수범)**
> 제207조, 제208조와 전조의 미수범은 처벌한다.

행사할 목적으로 제207조에 의하여 위조 또는 변조된 대한민국이나 외국의 통화를 취득함으로써 성립하는 범죄이다(제208조). 취득이 유상인가 무상인가를 묻지 않으며, 방법도 문제되지 않는다. 따라서, 행사할 목적으로 취득한 이상, 범죄행위로 인하여 취득한 경우도 포함된다(예 : 갑이 위조한 통화를 을이 판매할 목적으로 절취한 경우에도 본죄가 성립함). 본죄의 객체는 제207조에 의하여 위조·변조된 통화이고, 행위는 취득이다. 위화(僞貨)에 대한 고의 이외에 행사의 목적을 필요로 한다.

2. 위조통화 취득 후 지정행사죄

> **제210조(위조통화 취득 후의 지정행사)**
> 제207조에 기재한 통화를 취득한 후 그 사정을 알고 행사한 자는 2년 이하의 징역 또는 500만원 이하의 벌금에 처한다.

위조 또는 변조된 통화임을 모르고 취득한 후에 그 사정을 알고 행사한 때에 성립하는 범죄이다. 본죄의 행위는 사정을 모르고 취득한 후에 행사하는 것이다(제210조). 따라서 사정을 알고 취득한 후에 행사한 경우에는 위조통화취득죄(제208조)와 위조통화행사죄(제207조 제4항)의 두 죄가 성립한다. 취득의 적법 여부는 물론 유상인가 무상인가도 문제되지 않는다. 위조통화 취득 후 지정행사죄는 동기에 있어서 유혹적이며 기대가능성이 적다는 것을 고려하여 위조통화행사죄에 비해 가볍게 처벌하고 있는 것이다(책임이 감경된 구성요건).

3. 통화유사물제조등죄

> **제211조(통화유사물의 제조 등)**
> ① 판매할 목적으로 내국 또는 외국에서 통용하거나 유통하는 화폐, 지폐 또는 은행권에 유사한 물건을 제조, 수입 또는 수출한 자는 3년 이하의 징역 또는 700만원 이하의 벌금에 처한다.
> ② 전항의 물건을 판매한 자도 전항의 형과 같다.
>
> **제212조(미수범)**
> 제207조, 제208조와 전조의 미수범은 처벌한다.

판매할 목적으로 내국 또는 외국에서 통용하거나 유통하는 통화유사물을 제조·수입 또는 수출하거나 이를 판매함으로써 성립하는 범죄이다(제211조). 본죄의 객체인 통화유사물이란 통화와 유사한 외관을 갖추었으나 위조 또는 변조의 정도에 이르지 않는 모조품을 말한다. 따라서, 진정한 통화로 오인될 정도의 통화위조행위를 하였으나 이에 실패하여 통화유사물을 제조하게 된 데 그친 경우에 본죄가 성립하고, 이 경우 통화위조죄의 미수범은 성립하지 않는다.

4. 통화위조·변조 예비·음모죄

> **제213조(예비, 음모)**
> 제207조제1항 내지 제3항의 죄를 범할 목적으로 예비 또는 음모한 자는 5년 이하의 징역에 처한다. 단, 그 목적한 죄의 실행에 이르기 전에 자수한 때에는 그 형을 감경 또는 면제한다.

본죄는 내국통화위조·변조죄(제207조 제1항), 내국유통 외국통화위조·변조죄(제107조 제2항) 또는 외국통용 외국통화위조·변조죄(제207조 제3항)를 범할 목적으로 예비·음모하는 것을 특별히 처벌하는 것이다(제213조).

판례 | 내국통화 위조·변조죄

① 한국은행권 10원짜리 주화의 표면에 하얀 약칠을 하여 100원짜리 주화와 유사한 색채를 갖도록 색채의 변경만을 한 경우 이는 일반인으로 하여금 진정한 통화로 오신케 할 정도의 새로운 화폐를 만들어 낸 것이라고 볼 수 없다(대판 1979.8.28. 79도639). [해설] 통화에 관한 죄에서 '위조'의 의미와 정도를 보여준 판결.

② 위조통화행사죄의 객체인 위조통화는 객관적으로 보아 일반인으로 하여금 진정통화로 오신케 할 정도에 이른 것이면 족하고 그 위조의 정도가 반드시 진물에 흡사하여야 한다거나 누구든지 쉽게 그 진부를 식별하기가 불가능한 정도의 것일 필요는 없으나, 이 사건 위조지폐인 한국은행 10,000원권과 같이 전자복사기로 복사하여 그 크기와 모양 및 앞뒤로 복사되어 있는 점은 진정한 통화와 유사하나 그 복사된 정도가 조잡하여 정밀하지 못하고 진정한 통화의 색채를 갖추지 못하고 흑백으로만 되어 있어 객관적으로 이를 진정한 것으로 오인할 염려가 전혀 없는 정도의 것인 경우에는 위조통화행사죄의 객체가 될 수 없다(대판 1985.4.23. 85도570). [해설] 위조통화행사죄의 객체는 위조된 통화이고, 객관적으로 보아 일반인으로 하여금 진정통화로 오신케 할 정도에 이른 것이면 족하다는 판결.

③ 피고인들이 한국은행발행 500원짜리 주화의 표면 일부를 깎아내어 손상을 가하였지만 그 크기와 모양 및 대부분의 문양이 그대로 남아 있어, 이로써 기존의 500원짜리 주화의 명목가치나 실질가치가 변경되었다거나, 객관적으로 보아 일반인으로 하여금 일본국의 500¥짜리 주화로 오신케 할 정도의 새로운 화폐를 만들어 낸 것이라고 볼 수 없고, 일본국의 자동판매기 등이 위와 같이 가공된 주화를 일본국의 500¥짜리 주화로 오인한다는 사정만을 들어 그 명목가치가 일본국의 500¥으로 변경되었다거나 일반인으로 하여금 일본국의 500¥짜리 주화로 오신케 할 정도에 이르렀다고 볼 수도 없다(대판 2002.1.11. 2000도3950). [해설] 통화에 관한 죄에서 '변조'의 의미와 정도를 보여준 판결.

④ [1] 진정한 통화에 대한 가공행위로 인하여 기존 통화의 명목가치나 실질가치가 변경되었다거나 객관적으로 보아 일반인으로 하여금 기존 통화와 다른 진정한 화폐로 오신하게 할 정도의 새로운 물건을 만들어 낸 것으로 볼 수 없다면 통화가 변조되었다고 볼 수 없다. [2] 진정한 통화인 미화 1달러 및 2달러 지폐의 발행연도, 발행번호, 미국 재무부를 상징하는 문양, 재무부장관의 사인, 일부 색상을 고친 것만으로는 통화가 변조되었다고 볼 수 없다고 한 사례(대판 2004.3.26. 2003도5640).

⑤ [1] 형법 제207조에서 정한 '행사할 목적'이란 유가증권위조의 경우와 달리 위조·변조한 통화를 진정한 통화로서 유통에 놓겠다는 목적을 말하므로, 자신의 신용력을 증명하기 위하여 타인에게 보일 목적으로 통화를 위조한 경우에는 행사할 목적이 있다고 할 수 없다. [2] 통화위조죄와 위조통화행사죄의 객체인 위조통화는 유통과정에서 일반인이 진정한 통화로 오인할 정도의 외관을 갖추어야 한다(대

판 2012.3.29. 2011도7704). [해설] 통화위조죄에서 '행사할 목적'의 행사는 진정한 통화를 유통에 놓겠다는 것을 의미하므로 타인에게 자신의 신용력을 과시할 목적으로 위조한 경우는 이에 해당되지 않는다고 본 판결.

판례 내국유통 외국통화 위조·변조죄

- [1] 위조통화임을 알고 있는 자에게 그 위조통화를 교부한 경우에 피교부자가 이를 유통시키리라는 것을 예상 내지 인식하면서 교부하였다면, 그 교부행위 자체가 통화에 대한 공공의 신용 또는 거래의 안전을 해할 위험이 있으므로 위조통화행사죄가 성립한다. [2] 스위스 화폐로서 1998년까지 통용되었으나 현재는 통용되지 않고 다만 스위스 은행에서 신권과의 교환이 가능한 진폐(眞幣)가 형법 제207조 제2항 소정의 내국에서 '유통하는' 외국의 화폐에 해당하지 아니한다고 한 사례(대판 2003.1.10. 2002도3340). [해설] 통화에 관한 죄에서 '통용'과 '유통'의 의미를 보여준 판결. 한편, 위조유가증권행사죄에도 같은 법리가 적용되지만, 위조문서행사죄에서는 문서가 위조된 것임을 이미 알고 있는 공범자 등에게 행사하는 경우에는 위조문서행사죄가 성립하지 않음.

판례 외국유통 외국통화 위조·변조죄

- 형법 제207조 제3항은 "행사할 목적으로 외국에서 통용하는 외국의 화폐, 지폐 또는 은행권을 위조 또는 변조한 자는 10년 이하의 징역에 처한다."고 규정하고 있는바, 여기에서 외국에서 통용한다고 함은 그 외국에서 강제통용력을 가지는 것을 의미하는 것이므로 외국에서 통용하지 아니하는, 즉 강제통용력을 가지지 아니하는 지폐는 그것이 비록 일반인의 관점에서 통용할 것이라고 오인할 가능성이 있다고 하더라도 위 형법 제207조 제3항에서 정한 외국에서 통용하는 외국의 지폐에 해당한다고 할 수 없고, 만일 그와 달리 위 형법 제207조 제3항의 외국에서 통용하는 지폐에 일반인의 관점에서 통용할 것이라고 오인할 가능성이 있는 지폐까지 포함시키면 이는 위 처벌조항을 문언상의 가능한 의미의 범위를 넘어서까지 유추해석 내지 확장해석하여 적용하는 것이 되어 죄형법정주의의 원칙에 어긋나는 것으로 허용되지 않는다(대판 2004.5.14. 2003도3487). [해설] 통화에 관한 죄에서 '통용'과 '유통'의 의미를 보여준 판결.

판례 위조·변조통화행사죄

① 통화위조죄에 관한 규정은 공공의 거래상의 신용 및 안전을 보호하는 공공적인 법익을 보호함을 목적으로 하고 있고, 사기죄는 개인의 재산법익에 대한 죄이어서 양 죄는 그 보호법익을 달리하고 있으므로 위조통화를 행사하여 재물을 불법영득한 때에는 위조통화행사죄와 사기죄의 양 죄가 성립된다(대판 1979.7.10. 79도840). [해설] 위조통화를 행사한 경우 사기죄가 성립되는지 여부에 대해 긍정한 판결.

② 통화위조죄와 위조통화행사죄의 객체인 위조통화는 그 통화과정에서 일반인이 진정한 통화로 오인할 정도의 외관을 갖추어야 할 것이므로, 한국은행발행 일만원권 지폐의 앞·뒷면을 전자복사기로 복사하여 비슷한 크기로 자른 정도의 것은 객관적으로 진정한 통화로 오인할 정도에 이르지 못하여 통화위

조죄 및 위조통화행사죄의 객체가 될 수 없다(대판 1986.3.25. 86도255). **[해설]** 위조통화행사죄의 객체는 위조된 통화인데, 객관적으로 진정한 통화로 오인할 정도에 이르지 못한 때에는 통화위조죄 및 위조통화행사죄의 객체가 될 수 없다는 판결.

③ 위조통화임을 알고 있는 자에게 그 위조통화를 교부한 경우에 피교부자가 이를 유통시키리라는 것을 예상 내지 인식하면서 교부하였다면, 그 교부행위 자체가 통화에 대한 공공의 신용 또는 거래의 안전을 해할 위험이 있으므로 위조통화행사죄가 성립한다(대판 2003.1.10. 2002도3340).

④ 통화에 관한 죄는 문서에 관한 죄에 대하여 특별관계에 있으므로 통화에 관한 죄가 성립하는 때에는 문서에 관한 죄는 별도로 성립하지 않는다. 그러나 위조된 외국의 화폐, 지폐 또는 은행권이 강제통용력을 가지지 않는 경우에는 형법 제207조 제3항에서 정한 '외국에서 통용하는 외국의 화폐 등'에 해당하지 않고, 나아가 그 화폐 등이 국내에서 사실상 거래 대가의 지급수단이 되고 있지 않는 경우에는 형법 제207조 제2항에서 정한 '내국에서 유통하는 외국의 화폐 등'에도 해당하지 않으므로, 그 화폐 등을 행사하더라도 형법 제207조 제4항에서 정한 위조통화행사죄를 구성하지 않는다고 할 것이고, 따라서 이러한 경우에는 형법 제234조에서 정한 위조사문서행사죄 또는 위조사도화행사죄로 의율할 수 있다고 보아야 한다(대판 2013.12.12. 2012도2249). **[해설]** 통화위조죄 및 위조통화행사죄의 객체가 될 수 있는 위조통화의 의미와 정도를 보여준 판결.

 **판례** 통화위조·변조 예비·음모죄

- 피고인이 행사할 목적으로 미리 준비한 물건들과 옵세트인쇄기를 사용하여 한국은행권 100원권을 사진찍어 그 필름 원판 7매와 이를 확대하여 현상한 인화지 7매를 만들었음에 그쳤다면 아직 통화위조의 착수에는 이르지 아니하였고 그 준비단계에 불과하다(대판 1966.12.6. 66도1317). **[해설]** 통화위조에서 실행의 착수시기를 설시한 판결.

제2절 | 유가증권·인지와 우표에 관한 죄

Ⅰ. 서론

1. 의의와 본질

유가증권에 관한 죄란 행사할 목적으로 유가증권을 위조·변조 또는 허위작성하거나 위조·변조·허위작성한 유가증권을 행사·수입 또는 수출함으로써 성립하는 범죄를 말하며, 유가증권에 관한 법적 거래의 신용과 안전을 보호법익으로 하는 범죄이다.

2. 유가증권의 의의

유가증권이란 증권상에 표시된 재산상의 권리의 행사와 처분에 그 증권의 점유를 필요로 하는 것을 말한다. 유가증권에 화체된 재산권은 물권인가 채권인가 또는 사원권인가를 불문하며, 증권의 형식도 문제되지 않는다. 유가증권에는 법률상의 유가증권과 사실상의 유가증권이 포함되며, 그것이 사법상 유효할 것도 요하지 않는다. 유가증권의 발행자가 사인인가 국가 또는 공공단체인가를 불문하며, 명의인이 실재함을 요하지도 않는다(통설, 판례). 또한 형법상의 유가증권에는 유통성이 있을 것을 요하지 않는다.

3. 구성요건의 체계

형법은 유가증권에 관한 죄를 유가증권위조죄(제214조, 제215조)와 허위유가증권의 작성등 죄(제216조), 위조유가증권등의 행사죄(제217조) 및 인지와 우표등에 관한 죄(제218조, 제219조, 제221조, 제222조)의 네 가지 유형으로 나누어 규정하고 있다.

형법	위조·변조죄	유가증권위조·변조죄(제214조 제1항), 기재의 위조·변조죄(제214조 제2항), 자격모용유가증권작성죄(제215조)
	허위작성죄	허위유가증권작성죄(제216조)
	행사죄	위조유가증권 등 행사죄(제217조)
	인지·우표에 관한 죄	인지·우표 위조·변조죄(제218조 제1항), 위조인지·우표행사죄(제218조 제2항), 위조인지·우표취득죄(제219조), 인지·우표의 소인말소죄(제221조), 인지·우표 유사물제조 등 죄(제222조)
	미수범 처벌	유가증권위조·변조죄, 기재의 위조·변조죄, 자격모용유가증권작성죄, 허위유가증권작성죄, 위조유가증권 등 행사죄, 인지·우표 위조·변조죄, 위조인지·우표행사죄, 위조인지·우표취득죄, 인지·우표 유사물제조 등 죄(제223조)
	예비죄 처벌	유가증권위조·변조죄, 기재의 위조·변조죄, 자격모용유가증권작성죄, 인지·우표 위조·변조죄(제224조)
특별형법	부정수표단속법	수표의 위조·변조에 대해서는 부정수표단속법이 우선적으로 적용된다(제2조, 제5조).

참고 유가증권에 관한 죄

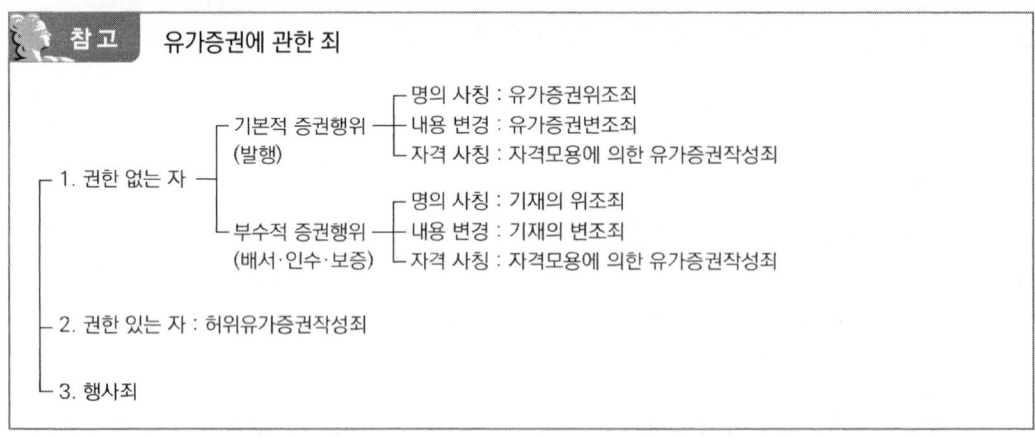

II. 유가증권위조죄

1. 유가증권위조·변조죄

> **제214조(유가증권의 위조 등)**
> ① 행사할 목적으로 대한민국 또는 외국의 공채증서 기타 유가증권을 위조 또는 변조한 자는 10년 이하의 징역에 처한다.
>
> **제223조(미수범)**
> 제214조 내지 제219조와 전조의 미수범은 처벌한다.

(1) 구성요건

행사할 목적으로 대한민국 또는 외국의 공채증서 기타 유가증권을 위조 또는 변조함으로써 성립한다(제214조 제1항).

1) **행위의 객체** : 대한민국 또는 외국의 공채증서 기타 유가증권이다. 유가증권에 관하여 형법은 공채증서를 예시하고 있다.

2) **행위** : 위조 또는 변조이다. 다만 여기의 위조 또는 변조는 기본적 증권행위에 대한 것임을 요한다. ㈎ 위조란 작성권한 없는 자가 타인명의의 유가증권을 작성하는 것을 말한다. 대리권의 범위 안에서 유가증권을 작성하는 경우는 물론, 대리 또는 대표권을 모용하여 유가증권을 작성한 때에도 여기의 위조에 해당하지 않는다. 위조의 방법에는 제한이 없으나, 외형상 일반인에게 진정하게 작성된 유가증권이라고 오신케 할 정도의 유가증권이 작성될 것을 요한다. 따라서, 찢어진 약속어음을 조합하는 행위, 약속어음의 액면란에 보충권의 범위를 초월한 금액을 기입하는 행위, 타인이 위조한 백지의 약속어음을 완성하는 행위, 기간이 경과한 정기승차권의 종기를 변경하는 행위, 이미 실효된 유가증권을 변경하여 새로운 유가증권을 만드는 행위는 모두 위조에 해당한다. ㈏ 변조란 진정하게 성립된 유가증권의 내용에 권한 없는 자가 그 유가증권의 동일성을 해하지 않는 범위에서 변경을 가하는 것을 말한다. 따라서 이미 실효된 유가증권에 가공하여 새로운 유가증권을 작성하는 경우나 유가증권의 동일성이 유지되지 않는 경우는 변조가 아니라 위조에 해당한다.

3) **주관적 구성요건** : 고의 이외에 행사의 목적이 있어야 한다.

(2) 죄수 및 다른 범죄와의 관계

1) **죄수** : 본죄의 죄수는 유가증권의 수를 기준으로 결정된다. 따라서 하나의 유가증권에 수개의 위조 또는 변조가 있을 때에는 포괄적으로 일죄가 성립할 뿐이다.

2) **다른 범죄와의 관계** : 유가증권을 위조하는 방법으로 인장을 위조한 때에는 인장위조죄는 본죄에 흡수된다. 절취 또는 횡령한 유가증권용지를 이용하여 이를 위조·변조한 때에는 양죄의 경합범이 된다.

2. 기재의 위조·변조죄

> **제214조(유가증권의 위조 등)**
> ② 행사할 목적으로 유가증권의 권리의무에 관한 기재를 위조 또는 변조한 자도 전항의 형과 같다.

> **제223조(미수범)**
> 제214조 내지 제219조와 전조의 미수범은 처벌한다.

　행사할 목적으로 유가증권의 권리의무에 관한 기재를 위조 또는 변조함으로써 성립하는 범죄이다(제214조 제2항). 여기서 유가증권의 권리의무에 관한 기재라 함은 배서·인수·보증과 같은 부수적 증권행위의 기재사항을 말한다.

3. 자격모용에 의한 유가증권작성죄

> **제215조(자격모용에 의한 유가증권의 작성)**
> 행사할 목적으로 타인의 자격을 모용하여 유가증권을 작성하거나 유가증권의 권리 또는 의무에 관한 사항을 기재한 자는 10년 이하의 징역에 처한다.
>
> **제223조(미수범)**
> 제214조 내지 제219조와 전조의 미수범은 처벌한다.

　행사할 목적으로 타인의 자격을 모용하여 유가증권을 작성하거나 유가증권의 권리의무에 관한 사항을 기재함으로써 성립하는 범죄이다(제215조). '타인의 자격을 모용하여'란 대리 또는 대표권 없는 자가 타인의 대리인 또는 대표자로서 유가증권을 작성하는 것을 말한다. 즉, 자기의 명의를 사용하면서 타인의 자격만 권한 없이 사용한 경우에 성립하는 범죄이다.

Ⅲ. 허위유가증권작성죄

> **제216조(허위유가증권의 작성 등)**
> 행사할 목적으로 허위의 유가증권을 작성하거나 유가증권에 허위사항을 기재한 자는 7년 이하의 징역 또는 3천만원 이하의 벌금에 처한다.
>
> **제223조(미수범)**
> 제214조 내지 제219조와 전조의 미수범은 처벌한다.

　행사할 목적으로 허위의 유가증권을 작성하거나 유가증권에 허위의 사항을 기재함으로써 성립하는 범죄이다(제216조). ㈎ 허위의 유가증권을 작성한다는 것은 작성권한 있는 자가 작성명의를 모용하지 않고 단순히 유가증권에 허위의 내용을 기재하는 것을 말하며, ㈏ 허위의 사항을 기재하는 것은 기재권한 있는 자가 기존의 유가증권에 진실에 반하는 사항을 기재하는 것을 말한다. 허위로 기재하는 사항은 기본적 증권행위에 속하는가 또는 부수적 증권행위에 속하는가를 불문한다. 다만 권리의무에 아무런 영향을 미치지 않는 사항을 허위기재하는 것은 본죄에 해당하지 않는다. ㈐ 본죄의 성립에도 고의 이외에 행사의 목적이 있어야 한다.

Ⅳ. 위조 등 유가증권행사죄

> **제217조(위조유가증권 등의 행사 등)**
> 위조, 변조, 작성 또는 허위기재한 전3조 기재의 유가증권을 행사하거나 행사할 목적으로 수입 또는 수출한 자는 10년 이하의 징역에 처한다.
>
> **제223조(미수범)**
> 제214조 내지 제219조와 전조의 미수범은 처벌한다.

위조·변조·작성 또는 허위기재한 유가증권을 행사하거나 행사할 목적으로 수입 또는 수출하는 것을 내용으로 하는 범죄이다(제217조). 여기서 '행사'란 위조·변조·작성 또는 허위기재한 유가증권을 진정하게 작성된 진실한 내용의 유가증권으로 사용하는 것을 말하며, 반드시 유가증권을 유통에 놓을 것을 요하지 않는다는 점에서 위조통화행사죄의 그것과 구별된다. 주관적 구성요건은 행사의 경우에는 고의가 있으면 족함에 반하여, 수입 또는 수출의 경우에는 행사의 목적을 요한다.

Ⅴ. 인지·우표에 관한 죄

1. 인지·우표 위조·변조죄

> **제218조(인지·우표의 위조등)**
> ① 행사할 목적으로 대한민국 또는 외국의 인지, 우표 기타 우편요금을 표시하는 증표를 위조 또는 변조한 자는 10년 이하의 징역에 처한다.
>
> **제223조(미수범)**
> 제214조 내지 제219조와 전조의 미수범은 처벌한다.

행사할 목적으로 대한민국 또는 외국의 인지, 우표 기타 우편요금을 표시하는 증표를 위조 또는 변조함으로써 성립하는 범죄이다(제218조 제1항). 본죄의 객체는 대한민국 또는 외국의 인지, 우표 기타 우편요금을 표시하는 증표이고, 본죄의 행위는 위조 또는 변조이다.

2. 위조·변조인지·우표 등 행사죄

> **제218조(인지·우표의 위조등)**
> ② 위조 또는 변조된 대한민국 또는 외국의 인지, 우표 기타 우편요금을 표시하는 증표를 행사하거나 행사할 목적으로 수입 또는 수출한 자도 제1항의 형과 같다.
>
> **제223조(미수범)**
> 제214조 내지 제219조와 전조의 미수범은 처벌한다.

위조 또는 변조한 대한민국 또는 외국의 인지, 우표 기타 우편요금을 표시하는 증표를 행사하거나 또는 행사할 목적으로 수입 또는 수출하는 것을 내용으로 하는 범죄이다(제218조 제2항).

3. 위조인지·우표 취득죄

> **제219조(위조인지·우표등의 취득)**
> 행사할 목적으로 위조 또는 변조한 대한민국 또는 외국의 인지, 우표 기타 우편요금을 표시하는 증표를 취득한 자는 3년 이하의 징역 또는 1천만원 이하의 벌금에 처한다.
>
> **제223조(미수범)**
> 제214조 내지 제219조와 전조의 미수범은 처벌한다.

행사할 목적으로 위조 또는 변조한 대한민국 또는 외국의 인지, 우표 기타 우편요금을 표시하는 증표를 취득하는 것을 내용으로 하는 범죄이다(제219조). 다만 행위자는 위조 또는 변조한 인지 또는 우표라는 정을 알면서 취득하였을 것을 요한다.

4. 인지·우표의 소인말소죄

> **제221조(소인말소)**
> 행사할 목적으로 대한민국 또는 외국의 인지, 우표 기타 우편요금을 표시하는 증표의 소인 기타 사용의 표지를 말소한 자는 1년 이하의 징역 또는 300만원 이하의 벌금에 처한다.

행사할 목적으로 대한민국 또는 외국의 인지, 우표 기타 우편요금을 표시하는 증표의 소인을 말소함으로써 성립하는 범죄이다(제221조).

5. 우표 등의 유사물제조죄

> **제222조(인지·우표유사물의 제조 등)**
> ① 판매할 목적으로 대한민국 또는 외국의 공채증서, 인지, 우표 기타 우편요금을 표시하는 증표와 유사한 물건을 제조, 수입 또는 수출한 자는 2년 이하의 징역 또는 500만원 이하의 벌금에 처한다.
> ② 전항의 물건을 판매한 자도 전항의 형과 같다.
>
> **제223조(미수범)**
> 제214조 내지 제219조와 전조의 미수범은 처벌한다.

판매할 목적으로 대한민국 또는 외국의 공채증서·인지, 우표 기타 우편요금을 표시하는 증표와 유사한 물건을 제조·수입·수출하거나 이를 판매함으로써 성립하는 범죄이다(제222조 제1항·제2항).

VI. 예비·음모죄

> **제224조(예비, 음모)**
> 제214조, 제215조와 제218조제1항의 죄를 범할 목적으로 예비 또는 음모한 자는 2년 이하의 징역에 처한다.

유가증권 위조·변조죄(제214조 제1항), 기재의 위조·변조죄(동조 제2항) 및 자격모용에 의한 유가증권작성죄(제215조)와 인지·우표위조죄(제218조 제1항)를 범할 목적으로 예비·음모함으로써 성립하는 범죄이다(제224조).

판례 │ 유가증권의 의미

① [1] 형법 제214조의 유가증권이란 증권상에 표시된 재산상의 권리의 행사와 처분에 그 증권의 점유를 필요로 하는 것을 총칭하는 것으로서 그 명칭에 불구하고 재산권이 증권에 화체된다는 것과 그 권리의 행사와 처분에 증권의 점유를 필요로 한다는 두가지 요소를 갖추면 족하고, 반드시 유통성을 가질 필요도 없다. [2] "할부구매전표"가 그 소지인이 판매회사의 영업소에서 그 취급상품을 그 금액의 한도 내에서 구매할 수 있는 권리가 화체된 증권으로서 그 권리의 행사와 처분에 증권의 점유를 필요로 하는 것임이 인정된다면, 이를 유가증권으로 봄이 정당하다고 한 사례(대판 1995.3.14. 95도20). [해설] 형법 제214조의 유가증권에는 재산권이 증권에 화체된다는 것과 그 권리의 행사와 처분에 증권의 점유를 필요로 한다는 두 가지 요소를 갖추어야 한다는 판결.

② 형법상 유가증권이라 함은 증권상에 표시된 재산상의 권리의 행사와 처분에 그 증권의 점유를 필요로 하는 것을 총칭하는 것이므로, 이 사건 회원용 리프트탑승권은 그와 같은 의미에서 유가증권의 일종이고, 제1심 공동피고인이 위와 같이 발매할 권한 없이 발매기를 임의 조작함으로써 리프트탑승권을 부정 발급한 행위가 유가증권인 리프트탑승권을 위조하는 행위에 해당함은 원심이 인정한 바와 같다. 그러나 유가증권도 그것이 정상적으로 발행된 것은 물론 비록 작성권한 없는 자에 의하여 위조된 것이라고 하더라도 절차에 따라 몰수되기까지는 그 소지자의 점유를 보호하여야 한다는 점에서 형법상 재물로서 절도죄의 객체가 된다. 이 사건에서 제1심 공동피고인이 위 위조된 리프트탑승권을 위와 같은 방법으로 취득하였다는 정을 피고인이 알면서 이를 제1심 공동피고인으로부터 매수하였다면 그러한 피고인의 행위는 위조된 유가증권인 리프트탑승권에 대한 장물취득죄를 구성한다고 할 것이므로, 이와 다른 견해에서 피고인에 대한 이 사건 장물취득 공소사실을 죄가 되지 아니한다는 이유로 무죄를 선고한 원심판결은 절도죄에 있어서의 절취행위나 재물의 개념에 관한 법리를 오해한 위법을 저지른 것임이 분명하고, 이를 지적하는 검사의 상고논지는 이유가 있다(대판 1998.11.24. 98도2967). [해설] 스키장의 리프트탑승권은 형법 제214조 소정의 유가증권에 해당한다고 한 사례.

③ [1] 피고인이 은행에 제출한 위조 선하증권의 사본이 위조유가증권행사죄에서 말하는 유가증권에 해당하지 않는다고 한 원심판단을 수긍한 사례. [2] 피고인이 은행에 제출한 위조 선하증권을 위조사문서행사죄의 대상인 문서로 본 원심판단을 수긍한 사례. [3] 피고인이 위조한 선하증권은 "COPY NON NEGOTIABLE"이라고 찍힌 선하증권의 사본임을 알 수 있어 유가증권위조죄에서의 유가증권에 해당하는 것으로 볼 수 없음에도, 이와 달리 판단한 원심판결에 법리오해의 위법이 있다고 한 사례(대판 2010.5.13. 2008도10678). [해설] 위조된 선하증권의 사본은 위조유가증권행사죄의 객체에 해당하지 않는다는 사례.

판례 │ 유가증권위조·변조죄

① 허무인 명의의 유가증권이라 할지라도 적어도 그것이 행사할 목적으로 작성되었고 외형상 일반인으로 하여금 진정하게 작성된 유가증권이라고 오신케 할 수 있을 정도라면 그 위조죄가 성립된다고 해석함이 상당하다(대판 1971.7.27. 71도905). [해설] 허무인 명의의 유가증권도 유가증권위조죄의 객체가 된다는 취지의 판결.

② 약속어음의 액면금액란에 자의로 합의된 금액의 한도를 엄청나게 넘는 금액을 기입하는 것은 백지 보충권의 범위를 초월하여 서명날인 있는 약속어음용지를 이용한 새로운 약속어음의 발행에 해당되는 것으로서 그 소위가 유가증권위조죄를 구성한다(대판 1972.6.13. 72도897). [해설] 약속어음의 액면금액란에 자의로 합의된 금액의 한도를 엄청나게 넘는 금액을 기입한 경우는 새로운 약속어음의 발행에 해당하는 것으로서 유가증권위조죄를 구성한다고 본 사례.

③ 형법 제19장 소정의 유가증권은 실체법상 유효한 유가증권만을 지칭하는 것이 아니고 절대적 요건 결여 등 사유로서 실체법상으로는 무효한 유가증권이라 할지라도 일반인으로 하여금 일견 유효한 유가증권이라고 오신케 할 수 있을 정도의 외관을 구유한 유가증권을 총칭하는 것이라고 해석할 것인 바, 대표이사의 날인이 없어 상법상 무효인 주권이라도 발행인인 대표이사의 기명을 비롯한 그 밖의 주권의 기명을 비롯한 그 밖의 주권의 기재요건을 모두 구비하고 회사의 사인까지 날인하였다면 일반인으로 하여금 일견 유효한 주권으로 오신시킬 정도의 외관을 갖추었으므로 형법 제214조 소정의 유가증권에 해당한다(대판 1974.12.24. 74도294).

④ [1] 유가증권변조죄를 구성하려면 진정하게 성립된 타인명의의 유가증권에 변경을 가하는 행위가 있어야 하고 비록 타인에게 속한 자기명의의 유가증권에 무단히 변경을 가하였다 하더라도 그것이 문서손괴죄나 허위유가증권작성죄에 해당되는 경우가 있음은 별론으로 하고 유가증권변조죄를 구성하는 것은 아니라고 보아야 할 것인 바 원심이 인정한 바와 같이 원심공동피고인 위 삼흥기계공업주식회사 대표이사의 자격으로 그 명의로 발행한 이사건 주권을 위 공경윤으로부터 교부받아 보관하고 있음을 기화로 위 공경윤의 승낙 없이 위 주권상의 주주명의를 "공경윤"으로부터 "송남열"로 변경하고 피고인과 더불어 송남열로부터 배서양도받은 것처럼 기재변경한 후 이를 행사하였다 하더라도 유가증권변조 및 동행사죄를 구성한다고는 할 수 없고 이에 가담한 피고인의 행위 역시 위 죄에 해당하는 것은 아니라 할 것임에도 불구하고 원심이 피고인에 대하여 유가증권변조, 동행사죄를 적용하여 처단하였음은 유가증권변조죄에 대한 법리를 오해하여 판결에 영향을 미쳤다 할 것이니 이 점을 포함한 논지는 이유 있다. [2] 타인에게 속한 자기명의의 유가증권에 무단히 변경을 가하였다 하더라도 그것이 문서손괴죄나 허위유가증권작성죄에 해당되는 경우가 있음은 별론으로 하고 유가증권변조죄를 구성하는 것은 아니다(대판 1978.11.14. 78도1904). [해설] 유가증권변조죄를 구성하려면 진정하게 성립된 타인명의의 유가증권에 변경을 가하는 행위가 있어야 함. 작성 명의자와 공동으로 변경한 것이므로 유가증권변조죄가 성립하지 않는 판례.

⑤ 타인이 위조한 액면과 지급기일이 백지로 된 약속어음을 구입하여 행사의 목적으로 백지인 액면란에 금액을 기입하여 그 위조어음을 완성하는 행위는 백지어음 형태의 위조행위와는 별개의 유가증권위조죄를 구성한다 할 것이고 이는 진정하게 성립된 백지어음의 액면란을 보충권 없이 함부로 기입하는 행위가 유가증권위조죄에 해당한다는 법리와 조금도 다를 바 없다(대판 1982.6.22. 82도677). 어음에 기재되어야 할 어음행위자의 명칭은 반드시 어음행위자의 본명에 한하는 것은 아니고 상호, 별명 그 밖의 거래상 본인을 가리키는 것으로 인식되는 칭호라면 어느 것이나 다 가능하다고 볼 것이므로 비록 그 칭호가 타인의 명칭이라도 통상 그 명칭은 자기를 표시하는 것으로 거래상 사용하여 그것이 그 행위자를 지칭하는 것으로 인식되어 온 경우에는 그것을 어음상으로도 자기를 표시하는 칭호로 사용할 수 있다 할 것이므로 피고인이 그 망부의 사망 후 그의 명의를 거래상 자기를 표시하는 명칭으로 사용하여 온 경우에는 피고인에 의한 망부 명의의 어음발행은 피고인 자신의 어음행위라고 볼 것이고 이를

가리켜 타인의 명의를 모용하여 어음을 위조한 것이라고 할 수 없다(대판 1982.9.28. 82도296). [해설] 피고인이 그 망부의 사망 후 그의 명의를 거래상 자기를 표시하는 명칭으로 사용하여 온 경우에는 피고인에 의한 망부 명의의 어음발행은 피고인 자신의 어음행위라고 볼 것이고 타인의 명의를 모용하여 어음을 위조한 것이라고 할 수 없다는 판결.

⑥ 형법 제214조의 유가증권이란 증권상에 표시된 재산상의 권리의 행사와 처분에 그 증권의 점유를 필요로 하는 것을 총칭하는 것이므로 그것이 유통성을 반드시 가질 필요는 없는 것이나 재산권이 증권에 화체된다는 것과, 그 권리의 행사처분에 증권의 점유를 필요로 한다는 두가지 요소를 갖추어야 하는 것이고, 위 두 가지 요소 중 어느 하나를 갖추지 못한 경우에는 형법 제214조에서 말하는 유가증권이라 할 수 없다 할 것인바, 한국외환은행 소비조합이 그 소속조합원에게 발행한 신용카드는 그 카드에 의해서만 신용구매의 권리를 행사할 수 있는 점에서 재산권이 증권에 화체되었다고 볼 수 있으므로 유가증권이라 할 것이다(대판 1984.11.27. 84도1862). [해설] 본 판례에서 말하는 신용카드는 일종의 상품권으로 파악해야 함.

⑦ 정기예탁금증서는 예탁금반환채권의 유통이나 행사를 목적으로 작성된 것이 아니고 채무자가 그 증서 소지인에게 변제하여 책임을 면할 목적으로 발행된 이른바 면책증권에 불과하여 위 증서의 점유가 예탁금반환채권을 행사함에 있어 그 조건이 된다고 볼 수 없는 것이라면 위 증권상에 표시된 권리가 그 증권에 화체되었다고 볼 수 없을 것이므로 위 증서는 형법 제216조, 제217조에서 규정된 유가증권에 해당하지 아니한다(대판 1984.11.27. 84도2147).

⑧ 위조유가증권행사죄에 있어서의 유가증권이라 함은 위조된 유가증권의 원본을 말하는 것이지 전자복사기 등을 사용하여 기계적으로 복사한 사본은 이에 해당하지 않는다(대판 1998.2.13. 97도2922).

⑨ 폐공중전화카드의 자기기록 부분에 전자정보를 기록하여 사용가능한 공중전화카드를 만든 행위를 유가증권위조죄로 의율한 원심판결을 수긍한 사례(대판 1998.2.27. 97도2483). [해설] 공중전화카드는 형법 제214조의 유가증권에 해당한다고 한 사례.

⑩ 신용카드업자가 발행한 신용카드는 이를 소지함으로써 신용구매가 가능하고 금융의 편의를 받을 수 있다는 점에서 경제적 가치가 있다 하더라도, 그 자체에 경제적 가치가 화체되어 있거나 특정의 재산권을 표창하는 유가증권이라고 볼 수 없고, 단지 신용카드회원이 그 제시를 통하여 신용카드회원이라는 사실을 증명하거나 현금자동지급기 등에 주입하는 등의 방법으로 신용카드업자로부터 서비스를 받을 수 있는 증표로서의 가치를 갖는 것이어서, 이를 사용하여 현금자동지급기에서 현금을 인출하였다 하더라도 신용카드 자체가 가지는 경제적 가치가 인출된 예금액만큼 소모되었다고 할 수 없으므로, 이를 일시 사용하고 곧 반환한 경우에는 불법영득의 의사가 없다(대판 1999.7.9. 99도857).

⑪ 형법 제214조의 유가증권이란 증권상에 표시된 재산상의 권리의 행사와 처분에 그 증권의 점유를 필요로 하는 것을 총칭하는 것으로서 재산권이 증권에 화체된다는 것과 그 권리의 행사와 처분에 증권의 점유를 필요로 한다는 두 가지 요소를 갖추면 족하지 반드시 유통성을 가질 필요는 없고, 또한 위 유가증권은 일반인이 진정한 것으로 오신할 정도의 형식과 외관을 갖추고 있으면 되므로 증권이 비록 문방구 약속어음 용지를 이용하여 작성되었다고 하더라도 그 전체적인 형식·내용에 비추어 일반인이 진정한 것으로 오신할 정도의 약속어음 요건을 갖추고 있으면 당연히 형법상 유가증권에 해당한다(대판 2001.8.24. 2001도2832). [해설] 형법 제214조 소정의 '유가증권'은 일반인이 진정한 것으로 오신할 정도의 형식과 외관을 갖추고 있으면 족하다는 판례.

⑫ 유가증권변조죄에 있어서 변조라 함은 진정으로 성립된 유가증권의 내용에 권한 없는 자가 그 유가증권의 동일성을 해하지 않는 한도에서 변경을 가하는 것을 말하므로, <u>이미 타인에 의하여 위조된 약속어음의 기재사항을 권한 없이 변경하였다고 하더라도 유가증권변조죄는 성립하지 아니한다</u>(대판 2006.1.26. 2005도4764). [해설] 유가증권변조죄는 진정으로 성립된 유가증권을 대상으로 하므로 위조된 유가증권에 대한 유가증권변조죄는 성립하지 않는다는 판결.

⑬ 유가증권위조·변조죄에 관한 형법 제214조 제1항은 "행사할 목적으로 대한민국 또는 외국의 공채증서 기타 유가증권을 위조 또는 변조한 자는 10년 이하의 징역에 처한다."라고 규정하고 있는 반면, 수표위조·변조죄에 관한 부정수표단속법 제5조는 "수표를 위조 또는 변조한 자는 1년 이상의 유기징역과 수표금액의 10배 이하의 벌금에 처한다."라고 규정하고 있는바, 이러한 <u>부정수표단속법 제5조의 문언상 본조는 수표의 강한 유통성과 거래수단으로서의 중요성을 감안하여 유가증권 중 수표의 위·변조행위에 관하여는 범죄성립요건을 완화하여 초과주관적 구성요건인 '행사할 목적'을 요구하지 아니하는</u> 한편, 형법 제214조 제1항 위반에 해당하는 다른 유가증권위조·변조행위보다 그 형을 가중하여 처벌하려는 취지의 규정이라고 해석하여야 한다(대판 2008.2.14. 2007도10100).

⑭ <u>갑(甲)이 백지 약속어음의 액면란 등을 부당 보충하여 위조한 후 을(乙)이 갑(甲)과 공모하여 금액란을 임의로 변경한 사안에서, 을(乙)의 행위는 유가증권위조나 변조에 해당하지 않는다</u>고 한 사례(대판 2008.12.24. 2008도9494). [해설] 유가증권변조죄가 성립하기 위해서는 타인 명의의 유가증권일 것, 기존의 유가증권과 동일성을 해하지 않을 것, 진정하게 성립된 유가증권을 대상으로 할 것, 작성권한 없는 자가 변조행위를 할 것이라는 요건을 갖추어야 함. 이미 타인에 의하여 위조된 약속어음의 기재사항을 권한 없이 변경하였다고 하더라도 유가증권변조죄는 성립하지 않는다고 하였으며, 위조된 약속어음의 액면금액을 권한 없이 변경하는 것이 당초의 위조와는 별개의 새로운 유가증권위조로 된다고 할 수도 없다고 본 판결.

⑮ 약속어음과 같이 유통성을 가진 유가증권의 위조는 일반거래의 신용을 해하게 될 위험성이 매우 크다는 점에서 적어도 행사할 목적으로 외형상 일반인으로 하여금 진정하게 작성된 유가증권이라고 오신케 할 수 있을 정도로 작성된 것이라면 그 <u>발행명의인이 가령 실재하지 않은 사자 또는 허무인이라 하더라도 그 위조죄가 성립된다</u>고 해석함이 상당하다. 그리고 사자 명의로 된 약속어음을 작성함에 있어 사망자의 처로부터 사망자의 인장을 교부받아 생존 당시 작성한 것처럼 약속어음의 발행일자를 그 명의자의 생존 중의 일자로 소급하여 작성한 때에는 발행명의인의 승낙이 있었다고 볼 수 없다(대판 2011.7.14. 2010도1025). [해설] 사자 명의의 유가증권도 유가증권위조죄의 객체가 된다는 취지의 판결.

⑯ 유가증권변조죄에서 '변조'는 진정하게 성립된 유가증권의 내용에 권한 없는 자가 유가증권의 동일성을 해하지 않는 한도에서 변경을 가하는 것을 의미하고, 이와 같이 <u>권한 없는 자에 의해 변조된 부분은 진정하게 성립된 부분이라 할 수 없다.</u> 따라서 <u>유가증권의 내용 중 권한 없는 자에 의하여 이미 변조된 부분을 다시 권한 없이 변경하였다고 하더라도 유가증권변조죄는 성립하지 않는다</u>(대판 2012.9.27. 2010도15206). [해설] 유가증권의 내용 중 권한 없는 자에 의하여 이미 변조된 부분을 다시 권한 없이 변경하였다고 하더라도 유가증권변조죄는 성립하지 않는다는 판결.

판례) 자격모용에 의한 유가증권작성죄

① 타인의 대리 또는 대표자격으로 문서를 작성하는 경우 그 대표자 또는 대리인은 자기를 위하여 작성하는 것이 아니고 본인을 위하여 작성하는 것으로서 그 문서는 본인의 문서이고 본인에 대하여서만 효력이 생기는 것이므로, 회사의 대표이사직에 있는 자가 은행과의 당좌거래 약정이 되어 있는 종전 당좌거래명의를 변경함이 없이 그대로 전 대표이사 명의를 사용하여 회사의 수표를 발행하였다 하여도 유가증권위조죄가 성립되지 아니한다(대판 1975.9.23. 74도1684). [해설] 대표권 또는 대리권 있는 자가 회사 명의의 유가증권을 발행한 경우, 그것이 대표권이나 대리권 있는 자의 권한 남용으로 발행된 경우라도 자격모용에 의한 유가증권작성죄는 성립하지 않고, 배임죄나 허위유가증권작성죄의 성립이 가능하다고 본 사례.

② 대표이사 직무집행정지가처분결정은 대표이사의 직무집행만을 정지시킬 뿐 대표이사의 자격까지 박탈하는 것은 아니나 가처분결정이 송달되어 일절의 직무집행이 정지됨으로써 직무집행의 권한이 없게 된 대표이사가 그 권한밖의 일인 대표이사 명의의 유가증권을 작성 행사하는 행위가 회사업무의 중단을 막기 위한 긴급한 인수인계 행위라 하더라도 합법적인 권한행사라 할 수 없으므로 이는 자격모용유가증권작성 및 동 행사죄에 해당한다(대판 1987.8.18. 87도145). [해설] 대표권 또는 대리권 있는 자가 회사 명의를 사용하여 권한의 범위를 명백히 일탈하거나 초과하여 회사 명의의 유가증권을 발행한 경우에는 자격모용에 의한 유가증권작성죄가 성립한다고 본 판례.

③ 주식회사 대표이사로 재직하던 피고인이 대표이사가 타인으로 변경되었음에도 불구하고 이전부터 사용하여 오던 피고인 명의로 된 위 회사 대표이사의 명판을 이용하여 여전히 피고인을 위 회사의 대표이사로 표시하여 약속어음을 발행, 행사하였다면, 설사 약속어음을 작성, 행사함에 있어 후임 대표이사의 승낙을 얻었다거나 위 회사의 실질적인 대표이사로서의 권한을 행사하는 피고인이 은행과의 당좌계약을 변경하는데에 시일이 걸려 잠정적으로 전임 대표이사인 그의 명판을 사용한 것이라 하더라도 이는 합법적인 대표이사로서의 권한 행사라 할 수 없어 자격모용유가증권작성 및 동행사죄에 해당한다(대판 1991.2.26. 90도577). [해설] 주식회사의 전임 대표이사가 약속어음을 작성, 행사함에 있어 후임 대표이사의 승낙을 얻었다거나 위 회사의 실질적인 대표이사로서의 권한을 행사하는 등 그 명판을 사용하는 것은 합법적인 대표이사로서의 권한 행사라 할 수 없어 자격모용유가증권작성 및 동행사죄에 해당한다는 판결.

판례) 기재의 위조·변조죄

• [1] 형법 제214조 제2항에 규정된 '유가증권의 권리의무에 관한 기재를 변조한다'는 것은 진정하게 성립된 타인 명의의 부수적 증권행위에 관한 유가증권의 기재내용에 작성권한이 없는 자가 변경을 가하는 것을 말하고, 어음발행인이라 하더라도 어음상에 권리의무를 가진 자가 있는 경우에는 이러한 자의 동의를 받지 아니하고 어음의 기재 내용에 변경을 가하였다면 이는 유가증권의 권리의무에 관한 기재를 변조한 것에 해당한다 할 것이다. 기록에 의하면, 피고인은 공소외 주식회사 미륭상사에게 물품대금의 지급담보조로 자신이 발행한 약속어음 8매를 교부하였다가 그 대금을 지급하거나 새로운 어음으로 교체하는 방법으로 위 어음들을 회수한 후 어음에 남아있는 미륭상사 명의 배서의 담보적 효력을 이용하기 위하여 이미 경과된 지급기일을 임의로 그 후의 날짜로 변경한 후 공소외 이복환에게 이를 교부하였다는 것이므로 원심이 이러한 피고인의 행위가 형법 제214

조 제2항 소정의 유가증권변조죄에 해당한다고 판단한 것은 위 법리에 따른 것으로 정당하고, 거기에 유가증권변조죄에 관한 법리오해의 위법이 없다. [2] 어음의 발행인이 약속어음을 회수한 후 지급일자를 임의로 변경한 행위가 형법 제214조 제2항 소정의 유가증권 변조에 해당한다(대판 2003.1.10. 2001도6553).

판례 　허위유가증권작성죄

① 형법 제19장 소정의 유가증권은 실체법상 유효한 유가증권만을 지칭하는 것이 아니고 절대적 요건 결여 등 사유로서 실체법상은 무효한 유가증권이라 할지라도 일반인으로 하여금 일견 유효한 유가증권이라고 오신케 할 수 있을 정도의 외관을 구유한 유가증권도 포함하는 것이고 약속어음 작성권자의 승낙 내지 위임을 받아 약속어음을 작성함에 있어서 발행인 명의 아래 진실에 반하는 내용인 피고인의 인장을 날인하여 일견 유효한 듯한 약속어음의 발행은 형법 제216조 전단 소정의 허위유가증권작성죄 및 동 행사가 성립한다(대판 1975.6.10. 74도2594).

② 유가증권의 허위작성행위 자체에는 직접 관여한 바 없다 하더라도 타인에게 그 작성을 부탁하여 의사연락이 되고 그 타인으로 하여금 범행을 하게 하였다면 공모공동정범에 의한 허위작성죄가 성립한다(대판 1985.8.20. 83도2575).

③ 배서인의 주소기재는 배서의 요건이 아니므로 약속어음 배서인의 주소를 허위로 기재하였다고 하더라도 그것이 배서인의 인적 동일성을 해하여 배서인이 누구인지를 알 수 없는 경우가 아닌 한 약속어음상의 권리관계에 아무런 영향을 미치지 않는다 할 것이고, 따라서 약속어음상의 권리에 아무런 영향을 미치지 않는 사항은 그것을 허위로 기재하더라도 형법 제216조 소정의 허위유가증권작성죄에 해당되지 않는다(대판 1986.6.24. 84도547).

④ [1] 선하증권 기재의 화물을 인수하거나 확인하지도 아니하고 또한 선적할 선편조차 예약하거나 확보하지도 않은 상태에서 수출면장만을 확인한 채 실제로 선적한 일이 없는 화물을 선적하였다는 내용의 선하증권을 발행, 교부하였다면 피고인들은 위 선하증권을 작성하면서 진실에 반하는 허위의 기재를 하였음이 명백할 뿐만 아니라 위 선하증권이 허위라는 사실을 인식하였다고 볼 것이고, 피고인들이 진실에 반하는 선하증권을 작성하면서 곧 위 물품이 선적될 것이라고 예상하였다고 하여 위 각 선하증권의 허위성의 인식이 없었다고 할 수 없으며, 화물이 선적되기도 전에 이른바 선하증권을 발행하는 것이 해운업계의 관례라고 하더라도 이를 가리켜 정상적인 행위라거나 그 목적과 수단의 관계에서 보아 사회적 상당성이 있다고 할 수는 없으므로 피고인들이 위 행위가 죄가 되지 아니한다고 그릇 인식하였다고 하더라도 거기에 정당한 이유가 있는 경우라고 할 수 없으므로 허위유가증권작성죄의 죄책을 면할 수 없다. [2] 허위작성된 유가증권을 피교부자가 그것을 유통하게 한다는 사실을 인식하고 교부한 때에는 허위작성유가증권행사죄에 해당하고, 행사할 의사가 분명한 자에게 교부하여 그가 이를 행사한 때에는 허위유가증권작성죄의 공동정범이 성립된다(대판 1995.9.29. 95도803).

⑤ 은행을 통하여 지급이 이루어지는 약속어음의 발행인이 그 발행을 위하여 은행에 신고된 것이 아닌 발행인의 다른 인장을 날인하였다 하더라도 그것이 발행인의 인장인 이상 그 어음의 효력에는 아무런

영향이 없으므로 허위유가증권작성죄가 성립하지 아니한다(대판 2000.5.30. 2000도883).

⑥ 형법 제216조 전단의 허위유가증권작성죄는 작성권한 있는 자가 자기 명의로 기본적 증권행위를 함에 있어서 유가증권의 효력에 영향을 미칠 기재사항에 관하여 진실에 반하는 내용을 기재하는 경우에 성립하는바, 자기앞수표의 발행인이 수표의뢰인으로부터 수표자금을 입금받지 아니한 채 자기앞수표를 발행하더라도 그 수표의 효력에는 아무런 영향이 없으므로 허위유가증권작성죄가 성립하지 아니한다(대판 2005. 10.27. 2005도4528). [해설] 자기앞수표의 발행인이 수표의뢰인으로부터 수표자금을 입금받지 않은 채 자기앞수표를 발행하더라도 그 수표의 효력에는 아무런 영향이 없으므로 허위유가증권작성죄가 성립하지 않는다고 한 사례.

판례 위조 등 유가증권행사죄

① 위조유가증권임을 알고 있는 자에게 교부하였더라도 피교부자가 이를 소통시킬 것임을 인식하고 교부하였다면 그 교부행위 그 자체가 유가증권의 유통질서를 해할 우려가 있어 위조유가증권행사죄가 성립한다(대판 1983.6.14. 81도2492).

② [1] 위조우표취득죄 및 위조우표행사죄에 관한 형법 제219조 및 제218조 제2항 소정의 "행사"라 함은 위조된 대한민국 또는 외국의 우표를 진정한 우표로서 사용하는 것으로 반드시 우편요금의 납부용으로 사용하는 것에 한정되지 않고 우표수집의 대상으로서 매매하는 경우도 이에 해당된다. [2] 위조된 우표를 그 정을 알고 있는 자에게 교부하더라도 그 자가 이를 진정하게 발행된 우표로서 사용할 것이라는 정을 인식하면서 교부한다면 위조우표행사죄의 "행사할 목적"에 해당된다(대판 1989.4.11. 88도1105).

③ 위조유가증권행사죄에 있어서의 유가증권이라 함은 위조된 유가증권의 원본을 말하는 것이지 전자복사기 등을 사용하여 기계적으로 복사한 사본은 이에 해당하지 않는다. 원심판결 이유에 의하면, 원심은, 피고인이 위조한 선하증권을 충청은행 직원에게 교부하여 행사하였다는 위조유가증권행사의 점에 관한 공소사실에 대하여, 위 충청은행 직원의 진술에 의하더라도 피고인이 은행에 제출한 것은 위조된 선하증권의 사본임을 알 수 있고, 달리 피고인이 위조된 선하증권 원본을 제출하였음을 인정할 증거가 없다는 이유로 위 공소사실을 무죄로 판단하였는바, 위 법리와 기록에 비추어 살펴보면, 원심의 위와 같은 사실인정과 판단은 정당한 것으로 수긍할 수 있고, 거기에 상고이유로 주장하는 바와 같은 위조유가증권행사죄의 객체에 관한 법리오해 등의 위법이 없다(대판 2010.5.13. 2008도10678).

④ 위조유가증권행사죄의 처벌목적은 유가증권의 유통질서를 보호하는 데 있는 만큼 단순히 문서의 신용성을 보호하고자 하는 위조공·사문서행사죄의 경우와는 달리 교부자가 진정 또는 진실한 유가증권인 것처럼 위조유가증권을 행사하였을 때뿐만 아니라 위조유가증권임을 알고 있는 자에게 교부하였더라도 피교부자가 이를 유통시킬 것임을 인식하고 교부하였다면, 그 교부행위 그 자체가 유가증권의 유통질서를 해할 우려가 있어 처벌의 이유와 필요성이 충분히 있으므로 위조유가증권행사죄가 성립한다고 보아야 할 것이지만, 위조유가증권의 교부자와 피교부자가 서로 유가증권위조를 공모하였거나 위조유가증권을 타에 행사하여 그 이익을 나누어 가질 것을 공모한 공범의 관계에 있다면, 그들 사이의 위조유가증권 교부행위는 그들 이외의 자에게 행사함으로써 범죄를 실현하기 위한 전단계의 행위에 불과한 것으로서 위조유가증권은 아직 범인들의 수중에 있다고 볼 것이지 행사되었다고 볼 수는 없다(대판 2010.12.9.

> 2010도12553). [해설] 유가증권위조죄의 공범간에 위조유가증권 교부행위는 위조유가증권행사죄에 해당하지 않는다는 판결.

제3절 | 문서에 관한 죄

Ⅰ. 서론

1. 의의와 본질

(1) 문서에 관한 죄의 의의와 보호법익

행사할 목적으로 문서를 위조 또는 변조하거나, 허위의 문서를 작성하거나, 위조·변조·허위작성된 문서를 행사하거나 문서를 부정행사함으로써 성립하는 범죄를 말한다. 문서는 관념 내지 사상을 표시하는 수단으로서의 확실성 때문에 현대사회에 있어서 문화적·법률적·경제적 측면에서 가장 중요한 거래수단으로서의 중추적 역할을 다하고 있다. 문서에 관한 죄에 의하여 보호되는 것은 문서 자체가 아니라 중요한 문서와 기술기록 및 정보에 대한 법적 거래의 안전과 신용이라고 할 수 있다. 법익보호의 정도는 '추상적 위험범'이다(통설). 그러므로 문서죄가 성립하기 위하여 문서에 대한 공공의 신용이 훼손되거나 상대방에게 손해가 발생하거나 또는 이러한 구체적 위험이 발생할 필요는 없다.

(2) 문서에 관한 죄의 본질

문서에 관한 죄가 문서의 성립의 진정을 보호하는가 또는 내용의 진실을 보호하는 것인가에 대하여 형식주의와 실질주의가 대립하고 있으나, 우리 형법은 작성명의에 허위가 있는 경우는 공문서·사문서를 불문하고 모두 문서위조죄로 처벌하나, 내용이 허위인 경우는 일정한 공문서와 허위진단서작성죄의 경우만 예외적으로 처벌한다(제233조, 제227조). 이는 형식주의를 원칙으로 하고 실질주의는 예외적으로 인정하고 있는 것이다.

(3) 유형위조와 무형위조

형법은 유형위조(문서의 성립진정의 보호를 내용으로 하는 형식주의에 의한 문서위조)는 '위조', 무형위조(문서의 내용진실의 보호를 내용으로 하는 실질주의에 의한 문서위조)는 '작성'이라고 표시하여 양자를 구별하고 있다. 형법은 유형위조는 공문서·사문서를 불문하고 모두 처벌하고 있으나, 무형위조는 공문서와 달리 사문서에 있어서는 허위진단서작성죄의 경우만 예외적으로 처벌한다.

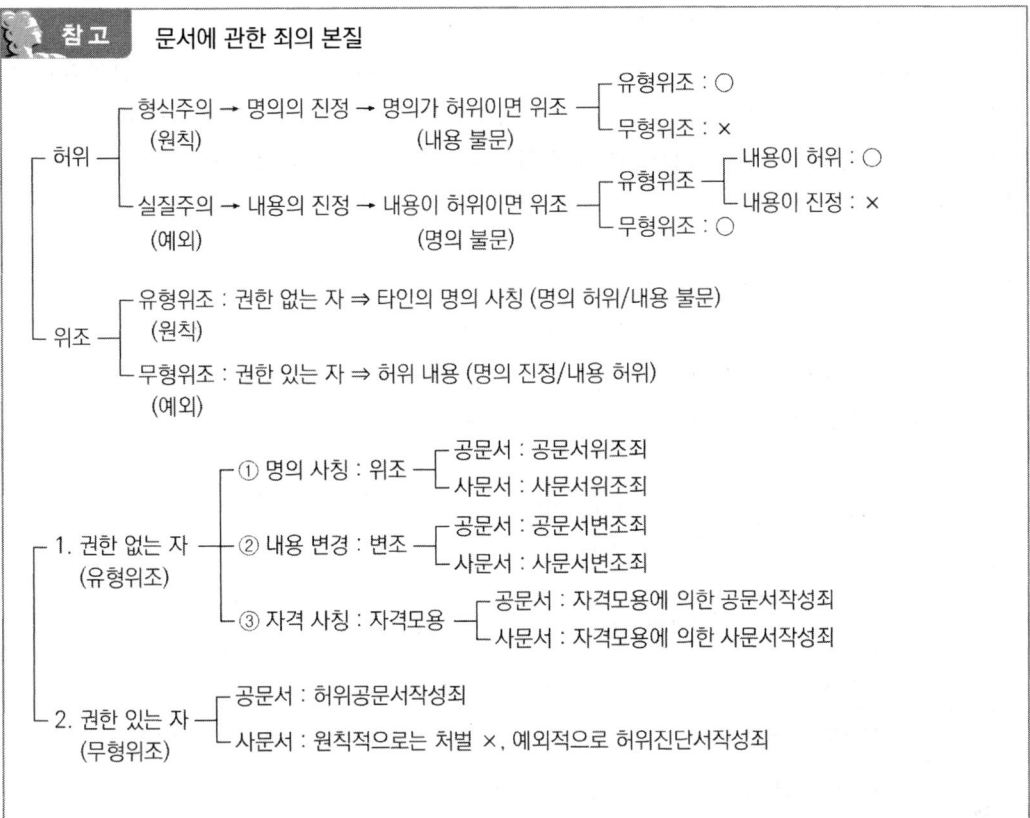

> **참고** 문서에 관한 죄의 본질

		형식주의	실질주의
유형위조	내용진실	위조	위조×
	내용허위	위조	위조
무형위조	내용진실	위조×	위조×
	내용허위	위조×	위조

(4) 구성요건의 체계

　형법의 문서에 관한 죄에는 다섯 가지 유형이 있다. 문서위조·변조죄, 허위문서작성죄, 위조등 문서행사죄, 문서부정행사죄 및 전자기록 등 위작·변작죄가 그것이다. 자격모용에 의한 문서작성죄는 문서위조·변조죄의 특수한 경우를 규정한 것이고, 공정증서원본등 부실기재죄는 간접정범의 형태에 의한 허위공문서작성죄를 특별히 규정한 것이다.

㉮ 문서위조·변조죄의 기본적 구성요건은 사문서위조·변조죄(제231조)이다. ㉯ 공문서위조·변조죄(제225조)는 이에 대하여 불법이 가중되는 가중적 구성요건이다. ㉰ 자격모용에 의한 사문서작성죄(제232조)와 공문서작성죄(제225조)는 문서위조를 기본적 구성요건으로 하고, ㉱ 허위문서작성죄는 허위진단서등 작성죄(제233조)를 기본적 구성요건으로 하고, 허위공문서작성죄(제227조)는 이에 대한 가중적 구성요건이다. ㉲ 공정증서원본 등 부실기재죄(제228조)는 간접정범의 형태에 의한 허위공문서작성죄를 특별히 규정한 것이다. ㉳ 위조 등 문서행사죄와 문서부정행사죄 및 전자기록 등 위작·변작죄는 모두 위조 등 사문서행사죄(제234조)와 위조 등 공문서행사죄(제229조), 사문서부정행사죄(제236조)와 공문서부정행사죄(제230조), 사전자기록 등 위작·변작죄(제232조의2)와 공전자기록 등 위작·변작죄(제227조의2)로 나누어진다.

유형위조	기본적 구성요건	사문서위조·변조죄(제231조), 자격모용에 의한 사문서작성죄(제232조), 사전자기록위작·변작죄(제232조의2)
	가중적 구성요건	공문서위조·변조죄(제225조), 자격모용에 의한 공문서작성죄(제226조), 공전자기록위작·변작죄(제227조의2)
무형위조	기본적 구성요건	허위진단서 등 작성죄(제233조)
	가중적 구성요건	허위공문서작성죄(제227조), 공정증서원본부실기재죄(제228조)
행사죄	기본적 구성요건	위조사문서 등 행사죄(제234조)
	가중적 구성요건	위조공문서 등 행사죄(제229조)
부정행사죄	기본적 구성요건	사문서부정행사죄(제236조)
	가중적 구성요건	공문서부정행사죄(제230조)
미수범 처벌		공·사문서위조·변조죄, 자격모용에 의한 공·사문서작성죄, 허위공문서작성죄, 허위진단서작성죄, 공·사전자기록위작·변작죄, 공정증서원본부실기재죄, 위조 공·사문서 등 행사죄, 공문서부정행사죄(제235조)

2. 문서의 개념

> **제237조의2(복사문서등)**
> 이 장의 죄에 있어서 전자복사기, 모사전송기 기타 이와 유사한 기기를 사용하여 복사한 문서 또는 도화의 사본도 문서 또는 도화로 본다.

문서위조죄의 객체가 되는 문서는 법적으로 중요한 사실을 증명할 수 있고 명의인을 표시하는 내용의 문자 또는 부호에 의하여 화체된 사람의 의사를 의미한다. 여기서 문서는 그 개념요소로서 계속적 기능과 증명적 기능 및 보장적 기능을 필요로 하게 된다. 광의의 문서에는 이러한 협의의 문서 이외에 도화가 포함된다. 문서죄의 보호법익은 문서에 대한 거래의 안전과 '공공의 신용'이므로, 모든 문서가 문서죄의 객체가 될 것은 아니고, 공공의 신용과 관련하여 보호가치가 있는 문서에 국한된다.

(1) 계속적 기능(지속적 기능)

문서는 유체물에 결합되어 계속성을 가지는 사람의 의사표시이다.

1) 의사표시 : ㈎ 의사표시란 사법상의 의사표시를 의미하는 것이 아니라 단순한 사상 또는 관념의 표시이다. 검증의 목적물이나 표지는 물론 외적 상황을 복사한 것에 지나지 않는 기계적 기록은 문서가 아니다. 다만 전자복사기, 모사전송기 기타 이와 유사한 기기를 사용하여 복사한 문서 또는 도화의 사본은 문서 또는 도화로 본다(제237조의2). ㈏ 의사표시의 방법은 반드시 문자에 의할 것을 요하지 않으며 속기용의 부호, 전신부호 등의 가독적 부호에 의하는 경우를 포함한다. 따라서 접수 일부인의 날인도 문서에 해당한다.

2) 의사표시의 계속성 : 의사표시가 물체에 고정되어 계속성을 가져야 하며 이는 시각적 방법에 의하여 이해할 수 있는 것임을 요한다. 따라서 계속성이 인정되는 경우라 할지라도 음반이나 녹음테이프와 같이 청각에 의하여 내용을 파악할 수 있는 것은 문서가 아니다.

(2) 증명적 기능

물체에 기재된 의사표시는 일정한 법률관계를 증명할 수 있고 또 증명하기 위한 것이어야 한다. 따라서 문서의 증명적 기능은 증명능력과 증명의사를 내용으로 한다고 할 수 있다.

1) 증명능력 : 문서의 내용은 법적으로 중요한 사실, 즉 법률관계와 사회생활상의 중요사항을 증명할 수 있는 것이어야 한다. 법적 중요성이란 권리 또는 의무의 발생·변경·소멸에 관한 사실을 의미하며, 그것이 공법관계인가 사법관계인가는 문제되지 않는다. 따라서 단순히 사상을 표현하는 데 지나지 않는 소설이나 시가 등의 예술작품은 문서가 될 수 없다. 다만 문서의 증명능력은 진정한 문서를 전제로 한다.

2) 증명의사 : 문서는 법률관계를 증명하기 위한 것이어야 한다. 이러한 증명의사는 확정적 의사임을 요하므로 초안과 같은 것은 문서가 아니다. 증명의사의 발생시기와 관련하여, 처음부터 증명의사를 가지고 작성된 문서를 '목적문서'라 하고, 작성 후에 증명의사가 발생한 문서를 '우연문서'라고 한다. 공문서는 항상 목적문서이지만, 사문서는 목적문서일 수도 있고 우연문서일 수도 있다.

(3) 보장적 기능

문서는 문서의 작성자 또는 보증인을 의미하는 명의인이 표시되어야 하며, 명의인이 없으면 문서가 될 수 없다. 이를 문서의 보장적 기능이라고 한다. 여기서 명의인이란 법적 거래에 있어서 문서의 표현내용이 귀속하는 자, 즉 의사표시의 주체를 뜻한다.

1) 사자와 허무인 명의의 문서 : 명의인이 실재함을 요하는가에 대하여 통설과 판례는 이를 요하지 않는다는 전제하에서 사자나 허무인 명의의 문서도 문서에 해당한다고 해석하고 있다. 문서위조죄는 문서에 대한 거래의 안전과 신용을 보호법익으로 하는 추상적 위험범이므로 일반인에게 진정한 문서라고 오신케 할 염려가 있으면 본죄는 성립한다 할 것이므로 통설이 타당하다.

2) 복본·등본·사본 : 문서는 명의인의 의사를 표현한 물체 그 자체를 의미한다. 따라서 복본은 문서에 해당한다. 그러나 등본·초본·사본은 인증이 없는 한 문서라고 할 수 없지만 형법 제237조의2는 '이 장의 죄에 있어서 전자복사기, 모사전송기 기타 이와 유사한 기기를 사용하여 복사한 문

서 또는 도화의 사본도 문서 또는 도화로 본다'고 규정하여 복사문서의 문서성을 인정하고 있다.

3. 문서의 종류

(1) 공문서와 사문서

공문서란 공무소 또는 공무원이 직무에 관하여 작성한 문서를 말한다. 즉 공문서는 공무소 또는 공무원이 작성명의인인 문서를 말한다. 외국의 공무소 또는 공무원이 작성한 문서는 공문서가 아니다. 작성명의인이 공무소 또는 공무원인 때에도 직무에 관하여 작성된 것이 아니면 공문서가 아니다. 사문서란 사인 명의로 작성된 문서를 말하며, 그 중 권리·의무와 사실증명에 관한 문서만 사문서가 될 수 있다. 여기서 권리·의무에 관한 문서란 권리·의무의 발생·변경·소멸에 관한 사항을 기재한 문서를 의미하며, 사실증명에 관한 문서는 권리·의무에 관한 문서 이외의 문서로서 거래상 중요한 사실을 증명하는 문서를 말한다.

(2) 문서의 특수형태

문서의 특수형태로는 개별문서에 대하여 전체문서와 결합문서가 있다. 전자는 예금통장·상업장부 등과 같이 개별적인 문서가 계속적인 형태에 의하여 통일된 전체로 결합되어 독자적인 표시내용을 가지는 경우를 말하고, 후자는 사진을 첨부한 증명서와 같이 문서가 검증의 목적물과 장소적으로 결합되어 통일된 증명내용을 가지는 경우를 말한다.

 판 례 문서의 보호법익

- [1] 정당한 대표권이나 대리권이 없는 자가 마치 대표권이나 대리권이 있는 것처럼 가장하여 타인의 자격을 모용하여 문서를 작성하는 경우 자격모용에 의한 문서작성죄가 성립한다. [2] 문서위조 또는 변조 및 동행사죄의 보호법익은 문서 자체의 가치가 아니고 문서에 대한 공공의 신용이므로 문서위조 또는 변조의 객체가 되는 문서는 반드시 원본에 한한다고 보아야 할 근거는 없고 문서의 사본이라도 원본과 동일한 의식내용을 보유하고 증명수단으로서 원본과 같은 사회적 기능과 신용을 가지는 것으로 인정된다면 이를 위 문서의 개념에 포함시키는 것이 상당하다 할 것이고, 나아가 광의의 문서의 개념에 포함되는 도화의 경우에 있어서도 마찬가지로 해석하여야 한다(대판 1993.7.27. 93도1435).

 판 례 문서죄의 본질

① 소외 (갑)회사의 이사인 소외 (을), (병)이 그 이사직을 사임코자 각 사임서를 대표이사에게 제출하였으나 대표이사가 이사사임등기를 하지 않자 업무담당이사인 피고인에게 이사사임등기를 강력히 요구하자 피고인이 동인들의 인장을 새겨 이사사임서를 작성한 행위는 동인들의 묵시적 승낙 하에 한 것이라 볼 수 있으므로 이의 위조 및 동행사죄가 성립되지 않는다(대판 1983.4.12. 83도328).

② 피고인들이 작성한 회의록에다 참석한 바 없는 소외인이 참석하여 사회까지 한 것으로 기재한 부분은 사문서의 무형위조에 해당할 뿐이어서 사문서의 유형위조만을 처벌하는 현행 형법하에서는 죄가 되지 아니한다(대판 1984.4.24. 83도2645).

③ 사문서변조에 있어서 그 변조 당시 명의인의 명시적, 묵시적 승낙 없이 한 것이면 변조된 문서가 명의인에게 유리하여 결과적으로 그 의사에 합치한다 하더라도 사문서변조죄의 구성요건을 충족한다(대판 1985. 1.22. 84도2422). [해설] 변조된 문서의 내용이 명의인의 의사와 합치하는 경우에도 문서변조죄가 성립한다고 본 판례.

④ 이사회를 개최함에 있어 공소외 이사들이 그 참석 및 의결권의 행사에 관한 권한을 피고인에게 위임하였다면 그 이사들이 실제로 이사회에 참석하지도 않았는데 마치 참석하여 의결권을 행사한 것처럼 피고인이 이사회 회의록에 기재하였다 하더라도 이는 이른바 사문서의 무형위조에 해당할 따름이어서 처벌대상이 되지 아니한다(대판 1985.10.22. 85도1732).

판례 문서의 개념

① 신용장에 날인된 은행의 접수일부인은 사실증명에 관한 사문서에 해당되므로 신용장에 허위의 접수인을 날인한 것은 사문서위조에 해당된다(대판 1979.10.30. 77도1879).

② [1] 형법상 문서에 관한 죄에 있어서 문서라 함은 문자 또는 이에 대신할 수 있는 가독적 부호로 계속적으로 물체 상에 기재된 의사 또는 관념의 표시인 원본 또는 이와 사회적 기능, 신용성 등을 동시할 수 있는 기계적 방법에 의한 복사본으로서 그 내용이 법률상, 사회생활상 주요 사항에 관한 증거로 될 수 있는 것을 말하는 것으로, 사람의 동일성을 표시하기 위하여 사용되는 일정한 상형인 인장이나, 사람의 인격상의 동일성 이외의 사항에 대해서 그 동일성을 증명하기 위한 부호인 기호와는 구분되며, 이른바 생략문서도 그것이 사람 등의 동일성을 나타내는 데에 그치지 않고 그 이외의 사항도 증명, 표시하는 한 인장이나 기호가 아니라 문서로서 취급하여야 한다. [2] 구청 세무계장 명의의 소인을 세금 영수필 통지서에 날인하는 의미는 은행 등 수납기관으로부터 그 수납기관에 세금이 정상적으로 입금되었다는 취지의 영수필 통지서가 송부되어 와서 이에 기하여 수납부 정리까지 마쳤으므로 이제 그 영수필 통지서는 보관하면 된다는 점을 확인함에 있는데, 소인이 가지는 의미가 위와 같은 것이라면 이는 하나의 문서로 보아야 한다고 한 사례(대판 1995.9.5. 95도1269).

③ 전자복사기로 복사한 문서의 사본도 문서위조죄 및 동 행사죄의 객체인 문서에 해당하고, 위조된 문서원본을 단순히 전자복사기로 복사하여 그 사본을 만드는 행위도 공공의 신용을 해할 우려가 있는 별개의 문서사본을 창출하는 행위로서 문서위조행위에 해당한다(대판 1996.5.14. 96도785). [해설] 사문서인 매도증서를 위조하였으나 이를 행사하지 아니하고 소지하고 있던 중, 위 매도증서에 관한 사문서위조죄의 공소시효가 완성된 후에 이를 전자복사기로 그대로 복사함으로써 사문서인 매도증서 사본 1매를 위조하고, 그 사본을 법원에 제출하여 이를 행사한 경우 사문서위조 및 위조사문서행사죄에 해당한다고 본 사례.

④ 형법상 문서에 관한 죄에 있어서 문서라 함은, 문자 또는 이에 대신할 수 있는 가독적 부호로 계속적으로 물체상에 기재된 의사 또는 관념의 표시인 원본 또는 이와 사회적 기능, 신용성 등을 동일시할 수 있는 기계적 방법에 의한 복사본으로서 그 내용이 법률상, 사회생활상 주요 사항에 관한 증거로 될 수 있는 것을 말하고, 컴퓨터 모니터 화면에 나타나는 이미지는 이미지 파일을 보기 위한 프로그램을 실행할 경우에 그때마다 전자적 반응을 일으켜 화면에 나타나는 것에 지나지 않아서 계속적으로 화면에 고정된 것으로는 볼 수 없으므로, 형법상 문서에 관한 죄에 있어서의 문서에는 해당되지 않는다(대판 2010.7.15. 2010도

6068). [해설] 컴퓨터 모니터에 나타나는 이미지는 프로그램을 실행할 때마다 전자적 반응을 일으켜 화면에 나타나는 것에 지나지 않아서 계속적으로 화면에 고정된 것으로는 볼 수 없으므로, 형법상 문서죄에서 말하는 문서에 해당되지 않는다고 본 사례.

판례 명의인의 실재 여부

- [1] 문서위조죄는 문서의 진정에 대한 공공의 신용을 그 보호법익으로 하는 것이므로 행사할 목적으로 작성된 문서가 일반인으로 하여금 당해 명의인의 권한 내에서 작성된 문서라고 믿게 할 수 있는 정도의 형식과 외관을 갖추고 있으면 문서위조죄가 성립하는 것이고, 위와 같은 요건을 구비한 이상 그 명의인이 실재하지 않는 허무인이거나 또는 문서의 작성일자 전에 이미 사망하였다고 하더라도 그러한 문서 역시 공공의 신용을 해할 위험성이 있으므로 문서위조죄가 성립한다고 봄이 상당하며, 이는 공문서뿐만 아니라 사문서의 경우에도 마찬가지라고 보아야 한다. [2] 피고인이 중국 현지에서 교부받은 임상경력증명서의 양식에 응시생의 이름과 생년월일 및 학습기간 등을 기재한 다음 의원 상급자(원장) 및 한의원 이름을 생각나는 대로 임의로 기재하고 당해 한의원 명의의 직인을 임의로 새겨 날인함으로써 원심 판시 각 임상경력증명서를 위조하여 행사한 이 사건에 있어서, 위 각 임상경력증명서의 명의인인 한의원이 실재하지 않는다고 하더라도, 위 각 임상경력증명서들은 일반인으로 하여금 당해 명의인의 권한 내에서 작성된 문서라고 믿게 할 수 있는 정도의 형식과 외관을 갖추고 있다고 보기에 충분하므로, 원심이 피고인에 대한 이 사건 각 사문서위조 및 동행사의 범죄사실을 모두 유죄로 인정한 조치는 옳고, 거기에 사문서위조죄 및 동행사죄의 성립에 관한 법리를 오해한 위법이 없다(대판 2005.2.24. 2002도18 전원합의체). [해설] 허무인·사망자 명의의 문서를 위조한 경우에도 그러한 문서 역시 공공의 신용을 해할 위험성이 있으므로 문서위조죄가 성립한다고 봄이 상당하며, 이는 공문서뿐만 아니라 사문서의 경우에도 마찬가지라고 한 사례.

판례 공문서

① 허위공문서작성죄에 있어서의 '직무에 관한 문서'라 함은 공무원이 그 직무권한 내에서 작성하는 문서를 말하고, 그 문서는 대외적인 것이거나 내부적인 것(본건의 경우 대내적인 기안문서인 예산품의서)을 구별하지 아니하며, 그 직무권한이 반드시 법률상 근거가 있음을 필요로 하는 것이 아니고, 널리 명령, 내규 또는 관례에 의한 직무집행의 권한으로써 작성하는 경우를 포함한다(대판 1981.12.8. 81도943).

② 공소외인이 농업양곡직매장 운영에 관하여 자기명의의 문서를 작성할 권한을 부여받았다 하더라도 이 사건과 같은 개인 채무부담의 의견표시인 문서는 다른 사정이 없는 한 경험칙이나 논리칙상 공적 문서로 볼 수 없다(대판 1984.3.27. 83도2892).

③ 금융위원회법 제29조, 제69조 제1항에서 정한 금융감독원 집행간부인 금융감독원장 명의의 문서를 위조, 행사한 행위는 사문서위조죄, 위조사문서행사죄에 해당하는 것이 아니라 공문서위조죄, 위조공문서행사죄에 해당한다(대판 2021.3.11. 2020도14666).

Ⅱ. 문서위조·변조죄

1. 사문서위조·변조죄

> **제231조(사문서등의 위조·변조)**
> 행사할 목적으로 권리·의무 또는 사실증명에 관한 타인의 문서 또는 도화를 위조 또는 변조한 자는 5년 이하의 징역 또는 1천만원 이하의 벌금에 처한다.
>
> **제235조(미수범)**
> 제225조 내지 제234조의 미수범은 처벌한다.

(1) 의의

행사할 목적으로 권리·의무 또는 사실증명에 관한 타인의 문서 또는 도화를 위조 또는 변조함으로써 성립하는 범죄이다(제231조).

(2) 행위의 객체

권리·의무 또는 사실증명에 관한 타인의 문서 또는 도화이다. 권리·의무에 관한 문서란 공법상 또는 사법상의 권리·의무의 발생·변경·소멸에 관한 사항을 기재한 문서를 말하고, 사실증명에 관한 문서는 권리·의무에 관한 문서 이외의 문서로서 거래상 중요한 사실을 증명하는 문서를 말한다. 매매계약서, 임대차계약서, 예금인출청구서, 영수증, 유언서, 차용증, 보관증, 보증서, 고소·고발장, 위임장, 주민등록발급·인감증명교부·등기·여권발급 등의 신청서가 그 예이다.

(3) 행위

위조 또는 변조하는 것이다.

1) **위조** : 위조란 작성권한 없는 자가 타인명의를 모용하여 문서를 작성하는 것을 말한다. 광의의 위조에는 권한 없이 타인명의의 문서를 작성하는 유형위조와 권한 있는 자가 진실에 반하는 내용의 문서를 작성하는 무형위조가 포함된다. 그러나 형법은 무형위조를 작성이라고 하여 유형위조인 위조와 구별하고 있다.

㈎ **권한 없는 자** : 위조란 권한 없는 자가 타인명의의 문서를 작성하는 것을 말한다. 위탁된 범위를 초월하여 위탁자 명의의 사문서를 작성하는 경우에도 위조에 해당한다. 그러나 대리권 또는 대표권 없는 자가 대리인으로서 본인명의의 문서를 작성하는 경우는 위조가 아니라 자격모용에 의한 문서작성(제226조, 제232조)에 해당한다. 또한 대리권자 또는 대표권자가 권한의 범위 내에서 권한을 남용하여 문서를 작성한 경우도 위조에 해당하지 않는다(통설, 판례).

<대리인·대표자의 경우>

대리권·대표권 없는 자가	자격사칭뿐 아니라 명의까지 사칭한 경우 (무권대행: 위조)		문서위조죄 ○
	대리인으로서 본인 명의의 문서를 작성하는 경우 (무권대리)		자격모용에 의한 문서작성죄 ○
대리권·대표권 있는 자가	대표권의 범위 내에서 권한을 남용하여 문서를 작성한 경우(대표권 남용)		① 위조 ×(통설, 판례) ② 배임죄의 가능성 ○
	권한범위 외의 사항에 대하여 (월권대리)	대리인·대표자로서 본인명의의 문서를 작성한 경우	자격모용에 의한 문서작성죄(多)
		대리·대표자격의 표시 없이 본인명의 문서를 작성한 경우	사문서위조죄(판례)
위임의 취지에 반하여 또는 위임된 범위를 넘어서 문서작성한 경우			문서위조죄
타인의 주민등록증에 자신의 사진을 붙이는 것			공문서위조죄(판례)

㈏ **타인명의의 모용** : '타인의 명의를 모용한다'고 함은 실질적인 명의인에 대한 착오를 야기·유지하기 위한 행위, 즉 동일성의 사칭을 의미한다. 문서의 기재내용이 진실인가의 여부는 문제되지 아니하며, 명의인이 실재할 것도 요하지 않는다.

㈐ **문서의 작성** : 문서작성의 방법에는 제한이 없다. 권한 없이 타인명의의 영수증을 써주는 것처럼 새로운 문서를 작성하는 경우가 위조의 기본적 행위태양이다. 복사행위도 문서작성에 해당하므로 문서위조죄가 성립할 수 있다. 문서작성의 정도는 일반인이 진정문서로 오인할 수 있을 정도의 외관과 형식을 갖추면 충분하다. 이러한 정도의 문서가 작성됨으로써 본죄는 '기수'가 된다(결과범). 문서성립의 진정에 대한 공공의 신용이 침해될 필요도 없고, 명의인에게 구체적인 손해가 발생할 필요도 없다(추상적 위험범).

2) **변조** : 변조란 권한 없이 이미 진정하게 성립된 타인명의의 문서내용에 '그 동일성을 해하지 않을 정도로' 변경을 가하는 것을 말한다. 따라서 ㈎ 문서의 중요부분에 변경을 가하거나, 효력을 상실한 문서에 변경을 가하여 새로운 증명력을 가진 문서를 작성하게 한 경우에는 변조가 아니라 위조에 해당하게 된다. 또한 ㈏ 변조의 '객체'는 이미 진정하게 성립된 타인명의의 문서, 즉 '진정문서'에 한한다. 따라서 이미 위조된 부진정문서는 변조의 객체가 되지 않는다. 타인의 소유에 속하는 '자기명의'의 문서에 권한 없이 내용상 변경을 가하는 행위는 변조가 아니라 문서손괴에 해당한다. ㈐ 변조는 기존문서의 '동일성이 상실되지 않을 정도의 변경'을 가하는 것이다. 문서의 내용에 변경을 가하더라도, 그 중요부분에 변경을 가하여 기존문서와 다른 증명력을 가진 새로운 문서로 일반인이 오인할 정도가 되면, 변조가 아니라 위조에 해당한다. 타인의 신분증의 사진을 자신의 것으로 바꿔 붙이는 행위는 사진과 결부된 신분증의 증명력이 전혀 달라지므로 문서의 동일성이 상실된다고 보아 위조에 해당한다.

(4) 주관적 구성요건

고의 이외에 행사의 목적이 있어야 한다. 여기서 '행사할 목적'이란 위조 또는 변조된 문서를 진정한 문서로 효력을 발생케 할 목적을 말한다.

(5) 죄수 및 타죄와의 관계

1) **죄수** : ㈎ 문서에 관한 죄의 죄수를 결정함에 있어서는 법익을 기준으로 하면서 행위와 범죄의사도 함께 고려해야 할 것이므로 1개의 사문서에 위조와 변조를 함께 행한 경우에는 포괄일죄가 성립하고, 1개의 문서에 공문서위조와 사문서위조가 함께 행해진 경우에는 법조경합 중 특별관계로서 공문서위조죄가 성립한다. ㈏ 판례는 명의인의 수를 기준으로 하므로 2인 이상의 연명으로 된 문서를 위조한 때에는 작성명의인의 수대로 수개의 문서위조죄가 성립한다고 한다.

2) **다른 범죄와의 관계** : ㈎ 문서를 위조한 후 행사한 경우에는 위조죄와 행사죄의 실체적 경합이 된다(다수설, 판례). ㈏ 명의인에게 문서내용을 오신시켜 그 내용을 모르고 작성하게 한 경우에는 위조가 되지만, 문서내용을 진실한 것으로 오신시켜 그 내용을 알고 작성하게 하여 이를 취득한 경우에는 사기죄가 된다. ㈐ 위조문서를 만들어 무고한 경우에는 위조죄와 무고죄는 실체적 경합이 되고, 위조문서행사죄와의 무고죄는 상상적 경합이 된다. ㈑ 타인소유의 자기명의 문서의 내용을 임의로 변경하면 문서손괴죄만 성립한다. ㈒ 위조인장을 사용하여 사문서를 위조한 경우에는 인장위조죄는 위조죄에 흡수된다(법조 경합 중 흡수관계, 판례).

(6) 몰수

위조문서는 원칙적으로 제48조 제1항에 의하여 몰수할 수 있다. 문서 또는 도화의 일부가 몰수에 해당하는 경우에는 그 부분을 폐기한다(제48조 제3항).

> **판례** 권한 없는 자
>
> ① 위탁된 권한을 초월하여 위탁자 명의의 문서를 작성하거나 위탁자의 서명날인이 정당하게 성립한 때라 하더라도 그 서명날인자의 의사에 반하는 문서를 작성한 경우에는 사문서위조죄가 성립한다 할 것이므로 피고인이 공소외 (갑)으로부터 금 75,000,000원의 차용 위탁을 받고 백지의 대출신청서 및 영수증에 동인의 날인을 받은 연후에 차용금액을 금 150,000,000원으로 기입하여 공소외 (갑) 명의의 대출신청서 및 영수증을 작성하였다면 문서위조죄가 성립한다(대판 1982.10.12. 82도2023).
>
> ② 작성명의자의 날인이 정당하게 성립된 사문서라고 하더라도 내용을 기재할 정당한 권한이 없는 자가 내용을 기재하거나 또는 권한을 위임받은 자가 권한을 초과하여 내용을 기재함으로써 날인자의 의사에 반하는 사문서를 작성한 경우에는 사문서위조죄가 성립한다(대판 1992.12.22. 92도2047).
>
> ③ <u>명의인을 기망하여 문서를 작성케 하는 경우는 서명, 날인이 정당히 성립된 경우에도 기망자는 명의인을 이용하여 서명 날인자의 의사에 반하는 문서를 작성케 하는 것이므로 사문서위조죄가 성립한다</u>(대판 2000.6.13. 2000도778).

 **판례** 명의인의 승낙이나 위임이 있는 경우

① 학교법인 이사들이 그 인장을 학교 측에 보관시키면서 이사들의 의사에 반하지 아니하는 범위 내에서 즉 이사회 회의록 등을 작성할 때 그 내용이 진실에 합치되는 경우에는 필요에 따라 이를 사용할 수 있도록 사전에 <u>포괄적 위임</u>을 한 경우에는 이사회 회의록의 내용이 회의경과를 그대로 기재하고 있어 <u>이사들의 의사에 배치되는 점이 전혀 없는 이상 사문서위조죄를 구성하지 않는다</u>(대판 1984.3.27. 82도1915).

② 급식용 가공돼지고기를 납품하는 단지원들에 의하여 돼지고기의 가공, 납품 및 대금수령에 관한 사무를 총괄적으로 위임받고 이를 위하여 그들의 인장을 맡아 사용하는 단지장이 그 대금의 수령을 위해 납품자인 단지원의 이름으로 축산협동조합에 예금청구서와 차용증서를 작성 제출하고 선급금명목으로 납품대금을 받아 이를 단지원에게 지급한 사실이 인정된다면 위 예금청구서와 차용증서는 단지원들로부터 돼지고기의 가공, 납품에 따른 포괄적 위임에 따라 작성된 것이라고 보여져 이에 대하여 사문서위조 동행사의 범의를 인정할 수 없다(대판 1984.3.27. 84도115).

③ <u>피고인(갑)이 공소외(을)과의 동업계약에 따라 (갑)의 명의로 변경하기 위하여 (을)의 인장이 날인된 백지의 건축주명의변경신청서를 받아 보관하고 있던 중 그 위임의 취지에 반하여 피고인(병) 앞으로 건축주명의를 변경하는 건축주명의변경신청서를 작성하여 구청에 제출하였다면 사문서위조 및 그 행사죄가 성립한다</u>(대판 1984.6.12. 83도2408).

④ 매수인으로부터 매도인과의 토지매매계약체결에 관하여 포괄적 권한을 위임받은 자는 위임자 명의로 토지매매계약서를 작성할 적법한 권한이 있다 할 것이므로 <u>매수인으로부터 그 권한을 위임받은 피고인이 실제 매수가격 보다 높은 가격을 매매대금으로 기재하여 매수인 명의의 매매계약서를 작성하였다 하여도 그것은 작성권한 있는 자가 허위내용의 문서를 작성한 것일 뿐 사문서위조죄가 성립될 수는 없다</u>(대판 1984.7.10. 84도1146).

⑤ 피고인이 시장점포의 임대차에 관하여 지주들의 허락을 받고 공소외인에게 임대하면서 이미 새겨둔 동인들의 인장을 사용하여 임대차계약서를 작성하고 임대보증금을 수령하였다면 이같은 행위는 지주들로부터 위임받은 권한범위 내에서 정당한 업무수행행위로서 한 것이므로 사문서위조, 동행사등 죄를 구성하지 않는다(대판 1984.7.24. 84도785).

⑥ 피해자들이 일정한도액에 관한 연대보증인이 될 것을 허락하고 이에 필요한 문서를 작성하는 데 쓰일 인감도장과 인감증명서(대출보증용)를 채무자에게 건네준 취지는 채권자에 대해 동액상당의 채무를 부담하겠다는 내용의 문서를 작성하도록 허락한 것으로 보아야 할 것이므로 <u>비록 차용금증서에 동 피해자들을 연대보증인으로 하지 않고 직접 차주로 하였을 지라도 그 문서는 정당한 권한에 기하여 그 권한의 범위 안에서 적법하게 작성된 것으로 보아야 한다</u>(대판 1984.10.10. 84도1566).

⑦ 고소인의 제3자에 대한 채권의 변제책임을 부담하는 대신 그 채권에 관하여 설정한 가등기에 의한 담보권을 양수한 피고인이 위 가등기를 말소함에 있어서 고소인명의의 가등기말소신청서 등을 임의로 작성하였다 하더라도 이는 결국 고소인으로부터의 포괄적 위임 내지 승낙에 기한 것이어서 피고인이 위 가등기말소신청서 등을 위조하였다고 할 수 없다(대판 1987.2.14. 83도2650).

⑧ 문서의 위조라고 하는 것은 작성권한 없는 자가 타인명의를 모용하여 문서를 작성하는 것을

말하는 것이므로 전세계약서를 작성함에 있어 그 명의자의 명시적이거나 묵시적인 승낙(위임)이 있는 것이라면 이는 사문서위조에 해당한다 할 수 없다(대판 1988.1.12. 87도2256).

⑨ 갑과 을이 공동으로 주식회사를 경영하다가 갑이 을에게 위 회사의 소유와 경영에 관한 일체의 권리를 포기하면서 그 사무처리의 권한까지 을에게 포괄적으로 위임함으로써 을이 그 사무처리를 위하여 갑명의의 주식배당포기서, 이사사임서 등을 작성 행사한 것이라면 비록 을이 개개의 문서작성에 관한 승낙을 받지 않았다 하더라도 별다른 사정이 없는 한 묵시적인 승낙을 받았다고 할 것이어서 그것이 사문서위조, 동행사죄를 구성하거나, 그에 따른 법인등기부 변경등기를 경료한 것이 공정증서원본불실기재, 동행사죄 등을 구성할 수는 없다(대판 1988.9.13. 87도2012).

⑩ 다른 곳의 토지에 분묘를 소유하고 있는 피해자에게 피고인이 신청한 골재채취장과는 멀리 떨어져 있어 토석채취를 한다고 하여도 피해가 없으니 동의해 달라고 말하여 <u>백지의 동의서 양식에 인감도장을 날인하게 한 다음, 행사할 목적으로 그 동의서에 피해자의 의사에 반하여 분묘 소재지를 위 골재채취장 주변의 토지로 기재하였다면 피고인이 작성한 피해자 작성명의의 동의서는 피해자가 동의서의 양식에 인감도장을 날인하면서 그 공란을 기재하도록 승낙한 내용과 다른 것이고, 위 동의서의 공란을 기재하여 완성하도록 승낙한 취지에도 어긋나는 것이어서 피고인은 피해자가 승낙한 문서 아닌 문서를 작성한 셈이 되고, 피해자의 의사에 반한 내용의 동의서를 작성한 것이 되어 사문서를 위조한 경우에 해당한다</u>고 보아야 할 것이고, <u>그 동의서에 미리 날인받은 피해자의 인영이 진정한 것이었다고 하여 이것만 가지고 사문서를 위조한 것이 아니라고 할 수 없다</u>(대판 1992.3.31. 91도2815).

⑪ 종친회 결의서의 피위조명의자 중 피고인의 형제 2명이 승낙한 사안에서 피고인의 아들들이나 위 형제들의 아들들에 대하여 추정적 승낙을 인정할 여지가 있다(대판 1993.3.9. 92도3101).

⑫ [1] 사문서변조죄는 권한 없는 자가 이미 진정하게 성립된 타인 명의의 문서내용에 대하여 동일성을 해하지 않을 정도로 변경을 가하여 새로운 증명력을 작출케 함으로써 공공적 신용을 해할 위험성이 있을 때 성립한다. [2] <u>사문서의 위·변조죄는 작성권한 없는 자가 타인 명의를 모용하여 문서를 작성하는 것을 말하므로 사문서를 작성·수정할 때 명의자의 명시적이거나 묵시적인 승낙이 있었다면 사문서의 위·변조죄에 해당하지 않고, 한편 행위 당시 명의자의 현실적인 승낙은 없었지만 행위 당시의 모든 객관적 사정을 종합하여 명의자가 행위 당시 그 사실을 알았다면 당연히 승낙했을 것이라고 추정되는 경우 역시 사문서의 위·변조죄가 성립하지 않는다고 할 것이나, 명의자의 명시적인 승낙이나 동의가 없다는 것을 알고 있으면서도 명의자가 문서작성 사실을 알았다면 승낙하였을 것이라고 기대하거나 예측한 것만으로는 그 승낙이 추정된다고 단정할 수 없다.</u> [3] 피고인이 행사할 목적으로 권한 없이 甲 은행 발행의 피고인 명의 예금통장 기장내용 중 특정 일자에 乙 주식회사로부터 지급받은 월급여의 입금자 부분을 화이트테이프로 지우고 복사하여 통장 1매를 변조한 후 그 통장사본을 법원에 증거로 제출하여 행사하였다는 내용으로 기소된 사안에서, 관련 민사소송에서 피고인이 언제부터 乙 회사에서 급여를 받았는지가 중요한 사항이었는데 2006. 4. 25.자 입금자 명의를 가리고 복사하여 이를 증거로 제출함으로써 2006. 5. 25.부터 乙 회사에서 급여를 수령하였다는 새로운 증명력이 작출되었으므로 공공적 신용을 해할 위험성이 있었다고 볼 수 있고, 제반 사정을 종합할 때 통장 명의자인 甲 은행장이 행위 당시 그러한 사실을 알았다면 이를 당연히 승낙했을 것으로 추정된다고 볼 수 없으며, 피고인이 쟁점이 되는 부분을 가리고 복사함으로써 문서내용에

변경을 가하고 증거자료로 제출한 이상 사문서변조 및 동행사의 고의가 없었다고 할 수 없는데도, 이와 달리 보아 피고인에게 무죄를 인정한 원심판결에 사문서변조 및 동행사죄에 관한 법리오해의 위법이 있다고 한 사례(대판 2011.9.29. 2010도14587).

⑬ [1] 문서위조죄는 문서의 진정에 대한 공공의 신용을 보호법익으로 하는 것이므로 <u>행사할 목적으로 작성된 사문서가 일반인으로 하여금 당해 명의인의 권한 내에서 작성된 문서라고 믿게 할 수 있는 정도의 형식과 외관을 갖추고 있으면 사문서위조죄가 성립하고, 위와 같은 요건을 구비한 이상 명의인이 문서의 작성일자 전에 이미 사망하였더라도 그러한 문서 역시 공공의 신용을 해할 위험성이 있으므로 사문서위조죄가 성립한다.</u> 위와 같이 사망한 사람 명의의 사문서에 대하여도 문서에 대한 공공의 신용을 보호할 필요가 있다는 점을 고려하면, <u>문서명의인이 이미 사망하였는데도 문서명의인이 생존하고 있다는 점이 문서의 중요한 내용을 이루거나 그 점을 전제로 문서가 작성되었다면 이미 문서에 관한 공공의 신용을 해할 위험이 발생하였다 할 것이므로</u>, 그러한 내용의 문서에 관하여 사망한 명의자의 승낙이 추정된다는 이유로 사문서위조죄의 성립을 부정할 수는 없다. [2] 피고인이 자신의 부(夫) 甲에게서 甲 소유 부동산의 매매에 관한 권한 일체를 위임받아 이를 매도하였는데, 그 후 甲이 갑자기 사망하자 부동산 소유권 이전에 사용할 목적으로 甲이 자신에게 인감증명서 발급을 위임한다는 취지의 인감증명 위임장을 작성한 후 주민센터 담당직원에게 이를 제출한 사안에서, <u>甲의 사망으로 포괄적인 명의사용의 근거가 되는 위임관계 내지 포괄적인 대리관계는 종료된 것으로 보아야 하므로 특별한 사정이 없는 한 피고인은 더 이상 위임받은 사무처리와 관련하여 甲의 명의를 사용하는 것이 허용된다고 볼 수 없고</u>, 피고인이 사망한 甲의 명의를 모용한 인감증명 위임장을 작성하여 인감증명서를 발급받아야 할 급박한 사정이 있었다고 볼 만한 사정도 없으며, 인감증명 위임장은 본래 생존한 사람이 타인에게 인감증명서 발급을 위임한다는 취지의 문서라는 점을 고려하면, 이미 사망한 甲이 '병안중'이라는 사유로 피고인에게 인감증명서 발급을 위임한다는 취지의 인감증명 위임장이 작성됨으로써 문서에 관한 공공의 신용을 해할 위험성이 발생하였다 할 것이고, 피고인이 명의자 甲이 승낙하였을 것이라고 기대하거나 예측한 것만으로는 사망한 甲의 승낙이 추정된다고 단정할 수 없는데도, 이와 달리 피고인에게 무죄를 인정한 원심판결에 사망한 사람 명의의 사문서위조죄에서 승낙 내지 추정적 승낙에 관한 법리오해의 위법이 있다고 한 사례(대판 2011.9.29. 2011도6223).

⑭ <u>문서의 위조라고 하는 것은 작성권한 없는 자가 타인 명의를 모용하여 문서를 작성하는 것을 말하는 것이므로 사문서를 작성함에 있어 그 명의자의 명시적이거나 묵시적인 승낙 내지 위임이 있었다면 이는 사문서위조에 해당한다고 할 수 없을 것이지만, 문서 작성권한의 위임이 있는 경우라고 하더라도 그 위임을 받은 자가 그 위임받은 권한을 초월하여 문서를 작성한 경우는 사문서위조죄가 성립하고, 단지 위임받은 권한의 범위 내에서 이를 남용하여 문서를 작성한 것에 불과하다면 사문서위조죄가 성립하지 아니한다</u>고 할 것이다. 원심은 그 채용 증거를 종합하여, 피고인이 피해 회사의 대표이사인 공소외 2로부터 피해 회사의 운영에 관한 모든 권한을 포괄적으로 위임받은 것으로 보기는 어렵고, 다만 공소외 2에 대한 일일보고 등의 형식으로 공소외 2의 승낙 내지 위임을 받은 사항과 관련하여 필요한 범위 내에서 피해 회사 대표이사 공소외 2 명의의 문서를 작성할 권한을 위임받은 것이라고 전제한 후, 피고인이 피해 회사의 영업실적을 가장하거나 경영 상태를 숨기는 데 사용할 목적으로 공소외 2로부터 위임받은 권한의 범위를 벗어나 실제 거래내역 내지 통관내역이 없음에도 원심 별지 [범죄일람표 1] 기재(순번 1, 6, 9 제외)와 같이 피해 회사 대표이사 공소외 2 명의의 세금계산서 등을 위조하고 이를 행사한 사실을 인정하여 유죄로 판단하였다. 앞서 본 법리 및 기록에 비추

어 살펴보면, 원심의 위와 같은 판단은 정당한 것으로 수긍이 가고, 거기에 논리와 경험의 법칙을 위반하고 자유심증주의의 한계를 벗어나 사실을 인정하거나, 심리를 미진하게 하여 판결 결과에 영향을 미친 위법이 없다(대판 2012.6.28. 2010도690, 대판 2006.9.28. 2006도1545). [해설] 문서작성권한을 위임받은 경우, 그 위임을 받은 자가 그 위임받은 권한을 초월하여 문서를 작성한 경우는 사문서위조죄가 성립하고, 단지 위임받은 권한의 범위 내에서 이를 남용하여 문서를 작성한 것에 불과하다면 사문서위조죄가 성립하지 아니한다고 본 판례.

⑮ [1] 신탁자에게 아무런 부담이 지워지지 않은 채 재산이 수탁자에게 명의신탁된 경우 특별한 사정이 없는 한 수탁자는 신탁자에게 자신의 명의사용을 포괄적으로 허용하였다고 봄이 타당한바, 사법행위와 공법행위를 구별하여 신탁재산의 처분 등과 관련한 사법상 행위에 대하여만 명의사용을 승낙하였다고 제한할 수는 없다. [2] 특히 명의신탁된 주식의 처분 후 수탁자 명의의 과세표준신고를 하는 것은 법령에 따른 절차로서 신고를 하지 않는다면 오히려 수탁자에게 불이익할 수 있다는 점까지 고려한다면, 명의수탁자가 명의신탁주식의 처분을 허용하였음에도 처분 후 과세표준 등의 신고행위를 위한 명의사용에 대하여는 승낙을 유보하였다고 볼 특별한 사정이 존재하지 않는 한 허용된 범위에 속한다고 보아야 할 것이다 (대판 2022.3.31. 2021도17197). [해설] 비상장주식을 명의신탁한 피고인이 명의수탁자를 변경하기 위해 제3자에게 주식을 양도한 후 수탁자 명의로 증권거래세 과세표준신고서를 작성하고 이를 제출한 사안에서, 과세표준을 신고하는 행위는 공법행위이므로 수탁자가 명의사용을 승낙하였다고 볼 수 없다고 보아 사문서위조죄 및 위조사문서행사죄가 성립한다고 판단한 원심판결을 파기한 사례.

⑯ [1] 신탁자에게 아무런 부담이 지워지지 않은 채 재산이 수탁자에게 명의신탁된 경우에는 특별한 사정이 없는 한 재산의 처분 기타 권한행사에 관해서 수탁자가 자신의 명의사용을 포괄적으로 신탁자에게 허용하였다고 보아야 하므로, 신탁자가 수탁자 명의로 신탁재산의 처분에 필요한 서류를 작성할 때에 수탁자로부터 개별적인 승낙을 받지 않았더라도 사문서위조·동행사죄가 성립하지 않는다. 이에 비하여 수탁자가 명의신탁 받은 사실을 부인하여 신탁자와 수탁자 사이에 신탁재산의 소유권에 관하여 다툼이 있는 경우 또는 수탁자가 명의신탁 받은 사실 자체를 부인하지 않더라도 신탁자의 신탁재산 처분권한을 다투는 경우에는 신탁재산에 관한 처분 기타 권한행사에 관해서 신탁자에게 부여하였던 수탁자 명의사용에 대한 포괄적 허용을 철회한 것으로 볼 수 있어 명의사용이 허용되지 않는다. [2] 주식을 명의신탁한 피고인이 명의수탁자를 변경하기 위해 제3자에게 주식을 양도한 후 수탁자 명의의 증권거래세 과세표준신고서를 작성하여 관할세무서에 제출함으로써 과세표준신고서를 위조하고 이를 행사하였다는 공소사실로 기소된 사안에서, 신탁자에게 아무런 부담이 지워지지 않은 채 재산이 수탁자에게 명의신탁된 경우 특별한 사정이 없는 한 수탁자는 신탁자에게 자신의 명의사용을 포괄적으로 허용했다고 보는 것이 타당하므로, 사법행위와 공법행위를 구별하여 신탁재산의 처분 등과 관련한 사법상 행위에 대하여만 명의사용을 승낙하였다고 제한할 수는 없고, 특히 명의신탁된 주식의 처분 후 수탁자 명의의 과세표준신고를 하는 것은 법령에 따른 절차로서 신고를 하지 않는다면 오히려 수탁자에게 불이익할 수 있다는 점까지 고려한다면, 명의수탁자가 명의신탁주식의 처분을 허용하였음에도 처분 후 과세표준 등의 신고행위를 위한 명의사용에 대하여는 승낙을 유보하였다고 볼 특별한 사정이 존재하지 않는 한 허용된 범위에 속한다고 보아야 하므로, 수탁자 명의로 과세표준신고를 하는 행위는 공법행위라는 등의 이유로 사문서위조죄 및 위조사문서행사죄가 성립한다고 본 원심판단에 법리오해의 위법이 있다고 한 사례(대판 2022.3.31. 2021도17197). [해설] 비상장주식을 명의신탁한 피고인이 명의수탁자를 변경하기 위해 제3자에게 주식을 양도한 후 수탁자 명의로 증권거래세 과세표준신고서를 작성하고 이를 제출한 사안에서, 과세표준을 신고하는 행위는 공법행위이므

로 수탁자가 명의사용을 승낙하였다고 볼 수 없다고 보아 사문서위조죄 및 위조사문서행사죄가 성립한다고 판단한 원심판결을 파기한 사례.

판례 | 대리인이나 대표자의 경우

① 위탁된 권한을 초월하여 위탁자 명의의 문서를 작성하거나 위탁자의 서명날인이 정당하게 성립한 때라 하더라도 그 서명날인자의 의사에 반하는 문서를 작성한 경우에는 사문서위조죄가 성립한다 할 것이므로 피고인이 공소외 (갑)으로부터 금 75,000,000원의 차용 위탁을 받고 백지의 대출신청서 및 영수증에 동인의 날인을 받은 연후에 차용금액을 금 150,000,000원으로 기입하여 공소외 (갑) 명의의 대출신청서 및 영수증을 작성하였다면 문서위조죄가 성립한다(대판 1982.10.12. 82도2023).

② 문서위조죄를 구성하는지의 여부는 그 문서의 작성명으로 타인의 명의를 모용하였느냐 아니하였느냐라는 형식에 의하여 결정할 것으로서 그 문서의 내용의 진실여부는 특별한 처벌규정이 있는 경우 이외에는 동 죄의 성립여부에 아무런 소장이 없다고 할 것이므로, 타인의 대표자 또는 대리자가 그 대표명의 또는 대리명의를 써서 또는 직접 본인의 명의를 사용하여 문서를 작성할 권한을 가지는 경우에 그 지위를 남용하여 단순히 자기 또는 제3자의 이익을 도모할 목적으로 마음대로 문서를 작성한 때라고 할지라도 문서위조죄는 성립하지 아니한다(대판 1983.4.12. 83도332).

③ 사무집행에 관한 사항을 이사회의 의결사항으로 규정하고 있는 조합에 있어서 당좌수표 발행을 목적으로 하는 당좌거래계약의 체결은 이사회의 의결을 거쳐 이사장이 조합의 명의로써 해야 할 업무로서 상무이사가 이를 집행하기 위해서는 이사장의 위임이 있어야 하고 상무이사가 직무를 대행하는 경우라도 조합이사장의 승인 없이 그 명의의 당좌계약 약정서 등을 작성할 권한은 없다(대판 1983.10.25. 83도2257).

④ 작성명의자의 날인이 정당하게 성립된 사문서라고 하더라도 내용을 기재할 정당한 권한이 없는 자가 내용을 기재하거나 또는 권한을 위임받은 자가 권한을 초과하여 내용을 기재함으로써 날인자의 의사에 반하는 사문서를 작성한 경우에는 사문서위조죄가 성립한다(대판 1992.12.22. 92도2047).

⑤ 문서를 작성할 권한을 위임받지 아니한 문서기안자가 문서 작성권한을 가진 사람의 결재를 받은 바 없이 권한을 초과하여 문서를 작성하였다면 이는 사문서위조죄가 된다(대판 1997.2.14. 96도2234).

⑥ 문서의 위조라고 하는 것은 작성권한 없는 자가 타인 명의를 모용하여 문서를 작성하는 것을 말하는 것이므로 사문서를 작성함에 있어 그 명의자의 명시적이거나 묵시적인 승낙 내지 위임이 있었다면 이는 사문서위조에 해당한다고 할 수 없을 것이지만, <u>문서 작성권한의 위임이 있는 경우라고 하더라도 그 위임을 받은 자가 그 위임받은 권한을 초월하여 문서를 작성한 경우는 사문서위조죄가 성립하고</u>, 단지 <u>위임받은 권한의 범위 내에서 이를 남용하여 문서를 작성한 것에 불과하다면 사문서위조죄가 성립하지 아니한다</u>고 할 것이다(대판 2006.9.28. 2006도1545, 대판 1997.3.28. 96도3191).

⑦ 원래 주식회사의 적법한 대표이사는 회사의 영업에 관하여 재판상 또는 재판외의 모든 행위를

할 권한이 있으므로, 대표이사가 직접 주식회사 명의 문서를 작성하는 행위는 자격모용사문서작성 또는 위조에 해당하지 않는 것이 원칙이다. 이는 그 문서의 내용이 진실에 반하는 허위이거나 대표권을 남용하여 자기 또는 제3자의 이익을 도모할 목적으로 작성된 경우에도 마찬가지이다. 주식회사 대표이사의 대표권도 정관이나 주주총회 또는 이사회 결의 등에 의하여 적법하게 제한할 수 있는 것이지만, 회사의 운영을 실질적으로 장악·통제하고 있는 1인 주주가 적법한 대표이사의 권한 행사를 사실상 제한하고 있다는 것만으로는 대표이사의 대표권에 적법한 제한이 설정되었다고 할 수 없고, <u>대표이사가 권한을 행사하는 과정에서 단순히 그 1인 주주의 위임 또는 승낙을 받지 않았다고 하여 그 대표권 행사가 권한을 넘어서는 행위가 되는 것은 아니다. 주식회사의 대표이사가 실질적 운영자인 1인 주주의 구체적인 위임이나 승낙을 받지 않고 이미 퇴임한 전 대표이사를 대표이사로 표시하여 회사 명의의 문서를 작성한 사안에서, 문서위조죄의 성립을 부정한 사례</u>(대판 2008.11.27. 2006도9194).

⑧ [1] 원래 주식회사의 적법한 대표이사는 회사의 영업에 관하여 재판상 또는 재판외의 모든 행위를 할 권한이 있으므로, <u>대표이사가 직접 주식회사 명의 문서를 작성하는 행위는 자격모용사문서작성 또는 위조에 해당하지 않는 것이 원칙이다. 이는 그 문서의 내용이 진실에 반하는 허위이거나 대표권을 남용하여 자기 또는 제3자의 이익을 도모할 목적으로 작성된 경우에도 그러하다.</u> [2] <u>주식회사의 적법한 대표이사라 하더라도 그 권한을 포괄적으로 위임하여 다른 사람으로 하여금 대표이사의 업무를 처리하게 하는 것은 허용되지 않는다. 따라서 대표이사로부터 포괄적으로 권한 행사를 위임받은 사람이 주식회사 명의로 문서를 작성하는 행위는 원칙적으로 권한 없는 사람의 문서 작성행위로서 자격모용사문서작성 또는 위조에 해당하고, 대표이사로부터 개별적·구체적으로 주식회사 명의의 문서 작성에 관하여 위임 또는 승낙을 받은 경우에만 예외적으로 적법하게 주식회사 명의로 문서를 작성할 수 있다.</u> [3] A회사의 대표이사 甲이 B회사의 대표이사 乙로부터 포괄 위임을 받아 두 회사의 대표이사 업무를 처리하면서 두 회사 명의로 허위 내용의 영수증과 세금계산서를 작성한 사안에서, <u>B회사 명의 부분은 乙의 개별적·구체적 위임 또는 승낙 없는 행위로서 사문서위조 및 위조사문서행사죄가 성립하지만, A회사 명의 부분은 이미 퇴직한 종전의 대표이사를 승낙 없이 대표이사로 표시하였더라도 이에 해당하지 않는다고 한 사례</u>(대판 2008.12.24. 2008도7836, 대판 2008.11.27. 2006도2016).

⑨ [1] 원래 주식회사의 지배인은 회사의 영업에 관하여 재판상 또는 재판외의 모든 행위를 할 권한이 있으므로, <u>지배인이 직접 주식회사 명의 문서를 작성하는 행위는 위조나 자격모용사문서작성에 해당하지 않는 것이 원칙이고, 이는 그 문서의 내용이 진실에 반하는 허위이거나 권한을 남용하여 자기 또는 제3자의 이익을 도모할 목적으로 작성된 경우에도 마찬가지이다.</u> [2] <u>주식회사의 지배인이 자신을 그 회사의 대표이사로 표시하여 연대보증채무를 부담하는 취지의 회사 명의의 차용증을 작성·교부한 경우, 그 문서에 일부 허위 내용이 포함되거나 위 연대보증행위가 회사의 이익에 반하는 것이더라도 사문서위조 및 위조사문서행사에 해당하지 않는다고 한 사례</u>(대판 2010.5.13. 2010도1040).

⑩ [1] 원래 주식회사의 지배인은 회사의 영업에 관하여 재판상 또는 재판 외의 모든 행위를 할 권한이 있으므로, 지배인이 직접 주식회사 명의 문서를 작성하는 행위는 위조나 자격모용사문서작성에 해당하지 않는 것이 원칙이고, 이는 문서의 내용이 진실에 반하는 허위이거나 권한을 남용하여 자기 또는 제3자의 이익을 도모할 목적으로 작성된 경우에도 마찬가지이다. 그러나 <u>회사 내부규정 등에 의하여 각 지배인이 회사를 대리할 수 있는 행위의 종류, 내용, 상대방 등을 한정하여 권한을 제한한 경우에 제한된 권한 범위를 벗어나서 회사 명의의 문서를 작성하였다면, 이는 자기 권한 범</u>

위 내에서 권한 행사의 절차와 방식 등을 어긴 경우와 달리 문서위조죄에 해당한다. [2] 甲 은행의 지배인으로 등기되어 있는 피고인이, 신용이나 담보가 부족한 차주 회사가 저축은행 등 대출기관에서 대출을 받는 데 사용하도록 지급보증의 성질이 있는 甲 은행 명의의 대출채권양수도약정서와 사용인감계를 작성하였다고 하여 사문서위조로 기소된 사안에서, 제반 사정에 비추어 甲 은행의 내부규정은 지급보증 등 여신에 관하여 금액 규모 등에 따라 전결권자를 구분하고 나아가 여신 결재가 이루어진 것을 전제로 인감관리자의 결재를 받아 사용인감계를 작성하도록 하는 등으로 지급보증 등의 의사결정 권한을 상위 결재권자에게 부여하고 있으므로, 위와 같은 문서작성 행위는 제한된 지배인의 대리권한을 넘는 경우에 해당하여 사문서위조죄가 성립한다고 본 원심판단을 정당하다고 한 사례(대판 2012.9.27. 2012도7467).

⑪ [1] 주식회사의 대표이사가 그 대표 자격을 표시하는 방식으로 작성한 문서에 표현된 의사 또는 관념이 귀속되는 주체는 대표이사 개인이 아닌 주식회사이므로 그 문서의 명의자는 주식회사라고 보아야 한다. 따라서 위와 같은 문서 작성행위가 위조에 해당하는지는 그 작성자가 주식회사 명의의 문서를 적법하게 작성할 권한이 있는지에 따라 판단하여야 하고, 문서에 대표이사로 표시되어 있는 사람으로부터 그 문서 작성에 관하여 위임 또는 승낙을 받았는지에 따라 판단할 것은 아니다. [2] 주식회사의 적법한 대표이사는 회사의 영업에 관하여 재판상 또는 재판외의 모든 행위를 할 권한이 있으므로, 대표이사가 직접 주식회사 명의의 문서를 작성하는 행위는 자격모용사문서작성 또는 위조에 해당하지 않는 것이 원칙이다. 이는 그 문서의 내용이 진실에 반하는 허위이거나 대표권을 남용하여 자기 또는 제3자의 이익을 도모할 목적으로 작성된 경우에도 마찬가지이다. 이러한 법리는 주식회사의 대표이사가 대표 자격을 표시하는 방식으로 약속어음 등 유가증권을 작성하는 경우에도 마찬가지로 적용된다(대판 2015.11.27. 2014도17894). [해설] 주식회사의 적법한 대표이사는 회사의 영업에 관하여 재판상 또는 재판외의 모든 행위를 할 권한이 있으므로, 대표이사가 직접 주식회사 명의의 문서를 작성하는 행위는 자격모용사문서작성 또는 위조에 해당하지 않는다는 취지의 판결.

판례 타인명의의 모용

① 작성일자만을 공란으로 둔 채 완성된 대출금신청서와 차용금증서에 타인이 작성일자를 임의로 기입한 행위는 특단의 사유가 없는 한 문서작성명의인의 작성권한을 침해한 것이라고 할 수 없으므로 문서위조죄에 해당하지 아니한다(대판 1983.4.26. 83도520).

② 정부의 민원사무간소화규칙에 따라 매도인 또는 매수인이 단독으로 신청할 수 있는 농지개혁법 제19조 제2항의 농지매매증명을 발급받음에 있어 신청용지의 신청인란 중에 매수인란에는 피고인의 이름을 기재하고 날인하였으나 매도인란에는 공소외인의 이름만 기재하고 날인을 하지 않았다면 위 문서는 그 형식이나 외관상 피고인 단독명의로 신청된 문서로 인정될뿐 피고인과 공소외인이 공동으로 신청한 문서로는 볼 수 없으므로 위 사실만으로는 위 공소외인 명의의 농지매매사실증명확인원을 위조하였다고 볼 수 없다(대판 1986.9.23. 86도1300).

③ 갑 교회 목사인 피고인이 자신을 지지하는 일부 교인들과 갑 교회를 탈퇴함으로써 대표자의 지위를 상실하였으므로, 그 후 갑 교회 명의로 갑 교회 소유 부동산을 자신에게 매도하는 내용의 매매계약서를 작성하고 이를 행사한 행위는 사문서위조죄 및 위조사문서행사죄에 해당한다고 본 원심판단을 수긍한 사례(대판 2011.1.13. 2010도9725).

판례 문서의 복사행위

① (다수의견) 사진기나 복사기 등을 사용하여 기계적인 방법에 의하여 원본을 복사한 문서, 이른바 복사문서는 사본이더라도 필기의 방법 등에 의한 단순한 사본과는 달리 복사자의 의식이 개재할 여지가 없고, 그 내용에서부터 규모, 형태에 이르기까지 원본을 실제 그대로 재현하여 보여주므로 관계자로 하여금 그와 동일한 원본이 존재하는 것으로 믿게 할 뿐만 아니라 그 내용에 있어서도 원본 그 자체를 대하는 것과 같은 감각적 인식을 가지게 하고, 나아가 오늘날 일상거래에서 <u>복사문서가 원본에 대신하는 증명수단으로서의 기능이 증대되고 있는 실정에 비추어 볼 때 이에 대한 사회적 신용을 보호할 필요가 있으므로 복사한 문서의 사본은 문서위조 및 동행사죄의 객체인 문서에 해당한다</u>(대판 1989.9.12. 87도506 전원합의체).

② 문서의 사본 중에서 사진기나 복사기 등을 사용하여 기계적인 방법에 의하여 원본을 복사한 이른바 복사문서는 필기의 방법 등에 의한 단순한 사본과는 달리 복사자의 의식이 개재할 여지가 없고, 내용에서 부터 모양, 형태에 이르기까지 원본을 실제 그대로 재현하여 보여주므로 그와 동일한 원본이 존재하는 것으로 믿게 할 뿐만 아니라 오늘날 일상거래에서 원본에 대신하는 증명수단으로서의 기능이 증대되고 있는 실정에 비추어 이에 대한 사회적 신용을 보호할 필요가 있어서 사진복사한 문서의 사본은 행사죄의 객체인 문서에 해당한다(대판 1992.11.27. 92도2226).

③ 전자복사기로 복사한 문서의 사본도 문서위조죄 및 동 행사죄의 객체인 문서에 해당하고, 위조된 문서원본을 단순히 전자복사기로 복사하여 그 사본을 만드는 행위도 공공의 신용을 해할 우려가 있는 별개의 문서사본을 창출하는 행위로서 문서위조행위에 해당한다(대판 1996.5.14. 96도785).

④ [1] 형법 제237조의2에 따라 전자복사기, 모사전송기 기타 이와 유사한 기기를 사용하여 복사한 문서의 사본도 문서원본과 동일한 의미를 가지는 문서로서 이를 다시 복사한 문서의 재사본도 문서위조죄 및 동 행사죄의 객체인 문서에 해당한다 할 것이고, <u>진정한 문서의 사본을 전자복사기를 이용하여 복사하면서 일부 조작을 가하여 그 사본 내용과 전혀 다르게 만드는 행위는 공공의 신용을 해할 우려가 있는 별개의 문서사본을 창출하는 행위로서 문서위조행위에 해당한다.</u> [2] 타인의 주민등록증사본의 사진란에 피고인의 사진을 붙여 복사하여 행사한 행위가 공문서위조죄 및 동행사죄에 해당한다고 한 사례(대판 2000.9.5. 2000도2855). **[해설]** 문서의 사본을 다시 복사한 문서의 재사본이더라도 그러한 문서 역시 공공의 신용을 해할 위험성이 있으므로 문서위조죄 및 행사죄의 객체인 문서에 해당한다고 본 사례.

판례 기존문서를 이용한 위조

① 유효기간이 경과하여 무효가 된 공문서상에 '정정의 경우에는 무효로 한다.'는 기재가 있다고 하더라도 이는 작성권한 없는 자의 정정을 무효로 한다는 취지로 보아야 할 것이므로 권한 없는 자가 그 유효기간과 발행일자를 정정하고 그 부분에 작성권한 자의 직인을 압날하여 공문서를 작성하였다면 이는 형식과 외관에 의하여 효력이 있는 공문서를 위조한 것이 된다(대판 1980.11.11. 80도2126).

② [1] 자본시장과 금융투자업에 관한 법률(이하 '자본시장법'이라고 한다) 제9조 제4항은 "이 법에

서 '투자권유'란 특정 투자자를 상대로 금융투자상품의 매매 또는 투자자문계약·투자일임계약·신탁계약(관리형 신탁계약 및 투자성 없는 신탁계약을 제외한다)의 체결을 권유하는 것을 말한다."라고 규정하고 있다. 투자권유란 '계약체결을 권유'하는 것이므로 민법상 청약의 유인, 즉 투자자로 하여금 청약하게끔 하려는 의사의 표시에 해당하여야 한다. 따라서 특정 금융투자상품의 매매·계약체결의 권유가 수반되지 않는 단순한 상담이나 금융투자상품의 소개·설명, 계약이 이미 체결된 이후의 발언 등은 투자권유에 해당하지 않지만, 단순한 상담이나 금융투자상품의 소개·설명 등의 정도를 넘어 이와 함께 계약체결을 권유하고, 나아가 그러한 소개·설명 등을 들은 투자자가 해당 금융투자업자에 대한 신뢰를 바탕으로 계약체결에 나아가거나 투자 여부 결정에 그 권유와 설명을 중요한 판단요소로 삼았다면, 해당 금융투자업자는 자본시장법 제9조 제4항에서 규정하는 '투자권유'를 하였다고 평가할 수 있는데, 투자권유에 해당하는지는 설명의 정도, 투자판단에 미치는 영향, 실무처리 관여도, 이익 발생 여부 등과 같은 투자에 관한 제반 사정을 종합하여 판단하여야 한다. [2] 자본시장과 금융투자업에 관한 법률(이하 '자본시장법'이라고 한다) 제49조 제2호는 금융투자업자가 투자권유를 함에 있어서 '불확실한 사항에 대하여 단정적 판단을 제공하거나 확실하다고 오인하게 할 소지가 있는 내용을 알리는 행위'를 금지하고 있다. 여기서 '불확실한 사항에 대하여 단정적 판단을 제공하거나 확실하다고 오인하게 할 소지가 있는 내용을 알리는 행위'란 투자자의 합리적인 투자판단 또는 해당 금융투자상품의 가치에 영향을 미칠 수 있는 사항 중 객관적으로 진위가 분명히 판명될 수 없는 사항에 대하여 진위를 명확히 판단해 주거나 투자자에게 그 진위가 명확하다고 잘못 생각하게 할 가능성이 있는 내용을 알리는 행위를 말한다. 나아가 어떠한 행위가 단정적 판단 제공 등의 행위에 해당하는지는 통상의 주의력을 가진 평균적 투자자를 기준으로 금융투자업자가 사용한 표현은 물론 투자에 관련된 제반 상황을 종합적으로 고려하여 객관적·규범적으로 판단하여야 한다. 그리고 자본시장법 제49조 제2호의 문언 해석상 금융투자업자가 일단 불확실한 사항에 대하여 단정적 판단 제공 등의 행위를 한 이상 이로써 바로 위 조항 위반죄가 성립하고, 금융투자업자의 불확실한 사항에 대한 단정적 판단 제공 등에 어떠한 합리적인 근거가 있는지, 제공한 단정적 판단 등이 결과적으로 맞았는지, 상대방이 단정적 판단 제공 등을 신뢰하여 실제 투자를 하였는지, 투자로 인하여 실제로 손해가 발생하였는지 등은 위 조항 위반죄의 성립에 영향을 미치지 아니한다. [3] <u>사문서변조죄는 권한 없는 자가 이미 진정하게 성립된 타인 명의의 문서 내용에 대하여 동일성을 해하지 않을 정도로 변경을 가하여 새로운 증명력을 작출케 함으로써 공공적 신용을 해할 위험성이 있을 때 성립한다. 따라서 이미 진정하게 성립된 타인 명의의 문서가 존재하지 않는다면 사문서변조죄가 성립할 수 없다</u>(대판 2017.12.5. 2014도14924).

판례 　명의인의 이용

- <u>명의인을 기망하여 문서를 작성케 하는 경우는 서명, 날인이 정당히 성립된 경우에도 기망자는 명의인을 이용하여 서명 날인자의 의사에 반하는 문서를 작성케 하는 것이므로 사문서위조죄가 성립한다</u>(대판 2000.6.13. 2000도778).

| 판례 | 위조의 정도 |

① 예금청구서에 작성명의자의 기명만 있고 날인이 빠져 있다 하여도 일반인이 그 작성명의자에 의하여 작성된 예금청구서라고 오신할 만한 형식과 외관을 갖추고 있는 이상 권한 없이 위 예금청구서를 작성한 행위는 사문서위조죄에 해당하고 날인이 없다 하여 이를 미완성문서로 볼 수는 없다(대판 1984.10.23. 84도1729).

② 사문서위조죄는 그 명의자가 작성한 진정한 사문서로 볼 수 있는 정도의 형식과 외관을 갖추어 일반인이 진정한 명의자의 사문서로 오신하기에 충분하면 성립되는 것이고 <u>반드시 그 작성명의자의 서명이나 날인이 있어야 하는 것은 아니라고 할 것</u>이나, 일반인이 진정한 명의자의 사문서로 오신하기에 충분한 것인지의 여부는 그 문서의 형식과 외관은 물론 그 문서의 종류, 내용, 일반거래에 있어서 그 문서가 가지는 기능 등 제반사정을 종합적으로 참작하여 판단하여야 한다(대판 1988.3.22. 88도3).

③ 사문서의 작성명의자의 인장이 압날되지 아니하고 주민등록번호가 기재되지 않았더라도, 일반인으로 하여금 그 작성명의자가 진정하게 작성한 사문서로 믿기에 충분할 정도의 형식과 외관을 갖추었으면 사문서위조죄 및 동행사죄의 객체가 되는 사문서라고 보아야 한다(대판 1989.8.8. 88도2209).

④ <u>사문서위조죄는 그 명의자가 진정으로 작성한 문서로 볼 수 있을 정도의 형식과 외관을 갖추어 일반인이 명의자의 진정한 사문서로 오신하기에 충분한 정도이면 성립하는 것이고, 반드시 그 작성명의자의 서명이나 날인이 있어야 하는 것은 아니나</u>, 일반인이 명의자의 진정한 사문서로 오신하기에 충분한 정도인지 여부는 그 문서의 형식과 외관은 물론 그 문서의 작성경위, 종류, 내용 및 일반거래에 있어서 그 문서가 가지는 기능 등 여러 가지 사정을 종합적으로 고려하여 판단하여야 한다(작성명의자의 승낙이나 위임이 없이 그 명의를 모용하여 토지사용에 관한 책임각서 등을 작성하면서 작성명의자의 서명이나 날인은 하지 않고 다만 피고인이 자신의 이름으로 보증인란에 서명·날인한 경우, 사문서위조죄가 성립되기 어렵다고 본 사례)(대판 1997.12.26. 95도2221).

⑤ <u>문서위조죄는 문서의 진정에 대한 공공의 신용을 그 보호법익으로 하는 것</u>이므로, 피고인이 위조하였다는 국제운전면허증이 그 유효기간을 경과하여 본래의 용법에 따라 사용할 수는 없게 되었다고 하더라도, 이를 행사하는 경우 그 상대방이 유효기간을 쉽게 알 수 없도록 되어 있거나 위 문서 자체가 진정하게 작성된 것으로서 <u>피고인이 명의자로부터 국제운전면허를 받은 것으로 오신하기에 충분한 정도의 형식과 외관을 갖추고 있다면 피고인의 행위는 문서위조죄</u>에 해당한다(대판 1998.4.10. 98도164).

⑥ <u>사문서의 작성명의자의 인장이 찍히지 아니하였더라도 그 사람의 상호와 성명이 기재되어 그 명의자의 문서로 믿을 만한 형식과 외관을 갖춘 경우에는 사문서위조죄에 있어서의 사문서에 해당한다</u>고 볼 수 있다(대판 2000.2.11. 99도4819).

⑦ 이 사건 <u>주취운전자 적발보고서 및 주취운전자 정황진술보고서의 각 운전자란에 타인의 서명을 한 다음 이를 경찰관에게 제출한 것은 사문서위조 및 동행사죄에 해당</u>하므로, 같은 취지에서 이 사건 공소사실에 대하여 유죄를 선고한 제1심판결을 유지한 원심의 조치는 정당한 것으로 수긍이 가고, 거기에 사문서위조 및 동행사죄에 대한 법리오해의 위법이 없다(대판 2004.12.23. 2004도6483). [해설] 피고

인이 경찰에서 피의자로서 조사받으면서 자신의 형인 공소외인의 인적 사항을 밝히면서 자신이 공소외인인 것처럼 행세를 하고, 자신에 대한 피의자신문조서의 말미에 위 공소외인의 서명을 하여 수사기록에 편철하게 한 이 사건 범행에 대하여 사서명위조 및 동행사죄에 해당한다고 본 사례로 대판 2005.7.14. 2005도3357 참조.

⑧ 문서위조라 함은 작성권한 없는 자가 타인명의를 모용하여 문서를 작성하는 것을 말하는 것이다. 이 사건 세금계산서는, 원심이 적절히 설시한 바와 같이, 부가가치세 과세사업자가 재화나 용역을 공급하는 때에 이를 공급받은 자에게 작성·교부하여야 하는 계산서이므로(부가가치세법 제16조 제1항), 그 작성권자는 어디까지나 재화나 용역을 공급하는 공급자라고 보아야 할 것이고, 공급받는 자의 상호, 성명, 주소는 필요적 기재사항이 아닌 임의적 기재사항에 불과하여(부가가치세법 시행령 제53조 제1항) 공급받는 자의 상호, 성명, 주소가 기재되어 있지 않은 세금계산서라도 그 효력에는 영향이 없으며, 공급자가 세금계산서를 작성함에 있어 공급받은 자의 동의나 협조가 요구되지도 않는 점 등에 비추어 <u>세금계산서상의 공급받는 자는 그 문서 내용의 일부에 불과할 뿐 세금계산서의 작성명의인은 아니라 할 것이니, 공급받는 자 란에 임의로 다른 사람을 기재하였다 하여 그 사람에 대한 관계에서 사문서위조죄가 성립된다고 할 수 없다</u>(대판 2007.3.15. 2007도169).

⑨ 형법상 사문서위조죄는 행사할 목적으로 권리·의무 또는 사실증명에 관한 타인의 문서 또는 도화를 위조한 경우에 성립하고, 여기에서 <u>사실증명에 관한 타인의 문서는 권리의무에 관한 문서 이외의 문서로서 법률상 또는 사회생활상 중요한 사실을 증명하는 문서를 말한다</u>(대판 2008.11.27. 2008도7018). [해설] 사문서위조죄에서 '사실증명에 관한 타인의 문서'의 의미를 설시한 판결.

⑩ <u>실제의 본명 대신 가명이나 위명을 사용하여 사문서를 작성한 경우에 그 문서의 작성명의인과 실제 작성자 사이에 인격의 동일성이 그대로 유지되는 때에는 위조가 되지 않으나, 명의인과 작성자의 인격이 상이할 때에는 위조죄가 성립할 수 있다</u>(대판 2010.11.11. 2010도1835, 대판 1979.6.26. 79도908).

⑪ 변호사인 피고인이 대량의 저작권법 위반 형사고소 사건을 수임하여 피고소인 30명을 각 형사고소하기 위하여 20건 또는 10건의 고소장을 개별적으로 수사관서에 제출하면서 각 하나의 고소위임장에만 소속 변호사회에서 발급받은 진정한 경유증표 원본을 첨부한 후 이를 일체로 하여 컬러복사기로 20장 또는 10장의 고소위임장을 각 복사한 다음 고소위임장과 일체로 복사한 경유증표를 고소장에 첨부하여 접수한 사안에서, <u>변호사회가 발급한 경유증표는 증표가 첨부된 변호사선임서 등이 변호사회를 경유하였고 소정의 경유회비를 납부하였음을 확인하는 문서이므로 법원, 수사기관 또는 공공기관에 이를 제출할 때에는 원본을 제출하여야 하고 사본으로 원본에 갈음할 수 없으며, 각 고소위임장에 함께 복사되어 있는 변호사회 명의의 경유증표는 원본이 첨부된 고소위임장을 그대로 컬러 복사한 것으로서 일반적으로 문서가 갖추어야 할 형식을 모두 구비하고 있고, 이를 주의 깊게 관찰하지 아니하면 그것이 원본이 아닌 복사본임을 알아차리기 어려울 정도이므로 일반인이 명의자의 진정한 사문서로 오신하기에 충분한 정도의 형식과 외관을 갖추었다는 이유로, 피고인의 행위가 사문서위조죄 및 동행사죄</u>에 해당한다고 한 사례(대판 2016.7.14. 2016도2081). [해설] 복사한 문서 사본을 원본인 것처럼 행사한 행위가 사문서위조죄 및 동행사죄에 해당하는가의 판단은 일반인이 이를 명의자의 진정한 사문서로 오신하기에 충분한 정도의 형식과 외관을 갖추었는지 여부를 기준으로 해야 한다는 사례.

⑫ <u>사문서위조죄의 객체가 되는 문서의 진정한 작성명의자가 누구인지는 문서의 표제나 명칭만으로 이를 판

단하여서는 아니 되고, 문서의 형식과 외관은 물론 문서의 종류, 내용, 일반 거래에서 그 문서가 가지는 기능 등 제반 사정을 종합적으로 참작하여 판단하여야 한다(대판 2016.10.13. 2015도17777). [해설] 사문서위조죄의 객체가 되는 문서의 진정한 작성명의자가 누구인지 판단하는 기준을 제시한 판결.

판례 변조의 대상

- 공문서변조라 함은 권한 없이 이미 진정하게 성립된 공무원 또는 공무소명의의 문서내용에 대하여 그 동일성을 해하지 아니할 정도로 변경을 가하는 것을 말한다 할 것이므로 이미 허위로 작성된 공문서이므로 형법 제225조 소정의 공문서변조죄의 객체가 되지 아니한다(대판 1986.11.11. 86도1984). [해설] 허위로 작성된 공문서는 형법 제225조 소정의 공문서변조죄의 객체가 되지 않는다고 본 판결.

판례 변조

① 결재된 원안문서에 이미 기재되어 있음에도 이를 자세히 인정치 않고 단순히 결재 때 빠진 것으로 생각하고 가필변경할 권한이 없는 공무원이 원안에 없는 새로운 항을 만들어 중복되게 기재해 넣었다면 그 공문서를 변조한다는 인식이 있었다고 하지 않을 수 없다(대판 1970.12.29. 70도116).

② 문서에 2인 이상의 작성명의인이 있는 때에 그 명의자의 한 사람이 타명의자와 합의 없이 행사할 목적으로 그 문서의 내용을 변경하였을 때는 사문서변조죄가 성립된다(대판 1977.7.12. 77도1736).

③ 피고인의 본명은 박규탁이나 일상거래상 박진우로 통용되어 온 경우에 공소외인 작성의 박진우 앞으로 된 영수증에 피고인이 "박진우"라는 기재 옆에 "규탁"이라고 기입하였다고 하여도 이는 위 영수증의 내용에 영향을 미쳤다고 보여지지 아니하고, 따라서 새로운 증명력을 가한 것이 아니므로 사문서 변조죄를 구성하지 아니한다(대판 1981.10.27. 81도2055).

④ 건축허가서에 첨부된 설계도면을 떼내고 건축사협회의 도면등록 일부인을 건축허가 신청당시 일자로 소급 변조하여 새로 작성한 설계도면을 그 자리에 가철한 행위는 공문서 변조죄에 해당한다(대판 1982.12.24. 81도81).

⑤ 사문서변조에 있어서 그 변조 당시 명의인의 명시적, 묵시적 승낙 없이 한 것이면 변조된 문서가 명의인에게 유리하여 결과적으로 그 의사에 합치한다 하더라도 사문서변조죄의 구성요건을 충족한다(대판 1985.1.22. 84도2422).

⑥ 공문서변조라 함은 권한 없이 이미 진정하게 성립된 공무원 또는 공무소명의의 문서내용에 대하여 그 동일성을 해하지 아니할 정도로 변경을 가하는 것을 말한다 할 것이므로 이미 허위로 작성된 공문서는 형법 제225조 소정의 공문서변조죄의 객체가 되지 아니한다(대판 1986.11.11. 86도1984).

⑦ 비록 자기명의의 문서라 할지라도 이미 타인(타기관)에 접수되어 있는 문서에 대하여 함부로 이를 무효화시켜 그 용도에 사용하지 못하게 하였다면 일응 형법상의 문서손괴죄를 구성한다 할 것이므로 그러한 내용의 범죄될 사실을 허위로 기재하여 수사기관에 고소한 이상 무고죄의 죄책을 면할 수 없다(대판 1987.4.14. 87도177). [해설] 타인(타기관)에 접수되어 있는 자기명의 문서를 무효화시킨 경우에는 문

서손괴죄를 구성하지만, 문서죄의 객체인 문서에는 해당하지 않는다고 본 판결.

⑧ 피고인이 행사할 목적으로 타인의 주민등록증에 붙어있는 사진을 떼어내고 그 자리에 피고인의 사진을 붙였다면 이는 기존 공문서의 본질적 또는 중요 부분에 변경을 가하여 새로운 증명력을 가지는 별개의 공문서를 작성한 경우에 해당하므로 공문서위조죄를 구성한다(대판 1991.9.10. 91도1610).

⑨ [1] 사문서변조죄는 권한 없는 자가 이미 진정하게 성립된 타인 명의의 사문서 내용을 동일성을 해하지 않을 정도로 변경하여 새로운 증명력을 만드는 경우에 성립한다. [2] <u>사문서를 수정할 때 명의자가 명시적이거나 묵시적으로 승낙을 하였다면 사문서변조죄가 성립하지 않고, 행위 당시 명의자가 현실적으로 승낙하지는 않았지만 명의자가 그 사실을 알았다면 당연히 승낙했을 것이라고 추정되는 경우에도 사문서변조죄가 성립하지 않는다</u>(대판 2015.11.26. 2014도781). **[해설]** 명의자의 명시적·묵시적 승낙이 있거나 승낙이 추정되는 경우에는 사문서변조죄가 성립하지 않는다고 본 판결.

⑩ [1] 이사회 회의록에 관한 이사의 서명권한에는 서명거부사유를 기재하고 그에 대해 서명할 권한이 포함된다. 이사가 이사회 회의록에 서명함에 있어 이사장이나 다른 이사들의 동의를 받을 필요가 없는 이상 서명거부사유를 기재하고 그에 대한 서명을 함에 있어서도 이사장 등의 동의가 필요 없다고 보아야 한다. 따라서 <u>이사가 이사회 회의록에 서명 대신 서명거부사유를 기재하고 그에 대한 서명을 하면, 특별한 사정이 없는 한 그 내용은 이사회 회의록의 일부가 되고, 이사회 회의록의 작성권한자인 이사장이라 하더라도 임의로 이를 삭제한 경우에는 이사회 회의록 내용에 변경을 가하여 새로운 증명력을 가져오게 되므로 사문서변조에 해당한다.</u> [2] 갑 학교법인 이사장인 피고인이 갑 법인의 2014년도 제1차 이사회 회의록(이하 '회의록'이라 한다) 중 '이사장의 이사회 내용 사전 유출로 인한 책임을 물어 회의록 서명을 거부합니다. 을'이라고 기재된 부분 및 그 옆에 있던 이사 을의 서명 부분(이하 '문구'라 한다)을 지워 회의록을 변조하고, 이를 행사하였다는 내용으로 기소된 사안에서, 피고인이 이사회를 개최한 후 회의록을 작성하여 회의에 참석한 이사들과 감사로부터 회의록 각 페이지 하단의 간서명과 마지막 페이지에 기재된 기명 옆에 서명을 받은 사실, 을이 '피고인이 사전에 회의의 내용을 공개하였다'는 이유로 서명을 거부하자 을에게 회의록에 거부사유를 기재하도록 하였고, 을은 회의록 첫 페이지의 간서명란 바로 밑에 문구를 기재한 사실, 피고인은 그 후 임의로 문구를 삭제한 후 다음 날 회의록을 갑 법인 홈페이지에 게시한 사실을 알 수 있는데, 이러한 사실관계를 법리에 비추어 보면, 을이 회의록에 대한 서명권한 범위 내에서 회의록에 서명거부사유를 기재하고 그에 대한 서명을 한 이상 문구는 회의록의 일부가 되었으며, 이는 서명거부의 의미로 서명을 하지 않은 것과 내용면에서 동일하다고 할 수 없으므로, 피고인이 임의로 문구를 삭제함으로써 회의록의 새로운 증명력을 작출하였다는 이유로, 이와 달리 보아 공소사실을 무죄로 판단한 원심판결에 사문서변조죄 및 변조사문서행사죄의 법리를 오해하는 등의 잘못이 있다고 한 사례(대판 2018.9.13. 2016도20954).

판례 | 문서죄의 죄수

- 문서에 2인 이상의 작성명의인이 있을 때에는 각 명의자마다 1개의 문서가 성립되므로 <u>2인 이상의 연명으로 된 문서를 위조한 때에는 작성명의인의 수대로 수개의 문서위조죄가 성립하고 또 그 연명문서

를 위조하는 행위는 자연적 관찰이나 사회통념상 하나의 행위라 할 것이어서 위 수개의 문서위조죄는 형법 제40조가 규정하는 상상적 경합범에 해당한다(대판 1987.7.21. 87도564).

2. 자격모용에 의한 사문서작성죄

제232조(자격모용에 의한 사문서의 작성)
행사할 목적으로 타인의 자격을 모용하여 권리·의무 또는 사실증명에 관한 문서 또는 도화를 작성한 자는 5년 이하의 징역 또는 1천만원 이하의 벌금에 처한다.

제235조(미수범)
제225조 내지 제234조의 미수범은 처벌한다.

(1) 의의

행사할 목적으로 타인의 자격을 모용하여 권리·의무 또는 사실증명에 관한 문서 또는 도화를 작성함으로써 성립하는 범죄이다(제232조). 대리권 또는 대표권을 가지지 아니하는 자가 타인의 대리자격 또는 대표자격이 있는 것으로 가장하여 문서를 작성하는 경우를 처벌하기 위한 것이다.

(2) 구성요건

1) **타인의 자격모용** : '타인의 자격을 모용'한다고 함은 대리권 또는 대표권이 없는 자가 타인(본인)의 대리인 또는 대표자로서의 자격을 사칭하는 것을 말한다. 대리인으로서의 자격모용에는 무권대리(민법 제130조), 권한을 넘은 표현대리(민법 제126조, 월권대리), 대리권소멸 후의 표현대리(민법 제129조)가 있다. 본죄는 대리인의 자격을 모용함으로써 법률행위의 효력이 귀속되는 본인의 명의까지도 허위로 작출하게 되므로, 결국 성립이 부진정한 문서를 작성하는 행위-이른바 '유형위조'를 범하는 것이다(통설).

2) **대리권·대표권의 남용** : 대리권자 또는 대표권자가 그 대리명의나 대표명의 또는 본인명의를 사용하여 문서를 작성할 권한을 가지는 경우에 그 권한을 남용하여 자기 또는 제3자의 이익을 위하여 대리인 또는 대표자명의 또는 본인명의로 문서를 작성한 때에는 본죄에 해당하지 않는다.

3. 공문서위조·변조죄

제225조(공문서등의 위조·변조)
행사할 목적으로 공무원 또는 공무소의 문서 또는 도화를 위조 또는 변조한 자는 10년 이하의 징역에 처한다.

제235조(미수범)
제225조 내지 제234조의 미수범은 처벌한다.

(1) 의의

행사할 목적으로 공무원 또는 공무소의 문서 또는 도화를 위조 또는 변조함으로써 성립하는 범죄이다(제225조). 본죄의 객체인 공문서는 공무원 또는 공무소가 직무상 작성한 문서를 말하며, 공법관계에서 작성된 것인가 사법관계에서 작성된 것인가는 불문한다.

(2) 구성요건

1) **주체** : 행위의 주체에는 제한이 없다. 공무원이든 비공무원이든 관계없다. 공무원이라 하더라도 권한 밖의 공문서를 작성하면 본죄가 성립한다. 공문서작성을 보조하는 공무원 또는 보충기재의 권한만 위임받은 공무원이 임의로 작성권자 명의의 허위내용의 공문서를 작성한 경우에는 허위공문서작성죄가 아니라 공문서위조죄가 성립한다.

2) **객체** : 본죄의 객체는 공문서이다. 공문서는 공무원 또는 공무소가 직무상 작성한 문서를 말한다. 공법관계에서 작성된 것인가 사법관계에서 작성된 것인가를 불문한다. 공무원이 작성한 문서와 개인이 작성한 문서가 1개의 문서에 포함되어 있는 경우에 공무원이 작성한 증명문구에 의하여 증명되는 개인작성부분도 공문서가 된다. 공증인가 합동법률사무소에서 작성한 사서인증증서도 공문서이다. 다만, 허위로 작성된 공문서는 공문서변조죄의 객체인 공문서에 포함되지 않는다.

3) **행위** : 본죄의 실행행위는 위조 또는 변조이다. 위조란 작성권한 없는 자가 공무원·공무소명의를 모용하여 문서를 작성하는 행위이고, 변조란 권한 없는 자가 이미 진정하게 성립된 공문서의 내용에 대하여 문서의 동일성이 상실되지 않을 정도로 변경을 가하는 행위이다. 대법원은 타인의 주민등록증에 붙어 있는 사진을 떼어내고 그 자리에 자신의 사진을 붙인 것은 기존공문서의 본질적 또는 중요부분에 변경을 가하여 새로운 증명력을 가지는 별개의 공문서를 작성한 경우에 해당하므로 공문서위조죄가 성립한다고 보았다. 위조·변조의 구체적 내용은 사문서위조·변조죄에서와 같다.

4. 자격모용에 의한 공문서작성죄

> **제226조(자격모용에 의한 공문서 등의 작성)**
> 행사할 목적으로 공무원 또는 공무소의 자격을 모용하여 문서 또는 도화를 작성한 자는 10년 이하의 징역에 처한다.
>
> **제235조(미수범)**
> 제225조 내지 제234조의 미수범은 처벌한다.

행사할 목적으로 공무원 또는 공무소의 자격을 모용하여 문서 또는 도화를 작성함으로써 성립하는 범죄이다(제226조). 자격모용에 의한 사문서작성죄에 대한 가중적 구성요건이라고 할 수 있다. 본죄는 타인의 자격만을 모용하는 것이라는 점에서, 타인명의를 모용하는 공문서위조죄와 구별된다. 따라서 타인의 자격뿐만 아니라 명의까지 모용하여 공문서를 작성한 때에는 본죄가 성립하는 것이 아니라 공문서위조죄가 성립한다. 여기서 자격을 모용하여 공문서를 작성한다는 것은 일정한 지위를 허위로 기재한다는 것을 의미한다.

> **판례** 자격모용에 의한 사문서작성죄
>
> ① 문서위조죄를 구성하는지의 여부는 그 문서의 작성명의로 타인의 명의를 모용하였느냐 아니하였느냐라는 형식에 의하여 결정할 것으로서 그 문서의 내용의 진실여부는 특별한 처벌규정이 있는 경우 이외에는 동 죄의 성립 여부에 아무런 소장이 없다고 할 것이므로, **타인의 대표자 또는 대리자가 그 대표명의 또는 대리명의를 써서 또는 직접 본인의 명의를 사용하여 문서를 작성할 권한을 가**

지는 경우에 그 지위를 남용하여 단순히 자기 또는 제3자의 이익을 도모할 목적으로 마음대로 문서를 작성한 때라고 할지라도 문서위조죄는 성립하지 아니한다(대판 1983.4.12. 83도332).

② [1] 자격모용에 의한 사문서작성죄는 행사할 목적으로 타인의 자격을 모용하여 권리·의무 또는 사실증명에 관한 문서를 작성함으로써 성립하는 것인바, 여기에서 '행사할 목적'이라 함은 다른 사람으로 하여금 그 문서가 정당한 권한에 기하여 작성된 것으로 오신하게 할 목적을 말하므로, 사문서를 작성하는 자가 다른 사람의 대리인 또는 대표자로서의 자격을 모용하여 문서를 작성한다는 것을 인식·용인하면서 이를 진정한 문서로서 어떤 효용에 쓸 목적으로 사문서를 작성하였다면, 자격모용에 의한 사문서작성죄의 행사의 목적과 고의가 있는 것으로 보아야 한다. [2] 재건축조합의 조합장이 아닌 사람이 재건축조합 조합장의 직함을 사용하여 재건축사업에 관한 계약서를 작성하였다면, 계약의 상대방이 자격모용사실을 알고 있었다거나 그 계약서에 조합장의 직인이 아닌 다른 인장을 날인하였더라도 자격모용에 의한 사문서작성죄의 범의와 행사의 목적이 인정된다고 본 사례(대판 2007.7.27. 2006도2330).

③ 자격모용 사문서작성죄를 구성하는지 여부는 그 문서를 작성함에 있어 타인의 자격을 모용하였는지 아닌지의 형식에 의하여 결정하여야 하고, 그 문서의 내용이 진실한지 아닌지는 이에 아무런 영향을 미칠 수 없으므로, 타인의 대표자 또는 대리자가 그 대표 또는 대리명의로 문서를 작성할 권한을 가지는 경우에 그 지위를 남용하여 단순히 자기 또는 제3자의 이익을 도모할 목적으로 문서를 작성하였다 하더라도 자격모용 사문서작성죄는 성립하지 아니한다(대판 2007.10.11. 2007도5838).

④ [1] 자격모용에 의한 사문서작성죄는 문서위조죄와 마찬가지로 문서의 진정에 대한 공공의 신용을 그 보호법익으로 하는 것으로서, 행사할 목적으로 타인의 자격을 모용하여 작성된 문서가 일반인으로 하여금 당해 명의인의 권한 내에서 작성된 문서라고 믿게 할 수 있는 정도의 형식과 외관을 갖추고 있으면 성립하는 것이고, 자격모용에 의한 사문서작성죄에서의 '타인'에는 자연인뿐만 아니라 법인, 법인격 없는 단체를 비롯하여 거래관계에서 독립한 사회적 지위를 갖고 활동하고 있는 존재로 취급될 수 있으면 여기에 해당된다. [2] 부동산중개사무소를 대표하거나 대리할 권한이 없는 사람이 부동산매매계약서의 공인중개사란에 '○○부동산 대표 △△△(피고인의 이름)'라고 기재한 사안에서, '○○부동산'이라는 표기는 단순히 상호를 가리키는 것이 아니라 독립한 사회적 지위를 가지고 활동하는 존재로 취급될 수 있으므로 자격모용사문서작성죄의 '명의인'에 해당한다고 본 사례(대판 2008.2.14. 2007도9606).

⑤ [1] 자격모용에 의한 사문서작성죄는 문서위조죄와 마찬가지로 문서의 진정에 대한 공공의 신용을 보호법익으로 하는 것으로, 행사할 목적으로 타인의 자격을 모용하여 작성된 문서가 일반인으로 하여금 명의인의 권한 내에서 작성된 문서라고 믿게 할 수 있는 정도의 형식과 외관을 갖추고 있으면 성립한다. 대표자 또는 대리인의 자격으로 임대차 등 계약을 하는 경우 그 자격을 표시하는 방법에는 특별한 규정이 없다. 피고인 자신을 위한 행위가 아니고 작성명의인을 위하여 법률행위를 한다는 것을 인식할 수 있을 정도의 표시가 있으면 대표 또는 대리관계의 표시로서 충분하다. 일반인이 명의인의 권한 내에서 작성된 문서로 믿게 하기에 충분한 정도인지는 문서의 형식과 외관은 물론 문서의 작성 경위, 종류, 내용과 거래에서 문서가 가지는 기능 등 여러 사정을 종합하여 판단해야 한다. [2] 피고인이 갑 주식회사 소유의 오피스텔에 대한 분양대행 권한을 가지게 되었을 뿐 갑 회사의 동의 없이 오피스텔을 임대할 권한이 없는데도 임차인들과 임대차계약을 체결하면서 갑 회사가 분양사업을 위해 만

든 을 회사 명의로 계약서를 작성·교부하였는데, 임대차계약서에는 임대인 성명이 '을 회사(피고인)'로 기재되어 대표자 또는 대리인의 자격 표시가 없고 또 피고인의 개인 도장이 찍혀있는 사안에서, 임대차계약서의 형식과 외관, 작성 경위, 종류, 내용, 거래에서 위 계약서가 가지는 기능 등 여러 가지 사정을 종합하면, 일반인으로서는 임대차계약서가 을 회사의 대표자 또는 대리인의 자격을 가진 피고인에 의해 을 회사 명의로 작성된 문서라고 믿게 할 수 있는 정도의 형식과 외관을 갖추고 있어 피고인의 행위는 자격모용사문서작성과 자격모용작성사문서행사에 해당됨에도, 이와 달리 보아 무죄로 판단한 원심판결에 자격모용사문서작성죄에서 말하는 타인의 자격 모용 등에 관한 법리오해의 잘못이 있다고 한 사례(대판 2017.12.22. 2017도14560).

⑥ 자격모용사문서작성죄는 문서위조죄와 마찬가지로 문서의 진정에 대한 공공의 신용을 보호법익으로 하는 것으로, 행사할 목적으로 타인의 자격을 모용하여 작성된 문서가 일반인으로 하여금 명의인의 권한 내에서 작성된 문서라고 믿게 할 수 있는 정도의 형식과 외관을 갖추고 있으면 성립한다. <u>주식회사의 대표 자격으로 계약을 하는 경우 피고인 자신을 위한 행위가 아니고 작성명의인인 회사를 위하여 법률행위를 한다는 것을 인식할 수 있을 정도의 표시가 있으면 대표관계의 표시라고 할 수 있다.</u> 자격모용사문서작성죄에서의 '행사할 목적'이라 함은 그 문서가 정당한 권한에 기하여 작성된 것처럼 다른 사람으로 하여금 오신하도록 하게 할 목적을 말한다고 할 것이므로 사문서를 작성하는 자가 주식회사의 대표로서의 자격을 모용하여 문서를 작성한다는 것을 인식, 용인하면서 그 문서를 진정한 문서로서 어떤 효용에 쓸 목적으로 사문서를 작성하였다면, 자격모용에 의한 사문서작성죄의 행사의 목적과 고의를 인정할 수 있다. <u>작성자가 '행사할 목적'으로 자격을 모용하여 문서를 작성한 이상 문서행사의 상대방이 자격모용 사실을 알았다거나, 작성자가 그 문서에 모용한 자격과 무관한 직인을 날인하였다는 등의 사정이 있다고 하여 달리 볼 것은 아니다</u>(대판 2022.6.30. 2021도17712). [해설] 갑회사의 대표이사인 피고인이 갑회사와 을회사의 '총괄대표이사'의 자격으로 작성된 도급계약서에 자신의 이름과 갑회사 대표이사의 직인을 날인한 사실로 자격모용사문서작성죄 등으로 기소된 사안에서, 도급계약서의 형식과 외관, 계약서 작성 경위, 종류, 내용 등의 사정을 종합할 때 위 계약서를 수령한 상대방으로서는 위 계약서가 을회사의 대표이사 또는 갑회사와 을회사의 총괄대표이사의 자격을 가진 피고인에 의하여 갑회사 및 을회사 명의로 작성된 문서라고 믿게 할 정도의 형식과 외관을 갖추고 있는 것으로 볼 수 있고 설령 상대방이 피고인이 을회사의 대표이사가 아님을 알고 있더라도 자격모용사문서작성죄의 성립에 영향이 없다는 이유로 이 부분 공소사실을 무죄로 판단한 원심을 파기한 사안임.

판례 공문서위조·변조죄

① 공문서의 위조라 함은 행사할 목적으로 공무원 또는 공무소의 문서를 정당한 작성권한 없는 자가 작성권한 있는 자의 명의로 작성하는 것을 말하므로, <u>공문서인 기안문서의 작성권한자가 직접 이에 서명하지 않고 피고인에게 지시하여 자기의 서명을 흉내내어 기안문서의 결재란에 대신 서명케 한 경우라면 피고인의 기안문서 작성행위는 작성권자의 지시 또는 승낙에 의한 것으로서 공문서위조죄의 구성요건해당성이 조각된다</u>(대판 1983.5.24. 82도1426).

② 군청소속의 도축장 검사원에게 군수명의로 된 백지의 지방우육 서울반출증을 보관하면서 적법한 도축신청과 서울축산기업 납세조합에서 발행한 지방우육 서울반입 실수요자확인증의 제출이 있는 경우에 한하여 위 백지반출증에 실수요자증명서의 발행번호와 반출증의 발행일자,

유효기간 등을 보충기재하여 반입실수요자에 교부할 권한만이 위임되어 있었던 경우라면 동 검사원에게 위 반출증의 작성권한이 위임되어 있다고 볼 수 없으므로 동 검사원이 적법한 도축신청과 실수요자확인증의 제출이 없음에도 허위의 반출증을 작성교부하였다면 공문서위조죄가 성립한다(대판 1984.9.11. 84도368).

③ 공무원이 작성한 문서와 개인이 작성한 문서가 1개 문서 중에 포함되어 있는 경우에도 공무원이 작성한 증명문구에 의하여 증명되는 개인작성부분을 변조한 경우에는 공문서변조죄가 성립하는 바, 인감증명서의 사용용도는 인감신청인이 기재하는 것이나 그 기재한 용도에 따른 인감증명서가 발급되면 그 용도기재의 여하에 따라 인감증명서의 유효기간이 달라지는 것이므로 그 기재된 용도에 대하여도 증명의 효력이 미친다고 볼 것이어서 권한 없이 그 용도기재를 고쳐 썼다면 이는 공문서변조죄에 해당한다(대판 1985.9.24. 85도1490).

④ 공문서변조라 함은 권한 없이 이미 진정하게 성립된 공무원 또는 공무소명의의 문서내용에 대하여 그 동일성을 해하지 아니할 정도로 변경을 가하는 것을 말한다 할 것이므로 이미 허위로 작성된 공문서는 형법 제225조 소정의 공문서변조죄의 객체가 되지 아니한다(대판 1986.11.11. 86도1984).

⑤ 일반인으로 하여금 공무원 또는 공무소의 권한 내에서 작성된 문서라고 믿을 수 있는 형식과 외관을 구비한 문서를 작성하면 공문서위조죄가 성립되므로, 피고인이 국립경찰병원장 명의의 진단서에 직인과 계인을 날인하고 환자의 성명과 병명 및 향후치료소견을 기재하였다면 비록 진단서 발행번호나 의사의 서명날인이 없더라도 이는 공문서로서 형식과 외관을 구비하였으므로 공문서위조죄가 성립한다(대판 1987.9.22. 87도1443).

⑥ <u>형법 제227조가 규정한 허위공문서작성죄는 그 문서를 작성할 권한이 있는 공무원이 허위내용의 공문서를 작성한 경우에 성립하는 것이고 그 공무원을 보조하는 직무에 종사하는 공무원이 작성권한을 가진 공무원의 결재도 받지 아니하고 임의로 허위내용의 공문서를 작성권한자 명의로 작성한 때에는 공문서위조죄가 성립한다고 할 것인바, 면사무소 호적계장이 면장의 결재 없이 호적의 출생년란, 주민등록번호란에 허위내용의 호적정정 기재를 한 경우에는 공문서위조 및 동행사죄를 구성하는 것은 별론으로 하고 형법 제227조가 규정한 허위공문서작성죄에 해당할 수는 없다</u>(대판 1990.10.12. 90도1790).

⑦ 피고인이 행사할 목적으로 타인의 주민등록증에 붙어있는 사진을 떼어내고 그 자리에 피고인의 사진을 붙였다면 이는 기존 공문서의 본질적 또는 중요 부분에 변경을 가하여 새로운 증명력을 가지는 별개의 공문서를 작성한 경우에 해당하므로 공문서위조죄를 구성한다(대판 1991.9.10. 91도1610).

⑧ 공립학교 교사가 작성하는 교원의 인적사항과 전출희망사항 등을 기재하는 부분과 학교장이 작성하는 학교장의견란 등으로 구성되어 있는 교원실태조사카드는 학교장의 작성명의 부분은 공문서라고 할 수 있으나, <u>작성자가 교사 명의로 된 부분은 개인적으로 전출을 희망하는 의사표시를 한 것에 지나지 아니하여 이것을 가리켜 공무원이 직무상 작성한 공문서라고 할 수는 없을 것이므로 위 카드의 교사 명의 부분을 명의자의 의사에 반하여 작성하였다고 하여도 공문서를 위조한 것이라고 할 수 없다</u>(대판 1991.9.24. 91도1733).

⑨ 위조행사하였다는 출근통지서는 타자용지에 타자기로 작성한 것으로 그 두문에 발신기관명이 기재되어 있지 않고, 그 작성명의도 공무소인 시청이나 공무원인 그 시장 또는 보조기관인 총무

과장으로 되어 있지 않고 말단에 총무과로만 기재되어 있어 본문의 내용을 읽어 보지 않고는 어느 기관의 총무과인지 선뜻 알아 볼 수 없게 되어 있고, 위 "총무과"라는 기재 부분 옆에는 직인이나 관인이 아닌 공소외인의 사인이 찍혀 있어 그 외관이 공문서라고 보기 어려울 정도로 극히 조악하고, 그 본문에 있어서도 출근통지라는 매우 이례적인 내용을 담고 있는 점 등을 종합 고찰하여 보면, 위 출근통지서는 외견상으로도 공무소 또는 공무원이 그 직무권한 내에서 작성한 공문서라고 보기 어려울 정도로 공문서로서의 외관과 형식을 갖추지 못하였다(대판 1992.5.26. 92도699).

⑩ 간이절차에의한민사분쟁사건처리특례법에 의하여 설립된 공증인가 합동법률사무소 작성의 사서증서에 관한 인증서는 공문서이다(대판 1992.10.13. 92도1064).

⑪ 공문서변조죄에 있어서 행사할 목적이란 변조된 공문서를 진정한 문서인 것처럼 사용할 목적 즉 행사의 상대방이 누구이든지 간에 그 상대방에게 문서의 진정에 대한 착오를 일으킬 목적이면 충분한 것이지 반드시 변조 전의 그 문서의 본래의 용도에 사용할 목적에 한정되는 것은 아니다(대판 1995.3.24. 94도1112).

⑫ [1] 형법 제225조의 공문서변조나 위조죄의 객체인 공문서는 공무원 또는 공무소가 그 직무에 관하여 작성하는 문서이고, 그 행위주체가 공무원과 공무소가 아닌 경우에는 형법 또는 기타 특별법에 의하여 공무원 등으로 의제되는 경우(예컨대 정부투자기관관리기본법 제18조, 지방공기업법 제83조, 한국은행법 제112조의2, 특정범죄가중처벌등에관한법률 제4조)를 제외하고는 <u>계약 등에 의하여 공무와 관련되는 업무를 일부 대행하는 경우가 있다 하더라도 공무원 또는 공무소가 될 수는 없고</u>, 특히 형벌법규의 구성요건을 법률의 규정도 없이 유추 확대해석하는 것은 죄형법정주의원칙에 반한다. [2] <u>지방세의 수납업무를 일부 관장하는 시중은행의 직원이나 은행이 형법 제225조 소정의 공무원 또는 공무소가 되는 것은 아니고 세금수납영수증도 공문서에 해당하지 않는다</u>는 이유로 공문서변조죄 및 동 행사죄를 유죄로 인정한 원심판결을 파기한 사례(대판 1996.3.26. 95도3073).

⑬ <u>공문서 작성권자로부터 일정한 요건이 구비되었는지 여부를 심사하여 그 요건이 구비되었음이 확인될 경우에 한하여 작성권자의 직인을 사용하여 작성권자 명의의 공문서를 작성하라는 포괄적인 권한을 수여받은 업무보조자인 공무원이, 그 위임의 취지에 반하여 공문서 용지에 허위내용을 기재하고 그 위에 보관하고 있던 작성권자의 직인을 날인하였다면, 그 업무보조자인 공무원에게 공문서위조죄가 성립할 것이고</u>, 그에게 위와 같은 행위를 하도록 <u>지시한 중간결재자인 공무원도 공문서위조죄의 공범</u>으로서의 책임을 면할 수 없다(대판 1996.4.26. 96도424).

⑭ 자신의 주민등록증 비닐커버 위에 검은색 볼펜을 사용하여 주민등록번호 전부를 덧기재하고 투명 테이프를 붙이는 방법으로 주민등록번호 중 출생연도를 나타내는 "71"을 "70"으로 고친 사안에서, 변조행위가 공문서 자체에 변경을 가한 것이 아니며 그 변조방법이 조잡하여 공문서에 대한 공공의 위험을 초래할 정도에 이르지 못하였다는 이유로 공문서변조의 점에 대하여 무죄이다(대판 1997.3.28. 97도30).

⑮ 어느 문서의 작성권한을 갖는 공무원이 그 문서의 기재 사항을 인식하고 그 문서를 작성할 의사로써 이에 서명날인하였다면, 설령 그 서명날인이 타인의 기망으로 착오에 빠진 결과 그 문서의 기재사항이 진실에 반함을 알지 못한 데 기인한다고 하여도, <u>그 문서의 성립은 진정하며 여기에</u>

하등 작성명의를 모용한 사실이 있다고 할 수는 없으므로, 공무원 아닌 자가 관공서에 허위 내용의 증명원을 제출하여 그 내용이 허위인 정을 모르는 담당공무원으로부터 그 증명원 내용과 같은 증명서를 발급받은 경우 공문서위조죄의 간접정범으로 의율할 수는 없다(대판 2001.3.9. 2000도938).

⑯ 식당의 주·부식 구입 업무를 담당하는 공무원이 계약 등에 의하여 공무소의 주·부식 구입·검수 업무 등을 담당하는 조리장·영양사 등의 명의를 위조하여 검수결과보고서를 작성한 경우, 공문서위조죄의 성립을 부인한 사례(대판 2008.1.17. 2007도6987). [해설] 계약 등에 의하여 공무와 관련되는 업무를 일부 대행하는 자가 작성한 문서는 형법 제225조의 공문서변조나 위조죄의 객체인 공문서에 해당하지 않는다고 한 판결.

⑰ 구 호적법(2007. 5. 17. 법률 제8435호로 폐지) 제79조 제1항 및 구 호적법 시행규칙(2007. 11. 28. 대법원규칙 제2119호로 폐지) 등을 종합하여 볼 때, 가정법원의 서기관 등이 이혼의사확인서등본을 작성한 뒤 이를 이혼의사확인신청 당사자 쌍방에게 교부하면서 이혼신고서를 확인서등본 뒤에 첨부하여 그 직인을 간인하였다고 하더라도, 그러한 사정만으로 이혼신고서가 공문서인 이혼의사확인서등본의 일부가 되었다고 볼 수 없다. 따라서 당사자가 이혼의사확인서등본과 간인으로 연결된 이혼신고서를 떼어내고 원래 이혼신고서의 내용과는 다른 이혼신고서를 작성하여 이혼의사확인서등본과 함께 호적관서에 제출하였다고 하더라도, 공문서인 이혼의사확인서등본을 변조하였다거나 변조된 이혼의사확인서등본을 행사하였다고 할 수 없다(대판 2009.1.30. 2006도7777).

⑱ [1] 허위공문서작성죄 및 그 행사죄는 "공무원"만이 그 주체가 될 수 있는 신분범이라 할 것이므로, 신분상 공무원이 아님이 분명한 피고인들을 허위공문서작성죄 및 그 행사죄로 처벌하려면 그에 관한 특별규정이 있어야 할 것이고, 그들의 업무가 국가의 사무에 해당한다거나, 그들이 소속된 영상물등급위원회의 행정기관성이 인정된다는 사정만으로는 피고인들을 위 죄로 처벌할 수 없다. [2] 영상물등급위원회 임직원이 게임물 등급분류와 관련하여 영상물등급위원회장 명의의 접수일부인을 허위로 작성·행사한 사안에서, 처벌법규의 개정으로 형법상 뇌물 관련 범죄 외에는 더 이상 공무원으로 의제되지 않게 된 영상물등급위원회 임직원들에 대해 허위공문서작성죄 및 동행사죄를 적용한 원심판결을 심리미진을 이유로 파기한 사례(대판 2009.3.26. 2008도93). [해설] 문서에 관한 죄에서 주체인 '작성명의인'과 '작성권한자'의 의미를 보여주는 판결.

⑲ 지방자치단체를 당사자로 하는 계약의 이행완료에 관한 검사는 지방자치단체의 장 또는 계약담당자의 직무권한에 속하는 사항으로서 이를 전문기관에 위임하여 수행하게 한다고 하여 그 직무 소관이 달라지는 것은 아니고 다만 이때에는 전문기관으로부터 검사결과를 문서로 통보받아 확인하는 방법으로 그 직무를 집행하게 되는 것이므로, 지방자치단체의 장 또는 계약담당자가 그 검사를 위임받아 수행한 전문기관으로부터 검사결과를 검사조서로 작성·보고받고 이를 확인하여 승인하는 의미로 검사조서에 결재하였다면 그와 같이 결재된 검사조서는 공무원이 그 직무권한 내에서 작성한 문서로서 허위공문서작성죄의 객체인 공문서에 해당한다(대판 2010.4.29. 2010도875).

⑳ 허위공문서작성죄의 주체는 그 문서를 작성할 권한이 있는 명의인인 공무원에 한하고, 그 공무원의 문서작성을 보조하는 직무에 종사하는 공무원은 위 죄의 주체가 되지 못하므로 보조 공무원이 허위공문서를 기안하여 그 정을 모르는 작성권자의 결재를 받아 공문서를 완성한 때에는 허위공문서작성죄의 간접정범이 되고, 이러한 결재를 거치지 않고 임의로 허위내용의 공문서를 완성한 때에는 공문서위조죄가 성립한다. 이는 공문서의 작성권한 없는 사람이 허위공문서를 기안하여 작성권자

의 결재를 받지 않고 공문서를 완성한 경우에도 마찬가지이다(대판 2011.5.13. 2011도1415, 대판 1990.10.30. 90도1912, 대판 1981.7.28. 81도898).

㉑ [1] <u>허위공문서작성죄의 주체는 문서를 작성할 권한이 있는 명의인인 공무원에 한하고 그 공무원의 문서작성을 보조하는 직무에 종사하는 공무원은 허위공문서작성죄의 주체가 될 수 없다.</u> [2] 따라서 <u>보조 직무에 종사하는 공무원이 허위공문서를 기안하여 허위임을 모르는 작성권자의 결재를 받아 공문서를 완성한 때에는 허위공문서작성죄의 간접정범이 될 것이지만, 이러한 결재를 거치지 않고 임의로 작성권자의 직인 등을 부정 사용함으로써 공문서를 완성한 때에는 공문서위조죄가 성립한다.</u> 이는 공문서의 작성권한 없는 사람이 허위공문서를 기안하여 작성권자의 결재를 받지 않고 공문서를 완성한 경우에도 마찬가지이다. [3] 나아가 작성권자의 직인 등을 보관하는 담당자는 일반적으로 작성권자의 결재가 있는 때에 한하여 보관 중인 직인 등을 날인할 수 있을 뿐이다. 이러한 경우 <u>다른 공무원 등이 작성권자의 결재를 받지 않고 직인 등을 보관하는 담당자를 기망하여 작성권자의 직인을 날인하도록 하여 공문서를 완성한 때에도 공문서위조죄가 성립한다</u>(대판 2017.5.17. 2016도13912). [해설] 공문서의 작성권한 없는 공무원이 작성권자의 결재를 받지 않고 직인을 보관하는 담당자를 기망하여 작성권자의 직인을 날인하도록 하여 공문서를 완성한 경우에는 공문서위조죄가 성립한다고 본 판결.

㉒ <u>공문서변조죄는 권한 없는 자가 행사할 목적으로 공무소 또는 공무원이 이미 작성한 문서내용에 대하여 동일성을 침해하지 않을 정도로 변경을 가하여 새로운 증명력을 만들어 냄으로써 공공적 신용을 해칠 위험성이 있을 때 성립한다</u>(대판 2003.12.26. 2002도7339 등 참조). 최종 결재권자를 보조하여 문서의 기안업무를 담당한 공무원이 이미 결재를 받아 완성된 공문서에 대하여 적법한 절차를 밟지 않고 그 내용을 변경한 경우에도 특별한 사정이 없는 한 공문서변조죄가 성립한다. 피고인이 범죄구성요건의 주관적 요건인 고의를 부인하는 경우, 범의 자체를 객관적으로 증명할 수는 없으므로 사물의 성질상 범의와 관련성이 있는 간접사실 또는 정황사실을 증명하는 방법으로 이를 증명할 수밖에 없다. 이때 무엇이 관련성이 있는 간접사실 또는 정황사실에 해당하는지는 정상적인 경험칙에 바탕을 두고 치밀한 관찰력이나 분석력으로 사실의 연결상태를 합리적으로 판단하는 방법으로 판단하여야 한다(대판 2002.8.23. 2000도329, 대판 2017.1.12. 2016도15470 등 참조) (대판 2017.6.8. 2016도5218).

㉓ <u>공문서변조죄는 권한 없는 자가 공무소 또는 공무원이 이미 작성한 문서내용에 대하여 동일성을 해하지 않을 정도로 변경을 가하여 새로운 증명력을 작출케 함으로써 공공적 신용을 해할 위험성이 있을 때 성립</u>한다(대판 2003.12.26. 2002도7339 등 참조). 이때 일반인으로 하여금 공무원 또는 공무소의 권한 내에서 작성된 문서라고 믿을 수 있는 형식과 외관을 구비한 문서를 작성하면 공문서변조죄가 성립하는 것이고, 일반인으로 하여금 공무원 또는 공무소의 권한 내에서 작성된 문서라고 믿게 할 수 있는지 여부는 그 <u>문서의 형식과 외관은 물론 그 문서의 작성경위, 종료, 내용 및 일반거래에 있어서 그 문서가 가지는 기능 등 여러 가지 사정을 종합적으로 고려하여 판단하여야 한다</u>(공문서위조죄에 관한 대법원 1992. 11. 27. 선고 92도2226 판결 및 사문서위조죄에 관한 대법원 2009. 7. 23. 선고 2008도10195 판결 등 참조)(대판 2021.2.25. 2018도19043). [해설] 피고인이 등기사항전부증명서의 열람일시를 삭제하여 복사한 행위는 변경 전 등기사항전부증명서가 나타내는 관리·사실관계와 다른 새로운 증명력을 가진 문서를 만든 것에 해당하고 그로 인하여 공공적 신용을 해할 위험성도 발생하였다는 이유로, 피고인의 위와 같은 행위로 인하여 공공적 신용을 해할 정도의 새로운 증명력이 작출되었다고 볼 수 없다고 판단한 원심을 파기한 사례.

>  **판례** 자격모용에 의한 공문서작성죄
>
> - 갑 구청장이 을 구청장으로 전보된 후 갑 구청장의 권한에 속하는 건축허가에 관한 기안용지의 결재란에 서명을 한 것은 **자격모용에 의한 공문서작성죄를 구성한다**(대판 1993.4.27. 92도2688).

Ⅲ. 허위문서작성죄

1. 허위진단서 등 작성죄

> **제233조(허위진단서등의 작성)**
> 의사, 한의사, 치과의사 또는 조산사가 진단서, 검안서 또는 생사에 관한 증명서를 허위로 작성한 때에는 3년 이하의 징역이나 금고, 7년 이하의 자격정지 또는 3천만원 이하의 벌금에 처한다.

(1) 의의

의사·한의사·치과의사 또는 조산사가 진단서·검안서 또는 생사에 관한 증명서를 허위로 작성한 때에 성립하는 범죄이다(제233조). 우리 형법은 원칙적으로 사문서의 '무형위조'를 처벌하지 않으나, 본죄에 한하여 예외적으로 처벌하고 있다. 작성권한이 있는 자라고 하더라도 의사 등 일정한 전문직종사자가 진실에 반하는 내용의 문서를 작성하는 행위를 처벌할 필요가 있기 때문이다.

(2) 객관적 구성요건

1) **주체** : 의사·한의사·치과의사 또는 조산사에 제한된다. 간접정범에 의하여는 본죄가 성립할 수 없다는 의미에서 본죄는 자수범이다.

2) **행위의 객체** : 진단서·검안서 또는 생사에 관한 증명서이다. 진단서란 의사가 진단의 결과에 대한 판단을 표시하여 사람의 건강상태를 증명하기 위하여 작성하는 문서를 말하며, 문서의 명칭은 묻지 않는다. 따라서 소견서로 표시된 것도 여기에 포함된다. 검안서란 의사가 사람의 신체에 대하여 검안한 바를 기재한 문서를 말한다.

3) **행위** : 문서를 허위로 작성하는 것이다. 허위란 진실에 반하는 것을 말하며, 사실에 관한 것이건 판단에 관한 것이건 불문한다. 따라서 병명·사인·사망일시뿐만 아니라 치료 여부와 치료기간에 대한 기재도 허위의 대상이 될 수 있다.

(3) 주관적 구성요건

의사 등의 행위자가 자기의 신분뿐만 아니라 진단서·검안서 또는 생사에 관한 증명서를 작성한다는 사실과 기재내용이 허위라는 사실을 인식할 것을 요한다. 그러나 행사의 목적이 있을 것은 요하지 않는다. 허위라고 인식한 때에도 객관적 진실과 일치하는 때에는 본죄가 성립하지 않는다.

2. 허위공문서작성죄

> **제227조(허위공문서작성등)**
> 공무원이 행사할 목적으로 그 직무에 관하여 문서 또는 도화를 허위로 작성하거나 변개한 때에는 7년 이하의 징역 또는 2천만원 이하의 벌금에 처한다.

> **제235조(미수범)**
> 제225조 내지 제234조의 미수범은 처벌한다.

(1) 의의

공무원이 직무에 관하여 허위의 문서 또는 도화를 작성하거나 변개함으로써 성립하는 범죄이다(제227조). 공문서위조죄와 같이 문서의 성립의 진정을 보호하는 것이 아니라 내용의 진실을 보호하는 범죄이다. 문서의 무형위조를 예외적으로 처벌하는 경우이다. 본죄의 보호법익은 공문서의 '내용의 진실'에 대한 공공의 신용이며, 보호의 정도는 '추상적 위험범'이다.

(2) 구성요건

1) **주체** : 직무에 관하여 문서 또는 도화를 작성할 권한이 있는 공무원이다. 이러한 의미에서 본죄는 문서의 작성권한자인 공무원을 주체로 하는 신분범이다. 따라서 공무원이라 할지라도 문서의 작성권한이 없는 자는 본죄의 주체가 될 수 없다(작성권한 없는 자가 허위로 공문서를 작성한 경우에 공문서위조죄는 성립 가능).

2) **행위의 객체** : 공문서이다. 공문서란 공무소 또는 공무원이 직무에 관하여 작성한 문서를 말한다. 따라서 사문서에 대하여는 본죄가 성립할 여지가 없다. 직무에 관한 문서란 공무원이 직무권한 내에서 작성한 문서를 말하며, 직무권한은 법률에 근거를 가질 것을 요하지 않는다. 명령·내규 또는 관례에 의한 직무집행으로 작성되는 경우를 포함한다.

3) **행위** : 문서 또는 도화를 허위로 작성하거나 변개하는 것이다. ㈎ 문서를 허위로 작성한다 함은 작성권한 있는 문서에 허위내용을 기재하는 것을 말한다. 신고에 의하여 문서의 내용을 기재함에 있어서 공무원이 실질적 심사권을 가지는 경우에 허위인 정을 알면서 이를 기재하면 본죄가 성립한다는 점에 다툼이 없으나, 형식적 심사권만 인정된 경우에는 본죄의 성립을 부정하는 견해도 있다. 그러나 신고사실이 허위인 것을 알고 문서를 작성한 이상 공문서에 대한 공공의 신용을 침해한 것이라고 보아야 하며, 공무원은 그 기재를 거부할 수 있다고 해야 하므로 본죄의 성립을 인정하는 것이 타당하다. 판례도 긍정한다. ㈏ 변개란 작성권한 있는 공무원이 기존문서를 허위로 고치는 것을 말한다. 기존문서를 전제로 한다는 점에서는 변조와 유사하나, 작성권한 있는 자의 행위임을 요한다는 점에서 양자는 구별된다. ㈐ 본죄는 공문서에 허위의 내용을 기재하고 명의인의 표시행위를 함으로써 기수가 된다. 공문서에 허위기재를 하였으나 아직 작성명의인을 표시하지 못하였다면, 본죄의 미수범이 된다. 작성명의인은 반드시 명시될 필요는 없으나, 문서의 형식과 내용에 비추어 누구인가를 알 수 있는 정도는 되어야 한다. 본죄의 미수범은 처벌한다.

4) **주관적 구성요건** : 본죄가 성립하기 위하여는 고의 이외에 행사의 목적이 있어야 한다.

(3) 간접정범의 성부

작성권한 있는 공무원이 본죄의 간접정범이 될 수 있다는 점에는 의문이 없다. 작성권한 있는 공무원이 권한 없는 자를 이용하거나 작성권한 있는 다른 공무원을 이용하여 허위공문서를 작성한 때에는 본죄의 간접정범이 성립할 수 있다고 해야 한다. 문제는 문서의 작성권한이 없는 자가 본죄의 간접정범이 될 수 있는가에 있다.

1) **작성권한 있는 공무원이 비공무원을 이용한 경우** : 작성권한 있는 공무원이 허위내용임을 모르는 비공무원으로 하여금 허위공문서를 작성하게 한 경우에는 허위공문서작성죄의 간접정범이 된다.

2) **비공무원이 작성권한 있는 공무원을 이용한 경우** : 본죄는 진정신분범으로서 공무원만이 정범적격이 있다고 보아, 공정증서원본불실기재죄(제228조)의 성립은 별론으로 하고, 비공무원은 허위공문서작성죄의 간접정범이 될 수 없다고 함이 타당하다(통설, 판례). 공무원 아닌 자가 본죄의 간접정범이 될 수 없는 것은 공무원 아닌 자가 본죄의 정범이 될 수 있는 자격이 없기 때문이다. 그러나 비공무원이 공무원의 범행에 공동·교사·방조한 경우에는 형법 제33조가 적용된다.

3) **작성권한 있는 공무원이 작성권한 없는 다른 공무원을 이용한 경우** : 작성권한 있는 공무원이 허위내용임을 모르는 작성권한 없는 다른 공무원으로 하여금 허위공문서를 작성하게 한 경우에도 비공무원을 이용한 경우와 마찬가지로 본죄의 간접정범이 성립한다.

4) **작성권한 없는 공무원이 작성권한 있는 다른 공무원을 이용한 경우** : 작성권한 없는 공무원이 작성권한 있는 다른 공무원을 이용함에는 ㈎ 당해 문서작성과 전혀 무관한 공무원이 작성권한 있는 다른 공무원으로 하여금 허위의 내용을 진실로 믿게 하여 허위공문서를 작성케 한 경우와 ㈏ 작성권한이 없으나 하급공무원으로서 작성권한 있는 상급공무원을 보좌하여 자신이 기안한 허위공문서를 그 정을 모르는 상사 乙에게 제출하고 상사의 결재(기명·날인)를 받은 경우로 나누어 볼 수 있다. ㈎의 경우는 비공무원이 작성권한 있는 공무원을 이용한 경우와 다름없다고 보아, 간접정범의 성립을 부정함이 타당하다. ㈏의 경우에는 부정설과 긍정설의 대립이 있으나, 판례는 공문서의 작성권한이 있는 공무원을 보좌하여 공문서의 기안을 담당하는 공무원이 그 직위를 이용하여 행사의 목적으로 허위공문서를 기안하여 그 정을 모르는 상사의 서명날인을 받아 공문서를 완성한 경우에는 허위공문서작성죄의 간접정범이 성립하고, 공무원 아닌 자가 공문서작성을 보좌하는 공무원과 공모하여 허위의 문서초안을 상사에게 제출하여 결재케 함으로써 허위공문서를 작성케 한 경우에는 허위공문서작성죄의 간접정범의 공범으로서의 죄책을 진다고 판시하여 긍정설의 입장이다.

5) **공문서 작성의 보조자가 작성권자의 결재 없이 공문서를 완성한 경우** : 형법 제227조가 규정한 허위공문서작성죄는 그 문서를 작성할 권한이 있는 공무원이 허위내용의 공문서를 작성한 경우에 성립하는 것이고 그 공무원을 보조하는 직무에 종사하는 공무원이 작성권한을 가진 공무원의 결재도 받지 아니하고 임의로 허위내용의 공문서를 작성권한자 명의로 작성한 때에는 공문서위조죄가 성립한다(작성권한 없는 자에 의한 공문서 명의도용에 해당함, 판례).

> **참고** 권한 없는 사인이 권한 있는 사인을 이용하여 허위의 사문서를 작성한 경우
>
> • 판례는 명의인을 기망하여 문서를 작성케 하는 경우는 서명·날인이 정당히 성립된 경우에도 기망자는 명의인을 이용하여 서명·날인자의 의사에 반하는 문서를 작성케 하는 것이므로 사문서위조죄가 성립한다고 본다(대판 2000.6.13. 2000도778).

(4) 타범죄와의 관계

㈎ 공무원인 의사가 허위진단서를 발행한 때에는 본죄와 허위진단서작성죄는 상상적 경합이

된다고 보는 것이 다수설의 입장이지만 판례는 허위공문서작성죄만 인정한다. 한편, ㈏ 공무원이 위법사실을 적극적으로 은폐할 목적으로 허위공문서를 작성한 경우에는 허위공문서작성죄만 성립하나, 위법사실에 대한 은폐목적이 없는 경우에는 허위공문서작성죄와 직무유기죄의 실체적 경합이 된다.

판례 | 허위진단서 등 작성죄

① 허위진단서작성죄는 의사가 사실에 관한 인식이나 판단의 결과를 표현함에 있어서 자기의 인식 판단이 진단서에 기재된 내용과 불일치하는 것임을 인식하고서도 일부러 내용이 진실 아닌 기재를 하는 것을 말하는 것이므로 의사가 주관적으로 진찰을 소홀히 한다든가 착오를 일으켜 오진한 결과로 객관적으로 진실에 반한 진단서를 작성하였다면 허위진단서작성에 대한 인식이 있다고 할 수 없으니 동 죄가 성립되지 아니한다(대판 1976.2.10. 75도1888).

② 형법 제233조의 허위진단서작성죄에 있어서 진단서라 함은 의사가 진찰의 결과에 관한 판단을 표시하여 사람의 건강상태를 증명하기 위하여 작성하는 문서를 말하는 것이므로, 비록 그 문서의 명칭이 소견서로 되어 있더라도 그 내용이 의사가 진찰한 결과 알게 된 병명이나 상처의 부위, 정도 또는 치료기간 등의 건강상태를 증명하기 위하여 작성된 것이라면 위 진단서에 해당되는 것이다(대판 1990.3.27. 89도2083).

③ 형법이 제225조 내지 제230조에서 공문서에 관한 범죄를 규정하고, 이어 제231조 내지 제236조에서 사문서에 관한 범죄를 규정하고 있는 점 등에 비추어 볼 때 형법 제233조 소정의 허위진단서작성죄의 대상은 공무원이 아닌 의사가 사문서로서 진단서를 작성한 경우에 한정되고, 공무원인 의사가 공무소의 명의로 허위진단서를 작성한 경우에는 허위공문서작성죄만이 성립하고 허위진단서작성죄는 별도로 성립하지 않는다(대판 2004.4.9. 2003도7762). [해설] 공무원인 의사가 공무소의 명의로 허위진단서를 작성한 경우에는 허위공문서작성죄가 성립하고 허위진단서작성죄는 별도로 성립하지 않는다고 본 사례.

④ [1] 형법 제233조의 허위진단서작성죄가 성립하기 위하여는 진단서의 내용이 실질상 진실에 반하는 기재여야 할 뿐 아니라 그 내용이 허위라는 의사의 주관적 인식이 필요하고, 의사가 주관적으로 진찰을 소홀히 한다든가 착오를 일으켜 오진한 결과로 객관적으로 진실에 반한 진단서를 작성하였다면 허위진단서작성에 대한 인식이 있다고 할 수 없으므로 허위진단서작성죄가 성립하지 아니한다. [2] 의사인 피고인이 환자의 장애상태를 정밀하게 관찰하기 위한 MRI 검사 등을 하지 아니하는 등 일부 소홀한 점은 있으나, 장애진단서의 기재내용이 객관적 진실에 반한다거나 또는 피고인에게 그 내용이 허위라는 인식이 있었다고 보기는 어렵다는 이유로, 허위진단서작성의 공소사실에 대하여 무죄를 선고한 원심판결을 수긍한 사례(대판 2006.3.23. 2004도3360). [해설] 형법 제233조의 허위진단서작성죄가 성립하기 위해서는 그 진단서의 내용이 실질상 진실에 반하는 기재여야 하고 그 내용이 허위라는 의사의 주관적 인식이 필요하다는 판결.

⑤ [1] 형법 제233조의 허위진단서작성죄에서 '진단서'란 의사가 진찰의 결과에 관한 판단을 표시하여 사람의 건강상태를 증명하기 위하여 작성하는 문서를 말하고, 위 조항에서 규율하는 진단서에 해당하는지 여부는 서류의 제목, 내용, 작성목적 등을 종합적으로 고려하여 판단하여야 한다. [2] 의사인 피고인이 환자의 인적사항, 병명, 입원기간 및 그러한 입원사실을 확인하는 내

용이 기재된 '입퇴원 확인서'를 허위로 작성하였다고 하여 허위진단서작성으로 기소된 사안에서, 위 '입퇴원 확인서'는 문언의 제목, 내용 등에 비추어 의사의 전문적 지식에 의한 진찰이 없더라도 확인 가능한 환자들의 입원 여부 및 입원기간의 증명이 주된 목적인 서류로서 <u>환자의 건강상태를 증명하기 위한 서류라고 볼 수 없어 허위진단서작성죄에서 규율하는 진단서로 보기 어려운데도, 이와 달리 보아 유죄를 인정한 원심판결에 허위진단서작성죄의 진단서에 관한 법리를 오해한 위법이 있다고</u>한 사례(대판 2013.12.12. 2012도3173).

⑥ [1] 형법 제233조는 의사가 진단서를 허위로 작성한 경우에 처벌하도록 규정하고 있다. 여기서 진단서는 의사가 진찰의 결과에 관한 판단을 표시하여 사람의 건강상태를 증명하기 위하여 작성하는 문서를 말한다. 허위진단서작성죄는 원래 허위의 증명을 금지하려는 것이므로, 진단서의 내용이 실질상 진실에 반하는 기재여야 할 뿐 아니라 그 내용이 허위라는 의사의 주관적 인식이 필요하며, 그러한 인식은 미필적 인식으로도 충분하나, 이에 대하여는 검사가 증명책임을 진다. 그리고 <u>허위진단서 작성에 해당하는 허위의 기재는 사실에 관한 것이건 판단에 관한 것이건 불문하므로, 현재의 진단명과 증상에 관한 기재뿐만 아니라 현재까지의 진찰 결과로서 발생 가능한 합병증과 향후 치료에 대한 소견을 기재한 경우에도 그로써 환자의 건강상태를 나타내고 있는 이상 허위진단서 작성의 대상이 될 수 있다.</u> 진단서에는 의료법 시행규칙 제9조 제1항, 제2항에서 정한 사항을 반드시 기재하여야 하나 그 밖의 사항은 반드시 기재하여야 하는 것이 아니다. [2] 그리고 형사소송법 제471조 제1항 제1호에서 정하고 있는 형집행정지의 요건인 '형의 집행으로 인하여 현저히 건강을 해할 염려가 있는 때'에 해당하는지에 대한 판단은 검사가 직권으로 하는 것이고, 그러한 판단 과정에 의사가 진단서 등으로 어떠한 의견을 제시하였더라도 검사는 그 의견에 구애받지 아니하며, 검사의 책임하에 규범적으로 형집행정지 여부의 판단이 이루어진다. 그렇지만 이 경우에 의사가 환자의 수형생활 또는 수감생활의 가능 여부에 관하여 기재한 의견이 환자의 건강상태에 기초한 향후 치료 소견의 일부로서 의료적 판단을 기재한 것으로 볼 수 있다면, 이는 환자의 건강상태를 나타내고 있다는 점에서 허위진단서 작성의 대상이 될 수 있다. 따라서 의사가 진단서에 단순히 환자의 수형생활 또는 수감생활의 가능 여부에 대한 의견만 기재한 것이 아니라, 그 판단의 근거로 환자에 대한 진단 결과 또는 향후 치료 의견 등을 함께 제시하였고 그와 결합하여 수형생활 또는 수감생활의 가능 여부에 대하여 판단한 것이라면 그 전체가 환자의 건강상태를 나타내고 있는 의료적 판단에 해당한다. 그리고 그러한 판단에 결합된 진단 결과 또는 향후 치료 의견이 허위라면 수형생활 또는 수감생활의 가능 여부에 대한 판단 부분도 허위라고 할 수 있다. 그러나 <u>그러한 판단에 결합된 진단 결과 내지 향후 치료 의견이 허위가 아니라면, 수형생활 또는 수감생활의 가능 여부에 관한 판단을 허위라고 할 수 있기 위해서는 먼저 환자가 처한 구체적이고 객관적인 수형생활 또는 수감생활의 실체를 확정하고 위 판단에 결합된 진단 결과 내지 향후 치료 의견에 의한 환자의 현재 및 장래 건강상태를 거기에 비추어 보아 환자의 실제 수형생활 또는 수감생활 가능 여부가 위 판단과 다르다는 것이 증명되어야 하고 또한 그에 대한 의사의 인식이 인정될 수 있어야 한다</u>(대판 2017.11.9. 2014도15129).

 **허위공문서작성죄의 주체**

① 허위공문서작성죄의 주체는 그 문서를 작성할 직무권한이 있는 명의인인 공무원이라 할 것인 바 관세청 심리분실 행정서기보는 사법경찰관 직무취급을 하는 권한이 없고 사법경찰리의 직무를 취급하는 자에 불과하므로 간접정범이 인정될 수 있는 특별사정이 없으면 허위공문서 작성의 주체가 될 수 없다(대판 1974.1.29. 73도1854).

② 허위공문서작성죄는 그 공문서의 작성권한자인 공무원을 주체로 하는 신분범이라고 볼 것이므로 피고인의 행위가 허위공문서작성죄에 해당한다고 하기 위하여는 피고인에게 그 작성권한이 있음을 확정하여야 한다(대판 1984.3.13. 83도3152).

③ 공무원이 아닌 자는 형법 제228조의 경우를 제외하고는 허위공문서작성죄의 간접정범으로 처벌할 수 없으나, <u>공무원이 아닌 자가 공무원과 공동하여 허위공문서작성죄를 범한 때에는 공무원이 아닌 자도 형법 제33조, 제30조에 의하여 허위공문서작성죄의 공동정범</u>이 된다(대판 2006.5.11. 2006도1663).

 허위공문서작성죄의 작성권한 있는 공무원

① 군청소속의 도축장 검사원에게 군수명의로 된 백지의 지방우육 서울반출증을 보관하면서 적법한 도축신청과 서울축산기업 납세조합에서 발행한 지방우육 서울반입 실수요자확인증의 제출이 있는 경우에 한하여 위 백지반출증에 실수요자증명서의 발행번호와 반출증의 발행일자, 유효기간 등을 보충기재하여 반입실수요자에 교부할 권한만이 위임되어 있었던 경우라면 동 검사원에게 위 반출증의 작성권한이 위임되어 있다고 볼 수 없으므로 동 검사원이 적법한 도축신청과 실수요자확인증의 제출이 없음에도 허위의 반출증을 작성교부하였다면 공문서위조죄가 성립한다(대판 1984.9.11. 84도368).

② 허위공문서작성죄에 있어서 직무에 관한 문서라 함은 공무원이 직무권한 내에서 작성하는 문서를 말하고 그 문서는 대외적인 것이거나 내부적인 것을 구별하지 아니하며, 그 직무권한이 반드시 법률상 근거가 있음을 필요로 하는 것이 아니고 명령, 내규 또는 관례에 의한 직무집행의 권한으로 작성하는 경우라도 포함되므로, 해운항만청의 고시로 작성의무가 부과되고 내부적으로 보관하는 문서도 허위공문서 작성의 객체가 되는 공문서이다(대판 1995.4.14. 94도3401).

 허위공문서작성죄의 객체

① 형법 제227조 허위공문서작성죄에 있어서의 이른바 직무에 관한 문서라는 것은 공무원이 그 직무권한 내에서 작성하는 문서를 지칭하는 것이고 이 직무권한이라는 것은 반드시 법률상에 근거가 있음을 필요로 하는 것이 아니고 널리 명령 내규 또는 관례에 의한 직무집행의 권한으로 작성하는 경우도 포함한다(대판 1975.3.25. 74도2855).

② 공증사무 취급이 인가된 합동법률사무소 명의로 작성된 공증에 관한 문서는 형법상 공정증서 기타 공문서에 해당한다(대판 1977.8.23. 74도2715).

③ 형법 제227조 허위공문서작성죄에 있어서의 직무에 관한 문서라는 것은 그 직무권한이 널리 명령, 내규 또는 관례에 의한 직무집행의 권한으로 작성하는 경우를 포함하는 것이라고 봄이 상당하다(대판 1978.12.13. 76도3467).

④ 허위공문서작성죄에 있어서의 '직무에 관한 문서'라 함은 공무원이 그 직무권한 내에서 작성하는 문서를 말하고, 그 문서는 대외적인 것이거나 내부적인 것(본건의 경우 대내적인 기안문서인 예산품의서)을 구별하지 아니하며, 그 직무권한이 반드시 법률상 근거가 있음을 필요로 하는 것이 아니고, 널리 명령, 내규 또는 관례에 의한 직무집행의 권한으로써 작성 하는 경우를 포함한다(대판 1981.12.8. 81도943).

⑤ 폐기물관리법 제26조 제2항에 의한 폐기물처리사업계획 적합 통보서는 단순히 폐기물처리사업을 관계 법령에 따라 허가한다는 내용이 아니라, <u>폐기물처리업을 하려는 자가 폐기물관리법 제26조 제1항에 따라 제출한 폐기물처리사업계획이 폐기물관리법 및 관계 법령의 규정에 적합하다는 사실을 확인하거나 증명하는 것이라 할 것이므로, 그 폐기물처리사업계획이 관계 법령의 규정에 적합하지 아니함을 알면서 적합하다는 내용으로 통보서를 작성한 것이라면 그 통보서는 허위의 공문서라고 보지 아니할 수 없다</u>(대판 2003.2.11. 2002도4293).

⑥ <u>허위공문서작성죄에 있어서의 객체가 되는 문서는 문서상 작성명의인이 명시된 경우뿐 아니라 작성명의인이 명시되어 있지 아니하더라도 문서의 형식, 내용 등 그 문서 자체에 의하여 누가 작성하였는지를 추지할 수 있을 정도의 것</u>이면 된다(대판 2019.3.14. 2018도18646, 대판 1995.11.10. 95도2088).

판례 │ 허위공문서작성죄의 허위작성

① 공무원이 작성한 가옥증명서의 기재내용이 객관적인 사실에 부합되는 것으로 그 내용이 허위가 아닐지라도, 가옥증명서 자체가 시청에 비치한 가옥대장과 대조하여 상위가 없다는 증명서이고 보면, 가옥대장기재와 다른 내용을 기재하여 가옥증명서를 발행한 이상 허위공문서작성죄가 성립한다(대판 1973.10.23. 73도395).

② <u>신고사항이 허위인 것이 명백한 경우에는 호적리는 그 기재를 거부할 수 있다고 해석할 것이므로 허위임을 알고 있으면서 이를 호적부에 기재하였다면 허위공문서작성죄가 성립</u>한다(대판 1977.12.27. 77도2155).

③ 공무원인 피고인이 그 직무에 관하여 이 건 문제로 된 사문서 사본에 "원본대조필 토목기사 피고인"이라 기재하고 도장을 날인하였다면 그 기재 자체가 공문서로 되고, 이 경우 <u>피고인이 실제로 원본과 대조함이 없이 "원본대조필"이라고 기재한 이상 그것만으로 곧 허위공문서작성죄가 성립하는 것</u>이고, 피고인이 위 문서작성자에게 전화로 원본과 상이없다는 사실을 확인하였다거나 객관적으로 그 사본이 원본과 다른 점이 없다고 하더라도 위 죄가 성립한다(대판 1981.9.22. 80도3180).

④ 피고인이 건축물조사 및 가옥대장 정리업무를 담당하는 지방행정서기를 교사하여 무허가 건물을 허가받은 건축물인 것처럼 가옥대장 등에 등재케하여 허위공문서 등을 작성케 한 사실이 인정된다면, <u>허위공문서작성죄의 교사범</u>으로 처단한 것은 정당하다(대판 1983.12.13. 83도1458).

⑤ 준공검사조서를 작성함에 있어서 정산설계서를 확인하고 준공검사를 한 것이 아님에도 마치

한 것처럼 준공검사용지에 "정산설계서에 의하여 준공검사"를 하였다는 내용을 기입하였다면 <u>허위공문서작성의 범의가 있었음이 명백</u>하여 그것만으로 곧 허위공문서작성죄가 성립하고 <u>위 준공검사조서의 내용이 객관적으로 정산설계서 초안이나 그후에 작성된 정산설계서 원본의 내용과 일치한다거나 공사현장의 준공상태에 부합한다 하더라도 그 성립에 아무런 영향을 미치지 못한다</u>(대판 1983.12.27. 82도3063).

⑥ 공문서허위작성죄에 있어서 허위라 함은 표시된 내용과 진실이 부합하지 아니하여 그 문서에 대한 공공의 신용을 위태롭게 하는 경우를 말하고 인감증명서는 각종의 법률행위에 있어서 본인인 여부 및 본인의 진정한 의사인 여부를 확인케 하는데 일반적으로 사용되는 만큼 그 인감증명서가 본인 또는 대리인 중 누구의 신청에 의하여 발행된 문서이냐 하는 점 역시 그 증명력을 담보함에 필요한 사항이라 할 것이므로 <u>인감증명서를 발행함에 있어 인감증명서의 인적사항과 인감 및 그 용도를 일치하게 기재하였어도 대리인에 의한 것을 본인의 신청에 의한 것으로 기재하였다면 그 사항에 관하여는 허위기재한 것</u>으로 보아야 할 것이다(대판 1985.6.25. 85도758).

⑦ 허위공문서작성죄에 있어서 행사의 목적이라 함은 허위내용의 문서를 그 내용이 진실한 문서인 것처럼 그 문서의 효용에 따라 사용할 목적이 있는 것을 말하는 것이고 그러한 공문서를 관청에 비치하는 경우도 허위공문서의 행사로 인정된다(대판 1989.12.12. 89도1253).

⑧ 지방공무원인 피고인이 甲으로부터 부탁을 받고 1989. 4. 15.까지는 甲이 세대주이고 처인 乙은 동거가족에 불과하였음에도 불구하고 마치 1988. 3. 26.부터 乙이 세대주인 것처럼 된 <u>세대별 주민등록표 1장을 작성하여 동사무소의 주민등록표 보관함에 비치한 행위는 허위공문서작성 및 동행사죄</u>에 해당한다(대판 1990.10.16. 90도1199).

⑨ 허위공문서작성죄란 공문서에 진실에 반하는 기재를 하는 때에 성립하는 범죄이므로, 고의로 법령을 잘못 적용하여 공문서를 작성하였다고 하더라도 그 법령적용의 전제가 된 사실관계에 대한 내용에 거짓이 없다면 허위공문서작성죄가 성립될 수 없는바 <u>당사자로부터 뇌물을 받고 고의로 적용하여서는 안될 조항을 적용하여 과세표준을 결정하고 그 과세표준에 기하여 세액을 산출하였다고 하더라도, 그 세액계산서에 허위내용의 기재가 없다면 허위공문서작성죄에는 해당하지 않는다</u>(대판 1996.5.14. 96도554).

⑩ 허위공문서라 함은 문서를 작성할 권한이 있는 공무원이 그 내용이 허위라는 사실을 인식하면서 진실에 반하는 기재를 하여 작성한 공문서인바, 부동산등기법 제53조 제1항, 제54조 및 1994. 1. 1.부터 시행된 등기예규 제13조의 규정에 의하면, 소유권이전등기와 근저당권설정등기의 신청이 동시에 이루어지고 그와 함께 등본의 교부신청이 있는 경우에는, <u>등기공무원은 소유권이전등기와 근저당권설정등기 모두에 관하여 등기부에의 기입을 마치고 그에 따른 등기부등본을 교부하여야 함에도 불구하고, 등기공무원이 소유권이전등기만 기입하고 근저당권설정등기는 기입하지 아니한 채 등기부등본을 발급하였다면 비록 그 등기부등본의 기재가 등기부의 기재와 일치한다 하더라도, 그 등기부등본은 이미 접수된 신청서에 따라 기입하여야 할 사항 중 일부를 고의로 누락한 채 작성되어 내용이 진실하지 아니한 것으로서 허위공문서에 해당</u>한다(대판 1996.10.15. 96도1669).

⑪ 인감증명서 발급업무를 담당하는 공무원이 발급을 신청한 본인이 직접 출두한 바 없에도 불구하고 본인이 직접 신청하여 발급받은 것처럼 인감증명서에 기재하였다면, 이는 공문서위조죄가 아닌 <u>허위공문서작성죄를 구성</u>한다(대판 1997.7.11. 97도1082).

⑫ 건축 담당 공무원이 건축허가신청서를 접수·처리함에 있어 건축법상의 요건을 갖추지 못하고 설계된 사실을 알면서도 기안서인 건축허가통보서를 작성하여 건축허가서의 작성명의인인 군수의 결재를 받아 건축허가서를 작성한 경우, 건축허가서는 그 작성명의인 군수가 건축허가신청에 대하여 이를 관계 법령에 따라 허가한다는 내용에 불과하고 위 건축허가신청서와 그 첨부서류에 기재된 내용(건축물의 건축계획)이 건축법의 규정에 적합하다는 사실을 확인하거나 증명하는 것은 아니라 할 것이므로 군수가 위 건축허가통보서에 결재하여 위 건축허가신청을 허가하였다면 위 건축허가서에 표현된 허가의 의사표시 내용 자체에 어떠한 허위가 있다고 볼 수는 없다 할 것이어서, 이러한 건축허가에 그 요건을 구비하지 못한 잘못이 있고 이에 담당 공무원의 위법행위가 개입되었다 하더라도 그 위법행위에 대한 책임을 추궁하는 것은 별론으로 하고 위 건축허가서를 작성한 행위를 허위공문서작성죄로 처벌할 수는 없다(대판 2000.6.27. 2000도1858).

⑬ [1] 사서증서 인증을 촉탁받은 공증인이 사서증서 인증서를 작성함에 있어, 당사자가 공증인의 면전에서 사서증서에 서명 또는 날인을 하거나 당사자 본인이나 그 대리인으로 하여금 사서증서의 서명 또는 날인이 본인의 것임을 확인하게 한 바가 없음에도 불구하고, 당사자가 공증인의 면전에서 사서증서에 서명 또는 날인을 하거나 본인이나 그 대리인이 사서증서의 서명 또는 날인이 본인의 것임을 확인한 것처럼 인증서에 기재하였다면, 허위공문서작성죄의 죄책을 면할 수 없다. [2] 공증담당 변호사가 법무사의 직원으로부터 인증촉탁서류를 제출받았을 뿐 법무사가 공증사무실에 출석하여 사서증서의 날인이 당사자 본인의 것임을 확인한 바 없음에도 마치 그러한 확인을 한 것처럼 인증서에 기재한 경우, 인증촉탁 대리인이 법무사일 경우 그 직원이 공증사무실에 촉탁서류를 제출할 뿐 법무사 본인이 사서증서의 날인 또는 서명이 당사자 본인의 것임을 확인하지 아니하는 것이 업계의 관행이라고 할지라도 그와 같은 업계의 관행이 정당하다고 볼 수 없어 허위공문서작성죄가 성립한다고 한 사례(대판 2007.1.25. 2006도3844). [해설] 공증인이 사서인증을 촉탁받아 사서증서 인증서를 작성하면서 사실과 다르게 사서증서의 서명 또는 날인이 본인의 것임을 확인한 것처럼 인증서에 기재하면 허위작성에 해당한다고 하는 판결.

⑭ 농지법 제8조 제1항 소정의 농지취득자격증명은 농지를 취득하는 자가 그 소유권에 관한 등기를 신청할 때에 첨부하여야 할 서류로서(농지법 제8조 제4항), 농지를 취득하는 자에게 농지취득의 자격이 있다는 것을 증명하는 것이므로, 신청인에게 농업경영능력이나 영농의사가 없음을 알거나 이를 제대로 알지 못하면서도 농지취득자격에 아무런 문제가 없다는 내용으로 농지취득자격증명통보서를 작성하였다면, 허위공문서작성죄가 성립한다(대판 2007.1.25. 2006도3996).

⑮ 허위공문서작성죄는 공문서에 진실에 반하는 기재를 하는 때에 성립하는 범죄이므로, 공문서를 작성하는 과정에서 법령 등을 잘못 적용하거나 적용하여야 할 법령 등을 적용하지 아니한 잘못이 있더라도 그 적용의 전제가 된 사실관계에 관하여 거짓된 기재가 없다면 허위공문서작성죄가 성립할 수 없고, 이는 그와 같은 잘못이 공무원의 고의에 기한 것이라도 달리 볼 수 없다. 공문서 작성 과정에서 법령 등을 잘못 적용하였다고 하여 반드시 진실에 반하는 기재를 하여 공문서를 작성하게 되는 것은 아니므로, 공문서 작성 과정에서 법령 등의 적용에 잘못이 있다는 것과 기재된 공문서 내용이 허위인지 여부는 구별되어야 한다(대판 2021.9.16. 2019도18394). [해설] 관급공사의 현장감독관인 피고인이, 공사 현장이 아닌 제작 공장에서의 기성검사의 경우 기성검사에서 합격된 자재의 100분의 50 범위 내에서만 기성부분으로 인정할 수 있도록 한 공사계약일반조건과 달리, 자재 제작을 내용을 하는 부분 전부를 기성부분으로 인정하

여 이를 바탕으로 산정된 기성고 비율과 기성부분 준공금액을 기재하여 기성검사조서를 작성한 것이 허위공문서작성에 해당한다고 보아 허위공문서작성 등으로 공소제기되었으나, 이 사건 기성검사조서에 자재의 현장 반입 여부나 제작공장에서의 기성검사 실시 및 합격 여부, 자재의 특성이나 용도, 시장거래 상황 등 위 공사계약일반조건 규정의 적용에 전제가 되는 사실관계에 관하여 아무런 기재가 없고, 산정 경위에 비추어 기재된 기성고 비율과 기성부분 준공금액이 객관적 진실에 반한다고 단정할 수 없다는 이유로, 이 사건 기성검사조서가 허위의 공문서에 해당한다고 본 원심판결을 파기한 사례.

⑯ [1] 문서에 관한 죄의 보호법익은 문서의 증명력과 문서에 들어 있는 의사표시의 안정·신용으로, 일정한 법률관계 또는 거래상 중요한 사실에 관한 관계를 표시함으로써 증거가 될 만한 가치가 있는 문서를 그 대상으로 한다. 그중 공무소 또는 공무원이 그 직무에 관하여 진실에 반하는 허위 내용의 문서를 작성할 경우 허위공문서작성죄가 성립하고, 이는 공문서에 특별한 증명력과 신용력이 인정되기 때문에 성립의 진정뿐만 아니라 내용의 진실까지 보호하기 위함이다. 따라서 허위공문서작성죄의 허위는 표시된 내용과 진실이 부합하지 아니하여 그 문서에 대한 공공의 신용을 위태롭게 하는 경우여야 하고, 그 내용이 허위라는 사실에 관한 피고인의 인식이 있어야 한다. [2] 피고인 甲이 세월호 침몰사고 진상규명을 위한 국정조사특별위원회의 국정조사(이하 '국조특위'라고 한다)절차에서 대통령비서실장으로서 증언한 후 국회의원으로부터 대통령 대면보고 시점 등에 관한 추가 서면질의를 받고, 실무 담당 행정관으로 하여금 '비서실에서는 20~30분 단위로 간단없이 유·무선으로 보고를 하였기 때문에, 대통령은 직접 대면보고 받는 것 이상으로 상황을 파악하고 있었다고 생각합니다.'라는 내용의 서면답변서(이하 '답변서'라고 한다)를 작성하여 국회에 제출하도록 함으로써 공문서를 허위로 작성·행사하였다는 내용으로 기소된 사안에서, 답변서가 대통령비서실장으로서 최종 작성권한을 갖는 피고인 甲에 의하여 대통령비서실, 국가안보실의 직무권한 범위 내에서 작성된 공문서에 해당한다고 본 원심판단은 정당하나, 답변서 중 '대통령은 직접 대면보고 받는 것 이상으로 상황을 파악하고 있었다고 생각한다.'는 부분은 피고인 甲의 의견으로서 그 자체로 내용의 진실 여부를 판단할 수 있다거나 문서에 대한 공공의 신용을 위태롭게 할 만한 증명력과 신용력을 갖는다고 볼 수 없고, '비서실에서 20~30분 단위로 간단없이 유·무선으로 보고를 하였다.'는 부분은 실제로 있었던 객관적 사실을 기반으로 하여 기재된 내용으로 이를 허위라고 볼 수 없으며, 또한 답변서는 그 실질이 국조특위 이후 추가된 국회 질의에 대하여 서면으로 행한 '증언'과 다를 바 없을 뿐만 아니라, 국조특위에서 위증에 대한 제재를 감수하는 증인선서 후 증언한 것과 내용 면에서 차이가 없고, 실제 작성·제출도 자료 취합과 정리를 담당한 실무자에 의하여 기존 증언 내용 그대로 이루어졌다는 점 등에 비추어, 답변서는 피고인 甲이 국조특위 이후 추가된 국회 질의에 대하여 기존 증언과 같은 내용의 답변을 담은 문서로서 허위공문서작성죄에서 말하는 '허위'가 있다거나 그에 관한 피고인 甲의 인식이 있었다고 보기 어렵다는 이유로, 이와 달리 보아 답변서 작성 및 제출이 허위공문서작성죄 및 허위작성공문서행사죄에 해당한다고 인정한 원심판단에는 허위공문서작성죄에 관한 법리오해의 잘못이 있다고 한 사례 (대판 2022.8.19. 2020도9714). [해설] 세월호 참사 당일 박근혜 전 대통령이 보고 받은 시간 등을 사후에 조작한 혐의로 기소된 김기춘 전 대통령 비서실장에게 징역형을 선고한 원심이 대법원에서 무죄 취지로 파기환송된 사안.

 **판례** 허위공문서작성죄의 간접정범

① 공무원 아닌 자가 공무원을 기망하여 허위내용의 증명서를 작성케 한 후 행사하였다고 하더라도 허위공문서작성 및 동행사죄는 성립되지 않는다(대판 1976.8.24. 76도151). [해설] 비공무원이 작성권자를 이용하는 경우.

② 작성권한 있는 공무원의 직무를 보좌하여 공문서를 기안 또는 초안하는 직권이 있는 자가 그 직위를 이용하여 행사할 목적으로 직무상 기안하는 문서에 허위의 내용을 기재하고 허위인 정을 모르는 상사로 하여금 그 초안내용이 진실한 것으로 오신케 하여 서명날인케 함으로써 허위내용의 공문서를 작성토록 하였다면 소위 허위공문서작성죄의 간접정범의 죄책을 면할 수 없다(대판 1990.2.27. 89도1816, 대판 1986.8.19. 85도2728). [해설] 작성권한 없는 공무원이 작성권한 있는 다른 공무원을 이용한 경우.

판례 허위공문서작성죄와 직무유기죄와의 관계

① 예비군 중대장이 그 소속 예비군대원의 훈련불참사실을 알았다면 이를 소속 대대장에게 보고하는 등의 조치를 취할 직무상의 의무가 있음은 물론이나, 그 소속 예비군대원의 훈련불참사실을 고의로 은폐할 목적으로 당해 예비군대원이 훈련에 참석한 양 허위내용의 학급편성명부를 작성, 행사하였다면, 직무위배의 위법상태는 허위공문서작성 당시부터 그 속에 포함되어 있는 것이고 그 후 소속 대대장에게 보고하지 아니하였다 하더라도 당초에 있었던 직무위배의 위법상태가 그대로 계속된 것에 불과하다고 보아야 하고, 별도의 직무유기죄가 성립하여 양죄가 실체적 경합범이 된다고 할 수 없다(대판 1982.12.28. 82도2210).

② 공무원이 어떠한 위법사실을 발견하고도 직무상 의무에 따른 적절한 조치를 취하지 아니하고 위법사실을 적극적으로 은폐할 목적으로 허위공문서를 작성·행사한 경우에는 직무위배의 위법상태는 허위공문서작성 당시부터 그 속에 포함되는 것으로 작위범인 허위공문서작성, 동행사죄만이 성립하고 부작위범인 직무유기죄는 따로 성립하지 아니하나, 위 복명서 및 심사의견서를 허위작성한 것이 농지일시전용허가를 신청하자 이를 허가하여 주기 위하여 한 것이라면 직접적으로 농지불법전용 사실을 은폐하기 위하여 한 것은 아니므로 위 허위공문서작성, 동행사죄와 직무유기죄는 실체적 경합범의 관계에 있다(대판 1993.12.24. 92도3334).

3. 공정증서원본 등 부실기재죄

제228조(공정증서원본 등의 부실기재)
① 공무원에 대하여 허위신고를 하여 공정증서원본 또는 이와 동일한 전자기록등 특수매체기록에 부실의 사실을 기재 또는 기록하게 한 자는 5년 이하의 징역 또는 1천만원 이하의 벌금에 처한다.
② 공무원에 대하여 허위신고를 하여 면허증, 허가증, 등록증 또는 여권에 부실의 사실을 기재하게 한 자는 3년 이하의 징역 또는 700만원 이하의 벌금에 처한다.

제235조(미수범)
제225조 내지 제234조의 미수범은 처벌한다.

(1) 의의

공무원에 대하여 허위신고를 하여 공정증서원본 또는 이와 동일한 전자기록 등 특수매체기록이나 면허증, 허가증, 등록증 또는 여권에 부실의 사실을 기재·기록하게 함으로써 성립하는 범죄이다 (제228조). 본죄는 간접정범의 형태에 의한 허위공문서작성죄를 특별히 규정하여 허위공문서작성죄에 의한 처벌의 결함을 보충하기 위한 범죄이다.

(2) 구성요건

1) **주체** : 제한이 없다. 공무원도 또한 본죄의 주체가 될 수 있다.

2) **행위의 객체** : 공정증서원본 또는 이와 동일한 전자기록 등 특수매체기록, 면허증, 허가증, 등록증 또는 여권이다. ㈎ 공정증서란 공무원이 직무상 작성하는 문서로서 권리·의무에 관한 사실을 증명하는 효력을 가지는 것을 의미하며, 그 권리·의무는 반드시 재산상의 권리·의무에 한하지 않고 신분상의 그것도 포함한다. 예컨대 가족관계등록부·부동산등기부·상업등기부 또는 화해조서(처분문서이지만 증명문서의 성격이 강하므로 공정증서원본에 해당) 등이 여기에 해당한다. 그러나 공증인이 인증한 사서증서는 사실을 증명하는 것에 불과하므로 공정증서원본이 되지 아니한다(판례). 공정증서원본과 동일한 전자기록 등 특수매체기록이란 공정증서원본에 상당하는 권리·의무에 관한 일정한 사실을 공적으로 증명하는 효력을 가진 전자기록 등을 말한다. 예컨대 전산자료화한 부동산등기파일, 자동차등록파일, 특허원부 등이 여기에 해당한다. ㈏ 면허증이란 특정인에게 특정된 기능을 부여하기 위하여 공무원이 작성하는 증서를 말한다(의사면허증, 자동차운전면허증). ㈐ 허가증 또는 등록증이란 일정한 영업 또는 업무를 허가하였거나 등록하였다는 사실을 증명하는 공무소의 증명을 말한다(주류판매 영업허가증, 자동차의 등록증). ㈑ 여권이란 공무소가 여행자에게 발행하는 허가증을 말한다.

	공정증서 해당례	공정증서 불해당례
권리의무에 관한 사실을	공법상·사법상, 재산상·신분상 불문 호적부, 부동산등기부, 상업등기부, 합동법률사무소 명의로 작성된 경우	공증인이 인증한 사서 증서 주민등록부, 인감대장, 토지대장, 가옥대장, 임야대장, 주민등록증, 수사기관의 진술조서, 소송상의 각종 조서
증명하기 위한 목적	화해조서는 처분문서이지만 증명문서의 성격이 강함	처분문서는 불해당 법원의 판결원본·지급명령원본
원본	원본일 것을 요함	정본·등본·사본·초본
기타	면허증, 허가증, 등록증, 여권	사업자등록증, 합격증서, 교사자격증서, 선거인명부

3) **행위** : 공무원에 대하여 허위신고를 하여 부실의 사실을 기재하게 하는 것이다. 따라서 허위신고와 부실기재와의 사이에는 인과관계가 있어야 한다. ㈎ 허위신고란 일정한 사실에 대하여 진실에 반하는 신고를 하는 것을 말하며, 내용이 허위인 경우뿐만 아니라 신고인이 자격을 사칭하는 경우를 포함한다. 즉, 신고사항의 내용에 허위가 있는 경우(예 : 해외이주 목적으로 위장결혼의 혼인신고를 하는 경우)와 신청인의 동일성 또는 신청권한에 대해서 허위가 있는 경우(예 : 사자 명의로 소유권이

전등기를 신청하는 경우)를 포함한다. 신고의 방법에는 제한이 없다. ㈐ '부실의 사실을 기재하게 한다' 함은 중요한 점에 있어서 진실에 반하는 사실을 기재하게 하는 것을 말한다. 따라서, 공정증서원본에 기재된 사실이 부존재하거나, 외관상 존재해도 무효에 해당하는 하자가 있음에도 그러한 사실이 존재하는 것처럼 기재하였다면 그 기재는 부실기재에 해당한다. 그러나 기재된 사실 또는 그 원인된 법률행위가 객관적으로 존재하고 거기에 취소사유에 해당하는 하자가 있을 뿐일 때 취소되기 전에 공정증서원본에 기재된 경우, 사소한 사실이 허위라도 중요한 부분이 사실인 경우, 등기원인이 실제와 다르더라도 당사자의 의사에 부합하거나 실체적 권리관계에 부합하는 유효한 등기인 경우에는 부실기재에 해당하지 않는다. ㈑ 본죄의 착수시기는 허위신고시를 기준으로 하며, 허위신고에 의하여 공정증서원본 등에 부실의 기재가 된 때에 본죄는 기수에 이르게 된다.

4) 고의 : 본죄도 고의범이므로 허위신고에 의하여 부실의 사실을 기재한다는 점에 대한 인식이 있을 것을 요한다.

판례 공정증서원본부실기재죄의 객체

① 형법 제228조에서 말하는 공정증서란 권리의무에 관한 공정증서를 가리키는 것이라 할 것이므로 공증인이 인증한 사서증서는 위 법조에서 말하는 공정증서원본이 될 수 없다(대판 1984.10.23. 84도1217).

② 형법 제228조에서 말하는 공정증서란 권리의무에 관한 공정증서만을 가리키는 것이고 사실증명에 관한 것은 이에 포함되지 아니하므로 권리의무에 변동을 주는 효력이 없는 토지대장은 위에서 말하는 공정증서에 해당하지 아니한다(대판 1988.5.24. 87도2696).

③ [1] 형법 제228조는 공무원이 아닌 자가 그 정을 모르는 공무원을 이용하여 공문서에 허위의 사실을 기재하게 하는 이른바 간접적 무형위조를 처벌하면서 모든 공문서를 객체로 하지 않고 '공정증서원본 또는 이와 동일한 전자기록 등 특수매체기록'(제1항), '면허증, 허가증, 등록증 또는 여권'(제2항)으로 그 객체를 제한하고 있는바, 그 취지는 공문서 중 일반사회생활에 있어서 특별한 신빙성을 요하는 공문서에 대한 공공의 신용을 보장하고자 하는 것이므로 위 형법 제228조 제2항의 '등록증'은 공무원이 작성한 모든 등록증을 말하는 것이 아니라, 일정한 자격이나 요건을 갖춘 자에게 그 자격이나 요건에 상응한 활동을 할 수 있는 권능 등을 인정하기 위하여 공무원이 작성한 증서를 말한다. [2] 사업자등록증은 단순한 사업사실의 등록을 증명하는 증서에 불과하고 그에 의하여 사업을 할 수 있는 자격이나 요건을 갖추었음을 인정하는 것은 아니라고 할 것이어서 형법 제228조 제1항에 정한 '등록증'에 해당하지 않는다고 한 원심의 판단을 수긍한 사례(대판 2005.7.15. 2003도6934).

④ 실제로는 채권·채무관계가 존재하지 아니함에도 공증인에게 허위신고를 하여 가장된 금전채권에 대하여 집행력이 있는 공정증서원본을 작성하고 이를 비치하게 한 것이라면 공정증서원본부실기재죄 및 부실기재공정증서원본행사죄의 죄책을 면할 수 없다고 할 것이다(대판 2008.12.24. 2008도7836).

⑤ [1] 도로교통법 시행령 제94조와 같은 법 시행규칙 제38조, 제77조, 제78조, 제80조, 제98조 등의 규정 취지를 종합하여 보면, 자동차운전면허대장은 운전면허 행정사무집행의 편의를 위하여 범칙자, 교통사고유발자의 인적사항·면허번호 등을 기재하거나 운전면허증의 교부 및 재교

부 등에 관한 사항을 기재하는 것에 불과하며, 그에 대한 기재를 통해 <u>당해 운전면허 취득자에게 어떠한 권리의무를 부여하거나 변동 또는 상실시키는 효력을 발생하게 하는 것으로 볼 수는 없고</u>, 따라서 자동차운전면허대장은 사실증명에 관한 것에 불과하므로 형법 제228조 제1항에서 말하는 공정증서원본이라고 볼 수 없다. [2] 자동차운전면허증 재교부신청서의 사진란에 본인의 사진이 아닌 다른 사람의 사진을 붙여 제출함으로써 담당공무원으로 하여금 자동차운전면허대장에 부실의 사실을 기재하여 이를 비치하게 하였다는 내용의 공소사실에 대하여, <u>자동차운전면허대장이 공정증서원본임을 전제로 이를 모두 유죄로 인정한 원심판단에 법리오해의 위법</u>이 있다고 한 사례(대판 2010.6.10. 2010도1125).

⑥ 형법 제228조 제1항이 규정하는 공정증서원본부실기재죄는 공무원에 대하여 진실에 반하는 허위신고를 하여 공정증서원본에 그 증명하는 사항에 관하여 실체관계에 부합하지 아니하는 불실의 사실을 기재하게 함으로써 성립하는 범죄로서, 위 죄의 객체인 공정증서원본은 그 성질상 허위신고에 의해 부실한 사실이 그대로 기재될 수 있는 공문서이어야 한다고 할 것인바, <u>민사조정법상 조정신청에 의한 조정제도는 원칙적으로 조정신청인의 신청 취지에 구애됨이 없이 조정담당판사 등이 제반 사정을 고려하여 당사자들에게 상호 양보하여 합의하도록 권유·주선함으로써 화해에 이르게 하는 제도인 점에 비추어, 그 조정절차에서 작성되는 조정조서는 그 성질상 허위신고에 의해 부실한 사실이 그대로 기재될 수 있는 공문서로 볼 수 없어 공정증서원본에 해당하는 것으로 볼 수 없다</u>(대판 2010.6.10. 2010도3232). [해설] 공정증서원본부실기재죄의 객체인 '공정증서원본'의 의미를 설명하고 민사조정법상의 조정절차에서 작성되는 '조정조서'는 그 성질상 허위신고에 의해 부실한 사실이 그대로 기재될 수 있는 공문서로 볼 수 없어 공정증서원본에 해당하지 않는다고 본 판결.

판례 허위신고

① 형법 제228조 제1항 소정의 공정증서원본부실기재죄에 있어서 부실의 사실기재는 당사자의 허위신고에 의하여 이루어져야 할 것이니 <u>부실의 등기가 법원의 촉탁에 의한 경우에는</u> 그 전제절차에 허위적 요소가 있다고 하더라도 이는 법원의 촉탁에 의하여 이루어진 것이지 <u>당사자의 허위신고에 의하여 이루어진 것이 아니므로 위 공증서원본부실기재죄를 구성하지 아니한다</u>(대판 1983.12.27. 83도2442, 대판 1976.5.25. 74도568).

② 등기부의 기재가 확정판결에 의하여 되었다 하더라도 피고인이 그 확정판결의 내용이 진실에 반하는 것임을 알면서 이에 기하여 등기공무원에게 등기신청을 하는 것은 형법 제228조의 소위 공무원에 대하여 허위신고를 하는 것에 해당한다(대판 1996.5.31. 95도1967).

③ 형법 제228조 제1항의 공정증서원본부실기재죄는 공무원에 대하여 진실에 반하는 허위신고를 하여 공정증서원본 또는 이와 동일한 전자기록 등 특수매체기록에 실체관계에 부합하지 않는 부실의 사실을 기재 또는 기록하게 함으로써 성립한다. 그런데 <u>발행인과 수취인이 통모하여 진정한 어음채무 부담이나 어음채권 취득에 관한 의사 없이 단지 발행인의 채권자에게서 채권추심이나 강제집행을 받는 것을 회피하기 위하여 형식적으로만 약속어음의 발행을 가장한 경우 이러한 어음발행행위는 통정허위표시로서 무효</u>이므로, 이와 같이 발행인과 수취인 사이에 통정허위표시로서 무효인 어음발행행위를 공증인에게는 마치 진정한 어음발행행위가 있는 것처럼 허위로 신고함으로써 공증인으로 하여금 어음발행행위에 대하여 집행력 있는 어음공정증서원본을 작성케 하고 이를 비치하게 하였다면, 이러한 행위

는 공정증서원본부실기재 및 부실기재공정증서원본행사죄에 해당한다고 보아야 한다(대판 2012.4.26. 2009도5786).

④ 형법 제228조 제1항이 규정하는 공정증서원본부실기재죄나 공전자기록등부실기재죄(이하 위 두 죄를 합쳐 '공정증서원본 등의 부실기재죄'라고 한다)는 특별한 신빙성이 인정되는 공문서에 대한 공공의 신용의 보장을 보호법익으로 하는 범죄로서, 공무원에 대하여 진실에 반하는 허위신고를 하여 공정증서원본 또는 이와 동일한 전자기록 등 특수매체기록에 실체관계에 부합하지 않는 부실의 사실을 기재 또는 기록하게 함으로써 성립한다. 따라서 실제로는 채권·채무관계가 존재하지 않는데도 허위의 채무를 가장하고 이를 담보한다는 명목으로 허위의 근저당권설정등기를 마친 것이라면 등기공무원에게 허위신고를 하여 등기부에 부실의 사실을 기재하게 한 때에 해당하므로 공정증서원본 등의 부실기재죄 및 부실기재공정증서원본 등의 행사죄가 성립한다(대판 2017.2.15. 2014도2415).

판례 부실의 사실

① 근저당권은 근저당물의 소유자가 아니면 설정할 수 없으므로 타인의 부동산을 자기 또는 제3자의 소유라고 허위의 사실을 신고하여 소유권이전등기를 경료한 후 나아가 그 부동산이 자기 또는 당해 제3자의 소유인 것처럼 가장하여 그 부동산에 관하여 자기 또는 당해 제3자 명의로 채권자와의 사이에 근저당권설정등기를 경료한 경우에는 공정증서원본부실기재 및 동행사죄가 성립한다(대판 1997.7.25. 97도605).

② 부동산등기법이 2005. 12. 29. 법률 제7764호로 개정되면서 매매를 원인으로 하는 소유권이전등기를 신청하는 경우에는 등기신청서에 거래신고필증에 기재된 거래가액을 기재하고, 신청서에 기재된 거래가액을 부동산등기부 甲구의 권리자 및 기타사항란에 기재하도록 하였는데, 이는 부동산거래 시 거래당사자나 중개업자가 실제 거래가액을 시장, 군수 또는 구청장에게 신고하여 신고필증을 받도록 의무화하면서 거짓 신고 등을 한 경우에는 과태료를 부과하기로 하여 2005. 7. 29. 법률 제7638호로 전부 개정된 '공인중개사의 업무 및 부동산 거래신고에 관한 법률'과 아울러 부동산 종합대책의 일환으로 실시된 것으로서, 그 개정 취지는 부동산거래의 투명성을 확보하기 위한 데에 있을 뿐이므로, 부동산등기부에 기재되는 거래가액은 당해 부동산의 권리의무관계에 중요한 의미를 갖는 사항에 해당한다고 볼 수 없다. 따라서 부동산의 거래당사자가 거래가액을 시장 등에게 거짓으로 신고하여 신고필증을 받은 뒤 이를 기초로 사실과 다른 내용의 거래가액이 부동산등기부에 등재되도록 하였다면, '공인중개사의 업무 및 부동산 거래신고에 관한 법률'에 따른 과태료의 제재를 받게 됨은 별론으로 하고, 형법상의 공전자기록등부실기재죄 및 부실기재공전자기록등행사죄가 성립하지는 아니한다(대판 2013.1.24. 2012도12363).

③ 주식회사의 임시주주총회가 법령 및 정관상 요구되는 이사회의 결의나 소집절차 없이 이루어졌다고 하더라도, 주주 전원이 참석하여 총회를 개최하는 데 동의하고 아무런 이의 없이 만장일치로 결의가 이루어졌다면 그 결의는 특별한 사정이 없는 한 유효하고, 그 결의에 따른 등기는 실체관계에 부합하는 것으로 이를 부실의 사항을 기재한 등기라고 할 수 없다(대판 2014.5.16. 2013도15895).

④ 공정증서원본부실기재죄는 공무원에 대하여 허위신고를 함으로써 공정증서원본에 부실의 사

실을 기재하게 하는 경우에 성립한다. 공정증서원본에 기재된 사항이 부존재하거나 외관상 존재한다고 하더라도 무효에 해당되는 하자가 있다면, 그 기재는 부실기재에 해당한다. 그러나 기재된 사항이나 그 원인된 법률행위가 객관적으로 존재하고, 다만 거기에 취소사유인 하자가 있을 뿐인 경우, 취소되기 전에 공정증서원본에 기재된 이상, 그 기재는 공정증서원본의 부실기재에 해당하지는 않는다(대판 2018. 6.19. 2017도21783). [해설] 공정증서원본에 기재된 사항이 부존재하거나 외관상 존재하더라도 무효에 해당하는 하자가 있는 경우에는 그 기재가 공정증서원본부실기재죄에서 말하는 부실기재에 해당한다고 본 판결.

⑤ 주식회사의 발기인 등이 상법 등 법령에 정한 회사설립의 요건과 절차에 따라 회사설립등기를 함으로써 회사가 성립하였다고 볼 수 있는 경우 회사설립등기와 그 기재 내용은 특별한 사정이 없는 한 공정증서원본 등 부실기재죄에서 말하는 부실의 사실에 해당하지 않는다. 발기인 등이 회사를 설립할 당시 회사를 실제로 운영할 의사 없이 회사를 이용한 범죄 의도나 목적이 있었다거나, 회사로서의 인적·물적 조직 등 영업의 실질을 갖추지 않았다는 이유만으로는 부실의 사실을 법인등기부에 기록하게 한 것으로 볼 수 없다(대판 2020.2.27. 2019도9293).

⑥ [1] 유한회사의 사원이 상법 등 법령에 정한 회사설립의 요건과 절차에 따라 회사설립등기를 함으로써 회사가 성립하였다고 볼 수 있는 경우 회사설립등기와 그 기재 내용은 특별한 사정이 없는 한 형법 제228조 제1항에서 정한 공정증서원본 부실기재죄나 공전자기록 등 부실기재죄(이하 위 두 죄를 합쳐 '공정증서원본 등 부실기재죄'라 한다)에서 말하는 부실의 사실에 해당하지 않는다. 유한회사의 사원 등 회사설립에 관여하는 사람이 회사를 설립할 당시 회사를 실제로 운영할 의사 없이 회사를 이용한 범죄 의도나 목적이 있었다거나, 회사로서의 인적·물적 조직 등 영업의 실질을 갖추지 않았다는 이유만으로는 부실의 사실을 법인등기부에 기록하게 한 것으로 볼 수 없다. [2] 피고인이 공전자기록 등 부실기재와 그 행사에 관한 공소사실에 기재된 회사(이하 '이 사건 회사'라 한다)를 정관에 정한 목적대로 운영할 의사는 없었다고 하더라도 설립된 회사 명의로 금융기관 계좌를 개설하기 위해 상법상 회사를 설립할 의사는 있었다. 피고인은 회사설립에 필요한 정관을 작성하고, 출자 전액의 납입과 이사 등 임원의 취임승낙을 증명하는 정보 등을 첨부정보로 제출하였다. 이와 같은 요건을 갖추고 절차를 밟은 행위가 단지 설립된 회사의 법인격을 범죄 등에 이용하기 위한 방편으로 이행된 측면이 있다고 하더라도, 상법상 회사설립절차를 이루는 회사 정관의 작성 자체가 없었다거나 출자의 납입 사실 자체가 부존재한다거나 납입의 효력이 없다고 볼 수는 없다. 회사설립등기에 임원으로 등재된 사람에게 임원 등재 의사가 인정되는 이상 실제로 그 직무를 행사할 의사까지는 없었다고 해서 그 사람이 회사의 임원이 아니라거나 회사에 임원이 부존재한다고 볼 수도 없다. 이와 같은 사실을 위에서 본 법리에 비추어 보면, 피고인이 실제 유한회사를 설립하려는 의사를 가지고 상법이 정하는 유한회사 설립에 필요한 정관 작성, 출자 이행, 임원 선임 등의 절차를 이행함으로써 이 사건 회사는 상법상 유한회사로 성립하였다고 봄이 타당하다. 회사설립행위에 일부 하자가 있었다거나 피고인이 회사설립 당시 정관에 기재된 목적 수행에 필요한 영업의 실질을 갖추거나 영업에 필요한 인적·물적 조직을 갖추지 않았다는 등의 사정만으로는 회사의 성립 자체를 부정하고 회사가 부존재한다고 볼 수 없다. 따라서 이 사건 회사설립등기는 공정증서원본 등 부실기재죄에서 말하는 부실의 사실에 해당한다고 볼 수 없다(대판 2020.3.26. 2019도7729). [해설] 피고인 등은 회사 명의로 이른바 '대포통장'을 유통시키기 위해 유한회사 설립등기를 하였고, 이에 대해 회사를 설립한 사실이 없는데도 설립등기를 마쳐 회사설립등기에 불실의 사실을 기록하게 하고 이를 행사하였다는 내용의 공전자기록 등

불실기재와 그 행사죄로 기소된 사안. 대법원은 피고인이 범죄 목적으로 회사설립등기를 하였다거나, 회사설립등기 당시 회사로서의 인적·물적 조직 등 영업의 실질을 포함한 회사의 실체를 갖추지 않았다는 사정만으로는 회사설립행위 자체를 없었던 것으로 본다거나 회사설립등기에 따른 회사 성립의 효력을 함부로 부정할 수 없다고 판단하고, 이 사건은 유한회사의 사원 등이 상법 등 법령에 정한 회사설립의 요건과 절차에 따라 회사설립등기를 함으로써 회사가 성립하였다고 볼 수 있는 경우에 해당하므로, 회사설립등기와 그 기재 내용이 공정증서원본 등 불실기재죄에서 말하는 불실의 사실에 해당하지 않는다고 판단하였음. 이 사건은 유한회사에 관한 것으로서, 주식회사에 관해 먼저 선고된 대법원 2020.2.27. 선고 2019도9293 판결과 그 취지를 함께 하는 것.

⑦ [1] 형법 제229조, 제228조 제2항에 정한 불실기재 여권행사죄에서 '허위신고'는 진실에 반하는 사실을 신고하는 것이고, '불실(不實)의 사실'은 '권리의무관계에 중요한 의미를 갖는 사항이 객관적인 진실에 반하는 것'을 말한다. 여권 등 공정증서원본에 기재된 사항이 존재하지 않거나 외관상 존재하더라도 무효사유에 해당하는 흠이 있다면 불실기재에 해당한다. 그러나 기재된 사항이나 원인된 법률행위가 객관적으로 존재하고 취소사유에 해당하는 흠이 있을 뿐이라면 취소되기 전에 공정증서원본에 기재된 사항은 불실기재에 해당하지 않는다. 출입국관리법 제7조 제1항, 제28조 제1항에서 정한 '유효한 여권'은 출입국하는 외국인 본인에게 유효한 것을 의미하는 것이므로 외국인 본인 명의의 여권이어야 하고, 타인 또는 허무인 명의의 여권은 진정으로 성립된 것이라도 이에 포함되지 않는다. [2] 구 국적법 제3조 제1항에 따라 대한민국 국적을 취득하지 않았는데도 대한민국 국적을 취득한 것처럼 인적 사항을 기재하여 대한민국 여권을 발급받은 다음 이를 출입국심사를 받을 때 담당 공무원에게 제출한 경우에는 불실의 사실이 기재된 여권을 행사함과 동시에 외국인으로서 유효한 여권 없이 출입국한 것으로 볼 수 있다(대판 2022.4.28. 2019도9177). [해설] 중국 국적의 피고인이 허무인의 인적 사항으로 대한민국 남자와 가장 혼인하여 구 국적법 제3조 제1호에 따라 대한민국 국적을 취득한 것처럼 행세하여 대한민국 국민으로서 허무인의 인적사항이 기재된 대한민국 여권을 발급받아 이를 출입국시 출입국심사 담당공무원에게 제출하였다는 사실로 불실기재 여권행사죄, 출입국관리법위반죄로 기소되었고, 원심은 이 사건 공소사실을 유죄로 인정한 제1심판결을 그대로 유지하였음. 대법원이 위와 같은 법리에 따라 이 사건 공소사실을 유죄로 인정한 원심판결이 정당하다고 판단하여 피고인의 상고를 기각한 사례.

판례 중요부분의 허위

① [다수의견] 상법 제628조 제1항 소정의 납입가장죄는 회사의 자본충실을 기하려는 법의 취지를 유린하는 행위를 단속하려는 데 그 목적이 있는 것이므로, 당초부터 진실한 주금납입으로 회사의 자금을 확보할 의사 없이 형식상 또는 일시적으로 주금을 납입하고 이 돈을 은행에 예치하여 납입의 외형을 갖추고 주금납입증명서를 교부받아 설립등기나 증자등기의 절차를 마친 다음 바로 그 납입한 돈을 인출한 경우에는, 이를 회사를 위하여 사용하였다는 특별한 사정이 없는 한 실질적으로 회사의 자본이 늘어난 것이 아니어서 납입가장죄 및 공정증서원본부실기재죄와 부실기재공정증서원본행사죄가 성립하고, 다만 납입한 돈을 곧바로 인출하였다고 하더라도 그 인출한 돈을 회사를 위하여 사용한 것이라면 자본충실을 해친다고 할 수 없으므로 주금납입의 의사 없이 납입한 것으로 볼 수는 없고, 한편 주식회사의 설립업무 또는 증자업무를 담당한 자와 주식인수인이 사전 공모하여 주금납입취급은행 이외의 제3자로부터 납입금에 해당하는 금액을 차입하여 주금을 납입하고 납입취급은행으로부터 납입금보관증명서를 교부받아 회사의 설립등기절차 또는 증자등기절차를 마친 직후 이를 인출하여 위 차용금채무의 변제에 사용하는 경

우, 위와 같은 행위는 실질적으로 회사의 자본을 증가시키는 것이 아니고 등기를 위하여 납입을 가장하는 편법에 불과하여 주금의 납입 및 인출의 전과정에서 회사의 자본금에는 실제 아무런 변동이 없다고 보아야 할 것이므로, 그들에게 회사의 돈을 임의로 유용한다는 불법영득의 의사가 있다고 보기 어렵다 할 것이고, 이러한 관점에서 상법상 납입가장죄의 성립을 인정하는 이상 회사 자본이 실질적으로 증가됨을 전제로 한 업무상 횡령죄가 성립한다고 할 수는 없다(대판 2004.6.17. 2003도7645 전원합의체).

② 형법 제228조 제1항이 규정하는 공정증서원본부실기재죄는 특별한 신빙성이 인정되는 권리의무에 관한 공문서에 대한 공공의 신용을 보장함을 보호법익으로 하는 범죄로서 공무원에 대하여 진실에 반하는 허위신고를 하여 공정증서원본에 그 증명하는 사항에 관하여 실체관계에 부합하지 아니하는 부실의 사실을 기재하게 함으로써 성립하는 것인데, 부동산등기법이 1991. 12. 14. 법률 제4422호로 개정되면서 등기권리자가 법인 아닌 사단 또는 재단인 경우에는 그 대표자나 관리인의 성명과 주소를 첨기하도록 되었는바, 위와 같은 법의 개정취지는 법인의 경우에는 법인등기부가 있으므로 부동산등기부에 회사명칭만 기재하더라도 대표권자가 누구인지를 용이하게 파악할 수 있으나, 비법인사단·재단의 경우에는 그렇지 못하여 아무 권한 없는 자가 정관이나 사원총회 결의록 등을 위조하여 자신이 진정한 대표자인 것처럼 등기신청을 할 위험이 매우 크므로 이들 단체명의의 등기에는 대표자 등의 성명, 주소, 주민등록번호를 등기사항으로 정하여 그 단체에 속하는 부동산의 처분권한이 누구에게 있는지를 등기부를 통하여 쉽게 확인할 수 있도록 공시하기 위한 것으로 보이고, 비록 종중 소유의 부동산은 종중 총회의 결의를 얻어야 유효하게 처분할 수 있다 하더라도 거래상대방으로서는 부동산등기부상에 표시된 종중 대표자를 신뢰하고 거래하는 것이 일반적이라는 점 등에 비추어 보면, <u>종중 대표자의 기재는 당해 부동산의 처분권한과 관련된 중요한 부분의 기재로서 이에 대한 공공의 신용을 보호할 필요가 있으므로 이를 허위로 등재한 경우에는 공정증서원본부실기재죄의 대상이 되는 부실의 기재에 해당한다</u>(대판 2006.1.13. 2005도4790).

③ 주금가장납입의 경우 현실적으로 주금액에 상당한 금원의 납입이라는 사실이 존재하기는 하나, 그 납입은 오로지 증자에 즈음하여 등기를 하기 위한 편법에 지나지 아니하고 실질적으로는 주금의 납입이 없는 가장납입으로서 이를 숨기고 마치 주식인수인에 의한 납입이 완료된 것처럼 등기공무원에 대하여 허위신고를 하여 증자를 한 취지의 등기신청을 함으로써 상업등기부원본에 그 기재를 하게 하였다면 이는 공정증서원본부실기재 및 동행사죄가 성립한다(대판 1987.11.10. 87도2072). 공정증서원본부실기재죄는 공무원에 대하여 허위신고를 하여 공정증서원본에 진실에 반하는 사실을 기재하게 함으로써 성립하는 것이므로, <u>유상증자 등기의 신청시 발행주식 총수 및 자본의 총액이 증가한 사실이 허위임을 알면서 증자등기를 신청하여 상업등기부원본에 그 기재를 하게 한 경우, 등기신청서류로 제출된 주금납입금보관증명서가 위조된 것임을 몰랐다고 하더라도 공정증서원본부실기재죄가 성립한다</u>(대판 2006.10.26. 2006도5147).

판례 　무효사유가 존재하는 경우

① 민법 제815조 제1호의 혼인무효사유인 "당사자 간에 혼인의 합의가 없는 때"라 함은 당사자 간에 사회관념상 부부라고 인정되는 정신적, 육체적 결합을 생기게 할 의사를 갖고 있지 않은 경우를 가리킨다고 할 것이므로 비록 혼인의 계출 자체에 관하여 당사자 간에 의사의 합치가 있고 나

아가 당사자 간에 일은 법률상의 부부라는 신분관계를 설정할 의사는 있었다고 인정되는 경우라도 그것이 단지 다른 목적을 달성하기 위한 방편에 불과한 것으로서 그들 간에 참다운 부부관계의 설정을 바라는 효과의사가 없는 경우에는 그 혼인은 무효라고 할 것이어서 해외이주의 목적으로 위장결혼을 하고 혼인신고를 하여 그 사실이 호적부에 기재되었다면 공정증서원본부실기재죄를 구성한다(대판 1985.9.10. 85도1481).

② 피고인들이 중국 국적의 조선족 여자들과 참다운 부부관계를 설정할 의사 없이 단지 그들의 국내 취업을 위한 입국을 가능하게 할 목적으로 형식상 혼인하기로 한 것이라면, 피고인들과 조선족 여자들 사이에는 혼인의 계출에 관하여는 의사의 합치가 있었으나 참다운 부부관계의 설정을 바라는 효과의사는 없었다고 인정되므로 피고인들의 혼인은 우리 나라의 법에 의하여 혼인으로서의 실질적 성립요건을 갖추지 못하여 그 효력이 없고, 따라서 피고인들이 중국에서 중국의 방식에 따라 혼인식을 거행하였다고 하더라도 우리 나라의 법에 비추어 그 효력이 없는 혼인의 신고를 한 이상 피고인들의 행위는 공정증서원본부실기재 및 동행사 죄의 죄책을 면할 수 없다고 한 사례(대판 1996.11.22. 96도2049).

③ 공정증서원본부실기재죄는 공무원에 대하여 허위신고를 함으로써 공정증서원본에 부실의 사실을 기재하게 하는 경우에 성립하는바, 공정증서원본에 기재된 사항이 부존재하거나 외관상 존재한다고 하더라도 무효에 해당되는 하자가 있다면 그 기재는 부실기재에 해당하는 것이나, 기재된 사항이나 그 원인된 법률행위가 객관적으로 존재하고 다만 거기에 취소사유인 하자가 있을 뿐인 경우 취소되기 전에 공정증서원본에 기재된 이상 그 기재는 공정증서원본의 부실기재에 해당하지는 않는다(대판 2004.9.24. 2004도4012).

④ 재건축조합 임시총회의 소집절차나 결의방법이 법령이나 정관에 위반되어 임원개임결의가 사법상 무효라고 하더라도, 실제로 재건축조합의 조합총회에서 그와 같은 내용의 임원개임결의가 이루어졌고 그 결의에 따라 임원변경등기를 마쳤다면 공정증서원본부실기재죄가 성립하지 아니한다(대판 2004.10.15. 2004도3584).

⑤ 형법 제228조 제1항이 규정하는 공정증서원본부실기재죄는 특별한 신빙성이 인정되는 공문서에 대한 공공의 신용을 보장함을 보호법익으로 하는 범죄로서 공무원에 대하여 진실에 반하는 허위신고를 하여 공정증서원본 또는 이와 동일한 전자기록 등 특수매체기록에 실체관계에 부합하지 아니하는 부실의 사실을 기재 또는 등록하게 함으로써 성립하는 것이므로, 공정증서원본 등에 기재된 사항이 존재하지 아니하거나 외관상 존재한다고 하더라도 무효에 해당하는 하자가 있다면 그 기재는 부실기재에 해당한다(대판 2006.3.10. 2005도9402).

⑥ 주식회사의 신주발행의 경우 신주발행에 법률상 무효사유가 존재한다고 하더라도 그 무효는 신주발행무효의 소에 의해서만 주장할 수 있는 것이고, 신주발행무효의 판결이 확정되더라도 그 판결은 장래에 대하여만 효력이 있는 것이므로(상법 제429조, 제431조 제1항), 그 신주발행이 판결로써 무효로 확정되기 이전에 그 신주발행사실을 담당 공무원에게 신고하여 공정증서인 법인등기부에 기재하게 하였다고 하여 그 행위가 공무원에 대하여 허위신고를 한 것이라거나, 그 기재가 부실기재에 해당하는 것이라고 할 수는 없다(대판 2007.5.31. 2006도8488).

판례 　취소사유가 존재하는 경우

① 협의상 이혼의 의사표시가 기망에 의하여 이루어진 것일지라도 그것이 취소되기까지는 유효하게 존재하는 것이므로, 협의상 이혼의사의 합치에 따라 이혼신고를 하여 호적에 그 협의상 이혼사실이 기재되었다면, 이는 공정증서원본부실기재죄에 정한 부실의 사실에 해당하지 않는다(대판 1997.1.24. 95도448).

② 공정증서원본에 기재된 사항이 외관상 존재하는 사실이라 하더라도, 이에 무효나 부존재에 해당되는 흠이 있다면 그 기재는 부실기재에 해당된다. 그러나 그것이 객관적으로 존재하는 사실이고 이에 취소사유에 해당되는 하자가 있을 뿐인 경우에는 그 취소 전에 그 사실의 내용이 공정증서원본에 기재된 이상, 그 기재가 공정증서원본부실기재죄를 구성하지 않는다(대판 2009.2.12. 2008도10248).

판례 　당사자 간의 의사합치가 있는 경우

① 근저당설정등기는 등기권리자인 채권자와 등기의무자인 근저당권설정자와의 합의를 기초로 이루어지는 것이므로 설사 등기의 편의상 진정한 채무자가 아닌 제3자를 채무자로 등기부상 등재케 하였다 하더라도 그것이 계약당사자 간의 합의에 의하여 이루어진 것이라면 당사자 사이에 이와 같은 등기를 경료하게 할 의사가 있었던 것이므로 이 경우 공정증서원본부실기재죄는 성립되지 않는다(대판 1985.10.8. 84도2461).

② 토지거래허가구역 안의 토지에 관하여 실제로는 매매계약을 체결하고서도 처음부터 토지거래허가를 잠탈하려는 목적으로 등기원인을 '증여'로 하여 소유권이전등기를 경료한 경우, 비록 매도인과 매수인 사이에 실제의 원인과 달리 '증여'를 원인으로 한 소유권이전등기를 경료할 의사의 합치가 있더라도, 허위신고를 하여 공정증서원본에 부실의 사실을 기재하게 한 때에 해당한다고 한 사례(대판 2007.11.30. 2005도9922).

③ 부동산을 관리보존하는 방법으로 이를 타에 신탁하는 의사로서 그 소유권이전등기를 한 경우에는 그 원인을 매매로 가장하였다 하더라도 이는 공정증서원본불실기재죄에 해당하지 아니하고, 피고인이 부동산에 관하여 가장매매를 원인으로 소유권이전등기를 경료하였더라도, 그 당사자 사이에는 소유권이전등기를 경료시킬 의사는 있었다고 할 것이므로 공정증서원본부실기재죄 및 동행사죄는 성립하지 않고, 또한 등기의무자와 등기권리자(피고인) 간의 소유권이전등기신청의 합의에 따라 소유권이전등기가 된 이상, 등기의무자 명의의 소유권이전등기가 원인이 무효인 등기로서 피고인이 그 점을 알고 있었다고 하더라도, 특별한 사정이 없는 한 바로 피고인이 등기부에 부실의 사실을 기재하게 하였다고 볼 것은 아니다(대판 2011.7.14. 2010도1025, 대판 1991.9.24. 91도1164).

판례 　실체권리관계와 일치하는 경우

① 허위의 보증서를 발급받아 부동산소유권이전등기부에관한특별조치법에 의거 소유권이전등기를 거쳤더라도 그것이 권리의 실체관계에 부합하는 등기라면 공정증서에 부실의 사실을 기재하였다고는

할 수 없다(대판 1984.12.11. 84도2285).

② 피고인이 그가 점유하고 있는 토지에 대하여 매매를 원인으로 하는 소유권이전등기소송을 제기하여서 의제자백에 의한 승소판결을 받아 경료된 피고인 명의의 소유권이전등기가 비록 절차상의 하자가 있다 하더라도 점유에 의한 소유권취득시효가 완성함으로써 결국 위 소유권이전등기가 실체적 권리관계에 부합하는 유효한 등기라고 한다면 위의 소송에 있어서 피고인에게 위 토지를 편취하려는 범의가 있었다고 볼 수 없고 또한 위와 같이 경료된 등기 역시 부실의 등기라고도 할 수 없다(대판 1987.3.10. 86도864).

③ 부동산에 관하여 경료된 소유권이전등기나 보존등기가 절차상 하자가 있거나 등기원인이 실제와 다르다 하더라도 그 등기가 실체적 권리관계에 부합하는 유효한 등기인 경우에는 공정증서원본부실기재, 동행사죄의 구성요건 해당성이 없게 되고, 그와 같은 죄로 공소가 제기된 경우 피고인이 당해 등기가 실체적 권리관계에 부합하는 유효한 등기라고 주장하는 것은 공소사실에 대한 적극부인에 해당한다고 함이 대법원의 입장인바(대판 1990.9.28. 90도427, 대판 1997.7.11. 97도1180 등 참조), 이 사건에서 위 피고인들이 위와 같이 위 소유권보존등기가 실체관계에 부합한다는 취지의 주장을 하고 있으므로, 위 공소사실들을 유죄로 인정하기 위하여는 무엇보다 먼저 위 임야 중 공소사실 기재의 537,150㎡ 부분이 실제로 국가의 소유인 사실이 검사가 제출하는 증거에 의하여 인정되어야 할 것이고, 피고인들이 위 부분에 관한 위 사찰 명의의 소유권보존등기가 실체관계에 부합한다는 사실을 적극적으로 증명하여야 하는 것은 아니라고 할 것이므로, 위 부분에 관한 위 등기가 실체관계에 부합한다고 볼 자료가 없다고 한 원심의 판단은 우선 이러한 점에서 잘못이라고 할 것이다(대판 2000.3.24. 98도105).

④ 대주주가 적법한 소집절차나 임시주주총회의 개최 없이 나머지 주주들의 의결권을 위임받아 자신이 임시의장이 되어 임시주주총회 의사록을 작성하여 법인등기를 마친 사안에서, 공정증서원본부실기재죄가 성립하지 않는다고 한 사례. (중략) 주식회사의 임시주주총회가 법령 및 정관상 요구되는 이사회의 결의 및 소집절차 없이 이루어졌다 하더라도, 주주명부상의 주주 전원이 참석하여 총회를 개최하는 데 동의하고 아무런 이의 없이 만장일치로 결의가 이루어졌다면 그 결의는 특별한 사정이 없는 한 유효하다(대판 2002.12.24. 2000다69927 등 참조). 피고인이 주식회사 원명의 주주 전원의 위임을 받아 기존 이사 및 감사를 해임하고 새로운 이사 및 감사를 선임한 내용의 결의가 있었던 것으로 임시주주총회 의사록을 작성한 이상, 비록 피고인이 적법한 주주총회 소집절차를 거치지 않았을 뿐 아니라 실제로 주주총회를 개최하지도 않았지만 주주 전원의 의사에 따라 그 내용의 유효한 결의가 있었던 것으로 볼 것이고, 따라서 그 결의에 따른 공소사실 기재 각 등기는 실체관계에 부합하는 것으로 이를 불실의 사항을 기재한 등기라고 할 수 없다고 판단하였는바, 앞서 본 법리와 기록에 비추어 살펴보면 원심의 위와 같은 인정과 판단은 옳고, 거기에 채증법칙 위배나 공정증서원본부실기재에 관한 법리오해 등의 위법이 없다(대판 2008.6.26. 2008도1044).

 **판례** 등기경료 후 동의·추인한 경우

• 소유권보존등기나 소유권이전등기에 절차상 하자가 있거나 등기원인이 실제와 다르다 하더라도 그 등기가 실체적 권리관계에 부합하게 하기 위한 것이거나 실체적 권리관계에 부합하는 유효한 등기인 경우에는 공정증서원본부실기재 및 동행사죄가 성립되지 않는다고 할 것이나, <u>이는 등기 경료 당시를 기준으로 그 등기가 실체권리관계에 부합하여 유효한 경우에 한정되는 것이고, 등기 경료 당시에는 실체권리관계에 부합하지 아니한 등기인 경우에는 사후에 이해관계인들의 동의 또는 추인 등의 사정으로 실체권리관계에 부합하게 된다 하더라도 공정증서원본부실기재 및 동행사죄의 성립에는 아무런 영향이 없다</u>(대판 2007.6.28. 2007도2714, 대판 2001.11.9. 2001도3959, 대판 1999.5.14. 99도202, 대판 1998.4.14. 98도16).

판례 착수시기

• 위장결혼의 당사자 및 브로커와 공모한 피고인이 허위로 결혼사진을 찍고 혼인신고에 필요한 서류를 준비하여 <u>위장결혼의 당사자에게 건네준 것만으로는 공전자기록등부실기재죄의 실행에 착수한 것으로 볼 수 없다</u>고 한 사례(대판 2009.9.24. 2009도4998).

Ⅳ. 위조등 문서행사죄

1. 위조·변조·작성 사문서행사죄

> **제234조(위조사문서등의 행사)**
> 제231조 내지 제233조의 죄에 의하여 만들어진 문서, 도화 또는 전자기록등 특수매체기록을 행사한 자는 그 각 죄에 정한 형에 처한다.
>
> **제235조(미수범)**
> 제225조 내지 제234조의 미수범은 처벌한다.

(1) 의의

사문서위조·변조죄에 의하여 위조·변조되거나, 자격모용에 의한 사문서작성죄에 의하여 작성된 사문서 또는 의사 등에 의하여 작성된 허위진단서 등을 행사함으로써 성립하는 범죄이다(제234조). 문서행사죄의 기본유형이다.

(2) 객관적 구성요건

1) 주체 : 제한이 없다. 위조·변조 또는 작성한 범인도 본죄의 주체가 된다.

2) 행위의 객체 : 위조·변조 또는 자격모용에 의하여 작성된 사문서와 허위진단서 및 검안서 또는 생사에 관한 증명서이다.

3) 행위 : 행사하는 것이다. 행사란 위조 또는 변조된 문서를 진정한 문서로 사용하는 것, 즉 법적 거래에 있어서 문서의 기능적 이용을 말한다. 행사의 상대방에는 제한이 없다. 따라서, 위조된 문

서의 작성 명의인이라고 하여 행사의 상대방이 될 수 없는 것은 아니다. 다만 ㈎ 상대방은 문서가 위조 또는 변조된 사실을 모를 것을 요한다. 따라서 위조·변조된 사실을 아는 공범에게 제시·교부하는 것은 행사가 아니다(위조통화행사죄나 위조유가증권행사죄에서는 통화나 유가증권을 위조한 자가 위조통화나 위조유가증권임을 알고 있는 자에게 교부하였더라도 피교부자가 이를 유통시킬 것임을 인식하고 교부하였다면 위조통화행사죄나 위조유가증권행사죄가 성립함). ㈏ 행사의 방법에도 제한이 없으며, 상대방이 인식할 수 있는 상태에 두면 족하다. 따라서 교부 또는 제시뿐만 아니라 등기부와 같이 비치하여 열람할 수 있는 상태에 두는 것도 본죄의 행사에 해당한다. 다만 ㈐ 행사는 위조 또는 변조된 문서 자체에 대한 것임을 요한다. ㈑ 행사는 문서를 상대방에게 인식할 수 있는 상태에 둠으로써 기수가 되며, 상대방이 문서의 내용을 인식하였거나 문서에 대한 사회적 신용이 침해되었을 것을 요하지 않는다.

(3) 주관적 구성요건

위조·변조·자격모용에 의하여 작성된 사문서 또는 허위작성된 진단서 등에 대한 인식과 이를 행사한다는 점에 대한 고의가 있어야 한다.

2. 위조·변조 등 공문서행사죄

> **제229조(위조등 공문서의 행사)**
> 제225조 내지 제228조의 죄에 의하여 만들어진 문서, 도화, 전자기록등 특수매체기록, 공정증서원본, 면허증, 허가증, 등록증 또는 여권을 행사한 자는 그 각 죄에 정한 형에 처한다.
>
> **제235조(미수범)**
> 제225조 내지 제234조의 미수범은 처벌한다.

위조·변조한 공문서, 자격모용에 의하여 작성한 공문서, 허위작성한 공문서 또는 부실기재한 공정증서원본 등을 행사함으로써 성립하는 범죄이다(제229조). 위조·변조사문서행사죄에 대하여 행사의 객체가 공문서·공도화이기 때문에 형이 가중되는 불법가중유형이다.

V. 문서 부정행사죄

1. 사문서 부정행사죄

> **제236조(사문서의 부정행사)**
> 권리·의무 또는 사실증명에 관한 타인의 문서 또는 도화를 부정행사한 자는 1년 이하의 징역이나 금고 또는 300만원 이하의 벌금에 처한다.

권리·의무 또는 사실증명에 관한 타인의 문서 또는 도화를 부정행사함으로써 성립하는 범죄이다(제236조). 여기서 부정행사란 권리·의무 또는 사실증명에 관한 진정성립된 타인의 사문서를 사용할 권한 없는 자가 문서명의자로 가장 행세하여 이를 사용하는 것을 말한다. 사용할 권한이 있더라도 본래의 사용목적 이외의 다른 사실을 증명하는 용도에 이를 사용하는 것을 포함하는가에 대해서 판례는 긍정설의 입장이다. 객체가 진정한 사문서라는 점에서 위조·변조 등 사문서행사죄와 구별된다.

2. 공문서 등 부정행사죄

> **제230조(공문서 등의 부정행사)**
> 공무원 또는 공무소의 문서 또는 도화를 부정행사한 자는 2년 이하의 징역이나 금고 또는 500만원 이하의 벌금에 처한다.

공문서의 사용목적이 특정되어 있는 경우에 그 사용권한 없는 자가 사용권한 있는 것처럼 가장하여 부정한 목적으로 행사하는 경우에 성립하는 범죄이다(제230조). 따라서, 주민등록표등본, 인감증명서 또는 신원증명서 등과 같이 사용권한자가 특정되어 있지도 않고 그 용도도 다양한 공문서는 그 명의자 아닌 자가 그 명의자의 의사에 반하여 함부로 행사하더라도 문서 본래의 취지에 따른 용도에 합치된다면 공문서 등 부정행사죄는 성립하지 않는다.

㈎ 사용권한 있는 자라도 그 정당한 용법에 반하여 부정하게 행사하는 경우에 본죄가 성립하는가에 대하여는 긍정설과 부정설이 대립하고 있으나, 공문서는 사문서와 달리 그 용도가 사회일반에 널리 주지되어 있으므로 공문서의 용도에 대한 공공의 신용을 보호할 필요가 있고, 사용권한 있는 자가 공문서를 용도 외의 용법을 악용하는 행위까지도 부정행사죄로 처분할 필요성이 있다고 보아 긍정설이 타당하다고 할 것이다. 판례도 긍정하는 입장이다. ㈏ 한편, 사용권한 없는 자의 용도 외 사용도 문제되고 있다. 이 경우에도 본죄의 성립을 부정하는 견해와 이를 긍정하는 견해가 대립하고 있다. 사용권한 있는 자의 용도 외 사용을 부정행사죄로 처벌하는 긍정설의 입장에 선다면, 그보다도 불법의 정도가 심한 사용권한 없는 자의 용도외 사용도 본죄로 처벌하는 것이 타당하다고 생각한다. 따라서 '타인의' 주민등록증을 신원확인용이 아니라 채무이행의 확보수단으로 제공하는 행위를 하였다면, 본죄가 성립한다. 그러나 판례는 부정설의 입장이다. ㈐ 사용권한 없는 자의 용도 내 사용은 당연히 본죄가 성립한다(통설, 판례).

VI. 전자기록 위작·변작등죄

1. 의의

사무처리를 그르치게 할 목적으로 전자기록 등 특수매체기록을 위작 또는 변작함으로써 성립하는 범죄이다. 매체에 기록되어 출력되기 전의 전자기록은 문서의 요건인 가시성과 가독성이 없고, 전자기록에 있어서는 입력된 정보가 기존의 데이터와 함께 처리 가공되어 만들어지고 기록에 명의인이 없거나 분명하지 않은 경우가 많아서 문서의 경우와 같은 명의인을 생각하는 것도 곤란하다. 이러한 의미에서 본죄는 문서범죄에 있어서의 처벌의 흠결을 보완하여 컴퓨터범죄에 효율적으로 대처하기 위하여 신설된 규정이다. 형법은 공문서와 사문서를 구별하는 태도에 따라 전자기록에 관하여도 공전자기록 위작·변작죄와 사전자기록 위작·변작죄를 구별해서 규정하고 있다.

본죄의 보호법익은 전자기록에 대한 거래의 안전과 신용이다.

2. 사전자기록 위작·변작·행사죄

> **제232조의2(사전자기록위작·변작)**
> 사무처리를 그르치게 할 목적으로 권리·의무 또는 사실증명에 관한 타인의 전자기록등 특수매체기록을 위작 또는 변작한 자는 5년 이하의 징역 또는 1천만원 이하의 벌금에 처한다.
>
> **제235조(미수범)**
> 제225조 내지 제234조의 미수범은 처벌한다.

사무처리를 그르치게 할 목적으로 권리·의무 또는 사실증명에 관한 타인의 전자기록 등 특수매체기록을 위작 또는 변작하거나, 위작·변작된 특수매체기록을 행사함으로써 성립하는 범죄이다(제232조의2, 제234조).

(1) 행위의 객체

권리·의무 또는 사실증명에 관한 전자기록 등 특수매체기록이다. 전자기록이란 일정한 매체에 전기적·자기적 방식으로 저장된 기록을 말한다. 일정한 매체란 집적회로, 자기디스크, 자기테이프 등을 의미하고, 특수매체기록에는 전자기록 이외에 광기술이나 레이저기술을 이용한 기록을 포함한다. 그러나 본죄의 전자기록은 문서죄와의 관계에서 의사가 표현된 것임을 요하므로 컴퓨터에 대한 작업명령을 내용으로 하는 프로그램은 여기의 기록에 해당하지 않는다. 권리·의무에 관한 전자기록이란 권리·의무의 발생·존속·변경·소멸에 관한 사실의 증명에 관한 전자기록을 말하며, 사실증명에 관한 전자기록은 법률상 또는 사회생활상 중요한 사실의 증명과 관계있는 전자기록을 말한다.

(2) 행위

위작·변작 또는 행사하는 것이다. 작성 권한 없는 자가 사전자기록을 위작 또는 변작하는 경우에 본죄가 성립하는데 의문이 없지만, 이러한 유형위조 이외에 무형위조가 포함되는지가 문제된다. 이에 대해서 ㉮ 전자기록에는 문서와는 달리 작성자의 명의가 표시되어 있지 않은 경우가 대부분이므로 이 경우에도 처벌해야 한다는 긍정설(판례)과 ㉯ 형법은 사문서에 대한 무형위조를 처벌하지 않고 있으므로 본죄에 해당하지 않는다는 부정설(다수설)의 대립이 있다. ㉰ 판례는 최근의 전원합의체 판결을 통해서 시스템의 설치·운영 주체로부터 각자의 직무 범위에서 개개의 단위정보의 입력 권한을 부여받은 사람이 그 권한을 남용하여 허위의 정보를 입력함으로써 시스템 설치·운영 주체의 의사에 반하는 전자기록을 생성하는 경우도 형법 제227조의2에서 말하는 전자기록의 '위작'에 포함된다고 하였고, 이러한 법리는 형법 제232조의2의 사전자기록등위작죄에서 행위의 태양으로 규정한 '위작'에 대해서도 마찬가지로 적용된다고 하여 긍정설의 입장을 취하고 있다.

판례의 입장인 긍정설에 의하면 위작이란 권한 없는 사람이 전자기록을 작출 또는 정보를 입력하거나 권한 있는 사람이 그 권한을 남용하여 허위의 정보를 입력하는 것을 의미하고, 변작은 권한 없이 또는 권한을 남용하여 이미 작성된 전자기록의 내용을 변경하는 것을 말한다.

한편, 행사란 위작 또는 변작된 전자기록을 타인의 사무처리를 위하여 컴퓨터에 사용할 수 있는 상태에 두는 것을 말한다.

(3) 주관적 구성요건

고의가 필요한 이외에 사무처리를 그르치게 할 목적이 있어야 한다. '사무처리를 그르치게 할 목적'이란 위작·변작된 특수매체기록이 사용됨으로써 사무처리가 그르치게 되도록 할 목적을 말하며, '그르치게' 한다는 것은 정당하거나 정상적인 사무처리 이외의 하자 있는 처리를 하게 하는 모든 경우를 포함한다.

3. 공전자기록 위작·변작·행사죄

> **제227조의2(공전자기록위작·변작)**
> 사무처리를 그르치게 할 목적으로 공무원 또는 공무소의 전자기록등 특수매체기록을 위작 또는 변작한 자는 10년 이하의 징역에 처한다.
>
> **제235조(미수범)**
> 제225조 내지 제234조의 미수범은 처벌한다.

사무처리를 그르치게 할 목적으로 공무원 또는 공무소의 전자기록 등 특수매체기록을 위작 또는 변작하거나, 위작·변작된 특수매체기록을 행사함으로써 성립하는 범죄이다(제227조의2, 제229조).

(1) 행위의 객체

공무원 또는 공무소의 전자기록 등 특수매체기록이다. '공무원 또는 공무소의 전자기록'이란 공무원 또는 공무소의 직무수행상 만들어지도록 되어 있거나 이미 만들어진 전자기록 등 특수매체기록을 말한다. 예컨대, 주민등록이나 등기부등본의 파일, 자동차등록파일이나 특허등록 매스터파일 등이 여기에 해당한다.

(2) 행위

위작·변작 또는 행사하는 것이다. 위작이란 처음부터 허위의 기억을 만들어 저장·기억케 하는 행위를 말하고, 변작이란 기존의 기록을 부분적으로 고치거나 말소하여 기록의 내용을 변경하는 것을 말한다. 위작·변작은 문서죄에 있어서의 위조·변조에 대응하는 개념이다. 다만, 위작과 변작에는 시스템운영주체의 의사에 반하여 권한 없이 또는 권한을 남용하여 전자기록을 작성하거나 변경한 경우뿐만 아니라 공무원이 내용이 허위인 전자기록을 만드는 경우도 포함된다고 하지 않을 수 없다. 권한 있는 공무원이 허위의 기록을 만든 경우는 실질적으로 권한의 범위를 일탈했다고 할 수 있기 때문이다(긍정설 : 판례).

> **판례** 위조 등 문서행사죄
>
> ① 권리의무에 관한 사문서인 타인명의의 신탁증서 1통을 작성한 후 마치 이를 다른 내용의 문서인 것처럼 그 타인에게 제시하여 날인을 받은 후 이를 법원에 증거로 제출하여 사용하였다면 <u>사문서위조 및 동행사죄가 성립</u>한다(대판 1983.6.28. 83도1036).
>
> ② 위조, 변조, 허위작성된 문서의 행사죄는 이와 같은 문서를 진정한 것 또는 그 내용이 진실한 것으로 각 사용하는 것을 말하는 것이므로, <u>그 문서가 위조, 변조, 허위작성되었다는 정을 아는 공범</u>

자등에게 제시, 교부하는 경우 등에 있어서는 행사죄가 성립할 여지가 없다(대판 1986.2.25. 85도2798).

③ 사진기나 복사기 등을 사용하여 기계적인 방법으로 원본을 복사한 복사문서는 사본이라고 하더라도 문서위조죄 및 위조문서행사죄의 객체인 문서에 해당하는 것인바, 위조한 문서를 모사전송(facsimile)의 방법으로 타인에게 제시하는 행위도 위조문서행사죄를 구성한다(대판 1994.3.22. 94도4).

④ 인감증명법 제12조 제1항, 동법 시행령(2002. 12. 31. 대통령령 제17867호로 개정되기 전의 것) 제13조 등 인감증명의 신청과 인감증명서의 발급에 관한 법령의 규정에 의하면, 인감의 증명을 신청함에 있어서 그 용도가 부동산매도용일 경우에는 부동산매수자란에 매수자의 성명(법인인 경우에는 법인명), 주소 및 주민등록번호를 기재하여 신청하여야 하지만 그 이외의 경우에는 신청 당시 사용용도란을 기재하여야 하는 것은 아니고, 필요한 경우에 신청인이 직접 기재하여 사용하도록 되어 있으며, 사용용도에 따른 인감증명서의 유효기간에 관한 종전의 규정도 삭제되어 유효기간의 차이도 없으므로 인감증명서의 사용용도란의 기재는 증명청인 동장이 작성한 증명문구에 의하여 증명되는 부분과는 아무런 관계가 없다고 할 것이므로, 권한 없는 자가 임의로 인감증명서의 사용용도란의 기재를 고쳐 썼다고 하더라도 공무원 또는 공무소의 문서 내용에 대하여 변경을 가하여 새로운 증명력을 작출한 경우라고 볼 수 없으므로 공문서변조죄나 이를 전제로 하는 변조공문서행사죄가 성립되지는 않는다(대판 2004.8.20. 2004도2767).

⑤ [1] 위조문서행사죄에 있어서 행사는 위조된 문서를 진정한 것으로 사용함으로써 문서에 대한 공공의 신용을 해칠 우려가 있는 행위를 말하므로 그 행사의 상대방에는 아무런 제한이 없고, 다만 문서가 위조된 것임을 이미 알고 있는 공범자 등에게 행사하는 경우에는 위조문서행사죄가 성립할 수 없다. [2] 문서변조죄에 있어서 행사할 목적이란 변조된 문서를 진정한 문서인 것처럼 사용할 목적을 말하는 것으로 적극적 의욕이나 확정적 인식을 요하지 아니하고 미필적 인식이 있으면 족하다(대판 2005.1.28. 2004도4663). [해설] 문서에 관한 죄에 있어서 '행사할 목적'은 미필적 인식이 있으면 족하다고 본 판결.

⑥ 형법상 문서에 관한 죄에 있어서 문서라 함은, 문자 또는 이에 대신할 수 있는 가독적 부호로 계속적으로 물체상에 기재된 의사 또는 관념의 표시인 원본 또는 이와 사회적 기능, 신용성 등을 같게 볼 수 있는 기계적 방법에 의한 복사본으로서 그 내용이 법률상, 사회생활상 주요 사항에 관한 증거로 될 수 있는 것을 말한다(대판 2006.1.26. 2004도788).

⑦ [1] 자신의 이름과 나이를 속이는 용도로 사용할 목적으로 주민등록증의 이름·주민등록번호란에 글자를 오려붙인 후 이를 컴퓨터 스캔 장치를 이용하여 이미지 파일로 만들어 컴퓨터 모니터로 출력하는 한편 타인에게 이메일로 전송한 사안에서, 컴퓨터 모니터 화면에 나타나는 이미지는 형법상 문서에 관한 죄의 문서에 해당하지 않는다고 할 것이다. [2] 자신의 이름과 나이를 속이는 용도로 사용할 목적으로 주민등록증의 이름·주민등록번호란에 글자를 오려붙인 후 이를 컴퓨터 스캔 장치를 이용하여 이미지 파일로 만들어 컴퓨터 모니터로 출력하는 한편 타인에게 이메일로 전송한 사안에서, 컴퓨터 모니터 화면에 나타나는 이미지는 형법상 문서에 관한 죄의 문서에 해당하지 않으므로 공문서위조 및 위조공문서행사죄를 구성하지 않는다고 한 사례(대판 2007.11.29. 2007도7480). [해설] 스캔하기 전에 주민등록증에 다른 성명이나 주민번호가 기재된 종이를 붙인 정도여서 일반인이 위조문서임을 쉽게 알 수 있는 상태이므로 위조문서라고 볼 수 없고, 스캔에 의하여 비로소 위조가 이루어진 것으로 볼 수 있으나, 컴퓨터 모니터 화면에 나타나는 '이미지'는 문서의 요건 중 계속성이 없어 형법상 문서에 관한 죄의 문서

에 해당하지 않음. 따라서 형법상의 문서임을 전제로 한 공문서위조 및 위조공문서행사죄에 해당하지 않음.

⑧ 법무사법 제25조에 의하면 법무사가 사건의 위임을 받은 경우에는 주민등록증·인감증명서 등 법령에 의하여 작성된 증명서의 제출이나 제시 기타 이에 준하는 확실한 방법으로 위임인이 본인 또는 그 대리인임을 확인하여야 하는바, 법무사가 타인의 권리의무에 중대한 영향을 미칠 수 있는 문서를 작성함에 있어 이 규정에 위반하여 문서명의자 본인의 동의나 승낙이 있었는지에 대한 아무런 확인 절차를 거치지 아니하고 오히려 명의자 본인의 동의나 승낙이 없음을 알면서도 권한 없이 문서를 작성한 경우에는 사문서위조 및 동행사죄의 고의를 인정할 수 있다(대판 2008.4.10. 2007도9987).

⑨ 컴퓨터 스캔 작업을 통하여 만들어낸 공인중개사 자격증의 이미지 파일은 전자기록으로서 전자기록 장치에 전자적 형태로서 고정되어 계속성이 있다고 볼 수는 있으나, 그러한 형태는 그 자체로서 시각적 방법에 의해 이해할 수 있는 것이 아니어서 이를 형법상 문서에 관한 죄에 있어서의 '문서'로 보기 어렵다(대판 2008.4.10. 2008도1013).

⑩ [1] 위조문서행사죄에 있어서 행사라 함은 위조된 문서를 진정한 문서인 것처럼 그 문서의 효용방법에 따라 이를 사용하는 것을 말하고, 위조된 문서를 제시 또는 교부하거나 비치하여 열람할 수 있게 두거나 우편물로 발송하여 도달하게 하는 등 위조된 문서를 진정한 문서인 것처럼 사용하는 한 그 행사의 방법에 제한이 없다. 또한, 위조된 문서 그 자체를 직접 상대방에게 제시하거나 이를 기계적인 방법으로 복사하여 그 복사본을 제시하는 경우는 물론, 이를 모사전송의 방법으로 제시하거나 컴퓨터에 연결된 스캐너(scanner)로 읽어 들여 이미지화한 다음 이를 전송하여 컴퓨터 화면상에서 보게 하는 경우도 행사에 해당하여 위조문서행사죄가 성립한다. [2] 휴대전화 신규 가입신청서를 위조한 후 이를 스캔한 이미지 파일을 제3자에게 이메일로 전송한 사안에서, 이미지 파일 자체는 문서에 관한 죄의 '문서'에 해당하지 않으나, 이를 전송하여 컴퓨터 화면상으로 보게 한 행위는 이미 위조한 가입신청서를 행사한 것에 해당하므로 위조사문서행사죄가 성립한다고 한 사례(대판 2008.10.23. 2008도5200). [해설] 이미 문서가 위조된 것임을 전제로 하여 위조된 문서의 행사방법에 대하여 묻고 있는 판결이며 위조된 문서를 진정한 문서인 것처럼 사용하는 한 그 행사의 방법에 제한이 없다는 것이 대법원의 입장이므로 위조된 문서를 모사전송의 방법으로 제시하거나 컴퓨터에 연결된 스캐너(scanner)로 읽어 들여 이미지화한 다음 이를 전송하여 컴퓨터 화면상에서 보게 하는 경우도 행사에 해당하여 위조문서행사죄가 성립.

⑪ 형법상 문서에 관한 죄에 있어서 문서라 함은, 문자 또는 이에 대신할 수 있는 가독적 부호로 계속적으로 물체상에 기재된 의사 또는 관념의 표시인 원본 또는 이와 사회적 기능, 신용성 등을 같게 볼 수 있는 기계적 방법에 의한 복사본으로서 그 내용이 법률상, 사회생활상 주요 사항에 관한 증거로 될 수 있는 것을 말하므로, 원심이 컴퓨터 모니터 화면에 나타나는 이미지는 이미지 파일을 보기 위한 프로그램을 실행할 경우에 그때마다 전자적 반응을 일으켜 화면에 나타나는 것에 지나지 아니하여 형법상 문서에 관한 죄에 있어서의 '문서'에 해당하지 않는다고 본 것은 정당하다. 그러나 앞서 본 바와 같이 이 사건 제1사문서변조 및 행사의 점에 관한 공소사실은 "피고인이 사무실 전세계약서 원본을 스캐너로 복사하여 컴퓨터 화면에 띄운 후 그 보증금액란을 공란으로 만든 다음 이를 프린터로 출력하여 검정색 볼펜으로 보증금액을 '삼천만 원(30,000,000원)'으로 변조하고, 이와 같이 변조된 사무실전세계약서를 팩스로 송부하여 행사하였다."는 것이므로, 이 부분 공소사실에서 적시된 범죄사실은 '컴퓨터 모니터 화면상의 이미지'를 변조하고 이를 행사한 행위가 아니라 '프

린터로 출력된 문서'인 사무실전세계약서를 변조하고 이를 행사한 행위임을 알 수 있다(대판 2011.11.10. 2011도10468).

⑫ [1] 간접정범을 통한 위조문서행사범행에 있어 도구로 이용된 자라고 하더라고 문서가 위조된 것임을 알지 못하는 자에게 행사한 경우에는 위조문서행사죄가 성립한다. [2] <u>피고인이 위조·변조한 공문서의 이미지 파일을 甲 등에게 이메일로 송부하여 프린터로 출력하게 함으로써 '행사'하였다는 내용으로 기소되었는데, 甲 등은 출력 당시 위 파일이 위조된 것임을 알지 못한 사안에서, 피고인의 행위가 위조·변조공문서행사죄를 구성한다고 보아야 하는데도, 이와 달리 보아 무죄를 선고한 원심판결에 법리오해의 위법이 있다고 한 사례</u>(대판 2012.2.23. 2011도14441).

⑬ 통화에 관한 죄는 문서에 관한 죄에 대하여 특별관계에 있으므로 통화에 관한 죄가 성립하는 때에는 문서에 관한 죄는 별도로 성립하지 않는다. 그러나 위조된 외국의 화폐, 지폐 또는 은행권이 강제통용력을 가지지 않는 경우에는 형법 제207조 제3항에서 정한 '외국에서 통용하는 외국의 화폐 등'에 해당하지 않고, 나아가 그 화폐 등이 국내에서 사실상 거래 대가의 지급수단이 되고 있지 않는 경우에는 형법 제207조 제2항에서 정한 '내국에서 유통하는 외국의 화폐 등'에도 해당하지 않으므로, 그 화폐 등을 행사하더라도 형법 제207조 제4항에서 정한 위조통화행사죄를 구성하지 않는다고 할 것이고, 따라서 <u>이러한 경우에는 형법 제234조에서 정한 위조사문서행사죄 또는 위조사도화행사죄로 의율할 수 있다고 보아야 한다</u>(대판 2013.12.12. 2012도2249).

⑭ [1] 일반인으로 하여금 공무원 또는 공무소의 권한 내에서 작성된 문서라고 믿을 수 있는 형식과 외관을 구비한 문서를 작성하면 공문서위조죄가 성립하지만, <u>평균수준의 사리분별력을 갖는 사람이 조금만 주의를 기울여 살펴보면 공무원 또는 공무소의 권한 내에서 작성된 것이 아님을 쉽게 알아볼 수 있을 정도로 공문서로서의 형식과 외관을 갖추지 못한 경우에는 공문서위조죄가 성립하지 않는다</u>(대판 1992.5.26. 92도699 참조). [2] 한편, 형법상 문서에 관한 죄에 있어서 문서라 함은, 문자 또는 이에 대신할 수 있는 가독적 부호로 계속적으로 물체상에 기재된 의사 또는 관념의 표시인 원본 또는 이와 사회적 기능, 신용성 등을 동일시할 수 있는 기계적 방법에 의한 복사본으로서 그 내용이 법률상, 사회생활상 주요 사항에 관한 증거로 될 수 있는 것을 말하고(대판 2006.1.26. 2004도788 등 참조), 컴퓨터 모니터 화면에 나타나는 이미지는 이미지 파일을 보기 위한 프로그램을 실행할 경우에 그때마다 전자적 반응을 일켜 화면에 나타나는 것에 지나지 않아서 계속적으로 화면에 고정된 것으로는 볼 수 없으므로, 형법상 문서에 관한 죄에 있어서의 '문서'에는 해당되지 않는다(대판 2008.4.10. 2008도1013 참조). [3] 그리고 <u>위조문서행사죄에 있어서 행사라 함은 위조된 문서를 진정한 문서인 것처럼 그 문서의 효용방법에 따라 이를 사용하는 것을 말하고, 위조된 문서를 진정한 문서인 것처럼 사용하는 한 그 행사의 방법에 제한이 없으므로 위조된 문서를 스캐너 등을 통해 이미지화한 다음 이를 전송하여 컴퓨터 화면상에서 보게 하는 경우도 행사에 해당하지만</u>(대판 2008.10.23. 2008도5200 참조), 이는 <u>문서의 형태로 위조가 완성된 것을 전제로 하는 것이므로, 공문서로서의 형식과 외관을 갖춘 문서에 해당하지 않아 공문서위조죄가 성립하지 않는 경우에는 위조공문서행사죄도 성립할 수 없다</u>(대판 2020.12.24. 2019도8443). [해설] 피고인이 제주도 콘도 입주민들의 모임인 '한국녹지한라산소진 시설운영위원회' 직인을 행정기관에 등록한 것처럼 꾸미기 위하여 서귀포시 동홍동장이 발급한 개인 인감증명서에 위원회 직인 2개를 날인한 종이를 오려 붙이는 방법으로 인감증명서를 위조하고, 이를 메신저 단체대화방에 게재하는 방법으로 행사하였다고 기소된 사안에서, 원심은, 문서의 외관이 다소 조악한 것은 사실이지만, ① 피고인은 처음부터 문서를 사진 촬영하여 단체채팅방에 게재할 생각이었는데 사진 파일의 특

성상 문서의 하자를 알아채기 어렵고, ② 행사의 상대방이 대부분 중국인이어서 이를 진정한 공문서로 오인할 가능성이 크다는 이유로 공문서로서의 외관을 갖추었다고 하였음. 그러나 대법원은, 위 법리에 비추어 ① 피고인이 만든 종이 문서 자체를 ② 평균수준의 사리분별력을 갖춘 일반인이 보았을 때 진정한 문서로 오신할 만한지 여부를 판단해야 하는데, 피고인이 만든 문서가 그와 같은 외관과 형식을 갖추었다고 인정하기는 어렵고, 공문서위조죄가 성립한다고 보기 어려운 이상 이를 사진촬영 하여 메신저 단체대화방에 게재한 행위가 위조공문서행사죄에 해당한다고 할 수도 없으므로, 원심의 판단에는 공문서위조 판단의 기준에 관한 법리오해의 위법이 있다는 이유로 원심판결을 파기환송 한 사례.

판례　공문서부정행사죄의 객체가 아닌 공문서

① 주민등록표등본은 시장·군수 또는 구청장이 주민의 성명, 주소, 성별, 생년월일, 세대주와의 관계 등 주민등록법 소정의 주민등록사항이 기재된 개인별·세대별 주민등록표의 기재 내용 그대로를 인증하여 사본·교부하는 문서로서 그 사용권한자가 특정되어 있다고 할 수 없고, 또 용도도 다양하며, 반드시 본인이나 세대원만이 사용할 수 있는 것이 아니므로, <u>타인의 주민등록표등본을 그와 아무런 관련 없는 사람이 마치 자신의 것인 것처럼 행사하였다고 하더라도 공문서부정행사죄가 성립되지 아니한다</u>(대판 1999.5.14. 99도206).

② [1] 피고인은 2017. 4. 26. 01:15경 서울 (주소 생략) 소재 ○○스포츠센터 앞 도로에서 (차량번호 생략) K5 승용차를 운전하던 중 음주 및 무면허운전으로 적발되어 △△△△경찰서 소속 경위 공소외 1로부터 운전면허증의 제시를 요구받고, <u>피고인의 휴대전화에 저장된 공소외 2의 운전면허증을 촬영한 이미지파일을 마치 피고인의 운전면허증인 것처럼 제시하여 공문서를 부정하게 행사하였다.</u> [2] 공문서부정행사죄는 사용권한자와 용도가 특정되어 작성된 공문서 또는 공도화를 사용권한 없는 자가 사용권한이 있는 것처럼 가장하여 부정한 목적으로 행사하거나 또는 권한 있는 자라도 정당한 용법에 반하여 부정하게 행사하는 경우에 성립한다. 자동차 등의 운전자가 운전 중에 도로교통법 제92조 제2항에 따라 경찰공무원으로부터 운전면허증의 제시를 요구받은 경우 운전면허증의 특정된 용법에 따른 행사는 도로교통법 관계법령에 따라 발급된 운전면허증 자체를 제시하는 것이라고 보아야 한다. [3] 이 경우 자동차 등의 운전자가 경찰공무원에게 다른 사람의 운전면허증 자체가 아니라 이를 촬영한 이미지파일을 휴대전화 화면 등을 통하여 보여주는 행위는 운전면허증의 특정된 용법에 따른 행사라고 볼 수 없는 것이어서 그로 인하여 경찰공무원이 그릇된 신용을 형성할 위험이 있다고 할 수 없으므로, <u>이러한 행위는 결국 공문서부정행사죄를 구성하지 아니한다</u>(대판 2019.12.12. 2018도2560).

판례　권한 있는 자가 본래 용도 사용

- 선박법 제8조 제2항, 제10조, 선박법 시행규칙 제11조 제1항, 제12조, 선박안전법 제8조 제2항, 제17조 제1항, 제2항 등 관계 법령의 규정에 의하면, 선박국적증서는 한국 선박으로서 등록하는 때에 선박번호, 국제해사기구에서 부여한 선박식별번호, 호출부호, 선박의 종류, 명칭, 선적항 등을 수록하여 발급하는 문서이고, 선박검사증서는 선박정기검사 등에 합격한 선박에 대하여 항해구역·최대승선인원 및 만재흘수선의 위치 등을 수록하여 발급하는 문서이다. 위 각 문서는

당해 선박이 한국 선박임을 증명하고, 법률상 항행할 수 있는 자격이 있음을 증명하기 위하여 선박소유자에게 교부되어 사용되는 것이다. 따라서 <u>어떤 선박이 사고를 낸 것처럼 허위로 사고신고를 하면서 그 선박의 선박국적증서와 선박검사증서를 함께 제출하였다고 하더라도, 선박국적증서와 선박검사증서는 위 선박의 국적과 항행할 수 있는 자격을 증명하기 위한 용도로 사용된 것일 뿐 그 본래의 용도를 벗어나 행사된 것으로 보기는 어려우므로, 이와 같은 행위는 공문서부정행사죄에 해당하지 않는다</u>(대판 2009.2.26. 2008도10851).

판례 | 권한 없는 자가 본래 용도 사용

① <u>공문서부정행사죄는</u> 사용권한자와 용도가 특정되어 작성된 공문서 또는 공도화를 <u>사용권한 없는 자가 사용권한이 있는 것처럼 가장하여 부정한 목적으로 행사하거나 또는 권한 있는 자라도 정당한 용법에 반하여 부정하게 행사하는 경우에 성립</u>되는 것이다(대판 1998.8.21. 98도1701).

② 운전면허증은 운전면허를 받은 사람이 운전면허시험에 합격하여 자동차의 운전이 허락된 사람임을 증명하는 공문서로서, <u>운전면허증에 표시된 사람이 운전면허시험에 합격한 사람이라는 '자격증명'과 이를 지니고 있으면서 내보이는 사람이 바로 그 사람이라는 '동일인증명'의 기능</u>을 동시에 가지고 있다. 운전면허증의 앞면에는 운전면허를 받은 사람의 성명·주민등록번호·주소가 기재되고 사진이 첨부되며 뒷면에는 기재사항의 변경내용이 기재될 뿐만 아니라, 정기적으로 반드시 갱신교부되도록 하고 있어, 운전면허증은 운전면허를 받은 사람의 동일성 및 신분을 증명하기에 충분하고 그 기재 내용의 진실성도 담보되어 있다. 그럼에도 불구하고 운전면허증을 제시한 행위에 있어 동일인증명의 측면은 도외시하고, 그 사용목적이 자격증명으로만 한정되어 있다고 해석하는 것은 합리성이 없다. 인감증명법상 인감신고인 본인 확인, 공직선거및선거부정방지법상 선거인 본인 확인, 부동산등기법상 등기의무자 본인 확인 등 여러 법령에 의한 신분 확인 절차에서도 운전면허증은 신분증명서의 하나로 인정되고 있다. 또한 주민등록법 자체도 주민등록증이 원칙적인 신분증명서이지만, 주민등록증을 제시하지 아니한 사람에 대하여 신원을 증명하는 증표나 기타 방법에 의하여 신분을 확인하도록 규정하는 등으로 다른 문서의 신분증명서로서의 기능을 예상하고 있다. 한편 우리 사회에서 운전면허증을 발급받을 수 있는 연령의 사람들 중 절반 이상이 운전면허증을 가지고 있고, 특히 경제활동에 종사하는 사람들의 경우에는 그 비율이 훨씬 더 이를 앞지르고 있으며, 금융기관과의 거래에 있어서도 운전면허증에 의한 실명확인이 인정되고 있는 등 현실적으로 운전면허증은 주민등록증과 대등한 신분증명서로 널리 사용되고 있다. 따라서, <u>제3자로부터 신분확인을 위하여 신분증명서의 제시를 요구받고 다른 사람의 운전면허증을 제시한 행위는 그 사용목적에 따른 행사로서 공문서부정행사죄에 해당한다고 보는 것이 옳다</u>(대판 2001.4.19. 2000도1985 전원합의체).

③ [1] 형법 제236조 소정의 사문서부정행사죄는 사용권한자와 용도가 특정되어 작성된 권리의무 또는 사실증명에 관한 타인의 사문서 또는 사도화를 사용권한 없는 자가 사용권한이 있는 것처럼 가장하여 부정한 목적으로 행사하거나 또는 권한 있는 자라도 정당한 용법에 반하여 부정하게 행사하는 경우에 성립한다. [2] 실질적인 채권채무관계 없이 당사자 간의 합의로 작성한 '차용증 및 이행각서'는 그 작성명의인들이 자유의사로 작성한 문서로 그 사용권한자가 특정되어 있다고 할 수 없고 또 그 용도도 다양하므로, 설령

피고인이 그 작성명의인들의 의사에 의하지 아니하고 위 '차용증 및 이행각서'상의 채권이 실제로 존재하는 것처럼 그 지급을 구하는 민사소송을 제기하면서 소지하고 있던 위 '차용증 및 이행각서'를 법원에 제출하였다고 하더라도 그것이 <u>사문서부정행사죄에 해당하지 않는다고 본 사례</u>(대판 2007.3.30. 2007도629). [해설] 사문서부정행사죄의 성립요건인 부정행사의 판단기준을 제시한 판결.

판례 권한 없는 자가 다른 용도 사용

① [1] 사용권한자와 용도가 특정되어 있는 공문서를 사용권한 없는 자가 사용한 경우에도 그 공문서 본래의 용도에 따른 사용이 아닌 경우에는 형법 제230조의 공문서부정행사죄가 성립되지 아니한다. [2] <u>피고인이 기왕에 습득한 타인의 주민등록증을 피고인 가족의 것이라고 제시하면서 그 주민등록증상의 명의 또는 가명으로 이동전화 가입신청을 한 경우, 타인의 주민등록증을 본래의 사용용도인 신분확인용으로 사용한 것이라고 볼 수 없어 공문서부정행사죄가 성립하지 않는다고 한 사례</u>(대판 2003. 2.26. 2002도4935). [해설] 사용권한자와 용도가 특정되어 있는 공문서를 그 본래의 용도에 따라 사용하지 아니한 경우에는 공문서부정행사죄의 성립하지 않는다고 본 판결.

② [1] 형법 제230조의 공문서부정행사죄는 공문서의 사용에 대한 공공의 신용을 보호법익으로 하는 범죄로서 추상적 위험범이다. 형법 제230조는 본죄의 구성요건으로 단지 '공무원 또는 공무소의 문서 또는 도화를 부정행사한 자'라고만 규정하고 있어, 자칫 처벌범위가 지나치게 확대될 염려가 있으므로 본죄에 관한 범행의 주체, 객체 및 태양을 되도록 엄격하게 해석하여 처벌범위를 합리적인 범위 내로 제한하여야 한다. 사용권한자와 용도가 특정되어 있는 공문서를 사용권한 없는 자가 사용한 경우에도 그 공문서 본래의 용도에 따른 사용이 아닌 경우에는 공문서부정행사죄가 성립되지 아니한다. [2] 장애인복지법과 장애인등편의법의 규정과 관련 법리에 따르면, <u>장애인사용자동차표지는 장애인이 이용하는 자동차에 대한 조세감면 등 필요한 지원의 편의를 위하여 장애인이 사용하는 자동차를 대상으로 발급되는 것이고, 장애인전용주차구역 주차표지가 있는 장애인사용자동차표지는 보행상 장애가 있는 사람이 이용하는 자동차에 대한 지원의 편의를 위하여 발급되는 것이다. 따라서 장애인사용자동차표지를 사용할 권한이 없는 사람이 장애인전용주차구역에 주차하는 등 장애인사용자동차에 대한 지원을 받을 것으로 합리적으로 기대되는 상황이 아니라면 단순히 이를 자동차에 비치하였더라도 장애인사용자동차표지를 본래의 용도에 따라 사용했다고 볼 수 없어 공문서부정행사죄가 성립하지 않는다</u>(대판 2022.9.29. 2021도14514). [해설] 피고인이 실효된 '장애인전용주차구역 주차표지가 있는 장애인사용자동차표지'를 승용차에 계속 비치한 채 아파트 주차장 중 장애인전용주차구역이 아닌 장소에 승용차를 주차하여 공문서부정행사의 공소사실로 기소된 사안. 원심은 피고인이 장애인전용주차구역에 승용차를 주차하지 않았다고 하더라도 사용권한이 없는 장애인사용자동차표지를 승용차에 비치하여 마치 장애인이 사용하는 자동차인 것처럼 외부적으로 표시하였으므로 장애인사용자동차표지를 부정행사한 경우에 해당한다고 보아, 공문서부정행사죄의 성립을 인정하였음. 대법원은 위 법리에 따라, 피고인이 장애인사용자동차표지를 본래의 용도에 따라 사용한 것으로 볼 수 없으므로 공문서부정행사죄가 성립하지 않는다고 보아, 원심판결을 파기·환송하였음.

③ [1] 형법 제230조의 공문서부정행사죄는 공문서의 사용에 대한 공공의 신용을 보호법익으로 하는 범죄로서 추상적 위험범이다. 형법 제230조는 본죄의 구성요건으로 단지 '공무원 또는 공무소의 문서 또는 도화를 부정행사한 자'라고만 규정하고 있어, 자칫 처벌범위가 지나치게 확대될 염려가 있으므로 본죄에 관한 범행의 주체, 객체 및 태양을 되도록 엄격하게 해석하여 처벌

범위를 합리적인 범위 내로 제한하여야 한다. 사용권한자와 용도가 특정되어 있는 공문서를 사용권한 없는 자가 사용한 경우에도 그 공문서의 본래 용도에 따른 사용이 아닌 경우에는 공문서부정행사죄가 성립되지 아니한다. [2] 국가유공자증의 본래 용도는 제시인이 국가유공자법에 따라 등록된 국가유공자로서 관련 혜택을 받을 수 있는 자격이 있음을 증명하는 것이고, 신분의 동일성을 증명하는 것이 아니므로 공문서부정행사죄가 성립하지 않는다고 판단한 원심의 판단에 공문서부정행사죄의 성립에 관한 법리를 오해한 잘못이 없다(대판 2022.10.14. 2020도13344). [해설] 피고인이 조세범처벌법위반 사건으로 지방세무서 조사과에서 조사를 받으면서 다른 사람인 것처럼 행세하기 위하여 범칙혐의자 심문조서의 진술인란에 다른 사람 명의로 서명하여 이를 조사관에게 제시하고, 다른 사람 명의 국가유공자증을 조사관에게 제시한 행위에 대하여, 사서명위조 및 동행사, 공문서부정행사죄로 기소된 사안. 제1심은 사서명위조 및 동행사죄는 각 유죄로 인정하면서, 공문서부정행사의 점에 대해서는 국가유공자증을 신분확인용으로 제시한 행위는 국가유공자증의 본래 용도 따른 사용이 아니라는 이유로 무죄로 판단하였고, 원심은 이러한 제1심판결을 그대로 유지하였음. 대법원은 위와 같은 법리에 따라 피고인이 국가유공자증을 본래의 용도에 따라 사용한 것으로 볼 수 없다고 판단한 원심판결을 수긍하고, 검사의 상고를 기각하였음.

판례 사전자기록 위작·변작죄

① [1] 형법 제232조의2의 사전자기록위작·변작죄에서 말하는 권리의무 또는 사실증명에 관한 타인의 전자기록 등 특수매체기록이라 함은 일정한 저장매체에 전자방식이나 자기방식에 의하여 저장된 기록을 의미한다고 할 것인데, 비록 컴퓨터의 기억장치 중 하나인 램(RAM, Random Access Memory)이 임시기억장치 또는 임시저장매체이기는 하지만, 형법이 전자기록위·변작죄를 문서위·변조죄와 따로 처벌하고자 한 입법취지, 저장매체에 따라 생기는 그 매체와 저장된 전자기록 사이의 결합강도와 각 매체별 전자기록의 지속성의 상대적 차이, 전자기록의 계속성과 증명적 기능과의 관계, 본죄의 보호법익과 그 침해행위의 태양 및 가벌성 등에 비추어 볼 때, 위 램에 올려진 전자기록 역시 사전자기록위작·변작죄에서 말하는 전자기록 등 특수매체기록에 해당한다. [2] 램에 올려진 전자기록은 원본파일과 불가분적인 것으로 원본파일의 개념적 연장선상에 있는 것이므로, 비록 원본파일의 변경까지 초래하지는 아니하였더라도 이러한 전자기록에 허구의 내용을 권한 없이 수정입력한 것은 그 자체로 그러한 사전자기록을 변작한 행위의 구성요건에 해당된다고 보아야 할 것이며 그러한 수정입력의 시점에서 사전자기록변작죄의 기수에 이르렀다고 한 사례(대판 2003.10.9. 2000도4993). [해설] 컴퓨터의 기억장치 중 하나인 램(RAM, Random Access Memory)에 올려진 전자기록은 사전자기록위작·변작죄에서 말하는 전자기록 등 특수매체기록에 해당하며, 이에 허구의 내용을 권한 없이 수정입력한 것은 그 자체로 사전자기록을 변작한 행위의 구성요건에 해당된다고 본 판결.

② 형법 제232조의2는 "사무처리를 그르치게 할 목적으로 권리·의무 또는 사실증명에 관한 타인의 전자기록 등 특수매체기록을 위작 또는 변작한 자는 5년 이하의 징역 또는 1천만 원 이하의 벌금에 처한다."고 규정하고 있는데, 여기에서 전자기록은 그 자체로서 객관적·고정적 의미를 가지면서 독립적으로 쓰이는 것이 아니라 개인 또는 법인이 전자적 방식에 의한 정보의 생성·처리·저장·출력을 목적으로 구축하여 설치·운영하는 시스템에서 쓰임으로써 예정된 증명적 기능을 수행하는 것이므로, "사무처리를 그르치게 할 목적"이란 위작 또는 변작된 전자기록이 사용됨으

로써 위와 같은 시스템을 설치·운영하는 주체의 사무처리를 잘못되게 하는 것을 말한다(대판 2005.6.9. 2004도6132 등 참조). (중략) 그러나 위 법리에 비추어 보면 피고인이 위 카페에 접속하여 위와 같은 전자기록을 위작한 행위를 사전자기록위작죄로 의율하기 위해서는 피고인에게 위 카페 또는 위 사이트의 설치·운영 주체의 사무처리를 그르치게 할 목적이 있어야 할 것인바, 이 사건 공소사실에는 피고인이 위 원로회의의 사무를 그르치게 할 목적으로 그와 같은 행위를 하였다고만 기재되어 있을 뿐이다. 또한, 기록에 의하면 피고인이 위 카페의 설치·운영 주체인 공소외인으로부터 위 카페에 글을 게시할 수 있는 권한을 부여받아 피고인의 아이디인 "(아이디 생략)"로 위 공소 내용과 같은 전자기록을 작성하여 게시하였고 위 카페는 공소외인 등 위 입주자대표회의에 반대하는 일부 주민들에 의하여 개설된 것이라는 사실, 피고인이 위작하였다는 이 사건 전자기록은 그 내용이 중립적인 입장을 천명한 위 원로회의가 마치 위 입주자대표회의에 반대하는 입장에 있는 듯하게 보일 수 있는 것이라는 사실을 알 수 있는바, 사정이 그러하다면 당시 피고인이 비록 위 카페에 허위내용의 전자기록을 작성하여 게시하였다고 하여 그러한 점만으로 피고인에게 위 카페나 위 사이트의 설치·운영 주체의 사무처리를 그르치게 할 목적이 있었다고 단정하기도 어렵다고 할 것이다. 그렇다면 <u>피고인에게 위 카페 또는 위 사이트의 설치·운영 주체의 사무처리를 그르치게 할 목적이 있었음을 인정하기 어려운 이상 피고인에게 사전자기록위작죄 및 위작사전자기록행사죄의 죄책을 물을 수 없음</u>에도 원심이 이 사건 공소사실을 유죄로 인정한 것은 사전자기록위작죄 및 위작사전자기록행사죄에 관한 법리를 오해함으로써 판결에 영향을 미친 위법이 있다. 이 점을 지적하는 상고이유는 이유 있다(대판 2008.4.24. 2008도294).

③ 새마을금고의 예금 및 입·출금 업무를 총괄하는 직원이 전 이사장 명의 예금계좌로 상조금이 입금되자 전 이사장에 대한 금고의 채권확보를 위해 내부 결재를 받아 금고의 예금 관련 컴퓨터 프로그램에 접속하여 전 이사장 명의 예금계좌의 비밀번호를 동의 없이 입력한 후 위 금원을 위 금고의 가수금계정으로 이체한 사안에서, <u>위 금고의 내부규정이나 여신거래기본약관의 규정에 비추어 이는 위 금고의 업무에 부합하는 행위로서 피해자의 비밀번호를 임의로 사용한 잘못이 있다고 하더라도 사전자기록위작·변작죄의 '사무처리를 그르치게 할 목적'을 인정할 수 없다</u>고 한 사례(대판 2008.6.12. 2008도938).

판례 공전자기록 위작·변작죄

① [1] 형법 제227조의2에서 위작의 객체로 규정한 전자기록은, 그 자체로는 물적 실체를 가진 것이 아니어서 별도의 표시·출력장치를 통하지 아니하고는 보거나 읽을 수 없고, 그 생성 과정에 여러 사람의 의사나 행위가 개재됨은 물론 추가 입력한 정보가 프로그램에 의하여 자동으로 기존의 정보와 결합하여 새로운 전자기록을 작출하는 경우도 적지 않으며, 그 이용 과정을 보아도 그 자체로서 객관적·고정적 의미를 가지면서 독립적으로 쓰이는 것이 아니라 개인 또는 법인이 전자적 방식에 의한 정보의 생성·처리·저장·출력을 목적으로 구축하여 설치·운영하는 시스템에서 쓰임으로써 예정된 증명적 기능을 수행하는 것이므로, 위와 같은 시스템을 설치·운영하는 주체와의 관계에서 전자기록의 생성에 관여할 권한이 없는 사람이 전자기록을 작출하거나 전자기록의 생성에 필요한 단위 정보의 입력을 하는 경우는 물론 <u>시스템의 설치·운영 주체로부터 각자</u>

의 직무 범위에서 개개의 단위정보의 입력 권한을 부여받은 사람이 그 권한을 남용하여 허위의 정보를 입력함으로써 시스템 설치·운영 주체의 의사에 반하는 전자기록을 생성하는 경우도 형법 제227조의2에서 말하는 전자기록의 '위작'에 포함된다. [2] 경찰관이 고소사건을 처리하지 아니하였음에도 경찰범죄정보시스템에 그 사건을 검찰에 송치한 것으로 허위사실을 입력한 행위가 공전자기록위작죄에서 말하는 위작에 해당한다고 한 사례(대판 2005.6.9. 2004도6132).

② [1] 형법 제227조의2에서 정하는 전자기록의 '위작'이란 전자기록에 관한 시스템을 설치·운영하는 주체와의 관계에서 전자기록의 생성에 관여할 권한이 없는 사람이 전자기록을 작출하거나 전자기록의 생성에 필요한 단위 정보의 입력을 하는 경우는 물론이고, 시스템의 설치·운영 주체로부터 각자의 직무 범위에서 개개의 단위 정보의 입력 권한을 부여받은 사람이 그 권한을 남용하여 허위의 정보를 입력함으로써 시스템 설치·운영 주체의 의사에 반하는 전자기록을 생성하는 경우도 포함한다. 이 때 '허위의 정보'라 함은 진실에 반하는 내용을 의미하는 것으로서, 관계 법령에 의하여 요구되는 자격을 갖추지 못하였음에도 불구하고 고의로 이를 갖춘 것처럼 단위 정보를 입력하였다고 하더라도 그 전제 또는 관련된 사실관계에 대한 내용에 거짓이 없다면 허위의 정보를 입력하였다고 볼 수 없다. [2] 자동차등록 담당공무원인 피고인이 여객자동차 운수사업법상 차량충당연한 규정에 위배되어 영업용으로 변경 및 이전등록을 할 수 없는 차량인 것을 알면서 자동차등록정보 처리시스템의 자동차등록원부 용도란에 '영업용'이라고 입력하였으나, 변경 및 이전등록에 관한 구체적 등록내용인 최초등록일 등은 사실대로 입력한 사안에서, 자동차등록원부상 '영업용으로의 용도변경 및 이전'에 관한 등록정보가 확인·공시하는 내용에 자동차가 영업용으로 용도변경되어 이전되었다는 사실 외에 변경 및 이전등록에 필요한 법령상 자격의 구비 사실까지 포함한다고 볼 법적인 근거가 없고, 최초등록일 등 등록과 관련된 사실관계에 대한 내용에 거짓이 있다고 볼 수 없는 이상, 위 행위가 공전자기록등위작죄의 '위작'에 해당한다고 할 수 없는데도, 이와 달리 본 원심판단에 법리오해의 위법이 있다고 한 사례. [3] 형법 제228조 제1항이 규정하는 공전자기록등부실기재죄는 공무원에게 허위의 신고를 하여 공전자기록에 부실의 사실을 기록하게 함으로써 성립하고, '허위의 신고'란 진실에 반하는 사실을 신고하는 것을 말한다(대판 2011.5.13. 2011도1415).

③ [1] 형법 제227조의2(공전자기록위작·변작)는 "사무처리를 그르치게 할 목적으로 공무원 또는 공무소의 전자기록 등 특수매체기록을 위작 또는 변작한 자는 10년 이하의 징역에 처한다."라고 규정하고 있다. 여기에서 '공무원'이란 원칙적으로 법령에 의해 공무원의 지위를 가지는 자를 말하고, '공무소'란 공무원이 직무를 행하는 관청 또는 기관을 말하며, '공무원 또는 공무소의 전자기록'은 공무원 또는 공무소가 그 직무상 작성할 권한을 가지는 전자기록을 말한다. 따라서 그 행위주체가 공무원 또는 공무소가 아닌 경우에는 형법 또는 특별법에 의하여 공무원 등으로 의제되는 경우를 제외하고는 계약 등에 의하여 공무와 관련되는 업무를 일부 대행하는 경우가 있더라도 공무원 또는 공무소가 될 수 없다. [2] 한국환경공단은 한국환경공단법에 의해 설립된 법인으로서, 그 임직원은 공무원이 아니고 단지 같은 법 제11조, 건설폐기물의 재활용촉진에 관한 법률 제61조, 폐기물관리법 제62조의2 등에 의하여 형법 제129조부터 제132조까지의 규정을 적용할 때 공무원으로 의제될 뿐이며, 한국환경공단 임직원을 공전자기록등위작죄에서 공전자기록 작성권한자인 공무원으로 의제하거나 한국환경공단이 작성하는 전자기록을 공전자기록으로 의제하는 취지의 명문규정은 없다. [3] 이러한 관련 법령을 앞서 본 법리에 비추어 살펴보면, 한국환경공단이 환경부장관의 위탁을 받아 건설폐기물 인계·인수에 관한 내용 등의 전산처리를 위한 전자정보처리프로그램인 올바로시스템을 구축·운영하고 있다고 하더라도, 그

업무를 수행하는 한국환경공단 임직원을 공전자기록의 작성권한자인 공무원으로 보거나 한국환경공단을 공무소로 볼 수는 없다. 그리고 한국환경공단법 등이 한국환경공단 임직원을 형법 제129조 내지 제132조의 적용에 있어 공무원으로 본다고 규정한다고 하여 그들 또는 그들이 직무를 행하는 한국환경공단을 형법 제227조의2에 정한 공무원 또는 공무소에 해당한다고 보는 것은 형벌법규를 피고인에게 불리하게 확장해석하거나 유추해석하는 것이어서 죄형법정주의 원칙에 반한다. 이는 한국환경공단 또는 그 임직원이 환경부장관으로부터 위탁받은 업무와 관련하여 직무상 작성한 문서를 공문서로 볼 수 없는 것과 마찬가지이다. [4] <u>한국환경공단법에 의하여 설립된 한국환경공단의 임직원은 공무원이 아니라 단지 관련 법령에 의하여 형법 제129조(수뢰, 사전수뢰)부터 제132조(알선수뢰)까지의 규정을 적용할 때 공무원으로 의제될 뿐이어서 한국환경공단은 형법 제227조의2에서 규정한 '공무원 또는 공무소'에 해당하지 않는다는 이유로, 한국환경공단이 설치·운영하는 폐기물 전자정보처리프로그램인 '올바로시스템'이 '공무원 또는 공무소의 전자기록'에 해당하지 않는다고 판단한 사례</u>(대판 2020.3.12. 2016도19170).

④ [1] <u>법인이 컴퓨터 등 정보처리장치를 이용하여 전자적 방식에 의한 정보의 생성·처리·저장·출력을 목적으로 전산망 시스템을 구축하여 설치·운영하는 경우 위 시스템을 설치·운영하는 주체는 법인이고, 법인의 임직원은 법인으로부터 정보의 생성·처리·저장·출력의 권한을 위임받아 그 업무를 실행하는 사람에 불과하다. 따라서 법인이 설치·운영하는 전산망 시스템에 제공되어 정보의 생성·처리·저장·출력이 이루어지는 전자기록 등 특수매체기록은 그 법인의 임직원과의 관계에서 '타인'의 전자기록 등 특수매체기록에 해당한다.</u> [2] 형법 제227조의2의 공전자기록등위작죄는 사무처리를 그르치게 할 목적으로 공무원 또는 공무소의 전자기록 등 특수매체기록을 위작 또는 변작한 경우에 성립한다. 대법원은, 형법 제227조의2에서 위작의 객체로 규정한 전자기록은 그 자체로는 물적 실체를 가진 것이 아니어서 별도의 표시·출력장치를 통하지 아니하고는 보거나 읽을 수 없고, 그 생성 과정에 여러 사람의 의사나 행위가 개재됨은 물론 추가 입력한 정보가 프로그램에 의하여 자동으로 기존의 정보와 결합하여 새로운 전자기록을 작출하는 경우도 적지 않으며, 그 이용 과정을 보아도 그 자체로서 객관적·고정적 의미를 가지면서 독립적으로 쓰이는 것이 아니라 개인 또는 법인이 전자적 방식에 의한 정보의 생성·처리·저장·출력을 목적으로 구축하여 설치·운영하는 시스템에서 쓰임으로써 예정된 증명적 기능을 수행하는 것이므로, <u>위와 같은 시스템을 설치·운영하는 주체와의 관계에서 전자기록의 생성에 관여할 권한이 없는 사람이 전자기록을 작출하거나 전자기록의 생성에 필요한 단위정보의 입력을 하는 경우는 물론 시스템의 설치·운영 주체로부터 각자의 직무 범위에서 개개의 단위정보의 입력 권한을 부여받은 사람이 그 권한을 남용하여 허위의 정보를 입력함으로써 시스템 설치·운영 주체의 의사에 반하는 전자기록을 생성하는 경우도 형법 제227조의2에서 말하는 전자기록의 '위작'에 포함된다고 판시하였다</u>(대판 2005.6.9. 2004도6132). <u>위 법리는 형법 제232조의2의 사전자기록등위작죄에서 행위의 태양으로 규정한 '위작'에 대해서도 마찬가지로 적용된다</u>(대판 2016.11.10. 2016도6299). 이와 같은 위작에 관한 대법원의 법리는 타당하므로 이 사건에서도 적용할 수 있다(대판 2020.8.27. 2019도11294 전원합의체). [해설] 코미드라는 상호로 인터넷 가상화폐 거래소를 운영하는 주식회사 코미드의 대표이사 내지 사내이사인 피고인들이 가상화폐 거래시스템상 차명계정에 허위의 원화 포인트 및 가상화폐 포인트를 입력하고, 이를 위 거래시스템상 표시하게 한 것은 사전자기록등위작죄 및 위작사전자기록등행사죄에 해당한다고 보아, 이를 유죄로 판단한 원심판결을 수긍한 사례. 이러한 다수의견에 대하여 피고인들에 대한 사전자기록등위작 및 위작사전자기록등행사 부분에 관한 대법관 이기택, 대법관 김재형, 대법관 박정화, 대법관 안철상, 대법관 노태악의 반대의견이 있음.

 **제4절 | 인장에 관한 죄**

I. 서론

1. 의의와 본질

인장에 관한 죄란 행사할 목적으로 인장·서명·기명 또는 기호를 위조 또는 부정사용하거나, 위조 또는 부정사용한 인장·서명 등을 행사하는 것을 내용으로 하는 범죄를 말한다. 인장에 관한 죄의 보호법익은 인장·서명 등의 진정에 대한 공공의 신용, 즉 인장의 사회생활에 있어서의 거래상의 신용과 안전이다. 형법은 인장에 관한 죄에 대하여 인장위조죄와 행사죄를 규정하고 있다. 사인위조죄(제239조 제1항)와 위조사인행사죄(제239조 제2항)가 기본적 구성요건이며, 공인위조죄(제238조 제1항)와 위조공인행사죄(제238조 제2항)는 이에 대한 가중적 구성요건이다. 인장에 관한 형법의 규정은 성립의 진정만을 보호하고 내용의 진실은 문제삼지 않는다.

2. 인장·서명·기명·기호

본죄의 객체는 인장·서명·기명 또는 기호이다.

(1) 인장

인장이란 특정인의 인격과 그 동일성을 증명하기 위하여 사용하는 상징을 의미한다. 상형으로는 반드시 성명임을 요하지 않으며, 문자임을 필요로 하는 것도 아니다. 인장에는 인영과 인과가 포함된다(통설).

(2) 서명·기명

서명이란 특정인이 자기를 표시하는 문자를 말한다. 성명을 표시하는 것이 보통이나, 성 또는 명을 표시하거나 상호·약호 또는 아호를 표시하는 경우도 포함한다. 다만 서명은 자서에 한한다. 기명이란 특정인의 주체를 표시하는 문자로서 자서가 아닌 것을 말한다.

(3) 기호

기호란 물건에 압날하여 그 동일성을 증명하는 점에서 인장의 일종이나, 인장이 인격의 동일성을 증명하는 것임에 대하여 기호는 기타의 사항을 증명함을 목적으로 한다는 점에서 구별된다.

3. 구성요건의 체계

형법	기본적 구성요건	사인위조죄(제239조 제1항), 위조사인행사죄(제239조 제2항)
	가중적 구성요건	공인위조죄(제238조 제1항), 위조공인행사죄(제238조 제2항)
	미수범 처벌	인장에 대한 모든 죄(제240조)

Ⅱ. 사인 등 위조·행사죄

1. 사인위조·부정사용죄

> **제239조(사인등의 위조, 부정사용)**
> ① 행사할 목적으로 타인의 인장, 서명, 기명 또는 기호를 위조 또는 부정사용한 자는 3년 이하의 징역에 처한다.
>
> **제240조(미수범)**
> 본장의 미수범은 처벌한다.

행사할 목적으로 타인의 인장·서명·기명 또는 기호를 위조 또는 부정사용함으로써 성립한다(제239조 제1항).

(1) 행위의 객체

행위의 객체는 타인의 인장·서명·기명 또는 기호로서, 적어도 사실증명에 관한 것임을 요한다.

(2) 행위

위조 또는 부정사용하는 것이다.

1) **위조** : 위조란 권한 없이 타인의 인장·서명·기명 또는 기호를 작성 내지 기재하여 일반으로 하여금 명의인의 진정한 인장·서명·기명 또는 기호로 오신케 하는 것을 말한다. 대리권 또는 대표권을 가진 자가 그 권한 이외의 무권대리행위로 서명·날인하는 경우도 포함하며, 명의인이 실재할 것도 요하지 않는다.

2) **부정사용** : 부정사용이라 함은 인장 등을 권한 없는 자가 사용하거나 권한 있는 자가 그 권한을 남용하여 부당하게 사용하는 것을 말한다.

(3) 주관적 구성요건

고의 이외에 행사의 목적이 있어야 한다.

2. 위조사인 등 행사죄

> **제239조(사인등의 위조, 부정사용)**
> ② 위조 또는 부정사용한 타인의 인장, 서명, 기명 또는 기호를 행사한 때에도 전항의 형과 같다.
>
> **제240조(미수범)**
> 본장의 미수범은 처벌한다.

위조 또는 부정사용한 타인의 인장·서명·기명 또는 기호를 행사함으로써 성립하는 범죄이다(제239조 제2항). 여기서 행사란 위조된 인장을 진정한 것처럼 용법에 따라 사용하는 것을 말한다.

III. 공인위조·행사죄

1. 공인 등 위조·부정사용죄

> **제238조(공인 등의 위조, 부정사용)**
> ① 행사할 목적으로 공무원 또는 공무소의 인장, 서명, 기명 또는 기호를 위조 또는 부정사용한 자는 5년 이하의 징역에 처한다.
> ③ 전 2항의 경우에는 7년 이하의 자격정지를 병과할 수 있다.
>
> **제240조(미수범)**
> 본장의 미수범은 처벌한다.

행사할 목적으로 공무원 또는 공무소의 인장·서명·기명 또는 기호를 위조 또는 부정사용함으로써 성립하는 범죄이다(제238조 제1항). 공무원의 인장이란 공무원이 공무상 사용하는 모든 인장을 말하고, 공무소의 인장이란 공무소가 그 사무에 관하여 문서에 사용하는 인장을 말하며, 청인 또는 서인 등이 여기에 포함된다.

2. 위조공인 등 행사죄

> **제238조(공인 등의 위조, 부정사용)**
> ② 위조 또는 부정사용한 공무원 또는 공무소의 인장, 서명, 기명 또는 기호를 행사한 자도 전항의 형과 같다.
>
> **제240조(미수범)**
> 본장의 미수범은 처벌한다.

위조 또는 부정사용한 공무원 또는 공무소의 인장·서명·기명 또는 기호를 행사함으로써 성립하는 범죄이다(제238조 제2항).

 **판례** 사인위조죄

① 이미 사망한 사람 명의의 문서를 위조하거나 이를 행사하더라도 사문서위조나 동행사죄는 성립하지 않는다는 문서위조죄의 법리에 비추어 이와 죄질을 같이하는 인장위조죄의 경우에도 사망자 명의의 인장을 위조, 행사하는 소위는 사인위조 및 동행사죄가 성립하지 않는다고 해석함이 상당하다(대판 1984.2.28. 82도2064). [해설] 대판 2005.2.24. 2002도18 전원합의체 판결에 따르면, 명의인이 실재할 것을 요구하던 기존의 태도에서 허무인·사망자 명의의 문서를 위조한 경우에도 그러한 문서 역시 공공의 신용을 해할 위험성이 있으므로 문서위조죄가 성립한다고 봄이 상당하며, 이는 공문서뿐만 아니라 사문서의 경우에도 마찬가지라고 판시하였으므로, 사인위조죄의 경우에도 판례변경이 이루어질 것으로 전망됨.

② 형법 제239조 제2항의 위조인장행사죄에 있어서 행사라 함은 위조된 인장을 진정한 것처럼 용법에 따라 사용하는 행위를 말한다 할 것이므로 위조된 인영을 타인에게 열람할 수 있는 상태에 두든지, 인과의 경우에는 날인하여 일반인이 열람할 수 있는 상태에 두면 그것으로 행사가 되는 것이고, 위조된 인과 그 자체를 타인에게 교부한 것만으로는 위조인장행사죄를 구성한다고 할 수 없다(대판 1984.2.28. 84도90). [해설] 임의로 파거나 위조한 도장(인과)을 다른 사람에게 주는 것만으로는 위조인장행사죄가 성립하지 않는다고 본 판례.

③ 형법 제239조 제1항 소정의 인장위조죄는 그 명의인의 의사에 반하여 위법하게 행사할 목적이 인정되어야 하며, 타인의 인장을 조각할 당시에는 미처 그 명의인의 승낙을 얻지 아니하였다고 하더라도 인장을 조각하여 그 명의인의 승낙을 얻어 그 명의인의 문서를 작성하는 데 사용할 의도로 인장을 조각하였으나 그 명의인의 승낙을 얻지 못하여 이를 사용하지 아니하고 명의인에게 돌려 주었다면, 특별한 사정이 없는 한 행사의 목적이 있었다고 인정할 수 없다(대판 1992.10.27. 92도1578). [해설] 명의인의 승낙을 얻어 명의인의 문서를 작성하는 데 사용할 의도로 인장을 조각하였으나 승낙을 얻지 못하여 이를 사용하지 않고 명의인에게 돌려 준 경우 인장위조죄의 성립에 필요한 '행사할 목적'을 인정할 수 없어 인장위조죄가 성립하지 않는다고 본 사례.

④ 피고인이 음주운전 등으로 경찰서에서 조사를 받으면서 제3자로 행세하여 피의자신문조서의 진술자란에 제3자의 서명을 기재하였으나 그 이후 피고인의 간인이나 조사 경찰관의 서명날인 등이 완료되기 전에 그 서명위조 사실이 발각되었다고 하더라도 사서명위조죄 및 그 행사죄가 성립한다고 한 사례(대판 2005.12.23. 2005도4478).

⑤ 아파트 주민대표회 간부들이, 동대표로 당선된 공소외 뿌이 사실은 대학을 졸업하지 않았음이 사립대학 교무처장 명의로 된 학력조회 회보서를 통해 확인되자, 뿌의 허위학력 사실을 아파트 주민들에게 공고문 형식으로 알리면서 그 공고문의 신뢰성 제고를 위해 공고문 안에 대학 교무처장 명의의 직인을 함께 나타내어 사(私)인장인 위 직인을 위조하였다는 공소사실에 대하여, 위 직인을 대학 교무처장의 정당한 인장인 것처럼 가장하기 위해서 현출하였다거나 위 직인을 위조하여 행사할 의사가 있었다고 볼 수는 없다고 판단한 원심판결에 사인위조죄의 성립 요건에 관한 법리오해의 위법이 있다고 한 사례(대판 2010.1.14. 2009도5929).

⑥ [1] 사서명 등 위조죄가 성립하기 위하여는 그 서명 등이 일반인으로 하여금 특정인의 진정한 서명 등으로 오신하게 할 정도에 이르러야 할 것이고, 일반인이 특정인의 진정한 서명 등으로 오신하기에 충분한 정도인지 여부는 그 서명 등의 형식과 외관, 작성경위 등을 고려하여야 할 뿐만 아니라 그 서명 등이 기재된 문서에 있어서의 서명 등 기재의 필요성, 그 문서의 작성경위, 종류, 내용 및 일반거래에 있어서 그 문서가 가지는 기능 등도 함께 고려하여 판단하여야 할 것이다. 한편 어떤 문서에 권한 없는 자가 타인의 서명 등을 기재하는 경우에는 그 문서가 완성되기 전이라도 일반인으로서는 그 문서에 기재된 타인의 서명 등을 그 명의인의 진정한 서명 등으로 오신할 수도 있으므로, 일단 서명 등이 완성된 이상 문서가 완성되지 아니한 경우에도 서명 등의 위조죄는 성립한다. [2] 피고인이 타인 행세를 하며 피의자로서 조사를 받은 다음 경찰관에 의하여 작성된 피의자신문조서의 말미에 타인의 서명 및 무인을 하고, 타인의 이름이 기재된 수사과정확인서에 무인을 한 사안에서, 피고인에게 사서명 등 위조죄 및 위조사서명 등 행사죄의 유죄를 인정한 원심판단을 수긍한 사례(대판 2011.3.10. 2011도503). [해설] 완성되지 않은 문서에 권한 없는 자가 타인의 서명 등을 기재한 경우, 그 문서 완성과 상관없이 일단 서명 등이 완성된 이상 문서가 완성되지 아니한 경우에도 서명 등의 위조죄는 성립한다는 사례.

⑦ 형법 제239조 제1항의 사인위조죄는 그 명의인의 의사에 반하여 위법하게 행사할 목적으로 권한 없이 타인의 인장을 위조한 경우에 성립하므로, 타인의 인장을 조각할 당시에 그 명의자로부터 명시적이거나 묵시적인 승낙 내지 위임을 받았다면 인장위조죄가 성립하지 않는다고 할 것이다(대판 2014. 9.26. 2014도9213). [해설] 타인의 인장을 조각할 당시에 그 명의자로부터 명시적이거나 묵시적인 승낙

내지 위임을 받았다면 인장위조죄가 성립하지 않는다고 본 판결.

⑧ 사서명(私署名) 등 위조죄가 성립하려면 서명 등이 일반인으로 하여금 특정인의 진정한 서명 등으로 오신하게 할 정도에 이르러야 하고, 일반인이 특정인의 진정한 서명 등으로 오신하기에 충분한 정도인지 여부는 <u>서명 등의 형식과 외관, 작성 경위뿐만 아니라 서명 등이 기재된 문서에 서명 등을 할 필요성, 문서의 작성 경위, 종류, 내용 그리고 일반거래에서 문서가 가지는 기능 등도 함께 고려하여 판단하여야 한다</u>(대판 2005.12.23. 2005도4478 참조)(대판 2020.12.30. 2020도14045). [해설] 피고인이 음주운전으로 단속되자 동생의 이름을 대며 조사를 받다가 휴대용정보단말기(PDA)에 표시된 음주운전단속결과통보 중 운전자의 서명란에 동생의 이름 대신 의미를 알 수 없는 부호를 기재한 행위는 동생의 서명을 위조한 것에 해당한다는 이유로 원심판결을 수긍한 사례.

판례 공기호위조죄

① 담뱃갑의 표면에 그 담배의 제조회사와 담배의 종류를 구별·확인할 수 있는 특유의 도안이 표시되어 있는 경우에는 일반적으로 그 담뱃갑의 도안을 기초로 특정 제조회사가 제조한 특정한 종류의 담배인지 여부를 판단하게 된다는 점에 비추어서도 <u>그 담뱃갑은 적어도 그 담뱃갑 안에 들어 있는 담배가 특정 제조회사가 제조한 특정한 종류의 담배라는 사실을 증명하는 기능을 하고 있으므로, 그러한 담뱃갑은 문서 등 위조의 대상인 도화에 해당한다</u>(대판 2010.7.29. 2010도2705).

② 형법 제238조 제1항에 의하면 행사할 목적으로 공기호인 자동차등록번호판을 위조한 경우에 공기호위조죄가 성립하고, 여기서 '행사할 목적'이란 위조한 자동차등록번호판을 마치 진정한 것처럼 그 용법에 따라 사용할 목적을 말한다. 또한 '위조한 자동차등록번호판을 그 용법에 따라 사용할 목적'이란 위조한 자동차등록번호판을 자동차에 부착하여 운행함으로써 일반인으로 하여금 자동차의 동일성에 관한 오인을 불러일으킬 수 있도록 하는 것을 말한다. <u>피고인이 등록번호판을 위조한 방법은 다른 차량의 정상적인 등록번호판을 떼어 내 그 위에 흰색 페인트를 칠한 다음 검은색 페인트로 '차량번호 1 생략'이라고 기재한 것으로 정교한 수준에 이르지 못하였더라도 실제 자동차등록번호판과 모양, 크기, 글자의 배열 등이 유사하여 일반인으로 하여금 진정한 번호판으로 오신하게 할 염려가 있다고 보인다. 이러한 사실관계와 사정들을 앞서 본 법리에 비추어 살펴보면, 피고인은 위조한 자동차등록번호판을 이 사건 화물차량에 부착하여 이 사건 화물차량을 피고인이 운영하는 작업장에서 다른 장소로 이동시키거나 이 사건 화물차량의 실제 소유자인 공소외인이 이를 인수받아 그 용법에 따라 사용하는 것을 전제로 자동차등록번호판을 부착하지 않아 발생할지 모르는 문제를 사전에 예방하기 위하여 이 사건 공소사실과 같이 자동차등록번호판을 위조한 것으로서 행사할 목적으로 공기호인 자동차등록번호판을 위조하였다고 볼 여지가 충분하다</u>(대판 2016.4.29. 2015도1413). [해설] 위조공기호행사죄에서 '행사할 목적'이란 위조한 자동차등록번호판을 마치 진정한 것처럼 그 용법에 따라 사용할 목적을 의미한다는 판결.

> **판례** 공기호부정사용죄

① [1] 형법 제238조 제1항에서 규정하고 있는 공기호인 자동차등록번호판의 부정사용이라 함은 진정하게 만들어진 자동차등록번호판을 권한 없는 자가 사용하든가, 권한 있는 자라도 권한을 남용하여 부당하게 사용하는 행위를 말하는 것이고, 같은 조 제2항에서 규정하고 있는 그 행사죄는 부정사용한 공기호인 자동차등록번호판을 마치 진정한 것처럼 그 용법에 따라 사용하는 행위를 말하는 것으로 그 행위개념을 달리하고 있다. [2] <u>부정사용한 공기호인 자동차등록번호판의 용법에 따른 사용행위인 행사라 함은 이를 자동차에 부착하여 운행함으로써 일반인으로 하여금 자동차의 동일성에 관한 오인을 불러일으킬 수 있는 상태 즉 그것이 부착된 자동차를 운행함을 의미한다고 할 것이고, 그 운행과는 별도로 부정사용한 자동차등록번호판을 타인에게 제시하는 등 행위가 있어야 그 행사죄가 성립한다고 볼 수 없다</u>(대판 1997.7.8. 96도3319).

② 자동차관리법 제71조에 규정하고 있는 자동차등록번호판의 부정사용이라 함은 진정하게 만들어진 자동차등록번호판을 권한 없는 자가 사용하든가, 권한 있는 자라도 권한을 남용하여 부당하게 사용하는 행위를 말하는 것으로서, <u>어떤 자동차의 등록번호판을 다른 자동차에 부착하는 것은 그로 말미암아 일반인으로 하여금 자동차의 동일성에 관한 오인을 불러일으키는 행위이므로 그 자체만으로 자동차등록번호판의 부정사용에 해당한다</u> 할 것이다(대판 2006.9.28. 2006도5233).

③ <u>피고인들이 절취한 쏘나타 승용차의 번호판을 떼어낸 후 미리 절취하여 소지하고 있던 포텐샤 승용차의 번호판을 임의로 부착하여 운행한 행위에 대하여</u>, <u>피고인들의 절취행위를 특정범죄 가중처벌 등에 관한 법률 제5조의4 제1항, 형법 제331조 제2항에, 자동차등록번호판을 떼어낸 행위를 자동차관리법 제81조 제1호, 제10조 제2항에, 포텐샤 승용차의 번호판을 쏘나타 승용차에 부착함으로써 부정사용한 행위를 형법 제238조 제1항에, 위와 같이 번호판을 부정사용한 자동차를 운행한 행위를 형법 제238조 제2항, 제1항에 각 의율한 다음 이를 실체적 경합범으로 처리하였는바, <u>자동차를 절취한 후 자동차등록번호판을 떼어내는 행위는 새로운 법익의 침해로 보아야 하므로 위와 같은 번호판을 떼어내는 행위가 절도범행의 불가벌적 사후행위가 되는 것은 아니어서</u>, 이 점에 관한 상고이유의 주장 역시 받아들일 수 없다(대판 2007.9.6. 2007도4739).

CHAPTER 03 | 공중의 건강에 대한 죄

 **제1절** | 먹는 물에 관한 죄

Ⅰ. 서론

1. 의의와 보호법익

먹는 물에 관한 죄란 일상생활에서 먹는 물로 사용되는 물에 오물을 넣어 먹는 물로 쓰지 못하게 하거나, 독물 그 밖에 건강을 해하는 물질을 혼입하거나, 수도 그 밖의 시설을 손괴하거나 그 밖의 방법으로 불통(不通)하게 하여 공중이 먹는 물의 이용과 그 안전을 위태롭게 함으로써 성립하는 범죄이다. 공중의 건강 또는 공중의 보건을 보호법익으로 하며, 보호법익이 보호받는 정도는 추상적 위험범이다.

2. 구성요건의 체계

먹는 물에 관한 죄의 기본적 구성요건은 먹는 물의 사용방해죄(제192조)이며, 먹는 물 유해물혼입죄(제192조 제2항), 수도음용수 사용방해죄(제193조 제1항), 수도음용수 유해물혼입죄(제193조 제2항) 및 수도불통죄(제195조)는 이에 대한 가중적 구성요건이다. 음용수혼독치사상죄(제194조)는 결과적 가중범에 관한 규정이다.

형법	기본적 구성요건	먹는 물의 사용방해죄(제192조 제1항)
	가중적 구성요건	먹는 물 유해물혼입죄(행위방법으로 인한 불법가중(제192조 제2항)), 수돗물의 사용방해죄(행위객체로 인한 불법가중(제193조 제1항)), 수돗물 유해물혼입죄(행위객체·방법으로 인한 불법가중(제193조 제2항)), 수도불통죄(행위객체·방법으로 인한 불법가중(제195조))
	결과적 가중범	먹는 물 혼독치사상죄(제194조)
	미수범	먹는 물 유해물혼입죄, 수돗물 유해물혼입죄, 수도불통죄(제196조)
	예비죄	먹는 물 유해물혼입죄, 수돗물 유해물혼입죄, 수도불통죄(제197조)
특별형법	환경범죄 등의 단속 및 가중처벌에 관한 법률	먹는 물에 관한 죄를 가중처벌하고 있다.

Ⅱ. 먹는 물의 사용방해죄

제192조(먹는 물의 사용방해)
① 일상생활에서 먹는 물로 사용되는 물에 오물을 넣어 먹는 물로 쓰지 못하게 한 자는 1년 이하의 징역 또는 500만원 이하의 벌금에 처한다.

1. 의의

일상생활에서 먹는 물로 사용되는 물에 오물을 넣어 먹는 물로 쓰지 못하게 함으로써 성립하는 범죄이다(제192조 제1항).

2. 행위의 객체

일상생활에서 먹는 물로 사용되는 물이며, 이는 불특정 또는 다수인이 반복·계속하여 사용하는 물을 의미한다. 물이란 사람의 음용에 적합할 정도로 청결한 물을 말한다.

3. 행위

오물을 넣어 먹는 물로 쓰지 못하게 하는 것이다. ㈎ 오물이란 독물 이외에 이를 혼입하면 정수로서의 이용에 지장을 줄 수 있는 일체의 물질을 말하며, ㈏ 먹는 물로 쓰지 못하게 한다 함은 물리적·심리적으로 음용수로서 사용할 수 없게 하는 것을 말한다.

4. 주관적 구성요건

본죄의 성립에도 일상생활에서 먹는 물로 사용되는 물에 오물을 넣어 먹는 물로 쓰지 못하게 한다는 고의가 필요하다.

Ⅲ. 가중적 구성요건

1. 먹는 물 유해물혼입죄

> **제192조(먹는 물의 사용방해죄)**
> ② 제1항의 먹는 물에 독물(毒物)이나 그 밖에 건강을 해하는 물질을 넣은 사람은 10년 이하의 징역에 처한다.
>
> **제196조(미수범)**
> 제192조제2항, 제193조제2항과 전조의 미수범은 처벌한다.
>
> **제197조(예비, 음모)**
> 제192조제2항, 제193조제2항 또는 제195조의 죄를 범할 목적으로 예비 또는 음모한 자는 2년 이하의 징역에 처한다.

일상생활에서 먹는 물에 독물 그 밖에 건강을 해하는 물질을 넣음으로써 성립하는 범죄이다(제192조 제2항). 본죄는 먹는 물의 사용방해죄에 대하여 특별관계에 있다.

2. 수돗물의 사용방해죄

> **제193조(수돗물의 사용방해)**
> ① 수도(水道)를 통해 공중이 먹는 물로 사용하는 물 또는 그 수원(水源)에 오물을 넣어 먹는 물로 쓰지 못하게 한 자는 1년 이상 10년 이하의 징역에 처한다.

수도(水道)를 통해 공중이 먹는 물로 사용하는 물 또는 그 수원(水源)에 오물을 넣어 먹는 물로 쓰지 못하게 함으로써 성립하는 범죄이다(제193조 제1항). 본죄에서 수도란 정수를 공급하기 위한 인공적 설비를 말하며, 공중이 먹는 물로 사용하는 물이란 공급 중인 물을 말한다.

3. 수돗물 유해물혼입죄

> **제193조(수돗물의 사용방해)**
> ② 제1항의 먹는 물 또는 수원에 독물 그 밖에 건강을 해하는 물질을 넣은 자는 2년 이상의 유기징역에 처한다.
>
> **제196조(미수범)**
> 제192조제2항, 제193조제2항과 전조의 미수범은 처벌한다.
>
> **제197조(예비, 음모)**
> 제192조제2항, 제193조제2항 또는 제195조의 죄를 범할 목적으로 예비 또는 음모한 자는 2년 이하의 징역에 처한다.

수도(水道)를 통해 공중이 먹는 물로 사용하는 물 또는 그 수원(水原)에 독물 그 밖에 건강을 해하는 물질을 넣음으로써 성립하는 범죄이다(제193조 제2항).

4. 먹는 물 혼독치사상죄

> **제194조(먹는 물 혼독치사상)**
> 제192조제2항 또는 제193조제2항의 죄를 지어 사람을 상해에 이르게 한 경우에는 무기 또는 3년 이상의 징역에 처한다. 사망에 이르게 한 경우에는 무기 또는 5년 이상의 징역에 처한다.

먹는 물 유해물혼입죄와 수돗물 유해물혼입죄를 범하여 사상의 결과가 발생한 때에 성립하는 결과적 가중범이다(제194조). 사망의 결과가 발생한 때에는 진정결과적 가중범이지만 상해의 결과가 발생한 때에는 부진정결과적 가중범이다(다수설).

5. 수도불통죄

> **제195조(수도불통)**
> 공중이 먹는 물을 공급하는 수도 그 밖의 시설을 손괴하거나 그 밖의 방법으로 불통(不通)하게 한 자는 1년 이상 10년 이하의 징역에 처한다.
>
> **제196조(미수범)**
> 제192조제2항, 제193조제2항과 전조의 미수범은 처벌한다.
>
> **제197조(예비, 음모)**
> 제192조제2항, 제193조제2항 또는 제195조의 죄를 범할 목적으로 예비 또는 음모한 자는 2년 이하의 징역에 처한다.

공중이 먹는 물을 공급하는 수도 그 밖의 시설을 손괴하거나 그 밖의 방법으로 불통(不通)하게 함으로써 성립하는 범죄이다(제195조). 본죄에 있어서 수도란 먹는 물을 공급하는 인공적 시설을 말하며, 반드시 적법한 절차를 밟은 수도임을 요하지 않는다. 그 밖의 시설은 공중의 음용수를 공급하는 수도 이외의 시설을 말한다.

> **판례** 먹는 물에 관한 죄

① 비록 적법한 절차를 밟지 아니한 수도라 할지라도 그것이 현실로 공중생활에 필요한 음용수를 공급하고 있는 시설로 되어 있는 이상 해시설을 불법하게 손괴하여서 수도를 불통케 하였을 때에는 수도불통으로 봄이 타당하다(대판 1957.2.1. 4289형상317). [해설] 부적법한 수도이더라도 실제로 공중생활에 필요한 음용수를 공급하고 있는 시설로 되어 있는 이상 수도불통죄의 대상인 수도에 해당한다고 본 판결.

② 본건 사설특수가압수도시설은 피고인이 관계당국으로부터 그 명의의 설치 허가를 받아 사재로써 시의 상수도관에다가 특수가압간선을 시설한 것으로서 그 시설에 의한 급수를 받고자 하는 자는 시설자와의 계약에 의하여 시설운영 위원회에 가입한 후 시의 급수승인을 받아야 하고 그러한 절차를 거치지 않는 자에 대하여는 시설자가 마음대로 단수조치를 할 수 있는 것이므로 그 시설자인 피고인이 불법이용자에 대한 단수조치로서 급수관을 발굴절단하였다 하여도 수도불통죄에 해당하는 행위라고 할 수 없다(대판 1971.1.26. 70도2654).

③ 위 B시장 내의 수도는 위 B시장 내에 점포나 주거를 가진 사람들의 식수에 공용하기 위하여 위 시장상인들로 구성된 번영회에서 용산구청장의 허가를 얻어 시설한 사설상수도로써 수도사용료는 B시장 내 전체사용량에 대하여 번영회로 일괄부과되어 번영회는 소정률에 따라 수용자로부터 징수하여 일괄납부하며 그 관리책임자로 피고인 3명이 지정되어 있으며 피고인들이 막았다는 수도관은 위 F, G 및 H가에 식수를 공급하는 것으로 위 F, G는 각 3개월분의 수도사용료를 내지 아니하였기 때문에 본건 단수를 하기 전에 번영회 총회를 개최하여 단수조치하기로 결의를 하고 사전 경고까지 하였으며 위 H로부터는 단수에 대한 승낙을 받은 연후에 본건 단수조치를 한 점을 짐작할 수 있으니 사정이 그렇다면 본건 단수행위에는 위법성이 있다고 볼 수 없다 할 것이다(대판 1977.11.22. 77도103).

④ 구 형법(2020. 12. 8. 법률 제17571호로 개정되기 전의 것) 제195조가 규정한 수도불통죄는 공중의 음용수를 공급하는 수도 기타 시설을 손괴하거나 기타 방법으로 불통하게 함으로써 성립하는 공공위험범죄로서 공중의 건강 또는 보건을 보호법익으로 한다. 수도불통죄의 대상이 되는 '수도 기타 시설'이란 공중의 음용수 공급을 주된 목적으로 설치된 것에 한정되는 것은 아니고, 설령 다른 목적으로 설치된 것이더라도 불특정 또는 다수인에게 현실적으로 음용수를 공급하고 있는 것이면 충분하며 소유관계에 따라 달리 볼 것도 아니다(대판 2022.6.9. 2022도2817). [해설] 주상복합아파트 입주자대표회의 회장인 피고인이 상가입주자들과의 수도 관리비 인상 협상이 결렬되자 상가입주자들이 상가 2층 화장실에 연결하여 이용 중인 수도배관을 분리하여 불통하게 하고 즉각 단수조치를 취한 사안에서, 원래 화장실 용수 공급용으로 설치되었으나 현실적으로 불특정 또는 다수인이 음용수 공급용으로도 이용 중인 수도배관이라면 수도불통죄의 대상에 해당하고, 정당행위로서 위법성조각사유에 해당한다는 피고인의 주장을 배척하여 수도불통죄를 유죄로 판단한 원심을 수긍한 사례.

 **제2절** | 아편에 관한 죄

Ⅰ. 서론

1. 의의와 본질

아편에 관한 죄는 아편을 흡식하거나, 아편 또는 아편흡식기구를 제조·수입·판매 또는 소지하는 것을 내용으로 하는 범죄로서, 공중의 건강을 보호법익으로 하는 추상적 위험범이다.

2. 구성요건의 체계

아편에 관한 죄의 기본적 구성요건은 아편흡식등죄(제201조 제1항)이다. 동 장소제공죄(제201조 제2항)는 위의 죄에 대한 방조를 특별히 규정한 것이다. 아편 등 제조·수입·판매 또는 판매목적소지죄(제198조)와 아편흡식기 제조·수입·판매 또는 판매목적소지죄(199조) 및 세관공무원의 아편 등 수입죄(제200조)와 상습범(제203조)은 이에 대한 가중적 구성요건이다. 감경적 구성요건으로는 아편 등 소지죄(제205조)가 있다. 아편흡식등죄의 예비행위를 독립하여 규정한 것이다. 본장의 죄에 제공한 아편, 몰핀이나 그 화합물 또는 아편흡식기구는 몰수한다. 그를 몰수하기 불능한 때에는 그 가액을 추징한다(필요적 몰수·추징).

> **제206조(몰수, 추징)**
> 본장의 죄에 제공한 아편, 몰핀이나 그 화합물 또는 아편흡식기구는 몰수한다. 그를 몰수하기 불능한 때에는 그 가액을 추징한다.

형법	기본적 구성요건	아편흡식죄(제201조 제1항)
	가중적 구성요건	아편 등 제조·수입·판매 또는 판매목적소지죄(불법가중(제198조)), 아편흡식기 제조·수입·판매 또는 판매목적소지죄(불법가중(제199조)), 세관공무원의 아편 등 수입·수입허용죄(책임가중(제200조)), 상습범(책임가중(제203조))
	감경적 구성요건	아편소지죄(예비행위(제205조))
	독립적 구성요건	아편흡식장소제공죄(제201조 제2항)
	미수범 처벌	아편 등 제조·수입·판매 또는 판매목적소지죄, 아편흡식기 제조·수입·판매 또는 판매목적소지죄, 세관공무원의 아편 등 수입·수입허용죄, 아편흡식죄, 아편흡식장소제공죄
특별형법	마약류 관리에 관한 법률	2000년 7월 1일부터 마약법, 대마관리법, 향정신성의약품관리법이 폐지되고 그 대체법률인 본법이 형법에 우선하여 적용된다.
	특정범죄 가중처벌 등에 관한 법률	마약류 관리에 관한 법률 제58조, 제59조, 제60조 중 마약과 관련된 죄를 범한 사람을 가중처벌하고 있다(제11조).

II. 아편흡식·동장소제공죄

1. 아편흡식등죄

> **제201조(아편흡식 등, 동장소제공)**
> ① 아편을 흡식하거나 몰핀을 주사한 자는 5년 이하의 징역에 처한다.
>
> **제202조(미수범)**
> 전4조의 미수범은 처벌한다.

(1) 의의

아편을 흡식하거나 몰핀을 주사함으로써 성립하는 범죄이다(제201조 제1항).

(2) 구성요건

아편을 흡식하거나 몰핀을 주사하는 것이다. 아편에는 아편연뿐만 아니라 그 원료인 생아편을 포함하며, 흡식 또는 주사의 목적은 묻지 않는다.

(3) 아편 등 소지죄와의 관계

아편을 흡식하거나 몰핀을 주사하기 위하여 이를 일시 소지한 경우에는 본죄만이 성립하지만, 아편·몰핀 또는 아편흡식기를 소지하고 있던 자가 후에 흡식한 때에는 양죄의 경합범이 된다.

2. 아편흡식 등 장소제공죄

> **제201조(아편흡식 등, 동장소제공)**
> ② 아편흡식 또는 몰핀 주사의 장소를 제공하여 이익을 취한 자도 전항의 형과 같다.
>
> **제202조(미수범)**
> 전4조의 미수범은 처벌한다.

아편흡식 또는 몰핀주사의 장소를 제공하여 이익을 취득함으로써 성립하는 범죄이다(제201조 제2항). 본죄가 성립하기 위하여는 이익을 취득한 결과가 발생하였을 것을 요한다. 이익이란 장소사용과 관련된 일체의 적극적·소극적 이익을 포함하며, 재산상의 이익에 제한되지 않는다.

III. 가중적 구성요건

1. 아편 등 제조·수입·판매·판매목적소지죄

> **제198조(아편 등의 제조 등)**
> 아편, 몰핀 또는 그 화합물을 제조, 수입 또는 판매하거나 판매할 목적으로 소지한 자는 10년 이하의 징역에 처한다.
>
> **제202조(미수범)**
> 전4조의 미수범은 처벌한다.

(1) 의의

아편·몰핀 또는 그 화합물을 제조·수입 또는 판매하거나 판매할 목적으로 소지함으로써 성립하는 범죄이다(제198조).

(2) 객관적 구성요건

1) 행위의 객체 : 아편·몰핀 또는 그 화합물이다.

2) 행위 : 제조·수입·판매 또는 판매할 목적으로 소지하는 것이다.

3) 주관적 구성요건 : 고의가 있어야 하며, 소지의 경우에는 판매의 목적이 있어야 한다.

2. 아편흡식기 제조·수입·판매·판매목적소지죄

> 제199조(아편흡식기의 제조 등)
> 아편을 흡식하는 기구를 제조, 수입 또는 판매하거나 판매할 목적으로 소지한 자는 5년 이하의 징역에 처한다.
>
> 제202조(미수범)
> 전4조의 미수범은 처벌한다.

아편을 흡식하는 기구를 제조·수입 또는 판매하거나 판매할 목적으로 소지한 때에 성립하는 범죄이다(제199조). 본죄에서 아편을 흡식하는 기구란 특별히 아편의 흡식에 사용하기 위하여 제조한 기구를 말한다. 따라서 아편의 흡식에 사용되더라도 이를 위하여 만든 것이 아닐 때에는 여기에 포함되지 않는다.

3. 세관공무원의 아편 등 수입·수입허용죄

> 제200조(세관 공무원의 아편 등의 수입)
> 세관의 공무원이 아편, 몰핀이나 그 화합물 또는 아편흡식기구를 수입하거나 그 수입을 허용한 때에는 1년 이상의 유기징역에 처한다.
>
> 제202조(미수범)
> 전4조의 미수범은 처벌한다.

세관공무원이 아편 등을 수입하거나 수입을 허용함으로써 성립하는 범죄이다(제200조). 세관공무원의 의무를 강조하여 형이 가중되는 신분범이다. 수입의 허용은 작위뿐만 아니라 부작위에 의할 수도 있다. 본죄에 대한 공범규정의 적용 여부에 관하여, 수입죄의 경우에는 총론상의 공범과 신분에 관한 규정(제33조)이 적용된다. 따라서 신분자와 비신분자가 같이 수입한 때에는 신분자에게는 본죄, 비신분자에게는 제198조와 제199조가 적용된다(제33조 단서). 이에 반하여 수입허용죄는 수입죄의 공범을 독립죄로 규정한 것이므로 총론의 공범에 관한 규정은 적용될 여지가 없다.

4. 상습아편흡식, 아편 등 제조·수입·판매등죄

> 제203조(상습범)
> 상습으로 전5조의 죄를 범한 때에는 각조에 정한 형의 2분의 1까지 가중한다.

상습으로 아편 등 제조·수입·판매·판매목적소지죄, 아편흡식기 제조·수입·판매·판매목적소지죄, 세관공무원의 아편 등 수입·수입허용죄, 아편흡식·동 장소제공죄 및 동 미수죄(제202조)를 범할 때에 성립한다.

Ⅳ. 아편 등 소지죄

> **제205조(아편 등의 소지)**
> 아편, 몰핀이나 그 화합물 또는 아편흡식기구를 소지한 자는 1년 이하의 징역 또는 500만원 이하의 벌금에 처한다.

아편·몰핀이나 그 화합물 또는 아편흡식기구를 소지함으로써 성립하는 범죄이다(제205조). 기본적 구성요건인 아편의 흡식이나 몰핀의 주사를 위한 예비행위를 독립된 구성요건으로 규정한 것이다.

CHAPTER 04 | 사회의 도덕에 대한 죄

 | 성풍속에 관한 죄

I. 서론

1. 성풍속에 관한 죄의 의의

성풍속에 관한 죄란 성도덕 또는 건전한 성적 풍속을 보호하기 위한 성생활에 관계된 범죄를 말하며, 형법상의 성풍속에 관한 죄에는 음행매개죄(제242조)·음란물죄(제243조, 제244조) 및 공연음란죄(제245조)가 있다.

2. 보호법익

본죄의 보호법익은 선량한 성풍속의 보호에 있다. 음행매개죄의 보호의 정도는 침해범이고, 음란물죄 및 공연음란죄의 보호의 정도는 추상적 위험범이다.

3. 구성요건의 체계

형법	독립적 구성요건	음행매개죄(제242조), 음란물죄(제243조, 제244조) 및 공연음란죄(제245조)
특별형법	성매매알선 등 행위의 처벌에 관한 법률	영업으로 성매매 알선 등 행위를 한 자를 처벌하고 있다(제19조 제2항).
	아동·청소년의 성보호에 관한 법률	아동·청소년의 성을 사는 행위를 알선하거나 정보통신망에서 알선정보를 제공한 자를 처벌하고 있다(제15조).

II. 음행매개죄

> **제242조(음행매개)**
> 영리의 목적으로 사람을 매개하여 간음하게 한 자는 3년 이하의 징역 또는 1천500만원 이하의 벌금에 처한다.

1. 의의

영리를 목적으로 사람을 매개하여 간음하게 함으로써 성립하는 범죄이다(제242조).

2. 구성요건

(1) 주체

제한이 없다. 매개자의 간음의 상대방 또는 간음자는 필요적 공범이지만, 본죄는 매개자만을 처벌하므로 간음의 상대방과 간음자에게는 공범 규정이 적용되지 않는다.

(2) 행위의 객체

사람이다. 다만, 13세 미만의 사람에 대해서는 미성년자의제강간죄 또는 그 공범이 성립한다(다수설). 또한, 음행의 상습이 있거나 음행에 동의하였는가는 문제되지 않는다.

(3) 행위

사람을 매개하여 간음케 하는 것이다. ㈎ 매개란 사람을 간음에 이르게 알선하는 것을 말하며, ㈏ 간음이란 부부 사이 이외의 성교를 말한다. 간음케 함을 요하므로 간음이라는 결과가 일어나야 한다. 따라서, 간음을 매개하였으나 간음에 이르지 못한 경우에는 본죄가 성립하지 않는다. 본죄는 미수범 처벌규정이 없기 때문이다.

(4) 주관적 구성요건

고의 이외에 영리의 목적이 필요하다. 영리의 목적이란 재산적 이익을 취득할 목적을 말한다. 일시적 이익이건 영구적 이익이건 불문한다. 목적의 달성 여부도 문제되지 않으며, 재산적 이익이 현실로 발생하였을 것도 요하지 않는다.

Ⅲ. 음란물죄와 공연음란죄

1. 음화 반포·판매·임대·공연전시죄

> **제243조(음화반포등)**
> 음란한 문서, 도화, 필름 기타 물건을 반포, 판매 또는 임대하거나 공연히 전시 또는 상영한 자는 1년 이하의 징역 또는 500만원 이하의 벌금에 처한다.

(1) 의의

음란한 문서·도화·필름 기타 물건을 반포·판매 기타 임대하거나 공연히 전시 또는 상영함으로써 성립하는 범죄이다(제243조). 선량한 성풍속을 보호하기 위한 추상적 위험범이다.

(2) 행위의 객체

음란한 문서·도화·필름 기타 물건이다.

1) 음란성

㈎ **의의와 판단기준** : 본죄의 객체가 되는 문서·도화·필름 기타 물건은 음란성이 인정되어야 한다. 음란성이란 보통인의 성적 수치심과 도의감을 현저히 침해하는 데 객관적으로 적합한 것을 말한다. 판례는 음란성의 유무를 제조자나 판매자의 주관적인 의도에 관계없이 객관적으로 판단해야 한다고 하고 있는바, 음란성은 보통인, 즉 통상의 성인을 기준으로 하여 문서의 전체를 대상으로 판단하여야 한다.

㈏ **과학서·예술작품과 음란성** : 과학서 또는 예술작품이라고 하여 당연히 음란성이 부정되는 것은 아니다(통설, 판례).

㈐ **상대적 음란개념의 이론** : 문서의 음란성은 문서의 내용 이외에 작자나 출판자의 의도, 광고,

선전, 판매의 방법, 독자의 상황 등을 고려하여 상대적으로 판단하지 않으면 안 된다는 이론을 말하며, 고야의 나체화에 대한 판례의 태도도 이에 입각하고 있다. 그러나 상대적 음란개념을 인정하면 문서 자체의 예술성과 같은 사회적 가치를 고려하지 않고 음란한 문서나 도화의 범위도 명백하지 않아 금지된 행위를 명시할 수 없게 된다.

2) 문서·도화·필름 기타 물건 : 필름이란 사진이나 영화 등으로 재생될 수 있도록 제작된 물체를 말하며 비디오테이프도 여기에 속한다. 기타 물건에는 조각품·음반 또는 녹음테이프 등이 포함된다. 판례는 컴퓨터 프로그램 파일은 본죄의 객체가 아니라는 입장이다.

(3) 행위

반포·판매·임대하거나 공연전시 또는 상영하는 것이다.

1) 반포·판매·임대 : ㈎ 반포는 불특정 또는 다수인에게 무상으로 교부하는 것을 말하고, 판매란 불특정 또는 다수인에 대한 유상양도를 말한다. 반포 또는 판매는 단순한 우송 또는 매매계약만으로 족하지 않고 현실의 인도가 있을 것을 요한다. ㈏ 임대란 유상의 대여를 말하며, 반드시 영업으로 행할 것을 요하지 않는다. 형법은 반포·판매·임대만을 특별히 처벌하고 있으므로 그 상대방은 본죄의 공범으로 처벌받지 않는다.

2) 공연전시 또는 상영 : 공연히 전시한다는 것은 불특정 또는 다수인이 관람할 수 있는 상태에 두는 것을 말하며, 유상인가 무상인가를 불문한다. 상영이란 필름을 영사하여 공개하는 것을 말한다.

(4) 주관적 구성요건

문서·도화·필름 기타 물건을 반포·판매·임대·공연전시 또는 상영한다는 점에 대한 고의가 있어야 한다. 문서의 음란성에 대한 인식도 고의의 내용이 된다.

2. 음화 등 제조·소지·수입·수출죄

> **제244조(음화제조 등)**
> 제243조의 행위에 공할 목적으로 음란한 물건을 제조, 소지, 수입 또는 수출한 자는 1년 이하의 징역 또는 500만원 이하의 벌금에 처한다.

반포·판매·임대하거나 공연전시 또는 상영할 목적으로 음란한 물건을 제조·소지·수입 또는 수출함으로써 성립하는 범죄이다(제244조). 음화 등 반포·판매·임대·공연전시 또는 상영의 예비에 해당하는 범죄를 독립한 구성요건으로 규정한 것이다.

3. 공연음란죄

> **제245조(공연음란)**
> 공연히 음란한 행위를 한 자는 1년 이하의 징역, 500만원 이하의 벌금, 구류 또는 과료에 처한다.

(1) 의의

공연히 음란한 행위를 함으로써 성립하는 범죄이다(제245조). 음란물죄가 음란한 물건에 대한 범죄임에 대하여 본죄는 음란한 행위 자체를 처벌하는 것이다.

(2) 행위

공연히 음란한 행위를 하는 것이다. '공연히'란 불특정 또는 다수인이 알 수 있는 상태를 의미하며, 장소의 공연성만으로는 족하지 않다. 음란행위란 성욕을 자극 또는 흥분케 하여 성적 수치심과 성도덕을 침해하는 행위를 말한다. 따라서 음란행위는 성행위일 것을 요하며, 이는 외적 상황을 기준으로 판단해야 한다(다수설). 그러나 판례는 그 행위가 반드시 성행위를 묘사하거나 성적인 의도를 표출할 것을 요하는 것은 아니라고 본다.

(3) 주관적 구성요건

공연히 음란한 행위를 한다는 고의가 있어야 한다.

 **판 례** 음화 등 판매 등 죄

① [1] 형법 제243조에서 규정하고 있는 '음란'이란 사회통념상 일반 보통인의 성욕을 자극하여 성적 흥분을 유발하고 정상적인 성적 수치심을 해하여 성적 도의관념에 반하는 것을 의미한다. 따라서 어떠한 물건을 음란하다고 평가하려면 그 물건을 전체적으로 관찰·평가하여 볼 때 단순히 저속하다거나 문란한 느낌을 주는 정도를 넘어 사람의 존엄성과 가치를 심각하게 훼손·왜곡하였다고 평가할 수 있을 정도로 노골적인 방법에 의하여 성적 부위 등을 적나라하게 표현 또는 묘사하는 것이어야 하고, 음란 여부를 판단함에 있어서는 행위자의 주관적 의도 등이 아니라 그 사회의 평균인의 입장에서 그 시대의 건전한 사회통념에 따라 객관적이고 규범적으로 평가하여야 한다. [2] 영상물등급위원회로부터 18세 관람가로 등급분류 받은 비디오물을 편집·변경함이 없이 그대로 옮겨 제작한 동영상을 정보통신망을 통하여 제공한 사안에서, 정보통신망을 통하여 제공한다는 시청환경 때문에 보다 엄격한 기준으로 음란여부를 판단할 것은 아니라고 한 사례(대판 2014.6.12. 2013도6345, 대판 2008.3.13. 2006도3558).

② [1] 정보통신망 이용촉진 및 정보보호 등에 관한 법률 제44조의7 제1항 제1호에서 규정하고 있는 '음란'이란 사회통념상 일반 보통인의 성욕을 자극하여 성적 흥분을 유발하고 정상적인 성적 수치심을 해하여 성적 도의관념에 반하는 것을 말한다. 이는 표현물을 전체적으로 관찰·평가해 볼 때 단순히 저속하다거나 문란한 느낌을 준다는 정도를 넘어서 존중·보호되어야 할 인격을 갖춘 존재인 사람의 존엄성과 가치를 심각하게 훼손·왜곡하였다고 평가할 수 있을 정도로 노골적인 방법에 의하여 성적 부위나 행위를 적나라하게 표현 또는 묘사한 것으로서, 사회통념에 비추어 전적으로 또는 지배적으로 성적 흥미에만 호소하고 하등의 문학적·예술적·사상적·과학적·의학적·교육적 가치를 지니지 아니하는 것을 뜻한다. 표현물의 음란 여부를 판단함에 있어서는 표현물 제작자의 주관적 의도가 아니라 그 사회의 평균인의 입장에서 그 시대의 건전한 사회통념에 따라 객관적이고 규범적으로 평가하여야 한다. [2] 피고인 갑 주식회사의 대표이사 피고인 을과 운영·관리자 피고인 병, 정이 공모하여, 갑 회사 사무실에서 대량문자메시지 발송사이트를 이용하여 불특정 다수의 휴대전화에 여성의 성기, 자위행위, 불특정 다수와의 성매매를 포함한 성행위 등을 저속하고 노골적으로 표현 또는 묘사하거나 이를 암시하는 문언이 기재된 문자메시지를 대량으로 전송함으로써 정보통신망을 통하여 음란한 문언을 배포하였다고 하여 정보통신망 이용촉진 및 정보보호 등에 관한 법률 위반(음란물 유포)으로 기소된 사안에서, 위 문자메시지가 '음란한 문언'에 해당한다고 한 사례(대판 2019.1.10. 2016도8783).

 **판례** 음란성의 인정 여부

① 남성 성기확대기구인 해면체비대기는 그 기구 자체가 성욕을 자극, 흥분 혹은 만족시키게 하는 음란물건이라고 할 수 없다(대판 1978.11.14. 78도2327).

② 형법 제243조 소정의 '음란'이라는 개념 자체가 사회와 시대적 변화에 따라 변동하는 상대적이고도 유동적인 것이고, 그 시대에 있어서 사회의 풍속, 윤리, 종교 등과도 밀접한 관계를 가지는 추상적인 것이므로 결국 구체적인 판단에 있어서는 사회통념상 일반 보통인의 정서를 그 판단의 규준으로 삼을 수밖에 없다고 할지라도, 이는 법관이 일정한 가치판단에 의하여 내릴 수 있는 규범적인 개념이라 할 것이어서 <u>그 최종적인 판단의 주체는 어디까지나 당해 사건을 담당하는 법관</u>이라 할 것이니, 음란성을 판단함에 있어 법관이 자신의 정서가 아닌 <u>일반 보통인의 정서를 규준으로 하여 이를 판단</u>하면 족한 것이지 법관이 일일이 일반 보통인을 상대로 과연 당해 문서나 도화 등이 그들의 성욕을 자극하여 성적 흥분을 유발하거나 정상적인 성적 수치심을 해하여 성적 도의관념에 반하는 것인지의 여부를 묻는 절차를 거쳐야만 되는 것은 아니라고 할 것이다(대판 1995.2.10. 94도2266). [해설] 형법 제243조 소정 "음란"의 판단 규준과 최종적인 판단의 주체는 어디까지나 당해 사건을 담당하는 법관이라고 본 사례.

③ <u>형법 제243조의 음화등의반포등죄 및 제244조의 음화등의제조등죄에 규정한 음란한 도화라 함은 일반 보통인의 성욕을 자극하여 성적 흥분을 유발하고 정상적인 성적 수치심을 해하여 성적 도의관념에 반하는 것</u>을 가리키고, 도화의 음란성의 판단에 있어서는 당해 도화의 성에 관한 노골적이고 상세한 표현의 정도와 그 수법, 당해 도화의 구성 또는 예술성·사상성 등에 의한 성적 자극의 완화의 정도, 이들의 관점으로부터 당해 도화를 전체로서 보았을 때 주로 독자의 호색적 흥미를 돋우는 것으로 인정되느냐의 여부 등을 검토하는 것이 필요하고 이들의 사정을 종합하여 그 시대의 건전한 사회통념에 비추어 그것이 공연히 성욕을 흥분 또는 자극시키고 또한 보통인의 정상적인 성적 수치심을 해하고 선량한 성적 도의관념에 반하는 것이라고 할 수 있는가의 여부를 결정하여야 한다(대판 1995.6.16. 94도1758). [해설] 음란한 도화의 개념과 음란성의 판단은 일반 보통인의 입장에서 그 시대의 건전한 사회통념에 따라 판단하여야 한다는 사례.

④ [1] 형법 제245조의 공연음란죄에 규정한 음란한 행위라 함은 일반 보통인의 성욕을 자극하여 성적 흥분을 유발하고 정상적인 성적 수치심을 해하여 성적 도의관념에 반하는 것을 가리키는바, 연극공연행위의 음란성의 판단에 있어서는 당해 공연행위의 성에 관한 노골적이고 상세한 묘사·서술의 정도와 그 수법, 묘사·서술이 행위 전체에서 차지하는 비중, 공연행위에 표현된 사상 등과 묘사·서술과의 관련성, 연극작품의 구성이나 전개 또는 예술성·사상성 등에 의한 성적 자극의 완화의 정도, 이들의 관점으로부터 당해 공연행위를 전체로서 보았을 때 주로 관람객들의 호색적 흥미를 돋구는 것으로 인정되느냐 여부 등의 여러 점을 검토하는 것이 필요하고, <u>이들의 사정을 종합하여 그 시대의 건전한 사회통념에 비추어 그것이 공연히 성욕을 흥분 또는 자극시키고 또한 보통인의 정상적인 성적 수치심을 해하고, 선량한 성적 도의관념에 반하는 것이라고 할 수 있는가 여부에 따라 결정되어야 한다.</u> [2] 연극공연행위의 음란성의 유무는 그 공연행위 자체로서 객관적으로 판단해야 할 것이고, 그 행위자의 주관적인 의사에 따라 좌우되는 것은 아니다(대판 1996.6.11. 96도980). [해설] 공연음란죄에서의 '음란한 행위'의 의미를 설명하고 연극공연행위의 음란성 유무는 공연행위 자체로서 객관적으로 판단해야 할 것이고, 그 행위자의 주관적인 의사에 따라 좌우되는 것은 아

니라는 사례.

⑤ 사진첩에 남자 모델이 전혀 등장하지 아니하고 남녀 간의 정교 장면에 관한 사진이나 여자의 국부가 완전히 노출된 사진이 수록되어 있지 않다 하더라도, 그 사진들이 음란한 도화에 해당한다고 본 사례(대판 1997.8.22. 97도937).

⑥ 남성용 자위기구인 모조여성성기가 음란한 물건에 해당한다고 한 사례(대판 2003.5.16. 2003도988).

⑦ 이 사건 물건은 사람의 피부에 가까운 느낌을 주는 실리콘을 소재로 하여 여성의 음부, 항문, 엉덩이 부위를 재현하였다고는 하나, 여성 성기의 일부 특징만을 정교하지 아니한 형상으로 간략하게 표현한 것에 불과하고 그 색상 또한 사람의 실제 피부색과는 차이가 있는 점 등을 알 수 있다. 사정이 이와 같다면, 이 사건 물건은 전체적으로 관찰·평가하여 볼 때 그 모습이 상당히 저속한 느낌을 주는 것은 사실이지만 이를 넘어서서 형사법상 규제의 대상으로 삼을 만큼 사람의 존엄성과 가치를 심각하게 훼손·왜곡하였다고 평가할 수 있을 정도로 노골적인 방법에 의하여 사람의 특정 성적 부위를 적나라하게 표현 또는 묘사한 것이라고 단정할 수 없다. 따라서 이 사건 물건이 사회통념상 일반 보통인의 성욕을 자극하여 성적 흥분을 유발하고 정상적인 성적 수치심을 해하여 성적 도의관념에 반하는 물건에 해당한다고 보기 어렵다(대판 2014.6.12. 2013도6345).

⑧ 형법 제243조에서 규정하고 있는 '음란'이란 사회통념상 일반 보통인의 성욕을 자극하여 성적 흥분을 유발하고 정상적인 성적 수치심을 해하여 성적 도의관념에 반하는 것을 뜻한다. 따라서 <u>어떠한 물건을 음란하다고 평가하려면 그 물건을 전체적으로 관찰하여 볼 때 단순히 저속하다는 느낌을 주는 정도를 넘어 사람의 존엄성과 가치를 심각하게 훼손·왜곡하였다고 평가할 수 있을 정도로 노골적으로 사람의 특정 성적 부위 등을 적나라하게 표현 또는 묘사하는</u> 것이어야 할 것이다. 기록에 의하여 알 수 있는 다음과 같은 사정들, 즉 ① 이 사건 물건은 남성용 자위기구로서 그 일부는 성인 여성의 엉덩이 윗 부분을 본 떠 실제 크기에 가깝게 만들어졌고 그 재료로는 사람의 피부에 가까운 느낌을 주는 색깔의 실리콘을 사용함으로써 여성의 신체 부분을 실제와 비슷하게 재현하고 있기는 하나, 부분별 크기와 그 비율 및 채색 등에 비추어 그 전체적인 모습은 <u>실제 사람 형상이라기보다는 조잡한 인형에 가까워 보이는 점</u>, ② 이 사건 물건 가운데 여성의 성기를 형상화한 부분에 별도로 선홍색으로 채색한 것이 있으나, 그 모양과 색상 등 전체적인 형상에 비추어 여성의 외음부와 지나치게 흡사하도록 노골적인 모양으로 만들어졌다고 할 수 없고, <u>오히려 여성의 성기를 사실 그대로 표현하였다고 하기에는 크게 부족해 보이는 점</u> 등을 종합하여 보면, <u>이 사건 물건이 사회통념상 일반 보통인의 성욕을 자극하여 성적 흥분을 유발하고 정상적인 성적 수치심을 해하여 성적 도의관념에 반하는 것이라고 보기 어렵고, 이 사건 물건을 전체적으로 관찰하여 볼 때 그 모습이 상당히 저속한 느낌을 주는 것은 사실이지만 이를 넘어 사람의 존엄성과 가치를 심각하게 훼손·왜곡하였다고 평가할 수 있을 정도로 노골적으로 사람의 특정 성적 부위를 적나라하게 표현 또는 묘사한 것으로 보기는 어렵다</u>(대판 2014.7.24. 2013도9228).

판례   예술성과 음란성

① 헌법 제22조 제1항, 제21조 제1항에서 기본권으로 보장되는 문학에 있어서의 표현의 자유도 헌법 제21조 제4항, 제37조 제2항에서 공중도덕이나 사회윤리를 침해하는 경우에는 이를 제한

할 수 있도록 하였으며, 이에 따라 형법에서는 건전한 성적 풍속 내지 성도덕을 보호하기 위하여 제243조에서 음란한 문서를 판매한 자를, 제244조에서 음란한 문서를 제조한 자를 각 처벌하도록 규정하고 있으므로, <u>문학작품이라고 하여 무한정의 표현의 자유를 누려 어떠한 성적 표현도 가능하다고 할 수는 없고 그것이 건전한 성적 풍속이나 성도덕을 침해하는 경우에는 형법규정에 의하여 이를 처벌할 수 있다</u>(대판 1995.6.16. 94도2413).

② 형법 제243조 및 제244조에서 말하는 '음란'이라 함은 정상적인 성적 수치심과 선량한 성적 도의관념을 현저히 침해하기에 적합한 것을 가리킨다 할 것이고, 이를 판단함에 있어서는 그 시대의 건전한 사회통념에 따라 객관적으로 판단하되 그 사회의 평균인의 입장에서 문서 전체를 대상으로 하여 규범적으로 평가하여야 할 것이며, <u>문학성 내지 예술성과 음란성은 차원을 달리하는 관념이므로 어느 문학작품이나 예술작품에 문학성 내지 예술성이 있다고 하여 그 작품의 음란성이 당연히 부정되는 것은 아니라 할 것이고</u>, 다만 그 작품의 문학적·예술적 가치, 주제와 성적 표현의 관련성 정도 등에 따라서는 그 음란성이 완화되어 결국은 형법이 처벌대상으로 삼을 수 없게 되는 경우가 있을 수 있을 뿐이다(대판 2000.10.27. 98도679).

③ 형법 제243조에 규정된 '음란한 도화'라 함은 일반 보통인의 성욕을 자극하여 성적 흥분을 유발하고 정상적인 성적 수치심을 해하여 성적 도의관념에 반하는 것을 가리킨다고 할 것이고, 이는 당해 도화의 성에 관한 노골적이고 상세한 표현의 정도와 그 수법, 당해 도화의 구성 또는 예술성, 사상성 등에 의한 성적 자극의 완화의 정도, 이들의 관점으로부터 당해 도화를 전체로서 보았을 때 주로 독자의 호색적 흥미를 돋구는 것으로 인정되느냐의 여부 등을 검토, 종합하여 그 시대의 건전한 사회통념에 비추어 판단하여야 할 것이며, <u>예술성과 음란성은 차원을 달리하는 관념이므로 어느 예술작품에 예술성이 있다고 하여 그 작품의 음란성이 당연히 부정되는 것은 아니라 할 것이고, 다만 그 작품의 예술적 가치, 주제와 성적 표현의 관련성 정도 등에 따라서는 그 음란성이 완화되어 결국은 형법이 처벌대상으로 삼을 수 없게 되는 경우가 있을 수 있을 뿐이다</u>(대판 2002.8.23. 2002도2889).

④ [1] 음란물이 그 자체로는 하등의 문학적·예술적·사상적·과학적·의학적·교육적 가치를 지니지 아니하더라도, 음란성에 관한 논의의 특수한 성격 때문에, 그에 관한 논의의 형성·발전을 위해 문학적·예술적·사상적·과학적·의학적·교육적 표현 등과 결합되는 경우가 있다. 이러한 경우 <u>음란 표현의 해악이 이와 결합된 위와 같은 표현 등을 통해 상당한 방법으로 해소되거나 다양한 의견과 사상의 경쟁메커니즘에 의해 해소될 수 있는 정도라는 등의 특별한 사정이 있다면,</u> 이러한 결합 표현물에 의한 표현행위는 공중도덕이나 사회윤리를 훼손하는 것이 아니어서, 법질서 전체의 정신이나 그 배후에 놓여 있는 사회윤리 내지 사회통념에 비추어 용인될 수 있는 행위로서 형법 제20조에 정하여진 '<u>사회상규에 위배되지 아니하는 행위</u>'에 해당된다. [2] 방송통신심의위원회(이하 '위원회'라고 한다) 심의위원인 피고인이 자신의 인터넷 블로그에 위원회에서 음란정보로 의결한 '남성의 발기된 성기 사진'을 게시함으로써 정보통신망을 통하여 음란한 화상 또는 영상인 사진을 공공연하게 전시하였다고 하여 정보통신망 이용촉진 및 정보보호 등에 관한 법률 위반(음란물유포)으로 기소된 사안에서, <u>피고인의 게시물은 다른 블로그의 화면 다섯 개를 갈무리하여 옮겨온 남성의 발기된 성기 사진 8장(이하 '사진들'이라 한다)과 벌거벗은 남성의 뒷모습 사진 1장을 전체 게시면의 절반을 조금 넘는 부분에 걸쳐 게시하고</u>, 이어서 <u>정보통신에 관한 심의규정 제8조 제1호를 소개한 후 피고인의 의견을 덧붙이고 있으므로 사진들과 음란물에 관한 논의의 형성·발전을 위한 학술적, 사상적 표현

등이 결합된 결합 표현물로서, 사진들은 오로지 남성의 발기된 성기와 음모만을 뚜렷하게 강조하여 여러 맥락 속에서 직접적으로 보여줌으로써 성적인 각성과 흥분이 존재한다는 암시나 공개장소에서 발기된 성기의 노출이라는 성적 일탈의 의미를 나타내고, 나아가 여성의 시각을 배제한 남성중심적인 성관념의 발로에 따른 편향된 관점을 전달하고 있어 음란물에 해당하나, 사진들의 음란성으로 인한 해악은 이에 결합된 학술적, 사상적 표현들과 비판 및 논증에 의해 해소되었고, **결합 표현물인 게시물을 통한 사진들의 게시는 목적의 정당성, 수단이나 방법의 상당성, 보호법익과 침해법익 간의 법익균형성이 인정되어 법질서 전체의 정신이나 그 배후에 놓여 있는 사회윤리 내지 사회통념에 비추어 용인될 수 있는 행위에 해당하므로**, 원심이 게시물의 전체적 맥락에서 사진들을 음란물로 단정할 수 없다고 본 것에는 같은 법 제74조 제1항 제2호 및 제44조의7 제1항 제1호가 규정하는 '음란'에 관한 법리오해의 잘못이 있으나, 공소사실을 무죄로 판단한 것은 결론적으로 정당하다고 한 사례(대판 2017.10.26. 2012도13352).

판례　상대적 음란개념

- 침대 위에 비스듬이 위를 보고 누워있는 본건 천연색 여자 나체화 카드 사진이 비록 **명화집에 실려있는 그림이라 하여도** 이것을 예술, 문학, 교육 등 공공의 이익을 위해서 이용하는 것이 아니고, 성냥갑 속에 넣어서 판매할 목적으로 그 카드 사진을 복사 제조하거나 시중에 판매하였다고 하면 이는 그 명화를 모독하여 음화화 시켰다 할 것이므로, 이러한 견지에서 이를 음화라고 본 원심판단은 정당하고, 피고인들은 본건 그림의 음란성을 인식하지 못하였다 하여도 그 **음란성의 유무는 그 그림 자체로서 객관적으로 판단해야 할 것**이고, 그 제조자나 판매자의 주관적인 의사에 따라 좌우되는 것은 아니라 할 것이며, 그 음화의 제조 내지 판매죄의 범의성립에 있어서도 그러한 그림이 존재한다는 것과 이를 제조나 판매하고 있다는 것을 인식하고 있으면 되고, 그 이상 더 나가서 그 그림이 음란한 것인가 아닌가를 인식할 필요는 없다 할 것이다(대판 1970.10.30. 70도1879).

판례　컴퓨터 프로그램파일

- 형법 제243조는 음란한 문서, 도화, 필름 기타 물건을 반포, 판매 또는 임대하거나 공연히 전시 또는 상영한 자에 대한 처벌 규정으로서 **컴퓨터 프로그램파일은 위 규정에서 규정하고 있는 문서, 도화, 필름 기타 물건에 해당한다고 할 수 없으므로**, 음란한 영상화면을 수록한 컴퓨터 프로그램파일을 컴퓨터 통신망을 통하여 전송하는 방법으로 판매한 행위에 대하여 전기통신기본법 제48조의2의 규정을 적용할 수 있음은 별론으로 하고, 형법 제243조의 규정을 적용할 수 없다(대판 1999.2.24. 98도3140).

판례 　공연전시

① 음란한 부호 등으로 링크를 해 놓는 행위자의 의사의 내용, 그 행위자가 운영하는 웹사이트의 성격 및 사용된 링크기술의 구체적인 방식, 음란한 부호 등이 담겨져 있는 다른 웹사이트의 성격 및 다른 웹사이트 등이 음란한 부호 등을 실제로 전시한 방법 등 모든 사정을 종합하여 볼 때, 링크를 포함한 일련의 행위 및 범의가 다른 웹사이트 등을 단순히 소개·연결할 뿐이거나 또는 다른 웹사이트 운영자의 실행행위를 방조하는 정도를 넘어, <u>이미 음란한 부호 등이 불특정·다수인에 의하여 인식될 수 있는 상태에 놓여 있는 다른 웹사이트를 링크의 수법으로 사실상 지배·이용함으로써 그 실질에 있어서 음란한 부호 등을 직접 전시하는 것과 다를 바 없다고 평가되고</u>, 이에 따라 불특정·다수인이 이러한 링크를 이용하여 별다른 제한 없이 음란한 부호 등에 바로 접할 수 있는 상태가 실제로 조성되었다면, 그러한 행위는 전체로 보아 음란한 부호 등을 공연히 전시한다는 구성요건을 충족한다고 봄이 상당하며, 이러한 해석은 죄형법정주의에 반하는 것이 아니라, 오히려 링크기술의 활용과 효과를 극대화하는 초고속정보통신망 제도를 전제로 하여 신설된 구 전기통신기본법 제48조의2(2001. 1. 16. 법률 제6360호 부칙 제5조 제1항에 의하여 삭제, 현행 정보통신망이용촉진및정보보호등에관한법률 제65조 제1항 제2호 참조) 규정의 입법 취지에 부합하는 것이라고 보아야 한다(대판 2003.7.8. 2001도1335).

② 인터넷사이트에 집단 성행위 목적의 카페를 운영하는 자가 남녀 회원을 모집한 후 특별모임을 빙자하여 집단으로 성행위를 하고 그 촬영물이나 사진 등을 카페에 게시한 사안에서, 위 카페의 회원수에 비추어 위 게시행위가 음란물을 공연히 전시한 것에 해당한다고 한 사례(대판 2009.5.14. 2008도10914).

판례 　공연음란죄

① 고속도로에서 승용차를 손괴하거나 타인에게 상해를 가하는 등의 행패를 부리던 자가 이를 제지하려는 경찰관에 대항하여 공중 앞에서 알몸이 되어 성기를 노출한 경우, <u>음란한 행위에 해당하고 그 인식도 있었다고</u> 한 사례(대판 2000.12.22. 2000도4372).

② 형법 제245조 소정의 '음란한 행위'라 함은 일반 보통인의 성욕을 자극하여 성적 흥분을 유발하고 정상적인 성적 수치심을 해하여 성적 도의관념에 반하는 것을 가리킨다고 할 것이고, <u>위 죄는 주관적으로 성욕의 흥분 또는 만족 등의 성적인 목적이 있어야 성립하는 것은 아니지만 그 행위의 음란성에 대한 의미의 인식이 있으면 족하다</u>(대판 2000.12.22. 2000도4372)

③ [1] 형법 제245조 소정의 '음란한 행위'라 함은 일반 보통인의 성욕을 자극하여 성적 흥분을 유발하고 정상적인 성적 수치심을 해하여 성적 도의관념에 반하는 것을 가리킨다고 할 것이고, 위 죄는 주관적으로 성욕의 흥분, 만족 등의 성적인 목적이 있어야 성립하는 것은 아니고 그 행위의 음란성에 대한 의미의 인식이 있으면 족하다. [2] 경범죄처벌법 제1조 제41호가 '여러 사람의 눈에 뜨이는 곳에서 함부로 알몸을 지나치게 내놓거나 속까지 들여다 보이는 옷을 입거나 또는 가려야 할 곳을 내어 놓아 다른 사람에게 부끄러운 느낌이나 불쾌감을 준 사람'을 처벌하도록 규정하고 있는 점 등에 비추어 볼 때, 신체의 노출행위가 있었다고 하더라도 그 일시와 장소, 노출 부위, 노출 방법·정도, 노출 동기·경위 등

구체적 사정에 비추어, 그것이 일반 보통인의 성욕을 자극하여 성적 흥분을 유발하고 정상적인 성적 수치심을 해하는 것이 아니라 단순히 다른 사람에게 부끄러운 느낌이나 불쾌감을 주는 정도에 불과하다고 인정되는 경우 그와 같은 행위는 경범죄처벌법 제1조 제41호에 해당할지언정, **형법 제245조의 음란행위에 해당한다고 할 수 없을 것이다.** [3] 말다툼을 한 후 항의의 표시로 엉덩이를 노출시킨 행위가 음란한 행위에 해당한다고 판단한 원심판결을 파기한 사례(대판 2004.3.12. 2003도6514).

④ [1] 형법 제245조 소정의 '음란한 행위'라 함은 **일반 보통인의 성욕을 자극하여 성적 흥분을 유발하고 정상적인 성적 수치심을 해하여 성적 도의관념에 반하는 행위를 가리키는 것이고, 그 행위가 반드시 성행위를 묘사하거나 성적인 의도를 표출할 것을 요하는 것은 아니다.** [2] 요구르트 제품의 홍보를 위하여 전라의 여성 누드모델들이 일반 관람객과 기자 등 수십명이 있는 자리에서, 알몸에 밀가루를 바르고 무대에 나와 분무기로 요구르트를 몸에 뿌려 밀가루를 벗겨내는 방법으로 알몸을 완전히 드러낸 채 음부 및 유방 등이 노출된 상태에서 무대를 돌며 관람객들을 향하여 요구르트를 던진 행위가 공연음란죄에 해당한다고 한 사례(대판 2006.1.13. 2005도1264).

⑤ <u>유흥주점 여종업원들이 웃옷을 벗고 브래지어만 착용하거나 치마를 허벅지가 다 드러나도록 걷어 올리고 가슴이 보일 정도로 어깨끈을 밑으로 내린 채 손님을 접대한 사안에서</u>, 위 종업원들의 행위와 노출 정도가 형사법상 규제의 대상으로 삼을 만큼 사회적으로 유해한 영향을 끼칠 위험성이 있다고 평가할 수 있을 정도로 노골적인 방법에 의하여 성적 부위를 노출하거나 성적 행위를 표현한 것이라고 단정하기에 부족하다는 이유로, 구 풍속영업의 규제에 관한 법률 제3조 제1호에 정한 '<u>음란행위</u>'에 해당한다고 판단한 원심판결을 파기한 사례(대판 2009.2.26. 2006도3119).

⑥ [1] 형법 제245조 공연음란죄에서의 '음란한 행위'라 함은 일반 보통인의 성욕을 자극하여 성적 흥분을 유발하고 정상적인 성적 수치심을 해하여 성적 도의관념에 반하는 행위를 가리키는 것이고, 그 행위가 반드시 성행위를 묘사하거나 성적인 의도를 표출할 것을 요하는 것은 아니다. [2] 경범죄 처벌법 제3조 제1항 제33호가 '공개된 장소에서 공공연하게 성기·엉덩이 등 신체의 주요한 부위를 노출하여 다른 사람에게 부끄러운 느낌이나 불쾌감을 준 사람'을 처벌하도록 규정하고 있는 점 등에 비추어 볼 때, 성기·엉덩이 등 신체의 주요한 부위를 노출한 행위가 있었을 경우 그 일시와 장소, 노출 부위, 노출 방법·정도, 노출 동기·경위 등 구체적 사정에 비추어, 그것이 단순히 다른 사람에게 부끄러운 느낌이나 불쾌감을 주는 정도에 불과하다면 경범죄 처벌법 제3조 제1항 제33호에 해당할 뿐이지만, 그와 같은 정도가 아니라 <u>일반 보통인의 성욕을 자극하여 성적 흥분을 유발하고 정상적인 성적 수치심을 해하는 것이라면 형법 제245조의 '음란한 행위'에 해당한다고 할 수 있다.</u> [3] '음란'이라는 개념 자체는 사회와 시대적 변화에 따라 변동하는 상대적이고도 유동적인 것이고, 그 시대에 있어서 사회의 풍속, 윤리, 종교 등과도 밀접한 관계를 가지는 추상적인 것이므로, 결국 <u>음란성을 구체적으로 판단함에 있어서는 행위자의 주관적 의도가 아니라 사회 평균인의 입장에서 그 전체적인 내용을 관찰하여 건전한 사회통념에 따라 객관적이고 규범적으로 평가하여야 한다.</u> [4] 공연음란죄에서의 '음란한 행위'는 반드시 성행위에 한정되지 아니하고, 이 사건의 경우 피고인이 성기와 엉덩이를 노출한 행위는 그 일시와 장소, 노출 부위, 노출 방법·정도·시간, 노출 경위 등 구체적 사정을 종합해 볼 때, 비록 성행위를 묘사하거나 성적인 의도를 표출한 것은 아니라고 하더라도 단순히 다른 사람에게 부끄러운 느낌이나 불쾌감을 주는 정도(경범죄 처벌법 제3조 제1항 제33호에 해당하는 성기·엉덩이 과다노출 정도)가 아니라 <u>일반 보통인의 성욕을 자극하여 성적 흥분을 유발하고 정상적인 성적 수치심을 해하여 성적 도의관념에 반하는 행위에 해당하므로 공연히 음란한 행위를 한 것으로 볼 수</u>

있다고 할 것임에도, 이와 달리 공연음란죄에서의 '음란한 행위'는 성행위만을 의미한다거나 피고인의 행위가 일반인의 성욕을 자극하여 성적 흥분을 유발함으로써 정상인의 성적 부끄러움을 가하는 정도가 아니라고 인정하여 무죄로 판단한 원심판결에는 공연음란죄에서 '음란한 행위'에 관한 법리를 오해하는 등으로 판결에 영향을 미친 잘못이 있다고 보아, 원심판결을 파기환송한 사례(대판 2020.1.16. 2019도14056).
[해설] 피고인은 2017. 10. 9. 20:26경 이 사건 공소사실 기재 참전비 앞길에서 바지와 팬티를 내리고 성기와 엉덩이를 노출한 채 위 참전비를 바라보고 서 있었고 참전비의 한쪽 끝 방향으로 걸어가다가 돌아서서 걷기도 하는 등 위와 같이 노출한 상태에서 참전비 앞에 서 있거나 그 주위를 서성거렸음. 위 참전비에는 알몸이거나 유방을 노출한 채로 앉은 자세, 서 있는 자세 등 다양한 자세의 여인들이, 역시 알몸이거나 성기 부위만 가린 남성들과 함께 있는 모습을 부조한 조각상이 있는데, 정면에서 바라볼 때 가로 길이가 꽤 긴 직사각형 형태의 조각상이어서 조각된 여인들과 남성들이 20명 안팎의 다수이고 그 여인들의 유방, 허벅지, 엉덩이 부위 등이 상당히 입체감 있고 도드라지게 표현되어 있었음. 이 사건 당시는 야간이었으나 주위의 조명 등으로 위 참전비 앞길은 어둡지 않았고, 다수의 사람들이 통행하고 있었음. 공소외인은 마침 그곳을 지나가던 중 피고인이 위와 같이 성기와 엉덩이를 노출한 모습을 목격한 후 이를 분명하게 확인하였고, 다른 여성 4인과 아이들이 그곳을 지나가는 것을 보게 되자, 피고인을 경찰에 신고한 사례.

⑦ [1] 풍속영업의 규제에 관한 법률(이하 '풍속영업규제법'이라고 한다) 제3조 제2호는 풍속영업을 하는 자에 대하여 '음란행위를 알선하는 행위'를 금지하고 있다. 여기에서 음란행위를 '알선'하였다고 함은 풍속영업을 하는 자가 음란행위를 하려는 당사자 사이에 서서 이를 중개하거나 편의를 도모하는 것을 의미한다. 따라서 음란행위의 '알선'이 되기 위하여 반드시 그 알선에 의하여 음란행위를 하려는 당사자가 실제로 음란행위를 하여야만 하는 것은 아니고, 음란행위를 하려는 당사자들의 의사를 연결하여 더 이상 알선자의 개입이 없더라도 당사자 사이에 음란행위에 이를 수 있을 정도의 주선행위만 있으면 족하다. 한편 풍속영업규제법 제3조 제2호에서 규정하고 있는 '음란행위'란 성욕을 자극하거나 흥분 또는 만족시키는 행위로서 일반인의 정상적인 성적 수치심을 해치고 선량한 성적 도의관념에 반하는 것을 의미한다. 따라서 풍속영업을 하는 자의 행위가 '음란행위의 알선'에 해당하는지 여부는 당해 풍속영업의 종류, 허가받은 영업의 형태, 이용자의 연령 제한이나 장소의 공개 여부, 신체노출 등의 경우 그 시간과 장소, 노출 부위와 방법 및 정도, 그 동기와 경위 등을 종합적으로 고려하여, 사회 평균인의 입장에서 성욕을 자극하여 성적 흥분을 유발하고 정상적인 성적 수치심을 해하였다고 평가될 수 있는 행위, 즉 '음란행위'를 앞서의 법리에서 제시한 바와 같이 '알선'하였다고 볼 수 있는지를 기준으로 판단하여야 한다. [2] 유흥주점의 업주인 피고인 甲과 종업원인 피고인 乙이 공모하여, 위 주점에 여성용 원피스를 비치해 두고 여성종업원들로 하여금 그곳을 찾아온 남자 손님 3명에게 이를 제공하여 갈아입게 한 다음 접객행위를 하도록 하는 방법으로 음란행위를 알선하였다고 하여 풍속영업의 규제에 관한 법률 위반으로 기소된 사안에서, 피고인들은 풍속영업을 하는 자가 준수하여야 할 금지규범을 어기고 유흥주점의 남자 손님들과 여성종업원들 사이에 서서 음란행위를 알선하였다고 평가함이 타당하다는 이유로, 이와 달리 보아 공소사실을 무죄로 판단한 원심판결에 법리오해의 잘못이 있다고 한 사례(대판 2020.4.29. 2017도16995).

 **제2절** 도박과 복표에 관한 죄

I. 서론

1. 의의와 보호법익

도박과 복표에 관한 죄라 함은 도박하거나 도박을 개장하거나 복표를 발매·중개 또는 취득함으로써 성립하는 범죄를 말하며, 건전한 기업활동의 기초가 되는 국민의 근로관념과 공공의 미풍양속 내지 근로라는 사회의 경제도덕을 보호하기 위한 범죄이다.

2. 구성요건의 체계

도박에 관한 죄의 기본적 구성요건은 단순도박죄(제246조 제1항)이고, 도박개장죄(제247조)와 상습도박죄(제246조 제2항)는 이에 대한 가중적 구성요건이다. 복표에 관한 죄로는 복표의 발매·중개 및 취득죄(제248조)가 있다.

도박에 관한 죄	기본적 구성요건	도박죄(제246조 제1항)
	가중적 구성요건	상습도박죄(상습성으로 인한 책임가중(제246조 제2항)
	독립적 구성요건	도박장소 등 개설죄(제247조)
복표에 관한 죄	기본적 구성요건	복표발매죄(제248조 제1항)
	감경적 구성요건	복표발매중개죄(불법감경(제248조 제2항)), 복표취득죄(불법감경(제248조 제3항))

II. 도박죄

1. 단순도박죄

> **제246조(도박, 상습도박)**
> ① 도박을 한 사람은 1천만원 이하의 벌금에 처한다. 다만, 일시오락 정도에 불과한 경우에는 예외로 한다.

(1) 구성요건

도박함으로써 성립한다(제246조 제1항). 도박죄의 객체에 재물뿐만 아니라 재산상 이익도 포함됨을 분명하게 하기 위하여 2013.4.5. 형법 개정으로 '재물로써'를 삭제하였다.

1) **주체** : 제한이 없다. 다만 본죄는 필요적 공범이다.

2) **행위** : 도박하는 것이다. ㈎ '도박'이란 재물 또는 재산상 이익을 걸고 우연에 의하여 재물의 득실을 결정하는 것을 말한다. 다만 도박이라고 하기 위하여는 당사자 쌍방에 우연할 것을 요한다(통설). ㈏ 본죄는 추상적 위험범이므로 도박행위에 착수하면 기수에 이르며, 승패가 결정되거나 현실로 재물의 득실이 있었을 것도 요하지 않는다.

3) **편면적 도박** : 우연성이 당사자의 일방에게만 있는 경우로서, 이 경우 우연성이 결여되어 있으므로 사기도박자에게만 사기죄가 성립하고 상대방에게는 범죄가 성립하지 않는다고 보아야 한다(다수설, 판례).

4) **경기의 도박성** : 경기란 우연성이 아니라 당사자의 육체적이나 정신적인 능력 또는 기능이나 기량의 숙련도에 따라 승패가 결정되는 것을 말한다. 경기에 대한 도박성의 인정 여부에 대해서는 당사자의 경기력이 승패에 영향을 주더라도 우연의 지배에서 완전히 벗어난 것이 아니라면 도박이 된다고 보아야 한다(다수설, 판례).

5) **기수시기** : 도박행위의 착수가 있으면 즉시 기수가 된다.

(2) 위법성

일시 오락의 정도에 불과한 때에는 본죄는 성립하지 않는다. 일시 오락의 정도는 도박죄의 위법성조각사유가 된다. 일시 오락의 정도에 불과한 것인가는 도박의 시간과 장소, 도박에 건 재물의 가액, 도박에 가담한 자들의 사회적 지위나 재산정도 및 도박으로 인한 이득의 용도 등 여러 가지 사정을 종합하여 판단해야 할 것이다.

2. 상습도박죄

> **제246조(도박, 상습도박)**
> ② 상습으로 제1항의 죄를 범한 사람은 3년 이하의 징역 또는 2천만원 이하의 벌금에 처한다.
>
> **제249조(벌금의 병과)**
> 제246조제2항, 제247조와 제248조제1항의 죄에 대하여는 1천만원 이하의 벌금을 병과할 수 있다.

(1) 의의

상습으로 도박죄를 범한 경우에 성립하는 범죄이다(제246조 제2항).

(2) 상습성판단의 기준과 죄수

1) **상습성의 판단** : 상습이란 반복하여 도박행위를 하는 습벽을 말하며, 상습성을 인정하기 위하여는 전과와 범죄사실의 반복, 시간적 간격 등을 고려하여 도박의 습성이 발현되었는가를 판단해야 할 것이다.

2) **죄수** : 상습도박죄는 집합범이므로 수회에 걸쳐 도박행위를 한 때에도 포괄일죄가 된다는 것이 통설·판례이다.

3) **공범** : 상습성은 행위자의 속성이다. 따라서 상습범은 상습성으로 인하여 형이 가중되는 부진정신분범이다. 따라서 상습자가 비상습자와 같이 도박한 때에는 상습자에게는 본죄가, 비상습자에게는 단순도박죄가 성립하게 된다(제33조 단서).

3. 도박장소 등 개설죄

> **제247조(도박장소 등 개설)**
> 영리의 목적으로 도박을 하는 장소나 공간을 개설한 사람은 5년 이하의 징역 또는 3천만원 이하의 벌금에 처한다.

> 제249조(벌금의 병과)
> 제246조제2항, 제247조와 제248조제1항의 죄에 대하여는 1천만원 이하의 벌금을 병과할 수 있다.

(1) 의의

영리의 목적으로 도박을 개장함으로써 성립하는 범죄이다(제247조). 성질상 본죄는 도박행위를 교사하거나 준비시키는 예비행위에 불과하나 형법은 이를 독립된 범죄로 규정하고 있다.

(2) 구성요건

영리의 목적으로 도박을 하는 장소나 공간을 개설하는 것이다. ㈎ 도박을 하는 장소의 개설이란 스스로 도박의 주재자가 되어 그 지배하에 도박의 장소를 개설하는 것을 말한다. 설비의 정도는 문제되지 않으며, 상설일 것도 요하지 않는다. 주재자가 되지 않고 도박장소를 제공하였을 뿐인 때에는 도박죄의 종범이 될 뿐이다. ㈏ 도박을 하는 공간의 개설이란 스스로 도박의 주재자가 되어 그 지배하에 인터넷상에 도박사이트 등을 개설하여 도박을 할 수 있는 사이버공간 등을 제공하는 것이다. ㈐ 고의 이외에 영리의 목적이 있어야 한다. 영리의 목적이란 재산상의 이익을 얻을 목적을 말한다. ㈑ 영리의 목적으로 도박의 장소나 공간을 개설하면 기수가 된다. 도박을 유인하거나 현실로 도박이 행해짐을 요하지 않는다.

Ⅲ. 복표발매·중개·취득죄

> 제248조(복표의 발매 등)
> ① 법령에 의하지 아니한 복표를 발매한 사람은 5년 이하의 징역 또는 3천만원 이하의 벌금에 처한다.
> ② 제1항의 복표발매를 중개한 사람은 3년 이하의 징역 또는 2천만원 이하의 벌금에 처한다.
> ③ 제1항의 복표를 취득한 사람은 1천만원 이하의 벌금에 처한다.
>
> 제249조(벌금의 병과)
> 제246조제2항, 제247조와 제248조제1항의 죄에 대하여는 1천만원 이하의 벌금을 병과할 수 있다.

법령에 의하지 아니한 복표를 발매·발매중개 또는 취득함으로써 성립하는 범죄이다(제248조). 복표란 특정한 표찰을 발매하여 다수인으로부터 금품을 모아 추첨 등의 방법에 의하여 당선자에게 재산상의 이익을 제공하고 다른 참가인에게 손해를 주는 것을 말한다.

<도박과 복표의 구별>

	도박	복표
방법	우연한 방법	추첨
소유권이전	승패결정시	복표구입시
위험부담	당사자 전원	구매자

판례 도박과 일시오락

- [1] 형법 제246조 도박죄를 처벌하는 이유는 정당한 근로에 의하지 아니한 재물의 취득을 처벌함으로써 경제에 관한 건전한 도덕법칙을 보호하기 위한 것인바, 그 처벌은 헌법이 보장하는 국민의 행복추구권이나 사생활의 자유를 침해할 수 없고, 동조의 입법취지가 건전한 근로의식을 배양 보호함에 있다면 <u>일반 서민대중이 여가를 이용하여 평소의 심신의 긴장을 해소하는 오락은 이를 인정함이 국가정책적 입장에서 보더라도 허용된다 할 것으로, 일시 오락에 불과한 도박행위를 처벌하지 아니하는 이유가 여기에 있다.</u> [2] 속칭 민화투놀이에 저한 재물이 바로 그 즉시 예정된 방법에 따라 소비되지 아니하고 어느 일방이 승패에 따라 그 재물을 차지하였다 하더라도 그 재물의 득실이 승패결정의 흥미를 북돋우기 위한 것이고 그 재물의 경제적 가치가 근소(매회 1인당 100원씩 걸어 합계 300원 중 100원은 술값으로 적립하고 200원만 승자소유가 되며 20여회만 하였음)하여 건전한 근로의식을 침해하지 않을 정도라면 일시오락의 정도에 불과하다(대판 1983.3.22. 82도2151). [해설] 도박죄에서 일시오락의 정도에 불과한 오락행위의 기준을 제시하여 도박과 일시오락의 구별기준을 제시하고 있는 판결.

판례 도박죄

1) 사기도박의 실행의 착수시기 및 죄수

- [1] 도박이란 2인 이상의 자가 상호간에 재물을 도(賭)하여 우연한 승패에 의하여 그 재물의 득실을 결정하는 것이므로, 이른바 사기도박과 같이 도박당사자의 일방이 사기의 수단으로써 승패의 수를 지배하는 경우에는 <u>도박에서의 우연성이 결여되어 사기죄만 성립하고 도박죄는 성립하지 아니한다.</u> [2] 사기죄는 편취의 의사로 기망행위를 개시한 때에 실행에 착수한 것으로 보아야 하므로, <u>사기도박에서도 사기적인 방법으로 도금을 편취하려고 하는 자가 상대방에게 도박에 참가할 것을 권유하는 등 기망행위를 개시한 때에 실행의 착수가 있는 것으로 보아야 한다.</u> [3] 피고인 등이 사기도박에 필요한 준비를 갖추고 그러한 의도로 피해자들에게 도박에 참가하도록 권유한 때 또는 늦어도 그 정을 알지 못하는 피해자들이 도박에 참가한 때에는 이미 사기죄의 실행에 착수하였다고 할 것이므로, <u>피고인 등이 그 후에 사기도박을 숨기기 위하여 얼마간 정상적인 도박을 하였더라도 이는 사기죄의 실행행위에 포함되는 것이어서 피고인에 대하여는 피해자들에 대한 사기죄만이 성립하고 도박죄는 따로 성립하지 아니함에도,</u> 이와 달리 피해자들에 대한 사기죄 외에 도박죄가 별도로 성립하는 것으로 판단하고 이를 유죄로 인정한 원심판결에 사기도박에 있어서의 실행의 착수시기 등에 관한 법리오해의 위법이 있다고 한 사례. [4] <u>피고인 등이 피해자들을 유인하여 사기도박으로 도금을 편취한 행위는 사회관념상 1개의 행위로 평가하는 것이 타당하므로, 피해자들에 대한 각 사기죄는 상상적 경합의 관계에 있다고 보아야 함에도,</u> 위 각 죄가 실체적 경합의 관계에 있는 것으로 보고 경합범 가중을 한 원심판결에 사기죄의 죄수에 관한 법리오해의 위법이 있다고 한 사례(대판 2011.1.13. 2010도9330). [해설] '사기도박'의 경우에는 도박행위의 요건인 '우연성'이 결여되어 사기죄만 성립하고 도박죄는 성립하지 않는다고 본 사례.

2) 경기의 도박성

- [1] 형법 제246조에서 도박죄를 처벌하는 이유는 정당한 근로에 의하지 아니한 재물의 취득을

처벌함으로써 경제에 관한 건전한 도덕법칙을 보호하는 데 있다. 그리고 도박은 '재물을 걸고 우연에 의하여 재물의 득실을 결정하는 것'을 의미하는바, 여기서 '<u>우연</u>'이란 주관적으로 '<u>당사자에 있어서 확실히 예견 또는 자유로이 지배할 수 없는 사실에 관하여 승패를 결정하는 것</u>'을 말하고, 객관적으로 불확실할 것을 요구하지 아니한다. 따라서, <u>당사자의 능력이 승패의 결과에 영향을 미친다고 하더라도 다소라도 우연성의 사정에 의하여 영향을 받게 되는 때에는 도박죄가 성립할 수 있다.</u> [2] <u>피고인들이 각자 핸디캡을 정하고 홀마다 또는 9홀마다 별도의 돈을 걸고 총 26 내지 32회에 걸쳐 내기 골프를 한 행위가 도박에 해당한다고 한 사례</u>(대판 2008.10.23. 2006도736). [해설] 도박행위의 요건인 '우연성'의 의미를 설명하고 당사자의 능력이 승패의 결과에 영향을 미친다고 하더라도 다소라도 우연성의 사정에 의하여 영향을 받게 되는 때에는 도박죄가 성립할 수 있다고 본 판결.

3) 상습도박죄

- 상습도박의 죄나 상습도박방조의 죄에 있어서의 상습성은 행위의 속성이 아니라 행위자의 속성으로서 도박을 반복해서 거듭하는 습벽을 말하는 것인 바, <u>도박의 습벽이 있는 자가 타인의 도박을 방조하면 상습도박방조의 죄에 해당하는 것이며, 도박의 습벽이 있는 자가 도박을 하고 또 도박방조를 하였을 경우 상습도박방조의 죄는 무거운 상습도박의 죄에 포괄시켜 1죄로서 처단</u>하여야 한다(대판 1984.4.24. 84도195, 가중적 신분범에서 신분자가 비신분자에게 가공한 경우). [해설] 상습도박죄에서 상습성은 신분관계에 해당하고, 도박의 습벽이 있는 자가 타인의 도박을 방조하면 상습도박방조죄로 처벌된다고 판시함.

4) 도박장소 등 개설죄

① [1] <u>형법 제247조의 도박개장죄는 영리의 목적으로 스스로 주재자가 되어 그 지배하에 도박장소를 개설함으로써 성립하는 것</u>으로서 도박죄와는 별개의 독립된 범죄이고, '도박'이라 함은 참여한 당사자가 재물을 걸고 우연한 승부에 의하여 재물의 득실을 다투는 것을 의미하며, '영리의 목적'이란 도박개장의 대가로 불법한 재산상의 이익을 얻으려는 의사를 의미하는 것으로, 반드시 도박개장의 직접적 대가가 아니라 도박개장을 통하여 간접적으로 얻게 될 이익을 위한 경우에도 영리의 목적이 인정되고, 또한 현실적으로 그 이익을 얻었을 것을 요하지는 않는다. [2] <u>인터넷 고스톱게임 사이트를 유료화하는 과정에서 사이트를 홍보하기 위하여 고스톱대회를 개최하면서 참가자들로부터 참가비를 받고 입상자들에게 상금을 지급한 행위에 대하여 도박개장죄를 인정한 사례</u>(대판 2002.4.12. 2001도5802).

② 인터넷 게임사이트의 온라인 게임에서 통용되는 사이버머니를 구입하고자 하는 사람을 유인하여 돈을 받고 위 게임사이트에 접속하여 일부러 패하는 방법으로 사이버머니를 판매한 사람에 대하여, <u>정범인 위 게임사이트 개설자의 도박개장행위를 인정할 수 없는 이상 종범인 도박개장방조죄도 성립하지 않는다고 한 사례</u>(대판 2007.11.29. 2007도8050).

③ 성인피시방에서 그곳을 찾은 손님들을 상대로 카운터에 설치된 컴퓨터장치를 이용하여 도박에 사용되는 손님 아이디로 현금을 충전해 주고, 현금을 충전 받은 손님들이 이를 이용해 게임머니를 구입하여 '아마존' 도박게임을 이용하게 하고, <u>게임종료 후 남은 게임머니를 환전 사이트에서 환전을 받게 하며, 손님들이 게임머니를 구입한 금액의 5%를 수수료 명목으로 지급받아 이익을 취한 행위를 도박개장죄로 인정한 것은 정당</u>하다(대판 2008.10.23. 2008도3970).

④ [1] 형법 제247조의 도박개장죄는 영리의 목적으로 스스로 주재자가 되어 그 지배하에 도박장소를 개설함으로써 성립하는 것으로서, 도박죄와는 별개의 독립된 범죄이다. 이때 '도박'이란 참여한 당사자가 재물을 걸고 우연한 승부에 의하여 재물의 득실을 다투는 것을 의미하고, '영리의 목적'이란 도박개장의 대가로 불법한 재산상의 이익을 얻으려는 의사를 의미한다. [2] 유료낚시터를 운영하는 사람이 입장료 명목으로 요금을 받은 후 물고기에 부착된 시상번호에 따라 경품을 지급한 사안에서, 도박개장죄를 인정한 사례(대판 2009.2.26. 2008도10582).

⑤ 형법 제247조의 도박개장죄는 영리의 목적으로 스스로 주재자가 되어 그 지배하에 도박장소를 개설함으로써 성립하는 도박죄와는 별개의 독립된 범죄이고, '도박'이라 함은 참여한 당사자가 재물을 걸고 우연한 승부에 의하여 재물의 득실을 다투는 것을 의미하며, '영리의 목적'이란 도박개장의 대가로 불법한 재산상의 이익을 얻으려는 의사를 의미하는 것이다(대판 2013.11.28. 2012도14725).

⑥ 피고인이 음란물유포 인터넷사이트를 운영하면서 정보통신망 이용촉진 및 정보보호 등에 관한 법률(이하 '정보통신망법'이라 한다) 위반(음란물유포)죄와 도박개장방조죄에 의하여 비트코인(Bitcoin)을 취득한 사안에서, 범죄수익은닉의 규제 및 처벌 등에 관한 법률(이하 '범죄수익은닉규제법'이라 한다) [별표] 제1호 (사)목에서는 형법 제247조의 죄를, [별표] 제24호에서는 정보통신망법 제74조 제1항 제2호의 죄를 중대범죄로 규정하고 있어 피고인의 정보통신망법 위반(음란물유포)죄와 도박개장방조죄는 범죄수익은닉규제법에 정한 중대범죄에 해당하며, 비트코인은 경제적인 가치를 디지털로 표상하여 전자적으로 이전, 저장 및 거래가 가능하도록 한, 이른바 '가상화폐'의 일종인 점, 피고인은 위 음란사이트를 운영하면서 사진과 영상을 이용하는 이용자 및 음란사이트에 광고를 원하는 광고주들로부터 비트코인을 대가로 지급받아 재산적 가치가 있는 것으로 취급한 점에 비추어 비트코인은 재산적 가치가 있는 무형의 재산이라고 보아야 하고, 몰수의 대상인 비트코인이 특정되어 있다는 이유로, 피고인이 취득한 비트코인을 몰수할 수 있다고 본 원심판단이 정당하다고 한 사례(대판 2018.5.30. 2018도3619). [해설] 도박개장죄의 성립요건을 설명하고 비트코인 등 이른바 '가상화폐'도 몰수의 대상이 된다고 본 판결.

⑦ [1] 구 아동·청소년의 성보호에 관한 법률(2020. 6. 2. 법률 제17338호로 개정되기 전의 것) 제11조 제2항은 영리를 목적으로 아동·청소년이용음란물을 공연히 전시한 자는 10년 이하의 징역에 처한다고 규정한다. [2] 위 조항에서 규정하는 '영리의 목적'이란 위 법률이 정한 구체적 위반행위를 함에 있어서 재산적 이득을 얻으려는 의사 또는 이윤을 추구하는 의사를 말하며(대판 2004.3.26. 2003도8003 등 참조), 이는 널리 경제적인 이익을 취득할 목적을 말하는 것으로서 반드시 아동·청소년이용음란물 배포 등 위반행위의 직접적인 대가가 아니라 위반행위를 통하여 간접적으로 얻게 될 이익을 위한 경우에도 영리의 목적이 인정된다(향정신성의약품관리법위반죄에 관한 대법원 1997.12.12. 선고 97도2368 판결, 도박개장죄에 관한 대법원 2008.10.23. 선고 2008도3970 판결, 의료법 위반죄에 관한 대법원 2017.8.18. 선고 2017도7134 판결 등 참조). [3] 따라서 사설 인터넷 도박사이트를 운영하는 사람이, 먼저 카카오톡 오픈채팅방을 개설하여 아동·청소년이용음란 동영상을 게시하고 1:1대화를 통해 불특정다수를 위 오픈채팅방 회원으로 가입시킨 다음, 그 오픈채팅방에서 자신이 운영하는 도박사이트를 홍보하면서 회원들이 가입 시 입력한 이름, 전화번호 등을 이용하여 전화를 걸어 위 도박사이트 가입을 승인해주는 등의 방법으로 가입을 유도하고 그 도박사이트를 이용하여 도박을 하게 하였다면, 영리를 목적으로 도박공간을 개설한 행위가 인정됨은 물론, 나아가 영리를 목적으로 아동·청소년이용음란물을 공연히 전시한 행

위도 인정된다고 할 것이다(대판 2020.9.24. 2020도8978). **[해설]** 피고인이 사설 인터넷 도박사이트를 운영하면서 이를 홍보하기 위하여 카카오톡 오픈채팅방을 개설하여 아동·청소년이용음란물을 게시한 사건에서 영리의 목적이 인정된다고 본 판례.

5) 도박장소 등 개설죄의 기수시기

- [1] 형법 제247조의 도박개장죄는 영리의 목적으로 도박을 개장하면 기수에 이르고, 현실로 도박이 행하여졌음은 묻지 않는다. 따라서 영리의 목적으로 속칭 포커나 바둑이, 고스톱 등의 인터넷 도박게임 사이트를 개설하여 운영하는 경우, 현실적으로 게임이용자들로부터 돈을 받고 게임머니를 제공하고 게임이용자들이 위 도박게임 사이트에 접속하여 도박을 하여, 위 게임으로 획득한 게임머니를 현금으로 환전해 주는 방법 등으로 게임이용자들과 게임회사 사이에 있어서 재물이 오고갈 수 있는 상태에 있으면, 게임이용자가 위 도박게임 사이트에 접속하여 실제 게임을 하였는지 여부와 관계없이 도박개장죄는 '기수'에 이른다. [2] 피고인이 단순히 가맹점만을 모집한 상태에서 도박게임 프로그램을 시험 가동한 정도에 그친 것이 아니라, 가맹점을 모집하여 인터넷 도박게임이 가능하도록 시설 등을 설치하고 도박게임 프로그램을 가동하던 중 문제가 발생하여 더 이상의 영업으로 나아가지 못한 것으로 볼 여지가 있다면 이로써 도박개장죄는 이미 '기수'에 이르렀다고 볼 수 있고, 나아가 피고인이 모집한 피씨방의 업주들이 그곳을 찾은 이용자들에게 피고인이 개설한 도박게임 사이트에 접속하여 도박을 하게 한 사실이 없다고 하여 도박개장죄의 성립이 부정된다고 할 수 없다고 한 사례(대판 2009.12.10. 2008도5282).

6) 도박죄와 속인주의

① 형법 제3조는 "본법은 대한민국 영역 외에서 죄를 범한 내국인에게 적용한다."고 하여 형법의 적용 범위에 관한 속인주의를 규정하고 있고, 또한 국가 정책적 견지에서 도박죄의 보호법익보다 좀 더 높은 국가이익을 위하여 예외적으로 내국인의 출입을 허용하는 폐광지역개발지원에관한특별법 등에 따라 카지노에 출입하는 것은 법령에 의한 행위로 위법성이 조각된다고 할 것이나, 도박죄를 처벌하지 않는 외국 카지노에서의 도박이라는 사정만으로 그 위법성이 조각된다고 할 수 없으므로, 원심이, 피고인이 상습으로 1996. 9. 19.부터 1997. 8. 25.경까지 사이에 판시와 같이 미국의 네바다주에 있는 미라지 호텔 카지노에서 도박하였다는 공소사실에 대하여 유죄를 인정한 것도 정당하고, 거기에 상고이유로 주장하는 바와 같이 도박죄의 위법성조각에 관한 법리오해 등의 위법이 있다고 할 수 없다(대판 2004.4.23. 2002도2518).

② [1] 상습도박죄에 있어서의 상습성이라 함은 반복하여 도박행위를 하는 습벽으로서 행위자의 속성을 말하는데, 이러한 습벽의 유무를 판단함에 있어서는 도박의 전과나 도박횟수 등이 중요한 판단자료가 되나, 도박전과가 없다 하더라도 도박의 성질과 방법, 도금의 규모, 도박에 가담하게 된 태양 등의 제반 사정을 참작하여 도박의 습벽이 인정되는 경우에는 상습성을 인정할 수 있다. [2] 형법 제3조는 "본법은 대한민국 영역 외에서 죄를 범한 내국인에게 적용한다."라고 하여 형법의 적용 범위에 관한 속인주의를 규정하고 있고, 또한 국가 정책적 견지에서 도박죄의 보호법익보다 좀 더 높은 국가이익을 위하여 예외적으로 내국인의 출입을 허용하는 폐광지역 개발 지원에 관한 특별법 등에 따라 카지노에 출입하는 것은 법령에 의한 행위로 위법성이 조각된다고 할 것이나, 도박죄를 처벌하지 않는 외국 카지노에서의 도박이라는 사정만으로 그 위법성이 조각된다고 할 수 없다(대판 2017.4.13. 2017도953). **[해설]** 도박죄를 처벌하지 않는 외국 카지노에서의 도박이라는 사정만으로는 도박죄의 위법성이 조

각되지 않는다고 본 사례.

7) 스포츠 도박

- 구 국민체육진흥법(2012. 2. 17. 법률 제11309호로 개정되기 전의 것) 제26조는 "서울올림픽기념 국민체육진흥공단과 수탁사업자 외에는 체육진흥투표권 발행이나 이와 비슷한 행위를 할 수 없다."라고 규정하면서, 제53조에서 이를 위반한 자를 처벌하도록 규정하고 있었다. 그런데 2012. 2. 17. 법률 제11309호로 개정된 국민체육진흥법은 제26조 제1항에서 "서울올림픽기념국민체육진흥공단과 수탁사업자가 아닌 자는 체육진흥투표권 또는 이와 비슷한 것을 발행(정보통신망에 의한 발행을 포함한다)하여 결과를 적중시킨 자에게 재물이나 재산상의 이익을 제공하는 행위(이하 '유사행위'라 한다)를 하여서는 아니 된다."라고 규정하는 한편, 같은 조 제2항에 '정보통신망 이용촉진 및 정보보호 등에 관한 법률 제2조 제1항 제1호에 따른 정보통신망을 이용하여 체육진흥투표권이나 이와 비슷한 것을 발행하는 시스템을 설계·제작·유통 또는 공중이 이용할 수 있도록 제공하는 행위'(제1호), '유사행위를 위하여 해당 운동경기 관련 정보를 제공하는 행위'(제2호), '유사행위를 홍보하거나 체육진흥투표권 또는 이와 비슷한 것의 구매를 중개 또는 알선하는 행위'(제3호)를 하여서는 아니 된다는 규정을 추가하고, 제47조 내지 제49조에서 이를 위반한 자에 대하여 각 금지행위의 태양에 따라 법정형을 달리하여 규정하고 있다. 이와 같이 개정된 국민체육진흥법 제26조가 제1항에서 '유사행위'를 금지하는 외에, 제2항에 유사행위와 관련한 각 호의 행위를 금지하는 조항을 신설한 취지는, 제26조 제1항의 '유사행위'에까지 이르지 않았지만 유사행위와 밀접한 관련이 있는 행위도 금지하고 이를 위반한 자를 처벌하도록 함으로써 불법적인 스포츠 도박 사업 운영을 근원적이고 효과적으로 방지하고자 하는 데에 있다. 이러한 관련 규정의 입법 취지, 내용과 함께 국민체육진흥법 제26조의 각 행위에 대하여 <u>형법 총칙의 공범 규정 적용을 배제하는 규정이 없는 점 등에 비추어 보면, 국민체육진흥법 제26조 제1항 위반죄의 공범에 해당하는 사람이 실행행위로서 제2항 각 호의 행위를 한 경우에는 공범에 관한 형법 총칙 규정에 따라 같은 조 제1항 위반죄의 공범이 성립하고, 같은 조 제2항 위반죄는 이에 흡수된다. 이와 달리 해석한다면 국민체육진흥법 제26조 제2항 각 호의 행위를 한 자에 대하여는 제1항의 유사행위에 공모·가담하더라도 같은 항 위반죄의 공범으로 처벌할 수 없고 그보다 형이 가벼운 같은 조 제2항 위반죄로만 처벌할 수 있게 되므로, 다른 행위를 하여 제26조 제1항의 공범으로 처벌하는 경우와 비교하여 형평에도 맞지 않다</u>(대판 2017.1.12. 2016도18119).

8) 도박과 타죄와의 관계

- 공갈죄와 도박죄는 그 구성요건과 보호법익을 달리하고 있고, 공갈죄의 성립에 일반적·전형적으로 도박행위를 수반하는 것은 아니며, 도박행위가 공갈죄에 비하여 별도로 고려되지 않을 만큼 경미한 것이라고 할 수도 없으므로, <u>도박행위가 공갈죄의 수단이 되었다 하여 그 도박행위가 공갈죄에 흡수되어 별도의 범죄를 구성하지 않는다고 할 수 없다</u>(대판 2014.3.13. 2014도212). [해설] 도박행위가 그 구성요건과 보호법익을 달리하고 있는 공갈죄의 수단이 된 경우, 공갈죄와 도박죄는 별도로 성립한다고 본 판결.

> **판례** 복표의 개념 및 판단기준
>
> • [1] 형법은 각칙 제23장에서 '도박과 복표에 관한 죄'라는 제목 아래 도박죄와 함께 복표발매죄 등을 규정하고 있는바, 복표도 우연에 의하여 승패가 결정된다는 의미에서 도박에 유사한 측면이 있으므로, 건전한 국민의 근로관념과 사회의 미풍양속을 보호하려는 데에 그 발매 등의 행위를 제한하고 처벌할 이유가 있는 것이고, 여기에다가사행행위등규제및처벌특례법 제2조 제1항 제1호 (가)목의 규정 취지를 종합하여 보면, 형법 제248조가 규정하는 복표의 개념요소는 ① 특정한 표찰일 것, ② 그 표찰을 발매하여 다수인으로부터 금품을 모을 것, ③ 추첨 등의 우연한 방법에 의하여 그 다수인 중 일부 당첨자에게 재산상의 이익을 주고 다른 참가자에게 손실을 줄 것의 세 가지로 파악할 수 있으며, 이 점에서 경제상의 거래에 부수하는 특수한 이익의 급여 내지 가격할인에 불과한 경품권이나 사은권 등과는 그 성질이 다른 것이지만, 어떠한 표찰이 형법 제248조 소정의 복표에 해당하는지 여부는 그 표찰 자체가 갖는 성질에 의하여 결정되어야 하고, 그 기본적인 성질이 위와 같은 개념요소를 갖추고 있다면, 거기에 광고 등 다른 기능이 일부 가미되어 있는 관계로 당첨되지 않은 참가자의 손실을 그 광고주 등 다른 사업주들이 대신 부담한다고 하더라도, 특별한 사정이 없는 한 복표로서의 성질을 상실하지는 않는다. [2] 이른바 '<u>광고복권</u>'은 통상의 경우 이를 홍보 및 판촉의 수단으로 사용하는 사업자들이 당첨되지 않은 참가자들의 손실을 대신 부담하여 주는 것일 뿐, 그 자체로는 추첨 등의 우연한 방법에 의하여 일부 당첨자에게 재산상의 이익을 주고 다른 참가자에게 손실을 주는 복표로서의 성질을 갖추고 있다고 보아 형법 제248조 소정의 복표에 해당한다고 한 사례(대판 2003.12.26. 2003도5433).

제3절 신앙에 관한 죄

I. 서론

1. 종교범죄와 형법

신앙에 관한 죄란 종교적 평온과 종교감정을 침해하는 것을 내용으로 하는 범죄이다. 형법은 신앙에 관한 죄로 장례식 등 방해죄(제158조), 시체 등 오욕죄(제159조), 분묘발굴죄(제160조), 시체 등 영득죄(제161조) 및 변사체검시방해죄(제163조)를 규정하고 있다.

2. 보호법익

신앙에 관한 죄의 보호법익은 사회풍속으로 되어 있는 종교적 감정이라고 해석하는 견해도 있지만, 본죄의 보호법익에는 종교적 감정 이외에 종교적 평온이 포함되어 있다고 해야 한다. 그러나 변사체검시방해죄의 보호법익은 종교적 평온이나 감정과 아무런 관련이 없다.

3. 구성요건의 체계

형법	독립적 구성요건	장례식 등 방해죄(제158조), 시체 등 오욕죄(제159조), 분묘발굴죄(제160조), 시체 등 영득죄(제161조), 변사체검시방해죄(제163조)
	미수범 처벌	분묘발굴죄, 시체 등 영득죄(제162조)

Ⅱ. 장례식·제사·예배·설교방해죄

> **제158조(장례식등의 방해)**
> 장례식, 제사, 예배 또는 설교를 방해한 자는 3년 이하의 징역 또는 500만원 이하의 벌금에 처한다.

1. 의의

장례식·제사·예배 또는 설교를 방해함으로써 성립하는 범죄이다(제158조).

2. 객관적 구성요건

(1) 행위의 객체

장례식·제사·예배 또는 설교이다. ㈎ 장례식이란 사자를 장사지내는 일을 말하며, 이에는 비종교적 장례식도 포함한다. ㈏ 제사란 제사지내는 의식을 말하며, 종교적 의식도 여기에 해당한다. ㈐ 예배란 종교단체의 규칙과 관례와 형식에 따라 신에게 기도하고 숭경하는 종교적 의식을 말한다. ㈑ 설교란 종교상의 교의를 해설하는 것을 말한다.

(2) 행위

방해하는 것이다. 방해란 장례식 등의 정상적인 진행을 곤란하게 하는 것을 말하며, 그 방법에는 제한이 없다. 다만 문서를 반포하여 비난하는 것은 방해라고 할 수 없다. 본죄는 추상적 위험범이므로 장례식 등을 방해하면 기수가 된다.

3. 주관적 구성요건

본죄가 성립하기 위하여는 고의가 필요하다. 그러나 방해의 목적이 있어야 하는 것은 아니다.

Ⅲ. 시체에 관한 죄

1. 시체·유골·유발오욕죄

> **제159조(시체 등의 오욕)**
> 시체, 유골 또는 유발(遺髮)을 오욕한 자는 2년 이하의 징역 또는 500만원 이하의 벌금에 처한다.

(1) 의의

시체·유골·유발을 오욕함으로써 성립하는 범죄이다(제159조).

(2) 행위의 객체

시체·유골 또는 유발이다. ㈎ 시체란 사람 모양의 통일체로 결합되어 있는 사람의 시체를 말하며, 인체의 형태를 갖춘 사태(死胎)도 시체에 포함된다(통설). 시체의 전부뿐만 아니라 일부도 포함된다. ㈏ 유골이란 화장 기타의 방법에 의하여 백골이 된 사체의 일부분을 말하며, 유발은 사자를 기념하기 위하여 보존한 모발이다. 다만 유골이나 유발이라 할지라도 학술상 표본이 된 것은 여기에 포함되지 않는다.

(3) 행위

오욕하는 것이다. 여기서 오욕이란 폭행 기타의 유형력의 행사에 의하여 모욕적인 의사를 표현하는 것을 말한다. 따라서 언어에 의한 경우에는 오욕이라고 할 수 없다.

2. 분묘발굴죄

> **제160조(분묘의 발굴)**
> 분묘를 발굴한 자는 5년 이하의 징역에 처한다.
>
> **제162조(미수범)**
> 전2조의 미수범은 처벌한다.

분묘를 발굴함으로써 성립하는 범죄이다(제160조). ㈎ 본죄의 객체인 분묘란 사람의 사체·유골·유발을 매장하여 사자를 제사 또는 기념하는 장소를 말한다. 반드시 적법하게 매장된 분묘일 것을 요하지 않는다. 다만 제사나 예배의 대상이 되지 않는 고분은 분묘라고 할 수 없다. ㈏ 발굴이란 복토의 전부 또는 일부를 제거하거나 묘석 등을 파괴하여 분묘를 손괴하는 것을 말하며, 관이나 사체 또는 유골이 외부에 표출되어야 한다(외부인지설)는 것이 통설이다. 다만 판례는 이를 요하지 않는 복토제거설의 입장이다. 미수범을 벌하고 있는 형법의 태도에 비추어 통설이 타당하다.

3. 시체 등 손괴·유기·은닉·영득죄

> **제161조(시체 등의 유기 등)**
> ① 시체, 유골, 유발 또는 관 속에 넣어 둔 물건을 손괴(損壞), 유기, 은닉 또는 영득(領得)한 자는 7년 이하의 징역에 처한다.
>
> **제162조(미수범)**
> 전2조의 미수범은 처벌한다.

(1) 의의

시체, 유골, 유발 또는 관 속에 넣어 둔 물건을 손괴(損壞), 유기, 은닉 또는 영득(領得)함으로써 성립하는 범죄이다(제161조 제1항).

(2) 구성요건

1) **주체** : 제한이 없다.

2) **행위의 객체** : 시체·유골·유발 또는 관 속에 넣어 둔 물건이다.

3) **행위** : 손괴·유기·은닉 또는 영득이다. ㈎ 손괴란 종교적 감정을 해할 정도의 물리적 훼손 또는 파괴를 말하며, ㈏ 유기란 사체 등을 종교적·사회적으로 매장이라고 인정되는 방법에 의하지 아니하고 방기하는 것을 말하며, ㈐ 은닉이란 사체 등의 발견을 불가능하게 하거나 심히 곤란하게 하는 것을 말하며, ㈑ 영득이란 사체의 점유를 불법하게 취득하는 것을 말한다.

(3) 분묘발굴 시체 등 손괴·유기·은닉·영득죄

> **제161조(시체 등의 유기 등)**
> ② 분묘를 발굴하여 전항의 죄를 범한 자는 10년 이하의 징역에 처한다.

분묘를 발굴하여 시체·유골·유발 또는 관내에 장치한 물건을 손괴·유기·은닉 또는 영득함으로써 성립하는 범죄이다(제161조 제2항). 즉 본죄는 분묘발굴죄와 사체 등 영득죄의 결합범이다.

Ⅳ. 변사체검시방해죄

> **제163조(변사체 검시 방해)**
> 변사자의 시체 또는 변사(變死)로 의심되는 시체를 은닉하거나 변경하거나 그 밖의 방법으로 검시(檢視)를 방해한 자는 700만원 이하의 벌금에 처한다.

변사자의 시체 또는 변사(變死)로 의심되는 시체를 은닉하거나 변경하거나 그 밖의 방법으로 검시(檢視)를 방해함으로써 성립하는 범죄이다(제163조). 종교적 평온과 종교감정을 보호하기 위한 범죄가 아니라 공무방해의 죄로서의 성질을 가진 범죄이다.

행위의 객체는 변사자의 시체 또는 변사(變死)로 의심되는 시체이다. 변사자란 자연사 또는 통상의 병사가 아닌 시체로서 범죄로 인한 사망이라는 의심이 있는 것을 말한다. 변사자의 시체뿐만 아니라 변사의 의심 있는 시체도 행위의 객체에 포함된 것은 형사소송법 제222조가 이를 검시의 대상으로 규정하고 있기 때문이다.

행위는 시체를 은닉 또는 변경하거나 그 밖의 방법으로 검시를 방해하는 것이다. 검시를 방해한다는 것은 검시를 불가능하게 하거나 현저히 곤란하게 하는 것을 말한다. 은닉이란 변사자의 시체의 소재를 불분명하게 하여 그 발견을 곤란하게 하는 일체의 행위를 의미하며, 변경은 시체의 현상을 바꾸는 행위를 말한다. 그 밖의 방법으로 검시를 방해하는 경우로는 시체를 화장하거나 손괴하는 경우를 들 수 있다.

 **판례** 　예배방해죄

① [1] 형법 제158조에 규정된 예배방해죄는 공중의 종교생활의 평온과 종교감정을 그 보호법익으로 하는 것이므로, 예배중이거나 예배와 시간적으로 밀접불가분의 관계에 있는 준비단계에서 이를 방해하는 경우에만 성립한다. [2] 교회의 교인이었던 사람이 교인들의 총유인 교회 현판, 나무십자가 등을 떼어 내고 예배당 건물에 들어가 출입문 자물쇠를 교체하여 7개월 동안 교인들의 출입을 막은 사안에서, 장기간 예배당 건물의 출입을 통제한 위 행위는 교인들의 예배 내지 그와 밀접불가분의

관계에 있는 준비단계를 계속하여 방해한 것으로 볼 수 없어 예배방해죄가 성립하지 않는다고 한 사례. [3] 한편 <u>이 부분 범죄사실은 원심이 유죄로 인정한 피고인에 대한 나머지 범죄사실(손괴죄와 건조물침입죄)과 형법 제37조 전단의 경합범 관계에 있으므로, 결국 원심판결 전부를 파기하고, 사건을 다시 심리·판단하게 하기 위하여 원심법원으로 환송하기로 하여, 관여 대법관의 일치된 의견으로 주문과 같이 판결한다</u>(대판 2008.2.1. 2007도5296).

② [1] 장례식방해죄는 장례식의 평온과 공중의 추모감정을 보호법익으로 하는 이른바 추상적 위험범으로서 범인의 행위로 인하여 장례식이 현실적으로 저지 내지 방해되었다고 하는 결과의 발생까지 요하지 않고 방해행위의 수단과 방법에도 아무런 제한이 없으며 일시적인 행위라 하더라도 무방하나, <u>적어도 객관적으로 보아 장례식의 평온한 수행에 지장을 줄 만한 행위를 함으로써 장례식의 절차와 평온을 저해할 위험이 초래될 수 있는 정도는 되어야 비로소 방해행위가 있다고 보아 장례식방해죄가 성립</u>한다고 할 것이다. [2] 한편 형사재판에서 공소가 제기된 범죄사실에 대한 입증책임은 검사에게 있는 것이므로, 장례식방해죄에 있어서 장례식의 절차와 평온을 저해할 위험이 초래된 방해행위가 있었음에 대해서도 그 입증책임은 검사에게 있다고 할 것이다(대판 2013.2.14. 2010도13450). [해설] 장례식방해죄의 성립 요건 및 장례식의 절차와 평온을 저해할 위험이 초래된 방해행위가 있었다는 사실에 대한 거증책임은 검사에게 있다고 본 판결.

판례 분묘발굴죄

- [1] 분묘발굴죄는 그 분묘에 대하여 아무런 권한 없는 자나 또는 권한이 있는 자라도 사체에 대한 종교적 양속에 반하여 함부로 이를 발굴하는 경우만을 처벌대상으로 삼는 취지라고 보아야 할 것이므로, <u>법률상 그 분묘를 수호, 봉사하며 관리하고 처분할 권한이 있는 자 또는 그로부터 정당하게 승낙을 얻은 자가 사체에 대한 종교적, 관습적 양속에 따른 존숭의 예를 갖추어 이를 발굴하는 경우에는 그 행위의 위법성이 조각된다</u>고 할 것이고, 한편 분묘에 대한 봉사, 수호 및 관리, 처분권은 종중이나 그 후손들 모두에게 속하여 있는 것이 아니라 오로지 그 분묘에 관한 호주상속인에게 전속한다. [2] 분묘를 수호, 봉사하며 관리하고 처분할 권한이 있는 구 민법상 호주상속인이 사체에 대한 종교적, 관습적 양속에 따른 존숭의 예를 갖추어 분묘를 발굴하는 경우, 그 행위의 위법성이 조각된다고 한 사례(대판 2007.12.13. 2007도8131).

판례 시체 등 손괴·유기·은닉·영득죄

① 피고인의 전시 소위가 본죄 구성의 제요건에 해당하는 여부를 살펴보면 본시 사체의 매장은 사자의 유해를 일정한 지소에 수용 안정케 함과 동시에 이로써 후인으로 하여금 그 추념의 표식이 되게하려 함을 목적으로 하는 것이므로 그는 반드시 일반 장제의 의례를 갖추어야만 하는것은 아니라 할지라도 사리와 상례에서 벗어난 본건의 경우와 같은 정황하에 단지 지하에 매몰하였다는 일사만으로서는 도저히 이를 정상한 매장이라 할 수 없고 다음 본 피고인에 대한 우 사체처리의 의무 유무 여하에 있어서는 위에 서상된 바와 같이 사자 공소외 3은 <u>그 자살 전까지의 상당기간 계속 피고인 소관의 과수원에 노무자로서 종사하여 오고 있었던 것이므로 동인에 있어서 피고인</u>

의 관리구역 내에서의 본 사안의 경우와 같은 불여의 사태가 발생하였을 때에는 설령 법률상 또는 계약상의 의무는 아니라 할지라도 의당 소할관서에의 신고 또는 그 유가족에의 통보 연락등 상당한 조처를 취하였어야 할 조리상의 의무를 기대할 수 있는 것인 바 이를 전혀 몰각한 본 사안에 있어서와 같은 처사는 정히 사체 유기를 규정한 정조의 요건을 십분 충족한 것이라고 이르지 않을 수 없다(대판 1961.1.18. 4293형상859).

② 사체유기죄는 법률, 계약 또는 조리상 사체를 장제 또는 감호할 의무가 있는 자가 이를 방치하거나 그 의무 없는 자가 그 장소적 이전을 하면서 종교적, 사회적 풍습에 따른 의례에 의하지 아니하고 이를 방기함을 요한다고 할 것인데 이 사건에 있어서 피고인은 조리상 사체를 장제 또는 감호할 의무가 있는 것도 아니고 사체에 대하여 어떠한 장소적 이전을 한 것도 아니어서 그 소위만으로는 사체를 유기한 것으로는 볼 수 없다(대판 1986.6.24. 86도891).

③ 사람을 살해한 다음 그 범죄의 흔적을 은폐하기 위하여 그 시체를 다른 장소로 옮겨 유기하였을 때에는 살인죄와 사체유기죄의 경합범이 성립하고 사체유기를 불가벌적 사후행위라 할 수 없다(대판 1997.7.25. 97도1142, 대판 1984.11.27. 84도2263).

④ 사체유기죄는 사자에 대한 사회적 풍속으로서의 종교적 감정 또는 종교적 평온을 보호법익으로 하는 것으로서, 법률, 계약 또는 조리상 사체에 대한 장제 또는 감호할 의무가 있는 자가 이를 방치하거나 그 의무없는 자가 그 장소적 이전을 하면서 종교적, 사회적 풍습에 따른 의례에 의하지 아니하고 이를 방치하는 경우에 성립한다고 할 것이다. 원심판결 이유에 의하면 원심은 피고인들이 판시일시에 판시와 같이 사망한 피해자의 사체를 영안실에 안치한 후 구타로 인한 사망사실을 은폐하기 위하여 G화장장에서 화장함으로써 사체를 유기한 것이라는 공소사실에 대하여, 사체유기죄는 사자에 대한 사회풍습으로서의 종교적 감정을 그 보호법익으로 하는 것인데 피고인들이 일반화장절차에 따라 피해자의 시신을 위와 같이 화장하여 일반 장제의 의례를 갖추었다면 비록 그것이 자신들의 범행을 은폐할 목적이었다고 하더라도 사자에 대한 종교적 감정을 침해한 것이라고 보기 어렵다고 하여 무죄를 선고한 1심 판결을 유지하고 있는 바, 앞서본 법리에 비추어 원심의 판단은 정당하고 거기에 소론주장과 같은 법리오해 등의 위법이 있다고 할 수 없다(대판 1998.3.10. 98도51).

판례 변사체검시방해죄

- 형법 제163조의 변사자라 함은 부자연한 사망으로서 그 사인이 분명하지 않은 자를 의미하고 그 사인이 명백한 경우는 변사자라 할 수 없으므로, 범죄로 인하여 사망한 것이 명백한 자의 사체는 같은 법조 소정의 변사체검시방해죄의 객체가 될 수 없다(대판 2003.6.27. 2003도1331).

 MEMO

PART 03
국가적 법익에 대한 죄

| PART 01 | PART 02 | **PART 03 국가적 법익에 대한 죄**

CHAPTER **01** | 국가의 존립과 권위에 대한 죄

 | 내란의 죄

> **제87조(내란)**
> 대한민국 영토의 전부 또는 일부에서 국가권력을 배제하거나 국헌을 문란하게 할 목적으로 폭동을 일으킨 자는 다음 각 호의 구분에 따라 처벌한다.
> 1. 우두머리는 사형, 무기징역 또는 무기금고에 처한다.
> 2. 모의에 참여하거나 지휘하거나 그 밖의 중요한 임무에 종사한 자는 사형, 무기 또는 5년 이상의 징역이나 금고에 처한다. 살상, 파괴 또는 약탈 행위를 실행한 자도 같다.
> 3. 부화수행(附和隨行)하거나 단순히 폭동에만 관여한 자는 5년 이하의 징역이나 금고에 처한다.
>
> **제88조(내란목적의 살인)**
> 대한민국 영토의 전부 또는 일부에서 국가권력을 배제하거나 국헌을 문란하게 할 목적으로 사람을 살해한 자는 사형, 무기징역 또는 무기금고에 처한다.
>
> **제89조(미수범)**
> 전2조의 미수범은 처벌한다.
>
> **제90조(예비, 음모, 선동, 선전)**
> ① 제87조 또는 제88조의 죄를 범할 목적으로 예비 또는 음모한 자는 3년 이상의 유기징역이나 유기금고에 처한다. 단, 그 목적한 죄의 실행에 이르기 전에 자수한 때에는 그 형을 감경 또는 면제한다.
> ② 제87조 또는 제88조의 죄를 범할 것을 선동 또는 선전한 자도 전항의 형과 같다.
>
> **제91조(국헌문란의 정의)** 본장에서 국헌을 문란할 목적이라 함은 다음 각호의 1에 해당함을 말한다.
> 1. 헌법 또는 법률에 정한 절차에 의하지 아니하고 헌법 또는 법률의 기능을 소멸시키는 것
> 2. 헌법에 의하여 설치된 국가기관을 강압에 의하여 전복 또는 그 권능행사를 불가능하게 하는 것

Ⅰ. 서론

1. 의의와 보호법익

(1) 의의

내란죄란 폭동에 의하여 국가의 존립과 헌법질서를 위태롭게 하는 범죄, 즉 대한민국 영토의 전부 또는 일부에서 국가권력을 배제하거나 국헌을 문란하게 할 목적으로 폭동함으로써 성립한다. 내란의 죄는 외환의 죄와 함께 국가보호형법의 전통적 기초에 속하는 범죄이다. 우리 형법은 내란의 죄에 관하여 내란죄(제87조)와 내란목적 살인죄(제88조)를 규정하고 있을 뿐이다.

(2) 보호법익

국가의 존립과 헌법질서, 즉 국가의 내적 안전이며, 보호법익이 보호받는 정도는 구체적 위험범

이다(다수설).

2. 내란죄의 본질

(1) 공범규정의 적용

집합범인 내란죄에 총론상의 공범규정이 적용되는가에 관하여, 다수설은 총론의 공범규정은 임의적 공범에 관한 것이므로 필요적 공범인 내란죄에 대하여는 적용되지 않는다고 한다. 그러므로 그 지위와 관여의 정도에 따라 제87조가 규정한 법정형의 범위 내에서 각자가 '정범'으로 처벌된다. 그러나 외부관여자에 대한 총칙상의 공범규정의 적용여부에 대해서는 집합범의 성격상 외부에서의 공동실행은 있을 수 없으므로 공동정범은 성립할 수 없으나, 집단의 외부에서 내란행위를 교사·방조하는 것은 가능하므로 교사·방조의 규정은 적용될 수 있다는 긍정설(다수설)이 타당하다.

(2) 국가보안법과의 관계

국가보안법은 내란의 죄, 특히 내란예비·음모에 대한 관계에서는 형법에 대한 특별법이므로 형법에 우선하여 적용된다. 그러나 내란죄 자체는 동법에 규정하지 않고 있으므로 내란행위에 나아간 때에는 형법의 내란죄가 적용된다.

3. 구성요건의 체계

형법	기본적 구성요건	내란죄(제87조)
	독립적 구성요건	내란목적살인죄(제88조)
	미수와 예비·음모·선동·선전 처벌	내란죄·내란목적살인죄(제89조, 제90조)
특별형법	국가보안법	정부를 참칭하거나 국가를 변란할 것을 목적으로 하는 반국가단체를 구성하거나 가입한 때에는 내란예비·음모에 대한 특별법으로서본법이 적용된다(제3조). 그러나 내란죄 자체에 대해서는 형법이 적용된다.
	군형법	군인의 내란행위를 반란죄로서 가중처벌(제5조)

Ⅱ. 내란죄

1. 의의

대한민국 영토의 전부 또는 일부에서 국가권력을 배제하거나 국헌을 문란하게 할 목적으로 폭동함으로써 성립하는 범죄이다(제87조).

2. 객관적 구성요건

(1) 주체

본죄의 주체에는 제한이 없으나, 형법은 관여의 정도에 따라 처벌을 달리하고 있다. 다만 본죄는 집합범으로서의 성질상 상당수의 다수인의 공동을 필요로 한다.

(2) 행위

폭동하는 것이다. 여기서 폭동이란 다수인이 결합하여 폭행·협박하는 것을 말한다. 폭행·협박은 최광의의 그것이다. 따라서 폭행은 사람뿐만 아니라 물건에 대한 유형력의 행사를 포함한다. 다만 폭행·협박은 한 지방의 평온을 해할 정도일 것을 요하며, 대한민국 영토의 전부 또는 일부에서 국가권력을 배제하거나 국헌을 문란하게 할 목적을 위한 수단일 것을 요한다. 폭동에 수반하여 살인·상해·강도·손괴·방화 등의 행위가 있는 때에 통설은 살인죄·상해죄 또는 방화죄 등은 본죄에 흡수된다고 한다. 다만 살인이라고 하더라도 후술하는 바와 같이 폭동에 수반되지 않고 별개로 행해진 내란목적의 살인은 내란목적살인죄(제88조)에 해당하고, 본죄를 구성하지 않는다.

(3) 기수시기

폭행·협박·파괴 등은 적어도 한 지방의 평온을 교란할 정도의 것이어야 한다(현저성의 원칙). 폭동이 한 지방의 평온을 교란할 정도에 달하면 내란죄는 '기수'가 되고, 폭동, 즉 다수인이 폭동·협박·파괴 등에 착수하였으나 한 지방의 평온을 교란할 정도에 이르지 못하였다면, 내란죄의 '미수'가 성립한다(통설, 판례).

3. 주관적 구성요건

본죄는 고의범이므로 다수인이 폭동하는 고의가 있어야 하는 이외에 대한민국 영토의 전부 또는 일부에서 국가권력을 배제하거나 국헌을 문란하게 할 목적이 있어야 한다. 대한민국 영토의 전부 또는 일부에서 국가권력을 배제할 목적이란 영토내란의 목적을 말하는 것이며, 국헌을 문란할 목적은 헌법내란의 목적을 의미한다. 형법 제91조는 국헌문란의 목적을 구체적으로 정의하고 있다.

Ⅲ. 내란목적 살인죄

1. 의의

대한민국 영토의 전부 또는 일부에서 국가권력을 배제하거나 국헌을 문란하게 할 목적으로 사람을 살해함으로써 성립하는 범죄이다(제88조). 본죄에 있어서 내란의 목적은 살인의 목적을 이루는 데 불과하므로 본죄는 살인죄에 대한 가중적 구성요건으로서의 성질을 가진다.

2. 구성요건

대한민국 영토의 전부 또는 일부에서 국가권력을 배제하거나 국헌을 문란하게 할 목적, 즉 내란목적으로 사람을 살해함으로써 성립한다.

(1) 행위의 객체

사람이며, 반드시 요인임을 요하지 않는다.

(2) 행위

살해하는 것이며, 폭동의 전후를 불문한다.

(3) 주관적 구성요건

사람을 살해한다는 고의 이외에 내란의 목적이 있어야 한다.

3. 다른 범죄와의 관계

폭동행위 중 내란의 목적으로 사람을 살해한 때에는 내란죄만 성립한다(판례). 폭동의 준비단계에서 일반인을 살해한 경우에는 본죄와 내란예비죄의 상상적 경합이 된다.

Ⅳ. 내란예비·음모·선동·선전죄

내란죄 또는 내란목적 살인죄를 범할 목적으로 예비·음모·선동·선전함으로써 성립하는 범죄이다(제90조). 예비란 범죄실행을 목적으로 한 준비행위를 말하며, 음모는 이를 위한 통모 내지 합의이다. 선동이란 타인에게 자극을 주어 정당한 판단을 잃게 하고 범죄실행을 결의하게 하거나 이미 존재하는 결의를 촉구하는 것을 말하며, 선전이란 불특정다수인에게 내란의 취지를 이해시키고 알리는 것을 말한다. 내란을 예비·음모한 자가 실행에 이르기 전에 자수한 때에는 그 형을 감경 또는 면제한다.

> **판례** 내란에서 국헌문란의 목적
>
> • [다수의견] 내란죄에 있어서의 국헌문란의 목적은 현행의 헌법 또는 법률이 정한 정치적 기본조직을 불법으로 파괴하는 것을 말하고 구체적인 국가기관인 자연인만을 살해하거나, 그 계승을 기대하는 것은 이에 해당되지 않으나 반드시 초법규적인 의미는 아니라고 할 것이며, 공산, 군주 또는 독재제도로 변경하여야 하는 것은 더욱 아니고, 그 목적은 엄격한 증명사항에 속하고 직접적임을 요하나 결과 발생의 희망, 의욕임을 필요로 한다고 할 수는 없고, 또 확정적 인식임을 요하지 아니하며, 다만 미필적 인식이 있으면 족하다 할 것이다. [소수의견 1] 피고인들이 유신체제를 강압변혁하려는 목적하에서 대통령을 비롯한 사람들을 살해한 것이라면, 그 뒤 개헌에 대한 전국적인 합의가 있은 후에 재판함에 있어서는 범행시의 체제가 재판시의 그것과 달라졌다는 정치상황이 바로 초법규적으로 처벌할 수 없는 사유가 된다 할 것이므로 내란죄로는 처벌할 수 없다. [소수의견 2] 국헌문란의 목적이라 함은 헌법 또는 법률의 기능을 불법으로 철폐, 소멸시키고 국가의 기본조직인 통치기구 기타 헌법기관을 폭력으로 파괴, 전복하는 것을 말하고, 국가에 변란을 초래라는 쿠테타를 일으키는 것을 알고 가담하였다고 하더라도 거사목적 기타에 관한 별다른 지시를 받은 것이 없는 이상 쿠테타를 일으키는 것이 바로 국헌문란의 목적을 말하는 것으로 인정할 근거도 없을 뿐 아니라, 대통령직에 있는 자연인을 살해하는 범행에 가담실행한 것이 대통령이라는 헌법기관 그 자체를 폭력으로 전복하고 그 권한행사를 불가능하게 하는 국헌문란의 목적의 살해범행에 가담실행한 것으로 인정되어야 한다는 견해는 우리의 경험칙 및 논리칙상 비약된 이론이라 할 것이다(대판 1980.5.20. 80도306 전원합의체).

> **판례** 내란죄
>
> ① 범죄는 '어느 행위로 인하여 처벌되지 아니하는 자'를 이용하여서도 이를 실행할 수 있으므로, 내란죄의 경우에도 '국헌문란의 목적'을 가진 자가 그러한 목적이 없는 자를 이용하여 이를 실행할 수 있다(대판 1997. 4.17. 96도3376 전원합의체).

② <u>내란죄의 구성요건인 폭동의 내용으로서의 폭행 또는 협박은 일체의 유형력의 행사나 외포심을 생기게 하는 해악의 고지를 의미하는 최광의의 폭행·협박을 말하는 것으로서</u>, 이를 준비하거나 보조하는 행위를 전체적으로 파악한 개념이며, 그 정도가 한 지방의 평온을 해할 정도의 위력이 있음을 요한다(대판 1997.4.17. 96도3376 전원합의체).

③ <u>내란죄는 국토를 참절하거나 국헌을 문란할 목적으로 폭동한 행위로서, 다수인이 결합하여 위와 같은 목적으로 한 지방의 평온을 해할 정도의 폭행·협박행위를 하면 기수가 되고</u>, 그 목적의 달성 여부는 이와 무관한 것으로 해석되므로, 다수인이 한 지방의 평온을 해할 정도의 폭동을 하였을 때 이미 내란의 구성요건은 완전히 충족된다고 할 것이어서 상태범으로 봄이 상당하다(대판 1997.4.17. 96도3376 전원합의체).

④ 5·18내란 과정으로서의 비상계엄의 전국확대는 일종의 협박행위로서 내란죄의 구성요건인 폭동에 해당하므로, 그 비상계엄 자체가 해제되지 아니하는 한 전국계엄에서 지역계엄으로 변경되었다 하더라도 그 최초의 협박이 계속되고 있는 것이어서 그 비상계엄의 전국확대로 인한 폭동행위는 이를 해제할 때까지 간단없이 계속되었다 할 것이고, 이와 같은 폭동행위가 간단없이 계속되는 가운데 그 비상계엄의 전국확대를 전후하여 그 비상계엄의 해제시까지 사이에 밀접하게 행하여진 이른바 예비검속에서부터 정치활동 규제조치에 이르는 일련의 폭동행위들은 위와 같은 비상계엄의 전국확대로 인한 폭동행위를 유지 또는 강화하기 위하여 취하여진 조치들로서 위 비상계엄의 전국확대로 인한 폭동행위와 함께 단일한 내란행위를 이룬다고 봄이 상당하므로, 위 비상계엄의 전국확대를 포함한 일련의 내란행위는 위 비상계엄이 해제된 1981. 1. 24.에 비로소 종료되었다고 보아야 한다(대판 1997.4.17. 96도3376 전원합의체).

⑤ 내란목적살인죄는 국헌을 문란할 목적을 가지고 직접적인 수단으로 사람을 살해함으로써 성립하는 범죄라 할 것이므로, 국헌문란의 목적을 달성함에 있어 내란죄가 '폭동'을 그 수단으로 함에 비하여 내란목적살인죄는 '살인'을 그 수단으로 하는 점에서 두 죄는 엄격히 구별된다. 따라서 내란의 실행과정에서 폭동행위에 수반하여 개별적으로 발생한 살인행위는 내란행위의 한 구성요소를 이루는 것이므로 내란행위에 흡수되어 내란목적살인의 별죄를 구성하지 아니하나, 특정인 또는 일정한 범위 내의 한정된 집단에 대한 살해가 내란의 와중에 폭동에 수반하여 일어난 것이 아니라 그것 자체가 의도적으로 실행된 경우에는 이러한 살인행위는 내란에 흡수될 수 없고 내란목적살인의 별죄를 구성한다(대판 1997.4.17. 96도3376 전원합의체). [해설] 5·18 민주화운동에 대한 폭동적 시위진압행위가 국헌문란에 해당하는지 여부(적극)와 형법 제91조 제2호 소정의 '국헌문란'의 의미, 내란죄의 구성요건인 '폭동'의 의미와 정도 등 내란죄 성립요건 전반에 걸친 전원합의체 판결.

⑥ 내란선동죄에서 '국헌을 문란할 목적'이라 함은 "헌법 또는 법률에 정한 절차에 의하지 아니하고 헌법 또는 법률의 기능을 소멸시키는 것(형법 제91조 제1호)" 또는 "헌법에 의하여 설치된 국가기관을 강압에 의하여 전복 또는 그 권능행사를 불가능하게 하는 것(같은 조 제2호)"을 말한다. <u>국헌문란의 목적은 범죄 성립을 위하여 고의 외에 요구되는 초과주관적 위법요소로서 엄격한 증명사항에 속하나, 확정적 인식임을 요하지 아니하며, 다만 미필적 인식이 있으면 족하다.</u> 그리고 <u>국헌문란의 목적을 가지고 있었는지 여부는 외부적으로 드러난 행위와 그 행위에 이르게 된 경위 및 그 행위의 결과 등을 종합하여 판단하면 되고</u>(대판 1997.4.17. 96도3376 전원합의체 참조), 선동자의 표현 자체에 공격대

상인 국가기관과 그를 통해 달성하고자 하는 목표, 실현방법과 계획이 구체적으로 나타나 있어야만 인정되는 것은 아니다(대판 2015.1.22. 2014도10978 전원합의체).

> **판례** 내란선동·음모죄의 성립요건

① 내란선동죄에서 '국헌을 문란할 목적'이란 "헌법 또는 법률에 정한 절차에 의하지 아니하고 헌법 또는 법률의 기능을 소멸시키는 것(형법 제91조 제1호)" 또는 "헌법에 의하여 설치된 국가기관을 강압에 의하여 전복 또는 그 권능행사를 불가능하게 하는 것(같은 조 제2호)"을 말한다. 국헌문란의 목적은 범죄 성립을 위하여 고의 외에 요구되는 초과주관적 위법요소로서 엄격한 증명사항에 속하나, 확정적 인식임을 요하지 아니하며, 다만 미필적 인식이 있으면 족하다. 그리고 국헌문란의 목적이 있었는지 여부는 피고인들이 이를 자백하지 않는 이상 외부적으로 드러난 피고인들의 행위와 그 행위에 이르게 된 경위 등 사물의 성질상 그와 관련성 있는 간접사실 또는 정황사실을 종합하여 판단하면 되고, 선동자의 표현 자체에 공격대상인 국가기관과 그를 통해 달성하고자 하는 목표, 실현방법과 계획이 구체적으로 나타나 있어야만 인정되는 것은 아니다. 또한, 형법상 내란죄의 구성요건인 폭동의 내용으로서의 폭행 또는 협박은 일체의 유형력의 행사나 외포심을 생기게 하는 해악의 고지를 의미하는 최광의의 폭행·협박을 말하는 것으로서, 이를 준비하거나 보조하는 행위를 전체적으로 파악한 개념이며, 그 정도가 한 지방의 평온을 해할 정도의 위력이 있음을 요한다. <u>내란선동이란 내란이 실행되는 것을 목표로 하여 피선동자들에게 내란행위를 결의, 실행하도록 충동하고 격려하는 일체의 행위를 말한다.</u> 내란선동은 주로 언동, 문서, 도화 등에 의한 표현행위의 단계에서 문제되는 것이므로 내란선동죄의 구성요건을 해석함에 있어서는 국민의 기본권인 표현의 자유가 위축되거나 본질이 침해되지 아니하도록 죄형법정주의의 기본정신에 따라 엄격하게 해석하여야 한다. 따라서 내란을 실행시킬 목표를 가지고 있다 하여도 단순히 특정한 정치적 사상이나 추상적인 원리를 옹호하거나 교시하는 것만으로는 내란선동이 될 수 없고, <u>그 내용이 내란에 이를 수 있을 정도의 폭력적인 행위를 선동하는 것이어야 하고, 나아가 피선동자의 구성 및 성향, 선동자와 피선동자의 관계 등에 비추어 피선동자에게 내란 결의를 유발하거나 증대시킬 위험성이 인정되어야만 내란선동</u>으로 볼 수 있다. 언어적 표현행위는 매우 추상적이고 다의적일 수 있으므로 그 표현행위가 위와 같은 내란선동에 해당하는지를 가림에 있어서는 선동행위 당시의 객관적 상황, 발언 등의 장소와 기회, 표현 방식과 전체적인 맥락 등을 종합하여 신중하게 판단하여야 한다(대판 2015.1.22. 2014도10978 전원합의체).

② <u>선동행위는 선동자에 의하여 일방적으로 행해지고, 그 이후 선동에 따른 범죄의 결의 여부 및 그 내용은 선동자의 지배영역을 벗어나 피선동자에 의하여 결정될 수 있으며, 내란선동을 처벌하는 근거가 선동행위 자체의 위험성과 불법성에 있다는 점 등을 전제하면, 내란선동에 있어 시기와 장소, 대상과 방식, 역할분담 등 내란 실행행위의 주요 내용이 선동 단계에서 구체적으로 제시되어야 하는 것은 아니고, 또 선동에 따라 피선동자가 내란의 실행행위로 나아갈 개연성이 있다고 인정되어야만 내란선동의 위험성이 있는 것으로 볼 수도 없다. 음모는 실행의 착수 이전에 2인 이상의 자 사이에 성립한 범죄실행의 합의로서, 합의 자체는 행위로 표출되지 않은 합의 당사자들 사이의 의사표시에 불과한 만큼 실행행위로서의 정형이 없고, 따라서 합의의 모습 및 구체성의 정도도 매우 다양하게 나타날 수밖에 없다.</u> 그런데 어떤 범죄를 실행하기로 막연

하게 합의한 경우나 특정한 범죄와 관련하여 단순히 의견을 교환한 경우까지 모두 범죄실행의 합의가 있는 것으로 보아 음모죄가 성립한다고 한다면 음모죄의 성립범위가 과도하게 확대되어 국민의 기본권인 사상과 표현의 자유가 위축되거나 그 본질이 침해되는 등 죄형법정주의 원칙이 형해화될 우려가 있으므로, 음모죄의 성립범위도 이러한 확대해석의 위험성을 고려하여 엄격하게 제한하여야 한다. 한편 내란죄의 주체는 국토를 참절하거나 국헌을 문란할 목적을 이룰 수 있을 정도로 조직화된 집단으로서 다수의 자이어야 하고, 그 역할도 수괴, 중요한 임무에 종사한 자, 부화수행한 자 등으로 나뉜다(형법 제87조 각 호 참조). 또한, 실행행위인 폭동행위는 살상, 파괴, 약탈, 단순 폭동 등 여러 가지 폭력행위가 혼합되어 있고, 그 정도가 한 지방의 평온을 해할 정도의 위력이 있음을 요한다. 2인 이상의 자 사이에 어떠한 폭동행위에 대한 합의가 있는 경우에도 공격의 대상과 목표가 설정되어 있지 않고, 시기와 실행방법이 어떠한지를 알 수 없으면 그것이 '내란'에 관한 음모인지를 알 수 없다. 따라서 내란음모가 성립하였다고 하기 위해서는 개별 범죄행위에 관한 세부적인 합의가 있을 필요는 없으나, 공격의 대상과 목표가 설정되어 있고, 그 밖의 실행계획에 있어서 주요 사항의 윤곽을 공통적으로 인식할 정도의 합의가 있어야 한다. 나아가 합의는 실행행위로 나아간다는 확정적인 의미를 가진 것이어야 하고, 단순히 내란에 관한 생각이나 이론을 논의한 것으로는 부족하다. 또한, 내란음모가 단순히 내란에 관한 생각이나 이론을 논의 내지 표현한 것인지 실행행위로 나아간다는 확정적인 의미를 가진 합의인지를 구분하기가 쉽지 않다는 점을 고려하면, 내란음모죄에 해당하는 합의가 있다고 하기 위해서는 단순히 내란에 관한 범죄결심을 외부에 표시·전달하는 것만으로는 부족하고 객관적으로 내란범죄의 실행을 위한 합의라는 것이 명백히 인정되고, 그러한 합의에 실질적인 위험성이 인정되어야 한다. 그리고 내란음모가 실질적 위험성이 있는지 여부는 합의 내용으로 된 폭력행위의 유형, 내용의 구체성, 계획된 실행시기와의 근접성, 합의 당사자의 수와 합의 당사자들 사이의 관계, 합의의 강도, 합의 당시의 사회정세, 합의를 사전에 준비하였는지 여부, 합의의 후속 조치가 있었는지 여부 등을 종합적으로 고려하여 판단하여야 한다(대판 2015.1.22. 2014도10978 전원합의체).

③ 음모는 실행의 착수 이전에 2인 이상의 자 사이에 성립한 범죄실행의 합의로서, 합의 자체는 행위로 표출되지 않은 합의 당사자들 사이의 의사표시에 불과한 만큼 실행행위로서의 정형이 없고, 따라서 합의의 모습 및 구체성의 정도도 매우 다양하게 나타날 수밖에 없다. 그런데 어떤 범죄를 실행하기로 막연하게 합의한 경우나 특정한 범죄와 관련하여 단순히 의견을 교환한 경우까지 모두 범죄실행의 합의가 있는 것으로 보아 음모죄가 성립한다고 한다면 음모죄의 성립범위가 과도하게 확대되어 국민의 기본권인 사상과 표현의 자유가 위축되거나 그 본질이 침해되는 등 죄형법정주의 원칙이 형해화될 우려가 있으므로, 음모죄의 성립범위도 이러한 확대해석의 위험성을 고려하여 엄격하게 제한하여야 한다. 한편 내란죄의 주체는 국토를 참절하거나 국헌을 문란할 목적을 이룰 수 있을 정도로 조직화된 집단으로서 다수의 자이어야 하고, 그 역할도 수괴, 중요한 임무에 종사한 자, 부화수행한 자 등으로 나뉜다(형법 제87조 각 호 참조). 또한, 실행행위인 폭동행위는 살상, 파괴, 약탈, 단순 폭동 등 여러 가지 폭력행위가 혼합되어 있고, 그 정도가 한 지방의 평온을 해할 정도의 위력이 있음을 요한다. 2인 이상의 자 사이에 어떠한 폭동행위에 대한 합의가 있는 경우에도 공격의 대상과 목표가 설정되어 있지 않고, 시기와 실행방법이 어떠한지를 알 수 없으면 그것이 '내란'에 관한 음모인지를 알 수 없다. 따라서 내란음모가 성립하였다고 하기 위해서는 개별 범죄행위에 관한 세부적인 합의가 있을 필요는 없으나, 공격의

대상과 목표가 설정되어 있고, 그 밖의 실행계획에 있어서 주요 사항의 윤곽을 공통적으로 인식할 정도의 합의가 있어야 한다. 나아가 합의는 실행행위로 나아간다는 확정적인 의미를 가진 것이어야 하고, 단순히 내란에 관한 생각이나 이론을 논의한 것으로는 부족하다. 또한, 내란음모가 단순히 내란에 관한 생각이나 이론을 논의 내지 표현한 것인지 실행행위로 나아간다는 확정적인 의미를 가진 합의인지를 구분하기가 쉽지 않다는 점을 고려하면, <u>내란음모죄에 해당하는 합의가 있다고 하기 위해서는 단순히 내란에 관한 범죄 결심을 외부에 표시·전달하는 것만으로는 부족하고 객관적으로 내란범죄의 실행을 위한 합의라는 것이 명백히 인정되고, 그러한 합의에 실질적인 위험성이 인정되어야 한다</u>. 그리고 내란음모가 실질적 위험성이 있는지 여부는 합의 내용으로 된 폭력행위의 유형, 내용의 구체성, 계획된 실행시기와의 근접성, 합의 당사자의 수와 합의 당사자들 사이의 관계, 합의의 강도, 합의 당시의 사회정세, 합의를 사전에 준비하였는지 여부, 합의의 후속 조치가 있었는지 여부 등을 종합적으로 고려하여 판단하여야 한다(대판 2015.1.22. 2014도10978 전원합의체). [해설] 예비와 더불어 실행의 착수의 전단계 행위로서 음모란 실행의 착수 이전에 2인 이상의 자 사이에 성립한 범죄실행의 합의를 말함. 다만 음모죄에 해당하는 합의가 있다고 하기 위해서는 단순히 범죄결심을 외부에 표시·전달하는 것만으로는 부족하고 객관적으로 범죄의 실행을 위한 합의라는 것이 명백히 인정되고, 그러한 합의에 실질적인 위험성이 인정되어야 함. 본 판례는 음모의 개념 내지는 음모죄의 성립요건을 명확히 하였다는 점과 특히 내란음모죄가 내포하고 있는 사상과 표현의 자유의 위축, 죄형법정주의 원칙의 형해화 우려를 지적하고 내란음모죄가 성립하기 위해서는 단순히 토론의 정도를 넘어서 내란의 실행행위로 나아가겠다는 확정적인 의사의 합치에 이르러야 함을 분명히 한 사례.

제2절 | 외환의 죄

제92조(외환유치)
외국과 통모하여 대한민국에 대하여 전단을 열게 하거나 외국인과 통모하여 대한민국에 항적한 자는 사형 또는 무기징역에 처한다.

제93조(여적)
적국과 합세하여 대한민국에 항적한 자는 사형에 처한다.

제94조(모병이적)
① 적국을 위하여 모병한 자는 사형 또는 무기징역에 처한다.
② 전항의 모병에 응한 자는 무기 또는 5년 이상의 징역에 처한다.

제95조(시설제공이적)
① 군대, 요새, 진영 또는 군용에 공하는 선박이나 항공기 기타 장소, 설비 또는 건조물을 적국에 제공한 자는 사형 또는 무기징역에 처한다.
② 병기 또는 탄약 기타 군용에 공하는 물건을 적국에 제공한 자도 전항의 형과 같다.

제96조(시설파괴이적)
적국을 위하여 전조에 기재한 군용시설 기타 물건을 파괴하거나 사용할 수 없게 한 자는 사형 또는 무기징역에 처한다.

제97조(물건제공이적)
군용에 공하지 아니하는 병기, 탄약 또는 전투용에 공할 수 있는 물건을 적국에 제공한 자는 무기 또는 5년 이상의 징역에 처한다.

제98조(간첩)
① 적국을 위하여 간첩하거나 적국의 간첩을 방조한 자는 사형, 무기 또는 7년 이상의 징역에 처한다.
② 군사상의 기밀을 적국에 누설한 자도 전항의 형과 같다.

제99조(일반이적)
전7조에 기재한 이외에 대한민국의 군사상 이익을 해하거나 적국에 군사상 이익을 공여한 자는 무기 또는 3년 이상의 징역에 처한다.

제100조(미수범)
전8조의 미수범은 처벌한다.

제101조(예비, 음모, 선동, 선전)
① 제92조 내지 제99조의 죄를 범할 목적으로 예비 또는 음모한 자는 2년 이상의 유기징역에 처한다. 단 그 목적한 죄의 실행에 이르기 전에 자수한 때에는 그 형을 감경 또는 면제한다.
② 제92조 내지 제99조의 죄를 선동 또는 선전한 자도 전항의 형과 같다.

제102조(준적국)
제93조 내지 전조의 죄에 있어서는 대한민국에 적대하는 외국 또는 외국인의 단체는 적국으로 간주한다.

제103조(전시군수계약불이행)
① 전쟁 또는 사변에 있어서 정당한 이유없이 정부에 대한 군수품 또는 군용공작물에 관한 계약을 이행하지 아니한 자는 10년 이하의 징역에 처한다.
② 전항의 계약이행을 방해한 자도 전항의 형과 같다.

제104조(동맹국)
본장의 규정은 동맹국에 대한 행위에 적용한다.

Ⅰ. 서론

1. 의의와 보호법익

외환을 유치하거나 대한민국에 항적하거나 적국에 이익을 제공하여 국가의 안전을 위태롭게 하는 범죄를 말한다. 내란죄의 보호법익이 국가의 내적 안전임에 반하여, 본죄의 보호법익은 국가의 외적 안전이다. 여기서 국가의 외적 안전이란 대한민국에 대한 외부로부터의 공격과 강제조치 또는 방해에 대하여 방위할 수 있는 국가의 능력을 의미한다.

2. 구성요건의 체계

형법상의 외환의 죄는 외환유치죄(제92조)·여적죄(제93조)·이적죄(제94조 내지 제97조, 제99조)·간첩죄(제98조) 및 전시군수계약불이행죄(제103조)로 구성되어 있다. 이적죄의 기본적 구성요건은 일반이적죄(제99조)이며, 모병이적죄(제94조)·시설제공이적죄(제95조)·시설파괴이적죄(제96조) 및 물건제공이적죄(제97조)는 그 가중적 구성요건이다.

독립적 구성요건	외환유치죄(제92조), 여적죄(제93조), 일반이적죄(제99조), 간첩죄(제98조), 전시군수계약불이행죄(제103조)
가중적 구성요건 (일반이적죄의 가중유형)	모병이적죄(제94조), 시설제공이적죄(제95조), 시설파괴이적죄(제96조), 물건제공이적죄(제97조)
미수범 및 예비·음모·선동·선전	전시군수계약불이행죄를 제외한 모든 외환죄(제100조, 제101조)

Ⅱ. 외환유치죄와 여적죄

1. 외환유치죄

외국과 통모하여 대한민국에 대하여 전단을 열게 하거나 또는 외국인과 통모하여 대한민국에 항적함으로써 성립하는 범죄이다(제92조). ㈎ 외국이란 대한민국 이외의 국가를 말하며, 반드시 국제법상 승인된 국가임을 요하지 않는다. 다만 여적죄와의 관계상 적국 이외의 국가를 의미한다. ㈏ 외국과 통모한다는 것은 외국의 정부기관과 의사를 연락하는 것을 말하며, 전단을 연다는 것은 전투행위를 개시하는 것을 말한다. ㈐ 외국인이란 외국을 대표하는 정부기관 이외의 외국인 개인과 사적 단체를 말하며, 항적한다 함은 적국의 군무에 종사하여 대한민국에 적대행위를 하는 것을 말한다.

2. 여적죄

적국과 합세하여 대한민국에 항적함으로써 성립하는 범죄이다(제93조). ㈎ 적국이란 국제법상 선전포고를 하고 전쟁을 수행하는 국가뿐만 아니라 사실상 전쟁을 수행하고 있는 나라도 포함된다. 대한민국에 적대하는 외국 또는 외국인의 단체도 적국으로 간주된다(제102조). ㈏ 항적이란 대한민국에 대하여 적대행위를 하는 것을 말한다.

Ⅲ. 이적죄

1. 모병이적죄

적국을 위하여 모병하거나 모병에 응함으로써 성립하는 범죄이다(제94조). 주관적 구성요건으로는 고의 이외에 적국을 이롭게 할 이적의사가 있어야 한다.

2. 시설제공이적죄

군사시설 또는 병기·탄약 기타 군사상 필요한 물건을 적국에 제공함으로써 성립하는 범죄이다(제95조).

3. 시설파괴이적죄

적국을 위하여 대한민국의 군사시설·병기·탄약 기타 군용물건을 파괴하거나 사용할 수 없게 함으로써 성립하는 범죄이다(제96조).

4. 물건제공이적죄

군용에 직접 제공되지는 않지만 병기·탄약 기타 전투용에 공할 수 있는 물건을 적국에 제공함으로써 성립하는 범죄이다(제97조).

5. 일반이적죄

외환의 죄에 대한 기본적 구성요건으로 일반적으로 적국에 군사상의 이익을 제공하거나 대한민국의 군사상의 이익을 해함으로써 성립한다(제99조). 다만 본죄는 외환유치죄·여적죄·모병이적죄·시설제공이적죄·시설파괴이적죄·물건제공이적죄 또는 간첩죄에 대한 보충적 규정이므로 위의 죄를 구성하는 때에는 본죄에 해당하지 않는다.

6. 이적예비·음모·선동·선전죄

모병이적죄·시설제공이적죄·시설파괴이적죄·물건제공이적죄 또는 일반이적죄를 범할 목적으로 예비·음모·선동 또는 선전함으로써 성립하는 범죄이다(제101조).

Ⅳ. 간첩죄

1. 의의

적국을 위하여 간첩하거나 적국의 간첩을 방조하거나 또는 군사상의 기밀을 적국에 누설함으로써 성립하는 범죄이다(제98조). 여기서 간첩죄는 ㈎ 적국을 위하여 간첩하거나, ㈏ 적국의 간첩을 방조하거나, ㈐ 군사상의 기밀을 적국에 누설하는 세 가지의 행위의 태양으로 이루어진다.

2. 간첩

간첩이란 적국을 위하여 국가기밀을 탐지·수집하는 것을 말한다.

(1) 적국

적국을 위한 것이어야 하므로 적국과의 의사의 연락이 있을 것을 요하며, 편면적 간첩은 있을 수 없다. 여기서 적국이란 국제법상의 국가에 한하지 않고, 사실상 국가에 준하는 단체를 포함한다. 대한민국에 적대하는 외국 또는 외국인의 단체는 적국으로 간주된다(제102조). 대법원은 간첩죄의 성립에 있어서 '북한'을 적국에 준하는 것으로 보고 있다.

(2) 국가기밀의 개념

간첩행위의 객체는 국가기밀이다. 국가기밀이란 제한된 범위의 사람에게만 알려져 있고 대한민국의 외적 안전에 대한 중대한 불이익을 초래할 위험을 방지하기 위하여 적국에 대하여 비밀로 하여야 할 사실·대상 또는 지식을 말한다. 이러한 국가기밀은 군사기밀에 한하지 않고, 정치·경제·사회 등에 대한 기밀도 포함된다. ㈎ 국내에서 공지인 사실이 국가기밀로 될 수 있는가에 관하여 대법원은 전원합의체판결에 의하여 국내에서 일반인에게 널리 알려진 공지의 사실은 국가기밀이 될 수 없다고 판시하였다. ㈏ 개별내용은 기밀이 아니지만 이를 종합하면 전체로서 중요사실을 판단할 수 있는 정보가 될 경우에는 기밀성을 인정하는 Mosaik 이론을 인정할 것인가에 대해서 모자이크에 의하여 종합된 정보의 내용이 대한민국의 이익에 침해가 될 정도이면 기밀에 포함될 수 있다는 적극설이 있으나, 공지의 사실은 더 이상 기밀이 아니므로 소극설(다수설)이 타당하다.

(3) 간첩의 착수와 기수시기

판례는 일관하여 간첩을 위하여 국내에 잠입 또는 입국하였을 때에 실행의 착수가 있다고 판시하고 있으나, 간첩죄의 착수시기는 국가기밀을 탐지·수집하는 행위에 착수한 때라고 해야 한다(다수설). 간첩죄는 국가기밀을 탐지·수집함으로써 기수가 된다. 탐지·수집한 국가기밀을 적국에 제보하여 누설하였다고 하여도 양죄는 포괄일죄가 된다.

3. 간첩방조

간첩방조는 적국의 간첩임을 알면서 그 실행을 용이하게 하는 일체의 행위를 말한다. 그러나 간첩방조는 간첩행위를 직접적으로 용이하게 하는 것임을 요하므로 간첩에게 숙식을 제공하거나, 안부편지를 전달해 주는 것은 간첩방조가 되지 않는다. 간첩방조도 간첩과 대등한 독립된 범죄이므로 총칙의 종범에 관한 규정을 적용되지 않는다. 따라서 본죄의 미수는 방조행위 자체가 미수에 그친 때에 성립한다. 간첩방조는 수단과 방법에는 제한이 없으나 간첩행위 즉, 국가기밀을 탐지·수집하는 것을 용이하게 하는 것에 국한된다.

4. 군사상의 기밀누설

군사상의 기밀을 누설한다는 것은 군사기밀임을 알면서 이를 적국에 알리는 것을 말한다. 알리는 방법에는 제한이 없다. 다만 본죄는 직무에 관하여 군사상의 기밀을 지득한 자가 그 기밀을 누설함으로써 성립하는 신분범이다. 따라서 본죄는 직무상 지득한 기밀을 누설한 경우에만 성립하고 직무와 관계없이 알게 된 기밀을 누설한 때에는 일반이적죄가 성립할 뿐이다.

V. 전시군수계약불이행죄

전시 또는 사변에 있어서 정당한 이유 없이 정부에 대한 군수품 또는 군용공작물에 관한 계약을 이행하지 않거나 계약이행을 방해함으로써 성립하는 범죄이다(제103조).

> **판례** 간첩죄
>
> **1) 간첩행위**
>
> ① 형법 제98조 제1항의 간첩이라 함은 적국을 위하여 적국의 지령 사주 기타 의사의 연락 하에 군사상(총력전 하에서는 정치 경제, 사회, 문화에 관한 분야를 포함한 광의로 해석하여야 할 것임) 기밀사항 또는 도서 물건을 탐지 모집하는 것을 의미하는 것이므로 <u>북괴의 지령 사주 기타 의사의 연락 없이 단편적으로 지득하였던 군사상의 기밀사항을 북괴에 납북된 상태 하에서 제보한 행위는 위 법조 소정의 간첩죄에 해당하지 아니하고 다만 반공법 제4조 제1항 소정의 반국가단체를 이롭게 하는 행위에 해당</u>한다(대판 1975.9.23. 75도1773).
>
> ② 형법 제98조 제1항의 간첩죄를 범한 자가 그 탐지수집한 기밀을 누설한 경우나 구 국가보안법 제3조 제1호의 국가기밀을 탐지 수집한 자가 그 기밀을 누설한 경우에는 양 죄를 포괄하여 1죄를 범한 것으로 보아야 하고, <u>간첩죄와 군사기밀누설죄 또는 국가기밀탐지수집죄와 국가기밀누설등 두 가지 죄를 범한 것으로 인정할 수 없다</u>(대판 1982.4.27. 82도285).

③ 간첩죄의 군사상 기밀은 순전한 군사상 기밀에만 국한 할 것이 아니고, 정치. 경제. 사회. 문화 등 각 방면에 걸쳐 북한괴뢰집단의 지. 부지에 불구하고 우리나라 국방정책상 동 집단에 알지지 아니하거나 확인되지 아니함을 대한민국의 이익으로 하는 모든 군사상 기밀을 포함하므로 학생데모 상황, 선거상황등과 같이 일간신문에 보도되는 사항이라 하더라도 북한괴뢰집단에 대하여 비밀로 하는 것이 대한민국의 이익을 위하여 필요하다고 생각되는 군사에 관계되는 정보라면 그 것을 탐지·수집하는 것도 간첩이 된다(대판 1984.11.27. 84도2252).

④ 형법 제98조 제1항에서 간첩이라 함은 적국에 제보하기 위하여 은밀한 방법으로 우리나라의 군사상은 물론 정치, 경제, 사회, 문화, 사상 등 기밀에 속한 사항 또는 도서, 물건을 탐지·수집하는 것을 말하고, 간첩행위는 기밀에 속한 사항 또는 도서, 물건을 탐지·수집한 때에 기수가 되므로 간첩이 이미 탐지·수집하여 지득하고 있는 사항을 타인에게 보고·누설하는 행위는 간첩의 사후행위로서 위 조항에 의하여 처단의 대상이 되는 간첩행위 자체라고 할 수 없다(대판 2010.10.29. 2008재도11 전원합의체). [해설] '진보당사건'에 관한 재심판결. 재심대상판결은 대판 1959.2.27. 4291형상559 판결(조봉암 사건).

2) 간첩죄의 국가기밀

- [1] 간첩죄의 군사상 기밀은 순전한 군사상 기밀에만 국한할 것이 아니고 정치, 경제, 사회, 문화 등 각 방면에 걸쳐 북한괴뢰집단의 지, 부지에 불구하고 우리나라 국방정책상 동 집단에 알리지 아니하거나 확인되지 아니함을 대한민국의 이익으로 하는 모든 군사기밀을 포함한다. [2] 간첩이란 적국을 위하여 국가기밀 사항을 탐지 수집하는 행위를 지칭하는 것이므로 무전기를 매몰하는 행위를 간첩행위로 볼 수 없다 하겠으니 이를 망보아 준 행위는 간첩방조죄를 구성하지 않는다(대판 1983.4.26. 83도416). 간첩죄에 있어서의 국가기밀이란 순전한 의미에서의 국가기밀에만 국한할 것이 아니고 정치, 경제, 사회, 문화등 각 방면에 걸쳐서 대한민국의 국방정책상 북한에 알리지 아니하거나 확인되지 아니함이 이익이 되는 모든 기밀사항을 포함하고, 지령에 의하여 민심동향을 파악·수집하는 것도 이에 해당되며, 그 탐지·수집의 대상이 우리 국민의 해외교포사회에 대한 정보여서 그 기밀사항이 국외에 존재한다고 하여도 위의 국가기밀에 포함된다(대판 1988.11.8. 88도1630, 대판 1983.3.22. 82도3036).

3) 간첩죄의 공지의 사실

- 현행 국가보안법 제4조 제1항 제2호 (나)목에 정한 기밀을 해석함에 있어서 그 기밀은 정치, 경제, 사회, 문화 등 각 방면에 관하여 반국가단체에 대하여 비밀로 하거나 확인되지 아니함이 대한민국의 이익이 되는 모든 사실, 물건 또는 지식으로서, 그것들이 국내에서의 적법한 절차 등을 거쳐 이미 일반인에게 널리 알려진 공지의 사실, 물건 또는 지식에 속하지 아니한 것이어야 하고, 또 그 내용이 누설되는 경우 국가의 안전에 위험을 초래할 우려가 있어 기밀로 보호할 실질가치를 갖춘 것이어야 한다(대판 2011.10.13. 2009도320, 대판 1997.7.16. 97도985 전원합의체).

4) 간첩죄의 실행의 착수시기

- 간첩의 목적으로 외국 또는 북한에서 국내에 침투 또는 월남하는 경우에는 기밀탐지가 가능한 국내에 침투 상륙함으로써 간첩죄의 실행의 착수가 있다고 할 것이다(대판 1984.9.11. 84도1381).

5) 간첩죄의 기수시기

- 간첩으로서 군사기밀을 탐지수집하면 그로써 간첩행위는 기수가 되고 그 수집한 자료가 지령자에게 도달됨으로써 범죄의 기수가 되는 것은 아니다(대판 1963.12.12. 63도312).

6) 간첩방조죄의 성립 부정

① 안부편지를 전달하여 주는 것(대판 1966.7.12. 66도470)

② 간첩을 숨겨주는 것(대판 1979.10.10. 75도1003)

③ 무전기를 매몰하는 데 망보아 준 행위(대판 1983.4.26. 83도416)

④ 간첩이라 함은 적국을 위하여 국가기밀을 탐지, 수집하는 행위를 말하는 것이므로 간첩방조죄가 성립하려면 간첩의 활동을 방조할 의사로서 그의 기밀의 탐지 수집행위를 용이하게 하는 행위가 있어야 하고 단순히 숙식을 제공한다거나 또는 무전기를 매몰하는 행위를 도와주었다거나 하는 사실만으로서는 간첩방조죄가 성립할 수 없다(대판 1986.2.25. 85도2533).

7) 간첩방조죄의 성립 인정

① 북괴의 대남공작원을 상륙시(대판 1961.1.27. 4293형상807)

② 접선방법을 합의하는 것(대판 1971.9.28. 71도1333)

③ 형법 제98조 제1항의 간첩방조죄는 정범인 간첩죄와 대등한 독립죄로서 간첩죄와 동일한 법정형으로 처단하게 되어 있어 형법 총칙 제32조 소정의 감경대상이 되는 종범과는 그 실질이 달라 종범감경을 할 수 없는 것이므로 그 가중규정인 국가보안법 제4조 제1항 제2호의 반국가단체의 간첩방조죄에 대하여도 그 정범인 반국가단체의 간첩죄와 동일한 법정형으로 처단하여야 하고 종범감경을 할 수 없다(대판 1986.9.23. 86도1429).

8) 군사상 기밀누설죄의 주체 및 행위

① 구 국가보안법 제2조에서 인용한 형법 제98조 제1항의 간첩행위는 적국에 제보하기 위하여 은밀히 또는 묘계로써 우리나라의 군사상은 물론 정치, 경제, 사회, 문화, 사상등 기밀에 관한 사항 또는 도서, 물건을 탐지, 모집함을 말하는 것이고, 직무에 관하여 군사상 기밀을 지득한 자가 이를 적국에 누설한 경우에는 형법 제98조 제2항의 기밀누설에, 직무에 관계없이 지득한 군사상 기밀을 지득한 자가 이를 적국에 누설한 경우에는 형법 제99조의 일반이적죄에 해당한다 할 것이다(대판 1982.11.9. 82도2239).

② [1] 구 국가보안법 제2조, 형법 제98조 제1항의 간첩죄는 적국을 위하여 군사상 기밀은 물론 적국에 알려짐으로써 우리나라에 불이익이 되는 정치, 경제, 사회, 문화 등 모든 분야에 걸친 기밀을 탐지, 수집함으로 성립되는 것이고, 그 후에 이 탐지, 모집한 기밀을 적국에 제보하여 누설하였다고 하더라도 이는 따로 별개의 죄가 성립되는 것이 아니다. [2] 직무에 관하여 군사상 기밀을 지득한 자가 이를 적국에 누설한 경우에는 형법 제98조 제2항에, 직무와 관계없이 지득한 군사상 기밀을 적국에 누설한 경우에는 형법 제99조에 각 해당한다(대판 1982.11.23. 82도2201).

제3절 | 국기에 관한 죄

> **제105조(국기, 국장의 모독)**
> 대한민국을 모욕할 목적으로 국기 또는 국장을 손상, 제거 또는 오욕한 자는 5년 이하의 징역이나 금고, 10년 이하의 자격정지 또는 700만원 이하의 벌금에 처한다.
>
> **제106조(국기, 국장의 비방)**
> 전조의 목적으로 국기 또는 국장을 비방한 자는 1년 이하의 징역이나 금고, 5년 이하의 자격정지 또는 200만 원 이하의 벌금에 처한다.

Ⅰ. 서론

국기 또는 국장을 손상·제거·오욕 또는 비방하는 것을 내용으로 하는 범죄이다. 형법은 국기에 관한 죄로 국기·국장모독죄(제105조)와 국기·국장비방죄(제106조)를 규정하고 있다. 본죄의 보호법익은 국가의 권위, 국가존립의 체면 또는 국가의 권위와 체면이다.

Ⅱ. 국기·국장모독죄

1. 의의

대한민국을 모욕할 목적으로 국기 또는 국장을 손상·제거 또는 오욕함으로써 성립하는 범죄이다(제105조). 모욕의 목적이 있어야 성립하는 목적범이다.

2. 구성요건

(1) 행위의 객체

국기 또는 국장이다. 국기란 국가의 권위를 상징하기 위하여 일정한 형식에 따라 제작된 기를 말하며, 국장이란 국가를 상징하는 국기 이외의 휘장을 말한다. 국기 또는 국장은 공용에 공하는 것임을 요하지 않고 사용에 공하는 것도 포함된다.

(2) 행위

손상·제거 또는 오욕이다. ㈎ 손상이란 국기나 국장을 절단하는 것과 같은 물질적인 파괴 내지 훼손을 말하고, ㈏ 제거는 국기·국장 자체를 손상하지 않고 이를 철거 또는 차폐하는 것을 말하며, ㈐ 오욕이란 국기·국장을 불결하게 하는 일체의 행위를 말한다. 이러한 손상·제거 또는 오욕은 대한민국의 권위와 체면을 손상시킬 정도에 이를 것을 요한다.

(3) 주관적 구성요건

고의 이외에 모욕의 목적이 있어야 한다.

Ⅲ. 국기·국장비방죄

대한민국을 모욕할 목적으로 국기 또는 국장을 비방함으로써 성립하는 범죄이다(제106조). 여기서 비방이란 언어나 거동, 문장이나 회화에 의하여 모욕의 의사를 표현하는 것을 말한다.

 **제4절 | 국교에 관한 죄**

제107조(외국원수에 대한 폭행 등)
① 대한민국에 체재하는 외국의 원수에 대하여 폭행 또는 협박을 가한 자는 7년 이하의 징역이나 금고에 처한다.
② 전항의 외국원수에 대하여 모욕을 가하거나 명예를 훼손한 자는 5년 이하의 징역이나 금고에 처한다.

제108조(외국사절에 대한 폭행 등)
① 대한민국에 파견된 외국사절에 대하여 폭행 또는 협박을 가한 자는 5년 이하의 징역이나 금고에 처한다.
② 전항의 외국사절에 대하여 모욕을 가하거나 명예를 훼손한 자는 3년 이하의 징역이나 금고에 처한다.

제109조(외국의 국기, 국장의 모독)
외국을 모욕할 목적으로 그 나라의 공용에 공하는 국기 또는 국장을 손상, 제거 또는 오욕한 자는 2년 이하의 징역이나 금고 또는 300만원 이하의 벌금에 처한다.

제110조(피해자의 의사)
제107조 내지 제109조의 죄는 그 외국정부의 명시한 의사에 반하여 공소를 제기할 수 없다.

제111조(외국에 대한 사전)
① 외국에 대하여 사전한 자는 1년 이상의 유기금고에 처한다.
② 전항의 미수범은 처벌한다.
③ 제1항의 죄를 범할 목적으로 예비 또는 음모한 자는 3년 이하의 금고 또는 500만원 이하의 벌금에 처한다. 단 그 목적한 죄의 실행에 이르기 전에 자수한 때에는 감경 또는 면제한다.

제112조(중립명령위반)
외국간의 교전에 있어서 중립에 관한 명령에 위반한 자는 3년 이하의 금고 또는 500만원 이하의 벌금에 처한다.

제113조(외교상기밀의 누설)
① 외교상의 기밀을 누설한 자는 5년 이하의 징역 또는 1천만원 이하의 벌금에 처한다.
② 누설할 목적으로 외교상의 기밀을 탐지 또는 수집한 자도 전항의 형과 같다.

Ⅰ. 서론

1. 의의와 보호법익

외국과의 평화로운 국제관계를 침해하여 국제법상 보호되는 외국의 이익을 해하고, 외국과의 국교관계 내지 자국의 대외적인 지위를 위태롭게 하는 범죄를 말한다. 본죄의 보호법익이 무엇인가에 대하여는 견해가 대립하고 있으나, 본죄는 주로 외국의 이익을 보호하기 위한 범죄이지만 동시에 국가의 대외적 지위를 보호하는 면이 있음을 부정할 수 없다고 본다. 특히 외교상의 기밀누설죄는 국가의 대외적 지위를 보호하는 범죄이다. 보호의 정도는 추상적 위험범이다.

2. 구성요건의 체계

형법상의 국교에 관한 죄는 세 가지 유형으로 구별할 수 있다. 즉 ㈎ 외국원수에 대한 폭행등죄(제107조)와 외국사절에 대한 폭행등죄(제108조) 및 외국국기·국장모독죄(제109조), 외국에 대한 사전죄(제111조)와 중립명령위반죄(제112조), 외교상 기밀누설죄(제113조)가 그것이다.

형법	외국원수·사절 및 국기에 관한 죄	외국원수에 대한 폭행·협박·모욕·명예훼손죄(제107조 제1항·제2항), 외국사절에 대한 폭행·협박·모욕·명예훼손죄(제108조 제1항·제2항), 외국국기·국장모독죄(제109조).	반의사불벌죄에 해당한다(제110조).
	사전·중립명령 위반죄	외국에 대한 사전죄(제111조 제1항), 동죄의 미수범(제111조 제2항), 동죄의 예비·음모죄(제113조 제3항), 중립명령위반죄(제112조)	×
	외교관계에 관한 죄	외교상 기밀누설죄(제113조)	×

II. 외국원수·사절 및 국기에 대한 죄

1. 외국원수에 대한 폭행 등 죄

(1) 의의

대한민국에 체재하는 외국원수에 대하여 폭행·협박·모욕 또는 명예를 훼손함으로써 성립하는 범죄이다(제107조).

(2) 구성요건

1) 행위의 객체 : 대한민국에 체재하는 외국원수이다. 원수란 외국의 헌법에 의하여 국가를 대표할 권한이 있는 자를 말하며, 외국의 대통령 또는 군주가 이에 해당한다. 그러나 내각책임제 하의 수상은 일반적으로 원수라고 할 수 없다.

2) 행위 : 폭행·협박·모욕 또는 명예훼손이다. 본죄가 성립할 때에는 폭행죄 등이 별도로 성립하지 않는다. 본죄는 그 외국정부의 명시한 의사에 반하여 공소를 제기할 수 없는 반의사불벌죄이다(제110조).

3) 주관적 구성요건 : 대한민국에 체재하는 외국원수를 폭행·협박·모욕 또는 명예훼손한다는 고의가 있어야 한다.

2. 외국사절에 대한 폭행 등 죄

대한민국에 파견된 외국사절에 대하여 폭행·협박·모욕 또는 명예훼손을 함으로써 성립하는 범죄이다(제108조). 외교사절이란 대사·공사 등을 말하며, 외교사절인 이상 상설사절인가 임시사절인가, 정치적 사절인가 의례적 사절인가를 불문한다. 그러나 외교사절은 대한민국에 파견된 자임을 요한다. 본죄도 반의사불벌죄이다(제110조).

3. 외국 국기·국장모독죄

외국을 모욕할 목적으로 공용에 공하는 외국의 국기 또는 국장을 손상·제거 또는 오욕함으로써 성립하는 범죄이다(제109조). 본죄는 "외국을 모욕할 목적으로 그 나라의 공용에 공하는 국기 또는 국장을 손상·제거 또는 오욕함으로써 성립하는 범죄"이다. 모욕할 목적을 요하는 '목적범'이다. '공용에 공하는'이란 국가의 권위를 나타내기 위하여 그 나라의 공적 기관이나 공무소에서 사용되는 것을 말한다. 본죄 또한 반의사불벌죄이다(제110조).

Ⅲ. 외국에 대한 사전·중립명령위반죄

1. 외국에 대한 사전죄

(1) 의의

외국에 대하여 사전하거나 사전할 목적으로 예비 또는 음모함으로써 성립하는 범죄이다(제111조).

(2) 구성요건

외국에 대하여 사전함으로써 성립한다. 사전이란 국가의 전투명령을 받지 않고 함부로 외국에 대하여 전투행위를 하는 것을 말하며, 사전의 상대방은 외국이다.

(3) 사전예비·음모죄

외국에 대하여 사전할 목적으로 예비·음모함으로써 성립한다. 본죄는 독립된 예비·음모죄가 아니라, 일반적 예비·음모를 규정한 것에 지나지 않는다. 따라서 본죄에 대한 방조는 성립할 수 없다. 단 그 목적한 죄의 실행에 이르기 전에 자수한 때에는 감경 또는 면제한다.

2. 중립명령위반죄

(1) 의의

외국 간의 교전에 있어서 중립명령을 위반함으로써 성립하는 범죄이다(제112조). 백지형법의 대표적인 예라고 할 수 있다. 또 본죄는 중립명령이 내려져 있는 동안만 성립할 수 있기 때문에 '한시법'에 속한다.

(2) 구성요건

행위상황으로 외국 간의 교전이 있어야 하며, 행위는 중립명령에 위반하는 것이다. 중립명령이란 교전국의 어느 편에도 가담하지 않고 불편부당의 지위를 지키는 국외중립선언에 따르는 명령을 말한다.

Ⅳ. 외교상 기밀누설죄

외교상의 기밀을 누설함으로써 성립하는 범죄이다(제113조 제1항). 주체에는 제한이 없으며, 행위의 객체는 외교상의 기밀, 즉 외국과의 관계에서 국가가 보지해야 할 기밀을 말한다. 외국에 공지인 사실은 외교상의 기밀이 될 수 없다. 본죄의 행위인 누설이란 외교상의 기밀을 외국에 알리는 것을 말하며, 그 수단과 방법에는 제한이 없다. 누설할 목적으로 외교상의 기밀을 탐지·수집한 자도 같은 형으로 처벌한다(제113조 제2항). 다만 외교상의 기밀을 탐지·수집하는 때에는 고의 이외에 누설할 목적이 있어야 한다.

판례 | 국기·국장 비방죄에서 비방의 의미

- 피고인들이 국기에 대한 존중과 경의의 표시방법으로 주목함으로써 하는 것을 받아들이는 이상 그들이 교리상 국기에 대하여 절을 해서는 안된다는 말을 했다 해서 바로 피고인들에게 국기를 비기할 고의나 국기를 모독할 목적이 있었다고 볼 수 없다(대판 1975.7.22. 74도213).

판례 | 외교상 기밀누설죄

- [1] 형법 제113조 제1항 소정의 외교상의 기밀이라 함은, 외국과의 관계에서 국가가 보지해야 할 기밀로서, 외교정책상 외국에 대하여 비밀로 하거나 확인되지 아니함이 대한민국의 이익이 되는 모든 정보자료를 말한다. [2] 외국에 이미 널리 알려져 있는 사항은 특단의 사정이 없는 한 이를 비밀로 하거나 확인되지 아니함이 외교정책상의 이익이 된다고 할 수 없는 것이어서 외교상의 기밀에 해당하지 아니한다. [3] <u>외국언론에 이미 보도된 바 있는 우리 나라의 외교정책이나 활동에 관련된 사항들에 관하여 정부가 이른바 보도지침의 형식으로 국내언론기관의 보도 여부 등을 통제하고 있다는 사실을 알리는 것이 외교상의 기밀을 누설한 경우에 해당하지 않는다고 한 사례</u>(대판 1995.12.5. 94도2379). [해설] 외국에 이미 널리 알려진 사항은 특단의 사정이 없는 한 '외교상의 기밀'의 개념에 해당하지 않는다고 판시하여 공지의 사실과 외교상 기밀의 구분기준을 제시하고 있는 판결.

| PART 01 | PART 02 | **PART 03 국가적 법익에 대한 죄**

CHAPTER **02** | 국가의 기능에 대한 죄

 | 공무원의 직무에 관한 죄

Ⅰ. 서론

1. 직무범죄의 의의

공무원이 의무에 위배하거나 직권을 남용하여 국가기능의 공정을 해하는 것을 내용으로 하는 범죄, 즉 공무원의 직무범죄를 말한다. 본죄의 보호법익은 국가기능이며, 특히 국가질서에 대한 내부로부터의 침해에 그 본질이 있다. 형법이 규정하고 있는 공무원의 직무에 관한 죄는 직권남용죄와 직무위배죄 및 뇌물죄의 세 가지 유형으로 분류되고 있다. 본죄의 보호법익은 널리 '국가의 기능'이고 보호의 정도에 있어서 직무유기죄는 구체적 위험범이고, 불법체포·감금죄는 침해범이며, 기타의 죄는 추상적 위험범이다.

2. 직무범죄의 본질과 공무원의 의의

(1) 직무범죄의 본질과 종류

공무원의 직무에 관한 직무범죄는 행위자가 행위시에 공무원일 것을 요하는 신분범이다. 다만 공무상 비밀누설죄(제127조)와 사전수뢰죄(제129조 제2항)의 주체에는 공무원이었던 자와 공무원이 될 자가 포함된다.

1) **진정직무범죄와 부진정직무범죄** : 전자는 공무원만 정범이 될 수 있는 범죄를 말하며, 여기서 공무원의 신분은 구성적 신분으로서 기능한다. 이에 반하여 후자는 공무원 아닌 자에 의하여도 범하여질 수 있지만 공무원이 행한 경우에 형이 가중되는 범죄를 말한다. 진정직무범죄에서의 공무원신분은 범죄구성적 신분이다. 직무유기죄(제122조), 수뢰죄(제129조 등), 공무상 비밀누설죄(제127조), 선거방해죄(제128조) 등이 진정직무범죄에 속한다. 불법체포·감금죄(제124조), 폭행·가혹행위죄(제125조), 간수자의 도주원조죄(제148조), 세관공무원의 아편 등 수입죄(제200조) 등은 부진정직무범죄에 속한다. 이 구별의 실익은 공무원이 아닌 자가 공무원의 직무범죄에 공범으로 가담했을 경우에 나타난다. 즉 진정직무범죄에 가담한 비공무원은 제33조 본문이 적용되어 직무범죄의 공범으로 처벌되지만, 부진정직무범죄에 가담한 비공무원은 제33조 단서가 적용되어 직무범죄가 아닌 일반범죄의 공범으로 처벌된다.

2) **일반직무범죄와 특수직무범죄** : 전자는 모든 공무원이 범할 수 있는 범죄임에 반하여, 후자는 구성요건이 전제하고 있는 특수한 지위에 있는 공무원만 범할 수 있는 범죄를 말한다. 수뢰죄(제129조 등), 직권남용죄(제123조), 공무상 비밀누설죄(제127조) 등이 일반직무범죄에 속하고, 불법체포·감금죄(제124조), 폭행·가혹행위죄(제125조), 피의사실공표죄(제126조) 및 선거방해죄(제128조) 등이 특수직무범죄에 속한다.

(2) 공무원의 의의

일반적으로 공무원이란 '법령에 의하여 국가 또는 지방자치단체의 사무에 종사하는 직원'을 말한다. 그러나 공무원의 범위는 공법상의 공무원이 아니라 형법의 독자적인 입장에 의하여 결정되어야 할 것이다. 따라서 특수경력직공무원 가운데 단순한 노무에 종사하는 고용직공무원(청소부, 인부 또는 사환)은 여기서 제외되어야 한다. 또한 통설과 판례는 개별적으로 검토하여 행정기관에 준하는 공법인의 직원은 공무원에 속한다고 한다.

3. 구성요건의 체계

형법	직무위배죄	기본적 구성요건	직무유기죄(제122조)
		독립적 구성요건	피의사실공표죄(제126조), 공무상 비밀누설죄(제127조)
	직권남용죄	기본적 구성요건	직권남용죄(제123조)
		독립적 구성요건	불법체포·감금죄(제124조 제1항), 미수범(제124조 제2항), 폭행·가혹행위죄(제125조), 선거방해죄(제128조)
	뇌물죄	기본적 구성요건	수뢰죄(제129조 제1항)
		감경적 구성요건	사전수뢰죄(제129조 제2항)
		가중적 구성요건	수뢰후부정처사죄(제131조 제1항), 부정처사후수뢰죄(제131조 제2항)
		독립적 구성요건	제3자뇌물공여죄(제130조), 사후수뢰죄(제131조 제3항), 알선수뢰죄(제132조), 증뢰죄(제133조 제1항), 증뢰물전달죄(제133조 제2항)
특별 형법	폭력행위등처벌에 관한법률		사법경찰관리의 직무유기를 가중처벌(제9조)
	특정범죄가중처벌 등에관한법률		범죄수사의 직무에 종사하는 공무원의 특수직무유기를 가중처벌(제15조), 불법체포·감금죄(제124조)와 폭행·가혹행위죄(제125조)를 범하여 사람을 사상케 한 경우를 가중처벌(제4조의 2)

II. 직무유기죄

1. 직무유기죄

> **제122조(직무유기)**
> 공무원이 정당한 이유없이 그 직무수행을 거부하거나 그 직무를 유기한 때에는 1년 이하의 징역이나 금고 또는 3년 이하의 자격정지에 처한다.

(1) 의의

공무원이 정당한 이유 없이 직무수행을 거부하거나 직무를 유기함으로써 성립하는 범죄이다(제122조). 본죄는 국가의 기능을 보호법익으로 하는 구체적 위험범이다.

(2) 구성요건

주관적으로 직무의 수행을 거부하거나 이를 버린다는 인식과 객관적으로는 직무 또는 직장을 벗어나는 행위가 있어야 한다.

1) **주체** : 공무원이다. 진정직무범죄에 해당한다.

2) **행위** : 직무수행을 거부하거나 직무를 유기하는 것이다. ㈎ 직무란 공무원법상의 본래의 직무 또는 고유한 직무를 말하며, 직무의 내용은 성문에 의한 법령의 근거가 있거나 특별한 지시 또는 명령이 있어야 한다. ㈏ 직무수행을 거부하는 것은 직무를 능동적으로 수행할 의무 있는 자가 이를 행하지 않는 것을 말하고, 직무유기란 직무에 관한 의식적인 방임 내지 포기 등 정당한 이유 없이 직무를 수행하지 않는 경우를 말한다. 직무를 유기할 것을 요하므로 직무를 집행한 때에는 직무집행에 있어서 법정절차를 이행하지 않았거나, 내용이 부실하다고 하여도 본죄는 성립하지 않는다.

3) **고의** : 직무를 유기한다는 인식이 있어야 한다.

(3) 타죄와의 관계

1) **허위공문서작성죄와의 관계** : ㈎ 공무원이 어떠한 위법사실을 발견하고도 직무상 의무에 따른 적절한 조치를 취하지 아니하고 위법사실을 적극적으로 은폐할 목적으로 허위공문서를 작성·행사한 경우에는 직무위배의 위법상태는 허위공문서작성 당시부터 그 속에 포함되는 것으로 작위범인 허위공문서작성, 동행사죄만이 성립하고 부작위범인 직무유기죄는 따로 성립하지 아니하나, ㈏ 직접적으로 위법사실을 은폐할 목적 없이 허위공문서를 작성·행사한 경우에는 허위공문서작성, 동행사죄와 직무유기죄는 실체적 경합범의 관계에 있다.

2) **수뢰죄와의 관계** : 공무원이 뇌물을 수수한 후 직무유기를 한 때에는 수뢰죄와 직무유기죄의 실체적 경합이 된다.

> **판례** 공무원의 의미
>
> - 일반적으로 공무원이라 함은 광의로는 국가 또는 공공단체의 공무를 담당하는 일체의 자를 의미하며, 협의로는 국가 또는 공공단체와 공법상 근무관계에 있는 모든 자를 말하는바, 지방자치법 제32조에 의하면 지방의회의원은 명예직으로서 의정활동비와 보조활동비, 회기 중 출석비를 지급받도록 규정하고 있을 뿐 정기적인 급여를 지급받지는 아니하나, 지방공무원법 제2조 제3항에 의하면 특수경력직 공무원 중 정무직 공무원으로 '선거에 의하여 취임하는 자'를 규정하고 있고, 지방자치법 제35조 이하에 의하면 지방의회의원은 여러 가지 공적인 사무를 담당하도록 규정하고 있으며, 공직자윤리법에 의하면 지방의회의원도 공직자로 보아 재산등록 대상자로 규정하고 있는 점 등에 비추어 볼 때, <u>비록 지방의회의원이 일정한 비용을 지급받을 뿐 정기적인 급여를 지급받지는 아니한다고 하더라도 공무를 담당하고 있는 이상 지방의회의원은 형법상 공무원에 해당한다</u>(대판 1997.3.11. 96도1258). **[해설]** 형법상 공무원에 해당하는지 여부에 관한 판단기준의 제시하고서 정기적인 급여를 지급받지는 아니한다고 하더라도 공무를 담당하고 있는 이상 형법상 공무원에 해당한다고 본 사례.

 **판례** 직무유기죄

1) 직무유기죄의 성격

① [1] 형법 제122조 후단 소정의 공무원이 정당한 이유 없이 직무를 유기한 때라 함은 직무에 관한 의식적인 방임 내지 포기 등 정당한 사유 없이 직무를 수행하지 아니한 경우를 의미하는 것이므로 공무원이 태만, 분망, 착각 등으로 인하여 직무를 성실히 수행하지 아니한 경우나 형식적으로 또는 소홀히 직무를 수행하였기 때문에 성실한 직무수행을 못한 것에 불과한 경우에는 직무유기죄는 성립하지 아니한다. [2] 직무유기죄는 그 직무를 수행하여야 하는 작위의무의 존재와 그에 대한 위반을 전제로 하고 있는바, 그 작위의무를 수행하지 아니함으로써 구성요건에 해당하는 사실이 있었고 그 후에도 계속하여 그 작위의무를 수행하지 아니하는 위법한 부작위상태가 계속되는 한 가벌적 위법상태는 계속 존재하고 있다고 할 것이며 형법 제122조 후단은 이를 전체적으로 보아 1죄로 처벌하는 취지로 해석되므로 이를 즉시범이라고 할 수 없다(대판 1997.8.29. 97도675, 대판 1965.12.10. 65도826 전원합의체).

② 직무유기교사죄는 피교사자인 공무원별로 1개의 죄가 성립되는 것이므로 피교사자인 공무원별로 사실을 특정할 수 있도록 공소사실을 기재하여야 할 것인바, 공소사실 중 "전기협 회원들에 대하여 불법파업을 하여 직무유기할 것을 결의하게 하고, 전기협 회원 6,500여 명이 이에 따라 같은 해 6.23. 04:00경부터 불법파업에 돌입하게 하여 직무유기를 교사하였다."는 것만으로는 피교사자인 공무원들의 숫자조차 특정되어 있지 않아 도대체 몇 개의 직무유기교사죄를 공소제기한 것인지, 그리고 유기한 직무의 내용 및 유기행위의 태양이 어떠한지 알 수가 없으므로, 결국 직무유기교사의 점은 형사소송법 제327조 제2호에 정한 바 공소장에 구체적인 범죄사실의 기재가 없어 그 공소제기의 절차가 법률의 규정에 위반하여 무효인 때에 해당한다 고 할 것이다(대판 1997.8.22. 95도984).

2) 직무유기죄의 주체

• 직무유기죄는 구체적으로 그 직무를 수행하여야 할 작위의무가 있는데도 불구하고 이러한 직무를 버린다는 인식하에 그 작위의무를 수행하지 아니함으로써 성립하는 것이고, 또 그 직무를 유기한 때라 함은 공무원이 법령, 내규 등에 의한 추상적인 충근의무를 태만히 하는 일체의 경우를 이르는 것이 아니고, 직장의 무단이탈, 직무의 의식적인 포기 등과 같이 그것이 국가의 기능을 저해하며 국민에게 피해를 야기시킬 가능성이 있는 경우를 말하는 것이므로, 병가 중인 자의 경우 구체적인 작위의무 내지 국가기능의 저해에 대한 구체적인 위험성이 있다고 할 수 없어 직무유기죄의 주체로 될 수는 없다. 노동조합의 승인 없이 또는 지시에 반하여 일부 조합원의 집단에 의하여 이루어진 쟁의행위가 그 경위와 목적, 태양 등에 비추어 정당행위에 해당하지 아니하고, 그 쟁의행위에 참가한 일부 조합원이 병가 중이어서 직무유기죄의 주체로 될 수는 없다 하더라도 직무유기죄의 주체가 되는 다른 조합원들과의 공범관계가 인정된다는 이유로, 그 쟁의행위에 참가한 조합원들 모두 직무유기죄로 처단되어야 한다고 본 사례(이 사건은 병가 중인 철도공무원들이 그렇지 아니한 철도공무원들과 함께 전국철도노동조합의 일부 조합원들로 구성된 임의단체인 전국기관차협의회가 주도한 파업에 참가한 사례)(대판 1997.4.22. 95도748).

3) 직무

① 군형법 제24조에 규정된 직무유기죄가 성립되려면 그 직무의 내용이 성문된 법령상의 근거가

있거나 적어도 군대내의 특단의 지시 또는 명령이 있어 그것이 고유의 직무내용을 이루고 있어야 하는 바 군인복무규율 제12조에 의해도 부대지휘관에게 소속부대원이 부대 내에서 소란을 일으킨 경우를 상급부대에 보고하여야 한다는 고유의 직무가 있다고 할 수 없고 타에 이런 경우에 보고할 의무가 대대장의 고유의 직무라고 볼만한 자료가 없으므로 그 보고를 아니한 대대장을 직무유기죄로 처단할 수 없다(대판 1976.10.12. 75도1895).

② [1] 세무서에서 근무하는 공무원이 조세범처벌절차법 시행령 제1조에 의하여 그 관할 검찰청 검사장으로부터 범칙사건을 조사할 수 있는 자로 지명을 받지 않은 경우, 범칙사건 조사 결과에 따른 통고처분이나 고발 여부는 국세청장, 지방국세청장 또는 세무서장의 직무에 속할 뿐 <u>범칙사건을 조사한 세무공무원에게는 조세범처벌절차법에 따른 통고처분이나 고발을 할 권한이 없다.</u> [2] 형법 제122조 소정의 공무원이 정당한 이유 없이 직무를 유기한 때라 함은 직무에 관한 의식적인 방임 내지는 포기 등 정당한 사유 없이 직무를 수행하지 아니한 경우를 의미하는 것이므로 공무원이 태만, 분망, 착각 등으로 인하여 직무를 성실히 수행하지 아니한 경우나 형식적으로 또는 소홀히 직무를 수행하였기 때문에 성실한 직무수행을 못한 것에 불과한 경우에는 직무유기죄는 성립하지 않는다(대판 1997.4.11. 96도2753).

③ 경찰관인 피고인이 벌금미납자로 지명수배되어 있던 갑을 세 차례에 걸쳐 만나고도 그를 검거하여 검찰청에 신병을 인계하는 등 필요한 조치를 취하지 않아 정당한 이유 없이 직무를 유기하였다는 내용으로 예비적으로 기소된 사안에서, <u>벌금미납자에 대한 노역장유치 집행을 위하여 검사의 지휘를 받아 형집행장을 집행하는 경우 벌금미납자 검거는 사법경찰관리의 직무범위에 속한다고 보아야 하는데도,</u> 재판의 집행이 사법경찰관리의 직무범위에 속한다고 볼 법률적 근거가 없다는 이유로 갑에 대하여 실제 형집행장이 발부되어 있었는지 등에 대하여 나아가 심리하지 않은 채 공소사실을 무죄로 인정한 원심판단에 법리오해의 위법이 있다고 한 사례(대판 2011.9.8. 2009도13371).

4) 직무유기의 의미

① 형법 제122조에서 정하는 직무유기죄에서 '직무를 유기한 때'란 공무원이 법령, 내규 등에 의한 추상적 성실의무를 태만히 하는 일체의 경우에 성립하는 것이 아니라 <u>직장의 무단이탈, 직무의 의식적인 포기 등과 같이 국가의 기능을 저해하고 국민에게 피해를 야기시킬 가능성이 있는 경우</u>를 가리킨다. 그리하여 <u>일단 직무집행의 의사로 자신의 직무를 수행한 경우에는 직무집행의 내용이 위법한 것으로 평가된다는 점만으로 직무유기죄의 성립을 인정할 것은 아니고, 공무원이 태만·분망 또는 착각 등으로 인하여 직무를 성실히 수행하지 아니한 경우나 형식적으로 또는 소홀히 직무를 수행한 탓으로 적절한 직무수행에 이르지 못한 것에 불과한 경우에도 직무유기죄는 성립하지 아니한다.</u> 따라서 교육기관·교육행정기관·지방자치단체 또는 교육연구기관의 장이 징계의결을 집행하지 못할 법률상·사실상의 장애가 없는데도 징계의결서를 통보받은 날로부터 법정 시한이 지나도록 집행을 유보하는 모든 경우에 직무유기죄가 성립하는 것은 아니고, 그러한 유보가 직무에 관한 의식적인 방임이나 포기에 해당한다고 볼 수 있는 경우에 한하여 직무유기죄가 성립한다고 보아야 한다(대판 2012.8.30. 2010도13694, 대판 1983.1.18. 82도2624, 대판 1982.6.8. 82도117).

② 형법 제122조에서 정하는 직무유기죄에서 '직무를 유기한 때'란 공무원이 법령, 내규 등에 의한 추상적 성실의무를 태만히 하는 일체의 경우에 성립하는 것이 아니라 직장의 무단이탈, 직무의 의식적인 포기 등과 같이 국가의 기능을 저해하고 국민에게 피해를 야기시킬 가능성이 있는 경

우를 가리킨다. 그리하여 일단 직무집행의 의사로 자신의 직무를 수행한 경우에는 그 직무집행의 내용이 위법한 것으로 평가된다는 점만으로 직무유기죄의 성립을 인정할 것은 아니고, 공무원이 태만·분망 또는 착각 등으로 인하여 직무를 성실히 수행하지 아니한 경우나 형식적으로 또는 소홀히 직무를 수행한 탓으로 적절한 직무수행에 이르지 못한 것에 불과한 경우에도 직무유기죄는 성립하지 아니한다(대판 2013.4.26. 2012도15257).

③ 형법 제122조에서 정하는 직무유기죄에서 '직무를 유기한 때'란 공무원이 법령, 내규 등에 의한 추상적 성실의무를 태만히 하는 일체의 경우에 성립하는 것이 아니라 직장의 무단이탈, 직무의 의식적인 포기 등과 같이 국가의 기능을 저해하고 국민에게 피해를 야기시킬 가능성이 있는 경우를 가리킨다. 그리하여 일단 직무집행의 의사로 자신의 직무를 수행한 경우에는 직무집행의 내용이 위법한 것으로 평가된다는 점만으로 직무유기죄의 성립을 인정할 것은 아니고, 공무원이 태만·분망 또는 착각 등으로 인하여 직무를 성실히 수행하지 아니한 경우나 형식적으로 또는 소홀히 직무를 수행한 탓으로 적절한 직무수행에 이르지 못한 것에 불과한 경우에도 직무유기죄는 성립하지 아니한다. 따라서 교육기관·교육행정기관·지방자치단체 또는 교육연구기관의 장이 징계의결을 집행하지 못할 법률상·사실상의 장애가 없는데도 징계의결서를 통보받은 날로부터 법정 시한이 지나도록 집행을 유보하는 모든 경우에 직무유기죄가 성립하는 것은 아니고, 그러한 유보가 직무에 관한 의식적인 방임이나 포기에 해당한다고 볼 수 있는 경우에 한하여 직무유기죄가 성립한다고 보아야 한다(대판 2014.4.10. 2013도229).

판례 직무유기죄의 성립 인정 판례

① 차량번호판의 교부담당직원은 자동차운수사업법 제32조 제1항의 규정에 비추어 행정처분에 의하여 자동차의 사용이 정지된 경우에는 특별한 사정이 없는 한 그 번호판을 재교부하여서는 안되는 직무상의 의무가 있다고 보는 것이 상당하다(대판 1972.6.27. 72도969).

② 피고인이 세무서 소득세과 재산세계에 근무하면서 과세자료처리 및 정리등 사무를 취급하였는데 같은 계 근무직원인 소외(갑)의 책상서랍속에 공동피고인(을)에 대한 양도소득세 과세자료전들이 은닉되어 있는 것을 발견하였는데 그 당시 피고인이 위 과세자료들을 자료대장에 등재할 직무를 직접 담당하고 있지는 않았다 하더라도 이러한 업무의 보조업무에 해당하는 업무를 담당하고 있었고, 또 위 자료전의 은닉이 위 (을)에 대한 양도소득세가 부과되지 않도록 하기 위한 고의적 은닉이라는 사실과 위 (을)이 주민등록을 여러차례 옮겨 전출한 사실을 알고 있었다면, 피고인으로서는 위 (갑)으로 하여금 위 자료전을 조속히 처리함으로써 세원을 양성화하여 국가의 적정한 조세징수권행사를 할 수 있도록 조치할 의무가 있다고 할 것이며 동 의무는 단순히 윤리적, 추상적인 직무를 넘어선 구체적인 직무라 할 것이므로, 피고인이 위 (갑)에 대하여 위 과세자료를 자료정리부에 등재하여 자기에게 넘겨 달라고 촉구만 하고 그대로 이를 방치하였다면 직무유기죄를 구성한다고 볼 것이다(대판 1984.4.10. 83도1653).

③ 소속대 수송관 겸 3종 출납관으로서 소속대 유류수령과 불출 및 그에 따른 결산 기타 업무를 수행할 직무있는 자가 신병치료를 이유로 상부의 승인없이 1984. 12.초부터 1985. 3.경까지 3종 출납관 도장과 창고열쇠를 포함한 3종 업무일체를 계원에게 맡겨두고 이에 대한 일체의 확인감독마저 하지 않았다면 이는 부대관례에 따른 정당한 위임의 정도를 벗어난 직무의 의식적인 포기로

서 직무유기죄에 해당한다(대판 1986.2.11. 85도2471).

④ 가축위생시험소 소속 수의사보인 피고인이 가축도축업체에 배치되어 가축검사원으로 재직하는 공무원으로서 위 도축장에서 소에 대한 강제급수의 방지와 사료의 소화·신선한 육질의 유지를 위해 퇴근시에는 소 계류장에 들어온 소의 숫자와 상태를 확인하고 소 계류장 출입문의 시정·봉인조치를 이행하고, 부득이 퇴근 후 도축의뢰되는 소를 계류장에 입사시킬 경우에는 검사원이 나가 계류장 문을 열고 입사시킨 후 다시 시정·봉인하여 소에 대한 강제급수를 미리 방지하는등 검사원으로서의 직무를 철저히 해야 함에도, 퇴근시 소 계류장의 시정·봉인조치를 취하지 아니하고 그 관리를 도축장 직원에게 방치한 행위는 직무유기죄에 해당된다(대판 1990.5.25. 90도191).

⑤ <u>학생군사교육단의 당직사관으로 주번근무를 하던 육군 중위가 당직근무를 함에 있어서 훈육관실에서 학군사관후보생 2명과 함께 술을 마시고 내무반에서 학군사관후보생 2명 및 애인 등과 함께 화투놀이를 한 다음 애인과 함께 자고 난 뒤 교대할 당직근무자에게 당직근무의 인계, 인수도 하지아니한 채 퇴근하였다면 직무유기죄가 성립</u>된다(대판 1990.12.21. 90도2425).

⑥ 경찰관이 장기간에 걸쳐 여러 번 오토바이를 오토바이 상회 운영자에게 보관시키고도 경찰관 스스로 소유자를 찾아 반환하도록 처리하거나 상회 운영자에게 반환 여부를 확인한 일이 전혀 없고, 상회 운영자로부터 오토바이를 보내준 대가 또는 그 처분대가로 돈까지 지급받았다면, <u>경찰관의 이와 같은 행위는 습득물을 단순히 상회 운영자에게 보관시키거나 소유자를 찾아서 반환하도록 협조를 구한 정도를 벗어나 상회 운영자에게 그 습득물에 대한 임의적인 처분까지 용인한 것으로서 습득물 처리 지침에 따른 직무를 의식적으로 방임 내지 포기하고 정당한 사유 없이 직무를 수행하지 아니한 경우에 해당한다</u>고 한 사례(대판 2002.5.17. 2001도6170).

⑦ 피고인들을 비롯한 경찰관들이 현행범으로 체포한 도박혐의자 17명에 대해 현행범인체포서 대신에 임의동행동의서를 작성하게 하고, 그나마 제대로 조사도 하지 않은 채 석방하였으며, 현행범인 석방사실을 검사에게 보고도 하지 않았고, 석방일시·사유를 기재한 서면을 작성하여 기록에 편철하지도 않았으며, 압수한 일부 도박자금에 관하여 압수조서 및 목록도 작성하지 않은 채 검사의 지휘도 받지 않고 반환하였고, 일부 도박혐의자의 명의도용 사실과 도박 관련 범죄로 수회 처벌받은 전력을 확인하고서도 아무런 추가조사 없이 석방한 사안에서, 이는 <u>단순히 업무를 소홀히 수행한 것이 아니라 정당한 사유 없이 의도적으로 수사업무를 방임 내지 포기한 것이라고 봄이 상당하다</u>는 이유로, 피고인들에 대하여 <u>직무유기죄</u>의 성립을 부정한 원심판단에 법리오해 또는 사실오인의 잘못이 있다고 한 사례(대판 2010.6.24. 2008도11226).

판례 　직무유기죄의 성립 부정 판례

① 약사 감시원이 무허가 약국 개설자를 적발하고 상사에 보고하여 그 지시에 따라 약국을 폐쇄토록 하였다면 수사관서에 고발하지 아니하였다 하여 직무를 유기 했다 할 수 없다(대판 1969.2.4. 67도184).

② 공무원이 직무를 유기한 때라 함은 공무원이 법령 내규 또는 지시 통첩에 의한 추상적인 충근

의무를 게을리한 일체의 경우를 지칭하는 것이 아니라 주관적으로 직무집행의사를 포기하고 객관적으로 정당한 이유없이 직무집행을 하지 아니하는 부작위상태가 있어 국가기능을 저해하는 경우를 말한다 할 것인바, 사법 경찰관리가 직무집행의사로 위법사실을 조사하여 훈방하는 등 어떤 형태로든지 그 직무집행행위를 하였다면 형사피의사건으로 입건수사하지 않았다 하여 곧 직무유기죄가 성립한다고 볼 수는 없다(대판 1982.6.8. 82도117).

③ 형법 제122조에 규정된 직무유기죄의 성립에는 주관적으로 직무를 버린다는 인식과 객관적으로 직무 또는 직장을 벗어나는 행위가 있어야 하므로 전매공무원인 피고인이 외제담배를 긴급 압수한 후 도주한 범칙자를 찾는데 급급하여 미처 압수수색영장을 신청하지 못한 이 사건에서와 같이 직무수행과 관련하여 태만, 분망, 착각 등 일신상 또는 객관적 사유로 인하여 부당한 결과를 초래한 것에 불과한 경우에는 직무유기죄는 성립하지 않는다(대판 1982.9.28. 82도1633).

④ 형법 제122조에서 공무원이 정당한 이유 없이 그 직무를 유기한 때라 함은 공무원이 정당한 사유 없이 의식적으로 직무를 포기하거나 직무 또는 직장을 이탈하는 것을 말하며 공무원이 직무수행을 함에 있어서 태만, 착각 등으로 이를 성실하게 수행하지 아니한 경우까지 포함하는 것은 아니라 할 것이므로 피고인이 순찰 및 검사 등을 하지 아니하고 잠을 잔 것은 일직사관으로서의 직무를 성실하게 수행하지 아니하여 충근의무에 위반한 허물이 있다고 하겠으나 근무장소에서 유사시에 깨어 직무수행에 임할 수 있는 상황(상황실로부터 피고인이 누운 침상까지는 2미터 정도의 거리로서 판자칸막이가 있는데 불과함)에서 잠을 잔 것이므로 피고인이 고의로 일직사관으로서의 직무를 포기하거나 직장을 이탈한 것이라고는 볼 수 없다(대판 1984.3.27. 83도3260).

⑤ 형법 제122조에서 공무원이 정당한 이유 없이 직무를 유기한 때라 함은 정당한 사유 없이 의식적으로 직무를 포기하거나 직무 또는 직장을 이탈하는 것을 말하고 공무원이 직무를 수행함에 있어서 태만 또는 착각 등으로 이를 성실하게 수행하지 아니한 경우까지 포함하는 것은 아니라 할 것인바, 교도소 보안과 출정계장과 감독교사가 호송지휘관 및 감독교사로서 호송교도관 5명을 지휘하여 재소자 25명을 전국의 각 교도소로 이감하는 호송업무를 수행함에 있어서, 시간이 촉박하여 호송교도관들이 피호송자 개개인에 대하여 규정에 따른 검신 등의 절차를 철저히 이행하지 아니한 채 호송하는 데도 위 호송교도관들에게 호송업무 등을 대강 지시한 후에는 그들이 이를 제대로 수행할 것으로 믿고 구체적인 확인, 감독을 하지 아니한 잘못으로 말미암아 피호송자들이 집단도주하는 결과가 발생한 경우, 위 출정계장과 감독교사가 재소자의 호송계호업무를 수행함에 있어서 성실하게 그 직무를 수행하지 아니하여 충근의무에 위반한 잘못은 인정되나 고의로 호송계호업무를 포기하거나 직무 또는 직장을 이탈한 것이라고는 볼 수 없으므로 형법상 직무유기죄를 구성하지 아니한다(대판 1991.6.11. 91도96).

⑥ 형법 제122조는 직무유기죄에 관하여 "공무원이 정당한 이유 없이 그 직무수행을 거부하거나 그 직무를 유기한 때에는 1년 이하의 징역이나 금고 또는 3년 이하의 자격정지에 처한다."라고 정한다. 직무유기죄는 구체적으로 직무를 수행해야 할 작위의무가 있는데도 이러한 직무를 저버린다고 인식하고 작위의무를 이행하지 않음으로써 성립한다. 이때 직무를 유기한다는 것은 공무원이 법령, 내규 등에 따른 추상적 성실의무를 게을리하는 일체의 경우를 말하는 것이 아니라 직장의 무단이탈, 직무의 의식적인 포기 등과 같이 국가의 기능을 저해하고 국민에게 피해를 야기할 구체적인 가능성이 있는 경우만을 가리킨다. 따라서 **공무원이 태만이나 착각 등으로 인하여**

직무를 성실히 수행하지 않은 경우 또는 직무를 소홀하게 수행하였기 때문에 성실한 직무수행을 못한 데 지나지 않는 경우에는 직무유기죄가 성립하지 않는다. 무단이탈로 인한 직무유기죄 성립 여부는 결근 사유와 기간, 담당하는 직무의 내용과 적시 수행 필요성, 결근으로 직무 수행이 불가능한지, 결근 기간에 국가기능의 저해에 대한 구체적인 위험이 발생하였는지 등을 종합적으로 고려하여 신중하게 판단해야 한다. 특히 근무기간을 정하여 임용된 공무원의 경우에는 근무기간 안에 특정 직무를 마쳐야 하는 특별한 사정이 있는지 등을 고려할 필요가 있다(대판 2022.6.30. 2021도8361). [해설] 기간제 교원인 피고인이 기말고사 답안지를 교부받고도 무단결근하고 임기 종료 시까지 답안지와 채점결과를 학교 측에 인계하지 않은 사안에서, 학사일정상 피고인의 임기 종료일까지 기말고사 성적 처리에 대한 최종 업무를 종료할 것이 예정되어 있지 않았고, 피고인이 임기 종료 직전 2일을 무단결근한 사유에 참작할 사정이 있으며, 그 후로는 출근이나 업무 수행을 할 의무가 없음을 이유로 피고인에 대한 직무유기죄 성립을 인정한 원심판단을 파기한 사례.

 **판 례** 위법사실의 은폐목적

1) 위법사실의 은폐목적이 없는 경우

- 공무원이 어떠한 위법사실을 발견하고도 직무상 의무에 따른 적절한 조치를 취하지 아니하고 위법사실을 적극적으로 은폐할 목적으로 허위공문서를 작성·행사한 경우에는 직무위배의 위법상태는 허위공문서작성 당시부터 그 속에 포함되는 것으로 작위범인 허위공문서작성, 동행사죄만이 성립하고 부작위범인 직무유기죄는 따로 성립하지 아니하나, 위 복명서 및 심사의견서를 허위작성한 것이 농지일시전용허가를 신청하자 이를 허가하여 주기 위하여 한 것이라면 직접적으로 농지불법전용 사실을 은폐하기 위하여 한 것은 아니므로 위 허위공문서작성, 동행사죄와 직무유기죄는 실체적 경합범의 관계에 있다(대판 1993.12.24. 92도3334). [해설] 공문서의 허위작성 및 동행사 행위가 위법사실을 은폐하기 위한 것일 때는 허위공문서작성죄 및 동행사와 직무유기죄는 법조경합 흡수관계에 놓이지만, 공문서의 허위작성 및 동행사 행위가 위법사실을 은폐하기 위한 것이 아니라 그 위법사실을 묵인하는 것(직무유기)에서 나아가 '부당한 허가'를 위해 공문서를 허위로 작성하고 이를 행사하는 행위(허위공문서작성죄 및 동행사죄)는 실체적 경합관계에 놓이고, 따라서 불법의 정도와 책임 면에서 더 무겁다고 할 수 있음. 92도3334 사안에서 구체적으로 ① 농지사무를 담당하고 있는 군직원으로서는 그 관내에서 발생한 농지불법전용 사실을 알게 되었으면 군수에게 그 사실을 보고하여 군수로 하여금 원상회복을 명하거나 나아가 고발을 하는 등 적절한 조치를 취할 수 있도록 하여야 할 직무상 의무가 있는 것이므로 농지불법전용 사실을 외면하고 아무런 조치를 취하지 아니한 것은 자신의 직무를 저버린 행위로서 농지의 보전·관리에 관한 국가의 기능을 저해하며 국민에게 피해를 야기시킬 가능성이 있어 직무유기죄에 해당하고, ② 군직원이 농지전용허가를 하여 주어서는 안 됨을 알면서도 허가하여 줌이 타당하다는 취지의 현장출장복명서 및 심사의견서를 작성하여 결재권자에게 제출한 것이 허위공문서작성, 동행사죄에 해당함.

2) 위법사실의 은폐목적이 있는 경우

① 공무원이 신축건물에 대한 착공 및 준공검사를 마치고 관계서류를 작성함에 있어 그 허가조건 위배사실을 숨기기 위하여 허위의 복명서를 작성 행사하였을 경우에는 작위범인 허위공문서작성 동행사죄만이 성립하고 부작위범인 직무유기죄는 성립하지 아니한다(대판 1972.5.9. 72도722).

② 예비군 중대장이 그 소속 예비군대원의 훈련불참사실을 알았다면 이를 소속 대대장에게 보고

하는 등의 조치를 취할 직무상의 의무가 있음은 물론이나, <u>그 소속 예비군대원의 훈련불참사실을 고의로 은폐할 목적으로 당해 예비군대원이 훈련에 참석한 양 허위내용의 학급편성명부를 작성, 행사하였다면, 직무위배의 위법상태는 허위공문서작성 당시부터 그 속에 포함되어 있는 것이고 그 후 소속 대대장에게 보고하지 아니하였다 하더라도 당초에 있었던 직무위배의 위법상태가 그대로 계속된 것에 불과하다고 보아야 하고, 별도의 직무유기죄가 성립하여 양죄가 실체적 경합범이 된다고 할 수 없다</u>(대판 1982.12.28. 82도2210).

③ <u>공무원이 어떠한 위법사실을 발견하고도 직무상 의무에 따른 적절한 조치를 취하지 아니하고 위법사실을 적극적으로 은폐할 목적으로 허위공문서를 작성, 행사한 경우에는 직무위배의 위법상태는 허위공문서작성 당시부터 그 속에 포함되는 것으로 작위범인 허위공문서작성 및 그 행사죄만이 성립하고 부작위범인 직무유기죄는 따로 성립하지 아니한다</u>(대판 2004.3.26. 2002도5004, 대판 1999.12.24. 99도2240). **[해설]** 폐수배출시설 등 지도 및 단속 업무를 담당하는 피고인의 직무 위배의 위법상태는 그 출장복명서를 허위로 작성할 당시부터 그 속에 포함되어 판시 허위공문서작성죄만 성립하고 직무유기죄는 따로 성립하지 아니한다는 판례.

판례 작위범에 대한 직무유기죄의 보충관계

① 경찰서 방범과장이 부하직원으로부터 음반·비디오물 및 게임물에 관한 법률 위반 혐의로 오락실을 단속하여 증거물로 오락기의 변조 기판을 압수하여 사무실에 보관중임을 보고받아 알고 있었음에도 <u>그 직무상의 의무에 따라 위 압수물을 수사계에 인계하고 검찰에 송치하여 범죄 혐의의 입증에 사용하도록 하는 등의 적절한 조치를 취하지 않고, 오히려 부하직원에게 위와 같이 압수한 변조 기판을 돌려주라고 지시하여 오락실 업주에게 이를 돌려준 경우, 작위범인 증거인멸죄만이 성립하고 부작위범인 직무유기(거부)죄는 따로 성립하지 아니한다</u>(대판 2006.10.19. 2005도3909 전원합의체).

② [1] <u>경찰관이 불법체류자의 신병을 출입국관리사무소에 인계하지 않고 훈방하면서 이들의 인적사항조차 기재해 두지 아니하였다면 직무유기죄가 성립한다고 한 사례</u>. [2] <u>하나의 행위가 부작위범인 직무유기죄와 작위범인 허위공문서작성·행사죄의 구성요건을 동시에 충족하는 경우, 공소제기권자는 재량에 의하여 작위범인 허위공문서작성·행사죄로 공소를 제기하지 않고 부작위범인 직무유기죄로만 공소를 제기할 수 있다</u>(대판 2008.2.14. 2005도4202).

판례 특수직무유기죄

- [1] 특정범죄가중처벌등에 관한 법률 제15조(특수직무유기)는 형법 제122조의 직무유기죄와는 달리 새로운 범죄유형을 정하고 그에 대한 법정형을 규정한 것이라고 할 것이다. [2] 공무원이 그 직무상의 의무에 위배하여 허위공문서를 작성행사한 경우 직무위배의 위법 상태는 허위공문서작성당시부터 그 속에 포함되어 별도로 형법 제122조의 직무유기죄가 성립되지 않는다는 당원 1982.12.28. 선고 82도2210 판결은 형법 제122조의 직무유기죄와는 별도의 범죄인 특정범죄가중처벌등에 관한 법률 제15조의 특수직무유기죄에는 적절한 것이 될 수 없다 할 것이므로, <u>사법경찰리 직무취급을 겸하여 산림법위반의 범죄수사에 종사하는 공무원이 특정범죄가중처벌등에 관한</u>

> 법률위반의 범죄사실을 인지하고도 필요한 조치를 취하지 아니하고 그 범죄사실을 은폐하기 위하여 그 직무에 관한 허위의 공문서를 작성 행사하였다면 특정범죄가중처벌등에 관한 법률 제15조의 특수직무유기죄가 성립한다 할 것이다(대판 1984.7.24. 84도705). [해설] 특정범죄가중처벌등에 관한 법률 제15조(특수직무유기)는 형법 제122조의 직무유기죄와는 달리 새로운 범죄유형을 정하고 그에 대한 법정형을 규정한 것으로 별도의 범죄라고 본 판결.

2. 피의사실공표죄

> **제126조(피의사실공표)**
> 검찰, 경찰 그 밖에 범죄수사에 관한 직무를 수행하는 자 또는 이를 감독하거나 보조하는 자가 그 직무를 수행하면서 알게 된 피의사실을 공소제기 전에 공표(公表)한 경우에는 3년 이하의 징역 또는 5년 이하의 자격정지에 처한다.

(1) 의의

검찰·경찰 기타 범죄수사에 관한 직무를 행하는 자 또는 이를 감독하거나 보조하는 자가 직무를 수행하면서 알게 된 피의사실을 공소제기 전에 공표함으로써 성립하는 범죄이다(제126조). 본죄의 보호법익은 국가의 범죄수사권과 피의자의 인권이다. 보호의 정도는 추상적 위험범이다.

(2) 구성요건

1) **주체** : 검찰·경찰 기타 범죄수사에 관한 직무를 행하는 자 또는 이를 감독하거나 보조하는 자이다. 진정직무범죄이다. 주체가 특수공무원에 한하므로 본죄는 진정신분범이며, 진정직무범죄 및 특수직무범죄에 속한다. 법관도 범죄수사에 관한 직무를 감독하는 자의 지위에 있게 되는 경우에는 본죄의 주체가 될 수 있다. 예컨대 법관이 구속영장을 발부하면서 알게 된 피의사실을 공표할 경우에 본죄를 구성할 수 있다.

2) **행위의 객체** : 직무를 수행하면서 알게 된 피의사실이다. 피의사실은 진실한 것임을 요하지 않는다. 피의사실은 진실한 것이든 아니든 불문한다. 직무집행과 하등 관계없이 알게 된 단순한 사실은 본죄의 객체에 해당하지 않는다.

3) **행위** : 공소제기 전에 피의사실을 공표하는 것이다. 따라서 공소제기 후에 피의사실을 공표하는 것은 본죄를 구성하지 않는다. 본죄는 피의사실을 공표함으로써 기수가 된다. 공표란 불특정 또는 다수인에게 그 내용을 알리는 것을 말하며, 작위에 한하지 않고 부작위에 의한 경우도 포함한다. 다만, 공소제기 전일 것을 요한다.

(3) 위법성

피의자의 승낙은 본죄의 성립에 영향을 미치지 못하며, 수사활동상 필요하다고 인정되는 경우에도 정당행위로 위법성이 조각될 수 없다(다수설).

3. 공무상 비밀누설죄

> **제127조(공무상 비밀의 누설)**
> 공무원 또는 공무원이었던 자가 법령에 의한 직무상 비밀을 누설한 때에는 2년 이하의 징역이나 금고 또는 5년 이하의 자격정지에 처한다.

(1) 의의

공무원 또는 공무원이었던 자가 법령에 의한 직무상 비밀을 누설하였을 때에 성립하는 범죄이다(제127조). 본죄의 보호법익은 비밀의 누설에 의하여 위협되는 국가의 기능이다. 보호의 정도는 추상적 위험범이다.

(2) 구성요건

1) **주체** : 공무원뿐만 아니라 공무원이었던 자를 포함한다. 본죄는 진정신분범이며, 진정직무범죄 및 일반직무범죄에 속한다.

2) **행위의 객체** : 법령에 의한 직무상의 비밀이다. 직무상의 비밀이란 직무상 알게 된 비밀을 의미하며, 그것은 법령에 의한 것이어야 한다. 법령에 의한 비밀의 의미에 관하여 통설은 법령에 의하여 비밀로 분류된 것임을 요한다고 해석하고 있음에 반하여, 판례는 법령에 의하여 비밀로 분류된 경우뿐만 아니라, 객관적·일반적으로 외부에 알려지지 않은 것에 상당한 이익이 있는 사항을 포함한다고 해석하고 있다.

3) **행위** : 누설하는 것이다. 누설이란 비밀을 모르고 있는 제3자에게 알리는 일체의 행위를 말한다. 이미 알고 있는 사람에게 알리는 것은 누설에 해당하지 않는다. 누설함으로써 기수가 되고, 상대방이 비밀로 알게 될 필요는 없다. 알리는 방법에는 제한이 없다. 작위뿐만 아니라 부작위에 의한 경우도 포함한다.

> **판 례** 공무상 비밀누설죄
>
> ① 형법 제127조는 공무원 또는 공무원이었던 자가 법령에 의한 직무상 비밀을 누설하는 것을 구성요건으로 하고 있고, 동조에서 법령에 의한 직무상 비밀이란 반드시 법령에 의하여 비밀로 규정되었거나 비밀로 분류 명시된 사항에 한하지 아니하고 정치, 군사, 외교, 경제, 사회적 필요에 따라 비밀로 된 사항은 물론 정부나 공무소 또는 국민이 객관적, 일반적인 입장에서 외부에 알려지지 않는 것에 상당한 이익이 있는 사항도 포함하는 것이나, <u>동 조에서 말하는 비밀이란 실질적으로 그것을 비밀로서 보호할 가치가 있다고 인정할 수 있는 것이어야 할 것이다. 그리고 본죄는 기밀 그 자체를 보호하는 것이 아니라 공무원의 비밀엄수의무의 침해에 의하여 위험하게 되는 이익, 즉 비밀의 누설에 의하여 위협받는 국가의 기능을 보호하기 위한 것이다</u>(대판 1996.5.10. 95도780).
>
> ② <u>검찰의 고위 간부가 특정 사건에 대한 수사가 계속 진행 중인 상태에서 해당 사안에 관한 수사책임자의 잠정적인 판단 등 수사팀의 내부 상황을 확인한 뒤 그 내용을 수사 대상자 측에 전달한 행위가 형법 제127조에 정한 공무상 비밀누설에 해당한다고 한 사례</u>(대판 2007.6.14. 2004도5561).
>
> ③ [1] 형법 제127조는 공무원 또는 공무원이었던 자가 법령에 의한 직무상 비밀을 누설하는 것

을 구성요건으로 하고, 같은 조에서 '법령에 의한 직무상 비밀'이란 반드시 법령에 의하여 비밀로 규정되었거나 비밀로 분류 명시된 사항에 한하지 아니하고, 정치, 군사, 외교, 경제, 사회적 필요에 따라 비밀로 된 사항은 물론 정부나 공무소 또는 국민이 객관적, 일반적인 입장에서 외부에 알려지지 않는 것에 상당한 이익이 있는 사항도 포함하나, 실질적으로 그것을 비밀로서 보호할 가치가 있다고 인정할 수 있는 것이어야 하고, 본죄는 비밀 그 자체를 보호하는 것이 아니라 공무원의 비밀엄수의무의 침해에 의하여 위험하게 되는 이익, 즉 비밀 누설에 의하여 위협받는 국가의 기능을 보호하기 위한 것이다. [2] 구청에서 체납차량 영치 및 공매 등의 업무를 담당하던 공무원인 피고인이 갑의 부탁을 받고 차적 조회 시스템을 이용하여 범죄 현장 부근에서 경찰의 잠복근무에 이용되고 있던 경찰청 소속 차량의 소유관계에 관한 정보를 알아내 갑에게 알려줌으로써 공무상 비밀을 누설하였다는 내용으로 기소된 사안에서, 위 정보가 공무상 비밀누설죄의 '법령에 의한 직무상 비밀'에 해당한다고 볼 수 없는데도, 이와 달리 보아 유죄를 인정한 원심판결에 법리오해의 위법이 있다고 한 사례(대판 2012.3.15. 2010도14734).

④ [1] 형법 제123조의 직권남용권리행사방해죄에서 '직권의 남용'이란 공무원이 일반적 직무권한에 속하는 사항을 불법하게 행사하는 것, 즉 형식적, 외형적으로는 직무집행으로 보이나 그 실질은 정당한 권한 이외의 행위를 하는 경우를 의미하고, 남용에 해당하는지는 구체적인 직무행위의 목적, 그 행위가 당시의 상황에서 필요성이나 상당성이 있는 것이었는지, 직권행사가 허용되는 법령상의 요건을 충족했는지 등의 여러 요소를 고려하여 결정하여야 한다. [2] 형법 제127조는 공무원 또는 공무원이었던 자가 법령에 의한 직무상 비밀을 누설하는 것을 구성요건으로 하고, 비밀 그 자체를 보호하는 것이 아니라 공무원의 비밀엄수의무의 침해에 의하여 위험하게 되는 이익, 즉 비밀 누설에 의하여 위협받는 국가의 기능을 보호하기 위한 것이다. 여기에서 '법령에 의한 직무상 비밀'이란 반드시 법령에서 비밀로 규정되었거나 비밀로 분류 명시된 사항에 한정되지 않고, 정치·군사·외교·경제·사회적 필요에 따라 비밀로 된 사항은 물론 정부나 공무소 또는 국민이 객관적, 일반적인 입장에서 외부에 알려지지 않는 것에 상당한 이익이 있는 사항도 포함하나, 실질적으로 그것을 비밀로서 보호할 가치가 있다고 인정할 수 있는 것이어야 한다. [3] 검사가 수사의 대상, 방법 등에 관하여 사법경찰관리에게 지휘한 내용을 기재한 수사지휘서는 당시까지 진행된 수사의 내용뿐만 아니라 향후 수사의 진행방향까지 가늠할 수 있게 하는 수사기관의 내부문서이다. 수사기관이 특정 사건에 대하여 내사 또는 수사를 진행하고 있는 상태에서 수사지휘서의 내용이 외부에 알려질 경우 피내사자나 피의자 등이 증거자료를 인멸하거나 수사기관에서 파악하고 있는 내용에 맞추어 증거를 준비하는 등 수사기관의 증거 수집 등 범죄수사 기능에 장애가 생길 위험이 있다. 또한 수사지휘서의 내용이 누설된 경로에 따라서는 사건관계인과의 유착 의혹 등으로 수사의 공정성과 신뢰성이 훼손됨으로써 수사의 궁극적인 목적인 적정한 형벌권 실현에 지장이 생길 우려도 있다. 그러므로 수사지휘서의 기재 내용과 이에 관계된 수사상황은 해당 사건에 대한 종국적인 결정을 하기 전까지는 외부에 누설되어서는 안 될 수사기관 내부의 비밀에 해당한다(대판 2018.2.13. 2014도11441).

⑤ 제18대 대통령 당선인 갑의 비서실 소속 공무원인 피고인이 당시 갑을 위하여 중국에 파견할 특사단 추천 의원을 정리한 문건을 을에게 이메일 또는 인편 등으로 전달함으로써 법령에 의한 직무상 비밀을 누설하였다는 내용으로 기소된 사안에서, 위 문건이 사전에 외부로 누설될 경우 대통령 당선인의 인사 기능에 장애를 초래할 위험이 있으므로, 종국적인 의사결정이 있기 전까지는 외부에 누설되어서는 아니 되는 비밀로서 보호할 가치가 있는 직무상 비밀에 해당한다고 한 사례(대판 2018.4.26. 2018도2624).

⑥ 형법 제127조는 공무원 또는 공무원이었던 자가 법령에 의한 직무상 비밀을 누설하는 것을 구성요건으로 하고 있는바, 여기서 '법령에 의한 직무상 비밀'이란 반드시 법령에 의하여 비밀로 규정되었거나 비밀로 분류 명시된 사항에 한하지 아니하고, 정치, 군사, 외교, 경제, 사회적 필요에 따라 비밀로 된 사항은 물론 정부나 공무소 또는 국민이 객관적, 일반적인 입장에서 외부에 알려지지 않는 것에 상당한 이익이 있는 사항도 포함하나, 실질적으로 그것을 비밀로서 보호할 가치가 있다고 인정할 수 있는 것이어야 한다(대법원 2007. 6. 14. 선고 2004도5561 판결, 대법원 2018. 2. 13. 선고 2014도11441 판결 등 참조). 그리고 '누설'이란 비밀을 아직 모르는 다른 사람에게 임의로 알려주는 행위를 의미한다. 한편, 공무상비밀누설죄는 공무상 비밀 그 자체를 보호하는 것이 아니라 공무원의 비밀엄수의무의 침해에 의하여 위험하게 되는 이익, 즉 비밀누설에 의하여 위협받는 국가의 기능을 보호하기 위한 것이다(위 대법원 2014도11441 판결 등 참조). 그러므로 **공무원이 직무상 알게 된 비밀을 그 직무와의 관련성 혹은 필요성에 기하여 해당 직무의 집행과 관련 있는 다른 공무원에게 직무집행의 일환으로 전달한 경우에는, 관련 각 공무원의 지위 및 관계, 직무집행의 목적과 경위, 비밀의 내용과 전달 경위 등 제반 사정에 비추어 비밀을 전달받은 공무원이 이를 그 직무집행과 무관하게 제3자에게 누설할 것으로 예상되는 등 국가기능에 위험이 발생하리라고 볼 만한 특별한 사정이 인정되지 않는 한, 위와 같은 행위가 비밀의 누설에 해당한다고 볼 수 없다**(대판 2021.11.25. 2021도2486). [해설] 피고인들이 공모하여, A법원 형사수석부장판사인 피고인 1이 같은 법원 영장전담판사인 피고인 2, 3 등으로부터 보고받은 정보를 법원행정처 차장에게 보고하였다는 공소사실에 대하여, 공무상비밀누설죄의 성립 여부가 문제된 사안. 일부 수사정보는 영장재판 과정에서 취득한 정보라고 인정하기 어렵고, 피고인들이 공소사실 기재와 같이 공모한 사실이 인정되지 않으며, 피고인 1이 법원행정처 차장에게 한 보고는 공무상 비밀의 누설행위에 해당하지 않는다고 보아 피고인들에 대한 공무상 비밀누설의 점을 무죄로 판단한 원심판결을 수긍하고 검사의 상고를 기각한 사안.

⑦ [1] 형법 제127조는 공무원 또는 공무원이었던 자가 법령에 의한 직무상 비밀을 누설하는 것을 구성요건으로 하고 있다. 여기서 '법령에 의한 직무상 비밀'이란 반드시 법령에 의하여 비밀로 규정되었거나 비밀로 분류 명시된 사항에 한하지 않고, 정치·군사·외교·경제·사회적 필요에 따라 비밀로 된 사항은 물론 정부나 공무소 또는 국민이 객관적·일반적인 입장에서 외부에 알려지지 않는 것에 상당한 이익이 있는 사항도 포함하나, 실질적으로 그것을 비밀로서 보호할 가치가 있다고 인정할 수 있는 것이어야 한다(대법원 2007. 6. 14. 선고 2004도5561 판결, 대법원 2018. 2. 13. 선고 2014도11441 판결 등 참조). [2] 그리고 '누설'이란 비밀을 아직 모르는 다른 사람에게 임의로 알려주는 행위를 의미한다. 한편 공무상비밀누설죄는 공무상 비밀 그 자체를 보호하는 것이 아니라 공무원의 비밀엄수의무의 침해에 의하여 위험하게 되는 이익, 즉 비밀누설에 의하여 위협받는 국가의 기능을 보호하기 위한 것이다(위 대법원 2014도11441 판결 등 참조). 따라서 **공무원이 직무상 알게 된 비밀을 그 직무와의 관련성 혹은 필요성에 기하여 해당 직무의 집행과 관련 있는 다른 공무원에게 직무집행의 일환으로 전달한 경우에는, 관련 각 공무원의 지위 및 관계, 직무집행의 목적과 경위, 비밀의 내용과 전달 경위 등 여러 사정에 비추어 비밀을 전달받은 공무원이 이를 그 직무집행과 무관하게 제3자에게 누설할 것으로 예상되는 등 국가기능에 위험이 발생하리라고 볼 만한 특별한 사정이 인정되지 않는 한, 위와 같은 행위가 비밀의 누설에 해당한다고 볼 수 없다**(대법원 2021. 11. 25. 선고 2021도2486 판결 참조)(대판 2021.12.30. 2021도11924). [해설] 법원장인 피고인이 소속 법원 기획법관으로 하여금 집행관사무원 비리 사건에 관하여 영장재판 정보가 포함된 보고서를 작성한 후 법원행정처 차장에

게 전달하도록 한 사안에서, 위 보고서에는 외부에 알려질 경우 수사기관의 기능에 장애를 초래할 위험이 있는 비밀이 포함되어 있기는 하나, 피고인의 행위는 직무집행의 일환으로 비밀을 취득할 지위 내지 자격이 있는 법원행정처 차장에게 그 내용을 전달한 것이므로, 공무상비밀누설죄가 성립하지 않는다고 판단한 원심판결을 수긍한 사례.

Ⅲ. 직권남용죄

> **제123조(직권남용)**
> 공무원이 직권을 남용하여 사람으로 하여금 의무없는 일을 하게 하거나 사람의 권리행사를 방해한 때에는 5년 이하의 징역, 10년 이하의 자격정지 또는 1천만원 이하의 벌금에 처한다.

1. 일반공무원 직권남용죄

(1) 의의

공무원이 일반적 권한을 가지고 있는 사항에 대하여 직권을 남용하여 사람에게 의무 없는 일을 행하게 하거나 권리행사를 방해함으로써 성립하는 범죄이다(제123조). 본죄의 성질에 관하여 국가기능의 공정한 행사'를 보호법익으로 하는 독립된 '진정신분범'(다수설)이라고 봄이 타당하다. 강요죄와 달리 본죄의 행위태양은 폭행·협박이 아니고 공무원의 직권남용이기 때문이다. 그러므로 공무원이 폭행·협박을 가하여 타인의 권리행사를 방해한 때에는 본죄와 강요죄의 상상적 경합이 된다. 법익보호의 정도는 추상적 위험범이다(다수설).

(2) 구성요건

1) 주체 : 공무원이다. 다만 본죄의 성질상 본죄의 주체는 강제력을 수반할 수 있는 직무를 행하는 자임을 요한다. 그러나 판례는 법률상의 강제력을 수반하는 직무권한일 필요는 없다고 판시한 바 있다.

2) 행위 : 직권을 남용하여 사람으로 하여금 의무 없는 일을 행하게 하거나 권리행사를 방해하는 것이다.

㈎ 직권남용 : '직권을 남용하여'란 형식적으로 일반적 직무권한에 속하는 사항에 대하여 목적·방법 등에 있어서 실질적으로 위법한 조치를 취하는 것을 말한다. 일반적인 직무권한과 아무 관련이 없는 사항에 대한 행위는 본죄를 구성하지 않는다.

㈏ 권리행사방해 : 의무 없는 일을 행하게 하는 것은 법률상 전혀 의무 없는 경우뿐만 아니라 의무의 태양을 변경하여 행하게 하는 경우를 포함한다. 예컨대 납세의무가 없는 자로 하여금 세금을 납부하게 하거나, 납세의무자라고 하더라도 부당히 높은 세액을 납부하게 하는 것이다. 권리행사를 방해한다는 것은 법률상 가지고 있는 권리를 행사하지 못하게 하는 것을 말한다.

㈐ 기수시기 : 본죄는 현실적으로 의무없는 일을 하게 되거나 구체적인 권리행사가 방해된 결과가 발생한 때 기수가 되는 결과범이다(다수설). 판례도 본죄가 기수에 이르려면 권리방해의 결과가 발생한 것을 필요로 한다고 한다. 따라서 검사가 고발사건을 불기소했다는 것만으로는 권리행사가

방해되었다고 할 수 없다. 본죄의 미수범 처벌규정은 없다.

2. 불법체포·감금죄

> **제124조(불법체포, 불법감금)**
> ① 재판, 검찰, 경찰 기타 인신구속에 관한 직무를 행하는 자 또는 이를 보조하는 자가 그 직권을 남용하여 사람을 체포 또는 감금한 때에는 7년 이하의 징역과 10년 이하의 자격정지에 처한다.
> ② 전항의 미수범은 처벌한다.

(1) 의의

인신구속에 관한 직무를 행하는 특별공무원이 직권을 남용하여 사람을 체포·감금한 때에 성립한다(제124조 제1항). 다수설은 본죄를 체포·감금죄(제276조)에 대하여 책임이 가중되는 부진정신분범이라고 해석한다. 본죄의 주된 보호법익은 국가의 인신구속권행사의 공정이고, 부차적인 보호법익은 개인의 신체적 활동의 자유이다. 보호의 정도는 침해범이다. 본죄의 미수범은 처벌한다(제124조 제2항).

(2) 구성요건

1) **주체** : 재판·검찰·경찰 기타 인신구속에 관한 직무를 행하는 자 또는 이를 보조하는 자이다.

2) **행위** : 직권을 남용하여 사람을 체포·감금하는 것이다. 직권을 남용할 것을 요하므로 직권과 관계없이 체포·감금한 때에는 일반체포·감금죄(제276조)에 해당한다.

3. 폭행·가혹행위죄

> **제125조(폭행, 가혹행위)**
> 재판, 검찰, 경찰 그 밖에 인신구속에 관한 직무를 수행하는 자 또는 이를 보조하는 자가 그 직무를 수행하면서 형사피의자나 그 밖의 사람에 대하여 폭행 또는 가혹행위를 한 경우에는 5년 이하의 징역과 10년 이하의 자격정지에 처한다.

(1) 의의

인신구속에 관한 직무를 행하는 특별공무원이 폭행 또는 가혹행위를 한 때에 성립하는 범죄이다(제125조).

(2) 구성요건

1) **주체와 객체** : 본죄의 주체는 재판·검찰·경찰 그 밖에 인신구속에 관한 직무를 행하는 자 또는 이를 보조하는 자이며, 객체는 형사피의자나 그 밖의 사람이다. 그 밖의 사람이란 피고인·증인·참고인 등 재판이나 수사에 있어서 조사의 대상이 된 사람을 말한다.

2) **행위** : 직무를 수행하면서 폭행 또는 가혹한 행위를 하는 것이다. '직무를 수행하면서'란 직무를 행하는 기회에 있어서란 의미이며, 직무와 사항적·내적 관련이 있을 것을 요한다. 폭행이란 신체에 대한 유형력의 행사(협의)를 말하며, 가혹한 행위란 폭행 이외의 방법에 의하여 정신적·육체적으로 고통을 주는 일체의 행위를 말한다.

4. 선거방해죄

제128조(선거방해)
검찰, 경찰 또는 군의 직에 있는 공무원이 법령에 의한 선거에 관하여 선거인, 입후보자 또는 입후보자되려는 자에게 협박을 가하거나 기타 방법으로 선거의 자유를 방해한 때에는 10년 이하의 징역과 5년 이상의 자격정지에 처한다.

검찰·경찰 또는 군의 직에 있는 공무원이 법령에 의한 선거에 관하여 선거인·입후보자 또는 입후보자 되려는 자에게 협박을 가하거나 기타 방법으로 선거의 자유를 방해한 때에 성립하는 범죄이다(제128조). 본죄는 민주주의 국가의 기본이 되는 선거의 자유, 즉 정치적 의사결정과 의사표현의 자유를 보호하기 위한 범죄이다. 선거의 자유를 방해할 행위를 하면 족하며, 현실적으로 방해의 결과가 발생하였을 것을 요하지 않는다.

판례 직권남용죄 관련 판례

① [1] 형법 제123조의 죄가 기수에 이르려면 의무 없는 일을 시키는 행위 또는 권리를 방해하는 행위가 있었다는 것만으로는 부족하고, 지금 당장에 피해자의 의무 없는 행위가 이룩된 것 또는 권리방해의 결과가 발생한 것을 필요로 한다고 해석하여야 법문에 충실한 해석이라 하겠다. 따라서 <u>공무원의 직권남용이 있다 하여도 현실적으로 권리행사의 저해가 없다면 본죄의 기수를 인정할 수 없다.</u> [2] 이 사건에 있어서 원판결이 증거에 의하여 확정한 사실을 피고인이 정보관계를 담당한 순경으로서 증거수집을 위하여 원설시 정당의 설시 지구당집행위원회에서 쓸 회의장소에 몰래 설시 도청기를 마련해 놓았다가 회의 개최 전에 들켜 뜯겼다는 것이며 이 때문에 회의 열릴 시간이 10분 늦어졌다는 것이고, 원심은 이 회의에 대한 구체적인 사정에 비추어 회의경과에 대한 증거를 삼기 위하여 도청장치를 마련한다는 것은 정당한 목적으로 적법한 범위에서 한 일로는 볼 수 없다고 하였으며, 여기에 대하여 피고인의 범의가 없다고는 할 수 없다는 취지로 판단하여 그의 고의를 인정하고 도청장치를 마련한 사실이 회의전에 회의측에 알려져 뜯겼(도청은 못했다)지만 도청장치 때문에 회의가 예정보다 10분 늦어 시작되었으니 권리행사가 방해된 것이라는 판단으로 본조의 죄의 성립을 인정하였다. [3] 그러나 피고인이 도청기를 설치함으로써, 자유롭게 정당활동을 하고 동 회의의 의사를 진행하며 회의진행을 도청당하지 아니하고 기타 비밀을 침해당하지 아니하는 권리를 침해당한 것이라는 공소사실에 비추어 회의가 10분 늦어진 사실은 공소범위를 벗어난 것으로 인정될 수 있고, 원심이 확정사실과 같이 <u>도청장치를 하였다가 뜯겨서 도청을 못하였다면 회의진행을 도청당하지 아니할 권리(기타 권리)가 침해된 현실적인 사실은 없다 할 것이므로 직권남용죄의 기수로 논할 수 없음이 뚜렷하고, 미수의 처벌을 정한 바 없으니 도청을 걸었으나 뜻을 못이룬 피고인의 행위는 다른 죄로는 몰라도 형법 제123조를 적용하여 죄책을 지울 수는 없다</u>(대판 1978.10.10. 75도2665). **[해설]** 직권남용죄의 기수에 이르려면 의무 없는 일을 시키는 행위 또는 권리를 방해하는 행위가 있었다는 것만으로는 부족하고, 지금 당장에 피해자의 의무 없는 행위가 이룩된 것 또는 권리방해의 결과가 발생한 것을 필요로 한다는 사례. 대법원은 이러한 법리를 이유로 도청장치를 하였다가 뜯겨서 도청을 못하였다면 회의진행을 도청당하지 아니할 권리가 침해된 현실적인 사실은 없다고 보아 직권남용죄의 기수에 이르렀다고 볼 수 없다고 판시함. 직권남용죄는 미수범 처벌규정이 없으므로 불가벌. 또한, 최근의 전원합의체 판결(대판 2022.3.24. 2017도18272 전원합의체)에서 일반인

의 출입이 허용된 장소에 범죄 목적으로 들어간 경우, 사실상의 평온상태를 해치는 방법으로 음식점에 들어갔다고 평가할 수 없으므로 침입행위에 해당하지 않는다고 하여 주거침입죄를 인정한 종래의 입장을 변경하였으므로 주거침입죄도 성립하지 않음.

② 형법 제123조가 규정하는 타인의 권리행사방해죄에서 권리행사를 방해한다 함은 법령상 행사할 수 있는 권리의 정당한 행사를 방해하는 것을 말한다고 할 것이므로 이에 해당하려면 구체화된 권리의 현실적인 행사가 방해된 경우라야 할 것이어서 검사가 고발사건을 불기소결정하여 피고발인으로 하여금 처벌받게 하려는 고발인의 의도가 이루어질 수 없게 되었다 하여 고발인의 권리행사를 방해하였다고는 말할 수 없다(대결 1986.6.30. 86모12).

③ 직권남용죄의 "직권남용"이란 공무원이 그의 일반적 권한에 속하는 사항에 관하여 그것을 불법하게 행사하는 것, 즉 형식적, 외형적으로는 직무집행으로 보이나 그 실질은 정당한 권한 이외의 행위를 하는 경우를 의미하고, 따라서 직권남용은 공무원이 그의 일반적 권한에 속하지 않는 행위를 하는 경우인 지위를 이용한 불법행위와는 구별되며, 또 직권남용죄에서 말하는 "의무"란 법률상 의무를 가리키고, 단순한 심리적 의무감 또는 도덕적 의무는 이에 해당하지 아니한다(대판 1991.12.27. 90도2800).

④ 대통령비서실 민정수석비서관이 대통령의 근친관리업무와 관련하여 정부 각 부처에 대한 지시와 협조 요청을 할 수 있는 일반적 권한을 갖고 있었음에 비추어 그가 농수산물 도매시장 관리공사 대표이사에게 요구하여 위 시장 내의 주유소와 써어비스동을 당초 예정된 공개입찰방식이 아닌 수의계약으로 대통령의 근친이 설립한 회사에 임대케 한 행위는 공무원이 그 일반적 직무권한에 속하는 사항에 관하여 직권의 행사에 가탁하여 실질적, 구체적으로 위법·부당한 행위를 한 경우에 해당하여 타인의 권리행사방해죄의 구성요건을 충족한다(대판 1992.3.10. 92도116).

⑤ 직권남용죄는 공무원이 그 일반적 직무권한에 속하는 사항에 관하여 직권의 행사에 가탁하여 실질적, 구체적으로 위법·부당한 행위를 한 경우에 성립하고, 그 일반적 직무권한은 반드시 법률상의 강제력을 수반하는 것임을 요하지 아니하며, 그것이 남용될 경우 직권행사의 상대방으로 하여금 법률상 의무 없는 일을 하게 하거나 정당한 권리행사를 방해하기에 충분한 것이면 된다(대판 2004.5.27. 2002도6251).

⑥ 형법 제123조의 직권남용죄에 있어서 직권남용이란 공무원이 그 일반적 직무권한에 속하는 사항에 관하여 직권의 행사에 가탁하여 실질적, 구체적으로 위법·부당한 행위를 하는 경우를 의미하고, 위 죄에 해당하려면 현실적으로 다른 사람이 의무 없는 일을 하였거나 다른 사람의 구체적인 권리행사가 방해되는 결과가 발생하여야 하며, 또한 그 결과의 발생은 직권남용 행위로 인한 것이어야 한다(대판 2005.4.15. 2002도3453).

⑦ 형법 제123조가 규정하는 직권남용권리행사방해죄에서 권리행사를 방해한다 함은 법령상 행사할 수 있는 권리의 정당한 행사를 방해하는 것을 말한다고 할 것이므로 이에 해당하려면 구체화된 권리의 현실적인 행사가 방해된 경우라야 할 것이고, 따라서 공무원의 직권남용행위가 있었다 할지라도 현실적으로 권리행사의 방해라는 결과가 발생하지 아니하였다면 본죄의 기수를 인정할 수 없다(대판 2008.12.24. 2007도9287).

⑧ [1] 형법 제123조는 "공무원이 그 직권을 남용하여 사람으로 하여금 의무없는 일을 하게 하거

나 사람의 권리행사를 방해한 때에는 5년 이하의 징역, 10년 이하의 자격정지 또는 1천만원 이하의 벌금에 처한다."라고 규정하고 있는바, 여기서 말하는 '권리'는 법률에 명기된 권리에 한하지 않고 법령상 보호되어야 할 이익이면 족한 것으로서, 공법상의 권리인지 사법상의 권리인지를 묻지 않는다고 봄이 상당하다. [2] 경찰관 직무집행법의 관련 규정을 근거로 경찰관은 범죄를 수사할 권한을 가지고 있다고 인정한 다음, 이러한 범죄수사권은 직권남용권리행사방해죄에서 말하는 '권리'에 해당한다고 인정한 원심판결을 정당하다고 수긍한 사례. [3] 상급 경찰관이 직권을 남용하여 부하 경찰관들의 수사를 중단시키거나 사건을 다른 경찰관서로 이첩하게 한 경우, 일단 '부하 경찰관들의 수사권 행사를 방해한 것'에 해당함과 아울러 '부하 경찰관들로 하여금 수사를 중단하거나 사건을 다른 경찰관서로 이첩할 의무가 없음에도 불구하고 수사를 중단하게 하거나 사건을 이첩하게 한 것'에도 해당된다고 볼 여지가 있다. 그러나 이는 어디까지나 하나의 사실을 각기 다른 측면에서 해석한 것에 불과한 것으로서, '권리행사를 방해함으로 인한 직권남용권리행사방해죄'와 '의무 없는 일을 하게 함으로 인한 직권남용권리행사방해죄'가 별개로 성립하는 것이라고 할 수는 없다. 따라서 위 두 가지 행위 태양에 모두 해당하는 것으로 기소된 경우, '권리행사를 방해함으로 인한 직권남용권리행사방해죄'만 성립하고 '의무 없는 일을 하게 함으로 인한 직권남용권리행사방해죄'는 따로 성립하지 아니하는 것으로 봄이 상당하다(대판 2010.1.28. 2008도7312).

⑨ 직권남용권리행사방해죄에서 '의무 없는 일을 하게 한 때'란 '사람'으로 하여금 법령상 의무 없는 일을 하게 하는 때를 의미하는바, 공무원이 자신의 직무권한에 속하는 사항에 관하여 실무 담당자로 하여금 그 직무집행을 보조하는 사실행위를 하도록 하더라도 이는 공무원 자신의 직무집행으로 귀결될 뿐이므로 원칙적으로 직권남용권리행사방해죄에서 말하는 '의무 없는 일을 하게 한 때'에 해당한다고 할 수 없으나, 직무집행의 기준과 절차가 법령에 구체적으로 명시되어 있고 실무 담당자에게도 직무집행의 기준을 적용하고 절차에 관여할 고유한 권한과 역할이 부여되어 있다면 실무 담당자로 하여금 그러한 기준과 절차에 위반하여 직무집행을 보조하게 한 경우에는 '의무 없는 일을 하게 한 때'에 해당한다(대판 2011.2.10. 2010도13766).

⑩ 지방공무원법, 지방공무원 임용령, 지방공무원 평정규칙의 입법 목적에 비추어 평정권자나 확인권자가 아닌 지방 자치단체의 장이나 그의 인사관리업무를 보좌하는 자에게는 소속 공무원에게 지시하여 관련 법령에서 정해진 절차에 따라 작성된 평정단위별 서열명부를 특정 공무원에 대한 평정순위를 변경하는 내용으로 재작성하게 할 권한이 없으므로, 피고인들의 행위가 공무원이 일반적 직무권한에 속하는 사항에 관하여 직권을 남용하여 평정권자나 실무 담당자 등으로 하여금 의무 없는 일을 하도록 한 것으로서 직권남용권리행사방해죄에 해당한다고 본 원심판단을 수긍한 사례(대판 2012.1.27. 2010도11884).

⑪ [1] 형법 제123조의 직권남용권리행사방해죄(이하 '직권남용죄'라 한다)에서 말하는 '사람으로 하여금 의무 없는 일을 하게 한 때'라 함은 공무원이 직권을 남용하여 다른 사람으로 하여금 법령상 의무 없는 일을 하게 한 때를 의미한다. 따라서 공무원이 자신의 직무권한에 속하는 사항에 관하여 실무 담당자로 하여금 그 직무집행을 보조하는 사실행위를 하도록 하더라도 이는 공무원 자신의 직무집행으로 귀결될 뿐이므로 원칙적으로 의무 없는 일을 하게 한 때에 해당한다고 할 수 없다. 그러나 직무집행의 기준과 절차가 법령에 구체적으로 명시되어 있고 실무 담당자에게도 직무집행의 기준을 적용하고 절차에 관여할 고유한 권한과 역할이 부여되어 있다면 실무 담당자로 하여금 그러한 기준과 절차를 위반하여 직무집행을 보조하게 한 경우에는 '의무 없는 일을 하게 한 때'에 해당한다. 공무원의 직무집행을 보조하는 실무 담당자에게 직무집행의 기준을 적용하고 절차에 관여할 고유한 권

한과 역할이 부여되어 있는지 여부 및 공무원의 직권남용행위로 인하여 실무 담당자가 한 일이 그러한 기준이나 절차를 위반하여 한 것으로서 법령상 의무 없는 일인지 여부는 관련 법령 등의 내용에 따라 개별적으로 판단하여야 한다. [2] 법무부 검찰국장인 피고인이 검찰국 마련의 인사안 결정과 관련한 직권을 남용하여 검사인사담당 검사로 하여금 부치지청에 근무하고 있던 경력검사를 다시 부치지청으로 배치하는 인사안(이하 '이 사건 인사안'이라 한다)을 작성하게 함으로써 의무 없는 일을 하게 하였다는 공소사실로, 형법 제123조의 직권남용죄로 기소된 사안에서, 관련 법령 등의 내용에 따르면 검사 전보인사에서 인사권자의 직무집행을 보조 내지 보좌하는 실무 담당자는 여러 인사기준과 고려사항을 종합하여 인사안을 작성할 재량이 있고, 이 사건 인사안은 그러한 재량의 범위를 벗어난다고 단정하기 어려우므로, 검사인사담당 검사로 하여금 이 사건 인사안을 작성하게 한 것을 두고 법령에서 정한 검사 전보인사의 원칙과 기준을 위반하여 직권남용죄에서 말하는 '의무 없는 일을 하게 한 때'에 해당한다고 볼 수 없다는 이유로, 이와 달리 이 사건 공소사실을 유죄로 인정한 원심의 판단에 직권남용죄에 관한 법리를 오해하여 판결에 영향을 미친 잘못이 있다고 보아 원심판결을 파기한 사례(대판 2020.1.9. 2019도11698).

⑫ [1] '사람으로 하여금 의무 없는 일을 하게 한 것'과 '사람의 권리행사를 방해한 것'은 형법 제123조가 규정하고 있는 객관적 구성요건요소인 '결과'로서 둘 중 어느 하나가 충족되면 직권남용권리행사방해죄가 성립한다. 이는 '공무원이 직권을 남용하여'와 구별되는 별개의 범죄성립요건이다. 따라서 공무원이 한 행위가 직권남용에 해당한다고 하여 그러한 이유만으로 상대방이 한 일이 '의무 없는 일'에 해당한다고 인정할 수는 없다. '의무 없는 일'에 해당하는지는 직권을 남용하였는지와 별도로 상대방이 그러한 일을 할 법령상 의무가 있는지를 살펴 개별적으로 판단하여야 한다. 직권을 남용한 행위가 위법하다는 이유로 곧바로 그에 따른 행위가 의무 없는 일이 된다고 인정하면 '의무 없는 일을 하게 한 때'라는 범죄성립요건의 독자성을 부정하는 결과가 되고, '권리행사를 방해한 때'의 경우와 비교하여 형평에도 어긋나게 된다. [2] 공무원이 직권을 남용하여 사람으로 하여금 어떠한 일을 하게 한 때에 상대방이 공무원 또는 유관기관의 임직원인 경우에는 그가 한 일이 형식과 내용 등에 있어 직무범위 내에 속하는 사항으로서 법령 그 밖의 관련 규정에 따라 직무수행 과정에서 준수하여야 할 원칙이나 기준, 절차 등을 위반하지 않는다면 특별한 사정이 없는 한 법령상 의무 없는 일을 하게 한 때에 해당한다고 보기 어렵다. [3] 문체부 공무원이 예술위·영진위·출판진흥원 직원들로 하여금 하게 한 이 사건 각 행위 중 예술위원장, 예술위원에게 배제지시를 전달하는 행위, 지원배제 방침이 관철될 때까지 사업진행 절차를 중단하는 행위, 지원배제 대상자에게 불리한 사정을 부각시켜 심의위원에게 전달하는 행위, 지원배제 방침을 심의위원에게 전달하면서 지원배제 대상자의 탈락을 종용하는 행위, 지원배제 업무에 용이하도록 심의위원을 구성하는 행위, 배제대상자를 안건에서 제외하여 심의위원에게 전달하는 행위, 위원회 전체회의 심사를 보류하는 행위, 지원배제를 위한 명분을 발굴하는 행위, 지원배제를 위해 새로운 기준을 발굴하고 이를 적용하기 위하여 사업을 재공고하는 행위, 심의 위원에게 의견을 제시하는 행위, 지시에 따라 지원금 삭감 의안을 상정하는 행위, 상영불가 통보 행위 등을 하게 한 것은 모두 위원들의 독립성을 침해하고 자율적인 절차진행과 운영을 훼손하는 것으로서 위에서 본 예술위·영진위·출판진흥원 직원들이 준수해야 하는 법령상 의무에 위배되므로 '의무 없는 일을 하게 한 때'에 해당한다. [4] 대통령비서실장이 대통령의 뜻에 따라 정무수석비서관실과 교육문화수석비서관실 등 수석비서관실과 문화체육관광부(이하 '문체부'라 함)에 문화예술진흥기금 등 정부의 지원을 신청한 개인·단체의 이념적 성향이나 정치적 견해 등을 이유로

한국문화예술위원회·영화진흥위원회·한국출판문화산업진흥원(이하 각각 '예술위', '영진위', '출판진흥원'이라 함)이 수행한 각종 사업에서 좌파 등에 대한 지원배제, 예술위 책임심의위원 선정과정 개입을 지시한 것은 직권남용권리행사방해죄에서 말하는 직권을 남용한 경우에는 해당한다는 원심의 판단을 수긍함. [5] 피고인들이 직권남용에 해당하는 지원배제 지시로써 예술위·영진위·출판진흥원 직원들로 하여금 지원배제 방침이 관철될 때까지 사업진행 절차를 중단하는 행위, 지원배제 대상자에게 불리한 사정을 부각시켜 심의위원에게 전달하는 행위 등을 하게 한 것은 직권남용권리행사방해죄에서 말하는 '의무 없는 일을 하게 한 때'에 해당하지만, 원심으로서는 위 직원들로 하여금 문체부에 각종 명단을 송부하는 행위, 공모사업 진행 중 수시로 심의 진행 상황을 보고하는 행위를 하게 한 부분에 대하여는 예술위·영진위·출판진흥원 직원들이 종전에도 문체부에 업무협조나 의견 교환 등의 차원에서 명단을 송부하고 사업 진행 상황을 보고하였는지, 그 근거는 무엇인지, 이 사건 공소사실에서 의무 없는 일로 특정한 각 명단 송부 행위와 심의 진행 상황 보고 행위가 종전에 한 행위와 어떠한 차이가 있는지 등을 살피는 방법으로 법령 등의 위반 여부를 심리하여 의무 없는 일을 하게 한 때에 해당하는지를 판단했어야 하는데도, 이 부분을 유죄로 판단한 원심판결에 직권남용권리행사방해죄의 의무 없는 일에 관한 법리를 오해하고 필요한 심리를 다하지 아니하여 판결에 영향을 미친 잘못이 있다는 이유로, 원심판결을 파기한 사례(대판 2020.1.30. 2018도2236 전원합의체).

⑬ [1] 직권남용권리행사방해죄는 공무원이 일반적 직무권한에 속하는 사항에 관하여 직권을 행사하는 모습으로 실질적, 구체적으로 위법·부당한 행위를 한 경우에 성립한다. '직권남용'이란 공무원이 일반적 직무권한에 속하는 사항에 관하여 그 권한을 위법·부당하게 행사하는 것을 뜻한다. 어떠한 직무가 공무원의 일반적 직무권한에 속하는 사항이라고 하기 위해서는 그에 관한 법령상 근거가 필요하다. 법령상 근거는 반드시 명문의 규정만을 요구하는 것이 아니라 명문의 규정이 없더라도 법령과 제도를 종합적, 실질적으로 살펴보아 그것이 해당 공무원의 직무권한에 속한다고 해석되고, 이것이 남용된 경우 상대방으로 하여금 사실상 의무 없는 일을 하게 하거나 권리를 방해하기에 충분한 것이라고 인정되는 경우에는 직권남용죄에서 말하는 일반적 직무권한에 포함된다. 남용에 해당하는가를 판단하는 기준은 구체적인 공무원의 직무행위가 본래 법령에서 그 직권을 부여한 목적에 따라 이루어졌는지, 직무행위가 행해진 상황에서 볼 때 필요성·상당성이 있는 행위인지, 직권행사가 허용되는 법령상의 요건을 충족했는지 등을 종합하여 판단하여야 한다. [2] 공무원이 한 행위가 직권남용에 해당한다고 하여 그러한 이유만으로 상대방이 한 일이 '의무 없는 일'에 해당한다고 인정할 수는 없다. '의무 없는 일'에 해당하는지는 직권을 남용하였는지와 별도로 상대방이 그러한 일을 할 법령상 의무가 있는지를 살펴 개별적으로 판단하여야 한다. 직권남용 행위의 상대방이 일반 사인인 경우 특별한 사정이 없는 한 직권에 대응하여 따라야 할 의무가 없으므로 그에게 어떠한 행위를 하게 하였다면 '의무 없는 일을 하게 한 때'에 해당할 수 있다. [3] 직권남용권리행사방해죄는 공무원에게 직권이 존재하는 것을 전제로 하는 범죄이고, 직권은 국가의 권력 작용에 의해 부여되거나 박탈되는 것이므로, 공무원이 공직에서 퇴임하면 해당 직무에서 벗어나고 그 퇴임이 대외적으로도 공표된다. 공무원인 피고인이 퇴임한 이후에는 위와 같은 직권이 존재하지 않으므로, 퇴임 후에도 실질적 영향력을 행사하는 등으로 퇴임 전 공모한 범행에 관한 기능적 행위지배가 계속되었다고 인정할 만한 특별한 사정이 없는 한, 퇴임 후의 범행에 관하여는 공범으로서 책임을 지지 않는다고 보아야 한다. [4] 강요죄는 폭행 또는 협박으로 사람의 권리행사를 방해하거나 의무 없는 일을 하게 하는 범죄이다. 여기에서 협박은 객관적으로 사람의 의사결정의 자유를 제한하거나 의사실행의 자유를 방해할 정도로 겁을 먹게 할 만한 해악

을 고지하는 것을 말한다. 이와 같은 협박이 인정되기 위해서는 발생 가능한 것으로 생각할 수 있는 정도의 구체적인 해악의 고지가 있어야 한다. 행위자가 직업이나 지위에 기초하여 상대방에게 어떠한 이익 등의 제공을 요구하였을 때 그 요구 행위가 강요죄의 수단으로서 해악의 고지에 해당하는지 여부는 행위자의 지위뿐만 아니라 그 언동의 내용과 경위, 요구 당시의 상황, 행위자와 상대방의 성행·경력·상호관계 등에 비추어 볼 때 상대방으로 하여금 그 요구에 불응하면 어떠한 해악에 이를 것이라는 인식을 갖게 하였다고 볼 수 있는지, 행위자와 상대방이 행위자의 지위에서 상대방에게 줄 수 있는 해악을 인식하거나 합리적으로 예상할 수 있었는지 등을 종합하여 판단해야 한다. <u>공무원인 행위자가 상대방에게 어떠한 이익 등의 제공을 요구한 경우 위와 같은 해악의 고지로 인정될 수 없다면 직권남용이나 뇌물 요구 등이 될 수는 있어도 협박을 요건으로 하는 강요죄가 성립하기는 어렵다.</u> [5] 대통령비서실장 및 정무수석비서관실 소속 공무원들인 피고인들이, 2014~2016년도의 3년 동안 각 연도별로 전국경제인연합회(이하 '전경련'이라 한다)에 특정 정치성향 시민단체들에 대한 자금지원을 요구하고 그로 인하여 전경련 부회장 甲으로 하여금 해당 단체들에 자금지원을 하도록 하였다고 하여 직권남용권리행사방해 및 강요의 공소사실로 기소된 사안에서, <u>피고인들이 위와 같이 자금지원을 요구한 행위는 대통령비서실장과 정무수석비서관실의 일반적 직무권한에 속하는 사항으로서 직권을 남용한 경우에 해당하고, 甲은 위 직권남용 행위로 인하여 전경련의 해당 보수 시민단체에 대한 자금지원 결정이라는 의무 없는 일을 하였다는 등의 이유로 직권남용권리행사방해죄가 성립</u>한다고 본 원심판단을 수긍하고, 한편 대통령비서실 소속 공무원이 그 지위에 기초하여 어떠한 이익 등의 제공을 요구하였다고 해서 곧바로 그 요구를 해악의 고지라고 평가할 수 없는 점, 요구 당시 상대방에게 그 요구에 따르지 않으면 해악에 이를 것이라는 인식을 갖게 하였다고 평가할 만한 언동의 내용과 경위, 요구 당시의 상황, 행위자와 상대방의 성행·경력·상호관계 등에 관한 사정이 나타나 있지 않은 점, 전경련 관계자들이 대통령비서실의 요구를 받고도 그에 따르지 않으면 정책 건의 무산, 전경련 회원사에 대한 인허가 지연 등의 불이익을 받는다고 예상하는 것이 합리적이라고 볼 만한 사정도 제시되지 않은 점 등 여러 사정을 종합하면 피고인들의 위와 같은 자금지원 요구를 강요죄의 성립 요건인 협박, 즉 해악의 고지에 해당한다고 단정할 수 없다는 이유로, 이와 달리 본 원심판단에 <u>강요죄의 협박에 관한 법리를 오해한 잘못이 있다</u>고 한 사례 (대판 2020.2.13. 2019도5186).

⑭ 지방자치단체의 장이 승진후보자명부 방식에 의한 5급 공무원 승진임용 절차에서 인사위원회의 사전심의·의결 결과를 참고하여 승진후보자명부상 후보자들에 대하여 승진임용 여부를 심사하고서 최종적으로 승진대상자를 결정하는 것이 아니라, <u>미리 승진후보자명부상 후보자들 중에서 승진대상자를 실질적으로 결정한 다음 그 내용을 인사위원회 간사, 서기 등을 통해 인사위원회 위원들에게 '승진대상자 추천'이라는 명목으로 제시하여 인사위원회로 하여금 자신이 특정한 후보자들을 승진대상자로 의결하도록 유도하는 행위는 인사위원회 사전심의 제도의 취지에 부합하지 않다는 점에서 바람직하지 않다</u>고 볼 수 있지만, <u>그것만으로는 직권남용권리행사방해죄의 구성요건인 '직권의 남용' 및 '의무 없는 일을 하게 한 경우'로 볼 수 없다</u>(대판 2020.12.10. 2019도17879). [해설] 기장군 2015년 하반기 5급 공무원 승진임용과 관련하여, 기장군수인 피고인 오○○이 기장군청 총무과 인사실무 담당자인 피고인 박◇◇에게 승진후보자명부상 후보자 49명 중 승진대상자 17명을 특정하여 주면서 인사위원회에 이를 추천하도록 지시하였고, 그에 따라 피고인 박◇◇가 인사위원회 부위원장 및 간사로 하여금 위 17명을 승진대상자로 추천한다고 호명하도록 하였으며, 인사위원회는 호명된 17명을 그대로 승진대상자로 의결하

였음. 검사는 피고인들이 공모하여 기장군수의 지휘·감독권을 남용하여 인사위원회 위원들로 하여금 법령에 정한 절차를 위반하여 기장군수의 의사에 따라 사전에 선정된 자들을 승진자로 의결하게 함으로써 의무 없는 일을 하게 하였다는 이유로 직권남용권리행사방해죄로 기소하였음. 원심은 인사위원회 제도의 취지에 부합하려면 인사위원회는 임용권자로부터 독립하여 심의·의결할 의무가 있는데, 임용권자가 인사위원회를 장악하여 인사위원회에서 실질적인 심의를 하지 못한 상태에서 인사위원회에 특정 후보자를 승진대상자로 추천하는 것은 그 자체로 인사업무의 정당한 지휘·감독을 벗어난 위법·부당한 권한행사라고 보아야 한다는 이유로 직권남용권리행사방해 유죄로 판단하였음. 반면, 대법원은 지방공무원법령상 임용권자(기장군수)는 인사위원회의 사전심의 결과에 구속되지 않으며 최종적으로 승진임용대상자를 결정할 권한은 임용권자에게 있으므로, 임용권자가 미리 승진후보자명부상 후보자들 중에서 승진대상자를 실질적으로 결정한 다음 그 내용을 인사위원회에 '승진대상자 추천'이라는 명목으로 제시하여 인사위원회로 하여금 자신이 특정한 후보자들을 승진대상자로 의결하도록 유도하는 행위는 인사위원회 사전심의 제도의 도입취지에 부합하지 않으므로 바람직하지 않은 측면이 있지만, 그것만으로는 임용권자의 직권을 남용하거나 인사위원회 위원들에게 의무 없는 일을 하게 한 경우로는 볼 수 없다고 판단하여, 피고인들의 상고를 받아들여 무죄 취지로 일부 파기환송을 하였음. 직권남용죄 성립범위에 관한 대법원 2020.1.30. 선고 2018도2236 전원합의체 판결의 후속판결. 한편, 기장군 2015년 하반기 5급 공무원 승진임용과 관련하여, 검사는 허위공문서 작성·행사죄, 위계공무집행방해죄로도 기소하였으나, 1심 및 원심에서 무죄로 판단하였고, 대법원은 이 부분 원심 판단을 수긍하여 검사의 상고를 기각하였음.

⑮ [1] 직권남용으로 인한 국가정보원법 위반죄의 객체인 '사람'은 행위자와 공범자 이외의 모든 타인을 말하므로, 행위자의 부하 공무원은 물론 기타 공무원도 거기에 포함될 수 있다. [2] 형법상 직권남용권리행사방해죄는 국가기능의 공정한 행사라는 국가적 법익을 보호하는 데 주된 목적이 있고, 직권남용으로 인한 국가정보원법 위반죄도 마찬가지이다. 따라서 국가정보원 직원이 동일한 사안에 관한 일련의 직무집행 과정에서 단일하고 계속된 범의로 일정 기간 계속하여 저지른 직권남용행위에 대하여는 설령 그 상대방이 수인이라고 하더라도 포괄일죄가 성립할 수 있다고 봄이 타당하다. 다만 각 직권남용 범행이 포괄일죄가 되느냐 경합범이 되느냐에 따라 공소시효의 완성 여부, 기판력이 미치는 범위 등이 달라질 수 있으므로, 개별 사안에서 포괄일죄의 성립 여부는 직무집행 대상의 동일 여부, 범행의 태양과 동기, 각 범행 사이의 시간적 간격, 범의의 단절이나 갱신 여부 등을 세밀하게 살펴 판단하여야 한다(대판 2021.3.11. 2020도12583).

⑯ [1] 직권남용권리행사방해죄는 국가기능의 공정한 행사라는 국가적 법익을 보호하는 데 주된 목적이 있으므로, 공무원이 동일한 사안에 관한 일련의 직무집행 과정에서 단일하고 계속된 범의로 일정 기간 계속하여 저지른 직권남용행위에 대하여는 설령 그 상대방이 여러 명이더라도 포괄일죄가 성립할 수 있다. 다만 개별 사안에서 포괄일죄의 성립 여부는 직무집행 대상의 동일 여부, 범행의 태양과 동기, 각 범행 사이의 시간적 간격, 범의의 단절이나 갱신 여부 등을 세밀하게 살펴 판단하여야 한다(직권남용으로 인한 국가정보원법 위반죄에 관한 대법원 2021. 3. 11. 선고 2020도12583 판결 참조). [2] 직권남용권리행사방해죄에서 말하는 '사람으로 하여금 의무 없는 일을 하게 한 때'란 공무원이 직권을 남용하여 다른 사람으로 하여금 법령상 의무 없는 일을 하게 한 때를 의미한다. 따라서 공무원이 자신의 직무권한에 속하는 사항에 관하여 실무 담당자로 하여금 그 직무집행을 보조하는 사실행위를 하도록 하더라도 이는 공무원 자신의 직무집행으로 귀결될 뿐이므로 원칙적으로 의무 없는 일을 하게 한 때에 해당한다고 할 수 없다. 그러나 직무집행의 기준과 절차가 법령에 구체적으로 명시되어 있고 실무 담당자에게도 직무집행의 기준을 적용하고 절차에 관여할 고유한 권한과 역할이 부여되어 있다면 실무 담

당자로 하여금 그러한 기준과 절차를 위반하여 직무집행을 보조하게 한 경우에는 '의무 없는 일을 하게 한 때'에 해당한다. 공무원의 직무집행을 보조하는 실무 담당자에게 직무집행의 기준을 적용하고 절차에 관여할 고유한 권한과 역할이 부여되어 있는지 여부 및 공무원의 직권남용행위로 인하여 실무 담당자가 한 일이 그러한 기준이나 절차를 위반하여 한 것으로서 법령상 의무 없는 일인지 여부는 관련 법령 등의 내용에 따라 개별적으로 판단하여야 한다(앞서 본 대법원 2021. 3. 11. 선고 2020도12583 판결 등 참조)(대판 2021.9.9. 2021도2030). [해설] 대법원은 위 [1]항 기재 법리를 기초로 원심판결 중 면소 부분에 대하여, 피고인의 관련 행위(온라인 여론조작 활동 지시 또는 불법 신원조회 활동 지시)는 동일한 사안에 관한 일련의 직무집행 과정에서 단일하고 계속된 범의로 일정 기간 계속하여 저지른 직권남용행위에 해당하므로 그 전체 범행에 대하여 포괄하여 하나의 직권남용죄가 성립한다고 보아, 직권남용행위의 상대방별로 별개의 죄가 성립함을 전제로 일부 상대방에 대한 범행에 대하여 별도로 공소시효가 완성되었다고 판단한 원심판결에 직권남용죄의 죄수에 관한 법리를 오해한 잘못이 있다고 판단하였음. 대법원은 위 [2]항 기재 법리를 기초로 원심판결 중 피고인이 의무 없는 일을 하게 한 때에 해당하지 않는다는 이유로 무죄로 판단한 부분에 대하여, 피고인의 지시를 이행한 실무 담당자들의 행위(온라인 여론조작 활동, 인터넷상에서 발간되는 잡지의 제작 및 전송)를 두고 피고인의 직무집행을 보조하는 사실행위에 불과하다고 할 수 없고, 피고인이 실무 담당자들로 하여금 법령에 명시된 직무집행의 기준을 위반하여 직무집행을 보조하게 한 경우에 해당하므로, 피고인이 실무 담당자들로 하여금 법령상 의무 없는 일을 하게 한 때에 해당한다고 보아, 이와 달리 판단한 원심판결에 직권남용죄에 관한 법리를 오해한 잘못이 있다고 판단하였음.

⑰ [1] 직권남용죄는 공무원이 일반적 직무권한에 속하는 사항에 관하여 직권의 행사에 가탁(假託)하여 실질적, 구체적으로 위법·부당한 행위를 한 경우에 성립한다. 여기에서 말하는 '직권남용'이란 공무원이 일반적 직무권한에 속하는 사항에 관하여 그 권한을 위법·부당하게 행사하는 것, 즉 형식적, 외형적으로는 직무집행으로 보이나 그 실질은 정당한 권한 이외의 행위를 하는 경우를 의미한다. 어떠한 직무가 공무원의 일반적 직무권한에 속하는 사항이라고 하기 위해서는 그에 관한 법령상 근거가 필요하다. 법령상 근거는 반드시 명문의 규정만을 요구하는 것이 아니라 명문의 규정이 없더라도 법령과 제도를 종합적, 실질적으로 살펴보아 그것이 해당 공무원의 직무권한에 속한다고 해석되고, 이것이 남용된 경우 상대방으로 하여금 사실상 의무 없는 일을 하게 하거나 권리를 방해하기에 충분한 것이라고 인정되는 경우에는 직권남용죄에서 말하는 일반적 직무권한에 포함된다. 직권의 '남용'에 해당하는지는 구체적인 직무행위의 목적, 그 행위가 당시의 상황에서 필요성이나 상당성이 있는 것이었는지 여부, 직권 행사가 허용되는 법령상의 요건을 충족했는지 등의 여러 요소를 고려하여 결정하여야 한다(대법원 2018. 2. 13. 선고 2014도11441 판결, 대법원 2019. 3. 14. 선고 2018도18646 판결, 대법원 2019. 8. 29. 선고 2018도14303 전원합의체 판결 등 참조). [2] 직권남용죄에서 말하는 '사람으로 하여금 의무 없는 일을 하게 한 때'라 함은 공무원이 직권을 남용하여 다른 사람으로 하여금 법령상 의무 없는 일을 하게 한 때를 의미한다. 따라서 공무원이 자신의 직무권한에 속하는 사항에 관하여 실무 담당자로 하여금 그 직무집행을 보조하는 사실행위를 하도록 하더라도 이는 공무원 자신의 직무집행으로 귀결될 뿐이므로 원칙적으로 의무 없는 일을 하게 한 때에 해당한다고 할 수 없다. 그러나 직무집행의 기준과 절차가 법령에 구체적으로 명시되어 있고 실무 담당자에게도 직무집행의 기준을 적용하고 절차에 관여할 고유한 권한과 역할이 부여되어 있다면 실무 담당자로 하여금 그러한 기준과 절차를 위반하여 직무집행을 보조하게 한 경우에는 '의무 없는 일을 하게 한 때'에 해당한다(대법원 2011. 2. 10. 선고 2010도13766 판결 등 참조). 공무원의 직무집행

을 보조하는 실무 담당자에게 직무집행의 기준을 적용하고 절차에 관여할 고유한 권한과 역할이 부여되어 있는지 여부 및 공무원의 직권남용행위로 인하여 실무 담당자가 한 일이 그러한 기준이나 절차를 위반하여 한 것으로서 법령상 의무 없는 일인지 여부는 관련 법령 등의 내용에 따라 개별적으로 판단하여야 한다(대법원 2020. 1. 9. 선고 2019도11698 판결 참조)(대판 2021.9.16. 2021도2748). [해설] 전 청와대 민정수석비서관인 피고인이 국가정보원 국익정보국장과 공모하여 국정원 직원들로 하여금 전 청와대 특별감찰관, 전 평창동계올림픽 조직위원장에 대한 정보를 수집하고 보고서를 작성하도록 한 사안에서 직권남용권리행사방해죄가 성립한다고 판단한 사례.

⑱ 가. 피고인의 판시와 같은 행위는 부당하거나 부적절한 재판관여행위에 해당한다. 그러나 피고인의 위와 같은 각 재판관여행위는 법관의 재판권에 관한 것인데, 이에 대하여는 사법행정권자에게 직무감독 등의 사법행정권이 인정되지 않으므로 <u>각 재판관여행위에 관하여 피고인에게 직권남용죄에서 말하는 '일반적 직무권한'이 존재하지 않고, 일반적 직무권한의 범위를 넘는 월권행위에 관하여는 직권남용죄가 성립하지 않는다.</u> 헌법, 법원조직법, 관련 대법원 규칙과 예규를 종합하더라도 피고인에게 재판에 관여할 직무권한을 인정할 수 없다. 결국 각 재판관여행위가 피고인이 B지방법원 C판사로서의 일반적 직무권한에 속하는 사항에 관하여 직권을 행사하는 모습으로 이루어진 것은 아니다. 나. 직권남용죄에서 권리행사를 방해한다 함은 법령상 행사할 수 있는 권리의 정당한 행사를 방해하는 것을 말하므로, 이에 해당하려면 구체화된 권리의 현실적인 행사가 방해된 경우라야 하고(대법원 2006. 2. 9. 선고 2003도4599 판결 등 참조), 여기서 말하는 '권리'는 법률에 명기된 권리에 한하지 않고 법령상 보호되어야 할 이익이면 족한 것으로서, 공법상의 권리인지 사법상의 권리인지를 묻지 않는바(대법원 2010. 1. 28. 선고 2008도7312 판결 등 참조), 헌법과 법률에 의한 법관의 독립된 심판권한(헌법 제103조), 재판장의 소송지휘권(형사소송법 제279조) 역시 직권남용죄에서 말하는 '권리'에는 해당하나, 각 담당재판장과 담당판사는 담당재판부의 논의, 합의를 거치거나 혹은 동료판사들의 의견을 구한 다음, 자신의 판단과 책임 아래 권한을 행사하였고, 피고인의 요청 등을 지시가 아닌 권유나 권고 등으로 받아들인 점 등 그 판시와 같은 사정 등에 비추어 보면, <u>피고인의 재판관여행위가 담당재판장, 담당판사의 권한 행사를 방해하였다고 볼 수 없다.</u> 다. 공무원이 직권을 남용하여 사람으로 하여금 어떠한 일을 하게 한 때에 상대방이 공무원인 경우에는 상대방이 한 일이 형식과 내용 등에 있어 직무범위 내에 속하는 사항으로서 법령, 그 밖의 관련 규정에 따라 직무수행 과정에서 준수하여야 할 원칙이나 기준, 절차 등을 위반하지 않는다면 특별한 사정이 없는 한 법령상 의무 없는 일을 하게 한 때에 해당한다고 보기 어려운바(대법원 2020. 1. 30. 선고 2018도2236 전원합의체 판결 등 참조), 담당재판장과 담당판사 등의 판시와 같은 행위가 법령, 그 밖의 관련 규정에 따라 직무수행 과정에서 준수하여야 할 원칙이나 기준, 절차 등을 위반하였다고 보기 어렵다. 결국 <u>피고인의 재판관여행위가 담당재판장, 담당판사 등에게 의무 없는 일을 하게 한 것으로 볼 수 없다.</u> 라. 직권남용죄는 단순히 공무원이 직권을 남용하는 행위를 하였다는 것만으로 곧바로 성립하는 것이 아니고, 직권을 남용하여 현실적으로 다른 사람이 법령상 의무 없는 일을 하게 하였거나 다른 사람의 구체적인 권리행사를 방해하는 결과가 발생하여야 하고, 그 결과의 발생은 직권남용 행위로 인한 것이어야 하는바, 앞서 본 바와 같이 <u>담당재판장, 담당판사의 권리행사를 방해하거나 담당재판장, 담당판사 등으로 하여금 의무 없는 일을 하게 하였다는 결과가 발생하였다고 볼 수 없을 뿐만 아니라, 설령 피고인의 재판관여행위가 담당재판장이나 담당판사의 행위에 하나의 계기가 되었다고 하더라도, 담당재판장들이나 담당판사는 피고인의 요청을 무조건 따른 것이 아니라 위 나.항에서 본 바와 같은 논의 등을 거쳐 독립하여 재판을 수행하</u>

였고, 피고인에게 법관의 재판권에 관하여 지휘·감독할 수 있는 사법행정권이 없음을 잘 알고 있었으며, 피고인의 말을 권유 정도로 이해한 점 등에 비추어 보면, 피고인의 재판관여행위와 결과 사이에 상당인과관계 또한 인정되지 않는다(대판 2022.4.28. 2021도11012). [해설] 서울중앙지방법원 형사수석부장판사로 재직하던 피고인이 계속 중인 사건의 재판에 관여하였다는 이유로 직권남용죄로 기소된 사안에서, 원심은 피고인의 행위를 부당하거나 부적절한 재판관여행위에 해당한다고 보면서도, 피고인에게 재판에 관여할 일반적 직무권한이 인정되지 않고, 담당법관의 권리행사를 방해하거나 담당법관으로 하여금 의무 없는 일을 한 것으로 볼 수 없으며, 피고인의 행위와 결과 사이에 상당인과관계도 인정되지 않는다고 보아 무죄로 판단하였음.

⑲ [1] 형법 제123조의 직권남용권리행사방해죄에서 '직권의 남용'이란 공무원이 일반적 직무권한에 속하는 사항을 불법하게 행사하는 것, 즉 형식적, 외형적으로는 직무집행으로 보이나 그 실질은 정당한 권한 이외의 행위를 하는 경우를 의미하고, 남용에 해당하는지는 구체적인 직무행위의 목적, 그 행위가 당시의 상황에서 필요성이나 상당성이 있는 것이었는지 여부, 직권행사가 허용되는 법령상의 요건을 충족했는지 등의 여러 요소를 고려하여 결정하여야 한다. [2] 공무원이 위법·부당한 행위를 한 경우 그 위법성의 정도는 불법행위책임에 그치는 경우, 징계사유에 해당하는 경우, 형사처벌사유에 해당하는 경우 등으로 다양하게 나타날 수 있고, 그중 형사처벌은 기본권 침해의 정도가 가장 무거우므로, 공무원의 직무행위가 형사처벌의 대상인 직권남용에 해당하는지 여부는 기본권 제한에 관한 최소침해의 원칙을 참작하여 엄격하게 판단하여야 한다. [3] 직권남용권리행사방해죄는 단순히 공무원이 직권을 남용하는 행위를 하였다는 것만으로 곧바로 성립하는 것이 아니라, 직권을 남용하여 현실적으로 다른 사람으로 하여금 법령상 의무 없는 일을 하게 하였거나 다른 사람의 구체적인 권리행사를 방해하는 결과가 발생하여야 하고, 그 결과의 발생은 직권남용 행위로 인한 것이어야 한다. 여기서 권리행사를 방해한다 함은 법령상 행사할 수 있는 권리의 정당한 행사를 방해하는 것을 말하므로, 이에 해당하려면 구체화된 권리의 현실적인 행사가 방해된 경우라야 한다. 또한 직권남용 행위의 상대방이 공무원이거나 법령에 따라 일정한 공적 임무를 부여받고 있는 공공기관 등의 임직원인 경우에는 법령에 따라 임무를 수행하는 지위에 있으므로, 그가 직권에 대응하여 어떠한 일을 한 것이 의무 없는 일인지 여부는 관계 법령 등의 내용에 따라 개별적으로 판단하여야 한다(대판 2022.10.27. 2020도15105). [해설] 전 국방부장관인 피고인이 '국군사이버사령부 530단 정치관여 등 의혹 사건'의 수사과정에서 국방부조사본부장으로부터 530단장에 대한 구속영장 신청 상황을 보고받은 후 국방부조사본부장에게 청와대 민정수석실에 구속 여부에 관한 의견을 묻게 하고 결국은 국방부조사본부장에게 530단장의 불구속 송치를 지시한 사건에서, 피고인의 국방부조사본부장에 대한 불구속 송치 지시는 피고인에게 주어진 신병처리에 관한 구체적이고 최종적인 권한 내의 행위로서 피고인은 법령이 허용하는 범위 내에서 불구속수사의 원칙 등 여러 사항을 참작하여 신병에 관한 결정을 할 수 있는 재량을 가지고 있으므로 일부 부적절한 사정을 고려하였다고 하여 그 직무행사의 목적이 위법하다고 볼 수 없고, 피고인이 피의자 신병에 관한 구체적이고 최종적인 결정권한을 행사하는 과정에서 여러 견해를 참고할 필요가 있어 국방부조사본부장에게 그에 관한 지시를 하였다고 볼 수 있어서 그 직권의 행사가 당시의 상황에 비추어 필요성이나 상당성이 없다고 단정하기 어렵다고 보아, 청와대 민정수석실에 피의자의 구속에 관한 의견을 묻게 하고 불구속 송치를 지시한 행위가 직권남용권리행사방해죄를 구성한다고 본 원심 판단을 파기·환송한 사안임.

판례 | 불법체포·감금죄 관련 판례

① 수사기관이 피의자를 수사하는 과정에서 구속영장 없이 피의자를 함부로 구금하여 피의자의 신체의 자유를 박탈하였다면 직권을 남용한 불법감금의 죄책을 면할 수 없고, 수사의 필요상 피의자를 임의동행한 경우에도 조사 후 귀가시키지 아니하고 그의 의사에 반하여 경찰서 조사실 또는 보호실 등에 계속 유치함으로써 신체의 자유를 속박하였다면 이는 구금에 해당한다(대결 1985.7.29. 85모16).

② 감금죄에 있어서의 감금행위는 사람으로 하여금 일정한 장소 밖으로 나가지 못하도록 하여 신체의 자유를 제한하는 행위를 가리키는 것이고, 그 방법은 반드시 물리적, 유형적 장애를 사용하는 경우뿐만 아니라 심리적, 무형적 장애에 의하는 경우도 포함되는 것인바, 설사 피해자가 경찰서 안에서 직장동료인 피의자들과 같이 식사도 하고 사무실 안팎을 내왕하였다 하여도 피해자를 경찰서 밖으로 나가지 못하도록 그 신체의 자유를 제한하는 유형, 무형의 억압이 있었다면 이는 감금행위에 해당한다(대결 1991.12.30. 91모5).

③ 형사소송법이나 경찰관직무집행법 등의 법률에 정하여진 구금 또는 보호유치 요건에 의하지 아니하고는 즉결심판 피의자라는 사유만으로 피의자를 구금, 유치할 수 있는 아무런 법률상 근거가 없고, 경찰 업무상 그러한 관행이나 지침이 있었다 하더라도 이로써 원칙적으로 금지되어 있는 인신구속을 행할 수 있는 근거로 할 수 없으므로, 즉결심판 피의자의 정당한 귀가요청을 거절한 채 다음날 즉결심판법정이 열릴 때까지 피의자를 경찰서 보호실에 강제유치시키려고 함으로써 피의자를 경찰서 내 즉결피의자 대기실에 10~20분 동안 있게 한 행위는 형법 제124조 제1항의 불법감금죄에 해당하고, 이로 인하여 피의자를 보호실에 밀어넣으려는 과정에서 상해를 입게 하였다면 특정범죄가중처벌등에관한법률 제4조의2 제1항 위반죄에 해당한다(대판 1997.6.13. 97도877).

④ 감금죄는 간접정범의 형태로도 행하여질 수 있는 것이므로, 인신구속에 관한 직무를 행하는 자 또는 이를 보조하는 자가 피해자를 구속하기 위하여 진술조서 등을 허위로 작성한 후 이를 기록에 첨부하여 구속영장을 신청하고, 진술조서 등이 허위로 작성된 정을 모르는 검사와 영장전담판사를 기망하여 구속영장을 발부받은 후 그 영장에 의하여 피해자를 구금하였다면 형법 제124조 제1항의 직권남용감금죄가 성립한다(대판 2006.5.25. 2003도3945).

⑤ 형사재판에서의 재심은 유죄의 확정판결에 중대한 하자가 있는 경우 피고인의 이익을 위하여 이를 바로잡기 위한 비상구제절차이다. 형사소송법 제420조 제7호는 재심사유의 하나로서 "원판결, 전심판결 또는 그 판결의 기초된 조사에 관여한 법관, 공소의 제기 또는 그 공소의 기초된 수사에 관여한 검사나 사법경찰관이 그 직무에 관한 죄를 범한 것이 확정판결에 의하여 증명된 때"를 들고 있다. 형법 제124조의 불법체포·감금죄는 위 재심사유가 규정하는 대표적인 직무범죄로서 헌법상 영장주의를 관철하기 위한 것이다. 헌법 제12조 제3항은 영장주의를 천명하고 있는데, 이는 강제처분의 남용으로부터 신체의 자유 등 국민의 기본권을 보장하기 위한 핵심 수단이 된다. 수사기관이 영장주의에 어긋나는 체포·구금을 하여 불법체포·감금의 직무범죄를 범하는 상황은 일반적으로 영장주의에 관한 합헌적 법령을 따르지 아니한 경우에 문제 된다. 이와 달리 영장주의를 배제하는 위헌적 법령이 시행되고 있는 동안 수사기관이 그 법령에 따라 영장 없는 체포·구금을 하였다면 법체계상 그러한 행위를 곧바로 직무범죄로 평가하기는 어렵다. 그러나 이러

> 한 경우에도 영장주의를 배제하는 법령 자체가 위헌이라면 결국 헌법상 영장주의에 위반하여 영장 없는 체포·구금을 한 것이고 그로 인한 국민의 기본권 침해 결과는 수사기관이 직무범죄를 저지른 경우와 다르지 않다. 즉, **수사기관이 영장주의를 배제하는 위헌적 법령에 따라 체포·구금을 한 경우 비록 그것이 형식상 존재하는 당시의 법령에 따른 행위라고 하더라도 그 법령 자체가 위헌이라면 결과적으로 그 수사에 기초한 공소제기에 따른 유죄의 확정판결에는 수사기관이 형법 제124조의 불법체포·감금죄를 범한 경우와 마찬가지의 중대한 하자가 있다고 보아야 한다**(대결 2018.5.2. 2015모3243).

Ⅳ. 뇌물죄

1. 서론

(1) 뇌물죄의 본질

1) **의의와 보호법익** : 뇌물죄란 공무원 또는 중재인이 직무행위에 대한 대가로 법이 인정하지 않는 이익을 취득함을 금지하는 것을 내용으로 하는 범죄이다. 형법의 뇌물죄는 수뢰죄와 증뢰죄로 규정되어 있다. 뇌물죄의 보호법익을 직무행위의 불가매수성에 있다고 보는 견해도 있으나, 직무행위에 대한 일반의 신뢰는 직무행위의 매수에 관한 외관에 의하여 침해되는 것이므로 뇌물죄의 보호법익은 직무행위에 대한 불가매수성과 이에 대한 일반의 신뢰에 있다고 보는 것이 타당하다(판례 : 신뢰보호설). 보호의 정도는 추상적 위험범이다.

2) **수뢰죄와 증뢰죄의 관계** : 수뢰죄와 증뢰죄의 관계에 대하여는 양죄가 필요적 공범인가의 여부와 공범규정의 적용범위가 문제된다.

㈎ **필요적 공범인가** : 이에 관하여는 필요적 공범설과 별개범죄설이 대립하고 있으나, 뇌물죄 가운데 수수와 공여·약속의 경우는 필요적 공범이지만 요구와 공여의 의사표시는 별개의 독립된 범죄에 불과하다고 해야 한다(통설). 판례는 뇌물공여죄와 뇌물수수죄가 필요적 공범관계에 있다고 하면서도, 뇌물'공여'죄의 성립에 반드시 상대방 측의 뇌물수수죄가 성립되어야 하는 것을 뜻하는 것은 아니라고 한다.

㈏ **공범규정의 적용범위** : 공무원의 신분이 없는 증뢰자는 증뢰죄에 의하여 처벌받으며 제33조 본문이나 단서를 적용할 필요는 없다. 그러나 수뢰자 상호간이나 증뢰자 사이에서는 공범규정이 당연히 적용된다고 해야 한다. 이 경우에는 교사 또는 방조의 규정뿐만 아니라 공동정범의 규정도 당연히 적용된다고 해야 한다.

(2) 뇌물의 개념

뇌물죄의 본질적 구성요건요소인 뇌물은 직무에 관한 부당한 이익을 말한다.

1) **직무에 관하여**

㈎ **직무** : '직무'란 공무원이 그 직위에 따라 공무로 담당하는 일체의 집무를 말한다. 직무의 범위 내지 직무권한은 법령뿐만 아니라 지령·훈령 또는 행정처분에 의하는 경우는 물론, 관례상 또는 상사의 명령에 의하여 소관 이외의 사무를 일시 대리할 경우의 직무를 포함한다. 사항적·장소적 관

할이 필요한 것도 아니다. 그리고 과거·현재·장래의 직무를 불문하며, 작위·부작위, 위법·적법도 문제가 되지 않는다. 다만 부정한 직무행위의 경우에는 가중구성요건(수뢰후부정처사, 부정처사후수뢰)이나 특별구성요건(사후수뢰죄)에 해당될 수 있다. 직무행위가 공무원의 재량행위에 속하는 경우에도 금품을 수수하고 행한 경우에는 뇌물죄를 구성한다.

(나) **직무에 관하여** : '직무에 관하여'란 권한에 속하는 직무행위뿐만 아니라 직무행위에는 속하지 않더라도 직무행위와 밀접한 관계가 있거나, 직무행위와 관련하여 사실상 처리하던 직무를 포함한다. 따라서 직무와 관계가 없는 단순한 사적 행위와 관련한 이익은 뇌물이 아니다. 나아가 직무관련 행위는 지위를 이용하거나 직무에 따른 세력을 기초로 공무의 공정성에 영향을 줄 수 있는 행위여야 한다. 공무원이 다른 직무로 전직한 후에 전무 전의 직무에 관하여 뇌물을 받은 경우에도 과거의 직무행위에 대한 공정성과 이에 대한 사회의 신뢰를 보호할 필요가 있으므로 긍정설(다수설)이 타당하다.

2) **부당한 이익**

(가) **대가관계** : 직무에 관한 부당한 이익 내지 불법한 보수이다. 즉 뇌물이 되기 위하여는 직무에 대한 대가관계가 인정되어야 한다. 따라서 직무에 관한 대가관계가 인정되지 않는 단순한 사교적 증여는 뇌물이 아니다. 판례는 사교적 의례에 속하는 선물의 뇌물성을 부정하면서도, 대가관계가 인정되는 때에는 금액의 다소나 규모의 대소를 불문하고 뇌물이 된다고 한다.

(나) **이익** : 이익이란 수령자의 경제적·법적·인격적 지위를 유리하게 하여 주는 것을 말한다. 재산적 이익뿐만 아니라 일체의 유형·무형의 이익이 포함된다. 따라서 향응의 제공 또는 이성 간의 정교나 성행위도 뇌물에 해당하게 된다.

> **판례** **뇌물죄의 보호법익 및 직무의 범위**
>
> ① 뇌물죄는 직무집행의 공정과 이에 대한 사회의 신뢰에 기하여 직무행위의 불가매수성을 그 직접의 보호법익으로 하고 있으므로 뇌물성은 의무위반 행위나 청탁의 유무 및 금품수수 시기와 직무집행 행위의 전후를 가리지 아니한다 할 것이고, 따라서 <u>뇌물죄에서 말하는 '직무'에는 법령에 정하여진 직무뿐만 아니라 그와 관련 있는 직무, 과거에 담당하였거나 장래에 담당할 직무 외에 사무분장에 따라 현실적으로 담당하지 않는 직무라도 법령상 일반적인 직무권한에 속하는 직무 등 공무원이 그 직위에 따라 공무로 담당할 일체의 직무를 포함한다</u>(대판 1996.1.23. 94도3022, 대판 1994.3.22. 93도2962).
>
> ② [1] 뇌물죄는 공무원의 직무집행의 공정과 이에 대한 사회의 신뢰 및 직무행위의 불가매수성을 그 보호법익으로 하고 있고 직무에 관한 청탁이나 부정한 행위를 필요로 하는 것은 아니기 때문에 <u>수수된 금품의 뇌물성을 인정하는 데 특별한 청탁이 있어야만 하는 것은 아니며, 또한 금품이 직무에 관하여 수수된 것으로 족하고 개개의 직무행위와 대가적 관계가 있을 필요는 없다.</u> [2] 공무원이 얻는 어떤 이익이 직무와 대가관계가 있는 부당한 이익으로서 뇌물에 해당하는지 여부는 당해 공무원의 직무의 내용, 직무와 이익제공자와의 관계, 쌍방 간에 특수한 사적인 친분관계가 존재하는지의 여부, 이익의 다과, <u>이익을 수수한 경위와 시기 등의 제반 사정을 참작하여 결정하여야 할 것이고, 뇌물죄가 직무집행의 공정</u>

과 이에 대한 사회의 신뢰 및 직무행위의 불가매수성을 그 보호법익으로 하고 있음에 비추어 볼 때, 공무원이 그 이익을 수수하는 것으로 인하여 사회일반으로부터 직무집행의 공정성을 의심받게 되는지 여부도 뇌물죄의 성부를 판단함에 있어서의 판단 기준이 된다. [3] 공무원이 그 직무의 대상이 되는 사람으로부터 금품 기타 이익을 받은 때에는 그것이 그 사람이 종전에 공무원으로부터 접대 또는 수수받은 것을 갚는 것으로서 사회상규에 비추어 볼 때에 의례상의 대가에 불과한 것이라고 여겨지거나, 개인적인 친분관계가 있어서 교분상의 필요에 의한 것이라고 명백하게 인정할 수 있는 경우 등 특별한 사정이 없는 한 직무와의 관련성이 없는 것으로 볼 수 없고, 공무원의 직무와 관련하여 금품을 수수하였다면 비록 사교적 의례의 형식을 빌어 금품을 주고 받았다 하더라도 그 수수한 금품은 뇌물이 된다. [4] 단일하고도 계속된 범의 아래 동종의 범행을 일정기간 반복하여 행하고 그 피해법익도 동일한 경우에는 각 범행을 통틀어 포괄일죄로 볼 것이고, 수뢰죄에 있어서 단일하고도 계속된 범의 아래 동종의 범행을 일정기간 반복하여 행하고 그 피해법익도 동일한 것이라면 돈을 받은 일자가 상당한 기간에 걸쳐 있고, 돈을 받은 일자 사이에 상당한 기간이 끼어 있다 하더라도 각 범행을 통틀어 포괄일죄로 볼 것이다(대판 2002.3.15. 2001도970, 대판 2000.1.21. 99도4940).

③ 뇌물죄는 직무집행의 공정과 이에 대한 사회의 신뢰에 기하여 직무행위의 불가매수성을 그 직접의 보호법익으로 하고 있으므로 뇌물성은 의무위반 행위나 청탁의 유무, 개개의 직무행위와의 대가적관계, 금품수수 시기와 직무집행 행위의 전후를 가리지 아니한다 할 것이고, 공무원의 직무와 금원의 수수가 전체적으로 대가관계에 있으면 뇌물수수죄는 성립하며, 뇌물죄에서 말하는 '직무'에는 법령에 정하여진 직무뿐만 아니라 그와 관련 있는 직무, 과거에 담당하였거나 장래에 담당할 직무 외에 사무분장에 따라 현실적으로 담당하지 않는 직무라도 법령상 일반적인 직무권한에 속하는 직무 등 공무원이 그 직위에 따라 공무로 담당할 일체의 직무로서 직무와 밀접한 관계가 있는 행위 또는 관례상이나 사실상 소관하는 직무행위도 포함한다(대판 2010.12.23. 2010도13584, 대판 2000.1.28. 99도4022).

④ 뇌물죄는 직무집행의 공정과 이에 대한 사회의 신뢰에 기하여 직무행위의 불가매수성을 그 직접의 보호법익으로 하고 있으므로 뇌물성은 의무위반 행위나 청탁의 유무 및 금품수수 시기와 직무집행 행위의 전후를 가리지 아니한다. 따라서 뇌물죄에서 말하는 '직무'에는 법령에 정하여진 직무뿐만 아니라 그와 관련 있는 직무, 과거에 담당하였거나 장래에 담당할 직무 외에 사무분장에 따라 현실적으로 담당하지 않는 직무라도 법령상 일반적인 직무권한에 속하는 직무 등 공무원이 그 직위에 따라 공무로 담당할 일체의 직무를 포함한다(대판 2013.11.28. 2013도9003, 대판 2003.6.13. 2003도1060).

⑤ 뇌물죄는 공무원의 직무집행의 공정과 이에 대한 사회의 신뢰 및 직무행위의 불가매수성을 그 보호법익으로 하고 있고 직무에 관한 청탁이나 부정한 행위를 필요로 하는 것은 아니기 때문에 수수된 금품의 뇌물성을 인정하는 데 특별한 청탁이 있어야만 하는 것은 아니며, 또한 금품이 직무에 관하여 수수된 것으로 족하고 개개의 직무행위와 대가적 관계가 있을 필요는 없다(대판 2014.10.15. 2014도8113).

⑥ 형사소송법 제248조 제1항, 제253조 제1항, 제2항에서 규정하는 바와 같이, 형사소송법은 공범 사이의 처벌에 형평을 기하기 위하여 공범 중 1인에 대한 공소의 제기로 다른 공범자에 대하여도 공소시효가 정지되도록 규정하고 있는데, 위 공범의 개념이나 유형에 관하여는 아무런 규정을 두고 있지 아니하다. 따라서 형사소송법 제253조 제2항의 공범을 해석할 때에는 공범 사이의 처벌의 형평이라는 위 조항의 입법 취지, 국가형벌권의 적정한 실현이라는 형사소송법의

기본이념, 국가형벌권 행사의 대상을 규정한 형법 등 실체법과의 체계적 조화 등의 관점을 종합적으로 고려하여야 하고, 특히 위 조항이 공소제기 효력의 인적 범위를 확장하는 예외를 마련하여 놓은 것이므로 원칙적으로 엄격하게 해석하여야 하고 피고인에게 불리한 방향으로 확장하여 해석해서는 아니 된다. 뇌물공여죄와 뇌물수수죄 사이와 같은 이른바 대향범 관계에 있는 자는 강학상으로는 필요적 공범이라고 불리고 있으나, 서로 대향된 행위의 존재를 필요로 할 뿐 각자 자신의 구성요건을 실현하고 별도의 형벌규정에 따라 처벌되는 것이어서, 2인 이상이 가공하여 공동의 구성요건을 실현하는 공범관계에 있는 자와는 본질적으로 다르며, 대향범 관계에 있는 자 사이에서는 각자 상대방의 범행에 대하여 형법 총칙의 공범규정이 적용되지 아니한다. 이러한 점들에 비추어 보면, 형사소송법 제253조 제2항에서 말하는 '공범'에는 뇌물공여죄와 뇌물수수죄 사이와 같은 대향범 관계에 있는 자는 포함되지 않는다(대판 2015.2.12. 2012도4842, 대판 1971.3.9. 70도2536).

⑦ 뇌물죄는 직무집행의 공정과 이에 대한 사회의 신뢰 및 직무행위의 불가매수성을 그 보호법익으로 하고 있고, 직무에 관한 청탁이나 부정한 행위를 필요로 하는 것은 아니므로, 수수한 금품의 뇌물성을 인정하는 데 특별한 청탁이 있어야만 하는 것은 아니다. 또한 금품이 직무에 관하여 수수된 것으로 족하고 개개 직무행위와 대가관계에 있을 필요는 없으며, 그 직무행위가 특정된 것일 필요도 없다. 공무원이 그 직무의 대상이 되는 사람으로부터 금품 기타 이익을 받은 때에는 그것이 그 사람이 종전에 공무원으로부터 접대 또는 수수한 것을 갚는 것으로서 사회상규에 비추어 볼 때 의례상 대가에 불과한 것이라고 여겨지거나, 개인적인 친분관계가 있어서 교분상 필요에 의한 것이라고 명백하게 인정할 수 있는 경우 등 특별한 사정이 없는 한 직무와 관련성이 있다고 볼 수 있다. 그리고 공무원의 직무와 관련하여 금품을 주고받았다면 비록 사교적 의례의 형식을 빌려 금품을 주고받았다고 하더라도 그 수수한 금품은 뇌물이 된다. 공무원이 얻는 어떤 이익이 직무와 대가관계가 있는 부당한 이익으로서 뇌물에 해당하는지 또는 사회상규에 따른 의례상 대가 혹은 개인적 친분관계에 따른 교분상 필요에 의한 것으로서 직무와 관련성이 없는 것인지는 당해 공무원의 직무 내용, 직무와 이익 제공자의 관계, 이익 수수 경위와 시기 등 사정과 아울러 제공된 이익의 종류와 가액도 함께 참작하여 이를 판단하여야 한다(대판 2018.5.15. 2017도19499). [해설] 뇌물죄에서 직무관련성과 뇌물성 및 공무원이 얻는 이익이 뇌물에 해당하는지 판단하는 기준을 제시한 판결.

⑧ 횡령 범행으로 취득한 돈을 공범자끼리 수수한 행위가 공동정범들 사이의 범행에 의하여 취득한 돈을 공모에 따라 내부적으로 분배한 것에 지나지 않는다면 별도로 그 돈의 수수행위에 관하여 뇌물죄가 성립하는 것은 아니다. 그와 같이 수수한 돈의 성격을 뇌물로 볼 것인지 횡령금의 분배로 볼 것인지 여부는 돈을 공여하고 수수한 당사자들의 의사, 수수된 돈의 액수, 횡령 범행과 수수행위의 시간적 간격, 수수한 돈이 횡령한 그 돈인지 여부, 수수한 장소와 방법 등을 종합적으로 고려하여 객관적으로 평가하여 판단하여야 한다(대판 2019.11.28. 2019도11766).

 **판 례** 직무관련성 인정 판례

① 뇌물죄는 직무집행의 공정과 이에 대한 사회의 신뢰를 기하여 직무행위의 불가매수성을 그 직접적 보호법익으로 하고 있으므로 뇌물성은 의무위반행위의 유무와 청탁의 유무 등은 이를 가리지 않는 것이며 또 설사 칸트리클럽에 대한 지도 감독업무가 각 시도지사에게 위임되었다 하더라도 지방자치단체의 장에게 위임한 국가행정사무에 관하여는 당해 주무부장관이 이를 지휘·감독하도록 되어 있으므로 피고인이 교통부장관을 보좌하여 관광호텔 골프장 등 관광이용시설업체의 지휘·감독 등의 업무를 관장하고 있었다면 이를 들어 피고인의 직무의 관련성을 부정할 수 없다(대판 1984.8.14. 84도1139).

② 뇌물죄에 있어서 '직무'라 함은 공무원이 법령상 관장하는 직무 그 자체뿐만 아니라 그 직무와 밀접한 관계가 있는 행위 또는 관례상이나 사실상 소관하는 직무행위 및 결정권자를 보좌하거나 영향을 줄 수 있는 직무행위도 포함된다(대판 1996.11.15. 95도1114).

③ 대통령은 정부의 수반으로서 중앙행정기관의 장을 지휘·감독하여 정부의 중요정책을 수립·추진하는 등 모든 행정업무를 총괄하는 직무를 수행하고, 대형건설 사업 및 국토개발에 관한 정책, 통화, 금융, 조세에 관한 정책 및 기업활동에 관한 정책 등 각종 재정·경제 정책의 수립 및 시행을 최종 결정하며, 소관 행정 각 부의 장들에게 위임된 사업자 선정, 신규사업의 인·허가, 금융지원, 세무조사 등 구체적 사항에 대하여 직접 또는 간접적인 권한을 행사함으로써 기업체들의 활동에 있어 직무상 또는 사실상의 영향력을 행사할 수 있는 지위에 있고, 국책사업의 사업자 선정도 역시 대통령의 직무범위에 속하거나 그 직무와 밀접한 관계가 있는 행위이므로 이에 관하여 대통령에게 금품을 공여하면 바로 뇌물공여죄가 성립하고, 대통령이 실제로 영향력을 행사하였는지 여부는 범죄의 성립에 영향을 미치지 않는다. 또한 뇌물죄는 직무집행의 공정과 이에 대한 사회의 신뢰에 기하여 직무행위의 불가매수성을 그 직접의 보호법익으로 하고 있고, 뇌물성을 인정하는 데에는 특별히 의무위반행위의 유무나 청탁의 유무 등을 고려할 필요가 없는 것이므로, 뇌물은 대통령의 직무에 관하여 공여되거나 수수된 것으로 족하고 개개의 직무행위와 대가적 관계에 있을 필요가 없으며, 그 직무행위가 특정된 것일 필요도 없다(대판 1997.4.17. 96도3377 전원합의체).

④ 뇌물죄는 직무집행의 공정과 이에 대한 사회의 신뢰에 기하여 직무수행의 불가매수성을 그 직접의 보호법익으로 하고 있으므로, 공무원의 직무와 금원의 수수가 전체적으로 대가관계에 있으면 뇌물수수죄가 성립하고, 특별히 청탁의 유무, 개개의 직무행위의 대가적 관계를 고려할 필요가 없으며, 또한 그 직무행위가 특정된 것일 필요도 없다 할 것이고, 한편 뇌물죄에 있어서 직무에는 공무원이 법령상 관장하는 직무 그 자체뿐만 아니라 그 직무와 밀접한 관계가 있는 행위 또는 관례상이나 사실상 소관하는 직무행위도 포함된다 할 것이므로, <u>국회의원이 그 직무권한의 행사로서의 의정활동과 전체적·포괄적으로 대가관계가 있는 금원을 교부받았다면</u> 그 금원의 수수가 어느 직무행위와 대가관계에 있는 것인지 특정할 수 없다고 하더라도 이는 <u>국회의원의 직무에 관련된 것</u>으로 보아야 하고, 한편 국회의원이 다른 의원의 직무행위에 관여하는 것이 국회의원의 직무행위 자체라고 할 수는 없으나, 국회의원이 자신의 직무권한인 의안의 심의·표결권 행사의 연장선상에서 일정한 의안에 관하여 다른 동료의원에게 작용하여 일정한 의정활동을 하도록 권

유·설득하는 행위 역시 국회의원이 가지고 있는 위 직무권한의 행사와 밀접한 관계가 있는 행위로서 그와 관련하여 금원을 수수하는 경우에도 뇌물수수죄가 성립한다(대판 1997.12.26. 97도2609).

⑤ 형법 제129조 소정의 '직무'라 함은 공무원이 법령상 관장하는 직무 그 자체뿐만 아니라 그 직무와 밀접한 관계가 있는 행위 또는 관례상이나 사실상 소관하는 직무행위 및 결정권자를 보좌하거나 영향을 줄 수 있는 직무행위도 포함한다(대판 1998.2.27. 96도582).

⑥ [1] 뇌물죄는 직무집행의 공정과 이에 대한 사회의 신뢰에 기하여 직무행위의 불가매수성을 그 직접의 보호법익으로 하고 있으므로 뇌물성은 의무위반 행위나 청탁의 유무 및 금품수수 시기와 직무집행 행위의 전후를 가리지 아니한다 할 것이고, 따라서 뇌물죄에서 말하는 '직무'에는 법령에 정하여진 직무뿐만 아니라 그와 관련 있는 직무, 과거에 담당하였거나 장래에 담당할 직무 외에 사무분장에 따라 현실적으로 담당하지 않는 직무라도 법령상 일반적인 직무권한에 속하는 직무 등 공무원이 그 직위에 따라 공무로 담당할 일체의 직무를 포함한다. [2] 음주운전을 적발하여 단속에 관련된 제반 서류를 작성한 후 운전면허 취소업무를 담당하는 직원에게 이를 인계하는 업무를 담당하는 경찰관이 피단속자로부터 운전면허가 취소되지 않도록 하여 달라는 청탁을 받고 금원을 교부받은 경우, 뇌물수수죄가 성립한다고 한 사례(대판 1999.11.9. 99도2530).

⑦ 뇌물죄는 공여자의 출연에 의한 수뢰자의 영득의사의 실현으로서, 공여자의 특정은 직무행위와 관련이 있는 이익의 부담 주체라는 관점에서 파악하여야 할 것이므로, 금품이나 재산상 이익 등이 반드시 공여자와 수뢰자 사이에 직접 수수될 필요는 없다(대판 2008.6.12. 2006도8568 참조)(대판 2020.9.24. 2017도12389). [해설] 뇌물공여자가 공무원인 뇌물수수자가 제공한 명단 기재 대상자들에게 택배를 이용하여 뇌물수수자의 명의로 새우젓을 선물 발송한 사안에서, 뇌물수수자가 선물수령자들에 대한 관계에서 이전에도 개인적 부담으로 선물 등을 보내왔다거나 선물을 보낼 것이 예정되어 있었는데 뇌물공여자로 하여금 대신 선물을 보내도록 하여 자신의 부담을 면하게 된 사정이 증명되지 않았으므로 사회통념상 뇌물수수자가 직접 새우젓을 받은 것과 같이 평가할 수 없다고 보아 무죄로 판단한 원심판결에 대하여, 뇌물공여자는 뇌물수수자가 지정한 자들에게 뇌물수수자의 이름으로 새우젓에 대한 배송업무를 대신하여 주었을 뿐이고 새우젓을 받은 사람들은 보낸 사람을 뇌물수수자로 인식하였으며, 뇌물공여자와 뇌물수수자 사이에 새우젓 제공에 관한 의사합치가 존재하고 위와 같은 제공방법에 관하여 뇌물수수자가 양해하였다고 보이므로, 이로써 뇌물공여자의 새우젓 출연에 의하여 뇌물수수자의 영득의사가 실현되어 단순뇌물공여죄 및 수수죄가 성립한다고 보아야 함을 이유로 파기환송한 사례.

판례 직무관련성 부정 판례

① 법원의 참여주사가 공판에 참여하여 양형에 관한 사항의 심리내용을 공판조서에 기재한다고 하더라도 이를 가지고 형사사건의 양형이 참여주사의 직무와 밀접한 관계가 있는 사무라고는 할 수 없으므로 참여주사가 형량을 감경케하여 달라는 청탁과 함께 금품을 수수하였다고 하더라도 뇌물수수죄의 주체가 될 수 없다(대판 1980.10.14. 80도1373).

② 경찰청 정보과 근무 경찰관의 직무와 중소기업협동조합중앙회장의 외국인산업연수생에 대한 국내 관리업체 선정업무는 직무관련성이 없다(대판 1999.6.11. 99도275).

③ [1] 뇌물죄에서 말하는 직무에는 공무원이 법령상 관장하는 직무 그 자체뿐만 아니라 직무와

밀접한 관계가 있는 행위 또는 관례상이나 사실상 관여하는 직무행위도 포함되나, 구체적인 행위가 공무원의 직무에 속하는지는 그것이 공무의 일환으로 행하여졌는가 하는 형식적인 측면과 함께 공무원이 수행하여야 할 직무와의 관계에서 합리적으로 필요하다고 인정되는 것인가 하는 실질적인 측면을 아울러 고려하여 결정하여야 한다. [2] 구 해양수산부 해운정책과 소속 공무원인 피고인이 갑 해운회사의 대표이사 등에게서 중국의 선박운항허가 담당부서가 관장하는 중국 국적 선사의 선박에 대한 운항허가를 받을 수 있도록 노력해 달라는 부탁을 받고 돈을 받은 사안에서, 관련 규정에 의하면 해운정책과 업무에는 대한민국 국적 선사의 선박에 관한 것만 포함되어 있을 뿐 외국 국적 선사의 선박에 대한 행정처분에 관한 것은 포함되어 있지 않고, 또한 <u>외국 국적 선사의 선박에 대한 구체적인 행정처분은, 해운정책과 소속 공무원에게 이를 좌우할 수 있는 어떠한 영향력이 있다고 할 수도 없어 해운정책과 소속 공무원의 직무와 밀접한 관계에 있는 행위라거나 또는 그가 관여하는 행위에 해당한다고 볼 수 없다는 이유로, 직무관련성이 없어 뇌물수수죄가 성립하지 않는다</u>고 본 원심판단을 수긍한 사례(대판 2011.5.26. 2009도2453).

④ [1] 뇌물죄는 직무집행의 공정과 이에 대한 사회의 신뢰에 기하여 직무행위의 불가매수성을 그 직접의 보호법익으로 하고 있고, 직무에 관한 청탁이나 부정한 행위를 필요로 하는 것은 아니기 때문에 <u>수수된 금품의 뇌물성을 인정하는 데 특별한 청탁이 있어야만 하는 것은 아니며, 또한 금품이 직무에 관하여 수수된 것으로 족하고 개개의 직무행위와 대가적 관계에 있을 필요는 없고, 공무원이 그 직무의 대상이 되는 사람으로부터 금품 기타 이익을 받은 때에는 그것이 그 사람이 종전에 공무원으로부터 접대 받거나 수수한 것을 갚는 것으로서 사회상규에 비추어 볼 때에 의례상의 대가에 불과한 것이라고 여겨지거나, 개인적인 친분관계가 있어서 교분상의 필요에 의한 것이라고 명백하게 인정할 수 있는 경우 등 특별한 사정이 없는 한 직무와의 관련성이 없는 것으로 볼 수 없고, 공무원의 직무와 관련하여 금품을 수수하였다면 비록 사교적 의례의 형식을 빌어 금품을 주고받았다 하더라도 그 수수한 금품은 뇌물이 되는 것이다.</u> [2] 뇌물죄에 있어서 수뢰자가 증뢰자로부터 돈을 받은 사실은 시인하면서도 그 돈을 뇌물로 받은 것이 아니라 빌린 것이라고 주장하는 경우 수뢰자가 그 돈을 실제로 빌린 것인지 여부는 <u>수뢰자가 증뢰자로부터 돈을 수수한 동기, 전달 경위 및 방법, 수뢰자와 증뢰자 사이의 관계, 양자의 직책이나 직업 및 경력, 수뢰자의 차용 필요성 및 증뢰자 외의 자로부터의 차용 가능성, 차용금의 액수 및 용처, 증뢰자의 경제적 상황 및 증뢰와 관련된 경제적 예상이익의 규모, 담보제공 여부, 변제기 및 이자 약정 여부, 수뢰자의 원리금 변제 여부, 채무불이행시 증뢰자의 독촉 및 강제집행의 가능성 등 증거에 의하여 나타나는 객관적인 사정을 모두 종합하여 판단하여야 한다.</u> [3] 원심판결 이유와 기록에 의하면, 위 피고인들은 10여 년 이상 서로 알고 지내던 사이인 사실, 피고인 2는 위 1,000만 원 수수 직전인 2008. 6.경 △△군의회 의장으로 선출되어 그 무렵 공식적인 업무추진비 외에도 상당한 활동비 등이 필요했던 사실, 피고인 1은 자신이 주지로 있는 공소외 1 사찰 명의의 계좌에서 피고인 2 명의의 계좌로 1,000만 원을 인터넷 뱅킹을 이용하여 송금하는 방식으로 위 돈을 교부한 사실, 피고인 2는 피고인 1이 이 사건으로 검찰에서 최초 조사를 받은 때는 물론이고 검찰이 공소외 1 사찰을 압수수색한 때부터 약 1년 3개월 전인 2009. 5. 14. 이미 자신의 아들 공소외 5의 계좌에서 1,000만 원을 인출하여 수표 100만 원권 10장을 발행한 다음 피고인 1에게 교부하여 위 돈을 변제한 사실을 알 수 있고, 이러한 사실에 더하여 <u>위 피고인들은 처음부터 수사기관에서 위 1,000만 원은 차용금으로 수수한 것이고 나중에 변제하였다고 일치하여 진술하였던 점, 뇌물에 해당하는 돈을 당사자들 명의의 실명계좌를 통해 송금한다는 것은 이례적인 점</u> 등을 종합하여 보면, 원심이 판시한 앞서 본 사

정들은 위 1,000만원을 뇌물이라고 인정할 만한 근거가 되지 못하는 것이거나 위 돈이 차용금이 아니라 공소사실 기재와 같은 목적으로 제공된 뇌물이라는 점에 대한 법관의 합리적인 의심을 배제할 정도에는 이르지 못하는 것에 불과하다(대판 2012.8.30. 2012도6280, 대판 2010.4.29. 2010도1082, 대판 2001.10.12. 2001도3579).

판례 대가관계

① 뇌물죄에 있어서 직무에는 공무원이 법령상 관장하는 직무 그 자체뿐만 아니라 그 직무와 밀접한 관계가 있는 행위 또는 관례상이나 사실상 소관하는 직무행위도 포함된다 할 것이므로, 국회의원이 그 직무권한의 행사로서의 의정활동과 전체적·포괄적으로 대가관계가 있는 금원을 교부받았다면 그 금원의 수수가 어느 직무행위와 대가관계에 있는 것인지 특정할 수 없다고 하더라도 이는 국회의원의 직무에 관련된 것으로 보아야 하고, 한편 국회의원이 다른 의원의 직무행위에 관여하는 것이 국회의원의 직무행위 자체라고 할 수는 없으나, 국회의원이 자신의 직무권한인 의안의 심의·표결권 행사의 연장선상에서 일정한 의안에 관하여 다른 동료의원에게 작용하여 일정한 의정활동을 하도록 권유·설득하는 행위 역시 국회의원이 가지고 있는 위 직무권한의 행사와 밀접한 관계가 있는 행위로서 그와 관련하여 금원을 수수하는 경우에도 뇌물수수죄가 성립한다(대판 1997.12.26. 97도2609).

② 특정경제범죄가중처벌등에관한법률 제5조의 금융기관 임·직원이 수수한 금품에 직무행위에 대한 대가로서의 성질과 직무 외의 행위에 대한 사례로서의 성질이 <u>불가분적으로 결합되어 있는 경우에는 그 전부가 불가분적으로 직무행위에 대한 대가로서의 성질을 가진다</u>고 할 것이고, 이는 위 법률 제5조 제4항의 금품수수액을 정함에 있어서도 마찬가지이다(대판 2002.8.23. 2002도46).

③ <u>뇌물죄는 직무집행의 공정과 이에 대한 사회의 신뢰 및 직무행위의 불가매수성을 그 보호법익으로 하고 있고, 직무에 관한 청탁이나 부정한 행위를 필요로 하는 것은 아니기 때문에 수수된 금품의 뇌물성을 인정하는 데 특별한 청탁이 있어야만 하는 것은 아니고, 또한 금품이 직무에 관하여 수수된 것으로 족하고 개개의 직무행위와 대가적 관계에 있을 필요는 없으며, 그 직무행위가 특정된 것일 필요도 없다</u>(대판 2007.4.27. 2005도4204).

④ 정치자금·선거자금 등의 명목으로 이루어진 금품의 수수라 하더라도 그것이 정치인인 공무원의 직무행위에 대한 대가로서의 실체를 가지는 한 뇌물로서의 성격을 잃지 아니하며, 뇌물죄는 직무집행의 공정과 이에 대한 사회의 신뢰에 기하여 직무수행의 불가매수성을 그 직접의 보호법익으로 하고 있으므로, 공무원의 직무와 금원의 수수가 전체적으로 대가관계에 있으면 <u>뇌물수수죄가 성립하고, 특별히 청탁의 유무, 개개의 직무행위의 대가적 관계를 고려할 필요가 없으며, 그 직무행위가 특정된 것일 필요도 없다</u> 할 것이다(대판 2007.8.23. 2007도4956).

 **판례** 선물과 뇌물

- [1] 공무원의 직무와 관련하여 금품을 수수하였다면 그 수수한 금품은 뇌물이 되는 것이고, 그것이 사교적 의례의 형식을 사용하고 있다 하여도 직무행위의 대가로서의 의미를 가질 때에는 뇌물이 된다. [2] 뇌물죄에 있어서의 직무라 함은 공무원이 법령상 관장하는 직무 그 자체뿐만 아니라 그 직무와 밀접한 관계가 있는 행위 또는 관례상이나 사실상 소관하는 직무행위 및 결정권자를 보좌하거나 영향을 줄 수 있는 직무행위도 포함된다. [3] 뇌물을 여러 차례에 걸쳐 수수함으로써 그 행위가 여러 개이더라도 그것이 단일하고 계속적 범의에 의하여 이루어지고 동일법익을 침해한 때에는 포괄일죄로 처벌함이 상당하다. 수뢰자가 자기앞수표를 뇌물로 받아 이를 소비한 후 자기앞수표 상당액을 증뢰자에게 반환하였다 하더라도 뇌물 그 자체를 반환한 것은 아니므로 이를 몰수할 수 없고 수뢰자로부터 그 가액을 추징하여야 할 것이다(대판 1999.1.29. 98도3584, 대판 1983.4.12. 82도2462).

판례 이익

① 뇌물죄에 있어서 금품을 수수한 장소가 공개된 공사현장이었고 금품을 수수한 공무원이 이를 공사현장 인부들의 식대 또는 동 공사의 홍보비 등으로 소비하였을 뿐 자신의 사리를 취한 바 없다 하더라도 그 뇌물성이 부인되지 않는다(대판 1985.5.14. 83도2050).

② 뇌물죄에 있어서 금품을 수수한 장소가 공개된 장소이고, 금품을 수수한 공무원이 이를 부하직원들을 위하여 소비하였을 뿐 자신의 사리를 취한 바 없다 하더라도 그 뇌물성이 부인되지 않는다(대판 1996.6.14. 96도865).

③ [1] 뇌물약속죄에 있어서 뇌물의 목적물인 이익은 약속 당시에 현존할 필요는 없고 약속 당시에 예기할 수 있는 것이라도 무방하며, 뇌물의 목적물이 이익인 경우에는 그 가액이 확정되어 있지 않아도 뇌물약속죄가 성립하는 데는 영향이 없다. [2] 피고인이 그 소유의 갑 토지를 을 토지와 교환한 것과 관련하여 수뢰를 하였다는 공소사실에 대하여, 원심은 교환된 토지 간에 시가의 차이가 있다고 인정할 수 없다는 이유로 무죄를 선고하였으나, 갑 토지의 시가가 을 토지의 시가보다 비싸다고 하더라도 피고인으로서는 장기간 처분하지 못하던 토지를 처분하는 한편 매수를 희망하던 전원주택지로 향후 개발이 되면 가격이 많이 상승할 토지를 매수하게 되는 무형의 이익을 얻었다고 봄이 상당하다는 이유로 원심판결을 파기한 사례(대판 2001.9.18. 2000도5438).

④ 공무원이 뇌물로 투기적 사업에 참여할 기회를 제공받은 경우, 뇌물수수죄의 기수 시기는 투기적 사업에 참여하는 행위가 종료된 때로 보아야 하며, 그 행위가 종료된 후 경제사정의 변동 등으로 인하여 당초의 예상과는 달리 그 사업 참여로 인한 아무런 이득을 얻지 못한 경우라도 뇌물수수죄의 성립에는 아무런 영향이 없다(대판 2002.11.26. 2002도3539, 대판 2002.5.10. 2000도2251).

⑤ 수의계약을 체결하는 공무원이 해당 공사업자와 적정한 금액 이상으로 계약금액을 부풀려서 계약하고 부풀린 금액을 자신이 되돌려 받기로 사전에 약정한 다음 그에 따라 수수한 돈은 성격상 뇌물이 아니고 횡령금에 해당한다고 한 사례(대판 2007.10.12. 2005도7112).

⑥ 뇌물죄에서 뇌물의 내용인 이익이라 함은 금전, 물품 기타의 재산적 이익뿐만 아니라 사람의 수요 욕망을

충족시키기에 족한 일체의 유형, 무형의 이익을 포함한다고 해석되고, 투기적 사업에 참여할 기회를 얻는 것도 이에 해당**하며, 공무원이 뇌물로 투기적 사업에 참여할 기회를 제공받은 경우, 뇌물수수죄의 기수 시기는 투기적 사업에 참여하는 행위가 종료한 때로 보아야 한다**(대판 2011.7.28. 2009도9122).

⑦ 공소시효는 범죄행위를 종료한 때로부터 진행하는데(형사소송법 제252조 제1항), **공무원이 직무에 관하여 금전을 무이자로 차용한 경우에는 차용 당시에 금융이익 상당의 뇌물을 수수한 것으로 보아야 하므로, 공소시효는 금전을 무이자로 차용한 때로부터 기산한다**(대판 2012.2.23. 2011도7282).

⑧ 뇌물죄에서 뇌물의 내용인 이익이라 함은 금전, 물품 기타의 재산적 이익뿐만 아니라 사람의 수요·욕망을 충족시키기에 족한 일체의 유형·무형의 이익을 포함하며, 제공된 것이 성적 욕구의 충족이라고 하여 달리 볼 것이 아니다(대판 2014.1.29. 2013도13937).

<뇌물죄 구성요건 개관>

유형	조문	내용
수뢰죄 (신분범)	단순수뢰죄 (제129조 제1항)	공무원 또는 중재인이 그 직무에 관하여 뇌물을 수수, 요구 또는 약속한 경우
	사전수뢰죄 (제129조 제2항)	공무원 또는 중재인이 될 자가 그 담당할 직무에 관하여 청탁을 받고 뇌물을 수수, 요구 또는 약속한 후 공무원 또는 중재인이 된 경우
	제삼자뇌물제공죄 (제130조)	공무원 또는 중재인이 그 직무에 관하여 부정한 청탁을 받고 제3자에게 뇌물을 공여하게 하거나 공여를 요구 또는 약속한 경우
	수뢰후부정처사죄 (제131조 제1항)	공무원 또는 중재인이 수뢰 또는 제삼자뇌물제공죄를 범하고 나서 부정한 행위를 한 경우
	부정처사후수뢰죄 (제131조 제2항)	공무원 또는 중재인이 그 직무상 부정한 행위를 한 후 뇌물을 수수, 요구 또는 약속하거나 제삼자에게 이를 공여하게 하거나 공여를 요구 또는 약속한 경우
	사후수뢰죄 (제131조 제3항)	공무원 또는 중재인이었던 자가 그 재직 중에 청탁을 받고 직무상 부정한 행위를 한 후 뇌물을 수수, 요구 또는 약속한 경우
	알선수뢰죄 (제132조)	공무원이 그 지위를 이용하여 다른 공무원의 직무에 속한 사항의 알선에 관하여 뇌물을 수수, 요구 또는 약속한 경우
증뢰죄 (일반범)	뇌물공여죄 (제133조 제1항)	제129조부터 제132조까지에 기재한 뇌물을 약속, 공여 또는 공여의 의사를 표시한 경우
	제3자뇌물교부죄 (제133조 제2항) - 증뢰물전달죄	증뢰자가 뇌물공여의 목적으로 제3자에게 금품을 교부한 경우
	제3자뇌물취득죄 (제133조 제2항) - 증뢰물전달죄	제3자가 뇌물공여에 사용될 것을 알면서 증뢰자로부터 그 금품을 교부받은 경우

2. 단순수뢰죄

> **제129조(수뢰, 사전수뢰)**
> ① 공무원 또는 중재인이 그 직무에 관하여 뇌물을 수수, 요구 또는 약속한 때에는 5년 이하의 징역 또는 10년 이하의 자격정지에 처한다.

(1) 구성요건

공무원 또는 중재인이 직무에 관하여 뇌물을 수수·요구 또는 약속함으로써 성립하는 범죄이다(제129조 제1항). 뇌물죄의 기본적 구성요건이다.

1) **주체** : 공무원 또는 중재인이다. 공무원이란 국가 또는 지방자치단체의 사무에 종사하는 자로서 그 직무의 내용이 단순한 기계적·육체적인 것에 한정되어 있지 않는 자를 말하며, 중재인이란 법령에 의하여 중재의 직무를 담당하는 자를 말하며 사실상 중재를 하는 것만으로는 충분하지 않다. 본죄의 주체는 현재 공무원의 지위에 있는 자에 한정된다. 중재인도 마찬가지이다. 따라서 공무원·중재인의 자격이 상실된 후의 뇌물수수는 사후수뢰죄(제131조 제3항)를 구성할 뿐이다. 장차 공무원이 될 자는 본죄의 주체가 되지 않고, 사전수뢰죄(제129조 제2항)를 구성할 수 있다.

2) **행위의 태양** : 직무에 관하여 뇌물을 수수·요구 또는 약속하는 것이다. 공무원에게 청탁하였을 것을 요하지 않는다. ㈎ 수수란 뇌물을 영득의 의사로 취득하는 것을 말한다. ㈏ 요구란 뇌물을 취득할 의사로 상대방에게 그 교부를 청구하는 것을 말하며, 상대방이 이에 응하였는가는 문제되지 않는다. ㈐ 약속이란 양당사자 사이에 뇌물의 수수를 합의하는 것을 말한다. ㈑ 동일인에 대하여 순차로 요구·약속·수수한 때에는 포괄하여 한 개의 수수죄가 성립할 뿐이다.

3) **주관적 구성요건** : 직무에 관하여 뇌물을 수수·요구 또는 약속한다는 사실에 대한 고의가 있어야 한다. 직무의 대가에 대한 인식도 있어야 한다. 그러나 뇌물을 받은 대가로 직무집행을 할 의사가 있을 것은 요하지 않는다.

(2) 타죄와의 관계

1) **공갈죄와의 관계** : 공무원이 직무집행의 의사로 직무에 관하여 상대방을 공갈하여 뇌물을 수수한 때에는 본죄와 공갈죄의 상상적 경합이 된다. 그러나 직무집행의 의사 없이 타인을 공갈하여 재물의 교부를 받은 때에는 공갈죄만 성립한다.

2) **사기죄와의 관계** : 공무원이 직무에 관하여 타인을 기망하여 재물을 교부받은 때에는 본죄와 사기죄의 상상적 경합이 된다.

> **판례** 형법 제129조 제1항에 대한 한정위헌결정
>
> - 가. 법률의 의미는 결국 개별·구체화된 법률해석에 의해 확인되는 것이므로 법률과 법률의 해석을 구분할 수는 없고, 재판의 전제가 된 법률에 대한 규범통제는 해석에 의해 구체화된 법률의 의미와 내용에 대한 헌법적 통제로서 헌법재판소의 고유권한이며, 헌법합치적 법률해석의 원칙상 법률조항 중 위헌성이 있는 부분에 한정하여 위헌결정을 하는 것은 입법권에 대한 자제와 존중으로서 당연하고 불가피한 결론이므로, 이러한 <u>한정위헌결정을 구하는 한정위헌청구는 원칙</u>

적으로 적법하다고 보아야 한다. 다만, 재판소원을 금지하는 헌법재판소법 제68조 제1항의 취지에 비추어, 개별·구체적 사건에서 단순히 법률조항의 포섭이나 적용의 문제를 다투거나, 의미 있는 헌법문제에 대한 주장 없이 단지 재판결과를 다투는 헌법소원 심판청구는 여전히 허용되지 않는다. 나. 형벌법규는 헌법상 규정된 죄형법정주의원칙상 입법목적이나 입법자의 의도를 감안한 유추해석이 일체 금지되고, 법률조항의 문언의 의미를 엄격하게 해석하여야 하는바, 유추해석을 통하여 형벌법규의 적용범위를 확대하는 것은 '법관에 의한 범죄구성요건의 창설'에 해당하여 죄형법정주의원칙에 위배된다. 형벌법규에 있어 독자적인 공무원 개념을 사용하기 위해서는 법률에 명시하는 것이 일반적 입법례인데, 우리의 경우에는 구 형법의 공무원 개념규정을 형법 제정 당시 두지 않았고, 국가공무원법·지방공무원법에 의한 공무원이 아니라고 하더라도 국가나 지방자치단체의 사무에 관여하거나 공공성이 높은 직무를 담당하여 청렴성과 직무의 불가매수성이 요구되는 경우에, 개별 법률에 '공무원 의제' 조항을 두어 공무원과 마찬가지로 뇌물죄로 처벌하거나, 특별규정을 두어 처벌하고 있다. 그런데 국가공무원법·지방공무원법에 따른 공무원이 아님에도 법령에 기하여 공무에 종사한다는 이유로 공무원 의제규정이 없는 사인(私人)을 이 사건 법률조항의 '공무원'에 포함된다고 해석하는 것은 처벌의 필요성만을 지나치게 강조하여 범죄와 형벌에 대한 규정이 없음에도 구성요건을 확대한 것으로서 죄형법정주의와 조화될 수 없다. 따라서 이 사건 법률조항의 '공무원'에 국가공무원법·지방공무원법에 따른 공무원이 아니고 공무원으로 간주되는 사람도 아닌 제주자치도 위촉위원이 포함된다고 해석하는 것은 법률해석의 한계를 넘은 것으로서 죄형법정주의에 위배된다(헌재 2012.12.27. 2011헌바117 전원재판부). [해설] 헌법재판소는 구 제주특별자치도 설치 및 국제자유도시 조성을 위한 특별법에 제주특별자치도통합영향평가심의위원회 심의위원 중 위촉위원을 공무원으로 의제하는 규정이 없음에도 위 위촉위원을 형법상 뇌물죄의 구성요건인 공무원에 포함되는 것으로 해석하는 것은 죄형법정주의에서 요구되는 명확성의 원칙과 유추해석금지의 원칙에 위배된다고 판단하여, 수뢰죄를 정하고 있는 형법 제129조 제1항은 위와 같이 해석하는 한 헌법에 위반된다고 결정하였음. 아울러 위 결정에서 헌법재판소는 한정위헌청구가 적법함을 선언하기도 하였음.

판례 수뢰죄의 주체

① 형법 제130조의 제3자뇌물제공죄를 형법 제129조 제1항의 단순수뢰죄와 비교하여 보면 공무원이 직접 뇌물을 받지 아니하고, 증뢰자로 하여금 제3자에게 뇌물을 공여하도록 하고 그 제3자로 하여금 뇌물을 받도록 한 경우에는 부정한 청탁을 받고 그와 같은 행위를 한 경우에 한하여 단순수뢰죄와 같은 형으로 처벌하고, 공무원이 직접 뇌물을 받지 아니하고, 증뢰자로 하여금 제3자에게 뇌물을 공여하도록 하고 그 제3자로 하여금 뇌물을 받도록 하였다 하더라도 부정한 청탁을 받은 일이 없다면 이를 처벌하지 아니한다는 취지로 해석하여야 할 것이나, 다만 공무원이 직접 뇌물을 받지 아니하고, 증뢰자로 하여금 다른 사람에게 뇌물을 공여하도록 하고 그 다른 사람으로 하여금 뇌물을 받도록 한 경우라 할지라도 그 다른 사람이 공무원의 사자 또는 대리인으로서 뇌물을 받은 경우나 그 밖에 예컨대 평소 공무원이 그 다른 사람의 생활비 등을 부담하고 있었다거나 혹은 그 다른 사람에 대하여 채무를 부담하고 있었다는 등의 사정이 있어서 그 다른 사람이 뇌물을 받음으로써 공무원은 그만큼 지출을 면하게 되는 경우 등 사회통념상 그 다른 사람이 뇌물을 받은 것을 공무원이 직접 받은 것과 같이 평가할 수 있는 관계가 있는 경우에는 형법 제129조 제1항의 단순수뢰죄가 성립한다(대판 1998.9.22. 98도1234).

② 형법 제129조 제1항 소정의 뇌물수수죄는 공무원이 그 직무에 관하여 뇌물을 수수한 때에 적용되는 것으로서, 이와 별도로 형법 제130조에서 공무원이 그 직무에 관하여 부정한 청탁을 받고 제3자에게 뇌물을 공여하게 한 때에는 제3자뇌물수수죄로 처벌하도록 규정하고 있는 점에 비추어 보면, 공무원이 직접 뇌물을 받지 아니하고 증뢰자로 하여금 다른 사람에게 뇌물을 공여하도록 한 경우에는 그 다른 사람이 공무원의 사자 또는 대리인으로서 뇌물을 받은 경우나 그 밖에 예컨대, 평소 공무원이 그 다른 사람의 생활비 등을 부담하고 있었다거나 혹은 그 다른 사람에 대하여 채무를 부담하고 있었다는 등의 사정이 있어서 그 다른 사람이 뇌물을 받음으로써 공무원은 그만큼 지출을 면하게 되는 경우 등 사회통념상 그 다른 사람이 뇌물을 받은 것을 공무원이 직접 받은 것과 같이 평가할 수 있는 관계가 있는 경우에 한하여 형법 제129조 제1항의 뇌물수수죄가 성립한다(대판 2002.4.9. 2001도7056).

③ 뇌물죄에서 말하는 직무에는 공무원이 법령상 관장하는 직무 그 자체뿐만 아니라 직무와 밀접한 관계가 있는 행위 또는 관례상이나 사실상 관여하는 직무행위도 포함된다고 할 것이나, 구체적인 행위가 공무원의 직무에 속하는지 여부는 그것이 공무의 일환으로 행하여졌는가 하는 형식적인 측면과 함께 그 공무원이 수행하여야 할 직무와의 관계에서 합리적으로 필요하다고 인정되는 것이라고 할 수 있는가 하는 실질적인 측면을 아울러 고려하여 결정하여야 하는바, 수산업법 시행령 제62조 및 어업면허 및 어장관리에 관한 규칙 제51조의2에 의하여 해양수산부가 지정 고시한 어업손실액 조사기관인 국립대학교 부설 연구소(국립대학교 부설 연구소 아닌 사립대학교 부설 연구소도 조사기관으로 지정되어 있다)가 국가를 당사자로 하는 계약에 관한 법률에 근거하지 아니하고 국가와는 별개의 지위에서 연구소라는 단체의 명의로 체결한 어업 피해조사 용역 계약상의 과업 내용에 의하여 국립대학교 교수가 위 연구소 소속 연구원으로서 수행하는 조사용역업무는 교육공무원의 직무 또는 그와 밀접한 관계가 있거나 그와 관련된 행위에 해당한다고 볼 수 없다(대판 2002.5.31. 2001도670).

④ 집행관사무소의 사무원은 법원 및 검찰청 9급 이상의 직에 근무한 자 또는 이와 동등 이상의 자격이 있다고 인정되는 자 중에서 소속지방법원장의 허가를 받아 대표집행관이 채용하는 자로서(집행관규칙 제21조 제2항), 법원일반직 공무원에 준하여 보수를 지급받는 한편 근무시간, 휴가 등 복무와 제척사유, 경매물건 등의 매수금지 의무 등에서는 집행관에 관한 법령의 규정이 준용된다는 점에서(같은 규칙 제3조 제1항, 제22조 제1항, 제25조) 형법 제129조 내지 제132조 및 구 변호사법(2007. 3. 29. 법률 제8321호로 개정되기 전의 것) 제111조의 경우 공무원으로 취급되는 집행관의 지위와 비슷한 면이 있기는 하지만, '지방법원에 소속되어 법률이 정하는 바에 따라 재판의 집행, 서류의 송달 그 밖에 법령에 따른 사무에 종사'하는 집행관(집행관법 제2조)과 달리 그에게 채용되어 업무를 보조하는 자에 불과할 뿐(같은 규칙 제21조 제1항), 그를 대신하거나 그와 독립하여 집행에 관한 업무를 수행하는 자의 지위에 있지는 않다. 앞서 본 법리와 위 각 법령의 규정, 그리고 피고인에게 불리한 형벌법규의 유추적용은 엄격히 제한되어야 한다는 점 등에 비추어 보면, 집행관사무소의 사무원이 집행관을 보조하여 담당하는 사무의 성질이 국가의 사무에 준하는 측면이 있다는 사정만으로는 형법 제129조 내지 제132조 및 구 변호사법 제111조에서 정한 '공무원'에 해당한다고 보기 어렵다(대판 2011.3.10. 2010도14394).

⑤ 형법이 뇌물죄에 관하여 규정하고 있는 것은 공무원의 직무집행의 공정과 그에 대한 사회의

신뢰 및 직무행위의 불가매수성을 보호하기 위한 것이다. 법령에 기한 임명권자에 의하여 임용되어 공무에 종사하여 온 사람이 나중에 그가 임용결격자이었음이 밝혀져 당초의 임용행위가 무효라고 하더라도, 그가 임용행위라는 외관을 갖추어 실제로 공무를 수행한 이상 공무 수행의 공정과 그에 대한 사회의 신뢰 및 직무행위의 불가매수성은 여전히 보호되어야 한다. 따라서 이러한 사람은 형법 제129조에서 규정한 공무원으로 봄이 타당하고, 그가 그 직무에 관하여 뇌물을 수수한 때에는 수뢰죄로 처벌할 수 있다(대판 2014.3.27. 2013도11357).

⑥ 뇌물수수의 공범자들 사이에 직무와 관련하여 금품이나 이익을 수수하기로 하는 명시적 또는 암묵적 공모관계가 성립하고 그 공모 내용에 따라 공범자 중 1인이 금품이나 이익을 수수하였다면, 사전에 특정 금액 이하로만 받기로 약정하였다든가 수수한 금액이 공모 과정에서 도저히 예상할 수 없는 고액이라는 등과 같은 특별한 사정이 없는 한, 그 수수한 금품이나 이익 전부에 관하여 특정범죄가중법 위반(뇌물)죄 또는 뇌물수수죄의 공모공동정범이 성립하며, 수수할 금품이나 이익의 규모나 정도 등에 대하여 사전에 서로 의사의 연락이 있거나 수수한 금품 등의 구체적 금액을 공범자가 알아야 공모공동정범이 성립하는 것은 아니라고 할 것이다(대판 2014.12.24. 2014도10199).

⑦ 도시 및 주거환경정비법(이하 '도시정비법'이라고 한다) 제84조의 문언과 취지, 형법상 뇌물죄의 보호법익 등을 고려하면, 정비사업조합의 임원이 정비구역 안에 있는 토지 또는 건축물의 소유권 또는 지상권을 상실함으로써 조합 임원의 지위를 상실한 경우나 임기가 만료된 정비사업조합의 임원이 관련 규정에 따라 후임자가 선임될 때까지 계속하여 직무를 수행하다가 후임자가 선임되어 직무수행권을 상실한 경우, 그 조합 임원이 그 후에도 조합의 법인 등기부에 임원으로 등기되어 있는 상태에서 계속하여 실질적으로 조합 임원으로서의 직무를 수행하여 왔다면 직무수행의 공정과 그에 대한 사회의 신뢰 및 직무행위의 불가매수성은 여전히 보호되어야 한다. 따라서 그 조합 임원은 임원의 지위 상실이나 직무수행권의 상실에도 불구하고 도시정비법 제84조에 따라 형법 제129조 내지 제132조의 적용에서 공무원으로 보아야 한다(대판 2016.1.14. 2015도15798).

판례 뇌물의 수수

① 피고인이 소외 甲으로부터 입력송출의 부탁과 함께 사례조로 교부받은 자기앞수표를 약 2주일 후 반환하여 주었다 하더라도, 위 수표를 일단 피고인의 은행구좌에 예치시켰다가 그 뒤 동료직원들에게 위 甲에 대하여 탐문해 본 결과 믿을 수 없다고 하므로 후환을 염려하여 甲에게 반환한 것이라면 피고인에게 뇌물수수의 고의가 있었다고 할 것이다(대판 1984.4.10. 83도1499).

② 공무원이 뇌물로 투기적 사업에 참여할 기회를 제공받은 경우, 뇌물수수죄의 기수시기는 투기적 사업에 참여하는 행위가 종료된 때로 보아야 하며, 그 행위가 종료된 후 경제사정의 변동 등으로 인하여 당초의 예상과는 달리 그 사업 참여로 인한 아무런 이득을 얻지 못한 경우라도 뇌물수수죄의 성립에는 아무런 영향이 없다(대판 2002.5.10. 2000도2251).

③ 뇌물을 수수한다는 것은 영득의 의사로 금품을 수수하는 것을 말하므로, 뇌물인지 모르고 이를 수수하였다가 뇌물임을 알고 즉시 반환하거나, 증뢰자가 일방적으로 뇌물을 두고 가므로 후일 기회를 보아 반환할 의사로 어쩔 수 없이 일시 보관하다가 반환하는 등 그 영득의 의사가 없었다고 인정되는 경우라면 뇌물을 수수하였다고 할 수 없겠지만, 피고인이 먼저 뇌물을 요구하여 증뢰자가 제공하는 돈을 받았다면

피고인에게는 받은 돈 전부에 대한 영득의 의사가 인정된다고 하지 않을 수 없고, 이처럼 영득의 의사로 뇌물을 수령한 이상 그 액수가 피고인이 예상한 것보다 너무 많은 액수여서 후에 이를 반환하였다고 하더라도 뇌물죄의 성립에는 영향이 없다고 할 것이다(대판 2007.3.29. 2006도9182).

④ 뇌물공여죄와 뇌물수수죄는 필요적 공범관계에 있다고 할 것이나, 필요적 공범이라는 것은 법률상 범죄의 실행이 다수인의 협력을 필요로 하는 것을 가리키는 것으로서 이러한 범죄의 성립에는 행위의 공동을 필요로 하는 것에 불과하고 반드시 협력자 전부가 책임이 있음을 필요로 하는 것은 아니므로, <u>오로지 공무원을 함정에 빠뜨릴 의사로 직무와 관련되었다는 형식을 빌려 그 공무원에게 금품을 공여한 경우에도 공무원이 그 금품을 직무와 관련하여 수수한다는 의사를 가지고 받아들이면 뇌물수수죄가 성립한다</u>(대판 2008.3.13. 2007도10804).

판례 뇌물수수의 약속

① <u>형법 제129조의 구성요건인 뇌물의 '약속'은 양 당사자의 뇌물수수의 합의를 말하고, 여기에서 '합의'란 그 방법에 아무런 제한이 없고 명시적일 필요도 없지만, 장래 공무원의 직무와 관련하여 뇌물을 주고 받겠다는 양 당사자의 의사표시가 확정적으로 합치하여야 한다</u>(대판 2012.11.15. 2012도9417).

② 뇌물약속죄에서 뇌물의 약속은 직무와 관련하여 장래에 뇌물을 주고받겠다는 양 당사자의 의사표시가 확정적으로 합치하면 성립하고, 뇌물의 가액이 얼마인지는 문제되지 아니한다. 또한 뇌물의 목적물이 이익인 경우에 그 가액이 확정되어 있지 않아도 뇌물약속죄가 성립하는 데에는 영향이 없다. 그러나 뇌물약속죄 또는 부정처사후 뇌물약속죄를 범한 데 대하여 「특정범죄 가중처벌 등에 관한 법률」(이하 '특정범죄가중법'이라고 한다) 제2조 제1항 제1호를 적용할 경우에는, 약속한 뇌물의 가액이 1억 원 이상이라는 것이 범죄구성요건의 일부로 되어 있고 그 가액에 따라 형벌이 가중되어 있으므로, <u>뇌물의 가액은 산정할 수 있어야 할 뿐 아니라 죄형균형 원칙이나 책임주의 원칙이 훼손되지 않도록 엄격하고 신중하게 인정하여야 한다</u>(대판 2016.6.23. 2016도3753).

판례 수뢰죄의 고의

• 지방자치단체장인 피고인이 건설업자로부터 거액의 현금이 든 굴비상자를 뇌물로 받은 것으로 기소된 사안에서, 피고인에게 수뢰의 범의가 있었다고 볼 수 없다고 한 원심의 판단을 수긍한 사례. <u>뇌물공여죄가 성립하기 위하여는 뇌물을 공여하는 행위와 상대방 측에서 금전적으로 가치가 있는 그 물품 등을 받아들이는 행위가 필요할 뿐 반드시 상대방 측에서 뇌물수수죄가 성립하여야 함을 뜻하는 것은 아니다</u>(대판 2006.2.24. 2005도4737).

판례 죄수 및 타죄와의 관계

① 공무원이 직무집행의 의사 없이 또는 직무처리와 대가적 관계없이 타인을 공갈하여 재물을 교부하게 한 경우에는 공갈죄만이 성립하고, 이러한 경우 재물의 교부자가 공무원의 해악의 고지로 인하여 외포의 결과

> 금품을 제공한 것이라면 그는 공갈죄의 피해자가 될 것이고 뇌물공여죄는 성립될 수 없다고 하여야 할 것이다(대판 1994.12.22. 94도2528).
>
> ② 뇌물을 수수함에 있어서 공여자를 기망한 점이 있다 하여도 뇌물수수죄, 뇌물공여죄의 성립에는 영향이 없고, 이 경우 뇌물을 수수한 공무원에 대하여는 한 개의 행위가 뇌물죄와 사기죄의 각 구성요건에 해당하므로 형법 제40조에 의하여 상상적 경합으로 처단하여야 할 것이다(대판 2015.10.29. 2015도12838, 대판 1985.2.8. 84도2625).

(3) 뇌물의 몰수와 추징

> **제134조(몰수, 추징)**
> 범인 또는 사정을 아는 제3자가 받은 뇌물 또는 뇌물로 제공하려고 한 금품은 몰수한다. 이를 몰수할 수 없을 경우에는 그 가액을 추징한다.

1) **형법 제134조의 의의** : 형법 제134조는 '범인 또는 사정을 아는 제3자가 받은 뇌물 또는 뇌물로 제공하려고 한 금품은 몰수한다. 이를 몰수할 수 없을 경우에는 그 가액을 추징한다'고 규정하여 제48조에 대한 특칙으로 뇌물의 몰수와 추징이 필요적임을 규정하고 있다.

2) **몰수·추징의 대상자** : 뇌물의 보유자로부터 몰수해야 한다. 따라서 ㈎ 수뢰자가 뇌물을 그대로 보관하였다가 증뢰자에게 반환하였을 때에는 증뢰자로부터 몰수 또는 추징하여야 한다. 이 때 증뢰자로부터 몰수 또는 추징하는 것은 수뢰자가 뇌물 그 자체를 반환하였을 때에 한한다. 그러나 ㈏ 수뢰자가 수뢰한 뇌물을 소비한 후 같은 금액을 증뢰자에게 반환하거나, 수뢰한 돈을 은행에 예치한 후 같은 금액의 돈을 증뢰자에게 반환한 경우에는 수뢰자로부터 추징해야 한다. ㈐ 수뢰한 돈을 같이 근무하는 직원들의 숙식비·차량운영비 등으로 소비했더라도 수뢰자로부터 가액을 추징한다. 공무원이 수수한 뇌물의 일부를 다시 다른 공무원(제2수뢰자)에게 공여(증뢰)한 때에는 제1수뢰자로부터 전액을 추징해야 한다는 견해와 제2수뢰자에게서 몰수하고 제1수뢰자로부터 잔액만 추징해야 한다는 견해가 대립하고 있다. 수뢰한 뇌물을 다른 공무원에게 공여하는 것도 수뢰한 뇌물을 소비하는 한 가지 방법이므로, 제1수뢰자로부터 추징해야 한다는 전자의 견해가 타당하다고 본다.

3) **몰수·추징의 방법** : ㈎ 수인이 공모하여 뇌물을 수수한 경우에는 각자가 실제로 수수한 금품을 몰수하거나 그 가액을 개별적으로 추징하여야 하며, 개별적으로 알 수 없는 경우에는 평등하게 몰수 또는 추징하여야 한다. 뇌물의 전부 또는 일부를 몰수할 수 없을 때에는 그 가액을 추징한다. 몰수할 수 없게 된 이유는 불문한다. 추징의 전제인 '몰수할 수 없을 경우'란 향응·서비스와 같은 비재산적 이익을 제공받은 경우뿐만 아니라, 금품을 수수한 후에 소비·멸실·가공 등으로 그 존재 또는 동일성이 상실되거나 선의의 제3자에게 소유권이 이전되어 몰수가 불가능한 경우를 포함한다. 다만 비재산적 이익을 제공받은 경우에 추징이 가능하려면 적어도 금전적 가치로 평가할 수 있는 정도에 이르러야 한다. ㈏ 뇌물의 추징가액산정의 기준시기는 몰수할 수 없게 된 사유가 발생한 때를 기준으로 한다는 것이 다수설이다. 그러나 판례는 재판선고시의 가격이 기준이 된다는 입장이다.

> **판례** 몰수·추징의 대상

- 형법 제134조는 뇌물에 공할 금품을 필요적으로 몰수하고 이를 몰수하기 불가능한 때에는 그 가액을 추징하도록 규정하고 있는바, 몰수는 특정된 물건에 대한 것이고 추징은 본래 몰수할 수 있었음을 전제로 하는 것임에 비추어 뇌물에 공할 금품이 특정되지 않았던 것은 몰수할 수 없고 그 가액을 추징할 수도 없다(대판 1996.5.8. 96도221).

> **판례** 몰수·추징의 상대방

① 수뢰자가 뇌물을 그대로 보관하였다가 증뢰자에게 반환한 때에는 증뢰자로부터 몰수·추징할 것이므로 수뢰자로부터 추징함은 위법하다(대판 1984.2.28. 83도2783).

② 뇌물로 받은 돈을 은행에 예금한 경우 그 예금행위는 뇌물의 처분행위에 해당한다 할 것이므로 그 후 수뢰자가 같은 액수의 돈을 증뢰자에게 반환하였다 하더라도 이를 뇌물자체의 반환이라고 볼 수 없으므로 이러한 경우에는 수뢰자로부터 그 가액을 추징하여야 한다(대판 1985.9.10. 85도1350).

③ 피고인들이 뇌물로 받은 돈을 그 후 다른 사람에게 다시 뇌물로 공여하였다 하더라도 그 수뢰의 주체는 어디까지나 피고인들이고 그 수뢰한 돈을 다른 사람에게 공여한 것은 수뢰한 돈을 소비하는 방법에 지나지 아니하므로 피고인들로부터 그 수뢰액 전부를 각 추징하여야 한다(대판 1986.11.25. 86도1951).

④ 구 변호사법(1993.3.10. 법률 제4544호로 개정되기 전의 것) 제82조의 규정에 의한 필요적 몰수 또는 추징은, 금품 기타 이익을 범인 또는 제3자로부터 박탈하여 그들로 하여금 부정한 이익을 보유하지 못하게 함에 그 목적이 있는 것이므로, 수인이 공동하여 공무원이 취급하는 사건 또는 사무에 관하여 청탁을 한다는 명목으로 받은 금품을 분배한 경우에는 각자로부터 실제로 분배받은 금품만을 개별적으로 몰수하거나 그 가액을 추징하여야 하고, 위와 같은 청탁을 한다는 명목으로 받은 금품 중의 일부를 실제로 금품을 받은 취지에 따라 청탁과 관련하여 관계공무원에게 뇌물로 공여한 경우에도 그 부분의 이익은 실질적으로 피고인에게 귀속된 것이 아니므로 그 부분을 제외한 나머지 금품만을 몰수하거나 그 가액을 추징하여야 한다(대판 1993.12.28. 93도1569).

⑤ 뇌물로 받은 돈을 은행에 예금한 경우 그 예금행위는 뇌물의 처분행위에 해당하므로 그 후 수뢰자가 같은 액수의 돈을 증뢰자에게 반환하였다 하더라도 이를 뇌물 그 자체의 반환으로 볼 수 없으니 이러한 경우에는 수뢰자로부터 그 가액을 추징하여야 한다(대판 1996.10.25. 96도2022).

⑥ 수뢰자가 자기앞수표를 뇌물로 받아 이를 소비한 후 자기앞수표 상당액을 증뢰자에게 반환하였다 하더라도 뇌물 그 자체를 반환한 것은 아니므로 이를 몰수할 수 없고 수뢰자로부터 그 가액을 추징하여야 할 것이다(대판 1999.1.29. 98도3584, 대판 1983.4.12. 82도2462).

⑦ 특정범죄가중처벌등에관한법률 제13조의 규정에 의한 필요적 몰수 또는 추징은, 범인이 취득한 당해 재산을 범인으로부터 박탈하여 범인으로 하여금 부정한 이익을 보유하지 못하게 함에 그 목적이 있는 것이므로, 공무원의 직무에 속한 사항의 알선에 관하여 금품을 받고 그 금품 중의 일부

를 실제로 금품을 받은 취지에 따라 청탁과 관련하여 관계 공무원에게 뇌물로 공여하거나 다른 알선행위자에게 청탁의 명목으로 교부한 경우에는 그 부분의 이익은 실질적으로 범인에게 귀속된 것이 아니므로 그 부분을 제외한 나머지 금품만을 몰수하거나 그 가액을 추징하여야 하지만, 공무원의 직무에 속한 사항의 알선에 관하여 금품을 받은 자가 그 금품 중의 일부를 다른 알선행위자에게 청탁의 명목으로 교부하였다 하더라도 당초 금품을 받을 당시부터 그 금품을 그와 같이 사용하기로 예정되어 있었기 때문에 금품을 받은 취지에 따라 그와 같이 사용한 것이 아니라, 범인이 독자적인 판단에 따라 경비로 사용한 것이라면 이는 범인이 받은 돈을 소비하는 방법에 지나지 아니하므로 그 금액 역시 범인으로부터 추징하여야 할 것이다(대판 1999.5.11. 99도963).

⑧ 공무원의 직무에 속한 사항의 알선에 관하여 금품을 받은 자가 그 금품 중의 일부를 다른 알선행위자에게 청탁의 명목으로 교부하였다 하더라도 당초 금품을 받을 당시 그와 같이 사용하기로 예정되어 있어서 그 받은 취지에 따라 그와 같이 사용한 것이 아니라, 범인의 독자적인 판단에 따라 경비로 사용한 것이라면 이는 범인이 받은 금품을 소비하는 방법의 하나에 지나지 아니하므로, 그 가액 역시 범인으로부터 추징하지 않으면 안 된다(대판 1999.6.25. 99도1900).

⑨ [1] 형법 제133조 제2항은 증뢰자가 뇌물에 공할 목적으로 금품을 제3자에게 교부하거나 또는 그 정을 알면서 교부받는 증뢰물전달행위를 독립한 구성요건으로 하여 이를 같은 조 제1항의 뇌물공여죄와 같은 형으로 처벌하는 규정으로서, 제3자의 증뢰물전달죄는 제3자가 증뢰자로부터 교부받은 금품을 수뢰할 사람에게 전달하였는지의 여부에 관계없이 제3자가 그 정을 알면서 금품을 교부받음으로써 성립하는 것이고, 본죄의 주체는 비공무원을 예정한 것이나 공무원일지라도 직무와 관계되지 않는 범위 내에서는 본죄의 주체에 해당될 수 있다 할 것이므로, 피고인이 자신의 공무원으로서의 직무와는 무관하게 군의관 등의 직무에 관하여 뇌물에 공할 목적의 금품이라는 정을 알고 이를 전달해준다는 명목으로 취득한 경우라면 제3자뇌물취득죄가 성립된다. [2] 형법 제134조의 규정에 의한 필요적 몰수 또는 추징은, 범인이 취득한 당해 재산을 범인으로부터 박탈하여 범인으로 하여금 부정한 이익을 보유하지 못하게 함에 그 목적이 있는 것으로서, 공무원의 직무에 속한 사항의 알선에 관하여 금품을 받고 그 금품 중의 일부를 받은 취지에 따라 청탁과 관련하여 관계 공무원에게 뇌물로 공여하거나 다른 알선행위자에게 청탁의 명목으로 교부한 경우에는 그 부분의 이익은 실질적으로 범인에게 귀속된 것이 아니어서 이를 제외한 나머지 금품만을 몰수하거나 그 가액을 추징하여야 한다. [3] 병역면제 등 각종 병무비리를 알선하거나 청탁하는 과정에서 거액의 뇌물을 수수한 헌병수사관에게 징역 20년을 선고한 원심의 형량이 과중하다는 이유로 원심판결을 파기한 사례(대판 2002.6.14. 2002도1283).

판례 몰수·추징의 방법

① 공무원이 뇌물을 받음에 있어서 그 취득을 위하여 상대방에게 뇌물의 가액에 상당하는 금원의 일부를 비용의 명목으로 출연하거나 그 밖에 경제적 이익을 제공하였다 하더라도, 이는 뇌물을 받는 데 지출한 부수적 비용에 불과하다고 보아야 할 것이지, 이로 인하여 공무원이 받은 뇌물이 그 뇌물의 가액에서 위와 같은 지출액을 공제한 나머지 가액에 상당한 이익에 한정되는 것이라고 볼 수는 없으므로, 그 공무원으로부터 뇌물죄로 얻은 이익을 몰수·추징함에 있어서는 그 받은 뇌물 자체를 몰수하여야 하고, 그 뇌물의 가액에서 위와 같은 지출을 공제한 나머지 가액에 상당한 이익만을 몰

수·추징할 것은 아니다(대판 1999.10.8. 99도1638).

② [1] 지방공기업법 제83조는 지방공사의 임원 및 직원을 형법 제129조 내지 제132조의 적용에 있어서 공무원으로 보도록 규정하고 있으며, 서울시 지하철공사는 위 규정이 적용되는 지방공사의 하나이므로, 피고인이 서울시 지하철공사의 임직원의 직무에 속한 사항의 알선에 관하여 뇌물을 수수하였다면 이는 형법 제132조에 해당하는 것이며, 한편 알선수뢰죄는 공무원이 그 지위를 이용하여 다른 공무원의 직무에 속한 사항의 알선에 관하여 뇌물을 수수, 요구 또는 약속하는 것을 그 성립요건으로 하고 있고, 여기서 '공무원이 그 지위를 이용하여'라 함은 친구, 친족관계 등 사적인 관계를 이용하는 경우에는 이에 해당한다고 할 수 없으나, 다른 공무원이 취급하는 사무의 처리에 법률상이거나 사실상으로 영향을 줄 수 있는 관계에 있는 공무원이 그 지위를 이용하는 경우에는 이에 해당하고, 그 사이에 상하관계, 협동관계, 감독권 등의 특수한 관계가 있음을 요하지 않는다. [2] 피고인이 증뢰자와 함께 향응을 하고 증뢰자가 이에 소요되는 금원을 지출한 경우 이에 관한 피고인의 수뢰액을 인정함에 있어서는 먼저 피고인의 접대에 요한 비용과 증뢰자가 소비한 비용을 가려내어 전자의 수액을 가지고 피고인의 수뢰액으로 하여야 하고 만일 각자에 요한 비용액이 불명일 때에는 이를 평등하게 분할한 액을 가지고 피고인의 수뢰액으로 인정하여야 할 것이고, 피고인이 향응을 제공받는 자리에 피고인 스스로 제3자를 초대하여 함께 접대를 받은 경우에는, 그 제3자가 피고인과는 별도의 지위에서 접대를 받는 공무원이라는 등의 특별한 사정이 없는 한 그 제3자의 접대에 요한 비용도 피고인의 접대에 요한 비용에 포함시켜 피고인의 수뢰액으로 보아야 한다(대판 2001.10.12. 99도5294).

③ [1] 형법 제129조 제1항 뇌물수수죄는 공무원이 직무에 관하여 뇌물을 수수한 때에 적용되는 것으로서, 공무원이 직접 뇌물을 받지 아니하고 증뢰자로 하여금 다른 사람에게 뇌물을 공여하도록 한 경우라도 다른 사람이 공무원의 사자 또는 대리인으로서 뇌물을 받은 경우 등과 같이 사회통념상 다른 사람이 뇌물을 받은 것을 공무원이 직접 받은 것과 같이 평가할 수 있는 관계가 있는 경우에는 형법 제129조 제1항 뇌물수수죄가 성립하고, 이러한 법리는 공무원으로 의제되는 정비사업전문관리업자의 임·직원이 직무에 관하여 자신이 아닌 정비사업전문관리업자 또는 그 밖의 제3자에게 뇌물을 공여하게 하는 경우에도 마찬가지이다. [2] 도시 및 주거환경정비법상 정비사업전문관리업체인 갑 주식회사 대표이사인 피고인이 여러 건설회사들에게서 재개발정비사업 시공사로 선정되도록 도와달라는 취지의 부탁을 받고 자신이 실질적으로 장악하고 있는 컨설팅회사 명의 계좌로 돈을 교부받았다는 내용으로 기소된 사안에서, 피고인이 건설회사와 컨설팅회사 간의 용역계약을 가장하여 건설회사들에게서 뇌물을 수수하는 과정에서 건설회사들이 형식적인 용역계약 상대방인 컨설팅회사 계좌로 뇌물을 입금한 것은 사회통념상 피고인에게 직접 뇌물을 공여한 것과 동일하게 평가할 수 있다고 보아 형법 제129조 제1항 뇌물수수죄를 인정한 원심판단을 수긍한 사례. [3] 여러 사람이 공동으로 뇌물을 수수한 경우 그 가액을 추징하려면 실제로 분배받은 금품만을 개별적으로 추징하여야 하고 수수금품을 개별적으로 알 수 없을 때에는 평등하게 추징하여야 하며 공동정범뿐 아니라 교사범 또는 종범도 뇌물의 공동수수자에 해당할 수 있으나, 공동정범이 아닌 교사범 또는 종범의 경우에는 정범과의 관계, 범행 가담 경위 및 정도, 뇌물 분배에 관한 사전약정의 존재 여부, 뇌물공여자의 의사, 종범 또는 교사범이 취득한 금품이 전체 뇌물수수액에서 차지하는 비중 등을 고려하여 공동수수자에 해당하는지를 판단하여야 한다. 그리고 뇌물을 수수한 자가 공동수수자가 아닌 교사범 또는 종범에게 뇌물 중 일부를 사례금 등의 명목으로 교부하였다면 이는 뇌물을 수수하는 데 따르는 부수

적 비용의 지출 또는 뇌물의 소비행위에 지나지 아니하므로, 뇌물수수자에게서 수뢰액 전부를 추징하여야 한다(대판 2011.11.24. 2011도9585).

④ [1] 정치자금의 기부행위는 정치활동에 대한 재정적 지원행위이고, 뇌물은 공무원의 직무행위에 대한 위법한 대가로서, 양자는 별개의 개념이다. 정치자금의 명목으로 금품을 주고받았고 정치자금법에 정한 절차를 밟았다고 할지라도, 정치인의 정치활동 전반에 대한 지원의 성격을 갖는 것이 아니라 공무원인 정치인의 특정한 구체적 직무행위와 관련하여 금품 제공자에게 유리한 행위를 기대하거나 또는 그에 대한 사례로서 금품을 제공함으로써 정치인인 공무원의 직무행위에 대한 대가로서의 실체를 가진다면 뇌물성이 인정된다. 이때 금품 제공의 뇌물성을 판단할 때 상대방의 지위와 직무권한, 금품 제공자와 상대방의 종래 교제상황, 금품 제공자가 평소 기부를 하였는지와 기부의 시기·상대방·금액·빈도, 제공한 금품의 액수, 금품 제공의 동기와 경위 등을 종합적으로 고려하여야 한다. [2] 공무원이 뇌물을 받는 데에 필요한 경비를 지출한 경우 그 경비는 뇌물수수의 부수적 비용에 불과하여 뇌물의 가액과 추징액에서 공제할 항목에 해당하지 않는다. 뇌물을 받는 주체가 아닌 자가 수고비로 받은 부분이나 뇌물을 받기 위하여 형식적으로 체결된 용역계약에 따른 비용으로 사용된 부분은 뇌물수수의 부수적 비용에 지나지 않는다. 뇌물을 받는다는 것은 영득의 의사로 금품을 받는 것을 말하므로, 뇌물인지 모르고 받았다가 뇌물임을 알고 즉시 반환하거나 또는 증뢰자가 일방적으로 뇌물을 두고 가므로 나중에 기회를 보아 반환할 의사로 어쩔 수 없이 일시 보관하다가 반환하는 등 영득의 의사가 없었다고 인정되는 경우라면 뇌물을 받았다고 할 수 없다. 그러나 피고인이 먼저 뇌물을 요구하여 증뢰자로부터 돈을 받았다면 피고인에게는 받은 돈 전부에 대한 영득의 의사가 인정된다. [3] 변호사법 제111조에서 규정하고 있는 '공무원이 취급하는 사건 또는 사무에 관하여 청탁 또는 알선을 한다는 명목으로 금품·향응, 그 밖의 이익을 받는다'고 함은 공무원이 취급하는 사건 또는 사무에 관하여 공무원과 의뢰인 사이를 중개한다는 명목으로 금품을 받는 경우를 말한다. 공무원이 취급하는 사건 또는 사무에 관하여 청탁한다는 명목이라는 성격과 단순히 공무원이 취급하는 사건 또는 사무와 관련하여 노무나 편의를 제공한 대가라는 성격이 불가분적으로 결합되어 금품을 받은 경우에 그 전부가 불가분적으로 공무원이 취급하는 사건 또는 사무에 관하여 청탁한다는 명목으로 금품을 받았다고 보아야 한다. 이는 공무원이 취급하는 사건 또는 사무에 관한 청탁 명목의 금품과 이와 무관한 행위에 대한 대가로서의 금품이 액수가 구분되지 않은 채 불가분적으로 결합되어 수수된 경우에도 마찬가지이다. 다만 금품의 수수가 여러 차례에 걸쳐 이루어졌고 각각의 행위별로 공무원이 취급하는 사건 또는 사무에 관한 청탁 명목의 대가성 유무를 달리 볼 여지가 있는 경우에는 그 행위마다 청탁 명목과 관련성이 있는지를 가릴 필요가 있을 뿐이다(대판 2017.3.22. 2016도21536).

판례 추징가액의 산정시기

- 몰수의 취지가 범죄에 의한 이득의 박탈을 그 목적으로 하는 것이고 추징도 이러한 몰수의 취지를 관철하기 위한 것이라는 점을 고려하면 몰수하기 불능한 때에 추징하여야 할 가액은 범인이 그 물건을 보유하고 있다가 몰수의 선고를 받았더라면 잃었을 이득상당액을 의미한다고 보아야 할 것이므로 그 가액산정은 재판선고시의 가격을 기준으로 하여야 할 것이다(대판 1991.5.28. 91도352).

 **판례** 국정농단 사건에 대한 대법원의 파기환송 판결

- [1] [다수의견] 신분관계가 없는 사람이 신분관계로 인하여 성립될 범죄에 가공한 경우에는 신분관계가 있는 사람과 공범이 성립한다(형법 제33조 본문 참조). 이 경우 신분관계가 없는 사람에게 공동가공의 의사와 이에 기초한 기능적 행위지배를 통한 범죄의 실행이라는 주관적·객관적 요건이 충족되면 공동정범으로 처벌한다. 공동가공의 의사는 공동의 의사로 특정한 범죄행위를 하기 위하여 일체가 되어 서로 다른 사람의 행위를 이용하여 자기의 의사를 실행에 옮기는 것을 내용으로 한다. 따라서 <u>공무원이 아닌 사람(이하 '비공무원'이라 한다)이 공무원과 공동가공의 의사와 이를 기초로 한 기능적 행위지배를 통하여 공무원의 직무에 관하여 뇌물을 수수하는 범죄를 실행하였다면 공무원이 직접 뇌물을 받은 것과 동일하게 평가할 수 있으므로 공무원과 비공무원에게 형법 제129조 제1항에서 정한 뇌물수수죄의 공동정범이 성립한다.</u> 형법은 제130조에서 제129조 제1항 뇌물수수죄와는 별도로 공무원이 그 직무에 관하여 뇌물공여자로 하여금 제3자에게 뇌물을 공여하게 한 경우에는 부정한 청탁을 받고 그와 같은 행위를 한 때에 뇌물수수죄와 법정형이 동일한 제3자뇌물수수죄로 처벌하고 있다. 제3자뇌물수수죄에서 뇌물을 받는 제3자가 뇌물임을 인식할 것을 요건으로 하지 않는다. 그러나 <u>공무원이 뇌물공여자로 하여금 공무원과 뇌물수수죄의 공동정범 관계에 있는 비공무원에게 뇌물을 공여하게 한 경우에는 공동정범의 성질상 공무원 자신에게 뇌물을 공여하게 한 것으로 볼 수 있다. 공무원과 공동정범 관계에 있는 비공무원은 제3자뇌물수수죄에서 말하는 제3자가 될 수 없고, 공무원과 공동정범 관계에 있는 비공무원이 뇌물을 받은 경우에는 공무원과 함께 뇌물수수죄의 공동정범이 성립하고 제3자뇌물수수죄는 성립하지 않는다.</u> 뇌물수수죄의 공범들 사이에 직무와 관련하여 금품이나 이익을 수수하기로 하는 명시적 또는 암묵적 공모관계가 성립하고 공모 내용에 따라 공범 중 1인이 금품이나 이익을 주고받았다면, 특별한 사정이 없는 한 이를 주고받은 때 <u>그 금품이나 이익 전부에 관하여 뇌물수수죄의 공동정범이 성립하고, 금품이나 이익의 규모나 정도 등에 대하여 사전에 서로 의사의 연락이 있거나 금품 등의 구체적 금액을 공범이 알아야 공동정범이 성립하는 것은 아니다. 금품이나 이익 전부에 관하여 뇌물수수죄의 공동정범이 성립한 이후에 뇌물이 실제로 공동정범인 공무원 또는 비공무원 중 누구에게 귀속되었는지는 이미 성립한 뇌물수수죄에 영향을 미치지 않는다. 공무원과 비공무원이 사전에 뇌물을 비공무원에게 귀속시키기로 모의하였거나 뇌물의 성질상 비공무원이 사용하거나 소비할 것이라고 하더라도 이러한 사정은 뇌물수수죄의 공동정범이 성립한 이후 뇌물의 처리에 관한 것에 불과하므로 뇌물수수죄가 성립하는 데 영향이 없다.</u> [2] 뇌물죄에서 뇌물의 내용인 이익은 금전, 물품 그 밖의 재산적 이익과 사람의 수요 욕망을 충족시키기에 충분한 일체의 유형·무형의 이익을 포함한다. 뇌물수수죄에서 말하는 '수수'란 받는 것, 즉 뇌물을 취득하는 것이다. 여기에서 취득이란 뇌물에 대한 사실상의 처분권을 획득하는 것을 의미하고, 뇌물인 물건의 법률상 소유권까지 취득하여야 하는 것은 아니다. 뇌물수수자가 법률상 소유권 취득의 요건을 갖추지는 않았더라도 뇌물로 제공된 물건에 대한 점유를 취득하고 뇌물공여자 또는 법률상 소유자로부터 반환을 요구받지 않는 관계에 이른 경우에는 그 물건에 대한 실질적인 사용·처분권을 갖게 되어 그 물건 자체를 뇌물로 받은 것으로 보아야 한다(피고인이 말 3마리를 마음대로 사용, 처분할 수 있었으므로 뇌물수수를 인정한 사안. 또한, 대법원은 위 '말 3마리'를 뇌물로 보아서 말 3마리에 대한 액수 미상의 사용이익을 뇌물로 본 원심판결에 잘못이 있다고 판단). 뇌물수수자가 뇌물공여자에 대한 내부관계에서 물건에 대한 실질적인 사용·처분권한을 취득하였으나 뇌물수수 사실을 은닉하거나 뇌물공여자가 계속 그 물건에 대한 비용 등을 부담하기 위하여 소유권 이전의 형식적 요건을 유보하는 경우에는 뇌물공여자와 뇌물수수자 사이에서는 소유권을 이전받은 경

우와 다르지 않으므로 그 물건을 뇌물로 받았다고 보아야 한다. 뇌물수수자가 교부받은 물건을 뇌물공여자에게 반환할 것이 아니므로 뇌물수수자에게 영득의 의사도 인정된다. [3] 형법 제130조 제3자뇌물수수죄는 공무원 또는 중재인이 직무에 관하여 부정한 청탁을 받고 제3자에게 뇌물을 공여하게 하는 행위를 구성요건으로 한다. 여기에서 뇌물이란 공무원의 직무에 관하여 부정한 청탁을 매개로 제3자에게 교부되는 위법·부당한 이익을 말하고, 형법 제129조 뇌물죄와 마찬가지로 직무관련성이 있으면 인정된다. '부정한 청탁'이란 청탁이 위법·부당한 직무집행을 내용으로 하는 경우는 물론, 청탁의 대상이 된 직무집행 그 자체는 위법·부당하지 않더라도 직무집행을 어떤 대가관계와 연결시켜 직무집행에 관한 대가의 교부를 내용으로 하는 경우도 포함한다. 청탁의 대상인 직무행위의 내용을 구체적으로 특정할 필요도 없다. 부정한 청탁의 내용은 공무원의 직무와 제3자에게 제공되는 이익 사이의 대가관계를 인정할 수 있을 정도로 특정하면 충분하고, 이미 발생한 현안뿐만 아니라 장래 발생될 것으로 예상되는 현안도 위와 같은 정도로 특정되면 부정한 청탁의 내용이 될 수 있다. 부정한 청탁은 명시적인 의사표시가 없더라도 청탁의 대상이 되는 직무집행의 내용과 제3자에게 제공되는 금품이 직무집행에 대한 대가라는 점에 대하여 당사자 사이에 공통의 인식이나 양해가 있는 경우에는 묵시적 의사표시로 가능하다. 제3자뇌물수수죄에서 직무와 관련된 뇌물에 해당하는지 또는 부정한 청탁이 있었는지를 판단할 때에는 직무와 청탁의 내용, 공무원과 이익 제공자의 관계, 이익의 다과, 수수 경위와 시기 등의 여러 사정과 아울러 직무집행의 공정, 이에 대한 사회의 신뢰와 직무수행의 불가매수성이라고 하는 뇌물죄의 보호법익에 비추어 이익의 수수로 말미암아 사회 일반으로부터 직무집행의 공정성을 의심받게 되는지 등이 기준이 된다. [4] [다수의견] 강요죄는 폭행 또는 협박으로 사람의 권리행사를 방해하거나 의무 없는 일을 하게 하는 범죄이다. 여기에서 협박은 객관적으로 사람의 의사결정의 자유를 제한하거나 의사실행의 자유를 방해할 정도로 겁을 먹게 할 만한 해악을 고지하는 것을 말한다. 이와 같은 협박이 인정되기 위해서는 발생 가능한 것으로 생각할 수 있는 정도의 구체적인 해악의 고지가 있어야 한다. 해악의 고지는 반드시 명시적인 방법이 아니더라도 말이나 행동을 통해서 상대방에게 어떠한 해악을 끼칠 것이라는 인식을 갖도록 하면 충분하고, 제3자를 통해서 간접적으로 할 수도 있다. 행위자가 그의 직업, 지위 등에 기초한 위세를 이용하여 불법적으로 재물의 교부나 재산상 이익을 요구하고 상대방이 불응하면 부당한 불이익을 입을 위험이 있다는 위구심을 일으키게 하는 경우에도 해악의 고지가 된다. 협박받는 사람이 공포심 또는 위구심을 일으킬 정도의 해악을 고지하였는지는 행위 당사자 쌍방의 직무, 사회적 지위, 강요된 권리·의무에 관련된 상호관계 등 관련 사정을 고려하여 판단해야 한다. 행위자가 직무상 또는 사실상 상대방에게 영향을 줄 수 있는 직업이나 지위에 있고 직업이나 지위에 기초하여 상대방에게 어떠한 요구를 하였더라도 곧바로 그 요구 행위를 위와 같은 해악의 고지라고 단정하여서는 안 된다. 특히 공무원이 자신의 직무와 관련한 상대방에게 공무원 자신 또는 자신이 지정한 제3자를 위하여 재산적 이익 또는 일체의 유·무형의 이익 등을 제공할 것을 요구하고 상대방은 공무원의 지위에 따른 직무에 관하여 어떠한 이익을 기대하며 그에 대한 대가로서 요구에 응하였다면, 다른 사정이 없는 한 공무원의 위 요구 행위를 객관적으로 사람의 의사결정의 자유를 제한하거나 의사실행의 자유를 방해할 정도로 겁을 먹게 할 만한 해악의 고지라고 단정하기는 어렵다. 행위자가 직업이나 지위에 기초하여 상대방에게 어떠한 이익 등의 제공을 요구하였을 때 그 요구 행위가 강요죄의 수단으로서 해악의 고지에 해당하는지 여부는 행위자의 지위뿐만 아니라 그 언동의 내용과 경위, 요구 당시의 상황, 행위자와 상대방의 성행·경력·상호관계 등에 비추어 볼 때 상대방으로 하여금 그 요구에 불응하면 어떠한 해악에 이를 것이라는 인식을 갖게 하였다고 볼 수 있는지, 행위자와 상대방이 행위자의 지위에서 상대방에게 줄 수 있는 해악을 인식하거나 합리적으로 예상할 수 있었는지 등을 종합하여 판단해야 한다. 공무원인 행위자가 상대방에게 어떠한 이익 등의 제공을 요구한 경우 위와 같은 해악의 고지로 인정될 수 없다면 직권남용이나 뇌물 요구 등이 될 수는 있어도 협박을 요건으로 하는 강요죄가 성립하기는 어렵다(대판 2019.8.29. 2018도13792 전원합의체, 대판 2019.8.29. 2018도2738 전원합의체).

3. 사전수뢰죄

> **제129조(수뢰, 사전수뢰)**
> ② 공무원 또는 중재인이 될 자가 그 담당할 직무에 관하여 청탁을 받고 뇌물을 수수, 요구 또는 약속한 후 공무원 또는 중재인이 된 때에는 3년 이하의 징역 또는 7년 이하의 자격정지에 처한다.

공무원 또는 중재인이 될 자가 그 담당할 직무에 관하여 청탁을 받고 뇌물을 수수·요구 또는 약속함으로써 성립하는 범죄이다(제129조 제2항). ㈎ 본죄의 주체는 공무원 또는 중재인이 될 자이며, ㈏ 본죄의 행위는 직무에 관하여 청탁을 받고 뇌물을 수수·요구 또는 약속하는 것이다. 여기서 청탁이란 일정한 직무행위를 할 것을 의뢰하는 것이다. ㈐ 본죄는 또한 공무원 또는 중재인이 될 자가 공무원 또는 중재인이 된 것을 요건으로 한다. 여기서 공무원 또는 중재인이 된 때는 객관적 처벌조건에 해당한다(통설).

4. 제3자뇌물공여죄

> **제130조(제삼자뇌물제공)**
> 공무원 또는 중재인이 그 직무에 관하여 부정한 청탁을 받고 제3자에게 뇌물을 공여하게 하거나 공여를 요구 또는 약속한 때에는 5년 이하의 징역 또는 10년 이하의 자격정지에 처한다.

공무원 또는 중재인이 그 직무에 관하여 부정한 청탁을 받고 제3자에게 뇌물을 공여하게 하거나 공여를 요구 또는 약속함으로써 성립하는 범죄이다(제130조). 본죄의 성질에 관하여는 간접수뢰죄를 규정한 것이라고 보는 견해(다수설)도 있으나, 본죄의 성립을 위하여 공무원과 제3자 사이에 이해관계가 있을 것을 요하지 않으므로 본죄는 간접수뢰죄와는 구별된다고 해야 한다. 본죄에서 ㈎ 제3자란 행위자와 공동정범자 이외의 사람을 말하며, 교사범이나 종범도 여기에 포함될 수 있다. 또한 법인 또는 법인격 없는 단체는 제3자가 될 수 있다. 그러나 처자 기타 생활이익을 같이하는 가족은 여기의 제3자가 될 수 없다. 나아가 가족뿐만 아니라, 공무원의 심부름꾼 또는 대리인이 뇌물을 수수하는 등 사회통념상 공무원 본인이 직접 수수한 것과 동일시할 수 있는 경우에도 단순수뢰죄를 구성한다고 보아야 한다(판례). ㈏ 부정한 청탁이란 위법한 것뿐만 아니라 부당한 경우를 포함한다. ㈐ 본죄는 제3자에게 뇌물을 공여하게 함으로써 또는 제3자에게 공여를 요구·약속함으로써 성립한다. 따라서 부정한 청탁에 대해 응한 때 실행의 착수가 있게 되며, 제3자에게 뇌물을 제공하게 하는 의사표시를 하거나 공여를 요구·약속한 때 기수가 된다. 제3자가 뇌물을 현실적으로 수수할 것을 요하지 않으며, 또 제3자가 그 정을 알고 있느냐의 여부도 본죄의 성립과 무관하다.

5. 수뢰후부정처사죄

> **제131조(수뢰후부정처사, 사후수뢰)**
> ① 공무원 또는 중재인이 전2조의 죄를 범하여 부정한 행위를 한 때에는 1년 이상의 유기징역에 처한다.

공무원 또는 중재인이 수뢰행위를 하여 부정한 행위를 함으로써 성립하는 범죄이다(제131조 제1항). 공무원이 수뢰한 후에 더욱 나아가 부정한 행위를 함으로써 직무행위의 순수성(공정성)을 침해하였기 때문에 불법이 가중되는 유형이다. 본죄는 "수뢰행위+부정행위"의 형식으로 결합되어 있는 '결합범'이다. 부정한 행위란 공무원 또는 중재인이 직무에 위배하는 일체의 행위를 말한다. 위법한 행위 이외에 부당한 행위를 포함하고, 작위·부작위를 불문한다. 직무에 위배하는 행위는 직무 자체뿐만 아니라 직무와 관련된 행위도 포함한다. 다만 그것은 직무위반행위일 것을 요하므로 직무 이외의 사적 행위에 대하여는 본죄가 성립하지 않는다.

6. 사후수뢰죄

> **제131조(수뢰후부정처사, 사후수뢰)**
> ② 공무원 또는 중재인이 그 직무상 부정한 행위를 한 후 뇌물을 수수, 요구 또는 약속하거나 제삼자에게 이를 공여하게 하거나 공여를 요구 또는 약속한 때에도 전항의 형과 같다.
> ③ 공무원 또는 중재인이었던 자가 그 재직 중에 청탁을 받고 직무상 부정한 행위를 한 후 뇌물을 수수, 요구 또는 약속한 때에는 5년 이하의 징역 또는 10년 이하의 자격정지에 처한다.

공무원 또는 중재인이 그 직무상 부정한 행위를 한 후 뇌물을 수수·요구 또는 약속하거나 제3자에게 이를 공여하게 하거나 공여를 요구 또는 약속하는 경우(제131조 제2항)와 공무원 또는 중재인이었던 자가 그 재직중에 청탁을 받고 직무상 부정한 행위를 한 후 뇌물을 수수·요구 또는 약속하는 경우(제131조 제3항)에 성립하는 범죄이다. 부정행위와 부정행위를 한 후 수뢰행위가 결합하여 형이 가중되는 범죄유형이다. 따라서 본죄는 '결합범'이다.

7. 알선수뢰죄

> **제132조(알선수뢰)**
> 공무원이 그 지위를 이용하여 다른 공무원의 직무에 속한 사항의 알선에 관하여 뇌물을 수수, 요구 또는 약속한 때에는 3년 이하의 징역 또는 7년 이하의 자격정지에 처한다.

(1) 의의

공무원이 그 지위를 이용하여 다른 공무원의 직무에 속한 사항의 알선에 관하여 뇌물을 수수·요구 또는 약속함으로써 성립하는 범죄이다(제132조). 본죄의 취지는 공무원이 자신의 지위나 영향력을 이용하여 다른 공무원의 직무에 관한 사항을 알선하고 수뢰함으로써 간접적으로 직무행위의 공정성을 해하는 행위를 방지하고자 함에 있다.

(2) 구성요건

1) **주체** : 공무원이다. 다만 공무원이 지위를 이용하였을 것을 요하므로 단순히 공무원의 신분만 있는 것으로는 부족하고, 직무를 처리하는 공무원과 직무상 직접 또는 간접의 연관관계를 가지고

법률상 또는 사실상 영향을 미칠 수 있는 공무원일 것을 요한다.

2) **행위** : 지위를 이용하여 다른 공무원의 직무의 알선에 관하여 뇌물을 수수·요구 또는 약속하는 것이다. ㈎ '지위를 이용하여'란 다른 공무원이 취급하는 업무처리에 법률상 또는 사실상 영향을 줄 수 있는 공무원이 그 지위를 이용하는 경우이다(다수설, 판례). ㈏ 지위를 이용하는 공무원이 알선대상인 공무원에게 임면권을 갖고 있거나 압력을 가할 수 있는 법적 관계에 있거나 상하관계·협동관계·감독권한 등이 있을 것을 요하지 않는다. 그러나 최소한 '공무원의 지위의 이용행위'가 있어야 하므로 공무원이라고 하더라도 사적인 관계를 이용하여 개인자격으로 부탁하는 것은 본죄에 해당하지 않는다. ㈐ 알선이란 일정한 사항을 중개하는 것을 말한다. 알선행위는 과거의 것이거나 현재의 것이거나 불문하며, 정당한 직무행위이건 부정행위이건 불문한다.

8. 증뢰죄·증뢰물전달죄

> **제133조(뇌물공여등)**
> ① 제129조부터 제132조까지에 기재한 뇌물을 약속, 공여 또는 공여의 의사를 표시한 자는 5년 이하의 징역 또는 2천만원 이하의 벌금에 처한다.
> ② 제1항의 행위에 제공할 목적으로 제3자에게 금품을 교부한 자 또는 그 사정을 알면서 금품을 교부받은 제3자도 제1항의 형에 처한다.

(1) 의의

증뢰죄 또는 증뢰물전달죄는 뇌물을 약속·공여 또는 공여의 의사를 표시하거나, 이에 제공할 목적으로 제3자에게 금품을 교부하거나 그 사정을 알면서 교부받은 때에 성립하는 범죄이다(제133조). 본죄는 비공무원이 공무원의 수뢰행위를 방조·교사하는 공범적 성격의 행위를 독립된 범죄유형으로 규정한 것이다. 증뢰죄는 수뢰죄에 대응하는 범죄로서 '비신분범'이다.

(2) 구성요건

1) **주체** : 제한이 없다. 따라서 공무원도 본죄의 주체가 될 수 있다.

2) **행위** : 뇌물을 약속·공여 또는 공여의 의사를 표시하거나, 이에 제공할 목적으로 제3자에게 금품을 교부하거나 그 사정을 알면서 교부받는 것이다. ㈎ 공여란 뇌물을 취득하게 하는 것을 말하며, 공여의 의사표시는 상대방에게 뇌물을 공여하려는 의사를 표시하는 것이다. 한편, ㈏ 증뢰죄의 구성요건에는 '직무에 관하여'라는 문언이 명시되어 있지 않지만, 증뢰자의 입장에서도 공무원의 직무에 대한 대가로 증뢰하는 것이 당연할 것이므로 뇌물개념의 해석에 있어서 '직무와의 관련성 내지 대가성'을 개념요소로 해야 한다(당연해석). 판례도 같은 취지이다. ㈐ 증뢰물전달은 증뢰에 제공할 목적으로 제3자에게 금품을 교부하거나 그 사정을 알면서 교부를 받는 것이다. 제3자가 수뢰할 자에게 금품을 전달하였는지는 불문한다.

(3) 죄수

한 개의 행위로 수인의 공무원에게 증뢰한 때에는 공무원의 수에 따라 증뢰죄의 상상적 경합이 된다. 약속 또는 공여의 의사표시를 한 후에 뇌물을 공여한 때에는 공여죄에 다른 범죄는 흡수된다.

판례 사전수뢰죄

- 도시개발조합의 임원인 조합장 또는 상무이사로 선출될 상당한 개연성이 있는 피고인들이 그 담당할 직무에 관하여 청탁을 받고 소유권이전등기를 마칠 수 있는 기회를 제공받는 방법으로 이익을 수수한 사안에서, 사전수뢰죄의 성립을 긍정한 사례(대판 2010.5.13. 2009도7040).

판례 제3자뇌물공여죄

① 공정거래위원회 위원장인 피고인이 이동통신회사가 속한 그룹의 구조조정본부장으로부터 당해 이동통신회사의 기업결합심사에 대하여 선처를 부탁받으면서 특정 사찰에의 시주를 요청하여 시주금을 제공케 한 사안에서, 그 부탁한 직무가 피고인의 재량권한 내에 속하더라도 형법 제130조에 정한 '부정한 청탁'에 해당하고, 위 시주는 기업결합심사와 관련되어 이루어진 것이라고 판단하여 제3자뇌물수수의 죄책을 인정한 원심의 조치를 수긍한 사례(대판 2006.6.15. 2004도3424).

② [1] 대학교 시간강사 임용과 관련하여 허위의 학력이 기재된 이력서만을 제출한 사안에서, 임용심사업무 담당자가 불충분한 심사로 인하여 허위 학력이 기재된 이력서를 믿은 것이므로 위계에 의한 업무방해죄를 구성하지 않는다고 한 사례. [2] 직권남용권리행사방해죄는 공무원이 직권을 남용하여 사람으로 하여금 의무 없는 일을 하게 하거나 사람의 권리행사를 방해한 때에 성립하는 범죄이다. 여기에서 '직권남용'이란 공무원이 그 일반적 직무권한에 속하는 사항에 관하여 직권의 행사에 가탁하여 실질적, 구체적으로 위법·부당한 행위를 하는 경우를 의미하고, 공무원이 직무와는 상관없이 단순히 개인적인 친분에 근거하여 문화예술 활동에 대한 지원을 권유하거나 협조를 의뢰한 것에 불과한 경우까지 직권남용에 해당한다고 할 수는 없다. 그리고 직권남용죄에서 말하는 '의무'란 법률상 의무를 가리키고, 단순한 심리적 의무감 또는 도덕적 의무는 이에 해당하지 아니한다. [3] 형법 제130조의 제3자뇌물공여죄에서 '부정한 청탁'을 요건으로 하는 취지는 처벌의 범위가 불명확해지지 않도록 하기 위한 것으로서, 이러한 '부정한 청탁'은 명시적인 의사표시에 의한 것은 물론 묵시적인 의사표시에 의한 것도 가능하다. 묵시적인 의사표시에 의한 부정한 청탁이 있다고 하기 위하여는, 당사자 사이에 청탁의 대상이 되는 직무집행의 내용과 제3자에게 제공되는 금품이 그 직무집행에 대한 대가라는 점에 대하여 공통의 인식이나 양해가 존재하여야 하고, 그러한 인식이나 양해 없이 막연히 선처하여 줄 것이라는 기대에 의하거나 직무집행과는 무관한 다른 동기에 의하여 제3자에게 금품을 공여한 경우에는 묵시적인 의사표시에 의한 부정한 청탁이 있다고 보기 어렵다. 공무원이 먼저 제3자에게 금품을 공여할 것을 요구한 경우에도 마찬가지이다(대판 2011.4.14. 2010도12313, 대판 2009.1.30. 2008도6950).

③ 공무원이 직접 뇌물을 받지 아니하고 증뢰자로 하여금 다른 사람에게 뇌물을 공여하도록 한 경우, 그 다른 사람이 공무원의 사자 또는 대리인으로서 뇌물을 받은 경우나 그 밖에 예컨대, 평소 공무원이 그 다른 사람의 생활비 등을 부담하고 있었다거나 혹은 그 다른 사람에 대하여 채무를 부담하고 있었다는 등의 사정이 있어서 그 다른 사람이 뇌물을 받음으로써 공무원은 그만큼 지출을 면하게 되는 경우 등 사회통념상 그 다른 사람이 뇌물을 받은 것을 공무원이 직접 받은 것과 같이 평가할 수 있는 관계가 있는 경우에는 형법 제130조의 제3자 뇌물제공죄가 아니라, 형법 제129조 제1항의 뇌물수수죄가 성립한다(대판 2011.11.24. 2011도9585, 대판 2004.3.26. 2003도8077).

④ 형법 제130조의 제3자뇌물제공죄에서 '청탁'이란 공무원에 대하여 일정한 직무집행을 하거나

하지 않을 것을 의뢰하는 행위를 말하고, '부정한' 청탁이란 의뢰한 직무집행 자체가 위법하거나 부당한 경우 또는 의뢰한 직무집행 그 자체는 위법하거나 부당하지 아니하지만 당해 직무집행을 어떤 대가관계와 연결시켜 그 직무집행에 관한 대가의 교부를 내용으로 하는 경우 등을 의미한다. 그런데 제3자뇌물제공죄에서 공무원이 '그 직무에 관하여 부정한 청탁을 받을 것'을 요건으로 하는 취지는 처벌의 범위가 불명확해지지 않도록 하기 위한 것으로서, 이러한 부정한 청탁은 명시적 의사표시에 의해서뿐만 아니라 묵시적 의사표시에 의해서도 가능하지만, 묵시적 의사표시에 의한 부정한 청탁이 있다고 하려면 청탁의 대상이 되는 직무집행의 내용과 제3자에게 제공되는 이익이 그 직무집행에 대한 대가라는 점에 대하여 공무원과 이익 제공자 사이에 공통의 인식이나 양해가 있어야 한다. 따라서 그러한 인식이나 양해 없이 막연히 선처하여 줄 것이라는 기대나 직무집행과는 무관한 다른 동기에 의하여 제3자에게 금품을 공여한 경우에는 묵시적 의사표시에 의한 부정한 청탁이 있다고 볼 수 없다(대판 2014.9.4. 2011도14482). [해설] 제3자뇌물제공죄에서 '부정한 청탁'의 의미를 설명하고 묵시적 의사표시에 의한 부정한 청탁이 있다고 하기 위한 요건을 설시하고 있는 판결.

⑤ [1] 제3자뇌물수수죄는 공무원 또는 중재인이 직무에 관하여 부정한 청탁을 받고 제3자에게 뇌물을 공여하게 하는 행위를 구성요건으로 하고 있고, 그 중 부정한 청탁은 명시적인 의사표시뿐만 아니라 묵시적인 의사표시로도 가능하며 청탁의 대상인 직무행위의 내용도 구체적일 필요가 없다. 이러한 점에 비추어 살펴보면, 제3자뇌물수수죄의 공소사실은 범죄의 일시, 장소를 비롯하여 구성요건사실이 다른 사실과 구별되어 공소사실의 동일성의 범위를 구분할 수 있고, 피고인의 방어권 행사에 지장이 없는 정도로 기재되면 특정이 되었다고 보아야 하고, 그 중 부정한 청탁의 내용은 구체적으로 기재되어 있지 않더라도 공무원 또는 중재인의 직무와 제3자에게 제공되는 이익 사이의 대가관계를 인정할 수 있을 정도로 특정되면 충분하다. [2] 제3자뇌물수수죄에서 제3자란 행위자와 공동정범 이외의 사람을 말하고, 교사자나 방조자도 포함될 수 있다. 그러므로 공무원 또는 중재인이 부정한 청탁을 받고 제3자에게 뇌물을 제공하게 하고 제3자가 그러한 공무원 또는 중재인의 범죄행위를 알면서 방조한 경우에는 그에 대한 별도의 처벌규정이 없더라도 방조범에 관한 형법 총칙의 규정이 적용되어 제3자뇌물수수방조죄가 인정될 수 있다. [3] 범죄수익은닉의 규제 및 처벌 등에 관한 법률(이하 '법'이라고 한다) 제2조 제2호, 제3호, 제4호, 제3조 제1항 제1호의 내용, 특히 법 제2조 제2호의 '범죄수익'을 두 가지로 나누어 규정하면서 (가)목은 그 법 [별표]에서 정한 중대범죄의 범죄행위에 의하여 '생긴 재산' 또는 범죄행위의 '보수로 얻은 재산'이라고 한 반면 (나)목에서는 거기 열거된 죄에 '관계된 자금 또는 재산'이라고 하고 있는 점, 법 제2조 제3호에서는 제2조 제2호의 '범죄수익' 개념을 전제로 하여 그러한 범죄수익의 '대가로 얻은 재산'이나 범죄수익의 '보유에 의하여 얻은 재산' 등은 '범죄수익에서 유래한 재산'으로 규정하여 '범죄수익'과는 구별하고 있는 점 등을 종합하여 보면, 위 '(가)목의 범죄수익'에는 중대범죄의 범죄행위에 의하여 새로 만들어지거나 그 범죄행위로 직접 취득한 재산 또는 범죄행위에 대한 직접적 대가로서 취득한 재산은 포함되지만, 단순히 그 범죄행위와 관계된 재산이나 범죄수익을 보유하거나 처분하여 2차적으로 얻은 재산은 포함되지 않는다. [4] 공무원이 직무관련자에게 제3자와 계약을 체결하도록 요구하여 계약 체결을 하게 한 행위가 제3자뇌물수수죄의 구성요건과 직권남용권리행사방해죄의 구성요건에 모두 해당하는 경우에는, 제3자뇌물수수죄와 직권남용권리행사방해죄가 각각 성립하되, 이는 사회 관념상 하나의 행위가 수 개의 죄에 해당하는 경우이므로 두 죄는 형법 제40조의 상상적 경합관계에 있다(대판 2017.3.15. 2016도19659). [해설] 제3자뇌물수수죄에서 '제3자'의 의미를 설시하고 있는 판결.

판례 수뢰후부정처사죄

① 예비군 중대장이 그 소속예비군으로부터 금원을 교부받고 그 예비군이 예비군훈련에 불참하였음에도 불구하고 참석한 것처럼 허위내용의 중대학급편성명부를 작성, 행사한 경우라면 수뢰후부정처사죄 외에 별도로 허위공문서작성 및 동행사죄가 성립하고 이들 죄와 수뢰후부정처사죄는 각각 상상적 경합관계에 있다(대판 1983.7.26. 83도1378).

② 과세 대상에 관한 규정이 명확하지 않고 그에 관한 확립된 선례도 없었던 경우, 공무원이 주식회사로부터 뇌물을 받은 후 관계 법령에 대한 충분한 연구, 검토 없이 <u>위 회사에 유리한 쪽으로 법령을 해석하여 감액처분하였더라도 위 감액처분이 위법하지 않으면 그 공무원이 수뢰 후 '부정한 행위'를 한 것으로서 수뢰후부정처사죄를 범하였다고 볼 수는 없다고</u> 한 사례(대판 1995.12.12. 95도2320).

판례 부정처사후수뢰죄

① 공사의 입찰업무를 담당하고 있는 장교가 비밀로 하여야 할 그 공사의 입찰예정가격을 응찰자에게 미리 알려준 소위는 <u>직무에 위배되는 행위로서 형법 제141조 제2항의 부정한 행위에 해당한다 할 것이어서 입찰이 끝난 후 20여일이 경과한 후 전속시의 전별금 명목으로 금원을 받았다 하더라도 이는 직무행위의 부정행위와 관련된 금품의 수수에 해당하므로 사후수뢰죄를 구성한다</u>(대판 1983.4.26. 82도2095).

② 특정범죄가중처벌등에관한법률 제5조 소정의 배임에 의한 국고손실죄의 공동정범인 공무원이 다른 공범으로부터 그 범행에 의하여 취득한 금원의 일부를 받은 경우, <u>그 금원의 성격은 그 성질이 공동정범들 사이의 내부적 이익분배에 불과한 것이고 별도로 뇌물수수죄(사후수뢰죄)에 해당하지 않는다</u>(대판 1997. 2.25. 94도3346).

판례 사후수뢰죄

① 뇌물수수죄는 공무원 또는 중재인이 그 직무에 관하여 뇌물을 수수한 때에 성립하는 것이어서 그 주체는 현재 공무원 또는 중재인의 직에 있는 자에 한정되므로, <u>공무원이 직무와 관련하여 뇌물수수를 약속하고 퇴직 후 이를 수수하는 경우에는, 뇌물약속과 뇌물수수가 시간적으로 근접하여 연속되어 있다고 하더라도, 뇌물약속죄 및 사후수뢰죄가 성립할 수 있음은 별론으로 하고, 뇌물수수죄는 성립하지 않는다</u>(대판 2010.10.14. 2010도387).

② 국가공무원이 지방자치단체의 업무에 관하여 전문가로서 위원 위촉을 받아 한시적으로 직무를 수행하는 경우와 같이 공무원이 그 고유의 직무와 관련이 없는 일에 관하여 별도의 위촉절차 등을 거쳐 다른 직무를 수행하게 된 경우에는 그 위촉이 종료되면 그 위원 등으로서 새로 보유하였던 공무원 지위는 소멸한다고 보아야 하므로, <u>그 이후에 종전에 위촉받아 수행한 직무에 관하여 금품을 수수하더라도 이는 사후수뢰죄에 해당할 수 있음은 별론으로 하고 일반수뢰죄로 처벌할 수는 없다</u>(대판 2013.11.28. 2013도10011).

 **판 례** 알선수뢰죄

1) 알선수뢰죄의 객체

① 형법 제132조 소정의 알선수뢰죄에 있어서 "공무원이 그 지위를 이용하여"라 함은 친구, 친족관계 등 사적 관계를 이용하는 경우에는 여기에 해당한다고 할 수 없으나, <u>다른 공무원이 취급하는 사무처리에 법률상이거나 사실상으로 영향을 줄 수 있는 관계에 있는 공무원이 그 지위를 이용하는 경우에는 여기에 해당</u>하고 그 사이에 반드시 상하관계, 협동관계, 감독권한 등의 특수한 관계가 있음을 요하지 않는다(대판 1993.7.13. 93도1056, 대판 1992.5.8. 92도532). [해설] 알선수뢰죄의 성립요건인 '공무원이 그 지위를 이용한다' 함과 '다른 공무원의 직무에 속한 사항의 알선행위'의 의미를 설시하고 있는 판결.

② [1] 알선수뢰죄는 공무원이 그 지위를 이용하여 다른 공무원의 직무에 속한 사항의 알선에 관하여 뇌물을 수수, 요구 또는 약속하는 것을 그 성립요건으로 하고 있고, 여기서 '공무원이 그 지위를 이용하여'라 함은 친구, 친족관계 등 사적인 관계를 이용하는 경우에는 이에 해당한다고 할 수 없으나, 다른 공무원이 취급하는 사무의 처리에 <u>법률상이거나 사실상으로 영향을 줄 수 있는 관계에 있는 공무원이 그 지위를 이용하는 경우에는 이에 해당</u>하고, 그 사이에 상하관계, 협동관계, 감독권한 등의 특수한 관계가 있음을 요하지 않는다고 할 것이고, '<u>다른 공무원의 직무에 속한 사항의 알선행위</u>'는 그 공무원의 직무에 속하는 사항에 관한 것이면 되는 것이지 그것이 반드시 부정행위라거나 그 직무에 관하여 결재권한이나 최종 결정권한을 갖고 있어야 하는 것이 아니다. [2] 자동차를 뇌물로 제공한 경우 자동차등록원부에 뇌물수수자가 그 소유자로 등록되지 않았다고 하더라도 <u>자동차의 사실상 소유자로서 자동차에 대한 실질적인 사용 및 처분권한이 있다면 자동차 자체를 뇌물로 취득한 것으로 보아야 한다.</u> [3] 피고인에게 뇌물로 제공되었다는 자동차는 리스차량으로 리스회사 명의로 등록되어 있는 점, 피고인이 처분승낙서, 권리확인서 등 원하는 경우 소유권이전을 할 수 있는 서류를 소지하고 있지도 아니한 점, 리스계약상 리스계약이 기간만료 또는 리스료 연체로 종료되어 리스회사에서 위 승용차의 반환을 구하는 경우 피고인은 이에 응할 수밖에 없다고 보이는 점 등에 비추어 볼 때 <u>피고인에게 위 승용차에 대한 실질적 처분권한이 있다고 할 수 없어 자동차 자체를 뇌물로 수수한 것으로 볼 수 없다고 한 사례</u>(대판 2006.4.27. 2006도735, 대판 1984.4.10. 82도766).

③ 알선수뢰죄는 공무원이 그 지위를 이용하여 다른 공무원의 직무에 속한 사항의 알선에 관하여 뇌물을 수수, 요구 또는 약속하는 것을 그 성립요건으로 하고 있고, 여기서 '공무원이 그 지위를 이용하여'라 함은 친구, 친족관계 등 사적인 관계를 이용하는 경우이거나 단순히 공무원으로서의 신분이 있다는 것만을 이용하는 경우에는 이에 해당한다고 할 수 없고, <u>적어도 다른 공무원이 취급하는 사무의 처리에 법률상이거나 사실상으로 영향을 줄 수 있는 관계에 있는 공무원이 그 지위를 이용하는 경우이어야 한다</u>(대판 2010.11.25. 2010도11460).

2) 알선수뢰죄의 지위 이용 인정 판례

① 피고인이 남광주세무서 징세계장인 공소외인의 전임자였고 이 사건 당시에 서광주세무서 징세계장으로 근무하고 있었다면 이 사건 압류재산의 공매담당자인 위 공소외인의 직무에 관하여 사실상의 영향력을 행사할 수 있는 지위에 있었다고 할 것이다(대판 1989.12.26. 89도2018).

② 농림수산부장관은 한국마사회장의 임명권, 마사회의 업무에 관한 감독권을 갖고 있으며 국회

에는 입법권, 예산안심의확정권, 국정에 관한 조사권 등이 있고 국무위원 등에 대하여 국회에 출석, 국정처리상황에 관하여 답변할 것을 요구할 권한 등이 있으므로 국회의원은 한국마사회장에 대하여 사실상 영향력을 미칠 수 있는 지위에 있다고 보아야 할 것이고, 따라서 피고인이 국회의원에게 한국마사회가 발주하는 공사를 수의계약에 의하여 수주할 수 있도록 한국마사회장에게 알선하여 달라는 청탁을 하고 금원을 지급하였다면 알선증뢰죄를 구성한다 할 것이다(대판 1990.8.10. 90도665).

③ <u>지방공기업법 제83조는 지방공사의 임원 및 직원을 형법 제129조 내지 제132조의 적용에 있어서 공무원으로 보도록 규정하고 있으며, 서울시 지하철공사는 위 규정이 적용되는 지방공사의 하나이므로, 피고인이 서울시 지하철공사의 임직원의 직무에 속한 사항의 알선에 관하여 뇌물을 수수하였다면 이는 형법 제132조에 해당하는</u> 것이며, 한편 알선수뢰죄는 공무원이 그 지위를 이용하여 다른 공무원의 직무에 속한 사항의 알선에 관하여 뇌물을 수수, 요구 또는 약속하는 것을 그 성립요건으로 하고 있고, 여기서 '공무원이 그 지위를 이용하여'라 함은 친구, 친족관계 등 사적인 관계를 이용하는 경우에는 이에 해당한다고 할 수 없으나, <u>다른 공무원이 취급하는 사무의 처리에 법률상이거나 사실상으로 영향을 줄 수 있는 관계에 있는 공무원이 그 지위를 이용하는 경우에는 이에 해당하고, 그 사이에 상하관계, 협동관계, 감독권한 등의 특수한 관계가 있음을 요하지 않는다</u>(대판 2001.10.12. 99도5294).

3) 알선수뢰죄의 지위 이용 부정 판례

① 알선수뢰죄의 주체가 되기 위해서는 적어도 당해 직무를 처리하는 공무원과 직무상 직접, 간접의 연관관계를 가지고 법률상이거나 사실상이거나를 막론하고 어떠한 영향력을 미칠 수 있는 지위에 있는 공무원이라야 한다. 따라서 검찰사무주무(검찰주사)가 위 죄의 주체로 되지 않는다(대판 1982.6.8. 82도403).

② <u>도교육위원회 사회체육과 보건계에서 아동급식과 아동 및 교원의 신체검사에 관한 업무를 담당하는 지방보건기사는 도 보건사회국에서 카바레 영업허가업무를 담당하는 시 등의 환경위생과 식품위생계를 감독하고 그 영업허가에 앞서 사전승인하는 업무를 담당하는 지방행정주사보와 직접·간접의 연관관계도 없을 뿐만 아니라 법률상이나 사실상 어떠한 영향을 줄 수 있는 지위에 있지 않은 이상 단지 공무원의 신분을 가졌다는 사실만으로는 공무원이 지위를 이용하여 다른 공무원의 직무에 속한 사항의 알선에 관하여 뇌물을 수수하였다고 할 수 없다</u>(대판 1983.8.23. 82도956).

③ 피고인은 이 사건 금원수수 당시 군청 건설과 농지계에 근무하던 자로서 도지사의 직무에 속하는 골재채취예정지 고시사무와 직접 또는 간접의 연관관계가 있다고 볼 수 없을 뿐 아니라, 도지사의 위 직무에 관하여 법률상 또는 사실상 어떠한 영향을 미칠만한 지위에 있는 자라고 볼 수도 없으니, 피고인을 위 도지사의 직무사항에 관하여 알선수뢰죄의 주체로 인정할 수 없다(대판 1984.1.31. 83도3015).

④ 농업협동조합이 해외에서 구입한 물품이 한국도착시 물량부족임이 발견되었음에도 그 배상문제가 신속히 타결되지 않으므로 피고인 (갑)이 해외여행중인 국회의원인 피고인 (을)에게 위 문제의 타결에 힘써 달라고 요청하여 피고인 (을)이 개인자격으로 외국수출업체의 부사장을 만나 부족물량의 변상을 설득, 그에 대한 승락을 받아내자, 이에 피고인 (갑)이 감사의 뜻으로 피고인

(을)에게 미화 2000달러를 준 것이라면, 이는 피고인(갑)이 다른 공무원의 직무에 속한 사항의 알선에 관하여 교부한 것이라고 볼 수 없다(대판 1984.4.10. 82도766).

4) 알선뇌물수수·요구죄의 성립요건

① 형법 제132조에서 말하는 '다른 공무원의 직무에 속한 사항의 알선에 관하여 뇌물을 요구한다.'고 함은, 다른 공무원의 직무에 속한 사항을 알선한다는 명목으로 뇌물을 요구하는 행위로서 반드시 알선의 상대방인 다른 공무원이나 그 직무의 내용이 구체적으로 특정될 필요까지는 없지만, 알선뇌물요구죄가 성립하려면 알선할 사항이 다른 공무원의 직무에 속하는 사항으로서 뇌물요구의 명목이 그 사항의 알선에 관련된 것임이 어느 정도 구체적으로 나타나야 한다. 단지 상대방으로 하여금 뇌물을 요구하는 자에게 잘 보이면 그로부터 어떤 도움을 받을 수 있다거나 손해를 입을 염려가 없다는 정도의 막연한 기대감을 갖게 하는 정도에 불과하고, 뇌물을 요구하는 자 역시 상대방이 그러한 기대감을 가질 것이라고 짐작하면서 뇌물을 요구하였다는 정도의 사정만으로는 알선뇌물요구죄가 성립한다고 볼 수 없다. 한편, 여기서 말하는 알선행위는 장래의 것이라도 무방하므로, 알선뇌물요구죄가 성립하기 위하여는 뇌물을 요구할 당시 반드시 상대방에게 알선에 의하여 해결을 도모하여야 할 현안이 존재하여야 할 필요는 없다(대판 2013.4.11. 2012도16277, 대판 2009.7.23. 2009도3924).

② [1] 뇌물죄는 직무집행의 공정과 이에 대한 사회의 신뢰에 기초하여 직무행위의 불가매수성을 보호법익으로 하고 있고, 직무에 관한 청탁이나 부정한 행위를 필요로 하지 않으므로 뇌물성을 인정하는 데 특별히 의무위반 행위나 청탁의 유무 등을 고려할 필요가 없고, 금품수수 시기와 직무집행 행위의 전후를 가릴 필요도 없다. 뇌물죄에서 말하는 '직무'에는 법령에 정하여진 직무뿐만 아니라 그와 관련 있는 직무, 관례상이나 사실상 소관하는 직무행위, 결정권자를 보좌하거나 영향을 줄 수 있는 직무행위, 과거에 담당하였거나 장래에 담당할 직무 외에 사무분장에 따라 현실적으로 담당하고 있지 않아도 법령상 일반적인 직무권한에 속하는 직무 등 공무원이 그 직위에 따라 담당할 일체의 직무를 포함한다. [2] 형법 제129조 제1항의 뇌물수수죄가 성립하려면 공무원이 그 직무에 관하여 뇌물을 수수하여야 한다. 따라서 공무원이 이익을 수수한 행위가 공무원의 직무와 관련이 없다면 뇌물수수죄는 성립하지 않는다. 공무원이 장래에 담당할 직무에 대한 대가로 이익을 수수한 경우에도 뇌물수수죄가 성립할 수 있지만, 그 이익을 수수할 당시 장래에 담당할 직무에 속하는 사항이 그 수수한 이익과 관련된 것임을 확인할 수 없을 정도로 막연하고 추상적이거나, 장차 그 수수한 이익과 관련지을 만한 직무권한을 행사할지 자체를 알 수 없다면, 그 이익이 장래에 담당할 직무에 관하여 수수되었다거나 그 대가로 수수되었다고 단정하기 어렵다. [3] 형법 제132조에서 말하는 '다른 공무원의 직무에 속한 사항의 알선에 관하여 뇌물을 수수한다'라고 함은, 다른 공무원의 직무에 속한 사항을 알선한다는 명목으로 뇌물을 수수하는 행위로서 반드시 알선의 상대방인 다른 공무원이나 그 직무의 내용을 구체적으로 특정할 필요까지는 없다. 알선행위는 장래의 것이라도 무방하므로, 뇌물을 수수할 당시 상대방에게 알선에 의하여 해결을 도모하여야 할 현안이 반드시 존재하여야 할 필요는 없지만, 알선뇌물수수죄가 성립하려면 알선할 사항이 다른 공무원의 직무에 속하는 사항으로서 뇌물수수의 명목이 그 사항의 알선에 관련된 것임이 어느 정도는 구체적으로 나타나야 한다. 단지 상대방으로 하여금 뇌물을 수수하는 자에게 잘 보이면 어떤 도움을 받을 수 있다거나 손해를 입을 염려가 없다는 정도의 막연한 기대감을 갖게 하는 정도에 불과하고, 뇌물을 수수하는 자 역시 상대방이 그러한 기대감을 가질 것이라고 짐작하면서 수수하였다는 사정만으로는 알선뇌물수수죄가 성립하지 않는다. [4] 금융실명거래 및 비밀보장에 관한 법률(이하 '금융실명법'이라고 한다)은 실지 명의(이하 '실명'이라고 한다)에 의한 금융거래를 실

시하고 그 비밀을 보장하여 금융거래의 정상화를 꾀함으로써 경제정의를 실현하고 국민경제의 건전한 발전을 도모함을 목적으로 하고 있고(제1조), 금융거래란 금융회사 등이 금융자산을 수입, 매매, 환매 등을 하는 행위를 말하며(제2조 제3호), 실명이란 주민등록표상의 명의, 사업자등록증상의 명의 등을 말한다고 규정하면서(제2조 제4호), 누구든지 특정 금융거래정보의 보고 및 이용 등에 관한 법률 제2조 제3호에 따른 불법재산의 은닉, 제4호에 따른 자금세탁행위 또는 제5호에 따른 공중협박자금조달행위 및 강제집행의 면탈, 그 밖에 탈법행위를 목적으로 타인의 실명으로 금융거래를 하여서는 아니 되고(제3조 제3항), 위와 같은 목적으로 타인의 실명으로 금융거래를 하는 행위를 처벌하도록 규정하고 있다(제6조 제1항). <u>위와 같은 금융실명법의 입법목적과 내용을 종합해 보면, 불법·탈법적 목적에 의한 타인 실명의 금융거래를 처벌하는 것은 이러한 금융거래를 범죄수익의 은닉이나 비자금 조성, 조세포탈, 자금세탁 등 불법·탈법행위나 범죄의 수단으로 악용하는 것을 방지하는 데에 목적이 있으므로, 위와 같은 탈법행위의 목적으로 타인의 실명으로 금융거래를 하였다면 이로써 금융실명법 제6조 제1항의 위반죄가 성립하고, 타인의 의사와 관계없이 자유롭게 금융거래를 할 수 있는 경우만 위 범죄가 성립하는 것이 아니다</u>(대판 2017.12.22. 2017도12346).

 **판례** 증뢰죄

1) 증뢰죄의 공여

① 뇌물공여죄가 성립되기 위하여서는 뇌물을 공여하는 행위와 상대방 측에서 금전적으로 가치가 있는 그 물품 등을 받아들이는 행위(부작위 포함)가 필요할 뿐이지 반드시 상대방 측에서 뇌물수수죄가 성립되어야만 한다는 것을 뜻하는 것은 아니다(대판 2013.11.28. 2013도9003, 대판 2006.2.24. 2005도4737, 대판 1987.12.22. 87도1699).

② 배임수재자가 배임증재자에게서 그가 무상으로 빌려준 물건을 인도받아 사용하고 있던 중에 공무원이 된 경우, 그 사실을 알게 된 배임증재자가 배임수재자에게 앞으로 물건은 공무원의 직무에 관하여 빌려주는 것이라고 하면서 뇌물공여의 뜻을 밝히고 물건을 계속하여 배임수재자가 사용할 수 있는 상태로 두더라도, 처음에 배임증재로 무상 대여할 당시에 정한 사용기간을 추가로 연장해 주는 등 새로운 이익을 제공한 것으로 평가할 만한 사정이 없다면, 이는 종전에 이미 제공한 이익을 나중에 와서 뇌물로 하겠다는 것에 불과할 뿐 새롭게 뇌물로 제공되는 이익이 없어 뇌물공여죄가 성립하지 않는다(대판 2015.10.15. 2015도6232).

2) 증뢰죄의 증뢰물전달

① 형법 제133조 제1항의 행위에 공할 목적으로 제3자에게 금품을 교부한 경우에 그후 수뢰할 사람이 전달받은 그 금품을 바로 증뢰자에게 반환하였다 하더라도 위 법조 제2항 전단의 죄의 성립에는 그 영향이 없다(대판 1983.6.28. 82도3129).

② 형법 제133조 제2항은 증뢰자가 뇌물에 공할 목적으로 금품을 제3자에게 교부하거나 또는 그 정을 알면서 교부받는 증뢰물전달행위를 독립한 구성요건으로 하여 이를 같은 조 제1항의 뇌물공여죄와 같은 형으로 처벌하는 규정으로서, 제3자의 증뢰물전달죄는 제3자가 증뢰자로부터 교부받은 금품을 수뢰할 사람에게 전달하였는지 여부에 관계 없이 제3자가 그 정을 알면서 금품을 교부받음으로

써 성립하는 것이며, 나아가 제3자가 그 교부받은 금품을 수뢰할 사람에게 전달하였다고 하여 증뢰물전달죄 외에 별도로 뇌물공여죄가 성립하는 것은 아니다(대판 1997.9.5. 97도1572).

③ 형법 제133조 제2항은 증뢰자가 뇌물에 공할 목적으로 금품을 제3자에게 교부하거나 또는 그 정을 알면서 교부받는 증뢰물전달행위를 독립한 구성요건으로 하여 이를 같은 조 제1항의 뇌물공여죄와 같은 형으로 처벌하는 규정으로서, 제3자의 증뢰물전달죄는 제3자가 증뢰자로부터 교부받은 금품을 수뢰할 사람에게 전달하였는지의 여부에 관계없이 제3자가 그 정을 알면서 금품을 교부받음으로써 성립하는 것이고, 본죄의 주체는 비공무원을 예정한 것이나 공무원일지라도 직무와 관계되지 않는 범위 내에서는 본죄의 주체에 해당될 수 있다 할 것이므로, 피고인이 자신의 공무원으로서의 직무와는 무관하게 군의관 등의 직무에 관하여 뇌물에 공할 목적의 금품이라는 정을 알고 이를 전달해준다는 명목으로 취득한 경우라면 제3자뇌물취득죄가 성립된다(대판 2002.6.14. 2002도1283).

④ 형법 제133조 제2항은 증뢰자가 뇌물에 공할 목적으로 금품을 제3자에게 교부하거나 또는 그 정을 알면서 교부받는 증뢰물전달행위를 독립한 구성요건으로 하여 이를 같은 조 제1항의 뇌물공여죄와 같은 형으로 처벌하는 규정으로서, 제3자의 증뢰물전달죄는 제3자가 증뢰자로부터 교부받은 금품을 수뢰할 사람에게 전달하였는지의 여부에 관계없이 제3자가 그 정을 알면서 금품을 교부받음으로써 성립하는 것이고, 본죄의 주체는 비공무원을 예정한 것이나 공무원일지라도 직무와 관계되지 않는 범위 내에서는 본죄의 주체에 해당될 수 있다(대판 2007.7.27. 2007도3798).

제2절 | 공무방해에 관한 죄

I. 서론

1. 공무방해죄의 의의

공무방해의 죄란 국가 또는 공공기관이 행사하는 기능을 방해함으로써 성립하는 범죄를 말한다. 본죄의 보호법익은 공무원에 의하여 실현되는 국가기능으로서의 공무이다. 법익보호의 정도는 추상적 위험범이다.

2. 구성요건의 체계

기본적 구성요건은 공무집행방해죄(제136조 제1항)이며, 직무강요죄(제136조 제2항)와 위계에 의한 공무집행방해죄(제137조)는 방법이 다른 경우에 대한 수정적 구성요건이다. 법정·국회회의장모욕죄(제138조), 인권옹호직무방해죄(제139조), 공무상 비밀표시무효죄(제140조) 등은 보호의 객체가 특수한 공무에 제한되는 경우를 규정한 것이며, 특수공무방해죄(제144조)는 가중적 구성요건이다.

형법	기본적 구성요건	공무집행방해죄(제136조 제1항)
	수정적 구성요건	직무·사직강요죄(제136조 제2항), 위계에 의한 공무집행방해죄(제137조)

독립적 구성요건	법정·국회회의장모욕죄(제138조), 인권옹호직무방해죄(제139조), 공무상 비밀표시무효죄(제140조), 부동산강제집행효용침해죄(제140조의2), 공용서류등무효죄(제141조 제1항), 공용물파괴죄(제141조 제2항), 공무상 보관물무효죄(제142조)
가중적 구성요건	특수공무방해죄(행위방법으로 인한 불법가중(제144조 제1항)), 특수공무방해치사상죄(결과적 가중범(제144조 제2항))
미수범	공무상 비밀표시무효죄, 부동산강제집행효용침해죄, 공용서류등무효죄, 공용물파괴죄, 공무상 보관물무효죄(제143조)

Ⅱ. 공무집행방해죄

> **제136조(공무집행방해)**
> ① 직무를 집행하는 공무원에 대하여 폭행 또는 협박한 자는 5년 이하의 징역 또는 1천만원 이하의 벌금에 처한다.

1. 객관적 구성요건

직무를 집행하는 공무원에 대하여 폭행·협박하는 것이다(제136조 제1항). 본죄는 공무방해에 관한 죄의 기본유형이다. 본죄의 보호법익은 '공무'이고, 보호의 정도는 '추상적 위험범'이다(통설).

(1) 주체

제한이 없다. 직무집행의 상대방일 필요는 없고, 직무집행과 무관한 제3자도 주체가 될 수 있다. 그리고 다른 공무원도 본죄의 주체가 될 수 있다.

(2) 행위의 객체

직무를 집행하는 공무원이다. 직무집행에 관하여는 직무집행의 범위와 그 적법성이 문제된다.

1) **직무집행의 범위** : 직무의 집행이란 널리 공무원이 직무상 취급할 수 있는 사무를 행하는 것을 말한다. 직무집행이 강제적 성질을 가질 필요도 없다. '직무를 집행하는'이란 공무원이 현재 구체적인 직무를 집행하고 있음을 요하므로 시간적인 관계에서 직무를 개시하여 종료하지 않았을 것을 요한다. 다만 직무의 집행에 착수하기 이전의 준비행위도 직무집행과 불가분의 관계에 있을 때에는 여기에 포함된다.

2) **직무집행의 적법성**

㈎ **적법성의 요부** : 공무집행방해죄가 성립하기 위하여 공무원의 직무집행이 적법함을 요하는가에 관하여 형법은 명문의 규정을 두고 있지 않지만, ㉮ 위법한 공무집행에 대한 반항을 처벌하는 것은 법의 적정한 집행을 저해하는 결과를 초래하며, ㉯ 직무집행이 위법한 경우까지 형법에 의하여 보호할 수 없을 뿐만 아니라, ㉰ 국민은 위법한 직무집행에 대하여는 정당방위를 할 수 있다는 점에 비추어 직무집행이 적법할 것을 요한다고 해야 한다(통설, 판례).

㈏ **적법성의 요건** : 직무행위의 적법성은 실질적 정당성이 아니라 형식적 적법성을 기준으로 판

단해야 한다. 따라서 직무집행의 적법성을 인정하기 위하여는 행위가 당해 공무원의 추상적(일반적) 직무권한에 속하여야 함은 물론 당해 공무원의 구체적 권한에도 속하여야 하며, 그 행위는 법령이 정한 방식과 절차에 따른 것이어야 한다.

㈐ **적법성의 판단기준** : 직무집행이 적법한가를 판단하는 기준에 대하여는 객관설, 주관설, 절충설 및 일반인표준설이 대립하고 있으나, 법원이 법령을 해석하여 객관적으로 판단해야 한다는 객관설이 타당하다(다수설, 판례). 상관의 위법한 명령에 따라 행한 직무집행이 적법하게 될 수 있는가에 대하여 견해의 대립이 있으나, 상관의 명령이 위법한 이상 그 직무집행도 당연히 위법하다고 해석하는 것이 타당하다.

㈑ **적법성의 체계적 지위** : 직무행위의 적법성의 체계에 관하여는 ㈎ 직무집행의 적법성이 객관적 처벌조건이라는 처벌조건설(이에 대한 착오는 범죄성립에 영향이 없으므로 행위자에게는 공무집행방해죄 성립), ㈏ 직무집행이 위법할 때에는 반항행위의 위법성을 조각시키는 위법성조각사유가 된다고 해석하는 위법성조각사유설(이에 대한 착오는 위법성조각사유의 전제사실에 관한 착오), ㈐ 직무집행의 적법성이 구성요건요소라고 이해하여 이에 대한 착오는 사실의 착오로 고의를 조각한다는 구성요건요소설(경찰관이 구속영장을 제시하였는데 아직 구속영장 자체가 없는 것으로 오인하고 저항한 경우처럼 적법성의 기초가 되는 사실을 착오한 경우에는 구성요건적 착오, 영장 없이 긴급체포하는 경찰관에 대하여 영장 없는 긴급체포도 위법이라고 오인하고 저항한 경우처럼 적법성 자체를 착오한 경우에는 포섭의 착오로서 금지착오)이 대립하고 있다. 법치국가에 있어서 적법한 직무집행에 대하여만 국가가 그 방해행위를 처벌할 이익이 있다고 할 것이며 직무행위의 적법성은 처벌할 만한 행위의 전제가 된다고 할 것이므로 그것은 구성요건요소가 되지 않을 수 없다. 판례도 마찬가지이다.

(3) 행위

폭행·협박이다. 폭행이란 사람에 대한 유형력의 행사를 의미하며, 협박은 해악을 고지하는 것을 말한다. 해악을 고지하는 방법에는 제한이 없다. 명시적 방법에 의하건 묵시적 방법에 의하건, 직접적이건 간접적이건 묻지 않는다. 폭행과 협박은 공무원에 대한 것임을 요하지만, 광의의 폭행·협박을 의미한다. 따라서 폭행은 반드시 사람의 신체에 대한 것임을 요하지 않고 물건에 대한 유형력의 행사일지라도 간접적으로 사람에 대한 것이면 족하다. 다만 폭행·협박은 공무집행을 방해할 수 있을 정도에 이를 것을 요하며, 적극적인 작위에 의할 것을 요한다. 본죄는 추상적 위험범이므로 공무원에 대하여 폭행·협박을 하면 본죄는 기수에 이르게 된다. 본죄의 미수범 처벌규정은 없다.

2. 주관적 구성요건

고의는 직무를 집행하는 공무원에 대하여 폭행·협박한다는 사실에 대한 인식을 의미한다. 직무집행의 적법성도 구성요건요소이므로 이에 대한 인식도 고의의 내용이 된다. 따라서 상대방이 공무원인 사실을 모르거나 적법성에 대한 착오는 사실의 착오로서 고의를 조각한다. 고의 이외에 공무집행을 방해할 의사가 있어야 한다고 해석하는 견해도 있지만 보호법익을 침해할 의사가 필요한 것은 아니므로 이는 부당하다.

3. 죄수 및 타죄와의 관계

(1) 죄수

본죄의 죄수를 결정하는 기준에 대하여 판례는 공무원의 수에 따라 결정하고 있으나, 본죄의 보호법익은 공무 자체이기 때문에 본죄의 죄수는 공무의 수를 기준으로 판단해야 한다. 따라서 하나의 공무를 집행하는 수인의 공무원을 폭행한 때에도 하나의 공무집행방해죄가 성립한다고 해야 한다.

(2) 타죄와의 관계

본죄와 폭행죄 또는 협박죄는 법조경합의 관계에 있다. 그러나 단순한 폭행·협박의 정도를 넘어 상해죄·살인죄·강도죄를 구성하는 경우에는 본죄와 상상적 경합의 관계가 된다.

> **판례** 직무집행의 해당 여부
>
> ① 불법주차 차량에 불법주차 스티커를 붙였다가 이를 다시 떼어 낸 직후에 있는 주차단속 공무원을 폭행한 경우, 폭행 당시 주차단속 공무원은 일련의 직무수행을 위하여 근무 중인 상태에 있었다고 보아야 한다는 이유로 공무집행방해죄의 성립을 인정한 사례(대판 1999.9.21. 99도383).
>
> ② [1] 형법 제136조 제1항의 공무집행방해죄에 있어서 '직무를 집행하는'이라 함은 공무원이 직무수행에 직접 필요한 행위를 현실적으로 행하고 있는 때만을 가리키는 것이 아니라 공무원이 직무수행을 위하여 근무 중인 상태에 있는 때를 포괄한다. 직무의 성질에 따라서는 그 직무수행의 과정을 개별적으로 분리하여 부분적으로 각각의 개시와 종료를 논하는 것이 부적절하거나, 여러 종류의 행위를 포괄하여 일련의 직무수행으로 파악함이 상당한 경우도 있다. [2] 야간 당직 근무 중인 청원경찰이 불법주차 단속요구에 응하여 현장을 확인만 하고 주간 근무자에게 전달하여 단속하겠다고 했다는 이유로 민원인이 청원경찰을 폭행한 사안에서, 야간 당직 근무자는 불법주차 단속권한은 없지만 민원 접수를 받아 다음 날 관련 부서에 전달하여 처리하고 있으므로 불법주차 단속업무는 야간 당직 근무자들의 민원업무이자 경비업무로서 공무집행방해죄의 '직무집행'에 해당하여 공무집행방해죄가 성립한다고 한 사례(대판 2009.1.15. 2008도9919).
>
> ③ 피고인이 국민기초생활보장법상 '자활근로자'로 선정되어 주민자치센터 사회복지담당 공무원의 복지도우미로 근무하던 갑을 협박하여 그 직무집행을 방해하였다는 내용으로 기소된 사안에서, 갑이 공무원으로서 공무를 담당하고 있었다고 볼 수 없다고 판단한 원심판결을 수긍한 사례(대판 2011.1.27. 2010도14484).

> **판례** 직무집행의 적법성의 요부
>
> ① 형법 제136조가 규정하는 공무집행방해죄는 공무원의 직무집행이 적법한 경우에 한하여 성립하고, 여기서 적법한 공무집행은 그 행위가 공무원의 추상적 권한에 속할 뿐 아니라 구체적 직무집행에 관한 법률상 요건과 방식을 갖춘 경우를 가리키므로, 검사나 사법경찰관이 수사기관에 자진출석한 사람을 긴급체포의 요건을 갖추지 못하였음에도 실력으로 체포하려고 하였다면 적법한 공무집행이라고 할 수 없고, 자진출석한 사람이 검사나 사법경찰관에 대하여 이를 거부하는 방법으로써 폭행을 하였다고 하여 공무집행방해죄가 성립하는 것은 아니다. 검사가 참고인 조사를 받는 줄 알

고 검찰청에 자진출석한 변호사사무실 사무장을 합리적 근거 없이 긴급체포하자 그 변호사가 이를 제지하는 과정에서 위 검사에게 상해를 가한 것이 정당방위에 해당한다고 본 사례(대판 2006.9.8. 2006도148).

② 원심판결 이유를 기록에 비추어 검토하여 보면, 원심이 그 채택 증거들을 종합하여 판시 사실을 인정한 다음, 교육인적자원부 장관이 대한의사협회에 이 사건 각 공청회의 개최를 통보함에 있어 행정절차법 제38조 제1항에서 정한 바에 따라 14일 전에 공청회의 일시와 장소 등을 통보하여야 함에도 이를 준수하지 못한 잘못이 있으나, 이 사건 각 공청회는 2002년경부터 꾸준히 논의되어 왔던 약학대학 학제개편 방안에 대한 의견을 수렴하기 위한 것으로, 대한의사협회도 2004. 12.경 "약사양성 학제 개선의 타당성 연구"를 통하여 그 문제점을 검토한 바 있어 대한의사협회 회원들이 위 공청회의 토론주제에 대하여 이미 충분히 인식하고 있었다고 보일 뿐만 아니라, 대한의사협회는 토론자를 지정하여 의견을 발표할 기회를 제공받았고 피고인들 등 대한의사협회 회원들이 이 사건 각 공청회에 참석한 이상, 위 공청회 개최 통지 절차 위반은 경미한 흠에 불과하고 이 사건 각 공청회 개최를 형법상 보호대상에서 제외되는 부적법한 직무행위라고 평가할 수 있는 정도는 아니라고 판단한 조치는, 위 법리에 따른 것으로 정당하고 거기에 상고이유로 주장하는 바와 같은 공무집행방해죄에 관한 법리오해 등의 위법이 있다고 할 수 없다(대판 2007.10.12. 2007도6088).

③ [1] 경찰관 직무집행법은 경찰관이 국민의 자유와 권리를 보호하고 사회공공의 질서를 유지하기 위하여 직무 수행에 필요한 사항을 정하면서 경찰관의 직권은 직무 수행에 필요한 최소한도에서 행사되어야 한다고 정하고 있다(제1조). 경찰관 직무집행법 제2조는 경찰관 직무의 범위로 국민의 생명·신체·재산의 보호(제1호), 범죄의 예방·진압·수사(제2호), 범죄피해자 보호(제2호의2), 공공의 안녕과 질서 유지(제7호)를 포함하고 있다. 주거지에서 음악 소리를 크게 내거나 큰 소리로 떠들어 이웃을 시끄럽게 하는 행위는 경범죄 처벌법 제3조 제21호에서 경범죄로 정한 '인근소란 등'에 해당한다. 경찰관은 경찰관 직무집행법에 따라 경범죄에 해당하는 행위를 예방·진압·수사하고, 필요한 경우 제지할 수 있다. [2] 위와 같은 상황에서 공소외 1과 공소외 2가 피고인의 집으로 통하는 전기를 일시적으로 차단한 것은 피고인을 집 밖으로 나오도록 유도한 것으로서, 피고인의 범죄행위를 진압·예방하고 수사하기 위해 필요하고도 적절한 조치로 보이고, 경찰관 직무집행법 제1조의 목적에 맞게 제2조의 직무 범위 내에서 제6조에서 정한 즉시강제의 요건을 충족한 적법한 직무집행으로 볼 여지가 있다. [3] 피고인은 평소 집에서 심한 고성과 욕설, 시끄러운 음악 소리 등으로 이웃 주민들로부터 수회에 걸쳐 112신고가 있어 왔던 사람인데, 피고인의 집이 소란스럽다는 112신고를 받고 출동한 경찰관 갑, 을이 인터폰으로 문을 열어달라고 하였으나 욕설을 하였고, 경찰관들이 피고인을 만나기 위해 전기차단기를 내리자 화가 나 식칼을 들고 나와 욕설을 하면서 경찰관들을 향해 찌를 듯이 협박함으로써 갑, 을의 112신고 업무 처리에 관한 직무집행을 방해하였다고 하여 특수공무집행방해로 기소된 사안에서, 공소사실을 무죄로 판단한 원심판결에 필요한 심리를 다하지 않은 채 논리와 경험의 법칙에 반하여 자유심증주의의 한계를 벗어나거나 경찰관 직무집행법의 해석과 적용, 공무집행의 적법성 등에 관한 법리를 오해한 잘못이 있다고 한 사례(대판 2018.12.13. 2016도19417).

판례 — 적법성의 요건

- [1] 공무집행방해죄는 공무원의 적법한 공무집행이 전제가 되고, 그 공무집행이 적법하기 위하여는 그 행위가 당해 공무원의 추상적인 직무권한에 속할 뿐 아니라 구체적으로도 그 권한 내에

있어야 하며, 또한 직무행위로서의 중요한 방식을 갖추어야 한다. [2] 노동조합관계자들과 사용자측 사이의 다툼을 수습하려 하였으나 노동조합측이 지시에 따르지 않자 경비실 밖으로 나와 회사의 노사분규 동향을 파악하거나 파악하기 위해 대기 또는 준비 중이던 <u>근로감독관을 폭행한 행위는 공무집행방해죄를</u> 구성한다고 한 사례(대판 2002.4.12. 2000도3485).

판례 | 현행범체포·긴급체포의 적법성 여부

① [1] 공무집행방해죄는 공무원의 적법한 공무집행이 전제로 된다 할 것이고, <u>그 공무집행이 적법하기 위하여는 그 행위가 당해 공무원의 추상적 직무 권한에 속할 뿐 아니라 구체적으로도 그 권한 내에 있어야 하며 또한 직무행위로서의 중요한 방식을 갖추어야 한다고 할 것이며, 추상적인 권한에 속하는 공무원의 어떠한 공무집행이 적법한지 여부는 행위 당시의 구체적 상황에 기하여 객관적 합리적으로 판단하여야 하고 사후적으로 순수한 객관적 기준에서 판단할 것은 아니라고 할 것이다.</u> [2] 법정형이 긴급구속사유에 해당하지 않는 범죄혐의로 기소중지된 공소외인을 경찰관들이 검거하는 과정에서 그 구원을 요청받은 피고인 등의 폭행으로 공무집행이 방해되었다는 공소사실에 대하여 경찰관들이 임의동행을 거절하는 공소외인을 강제로 연행하려고 한 것이라면 이는 적법한 공무집행에 해당하지 아니하므로 강제적인 임의동행을 거부하는 방법으로서 경찰관을 폭행·협박을 하여도 공무집행방해죄는 성립하지 아니한다(대판 1991.5.10. 91도453). [해설] 공무집행방해죄의 전제가 되는 공무집행의 적법성에 대한 판단기준을 제시하고 있는 판결.

② 피고인이 교통단속 경찰관의 면허증 제시 요구에 응하지 않고 교통경찰관을 폭행한 사안에 대하여 경찰관의 면허증 제시 요구에 순순히 응하지 않은 것은 잘못이라고 하겠으나, 피고인이 위 경찰관에게 먼저 폭행 또는 협박을 가한 것이 아니라면 경찰관의 오만한 단속 태도에 항의한다고 하여 피고인을 그 의사에 반하여 교통초소로 연행해 갈 권한은 경찰관에게 없는 것이므로, 이러한 강제연행에 항거하는 와중에서 경찰관의 멱살을 잡는 등 폭행을 가하였다고 하여도 공무집행방해죄가 성립되지 않는다고 할 것인바, 위 경찰관의 직무집행행위의 적법성에 대한 검토를 다하지 아니한 원심판결에는 법리오해 및 심리미진의 위법이 있다(대판 1992.2.11. 91도2797).

③ 피고인이 경찰관의 불심검문을 받아 운전면허증을 교부한 후 경찰관에게 큰 소리로 욕설을 하였는데, <u>경찰관이 모욕죄의 현행범으로 체포하겠다고 고지한 후 피고인의 오른쪽 어깨를 붙잡자 반항하면서 경찰관에게 상해를 가한 사안에서, 피고인은 경찰관의 불심검문에 응하여 이미 운전면허증을 교부한 상태이고, 경찰관뿐 아니라 인근 주민도 욕설을 직접 들었으므로, 피고인이 도망하거나 증거를 인멸할 염려가 있다고 보기는 어렵고, 피고인의 모욕 범행은 불심검문에 항의하는 과정에서 저지른 일시적, 우발적인 행위로서 사안 자체가 경미할 뿐 아니라, 피해자인 경찰관이 범행현장에서 즉시 범인을 체포할 급박한 사정이 있다고 보기도 어려우므로, 경찰관이 피고인을 체포한 행위는 적법한 공무집행이라고 볼 수 없고, 피고인이 체포를 면하려고 반항하는 과정에서 상해를 가한 것은 불법체포로 인한 신체에 대한 현재의 부당한 침해에서 벗어나기 위한 행위로서 정당방위에 해당한다</u>는 이유로, 피고인에 대한 상해 및 공무집행방해의 공소사실을 무죄로 인정한 원심판단을 수긍한 사례(대판 2011.5.26. 2011도3682).

④ [1] 형법 제136조가 규정하는 공무집행방해죄는 공무원의 직무집행이 적법한 경우에 한하여 성립하

것이고, 여기서 적법한 공무집행이라고 함은 그 행위가 공무원의 추상적 권한에 속할 뿐 아니라 구체적 직무집행에 관한 법률상 요건과 방식을 갖춘 경우를 가리키는 것이므로, 이러한 적법성이 결여된 직무행위를 하는 공무원에게 대항하여 폭행을 가하였다고 하더라도 이를 공무집행방해죄로 다스릴 수는 없다. [2] 공소외인의 행위가 법정형 5만 원 이하의 벌금, 구류 또는 과료에 해당하는 경미한 범죄에 불과한 경우 비록 그가 현행범인이라고 하더라도 영장 없이 체포할 수는 없고, 또한 범죄의 사전 진압이나 교통단속의 목적만을 이유로 그에게 임의동행을 강요할 수도 없다 할 것이므로, 경찰관이 그의 의사에 반하여 강제로 연행하려고 한 행위는 적법한 공무집행이라고 볼 수 없고, 따라서 피고인이 위 경찰관의 행위를 제지하기 위하여 경찰관에게 폭행을 가하였다고 하여도 이는 공무집행방해죄를 구성하지 아니한다(대판 2011.5.26. 2010도10305, 대판 1992.5.22. 92도506).

⑤ [1] 구 경찰관 직무집행법(2011. 8. 4. 법률 제11031호로 개정되기 전의 것)은 제2조 제1호에서 경찰관이 수행하는 직무 중 하나로 '범죄의 예방'을 정하고 있고(현행법에서는 제2조 제2호에서 동일한 내용을 규정하고 있다), 제6조 제1항에서 "경찰관은 범죄행위가 목전에 행하여지려고 하고 있다고 인정될 때에는 이를 예방하기 위하여 관계인에게 필요한 경고를 하고, 그 행위로 인하여 인명·신체에 위해를 끼치거나 재산에 중대한 손해를 끼칠 우려가 있어 긴급을 요하는 경우에는 그 행위를 제지할 수 있다."라고 정하고 있다(현행법에서는 제6조에서 동일한 내용을 규정하고 있다). 위 법률에 따라 범죄를 예방하기 위한 경찰관의 제지 조치가 적법한 직무집행으로 평가될 수 있기 위해서는 형사처벌의 대상이 되는 행위가 눈앞에서 막 이루어지려고 하는 것이 객관적으로 인정될 수 있는 상황이고, 그 행위를 당장 제지하지 않으면 곧 생명·신체에 위해를 미치거나 재산에 중대한 손해를 끼칠 우려가 있는 상황이어서, 직접 제지하는 방법 외에는 위와 같은 결과를 막을 수 없는 절박한 사태가 있어야 한다. [2] 검사 또는 사법경찰관리가 현행범인을 체포하는 경우에는 반드시 피의사실의 요지, 체포의 이유와 변호인을 선임할 수 있음을 말하고 변명할 기회를 주어야 한다(형사소송법 제213조의2, 제200조의5). 이와 같은 고지는 체포를 위한 실력행사에 들어가기 전에 미리 하는 것이 원칙이다. 그러나 달아나는 피의자를 쫓아가 붙들거나 폭력으로 대항하는 피의자를 실력으로 제압하는 경우에는 붙들거나 제압하는 과정에서 고지하거나, 그것이 여의치 않은 경우에는 일단 붙들거나 제압한 후에 지체없이 고지하여야 한다. [3] 형법 제136조가 규정하는 공무집행방해죄는 공무원의 직무집행이 적법한 경우에 한하여 성립한다. 이때 <u>적법한 공무집행은 그 행위가 공무원의 추상적 권한에 속할 뿐 아니라 구체적 직무집행에 관한 법률상 요건과 방식을 갖춘 경우를 가리키므로, 경찰관이 적법절차를 준수하지 않은 채 실력으로 현행범인을 연행하려 하였다면 적법한 공무집행이라고 할 수 없다.</u> [4] 어떠한 행위가 정당방위로 인정되려면 그 행위가 자기 또는 타인의 법익에 대한 현재의 부당한 침해를 방어하기 위한 것으로서 상당성이 있어야 하므로, 위법하지 않은 정당한 침해에 대한 정당방위는 인정되지 않는다. 이때 방위행위가 사회적으로 상당한 것인지는 침해행위에 의해 침해되는 법익의 종류와 정도, 침해의 방법, 침해행위의 완급, 방위행위에 의해 침해될 법익의 종류와 정도 등 일체의 구체적 사정들을 참작하여 판단하여야 한다. 또한 자기의 법익뿐 아니라 타인의 법익에 대한 현재의 부당한 침해를 방위하기 위한 행위도 상당한 이유가 있으면 형법 제21조의 정당방위에 해당하여 위법성이 조각된다(대판 2017.3.15. 2013도2168).

판례 | 공무집행방해죄 성립 판례

① 검문 중이던 경찰관들이, 자전거를 이용한 날치기 사건 범인과 흡사한 인상착의의 피고인이 자전거를 타고 다가오는 것을 발견하고 정지를 요구하였으나 멈추지 않아, 앞을 가로막고 소속과 성명을 고지한 후 검문에 협조해 달라는 취지로 말하였음에도 불응하고 그대로 전진하자, 따라가서 재차 앞을 막고 검문에 응하라고 요구하였는데, 이에 피고인이 경찰관들의 멱살을 잡아 밀치거나 욕설을 하는 등 항의하여 공무집행방해 등으로 기소된 사안에서, 범행의 경중, 범행과의 관련성, 상황의 긴박성, 혐의의 정도, 질문의 필요성 등에 비추어 경찰관들은 목적 달성에 필요한 최소한의 범위 내에서 사회통념상 용인될 수 있는 상당한 방법을 통하여 경찰관직무집행법 제3조 제1항에 규정된 자에 대해 의심되는 사항을 질문하기 위하여 정지시킨 것으로 보아야 하는데도, 이와 달리 경찰관들의 불심검문이 위법하다고 보아 피고인에게 무죄를 선고한 원심판결에 불심검문의 내용과 한계에 관한 법리오해의 위법이 있다고 한 사례(대판 2012.9.13. 2010도6203).

② 피고인이 갑 시청 옆 일반국도인 도로의 보도에서 철야농성을 위해 천막을 설치하던 중 이를 제지하는 갑 시청 소속 공무원들에게 폭행을 가한 사안에서, 정당한 사유 없이 보도에 천막을 설치하여 교통에 지장을 끼치는 등 도로법 제45조에 규정된 금지행위를 하는 데 대하여 <u>도로 관리청 소속 공무원이 도로 관리의 목적으로 이를 제지하고 시설물의 설치를 완성하지 못하도록 막는 등의 행위는 도로의 본래 목적을 달성하도록 하기 위한 합리적 상당성이 있는 조치로서 포괄적인 도로관리권의 행사 범주에 속하므로</u>, 도로관리권에 근거한 공무집행을 하는 공무원에 대하여 폭행 등을 가한 피고인의 행위는 공무집행방해죄를 구성한다고 한 사례(대판 2014.2.13. 2011도10625).

판례 | 공무집행방해죄 불성립 판례

• 구 집회 및 시위에 관한 법률(2007. 5. 11. 법률 제8424호로 개정되기 전의 것)에 의하여 금지되어 그 주최 또는 참가행위가 형사처벌의 대상이 되는 <u>위법한 집회·시위가 장차 특정지역에서 개최될 것이 예상된다고 하더라도, 이와 시간적·장소적으로 근접하지 않은 다른 지역에서 그 집회·시위에 참가하기 위하여 출발 또는 이동하는 행위를 함부로 제지하는 것은 경찰관직무집행법 제6조 제1항의 행정상 즉시강제인 경찰관의 제지의 범위를 명백히 넘어 허용될 수 없다. 따라서 이러한 제지 행위는 공무집행방해죄의 보호대상이 되는 공무원의 적법한 직무집행이 아니다</u>(대판 2008.11.13. 2007도9794).

판례 | 직무집행의 절차와 방식의 적법성 여부

① 경찰관의 행위가 적법한 공무집행을 벗어나 불법하게 체포한 것으로 볼 수밖에 없다면, 그 체포를 면하려고 반항하는 과정에서 경찰관에게 상해를 가한 것은 불법 체포로 인한 신체에 대한 현재의 부당한 침해에서 벗어나기 위한 행위로서 정당방위에 해당하여 위법성이 조각된다고 한 사례(대판 2000.7.4. 99도4341).

② 현행범인으로서의 요건을 갖추고 있었다고 인정되지 않는 상황에서 경찰관들이 동행을 거부하는 자를 체포하거나 강제로 연행하려고 하였다면, 이는 적법한 공무집행이라고 볼 수 없고,

그 체포를 면하려고 반항하는 과정에서 경찰관에게 상해를 가한 것은 불법 체포로 인한 신체에 대한 현재의 부당한 침해에서 벗어나기 위한 행위로서 정당방위에 해당하여 위법성이 조각된다(대판 2002.5.10. 2001도300).

③ 사법경찰관 등이 체포영장을 소지하고 피의자를 체포하기 위하여는 체포 당시에 피의자에 대한 범죄사실의 요지, 구속의 이유와 변호인을 선임할 수 있음을 말하고 변명할 기회를 주어야 하는데, 이와 같은 고지는 체포를 위한 실력행사에 들어가기 이전에 미리 하여야 하는 것이 원칙이나, 달아나는 피의자를 쫓아가 붙들거나 폭력으로 대항하는 피의자를 실력으로 제압하는 경우에는 붙들거나 제압하는 과정에서 하거나, 그것이 여의치 않은 경우에라도 일단 붙들거나 제압한 후에 지체 없이 행하여야 한다(대판 2004.8.30. 2004도3212).

④ 형법 제136조의 공무집행방해죄는 공무원의 직무집행이 적법한 경우에 한하여 성립하고, 그 공무집행이 적법하려면 그 행위가 당해 공무원의 추상적 직무권한에 속할 뿐 아니라 구체적으로도 그 권한 내에 있어야 하며, 또한 직무행위의 중요한 방식을 갖추어야 한다. 한편, 구 형사소송법(2007. 12. 21. 법률 제8730호로 개정되기 전의 것) 제213조의2, 제72조의 규정 등에 의하면 사법경찰관리가 현행범인을 체포하는 경우에는 반드시 범죄사실의 요지, 체포의 이유와 변호인을 선임할 수 있음을 말하고 변명할 기회를 주어야 하고, 이와 같은 고지는 체포를 위한 실력행사에 들어가기 이전에 미리 하여야 하는 것이 원칙이나, 달아나는 피의자를 쫓아가 붙들거나 폭력으로 대항하는 피의자를 실력으로 제압하는 경우에는 붙들거나 제압하는 과정에서 하거나, 그것이 여의치 않은 경우에라도 일단 붙들거나 제압한 후에 지체없이 행하였다면 경찰관의 현행범인 체포는 적법한 공무집행이라고 할 수 있다(대판 2008.10.9. 2008도3640).

⑤ 출입국관리공무원이 관리자의 사전 동의 없이 사업장에 진입하여 불법체류자 단속업무를 개시한 사안에서, 공무집행행위의 적법성이 부인되어 공무집행방해죄가 성립하지 않는다고 한 사례(대판 2009.3.12. 2008도7156).

⑥ 공무집행방해죄는 공무원의 직무집행이 적법한 경우에 성립하는 것이고, 여기서 적법한 공무집행이란 그 행위가 공무원의 추상적 권한에 속할 뿐 아니라 구체적으로도 그 권한 내에 있어야 하며, 직무행위로서의 요건과 방식을 갖추어야 하고, 공무원의 어떠한 공무집행이 적법한지 여부는 행위 당시의 구체적 상황에 기하여 객관적·합리적으로 판단하여야 한다(대판 2014.5.29. 2013도2285).

⑦ 경찰관직무집행법(이하 '법'이라 한다) 제3조 제4항은 경찰관이 불심검문을 하고자 할 때에는 자신의 신분을 표시하는 증표를 제시하여야 한다고 규정하고, 경찰관직무집행법 시행령 제5조는 위 법에서 규정한 신분을 표시하는 증표는 경찰관의 공무원증이라고 규정하고 있는데, 불심검문을 하게 된 경위, 불심검문 당시의 현장상황과 검문을 하는 경찰관들의 복장, 피고인이 공무원증 제시나 신분 확인을 요구하였는지 여부 등을 종합적으로 고려하여, 검문하는 사람이 경찰관이고 검문하는 이유가 범죄행위에 관한 것임을 피고인이 충분히 알고 있었다고 보이는 경우에는 신분증을 제시하지 않았다고 하여 그 불심검문이 위법한 공무집행이라고 할 수 없다(대판 2014.12.11. 2014도7976).

⑧ 경찰관들이 체포영장을 소지하고 메트암페타민(일명 필로폰) 투약 등 혐의로 피고인을 체포하려고 하자, 피고인이 이에 거세게 저항하는 과정에서 경찰관들에게 상해를 가하였다고 하여 공무집행방해 및 상해의 공소사실로 기소된 사안에서, 피고인이 경찰관들과 마주하자마자 도망가려는 태도를 보이거나 먼저 폭력을 행사하며 대항한 바 없는 등 경찰관들이 체포를 위한 실력행사에 나아가기 전에 체포영장을 제시하고

미란다 원칙을 고지할 여유가 있었음에도 애초부터 미란다 원칙을 체포 후에 고지할 생각으로 먼저 체포행위에 나선 행위는 적법한 공무집행이라고 보기 어렵다는 등의 이유로 공소사실에 대하여 무죄를 선고한 원심판단이 정당하다고 한 사례(대판 2017.9.21. 2017도10866, 대판 2011.5.26. 2011도3682, 대판 2000. 7.4. 99도4341).

⑨ [1] 사법경찰관리가 벌금형을 받은 사람을 그에 따르는 노역장유치의 집행을 위하여 구인하려면 검사로부터 발부받은 형집행장을 그 상대방에게 제시하여야 하지만(형사소송법 제85조 제1항 참조), 형집행장을 소지하지 아니한 경우에 급속을 요하는 때에는 그 상대방에 대하여 형집행사유와 형집행장이 발부되었음을 고하고 집행할 수 있다(형사소송법 제85조 제3항 참조). 그리고 형집행장의 제시 없이 구인할 수 있는 '급속을 요하는 때'란 애초 사법경찰관리가 적법하게 발부된 형집행장을 소지할 여유가 없이 형집행의 상대방을 조우한 경우 등을 가리킨다. 이때 사법경찰관리가 벌금 미납으로 인한 노역장 유치의 집행의 상대방에게 형집행 사유와 더불어 벌금 미납으로 인한 지명수배 사실을 고지하였더라도 특별한 사정이 없는 한 그러한 고지를 형집행장이 발부되어 있는 사실도 고지한 것이라거나 형집행장이 발부되어 있는 사실까지도 포함하여 고지한 것이라고 볼 수 없으므로, 이와 같은 사법경찰관리의 직무집행은 적법한 직무집행에 해당한다고 할 수 없다. [2] 경찰관 갑이 도로를 순찰하던 중 벌금 미납으로 지명수배된 피고인과 조우하게 되어 벌금 미납 사실을 고지하고 벌금납부를 유도하였으나 피고인이 이를 거부하자 벌금 미납으로 인한 노역장 유치의 집행을 위하여 구인하려 하였는데, 피고인이 이에 저항하여 갑의 가슴을 양손으로 수차례 밀침으로써 벌금수배자 검거를 위한 경찰관의 공무집행을 방해하였다는 내용으로 기소된 사안에서, 피고인에 대하여 확정된 벌금형의 집행을 위하여 형집행장이 이미 발부되어 있었으나, 갑이 피고인을 구인하는 과정에서 형집행장이 발부되어 있는 사실은 고지하지 않았던 사정에 비추어 갑의 위와 같은 직무집행은 위법하다고 보아 공소사실을 무죄로 판단한 원심판결이 정당하다고 한 사례(대판 2017.9.26. 2017도9458, 대판 2013.9.12. 2012도2349, 대판 2010.10.14. 2010도8591).

⑩ [1] 도로교통법 제44조 제2항은 경찰공무원은 교통의 안전과 위험방지를 위하여 필요하다고 인정하거나 술에 취한 상태에서 자동차등을 운전하였다고 인정할 만한 상당한 이유가 있는 때에는 운전자가 술에 취하였는지의 여부를 호흡조사에 의하여 측정할 수 있고, 이 경우 운전자는 경찰공무원의 측정에 응하여야 한다고 규정한다. [2] 음주운전 신고를 받고 출동한 경찰관이 만취한 상태로 시동이 걸린 차량 운전석에 앉아있는 피고인을 발견하고 음주측정을 위해 하차를 요구함으로써 도로교통법 제44조 제2항이 정한 음주측정에 관한 직무에 착수하였다고 할 것이고, 피고인이 차량을 운전하지 않았다고 다투자 경찰관이 지구대로 가서 차량 블랙박스를 확인하자고 한 것은 음주측정에 관한 직무 중 '운전' 여부 확인을 위한 임의동행 요구에 해당하고, 피고인이 차량에서 내리자마자 도주한 것을 임의동행 요구에 대한 거부로 보더라도, 경찰관이 음주측정에 관한 직무를 계속하기 위하여 피고인을 추격하여 도주를 제지한 것은 앞서 본 바와 같이 도로교통법상 음주측정에 관한 일련의 직무집행 과정에서 이루어진 행위로써 정당한 직무집행에 해당한다(대판 2020.8.20. 2020도7193). [해설] 원심은 다음과 같은 사실관계에서, 경찰관 이○○이 피고인에게 음주측정을 요구한 것은 도로교통법 제44조 제2항에 근거한 적법한 직무집행이고, 정당한 이유 없이 위와 같은 음주측정 요구에 불응하면서 경찰관 이○○을 폭행하였다면 공무집행방해죄가 성립한다고 판단함. ① 경찰관 이○○, 황○○은 음주운전을 하려는 사람이 있다는 112 신고를 받고 현장에 출동하여 만취한 상태로 시동이 걸린 차량의 운전석에 앉아있는 피고인을 발견함. ② 경찰관들이 순찰차에서 내려 피고인의 차량에 다가가 피고인에게 음주운전을 했다는 신고가 있으니 음주측정을 위해 차량의 시동을 끄고 내리라고 요구했

지만 피고인은 운전을 하지 않았다고 하면서 하차하지 않았고, 이에 경찰관이 신고자에게 연락하여 피고인이 운전하는 것을 목격하였는지 물어 차량이 10㎝ 정도 움직였다는 답변을 들었음. 당시 경찰관이 음주감지기 내지 음주측정기를 직접 소지하지는 않았지만 근처에 주차된 순찰차에 보관하고 있었음. ③ 경찰관이 하차를 계속 거부하는 피고인에게 지구대로 가 차량에 설치된 블랙박스 영상을 재생하여 보는 방법으로 운전 여부를 확인하자고 하자 피고인은 명시적인 거부 의사표시 없이 차량에서 내리더니 곧바로 도주하였음. ④ 경찰관 이○○이 피고인을 10m 정도 추격하여 피고인의 앞을 가로막는 방법으로 제지한 뒤 '그냥 가면 어떻게 하느냐'는 취지로 말하자 피고인이 위 경찰관의 뺨을 때렸고, 계속하여 도주하고 폭행하려고 하자 경찰관이 피고인을 공무집행방해죄의 현행범으로 체포하였음. 대법원은 피고인이 도주하는 방법으로 차량 블랙박스 확인을 위한 임의동행 요구를 거부하였더라도 이미 착수한 음주측정에 관한 직무를 계속하기 위하여 피고인의 도주를 제지하는 것은 도로교통법상 음주측정에 관한 일련의 직무집행 과정에서 이루어진 행위로써 정당한 직무집행에 해당한다고 판단하여 피고인의 상고를 기각함.

⑪ [1] 원심은, ① 피고인에 대해 「성폭력범죄의 처벌 등에 관한 특례법」(이하 '성폭력처벌법'이라고 한다) 위반(비밀준수등) 범행으로 체포영장이 발부되어 있었던 사실, ② '피고인의 차량이 30분 정도 따라온다'는 내용의 112신고를 받고 현장에 출동한 경찰관들이 승용차에 타고 있던 피고인의 주민등록번호를 조회하여 피고인에 대한 체포영장이 발부된 것을 확인한 사실, ③ 경찰관들이 피고인에게 '성폭력처벌법위반으로 수배가 되어 있는바, 변호인을 선임할 수 있고 묵비권을 행사할 수 있으며, 체포적부심을 청구할 수 있고 변명의 기회가 있다'고 고지하며 하차를 요구한 사실을 인정한 후, 이 사건 당시 경찰관들이 체포영장을 소지할 여유 없이 우연히 그 상대방을 만난 경우로서 체포영장의 제시 없이 체포영장을 집행할 수 있는 '급속을 요하는 때'에 해당하므로, 경찰관들이 체포영장의 제시 없이 피고인을 체포하려고 시도한 행위는 적법한 공무집행이라고 판단하였다. [2] 나아가 원심은, 위와 같이 경찰관들이 체포영장을 근거로 체포절차에 착수하였으나 피고인이 흥분하며 타고 있던 승용차를 출발시켜 경찰관들에게 상해를 입히는 범죄를 추가로 저지르자, 경찰관들이 위 승용차를 멈춘 후 저항하는 피고인을 별도 범죄인 특수공무집행방해치상의 현행범으로 체포한 사실을 인정한 후, 이와 같이 <u>경찰관이 체포영장에 기재된 범죄사실이 아닌 새로운 피의사실인 특수공무집행방해치상을 이유로 피고인을 현행범으로 체포하였고, 현행범 체포에 관한 제반 절차도 준수하였던 이상 피고인에 대한 체포 및 그 이후 절차에 위법이 없다고 판단</u>한 후, 이 사건 공소사실을 유죄로 판단한 제1심판결을 그대로 유지하였다. [3] 원심이 든 위 사정들과 함께 <u>이 사건 당시 체포영장에 의한 체포절차가 착수된 단계에 불과하였고, 피고인에 대한 체포가 체포영장과 관련 없는 새로운 피의사실인 특수공무집행방해치상을 이유로 별도의 현행범 체포 절차에 따라 진행된 이상, 집행 완료에 이르지 못한 체포영장을 사후에 피고인에게 제시할 필요는 없는 점까지 더하여 보면, 피고인에 대한 체포절차가 적법하다는 원심의 판단이 타당하다</u>(대판 2021.6.24. 2021도3791). [해설] 긴급을 요하여 체포영장을 제시하지 않은 채 체포영장에 기한 체포 절차에 착수하였으나, 이에 피고인이 저항하면서 경찰관을 폭행하는 등 행위를 하여 특수공무집행방해의 현행범으로 체포한 후 체포영장을 별도로 제시하지 않은 사안에서, 피고인에 대한 체포절차가 적법하다고 판단한 원심을 수긍한 사례.

⑫ [1] 형법 제136조 제1항에 규정된 공무집행방해죄에서 '직무를 집행하는'이라 함은 공무원이 직무수행에 직접 필요한 행위를 현실적으로 행하고 있는 때만을 가리키는 것이 아니라 공무원이 직무수행을 위하여 근무 중인 상태에 있는 때를 포괄하고, <u>직무의 성질에 따라서는 그 직무수행의 과정을 개별적으로 분리하여 부분적으로 각각의 개시와 종료를 논하는 것이 부적절하고 여러 종류의 행위를 포괄하여 일련의 직무수행으로 파악함이 상당한 경우가 있다</u>(대법원 1999. 9. 21. 선고 99도383 판

결, 대법원 2002. 4. 12. 선고 2000도3485 판결 등 참조). [2] 공무집행방해죄는 공무원의 적법한 공무집행이 전제되어야 하고, **공무집행이 적법하기 위해서는 그 행위가 공무원의 추상적 직무 권한에 속할 뿐만 아니라 구체적으로 그 권한 내에 있어야 하며, 직무행위로서 중요한 방식을 갖추어야 한다. 추상적인 권한은 반드시 법령에 명시되어 있을 필요는 없다. 추상적인 권한에 속하는 공무원의 어떠한 공무집행이 적법한지는 행위 당시의 구체적 상황에 기초를 두고 객관적·합리적으로 판단해야 하고, 사후적으로 순수한 객관적 기준에서 판단할 것은 아니다**(대법원 1991. 5. 10. 선고 91도453 판결, 대법원 2013. 11. 28. 선고 2003도5234 판결 등 참조)(대판 2022.3.17. 2021도13883). [해설] 시청청사 내 주민생활복지과 사무실에서 소란을 피우던 피고인을 민원 담당 공무원이 제지하며 사무실 밖으로 데리고 나가려고 하자 피고인이 담당 공무원을 폭행하여, 공무집행방해 등 혐의로 기소된 사안에서, 원심은 피고인을 사무실 밖으로 데리고 나간 공무원의 행위가 주민생활복지에 대한 통합조사 및 민원업무에 관한 직무라는 추상적 권한에 포함되거나 구체적 직무집행에 관한 법률상 요건과 방식을 갖춘 적법한 직무집행에 해당한다고 볼 증거가 없다는 이유로, 주위적 공소사실인 공무집행방해 부분을 무죄로 판단하였음. 대법원은, 피고인의 욕설과 소란으로 인해 정상적인 민원 상담이 이루어지지 아니하고 다른 민원 업무 처리에 장애가 발생하는 상황이 지속되자 피고인을 사무실 밖으로 데리고 나간 공무원의 행위는 민원 안내 업무와 관련된 일련의 직무수행으로 포괄하여 파악하여야 하고, 담당 공무원이 피고인을 사무실 밖으로 데리고 나가는 과정에서 피고인의 팔을 잡는 등 다소의 물리력을 행사하였다고 하더라도 이는 피고인의 불법행위를 사회적 상당성이 있는 방법으로 저지한 것에 불과하므로 위법하다고 볼 수 없다고 판단하여, 공무집행방해죄가 성립한다고 보아 원심판결을 파기환송함.

판례 적법성의 판단시점

- 공무집행방해죄는 공무원의 적법한 공무집행이 전제로 되는데, 추상적인 권한에 속하는 공무원의 어떠한 공무집행이 적법한지 여부는 행위 당시의 구체적 상황에 기하여 객관적·합리적으로 판단하여야 하고 사후적으로 순수한 객관적 기준에서 판단할 것은 아니다. 마찬가지로 현행범 체포의 적법성은 체포 당시의 구체적 상황을 기초로 객관적으로 판단하여야 하고, 사후에 범인으로 인정되었는지에 의할 것은 아니다(대판 2013.8.23. 2011도4763).

판례 적법성의 체계적 지위

- 위 공소외 1의 체포행위는 적법한 공무집행이라고 볼 수 없으므로 공무집행방해죄의 구성요건을 충족하지 아니하고, 피고인이 위 공소외 1의 위와 같은 체포를 면하려고 반항하는 과정에서 그에게 상해를 가한 것은 불법체포로 인한 신체에 대한 현재의 부당한 침해에서 벗어나기 위한 행위로서 정당방위에 해당하여 위법성이 조각된다고 할 것임에도 불구하고, 위 공소외 1의 피고인에 대한 행위를 적법한 공무집행으로 보아 위 공소사실을 유죄로 인정한 제1심 판결을 그대로 유지한 원심판결에는 공무집행방해죄 및 상해죄에 관한 법리를 오해하거나 심리를 다하지 아니한 위법이 있다고 할 것이다(대판 2006.11.23. 2006도2732).

판례 공무집행방해죄의 폭행

① 경찰관이 공무를 집행하고 있는 파출소 사무실의 바닥에 인분이 들어있는 물통을 집어던지고 책상 위에 있던 재떨이에 인분을 퍼 담아 사무실 바닥에 던지는 행위는 동 경찰관에 대한 폭행이다(대판 1981.3.24. 81도326).

② 민주사회에서 공무원의 직무수행에 대한 시민들의 건전한 비판과 감시는 가능한 한 널리 허용되어야 한다는 점에서 볼 때, 공무원의 직무 수행에 대한 비판이나 시정 등을 요구하는 집회·시위 과정에서 일시적으로 상당한 소음이 발생하였다는 사정만으로는 이를 공무집행방해죄에서의 음향으로 인한 폭행이 있었다고 할 수는 없다. 그러나 의사전달수단으로서 합리적 범위를 넘어서 상대방에게 고통을 줄 의도로 음향을 이용하였다면 이를 폭행으로 인정할 수 있을 것인바, 구체적인 상황에서 공무집행방해죄에서의 음향으로 인한 폭행에 해당하는지 여부는 음량의 크기나 음의 높이, 음향의 지속시간, 종류, 음향발생 행위자의 의도, 음향발생원과 직무를 집행 중인 공무원과의 거리, 음향발생 당시의 주변 상황을 종합적으로 고려하여 판단하여야 한다(대판 2009.10.29. 2007도3584).

③ 피고인이 노조원들과 함께 경찰관인 피해자들이 파업투쟁 중인 공장에 진입할 경우에 대비하여 그들의 부재 중에 미리 윤활유나 철판조각을 바닥에 뿌려 놓은 것에 불과하고, 위 피해자들이 이에 미끄러져 넘어지거나 철판조각에 찔려 다쳤다는 것에 지나지 않은 사안에서, 피고인 등이 위 윤활유나 철판조각을 위 피해자들의 면전에서 그들의 공무집행을 방해할 의도로 뿌린 것이라는 등의 특별한 사정이 있는 경우는 별론으로 하고 이를 가리켜 위 피해자들에 대한 유형력의 행사, 즉 폭행에 해당하는 것으로 볼 수 없는데도, 피고인의 위 행위를 특수공무집행방해치상죄로 의율한 원심의 조치에 법리오해 또는 사실오인의 위법이 있다고 한 사례(대판 2010.12.23. 2010도7412).

④ 피고인이 지구대 내에서 약 1시간 40분 동안 큰 소리로 경찰관을 모욕하는 말을 하고, 그곳 의자에 드러눕거나 다른 사람들에게 시비를 걸고 그 과정에서 경찰관들이 피고인을 내보낸 뒤 문을 잠그자 다시 들어오기 위해 출입문을 계속해서 두드리거나 잡아당기는 등 소란을 피운 사안에서, 피고인이 밤늦은 시각에 술에 취해 위와 같이 한참 동안 소란을 피운 행위는 그 정도에 따라 공무원에 대한 간접적인 유형력의 행사로서 형법 제136조에서 규정한 '폭행'에 해당할 여지가 있는데도, 이와 달리 보아 공무집행방해의 점을 무죄로 판단한 원심판결에 법리오해 등 잘못이 있다고 한 사례(대판 2013.12.26. 2013도11050).

⑤ [1] 형법 제136조에서 정한 공무집행방해죄는 직무를 집행하는 공무원에 대하여 폭행 또는 협박한 경우에 성립하는 범죄로서 여기서의 폭행은 사람에 대한 유형력의 행사로 족하고 반드시 그 신체에 대한 것임을 요하지 아니하며, 또한 추상적 위험범으로서 구체적으로 직무집행의 방해라는 결과발생을 요하지도 아니한다. 한편 공무집행방해죄에서 '직무를 집행하는'이란 공무원이 직무수행에 직접 필요한 행위를 현실적으로 행하고 있는 때만을 가리키는 것이 아니라 공무원이 직무수행을 위하여 근무 중인 상태에 있는 때를 포괄하고, 직무의 성질에 따라서는 직무수행의 과정을 개별적으로 분리하여 부분적으로 각각의 개시와 종료를 논하는 것이 부적절하고 여러 종류의 행위를 포괄하여 일련의 직무수행으로 파악함이 상당한 경우가 있다. [2] 피고인이 갑과 주차문제로 언쟁을 벌이던 중, 112 신고를 받고 출동한 경찰관 을이 갑을 때리려는 피고인을 제지하

자 자신만 제지를 당한 데 화가 나서 손으로 을의 가슴을 1회 밀치고, 계속하여 욕설을 하면서 피고인을 현행범으로 체포하며 순찰차 뒷좌석에 태우려고 하는 을의 정강이 부분을 양발로 2회 걷어차는 등 폭행함으로써 경찰관의 112 신고처리에 관한 직무집행을 방해하였다는 내용으로 기소된 사안에서, 제반 사정을 종합하면 피고인이 손으로 을의 가슴을 밀칠 당시 을은 112 신고처리에 관한 직무 내지 순찰근무를 수행하고 있었고, 이와 같이 공무를 집행하고 있는 을의 가슴을 밀치는 행위는 공무원에 대한 유형력의 행사로서 공무집행방해죄에서 정한 폭행에 해당하며, 피고인이 체포될 당시 도망 또는 증거인멸의 염려가 없었다고 할 수 없어 체포의 필요성이 인정되고, 공소사실에 관한 증인들의 법정진술의 신빙성을 인정한 제1심의 판단을 뒤집을 만한 특별한 사정이 없다는 등의 이유로, 이와 달리 보아 공소사실을 무죄라고 판단한 원심판결에 공무집행방해죄의 폭행이나 직무집행, 현행범 체포의 요건 등에 관한 법리오해 또는 제1심 증인이 한 진술의 신빙성을 판단할 때 공판중심주의와 직접심리주의 원칙을 위반한 잘못이 있다고 한 사례(대판 2018.3.29. 2017도21537). [해설] 공무집행방해죄의 성립요건과 그 판단 방법을 설시하고 있는 판결.

판례 공무집행방해죄의 협박

① 폭력행위 등 전과 12범인 피고인이 그 경영의 술집에서 떠들며 놀다가 주민의 신고를 받고 출동한 경찰로부터 조용히 하라는 주의를 받은 것뿐인데 그 후 새벽 4시의 이른 시각에 파출소에까지 뒤쫓아가서 "우리 집에 무슨 감정이 있느냐, 이 순사새끼들 죽고 싶으냐" 등의 폭언을 하였다면, 이는 단순한 불만의 표시나 감정적인 욕설에 그친다고 볼수 없고, 경찰이 계속하여 단속하는 경우에 생명, 신체에 어떤 위해가 가해지리라는 것을 통보함으로써 공포심을 품게 하려는데 그 목적이 있었다고 할 것이고, 또 이는 객관적으로 보아 상대방으로 하여금 공포심을 느끼게 하기에 족하다고 할 것이다(대판 1989.12.26. 89도1204, 대판 1976.5.11. 76도588).

② [1] 공무집행방해죄에 있어서 협박이라 함은 상대방에게 공포심을 일으킬 목적으로 해악을 고지하는 행위를 의미하는 것으로서 고지하는 해악의 내용이 그 경위, 행위 당시의 주위 상황, 행위자의 성향, 행위자와 상대방과의 친숙함의 정도, 지위 등의 상호관계 등 행위 당시의 여러 사정을 종합하여 객관적으로 상대방으로 하여금 공포심을 느끼게 하는 것이어야 하고, 그 협박이 경미하여 상대방이 전혀 개의치 않을 정도인 경우에는 협박에 해당하지 않는다. [2] 수산업협동조합 조합장인 피고인이 수사 중인 해양경찰서 소속 경찰공무원인 甲에게 전화를 걸어 폭언하며 협박함으로써 범죄수사 등에 관한 직무집행을 방해하였다는 공소사실에 대하여, 피고인은 당시 조합장을 7년 이상 역임해 온 자로서 지역사회에 상당한 영향력을 행사하고 있었고, 검찰청 또는 해양경찰청 고위 간부들과의 친분관계를 과시하였으므로 甲으로서는 충분히 위협을 느낄 수 있는 지위에 있었던 것으로 보이는 점, 당시 피고인의 전화통화 내용도 수사에 대하여 강하게 항의하면서 해양경찰청 고위 간부들과의 친분관계를 이용하여 甲에게 인사상 불이익을 가하겠다는 것으로 甲이 공포심을 느낄 수 있는 해악의 고지로 보여지는 점, 기타 폭언을 하게 된 동기 및 경위, 그 내용 등에 비추어 보면, 피고인의 폭언은 단순히 경찰공무원의 수사에 대한 불만의 표시나 감정적인 욕설에 그친다고 볼 수는 없고, 수사를 계속하는 경우에는 담당 경찰관에게 어떤 인사상 불이익이 가해지리라는 것을 통보함으로써 공포심을 품게 하려는 데 그 목적이 있었다 할 것이고, 또 이는 객관적으

로 보아 상대방으로 하여금 공포심을 느끼게 하기에 충분하다는 이유로, 이를 유죄로 인정한 원심판단을 정당하다고 한 사례. [3] 수사기관이 범죄사건을 수사할 때에는 피의자 등의 진술 여하에 불구하고 피의자를 확정하고 그 피의사실을 인정할 만한 객관적인 모든 증거를 수집·조사하여야 할 권리와 의무가 있고, 한편 피의자는 진술거부권과 자기에게 유리한 진술을 할 권리와 유리한 증거를 제출할 권리를 가질 뿐이고 수사기관에 대하여 진실만을 진술하여야 할 의무가 있는 것은 아니다. 따라서 피의자 등이 수사기관에 대하여 허위사실을 진술하거나 피의사실 인정에 필요한 증거를 감추고 허위의 증거를 제출하였다고 하더라도, 수사기관이 충분한 수사를 하지 아니한 채 이와 같은 허위의 진술과 증거만으로 증거의 수집·조사를 마쳤다면, 이는 수사기관의 불충분한 수사에 의한 것으로서 피의자 등의 위계에 의하여 수사가 방해되었다고 볼 수 없어 위계에 의한 공무집행방해죄가 성립된다고 할 수 없다. 그러나 피의자 등이 적극적으로 허위의 증거를 조작하여 제출하고 그 증거 조작의 결과 수사기관이 그 진위에 관하여 나름대로 충실한 수사를 하더라도 제출된 증거가 허위임을 발견하지 못할 정도에 이르렀다면, 이는 위계에 의하여 수사기관의 수사행위를 적극적으로 방해한 것으로서 위계에 의한 공무집행방해죄가 성립된다(대판 2011.2.10. 2010도15986, 대판 2006.1.13. 2005도4799).

판례 공무집행방해죄의 죄수 및 타죄와의 관계

① 절도범인이 체포를 면탈할 목적으로 경찰관에게 폭행 협박을 가한 때에는 준강도죄와 공무집행방해죄를 구성하고 양죄는 상상적 경합관계에 있으나, 강도범인이 체포를 면탈할 목적으로 경찰관에게 폭행을 가한 때에는 강도죄와 공무집행방해죄는 실체적 경합관계에 있고 상상적 경합관계에 있는 것이 아니다(대판 1992.7.28. 92도917).

② [1] 동일한 공무를 집행하는 여럿의 공무원에 대하여 폭행·협박 행위를 한 경우에는 공무를 집행하는 공무원의 수에 따라 여럿의 공무집행방해죄가 성립하고, 위와 같은 폭행·협박 행위가 동일한 장소에서 동일한 기회에 이루어진 것으로서 사회관념상 1개의 행위로 평가되는 경우에는 여럿의 공무집행방해죄는 상상적 경합의 관계에 있다. [2] 범죄 피해 신고를 받고 출동한 두 명의 경찰관에게 욕설을 하면서 차례로 폭행을 하여 신고 처리 및 수사 업무에 관한 정당한 직무집행을 방해한 사안에서, 동일한 장소에서 동일한 기회에 이루어진 폭행 행위는 사회관념상 1개의 행위로 평가하는 것이 상당하다는 이유로, 위 공무집행방해죄는 형법 제40조에 정한 상상적 경합의 관계에 있다고 한 사례(대판 2009.6.25. 2009도3505).

③ [다수의견] 형법상 업무방해죄의 보호법익은 업무를 통한 사람의 사회적·경제적 활동을 보호하려는 데 있으므로, 그 보호대상이 되는 '업무'란 직업 또는 계속적으로 종사하는 사무나 사업을 말하고, 여기서 '사무' 또는 '사업'은 단순히 경제적 활동만을 의미하는 것이 아니라 널리 사람이 그 사회생활상의 지위에서 계속적으로 행하는 일체의 사회적 활동을 의미한다. 한편, 형법상 업무방해죄와 별도로 규정한 공무집행방해죄에서 '직무의 집행'이란 널리 공무원이 직무상 취급할 수 있는 사무를 행하는 것을 의미하는데, 이 죄의 보호법익이 공무원에 의하여 구체적으로 행하여지는 국가 또는 공공기관의 기능을 보호하고자 하는 데 있는 점을 감안할 때, 공무원의 직무집행이 적법한 경우에 한하여 공무집행방해죄가 성립하고, 여기에서 적법한 공무집행이란 그 행위가 공무원의 추상적 권한에 속할 뿐 아니라 구체적 직무집행에 관한 법률상 요건과

방식을 갖춘 경우를 가리키는 것으로 보아야 한다. 이와 같이 업무방해죄와 공무집행방해죄는 그 보호법익과 보호대상이 상이할 뿐만 아니라 업무방해죄의 행위유형에 비하여 공무집행방해죄의 행위유형은 보다 제한되어 있다. 즉 <u>공무집행방해죄는 폭행, 협박에 이른 경우를 구성요건으로 삼고 있을 뿐 이에 이르지 아니하는 위력 등에 의한 경우는 그 구성요건의 대상으로 삼고 있지 않다.</u> 또한, 형법은 공무집행방해죄 외에도 여러 가지 유형의 공무방해행위를 처벌하는 규정을 개별적·구체적으로 마련하여 두고 있으므로, 이러한 처벌조항 이외에 공무의 집행을 업무방해죄에 의하여 보호받도록 하여야 할 현실적 필요가 적다는 측면도 있다. 그러므로 <u>형법이 업무방해죄와는 별도로 공무집행방해죄를 규정하고 있는 것은 사적 업무와 공무를 구별하여 공무에 관해서는 공무원에 대한 폭행, 협박 또는 위계의 방법으로 그 집행을 방해하는 경우에 한하여 처벌하겠다는 취지라고 보아야 한다. 따라서 공무원이 직무상 수행하는 공무를 방해하는 행위에 대해서는 업무방해죄로 의율할 수는 없다고 해석함이 상당하다</u>(대판 2009.11.19. 2009도4166 전원합의체). [해설] 공무집행방해죄와 업무방해죄의 관계에 대하여 판단하고 있는 사례. 처벌 필요성을 근거로, 공공기관 민원실에서 민원인들이 위력에 해당하는 소란을 피운 행위에 대하여 공무집행방해죄로 처벌할 수 없으며, 업무방해죄로도 처벌할 수 없다는 판결.

④ [1] 형법이 업무방해죄와는 별도로 공무집행방해죄를 규정하고 있는 것은 사적 업무와 공무를 구별하여 공무에 관해서는 공무원에 대한 폭행, 협박 또는 위계의 방법으로 그 집행을 방해하는 경우에 한하여 처벌하겠다는 취지라고 보아야 할 것이고, 따라서 공무원이 직무상 수행하는 공무를 방해하는 행위에 대해서는 업무방해죄로 의율할 수는 없다. [2] <u>피고인이 甲 등과 공모하여 위력으로 시장(市長) 乙 및 丙 회사 관계자 등의 기자회견 업무를 방해하였다는 내용으로 기소된 사안에서, 공소사실 중 공무원 乙의 기자회견 업무에 대한 업무방해의 점을 유죄로 인정한 원심판결에 업무방해죄 성립범위에 관한 법리오해의 위법</u>이 있다고 한 사례(대판 2011.7.28. 2009도11104).

Ⅲ. 수정적 구성요건

1. 직무·사직강요죄

> **제136조(공무집행방해)**
> ② 공무원에 대하여 그 직무상의 행위를 강요 또는 조지하거나 그 직을 사퇴하게 할 목적으로 폭행 또는 협박한 자도 전항의 형과 같다.

(1) 의의

공무원에 대하여 그 직무상의 행위를 강요 또는 저지하거나 그 직을 사퇴하게 할 목적으로 폭행·협박함으로써 성립하는 범죄이다(제136조 제2항). 본죄는 공무원의 장래의 공무집행을 보호하는 범죄이며, 목적범이라는 점에 특색이 있다. 본죄의 보호법익은 공무원의 직무집행뿐만 아니라 그 직무상의 안전도 포함되며, 보호법익이 보호받는 정도는 추상적 위험범이다.

(2) 구성요건

1) 객관적 구성요건 : 주체에는 제한이 없고, 객체는 공무원이며, 행위는 폭행·협박이다. 본죄는 일정한 목적으로 폭행·협박을 가함으로써 기수가 된다. 일정한 목적의 달성 여부는 본죄의 성립과 무관하다.

2) **주관적 구성요건** : 고의 이외에 직무상의 행위를 강요 또는 저지하거나 그 직을 사퇴하게 할 목적이 있어야 한다. 직무상의 행위란 당해 공무원이 직무에 관하여 할 수 있는 일체의 행위를 말한다. 직무권한 내의 행위가 당해 공무원의 추상적 권한에 속하는 것으로 족하지만, 직무상의 행위를 저지하는 경우에는 직무행위가 적법할 것을 요한다. 다만 강요의 경우에는 직무행위가 반드시 적법할 것을 요하지 않는다. 직무강요는 그 자체가 위법하기 때문이다.

3) **죄수 및 타죄와의 관계** : 본죄의 행위태양인 폭행·협박의 죄는 본죄에 흡수된다(법조경합 중 흡수관계). 그리고 본죄는 추상적 위험범이나 강요죄는 침해범이므로 양자는 상상적 경합관계가 된다.

2. 위계에 의한 공무집행방해죄

> **제137조(위계에 의한 공무집행방해)**
> 위계로써 공무원의 직무집행을 방해한 자는 5년 이하의 징역 또는 1천만원 이하의 벌금에 처한다.

(1) 의의

위계에 의하여 공무원의 직무집행을 방해함으로써 성립하는 범죄이다(제137조). 공무집행방해의 수단이 폭행·협박이 아니라 위계일 뿐이며, 대상에 있어서도 현재 직무를 집행하고 있는 공무원일 것을 요하지 않고 장래의 직무집행을 예상한 경우도 포함된다는 점에서 협의의 공무집행방해죄와 구별된다.

(2) 객관적 구성요건

위계로 공무집행을 방해하는 것이다. 본죄의 행위인 위계란 타인의 부지 또는 착오를 이용하는 일체의 행위를 말한다. 기망뿐만 아니라 유혹의 경우를 포함하며, 위계의 상대방이 직접 직무를 담당하는 공무원일 것을 요하지도 않는다. 또한 반드시 직무집행이 방해된 결과가 현실로 발생할 것을 요하지 않는다(다수설). 그러나 판례는 상대방이 그릇된 행위나 처분을 하여 공무원의 구체적이고 현실적인 직무집행을 방해하는 경우에 본죄가 성립한다는 입장이다.

(3) 주관적 구성요건

고의 이외에 공무집행을 방해할 의사가 있어야 한다는 것이 판례의 일관된 태도이다. 공무집행방해죄의 구성요건은 "직무를 집행하는 공무원에 대하여 폭행 또는 협박한 자"로 되어 있지만, 위계에 의한 공무집행방해죄의 구성요건은 "위계로서 공무원의 직무집행을 방해한 자"로 되어 있는 이상, 후자의 경우에 공무원의 직무집행을 방해할 의사를 요한다고 해석할 수밖에 없다(다수설, 판례).

> **판례** 위계공무집행방해죄에서 위계의 의미
>
> - [1] 위계에 의한 공무집행방해죄에 있어서 '위계'란 행위자의 행위목적을 이루기 위하여 상대방에게 오인, 착각, 부지를 일으키게 하여 그 오인, 착각, 부지를 이용하는 것을 말하는 것으로 상대방이 이에 따라 그릇된 행위나 처분을 하였다면 이 죄가 성립한다. [2] 담당자가 아닌 공무원이 출원인의 청탁을 들어줄 목적으로 자신의 업무 범위에 속하지도 않는 업무에 관하여 그 일부를 담당공무원을 대신하여 처리하면서 위계를 써서 담당공무원으로 하여금 오인, 착각, 부지를 일으키게 하고 그 오인, 착

각, 부지를 이용하여 인·허가 처분을 하게 하였다면, 이는 허가관청의 불충분한 심사가 그의 원인이 된 것이 아니라 담당자가 아닌 공무원의 위계행위가 원인이 된 것이어서 위계에 의한 공무집행방해죄가 성립한다(대판 2008.3.13. 2007도7724). **[해설]** 위계공무집행방해죄에서 위계의 의미에 대한 판결.

판례 | 수사기관 등에 대한 허위진술·허위증거제출행위

① <u>수사기관에 대하여 피의자가 허위자백을 하거나 참고인이 허위의 진술을 한 것만으로는 위계에 의한 공무집행방해죄가 성립된다고 할 수 없다</u>(대판 1971.3.9. 71도186).

② 형사 피의자와 수사기관이 대립적 위치에서 서로 공격방어를 할 수 있는 취지의 형사소송법의 규정과 법률에 의한 선서를 한 증인이 허위로 진술을 한 경우에 한하여 위증죄가 성립된다는 형법의 규정 취지에 비추어 수사기관이 범죄사건을 수사함에 있어서는 피의자나 피의자로 자처하는 자 또는 참고인의 진술여하에 불구하고 피의자를 확정하고 그 피의사실을 인정할 만한 객관적인 제반증거를 수집 조사하여야 할 권리와 의무가 있는 것이라고 할 것이므로 <u>피의자나 참고인이 아닌 자가 자발적이고 계획적으로 피의자를 가장하여 수사기관에 대하여 허위사실을 진술하였다 하여 바로 이를 위계에 의한 공무집행방해죄가 성립된다고 할 수 없다</u>(대판 1977.2.8. 76도3685).

③ [1] 피의자나 참고인이 피의자의 무고함을 입증하는 등의 목적으로 적극적으로 허위의 증거를 조작하여 제출하였고 그 증거 조작의 결과 수사기관이 그 진위에 관하여 나름대로 충실한 수사를 하더라도 제출된 증거가 허위임을 발견하지 못하여 잘못된 결론을 내리게 될 정도에 이르렀다면, 이는 위계에 의하여 수사기관의 수사행위를 적극적으로 방해한 것으로서 위계에 의한 공무집행방해죄가 성립된다. [2] <u>음주운전을 하다가 교통사고를 야기한 후 그 형사처벌을 면하기 위하여 타인의 혈액을 자신의 혈액인 것처럼 교통사고 조사 경찰관에게 제출하여 감정하도록 한 행위는, 단순히 피의자가 수사기관에 대하여 허위사실을 진술하거나 자신에게 불리한 증거를 은닉하는 데 그친 것이 아니라 수사기관의 착오를 이용하여 적극적으로 피의사실에 관한 증거를 조작한 것으로서 위계에 의한 공무집행방해죄가 성립</u>한다고 한 사례(대판 2003.7.25. 2003도1609).

④ 법원은 당사자의 허위 주장 및 증거 제출에도 불구하고 진실을 밝혀야 하는 것이 그 직무이므로, <u>가처분신청 시 당사자가 허위의 주장을 하거나 허위의 증거를 제출하였다 하더라도 그것만으로 법원의 구체적이고 현실적인 어떤 직무집행이 방해되었다고 볼 수 없으므로 이로써 바로 위계에 의한 공무집행방해죄가 성립한다고 볼 수 없다</u>(대판 2012.4.26. 2011도17125).

⑤ [1] 수사기관이 범죄사건을 수사함에 있어서는 피의자 등의 진술 여하에 불구하고 피의자를 확정하고 그 피의사실을 인정할 만한 객관적인 모든 증거를 수집·조사할 권한과 의무가 있다. 한편 피의자는 진술거부권 및 자기에게 유리한 진술을 할 권리와 유리한 증거를 제출할 권리를 가질 뿐이고, 수사기관에 대하여 진실만을 진술하여야 할 의무가 있는 것은 아니다. 따라서 피의자 등이 수사기관에 대하여 허위사실을 진술하거나 피의사실 인정에 필요한 증거를 감추고 허위의 증거를 제출하였더라도, <u>수사기관이 충분한 수사를 하지 않은 채 이와 같은 허위의 진술과 증거만으로 증거의 수집·조사를 마쳤다면, 이는 수사기관의 불충분한 수사에 의한 것으로서 피의자 등의 위계에 의하여 수사가 방해되었다고 볼 수 없어 위계에 의한 공무집행방해죄가 성립된다고 할 수 없다.</u> 그러나

피의자 등이 적극적으로 허위의 증거를 조작하여 제출하고 그 증거 조작의 결과 수사기관이 그 진위에 관하여 나름대로 충실한 수사를 하더라도 제출된 증거가 허위임을 발견하지 못할 정도에 이르렀다면, 이는 위계에 의하여 수사기관의 수사행위를 적극적으로 방해한 것으로서 위계공무집행방해죄가 성립된다. [2] 허위공문서작성죄의 객체가 되는 문서는 문서상 작성명의인이 명시된 경우뿐 아니라 작성명의인이 명시되어 있지 않더라도 문서의 형식, 내용 등 문서 자체에 의하여 누가 작성하였는지를 추지할 수 있을 정도의 것이면 된다. [3] 국가정보원법 제11조 제1항은 "원장·차장과 그 밖의 직원은 그 직권을 남용하여 법률에 따른 절차를 거치지 아니하고 사람을 체포 또는 감금하거나 다른 기관·단체 또는 사람으로 하여금 의무 없는 일을 하게 하거나 사람의 권리행사를 방해하여서는 아니 된다."라고 규정하고 있다. 여기에서 말하는 '사람'은 형법 제123조에 규정된 직권남용권리행사방해죄에서의 '사람'과 동일하게 해석하여야 하므로, 국가정보원의 직원도 국가정보원법 위반죄에서의 '사람'에 포함된다. 그리고 '직권의 남용'이란 공무원이 일반적 직무권한에 속하는 사항을 불법하게 행사하는 것, 즉 형식적, 외형적으로는 직무집행으로 보이나 그 실질은 정당한 권한 이외의 행위를 하는 경우를 의미한다. '남용'에 해당하는가의 여부는 구체적인 공무원의 직무행위가 그 목적, 그것이 행하여진 상황에서 볼 때의 필요성·상당성 여부, 직권행사가 허용되는 법령상의 요건을 충족했는지 등의 제반 요소를 고려하여 결정하여야 한다. 한편 '의무 없는 일을 하게 한 때'란 '사람'으로 하여금 법령상 의무 없는 일을 하게 하는 때를 의미하므로, 직무집행의 기준과 절차가 법령에 구체적으로 명시되어 있고 실무 담당자에게도 직무집행의 기준을 적용하고 절차에 관여할 고유한 권한과 역할이 부여되어 있다면 실무 담당자로 하여금 그러한 기준과 절차를 위반하여 직무집행을 보조하게 한 경우에는 '의무 없는 일을 하게 한 때'에 해당하나, 공무원이 자신의 직무권한에 속하는 사항에 관하여 실무 담당자로 하여금 그 직무집행을 보조하는 사실행위를 하도록 하더라도 이는 공무원 자신의 직무집행으로 귀결될 뿐이므로 원칙적으로 '의무 없는 일을 하게 한 때'에 해당한다고 할 수 없다. [4] 직권남용죄는 공무원이 그 일반적 직무권한에 속하는 사항에 관하여 직권의 행사에 가탁하여 실질적, 구체적으로 위법·부당한 행위를 한 경우에 성립한다. 여기에서 말하는 '직권의 남용'이란 공무원이 일반적 직무권한에 속하는 사항을 불법하게 행사하는 것, 즉 형식적, 외형적으로는 직무집행으로 보이나 실질적으로는 정당한 권한 이외의 행위를 하는 경우를 의미하고, 공무원이 그의 일반적 직무권한에 속하지 않는 행위를 하는 경우인 지위를 이용한 불법행위와는 구별된다. 그리고 어떠한 직무가 공무원의 일반적 권한에 속하는 사항이라고 하기 위해서는 그에 관한 법령상의 근거가 필요하다. 다만 법령상의 근거는 반드시 명문의 근거만을 의미하는 것은 아니고, 명문이 없는 경우라도 법·제도를 종합적, 실질적으로 관찰해서 그것이 해당 공무원의 직무권한에 속한다고 해석되고 그것이 남용된 경우 상대방으로 하여금 의무 없는 일을 행하게 하거나 상대방의 권리를 방해하기에 충분한 것이라고 인정되는 경우에는 직권남용죄에서 말하는 일반적 권한에 포함된다(대판 2019.3.14. 2018도18646).

 판례 허위자료에 의한 인·허가

① 피고인이 개인택시운송사업 면허를 받은 지 5년이 지나지 아니하여 원칙적으로 개인택시운송사업을 양도할 수 없는 사람 등과 공모하여 질병이 있는 노숙자들로 하여금 그들이 개인택시운송사업을 양도하려고 하는 사람인 것처럼 위장하여 의사의 진료를 받게 한 뒤 이러한 사정을 모르는 의사로부터 개인택시운송

사업의 양도인이 1년 이상의 질병에 걸려 있는 것으로 된 허위 진단서를 발급받고 이를 소명자료로 삼아 행정청에 개인택시운송사업의 양도·양수 인가신청을 하여 그 진단서를 믿은 행정청으로부터 인가처분을 받은 경우, 위계에 의한 공무집행방해죄가 성립한다고 한 사례(대판 2002.9.10. 2002도2131).

② [1] 외국 주재 한국영사관의 비자발급업무와 같이, 상대방으로부터 신청을 받아 일정한 자격요건 등을 갖춘 경우에 한하여 그에 대한 수용 여부를 결정하는 업무에 있어서는 신청서에 기재된 사유가 사실과 부합하지 않을 수 있음을 전제로 하여 그 자격요건 등을 심사·판단하는 것이므로, 그 업무담당자가 사실을 충분히 확인하지 아니한 채 신청인이 제출한 허위의 신청사유나 소명자료를 가볍게 믿고 이를 수용하였다면, 이는 업무담당자의 불충분한 심사에 기인한 것으로서 위계에 의한 공무집행방해죄를 구성하지 않는다. 그러나 신청인이 업무담당자에게 허위의 주장을 하면서 이에 부합하는 허위의 소명자료를 첨부하여 제출한 경우, 그 수리 여부를 결정하는 업무담당자가 관계 규정이 정한 바에 따라 그 요건의 존부에 관하여 나름대로 충분히 심사를 하였으나 신청사유 및 소명자료가 허위임을 발견하지 못하여 그 신청을 수리하게 될 정도에 이르렀다면, 이는 업무담당자의 불충분한 심사가 아니라 신청인의 위계행위에 의한 것으로서 위계에 의한 공무집행방해죄가 성립한다. [2] 범죄행위로 인하여 강제출국당한 전력이 있는 사람이 외국 주재 한국영사관 담당직원에게 허위의 호구부 및 외국인등록신청서 등을 제출하여 사증 및 외국인등록증을 발급받은 사안에서, 위계에 의한 공무집행방해죄가 성립한다고 한 사례(대판 2009.2.126. 2008도11862).

③ 구 병역법(2004. 3. 11. 법률 제7186호로 개정되기 전의 것)상의 지정업체에서 산업기능요원으로 근무할 의사가 없음에도 해당 지정업체의 장과 공모하여 허위내용의 편입신청서를 제출하여 관할관청으로부터 산업기능요원 편입을 승인받고, 나아가 관할관청의 실태조사를 회피하기 위하여 허위서류를 작성·제출하는 등의 방법으로 파견근무를 신청하여 관할관청으로부터 파견근무를 승인받았다면, 이러한 파견근무의 승인 등은 관할관청의 불충분한 심사가 원인이 된 것이 아니라 출원인의 위계행위가 원인이 된 것이어서 위계에 의한 공무집행방해죄가 성립한다(대판 2009.3.12. 2008도1321).

④ [1] 행정관청이 출원에 의한 인·허가처분을 함에 있어서는 그 출원사유가 사실과 부합하지 아니하는 경우가 있음을 전제로 하여 인·허가할 것인지의 여부를 심사, 결정하는 것이므로 행정관청이 사실을 충분히 확인하지 아니한 채 출원자가 제출한 허위의 출원사유나 허위의 소명자료를 가볍게 믿고 인가 또는 허가를 하였다면 이는 행정관청의 불충분한 심사에 기인한 것으로서 출원자의 위계가 결과 발생의 주된 원인이었다고 할 수 없어 위계에 의한 공무집행방해죄를 구성하지 않는다고 할 것이지만, 출원자가 행정관청에 허위의 출원사유를 주장하면서 이에 부합하는 허위의 소명자료를 첨부하여 제출한 경우 허가관청이 관계 법령이 정한 바에 따라 인·허가요건의 존부 여부에 관하여 나름대로 충분히 심사를 하였으나 출원사유 및 소명자료가 허위임을 발견하지 못하여 인·허가처분을 하게 되었다면 이는 허가관청의 불충분한 심사가 그의 원인이 된 것이 아니라 출원인의 위계행위가 원인이 된 것이어서 위계에 의한 공무집행방해죄가 성립된다. [2] 피고인이 개인택시 운송사업면허를 받은 지 5년이 경과되지 아니하여 원칙적으로 개인택시 운송사업을 양도할 수 없는 사람 등과 사이에 마치 그들이 1년 이상의 치료를 요하는 질병으로 인하여 직접 운전할 수 없는 것처럼 가장하여 개인택시 운송사업의 양도·양수인가를 받기로 공모한 후, 질병이 있는 노숙자들로 하여금 그들이 개인택시 운송사업을 양도하려고 하는 사람인 것처럼 위장하여 의사의 진료를 받게 한 다음, 그 정을 모르는 의사로부터 환자가 개인택시 운송사업의 양도인으로 된 허위의 진단서를 발급받아 행정관청에

개인택시 운송사업의 양도·양수 인가신청을 하면서 이를 소명자료로 제출하여 진단서의 기재 내용을 신뢰한 행정관청으로부터 인가처분을 받은 경우, 위계에 의한 공무집행방해죄가 성립한다고 한 사례(대판 2010.10.28. 2008도9590, 대판 2002.9.4. 2002도2064).

⑤ [1] 외국 주재 한국영사관의 비자발급 업무와 같이, 상대방에게서 신청을 받아 일정한 자격요건 등을 갖춘 경우에 한하여 그에 대한 수용 여부를 결정하는 업무는 신청서에 기재된 사유가 사실과 부합하지 않을 수 있는 것을 전제로 그 자격요건 등을 심사·판단하는 것이므로, 업무담당자가 사실을 충분히 확인하지 아니한 채 신청인이 제출한 허위의 신청사유나 허위의 소명자료를 가볍게 믿고 이를 수용하였다면, 이는 업무담당자의 불충분한 심사에 기인한 것이어서 위계에 의한 공무집행방해죄를 구성하지 아니하지만, 신청인이 업무담당자에게 허위의 주장을 하면서 이에 부합하는 허위의 소명자료를 첨부하여 제출한 경우 수리 여부를 결정하는 업무담당자가 관계 규정에서 정한 바에 따라 요건의 존부에 관하여 나름대로 충분히 심사를 하였으나 신청사유 및 소명자료가 허위인 것을 발견하지 못하여 신청을 수리하게 될 정도에 이르렀다면, 이는 업무담당자의 불충분한 심사가 아니라 신청인의 위계행위에 의한 것이어서 위계에 의한 공무집행방해죄를 구성한다. [2] 불법체류를 이유로 강제출국 당한 중국 동포인 피고인이 중국에서 이름과 생년월일을 변경한 호구부(戶口簿)를 발급받아 중국 주재 대한민국 총영사관에 제출하여 변경된 명의로 입국사증을 받은 다음, 다시 입국하여 그 명의로 외국인등록증을 발급받고 귀화허가신청서까지 제출한 사안에서, 피고인이 자신과 동일성을 확인할 수 없도록 변경된 호구부를 중국의 담당관청에서 발급받아 위 대한민국 총영사관에 제출하였으므로, 영사관 담당직원 등이 호구부의 기재를 통하여 피고인의 인적사항 외에 강제출국 전력을 확인하지 못하였더라도, 사증 및 외국인등록증의 발급요건 존부에 대하여 충분한 심사를 한 것으로 보아야 하고, 이러한 경우 행정청의 불충분한 심사가 아니라 출원인의 적극적인 위계에 의해 사증 및 외국인등록증이 발급되었던 것이므로 위계에 의한 공무집행방해죄가 성립하고, 또한 피고인의 위계행위에 의하여 귀화허가에 관한 공무집행방해 상태가 초래된 것이 분명하므로, 귀화허가가 이루어지지 아니하였더라도 위 죄의 성립에 아무런 영향이 없다는 이유로, 피고인에게 각 '위계에 의한 공무집행방해죄'를 인정한 원심판단을 수긍한 사례(대판 2011.4.28. 2010도14696).

⑥ [1] 신고인이 허위사실을 신고서에 기재하거나 허위의 소명자료를 첨부하여 제출하였더라도 관계 법령에 별도의 처벌규정이 있어 이를 적용하는 것은 별론으로 하고, 일반적으로 위와 같은 허위 신고가 형법상 위계에 의한 공무집행방해죄를 구성한다고 볼 수 없다. 다만 관계 법령이 비록 신고라는 용어를 사용하고 있지만 거기에 비교적 중대한 법률효과가 결부되어 있고, 이에 따라 행정청이 신고에 대하여 형식적·절차적 심사가 아닌 실질적·내용적 심사를 거친 후 수리 여부를 결정할 것을 예정함으로써 사실상 인·허가 등 처분의 신청행위와 다를 바 없다고 평가되는 예외적인 경우에는 위계에 의한 공무집행방해죄가 성립할 여지가 있으나, 이때에도 행정청이 나름대로 충분히 사실관계를 확인하더라도 신고내용이 허위이거나 법령의 취지에 맞지 아니함을 발견할 수 없었던 경우가 아니라면 심사를 담당하는 행정청이 신고내용이나 자료의 진실성을 충분히 따져보지 않은 채 경솔하게 이를 믿고 어떠한 행위나 처분에 나아갔다고 하여 이를 신고인의 위계에 의한 결과로 볼 수 없으므로, 위계에 의한 공무집행방해죄는 성립하지 아니한다. [2] 화물자동차 운송주선사업자인 피고인이 관할 행정청에 주기적으로 허가기준에 관한 사항을 신고하는 과정에서 가장납입에 의하여 발급받은 허위의 예금잔액증명서를 제출하는 부정한 방법으로 허가를 받아 위계로써 공무원의 직무집행을 방해하였다는 내용으로 기소된 사안에서, 제반 사정에 비추어 위 신고는 행정청의 단순한 접수나 형식적 심사를 거친 수리 외에 신고에 대응한

어떠한 적극적·실질적 행정작용에 나아갈 것이 예정되어 있다고 볼 수 없을 뿐 아니라, <u>행정청이 신고내용의 진실성이나 첨부자료의 취지를 제대로 따져보지 않아 추가 조사를 통한 적정한 관리감독권의 행사에 나아가지 않았더라도 이를 신고인의 위계에 의한 방해의 결과로 볼 수 없어 위계에 의한 공무집행방해죄가 성립한다고 볼 수 없는데도</u>, 이와 달리 보아 피고인에게 유죄를 인정한 원심판결에 법리오해의 위법이 있다고 한 사례(대판 2011.8.25. 2010도7033).

⑦ 신고는 사인(私人)이 행정청에 대하여 일정한 사실 또는 관념을 통지함으로써 공법상 법률효과가 발생하는 행위로서 원칙적으로 행정청에 대한 일방적 통고로 그 효과가 완성될 뿐 이에 대응하여 신고내용에 따라 법률효과를 부여하는 행정청의 행위나 처분을 예정하고 있지 아니하므로, 신고인이 허위사실을 신고서에 기재하거나 허위의 소명자료를 첨부하여 제출하였다고 하더라도 관계 법령에 별도의 처벌규정이 있어 이를 적용하는 것은 별론으로 하고, 일반적으로 위와 같은 허위 신고가 형법상 위계에 의한 공무집행방해죄를 구성한다고 볼 수 없다. 다만 관계 법령이 비록 신고라는 용어를 사용하고 있더라도 사실상 인허가 등 처분의 신청행위와 다를 바 없다고 평가되는 등의 예외적인 경우에는 위계에 의한 공무집행방해죄가 성립할 여지가 있으나, 이때에도 행정청이 나름대로 충분히 사실관계를 확인하더라도 그 신고내용이 허위이거나 법령의 취지에 맞지 아니함을 발견할 수 없었던 경우가 아니라면 <u>심사를 담당하는 행정청이 신고내용이나 자료의 진실성을 충분히 따져보지 않은 채 경솔하게 이를 믿고 어떠한 행위나 처분에 나아갔다고 하여 이를 신고인의 위계에 의한 결과로 볼 수 없으므로 위계에 의한 공무집행방해죄는 성립하지 아니한다</u>(대판 2011.9.8. 2010도7034).

⑧ [1] <u>위계에 의한 공무집행방해죄는 상대방의 오인, 착각, 부지를 일으키고 이를 이용하는 위계에 의하여 상대방이 그릇된 행위나 처분을 하게 함으로써 공무원의 구체적이고 현실적인 직무집행을 방해하는 경우에 성립한다</u>. 따라서 행정청에 대한 일방적 통고로 효과가 완성되는 '신고'의 경우에는 신고인이 신고서에 허위사실을 기재하거나 허위의 소명자료를 제출하였더라도, 그것만으로는 담당 공무원의 구체적이고 현실적인 직무집행이 방해받았다고 볼 수 없어 특별한 사정이 없는 한 허위 신고가 위계에 의한 공무집행방해죄를 구성한다고 볼 수 없다. 그러나 행정관청이 출원에 의한 인허가처분 여부를 심사하거나 신청을 받아 일정한 자격요건 등을 갖춘 때에 한하여 그에 대한 수용 여부를 결정하는 등의 업무를 하는 경우에는 위 '신고'의 경우와 달리, <u>출원자나 신청인이 제출한 허위의 소명자료 등에 대하여 담당 공무원이 나름대로 충분히 심사를 하였으나 이를 발견하지 못하여 인허가처분을 하게 되거나 신청을 수리하게 되었다면, 출원자나 신청인의 위계행위가 원인이 되어 행정관청이 그릇된 행위나 처분에 이르게 된 것이어서 위계에 의한 공무집행방해죄가 성립한다</u>. [2] 등기신청은 단순한 '신고'가 아니라 신청에 따른 등기관의 심사 및 처분을 예정하고 있으므로, 등기신청인이 제출한 허위의 소명자료 등에 대하여 등기관이 나름대로 충분히 심사를 하였음에도 이를 발견하지 못하여 등기가 마쳐지게 되었다면 위계에 의한 공무집행방해죄가 성립할 수 있다. 등기관이 등기신청에 대하여 부동산등기법상 등기신청에 필요한 서면이 제출되었는지 및 제출된 서면이 형식적으로 진정한 것인지를 심사할 권한은 갖고 있으나 등기신청이 실체법상의 권리관계와 일치하는지를 심사할 실질적인 심사권한은 없다고 하여 달리 보아야 하는 것은 아니다(대판 2016.1.28. 2015도17297).

 **판례** 금지규정 위반행위

① 법령에서 어떤 행위의 금지를 명하면서 이를 위반하는 행위에 대한 벌칙을 두는 한편, 공무원으로 하여금 그 금지규정의 위반 여부를 감시, 단속하게 하고 있는 경우 그 공무원에게는 금지규정 위반행위의 유무를 감시하여 확인하고 단속할 권한과 의무가 있으므로 <u>단순히 공무원의 감시, 단속을 피하여 금지규정에 위반하는 행위를 한 것에 불과하다면 그에 대하여 벌칙을 적용하는 것은 별론으로 하고 그 행위가 위계에 의한 공무집행방해죄에 해당하는 것이라고는 할 수 없다</u>(대판 2003.11.13. 2001도7045).

② <u>변호사가 접견을 핑계로 수용자를 위하여 휴대전화와 증권거래용 단말기를 구치소 내로 몰래 반입하여 이용하게 한 행위가 위계에 의한 공무집행방해죄에 해당한다고 한 원심의 판단을 수긍한 사례</u>(대판 2005.8.25. 2005도1731).

③ 법령에서 어떤 행위의 금지를 명하면서 이를 위반하는 행위에 대한 벌칙을 두는 한편, 공무원으로 하여금 그 금지규정의 위반 여부를 감시·단속하게 하고 있는 경우 그 공무원에게는 금지규정 위반행위의 유무를 감시하여 확인하고 단속할 권한과 의무가 있다 할 것인데, 만약 어떠한 행위가 공무원이 관계 법령이 정한 바에 따라 금지규정 위반행위의 유무를 충분히 감시하여 확인하고 단속하더라도 이를 발견하지 못할 정도에 이른 것이라면 이는 위계에 의하여 공무원의 감시·단속업무를 적극적으로 방해한 것으로서 위계에 의한 공무집행방해죄가 성립된다고 할 것이지만, 그와 같은 행위가 이에 이르지 않고 <u>단순히 공무원의 감시·단속을 피하여 금지규정에 위반하는 행위를 한 것에 불과하다면 이는 공무원의 불충분한 감시·단속에 기인한 것이지, 행위자 등의 위계에 의하여 공무원의 감시·단속에 관한 직무가 방해되었다고 할 수 없을 것이어서 위계에 의한 공무집행방해죄가 성립된다고 할 수 없다.</u> 과속단속카메라에 촬영되더라도 불빛을 반사시켜 차량 번호판이 식별되지 않도록 하는 기능이 있는 제품('파워매직세이퍼')을 차량 번호판에 뿌린 상태로 차량을 운행한 행위만으로는, 교통단속 경찰공무원이 충실히 직무를 수행하더라도 통상적인 업무처리과정 하에서 사실상 적발이 어려운 위계를 사용하여 그 업무집행을 하지 못하게 한 것으로 보기 어렵다고 한 사례(대판 2010.4.15. 2007도8024).

④ [1] 법령에서 일정한 행위를 금지하면서 이를 위반하는 행위에 대한 벌칙을 정하고 공무원으로 하여금 금지규정의 위반 여부를 감시·단속하도록 한 경우 공무원에게는 금지규정 위반행위의 유무를 감시하여 확인하고 단속할 권한과 의무가 있으므로 <u>구체적이고 현실적으로 감시·단속 업무를 수행하는 공무원에 대하여 위계를 사용하여 업무집행을 못하게 하였다면 위계에 의한 공무집행방해죄가 성립하지만, 단순히 공무원의 감시·단속을 피하여 금지규정을 위반한 것에 지나지 않는다면</u> 그에 대하여 벌칙을 적용하는 것은 별론으로 하고 <u>그 행위가 위계에 의한 공무집행방해죄에 해당한다고 할 수 없다</u>(대법원 2003. 11. 13. 선고 2001도7045 판결 등 참조). <u>피고인이 금지규정을 위반하여 감시·단속을 피하는 것을 공무원이 적발하지 못하였다면 이는 공무원이 감시·단속이라는 직무를 소홀히 한 결과일 뿐 위계로 공무집행을 방해한 것이라고 볼 수 없다.</u> [2] 관리자에 의해 출입이 통제되는 건조물에 관리자의 승낙을 받아 건조물에 통상적인 출입방법으로 들어갔다면, 이러한 승낙의 의사표시에 기망이나 착오 등의 하자가 있더라도 특별한 사정이 없는 한 형법 제319조 제1항에서 정한 건조물침입죄가 성립하지 않는다. 이러한 경우 <u>관리자의 현실적인 승낙이 있었으므로 가정적·추정적 의</u>

사는 고려할 필요가 없다. 단순히 승낙의 동기에 착오가 있다고 해서 승낙의 유효성에 영향을 미치지 않으므로, 관리자가 행위자의 실제 출입 목적을 알았더라면 출입을 승낙하지 않았을 사정이 있더라도 건조물침입죄가 성립한다고 볼 수 없다. 나아가 관리자의 현실적인 승낙을 받아 통상적인 출입방법에 따라 건조물에 들어간 경우에는 출입 당시 객관적·외형적으로 드러난 행위태양에 비추어 사실상의 평온상태를 해치는 모습으로 건조물에 들어간 것이라고 평가할 수도 없다(대판 2022.3.31. 2018도15213). [해설] 구 형집행법의 관련 규정의 내용과 입법취지 등을 종합하면, 녹음·녹화 등을 할 수 있는 전자장비가 교정시설의 안전 또는 질서를 해칠 우려가 있는 금지물품에 해당하여 반입을 금지할 필요가 있다면 교도관은 교정시설 등의 출입자와 반출·반입 물품을 검사·단속해야 할 일반적인 직무상 권한과 의무가 있으므로 수요자가 아닌 사람이 금지물품을 교정시설 내로 반입하였다면 교도관의 검사·단속을 피하여 단순히 금지규정을 위반하는 행위를 한 것일 뿐 이로써 위계에 의한 공무집행방해죄가 성립한다고 할 수는 없다고 보아, 이 부분 공소사실을 무죄로 판단한 원심을 유지하고 검사의 상고를 기각함. 피고인들이 접견신청인으로서 서울구치소의 관리자인 서울구치소장으로부터 구치소에 대한 출입관리를 위탁받은 교도관의 현실적인 승낙을 받아 통상적인 출입방법으로 서울구치소 내 민원실과 접견실에 들어갔으므로, 관리자의 의사에 반하여 사실상의 평온상태를 해치는 모습으로 서울구치소에 들어갔다고 볼 수 없고, 피고인들이 서울구치소에 수용 중인 사람을 취재하고자 서울구치소장의 허가 없이 접견내용을 촬영·녹음할 목적으로 명함지갑 모양으로 제작된 녹음·녹화장비를 몰래 소지하고 서울구치소에 들어간다는 사정을 서울구치소장이나 교도관이 알았더라면 피고인들이 이를 소지한 채 서울구치소에 출입하는 것을 승낙하지 않았을 것으로 보이나, 이러한 사정은 승낙의 동기가 착오가 있는 것에 지나지 않아 피고인들이 서울구치소장이나 교도관의 의사에 반하여 구치소에 출입하거나 사실상의 평온상태를 해치는 모습으로 서울구치소에 침입한 것으로 평가할 수 없다고 보아, 이 부분 공소사실을 무죄로 판단한 원심을 유지하고 검사의 상고를 기각함.

⑤ [1] 법령에서 일정한 행위를 금지하면서 이를 위반하는 행위에 대한 벌칙을 정하고 공무원으로 하여금 금지규정의 위반 여부를 감시·단속하도록 한 경우 공무원에게는 금지규정 위반행위의 유무를 감시하여 확인하고 단속할 권한과 의무가 있으므로 **구체적이고 현실적으로 감시·단속 업무를 수행하는 공무원에 대하여 위계를 사용하여 업무집행을 못하게 하였다면 위계에 의한 공무집행방해죄가 성립하지만, 단순히 공무원의 감시·단속을 피하여 금지규정을 위반한 것에 지나지 않는다면** 그에 대하여 벌칙을 적용하는 것은 별론으로 하고 그 행위가 위계에 의한 공무집행방해죄에 해당한다고 할 수 없다. 피고인이 금지규정을 위반하여 감시·단속을 피하는 것을 공무원이 적발하지 못하였다면 이는 공무원이 감시·단속이라는 직무를 소홀히 한 결과일 뿐 위계로 공무집행을 방해한 것이라고 볼 수 없다. [2] 관리자에 의해 출입이 통제되는 건조물이더라도 관리자의 승낙을 받아 통상적인 출입방법으로 들어갔다면 특별한 사정이 없는 한 건조물침입죄에서 규정하는 침입행위에 해당하지 않는다. 행위자가 관리자의 승낙을 받아 건조물에 들어갔으나 범죄 등을 목적으로 한 출입이거나 관리자가 행위자의 실제 출입 목적을 알았더라면 출입을 승낙하지 않았을 것이라는 사정이 인정되는 경우 행위자의 출입행위가 건조물침입죄에서 규정하는 침입행위에 해당하려면, 출입하려는 건조물 등의 형태와 용도·성질, 외부인에 대한 출입의 통제·관리 방식과 상태, 행위자의 출입 경위와 방법 등을 종합적으로 고려하여 행위자의 출입 당시 객관적·외형적으로 드러난 행위 태양에 비추어 사실상 평온상태를 해치는 방법으로 건조물에 들어갔다고 평가되어야 한다(대법원 2022. 3. 24. 선고 2017도18272 전원합의체 판결 참조)(대판 2022.4.28. 2020도8030). [해설] 구 형집행법의 관련 규정의 내용과 입법취지 등을 종합하면, 녹음·녹화 등을 할 수 있는 전자장비가 교정시설의 안전 또는 질서를 해칠 우려가 있는 금지물품에 해당하여 반입을 금지할 필요가 있다면 교도관은 교정시설 등의 출입자와 반출·

반입 물품을 검사·단속해야 할 일반적인 직무상 권한과 의무가 있으므로 수요자가 아닌 사람이 금지물품을 교정시설 내로 반입하였다면 교도관의 검사·단속을 피하여 단순히 금지규정을 위반하는 행위를 한 것일 뿐 이로써 위계에 의한 공무집행방해죄가 성립한다고 할 수는 없다고 보아, 이 부분 공소사실을 무죄로 판단한 원심을 유지하고 검사의 상고를 기각함. 피고인들이 접견신청인으로서 서울남부구치소의 관리자인 구치소장으로부터 구치소에 대한 출입관리를 위탁받은 교도관의 현실적인 승낙을 받아 통상적인 출입방법으로 구치소의 접견실에 들어갔으므로 사실상의 평온상태를 해치는 행위 태양으로 접견실에 들어갔다고 볼 수 없고, 피고인들이 구치소에 수용 중인 사람을 취재하고자 구치소장의 허가 없이 접견내용을 촬영·녹음할 목적으로 안경 모양으로 제작된 녹음·녹화장비를 착용하고 접견실에 들어간다는 사정을 구치소장이나 교도관이 알았더라면 피고인들이 위 녹음·녹화장비를 착용한 채 접견실에 출입하는 것을 승낙하지 않았을 것으로 보이나, 그러한 사정만으로는 사실상의 평온상태를 해치는 행위 태양으로 접견실에 출입하였다고 평가할 수 없다고 보아, 이 부분 공소사실을 무죄로 판단한 원심을 유지하고 검사의 상고를 기각함.

⑥ 변호인 또는 변호인이 되려는 자의 접견교통권은 신체구속제도 본래의 목적을 침해하지 아니하는 범위 내에서 행사되어야 하므로, **변호인 또는 변호인이 되려는 자가 구체적인 시간적·장소적 상황에 비추어 현실적으로 보장할 수 있는 한계를 벗어나 피고인 또는 피의자를 접견하려고 하는 것은 정당한 접견교통권의 행사에 해당하지 아니하여 허용될 수 없다.** 다만 접견교통권이 그와 같은 한계를 일탈한 것이어서 허용될 수 없다고 판단함에 있어서는 신체구속을 당한 사람의 헌법상 기본적 권리인 변호인의 조력을 받을 권리의 본질적인 내용이 침해되는 일이 없도록 신중을 기하여야 한다. 한편 피고인의 변호인 접견교통권 행사가 그 한계를 일탈한 규율위반행위에 해당하더라도 그 행위가 위계공무집행방해죄의 '위계'에 해당하려면 행위자가 상대방에게 오인, 착각, 부지를 일으키게 하여 그 오인, 착각, 부지를 이용함으로써 상대방이 이에 따라 그릇된 행위나 처분을 하여야만 한다. 만약 그러한 행위가 구체적인 직무집행을 저지하거나 현실적으로 곤란하게 하는 데까지는 이르지 않은 경우에는 위계에 의한 공무집행방해죄로 처벌할 수 없다(대판 2022.6.30. 2021도244). [해설] 원심은, 피고인이 미결수용 중에 이른바 '집사변호사'를 고용한 후 변호인 접견을 가장하여 형사사건 변호활동이 아닌 개인 업무 처리 등을 하게 한 행위가 위계공무집행방해죄에 해당한다고 판단하였음. 그러나 대법원은, 접견변호사들이 미결수용자인 피고인의 개인적인 업무나 심부름을 위해 접견신청행위를 한 후 피고인과 소송서류 이외의 서류를 주고받고 피고인의 개인적인 연락업무 등을 수행한 것이 교도관들에 대한 위계에 해당한다거나 그로 인해 교도관의 직무집행이 구체적이고 현실적으로 방해되었다고 할 수 없으므로, 피고인이 지시한 접견이 접견교통권의 남용에 해당할 수는 있겠지만 위계공무집행방해죄를 구성하지는 않는다고 판단하여, 원심판결 중 유죄 부분을 파기환송하였음.

판례 위계에 의한 공무집행방해죄 인정 판례

① 피고인과 '갑'이 공모하고 피고인이 시험장소 내에서 시험감독관의 감시의 틈을 타서 시험답안지의 해답이 적힌 쪽지를 '갑'에게 전달한 이상 '갑'의 행위 여하에 불구하고 공무원의 시험감독에 관한 직무집행을 위계로서 방해한 경우에 해당한다 할 것이다(대판 1967.5.23. 67도650).

② 간호보조원 교육과정이수에 관한 사문서인 수료증명서의 허위작성은 무형위조로서 처벌대상이 되지 아니하고 피고인들의 행위가 허위작성 및 교부로 끝났다고 하더라도 간호보조원자격시험 응시자격을 증명하는 위 문서의 용도와 그 사용의 결과를 인식하고 공소외인 들로 하여금 사용케 할 의도로 작성교부한 것이고 그들이 위 문서를 진정한 문서인 것처럼 시험관리당국에 제출하여 응시자격을 인정받아 응시함으로써 그 시험관리에 관한 공무집행을 방해하는 상태를 초

래하였다면 피고인들은 위 공소외인들과 공무집행방해죄의 공동정범의 죄책을 면할 수 없고, 무형위조의 사후행위로써 처벌의 대상이 되지 않는다고 볼 수 없다(대판 1982.7.27. 82도1301).

③ 피고인이 마치 그의 형인양 시험감독자를 속이고 원동기장치 자전거운전면허시험에 대리로 응시하였다면 피고인의 소위는 위계에 의한 공무집행방해죄가 성립한다(대판 1986.9.9. 86도1245).

④ 위계에 의한 공무집행방해죄는 행위목적을 이루기 위하여 상대방에게 오인, 착각, 부지를 일으키게 하여 이를 이용함으로써 법령에 의하여 위임된 공무원의 적법한 직무에 관하여 그릇된 행위나 처분을 하게 하는 경우에 성립하고, 여기에서 공무원의 직무집행이란 법령의 위임에 따른 공무원의 적법한 직무집행인 이상 공권력의 행사를 내용으로 하는 권력적 작용뿐만 아니라 사경제주체로서의 활동을 비롯한 비권력적 작용도 포함되는 것으로 봄이 상당하다(대판 2003.12.26. 2001도6349).

⑤ 업무방해죄와 공무집행방해죄는 그 보호법익과 보호대상이 상이할 뿐만 아니라 업무방해죄의 행위유형에 비하여 공무집행방해죄의 행위유형은 보다 제한되어 있는 점 등에 비추어 보면, 형법이 업무방해죄와는 별도로 공무집행방해죄를 규정하고 있는 것은 사적 업무와 공무를 구별하여 공무에 관해서는 공무원에 대한 폭행, 협박 또는 위계의 방법으로 그 집행을 방해하는 경우에 한하여 처벌하겠다는 취지라고 보아야 할 것이고, 따라서 공무원이 직무상 수행하는 공무를 방해하는 행위에 대해서는 업무방해죄로 의율할 수는 없다고 해석함이 상당하다(대판 2010.2.25. 2008도9049).

판례 | 위계에 의한 공무집행방해죄 부정 판례

① 자가용차를 운전하다가 교통사고를 낸 사람이 경찰관서에 신고함에 있어 가해차량이 자가용일 경우 피해자와 합의하는데 불리하다고 생각하여 영업용택시를 운전하다가 사고를 내었다고 허위신고를 하였다 하더라도 이 사실만으로 공무원의 직무집행을 방해할 의사가 있었다고 단정하기 어려우므로 위계로 인한 공무집행방해죄가 성립하지 않는다(대판 1974.12.10. 74도2841).

② 민사소송을 제기함에 있어 피고의 주소를 허위로 기재하여 법원공무원으로 하여금 기일 소환장등을 허위주소로 송달케 하였다는 사실만으로는 법원공무원의 구체적이고 현실적인 어떤 직무집행을 방해한 바 없어 위계에 의한 공무집행방해죄는 성립하지 않는다(대판 1977.9.13. 77도284).

③ 민사소송을 제기함에 있어 피고의 주소를 허위로 기재하여 법원공무원으로 하여금 변론기일소환장 등을 허위주소로 송달케 하였다는 사실만으로는 이로 인하여 법원공무원의 구체적이고 현실적인 어떤 직무집행이 방해되었다고 할 수는 없으므로, 이로써 바로 위계에 의한 공무집행방해죄가 성립한다고 볼 수는 없다(대판 1996.10.11. 96도312).

④ [1] 위계에 의한 공무집행방해죄에 있어서 '위계'라 함은 행위자의 행위목적을 이루기 위하여 상대방에게 오인, 착각, 부지를 일으키게 하여 그 오인, 착각, 부지를 이용하는 것으로서, 상대방이 이에 따라 그릇된 행위나 처분을 하여야만 위 죄가 성립한다. 만약, 그러한 행위가 구체적인 직무집행을 저지하거나 현실적으로 곤란하게 하는 데까지는 이르지 않은 경우에는 위계에 의한 공무집행방해죄로 처벌할 수 없다. [2] 국립대학교의 전임교원 공채심사위원인 학과장 갑이 지원자 을의 부탁을 받고 이미 논문접수가 마감된 학회지에 을의 논문이 게재되도록 도운 행위는 다소 부적절한 행위라고 볼 수 있지만, 그 후 갑이 연구실적심사의 기준을 강화하자고 제안한 것은 해

당 학과의 전임교원 임용 목적에 부합하는 것으로서 공정한 경우에 해당하므로, 설사 갑의 행위가 결과적으로는 을에게 유리한 결과가 되었다 하더라도 형법 제137조에서 말하는 '위계'에 해당하지 않는다고 한 사례(대판 2009.4.23. 2007도1554).

⑤ 고객들이 리스료를 내지 않거나 리스 기간이 만료돼도 차량을 반납하지 않자 도난신고를 하면 쉽게 차량을 회수할 수 있다고 생각해 도난당했다고 허위신고한 경우, 경찰공무원에게 있지도 않은 차량 도난 사실을 허위로 신고해 불필요하게 수사를 진행하게 했다는 점만으로는 경찰공무원의 적법한 수사직무에 관해 잘못된 행위나 처분을 하게 했다거나 구체적인 공무집행을 저지하거나 곤란하게 했다고 보기는 어렵다(대판 2012.4.13. 2011도11761).

⑥ 위계에 의한 공무집행방해죄에서 '위계'라 함은 행위자의 행위목적을 이루기 위하여 상대방에게 오인, 착각, 부지를 일으키게 하여 그 오인, 착각, 부지를 이용하는 것으로서, 상대방이 이에 따라 그릇된 행위나 처분을 하여야만 위 죄가 성립한다. 만약 그러한 행위가 구체적인 직무집행을 저지하거나 현실적으로 곤란하게 하는 데까지는 이르지 않은 경우에는 위계에 의한 공무집행방해죄로 처벌할 수 없다(대판 2017.4.27. 2017도2583).

판 례   위계에 의한 공무집행방해죄의 기수시기

① 위계에 의한 공무집행방해죄에 있어서 위계라 함은 행위자의 행위목적을 이루기 위하여 상대방에게 오인, 착각, 부지를 일으키게 하여 그 오인, 착각, 부지를 이용하는 것을 말하는 것으로 상대방이 이에 따라 그릇된 행위나 처분을 하여야만 이 죄가 성립하는 것이고, 만약 범죄행위가 구체적인 공무집행을 저지하거나 현실적으로 곤란하게 하는 데까지는 이르지 아니하고 미수에 그친 경우에는 위계에 의한 공무집행방해죄로 처벌할 수 없다 할 것이다(대판 2003.2.11. 2002도4293). [해설] 미수범 처벌규정이 없음.

② [1] 위계에 의한 공무집행방해죄에 있어서 위계라 함은 행위자의 행위목적을 이루기 위하여 상대방에게 오인, 착각, 부지를 일으키게 하여 그 오인, 착각, 부지를 이용하는 것을 말하는 것으로 상대방이 이에 따라 그릇된 행위나 처분을 하여야만 이 죄가 성립하는 것이고, 만약 범죄행위가 구체적인 공무집행을 저지하거나 현실적으로 곤란하게 하는 데까지는 이르지 아니하고 미수에 그친 경우에는 위계에 의한 공무집행방해죄로 처벌할 수 없다(대법원 2003. 2. 11. 선고 2002도4293 판결 등 참조). [2] 지방의회 의원으로서 지방의회의 의장을 선택할 권한을 부여받은 피고인들이 ○○○를 의장으로 선택하기로 정치적 합의를 하고, 그 합의의 이행을 관철하기 위하여 일정한 투표방법을 고안하여 각자 실행하기로 한 것을 가리켜, 그것이 과연 정치적으로 정당하거나 바람직한 것인지 여부에 관한 평가는 별론으로 하더라도, 임시의장의 위 직무집행에 대한 관계에서 금지된 행위를 실행한 것으로 단정할 수는 없다. 지방의회 의원들이 사전에 서로 합의한 방식대로 투표행위를 한 것만으로는, 무기명투표원칙에 반하는 전형적인 행위 즉 투표 과정이나 투표 이후의 단계에서 타인의 투표내용을 알리는 행위라거나 자신의 투표내용을 공개하는 것 또는 타인에게 투표의 공개를 요구하는 행위로 평가하기는 어렵기 때문이다. [3] 다만 피고인 등이 위와 같은 합의 수준에서 더 나아가 가령 투표 이후 자신들의 투표내용을 확인하기 위한 대책을 마련하고 이를 실행하였다면 그로써 '△△△구 의회 임시의장의 무기명투표 관리에 관한 직무집행을 방해'한 것으로 평가할 수는 있다(대판 2021.4.29. 2018도18582). [해설] 2014. 6. 4. 제6회 전국동시지방선거로 선출된 △△△구 의원 19명(甲당 12명, 乙당 7명) 중 甲당 소속 의원 10명

이 의장선거 전에 원심공동피고인 ○○○를 전반기 의장으로 선출하기로 서면합의하고 그와 같은 서면합의의 이행을 담보하기 위해 투표용지에 각자 기명할 위치를 특정하기로 구두합의한 후 실제 의장선거에서 단독출마한 ○○○가 선출된 사건에서, 지방의회 의원으로서 지방의회 의장을 선택할 권한을 부여받은 피고인들이 특정인을 의장으로 선택하기로 정치적 합의를 하고, 그 합의 이행을 관철하기 위하여 일정한 투표방법을 고안하여 각자 실행하기로 한 것을 가리켜 임시의장의 직무집행에 대한 관계에서 금지된 행위를 실행한 것으로 단정할 수는 없고, 피고인 등 사이에 위와 같은 합의에 반하는 투표가 이루어졌는지를 확인할 감표위원을 누구로 정할 것인지, 투표용지 확인은 언제, 어떤 방법으로 하고, 위와 같은 합의에 반하는 투표를 한 의원에 대해서는 어떠한 제재를 가할 것인지에 관하여 논의가 이루어졌음을 입증할 증거도 없다는 등의 이유로 무죄 취지로 파기한 사례.

판례 | 위계에 의한 공무집행방해죄와 부실기재여권행사죄와의 관계

- [1] 형법 제137조에 정한 위계에 의한 공무집행방해죄에서 '위계'는 행위자의 행위목적을 이루기 위하여 상대방에게 오인, 착각, 부지를 일으키게 하여 이를 이용하는 것을 말한다. [2] 형법 제229조, 제228조 제2항에 정한 불실기재 여권행사죄에서 '허위신고'는 진실에 반하는 사실을 신고하는 것이고, '불실(不實)의 사실'은 '권리의무관계에 중요한 의미를 갖는 사항이 객관적인 진실에 반하는 것'을 말한다. 여권 등 공정증서원본에 기재된 사항이 존재하지 않거나 외관상 존재하더라도 무효사유에 해당하는 흠이 있다면 불실기재에 해당한다. 그러나 기재된 사항이나 원인된 법률행위가 객관적으로 존재하고 취소사유에 해당하는 흠이 있을 뿐이라면 취소되기 전에 공정증서원본에 기재된 사항은 불실기재에 해당하지 않는다. [3] 구 국적법(1997. 12. 13. 법률 제5431호로 전부 개정되기 전의 것, 이하 '구 국적법'이라 한다) 제3조 제1호는 대한민국 국적의 법정 취득 사유로 '대한민국 국민의 처가 된 자'를 정하고 있다. 여기서 '대한민국 국민의 처가 된 자'에 해당하려면 대한민국 국민인 남자와 혼인한 배우자로서 당사자 사이에 혼인의 합의, 즉 사회관념상 부부라고 인정되는 정신적·육체적 결합을 생기게 할 의사의 합치가 있어야 한다. 그런데 외국인 여자가 대한민국에 입국하여 취업 등을 하기 위한 방편으로 대한민국 국민인 남자와 혼인신고를 하였더라도 위와 같은 혼인의 합의가 없다면 구 국적법 제3조 제1호에서 정한 '대한민국 국민의 처가 된 자'에 해당하지 않으므로 대한민국 국적을 취득할 수 없다. 구 국적법 제3조 제1호에 따라 대한민국 국적을 취득하지 않았는데도 대한민국 국적을 취득한 것처럼 인적 사항을 기재하여 대한민국 여권을 발급받은 다음 이를 출입국심사 담당공무원에게 제출하였다면 위계로써 출입국심사업무에 관한 정당한 직무를 방해함과 동시에 불실의 사실이 기재된 여권을 행사한 것으로 볼 수 있다(대판 2022.4.28. 2020도12239). [해설] 중국 국적의 피고인이 다른 사람의 인적 사항을 빌려 대한민국 남자와 가장 혼인하여 구 국적법 제3조 제1호에 따라 대한민국 국적을 취득한 것처럼 행세하여 대한민국 국민으로서 다른 사람의 인적사항이 기재된 대한민국 여권을 발급받아 이를 출입국시 출입국심사 담당공무원에게 제출하였다는 사실로 위계에 의한 공무집행방해죄, 불실기재 여권행사죄, 여권법위반죄로 기소되었음. 원심은 피고인이 대한민국 남자와 혼인을 함과 동시에 구 국적법 제3조 제1호에 따라 인적사항을 빌린 다른 사람의 신분으로 대한민국 국민이라는 법적 지위를 포괄적으로 취득하였다 할 것이고, 구 국적법에는 국적 취득의 취소나 무효에 관한 규정이 없으므로 피고인이 다른 사람의 인적 사항을 이용하여 국적을 취득하였더라도 이를 무효라고 단정할 수 없으므로 위 인적 사항이 기재된 대한민국 여권을 행사하였다고 위계로써 공무집행을 방해하였다거나 여권의 기재사항이 불실의 사실에 해당한다고 볼 수 없다는 이유로 이 사건 공사사실을 무죄로 판단한 제1심 판결을 그대로 유지하였음. 이에 대법원은 구 국적법 제3조 제1호에 의한 국적 취득의 요건을 해석하여 가장 혼인에 의한 경우에는 구 국적법 제3조 제1호에 따라 대한민국 국적을 취득하였다고 볼 수 없는데도 대한

민국 국적을 취득한 것처럼 인적 사항을 기재하여 대한민국 여권을 발급받은 다음 이를 출입국심사 담당공무원에게 제출하였다면 위계에 의한 공무집행방해죄와 불실기재 여권행사죄가 성립한다고 보아 원심판결을 파기·환송하였음.

> **판례** 위계에 의한 공무집행방해죄와 경범죄처벌법위반죄와의 관계

- 경범죄처벌법 제3조 제3항 제2호의 거짓신고로 인한 경범죄처벌법위반죄는 '있지 아니한 범죄나 재해 사실을 공무원에게 거짓으로 신고'하는 경우에 성립하고, 형법 제137조의 위계에 의한 공무집행방해죄는 상대방의 오인, 착각, 부지를 일으키고 이를 이용하는 위계에 의하여 상대방으로 하여금 그릇된 행위나 처분을 하게 함으로써 공무원의 구체적이고 현실적인 직무집행을 방해하는 경우에 성립하는바, 전자는 사회공공의 질서유지를 보호법익으로 하는 반면, 후자는 국가기능으로서의 공무 그 자체를 보호법익으로 하는 등 양 죄는 직접적인 보호법익이나 규율대상 및 구성요건 등을 달리한다. 따라서 경범죄처벌법 제3조 제3항 제2호에서 정한 거짓신고 행위가 원인이 되어 상대방인 공무원이 범죄가 발생한 것으로 오인함으로 인하여 공무원이 그러한 사정을 알았더라면 하지 않았을 대응조치를 취하기에 이르렀다면, 이로써 구체적이고 현실적인 공무집행이 방해되어 위계에 의한 공무집행방해죄가 성립하지만, 이와 같이 경범죄처벌법 제3조 제3항 제2호의 거짓신고가 '위계'의 수단·방법·태양의 하나가 된 경우에는 거짓신고로 인한 경범죄처벌법위반죄가 위계에 의한 공무집행방해죄에 흡수되는 법조경합 관계에 있으므로, 위계에 의한 공무집행방해죄만 성립할 뿐 이와 별도로 거짓신고로 인한 경범죄처벌법위반죄가 성립하지는 않는다. 그럼에도 원심이 판시와 같은 이유로, 거짓신고로 인한 위계에 의한 공무집행방해죄와 별도로 경범죄처벌법위반죄가 성립하고 양자가 상상적 경합관계에 있다고 보아 이 부분 공소사실을 모두 유죄를 선고한 것은 법조경합 관계에 있는 위 양 죄의 죄수에 관한 법리를 오해한 것이다. 그러나 결과적으로 처단형의 범위에는 아무런 차이가 없다는 점, 위 두 죄 중 어느 하나만이 기소되었다면 모두 유죄로 인정될 거짓신고로 인한 경범죄처벌법위반죄와 위계에 의한 공무집행방해죄가 법조경합 관계에 있다고 보아 1죄인 위계에 의한 공무집행방해죄로 평가할 경우에도, 이에 관한 양형의 조건 중 수단에 해당하는 거짓신고로 인한 경범죄처벌법위반 행위에 관하여 원심이 별도의 죄가 성립함을 전제로 고려한 사정을 그대로 양형에 반영하게 되어 실질적으로 양형의 조건이나 그에 따른 선고형에 차이가 없을 것으로 보이는 점 등의 사정에 비추어 죄수의 평가에 관한 원심의 판단이 판결에 영향을 미쳤다고 볼 수는 없다. 따라서 이 부분 상고이유 주장은 받아들이지 아니한다(대판 2022.10.27. 2022도10402). **[해설]** 허위 화재신고로 소방관 및 경찰관들이 출동한 것에 대해 거짓신고에 의한 경범죄처벌법위반죄 및 위계에 의한 공무집행방해죄로 기소된 사안에서, 양 죄가 상상적 경합관계에 있다고 보아 모두 유죄를 인정한 원심의 판단에 죄수에 관한 법리오해가 있으나, 판결 결과에 영향을 미친 경우에 해당하지 않는다고 보아 상고를 기각한 사례.

Ⅳ. 특수한 공무에 대한 공무방해죄

1. 법정·국회회의장모욕죄

> **제138조(법정 또는 국회회의장모욕)**
> 법원의 재판 또는 국회의 심의를 방해 또는 위협할 목적으로 법정이나 국회회의장 또는 그 부근에서 모욕 또는 소동한 자는 3년 이하의 징역 또는 700만원 이하의 벌금에 처한다.

(1) 의의

법원의 재판 또는 국회의 심의를 방해 또는 위협할 목적으로 법정이나 국회회의장 또는 그 부근에서 모욕 또는 소동함으로써 성립하는 범죄이다(제138조). 본죄의 보호법익은 '법원의 재판기능 또는 국회의 심의기능'이고, 보호의 정도는 추상적 위험범이다. 본죄는 목적범이다.

(2) 구성요건

1) **주체** : 제한이 없다. 따라서 국회의원도 주체가 될 수 있다.

2) **행위** : 법정이나 국회회의장 또는 그 부근에서 모욕 또는 소동하는 것이다. 모욕이란 경멸의 의사를 표시하는 것을 말하며, 상대방은 법관이나 국회의원뿐만 아니라 증인이나 검사도 포함한다. 소동이란 재판 또는 심의를 방해할 정도로 소음을 내는 문란한 행위를 말한다. 법정 등의 부근이란 심리나 심의에 영향을 미칠 수 있는 장소를 의미한다. 본죄는 법정이나 국회회의장 또는 그 부근에서 모욕 또는 소동함으로써 기수가 되고, 재판이나 국회의 심의가 현실적으로 방해될 필요는 없다(추상적 위험범).

3) **주관적 구성요건** : 고의 이외에 재판 또는 국회의 심의를 방해 또는 위협할 목적이 있어야 한다.

2. 인권옹호직무방해죄

> **제139조(인권옹호직무방해)**
> 경찰의 직무를 행하는 자 또는 이를 보조하는 자가 인권옹호에 관한 검사의 직무집행을 방해하거나 그 명령을 준수하지 아니한 때에는 5년 이하의 징역 또는 10년 이하의 자격정지에 처한다.

(1) 의의

경찰의 직무를 행하는 자 또는 이를 보조하는 자가 인권옹호에 관한 검사의 직무집행을 방해하거나 그 명령을 준수하지 아니함으로써 성립하는 범죄이다(제139조).

(2) 구성요건

1) **주체** : 경찰의 직무를 행하는 자 또는 이를 보조하는 자이다. 검사의 지휘를 받아 수사를 행하는 사법경찰관과 이를 보조하는 사법경찰리를 말한다.

2) **행위** : 인권옹호에 관한 검사의 직무집행을 방해하거나 그 명령을 준수하지 않는 것이다. 검사의 직무집행을 방해하는 방법에는 제한이 없으나, 검사의 직무와 명령은 적법할 것을 요한다. 본죄는 인권옹호에 관한 검사의 직무집행을 방해하거나 명령을 준수하지 않음으로써 기수가 되고, 검사의 직무집행이 현실적으로 방해되었을 필요는 없다(추상적 위험범).

3. 공무상 비밀표시무효죄

> **제140조(공무상비밀표시무효)**
> ① 공무원이 그 직무에 관하여 실시한 봉인 또는 압류 기타 강제처분의 표시를 손상 또는 은닉하거나 기타 방법으로 그 효용을 해한 자는 5년 이하의 징역 또는 700만원 이하의 벌금에 처한다.
>
> **제143조(미수범)**
> 제140조 내지 전조의 미수범은 처벌한다.

(1) 공무상 봉인등표시무효죄

공무원이 그 직무에 관하여 실시한 봉인 또는 압류나 기타 강제처분의 표시를 손상·은닉 기타 방법으로 효용을 해함으로써 성립하는 범죄이다(제140조 제1항). 본죄의 보호법익은 국가의 기능 중에서도 강제처분의 표시기능이고, 보호의 정도는 침해범이다. 본죄의 미수범은 처벌한다(제143조).

1) **행위의 객체** : 공무원이 그 직무에 관하여 실시한 봉인 또는 압류나 기타 강제처분의 표시이다. 봉인이란 물건에 대한 임의의 처분을 금지하기 위하여 그 물건에 시행한 봉함 기타 이와 유사한 설비를 말하며, 압류 기타 강제처분의 표시란 압류 기타 강제처분을 명시하기 위하여 특히 시행한 표시를 말한다. 봉인 또는 압류의 표시는 강제처분이 유효할 것을 전제로 하나, 강제처분이 정당한가의 여부는 불문한다. 그러나 본죄도 공무를 보호하기 위한 범죄이므로 봉인·압류 기타 강제처분은 적법해야 한다.

2) **행위** : 봉인·압류 기타 강제처분의 표시를 손상·은닉 기타 방법으로 효용을 해하는 것이다. 손상이란 물질적 파괴를 말하고, 은닉이란 소재를 불명하게 하여 발견을 곤란하게 하는 것을 말하며, 기타의 방법으로 효용을 해한다고 함은 봉인 기타 강제처분의 표시를 물질적으로 파괴하지 않고 사실상 효력을 상실할 수 있게 하는 것을 말한다.

3) **주관적 구성요건** : 봉인·압류 기타 강제처분의 표시를 손상·은닉 기타 방법으로 효용을 해한다는 것에 대한 고의가 있어야 한다.

4) **죄수** : 봉인·압류 기타 강제처분의 표시를 한 물건을 절취 또는 횡령하면 본죄와 절도죄 또는 횡령죄의 상상적 경합이 성립한다. 그러나 봉인 또는 강제처분의 표시를 한 후 그 물건을 절취한 때에는 본죄와 절도죄의 실체적 경합범이 된다. 봉인 또는 압류의 표시가 되어 있는 물건 자체를 손상하는 1개의 행위로써 표시의 효용과 재물의 효용을 한꺼번에 침해하면 본죄와 손괴죄의 상상적 경합이 된다.

(2) 공무상 비밀침해죄

> **제140조(공무상비밀표시무효)**
> ② 공무원이 그 직무에 관하여 봉함 기타 비밀장치한 문서 또는 도화를 개봉한 자도 제1항의 형과 같다.
> ③ 공무원이 그 직무에 관하여 봉함 기타 비밀장치한 문서, 도화 또는 전자기록등 특수매체기록을 기술적 수단을 이용하여 그 내용을 알아낸 자도 제1항의 형과 같다.
>
> **제143조(미수범)**
> 제140조 내지 전조의 미수범은 처벌한다.

공무원이 그 직무에 관하여 봉함 기타 비밀장치한 문서 또는 도화를 개봉하거나 봉함 기타 비밀장치한 문서, 도화 또는 전자기록 등 특수매체기록을 기술적 수단을 이용하여 알아냄으로써 성립하는 범죄이다(제140조 제2항·제3항). 본죄는 비밀침해죄에 대하여 불법이 가중되는 가중적 구성요건이다. 본죄의 보호법익은 '공무상의 비밀'이다. 보호의 정도는 제2항의 경우에는 '추상적 위험범'이고, 제3항의 경우에는 '침해범'이다. 본죄는 제2항의 경우에는 개봉하는 것만으로 기수가 되고, 문서 또는 도화의 내용을 알아낼 필요는 없다. 그러나 제3항의 경우에는 그 내용을 알아낸 때 기수가 된다. 본죄의 미수범은 처벌한다(제143조).

4. 부동산강제집행효용침해죄

> **제140조의2(부동산강제집행효용침해)**
> 강제집행으로 명도 또는 인도된 부동산에 침입하거나 기타 방법으로 강제집행의 효용을 해한 자는 5년 이하의 징역 또는 700만원 이하의 벌금에 처한다.
>
> **제143조(미수범)**
> 제140조 내지 전조의 미수범은 처벌한다.

강제집행으로 명도 또는 인도된 부동산에 침입하거나 기타 방법으로 강제집행의 효용을 해함으로써 성립하는 범죄이다(제140조의2). 본죄의 보호법익은 '국가의 강제집행의 효용'이고, 보호의 정도는 '침해범'이다. 본죄의 주체에는 제한이 없으므로 채무자 이외의 제3자도 본죄를 범할 수 있다. 행위의 객체는 강제집행으로 명도 또는 인도된 부동산이다. 강제집행은 적법해야 한다. 행위는 침입하거나 기타 방법으로 강제집행의 효용을 해하는 것이다. 본죄의 실행의 착수시기는 강제집행으로 명도·인도된 부동산에 침입 또는 방해행위를 개시한 때이고, 기수시기는 침입 등으로 강제집행의 효용이 침해된 때이다(침해범). 본죄의 미수범은 처벌한다(제143조). 본죄가 성립한 때에는 주거침입죄나 손괴죄는 별도로 성립하지 않는다.

5. 공용서류 등 무효죄

> **제141조(공용서류 등의 무효, 공용물의 파괴)**
> ① 공무소에서 사용하는 서류 기타 물건 또는 전자기록등 특수매체기록을 손상 또는 은닉하거나 기타 방법으로 그 효용을 해한 자는 7년 이하의 징역 또는 1천만원 이하의 벌금에 처한다.
>
> **제143조(미수범)**
> 제140조 내지 전조의 미수범은 처벌한다.

(1) 의의

공무소에서 사용하는 서류 기타 물건 또는 전자기록 등 특수매체기록을 손상·은닉 기타의 방법으로 효용을 해함으로써 성립하는 범죄이다(제141조 제1항). 본죄는 물건의 효용을 해하는 점에서 기본적으로 손괴죄(제366조)의 일종이지만, 행위의 객체가 공무소에서 사용하는 서류 기타 물건이라는 점에서 손괴죄에 대한 불법가중유형으로 규정된 것이다. 그러므로 본죄의 보호법익은 '공용서류·공용물건 등의 효용'이고 보호의 정도는 '침해범'이다. 본죄의 미수범은 처벌한다(제143조).

(2) 구성요건

1) **행위의 객체** : 공무소에서 사용하는 서류 기타 물건 또는 전자기록 등 특수매체기록이다. 공무소란 공무원이 직무를 집행하는 관공소 기타의 조직체를 말하며, 공무소에서 사용하는 서류 기타 물건은 공무소에서 보관하고 있는 일체의 물건을 말한다. 공문서인가 사문서인가, 정식절차를 밟아 접수되었는가, 소유권이 누구에게 있는가, 위조문서인가, 작성자가 누구인가를 불문한다.

2) **행위** : 정당한 권한 없이 손상·은닉 기타의 방법으로 효용을 해하는 것이다.

3) **고의** : 본죄의 고의로는 공무소에서 사용하는 서류 기타 물건이라는 사실과 이를 손상·은닉

기타의 방법으로 효용을 해한다는 사실을 인식할 것을 요한다.

(3) 타죄와의 관계

등기서류에 첨부되어 있는 인지를 떼어 절취한 경우 절도죄와 본죄의 상상적 경합이 된다. 공무소에서 사용하는 공문서의 서명날인을 말소한 후 공문서를 위조한 경우 본죄와 공문서위조죄의 실체적 경합이 된다.

6. 공용물파괴죄

> **제141조(공용서류 등의 무효, 공용물의 파괴)**
> ② 공무소에서 사용하는 건조물, 선박, 기차 또는 항공기를 파괴한 자는 1년 이상 10년 이하의 징역에 처한다.
>
> **제143조(미수범)**
> 제140조 내지 전조의 미수범은 처벌한다.

공무소에서 사용하는 건조물·선박·기차 또는 항공기를 파괴함으로써 성립하는 범죄이다(제141조 제2항). 행위의 주체는 제한이 없다. 공용물의 소유자도 본죄의 주체가 될 수 있다. 행위의 객체는 공무소에서 사용하는 건조물·선박·기차 또는 항공기이다. 이는 한정적 열거이다. 따라서 공용의 '자동차'는 본죄의 객체가 되지 못하고, 제141조 제1항의 공용물건에 해당한다. 실행행위는 파괴하는 것이다. '파괴'란 본래의 용도에 사용할 수 없을 정도, 즉 효용의 중요부분을 상실할 정도의 물리적 훼손을 가하는 행위를 말한다. 손괴보다 중한 개념이다. 본죄는 공용물이 파괴한 때 기수가 된다. 본죄의 미수범은 처벌한다(제143조). 따라서 파괴의 정도에 이르지 않은 행위가 있을 때, 파괴의 의사로 착수했으나 파괴하지 못한 경우에는 본죄의 미수범이 되고, 처음부터 손괴의 의사로 착수하였기 때문에 파괴의 정도에 이르지 못한 경우에는 공용서류등무효죄(제141조 제1항)가 성립한다.

7. 공무상 보관물무효죄

> **제142조(공무상 보관물의 무효)**
> 공무소로부터 보관명령을 받거나 공무소의 명령으로 타인이 관리하는 자기의 물건을 손상 또는 은닉하거나 기타 방법으로 그 효용을 해한 자는 5년 이하의 징역 또는 700만원 이하의 벌금에 처한다.
>
> **제143조(미수범)**
> 제140조 내지 전조의 미수범은 처벌한다.

공무소로부터 보관명령을 받거나 공무소의 명령으로 타인이 간수하는 자기의 물건을 손상·은닉 기타의 방법으로 효용을 해함으로써 성립하는 범죄이다(제142조). ㈎ 행위의 주체는 공무소로부터 보관명령을 받거나, 공무소의 명령으로 타인이 관리하는 물건의 소유자이다(신분범). ㈏ 행위의 객체는 공무소로부터 보관명령을 받거나, 공무소의 명령으로 타인이 관리하는 자기소유의 물건이다. 공무소의 보관명령 등은 법령에 근거를 둔 적법한 것이어야 한다. 민사집행법에 의하여 동산을 압류한 집행관이 채무자에게 보관을 명한 경우가 여기에 해당한다. ㈐ '공무소의 명령으로 타인이 관리한다'는 것은 공무소의 처분으로 물건에 대한 소유자의 지배를 배제하여 제3자의 지배 하에 두는 것을 의미한다. 여기에서의 타인은 공무소일 수도 있다. ㈑ 실행행위는 손상·은닉 기타 방법으로 그 효용을 해하는 것이다. 본죄는 손상 등의 방법으로 물건의 효용이 침해된 때에 기수가 된다.

8. 특수공무방해죄·특수공무방해치사상죄

> **제144조(특수공무방해)**
> ① 단체 또는 다중의 위력을 보이거나 위험한 물건을 휴대하여 제136조, 제138조와 제140조 내지 전조의 죄를 범한 때에는 각조에 정한 형의 2분의 1까지 가중한다.
> ② 제1항의 죄를 범하여 공무원을 상해에 이르게 한 때에는 3년 이상의 유기징역에 처한다. 사망에 이르게 한 때에는 무기 또는 5년 이상의 징역에 처한다.

특수공무방해죄는 단체 또는 다중의 위력을 보이거나 위험한 물건을 휴대하여 제136조·제138조와 제140조 내지 제143조의 죄를 범함으로써 성립하는 범죄이고(제144조 제1항), 특수공무방해치사상죄는 특수공무방해죄에 대한 결과적 가중범이다(제144조 제2항). 특수공무방해치상죄는 부진정 결과적 가중범이다.

판례 인권옹호직무방해죄의 성립요건 및 죄수관계

- [1] 형법 제139조의 입법 취지 및 보호법익, 그 적용대상의 특수성 등을 고려하면 여기서 말하는 '인권'은 범죄수사 과정에서 사법경찰관리에 의하여 침해되기 쉬운 인권으로서, 주로 헌법 제12조에 의한 국민의 신체의 자유 등을 그 내용으로 한다. 인권의 내용을 이렇게 볼 때 <u>형법 제139조에 규정된 '인권옹호에 관한 검사의 명령'은 사법경찰관리의 직무수행에 의하여 침해될 수 있는 인신 구속 및 체포와 압수수색 등 강제수사를 둘러싼 피의자, 참고인, 기타 관계인에 대하여 헌법이 보장하는 인권 가운데 주로 그들의 신체적 인권에 대한 침해를 방지하고 이를 위해 필요하고도 밀접 불가분의 관련성 있는 검사의 명령 중 '그에 위반할 경우 사법경찰관리를 형사처벌까지 함으로써 준수되도록 해야 할 정도로 인권옹호를 위해 꼭 필요한 검사의 명령'으로 보아야 하고 나아가 법적 근거를 가진 적법한 명령이어야 한다.</u> [2] <u>형법 제139조에 규정된 인권옹호직무명령불준수죄와 형법 제122조에 규정된 직무유기죄의 각 구성요건과 보호법익 등을 비교하여 볼 때, 인권옹호직무명령불준수죄가 직무유기죄에 대하여 법조경합 중 특별관계에 있다고 보기는 어렵고 양 죄를 상상적 경합관계로 보아야 한다</u>(대판 2010.10.28. 2008도11999). [해설] 형법 제139조 인권옹호직무명령불준수죄와 형법 제122조 직무유기죄의 죄수 관계는 상상적 경합이라고 한 사례.

판례 공무상 봉인 등 표시무효죄

① [1] 형법 제140조 제1항의 규정은 봉인 또는 압류 기타 강제처분의 표시가 효력을 잃기 전에 권리 없이 이를 손상 또는 은닉하였거나 기타 방법으로 그 효용을 해케 한 행위를 구성요소로 하는 취지이며, 민사소송법 기타 공법의 규정에 의하여 가압류의 효력이 없다고 해석되는 경우 또는 봉인 등의 형식이 있으나 이를 손상할 권리가 있다고 인정되는 경우에는 본죄의 구성요소를 충족하지 못한다고 봐야 할 것이다. [2] <u>민사소송법 기타 공법의 해석을 잘못하여 압류물의 효력이 없어진 것으로 착오하였거나 또는 봉인 등을 손상 또는 효력을 해할 권리가 있다고 오신한 경우에는 형벌법규의 부지와 구별되어 범의를 조각한다</u>고 해석할 것이다(대판 1970.9.22. 70도1206). [해설] 공무상 비밀표시무효와 고의의 내용을 설명하고 있는 판결.

② 직접 점유자에 대한 점유이전금지가처분결정이 집행된 후 그 피신청인인 직접점유자가 가처분 목적물의 간접점유자에게 그 점유를 이전한 경우에는 그 가처분표시의 효용을 해한 것이 된다(대판 1980.12.23. 80도1963).

③ 채권자 갑에 의하여 압류된 피고인 소유 유체동산에 대하여 다시 채권자 을에 의하여 조사절차가 취하여진 경우에는 을에 대한 관계에 있어서도 압류의 효력이 미친다고 할 것이니, 피고인이 갑에 대한 채무를 변제하였다 하여도 그 압류가 해제되지 아니한 한 압류상태에 있다고 할 것이니 갑에 대한 변제사실만 가지고는 압류의 효력이 없다고 할 수 없고, 이를 처분한 피고인에게 공무상 비밀표시무효에 관한 범의가 없었다고도 할 수 없다(대판 1981.10.13. 80도1441).

④ 집달관이 채무자 겸 소유자의 건물에 대한 점유를 해제하고 이를 채권자에게 인도한 후 채무자의 출입을 봉쇄하기 위하여 출입문을 판자로 막아둔 것을 채무자가 이를 뜯어내고 그 건물에 들어갔다 하더라도 <u>이는 강제집행이 완결된 후의 행위로서 채권자들의 점유를 침범하는 것은 별론으로 하고 공무상 표시무효죄에 해당하지는 않는다</u>(대판 1985.7.23. 85도1092).

⑤ <u>[1] 압류물을 집달관의 승인 없이 임의로 그 관할구역 밖으로 옮긴 경우에는 압류집행의 효용을 해하게 된다고 할 것이므로 공무상 비밀표시무효죄가 성립한다. [2] 위 "[1]"의 행위를 하면서 변호사의 자문을 받았다는 사정만으로는 자신의 행위가 죄가 되지 않는다고 믿는 데에 정당한 이유가 될 수 없다고 한 사례</u>(대판 1992.5.26. 91도894).

⑥ <u>공무상 표시무효죄가 성립하기 위하여는 행위 당시에 강제처분의 표시가 현존할 것을 요한다</u>(대판 1997.3.11. 96도2801).

⑦ <u>공무원이 그 직권을 남용하여 위법하게 실시한 봉인 또는 압류 기타 강제처분의 표시임이 명백하여 법률상 당연무효 또는 부존재라고 볼 수 있는 경우에는 그 봉인 등의 표시는 공무상 표시무효죄의 객체가 되지 아니하여 이를 손상 또는 은닉하거나 기타 방법으로 그 효용을 해한다 하더라도 공무상 표시무효죄가 성립하지 아니한다 할 것이나, 공무원이 실시한 봉인 등의 표시에 절차상 또는 실체상의 하자가 있다고 하더라도 객관적·일반적으로 그것이 공무원이 그 직무에 관하여 실시한 봉인 등으로 인정할 수 있는 상태에 있다면 적법한 절차에 의하여 취소되지 아니하는 한 공무상 표시무효죄의 객체로 된다고 할 것이다</u>(대판 2001.1.16. 2000도1757, 대판 2000.4.21. 99도5563).

⑧ 집행관이 그 점유를 옮기고 압류표시를 한 다음 채무자에게 보관을 명한 유체동산에 관하여 채무자가 이를 다른 장소로 이동시켜야 할 특별한 사정이 있고, <u>그 이동에 앞서 채권자에게 이동사실 및 이동장소를 고지하여 승낙을 얻은 때에는 비록 집행관의 승인을 얻지 못한 채 압류물을 이동시켰다 하더라도 형법 제140조 제1항 소정의 '기타의 방법으로 그 효용을 해한' 경우에 해당한다고 할 수 없다고 할 것이다</u>(대판 2004.7.9. 2004도3029).

⑨ <u>대표이사로서 위 압류시설이 위치한 골프장의 개장 및 운영 전반에 걸친 포괄적 권한과 의무를 지닌 피고인으로서는 위와 같은 회사의 대외적 의무사항이 준수될 수 있도록 적절한 조치를 취할 위임계약 혹은 조리상의 작위의무가 존재한다</u>고 보아야 할 것인데, 이러한 작위의무의 내용 중에 불특정의 고객 등 제3자에 의한 위 봉인의 훼손행위를 방지할 일반적 안전조치를 취할 의무까지 있다고 할 수는 없겠지만, 적어도 위 압류, 봉인에 의하여 사용이 금지된 골프장 시설물에 대하여 위 시설물의 사용 및 그 당연한 귀결로서 봉인의 훼손을 초래하게 될 골프장의 개장 및 그에 따른 압류시설

작동을 제한하거나 그 사용 및 훼손을 방지할 수 있는 적절한 조치를 취할 의무는 존재한다고 보아야 할 것이고, 그럼에도 **피고인이 그러한 조치 없이 위 개장 및 압류시설 작동을 의도적으로 묵인 내지 방치함으로써 예견된 결과를 유발한 경우에는 부작위에 의한 공무상표시무효죄의 성립을 인정할 수 있다**고 보아야 할 것이다(대판 2005.7.22. 2005도3034).

⑩ 출입금지가처분은 그 성질상 가처분 채권자의 의사에 반하여 건조물 등에 출입하는 것을 금지하는 것이므로 **비록 가처분결정이나 그 결정의 집행으로서 집행관이 실시한 고시에 그러한 취지가 명시되어 있지 않다고 하더라도 가처분 채권자의 승낙을 얻어 그 건조물 등에 출입하는 경우에는 출입금지가처분 표시의 효용을 해한 것이라고 할 수 없다**(대판 2006.10.13. 2006도4740).

⑪ 가처분은 가처분 채무자에 대한 부작위 명령을 집행하는 것이므로 가처분의 채무자가 아닌 제3자가 그 부작위 명령을 위반한 행위는 그 가처분집행 표시의 효용을 해한 것으로 볼 수 없다(대판 2007.11.16. 2007도5539).

⑫ 형법 제140조 제1항의 공무상 표시무효죄는 공무원이 그 직무에 관하여 봉인, 동산의 압류, 부동산의 점유 등과 같은 구체적인 강제처분을 실시하였다는 표시를 손상 또는 은닉하거나 기타 방법으로 그 효용을 해함으로써 성립하는 범죄이다. 따라서 집행관이 법원으로부터 피신청인에 대하여 부작위를 명하는 가처분이 발령되었음을 고시하는 데 그치고 나아가 봉인 또는 물건을 자기의 점유로 옮기는 등의 구체적인 집행행위를 하지 아니하였다면, **단순히 피신청인이 가처분의 부작위명령을 위반하였다는 것만으로는 공무상 표시의 효용을 해하는 행위에 해당하지 아니한다**(대판 2016.5.12. 2015도20322, 대판 2010.9.30. 2010도3364, 대판 2008.12.24. 2006도1819).

⑬ [1] 형법 제140조 제1항이 정한 공무상 표시무효죄 중 '공무원이 그 직무에 관하여 실시한 압류 기타 강제처분의 표시를 기타 방법으로 그 효용을 해하는 것'이란 손상 또는 은닉 이외의 방법으로 그 표시 자체의 효력을 사실상으로 감쇄 또는 멸각시키는 것을 의미하는 것이지, 그 표시의 근거인 처분의 법률상 효력까지 상실케 한다는 의미는 아니다. [2] **집행관이 유체동산을 가압류하면서 이를 채무자에게 보관하도록 한 경우 그 가압류의 효력은 압류된 물건의 처분행위를 금지하는 효력이 있으므로, 채무자가 가압류된 유체동산을 제3자에게 양도하고 그 점유를 이전한 경우, 이는 가압류집행이 금지하는 처분행위로서, 특별한 사정이 없는 한 가압류표시 자체의 효력을 사실상 감쇄 또는 멸각시키는 행위에 해당한다. 이는 채무자와 양수인이 가압류된 유체동산을 원래 있던 장소에 그대로 두었더라도 마찬가지이다**(대판 2018.7.11. 2015도5403).

판례 | 부동산강제집행효용침해죄

- 형법 제140조의2 부동산강제집행효용침해죄의 입법취지와 체제 및 내용과 구조를 살펴보면, **부동산강제집행효용침해죄의 객체인 강제집행으로 명도 또는 인도된 부동산에는 강제집행으로 퇴거집행된 부동산을 포함한다고 해석된다**(대판 2003.5.13. 2001도3212).

 **판례** 공용서류 등 무효죄

① 공용서류무효죄의 객체는 그것이 공무소에서 사용되는 서류인 이상, 정식절차를 밟아 접수되었는지 또는 완성되어 효력이 발생되었는지의 여부를 묻지 않는다 할 것이므로 피고인이 작성한 이 사건 진술조서가 상사에게 정식으로 보고되어 수사기록에 편철된 문서가 아니라거나 완성된 서류가 아니라 하여 형법 제141조 제1항 소정의 공무소에서 사용하는 서류에 해당하지 않는 것이라고 할 수 없으니, 피고인이 진술자의 서명무인과 간인까지 받아 작성한 진술조서를 수사기록에 편철하지 않은 채 보관하고 있다가 휴지통에 버려 폐기한 소위는 공용서류무효죄에 해당한다(대판 1982.10.12. 82도368).

② 공용서류무효죄는 공문서나 사문서를 불문하고 공무소에서 사용 또는 보관 중인 서류를 정당한 권한 없이 그 효용을 해함으로써 성립하므로, 피고인이 군에 보관 중인 피고인 명의의 건축허가신청서에 첨부된 설계도면을 떼내고 별개의 설계도면으로 바꿔 넣은 경우 공용서류무효죄가 성립한다(대판 1982.12.14. 81도81).

③ 형법 제141조 제1항이 규정한 공용서류무효죄에 있어서의 범의란 피고인에게 공무소에서 사용하는 서류라는 사실과 이를 손상 또는 은닉하거나 기타 방법으로 그 효용을 해한다는 사실의 인식이 있음으로써 족하고 경찰이 작성한 진술서가 미완성의 문서라 해서 공무소에서 사용하는 서류가 아니라고 할 수 없으며 피고인과 경찰관 사이의 공모관계의 유무나 피고인의 강제력행사의 유무가 서류의 효용을 해한다는 인식에 지장을 주는 사유가 되지도 아니한다(대판 1987.4.14. 86도2799).

④ 형법 제141조 제1항에 규정한 공용서류무효죄는 공문서나 사문서를 묻지 아니하고 공무소에서 사용 중이거나 사용할 목적으로 보관하는 서류 기타 물건을 그 객체로 하므로, 형사사건을 조사하던 경찰관이 스스로의 판단에 따라 자신이 보관하던 진술서를 임의로 피고인에게 넘겨준 것이라면, 위 진술서의 보관책임자인 경찰관은 장차 이를 공무소에서 사용하지 아니하고 폐기할 의도하에 처분한 것이라고 보아야 할 것이므로, 위 진술서는 더 이상 공무소에서 사용하거나 보관하는 문서가 아닌 것이 되어 공용서류로서의 성질을 상실하였다고 보아야 한다(대판 1999.2.24. 98도4350).

⑤ [1] 공문서(전자공문서 포함)는 결재권자가 서명 등의 방법으로 결재함으로써 성립된다고 할 수 있다. 여기서 '결재'란 문서의 내용을 승인하여 문서로서 성립시킨다는 의사를 서명 등을 통해 외부에 표시하는 행위이다. 결재권자의 결재가 있었는지 여부는 결재권자가 서명을 하였는지뿐만 아니라 문서에 대한 결재권자의 지시사항, 결재의 대상이 된 문서의 종류와 특성, 관련 법령의 규정 및 업무 절차 등을 종합적으로 고려하여야 한다. 「대통령기록물 관리에 관한 법률」(2007. 4. 27. 법률 제8395호로 제정된 것, 이하 '구 대통령기록물법'이라 한다) 제2조 제1호는 대통령기록물에 관하여 '대통령의 직무수행과 관련하여 대통령 등의 기관이 생산·접수하여 보유하고 있는 기록물'이라고 정의하고 있다. 이와 같이 대통령기록물법상 대통령기록물은 대통령기록물생산기관이 '생산'한 것이어야 하는데, 해당 대통령기록물이 공문서(전자공문서 포함)의 성격을 띠는 경우에는 결재권자의 결재가 이루어짐으로써 공문서로 성립된 이후에 비로소 대통령기록물로도 생산되었다고 봄이 타당하다. [2] 형법 제141조 제1항은 공무소에서 사용하는 서류 기타 물건 또는 전자기록 등 특수매체기록을 손상 또는 은닉하거나 기타 방법으로 그 효용을 해한 자를 처벌하도록 규정하고 있다. '공무소에서 사용하는 서류 기타 전자기록'에는 공문서로서의 효력이 생기기 이전의 서류라거나(대판 1971.3.30. 71도324), 정식의 접수 및 결재 절차를 거치지 않은 문서, 결재 상신 과정에서 반려된 문

서(대판 1998.8.21. 98도360, 대판 1980.10.27. 80도1127, 대판 2006.5.25. 2003도3945 등 참조) 등을 포함하는 것으로, 미완성의 문서라고 하더라도 본죄의 성립에는 영향이 없다(대판 2020.12.10. 2015도19296). [해설] 문서관리카드에 의사결정과정에서 제기된 의견, 수정된 내용 및 지시 사항, 의사결정내용이 기록·관리될 수 있도록 한 구 사무관리규정, 노무현 전 대통령이 첨부한 지시사항의 내용, 문서관리시스템을 통한 업무처리 절차 등에 비추어 노무현 전 대통령은 2007. 10. 21. 이 사건 회의록의 내용을 확인한 후 이 사건 문서관리카드에 서명을 생성함으로써 이 사건 회의록이 첨부된 이 사건 문서관리카드를 공문서로 성립시킨다는 의사를 표시하였고, 이에 따라 이 사건 문서관리카드는 대통령기록물로 생산되었으며, 공무소에서 사용하는 전자기록에도 해당한다고 판단하여 원심을 파기한 사안.

판례 공무상 보관물무효죄

- 채무자가 채권가압류결정의 정본을 송달받고서 제3채무자에게 가압류된 돈을 지급하였어도 채권가압류결정의 송달을 받은 것이 형법 142조 소정의 공무상 보관명령이 있는 경우도 아니고 형법 제140조 제1항 소정의 강제처분의 표시가 있었다고 볼 수 없으니 공무상 보관물의 무효죄 또는 공무상 비밀표시무효죄가 성립하지 않는다(대판 1975.5.13. 73도2555).

판례 특수공무방해죄·특수공무방해치사상죄

① 피고인도 그 속에 끼인 단체 또는 다중인 데모대원이 던진 돌에 의하여 공무집행 중이던 경찰관이 상해를 입은 경우 피고인이 던진 돌이 동 피해자에게 맞고 안 맞고를 가리지 않고 특수공무방해치상죄가 성립한다(대판 1979.7.24. 79도451).

② [1] 특수공무방해치사상과 같은 이른바 부진정결과적 가중범은 예견가능한 결과를 예견하지 못한 경우뿐만 아니라 그 결과를 예견하거나 고의가 있는 경우까지도 포함하는 것이므로, 공무집행을 방해하는 집단행위의 과정에서 일부 집단원이 고의행위로 살상을 가한 경우에도 다른 집단원에게 그 사상의 결과가 예견가능한 것이었다면 다른 집단원도 그 결과에 대하여 특수공무방해치사상의 책임을 면할 수 없다. [2] 부진정결과적 가중범인 특수공무방해치사상죄에 있어서 공무집행을 방해하는 집단행위의 과정에서 일부 집단원이 고의로 방화행위를 하여 사상의 결과를 초래한 경우에 다른 집단원이 그 방화행위로 인한 사상의 결과를 예견할 수 있는 상황이었다면 특수공무방해치사상의 죄책을 면할 수 없으나 그 방화행위 자체에 공모가담한 바 없는 이상 방화치사상죄로 의율할 수는 없다(대판 1990.6.26. 90도765).

③ [1] 특수공무집행방해치상죄는 원래 결과적 가중범이기는 하지만, 이는 중한 결과에 대하여 예견가능성이 있었음에 불구하고 예견하지 못한 경우에 벌하는 진정결과적 가중범이 아니라 그 결과에 대한 예견가능성이 있었음에도 불구하고 예견하지 못한 경우뿐만 아니라 고의가 있는 경우까지도 포함하는 부진정결과적 가중범이다. [2] 고의로 중한 결과를 발생케 한 경우에 무겁게 벌하는 구성요건이 따로 마련되어 있는 경우에는 당연히 무겁게 벌하는 구성요건에서 정하는 형으로 처벌하여야 할 것이고, 결과적가중범의 형이 더 무거운 경우에는 결과적가중범에 정한 형으로 처벌할 수 있도록 하여야 할 것이므로, 기본범죄를 통하여 고의로 중한 결과를 발생케 한 부진정결과적 가중범의 경우에 그 중한 결

과가 별도의 구성요건에 해당한다면 이는 결과적 가중범과 중한 결과에 대한 고의범의 상상적 경합관계에 있다고 보아야 할 것이다(대판 1995.1.20. 94도2842). **[해설]** 특수공무집행방해치상죄는 중한 결과에 대한 고의가 있는 경우까지 포함하는 부진정결과적 가중범이며, 부진정결과적 가중범을 긍정하는 대법원의 입장을 보여준 판례.

④ 공무집행방해죄에 있어서의 범의는 상대방이 직무를 집행하는 공무원이라는 사실, 그리고 이에 대하여 폭행 또는 협박을 한다는 사실을 인식하는 것을 그 내용으로 하고, 그 인식은 불확정적인 것이라도 소위 미필적 고의가 있다고 보아야 하며, <u>그 직무집행을 방해할 의사를 필요로 하지 아니하고</u> 이와 같은 범의는 피고인이 이를 자백하고 있지 않고 있는 경우에는 그것을 입증함에 있어서는 사물의 성질상 고의와 상당한 관련성이 있는 간접사실을 증명하는 방법에 의할 수밖에 없는 것이나, 그때에 무엇이 상당한 관련성이 있는 간접사실에 해당할 것인가는 정상적인 경험칙에 바탕을 두고 치밀한 관찰력이나 분석력에 의하여 사실의 연결상태를 합리적으로 판단하는 것 외에 다른 방법은 없다(대판 1995.1.24. 94도1949).

⑤ 신호위반에 따른 정지 지시를 무시하고 도주하던 사람이 자신을 추격해 온 경찰관의 하차 요구에 불응한 채 계속 도주를 시도하다가 자동차 앞 범퍼로 경찰관을 들이받고, 차 본넷 위에 경찰관을 매단 채로 그대로 차를 몰고 진행하던 중 인도에 있던 가로수를 들이받아 결국 경찰관을 사망에 이르게 한 사안에서, '<u>위험한 물건</u>'인 자동차를 이용하여 경찰관의 정당한 업무를 방해하고, 이로 인해 사망에 이르게 한 특수공무방해치사죄에 해당한다고 한 사례(대판 2008.2.28. 2008도3).

 제3절 | 도주와 범인은닉의 죄

I. 서론

1. 의의와 보호법익

도주의 죄는 법률에 의하여 체포 또는 구금된 자가 스스로 도주하거나 타인의 도주에 관여함으로써 성립하는 범죄를 말하며, 국가의 구속권과 구금권, 국가의 구금기능 또는 구속작용을 보호법익으로 한다. 이에 반하여 범인은닉죄는 벌금 이상의 형에 해당하는 죄를 범한 자를 은닉 또는 도피하게 함으로써 성립하는 범죄를 말하며, 정당한 형벌청구권을 방해하는 것을 본질로 하는 범죄이다. 도주죄의 보호법익이 보호받는 정도가 침해범임에 반하여 범인은닉죄는 추상적 위험범이다.

2. 구성요건의 체계

도주와 범인은닉의 죄는 도주죄와 도주원조죄 및 범인은닉죄(제151조)의 세 가지 유형으로 나눌 수 있다. 도주죄의 기본적 구성요건은 단순도주죄(제145조)이며, 특수도주죄(제146조)는 이에 대한 가중적 구성요건이다. 도주원조죄의 기본적 구성요건은 단순도주원조죄(제147조)이며, 간수자도주원조죄(제148조)는 이에 대한 가중적 구성요건이다.

	기본적 구성요건	도주죄(제145조 제1항), 집합명령위반죄(제145조 제2항)
도주의 죄	가중적 구성요건	특수도주죄(행위방법으로 인한 불법가중(제146조))
	미수범	도주죄, 집합명령위반죄, 특수도주죄(제149조)
	기본적 구성요건	도주원조죄(제147조)
도주원조의 죄	가중적 구성요건	간수자도주원조죄(신분으로 인한 책임 가중(제148조))
	미수범	도주원조죄, 간수자도주원조죄(제149조)
	예비·음모	도주원조죄, 간수자도주원조죄(제150조)
범인은닉의 죄		범인은닉·도피죄(제151조 제1항)

II. 도주죄

1. 단순도주죄

제145조(도주, 집합명령위반)
① 법률에 따라 체포되거나 구금된 자가 도주한 경우에는 1년 이하의 징역에 처한다.

제149조(미수범)
전4조의 미수범은 처벌한다.

법률에 따라 체포 또는 구금된 자가 도주함으로써 성립하는 범죄이다(제145조 제1항). 도주죄의 법정형은 도주원조죄보다 현저히 낮다. 그 이유는 도주자 본인에게는 적법행위를 할 기대가능성이 적기 때문이라고 할 것이다. 이에 비해 도주원조죄는 적법행위에 대한 기대가능성이 도주죄보다는 높다고 볼 수 있다.

(1) 주체

법률에 따라 체포 또는 구금된 자이다(진정신분범). 법률에 따라 체포 또는 구금된 자란 널리 법률에 근거하여 적법하게 신체의 자유를 구속받고 있는 자를 말한다. 따라서 수형자뿐만 아니라 피고인·피의자·환형처분으로 노역장에 유치된 자, 감정유치 중인 자 및 소년원에 수용된 자를 포함한다. 구인된 피고인 또는 피의자도 본죄의 주체가 된다는 것이 다수설이다. 여기의 구금이란 현실적으로 구금된 것임을 요하므로 가석방 중에 있는 자, 보석 중에 있는 자 또는 형집행이 정지 중인 자는 본죄의 주체가 될 수 없다.

(2) 행위

도주하는 것이다. 도주는 구금상태로부터 이탈하는 것을 말한다. 일시적인 이탈로도 족하며, 작위뿐만 아니라 부작위에 의한 도주도 가능하다. 도주의 실행의 착수시기는 체포·구금기능이 침해되기 시작한 때이다. 도주의 기수시기는 간수자의 실력적 지배에서 벗어난 때, 즉 국가의 구금기능이 침해된 때이다(침해범). 아직 추적을 받고 있거나 수용시설에서 벗어나지 못한 경우에는 기수라고 할 수 없다. 본죄의 미수범은 처벌한다(제149조).

2. 집합명령위반죄

> **제145조(도주, 집합명령위반)**
> ② 제1항의 구금된 자가 천재지변이나 사변 그 밖에 법령에 따라 잠시 석방된 상황에서 정당한 이유없이 집합명령에 위반한 경우에도 제1항의 형에 처한다.
>
> **제149조(미수범)**
> 전4조의 미수범은 처벌한다.

법령에 따라 구금된 자가 천재지변이나 사변 그 밖에 법령에 따라 잠시 석방된 상황에서 정당한 이유없이 집합명령에 위반함으로써 성립하는 범죄이다(제145조 제2항). 본죄는 집합명령에 응하지 않음으로써 성립하는 진정부작위범이다. 따라서 비록 형법이 본죄의 미수범처벌규정을 두고 있다고 할지라도 본죄의 미수범은 있을 수 없다(다수설).

3. 특수도주죄

> **제146조(특수도주)**
> 수용설비 또는 기구를 손괴하거나 사람에게 폭행 또는 협박을 가하거나 2인 이상이 합동하여 전조 제1항의 죄를 범한 자는 7년 이하의 징역에 처한다.
>
> **제149조(미수범)**
> 전4조의 미수범은 처벌한다.

수용설비 또는 기구를 손괴하거나 사람에게 폭행 또는 협박을 가하거나 2인 이상이 합동하여 도주함으로써 성립하는 범죄이다(제146조). 본죄의 주체도 법률에 의하여 체포 또는 구금된 자이다. ㈎ 수용설비란 사람의 신체의 자유를 계속적으로 구속하기 위한 설비를 말하고, ㈏ 기구는 포승·수갑 또는 방성구 등의 계구와 같이 신체를 직접 구속하는 기구이다. ㈐ 손괴란 설비 또는 기구의 물리적 손괴만을 문제로 한다. ㈑ 폭행·협박은 도주의 수단으로 간수자에 대하여 행하여지는 것을 말하며, 2인 이상이 합동하여란 합동범에 있어서의 합동과 같이 시간적·장소적 협동을 의미한다.

Ⅲ. 도주원조죄

1. 단순도주원조죄

> **제147조(도주원조)**
> 법률에 의하여 구금된 자를 탈취하거나 도주하게 한 자는 10년 이하의 징역에 처한다.
>
> **제149조(미수범)**
> 전4조의 미수범은 처벌한다.
>
> **제150조(예비, 음모)**
> 제147조와 제148조의 죄를 범할 목적으로 예비 또는 음모한 자는 3년 이하의 징역에 처한다.

(1) 의의

법률에 의하여 구금된 자를 탈취하거나 도주하게 함으로써 성립하는 범죄이다(제147조). 본죄는 도주죄에 대한 교사 또는 방조에 해당하는 행위를 독립된 구성요건으로 규정한 것이다. 따라서 본죄에 대하여는 총론상의 공범규정이 적용될 수는 없다.

(2) 구성요건

1) **주체** : 법률에 의하여 구금되어 있는 자를 제외하면 본죄의 주체에는 제한이 없다.

2) **행위의 객체** : 법률에 의하여 구금된 자이다. 구금은 적법한 것이어야 한다. 아직 구금단계에 도달하지 못하고, 체포되어 연행 중인 자는 본죄의 객체가 될 수 없다.

3) **행위** : 탈취하거나 도주하게 하는 것이다. 탈취란 피구금자를 그 간수자의 실력적 지배로부터 이탈시켜 자기 또는 제3자의 실력적 지배로 옮기는 것을 말하며, 그 수단과 방법은 묻지 않는다. 도주하게 한다고 함은 피구금자를 도주하게 하는 일체의 행위를 말하며, 교사·방조를 불문한다. 피구금자가 간수자의 실력적 지배로부터 이탈하였을 때 기수가 된다.

2. 간수자도주원조죄

> **제148조(간수자의 도주원조)**
> 법률에 의하여 구금된 자를 간수 또는 호송하는 자가 이를 도주하게 한 때에는 1년 이상 10년 이하의 징역에 처한다.
>
> **제149조(미수범)**
> 전4조의 미수범은 처벌한다.
>
> **제150조(예비, 음모)**
> 제147조와 제148조의 죄를 범할 목적으로 예비 또는 음모한 자는 3년 이하의 징역에 처한다.

법률에 의하여 구금된 자를 간수 또는 호송하는 자가 이를 도주하게 함으로써 성립하는 범죄이다(제148조). 본죄는 그 주체가 법률에 의하여 구금된 자를 간수 또는 호송하는 자에 제한되는 부진정신분범이다.

Ⅳ. 범인은닉죄

> **제151조(범인은닉과 친족간의 특례)**
> ① 벌금 이상의 형에 해당하는 죄를 범한 자를 은닉 또는 도피하게 한 자는 3년 이하의 징역 또는 500만원 이하의 벌금에 처한다.
> ② 친족 또는 동거의 가족이 본인을 위하여 전항의 죄를 범한 때에는 처벌하지 아니한다.

1. 구성요건

벌금 이상의 형에 해당하는 죄를 범한 자를 은닉 또는 도피하게 함으로써 성립하는 범죄이다(제151조 제1항).

(1) 객관적 구성요건

1) **행위의 주체** : 제한이 없다. 다만 범인 자신의 은닉 또는 도피행위는 본죄를 구성하지 않는다. 그러나 범인 아닌 자이면 본죄의 주체가 될 수 있으므로 공동정범 중의 한 사람이 다른 공동정범을

도피하게 한 경우에는 본죄를 구성한다. 범인이 제3자를 교사하여 자기의 범인은닉행위를 하게 한 경우에 범인은닉죄의 교사범이 될 수 있는가에 대하여는 ㈎ 타인을 교사하여 자기를 은닉하게 하는 것은 자기비호의 연장에 불과하므로 교사범도 될 수 없다는 부정설과 ㈏ 이 경우에는 자기비호의 한계를 일탈한 것으로서 기대가능성이 인정되기 때문에 교사범의 성립을 인정하는 긍정설이 대립하고 있다. 본죄의 주체로 될 수 없는 자가 교사범으로 처벌받는다는 것은 옳다고 할 수 없고, 공범이 정범에 비하여 처벌의 가치가 크다고는 할 수 없으므로 부정설이 타당하다. ㈐ 그러나 판례는 '범인이 자신을 위하여 타인으로 하여금 허위의 자백을 하게 하여 범인도피죄를 범하게 하는 행위는 방어권의 남용으로 범인도피교사죄에 해당한다'고 판시하여 범인도피교사죄의 성립을 긍정하고 있다.

2) **행위의 객체**: 벌금 이상의 형에 해당하는 죄를 범한 자이다. 여기서 ㈎ 벌금 이상의 형에 해당하는 죄란 법정형에 벌금 이상의 형을 포함하고 있는 범죄를 말하고, ㈏ 죄를 범한 자에는 정범뿐만 아니라 교사범과 종범을 포함하며, 예비·음모를 한 자도 포함된다. 다만 죄를 범한 자라고 하기 위하여는 구성요건에 해당하고 위법·유책할 뿐만 아니라 처벌조건과 소송조건을 구비하였을 것을 요한다. 따라서 친고죄에 있어서 단순히 고소가 없는 경우에는 여기에 해당하나, 고소권이 소멸한 후에는 이에 포함되지 아니한다. ㈐ 본죄의 객체가 진범인임을 요하는가에 대하여는 진범인임을 요하지 않는다는 견해와 진범인뿐만 아니라 객관적으로 판단하여 진범인이라고 강하게 의심된 자를 포함한다고 해석하는 견해가 있으나, 본범이 진범이 아니라고 오신하고 은닉한 행위자는 항상 본죄의 '고의'가 없는 것이 되어, 본죄의 입법목적을 달성하기 어렵게 되며, 본죄의 객체는 진범인뿐만 아니라 범죄혐의를 받아 수사 또는 소추를 받고 있는 자도 포함하므로 후에 본범이 불기소처분을 받거나 무죄판결이 확정되더라도 본죄의 성립에 영향이 없다(판례).

3) **행위**: 은닉 또는 도피하게 하는 것이다. 은닉이란 장소를 제공하여 범인을 감추어 주는 행위를 말하고, 도피하게 한다는 것은 그 이외의 방법으로 관헌(官憲)의 체포·발견을 곤란 또는 불가능하게 하는 일체의 행위를 의미한다. 예컨대 도피비용을 제공하거나 은신처를 제공하는 행위, 도피 중인 자에게 수사상황을 알려 주는 행위 등이 여기에 해당한다. 본죄의 행위는 작위뿐만 아니라 부작위에 의하여도 행할 수 있다. 그러나 일반인이 범인을 신고하지 않았거나 수사기관에 인계하지 않은 것만으로는 본죄가 성립하지 않는다.

(2) 주관적 구성요건

벌금 이상의 형에 해당하는 죄를 범한 자를 은닉 또는 도피하게 한다는 인식과 의사가 있어야 한다.

(3) 죄수

동일한 범인을 은닉하고 도피하게 한 때에는 본죄의 포괄일죄가 된다. 이에 반하여 하나의 행위로 동일사건에 관한 수인의 범인을 은닉 또는 도피하게 한 때에는 수죄가 성립하여 상상적 경합의 관계가 된다고 해야 한다.

2. 친족 간의 특례

(1) 법적 성질

친족 또는 동거의 가족이 본인을 위하여 범인은닉죄를 범한 때에는 벌하지 않는다(제151조 제2

항). 본죄에 대한 친족 간의 특례를 인정한 법적 성질에 관하여는 책임조각사유설과 인적처벌조각사유설이 대립하고 있으나, 특례의 기본정신이 친족 간의 정의에 비추어 본죄를 범하지 않을 것을 기대할 수 없다는 데 있는 이상 책임조각사유로 이해하는 것이 타당하다. 따라서 특례에 해당하는 경우에는 무죄판결을 하여야 한다.

(2) 특례의 적용범위

1) **적용의 요건** : 특례는 친족 또는 동거의 가족이 본인의 형사책임의 이익을 위하여 범인은닉죄를 범한 경우에 적용된다. 친족의 범위는 민법에 의할 것이나, 본죄의 취지상 내연관계에 있는 자와 그 출생자도 여기에 포함된다고 할 것이다. 그러나 대법원은 사실혼관계에 있는 자를 본 조항의 친족에 해당하지 않는다고 한다. 가족은 동거가족에 한정되므로 분가한 가족은 친족이 아니면 특례의 적용을 받지 못한다.

2) **특례와 공범관계** : ㈎ 친족이 친족 아닌 자와 공범으로서 본죄를 범한 경우에는 특례는 친족에 대하여만 적용되며, 제3자가 친족을 교사·방조하여 본죄를 범하게 한 때에는 친족은 처벌되지 아니하나 친족 아닌 자는 본죄의 공범으로 처벌된다. 공범의 종속 형식 중 제한종속형식을 적용한 결과이다. ㈏ 문제는 친족이 제3자를 교사하여 범인은닉죄를 행하게 한 경우에 친족에 대하여 특례가 적용되는가에 있다. 이에 관하여 ㈐ 비호권의 남용으로 보아 본죄의 교사범이 성립한다고 하는 견해(적극설)가 있으나, 특례는 친족에 대하여는 기대가능성이 없기 때문에 책임이 조각된다는 취지에 불과하므로, 이 경우에도 친족에 대하여는 특례가 적용된다고 해석하는 것이 타당하다고 생각된다(소극설). 따라서 ㈑ 비친족은 본죄의 정범이 되지만, 친족은 본죄의 공범으로서의 형사책임을 지지 않는다. 한편, ㈒ 범인이 친족을 교사하여 자기를 은닉시킨 경우에 판례는 방어권의 남용으로서 범인에게는 범인도피교사죄가 성립한다고 하였다.

> **참고** 범인은닉죄에서 친족과 비친족이 가담하는 사례
>
> 1) 범인 甲이 자신의 친족 乙에게 자신을 위한 은신처 제공을 지시하였고, 이에 乙은 甲의 지시를 이행한 경우 : 甲은 공범이론 중 제한적 종속형식에 따라 범인은닉죄의 교사범이 성립하고, 乙은 형법 제151조 제2항에 따라 책임이 조각되어 무죄가 된다. 판례도 방어권의 남용으로 보아 甲에게 범인도피교사죄를 인정한다.
> 2) 제3자인 丙이 범인 甲과는 관련 없이 甲의 친족 乙에게 甲을 위한 은신처 제공을 지시하였고, 이에 乙이 丙의 지시를 이행한 경우 : 乙은 무죄가 되고, 丙은 공범이론 중 제한적 종속형식에 따라 범인은닉죄의 교사범이 성립하며, 甲은 무죄가 된다.
> 3) 제3자인 丙이 범인 甲을 만나 甲으로 하여금 甲의 친족 乙에게 지시하여 도피처를 마련하라고 교사하였고, 이에 甲은 乙에게 도피처를 제공해 달라고 지시하여 乙은 甲의 지시를 이행한 경우 : 丙은 연쇄교사자이므로 범인은닉죄의 교사범이 성립하고, 乙은 무죄, 甲은 공범이론 중 제한적 종속형식에 따라 범인은닉죄의 교사범이 성립한다.
> 4) 범인 甲의 친족 乙이 제3자인 丙을 교사하여 甲을 위한 도피처 제공을 지시하였고, 이에 丙은 乙의 지시를 이행한 경우 : 다수설에 의하면 乙의 죄책에 대해서 책임개별화원칙에 따라 책임이 조각

되므로 무죄(본 특례는 기대불가능성으로 인하여 책임이 조각되는 경우로서 친족 자신이 은닉하는 경우와 비친족을 교사하여 은닉하는 경우를 구별할 필요가 없으므로 교사범이 성립하지 않음)라고 보지만, 판례에 의하면 이 경우 형법 제151조 제2항에서 정한 친족이 범인을 도피하게 한 경우에 해당하지 않으므로 乙에게는 범인도피죄의 교사범 성립을 인정한다(범인의 친족이 형법 제151조 제2항 소정의 신분관계에 있지 아니한 자를 교사하여 범인을 도피하게 한 경우에 해당함 : 대판 1996.9.24. 96도1382).

판례 도주죄

① 도주죄는 도주상태가 계속되는 것이므로 도주 중에는 시효가 진행 안 된다는 소론을 채용할 수 없다(대판 1979.8.31. 79도622).

② 사법경찰관이 피고인을 수사관서까지 동행한 것이 사실상의 강제연행, 즉 불법체포에 해당하고, 불법체포로부터 6시간 상당이 경과한 후에 이루어진 긴급체포 또한 위법하므로 피고인이 불법체포된 자로서 형법 제145조 제1항에 정한 '법률에 의하여 체포 또는 구금된 자'가 아니어서 도주죄의 주체가 될 수 없다고 한 사례(대판 2006.7.6. 2005도6810).

판례 도주원조죄

- 도주죄는 즉시범으로서 범인이 간수자의 실력적 지배를 이탈한 상태에 이르렀을 때에 기수가 되어 도주행위가 종료하는 것이고, 도주원조죄는 도주죄에 있어서의 범인의 도주행위를 야기시키거나 이를 용이하게 하는 등 그와 공범관계에 있는 행위를 독립한 구성요건으로 하는 범죄이므로, 도주죄의 범인이 도주행위를 하여 기수에 이르른 이후에 범인의 도피를 도와주는 행위는 범인도피죄에 해당할 수 있을 뿐 도주원조죄에는 해당하지 아니한다(대판 1991.10.11. 91도1656).

판례 범인은닉·도피죄

① 범인은닉죄는 형사사법에 관한 국권의 행사를 방해하는 자를 처벌하고자 하는 것이므로 형법 제151조 제1항 소정의 '죄를 범한 자'라 함은 범죄의 혐의를 받아 수사 대상이 되어 있는 자를 포함한다. 따라서 구속수사의 대상이 된 소송외인이 그 후 무혐의로 석방되었다 하더라도 위 죄의 성립에 영향이 없다(대판 1982.1.26. 81도1931).

② 참고인이 범인 아닌 다른 자를 진범이라고 내세우는 경우 등과 같이 적극적으로 허위의 사실을 진술하여 수사관을 기만, 착오에 빠지게 함으로써 범인의 발견 체포에 지장을 초래케 하는 경우와 달리 참고인이 수사기관에서 진술을 함에 있어 단순히 범인으로 체포된 사람과 동인이 목격한 범인이 동일함에도 불구하고 동일한 사람이 아니라고 허위진술을 한 정도의 것만으로는 참고인의 그 허위진술로 말미암아 증거가 불충분하게 되어 범인을 석방하게 되는 결과가 되었다 하더라도 바로 범인도피죄를 구성한다고는 할 수 없다(대판 1987.2.10. 85도897).

③ 피고인이 검사로부터 범인을 검거하라는 지시를 받고서도 그 직무상의 의무에 따른 적절한 조치를 취하지 아니하고 오히려 범인에게 전화로 도피하라고 권유하여 그를 도피케 하였다는 범죄사실만으로는 직무위배의 위법상태가 범인도피행위 속에 포함되어 있는 것으로 보아야 할 것이므로, 이와 같은 경우에는 <u>작위범인 범인도피죄만이 성립하고 부작위범인 직무유기죄는 따로 성립하지 아니한다</u>(대판 1996.5.10. 96도51). [해설] 검사로부터 범인을 검거하라는 지시를 받은 경찰관이 범인을 도피하게 한 경우, 작위범인 범인도피죄만 성립하고 부작위범인 집무유기죄는 따로 성립하지 않는다고 본 판결.

④ 참고인이 수사기관에서 범인에 관하여 조사를 받으면서 그가 알고 있는 사실을 묵비하거나 허위로 진술하였다고 하더라도 그것이 적극적으로 수사기관을 기만하여 착오에 빠지게 함으로써 범인의 발견 또는 체포를 곤란 내지 불가능하게 할 정도의 것이 아니라면 범인도피죄를 구성하지 아니한다. 그리고 <u>참고인이 실제의 범인이 누군지도 정확하게 모르는 상태에서 수사기관에서 실제의 범인이 아닌 어떤 사람을 범인이 아닐지도 모른다고 생각하면서도 그를 범인이라고 지목하는 허위의 진술을 한 경우에는 참고인의 허위 진술에 의하여 범인으로 지목된 사람이 구속기소됨으로써 실제의 범인이 용이하게 도피하는 결과를 초래한다고 하더라도 그것만으로는 그 참고인에게 적극적으로 실제의 범인을 도피시켜 국가의 형사사법의 작용을 곤란하게 할 의사가 있었다고 볼 수 없어 그 참고인을 범인도피죄로 처벌할 수는 없다</u>(대판 1997.9.9. 97도1596).

⑤ <u>범인이 자신을 위하여 타인으로 하여금 허위의 자백을 하게 하여 범인도피죄를 범하게 하는 행위는 방어권의 남용으로 범인도피교사죄에</u> 해당한다(대판 2000.3.24. 2000도20).

⑥ 형법 제151조에서 규정하는 범인도피죄는 범인은닉 이외의 방법으로 범인에 대한 수사, 재판 및 형의 집행 등 형사사법의 작용을 곤란 또는 불가능하게 하는 행위를 말하는 것으로서, <u>그 방법에는 어떠한 제한이 없고, 또한 위 죄는 위험범으로서 현실적으로 형사사법의 작용을 방해하는 결과가 초래될 것이 요구되지 아니할 뿐만 아니라</u>, 같은 조 소정의 '벌금 이상의 형에 해당하는 죄를 범한 자'라 함은 범죄의 혐의를 받아 수사 대상이 되어 있는 자도 포함하고, 벌금 이상의 형에 해당하는 자에 대한 인식은 실제로 벌금 이상의 형에 해당하는 범죄를 범한 자라는 것을 인식함으로써 족하고 그 법정형이 벌금 이상이라는 것까지 알 필요는 없으며, <u>범인이 아닌 자가 수사기관에 범인임을 자처하고 허위사실을 진술하여 진범의 체포와 발견에 지장을 초래하게 한 행위는 위 죄에 해당</u>한다(대판 2000.11.24. 2000도4078, 대판 1996.6.14. 96도1016, 대판 1995.3.3. 93도3080).

⑦ 수사절차에서 작성되는 신원보증서는 체포된 피의자 석방의 필수적인 요건이거나 어떠한 법적 효력이 있는 것은 아니고, 다만 피의사건이 비교적 경미한 경우 피의자와 일정한 관계에 있는 신원보증인이 수사기관에 대하여 피의자의 신분, 직업, 주거 등을 보증하고 향후 수사기관이나 법원의 출석요구에 사실상 협조하겠다는 의사를 표시하는 것으로서 피의자나 신원보증인에게 심리적인 부담을 줌으로써 수사기관이나 재판정에의 출석 또는 형 집행 등 형사사법절차상의 편의를 도모하는 것에 불과하여 보증인에게 법적으로 진실한 서류를 작성·제출할 의무가 부과된 것은 아니므로, <u>신원보증서를 작성하여 수사기관에 제출하는 보증인이 피의자의 인적 사항을 허위로 기재하였다고 하더라도, 그로써 적극적으로 수사기관을 기만한 결과 피의자를 석방하게 하였다는 등 특별한 사정이 없는 한, 그 행위만으로 범인도피죄가 성립되지 않는다고 한 사례</u>(대판 2003.2.14. 2002도5374).

⑧ 범인이 기소중지자임을 알고도 범인의 부탁으로 다른 사람의 명의로 대신 임대차계약을 체결해

준 경우, 비록 임대차계약서가 공시되는 것은 아니라 하더라도 수사기관이 탐문수사나 신고를 받아 범인을 발견하고 체포하는 것을 곤란하게 하여 범인도피죄에 해당한다고 한 사례(대판 2004.3.26. 2003도8226).

⑨ [1] 범인이 자신을 위하여 타인으로 하여금 허위의 자백을 하게 하여 범인도피죄를 범하게 하는 행위는 방어권의 남용으로 범인도피교사죄에 해당하는바, 이 경우 그 타인이 형법 제151조 제2항에 의하여 처벌을 받지 아니하는 친족, 호주 또는 동거 가족에 해당한다 하여 달리 볼 것은 아니다. [2] 무면허 운전으로 사고를 낸 사람이 동생을 경찰서에 대신 출두시켜 피의자로 조사받도록 한 행위는 범인도피교사죄를 구성한다(대판 2006.12.7. 2005도3707).

⑩ [1] 원래 수사기관은 범죄사건을 수사함에 있어서 피의자나 참고인의 진술 여하에 불구하고, 피의자를 확정하고 그 피의사실을 인정할 만한 객관적인 제반 증거를 수집·조사하여야 할 권리와 의무가 있는 것이므로, 참고인이 수사기관에서 범인에 관하여 조사를 받으면서 그가 알고 있는 사실을 묵비하거나 허위로 진술하였다고 하더라도, 그것이 적극적으로 수사기관을 기만하여 착오에 빠지게 함으로써 범인의 발견 또는 체포를 곤란 내지 불가능하게 할 정도의 것이 아니라면 범인도피죄를 구성하지 않는다. [2] 폭행사건 현장의 참고인이 출동한 경찰관에게 범인의 이름 대신 허무인의 이름을 대면서 구체적인 인적사항에 대한 언급을 피한 사안에서, 범인도피죄가 성립하지 않는다고 한 사례(대판 2008.6.26. 2008도1059).

⑪ 게임산업진흥에 관한 법률 위반, 도박개장 등의 혐의로 수사기관에서 조사받는 피의자가 사실은 게임장·오락실·피씨방 등의 실제 업주가 아니라 그 종업원임에도 불구하고 자신이 실제 업주라고 허위로 진술하였다고 하더라도, 그 자체만으로 범인도피죄를 구성하는 것은 아니다. 다만, 그 피의자가 실제 업주로부터 금전적 이익 등을 제공받기로 하고 단속이 되면 실제 업주를 숨기고 자신이 대신하여 처벌받기로 하는 역할(이른바 '바지사장')을 맡기로 하는 등 수사기관을 착오에 빠뜨리기로 하고, 단순히 실제 업주라고 진술하는 것에서 나아가 게임장 등의 운영 경위, 자금 출처, 게임기 등의 구입 경위, 점포의 임대차계약 체결 경위 등에 관해서까지 적극적으로 허위로 진술하거나 허위 자료를 제시하여 그 결과 수사기관이 실제 업주를 발견 또는 체포하는 것이 곤란 내지 불가능하게 될 정도에까지 이른 것으로 평가되는 경우 등에는 범인도피죄를 구성할 수 있다(대판 2010.1.28. 2009도10709).

⑫ 수사기관은 범죄사건을 수사함에 있어서 피의자나 참고인의 진술 여하에 불구하고 피의자를 확정하고 그 피의사실을 인정할 만한 객관적인 제반 증거를 수집·조사하여야 할 권리와 의무가 있다. 따라서 참고인이 수사기관에서 범인에 관하여 조사를 받으면서 그가 알고 있는 사실을 묵비하거나 허위로 진술하였다고 하더라도, 그것이 적극적으로 수사기관을 기만하여 착오에 빠지게 함으로써 범인의 발견 또는 체포를 곤란 내지 불가능하게 할 정도가 아닌 한 범인도피죄를 구성하지 않는다. 이러한 법리는 피의자가 수사기관에서 공범에 관하여 묵비하거나 허위로 진술한 경우에도 그대로 적용된다(대판 2010.2.11. 2009도12164, 대판 2008.12.24. 2007도11137).

⑬ 범인도피죄는 범인을 도피하게 함으로써 기수에 이르지만, 범인도피행위가 계속되는 동안에는 범죄행위도 계속되고 행위가 끝날 때 비로소 범죄행위가 종료된다. 따라서 공범자의 범인도피행위 도중에 그 범행을 인식하면서 그와 공동의 범의를 가지고 기왕의 범인도피상태를 이용하여 스스로 범인도피행위를 계속한 경우에는 범인도피죄의 공동정범이 성립하고, 이는 공범자의 범행을 방조한 종범의 경우도 마찬가지이다(대판 2012.8.30. 2012도6027, 대판 1995.9.5. 95도577). [해설] 다른 공범자의 실행행위 도중

에 그와 공동하여 실행행위를 계속함으로써 성립하는 공동정범의 한 유형을 승계적 공동정범이라고 함. 범인도피죄는 범인을 도피하게 함으로써 기수에 이르지만 범인도피행위가 계속되는 동안에는 범죄행위도 계속되고 행위가 끝날 때 비로소 범죄행위가 종료되는 계속범. 본 판례는 이와 같은 계속범에서는 범죄가 기수에 이른 이후에도 실행행위가 계속되는 한 공동정범이 성립할 수 있음을 명시한 사례.

⑭ 형법 제151조의 범인도피죄는 수사, 재판 및 형의 집행 등에 관한 국권의 행사를 방해하는 행위를 처벌하려는 것이므로 형법 제151조 제1항에서 정한 '죄를 범한 자'는 범죄의 혐의를 받아 수사대상이 되어 있는 사람이면 그가 진범인지 여부를 묻지 않고 이에 해당한다. 그리고 형법 제151조 제1항에서 정한 '죄를 범한 자'가 자신을 위하여 타인으로 하여금 범인도피죄를 범하게 하는 행위는 방어권의 남용으로 범인도피교사죄에 해당한다(대판 2014.3.27. 2013도152). [해설] 범인이 자신을 위하여 타인으로 하여금 범인도피죄를 범하게 하는 경우, 범인도피교사죄가 성립한다고 본 판결.

⑮ 범인 스스로 도피하는 행위는 처벌되지 아니하므로, 범인이 도피를 위하여 타인에게 도움을 요청하는 행위 역시 도피행위의 범주에 속하는 한 처벌되지 아니하며, 범인의 요청에 응하여 범인을 도운 타인의 행위가 범인도피죄에 해당한다고 하더라도 마찬가지이다. 다만 범인이 타인으로 하여금 허위의 자백을 하게 하는 등으로 범인도피죄를 범하게 하는 경우와 같이 그것이 방어권의 남용으로 볼 수 있을 때에는 범인도피교사죄에 해당할 수 있다. 이 경우 방어권의 남용이라고 볼 수 있는지 여부는, 범인을 도피하게 하는 것이라고 지목된 행위의 태양과 내용, 범인과 행위자의 관계, 행위 당시의 구체적인 상황, 형사사법의 작용에 영향을 미칠 수 있는 위험성의 정도 등을 종합하여 판단하여야 한다. 원심이 적법하게 채택한 증거에 의하여 인정되는 다음과 같은 사정들, 즉, 공소외인은 피고인이 평소 가깝게 지내던 후배인 점, 피고인은 자신의 휴대폰을 사용할 경우 소재가 드러날 것을 염려하여 공소외인에게 요청하여 대포폰을 개설하여 받고, 공소외인에게 전화를 걸어 자신이 있는 곳으로 오도록 한 다음 공소외인이 운전하는 자동차를 타고 청주시 일대를 이동하여 다닌 것으로서, 피고인의 이러한 행위는 형사사법에 중대한 장애를 초래한다고 보기 어려운 통상적 도피의 한 유형으로 볼 여지가 충분하다(대판 2014.4.10. 2013도12079).

⑯ 경찰공무원이 지명수배 중인 범인을 발견하고도 직무상 의무에 따른 적절한 조치를 취하지 아니하고 오히려 범인을 도피하게 하는 행위를 하였다면, 그 직무위배의 위법상태는 범인도피행위 속에 포함되어 있다고 보아야 할 것이므로, 이와 같은 경우에는 작위범인 범인도피죄만이 성립하고 부작위범인 직무유기죄는 따로 성립하지 아니한다. 한편, 범인도피죄는 범인을 도피하게 함으로써 기수에 이르지만, 범인도피행위가 계속되는 동안에는 범죄행위도 계속되고 행위가 끝날 때 비로소 범죄행위가 종료된다(대판 2017.3.15. 2015도1456, 대판 2006.10.19. 2005도3909 전원합의체).

⑰ 범인도피죄는 타인을 도피하게 하는 경우에 성립할 수 있는데, 여기에서 타인에는 공범도 포함되나 범인 스스로 도피하는 행위는 처벌되지 않는다. 또한 공범 중 1인이 그 범행에 관한 수사절차에서 참고인 또는 피의자로 조사받으면서 자기의 범행을 구성하는 사실관계에 관하여 허위로 진술하고 허위 자료를 제출하는 것은 자신의 범행에 대한 방어권 행사의 범위를 벗어난 것으로 볼 수 없다. 이러한 행위가 다른 공범을 도피하게 하는 결과가 된다고 하더라도 범인도피죄로 처벌할 수 없다. 이때 공범이 이러한 행위를 교사하였더라도 범죄가 될 수 없는 행위를 교사한 것에 불과하여 범인도피교사죄가 성립하지 않는다(대판 2018.8.1. 2015도20396). [해설] 범인의 자기도피 교사행위의 죄책은 자기방어권 행사의 남용으로 교사범이 성립하며, 범인의 자기도피가 다른 공범을 도피하게 하는 결과를 초래하더라도 범인도피죄로 처벌할 수 없다는 판결.

 **범인은닉·도피죄와 친족 간의 특례**

① [1] 형법 제151조에서 규정하는 범인도피죄는 범인은닉 이외의 방법으로 범인에 대한 수사, 재판 및 형의 집행 등 형사사법의 작용을 곤란 또는 불가능하게 하는 행위를 말하는 것으로서 그 방법에는 어떠한 제한이 없고, 또 위 죄는 위험범으로서 현실적으로 형사사법의 작용을 방해하는 결과가 초래될 것이 요구되지 아니하므로, 형법 제151조 제1항의 이른바, 죄를 범한 자라 함은 범죄의 혐의를 받아 수사대상이 되어 있는 자를 포함하며, 나아가 <u>벌금 이상의 형에 해당하는 죄를 범한 자라는 것을 인식하면서도 도피하게 한 경우에는 그 자가 당시에는 아직 수사대상이 되어 있지 않았다고 하더라도 범인도피죄가 성립한다고 할 것이고</u>, 한편, 증거인멸죄에 관한 형법 제155조 제1항의 이른바 타인의 형사사건이란 인멸행위 시에 아직 수사절차가 개시되기 전이라도 장차 형사사건이 될 수 있는 것까지 포함한다. [2] 형법 제151조 제2항 및 제155조 제4항은 친족, 호주 또는 동거의 가족이 본인을 위하여 범인도피죄, 증거인멸죄 등을 범한 때에는 처벌하지 아니한다고 규정하고 있는바, <u>사실혼관계에 있는 자는 민법 소정의 친족이라 할 수 없어 위 조항에서 말하는 친족에 해당하지 않는다</u>(대판 2003.12.12. 2003도4533).

② <u>범인이 자신을 위하여 타인으로 하여금 허위의 자백을 하게 하여 범인도피죄를 범하게 하는 행위는 방어권의 남용으로 범인도피교사죄에 해당하는바, 이 경우 그 타인이 형법 제151조 제2항에 의하여 처벌을 받지 아니하는 친족, 호주 또는 동거 가족에 해당한다 하여 달리 볼 것은 아니다</u>(대판 2006.12.7. 2005도3707). [해설] 범인의 자기도피 교사와 친족 간의 특례 적용에 관한 판결.

 **제4절 | 위증과 증거인멸의 죄**

Ⅰ. 서론

1. 위증죄의 의의와 본질

(1) 위증죄의 의의

법률에 의하여 선서한 증인이 허위의 진술을 하거나, 법률에 의하여 선서한 감정인·통역인 또는 번역인이 허위의 감정·통역 또는 번역을 함으로써 성립하는 범죄를 말한다.

(2) 위증죄의 본질

위증죄의 보호법익은 국가의 사법작용과 징계작용이며, 보호법익이 보호받는 정도는 추상적 위험범이다. 따라서 위증죄는 허위의 진술에 의하여 국가의 사법기능이 침해될 추상적 위험이 있으면 완성된다. 위증죄는 법률에 의하여 선서한 증인이라는 신분을 요하는 신분범일 뿐만 아니라, 이러한 신분을 가진 자가 스스로 허위의 증언을 할 때에만 성립하는 자수범이다. 따라서 본죄의 정범은 스스로 허위의 증언을 하는 자일 것을 요하며, 간접정범이나 공동정범의 형태에 의하여 본죄를 범할 수는 없다.

2. 증거인멸죄의 의의

타인의 형사사건 또는 징계사건에 대한 증거를 인멸·은닉·위조 또는 변조하거나, 위조 또는 변조한 증거를 사용하거나, 타인의 형사사건 또는 징계사건에 관한 증인을 은닉 또는 도피하게 하여 국가의 심판기능을 방해하는 것을 내용으로 하는 범죄이다. 이와 같이 증거인멸죄는 사법작용에 대한 국가의 기능을 보호법익으로 하는 추상적 위험범이라는 점에서 위증죄와 본질을 같이한다. 다만 위증죄가 무형적인 방법으로 증거의 증명력을 해하는 범죄임에 반하여, 증거인멸죄는 유형적 방법에 의하여 증거의 증명력을 해한다는 점에서 양자는 구별된다. 이러한 의미에서 위증죄는 증거인멸죄에 대하여 특별관계에 있다고 할 수 있다.

3. 구성요건의 체계

형법	위증의 죄	기본적 구성요건	위증죄(제152조 제1항)
		가중적 구성요건	모해위증죄(불법가중(제152조 제2항))
		독립적 구성요건	허위감정·통역·번역죄(제154조)
	증거인멸의 죄	기본적 구성요건	증거인멸죄(제155조 제1항)
		기본적 구성요건	증인은닉·도피죄(제155조 제2항)
		가중적 구성요건	모해증거인멸죄, 모해증인은닉·도피죄(불법가중(제155조 제3항))
특별 형법	국회에서의 증언·감정 등에 관한 법률		국회의 본회의 또는 위원회에서의 허위진술·허위감정을 가중처벌하고 있다(제14조).
	국가보안법		타인으로 하여금 형사처분을 받게 할 목적으로 국가보안법의 죄에 대하여 위증을 하거나 증거를 날조·인멸·은닉한 자를 가중처벌하고 있다(제12조 제1항).

II. 위증죄

1. 단순위증죄

> **제152조(위증, 모해위증)**
> ① 법률에 의하여 선서한 증인이 허위의 진술을 한 때에는 5년 이하의 징역 또는 1천만원 이하의 벌금에 처한다.
>
> **제153조(자백, 자수)**
> 전조의 죄를 범한 자가 그 공술한 사건의 재판 또는 징계처분이 확정되기 전에 자백 또는 자수한 때에는 그 형을 감경 또는 면제한다.

(1) 객관적 구성요건

법률에 의하여 선서한 증인이 허위의 진술을 함으로써 성립한다(제152조 제1항).

1) 행위의 주체 : 법률에 의하여 선서한 증인이다. ㈎ 법률에 의한 선서란 선서가 법률에 정한 절

차에 따라 유효하게 행하여질 것을 요한다는 의미이다. 여기서 법률이란 법률뿐만 아니라 법률의 위임에 의한 명령 등을 포함한다. 선서는 유효한 것이어야 하므로 선서를 하게 할 권한 있는 기관에 대하여 한 것이어야 한다. 그러나 선서절차에 사소한 하자가 있다는 것만으로 그 선서가 효력을 잃는 것은 아니며, 사전선서인가 사후선서인가를 불문한다(통설). ㈏ 증인이란 법원 또는 법관에 대하여 과거의 경험사실을 진술하는 제3자를 말한다. 공범자 또는 공동피고인이 증인의 자격에서 선서하고 증언한 때에는 본죄의 주체가 될 수 있다고 해석하는 견해도 있다. 그러나 공범자 아닌 공동피고인은 증인적격이 있지만, 공범자인 공동피고인은 증인적격이 없다고 해야 할 것이므로 이 경우에는 본죄의 주체가 될 수 없다고 해야 한다(다수설, 판례). ㈐ 증언거부권을 행사하지 않고 선서 후 위증한 경우 본죄의 주체가 되며, 증언으로 인하여 형사소추를 받을 염려가 있는 경우에도 마찬가지이다. 그러나 최근 판례는 '증언거부사유가 있음에도 증인이 증언거부권을 고지받지 못함으로 인하여 그 증언거부권을 행사하는 데 사실상 장애가 초래되었다고 볼 수 있는 경우에는 위증죄의 성립을 부정하여야 할 것이다' 하여 증언거부권 고지 여부를 고려하지 아니한 채 위증죄가 바로 성립한다는 종래의 판례를 변경하였다.

　2) **행위** : 허위의 진술을 하는 것이다.

　㈎ **진술의 허위성** : 허위가 무엇을 의미하는가에 대하여는 ㈎ 허위란 객관적 진실에 반하는 것을 의미하며 증인의 기억과 일치하는가는 불문한다고 해석하는 객관설과 ㈏ 허위란 증인이 기억에 반하는 증언을 하는 것을 의미하며 그것이 객관적 진실과 일치하는가는 문제되지 않는다고 해석하는 주관설이 대립하고 있다. 주관설이 통설의 입장이다. 판례도 주관설을 취하여 증언이 객관적 진실에 반하였다고 하여 위증이라고 할 수는 없고, 반대로 기억에 반하는 진술을 한 때에는 진실과 일치하는 경우에도 허위의 진술을 한 경우에 해당한다고 판시하고 있다. 기억에 반하는 진술이 객관적 사실과 일치하는가는 우연에 불과한 것이므로 주관설이 타당하다.

　㈏ **진술** : 허위의 진술이란 증인이 허위의 사실을 진술하는 것을 말한다. ㈎ 진술의 대상은 사실에 제한되며 가치판단을 포함하지 않는다. 사실인 이상 외적 사실뿐만 아니라 내적 사실을 포함한다. ㈏ 진술의 방법에도 제한이 없다. 구두에 의한 진술뿐만 아니라 거동이나 표정에 의한 진술도 포함한다. 다만 단순한 진술거부의 경우는 진술에 해당한다고 할 수 없다. 그러나 예외적으로 진술거부에 의하여 전체로서의 진술내용이 허위로 되는 때에는 부작위에 의한 위증이 될 수 있다. ㈐ 진술의 내용은 반드시 요증사실에 대한 것으로 판결에 영향을 미칠 수 있는 것임을 요하지 않는다. 사실에 대한 진술뿐만 아니라 인정신문에 대한 진술도 포함한다.

　㈐ **기수시기** : 증인이 당해 허위의 진술을 하였을 때에는 신문의 종료를 기다리지 않고 즉시 기수가 된다고 해석하는 견해도 있지만, 1회의 증인신문절차에 있어서의 증언은 포괄적으로 한 개의 행위라고 파악함이 타당하므로 증인에 대한 신문절차가 종료한 때에 기수가 된다고 하는 견해가 타당하다(통설, 판례). 다만, 증인이 진술을 한 후에 선서한 때에는 그 선서를 끝낸 때에 기수가 된다고 해야 한다.

　(2) 주관적 구성요건

　법률에 의하여 선서한 증인이라는 신분에 대한 인식뿐만 아니라, 허위의 진술을 한다는 점에 대한 인식도 포함된다.

(3) 공범

본죄는 자수범이므로 법률에 의하여 선서하고 증언하는 자 이외의 자는 본죄에 대한 간접정범이나 공동정범이 될 수 없다. 그러나 본죄에 대한 교사나 방조가 가능하다는 점에는 의문이 없다. 문제는 형사피고인이 자기의 형사사건에 관하여 타인을 교사하여 위증하게 한 경우에 본죄의 교사범이 성립할 수 있는가에 있다.

1) **적극설** : ㈎ 형사피고인이 타인에게 위증을 교사한 경우까지 책임이 조각된다고는 할 수 없고, ㈏ 정범에게 위증죄가 성립한 이상 교사범의 성립도 인정해야 한다는 것을 근거로 형사피고인도 본죄의 교사범이 될 수 있다고 해석한다.

2) **소극설** : ㈎ 정범으로 처벌되지 않는 피고인에게 교사범으로서의 형사책임을 부담하게 하는 것은 부당하며, ㈏ 피고인이 타인을 교사하여 위증하게 하는 것은 피고인 자신이 허위의 진술을 하는 것과 차이가 없다는 점을 근거로 하여 형사피고인은 본죄의 정범은 물론 교사범도 될 수 없다고 한다.

3) **비판** : 피고인에 대하여 본죄가 성립하지 않는 것은 피고인은 증인적격이 없기 때문에 본죄의 구성요건을 충족할 수 없기 때문이라고 해야 한다. 이를 책임조각사유로 이해하여 타인을 교사한 때에는 기대가능성이 조각되지 않는다고 하는 것은 타당하다고 할 수 없다. 따라서 소극설이 타당하다. 판례는 자기의 형사사건에 관하여 허위의 진술을 하는 행위는 피고인의 형사소송에 있어서의 방어권을 인정하는 취지에서 처벌의 대상이 되지 않으나, 법률에 의하여 선서한 증인이 타인의 형사사건에 관하여 위증을 하면 형법 제152조 제1항의 위증죄가 성립되므로 자기의 형사사건에 관하여 타인을 교사하여 위증죄를 범하게 하는 것은 이러한 방어권을 남용하는 것이라고 할 것이어서 교사범의 죄책을 부담케 함이 상당하다고 판시하여 적극설의 입장이다.

(4) 죄수 및 타죄와의 관계

㈎ 동일한 사건에서 증인으로 수회의 증인신문절차에서 여러 사실에 관하여 위증을 한 경우에 위증죄의 포괄일죄가 성립한다. ㈏ 타인을 무고한 후 이로 인하여 재판에서 위증을 한 경우에는 무고죄와 위증죄의 실체적 경합이 된다. ㈐ 재물편취의 의사로 사기소송을 제기한 후 그 사건에서 위증을 한 경우에는 사기죄와 위증죄의 실체적 경합이 된다. ㈑ 위증죄는 증거인멸죄에 대하여 특별관계에 있다.

(5) 자백·자수의 특례

본죄를 범한 자가 그 진술한 사건의 재판 또는 징계처분이 확정되기 전에 자백 또는 자수한 때에는 그 형을 감경 또는 면제한다(제153조). 자백이란 허위의 진술을 한 사실을 고백하는 것을 말하며, 자수란 범인이 자발적으로 수사기관에 대하여 자기의 범죄사실을 신고하여 소추를 구하는 의사표시를 말한다. 자백 또는 자수는 위증한 사건의 재판 또는 징계처분이 확정되기 전에 해야 한다. 법원 또는 징계기관에서 이미 위증이 있었다는 사실을 파악하고 있었더라도 상관없다. 공범의 자백·자수에 대해서도 본 특례가 적용된다. 다만 형의 필요적 감면은 자백 또는 자수한 자에게만 혜택이 있다.

 **판례** 위증죄의 주체

① 가처분사건이 변론절차에 의하여 진행될 때에는 제3자를 증인으로 선서하게 하고 증언을 하게 할 수 있으나 심문절차에 의할 경우에는 법률상 명문의 규정도 없고, 또 구 민사소송법(2002. 1. 26. 법률 제6626호로 전문 개정되기 전의 것)의 증인신문에 관한 규정이 준용되지도 아니하므로 선서를 하게 하고 증언을 시킬 수 없다고 할 것이고, 따라서 제3자가 심문절차로 진행되는 가처분 신청사건에서 증인으로 출석하여 선서를 하고 진술함에 있어서 허위의 공술을 하였다고 하더라도 그 선서는 법률상 근거가 없어 무효라고 할 것이므로 위증죄는 성립하지 않는다(대판 2003.7.25. 2003도180).

② 자신의 강도상해 범행을 일관되게 부인하였으나 유죄판결이 확정된 피고인이 별건으로 기소된 공범의 형사사건에서 자신의 범행사실을 부인하는 증언을 한 사안에서, 피고인에게 사실대로 진술할 기대가능성이 있으므로 위증죄가 성립한다고 판단한 사례(대판 2008.10.23. 2005도10101).

③ [1] 위증죄의 의의 및 보호법익, 형사소송법에 규정된 증인신문절차의 내용, 증언거부권의 취지 등을 종합적으로 살펴보면, 증인신문절차에서 법률에 규정된 증인 보호를 위한 규정이 지켜진 것으로 인정되지 않은 경우에는 증인이 허위의 진술을 하였다고 하더라도 위증죄의 구성요건인 "법률에 의하여 선서한 증인"에 해당하지 아니한다고 보아 이를 위증죄로 처벌할 수 없는 것이 원칙이다. 다만, 법률에 규정된 증인 보호 절차라 하더라도 개별 보호절차 규정들의 내용과 취지가 같지 아니하고, 당해 신문 과정에서 지키지 못한 절차 규정과 그 경위 및 위반의 정도 등 제반 사정이 개별 사건마다 각기 상이하므로, 이러한 사정을 전체적·종합적으로 고려하여 볼 때, 당해 사건에서 증인 보호에 사실상 장애가 초래되었다고 볼 수 없는 경우에까지 예외 없이 위증죄의 성립을 부정할 것은 아니라고 할 것이다. [2] 증언거부권 제도는 증인에게 증언의무의 이행을 거절할 수 있는 권리를 부여한 것이고, 형사소송법상 증언거부권의 고지 제도는 증인에게 그러한 권리의 존재를 확인시켜 침묵할 것인지 아니면 진술할 것인지에 관하여 심사숙고할 기회를 충분히 부여함으로써 침묵할 수 있는 권리를 보장하기 위한 것임을 감안할 때, 재판장이 신문 전에 증인에게 증언거부권을 고지하지 않은 경우에도 당해 사건에서 증언 당시 증인이 처한 구체적인 상황, 증언거부사유의 내용, 증인이 증언거부사유 또는 증언거부권의 존재를 이미 알고 있었는지 여부, 증언거부권을 고지 받았더라도 허위진술을 하였을 것이라고 볼 만한 정황이 있는지 등을 전체적·종합적으로 고려하여 증인이 침묵하지 아니하고 진술한 것이 자신의 진정한 의사에 의한 것인지 여부를 기준으로 위증죄의 성립 여부를 판단하여야 한다. 그러므로 헌법 제12조 제2항에 정한 불이익 진술의 강요금지 원칙을 구체화한 자기부죄거부특권에 관한 것이거나 기타 증언거부사유가 있음에도 증인이 증언거부권을 고지받지 못함으로 인하여 그 증언거부권을 행사하는 데 사실상 장애가 초래되었다고 볼 수 있는 경우에는 위증죄의 성립을 부정하여야 할 것이다. [3] 이와 달리, 피고인이 증인으로 선서한 이상 진실대로 진술한다고 하면 자신의 범죄를 시인하는 진술을 하는 것이 되고 증언을 거부하는 것은 자기의 범죄를 암시하는 것이 되는 처지에 있다 하더라도 증인에게는 증언을 거부할 수 있는 권리를 인정하여 위증죄로부터의 탈출구를 마련하고 있는 만큼 적법행위의 기대가능성이 없다고 할 수 없고 선서한 증인이 허위의 진술을 한 이상 증언거부권 고지 여부를 고려하지 아니한 채 위증죄가 바로 성립한다는 취지로 대법원 1987. 7. 7. 선고 86도1724 전원합의체 판결에서 판시한 대법원의 의견은 위 견해에 저촉되는 범위 내에서 이를 변경하기로 한다(대판 2010.1.21. 2008도942 전원합의체). [해설] 증인으로 선서한 이상 진실대로 진술한다고 하면 자신의 범죄를 시인하는 진술을 하는 것이 되고 증언을 거부하는 것은 자기의 범죄를 암시하는 것

이 되어 증인에게 사실대로의 진술을 기대할 수 없다고 하더라도 형사소송법상 이러한 처지의 증인에게는 증언을 거부할 수 있는 권리를 인정하여 위증죄로부터의 탈출구를 마련하고 있는 만큼 적법행위의 기대가능성이 없다고 할 수 없으므로 선서한 증인이 증언거부권을 포기하고 허위의 진술을 하였다면 위증죄의 처벌을 면할 수 없다고 한 대판 1987.7.7. 86도1724 전원합의체 참고.

④ 전 남편에 대한 도로교통법 위반(음주운전) 사건의 증인으로 법정에 출석한 전처가 증언거부권을 고지받지 않은 채 공소사실을 부인하는 전 남편의 변명에 부합하는 내용을 적극적으로 허위진술한 사안에서, 증인으로 출석하여 증언한 경위와 그 증언 내용, <u>증언거부권을 고지받았더라도 그와 같이 증언을 하였을 것이라는 취지의 진술 내용 등을 전체적·종합적으로 고려할 때 선서 전에 재판장으로부터 증언거부권을 고지받지 아니하였다 하더라도 이로 인하여 증언거부권이 사실상 침해당한 것으로 평가할 수는 없다는 이유로 위증죄의 성립을 긍정한 사례</u>(대판 2010.2.25. 2007도6273).

⑤ 사촌관계에 있는 갑의 도박 사실 여부에 관하여 증언거부사유가 발생하게 되었는데도 재판장으로부터 증언거부권을 고지받지 못한 상태에서 허위 진술을 하게 된 사안에서, 위증죄의 성립을 부정한 사례(대판 2010.2.25. 2009도13257).

⑥ [1] 형사소송법은 증언거부권에 관한 규정(제148조, 제149조)과 함께 재판장의 증언거부권 고지의무에 관하여도 규정하고 있는 반면(제160조), 민사소송법은 증언거부권 제도를 두면서도(제314조 내지 제316조) 증언거부권 고지에 관한 규정을 따로 두고 있지 않다. 우리 입법자는 1954. 9. 23. 제정 당시부터 증언거부권 및 그 고지 규정을 둔 형사소송법과는 달리 그 후인 1960. 4. 4. 민사소송법을 제정할 때 증언거부권 제도를 두면서도 그 고지 규정을 두지 아니하였고, 2002. 1. 26. 민사소송법을 전부 개정하면서도 같은 입장을 유지하였다. 이러한 입법 경위 및 규정 내용에 비추어 볼 때, 이는 양 절차에 존재하는 목적·적용원리 등의 차이를 염두에 둔 입법적 선택으로 보인다. 더구나 민사소송법은 형사소송법과 달리, '선서거부권 제도'(제324조), '선서면제 제도'(제323조) 등 증인으로 하여금 위증죄의 위험에서 벗어날 수 있도록 하는 이중의 장치를 마련하고 있어 증언거부권 고지 규정을 두지 아니한 것이 입법의 불비라거나 증언거부권 있는 증인의 침묵할 수 있는 권리를 부당하게 침해하는 입법이라고 볼 수도 없다. 그렇다면 <u>민사소송절차에서 재판장이 증인에게 증언거부권을 고지하지 아니하였다 하여 절차위반의 위법이 있다고 할 수 없고, 따라서 적법한 선서절차를 마쳤는데도 허위진술을 한 증인에 대해서는 달리 특별한 사정이 없는 한 위증죄가 성립한다고 보아야 한다.</u> [2] <u>민사소송절차에 증인으로 출석한 피고인이, 민사소송법 제314조에 따라 증언거부권이 있는데도 재판장으로부터 증언거부권을 고지받지 않은 상태에서 허위의 증언을 한 사안에서, 민사소송법이 정하는 절차에 따라 증인으로서 적법하게 선서를 마치고도 허위진술을 한 피고인의 행위는 위증죄에 해당하고 기록상 달리 특별한 사정이 보이지 아니하는데도, 법적 근거가 없는 증언거부권의 고지절차가 없었다는 이유로 무죄를 인정한 원심판단에 민사소송절차의 증언거부권 고지에 관한 법리오해의 위법이 있다고 한 사례</u>(대판 2011.7.28. 2009도14928).

⑦ [1] 형사소송법 제148조의 증언거부권은 헌법 제12조 제2항에 정한 불이익 진술의 강요금지 원칙을 구체화한 자기부죄거부특권에 관한 것인데, 이미 유죄의 확정판결을 받은 경우에는 헌법 제13조 제1항에 정한 일사부재리의 원칙에 의해 다시 처벌받지 아니하므로 자신에 대한 유죄판결이 확정된 증인은 공범에 대한 사건에서 증언을 거부할 수 없고, 설령 증인이 자신에 대한 형사사건에서 시종일관 범행을 부인하였더라도 그러한 사정만으로 증인이 진실대로 진술할 것을

기대할 수 있는 가능성이 없는 경우에 해당한다고 할 수 없으므로 허위의 진술에 대하여 위증죄 성립을 부정할 수 없다. [2] 피고인이 마약류관리에 관한 법률 위반(향정)죄로 이미 유죄판결을 받아 확정된 후 별건으로 기소된 공범 갑에 대한 공판절차의 증인으로 출석하여 허위의 진술을 한 사안에서, 피고인에게 증언을 거부할 권리가 없으므로 증언에 앞서 증언거부권을 고지받지 못하였더라도 증인신문절차상 잘못이 없다고 판단하여 위증죄를 인정한 원심판단을 수긍한 사례(대판 2011.11.24. 2011도11994).

⑧ 민사소송의 당사자는 증인능력이 없으므로 증인으로 선서하고 증언하였다고 하더라도 위증죄의 주체가 될 수 없고, 이러한 법리는 민사소송에서의 당사자인 법인의 대표자의 경우에도 마찬가지로 적용된다(대판 2012.12.13. 2010도14360, 대판 1998.3.10. 97도1168).

⑨ 공범인 공동피고인은 당해 소송절차에서는 피고인의 지위에 있어 다른 공동피고인에 대한 공소사실에 관하여 증인이 될 수 없으나, 소송절차가 분리되어 피고인의 지위에서 벗어나게 되면 다른 공동피고인에 대한 공소사실에 관하여 증인이 될 수 있다(대판 2012.12.13. 2010도10028, 대판 2008.6.26. 2008도3300).

판례 위증죄의 허위의 판단기준

① 위증죄는 선서한 증인이 고의로 자신의 기억에 반하는 증언을 함으로써 성립하고 그 진술이 당해 사건의 요증사항인 여부 및 재판의 결과에 영향을 미친 여부는 위증죄의 성립에 아무런 관계가 없다(대판 1986.6.10. 85도117).

② 원심이 확정한 사실에 의하면, 피고인이 3회에 걸쳐 법률에 의한 선서를 하고서 진술한 증언내용이 객관적 사실에 부합하지 아니하고 피고인 자신이 증언내용 사실을 잘 알지 못하면서도 잘 아는 것으로 증언했다는 것이므로 그렇다면 피고인의 증언은 기억에 반한 진술이 될 것이고 위증죄가 성립되는 것이다. 기억에 반하는 사실을 진술하였다면 설령 논지가 주장하는 것처럼 그것이 진실에 합치한다고 하더라도 위증죄의 성립에는 영향이 없다(대판 1986.9.9. 86도57).

③ 위증죄에 있어서의 허위의 공술이란 증인이 자기의 기억에 반하는 사실을 진술하는 것을 말하는 것으로서 그 내용이 객관적 사실과 부합한다고 하여도 위증죄의 성립에 장애가 되지 않는다(대판 1989.1.17. 88도580).

판례 위증죄의 진술의 방법

• 「형법」 제152조 제1항의 위증죄는 법률에 의하여 선서한 증인이 허위의 진술을 한 때에 성립하는 것이므로 위증의 경고를 수반하는 법률에 의한 선서절차를 거친 법정에서 구체적으로 이루어진 진술을 그 대상으로 하는바, 「민사소송규칙」 제79조 제1항은 "법원은 효율적인 증인신문을 위하여 필요하다고 인정하는 때에는 증인을 신청한 당사자에게 증인진술서를 제출하게 할 수 있다."라고 규정함으로써 증인진술서제도를 채택하고 있는데 이러한 증인진술서는 그 자체로는 서증에 불과하여 그 기재내용이 법정에서 진술되지 아니하는 한 여전히 서증으로 남게 되는 점, 「민사소송법」 제331조가 원칙적으로 증인으로 하여금 서류에 의하여 진술을 하지 못하

도록 규정하고 있는 점,「민사소송규칙」제95조 제1항이 증인신문의 방법에 관하여 개별적이고 구체적으로 하여야 한다고 규정하고 있는 점 등의 사정에 비추어 볼 때, 증인이 법정에서 선서 후 증인진술서에 기재된 구체적인 내용에 관하여 진술함이 없이 단지 그 증인진술서에 기재된 내용이 사실대로라는 취지의 진술만을 한 경우에는 그것이 증인진술서에 기재된 내용 중 특정 사항을 구체적으로 진술한 것과 같이 볼 수 있는 등의 특별한 사정이 없는 한 증인이 그 증인진술서에 기재된 구체적인 내용을 기억하여 반복 진술한 것으로는 볼 수 없으므로, 가사 거기에 기재된 내용에 허위가 있다 하더라도 그 부분에 관하여 법정에서 증언한 것으로 보아 위증죄로 처벌할 수는 없다고 할 것이다(대판 2010.5.13. 2007도1397).

판례 위증죄의 진술의 내용

① 위증죄는 법률에 의하여 선서한 증인이 허위의 공술을 한 때에 성립하는 것으로서, 그 공술의 내용이 당해 사건의 요증사실에 관한 것인지의 여부나 판결에 영향을 미친 것인지의 여부는 위증죄의 성립과 아무런 관계가 없다(대판 1990.2.23. 89도1212).

② 위증죄는 법률에 의하여 선서한 증인이 사실에 관하여 기억에 반하는 진술을 한 때에 성립하고, 증인의 진술이 경험한 사실에 대한 법률적 평가이거나 단순한 의견에 지나지 아니하는 경우에는 위증죄에서 말하는 허위의 공술이라고 할 수 없으며, 경험한 객관적 사실에 대한 증인 나름의 법률적·주관적 평가나 의견을 부연한 부분에 다소의 오류나 모순이 있더라도 위증죄가 성립하는 것은 아니라고 할 것이다(대판 2009.3.12. 2008도11007). [해설] 위증죄의 '허위의 진술'에서 허위의 의미를 설시한 판결.

판례 위증죄의 기수시기

① 증인의 증언은 그 전부를 일체로 관찰·판단하는 것이므로 선서한 증인이 일단 기억에 반하는 허위의 진술을 하였더라도 그 신문이 끝나기 전에 그 진술을 철회 시정한 경우 위증이 되지 아니한다(대판 1993.12.7. 93도2510).

② 증인의 증언은 그 전부를 일체로 관찰·판단하는 것이므로 선서한 증인이 일단 기억에 반하는 허위의 진술을 하였더라도 그 신문이 끝나기 전에 그 진술을 철회·시정한 경우 위증이 되지 아니한다(대판 2008.4.24. 2008도1053).

③ 증인의 증언은 그 전부를 일체로 관찰·판단하는 것이므로 선서한 증인이 일단 기억에 반하는 허위의 진술을 하였더라도 그 신문이 끝나기 전에 그 진술을 철회·시정한 경우 위증이 되지 아니한다고 할 것이나, 증인이 1회 또는 수회의 기일에 걸쳐 이루어진 1개의 증인신문절차에서 허위의 진술을 하고 그 진술이 철회·시정된 바 없이 그대로 증인신문절차가 종료된 경우 그로써 위증죄는 기수에 달하고, 그 후 별도의 증인신청 및 채택 절차를 거쳐 그 증인이 다시 신문을 받는 과정에서 종전 신문절차에서의 진술을 철회·시정한다 하더라도 그러한 사정은 형법 제153조가 정한 형의 감면사유에 해당할 수 있을 뿐, 이미 종결된 종전 증인신문절차에서 행한 위증죄의 성립에 어떤 영향을 주는 것은 아니다. 위와 같은 법리는 증인이 별도의 증인신문절차에서 새로이 선서를 한 경우뿐만 아니라 종전 증인신문절차에서 한 선서의 효력이 유지됨을 고지 받고 진술한 경우에도 마찬가지로 적용된다(대판 2010.9.30. 2010도7525).

> **판례** 자기의 형사사건에 대한 위증 교사

- 피고인이 자기의 형사사건에 관하여 허위의 진술을 하는 행위는 피고인의 형사소송에 있어서의 방어권을 인정하는 취지에서 처벌의 대상이 되지 않으나, <u>법률에 의하여 선서한 증인이 타인의 형사사건에 관하여 위증을 하면 형법 제152조 제1항의 위증죄가 성립되므로 자기의 형사사건에 관하여 타인을 교사하여 위증죄를 범하게 하는 것은 이러한 방어권을 남용하는 것이라고 할 것이어서 교사범의 죄책을 부담케 함이 상당하다</u>(대판 2004.1.27. 2003도5114). [해설] 자기의 형사피고사건에 관하여 타인을 교사하여 위증하게 한 경우, 위증교사죄가 성립한다고 본 판례.

> **판례** 위증죄의 죄수

① 하나의 사건에 관하여 한 번 선서한 증인이 같은 기일에 여러 가지 사실에 관하여 기억에 반하는 허위의 공술을 한 경우 이는 하나의 범죄의사에 의하여 계속하여 허위의 공술을 한 것으로서 포괄하여 1개의 위증죄를 구성하는 것이고 각 진술마다 수개의 위증죄를 구성하는 것이 아니다(대판 1992.11.27. 92도498).

② <u>하나의 사건에 관하여 한 번 선서한 증인이 같은 기일에 여러 가지 사실에 관하여 기억에 반하는 허위의 진술을 한 경우 이는 하나의 범죄의사에 의하여 계속하여 허위의 진술을 한 것으로서 포괄하여 1개의 위증죄를 구성</u>하는 것이고 각 진술마다 수개의 위증죄를 구성하는 것이 아니므로, 당해 위증 사건의 허위진술 일자와 같은 날짜에 한 다른 허위진술로 인한 위증 사건에 관한 판결이 확정되었다면, 비록 종전 사건 공소사실에서 허위의 진술이라고 한 부분과 당해 사건 공소사실에서 허위의 진술이라고 한 부분이 다르다 하여도 <u>종전 사건의 확정판결의 기판력은 당해 사건에도 미치게 되어 당해 위증죄 부분은 면소되어야 한다</u>(대판 2007.3.15. 2006도9463, 대판 1998.4.14. 97도3340).

> **판례** 위증죄의 자백·자수의 특례

- 형법 제153조 소정의 위증죄를 범한 자가 자백, 자수를 한 경우의 형의 감면규정은 재판 확정 전의 자백을 형의 필요적 감경 또는 면제사유로 한다는 것이며, 또 위 <u>자백의 절차에 관하여는 아무런 제한이 없으므로 그가 공술한 사건을 다루는 기관에 대한 자발적인 고백은 물론, 위증사건의 피고인 또는 피의자로서 법원이나 수사기관의 심문에 의한 고백도 위 자백의 개념에 포함</u>된다(대판 1973.11.27. 73도1639).

2. 모해위증죄

제152조(위증, 모해위증)
② 형사사건 또는 징계사건에 관하여 피고인, 피의자 또는 징계혐의자를 모해할 목적으로 전항의 죄를 범한 때에는 10년 이하의 징역에 처한다.

제153조(자백, 자수)
전조의 죄를 범한 자가 그 공술한 사건의 재판 또는 징계처분이 확정되기 전에 자백 또는 자수한 때에는 그 형을 감경 또는 면제한다.

피고인·피의자 또는 징계혐의자를 모해할 목적으로 위증한 경우에 성립하는 범죄이다(제152조 제2항). 모해할 목적이란 피고인·피의자·징계혐의자에게 불이익을 줄 일체의 목적을 말한다. 판례는 본죄를 부진정신분범이라고 해석하고 있다. 여기서 모해할 목적을 가진 자(甲)가 모해할 목적이 없는 자(乙)를 교사하여 위증하도록 한 경우에 어떠한 형사책임을 질 것인가가 문제된다. 판례는 '모해할 목적'도 형법 제33조(공범과 신분)에 규정된 '신분'에 해당한다고 보아, 교사자(甲)는 모해위증의 교사범으로 처벌되고, 피교사자(乙)는 단순위증죄로 처벌된다고 한다.

판례 모해할 목적

① [1] 형법 제33조 소정의 이른바 신분관계라 함은 남녀의 성별, 내·외국인의 구별, 친족관계, 공무원인 자격과 같은 관계뿐만 아니라 널리 일정한 범죄행위에 관련된 범인의 인적관계인 특수한 지위 또는 상태를 지칭하는 것이다. [2] 형법 제152조 제1항과 제2항은 위증을 한 범인이 형사사건의 피고인 등을 '모해할 목적'을 가지고 있었는가 아니면 그러한 목적이 없었는가 하는 범인의 특수한 상태의 차이에 따라 범인에게 과할 형의 경중을 구별하고 있으므로, 이는 바로 형법 제33조 단서 소정의 "신분관계로 인하여 형의 경중이 있는 경우"에 해당한다고 봄이 상당하다. [3] 피고인이 갑을 모해할 목적으로 을에게 위증을 교사한 이상, 가사 정범인 을에게 모해의 목적이 없었다고 하더라도, 형법 제33조 단서의 규정에 의하여 피고인을 모해위증교사죄로 처단할 수 있다. [4] 구체적인 범죄사실에 적용하여야 할 실체법규 이외의 법규에 관하여는 판결문상 그 규정을 적용한 취지가 인정되면 되고 특히 그 법규를 법률적용란에서 표시하지 아니하였다 하여 위법이라고 할 수 없으므로, 모해의 목적으로 그 목적이 없는 자를 교사하여 위증죄를 범한 경우 그 목적을 가진 자는 모해위증교사죄로, 그 목적이 없는 자는 위증죄로 처벌할 수 있다고 설시한 다음 피고인을 모해위증교사죄로 처단함으로써 사실상 형법 제33조 단서를 적용한 취의로 해석되는 이상, 법률적용에서 위 단서 조항을 빠뜨려 명시하지 않았다고 하더라도 이로써 판결에 영향을 미친 위법이 있다고 할 수 없는 것이다. [5] 형법 제31조 제1항은 협의의 공범의 일종인 교사범이 그 성립과 처벌에 있어서 정범에 종속한다는 일반적인 원칙을 선언한 것에 불과하고, 신분관계로 인하여 형의 경중이 있는 경우에 신분이 있는 자가 신분이 없는 자를 교사하여 죄를 범하게 한 때에는 형법 제33조 단서가 형법 제31조 제1항에 우선하여 적용됨으로써 신분이 있는 교사범이 신분이 없는 정범보다 중하게 처벌된다(대판 1994.12.23. 93도1002).

② 형법 제152조 제2항의 모해위증죄에 있어서 '모해할 목적'이란 피고인·피의자 또는 징계혐의자를 불리하게 할 목적을 말하고, 허위진술의 대상이 되는 사실에는 공소 범죄사실을 직접, 간접적으로 뒷받침하는 사실은 물론 이와 밀접한 관련이 있는 것으로서 만일 그것이 사실로 받아들여진다면 피고인이 불리한 상황에 처하게 되는 사실도 포함된다. 그리고 이러한 모해의 목적은 허위의 진술을 함으로써 피고인에게 불리하게 될 것이라는 인식이 있으면 충분하고 그 결과의 발생까지 희망할 필요는 없다(대판 2007.12.27. 2006도3575).

3. 허위감정·통역·번역죄

> **제154조(허위의 감정, 통역, 번역)**
> 법률에 의하여 선서한 감정인, 통역인 또는 번역인이 허위의 감정, 통역 또는 번역을 한 때에는 전2조의 예에 의한다.

법률에 의하여 선서한 감정인·통역인 또는 번역인이 허위의 감정·통역 또는 번역을 함으로써 성립하는 범죄이다(제154조). 감정인이란 특수한 지식·경험을 가진 제3자가 그 지식·경험에 의하여 알 수 있는 법칙 또는 그 법칙을 적용하여 얻은 판단을 법원 또는 법관에게 보고하는 것을 말한다.

 판례 허위감정·통역·번역죄에서 허위의 의미와 고의

- 허위감정죄는 고의범이므로, 비록 감정내용이 객관적 사실에 반한다고 하더라도 감정인의 주관적 판단에 반하지 않는 이상 허위의 인식이 없어 허위감정죄로 처벌할 수 없다(대판 2000.11.28. 2000도1089).

Ⅲ. 증거인멸죄

1. 단순증거인멸죄

> **제155조(증거인멸 등과 친족간의 특례)**
> ① 타인의 형사사건 또는 징계사건에 관한 증거를 인멸, 은닉, 위조 또는 변조하거나 위조 또는 변조한 증거를 사용한 자는 5년 이하의 징역 또는 700만원 이하의 벌금에 처한다.

(1) 의의

타인의 형사사건 또는 징계사건에 대한 증거를 인멸·은닉·위조 또는 변조하거나, 위조 또는 변조한 증거를 사용함으로써 성립하는 범죄이다(제155조 제1항). 국가의 형사사법기능을 보호하는 추상적 위험범이다.

(2) 구성요건

1) 행위의 객체 : 타인의 형사사건 또는 징계사건에 대한 증거이다. 증거란 범죄의 성부, 태양, 형의 가중감면, 정상 등을 인정할 수 있는 일체의 자료를 말한다. ㈎ 증거는 '타인'의 형사사건 또는 징계사건에 대한 것이어야 한다. 따라서 자기증거인멸은 본죄를 구성하지 않는다. 자기의 형사사건에 대한 증거를 인멸하기 위하여 타인을 교사한 경우에 판례는 본죄의 성립을 긍정하는 적극설의 입장을 취하고 있으나, 본죄의 정범이 될 수 없는 자가 교사에 의하여 본죄를 범한다는 것은 인정할 수 없으므로 본죄의 성립을 부정하는 소극설이 타당하다. 공범자의 형사피고사건에 대한 증거를 타인의 형사사건에 대한 증거라고 할 수 있는가에 대하여도 견해가 대립하고 있으나, 공범에 있어서는 누구의 이익인가를 구별할 수 없으므로 본죄의 성립을 부정하는 것이 타당하다. 다만 판례는 자기의 이익을 위한 동시에 공범자의 이익이 된 때에 본죄의 성립을 부정하고 있다. ㈏ 증거는 타인의 '형사사건 또는 징계사건에 대한 것'임을 요하므로 민사·행정 또는 선거사건에 대한 증거는 여기에 포함

되지 않는다. 다만 형사사건은 피고사건뿐만 아니라 피의사건도 포함되며, 수사개시 전의 사건도 포함된다는 것이 통설·판례이다.

　2) **행위** : 증거를 인멸·은닉·위조 또는 변조하거나, 위조 또는 변조한 증거를 사용하는 것이다. ㈎ 증거의 인멸이란 증거의 현출방해는 물론 그 효력을 멸실·감소시키는 일체의 행위를 포함한다. ㈏ 은닉이란 증거의 현출을 곤란하게 하는 것을 말한다. ㈐ 위조는 타인의 형사사건 등에 관계되는 새로운 증거를 작출하는 것이며, 변조는 기존의 증거에 변경을 가하여 허위의 증거를 변작하는 것을 말한다. ㈑ 사용이란 위조 또는 변조된 증거를 진정한 증거로 사용하는 것을 말한다.

　3) **주관적 구성요건** : 타인의 형사사건 또는 징계사건에 대한 증거를 인멸·은닉·위조·변조 또는 사용한다는 점에 대한 고의가 있어야 한다.

(3) 친족 간의 특례

> **제155조(증거인멸 등과 친족간의 특례)**
> ④ 친족 또는 동거의 가족이 본인을 위하여 본조의 죄를 범한 때에는 처벌하지 아니한다.

　친족 또는 동거의 가족이 본인을 위하여 본죄를 범한 때에는 처벌하지 못한다(제155조 제4항). 친족 간의 정의를 고려한 책임조각사유이다. 적용범위는 범인은닉죄의 그것과 같다.

(4) 죄수 및 타죄와의 관계

　본죄의 행위태양인 인멸·은닉·위조·변조는 '협의의 포괄적 일죄'를 구성한다. 증거를 위조하고 위조한 증거를 사용한 경우에는 위조행위가 사용행위의 예비단계에 불과하므로, 위조죄는 사용죄에 흡수된다(법조경합 중 보충관계). 타인의 형사사건에 관한 증거를 은닉하기 위하여 장물을 은닉한 경우에는 본죄와 장물보관죄의 상상적 경합이 된다. 증인을 살해·감금한 경우에는 증인은닉죄와 살인죄·감금죄의 상상적 경합이 된다. 타인의 형사사건에 관한 증거로서 문서를 위조한 경우에는 본죄와 문서위조죄의 상상적 경합이 된다. 위증죄는 증거인멸죄에 대하여 특별관계에 있다(다수설). 따라서 위증죄가 성립하는 경우에는 본죄는 성립하지 않는다.

2. 증인은닉·도피죄

> **제155조(증거인멸 등과 친족간의 특례)**
> ② 타인의 형사사건 또는 징계사건에 관한 증인을 은닉 또는 도피하게 한 자도 제1항의 형과 같다.

　타인의 형사사건 또는 징계사건에 관한 증인을 은닉 또는 도피하게 함으로써 성립하는 범죄이다(제155조 제2항). 여기의 증인에는 형사소송법상의 증인뿐만 아니라 수사기관에서 조사하는 참고인을 포함한다. 증인은닉·도피죄에서 은닉·도피행위는 인증(人證)의 이용 자체를 물리적으로 불가능하게 하는 행위만을 의미하므로 수사기관에서 허위의 진술을 하도록 교사한 경우나 참고인 또는 증인에게 허위진술하도록 한 경우에는 증인은닉·도피죄에 해당하지 않는다. 한편, 친족 또는 동거의 가족이 본인을 위하여 본죄를 범한 때에는 처벌하지 아니한다(제155조 제4항).

3. 모해증거인멸죄

> **제155조(증거인멸 등과 친족간의 특례)**
> ③ 피고인, 피의자 또는 징계혐의자를 모해할 목적으로 전2항의 죄를 범한 자는 10년 이하의 징역에 처한다.

피고인·피의자 또는 징계혐의자를 모해할 목적으로 증거를 인멸하거나 증인을 은닉 또는 도피하게 함으로써 성립하는 범죄이다(제155조 제3항). 본죄는 '부진정목적범'이다. '모해할 목적'이란 피고인·피의자·징계혐의자에게 형사처분 또는 징계처분을 받게 할 목적을 말한다. 목적의 달성 여부는 본죄의 성립과 무관하다. 친족 간의 특례(제155조 제4항)는 본죄에도 적용된다.

판례 | 자기의 형사사건에 대한 증거인멸의 교사

- 본법 제155조 제1항의 증거인멸죄는 국가형벌권의 행사를 저해하는 일체의 행위를 처벌의 대상으로 하고 있으나 범인 자신이 한 증거인멸의 행위는 피고인의 형사소송에 있어서의 방어권을 인정하는 취지와 상충하므로 처벌의 대상이 되지 아니한다. 그러나 <u>타인이 타인의 형사사건에 관한 증거를 그 이익을 위하여 인멸하는 행위를 하면 본법 제155조 제1항의 증거인멸죄가 성립되므로 자기의 형사사건에 관한 증거를 인멸하기 위하여 타인을 교사하여 죄를 범하게 한 자에 대하여도 교사범의 죄책을 부담케 함이 상당할 것이다</u>(대판 1965.12.10. 65도826 전원합의체). [해설] 자기의 형사 피고사건에 관한 증거의 인멸을 타인에게 교사한 경우에 증거인멸죄 교사범의 죄책을 인정한다고 본 판결.

판례 | 공범자의 형사사건과 증거인멸

- 증거인멸죄는 타인의 형사사건 또는 징계사건에 관한 증거를 인멸하는 경우에 성립하는 것으로서, <u>피고인 자신이 직접 형사처분이나 징계처분을 받게 될 것을 두려워한 나머지 자기의 이익을 위하여 그 증거가 될 자료를 인멸하였다면, 그 행위가 동시에 다른 공범자의 형사사건이나 징계사건에 관한 증거를 인멸한 결과가 된다고 하더라도 이를 증거인멸죄로 다스릴 수 없고, 이러한 법리는 그 행위가 피고인의 공범자가 아닌 자의 형사사건이나 징계사건에 관한 증거를 인멸한 결과가 된다고 하더라도 마찬가지이다</u>(대판 1995.9.29. 94도2608). [해설] 피고인 자신을 위한 증거인멸행위가 동시에 피고인의 공범자 아닌 자의 증거를 인멸한 결과가 되는 경우에는 증거인멸죄가 성립하지 않는다고 본 판결.

판례 | 형법 제155조 제1항의 증거변조죄가 적용되는 징계사건

- 형법 제155조 제1항은 '타인의 형사사건 또는 징계사건에 관한 증거를 인멸, 은닉, 위조 또는 변조하거나 위조 또는 변조한 증거를 사용한 자'를 처벌한다고 규정하고 있는바, 증거인멸 등 죄는 위증죄와 마찬가지로 국가의 형사사법작용 내지 징계작용을 그 보호법익으로 하므로, <u>위 법조문에서 말하는 '징계사건'이란 국가의 징계사건에 한정되고 사인(私人) 간의 징계사건은 포함되지 않는다</u>(대판 2007.11.30. 2007도4191).

판례 | 형법 제155조 제1항의 증거위조

- [1] 타인의 형사사건 또는 징계사건에 관한 증거를 위조한 경우에 성립하는 형법 제155조 제1항의 증거위조죄에서 '증거'라 함은 타인의 형사사건 또는 징계사건에 관하여 수사기관이나 법원 또는 징계기관이 국가의 형벌권 또는 징계권의 유무를 확인하는 데 관계있다고 인정되는 일체의 자료를 의미하고, 타인에게 유리한 것이건 불리한 것이건 가리지 아니하며 또 증거가치의 유무 및 정도를 불문한다. 또 여기서의 '위조'란 문서에 관한 죄에 있어서의 위조 개념과는 달리 새로운 증거의 창조를 의미하는 것이다. [2] 타인의 형사사건 등에 관한 증거를 위조한다 함은 증거 자체를 위조함을 말하는 것이고, 참고인이 수사기관에서 허위의 진술을 하는 것은 여기에 포함되지 않는다. 한편 참고인이 타인의 형사사건 등에서 직접 진술 또는 증언하는 것을 대신하거나 그 진술 등에 앞서서 허위의 사실확인서나 진술서를 작성하여 수사기관 등에 제출하거나 또는 제3자에게 교부하여 제3자가 이를 제출한 것은 존재하지 않는 문서를 이전부터 존재하고 있는 것처럼 작출하는 등의 방법으로 새로운 증거를 창조한 것이 아닐뿐더러, 참고인이 수사기관에서 허위의 진술을 하는 것과 차이가 없으므로, 증거위조죄를 구성하지 않는다고 할 것이다(대판 2017.10.26. 2017도9827).

판례 | 증거인멸죄

① 형법 제155조 제1항의 증거은닉죄에 있어서 "타인의 형사사건 또는 징계사건"이라 함은 이미 수사가 개시되거나 징계절차가 개시된 사건만이 아니라 수사 또는 징계절차 개시 전이라도 장차 형사사건 또는 징계사건이 될 수 있는 사건을 포함한 개념이라고 해석할 것이므로, 피고인이 위와 같이 교사하여 증거를 은닉케 할 당시 아직 그 실화사건에 관한 수사나 징계절차가 개시되기 전이었다고 하여도 증거은닉죄의 교사범이 성립되는 것이니 원심판결에 소론과 같이 증거은닉죄의 구성요건에 관한 법리를 오해한 위법도 없다(대판 1982.4.27. 82도274).

② 형법 제155조 제1항에서 타인의 형사사건에 관하여 증거를 위조한다 함은 증거 자체를 위조함을 말하는 것으로서, 선서무능력자로서 범죄 현장을 목격하지도 못한 사람으로 하여금 형사법정에서 범죄 현장을 목격한 양 허위의 증언을 하도록 하는 것은 위 조항이 규정하는 증거위조죄를 구성하지 아니한다(대판 1998.2.10. 97도2961).

③ [1] 형법 제155조 제2항 소정의 증인도피죄는 타인의 형사사건 또는 징계사건에 관한 증인을 은닉·도피하게 한 경우에 성립하는 것으로서, 피고인 자신이 직접 형사처분이나 징계처분을 받게 될 것을 두려워한 나머지 자기의 이익을 위하여 증인이 될 사람을 도피하게 하였다면, 그 행위가 동시에 다른 공범자의 형사사건이나 징계사건에 관한 증인을 도피하게 한 결과가 된다고 하더라도 이를 증인도피죄로 처벌할 수 없다. [2] 기록에 의하면, 피고인 1,2는 '홍성식구파'를 결성한 후 적대세력인 공소외 1에 대한 아킬레스건 절단사건을 계획, 지시한 후 범행실행자 일부만 자수시킴으로써 위 사건을 그들만의 우발적 범행으로 축소시키고 자신들 및 '홍성식구파' 조직의 관련성을 은폐하려고 한 점, 그런데 범행현장에 있던 공소외 2는 평소공소외 1과 가까운 사이로서 위 사건 2일 전에도 피고인 2 및 그 조직원들(위 아킬레스건 절단사건의 범행실행자들이다)로부터공소외 1과 같이 다닌다는 이유로 폭행·협박당하기도 하였던 탓에 위 사건이 조직원들의 개인적, 우발적 범행이

아니라 피고인 1, 2의 지시에 의한 조직적 범죄라고 금방 알 수 있었던 점을 인정할 수 있는바, 이러한 정황에 비추어 보면 <u>피고인 1, 2가 공소외 2를 도피하게 한 것은 범행실행자들만을 수사의 전면에 내세우고 '홍성식구파'의 우두머리인 자신들은 수사대상에서 빠지기 위하여 그 관련성을 알고 있는 공소외 2의 진술을 방해하기 위한 것으로서 위 피고인들 자신이 형사처벌을 받지 않기 위하여 한 행위라고 할 것이므로 증인도피죄로 처벌할 수 없는 경우에 해당한다</u>고 할 것이다(대판 2003.3.14. 2002도6134).
[해설] 피고인 자신을 위해 증인을 도피하게 한 행위가 동시에 다른 공범자의 형사사건이나 징계사건에 관한 증인을 도피하게 한 결과로 되는 경우, 증인도피죄가 성립하지 않는다고 본 사례.

④ 형법 제151조에서 규정하는 범인도피죄는 범인은닉 이외의 방법으로 범인에 대한 수사, 재판 및 형의 집행 등 형사사법의 작용을 곤란 또는 불가능하게 하는 행위를 말하는 것으로서 그 방법에는 어떠한 제한이 없고, 또 위 죄는 위험범으로서 현실적으로 형사사법의 작용을 방해하는 결과가 초래될 것이 요구되지 아니하므로, 형법 제151조 제1항의 이른바, 죄를 범한 자라 함은 범죄의 혐의를 받아 수사대상이 되어 있는 자를 포함하며, 나아가 벌금 이상의 형에 해당하는 죄를 범한 자라는 것을 인식하면서도 도피하게 한 경우에는 그 자가 당시에는 아직 수사대상이 되어 있지 않았다고 하더라도 범인도피죄가 성립한다고 할 것이고, 한편, 증거인멸죄에 관한 형법 제155조 제1항의 이른바 타인의 형사사건이란 인멸행위 시에 아직 수사절차가 개시되기 전이라도 장차 형사사건이 될 수 있는 것까지 포함한다(대판 2003.12.12. 2003도4533).

⑤ 경찰서 방범과장이 부하직원으로부터 음반·비디오물 및 게임물에 관한 법률 위반 혐의로 오락실을 단속하여 증거물로 오락기의 변조 기판을 압수하여 사무실에 보관 중임을 보고받아 알고 있었음에도 <u>그 직무상의 의무에 따라 위 압수물을 수사계에 인계하고 검찰에 송치하여 범죄 혐의의 입증에 사용하도록 하는 등의 적절한 조치를 취하지 않고, 오히려 부하직원에게 위와 같이 압수한 변조 기판을 돌려주라고 지시하여 오락실 업주에게 이를 돌려준 경우, 작위범인 증거인멸죄만이 성립하고 부작위범인 직무유기(거부)죄는 따로 성립하지 아니한다</u>(대판 2006.10.19. 2005도3909 전원합의체).

⑥ 타인의 형사사건과 관련하여 수사기관이나 법원에 제출하거나 현출되게 할 의도로 법률행위 당시에는 존재하지 아니하였던 <u>처분문서, 즉 그 외형 및 내용상 법률행위가 그 문서 자체에 의하여 이루어진 것과 같은 외관을 가지는 문서를 사후에 그 작성일을 소급하여 작성하는 것은, 가사 그 작성자에게 해당 문서의 작성권한이 있고, 또 그와 같은 법률행위가 당시에 존재하였다거나 그 법률행위의 내용이 위 문서에 기재된 것과 큰 차이가 없다 하여도 증거위조죄의 구성요건을 충족시키는 것이라고 보아야 하고, 비록 그 내용이 진실하다 하여도 국가의 형사사법기능에 대한 위험이 있다는 점은 부인할 수 없다</u>(대판 2007.6.28. 2002도3600).

⑦ 형법 제155조 제1항은 "타인의 형사사건 또는 징계사건에 관한 증거를 인멸, 은닉, 위조 또는 변조하거나 위조 또는 변조한 증거를 사용한 자는 5년 이하의 징역 또는 700만 원 이하의 벌금에 처한다"고 하고, 그 제3항은 "피고인, 피의자 또는 징계혐의자를 모해할 목적으로 제1항의 죄를 범한 자는 10년 이하의 징역에 처한다"고 규정하고 있는바, 그 문언 내용 및 입법 목적과 형벌법규 엄격해석의 원칙 등에 비추어 보면 <u>형법 제155조 제3항에서 말하는 '피의자'라고 하기 위해서는 수사기관에 의하여 범죄의 인지 등으로 수사가 개시되어 있을 것을 필요로 하고, 그 이전의 단계에서는 장차 형사입건될 가능성이 크다고 하더라도 그러한 사정만으로 '피의자'에 해당한다고 볼 수는 없다</u>(대판 2010.6.24. 2008도12127). [해설] 형법 제155조 제3항 관련 판례.

⑧ 형법 제155조 제1항의 증거위조죄에서 타인의 형사사건이란 증거위조 행위시에 아직 수사절차가 개시되기 전이라도 장차 형사사건이 될 수 있는 것까지 포함하고, <u>그 형사사건이 기소되지 아니하거나 무죄가 선고되더라도 증거위조죄의 성립에 영향이 없다.</u> 여기에서의 '위조'란 문서에 관한 죄에 있어서의 위조 개념과는 달리 새로운 증거의 창조를 의미하는 것이므로 존재하지 아니한 증거를 이전부터 존재하고 있는 것처럼 작출하는 행위도 증거위조에 해당하며, 증거가 문서의 형식을 갖는 경우 증거위조죄에 있어서의 증거에 해당하는지 여부가 그 작성권한의 유무나 내용의 진실성에 좌우되는 것은 아니다. 또한 자기의 형사사건에 관한 증거를 위조하기 위하여 타인을 교사하여 죄를 범하게 한 자에 대하여는 증거위조교사죄가 성립한다(대판 2011.2.10. 2010도15986).

⑨ 참고인이 타인의 형사사건 등에서 직접 진술 또는 증언하는 것을 대신하거나 그 진술 등에 앞서서 허위의 사실확인서나 진술서를 작성하여 수사기관 등에 제출하거나 또는 제3자에게 교부하여 제3자가 이를 제출한 것은 <u>존재하지 않는 문서를 이전부터 존재하고 있는 것처럼 작출하는 등의 방법으로 새로운 증거를 창조한 것이 아닐뿐더러, 참고인이 수사기관에서 허위의 진술을 하는 것과 차이가 없으므로, 증거위조죄를 구성하지 않는다고 할 것이다</u>(대판 2011.7.28. 2010도2244).

⑩ <u>증거인멸죄에서 '증거'라 함은 타인의 형사사건 또는 징계사건에 관하여 수사기관이나 법원 또는 징계기관이 국가의 형벌권 또는 징계권의 유무를 확인하는 데 관계있다고 인정되는 일체의 자료를 의미하고, 타인에게 유리한 것이건 불리한 것이건 가리지 아니하며 또 증거가치의 유무 및 정도를 불문한다</u>(대판 2013.11.28. 2011도5329).

⑪ 참고인이 타인의 형사사건 등에 관하여 제3자와 대화를 하면서 허위로 진술하고 위와 같은 허위 진술이 담긴 대화 내용을 녹음한 녹음파일 또는 이를 녹취한 녹취록은 참고인의 허위진술 자체 또는 참고인 작성의 허위 사실확인서 등과는 달리 그 진술내용만이 증거자료로 되는 것이 아니고 녹음 당시의 현장음향 및 제3자의 진술 등이 포함되어 있어 그 일체가 증거자료가 된다고 할 것이므로, 이는 증거위조죄에서 말하는 '증거'에 해당한다. 또한 위와 같이 참고인의 허위 진술이 담긴 대화 내용을 녹음한 녹음파일 또는 이를 녹취한 녹취록을 만들어 내는 행위는 무엇보다도 그 녹음의 자연스러움을 뒷받침하는 현장성이 강하여 단순한 허위진술 또는 허위의 사실확인서 등에 비하여 수사기관 등을 그 증거가치를 판단함에 있어 오도할 위험성을 현저히 증대시킨다고 할 것이므로, 이러한 행위는 허위의 증거를 새로이 작성하는 행위로서 증거위조죄에서 말하는 '위조'에도 해당한다고 봄이 상당하다. 따라서 <u>참고인이 타인의 형사사건 등에 관하여 제3자와 대화를 하면서 허위로 진술하고 위와 같은 허위 진술이 담긴 대화 내용을 녹음한 녹음파일 또는 이를 녹취한 녹취록을 만들어 수사기관 등에 제출하는 것은, 참고인이 타인의 형사사건 등에 관하여 수사기관에 허위의 진술을 하거나 이와 다를 바 없는 것으로서 허위의 사실확인서나 진술서를 작성하여 수사기관 등에 제출하는 것과는 달리, 증거위조죄를 구성한다</u>(대판 2013.12.26. 2013도8085, 2013전도165). [해설] 참고인이 타인의 형사사건 등에 관하여 제3자와 대화를 하면서 허위로 진술하고 그 진술이 담긴 대화 내용을 녹음한 녹음파일 또는 이를 녹취한 녹취록을 만들어 수사기관 등에 제출하는 행위가 증거위조죄를 구성한다고 본 사례.

⑫ <u>증거은닉죄는 타인의 형사사건이나 징계사건에 관한 증거를 은닉할 때 성립하고 자신의 형사사건에 관한 증거은닉 행위는 형사소송에 있어서 피고인의 방어권을 인정하는 취지와 상충하여 처벌의 대상이 되지 아니하므로 자신의 형사사건에 관한 증거은닉을 위하여 타인에게 도움을 요청하는 행위 역시 원칙적으로 처</u>

벌되지 아니하나, 다만 그것이 방어권의 남용이라고 볼 수 있을 때는 증거은닉교사죄로 처벌할 수 있다. 방어권 남용이라고 볼 수 있는지 여부는, 증거를 은닉하게 하는 것이라고 지목된 행위의 태양과 내용, 범인과 행위자의 관계, 행위 당시의 구체적인 상황, 형사사법작용에 영향을 미칠 수 있는 위험성의 정도 등을 종합하여 판단하여야 한다(대판 2016.7.29. 2016도5596). [해설] 자신의 형사사건에 관한 증거은닉을 위하여 타인에게 도움을 요청하는 행위가 증거은닉교사죄에 해당하는 경우 및 판단 기준을 설시하고 있는 판결.

⑬ [1] 형법 제155조 제1항이 정한 증거위조죄에서의 '증거'에는 타인의 형사사건 또는 징계사건에 관하여 수사기관이나 법원 또는 징계기관이 국가의 형벌권 또는 징계권의 유무를 확인하는 데 관계있다고 인정되는 일체의 자료가 포함된다(대판 2007.6.28. 2002도3600 등 참조). 따라서 범죄 또는 징계사유의 성립 여부에 관한 것뿐만 아니라 형 또는 징계의 경중에 관계있는 정상을 인정함에 도움이 될 자료까지도 본조가 규정한 증거에 포함된다. [2] 형법 제155조 제1항은 타인의 형사사건 또는 징계사건에 관한 증거를 인멸, 은닉, 위조 또는 변조하거나 위조 또는 변조한 증거를 사용한 자를 처벌하고 있고, 여기서의 '위조'란 문서에 관한 죄의 위조 개념과는 달리 새로운 증거의 창조를 의미한다(대판 2007.6.28. 2002도3600 참조). 그러나 사실의 증명을 위해 작성된 문서가 그 사실에 관한 내용이나 작성명의 등에 아무런 허위가 없다면 '증거위조'에 해당한다고 볼 수 없다. 가사 사실증명에 관한 문서가 형사사건 또는 징계사건에서 허위의 주장에 관한 증거로 제출되어 그 주장을 뒷받침하게 되더라도 마찬가지이다(대판 2021.1.28. 2020도2642). [해설] 변호인인 피고인이 알선의 대가로 교부받은 금원을 모두 반환한 자료를 법원에 제출함으로써 양형에서 유리한 판단을 받고자, 의뢰인 측 은행계좌에서 대진○○측 은행계좌에 수차례에 걸쳐 금원을 송금하고 다시 돌려받는 과정을 반복한 후 금융거래 자료 중 대진○○ 측에 대한 송금자료만을 양형자료로 제출한 일과 관련하여 증거위조 및 위조증거사용죄로 기소된 사안에서, 피고인이 법원에 제출한 금융자료(입금확인증 등)는 해당 일시에 해당 금원을 대진○○에 송금하였다는 내용의 문서이고 그 내용이나 작성명의에 아무런 허위가 없는 이상 증거위조로 볼 수 없다는 이유로 원심을 파기한 사안.

제5절 | 무고의 죄

Ⅰ. 서론

1. 의의 및 보호법익

타인으로 하여금 형사처분 또는 징계처분을 받게 할 목적으로 공무소 또는 공무원에 대하여 허위의 사실을 신고함으로써 성립하는 범죄이다(제156조). 무고죄는 국가의 심판기능을 보호법익으로 하는 국가적 법익에 대한 범죄이지만 부수적으로는 부당하게 처벌받지 않을 개인의 이익도 보호하는 이중성격을 가진 범죄이다(통설). 다만 무고죄의 주된 보호법익은 국가의 심판기능이라 할 것이므로 피무고자의 승낙은 본죄의 성립에 영향을 미치지 못한다. 보호법익이 보호받는 정도는 추상적 위험범이다.

2. 구성요건의 체계

형법	무고죄(제156조)	
특별 형법	국가보안법	타인으로 하여금 형사처분을 받게 할 목적으로 국가보안법의 죄에 대하여 무고한 자를 가중처벌하고 있다(제12조 제1항).
	특정범죄가중처벌 등에관한법률	동 법률에 규정된 죄에 대하여 형법상의 무고죄를 범한 자를 가중처벌하고 있다(제14조).

Ⅱ. 무고죄

> **제156조(무고)**
> 타인으로 하여금 형사처분 또는 징계처분을 받게 할 목적으로 공무소 또는 공무원에 대하여 허위의 사실을 신고한 자는 10년 이하의 징역 또는 1천500만원 이하의 벌금에 처한다.
>
> **제157조(자백·자수)**
> 제153조는 전조에 준용한다.

1. 구성요건

(1) 객관적 구성요건

1) 주체 : 제한이 없다. 공무원이 직무상 본죄를 범할 수도 있다. 다만 공무원이 직권을 이용하여 본죄를 범한 경우 2분의 1까지 가중된다(제135조).

> **제135조(공무원의 직무상 범죄에 대한 형의 가중)**
> 공무원이 직권을 이용하여 본장 이외의 죄를 범한 때에는 그 죄에 정한 형의 2분의 1까지 가중한다. 단 공무원의 신분에 의하여 특별히 형이 규정된 때에는 예외로 한다.

2) 행위의 대상 : 공무소 또는 공무원이다. 여기서 공무소 또는 공무원이라 함은 형사처분에 있어서는 수사기관인 검사 또는 사법경찰관뿐만 아니라 그 보조자를 포함하며, 징계처분에 있어서는 징계처분을 할 수 있는 직권 있는 소속장뿐만 아니라 징계처분을 촉구할 수 있는 기관을 포함한다.

3) 행위의 태양 : 허위의 사실을 신고하는 것이다.

⑺ **허위의 사실** : 허위란 객관적 진실에 반하는 것을 의미한다(통설, 판례). 신고된 사실이 허위인가의 여부는 사실의 핵심 또는 중요내용이 진실과 부합하는가에 따라서 판단해야 한다. 객관적 사실관계와 일치하는 경우에 법률평가를 잘못하였거나 죄명을 잘못 적은 것에 지나지 않는 때에는 허위의 사실이라고 할 수 없고, 신고한 사실이 진실인 이상 형사책임을 부담할 자를 잘못 선택하였다고 하여 무고죄가 성립하는 것도 아니다. 다만 허위의 사실은 형사 또는 징계처분의 원인이 될 수 있는 구체적 사실일 것을 요한다. 판례는 당해 관청의 직권을 발동할 수 있는 정도이면 추상적 사실로 족하다고 판시하고 있다. 한편, 허위사실을 신고했다 하더라도 신고한 사실 자체가 형사범죄를 구성하지 않거나, 사면이나 공소시효의 완성으로 공소권이 소멸한 경우, 친고죄에서 고소기간 경과 후에 고소제기된 것으로서 처벌할 수 없음이 고소내용 자체로 명맥한 경우에는 무고죄가 성립하지

않는다(판례).

(나) **신고** : 자진하여 사실을 고지하는 것을 말한다. 즉 신고는 자발성을 요건으로 한다. 따라서 수사기관의 신문에 대하여 허위의 진술을 하는 것은 신고에 해당하지 않는다. 신고의 방법에는 제한이 없다. 반드시 자기의 이름으로 신고할 것을 요하지 않으며, 다른 사람의 이름으로 신고하는 경우는 물론 익명으로 한 경우도 포함한다. 그러나 부작위에 의한 무고는 성립할 수 없다. 단순한 부작위에 의하여는 무고의 불법이 실현될 수 없기 때문이다.

(2) 주관적 구성요건

1) **고의** : 행위자에게 공무소 또는 공무원에 대하여 허위의 사실을 신고한다는 것에 대한 고의가 있어야 한다. 허위의 사실에 대한 인식도 고의의 내용에 포함된다. 다만 허위의 사실의 인식이 확정적 고의를 요하는가에 대하여 통설·판례는 미필적 고의로도 족하다고 해석하고 있다.

2) **목적범** : 타인으로 하여금 형사처분 또는 징계처분을 받게 할 목적이 있을 것을 요하는 목적범이다.

(가) **타인** : 타인으로 하여금 형사처분 등을 받게 할 목적이 있어야 하므로 자기무고는 본죄를 구성하지 않는다. 그러나 판례는 교사범의 성립을 인정한다. 자기와 타인이 공범관계에 있다고 허위신고하는 '공동무고'의 경우에는 타인에 대한 부분에 한해서 본죄가 성립한다. 여기서 타인이란 특정되고 인식할 수 있는 살아 있는 사람을 말한다. 따라서 타인은 실재인임을 요하며, 사자나 허무인에 대한 무고는 본죄를 구성하지 않는다. 타인은 자연인이건 법인이건 불문한다.

(나) **형사처분과 징계처분** : 형사처분이란 형법에 의한 형벌뿐만 아니라 보안처분 또는 소년법에 의한 보호처분을 포함하며, 징계처분은 특별권력관계에 의한 제재를 의미한다.

(다) **목적** : 형사처분 또는 징계처분을 받게 할 목적을 인정하기 위하여 결과발생에 대한 미필적 인식으로 족하다는 것이 다수설·판례이다.

(3) 기수시기

허위사실의 신고가 공무소 또는 공무원에게 도달한 때에 기수가 된다. 따라서 허위신고를 한 이상, 도달한 문서를 후에 돌려받았다고 하더라도 본죄의 성립에 아무런 영향이 없다.

2. 위법성과 죄수 및 처벌

(1) 위법성

무고죄의 구성요건에 해당하는 행위가 위법성이 조각되는 경우는 사실상 생각할 여지가 없다. 피해자의 승낙도 본죄의 위법성을 조각하지 못한다.

(2) 죄수

(가) 무고죄의 죄수결정은 피무고자의 수를 기준으로 한다. 따라서 한 개의 행위로 한 사람에 대한 수개의 사실을 신고한 때에는 일죄가 성립하며, 한 개의 행위로 수인을 무고한 때에는 수죄의 상상적 경합이 된다. 국가의 심판기능은 사람에 따라 별도로 발생하기 때문이다. 그러나 (나) 수개의 행위로 반복하여 동일인에 대한 사실을 신고한 때에는 연속범이 되지 않는 한, 수죄의 경합범이 된다.

(3) 자백·자수에 대한 특칙

본죄를 범한 자가 그 신고한 사건의 재판 또는 징계처분이 확정되기 전에 자백 또는 자수한 때에는 그 형을 감경 또는 면제한다(제157조, 제153조). 자백의 절차에 관해서는 아무런 법령상의 제한이 없으므로 그가 신고한 사건을 다루는 기관에 대한 고백이나 그 사건을 다루는 재판부에 증인으로 다시 출석하여 전에 그가 한 신고가 허위의 사실이었음을 고백하는 것은 물론 무고 사건의 피고인 또는 피의자로서 법원이나 수사기관에서의 신문에 의한 고백 또한 자백의 개념에 포함된다.

 판례   무고죄

1) 허위사실

① 무고죄는 타인으로 하여금 형사처분 등을 받게 할 목적으로 신고한 사실이 객관적 진실에 반하는 허위사실인 경우에 성립되는 범죄로서, 신고자가 그 신고내용을 허위라고 믿었다 하더라도 그것이 객관적으로 진실한 사실에 부합할 때에는 허위사실의 신고에 해당하지 않아 무고죄는 성립하지 않는 것이며, 한편 위 신고한 사실의 허위 여부는 그 범죄의 구성요건과 관련하여 신고사실의 핵심 또는 중요내용이 허위인가에 따라 판단하여 무고죄의 성립 여부를 가려야 한다(대판 1991.10.11. 91도1950).

② 객관적으로 고소사실에 대한 공소시효가 완성되었더라도 고소를 제기하면서 마치 공소시효가 완성되지 아니한 것처럼 고소한 경우에는 국가기관의 직무를 그르칠 염려가 있으므로 무고죄를 구성한다(대판 1995.12.5. 95도1908).

③ 위법성조각사유가 있음을 알면서도 "피고소인이 허위사실을 공표하였다."고 고소함으로써 결국 적극적으로 위법성조각사유가 적용되지 않는 공직선거및선거부정방지법 제250조의 허위사실공표죄로 처벌되어야 한다고 주장한 것과 같이 보아 무고죄의 성립을 인정한 사례(대판 1998.3.24. 97도2956).

④ [1] 신고된 범죄사실이 이미 공소시효가 완성되어 무고죄가 성립하지 않는 경우인지 여부를 판단하기 위한 기준시점(=신고시) [2] 범행일시를 특정하지 않은 고소장을 제출한 후, 고소보충진술시에 범죄사실의 공소시효가 아직 완성되지 않은 것으로 진술한 피고인이 그 이후 검찰이나 제1심 법정에서 다시 범죄의 공소시효가 완성된 것으로 정정 진술한 사안에서, 이미 고소보충진술시에 무고죄가 성립하였다고 본 사례(대판 2008.3.27. 2007도11153).

⑤ [1] 금원을 대여한 고소인이 차용금을 갚지 않은 차용인을 사기죄로 고소하는 데 있어서, 피고소인이 차용금의 용도를 사실대로 이야기하였더라면 금원을 대여하지 않았을 것인데 차용금의 용도를 속이는 바람에 대여하였다고 주장하는 사안이라면, 차용금의 실제 용도는 사기죄의 성립 여부에 영향을 미치는 것으로서 고소사실의 중요한 부분이 되고 따라서 실제 용도에 관하여 고소인이 허위로 신고할 경우에는 그것만으로도 무고죄에서 허위의 사실을 신고한 경우에 해당한다고 할 수 있다. 그러나 단순히 차용인이 변제의사와 능력의 유무에 관하여 기망하였다는 내용으로 고소한 경우에는, 차용금의 용도와 무관하게 다른 자료만으로도 충분히 차용인의 변제의사나 능력의 유무에 관한 기망사실을 인정할 수 있는 경우도 있을 것이므로, 차용금의 실제 용도에 관하여 사실과 달리 신고하였다는 것만으로는 범죄사실의 성립 여부에 영향을 줄 정도의 중요한 부분을 허위로 신고하였다고 할 수 없다. 이와 같은 법리는 고소인이 차용사기로 고소할 때 묵비하거나 사실과 달리 신고한 차용금의 실제 용도가 도박자금이었더라도 달리 볼 것은 아니다. [2] 피고인이 돈을 갚지 않는 甲을 차용금 사기로 고소하면서 대여금의 용도에 관하여 '도박자금'으

로 빌려준 사실을 감추고 '내비게이션 구입에 필요한 자금'이라고 허위 기재하고, 대여의 일시·장소도 사실과 달리 기재하여 甲을 무고하였다는 내용으로 기소된 사안에서, 피고인의 고소 내용은 甲이 변제의사와 능력도 없이 차용금 명목으로 돈을 편취하였으니 사기죄로 처벌하여 달라는 것이고, 甲이 차용금의 용도를 속이는 바람에 대여하게 되었다는 취지로 주장한 사실은 없으며, 수사기관으로서는 차용금의 용도와 무관하게 다른 자료들을 토대로 甲이 변제의사나 능력 없이 돈을 차용하였는지를 조사할 수 있는 것이므로, 비록 피고인이 도박자금으로 대여한 사실을 숨긴 채 고소장에 대여금의 용도에 관하여 허위로 기재하고 대여 일시·장소 등 변제의사나 능력의 유무와 관련성이 크지 아니한 사항에 관하여 사실과 달리 기재한 사정만으로는 사기죄 성립 여부에 영향을 줄 정도의 중요한 부분을 허위 신고하였다고 보기 어려운데도, 피고인에게 유죄를 인정한 원심판단에 무고죄에 관한 법리오해의 위법이 있다고 한 사례(대판 2011.9.8. 2011도3489).

2) 허위사실의 판단 - 핵심·중요내용이 진실과 부합하는지 여부

- [1] 무고죄에 있어서 '허위의 사실'이라 함은 그 신고된 사실로 인하여 상대방이 형사처분이나 징계처분 등을 받게 될 위험이 있는 것이어야 하고, <u>비록 신고내용에 일부 객관적 진실에 반하는 내용이 포함되었다 하더라도 그것이 독립하여 형사처분 등의 대상이 되지 아니하고 단지 신고사실의 정황을 과장하는 데 불과하거나 허위인 일부 사실의 존부가 전체적으로 보아 범죄사실의 성립 여부에 직접 영향을 줄 정도에 이르지 아니하는 내용에 관계되는 것이라면 무고죄가 성립하지 아니한다.</u> [2] 피고인 자신이 상대방의 범행에 공범으로 가담하였음에도 자신의 가담사실을 숨기고 상대방만을 고소한 경우, 피고인의 고소내용이 상대방의 범행 부분에 관한 한 진실에 부합하므로 이를 허위의 사실로 볼 수 없고, 상대방의 범행에 피고인이 공범으로 가담한 사실을 숨겼다고 하여도 그것이 상대방에 대한 관계에서 독립하여 형사처분 등의 대상이 되지 아니할뿐더러 전체적으로 보아 상대방의 범죄사실의 성립 여부에 직접 영향을 줄 정도에 이르지 아니하는 내용에 관계되는 것이므로 무고죄가 성립하지 않는다(대판 2008.8.21. 2008도3754).

3) 정황의 과장

① 구타를 당하여 상해를 입었다는 고소내용은 하나의 폭력행위에 대한 고소사실로서 이를 분리하여 폭행에 관한 고소사실과 상해에 관한 고소사실의 두 가지의 고소내용이라고는 할 수 없으므로, 피고인이 구타를 당한것이 사실인 이상 이를 고소함에 있어서 입지않은 상해사실을 포함시켰다 하더라도 이는 <u>고소내용의 정황의 과장에 지나지 않으므로 위 상해부분만이 따로이 무고죄를 구성한다고는 할 수 없다</u>(대판 1973.12.26. 73도2771).

② 고소인이 甲에게 대여하였다가 이미 변제받은 금원에 관하여 甲이 이를 수개월 간 변제치 않고 있었던 점을 들어 위 금원을 착복하였다는 표현으로 고소장에 기재하였다 하여도 이것이 <u>甲으로부터 아직 변제받지 못한 나머지 금원에 관한 고소내용의 정황을 과장한 것이거나 또는 주관적 법률평가를 잘못하였음에 지나지 아니한 것이라면 특별의 사정이없는한 이로써 허위의 사실을 들어 고소하였다고 단정할 수는 없다</u>(대판 1987.6.9. 87도1029).

③ 무고죄에 있어서 허위의 사실이라 함은 그 신고된 사실로 인하여 상대방이 형사처분이나 징계처분 등을 받게 될 위험이 있는 것이어야 하고, 비록 신고내용에 일부 객관적 진실에 반하는 내용이 포함되었다고 하더라도 그것이 독립하여 형사처분 등의 대상이 되지 아니하고 단지 <u>신고사실의 정황을 과장하는 데 불과하거나 허위의 일부 사실의 존부가 전체적으로 보아 범죄사실의 성립 여부에

직접 영향을 줄 정도에 이르지 아니하는 내용에 관계되는 것이라면 무고죄가 성립하지 아니한다(대판 1996.5.31. 96도771, 대판 1995.12.22. 95도414).

④ 무고죄는 타인으로 하여금 형사처분 또는 징계처분을 받게 할 목적으로 공무소 또는 공무원에 대하여 허위의 사실을 신고하는 때에 성립하는 것인데, 여기에서 허위사실의 신고라 함은 신고사실이 객관적 사실에 반한다는 것을 확정적이거나 미필적으로 인식하고 신고하는 것을 말하는 것으로서, 설령 <u>고소사실이 객관적 사실에 반하는 허위의 것이라 할지라도 그 허위성에 대한 인식이 없을 때에는 무고에 대한 고의가 없다 할 것이고, 고소내용이 터무니없는 허위사실이 아니고 사실에 기초하여 그 정황을 다소 과장한 데 지나지 아니한 경우에는 무고죄가 성립하지 아니한다</u>(대판 2003.1.24. 2002도5939).

⑤ 무고죄는 타인으로 하여금 형사처분 또는 징계처분을 받게 할 목적으로 공무소 또는 공무원에 대하여 허위의 사실을 신고하는 때에 성립하는 것으로, 여기에서 허위사실의 신고라 함은 신고사실이 객관적 사실에 반한다는 것을 확정적이거나 미필적으로 인식하고 신고하는 것을 말하는 것이므로, <u>신고사실의 일부에 허위의 사실이 포함되어 있다고 하더라도 그 허위 부분이 범죄의 성부에 영향을 미치는 중요한 부분이 아니고, 단지 신고한 사실을 과장한 것에 불과한 경우에는 무고죄에 해당하지 아니하지만</u>(대법원 1996. 5. 31. 선고 96도771 판결, 대법원 2003. 1. 24. 선고 2002도5939 판결 등 참조), <u>그 일부 허위인 사실이 국가의 심판작용을 그르치거나 부당하게 처벌을 받지 아니할 개인의 법적 안정성을 침해할 우려가 있을 정도로 고소사실 전체의 성질을 변경시키는 때에는 무고죄가 성립될 수 있다</u>(대법원 2004. 1. 16. 선고 2003도7178 판결, 대법원 2009. 1. 30. 선고 2008도8573 판결, 대법원 2010. 4. 29. 선고 2010도2745 판결 등 참조)(대판 2012.5.24. 2011도11500).

4) 법적 평가의 잘못 기재

① 무고죄의 성립에는 타인으로 하여금 형사 및 징계처분을 받게할 목적으로 진실함의 확신 없는 사실을 신고함으로써 족하고 신고자가 그 신고사실이 허위라는 것을 확신할 것까지 요하지 아니하나 한편, <u>신고자가 객관적 사실관계를 사실 그대로 신고한 이상 그 객관적 사실을 토대로 한 나름대로의 주관적 법률평가를 잘못하고 이를 신고하였다 하여 그 사실만을 가지고 허위사실을 신고한 것에 해당하여 무고죄가 성립한다고 할 수 없다</u>(대판 1985.6.25. 83도3245).

② 무고죄에서 말하는 허위라 함은 객관적인 사실에 반하는 것을 말하고 그 고의는 이 허위에 대한 인식이 있음을 요하는 것이므로 객관적인 사실관계를 자신이 인식한대로 신고하는 이상 객관적인 사실을 토대로 한 나름대로의 주관적, 법적 구성이나 평가에 잘못이 있다 하더라도 이는 허위의 사실을 신고한 것에 해당한다고 볼 수 없어 무고죄가 성립하지 아니한다(대판 1985.9.24. 84도1737).

5) 허위사실 적시의 정도

① [1] 무고죄에서 허위사실의 신고방식은 구두에 의하건 서면에 의하건 관계가 없고, 서면에 의하는 경우에도 그 신고내용이 타인으로 하여금 형사처분 또는 징계처분을 받게 할 목적의 허위사실이면 충분하며 그 명칭을 반드시 고소장이라고 하여야만 무고죄가 성립하는 것은 아니다. <u>무고죄에 있어서 허위사실 적시의 정도는 수사관서 또는 감독관서에 대하여 수사권 또는 징계권의 발동을 촉구하는 정도의 것이면 충분하고 반드시 범죄구성요건 사실이나 징계요건 사실을 구체적으로 명시하여야 하는 것은 아니다.</u> [2] 무고죄는 타인으로 하여금 형사처분이나 징계처분을 받게 할 목적으로 신고한 사실이 객관적 진실에 반하는 허위사실인 경우에 성립되는 범죄이므로 신고한 사실이 객관적 사실에 반하는 허위사실이

라는 요건은 적극적인 증명이 있어야 하며, 신고사실의 진실성을 인정할 수 없다는 소극적 증명만으로 곧 그 신고사실이 객관적 진실에 반하는 허위사실이라고 단정하여 무고죄의 성립을 인정할 수는 없다(대판 2014.12.24. 2012도4531, 대판 2006.5.25. 2005도4642, 대판 1998.2.24. 96도599, 대판 1987.3.24. 87도231, 대판 1984.1.24. 83도1401).

② [1] 무고죄는 타인으로 하여금 형사처분이나 징계처분을 받게 할 목적으로 신고한 사실이 객관적인 진실에 반하는 허위사실인 경우에 성립하는 범죄이므로, 신고한 사실이 객관적 진실에 반하는 허위사실이라는 요건은 적극적 증명이 있어야 하고, 신고사실의 진실성을 인정할 수 없다는 소극적 증명만으로 곧 그 신고사실이 객관적 진실에 반하는 허위의 사실이라 단정하여 무고죄의 성립을 인정할 수는 없으며, 신고내용에 일부 객관적 진실에 반하는 내용이 포함되어 있더라도 그것이 범죄의 성부에 영향을 미치는 중요한 부분이 아니고 단지 신고사실의 정황을 과장하는 데 불과하다면 무고죄는 성립하지 않는다. [2] 성폭행이나 성희롱 사건의 피해자가 피해사실을 알리고 문제를 삼는 과정에서 오히려 피해자가 부정적인 여론이나 불이익한 처우 및 신분 노출의 피해 등을 입기도 하여 온 점 등에 비추어 보면, 성폭행 피해자의 대처 양상은 피해자의 성정이나 가해자와의 관계 및 구체적인 상황에 따라 다르게 나타날 수밖에 없다. 따라서 개별적, 구체적인 사건에서 성폭행 등의 피해자가 처하여 있는 특별한 사정을 충분히 고려하지 않은 채 피해자 진술의 증명력을 가볍게 배척하는 것은 정의와 형평의 이념에 입각하여 논리와 경험의 법칙에 따른 증거판단이라고 볼 수 없다. 위와 같은 법리는, 피해자임을 주장하는 자가 성폭행 등의 피해를 입었다고 신고한 사실에 대하여 증거불충분 등을 이유로 불기소처분되거나 무죄판결이 선고된 경우 반대로 이러한 신고내용이 객관적 사실에 반하여 무고죄가 성립하는지 여부를 판단할 때에도 마찬가지로 고려되어야 한다. 따라서 성폭행 등의 피해를 입었다는 신고사실에 관하여 불기소처분 내지 무죄판결이 내려졌다고 하여, 그 자체를 무고를 하였다는 적극적인 근거로 삼아 신고내용을 허위라고 단정하여서는 아니됨은 물론, 개별적, 구체적인 사건에서 피해자임을 주장하는 자가 처하였던 특별한 사정을 충분히 고려하지 아니한 채 진정한 피해자라면 마땅히 이렇게 하였을 것이라는 기준을 내세워 성폭행 등의 피해를 입었다는 점 및 신고에 이르게 된 경위 등에 관한 변소를 쉽게 배척하여서는 아니 된다. [3] 강제추행죄는 상대방에 대하여 폭행 또는 협박을 가하여 항거를 곤란하게 한 뒤에 추행행위를 하는 경우뿐만 아니라 폭행행위 자체가 추행행위라고 인정되는 이른바 기습추행의 경우도 포함되며, 이 경우의 폭행은 반드시 상대방의 의사를 억압할 정도의 것임을 요하지 않고 상대방의 의사에 반하는 유형력의 행사가 있는 이상 그 힘의 대소강약을 불문한다. [4] ① 피고인은 직장선배인 고소인이 자신에게 기습적으로 키스하였다는 등의 내용으로 강제추행으로 신고하였으나, 증거불충분을 이유로 혐의없음의 불기소처분이 내려짐. ② 이에 고소인이 반대로 피고인을 무고죄로 고소하자, 검찰에서는 피고인에 대하여도 강제추행 고소내용이 적극적으로 허위임을 입증할 증거가 부족한 점을 들어 혐의없음의 불기소처분을 내렸으나, 고소인이 제기한 재정신청이 인용되어 피고인에 대하여 공소제기 결정이 내려짐. ③ 이로써 개시된 1심 공판절차는 피고인의 신청에 따라 국민참여재판으로 진행되었는데, 배심원 평의결과 다수의견이 유죄로 나오게 되어, 피고인에게 집행유예의 형이 선고됨. 이 과정에서는 피고인이 고소인과 함께 손을 잡고 걷는 등 신체접촉을 하는 장면이 사건 당일 CCTV에 찍힌 점이 크게 작용함. ④ 피고인은 1심 판결에 불복하여 항소하였으나 원심은 국민참여재판 결과를 가급적 존중해야 한다는 법리에 따라 항소기각판결을 선고함. ⑤ 이에 피고인은 사실오인 및 법리오해 등을 주장하며 상고하였고, 대법원은 앞서 본 판시 법리를 토대로 무죄 취지로

원심을 파기환송한 사례(대판 2019.7.11. 2018도2614).

6) 신고사실이 범죄를 구성하지 않는 경우 - 소제기를 기준으로 판단

① 허위사실을 신고한 것이 아닌 이상 그 신고된 사실에 대한 형사책임을 부담할 자를 잘못 택하였다고 해도 무고죄는 성립하지 아니한다(대판 1982.4.27. 81도2341).

② [1] 타인에게 형사처분을 받게 할 목적으로 "허위의 사실"을 신고한 행위가 무고죄를 구성하기 위하여는 신고된 사실 자체가 형사처분의 원인이 될 수 있어야 할 것이어서, 가령 허위의 사실을 신고하였다 하더라도 그 사실 자체가 형사범죄로 구성되지 아니한다면 무고죄는 성립하지 아니한다. [2] 피고소인이 송이의 채취권을 이중으로 양도하여 손해를 입었으니 엄벌하여 달라"는 내용의 고소사실이 횡령죄나 배임죄 기타 형사범죄를 구성하지 않는 내용의 신고에 불과하여 그 신고 내용이 허위라고 하더라도 무고죄가 성립할 수 없다고 한 사례(대판 2013.9.26. 2013도6862, 대판 2007.4.13. 2006도558, 대판 1992.10.13. 92도1799).

7) 고소기간이 경과한 사실을 신고한 경우

• 타인으로 하여금 형사처분을 받게 할 목적으로 공무소에 대하여 허위의 사실을 신고하였다고 하더라도, 그 사실이 친고죄로서 그에 대한 고소기간이 경과하여 공소를 제기할 수 없음이 그 신고내용 자체에 의하여 분명한 때에는 당해 국가기관의 직무를 그르치게 할 위험이 없으므로 이러한 경우에는 무고죄는 성립하지 아니한다(대판 1998.4.14. 98도150).

8) 신고의 자발성

• 피고인이 타인의 소개로 검찰청에서 만난 검찰수사관에게 영수증을 제시하면서 그 영수증에 기재된 금액은 관계기관에 대한 청탁금 명목으로 갑에게 교부한 것이라고 허위의 사실을 말하여 갑에 대한 변호사법위반죄의 혐의를 인정하게 한 다음 위 검찰수사관으로부터 그와 같은 내용으로 진술조서를 받음에 있어 갑에 대한 처벌을 요구하는 진술을 한 것이라면 피고인의 위와 같은 진술행위는 단순히 수사기관의 추문에 의하여 행해진 것이라거나 수사기관의 요청에 의한 범죄의 정보제공에 불과한 것이 아니라 자진하여 타인으로 하여금 형사처분을 받게 할 목적으로 수사기관에 대하여 허위의 사실을 신고한 것으로서 형법 제156조 소정의 무고죄에 있어서의 신고에 해당한다(대판 1988.2.23. 87도2454).

9) 무고죄의 기수시기

① 피고인이 최초에 작성한 허위내용의 고소장을 경찰관에게 제출하였을 때 이미 허위사실의 신고가 수사기관에 도달되어 무고죄의 기수에 이른 것이라 할 것이므로 그 후에 그 고소장을 되돌려 받았다 하더라도 이는 무고죄의 성립에 아무런 영향이 없다(대판 1985.2.8. 84도2215).

② 타인으로 하여금 형사처분 또는 징계처분을 받게 할 목적으로 공무소 또는 공무원에 대하여 허위의 사실을 신고하는 때에 무고죄가 성립한다(형법 제156조). 무고죄는 부수적으로 개인이 부당하게 처벌받거나 징계를 받지 않을 이익도 보호하나, 국가의 형사사법권 또는 징계권의 적정한 행사를 주된 보호법익으로 한다. 타인에게 형사처분을 받게 할 목적으로 '허위의 사실'을 신고한 행위가 무고죄를 구성하기 위해서는 신고된 사실 자체가 형사처분의 대상이 될 수 있어야 하므로, 가령 허위의 사실을 신고하였더라도 신고 당시 그 사실 자체가 형사범죄를 구성하지 않으면 무고죄는 성립하지 않는다. 그러나 허위로 신고한 사실이 무고행위 당시 형사처분의 대상이 될 수 있었던 경우

에는 국가의 형사사법권의 적정한 행사를 그르치게 할 위험과 부당하게 처벌받지 않을 개인의 법적 안정성이 침해될 위험이 이미 발생하였으므로 무고죄는 기수에 이르고, 이후 그러한 사실이 형사범죄가 되지 않는 것으로 판례가 변경되었더라도 특별한 사정이 없는 한 이미 성립한 무고죄에는 영향을 미치지 않는다(대판 2017.5.30. 2015도15398).

10) 무고죄의 인식의 정도

① 무고죄가 성립하는 데에는 타인으로 하여금 형사 또는 징계처분을 받게 할 목적으로 진실함의 확신이 없는 사실을 신고함으로써 족하고 그 신고 사실이 허위라는 것을 신고자가 확신할 필요는 없다(대판 2005.2.18. 2002도2822).

② 무고죄에서 허위사실의 신고방식은 구두에 의하건 서면에 의하건 관계가 없고, 서면에 의하는 경우에도 그 신고내용이 타인으로 하여금 형사처분 또는 징계처분을 받게 할 목적의 허위사실이면 충분하며 그 명칭을 반드시 고소장이라고 하여야만 무고죄가 성립하는 것은 아니다(대판 2014.12.24. 2012도4531).

11) 무고죄의 고의

① 무고죄에 있어서의 신고는 자발적인 것이어야 하고 수사기관 등의 추문에 대하여 허위의 진술을 하는 것은 무고죄를 구성하지 않는 것이지만 당초 고소장에 기재하지 않은 사실을 수사기관에서 고소보충조서를 받을 때 자진하여 진술하였다면 이 진술부분까지 신고한 것으로 보아야 한다(대판 1996. 2.9. 95도2652, 대판 1984.12.11. 84도1953).

② 무고죄의 허위신고에 있어서 다른 사람이 그로 인하여 형사처분 또는 징계처분을 받게 될 것이라는 인식이 있으면 족하므로, 고소당한 범죄가 유죄로 인정되는 경우에, 고소를 당한 사람이 고소인에 대하여 '고소당한 죄의 혐의가 없는 것으로 인정된다면 고소인이 자신을 무고한 것에 해당하므로 고소인을 처벌해 달라.'는 내용의 고소장을 제출하였다면 설사 그것이 자신의 결백을 주장하기 위한 것이라고 하더라도 방어권의 행사를 벗어난 것으로서 고소인을 무고한다는 범의를 인정할 수 있다(대판 2007.3.15. 2006도9453).

③ 무고죄에 있어서 신고사실이 객관적 사실과 일치하지 않는 것이라도 신고자가 진실이라고 확신하고 신고하였을 때에는 무고죄가 성립하지 않는다고 할 것이나, 진실이라고 확신한다 함은 신고자가 알고 있는 객관적인 사실관계에 의하더라도 신고사실이 허위라거나 또는 허위일 가능성이 있다는 인식을 하지 못하는 경우를 말하는 것이지, 신고자가 알고 있는 객관적 사실관계에 의하여 신고사실이 허위라거나 허위일 가능성이 있다는 인식을 하면서도 이를 무시한 채 무조건 자신의 주장이 옳다고 생각하는 경우까지 포함되는 것은 아니다(대법원 1995. 12. 5. 선고 95도231 판결, 대법원 2000. 7. 4. 선고 2000도1908, 2000감도62 판결, 대법원 2006. 9. 22. 선고 2006도4255 판결 등 참조)(대판 2008.5.29. 2006도6347).

④ 피고인 자신이 상대방의 범행에 공범으로 가담하였음에도 자신의 가담사실을 숨기고 상대방만을 고소한 경우, 피고인의 고소내용이 상대방의 범행 부분에 관한 한 진실에 부합하므로 이를 허위의 사실로 볼 수 없고, 상대방의 범행에 피고인이 공범으로 가담한 사실을 숨겼다고 하여도 그것이 상대방에 대한 관계에서 독립하여 형사처분 등의 대상이 되지 아니할뿐더러 전체적으로 보아 상대방의 범죄사실의 성립 여부에 직접 영향을 줄 정도에 이르지 아니하는 내용에 관계되는 것이므로 무고죄가 성립하지 않는다(대판 2010.2.25. 2009도1302).

⑤ 무고죄는 타인으로 하여금 형사처분이나 징계처분을 받게 할 목적으로 신고한 사실이 객관적 진실에 반하는 허위사실인 경우에 성립한다. 무고죄의 범의는 반드시 확정적 고의일 필요가 없고 미필적 고의로도 충분하므로, 신고자가 허위라고 확신한 사실을 신고한 경우뿐만 아니라 진실하다는 확신 없는 사실을 신고하는 경우에도 그 범의를 인정할 수 있다. 또한 <u>무고죄에서 형사처분을 받게 할 목적은 허위신고를 하면서 다른 사람이 그로 인하여 형사처분을 받게 될 것이라는 인식이 있으면 충분하고 그 결과의 발생을 희망할 필요까지는 없으므로, 신고자가 허위 내용임을 알면서도 신고한 이상 그 목적이 필요한 조사를 해 달라는 데에 있다는 등의 이유로 무고의 범의가 없다고 할 수 없다.</u> 또한 신고자가 알고 있는 객관적인 사실관계에 의하더라도 신고사실이 허위라거나 또는 허위일 가능성이 있다는 인식을 하지 못하였다면 무고의 고의를 부정할 수 있으나, 이는 알고 있는 객관적 사실관계에 의하여 신고사실이 허위라거나 허위일 가능성이 있다는 인식을 하면서도 그 인식을 무시한 채 무조건 자신의 주장이 옳다고 생각하는 경우까지 포함하는 것은 아니다(대판 2022.6.30. 2022도3413). **[해설]** 피고인이 국민권익위원회 운영의 국민신문고 홈페이지에 '약사가 무자격자인 종업원으로 하여금 불특정 다수의 환자들에게 의약품을 판매하도록 지시하거나 실제로 자신에게 의약품을 판매하였다'는 등의 내용으로 제기한 민원의 내용이 객관적 사실관계에 반하는 허위사실임이 확인되고, 그러한 민원 제기에는 미필적으로나마 그 내용이 허위이거나 허위일 가능성을 인식한 무고의 고의가 있었다고 보아, 유죄를 인정한 원심판단을 수긍한 사례.

12) 자기무고의 공동정범

- [1] 형법 제30조에서 정한 공동정범은 공동으로 범죄를 저지르려는 의사에 따라 공범자들이 협력하여 범행을 분담함으로써 범죄의 구성요건을 실현한 경우에 각자가 범죄 전체에 대하여 정범으로서의 책임을 지는 것이다. 이러한 공동정범이 성립하기 위해서는 주관적 요건으로서 공동가공의 의사와 객관적 요건으로서 공동의사에 의한 기능적 행위지배를 통한 범죄의 실행사실이 필요하고, 이때 공동가공의 의사는 공동의 의사로 특정한 범죄행위를 하기 위하여 일체가 되어 서로 다른 사람의 행위를 이용하여 자기의 의사를 실행에 옮기는 것을 내용으로 하는 것이어야 한다. 따라서 범죄의 실행에 가담한 사람이라고 할지라도 그가 공동의 의사에 따라 다른 공범자를 이용하여 실현하려는 행위가 자신에게는 범죄를 구성하지 않는다면, 특별한 사정이 없는 한 공동정범의 죄책을 진다고 할 수 없다. [2] 형법 제156조에서 정한 무고죄는 타인으로 하여금 형사처분 또는 징계처분을 받게 할 목적으로 허위의 사실을 신고하는 것을 구성요건으로 하는 범죄이다. 자기 자신으로 하여금 형사처분 또는 징계처분을 받게 할 목적으로 허위의 사실을 신고하는 행위, 즉 자기 자신을 무고하는 행위는 무고죄의 구성요건에 해당하지 않아 무고죄가 성립하지 않는다. 따라서 <u>자기 자신을 무고하기로 제3자와 공모하고 이에 따라 무고행위에 가담하였더라도 이는 자기 자신에게는 무고죄의 구성요건에 해당하지 않아 범죄가 성립할 수 없는 행위를 실현하고자 한 것에 지나지 않아 무고죄의 공동정범으로 처벌할 수 없다</u>(대판 2017.4.26. 2013도12592).

13) 자기무고의 교사·방조

- 형법 제156조의 무고죄는 국가의 형사사법권 또는 징계권의 적정한 행사를 주된 보호법익으로 하는 죄이나, <u>스스로 본인을 무고하는 자기무고는 무고죄의 구성요건에 해당하지 아니하여 무고죄를 구성하지 않는다.</u> 그러나 <u>피무고자의 교사·방조 하에 제3자가 피무고자에 대한 허위의 사실을 신고한 경우에는 제3자의 행위는 무고죄의 구성요건에 해당하여 무고죄를 구성하므로, 제3자를 교사·방조한 피무고자도 교사·방조범으로서의 죄책을 부담한다</u>(대판 2008.10.23. 2008도4852).

14) 징계처분의 범위

① [1] 형법 제156조는 타인으로 하여금 형사처분 또는 징계처분을 받게 할 목적으로 공무소 또는 공무원에 대하여 허위의 사실을 신고한 자를 처벌하도록 정하고 있다. 여기서 '<u>징계처분</u>'이란 <u>공법상의 특별권력관계에 기인하여 질서유지를 위하여 과하여지는 제재</u>를 의미하고, 또한 '<u>공무소 또는 공무원</u>'이란 징계처분에 있어서는 <u>징계권자 또는 징계권의 발동을 촉구하는 직권을 가진 자와 그 감독기관 또는 그 소속 구성원</u>을 말한다. [2] 구 변호사법(2008. 3. 28. 법률 제8991호로 개정되기 전의 것, 이하 '구 변호사법'이라 한다) 제92조, 제95조, 제96조, 제100조 등 관련 규정에 의하면 <u>변호사에 대한 징계가 대한변호사협회 변호사징계위원회를 거쳐 최종적으로 법무부의 변호사징계위원회에서 결정되고 이에 불복하는 경우에는 행정소송을 할 수 있는 점</u>, 구 변호사법 제93조, 제94조, 제101조의2 등은 <u>판사 2명과 검사 2명이 위원으로 참여하여 대한변호사협회 변호사징계위원회나 법무부의 변호사징계위원회를 구성하고, 서류의 송달, 기일의 지정이나 변경 및 증인·감정인의 선서와 급여에 관한 사항에 대하여 '형사소송법'과 '형사소송비용 등에 관한 법률'의 규정을 준용하도록 정하고 있는 점, 위와 같은 절차를 마련한 것은 변호사의 공익적 지위에 기인하여 공법상의 특별권력관계에 준하여 징계에 관하여도 공법상의 통제를 하려는 의도로 보여지는 점</u> 등을 고려하여 보면, <u>변호사에 대한 징계처분은 형법 제156조에서 정하는 '징계처분'에 포함된다</u>고 봄이 상당하고, 구 변호사법 제97조의2 등 관련 규정에 의하여 그 징계 개시의 신청권이 있는 지방변호사회의 장은 형법 제156조에서 정한 '공무소 또는 공무원'에 포함된다. [3] <u>피고인이 변호사인 피해자로 하여금 징계처분을 받게 할 목적으로 서울지방변호사회에 위 변호사회 회장을 수취인으로 하는 허위 내용의 진정서를 제출한 사안에서, 무고죄를 인정한 원심판단을 수긍한 사례</u>(대판 2010.11.25. 2010도10202).

② [1] 형법 제156조는 타인으로 하여금 형사처분 또는 징계처분을 받게 할 목적으로 공무소 또는 공무원에 대하여 허위의 사실을 신고한 자를 처벌하도록 정하고 있다. 여기서 '징계처분'이란 공법상의 감독관계에서 질서유지를 위하여 과하는 신분적 제재를 말한다. 그런데 사립학교 교원은 학교법인 또는 사립학교경영자가 임면하고(사립학교법 제53조, 제53조의2), 그 임면은 사법상 고용계약에 의하며, 사립학교 교원은 학생을 교육하는 대가로 학교법인 등으로부터 임금을 지급받으므로 학교법인 등과 사립학교 교원의 관계는 원칙적으로 사법상 법률관계에 해당한다. 비록 임면자가 사립학교 교원의 임면에 대하여 관할청에 보고하여야 하고, 관할청은 일정한 경우 임면권자에게 해직 또는 징계를 요구할 수 있는 등(사립학교법 제54조) 학교법인 등에 대하여 국가 등의 지도·감독과 지원 및 규제가 행해지고, 사립학교 교원의 자격, 복무 및 신분을 공무원인 국·공립학교 교원에 준하여 보장하고 있지만, 이 역시 이들 사이의 법률관계가 사법상 법률관계임을 전제로 신분 등을 교육공무원의 그것과 동일하게 보장한다는 취지에 다름 아니다. 따라서 학교법인 등의 사립학교 교원에 대한 인사권의 행사로서 징계 등 불리한 처분은 사법적 법률행위의 성격을 가진다. 한편 형벌법규의 해석은 엄격하여야 하고, 명문의 형벌법규의 의미를 피고인에게 불리한 방향으로 지나치게 확장해석하거나 유추해석하는 것은 죄형법정주의의 원칙에 어긋나는 것으로서 허용되지 않는다. 위와 같은 법리를 종합하여 보면, 사립학교 교원에 대한 학교법인 등의 징계처분은 형법 제156조의 '징계처분'에 포함되지 않는다고 해석함이 옳다. [2] <u>피고인이 사립대학교 교수인 피해자들로 하여금 징계처분을 받게 할 목적으로 국민권익위원회에서 운영하는 범정부 국민포털인 국민신문고에 민원을 제기한 사안에서, 피해자들은 사립학교 교원이므로 피고

인의 행위가 무고죄에 해당하지 않음에도, 이와 달리 보아 유죄를 인정한 원심판결에 무고죄의 '징계처분'에 관한 법리를 오해한 잘못이 있다고 한 사례(대판 2014.7.24. 2014도6377). [해설] 학교법인 등의 사립학교 교원에 대한 인사권의 행사로서 징계 등 불리한 처분의 성격(=사법적 법률행위) 및 사립학교 교원에 대한 학교법인 등의 징계처분이 형법 제156조의 '징계처분'에 포함되는지 여부를 설시한 판결.

15) 무고죄의 목적

① [1] 무고죄에 있어서의 형사처분을 받게 할 목적이란 허위신고를 함으로써 다른 사람이 그로 인하여 형사처분을 받게 될 것이라는 인식이 있으면 족하고 그 결과 발생을 희망하는 것까지는 필요치 않으며, 또 무고죄에 있어서의 범의는 반드시 확정적 고의임을 요하지 아니하므로 신고자가 진실하다는 확신 없는 사실을 신고함으로써 무고죄는 성립하고 그 신고사실이 허위라는 것을 확신할 것까지는 없다. [2] 국세청장은 조세범칙행위에 대하여 벌금 상당액의 통고처분을 하거나 검찰에 이를 고발할 수 있는 권한이 있으므로, 국세청장에 대하여 탈세혐의사실에 관한 허위의 진정서를 제출하였다면 무고죄가 성립한다(대판 1991.12.13. 91도2127).

② [1] 무고죄는 국가의 형사사법권 또는 징계권의 적정한 행사를 주된 보호법익으로 하고 다만, 개인의 부당하게 처벌 또는 징계받지 아니할 이익을 부수적으로 보호하는 죄이므로, 설사 무고에 있어서 피무고자의 승낙이 있었다고 하더라도 무고죄의 성립에는 영향을 미치지 못한다 할 것이고, 무고죄에 있어서 형사처분 또는 징계처분을 받게 할 목적은 허위신고를 함에 있어서 다른 사람이 그로 인하여 형사 또는 징계처분을 받게 될 것이라는 인식이 있으면 족한 것이고 그 결과발생을 희망하는 것까지를 요하는 것은 아니므로, 고소인이 고소장을 수사기관에 제출한 이상 그러한 인식은 있었다고 보아야 한다. [2] 피무고자의 승낙을 받아 허위사실을 기재한 고소장을 제출하였다면 피무고자에 대한 형사처분이라는 결과발생을 의욕한 것은 아니라 하더라도 적어도 그러한 결과발생에 대한 미필적인 인식은 있었던 것으로 보아야 한다고 한 사례(대판 2005.9.30. 2005도2712). [해설] 무고에 있어서 피무고자의 승낙이 있는 경우 무고죄가 성립한다고 본 사례.

③ 무고죄는 타인으로 하여금 형사처분 또는 징계처분을 받게 할 목적으로 공무소 또는 공무원에 대하여 허위의 사실을 신고하는 때에 성립하고, 무고죄에서 형사처분 또는 징계처분을 받게 할 목적은 허위신고를 함에 있어서 다른 사람이 그로 인하여 형사 또는 징계처분을 받게 될 것이라는 인식이 있으면 족하고 그 결과발생을 희망하는 것까지를 요하는 것은 아니므로, 고소인이 고소장을 수사기관에 제출한 이상 그러한 인식은 있었다고 보아야 한다(대판 2014.3.13. 2012도2468, 대판 2006.8.25. 2006도3631).

16) 기타 관련 판례

① 무고죄는 타인으로 하여금 형사처분을 받게 할 목적으로 수사기관에 신고함으로써 성립하고 그 신고를 받은 공무원이 수사에 착수하였는지의 여부는 그 범죄의 성립에 영향을 주지 않는다(대판 1983.9.27. 83도1975).

② 타인 명의의 고소장을 대리하여 작성하고 제출하는 형식으로 고소가 이루어진 경우라 하더라도 그 명의자는 고소의 의사가 없이 이름만 빌려준 것에 불과하고 명의자를 대리한 자가 실제 고소의 의사를 가지고 고소행위를 주도한 경우라면 그 명의자를 대리한 자를 신고자로 보아 무고죄

의 주체로 인정하여야 할 것이다(대판 2007.3.30. 2006도6017).

③ 형법 제157조, 제153조는 무고죄를 범한 자가 그 신고한 사건의 재판 또는 징계처분이 확정되기 전에 자백 또는 자수한 때에는 그 형을 감경 또는 면제한다고 하여 이러한 재판확정 전의 자백을 필요적 감경 또는 면제사유로 정하고 있다. 위와 같은 자백의 절차에 관해서는 아무런 법령상의 제한이 없으므로 그가 신고한 사건을 다루는 기관에 대한 고백이나 그 사건을 다루는 재판부에 증인으로 다시 출석하여 전에 그가 한 신고가 허위의 사실이었음을 고백하는 것은 물론 무고 사건의 피고인 또는 피의자로서 법원이나 수사기관에서의 신문에 의한 고백 또한 자백의 개념에 포함된다. 형법 제153조에서 정한 '재판이 확정되기 전'에는 피고인의 고소사건 수사 결과 피고인의 무고 혐의가 밝혀져 피고인에 대한 공소가 제기되고 피고소인에 대해서는 불기소결정이 내려져 재판절차가 개시되지 않은 경우도 포함된다(대판 2018.8.1. 2018도7293).
[해설] 무고죄의 경우 형법 제157조, 제153조에서 자백의 범위를 설시한 사례. 피고인이 원심에서 허위의 사실을 고소하였음을 자백하였음이 명백하므로, 원심으로서는 피고인이 무고한 고소사건의 처리 결과를 심리해 보고, 이들에 대하여 불기소결정 등이 내려져 그 재판이 확정된 적이 없다면 형법 제157조, 제153조에 따라 형의 필요적 감면조치를 하였어야 한다고 본 판례.

장 진

연세대학교 법과대학 법학과 졸업
연세대학교 일반대학원 법학과 졸업(법학석사)
연세대학교 일반대학원 법학과 수료(법학박사)
중앙대학교 법학전문대학원 졸업(Juris Doctor/법학전문석사)
現) 프로야구 에이전트 연수 법률교재 감수위원
　　메가로스쿨 추리논증·법학·면접·자기소개서 전임교수
　　한국교육개발원 학점은행 전임교수
　　모두공인 공인중개사 부동산공법 전임교수
　　위포트 공기업 법학 전임교수
　　에듀윌 법원·검찰·경찰 형법 전임교수

[제6판]
코칭 형법 2 [형법각론]

2018년　11월　30일　　초　판　　제1쇄발행
2023년　 7월　15일　　제6판　　제1쇄인쇄
2023년　 7월　25일　　제6판　　제1쇄발행

편저자　장　　진
발행인　이 종 은
발행처　새 흐 름

편저자와
협의하여
인지첩부를
생략함

　　　　서울특별시 마포구 독막로 295 삼부골든타워 212호
　　　　전　화　(02) 713-3069　FAX (02) 713-0403
　　　　등　록　2014. 1. 21. 제2014-000041호(윤)
　　　　홈페이지　www.sehr.co.kr

파본은 바꿔드립니다.　　　　　　　　　본서의 무단복제행위를 금합니다.

정 가　49,000원　　　　　　　　　　　　ISBN 979-11-6293-404-3